4., vollständig überarbeitete Auflage

David Abram, Nick Edwards,
Mike Ford, Daniel Jacobs, Shafik Meghji,
Devdan Sen, Gavin Thomas

INDIEN

STEFAN LOOSE
TRAVEL HANDBÜCHER

Indien

1 **Meherangarh Fort, Jodhpur**

Hoheitsvoll wacht die mächtige Bergfestung über die Blaue Stadt. S. 235

Die Highlights

2 Jaisalmer

Weltferne, romantische Stadt mitten in der Wüste Thar. S. 243

3 Taj Mahal

Eines der schönsten Bauwerke der Welt. S. 295

4 Varanasi

Mittelpunkt der hinduistischen Glaubenswelt. S. 328

5 Gangotri

Mit hinduistischen Pilgern zur heiligen Quelle des Ganges. S. 371

6 Khajuraho

Sinnliche Steinmetzkunst erster Güte. S. 423

7 Manali–Leh Highway

Auf der zweithöchsten Straße der Welt in die Wildnis Ladakhs. S. 521

8 Zanskar

Durch eine faszinierende Mondlandschaft zu einsamen Klöstern wandern. S. 573

9 Amritsar

Der strahlende Goldene Tempel der Sikhs steht allen Menschen offen. S. 585

10 Die Höhlen von Ellora

Außergewöhnliche religiöse Monumente, von Hand aus dem Felsen gemeißelt. S. 701

11 Palolem

Ein Strand wie aus dem Bilderbuch. S. 789

12 Kaziranga-Nationalpark

Wie ein Mahout auf dem Rücken eines Elefanten durch die wechselnde Landschaft streifen. S. 911

13 Konark

Der berühmte Sonnentempel ist einer der Höhepunkte hinduistischer Architektur. S. 963

14 Mamallapuram

Eine Vielzahl überragender Tempel und Felsenreliefs lockt Besucher vom Strand weg. S. 1034

15 Madurai

Der überreich verzierte Meenakshi-Sundareshwarar-Tempel zieht Tag für Tag einen Strom von Pilgern an. S. 1074

16 Varkala

Rote Klippen, weißer Sandstrand, tiefblaues Meer. S. 1118

17 Backwaters

Ein Labyrinth aus kleinen Kanälen, Flüssen und Seen, gesäumt von dichter tropischer Vegetation. S. 1130

18 Gokarna

Während die Pilger in der Tempelstadt ein rituelles Bad nehmen, relaxen die Traveller an den herrlichen Stränden. S. 1213

19 Hampi/Vijayanagar
Verlassene Tempel und Paläste in einer kargen Landschaft von geradezu unwirklicher Schönheit. S. 1221

Inhalt

Delhi
Mumbai
Chennai

Delhi
Mumbai
Chennai

Madhya Pradesh und Chhattisgarh 391

Himachal Pradesh 457

Delhi
Mumbai
Chennai

Delhi
Mumbai
Chennai

Delhi
Mumbai
Chennai

Mumbai 647

Maharashtra 687

Goa 735

Delhi
Mumbai
Chennai

Delhi
Mumbai
Chennai

Delhi
Mumbai
Chennai

Der Nordosten 899

Orissa 937

Andhra Pradesh 971

Die Andamanen 993

Tamil Nadu 1017

Delhi
Mumbai
Chennai

Delhi
Mumbai
Chennai

Themen

Reiseziele und Routen

Die verschiedenartigen Regionen Indiens – vom schneebedeckten Himalaya bis zum üppig-grünen Kerala, vom heiligen Ganges bis zum Golf von Bengalen – bilden zusammen einen einzigartigen kulturellen und religiösen Schmelztiegel. Hinduismus, Islam, Buddhismus, Jainismus, Sikhismus und Christentum: Sie alle sind hier zu Hause und haben Indien im Laufe der Jahrhunderte ihren Stempel aufgedrückt. Dass diese Wiege der Kultur mit ihren religiösen Zentren, prächtigen Baudenkmälern, farbenfrohen Festen und Basaren seit langem Menschen aus Ost und West anzieht, verwundert daher nicht. Weniger bekannt ist, dass es in Indien auch einige bedeutende Tierschutzgebiete gibt, in denen Tiger, Löwen, Antilopen, seltene Vogelarten und Elefanten leben. Der Subkontinent hält für jeden Besucher aber noch weit mehr Überraschungen bereit – Mysterien, die es zu entdecken gilt; Gegensätze, die verwirren oder aufwühlen; und exotische Ansichten, die bezaubern.

Reiseziele

Die Highlights des Nordens

Die meistbesuchte Gegend, die sowohl spektakuläre Baudenkmäler als auch die fruchtbaren Tiefebenen umfasst, ist das sogenannte Goldene Dreieck im Norden: die Kolonialhauptstadt **Delhi** (S. 137), die Heimstatt des Taj Mahal, **Agra** (S. 293), in Uttar Pradesh und die „rosarote Stadt" **Jaipur** (S. 183) in Rajasthan, dem mit seiner Wüstenlandschaft und den imposanten Festungen und Palästen von **Jaisalmer** (S. 243), **Jodhpur** (S. 233), **Udaipur** (S. 263) und **Bundi** (S. 285) bei Reisenden beliebtesten Bundesstaat im Norden. Billigreisende lockt vor allem einer der wenigen Brahma-Pilgerorte **Pushkar** (S. 226), wo im Oktober / November der größte Kamelmarkt stattfindet.

Von Delhi fließt der heilige Ganges nach Osten durch eine der am dichtesten bevölkerten Regionen Indiens und durch die allerheiligste Hindu-Stadt **Varanasi** (S. 328), auch Benares genannt, an deren *ghats* (Badestellen) tagtäglich uralte Rituale vollzogen werden.

Viele Reisende lockt die Bergwelt von Nepal, meist nicht ahnend, dass der indische Teil des **Himalaya** genauso hervorragende Trekkingmöglichkeiten und eine traumhafte Landschaft bietet. Da sich nach wie vor nur wenige Touristen nach Kashmir trauen (s. Kasten S. 532/533), haben sich Himachal Pradesh und die Provinz Ladakh mit ihrer geheimnisvollen Mondlandschaft zu begehrten Gebirgsreisezielen entwickelt. Von **Leh** (S. 545) aus lassen sich nicht nur buddhistische Klosteranlagen wie jene von **Tikse** (S. 557) besuchen, sondern auch atemberaubend schöne Täler und Hochgebirgsseen. Treks führen in die abgeschiedene, baumlose Wildnis von **Zanskar** (S. 573). Richtung Süden führt die zweithöchste Straße der Welt in die Flitterwochenhauptstadt **Manali** (S. 503) im idyllischen **Kullu-Tal**. Sie ist zudem ein beliebtes Backpackerziel ebenso wie **Dharamsala** (S. 479), der Zufluchtsort des Dalai Lama und vieler Exiltibeter. An Himachal Pradesh grenzt der Punjab, der überwiegend von Sikhs bevölkert wird. Ihr spirituelles Zentrum ist der berühmte Goldene Tempel von **Amritsar** (S.585). In Uttarakhand, an der Grenze zu Nepal,

Die indische Küche

Die indische Küche ist so bunt und vielfältig wie das Land selbst. Es gibt Dutzende regional unterschiedlicher kulinarischer Traditionen. Sie reichen von der klassischen Mughlai (Mogul)-Küche des Nordens bis zu den Kokos- und Chilihaltigen Speisen des Südens. Außerhalb Indiens ist die nordindische Küche am bekanntesten. Sie wird geprägt von Biryanis, Tandooris und köstlichen Soßen auf der Basis von Sahne und Joghurt. Dazu reicht man luftiges *naan*-Brot.
Das Essen in Südindien ist Lichtjahre von dem in Nordindien entfernt. Im Süden bestimmen das vegetarische „meal" – ein Berg Reis auf einem Bananenblatt mit mehreren teils höllisch scharfen Currys – und die klassischen *masala dosa*, knusprige Reispfannkuchen mit und ohne würzige Kartoffelcurryfüllung, den Speisezettel. Darüber hinaus können Reisende eine ganze Reihe regionaler Küchen ausprobieren, z. B. die von Bengalen, Gujarat, Goa, Kerala, Kashmir und die des Punjab, um nur einige der herausragenden zu nennen. Jede hat ihre ureigenen Gerichte, Gewürze und Zubereitungsarten. Näheres s. S. 58.

erheben sich einige der höchsten Schneeberge Asiens. Für Hindus ist der Pilgerweg zur Quelle des heiligen Ganges besonders bedeutsam. Er wird bis hinauf nach **Gangotri** (S. 371) von Wallfahrtstempeln gesäumt. Ausländer pilgern meist nur bis **Rishikesh** (S. 363), in die Stadt der Yogis und Ashrams am Fuß des Himalaya.

In die Bergwelt des vom tibetischen Buddhismus geprägten **Sikkim** (S. 873), am anderen Ende der Gebirgskette, ist der internationale Trekkingtourismus bislang nur zögerlich bis **Pelling** (S. 891) vorgedrungen. Südlich grenzt Sikkim an den Nordostzipfel Bengalens. Durch das klassische Teeanbaugebiet windet sich eine alte Schmalspurbahn hinauf in die ehemalige Hill Station (Luftkurort) aus viktorianischer Zeit **Darjeeling** (S. 841), die größte Stadt in 2200 m Höhe. Am Rand des größten Deltas der Welt mit der fragilen Inselwelt der **Sunderbans** (S. 829) liegt die Metropole **Kolkata** (Kalkutta, S. 800), die erste Hauptstadt des britischen Raj.

Der durch eine Landenge mit dem restlichen Indien verbundene, kaum besuchte Nordosten wartet mit einer unglaublichen landschaftlichen und kulturellen Vielfalt auf. In einem der schönsten Tierschutzgebiete des Landes, dem **Kaziranga-Nationalpark** (S. 911), ist das seltene Panzernashorn zu Hause, und auf der größten bewohnten Flussinsel der Welt **Majuli** (S. 913) im mächtigen Brahmaputra wird in zahlreichen kleinen Klöstern Vishnu gehuldigt.

Sozusagen auf der anderen Seite, im äußersten Nordwesten Indiens, liegt die Heimat von Mahatma Ghandi, Gujarat, deren Hauptstadt **Ahmedabad** (S. 599) alte Handelshäuser und eine gute Küche auszeichnen. Demgegenüber ist die an Pakistan grenzende **Kutch-Region** (S. 611) für ihre Kultur und Handwerkstradition berühmt.

Einige faszinierende Sehenswürdigkeiten liegen tief im Landesinneren in Madhya Pradesh und Chhattisgarh – z. B. die mit erotischen Darstellungen geschmückten Tempel von **Khajuraho** (S. 423), die Paläste von **Orchha** (S. 419) und der **Bandhavgarh-Nationalpark** (S. 440), den wie zu Kiplings Zeiten immer noch Tiger durchstreifen.

Die Highlights des Südens

Je nachdem, mit wem man spricht, verlaufen Südindiens Grenzen unterschiedlich: Während einige den Krishna-Fluss, die nördliche Grenze von Indiens letztem Hindu-Reich, als die wahre Nord-Süd-Grenze betrachten, bildet für andere der Godavari oder aber die Vindhya Hills noch weiter nördlich am Rande der Ganges-Ebene die kulturelle Trennlinie.

Viele Touristen beginnen ihre Reise in **Mumbai** (Bombay, S. 647), einer heißen Stadt, in der die meisten internationalen Flüge landen. Wer eine Weile bleibt, erlebt die Realität des modernen Indiens, von den Entbehrungen der städtischen Slums bis zum Glitzer und Glamour der Bollywoodfilme. Nordöstlich von hier sind die größten Schätze des Bundesstaates Maharashtra zu finden: die mit atemberaubenden Steinmetzarbeiten und Wandmalereien ausgeschmückten Höhlentempel von **Ajanta** und **Ellora** (S. 707 und S. 701).

Südlich von Mumbai bieten die von Palmen gesäumten, weißen Sandstrände **Goas** (S. 735) Erholung vom indischen Reisestress. Viele erliegen hier ganz den Sinnesfreuden, die warmes Meerwasser, Sonnenschein und billige Drinks bieten. Junge Leute, denen Goa zu touristisch geworden ist, ziehen sich in den Pilger- und Badeort **Gokarna** (S. 1213) in Karnataka zurück.

Ein beliebtes Touristenziel im Hinterland ist die Stadt **Mysore** (S. 1185) mit ihrem prächtigen Maharadschapalast, bunten Märkten und angenehmem Klima. Über ein riesiges, von Granitfelsen übersätes Hochland verstreut liegen religiöse Meisterwerke, wie die reich verzierten Hoysala-Tempel von **Belur** (S. 1200) und **Halebid** (S. 1198) oder das ungewöhnliche Jain-Riesenstandbild in **Sravanabelagola** (S. 1201). Seltener besucht werden die Mausoleen, Moscheen und Paläste in **Bijapur** (S. 1233) sowie die wunderbaren Tempelanlagen in und um **Badami** (S. 1229). Fast unübertroffen sind jedoch das Ehrfurcht gebietende Ausmaß und der verblasste Glanz der Vijayanagar-Ruinen in **Hampi** (S. 1221) am Fluss Tungabhadra. Bevor der Ort 1565 von verbündeten moslemischen Sultanaten geplündert wurde, war dies die prächtige Hauptstadt des letzten südindischen Hindu-Reiches, das den größten Teil der Halbinsel einnahm.

Der Reiz des beliebtesten und am dichtesten besiedelten südindischen Bundesstaates Kerala liegt weniger in seinen religiösen Bauten, von denen viele Nicht-Hindus verschlossen bleiben, sondern in seiner ansteckend unbeschwerten, tropischen Atmosphäre. Dieser lange, von einer steilen Hügelkette begrenzte Küstenstreifen ist der feuchteste des Südens. Mit seiner ganz eigenständigen Kultur hebt er sich deutlich von seinen Nachbarn ab. Seine surrealistische Form des ritualisierten Theaters, Kathakali, und allgegenwärtigen kommunistischen Graffiti (Kerala war der erste Ort der Welt, in dem eine kommunistische Regierung auf demokratischem Wege gewählt wurde) sind die sichtbarsten Kennzeichen dieses Unterschieds. Wer ein paar Tage damit zubringt, die Gewürzmärkte in den Gassen des alten **Kochi** (S. 1142), die Cardamom Hills um das **Periyar Wildlife Sanctuary** (S. 1133), den spektakulären Strand von **Varkala** (S. 1118) oder die üppig-grüne Wasserwelt der **Backwaters** (S. 1130) an der Küste zu erkunden, begreift schnell, weshalb viele Reisende hier länger bleiben als geplant.

An der Coromandel-Küste liegt die Hauptstadt von Tamil Nadu, **Chennai** (Madras, S. 1021), eine weitere aus allen Nähten platzende Metropole. Mit regelmäßigen Flug- und Schiffsverbindungen nach Port Blair ist sie das Sprungbrett für die **Andamanen** (S. 993), ein von Korallenriffen und kristallklarem Wasser umgebener abgeschiedener Archipel 1000 km östlich im Golf von Bengalen.

Der alte, beschauliche Fischerort **Mamallapuram** (S. 1034) südlich von Chennai, der von verwitterten Baudenkmälern übersät ist, hat sich zu einem beliebten Backpackerziel entwickelt. Um die ausgetretenen Pfade zu verlassen, braucht man sich nur ins Landesinnere nach **Kanchipuram** (S. 1044) zu begeben, dessen unzählige Hindu-Tempel das goldene Zeitalter des Chola-Königreichs umspannen. Oder nach **Tiruvannamalai** (S. 1047), wo sich Pilger aus aller Welt einfinden und einer der mächtigsten Tempelkomplexe eindrucksvoll vom Sockel eines heiligen Berges aufragt.

Die ehemalige französische Kolonie **Puducherry** (Pondicherry, S. 1049) an der Küste überrascht in ihrer Innenstadt mit gallischem Flair – besonders in ihren Restaurants, die *coq au vin* und schweren Burgunder offerieren – und im Norden mit dem ungewöhnlichen Ashram von Sri Aurobindo. Das Kaveri (Cauvery)-Delta weiter im Süden beherbergt eine erstaunliche Fülle an Monumenten, von denen sich einige der beeindruckendsten um **Thanjavur** (Tanjore, S. 1062), die einstige Hauptstadt der Cholas, befinden. Beherrscht wird der Ort von dem Ehrfurcht einflößenden Brihadishwara-Tempel. Weiter südlich im großen Pilgerort **Madurai** (S.1074), der Stadt mit der stärksten Atmosphäre der Region, umgibt den imposanten Meenakshi-Sundareshwar-Tempel ein typisch tamilisches, sprühendes Leben.

Zwei weitere Anziehungspunkte in Tamil Nadu sind die Insel **Rameshwaram** (S. 1083), deren Haupttempel eine große Einfriedung von Säulengängen aufweist, und **Kanniyakumari** (S. 1085), der verheißungsvolle südlichste Zipfel Indiens, wo der Golf von Bengalen, der Indische Ozean und das Arabische Meer zusammenfließen. Die dunklen Schatten, die im Norden zu erkennen sind, markieren die **Süd- und Westghats** (S. 1087), die sich in einer praktisch ununterbrochenen Kette über 1000 km bis nach Mumbai erstrecken und so eine Barriere zwischen Tamil Nadu und dem benachbarten Kerala bilden. Das von ausgedehnten Wäldern und windgepeitschtem Grasland bedeckte, zerklüftete, kühle Hochland ragt auf der südlichen Halbinsel bis zu 2500 m empor. An seinen steilen Flanken erstrecken sich terrassenförmige Tee- und Kaffeeplantagen sowie Kardamomhaine. Die Bergstationen **Udhagamandalam** (besser bekannt unter dem Namen „Ooty", S. 1095) und **Kodaikanal** (S. 1088), von Indiens ehemaligen Kolonialherrschern als Sommerluftkurorte gegründet, ziehen in den heißen Monsunmonaten nach Abkühlung lechzende indische Besuchermassen an, im Winter aber auch viele ausländische Touristen.

Im Spannungsfeld von traditionellem Islam und modernem Hightech entwickelt sich die Hauptstadt von Andhra Pradesh **Hyderabad** (S. 974) zu einer chaotischen Metropole, in deren Zentrum die Wahrzeichen Charminar und die Festung Golconda liegen. Nur wenige westliche Besucher machen sich auf den Weg zu den beiden bedeutenden Reisezielen für Südinder, nach **Puttaparthy** (S. 991), dem Ashram des berühmten, 2011 verstorbenen Heiligen Sai Baba, und **Tirupati** (S. 988), dessen Tempel mehr Pilger sieht als jeder andere Ort der Welt.

Die größten Attraktionen im Bundesstaat Orissa sind **Konark** (S. 963), wo der berühmte Sonnentempel steht, und **Puri** (S. 954) mit dem Tempel zu Ehren des Gottes Jagannath, um den sich das pompöse Wagenfest dreht.

Unterwegs zu den Göttern

Für die meisten Inder ist die Anwesenheit des Göttlichen im Alltag eine unbestrittene Tatsache. Es gibt kaum eine Straße auf dem Subkontinent ohne eigenen Schrein oder Tempel. Auch zahlreiche Naturerscheinungen gelten als heilig, von einem bestimmten Baum im Dorf bis zu ganzen Bergen, Höhlen und Flüssen. Laut einer Schätzung besitzt das Land fast 2000 wichtige Tempel und andere Orte von spiritueller Bedeutung.

Die indische Tradition der **Wallfahrt** geht mindestens bis in die Zeit des *Mahabharata* zurück und ist bis heute quer durch alle gesellschaftliche Schichten populär. Die Bandbreite der Wallfahrer reicht von wandernden Hindu-Sadhus und Jain-Mönchen, die ihr Leben lang barfuß von Heiligtum zu Heiligtum ziehen und sich ihr Essen unterwegs zusammenbetteln,

Abenteuer Eisenbahn

Indiens Eisenbahnen, die täglich Millionen von Pendlern, Pilgern, Tieren und Paketen von einem Ende des Subkontinents zum anderen befördern, werden oft als das größte Vermächtnis der Briten an ihre ehemalige Kolonie bezeichnet. Dabei hat sich das Eisenbahnnetz mit seinem hierarchisch geordneten Heer von Schalterangestellten, Köchen, Kulis, Trägern, Schaffnern, Bahnhofsvorstehern und -geistlichen längst zu einer urtypisch indischen Institution entwickelt.

Eisenbahnfahrten durch Indien – ob ganz spartanisch in der spottbilligen Holzklasse oder feudal mit gestärkten Baumwolllaken und warmen Mahlzeiten in klimatisierten Wagen – gehören oft zu den denkwürdigsten Erlebnissen einer Indienreise. Schon die rund um die Uhr geöffneten Bahnhöfe sind ideale Orte, um das Alltagsleben zu beobachten: Hier tummeln sich zu jeder Tages- und Nachtzeit Hunderte von Menschen aus allen Schichten der Gesellschaft, die essen und schlafen, kaufen und verkaufen. Alles untermalt von einem der unvergesslichsten Klänge des Subkontinents: den monotonen Rufen des *chai-wallah*, der heißen, süßen Tee ausschenkt. Infos zum Bahnfahren s. S. 85.

bis zu modernen Pilgern, die in gecharterten Videobussen von einem Tempel zum nächsten flitzen und das im Schnellverfahren erworbene religiöse Verdienst mit Sightseeing und Shopping verbinden.

Hindus bezeichnen heilige Stätten mit dem Sanskrit-Wort *tirtha*. Es bedeutet wörtlich „Furt“, im übertragenen Sinne aber auch einen spirituellen Übergangspunkt, an dem sich Erde und Himmel berühren, die Götter auf die Erde herabsteigen und Menschen sich aus dem Samsara (S. 123) lösen und zu den Göttern aufsteigen können. Der Akt der Wallfahrt wird *tirtha-yatra* genannt, das heißt *tirtha* besuchen, um das Göttliche zu finden, *darshan* zu erfahren und religiöse Verdienste zu erlangen.

Die Tradition des Wallfahrens ist auch bei den **Jain** sehr weit verbreitet. Man kann oft Jain-Mönche und -Nonnen sehen, die zu Fuß zwischen wichtigen Heiligtümern wie Sravanabelagola in Karnataka und den Jain-Tempeln in Rajasthan unterwegs sind.

Buddhisten besuchen die vier Orte, die am engsten mit Buddha assoziiert werden: Bodhgaya, Sarnath, Kushinagar und Lumbini (gleich hinter der Grenze in Nepal).

Für **Moslems** ist die wichtigste Pilgerfahrt die Hadsch nach Mekka. Wer nicht so weit kommt, kann das Manko durch sieben Pilgerfahrten zum Grab von Khwaja Muin-ud-din Chishti in Ajmer wettmachen.

Berühmte Pilgerorte

Varanasi (Uttar Pradesh)

Shivas heilige Stadt ist Indiens berühmtester Wallfahrtsort. Viele Inder kommen nach Varanasi, um hier zu sterben und sich einäschern zu lassen. S. 328

Haridwar (Uttarakhand)

Wörtlich die Tür (*dwar*) Gottes (*Hari*): der Ort, an dem der Ganges aus dem Himalaya in die Ebene hinabströmt, und einer der vier Veranstaltungsorte des Kumbh-Mela-Festes. S. 68

Indiens heilige Landschaft

Indiens religiöse Stätten werden in Kategorien unterteilt, von denen die meisten nur bestimmte Regionen umfassen. An der Spitze der spirituellen Rangordnung liegen die **Sieben Heiligen Städte** oder *Sapta Puri* (Ayodhya, Mathura, Haridwar, Varanasi, Kanchipuram, Ujjain und Dwarka), die nach hinduistischem Glauben jedem, der in ihren Grenzen stirbt, *moksha* garantieren, und die **Vier Göttersitze** oder *Char Dham* (Rameshwaram, Puri, Dwarka und Badrinath) an den vier „Kompassspitzen" des Landes (nicht zu verwechseln mit den „kleinen" *Char Dham*: Badrinath, Kedarnath, Gangotri und Yamunotri in Uttarakhand).

Außerdem hat jede Hauptgottheit (mit Ausnahme des in Indien unbedeutenden Brahma) ihre spezielle Pilgerroute mit eigenen Heiligtümern. **Shiva** ist mit drei großen Tempelgruppen vertreten: zwölf *jyotri-linga*-Tempeln, fünf *bhuti-linga*-Tempeln und 68 *svayambhu-linga*-Tempeln. Ebenso gibt es ausgedehnte Tempelrundreisen zu Ehren von **Mahadevi** und **Vishnu** sowie in Südindien regionale Heiligtümer, die **Murugan** geweiht sind. Dazu kommen Heiligtümer, die mit den **Planeten** assoziiert werden (die *Nava Graha Sthalas*), und Orte in der **Natur** von spiritueller Bedeutung wie die vier Schauplätze des **Kumbh-Mela-Festes** (Allahabad, Haridwar, Ujjain und Nasik).

Allahabad (Uttar Pradesh)

Die Stadt am Zusammenfluss der beiden heiligsten Flüsse Indiens – Ganges und Yamuna – ist Schauplatz der Maha Kumbh Mela, des größten religiösen Festes der Welt. S. 323

Shatrunjaya (Gujarat)

Die heiligste Pilgerstätte der Jain: Über 900 Tempel drängen sich auf dem Berg, auf dem der erste Jain-*tirthankara*, Adinath, Erleuchtung fand. S. 638

Puri (Orissa)

Die östliche der vier Char-Dham-Städte beherbergt den gewaltigen Tempel von Jagannath, zu dessen Ehren alljährlich das große Rath Yatra stattfindet. S. 954

Tirupati (Andhra Pradesh)

Dieser Vishnu geweihte Schrein in spektakulärer Gebirgslage zieht angeblich mehr Pilger an als Rom oder Mekka. S. 988

Sabarimala (Kerala)

Der Sri Ayappa geweihte Schrein in einer entlegenen Ecke soll der nach Tirupati beliebteste Wallfahrtsort der Welt sein. S. 1139

Tiruvanamalai (Tamil Nadu)

Einer der zwölf dem Gott Shiva geweihten *bhuti linga*-Tempel und Ort seiner berühmten Manifestation als Feuer-Lingam. S. 1047

Srirangam (Tamil Nadu)

Diese größte Tempelanlage Indiens ist das wichtigste der insgesamt 108 bedeutenden Vishnu-Heiligtümer im Land. Im Tempel befindet sich ein Nichthindus unzugängliches, hoch verehrtes Bildnis des auf dem Rücken der Schlange Adisesha ruhenden Gottes. S. 1071

Rameshwaram (Tamil Nadu)

Einer der schönsten Tempel Südindiens und zugleich einer der berühmtesten der zwölf dem Gott Shiva geweihten *jyotir-linga*-Tempel. S. 1083

Bewegung für Körper und Geist

Yoga, Meditation und Ashrams

Indien, die Wiege des Yoga und Heimat der berühmtesten Meditationsschulen der Welt, bietet unzählige Gelegenheiten für spirituelle Erfahrungen, von Grundkursen in Yoga und Pranayama bis zu ausgedehnten Retreats. **Yoga** wird praktisch überall in Indien gelehrt. Darüber hinaus gibt es mehrere international bekannte Yogazentren, wo man sich zum Yogalehrer ausbilden lassen kann. **Meditation** wird ebenfalls im ganzen Land praktiziert, und besondere Kurse werden in Tempeln, Meditationszentren, Klöstern und Ashrams abgehalten. **Ashrams** sind Gemeinden, in denen Menschen zusammen leben, arbeiten und lernen, angetrieben von einem gemeinsamen (gewöhnlich spirituellen) Ziel.

Näheres zu Yoga- und Meditationskursen sowie Ashrams findet sich in den jeweiligen Ortskapiteln im Buch. Die beliebteren Zentren (S. 34/35, Kasten) müssen rechtzeitig gebucht werden.

Yoga

„Yoga" bedeutet wörtlich „vereinen" und hat das Ziel, dem Yoga Praktizierenden zu helfen, das individuelle Bewusstsein mit dem Göttlichen zu vereinen. Dies wird erreicht, indem das Selbst-Bewusstsein durch spirituelle, geistige und körperliche Übungen und Disziplin gefördert wird. **Hatha-Yoga**, die im Westen beliebteste Form, basiert auf Körperhaltungen, Asanas genannt, die nicht nur die Muskeln dehnen, an- und entspannen, sondern auch die inneren Organe massieren. Sie sind zwar unterschiedlich schwierig, aber wer kontinuierlich übt, wird bald positive Wirkungen spüren. Für Fortgeschrittene ist Hatha-Yoga allerdings lediglich der erste Schritt hin zu subtileren Stufen der Meditation, die beginnen, sobald die Körperenergien durch Dehnen und Entspannen geweckt und sensibilisiert worden sind. Andere Formen von Yoga sind **Raja-Yoga**, das moralische Disziplin einschließt, und **Bhakti-Yoga**, das Yoga der Hingebung, das die Bindung an einen Guru oder Lehrer erfordert. **Jnana-Yoga**, das Yoga des Wissens, beruht auf den philosophischen Grundlagen des Hinduismus.

Rishikesh in Nordindien (Uttarakhand) ist die Hauptstadt des Yoga. Hier gibt es eine ganze Reihe von Ashrams, die alle möglichen Kurse anbieten (Näheres s. S. 363). Die berühmtesten Lehrer des Landes sind allerdings weiter im Süden ansässig.

Iyengar-Yoga ist derzeit eine der angesagtesten Richtungen, benannt nach dem Begründer dieser Schule, B. K. S. Iyengar (ein Schüler des großen Yogalehrers Sri Tirumalai Krishnamacharya). Das Zentrum dieser Richtung, das **Ramamani Iyengar Memorial Yoga Institute**, befindet sich in Pune, Maharashtra, 💻 www.bksiyengar.com. Iyengar Yoga hat sich bei der Behandlung verschiedener körperlicher und seelischer Beschwerden als erfolgreich erwiesen.

Meditation

Meditation wird oft nach einer Yoga-Sitzung praktiziert, wenn die Körperenergie erwacht ist. Sie ist ein wesentlicher Bestandteil hinduistischer wie buddhistischer Religionsausübung und wird als mächtigstes Werkzeug zum Verständnis der wahren Natur des Geistes und des Selbst begriffen – als ein bedeutender Schritt auf dem Weg zur Erleuchtung.

Vipassana-Meditation ist eine Technik, die ursprünglich von Buddha gelehrt wurde. Dabei lernen die Schüler, sich körperlicher Empfindungen und geistiger Vorgänge stärker bewusst zu werden. Die Kurse dauern mindestens zehn Tage und sind anstrengend – Aufstehen um 4 Uhr früh, zehn Stunden Meditation täglich, kein festes Essen nach 12 Uhr, Geschlechtertrennung und keine Gespräche (außer mit den Kursleitern). Für alle neuen Schüler sind die Kurse kostenlos, damit jeder die Chance hat, die Technik zu lernen und von ihr zu profitieren. Vipassana wird in über 25 Zentren in ganz Indien gelehrt, darunter in Bodhgaya (S. 866), Jaipur (S. 183), Bengaluru (S. 1173), Chennai (S. 1021) und Hyderabad (S. 974).

Weltweit im Vormarsch ist die **tibetisch-buddhistische Meditation**. Der tibetische Buddhismus kennt eine ungeheure Vielfalt an Meditationspraktiken, darunter auch Vipassana, in Tibet *shiné* genannt. Mit seiner großen tibetischen Diaspora hat sich Indien inzwischen zu einem der wichtigsten Schulungszentren für tibetischen Buddhismus und tibetisch-buddhistische Medizin entwickelt. An oberster Stelle steht Dharamsala in Himachal Pradesh, die Zufluchtstätte des Dalai Lama und der tibetischen Exilregierung. Interessenten können bei den dort lebenden tibetischen Mönchen und Nonnen Einzelunterricht nehmen. Ein weiteres großes tibetisches Zentrum ist Darjeeling in West-Bengalen. Einzelheiten zum Kursangebot sind den entsprechenden Ortskapiteln im Buch zu entnehmen.

Wandern und Bergsteigen

Trekking ist in Indien zwar längst nicht so kommerzialisiert wie im benachbarten Nepal, aber in den Himalaya-Gebieten von Ladakh und Zanskar mit ihren über 5000 m hohen Bergpässen hat das Land zwei der spektakulärsten Reviere der Welt zu bieten. Nicht alle Wanderwege im Himalaya

Kurse und Ashrams

Ashrams variieren in ihrer Größe von einem halben Dutzend Schülern bis zu mehreren tausend, und die Regeln sind sehr unterschiedlich. Während einige die Unterbringung im Ashram bieten, erfordern andere, dass man im nächstgelegenen Ort oder Dorf wohnt. Manche verlangen westliche Preise, andere ortsübliche, wieder andere gründen sich auf Spenden. Viele Ashrams haben ein festes Tagesprogramm, andere lassen mehr Raum zur eigenen Entfaltung und bieten nur Führung und Unterweisung, wenn man darum bittet. Außer den traditionellen Orten zum Erlernen von Yoga- und Meditationstechniken sind im Winter in den Küstenresorts von Goa und Kerala Dutzende kleinerer Zentren geöffnet. In einigen lehren international bekannte Meister. Einige der wichtigsten Ashrams haben wir hier aufgeführt.

Ashiyana Tropical Retreat Centre, Junasa Waddo, Mandrem, Goa, 💻 www.ashiyana-yoga-goa.com. Wer Yoga in absolut paradiesischer Umgebung machen möchte, kommt am besten hierher. Das Zentrum am Flussufer mit Blick aufs Meer hat Yoga, Massagen, Meditation und Unterricht in Satsang im Programm. Die Kursleiter sind ausnahmslos Lehrer von Weltruf, die ständig oder vorübergehend hier wohnen. Die Unterbringung erfolgt in wunderschönen Baumhäusern, und im Tages- oder Wochenpreis ist die Teilnahme an Kursen inbegriffen.

Ashtanga Yoga Research Institute, 235 8th Cross, 3rd stage, Gokulam, Mysore, 570002 Karnataka, 💻 www.kpjayi.org. Geführt von Schülern des Yogameisters Pattabhi Jois, eines der großen Erneuerers des Yoga in Indien. Gelehrt wird dynamischer Yoga in Verbindung mit Kampfsportarten. Die Kurse dauern mindestens einen Monat und müssen vorgebucht werden. S. 1192.

Brahmani Centre, Grandpa's Inn, Anjuna, Goa, 💻 www.brahmaniyoga.com. Bietet Yogakurse ohne Voranmeldung (überwiegend Ashtanga) und ein paar Schnupperkurse in anderen Techniken sowie Pranayama und *bhajan*-Gesänge. Die Lehrer sind erstklassig und veranstalten Kurse sowohl für Einsteiger als auch für Fortgeschrittene unterschiedlicher Stufen.

Divine Life Society, PO Shivanandanagar, Muni ki Reti, Rishikesh, District Tehri Garhwal, Uttarakhand, ☎ 0135-430040, 💻 www.sivanandadlshq.org. Der ursprüngliche Ashram von Guru Sivananda; gut durchorganisiert, ziemlich institutionalisiert, mit mehreren Meditationsräumen und Kursen zu allen Themen und Spielarten des Yoga. Näheres s. Kasten S. 363.

Harmonic Healing & Eco Retreat Centre, Patenem, Goa, ☎ 9822/512814, 💻 www.harmoniciingoa.com. International bekannte Lehrer geben Unterricht in Yoga, Pilates, Reiki, Energy-Balancing und Thai-Massage, außerdem Kurse in Bollywood-Tanz und klassischem indischem Gesang – und das alles vor der Kulisse eines der Traumstrände von Goa.

International Society for Krishna Consciousness (ISKCON), 3c Albert Rd, Kolkata, ☎ 033-247 3757, Bhaktivedanta Swami Marg, Raman Reti, Vrindavan, ☎ 0565-442478, 💻 www.iskcon.com. Große, gut gemanagte internationale Organisation mit Zentren in mehreren großen Städten in Indien und Übersee. Lehrt Bhakti-Yoga durch die Ausübung guter Taten, rechte Lebensführung und rezitierende Gesänge – im Grunde ein Programm für ein ganzes Leben, nicht nur für einen Schnellkurs.

Mata Amritanandamayi Math (Amritapuri), Vallikkavu, Kerala, 💻 www.amritapuri.org. Der Ashram des weiblichen Guru Amma, bekannt als „Hugging Saint", wird jedes Jahr von Hundert-

sind erfahrenen Wanderern vorbehalten. Relativ einfach zu bewältigende Kurzstrecken gibt es z. B. in den bewaldeten Gebirgsausläufern von Sikkim, und auch die ausgetretenen Pilgerpfade von Garhwal erfordern keine Spitzensportler-kondition. Auch die Westghats und Nilgiris im Süden werden als Wandergebiete immer beliebter.

Vor allem auf schwierigen, seltener begangenen Routen (wo es schwerwiegende Folgen haben kann, wenn man sich verirrt oder die Verpflegung zur Neige geht) ist es ratsam, einen ortskundigen **Führer** mitzunehmen, der sich auch als Koch betätigt. **Träger** (mit oder ohne Pony) machen die Tour weniger beschwerlich und

senden ihrer Anhänger besucht. Sie kommen zum *darshan* und um von der lächelnden Amma umarmt zu werden, deren Wohltätigkeit ihr im Süden einen beinahe göttlichen Status verliehen hat.

Osho Commune International, 17 Koregaon Park, Pune, Maharashtra 411 001, ✆ 020/612 6655, 🖳 www.osho.com. Gegründet von dem enigmatischen Osho, der sich einer zahlenstarken Gemeinde westlicher und indischer Anhänger erfreut. Das „Meditation Resort" inmitten einer herrlichen Anlage bietet unterschiedliche Kurse in Selbsterfahrung, Heilmethoden und Meditation. Näheres s. S. 725.

Prasanthi Nilayam, Puttaparthy, Andhra Pradesh, ✆ 08555/87236, 🖳 www.sathyasai.org, s. S. 991. Der Ashram des 2011 verstorbenen Sai Baba, einem der meistverehrten und beliebtesten indischen Gurus mit einer weltweiten Anhängerschaft, die in die Millionen geht, liegt 4–5 Busstunden von Bangalore entfernt. Besucher stören sich manchmal an dem strengen Sicherheitspersonal und den rigiden Vorschriften. Billige Unterkünfte in Schlafsälen oder „Wohnungen" für vier Personen sind vorhanden. Man braucht nicht im Voraus buchen, sollte aber anrufen, um sich zu vergewissern, dass Plätze frei sind. Sai Baba hat auch einen kleineren Ashram in Bangalore und einen in Kodaikanal.

Purple Valley Centre, Assagao, Goa, 🖳 www.yogagoa.com. Purple Valley hat Platz für bis zu 40 Übernachtungsgäste und besitzt eines der schönsten *yoga shalas* (Übungsgelände) in Indien. Zu den Lehrkräften zählen Nancy Gilgoff und Sharath Rangaswamy, Enkel des namhaften Ashtanga-Gurus Shri K. Pattabhi Jois.

Root Institute for Wisdom Culture, Bodhgaya, Bihar, ✆ 0631/400714, 🖳 www.rootinstitute.com. Veranstaltet regelmäßig von Oktober bis März 7–10-tägige Kurse zu tibetischem Buddhismus und Meditation und hat Einrichtungen für individuelle Retreats. Längere Aufenthalte sollten möglichst früh gebucht werden. Näheres s. S.867.

Saccidananda Ashram, Thanneepalli, Kullithalai nahe Tiruchirapalli, Tamil Nadu, ✆ 04323/22260, 🖳 www.bedegriffiths.com, auch als **Shantivanam** („Friedenswald" in Sanskrit) bekannt. Dieser Ashram liegt am Ufer des heiligen Flusses Cauvery. Er wurde von Pater Bede Griffiths gegründet, einem visionären Benediktinermönch, um eine harmonische Verbindung von Christentum und Hinduismus zu entwickeln. Besucher können an den Gottesdiensten und Zeremonien teilnehmen oder sich einfach nur erholen. Die Unterbringung erfolgt in einfachen, über das Gelände verstreuten Hütten; gemeinsame Mahlzeiten. Zu den wichtigen christlichen Festen sehr viel Betrieb.

Sivananda Yoga Vedanta Dhanwantari Ashram, Thiruvananthapuram, Kerala, ✆ 0471/227 3093, 🖳 www.sivananda.org. Ableger der Divine Life Society, ein Yoga-orientierter Ashram, wo Yogastellungen (Asanas), Atemtechniken (Pranayama) und Meditation gelehrt werden. Führt auch vierwöchige Yogalehrer-Kurse durch (rechtzeitig buchen!) und besitzt u. a. Filialen in Delhi und Uttarkashi. Einzelheiten auf der Website.

Tushita Meditation Centre, McLeod Ganj, Dharamsala 176219, Himachal Pradesh, ✆ 01892/21866, 🖳 www.tushita.info. Veranstaltet verschiedene tibetische Meditationskurse. Ein 10-tägiger Kurs kostet ca. Rs3500. So früh wie möglich buchen!

Vipassana International Academy, rund 25 Zentren in ganz Indien. Führt eine Vielzahl von 3- bis 45-tägigen Kursen in Vipassana-Meditation durch. Näheres auf ihrer Website 🖳 www.dhamma.org.

können auf längeren Routen, wenn Proviant für eine Woche oder länger mitgenommen werden muss, sogar unentbehrlich sein. In Orten, die als Ausgangspunkt für bestimmte Routen dienen, werden Touristen meistens von Männern angesprochen, die ihre Dienste anbieten. Dabei kann es schwierig werden, den üblichen Preis herauszufinden, und Feilschen gehört ohnehin zum Geschäft.

Wer keine Lust hat, seine Tour in Eigenregie zu planen, kann sich auch an einen **Trekking-Veranstalter** werden. Derartige Agenturen in Orten wie Manali, Leh, Darjeeling und Gangtok werden in den jeweiligen Regionalkapiteln detailliert beschrieben.

Am besten auf Wanderer eingestellt ist der Bundesstaat **Himachal Pradesh**. **Uttarakhand** ist in Trekkerkreisen weniger bekannt, bietet aber zahlreiche Möglichkeiten, die ausgetretenen Pfade der Pilger zu verlassen, oder sich diesen auf dem Weg zu den heiligen Stätten Badrinath, Gangotri, Joshimath und Kedarnath anzuschließen. Auch in den alten buddhistischen Königreichen **Ladakh** und **Zanskar** gibt es wunderbare Hochgebirgspfade verschiedener Länge, für die man 4–10 oder noch mehr Tage braucht. **Darjeeling**, am Ostende des Himalaya, eignet sich hervorragend als Ausgangsbasis für Abstecher in die Berge der Umgebung. Die größten Höhenunterschiede – von schwülheißen Flusstälern bis zum dritthöchsten Bergmassiv der Welt – weist das benachbarte **Sikkim** auf. Kürzere Wanderungen lassen sich in den **Westghats** (S. 1087) und den **Nilgiris** (S. 1196) in Südindien unternehmen. Die bevorzugten Ausgangspunkte sind Munnar und Wayanad in Kerala, die Region Kodagu in Karnataka und Ooty in Tamil Nadu.

Eine gute **Ausrüstung** ist unabdingbar für einen Trek; sie sollte alles Notwendige umfassen, aber möglichst wenig wiegen. In manchen Orten, z. B. Leh und Darjeeling, wird Trekking-Ausrüstung vermietet, aber ansonsten muss alles gekauft oder von zu Hause mitgebracht werden. Vor dem Aufbruch sollte alles (z. B. Reißverschlüsse) auf Tauglichkeit hin überprüft werden. Die Kleidung sollte möglichst wenig wiegen und angesichts der zu erwartenden Temperaturunterschiede in Schichten getragen werden können.

Bergsteigen ist eine schwierigere Angelegenheit, die eine umfangreiche Planung und Organisation erfordert. Für Anfänger ist das Himalaya-Gebirge absolut ungeeignet. Die Mountaineering Institutes in Darjeeling, Uttarkashi und Dharamsala führen Bergsteigerkurse durch. Das Institut in **Uttarkashi** in Uttarakhand, 🖳 www.uttarkashi.nic.in/nim/courses.htm, ist bei Ausländern besonders beliebt. Hier erwerben die Teilnehmer Fertigkeiten im Fels- und Eisklettern sowie Fachwissen über Expeditionen für einen Bruchteil der Kosten, die in westlichen Ländern üblich sind. Der vierwöchige Bergsteiger-Grundkurs wird von Veteranen der indischen Armee ausgerichtet, die auf dem Siachen-Gletscher stationiert waren, und kann daher äußerst anstrengend sein.

Eine **Bergsteigererlaubnis** muss mindestens sechs Monate im Voraus bei der Indian Mountaineering Federation, Anand Niketan, Benito Juarez Rd, New Delhi 110021, ✆ 011/2411 1211, 🖳 www.indmount.org, beantragt werden. Die **Gipfelgebühren** betragen je nach Höhenlage US$1500 bis US$4000, und jeder Expeditionstrupp muss von einem IMF-geprüften Bergführer begleitet werden. Die IMF kann auch eine Liste indischer Bergsteigerclubs zur Verfügung stellen; wer Kontakt mit einem dieser Clubs aufnimmt, lernt einheimische Bergsteiger kennen und erhält Permits für die Erstürmung ansonsten unzugänglicher Gipfel.

Rafting

Auf den Flüssen Chenab und Beas in **Himachal Pradesh**, Rangit und Teesta in **Sikkim**, Zanskar und Indus in **Ladakh** sowie dem Ganges in **Uttarakhand** kann man nicht nur hervorragende Wildwasserfahrten unternehmen, sondern auch eine wunderbare Landschaft kennenlernen. Einige der größten Rafting-Zentren sind Kullu, Manali, Leh, Gangtok und Rishikesh. Die Gebühren beginnen bei rund Rs750 pro Tag inkl. Verpflegung, aber ein Preisvergleich bei mehreren Anbietern lohnt sich. Näheres in den jeweiligen Regionalkapiteln.

Höhlenwandern

Von allen indischen Bundesstaaten bietet **Meghalaya** die besten Möglichkeiten zum Höhlenwandern. Die drei Hauptgegenden sind das östliche Khasi-Gebirge, die südlichen Garo-Berge und die Jaintia-Berge (wo sich das längste Höhlensystem auf dem asiatischen Festland befindet: die 21,4 km lange Krem Kotsati-Umlawan-Höhle). Näheres s. S. 919.

Tauchen und Schnorcheln

Für Individualtouristen sind die **Andamanen** (S. 993) im Golf von Bengalen, etwa 1000 km östlich vom Festland, das lohnendste Ziel zum Tauchen und Schnorcheln. Dieser abgeschiedene Archipel, Teil einer unterseeischen Bergkette, die sich von Sumatra im Norden bis zur Küste von Myanmar (Birma) erstreckt, wird von riesigen Korallenriffen umgeben. Im kristallklaren Wasser wimmelt es von tropischen Fischen und anderen Meeresbewohnern. Verglichen mit Thailand ist das Tauchen in Indien teuer. Ein Tauchgang mit einer Tankfüllung kostet normalerweise um US$60–70, ein *open-water course* US$400–450. Angesichts der hohen Kosten beschränken die meisten Besucher sich aufs Schnorcheln, aber wenn man bereits ein PADI-Zertifikat hat, lohnt es sich, bei einer der drei Tauchschulen der Inselgruppe eine Ausrüstung zu leihen. Wer einen Kurs im offenen Meer absolvieren möchte, sollte ihn rechtzeitig im Voraus buchen, da es in der Hochsaison zwischen Dezember und Februar zu Engpässen kommen kann.

PADI-zertifizierte Tauchschulen gibt es in einer Handvoll Resorts in **Goa**, z. B. in Palolem (S. 789). In den Gewässern vor der Küste Goas ist die Sicht schlecht, aber die Mitarbeiter der Tauchschulen fahren mit ihren Kunden nach Süden zu einer Insel vor der Küste des benachbarten Karnataka, wo die Bedingungen zum Tauchen perfekt sind.

Qualifizierte Taucher sollten ihren gültigen Tauchschein und/oder ihr Logbuch mitnehmen. Wer keinen absolvierten Tauchgang innerhalb der letzten zwölf Monate nachweisen kann, muss unter Umständen eine kurze Prüfung ablegen, die um Rs350 (US$8) kostet.

Kameltrekking

Wer die Wüste stilvoll erkunden will, nimmt dafür ein Wüstenschiff. Das einhöckerige arabische Kamel, auch Dromedar genannt, ist in den Wüstenregionen Rajasthans weit verbreitet und hervorragend ans Terrain angepasst. Seine langen, doppelten Wimpern halten den Sand aus den Augen, und die Nüstern kann es schließen. Die breiten, weichen Füße mit Hufen sind das ideale Fortbewegungsmittel im Sand. Auf einem Kamel reitet man weicher als auf einem Pferd, denn das Kamel bewegt seine beiden linken und rechten Beine, anders als ein Pferd, nacheinander. Normalerweise sind Kamele brav und gutmütig, aber im Frühjahr meldet sich beim männlichen Tier der Fortpflanzungstrieb. Dann wird es störrisch, kann ausschlagen und beißen, und wenn es wütend wird, spuckt es den hochgewürgten Mageninhalt aus.

Kameltreks lassen sich in **Jaisalmer** (S. 243) und **Bikaner** (S. 255) organisieren. Manche bleiben auf den ausgetretenen Pfaden und führen zu den allseits bekannten touristischen Sehenswürdigkeiten. Bei anderen dagegen geht es tief in die Wüste, damit die Teilnehmer ein Gefühl für die Einsamkeit und Weltabgeschiedenheit bekommen. Gewöhnlich umfasst ein Kameltrek zwei Tage im Sattel und eine Nacht in einem Wüstencamp, aber es sind auch längere oder kürzere Ausflüge im Angebot.

Ausflüge in die Tierwelt

Man kann davon ausgehen, dass man am Rande von Ortschaften und Dörfern auf einige der unter „Fauna" (S. 102) beschriebenen Tierarten stößt. Aber ein Ausflug in das eine oder andere Naturreservat bietet die beste Chance, Tiere in freier Wildbahn zu beobachten. Die größeren, leichter zugänglichen Tierreservate verfügen über eine passable Infrastruktur, und Besucher werden im Geländewagen, Minibus, Bus oder manchmal auch im Boot herumgefahren. Man sollte aber nicht erwarten, mit diesen von der Parkverwaltung organisierten Standardbeförderungsmitteln viel zu sehen zu bekommen. Die meisten selteneren Tiere halten sich von Gruppen lautstarker Ausflügler weise fern. Wenn möglich, sollte man versuchen, **Wanderungen** mit einem zuverlässigen, anerkannten Guide zu organisieren. Bevor man dafür Geld ausgibt, sollte man einen Blick in die Empfehlungsbücher werfen.

Tempeltänze und Touristen

Kathakali in Kerala

Zu den schönsten Erlebnissen einer Südindienreise gehört der Besuch einer Tanzdarbietung, die im kulturellen Leben der Region eine ungeheuer wichtige Rolle spielt. Indiens vorherrschender klassischer Tanzstil, Bharatanatyam, hat seinen Ursprung in Tamil Nadu und lockt immer noch zahlreiche Zuschauer an. Andere Formen des rituellen Theaters, wie Kathakali, Kuttiyattam und Teyyattam, sind Bestandteil der Tempelrituale in Kerala.

Eine authentische Darbietung ist ein unvergessliches Erlebnis. Überwältigend ist die Ausdauer der Darsteller und des Publikums, das die ganze Nacht aufbleibt, um im Morgengrauen das Finale des Tanzdramas mitzuerleben. Die Tanzvorführungen finden den ganzen Winter über statt. Ihren Höhepunkt erreichen sie im April und Mai vor der Monsun-Pause (Juni–Aug). Um sie aufzuspüren, braucht man etwas Ausdauer und Glück, aber die Mühe lohnt.

Der **Bharatanatyam** wird von Frauen getanzt und geht auf die Devadasi zurück, die ihn früher in Tempeln als religiöses Ritual vollzogen. Heute werden diese Tänze in großen Städten des Südens aufgeführt. Darüber hinaus ist der Bharatanatyam auf den jährlichen Tanzfestivals in Mamallapuram (S. 1038/1039, Kasten), Hampi (S. 1221) und Thiruvananthapuram (S. 1106) vertreten. Weitere Aufführungen sind den Veranstaltungsseiten der regionalen Presse wie *The Hindu* in Chennai zu entnehmen. In Kerala kann man jemanden bitten, den Veranstaltungskalender der auf Malayalam erscheinenden Tageszeitung *Mathrabhumi* durchzusehen. Tempelfeste, die mit Sicherheit ein lohnendes Schauspiel sind, werden in jedem Fall angekündigt.

Das Tanztheater **Kathakali** wird ausschließlich von männlichen Tänzern in fantastischen Kostümen mit ausdrucksstark bemalten Gesichtern aufgeführt. Dargestellt wird die Welt der Götter und Dämonen, wie sie in hinduistischen Epen erscheint. Touristen können allabendlich Kathakali in Kochi (S. 1142) sehen, aber wesentlich authentischer sind Aufführungen von Thiruvananthapurams Margi (S. 1106) und Cheruthuruthys Kerala Kalamandalam (S. 1160). An beiden Kulturzentren arbeiten **Kutiyattam-Darsteller**, ebenso wie in der Natana Kairali in Irinjalakuda.

Beurteilungen der angebotenen Unterkünfte finden sich bei der Beschreibung der Parks zusammen mit einer Wegbeschreibung.

Der beliebte **Kaziranga-Nationalpark** (S. 911) im Nordosten Indiens ist berühmt für seine Panzernashörner, die aber leider immer noch von Wilderern bedroht sind; ◷ Nov–Anfang April. Ebenfalls im Nordosten beherbergt der abgelegene, kaum entwickelte **Namdapha-Nationalpark** (S. 926) an der Grenze zu Myanmar Tiger, Nebelparder, Schneeleoparden, Elefanten, Kleine Pandas (Katzenbären), Hirsche und den endemischen Hulock-Gibbon; ◷ Okt–April.

Das beliebteste Vogelschutzgebiet Indiens ist der **Keoladeo-Nationalpark** (S. 214) bei Bharatpur in Rajasthan; ◷ ganzjährig.

Wer Tiger in freier Wildbahn sehen möchte, sucht am besten den **Ranthambore-Nationalpark** (S. 218) in Rajasthan auf; ◷ Okt–Juni. Mit etwas Glück lassen sich Tiger im **Kanha-Nationalpark** (S. 437; ◷ 1. Nov bis zum Beginn der Monsunzeit Ende Juni) und mit größerer Wahrscheinlichkeit – auch vom Elefantenrücken aus – im **Bandhavgarh-Nationalpark** (S. 440; ◷ Nov–Ende Juni), entdecken. Diese Parks in Madhya Pradesh beherbergen ebenso wie das **Corbett-Tigerreservat** in Uttarakhand (S. 381; ◷ 15. Nov–15. Juni) nicht nur Tiger, sondern auch andere Tiere, darunter Rotwild, Elefanten, Affen und Vögel. Im **Sunderbans Tiger Reserve** (S. 830) hat der Tiger sich an die feuchte Inselwelt angepasst und legt weite Strecken schwimmend zurück. Den Park erkundet man per Boot; beste Zeit: Winter und Frühjahr.

Noch seltener als der Tiger ist der Asiatische Löwe. Er kommt in Indien in freier Wildbahn nur noch im Gir Forest in Gujarat vor, wo er im **Gir-Nationalpark** (S. 629) mit viel Glück zu sehen ist; ◷ Mitte Okt oder Nov–Mitte Juni.

Der **Eravikulam-Nationalpark** bei Munnar in Kerala (S. 1140) in den Westghats wirbt mit einer wachsenden Population der seltenen Bergziegen Nilgiri-Tahr, die nur hier im hohen Grasland vorkommt. Beste Zeit: Jan–April.

Das **Indira Gandhi (Anamalai) Wildlife Sanctuary** (S. 1091) in den südlichsten Ausläufern der Cardamom Hills in Tamil Nadu umschließt einige wunderschöne Berglandschaften und beherbergt eine reiche Fauna. Beste Zeit: Jan–März.

Auf der Route von Mysore nach Ooty liegt in Tamil Nadu das **Mudumalai Wildlife Sanctuary** (S. 1099) 1140 m hoch in den Nilgiri Hills. Mehrere Unterkünfte am Parkrand und die Nationalparkbehörde offerieren Touren mit Jeeps und Minibussen. Die riesigen geschützten Waldgebiete beherbergen u. a. Elefanten, Wildhunde und Gaur. Beste Zeit: Jan–März.

Eines der großen, wegen seiner Nähe zu den Backwaters beliebten Reservate ist das **Periyar Wildlife Sanctuary** (S. 1133) in Kerala um einen Stausee hoch oben in den Cardamom Hills. Es eignet sich für Ausflüge in die Berge, zu Gewürz- und Teeplantagen. Abseits des kommerziellen Zentrums werden hier selten Tiger gesichtet, etwas wahrscheinlicher ist es, Elefanten zu begegnen. Beste Zeit: Okt–März.

Nur per Boot erreicht man den **Mahatma Gandhi National Marine Park** der Andamanen (S. 1005). Die kleinen Inseln, die von Korallenriffen umgeben sind, ragen aus dem kristallklaren Wasser empor, in dem es von tropischen Fischen, Schildkröten und anderen Meereslebewesen wimmelt. Beste Zeit: Jan–März.

Websites zur Tierwelt Indiens

www.savethetigerfund.org
Alles, was man jemals über Tiger wissen wollte – und noch mehr.

www.webindia123.com/wildlife/index.htm
Reportagen, Safariberichte und Nachrichten über die indische Tierwelt.

www.camacdonald.com/birding/asiaindia.htm
Die besten Orte zur Vogelbeobachtung, Informationsquellen im Netz und in gedruckter Form, mit zahlreichen schönen Bildern und Berichten über Erkundungstouren von Vogelfreunden.

www.wpsi-india.org
Website der Wildlife Protection Society of India, die sich dem Kampf gegen die Wilderei verschrieben hat.

www.wwfindia.org
Homepage des indischen World Wildlife Fund, der sich dem Tier- und Umweltschutz auf dem Subkontinent widmet.

Reiserouten

Jede der folgenden Routen ist gut mit öffentlichen Verkehrsmitteln zu schaffen. Natürlich können die Routen nach Belieben ergänzt oder auch in umgekehrter Richtung gefahren werden.

Route 1: Indien für Eilige

■ 3–4 Wochen

Wer Nord- und Südindien in drei bis vier Wochen bereisen möchte, ist auf das Flugzeug angewiesen. Die hier vorgestellte Route verbindet den Besuch bedeutender Sehenswürdigkeiten mit geruhsamen Badetagen.

Der erste Teil der Reise führt durch das „Goldene Dreieck" mit einigen der großartigsten Kulturdenkmälern Nordindiens. Ausgangspunkt ist die indische Hauptstadt **Delhi** (S. 137) mit ihrem Roten Fort, der Jami Masjid und anderen eindrucksvollen islamischen Bauwerken sowie schöner Kolonialarchitektur. Mit einem Expresszug geht es nach **Agra** (S. 293, 2–3 Std.), wo Reisende mit dem Taj Mahal bereits einer der Höhepunkte erwartet. Mit dem Bus gelangt man nach **Fatehpur Sikri** (S. 310, 1 1/2 Std.), einer Geisterstadt, die von Akbar gegründet, aber bald wieder verlassen wurde. Nach einer weiteren Stunde ist der **Keoladeo-Nationalpark** bei Bharatpur (S. 215), ein großartiges Vogelschutzgebiet, erreicht. Anschließend steht **Jaipur** (S.183, 4 1/2 Std.), die Hauptstadt Rajasthans mit ihrer rosaroten Altstadt, auf dem Programm. Sehr zu empfehlen ist ein zwei- bis dreitägiger Abstecher mit dem Mietwagen (mit Fahrer) in das angrenzende Gebiet von **Shekhavati** (S. 200) mit seinen im Verfall begriffenen Kaufmannshäusern, den Havelis, oder über **Ajmer** (S. 221, 2 Std.) nach **Pushkar** (S. 226, 45 Min.). Die autofreie, sich um einen heiligen See gruppierende Ortschaft ist eines der beliebtesten Ziele der Backpacker auf dem Subkontinent überhaupt. Ein weiteres Highlight ist die blaue Stadt **Jodhpur** (S. 233, 5 Std. ab Ajmer) mit ihrem wunderbaren Fort. Von dort oder Jaipur gelangt man mit der Bahn in 9 bzw. 5 Std. zurück nach Delhi.

Nun folgt ein großer Sprung mit dem Flugzeug (Air India, Jet Airways, SpiceJet) nach **Chennai** (Madras, S. 1021), dem Ausgangspunkt für eine Rundfahrt durch Südindien. Als erstes Ziel bietet sich das 60 km südlich gelegene **Mahabalipuram** (S. 1034, 2 Std.) an, das mit seinem Strand und den berühmten Felstempeln ein beliebtes Ziel der Backpacker ist. Die nahe gelegene Tempelstadt **Kanchipuram** (S. 1044, 2 Std.) ist eine der sieben heiligsten Städte des Landes. Zahlreiche historische Heiligtümer erwarten den Besucher, darunter der mächtige Ekambareshvara-Tempel und der bis auf das 8. Jh. zurückreichende Kailasanatha-Tempel. Die Stadt gilt auch als Zentrum der Seidenindustrie. Das 100 km weiter südlich liegende **Tiruvannamalai** (S. 1047, 3 Std.) gehört ebenfalls zu den wichtigsten hinduistischen Stätten, wird von Touristen aber kaum besucht. Einer der größten Tempel Indiens hat hier seinen Platz. Vom angrenzenden Hügel, den Pilgerscharen zu Ehren Shivas umrunden, hat man einen großartigen Blick über den Ort. Die tiefe Religiosität ist fast mit Händen zu greifen.

Wer die ehemalige französische Enklave **Pondicherry** (S. 1049, 3 Std.) am Golf von Bengalen besucht, kommt entweder wegen des französischen Flairs oder des legendären, umstrittenen Ashrams von Sri Aurobindo. Knapp 60 km Richtung Süden liegt ein weiteres Zentrum der Shiva-Verehrung: **Chidambaram** (S. 1055, 2 Std.), wo er als Herr des kosmischen Tanzes, Nataraja, in Erscheinung tritt und durch einen repräsentativen Tempel und spektakuläre Wagenfeste geehrt wird. Kunstinteressierte sollten auf dem Weg nach Thanjavur einen Stopp im 75 km südwestlich liegenden **Kumbakonam** (S. 1059, 3 Std.) einlegen, um großartige Skulpturen im Nageshwara Swami-Tempel und weitere Glanzstücke südindischer Tempelkunst in den nahe gelegenen Orten **Darasuram** (S. 1062) und **Swamimalai** (S. 1062) zu bewundern. Von Kumbakonam sind es knapp 40 km nach **Thanjavur** (S. 1062, 1 1/2 Std.), der alten Hauptstadt des Chola-Reichs, beherrscht vom majestätischen Brihadishwara-Tempel, der zum Unesco-Welterbe zählt. Die Reise führt weiter nach **Tiruchirapalli** (Trichy, S. 1068, 1 1/2 Std.). Auf einem Felsen über der Stadt erhebt sich ein Ganesh-Tempel. In **Madurai** (S. 1074, 3 Std.), der Königin unter den Tempelstädten Südindiens, dürfte vor allem der Besuch des Sri Meenakshi-Tempels für jeden zum unvergesslichen Erlebnis werden.

Mit dem Bus oder Zug gelangt man von hier über Ernakulam nach **Kochi** (Cochin, S. 1142, 8–12 Std.), das mit seiner kolonialen Altstadt, den chinesischen Fischernetzen und dem einheimischen Kathakali-Tanz als lebendiges Beispiel früher Globalisierung gelten kann. Südlich der Stadt beginnt das Labyrinth der **Backwaters**, das sich dem Besucher erst auf dem Wasserweg erschließt, entweder von **Alappuzha** (Allepey, S. 1125, 2 Std.) mit lokalen Fähren nach **Kottayam** (S. 1129, 2 1/2 Std.) oder mit den „Touristenschiffen" nach **Kollam** (Quilon, S. 1122, 8 Std.). Mit gut gefülltem Geldbeutel kann man sich ein Hausboot mieten und die schmalen Kanäle erkunden.

Mit dem Flugzeug (Kingfisher, Jet Airways) ist es von Kochi nur ein Sprung nach **Goa** (S. 735), wo man den Indienurlaub mit einigen Badetagen ausklingen lassen kann, ehe man wieder zurück nach Delhi fliegt.

Route 2: Von Delhi nach Mahabalipuram

■ 5–6 Wochen

Diese für indische Verhältnisse recht kurze Reise beginnt wie Route 1 in **Delhi** (S. 137), einem der Eingangstore zum Subkontinent. Der erste Teil der Reise führt mit der Bahn oder dem Bus nach **Jaipur** (S. 183) und zu anderen Zielen in Rajastan (siehe Route 1). Weiter geht es mit dem Bus in den **Keoladeo-Nationalpark** bei Bharatpur (S. 215, 5 Std.), dem von der Unesco zum Welterbe erklärten Vogelschutzgebiet, in die Geisterstadt **Fatehpur Sikri** (S. 310, 1 Std.) und nach **Agra** (S. 293, 1 1/2 Std.) mit dem großartigen Taj Mahal.

Am bequemsten und schnellsten reist man mit dem Shatabdi-Expresszug über **Gwalior** (S. 413), das eine gewaltige Festungsanlage beherbergt, nach **Jhansi** (S. 315, 4 Std.). Das 15 km entfernte, abseits der Hauptreiserouten liegende kleine **Orchha** (S. 419, 30 Min.) mit seinen verwitterten Palastanlagen und romantischen Tempeln eignet sich hervorragend zum Entspannen, bevor es weiter nach **Khajuraho** geht (S. 423, 5–6 Std. über Jhansi). Die Tempelanlage gehört nicht nur wegen ihrer erotischen Skulpturen zu den sehenswertesten Indiens. Als Alternative zur langen Reise mit dem Bus nach Satna (5 Std.) und weiter mit dem Zug nach **Varanasi** (S. 328, 9 Std.) empfiehlt sich das Flugzeug (Air India, Jet Airways, 50 Min.). In Varanasi, einer der ältesten und heiligsten Städte Indiens, säumen unzählige Tempel und Badetreppen (Ghats) das Ufer des Ganges. Eine Bootsfahrt zu Sonnenaufgang vor der einzigartigen Kulisse sollte sich niemand entgehen lassen. Nur 10 km entfernt liegt **Sarnath** (S. 343), eine der heiligen Stätten des Buddhismus, hielt Buddha doch hier im Hirschpark seine erste Predigt.

Patna (S. 858, 5 Std.), Hauptstadt des Bundesstaates Bihar, ist Zwischenstopp für den Besuch von **Bodhgaya** (S. 866, 5 Std.), der Hochburg buddhistischen Glaubens. Dem Ort, wo Buddha seine Erleuchtung erfuhr, verleihen zahlreiche Klöster buddhistischer Länder eine tiefreligiöse Note. Anschließend rückt **Kolkata** (früher Kalkutta, S. 800, 8 Std.) ins Blickfeld, eine vielschichtige Millionenmetropole. Für manche ist sie die Hölle auf Erden, andere verzaubert sie durch ihr reiches kulturelles Schaffen. Einen wunderbaren Kontrast bildet ein Bootsausflug in die einmalige Inselwelt der **Sunderbans** (S. 829) im über 200 km breiten, von Mangroven gesäumten Mündungsdelta des Ganges, nach wie vor Heimat einer größeren Tigerpopulation.

Die Reise geht nun an der Küste des Golfs von Bengalen entlang nach Süden. Kaum ein Reisender wird achtlos an Orissa vorbeifahren. Das erste Ziel ist die Tempelstadt **Bhubaneswar** (S. 940, 7–10 Std.) mit ihren herrlichen Bauten im unverwechselbaren regionalen Stil. Der Sonnentempel von **Konark** (S. 963, 2 Std.) an der Küste zählt zum Unesco-Welterbe. Nur noch 25 km sind es dann zum Strand von **Puri** (S. 954), einem bei Langzeiturlaubern beliebten Ort mit preiswerten Unterkünften und netten Restaurants. Wer im Sommer kommt, kann hier die Rath Jatra, eines der prachtvollsten Feste des Subkontinents miterleben.

Die Fahrt mit dem Zug entlang der Küste von Bhubaneswar nach Chennai dauert einen Tag und eine Nacht und ist ohne touristische Höhepunkte, sodass sich hier ein Flug (Air India) lohnt.

Reiserouten

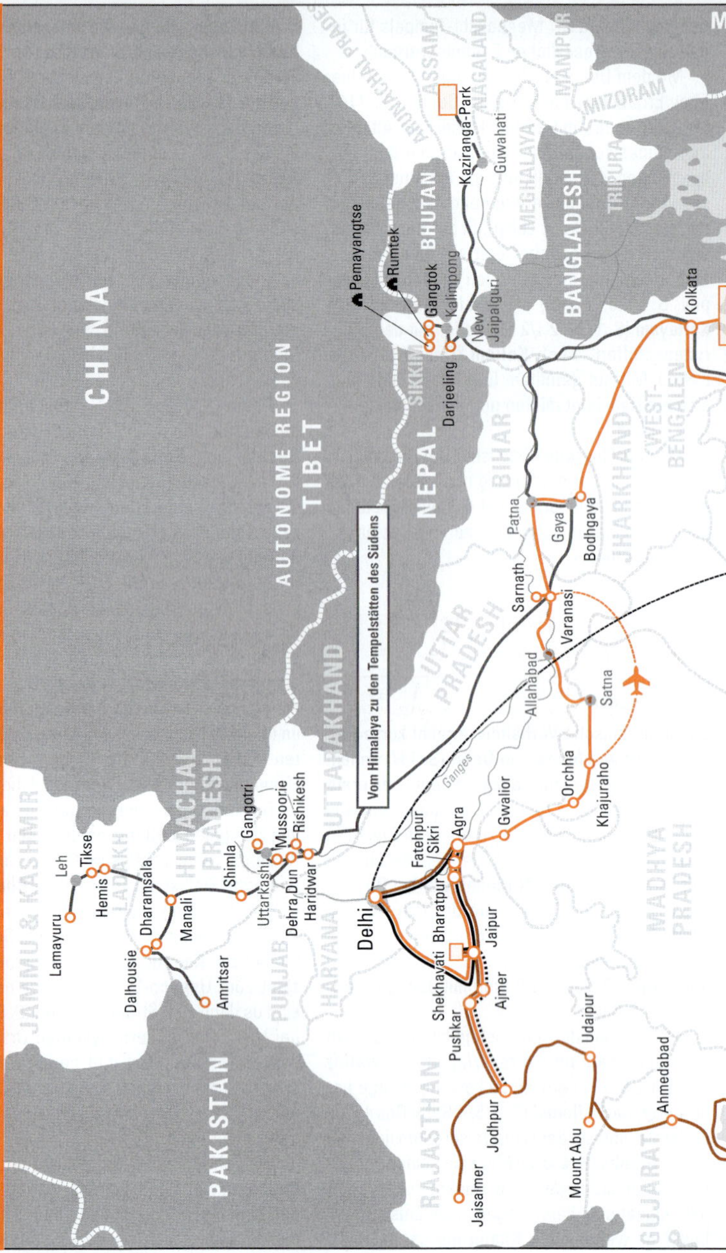

kraft auch für westliche Reisende besitzt. In Mandi, etwa 100 km weiter südlich, zweigt eine Straße nach **Manali** (S. 503, 10 Std. ab Dharamsala) ins bezaubernde Kullu-Tal ab. Über den Rohtang-Pass (im Winter unpassierbar) fahren Busse von Manali aus in zwei Tagen nach Ladakh mit seinen zahlreichen buddhistischen Tempeln wie **Tikse** (S. 557), **Hemis** (S. 560) und **Lamayuru** (S. 569) und großartigen Trekkingmöglichkeiten.

In die Kette der Hill Stations reiht sich weiter östlich **Shimla** (S. 462, 10 Std. ab Manali) ein, die bei Indern beliebte, ehemalige Sommerresidenz der Briten. Den Abschluss bilden **Dehra Dun** (S. 353, 10 Std. ab Shimla) und das über 2000 m hoch gelegene **Mussoorie** (S. 355, 2 Std. ab Dehra Dun), von wo aus man bereits einen großartigen Blick auf die Sechs- und Siebentausender des zentralen Himalaya werfen kann.

Wer in der richtigen Jahreszeit unterwegs ist, kann über die heilige Stadt **Haridwar** (S. 359, 7 Std. ab Dehra Dun), wo der Ganges aus den Bergen in die Ebene tritt, und **Rishikesh** (S. 363), Zentrum der Meditation, bis zur Quelle des heiligen Stroms in über 4000 m Höhe vordringen, so etwa von **Gangotri** (S. 371, 12 Std. ab Rishikesh) aus, das noch mit dem Bus erreichbar ist. Von hier steigt man in zwei Tagen steil bergauf zum „Kuhmaul", einem Gletschertor, aus dem ein Arm des Ganges seinen Weg ins Tiefland antritt.

Zurück im Tiefland hat man gute Verbindungen mit dem Zug von Haridwar aus nach **Varanasi**, der heiligen Stadt am Ganges (S. 328, über 18 Std.). Nach dem empfehlenswerten Besuch der buddhistischen Klöster von **Bodhgaya** (S. 866, siehe Route 2) hat man Gelegenheit, sich wieder dem Himalaya zu nähern. Dazu fährt man nach Patna, steigt in den Zug nach New Jaipalguri (8 Std.) und nimmt den Bus, Jeep (ca. 5 Std.) oder den denkmalgeschützten, allerdings sehr unbequemen „Toy Train" (8 Std.) nach **Darjeeling** (S. 841) hinauf, berühmt für seine ausgezeichneten Tees und die fast zum Greifen nahe Kette des Kanchenjunga-Massivs. Überdies ist Darjeeling eine ideale Ausgangsbasis für Trekkingtouren.

Von Darjeeling geht es nordwärts mit dem Jeep über Kalimpong nach **Gangtok** (S. 877, 4 Std.) in den Bundesstaat Sikkim. In der Stadt lassen sich Trekkingtouren organisieren. Auch kann man von hier aus einige der Klöster Sikkims besuchen, darunter **Rumtek** (S. 886), das Zentrum der tibetischen Karma-Kagyu-Schule, und **Pemayangtse** (S. 891) hoch über dem Fluss Rangit.

Der östliche Himalaya, insbesondere das Grenzgebiet zu China, und der sich anschließende Nordosten waren aus politischen Gründen teilweise nur mit Sondergenehmigung zu bereisen. In jüngster Zeit werden immer mehr Regionen freigegeben, andere sind mit einem Permit im Rahmen einer Gruppenreise ab zwei Personen zugänglich. Man sollte sich vor Beginn der Reise über die aktuelle Lage informieren. Trotz dieser Einschränkungen ist dieses ganz unindische Gebiet dank seiner Völkervielfalt und teilweise großartigen Landschaften ein lohnendes Ziel. Problemlos kann man den **Kaziranga-Park** (S. 911) zu Füßen der Himalaya-Ausläufer im Bundesstaat Assam besuchen, in dem die bedrohten Panzernashörner, Elefanten, viele andere Säugetiere und Vögel ein geschütztes, aber dennoch von Wilderern bedrohtes Refugium haben. Zunächst geht es mit dem Kanchenjunga Express von New Jaipalguri nach **Guwahati** (S. 902, ca. 10 Std.), der Hauptstadt Assams, und von dort weiter mit dem Bus in rund 6 Std.

Richtung Süden führt der Weg über die vielschichtigste Stadt Indiens, **Kolkata** (S. 800, von Guwahati mit dem Kamrup Express, ca. 24 Std.), und anschließend, wie unter Route 2 beschrieben, über Orissa nach Chennnai und in das bei Globetrottern und Kunstliebhabern gleichermaßen beliebte **Mahabalipuram** (2 Std., S. 1034) mit seinen einzigartigen Felstempeln. Ein breiter Sandstrand, gute Hotels und gemütliche Dachrestaurants nach westlichem Geschmack runden das Bild ab und lassen so manchen länger verweilen als geplant.

Ab hier folgt die Reise der Route 1 über die Tempelstädte **Kanchipuram** und **Tiruvannamalai**, die ehemalige französische Enklave **Pondicherry**, das Zentrum der Shiva-Verehrung **Chidambaram**, **Kumbakonam** mit dem Nageshwara Swami-Tempel, die alte Hauptstadt des Chola-Reichs **Thanjavur** und **Tiruchirapalli**, kurz Trichy genannt, nach **Madurai** (S. 1074), der Königin unter den Tempelstädten Südindiens. Sie ist der Endpunkt dieser Route. Vor allem der Besuch des Sri Meenakshi-Tempels dürfte für jeden zum unvergesslichen Erlebnis werden.

Route 4: Durch Rajasthan über Mumbai zur Südspitze Indiens

- 3 Monate

Die Reise beginnt in Delhi und folgt Route 1 nach **Agra** (S. 293, 2 Std.) zum wohl berühmtesten Bauwerk der Welt, dem Taj Mahal. Nur 1 1/2 Std. benötigt der Bus nach **Fatehpur Sikri**, der verlassenen, vorzüglich restaurierten einstigen Residenz Kaiser Akbars aus dem 16. Jh. Der Weg führt anschließend nach **Jaipur** (S. 183) und in die relativ wenig besuchte Region von **Shekhavati** (S. 200). Als nächstes Zwischenziel entlang der Hauptbahnlinie empfiehlt sich dann **Ajmer** (S. 221, 2 Std.), eines der Zentren des Islam in Nordindien. Von hier ist es nur ein Katzensprung nach **Pushkar** (S. 226, 45 Min.), das nicht nur für den Kamelmarkt im November berühmt ist.

Von Pushkar aus gibt es Busverbindungen in die Festungsstadt **Jaisalmer** (S. 243, 9 Std.), die sich wie eine Fata Morgana aus der Wüste Thar erhebt. Nachdem man die obligatorische Kamelsafari absolviert hat, steht dann **Jodhpur** (S. 233, 6 Std.) auf dem Programm. Diese lebendige Großstadt wird von einer mächtigen Festung beherrscht.

Einen längeren Aufenthalt lohnt das zauberhaft an einem See gelegene **Udaipur** (S. 263, 8 Std. mit dem Bus) mit seinem „schwimmenden" Palasthotel und der verschwenderischen Residenz des Maharana von Mewar. Auch zu den herrlichen Tempeln in der Umgebung wie Ranakpur und Nagda sollte man einen Ausflug machen, um dann die Reise nach **Mt. Abu** fortzusetzen (5 Std., S. 276). Hier wartet mit dem Dilawara-Tempel nicht nur ein exquisites Jain-Heiligtum auf Besucher, die Höhenlage von 1200 m bringt auch wohltuende Erfrischung von der Hitze der Ebene.

In Reichweite liegt **Ahmedabad** (S. 599, 6 Std.), eine vom Smog geplagte, aber mit ihren zahlreichen islamischen Bauwerken dennoch faszinierende Millionenstadt. Von hier aus führt der Weg nach Süden über die Hafenstadt **Bhavnagar** (S. 635, 5 Std.) zur Kleinstadt **Palitana** (S. 638, 1 1/2 Std.), an deren Rand der den Jains heilige Berg von Shatrunjaya mit hunderten von Tempeln liegt.

An der Küste lockt die vorgelagerte Insel **Diu** (S. 630, 5 Std. von Bhavnagar) – nicht nur wegen des preiswerten Alkohols (in Gujarat herrscht ansonsten Alkoholverbot!), sondern auch wegen der schönen Strände und sehr entspannten Atmosphäre.

Von Diu bestehen direkte Deluxe-Bus- und Flugverbindungen (Jet Airways über Porbandar) zur Wirtschafts- und Filmmetropole **Mumbai** (Bombay, S. 647, 23 Std. bzw. 2 1/2 Std.), besser bekannt unter dem alten Namen Bombay. Weiter geht es nach **Aurangabad** (S. 694, 8–10 Std.), Ausgangspunkt für den Besuch der einzigartigen Höhlentempel von **Ellora** (S. 701, 30 km) und **Ajanta** (S. 707, 110 km) aus der Frühzeit des Buddhismus.

Statt nun direkt die verlockenden Strände von Goa anzusteuern, empfiehlt sich eine kleine Reise durch den wenig besuchten Süden Maharashtras, obwohl man dazu wieder ein Stück in Richtung Mumbai fahren muss. Zunächst geht es mit dem Bus nach **Pune** (S. 723, 5 Std.), mit dem bekannten Osho-Ashram. In rund 1 1/2 Std. kann man von hier mit einem der vielen Züge Richtung Mumbai bis Lonavala fahren und von dort den faszinierenden Höhlen von **Karla** (S. 722) und **Bhaja** (S. 722) einen Besuch abstatten. Noch 1 1/2 Std. weiter mit dem Zug von Lonavala Richtung Mumbai erreicht man die kleine Station Neral, von wo Anschluss an die Schmalspurbahn nach **Matheran** besteht (S. 718, 2 Std.). Von diesem 800 m hoch in den Sahyadri-Bergen gelegenen Ort lassen sich herrliche Wanderungen mit spektakulären Fernsichten unternehmen.

Nun geht es mit dem Zug zurück nach Pune und von dort mit dem Bus nach **Mahabaleshwar** (S. 731, 4 Std.), einer weiteren Hill Station in 1300 m Höhe, wo es sich herrlich ausspannen lässt. **Kolhapur** (S. 733, 7 Std.) mit seinem hübschen alten Mahalakshmi-Tempel empfiehlt sich als Stopover auf dem Weg zu den Stränden des Südens. In weiteren 8 Std. ist Goa erreicht, *das* Urlaubsziel am Indischen Ozean.

Erster Anlaufpunkt und Einfallstor nach Goa ist die Stadt **Panjim** (S. 740), die sich auch gut als Standort für den Besuch von **Old Goa** (S. 746, 1/2 Std.), der ehemals portugiesischen Metropole, eignet. Nach ein paar erholsamen Tagen

In den Dünen von Pushkar findet der größte Kamelmarkt der Welt statt.

am traumhaften Strand von **Palolem** (S. 789 geht die Fahrt weiter auf der landschaftlich besonders schönen Küstenstraße NH 17 über den Pilgerort **Gokarna** (S. 1213, 3 Std.) mit ebenfalls herrlichen Stränden nach **Mangalore** (S. 1206, 6–7 Std.), das vor allem als Verkehrsknotenpunkt von Bedeutung ist. Statt weiter die Küste hinunter zu fahren, sollte man von hier den Bogen ins Landesinnere nach **Hassan** (S. 1196, 4 Std.) schlagen, Ausgangspunkt für den Besuch der berühmten Tempelanlagen von **Belur** (S. 1200) und **Halebid** (S. 1198) sowie **Sravanabelagola** (S. 1201) mit seiner riesigen Jain-Statue. Von Hassan erreicht man mit der Bahn problemlos **Mysore** (S. 1185, 3 Std.), das einen großartigen Maharadschapalast beherbergt.

Der südlich angrenzende Bundesstaat Kerala gehört zu den sehenswertesten Regionen Südindiens. Ein Highlight sind die bis auf über 1000 m ansteigenden, sich über die Grenze in den Bundesstaat Tamil Nadu ausdehnenden **Nilgiri-Berge** mit Teeplantagen, dichten Wäldern und der „Königin der Hill Stations" **Udhagamandalam** (Ooty, S. 1095, 5 Std.).

Von hier geht es wieder hinab zur Küste nach **Kozhikode** (S. 1161, 7 Std.), das alte Calicut, wo Vasco da Gama 1498 erstmals indischen Boden betrat. Leider hat die Stadt ihren alten Charme längst eingebüßt. Ganz anders **Kochi** (Cochin, S. 1142, 6 Std.), das eine einzigartige Mischung keralischer Kultur bietet. Südlich der Stadt beginnt das faszinierende Labyrinth der **Backwaters**, das sich dem Besucher erst auf dem Wasserweg erschließt (vgl. Route 1).

In Kottayam sollte man die Küste verlassen, um dem in den Bergen liegenden **Periyar Wildlife Sanctuary** (S. 1133, 4 Std.) einen Besuch abzustatten. Zurück zur Küste kann man den Weg nach **Kollam** wählen (Quilon, S. 1122, 6 Std.). Nun ist wieder Badeurlaub angesagt, am besten in **Varkala** (S. 1118, 45 Min.), eine kurze Bahnfahrt südlich von Kollam, obwohl hier die Strömungen sehr gefährlich sind. Weitaus bekannter ist das Touristenzentrum **Kovalam** (S. 1112), 70 km weiter südlich vor den Toren der Metropole **Thiruvananthapuram** (Trivandrum, S. 1106, 2 Std.), die selbst wenig zu bieten hat.

Von hier aus ist das Ziel **Kanyakumari** (S. 1085, 2 Std.), die Südspitze Indiens (Cape Comorin), nur noch einen Katzensprung entfernt: Lediglich zwei Stunden benötigt der Zug von Trivandrum.

Klima und Reisezeit

Bei der Planung einer Indienreise ist es wichtig, die sehr unterschiedlichen klimatischen Bedingungen zu berücksichtigen. Das Wetter auf dem Subkontinent wird in erster Linie von der Regenzeit, dem **Monsun**, bestimmt. Die Regenfälle setzen Ende Mai an der Küste von Kerala im Südwesten der indischen Halbinsel ein und ziehen während der folgenden anderthalb Monate in nordöstlicher Richtung über das Land.

In der Regenzeit wird die Hitze durch ergiebige, in mehr oder weniger regelmäßigen Abständen niedergehende Wolkenbrüche gemildert. Ab und zu dringen Sonnenstrahlen durch die Wolkendecke, doch insgesamt herrscht eine drückend hohe Luftfeuchtigkeit. Insbesondere in den Dschungelregionen im Nordwesten und im bengalischen Tiefland kann es in dieser Zeit zu verheerenden **Überschwemmungen** kommen, und am Fuße des Himalaya sind **Erdrutsche** keine Seltenheit.

Anfang, Mitte September ist der Norden überwiegend regenfrei, aber es vergehen noch weitere zwei Monate, bis auch über dem südlichen Dekkan und Kerala alle Wolken abgezogen sind. Die Ostküste von Andhra Pradesh und Tamil Nadu sowie der Südzipfel von Kerala erleben zwischen Oktober und Dezember aufgrund des Nordwest-Monsuns eine zweite Regenzeit. Im Dezember jedoch ist der Himmel über dem Subkontinent überwiegend klar, und die Temperaturen sind relativ erträglich.

Wenn es langsam Frühling wird, heizt sich das Zentrum des Landes erneut auf, und gegen Ende März liegen die Durchschnittstemperaturen im Gangesdelta und auf dem Dekkan-Plateau bei 33 °C. Am heißesten wird es im Mai und Anfang Juni. Die **beste Reisezeit** für den überwiegenden Teil des Landes ist daher die kühle, trockene Jahreszeit zwischen November und März. In Delhi, Agra, Varanasi, Rajasthan und Madhya Pradesh herrscht dann ein sehr angenehmes Klima. Von Ende März an kann ein Abstecher in das Himalaya-Gebiet in Erwägung gezogen werden; die **beste Trekking-Zeit** ist im August und September, wenn der übrige Subkontinent im Regen versinkt.

Ahmedabad

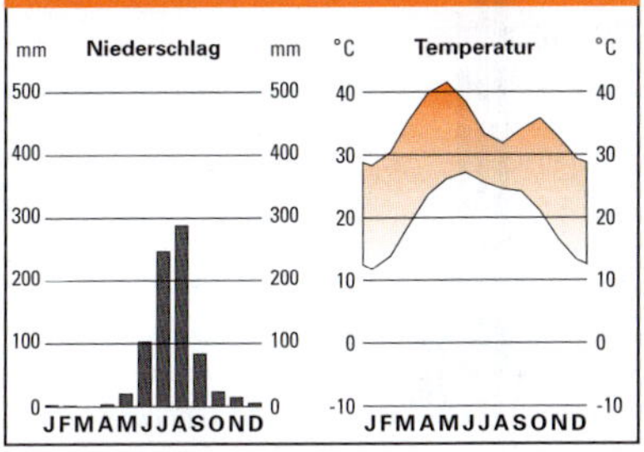

Bangalore

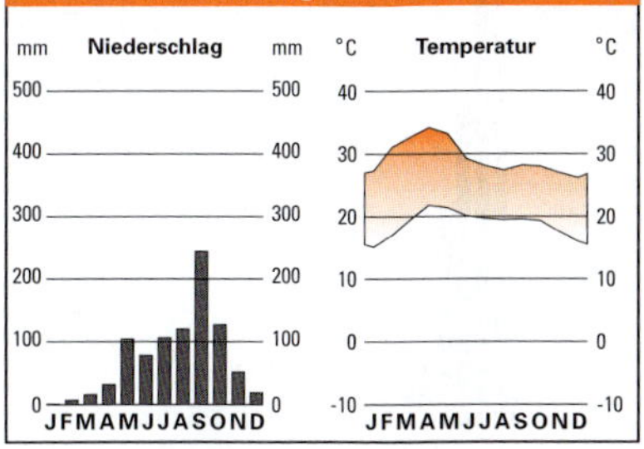

Chennai

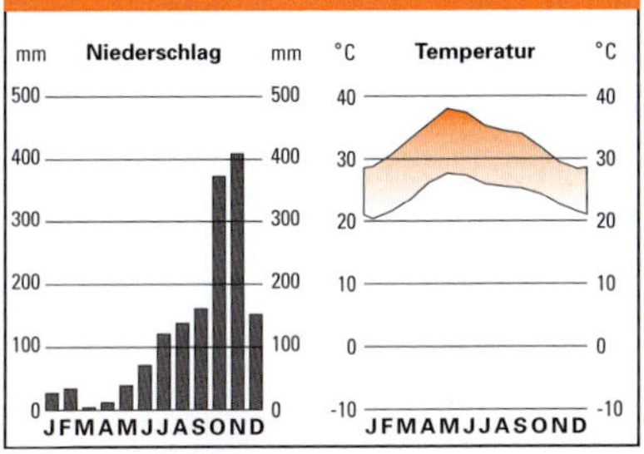

Darjeeling

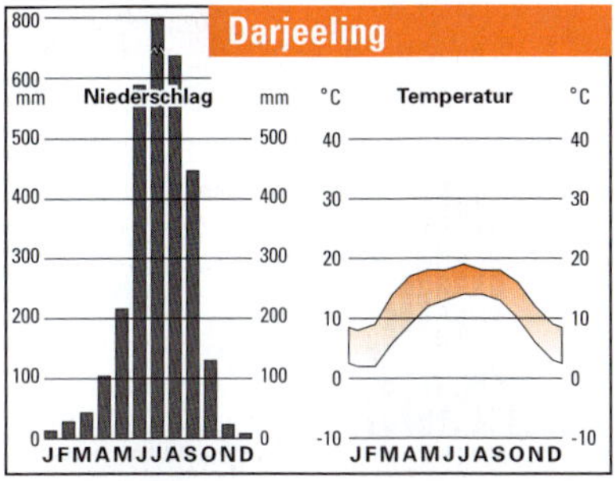

Delhi

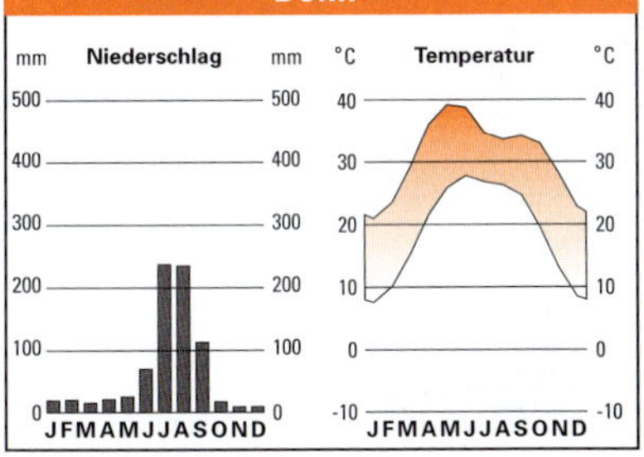

Hyderabad

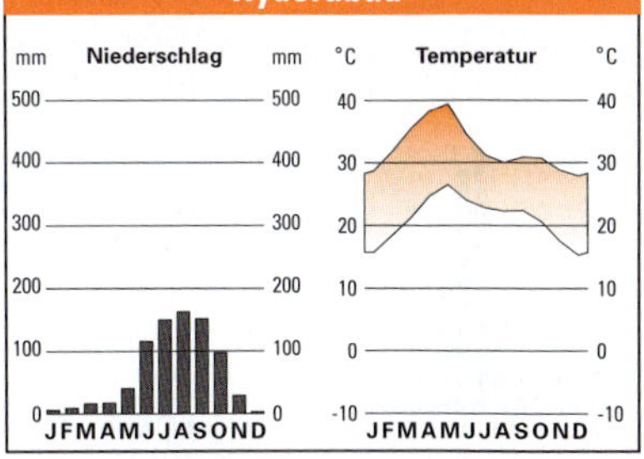

Jaisalmer

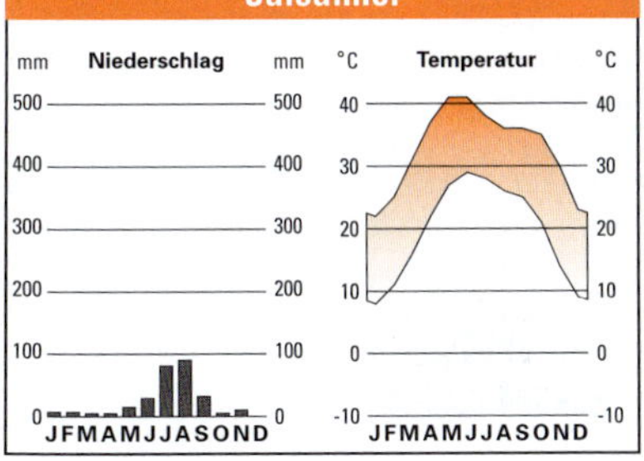

Kolkata

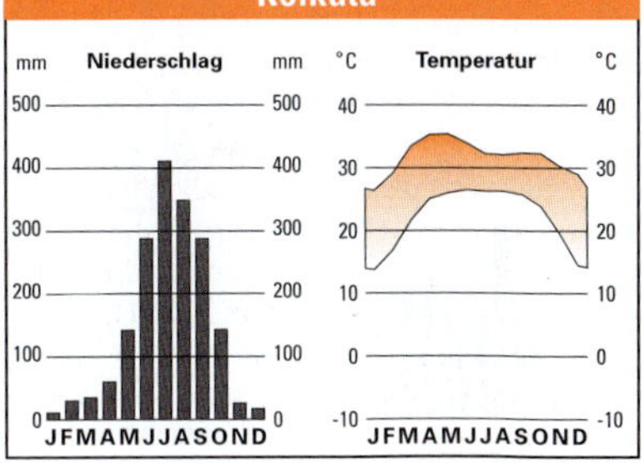

Mumbai

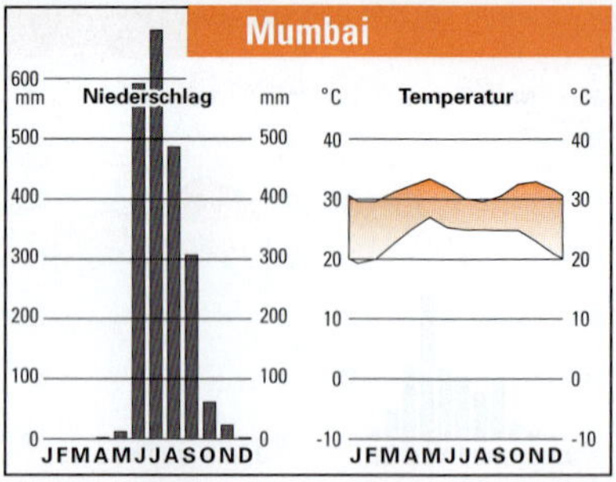

Panjim

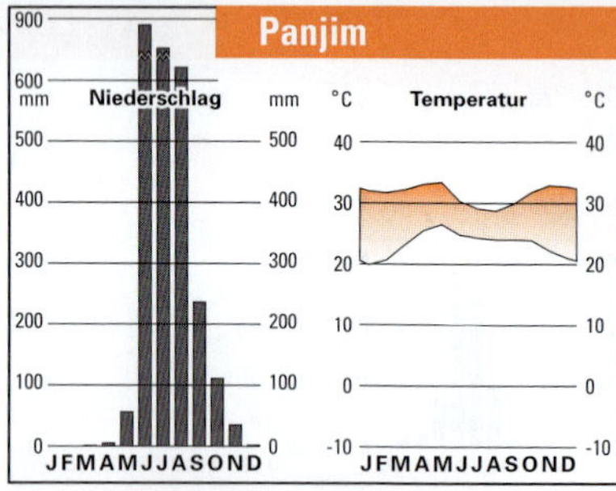

Port Blair

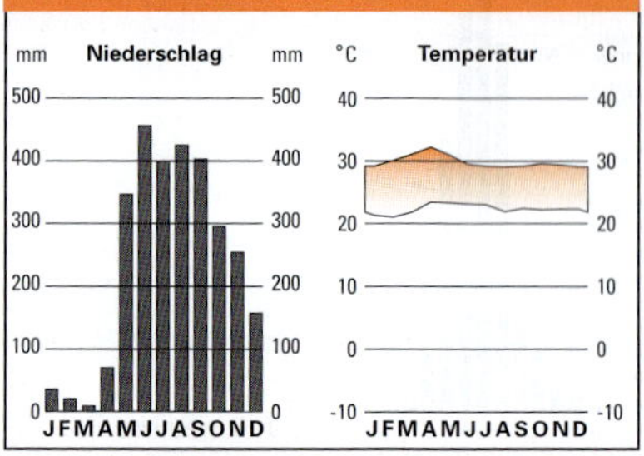

Puri

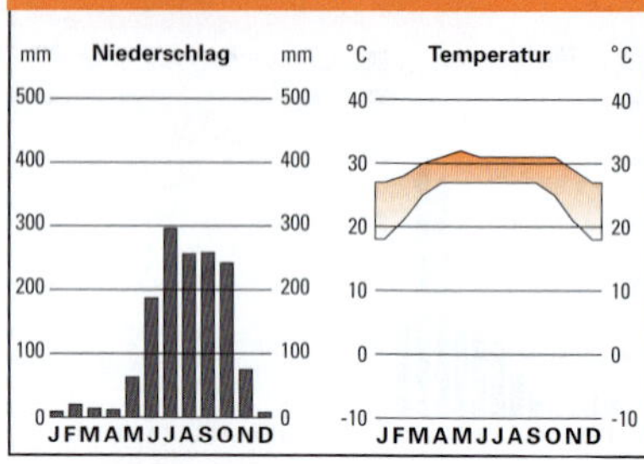

Shimla

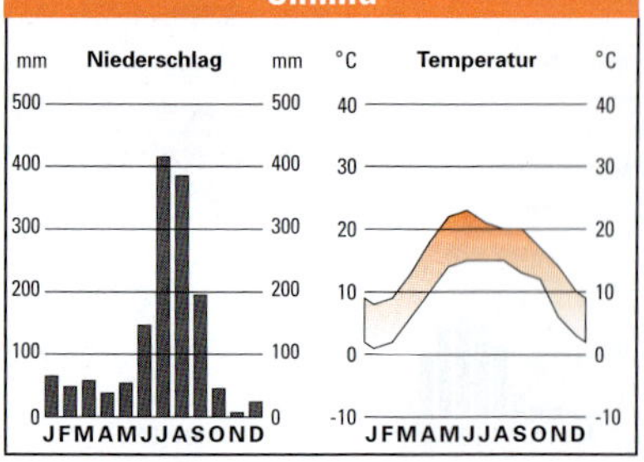

Srinagar

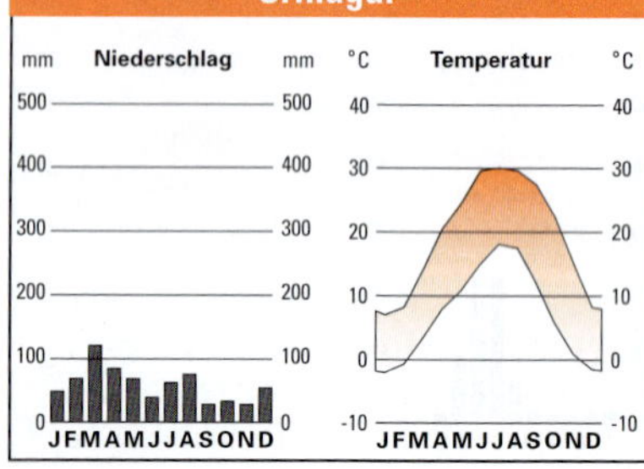

Thiruvananthapuram

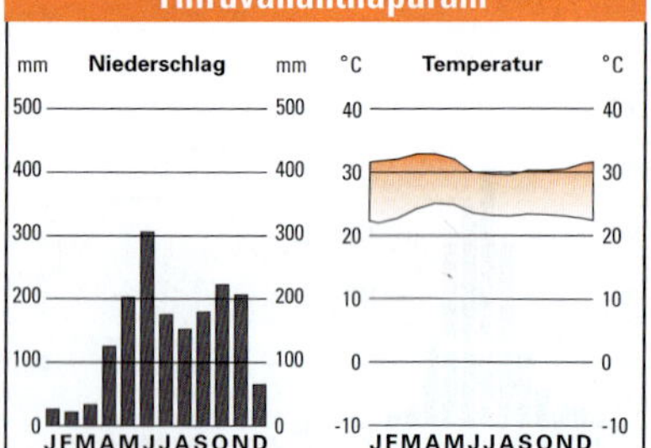

Udhagamandalam (Ooty)

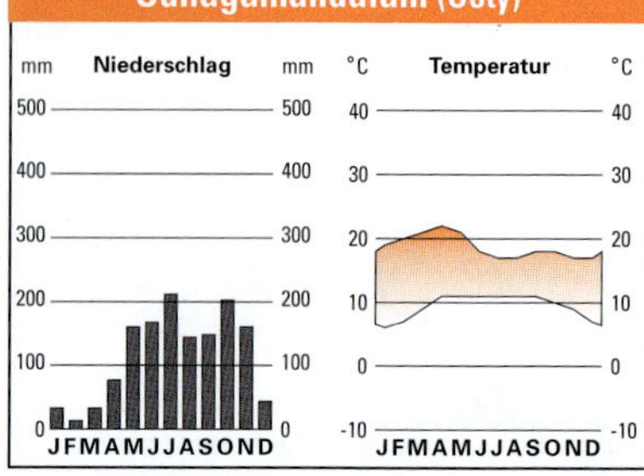

Reisekosten

Für westliche Besucher ist Indien immer noch eines der billigsten Reiseländer der Welt. Selbst mit einem geringen Budget kommt man oft sehr weit. Für sein Geld bekommt man fast immer etwas Anständiges, egal ob man sehr sparsam oder eher luxuriös reist.

Das zu veranschlagende **Tagesbudget** hängt natürlich davon ab, wo man hinfährt, wo man absteigt, wie man herumreist, was man isst und einkauft. Außerhalb der Ferienorte von Kerala und Goa reichen schon ungefähr Rs750 (US$17) pro Tag zum Überleben, wenn man in lokalen *dhabas* isst und nicht viel umherreist. Die meisten Rucksackreisenden geben heutzutage aber mindestens das Doppelte aus. Rs2000 pro Tag reichen für ein relativ komfortables Hotel der mittleren Preisklasse, Mahlzeiten in kleineren Restaurants, Rikscha- oder Taxifahrten und Eintrittsgelder für Sehenswürdigkeiten. Wer ein Budget von ca. Rs5000 (US$110) pro Tag zur Verfügung hat, kann in noblen Hotels absteigen, in vornehmen Restaurants speisen, im Zug in der 1. Klasse sitzen und sich für die Fahrt von A nach B Autos mit Fahrer leisten. Wenn es von allem nur das Beste sein soll, kann man eine Menge Geld loswerden, zumal zahlreiche Hotels US$500 pro Nacht und manchmal noch weit mehr verlangen.

Allerdings gibt es immer noch sehr preiswerte **Budgetunterkünfte**. Ein billiges DZ kostet normalerweise ab Rs400 (US$9) pro Nacht, ein einfaches vegetarisches Essen in einem durchschnittlichen Restaurant in der Regel nicht mehr als Rs100. **Reisen** über lange Entfernungen erfreuen durch ein phänomenal gutes Preis-Leistungs-Verhältnis, solange man sich an staatliche Busse und die normale 2. Klasse der nicht klimatisierten Züge hält. Es wird aber schnell teurer, wenn man sich z. B. für die AC-Klasse in einem Intercity entscheidet. So liegt beispielsweise der Preis für die 200 km lange Strecke von Delhi nach Agra irgendwo zwischen Rs78 (US$1,75) in der 2. Klasse ohne Reservierung und bis zu Rs755 (US$17) in der 1. Klasse mit AC.

Was kostet wie viel?

(Wechselkurs: 1 € = Rs65)

Getränke	
1 l Wasser	ab 0,20 €
1 kl. Flasche Coca Cola	ab 0,20 €
1 Flasche Bier (0,65 l)	ab 1,50 €
1 Tasse Tee	ab 0,10 €
Mahlzeiten	
Einheimisches Frühstück	ab 0,50 €
Einheimisches Mittagessen	ab 0,50 €
Abendessen a) einfach	ab 0,50 €
b) teuer	um 10 €
Unterkunft	
Billigunterkunft DZ mit Gemeinschaftsbad	ab 4 €
Mittelklassehotel DZ mit Privatbad	7–10 €
Gehobener Standard DZ	ab 30 €
Luxusklasse	ab 100 €
Unterwegs	
Fernbus, 100 km	ab 1,50 €
Kleiner Mietwagen / Tag, inkl. Fahrer	40 €
Motor-Rikscha	ab 0,50 €
1 l Diesel/Normal/CNG (Flüssiggas)	0,45/0,65–0,70/0,39 €
Leihfahrrad pro Tag	0,40–2,50 €
Sonstiges	
Eintritt große Museen	4,50 €
1 Std. Internet (Mumbai)	ab 0,30 €
Ferngespräch nach Deutschland / Min.	ab 0,10 €
Ortsgespräch	0,05 €
Handygespräch landesweit / Min.	ab 0,10 €

Es macht auch einen Unterschied, wo man sich aufhält: **Mumbai** ist insgesamt ein teures Pflaster, besonders was Unterkünfte angeht, und auch in **Delhi** liegen die Preise erheblich höher als in den meisten anderen Teilen des Landes. Ein Zimmer in einem noblen Hotel in **Kerala** kostet fast genauso viel wie ein vergleichbares in Europa. Am anderen Ende der Preisskala ist die Konkurrenz groß, was die Unkosten in den Touristenzentren von **Rajasthan** niedrig hält. In der tiefsten Provinz – und fern von anderen Touristen – kann es spottbillig sein. Dafür ist das Angebot natürlich sehr begrenzt.

Einige Individualreisende haben ihre helle Freude daran, sich als leidenschaftliche **Pfennigfuchser** zu betätigen, was Inder eher abstoßend finden (sie haben eine ungefähre Vorstellung davon, wie viel ein Europäer verdient). Man sollte, wo angebracht, feilschen, aber niemandem ein paar hart erarbeitete Rupien missgönnen, sondern bedenken, wie viel man für die gleiche Leistung zu Hause zahlen müsste und wie viel wertvoller das Geld für diese Person als für einen selbst ist. Selbst wenn man bei jeder Rikschafahrt den Höchstpreis zahlt, wird es die Ausgaben für die Reise nur minimal erhöhen. Andererseits sollte man nicht übertrieben viel für etwas zahlen, dessen üblichen Preis man kennt. Gedankenlose Verschwendung kann vor allem in abgeschiedenen Gebieten, die von unverhältnismäßig vielen Touristen aufgesucht werden, zur Inflation beitragen und damit selbst Grundnahrungsmittel und Dienstleistungen für die Einheimischen unerschwinglich machen.

Wir geben ungefähre **Preise zur Orientierung** an. Dennoch sollte man sich nicht schon zu Beginn einer langen Reise strikt vornehmen, dass das mitgebrachte Geld eine bestimmte Anzahl von Wochen oder Monaten reichen muss. Es ist zwar möglich, tagelang sehr wenig auszugeben, aber wer sich über einen längeren Zeitraum nicht angemessen ernährt und ausruht, tut sich keinen Gefallen und verliert den Spaß am Reisen.

Für Ausländer liegen die **Eintrittspreise** zu Museen und historischen Sehenswürdigkeiten in Indien höher als für Einheimische (siehe Kasten unten), darüber hinaus zahlen sie in exklusiven Hotels und für Flugtickets mehr und in Dollar.

ASI-Eintrittsgebühren

Der **Archeological Survey of India** (ASI), der viele von Indiens renommiertesten Denkmälern verwaltet, hat in allen seinen Sehenswürdigkeiten ein zweigleisiges Eintrittspreissystem eingeführt, bei dem ausländische Besucher, inklusive nicht im Land lebende Inder, mehr (manchmal viel mehr) bezahlen müssen als indische Bürger.

Traveltipps von A bis Z

Anreise

Da die meisten Landrouten nach Indien durch krisenanfällige Gebiete führen oder an geschlossenen Grenzübergängen enden (der Weg über Nepal ausgenommen), reist die Mehrzahl der Touristen mit dem Flugzeug an. Direktflüge aus Europa führen in der Regel nach Delhi oder Mumbai, aber auch Kolkata, Chennai und Bengaluru werden angeflogen. Die reine Flugzeit von Deutschland beträgt etwa acht Stunden. Tickets kosten zwischen 550 und 2000 €. Wer Geld sparen möchte, sollte einen Flug mit Umsteigen wählen: Es gibt mehrere Flüge über europäische Städte oder die Golfstaaten. In jedem Fall sollte man sich vor dem Kauf eines Tickets umhören, denn die Preise unterscheiden sich mitunter erheblich.

Lufthansa, 🖳 www.lufthansa.de, fliegt 2x täglich von Frankfurt und München nach **Delhi** und **Mumbai** sowie 3x wöchentlich ab Frankfurt direkt nach **Kolkata**. Air India, 🖳 www.airindia.com, fliegt täglich von Frankfurt nach Mumbai. British Airways, 🖳 www.britishairways.com, startet jeden Tag von London nach Delhi und Mumbai, Air France, 🖳 www.airfrance.de, täglich von Paris und Austrian Airlines, 🖳 www.austrianairlines.co.at, fünfmal wöchentlich von Wien.

Darüber hinaus fliegen Lufthansa täglich und Air India 2x wöchentlich von Frankfurt sowie British Airways zweimal wöchentlich von London nach **Chennai** (ab 580 €). Direktflüge nach **Bangalore** mit Lufthansa ab Frankfurt (6x wöchentl.) sind teurer (ab 850 €). Günstiger ist es über London mit Umsteigen in Delhi oder Mumbai. Teuer sind auch die Direktflüge mit Condor, 🖳 www.condor.de, von München nach **Goa** (nur in der Hochsaison). Emirates, 🖳 www.emirates.com, bietet gute Verbindungen ab Dubai nach **Trivandrum**, **Kochi**, Chennai und Bangalore.

Normalerweise ist die Geltungsdauer von Billigtickets auf zwölf Monate begrenzt. Für die Umbuchung des Rückflugs müssen mindestens 150 € bezahlt werden. Dennoch sollte man keine *open date tickets* kaufen, da zu manchen Zeiten Flüge von und nach Indien Monate im Voraus ausgebucht sind.

Botschaften und Konsulate

Indische Vertretungen im Ausland

Deutschland

Tiergartenstr. 17, 10785 Berlin,
📞 030/257950, 📠 25795102,
✉ dcm@indianembassy.de,
🖳 www.indianembassy.de,
🕓 Mo–Fr 9–13, 13.30–17.30.

Generalkonsulate:

Friedrich-Ebert-Anlage 26, 60325 Frankfurt,
📞 069/1530050, 📠 554125,
✉ consulgeneral@cgifrankfurt.de,
🖳 www.cgifrankfurt.de.

Graumannsweg 57, 20487 Hamburg,
📞 040/338036, 📠 323757, ✉ cgihh@aol.com.

Widenmayerstr. 15, 80538 München,
📞 089/2102390, 📠 21023970,
✉ cgimun02@W-online.de.

Nepal

c/o Indian Visa Service Centre (IVSC),
296 Kapurdhara Marg, Kathmandu,
📞 01/400 1516, 🖳 www.indianembassy.org.np.

Österreich

Kärntner Ring 2, 1015 Wien,
📞 01/5058666, -69, 📠 5059219,
✉ indemb@eoivien.vienna.at,
🖳 www.indianembassy.at.

Konsulat:

Opernring 1, 1010 Wien,
📞 01/5850795, 📠 5850805.

Schweiz

Kirchenfeldstr. 28, 3005 Bern 6,
📞 031/3511110, 📠 3511557,
✉ india@spectraweb.ch,
🖳 www.indembassybern.ch.

Konsulate:

Rue du Valais 9, 1202 Genève,
📞 022/9068686, 📠 9068696.

Sonnenbergstrasse 50, 8032 Zürich,
📞 043/3443214, 📠 3443211,
✉ jhmakwana@makwana.com.

Weniger fliegen – länger bleiben! Reisen und Klimawandel

Der Klimawandel ist vielleicht das dringlichste Thema, mit dem wir uns in Zukunft befassen müssen. Wer reist, erzeugt auch CO_2: Der Flugverkehr trägt mit einem Anteil von bis zu 10 % zur globalen Erwärmung bei. Wir sehen das Reisen dennoch als Bereicherung: Es verbindet Menschen und Kulturen und kann einen wichtigen Beitrag für die wirtschaftliche Entwicklung eines Landes leisten. Reisen bringt aber auch eine Verantwortung mit sich. Dazu gehört darüber nachzudenken, wie oft wir fliegen und was wir tun können, um die Umweltschäden auszugleichen, die wir mit unseren Reisen verursachen.

Wir können insgesamt weniger reisen – oder weniger fliegen und länger bleiben, den Zug nehmen (wenn es einen gibt), Nachtflüge meiden (da sie mehr Schaden verursachen). Und wir können einen Beitrag an ein Ausgleichsprogramm wie **www.atmosfair.de** leisten. Dabei ermittelt ein Emissionsrechner, wie viel CO_2 der Flug produziert und was es kostet, eine vergleichbare Menge Klimagase einzusparen. Mit dem Betrag werden Projekte in Entwicklungsländern unterstützt, die den Ausstoß von Klimagasen verringern helfen.

nachdenken • klimabewusst reisen

atmosfair

Sri Lanka

High Commission:
36-38 Galle Rd, Colombo 3,
011/232 7587,
www.hcicolombo.org.
Konsulat:
31 Rajapihilla Mawatha, Kandy,
081/2224563.

Diplomatische Vertretungen in Indien

Deutschland

6/50-G Shanti Path, Chanakyapuri,
New Delhi 110021,
011/44199199, 26873117,
info@new-delhi.diplo.de,
www.new-delhi.diplo.de.
Postanschrift: Embassy of the Federal Republic of Germany, P.O. Box 613, New Delhi 110001, Indien.
Generalkonsulate:
Hoechst House, 10th floor,
Nariman Point, 193 Backbay Reclamation,
Mumbai 400 021,
022/22832422, 22025493,
info@mumbai.diplo.de,
www.mumbai.diplo.de.
Boat Club Road 9, Chennai,
044/24301600, 24349293,
info@germanconsulatechennai.org,
www.chennai.diplo.de.
1 Hastings Park Rd, Alipore, Kalkutta,
033/24791141, 24793028,
gerconsu@vsnl.com,
www.kalkutta.diplo.de.

Österreich

EP-13, Chandragupta Marg,
Chanakyapuri, New Delhi 110021,
011/24192700, 26889170,
new-delhi-ob@bmaa.gv.at,
www.aussenministerium.at/newdelhi.
Konsulate (ohne Passbefugnis):
26 Maker Chambers VI,
Nariman Point, Mumbai 400021,
022/22874758,
tamara_valladares@jasubhai.com.
Salgaocar House, Dr. F. Louis Gomes Rd,
Vasco da Gama, Goa 403 802,
0832/2513816, auscom@sancharnet.in.
115 Mahatma Gandhi Salai, Chennai 600 034,
044/28334501, auscon_chen@yahoo.co.in.
Industry House, 12th Floor,
10 Carnac St, Kolkata 700017,
033/22835660,
ausconkol@manjushreeinfotech.com.

Schweiz
Nyaya Marg, Chanakyapuri, New Delhi 110021,
✆ 011/26878372, ℻ 26870652,
✉ ndh.visa@eda.admin.ch,
vertretung@ndh.rep.admin.ch,
🖳 www.eda.admin.ch/newdelhi.
Generalkonsulat:
102 Maker Chambers IV, 10th Floor,
222 Jamnalal Bajaj Marg, Nariman Point,
Mumbai 400021,
✆ 022/228845-63 bis -65, ℻ 228845-66,
✉ vertretung@mum.rep.admin.ch,
🖳 www.eda.admin.ch/mumbai.

Einkaufen

In Indien findet man so viele schöne, exotische Souvenirs, dass man manchmal gar nicht weiß, was man zuerst kaufen soll. Auch sind viele Dinge hier wesentlich günstiger als zu Hause (etwa maßgeschneiderte Kleidung). Also: Das Gepäck wird bestimmt schwerer – es sei denn, man schickt etwas per Post nach Hause.

Wo einkaufen?

In Indien wimmelt es von aufdringlichen **Straßenhändlern** (meist Kinder). Wer kein Interesse hat, sollte das deutlich zeigen. Manchmal aber bieten die Verkäufer vernünftige Souvenirs unter Ladenpreis an oder lassen mit sich handeln. Praktisch alle Landesregierungen betreiben **Kunsthandwerksläden** *(emporia)*. Die meisten haben Filialen in Großstädten wie Delhi, Mumbai, Chennai und Kolkata. In diesen vier Städten gibt es auch **Central Cottage Industries Emporiums**. Die Waren in diesen Läden sind in der Regel von guter Qualität, dafür sind die (festen) Preise etwas hoch. Ein Besuch lohnt auch, um sich ein Bild davon zu machen, welche Art von Kunsthandwerk erhältlich ist und wie viel es in etwa kostet.

Handeln

Außer beim Kauf von Essen, Haushaltswaren und Zigaretten wird fast immer erwartet, dass man um den Preis feilscht. Wie, das ist vor allem eine Frage des Stils. Feste Regeln gibt es nicht. Der Preis, den ein Händler am Anfang nennt, hat nicht viel zu sagen. Manche Leute raten, etwa ein Drittel dieser Summe zu zahlen, aber auch das ist nur eine Daumenregel. Wer zu wenig bietet, wird vielleicht aus dem Laden geschoben, weil er einen „beleidigenden" Preis geboten hat. Das ist Teil des Spiels. Wenn man am nächsten Tag wiederkommt, wird man wie ein alter Freund begrüßt. Hat man einen Preis geboten, ist man verpflichtet, ihn zu zahlen. Also niemals um etwas feilschen, das man nicht haben will, oder eine Summe nennen, die man nicht zu zahlen bereit ist.

Manchmal halten Rikscha-*wallahs* und Taxifahrer unaufgefordert bei Geschäften, die ihnen eine Provision für die Vermittlung potenzieller Käufer bezahlen. In Städten wie Jaipur und Agra einigen sich Touristen und Fahrer manchmal sogar darauf, bei fünf Geschäften anzuhalten und sich die Provision zu teilen. Schließlich kosten die Fahrtunterbrechungen beide Seiten Zeit. Wer von einem Schlepper oder Fahrer in einen Laden gelotst wird und dort etwas kauft, bezahlt einen Preis, der etwa 50 % über dem normalen liegt. Wer sich nicht auf derlei Spielchen einlassen möchte sollte darauf bestehen, sofort ans Ziel gebracht zu werden. Ein gutes Geschäft lässt sich nur ohne ungebetene Begleitung machen.

Was einkaufen?

Kein anderes Land produziert eine so große Auswahl an Kunst und Kunsthandwerk wie Indien. Jeder Landesteil hat seine speziellen Produkte – in Rajasthan sind es Textilen, in Karnataka Metallarbeiten, in Kashmir Teppiche. Aber auch viele andere schöne Sachen warten nur darauf, gekauft zu werden. Und das zu unschlagbar günstigen Preisen.

Gemälde

Die meisten tibetischen **Thangkas** (buddhistische Gemälde auf Seidenbrokat) sind moderne Massenware, auch wenn der Verkäufer etwas anderes behauptet. Aber selbst aus der billigsten Version spricht noch der komplexe buddhistische Symbolismus dieser Kunstform. Man findet *thangkas* im Norden, wo es tibetische Ge-

Öffnungszeiten

Geschäfte in Indien haben Mo–Sa von 9.30–18 Uhr geöffnet. Die meisten großen Läden halten sich an diese Zeiten, während die Öffnungszeiten kleinerer Geschäfte von Ort zu Ort und Religion zu Religion variieren, aber meist länger sind.
Die staatlichen Tourist Offices haben Mo–Fr von 9.30–17, Sa von 9.30–13 Uhr geöffnet und jeden 3. (manchmal auch jeden 2.) Sa im Monat geschlossen. Die Tourist Offices der Bundesstaaten haben in der Regel Mo–Fr von 10–17 Uhr geöffnet.

meinden gibt. **Miniaturen**, auf Baumwolle, Seide oder Papier gemalt, haben eine lange Tradition in Rajasthan. Sie werden dort in fast jedem Touristenzentrum verkauft. Manche sind sehr erlesen und kostspielig. Am anderen Ende der Preisskala gibt es aber auch ursprünglich aus dem süd-indischen Kerala stammenden Malereien auf Baumblättern. Sie sind superbillig und oft in Form von Grußkarten zu haben, die man postwendend nach Hause schicken kann.

Metallarbeiten

Es gibt wunderschöne Tabletts, Teller, Aschenbecher, Tassen und Schüsseln aus **Messing und Kupfer**. Im Norden, vor allem in Rajasthan, sind Einlegearbeiten aus Emaille *(meenakari)* weit verbreitet. Toll sind auch **Bidri**-Arbeiten aus Karnataka, eine Rotgusslegierung, die mit feinen Mustern in Messing oder Silber eingelegt und dann mit Salmiaksalz geschwärzt wird, so dass nur die Einlegearbeit glänzt. Besonders gut gearbeitet sind Bidri-Schmuckkästchen, -Geschirr und -Wasserpfeifen aus Karnataka und Andhra Pradesh. In Orissa lassen sich filigrane **Tarakashi** kaufen. Besonders im Süden werden immer noch **Bronzestatuen** hinduistischer Götter gegossen. Dabei wird zunächst ein Modell aus Bienenwachs geformt, dann mit Ton verkleidet und schließlich gebrannt. Das Wachs schmilzt und hinterlässt eine Tonform mit Hohlraum. In diesen wird flüssiges Metall gegossen. Nach dem Erkalten wird die Tonform zerschlagen und das Gussteil bearbeitet.

Teppiche

Kashmir-Teppiche zählen zu den strapazierfähigsten der Welt. Mit etwas Vorsicht und Sachverstand lässt sich in Indien für relativ wenig Geld ein kostbares Stück kaufen (wer nicht aufpasst, kann auch arg übers Ohr gehauen werden). Ein echter Kashmir-Teppich trägt auf der Rückseite ein Etikett, das den Herkunftsort Kashmir nennt sowie Angaben zum Material (Wolle, Seide oder „silk touch" – Wolle mit etwas Baumwolle und Seide, um dem Teppich etwas Glanz zu verleihen). Es ist wichtig, das Teppichgeschäft sehr sorgfältig auszuwählen. Wer sicher gehen will, dass das gute Stück auch wirklich sein Ziel erreicht, nimmt es am besten im Gepäck mit oder bringt es eigenhändig zur Post. **Dhurries** (Web- oder Kelim-Teppiche), traditionellerweise aus reiner Wolle entstammen einer älteren Kunsthandwerkstradition und sind billiger. Sie werden hauptsächlich in Uttar Pradesh hergestellt, aber auch in Rajasthan, Gujarat, im Punjab und in Andhra Pradesh. **Tibetische Teppiche** sind in Gebieten mit einem hohen tibetischen Bevölkerungsanteil erhältlich, etwa in Himachal Pradesh.

Lederwaren

Lederwaren können sehr preiswert und gut gearbeitet sein, werden aber natürlich normalerweise nicht aus Rindsleder gemacht. Rajasthanische *mojadi* (**Slipper**) aus Kamelleder sind recht bequem, doch *chappals* (**Sandalen**) – und darunter besonders die Slipper-ähnlichen *kolhapuri* aus Maharashtra – müssen vor dem Tragen aufgeweicht werden (es müsste reichen, sie eine Minute lang in Wasser zu tauchen). Spitze *jootis*, populär in der Umgebung von Delhi und im Punjab, müssen ebenfalls erst mal eingetragen werden. **Gürtel** und **Taschen** aus Büffelleder lassen sich – verglichen mit den im Westen für Rindsleder üblichen Preisen – ebenfalls günstig erstehen – am besten in Chennai und Puducherry. Elegantere Geschäfte bieten eine gute Auswahl an hochwertigen und bezahlbaren Lederwaren, von Portemonnaies bis zu Handtaschen.

Kleidung und Stoffe

Indien ist schon seit den Zeiten lange vor der Kolonisierung für seine Textilien bekannt, und insbesondere Gandhi warb für die Unabhängigkeit bei der Textilienherstellung als Mittel zur Befreiung von der Ausbeutung durch die Kolonialherren. Was er im Sinn hatte, war der einfache weiße hausgesponnene Stoff namens *khadi*, der indienweit in den staatlichen Geschäften *(Khadi Gramodyog)* verkauft wird. Die Färbe- und Druckmethoden reichen von der Abknüpf-Technik *(bandhani)* aus Rajasthan bis zu von Hand oder im Siebdruckverfahren gemusterten Kaliko/Kattun-Baumwoll- und Seidenstoffen (abgeleitet von der Stadt Calicut – jetzt Kozhikode – in Kerala).

Saris für den Alltagsgebrauch werden meist aus Baumwolle hergestellt. Für besondere Anlässe wird **Seide** verwendet. Seide aus Varanasi ist zwar weltberühmt, doch die beste indische Seide kommt heutzutage aus Südindien: aus Kanchipuram und Madurai in Tamil Nadu, berühmt für ihre leuchtend bunten Saris, und aus Mysore in Karnataka, wo die Seide einen ganz eigenen, besonderen Glanz aufweist. Die mit zahlreichen winzigen Spiegeln bestickten Kleiderstoffe aus Rajasthan sind kostbar und wunderschön, aber längst nicht die einzigen kunstvoll verzierten Textilien, die in Indien hergestellt werden. Der herrliche bengalische **Seidenbrokat** namens *baluchari* wird mit Szenen aus der indischen Mythologie verziert. Außerdem gibt es **Ikat**- und **Batikstoffe** aus Orissa, Madhya Pradesh und Gujarat. Bedruckte **Bettlaken** machen sich auch als Wandschmuck sehr gut, ebenso die im Punjab üblichen *phulkari* (ursprünglich Hochzeitslaken) und Lunghis aus dem Süden (sowohl Laken als auch Kleidungsstück).

Aber jede Region hat ihre eigenen Stoffe und Macharten – die Auswahl ist unbegrenzt. Zu den bei Touristen beliebten Kleidungsstücken zählen warme tibetische **Pullover** aus Darjeeling und der *salwar kameez,* die elegante Kombination aus **Pluderhose** und langem **Oberteil** – ursprünglich aus dem Punjab stammend und von Frauen aus dem Westen leichter zu tragen als ein Sari.

Elektrizität

Die Stromspannung in Indien beträgt 220 V 50 Hz Wechselstrom. Es gibt aber auch Gleichstrom, deshalb checken, bevor man den Stecker hineinsteckt. Die meisten Steckdosen haben drei runde Buchsen und nehmen europäische Stecker mit zwei runden Kontaktstiften an. Stromausfälle und Stromschwankungen sind keine Seltenheit; beim Gebrauch von empfindlichen Geräten wie Laptops sollten daher konstante Spannungs-stabilisatoren eingesetzt werden.

Essen und Trinken

Die indische Küche gilt als eine der besten der Welt, allerdings unterscheidet sich die südindische stark von der nordindischen. Typisch für **nordindisches Essen** (das normalerweise die Karten indischer Restaurants im Ausland prägt) sind reichhaltige Fleisch- und Gemüsegerichte in einer sämigen Soße auf der Basis von Tomaten, Zwiebeln und Joghurt, begleitet von fluffigem Brot. **Südindisches Essen** ist dagegen fast ausschließlich vegetarisch, mit Chili- und Kokosnussgeschmack und viel Reis, oft in Form eines der verschiedenen südindischen Pfannkuchen wie *dosa, iddli* und *uttapam*.

Besonders für **Vegetarier** ist indisches Essen ein Traum: Einige der leckersten Gerichte des Subkontinents sind fleischlos, und selbst überzeugte Fleischesser werden mit Begeisterung köstliche Linsen- und Gemüse-Currys verdrücken. Die meisten religiösen Hindus und die große Mehrheit der Menschen im tiefen Süden essen weder Fleisch noch Fisch. Einige orthodoxe Brahmanen und Jains verzehren weder Zwiebeln noch Knoblauch, da diese angeblich niedere Instinkte wecken. Jains sind noch strenger und meiden auch Tomaten, die sie an Blut erinnern. Veganismus ist hingegen nicht verbreitet, daher müssen **Veganer** wachsam sein, denn Milchprodukte sind in allen möglichen Gerichten enthalten. Viele Restaurants weisen darauf hin, ob sie vegetarisch kochen oder nicht und wir erwähnen das ebenfalls in unseren Restaurantangaben. Man sieht auch Werbung für rein vegetarische Küche *(pure veg)*, was bedeutet, dass weder Eier noch Alkohol serviert werden.

Als Fleischesser sollte man in Indien vorsichtig sein: Selbst wenn es **Fleisch** gibt, kann die Qualität zu wünschen übrig lassen, vor allem in den größeren Städten. Die Portionen sind ohnehin klein – besonders in den billigeren Lokalen, wo es dem Essen nur etwas Aroma verleihen soll. Zu beachten ist, dass es sich bei „mutton" (Hammelfleisch) in Wirklichkeit um Ziegenfleisch handelt. Hindus essen selbstverständlich kein Rindfleisch und Moslems kein Schweinefleisch, deshalb findet man beides nur in einigen wenigen christlichen Enklaven, wie den Strandgebieten von Goa, und in tibetischen Gemeinden.

Hinweise:
Zum Trinkwasser in Indien s. S. 74.
Ein Glossar mit Begriffen rund ums Essen in Indien findet sich auf den Seiten 1246–1248.

Restaurants

Es gibt im Wesentlichen drei Arten von Lokalen: schlichte, billige **Cafés** *(dhabas, bhojanalayas* oder *udipis* genannt), indische **Restaurants**, die auf etwas betuchtere Inder ausgerichtet sind, und **Touristenrestaurants**. *Dhabas* und *bhojanalayas* servieren einfache, aber oft gute Küche. Das Angebot besteht aus Gemüse-Curry, *dhal* (eine Art sämige Linsensuppe), Reis oder – vor allem im Norden – indischem Brot und manchmal Fleisch. *Dhabas* liegen oft am Rand von Schnellstraßen und verköstigen traditionell Lastwagenfahrer. *Bhojanalayas* sind einfache Lokale in Nord- und Zentral-Indien, die sich meist in der Umgebung von Bahnhöfen und Busbahnhöfen befinden. Sie kochen in der Regel vegetarisch, besonders die, die als „Vaishno" ausgeschildert sind. Sowohl *dhabas* als auch *bhojanalayas* können extrem schäbig sein. Anders verhält es sich häufig mit den sogenannten *udipi*-Restaurants, dem Äquivalent in Südindien: Diese Lokale bieten billige und köstliche Snacks wie *masala dosa, iddli, vada* und Reisgerichte an, die stets frisch zubereitet sind.

Viele indische **Restaurants**, ob vegetarisch oder nicht, richten sich an indische Geschäftsleute und Familien aus der Mittelschicht. Hier bekommt man zuverlässig gutes Essen zu günstigen Preisen. Die teureren indischen Restaurants, wie die der 5-Sterne-Hotels, sind für lokale Verhältnisse teuer, bieten dafür aber die seltene Gelegenheit, klassische indische Küche von Top-Qualität zu probieren – und das zu einem weit niedrigeren Preis als zu Hause. **Touristenrestaurants** richten sich vor allem an Ausländer mit weniger abenteuerlustigem Gaumen oder Heimweh. Hier gibt es Pfannkuchen, Gebäck, Omelettes, Pommes, Müsli, Obstsalat und ein paar Currys. Sie sind meistens relativ teuer und es ist eher Glückssache, ob das Essen schmeckt oder nicht – indische Spaghetti Bolognaise, Enchiladas und Chicken chow mein können ziemlich eigenartig ausfallen. In größeren Städten ist auch Fastfood zu haben, darunter Burger (normalerweise mit Huhn oder Lamm) und Pizza.

Irreführenderweise bezeichnen sich viele Lokale, in denen traditionelles Essen serviert wird, als Hotels, obwohl sie keine Unterkünfte anbieten. Dies ist besonders häufig im Süden Indiens der Fall, wo oft für „Hotels" geworben wird, bei denen es sich aber nur um ein Mittagslokal handelt.

Indisches Essen

Was im Westen gemeinhin **Curry** heißt, umfasst eine Vielzahl von Gerichten mit einer jeweils anderen *masala* oder Gewürzmischung. Currypulver gibt es in Indien nicht – am nächsten kommt ihm die nördliche *garam masala* („scharfe Mischung"), eine Kombination aus **Gewürzen**, die dem Essen zugefügt wird, wenn es schon fast fertig ist. Zu den häufig verwendeten Gewürzen gehören Pfeffer, Kardamom, Gewürznelken, Zimt, Chili, Kurkuma, Knoblauch, Ingwer, Koriander (sowohl Blatt als auch Samen), Kreuzkümmel und Safran. Manche (besonders Kardamom und Gewürznelken) werden unzermahlen benutzt – also aufpassen und nicht draufbeißen.

Chili ist ein weiterer unverzichtbarer Bestandteil, aber die weit verbreitete Meinung, dass indisches Essen durchweg höllisch scharf sei, hat mit der Wirklichkeit nichts zu tun. Vor allem nordindisches Essen ist normalerweise sehr mild gewürzt und oft noch milder als in indischen Restaurants im Ausland. Südindische Gerichte können dagegen schärfer ausfallen. Wer nichts Scharfes mag, hält sich an milde Gerichte wie *korma* und *biriyani,* wobei Fleisch oder Gemüse mit Reis zusammen gekocht wird. Inder mildern den Effekt von Chili oft durch Chutneys, *dahi* (reinen Joghurt) oder *raita* (Joghurt mit Pfefferminzblättern und Gurken oder anderen Kräutern und Gemüsesorten) ab. Bier ist nach scharfem Chiligenuss zum Nachspülen mit am besten; die wichtigsten Öle, die das Brennen verursachen, lösen sich nämlich in Alkohol, nicht aber in Wasser auf. Vegetarische Currys werden normalerweise (auch auf englischen Speisekarten) unter den Hindi-Bezeichnungen ihrer wichtigsten Zutaten wie *paneer* (Käse), *alu* (Kartoffeln), *chana* (Kichererbsen) oder *muttar* (Erbsen) aufgeführt. Bei Fleisch-Currys findet man oft nähere Angaben, etwa *korma* (mit Joghurtsoße, mild) oder *dopiaza* (mit Zwiebeln, mittelscharf), aus denen die verwendete *masala*-Mischung oder die Zubereitungsart ersichtlich ist.

Nordindische Küche

Die nordindische Küche wurde stark von den verschiedenen moslemischen Invasoren aus Zentralasien und Persien beeinflusst. Sie bereicherten die Küche um viele der beliebtesten Gerichte und Beilagen, wie das *biriyani* oder das *naan,* und sorgten dafür, dass im Norden mehr Fleisch gegessen wird als im Süden. Eine typisch nordindische Mischung aus einheimischen und zentralasiatischen Einflüssen ist die sogenannte **Mughlai-Küche**, die während der Mogul-Dynastie entstand. Sie ist überwiegend mild und nicht-vegetarisch. Beliebte Zutaten sind Sahne, Mandeln, Sultaninen und Safran – berühmtestes Beispiel ist die klassische *korma*-Soße.

Die andere weit verbreitete Zubereitungsart im Norden ist **Tandoori**. Der Name bezieht sich auf den Lehmofen *(tandoor)*, in dem das Essen gebacken wird. Im Falle von *Tandoori chicken* wird das Hähnchen vor dem Garen in einer Mischung aus Joghurt, Kräutern und Gewürzen mariniert. Kleine Fleischstücke ohne Knochen, die auf dieselbe Art mariniert und gebacken werden, heißen *tikka;* sie werden möglicherweise in einer mäßig scharfen *masala (tikka masala)*, in einer mit Mandeln *(pasanda)* angereicherten, oder aber in einer sämigen Buttersoße *(murg makhani* oder *butter chicken)* gereicht. Auch Brote, wie *naan* und *roti,* werden im *tandoor* gebacken.

Ein Hauptgericht – ob Curry, Kebab oder Tandoori-Gericht ohne *masala* – wird normalerweise mit *dhal* (Linsen) und Brot serviert (*chapatti* oder *naan*). Reis gilt in Nordindien als Extrabeilage und muss gesondert bestellt werden. In vielen Restaurants gibt es auch **Tagesmenüs**, *thalis* genannt. Sie bestehen aus verschiedenen kleinen Gerichten, darunter einige Currys, ein Chutney und eine Süßspeise, die auf einem Tablett aus rostfreiem Stahl auf den Tisch kommen. In der Mitte befinden sich ein Brot und normalerweise eine Portion Reis. In vielen Lokalen gehen Kellner herum und füllen das Tablett solange auf, bis der Gast abwinkt.

In der nordindischen Küche gibt es verschiedene **Brote**. *Chapatti* ist eigentlich der Oberbegriff, bezieht sich aber meist auf die einfachste, flache Sorte, für gewöhnlich aus Weizenmehl. Auch der Name *roti* steht für mehrere Sorten: Ein *roti* kann genau dasselbe sein wie ein *chapatti,* bezeichnet aber oft ein dickeres, im Tandoor gebackenes Brot. *Naan* ist ein dickes, fluffiges Brot, das auf jeden Fall im Tandoor gebacken wurde. Es wird besonders gern in nicht-vegetarischen Restaurants gereicht, weil es ausgezeichnet zu Fleischgerichten passt. Es gibt auch frittierte Brote: beim *paratha* (oder *parantha)* wird der Teig vor dem Frittieren mehrmals ausgerollt, mit *ghee* bestrichen, zusammengefaltet und wieder ausgerollt, und oft mit etwas gefüllt, zum Beispiel mit Kartoffeln *(alu paratha).* Letzteres wird gern zum Frühstück gegessen. *Puris* sind kleine, luftig frittierte Teigbällchen. Ein *papadam* ist eine knusprige Waffel, die aus Linsenmehl gemacht und normalerweise als Vorspeise gereicht wird.

Die **regionalen Unterschiede** innerhalb der nordindischen Küche sind enorm: Bengalen lieben Fisch und kochen abgesehen von köstlichen *mangsho*-Currys (Fleisch) auch Gemüsegerichte. Die Essgewohnheiten der Tibeter und Bhotias aus dem Himalaya sind dagegen sehr einfach, mit *thukpa* (Fleischsuppe), *momo* (Fleischknödel) und einem salzigen Tee, der entweder mit ranziger Yakbutter (sofern erhältlich) oder normaler Butter zubereitet wird. Im Punjab und in großen Teilen Nordindiens wird meist *dhal* und

Gemüse gegessen, zusammen mit *roti* (Brot). Reis ist hier nicht so beliebt wie in Bengalen. Das überwiegend vegetarische Essen in Gujarat wird oft mit etwas Zucker gekocht. Einige traditionelle Gerichte werden nur zu bestimmten Jahreszeiten gegessen, im Punjab und in anderen Teilen Nordindiens etwa *makki ki roti* (frittiertes Maisbrot) mit *sarson ka sag* (Senfblättern). *Baingan bharta* (pürierte Auberginen) verzehrt man üblicherweise mit ungewürztem Joghurt und Brot. In der guten moslemischen Küche des Nordens gibt es zu deftigen Fleisch- und Hühnergerichten oft hauchdünnes *rumali roti* („Taschentuchbrot").

Südindische Küche

Das Essen in Südindien unterscheidet sich himmelweit von dem im Norden. In der südindischen Küche werden vollkommen andere **Gewürze** verwendet, darunter Kokosnuss, Tamarinde, Curryblätter und verschiedene getrocknete rote und frische grüne Chilies. Außerdem beherrscht **Reis** alles: Er wird nicht nur in seiner natürlichen Form gegessen, sondern auch als *iddli* (gedämpfter Reiskuchen), *dosa* (Pfannkuchen aus fermentiertem Reis- und Linsenbohnenmehl) und *masala dosa* (mit einer würzigen Kartoffelfüllung). Die sättigenden *naans, parathas, rotis* und anderen Brote, die ein wichtiger Bestandteil des nordindischen Speiseplans sind, findet man hier für gewöhnlich nicht, abgesehen von den fluffigen kleinen *puri.* **Fleisch** wird in den von den Brahmanen dominierten Tempelstädten Tamil Nadus vergleichsweise wenig gegessen, ist aber in ganz Kerala mit seinen großen christlichen und moslemischen Minderheiten erhältlich.

Weit verbreitet in Südindien sind auch **Tagesmenüs**, schlicht „meals" genannt. In der Regel besteht ein solches Tagesgericht aus einem Berg Reis, umgeben von diversen Gemüse-Currys, *sambar dhal,* Chutney und Joghurt. Dazu gibt es meistens *puris* und *rasam,* eine dünne, scharfe, pfeffrige Suppe. „Meals" werden üblicherweise auf einem Metallteller oder *thali* (auch in Nordindien gebräuchlich) mit einer Vertiefung für jede Beilage serviert, manchmal aber auch auf einem Bananenblatt. In den meisten traditionellen Restaurants kann man essen, so viel man möchte, und Kellner gehen mit Schüsseln für den „Nachschlag" herum. Vor allem im Süden gehört es zum guten Ton, mit den Fingern zu essen – in billigen Lokalen kann es sein, dass es überhaupt kein Essbesteck gibt. Man sollte stets nur mit der rechten Hand essen, da die Linke als unrein gilt, und sich zuvor die Hände waschen. Zum Essen nur die Fingerspitzen benutzen, damit das Essen nicht auf dem Handteller landet!

Snacks

In Indien gibt es zahllose Snacks. *Chana puri,* ein Kichererbsen-Curry mit *puri* (oder einem anderen Brot wie einem *kulcha*) zum Stippen, sehr beliebt im Norden, lässt sich nur im Sitzen verzehren. Das südindische Gegenstück ist *iddli sambar* – eine Linsen-Gemüse-Soße mit Reiskuchen zum Tunken. Zum **Fingerfood**, das auf der Straße angeboten wird, gehören *bhel puris* (eine Mumbai-Spezialität aus einer Mischung aus Puffreis, frittierten Reisnudeln, Kartoffeln und knusprigen *puri* mit Tamarindensoße), *pani puris* (die gleichen *puris* in pfeffrig-scharfe Soße getaucht – nur etwas für Abgehärtete), *bhajis* (frittierter Gemüsekuchen in Kichererbsenmehl), *samosas* (Fleisch oder Gemüse in einer gebratenen Teigtasche) und *pakoras* (Gemüse oder Kartoffel, in Kichererbsenmehl gewendet und frittiert). Im Süden werden überall *vada* angeboten, gut gewürzte frittierte Linsenküchlein, die aussehen wie Doughnuts.

Kebabs sind im Norden und um Hyderabad verbreitet, vor allem *shish kebab,* Lammhackfleisch, das auf einem Spieß gegrillt wird, aber auch *shami kebab,* kleine, in Öl gebratene Lammhackbällchen. Kebab in *kathi,* also in einem in der Pfanne gebackenen Brot, ist ein Snack, der in Kolkata erfunden wurde, inzwischen aber auch in anderen Städten erhältlich ist. Für alle Snacks von der Straße gilt, dass sie Keime anziehen, wenn sie lange herumliegen – also darauf achten, dass das Essen frisch zubereitet wurde. Mit besonderer Vorsicht sind Snacks zu genießen, die mit Wasser (z. B. *pani puris*) oder mehrfach wieder verwendetem Speiseöl zubereitet werden. Es ist ratsam, sich langsam an indische Verhältnisse zu gewöhnen, bevor man Snacks von der Straße isst.

In Indien herrscht kein Mangel an würzigen **Nüssen** und **Kernen**, die oft als *channa chur* bezeichnet werden. Geröstete Jackfruit-Kerne werden manchmal als pikanter Snack verkauft, sind aber eher mild. Äußerst günstig bekommt man Cashewnüsse. Erdnüsse, auch als „monkey nuts" oder *mumfuli* bekannt, werden meist geröstet und ungeschält angeboten.

Paan

Für manchen ist es vielleicht beruhigend zu wissen, dass das rote Zeug, das die Leute überall auf der Straße ausspucken, kein Blut ist, sondern ein Saft, der durch das Kauen von *paan* produziert wird. *Paan* fördert die Verdauung (wird folglich gewöhnlich nach den Mahlzeiten konsumiert) und wirkt überdies leicht stimulierend. Am weitesten verbreitet und von durchschlagendster Wirkung ist *paan* im Nordosten. Ein *paan* besteht aus gehackten Nüssen (die immer als Betelnüsse bezeichnet werden; es handelt sich um die Nuss der Arekapalme, die auch Betelnusspalme heißt); sie werden in ein Blatt (das wiederum vom Betelpfeffer stammt) gewickelt.

Hinzu kommen Zutaten wie *katha* (eine rote Paste), *chuna* (weißer Löschkalk), *mitha masala* (eine Mischung süßer Gewürze, die auch hinuntergeschluckt werden kann) und *zarda* (Kautabak, der auf keinen Fall verschluckt werden darf, vor allem nicht, wenn er mit *chuna* kombiniert wird). Das so entstandene dreieckige Päckchen wird in die Wange gestopft und langsam gekaut, und im Falle von *chuna* und *zarda paans* wird der Saft im Gehen ausgespuckt. Auf den Geschmack von paan kommt man erst mit der Zeit. Anfänger sollten die süße und harmlose *mitha*-Variante versuchen, die ohne Probleme hinuntergeschluckt werden kann – und möglichst dabei bleiben.

Andere Küchen

Chinesisches Essen ist in den großen Städten weit verbreitet. Es wird meist von indischen Köchen zubereitet und ist nicht eben authentisch, außer in den wenigen indischen Städten mit einer großen chinesischen Gemeinde, vor allem Kolkata. Dort kann man ausgezeichnet chinesisch essen. Landesweit bieten Touristenrestaurants und Backpackercafés eine ganz ordentliche Auswahl an **westlichen Gerichten** an – von einfachen kleinen Bäckereien, wo Kuchen und Sandwiches verkauft werden, bis zu schicken Restaurants, in denen auf kerzenbeleuchteten Terrassen italienische Gourmetküche kredenzt wird. Westliches Essen ist aber oft relativ teuer, und die Qualität ist nicht immer gewährleistet. Delhi und Mumbai warten außerdem mit einer Auswahl von Tex-Mex-, thailändischer, japanischer, italienischer und französischer Küche auf, oftmals aber nur in den Restaurants der Luxushotels. Zusätzlich zu diesen Lokalen gibt es auch internationale **Fastfood-Ketten** wie Pizza Hut, Domino's, KFC und McDonald's mit sehr niedrigen Preisen.

Süßigkeiten

Die meisten Inder sind echte Süßschnäbel. Indische Süßigkeiten, die meist aus Milch zubereitet werden, können extrem süß sein. Von der festeren Sorte ist **barfi**, eine Art Fondant, der aus eingekochter und kondensierter Milch zubereitet wird. Man bekommt *barfi* in verschiedenen Geschmacksrichtungen und Farben, von schlichtem, cremigem Weiß bis zu hellgrüner *pista* (Pistazie), oft mit Blattsilber bedeckt (das man isst). Zu den vielen anderen Süßspeisen, die aus eingekochter Milch zubereitet werden, zählen das weniger klumpige, runde *penda* und die dünnen, rautenförmigen *kaju katli*, außerdem feuchtes *sandesh* und das härtere *paira* – beide vor allem in Bengalen sehr beliebt. Das knusprigere **mesur** wird aus Kichererbsen hergestellt. Zu den zahlreichen Arten von gallertartiger **halwa** – ganz anders als die nahöstliche Variante – gehört die gehaltvolle *gajar ka halwa* aus Karotten und Sahne.

Zu den weicheren und klebrigeren Süßigkeiten zählen **jalebis**, die orangefarbenen, von Sirup triefenden Röhrchen in den Schaufenstern der Süßwarenläden. Sie werden aus frittierter Melasse hergestellt und sind so unbekömmlich, wie sie aussehen. **Gulab jamuns**, frittierte, in Sirup getauchte lockere Teigbällchen sind auch nicht viel gesünder. Sowohl im Norden als auch im Süden verbreitet ist **ladoo**: Bällchen aus Grieß, Rosinen und Zucker. Eine Spezialität unter den bengalischen Süßigkeiten, die weithin als die besten gelten, ist **rasgulla**, in Sirup schwimmende, mit Rosenwasser durchsetzte Käsebällchen. **Ras malai**, in Nordindien verbreitet, ist ganz ähnlich, nur wird statt Sirup Sahne verwendet. Ein im Süden beliebtes Dessert ist *payasam* – ein Reis- oder Fadennudelpudding mit Kardamom, Safran und Nüssen; zu größeren Festen werden spezielle Versionen zubereitet.

Indische **Schokolade** wird zunehmend besser, und auch Cadbury's- und Amul-Riegel sind überall erhältlich. Aber keine der einheimischen Imitationen schweizerischer oder belgischer Schokolade ist die Ausgabe wert. Die besten der großen Hersteller von **Speiseeis**, deren uniformierte Verkäufer Eiswägelchen durch die Straßen schieben, sind Kwality (jetzt im Besitz von und angeboten als Wall's), Vadilal's, Gaylord und Dollops. Sie haben viele, in der Regel leicht erkennbare Nachahmer. Manche kennen keinerlei hygienische Bedenken – deshalb Wassereis meiden. Eisdielen fabrizieren kunstvolle Gebilde, unter denen vor allem Eisbecher mit Früchten sehr beliebt sind; Connaught Circus in Delhi hat eine recht gute Auswahl. Eine Kostprobe wert ist **kulfi**, eine gefrorene Süßigkeit mit Pistazien-, Mango- und Kardamom-Geschmack, die indische Antwort auf Eiscreme. *Bhang kulfi*, zum Holi-Fest beliebt, enthält eine Prise Cannabis und hat eine interessante Wirkung, ist aber mit Vorsicht zu genießen.

Obst

Welches Obst erhältlich ist, hängt von der Region und der Jahreszeit ab, aber es gibt immer eine gute Auswahl. Man sollte möglichst jedes Obst, auch Äpfel, schälen oder 30 Minuten lang in eine starke Jod- oder Kaliumpermanganat-Lösung tauchen. Straßenverkäufer bieten oft mundgerecht geschnittenes Obst an, das sie mit Salz oder *masala* bestreuen. Man sollte aber nichts kaufen, was so aussieht, als hätte es schon eine Weile herumgelegen. **Mangos** sind fast immer im Angebot, doch nicht alle sind süß genug, um ganz frisch gegessen zu werden – manche werden für Pickles oder Currys verwendet. **Bananen** unterschiedlicher Sorten gibt es das ganze Jahr über zu kaufen. **Orangen** und **Mandarinen** sind leicht zu finden, ebenso **Honigmelonen** und Durst löschende **Wassermelonen**. In Nordindien unterscheidet sich das Ernteobst nicht allzu sehr von dem in Europa. Je nach Jahreszeit gibt es dort Erdbeeren, Aprikosen und sogar Äpfel, die aber ziemlich weich sind. Von den weniger bekannten Früchten ist die **Chiku** erwähnenswert. Sie sieht aus wie eine Kiwi und schmeckt ein bisschen nach Birne. Ein kulinarisches Glossar befindet sich im Anhang, S. 1246.

Getränke

Tee, Kaffee und Softdrinks

In Indien scheint sich manchmal alles um **Tee** *(chai)* zu drehen; er wird in Darjeeling, Assam und den Nilgiri Hills angebaut und von *chai-wallahs* an fast jeder Ecke verkauft. Normalerweise wird indischer Tee zubereitet, indem man zerriebene Teeblätter, Milch und Wasser in einem Topf aufkocht, die Mischung in eine Tasse oder ein Glas mit viel Zucker gießt und dann zum Abkühlen von einer Tasse in die andere kippt. Oft wird Ingwer und/oder Kardamom hinzugefügt. Wer aufpasst, kann verhindern, dass zu viel Zucker hineingetan wird. Manchmal, vor allem in Touristenorten, bekommt man vielleicht ein Kännchen Tee europäischen Stils *(„tray" tea)* – gewöhnlich ein Teebeutel in lauwarmem Wasser.

Pulverkaffee erfreut sich zunehmender Beliebtheit und ist stellenweise verbreiteter als Tee, besonders im Süden. In Nordindien ist fast nur Pulverkaffee erhältlich, aber immer mehr Cafés und Restaurants schaffen sich jetzt ordentliche Kaffeemaschinen an. Immerhin hat in den Großstädten die Kaffeekultur Einzug gehalten, und in Delhi und Mumbai finden sich einige angesagte Coffeeshops, wo richtiger Cappuccino und Espresso serviert werden. Einer der besten Orte, um eine anständige Tasse südindischen Kaffees zu bekommen, ist die Kette India Coffee House, die in jeder südlichen und auch in der einen oder anderen nördlichen Stadt vertreten ist. Mit dem Trinken des milchigen keralischen Kaffees ist ein ganzes Ritual verbunden: Er wird zum Abkühlen in ausladenden, schwungvollen Bewegungen von einem hohen Glas in ein anderes gegossen.

Softdrinks sind allgegenwärtig: Coca-Cola und Pepsi sind erst in den frühen 1990er-Jahren nach Indien zurückgekehrt, nachdem sie 17 Jahre lang verbannt waren. Inzwischen haben sie größtenteils ihre alten indischen Konkurrenten wie Campa Cola und Thums Up verdrängt, aber die lecker nach Limonen schmeckende Limca (soll Gerüchten zufolge zwielichtige Verbindungen zu italienischen Firmen unterhalten und Zusätze enthalten, die dort verboten sind) ist noch auf dem Markt. Alle enthalten eine Menge Zucker und nicht viel mehr: Indische Soft-Drink-Unternehmen haben sogar schon mit dem Slogan „Absolut keine natürlichen Zutaten!" geworben. Keines dieser Getränke wird lange den Durst löschen.

Empfehlenswerter ist **Wasser** in behandelter, gekochter oder abgefüllter Form (Hinweise s. S. 74). Des Weiteren gibt es Trinkpäckchen von Frooti, Jumpin, Réal und ähnlichen Fruchtsaftherstellern in den Geschmacksrichtungen Mango, Guave, Apfel und Limone. Wenn die Packung alt und nicht mehr einwandfrei aussieht, sollte man sie besser nicht anrühren, da sie möglicherweise wiederverwertet wurde. Auf den Bahnsteigen größerer Bahnhöfe befindet sich meistens ein Stand, der Himachal-Apfelsaft verkauft. Noch besser ist die Milch der **grünen Kokosnüsse**. Diese werden in den Küstenregionen vor allem im Süden von Straßenverkäufern angeboten, die die Kokosnuss mit einer Machete „köpfen" und einen Strohhalm für die Flüssigkeit dazu reichen (danach löffelt man das Fleisch aus). An manchen Straßenständen gibt es auch frisch gepressten **Zuckerrohrsaft** zu kaufen. Er schmeckt köstlich und ist gar nicht so süß, wie man annehmen möchte. Aber gesund ist er natürlich auch nicht.

Indiens tollstes kaltes Getränk, **Lassi**, wird aus geschlagenem Joghurt gemacht und entweder mit Salz, Zucker oder Obst getrunken. Die Qualität reicht von köstlich bis zu fade und wässerig. Verkauft wird es quasi in jedem Café, Restaurant und Imbiss. Frisch zubereitete Milchshakes sind ebenfalls verbreitet; man bekommt sie an Ständen mit Mixern. Diese verkaufen auch Fruchtsaft, der gewöhnlich aus Obst, Wasser und Zucker (oder Salz) besteht. Auch Straßenverkäufer, die **Obstsäfte** in nicht eben hygienischen Verhältnissen feilbieten, neigen dazu, dem Saft Salz und *garam masala* beizufügen! Bei allen mit Wasser zubereiteten Getränken sollte darauf geachtet werden, wo das Wasser herstammt. Und es gilt: keine Eiswürfel.

Alkoholische Getränke

Das einst in Indien weit verbreitete **Alkoholverbot** ist heute nur noch in Gujarat und in einigen der Hill Stations im Nordosten wirklich in Kraft. Die meisten Inder trinken Alkohol, um so schnell wie möglich betrunken zu werden. Diese Neigung hat schreckliche Auswirkungen auf das Familienleben, vor allem unter den Arbeitern und Bauern. Deshalb haben Politiker auf der Jagd nach Stimmen immer mal wieder auf die Alkoholverbotskarte gesetzt. Jedoch entgehen dem Staat dadurch natürlich Steuereinnahmen, und die Trinkgewohnheiten scheint dies auch nicht verändert zu haben. In Kerala, dem Bundesstaat mit dem höchsten Alkoholkonsum, haben die Behörden die totale Kontrolle über den Verkauf von Alkohol übernommen: Bier, Wein und Spirituosen sind hier nur noch in amtlichen Läden erhältlich.

In „trockenen" Bundesstaaten können sich Alkohol-Nischen zu ausgesprochenen Säufertreffs entwickeln. Gute Beispiele sind Daman und Diu in Gujarat. Eine **Alkohol-Sondererlaubnis** *(liquor permit)* – kostenlos bei indischen Botschaften, Konsulaten und Fremdenverkehrsämtern im Ausland und bei Tourist Offices in Delhi, Mumbai und Kolkata und sogar bei der Ankunft an internationalen Flughäfen zu beantragen – verschafft Reisenden die Möglichkeit, bestimmte Einschränkungen in Gujarat zu umgehen.

Bier ist fast überall erhältlich, für indische Verhältnisse allerdings teuer. Die Preise unterscheiden sich von Bundesstaat zu Bundesstaat, aber man muss mit etwa Rs75–125 für eine 650-ml-Flasche rechnen. Kingfisher, King's Black Label und Fosters sind die Marktführer. Daneben gibt es viele weitere. Alle Lagerbiere (die meist chemische Zusätze wie Glyzerin enthalten) sind in der Regel nicht schlecht, wenn man sie kühl bekommt.

Eine billigere und oft gut schmeckende Alternative zu Bier in Goa und Kerala und anderen Staaten des Südens ist **Palmwein** *(toddy)*, der in Bengalen aus der Dattelpalme gewonnen wird und dort *taddy* heißt. Frisch gezapft ist der Palmsaft süß und alkoholfrei, er fermentiert aber innerhalb von zwölf Stunden. Die tibetischstämmigen Bhotia im Himalaya trinken *chang*, ein Hirsebier, und eines der ausgefallensten Getränke überhaupt: *tumba*. Dafür wird fermentierte Hirse in ein Bambusfläschchen gegeben, mit heißem Wasser übergossen und durch ein dünnes Bambusrohr aufgesaugt.

Spirituosen kursieren meist als „Indian Made Foreign Liquor" (IMFL), wenngleich die vor kurzem zugelassene ausländische Alkoholindustrie rasch expandiert. Manche Scotch-Sorten wie Seagram's Hundred Pipers werden inzwischen in Indien abgefüllt und stehen hoch im Kurs. Smirnoff-Wodka und weitere bekannte Marken sind ebenfalls erhältlich. Manche indischen Whiskeysorten sind nicht übel und vergleichsweise erschwinglich. Gin und Brandy können ziemlich herb sein, während indischer Rum süß und eigenartig schmeckt. In Acht nehmen sollte man sich vor illegal gebranntem *Arak*, der oftmals Methanol und andere Gifte enthält. Lizenzierter, einheimischer Schnaps, der in verschiedenen Bundesstaaten unter Namen wie *bangla* verkauft wird, ist gewöhnungsbedürftig.

Leider lässt die Qualität indischen **Weins** – trotz der Anstrengungen von einigen Pionier-Winzereien wie Grovers (nahe Bengaluru) – immer noch zu wünschen übrig. Die Importweine, die in schicken Restaurants und Luxushotels kredenzt werden, sind sündhaft teuer.

Feste und Feiertage

Praktisch jeder Tempel in jedem Ort oder Dorf des Landes feiert sein eigenes Fest. Zu den größten und aufwendigsten zählen das im Juni oder Juli stattfindende Rath Yatra in Puri, das ebenfalls im Juni oder Juli abgehaltene Hemis in Ladakh, die Kamelmesse in Pushkar im November, Dussehra in Kullu und die drei jährlichen Feste in Madurai und natürlich die Kumbh Mela, die in Allahabad, Haridwar, Nasik und Ujjain begangen wird. Die meisten sind religiöser Natur, aber Ausgelassenheit ist eher angesagt als Feierlichkeit, und Zuschauer sind in der Regel willkommen. Wer das Glück hat, ein lokales Fest mitzuerleben, für den könnte es sich als das Highlight der Indien-Reise entpuppen. In den Regionalkapiteln werden die wichtigsten lokalen Feste genannt, für die wichtigsten nationalen und regionalen Feierlichkeiten s. Kasten S. 66.

Feste der Hindus, Sikhs, Buddhisten und Jains richten sich nach dem **indischen Mondkalender**, weshalb die Termine sich von Jahr zu Jahr verschieben. Im Mondkalender wird alle zwei oder drei Jahre ein zusätzlicher Monat eingeschoben, damit der Kalender in Übereinstimmung mit den Jahreszeiten bleibt. Moslemische Feste richten sich nach dem **islamischen Kalender**, dessen Jahr kürzer ist und deshalb gegenüber dem gregorianischen Kalender jährlich elf Tage „verliert".

Wer Glück hat, kommt in Indien in den Genuss, zu einer **Hochzeit** eingeladen zu werden. Obwohl offiziell verboten, zahlt die Familie der Braut normalerweise eine hohe Mitgift an den Bräutigam, die Ursache von Streitigkeiten sein kann. Arme Familien sehen sich oft gezwungen, jahrelang zu sparen, um ihre Töchter verheiraten zu können.

Fotografieren

In den meisten Fotogeschäften lassen sich **Digitalfotos** herunterladen und auf CD brennen. **Filme** sind zu durchschnittlichen westlichen Preisen fast überall in Indien zu bekommen – das Datum auf der Schachtel beachten (es werden allerdings auch oft alte Filme in neuer Verpackung verkauft). Es ist selten ein Problem, Filme entwickeln zu lassen, allerdings ist die Qualität der Bilder nicht immer so gut wie vielleicht zu Hause. **Diafilme** bekommt man in den großen Städten, spezielle Marken sind hingegen kaum erhältlich.

Die wichtigsten Feste

Indien hat vier nationale Feiertage: Tag der Republik (26.1.), Tag der Unabhängigkeit (15.8.), Gandhis Geburtstag (2.10.) und Weihnachten (25.12.). Zusätzlich hat jeder Bundesstaat auch eigene gesetzliche Feiertage. Die meisten Geschäfte schließen außerdem an den großen Feiertagen ihrer Religion. Da die meisten aufgeführten Feste hinduistisch sind, haben wir in Klammern die Monatsnamen des hinduistischen Kalenders angegeben.

Abkürzungen:
B = buddhistisch
C = christlich
H = hinduistisch
J = jainistisch
M = moslemisch
N = nicht religiös
P = Parsi
S = Sikh

Jan–Feb (Magha–Phalguna)

H **Ganga Sagar**: Aus dem ganzen Land strömen Pilger nach Sagar Dwip an der Mündung des Hooghly, 150 km südlich von Kolkata, um während Makar Sankranti zu baden.

H **Vasant Panchami** (5. Magha): Eintägiges Frühlingsfest zu Ehren von Saraswati, der Göttin der Gelehrsamkeit. Man lässt Drachen steigen, trägt gelbe Saris und lässt die Schulbücher und Stifte der Schüler von der Göttin segnen.

N **Tag der Republik** (Republic Day, 26. Jan): In Delhi findet eine Militärparade statt, gefolgt von der „Beating the Retreat"-Zeremonie vor dem Präsidentenpalast in Delhi am 29. Jan.

N **Elephanta Music and Dance Festival** in Mumbai.

Feb–März (Phalguna)

B **Losar** (1. Phalguna): Tibetisches Neujahrsfest in tibetischen Gemeinden und unter Buddhisten im Himalaya, vor allem in Dharamsala (HP).

H **Shivratri** (10. Phalguna): Jahrestag von Shivas *tandav* (Schöpfungs-) Tanz und sein Hochzeitstag. Beliebtes Familienfest, aber auch ein Sadhu-Fest der Pilgerfahrt und des Fastens, vor allem in wichtigen Shiva-Tempeln.

H **Holi** (15. Phalguna): Wasserfest, wird während Dol Purnima (Vollmond) abgehalten, um den Frühlingsanfang zu feiern. Es ist besonders in Nordindien beliebt; man muss damit rechnen, mit Wasser, Farbe, farbigem Pulver und anderen Gemischen torpediert zu werden; manchen daraus resultierenden Flecken ist mit keinem Waschmittel beizukommen, daher an diesem Tag die Sonntagskleider im Koffer lassen!

N **Khajuraho Dance Festival** (Madhya Pradesh). Vor der Kulisse der berühmten erotischen Tempelskulpturen treten die besten Tänzer und Tänzerinnen des Landes auf.

März–April (Chaitra)

H **Gangaur** (3. Chaitra): Rajasthani-Fest (wird auch in Bengalen und Orissa begangen) zu Ehren von Parvati; mit Tänzen und Gesängen.

H **Ramanavami** (9. Chaitra): Ramas (Held des Ramayana) Geburtstag wird mit Lesungen des Epos und Vorträgen über Ramas Leben und Lehren begangen.

C **Ostern**: Feier der Wiederauferstehung Jesu. Karfreitag wird besonders gefeiert.

P **Pateti**: Parsisches Neujahr, auch als Nav Roz bekannt; gefeiert wird die Schöpfung des Feuers. Festessen, Gottesdienste und Geschenkaustausch.

P **Khorvad Sal** (eine Woche nach Pateti): Geburtstag von Zarathustra (alias Zoroaster). Wird in den Parsi-Feuertempeln und mit Fest-essen in der Familie gefeiert.

H **Chittirai**, Madurai (Tamil Nadu): von Elefanten angeführte Prozession.

April–Mai (Vaisakha)

HS **Baisakhi** (1. Vaisakha): Für Hindus ist es das Neujahr des Sonnenjahres, das mit Musik und Tanz in ausgelassener Fröhlichkeit begrüßt wird. Für die Sikhs ist es der Jahrestag der von Guru Gobind Singh begründeten Khalsa (der Sikh-Bruderschaft); im Anschluss an Lesungen aus den Granth Sahib-Schriften finden Prozessionen statt.

J **Mahavir Jayanti** (13. Vaisakha): Geburtstag von Mahavira, dem Begründer des Jainismus. Das bedeutendste Jain-Fest des Jahres wird besonders in Rajasthan und Gujarat mit Besuchen heiliger Jain-Stätten und Geschenken begangen.

B **Buddha Jayanti** (16. Vaisakha): Buddhas Geburtstag. Am gleichen Tag gelangte er auch zur Erleuchtung und ins Nirvana. Wird besonders intensiv in Sarnath (UP) und Bodhgaya (Bihar) gefeiert.

Mai–Juni (Jyaishtha)

H **Ganga Dussehra** (10. Jyaishtha): Mit einem Badefest wird das Herabsteigen der Göttin des Ganges auf die Erde gefeiert.

Juni–Juli (Ashadha)

H **Teej** (3. Ashadha): Fest zu Ehren von Parvati, mit dem der Monsun begrüßt wird (besonders in Rajasthan).

B **Hemis Festival**, Leh (Ladakh): Spektakuläres, irgendwann zwischen Ende Juni und Mitte Juli abgehaltenes Fest, bei dem *chaam* (Lama-Tänze) vorgeführt werden, die den Sieg des Buddhismus über das Böse versinnbildlichen.

Juli–Aug (Shravana)

H **Naag Panchami** (3. Shravana): Schlangenfest zu Ehren der naga-Schlangengötter. Wird vor allem in Rajasthan und Maharashtra gefeiert.

H **Raksha Bandhan/Narial Purnima** (16. Shravana): Fest zu Ehren des Meeresgottes Varuna. Brüder und Schwestern tauschen Geschenke aus, die Schwester bindet eine *rakhi* genannte Schnur um das Handgelenk ihres Bruders. Brahmanen tauschen nach einem Fastentag die heilige Schnur, die sie tragen, aus.

N **Tag der Unabhängigkeit** (15. Aug): Indiens größte weltliche Feier, zum Jahrestag der Unabhängigkeit von Großbritannien.

Aug–Sep (Bhadraparda)

H **Ganesh Chaturthi** (4. Bhadraparda): Ganesh gewidmetes Fest, wird vor allem in Maharashtra gefeiert. In Mumbai werden in riesigen Prozessionen Abbilder des Gottes zum Meer getragen und versenkt.

H **Janmashtami** (23. Bhadraparda): Krishnas Geburtstag, ein Anlass zum Schlemmen und Feiern, vor allem in Vaishnava-Zentren wie Agra, Mathura und Vrindaban (alle in UP) und Mumbai.

Sep–Okt (Ashvina)

H **Dussehra** (1.–10. Ashvina): 10-tägiges Fest (i. A. 2 öffentliche Feiertage), steht in Verbindung mit dem Triumph über Dämonen, besonders Ramas Sieg über Ravana im Ramayana und Durgas über den büffelhäuptigen Mahishasura (wird besonders aufwendig in West-Bengalen gefeiert, wo es Durga Puja heißt). Dussehra-Feiern beinhalten Vorführungen des Ram Lila (Leben Ramas). Mit am erlebenswertesten in Mysore (Karnataka), Ahmedabad (Gujarat) und Kullu (Himachal Pradesh). Durga Puja ist am interessantesten in Kolkata und dort Anlass für den Austausch von Geschenken.

N **Mahatma Gandhis Geburtstag** (2. Okt): Feierliches Gedenken an den Gründer des unabhängigen Indien.

Okt–Nov (Kartika)

H **Diwali** (Deepavali) (15. Kartika): Das Lichterfest und größte Fest Indiens feiert Ramas und Sitas im Ramayana beschriebene Rückkehr. Zu den Feierlichkeiten gehört das Anzünden von Öllampen und Knallern, zudem werden Süßigkeiten und Geschenke verteilt. Diwali überschneidet sich mit Kali Puja, das vor allem in Bengalen in den Tempeln begangen wird, die der grausamen Göttin Kali geweiht sind, oft von rituellen Ziegenopfern begleitet.

J **Jain-Neujahr** (15. Kartika): Fällt mit Diwali zusammen, sodass Jains gleichzeitig mit Hindus feiern.

S **Nanak Jayanti** (16. Kartika): Der Geburtstag von Guru Nanak wird mit Gebeten und Prozes-sionen begangen, insbesondere in Amritsar und dem übrigen Punjab sowie in Patna (Bihar).

Nov–Dez (Margashirsha oder Agrahayana)

H **Sonepur Mela**, Sonepur (Bihar): die größte Viehausstellung der Welt.

N **Pushkar** (Rajasthan): Kamelmarkt. Anlässlich des riesigen Viehmarkts am Rand der Thar-Wüste werfen sich die Kameltreiber ordentlich in Schale.

Dez–Jan (Pausa)

CN **Weihnachten** (25. Dez): Das Fest ist besonders in den christlichen Regionen von Goa, Kerala und in großen Städten beliebt.

N **Posh Mela** (27. Dez), Shantiniketan nahe Kolkata: Ein für ausgezeichnete *baul*-Musik bekanntes Festival.

Bewegliche Feste

H **Kumbh Mela**: Großes, alle drei Jahre in einer der vier heiligen Städte Nasik (Maharashtra), Ujjain (MP), Haridwar (UP) oder Allahabad/Prayag (UP) abgehaltenes Fest. Die Maha Kumbh Mela oder „Große" Kumbh Mela, die größte religiöse Zusammenkunft in Indien, wird alle 12 Jahre in Allahabad veranstaltet; das nächste Fest soll dort 2013 stattfinden. (27. Jan. bis 25. Feb.; Hauptbadetag: 10. Feb.).

M **Ramadan**: Der Beginn des Monats, in dem Moslems von Sonnenauf- bis Sonnenuntergang nicht essen, trinken und rauchen dürfen und sexuell abstinent sein sollten. Ungefähre künftige Daten: 20. Juli bis 18. Aug 2012, 9. Juli bis 7. Aug 2013.

M **Id ul-Fitr**: Feier zum Ende des Ramadan. Das Datum richtet sich danach, wann der Neumond gesichtet wird, deshalb lässt es sich nicht genau vorhersagen. Ungefähre Daten (sie können sich um einen oder zwei Tage verschieben): 19. Aug 2012 und 8. Aug 2013.

Es ist verboten, strategisch wichtige Objekte wie Flughäfen, Militäranlagen, aber auch Brücken, Bahnhöfe und Autobahnen zu fotografieren. Wer Menschen ablichten möchte, sollte um Erlaubnis fragen, obwohl wahrscheinlich ist, dass sie freiwillig fürs Foto posieren.

Frauen unterwegs

Indien ist kein Land, das allein reisenden Frauen große Steine in den Weg legt. Dennoch ist es ratsam, sich ein etwas dickes Fell zuzulegen. Indische Straßen werden fast ausnahmslos von Männern dominiert, woran man sich vielleicht erst einmal etwas gewöhnen muss, vor allem an das ständige Angestarrtwerden und die „anerkennenden" Pfiffe. Meist reicht es, die Blicke zu ignorieren und schnell weiterzugehen. Die meisten Mitreisenden in Zügen und Bussen sind Männer, die unter Umständen höchst **unwillkommene Gespräche** über Sex, Scheidung und die lockeren Beziehungen im Westen beginnen. Das lässt sich zwar meist nicht verhindern, aber wenn eine Touristin zu große Begeisterung für derartige Diskussionen bekundet, könnte der Eine oder Andere auf die Idee kommen, sie habe eine lockere Einstellung gegenüber Sex, und die Situation könnte bedrohlich werden. Das kann nerven und lässt sich bis zu einem gewissen Grad vermeiden, indem man sich an öffentlichen Orten zu anderen Frauen gesellt.

Die Begleitung eines männlichen Travellers macht einen Riesenunterschied. In diesem Fall kann eine Frau davon ausgehen, dass indische Männer sich an ihn wenden (den sie natürlich für den Ehemann halten – was von Vorteil sein kann). Mit der Zeit lernt frau, eine Situation richtig einzuschätzen. Manchmal erregt eine allein herumspazierende Frau so viel Aufmerksamkeit, dass es vielleicht besser ist, an einer Stelle zu verharren, bis die Verehrerschar das Weite gesucht hat.

Es ist am besten, in der Öffentlichkeit keine (für indische Verhältnisse) **gewagte Kleidung** zu tragen – ein *salwar kameez* (langes Hemd und Pluderhose) oder schlabberige Kleider und Hosen sind ideal – und weder zu rauchen noch Alkohol zu trinken. Auf eine **unerwünschte Berührung** mit einem Abwehrschlag zu reagieren ist völlig in Ordnung. Es lenkt auch die Aufmerksamkeit anderer auf die Situation, sodass vielleicht jemand hilft oder sich zumindest mit dem Übeltäter befasst – ein Mann, der die gesellschaftlichen Regeln missachtet, stößt in jedem Fall auf Missbilligung. Sich im Kino einen Bollywood-Schinken anzuschauen macht Spaß und gehört zu einer Indienreise quasi dazu. Besonders in billigen Kinos ist eine solche Unternehmung allerdings selten stressfrei. Am besten gehen Frauen in ein besseres Kino oder zumindest mit einer Gruppe von Leuten und sitzen auf der Galerie, wo es etwas teurer und das Publikum erheblich gesitteter ist.

Sexuelle Übergriffe auf Touristinnen sind zwar sehr selten, aber die Zahl gemeldeter Vergewaltigungen nimmt zu. Zu den Vorsichtsmaßnahmen gehören: Nachts einsame, schwach beleuchtete Straßen und Wege meiden; hat man am Tage einen vertrauenswürdigen Rikscha- oder Taxifahrer gefunden, sollte man ihn für die Abendfahrten behalten und nach Möglichkeit jemanden finden, der einen zum Hotel begleitet. Während Inderinnen sich noch immer scheuen, eine Vergewaltigung anzuzeigen – sie wird als Schande für Täter und Opfer betrachtet –, sollten Europäerinnen nie zögern, die Straftat der Polizei zu melden und vor der Weiterreise andere Touristen sowie Einheimische darüber zu informieren, in der Hoffnung, dass Druck seitens der Gemeinde den Täter vielleicht ans Licht und schließlich vor Gericht bringt.

Allein reisende Frauen machen aber in Indien auch durchaus **positive neue Erfahrungen**. Zum Beispiel nehmen Busfahrer und -schaffner von Fernbussen sie nicht selten unter ihre Fittiche, und bei vielen Gelegenheiten stoßen sie auf besondere Freundlichkeit. Frauen sind in einigen Privathäusern willkommener als westliche Männer und lernen am Lehmofen der Familie vielleicht die Feinheiten der indischen Küche kennen. Auf Busbahnhöfen und Bahnhöfen werden Frauen oft bevorzugt behandelt, denn sie können sich in einer separaten „ladies' queue" anstellen. Auch gibt es oft einen Wartesaal nur für Frauen, und in Nachtzügen geschlossene Frauenabteile, die eine Oase der Ruhe darstellen – sofern sie nicht mit lauten Kindern gefüllt sind. In **Hotels** sollte man nach „Gucklöchern" in der Tür (und in den Gemeinschaftsbädern) Ausschau halten und beim Umziehen oder Schlafengehen die Vorhänge zuziehen. Und nicht vergessen, **Tampons** von zu Hause mitzubringen, da sie außerhalb der indischen Städte nur schwer zu bekommen sind.

Geld

Indiens Landeswährung ist die **Rupie**, meist „Rs" abgekürzt, die sich in 100 Paise unterteilt. Es gibt fast nur Papiergeld, und zwar im Wert von 5, 10, 20, 50, 100, 500 und 1000 Rupien. Münzen gibt es zu 1, 2 und 5 Rupien, und gelegentlich sieht man eine 25- oder 50-Paise-Münze, jedoch werden diese langsam aus dem Verkehr gezogen. Da die Ein- oder Ausfuhr von Rupien offiziell verboten ist (obwohl sie in fast jeder Wechselstube im Ausland erhältlich sind), ist es besser, erst bei der Ankunft Geld zu wechseln.

Banknoten, vor allem mit niedrigerem Nennwert, können sehr mitgenommen aussehen. Nicht akzeptieren sollte man Geldscheine, die eingerissen sind, denn niemand wird sie einem wieder abnehmen. Man kann sie jedoch bei der Reserve Bank of India und in größeren Filialen anderer großer Banken eintauschen. Man sollte sie aber nicht Bettlern geben, da diese nichts damit anfangen können – es wäre eine Beleidigung.

Große Scheine können ein Problem darstellen, da die wenigsten Leute über Wechselgeld verfügen. Viele Inder können es sich nicht leisten, viel Geld herumliegen zu haben. Auch von Ladenbesitzern und Rikschafahrern kann man nicht unbedingt erwarten, dass sie große Scheine wechseln können (und wenn sie Wechselgeld haben, rücken sie es ebenso ungern heraus wie der Fahrgast selbst). Wenn man ein paar Lebensmittel mit einem 100-Rupien-Schein bezahlt, kann es passieren, dass man warten muss, bis der Laufbursche von seiner Runde durch den Ort auf der Suche nach Wechselgeld wieder zurückkehrt. Größere Scheine sind allerdings leichter zu verstauen; sie können in Hotels oder Banken in kleinere umgetauscht werden. Achtung: Der 500-Rupien-Schein ist dem 100-Rupien-Schein täuschend ähnlich.

Geldautomaten, Kreditkarten und Reiseschecks

Am leichtesten kommt man mit der Kreditkarte und EC-Karte an Geld. Alle namhaften Banken in den größeren Orten und Städten haben **Geldautomaten**. Allerdings berechnet der heimische Kartenaussteller wahrscheinlich eine Gebühr fürs Abheben und die indische Bank schlägt auch noch etwas drauf (normalerweise um Rs25). Die Kreditkarteninstitute und teils auch die Geldautomaten selbst verfügen über einen Höchstauszahlungsbetrag pro Tag, der gewöhnlich bei Rs10 000–20 000 liegt. Wenn man nach der Ankunft in Indien zum ersten Mal Geld an einem Automaten abheben will, kann es passieren, dass die Transaktion verweigert wird – dies ist eine normale Sicherheitsvorkehrung, mit der Betrügereien unterbunden werden sollen. Man muss dann die Hotline der Bank oder des Kreditkarteninstituts anrufen und die Sperre aufheben lassen. Am besten jedoch sagt man schon vor der Abreise bei der Heimatbank Bescheid.

Kreditkarten werden in teuren Hotels und Restaurants, einigen Geschäften und bei Fluggesellschaften akzeptiert, sonst aber so gut wie nirgendwo. Am bekanntesten sind American Express, MasterCard und Visa. Da die Karte leicht verloren gehen oder gestohlen werden kann, ist es sinnvoll, immer ein bisschen Bargeld als Reserve und im Verlustfall die Telefonnummer für die Kartensperre dabeizuhaben. Man sollte sich den Eingang der Verlustmeldung mit Datum und Uhrzeit bestätigen lassen, da ab diesem Moment die Verantwortung für einen etwaigen finanziellen Verlust beim Kreditkarteninstitut liegt.

Notrufnummer	
Für alle Karten	✆ 0049/116 116

Reiseschecks (Travellers Cheques) sind gegen eine geringe Provision bei manchen Banken noch erhältlich. Beim Einlösen wird noch einmal eine kleine Gebühr fällig. Reiseschecks haben den Vorteil, dass sie bei Verlust oder Diebstahl im nächsten Vertragsbüro ersetzt werden. Wichtig ist, dass die Kaufabrechnung an einer anderen Stelle aufbewahrt wird als die Schecks, und eine Aufstellung aller bereits eingelösten Schecks vorliegt. Nicht alle Banken akzeptieren Reiseschecks, und wenn, dann meist bekannte Namen wie Thomas Cook und American Express.

Visa und American Express bieten außerdem **Prepaid-Karten**, die man zu Hause mit einem Guthaben aufladen und dann unterwegs an Geldautomaten wie eine EC-Karte nutzen kann – im Prinzip also Reiseschecks in Plastik.

Banken und Wechselstuben

Bei regulären **Banken**, vor allem staatlichen wie der State Bank of India (SBI), Geld zu wechseln kann zeitraubend sein, da man Formulare ausfüllen und an verschiedenen Schaltern anstehen muss. Deshalb: am besten immer gleich eine größere Summe wechseln. Bei Privatunternehmen wie Thomas Cook oder American Express hat man diese bürokratischen Probleme nicht. In größeren Städten und Touristenzentren gibt es gewöhnlich mehrere lizenzierte **Wechselstuben** *(forex bureaux)*, deren Kurse meist nicht so günstig sind wie die der Banken. Dafür kann man dort wesentlich unkomplizierter Geld tauschen.

Außerhalb der regulären Öffnungszeiten der Banken (Mo–Fr 10–14 oder 16, Sa 10–12 Uhr) wechseln große **Hotels** möglicherweise Geld, normalerweise zu schlechten Kursen. Wechselstuben sind länger geöffnet als Banken. An den Flughäfen von Mumbai und Chennai befinden sich rund um die Uhr geöffnete Banken.

US-Dollars sind am einfachsten einzutauschen, an zweiter Stelle rangieren Euro und britische Pfund. In Touristengebieten und großen Städten werden auch Schweizer Franken problemlos eingetauscht. Wer mit mehr als US$10 000 oder der entsprechenden Summe in

Wechselkurse

1 €	=	67 Rs	100 Rs	=	1,50 €
1 sFr	=	55 Rs	100 Rs	=	1,83 sFr
1 US$	=	49 Rs	100 Rs	=	2,05 US$

Aktuelle Wechselkurse s. www.oanda.com

einer anderen Währung nach Indien einreist, muss eine Devisenerklärung ausfüllen.

Wechselquittungen *(encashment certificates)* sollte man aufbewahren. Sie werden verlangt, wenn man vor Verlassen des Landes übrig gebliebene Rupien zurücktauschen möchte und wenn man mit Rupien Flugtickets kauft oder an Ausländerschaltern Zugfahrkarten reserviert. Die State Bank of India erhebt mittlerweile eine Gebühr für Steuerbefreiungsformulare.

Trinkgeld und Bakschisch

Als vermeintlich wohlhabender Besucher wird von einem natürlich erwartet, dass man großzügig **Trinkgelder** gibt. Im Vertrauen auf großzügige Trinkgelder während der Reisesaison akzeptieren die schlecht bezahlten Angestellten in Hotels und Restaurants oft eine schlechtere Bezahlung als ihnen eigentlich zusteht. 10 % Trinkgeld sind üblich, wenn der Service gut war – mehr, wenn das Servicepersonal sich auf die eine oder andere Weise besondere Mühe gegeben hat.

Taxi- und Motor-Rikscha-Fahrer erwarten eigentlich kein Trinkgeld, es sei denn, sie haben für die Fahrgäste extra einen Halt eingelegt oder einen Umweg gemacht. Was am Ende einer längeren Tour dem Fahrer als Trinkgeld zusteht, ist allerdings eine schwierigere Frage, besonders wenn man schon Rs150–200 als Tagesspesen für den Fahrer sowie die Mahlzeiten bezahlt hat. Die einfache Antwort ist, dass man so viel Trinkgeld geben soll, wie man meint, dass der Fahrer verdient hat, und was man sich leisten kann. Fahrer, die für Reiseveranstalter unterwegs sind, sind noch mehr als Hotel- und Restaurantbedienstete auf Trinkgelder angewiesen, um über die Nebensaison zu kommen – viele bekommen nur Rs200–300 am Tag, weil ihre Arbeitgeber wissen, dass die ausländischen Besucher viel Trinkgeld geben.

Das Geben von **Almosen** (Bakschisch) ist in ganz Indien alltäglich; Menschen mit Behinderungen und Verstümmelungen sammeln sich oft in den Stadtzentren und beliebten Urlaubsorten, wo sie sich mit Betteln durchschlagen. In solchen Fällen genügt es gewöhnlich, Rs5–10 zu geben. Ein anderer Fall sind Kinder, die Geld, Stifte, Süßigkeiten oder Ähnliches verlangen: Wer ihrem Betteln nachgibt, ermutigt sie nur, auch andere zu belästigen.

Gepäck

Die meisten Dinge sind auch problemlos in Indien zu finden, noch dazu billiger als zu Hause. Generell sollte der Rucksack nicht zu schwer werden.

Gepäckaufbewahrung

Die meisten Bahnhöfe in Indien verfügen über eine Gepäckaufbewahrung (*cloakrooms* oder *parcel offices*). Sie sind sehr praktisch, wenn man einen Ort besichtigen und noch am selben Tag weiterreisen möchte. Theoretisch muss man ein aktuelles Zugticket oder einen Indrail Pass vorweisen, um Gepäck zu lagern, aber danach wird nicht immer gefragt. Es kann allerdings sein, dass die Annahme verweigert wird, wenn das Gepäck nicht abzuschließen ist. Verliert man den Gepäckschein, gibt es Schwierigkeiten. Bei der Abgabe des Gepäcks sollte man sich vergewissern, dass die Gepäckaufbewahrung geöffnet ist, wenn man es wieder abholen möchte. Die **Standardgebühr** beträgt Rs10 für 24 Std.

Wäsche waschen

In Indien geht niemand in die Wäscherei. Wenn Inder ihre Wäsche nicht selbst waschen, geben sie sie einem **dhobi**. In jedem Ort gibt es entweder einen *dhobi* in der Unterkunft oder in deren Nähe. Der *dhobi* bringt die schmutzige Wäsche zu einem *dhobi ghat,* einem öffentlichen Kleiderwaschbereich (z. B. ein Flussufer), wo sie einem altmodischen Prozess unterzogen wird: Sie wird getrennt, eingeseift und ordentlich in die Mangel genommen, um den Dreck herauszuschlagen. Anschließend wird sie zum Trocknen in die Sonne gehängt und später zu Bügelschuppen getragen, wo jedes Teil mit messerscharfen Bügelfalten versehen und dank geheimnisvoller, versteckter Zeichen seinem rechtmäßigen Besitzer zugeordnet wird. Der *dhobi* bringt die Kleidung absolut makellos zurück, allerdings macht die raue Behandlung die Wäsche kaputt: Knöpfe gehen verloren, und der Stoff scheuert durch. Wer seine maßgeschneiderten Designerklamotten lieber nicht der Gnade eines *dhobi* aussetzt, findet in großen Städten auch **chemische Reinigungen**.

Gesundheit

Die medizinische Vorbereitung auf die Reise sollte früh beginnen. Aktuelle Informationen erhält man von einem Reisemediziner, den Landesimpfanstalten und den Universitätsinstituten für Tropenmedizin. Ein Überblick über mögliche Risiken findet sich auf S. 1265.

Reisemedizin im Internet

Wer sich vor dem Besuch beim Reisemediziner schon mal über die Gesundheitsrisiken in Indien kundig machen möchte, findet auf den folgenden Websites Informationen:

Auswärtiges Amt
www.auswaertiges-amt.de

Robert-Koch-Institut
www.rki.de

Centrum für Reisemedizin
www.crm.de

Deutsche Gesellschaft für Tropenmedizin
www.dtg.org

Dt. Ges. für Reise- und Touristik-Medizin
www.drtm-online.de

Die Reisemedizin
www.die-reisemedizin.de

Reisemedizinische Beratung Freiburg
www.tropenmedizin.de

Tropeninstitut Hamburg
www.gesundes-reisen.de

Fit for Travel
www.fit-for-travel.de

Impfungen

Gesetzlich sind für Indien keine Impfungen vorgeschrieben, aber es gibt Empfehlungen. Tropeninstitute raten neben den üblichen Vorsorgeimpfungen (**Tetanus**, **Diphtherie**, **Polio**) zu einer Impfung gegen **Hepatitis A**, einer **Malariaprophylaxe** und bei längeren Reisen während der Trockenzeit (Nov–Mai) eine Schutzimpfung gegen **Meningitis**.

Impfungen gegen Mumps, Masern, Tbc und Röteln sind für jeden zu empfehlen, der nicht als Kind dagegen geimpft wurde. Krankheiten, für die man keine Impfung benötigt, sind: Pocken (jetzt in Indien praktisch ausgerottet), Cholera (weil die Impfung kaum schützt) und Gelbfieber (nur erforderlich für Afrika).

Tropenmedizinische Institute

Deutschland

Berlin Spandauer Damm 130, Haus 10, 14050, 030/301166

Dresden Friedrichstr. 39, 01067, 0351/4803801

Düsseldorf Moorenstr. 5, 40225, 0211/8117031

Göttingen Werner-von-Siemens-Str. 10, 37077, 0551/307500

Hamburg Bernhard-Nocht-Str. 74, 20359, 040/428180

Heidelberg Im Neuenheimer Feld 324, 69120, 06221/562905

Leipzig Philipp-Rosenthal-Str. 27, 04129, 0341/9894505

München Leopoldstr. 5, 80802, 089/21803517

Rostock Ernst-Heydemann-Str. 6, 18057, 0381/4940

Tübingen Keplerstr. 15, 72074, 07071/2982365

Ulm Robert-Koch-Str. 8, 89081, 0731/5024427

Würzburg Salvatorstr. 7, 97074, 0931/7912825

Österreich
Wien Zimmermanngasse 1a, 1090,
✆ 01/4038343

Schweiz
Basel Socinstr. 57, 4051
✆ 061/2848111. Telefonische Auskunft vom Band unter ✆ 0900/573010 (1,49 sFr./Min.)

Tipps für die Reise

Es kursieren zahlreiche Schauergeschichten über schlimme Krankheiten, die man sich auf einer Indienreise einfangen kann. In Wahrheit sind schwere Erkrankungen eher die Ausnahme als die Regel. Der Standard der **Hygiene** und der sanitären Anlagen hat sich in den vergangenen zehn Jahren erheblich verbessert. Trotzdem ist es natürlich wichtig, die Abwehrkräfte zu stärken und sich der Risiken durch unbehandeltes Wasser, Moskitostiche und offene Wunden bewusst zu sein. Was das **Essen** anbelangt, so ist besondere Vorsicht bei vorgekochten, wieder aufgewärmten Gerichten geboten. Das, was in Gegenwart des Gastes gekocht, gebraten oder gegrillt (und damit entkeimt) wird, ist in der Regel unbedenklich. Allerdings können Seafood und Fleisch manchmal nicht einwandfrei sein, wenn sie nicht frisch sind.

Verderbliche Lebensmittel, die einige Zeit ungekühlt draußen gelegen haben oder während

Ayurvedische Medizin

Ayurveda, ein 5000 Jahre altes, ganzheitliches medizinisches System, wird in Indien vielerorts praktiziert. Ayurvedische Ärzte und Kliniken in größeren Städten behandeln auch Ausländer, und manche Apotheken haben sich auf die Herstellung ayurvedischer Mittel spezialisiert, darunter auch Toilettenartikel wie Seifen, Shampoos und Zahnpasta. Das Wort *ayurveda* stammt aus dem Sanskrit und bedeutet „**Wissen von der Verlängerung des Lebens**". Die Lehre geht von der grundsätzlichen Gleichheit von Selbst und Natur aus. Insofern ist Ayurveda ein Verwandter der Wissenschaft des Yoga, die aus derselben Periode der vedischen Philosophie stammt. Er legt großen Wert auf die Harmonie von Geist, Körper und Seele und sieht hinter vielen Krankheiten psychosomatische Ursachen. Anders als die allopathische Medizin des Westens, die darauf basiert, herauszufinden, wo das Leiden liegt, und es dann zu vernichten, betrachtet Ayurveda den ganzen Patienten: Krankheit wird als Symptom für ein Ungleichgewicht angesehen, deshalb wird dieses Ungleichgewicht behandelt, nicht die Krankheit.

Die ayurvedische Theorie besagt, dass der Körper von drei *doshas* (Kräften) kontrolliert wird, die sich ihrerseits aus den fünf Grundelementen Raum, Feuer, Wasser, Erde und Luft zusammensetzen. Beim gesunden Körper befinden sich alle drei Kräfte im für den jeweiligen Typ richtigen Verhältnis zueinander. Um ein Ungleichgewicht zu diagnostizieren, fragt der ayurvedische Arzt *(vaid)* nicht nur nach den körperlichen Beschwerden, sondern auch nach dem familiären Hintergrund, alltäglichen Gewohnheiten und emotionellen Zügen.

Ungleichgewichte werden typischerweise mit Kräuterheilmitteln behandelt, die darauf abzielen, jene der drei Kräfte, die gestört ist, zu verändern. Für gewöhnlich gehört dazu auch die Anwendung von Ölen oder die Einnahme eigens zubereiteter Heilmittel. Die **ayurvedischen Mittel** werden nach traditionellen Rezepten aus einheimischen Pflanzen hergestellt und sind daher billiger als Markenprodukte oder importierte Medikamente. Eine traditionelle, streng vegetarische Diät wird ebenfalls für langfristige Heilerfolge empfohlen. Außerdem verschreibt der Arzt möglicherweise verschiedene Yoga-Reinigungsmethoden, damit der Körper Abfallprodukte los wird. Für Uneingeweihte klingen diese Techniken eher unangenehm – etwa das stückweise Schlucken eines langen Stoffstreifens, den man anschließend wieder herauszieht, um Schleim aus dem Magen zu entfernen. Ayurvedische **Massagen** mit Kräuterölen, die Linderung für eine Vielzahl von Beschwerden bringen sollen, werden vor allem in Kerala angeboten.

eines Stromausfalls in einem Kühlschrank gelagert wurden, sind auf jeden Fall verdächtig. Kein rohes, ungeschältes Obst und Gemüse essen, auch keinen Salat, bei dem man nicht sicher ist, dass er in entkeimtem Wasser gewaschen wurde. Wenn Obstverkäufer am Strand die geschälte Frucht angefasst haben, sollte man die Ananas- oder Melonenstücke vor dem Essen mit keimfreiem Wasser übergießen. Von großer Bedeutung ist auch die **persönliche Hygiene** (häufig die Hände waschen, vor allem vor dem Essen). Alle Wunden müssen sauber gehalten, zum Schutz vor einer Infektion mit Jod oder einem Antiseptikum (am besten mit einem Spray) behandelt und bedeckt werden. Ratschläge, wie man sich am besten vor **Moskitostichen** schützt, stehen unter Malaria (S. 1269). Wer dennoch gestochen wird, sollte versuchen, sich nicht zu kratzen. Das fällt zwar schwer, aber andernfalls kann es zu einer Infektion und tropischen Geschwüren kommen. Tiger-Balsam und auch getrocknete Seife können den Juckreiz lindern.

Was ist mit dem Wasser?

Was vielen Indienreisenden Kopfschmerzen bereitet, ist die Frage, ob man das Wasser trinken kann. Und die Antwort lautet „Nein!", auch wenn man viele Inder bedenkenlos Leitungswasser trinken sieht. Erheblich sicherer ist in Flaschen **abgefülltes Wasser**, das fast überall erhältlich ist. Es scheint auf den ersten Blick die einfachste und günstigste Lösung zu sein, hat aber auch einen großen Nachteil: den Plastikmüll. Man muss sich nur die vielen Flaschen vorstellen, die man pro Tag konsumiert, und diese millionenmal multiplizieren. Das Ergebnis sind riesige Berge an nicht abbaubarem Deponiemüll, die Jahr für Jahr allein von Touristen produziert werden.

Die beste Lösung unter den Gesichtspunkten Gesundheit und Umwelt besteht darin, das Wasser selbst zu sterilisieren. Die chemische **Entkeimung** mit Chlortabletten ist sehr effektiv, schnell und preiswert, wobei sich der unangenehme Nachgeschmack mit neutralisierenden Tabletten oder Zitronensaft vermeiden lässt.

Als Alternative kann man sich auch einen **Reinigungsfilter** mit chemischer Entkeimung zulegen, um auch kleinste Viren abzutöten. Immer mehr kompakte und leichte Modelle sind an Ständen und in großen Apotheken erhältlich, wobei sich Schwangere und Menschen mit Schilddrüsenproblemen vergewissern sollten, dass kein Jod als Entkeimungsmittel verwendet wird.

Medizinische Hilfe vor Ort

Bei kleineren gesundheitlichen Problemen können **Apotheken** weiterhelfen. Die meisten indischen Ärzte sprechen Englisch, und viele Hotels stellen einen Arzt. Die Grundmedikamente werden nach den Standards von Indian Pharmacopoea (IP) hergestellt. Die meisten sind ohne Rezept erhältlich – auf das Verfallsdatum achten! Der Standard der **Krankenhäuser** ist unterschiedlich. Private Kliniken und Missionskrankenhäuser sind oft besser als staatliche, verfügen aber mitunter nicht über die gleichen Einrichtungen. Krankenhäuser in Großstädten, darunter Universitätskliniken, sind recht gut; Städte wie Delhi, Mumbai und Bengaluru bieten eine erstklassige medizinische Versorgung, die allerdings recht kostspielig ist.

Viele Krankenhäuser verlangen von den Patienten (selbst in Notfällen), dass sie das notwendige Material wie Medikamente, Gipsverbände und Impfstoffe selbst kaufen und für Röntgenaufnahmen zahlen, bevor die Ärzte mit der Behandlung beginnen. Allerdings liegen die Kosten für Privatbehandlungen hier erheblich niedriger als im Westen (unbedingt alle Originaldokumente und Quittungen aufbewahren, um ggf. die Unkosten von der Versicherung zu Hause zurückzufordern). Demgegenüber nehmen staatliche Krankenhäuser alle chirurgischen Eingriffe und Nachbehandlungen kostenlos vor, und in den meisten anderen staatlichen medizinischen Einrichtungen sind die Kosten in der Regel so niedrig, dass die Ausgaben für einfache Behandlungen geringer sind als jene für die Auslandskrankenversicherung.

Man ist im Krankenhaus auf die Hilfe eines Freundes angewiesen oder muss eine Abmachung mit einer der Reinigungskräfte treffen, denn normalerweise haben sich Verwandte um

Tipps für eine Reiseapotheke

Basisausstattung
- ☐ **Verbandzeug** (Heftpflaster, Leukoplast, Blasenpflaster, Mullbinden, elastische Binde, sterile Kompressen, Verbandpäckchen, Dreiecktuch, Pinzette)
- ☐ **sterile Einmalspritzen und -kanülen** in verschiedenen Größen (mit ärztlicher Bestätigung, dass sie medizinisch notwendig sind, damit man nicht für einen Fixer gehalten wird)
- ☐ **Fieberthermometer**
- ☐ **Kondome**
- ☐ **Lärmstopp** (gegen Lärmbelästigung)
- ☐ **Beipackzettel**

Malaria-Prophylaxe
- ☐ **Chloroquin** (z. B. Resochin*, nur für gefährdete Gebiete)
- ☐ **Paludrine*** (zusätzlich zu Chloroquin, nur für gefährdete Gebiete)
- ☐ **Lariam*** oder **Malarone*** zur Standby-Therapie
- ☐ **Mückenschutz**

Schmerzen und Fieber
- ☐ keine acetylsalicylsäurehaltigen Medikamente, **Benuron, Dolormin**
- ☐ **Buscopan** (gegen starke und krampfartige Schmerzen)
- ☐ **Antibiotika*** gegen bakterielle Infektionen (in Absprache mit dem Arzt)

Magen- und Darmerkrankungen
- ☐ **Imodium akut** (gegen Durchfall, v. a. vor längeren Fahrten)
- ☐ **Elotrans** (zur Rückführung von Mineralien; Kinder: Oralpädon Pulver)
- ☐ **Dulcolax Dragees**, Laxoberal Tropfen (gegen Verstopfung)
- ☐ **Talcid, Riopan** (gegen Sodbrennen)

Erkrankungen der Haut
- ☐ **Desinfektionsmittel** (Betaisodona Lösung, Hansamed Spray, Kodan Tinktur)
- ☐ **Tyrosur Gel, Nebacetin Salbe RP** (bei infizierten oder infektionsgefährdeten Wunden)
- ☐ **Soventol Gel, Azaron Stift, Fenistil Tropfen** (bei Juckreiz nach Insektenstichen oder allergischen Erkrankungen)
- ☐ **Soventol Hydrocortison Creme, Ebenol Creme** (bei starkem Juckreiz oder stärkerer Entzündung)
- ☐ **Cortison- und antibiotikahaltige Salbe** gegen Bläschenbildung nach Quallenkontakt
- ☐ **Wund- & Heilsalbe** (Bepanthen)
- ☐ **Fungizid ratio, Canesten** (bei Pilzinfektionen)
- ☐ **Berberil, Yxin** (Augentropfen bei Bindehautentzündungen)

Erkältungskrankheiten
- ☐ **Olynth Nasenspray, Nasivin**
- ☐ **Dorithricin, Dolo Dobendan** (bei Halsschmerzen)
- ☐ **Silomat** (Hustenstiller)
- ☐ **Acc akut, Mucosolvan, Gelomyrtol** (zum Schleimlösen)

Kreislauf
- ☐ **Korodin, Effortil** (kreislaufanregend)

Reisekrankheit
- ☐ **Superpep-Kaugummis, Vomex**

Sonnenschutz mit UVA- und UVB-Filter
- ☐ **Ladival** Milch bzw. Gel, **Ilrido** ultra Milch
- ☐ **Sonnenschutzstift** für die Lippen

Bitte bei den Medikamenten Gegenanzeigen und Wechselwirkungen beachten und sich vom Arzt oder Apotheker beraten lassen. (* rezeptpflichtig in Deutschland).

den Patienten zu kümmern, ihn zu waschen und ihm Essen zu geben. Vorsicht ist in Touristenorten wie Agra geboten, denn Berichten zufolge werden Reisende dort mitunter von dubiosen Ärzten über Gebühr zur Kasse gebeten und sogar absichtlich krank gemacht (S. 308). Adressen der ausländischen Vertretungen (die im Notfall Rat geben) und von Kliniken und Krankenhäusern finden sich unter den praktischen Tipps der jeweiligen Städte.

Informationen

Fremdenverkehrsämter

Die wichtigste Tourismus-Website für Indien ist www.incredibleindia.org. Die indische Regierung unterhält außerdem eine Reihe von Fremdenverkehrsämtern im Ausland, die zahlreiche Broschüren bereithalten. In Indien selbst betreiben sowohl die Bundesstaaten als auch die Kommunen **Touristeninformationen**, die Reisehinweise geben und viel Material vorrätig haben, von Stadtplänen bis zu Hochglanzbroschüren. Das indische Ministerium für Tourismus, www.incredibleindia.org, dessen Hauptbüros sich in New Delhi, 88 Janpath, und in Mumbai gegenüber dem Bahnhof Churchgate befinden, unterhält in den meisten regionalen Hauptstädten eigene Informationsbüros. Diese operieren jedoch unabhängig von den bundesstaatlichen Infoschaltern, den **State Tourism Development Corporations**, die im Allgemeinen unter ihren Initialen bekannt sind (RTDC in Rajasthan, KTDC in Kerala usw.) und eine große Bandbreite an Serviceleistungen anbieten, darunter geführte Touren, Autovermietung und eigene Hotels.

Für zusätzliche Verwirrung sorgt, dass die Tourismusbehörde der indischen Regierung ein eigenes Unternehmen gegründet hat. Die **ITDC** (India Tourism Development Corporation) ist verantwortlich für die Ashok-Hotelkette und bietet einen Tour- und Reiseservice, der oft mit dem der bundesstaatlichen Stellen konkurriert. Indien-Informationen jeglicher Art sind im **Internet** zu finden – die besten Webseiten sind an den relevanten Stellen im Buch angegeben. Eine besonders gute allgemeine ist www.indiamike.com, ein beliebtes Travelforum, das der indophile Mike Szewczyk von seinem Wohnzimmer in New Jersey aus organisiert. Hier finden sich Chat Rooms, Bulletin Boards, Fotoarchive und Reiseberichte von Mitgliedern.

Indisches Fremdenverkehrsamt

India Tourism Frankfurt
Baseler Str. 48, 60329 Frankfurt ,
069/242949-0, 069/242949-77,
info@india-tourism.de,
www.india-tourism.de.

Landkarten und Stadtpläne

Im Land selbst gute Karten über Indien zu bekommen ist schwierig. Die Regierung verbietet – obwohl das Land vollständig von Google erfasst ist – den Verkauf detaillierter Karten von Grenzregionen, wozu die gesamte Küstenlinie zählt. Es ist sinnvoll, eine Übersichtskarte von zu Hause mitzubringen. In Zusammenarbeit mit dem World Mapping Project veröffentlicht der britische Reiseverlag Rough Guides eine sehr klare und aktuelle Karte von Indien sowie eine Regionalkarte von **Südindien** im Maßstab von 1:1 200 000. Außerdem eine Karte zu Nordwest-Indien und Nordost-Indien, beide 1:1 300 000. Die übersichtlich gestaltete und auf reißfestem, wasserbeständigem Plastikpapier gedruckte Karte wurde von den Autoren dieses Buches in der Praxis getestet. **Nelles** deckt mit regionalen Karten im Maßstab 1:1 500 000 Teile des Landes ab. Diese Karten sind hervorragend, das komplette Set kostet jedoch ein Vermögen. Auf ihrem Himalaya-Faltplan sind die Straßen und einige Details eingezeichnet, für Trekkingtouren ist diese Karte jedoch nicht ausreichend. **Ttk**, eine Firma mit Sitz in Chennai, publiziert einfache Karten zu den Bundesstaaten, die in Indien fast überall erhältlich sind. Sie sind schlecht gezeichnet, aber immerhin lassen sich aus ihnen die Entfernungen zwischen zwei Orten entnehmen.

Bei der Planung von Bahnreisen ist die Karte von Indian Railways auf der Rückseite ihrer Broschüre *Trains at a Glance* (S. 86) hilfreich. Wer Stadtpläne in einem größeren Maßstab als jenem benötigt, den die Pläne in diesem Buch haben, bekommt sie manchmal von den Tourist Offices. Erheblich besser sind jedoch die auf Google Maps kostenlos veröffentlichten Karten, die man sich zu Hause oder unterwegs einfach ausdrucken kann. Eicher bietet A-Z-Stadtatlanten (nur Delhi, Mumbai, Kolkata, Chennai und Bengaluru), die in Indien produziert und in allen guten Buchhandlungen verkauft werden. Die in den 1960er-Jahren vom US Army Map Service produzierten **Trekking-Karten** im Maßstab 1:250 000 sind topografisch immer noch korrekt, weisen aber natürlich die seither gebauten Straßen nicht auf. Auf diesen Landkarten basieren die meisten anderen im Handel erhältlichen, und für die meisten Himalaya-Regionen sind sie immer noch die besten Karten.

Die Leomann Maps (Maßstab 1:200 000) zu den Himalaya-Regionen im Nordwesten helfen bei der Planung und allgemeinen Orientierung, taugen aber kaum als zuverlässige Wanderkarten, da sie keine Höhenlinien aufweisen. Die für Himalaya-Trekker in Uttarakhand vom Survey of India im Maßstab 1:250 000 publizierten Karten sind sehr vereinfachte Versionen ihrer weitaus detailgetreueren, für militärische Zwecke gedachten Pläne, an die kein Normalsterblicher herankommt.

Internet und E-Mail

In allen großen Städten und Touristenzentren gibt es jetzt mindestens ein paar, wenn nicht gar Dutzende öffentliche Internet- und E-Mail-Einrichtungen, in der Regel Internet-Cafés, aber auch viele Hotels und Gästehäuser bieten diesen Service. Die Gebühr liegt typischerweise zwischen Rs20 und Rs60 pro Std. Leider sind die Verbindungen in vielen Lokalen noch ziemlich schlecht, mit uralten Computern und langsamen, unzuverlässigen Leitungen, sodass es schwierig ist, umfangreichere Webseiten herunterzuladen oder Online-Transaktionen (wie die Reservierung einer Bahnfahrkarte) zu tätigen.

Kinder

Inder sind Kindern gegenüber sehr tolerant, deshalb kann man sie praktisch überall hin mitnehmen. Und Kinder helfen oft, das Eis zwischen Fremden zu brechen. Die **Anreise** per Flugzeug ist immer beschwerlich, muss aber nicht zum Stress werden. Am lästigsten sind die Wartezeiten auf den Flughäfen. Diese lassen sich allerdings sehr gut nutzen, um sich und die Kinder in den überall vorhandenen Wasch- oder Mutter-und-Kind-Räumen in Ruhe zu waschen, die Zähne zu putzen und die Kleidung zu wechseln, was in den beengten Flugzeugtoiletten nur mit Mühe zu bewerkstelligen ist.

☒ Nicht vergessen

- ☐ **Reisepass** (Kinder jeglichen Alters brauchen für Indien einen eigenen)
- ☐ **Impfpass**
- ☐ **SOS-Anhänger** mit allen wichtigen Daten
- ☐ **Kleidung** – möglichst strapazierfähige, leichte Sachen
- ☐ **Wegwerfwindeln**
- ☐ **Babynahrung**
- ☐ **Fläschchen** für Säuglinge
- ☐ **MP3-Player**
- ☐ **Spiele** und **Bücher**
- ☐ **Fotos** von wichtigen Daheimgebliebenen gegen Heimweh
- ☐ **Kuscheltier** (muss gehütet werden wie ein Augapfel, denn ein verloren gegangener Liebling kann allen den Rest der Reise verderben – reiseerprobte Kinder beugen vor, indem sie nur das zweitliebste Kuscheltier mitnehmen)
- ☐ **Sonnencreme** mit hohem Lichtschutzfaktor
- ☐ **Kopfbedeckung**

Der Komfort im Flugzeug selbst variiert je nach Fluggesellschaft. Die renommierten bieten „schwebende" Kinderbettchen für Säuglinge, Kinder-Menüs, die vor denen für Erwachsene ausgegeben werden, damit man den Kindern beim Essen behilflich sein kann. Meist gibt es Spiele, Bastelmaterial oder Ähnliches. Es kann aber passieren, dass es weder Milch noch eine Möglichkeit, sie zu erwärmen, gibt, von Babynahrung ganz zu schweigen. Besonders mit einem Kind unter 2 Jahren, das noch keinen Anspruch auf einen Sitzplatz hat, sollte nur eine der großen Fluggesellschaften in Betracht gezogen werden. Der Service ist ungleich besser, und Erwachsene mit Kindern werden beim Aus- und Einsteigen bevorzugt behandelt, was bei Billiganbietern nicht unbedingt üblich ist. In jedem Fall empfiehlt sich eine Ausrüstung mit Windeln, Babynahrung und Wechselwäsche wie für eine Dreitagereise, um für einen unvorhergesehenen Aufenthalt gewappnet zu sein.

Man sollte das Kind vor der Reise gründlich untersuchen lassen und darauf achten, dass es alle erforderlichen **Impfungen** – einschließlich gegen Kinderkrankheiten – besitzt. Vor allem Kleinkinder müssen besonders vor Sonne, unsauberem Trinkwasser und Hitze geschützt werden, und das ungewohnte Essen kann – auch für ältere Kinder – ein Problem darstellen. Durchfall, der für Erwachsene nur lästig ist, kann bei Kindern lebensgefährlich sein: Eine Elektrolytlösung (S. 1267) ist dann sehr wichtig. Unbedingt erforderlich ist auch, dass das Kind über die Gefahren der Tollwut Bescheid weiß und sich von Tieren fern hält. Evtl. ist eine Tollwutimpfung ratsam. Hinweise zur Malariaprophylaxe S. 1269.

Wer mit einem **Baby** reist, findet Windeln in den meisten größeren Städten zu ähnlichen Preisen wie im Westen. Es ist jedoch ratsam, eine Extra-Packung für Notfälle mitzunehmen. Wird das Baby nicht gestillt, gehört Trockenmilch ins Gepäck; es gibt sie zwar überall in Indien, aber sie schmeckt dort u. U. anders. Für den Notfall sollte man auch ein paar Päckchen Trocken-Babynahrung im Gepäck haben, die in heißem, abgekochtem Wasser aufgelöst werden kann – zu bekommen in jedem Café oder bei einem *chai-wallah*.

Für Touren, Wanderungen und Spaziergänge sind Babyrückentragen ideal; es gibt sie mittlerweile auch mit integriertem Moskitonetz. Es sollte nur so viel Gepäck wie unbedingt nötig mitgenommen werden. Wenn das Kind noch klein ist, sollte man auch einen zusammenklappbaren Buggy einpacken, vor allem, weil es darin schlafen kann, solange die Erwachsenen mit Essen etc. beschäftigt sind. Kinder unter zwei Jahren zahlen im Flugzeug 10 % (ohne Anspruch auf einen Sitzplatz) und Kinder unter 12 Jahren 50 % des Erwachsenentarifs.

Medien

Indien produziert für seine gut über eine Milliarde Einwohner mit einer Alphabetisierungsrate von knapp unter 70 % sage und schreibe 4700 Tageszeitungen in über 300 Sprachen und weitere 39 000 Zeitschriften. Es gibt eine große Zahl von **englischsprachigen Tageszeitungen**. Die bekanntesten nationalen sind *Times of India, The Hindu, The Deccan Chronicle, The Hindustan Times, The Telegraph, The Economic Times* und *New Indian Express* (in der Regel am regierungskritischsten). Asian Age, die gleichzeitig in Indien, London und New York erscheint, ist eine konservative Boulevardzeitung. Alle großen indischen Zeitungen haben **Websites** (s. Kasten), wobei die der *Times of India*, der *Hindustan Times* und der *The Hindu* die aktuellsten und ausführlichsten Nachrichten liefern.

Die indische Presse ist die freieste Asiens. Die Regierung wird oft unverblümt angegriffen. Dennoch sind die meisten Zeitungen, wie im Westen auch, Teil des politischen Establishments und drucken kaum etwas, was den „nationalen Konsens" in Gefahr bringen könnte. Es gibt auch eine Reihe von **Nachrichtenmagazinen**. Die lesenswertesten sind das unabhängige *India Today*

Nachrichten online

www.guardian.co.uk/world/india
Hochwertige Beiträge zeichnen diesen „Special Report"-Teil der preisgekrönten Webseite des Guardian, die auch Links zu ihrem Archiv mit indischen Artikeln und ein exzellentes Dossier zu Kashmir bietet. Zugang kostenlos.

indiatoday.digitaltoday.in
Die Homepage des meistverkauften indischen Nachrichtenmagazins.

www.samachar.com
Eine der besten Nachrichtenseiten, enthält Schlagzeilen und Links zu führenden indischen Zeitungen.

www.tehelka.com
Alternatives Nachrichtenmagazin, berühmt-berüchtigt für die Aufdeckung von Korruptionsskandalen in der Regierung.

timesofindia.indiatimes.com
www.hinduonline.com
www.hindustantimes.com
www.deccanherald.com
Die Websites einiger der wichtigsten indischen Tageszeitungen haben ausführliche landespolitische Teile.

und das von *The Hindu* herausgegebene *Frontline*. Filmfan- und -klatschblätter sind sehr beliebt (*Screen* und *Filmfare* sind die besten).

Ausländische Veröffentlichungen wie die *International Herald Tribune, Time, Newsweek* und *The Economist* sind in den großen Städten erhältlich (die meisten Zeitungen haben aber auch Internet-Seiten, wo die Tagesausgabe kostenlos gelesen werden kann). **Deutsche Zeitungen und Zeitschriften** findet man in den Goethe-Instituten und Goethe-Zentren, 💻 www.goethe.de/ins/in/lp/deindex.htm (Adressen siehe in den Ortskapiteln). Die **Deutsche Welle** ist in Indien auf verschiedenen Frequenzen, vor allem in den Abendstunden, über Kurzwelle zu empfangen. Aktuellen Frequenzen unter 💻 www.dwelle.de. Von lokalen Sendern und in vielen Hotels werden Teile der DW-Hörfunk- und Fernsehprogramme per Satellit ausgestrahlt.

Die staatliche **Fernsehgesellschaft** Doordarshan, die anspruchsvolle Programme sendet, muss mit dem plötzlichen Massenzugang zu **Kabel- und Satelliten-TV** konkurrieren und verliert seitdem zunehmend an Boden. Der Hauptanbieter auf Englisch ist Rupert Murdochs Star TV, zu dem der BBC World Service und Zee TV, das einen Mix von Hindu-Klatschgeschichten, Film-, Nachrichten- und Musikprogrammen bietet, gehören. Weitere Sender sind CNN, National Geographic, MTV, der Discovery Channel, der ungemein populäre Channel V, der von spärlich bekleideten Models aus Mumbai und DJs moderiert wird, und eine wachsende Zahl annehmbarer Spielfilmkanäle wie Star Movies, HBO und AXN.

Post

Post kann zwischen sechs Tagen und drei Wochen von oder nach Indien unterwegs sein, je nachdem, wo man sich aufhält und wohin die Post gehen soll. Im Durchschnitt braucht sie 10 Tage. Die meisten **Postämter** haben Mo–Fr von 10–17 und Sa von 10–12 Uhr geöffnet, aber die Hauptpostämter in den großen Städten haben längere **Öffnungszeiten** (gewöhnlich Mo–Sa 9.30–13 und 14–17.30 Uhr). Briefmarken (normalerweise nicht selbstklebend) sind nicht teuer: Aerogramme und Postkarten kosten, egal wohin, immer das Gleiche. Am besten lässt man die Post vor den eigenen Augen abstempeln.

Ein **Paket** von Indien aus zu verschicken ist sehr aufwendig: Zunächst muss man es zu einem Schneider bringen, damit er es in billigen Baumwollstoff hüllt, zusammennäht und mit Wachs versiegelt. Als Nächstes bringt man das Paket zum Postamt, füllt die erforderliche Zollerklärung aus, klebt sie auf, kauft die Briefmarken und lässt sie abstempeln. Dann ist das Paket versandfertig. Auf dem Seeweg ist das Porto unglaublich billig, und das Paket ist durchschnittlich drei Monate unterwegs – es kann aber auch nur halb so lange oder aber viermal so lange dauern. Es ist eine gute Möglichkeit, Übergepäck und Souvenirs loszuwerden, doch man sollte auf diesem Weg nichts Zerbrechliches versenden.

Reisende mit Behinderungen

Behinderungen sind in Indien weit verbreitet. Viele sind die Folge von Krankheiten, die im Westen heilbar wären, wie etwa der Graue Star, aber auf dem Subkontinent zu lebenslanger Behinderung führen, weil die Betroffenen sich keine medizinische Behandlung leisten können. Behinderte haben kaum Chancen, die bestmögliche medizinische Versorgung zu erhalten. Meist haben sie nur die Wahl, von der Familie versorgt zu werden oder auf der Straße um Almosen zu betteln.

Für behinderte Reisende hat das sowohl Vor- als auch Nachteile, denn einerseits reagieren Inder auf Behinderungen nicht mit derselben Verlegenheit wie manche Westler. Andererseits findet man so gut wie nie einen Rollstuhl neuerer Technik oder eine Behindertentoilette, und die Straßen sind voller Hindernisse, die ein Blinder oder ein Rollstuhlfahrer allein kaum bewältigen kann. Der Bordstein ist oft hoch, das Pflaster uneben und von Müll übersät, und Rampen gibt es nicht, dafür Schlaglöcher und offene Abwasserkanäle. Manche der teureren Hotels besitzen Rampen für Gepäck und Lieferungen, die sich manchmal auch für Rollstühle eignen.

Jedoch ist im Behindertengesetz von 1995 festgelegt, dass allen Personen der Zugang zu öffentlichen Gebäuden möglich sein soll, und das wird zuweilen sogar umgesetzt. Ein Besuch des auf einen Rollstuhl angewiesenen Astrophysikers Stephen Hawking in Delhi führte dazu, dass an mehreren Sehenswürdigkeiten der Stadt wie dem Red Fort, dem Qutub Minar und dem Jantar Mantar auf einmal Rampen auftauchten. Nach einem Gerichtsprozess im Jahr 1997 wurden die meisten größeren Flughäfen Indiens zudem rollstuhlfahrerfreundlicher gestaltet. Gehbehinderte werden mit den vielen vollgestellten, holprigen Gehwegen und steilen Treppen in Indien zu kämpfen haben. Ein weiteres Problem sind die vielen Menschen, die einem etwas verkaufen wollen (und die nur schwer abwimmeln kann, wer z. B. an Krücken geht). Das viele Anstehen und die Hitze kosten viel Energie, daher kann ein leichter Klappstuhl von unschätzbarem Wert sein.

Inder sind aber in der Regel sehr hilfsbereit, wenn jemand etwa nicht allein in den Bus einsteigen kann oder nicht die Treppe hochkommt. Taxis und Rikschas sind preiswert und flexibel, und einem behinderten Fahrgast, der eines für den ganzen Tag mietet, hilft der Fahrer bestimmt beim Ein- und Aussteigen. Wer einen Führer einstellt, kann ebenfalls damit rechnen, dass dieser bei Treppen und Hindernissen hilft. Völlige Unabhängigkeit ist ein Ding der Unmöglichkeit, doch in Begleitung eines nicht behinderten Reisepartners ist eine Indienreise durchaus machbar. In Delhi bietet **Timeless India**, ✆ 011/2617 4205 oder 6, 🖳 www.timelessexcursions.com, spezielle Touren für Rollstuhlfahrer. Es gibt auch einige Pauschalreiseveranstalter, die sich speziell an Behinderte wenden. In jedem Fall ist es aber wichtig, vor der Buchung mit dem Veranstalter genau abzuklären, welche Bedürfnisse man hat. Außerdem sollte man sicher gehen, dass ein Versicherungsschutz besteht.

Informationen über die Situation von Behinderten in Indien finden sich auf der Website des **Disability India Network**, 🖳 www.disabilityindia.org. Nähere Informationen über Behindertenreisen bekommt man über die unten stehenden Organisationen. Eine gute **Suchmaschine** für Menschen mit Handicap ist 🖳 www.metareha.de. Ebenfalls hilfreich: die amerikanische **Datenbank** 🖳 www.access-able.com.

Nationale Koordinationsstelle Tourismus für Alle (NatKo)
Kirchfeldstr. 149, 40215 Düsseldorf
✆ 0211/3368001, 📠 3368760
✉ info@natko.de, 🖳 www.natko.de

Mobility International Schweiz (MIS)
Froburgstrasse 4, 4600 Olten
✆ 062/2068835, 📠 2068839
✉ info@mis-ch.ch, 🖳 www.mis-ch.ch

Schwule und Lesben

Homosexualität wird in Indien eigentlich nicht akzeptiert, aber im Juli 2009 fällte der High Court ein wegweisendes Urteil, in dem das viktorianische Verbot von einvernehmlichem gleichgeschlechtlichem Sex zwischen Erwachsenen als verfassungswidrig erklärt wurde, sodass Homosexualität nunmehr legal ist. Jedoch sitzen die Vorurteile nach wie vor tief, besonders in konservativen Gebieten wie Rajasthan.

Für Lesben wird es eher schwierig sein, mit Gleichgesinnten in Kontakt zu kommen. Selbst die indische Frauenbewegung (Indian Women's Movement) behandelt lesbische Liebe nicht als ein Thema, für das es sich einzusetzen gilt. Die einzigen öffentlichen Vertreter einer versteckten Szene sind die unten aufgeführten Organisationen in Delhi. Männliche Homosexualität beschränkt sich inzwischen nicht mehr nur auf die Alternativszene von Schauspielern und Künstlern und wird in der Oberschicht zunehmend akzeptiert. Jedoch ist Mumbai weiterhin ein wichtigeres Schwulenzentrum als Delhi oder das traditionalistische Rajasthan. Nach dem Urteil des Obersten Gerichts gibt es jetzt aber in mehreren Clubs in Delhi Schwulenabende, und

Time Out Delhi listet Veranstaltungen für Schwule und Lesben auf.

Eine besondere Gruppe von Indern, denen man vielleicht begegnet, sind die *hijras*, die wie Transvestiten aussehen und als „drittes Geschlecht" zwischen Frauen und Männern akzeptiert werden. Echte *hijras* werden mit weder vollständig weiblichen noch vollständig männlichen Genitalien geboren. Andere sind Eunuchen, die sich kastrieren lassen, um zu *hijras* zu werden, da sie Transsexuelle sind (körperlich männlich, aber psychisch weiblich). Die *hijras* leben in ihren eigenen „Familien" am Rand der indischen Gesellschaft. Bei Hochzeiten gilt ihre Anwesenheit als glücksverheißend, und sie bekommen ein bisschen Geld, um zu erscheinen. Im Allgemeinen jedoch haben sie eine niedrige soziale Stellung inne, werden in vielerlei Hinsicht diskriminiert und leben vom Betteln und von der Prostitution.

Sicherheit

Trotz der erdrückenden Armut und der Kluft zwischen Arm und Reich ist Indien alles in allem ein sicheres Reiseland. Touristen sind jedoch eine beliebte Zielscheibe von Dieben (unter denen sich möglicherweise auch einige Traveller befinden). Vorsicht ist an bevölkerten Orten wie Bussen oder Zügen angebracht, wo **Taschendiebe** leichtes Spiel haben – an manchen gehört das Aufschlitzen von Taschen fast schon zum Alltag. Nicht selten werden Neuankömmlinge auch mit Juckpulver eine Weile außer Gefecht gesetzt. Und natürlich darf man keine Wertsachen unbeaufsichtigt am Strand lassen, wenn man schwimmen geht. Rucksäcke in Schlafsaalunterkünften sind ebenfalls begehrte Beute. Dasselbe gilt für Gepäck auf dem Dach von Bussen. Selbst **Affen** müssen hier erwähnt werden – es ist nicht ungewöhnlich, dass sie Dinge aus Ho-

Schwul-lesbische Kontaktadressen

Campaign for Lesbian Rights (CALERI)/Shakhi
PO Box 3526, Lajpat Nagar, New Delhi 110065,
✉ caleri@hotmail.com
Ein Kollektiv, das sich für die Rechte der Lesben einsetzt.

Gay Delhi
Wöchentliche Treffen für schwule Männer in Delhi. Wer Infos wünscht, schickt eine leere Mail an ✉ gaydelhi-subscribe@yahoo.groups.com.

Humsafar Trust
💻 www.humsafar.org
Eigentlich eingerichtet, um für Safer Sex unter Schwulen zu werben, aber auf der Webseite finden sich auch zahlreiche Links und aktuelle Infos.

Indian Dost
💻 www.indiandost.com/delhigay.php
Delhi-Seite einer Website für schwule Männer in Indien.

International Gay and Lesbian Human Rights Commission
💻 www.iglhrc.org
Aktuelle Infos über die Lage von Gays auf der ganzen Welt, darunter regelmäßige Berichte über Indien.

Purple Dragon
Lobby des Tarntawan Place Hotel, 119/5-10 Suriwong Rd, Bangkok 10500, Thailand,
📞 00662/238 3227, 💻 www.purpledrag.com
In Thailand ansässiger gayfreundlicher Anbieter von Touren nach Delhi und ins „Goldene Dreieck" mit Abstechern nach Ranthambore und Udaipur.

Sangini
PO Box 7532, Vasant Kunj, New Delhi 110070,
💻 www.sanginii.org
Infos, Hilfe und Kontakte, auch eine Helpline:
📞 011/5567 6450, Di 12–15 und Fr 18–20 Uhr.

Timeless India
215–217 Somdutt Chamber-II,
9 Bhikaji Cama Place, New Delhi 110066,
📞 011/2617 4205 oder 6,
💻 www.timelessexcursions.com
Tourveranstalter, der eine Rundfahrt durch Rajasthan mit Übernachtung in schwulenfreundlichen Heritage-Hotels anbietet.

telzimmern mit geöffneten Fenstern stehlen oder sogar nichts ahnenden Spaziergängern Taschen von der Schulter reißen.

Budgettraveller tun gut daran, ein **Vorhängeschloss** dabeizuhaben – geeignet zum Abschließen der Zimmertüren in billigen Hotels. Zusammen mit einer längeren Kette kann man damit das Gepäck auch an Sitze oder Gepäckhalter in Zügen ketten. Wertsachen auf Busfahrten oder Flügen nicht im Gepäck verstauen, sondern immer bei sich tragen! Befindet sich das Gepäck auf dem Dach eines Busses, sollte man sich vergewissern, dass es gut gesichert ist. Die Zeit kurz vor dem Aussteigen ist in Zügen und Bussen die günstigste Zeit für Diebe. Deshalb muss man dann besonders gut auf seine Sachen und auf Ablenkungsmanöver achten; Gepäck auch nie in die Nähe offener Fenster stellen! Nicht vergessen: Beliebte Touristenstrecken sind auch beliebte Diebesstrecken! In seltenen Fällen werden Ausländer mit Drogen betäubt und anschließend ausgeraubt. Es ist daher ratsam, von Mitreisenden oder Zufallsbekanntschaften angebotene **Lebensmittel und Getränke höflich abzulehnen**. Es sei denn, man konnte sich selbst davon überzeugen, dass diese sich unbeschadet das Gleiche einverleibten.

Trotz allem sollte man nicht überängstlich werden, sondern immer ruhig bleiben und dem gesunden Menschenverstand vertrauen. Die Kriminalitätsrate in Indien ist weitaus niedriger als in westlichen Ländern. Gewaltverbrechen ge-

Drogen

Indien ist ein Zentrum für den Anbau von **Cannabis** und in weniger großem Umfang von **Opium**, und Derivative dieser Drogen sind leicht zu bekommen. *Charas* (Haschisch) wird überall im Himalaya angebaut. Der Konsum von Cannabis wird von ehrbaren Indern missbilligt – wenn einer in einem Film eine *chillum* raucht, handelt es sich mit Sicherheit um den Bösewicht. Sadhus hingegen ist es gesetzlich erlaubt, *ganja* (Marihuana) als Teil ihrer religiösen Hingabe an Shiva, der dessen narkotische Wirkung ursprünglich entdeckt haben soll, zu rauchen.

Bhang (ein Mittel, das aus Marihuanablättern zubereitet wird und angeblich manchmal halluzinogene Beigaben wie Stechapfel enthält) ist legal und überall in *bhang shops* erhältlich. Es wird benutzt, um Süßigkeiten und Getränke wie das für seine Stärke berüchtigte *bhang lassi* zuzubereiten, das schon so manchen unvorsichtigen Touristen umgehauen hat. *Bhang shops* verkaufen oft auch *ganja,* minderwertiges *charas* und Opium *(chandu),* hauptsächlich aus Rajasthan und Madhya Pradesh. Auch die Opiumderivate Morphium und Heroin sind relativ leicht erhältlich. „Brown sugar", der Touristen nicht selten auf der Straße angeboten wird, ist drittklassiges **Heroin**. In den Städten steigt unter der armen Bevölkerung die Zahl der Drogensüchtigen bedrohlich an. Varanasi gilt inzwischen als die Stadt mit dem größten Heroinproblem. Der Konsum anderer, illegaler Drogen wie LSD, Ecstasy und Kokain beschränkt sich weitgehend auf Touristen in Partyorten wie Goa. Alle genannten Drogen mit Ausnahme von bhang werden vom indischen Gesetzgeber scharf überwacht. Wer mit weniger als 5 g Cannabis erwischt wird und nachweisen kann, dass es für den eigenen Konsum bestimmt war, bekommt eine Haftstrafe von maximal sechs Monaten, aber es dauert manchmal Jahre, bis der Fall vor Gericht verhandelt wird (zwei Jahre sind die Regel, acht Jahre schon vorgekommen).

Polizeirazzien sind besonders in den folgenden Orten und Transportmitteln gang und gäbe: in Manali, im Kullu-Tal und in Almora sowie in Bussen, die von diesen Orten nach Delhi fahren, vor allem zur Erntezeit; in Bussen und Zügen, die bestimmte Bundesstaatsgrenzen überqueren, besonders jene zwischen Gujarat und Maharashtra; an den Stränden von Goa. „Gleich eine Strafe zahlen" wird eventuell bei der Festnahme akzeptiert – es bedeutet allerdings wahrscheinlich, dass man alles vorhandene Geld abgeben muss. Sitzt man aber erst einmal auf der Wache ein, ist kaum noch etwas zu retten. Eine kleine Zahl der in indischen Gefängnissen Schmachtenden sind wegen Drogenbesitzes einsitzende Ausländer.

gen Touristen sind extrem selten. Die wenigsten Menschen, die sich einem auf der Straße nähern, hegen böse Absichten. Die meisten wollen etwas verkaufen (auch wenn das nicht immer sofort klar ist), ihr Englisch ausprobieren, eine ausländische Frau kennen lernen, eine europäische Anschrift in ihrem Adressbuch stehen haben oder ein Foto mit einem Ausländer machen.

Wer sich irgendwie bedroht fühlt, sollte unverzüglich Hilfe suchen. Deutlich erkennbare Schalter der **Touristenpolizei** *(tourism police)* befinden sich in Hauptbahnhöfen, vor allem in ausgesprochenen Touristenzentren – dort ist die Touristenpolizei auch am zentralen Busbahnhof vertreten. Auch vor den Toren manch vielbesuchter Sehenswürdigkeit findet sich mitunter ein gut gekennzeichneter Stand der Touristenschützer.

Vorsicht vor **Kreditkartenbetrügereien**; eine Kreditkarte kann dazu benutzt werden, Duplikate anzufertigen, so dass dann Beträge für fiktive Transaktionen vom Konto abgebucht werden. Deshalb sollte man darauf bestehen, dass die Karte vor den eigenen Augen durchgezogen wird und sie keinen Augenblick unbeaufsichtigt in fremden Händen lassen. Es ist ratsam, etwa 200 Euro getrennt vom Rest der Reisekasse aufzubewahren, zusammen mit der Quittung für Reiseschecks, der Versicherungs- und Telefonnummer für evtl. Forderungen und eine Kopie der Reisepassseiten, die die persönlichen Angaben und das Indienvisum enthalten. Das ist eine große Hilfe, falls man alle Wertsachen verliert.

Wenn es zum Schlimmsten kommt und man ausgeraubt wird, sollte man zunächst so schnell wie möglich die örtliche **Polizei** informieren. Es ist höchst unwahrscheinlich, dass sie die gestohlenen Sachen wieder auftreibt, aber man braucht ihren Bericht, um später die Reiseversicherung in Anspruch nehmen zu können. Man sollte sich adrett anziehen und auf eine zähe Verhandlung gefasst sein – vor allem Stadtpolizisten sind meist von den vielen Reisescheck- und Versicherungsbetrügereien schon abgestumpft.

Der **Verlust des Reisepasses** bereitet echt Ärger, bedeutet aber nicht unbedingt das Ende der Reise. Man meldet den Verlust unverzüglich der Polizei, die daraufhin die immens wichtige Bescheinigung über eine Strafanzeige *(complaint form)* ausstellt, die man braucht, um herumzureisen und in Hotels einzuchecken und um irgendwelche Ausgaben für die Beschaffung neuer Papiere später bei der Versicherung geltend zu machen. Mit der *complaint form* kann man aber kein Geld und keine Reiseschecks wechseln. Wer pleite ist, bittet am besten den Hotelmanager um ein Darlehen (das Personal wird den Pass beim Einchecken gesehen haben, und die Nummer wird im Fremdenbuch stehen). Als Nächstes ruft man die Botschaft oder das nächste Konsulat in Indien an (S. 54).

Normalerweise muss man Pässe persönlich beantragen und abholen, aber wenn man festsitzt, ist es gewöhnlich möglich, die erforderlichen Formulare per Post zugeschickt zu bekommen. Zur Abholung muss man allerdings selbst zur Botschaft oder zum Konsulat gehen. „Behelfspässe" sind der billigste Ersatz, aber in der Regel sind sie nur für die wenigen Tage der Rückreise gültig. Wer nicht sicher ist, wann er Indien verlässt, muss den kostspieligeren „vollwertigen Pass" beschaffen. Dieser kann nur von den Botschaften in Delhi und größeren Konsulaten in Mumbai ausgestellt werden, nicht von jenen in Chennai, Kolkata oder Panjim.

Sport

Kaum jemand assoziiert mit Indien sofort Sport. Doch **Cricket**, Hockey und Fußball haben hier alle ihren angestammten Platz. Cricket ist mit Abstand am beliebtesten und ein schönes Beispiel dafür, wie etwas Urenglisches zu etwas Urindischem wurde. **Pferderennen** können unterhaltsam sein, besonders wenn man Tumult und Aufregung mag. Am begehrtesten ist die Pferderennbahn von Kolkata, die oft mehr als 50 000 Besucher anlockt. Weitere Rennbahnen gibt es im ganzen Land, überwiegend in großen Städten wie Mumbai, Delhi und Pune. Lokalzeitungen und jedes Stadtmagazin geben bekannt, wann Pferderennen stattfinden.

Ein weiterer (hauptsächlicher) Zuschauersport ist **Polo**, das ursprünglich aus dem nördlichen Kashmir stammt, sich aber von den Briten übernommen zu einem der Symbole des Raj entwickelte. Die Prinzen von Rajasthan galten in den

30er-, 40er- und 50er-Jahren als die besten Polospieler der Welt. Heute spielt in erster Linie die Armee Polo. Der beste Ort, um einen Wettkampf zu sehen, ist der Delhi Gymkhana im Winter. Weitgehend in seiner ursprünglichen Form wird Polo noch in Ladakh auf kleinen Bergponys gespielt; das Anfang September in Leh abgehaltene Ladakh Festival ist eine Möglichkeit, das Spiel in seiner traditionellen Form zu verfolgen. Nach Jahren der Flaute feiert **Hockey**, das Indien regelmäßig olympische Medaillen beschert hatte, ein Comeback. Die große Ausbeute an Medaillen hatte in den 1960ern ein Ende, als der internationale Hockey Kunstrasen einführte, der für Indien ein ungewohnter Boden war (und immer noch ist). Dennoch ist Hockey nach wie vor sehr beliebt, vor allem in Schulen und Colleges.

Volleyball ist ein in ganz Indien, besonders aber in den Badeorten in Goa beliebter Volkssport. **Fußball** ist ähnlich populär, vor allem zur nationalen Meisterschaft. Die besten Mannschaften sind in Kolkata ansässig und umfassen drei legendäre Vereine: Mohan Bagan, East Bengal und Mohamadan Sporting, von denen jeder seine begeisterten Fans hat. Im Unterschied zu den meisten anderen beschäftigen diese Teams professionelle Spieler, darunter sogar ausländische, die überwiegend aus Afrika kommen.

Tennis ist in Indien schon immer ein Sport der Mittel- und Oberklasse gewesen und erfreut sich in dem Maße, in dem diese Klasse sich ausdehnt, zunehmender Beliebtheit. Das Land kann mit ein oder zwei Weltklassespielern aufwarten, z. B. dem Duo Bhupati und Paes, die im Männerdoppel 1999 für kurze Zeit den ersten Platz auf der Weltrangliste einnahmen. Die glamouröse junge Tennisspielerin Sania Mirza schaffte es als erster indischer Tennisprofi unter die ersten 50 der Weltrangliste und ist derzeit genauso populär im Land wie die Cricketstars.

Auch der **Motorsport** erfreut sich wachsender Beliebtheit, seit Kingfisher-Tycoon Vijay Malias Rennstall Force India in der Formel 1 mitmischt. **Golf** ist äußerst beliebt – wiederum in der Mittelklasse – und in Indien relativ preiswert. Der zweitälteste Golfplatz der Welt befindet sich in Kolkata und einer der am höchsten gelegenen bei Shimla. **Kabadi**, ein Spiel, bei dem zwei Mannschaften à sieben Spieler versuchen, die Gegner auf einem eingegrenzten Spielfeld unter unaufhörlichen „kabadikabadikabadi"-Rufen zu „fangen", ist ein traditionelles indisches Freizeitvergnügen. Es ist zwar bislang ein Amateursport, wird aber sehr ernst genommen und in bundesstaatlichen und nationalen Meisterschaften ausgetragen. Inzwischen ist Kabadi sogar Teil der Asian Games. In Südindien ist diese Sportart nicht so beliebt wie im Norden.

Indisches Ringen, auch *kushti* genannt, ist der Lieblingssport der Anhänger des Affengottes Hanuman. Die als *pahalwaans,* das heißt „starke Männer", bezeichneten Ringkämpfer kann man zum Beispiel an den *ghats* von Varanasi oder Kolkata frühmorgens beim Training beobachten.

Telefon

Seit der Handy-Revolution sind STD/ISD-Telefonläden rar geworden und inzwischen so selten, dass man sich nicht mehr darauf verlassen kann, einen zu finden. Außerdem ist das Telefonieren von einem dieser Läden teurer als das Telefonieren mit dem Handy – wenn man eine indische SIM-Karte hat. Daher nehmen fast alle Reisenden heutzutage ihr Handy mit und kaufen für die Zeit in Indien eine **indische SIM-Karte**. Das geht schnell und ist nicht teuer – obwohl die Regierung nach den Anschlägen von Mumbai 2008 gedroht hat, die Kontrollen über die Nutzung indischer Karten durch Ausländer zu verschärfen, was vielleicht die Antragsprozedur etwas komplizierter macht. SIM-Karten sind in den meisten Handy-Läden und Niederlassungen der Netzbetreiber erhältlich. Zur Zeit der Recherche musste man nur eine Kopie des Reisepasses (Fotoseite Visum) mitbringen, ein Formular ausfüllen und eine Anschlussgebühr in Höhe von (je nach Händler und Netz) Rs25–250 zahlen.

Die Netzabdeckung ist von Bundesstaat zu Bundesstaat unterschiedlich; am besten sind die großen nationalen Netzbetreiber wie Vodaphone, Airtel und Idea. Sobald das Telefon freigeschaltet ist, zahlt man für ein Grundguthaben. Das Guthaben kann dann bei Bedarf wieder aufgefüllt werden, und zwar um Rs10–1000, wobei der gesamte Betrag jedoch nur dann fürs

Internationale Vorwahlen	
Indien	✆ 0091
Deutschland	✆ 0049
Österreich	✆ 0043
Schweiz	✆ 0041

Telefonieren gutgeschrieben wird, wenn man bestimmte Beträge zahlt (bei Vodaphone z. B. Rs222). Das Telefonieren nach Europa kostet aus den meisten indischen Handy-Netzen Rs2–3 pro Minute. Außerdem sollte man beim Kartenkauf die „Nicht stören"-Option aktivieren lassen („do not disturb"), sonst wird man mit Werbeanrufen und Werbe-SMS des Netzbetreibers zugemüllt.

Indische Handynummern sind zehnstellig und beginnen mit einer 8 bzw. – häufiger – mit einer 9. Wer von außerhalb des Staates, in dem das Mobiltelefon angemeldet wurde, anruft (aber nicht vom Ausland aus), muss davor noch eine Null wählen.

Transport

Die Verkehrsverbindungen zwischen den Städten sind in Indien vielleicht nicht die schnellsten oder bequemsten, aber sie sind billig, reichen in fast jeden Winkel und lassen einem oft die Wahl zwischen Zug und Bus, manchmal Flugzeug und seltener sogar dem Schiff. Der Nahverkehr ist sogar noch vielfältiger, und reicht etwa in Kolkata von Rikschas, die noch von barfüßigen Männern gezogen werden, bis zu einem hypermodernen U-Bahnnetz. Egal ob man den Land- oder Schienenweg, öffentliche oder private Verkehrsmittel bevorzugt – Indien bietet die Chance, einige echte Klassiker auszuprobieren: Schmalspurbahnen, Dampflokomotiven, Ambassador-Wagen und Enfield-Bullet-Motorräder. Manche Leute kommen sogar nur ihretwegen nach Indien!

Eisenbahn

Eine Bahnfahrt zählt zu den klassischen Erfahrungen einer Indienreise. Das **Schienennetz** überzieht fast das ganze Land. Nur einige wenige Gebiete wie die gebirgigen Regionen von Sikkim, Ladakh, Uttarakhand und der Großteil von Himachal Pradesh lassen nicht sich mit der Bahn erreichen. Auch wenn das Bahnsystem chaotisch erscheint: Es funktioniert und zwar in der Regel besser als erwartet. Natürlich haben die Züge oft Verspätung, manchmal um Stunden, aber sie fahren. Und wenn der Zug, auf den man gewartet hat, in den Bahnhof rollt, wird sich die Reservierung, die man am anderen Ende des Landes einige Wochen zuvor getätigt hat, auf der an den Waggon geklebten Liste finden. Bedenken sollte man, dass die Fahrten nicht selten zwölf Stunden oder länger dauern und man mit einem Nachtzug Hotelkosten spart. Wer nachts fährt, sollte aber stets sein Gepäck am Bett anschließen. Zu diesem Zweck befindet sich normalerweise unter der unteren Liege ein Kettenschloss.

In Indien gibt es drei grundsätzliche Arten von Passagierzügen. Touristen benutzen am ehesten **Fernzüge** („Express" oder „Mail" genannt) und die flinkeren klimatisierten **Schnellzüge** („super-fast" genannt), darunter die verschiedenen Rajdhani Express Trains, die Delhi mit Städten im ganzen Land verbinden, und die Shatabdi Express Trains. Letztere verkehren tagsüber zwischen größeren Städten, die nicht weiter als acht Fahrstunden voneinander entfernt liegen. Daneben gibt es auch furchtbar langsame **Regionalzüge** („Passenger"), die überall halten, und die man nur für abgelegene Ziele braucht. Zusätzlich zu diesen Zugtypen sind auch noch ein paar reine Touristenbahnen und andere Spezialzüge im Einsatz, etwa der berühmte *Palace on Wheels* und die Schmalspurbahn nach Darjeeling (Näheres dazu S. 839).

Bahnklassen

Indian Railways unterscheidet zwischen nicht weniger als **sieben Klassen** von Passagierzügen. Die verschiedenen Züge haben unterschiedliche Waggons, allerdings hat man auf den Hauptstrecken meist nur die Wahl zwischen vier Arten. Die einfachste und billigste Klasse, in der die meisten Inder reisen, ist die **2. Klasse ohne Reservierung** (oder „second seating"). Diese Klasse hat sehr einfache Waggons mit harten Holzbänken und kann tagsüber unglaublich voll werden – auf einer kurzen Strecke am Tag lässt sich das aushalten. Für längere Strecken und Nachtfahrten eignet sie sich nicht. Immerhin sind die Tickets so billig, dass die Fahrt praktisch nichts kostet.

Angenehmer und nur um die Hälfte teurer ist die Fahrt im **2.-Klasse-Schlafwagen** („sleeper class"). Hier gibt es offene Abteile mit sechs gepolsterten Liegen, die sich tagsüber in Sitze verwandeln lassen. Die Plätze müssen reserviert werden, auch für Tagesfahrten, deshalb sind diese Züge nicht so hoffnungslos überfüllt wie die in der 2. Klasse ohne Reservierung. Trotzdem ist meist ziemlich viel los dank der Verkäufer, Musikanten, Bettler und Putzleute, die durch jedes Abteil kommen. Für Nachtfahrten ist diese Klasse aber okay. Die Züge der **1. Klasse** haben bequeme, wenn auch etwas mitgenommene, nicht klimatisierte Abteile mit zwei bis vier Betten. Allerdings soll diese Klasse abgeschafft werden und kommt nur noch in wenigen Zügen vor.

Die anderen vier Klassen haben alle AC (es gibt sie ausschließlich in Fern- und Schnellzügen). Klimatisierte **Waggons mit Sesseln** (oft als „CC" bezeichnet für *chair car*) findet man eigentlich nur in Schnellzügen. Die bequemen, verstellbaren Sitze sind nur für Tagesfahrten geeignet, da sie sich nicht in Liegen verwandeln lassen. Normalerweise sind sie in Nachtzügen auch gar nicht vorhanden. Die Shatabdi-Expresszüge bestehen ausschließlich aus CC-Waggons (klimatisierten *ordinary chair cars* und, zum doppelten Preis, klimatisierten *executive chair cars*).

Es gibt drei Klassen klimatisierter Schlafwagen: Die billigste, die **3. Klasse AC**, hat offene Abteile mit Dreierliegen – im Grunde dasselbe wie der Schlafwagen 2. Klasse, aber mit Klimaanlage. Etwas mehr Platz bietet die weit verbreitete **2. Klasse AC**, die über vier Pritschen verfügt. Am komfortabelsten ist die **1. Klasse AC** mit Privat-abteilen für 2 oder 4 Personen, Teppichboden und relativ präsentablen Bädern – allerdings kann eine Fahrkarte fast so viel kosten wie ein Flugticket.

In den meisten AC-Zügen wird das Bettzeug ohne Aufpreis gestellt. Und im Fahrpreis der Rajdhani- und Shatabdi-Züge sind Trinkwasser, Snacks und einfache Mahlzeiten enthalten. **Frauenabteile** *(ladies' compartments)* gibt es in allen Nachtzügen. Sie sind meist eng, aber Touristinnen bieten sie Zuflucht vor unerwünschten Männerblicken. Außerdem sind sie eine gute Gelegenheit, mit Inderinnen ins Gespräch zu kommen. Manche Bahnhöfe haben auch Wartesäle nur für Frauen.

Fahrpläne und Tickets

Fahrpläne, Preise und freie Plätze lassen sich im Internet auf der etwas schwerfälligen Website von Indian Railways checken, 💻 www.indianrail.gov.in, oder auch auf der klarer strukturierten privaten Seite 💻 www.cleartrip.com. Ansonsten enthält aber auch *Trains at a Glance* (Rs30), das von Indian Railways herausgegeben und zweimal jährlich aktualisiert wird, die Fahrpläne aller Fern- und Schnellzüge. Es ist auch online unter 💻 www.indianrailways.gov.in/tag/index.htm einzusehen. Die Broschüre ist an den Informationsschaltern und Zeitungsständen aller Hauptbahnhöfe erhältlich.

Alle **Fahrpreise** werden genau nach der Strecke berechnet. In *Trains at a Glance* ist eine Tabelle mit Preisen pro Kilometer abgedruckt, außerdem sind die Entfernungen der Bahnhöfe entlang den Routen angegeben. Man kann den Grundfahrpreis also selbst ausrechnen.

Reservierungen

Es ist wichtig, Zugfahrten im Voraus zu planen, da die Nachfrage es oft unmöglich macht, am geplanten Abfahrtstag noch ein Ticket für eine längere Strecke zu bekommen (wenngleich das neue Tatkal-Quotensystem die Sache ein wenig einfacher macht). Traveller mit wenig Zeit kaufen die Fahrkarten für die Weiterreise gleich nach der Ankunft, um nicht noch einmal zum Bahnhof marschieren zu müssen. In den meisten großen Bahnhöfen werden auch Tickets für Fahrten verkauft, die in einem anderen Ort beginnen.

Auf der offiziellen Buchungs-Website von Indian Railways, 💻 www.irctc.co.in, kann man Bahnfahrkarten **online reservieren**. Die Seite ist jedoch nur während der indischen Büroöffnungszeiten zugänglich und oft umständlich zu benutzen. Eine zuverlässigere Alternative ist die private Seite 💻 www.cleartrip.com, die eine Gebühr von Rs100 pro Ticket erhebt; bezahlt werden kann mit den gängigen Kreditkarten. Es werden Reservierungen bis zu 90 Tage im Voraus und bis vier Stunden vor Abfahrt des Zuges angenommen. Cleartrip.com verkauft auch Tatkal-Tickets, die – für einen Aufschlag von Rs75–150 – Zugang zu einer speziellen Spätbucher-Quote geben. Ist die Fahrt gebucht, kann man sein elektronisches Ticket ausdrucken (oder mehrere, für diverse Fahrten). Beim Einsteigen ist das Ticket zusammen mit dem Reisepass vorzuzeigen.

Wer direkt am Bahnhof ein **Ticket reservieren** möchte, muss zuerst im Buchungsbüro ein kleines Formular ausfüllen: Name, Alter und Geschlecht, vorgesehenes Reisedatum und gewünschter Zug (unter Angabe des Zugnamens und der Zugnummer, die normalerweise deutlich sichtbar in der Reservierungshalle des Bahnhofs angeschrieben stehen). In den meisten Bahnhöfen werden die Reservierungen per Computer erledigt, und man erfährt sofort, ob Plätze frei sind oder nicht.

Die **Reservierungsbüros** der großen Bahnhöfe sind in der Regel Mo–Sa 8–20 und So 8–14 Uhr geöffnet. In größeren Städten haben die Hauptbahnhöfe spezielle **Touristenabteilungen** mit hilfsbereitem, Englisch sprechendem Personal eingerichtet, um die Warteschlangen für Ausländer zu verkürzen. Anderswo kann der Kauf eines Tickets längere Wartezeiten bedeuten. Frauen können sie oft umgehen, indem sie einfach an die Spitze der Schlange gehen und dort eine eigene „ladies' queue" aufmachen. Einige Bahnhöfe haben ein Wartenummernsystem, sodass man sich einen Tee holen kann, bis die gezogene Nummer aufgerufen wird. Eine gute Idee ist es auch, den Ticketkauf einfach von jemand anderem erledigen zu lassen. Viele Reisebüros bieten diesen Service gegen eine annehmbare Gebühr (meistens um Rs30–50). Oder man fragt in der Unterkunft, ob jemand behilflich sein kann.

Sind für den gewünschten Zug keine Plätze mehr vorhanden, hat man verschiedene Möglichkeiten: Zum einen werden einige Sitzplätze und Betten für Touristen zurückgehalten – beim Touristenschalter in der Buchungshalle oder beim Stationsvorsteher nach der „**tourist quota**" fragen! Diese Plätze sind gewöhnlich nur in den großen oder den Ausgangsbahnhöfen erhältlich. Klappt es damit nicht, gibt es noch andere spezielle Quoten, wie eine für „Notfälle" *(emergencies)*, die erst am Abfahrtstag bekannt gegeben werden und möglicherweise ungenutzt bleiben. Eine weitere Alternative mit Zuschlag ist das sogenannte **Tatkal-Ticket**. Unter diesem Programm wird eine Quote von 10 % der Plätze in den meisten Zügen zurückbehalten, die online und in allen Büros mit Computersystem gebucht werden können. Die Tickets werden zwei Tage vor Abfahrt des Zuges ab 8 Uhr ausgestellt, mit einem Zuschlag von Rs75–150, je nach gebuchter Klasse.

RAC-Tickets („Reservation Against Cancellation") verschaffen ein Vorrecht auf einen Schlafwagenplatz, falls einer storniert wird. Mit einem RAC-Ticket darf man in den Zug steigen und einen Sitzplatz besetzen, bis der Schaffner einem einen Liegewagenplatz zuweist. Die ungünstigste Variante ist ein Wartelisten-Ticket (zu erkennen an dem Buchstaben „W" vor der Passagiernummer), mit dem man zwar in den Zug darf (ausgenommen Shatabdi- und Rajdhani-Züge), aber nicht in den reservierten Bereich. In diesem Fall sucht man so schnell wie möglich den Schaffner auf. Man kann ihn vielleicht überreden, einen freien Platz (so vorhanden) für einen zu finden. Es ist auch möglich ohne Platzreservierung zu reisen, aber wenn der Zug voll ist – was auf den Hauptstrecken immer der Fall ist –, ist dies sehr ungemütlich. Ansonsten besteht, vor allem im Ausgangsbahnhof, als letzter Ausweg noch die Möglichkeit, einen Bahn-

Die indische Eisenbahn in Zahlen

Mit einem Schienennetz von 63 327 km Länge hat Indien das zweitlängste Eisenbahnnetz der Welt. 8000 Lokomotiven sorgen täglich für den Transport von etwa 22 Millionen Fahrgästen. Mit rund 1,6 Millionen Beschäftigten ist die indische Eisenbahn der größte Arbeitgeber der Erde. Leider gibt es auch ein paar Zahlen, auf die das indische Verkehrsministerium weniger stolz sein kann: Jährlich passieren nämlich 400 bis 500 **Unfälle** (mit 700–800 Todesopfern). Damit gilt die indische Eisenbahn weltweit als die gefährlichste. Zugreisende können sich aber trösten: Es ist wesentlich sicherer, die Bahn als den Bus zu nehmen, denn laut offizieller Statistik sterben auf den Straßen des Landes jeden Tag durchschnittlich 233 Menschen (85 000 im Jahr).

Indrail-Pässe

Indrail-Pässe, die Ausländer und im Ausland lebende Inder kaufen können, beinhalten alle Fahrt- und Reservierungskosten für einen Zeitraum von einem halben bis zu 90 Tagen, sind jedoch wesentlich teurer, als wenn man die Tickets einzeln kauft. Der Pass ist für das Herumreisen im gesamten Land ausgelegt. Wer also nur zwischen Delhi, Agra und den Städten Rajasthans unterwegs ist, für den lohnt sich der Pass auf jeden Fall nicht. Dafür erspart er einem das Schlangestehen und ermöglicht es, problemlos und kostenfrei Reservierungen zu tätigen oder zu stornieren.

Ein Railpass verschafft einem aber auch leichter einen Sitzplatz oder ein Bett in einem „vollen" Zug. So haben Passinhaber ein Vorrecht auf „tourist quota"-Plätze. Indrail-Pässe sind in Indien gegen US-Dollar an den Touristenschaltern der Hauptbahnhöfe erhältlich, im Ausland manchmal bei Niederlassungen von Air India. Ein 7-Tages-Pass kostet in der 2. Klasse US$80, in der 1. Klasse US$135 und in der AC-Klasse US$270. Eine vollständige Preisliste und ein Verzeichnis der Agenturen von Indian Railways im Ausland findet sich unter 💻 www.indianrail.gov.in/international_Tourist.html.

bediensteten mit etwas Bakschisch dazu zu bewegen, einem einen nicht reservierten Platz (oder gar einen Platz auf der Gepäckablage) zu „reservieren"; manchmal fungieren auch die Gepäckträger als Mittelsmänner. Wer möchte, kann auch selbst versuchen sich einen Platz zu erkämpfen, aber die Chancen dafür sind nicht gut. Auf kürzeren Strecken oder auf Nebenstrecken lässt es sich auch ohne Reservierung reisen.

Luxus-Touristenzüge

Nach dem Vorbild des Orientexpress bietet Indian Railways zu exorbitanten Preisen Pauschalreisen in luxuriösen Touristenzügen an. Das Aushängeschild ist der **Palace on Wheels**, 💻 www.palaceonwheels.net, ein mit allen Annehmlichkeiten versehenes Märchen aus Tausendundeiner Nacht. Die achttägige Fahrt (1x wöchentl. von Sep–April) kostet alles inklusive ab US$2350 p. P. für die gesamte Strecke. Außerhalb der Saison (Sep und April) gibt's Preisnachlass. Der Luxuszug ist oft auf Monate hinaus ausgebucht – also frühzeitig reservieren.

Der Palace on Wheels hat sich als dermaßen begehrt erwiesen, dass eine Reihe weiterer Nostalgiezüge in Betrieb genommen wurden, darunter der **Royal Rajasthan on Wheels**, 💻 www.royalpalaceonwheels.com, und der billigere **Heritage on Wheels**, 💻 www.palaceonwheels.net/new/heritage.htm. Alle drei Züge können gebucht werden über die Rajasthan Tourism Development Corporation, ✆ 011/2338-1884, 💻 www.rajasthantourism.gov.in, sowie über 💻 www.palaceonwheels.net und 💻 www.indiarailtours.com.

Auch in Südindien verkehren Luxuszüge für Touristen. Der Zug **Deccan Queen**, 💻 www.deccan-odyssey-india.com, erschließt die Highlights Maharashtras, während der **Golden Chariot**, 💻 www.deccan-odyssey-india.com/golden-chariot, Karnataka durchfährt. Preise und Fahrpläne sind den Websites zu entnehmen.

Flüge

Wegen der großen Entfernungen innerhalb des Landes gerät man leicht in Versuchung, das Flugzeug zu nehmen, ungeachtet der damit verbundenen Kosten. Ein Flugzeug braucht für die Strecke Delhi–Chennai nur 2 1/2 Std., die Bahn dagegen 36 Std. Verspätungen und Ausfälle können den Zeitvorteil zwar relativieren (vor allem auf Kurzstrecken), aber wer wenig Zeit hat und trotzdem große Entfernungen zurücklegen möchte, kann das nur mit dem Flugzeug. Außerdem sind in den letzten Jahren etliche private Fluggesellschaften auf dem indischen Markt aufgetaucht, so dass jetzt mehr Flugzeuge auf mehr Strecken verkehren als je zuvor.

Einen Flug bucht man am einfachsten über die Webseiten der Fluglinien. Größere Fluggesellschaften unterhalten in den größeren Städten und an den Flughäfen, die sie anfliegen, offizielle Vertretungen; diese sind jeweils im Buch genannt. Kinder unter zwölf Jahren zahlen die Hälfte, Kinder unter zwei Jahren (je eines pro Erwachsenem) 10 % des vollen Preises.

Fluggesellschaften

Air India, www.airindia.com
Air India Express, www.airindiaexpress.in
Go Air, www.goair.in
IndiGo Airlines, book.goindigo.in
Jet Airways/JetLite, www.jetairways.com
Kingfisher Airlines, www.flykingfisher.com
Paramount Airways, www.paramount airways.com
Sahara Airways, www.saharaairlines.co.in
SpiceJet, www.spicejet.com

Busse

Züge sind zwar das Haupttransportmittel in Indien und oft komfortabler als Busse, aber es gibt Orte, in die gar keine Züge fahren (wie in die meisten Täler des Himalaya) oder die auf dem Schienenweg nur mühsam zu erreichen sind (wie der Großteil von Rajasthan). Busse fahren fast überall hin und verkehren häufiger als Züge (allerdings fast immer tagsüber). Wer den Bus nimmt, spart sich für gewöhnlich auch die umständliche Ticketreservierung. Die Busse unterscheiden sich ganz erheblich in Preis und Ausstattung. Die staatlichen sind ziemlich heruntergekommen und bis zum Dach mit Menschen, Kleinvieh und Gepäck gefüllt. Sie decken aber die meisten Strecken ab, sowohl lange als auch kurze. Auf viel befahrenen Routen zwischen großen Städten und Urlaubsorten gibt es in der Regel zusätzlich private Busunternehmen, die mehr Beinfreiheit, getönte Fensterscheiben und verstellbare Sitze bieten. Kleinere private Busgesellschaften sind aber manchmal nur halblegal und im Falle einer Panne völlig hilflos.

Einen Hinweis auf den Grad an Komfort gibt die Bezeichnung des Busses. „**Ordinary**" haben meist kaum gepolsterte, nicht verstellbare, harte Sitze. „**Deluxe**" oder „**Luxury**" sind ziemlich austauschbare Begriffe. Manchmal steht „Deluxe" für einen Bus, der sein Verfallsdatum längst überschritten hat. Der eine oder andere Bus wird auch als ein „2 by 2" angepriesen, was bedeutet, dass es sich um einen Luxusbus mit jeweils nur zwei Sitzen beiderseits des Ganges handelt. Auf staatliche Busse bezogen, bedeuten diese Bezeichnungen jedoch nicht unbedingt einen Unterschied zu den „Ordinary"-Bussen. Private Busse dieses Namens sollten allerdings einen weicheren, verstellbaren Sitz haben. Man kann das bei der Buchung herausfinden und sollte auch fragen, ob der Bus über eine Musikanlage und einen Videorekorder verfügt – wenn ja, ist an Schlaf nicht zu denken. Auf den hinteren Plätzen spürt man übrigens schlechte Straßen stärker. Aus Sicherheitsgründen sollte man möglichst im mittleren Bereich des Busses sitzen.

Das **Gepäck** wird bei privaten Bussen im Bodenraum verstaut – gegen eine „Sicherheitsgebühr" von Rs10–20. In staatlichen kann man es in der Regel in eine Ecke des Busses stopfen, wo es nicht stört, allerdings wird man manchmal gebeten, es auf das Dach zu packen. Dann sollte man sich vergewissern, dass es gesichert ist (am besten schließt man es selbst an oder schaut zu, wie es befestigt wird) und nicht in Gefahr ist, total zusammengequetscht zu werden. Ein kleines Bakschisch für denjenigen, der es oben für einen verstaut, ist angebracht.

Ein **Busticket** ist leichter zu besorgen als ein Zugticket, auch wenn es in großen Busbahnhöfen manchmal mehr als 20 Schalter gibt, von denen jeder für eine andere Strecke zuständig ist. Beim Kauf des Tickets erfährt man das Kennzeichen des Busses und bekommt manchmal eine Platznummer. Wie in Bahnhöfen auch können Frauen eine separate, schnellere „ladies' queue" bilden. In einen normalen staatlichen Bus darf man auch ohne Fahrkarte steigen, und in Busbahnhöfen außerhalb der großen Städte kann man gewöhnlich ohnehin erst im Bus zahlen. Express- und private Busse können meist und sollten auch reserviert werden, und es empfiehlt sich, vorher genau zu klären, wo der Bus abfährt. Man kann notfalls auch bei privaten Unternehmen erst im Bus zahlen, aber die Aussichten auf einen Sitzplatz sind dann geringer.

Schiffe

Abgesehen von Flussfähren verkehren innerhalb Indiens nur wenige Schiffe. Von Kolkata und Chennai fahren Schiffe zu den Andamanen, und auch zwischen den Inseln der Andamanen gibt es einen Schiffsverkehr. In Kerala fahren einige reguläre Passagierboote von Alappuzha und Kollam aus, darunter der beliebte „Backwatertrip“ zwischen den beiden Städten. Nur auf dem Wasserweg erreichbar sind die Sunderbans im Ganges-Delta südlich von Kolkata.

Autos

Es ist weitaus üblicher, dass Touristen in Indien herumgefahren werden, als dass sie selbst fahren. Autovermietungen stellen in der Regel Autos mit Chauffeur. Diese lassen sich über alle Touristeninformationen und Autovermietungen arrangieren. Auch Taxis, die vor Hotels oder an Taxiständen warten, können tageweise gemietet werden. Das kostet etwa Rs1500 pro Tag, gewöhnlich mit 200 Freikilometern; zusätzliche Kilometer schlagen mit etwa Rs6–7 pro km zu Buche. Auf längeren Fahrten schläft der Fahrer im Auto, wofür seine Firma vielleicht zusätzlich Rs150–200 verlangt. Außerdem sollte der Fahrer ein Trinkgeld von Rs150–175 erhalten.

Viele Reisende verfallen dem Charme des typisch indischen Autos, des Hindustan Ambassador Mark IV, der dem Design des alten britischen Morris Oxford nachempfunden ist. Leider sind die Fahrzeuge mit ihrer katastrophalen Federung und den rückenunfreundlichen Sitzen äußerst unbequem. Besonders in den älteren Modellen muss man sich auf anstrengende Fahrten gefasst machen – das Armaturenbrett wird furchtbar heiß, und vorne drohen Ausdünstungen die Reisenden zu ersticken. Sehr viel besser ist man mit einem modernen 3- oder 5-Türer bedient – die Autovermietungen informieren über das Angebot. Mit Klimaanlage wird das Ganze natürlich erheblich teurer. Bei größeren Fahrzeugen wie Geländewagen sind im Tagessatz von Rs1500 gewöhnlich nur die ersten 80 km enthalten, die zusätzlichen Kilometer werden dann recht teuer.

Eine Reihe internationaler Firmen bietet Fahrzeuge für Selbstfahrer. Aber wer nicht über ausgedehnte Erfahrungen im Fahren auf den berüchtigt gefährlichen Straßen des Landes hat, sollte das Autolenken lieber einem Experten überlassen. Wer selbst fährt, muss immer auf das Unerwartete gefasst sein. Besonders in den Städten herrscht Verkehrschaos: Fahrzeuge scheren ohne Warnung ein und aus; Fußgänger, Radfahrer und Kühe bewegen sich sorglos mitten auf der Straße. Auf dem Land sind die Straßen eng, oft stark reparaturbedürftig und voll von überladenen Tata-Lastern, die niemandem ausweichen. Auch Ochsenkarren oder Ziegenherden können die gesamte Straße blockieren. Sehr gefährlich sind Nachtfahrten – Radfahrer und Ochsenkarren haben nur seltenst Licht. Wenn man einen Unfall hat, ist es besser, den Schauplatz schnell zu verlassen und den Schaden sofort der Polizei zu melden, denn im Nu kann sich ein Mob ansammeln, vor allem wenn Fußgänger oder Kühe beteiligt sind.

Für den **Import eines Autos oder Motorrads** nach Indien benötigt man ein *carnet de passage,* ein Dokument, das sicherstellen soll, dass man das Fahrzeug nicht illegal verkauft. Man bekommt es von ausländischen Automobilclubs wie dem ADAC. Es lohnt sich, ein paar Ersatzteile mitzubringen, da ausländische in Indien manchmal schwer zu finden sind. Allerdings gibt es fast überall Imitationen minderer Qualität.

Motorräder

Indienrundreisen mit dem Motorrad sind nichts für Leute mit schwachen Nerven. Abgesehen von den furchtbaren Straßenverhältnissen und den daraus folgenden Strapazen, kann es auch schon eine echte Herausforderung sein, ein Motorrad zu fahren, mit dem man nicht vertraut ist. Der **Kauf eines Motorrads** in Indien ist nur etwas für Abenteuerlustige. Wer hinter einem alten Klassiker her ist, für den ist die Enfield Bullet (350er- oder 500er-Modell), die am billigsten in Puducherry an der Küste von Tamil Nadu zu haben ist, das Richtige. Je neuer das Modell, desto weniger Flair hat es. Wer hingegen mehr Wert auf einen niedrigen Preis und praktischen Nutzen legt, sollte ein kleineres Modell wählen. Etwa ein Bajaj, das nach verlässlichen alten japanischen Vorlagen in Indien gebaut wird.

In Delhi ist das Viertel Karol Bagh mittlerweile als Zentrum für Motorradläden und -verleiher bekannt. Natürlich muss man um den Preis feilschen – ein Motorrad in passablem Zustand kann man etwa für die Hälfte bis Zweidrittel des ursprünglichen Preises bekommen. Wer geschickt im Handeln ist, kann es am Ende der Reise zu einem ähnlichen Preis wieder verkaufen – vielleicht an einen anderen Ausländer, indem man in Hotels und Restaurants dafür wirbt. Ein gewisser bürokratischer Aufwand lässt sich bei der Besitzübertragung eines Fahrzeugs nicht umgehen, aber Werkstätten können einem in der Regel einen Makler („auto consultant") vermitteln, der einem gegen eine geringe Gebühr (um Rs1000–2000) hilft, einen Käufer oder Verkäufer zu finden, und den nötigen Papierkram erledigt.

Motorräder können in vielen touristischen Orten geliehen werden, und es kann durchaus Spaß machen, damit vor Ort herumzufahren. Der Zustand der Motorräder ist allerdings sehr unterschiedlich. Auf jeden Fall ist, wenn man sich nicht wirklich auskennt, das Mieten die bessere Lösung als das Kaufen. Der Verleiher eines Motorrads hat ein größeres Interesse daran, dass die Maschine läuft, als ein Verkäufer. Beim Mieten sollte man sich trotzdem vergewissern, dass Kette und Ritzel okay sind, dass die Maschine startet und gut läuft und dass die Bremsen und Lichter funktionieren (Fahrten bei Dunkelheit sind allerdings generell nicht zu empfehlen). Tiefergehende mechanische Kenntnisse sind unnötig, da es in jeder Stadt eine Werkstatt gibt, die sich bestens mit Enfields auskennt.

Eine empfehlenswerte Firma in Delhi, sowohl für den Kauf als auch für das Leihen eines Motorrads, ist Bulletwallas, 💻 www.bulletwallas.com, 7 Arakashan Rd, Multani Dhanda, im Viertel Paharganj. Das von Australiern geführte Unternehmen ist auf Enfields spezialisiert und verkauft neue, gebrauchte und nach Kundenwunsch umgebaute Maschinen, ausgestattet nur mit den besten Ersatzteilen.

Wer Indien möglichst stressfrei mit einem Motorrad erkunden möchte, kann sich einer organisierten Motorradtour anschließen. Diese führen durch ausgesuchte Gegenden mit möglichst wenig Verkehr und traumhafter Landschaft im Himalaya, in Rajasthan und Kerala. Anbieter sind **Blazing Trails**, 📞 0044/1293/533338, 💻 www.blazingtrailstours.com, **Classic Bike Adventure**, Indien, Goa, 📞 0832/226 8467, 💻 www.classic-bike-india.de, **Himalayan Roadrunners**, USA, 📞 001/802/7386500, 💻 www.ridehigh.com, und **Live India**, 💻 www.liveindia.co.uk.

Fahrräder

In vielerlei Hinsicht ist ein Fahrrad das ideale Transportmittel, denn es bietet völlige Unabhängigkeit und Kontakt zu Einheimischen. Man kann draußen campen, es gibt aber fast in jedem Dorf auch eine billige Unterkunft (das Fahrrad mit aufs Zimmer nehmen!). Wer müde wird, kann das Rad auch als Gepäckstück auf den Bus laden oder im Zug transportieren. Um ein **Fahrrad von zu Hause** mitzubringen, braucht man keine besonderen Papiere, aber indische Ersatzteile und Zubehör unterscheiden sich in Größe und Norm, so dass man eventuell improvisieren muss. Deshalb sollte man die wichtigsten Ersatzteile, Werkzeuge und eine Luftpumpe dabeihaben.

Der **Kauf eines Fahrrads** in Indien ist supereinfach. In den meisten Städten gibt es Fahrradläden und sogar ganze Fahrradmärkte. Der Vorteil eines einheimischen Rades ist, dass Ersatzteile leicht zu bekommen sind. Außerdem zieht es keine Menschenmenge an, wenn man es abstellt. Der Nachteil ist, dass die indischen Räder meist schwerer sind als ausländische und nicht dem neuesten Stand der Technik entsprechen. In größeren Städten werden zunehmend auch Mountainbikes angeboten, aber deren Kauf lohnt nicht, da die Qualität zu wünschen übrig lässt. Ein Fahrrad wieder zu verkaufen dürfte kein Problem sein: Man wird zwar kein Bombengeschäft machen, kann es aber vielleicht privat oder an einen Fahrradverleih verkaufen.

Leihfahrräder sind in den meisten Städten zu finden. In der Regel sind sie nur für den örtlichen Gebrauch bestimmt: Das ist eine gute Möglichkeit, um herauszufinden, ob die eigenen Beine und der Hintern ein indisches Rad aushalten, bevor man sich eines anschafft. Die Kosten liegen bei Rs25–150 pro Tag; als Sicherheit muss man manchmal eine Kaution oder den Pass hinterlegen.

Der **International Bicycle Fund** in den USA, ✆ 206/7670848, 💻 www.ibike.org, veröffentlicht Informationen, gibt Ratschläge zu Fahrradreisen rund um den Globus und hat eine nützliche Webseite. **Cycling Federation of India**, C-5A/262, DDA Flats, Janak Puri, New Delhi 110058, ✆ 011/255 3006, 💻 www.cyclingfederationof india.org, ist der wichtigste Radsportverband in Indien.

Nahverkehr

In den Städten stehen verschiedene öffentliche Verkehrsmittel zur Verfügung. **Stadtbusse** können unglaublich voll werden, deshalb Vorsicht vor Taschendieben und Grabschern. Das Gleiche gilt für **Vorortzüge** in Mumbai (der einzige andere Ort, in dem man eventuell Züge im Nahverkehr benutzen möchte, ist Chennai). In Delhi oder Kolkata erwartet Besucher eine angenehme Überraschung: die einzigen U-Bahnen Indiens. Sie sind sauber und funktionieren einwandfrei.

Man kann auch **Taxis** nehmen. Meist sind es ziemlich klapperige Ambassadors (in großen Städten schwarz und gelb) und Maruti-Transporter. Manchmal ist der Fahrer bereit, den Zähler einzuschalten. Theoretisch kann man die Polizei rufen, wenn er es nicht tut, aber der übliche Kompromiss besteht darin, vor dem Einstieg einen Fahrpreis auszuhandeln. Natürlich ist es von Vorteil zu wissen, wie viel die Strecke in etwa kosten sollte, allerdings sollten die Angaben in diesem oder in anderen Büchern nur als ganz grobe Richtlinie genommen werden. An Orten wie Hauptbahnhöfen findet man vielleicht Leute, die sich ein Taxi ins Zentrum mit einem teilen. Viele Bahnhöfe und die meisten Flughäfen betreiben Taxistände mit Vorauszahlungssystem, das heißt man zahlt vor Abfahrt eine feste Summe. Es gibt auch teurere vorausbezahlte Limousinen.

Die **Motor-Rikscha**, das Indien-typischste aller Fahrzeuge (gemeinhin einfach „auto" genannt), besteht aus der vorderen Hälfte eines Motorrollers mit ein paar Sitzen hinten. Motor-Rikschas sind billiger als Taxis, wendiger im Verkehr und gewöhnlich mit einem Zähler ausgestattet (allerdings muss man den Preis oft trotzdem vorher aushandeln, denn nur wenige Fahrer sind bereit, ihn tatsächlich einzuschalten). Sie sind etwas instabil und die Fahrer oft ziemlich leichtsinnig. Aber das gehört zum Vergnügen einer Motor-Rikscha-Fahrt dazu. In größeren Touristenzentren bedrängen Rikscha-*wallahs* Touristen sehr, und ist man erst einmal eingestiegen, kann es passieren, dass sie an mehreren Läden Halt machen, bevor sie zum gewünschten Ziel fahren. Außerdem hindert auch eine Einigung über den Preis vor der Fahrt den Rikscha-*wallah* nicht unbedingt daran, unterwegs oder am Ziel eine neuerliche Diskussion um den Fahrpreis zu entfachen. In der Regel ist es besser, selbst eine Rikscha anzuhalten, anstatt eine aufgedrängte zu nehmen, und die vor teuren Hotels wartenden zu meiden.

In einigen Städten gibt es auch eine größere Variante von Motor-Rikschas, **Tempos** oder **Vikrams** genannt, mit sechs bis acht Sitzen hinten, die gewöhnlich feste Strecken zu Einheitspreisen abfahren. Hier und da stößt man auch auf Pferdekutschen, so genannte **Tongas**. Diese von unterernährten Pferden gezogenen Gefährte sind bei Touristen am unbeliebtesten. Noch langsamer und billiger sind **Fahrrad-Rikschas**. Ausländischen Touristen ist oft nicht wohl dabei, sie zu benutzen, denn außer in großen Touristenzentren sind die Fahrrad-Rikschafahrer meist ausgemergelte, auf der Straße lebende Männer, die einen erbärmlichen Lohn für ihre Mühsal bekommen. Andererseits: Nimmt man sie nicht in Anspruch, geht es ihnen noch schlechter. Von Ausländern verlangen die Rikschafahrer natürlich zunächst vergleichsweise erheblich überhöhte Preise – man muss dann selbst entscheiden, ob es sich lohnt, um diese für ausländische Besucher niedrigen Beträge zu feilschen.

Wer eine Reihe von Orten in der Umgebung sehen möchte, sollte erwägen, ein Taxi oder eine Motor-Rikscha für den Tag zu mieten. Am besten sucht man einen einigermaßen gut Englisch sprechenden Fahrer und handelt mit ihm vorher einen Preis aus. Es ist wahrscheinlich billiger, als man vermutet, denn der Fahrer wird sich unweigerlich als Führer betätigen und als Quelle lokalen Wissens erweisen – ein Trinkgeld ist angebracht.

Übernachtung

Das ganze Jahr über bereisen mehr Inder als ausländische Touristen das Land – auf Urlaubs-, Pilger- oder Geschäftsreise. Entsprechend riesig ist die Zahl der Hotels und Gästehäuser. Alles in allem bieten die Unterkünfte, wie so vieles in Indien, ein gutes Preis-Leistungs-Verhältnis. Die Preise für Luxusherbergen mit westlichem Komfort und Service liegen vor allem in Großstädten auf internationalem Niveau.

Budgethotels

Obwohl die Zimmerpreise in Indien allgemein steigen, gibt es immer noch viele preiswerte **Hotels** und **Hostels**, die auf Rucksacktouristen und weniger wohlhabende Inder ausgerichtet sind. Die meisten verlangen Rs300–400 für ein Doppelzimmer, außerhalb der großen Städte und Touristenzentren vielleicht auch weniger als Rs200. Am billigsten ist normalerweise ein Schlafsaalbett in einer Jugendherberge oder einem Hotel. Manchmal ist schon eines für lächerliche Rs100 zu bekommen. Noch günstiger sind Gästebetten in religiösen Einrichtungen und Pilgerherbergen, sogenannten **Dharamshalas** (S. 95).

Budgetunterkünfte reichen von schmuddeligen Bruchbuden bis zu gemütlichen Gästehäusern und sind natürlich billiger, je weiter man sich von den ausgetretenen Touristenpfaden entfernt. Am teuersten sind sie in Delhi, Mumbai, Goa und den Urlaubsorten in Kerala, wo die Preise mindestens doppelt so hoch liegen wie für gleichwertige Unterkünfte in den meisten anderen Städten. Die billigsten Zimmer haben normalerweise wackelige Betten und durchgelegene Matratzen, auf der untersten Stufe auch nur Gemeinschaftsduschen und -WCs und kaltes Wasser, aber zunehmend mehr Unterkünfte bieten Zimmer mit Bad (in Indien „attached rooms" genannt) und Warmwasser, entweder aus dem Wasserhahn oder in einem Eimer. Es ist jedoch auf jeden Fall ratsam, den Zustand der Bäder und Toiletten zu kontrollieren, bevor man eincheckt. Auch nach Bettwanzen und Moskitos sollte man Ausschau halten – Blutflecken um das Bett herum und an den Wänden sind verräterisch.

Wenn ein **Taxi- oder Rikschafahrer** behauptet, die vom Fahrgast genannte Unterkunft sei voll, geschlossen oder umgezogen, will er wahrscheinlich ein Hotel ansteuern, von dem er eine Provision kassiert (die nicht selten auf die spätere Rechnung aufgeschlagen wird). In vielen Touristenzentren agieren gewerbsmäßige Schlepper. Sie können nerven, aber manchmal lohnt es, etwas mehr zu zahlen, vor allem wenn man nachts alleine irgendwo ankommt.

Mittelklassehotels

Selbst wer auf einen gewissen Komfort nicht verzichten mag, braucht dafür kein Vermögen auszugeben. Ein großes, sauberes Zimmer mit frisch bezogenen Betten und sauberem Bad mit fließend Warm- und Kaltwasser kann schon für Rs500 zu haben sein. Extras, die den Preis in die Höhe treiben können, sind Gemeindesteuern, TV, Moskitonetze, Balkon und vor allem Klimaanlage. Letztere (in Indien „a/c" abgekürzt) bietet nicht zwangsläufig den Nutzen, den man sich davon verspricht – in manchen Hotels zahlt man das Doppelte für eine Klimaanlage, die so verstaubt, schwerfällig und laut ist, dass man lieber darauf verzichten möchte. Manche bieten auch *air-coolers* anstelle von AC – sie können ebenfalls laut sein und sind nicht so effektiv wie eine ordentliche Klimaanlage, aber immer noch erheblich besser als ein Ventilator. Die sind eh nur in trockeneren Landstrichen anzutreffen, da sie in Gegenden mit hoher Luftfeuchtigkeit wie an der südindischen Küste und dem Golf von Bengalen nicht funktionieren. Darüber hinaus haben viele Mittelklassehotels ein Restaurant und bieten Zimmerservice.

Die meisten Landesregierungen betreiben eigene Hotelketten. Meist sind sie ihr Geld wert, sie sind jedoch erheblich schlechter geführt als vergleichbare Unterkünfte im privaten Sektor. In diesem Buch haben wir den staatlichen Unterkünfte das Kürzel des staatlichen Betreibers vorangestellt – zum Beispiel MPTDC Palace (für Madhya Pradesh Tourist Development Corporation). Reservierungen für staatliche Hotels können über staatliche Touristeninformationen im ganzen Land erfolgen.

Luxushotels

Der Boom des letzten Jahrzehnts hat ganz Indien eine Vielzahl neuer Luxushotels beschert. Diese fallen grob in zwei Kategorien. In den Stadtzentren finden sich schicke Hotels im westlichen Stil mit Klimaanlagen und eleganter Einrichtung, vor allem für Geschäftsreisende. Da hier eine hohe Konkurrenz herrscht, haben diese Hotels ein gutes Preis-Leistungs-Verhältnis, besonders in der gehobenen Mittelklasse. Die noblen 5-Sterne-Ketten wie Taj, die wichtigste Hotelkette Indiens, verlangen Preise auf internationalem Niveau, da die meisten ihrer Gäste über üppige Spesenkonten verfügen oder aber mit einer Reisegruppe unterwegs sind. Viele Tophotels bieten übrigens erhebliche **Preisnachlässe** bei einer Online-Buchung.

Bei ausländischen Touristen wesentlich beliebter sind die indischen **Heritage-Hotels**, die in den vergangenen Jahren im ganzen Land zahlreich entstanden sind. Rajasthan wies den Weg: Alte Festungen, Paläste, Jagdhäuser, Havelis und ehemalige Jagdcamps wurden zu teuren Unterkünften für Reisende umgebaut. Hier können die Gäste jede Menge Kolonialatmosphäre schnuppern und das alte Indien „erleben" – Pagen mit Turban und vorsintflutliche Automobile eingeschlossen. Andere Bundesstaaten folgten schnell, sodass Reisende heute in prächtigen tamilischen Herrenhäusern, Teepflanzer-Bungalows aus der Kolonialzeit in den Nilgiris, hölzernen *tharavadaku* mit Giebeldächern in den Backwaters in Kerala und portugiesischen *palaçios* in Goa nächtigen können. In einigen Tierschutzgebieten gibt es erstklassige Unterkünfte in ehemaligen Jagd-Lodges, Zeltcamps und Baumhäusern, während man unten in Kerala die Seen und Lagunen der Backwaters auf einem umgebauten Reiskahn erleben kann. Die besten Heritage-Unterkünfte sind in den entsprechenden Kapiteln besprochen.

Preiskategorien

Die Preiskategorien beziehen sich auf ein **Doppelzimmer**. Bei Schlafsälen geben wir den Preis pro Bett in Rupien an. Die meisten Mittelklasse- und alle Luxushotels berechnen eine Luxussteuer von 10–15 % und eine Gemeindesteuer von 5 %. Die Steuern sind in unseren Kategorien berücksichtigt. In vielen Orten unterliegen die Preise saisonalen Schwankungen; die Unterkünfte nehmen höhere Preise oder lassen nicht mit sich handeln, wenn die Nachfrage groß ist. Das betrifft die Hill Stations im Sommer (April–Juli), Rajasthan, Goa und Kerala im Winter, vor allem um Weihnachten und Neujahr. Wo angebracht, weisen wir in den Übernachtungskapiteln auf derartige Preisschwankungen hin. Die Preiskategorien beziehen sich auf die Hauptsaison, jedoch nicht – wie etwa in Rajasthan, Goa und Kerala – auf die 10 bis 15 Tage lange Hochsaison um Weihnachten und Neujahr.

❶ bis Rs300
❷ Rs301–500
❸ Rs501–700
❹ Rs701–1200
❺ Rs1201–2000
❻ Rs2001–3000
❼ Rs3001–4500
❽ Rs4501–7000
❾ über Rs7000

Sonstige Unterkünfte

Viele Bahnhöfe bieten sogenannte **Retiring Rooms**, in denen Passagiere schlafen können: schlichte Privatzimmer mit Bett und Bad (in manchen Bahnhöfen gibt es auch Schlafsäle). Diese Zimmer sind vor allem dann praktisch, wenn man früh morgens einen Zug erwischen muss. Normalerweise gehören sie zu den billigsten Unterkünften überhaupt, können aber auch laut sein. *Retiring Rooms* können nicht reserviert werden – also einfach hingehen und fragen, ob ein Zimmer frei ist.

Die Touristenbüros in Rajasthan, Mumbai und Kerala haben sogenannte *paying guest*- oder *homestay*-Programme eingerichtet, die Besuchern die Möglichkeit bieten, gegen Bezahlung bei einer **Gastfamilie** zu wohnen. Die internationale Organisation SERVAS vermittelt ebenfalls indische Gastfamilien. Weitere Infos unter 💻 www.servas.org.

Praktisches zur Übernachtung

Checkout-Zeit ist in den teureren Hotels 12 Uhr mittags. Man sollte sich aber gleich bei der Ankunft danach erkundigen, denn viele erwarten, dass man das Zimmer bereits um 8 Uhr morgens verlässt. In den meisten Unterkünften der unteren bis mittleren Preisklasse gilt ein 24-Stunden-System, das heißt, man muss zur gleichen Uhrzeit, zu der man das Zimmer belegt hat, wieder auschecken. Manche Unterkünfte gestatten noch nach der offiziellen Checkout-Zeit die Nutzung ihrer Einrichtungen, manchmal gegen eine geringe Gebühr, während einige wenige nicht einmal das Gepäck aufbewahren, sofern man nicht für eine weitere Nacht bezahlt. Leider besitzen nicht alle Hotels **Einzelzimmer**. Daher ist die Reise oft teurer, wenn man allein unterwegs ist. In Hotels, die keine Einzelzimmer haben, kann man aber manchmal einen kleinen Preisnachlass erzielen. Zimmer mit drei oder vier Betten sind hingegen keine Seltenheit – sie sind für Familien und kleine Gruppen sehr preiswert.

In billigen Hotels und Jugendherbergen braucht man keine **Extragebühren** auf der Rechnung zu befürchten. Aber je höher die Hotelklasse (US$200–300), desto wahrscheinlicher ist es, dass Steuern und Servicegebühren sich in die Rechnung einschleichen. Manchmal erhöhen sie den ursprünglichen Preis bis um ein Drittel. Die **Servicegebühr** beträgt meist 10 %, die **Steuern** werden von den Landesregierungen festgelegt und variieren von Staat zu Staat. Wie viele andere Dinge in Indien, lässt sich der Zimmerpreis durchaus **verhandeln**. Wenn er zu hoch erscheint oder alle Hotels in der Stadt leer sind, kann man feilschen. Vielleicht erreicht man nichts. Aber wer nicht wagt, der nicht gewinnt.

Camping ist gewöhnlich nur in den Naturschutzgebieten möglich, in denen das Forest Department Besuchern umweltfreundliche Zeltunterkünfte bietet, und in Urlaubsorten am Meer, in denen der Neubau von Häusern durch Küstenschutzmaßnahmen eingeschränkt ist. Außer an den Wanderwegen ist es unüblich, auf dem Land einfach ein Zelt aufzustellen.

YMCAs und **YWCAs** finden sich nur in großen Städten. Sie sind gepflegter und kostspieliger als Mittelklassehotels. In der Regel sind sie das Geld wert, aber oft ausgebucht und manche nehmen nur Männer oder nur Frauen auf.

Offizielle und nicht offizielle **Jugendherbergen**, einige davon unter staatlichem Management, liegen planlos über das Land verstreut. Mit einem JH-Ausweis bekommt man einen Preisnachlass, aber auch Besucher ohne Ausweis werden selten abgewiesen. Für gewöhnlich schließen sie tagsüber nicht. Die Preise entsprechen denen der billigsten Hotels. Auch einige religiöse Einrichtungen, besonders die *gurudwaras* der Sikhs, bieten Pilgern und Besuchern Unterkunft und nehmen eventuell auch Touristen auf. Oft wird eine Spende erwartet – willkommen ist sie immer. Einige der größeren Institutionen verlangen einen minimalen Festbetrag.

Pilgerstätten, vor allem die, die weit von anderen Unterkünften entfernt liegen, verfügen meist auch über **Dharamshalas** (Pilgerherbergen). Sie sind sehr billig und sehr einfach und fast immer mit einfachen Gemeinschaftsbädern ausgestattet. Einige bieten aber auch Zimmer mit Bad. *Dharamshalas* bieten ebenso wie *gurudwaras* Unterkunft gegen eine Spende oder einen winzigen Unkostenbeitrag, der manchmal nicht höher als Rs20 ausfällt.

Jugendherbergswerke

DJH Service GmbH
Bismarckstr. 8, 32754 Detmold,
☏ 05231/74010, 📠 740149,
✉ service@djh.de,
💻 www.jugendherberge.de.

Junge Hotels Austria
Helferstorferstr. 4, 1010 Wien,
☏ 01/5331833, 📠 533183385,
✉ office@jungehotels.at,
💻 www.jungehotels.at.

Schweizer Jugendherbergen
Schaffhauserstr. 14, 8042 Zürich,
☏ 044/3601414, 📠 3601460,
✉ bookingoffice@youthhostel.ch,
💻 www.youthhostel.ch.

Verhaltenstipps

Kulturelle Unterschiede betreffen alle möglichen Kleinigkeiten. Auch wenn Ausländern gegenüber gewöhnlich Nachsicht geübt wird, brauchen Besucher, die mit den indischen Gepflogenheiten nicht vertraut sind, dennoch ein paar Hinweise, um niemanden zu beleidigen oder sich nicht zu blamieren. Wer unsicher ist, sollte einfach darauf achten, wie sich die Inder benehmen.

Essen und die Rechte-Hand-Regel

Am häufigsten tritt man beim Essen ins Fettnäpfchen. Gegessen wird normalerweise mit den Fingern, was einige Übung erfordert. Von ausländischen Reisenden wird das aber nicht immer erwartet. Die oberste Regel lautet: **Nur mit den Fingern der rechten Hand essen!** In Indien wie in ganz Asien wird die linke Hand zum Poabwischen, Füßewaschen und für andere weniger appetitliche Aufgaben gebraucht (man zieht auch die Schuhe mit der linken Hand an und aus). Die rechte Hand wird zum Essen, Händeschütteln usw. benutzt.

Wie streng der Einzelne das sieht, ist unterschiedlich. Brahmanen (die am oberen Ende der Hierarchie stehen und eine der beiden „rechtshändigen Kasten" sind) und Südländer sind im Allgemeinen am rigorosesten. Während man eine Tasse oder ein anderes Utensil auch in der linken Hand halten darf und es normalerweise kein Drama ist, wenn man die linke Hand dazu benutzt, ein Stück vom *chapatti* abzureißen, sollte man damit nicht essen, Essen weiterreichen oder sich den Mund abwischen. Am besten hält man sie außer Sichtweite unter dem Tisch. Diese Regel geht über das Essen hinaus. Man darf niemandem etwas mit der linken Hand reichen oder damit auf jemanden zeigen. Im Allgemeinen sollte man auch Dinge nur mit der rechten Hand entgegennehmen – obwohl es ein Zeichen von Respekt ist, dazu beide Hände zu benutzen.

Die andere Regel, die man beim Essen und Trinken beachten sollte, besagt, dass die Lippen nicht das Essen von anderen berühren dürfen – *jhuta* (besudeltes Essen) ist absolut tabu. Deshalb zum Beispiel nicht vom *chapatti* abbeißen und es dann weiterreichen. Wenn man mit anderen gemeinsam aus einer Tasse oder Flasche trinkt, sollte man eine Berührung mit den Lippen meiden und stattdessen das Getränk in den Mund gießen. Dieser Brauch schützt im Übrigen auch vor Krankheiten wie Hepatitis. Es ist üblich, sich vor und nach dem Essen die Hände zu waschen.

Religiöse Stätten

Religion wird in Indien sehr ernst genommen. Es ist daher wichtig, religiösen Gebäuden, Schreinen, Bildern und Betenden immer den gebührenden Respekt zu zollen. Vor dem Betreten eines **Tempels** oder einer **Moschee** zieht man die Schuhe aus und lässt sie vor dem Eingang stehen (Socken sind in Ordnung und schützen die Füße vor den brennend heißen Steinen). Manche Tempel – vor allem die der Jains – erlauben nicht, dass man Lederwaren an oder mit sich trägt und verbieten menstruierenden Frauen den Zutritt. In Kerala sind die meisten Hindu-Tempel für Nicht-Hindus tabu; bei denjenigen, die zugänglich sind, müssen Männer vorher ihre Oberbekleidung ablegen; Frauen müssen lange Kleider oder Röcke tragen.

In eine Moschee wird man als Nicht-Moslem normalerweise zu den Gebetszeiten nicht eingelassen, und Frauen ist der Zutritt manchmal generell untersagt. In einem Hindu-Tempel darf man das innere Heiligtum meist nicht betreten; und einen buddhistischen Stupa oder ein buddhistisches Monument sollte man immer im Uhrzeigersinn umschreiten (mit dem Stupa zur Rechten). Hindus sind sehr abergläubisch, was das Fotografieren von Götterbildern und im Inneren von Tempeln anbelangt; im Zweifelsfall lieber darauf verzichten. Von Beerdigungen oder Verbrennungen sollte man generell keine Fotos machen.

Trauerfeiern sind sehr private Angelegenheiten und sollten nicht gestört werden. Bei hinduistischen Beisetzungen wird der Leichnam gewöhnlich schon wenige Stunden nach dem Tod von in weiße Tücher gehüllten Verwandten (Weiß ist die Farbe der Trauer) zum Verbrennungsort getragen. Der älteste Sohn, dem die Aufgabe obliegt, den Scheiterhaufen anzuzünden, muss beim Tod eines Elternteils seinen Kopf kahl rasieren und Weiß tragen. Wer in Varanasi oder an einem anderen Ort eine Leichenverbrennung sieht, sollte sich diskret im Hintergrund halten und auf gar keinen Fall den Fotoapparat zücken.

Kleidung

Inder haben über angemessene Kleidung sehr konservative Vorstellungen. Von **Frauen** wird erwartet, dass sie sich sittsam kleiden und Beine und Schultern bedecken. Hosen sind akzeptabel, aber Shorts und Miniröcke sind für viele anstößig. **Männer** sollten nicht mit freiem Oberkörper herumlaufen und außer in den großen Strandresorts möglichst keine Shorts tragen (Zeichen für eine niedere Kaste). Diese Regeln gelten erst recht in Tempeln und Moscheen. Wer einen *dargah* (Sufi-Schrein) oder einen Sikh-*gurudwara* betritt, muss den Kopf mit einer Mütze oder einem Tuch bedecken; Besucherinnen sind angehalten, Arme und Beine bedeckt zu halten. Doch auch von Männern wird erwartet, dass sie keine nackten Beine zeigen. Nicht selten werden Kopfbedeckungen (und manchmal auch Tücher, um die Extremitäten zu bedecken) für Besucher kostenlos ausgeliehen.

Der Anblick von Jains im Adamskostüm oder *naga sadhus* sollte nicht zu der Annahme verleiten, **FKK** würde in Indien gebilligt. Sonnenbaden mit nacktem Oberkörper ist in Goa zwar nicht ungewöhnlich (wenn auch eigentlich verboten), aber bei den Einheimischen stößt dies mit Sicherheit nicht auf Zustimmung. Die meisten Inder verstehen nur schwer, weshalb reiche Leute aus dem Westen in zerlumpten Kleidern herumrennen oder die niedrigsten Schichten der indischen Gesellschaft nachahmen, die liebend gern etwas Anständiges zum Anziehen hätten. Eine gepflegte Garderobe verbessert den Eindruck, den man auf die Einheimischen macht, und verringert für Frauen außerdem die Gefahr sexueller Belästigungen.

Weitere Fettnäpfchen

Küsse und Umarmungen werden in Indien als sexuelle Handlungen angesehen, die in der Öffentlichkeit nichts zu suchen haben. In konservativeren Gegenden (also außerhalb der vom Westen beeinflussten Viertel der großen Städte) sollten Pärchen nicht einmal Händchen halten, obwohl man manchmal Männer Hand in Hand sieht, was ein Zeichen von „Brüderlichkeit" ist.

Auf die **Füße** achten! Beim Betreten eines Privathauses zieht man normalerweise die Schuhe aus (dem Beispiel des Gastgebers folgen), und beim Sitzen sollte man vermeiden, dass die Fußsohlen auf jemanden zeigen. Eine

Toiletten

Westliche Toiletten sind in Indien mittlerweile verbreitet, es gibt aber immer noch einige traditionelle Hocktoiletten – im Grunde einfach ein Loch im Boden. Papier, wenn verwendet, wird meist in einen Eimer neben dem Klo geworfen, nicht in die Toilette. Inder benutzen einen Krug Wasser und ihre linke Hand anstelle von Klopapier, eine Methode, die man früher oder später vielleicht ebenfalls bevorzugt. Wer **Toilettenpapier** bevorzugt, sollte stets einen Vorrat dabeihaben. In manchen Unterkünften wird Papier gestellt, aber längst nicht in allen. Es ist auch ratsam, sich damit einzudecken, bevor man die Touristenpfade verlässt, denn es wird nicht überall verkauft. Besonders schwierig stellt sich die Situation für Frauen dar, denn vor allem auf Bus- und Autoreisen finden sie höchst selten zumutbare sanitäre Einrichtungen am Straßenrand vor. Die Toiletten in den klimatisierten Eisenbahnwaggons sind dagegen meistens einigermaßen sauber, ebenso jene in Restaurants der mittleren und oberen Preisklasse. Die meisten Hotels in Touristengebieten, selbst die billigsten, verfügen über WC, wie sie auch im Westen üblich sind. Eine jüngste Errungenschaft stellen die Tourist Toilets bei allen auf dem üblichen Sightseeing-Plan stehenden historischen Stätten dar. Die Benutzung kostet Rs5. Dafür werden saubere Sitzklos, Toilettenpapier, Wasser und Spiegel geboten.

versehentliche Berührung mit dem Fuß erfordert immer eine Entschuldigung.

Das **indische Englisch** kann sehr förmlich sein. Inder sprechen einen nicht selten mit „Sir" oder „Madam", vielleicht sogar mit „Good Lady" oder „Kind Sir" an. Deshalb erscheint ihnen das Englisch der Touristen unter Umständen als unhöflich. Besonders Fluchen erregt Anstoß, und der Gebrauch des F- oder S-Wortes wird Inder wahrscheinlich schockieren.

Persönliche Kontakte

Menschen aus der westlichen Welt genießen in Indien ein zwiespältigen Status. In gewisser Hinsicht repräsentiert der Besucher den reichen Sahib, dessen Kultur die Welt beherrscht. Insofern halten einen manche Inder für „besser" als sich selbst. Andererseits ist man als Nicht-Hindu ein Ausgestoßener und befleckt mit seiner Anwesenheit theoretisch einen orthodoxen Hindu oder einen Angehörigen der hohen Kasten. Angehörigen jedweder Religion sind überdies die Moralvorstellungen und Normen spiritueller wie körperlicher Reinheit des Westens suspekt. Als Traveller trifft man ständig auf Leute, die mit einem ins **Gespräch** kommen möchten. Da Englisch nicht ihre Muttersprache ist, wissen sie vielleicht nicht, wie man im Westen für gewöhnlich eine Unterhaltung beginnt, deshalb kann ihre Einleitung etwas abrupt und zugleich sehr förmlich wirken. „Excuse me good gentleman, what is your mother country?" ist eine typische erste Frage. Es ist auch die erste einer ganzen Reihe von Fragen, die indische Männer alle aus dem gleichen Lehrbuch auswendig gelernt zu haben scheinen, um westliche Touristen kennen zu lernen. Manche Fragen mögen zunächst etwas befremden – „What is your qualification?" (Was für eine Ausbildung haben Sie?), „Are you in service?" (Haben Sie eine Arbeitsstelle?). Andere fragen nach westlichen Gepflogenheiten oder dem Grund der Reise, aber vor allem interessieren die Familie und die Arbeit.

Man mag es merkwürdig und sogar aufdringlich finden, dass völlig Unbekannte so etwas wissen wollen, aber in Indien sind diese Themen unter Fremden Bestandteil höflicher Konversation und helfen dabei, die gesellschaftliche Stellung des Gegenübers zu bestimmen. Familie, Arbeit und Einkommen gelten in Indien nicht als Privatangelegenheit, weshalb es völlig in Ordnung ist, Leute danach zu fragen. Neugierig zu sein ist in Indien im Gegensatz zum Westen keine negative Eigenschaft. Dinge, die Inder wahrscheinlich merkwürdig finden, sind: Atheist zu sein (man könnte sich für die Reise eine Religion zulegen), allein zu reisen, die Familie allein zu lassen, um nach Indien zu fahren, ein unverheiratetes Paar zu sein (die Leute denken zu lassen, dass man bald zu heiraten beabsichtigt, kann das Leben erleichtern), in der 2. Klasse zu reisen oder in billigen Hotels abzusteigen, obwohl man als Tourist doch relativ reich ist. Wahrscheinlich wird man immer wieder verschiedenen Leuten die gleichen Dinge erklären müssen. Andererseits kann man selbst auch unbegrenzt Fragen über Indien stellen. Englisch sprechende Inder, besonders Angehörige der Mittelschicht, sind in der Regel äußerst gut informiert und gebildet und wissen bestens über das Weltgeschehen Bescheid.

Versicherungen

Auslandskrankenversicherung

Eine Auslandskrankenversicherung mit Rücktransport gehört auf jeden Fall ins Gepäck. Die meisten Versicherer zahlen einen Rücktransport allerdings nur, wenn er „medizinisch notwendig" ist. Bei einigen genügt es, wenn der behandelnde Arzt den Transport in die Heimat für sinnvoll hält. Weitere Einschränkungen gibt es bei Zahnbehandlungen (nur Notfallbehandlung) und chronischen Krankheiten (Bedingungen durchlesen). Im Krankheitsfall muss der Kranke Geld vorstrecken, denn die Kosten werden meist von den Versicherungen erst später erstattet. Manche internationalen Krankenhäuser können bei ernsten Erkrankungen und teuren Behandlungen direkt mit der Versicherung abrechnen. Ist die **Rechnung** später bei der Versicherung einzureichen, sollte sie folgende Angaben enthalten:

- Name, Vorname, Geburtsdatum, Behandlungsort und -datum
- Diagnose
- erbrachte Leistungen in detaillierter Aufstellung (Beratung, Untersuchungen, Behandlungen, Medikamente, Injektionen, Laborkosten, Krankenhausaufenthalt)
- Unterschrift des behandelnden Arztes
- Stempel

Kurze **Einzelversicherungen** werden ab einem Preis von 8,50 € p. P. oder 17 € ab Eintrittsalter 60 angeboten, **Jahresversicherungen** ab etwa 6–10 € pro Jahr, allerdings decken die meisten nur Reisen von jeweils bis zu 42 Tagen, manche acht Wochen, ab. Zu den Anbietern gehören ADAC, Debeka, DKV, Europäische, HUK-Coburg, HanseMerkur, Signal Iduna, Universa und Victoria. Bei **Langzeitreisen** muss ein etwas teurerer Schutz in Anspruch genommen werden. Für Frauen empfiehlt sich die TAS (Assekuranz), mit monatlich gestaffelten Tarifen. Auch die ISA (International Service Assekuranz) bietet Tarife für Langzeitreisende. Diese sind recht günstig. Für Studenten bis 35 Jahre gibt es Rabatt. Sowohl die TAS als auch die ISA können vom Ausland aus verlängert werden. Informationen unter www.isa-office.de.

Reisegepäckversicherung

Viele Versicherungen bieten die Absicherung des Verlustes von Gepäck an, oft als Teil eines Pakets. Die Bedingungen sind immer sehr eng gefasst. Die Stiftung Warentest rät von einer Gepäckversicherung ab, da sich die Versicherer meist auf die Unachtsamkeit des Reisenden berufen und nicht zahlen. Bei vielen Versicherungen ist etwa das Gepäck in unbewacht abgestellten Autos zu keinem Zeitpunkt versichert. Kameras oder Fotoapparate dürfen wegen möglicher Mopedräuber nicht über die Schulter gehängt werden, sondern müssen am Körper befestigt sein. Ohnehin sind diese Geräte oft nur bis zu einer bestimmten Höhe oder einem bestimmten Prozentsatz des Neuwertes versichert. Auch Schmuck unterliegt Einschränkungen, Bargeld ist nie versichert. Wer eine wertvolle Fotoausrüstung mitnimmt, kann eine Zusatzversicherung abschließen.

Tritt ein Schadensfall ein, muss der Verlust sofort bei der Polizei gemeldet werden. Eine zuvor angefertigte **Checkliste**, auf der alle Gegenstände und ihr Wert eingetragen sind, ist dabei hilfreich. Alles, was nicht ausreichend versichert ist, sollte im Handgepäck transportiert werden. Eine Reisegepäckversicherung mit einer Deckung in Höhe von etwa 2000 € kostet für 24 Tage etwa 30 H, ein Jahresvertrag 60–70 €.

Reiserücktrittskosten-versicherung

Bei einer Pauschalreise ist manchmal eine Reiserücktrittskostenversicherung im Preis inbegriffen (nachfragen). Wer individuell plant, muss sich selbst darum kümmern. Einige Reisebüros bieten Versicherungen an oder vermitteln den Abschluss. Viele Reiserücktrittskostenversicherungen müssen kurz nach der Buchung abgeschlossen werden (in der Regel bis 14 Tage danach). Auch bei Krankheit oder Tod eines Familienmitglieds oder Reisepartners ersetzt die Versicherung die Stornokosten der Reise. Eine Reiseunfähigkeit wegen Krankheit muss ärztlich nachgewiesen werden. Die Kosten der Versicherung liegen meist bei 23–90 € pro Person.

Versicherungspakete

Diese Rundum-Pakete sind auf maximal fünf bis acht Wochen begrenzt und beinhalten neben der Reisekrankenversicherung eine Gepäck-, Reiserücktrittskosten- und Reisenotruf- oder Rat&Tat-Versicherung. Letztere bietet eine Notrufnummer zur Soforthilfe während der Reise. Außerdem werden Krankenhauskosten sofort von der Versicherung beglichen und bei ernsthaften Erkrankungen der Rücktransport übernommen. Wenn der Versicherte nicht transportfähig ist und länger als zehn Tage im Krankenhaus bleiben muss, darf auf Kosten der Versicherung eine nahestehende Person einfliegen. Auch beim Verlust der Reisekasse kann man über den Notruf einen Vorschuss erhalten.

Versicherungspakete lassen sich über das Reisebüro abschließen, wobei sich die Kosten nach Dauer und Wert der Reise richten.

Da bei längeren Reisen bis zu einem Jahr nur Einzelversicherungen zugelassen sind und der Versicherungsschutz teurer wird, sollten in diesem Fall die Leistungen verschiedener Unternehmen verglichen werden. Optimale Sicherheit bieten separate Versicherungen. Bei häufigen Auslandsreisen können die einzelnen Versicherungen oder das Paket auch für ein ganzes Jahr abgeschlossen werden.

Visa

Deutsche, Schweizer und Österreicher benötigen für die Einreise nach Indien ein Visum. Seit Juni 2011 kann es nur noch online beantragt werden unter 🖳 www.indianvisaonline.gov.in/visa. Wer geschäftlich oder zu Studienzwecken nach Indien fährt, muss ein Geschäfts-/Studentenvisum beantragen, ansonsten genügt ein **Touristenvisum**. Es ist ab Ausstellungsdatum (*nicht* ab dem Einreisetag) **sechs Monate gültig**, berechtigt zur mehrfachen Einreise, ist nicht verlängerbar und kostet für Deutsche/Österreicher/Schweizer derzeit 52 €/50(€)/80 sFr. Deutsche und schweizerische Staatsbürger haben auch die Möglichkeit, für 82 €/120 sFr ein Touristenvisum zu bekommen, das bis zu einem Jahr Gültigkeit besitzt. Laut einer neuen Verfügung von 2009 müssen zwischen zwei Indien-Besuchen mit einem Touristenvisum mindestens zwei Monate liegen, außer unter besonderen Umständen und mit vorheriger offizieller Genehmigung. Darüber, inwieweit diese Regelung auch angewendet wird, gibt es unterschiedliche Angaben.

In Deutschland, Österreich und der Schweiz werden Visa inzwischen nicht mehr von den Botschaften und Konsulaten erteilt, sondern von damit beauftragten privaten Dienstleistern; dies sind: **Indo-German Consultancy Services,** 🖳 www.igcsvisa.de, für die Konsulate Hamburg und Frankfurt; **Cox & Kings**, 🖳 www.in.de.coxandkings.com, für Berlin und München; **BLS International Visa Services**, 🖳 www.blsindiavisa-austria.com, für Österreich; und **VFS Global**, 🖳 in.vfsglobal.ch, für die Schweiz. Auf den Webseiten der Firmen ist zu erfahren, wie der Visaantrag zu stellen ist. Zusätzlich zur Visumsgebühr fallen noch Bearbeitungsgebühren zwischen 12 und 23 € an. Auf jeden Fall sollte für die Bearbeitung des Antrags genügend Zeit eingeplant werden.

Die **Verlängerung** eines Touristenvisums ist in Indien nicht mehr möglich, obwohl in bestimmten Fällen manchmal eine Ausnahme gemacht wird. Außerdem müssen zwischen zwei Besuchen in Indien mindestens zwei Monate liegen, sodass es also nicht mehr möglich ist, kurz in ein Nachbarland zu fahren und dann nach ein paar Tagen mit einem neuen Visum wieder einzureisen.

Zeitverschiebung

Indien hat eine einzige Zeitzone, und zwar das ganze Jahr über: MEZ + 4 1/2 Std., zur Sommerzeit + 3 1/2 Std. In Indien wird die Zeit als IST (Indian Standard Time) gemessen, was Spötter mit „Indian stretchable time“ übersetzen.

Zoll

Jede Person über 17 Jahren darf 1 US Quart Spirituosen (0,95 l – aber niemand wird wegen 5 ml mehr Probleme bekommen) oder eine Flasche Wein plus 250 ml Spirituosen einführen; außerdem 200 Zigaretten oder 50 Zigarren oder 250 g Tabak. Eventuell wird man aufgefordert, alle Wertsachen in das Formular *Tourist Baggage Re-export Form* einzutragen, damit man sie ohne Schwierigkeiten wieder mit nach Hause nehmen kann, und eine Devisenerklärung auszufüllen, sofern man mehr als US$10 000 oder die entsprechende Summe in einer anderen Währung einführt.

Land und Leute

Die Republik Indien mit Hauptstadt New Delhi hat gemeinsame Landesgrenzen mit Afghanistan, China, Nepal und Bhutan im Norden, Bangladesh und Myanmar (ehemals Birma) im Osten sowie Pakistan im Westen. Das siebtgrößte Land der Welt erstreckt sich über eine Fläche von über 3 Millionen Quadratkilometern und wird in der Bevölkerungsstatistik mit 1,1 Milliarden Einwohnern nur von China übertroffen. 80 % der Bevölkerung sind Hindus, 13 % Moslems, außerdem gibt es Millionen von Christen, Sikhs, Buddhisten und Jains. Es werden 22 Hauptsprachen sowie über 1000 Regionalsprachen und Dialekte gesprochen. 40 % der Bevölkerung sprechen als Muttersprache Hindi; Englisch ist weit verbreitet.

Das Kastensystem, ein integraler Bestandteil des hinduistischen Glaubens, durchdringt alle Bereiche des öffentlichen Lebens und wirkt sich auch auf Angehörige anderer Religionsgemeinschaften aus. Dieses hierarchisch gegliederte Sozialsystem wird besonders in ländlichen Gegenden streng beachtet und kann vorschreiben, wo ein Mensch wohnt und welchen Beruf er ausübt. Die Alphabetisierungsrate der Gesamtbevölkerung beträgt 61 %. Diejenige der Männer liegt bei 73 %, die der Frauen bei 48 %.

Fauna

In der Vielfalt der Lebensräume Indiens spiegelt sich zugleich der Artenreichtum des Landes. Es wurden rund 65 000 Tierarten nachgewiesen, darunter 1200 Vogelarten und 340 Säugetierarten. Indien ist zudem das einzige Land der Welt, in dem sowohl wilde Löwen als auch wilde Tiger leben. Im Norden des Landes, in den tiefer gelegenen Teilen des Himalaya, streifen Bären und Hirschziegenantilopen durch üppige Zedern- und Rhododendrenwälder, während der geheimnisvolle Schneeleopard und der Yak in den hohen Bergregionen leben. In der flachen Gangesebene schaffen das warme Klima, die Wälder sowie viele Flüsse und Seen ideale Lebensräume für zahlreiche Vogelarten. Der Ganges fließt im Herzen Indiens durch Wälder, die zusammen mit zahlreichen Seen und Flüssen die Heimat einer großen Vogelvielfalt bilden. Die Sunderban-Mangrovensümpfe im Osten sind berühmt sind für ihren Bestand an schwimmenden Tigern (sehr ungewöhnlich).

In den Wüsten Rajasthans leben sowohl wilde als auch domestizierte Kamele. Hier im Westen bietet das trockene Klima auch die besten Umweltbedingungen für den Axishirsch und den berühmten Gujarat-Löwen. Weiter südlich ist das dicht mit Sandelholzwäldern überzogene, trockene Dekkan-Plateau die Heimat wilder Elefanten. An der Südspitze Indiens teilen sich so unterschiedliche Tiere wie Elefanten, Schmetterlinge und schillernde Vögel die Lebensräume unter dem Laubdach der Teak- und Rosenholzwälder.

Säugetiere

Der **Asiatische Elefant**, untersetzter und mit wesentlich kleineren Ohren versehen als sein afrikanischer Verwandter, wird vielerorts im Lande als Lasttier eingesetzt. Schon seit 3000 Jahren werden Elefanten in Indien gezähmt und zu Arbeitszwecken eingesetzt, aber es leben auch noch viele Elefanten in freier Wildbahn. Ein anderer Dickhäuter, das schwerfällige einhörnige **Indische Panzernashorn**, hat in äußerst gefährdeten Beständen im Nordosten des Landes bis in die Gegenwart überlebt. Im Manas Wildlife Sanctuary sowie im Kaziranga-Nationalpark in Assam stehen rund 1100 Tiere unter Schutz. Die Zahl der indischen **Tiger**, die in freier Wildbahn leben, hat drastisch abgenommen, dennoch bestehen reelle Chancen, einem der königlichen Tiere in einem Nationalpark zu begegnen – zumindest noch in den nächsten Jahren.

Anderen Großkatzen ist es noch schlechter ergangen. Der **Asiatische Löwe** (auch: Gujarat-Löwe oder Persischer Löwe, S. 629, Kasten), lebt heute nur noch in einem einzigen kleinen Rückzugsgebiet in Gujarat. Der grau und schwarz gefleckte **Schneeleopard** *(Uncia uncia)* der Himalaya-Region ist inzwischen so selten geworden, dass er schon fast legendenhaften Charakter besitzt. Nur der in den Ebenen siedelnde **Leopard** ist noch so weit verbreitet, dass Begegnungen in bewaldeten Gebieten in der Nähe menschlicher Siedlungen, wo er auf Haustiere lauert, nichts Außergewöhnliches sind.

Der indische Tiger – kurz vor dem Aussterben?

Wenige Tiere üben eine solche Faszination auf den Menschen aus wie der Tiger. Noch bis Anfang des 20. Jhs. durchstreiften bis zu 100 000 Tiger den Subkontinent, obwohl die Tigerjagd seit langem der „Sport der Könige" war.

Es waren jedoch die schießwütigen Briten, die die **Tigerjagd** zum Exzess trieben. In den Jahren nach der Unabhängigkeit brachte die demografische Entwicklung den indischen Tiger dem Aussterben gefährlich nahe. Da die Bevölkerung in ländlichen Bezirken wuchs, wurden mehr und mehr Wälder für den Ackerbau abgeholzt – wodurch große Fleischfresser ihrer Hauptnahrungsquelle und der Deckung, die sie zum Jagen brauchen, beraubt wurden. Gezwungen, als Alternative Vieh zu reißen, gerieten die Tiger in direkten Konflikt mit dem Menschen. Manche Tiere wurden aus schierer Verzweiflung sogar zum Menschenfresser und griffen Siedlungen an.

Die **Wilderei** hat einen noch höheren Tribut gefordert. Auf dem Schwarzmarkt sind schon immer hohe Preise für tote Tiere – ein Tigerfell kann in China US$12 500 einbringen – und für verschiedene Körperteile, die magische Kräfte oder medizinische Wirkung haben sollen, gezahlt worden. Bis 1973, als das ambitionierte „Projekt Tiger" aus der Taufe gehoben wurde, waren die Zahlen auf unter 2000 gesunken. Nun wurden neun ursprüngliche Waldgebiete als Tigerreservate ausgewiesen. Die Nachfrage nach Tigerprodukten ließ jedoch nicht nach, so dass die Wilderer weiter ihrem Geschäft nachgehen, unterstützt von organisierten Schmugglerbanden. Unglaublich, aber wahr: Im Jahr 2005 wurde festgestellt, dass die gesamte „geschützte" Großkatzenpopulation des Sariska Tiger Reserve auf mysteriöse Art und Weise verschwunden war. Dahinter steckten höchstwahrscheinlich Wilderer.

Gut organisierte Guerilla-Gruppen operieren praktisch ungestraft in abgelegenen Nationalparks, wo wenige unzureichend bewaffnete und schlecht bezahlte Ranger allenfalls symbolischen Widerstand leisten. Die Offiziellen vom „Projekt Tiger" geben verständlicherweise nur ungern zu, dass immer weniger Tiger gesichtet werden, damit der lukrative Fremdenverkehr nicht gefährdet wird, doch in Wirklichkeit ist die Prognose sehr düster. Obwohl es inzwischen 23 Projekt-Tiger-Reservate gibt, wird die Zahl der Tiger ständig kleiner.

Offizielle Statistiken geben optimistisch eine landesweite **Population** von 3000–3500 an. Unabhängige Untersuchungen sind dagegen pessimistischer: Bei einer Bestandsaufnahme im Jahr 2008 wurden nur 1411 Tiger gezählt, gegenüber 3642 bei der letzten großen Erhebung 2002. Schätzungen zufolge fällt in Indien jeden Tag ein Tiger Wilderern zum Opfer. Die pessimistischsten Experten behaupten sogar, dass Indiens exotischstes Tier bei der gegenwärtigen Vernichtungsrate schon innerhalb höchstens eines Jahrzehnts in der freien Wildbahn ausgestorben sein könnte.

Teilweise noch weit verbreitet sind die Beutetiere der Großkatzen, zu denen Rotwildarten und Antilopen gehören. Die größte Rotwildart ist der überwiegend einzelgängerisch lebende **Sambarhirsch** *(Cervus unicolor)*. Kleiner und geselliger ist der **Axishirsch** (*Axis axis*, auch: Chital). Zu den anderen Rotwildarten gehören der selten zu sichtende **Indische Muntjak** *(Muntiacus muntjak)*, der sich bevorzugt im Gebirge bewegt, und der **Schweinshirsch**. Indiens kleinste Rotwildart ist mit kaum 30 cm Körpergröße der nachtaktive **Fleckenkantschil** *(Tragulus memina)*. Zur Familie der **Antilopen** zählen die Nilgau-Antilope, die gefährdete Hirschziegenantilope sowie die im Wald lebende einzigartige Vierhornantilope *(Chausingha)*, die ihren Namen ihren zwei Hornpaaren verdankt.

Zu den Affen mit dem größten Verbreitungsgebiet gehören der streitsüchtige **Rhesusmakake** (auch: Indischer Rhesusaffe), der durch sein rotes Hinterteil auffällt, sowie der schwarzgesichtige **Hanuman-Langur** (auch: Hulman), die beide nicht selten auf Tempelgelände anzutreffen sind. Der **Assam-Makake** und der **Schweinsaffe** bevorzugen als Lebensraum die Berge des Nordens, während der **Hutaffe** in den dunstigen tropischen Dschungeln des Südens zu Hause ist. Scheu und in freier Wildbahn selten anzutreffen ist der struppige **Lippenbär** *(Melursus ursinus)*, dem man jedoch häufig in der Nähe touristischer Stätten begegnet, wo gefangene Tiere zum Tanzen gezwungen werden. Außerdem leben in Indien **Schwarz- und Braunbären**.

Häufig anzutreffen sind die Aas fressende **Streifenhyäne** und der sich von Schädlingen ernährende **Bengalfuchs**. Der in den Wüsten lebende **Pallipeswolf** *(Canis Lupus pallipes)* ist von der Ausrottung bedroht. Der **Wilde Wasserbüffel** ist genetisch sehr eng mit dem gewöhnlichen Hauswasserbüffel verwandt. Zu den exotischeren Mitgliedern der Rinderfamilie gehören der im Bergland heimische **Gaur** (*Bos gaurus*, Indisches Wildrind), der über 2 m Schulterhöhe erreichen kann, sowie der erstaunlich gewandte **Yak** (auch: Grunzochse), der nur in großen Höhen vorkommt.

Reptilien

Zu Indiens 238 Schlangenarten (darunter 50 giftige) gehören so unterschiedliche Arten wie die nur 10 cm lange Gewöhnliche Blindschlange *(Ramphotyphlops bramina)*, die Nester bauende Königskobra (*Naja* bzw. *Ophiophagus hannah*) und die meterlange Python. Zu den **Giftschlangen** gehören die Indische Brillenschlange *(Naja naja)*, die gelb-braune Kettenviper *(Viperi russeli)*, die kleine Bungar oder Krait *(Bungarus caeruleus)* und die Sandrasselotter oder Efa *(Echis carinatus)*.

Weit verbreitet sind **Eidechsen** und **Warane**. In nahezu jedem Hotelzimmer tummeln sich Geckos, die den Raum von lästigen Insekten befreien. In ganz Indien sind die farbenprächtige Gartenagame und Sita-Agame anzutreffen. **Krokodile** sind auf dem gesamten Subkontinent weit verbreitet.

Vögel

Man muss kein Ornithologe sein, um an Indiens Vogelwelt mit einer spektakulären Vielzahl an heimischen Arten Gefallen zu finden. Dank seiner geografischen Lage zieht Indien auch viele Zugvögel aus den kälteren Ländern an, die hier überwintern. Drei Arten von **Eisvögeln** sind häufig in den Reisfeldern und Feuchtgebieten der Küstenebene zu sichten, wo sie sich von kleinen Fischen und Kaulquappen ernähren. Andere verbreitete Vögel sind die grasgrünen, blauen und gelben **Bienenfresser** *(Merops)*, der eindrucksvolle **Pirol** *(Oriolus oriolus)* und die strahlend blaue **Hinduracke** *(Coracius bengalensis)*. **Wiedehopfe** *(Upupa epops)*, erkennbar an ihrer eleganten schwarzweißen Haube, streichen ebenfalls über Felder und Dörfer, ebenso wie mehrere Arten von **Bülbüls**, **Drosseln** und **Drongos**.

In der Umgebung von Reisfeldern und Teichen wimmelt es von Wasservögeln. Am häufigsten anzutreffen ist der schneeweiße **Kuhreiher** *(Bubulcus ibis)*, den man oft auf dem Rücken von Kühen und Büffeln sitzen sieht. Ausschau halten sollte man auch nach dem grau-braunen **Paddyreiher** *(Ardeola grayii)*, Indiens häufigster Reiherart. Er hebt sich durch seine hellgrünen Beine, die gefleckte Brust und kauernde Haltung hervor.

Greifvögel wie der **Brahminenweih** *(Haliastur indus)* und der **Schwarzmilan** *(Milvus migrans)* sind um kleinere Ortschaften und Fischerdörfer herum häufig zu sehen, wo sie mit Scharen von krächzenden **Glanzkrähen** *(Corvus splendens)* und **Dohlen** *(Corvus monedula)* um Speisereste wetteifern. Rosaköpfige **Königsgeier** *(Sarcogyps clavus)* und der **Bengalengeier** *(Gyps bengalensis)*, der eine weiße Krause um seinen kahlen Hals und Kopf hat, zeigen sich immer dann, wenn es Kadaver auszunehmen gibt. Ein Vogel, dessen Ruf regelmäßig in den Wäldern der Westghats zu vernehmen ist, ist der des wilden Vorfahren des Haushuhns – des Bankivahuhns. Zu Indiens zahllosen Waldvögeln gehört auch eine Art, die jeder Vogelfreund zu erspähen hofft, der **Nashornvogel**, dessen riesiger gelber Schnabel einen langen, gebogenen Hornaufsatz trägt.

Geschichte

Die Geschichte Indiens ist so komplex und turbulent, wie von einem derart riesigen, dicht bevölkerten und multikulturellen Land nicht anders zu erwarten. Indien ist Heimat einer der frühesten Zivilisationen und Geburtsort von vier Weltreligionen, außerdem hat es mehr Dynastien, Herrscher und Königreiche hervorgebracht, als selbst der gründlichste Historiker nachverfolgen und aufzählen kann. Grob gesagt, lässt sich die Geschichte Indiens in zwei Teile aufspalten: die Geschichte des arischen Nordens, entscheidend geprägt durch aufeinander folgende Wellen von Eindringlingen aus Zentralasien, und die viel eigenständigere Geschichte des dravidischen Südens.

Die Industal-Kultur

Die frühesten menschlichen Spuren auf dem indischen Subkontinent führen zurück in die Alt-, Mittel- und Jungsteinzeit (400 000–200 000 v. Chr.). Damals wurde das Land zum ersten Mal von halbnomadischen **Jägern und Sammlern** besiedelt. In den nächsten vier Jahrtausenden entwickelten sich im Industal dörfliche Siedlungen, in denen die Einwohner Kupfer und Bronze zu verarbeiten begannen, Tiere domestizierten, die Töpferei entwickelten und Handel mit ihren Nachbarn aufnahmen. Gegen 2500 v. Chr. hatten die Dorfsiedlungen im Industal begonnen, sich zu einer der frühesten Zivilisationen der Menschheit zu entwickeln – ungefähr gleichzeitig mit der der Sumerer und der alten Ägypter. Diese erste große Kultur des Subkontinents, Industal-Kultur oder Harappa-Kultur genannt, breitete sich über einen beträchtlichen Teil des heutigen Südpakistan und die Peripherie Westindiens aus.

Vieles von dem, was wir über diese Zivilisation wissen, stammt aus den Überresten zweier großer Städte am Indus: **Harappa** im Norden und **Mohenjo Daro** im Süden (beide im heutigen Pakistan). Die beiden im Schachbrettmuster angelegten Städte besaßen große, aus gleichförmigen Backsteinen erbaute Häuser, ein ausgeklügeltes, geschütztes Bewässerungssystem (die erste urbane Sanitäranlage der Welt) und gewaltige Kornspeicher. Da an beiden Orten keine königlichen Paläste, wohl aber eine große Anzahl religiöser Figurinen gefunden wurden, liegt die Vermutung nahe, dass es sich bei der Industal-Kultur um einen theokratischen Staat von Priestern, Kaufleuten und Bauern handelte. Die Industal-Kultur war erstaunlich langlebig: Sie hielt sich tausend Jahre. Ihr plötzlicher Untergang um 1700 v. Chr. geht wahrscheinlich auf eine Reihe heftiger Überschwemmungen zurück.

Das vedische Zeitalter (1500–600 v. Chr.)

Die schriftlich dokumentierte indische Geschichte beginnt mit der Invasion indo-europäischer und arischer Stämme, die mit Streitwagen anrückten und der Industalkultur den Todesstoß versetzten. Mit der Ankunft der Arier begann das sogenannte vedische Zeitalter, benannt nach den frühesten literarischen Texten Indiens, den **Veden** (S. 122). Die **Arier** gehörten zu den verschiedenen Nomadenstämmen, die sich aus den weiten Steppen Zentralasiens aufmachten, um Raubzüge durch Europa, den Nahen Osten und den indischen Subkontinent zu unternehmen und diese Gebiete schließlich zu kolonisieren. Die arische Kultur war der Industal-Kultur diametral entgegengesetzt. Als die Arier erstmals auf den Subkontinent vordrangen, waren sie noch halbnomadische Jäger und Hirten. Während sie sich weiter Richtung Osten nach Indien ausbreiteten, übernahmen sie nach und nach die Methoden des Feldbaus der von ihnen unterworfenen Völker.

Die in den Veden festgehaltenen arischen Hymnen beschreiben die für jene Epoche typischen Konflikte zwischen den arischen Volksstämmen, zeugen aber auch von einer unterschwelligen Solidarität miteinander, die gegen die Ureinwohner gerichtet war. Letztere wurden von den Ariern „Dasa" genannt. Dieses Wort stand ursprünglich für „Feinde", doch mit der Zeit wurde es zur Bezeichnung für „Untergebene" – Menschen, die auf dem sich ständig ausdehnenden Land der Arier lebten und von ihnen kolonisiert wurden.

Als die Arier sich in Nachbarschaft zu den dunkelhäutigen Ureinwohnern niederließen, begannen sie die Bedeutung „reinen Blutes" zu glorifizieren und verschärften ihre Klassenunterscheidung zwischen ranghohem Adel und einfachen Stammesangehörigen, um diese auszugrenzen. Zur selben Zeit erhoben die Priester aufgrund ihrer Kenntnisse der Religion und der heiligen Rituale Anspruch auf besondere Privilegien. Die arische Gesellschaft hatte sich in **vier Klassen** oder *varna* (wörtlich „Farbe") gespalten: Priester (Brahmanen), Krieger (Kshatriya), Bauern (Vaishya) und Diener (Shudra), eine Teilung, die noch bis zum heutigen Tag besteht. Die ersten drei machten die Haupt-Gesellschaftsschichten innerhalb der arischen Stämme aus, während die Dasa und andere nicht-arische Personen zu Shudra wurden, die den drei oberen Schichten zu dienen hatten.

In dieser Zeit entstanden viele der wichtigsten religiösen Texte und Epen, darunter die Sama-, Yajur- und Atharva-Veden, die Brahmanas und die Upanishaden (S. 123), und auch das **Mahabharata** und das **Ramayana** (S. 123) sollen sich auf jene Epoche beziehen. In der spätvedischen Periode zwischen 1000 und 600 v. Chr. verschob sich das Zentrum der arischen Macht langsam vom Punjab ostwärts ins Doab, die Region zwischen Ganges und Yamuna.

Um 600 v. Chr. waren im Norden Indiens mindestens sechzehn Republiken und Monarchien entstanden, die unter dem Namen **Mahajanapadas** zusammengefasst werden. Das Konzept des Königtums nach göttlicher Vorsehung machten die Monarchien zu starren Gebilden, während die Republiken Raum für die Entwicklung unorthodoxer Sichtweisen boten. Die Begründer der neuen Religionen **Buddhismus** und **Jainismus** wurden in solchen kleinen Republiken geboren. Die Konsolidierung der *mahajanapada* basierte auf dem Wachstum einer stabilen Agrargesellschaft und der steigenden Bedeutung des Handels, die zur Einrichtung eines Münzwesens und zur Entwicklung der Brahmi-Schrift führten, aus der die heutigen Schriftsysteme Indiens, Sri Lankas, Tibets, Javas und Myanmars hervorgegangen sind.

Der steigende Wohlstand aber gab Anlass zu Konflikten, und im 5. Jh. v. Chr. hatten sich die verstreuten Kleinstaaten im nördlichen Indien zu fünf großen Königreichen zusammengefunden: Magadha, Kashi, Koshala, Vatsa und die Republik Vrijji. Schließlich erkämpfte **Magadha** unter Bimbisara (543–491 v. Chr.) die Oberherrschaft. Laut Überlieferung war Magadha auch ein persönlicher Freund und Gönner des fast gleichaltrigen Buddha. Bimbisaras Sohn und Nachfolger **Ajatashatru** (491–461 v. Chr.) verlegte die Hauptstadt Magadhas nach Pataliputra (Vorgänger des heutigen Patna) und vernichtete bzw. unterwarf die anderen Königreiche im Gangestal.

Mitte des 4. Jhs. v. Chr. usurpierte die Dynastie der **Nanda** den Thron von Magadha. Mahapadma Nanda eroberte Kalinga (Orissa und den nördlichen Küstenstreifen von Andhra Pradesh) und gewann die Kontrolle über Teile des Dekkans. Nach seinem Tode brachen Kämpfe um die Thronfolge aus, gleichzeitig ereigneten sich entscheidende Dinge im Nordwesten; in dieser Zeit wurde das erste indische Großreich geboren.

Das Reich der Maurya (320–184 v. Chr.)

Der wachsende Wohlstand Nordindiens zog langsam das Interesse ehrgeiziger zentralasiatischer Herrscher auf sich – etwas, das sich im Laufe der folgenden tausend Jahre in der indischen Geschichte regelmäßig wiederholen sollte. Dareios I., der dritte archämenidische Großkönig von Persien, hatte schon gegen 520 v. Chr. das Königreich Gandhara (im heutigen Nord-Pakistan und Ost-Afghanistan) erobert. Sehr viel bedeutsamer jedoch war die spätere Invasion von **Alexander dem Großen**, der den letzten Achämeniden Dareios III. schlug, 326 v. Chr. den Indus überquerte und dann den Punjab überrannte. Er hielt sich nur zwei Jahre in Indien auf, und obwohl er Garnisonen hinterließ und Satrapien (Provinzen) gründete, waren diese Gebiete nach seinem Tod im Jahre 323 nicht zu halten. **Chandragupta Maurya**, der Herrscher von Magadha, der um 320 v. Chr. die letzte Nanda-Dynastie von Magadha gestürzt hatte, nutzte das politische Vakuum im Anschluss an Alexanders kurze Einmischung zu seinem eigenen Vorteil.

Chandragupta soll Alexander den Großen getroffen und sich womöglich von dessen Eroberungszügen inspirieren haben lassen. Jedenfalls radierte sein 500 000 Mann starkes Heer die griechischen Garnisonen im Nordwesten aus und annektierte alles Land östlich des Indus.

Ungefähr ab 297 v. Chr. dehnte Chandraguptas Sohn Bindusara das Reich bis nach Mysore im Süden aus, bevor um 269 v. Chr. sein Sohn **Ashoka** die Thronfolge antrat. In den ersten acht Jahren seiner Herrschaft kümmerte er sich kompromisslos um die Absicherung seiner Macht, doch dann – offenbar zutiefst erschüttert angesichts des entsetzlichen Massakers, das während seiner Eroberungen angerichtet worden war – trat er urplötzlich zum Buddhismus über und bekannte sich zur Gewaltlosigkeit und zum **Gesetz der Rechtschaffenheit** *(dharma)*.

Ashokas Hinwendung zum Buddhismus änderte jedoch nichts an seinem kaiserlichen Pragmatismus. So festigte er die Herrschaft über die eroberten Gebiete mit militärischer Macht, und am Ende seiner Herrschaft erstreckte sich sein Reich von Assam bis Afghanistan und von Kashmir bis Mysore. Nur die drei dravidischen Königreiche Chola, Chera und Pandya am südlichsten Zipfel des Subkontinents waren noch unabhängig. Nach Ashokas Tod im Jahre 232 v. Chr. begann das Reich zu zerfallen. 184 v. Chr. wurde der letzte Maurya-Herrscher Brihadratha von einem seiner Generäle ermordet. Dies bedeutete das Ende der fast 140 Jahre dauernden Maurya-Herrschaft.

Das Zeitalter der Invasionen (184 v. Chr.–320 n. Chr.)

Die 500 Jahre im Anschluss an den Zusammenbruch der Maurya-Herrschaft waren die ereignisreichsten in der Geschichte des Subkontinents. Sie sind geprägt von politischer Zerrissenheit und einer erneuten, scheinbar endlosen Welle von Invasionen aus dem Nordwesten. Diese Epoche wird manchmal als das „Finstere Zeitalter" Indiens bezeichnet. Doch obwohl eine Zentralmacht fehlte, war es auch ein Zeitalter ökonomischer und kultureller Blüte. Die ersten Invasoren waren die baktrischen **Griechen** von Gandhara, Bewohner des riesigen, von Alexander dem Großen eroberten Territoriums, das unter seinem Nachfolger Seleucus Teil des Seleukiden-Reichs geworden war. Um 180 v. Chr. verkündeten die baktrischen Griechen ihre Unabhängigkeit vom Seleukiden-Reich und kamen kurz darauf zurück nach Indien, um sich einige kleine Grafschaften zu sichern. Sie besetzten den Punjab und dehnten ihre Kontrolle bis nach Mathura in Uttar Pradesh aus.

Die griechische Vorherrschaft in Baktrien war jedoch schnell durch Neuankömmlinge aus Mittelasien bedroht. Massive Vorstöße zentralasiatischer Nomaden namens **Yüe-Chi** hatten die Abwanderung der Skythen (indisch: Shaka) aus dem Schwarzmeer- und Aralseegebiet bewirkt, die ihrerseits die Parther (Pahlavas) aus dem Iran verdrängten. Diese wiederum entrissen den Griechen die Macht über Baktrien. Daraufhin verwalteten die Griechen ihre indischen Territorien von einer neuen Hauptstadt (Kabul) aus. Die genauen Einzelheiten dieser verschiedenen Völkerwanderungen sind bis heute ungeklärt, und vielleicht handelte es sich eher um Migrationen als um Invasionen. Wie dem auch sei – sowohl die Yüe-Chi als auch die **Shaka** wanderten langsam weiter Richtung Indien, wo sie schließlich im 1. Jh. n. Chr. ankamen. Die Ersten waren die Shaka; sie siedelten sich bis zur Ankunft der Kuschan im Nordwesten Indiens an. Die **Kuschan**, eine Untergruppe der Yüe-Chi, vertrieben dann im 1. Jh. n. Chr. die Shaka weiter nach Gujarat und Malwa (bei Ujjain).

Trotz des Niedergangs der Maurya-Dynastie und der Ausbreitung einander bekämpfender Königreiche war die Zeit zwischen 200 v. Chr. und 300 n. Chr. eine Periode des wirtschaftlichen Wohlstands und der kulturellen Entwicklung auf nie zuvor erreichtem Niveau. In ganz Indien entwickelten sich urbane Zentren, und der Außenhandel führte zu Lande und zu Wasser zur Erschließung von Verkehrswegen zu anderen Weltteilen: Arabien und Südostasien auf dem Seeweg, China und das Mittelmeer über die **Seidenstraße** auf dem Landweg.

Der Aufstieg des Südens

In der Zwischenzeit ließ das erste große Königreich des südlichen Indiens seine Muskeln spielen. Zwischen dem 2. Jh. v. Chr. und dem 2. Jh. n. Chr. drang die Andhra- oder Satavahana-Dynastie, die ihren Ursprung in der Region zwischen den Flüssen Godavari und Krishna (dem heutigen Andhra Pradesh und Maharastra) hatte, nach und nach in einen Großteil von Süd-

und Zentralindien vor und errichtete die Hauptstädte **Paithan** am Godavari und **Amaravati** am Krishna. Die Dynastie bestand bis Mitte des 3. Jhs.; dann verleibten rivalisierende Dynastien sich die Territorien ein, darunter die Pallava (S. 109), die die Kontrolle über das Gebiet von Andhra Pradesh übernahmen.

Weiter südlich hatten sich drei Königreiche praktisch völlig unabhängig vom nördlichen Indien entwickelt: die **Chera** an der Malabarküste im Westen, die **Pandya** im zentralen Südzipfel der Halbinsel und die **Chola** an der Ostküste von Coromandel – was zusammen einen großen Teil des heutigen Tamil Nadu und Kerala ausmachte. Ihre Gesellschaften waren in Gruppen unterteilt, die sich dadurch unterschieden, ob sie in den Bergen, Ebenen, Wäldern, Wüsten oder an der Küste lebten, und weniger durch Klasse oder *varna,* allerdings genossen die Brahmanen einen besonders hohen Status. Landwirtschaft, Viehzucht und Fischfang waren die Haupteinnahmequellen, aber der Gewürz-, Gold- und Edelsteinhandel mit Rom und südostasien brachte der Region zusätzlichen Wohlstand.

Ab Mitte des 1. Jhs. v. Chr. gab es allerdings verstärkt Auseinandersetzungen zwischen den drei Staaten. Geschwächt durch endlose Scharmützel wurden sie angreifbar. Zu Beginn des 4. Jhs. n. Chr. überrannten die **Pallava** die Chola-Hauptstadt Kanchipuram, und gegen 325 n. Chr. gehörte ihnen Tamil Nadu. Die Pallava hielten bis ins 9. Jh. n. Chr. eine Vormachtstellung im Süden und waren damit eine der am längsten regierenden Dynastien in der indischen Geschichte.

Die Gupta (320–650)

Im 4. Jh. n. Chr. entwickelte sich im Norden ein zweites großes indisches Reich, das der Gupta. Die Parallelen mit dem frühen Maurya-Reich sind verblüffend: Beide wurden im Jahr 320 (v. Chr. bzw. n. Chr.) von einem König namens Chandragupta (der Name des späteren Königs wird allerdings meistens in zwei Worten geschrieben: Chandra Gupta) gegründet, und beide entstanden aus dem berühmten alten Königreich Magadha. **Chandra Gupta** (reg. 320–335 n. Chr.) scheint der Herrscher eines kleinen Fürstentums innerhalb des alten Magadha-Königreichs gewesen zu sein, der durch Einheirat in das berühmte Geschlecht der Licchavi zu umfangreichen neuen Territorien gekommen war. Der Licchavi-Clan war 600 Jahre zuvor einer der größten Feinde der Maurya gewesen.

Chandra Gupta war nun also Herrscher eines mächtigen Königreichs in der Gangesebene, das die wichtige Ost-West-Handelsroute kontrollierte. Sein Sohn und Nachfolger **Samudra Gupta** (reg. 335–376) dehnte die Grenzen seines Reichs vom Punjab bis nach Assam aus. Das Reich erreichte seine größte Ausdehnung unter Samudras Nachfolger **Chandra Gupta II.** (reg. 376–415), der die Shaka in Gujarat unterwarf. Er vereinte den ganzen Norden Indiens, mit Ausnahme des Nordwestens. Die Ära dieser drei Gupta-Herrscher gilt, zusammen mit der nachfolgenden Herrschaft von Harsha Vardhana (606–647) aus Kanauj (s. u.), als das Klassische Zeitalter der indischen Geschichte, eine Zeit kultureller und künstlerischer Blüte, religiösen Eifers und politischer Stabilität.

Die weltliche **Sanskrit-Literatur** erreichte in den Werken des größten indischen Poeten und Dramatikers **Kalidasa** ihren Höhepunkt, der Mitglied des Hofstaats von Chandra Gupta II. war. Die berühmten Höhlenmalereien von **Ajanta** und **Ellora** inspirierten buddhistische Künstler in ganz Asien. In der **Bildhauerei** verkörpern die Buddhabildnisse von Sarnath und Mathura den schlichten heiteren Stil des Klassizismus. In der Gupta-Epoche entstand auch ein neuer Baustil des **Hindutempels**, der zur klassischen indischen Architekturform wurde. Die Ära der Gupta brachte nicht zuletzt große Denker hervor. Es entstanden sechs Systeme der **Philosophie**, die ihre Stimmen gegen den Buddhismus und Jainismus erhoben. Eines dieser Denksysteme, **Vedanta**, ist bis zum heutigen Tage in Indien die Basis aller philosophischen Studien geblieben. Die Gupta vollzogen vedische Opferhandlungen, um ihre Herrschaft zu legitimieren und förderten populäre Glaubensformen des Hinduismus, wie z. B. die Bhakti-Bewegung und die Verehrung von Vishnu-, Shiva- und Shakti-Abbildern in Tempeln, die in jener Epoche zunehmend mehr Gläubige anzogen. Doch auch der Buddhismus breitete sich frei aus; Tausende Mönche lebten in Mathura und Hunderte in der Hauptstadt Pataliputra selbst.

Während der langen Regierungszeit von **Kumara Gupta** (reg. 415–455), dem Nachfolger von Chandra Gupta II., ging es im Gupta-Reich relativ friedlich zu, aber um die Zeit, als **Skanda Gupta** (reg. 455–467) den Thron bestieg, wurde das westliche Indien wieder einmal von Invasionen aus Zentralasien bedroht, diesmal von den **Hunnen**, einem Nomadenvolk zentralasiatischen Ursprungs, das sich schon in Baktrien niedergelassen hatte. Skanda konnte die Angriffe der Hunnen zurückschlagen, doch nach seinem Tod führte die Lahmlegung des zentralasiatischen Handels durch die Feinde im Norden zur ernsthaften Destabilisierung des Reiches.

Ende des 5. Jhs. hatten die Hunnen den Punjab unter ihre Kontrolle gebracht, und weitere Eroberungsfeldzüge im 6. Jh. bedeuteten den endgültigen Todesstoß für das Gupta-Reich, von dem um 550 nichts mehr übrig war. Nach dem Sturz der Gupta-Dynastie zerfiel Nordindien erneut in rivalisierende Königreiche, doch als **Harsha Vardhana** im Jahre 606 den Thron bestieg, hatten die Pushpabhuti von Shanvishvara (Thanesar, nördlich von Delhi) bereits die Vorherrschaft in der Region erlangt. Harsha regierte 41 Jahre lang über ein Reich, das sich von Gujarat bis Bengalen erstreckte und den Punjab, Kashmir und Nepal umfasste. Im Zuge von Eroberungsfeldzügen im Osten verlegte er seine Hauptstadt nach **Kanauj** (nordwestlich vom heutigen Kanpur in Uttar Pradesh). Als Harsha 647 ohne Thronerbe starb, zerfiel Nordindien einmal mehr in eigenständige Königreiche.

Königreiche in Zentral- und Südindien (500–1250)

In Zentral- und Südindien ereignete sich unterdessen Bedeutsames. Die Geschichte jener Periode wird von drei wichtigen Königreichen diktiert: den **Pallava**, die im 4. Jh. die Satavahana aus der Andhra-Region vertrieben und Kanchipuram zu ihrer Hauptstadt gemacht hatten; den **Pandya** von Madurai, die im 6. Jh. ihr eigenes regionales Königreich errichtet hatten, und den **Chalukya** von Vatapi (Badami in Karnataka), die in der Mitte des 6. Jhs. bis in den Dekkan vorgedrungen waren. Alle drei Reiche bekriegten sich immer wieder, aber ihre militärische Stärke war so ausgewogen, dass keines definitiv die Oberhand gewinnen konnte.

Die Chalukya wurden schließlich 753 von Dantidurga besiegt, dem Begründer des **Rashtrakuta**-Königreichs, dessen Herrscher ebenfalls ihr Glück im Norden versuchten und sich kurzzeitig der Stadt Kanauj bemächtigten. Die Pallava überlebten ihre Erzfeinde um knapp hundert Jahre, bevor sie sich einem gemeinsamen Angriff der Pandya und Chola geschlagen geben mussten. Die **Chola** stellten eine neue Macht in Tamil Nadu dar. Sie eroberten im 9. Jh. die Thanjavur-Region und vertrieben 907 die Pandya aus Madurai, ehe sie in der Mitte des 10. Jhs. von den Rashtrakuta besiegt wurden, die ihrerseits im Jahr 973 den wiederauferstandenen Chalukya weichen mussten.

Nutznießer des ganzen Hin und Her waren die Chola, denen es im 11. und 12. Jh. gelang, verlorene Territorien zurückzugewinnen und sich weiter auszubreiten. Die großen Chola-Könige **Rajaraja I.** (985–1014) und **Rajendra I.** (1014–1044) unternahmen eine Reihe von Feldzügen gegen die Chera, Pandya und Chalukya, und gegen Ende des 11. Jhs. hatte die Chola im Süden das Sagen, jedoch hatten die ständigen Eroberungszüge ihre Reserven erschöpft. Die Ironie der Geschichte wollte, dass ihr Sieg über die Chalukya den Grundstein für ihren eigenen Untergang legte. Ehemalige Chalukya-Fürsten wie die **Yadava** von Devagiri im nördlichen Dekkan und die **Hoysala** aus der Gegend des heutigen Mysore, errichteten ihre eigenen Königreiche. Letztere griffen die Chola von Westen her an, während die Pandya von Süden her eine Offensive starteten. Um das 13. Jh. herum waren die Pandya an die Stelle der Chola getreten und bildeten die größte Macht in Südindien. Und die Yadava und Hoysala kontrollierten bis zur Ankunft der Delhi-Sultane im 14. Jh. den Dekkan.

Trotz konstanter politischer und militärischer Konflikte war jene Epoche in vielerlei Hinsicht das Klassische Zeitalter des Südens. Den Aufstieg der Chola begleitete die Herauskristallisierung der Tamil-Kultur, und die religiösen, künstlerischen und institutionellen Muster jener Periode dominierten die Kultur des Südens und beeinflussten die Entwicklungen in anderen Teilen des Subkontinents. Auf dem Gebiet der Religion zum Beispiel hatten sowohl die großen Philosophen Shankara und Ramanuja als auch die tamilischen und maharashtranischen Heiligen entscheidenden Einfluss auf den Hinduismus in Nordindien.

Königreiche in Nordindien (650–1250)

Nordindien erlebte nach Harshas Tod ein Jahrhundert der Wirren, in dem verschiedene Reiche um die Kontrolle des Gangestals stritten. Als Hauptrivalen kristallisierten sich schließlich die **Pratihara**-Gurjara aus dem westlichen Indien sowie die **Pala** aus Bihar und Bengalen heraus, sie wurden aber ihrerseits von den **Rashtrakuta** vom Dekkan bedrängt, die 916 vorübergehend Kanauj einnahmen. Der bittere Kampf um Kanauj nagte an den finanziellen Mitteln der drei konkurrierenden Mächte und führte letztendlich zu ihrem fast gleichzeitigen Zusammenbruch. Derweil erlangten im 12. Jh. benachbarte feudale Königreiche wie Nepal, Kamarupa (Assam), Kashmir und Orissa politische Unabhängigkeit und Einheit.

Im Westen tauchten inzwischen die berühmten **Rajputen** als ein neues Element innerhalb der indischen Gesellschaft auf. Ihr Ursprung ist nach wie vor Gegenstand aller möglichen Spekulationen. Aber wahrscheinlich stammten sie von den verschiedenen Invasoren ab, die zwischen dem 3. und 6. Jh. nach Indien kamen, darunter die Pratihara-Gurjara, die Hunnen und Shaka und vielleicht auch noch andere. Woher auch immer sie stammten, sie verschafften sich beeindruckende Hindu-Genealogien und erlangten den Kshatriya-Status. Bereits im 10. Jh. hatten die wichtigsten Rajputen-Clans wie die Chauhan von Ajmer, die Guhila von Chittaurgarh, die Chandella von Bundelkhand und die Tomara von Haryana (die 1060 das heutige Delhi gründeten) alle ihre eigenen kleinen Königreiche auf einem Gebiet errichtet, das das heutige Rajasthan, Gujarat, Madhya Pradesh und andere Teile des Nordens umfasste.

Die verschiedenen Rajputen-Clans befehdeten einander unablässig und unterschätzten deshalb die Bedeutung eines neuen Machtfaktors, der sich Anfang des 11. Jhs. in die nordindische Politik einmischte. Der türkische Clanführer **Mahmud von Ghazni** (971–1030), der im afghanischen Ghazni das mächtige Ghaznaviden-Reich gegründet hatte, unternahm zwischen 1000 und 1027 insgesamt siebzehn Raubzüge nach Indien. Dabei wurden u. a. Mathura, Kanauj und Somnath geplündert. Fast zwei Jahrhunderte später lagen die mächtigen Rajputen-Clans Nordindiens immer noch im Krieg miteinander. Da trat **Muhammad von Ghor** (1162–1206) in Mahmuds Fußstapfen, indem er Ende des 12. Jhs. den Punjab eroberte und anschließend seine Aufmerksamkeit auf die reichen Landstriche im Osten richtete. Der legendäre Erbe der Chauhan von Ajmer, **Prithviraj III.**, zimmerte eine Allianz zusammen, die den türkischstämmigen Kriegsherrn 1191 in **Tarain** (nördlich von Delhi) in seine Schranken verwies, doch schon im folgenden Jahr rückte Muhammad mit einer stärkeren Streitmacht erneut an. Er besiegte die Rajputen, ließ Prithviraja hinrichten und betraute vor der Heimkehr seine Generäle mit weiteren Eroberungsfeldzügen.

Die Delhi-Sultanate (1206–1526)

Als Muhammad von Ghor im Jahre 1206 ermordet wurde und das Reich rasch zu zerfallen begann, fiel die Macht unversehens dem türkischen General und ehemaligen Sklaven **Qutb-ud-Din-Aiback** zu. Er wurde zum autonomen Herrscher über die indischen Territorien und zum Begründer der sogenannten **„Sklavendynastie"**. Sie war der Grundstein der sogenannten Delhi-Sultanate, die bis ins frühe 16. Jh. die stärkste politische Kraft Nordindiens werden sollten. Die Sultanate stellten einen wichtigen Meilenstein in der indischen Geschichte dar. Plötzlich war der Islam, nicht mehr der Hinduismus, die Religion der Herrscher des Landes, und anstelle von Kanauj oder Pataliputra wurde Delhi die wichtigste Stadt im Norden.

Aibacks Schwiegersohn **Iltutmish** (1211–36) hatte, als er starb, das Territorium des Sultanats vom Sind bis nach Bengalen ausgedehnt. Doch nun folgte eine chaotische Zeit, mit fünf verschiedenen Herrschern in nur sechs Jahren. Erst als

Ghiyas-ud-Din Balban 1246 die Staatsgeschäfte in die Hand nahm, stabilisierte sich die Lage wieder – und dies trotz wiederholter Drohungen von Seiten schon wieder neuer Eindringlinge, der **Mongolen**, die seit ungefähr 1220 Raubzüge ins westliche Indien unternommen hatten und unermüdlich die Grenzen der Sultanate angriffen.

Auf Ghiyas-ud-Dins Tod im Jahr 1287 folgte die unvermeidliche Periode der Nachfolgewirren, die erst 1290 ihr Ende fand, als Aibacks Sklavendynastie durch die **Khalji-Dynastie** ersetzt wurde. Die Khalji-Familie war unter Muhammad von Ghor nach Indien gekommen und hatte sich anschließend ein eigenes moslemisches Fürstentum in Bengalen und Bihar erobert. Der erste Khalji-Sultan, der nicht mehr ganz junge Feroz Shah I., wurde schon bald von **Ala-ud-Din Khalji** (1296–1315) beseitigt, einem der unbeugsamsten aller indischen Herrscher. Als harter Mann in harten Zeiten sah sich Ala-ud-Din sofort mit einer Reihe weiterer Mongolen-Angriffe konfrontiert. Delhi wurde zweimal belagert und die Umgebung geplündert, bevor die Angreifer eine handfeste Niederlage erlitten, die ihnen der neue Sultan 1300 beibrachte. Danach ließen sie ihn in Frieden. Nachdem er mit den Mongolen aufgeräumt hatte, unternahm Ala-ud-Din zwischen 1299 und 1311 mehrere Feldzüge, um Gujarat und Rajasthan zu erobern, bevor er seine Aufmerksamkeit auf den Dekkan und den Süden richtete. Im Grunde ging es ihm dabei aber mehr darum, Tribute zu erheben und die Staatskasse aufzubessern, als darum, ein stabiles Großreich aufzubauen.

Für frische Impulse sorgte ab 1320 die **Tughluq-Dynastie**. Unter **Mohammed bin Tughluq** (1325–51) erreichte das Sultanat seine weiteste Ausdehnung – fast so groß wie das Herrschaftsgebiet Ashokas. Allerdings provozierten die heftigen Steuern, die er seinen Untertanen auferlegte, um seine Feldzüge zu finanzieren, mehrere Aufstände. Das neue Hindu-Königreich **Vijayanagar** nutzte die Schwäche des Sultanats aus, um seinen Einfluss von seiner Hauptstadt bei Hampi aus zu erweitern. **Firoz Shah Tughluq** (1351–88) konnte den Untergang des Sultanats durch seine relativ milde Regentschaft vorübergehend aufhalten. Es wurde nach seinem Tod im Jahre 1388 jedoch wegen familiärer Thronfolgestreitigkeiten und durch einen Angriff des zentralasiatischen Despoten **Timur** (auch: Tamerlan), der 1398 Delhi eroberte, weiter geschwächt. Gegen Ende des 14. Jhs. war das Delhi-Sultanat endgültig nur noch eines von mehreren miteinander wetteifernden moslemischen Reichen in Nordindien.

Das völlig geschwächte Sultanat wurde nun von dem aus Afghanistan stammenden **Khizr Khan** (1414–21) unterworfen, dessen **Sayyiden-Dynastie** bis 1444 herrschte, und dann von den Lodi übernommen. Unter der rührigen Herrschaft der Lodi erlebte das Sultanat einen bescheidenen Aufschwung, besonders unter **Sikander Lodi** (1489–1517), der Jaunpur und Bihar annektierte. Doch seinem Nachfolger Ibrahim gelang es nicht, Differenzen mit den afghanischen Lehnsgebieten zu regeln. Eines von ihnen wandte sich mit der Bitte um Schutz an **Babur**, den Herrscher von Kabul, der daraufhin Ibrahims Lodi-Dynastie 1526 mit dem Sieg in der Schlacht von Panipat endgültig stürzte.

Das frühe Mogulreich (1526–1605)

Für **Babur** – den Begründer der ruhmreichsten Dynastie Indiens, der Moguln – schien die Herrschaft über Indien eine Art Zufallsprodukt gewesen zu sein. Babur, ein Nachkomme von Timur und entfernter Verwandter von Dschingis Khan, wurde im heutigen Usbekistan geboren und verbrachte den größten Teil seines Lebens in Afghanistan, wo er die Macht über Kabul ergriff. Er war schon relativ alt, als er von der militärischen Schwäche der Lodi erfuhr und beschloss, Indien anzugreifen. Seinen kampferprobten Streitkräften war es ein Leichtes, 1526 den letzten Delhi-Sultan Ibrahim Lodi in der Schlacht von Panipat zu besiegen. Dadurch erlangte er die Kontrolle über Delhi und Agra, doch seine Position konsolidierte sich erst, nachdem seine Truppen 1527 in der Schlacht von Kanwaha ein sehr viel stärkeres Rajputen-Heer unter dem Kommando von Rana Sanga von Mewar geschlagen hatten, und anschließend auch noch die alliierten Streitkräfte von afghanischen Clanführern. Kurz darauf zwang ihn seine schwindende Gesundheit zum Rückzug nach Lahore, wo er 1530 starb.

Sein Sohn und Nachfolger **Humayun** hingegen war ein launischer Mensch, der sich ständig zwischen Phasen von Geschäftigkeit und Trägheit bewegte. Er unterwarf Malwa und Gujarat, doch nur um sie wieder zu verlieren, weil er sich in Agra „dem Vergnügen hingab". Bald stellte sich der afghanischstämmige **Sher Shah Suri** (auch Sher Khan oder Sher Khan Sur genannt) aus Süd-Bihar an die Spitze der afghanischen Opposition, und nach zwei schweren Niederlagen musste Humayun 1539 in Persien um Asyl bitten. Sher Shah, ein klügerer Politiker als der hitzköpfige Humayun, zwang später mehrere Rajputen-Reiche in die Knie, kam aber schon 1545 bei der Belagerung von Kalinjarums Leben.

Der Nachfolger von Sher Shah war sein Sohn **Islam Shah Sur**, doch als dieser 1553 verstarb, herrschte in den Sur-Territorien das Chaos, denn es gab drei verschiedene Thronanwärter. Humayun beschloss, dass dies der richtige Moment zur Rückkehr wäre, und führte seine Truppen zurück nach Indien. Im Jahr 1555 vernichtete sein Heer bei Sirhund im Punjab das von Sikander Sur, dem mächtigsten der drei Anwärter, und marschierte anschließend praktisch ungehindert in Delhi ein. Ein Jahr später starb Humayun nach einem Sturz in der Festung Purana Qila in Delhi und hinterließ die Thronnachfolge seinem 13-jährigen Sohn **Akbar**. Dieser hatte das Glück, dass ihm als Leibwache und Reichsverweser Humayuns erfahrener General Bairam Khan zur Seite stand, der ihn durch die schwierigen Anfangsjahre seiner Regierung führte.

Bairam besiegte 1556 in der zweiten Schlacht von Panipat zunächst den aufständischen Hindu-General Hemu, eroberte Gwalior und Jaunpur zurück und übergab Akbar 1560 ein konsolidiertes nordindisches Reich. Akbars erste eigene Militäraktionen richteten sich gegen die **Rajputen**. Binnen eines Jahrzehnts hatte er mittels einer klugen Mischung aus Diplomatie und Druck alle rajputischen Herrschaftsgebiete außer Mewar (Udaipur) unterworfen. Damit aber nicht genug: 1576 hatte er die reichste Provinz, Bengalen, unter seine Kontrolle gebracht, und am Ende seiner Regentschaft im Jahre 1605 herrschte er über ein riesiges Gebiet vom Golf von Bengalen bis nach Kandahar in Afghanistan.

1565 hatte Akbar die kleine, von Sikander Lodi in Agra erbaute Festung abreißen und durch das wunderbare neue Agra Fort ersetzen lassen, dem Herzstück einer wiederbelebten Stadt, die künftig Delhi den Rang als wichtigstes Zentrum der Mogul-Macht streitig machen sollte. Das reichte ihm aber nicht aus: Anfang der 1570er-Jahre begann er mit dem Bau einer völlig neuen Stadt, der bemerkenswerten, aber kurzlebigen Stadt Fatehpur Sikri, die eine Weile Hauptstadt des Reichs war. Akbar war nicht nur ein erfolgreicher General, sondern auch ein kluger Politiker und Administrator. Er bezog nicht nur hinduistische Landbesitzer und Adlige in das politische Leben ein, sondern betrieb mit dem Ziel, seine Machtbasis auszuweiten, auch eine bewusste Politik der **religiösen Toleranz**. Insbesondere schaffte er die verhasste Kopfsteuer für Nicht-Moslems *(jizya)* und die Wegegelder für hinduistische Pilgerfahrten ab.

Die späteren Moguln (1605–1761)

Die Regierungszeit von **Jahangir** (1605–27) war eine Zeit wirtschaftlicher und territorialer Expansion und höchster Entfaltung von Kunst und Architektur. Jahangir war eine widersprüchliche Persönlichkeit: ein Alkoholiker und Sadist, aber auch ein feinsinniger Kunstkenner. Außerdem war er ein fähiger Feldherr, der es schaffte, die Grenzen des ohnehin schon beträchtlich großen Reichs, das Akbar ihm hinterlassen hatte, noch zu erweitern. Jahangirs Sohn **Shah Jahan** kam 1628 an die Macht, nachdem er sich während der Regierungszeit seines Vaters als hervorragender Feldherr ausgezeichnet hatte. Trotz seiner ausgeprägten militärischen Fähigkeiten wird Shah Jahan der Nachwelt aber wahrscheinlich als vielleicht größter Förderer der Architektur aller Zeiten in Erinnerung bleiben. 1648 verlegte er die Mogul-Hauptstadt von Agra zurück nach Delhi und feierte dies mit dem Bau der neuen Stadt Shahjahanabad (heute besser als Old Delhi bekannt). Sein bemerkenswertestes Zeugnis hinterließ er jedoch in Agra: die unzähligen Verzierungen an der Stadtfeste und vor allem das **Taj Mahal**.

Während der Regierungszeit von Shah Jahan hielt eine neue Macht Einzug in die indische Geschichte: die Marathen, eine Militärmacht aus Zentralindien. Die Marathen, eine Gruppe militanter Hindus aus Maharashtra, hatten unter ihrem fähigen Führer Shivaji ein eigenes Königreich aufgebaut und richteten bald ihr Augenmerk auf das Gebiet weiter nördlich. Shah Jahan reagierte auf die Bedrohung durch die Marathen, indem er seinen dritten Sohn, den ambitionierten jungen Aurangzeb, in den Dekkan schickte, um die Mogul-Interessen in der Region zu vertreten. Aber seine militärischen Erfolge wurden regelmäßig von Shah Jahans ältestem Sohn und bevorzugten Erben Dara Shikoh unterminiert, der darin eine Bedrohung seiner eigenen Stellung sah. Der sich abzeichnende Bruderkrieg brach aus, als Shah Jahan 1658 plötzlich schwer erkrankte. Er erholte sich wieder, doch Aurangzeb hatte sich inzwischen mit Dara Shikoh entzweit und dessen Armee nach mehreren Gefechten zerschlagen. Die dreißigjährige Herrschaft des kränkelnden Shah Jahan endete schmählich: Aurangzeb kerkerte ihn im Fort von Agra ein, wo er die letzten Lebensjahre bis zu seinem Tod 1666 verbrachte.

Aurangzeb besaß zwar nicht das Charisma eines Babur oder Akbar, doch hatte er eine eigene Ausstrahlung und erwies sich als standhafter und fähiger Administrator, der sein zunehmend unsteter werdendes Reich bis zu seinem Tod im Alter von 88 Jahren nicht aus der Hand gab. Im Gegensatz zum Luxusleben der anderen Mogulherrscher pflegte er einen frommen und disziplinierten Lebensstil. Sein religiöser Dogmatismus entfremdete ihn jedoch mit der Zeit von der Hindu-Gemeinde, mit deren Führern Akbar früher so sorgfältig Freundschaft gepflegt hatte. Wieder wurden Hindu-Tempel entweiht und die *jizya*-Steuern für Nicht-Moslems wieder eingeführt.

Die hauptsächliche Bedrohung des Mogulreiches in dieser Epoche ging vom Marathen-Herrscher **Shivaji** aus, der ein überschaubares und gut organisiertes Königreich im westlichen Indien aufgebaut hatte. Die benachbarten moslemischen Königreiche Bijapur und Golconda hatten sich mit ihm verbündet. Unterdessen wurde **Guru Tegh Bahadur**, das Oberhaupt der wichtigen neuen Sikh-Religion, im Jahr 1675 hingerichtet, weil er nicht zum Islam übertreten wollte. Sein Sohn Guru Gobind formte aus der religiösen Gemeinschaft eine militante Gruppe, die zunehmende Macht im Punjab gewann. Konflikte gab es auch mit den Rajputen: 1678 kam es zum Krieg und in dessen Folge zur Abkehr der meisten seiner Rajputen-Verbündeten vom Mogulreich.

Doch Aurangzebs Aufmerksamkeit galt immer mehr dem Süden. 1681 machte er sich an die Expansion des Reiches und verlagerte seine Basis in den Dekkan, wo er in seinen noch sehr zahlreichen restlichen Lebensjahren ein waches Auge auf die unterworfenen Reiche Bijapur und Golconda hielt und die zunehmend rebellischen Marathen in Schach zu halten versuchte. 1689 gelang es ihm, Shivajis Sohn gefangen zu nehmen und zu exekutieren, und gegen 1698 hatten die Moguln fast die gesamte Halbinsel besetzt. Aurangzebs Sohn **Bahadur Shah** trat 1707 die Thronfolge an, regierte aber nur fünf Jahre. Sein Tod im Jahre 1712 war der Anfang vom Ende der Moguln, denn in der Folge zerfiel ihr Reich. In den 1720er-Jahren waren die Herrscher von Hyderabad, Avadh (Lucknow) und Bengalen faktisch unabhängig. 1738 riss Maratha die reiche Provinz Malwa an sich. Überall rebellierten hinduistische Landbesitzer. **Nadir Shah** von Persien versetzte dem Ansehen des Mogulreichs einen empfindlichen Schlag, als er nach Indien eindrang, die Mogularmee besiegte und 1739 Delhi brandschatzte.

Die East India Company (1600–1857)

Indiens Handelspotenzial hatte schon seit 1498, als **Vasco da Gama** an der Malabarküste (Kerala) landete, in Europa Interesse geweckt. Im nächsten Jahrhundert hatten Portugiesen, Holländer, Engländer, Franzosen und Dänen Handelsniederlassungen an Indiens Küsten gegründet, die Textilien, Zucker und Indigo in die Heimat exportierten. Die britischen Interessen in Indien fanden ihren Ausdruck in der Gründung der **East India Company**, die 1600 von Queen Elizabeth I. ihre Konzession erhielt. Die Vertreter der Gesellschaft kamen 1608 in Surat in Gujarat an und richteten in kurzer Zeit 27 Handelsposten im ganzen Land ein, u. a. Fort George und Fort William (die späteren Städte Madras und Kalkutta) sowie die junge Siedlung Bombay.

Es war im Süden, wo die europäischen Handelsinitiativen zuerst eine politische Bedeutung erlangten, nach dem Ausbruch des Österreichischen Erbfolgekriegs im Jahr 1740. Die bewaffneten Auseinandersetzungen zwischen französischen und englischen Handelskompanien entlang der südindischen Küste wuchsen sich bald zu einem kleinen Krieg über die Nachfolge des Nizam von Hyderabad aus. Die sporadischen Kampfhandlungen dauerten bis zum Ende des Siebenjährigen Krieges in Europa und dem Vertrag von Paris im Jahr 1763 an, der den französischen Ambitionen in Indien ein Ende bereitete. Inzwischen war durch die Niederlage, die Robert Clive 1757 dem rebellischen jungen Nawab von Bengalen in Plassey beigebracht hatte, die Macht der Briten gestärkt worden, und 1765 erkannte der Mogulherrscher die Company rechtlich an, indem er ihr die Steuerhoheit über Bengalen, Bihar und Orissa verlieh.

Während der nächsten dreißig Jahre begnügten sich die Briten in Indien damit, weitere Handelswege zu erschließen und indische Offensiven gegen ihre drei wichtigsten Niederlassungen in Kalkutta, Bombay und Madras abzuwehren, doch am Ende des 18. Jhs. führten die Niederlage von **Tipu Sultan** von Mysore, dem am besten organisierten und resolutesten Feind der Kompanie, und die Unterwerfung des Nizam von Hyderabad zur Annektierung großer Gebiete. Nahezu alle anderen indischen Herrscher erkannten bis 1805 die **britische Oberherrschaft** an. Eine lange Reihe von Konflikten zwischen den Briten und Marathen (die sogenannten drei „Marathenkriege", 1774–1818) führte schließlich dazu, dass die Marathen aufhörten, eine ernstzunehmende militärische Bedrohung darzustellen.

Nachdem sie die Marathen ausgeschaltet hatten, schlossen die Briten eine Reihe von Verträgen mit den Herrschern von Rajasthan und mit den meisten anderen noch übrig gebliebenen indischen Königreichen, den sogenannten „Prinzenstaaten", von Hyderabad im Süden bis Kashmir im Norden. Diese Verträge garantierten den verschiedenen Königreichen eine relative Autonomie und militärischen Schutz im Gegenzug für ihre Loyalität zur britischen Krone und bestimmter politischer, merkantiler und finanzieller Zugeständnisse. Die krisengeschüttelte Stadt Delhi, die traditionelle Hauptstadt Nordindiens, hatte weniger Glück, denn die Briten erkoren die aufblühende neue Stadt Kalkutta zu ihrer Hauptstadt. Erst 1911 gewann Delhi den Status als wichtigste Stadt des Nordens zurück.

Der Aufstand von 1857

Durch die unaufhörlichen Konflikte im vorangegangenen Jahrhundert stand die neue britische Kolonie vor dem gesellschaftlichen und wirtschaftlichen Zusammenbruch. Die kontroverse „Doctrine of Lapse", unter der autonome Staaten allmählich annektiert wurden, sorgte weithin für Unzufriedenheit. Überdies interpretierte man die von der Company ab 1835 unternommenen Anstrengungen zur Verbreitung europäischer Literatur und Wissenschaft (wobei Englisch das Persische als offizielle Amtssprache ersetzte), die Unterdrückung lokaler Bräuche wie *sati* und Kinderhochzeit sowie den Einsatz indischer Truppen in Übersee (dabei wurden die Kastenschranken aufgehoben) zunehmend als Teil eines verschleierten britischen Versuchs, die religiösen und kulturellen moslemischen und hinduistischen Traditionen zu beseitigen.

Was schließlich das Fass zum Überlaufen brachte und einen Generalaufstand der indischen Armee auslöste, war die Ausrüstung der Truppen mit neuen Enfield-Gewehren, deren Patronen mit Kuh- und Schweinefett (das für Hindus wie Moslems unrein ist) eingeschmiert waren. Die daraus resultierende Revolte von 1857 (von den Briten traditionell als die „Indische Meuterei" oder „Sepoy-Rebellion" und von indischen Historikern als der „Erste Unabhängigkeitskrieg" bezeichnet), begann mit einer Rebellion indischer Truppen *(sepoys)* in **Meerut** am 10. Mai 1857. Am nächsten Tag fiel Delhi. Die Revolte ergriff schnell Besitz von einem Großteil Zentral-Nordindiens, wo die Aufständischen Lucknow und Kanpur einnahmen. Die Briten hatten mit diesem Aufstand nicht gerechnet, übernahmen aber schrittweise wieder die Kontrolle. Delhi und

Kanpur wurden im September zurückerobert, und der Fall von **Lucknow** im März 1858 besiegelte das Scheitern der Revolution.

Raj und indischer Nationalismus (1857–1947)

Der Aufstand hatte jedoch weitreichende Konsequenzen für die weitere Herrschaft der Briten auf dem Subkontinent. Die Regierungsbefugnisse der East India Company wurden abgeschafft, und noch im selben Jahr übernahm die britische Krone die direkte Verwaltung über Indien. Ab sofort wurde Britisch-Indien nicht mehr als Handelsbasis betrachtet, sondern als ein dem britischen Empire zugehöriges Königreich, **Raj**, ein Begriff, der im Laufe der Zeit die Herrschaft der britischen Vizekönige über den indischen Subkontinent bezeichnete.

Als britische Kolonie gewann Indien einen neuen Stellenwert in der Weltwirtschaft. Im Handel profitierte das Land von der britischen Entwicklung des Eisenbahnnetzes, und indische Geschäftsleute begannen in diverse Fertigungsindustrien zu investieren. In erster Linie stützte Indien die britische Wirtschaft jedoch als billige Rohstoffquelle und Absatzmarkt für Fertigprodukte, während die eigene Wirtschaft und Landwirtschaft unterentwickelt blieben. Die höheren Verwaltungsebenen wurden von britischen Beamten dominiert, deren Maßnahmen indischen Interessen und kulturellen Traditionen oft zuwiderliefen. Öffentliche Demonstrationen zwangen die Briten 1885 schließlich, ihren Segen zur Gründung der Partei **National Congress** (normalerweise schlicht „Congress" genannt) zu geben, und schon 1905 hatte sich die Kongresspartei die Selbstregierung zum politischen Ziel gemacht. Bedenken gegen die vorwiegend von Hindus dominierte Kongresspartei führten 1906 zur Gründung der **Islamischen Liga Indiens**, die fortan als Repräsentantin der moslemischen Bevölkerung fungierte.

1909 ebneten die Morley-Minto-Reformen den Weg für indische politische Teilhabe auf Provinzebene und eine separate moslemische Vertretung. 1911 wurde die Hauptstadt nach **Delhi** zurückverlegt und zur Feier dieses Ereignisses eine weitere Regierungsstadt gegründet, das sogenannte „New" Delhi (die Stadt wurde aber erst 1931 fertiggestellt). Ein paar Jahre später gaben die Briten mit der Königlichen Proklamation von 1917 die Zusage auf eine allmähliche Hinführung zur Eigenverwaltung. Zwei Jahre später wurde mit den Montagu-Chelmsford-Reformen der Versuch unternommen, diese Erklärung umzusetzen. Nun nahm ein in England ausgebildeter Rechtsanwalt, **Mohandas Karamchand Gandhi**, besser bekannt als Mahatma („Große Seele"), die Dinge in die Hand. Er vertrat eine politische Philosophie, deren Grundpfeiler die Gewaltlosigkeit und das Eintreten für die Unberührbaren, die er in „Kinder Gottes" (Harijan) umbenannte, waren. Gandhi fing an, indienweite eintägige Streiks und Protestmärsche zu organisieren, gegen die die Regierung mit brutaler Gewalt vorging. Der verheerendste Vorfall ereignete sich in **Amritsar**, wo Truppen unter General Dyer 1919 eine Demonstration im Jallianwalla Bagh sprengten, indem sie in die unbewaffnete Menge schossen; 379 Menschen wurden getötet und 1200 verletzt.

1928 forderte die Kongresspartei die uneingeschränkte Unabhängigkeit Indiens. Die Regierung bot Gespräche an, doch der radikalere Flügel der Kongresspartei war unter der Führung des jungen **Jawaharlal Nehru** in Konfrontationsstimmung. Gandhi dagegen brach zu einem Fußmarsch („Salzmarsch") von über 400 km Länge auf, der ihn von seinem Ashram in Sabarmati nach Dandi in Gujarat führte, um illegal (ohne Steuern zu zahlen) Salz zu gewinnen – ein symbolischer Angriff auf die besonders verhasste britische Salzsteuer. Seine Demonstration des **gewaltfreien zivilen Ungehorsams** *(satyagraha)* hinterließ einen derart tiefen Eindruck im Volk, dass bis zum Ende des Jahres Protestmärsche und Streiks an der Tagesordnung waren, die Massenverhaftungen zur Folge hatten. Dies wiederum führte 1935 zum **Government of India Act** (Gesetz über die Regierungsform Indiens), das jedoch keine ausreichende Grundlage für die uneingeschränkte Unabhängigkeit bot. Die Kongresspartei begegnete den britischen Vorschlägen mit Argwohn und lehnte trotz Gandhis Fürsprache die Forderungen der Moslems nach einer eigenen politischen Vertretung ab.

Mohammed Ali Jinnah, der 1935 an die Spitze der Islamischen Liga getreten war, befürwortete anfangs die moslemisch-hinduistische Kooperation, verzweifelte jedoch letztendlich an der Haltung der Kongresspartei. Die Liga forderte daher 1940 in einer Resolution offiziell die Schaffung eines unabhängigen Pakistan. Die Fronten zwischen Regierung, Kongresspartei und Islamischer Liga weichten auch im Zweiten Weltkrieg nicht auf, obwohl 1942 die zunehmend auf indische Truppen angewiesenen Briten versprachen, Indien nach dem Krieg in die Unabhängigkeit zu entlassen. Mahatma Gandhi formulierte den Slogan *Quit India* („Briten, verlasst Indien") und kündigte eine neue Welle des zivilen Ungehorsams an. Derweil propagierte Jinnah seine „Theorie der zwei Nationen" und sicherte sich durch eine rhetorische Kampagne gegen eine „Hinduisierung" die Unterstützung der moslemischen Öffentlichkeit. In einer Welle terroristischer Anschläge im ganzen Land wurden 1000 Menschen getötet und 60 000 Verdächtige verhaftet. Erst nach Kriegsende akzeptierte London, dass die uneingeschränkte Unabhängigkeit Indiens nicht länger aufgeschoben werden konnte.

Die britische Suche nach einer Lösung, ein vereintes Indien in die Unabhängigkeit zu entlassen und zugleich die Ängste der Moslems auszuräumen, war angesichts der auf beiden Seiten verhärteten Fronten leider zum Scheitern verurteilt. Ganz allmählich setzte sich die Einsicht durch, dass die Teilung – die sogenannte „Partition" – Indiens in zwei separate Staaten, einen moslemischen und einen hinduistischen, unvermeidbar war. Das britische Kabinett ernannte **Lord Mountbatten** zum Vizekönig und betraute ihn mit den Vorbereitungen für die Machtübergabe. Am 15. August 1947 erfolgte die **Teilung** des Subkontinents. Damit war der Staat Pakistan geboren. Die neuen Grenzen durchschnitten Bengalen und den Punjab. Langjährig benachbarte Sikhs, Moslems und Hindus wurden über Nacht zu Feinden. Es setzte eine Völkerwanderung ein, in deren Rahmen 5 Millionen Hindus und Sikhs aus Pakistan und eine ähnlich hohe Zahl Moslems aus Indien flohen. Rund 500 000 Menschen kamen in den Unruhen ums Leben. Mahatma Gandhi, der sich dem Ziel verschrieben hatte, der Gewalt nach der Teilung ein Ende zu setzen, wurde im Januar 1948 wegen seiner liberalen religiösen Haltung von einem hinduistischen Extremisten erschossen.

Indien unter Nehru (1947–1964)

Jawaharlal Nehru, Indiens erster und am längsten amtierender Ministerpräsident, war in seiner 17-jährigen Amtszeit ein dynamischer und äußerst beliebter Staatsführer. Er legte die Grundlagen für eine demokratische, säkulare Nation, die er durch die ersten Phasen seiner agrarischen und industriellen Entwicklung führte. Da allen volljährigen Staatsbürgern das Wahlrecht zugesprochen wurde, war Indien mit 173 Mio. Stimmberechtigten bei der Wahl von 1951 die **größte Demokratie der Welt**. Trotz der Unabhängigkeit Indiens gab es noch das Problem der 562 „Prinzenstaaten", die nicht weniger als zwei Fünftel der Gesamtfläche des Landes ausmachten und gemäß den weiterhin gültigen Verträgen mit den Briten verwaltungstechnisch nach wie vor autonom waren. Zu dem Zeitpunkt, als Indien unabhängig wurde, mussten sich noch mehrere Herrscher solcher Staaten entscheiden, ob sie sich Indien oder Pakistan anschließen wollten.

Nehrus fähiger Vize-Premierminister **Sardar Vallabhai Patel** wurde mit der Aufgabe betraut, die Herrscher der widerstrebenden Fürstenterritorien dazu zu bewegen, sich dem neuen Indien anzuschließen. So leistete etwa der moslemische Nizam von **Hyderabad** Widerstand, obwohl die Mehrheit seiner Bevölkerung hinduistisch war, und ließ sich erst durch eine Invasion indischer Truppen überzeugen. Einige Teile des Subkontinents behielten ihre Unabhängigkeit länger. Die französischen Enklaven Pondicherry und Chandernagar wurden erst in den 1950er-Jahren aufgenommen. Die Portugiesen weigerten sich, **Goa** abzutreten, bis Nehru 1961 schließlich die Armee schickte, um es zu annektieren.

Das schwerste Erbe der Teilung wurde jedoch dem Himalaya-Staat **Kashmir** aufgebürdet. Zum Zeitpunkt der Unabhängigkeit hatte der kashmirische Hindu-Maharadscha Hari Singh noch nicht entschieden, zu welchem der beiden neuen Länder er gehören wollte. Jinnah ging natürlich davon aus, dass Kashmir sich Pakistan anschließen würde, da drei Viertel seiner Bewohner Moslems waren. Nehru dagegen war entschlossen, Kashmir Indien zuzuschlagen. Der Maharadscha kam zu keinem Entschluss. Im Oktober 1947 überschlugen sich plötzlich die Ereignisse, als unvermittelt islamische Partisanen aus pakistanischen Stammesgebieten im Kashmir-Tal auftauchten, um den Maharadscha dazu zu bewegen, Pakistan beizutreten. Hari Singh befürchtete, dass er abgesetzt werden sollte, und beschloss auf der Stelle, sich stattdessen Indien anzuschließen. Kurz darauf wurden indische Truppen ins Tal eingeflogen und begannen gegen die moslemischen Eindringlinge zu kämpfen. Obwohl es nie eine offizielle Kriegserklärung gab und keine regulären Pakistani-Militäreinheiten beteiligt waren, werden diese Kampfhandlungen normalerweise als der Erste Indo-Pakistanische Krieg bezeichnet. Als die Uno 1948 einen Waffenstillstand erreichte, hatten sich die pakistanischen Invasoren ein beträchtliches Stück kashmirischen Territoriums gesichert, das bis heute von Pakistan einbehalten wird.

Nehrus Ideal einer asiatischen Einheit und seine Außenpolitik der blockfreien friedlichen Koexistenz wurden immer wieder durch die Aggression **Chinas** bedroht. Dessen Invasion in Tibet im Jahr 1950 brachte die Chinesen direkt an die indische Grenze (und eine Flut von Flüchtlingen nach Indien selbst, darunter 1959 der Dalai Lama). 1962 überrannten chinesische Truppen die indischen Grenzposten und marschierten auf Assam zu. Diese „Invasion" (auch wenn es sich eher um eine Machtdemonstration handelte) endete nach kurzer Zeit. Aber die beschämende Unfähigkeit der indischen Armee, die Eindringlinge aufzuhalten, führte dazu, dass Nehru umgehend einen Verteidigungspakt mit den USA schloss – offiziell ist Indien jedoch auch heute noch blockfrei. China verleibte sich kleine indische Landstücke in Kashmir und Assam ein, die es bis heute nicht zurückgegeben hat.

Indira Gandhi (1966–1984)

Die gesamte Nation betrauerte 1964 den Tod des beliebten Ministerpräsidenten, der nicht mehr Zeuge der Wiederherstellung von Indiens militärischem Prestige im **Zweiten Indo-Pakistanischen Krieg** von 1965 wurde. Der pakistanische Präsident General Ayub Khan provozierte eine Reihe von Scharmützeln in umstrittenen Gebieten von Gujarat – vielleicht, um die Reaktion des neuen indischen Premiers Lal Bahadur Shastri zu testen – und unternahm anschließend Versuche, Kashmir zu infiltrieren und einen pro-pakistanischen Aufstand zu provozieren. In Kashmir und weiter südlich kam es zu Kriegshandlungen. Die indische Armee drängte die pakistanischen Streitkräfte bis auf 5 km an das faktisch wehrlose Lahore zurück, bevor ein Waffenstillstand vereinbart wurde und beide Seiten sich hinter ihre alten Grenzlinien zurückzogen. Lal Bahadur Shastri starb kurz darauf, im Januar 1966, und nun etablierte sich Nehrus Tochter Indira Gandhi als neues Oberhaupt der Kongresspartei.

Die 49-jährige Indira oder „Mrs. Gandhi", wie sie oft genannt wird (es besteht keine Verwandtschaft mit dem Mahatma; sie erhielt ihren Nachnamen durch die Ehe mit einem Parsen namens Feroze Gandhi, der 1960 starb), wurde ursprünglich von den Kongressparteibonzen ausgesucht, weil sie sie für ein populäres, aber leicht manipulierbares Aushängeschild hielten. Doch Indira Gandhi hatte andere Pläne. Sie machte sich sofort daran, ihre eigene Machtposition zu sichern, und führte – nachdem ihr Mandat bei den Neuwahlen von 1971 konsolidiert worden war – die Kongresspartei auf einen populistischen, sozialistischen Weg. Sie nationalisierte die Banken, schaffte die Privatschatullen der früheren Maharadschas ab und brachte neue Gesetzesvorlagen zu Firmenprofiten und Erträgen aus Grundbesitz ein.

Zu der Zeit erlebte Indien ein erhebliches industrielles Wachstum und hatte zudem gerade im Rahmen der **Grünen Revolution** durch Einführung hochwertiger Getreidesorten spektakuläre Erfolge in der Landwirtschaft erzielt. Indira Gandhi musste sich mit der zunehmend chaotischen Situation in **Ostpakistan** (dem heutigen Bangladesh) befassen, das 1971 seine Unabhängigkeit von (West-) Pakistan erklärt hatte. Pakistanische Truppen waren entsandt worden, um die Ostpakistani zur Raison zu rufen. Das löste eine Massenflucht nach Indien aus. Indira

Gandhi wartete klug ab, bis sie die moralische Unterstützung der internationalen Gemeinschaft hinter sich wusste, und gab am 4. Dezember den Befehl zum gleichzeitigen Angriff auf West- und Ostpakistan. Am 15. Dezember kapitulierten die pakistanischen Streitkräfte in Bangladesh.

An der Heimatfront war Indira Gandhi weniger erfolgreich. Nachdem gewaltige Unruhen den Agrar- und Industriesektor erschüttert hatten und in der Kongresspartei Proteste gegen Inflation und Korruption laut geworden waren, verkündete Gandhi am 26. Juni 1975 den **Notstand**, der alle Bürgerrechte außer Kraft setzte und die Stimmen der echten oder eingebildeten Opposition durch rund 20 000 Inhaftierungen und eine strikte Pressezensur verstummen ließ. Der „Notstand" dauerte achtzehn Monate. Indira Gandhi befahl in dieser Zeit die Zwangssterilisation von Männern und die rücksichtslose Beseitigung von Slums in Delhi und anderswo. Nachdem sie im Januar 1977 schließlich den Notstand aufhob und ihre politischen Gegner auf freien Fuß setzte, erlitt sie im März eine empfindliche Wahlniederlage. Die nachrückende Janata-Koalition unter **Morarji Desai** zerbrach allerdings innerhalb von zwei Jahren. Schon im Januar 1980 rückte Indira Gandhi wieder an die Spitze der Nation.

Vier Jahre später beging Indira Gandhi den zweiten großen Fehler ihrer Karriere, der ihr fatales Ende nach sich zog: Anfang 1984 verschanzte sich eine Rebellengruppe im **Goldenen Tempel von Amritsar**, organisierte von dort eine Kampagne der Gewalt und forderte für die Gemeinschaft der **Sikh** eine unabhängige Nation Khalistan. Im Juni 1984 schickte Indira Gandhi ihre Panzer los, doch eine zweitägige Schlacht entweihte den heiligsten Schrein der Sikhs und brachte Khalistans erste Märtyrer hervor. Im Oktober desselben Jahres wurde Indira Gandhi aus Rache von ihren langjährigen Sikh-Leibwächtern in ihrem Haus in Delhi umgebracht. Daraufhin ereigneten sich überall in der Stadt massive Ausschreitungen, bei denen aufgebrachte Hindu-Gruppen in ganz Delhi systematisch Sikhs ermordeten – laut einiger Berichte stöberten sie ihre Opfer mit Hilfe von Wahllisten auf, die ihnen von den Politikern der Kongresspartei zur Verfügung gestellt wurden.

Gesellschaftliche Konflikte (1984–1995)

Nach Indira Gandhis Tod war es an ihrem einzigen noch lebenden Sohn **Rajiv Gandhi** (einem ehemaligen Piloten), die Führung der Kongresspartei zu übernehmen. Sein Ruf als „Saubermann", noch verstärkt durch die Gaskatastrophe von Bhopal nur zwei Wochen vor den Wahlen, sicherte ihm schnell die Sympathie des Volkes. Die Opposition formierte sich in der Folgezeit unter Führung von **V. P. Singh**. Dessen Janata-Partei konnte in den Dezemberwahlen 1989 zwar keine Mehrheit erringen, doch gelang es ihm, mit Unterstützung der von **L. K. Advani** angeführten radikal-hinduistischen **Bharatiya Janata-Partei (BJP)** eine Koalitionsregierung zu bilden.

Singh sah sich umgehend mit Problemen im Punjab und in Kashmir konfrontiert, es war allerdings ein noch emotionaler besetztes Ereignis, das seine Regierung in weniger als einem Jahr zum Scheitern brachte: Advanis populistische BJP forderte, die von Babur errichtete Babri-Moschee in **Ayodhya** solle durch einen Hindutempel ersetzt werden, da die Moschee an der Geburtsstätte Ramas, des vergöttlichten Helden aus dem Ramayana, stehe. Advani brach im Oktober 1990 nach Ayodhya auf, wo er in Begleitung von Tausenden seiner Anhänger durch die Straßen zog und die Absicht kundtat, die Moschee zerstören zu wollen. Als Singh daraufhin Advani verhaften ließ, führte der unvermeidbare Austritt der BJP aus der Regierungskoalition zum Misstrauensvotum. Es wurden Neuwahlen ausgerufen; kurz darauf wurde Rajiv Gandhi im Mai 1991 bei einer Wahlkampagne in Tamil Nadu von den Tamil Tigers aus Rache für Indiens militärischen Widerstand gegen ihren „Freiheitskampf" in Sri Lanka ermordet.

P. V. Narasimha Rao übernahm es, die Kongresspartei durch den Wahlkampf zu steuern und bildete eine neue Koalitionsregierung, die sofort ein weitreichendes Programm ökonomischer Liberalisierung in Angriff nahm, Handelsbarrieren abschaffte und zum ersten Mal in der Geschichte Indiens multinationalen Konzernen wie Coca-Cola, Pepsi und KFC Zugang zum indischen Markt gewährte. Advani wurde Oppositionsführer und erhielt wachsende Zustimmung im Volk für den Neubau des Rama-Tempels in Ayodhya. Im Dezember 1992 eskalierte die Situation in Ayodhya schließlich, als Extremisten die fanatische Menge dazu aufstachelten, die Moschee niederzureißen. Die **Zerstörung der Babri-Moschee** zog in vielen Landesteilen (besonders in Bombay und Gujarat) gewalttätige Ausschreitungen gegen moslemische Familien und Geschäfte nach sich. Ein paar Monate später fegte eine Welle von **Bombenattentaten** durch Bombay, bei denen 260 Menschen getötet und einige der wichtigsten kommerziellen Gebäude der Stadt zerstört wurden. Niemand erklärte sich dafür verantwortlich, aber es wurde angenommen, dass die Attentate auf das Konto islamischer Gruppen gingen, als Vergeltung für Gewalttaten von Hindus gegen Moslems.

Einmal mehr führte die allgemeine Verunsicherung zu einer Stärkung der fundamentalistischen Hinduparteien des rechten Flügels. Die BJP machte sich Machtkämpfe innerhalb der Kongresspartei zunutze, um regionale Stützpunkte zurückzugewinnen. Ihr neues Motto lautete **Swadeshi** – eine Kampagne gegen das **wirtschaftliche Liberalisierungsprogramm** der Kongresspartei und insbesondere gegen die Aktivitäten neu auf dem Markt erscheinender Unternehmen wie Coca-Cola, Pepsi und KFC.

Der Aufstieg der BJP (1996–1999)

Aus den allgemeinen Wahlen im Mai 1996 ging die BJP als stärkste Kraft hervor, doch gelang es ihr nicht, eine Mehrheitsregierung auf die Beine zu stellen. Zwei Wochen später wurde sie von der hastig zusammengewürfelten Koalitionspartei Unified Front (UF) ausgebootet. Die UF hielt sich bis zu den Wahlen im März 1998, aus denen die **BJP** als stärkste Macht einer neuen konservativen Koalitionsregierung unter **Atal Bihari Vajpayee** hervorging. Diesmal blieb die Partei dreizehn Monate lang im Amt – eine enorme Steigerung im Vergleich zu den dreizehn Tagen ihrer vorherigen Regierungsperiode. Eine der ersten Amtshandlungen der BJP, die lauthals Veränderungen und die Restauration des indischen Nationalstolzes versprochen hatte, war die Durchführung von fünf unterirdischen **Atomtests** im Mai 1998, die Pakistan provozierten und es in derselben Weise antworten ließen. Weltweit wurden Proteste laut, und beide Nationen wurden unter Federführung der USA mit finanziellen **Sanktionen** belegt.

Die andauernden Spannungen in Kashmir trugen wenig zur Beruhigung der Gemüter im In- und Ausland bei. Im Mai 1999 schlichen sich mindestens 800 von Pakistan unterstützte Mudschaheddin über die Waffenstillstandslinie oberhalb der Srinagar–Leh-Straße bei **Kargil** und besetzten indisches Territorium. Indien verlegte Tausende Soldaten in das Gebiet, und innerhalb weniger Tage standen die beiden Länder am Rand eines offenen Konfliktes. Ein Kriegsausbruch wurde schließlich verhindert, und bis Juli 1999 eroberten indische Truppen das an die Mudschaheddin verlorene Terrain wieder zurück. Kurz darauf tat sich die unter **Sonia Gandhi**, der in Italien geborenen Witwe des früheren Ministerpräsidenten Rajiv Gandhi, erstarkte Kongresspartei mit Jayalalithas AIADMK (S. 1027) zusammen, um die BJP-Regierung zu stürzen.

Das neue Jahrtausend

Indiens politische Probleme wurden vorübergehend von mehreren **Naturkatastrophen** in den Hintergrund gedrängt. In den ariden Zonen Rajasthans und Gujarats blieb nach einem ungewöhnlich heißen Mai im Jahr 2000 zum dritten Mal in Folge der Monsun aus, was arme Bauernfamilien zu Zehntausenden aus ihren angestammten Gebieten vertrieb, um nach Nahrung und Wasser zu suchen. Noch schlimmeres Unheil brach über Millionen Gujaratis herein, als am Morgen des 26. Januar 2001 – dem indischen Tag der Republik – ein gewaltiges **Erdbeben** mit der Stärke 7,9 auf der Richterskala weite Gebiete des Nordwestens von Gujarat zerstörte. In Delhi erhöhten mittlerweile mehrere **Korruptionsskandale** den Druck auf die von der BJP geführte Koalition. Vajpayees Partei musste sich erneut heftige Kritik gefallen lassen, als sie weitere Zugeständnisse an ihre regionalistischen Koalitionspartner machte und der Premierminister die Gründung der **drei neuen Bundesstaaten** Jharkhand, Chhattisgarh und Uttaranchal (inzwischen in Uttarakhand umbenannt) ankündigte – abgelegene Regionen, die aus Bihar, Madhya Pradesh und Uttar Pradesh ausgegliedert wurden.

In Südindien ereignete sich unterdessen um die Jahrtausendwende die **Hightech-Revolution**, in deren Mittelpunkt die Städte Bangalore und Hyderabad stehen. Den Anfang hatte Bangalore in den frühen 1980er-Jahren gemacht; Mitte der 90er spielte es bereits eine tragende Rolle auf dem internationalen Softwaremarkt. An der Wende zum neuen Jahrtausend wurde ihm jedoch die Vormachtstellung durch den noch spektakuläreren Boom von Hyderabad (das schnell den Spitznamen „Cyberabad" bekam) abspenstig gemacht, das dank massiver staatlicher Vergünstigungen führende internationale Hersteller anzog, darunter Microsoft und Dell. Die arme bäuerliche Bevölkerung Südindiens sah allerdings wenig von diesem neuen Wohlstand, der den Graben zwischen Arm und Reich – von Kommentatoren jetzt ironisch als „digital divide" bezeichnet – noch vertiefte.

Ende 2001 rückten die **indisch-pakistanischen Beziehungen** und der **Kashmir-Konflikt** erneut in den Blickpunkt, und für Indien sollte eine der brisantesten Perioden seiner jüngeren Geschichte beginnen. Im Oktober sprengten islamistische **Selbstmordattentäter** mit Autobomben das Regionalparlament von Srinagar in die Luft. Im Dezember stürmten bewaffnete islamische Kommandos das indische Parlamentsgebäude in New Delhi und töteten mehrere Polizisten, bevor sie selbst erschossen wurden. Natürlich ging man in Indien von einer Beteiligung Pakistans aus. Anfang 2002 griff in **Godhra** im Bundesstaat Gujarat ein moslemischer Mob einen mit aus Ayodhya zurückkehrenden Hindu-Pilgern besetzten Zug an. 38 Menschen wurden getötet und 74 verletzt. Diese Zahlen verblassten allerdings angesichts der nachfolgenden Vergeltungstaten, bei denen etwa 2000 Menschen (größtenteils Moslems) den Tod fanden.

Nur einen Monat nach den Ereignissen von Godhra wurden die anti-moslemischen Tendenzen in Indien erneut angeheizt, als ein islamistisches Selbstmordkommando mit einem gestohlenen Reisebus die indische Kaserne **Kaluchak** bei **Jammu** angriff. Nur vier Monate nach dem Angriff auf das Parlament in Delhi und direkt nach einem weiteren Versprechen Pakistans, härter gegen jenseits der Grenze operierende Extremisten vorzugehen, rief dieser Anschlag erneut große Entrüstung in Delhi hervor. Vajpayee beugte sich den Falken auf dem rechten Flügel seiner Partei und befahl einen massiven Truppenaufmarsch an der pakistanischen Grenze. Etwa eine Million Soldaten sollen sich auf beiden Seiten gegenübergestanden haben, doch auch diesmal gelang es der US-Diplomatie, die Krise zu entschärfen, und die Armeen wurden wieder abgezogen.

2003 legte der Archeological Survey of India seinen lang erwarteten **Ayodhya-Bericht** vor. Es kam alles andere als überraschend, dass die „Expertenkommission" des ASI (ernannt von der rechten BJP-Regierung) zu dem Schluss kam, es lägen Beweise für die Existenz eines ehemaligen Tempels vor, was mit einer stillschweigenden Rechtfertigung für die Zerstörung der Moschee gleichzusetzen war. Da die Herrschenden wenig unternahmen, um die Spannungen nach dem Godhra-Vorfall zu entschärfen, brachen alte Wunden wieder auf; und als am 25. August 2003 (dem Tag nach der Veröffentlichung des Ayodhya-Abschlussberichts) zwei **Bomben** in der Innenstadt von Mumbai explodierten, wurde das sofort mit dem Streit um die Babri Masjid in Zusammenhang gebracht.

Die Rückkehr der Kongresspartei

Da Indien trotz anhaltender sektiererischer Probleme einen nie da gewesenen Boom zu verzeichnen hatte, versuchte Premierminister Vajpayee mit seiner von der BJP geführten Koalition Kapital aus der positiven Stimmung im Land zu schlagen, indem er für den Mai 2004 **vorgezogene Wahlen** ansetzte. Doch anstatt des erwarteten Ausbaus der Mehrheit für Vajpayee und seine Regierung kam es zu einer politischen Wende, die zu den spektakulärsten der jüngeren Geschichte zählt: Die Kongresspartei erhielt beim Urnengang überraschend die meisten Stimmen, und Sonia Gandhi wurde folgerichtig mit der Bildung einer neuen Regierung beauftragt. Doch zur Verblüffung aller verzichtete Gandhi auf den Posten der Premierministerin und kündigte stattdessen ihren Rücktritt an. Schließlich sprang der 71-jährige ehemalige Finanzminister **Manmohan Singh** in die Bresche und stellte sich als Premierminister zur Verfügung. Singh ist der erste Sikh an der Spitze einer indischen Regierung.

Als Urheber der wichtigen **Wirtschaftsreformen** in den frühen 1990ern schien Singh der perfekte Kandidat, um Indiens fortschreitendes ökonomisches und technologisches Wachstum zu managen. Im April 2007 zündete das Land seine erste kommerzielle Weltraumrakete, und im Mai verkündete die Regierung die höchsten Wirtschaftswachstumsraten (beachtliche 9,4 %) seit 20 Jahren. Indiens technologische und ökonomische Verwandlung schreitet fort. Inzwischen ist das Land der größte Exporteur von Software nach den USA, mit einer Verkaufszahl von rund 1 Mrd. Dollar im Jahr. Der Löwenanteil wird in den südindischen Städten Bangalore und Hyderabad erwirtschaftet, in denen sich auch zahllose internationale Callcenter niedergelassen haben.

Auf die arme ländliche Bevölkerung hat diese spektakuläre Entwicklung aber kaum Auswirkungen. Im Versuch, die Kluft zwischen der immer reicher werdenden Mittelklasse und der restlichen Landesbevölkerung zu verringern, verabschiedete Singhs Koalitionsregierung im Februar 2006 das bislang umfangreichste Programm zur Schaffung von Arbeitsplätzen auf dem Lande, mit dem Ziel, rund 60 Millionen Familien aus der Armut zu holen. Auch hinsichtlich der nuklearen Drohung ist ein Fortschritt zu verzeichnen, da mit den USA und Pakistan **Nuklearverträge** unterzeichnet wurden.

Das Land leidet weiterhin unter **terroristischen Anschlägen**, darunter viele von militanten Islamisten aus Pakistan, die den Friedensprozess in Kashmir untergraben oder die Angriffe von Hindu-Mobs auf indische Moslems rächen sollen. Im Oktober 2005 und September 2008 töteten Bomben in Delhi fast 100 Menschen, und im Februar 2007 kosteten Bombenexplosionen in einem Zug auf dem Weg von New Delhi nach Lahore 68 Passagiere (überwiegend Pakistani) das Leben. Selbst das ansonsten so friedvolle Jaipur wurde im Mai 2008 vom Terrorismus heimgesucht, als in der „Rosaroten Stadt" an mehreren belebten Stellen sieben Bomben explodierten und 63 Menschen getötet wurden. Am stärksten hatte jedoch Mumbai unter dem Terrorismus zu leiden. Im Juli 2006 explodierten in sieben Pendlerzügen fast gleichzeitig Bomben, die über 200 Tote forderten. Im November 2008 (s. S. 652) brachten die schrecklichen zeitgleichen Anschläge mehrerer Attentäter aus Pakistan die Stadt zumindest vorübergehend zum Stillstand. Die Bilder vom brennenden Taj-Hotel und vom mit Blutspritzern übersäten Bahnhof CST gingen um die Welt und lösten weltweit Mitgefühl und Zorn aus, aber auch Fragen nach der Sicherheitslage in Indien und der wirtschaftlichen Zukunft des Landes.

Ausblick

Trotz all dieser Rückschläge fuhr die von der Kongresspartei angeführte Koalition bei den **Wahlen 2009** einen erdrutschartigen Sieg ein, und Manmohan Singh wurde als erster amtierender Ministerpräsident seit Nehru nach fünfjähriger Amtszeit direkt wiedergewählt. Trotz der Anwürfe seitens der Opposition haben sich Singhs ruhiger und skandalfreier Politikstil und seine Hinwendung zu den wirtschaftlichen Grundlagenfragen, der Linderung der Armut und der Verbesserung der Beziehungen zu Pakistan im Land als populär erwiesen – von den großspurigen Versprechen tatenloser Politiker hatte man in Indien genug.

In vielerlei Hinsicht bildet Singhs wirtschaftsfreundliche, aber auch sozial verantwortungsbewusste Politik die perfekte Grundlage für die Entwicklung des Landes in den kommenden Jahrzehnten. Viele Inder erfreuen sich eines wachsenden Wohlstands, während die **Wirtschaft** des Landes, die in den vergangenen zehn Jahren um durchschnittlich 10 % gewachsen ist, dank der zunehmend gut ausgebildeten Arbeitskräfte und rapide ansteigenden ausländischen Investitionen weiterhin boomt. Somit könnte sich Indien bald zu einer der globalen Wirtschaftsmächte des 21. Jhs. entwickeln. Einschätzungen von Goldman Sachs zufolge überholt Indien bis 2015 Frankreich, Deutschland und das ehemalige koloniale Mutterland Großbritannien und wird bis 2035 zur drittgrößten Wirtschaftsmacht der Erde hinter den USA und China aufsteigen.

Doch es bleiben auch gewaltige **Herausforderungen**. Die offensichtlichste ist dabei, dass trotz der spektakulären Entwicklung Indiens Millionen Inder nach wie vor in tiefster Armut leben; gleichzeitig nähert sich die veraltete Infrastruktur des Landes unter der Last der rapiden Entwicklung immer mehr dem Zusammenbruch. Ein weiteres Moment der Unsicherheit sind die stets brisanten Beziehungen zu Pakistan; dazu kommt noch die Bedrohung durch den hauseigenen Hindu-Fundamentalismus und den islamistischen Terror aus dem Ausland. Gleichzeitig stellen verschiedene militante regionale Separatistenbewegungen die Zentralmacht in Delhi und auch die Staatsmacht in den betroffenen Bundesstaaten selbst in Frage – von islamistischen Gotteskriegern in Kashmir über eingeborene Aufständische in den Bergstaaten des Nordostens bis zu den neomarxistischen Naxaliten, die weiterhin in den verarmten Staaten Chhattisgarh, Orissa, Bihar und Jharkhand im Osten des Landes vielerorts das normale Leben zum Erliegen bringen.

Doch Indien verändert sich derzeit mit atemberaubender Geschwindigkeit. Ob und wie schnell es sich seine ihm gebührende Rolle auf der Weltbühne erobern kann, hängt davon ab, ob das Land den wirtschaftlichen Aufschwung für sich nutzen und gleichzeitig die Ambitionen der Mittelschicht und die grundlegenden Bedürfnisse der Armen am Rande der Gesellschaft befriedigen kann.

Religionen

Vier von fünf Indern sind Hindus, und der hinduistische Glaube durchdringt jeden Bereich des Lebens, von den selbstverständlichen Dingen des Alltags bis hin zur Politik. Nach den Hindus stellen die Moslems die größte religiöse Gruppe; sie sind seit dem 12. Jh. ein integraler Bestandteil der indischen Gesellschaft. Die jüngere Religion der Sikhs wurde als Reaktion auf die Kastengesetze und den Ritualismus des Hinduismus gegründet und hat heute Millionen von Anhängern. Der sehr viel ältere Jainismus erfreut sich ebenfalls einer nicht unerheblichen Anhängerschaft, und dazu gibt es noch die kleineren Religionsgemeinschaften der Buddhisten, Christen und Zoroastrer oder Parsen, die ihren Ursprung im Iran haben.

Hinduismus

Der Hinduismus ist das Ergebnis einer mehrere tausend Jahre langen Evolution und Assimilation. Er umfasst hunderte von Göttern und Göttinnen, Glaubensvorstellungen und -praktiken sowie die verschiedensten Bräuche und Philosophien. Manche werden nur in zwei oder drei Dörfern befolgt, andere sind auf dem gesamten Subkontinent verbreitet. Hindus nennen ihren Glauben und ihre religiösen Bräuche *dharma*, was natürliche wie moralische Gesetze umfasst, die einen Weg vorgeben, ein Leben in Harmonie mit der natürlichen Ordnung bei gleichzeitiger Erreichung persönlicher Ziele und Erfüllen der Anforderungen der Gesellschaft zu führen.

Das vedische Zeitalter

Die Ursprünge des Hinduismus gehen auf die Ankunft der Arier zurück (s. S. 105). Die Arier glaubten an Götter, die mit den Elementen in Zusammenhang stehen, darunter **Agni**, der Gott des Feuers, **Surya**, der Sonnengott, und **Indra**, der Hauptgott. Die meisten dieser Gottheiten verloren in späterer Zeit an Bedeutung, doch Indra wird noch immer als der Vater aller Götter betrachtet. Surya wurde bis ins Mittelalter weithin verehrt. Die arischen Glaubensvorstellungen wurden erstmalig in vier Büchern festgehalten, den **Veden** (nach dem Sanskrit-Wort *veda*, d. h. „Wissen"). Die Veden wurden jahrhundertelang mündlich überliefert und schließlich zwischen 1000 v. Chr. und 500 n. Chr. in Sanskrit niedergeschrieben. Die wichtigste der vier Veden, die **Rig Veda**, enthält mehr als tausend Hymnen für unterschiedliche Gottheiten. In den anderen drei (Yajur Veda, Sama Veda und Atharva Veda) stehen weitere Gebete, Lieder und Instruktionen für die Durchführung komplexer Opferrituale, die während der Frühzeit der vedischen Religion üblich waren.

Auf die Veden folgten weitere religiöse Texte, darunter die **Brahmana**, eine Reihe von Kom-

Das Mahabharata und das Ramayana

Das **Mahabharata**, achtmal so umfangreich wie die Ilias und Odyssee zusammen, wurde um 400 n. Chr. geschrieben und berichtet von einer sich befehdenden Kshatriya-Familie im nördlichen Indien (Bharata) im 4. Jahrtausend v. Chr. Die Hauptfigur ist **Arjuna**, der mit seinen vier Brüdern den **Pandava-Clan** vertritt, Verteidiger der Rechtschaffenheit und ausgezeichnete Kämpfer. Die Pandavas werden von ihren Vettern, den bösen Kauravas, unter dem Anführer Duryodhana, dem ältesten Sohn von Dhrtarashtra, Herrscher des Kuru-Königreiches, gehasst. Als **Dhrtarashtra** sein Königreich den Pandavas übergibt, sind die Kauravas alles andere als erfreut. Über die daraus resultierende Schlacht zwischen den Pandavas und den Kauravas wird im 6. Buch berichtet, der berühmten Bhagavad Gita.

Krishna greift als Arjunas Wagenlenker in die Schlacht ein. Arjuna befindet sich in einem Dilemma, da er das Töten seiner eigenen Verwandten im Streben nach einem rechtmäßigen Königreich nicht zu rechtfertigen vermag. Krishna tröstet ihn, indem er ihn daran erinnert, dass seine Hauptaufgabe die eines Kriegers ist, und überzeugt Arjuna, dass er durch die Erfüllung seines Dharma nicht nur Gesetz und Ordnung hütet, indem er das Königreich aus den Händen unrechtmäßiger Herrscher befreit, sondern im Geist der Hingabe auch den Göttern dient, und garantiert ihm so die ewige Vereinigung mit dem Göttlichen in dem seligen Zustand von Moksha. Die Pandavas gewinnen schließlich die Schlacht, und Yudhishtra, einer der fünf Pandava-Brüder, wird zum König gekrönt. Später erbt Arjunas Enkel **Pariksit** den Thron und die Pandavas ziehen zum Berg Meru, dem mythischen Zentrum des Universums und Aufenthaltsort der Götter, wo Arjuna den ihm von Krishna verheißenen Moksha findet.

Das Epos **Ramayana** erzählt die Geschichte von **Rama**, der siebten von Vishnus acht Inkarnationen. Rama war der älteste von vier Söhnen, die Dasaratha, dem König von Ayodhya, von seinen drei Frauen geboren wurden, und der Thronfolger. Als Rama gekrönt werden soll, sorgt Dasarathas eifersüchtige dritte Frau Kaikeyi dafür, dass an seiner Stelle ihr eigener Sohn Bharata gekrönt und Rama für 14 Jahre in die Wälder verbannt wird. Rama akzeptiert in einem beispielhaften Beweis von Kindesgehorsam den Thronverlust und verlässt die Stadt zusammen mit seiner Frau **Sita** und seinem Bruder **Laksmana**. Eines Tages erspäht Suparnakhi, die Schwester des Dämonen **Ravana**, Rama in den Wäldern und verliebt sich in ihn. Als tugendhafter Ehemann weist Rama sie zurück und Laksmana schneidet ihr zur Strafe Nase und Ohren ab.

Daraufhin lässt Ravana Sita entführen und zu einem von Ravanas Palästen auf der Insel Lanka bringen. Entschlossen, Sita zu finden, nimmt Rama die Hilfe **Hanumans**, des Affenkönigs, in Anspruch. Die beiden stellen ein Heer zusammen und bereiten sich auf den Angriff vor. Nach harten Kämpfen ist Sita gerettet und mit dem siegreichen Rama wieder vereint. Auf der langen Reise zurück nach Ayodhya kommen Zweifel an Sitas Ehre auf. Um ihre Unschuld zu beweisen, bittet sie Laksmana, einen Scheiterhaufen zu errichten. Während sie die Flammen durchschreitet, betet sie zu **Agni**, dem Feuergott. Agni führt sie durch das Feuer zu einem entzückten Rama. Sie ziehen in Ayodhya ein, geleitet von den Lichtern, die die Bevölkerung für sie ausgelegt hat. Dieses erleuchtete Nachhausekommen wird seitdem als Lichterfest Diwali gefeiert. Das Epos endet damit, dass Ramas jüngerer Bruder auf den Thron verzichtet und zulässt, dass Rama als rechtmäßiger König gekrönt wird.

mentaren zu den Veden mit Anweisungen für die Priester (Brahmanen), und die noch wichtigeren **Upanishaden**, die in wunderschönen Versen die mystische Erfahrung der Einheit der Seele *(atman)* mit Brahma, dem Schöpfer des Universums, beschreiben. Diese Einheit wird am besten durch Askese, Abkehr von weltlichen Dingen und Meditation erreicht. In den *Upanishaden* wurde das Konzept von **Samsara**, einem Zyklus von Tod und Wiedergeburt, der durch Leiden gekennzeichnet ist und sich durch Verlangen fortsetzt, und **Moksha**, der Befreiung von

Samsara, fest verankert. Diese beiden grundlegenden Aspekte der hinduistischen Weltanschauung werden heute von nahezu allen Hindus akzeptiert, zusammen mit dem Glauben an **Karma**, der Überzeugung, dass die gegenwärtige Stellung eines Menschen in der Gesellschaft die Folge seiner Handlungen in diesem und in früheren Leben ist.

Die hinduistische Gesellschaftsstruktur

Die Vielschichtigkeit der hinduistischen Gesellschaft geht auf die **Dharma Sutra** zurück, eine weitere Reihe von Schriften, die ungefähr zur gleichen Zeit wie die späteren Veden niedergeschrieben wurden. Sie legten vier hierarchische Klassen oder **Varna** (von *varna,* d. h. „Farbe", vielleicht ein Hinweis auf den äußerlichen Unterschied zwischen den hellhäutigeren Ariern und den dunkelhäutigen indigenen Draviden) fest. Jeder Varna waren bestimmte religiöse und gesellschaftliche Pflichten zugeordnet. Als höchste Gesellschaftsschicht galten die **Arier**.

Die Varnas sind in absteigender Rangfolge: **Brahmanen** (Priester und Lehrer), **Kshatriyas** (Herrscher und Krieger), **Vaishyas** (Händler und Landwirte) und **Shudras** (Diener). Die ersten drei Klassen, als die „Zweimalgeborenen" bekannt, kennzeichnet eine heilige Schnur, die von der Initiation an getragen wird. Ihnen sind die religiösen Texte und Rituale ohne Einschränkung zugänglich. Außerhalb der Kastengesellschaft stehen als **„Unberührbare"** klassifizierte Gruppen, deren berufliche Tätigkeiten sie mit Schmutz oder mit dem Tod in Berührung bringen (z. B. Leichenbestatter, Gerber und Straßenreiniger). Obwohl die Diskriminierung der Unberührbaren inzwischen – z. T. dank Gandhis Kampagnen –

Götter und Göttinnen des Hinduismus

Vishnu: Vishnu hat vier Arme, die ein Muschelhorn, eine Wurfscheibe, eine Lotusblüte und eine Keule halten, und eine blaue Hautfarbe. Er wird oft mit einer Schlange und mit seinem Halb-Mensch-halb-Adler-Vahana (Fahrzeug) Garuda abgebildet. Die Vaishnavas, die oft an zwei vertikalen, mit Paste gezogenen Strichen auf ihrer Stirn zu erkennen sind, sehen Vishnu als obersten Gott an und glauben, dass er sich neunmal auf der Erde gezeigt habe.
Die wichtigsten Avatars (Inkarnationen) sind **Rama** (S. 123) und **Krishna**, der Held der Bhagavad Gita. Der Krishna-Kult entwickelte sich schließlich zur **Bhakti-Bewegung**, die die fromme Gottesliebe ohne Vermittlung durch brahmanische Priester als Mittel zur Erlangung von Moksha betrachtet und in gefühlvollen Liedern, in denen das Streben nach der Vereinigung mit dem Göttlichen besungen wird, zum Ausdruck kommt. Krishna wird auf verschiedene Weise dargestellt: Am verbreitetsten ist er als der verspielte Kuhhirte, der mit Hirtenmädchen *(gopi)* tanzt und sie verführt, jeder vortäuschend, sie sei seine einzige Geliebte. Wie Vishnu ist Krishna von blauer Farbe und wird oft tanzend und Flöte spielend abgebildet.

Shiva: Der Shaivismus, der Shiva-Kult, wurzelt ebenfalls in Bhakti. Er verlangt vom Gläubigen auf der Suche nach der göttlichen Vereinigung selbstlose Liebe, doch ist Shiva nie in menschlicher Gestalt auf der Erde erschienen. Er hat viele verschiedene Formen, z. B. als Nataraja, Herr des Tanzes, Mahadev, Großer Gott, und Maheshvar, Göttlicher Herr, Quelle allen Wissens. Obwohl er auch in mehreren Furcht erregenden Formen erscheint, geht seine Rolle über die des Zerstörers hinaus, und er wird als der Ursprung des gesamten Universums verehrt. Shiva wird oft mit vier oder mehr Gesichtern, einem Dreizack in der Hand, Schlangen um den Körper und einem dritten Auge auf der Stirn gezeigt. In Tempeln wird er mit dem Lingam (Phallussymbol) identifiziert, der in der das weibliche Geschlecht repräsentierenden *yoni* ruht. Sowohl in Form einer Statue als auch eines Lingam wird Shiva von dem Stier Nandi und oft von einer Gefährtin begleitet, die ebenfalls verschiedene Formen annimmt und als die Schöpfungskraft *shakti,* die ihm Macht verleiht, betrachtet wird. Shiva wird in ganz Indien verehrt. In Gestalt des schrecklichen **Bhairav** verehren ihn insbesondere die shaivitischen Asketen. Sie lehnen familiäre und

strafbar ist, ist die unterste Schicht der Gesellschaft keineswegs verschwunden.

Innerhalb der vier Varnas wird der soziale Status eines Menschen in der Hindu-Gesellschaft durch die sogenannte **Jati** näher definiert, d. h. jedes Individuum wird nach seiner familiären Abstammung und Berufstätigkeit klassifiziert (ein Vaishya kann z. B. Schmuckverkäufer, Tuchhändler, Kuhhirte oder Bauer sein). Die Jati legt einem Hindu Einschränkungen in allen Aspekten des Lebens auf, von der Nahrungsaufnahme über religiöse Pflichten und Kontakte zu anderen Kasten bis zur Wahl des Ehepartners. Es gibt fast 3000 Jatis; die Abgrenzungen und Beschränkungen, die sie erzwingen, bildeten immer wieder den Mittelpunkt von Reformbewegungen und eine Zielscheibe für Kritiker.

Ein Hindu hat drei Ziele im Leben: die Pflichten gegenüber der Gesellschaft und Religion zu erfüllen (**Dharma**), hinsichtlich Arbeit und Verhalten dem richtigen Pfad zu folgen (**Karma**) und zu materiellem Wohlstand (**Artha**) zu gelangen. Diese Ziele sind mit den vier traditionellen Lebensabschnitten verbunden. Den ersten durchlebt man als Kind und Schüler, indem man mit Hingabe von den Eltern und dem Guru lernt. Als Nächstes kommt der Abschnitt als Hausvorstand, der für die Familie sorgen und Kinder großziehen soll. Hat er/sie dies vollbracht, steht es ihr oder ihm frei, im Zölibat zu leben, sich in den Wald zur Meditation zurückzuziehen und schließlich auf jeglichen Besitz zu verzichten, um ein heimatloser Asket zu werden, in der Hoffnung, so das höchste Ziel, **Moksha**, zu erreichen.

Einige wenige Hindus folgen diesem Lebensideal und erreichen das letzte Stadium als in safranfarbene Tücher gekleidete **Sadhus**, die um Essen bettelnd durch Indien wandern und sich

Kastenbindungen ab und greifen auf extreme meditative und yogische Praktiken zurück.

Ganesh: Der rundliche, lächelnde, elefantenköpfige Ganesh ist der erste Sohn von Shiva und Parvati. Er wird vor jeder Unternehmung (außer Bestattungen) angerufen. Er sitzt auf einem Lotusthron, und sein Bild wird oft über Tempeleingängen, in Geschäften und Häusern aufgestellt. In seinen vier Armen hält er eine Muschel, einen Diskus, eine Schale Süßigkeiten (oder eine Keule) und eine Wasserlilie. Er wird stets von seinem Reittier, einer Ratte, begleitet. Ganesh wird von vielen als der Gott des Wissens, des Erfolgs, des Wohlstands und Friedens angesehen.

Durga: Durga, die schrecklichste der weiblichen Gottheiten, ist ein Aspekt von Shivas Gefährtin Parvati (auch als Uma bekannt), die sich nur durch Schönheit und Treue auszeichnet. Unter Durgas vielen Formen – jede eine Furcht erregende Göttin, begierig darauf, Dämonen zu töten – sind Chamunda, Kali und Muktakeshi, aber in all ihren Erscheinungen ist sie Mahadevi (Große Göttin). Statuen zeigen sie mit zehn Armen, den Kopf eines Dämonen, einen Speer und andere Waffen tragend; sie trampelt auf Dämonen herum oder tanzt auf Shivas Körper.

Lakshmi: Die hübsche Göttin Lakshmi, Gefährtin Vishnus, wird meist auf einer Lotusblüte sitzend oder stehend dargestellt und manchmal auch Padma (Lotus) genannt. Sie verkörpert Schönheit und Anmut und ist die Göttin des Glücks und Reichtums. Sie erscheint neben jedem *avatar* von Vishnu in verschiedener Form. Die wichtigsten Formen sind Sita, die Frau von Rama, und Radha, Krishnas bevorzugtes *gopi*. In vielen Tempeln wird sie in der Form von Lakshmi Narayan als weiblich-männliche Einheit mit Vishnu gezeigt.

Hanuman: Indiens großer Affengott, Hanuman, taucht im **Ramayana** als Ramas wichtigster Verbündeter im Kampf gegen den Dämonenkönig von Lanka auf. Hanuman, als ein Riesenaffe mit einer Keule in der Hand dargestellt, wird als Ramas und Sitas größter Anhänger angesehen. Affen finden als seine Vertreter in Tempeln in ganz Indien Schutz.

Saraswati: Die schönste Hindu-Göttin – mit ihrem makellosen, milchigen Teint – und Frau von Brahma sitzt oder steht auf einer Wasserlilie oder einem Pfau und spielt die Laute, Sitar oder Vina. Sie wird als Göttin der Musik, Kreativität und des Wissens verehrt.

in abgeschiedene Höhlen, Wälder und auf Hügel zur Meditation zurückziehen. Sie sind in den meisten indischen Städten kein ungewöhnlicher Anblick. Viele halten sich über längere Zeiträume in bestimmten Tempeln auf. Nicht alle haben zuvor eine Familie gegründet: Manche wählen diesen Lebensweg schon in jungen Jahren als ein *chella,* Schüler eines älteren Sadhu.

Die wichtigsten Gottheiten

Neben den Veden und Upanishaden sind die wichtigsten religiösen Hindutexte die **Purana**, lange, mythologische Geschichten, die sich um die vedischen Götter drehen, sowie die beiden größten Epen des Hinduismus: das **Mahabharata** und das **Ramayana** (s. Kasten S. 123), von denen angenommen wird, dass sie im 1. Jh. n. Chr. fertiggestellt, später aber bei zahlreichen Gelegenheiten und in verschiedenen Regionalsprachen neu erzählt, modifiziert und ausgeschmückt wurden. Die Puranas und die beiden Epen halfen bei der Herausbildung der bis heute bestehenden Grundfesten des hinduistischen Glaubens, basierend auf einem Triumvirat von Gottheiten.

Brahma, dem ursprünglichen arischen Obergott oder „Schöpfer", wurden zwei Götter zur Seite gestellt, die bei der Entwicklung des hinduistischen Weltbildes zunehmende Bedeutung erlangt hatten: Vishnu, „der Erhalter", galt als die Kraft, die für das kosmische Gleichgewicht verantwortlich war, sobald dieses von zerstörerischen Kräften bedroht war. Er erschien in neun Inkarnationen auf der Erde, in verschiedenen Tier- und Menschengestalten, oder Avataren, um die Mächte des Bösen und des Chaos zu bekämpfen. Seine berühmtesten Erscheinungsformen sind die von Rama (dem Gott-Helden, dessen Taten im Ramayana beschrieben werden) und Krishna (der im Mahabharata auftaucht). Shiva, „der Zerstörer" (eine Weiterentwicklung des arischen Gottes Rudra, der in den Veden eine untergeordnete Rolle spielt), bekam die Aufgabe, das Universum in periodischen Intervallen zu vernichten und wieder aufzubauen. Seine Kräfte sind aber nicht nur destruktiv. Shiva wird in zahllosen Erscheinungsformen und mit verschiedenen Attributen verehrt (s. Kasten S. 124).

Diese drei höchsten Götter werden oft als Trinität, *trimurti,* dargestellt, doch mit der Zeit verlor Brahma an Bedeutung, während Shiva und Vishnu die Lieblingsgottheiten wurden. Der berühmte Brahma-Tempel von Pushkar ist heute einer der wenigen in Indien, die Vishnu, diesem ehrwürdigen, aber ziemlich esoterischen Gott, geweiht ist.

In ganz Indien werden bis heute noch weitere Gottheiten verehrt, die in der Mythologie der *Purana* zu Leben erwachten. Sie werden als menschliche oder halbmenschliche Gestalt dargestellt und von einem Reittier („Fahrzeug") begleitet. Flussgöttinnen, Ahnen, Wächter über bestimmte Orte und Beschützer vor Krankheiten und Naturkatastrophen sind ebenso wichtig für das Dorfleben wie die Hauptgötter.

Religiöse Bräuche

In den meisten hinduistischen Wohnungen wird täglich einer selbst ausgewählten Gottheit gehuldigt. Außerhalb der eigenen vier Wände finden Kulthandlungen in Tempeln statt. Sie bestehen aus **Puja** – manchmal ein einfaches Gebet, häufiger jedoch ein komplexer Vorgang, bei dem das Götterbild umschritten wird, ihm Blumen, Reis, Zucker und Räucherstäbchen geopfert werden und es mit Wasser, Milch oder einer Sandelholzmasse gesalbt wird (meist führt ein Tempelpriester dies für den Gläubigen aus). Das Ziel der Puja-Zeremonie ist **Darshan** – Gott zu erblicken – und so seinen oder ihren Segen zu bekommen. Die Gläubigen verlassen den Tempel stets mit *prasad,* d. h. mit einem Schälchen Essen oder mit Blumen aus dem Heiligtum.

Tempelzeremonien werden von Priestern durchgeführt, die dem Götterbild in täglichen Ritualen dienen, mit denen der Gott symbolisch geweckt, gebadet, gefüttert und gekleidet wird, und sie bereiten ihn am Ende jedes Tages für die Nacht vor. In vielen Dörfern sind *devatas* (Dorfgottheiten) gewidmete Schreine wichtiger als Tempel, da diese Götter das Dorf schützen. Es herrschen strenge Regeln hinsichtlich **Reinheit** und Verunreinigung; die offensichtlichsten darunter verlangen von Hindus hoher Kasten, den Kontakt zu Angehörigen von möglicherweise verunreinigenden niedrigeren Kasten gering zu halten. Das wichtigste Mittel der Reinigung ist Wasser. Es wird zur Waschung vor dem Gebet benutzt und in allen Flüssen verehrt, besonders im Ganga (Ganges). Ghats, bis ins Wasser führende Stufen, finden sich in allen Orten, die an einem Fluss oder See liegen. Hier wird gebadet, Kleidung gewaschen, und hier werden auch religiöse Rituale durchgeführt. Indien ist reich an **Pilgerstätten**, die von Gläubigen besucht werden, die Darshan und religiöses Verdienst erlangen wollen. Näheres zur Wallfahrt s. S. 32, Reiseziele und Routen.

Islam

Moslems – etwa 13 % der Bevölkerung – bilden in fast jeder Stadt und jedem Dorf eine bedeutende Minderheit. Der Glaube an einen einzigen Gott, Allah, die Verurteilung der Götzenanbetung, die Einhaltung strenger Diätvorschriften und das Feiern spezieller Feste heben Moslems von ihren hinduistischen Nachbarn ab, mit denen sie seit Jahrhunderten – nicht immer friedlich – zusammenleben. Die ersten Moslems, die sich in Indien niederließen, waren Händler, die im 7. Jh. an der südwestlichen Küste landeten. Weitaus bedeutender war die Invasion Nordindiens, zunächst unter dem Türken **Mahmud von Ghazni** (S. 110). Weitere zentralasiatische Raubzüge folgten im 12. Jh. und führten zur Kolonisierung von Teilen Indiens, und Moslems etablierten sich in Delhi als Sultane.

Viele der Moslems heirateten Hindus, Buddhisten und Jain, sodass die Gemeinde sich ausdehnte. Ein weiterer Wachstumsfaktor war die missionarische Arbeit von **Sufis**, die göttliche Erkenntnis durch Meditation und mystische Erfahrungen versprachen. Ihr Einsatz von Musik (insbesondere *qawwali*-Gesängen) und Tanz, der von orthodoxen Moslems abgelehnt wird, gefiel den Hindus, für die *kirtan* (Singen) eine wichtige Rolle in der Religionsausübung spielte. Moslems sind dazu aufgefordert, fünfmal täglich zu beten. Sie können dies zu Hause oder in einer **Moschee** tun – Letztere füllt sich jeden Freitag zum gemeinschaftlichen Mittagsgebet. (Nur die Drusen in Mumbai halten ihr Gemeinschaftsgebet am Donnerstag ab.)

Ein viel diskutiertes Thema ist die **Stellung der Frau** im Islam. Es ist üblich, dass Frauen verschleiert sind. In streng orthodoxen Gemeinden tragen die meisten eine *burqa*, gewöhnlich schwarz, die sie von Kopf bis Fuß verhüllt. In größeren Städten bedecken viele Frauen hingegen ihr Haar nicht. Wie andere Inderinnen auch sind die moslemischen Frauen den Männern im öffentlichen Leben nicht gleichgestellt. Im Haus hingegen üben sie großen Einfluss aus. Zur Hochzeit bekommen Frauen von ihrem Mann eine „Morgengabe" als finanzielle Absicherung und als Zeichen des ihr entgegengebrachten Respektes. Anders als allgemein angenommen ist die Polygamie nicht weit verbreitet. Sie kommt zwar vor (Mohammed selbst hatte mehrere Ehefrauen), viele Moslems bevorzugen jedoch die Monogamie und mehrere Sekten heben sie sogar als Pflicht der Moslems hervor.

Buddhismus

Der Buddhismus entstand auf dem indischen Subkontinent. Er entwickelte sich aus dem – und als Reaktion auf den – Hinduismus, mit dem er viele Anschauungen teilt. Eine Zeitlang war er die dominierende Religion des Landes, doch ungefähr vom 4. Jh. n. Chr. an wurde er langsam vom neu erstandenen Hinduismus verdrängt (dieser machte sich auf clevere Art und Weise Buddha zu eigen, indem er ihn als eine Inkarnation von Vishnu präsentierte). Bald darauf erreichte der Islam den Subkontinent und bereitete dem Buddhismus mehr oder weniger ein Ende. Heute sind die Buddhisten nur noch eine winzige religiöse Minderheit; abgesehen von den zahlreichen tibetischen Flüchtlingscamps in Nordindien weisen lediglich Ladakh und Sikkim noch eine nennenswerte buddhistische Prägung auf.

Der Begründer des Buddhismus, **Siddhartha Gautama**, bekannt als **Buddha** („der Erweckte"), wurde um 566 v. Chr. als Sohn einer wohlhabenden Kshatriya-Familie in Lumbini, nördlich der Ganges-Ebene im heutigen Nepal, geboren. Als Prinz in Luxus aufgewachsen, heiratete er in jungen Jahren, entsagte aber mit dreißig dem Familienleben. Unzufrieden mit den Erklärungen, die die religiösen Gurus für das Leiden auf der Welt boten, und davon überzeugt, dass Askese nicht zu spiritueller Erkenntnis führt, verbrachte Siddhartha Jahre damit, durch das alte Königreich *(janapada)* von Magadha zu wandern und zu meditieren. Seine Erleuchtung soll unter einem Bodhi-Baum in **Bodhgaya** (Bihar) gekommen sein. Bald darauf hielt er in **Sarnath** nahe Varanasi, heute eine wichtige Pilgerstätte, seine erste Predigt. Den Rest seines Lebens verbrachte er damit zu lehren, indem er **Dharma**, die wahre Natur der Welt, des Menschen und der spirituellen Erkenntnis darlegte. Vor seinem Tod (ca. 486 v. Chr.) in Kushinagara (Uttar Pradesh) gründete er den **Sangha**, eine Gemeinschaft von Mönchen und Nonnen, die seine Lehre weiterführten.

Buddhas Weltanschauung griff die hinduistischen Vorstellungen von Samsara, Karma und Moksha auf, das die Buddhisten **Nirvana** (wörtlich: „kein Wind" oder „Verlöschen") nennen. Der wichtigste Gedanke, den Buddha darlegte, besagt, dass alle Dinge unabwendbar der **Vergänglichkeit** unterliegen und es aufgrund des Zusammenhangs aller Dinge **kein Selbst**, kein dauerhaftes Ego gibt; des Menschen Ego ist das größte Hindernis auf seinem Weg zur Erleuchtung.

Tibetischer Buddhismus

Der Buddhismus wurde im 7. Jh. in Tibet eingeführt, wo er sich bis zu einem gewissen Grade mit dem einheimischen **Bön-Kult** verband. Der überwiegend in Ladakh und Teilen von Himachal Pradesh und Sikkim praktizierte tibetische Buddhismus verehrt den historischen Buddha zusammen mit anderen Buddhas der Vergangenheit und Zukunft. Er erfordert die Durchführung komplizierter Rituale. Besonderer Wert wird auch den Lehrern *(lama)* und wiedergeborenen Lehrern *(tulku)* beigemessen.

Der **Dalai Lama**, das Oberhaupt des tibetischen Buddhismus, ist der 14. in einer Reihe von wiedergeborenen Bodhisattvas, der Vertreter von Avalokitesvara (dem Bodhisattva des Mitleids) und der Anführer der Exiltibeter, deren Hauptsitz sich in **Dharamsala** befindet. Da sich über 100 000 tibetische **Flüchtlinge** in Indien aufhalten, darunter der Dalai Lama und die tibetische Exilregierung, ist der tibetische Buddhismus die blühendste und zugänglichste buddhistische Schulrichtung in Indien. In tibetischen Buddhisten-Gemeinden ist es üblich, Gebetsfahnen aufzuhängen, Gebetsmühlen zu drehen und Steine, in die Mantras (mystische Silben) gemeißelt sind, in Flüssen auszusetzen, damit das Wort Buddhas mit dem Wind und Wasser in alle Erdteile gelangt.

Jainismus

Obwohl die Jains heute in Indien nur eine relativ kleine Minderheit ausmachen – weniger als 1 % der Bevölkerung –, waren sie mindestens 2500 Jahre lang äußerst einflussreich. Ein großer Teil der Jains lebt in Gujarat, doch sind Jains vorwiegend als Händler und Kaufleute in ganz Indien tätig. Ähnlichkeiten zum Hinduismus, die gemeinsame Achtung vor der Natur und das Bekenntnis zur Gewaltlosigkeit haben dazu geführt, dass viele Jain zum Hinduismus übergetreten sind; es besteht jedoch keine Feindseligkeit zwischen den beiden Religionsgemeinschaften.

Die an das Gebot des **Ahimsa** („Nicht-Verletzen") gebundenen Jain folgen einer strengen Disziplin, um zu vermeiden, den **Jiva** („Seelen"), die Menschen, Tieren, Pflanzen, Wasser, Feuer und Luft innewohnen, zu schaden. Die Jains glauben, dass jede Jiva rein und in der Lage ist, die Befreiung von der Existenz in diesem Universum zu erlangen. Allerdings sind die Jiva dem Karma unterworfen, einer Art feiner Materie, die sich an die Seele heftet, aus der Handeln geboren wird und die die Jiva an die körperliche Existenz bindet. Für die meisten orthodoxen Jains besteht die einzige Möglichkeit, das Karma von der Jiva zu lösen, darin, dem Weg der Askese und Meditation zu folgen und Leidenschaften, Bindungen und unreine Handlungen abzulehnen.

Die Jain-Lehre basiert auf den Lehren von **Mahavira** („Großer Held"), dem letzten einer Reihe von 24 **Tirthankara** („Furtbereiter"), die alle 300 Millionen Jahre auf der Erde erscheinen sollen. Mahavira (ca. 599–527 v. Chr.) wurde als Vardhamana Jnatrputra nahe dem heutigen Patna in eine Kshatriya-Familie geboren. Wie sein Fast-Zeitgenosse Buddha entsagte er mit 30 Jahren dem Familienleben und verbrachte Jahre als Wanderasket, um die Bindung an weltliche Werte zu überwinden. Mahaviras Lehren wurden nach seinem Tod niedergeschrieben, und der Jainismus blühte in ganz Indien. Wenig später kam es jedoch zu einer Spaltung.

Die **Digambara** („luftgekleidet") auf der einen Seite glaubten, dass Nacktheit wesentlich zur Weltentsagung gehörte und dass Frauen unfähig seien, die Befreiung vom weltlichen Dasein zu erreichen. Die **Svetambara** („weiß gekleidet") hingegen sahen vom Extrem der Nacktheit ab, integrierten Nonnen in Mönchsgemeinschaften und erkannten sogar einen weiblichen Tirthankara an.

Heutzutage beten die beiden Sekten in verschiedenen Tempeln, die Zahl der nackten Digambara ist jedoch minimal. Viele Svetambara-Mönche und -Nonnen tragen einen Mundschutz, um keine Insekten einzuatmen, und haben einen „Fliegen-Besen" dabei, den sie manchmal gebrauchen, um den Weg vor sich zu fegen; keiner benutzt öffentliche Verkehrsmittel, und oft verbringen sie Tage oder Wochen damit, barfuß zu einer Pilgerstätte zu wandern.

Sikhismus

Der Sikhismus, Indiens jüngste „Religion", bleibt im Punjab vorherrschend, auch wenn seine Anhänger sich in ganz Nordindien verbreitet haben. Der Gründer der Bewegung war **Guru Nanak** (1469–1539). Er wurde als Sohn einer orthodoxen hinduistischen Kshatriya-Familie in der Nähe von Lahore geboren. Er war einer von vielen Dichterphilosophen des 16. Jhs., die Kulte begründeten, wobei sie sowohl Elemente aus dem Hinduismus als auch dem Islam entlehnten. Nanak verkündete: „Gott ist weder Hindu noch Moslem, und der Weg, dem ich folge, ist Gottes Weg". Er betrachtete die vielen Gottheiten einfach als verschiedene Namen für einen allerhöchsten Gott und forderte seine Anhänger auf, den religiösen Schwerpunkt vom Ritual auf die Meditation zu verlegen. Ebenso wie die Hindus glaubte Nanak an einen Kreislauf von Tod und Wiedergeburt (Samsara), aber er behauptete, dass die Erlösung (Moksha) von allen Frauen und Männern in diesem Leben erreichbar sei, unabhängig von ihrer Kastenzugehörigkeit, und dass die religiöse Praxis in den Alltag integriert werden könnte und sollte.

Nach dem Tod Guru Nanaks 1539 führte **Guru Angad** die Gemeinde der Sikh („Jünger"), **Sikh Panth** genannt, an. Er schrieb seine eigenen sowie die Hymnen Nanaks in einem neuen Werk namens **Gurumukhi** nieder, das heute die Vorlage des geschriebenen Punjabi ist. Nach Guru Angads Tod 1552 leiteten nacheinander acht Gurus die Sikh Panth und machten aus dem Sikhismus mit der Zeit eine mächtige, unabhängige religiöse Bewegung. Guru Ram Das (1552–74) gründete die heilige Stadt **Amritsar**. Sein Nachfolger **Guru Arjan Dev** sammelte die Hymnen der Gurus in dem Buch *Adi Granth* und errichtete den Goldenen Tempel in Amritsar als dessen Aufbewahrungsort. Er wurde zum ersten Märtyrer des Sikhismus, als Jahangir ihn hinrichten ließ. Im gesamten Verlauf ihrer Geschichte mussten die Sikh für ihren Glauben kämpfen, besonders unter den Moguln. Als Guru Teg Bahadur 1675 von Aurangzeb enthauptet wurde, begann die Ära seines Sohnes und Nachfolgers **Guru Gobind Singh**, der die gesamte Bewegung revolutionierte. Er war der letzte Führer und bestimmte maßgeblich das Gesicht der heutigen Sikh-Gemeinde. 1699 gründete er die **Khalsa-Bruderschaft**. Ihren Mitgliedern sind der Konsum von Tabak, *halal*-Fleisch sowie sexuelle Beziehungen mit Moslems untersagt, und es wird von ihnen die Annahme der **fünf Ks** gefordert: *kangha* (Kamm), *kirpan* (Schwert), *kara* (Stahlarmband), *kachcha* (kurze Hosen) und *kesh* (ungeschorenes Haar).

Dank Letzterem sind Sikh-Männer normalerweise sofort an ihren langen Bärten und Turbanen zu erkennen. Guru Gobind Singh ersetzte die traditionellen Kastennamen durch Singh („Löwe" – allerdings ist dieser Name nicht den Sikh vorbehalten, sondern auch ein gebräuchlicher Hindu-Nachname) für Männer und Kaur („Prinzessin") für Frauen. Forderungen nach einem eigenen Sikh-Staat – **Khalistan** – und Kämpfe im 18. Jh. sowie im Anschluss an Indiens Unabhängigkeit haben die Sikh in den Ruf militärischer Aktivisten gebracht. Aufgrund ihrer Tapferkeit und kriegerischen Tradition stellen sie auch heute noch einen beträchtlichen Teil der indischen Armeeangehörigen. Dennoch gilt unter ihnen der Tod im Kampf für die religiöse Freiheit zwar als Weg zur Erlösung, die Gewaltanwendung wird offiziell aber nur unterstützt, wenn andere Methoden versagt haben.

Christentum

Der **Apostel Thomas** soll 54 n. Chr. in Kerala eingetroffen sein. Im Volksglauben ist die Kirchengemeinde des heiligen Thomas die älteste christliche Gemeinde der Welt. Der Überlieferung zufolge starb der heilige Thomas am 21. Dezember 72 n. Chr. in **Mylapore** bei Madras den Märtyrertod. Das Grab ist seitdem ein wichtiger Wallfahrtsort, weshalb die Portugiesen Ende des 19. Jhs. an dieser Stelle die gotische San Thome-Kathedrale errichteten. Da das Christentum offiziell kein Kastendenken kennt, kann es für Menschen, die den sozialen Aufstieg suchen, attraktiv sein – von den zwei Millionen Christen im heutigen Indien sind die meisten Adivasi (Stammesangehörige) und Dalit (Unberührbare).

Auch das Christentum wurde in Indien vom Hinduismus beeinflusst. In vielen Kirchen sieht man Gläubige, die als Opfergabe den hinduistischen *arati*-Teller mit Kokosnüssen, Süßigkeiten und Reis darbringen, und die Frauen tragen einen *tilak*-Punkt auf der Stirn. Ebenso wie Hindus und Moslems die Pilgerfahrt für einen integralen Bestandteil der Lebensreise halten, besuchen indische Christen gern Kirchen, in denen eine Reliquie aufbewahrt wird. Dass bestimmte Traditionen von den Religionsgemeinschaften geteilt werden, zeigt sich auch zur Weihnachtszeit: Dann sind die bunt bemalten Papiersterne und kleinen Darstellungen von Christi Geburt, die in ganz Indien an Häusern, Schulen, Geschäften und Kirchen leuchten und blinken, nicht zu übersehen.

Zoroastrismus

Die Wahrscheinlichkeit, dass westliche Besucher auf Parsen treffen – oder diese erkennen – ist äußerst gering, denn sie haben keine eigene Kleiderordnung und nur wenige Gotteshäuser. Die meisten von ihnen leben in Mumbai, wo sie als **Parsi** (Parsen, von „Perser") bekannt sind und vor allem im Handel, dem Bildungswesen und der Politik aktiv sind. Die Zahl der Parsen (etwa 90 000) nimmt rapide ab, was auf eine sinkende Geburtenrate und Verschmelzung mit anderen Glaubensgemeinschaften zurückzuführen ist.

Der Religionsstifter **Zarathustra** (Zoroaster), der im 6. oder 7. Jh. v. Chr. in Persien lebte, war der erste Prophet, der eine dualistische Philosophie auf der Grundlage der gegensätzlichen Kräfte von Gut und Böse entwickelte. Ihm zufolge liegt der absolute, ganzheitlich gute und weise Gott, **Ahura Mazda**, zusammen mit seinem heiligen Geist und den sechs in der Erde, dem Wasser, dem Himmel, in Tieren, Pflanzen und dem Feuer anwesenden Emanationen ständig im Streit mit einer bösen Macht, **Angra Mainyu**, die von **Daevas**, bösen Geistern, unterstützt wird.

Sprachen

In Indien werden nicht weniger als 22 verfassungsmäßig anerkannte Hauptsprachen gesprochen. Daneben gibt es noch zahlreiche Sprachen kleinerer Bevölkerungsgruppen und über tausend Dialekte. Als Indien nach der Unabhängigkeit neu strukturiert wurde, zog man die Bundesstaatsgrenzen größtenteils nach linguistischen Regionen. Die Hauptsprachen im Norden (einschließlich jener im abgelegenen Osten und Westen) sind ausnahmslos indo-arisch, gehören also der östlichsten Untergruppe der indo-europäischen Sprachfamilie an, die ihren Ursprung Jahrtausende vor der Zeitenwende irgendwo zwischen Europa und Zentralasien haben soll und sich auffächerte, als damalige Stämme in alle Himmelsrichtungen aufbrachen.

Die älteste erhaltene Sprache des Subkontinents ist **Sanskrit**, zusammen mit Latein und Griechisch eine der drei „großen Schwestern", auf deren Grundlage Philologen das Modell der proto-indoeuropäischen Sprache erstellt haben. Sanskrit wurde im frühen 2. Jahrtausend v. Chr. gesprochen, jedoch erst viel später niedergeschrieben. Alle heiligen Texte des Hinduismus sind in Sanskrit verfasst, das bis 1000 n. Chr. die Sprache der gebildeten Schicht blieb. Im Laufe der Jahrhunderte entwickelte es sich zu den modernen Sprachen des heutigen Nordindiens: Hindi, Urdu, Bengali, Gujarati, Marathi, Kashmiri, Punjabi und Oriya.

Nordindien

Hindi ist die vorherrschende Sprache im Norden, und die hauptsächlich gesprochene Sprache in den Staaten Uttar Pradesh, Madhya Pradesh, Rajasthan, Haryana, Bihar und Himachal Pradesh. Außerdem ist es die Zweitsprache in anderen Staaten. Hindi ist eng verwandt mit **Urdu**, der Hauptsprache Pakistans. Sowohl Hindi als auch Urdu entwickelten sich während der Festigung der moslemischen Herrschaft Anfang des zweiten Jahrtausends nebeneinander in den Märkten und Heerlagern von Delhi (der Begriff Urdu ist vom türkischen Wort für „Lager" abgeleitet). Während das Hindi später eine Hinwendung zu den sanskritischen Wurzeln erlebte und sich der klassischen **Devanagari-Schrift** bediente, verband sich das Urdu kulturell mit dem Islam und benutzte die persisch-arabische Schrift. Das Vokabular beider Sprachen ist von den jeweiligen kulturellen und religiösen Beziehungen geprägt. Vom Devanagari wurden u. a. die Schriften des Punjabi, Bengali und Gujarati abgeleitet, was durch diverse Ähnlichkeiten deutlich zum Ausdruck kommt.

Weitere wichtige, in Nordindien gesprochene Sprachen sind u. a. Bengali (West-Bengalen und Tripura), Nepali (West-Bengalen und Sikkim), Gujarati (Gujarat), Punjabi (Punjab, Delhi), Kashmiri und Dogri (Kashmir), Assamesisch und Bodo (Assam), Oriya (Orissa) und Maithili (Bihar).

Südindien

Die vier meistgesprochenen Sprachen Südindiens, **Tamil** (Tamil Nadu), **Telugu** (Andhra Pradesh), **Kannada** (Karnataka) und **Malayalam** (Kerala), gehören alle der dravidischen Sprachfamilie an, der viertgrößten Sprachgruppe der Welt. Im Laufe tausender von Jahren entwickelten sich diese und verwandte, unbedeutendere Sprachen mehr oder weniger unabhängig voneinander unter den nicht-arischen Völkern im Süden Indiens.

Die Sprachpolitik seit der Unabhängigkeit

Nachdem Indien unabhängig geworden war, beschloss die Regierung in Delhi, Hindi zur Amtssprache des neu gegründeten Landes zu machen. So wurde in allen Schulen Hindi ge-

Indisches Englisch

Das indische Englisch entwickelte seine Charakteristika, die sich bis heute erhalten haben, während der Zeit des Raj, der britischen Kolonialherrschaft. Viele indische Begriffe fanden Eingang ins Englische (und Deutsche!) – z. B. Veranda, Bungalow, Sandale, Pyjama (im indischen Kontext eine Hose, kein Schlafanzug), Shampoo, Turban, Kaste, Chili oder Yoga. Indienreisende werden sich schnell an andere Wörter gewöhnen, die außerhalb des Subkontinents weniger verbreitet sind, z. B. *dacoit, dhoti, panchayat, lakh* und *crore,* um nur einige wenige zu nennen.

Die eigentümlichen Intonationsmuster sind, ebenso wie die manchmal verwirrende Sprechgeschwindigkeit, auf Einflüsse einheimischer indischer Sprachen zurückzuführen. Auch die Artikulation einiger Vokale – z. B. die fehlende Unterscheidung zwischen langem und kurzem o-Laut („cot" und „caught" werden gleich ausgesprochen) – und die retroflexe Aussprache der Konsonanten „d", „t" und „r" (die Zungenspitze berührt dabei den weichen Gaumen) basieren auf lokalen indischen Sprachgewohnheiten.

Der vielleicht charmanteste Aspekt des indischen Englisch liegt in seinem Beharrungsvermögen: Ausdrücke und Redewendungen, die in Großbritannien als sehr altmodisch gelten, werden in Indien weiterhin benutzt. So wird man nicht selten mit „Good sir" angesprochen, oder man wird gefragt: „May I know your good name?" Auch die Zeitungssprache bedient sich solch blumiger Ausdrücke, weshalb die Schlagzeilen der weit verbreiteten englischsprachigen Zeitungen auf den nüchternen Briten manchmal unfreiwillig komisch wirken.

lehrt, und heute beherrscht über die Hälfte der indischen Bevölkerung diese Sprache mehr oder weniger perfekt. In bestimmten Regionen aber rührte sich permanent starker **Widerstand gegen die Einführung des Hindi**, besonders im tamilisch dominierten dravidischen Süden, und die große Mehrheit der südlich des Dekkan-Plateaus beheimateten Inder ist dieser Sprache kaum oder gar nicht mächtig. Hier tritt **Englisch**, die Sprache der ehemaligen Kolonisten, als wichtiges Kommunikationsmittel in Erscheinung. Angesichts der Sprachenvielfalt Indiens ist es nicht weiter verwunderlich, dass es nach wie vor die *lingua franca* vieler Inder ist (s. Kasten S. 131). Nicht selten unterhalten sich Inder aus verschiedenen Landesteilen auf Englisch, und Reisende können sich nicht nur mit Studenten und Geschäftsleuten, sondern oft auch mit *chaiwallahs* und Schuhputzern erstaunlich gut auf Englisch verständigen.

Musik

Indien besitzt eine überwältigende Vielfalt heimischer Musiktraditionen, von den archaischen Ritualgesängen der Hindus bis zu den modernen Kreationen der Filmmusik. Bei uns kennt man am ehesten die klassische nordindische Musik mit schwirrender Tanpura-Begleitung und komplexen Tabla-Rhythmen, die zu den unverwechselbaren Musikklängen der Welt gehört. Dazu kommen eine Fülle verschiedenartiger Volksmusik und Bollywoods unerschöpfliches Reservoir an Filmmusik.

Klassische indische Musik: *raga* und *tala*

Die Melodiestruktur der klassischen indischen Musik basiert auf dem *raga* (vom Sanskrit-Wort für „Farbe"). Vereinfacht gesagt ist ein *raga* so etwas Ähnliches wie eine Tonleiter oder Tonart, die vorgibt, welche Töne in einem Stück verwendet werden können. Zugleich ist jedem *raga* eine bestimmte musikalische und emotionale Stimmung zugeordnet. Der *raga* gibt einen festen Rahmen für das Musikstück vor. Herausragende Musiker der indischen Klassik zeichnen sich durch ihr fantasievolles Improvisationsvermögen innerhalb dieser strengen Grenzen aus.

Das *tala* wiederum gibt die rhythmische Struktur eines Musikstücks vor. Ein *tala* ist ein Zyklus aus einer bestimmten Anzahl von Schlägen, die sich durch eine Kombination aus rhythmischem Muster und Klangfarbe definieren. Es gibt Hunderte von *tala*. Am gebräuchlichsten ist das *tala* mit 16 Schlägen (vier „Takte" zu je vier Schlägen).Die Darbietung eines *raga* folgt einem festen Muster. Sie beginnt mit dem *alap*, einer langsamen, getragenen Einleitung im freien Rhythmus, die den gewählten *raga* charakterisiert und seine Töne nacheinander vorstellt. Nach dem *alap* wird der *raga* in den Abschnitten *jor*, *jhala* und *gat* (das ist der Hauptteil) weiterentwickelt. Hier kommen dann auch Schlaginstrumente – normalerweise Tabla oder (in Südindien) Mridangam – zum Einsatz. Solist und Schlagzeuger wechseln zwischen Improvisation und feststehenden „Kompositions"-Elementen.

Klassische Vokalmusik

Dhrupad ist die älteste und strengste Form der klassischen nordindischen Musik. Eine Dhrupad-Darbietung besteht aus einer langen Einleitung (*alap*), in der der Sänger eine Abfolge von Silben (nach einem Mantra) vokalisiert, gefolgt von einem viel kürzeren, schnelleren Gesangsabschnitt zur Begleitung der Pakhawaj. Im 18. Jh. setzte sich anstelle des strengen Dhrupad der viel extravagantere **Khyal** – der „Belcanto der indischen Musik" – durch, der den Sängern mehr Gelegenheit gibt, ihre Virtuosität zu demonstrieren. Er wird üblicherweise von Tabla und Harmonium sowie einem Streichinstrument wie Sarangi oder Geige begleitet, das die Gesangsmelodie spiegelt.

Thumri sind im Grunde aus der weiblichen Perspektive verfasste Liebeslieder, gesungen in *Braj Basha*, einem literarischen Dialekt des Hindi. Begleitet wird ein Thumri stets von der

Tabla, unterstützt durch Tanpura, Sarangi oder Surmandal und mitunter auch Geige oder Harmonium. Eine noch ausgeprägtere Liedform hat der **Ghazal** – sozusagen das Urdu-Pendant zum Thumri. Er wurde von persischen Moslems nach Indien eingeführt und war von Haus aus eher eine Gedicht- als eine Musikform.

Die karnatische Musik

Die klassische südindische Musik, auch karnatische Musik genannt, ist mit der stärker moslemisch beeinflussten Hindustani-Musik eng verwandt, unterscheidet sich aber in vielen Details von ihr. Für das westliche Ohr klingt die karnatische Musik geradliniger und dynamischer – frei von vielen Beschränkungen, die die nordindische Musik prägen. Zentrales Element der südindischen Musik ist der Gesang; selbst reine Instrumentaldarbietungen basieren auf Liedformen. Die Texte sind mehrheitlich religiös, und Konzerte finden häufig in Tempeln statt.

Indische Volksmusik

Es gibt viele Arten indischer Volksmusik *(Lok Sangeet)*; zu den wichtigsten regionalen Stilen gehören die aus Rajasthan, dem Punjab und Bengalen. In **Rajasthan** gehört Musik zu Hochzeiten und Theaterdarbietungen, Marktveranstaltungen und Volksfesten. Es gibt eine ganze Kaste von Berufsmusikern und verschiedene Saiteninstrumente von kraftvollem Klang wie Kamayacha und Ravanhata, die zur Begleitung des Gesangs dienen. Die bekannteste bengalische Musik ist die der **Baul**. Diese umherwandernden Mystiker und Musiker bringen ihre spezielle Mischung aus Sufi- und Hindu-Bhakti-Glauben vor allem durch Gesang zum Ausdruck, meist begleitet von der Ektara, einem einsaitigen Borduninstrument.

Der **Punjab** wird vor allem mit dem **Bhangra** assoziiert: Der Volkstanz, der traditionell bei Erntedankfesten zur Begleitung von Dhol- und Dholki-Trommeln, Ektara und Tumbi (einer Art einsaitiger Gitarre) getanzt wurde, ist seit den

Meister der klassischen indischen Musik auf CD

Eine große Auswahl besonders nordindischer klassischer Musik ist auf CD erhältlich, darunter Aufnahmen mit den führenden Virtuosen des Landes der letzten 50 Jahre.

Der vielleicht bekannteste und produktivste Musiker klassischer indischer Musik ist der Sitar-Spieler **Ravi Shankar** (geb.1920), der zahllose Solo-Einspielungen aufgenommen und außerdem oft mit anderen Künstlern wie Ali Akbar Khan (s. u.) und Yehudi Menuhin zusammengearbeitet hat. Andere legendäre Sitar-Spieler waren **Nikhil Banerjee** (1931–1986) und **Vilayat Khan** (1928–2004); interessant sind außerdem Aufnahmen von **Imrat Khan** (geb. 1935, der jüngere Bruder von Vilayat Khan), dem unbestrittenen Meister der seelenvollen Surbahar (Basssitar).

Ähnlich viele Aufnahmen wie von Ravi Shankar gibt es vom weltweit verehrten Sarod-Virtuosen **Ali Akbar Khan** (1922–2009). Eine Ohrenweide für an indischer Musik Interessierte ist außerdem die stimmungsvolle Musik von **Hariprasad Chaurasia** (geb. 1938), Indiens führendem Meister der Bansuri (Bambusflöte). Weniger bekannt, aber nicht minder hörenswert, sind **Sultan Khan** (geb. 1940) und **Ram Narayan** (geb. 1927), zwei der bedeutendsten Interpreten der Sarangi. Interessant sind außerdem die Aufnahmen des renommierten Shehnai-Virtuosen **Bismillah Khan** (1916–2006) – wenn auch der Klang des Instruments etwas gewöhnungsbedürftig ist. Auf vielen herausragenden Aufnahmen ist auch **Alla Rakha** (1919–2000) vertreten, vielleicht der beste Tabla-Spieler der letzten Jahre.

Zum Hineinhören in die karnatische Musik bieten sich die vielen Aufnahmen des Geigenvirtuosen **L. Subramanian** an oder auch die erheblich selteneren Aufnahmen von **Sundaram Balachander** (1927–1990), einem der bedeutendsten Interpreten der ausdrucksstarken Vina im 20. Jh.

Musikinstrumente

Das bekannteste indische Instrument ist die **Sitar**. Die sechs oder sieben Hauptsaiten werden mit einem Plektrum gespielt. Zusätzlich gibt es 11–19 frei mitschwingende Resonanzsaiten. Durch ihre Krümmung des Halses kann der Spieler die Tonhöhe einer Saite verändern, indem er sie seitwärts über den Bund zieht, um so die für die indische Musik so typischen Glissandi zu erzeugen.

Die **Surbahar** ist eine Art Basssitar und wird auf dieselbe Weise gespielt.

Die **Sarod** ist kleiner als die Sitar und hat zwei Resonanzkörper, die durch ein Metallgriffbrett und zehn Metallsaiten, die mit einem Stückchen Kokosnussschale gezupft werden, miteinander verbunden sind. Dazu gibt es 15 Resonanzsaiten, die unterhalb der Hauptsaiten mitschwingen.

Die **Sarangi** ist eine bundlose Kurzhalsfiedel mit sehr breitem Griffbrett und drei oder vier Melodiesaiten aus Darm und bis zu 40 metallenen Resonanzsaiten. Manche behaupten, sie sei das schwierigste Musikinstrument der Welt. Ihr umfangreiches Spektrum unterschiedlicher Klangfarben hat große Ähnlichkeit mit der menschlichen Stimme, weshalb die Sarangi oft als Begleitinstrument zum Gesang eingesetzt wird.

Als **Bansuri** werden verschiedene Flötentypen aus Bambus *(banse)* bezeichnet. Dabei kann es sich um Längsflöten, aber auch um Querflöten handeln. Die **Shehnai**, mit der traditionell bei Hochzeiten aufgespielt wird, ist ein oboenähnliches Instrument mit Doppel-Rohrblatt und bis zu neun Fingerlöchern.

Tabla nennt man ein Paar kleine Trommeln, die auf Tonika, Dominante oder Subdominante des *raga* gestimmt werden und mit Handflächen und Fingerspitzen geschlagen eine unglaubliche Klangvielfalt hervorbringen.

Ein noch älterer Trommeltyp ist die fast 1 m lange **Pakhawaj**. Sie wurde traditionell aus Ton gefertigt, besteht aber heute meist aus Holz. Ihre beiden Enden sind mit Haut bespannt; diese beiden „Felle" werden auf verschieden hohe Töne gestimmt.

Zu den Instrumenten in der **karnatischen Musik** (S. 133) zählen die **Vina**, die der Sitar ähnelt, aber keine Resonanzsaiten hat, die **Mridangam**, eine Doppelmembrantrommel, und die große **Nadaswaram** (oder *nagaswaram*), eine Art 1 m lange Oboe, die vor allem bei Tempelzeremonien zum Einsatz kommt. Die **Geige** – für die indische Musik leicht abgeändert – wird ebenfalls vielseitig verwendet.

Der **Tanpura** ist ein bescheidenes, aber unentbehrliches Instrument der indischen Musik – eine Art bundlose Laute mit vier bis fünf Metallsaiten. Er liefert den unverkennbaren schwirrenden Begleitton der klassischen indischen Musik. Traditionell spielt ein fortgeschrittener Schüler des Hauptinterpreten den Tanpura, was als besonders ehrenvolle Aufgabe gilt.

1980er-Jahren zum internationalen Pop-Phänomen avanciert – in seiner herkömmlichen Form wie auch als Element moderner Dance-, House- und Hiphop-Kreationen, mit denen sich vor allem asiatische Musiker in Großbritannien hervortun.

Filmi-Musik

Die indische Popmusik kann nicht losgelöst von der gigantischen Filmindustrie des Landes betrachtet werden. Musik spielt eine zentrale Rolle in allen Bollywood-Produktionen (s. S. 135), und bis in die 1990er-Jahre hinein bestand die indische Popmusik praktisch nur aus „Filmi"-Musik. Das Auffälligste an den Filmi-Songs ist ihre unglaubliche Bandbreite. Anfangs bediente sich die Filmmusik meist bei der indischen Volksmusik und Klassik, doch ab den 1960er-Jahren bezogen Bollywood-Komponisten wie der berühmte R. D. Burman eine ungeheure Vielfalt musikalischer Einflüsse in ihr Werk ein, von Bigband-Rock'n'Roll bis zu den Techno- und Elektronik-Kreationen des innovativen A. R. Rahman. Die Filmi-Songs werden von unsichtbaren Sängerinnen und Sängern gesungen, während die Filmstars nur die Lippen zum Playback bewegen. Viele dieser Gesangstalente sind inzwischen selbst zu Starruhm gelangt, so die legendäre Asha Bhosle und ihre Schwester Lata Mangeshkar oder auch die Sänger Kishore Kumar und Mohammed Rafi.

Film

Indien verfügt über eine gewaltige Filmindustrie. Das Land produziert mehr Filme als jedes andere auf der Welt (rund 1200 im Jahr), und die Tatsache, dass es immer noch viele indische Haushalte ohne Fernseher gibt, garantiert ein zahlenstarkes, begeistertes Kinopublikum. Den traditionellen indischen Film, eine melodramatische Mischung aus Musiksequenzen mit altmodischer Choreografie, Gesang, bei dem die Mundbewegungen nicht mit dem Ton übereinstimmen, Mord und Totschlag und durchnässten Saris gibt es zwar auch heute noch, aber die modernen indischen Filme haben diese Stereotypen weitestgehend über Bord geworfen und können sich hinsichtlich Schauspielkunst, Drehbüchern und Produktionsqualität ohne weiteres mit Filmen messen, die im Westen gedreht werden.

Bollywood

Obwohl manchmal für sämtliche Filme indischer Machart benutzt, steht der Name Bollywood streng genommen nur für Hindi-sprachige, in Mumbai gedrehte Leinwandstreifen. In den dortigen Studios werden jährlich rund 900 Filme produziert. Es gibt zwar zahlreiche andere regionale Filmzentren in Indien, an erster Stelle die riesige Tamil-sprachige, in Chennai beheimatete Filmindustrie („Kollywood" genannt; s. Kasten S. 1027), aber im Grunde kommen nur die Bollywoodfilme landesweit – und weltweit – beim Publikum richtig gut an. Sie werden Schätzungen zufolge von 3,6 Milliarden Menschen rund um den Globus gesehen – Hollywoodfilme von 2,5 Milliarden.

Musik und Masalas

Bollywoodfilme funktionieren traditionell nach dem sogenannten **Masalarezept** (dem Hinduwort für eine Gewürzmischung), d. h. einer bunten Mischung aus romantischen Verstrickungen, spannungsgeladener Action und beschwingter Komödie. Die Hauptpersonen sind für oft korrupte Politiker, hinterhältige Schurken und unsterblich Verliebte. Auch **Musik** spielt in den meisten Bollywoodfilmen eine wichtige Rolle, und es kommen darin zahlreiche Gesangseinlagen (oder *filmi*, s. S. 134) und Tanzszenen vor – der Erfolg vieler Filme steht und fällt in erster Linie mit der Qualität der musikalischen Einlagen.

In den letzten Jahren hat sich die traditionelle Bollywood-Masala-Formel aber stark verändert, oft hin zum Mainstream-Hollywood-Modell. Es erscheinen aber auch immer häufiger mutigere Filme, die sich mit den neu entstehenden Gesellschaftsschichten in Indien beschäftigen, z. B. verwestlichten städtischen Jugendlichen und in Übersee lebenden Indern. Auch wird zunehmend freizügiger mit dem Thema Sexualität umgegangen – obwohl das berühmte Tabu bezüglich Kuss-Szenen auf der Leinwand nach wie vor meistens eingehalten wird.

Who's who in Bollywood

Bollywoods berühmteste Schauspieler genießen in Indien einen göttergleichen Status – nur die besten Cricketspieler des Landes können es mit ihnen hinsichtlich ihrer Anziehungskraft auf die Massen aufnehmen. Die Bilder der wichtigsten Stars sind überall zu finden, in Zeitungen und Zeitschriften, auf Werbe- und Filmplakaten sowie in zahllosen anzüglichen Musikvideos und kitschigen Fernsehwerbespots.

Ganz oben stehen der weißbärtige Amitabh Bachchan, Bollywoods graue Eminenz, und sein Konkurrent Shahrukh Khan, der schmachtende Held unzähliger romantischer Filmhits. Andere führende männliche Stars sind der Draufgängertyp Sanjay Dutt und jüngere Schmachtbolzen wie Aamir Khan, John Abraham, Hrithik Roshan und der böse Bube Salman Khan. Wie in dieser aufs Image versessenen Branche zu erwarten, sind die weiblichen Stars jünger als ihre männlichen Kollegen, und ihr Ruhm ist von kürzerer

Zehn Bollywoodklassiker

Devdas (1955) Klassische Bollywoodgeschichte über eine tragische Liebe. In der Hauptrolle der großartige Dilip Kumar als unglücklich Liebender Devdas.

Dil Chahta Hai (dt. „Das Herz wählt", 2001) Stilvoller und avantgardistischer Film, der das (Liebes-)Leben der neuen, gut betuchten indischen städtischen Elite zum Thema hat.

Dilwale Dulhania Le Jayenge (dt. „Wer zuerst kommt, kriegt die Braut", 1995) Einer der größten Bollywoodhits aller Zeiten: eine bewegende, in London angesiedelte Liebeskomödie und einer der ersten Bollywoodfilme, die im Ausland spielen.

Lagaan (2001) Herzergreifendes Drama aus der Raj-Ära. Einige arme Dörfler versuchen, die britischen Gutsherren im Cricketspiel zu schlagen. Wenn sie gewinnen, werden ihnen Steuern erlassen, die sie wegen des Ernteausfalls nicht leisten konnten.

Mother India (1957) Klassische Geschichte aus dem bäuerlichen Indien. Zeigt auf dramatische Weise das Elend und die Anstrengungen einer indischen Mutter, die in einem verarmten Dorf der Gnade des ausbeuterischen Geldverleihers und ihres eigenen Sohnes, der ein Bandit geworden ist, ausgeliefert ist.

Mr India (1987) Origineller Actionfilm: Mr. India (Anil Kapoor) bekämpft den Erzschurken Mogambo.

Mughal-e-Azam (1960) Spektakulärer Historienstreifen. Die Dreharbeiten zu Mughal-e-Azam dauerten neun Jahre, und der Film ist bis heute die eindrucksvollste Beschreibung von Kabale und Liebe am Hof des Großmoguls Akbar.

Munna Bhai M.B.B.S. (dt. Munna Bhai M.B.B.S. – Lachen macht gesund, 2003) Beschwingte Komödie, in deren Mittelpunkt der liebenswerte „böse Junge" Sanjay Dutt als schelmischer Mumbai-Gangster Munna Bhai steht. Der zweite Teil, Lage Raho Munna Bhai (2006), war ebenfalls ein großer Erfolg.

Salaam Bombay! (1988) Berührender Film über das Leben von Straßenkindern in Mumbai.

Sholay (1975) Wird als bester Bollywoodfilm aller Zeiten gehandelt. Die Hauptrolle in dieser bewegenden Geschichte einander bekriegender Outlaws spielt Amitabh Bachchan.

Dauer, wenn auch heutige Starlets wie Katrina Kaif, Kareena Kapoor und Preity Zinta sich immer häufiger auf anspruchsvollere und weniger glamouröse Rollen einlassen, um sich als ernst zu nehmende Schauspielerinnen zu beweisen.

Insgesamt sind es jedoch eher die Eskapaden und romantischen Verwicklungen abseits der Leinwand, die die meiste Aufmerksamkeit erregen und die Klatschspalten füllen, genauso wie die Auftritte des beliebtesten Starschauspielerpaares Abhishek Bachchan (Sohn des legendären Amitabh Bachchan) und seiner Frau Aishwarya Rai, selbst führende Bollywood-Schauspielerin und ehemalige Miss World.

Delhi

Stefan Loose Traveltipps

Rajpath Die breite Promenade ist das Herzstück von Lutyens' New Delhi und der Inbegriff der britischen Kolonialherrschaft. S. 140

National Museum Das schönste Museum des Landes bewahrt indische Kultur aus mehr als 5000 Jahren. S. 144

Rotes Fort Die beeindruckende Festungsanlage aus rotem Sandstein ist ein Erbe der pompösen Mogul-Architektur. S. 146

Jama Masjid Von den Minaretten der riesigen Moschee Shah Jahans bietet sich ein guter Ausblick über das alte und neue Delhi. S. 149

Humayun-Mausoleum Die herrliche Gartenanlage dieses eleganten Vorläufers des Taj Mahal aus rotem Sandstein ist ein willkommener Zufluchtsort vor der Hitze. S. 151

Hazrat Nizam-ud-Din Dargah Der Sufi-Schrein liegt in einem moslemischen Viertel, in dem jeden Donnerstag hypnotische *qawwali*-Musik erklingt. S. 152

Qutb Minar-Komplex Aus den Ruinen der ersten Stadt Delhis aus dem 13. Jh. ragt der Siegesturm Qutb Minar empor. S. 156

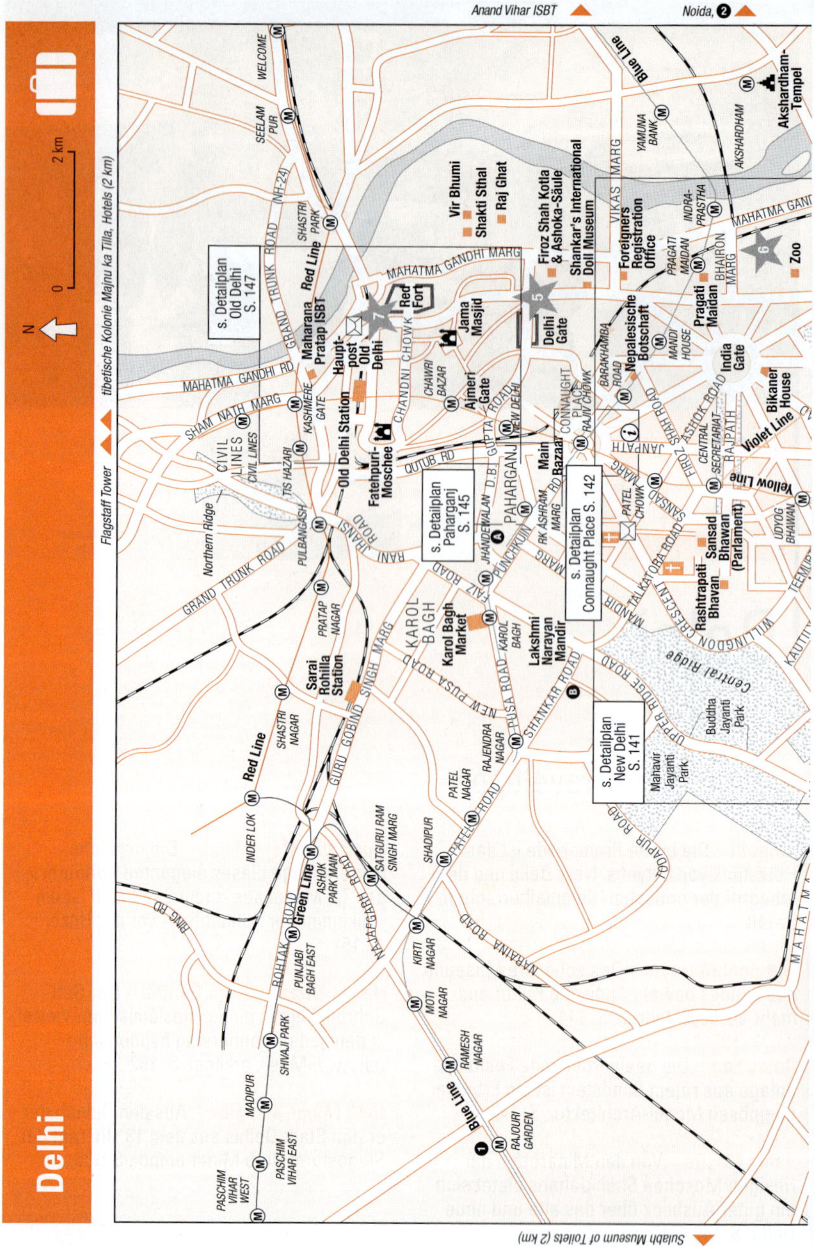
Delhi
Anand Vihar ISBT
Noida, 2
Flagstaff Tower
tibetische Kolonie Majnu ka Tilla, Hotels (2 km)
Sulabh Museum of Toilets (2 km)
N
0
2 km
s. Detailplan Old Delhi S. 147
s. Detailplan Paharganj S. 145
s. Detailplan Connaught Place S. 142
s. Detailplan New Delhi S. 141
Red Line
Blue Line
Green Line
Yellow Line
Violet Line
Northern Ridge
Central Ridge
CIVIL LINES
KAROL BAGH
PAHARGANJ
CONNAUGHT PLACE
Maharana Pratap ISBT
Hauptpost Old Delhi
Red Fort
Old Delhi Station
Fatehpuri-Moschee
Jama Masjid
Ajmeri Gate
Delhi Gate
Vir Bhumi
Shakti Sthal
Raj Ghat
Firoz Shah Kotla & Ashoka-Säule
Shankar's International Doll Museum
Foreigners Registration Office
Nepalesische Botschaft
Pragati Maidan
Zoo
India Gate
Bikaner House
Akshardham-Tempel
Sarai Rohilla Station
Karol Bagh Market
Lakshmi Narayan Mandir
Main Bazaar
Rashtrapati Bhavan
Sansad Bhawan (Parlament)
Buddha Jayanti Park
Mahavir Jayanti Park
GRAND TRUNK ROAD
MAHATMA GANDHI MARG
SHAM NATH MARG
CHANDNI CHOWK
QUTUB RD
RANI JHANSI ROAD
NEW PUSA ROAD
GURU GOBIND SINGH MARG
PATEL ROAD
SHANKAR ROAD
PUSA ROAD
UPPER RIDGE ROAD
WILLINGDON CRESCENT
TALKATORA ROAD
SANSAD MARG
JANPATH
RAJPATH
ASHOK ROAD
FIROZ SHAH ROAD
VIKAS MARG
BHAIRON MARG
NAJAFGARH ROAD
ROHTAK ROAD
RING RD
NARAINA ROAD
TODAPUR ROAD
MAHATMA GANDHI RD
SEELAM PUR
WELCOME
SHASTRI PARK
KASHMERE GATE
CIVIL LINES
TIS HAZARI
PULBANGASH
PRATAP NAGAR
SHASTRI NAGAR
INDER LOK
ASHOK PARK MAIN
PUNJABI BAGH EAST
SHIVAJI PARK
MADIPUR
PASCHIM VIHAR EAST
PASCHIM VIHAR WEST
RAJOURI GARDEN
RAMESH NAGAR
MOTI NAGAR
KIRTI NAGAR
SATGURU RAM SINGH MARG
SHADIPUR
PATEL NAGAR
RAJENDRA NAGAR
KAROL BAGH
JHANDEWALAN
RK ASHRAM MARG
NEW DELHI
CHAWRI BAZAR
RAJIV CHOWK
BARAKHAMBA ROAD
MANDI HOUSE
PRAGATI MAIDAN
INDRAPRASTHA
YAMUNA BANK
AKSHARDHAM
PATEL CHOWK
CENTRAL SECRETARIAT
UDYOG BHAWAN

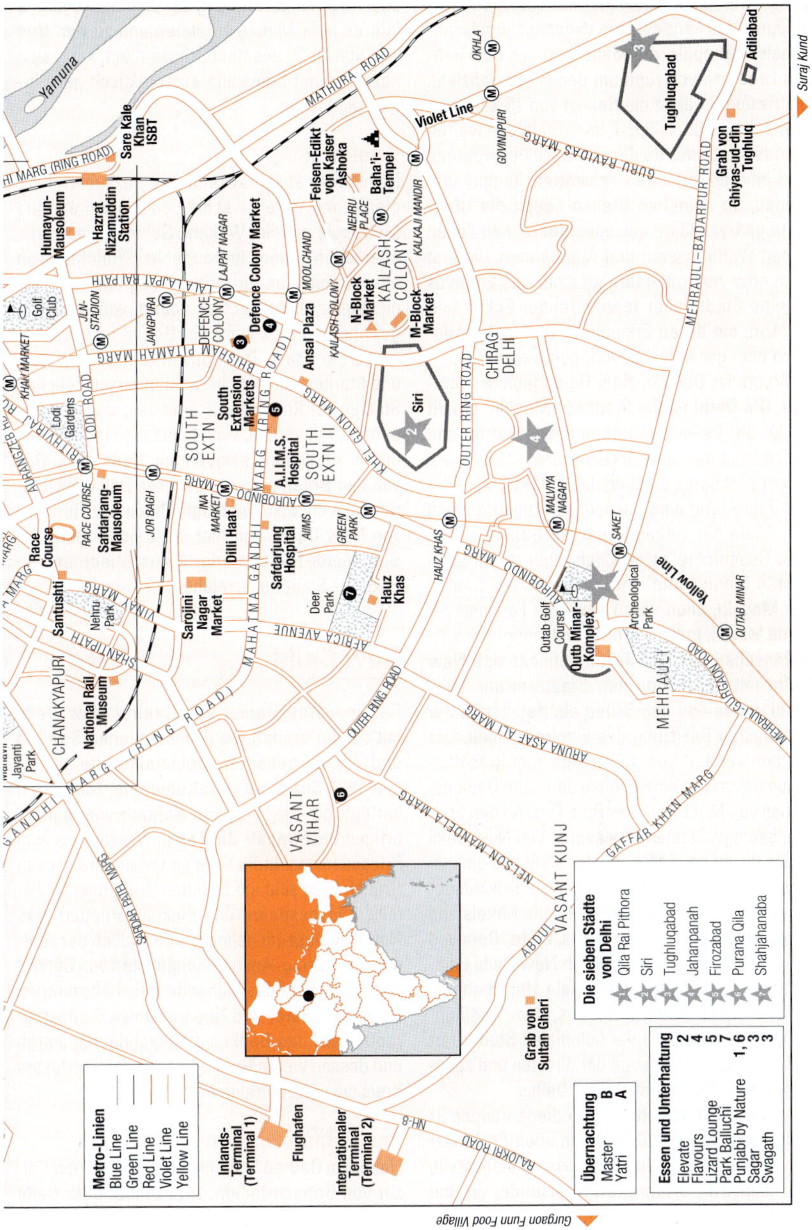
Metro-Linien
Blue Line
Green Line
Red Line
Violet Line
Yellow Line
Übernachtung
Master B
Yatri A
Essen und Unterhaltung
Elevate 2
Flavours 4
Lizard Lounge 5
Park Balluchi 7
Punjabi by Nature 1, 6
Sagar 3
Swagath 3
Die sieben Städte von Delhi
1 Qila Rai Pithora
2 Siri
3 Tughluqabad
4 Jahanpanah
5 Firozabad
6 Purana Qila
7 Shahjahanaba
Gurgaon Funn Food Village
Suraj Kund

Indiens Hauptstadt Delhi ist der Dreh- und Angelpunkt des Landes, eine dynamische internationale Metropole, die Menschen aus dem ganzen Land und von rund um den Globus anzieht. Die riesige Stadt ist die Heimat von 15 Millionen Menschen und wächst unaufhaltsam weiter. Aber hinter Delhis modernem Gesicht verbergen sich jahrhundertealte Grabstätten, Tempel und Ruinen; an manchen Stellen liegen die Überreste ganzer Städte aus unvordenklichen Zeiten neben Wohnhäusern und Autobahnen, die erst zehn oder zwanzig Jahre alt sind. Das Ergebnis ist eine Stadt voller faszinierender Ecken und Flecken, mit deren Erkundung sich locker Wochen oder gar Monate zubringen lassen.

Heute ist Delhi in zwei Hauptgebiete unterteilt. **Old Delhi** ist die Stadt der Moguln, erbaut im 17. Jh. Es ist das turbulenteste Viertel und gleichzeitig das am stärksten islamisch geprägte, ein sichtbares Zeichen dafür, dass Delhi über 700 Jahre lang eine moslemisch regierte Stadt war. Viele der Gebäude um die Basare haben eine Geschichte zu erzählen, aber die großartigsten Monumente sind zweifellos die Bauten der Moguln, allen voran das Rote Fort und die Jama Masjid, Indiens größte und eindrucksvollste Moschee. Südlich davon befindet sich **New Delhi** mit dem modernen Stadtzentrum. New Delhi wurde von den Briten als Hauptstadt der wichtigsten Besitzung des Empires erbaut. Der Rajpath verläuft vom India Gate zum Präsidentenpalast und ist eine ebenso deutliche Demonstration von Macht wie das Rote Fort. An den breiten, baumgesäumten Boulevards von New Delhi liegen die meisten Museen der Stadt und um den zentralen Connaught Place die beste Einkaufsgegend. Der wachsende wohlhabende Mittelstand sorgt für immer mehr Geschäfte, Clubs, Bars und Restaurants, für die der Platz in New Delhi langsam nicht mehr ausreicht. Viele Unternehmen weichen nach South Delhi aus, dem weitläufigen Gebiet unterhalb der kolonialen Stadt. Dort befinden sich auch einige der ältesten und spannendsten Sehenswürdigkeiten Delhis.

Als erste Anlaufstelle für Indienanfänger ist Delhi eine gute Wahl. Hotels in allen Preisklassen sind auf ausländische Touristen eingestellt, und man trifft erfahrene Mitreisende, die mit nützlichen Tipps weiterhelfen können. Für ein paar Tage Eingewöhnung auf dem Subkontinent gibt es jede Menge zu sehen und zu tun. Und wer von Delhi aus nach Hause fliegt, kann sich noch mal mit Souvenirs aus praktisch ganz Indien eindecken.

Orientierung

Delhi wirkt abschreckend und bezaubernd zugleich und ist eine schier endlos wuchernde Metropole mit viel Verkehr, Schmutz und Lärm, aber auch einem erstaunlichen Reichtum an alter Architektur. Die Orientierung fällt zunächst nicht ganz leicht, doch es dauert nicht allzu lange, und man bekommt ein Gefühl für die Geografie der Stadt. Die Bauwerke aus Sandstein und Marmor, die sich in recht unterschiedlichen Stadien der Renovierung befinden, sind über die ganze Stadt verteilt, viele findet man in **Old Delhi** und in südlichen Enklaven wie **Hauz Khas**. Das von den Briten erbaute moderne Delhi konzentriert sich um den **Connaught Place** am Nordrand von **New Delhi**. Von hier lässt sich – per Taxi, Bus, Motor-Rikscha oder Metro – jede andere Ecke der Stadt gut erreichen.

New Delhi

Das moderne Gebiet von Central New Delhi mit seinen breiten, baumbestandenen Straßen und seiner geballten Kolonialarchitektur ist seit 1931 Sitz der Zentralregierung. Mittendrin verläuft die Prachtstraße **Rajpath** vom palastartigen **Rashtrapati Bhavan** im Westen bis zum Kriegsdenkmal **India Gate** im Osten. Ihre breiten Grünstreifen sind ein beliebter Treffpunkt für Familien, Liebespaare und Picknickgruppen. Das National Museum befindet sich südlich der zentralen Kreuzung. Am nördlichen Ende von Central New Delhi liegt das blühende Geschäftszentrum **Connaught Place**, wo Neonreklamen für Restaurants, Bars und Banken die Flachdächer zieren und dessen weiße Gebäude einen fast perfekten Kreis um den zentralen Platz bilden.

Rashtrapati Bhavan und Rajpath

Nachdem George V., König von England und Kaiser von Britisch-Indien, 1911 erließ, dass Delhi Kalkutta als Hauptstadt Indiens ablösen sollte,

New Delhi

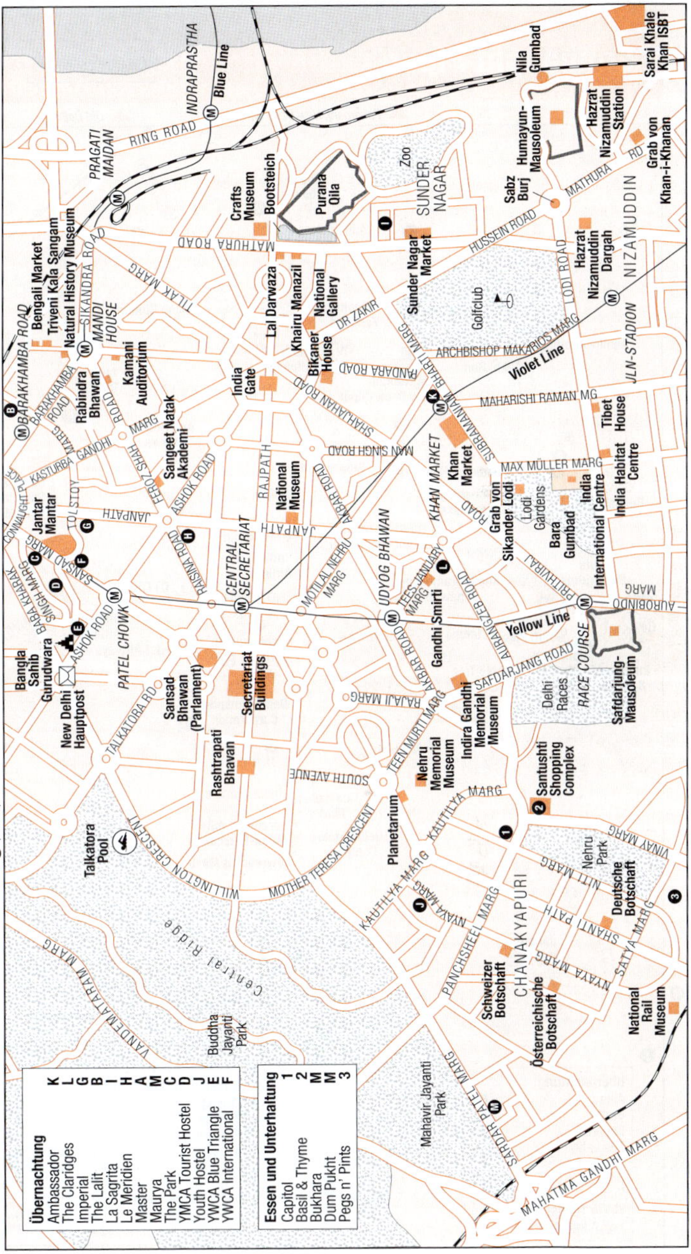
N
0
1 km
Übernachtung
Ambassador K
The Claridges L
Imperial G
The Lalit B
La Sagrita I
Le Meridien H
Master A
Maurya M
The Park C
YMCA Tourist Hostel D
Youth Hostel J
YWCA Blue Triangle E
YWCA International F
Essen und Unterhaltung
Capitol 1
Basil & Thyme 2
Bukhara M
Dum Pukht M
Pegs n' Pints 3
(300 m)
Talkatora Pool
Buddha Jayanti Park
Central Ridge
Mahavir Jayanti Park
New Delhi Hauptpost
Bangla Sahib Gurudwara
Jantar Mantar
Bengali Market
Triveni Kala Sangam
Natural History Museum
Rabindra Bhawan
Kamani Auditorium
Sangeet Natak Akademi
Sansad Bhawan (Parlament)
Secretariat Buildings
Rashtrapati Bhavan
National Museum
India Gate
Lal Darwaza
Khairu Manazil
National Gallery
Bikaner House
Crafts Museum
Bootsteich
Purana Qila
Zoo
Sunder Nagar Market
Nila Gumbad
Humayun-Mausoleum
Hazrat Nizamuddin Station
Sarai Khale Khan ISBT
Sabz Burj
Grab von Khan-i-Khanan
Hazrat Nizamuddin Dargah
Golfclub
Khan Market
Grab von Sikander Lodi
Lodi Gardens
Bara Gumbad
India International Centre
India Habitat Centre
Tibet House
Gandhi Smriti
Indira Gandhi Memorial Museum
Nehru Memorial Museum
Planetarium
Delhi Races
Safdarjung-Mausoleum
Santushti Shopping Complex
Nehru Park
Deutsche Botschaft
Schweizer Botschaft
Österreichische Botschaft
National Rail Museum
INDRAPRASTHA
Blue Line
Violet Line
Yellow Line
RING ROAD
PRAGATI MAIDAN
MANDI HOUSE
BARAKHAMBA ROAD
PATEL CHOWK
CENTRAL SECRETARIAT
UDYOG BHAWAN
KHAN MARKET
RACE COURSE
JLN-STADION
SUNDER NAGAR
NIZAMUDDIN
CHANAKYAPURI
MATHURA ROAD
TILAK MARG
SIKANDRA ROAD
KASTURBA GANDHI MARG
CONNAUGHT PL.
TOLSTOY
JANPATH
ASHOK ROAD
FEROZ SHAH ROAD
RAISINA ROAD
RAJPATH
MAN SINGH ROAD
SHAHJAHAN ROAD
PANDARA ROAD
DR ZAKIR HUSSEIN ROAD
ARCHBISHOP MAKARIOS MARG
MAHARISHI RAMAN MG
MAX MÜLLER MARG
LODI ROAD
SUBRAMANIAM BHARTI MARG
AURANGZEB ROAD
PRITHVIRAJ
AUROBINDO MARG
SAFDARJANG ROAD
TEES JANUARY MARG
MOTILAL NEHRU MARG
AKBAR ROAD
RAJAJI MARG
TEEN MURTI MARG
SOUTH AVENUE
KAUTILYA MARG
MOTHER TERESA CRESCENT
WILLINGTON CRESCENT
TALKATORA RD
BABA KHARAK SINGH MARG
SANSAD MARG
VANDEMATARAM MARG
PANCHSHEEL MARG
NYAYA MARG
SHANTI PATH
NITI MARG
VINAY MARG
SATYA MARG
SARDAR PATEL MARG
MAHATMA GANDHI MARG

Connaught Place

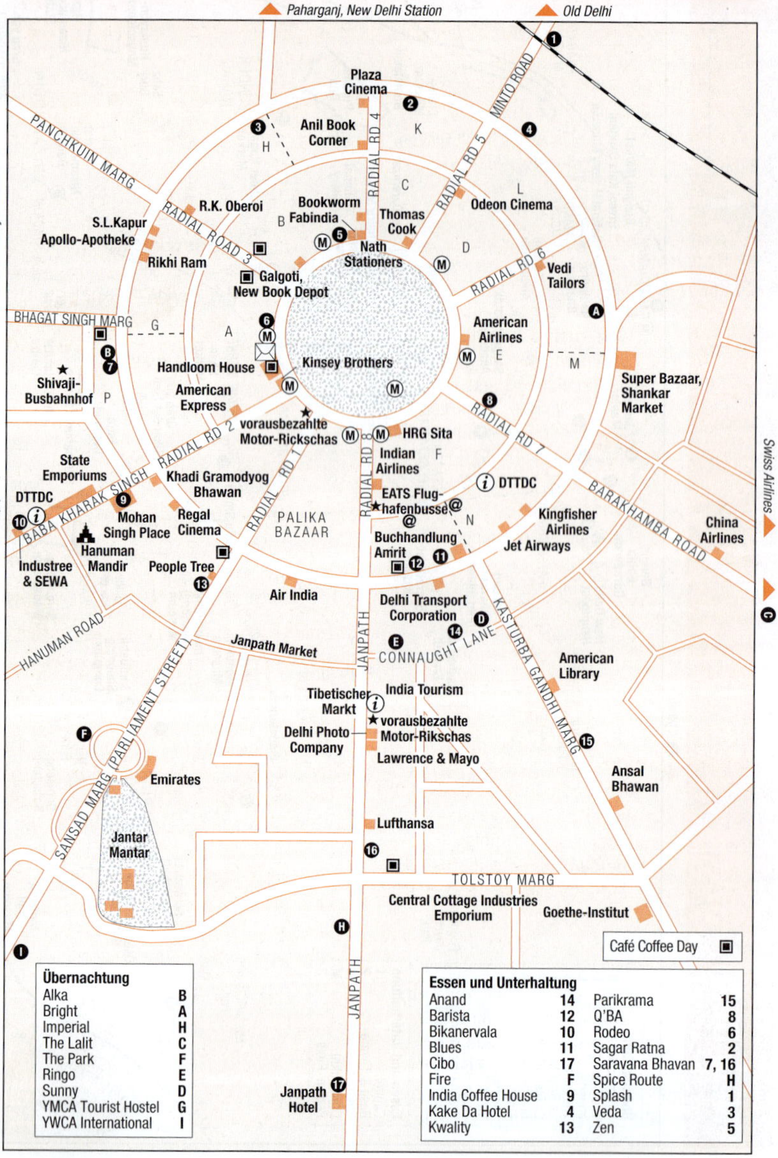

Übernachtung

Alka	B
Bright	A
Imperial	H
The Lalit	C
The Park	F
Ringo	E
Sunny	D
YMCA Tourist Hostel	G
YWCA International	I

Essen und Unterhaltung

Anand	14	Parikrama	15
Barista	12	Q'BA	8
Bikanervala	10	Rodeo	6
Blues	11	Sagar Ratna	2
Cibo	17	Saravana Bhavan	7, 16
Fire	F	Spice Route	H
India Coffee House	9	Splash	1
Kake Da Hotel	4	Veda	3
Kwality	13	Zen	5

wurde der englische Architekt **Edwin Lutyens** damit beauftragt, das neue Regierungsviertel zu planen. Rashtrapati Bhavan, die offizielle Residenz des indischen Präsidenten und eines der größten und prächtigsten Raj-Bauwerke, wurde zwischen 1921 und 1929 von Lutyens und Sir Herbert Baker errichtet. Trotz seiner klassischen Säulen, der indischen Filigranarbeiten sowie seiner Kuppeln und *chattris* im Mogul-Stil trägt das gesamte Gebäude eine unverkennbar englische Handschrift. Vom India Gate im Osten hat man den besten Blick auf seine majestätischen Proportionen – zumindest bei klarer Sicht. Während die Zimmer in dem Gebäude rein privaten Zwecken dienen, werden die **Gärten** an der Westseite des Rashtrapati Bhavan jedes Jahr im Februar zwei Wochen lang für die Allgemeinheit geöffnet, Eintritt frei. Sie sind ganz wie die klassischen Vergnügungsparks der Moguln angelegt.

Direkt vor dem Rashtrapati Bhavan liegt der Vijay Chowk, Ausgangspunkt der breiten und schnurgeraden, von Parks und Brunnen gesäumten Prachtstraße **Rajpath**. Alljährlich finden hier die Feierlichkeiten zum Republic Day (26. Januar) statt.

Im Osten endet der Rajpath am **India Gate**, das 1921 von Lutyens entworfen wurde. Der hohe Bogen, der dem Arc de Triomphe in Paris stark ähnelt, erinnert an die 90 000 indischen Soldaten, die im Ersten Weltkrieg für die Briten ihr Leben ließen.

Connaught Place

Dreh- und Angelpunkt von New Delhi ist der Connaught Place (oder kurz „CP"), benannt nach einem Mitglied des englischen Königshauses. Drei Ringstraßen werden von acht strahlenförmig abgehenden Straßen gekreuzt und in die Blöcke A–N unterteilt. Die Bezeichnung Connaught Place bezog sich ursprünglich auf die innere Ringstraße (inzwischen umbenannt in Rajiv Chowk, nach Rajiv Gandhi), die äußere hieß Connaught Circus (mittlerweile Indira Chowk, nach Rajivs Mutter). Connaught Place wimmelt von Restaurants, Bars, Geschäften, Kinos, Banken und Fluggesellschaften (es gibt ein gutes Verzeichnis unter 💻 www.connaughtplacemall.com).

Jantar Mantar

Südlich vom Connaught Place befindet sich in der Sansad Marg die Sternwarte Jantar Mantar, das erste von fünf Open-air-Observatorien und Vorgängerin der größeren in Jaipur (S. 187), die der Raja von Jaipur, Jai Singh II., errichten

Besucher willkommen

Südwestlich des Connaught Place nahe dem New Delhi General Post Office (GPO) an der Ashoka Road erhebt sich der riesige weiße Marmorbau des **Bangla Sahib Gurudwara**, Delhis größten Sikh-Tempels. Seine goldene, zwiebelförmige Kuppel ist schon von weitem sichtbar. Der Tempel wurde 1664 anlässlich eines Delhibesuchs des achten Sikh-Gurus Hare Krishan erbaut und steht Besuchern offen; die Schuhe müssen im Informationszentrum deponiert werden. Hier kann man sich auch einen kostenlosen Guide besorgen. Zugang aber nur mit Kopfbedeckung und „ordentlicher" Kleidung.

Der gesamte Komplex wird von den Klängen religiöser Musik erfüllt (Priester singen, spielen Harmonium und Tabla), und jedermann ist eingeladen, dreimal täglich an den einfachen Mahlzeiten, bestehend aus *dhal* und *chapatis*, teilzunehmen.

Der **Lakshmi Narayan Mandir** nordwestlich der Hauptpost und direkt westlich des Connaught Place in der Mandir Marg ist ein großer, moderner Tempel, der ebenfalls Besuchern zugänglich ist. Er hat weiße, cremefarbene und rote Ziegelkuppeln und wurde von der wohlhabenden Kaufmannsfamilie Birla gestiftet (daher wird er auch Birla Mandir genannt). Der Hauptschrein des Tempels ist Lakshmi, der Göttin des Wohlstands (rechts) und ihrem Gemahl Narayana, alias Vishnu, dem Bewahrer des Lebens (links, mit einer Muschel in der Hand) gewidmet. Hinten sind in einem winzigen, mit farbigen Steinen und Spiegeln geschmückten Raum, der Krishna gewidmet ist, religiöse Gesänge zu hören. An den Wänden hängen Zitate aus Hindu-Schriften; viele auf Englisch. 🕒 tgl. 4–13.30 und 14.30–21 Uhr. Kameras, Schuhe und Handys müssen am Eingang abgegeben werden.

ließ. Seit ihrem Bau 1725 hat sich die Sternwarte kaum verändert: Riesige rote und weiße Steingebilde stehen schräg zwischen Palmen und Blumenbeeten – anhand ihres Schattenwurfs bestimmten die Menschen früher mit bewundernswerter Genauigkeit die Zeit, Sonnen- und Mondkalender sowie astrologische Bewegungen. ⌚ tgl. von Sonnenauf- bis Sonnenuntergang, Eintritt Rs100.

Paharganj

Paharganj, nördlich des Connaught Place und unmittelbar westlich der New Delhi Railway Station mit dem **Main Bazaar** im Zentrum des Viertels gelegen, ist für viele Budgetreisende die erste Begegnung mit dem Subkontinent. Hier finden sich unzählige billige Hotels, Restaurants, Cafés und *dhabas,* hinzu kommt ein geschäftiger Obst- und Gemüsemarkt auf halbem Weg den Main Bazaar hinunter. Das Viertel ist ein Mekka für Schnäppchenjäger auf der Suche nach flippiger Kleidung, Taschen und duftenden Ölen.

Paharganj hat aber auch eine Schattenseite: die Straßenkinder. Die meisten sind aus schwierigen Elternhäusern weggelaufen, oft hunderte von Kilometern entfernt, schlafen auf der Straße und schnüffeln Klebstoff, um ihren Schmerz zu betäuben. Ein lokales Hilfsprojekt hat den **Salaam Baalak Trust**, 💻 www.salaambaalaktrust.com, ins Leben gerufen und organisiert Rundgänge durch Paharganj. Die Stadtführer sind ehemalige Straßenkinder. Die Touren dauern zwei Stunden, beginnen normalerweise um 10 Uhr und kosten Rs200. Reservierung unter ✆ 09873/130383 oder ✉ sbttour@yahoo.com. Aus den Erträgen werden Unterkünfte, Schulbildung und medizinische Hilfe für die Straßenkinder finanziert.

National Museum

Das National Museum, 11 Janpath, 💻 www.nationalmuseumindia.gov.in, direkt südlich des Rajpath, vermittelt einen guten Überblick über Kultur und Geschichte Indiens. In der Eintrittsgebühr für Ausländer ist eine Audiotour enthalten, dafür muss ein Pass, Führerschein, eine Kreditkarte oder Rs2000 (bzw. US$40/40 €) als Sicherheit hinterlegt werden. Im Schnellverfahren lässt sich das Museum in zwei Stunden besichtigen, aber wer wirklich etwas davon haben will, sollte sich mindestens einen halben Tag Zeit nehmen.

Die bedeutendsten Stücke befinden sich im Erdgeschoss; Ausgangspunkt der Besichtigung ist Saal 4, der sich mit der **Harappa-Kultur** beschäftigt. Die **Gandhara-Skulpturen** in Saal 6 weisen einen deutlichen griechisch-römischen Einfluss auf. In Saal 9 stehen ein paar sehr schöne Bronzen. Besondere Beachtung verdienen die aus der **Chola-Periode** (Südindien, 9.–13. Jh.) sowie eine aus dem 15. Jh. stammende Devi-Statue aus Vijanaraya in Südindien (links an der Wand). Saal 12 ist den **Moguln** vorbehalten, insbesondere ihren Miniaturmalereien. Bei näherer Betrachtung lassen sich zwei Bilder zu einem Thema ausmachen, das in diesem Kontext überrascht – die Geburt Christi.

Es lohnt sich, einen Abstecher ins Obergeschoss zu den **Textilien** zu machen, und im 2. Stock gibt es eine hervorragende Sammlung von **Musikinstrumenten**. Auf dem Weg nach draußen sollte man noch dem riesigen Tempelwagen aus Tamil Nadu einem Blick gönnen, einem beeindruckenden Stück Holzschnitzerei in einer Glasvitrine gleich beim südlichen Eintrittstor. ⌚ Di–So 10–17 Uhr; Eintritt Rs300, Fotoerlaubnis Rs300.

Gedenkmuseen

Das **Nehru Memorial Museum**, 💻 www.nehrumemorial.com, in der Teen Murti Marg ist im einstigen Wohnhaus von Indiens erstem Ministerpräsidenten Jawaharlal Nehru untergebracht. Eine seiner Passionen war die Astronomie, auf dem Gelände steht ein Planetarium, 💻 nehruplanetarium.org (Rs2; 40-minütige Astronomie-Shows auf Englisch Di–So 11.30 und 15 Uhr, Rs15). ⌚ Di–So 9–17.30 Uhr, Eintritt frei.

Trotz ihrer drastischen Maßnahmen während der Zeit des Notstands 1975–77 (S. 118) erinnern sich viele Menschen an Nehrus Tochter Indira Gandhi immer noch mit Respekt und Zuneigung. Das **Indira Gandhi Memorial Museum**, 1 Safdarjang Rd, ist in dem Haus untergebracht, wo sie 1984 von ihren Sikh-Bodyguards ermordet wurde. Zu den Ausstellungsstücken zählt ihr chemisch konservierter, blutbefleckter Sari. Eine

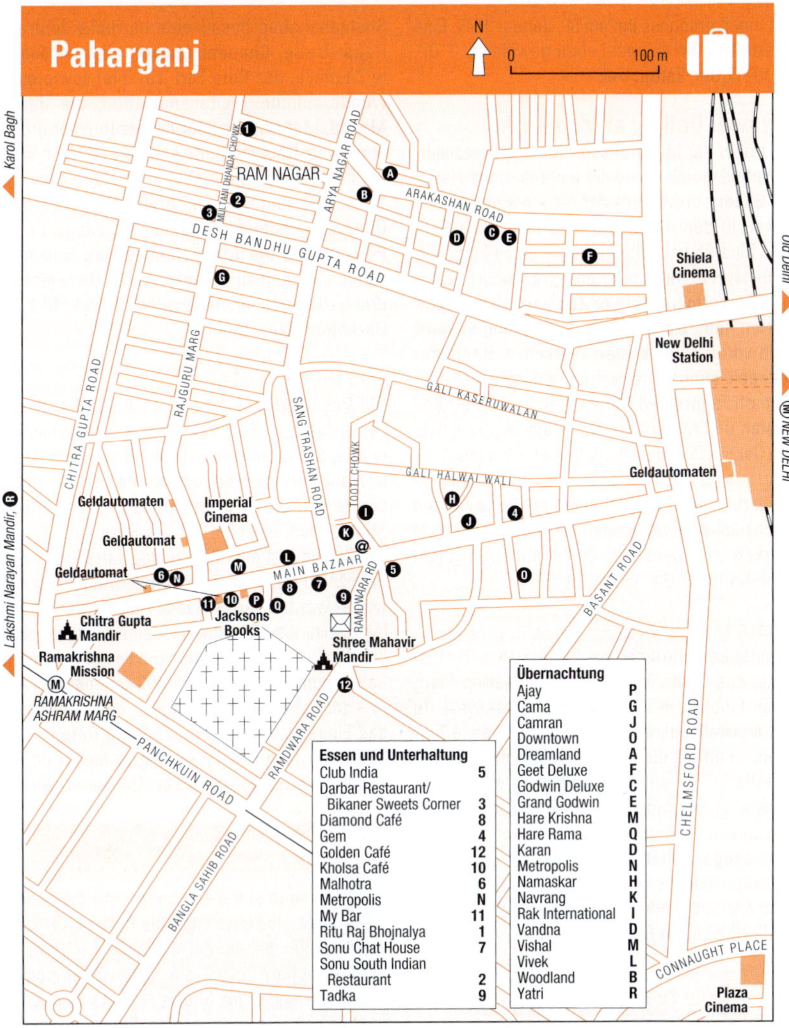

Abteilung befasst sich mit ihrem Sohn Rajiv und zeigt ebenfalls die Kleidung, die er trug, als auch er ermordet wurde: 1991 wurde er von tamilischen Separatisten aus Sri Lanka umgebracht. ⌚ Di–So 9.30–16.45 Uhr, Eintritt frei.

Noch tragischer als die Todesumstände von Rajiv und Indira war die Ermordung des „Vaters der Nation", Mahatma Gandhi, der denselben Familiennamen trug, aber nicht mit ihnen verwandt war. Das **Gandhi Smriti**, 5 Tees January Marg, ist das Haus, in dem Gandhi seine letzten Tage verlebte. Er war nach Delhi gekommen, um beschwichtigend auf die Ausschreitungen einzuwirken, die die Landesteilung begleiteten. Die Hindu-Extremisten hassten ihn, weil er sich schützend vor die Moslems stellte, und einer von ihnen erschoss ihn am 30. Januar 1948. Eine Ausstellung ist seinem Leben gewidmet. ⌚ Di–So 10–17 Uhr, Eintritt frei.

National Gallery of Modern Art

Wo früher der Maharadscha von Jaipur residierte, befindet sich heute die umfangreiche National Gallery of Modern Art, 💻 www.ngmaindia.gov.in. In dem Gebäude nahe dem India Gate wird eine abwechslungsreiche Sammlung zeitgenössischer indischer Kunst präsentiert, wobei der Schwerpunkt auf der Zeit nach den 1930er-Jahren liegt. Die ständige Ausstellung umfasst viele von Indiens besten Werken, z. B. die der „bengalischen Renaissance"-Künstler Abanendranath Tagore und Nandalal Bose, des großen Poeten und Malers Rabindranath Tagore sowie von Jamini Roy, dessen Arbeit an Modigliani erinnert und den Einfluss indischer Volkskunst reflektiert. In den Galerien im Erdgeschoss werden wechselnde Ausstellungen mit zeitgenössischen Werken vom gesamten Subkontinent gezeigt. ⌚ Di–So 10–17 Uhr, Eintritt Rs150.

Crafts Museum

Unmittelbar nördlich von Purana Qila (S. 151) bietet das Crafts Museum in der Bhairon Marg einen Einblick in indisches Kunsthandwerk. In den Ausstellungsräumen sind verschiedene Textilien, Schnitzereien, Keramiken, Gemälde und Metallarbeiten aus ganz Indien zu sehen. Der Dorfkomplex veranschaulicht die Bautraditionen verschiedener Regionen. Bei den Vorführungen sind einige Kunsthandwerker bei der Arbeit zu sehen und es werden Arbeiten aus unterschiedlichen Landesregionen verkauft. ⌚ Di–So 10–17 Uhr, Eintritt Rs150.

Old Delhi (Shahjahanabad)

Das im 17. Jh. von dem Mogul-Herrscher Shah Jahan erbaute Shahjahanabad ist eigentlich nicht Delhis ältester Stadtteil. Trotzdem wird es gemeinhin Old Delhi genannt. Mit dem Bau der Stadt wurde 1638 begonnen, und innerhalb von elf Jahren war sie im Grunde fertig gestellt und von einer Stadtmauer mit 14 Haupttoren und einer Länge von mehr als 8 km umschlossen. Shahjahanabad besaß eine herrliche zentrale Hauptstraße, **Chandni Chowk**, eine imposante Zitadelle, das **Rote Fort** (Lal Qila) sowie eine wunderschöne Freitagsmoschee, die **Jama Masjid**. Mittlerweile liegt die Stadtmauer größtenteils in Trümmern und von den 14 Toren sind nur noch vier erhalten. Wer in das faszinierende Treiben eintauchen will, braucht eine Portion Unerschrockenheit, Geduld und einige Chai-Pausen, um die Menschenmengen und den dichten Verkehr zu ertragen. In Old Delhi gibt es drei U-Bahnstationen: Chandni Chowk, Chawri Bazaar und New Delhi.

Das Rote Fort (Lal Qila)

Old Delhis größtes Bauwerk ist Lal Qila (Rotes Fort), das dem Fort von Agra nachempfunden wurde. Sein englischer Name „Red Fort" erklärt sich aus dem roten Sandstein, aus dem es erbaut wurde. In Auftrag gegeben wurde es 1638 von Shah Jahan; es sollte ihm als Residenz dienen. Die Festung ist mit allem ausgestattet, was von dem Machtzentrum einer Mogul-Regierung erwartet werden darf: Audienz-Hallen, Marmorpaläste, luxuriöse Privaträume, eine Moschee und kunstvoll angelegte Gärten. Die Festungsmauern haben eine Gesamtlänge von 2 km und zwei Tore – das **Lahore Gate** im Westen, das gleichzeitig das Eingangstor ist, und das **Delhi Gate** im Süden. Shah Jahans Sohn Aurangzeb ließ beide Tore durch Vorwerke verstärken. Damals verlief die

Ton- und Lichtshows

Jeden Abend außer Mo finden im Roten Fort Ton- und Lichtshows statt: Die Paläste werden spektakulär beleuchtet und aus blechernen Lautsprechern ertönt ein historischer Kommentar. Beginn der Shows ist nach Sonnenuntergang, sie dauern eine Stunde (Shows auf Englisch: Feb–April und Sep–Okt 20.30 Uhr, Mai–Aug 21 Uhr, Nov–Jan 19.30 Uhr; Eintritt wochentags Rs60, am Wochenende und an Feiertagen Rs80; ✆ 011/2327 4580). Die Moskitos sind so lästig, dass zur abendlichen Grundausstattung unbedingt ein Insektenschutzmittel gehört. Im Sommer können die Shows durch den heftigen Monsunregen behindert werden.

Old Delhi

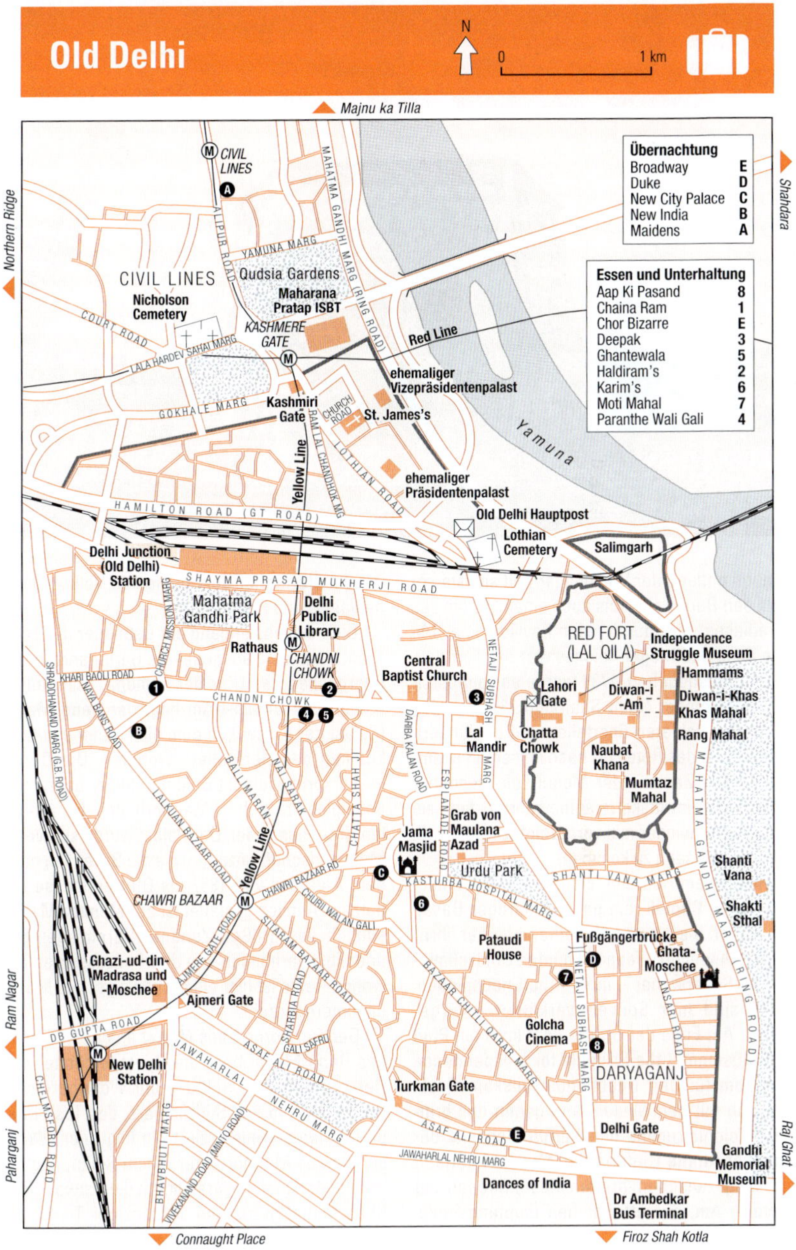
N
0
1 km
Majnu ka Tilla
Shahdara
Northern Ridge
Ram Nagar
Paharganj
Raj Ghat
Connaught Place
Firoz Shah Kotla
Übernachtung
Broadway E
Duke D
New City Palace C
New India B
Maidens A
Essen und Unterhaltung
Aap Ki Pasand 8
Chaina Ram 1
Chor Bizarre E
Deepak 3
Ghantewala 5
Haldiram's 2
Karim's 6
Moti Mahal 7
Paranthe Wali Gali 4
CIVIL LINES
Nicholson Cemetery
Qudsia Gardens
Maharana Pratap ISBT
KASHMERE GATE
Red Line
ehemaliger Vizepräsidentenpalast
Kashmiri Gate
St. James's
Yamuna
Yellow Line
ehemaliger Präsidentenpalast
Old Delhi Hauptpost
Lothian Cemetery
Salimgarh
Delhi Junction (Old Delhi) Station
Mahatma Gandhi Park
Delhi Public Library
Rathaus
CHANDNI CHOWK
Central Baptist Church
RED FORT (LAL QILA)
Independence Struggle Museum
Hammams
Lahori Gate
Diwan-i-Am
Diwan-i-Khas
Khas Mahal
Rang Mahal
Lal Mandir
Chatta Chowk
Naubat Khana
Mumtaz Mahal
Grab von Maulana Azad
Jama Masjid
Urdu Park
Shanti Vana
Shakti Sthal
CHAWRI BAZAAR
Pataudi House
Fußgängerbrücke
Ghata-Moschee
Ghazi-ud-din-Madrasa und -Moschee
Ajmeri Gate
Golcha Cinema
DARYAGANJ
New Delhi Station
Turkman Gate
Delhi Gate
Gandhi Memorial Museum
Dances of India
Dr Ambedkar Bus Terminal
CIVIL LINES
ALIPUR ROAD
YAMUNA MARG
MAHATMA GANDHI MARG (RING ROAD)
COURT ROAD
LALA HARDEV SAHAI MARG
GOKHALE MARG
CHURCH ROAD
RAMLAL CHANDHOK MG
LOTHIAN ROAD
HAMILTON ROAD (GT ROAD)
SHAYMA PRASAD MUKHERJI ROAD
CHURCH MISSION MARG
KHARI BAOLI ROAD
NAYA BANS ROAD
CHANDNI CHOWK
NETAJI SUBHASH MARG
SHRADDHANAND MARG (G.B. ROAD)
DARIBA KALAN ROAD
ESPLANADE ROAD
BALLIMARAN
NAI SARAK
CHATTA SHAH JI
LALKUAN BAZAAR ROAD
CHAWRI BAZAAR RD
CHURIWALAN GALI
KASTURBA HOSPITAL MARG
SHANTI VANA MARG
SITARAM BAZAAR ROAD
AJMERE GATE ROAD
BAZAAR CHITLI QABAR MARG
ANSARI ROAD
SHARBIA ROAD
GALI SAFRU
DB GUPTA ROAD
JAWAHARLAL NEHRU MARG
ASAF ALI ROAD
CHELMSFORD ROAD
BHAVBHUTI MARG
VIVEKANAND ROAD (MINTO ROAD)

Die Jama Masjid in Old Delhi ist die größte Moschee ganz Indiens.

Yamuna entlang der Westmauer und speiste sowohl den Burggraben als auch einen „Strom des Paradieses", der durch jeden Pavillon floss. Mit dem Ende des Mogul-Reiches war das Fort dem Verfall preisgegeben. 1739 wurde es vom persischen Herrscher Nadir Shah und 1857 von den britischen Soldaten überfallen und geplündert. Trotzdem ist das Rote Fort noch immer ein beeindruckendes Zeugnis der Mogul-Zeit. Besucher sollten ihre Eintrittskarte aufbewahren, denn sie muss immer wieder mal vorgezeigt werden (z. B. um in die Museen zu kommen).

Hinter dem Haupttor, dem Lahore Gate, liegt der **Chatta Chowk**, ein passagenartiger Basar, wo früher die besten Kunsthandwerker ihrer Zunft – Juweliere, Teppichknüpfer, Goldschmiede und Silberweber – ihrer Arbeit nachgingen, heute sind hier Souvenirverkäufer untergebracht. Am Ende der Straße geht links ein Pfad zum Museum of the Struggle for Independence (Museum für den Unabhängigkeitskampf) ab, das sich mit dem Widerstand gegen das britische Kolonialregime beschäftigt. Jenseits der **Naubhat Khana** (Galerie der Musiker) verläuft ein Weg zwischen breiten Rasenflächen zur **Diwan-i-Am**, der öffentlichen Empfangshalle, wo der Herrscher dem gemeinen Volk Audienz gewährte und Hof hielt.

Die Pavillons entlang der Ostmauer des Forts grenzen an eine ausgedehnte Gartenanlage und überblicken das Ufer der Yamuna. Unmittelbar östlich des Diwan-i-Am liegt der **Rang Mahal** (Palast der Farben), in dem die Frauen und Konkubinen des Herrschers wohnten. Die Decke war ursprünglich mit Gold und Silber überzogen und spiegelte sich im Marmorboden des zentralen Brunnens wider. Der Palast wurde schwer in Mitleidenschaft gezogen, als die Briten ihn nach dem Aufstand von 1857 als Offiziersmesse benutzten. Ähnlich gestaltet ist der **Mumtaz Mahal**, südlich des großen Zenana (Harem) gelegen und einst vermutlich von den Prinzessinnen bewohnt. Heute ist hier ein archäologisches Museum untergebracht.

Der marmorne **Khas Mahal** an der Nordseite des Rang Mahal barg die Privatgemächer des Herrschers: Bet-, Schlaf- und Wohnbereiche. Die Nordwand des Südzimmers, des Tosh Khana (Ankleidezimmer), ziert ein filigraner Wandschirm aus Marmor unter einem Relief, das die Waage der Justitia darstellt. An die Ostwand des Khas Mahal grenzt ein achteckiger Turm, von dem aus sich der Herrscher täglich der Menschenmenge zeigte.

Der große **Diwan-i-Khas** (private Audienzhalle) nördlich des Khas Mahal ist das prächtigste Gebäude der gesamten Anlage. Die mächtigen Säulen im Innern des marmornen Pavillons sind mit exquisiten Einlegearbeiten aus Halbedelsteinen geschmückt. An der Nord- und Südwand lässt sich noch immer die Inschrift eines auf Persisch verfassten Reims entziffern, die Shah Jahans Premierminister zugeschrieben wird: „Gibt es auf Erden hier ein Paradies, so ist es dies, oh ist es dies, oh ist es dies." Es handelt sich nicht nur um ein Lobgedicht, sondern das Verspaar bezieht sich auf die Gärten der Festung und den Koran, der den Himmel als Garten beschreibt.

Etwas weiter nördlich befindet sich der **Hammam** (Bäder). Die Einlassungen im Marmorboden sind mit wunderbaren Edelsteinen verziert. Durch die Buntglasfenster wird alles in ein zauberhaftes Licht getaucht. Im westlichen Zimmer befanden sich die heißen Bäder, die östlichen Räume schmückten Brunnen mit Rosenwasser; sie wurden als Ankleidezimmer genutzt. Neben dem Hammam steht die gefällige **Moti Masjid**, oder Pearl Mosque. Die „Perlenmoschee" mit ihren drei Kuppeln ließ Aurangzeb 1659 anbauen. Leider ist sie derzeit für die Öffentlichkeit geschlossen. ⌚ Di–So von Sonnenauf- bis Sonnenuntergang, Museen 10–17 Uhr, Eintritt Rs250.

Jama Masjid

Die rot-weiße Jama Masjid, ein herrliches Beispiel für Mogul-Pomp, ist die größte Moschee Indiens. Im Innenhof finden bis zu 25 000 Gläubige Platz. Der Entwurf stammt von Shah Jahan selbst, erbaut wurde die Moschee zwischen 1644 und 1656 von rund 5000 Arbeitern. Das ursprünglich Masjid-i-Jahanuma genannte Gotteshaus („Moschee, die einen Blick auf die Welt gewährt") steht auf dem Bho Jhala, einem der beiden Hügel von Shahjahanabad, und bietet einen Blick auf das Rote Fort und die bevölkerten Straßen von Old Delhi. Breite, rote Treppen aus Sandstein führen zu den Eingangstoren auf der Ost-, Nord- und Südseite, wo Besucher ihre Schuhe ausziehen müssen. ⌚ 8 Uhr bis eine halbe Stunde vor Sonnenuntergang, im Sommer ab 7 Uhr, nachmittags für 30 Min. zum Gebet geschlossen; Eintritt frei; Fotoerlaubnis Rs200, Shorts, kurze Röcke und ärmellose Oberteile sind tabu.

Im Innenhof wird der Blick sofort auf die drei zwiebelförmigen Kuppeln aus Marmor gelenkt, welche die **Hauptgebetshalle** auf der Westseite (in Richtung Mekka) krönen. Angrenzend verläuft eine Reihe hoher, spitz zulaufender Bögen, unter denen sich der *mihrab* befindet, eine Nische, die anzeigt, in welche Richtung die Gebete gesprochen werden müssen. Das Wasserbecken in der Mitte des Hofes dient rituellen Waschungen. An jeder Ecke des Hofes strebt ein schlankes, von einer Marmorkuppel gekröntes Minarett gen Himmel. Es lohnt sich, den **Turm** südlich des Hauptheiligtums zu besteigen (Eintritt Rs100, Frauen haben nur in männlicher Begleitung Zutritt), um den Ausblick über Delhi zu genießen. In der nordöstlichen Ecke beherbergt ein weißer Schrein Reliquien des Propheten Mohammed, darunter seine Sandalen, ein Barthaar und sein „Fußabdruck", der auf wundersame Weise in eine Marmorplatte geprägt ist.

Chandni Chowk

Der Chandni Chowk, die Hauptstraße von Old Delhi, war einst ein reizender baumgesäumter Kanal, an dem sich Basare entlangzogen, die zu den opulentesten in ganz Asien gehörten. Nach 1857 schütteten die Briten den Kanal zu und asphaltierten ihn. 2007 erließen die Behörden ein Verbot von Fahrrad-Rikschas auf der Straße zwischen 8 und 20 Uhr; sie wurden durch grüne Minibusse (Rs5) ersetzt. Jedoch wurde gegen das Verbot Widerspruch eingelegt, und vielleicht wird es nicht Bestand haben. Jedoch ist die beste Art der Erkundung der Straße ohnehin zu Fuß. Unterwegs sollte man Ausschau nach nummerierten Schildern halten, die auf geschichtsträchtige Gebäude hinweisen, deren historische Bedeutung, besonders während des Aufstands von 1857, auf Tafeln erläutert wird.

Der **Lal Mandir** am östlichen Ende des Chandni Chowk, gegenüber vom Roten Fort, ist zwar nicht so reich verziert wie die Jain-Tempel in Rajasthan (S. 274 und 276), wartet aber mit feinen Steinmetzarbeiten sowie vergoldeten

Malereien in den Vorräumen des Hauptschreins auf. Vor dem Betreten des Tempels muss man am Eingangskiosk seine Schuhe und alle Gegenstände aus Leder zurücklassen. ⌚ tgl. 5.30–11.30 und 18–21.30 Uhr. Das angeschlossene **Vogelkrankenhaus** setzt das Jain-Prinzip, wonach alles Leben heilig ist, in die Praxis um. Hier werden verletzte Vögel gepflegt, und jede Art besitzt eine eigene „Krankenstation". Die Spatzenstation bevölkern vor allem Opfer von Ventilatoren, mit denen die Spatzen oft kollidieren. ⌚ tgl. 7–21 Uhr, Eintritt frei, Spenden werden dankbar angenommen.

Raj Ghat

Als Shah Jahan 1638 seine Stadt gründete, grenzten deren östliche Ausläufer an den Fluss Yamuna, an dessen Ufern man eine Reihe von Treppen *(ghats)* eingebaut hat. Raj Ghat, östlich des Delhi Gate – eigentlich mehr ein Park als eine Treppe – ist die Stelle, wo Mahatma Gandhi 1948, einen Tag nach seiner Ermordung, eingeäschert wurde. Auf der *samadhi* (Urnengrabstätte) von Mahatma, einem niedrigen schwarzen Sockel, sind seine angeblichen letzten Worte eingraviert: „Hai Ram" („O Gott"). Jeden Freitag um 17 Uhr sowie an seinem Geburtstag (2. Oktober) und seinem Todestag (30. Januar) werden hier für ihn Gebete gesprochen. ⌚ tgl. April–Sep 5–19.30, Okt–März 5.30–19 Uhr, Eintritt frei.

In dem kleinen **Gandhi Memorial Museum** gegenüber der Raj Ghat sind einige Fotografien und Schriftstücke von Ghandi ausgestellt. Samstags um 16 Uhr läuft ein einstündiger Film (auf Englisch) über sein politisches und privates Leben. ⌚ tgl. außer Mo 9.30–17.30 Uhr, Eintritt frei.

Nördlich des Raj Ghat befinden sich an den Stellen, wo Jawaharlal Nehru (in Shanti Vana), seine Tochter Indira Gandhi (in Shakti Sthal) und sein Enkel Rajiv Gandhi (in Vir Bhumi) eingeäschert wurden, weitere Gedenkstätten.

Firoz Shah Kotla

Angeblich ließ Firoz Shah, Sultan von Delhi von 1351 bis 1388, eine ganze neue Stadt (die fünfte in Delhi) erbauen – Firozabad, gegründet 1354. Heute sind jedoch nur noch wenige Spuren davon zu sehen, was wahrscheinlich ohnehin nie mehr war als ein Vorort der eigentlichen Stadt. Noch erhalten ist aber der befestigte Palast **Firoz Shah Kotla**, heute eine verfallene Ruine mit Ziergärten, 1500 m südlich des Delhi Gate. Das auffälligste Element der Anlage ist die **Ashoka-Säule** aus poliertem Sandstein aus dem 3. Jh. v. Chr., die von Ambala per Floß auf der Yamuna hierher transportiert wurde. Einen guten Blick auf die Säule hat, wer die Anlage durch ein Tor auf der Westseite betritt und dann in der Nordostecke eine Treppe hinaufgeht. Von hier bietet sich dann auch ein Ausblick auf die benachbarte Moschee und einen Stufenbrunnen *(baoli)* sowie auf die Rasenflächen, die die Anlage so angenehm wirken lassen. ⌚ Di–So Sonnenauf- bis Sonnenuntergang, Eintritt Rs100.

Nördlich des Roten Forts

Vom Roten Fort führt die Netaji Subhash Marg Richtung Norden unter einer Eisenbahnbrücke hindurch zum GPO von Old Delhi. Kurz vor dem Postamt liegt auf der Ostseite der Straße der **Lothian Cemetery**, die Begräbnisstätte für Bedienstete der East India Company von 1808 bis kurz nach dem Aufstand von 1857. Der sehr vernachlässigte Friedhof wurde zur Zeit der Recherche wieder in Ordnung gebracht. Vor dem Postamt stehen in der Mitte der Straße die Überreste des Magazins der East India Company, das heute als inoffizielle öffentliche Bedürfnisanstalt herhalten muss – also Vorsicht bei der Erkundung. Auf einer anderen Verkehrsinsel ein Stückchen weiter nördlich befindet sich ein weiterer Teil des Magazins mit einer Gedenktafel.

Weiter nördlich liegt an der Lothian Road ein weiteres Erbe aus den Tagen der Ostindienkompanie, nämlich die alte **Residency**, heute das Archäologische Institut der Guru Gobind Singh Indraprastha University. Ein paar hundert Meter weiter erhebt sich die schöne cremefarbene und weiße Barockfassade der **St. James's Church**, die 1836 von James Skinner in Auftrag gegeben wurde. Er war der Sohn eines schottischen Bediensteten der Ostindien-Kompanie und einer Rajputen-Prinzessin. Wegen seiner gemischten Abstammung und der zunehmend rassistischen Einstellung der Briten wurde Skinner lange ein angemessener Posten in der Armee der East India Company verweigert. Doch angesichts der militärischen Erfolge seiner unabhängigen kleinen Truppe wurde er schließlich zum Oberstleutnant ernannt. Skinner starb 1842 und liegt vor dem Altar begraben. ⌚ tgl. 8.30–13 und 14–17 Uhr und außerdem, wenn man den Hausmeister auftreiben kann.

Durch das doppelbögige **Kashmiri Gate** auf der Westseite der Lothian Road nur 300 m nördlich der Kirche verließ der Mogul-Hof Delhi jeden Sommer auf dem Weg ins kühle Kashmir-Tal. Nördlich davon befindet sich der Busbahnhof Maharana Pratap ISBT, und dahinter liegen auf der anderen Seite der geschäftigen Lala Hardev Sahai Marg die friedvollen **Qudsia Gardens**, ein verblassendes Andenken an die prächtigen Lustgärten, die Königin Qudsia, die Lieblingsmätresse von Muhammad Shah und Mutter von Ahmed Shah, um die Mitte des 18. Jhs. anlegen ließ.

South Delhi

Viele der frühen Siedlungen von Delhi, darunter die erste Stadt Qila Rai Pithora (um Qutb Minar), findet man nicht in Old, sondern in South Delhi, dem Gebiet südlich von Lutyens' sorgfältig geplanten Boulevards. Hier hat die rasch wachsende Stadt schon einige alte Dörfer geschluckt. Und da im Zentrum der Platz immer knapper wird, werden neue Läden und Restaurants gern in den Wohnvierteln South Delhis eröffnet.

Purana Qila

Östlich des India Gate, an der geschäftigen Mathura Road, liegt die majestätische Festung Purana Qila (Altes Fort). Es heißt, das Fort sei an der Stelle erbaut worden, wo sich die Pandava-Stadt **Indraprastha** aus dem Epos *Mahabharata* befand. Was als sechste Stadt Delhis gilt, wurde von dem zweiten Mogul-Herrscher Humayun als **Din-Panah** erbaut und von Sher Shah Suri, der ihn 1540 ablöste, in **Shergarh** umbenannt. Purana Qila wird von den Bussen Nr. 453, 454, 457 und 458 bedient, die von der Haltestelle Nr. 2 bei der New Delhi Station (Ausgang Ajmeri Gate) abfahren.

Im Innern der Festung sind noch zwei wichtige Gebäude erhalten geblieben. Die **Qila-i-Kuhna Masjid** gilt als eines der prächtigsten Bauwerke von Sher Shah. Sie wurde 1541 im afghanischen Stil errichtet und hat fünf elegante Sandsteinbögen, die mit weißem und schwarzem Marmor verziert sind. Die geometrischen Muster und geschnitzten arabischen Schriftzeichen rund um den Haupteingang sprechen von einem weitaus höheren Grad an handwerklicher Kunstfertigkeit als alles andere, was davor in Delhi zu sehen war. Früher waren die Stuckverzierungen an den Gebäuden aus Gips, aber hier sind sie in Stein gehauen. Das zweite bedeutende Gebäude, der achteckige Turm **Sher Mandal**, ebenfalls aus rotem Sandstein, diente Sher Shah als Observatorium und Bibliothek. In diesem Turm fand der Mogul-Herrscher Humayun (1520–56) auf tragische Weise den Tod, als er dem Ruf des Muezzin folgend zum Gebet eilte und die steile Treppe hinunterstürzte. ⌚ tgl. Sonnenauf- bis Sonnenuntergang, Eintritt Rs100.

Humayun-Mausoleum

In der Nähe des mittelalterlichen moslemischen Zentrums von Nizamuddin und 2 km von Purana Qila, steht an der Kreuzung Lodi Road / Mathura Road das Mausoleum von Humayun. Es ist eine Haltestelle von der New Delhi Railway Station entfernt. Aussteigen an der Hazrat Nizamuddin Railway Station, von wo es 500 m zu der Stätte sind. Leicht erreichbar per Bus (Nr. 181 und 414 von der Chelmsford Road bei der New Delhi Station, Nr. 893, 894 und 966 von der Kasturba Gandhi Marg beim Connaught Place) oder mit einer vorausbezahlten Motor-Rikscha ab Connaught Place (Rs60). Die beste Zeit zum Fotografieren ist der Spätnachmittag.

Delhis erstes Mogul-Mausoleum wurde als letzte Ruhestätte für den zweiten Mogul-Herrscher Humayun erbaut. Haji Begum, Humayuns Witwe und Mutter von Akbar, hielt ein wachsames Auge auf die Arbeiten und schlug sogar vor Ort ihr Lager auf. Sie wurde neben ihrem Gatten beerdigt. Später wurden auf dem Gelände weitere Moguln beigesetzt. Das Grab gehört aufgrund des eleganten persischen Stils zu den prächtigsten historischen Bauwerken Delhis. Aus rotem Sandstein erbaut und mit schwarzen und weißen Marmorintarsien verziert, steht es mitten in einem *charbagh* (in Viertelsegmente unterteilten

Das Humayun-Mausoleum ist ein weiteres Beispiel für den prunkvollen Stil der Mogul-Architektur.

Garten) auf einem weithin sichtbaren Podium mit Blick auf die Yamuna. Das achteckige Monument wird von einer doppelten Kuppel gekrönt, die 38 m hoch aufragt.

In einem weiteren beeindruckenden, viereckigen Mausoleum mit einer doppelten Kuppel und zwei mit Koranschriften verzierten Gräbern soll Humayuns Barbier bestattet sein. Er galt als wichtiger Mann, denn er genoss das Vertrauen des Herrschers und durfte ihm sein Rasiermesser an die Kehle setzen. In der Nähe, aber außerhalb des Geländes (wer einen näheren Blick darauf werfen will, muss also darum herum gehen), erhebt sich **Nila Gumbad** („blaue Kuppel"), eine achteckige Grabstätte mit einer blau gekachelten Kuppel. Sie soll von einem Adligen Akbars erbaut worden sein, um einen treuen Diener zu ehren, aber vielleicht stammt sie auch aus der Zeit vor dem Humayun-Mausoleum. ⌚ tgl. Sonnenauf- bis Sonnenuntergang, Eintritt Rs250.

Nizamuddin

Gegenüber dem Humayun-Mausoleum, jenseits der Mathura Road, liegt umgeben von Hauptverkehrsachsen und vornehmen Vierteln das *mahalla* (Dorf) Nizamuddin. Hier verläuft das Leben in ganz gemächlichen Bahnen; es gibt keinen Verkehr, sondern alte Moscheen und Grabstätten, und das unterscheidet sich dermaßen von der Stadt ringsum, dass der Besuch einer Zeitreise in die Vergangenheit gleicht. Im Zentrum des Gassengewirrs mit Geschäften und Marktständen liegt einer der bedeutendsten Schreine des Sufismus, der **Hazrat Nizam-ud-Din Dargah**, der Gläubige von nah und fern anzieht.

Der marmorne *dargah* ist die Grabstätte von Scheich Nizam-ud-Din Aulia (1236–1325), dem 4. Heiligen des Chishtiya Sufi-Ordens (begründet von Khwaja Muin-ud-Din Chishti von Ajmer; S. 222). Zum eigentlichen Grab im Inneren des Heiligtums haben Frauen keinen Zutritt. Scheich Nizam-ud-Dins Schüler, der Dichter und Chronist **Amir Khusrau** – der offiziell als erster Urdu-Poet und Gründer der *khyal* gilt, der bekanntesten Form klassischer nordindischer Musik – liegt in einem roten Sandsteingrab vor dem Mausoleum seines Lehrers begraben. Religiöse Gesänge und Musik spielen bei den Chishtiyas, ebenso wie bei mehreren Sufi-Orden, eine wichtige Rolle, und abends (besonders donnerstags und an Festtagen) kommen *qawwals* (Barden) zusammen, um gemeinsam zu singen.

Das älteste Bauwerk des Geländes, die rote Sandstein-Moschee **Jamat Khana Masjid**, liegt westlich der Grabstätte. Ihr Bau wurde 1325 von Khizr Khan, dem Sohn des Khalji-Sultans Ala-ud-Din, in Auftrag gegeben. Neben Amir Khusraus Mausoleum befindet sich das von marmornen Wandschirmen umgebene **Grab von Prinzessin Jahanara**, der Lieblingstochter Shah Jahans. Gemäß dem Wunsch der Prinzessin bedeckt nichts als Gras ihr Grab. Unmittelbar östlich des *dargah*-Geländes steht das elegante, auf 64 Säulen ruhende, aus weißem Marmor erbaute **Chausath Khamba**. Das Mausoleum wurde für die Familie eines Mogul-Politikers erbaut, der Gouverneur von Gujarat gewesen war. Entsprechend trägt es in seiner niedrigen, breiten Bauweise und mit den eleganten Marmorschirmen unverkennbare Gujarati-Einflüsse. Das Mausoleumsgelände ist normalerweise abgeschlossen, aber meistens ist der Wächter irgendwo in der Nähe und schließt auf, wenn jemand Interesse bekundet.

Lodi Gardens

Der gepflegte Lodi-Park, 2 km westlich von Nizamuddin an der Lodi Road, ist Teil eines Gürtels von Natur- und Baudenkmälern aus dem 15. und 16. Jh. Eine Fahrt in der Motor-Rikscha vom Connaught Place zum Park kostet Rs40. Die Anlage liegt heute inmitten von Golfplätzen, großen Bungalows und exklusiven Wohnanlagen. Im Park ist besonders am frühen Morgen und Abend viel los, wenn die Fitness-Enthusiasten zum Walken oder Laufen hierher kommen. Innerhalb des Parks liegt auch der **National Bonsai Park**. Am besten besucht man die Anlage bei Sonnenuntergang, dann ist das Licht am schönsten, und die Grabstätten sind beleuchtet.

Nahe beim Parkzentrum befindet sich die beeindruckende **Bara Gumbad** („große Kuppel"), eine quadratisch angelegte Grabstätte aus dem späten 15. Jh. Eine ähnliche Grabstätte 50 m weiter nördlich, **Shish Gumbad** („verglaste Kuppel"), zeigt noch immer Reste der blauen Ziegel, die großzügig für die Friese unterhalb des Gesims und oberhalb des Eingangs verwendet wurden. Die Stuckarbeiten im Innern zieren wieder kunstvolle Koraninschriften. 300 m südwestlich der Bara Gumbad liegt das achteckige **Grab von Muhammad Shah** (reg. 1434–45) aus der Sayyiden-Dynastie. 300 m nördlich und eingeschlossen von hohen Mauern ruht **Sikandar Lodi** (reg. 1489–1517). In der nordwestlichen Ecke des Parks stößt man auf Athpula („acht Pfeiler"), eine verzierte Brücke aus dem 16. Jh. ⌚ tgl. 5–20 Uhr, Eintritt frei.

Safdarjang-Mausoleum

Das Grab von Safdarjang, dem Mogul-Vizekönig von Avadh unter Muhammad Shah (1719–48), steht an der Kreuzung Lodi Road / Aurobindo Marg, 5 km südwestlich vom Connaught Place. Zu erreichen vom Ajmeri Gate oder Connaught Place (Kasturba Gandhi Marg), oder vom Connaught Place mit einer vorausbezahlten Motor-Rikscha (Rs50). Der doppelgeschossige, mit Marmorintarsien verzierte Bau aus rotem Sandstein erhebt sich auf einer Plattform mit Blick auf den benachbarten Delhi Flying Club. Das Grab – das letzte von Indiens großen Gartengräbern der Moguln – wurde zwischen 1753 und 1774 errichtet, nach der blutigen Invasion und Plünderung der Stadt durch Nadir Shah. Zu dieser Zeit war das Reich nur noch ein Schatten seiner selbst und viele der vormals großartigen Gebäude der Hauptstadt waren nurmehr Ruinen. Mit seiner wuchtigen Kuppel und einem mit allerlei Verzierungen und verschnörkeltem Stuck völlig überladenen Inneren ist das Mausoleum Stein gewordener Ausdruck der Dekadenz, die die Endphase der Mogul-Herrschaft kennzeichnete. ⌚ tgl. Sonnenauf- bis Sonnenuntergang, Eintritt Rs100.

Hauz Khas

Das wohlhabende Vorortviertel Hauz Khas inmitten von Parks und Wald 4 km südlich des Safdarjang-Mausoleums, ist typisch für South Delhi. Es ist nämlich eine durch und durch moderne Gegend, in der es aber auch noch Zeugnisse aus dem alten Indien gibt. Den modernen Teil bildet das Dorf Hauz Khas, ein Einkaufsviertel mit schicken Boutiquen und edlen Restaurants. Hier gibt es außerdem einen entzückenden Wildpark und einen Rosengarten. Für Besucher am interessantesten sind aber neben den guten Einkaufsmöglichkeiten (s. S. 169) vor allem die Ruinen eines künstlich angelegten Wasserbeckens vom 14. Jh. am Westrand des Dorfes.

Sultan Ala-ud-Din Khalji ließ das Becken 1304 anlegen, um seine Zitadelle in Siri, der zweiten Stadt Delhis, mit Wasser zu versorgen;

nach ihm trägt es den Namen **Hauz-i-Alai**. Ein halbes Jahrhundert später wurde das Becken unter Firoz Shah erweitert, der außerdem am nördlichen Ende ein zweistöckiges Seminargebäude und eine Moschee errichten ließ. Unter den anonymen Gräbern, die über die gesamte Anlage verstreut liegen, befindet sich auch das von Firoz Shah selbst, direkt am Südende des Teichs. Die hohen Mauern, die Kuppel und das mit einer steinernen Balustrade versehene Tor sind schöne Beispiele für die harmonische Vermischung hinduistisch-indischer und islamischer Architektur.

Siri selbst lag ein paar Kilometer östlich von Hauz Khas, und die Überreste der Befestigungen sind von der Khel Gaon Marg aus zu sehen. Einen großen Teil des Geländes nehmen heute Grünflächen ein, sodass ein Besuch hier recht angenehm ist. Ein anderer Teil wurde für die Asienspiele 1982 mit einem Sportlerdorf zugebaut.

Baha'i-Tempel

Der Baha'i-Tempel, eine Ikone moderner Architektur, wird oft mit der Oper von Sydney verglichen. Während jene von Apfelsinenspalten inspiriert wurde, gleicht der Baha'i-Tempel einer sich öffnenden Lotusknospe und wird daher auch **Lotustempel** genannt. 27 überdimensionale Blütenblätter aus weißem Marmor symbolisieren die neun spirituellen Pfade der Baha'i-Glaubensphilosophie; in jeder der durch ein Blütenblatt geformten Nischen befindet sich ein Auszug aus den heiligen Baha'i-Schriften. Der Tempel inmitten einer großen Grünanlage zeigt sich bei Sonnenuntergang von seiner faszinierendsten Seite. ◷ Mo–Sa April–Sep 9–19, Okt–März 9.30–17.30 Uhr. Es kann sein, dass man gebeten wird, kurz draußen zu warten, um die Andachten nicht zu stören, die jeweils zur vollen Stunde von 9–12 und 15–17 Uhr abgehalten werden.

Geschichte

Im Laufe der Jahrhunderte sollen auf dem heutigen Stadtgebiet sieben Städte gegründet worden sein, mit dem von den Briten erbauten New Delhi als achte Stadt. Tatsächlich konzentrierte sich Delhi in seiner Entwicklungsgeschichte auf drei hauptsächliche Gebiete: Lal Kot und dessen nordöstliche Ausläufer, wo die Stadt im Mittelalter überwiegend angesiedelt war; Old Delhi, die von Shah Jahan im 17. Jh. gegründete Stadt der Moguln; und New Delhi, von den Briten gerade rechtzeitig erbaut, um die Hauptstadt des unabhängigen Indiens zu werden.

Zeittafel

ca. 1450 v. Chr. Die Pandavas, die Helden des Hindu-Epos Mahabharata, haben ihre Hauptstadt in Indraprastha bei Purana Qila.

1060 n. Chr. Die Tomars, ein Rajputen-Clan, gründen Lal Kot, das als die erste der sieben Städte Delhis gilt.

1180 Die Tomars werden von einem rivalisierenden Rajputen-Clan, den Chauhans, vertrieben, die die Stadt in Qila Lal Pithora umbenennen.

1191 Qila Lal Pithora fällt an Muhammad von Ghor, einen afghanischen Moslem.

1206 Muhammad von Ghors General Qutb-ud-Din Aibak ernennt sich zu einem unabhängigen Herrscher und gründet das Sultanat Delhi.

1211–36 Sultan Iltutmish macht Delhi zur Hauptstadt eines Gebietes, das sich vom Punjab bis nach Bengalen erstreckt.

1290 Der aus Zentralasien stammende Khalji-Clan gelangt an die Macht und übernimmt das Sultanat.

1303 Unter Sultan Ala-ud-Din Khalji entsteht Siri, Delhis zweite Stadt.

1321 Ghiyas-ud-Din Tughluq gründet die Tughluq-Dynastie sowie Tughluqabad, Delhis dritte Stadt.

1326 Sultan Muhammad Tughluq gründet als Erweiterung von Lal Kot und Verbindungsstück zu Siri die vierte Stadt, Jahanpanah.

1354 Als sich das Sultanat langsam dem Zerfall nähert, gründet Sultan Firoz Shah die fünfte Stadt in Firozabad.

1398 Timur Lenk (Tamerlan) nimmt Delhi ein und begründet die Dynastie der Sayyiden.

1444 Die Sayyiden werden von Buhul Lodi vertrieben, dessen Familie das Sultanat übernimmt.

1526 Die erste Schlacht von Panipat: Der Mogulherrscher Babur besiegt Sultan Ibrahim Lodi und

Die Fahrt mit einer vorausbezahlten Motor-Rikscha vom Connaught Place hierher kostet Rs80, man kann aber auch Bus Nr. 440 vom Bahnhof New Delhi (Gate 1) nehmen oder vom Connaught Place (Scindia House) zur Outer Ring Road beim Kalkaji-Busdepot, das eine kurze Fußstrecke vom Tempel entfernt ist. Ebenfalls in der Nähe befindet sich die Metrostation Kalkaji Mandir an der violetten Linie.

Felsen-Edikt von Kaiser Ashoka

Nordwestlich des Baha'i Temple, gleich bei der Raja Dhirsain Marg, befindet sich das Edikt von Ashoka, eine zehnzeilige Inschrift in der alten Brahmi-Schrift auf einem Felsblock. Den Stein, der inzwischen überdacht in einem eigenen Minipark steht, benutzten die Kinder der Nachbarschaft bis 1966 als Rutsche. Dann entdeckten die Anwohner die alte Inschrift, die unter dem Maurya-Kaiser Ashoka dem Großen im 3. Jh. v. Chr. üblich war und beweist, dass ganz in der Nähe eine bedeutende Niederlassung gewesen sein muss. Die Inschrift besagt, dass des Kaisers Bemühungen um die Verbreitung der buddhistischen Lehre die Menschen den Göttern näher gebracht habe.

Tughluqabad

15 km südöstlich vom Connaught Place an der Straße von Mehrauli nach Badarpur (der Eingang befindet sich 1 km östlich der Kreuzung mit der Guru Ravidas Marg), erhebt sich auf einem Felsvorsprung die verfallene Festungsanlage der dritten Stadt von Delhi, Tughluqabad. Sie entstand während der kurzen Regentschaft von Ghiyas-ud-Din Tughluq (1320–24) und wurde nach dem Tod des Königs wieder aufgegeben, vermutlich wegen Wassermangels. Der interessanteste Teil ist die von hohen Mauern umgebene Zitadelle im Südwesten der Anlage, von der

besiegelt das Schicksal des Sultanats von Delhi.

1541 Baburs Sohn Humayun verliert Delhi an Sher Shah Suri, den Erbauer der sechsten Stadt, Purana Qila.

1544 Humayun erobert Delhi zurück, stirbt aber im folgenden Jahr.

1565 Humayuns Sohn Akbar verlegt die Hauptstadt des Mogulreiches nach Agra.

1638 Akbars Enkel Shah Jahan zieht wieder zurück nach Delhi und erbaut die siebte Stadt, Shahjahanabad (Old Delhi).

1739 Als die Macht der Moguln bröckelt, plündert der persische Herrscher Nadir Shah die Stadt und tötet etwa 15 000 Bewohner.

1784 Die Marathen (S. 690) nehmen Delhi ein und machen den Herrscher zu ihrem Vasallen.

1803 In der Schlacht von Delhi besiegen die Truppen der britischen East India Company die Marathen; die Company ist jetzt die eigentliche Machthaberin.

1857 Beim Sepoy-Aufstand unterstützt Delhi die Rebellen, aber die Briten erobern die Stadt blutig zurück, setzen die Moguln ab und verweisen die moslemischen Bewohner Delhis für zwei Jahre der Stadt.

1911 Als sich der Widerstand gegen die Kolonialherrschaft in Kalkutta verstärkt, machen die Briten Delhi zur neuen indischen Hauptstadt.

1931 New Delhi wird offiziell zur Hauptstadt Britisch-Indiens erhoben.

1947 Die Briten übergeben die Macht an die erste demokratisch gewählte Regierung; viele Moslems werden von Hindu-Mobs aus der Stadt vertrieben, derweil strömen Hindus und Sikhs aus dem Punjab und Bengalen in die Stadt.

1957 Zur Koordinierung der Stadtentwicklung wird die Delhi Development Authority (DDA) gegründet.

1975–77 Staatsnotstand unter Indira Gandhi: Moslemische Slumbewohner werden zwangsweise aus Old Delhi vertrieben.

1984 Nach der Ermordung Indira Gandhis brechen Unruhen aus, die sich vor allem gegen die Sikhs der Stadt richten.

1992 Delhi wird zum Capital Territory (CT) mit eigener Verwaltung, jedoch nicht vollständiger Souveränität; bei den CT-Wahlen gewinnt die BJP.

1998 Die Kongresspartei gewinnt die Macht im CT von der BJP und hat sie seitdem inne.

heute nurmehr ein langer unterirdischer Gang, die Überreste mehrerer Hallen sowie ein Turm zu sehen sind. Vom einstigen Palast im Westen ist kaum noch etwas übrig, aber das Schachbrettmuster der Straßen ist noch zu erkennen.

Das südlichste der 13 Tore geht auf einen Dammweg hinaus, der von der heutigen Straße durchbrochen ist und die Festung mit dem Grab von Ghiyas-ud-Din Tughluq verbindet. Das außergewöhnliche Mausoleum mit seiner Marmorkuppel thront hinter einem mächtigen roten Sandsteintor auf einem hohen Sockel. Zu den hier bestatteten Toten gehören Ghiyas-ud-Din, seine Ehefrau, ihr Sohn Muhammad Shah II. und sogar Ghiyas-ud-Dins Lieblingshund. Blickt man von hier gen Südosten, so erkennt man auf einem Hügel die Ruinen des von Muhammad Shah II. erbauten Forts Adilabad (Eintritt frei), das weitestgehend im selben Stil wie die Festung des Vaters konstruiert wurde. ◷ tgl. Sonnenaufgang bis -untergang, Eintritt Rs100.

Nach Tughluqabad fahren die Busse Nr. 34, 525 und 717 auf der Mehrauli–Badarpur Road von Lado Sarai unweit des Qutb Minar, und Nr. 430 vom Kalkaji in der Nähe des Baha'i-Tempel. Vom Connaught Place gelangt man am leichtesten mit einer vorausbezahlten Motor-Rikscha hin (rund Rs115). Die Metrostation Tughluqabad an der violetten Linie befindet sich 1 km östlich der Stätte.

Qutb Minar-Komplex

Die ersten Bauwerke des moslemischen Indiens, heute bekannt unter der Bezeichnung Qutb Minar-Komplex, befinden sich auf einem gepflegten Gelände 13 km südlich vom Connaught Place, abgehend von der Aurobindo Marg. Es lässt sich leicht erreichen: per Bus Nr. 505 vom Connaught Place (Scindia House) bzw. mit einer vorausbezahlten Motor-Rikscha vom Connaught Place (Rs85). Die Metrostation Qutab Minar ist 500 m südlich des Komplexes; noch näher liegt die Station Saket. Erbaut wurden diese Bauwerke auf den Trümmern von **Lal Kot**, der „ersten Stadt von Delhi", die im 11. Jh. von den Tomar-Rajputen gegründet wurde. Heute findet sich hier eines von Delhis berühmtesten Wahrzeichen: der spitz zulaufende, rote Sandsteinturm Qutb Minar. Inmitten von Ruinen strebt er knapp über 72 m hoch in den Himmel und ist mit herrlichen Ornamenten und Koranversen verziert. In früheren Zeiten galt der Turm als eines der „Wunder des Orients", das auf der Rangliste gleich nach dem Taj Mahal kam. Der Historiker John Keay hingegen gab den Kommentar ab, der Turm habe unglücklicherweise eine starke Ähnlichkeit mit einem Fabrikschornstein.

Das **Minarett** wurde 1202 als Siegesturm von Qutb-ud-Din Aibak errichtet. Man feierte damit den Beginn der moslemischen Vorherrschaft über Delhi und weite Teile des Subkontinents. Für Qutb-ud-Din, der vier Jahre nach seiner Machtergreifung starb, markierte das Bauwerk die östlichste Grenze des islamischen Glaubens und warf den Schatten Gottes über Ost und West. Zugleich diente der Turm als Minarett, von dem der Muezzin die Gläubigen zum Gebet rief. Qutb-ud-Dins kurzer Regierungszeit wird nur das erste Stockwerk zugeschrieben, die anderen vier gehen auf seinen Nachfolger Iltutmish zurück. Firoz Shah ließ das oberste Stockwerk 1369 mit Marmor restaurieren.

An den Turm angrenzend befinden sich die Ruinen von Indiens erster Moschee, **Quwwat-ul-Islam** („die Macht des Islam"). Sie wurde im Auftrag von Qutb-ud-Din aus den Überresten von 27 Hindu- und Jaintempeln und unter Mitarbeit von hinduistischen Steinmetzen erbaut. Ihr Einfluss kommt in der traditionellen Kragtechnik zum Ausdruck, in der Architrave, Konsolen und Pfeiler die vorherrschenden Elemente sind. Treppen führen zu einem beeindruckenden Innenhof, der von Säulengängen flankiert wird. Die Säulen stammen eindeutig von einem Hindu-Tempel und wurden den strengen islamischen Gesetzen, die jegliche figürliche Darstellung verbieten, angepasst. Von den Gesichtern der eingehauenen, dekorativen Figuren ist nichts mehr zu erkennen. Besonders schön verzierte Bögen sind von der einstigen Gebetshalle erhalten geblieben. Die Westfassade der Moschee (in Richtung Mekka) schmücken kunstvolle Reliefs, die die Kalligraphie des Korans mit dem Motiv der indischen Lotusblüte verbinden. Iltutmish, im 13. Jh. Sultan von Delhi, und seine Nachfolger erweiterten die Moschee. Sie vergrößerten die Gebetshalle und die Säulengänge und führten geometrische Muster, Kalligraphie, glasierte Ziegel und Stützbogen ein.

Der Khalji-Sultan Ala-ud-Din ließ die Moschee nach Norden hin erweitern und wollte einen Turm bauen, der noch höher als der Qutb Minar sein sollte, aber sein Alai Minar gedieh nie über das erste Stockwerk hinaus. Es steht immer noch und gilt als Symbol für die Sinnlosigkeit eitlen Strebens. Ala-ud-Din gab auch das **Alai Darwaza** in Auftrag, ein elegantes, mausoleumartiges Tor mit steinernen Fenstergittern neben dem Qutb Minar. Einen Kontrast zu der überwiegend islamischen Gestaltung bietet die **Eisensäule** auf dem Gelände von Qutb-ud-Dins ursprünglicher Moschee, deren Sanskrit-Inschriften aus der Gupta-Zeit (4. Jh.) darauf hindeuten, dass sie zu Ehren von König Chandragupta II. (375–415) aufgestellt wurde. Oben auf der Säule soll einst ein Bildnis des hinduistischen Vogelgottes Garuda geprangt haben. Dass sie gegen Rost resistent ist gab Metallurgen ein Rätsel auf. Offenbar wirkte der enthaltene Phosphor als chemischer Katalysator, so dass sich eine schützende Verbindung aus Eisen, Sauerstoff und Wasserstoff um das Metall gelegt hat. Alles weist darauf hin, dass der Pfeiler von den Tomars hierher geschafft wurde, aber man weiß nicht, von woher. ◷ tgl. Sonnenauf- bis Sonnenuntergang, Eintritt Rs250.

Das Gebiet südlich vom Qutb Minar-Komplex, auf dem sich Überbleibsel aus allen möglichen historischen Perioden befinden, wurde zu einem **archäologischen Park** erklärt, ◷ tgl. Sonnenauf- bis Sonnenuntergang, Eintritt frei.

Akshardham-Tempel

Am Ostufer der Yamuna, zu erreichen über die Nizamuddin Bridge (blaue Linie der Metro oder Rs70 mit einer vorausbezahlten Motor-Rikscha vom Connaught Place), liegt der opulente Akshardham-Tempel. Der 2005 von der in Gujarat beheimateten Shri Swaminarayan-Sekte erbaute Tempel ist ein faszinierendes Kunstwerk mit wundervollen Schnitzereien, die unter Verwendung alter Techniken hergestellt wurden. Kameras, Handys, Spiegel und sämtliche Elektroniksachen, auch USB-Sticks, sind verboten und müssen draußen in der Garderobe bleiben. Besuchern in Shorts oder Röcken, die oberhalb des Knies enden, ist der Zutritt verwehrt.

Rings um den Haupt-Schrein verläuft ein rosarotes Sandsteinrelief (im Uhrzeigersinn herumgehen), das Elefanten zeigt; wilde, gezähmte und mythische. Das zentrale Objekt der Verehrung ist eine 3 m hohe goldene Statue des Sektengründers Bhagwan Shri Swaminarayan. Dahinter befinden sich Gemälde mit Szenen aus seinem Leben und auch einige persönliche Dinge, darunter seine Sandalen und sogar abgeschnittene Haare und Fingernägel. Die vier Nebenschreine sind Hindu-Gottheiten gewidmet. ◷ Di–So April–Sep 10–19, Okt–März 9–18 Uhr, Eintritt frei; 💻 www.akshardham.com.

Übernachtung

Delhi bietet eine immense Vielfalt an Übernachtungsmöglichkeiten, von spottbilligen Unterkünften bis zu extravaganten internationalen Hotels. Reservierungen für gehobene Hotels können an den Schaltern der Touristeninformation in den Flughäfen oder Bahnhöfen vorgenommen werden; Budgetreisende müssen sich selbst eine Unterkunft besorgen. Schleppern und Motor-Rikscha- und Taxifahrern, die behaupten, dass das gewünschte Hotel ausgebucht ist, sollte man keinen Glauben schenken und außerdem die von ihnen empfohlenen Unterkünfte in Karol Bagh (S. 175) meiden.

Connaught Place und Central New Delhi

Karte „Connaught Place" S. 142

Wer direkt am Connaught Place absteigen möchte, zahlt einen Aufschlag für die Lage. Weiter südlich auf und um den **Janpath** sowie entlang der **Sansad Marg** gibt es Luxushotels und solche, die hauptsächlich auf Geschäftsleute und Touristengruppen ausgerichtet sind, darunter einige sehr gute. Die meisten haben Nobelrestaurants und Pools – manche verlangen von ausländischen Gästen, in fremder Währung zu zahlen. Von den billigen Travellerherbergen, die sich in den Gassen am nördlichen Ende der Janpath drängten, konnten sich nur noch ein paar halten; sie sind oft voll, man muss also frühzeitig reservieren.

Alka, P-16/90, Connaught Place, ✆ 011/2334 4000, 💻 www.hotelalka.com. Wirbt mit dem Spruch: „The best alternative to luxury," aber

Delhi

Dachterrasse und Familienanschluss

Master, R-500 New Rajendra Nagar, ✆ 011/2874 1089, 💻 www.master-guesthouse.com. S. auch Karte „Delhi" S. 138/139. Nettes, entspanntes Gästehaus mit einer ruhigen Dachterrasse am Rand des Grüngürtels: In dem kleinen Familienbetrieb wohnt man komfortabel und sicher. 4 AC-Zimmer, jeweils 2 teilen sich ein Bad. Nur 10 Minuten Motor-Rikschafahrt vom Connaught Place (oder Bus Nr. 910 vom Shivaji Terminal hinter Block P) und nicht weit von der U-Bahnstation Karol Bagh. Vegetarisches Essen erhältlich, kostenloses WLAN, Frühstück im Preis inbegriffen. Reservieren. ❻

die Zimmer, obwohl mit AC und Teppichboden, sind recht bescheiden – die billigeren haben nicht einmal Fenster. Spiegel sollen den Eindruck von mehr Raum erwecken – die Angestellten dagegen bringen nicht einmal ein Lächeln zustande, um den Eindruck von Freundlichkeit zu erwecken. Pluspunkte sind das veg. Restaurant und eine Dependance im Block M für den Fall, dass das Haupthaus ausgebucht ist. ❽

Bright, M-85, Connaught Place, ✆ 011/4151 7766, ✉ hotelbright@hotmail.com. 2010 renoviertes Hotel im Stadtzentrum mit unterschiedlichen Zimmern, manche mit Bad. Das Blue, eine Treppe höher, ✆ 011/2341 6666, ✉ hotelbluedelhi@hotmail.com, erfreut sich einer Terrasse und ist eine gute Ausweichmöglichkeit. ❹–❺

Imperial, Janpath, in der Nähe von Connaught Place, ✆ 011/2334 1234, 💻 www.theimperial india.com. S. auch Karte „New Delhi" S. 141. Luxushotel (DZ ab US$525) im Art-déco-Stil, erbaut 1933, in einer großen Gartenanlage mit Palmen; mehrere ausgezeichnete Restaurants. ❾

Le Meridien Windsor Place, Raisina Rd, ✆ 011/2371 0101, 💻 www.lemeridien.com/newdelhi. S. Karte „New Delhi" S. 141. Futuristisches 5-Sterne-Hotel mit großen, komfortablen Zimmern (DZ ab US$374) und gläsernen Aufzügen. Die Hotelanlage verfügt über einen Pool, Fitnessclub sowie eine Reihe von Restaurants und Bars. Das ganze Haus ist mit Rollstuhlrampen versehen, ein Zimmer ist rollstuhlgerecht eingerichtet. ❾

Ringo, 17 Scindia House, Connaught Lane, ✆ 011/2331 0605, ✉ ringo_guest_house@yahoo.co.in. Alte und zu Recht beliebte Backpacker-Unterkunft; einfache, akzeptable EZ und DZ, einige mit Bad; zentrale Terrasse. ❶–❷

Sunny, 152 Scindia House, Connaught Lane, ✆ 011/2331 2909, ✉ sunnyguesthouse1234@hotmail.com. Ebenfalls eine ehemalige Dorm-Unterkunft, bietet jetzt billige, aber handtuchgroße EZ und DZ, manche mit Bad; Warmwasser nach 20 Minuten Voranmeldung. ❶

The Lalit, abseits von Barakhamba Rd und Tolstoy Marg, südöstlich des Connaught Place, ✆ 011/4444 7777, 💻 www.thelalit.com. S. auch Karte „New Delhi" S. 141. Ehemaliges Intercontinental, umgebaut in ein stilvolles, modernes Hotel mit kühlen, eleganten Zimmern und einer geräumigen, mit eindrucksvollen Kunstwerken geschmückten Lobby. Wenn viel los ist, kosten DZ ab Rs12 000, ansonsten ist es billiger. ❾

The Park, 15 Sansad Marg, ✆ 011/2374 3000 oder 1800/117 275, 💻 www.theparkhotels.com. S. auch Karte „New Delhi" S. 141. Schicker geht's kaum noch, von der super-coolen Lobby bis zu den ultra-modernen Zimmern mit LCD-TV. Top-Service, entspannte Atmosphäre, sämtliche Annehmlichkeiten vorhanden, darunter eine Bar, ein gutes Restaurant und ein Pool. Fünf Sterne mit dem gewissen Extra. DZ ab US$282. ❾

YMCA Tourist Hostel, Jai Singh Marg, südwestlich vom Connaught Place, ✆ 011/2336 1915, 💻 www.newdelhiymca.org. S. auch Karte „New Delhi" S. 141. Etwas sterile Unterkunft mit guten Restaurants, großem Pool (nur April–Okt) und einladenden Gärten. Große, einfache Zimmer mit Bad und AC. Preis inkl. Frühstück und Abendessen. Rollstuhlfahrerfreundlich. ❼

YWCA Blue Triangle, Ashok Rd, südwestlich vom Connaught Place, ✆ 011/2336 0133, 💻 www.ywcaofdelhi.org. S. Karte „New Delhi" S. 141. Die Zimmer (sowohl für Frauen als auch Männer) sind hübsch, groß und mit geräumigen Bädern ausgestattet. Die ganze Anlage ist sauber und ruhig und hat Rasenflächen zum Relaxen. Frühstück inkl. ❺

YWCA International, 10 Sansad Marg, südwestlich vom Connaught Place, ✆ 011/2336 1561, 🖳 www.ywcaindia.org. S. auch Karte „New Delhi" S. 141. Saubere und luftige Zimmer mit AC und Bad, aber nicht so hübsch wie das Blue Triangle (dafür billiger). Tagesgerichte *(set meals)* im hauseigenen Restaurant. Frauen haben Vorrang, aber Männer können auch bleiben. Preise inkl. Frühstück. ❺–❽

Paharganj

Karte „Paharganj" S. 145

Das Viertel Paharganj erstreckt sich westlich der New Delhi Railway Station und liegt nördlich vom Connaught Place 10 Min. zu Fuß entfernt. Paharganj ist *das* Backpackerviertel und bekannt für seine große Anzahl an Hotels der unteren und mittleren Preisklasse. Einige sind gemütlich und bieten wirklich viel fürs Geld, andere bieten sehr wenig für wenig Geld, in den meisten geht es hoch her mit Türen-knallen und Geschrei bis zum frühen Morgen (besonders wenn die Fenster zum Gang gehen). Wer also Ruhe braucht, sollte seine Unterkunft mit Bedacht wählen. Manche Hotels in dieser Gegend funktionieren nach dem 24-Std.-Check-outsystem, d. h., es wird zur gleichen Uhrzeit ausgecheckt, zu der man eingecheckt hat.

Ajay, 5084-A Main Bazaar, ✆ 011/2358 3125. Gut geführte Unterkunft, versteckt in einer Gasse; Marmordekor und saubere Zimmer, einige mit AC, die meisten mit Bad und TV, aber einige ohne Fenster. Billardtische, Internet-Zugang, eine durchgehend geöffnete Bäckerei und daneben eine Cafeteria für Frühstück oder Snacks. 24-Std.-Checkout. ❷

Camran, 1116 Main Bazaar, ✆ 011/3297 4474, ✉ subhashthakur@yahoo.com. Kleine heruntergekommene Unterkunft in einem Teil einer Moschee aus der späten Mogul-Ära; besitzt einen gewissen Charme und eine Dachterrasse mit Panoramablick. Die billigsten EZ haben Schuhkartonformat, einige davon eigenes Bad. Warmwasserduschen gibt es nur in den Gemeinschaftsbädern, ansonsten Wasser aus Eimern. Auch Schlafsaalbetten für Rs100. ❷

Downtown, 4583 Main Bazaar, ✆ 011/4154 1529, ✉ ltctravel@rediffmail.com. Die freundliche Unterkunft unweit des Main Bazaar ist hell und luftig und recht preiswert, doch es lohnt sich, nach einem Zimmer mit Fenster nach draußen zu fragen. Schlafsaal vorhanden (Rs100). Minuspunkte gibt's für den obligatorischen Checkout um 11 Uhr. ❶

Hare Krishna, 1572–1573 Main Bazaar, ✆ 011/4154 1341. Saubere Zimmer, die besten sind geräumig, die meisten haben Bad (Warmwasser), aber die in den unteren Stockwerken können ganz schön laut sein. 24-Std.-Checkout. Nettes Café-Restaurant auf der Dachterrasse. ❷

Hare Rama, T-298, am Main Bazaar, ✆ 011/3536 1301 oder 2, 🖳 www.hareramaguesthouse.com. Annehmbar saubere Zimmer mit Bad hat dieses gut besuchte, preisgünstige Hotel in einer Gasse, die vom Main Bazaar abgeht. Die Betten sind jedoch hart, und die Warmwasserversorgung ist eher unzuverlässig. 24-Std.-Checkout. ❷

Metropolis, 1634 Main Bazaar, ✆ 011/2358 5766, 🖳 www.metropolistravels.com. Das teuerste und komfortabelste Hotel im Main Bazaar ist sein Geld nicht ganz wert. Ein paar DZ haben große Fenster und Badewanne; andere sind fensterlos. Alle besitzen AC, TV und Kühlschrank. Es gibt ein gutes Restaurant plus Bar und Sitzgelegenheiten unten oder auf der Dachterrasse. ❹–❺

Namaskar, 917 Chandiwalan, Main Bazaar, ✆ 011/2358 2233, ✉ namaskarhotel@yahoo.com. Beliebtes Hotel in Familienbesitz: unterschiedliche Zimmer mit Bad, manche mit AC, aber von den billigeren besitzen nicht alle warme Duschen oder Fenster nach draußen. Die Mitarbeiter sind sehr hilfsbereit, nur versuchen sie manchmal mit zu viel Nachdruck, ihre Touren zu verkaufen. ❶–❷

Navrang, Tooti Chowk, 820 Main Bazaar, ✆ 9818/243027. Hat mehr von einer schlichten Absteige in der Provinz als von einem städtischen Hotel mitten in Delhi, ist aber sehr freundlich und für den Preis völlig okay. Manche Zimmer haben ein Bad, jedoch kein fließend Warmwasser (für Rs20 wird ein Eimer voll gebracht). ❶

Rak International, Tooti Chowk, 820 Main Bazaar, ✆ 011/2356 2478, 🖳 www.hotelrakinternational.com. Eine der bewährtesten Unterkünfte in Paharganj, an einem kleinen Platz abseits vom Main Bazaar. Große Zimmer mit AC, TV, Kühlschrank und Warmwasser. Gutes Preis-Leistungs-Verhältnis und hübsche Dachterrasse, der aber ein frischer Anstrich nicht schaden könnte. ❸

Vishal, 1575/80 Main Bazaar, ✆ 011/2356 2123, ✉ vishalhotel@hotmail.com. Billige, einfache Zimmer ohne sowie teurere, bessere und größere mit Bad; gutes Restaurant. Bevor man sich für ein Zimmer entscheidet, unbedingt die Laken begutachten. ❷

Vivek, 1534–1550 Main Bazaar, ✆ 011/4154 1436, 🖳 www.vivekhotel.com. Sehr beliebtes Hotel mit durchgehend geöffnetem Restaurant auf einer Dachterrasse. Durchschnittliche Zimmer, die meisten mit Bad und Warmwasser, z. T. mit AC, Zimmerservice. Die besten Zimmer haben Fenster zur Straße hinaus. ❷

Yatri, 3/4 Jhansi Rd, nahe Punchkuin Rd beim Delhi Heart and Lung Institute, ✆ 011/2362 5563, 🖳 www.yatrihouse.com. S. Karte S. 138/139. Das zwischen Wohnhäusern versteckte Gästehaus, 10 Fußmin. von Paharganj, fühlt sich an wie eine Privatunterkunft. Saubere, ruhige Zimmer mit Bad, Warmwasser, TV und ein kleiner Garten, wo man frühstücken oder einfach nur gemütlich sitzen kann. Allerdings ist der Preis ziemlich saftig. Muss lange im Voraus reserviert werden. ❼

Ram Nagar

Karte „Paharganj" S. 145

In Ram Nagar, nördlich von Paharganj, 5 Min. zu Fuß von der New Delhi Railway Station und nahe der Überführung Desh Bandhu Gupta Road, befinden sich zahlreiche Hotels und ein paar Restaurants. Die Unterkünfte kosten meist etwas mehr als in Paharganj, dafür sind die Zimmer in aller Regel besser.

Cama, 3037 Chowk Chuna Mandi, Rajguru Marg, ✆ 011/2358 0245, ✉ hotelcama@yahoo.com. Das preiswerteste Hotel an dieser Straße zwischen Paharganj und Ram Nagar. Alle Zimmer mit Bad und warmem Wasser. ❷

Geet Deluxe, 8570 Arakashan Rd, ✆ 011/2361 6140 bis 43. Eine Stufe besser als die anderen Mittelklasseunterkünfte in dieser Ecke. Gut gemanagt, mit netten Extras und einem gewissen Charme. Saubere Zimmer in ordentlicher Größe, alle mit TV und entweder AC oder *air-cooler*. ❹

Grand Godwin, 8502/41 Arakashan Rd, ✆ 011/2354 6891 bis 8, 🖳 www.godwinhotels.com. Die billigsten Zimmer sind nur Semi-deluxe (im Erdgeschoss; etwas kleiner als die übrigen), aber alle sind gut ausgestattet und gepflegt. Es gibt auch Super-deluxe-Zimmer und sogar Suiten sowie ein Restaurant. Frühstücksbuffet inkl. Weitere Deluxe-Zimmer findet man im vor Kurzem renovierten Godwin Deluxe nebenan. ❺–❼

Vandna und **Karan**, 47 Arakashan Rd, ✆ 011/2362 8821 und 3. Zwei nebeneinander liegende und gemeinschaftlich geführte Hotels. Das Karan hat kleinere, einfachere Zimmer, das Vandna ein kleines bisschen größere, derzeit aber zum gleichen Preis. Alle Zimmer in beiden Häusern mit Warmwasser, TV und recht harten Matratzen. ❷–❸

Woodland, 8235/6 Multani Danda, Arakashan Rd, ✆ 011/5154 1304 bis 7, 🖳 www.hotelwoodland.com. Das beliebte Hotel bietet große Zimmer mit AC oder kleinere ohne AC für weniger Geld. Billigere Zimmer hat das Schwesterhotel **Dreamland** gegenüber. ❸–❺

Old Delhi

Karte „Old Delhi" S. 147

Nur wenige Touristen übernachten in Old Delhi: zu laut, zu voll, zu schmutzig, nicht so zentral wie Connaught Place und die Hotels eher auf indische Besucher eingestellt. Von den Hotels rund um den Bahnhof Old Delhi kann man nur abraten. Am Rand des Viertels gibt es aber einige Empfehlungen der oberen Kategorie und um die Jama Masjid anständige Budgethotels. Und von allen Stadtvierteln ist dies natürlich das bunteste.

Broadway, 4/15A Asaf Ali Rd, ✆ 011/4366 3600, ✉ broadway@oldworldhospitality.com. Am südlichen Rand von Old Delhi, nahe dem Delhi Gate gelegenes, Hotel der mittleren Kategorie;

Kolonialer Luxus

Maidens, 7 Sham Nath Marg, Civil Lines; Metro Civil Lines, ✆ 011/2397 5464, 💻 www.maidenshotel.com. Ein Fall für das Extra-Verwöhn-Budget: stilvolles Luxushotel in einem herrschaftlichen Kolonialbau; ruhig und erholsam. Komfortable Zimmer im Kolonialstil, große Bäder, schöner Garten, Pool und gutes Restaurant. DZ ab US$269. ❾

exzellentes Restaurant mit Spezialitäten aus Kashmir und 2 Bars. Etwas klein geratene Zimmer, die aber sauber und ordentlich ausgestattet sind, einige bieten Blick auf die Jama Masjid. Man kann Touren durch Old Delhi buchen. ❼–❽

Duke, 8 Netaji Subhash Marg, ✆ 011/2327 1501, ✉ dukehotel08@gmail.com. Verschiedene einigermaßen gemütliche Zimmer oberhalb der betriebsamen Netaji Subhash Marg im Osten von Old Delhi. Praktisch gelegen für das Rote Fort und die Jama Masjid. ❸–❹

New City Palace, 726 Jama Masjid Motor Market, ✆ 011/2327 9548, ✉ newcitypalace@hotmail.com. Sauberes, preiswertes Hotel hinter der Jama Masjid. Warme Duschen, die besten Zimmer mit AC und Blick auf die Moschee, die billigeren teilweise ohne Fenster nach außen. 24-Std.-Checkout. ❷–❸

New India, 172 Katra Bariyan, ✆ 011/2395 5117, ✉ subhashkathuria@hotmail.com. Freundliches, auf nette Art rustikales Hotel mit Zimmern um einen hellen Innenhof herum, die meisten davon ohne eigenes Bad. Die Zimmer nach vorn zur Straße hinaus teilen sich eine Veranda. 24-Std.-Checkout. ❷

South Delhi

Karte „New Delhi“ (S. 141)

Die meisten Übernachtungsmöglichkeiten **südlich vom Connaught Place** gehören zur Luxuskategorie, aber es gibt auch ein paar Gästehäuser in Sunder Nagar, die üblichen Mittelklassehotels inmitten von Wohngebieten und eine moderne Jugendherberge ganz in der Nähe des exklusiven Diplomatenviertels Chanakyapuri.

Ambassador, Sujan Singh Park, Seitenstraße der Subramaniam Bharti Marg, ✆ 011/2463 2600, 💻 www.tajhotels.com. Unauffällig, gut geführt und stilvoll. Die freundliche Unterkunft besitzt große Zimmer mit riesigen Bädern (DZ ab US$304) und gute Restaurants. Wer hier wohnt, darf den Pool und das Fitnesscenter vom Hotel Taj Mahal gratis mitbenutzen. ❾

The Claridges, 12 Aurangzeb Rd, ✆ 011/3955 5000, 💻 www.claridges.com. Eines der ältesten und prächtigsten Etablissements von Delhi (DZ ab US$455) im Stil der 1930er-Jahre. Vier Restaurants, Wodkabar und Pool. ❾

La Sagrita, 14 Sunder Nagar, ✆ 011/2435 9541, 💻 www.lasagrita.com. Kleines Gästehaus, versteckt in einer ruhigen Seitenstraße und gegenüber von einem kleinen Park in einer exklusiven Gegend weit weg vom Lärm Central Delhis; gemütliche und hübsch eingerichtete Zimmer mit Bad, Teppich und AC. Es gibt auch einen kleinen Garten. ❼

Maurya, Sardar Patel Marg, Chanakyapuri, ✆ 011/2611 2233, 💻 www.itcwelcomgroup.in. Supernobles Hotel am Rand von Chanakyapuri, gegenüber dem Ridge Forest, mit Luxuszimmern und einer der besten Küchen Delhis (s. S. 165). Hier steigen regelmäßig Staatsoberhäupter ab, Bill Clinton hat z. B. im Maurya genächtigt. Die offiziellen Preise beginnen bei Rs19 311, aber oft gibt es Sonderpreise. ❾

Youth Hostel, 5 Nyaya Marg, Seitenstraße der Kautilya Marg, Chanakyapuri, ✆ 011/2611 6285, 💻 www.yhaindia.org. Ultramoderner, ökologisch orientierter Bau außerhalb des hektischen Zentrums. Vorzeigestück und Verwaltungssitz des indischen Jugendherbergsverbandes. Dorms (AC Rs350, ohne AC Rs150), EZ und DZ mit und ohne AC. Um hier zu übernachten (max. 7 Tage), muss man Mitglied sein oder die Mitgliedschaft vor Ort erwerben (Rs250). Frühstück inkl. ❷–❹

Majnu Ka Tilla

Wer dem Trubel entfliehen oder mal was Anderes als indische Kultur und Küche erleben möchte, findet in der tibetischen Kolonie in Majnu Ka Tilla ein paar Kilometer nördlich von Old Delhi einige Hotels: Für relativ wenig Geld bekommt man hier blitzsaubere Zimmer, die viel hübscher sind als die zum gleichen Preis in Paharganj. Es ist ein relativ ruhiger Bezirk mit tibetischem Essen, Internetcafés und Banken, aber etwas ab vom Schuss (zum Connaught Place geht's in 15 Min. für Rs80 per Motor-Rikscha, zur Metrostation Vidhan Sabha für Rs20 per Rikscha). Rechtzeitig buchen, denn die Hotels sind oft voll. Alles spielt sich entlang der Hauptstraße ab, daher findet man sich schnell zurecht.

Lhasa House, 16 New Camp, gleich östlich der Hauptstraße, ✆ 011/2393 9777, ✉ lhasahouse@rediffmail.com. Die Zimmer sind ein bisschen kleiner und einfacher als im Wongdhen House nebenan, aber alle haben Bad, TV und Ventilator. Die billigsten Zimmer liegen im obersten Stock. ❶–❷

White House, 44 New Camp, ✆ 011/2381 3644, ✉ whitehouse02@yahoo.com. In der Hauptstraße des tibetischen Viertels, 100 m nördlich der anderen beiden hier erwähnten Hotels. Die Zimmer sind ziemlich groß, mit Bad und TV, und gut in Schuss, aber die Matratzen sind ein bisschen hart. ❷

Wongdhen House, 15-A New Camp, gleich östlich der Haupt-Action neben dem Lhasa House, ✆ 011/6415 5330, ✉ wongdhenhouse@hotmail.com. Das freundliche Gästehaus hat unterschiedliche Zimmer, manche mit Bad, einige mit Blick auf die Yamuna. Es gibt eine Dachterrasse und ein gutes Restaurant. ❷–❹

Essen

Die meisten Restaurants schließen gegen 23 Uhr, nur die mit einer Bar bleiben bis Mitternacht geöffnet. Wer danach noch Hunger hat, hat mehrere Möglichkeiten: eines der Restaurants in den Top-Hotels, die durchgehend geöffneten Coffeeshops im Le Meridien, The Park oder The Claridges aufsuchen, in einem der rund um die Uhr geöffneten Dachterrassen-Cafés von Paharganj einen Snack zu sich nehmen oder zum Pandara Road-Markt gehen (🕓 bis 1.30 Uhr). Auch am Bahnhof Old Delhi finden sich einige rund um die Uhr geöffnete Lokale, und die Erfrischungshalle in der Nähe des Buchungsbüros für Ausländer in der New Delhi Station hat ebenfalls 24 Std. geöffnet.

Connaught Place

Karte „Connaught Place" s. S. 142

Am Connaught Place („CP") überwiegen schicke Restaurants und Fastfood-Läden im westlichen Stil, aber es gibt auch ein paar nette, preiswerte Esslokale. Eine gute Adresse für süße Sachen und Snacks ist der Bengali Market in der Tansen Marg, abseits der Barakhamba Road.

Anand, Connaught Lane, drei Haustüren vom Sunny Guest House. Gute, billige Gerichte, darunter leckere *biriyanis*. Nicht veg. Gerichte Rs93 *(thali* Rs94 veg., Rs114 nicht veg.).

Barista, N-16 Connaught Place. Beliebte Coffeebar, die erste einer inzwischen landesweiten Kette, die laut Eigenwerbung den besten Espresso in India braut, dazu gibt´s Kuchen und Muffins. Die Konkurrenzkette **Café Coffee Day** hat zahlreiche Filialen am CP (fast in jedem Block).

Bikanervala, 1st Floor, Rajiv Gandhi Bhawan, zwischen den beiden State Emporium-Gebäuden, Baba Kharak Singh Marg. Glänzend sauberes Restaurant im Kantinenstil mit Snacks, Gerichten (*thalis* Rs125–140), Süßigkeiten und *namkeens*.

Fire, Park Hotel, 15 Sansad Marg, ✆ 011/2374 3000, Anschluss 1827. Tolles, aber teures modernes Restaurant, dessen zeitgenössische indische Küche starken europäischen Einfluss aufweist. Das Angebot richtet sich nach der Jahreszeit: im Sommer leichter, im Winter deftiger. Abends kosten nicht veg. Hauptgerichte Rs775–1150, Mittagsangebote Rs1200 veg., Rs1500 nicht veg. Reservierung ratsam.

India Coffee House, 2nd Floor, Mohan Singh Place Shopping Complex, Baba Kharak Singh

Curry-Klassiker

Kake Da Hotel, 74 Municipal Market, Outer Ring, Connaught Place. Eine Institution, berühmt für geradlinige, aber zuverlässig gute Punjabi-Currys, meist fleischhaltig, z. B. *butter chicken* oder *sag meat (palak mutton)* für rund Rs100. Klein und eng, auch Take-away. (Die Bezeichnung „Hotel" hat nichts mit Unterkunft zu tun.)

Marg. Einfaches Café mit großer Dachterrasse, Teil einer vorwiegend südindischen Kette, hat Filterkaffee und Espresso, Snacks und einfache Mahlzeiten (*thalis* Rs40). Bunt gemischtes Tagespublikum.

Kwality, 7 Regal Building, Sansad Marg. Wurde ursprünglich im Zweiten Weltkrieg zur Verpflegung von amerikanischen GIs eingerichtet. Eines der besseren Mittelklasselokale am CP (nicht veg. Hauptgerichte Rs225–325), mit Spiegeln und Kronleuchtern elegant eingerichtet (man hat aber auch schon mal eine Maus über den Fußboden huschen sehen). Eine gute Wahl sind z. B. *chicken tikka* mit grünen Bohnen und *mutton shahi kurma*.

Parikrama, Kasturba Gandhi Marg, ✆ 011/2372 1616. Ausgefallene und teure indische (hauptsächlich Tandoori) und chinesische Küche in Drehrestaurant mit herrlicher Aussicht über Delhi; eine Umdrehung dauert 90 Min. Hauptgerichte Rs220–650. Zu den Spezialitäten zählen *murg pasandey parikrama* (Hühnerbrust, gefüllt mit gehacktem Hühnchenfleisch und Nüssen, in Cashewnuss-Soße) und *murg tikka parikrama* (*chicken tikka* in scharfer Cashewnussmarinade). Reservierung empfohlen.

Q'BA, E-42/3 Connaught Place. Cool und stylish: schickes Bar-Restaurant auf zwei Etagen und zwei Terrassen mit Blick auf CP. Die Karte bietet einen Mix aus indisch, italienisch und thailändisch: Pizza, Pasta, grünes und rotes Curry sowie Spezialgerichte wie *Q'BA raan* (Lamm vom Holzkohlengrill mit Kräutern) und *sarsun wali machi tikka* (Tandoori-Fischstücke in einer Senfmarinade). Hauptgerichte Rs350–700.

Sagar Ratna, K-15 Connaught Place. Die CP-Filiale des berühmten Restaurants Defence Colony hat köstliche *vadas, dosas* und ein südindisches veg. *thali* (Rs130). Hauptgerichte Rs80–120.

Saravana Bhavan, P-15 Connaught Place und 46 Janpath. Hervorragende, preiswerte südindische Snacks und Gerichte, darunter *thalis* (Rs117) und schnelle Mittagsgerichte (Rs80), aber auch die üblichen *dosas, iddlis* und *uttapams*. Ein *mini tiffin* (Rs80) besteht aus einer Kostprobe von allem.

Spice Route, Hotel Imperial, Janpath. Wunderschönes Restaurant, vielleicht etwas teuer (nicht veg. Hauptgerichte Rs650–775, Seafood Rs1150–1850), spezialisiert auf scharfe südostasiatische und Kerala-Küche. Wer in der CP-Gegend gut speisen möchte, ist hier an einer der besten Adressen.

Veda, H-27 Connaught Place, ✆ 011/4151 3535. CPs schickstes Restaurant, legt viel Nachdruck auf „Ambiente" (schummriges Licht, viel Rot und Schwarz) und lässt sich das bezahlen – wobei das Essen wirklich nicht schlecht ist. Hauptgerichte wie Peshawari-Kebabs und *malai fish tikka* für Rs400–800; gemischter Tandoori-Teller Rs755, veg. Rs355.

Zen, B-25 Connaught Place. Hervorragende chinesische und einige thailändische und japanische Gerichte in relaxtem traditionellem Ambiente, außerdem von 15 bis 19 Uhr ein paar westliche Snacks. Breite Auswahl an Weinen, Spirituosen und Bieren. Nicht veg. Hauptgerichte zumeist Rs285–300 (Garnelen Rs400–600).

Paharganj und Ram Nagar

Karte „Paharganj" s. S. 145

In Delhi gibt es so gute Restaurants, dass es eine Schande wäre, in Paharganj zu essen, selbst wenn man hier abgestiegen ist. Die meisten Restaurants im Main Bazaar sind auf ängstliche ausländische Geschmacksknospen eingestellt und servieren schlechte „westliche" Kost und lasche Currys. Die meisten Cafés haben Frühstück mit Toast, Porridge, Müsli und Omelett, aber auch *paratha*. In Ram Nagar ist das Essen authentischer. Wer sich für eine der *dhabas* gegenüber der New Delhi Station entscheidet – besonders für eine mit Kundenfängern vor der Tür – und die in Hindi verfasste Preisliste nicht lesen kann, sollte unbedingt vor dem Bestellen nach dem Preis fragen, sonst wird mit ziemlicher Sicherheit zu viel berechnet.

Club India, 4797 Main Bazaar. Restaurant im 1. Stock und auf dem Dach mit bestem Ausblick auf das Zentrum von Paharganj. Das übliche Traveller-Frühstück plus israelische, japanische, tibetische und sogar Tandoori-Gerichte – mit Musik. Nicht veg. Hauptgerichte Rs60–150, *thalis* und gemischte Teller Rs100–175.

Darbar Restaurant und **Bikaner Sweets Corner**, 9002 Multani Dhanda Chowk, bei der Desh Bandhu Gupta Rd, ✆ 011/2351 6666. Im 1. St. ein schlichtes veg. Restaurant mit moderaten Preisen: leckere *thalis* (Rs50–106) und Punjabi-Currys (Rs70–105); auch Take-away und Lieferservice ab Rs100 im Umkreis von 1 km. Im Erdgeschoss ein Süßigkeitenparadies mit allerhand buntem bengalischem und rajasthanischem Konfekt, plus *namkeens* und Herzhafteres.

Diamond Café, 5069 Main Bazaar. Backpacker-Café mit jeder Menge Frühstück (Rs60–80), nicht veg. Hauptgerichten (Rs70–150), Obstsalaten, Pfannkuchen und einigen indischen Gerichten.

Das **Kholsa Cafe**, ein Stück weiter die Straße runter, Hausnr. 5024, ist ganz ähnlich, aber ein bisschen billiger.

Golden Café, 1 Nehru Bazaar, Ramdwara Rd, gegenüber Sri Mahavir Mandir. Billig und freundlich; chinesisches, europäisches und koreanisches Essen; Hauptgerichte für Rs60–135.

Malhotra, Laksmi Narain Rd. Eines der besseren Restaurants in Paharganj, passables indisches (Tandoori und Mughlai) Essen zu moderaten Preisen (Rs130–225 für nicht veg. Gerichte). Speisesäle im Untergeschoss und einen Stock höher mit AC. Zwei Häuser weiter eine veg. südindische Filiale.

Metropolis, 1634 Main Bazaar, im Erdgeschoss des gleichnamigen Hotels. Das gemütliche AC-Restaurant ist Paharganjs teuerstes Lokal, in dem man ein komplettes Frühstück, gute Currys, Tandoori-Spezialitäten sowie westliche Gerichte und Bier, Schnäpse, Cocktails und nicht alkoholische „Mocktails" bekommt. Hauptgerichte Rs250–350, veg. Rs125–200.

Ritu Raj Bhojnalya, Arakashan Rd, unterhalb vom Delhi Continental Hotel. Billige und beliebte *dhaba;* leckeres indisches Frühstück, einfache veg. Currys und südindische Snacks (Rs20–50).

Sonu Chat House, 5046 Main Bazaar. Versorgt die Backpacker-Kundschaft mit Nudeln, Suppe, Samosas, Currys und sogar *masala dosa*. Frühstück Rs60–80, nicht veg. Hauptgerichte Rs65–120. Beliebt, billig und sauber.

Sonu South Indian Restaurant, 8849/2 Multani Dhanda Chowk, unweit Desh Bandhu Gupta Rd, Ram Nagar. Einfache südindische Sachen *(masala dosa, iddlis, vadas* usw.) für wenig Geld (Rs35–65 pro Teller oder Rs60–80 für ein *thali).*

Tadka, 4986 Ramdwara Rd (Nehru Bazaar), ✆ 011/3291 5216. Hat das beste Essen in Paharganj: ein sauberes, helles, modernes kleines Restaurant mit preiswerten indischen veg. Gerichten (Hauptgerichte Rs65–75, *thalis* Rs85–100). Lieferservice an jede Adresse im Umkreis von 2 km.

Old Delhi

Karte „Old Delhi" s. S. 147

In den bevölkerten Straßen von Old Delhi befinden sich zahlreiche einfache Imbissstuben, die sehr gute, höllisch scharfe indische Gerichte für gerade mal Rs20 auf den Tisch bringen. Daneben hat der Stadtteil auch ein paar teurere Restaurants, die ganz genauso gut sind wie die noblen Lokale in South Delhi. Und die süßen Sachen und Snacks von Old Delhi sind unübertroffen.

Aap ki Pasand, 15 Netaji Subhash Marg, 💻 www.aapkipasandtea.com. Tee gibt's an jeder Straßenecke, richtig guten auf jeden Fall in diesem edlen Teesalon: Für Rs50 kommt erstklassiger Darjeeling, Assam oder Nilgiri in die Tasse. Der Tee kann auch abgepackt gekauft werden.

Chaina Ram, 6499 Fatehpuri Chowk, neben der Fatehpuri-Moschee. Der kleine Laden, der 1901 in Karachi eröffnet wurde und 1947 umziehen musste, genießt einen prima Ruf für seine Süßwaren nach Sindhi-Art. Die köstliche, duftende Karachi-Halwa mit Mandeln und Pistazien ist die beste der Stadt.

Chor Bizarre, Hotel Broadway, 4/15 Asaf Ali Rd. Ausgezeichnete indische Küche; darunter auch eine gute Auswahl an Kashmir-Gerichten. Schräges Inventar mit Himmelbett und einer aus einem 1927er-Fiat umfunktionierten Anrichte. Nicht veg Hauptgerichte Rs325–495. Spezialität des Hauses ist eine gemischte Kashmir-Platte *(tarami).*

Deepak, Chandni Chowk. Eine *dhaba* in dem Bazaar gegenüber dem Jain-Tempel.

Kebabs und Currys

Karim's, Gali Kababian. Altbewährter Delhi-Favorit in einer Passage an einer Gasse, die gegenüber dem Südtor der Jama Masjid abgeht. Vier Lokale mit gemeinsamer Küche bieten die beste Auswahl an Fleischgerichten in der alten Stadt: köstliche frische Kebabs, warmes Brot und tolle Mughlai-Currys. Hauptgerichte Rs110–385, auch halbe Portionen.

Preiswerte südindische Snacks *(iddli sambar, dosas, uttapams* für Rs22–65) und *thalis* (Rs38–40).

Ghantewala, 1862-A Chandni Chowk. Diese renommierte, 1790 eröffnete Confiserie versorgte die letzten Mogul-Herrscher mit süßem Naschzeug; ihr *ladoo* war schon im 19. Jh. berühmt und die Cashew-Leckereien sind himmlisch. Die Spezialität ist aber eine nussige Süßigkeit namens *sohan halwa.*

Haldiram's, 1454 Chandni Chowk. Sehr saubere, preiswerte Snackbar und Takeaway; Süßigkeiten und Samosas im Untergeschoss, Getränke und Snacks (Rs36–50) einen Stock höher, z. B. hervorragende *puris,* Lassis, *kulfis* und *thalis* (Rs140). Wer noch nie einen probiert hat, sollte *raj kachori* bestellen (Rs46), eine knusprige Teigtasche, gefüllt mit Kichererbsencurry und Joghurt.

Moti Mahal, 3704 Netaji Subhash Marg. Beliebt vor allem wegen der Tandoori-Hühnchen. Das Restaurant mittlerer Preisklasse ist ein weiterer Favorit der Einheimischen – eines der ersten Punjabi-Restaurants der Stadt. Es hat Tische drinnen und in einem großen Innenhof. Hauptgerichte Rs160–265. Die Spezialität des Hauses *murg musallam* (mit Hackfleisch, Nierchen und Ei gefülltes Hühnchen) kostet Rs270.

Paranthe Wali Gali, in einer Seitengasse der Chandni Chowk, gegenüber der Central Bank in diese kleine Gasse einbiegen, die hinter das Gebäude mit dem Kanwarji Raj Kumar Sweet Shop (auch sehr gut) führt. Hier gibt es *parathas,* gefüllt mit allen erdenklichen Zutaten von *paneer* und *gobi* bis *muttar* und *mooli,* die mit einer kleinen Auswahl an Currys für Rs30–45 gereicht werden. Die drei *paratha-wallahs* in der Gasse sind alle gut, aber den besten Ruf hat der erste, Pandit Babu Ram.

South Delhi

Karte „Delhi" s. S. 138/139

Die verschiedenen Bezirke des riesigen Gebiets von South Delhi haben ein riesiges Essensangebot und zu den meisten schicken Shoppingzentren (Hauz Khas, Defence Colony, Ansal Plaza usw.) gehören mehrere gute Restaurants. Im Dilli Haat, dem Touristenmarkt in Safdarjang, stehen 25 Essenstände zur Wahl, die Gerichte aus fast allen Regionen Indiens anbieten. Die Restaurants und Snackbars im Pandara Road Market, gleich südlich vom India Gate, haben bis 1.30 Uhr geöffnet.

Basil & Thyme, Santushti-Shoppingkomplex. S. Karte „New Delhi" S. 141. Bistroähnliches mediterranes Lokal mit Gerichten wie Shitake-Crêpes und Spargel-Rukola-Risotto sowie Desserts, darunter Obstkäsekuchen oder Tiramisu, Hauptgerichte Rs355–525. Schließt leider schon um 18 Uhr; So Ruhetag.

Bukhara, Maurya Hotel, Sardar Patel Marg, Chanakyapuri, ✆ 011/2611 2233. S. Karte „New Delhi" S. 141. Delhis Top-Restaurant, Spezialität sind Tandoori-Kebabs (Rs1550), die auf der Zunge zergehen. Die Speisekarte ist kurz, aber erlesen, und durch eine Glasscheibe

Nordindisch für Feinschmecker

Punjabi by Nature, Priya Cinema Complex, Basant Lok, Vasant Vihar, ✆ 011/4151 6666. Die fantastische Punjab- und nordindische Küche genießt unter den Feinschmeckern Delhis einen ausgezeichneten Ruf. Das *fish tikka* à la Amritsar ist köstlich und die Tandoori-Garnelen sind ein Traum, aber wer was ganz Besonderes kosten möchte, bestellt *raan-e-Punjab* (Lammkeule, Rs725). Die meisten Hauptgerichte kosten Rs425–575 – und sind das Geld definitiv wert. Ziemlich weit von der Innenstadt entfernt (Rs120 mit einer vorausbezahlten Motor-Rikscha vom CP). Inzwischen hat eine leichter erreichbare Filiale aufgemacht: 3. Stock, City Square Mall, Raja Garden, ✆ 011/4222 5656 oder 5757, beim U-Bahnhof Rajaouri Garden.

kann man den Köchen bei der Arbeit zusehen. Auch im Maurya ist das **Dum Pukht** (nur abends geöffnet), das auf die Schmorgerichte der *dum*-Küche von Avadh (Uttar Pradesh) spezialisiert ist. Gerichte von der Speisekarte und Menüs sind für Rs2400–3000 zu haben.

Flavours, C-52 Defence Colony. Eines der allerbesten italienischen Lokale Delhis, auf dessen Speisekarte u. a. Risotto und Tiramisu stehen. Pizza, Pasta und andere Hauptgerichte kosten Rs335–500.

Park Balluchi, Deer Park, Hauz Khas, ✆ 011/ 2685 9369, 💻 www.parkballuchi.com. Kebabs und Gerichte aus Belutschistan (veg. Rs205–295, nicht veg. Rs360–450) in einem hübschen Waldlokal. Spezialität des Hauses ist das auf einem brennenden Schwert servierte *murg potli kebab.*

Sagar, 18 Defence Colony Market. Köstliches, günstiges südindisches veg. Essen mit *vadas, iddlis, ravas* und *dosas* (Rs60–85), plus hervorragende *thalis* (Rs130). Besitzt inzwischen auch ein nordindisches Restaurant ein paar Häuser weiter in der Hausnr. 24 und Filialen in der ganzen Stadt, aber das Original ist immer noch am besten.

Swagath, 14 Defence Colony Market. Nicht veg. Ableger des Sagar ein paar Türen weiter. Die indischen und chinesischen Fleischgerichte auf der Karte sollte man zugunsten der Meeresfrüchte-Gerichte im Mangalore-Stil ignorieren – das *Swagath Special* (mit Chili und Tamarinde), *gassi* (mit Kokosmilchsoße) und *sawantwadi* (mit grüner Masala) sind alle toll und kosten Rs295–305 mit *pomfret* oder Rs335–605 mit Garnelen.

Unterhaltung

Delhis Nachtleben ist ordentlich in Bewegung, und immer mehr Pubs und Nachtclubs schießen aus dem Boden. Unter der Woche sind die Lounges und Dancebars die beste Anlaufstelle, aber am Wochenende ist in den Clubs am meisten los. Der junge Jetset vergnügt sich gern in den Diskos der Luxushotels. Viele erlauben keinen „stag entry" (Männer ohne Begleitung) und sind damit für Frauen sehr viel angenehmer, aber wer ein Mann und allein ist, hat Pech. Die einzige Ausnahme ist Elevate – Delhis Club für Partyprofis. Der Eintritt liegt bei Rs500–2000 pro Paar, je nach Club und Wochentag. Am Rajpath und India Gate treffen sich jeden Abend massenhaft Leute zum Schlendern und Eisessen. Frauen ohne Begleitung müssen sich hier jedoch auf Belästigungen einstellen.

In allen Fünf-Sterne-Hotels gibt es schicke und teure Bars, viele mit Tanzflächen. Loungebars mit chilliger Musik sind sehr beliebt; ein paar gute befinden sich in den südlichen Vororten. Alkohol darf in Delhi erst ab 25 getrunken werden.

Bars

Blues, N-17 Connaught Place. S. Karte S. 142. Todschicke Bar und Restaurant mit einer kunterbunten Auswahl an lauter Musik (Do ist Rocknight). Die Barkeeper sind durch die Bank Profis, was das Mixen extravaganter Cocktails angeht. Happy Hour 16–20 Uhr, danach Rs300 Mindestverzehr; kein Zutritt für Männer ohne weibliche Begleitung.

Cibo, Janpath Hotel, Janpath. S. Karte „Connaught Place" S. 142. Indische Version mediterranen Ambientes: Essbereich draußen mit vergoldeten Statuen und italienischem Essen, drinnen Bar mit goldenen Kaminen. Haarscharf am Kitsch vorbei.

Gem, 1050 Main Bazar, Paharganj. S. Karte S. 145. Praktisch für Leute, die in Paharganj übernachten und für ein Bier keine langen Wege zurücklegen wollen. Frauen ohne Männerbegleitung werden sich hier allerdings nicht wohlfühlen. Wer in Paharganj einen zahmeren Ort für eine Drink sucht, kann ins Metropolis Hotel (S. 159) gehen.

Lizard Lounge, E-5, 1st Floor, South Extension II. S. Karte „Delhi" S. 138/139. Loungemusik (was sonst?) und Wasserpfeifen (21 Geschmacksrichtungen) gehören zur Grundausstattung dieser bewährten, aber immer noch angesagten Loungebar mit Mittelmeer- und Orient-Küche.

My Bar, 5136 Main Bazar, Paharganj. S. Karte S. 145. Gute Bar, in der es auch Essen gibt, jedoch kommen die meisten Gäste wegen des billigen Biers (Rs84).

Pegs n' Pints, Forte Grand Complex, Chanakya Lane, hinter Akbar Bhawan, Chanakyapuri, ✆ 011/2687 8320. S. Karte „Delhi" S. 138/139.

Schmuddelige, günstige Bar mit Musik (hauptsächlich Hip-Hop) und beeindruckender Weinkarte. Bemerkenswert vor allem wegen des dienstäglichen Gay-Abends.

Rodeo, A-12, Connaught Place. S. Karte S. 142. Bar im Stil eines Wildwest-Saloons mit guter Stimmung, großer Auswahl an Drinks und mexikanischen Snacks.

Splash, Minto Rd (Vivekananda Marg), gleich nördlich der Eisenbahnbrücke. S. Karte „Connaught Place" S. 142. Ziemlich zivilisierte Bar nur einen Steinwurf vom Connaught Place, in der Essen und Bier zu annehmbaren Preisen zu haben sind.

Clubs

Capitol, Ashok Hotel, 50-B Chanakyapuri, ✆ 011/2687 9802. S. Karte S. 141. Edlerer Club mit unverblümt kommerzieller *filmi-* und Popmusik. ⏲ Mi und Do bis 2, Fr und Sa bis 4 Uhr.

Elevate, 6. Stock, Center Stage Mall, Sector 18, Noida, ✆ 0120/436 4611, 💻 www.elevateindia.com. S. Karte „Delhi" S. 138/139. Der auf der anderen Seite des Flusses gelegene Club ist der größte und angesagteste der Stadt. Er hat drei Etagen (Tanzfläche, Chill-out und VIP) und Dachterrasse. Indische und internationale DJs legen je nach Wochentag Bhangra, *filmi*, Hip-Hop, Trance oder Techno auf (freitags Techno und Trance). ⏲ Mi–Sa bis 3.30 Uhr.

Kinos

Bollywood-Filme laufen z. B. im **Regal**, ✆ 011/2336 1583, Connaught Place, im **Imperial**, Rajguru Marg, Paharganj, ✆ 011/2252 8253, und im **Shiela**, ✆ 011/2367 2100, Desh Bandhu Gupta Road, in der Nähe der New Delhi Railway Station. Karten kosten Rs25–80. Die beiden Kinos **Odeon**, ✆ 011/4151 7899, und **Plaza**, ✆ 011/4151 3787, am Connaught Place, sind schicker und beliebter.

Darüber hinaus veranstalten viele der Kulturzentren hin und wieder internationale Filmfestivals. Hindi-Filme mit englischen Untertiteln kauft man am besten auf DVD.

Tanz und Theater

Dances of India, Parsi Anjuman Hall, Bahadur Shah Zafar Marg, nahe Delhi Gate, ✆ 2623 4689. S. Karte „Old Delhi" S. 147. Exzellente Tanz-Vorführungen. Jeden Abend werden 6–7 Tänze aus verschiedenen Regionen Indiens vorgestellt, wie Bharatnatyam, Kathakali, Bhawai und die graziösen Tänze des nordöstlichsten Staates Manipur. ⏲ tgl. 18.45 Uhr.

India Habitat Centre, Lodi Rd, ✆ 011/2468 2001 bis 5, 💻 www.indiahabitat.org. S. Karte „New Delhi" S. 142. Tanz-, Musik- und Theateraufführungen sowie Diskussionen und Ausstellungen.

Kamani Auditorium, 1 Copernicus Marg, ✆ 011/4350 3351 oder 2, 💻 www.kamaniauditorium.org. S. Karte „New Delhi" S. 141. Aufführungen von Bharatnatyam (klassischer indischer Tanz) und anderen Tänzen.

Sangeet Natak Akademi, Rabindra Bhavan, 35 Feroz Shah Rd, ✆ 011/2338 7246 bis 8, 💻 www.sangeetnatak.com. S. Karte „New Delhi" S. 141. Delhis wichtigster Veranstaltungsort der darstellenden Künste.

Triveni Kala Sangam, 205 Tansen Marg, direkt südlich des Bengali Market, ✆ 011/2371 8833. S. Karte „New Delhi" S. 141. Tanzaufführungen und Kunstausstellungen.

Einkaufen

Klassischerweise geht man zum Shoppen in das Viertel um den **Connaught Place** (dort insbesondere der unterirdische Palika Bazaar) und zum **Chandni Chowk**, doch auch einige der neueren Bezirke entwickeln sich zu beliebten Einkaufsgegenden. Der beste Ort um Preise und Qualität von traditionellem Kunsthandwerk zu vergleichen, sind die **State Emporiums** in der Baba Kharak Singh Marg.

Im Unterschied zu den Märkten in Old Delhi akzeptieren die meisten Geschäfte in New Delhi Kreditkarten. Vorsicht vor Schleppern, die Touristen in falsche „government shops" locken, um Provision zu kassieren. In allen Basaren und auf Straßenmärkten wird **gefeilscht**.

Bücher

Rund um den **Connaught Place** sind zahlreiche gute Buchläden angesiedelt, darunter sind **Amrit**, N-21, **Galgotia & Sons**, B-17, **New Book Depot** und **Rajiv Book House**, 30 Palika Bazaar.

Secondhandbücher hat z. B. **Jacksons**, 5106 Paharganj Main Bazaar, gegenüber dem Vishal Hotel, außerdem ein namenloser Bücherstand um die Ecke beim Kino Imperial in der Rajguru Marg und **Anil Book Corner**, beim Plaza Cinema am Connaught Place; sonntags auch auf dem Daryaganj Market beim Delhi Gate in Old Delhi.

Kunst, Antiquitäten, Kunsthandwerk und Schmuck

Die erste Anlaufstelle, auch um sich über die Preise zu informieren, sind die **Government Emporiums** in der Baba Kharak Singh Marg. Billigen Schmuck, verzierte Kästchen und Sandelholz-Schnitzereien gibt es in **Paharganj** und auf dem **Tibetan Market** an der Janpath. Teurere Kunst, Antiquitäten – für die Ausfuhr von allem, das mehr als 100 Jahre alt ist, benötigt man eine Genehmigung – und Schmuck werden auf dem **Sunder Nagar Market** (s. Karte S. 141) angeboten.

Central Cottage Industries Emporium, Jawahar Vyapar Bhawan, Janpath, gegenüber dem Imperial Hotel, ✆ 011/2332 0439, 🖳 www.cottageemporium.in. Gut besuchter, mehrstöckiger Komplex unter staatlicher Leitung mit Kunsthandwerk, Teppichen, Lederwaren und nachgemachten Miniaturen zu festen (wenngleich teilweise hohen) Preisen. Das Schmucksortiment reicht von traditionellem Knöchelschmuck aus Silber über Edelsteine bis hin zu Modeschmuck.

Cottage of Arts and Jewels, 50 Hauz Khas Village. Interessante, exzentrische Mischung aus Schmuck, Raritäten und Gegenständen aus Pappmaché. Die besten Stücke aus der Sammlung von Mrs. Jain, darunter Miniaturen und Edelsteine, befinden sich allerdings nicht in der Auslage: Man muss danach fragen.

Neemrana Shop, 22-B Khan Market, ✆ 011/2462 0262. Unter Leitung der bekannten Hotelgruppe gleichen Namens. Elegante Kundschaft, große Auswahl an Kleidung sowie einige Antiquitäten und Kunstobjekte.

Plutus, 10 Hauz Khas Village, ✆ 011/2653 6898, 🖳 www.plutusexports.com. Geschmackvoller Laden, der Repliken von Antiquitäten, Bronzestatuen sowie Silber- und Goldschmuck im Angebot hat.

Ethnic Silver, zwei Türen weiter in Nr. 9A, bietet eine nette Auswahl an Schmuck und Silbergegenständen.

Musikinstrumente und CDs

Lahore Music House, Netaji Subhash Marg, Old Delhi, neben dem Restaurant Moti Mahal, ✆ 011/2327 1305, 🖳 www.lmhindia.com. Alteingesessener Musikinstrumentenbauer, der für die hohe Qualität seiner nordindischen Instrumente bekannt ist.

Rikhi Ram, G-8, Outer Circle, Connaught Place, ✆ 011/2332 7685, 🖳 www.rikhiram.com. Einst die Sitar-Bauer für Kunden wie Ravi Shankar und noch immer mit einer exklusiven Aura umgeben. Sehr interessante Sammlung selbst entworfener Musikinstrumente.

Shielma, 11 und 27 Palika Bazar, Connaught Place, ✆ 011/2332 2900. CDs mit klassischer, Volks- und Filmmusik sowie DVDs von Filmen auf Hindi und Englisch.

Stoffe und Kleidung

Delhis **Textilienläden** verkaufen Stoffe und Kleidung – von hochwertiger Seide, handgesponnenen Baumwollstoffen, Saris, Schals und Halstüchern aus Kashmir, traditionellen Kurta (weite, über einer Baumwollhose getragene Hemden) und Saris bis hin zu bunten Batik-Shirts und anderen Hippieklamotten ist alles zu haben. T-Shirts und Batikkleidung finden sich in Paharganj oder auf dem Tibetan Market. Billige westliche Kleidung gibt's im Export-surplus Market in Sarojini Nagar (s. Karte „Delhi" S. 138/139). Die Straßenstände

Anzüge nach Maß

Vedi Tailors, M-60 Connaught Place, ✆ 011/2341 6901. Seit 1926 (ursprünglich in Rangoon) fertigt dieser Herrenschneider Maßanzüge für Rs8000–30 000, je nach Schnitt und Material. Für einen kleinen Aufpreis kann man das gute Stück 24 Std. später abholen, normalerweise dauert es eine Woche. S.L. Kapur in G-7 hat einen ähnlich guten Ruf.

hinter dem Tibetan Market, in den Seitenstraßen der Janpath, verkaufen üppig bestickte und mit kleinen Spiegeln verzierte Decken aus Rajasthan und Gujarat. Nach den wunderschönen Seiden- und Baumwollstoffen sucht man am besten in einem der Government Emporiums in der Baba Kharak Singh Marg.
Anokhi, 5 und 6 Santushti-Shoppingkomplex, ✆ 011/2688 3076, 🖳 www.anokhi.com. Kleidung aus anschmiegsamer Baumwolle und Rohseide, Teppiche und Gardinen. Besonders bekannt für seine im Handdruckverfahren hergestellten, bunten Baumwollstoffe, die traditionelle und moderne Muster vereinen. Weitere Filialen: 32 Khan Market und 16 N-Block Market.
Fabindia, 5, 7 und 14, N-Block Market, Greater Kailash, ✆ 011/4669 3724, 🖳 www.fabindia.com. Erstreckt sich über mehrere Läden im Markt und bietet Einrichtungsgegenstände (Teppiche, Gardinen etc.), schicke Baumwollbekleidung für Männer, Frauen und Kinder sowie schöne bedruckte Baumwollstoffe aus allen möglichen indischen Dörfern, außerdem Bio-Gewürze, Maniok und Pickles. Filialen überall in der Stadt, darunter im Khan Market (zentrale Halle, über den Nummern 20 und 21) und B-28 und N-5 Connaught Place.
Handloom House, 3rd Floor, Rajiv Gandhi Bhawan, zwischen den beiden State Emporium-Gebäuden, Baba Kharak Singh Marg, ✆ 011/2334 1984. Staatliches Geschäft mit stapelweise Ballen aus handgewebten Baumwoll- und Seidenstoffen, auch Baumwoll- und Leinenhemden sowie Seidensaris.
Harsiba, 5 Rajiv Gandhi Bhawan, zwischen den beiden State Emporium-Gebäuden, Baba Kharak Singh Marg, ✆ 011/3948 9374.
In diesem als Kooperative geführten Geschäft werden hübsche Bekleidung, Accessoires und Einrichtungsgegenstände verkauft, zumeist in Heimarbeit hergestellt von Kleinunternehmerinnen.
Khadi Gramodyog Bhawan, 24 Regal Building, Sansad Marg, Ecke Connaught Place, ✆ 011/2336 0902, 🖳 www.kvic.org.in. Staatlicher, toller Laden für robuste, aber leichte Reisekleidung; außerdem traditionelle indische Sachen auf Bestellung, z. B. *salwar kameez* (Pluderhose und Hemd), wollene Westen, Schals und Mützen sowie Wandteppiche, Stoffe, Tischdecken, Weihrauch und Karten. Passable Preise.
People Tree, 8 Regal Building, Sansad Marg, Connaught Place, ✆ 011/2334 0699, 🖳 www.peopletreeonline.com. Interessante Auswahl alternativer Designs, mit Schwerpunkt auf T-Shirts, ethnischer Bekleidung und Schmuck.
Shaw Brothers, D-47 Ground Floor, Defence Colony, ✆ 011/2469 0364, 🖳 www.shaw-brothers.com. Edlerer Laden für Schultertücher, Teppiche, Pashmina-Schals und Seide. Weiterer Laden: 8 Palika Bazar, Connaught Place, ✆ 011/2332 9080.

Verschiedenes

Indian Art Collection, 1 Hauz Khas Village. Hier gibt's vor allem alte Bollywood-Filmplakate, zumeist für Rs1000–5000. Sie sind gerahmt erhältlich, einfacher lassen sie sich jedoch gerollt in einer Posterrolle transportieren.
Indian Popular Art ein paar Türen weiter (Nr. 5) verkauft ebenfalls Filmplakate.
Jain Super Store, 172 Palika Bazaar, Connaught Place, ✆ 011/2332 1031, 🖳 www.jainperfumers.com. Ätherische Öle, natürliche Parfüme und die Düfte des Hauses sowie Räucherstäbchen, Duftkerzen und Duftspender.
Mother Earth (Industree), 8 Rajiv Gandhi Bhawan, zwischen den beiden State Emporium-Gebäuden, Baba Kharak Singh Marg, 🖳 www.industreecrafts.com. Heller, bunter Laden mit ebensolchen Designerartikeln, darunter Matten, Jalousien, Kästen und Taschen aus natürlichen Materialien wie Jute, Schilfrohr und Rattan. Sie werden von Kleinerzeugern zumeist in Heimarbeit angefertigt und von einer Fair-Trade-NGO verkauft.
Nath Stationers (The Card Shop), B-38 Connaught Place. Das kleine Geschäft hat eine große Auswahl an Grußkarten mit indischer Kunst und indischen Designs.

Sonstiges

Apotheken

Praktisch jeder Markt hat eine Apotheke.
Apollo, G-8 Connaught Place und an der New Delhi Station (Ginger Hotel), hat 24 Std. geöffnet.

Delhi

Autovermietungen

Für Stadtrundfahrten und Ausflüge in die Umgebung bietet sich ein **Auto mit Fahrer** an. Besonders preisgünstig wird dies für Gruppen von drei bis vier Personen. Viele Budgethotels vermitteln Autos und Fahrer; ebenso die **DTTDC** (Auskünfte rund um die Uhr über das Transportbüro in der Aurobindo Marg, Höhe Kidwai Nagar West, beim Dilli Haat, ✆ 011/2467 4153) sowie die Stände am südlichen Ende des Tibetan Market am Janpath. Bei der DTTDC muss man mit Rs1495 (inkl. 120 Freikilometern; mit AC teurer) pro Tag (8 Std.) innerhalb Delhis rechnen. Außerdem gibt's den **Kumar Tourist Taxi Service**, K-14 Connaught Place, ✆ 011/2341 5390. Autofahren in Delhi kann gefährlich sein; sich selbst ans Steuer zu setzen ist deshalb nicht ratsam.

Avis, D-4 Shubam Gardens, Nähe Hari Bhawan, Ram Mandir Marg, Vasant Kunj, ✆ 011/6568 0664 oder 0627, ✉ crsdelhi@avis.co.in.

Budget, Lemon Tree Hotel, East Delhi Mall, Kaushambi, Ghazaibad, ✆ 0120/442 3202.

Europcar, Suite 105, 1st Floor, Indra Prakash Building, 21 Barakhamba Rd, ✆ 011/4166 7760, ✉ reservation.del@europcar.co.in.

Hertz, c/o Carzonrent, Khasra Nr.78, Dagar Farm House (gegenüber BP-Tankstelle), Bijwasan, ✆ 011/4184 1212, ✉ reserve@carzonrent.com (auch in Dwarka, Nähe Flughafen und Metrostation Dwarka Sector 12, F-3 Building 1, Malik Plaza, Plot Nr. 2, Pocket 6, Sector 12, Dwarka, ✆ 011/4553 5501/2, ✉ dwarka@carzonrent.com.

Botschaften und Konsulate

Vor einem Besuch sollte man sich telefonisch nach den Öffnungszeiten erkundigen.

Bangladesh, EP-39, D Radha Krishan Marg, Chanakyapuri, ✆ 011/2412 1389.

Deutschland, 6/50-G Shanti Path, Chanakyapuri, New Delhi 110021, ✆ 011/44199 199, ✉ info@new-delhi.diplo.de, 💻 www.new-delhi.diplo.de. No. 6/50G, Shanti Path, Chanakyapuri, New Delhi 110021.
Postanschrift: Embassy of the Federal Republic of Germany, P.O. Box 613, New Delhi 110001, Indien.

Myanmar, 3/50-F Nyaya Marg, Chanakyapuri, ✆ 011/2467 8822.

Nepal, Barakhamba Rd, am Mandi House Chowk, südöstlich vom Connaught Place, ✆ 011/2332 7361.

Österreich, Ep-13, Chandragupta Marg, Chanakyapuri, New Delhi 110021, ✆ 011/2419 2700, ✉ new-delhi-ob@bmeia.gv.at, 💻 aussenministerium.at/newdelhi.

Schweiz, Nyaya Marg, Chanakyapuri, New Delhi 110021, ✆ 011/2687 8372, 📠 687 3093, ✉ vertretung@ndh.rep.admin.ch.
Botschaft der Schweiz, Embassy of Switzerland, Nyaya Marg, Chanakyapuri, New Delhi 110021, Postanschrift: Embassy of Switzerland, P.O. Box 392, New Delhi 110001, India.

Sri Lanka, 27 Kautilya Marg, Chanakyapuri, ✆ 011/2301 0201 bis 3.

Thailand, 56-N Nyaya Marg, Chanakyapuri, ✆ 011/2611 8103 oder 4.

Fotogeschäfte

Delhi Photo Company, 78 Janpath.

Kinsey Brothers, 2-A Connaught Place, unterhalb der Büros von *India Today*.

Geld

Der Geldwechsel ist relativ einfach, da es viele **Geldautomaten** gibt, die Visa- und Mastercard annehmen. Man findet sie in fast jedem Block am Connaught Place, in Metro-Bahnhöfen und entlang dem Chandni Chowk und der Asaf Ali Road in Old Delhi.

Ein Geldautomat der HFDC Bank steht gegenüber vom Metropolis Hotel am Paharganj Main Bazaar und weitere gibt's an der Rajguru Marg unterhalb vom Roxy Hotel.

Geldtausch ist auch möglich im Büro von **DTTDC**, N-36 Connaught Place, auch in den zahlreichen autorisierten Wechselstuben am Connaught Place und in Paharganj sowie in allen größeren Hotels.

Thomas Cook, C-33 Connaught Place, 1. Stock, ✆ 011/6627 1971; 🕒 Mo–Fr 9.30–18, Sa 10–17.30 Uhr. Filialen in der Post am Connaught Place und im Hotel Janpath.

American Express wird vertreten durch die Standard Chartered Bank, A-1 Connaught Place, ✆ 011/4365 4027, 🕒 Mo–Fr 9–18, Sa 9–16 Uhr.

Überweisungen können bei allen Agenturen von **Western Union** vorgenommen werden, darunter einige Postämter. Die am günstigsten gelegenen sind die GPOs in Old Delhi und New Delhi, aber wer sich Geld auf ein Postamt überweisen lässt, muss den Namen korrekt angeben (siehe „Post"). Western Union-Agenturen sind u. a. auch die Punjab and Sind Bank, M-14 Connaught Place, und die Bank of Baroda, B-3 und M-9 Connaught Place. Agenturen für **Moneygram** sind alle Filialen von Thomas Cook (z. B. in C-33 Connaught Place) sowie die Central Bank of India, z. B. 1763 Chuna Mandi, nahe Paharganj, und 70 Janpath, nahe Connaught Place.

Gepäckaufbewahrung

Die Gepäckaufbewahrung in den Bahn-höfen kostet Rs10–15 pro Tag. Die meisten Hotels in Paharganj bieten ebenfalls Gepäckaufbewahrung.

Informationen

Touristenbüros gibt es am internationalen und nationalen Flughafen sowie in den Zug- und Busbahnhöfen. **India Tourism**, 88 Janpath, südlich vom Connaught Place, ✆ 011/2332 0005 oder 8, ◷ Mo–Fr 9–18, Sa 9–14 Uhr, bietet gute Infos zu historischen Sehenswürdigkeiten, Stadtrundfahrten, Shopping und kulturellen Veranstaltungen. Außerdem sind hier kostenlose Stadtpläne erhältlich.

DTTDC (Delhi Tourism and Transport Development Corporation), ✆ 011/2336 5358, 🖳 delhitourism.nic.in, hat ein Büro im Coffee House, 1 Annexe, Emporium Complex, Baba Kharak Singh Marg, gegenüber Hanuman Mandir, ◷ tgl. 7–21 Uhr, ein weiteres am N-36 Connaught Place, ✆ 011/4152 3073, ◷ tgl. 10–17 Uhr, sowie weitere in den beiden Flughafenterminals. Vorsicht: Das DTTDC-Büro am Connaught Place wird von Schleppern belagert, die Reisenden andere, ähnlich aussehende Reisebüros schmackhaft machen wollen; siehe Kasten S. 175.

Ausstellungen und Veranstaltungen sind der Lokalpresse wie dem Wochenblatt **Delhi Diary**, den Blättern **Delhi City** und **Time Out Delhi** (erscheinen beide vierzehntäglich) und dem **First City** (erscheint 1x monatlich) zu entnehmen. Alle werden in Buchläden und an Straßenkiosken verkauft. *Delhi Diary* liegt manchmal auch kostenlos in großen Hotels oder im GOI Touristenbüro aus.

Informationen im **Internet** bieten außer der DTTDC-Website die Delhi-Seiten von India

Reisebüros und Veranstalter

Die **Rajasthan Tourism Development Corporation**, Bikaner House, Pandara Rd, ✆ 011/2338 3837 oder 6069, organisiert Pauschaltouren, darunter Safaris und Fahrten mit den Zügen Palace on Wheels und Heritage on Wheels.

Die **Delhi Tourism and Transport Development Corporation** (DTTDC), N-36, Bombay Life Building, Middle Circle, Connaught Place, ✆ 011/5152 3073. Tagesausflüge nach Agra (Rs950) und 3-tägige „Golden Triangle"-Exkursionen nach Agra, Ajmer, Bharatpur und Jaipur (Rs4200).

Ashok Travels, Janpath Hotel, Janpath, ✆ 011/2334 9062, ✉ travel@attindiatourism.com. Das Unternehmen der India Tourism Development Corporation verkauft Ausflüge und Flugtickets.

Bewährte Reisebüros, die auf **Flugtickets** (Inland und international) spezialisiert sind: **HRG Sita**, F-12 Connaught Place, ✆ 011/2462 2152; **Travel Corporation of India**, 5th Floor, New Delhi House, 27 Barakhamba Rd, ✆ 011/2341 6082 bis 5; 🖳 www.tcindia.com;

Aa Bee Travel, in der Lobby des Hare Rama Guest House, ✆ 011/2356 2171 oder 2117, ✉ aabee@mail.com, in T-298 abseits des Main Bazaar, Paharganj, ist eine zuverlässige Adresse für preisgünstige Flug- und Privatbustickets.

Student Travel Information Centre, G-55 Connaught Place, ✆ 011/4620 6600, 🖳 www.statravel.co.in. Ausstellung und Verlängerung des internationalen Studentenausweises **ISIC**.

Auf keinen Fall sollte man Flüge oder Touren bei einem Veranstalter buchen, der Schlepper einsetzt. Und erst recht nicht bei einem Reisebüro, das sich als offizielle Touristeninformation ausgibt.

for You, www.indfy.com/delhi.html (auf „Places to see in Delhi" klicken), und die Tourismus-Seiten der Stadtverwaltung von Delhi, delhigovt.nic.in/page.asp. Veranstaltungshinweise stehen auf delhi.clickindia.com und www.delhilive.com.

Delhi

Internet

Verlässliche Adressen sind u. a.: **Sunrise**, N-9/II Connaught Place (Rs35 pro Std.), **Shivam**, 651 Tooti Chowk, gleich beim Main Bazaar, Paharganj (Rs20 pro Std.) und **Kesri**, 5111 Main Bazaar, Paharganj (nahe Kholsa Café, Rs20 pro Std.).

Medizinische Hilfe

All India Institute of Medical Sciences (AIIMS), Ansari Nagar, Aurobindo Marg, 011/2658 8500; 24-Std.-Notaufnahme. Ebenso im **Lok Nayak Jai Prakash Hospital**, Jawaharlal Nehru Marg, Old Delhi, 011/2323 6000, nahe Delhi Gate.
East West Medical Centre, B-28 Greater Kailash Part I, 011/2924 3701 bis 3, www.eastwestrescue.com. Eine von mehreren Privatkliniken, genauso wie das **Indraprastha Apollo Hospital**, Sarita Vihar, Delhi–Mathura Rd, 011/2692 5801, www.apollohospdelhi.com.
Dr Ram Manohar Lohia Hospital, Baba Kharak Singh Marg, 011/2334 8200, rmlh.nic.in; staatliches Krankenhaus.
Ein Verzeichnis von Krankenhäusern und Ärzten hat die Website der US-Botschaft, newdelhi.usembassy.gov/medical_information2.html.

Motorräder

Im Viertel **Karol Bagh** gibt es viele gute Händler, die neue und gebrauchte Enfield-Motorräder verkaufen. Zuverlässig ist **Inder Motors**, 1744-A/55 Basement, Hardhyan Singh Nalwala St, Abdul Aziz Rd, 011/2875 0869, www.lallisingh.com, zwei Blocks östlich der Ajmal Khan Rd, dann rechts beim *chowki*, dann die 3. Gasse links; Mo geschlossen.
Auch **Ess Aar Motors**, 1-E/13 Jhandewalan Extension, zwischen Karol Bagh und Paharganj, 011/2367 8836, hat sich bewährt.

Optiker

Lawrence & Mayo, 76 Janpath; **R.K. Oberoi**, 14-H Connaught Place.

Polizei

100 (nationale Nummer). Wer die Hilfe der Polizei benötigt, wendet sich am besten an die Hotelrezeption oder an das **Government of India Tourist Office**, die einen an die entsprechende Stelle vermitteln; Delhi hat eine eigene Touristen-Polizei.

Post

Einen *poste-restante*-Service gibt es bei der **Hauptpost** (**GPO** oder **Gole PO**) an der Kreuzung Baba Kharak Singh Marg und Ashoka Rd, Mo–Sa 9–17 Uhr, Briefmarkenverkauf Mo–Sa 9–20 Uhr. Zur Abholung muss man seinen Pass mitbringen und checkt am besten auch gleich die Liste eingegangener Pakete. Briefe an dieses Postamt müssen folgendermaßen adressiert sein: Poste Restante, New Delhi GPO, Gole Dakhana, Delhi 110001. Briefe mit der Aufschrift „Poste Restante, Delhi" landen im GPO von Old Delhi, nördlich der Bahnlinie in der Lothian Road (Briefe hierher sollten vollständig mit „Old Delhi GPO, Lothian Rd, Delhi 110006" adressiert sein). Günstig gelegen ist die Postfiliale in A-6 Connaught Place, Mo–Sa 10–17.45 Uhr.

Telefon

Way2Talk, 1126 Main Bazaar, Paharganj, bietet günstige internationale VoIP-Telefonate (Rs7 pro Min. nach Deutschland, Österreich und in die Schweiz); die ersten zehn Sekunden sind umsonst.

Visaverlängerungen und Permits

Wer sein Visum verlängern lassen möchte, muss zuerst zum **Ministry of Home Affairs**, Foreigners' Division, Jaisalmer House, 26 Man Singh Rd, Mo–Fr 10–12 Uhr.
Soll der Indien-Aufenthalt länger als 6 Monate dauern, ist die Anlaufstelle das **Foreigner's Regional Registration Office** (FRRO), East Block 8, Level 2, Sector 1, Ramakrishna Puram, Mo–Fr 9.30–13.30 und 14–16 Uhr;

011/2671 1443. Die Formulare können unter www.immigrationindia.nic.in heruntergeladen werden.
Wer länger als 120 Tage in Indien ist, muss vor der Ausreise ein Steuerbefreiungsformular ausfüllen. Erhältlich bei der Foreign Section, Income Tax Office, Central Revenue Building, Indraprastha Estate, 011/2337 9171, App. 1650, Mo–Fr 10–13 und 14–17 Uhr. Geldumtausch- und Geldautomatenbelege mitnehmen!

Nahverkehr

Trotz des U-Bahnnetzes ist das öffentliche Verkehrsnetz angesichts der Bevölkerungszahl und Ausdehnung der Stadt unzureichend, und das Verkehrschaos wird noch durch eine wachsende Anzahl von stolzen Autobesitzern vergrößert. Kühe wurden aus der Delhier Innenstadt größtenteils verbannt, nicht aber aus den traditionelleren Bezirken. Um die Luftverschmutzung zu vermindern, wurden Busse, Taxis und Motor-Rikschas von Benzin und Diesel auf Biogas *(compressed natural gas,* CNG) umgerüstet, aber in den meisten innerstädtischen Hauptverkehrsstraßen hängen trotzdem noch Abgaswolken.

Metro

Delhis U-Bahn wurde Ende 2002 eröffnet. Die Bauarbeiten werden sich in mehreren Phasen bis zum Jahr 2021 erstrecken. Es gibt fünf Linien (rot, gelb, blau, grün und violett), die alle noch verlängert werden sollen; dazu kommt noch die Flughafenlinie (orange). Aktuelle Infos bei den Tourist Offices (S. 171) oder im Internet unter www.delhimetrorail.com. Zurzeit kostet der billigste Fahrschein Rs8, die längste Fahrt vom Zentrum aus Rs23. Die Metro hat Rollstuhlrampen, und in jedem U-Bahnhof sollte eigentlich ein Geldautomat stehen. Kinder unter einer Größe von 90 cm und in Begleitung eines Erwachsenen fahren kostenlos. Fotografieren in der Metro ist verboten. Offiziell darf man eigentlich auch keine Gepäckstücke transportieren, die schwerer als 15 kg oder größer als 60 x 45 x 25 cm sind.

Busse

Da Fahrrad- und Motor-Rikschas so zahlreich vorhanden und überdies billig sind, werden sich wohl nur besonders hartgesottene Touristen mit Delhis verwirrendem Bussystem auseinandersetzen und sich in die überfüllten Busse zwängen wollen. Die Busrouten finden sich unter delhigovt.nic.in/dtcbusroute/dtc/Find_Route/getroute.asp, aber auf der Liste der Bushaltestellen stehen nicht immer die Ortsnamen, die Touristen geläufig sind (die Haltestellen am Connaught Place z. B. werden individuell als „Regal Cinema", „Super Bazaar" usw. angegeben). Fahrkarten kosten ab Rs10–20.

Motor- und Fahrrad-Rikschas

Motor-Rikschas („autos") sind das effizienteste Transportmittel in Delhi. Am Connaught Place und einigen Bahnhöfen gibt es Festpreis-Ticketschalter, an denen man offiziell abgesegnete Fahrpreise zahlt, aber normalerweise vereinbart man einen Fahrpreis, bevor man einsteigt. Die Fahrpreise für Ausländer hängen stark vom Verhandlungsgeschick des Kunden ab. Als Richtschnur gilt: Für eine Fahrt vom Connaught Place nach Old Delhi sollte man mit Rs50 rechnen.
Fahrrad-Rikschas sind rund um den Connaught Place sowie in Teilen von New Delhi nicht zugelassen, aber praktisch für kurze Wege in Außenbezirken und in Paharganj. In Old Delhi kommt man damit außerdem schneller voran als mit einem motorisierten Fahrzeug. Der Fahrpreis beträgt ungefähr die Hälfte von dem für Motor-Rikschas.

Taxis

Delhis Taxis (weiß oder gelb und schwarz) verlangen etwa 50 % mehr als eine Motor-Rikscha. Die Fahrer warten an Taxiständen, wo man Buchungen vornehmen und die Preise aushandeln kann. Wer an der Straße ein Taxi heranwinkt, muss sich auf ein ziemliches Geschachere einstellen. Zwischen 23 und 5 Uhr wird ein Zuschlag von etwa 25 % erhoben. Funktaxiunternehmen wie **Mega Cabs**, 011/4141 4141, www.megacabs.com,

Touren in Stadt und Umland

Das **DTTDC Tourist Office** (S. 171), organisiert tgl. außer Montag Touren in AC-Bussen durch New Delhi (9–13.30 Uhr; Rs150) und Old Delhi (14.15–17.45 Uhr; Rs150), plus eine Ganztagstour durch beide (9–17.45 Uhr; Rs250). Alle beginnen draußen vor dem DTTDC-Büro gegenüber dem Hanuman-Tempel an der Baba Kharak Singh Marg. Hier ist auch die Abfahrtsstelle der DTTDC-Tour „Delhi by Evening" (nach Bedarf, Di–So; Rs150), bei der u. a. die Sound and Light-Show beim Roten Fort besucht wird, und ein Tagesausflug nach Agra (Mi, Sa und So; Abfahrt 7 Uhr, Rückkehr 22 Uhr; Rs950).

Die **Delhi Transport Corporation**, www.dtc.nic.in, 011/2331 7445, unternimmt Tagestouren ab New Delhi Rail Station um 9.15 Uhr, Scindia House am Connaught Place (Ecke Janpath) um 9.30 Uhr oder vom Roten Fort um 9.45 Uhr (Rs100).

Alle 5-Sterne-Hotels bieten ihre eigenen Touren von Haustür zu Haustür, und viele Hotels in Paharganj und Umgebung, z. B. Namaskar und Metropolis, können Stadtrundfahrten mit dem Taxi für Rs600–800 organisieren – sehr preisgünstig für eine Gruppe von drei bis vier Personen.

und **Quick Cabs**, 011/4533 3333, quickcabs.in, haben einen rund um die Uhr funktionierenden Taxiruf für Fahrzeuge mit Taxametern, verlangen aber ein wenig mehr als die anderen Taxis.

Transport

Delhi ist mit dem wichtigsten internationalen Flughafen des Landes, vier Fernbahnhöfen und drei Überlandbusbahnhöfen Indiens Dreh- und Angelpunkt für Reisen von und nach Übersee sowie für Ziele in Nordindien.

Busse

Am ehesten wird man den Bus für Strecken in gebirgige Regionen der benachbarten Bundesstaaten nutzen, in die keine Züge fahren, auf kürzeren Strecken kann der Bus außerdem teilweise schneller sein als der Zug. Bei längeren Distanzen besteht normalerweise die Wahl zwischen den klapprigen staatlichen und den komfortableren Bussen privater Anbieter – die manche Leute jedoch für gefährlicher halten, weil sie schneller und oft auch bei Nacht fahren.

Die **staatlichen Busse** sammeln sich am **Maharana Pratap Inter-State Bus Terminal** (ISBT), 011/2386 8836, in Old Delhi. Von hier benötigen Motor-Rikschas nach New Delhi oder Paharganj rund 15 Min. (um Rs60 plus Rs5 pro Gepäckstück), Fahrrad-Rikschas doppelt solange (und kosten um Rs40). Am Busbahnhof gibt es einen Schalter mit Tickets für Motor-Rikschas (Rs60 vom Connaught Place) und außerdem eine Metrostation (Kashmere Gate). Wer von hier abfährt, sollte mindestens 1 Std. vorher eintreffen, um in Ruhe den richtigen der etwa 30 Schalter zu finden und sein Ticket zu kaufen. Am besten lässt man sich sowohl die Nummer des Abfahrtssteigs als auch des Fahrzeugschilds geben, damit man auch wirklich in den richtigen Bus steigt.

Private Busse aus allen Teilen Indiens halten vor der New Delhi Railway Station; manche lassen ihre Passagiere auch am Connaught Place aussteigen. Einige Busse aus Uttar Pradesh und Uttarakhand haben ihre Endhaltestelle am Anand Vihar ISBT, auf der anderen Seite der Yamuna Richtung Ghaziabad in Ost-Delhi, wo es ebenfalls einen Schalter mit Tickets für **Motor-Rikschas** gibt (Rs75 zum Connaught Place, plus Rs5 pro Gepäckstück). Von hier fahren die Buslinien 73 und 85 zum Connaught Place, außerdem die Metro – allerdings darf man offiziell keine großen Gepäckstücke mitnehmen. Busse aus Agra und einige aus Rajasthan setzen ihre Fahrgäste manchmal auch am Sarai Kale Khan ISBT beim Bahnhof Hazrat Nizamuddin ab (über die Fußgängerbrücke geht es zu den Motor-Rikschas). Busse aus Jaipur, Ajmer, Jodhpur und Udaipur halten vielleicht am Bikaner House in der Nähe des India Gate, Rs40 vom Connaught Place per Motor-Rikscha.

Private **Luxus-Busse** fahren gewöhnlich in der Nähe der Ramakrishna Mission am Ende des Main Bazaar in Paharganj ab, einige holen ihre Fahrgäste auch von Hotels ab. Zu den beliebtesten Buszielen zählen Kullu, Manali und Dharamsala, die nicht mit dem Zug zu erreichen sind, sowie Pushkar und die Hill Stations in Uttarakhand. Tickets kann man einen oder zwei Tage im Voraus bei den Agenturen in Paharganj und am Connaught Place kaufen.

Die einzige **internationale** Busverbindung führt nach Lahore in Pakistan. Abfahrt am **Dr Ambedkar Bus Terminal** in der Jawaharlal Nehru Marg unweit vom Delhi Gate tgl. außer So um 6 Uhr. ✆ 011/2331 8180; 🖳 www.dtc.nic.in/lahorebus.htm.

Eisenbahn

Delhi hat zwei Hauptbahnhöfe. Die **New Delhi Station** befindet sich am östlichen Ende des Paharganj Main Bazaar, in Spaziernähe von vielen der Budgethotels in dieser Ecke. Sie hat zwei Ausgänge: Der Ausgang Paharganj führt zum Connaught Place und in den Süden der Stadt, der Ausgang Ajmeri Gate nach Old Delhi. Fahrrad-Rikschas arbeiten sich durch den geschäftigen Hauptbasar in Richtung Connaught Place, dürfen den Platz selbst – nur 800 m weiter – aber nicht befahren. Motor-Rikschas

Delhis Schlepper und ihre Tricks

Für Indienneulinge kann Delhi anstrengend sein, vor allem wegen der Massen von Schleppern, die sich einem an die Fersen heften. Einer ihrer (buchstäblich) schmutzigen Tricks ist es, Dreck auf die Schuhe von Touristen zu schmieren und dann die Reinigung der Schuhe anzubieten – gegen Bezahlung. Taxifahrer und Schlepper behaupten gern, dass das **Hotel**, das man gewählt hat, ausgebucht oder geschlossen sei, und bringen den Fahrgast dann zu einer Unterkunft, die ihnen Provision zahlt. Manche bieten sogar an, sich selbst per Telefon von der Wahrheit der Aussage zu überzeugen. Sie wählen eine Telefonnummer und die „Rezeption" bestätigt dann die Story oder behauptet, niemals eine Reservierung erhalten zu haben.

Um das Risiko, in eine derartige Falle zu tappen, zu verringern, notiert man sich am besten ganz demonstrativ das Kennzeichen des Taxis und besteht darauf, ohne Zwischenstopp zu dem gewählten Hotel gefahren zu werden. Bei einer Fahrt nach Paharganj wird der Taxifahrer mit großer Wahrscheinlichkeit versuchen, die Touristen zu einem Hotel *seiner* Wahl zu fahren. Um jede Auseinandersetzung zu vermeiden, kann man sich an der New Delhi Railway Station absetzen lassen und von dort zu Fuß zum Hotel gehen.

Eine weitere Falle sind falsche „Türsteher", die behaupten, dass das Hotel ausgebucht sei – dies sollte man sich drinnen von der Rezeption bestätigen lassen! Selbst wenn diese Behauptung stimmt, sollte man niemals dem Schlepper zu einem von ihm empfohlenen Hotel folgen. Probleme dieser Art lassen sich vermeiden, indem man ein Zimmer reserviert. Viele Hotels holen Gäste vom Ankunftsort ab. Vor allem in der **New Delhi Station** kann man davon ausgehen, dass jeder (selbst Uniformierte), der dort Touristen seine Hilfe anbietet, etwas anderes im Schilde führt. Die meisten versuchen Touristen zu selbst ernannten **„Tourist Offices"** gegenüber dem Paharganj-Eingang zu bringen, wo man für Fahrkarten weit überhöhte Preise bezahlt. Auch die gern erzählte Geschichte, die Buchungshalle für Ausländer *(foreigners' booking hall)* sei geschlossen, ist frei erfunden. Am Connaught Place und entlang der Janpath wimmelt es von unechten „Tourist Information Offices", zu denen Schlepper Reisende umzuleiten versuchen. Generell hält man sich besser von allen Reisebüros fern, die sich als Touristeninformation verkaufen. Zur Erinnerung: India Tourism befindet sich in der 88 Janpath und die DTTDC am N-36, Middle Circle – in dieser Gegend sind zahlreiche Schlepper unterwegs, und es gibt massenhaft gleich aussehende Reisebüros.

Zudem sollte man immer im Hinterkopf behalten, dass Taxi-, Rikscha- und Mietwagenchauffeure eine Provision bekommen, wenn sie bestimmten Geschäften Kunden heranschaffen. Letztlich wird dieses Geld natürlich dem ahnungslosen Touristen berechnet, der sich zu einem Kauf hat hinreißen lassen. Man sollte ein **Taxi** oder eine **Motor-Rikscha** immer selbst anheuern, statt sich ansprechen zu lassen.

zum Connaught Place kosten ab Rs20 oder Rs40 zum Chandni Chowk in Old Delhi – der Preis sollte vor dem Einsteigen ausgehandelt werden. Von der **Old Delhi Station**, westlich des Roten Forts, bestehen ebenfalls gute Verbindungen mit Taxis, Motor- und Fahrrad-Rikschas in die Stadt; es gibt einen Schalter mit Festpreis-Tickets für Motor-Rikschas – Rs50 zum Connaught Place, plus Rs5 pro Gepäckstück. Auf beiden Bahnhöfen sind Diebstähle an der Tagesordnung: das Gepäck darf keine Sekunde aus den Augen gelassen werden. Es gibt auch U-Bahnstationen, mit großem Gepäck darf man allerdings nicht in die Metro.

Empfohlene Zugverbindungen ab Delhi

Hier auf einen Blick die schnellsten und/oder bequemsten Verbindungen. Sofern nicht anders vermerkt, sind diese Züge täglich im Einsatz.

Zielort	Name	Nummer	Von	Abfahrt	Fahrtzeit
Agra	Shatabdi Express*	12002	ND	06.15 Uhr	2 Std.
	Taj Express	12280	HN	07.20 Uhr	3 Std.
	Mangala Express	12618	HN	09.20 Uhr	3 Std.
	Kerala Express	12626	ND	11.30 Uhr	3 Std.
Ahmedabad	Ashram Express	12916	OD	15.20 Uhr	16 1/2 Std.
	Rajdhani Express	12958	ND	19.55 Uhr	13 1/2 Std.
Ajmer	Shatabdi Express*	12015	ND	06.05 Uhr	6 1/2 Std.
	Ahmedabad Mail	19106	OD	22.25 Uhr	8 1/4 Std.
Chandigarh	Shatabdi Express*	12011	ND	07.40 Uhr	3 1/2 Std.
	Paschim Express	22925	ND	11.15 Uhr	4 1/2 Std. (Zugteilung in Ambala)
	Shatabdi Express*	12005	ND	17.15 Uhr	3 1/2 Std.
Chennai	Tamil Nadu Express	12622	ND	22.30 Uhr	32 3/4 Std.
	GT Express	12616	HN	18.40 Uhr	35 1/2 Std.
Haridwar	Shatabdi Express*	12017	ND	06.50 Uhr	4 1/2 Std.
	Haridwar Mail	19105	OD	05.30 Uhr	6 3/4 Std.
Jaipur	Shatabdi Express*	12015	ND	06.05 Uhr	4 3/4 Std.
	Rajdhani Express*	12958	ND	19.55 Uhr	4 1/2 Std.
	Ashram Express	12916	OD	15.20 Uhr	5 Std.
Jhansi	Shatabdi Express*	12002	ND	06.15 Uhr	4 1/2 Std.
Kolkata	Kolkata Rajdhani*	12302/12306	ND	17.00 Uhr	17 Std. (Fr 19 3/4 Std.)
	Sealdah Rajdhani*	12314	ND	16.30 Uhr	17 3/4 Std.
	Howrah–Poorva Express	12304	ND	16.25 Uhr	24 1/2 Std. (Mi, Do, Sa, So)
	Kalka Mail	12312	OD	07.00 Uhr	24 1/2 Std.
Mumbai	Rajdhani Express*	12952	ND	16.30 Uhr	16 Std.
Udaipur	Mewar Express	12963	HN	19.05 Uhr	12 1/4 Std.
Varanasi	Shiv Ganga Express	12560	ND	18.45 Uhr	12 3/4 Std.
Vasco da Gama	Goa Express	12780	HN	15.05 Uhr	39 1/2 Std.

OD Old Delhi; **ND** New Delhi; **HN** Hazrat Nizamuddin; **SR** Sarai Rohilla
* nur mit AC

Die anderen Fernbahnhöfe sind **Hazrat Nizamuddin**, südöstlich der Innenstadt. Hier fahren die Züge nach Agra (außer dem Shatabdi Express) ab. Vom **Sarai Rohilla**, westlich der Old Delhi Station, fahren einige Züge nach Rajasthan. Am Hazrat Nizamuddin gibt es einen Schalter mit Festpreis-Tickets für Motor-Rikschas; die Fahrt zum Connaught Place kostet Rs60 (plus Rs5 pro Gepäckstück), vom Sarai Rohilla etwas weniger. Allerdings nehmen die Rikschafahrer die vorausbezahlten Tickets am Bahnhof Hazrat Nizamuddin nur dann an, wenn man Rs20–30 extra zahlt. Manchmal verkehren auch Nahverkehrszüge nach New Delhi, aber diese sind normalerweise voll bis unters Dach, und eine Fahrkarte zu kaufen kann stressig sein.

Im 1. Stock der Hauptabfahrtshalle der New Delhi Station gibt es speziell für ausländische Touristen ein **Reservierungsbüro**, ⌚ Mo–Sa 8–20, So 8–14 Uhr. Hier bekommt man Tipps für die besten Zugverbindungen und kann einen Sitzplatz oder ein Bett im Schlafwagen für alle Züge (auch die, die von anderen Bahnhöfen abfahren) reservieren lassen. **Allein reisende Frauen** sollten nach einem Bett im Frauenschlafwagen in der 2. Klasse fragen. Normalerweise bekommt man ohne weiteres einen Sitzplatz oder ein Bett im Schlafwagen. Ausländer müssen für die Buchung ihren Pass vorzeigen. Das Ticket ist in Fremd-währung oder in Rupien (dann aber unter Umständen nur in Verbindung mit einem Beleg über einen offiziellen Geldwechsel) zu zahlen.

Die Ratschläge Fremder, ein Ticket woanders zu kaufen, sollte man ignorieren. Es lohnt nicht, sich den Warteschlangen vor dem allgemeinen Reservierungsgebäude in der gleichen Straße auszusetzen. Auch Behauptungen, das Tourist Booking Office sei umgezogen oder geschlossen, sollte man keinen Glauben schenken. Weiteres zum Thema Schlepper und ihre Tricks S. 175.

Flüge

Der **Indira Gandhi International Airport** (kurz IGI) liegt 20 km südwestlich des Zentrums. **Inlandsflüge** starten und landen am Terminal 1, **internationale Flüge** am Terminal 2. Ein kostenloser AAI-Shuttlebus pendelt alle 20 Minuten zwischen den beiden Terminals. Internationale Flugauskunft ✆ 011/2560 2999, Flugauskunft Inland ✆ 011/2566 2275, 💻 www.newdelhiairport.in.

Obwohl das Netz an Inlandflügen ständig ausgebaut wird, empfiehlt es sich, so früh wie möglich zu buchen. Vor allem vor Feiertagen (wie z. B. Diwali) ist die Nachfrage sehr groß. Wer noch kein Ticket für den Weiterflug von Indien hat, findet leicht eins, außer zwischen Dezember und März, wenn es auf die Schnelle problematisch werden kann. Tickets sind zwar direkt bei den Fluggesellschaften erhältlich (Adressen s. S. 178), aber Zeit und Wege sparender ist es, bei einem Reisebüro (S. 171) zu buchen. Und nicht vergessen: Einige Fluggesellschaften verlangen, dass der Flug eine Woche bis 72 Stunden vor Abflug rückbestätigt wird.

Im Flughafen gibt es keine **Geldautomaten** (das könnte sich bald ändern), aber in den Zweigstellen der Punjab National Bank und von Thomas Cook in der Ankunftshalle besteht rund um die Uhr die Möglichkeit zum Geldwechsel (Kleingeld für Taxi- und Rikschafahrten geben lassen). Wer eine Unterkunft sucht, kann sich ebenfalls rund um die Uhr an die offiziellen **Informationsschalter** von Indian Tourism (ITDC) oder Delhi Tourism and Transport Development Corporation (DTTDC) wenden, die Listen empfehlenswerter Hotels ausliegen haben und Reservierungen vornehmen können.

Flughafentransport

Die einfachste Transportmöglichkeit vom internationalen Flughafen ins Zentrum ist per **Taxi**. Taxis bieten sich ganz besonders dann als Transportmittel an, wenn man spät am Abend ankommt. In dem abgegrenzten Gebiet vor der Ankunftshalle befinden sich Vorverkaufs-schalter *(prepaid kiosk)* für die Taxis; eine Fahrt ins Zentrum kostet etwa Rs250 (zwischen 23 und 5 Uhr wird ein Aufschlag von 25 % erhoben). Die Preise sind von Schalter zu Schalter unterschiedlich, es lohnt sich also, bei mehreren nachzufragen. Allerdings kann es passieren, dass selbst diese Taxifahrer ihre Fahrgäste davon zu überzeugen versuchen, dass sie unbedingt in einem anderen als dem von ihnen angegebenen Hotel übernachten sollten.

Es gibt aber auch einen **Bus** (Rs50, 40 Min.), der halbstündlich zum Connaught Place, zur New Delhi Station (Ajmeri Gate) und zum Maharana Pratap Interstate Bus Terminal (ISBT) in Old Delhi fährt. Tickets gibt's an den Schaltern der Delhi Transport Corporation (DTC) in der Ankunftshalle; die Busse halten auch am Inlandsterminal.

Die **Motor-Rikschas** an der Abflughalle sind zwar billiger als Taxis (Rs150–180), aber zugleich die gefährlichste und unzuverlässigste Transportform, insbesondere bei Nacht. Viele Hotels, darunter auch einige der Budgethotels in Paharganj, bieten einen **Abholservice** vom Flughafen an. Dies ist der bequemste Transport in ein Hotel. Die Preise sind aber sehr unterschiedlich. Sie beginnen bei ungefähr Rs250, betragen jedoch oft das Doppelte oder mehr.

Seit Neuesten verkehrt zwischen Flughafen und New Delhi der **Airport Express**, 💻 www.delhiairportexpress.com. Mit dieser U-Bahn gelangen Reisende in nur 18 Minuten in die Stadt. Anfänglich fährt der Express alle 20 Minuten von 6 bis 22 Uhr. Der Einführungspreis beträgt Rs80, später kostet die einfache Fahrt dann Rs150.

Die meisten Touristen, die einen Nachtflug gebucht haben, reservieren über ihr Hotel ein Taxi zum Flughafen (rund Rs250, 30–60 Min.). Ansonsten fahren jede halbe Stunde Busse vom Maharana Pratap ISBT über New Delhi Station, Gate 2 (Ausgang Ajmer Gate), und Connaught Place (Scindia House) (Rs50).

Fluggesellschaften

Air France, zu erreichen über KLM.

Air India, 2nd Floor, Tower 1, Jeevan Bharati Building, 124 Connaught Circus bei Sansad Marg, ✆ 011/2373 1225.

Asiana Airlines, 2 Ansal Bhawan, Erdgeschoss, 16 Kasturba Gandhi Marg, ✆ 011/2331 5631.

British Airways, DLF Plaza Tower, DLF Qutab Enclave, Gurgaon, Haryana, ✆ 95124/412 0747 von Delhi oder ✆ 0124/412 0747 von außerhalb, oder ✆ 1800/102 3592.

Indian Airlines, zu erreichen über Air India.

IndiGo, Level 1, Tower C, Global Business Park, Mehrauli–Guragon Rd, Gurgaon, ✆ 1800/180 3838 oder 0124/435 2500.

Jet Airways, N-40 Connaught Place, ✆ 011/4132 3247.

Kingfisher, N-42 Connaught Place, ✆ 1800/180 0101.

KLM, Terminal 2, ✆ 011/2335 7747.

Lufthansa, 56 Janpath, ✆ 011/2372 4200.

SpiceJet, 319 Udyog Vihar, Phase IV, Gurgaon, ✆ 1800/180 3333.

Singapore Airlines, Unit 514 A und B, Time Tower, MG Road, Gurgaon, Haryana, ✆ 0124/431 0999.

Rajasthan

Stefan Loose Traveltipps

Keoladeo-Nationalpark, Bharatpur Das herrliche Naturschutzgebiet mit seinen Seen und Sümpfen wird jeden Winter nicht nur von Scharen seltener Vögel, sondern auch von unzähligen Vogelbeobachtern aus Asien und Europa aufgesucht. S. 214

Ranthambore-Nationalpark Das Tierschutzgebiet ist dank seiner keineswegs scheuen Großkatzen einer der besten Orte der Welt, um Tiger in freier Wildbahn zu sehen. S. 218

Savitri-Tempel, Pushkar Den schönsten Ausblick auf den berühmten See und die weiß getünchte heilige Stadt hat man bei Sonnenuntergang. S. 226

1 **Meherangarh Fort, Jodhpur** Die spektakuläre Bergfestung gewährt großartige Ausblicke auf die blaue Altstadt. S. 235

2 **Jaisalmer** Die honigfarbenen Mauern einer der schönsten Festungen Indiens schützen enge Gassen voller Sandstein-Havelis und Tempel. S. 243

Kameltrekking Auf dem Kamelrücken lassen sich kurzweilige Ausritte durch die Wüste Thar unternehmen. S. 250

Udaipur Ein Märchen aus Seen, schwimmenden Palästen und verschwenderischer Rajputen-Architektur. S. 263

Der Bundesstaat Rajasthan entstand nach der Teilung aus 22 feudalen Fürstentümern, die zur britischen Kolonialzeit **Rajputana** („Land der Könige") hießen. Er erstreckt sich von Mount Abu im Südwesten unweit der Grenze zu Gujarat bis in die Nähe der Ruinen des antiken Delhi im Nordosten. Die riesige **Wüste Thar** im Westen des Bundesstaates ist von wandernden Sanddünen geprägt. Rajasthans extravagante **Paläste**, mächtige **Festungen** und kunstfertig verzierte **Tempel** bilden eine der größten Ansammlungen architektonischer Denkmäler in Indien. Die exotischen Bauwerke aber sind bei weitem nicht das einzige Erbe aus der wehrhaften Geschichte der Region. In erster Linie sind es das erhaltene Traditionsbewusstsein und der Stolz auf die Vergangenheit, die Rajasthan zu einem verlockenden Reiseziel für auswärtige Besucher machen. Prachtvoll gezwirbelte Schnurrbärte, schwere silberne Fußspangen, mächtige rote, gelbe oder orangefarbene Turbane, plissierte Schleier und Saris mit Spiegelintarsien mögen Zeichen für die Zugehörigkeit zu einer bestimmten Kaste sein, doch für die meisten Außenstehenden sind sie einfach der Inbegriff indischer Exotik.

Nach Farben unterscheiden sich auch Rajasthans bedeutendste Touristenstädte. **Jaipur**, die quirlige Hauptstadt des Bundesstaates, trägt wegen der rötlichen Farbe ihrer reich verzierten Fassaden und Paläste den schmückenden Beinamen „Rosarote Stadt". **Jodhpur**, die „Blaue Stadt", konzentriert sich um Indiens imposanteste Bergfestung, die auf eine labyrinthartige Altstadt mit zahllosen himmelblau gestrichenen kubischen Häusern hinabblickt. Weiter im Westen erreicht man inmitten der faszinierenden Wüste die „Goldene Stadt" **Jaisalmer** mit Mauern aus Sandstein. Das weiter südlich gelegene **Udaipur** trägt offiziell noch keinen farblichen Prägestempel, doch oft ist von der „Weißen Stadt" die Rede, da die Paläste und Havelis weiß getüncht sind.

Die Straßenverbindung zwischen diesen vier Städten hat sich zu einer der meistbefahrenen Touristenstrecke Indiens entwickelt, aber es ist leicht, zu Zielen abseits der Hauptrouten auszuweichen. In der Wüstenregion **Shekhawati** nordwestlich von Jaipur gibt es zahlreiche stimmungsvolle Marktstädtchen und reich bemalte

Rajasthan

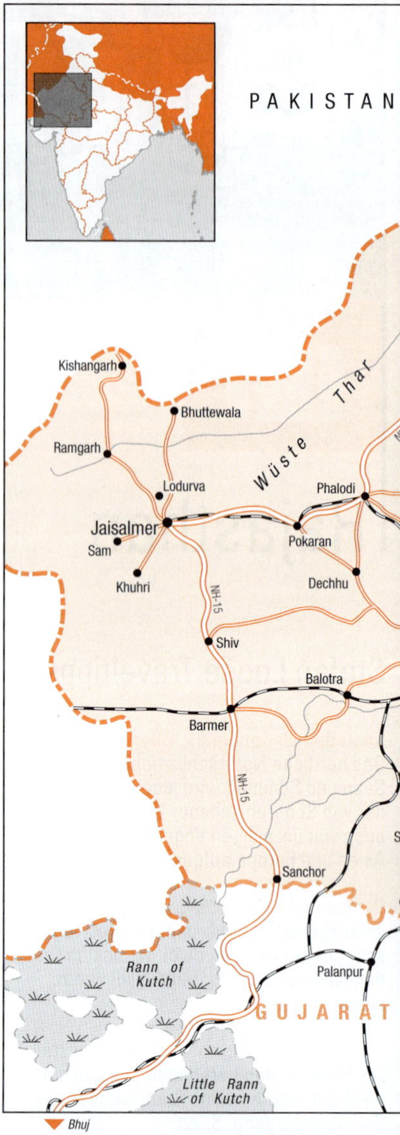

N
0
100 km
Amritsar
Chandigarh
PUNJAB
UTTARAKHAND
HARYANA
DELHI
UTTAR PRADESH
RAJASTHAN
MADHYA PRADESH
Ganganagar
Hanumangarh
Rawatsar
Kali Bangan
Suratgarh
Nohar
Hisar
Indira Gandhi Canal
Rajgarh
Sardarshahar
Pilani
Loharu
Churu
Rewari
Bikaner
NH-11
Ramgarh
Mandawa
Ratangarh
Jhunjhunu
Gajner
Fatehpur
Dunlod
Kolayat
Deshnok
Lakshmangarh
Nawalgarh
River Yamuna
NH-15
Ladnun
NH-11
Sikar
Siliserh
Alwar
Deeg
Nokha
Shahpura
Mathura
Didwana
Agra
Ringus
Samode
SARISKA TIGER RESERVE & NATIONAL PARK
Bharatpur
Nagaur
Amber
Fatehpur Sikri
Kanpur
Jaipur
KEOLADEO NATIONAL PARK
Phulera
Osian
Sanganer
Merta Rd
Pushkar
Dhaulpur
Mandor
Ajmer
Karauli
Jodhpur
Tonk
RANTHAMBORE NATIONAL PARK
Chambal
Gwalior
Banas
Luni
Pali
Kekri
Sawai Madhopur
Deoli
Sheopur
NH-8
Marwar
NH-12
Bundi
Sanderav
Bhilwara
Jalor
Shivpuri
Rajsamand
Ranakpur
Menal
Kota
Baran
Kankrol
Sirohi
Bassi
KUMBALGARH SANCTUARY
Chittaurgarh
Nathdwara
Nagda
Eklingji
Mt Abu
Udaipur
Jagat
Jhalawar
Nimbahera
Abu Rd
Guna
Gandhi Sagar
Jaisamand
Jhalarapatan
Rishdeo
Salumbar
Dungarpur
Mahi
Himatnagar
Mumbai

Feste in Rajasthan

Rajasthans ohnehin farbenprächtige Trachten wirken zu den lokalen Festen des Bundesstaates noch aufregender und schillernder als im Alltag. Die meisten Feste sind an den traditionellen Mondkalender geknüpft. Die Touristeninformationen klären über die genauen Daten großer Feste oder Veranstaltungen auf.

Wüstenfest (Feb) – Zweitägiges Fest in Jaisalmer. Näheres S. 252.

Elefantenfest (März) – Bunt bemalte Elefanten paradieren durch Jaipurs Straßen. Das Ereignis endet mit dem spektakulären Tauziehen „Elefanten gegen Mahouts".

Mewar-Fest (März–April) – In Udaipur wird das Frühlings- und Farbenfest Holi mit traditionellen Tänzen, dem Entzünden eines heiligen Feuers und der Musik des berühmten Dudelsackorchesters der Stadt begangen.

Gangaur (April) – Bei diesem Fest beten Rajasthans verheiratete Frauen für ihre Männer, und unverheiratete Mädchen bitten um einen guten Ehepartner. Am spektakulärsten in Jaisalmer und in Mount Abu.

Nagaur Cattle Fair (Ende Jan/Anfang Feb) – Tausende Viehzüchter überschwemmen mit rund 70 000 Stieren, Kühen und Ochsen den Ort Nagaur, südlich von Bikaner.

Pushkar Camel Fair (Nov) – Größter Viehmarkt der Welt und Rajasthans farbenprächtigstes Fest. Näheres S. 231.

Rani Sati Mela (Aug) – In Jhunjhunu versammeln sich riesige Menschenmengen zu Gebeten und Tänzen im Gedenken an eine Kaufmannswitwe, die hier 1595 *sati* beging.

Tilwara Cattle Fair (14-tägige Viehauktion im März oder April) – Einer von Rajasthans größten Viehmärkten wird in Tilwara, 93 km südwestlich von Jodhpur, abgehalten.

Urs Mela (Okt) – Das größte islamische Fest Indiens in Ajmer. Näheres S. 221.

Havelis, und auch die Wüstenstadt **Bikaner** lohnt wegen ihrer schönen Festung, Havelis und des einzigartigen „Ratten-Tempels" im nahe gelegenen Deshnok einen Besuch. Dasselbe gilt für **Bundi** im Süden des Bundesstaates, für die eindrucksvolle Festung im benachbarten **Chittaurgarh** und für die freundliche Hill Station und den denkwürdigen Jain-Tempel von **Mount Abu**.

Eine weitere Attraktion Rajasthans sind die wundervollen **Naturreservate**, deren populärstes unbestritten das Tigerschutzgebiet im **Ranthambore-Nationalpark** ist. Mit Überfluss gesegnet und unübertroffen in Südasien ist der an der Straße nach Agra gelegene **Keoladeo-Nationalpark** bei **Bharatpur** an Rajasthans Ostgrenze mit seinem unglaublichen Vogelreichtum.

Reisen in Rajasthan

Das **Wetter** in Rajasthan ist von den Extremen des Wüstenklimas geprägt. Von Mai bis Juni können die Temperaturen auf über 45 °C klettern, bevor die Wolken über Zentral- und Ostrajasthan heftige Monsunregen bringen. Sie beginnen im Juli und dauern bis September (jedenfalls in der Theorie; in Wirklichkeit waren die Regenfälle in den letzten Jahren immer weniger vorhersehbar und sporadischer). Die unbarmherzige Sommerhitze hält sich bis Mitte September oder Anfang Oktober, wenn die Temperaturen nachts erheblich zu fallen beginnen. Beste Reisezeit sind die Monate November bis Februar, in denen die Tagestemperatur selten 30 °C übersteigt. Mitten im Winter ist abends im Freien ein dicker Pullover notwendig.

Der **Transport** ist in der Regel unproblematisch, doch lange, ermüdende Etappen gehören zu einer Reise durch Rajasthan einfach dazu. Die **Eisenbahn** bietet Verbindungen zwischen allen wichtigen Städten und zu vielen kleineren Zielen. Die staatliche Busgesellschaft **RSTDC** und verschiedene **private Anbieter** unterhalten fahrplanmäßige Verbindungen zwischen den Städten.

Geschichte

Rajasthans turbulente Geschichte, die von Hofintrigen und Kriegen mit benachbarten Gebieten geprägt ist, beginnt im 6. und 7. Jh. n. Chr., als sich mehrere kriegerische Sippen erhoben, deren berühmteste die Sisodia, Chauhan, Kachchwaha und Rathore sind – die **Rajputen** („Königssöhne"). Obwohl sie niemals mehr als 8 % der Gesamtbevölkerung stellten, herrschten sie jahrhundertelang über die verschiedenen

Fürstentümer von **Rajputana**. Durch ihren Ehrenkodex und die weit verbreitete Überzeugung, dass sich ihre Herkunft auf Sonne und Mond zurückführe, erhoben sie sich über die restliche Gesellschaft.

Die kriegerische Tradition der Rajputen, die aus endlosen Sippenkonflikten und Familienfehden entstand, ließ sie unerschrocken und vehement gegen die Invasion der Moslems aufbegehren. **Mahmud von Ghazni** – der 1024 als erster moslemischer Herrscher seine Truppen gegen Rajasthan ins Feld führte –, konnte zwar den erbitterten Widerstand der Chauhan-Rajputen von Ajmer brechen, doch erst der Erfolg des zweiten großen Ansturms unter Muhammad von Ghor (1192) legte den Grundstein für die Gründung des Delhi-Sultanats. In den folgenden 350 Jahren gerieten weite Gebiete Zentral-, Ost- und Westindiens unter die Kontrolle der Sultane, doch trotz aller Anstrengungen gelang es den Moslems nicht, Rajputana zu unterwerfen.

Muhammads Nachfolger wurden 1483 durch Babur, den Begründer der Moguldynastie, aus Delhi vertrieben. Sein Enkel **Akbar**, der 1556 den Thron bestieg, war sich bewusst, dass er gegen die Rajputen mit Gewalt nichts ausrichten konnte, und so wählte er den Weg friedlicher Verhandlungen und heiratete eine Prinzessin der Kachchwaha-Familie aus Amber, Rani Jodha Bai. Als Folge dieser Eheschließung fanden Rajputen Zugang zum Mogulhof, was tief greifende Auswirkungen auf Kunst und Architektur hatte: Bis zum heutigen Tage zeigt sich der Mogul-Einfluss unverkennbar an Palästen, Moscheen, Lustgärten und Tempeln im gesamten Bundesstaat.

Als ab 1658 nach der gewaltsamen Machtübernahme durch **Aurangzeb** der Niedergang des Mogulreichs einsetzte, begann auch die Macht der Rajputen zu zerfallen. Aurangzeb verbündete sich mit den aufstrebenden Marathen, die rajputische Ländereien plünderten und selbst mächtigen Fürstentümern enorme Summen an Schutzgeldern abnötigten. Schließlich wandten sich die Rajputen an die größten Gegenspieler der Marathen, die **Briten**, um Hilfe und schlossen mit ihnen Bündnisverträge. Obwohl die Macht der Briten ständig wuchs, wurde der königliche Status der Rajputen nie in Abrede gestellt, und die Beziehungen verliefen insgesamt weitestgehend freundlich.

Der landesweite Ruf nach **Unabhängigkeit** in den Jahren vor 1947 erwies sich jedoch letztendlich als stärker als die rajputische Loyalität. Mit dem Ende der britischen Herrschaft über Indien blickten die Rajputen einer ungewissen Zukunft entgegen, doch dank der Überzeugungsarbeit der neuen indischen Regierung schlossen sich die lokalen Herrscher einer nach dem anderen der Indischen Union an. Im Jahre 1949 wurden die 22 rajputischen Fürstentümer zum Bundesstaat Rajasthan zusammengeschlossen.

Rajasthan gehört nach wie vor zu Indiens ärmsten und konservativsten Regionen, wenn auch die Bemühungen um die Hebung des Bildungsniveaus und des Lebensstandards langsam Früchte zu tragen beginnen. Seit 1991 hat sich die Alphabetisierungsrate der Bevölkerung verdreifacht, womit Rajasthan weit vor allen anderen Bundesstaaten liegt, und es wurden mehrere Universitäten gegründet. Neue Industrien zogen Nutzen aus der stark verbesserten Stromversorgung, die jetzt in den meisten Dörfern vorhanden ist, und ausgeklügelte Bewässerungsmethoden förderten den Nutzpflanzenanbau in dieser trockenen Region. Doch die fortwährende Dürre stellt ein akutes Problem dar und ist auf lange Sicht gesehen die größte Bedrohung für das Wohlergehen der Bevölkerung.

Jaipur und Umgebung

Jaipur

Jaipur, ein extravagantes Schaustück der rajasthanischen Architektur, gehört als dritter Eckpfeiler von Indiens „Goldenem Dreieck" längst zu den gängigen Besichtigungsprogrammen im Norden Indiens. Im Herzen Jaipurs liegt die „Rosarote Stadt", das nordöstliche ummauerte Altstadtviertel, dessen planmäßig angelegter **Basar** zu den lebendigsten Handelsplätzen in ganz Asien zählt. Zum traditionellen Kunsthandwerk gehören vor allem Textilien und Schmuck. Trotz aller Farbenpracht aber mindern der starke Verkehr, die Menschenmassen und übereifrige

Jaipur

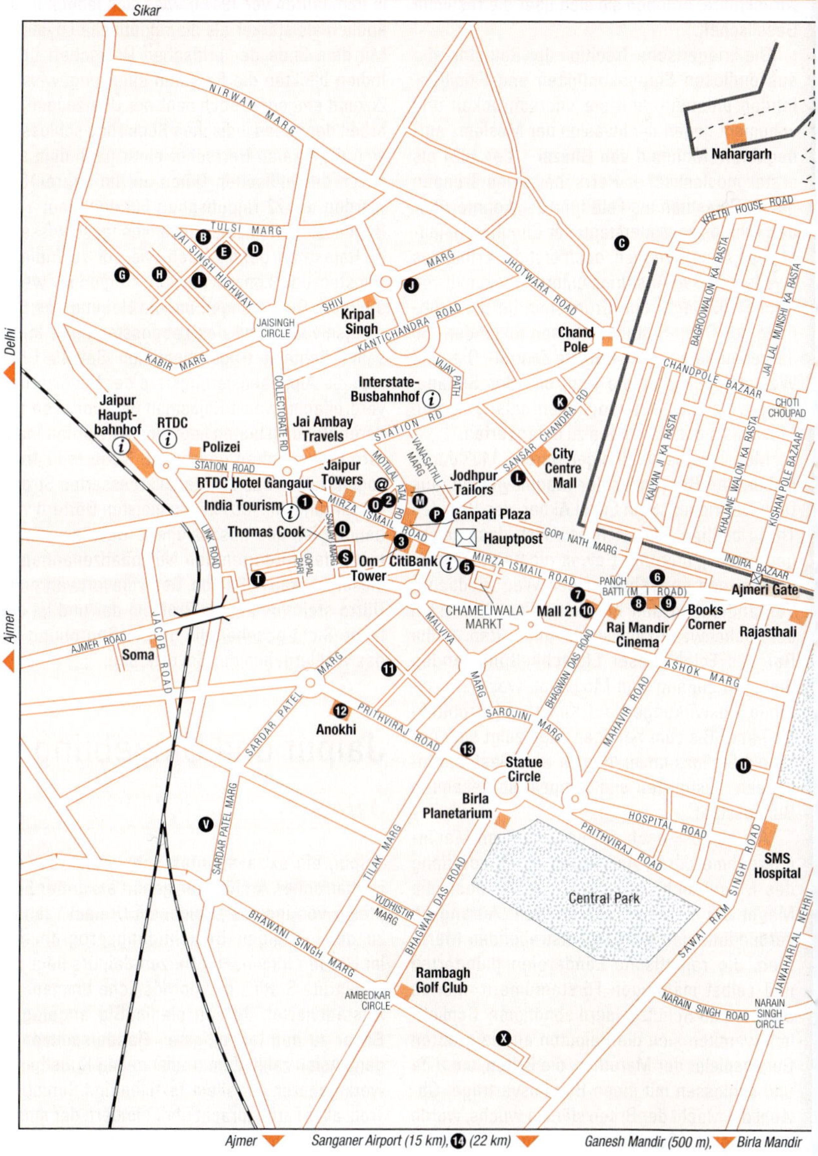
Sikar
Delhi
Ajmer
Nahargarh
KHETRI HOUSE ROAD
NIRWAN MARG
TULSI MARG
JAI SINGH HIGHWAY
SHIV MARG
JAISINGH CIRCLE
Kripal Singh
KANTICHANDRA ROAD
JHOTWARA ROAD
Chand Pole
BAGROOWALON KA RASTA
JAI LAL MUNSHI KA RASTA
CHANDPOLE BAZAAR
CHOTI CHOUPAD
KABIR MARG
COLLECTORATE RD
VIJAY PATH
Interstate-Busbahnhof
Jaipur Hauptbahnhof
RTDC
Polizei
Jai Ambay Travels
STATION RD
SANSAR CHANDRA RD
City Centre Mall
KALYAN JI KA RASTA
KHAJANE WALON KA RASTA
KISHAN POLE BAZAAR
STATION ROAD
RTDC Hotel Gangaur
Jaipur Towers
MOTILAL ATAL RD
VANASATHLI MARG
Jodhpur Tailors
India Tourism
MIRZA ISMAIL ROAD
Ganpati Plaza
Thomas Cook
SANGAKI MARG
GOPAL BARI
Hauptpost
GOPI NATH MARG
INDIRA BAZAAR
Om Tower
CitiBank
MIRZA ISMAIL ROAD
PANCH BATTI (M. I. ROAD)
Ajmeri Gate
LINK ROAD
CHAMELIWALA MARKT
Mall 21
Raj Mandir Cinema
Books Corner
Rajasthali
JACOB ROAD
AJMER ROAD
Soma
MALVIYA
BHAGWAN DAS ROAD
ASHOK MARG
MARG
SARDAR PATEL MARG
Anokhi
PRITHVIRAJ ROAD
SAROJINI MARG
MAHAVIR ROAD
Statue Circle
Birla Planetarium
HOSPITAL ROAD
PRITHVIRAJ ROAD
SMS Hospital
SARDAR PATEL MARG
TILAK MARG
YUDHISTIR MARG
BHAGWAN DAS ROAD
Central Park
SAWAI RAM SINGH ROAD
JAWAHARLAL NEHRU
BHAWANI SINGH MARG
Rambagh Golf Club
AMBEDKAR CIRCLE
NARAIN SINGH ROAD
NARAIN SINGH CIRCLE
Ajmer
Sanganer Airport (15 km), 14 (22 km)
Ganesh Mandir (500 m), Birla Mandir

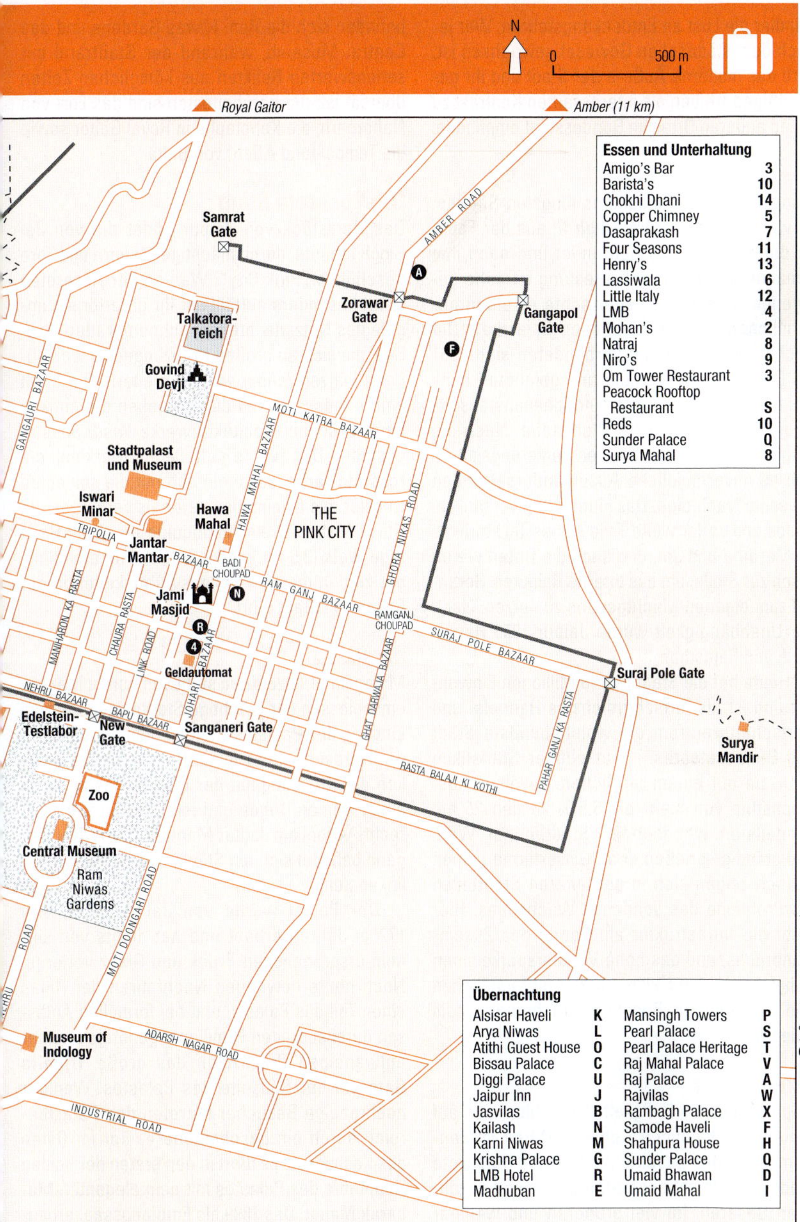
N
0
500 m
Royal Gaitor
Amber (11 km)
Essen und Unterhaltung
Amigo's Bar 3
Barista's 10
Chokhi Dhani 14
Copper Chimney 5
Dasaprakash 7
Four Seasons 11
Henry's 13
Lassiwala 6
Little Italy 12
LMB 4
Mohan's 2
Natraj 8
Niro's 9
Om Tower Restaurant 3
Peacock Rooftop Restaurant S
Reds 10
Sunder Palace Q
Surya Mahal 8
Samrat Gate
Amber Road
Zorawar Gate
Gangapol Gate
Talkatora-Teich
Govind Devji
Gangauri Bazaar
Moti Katra Bazaar
Hawa Mahal Bazaar
Stadtpalast und Museum
Iswari Minar
Hawa Mahal
THE PINK CITY
Ghora Nikas Road
Tripolia
Jantar Mantar
Bazaar
Badi Choupad
Ram Ganj Bazaar
Jami Masjid
Maniharon ka Rasta
Chaura Rasta
Link Road
Johari Bazaar
Ramganj Choupad
Suraj Pole Bazaar
Geldautomat
Ghat Darwaja Bazaar
Suraj Pole Gate
Pahar Ganj ka Rasta
Nehru Bazaar
Edelstein-Testlabor
New Gate
Bapu Bazaar
Sanganeri Gate
Rasta Balaji ki Kothi
Surya Mandir
Galta
Zoo
Central Museum
Ram Niwas Gardens
Moti Doongari Road
Nehru Road
Galta, Sisodia Rani-ka-Bagh, W
Museum of Indology
Adarsh Nagar Road
Industrial Road
Übernachtung
Alsisar Haveli K
Arya Niwas L
Atithi Guest House O
Bissau Palace C
Diggi Palace U
Jaipur Inn J
Jasvilas B
Kailash N
Karni Niwas M
Krishna Palace G
LMB Hotel R
Madhuban E
Mansingh Towers P
Pearl Palace S
Pearl Palace Heritage T
Raj Mahal Palace V
Raj Palace A
Rajvilas W
Rambagh Palace X
Samode Haveli F
Shahpura House H
Sunder Palace Q
Umaid Bhawan D
Umaid Mahal I

Händler die Lust an Entdeckungstouren. Wer jedoch dem städtischen Gewusel gewachsen ist, wird das moderne Äußere der Stadt und ihr geschäftiges Treiben als interessanten Kontrast zu vielen anderen Orten im Bundesstaat empfinden.

Geschichte

Jaipur gehört zu Rajasthans jüngsten Städten. Es wurde 1727 von **Jai Singh II.** aus der Familie der Kachchwaha gegründet und nach ihm benannt. Von der Familienfestung im nahe gelegenen Amber aus beherrschte er einen ansehnlichen Teil des nördlichen Rajasthan. Die Kachchwaha-Rajputen verbündeten sich 1561 als Erste mit den Moguln und gelangten dank des freien Waren-, Kunst- und Ideenaustauschs in der Folge zu großem Wohlstand. Nach Jai Singhs 43 äußerst fruchtbaren Regierungsjahren gab es unvermeidliche Auseinandersetzungen um seine Nachfolge. Das Fürstentum versank im Chaos und verlor weite Teile seines Territoriums an Maratha und Jat, und auch die Briten waren rasch zur Stelle, um das interne Rajputen-Gerangel zum eigenen Machtgewinn zu nutzen. Nach der Unabhängigkeit wurde Jaipur 1956 Hauptstadt von Rajasthan.

Heute hat die Stadt über 3 Millionen Einwohner und ist als fortschrittlichstes Handels- und Wirtschaftszentrum die wohlhabendste Stadt des Bundesstaates – laut einiger Statistiken zählt sie mit einem jährlichen Bevölkerungswachstum von mehr als 3,5 % zu den 25 am schnellsten wachsenden Städten der Welt, und ständig sprießen neue Glitzertürme empor. Jedoch zeigen sich in den älteren Stadtteilen die Probleme des schnellen Wachstums: Hier steht die Infrastruktur am Rande des Zusammenbruchs, und das hohe Verkehrsaufkommen bringt den Verkehr während der morgendlichen und abendlichen Rushhour oft beinahe zum Erliegen.

Orientierung

Jaipurs Sehenswürdigkeiten verteilen sich auf drei unterschiedliche Gebiete. Mitten im Zentrum liegt die geschichtsträchtige Rosarote Stadt mit dem schönen Stadtpalast und unzähligen Basaren. Im viel grüneren und weniger hektischen Viertel südlich der Rosaroten Stadt befinden sich die Ram Niwas Gardens und das Central Museum, während der Stadtrand mit sehenswerten Relikten aus königlichen Zeiten übersät ist; die berühmtesten sind das Fort von Nahargarh, die Kenotaphe in Royal Gaitor sowie die Tempel (und Affen) von Galta.

Die Rosarote Stadt

Das Herzstück von Jaipur bildet die von Jai Singh erbaute, durch mächtige Mauern und Tore geschützte „Pink City". Was an der Rosaroten Stadt besonders auffällt, ist ihr gitterförmig angelegtes Netz aus breiten, schnurgeraden Straßen, die sich an großen Kreuzungen zu weitläufigen Plätzen *(choupads)* verbreitern. Die Stadt wurde entsprechend den Vorgaben der antiken hinduistischen Architekturwerke *Vastu Shastra* gestaltet. Das zweite auffallende Merkmal, die **rosarote Farbe**, sollte einfach nur die schlechte Qualität des Originalbaumaterials verbergen. Im Hawa Mahal ist ein Audioguide für einen **Heritage Walk** (2,5 km, rund 2 Std., Rs110) erhältlich, der zu den meisten Sehenswürdigkeiten in der Rosaroten Stadt führt.

Der Stadtpalast

Mitten im Stadtzentrum steht von hohen Mauern umschlossen der prächtige Stadtpalast. Um zum Eingang des Palastes zu gelangen, geht man an der Nordseite des Tripolia Bazaar, etwas westlich der Kreuzung mit der Chaura Rasta, durch einen kleinen Bogen und folgt der Straße nach rechts vorbei am Jantar Mantar (S. 187). Der Eingang befindet sich ein Stückchen weiter auf der linken Seite.

Der Palast wurde von Jai Singh in den 1720er-Jahren erbaut und hat nichts von seinem ursprünglichen Prunk und Glanz verloren. Noch heute bewohnen Nachfahren der Rajas einen Teil des Palasts, und bei formellen Anlässen durchschreiten Familienangehörige in einer aufwendigen Prozession das große **Tripolia Gate** auf der Südseite des Palastes. Weniger hochrangige Besucher betreten den Palastbereich durch ein bescheideneres Tor im Osten des Komplexes. Es führt in den ersten der beiden Haupthöfe des Palastes mit dem eleganten **Mubarak Mahal**. Das 1899 als Empfangssaal erbaute Gebäude beherbergt heute ein **Textilmuseum** mit einigen der kostbaren Stoffe, die einst einen Teil der Garderobe der Maharadschas bildeten. Auf der Nordseite des Hofes umfasst die **Waffenkammer** wohl die beste Sammlung dieser Art in Rajasthan, eine riesige Ansammlung von tödlichen, aber oft auch kunstvoll verzierten Waffen.

Hinter dem Mubarak Mahal führt ein von zwei schönen Steinelefanten flankiertes Tor in den zweiten, lachsrot gestrichenen Haupthof des Palastkomplexes. In seiner Mitte steht die erhöhte **Diwan-i-Khas** (private Audienzhalle). In dieser an den Seiten offenen Halle, deren Dach auf Marmorsäulen ruht, trafen der Maharadscha und seine Berater alle wichtigen Staatsentscheidungen. In der Halle stehen zwei silberne Gefäße *(gangajali)*, die als größte per Hand hergestellte Silberobjekte der Welt ins *Guinness-Buch der Rekorde* aufgenommen wurden. Beide Gefäße sind über 1,50 m hoch und haben ein Fassungsvermögen von 8182 Litern. Bevor Madho Singh II. 1901 nach England reiste, um der Krönungszeremonie von König Edward VII. beizuwohnen, ließ er die Gefäße mit Gangeswasser füllen und mitnehmen, da er großes Misstrauen gegen das westliche Wasser hegte.

Auf der anderen (westlichen) Seite des Hofes führt ein schmaler Korridor zum **Pritam Niwas Chowk**, dem sogenannten „Pfauenhof", der mit vier wunderbar bemalten Toren geschmückt ist, die die vier Jahrzeiten repräsentieren. Von diesem Hof aus bietet sich die beste Aussicht auf die gewaltige gelbe Residenz der fürstlichen Familie, **Chandra Mahal** (kein Publikumsverkehr), deren siebenstöckige Fassade mit zahlreichen Balkonen und Fenstern geschmückt ist. Auf dem obersten Pavillon weht, wenn er anwesend ist, die Fahne des Maharadschas.

An der östlichen Seite des Hofs, am Fuß des großen Glockenturms, befindet sich die reich verzierte **Sabha Niwas** (öffentliche Audienzhalle oder **Diwan-i-Am**). In der Mitte des leeren Raumes stehen zwei Throne und an den Wänden hängen Porträts früherer Maharadschas. Dahinter liegt der kleine **Diwan-i-Am-Hof** mit einer Sammlung alter Kutschen. 🕓 tgl. 9.30–17.45 Uhr, letzter Einlass 17 Uhr, Eintritt Rs300 inkl. Audioguide, Videoerlaubnis Rs200; das Ticket ist auch für das Jaigarh Fort in Amber gültig, wenn es innerhalb von 24 Stunden benutzt wird.

Jantar Mantar

Unmittelbar südlich des Stadtpalasts steht auf einem großen, umschlossenen und mit Gras bewachsenen Gelände das bemerkenswerte Jantar Mantar: 18 riesige astronomische Messgeräte aus Stein, die zwischen 1728 und 1734 im Auftrag von Jai Singh konstruiert wurden. Viele von ihnen hatte er selbst ausgeklügelt. Das Jantar Mantar ist eines von fünf gleichnamigen Observatorien, die der Sternenliebhaber Jai Singh in Nordindien errichten ließ (darunter auch das berühmte in Delhi, s. S. 143).

Es lohnt sich, die Dienste eines **Führers** (Rs150) in Anspruch zu nehmen, der die komplizierten Instrumente erklären kann. Sie sind so gebaut, dass Schatten auf markierte Oberflächen fallen, wodurch sich Position und Bewegung von Sternen und Planeten bestimmen lassen, die Zeit ablesen lässt und sogar Voraussagen über die Intensität des Monsuns getroffen werden können.

Die vielleicht eindrucksvollste Konstruktion des Observatoriums ist die 27 m hohe Sonnenuhr **Samrat Yantra**, mit der die Zeit bis auf zwei Sekunden genau abgelesen werden kann. Besonders originell ist das Messinstrument **Jaiprakash Yantra**, das sich aus zwei in den Boden eingelassenen Halbkugeln zusammensetzt. Beide bestehen jeweils aus sechs gekrümmten, mit Messlinien versehenen Marmorelementen, auf die ein genau im Zentrum der Anlage hängender Ring mit seinem Schattenwurf den Tag, die Zeit und das Tierkreiszeichen anzeigt. Dieses Instrument ist von großer Bedeutung für die Bestimmung Glück verheißender Tage für Hochzeiten. 🕓 tgl. 9–17 Uhr, letzter Einlass 16.30 Uhr, Eintritt Rs100, Audioguide Rs150.

Hawa Mahal

Jaipurs berühmtestes Wahrzeichen, der Hawa Mahal („Palast der Winde"), erhebt sich östlich des Stadtpalastes, wo er im Lichtschein der aufgehenden Sonne in zartem Rot-Orange erglüht. Er wurde 1799 gebaut, damit die Hofdamen unbeobachtet die Straßenprozessionen sehen konnten. Die fünfstöckige Fassade besitzt Hunderte kunstfertig vergitterte Fenster und Balkone und lässt das Gebäude wesentlich größer erscheinen, als es in Wirklichkeit ist. Um in den Palast zu gelangen, ist es erforderlich, fünf Minuten um die Rückseite des Bauwerks herumzugehen, die Gasse entlang, die vom Tripolia Bazaar nach Norden führt. Im Inneren kann man zu den vergitterten Nischen an der Rückwand hochsteigen, von denen aus die Hofdamen früher auf das Treiben hinabschauten. Auch heute noch bietet sich von hier aus eine wunderbare Aussicht auf Jaipur. ⏲ tgl. 9–17 Uhr, letzter Einlass 16.30 Uhr, Eintritt Rs50, Audioguide Rs110, Führung Rs100.

Restliche Rosarote Stadt

Nördlich des Stadtpalastes befindet sich der **Govind Devji**, der Familientempel der Maharadschas von Jaipur. Der Tempel ist Krishna in seiner Inkarnation als Govinda geweiht. Der Hauptschrein birgt ein Bildnis Govindas, das 1735 aus Vrindavan (bei Agra) hierher gebracht wurde. Govinda ist die Schutzgottheit der Herrscher von Jaipur. Etwas westlich des Stadtpalasts erhebt sich das schlanke **Iswari Minar Swarg Suli** oder **Isar Lat** („In den Himmel stechendes Minarett"), erbaut vom Sohn und Thronfolger Jai Singhs II., Iswari Singh. Anlass war ein nicht sehr bedeutsamer Sieg über eine kombinierte Streitmacht von Marathen und Rajputen 1747. Von oben bietet sich eine toller Aussicht auf die Rosarote Stadt und ihr Labyrinth aus Gassen zwischen den Hauptstraßen. Zum Minarett gelangt man vom Tripolia Bazaar durch den Bogen, der zum Stadtpalast führt, geht dann aber nach links weg vom Palast. Dann sieht man das Minarett vor sich stehen. ⏲ tgl. 9–16.30 Uhr, Eintritt Rs10.

Südlich der Rosaroten Stadt

Unmittelbar südlich der Rosaroten Stadt führt die Straße hinter dem New Gate durch die üppig grünen **Ram Niwas Gardens**, benannt nach ihrem Auftraggeber, Maharadscha Ram Singh (1835–1880). Das Kernstück des Parks bildet die **Albert Hall**, die 1867 in einer abenteuerlichen Mischung aus venezianischem und Mogul-Stil erbaut wurde – unten italienisch, oben indisch. In diesem Bauwerk ist das kürzlich renovierte städtische **Central Museum** untergebracht. Der Großteil der Sammlung beschäftigt sich mit regionalen und indischen Themen. Es gibt beispielsweise schöne Töpferwaren aus Jaipur, Hindu-Statuen und Mogul- sowie Rajasthani-Miniaturgemälde. Dazu verschiedenste Artefakte aus der ganzen Welt, von ägyptischen Antiquitäten bis zu Schmuckkacheln aus Stoke-on-Trent, mit Abstechern nach Japan, Burma und Persien. ⏲ tgl. außer Mo 9–17.30 Uhr, letzter Einlass 17 Uhr, Eintritt Rs100, Audioguide Rs110.

Weiter südlich liegt abseits der Jawaharlal Nehru Road das **Museum of Indology** mit einem Sammelsurium an Kuriositäten, untergebracht in einem Vororthaus des inzwischen verstorbenen Acharya Vyakul. Zu den Ausstellungsstücken zählen eine auf ein Reiskorn gemalte Indienkarte, auf ein Haar und eine Glasperle geschriebene Briefe und haufenweise Trödel. ⏲ tgl. 8–16 Uhr, Eintritt Rs20 inkl. Führung, ein Trinkgeld wird erwartet.

Sehenswürdigkeiten außerhalb der Stadt

In den felsigen Hügeln im Norden und Osten von Jaipur gibt es eine Reihe von spektakulär gelegenen Festungen und Tempeln. Alle sind über steile Pfade von der Stadt aus erreichbar. Weniger Sportliche nehmen die längeren Straßen, die hinter den Bergen herum führen.

Nahargarh

Am Rande eines Höhenzugs nördlich von Jaipur thront die „Tigerfestung" Nahargarh, ⏲ 24 Std., Eintritt frei. Singh II. ließ das Bauwerk 1734 errichten. Hauptgrund für den Abstecher ist jedoch die wunderbare Aussicht auf Jaipur. Die Festungsmauern ziehen sich fast 1 km weit am Abhang hin, aber die einzige Sehenswürdigkeit im Inneren sind die Palastwohnungen (⏲ tgl. 9.30–17.30 Uhr, Eintritt Rs30), die Madho Singh II. zwischen 1883 und 1892 in der alten Festung einbauen ließ – ein Liebesnest, in dem er einige seiner Lieblingskonkubinen unterbrachte, in respektvoller Entfernung von den missbilligenden Blicken seiner Höflinge und seiner vier offiziellen Gemahlinnen.

Fahrzeuge erreichen die Festung nur über eine Straße, die von der Amber Road abzweigt. Die Entfernung von Jaipur beträgt 15 km. Einfacher ist es, den steilen Pfad zum Fort zu nehmen, der von der Nordseite der Innenstadt hoch führt. Der Aufstieg dauert 15–20 Minuten, aber der Ausgangspunkt des Wegs ist schwierig zu finden, deshalb ist es nicht verkehrt, sich von einer Rikscha hinbringen zu lassen. Es ist nicht ratsam, am späten Nachmittag noch hinauf oder in der Dunkelheit zurück zu gehen – das Fort ist ein Treffpunkt krimineller Jugendlicher und anderer zwielichtiger Typen, und selbst tagsüber kann die Atmosphäre ein bisschen beklemmend sein. Im Palastkomplex sind ein paar Cafés angesiedelt.

Royal Gaitor

Der am Nordrand der Innenstadt gelegene, ummauerte Begräbniskomplex Royal Gaitor (🕓 tgl. 9–16.30 Uhr; Eintritt frei, Fotoerlaubnis Rs10, Video Rs20) ist Sitz der stattlichen Marmormausoleen *(chhatris)* von Jaipurs Herrscherfamilie. Er besteht aus zwei Haupthöfen, in denen sich imposante Denkmäler drängen. Der erste (und modernere) Hof wird von dem grandiosen, aus dem 20. Jh. stammenden **Kenotaphen von Madho Singh II.** (gest. 1922) beherrscht. Seine vier Gattinnen und schätzungsweise 50 Konkubinen schenkten ihm insgesamt „ungefähr 125" Kinder.

Die alles überragende Grabstätte im zweiten, älteren Hof ist das **Grab von Jai Singh II.** (gest. 1743), dem Gründer von Jaipur und ersten Herrscher, der in Gaitor begraben wurde. In der Nähe befinden sich die Grabstätten von Ram Singh II. (gest. 1880), Madho Singh I. (gest. 1768), Pratap Singh (gest. 1803) und Jagat Singh (gest. 1819). Auf dem Hügelkamm oberhalb von Gaitor (und von dort über einen steilen Pfad erreichbar) steht der **Ganesh Mandir**, der zweite der beiden wichtigsten Ganesh-Tempel der Stadt – ein mächtiges Bauwerk, unschwer an der riesigen Swastika zu erkennen, die eine der äußeren Seitenwände ziert.

Der „Affenpalast" von Galta

Pittoresk in ein schroffes Tal 3 km östlich von Jaipur gebettet, liegen die 250 Jahre alten Tempel von Galta. Die Stätte verdankt ihren heiligen Status zum größten Teil einer Süßwasserquelle, die unablässig durch die Felsen des ansonsten trockenen Tals sickert und zwei Becken mit Wasser füllt. Die faulig riechenden Becken sind inzwischen die Domäne von mehr als 5000 Makaken, die Galta den Spitznamen „Affen-Palast" eingebracht haben. 🕓 tgl. von Sonnenaufgang bis -untergang; Eintritt frei, Fotoerlaubnis Rs50, Video Rs150.

Per Fahrzeug lässt sich Galta erreichen, indem man rund 10 km auf der Straße um die Hügel östlich von Jaipur zurücklegt. Man kommt auch in 20 Minuten zu Fuß hinauf: auf dem steilen Pfad, der hinter dem Suraj Pol in der Ostecke der Rosaroten Stadt zum Surya Mandir hochführt.

Übernachtung

Jaipur hat eine große Bandbreite an Unterkünften, überwiegend westlich vom Stadtzentrum, an (oder unweit) der MI Road und im schicken Vorort Bani Park. Überall sollte man vorab buchen, was besonders für die Zeit des Elefantenfestes (erste Märzhälfte) gilt. Fast alle aufgeführten Unterkünfte bieten kostenlose Abholung vom Bahnhof bzw. Busbahnhof, und alle haben Internetzugang und oft auch WLAN.

Untere Preisklasse

Atithi Guest House, 1 Park House Scheme, nahe MI Rd, ✆ 0141/237 8679, ✉ atithijaipur@hotmail.com. Alteingesessenes Gästehaus und nach wie vor eine der hübscheren Budgetunterkünfte der Stadt. Einladende gekachelte Zimmer (Ventilator und AC) und nette Dachterrasse. Ein schickes neues Restaurant mit veg. indischer Küche und ein Coffeeshop sollte bei Erscheinen des Buchs geöffnet haben. ❸–❹

Jaipur Inn, Shiv Marg, Bani Park, ✆ 0141/220 1121, 💻 www.jaipurinn.com. Zuverlässige, auf angenehme Weise altmodische Billigunterkunft. Komfortable und gut ausgestattete Zimmer mit TV und AC (optional). Jeden Abend Buffet auf der luftigen Dachterrasse. ❹, mit AC ❺

Kailash, Johari Bazaar, ✆ 0141/257 7372. Eine der wenigen Budgetunterkünfte in der Rosaroten Stadt selbst. Die Zimmer sind ein wenig schäbig und klein, aber sehr gemütlich – und diejenigen zum Johari Bazaar hinaus sind laut. Unschlagbar zentrale Lage. ❸

Karni Niwas, C-5 Motilal Atal Rd (hinter dem Hotel Neelam), ✆ 0141/236 5433, 💻 www.hotelkarniniwas.com. Eine der ältesten Billigunterkünfte von Jaipur, mit gemütlichen Zimmern mit AC oder *air-cooler* im altmodischen

Die Perle unter den Gästehäusern

Pearl Palace, Hari Kishan Somani Marg, Hathroi Fort, ✆ 0141/237 3700, 🖳 www.hotelpearlpalace.com. Eines der besten Gästehäuser in Rajasthan. Moderne, geräumige, makellose und sehr preiswerte Zimmer mit *air-cooler* oder AC, manche ohne eigenes Bad, geschmückt mit wunderschönem regionalem Kunsthandwerk. Die gut ausgebildeten Mitarbeiter kümmern sich ausgezeichnet um die Gäste, zudem gibt's eine praktische, rund um die Uhr zugängliche Geldwechselmöglichkeit, Internetzugang und Fahrkartenverkauf sowie ein ausgezeichnetes Dachrestaurant (S. 193). Reservierung empfohlen. ❷–❹

Hauptgebäude oder im neueren Nebengebäude. Außerdem Sitzgelegenheiten auf Balkonen mit Aussicht auf ein Gärtchen. ❸–❹

Krishna Palace, E-26 Durga Marg, Bani Park, ✆ 0141/220 1395, 🖳 www.krishnapalace.com. Diese freundliche, familiengeführte Budgetunterkunft in einem recht stattlichen Haveli-ähnlichen Gebäude hat verschiedene helle und behagliche Zimmer mit Ventilator und AC, alle im traditionellen Stil Rajasthans dekoriert. ❸, AC ❺

Pearl Palace Heritage, 54 Gopal Bari, Lane No. 2, Ajmer Rd, ✆ 0141/237 5242, 🖳 www.pearlpalaceheritage.com. Attraktives neues Schwesterhotel des hervorragenden Pearl Palace im gehobeneren Kulturerbestil. Jedes der geräumigen AC-Zimmer steht unter einem bestimmten Motto (Jaisalmer, kolonial, Shekhawati usw.) und wartet mit traditionellen Holztüren, Kunstwerken und Artefakten auf. Die Flure des 1. Stocks sind mit einer tollen Serie von Steinmetzarbeiten verziert – ein kleines Museum. Angesichts des Gebotenen sind die Preise wirklich äußerst günstig. ❹–❺

Sunder Palace, Sanjay Marg, Hathroi Fort, Ajmer Rd, ✆ 0141/236 0878, 🖳 www.sunderpalace.com. Eine der besten Budgetherbergen der Stadt. Die sauberen, modernen und schön eingerichteten Zimmer (Ventilator und AC) sind supergünstig; es gibt ein Restaurant im Garten und eins auf dem Dach (S. 193). Die beiden freundlichen Brüder, die das Hotel leiten, wechseln Geld, nehmen Buchungen vor und erledigen auch sonst alles Mögliche. Reservierung empfohlen. ❷–❹

Mittlere Preisklasse

Arya Niwas, Sansar Chandra Rd, ✆ 0141/237 2456, 🖳 www.aryaniwas.com. Bewährtes altes Hotel um zwei kleine Höfe und vorne mit einer hübschen Rasenfläche und einer großen Veranda. Die Zimmer – zumeist kürzlich renoviert – sind gemütlich und nett eingerichtet und haben außer ein paar Einzelzimmern mit *air-cooler* alle AC. Beliebt bei Reisegruppen. ❺

Bissau Palace, Khetri House Rd, ✆ 0141/230 4371, 🖳 www.bissaupalace.com. Das in einem etwas heruntergekommenen Stadtviertel versteckte, attraktive Heritage-Hotel ist nicht so nobel wie manches andere, besitzt aber viel Atmosphäre aus längst vergangenen Zeiten, besonders die alte Bibliothek und der Sheesh Mahal. Recht großer Pool und Ayurveda-Raum. Im Sommer Preisnachlass. ❺–❻

Diggi Palace, SMS Hospital Rd, ✆ 0141/237 3091, 🖳 www.hoteldiggipalace.com. Eines der ansprechendsten Heritage-Hotels der Stadt in einem stimmungsvollen alten Kaufmannhaus inmitten riesiger Gärten in praktischer zentraler Lage. Die Zimmer sind sehr unterschiedlich, die billigeren mit Ventilator recht gesichtslos. Schöner sind die teureren Zimmer im traditionellen Stil im Hauptgebäude, noch schöner die stilvollen modernen „Premium"-Zimmer im neuen Nebengebäude. ❺–❽

LMB Hotel, Johari Bazaar, ✆ 0141/256 5844, 🖳 www.hotellmb.com. Passables Mittelklassehotel neben dem bekannten Restaurant LMB und mitten drin im Gewusel der Rosaroten Stadt. Die billigeren „Executive"-Zimmer sind sauber und gemütlich; die teureren Royal Deluxe-Zimmer heben sich nicht davon ab, außer vielleicht durch einige spektakulär geschmacklose Möbel. Die lauten Zimmer zum Johari Bazaar hinaus meiden! ❻–❼

Madhuban, D-237 Behari Marg, Bani Park, ✆ 0141/220 0033, 🖳 www.madhuban.net. Weniger umwerfend als die anderen Heritage-Hotels (hat mehr von einer überwucherten Vorstadtvilla als von einem Palast), aber preisgünstiger als die meisten. Attraktiv eingerichtete Zimmer – einige der billigeren sind allerdings recht klein – und viele nette rajasthanische Schmuckelemente sowie ein schöner Garten und ein kleiner Pool. ❺–❻

Umaid Bhawan, D1-2A, abseits der Bank Rd, Bani Park, ✆ 0141/220 6426 oder 231 6184, 💻 www.umaidbhawan.com. Ein Heritage-Hotel mit verschwenderischen Schmuckelementen, darunter Wandgemälde, antike Holzmöbel und andere typische Rajasthani-Stücke. Die Zimmer (alle mit AC) sind groß und kühl; Pool, im Sommer Preisnachlässe. ❺–❻

Umaid Mahal, C-20/B-2 Bihari Marg, Bani Park, ✆ 0141/220 1952, 💻 www.umaidmahal.com. Extravagant im Heritage-Stil ausgestattetes modernes Hotel, praktisch gänzlich mit traditionellen bunten Wandgemälden ausgemalt. Die großzügig geschnittenen Zimmer haben AC und hübsche auf Alt getrimmte Holzmöbel. Netter Pool und Bar. Auf der Website gibt's manchmal Rabatte. ❺–❻

Obere Preisklasse

Alsisar Haveli, Sansar Chandra Rd, ✆ 0141/236 8290, 💻 www.alsisar.com. Eine überraschend schicke Enklave in einem schäbigen Teil der Stadt, untergebracht in einem großen, geschmackvoll modernisierten, 100 Jahre alten Haveli. Nicht unbedingt das Heritage-Hotel mit der meisten Atmosphäre, aber angenehm und gut geführt, und der Pool gehört zu den schönsten der Stadt. ❼–❽

Jasvilas, C-9, Sawai Jai Singh Highway, Bani Park, ✆ 0141/220 4638, 💻 www.jasvilas.com. Einladendes familiengeführtes Gästehaus in grazilem altem Anwesen in einem Vorort, mit großzügigen und gemütlichen AC-Zimmern, einem hübschen kleinen Pool und schönem ummauertem Garten. Das benachbarte **Meghniwas** in der anderen Hälfte desselben Gebäudes ist ähnlich, aber nicht ganz so schön. ❼–❽

Mansingh Towers, Sansar Chandra Rd, ✆ 0141/237 8771, 💻 www.mansinghhotels.com. Modernes Hotel in einem schönen Gebäude aus rotem Sandstein mit anmutigem Rajputen-Dekor und gemütlichen, wenn auch gesichtslosen Zimmern in zentraler Lage. Die Gäste können den Pool, Fitnessclub und Wellnessbereich des benachbarten Hotel Mansingh mitbenutzen. Ab etwa US$215. ❾

Raj Mahal Palace, Sardar Patel Marg, ✆ 0141/510 5665, 💻 www.royalfamilyjaipur.com. Der elegante ehemalige Palast von Jai Singhs Lieblingsfrau verströmt die inzwischen verstaubte Atmosphäre glanzvoller Zeiten. Nobler Speisesaal, holzvertäfelte Bibliothek und großzügige Rasenflächen, außerdem ein mittelgroßer Pool. Die großen, altmodischen Zimmer (alle mit AC) sind jedoch recht düster und haben schon bessere Tage gesehen. ❽

Raj Palace, Zorawar Gate, Amer Rd, ✆ 0141/263 4077, 💻 www.rajpalace.com. Eine der angesagtesten Adressen in Jaipur, regelmäßig frequentiert von Bollywood-Stars und arabischen Scheichs. Unschlagbar zentrale Lage am Rand der Rosaroten Stadt und ultraromantisches Ambiente – ein wunderbares altes Kaufmannshaus von 1727. Schöner kleiner Pool und üppiger Wellnessbereich. Zimmer ab etwa US$500. ❾

Rajvilas, Goner Rd, 7 km vom Stadtzentrum, ✆ 0141/268 0101, 💻 www.oberoihotels.com. Die märchenhafte, gepflegte Hotelanlage besteht aus einem wunderschönen Pseudo-Rajasthani-Fort, umgeben von Teichen und Pavillons. Die Unterbringung erfolgt entweder in prächtigen Zimmern (US$750) oder in Luxuszelten (US$870) mit AC. Es sind sämtliche Einrichtungen vorhanden, die man bei diesen

Wunderbares Haveli

Samode Haveli, Gangapole, ✆ 0141/263 2370, 💻 www.samode.com. Wunderbares altes Haveli am nordöstlichen Rand der Rosaroten Stadt, rund um einen idyllischen Hof gebaut und mit dem schönsten Pool der Stadt. Die Zimmer (um US$320) sind sehr unterschiedlich: Manche sind funktional, modern und ziemlich charakterlos; andere sind reine Museumsstücke, und wieder andere sind ein bisschen von beidem – bevor man sich entscheidet, sollte man sich mehrere zeigen lassen. Im Sommer (Mai–Sep) sehr preiswert, dann gibt es Preisnachlässe von bis zu 40 %. ❾

Preisen erwarten darf, darunter auch ein herrliches Spa. ❾

Rambagh Palace, Bhawani Singh Marg, ✆ 0141/221 1919, 🖳 www.tajhotels.com. Das unbestritten beste Palasthotel Jaipurs, wenn nicht ganz Indiens. Weitläufiger Komplex in einem knapp 200 000 m² großen, schönen Garten, traumhafte Zimmer mit Rajasthani-Kunsthandwerk, Reproduktionen antiker Möbel und sämtlichen Annehmlichkeiten. Zu den Einrichtungen der Anlage zählen mehrere erstklassige Restaurants und Bars (S. 193), Pools drinnen und draußen (nur für Gäste) und ein Jiva-Spa. Auch wenn man sich kein Zimmer leisten kann, lohnt sich ein Besuch, um bei ausgezeichneter Sitar-Musik einen Nachmittagstee (um Rs1200 für 2 Pers.) zu trinken. Besonders im Sommer werden auf der Website Preisnachlässe angeboten. DZ ab US$950. ❾

Shahpura House, Devi Marg, Bani Park, ✆ 0141/220 3392, 🖳 www.shahpurahouse.com. Charaktervolles, aber erschwingliches Heritage-Hotel mit erlesenen Wandgemälden überall und architektonischen Rajasthani-Finessen. Alle Zimmer haben AC, Minibar und Badewanne und sind mit schönen alten Holzmöbeln eingerichtet. Kleiner Pool vorhanden. ❼–❽

Essen

Jaipur hat die beste Auswahl an hervorragenden veg. wie nicht veg. Restaurants von ganz Rajasthan, doch die Preise sind höher als anderswo.

Barista's, Bhagwan Das Rd, gegenüber vom Kino Raj Mandir. Filiale der beliebten indischen Cafékette: guter Espresso, Cappuccino und Latte aus frisch gemahlenen Bohnen.

Chokhi Dhani, 22 km südlich von Jaipur an der Tonk Rd, ✆ 0141/277 0554. Der Rajasthani-Themenpark mit Restaurant zieht Mengen betuchter Jaipuris an, v. a. am Wochenende, wenn hier der Bär tanzt. Im Eintrittspreis von Rs300 sind ein Abendessen sowie die Benutzung zahlreicher Attraktionen enthalten (bei vielen wird aber ein Trinkgeld erwartet) – Elefantenritte, Tanzdarbietungen, Puppenspiel und eine Zaubershow, um nur einige zu nennen. Ist das Vergnügen ausgekostet, geht's in das Restaurant mit Lehmwänden, wo man einen Sitzplatz auf dem Boden und authentisches (leider ziemlich salziges) dörfliches Rajasthani-*thali* bekommt, das nichts mit dem gemein hat, was in Jaipurs Restaurants serviert wird, und mit vielen köstlichen Dorfspezialitäten daherkommt. Alles ein bisschen kitschig, aber lustig. Eine Motor-Rikscha kostet hin und zurück Rs300–350. 🕓 Mo–Sa 18–23, So ab 11 Uhr.

Copper Chimney, MI Rd. Schickes Restaurant mit Glasfront und einer guten Auswahl an nordindischen Standardgerichten (manchmal mit ein bisschen zu viel Öl und Gewürzen), außerdem regionale Spezialitäten wie *laal maans* (ein süßes Rajasthani-Hammelgericht) und *gatta* (Kichererbsenklößchen) sowie ein paar chinesische und europäische Speisen. Hauptgerichte Rs85–205. Schanklizenz.

Dasaprakash, MI Rd. Unprätentiöses AC-Restaurant, hat verschiedene leckere klassische südindische veg. Gerichte – *iddlis, vadas, uttapams, upuma, thalis* und nicht weniger als 17 Arten von *dosa* –, dazu viele bunte Eisbecher. Hauptgerichte Rs90–150.

Four Seasons, Bhagat Singh Marg. Das vielleicht beste veg. Restaurant der Stadt hat hervorragende *dosas* und *uttapams,* außerdem eine Großauswahl an nordindischen Currys und ein paar chinesische Speisen. Eventuell muss man ein bisschen auf einen Tisch warten, besonders später am Abend, wenn die Einheimischen kommen. Kein Alkohol.

Lassiwala, 312 MI Rd. Berühmt für ausgezeichnete Lassis, die im traditionellen Stil in Tonkrügen serviert werden. Seine Beliebtheit hat dazu geführt, dass sich zwei Konkurrenten gleich rechts (von vorn aus gesehen) davon angesiedelt haben – auf die richtige Hausnummer achten! 🕓 bis zum frühen Nachmittag.

Little Italy, KK Square Mall, Prithviraj Rd. Schickes modernes Restaurant mit passablen – wenn auch nicht unbedingt authentischen – Pizza-, Pasta-, Risotto- und Fleischgerichten sowie einigen mexikanischen (!) Snacks. Ordentliche Auswahl an indischen Weinen. Hauptgerichte ab Rs300.

LMB, Johari Bazaar. Das einzige echte Restaurant in der Rosaroten Stadt. Das Essen (Hauptgerichte ab Rs120) ist aber leider nichts

Schlemmen wie im Märchen

Peacock Rooftop Restaurant, im Hotel Pearl Palace, Hari Kishan Somani Marg, Hathroi Fort. Das schönste Dachrestaurant der Stadt mit origineller Ausstattung wie niedlichen Metallstühlen und einer interessanten Pfauen-Überdachung, besonders hübsch abends. Umfangreiche Speisekarte mit schön zubereiteten veg. und nicht veg. indischen Gerichten, ein paar chinesischen Speisen, westlichen Snacks und Pizza, dazu kaltes Bier. Hauptgerichte Rs60–260.

Besonderes und außerdem übermäßig scharf gewürzt, um den fehlenden Geschmack auszugleichen. Vielleicht hält man sich besser an die Süßspeisentheke draußen. Dort gibt's ein berühmtes *paneer ghewar* und heiße *tikkis* in würziger Mango-Sauce.

Mohan's, Motilal Atal Rd, gegenüber vom Hotel Neelam. Gemütliches, schlichtes kleines veg. Restaurant, dank des guten und sehr preiswerten Essens eine Lieblingsadresse der Einheimischen; fast alle Gerichte unter Rs50.

Natraj, MI Rd. Etabliertes, rein veg. Restaurant mit vielen nordindischen Standardgerichten sowie *thalis, dosas* und sündhaft leckeren süßen Sachen in der Vitrine neben der Tür. Hauptgerichte Rs70–175.

Niro's, MI Rd. Hat mit das beste nicht veg. Essen in Jaipur, darunter Rajasthani-Spezialitäten wie *sula* (Lamm), *lal maans* (Hammel) und *gatta*, überdies viele verschiedene Tandooris und andere Fleisch- und veg. Currys, plus westliche und chinesische Speisen. Hauptgerichte Rs155–300. Alkoholausschank.

Om Tower Restaurant, Om Tower, MI Rd. Rajasthans erstes rotierendes Restaurant, im 14. Stock des Om Tower. Hauptattraktion ist natürlich die atemberaubende Aussicht, die Gerichte (nur veg.) sind ganz annehmbar, jedoch etwas überteuert (Hauptgerichte um Rs150–350). Kein Alkohol.

Rambagh Palace, Bhawani Singh Marg, ✆ 0141/221 1919, 💻 www.tajhotels.com. In Jaipurs nobelstem Hotel gibt es zwei bemerkenswerte Restaurants: Im schon fast witzig überkandidelten klassizistischen Speisesaal des Swarna Mahal serviert man hervorragende indische Küche, im etwas weniger pompösen Rajput Room indische, europäische und chinesische Gerichte. Hauptgerichte in beiden ab etwa Rs850. Reservierung dringend zu empfehlen.

Reds, 5th Floor, Mall 21. Stilvolles modernes Restaurant mit Bar, roten und schwarzen Sofas und schönem Ausblick auf das Kino Raj Mandir gegenüber. Gute Auswahl an vorwiegend nordindischen Gerichten (veg. und nicht veg.), oder man kommt einfach nur auf einen Drink. Hauptgerichte Rs225–595.

Sunder Palace, im Hotel Sunder Palace, Sanjay Marg, Hathroi Fort, Ajmer Rd. Luftiges, blumengeschmücktes Dachrestaurant eines beliebten Gästehauses, spezialisiert auf köstliche veg. indische Küche zu sehr günstigen Preisen. Hauptgerichte Rs50–85. Alkoholausschank.

Surya Mahal, MI Road. Nettes kleines modernes veg. Restaurant mit südindischen Gerichten wie köstlichen *dosas, uttapams, iddlis, vadas* und *thalis*. Außerdem gutes Angebot an nordindischen veg. Currys sowie einige Rajasthani-Spezialitäten wie *kadi pakora* und *gatta masala*. Obendrein noch Pasta, Pizza und chinesische Gerichte. Hauptgerichte Rs70–175.

Unterhaltung

Amigo's Bar, im 9. Stock des Om Tower, MI Rd. Hat eine prima Aussicht auf die Stadt, eine ordentliche Getränkekarte (ein paar Cocktails inkl.) und passable TexMex-Snacks. Im nahen Reds (s. o.) ist die Ausstattung edler und das Essen besser, und man hat einen schönen Ausblick aufs Kino Raj Mandir.

Henry's, im Hotel Park Prime, Prithviraj Rd. Nette Kneipe im Stil eines englischen Pubs mit Eichentheke und Sport-Andenken. Dasselbe Hotel wartet außerdem mit einer hübschen Dachbar mit kleinem Pool und Stadtblick auf – besonders schön abends.

Ein denkwürdiges Trinkambiente bietet der Rambagh Palace: Hier hat man die Wahl zwischen der schicken Kolonialbar **Polo** und der lockereren Loungebar **Steam** (🕒 nur abends, Di geschl.) in den Waggons einer alten Dampfeisenbahn.

Einkaufen

Sieht man im Ausland indische Kunsthandwerksgegenstände oder Kleidungsstücke, so ist es nicht unwahrscheinlich, dass sie in Jaipur eingekauft wurden. Für den Durchschnittstouristen ist es nicht einfach, die besten Waren zu finden, doch in ganz Indien gibt es keinen besseren Einkaufsort für Souvenirs – vielleicht mit Ausnahme von Delhi. Gemäß Maharadscha Jai Singhs ursprünglicher Stadteinteilung sind die einzelnen Straßenzüge jeweils bestimmten Waren vorbehalten.

Stoffe und Kleidungsstücke, darunter Jaipurs berühmte Handdrucke und im Abbindeverfahren hergestellte Batiken namens *bandhani*, kauft man am besten im Bapu Bazaar im Süden der Rosaroten Stadt, der seit kurzer Zeit Fußgängerzone ist. Am gegenüberliegenden Ende der Stadt bieten in der Amber Road unmittelbar hinter dem Zorawar Gate zahlreiche „Emporien" prachtvolle Patchwork-Wandbehänge und Stickereien an. Da im Rahmen des organisierten Tourismus vorwiegend wohlhabende Touristen zu diesen Geschäften gefahren werden, muss man hartnäckig um angemessene Preise feilschen.

Die berühmten blauen **Keramikwaren** der Stadt, unter anderem Vasen im alten persischen Stil, Kacheln, Teller und Kerzenhalter, findet man in den Läden entlang der Amber Road oder in der Werkstatt des verstorbenen Kripal Singh (s. u.).

Anokhi, 2nd Floor, KK Square Mall, Prithviraj Rd, 💻 www.anokhi.com. Die beste Adresse zum Einkauf qualitativ hochwertiger indischer Abendkleidung, *salwar kameez* und Hemden. Das Angebot umfasst außerdem hübsche Bettüberwürfe, Tischdecken und Kissenbezüge. 🕓 tgl. 9.30–20 Uhr.

Jodhpur Tailors, Motilal Atal Rd (hinter dem Hotel Neelam). Eine der besten Schneidereien der Stadt, wo kein Geringerer als der Maharadscha höchstselbst einkauft. Handgenähte Anzüge kosten ab Rs7500, man kann aber auch ein Hemd (ab Rs700), eine Hose (Rs1200) oder *jodhpurs* (Rs1400) kaufen. 🕓 Mo–Sa 10.30–21.30, So 14–18 Uhr.

Kripal Kumbh, Shiv Marg, nahe dem Jaipur Inn. Die ehemalige Werkstatt und gleichzeitig Wohnung von Jaipurs berühmtestem Töpfer, dem verstorbenen Kripal Singh, steht voller attraktiver und erschwinglicher Stücke aus traditioneller blau-weißer Jaipuri-Keramik. Die Werkstatt gibt an, die einzige in Jaipur zu sein, die völlig bleifreie Keramik produziert, in die auch heiße Speisen gegeben werden können. 🕓 tgl. 10–19 Uhr.

Schmuck und Edelsteine in Jaipur

Die beiden besten Orte zum Kauf von Silberschmuck sind der **Johari Bazaar** (die breite Straße in der Rosaroten Stadt, die vom Sanganeri Gate nach Norden verläuft) und der **Chameliwala Market**, unweit der MI Road im Gässchengewirr hinter dem Restaurant Copper Chimney. Letzterer hat auch die beste Edelstein-Auswahl, doch ist Vorsicht vor aalglatten betrügerischen Händlern geboten, die im örtlichen Jargon *lapkar* heißen. Es handelt sich gewöhnlich um junge Männer, die schicke Kleidung tragen und ausgezeichnet Englisch sprechen. Sie versuchen den Kunden einzureden, dass sie die in Jaipur gekauften Edelsteine im Heimatland mit hohem Profit weiterverkaufen können. Das ist natürlich Unsinn, doch so manchem geht erst ein Licht auf, wenn er sich Tausende Meilen entfernt mit einer Handvoll wertloser „Edelsteine" aus Glas über die mysteriösen Einträge auf der Kreditkartenrechnung wundert. Wer Schmuck oder Edelsteine in Jaipur mit Kreditkarte bezahlt, sollte Letztere niemals außer Sichtweite lassen und sich nie dazu überreden lassen, die Kreditkartenquittung als Sicherheit zurückzulassen.

Beim **Gem and Jewellery Export Promotion Council**, 2nd Floor, Rajasthan Chamber Bhavan, M Rd, nahe Ajmeri Gate, gibt es ein staatlich gefördertes Testlabor für Edelsteine, in dem man Edelsteine auf ihre Echtheit prüfen lassen kann. Das kostet pro Stein Rs605; das Ergebnis erhält man dann am nächsten Arbeitstag. Wer es noch am selben Tag benötigt (dazu muss der Stein bis 14 Uhr abgegeben werden), zahlt Rs935. 🕓 Mo–Fr und 1. sowie 3. Sa des Monats 10–16 Uhr.

Rajasthali, MI Rd, direkt südlich vom Ajmer Gate. In dem großen, staatlichen Kaufhaus lässt sich sehr gut ein Überblick über die Bandbreite an Kunsthandwerk und die zu erwartenden Preise gewinnen – allerdings finden sich in den Basaren der Rosaroten Stadt vielleicht ähnliche Stücke zu günstigeren Preisen. ⌚ Mo–Sa 11–19.30 Uhr.

Soma, 5 Jacob Rd, 💻 www.somashop.com. Ähnliches Angebot wie Anokhi (allerdings keine Herrenbekleidung), aber ein bisschen billiger. ⌚ Mo–Sa 10–20, So 10–18 Uhr.

Sonstiges

Bücher

Bookwise, im Mall 21, gegenüber vom Kino Raj Mandir, hat eine hervorragende Auswahl an englischen Titeln, auch zu indischen Themen.

Books Corner, ganz in der Nähe in der MI Road (zwei Häuser westlich vom Restaurant Niro's), kleiner Laden mit einer passablen Auswahl an Büchern zum Thema Indien.

Fotoausrüstung

Sentosa Colour Lab, Ganpati Plaza, (zur MI Rd hin), ⌚ Mo–Sa 10–20 Uhr, und **Goyal Colour Lab**, neben Lassiwala, in der MI Rd, guter Service rund um die Digitalfotografie.

Geld

In der Stadt, besonders entlang der MI Road, finden sich zahlreiche **Geldautomaten**. Es gibt auch viele private Wechselstuben, die ungefähr dieselben Kurse einräumen wie die Banken, z. B. **Thomas Cook**, mit zwei Filialen in der MI Road: im Erdgeschoss des Jaipur Tower und gegenüber vom Ganpati Plaza, in denen es Bargeldvorschuss auf Kreditkarten gibt. ⌚ beide Mo–Sa 9.30–17.30 Uhr. Viele der ab S. 189 gelisteten **Gästehäuser und Hotels** wechseln Geld (manchmal zu schlechtem Kurs); im Pearl Palace Hotel gibt es einen 24 Std. geöffneten Geldwechselschalter.

Informationen

Die **RTDC** unterhält Informationsbüros am Bahnsteig 1 im Bahnhof, ✆ 0141/231 5714, ⌚ tgl. 7–22 Uhr, gegenüber der Hauptpost an der MI Road, ✆ 0141/237 5466, ⌚ tgl. 8–20 Uhr, und am Bussteig 3 des staatlichen Busbahnhofs, ⌚ 9.30–17 Uhr. In jedem dieser Büros können RTDC-Touren (S. 196) gebucht werden.

Ein **India Tourism Office**, ✆ 0141/237 2200, befindet sich im Hotel Khasa Kothi. Es hat zahlreiche Broschüren und landesweite Infos auf Lager. ⌚ Mo–Fr 9–18, Sa 9–13.30 Uhr.

Hinweise auf aktuelle Veranstaltungen findet man im Monatsmagazin **Jaipur City Guide** (Rs40), erhältlich in manchen Hotels, Buchläden und an Zeitungskiosken.

Internet

Alle auf S. 189–192 aufgeführten Gästehäuser und Hotels bieten Internetzugang und zunehmend auch WLAN, doch wer in seiner Unterkunft (oder in einem anderen Gästehaus) keinen Zugang bekommt, kann es im Internetcafé **iWay** (Rs30 pro Std.) gegenüber vom Atithi Guest House probieren, ⌚ tgl. 9–23 Uhr.

Kinos

Wer nur ein einziges Mal in ein indisches Kino gehen möchte, sollte sich für das **Raj Mandir** in der Bhagwan Das Road (Seitenstraße der MI Road) mit seiner wunderschönen Art-déco-Lobby und 1500 Sitzplätzen entscheiden. Die meisten Filme werden 4x tgl. gezeigt (normalerweise um 12.30, 15.30, 18.30 und 21.30 Uhr). Karten (Rs60/80) mindestens eine Stunde vorab besorgen, da die Schlangen immer lang sind.

Meditation

Dhamma Thali Vipassana Centre, ✆ 0141/268 0220, 💻 www.dhamma.org. Das inmitten einer schönen Landschaft an der Straße nach Galta gelegene Zentrum ist eines von 50 weltweit, in denen Vipassana-Meditation praktiziert wird. Die Kurse (3–45 Tage; Programm s. Website) sind kostenlos, aber eine Spende wird erwartet.

Medizinische Hilfe

Das beste Krankenhaus für Notfälle ist das regierungseigene **SMS Hospital**, Sawai Ram Singh Rd, ✆ 0141/256 0291; normalerweise ist die Behandlung für Ausländer kostenlos. Das beste private Krankenhaus ist das **Santokba Durlabhji Memorial Hospital (SDMH)**, Bhawani Singh Marg, ✆ 0141/256 6251.

Polizei
Zentrale in der Station Rd gegenüber vom Bahnhof, ✆ 0141/220 6324.

Post
Schalter für postlagernde Sendungen (*poste restante)* im **Hauptpostamt** in der MI Rd, ⏲ Mo–Sa 10–18 Uhr. Päckchen und Einschreiben werden in der Sortierstelle hinter den Hauptschaltern ausgehändigt.
Aufzugebende Pakete und Päckchen muss man vor dem Haupteingang einnähen lassen, ⏲ Mo–Sa 10–16 Uhr. Am besten bringt man selbst einen Karton mit. Bevor man sie zumacht, sollte man Pakete im Zollbüro im 1. Stock prüfen lassen, dies verkürzt die Zustellzeit um etwa zehn Tage.
Das **DHL**-Büro der Stadt ist in G-8, C Scheme, Vinobha Marg, ✆ 0141/236 1159. Einen DHL-Schalter gibt es außerdem in der Standard Chartered Bank auf der Südseite der MI Road etwas westlich von Panch Batti. Der Betreiber des Pearl Palace Hotel ist ebenfalls ein registrierter DHL-Agent.

Reisebüros
Am einfachsten ist es normalerweise, im Hotel oder Gästehaus etwas arrangieren zu lassen. Zwei zuverlässige Alternativen sind **Rajasthan Travel Service**, im Erdgeschoss des Ganpati Plaza an der MI Road, ✆ 0141/238 9408, 💻 www.rajasthantravelservice.com, und **Travel-Care** (s. Fluggesellschaften, S. 198).

Schwimmen
Der hübscheste, auch Nicht-Hausgästen geöffnete **Hotelpool** in Jaipur ist derzeit der des Alsisar Haveli (Rs200 pro Std.). Billiger sind die Pools der folgenden Hotels: Shahpura House (kostenlos, wenn man im Hotel isst), Umaid Bhawan (Rs150 pro 3 Std.), Madhuban (Rs100) und Raj Mahal (Rs170).

Stadtrundfahrten
Auf sehr preiswerte, aber auch sehr gehetzte Art und Weise lernt man Jaipurs wichtigste Sehenswürdigkeiten mit einer der beiden Stadtrundfahrten der **RTDC** kennen (5-stündige Halbtagstour Rs150; 9-stündige Ganztagstour Rs200; Eintrittsgebühren nicht inkl.), bei denen die meisten Sehenswürdigkeiten abgehakt werden. RTDC hat auch eine „Pink City by Night"-Tour inkl. Dinner im Nahargarh Fort im Angebot (18.30–22.30 Uhr; Rs250). Buchungen in jeder der o. g. RTDC-Filialen oder über das Hotel Gangaur der RTDC in der MI Road. Abfahrt ist ebenfalls bei den Filialen.

Yoga
Rajasthan Swasth Yoga Parishad, New Police Academy Rd, ✆ 0141/239 7330; **Rajasthan Yoga Centre**, 2 km nördlich vom Bani Park in Shastri Nagar; **Madhavanand Ashram**, ✆ 0141/220 0317, im Bani Park.

Nahverkehr

Jaipur ist sehr weitläufig. Zwar lässt sich die Rosarote Stadt (trotz der Menschenmengen) zu Fuß erkunden, doch braucht man eventuell ein Transportmittel, um vom Hotel aus überhaupt erst einmal hinzugelangen. Die morgendlichen und abendlichen Stoßzeiten sollte man besser meiden, besonders in der Rosaroten Stadt.
In der ganzen Stadt wimmelt es von **Motor-Rikschas**. Es gibt auch **Fahrrad-Rikschas**, doch die brauchen in dem Gewimmel oft sehr lang bis zum Ziel. **Vorausbezahlte Motor-Rikschas** kann man an den rund um die Uhr geöffneten Schaltern vor dem Bahnhof und dem Busbahnhof buchen. Hier sind die Preise erheblich niedriger als auf der Straße (z. B. Rs380/Rs212 für einen ganzen/halben Tag, oder nur Rs84 für die einfache Fahrt nach Amber).
Ein **Auto mit Fahrer** lässt sich in den meisten Unterkünften oder in jeder RTDC-Filiale organisieren. Die Preise liegen bei ungefähr Rs900–1000 pro Tag.

Transport

Jaipur ist Rajasthans wichtigster Verkehrsknotenpunkt mit täglichen Flug-, Bus- und Zugverbindungen zu den meisten großen Städten Indiens. Relativ nahe Ziele wie Agra, Bharatpur, Ajmer (für Pushkar) und die Shekhawati-Städte erreicht man am besten per Bus; eine Ausnahme bildet Sawai Madhopur, das Sprungbrett für den Ranthambore-Nationalpark, das man am bequemsten mit dem Zug erreicht.

Busse

Die **staatlichen RSRTC-Busse** aus ganz Rajasthan und weiter entfernten Gebieten verkehren vom Interstate Bus Terminal („Sindhi Camp") in der Station Rd. Ankommende Busse aus Delhi und Agra fahren am südlichen Rand der Stadt entlang, wo sie kurz am Verkehrsknotenpunkt Narain Singh Circle halten.
Dort verkünden Rikschafahrer lauthals, oft mit Unterstützung der Busfahrer, es sei die Endstation („bus going to yard") – was nicht stimmt; es ist nur eine Masche, Reisende in ihre Rikscha zu locken und zu Unterkünften zu fahren, von denen sie Provisionen beziehen.
Für schnellere, jedoch seltener verkehrende Deluxe-Busse der Gold Line („Volvo") und Silver Line auf Langstrecken werden Sitzplätze garantiert. Anfragen nach Deluxe-Bussen unter ✆ 0141/220 4445; Reservierungen bis zu 24 Std. im Voraus unter ✆ 0141/220 5790.
Für andere Busse spricht man einfacher persönlich an den Buchungsschaltern des Busbahnhofs vor (Ziele stehen draußen an den Kabinen). Eigener Bereich für Deluxe-Busse am Bahnsteig 3 (🕒 24 Std.). Nach PUSHKAR fährt tgl. um 13 Uhr ein RTDC-Bus; eine andere Möglichkeit besteht darin, mit einem der regulären Busse nach Ajmer zu fahren und dort umzusteigen oder aber einen privaten Bus zu nehmen.
Privatbusse bedienen ebenfalls ein weites Netz an Zielen, oft in komfortablen modernen Reisebussen, dafür sind sie jedoch häufig überfüllt und halten unterwegs vielleicht unfahrplanmäßig, um weitere Fahrgäste aufzunehmen. Tickets bei den Agenten in der Station Road.
Eine zuverlässige Gesellschaft für Direktbusse nach Pushkar ist **Jai Ambay Travels** in der Station Road, nahe der Kreuzung mit der

Empfohlene Zugverbindungen ab Jaipur

Zielort	Name	Abfahrt	Ankunft
Abu Road	Aravali Express 19708	09.00 Uhr (tgl.)	17.00 Uhr
	Sealdah Express 12988	15.00 Uhr (tgl.)	19.30 Uhr
	Marudhar Express 14864/14854/14866	15.20/15.25 Uhr (tgl.)	21.00 Uhr
Ajmer	Shatabdi Express 12015	10.35 Uhr (tgl.)	12.40 Uhr
	Aravali Express 19708	09.00 Uhr (tgl.)	11.15 Uhr
Alwar	Jammu Tawi Express 12413	16.30 Uhr (tgl.)	18.38 Uhr
	Shatabdi Express12016	17.50 Uhr (tgl.)	19.30 Uhr
Bikaner	Bikaner Intercity 12468	15.00 Uhr (tgl.)	21.40 Uhr
Chittaurgarh	Udaipur Express 12965	22.20 Uhr (tgl.)	03.50 Uhr
Delhi	Jaisalmer Express 4060	05.00 Uhr (tgl.)	11.05 Uhr
	Shatabdi Express 12016	17.45 Uhr (tgl.)	22.40 Uhr
Jaisalmer	Delhi-Jaisalmer Express 14659	23.45 Uhr (tgl.)	11.00 Uhr
Jodhpur	Marudhar Express 14853/14863/14865	11.30 Uhr (tgl.)	17.00 Uhr
	Ranthambore Express 12465	17.00 Uhr (tgl.)	22.00 Uhr
	Delhi-Jaisalmer Express 14659	23.45 Uhr (tgl.)	05.05 Uhr
Kota	Intercity Express 12466	10.55 Uhr (tgl.)	14.45 Uhr
	Mumbai Superfast 12956	14.10 Uhr (tgl.)	17.25 Uhr
Sawai	Madhopur Intercity Express 12466	10.55 Uhr (tgl.)	13.15 Uhr
	Mumbai Superfast 12956	14.10 Uhr (tgl.)	16.00 Uhr
	(für den Ranthambore National Park)		
Udaipur	Udaipur Express 12965	22.20 Uhr (tgl.)	06.10 Uhr
Varanasi	Marudhar Express 14854/14864/14866	15.20/15.25 Uhr (tgl.)	10.30/08.35/ 09.30 Uhr

MI Road, ✆ 0141/220 5177, deren komfortable Deluxe-Busse um 9.30 Uhr abfahren. Tickets bis unmittelbar vor der Abfahrt, doch sicherer ist es, sie vorab zu kaufen (telefonische Reservierung möglich).
Dasselbe Unternehmen verkauft Fahrkarten für Busse nach AGRA (stdl., 5 1/2 Std.), AJMER (6x tgl., 2 1/2 Std.), BARATHPUR (stdl., 4 1/2 Std.), BIKANER (5x tgl., 6 Std.), BUNDI (2x tgl., 4 Std.), CHITTAURGARH (1x tgl., 6 Std.), JAISALMER (1x nachts, 12 Std.), JODHPUR (3x tgl., inkl. Nachtbus um 22.30 Uhr, 6–7 Std.), KOTA (2x tgl., 5 Std.), NAWALGARH (stdl., 3 Std.) und UDAIPUR (2x nachts, 9 Std.).

Eisenbahn

Jaipurs **Hauptbahnhof** liegt 1,5 km westlich der Rosaroten Stadt. Fahrkarten mindestens einen Tag vorher in der computerisierten Reservierungshalle direkt am Hauptbahnhof, ✆ 0141/220 1401, 🕓 Mo–Sa 8–20, So 8–14 Uhr, reservieren. Es gibt einen speziellen Schalter für „Foreign Tourist and Freedom Fighter".

Flüge

Jaipurs moderner **Sanganer Airport** liegt 15 km südlich des Zentrums. Es fahren Flughafenbusse in die Stadt; eine Rikscha kostet etwa Rs200, ein Taxi Rs330–400.
Der Flughafen wird derzeit von folgenden Gesellschaften angeflogen: Air-India Express (IX), Air India Regional (CD), GoAir (G8), Indian Airlines (IC), IndiGo (6E), Jet Airways (9W), Kingfisher (IT) und SpiceJet (SG).
Es gibt Flugverbindungen nach: Ahmedabad (6E, SG), Bengaluru (Bangalore; G8, 6E, IT, SG), Chandigarh (IT), Chennai (6E, SG), DELHI (IX, CD, IC, 9W, IT), Goa (SG), Guwahati (6E), Hyderabad (6E, SG), Indore (G8), Jammu und Sriniagar (IT), Kolkata (Kalkutta; IX, 6E, SG), Mumbai (IC, G8, 6E, 9W, SG, IT) und Udaipur (IX, 9W, IT).

Fluggesellschaften

In den Jaipur Towers an der MI Rd befinden sich Dutzende Büros von Airlineagenten, von denen aber längst nicht alle vertrauenswürdig sind. Die empfehlenswerteste Adresse ist **Travel-Care** im Erdgeschoss des rechten Gebäudeteils, ✆ 0141/237 1832, 💻 www.travelcareindia.com, das die Vertretung von fast jeder einheimischen und den meisten großen internationalen Fluglinien hat, darunter Air India, BA, Air France, KLM, Lufthansa, Thai Airways, Singapore Airlines und Gulf Air. 🕓 24 Std.

Amber

Die 11 km nördlich von Jaipur hoch oben auf einem mächtigen Felsen thronende Festung Amber (oder Amer), gesichert durch natürliche Bergketten, hohe Schutzwälle und hintereinander angeordnete Tore, war von 1037 bis 1727, als Jai Singh seine neue Stadt Jaipur gründete, die Hauptstadt der Kachchwaha-Rajputen. Ambers Palastgebäude sind weniger beeindruckend als die von Jaipur, doch die Lage ist atemberaubend.

Der Palastbereich

Vom Dorf führt der Pfad hoch zum **Suraj Pol** („Sonnentor") und dem großen Hof **Jaleb Chowk** am Eingang zum Hauptpalastkomplex. Hier befindet sich der Kartenverkaufsschalter, wo auch die offiziellen Guides warten, die Führungen für rund Rs200 anbieten. Der **Shri Sila Devi-Tempel** in der linken Ecke des Hofs ist Sila geweiht, einer Erscheinungsform der Göttin Kali. Die Statue von Sila Devi im Inneren des Tempels gehört zu den meistverehrten in Jaipur, 🕓 12–16 Uhr geschlossen.

Neben dem Shri Sila Devi-Tempel geht es auf steilen Stufen zum **Singh Pol** („Löwentor") hinauf, dem Eingang zum Hauptpalast. Architektonisch präsentiert er sich als typisches rajasthanisches Bauwerk, doch es ist klar ersichtlich, dass auch Mogul-Konzepte die Gestaltung beeinflusst haben. Zum Beispiel ist die Auskleidung der Wände mit Spiegelmosaiken ein typisches Merkmal der Mogul-Architektur. Hinter dem Singh Pol öffnet sich der erste der drei Hauptplätze des Palasts. Dort steht die 1639 erbaute **Diwan-i-Am** (öffentliche Audienzhalle). Der an den Seiten offene Pavillon weist deutliche bauliche Übereinstimmungen mit den Mogul-Audienzhallen in Delhi und Agra auf.

Schräg gegenüber bietet das mit vorzüglichen Malereien versehene **Ganesh Pol** Zugang

Ein erfrischendes Bad im Maota-See vor dem Hintergrund der Festung von Amber

zu einem zweiten Hof, dessen rechte Seite ein Garten mit Miniaturspringbrunnen einnimmt. Dahinter liegen die Säle des **Sukh Mahal**. Seine Marmorzimmer wurden durch Wasser gekühlt, das durch kleine Öffnungen in den Wänden herabfloss – eine frühe und sehr effiziente Klimaanlage. An der gegenüberliegenden Hofseite beherbergt der wunderschöne **Sheesh Mahal** die einstigen privaten Gemächer des Maharadscha und seiner Frau. Spiegel- und Buntglasscherben bilden ein kompliziertes Mosaik, das die Innen- und Außenwände sowie die Decken der Räume vollständig überzieht. Am Hofende hinter dem Sheesh Mahal führt ein schmales Treppenhaus zu dem kleinen Innenraum **Jas Mandir** hoch, den ähnliche Mosaiken zieren. Durch kunstvoll gestaltete Marmortrennwände wird er vor grellem Sonnenlicht geschützt.

An der Rückseite des Sheesh Mahal geht es durch einen schmalen Korridor in einen weiteren großen Innenhof im Zentrum des **Palastes von Man Singh I.**, den ältesten Teil der Palastanlage. Verglichen mit den späteren Bauten sind diese hier ausgesprochen schlicht, müssen ursprünglich aber kostbar verziert und möbliert gewesen sein. Der von Säulen getragene Bereich im Zentrum des Hofs *(baradari)* war einst der Treffpunkt der Maharanis, die durch wallende Vorhänge vor Männerblicken geschützt waren. ⏲ tgl. 8–18 Uhr, Eintritt Rs150, Audioguide Rs150.

Am unteren Ende des Wegs zum Palast befindet sich eine kleine **Touristeninformation**, ⏲ tgl. 8–16 Uhr; von hier aus sind es 15–20 Min. zu Fuß hoch zum Palast. Man kann auch einen Jeep nehmen (Rs200 hin und zurück, inkl. 1 Std. Wartezeit) oder auf dem Rücken eines Elefanten hochreiten (Rs570 für 1 oder 2 Pers.).

Jaigarh

Das mächtige Amber Fort (Jaigarh) wurde im Jahre 1600 gebaut. Es ragt stolz auf dem Bergrücken hinter dem Amber-Palast auf und bietet unglaubliche Ausblicke über die Berge und Ebenen. Da die Kachchwahas in freundschaftlichen Beziehungen zu den Moguln standen, erlebte die Festung keine nennenswerten Schlachten. Im Mittelpunkt der Festung wurde ein kleines **Museum** eingerichtet. Es zeigt eine Sammlung alter Landkarten und Fotos sowie ein paar Kanonen von 1588. Keine davon kann sich aber mit der mächtigen Jaivana-Kanone messen, der größten ihrer Art in Asien, die majestätisch auf dem höchsten Punkt der Festung thront, fünf Minuten zu Fuß vom Museum entfernt. Um sie abzufeuern, bräuchte man 100 kg Schießpulver. Angeblich hat sie eine Reichweite von 35 km – genau weiß man es aber nicht, da sie niemals zum Einsatz kam. ⌚ tgl. 9–17 Uhr, Eintritt Rs75.

Die meisten Besucher wandern vom Amber-Palast zum Fort hinauf, ein steiler, 15- bis 20-minütiger Anstieg. Der Pfad zur Festung beginnt direkt unterhalb vom Palasteingang und zweigt in der Nähe des oberen Endes der Zickzackstraße ab (derjenigen, die von den Elefanten benutzt wird; nicht vom Fußpfad). Wer mit dem Pkw oder Jeep herkommen möchte, muss der wesentlich längeren Straße folgen, die sowohl nach Jaigarh als auch Nahargarh führt. Jeeps für die Hin- und Rückfahrt zur Festung werden im Dorf Amber vermietet (Rs400, inkl. 2 Std. Wartezeit).

Der Ort Amber

Der stimmungsvolle, aber nur wenig besuchte Ort Amber unterhalb des Palastes birgt jede Menge Zeugnisse der Kachchwaha-Herrschaft. Eine der auffälligsten Sehenswürdigkeiten der Gegend ist der ungewöhnliche **Jagat Shiromani-Tempel**, erbaut von Man Singh, nachdem sein Sohn und designierter Nachfolger in der Schlacht gefallen war. Der Tempel ist ein großes, überladenes Bauwerk mit einem großen *shikhara* und einer ungewöhnlich großen, zweistöckigen *mandapa* mit einem gebogenen Dach wie dem eines Mogul-Pavillons.

Im Ort ist zehn Gehminuten vom Fort außerdem das hervorragende **Anokhi Museum of Hand Printing**, Kheri Gate, 💻 www.anokhimuseum.com, ansässig. Das Museum in einem schönen alten Haveli zeigt eine interessante Sammlung von handbedruckten Stoffen und Kleidungsstücken. Zudem werden Druck- und Schnitzvorführungen geboten. ⌚ Di–Sa 10.30–17, So 11–16.30 Uhr, Mai–Mitte Juli geschl.; Eintritt Rs30, Fotoerlaubnis Rs50, Video Rs150.

Transport

Vor dem Hawa Mahal in JAIPUR fahren öffentliche Linienbusse ab (alle 5–10 Min.; 20–30 Min.), die in Amber in der Hauptstraße unterhalb der Palastanlage halten. Eine Motor-Rikscha kostet hin und zurück etwa Rs250 inkl. 2 Std. Wartezeit. Es ist ratsam, frühmorgens herzukommen, noch vor den Busladungen an Reisegruppen.

Samode

Versteckt in den Aravalli-Hügeln liegt 42 km nordwestlich von Jaipur das Dorf Samode, dessen Schmuckstück ein tadellos restaurierter **Palast** (eigentlich ein Haveli) aus dem 18. Jh. ist. Der Palast ist inzwischen ein preisgekröntes Heritage-Hotel, das **Samode Palace**, ✆ 01423/240014, 💻 www.samode.com; ab US$300, ❾, von Mai–Sep gibt es einen Preisnachlass von 30 %. Das Hotel wartet mit romantischen Zimmern voller Wandmalereien und stilvoller Antiquitäten auf. Wer kein Hotelgast ist, zahlt für den Besuch stolze Rs500 (drinnen gegen Speisen und Getränke einzutauschen). Vom Palast führen 300 Stufen zu einer **Festung** hinauf, von der sich schöne Ausblicke auf die Umgebung eröffnen.

Sanganer

16 km südlich von Jaipur liegt Sanganer, das lebendigste Zentrum der Region für **handgefertigte Textilien** und der beste Ort, traditionell arbeitenden Blockdruckern bei der Arbeit zuzuschauen. Es gibt einige größere Fabriken, doch die meisten Drucke entstehen in Heimarbeit. Zu den Sehenswürdigkeiten der Stadt gehören verfallene Paläste und mehrere elegante Jain-Tempel, darunter der **Shri Digamber-Tempel** in der Nähe des Tirpolia Gate. Staatliche Busse und Minibusse nach Sanganer fahren in Jaipur vom Chand Pol über die Ajmer Road (alle 15 Min.); vom Ajmeri Gate fährt der staatliche Bus 201.

Nördlich von Jaipur: Shekhawati

Nördlich von Jaipur wird das Land immer trockener und unwirtlicher; Bauernhöfe und Felder machen langsam Platz für hügelige Halbwüste, gespickt mit *khejri*-Bäumen und einsamen, von Umzäunungen aus Dorngestrüpp umgebenen Häusern. Heute ist diese unter dem Namen Shekhawati bekannte Region eher abgeschieden. Aber früher verliefen hier bedeutende Karawanenwege, die Delhi und Sind (im heutigen Pakistan) mit der Küste von Gujarat verbanden, bevor sich die Route durch die Wüste Thar durch den Aufstieg von Bombay und Kalkutta Richtung Süden und Osten verlagerte. Die kaufmännischen Marwari und die Landbesitzer der *thakur*-Kaste in Shekhawati wurden durch Handel und Wegezölle reich und bauten im Wettstreit miteinander stolze, prunkvoll dekorierte **Havelis**, die auch heute noch die Straßen der staubigen kleinen Städte der Region säumen.

Die vielen Herrenhäuser, Paläste und Kenotaphen sind innen und außen mit äußerst kunstvollen bunten **Wandmalereien** übersät. Angesichts des Reichtums an traditioneller Kunst und der unmittelbaren Nähe der Region zu Jaipur ist es verblüffend, dass ein Großteil der Shekhawati-Region immer noch mehr oder weniger abseits der Touristenpfade liegt. Die Region ist noch am einfachsten auf der Straße zu bereisen. Die Hauptorte sind durch immer überfüllte Nahverkehrsbusse miteinander verbunden. Zwischen den Städten und Dörfern verkehren außerdem Jeeps, die so viele Fahrgäste mitnehmen wie nur irgend möglich. Die Bahnverbindungen sind hoffnungslos langsam, unzuverlässig und unpraktisch.

Nawalgarh

Im Zentrum der Region Shekhawati, umgeben von Wüste und *khejri*-Gestrüpp, liegt das Marktstädtchen Nawalgarh – zusammen mit dem nahe gelegenen Mandawa der angenehmste Ausgangspunkt für eine Erkundung der Region.

Die Stadt

Ausgangspunkt einer Besichtigung von Nawalgarh ist das prächtige Anandi Lal Poddar Haveli an der Ostseite der Stadt, in dem jetzt das **Dr. Ramnath A. Poddar** Haveli Museum, 💻 www.poddarhavelimuseum.org, untergebracht ist. Es wurde 1920 erbaut und dient heute gleichzeitig als Schule. Es ist eines der wenigen Havelis in Shekhawati, deren alte Pracht wiederhergestellt wurde, und darf sich der lebendigsten Wandgemälde der Stadt rühmen. Dazu zählt die Darstellung eines Stierkopfes, der sich in einen Elefantenkopf verwandelt, wenn der Betrachter von links nach rechts geht. In dem Haveli sind auch einige ganz nette Ausstellungsstücke zu verschiedenen Aspekten des Lebens der Rajasthani zu sehen. 🕓 tgl. 8–19 Uhr, Eintritt Rs100, Fotoerlaubnis Rs30, Video Rs50.

Ein kurzes Stück weiter nördlich liegt das schöne **Moraka Haveli**, das Wandgemälde schmücken, auf denen Shiva, Parvati, Krishna und Jesus zu sehen sind. 🕓 tgl. 8–19 Uhr, Eintritt Rs50. Direkt gegenüber vom Moraka Haveli befindet sich der eindrucksvolle, aus der Mitte des 18. Jhs. stammende **Krishna Mandir** mit seinen zierlichen *chhatris*. Rund 200 m östlich vom Moraka Haveli sind im nicht restaurierten, 150 Jahre alten **Bhagton ki Choti Haveli** (keine festen Öffnungszeiten, Eintritt Rs40) ungewöhnliche Wandgemälde zu sehen, darunter ein Engel im europäisch-christlichen Stil und Queen Victoria (über den Bögen rechts von der Haupttür). Ein Bild auf der linken Seite zeigt sieben Frauen in der Gestalt eines Elefanten. Auf anderen Gemälden sind Rad fahrende Europäer, ein Dampfer und eine Eisenbahn dargestellt.

> **Die Havelis der Shekhawati-Region**
>
> Einige Havelis, besonders in Nawalgarh, sind inzwischen restauriert und in Museen verwandelt worden. Die meisten jedoch befinden sich in einem malerischen Stadium des Verfalls. Manche sind immer noch bewohnt, andere dagegen wurden aufgegeben und stehen leer, abgesehen von einem einsamen *chowkidar* (Hausmeister/-wächter). In manchen Havelis sind Besucher gegen ein kleines Trinkgeld (Rs20–30) willkommen, in anderen nicht. Wer sich nicht sicher ist, steckt den Kopf durch die Eingangstür und fragt nach. Aber nicht vergessen, dass es sich um Privatwohnungen handelt, in die man nicht einfach ohne Erlaubnis hinein marschiert.

Das Fort und die östlichen Havelis

Das **Fort** (Bala Qila) im Herzen der Stadt jedoch wird beinahe von einer Ansammlung moderner Gebäude erdrückt. Diese umgeben einen zentra-

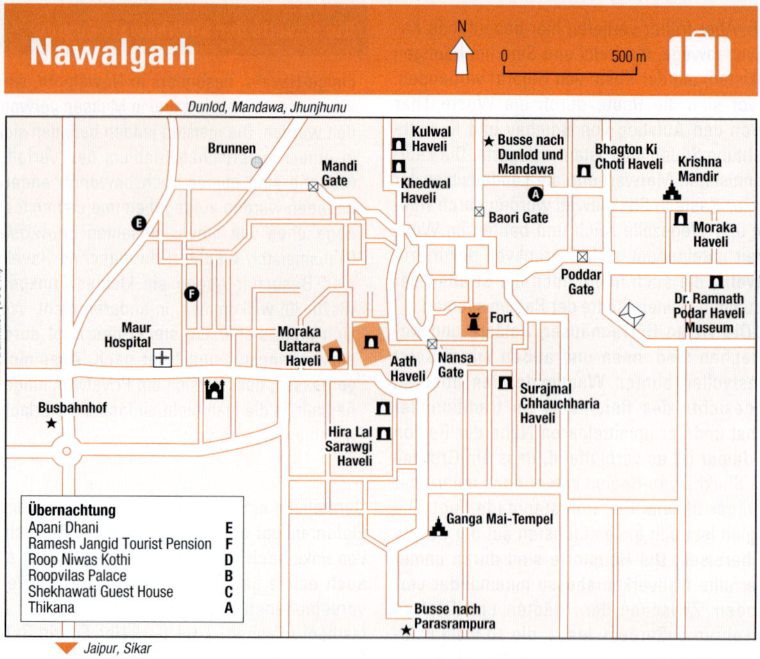

len Hof, in dem jetzt der farbenfrohe städtische Gemüsemarkt untergebracht ist. Das baufällige Haus in der äußersten linken Ecke des Hofs (bei der Bank of Baroda) enthält den großartigen Spiegelsaal **Sheesh Mahal**, der früher einmal als Ankleidezimmer der Maharani von Nawalgarh diente und zu dessen Deckenmalereien ein Plan von Nawalgarh und Jaipur gehört. Wer ihn besichtigen möchte, muss die üblichen Rs10–20 Bakschisch hinlegen; wenn niemand anwesend ist, wendet man sich an die Süßwarenfabrik auf der gegenüberliegenden Hofseite.

Wer nach Westen durchs **Nansa Gate** (verwirrenderweise als „Rambilas Podar Memorial Gate" ausgeschildert) geht und der darum herum führenden Straße folgt, gelangt zum sogenannten **Aath Haveli** („Acht Havelis", erbaut von acht Brüdern, allerdings wurden nur sechs fertiggestellt), einem Komplex von verschwenderisch verzierten Villen, die Wandgemälde mit dem typischen Mischmasch aus alt und modern aufweisen. Das unlängst renovierte **Moraka Uattara Haveli** gegenüber verfügt ebenfalls über ein reich bemaltes Äußeres und einen ebensolchen Männerhof; Elefanten und Pferde sind von üppig sprießenden Blumenmustern umgeben, ◷ tgl. 8–18 Uhr, Eintritt Rs50. Ganz in der Nähe ist das **Hira Lal Sarawgi Haveli**, dessen Fassaden drei große Autos und eine Brücke schmücken.

Weitere Havelis liegen in den Straßen südlich und südwestlich des Nansa Gate, darunter das **Surajmal Chhauchharia Haveli**. Zwei kleine Wandbilder zeigen Europäer im Heißluftballon, wobei der Maler bezüglich der Funktionsweise seine Fantasie spielen ließ: Die beiden Passagiere blasen durch kleine Pfeifen in den Ballon, um ihm Auftrieb zu geben.

Übernachtung und Essen

In Nawalgarh findet sich eine überraschend gute Auswahl an Unterkünften, von denen einige auch gutes veg. Bio-Essen aus der eigenen Küche bieten.

Ramesh Jangid Tourist Pension. Am westlichen Stadtrand, gleich nördlich vom Maur Hospital, ☏ 01594/224060, 💻 www.touristpension.com. Gemütliches Gästehaus mit einfachen, aber einwandfreien, preiswerten Zimmern im einladenden Wohnhaus einer brahmanischen Familie. Die teureren Zimmer haben solarerwärmtes Wasser und schöne Wandgemälde. Zudem ausgezeichnetes, rein vegetarisches Essen, Internet, Jeeptouren, Batik-, Koch- und Hindi-Kurse. ❷–❸

Roop Niwas Kothi, 1 km östlich der Innenstadt, ☏ 01594/222008, 💻 www.roopniwaskothi.com. Dieses verschachtelte koloniale Herrenhaus mit altmodischen Zimmern ist bei Busreisegruppen beliebt. Es verströmt eine gewisse verblichene Eleganz und viel historisches Flair – und das zu einem recht bescheidenen Preis. ❼

Roopvilas Palace, 1 km östlich der Innenstadt, neben dem Roop Niwas Kothi, ☏ 01594/224321, 💻 www.roopvilas.com. Anmutiges Heritage-Hotel in einem königlichen Palast aus dem 19. Jh. und in modernen Nebengebäuden auf weitläufigem und schön gepflegtem Gelände. Unterschiedliche Zimmer und Suiten sowie 3 Luxus-Zelte mit AC, außerdem Pool und Zentrum für Ayurveda-Massagen. ❼, Zelte ❽

Vorbildlich

Apani Dhani, am nordwestlichen Stadtrand, ☏ 01594/222239, 💻 www.apanidhani.com. Das hübsche kleine Öko-Resort besteht aus einer Ansammlung einladender, nachgebauter Rajasthani-Dorfhütten mit Lehmwänden und ist ein vorbildliches Beispiel für nachhaltigen regionalen Tourismus. Ein Teil der Gewinne wird an Umwelt- und Bildungsprojekte abgeführt, und einige ortsansässige Handwerker verdienen sich ihren Lebensunterhalt durch die Mitarbeit am interessanten Angebot an kunsthandwerklichen und kulturellen Aktivitäten des Resorts. Die Zimmer (besonders die in der ein wenig teureren *superior category)* besitzen eine Menge rustikalen Charme, außerdem gibt es ausgezeichnete Biokost – serviert im Garten –, Aktivitäten wie Batik- und Kochkurse sowie Touren. Reservierung erforderlich. ❹

Shekhawati Guest House, 1 km östlich der Innenstadt, 200 m südlich vom Roop Niwas Kothi, ☏ 01594/224658, 💻 www.shekhawatiguesthouse.com. Nettes, von der freundlichen Kalpana Singh geführtes Guesthouse. Unterbringung entweder in den hübschen und sauberen, jedoch eher dunklen Zimmern mit *air-cooler* im Haupthaus oder in den teureren Gartenhäuschen (mit Ventilator). Das ausgezeichnete Essen (veg. und nicht veg.) wird aus frischen, organischen Zutaten bereitet, und Gäste können kostenlos kochen lernen. Außerdem werden Touren arrangiert. ❸, Cottages ❹

Thikana (vor Ort auch bekannt als Vishnu Basotia's), 100 m westlich des Bhagton ki Haveli, ☏ 9414/082791, 💻 www.heritagethikana.com. Nettes familiengeführtes Hotel mitten in der Stadt mit schön eingerichteten Zimmern und herrlicher Aussicht von der Terrasse im Obergeschoss. Allerdings verdient das etwas schäbige moderne Gebäude nicht die Bezeichnung „Heritage Hotel", die es sich selbst verliehen hat. ❹

Touren

Für Ausflüge in die Umgebung kann man einen der billigen, überfüllten Jeeps nehmen, die von Dorf zu Dorf fahren. Alternativ lässt sich über **Apani Dhani** oder bei der **Ramesh Jangid Tourist Pension** ein Fahrzeug mieten. Die Besitzer dieser beiden Gästehäuser organisieren auch sozial verträgliche Touren durch Shekhawati, darunter Jeeptouren in die nahe gelegenen Städte und zu anderen interessanten Orten (Rs1500–2000). Außerdem Stadtspaziergänge durch Nawalgarh (Rs350 p. P.) und Touren im Kamelkarren (Rs1200 pro Tag).

Babloo Sharma im Moraka Haveli, ☏ 9828/191232, (Vorsicht vor den Nachahmern in der Straße davor) arrangiert ebenfalls und zu ähnlichen Preisen Rundgänge und Autotouren sowie Reitexkursionen (Rs600 pro Std.).

Das Hotel **Roop Niwas Kothi** organisiert kurze Ausflüge auf dem Rücken von Kamelen (Rs500 pro Std.) oder reinrassigen Marwari-Pferden (Rs600 pro Std.) und führt darüber hinaus längere Pferde- und Kamelsafaris durch – Näheres unter 💻 www.royalriding holidays.com.

Fahrräder kann man im Apani Dhani und in der Ramesh Jangid Tourist Pension mieten (Rs50 pro Tag).

Transport

Busse

Nawalgarhs **Bus- und Jeepstation** liegt rund 1,5 km westlich der Stadt, um Rs50–70 mit der Motor-Rikscha von den Hotels und Gästehäusern. Nach JAIPUR fahren vom Busbahnhof RSRTC-Busse alle 15 Min. (3 1/2 Std.) und ein Deluxe-Bus um 8 Uhr. Es verkehren auch einige Privatbusse, die ihre Passagiere aber 5 km außerhalb der Innenstadt von Jaipur absetzen. Es gibt außerdem Busverbindungen nach Jhunjhunu (alle 15–30 Min., 1 Std.), FATEHPUR (1–2x stdl., 1 1/4 Std.) und BIKANER (stdl., 3 1/2 Std.). Morgens fahren einige Direktbusse nach DELHI (8 Std.). Busse nach Dundlod (alle 30 Min., 20 Min.) und MANDAWA (alle 30 Min., 45 Min.) fahren von der Bushaltestelle gleich hinter dem Baori Gate am nördlichen Ortsrand ab. Orte in der Umgebung werden außerdem von Jeeps angesteuert; sie fahren ab, wenn sie voll sind.

Eisenbahn

Der **Bahnhof** liegt 1 km westlich des Busbahnhofs. Die Strecke zwischen Nawalgarh und **Delhi** wird gerade von Schmal- auf Breitspur umgerüstet, sodass keine durchgehenden Züge verkehren; es ist daher einfacher, den Bus zu nehmen. Es verkehren mehrere Züge nach **Jaipur**, aber auch hier sind Busse schneller und zuverlässiger.

Dundlod und Parasrampura

Das nächste Ziel für Tagesausflüge von Nawalgarh ist das nur 7 km nördlich gelegene **Dundlod**, das eine alte Festung und mehrere große Havelis besitzt. Das alte **Fort** (Eintritt Rs20) ist wegen des schönen alten Diwan-i-Khana voller alter europäischer Möbel einen kurzen Besuch wert. Die Festung beherbergt außerdem das Luxushotel **Dundlod Fort**, ✆ 01594/252519 oder 0141/211275, 💻 www.dundlod.com, ❻. Die Zimmer sind ein bisschen schäbig und überteuert, es lassen sich hier aber gute Touren (3–12 Tage) hoch zu Ross in die Umgebung arrangieren.

Im Dorf selbst stehen einige interessante Havelis, darunter das liebevoll restaurierte **Seth Arjun Das Goenka Haveli** von 1870, das drinnen mit zahlreichen detaillierten Wandbildern zu verschiedenen religiösen Themen verziert ist; 🕓 tgl. 8–19 Uhr, Eintritt Rs40. Ganz in der Nähe befindet sich das zierliche **Chhatri des Ram Dutt Goenka** aus dem Jahr 1888, dessen Kuppel mit kraftvollen Friesen verziert ist.

Eine größere Zahl bemalter Gebäude verteilt sich über den abgelegenen Weiler **Parasrampura**, 20 km südöstlich von Nawalgarh. Busse fahren ungefähr jede halbe Stunde. Zu den Sehenswürdigkeiten gehören der **Gopinath-Tempel** aus dem Jahre 1742, dessen Wandmalereien die Höllenstrafen (ein verbreitetes Thema im 18. Jh.) und Bilder des örtlichen Rajputen-Herrschers Sardul Singh mit seinen fünf Söhnen zeigen. Manche Malereien sind unvollendet, weil die Künstler zur Ausschmückung des **Chhatri von Rajul Singh** abgezogen wurden, der im selben Jahr starb. Zwölf Säulen tragen die große Kuppel seines erlesenen Mausoleums, das mit Wandmalereien ausgestattet ist, die ebenfalls Höllenmotive und Sardul Singh mit seinen Söhnen zeigen. Parasrampuras bescheidenes **Fort** liegt am Westufer des trockenen Flussbettes.

Jhunjhunu

Jhunjhunu ist eine geschäftige, ziemlich unscheinbare Stadt, hat sich aber einen interessanten zentralen Basar und einige schön verzierte Havelis bewahrt. Die meisten Touristen besuchen Jhunjhunu im Rahmen eines Tagesausflugs von den nahe gelegenen Städten Nawalgarh oder Mandawa aus, doch wer bleiben möchte, hat die Wahl unter ein paar guten Unterkünften.

Die Stadt

In den Gässchen hinter dem Hauptbasar verbirgt sich das eindrucksvollste Gebäude von Jhunjhunu, das **Khetri Mahal**, Baujahr 1760 (Eintritt Rs20). Der zu den Seiten hin offene Sandsteinpalast mit seinen Bögen im islamischen Baustil kann sich durchaus mit den wunderbaren indo-islamischen Bauten von Fatehpur Sikri messen. Das leer stehende Gebäude wirkt viel zu elegant für die bescheidenen Straßen im Zentrum von Jhunjhunu. Eine überdachte Rampe führt zum Dach hoch, wo sich weite Ausblicke über die Stadt und hinüber zu den massiven Mauern des Badalgarh Fort (derzeit für Besucher geschlossen) oben auf einem Hügel bieten.

Östlich vom Khetri Mahal erstreckt sich Jhunjhunus Hauptbasar, mit dem **Futala Market** im Mittelpunkt, ein faszinierendes (und hoffnungslos verwirrendes) Gewirr aus Gassen voller winziger, wunderbar altmodischer Kaufmannsläden. Am Nordrand des Basars, beiderseits des kleinen Platzes Chabutra Chowk, stehen sich die beiden **Modi Havelis** gegenüber, jedes natürlich mit Wandgemälden geschmückt – das sehenswertere ist das auf der Ostseite des *chowk,* das über eine majestätische, 3 m hohe Auffahrt betreten wird.

Jhunjhunus spektakulärste Havelis sind rund um den unmittelbar östlich des Hauptbasars gelegenen Nehru Bazaar angesiedelt. Wer sich nach Osten wendet, erreicht zuerst das herrliche **Kaniram Narsinghdas Tibrewala Haveli** aus dem Jahr 1883, in dem einige hervorragende Gemälde zu sehen sind (der Eingang befindet sich hinter dem Haus). Weiter östlich am Nehru Bazaar entlang liegt das **Mohanlal Ishwardas Modi Haveli** mit seinen lustigen, naiven Portrait-Wandgemälden. Der bezaubernde kleine **Bihari-Tempel** gleich nördlich davon besitzt einige der ältesten Wandmalereien der Region. Sie wurden 1776 mit schwarzen und braunen Pigmentfarben aus Gemüse gemalt und zeigen u. a. im Hauptgewölbe die Szene aus dem *Ramayana*, in der Hanumans Affenarmee gegen die Streitkräfte des vielköpfigen Dämonenkönigs Ravana antritt.

Sehenswürdigkeiten in der Umgebung

Westlich des Khetri Mahal, am Fuß des felsigen Nehara Pahar, liegt die malerische Grabstätte *(dargah)* von **Kamaruddin Shah**. Dazu gehören eine Moschee und eine Madrasa, die um einen schönen Hof mit einigen Original-Wandgemälden herum gebaut sind. In der Mitte des Hofes befindet sich der verzierte Dargah des Sufi-Heiligen Kamaruddin Shah.

Nördlich der Innenstadt befindet sich einer der eindrucksvollsten Stufenbrunnen der Region, der **Mertani Baori**. Weiter östlich liegt der außergewöhnliche **Rani Sati Mandir**, der an den Feuertod einer Kaufmannsfrau erinnert, die 1595 *sati* beging. Der Tempel gilt nach Tirupati in Andhra Pradesh als landesweit reichster seiner Art (dasselbe wird allerdings auch vom Nathdwara-Tempel behauptet, S. 273), denn alljährlich spenden ihm Hunderttausende Pilger mehrere Millionen Rupien. Seine enorme Popularität gibt Zeugnis von der großen Ehrfurcht, die man **Satis** – Frauen, die rituellen Selbstmord begehen, indem sie sich zusammen mit der Leiche ihres Mannes verbrennen lassen – in diesem Bundesstaat entgegenbringt.

Übernachtung und Essen

Nachstehend die besten der dünn gesäten **Unterkünfte** von Jhunjhunu. Gute **Restaurants** sucht man vergeblich, weshalb man mit ziemlicher Sicherheit im Hotel essen wird.

Fresco Palace, Paramveer Path, abseits der Station Rd, ✆ 01592/395233, 💻 www.frescopalace.com. Nettes modernes Hotel mit angenehmen Zimmern (alle mit AC) und einem gemütlichen Gartenrestaurant. Das Hotel **Shekhawati Heritage** nebenan ist billiger, aber nicht so ansprechend. ❻

Jamuna Resort, Delhi–Sikar Rd, ✆ 01592/232871, 💻 www.shivshekhawati.com. Das malerische Feriendorf am Ostrand der Stadt besteht aus einer Ansammlung von strohgedeckten Ferienhäuschen (mit AC) auf einem weitläufigen Grundstück mit Pool (Rs50 für Besucher) und Gartenrestaurant. Die teuren Zimmer sind mit erlesenen Kunstwerken dekoriert. Es werden indische Koch- und Kunstkurse sowie kostenlose Yoga-Stunden veranstaltet. Auch ein guter Ort zum Arrangieren von Touren. ❹–❻

Sangam, Paramveer Path, gegenüber vom staatlichen Busbahnhof, ✆ 01592/232544. Billigherberge mit großen, aber kahlen und ein bisschen schäbigen Zimmern – man sollte sich eines geben lassen, das nicht an der lauten Hauptstraße liegt. ❷–❸

Shiv Shekhawati, Khemi Shakti Rd, nahe Muni Ashram, ☎ 01592/232651 oder 512695, 💻 www.shivshekhawati.com. Gepflegtes, modernes Hotel mit geräumigen, sauberen Zimmern (mit AC und TV), Restaurant und Internetzugang. ❷–❹

Nahverkehr

Es kann ermüdend sein, die recht ausgedehnte Stadt zu Fuß zu erkunden. Jedoch sind viele der Straßen in der Altstadt für Autos zu eng.

Rikschas fungieren als Taxis und nehmen so viele Passagiere wie möglich mit.

Laxmi Jangid, der Besitzer vom Jamuna Resort (S. 205), bietet Tagestouren durch Shekhawati per Pkw oder Jeep für Rs2000 und kürzere Kameltouren (2 Std.; Rs600 p. P.).

Transport

Busse

Der **staatliche Busbahnhof** befindet sich südlich der Stadtmitte. Es fahren Busse nach Nawalgarh (alle 30 Min., 1 Std.) und in alle anderen Shekhawati-Städte sowie nach Bikaner (stdl., 5 1/2 Std.), Jaipur (alle 30 Min., 4–4 1/2 Std.) und DELHI (stdl., 7 1/2 Std.). Busse nach Mandawa (alle 30 Min., 45–60 Min.) halten kurz am Mandawa Circle, unweit vom RTDC Tourist Bungalow.

Die Station der **Privatbusse** befindet sich östlich des Hauptbasars. Zwischen beiden Abfahrtspunkten verkehren Tempos und motorisierte Sammelrikschas via Gandhi Chowk.

Eisenbahn

Die Zugverbindungen sind derzeit wegen der Umrüstung der Bahnstrecke recht unzuverlässig – schneller und verlässlicher sind daher Busse.

Mandawa

Aus einer flachen Landschaft ohne nennenswerte Konturen erhebt sich auf halbem Wege zwischen Jhunjhunu und Fatehpur das 1755 von den Shekhawat gegründete Städtchen Mandawa, das inzwischen einer der touristischsten Orte der Shekhawati-Region ist. Die Souvenirverkäufer, Schlepper und selbst ernannten Führer können allerdings kaum von der Schönheit der Bauwerke ablenken. Geführte Touren beginnen normalerweise mit dem **Naveti Haveli** (jetzt State Bank of Bikaner & Jaipur) am Hauptbasar. Wer sich durch das Metalltor links von der Bank windet (keine Eintrittsgebühr), kann einen Blick auf Mandawas witzigste Wandmalereien werfen, darunter die Darstellung eines Vogelmenschen, der zu fliegen versucht, eines telefonierenden Mannes und eines Muskelprotzes, der ein Auto hinter sich her zieht.

Zehn Minuten zu Fuß westlich von hier befinden sich ein paar interessante Gebäude im Umkreis des **Nand Lal Murmuria Haveli**. Die Wandgemälde hier datieren aus den 1930er-Jahren und zeigen u. a. verschiedene Ansichten von Venedig, Nehru auf dem Rücken eines Pferdes und den legendären Marathen-Krieger Shivaji. Das verblichene **Goenka Double Haveli** eine Tür weiter (nicht zu verwechseln mit einem der anderen Goenka Havelis in der Nähe) ist eines der größten und elegantesten Havelis in Mandawa, mit zwei separaten Eingängen und kunstvollen Bildern von Elefanten und Pferden auf der Fassade. Im gegenüberliegenden **Thakurji-Tempel** gibt es ein schauriges Wandgemälde. Es zeigt Soldaten, die vor Kanonenmündungen gespannt und in die Luft geschossen werden – eine beliebte britische Exekutionsmethode für Sepoys während des Aufstands von 1857.

Das **Gulab Rai Wadia Haveli**, südlich vom Hauptbasar, gehört zu den schönsten der Stadt. Besonders interessant ist die nach Süden weisende Außenwand. Dort befinden sich (sittsam kleine) Gemälde, auf denen u. a. eine Kamasutra-ähnliche Szene in einem Zugabteil dargestellt ist. Ins Innere des Haveli gelangt man über eine elegante Rampe, und über der kunstvoll geschnitzten Tür, die in den Zenana (Harem) führt, sind Verzierungen aus belgischem Glas eingelassen. Unmittelbar südlich davon steht das fast ebenso exquisite **Laxmi Narain Ladia Haveli**. Den hiesigen Zenana zieren naive Abbildungen eines Flugzeugs und eines Dampfschiffs, außerdem eine von Pferden gezogene Kanone und ein Tiger, der einen Zentaur angreift. Rund 100 m weiter südlich befindet sich das ungewöhnlich große **Chokhani Double Haveli** (Rs20). Es be-

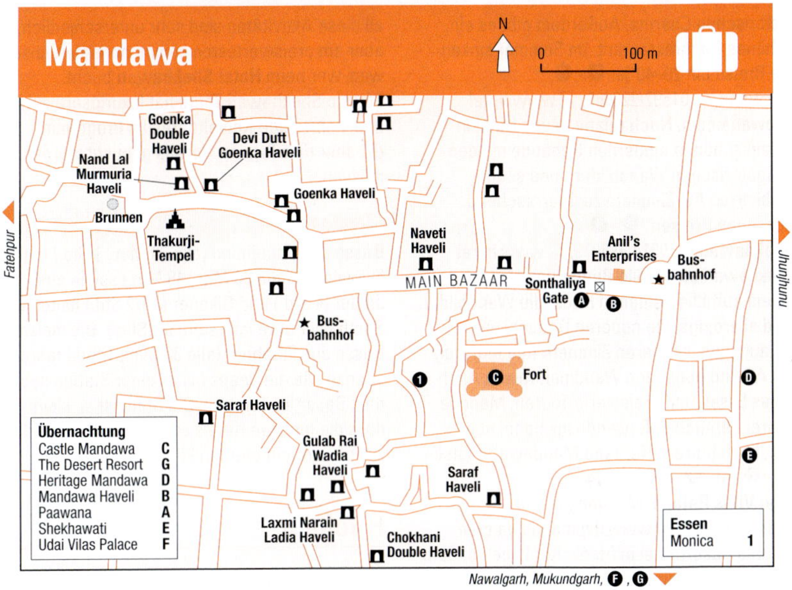

steht aus zwei getrennten Flügeln, die für zwei Brüder erbaut wurden. Besondere Beachtung verdienen die sich einander gegenüberstehenden unglücklich dreinschauenden britischen Soldaten und der *chillum* rauchende Sadhu in der Mitte der Fassade.

Übernachtung und Essen

Mandawa verfügt über eine gute Auswahl an Hotels in allen Preislagen. Die meisten Hotels und Gästehäuser servieren Mahlzeiten. Wer auswärts essen möchte, kann sich ins Dachrestaurant **Monica** begeben (den Schildern von der Zugangsstraße zum Fort folgen); hier gibt es wohl das beste Essen der Stadt: schön zubereitete veg. und nicht veg. nordindische Standardgerichte (Hauptgerichte Rs90–250), dazu kühles Bier und freundlichen, aber dezenten Service.

Castle Mandawa, ✆ 01592/223124, 🖳 www.castlemandawa.com. Mandawas nobelste Herberge in der alten Stadtfestung mit einem reizvollen Gebäudemischmasch rings um einen sandigen Hof. Jedes Zimmer ist anders, deshalb sollte man sich mehrere anschauen, auch weil die Preise vergleichsweise hoch sind. Wellnessbereich, Fitnessraum, Pool (nur für Gäste) und ausgedehnte Grünflächen. ❼–❽

The Desert Resort, Mukandgarh Rd, 1,5 km von Mandawa, ✆ 01592/223151, 🖳 www.mandawahotels.com. Das am Stadtrand gelegene, angenehm rustikale kleine Resort besteht aus Lehmhütten im traditionellen Rajasthani-Dorfstil inmitten einer friedlichen Landschaft. Gemütliche Zimmer und hübsch eingerichtete, aber ein bisschen dunkle Cottages (alle mit AC). Pool vorhanden. Zimmer ❼, Cottages ❽

Heritage Mandawa, ✆ 01592/223742, 🖳 www.hotelheritagemandawa.com. Bunt bemalte Villa aus dem späten 19. Jh. mit AC-Zimmern unterschiedlicher Qualität. Einige sind gemütlich im historischen Stil eingerichtet (die Standardzimmer sind allerdings recht klein), andere mit bunten Wandgemälden ausgestattet. ❺–❼

Mandawa Haveli, ✆ 01592/223088, 🖳 http://hotelmandawa.free.fr. Bei Weitem das Heritage-Hotel mit dem meisten Flair in Mandawa, in einem schmucken alten Haveli mit Original-Wandgemälden. Die Zimmer (alle AC) und besonders die Suiten haben jede Menge historischen Charme. Außerdem gibt es ein schönes Dachrestaurant. Im Sommer sinken die Preise um 20–40 %. ❻–❼

Paawana, ✆ 01592/223663, 🖳 www.hotel paawana.com. Noch relativ neues Hotel in einem schönen modernen Gebäude mit den obligatorischen Wandbildern und schön möblierten AC-Zimmern zu überraschend günstigen Preisen. ❸–❹

Shekhawati, ✆ 9314/698079, 🖳 www.hotel shekhawati.com. Tolle Budgetunterkunft in einem auffällig bemalten Haus (die Wandbilder sind allerdings alle neueren Datums), mit geräumigen, sauberen Zimmern (die teureren mit AC und hübschen Wandmalereien). Auch gutes Essen und preiswerte Touren. Manche Fahrer versuchen Reisende ins nahe, aber erheblich teurere Heritage Mandawa zu lotsen. ❶–❸, AC ❹–❺

Udai Vilas Palace, Mukundgarh Rd, ✆ 9414/023378, 🖳 www.uvpmandawa.com. Edleres Resorthotel in friedlicher Lage auf dem Land fünf Fahrminuten von Mandawa, auf gut 1 ha großem Gelände mit faszinierenden Ausblicken auf die Wüste und schicken modernen Zimmern. Ayurvedisches Spa im Kerala-Stil, Fitnessraum, Pool. ❼

Sonstiges

Geld und Internet

Anil's Enterprises, gegenüber vom Hotel Mandawa Haveli, am Hauptbasar, wechselt Bargeld und Reiseschecks. Außerdem Internetzugang für Rs50 pro Std. ◷ 24 Std. Ansonsten bieten gewöhnlich die Hotels Internetzugang sowie verschiedene Läden am Hauptbasar.

Touren

Eine Führung zu den Havelis von Mandawa lässt sich übers Hotel arrangieren, oder man wendet sich an **Classic Shekhawati Tours**, ✆ 01592/223144, ✉ classicshekhamnd@yahoo.co.in, beim Eingang zur Festung (Rs250–350 für einen 2–3-stündigen Spaziergang).

Die meisten Gästehäuser und Hotels können auch Touren in die Wüste arrangieren, entweder per Jeep, auf dem Rücken eines Pferdes oder Kamels oder in von Kamelen gezogenen Wagen. Die verlangten Preise für all diese Aktivitäten sind sehr unterschiedlich, aber am preiswertesten kommt normalerweise weg, wer beim **Hotel Shekhawati** bucht.

Classic Shekhawati Tours hat luxuriösere ein- und mehrtägige Kameltouren im Programm, die aber fünf Tage im Voraus gebucht werden müssen.

Transport

Busse aus Jhunjhunu (alle 30 Min., 1 Std.) und Nawalgarh (alle 30 Min., 45 Min.) sowie aus Jaipur (4 Std.) und Bikaner (3 1/2 Std.) halten am Sonthaliya Gate im Osten der Stadt. Die meisten Busse aus Fatehpur (alle 30 Min., 1 Std.) fahren ebenso wie die Jeeps bis zu einer Station neben dem Basar im Zentrum. Die Stadt ist so klein, dass die meisten Hotels von beiden Haltestellen zu Fuß erreicht werden können.

Fatehpur

Fatehpur, etwas abseits der NH-11, ist der Ort in Shekhawati, der dem 116 km westlich gelegenen Bikaner am nächsten liegt – ein praktischer Zwischenstopp für Reisende, die die Nordroute durch die Wüste Thar nehmen. Der Ort selbst ist recht heruntergekommen, birgt aber mehrere reich bemalte Häuser. Das wichtigste ist das **Nadine Le Prince Haveli** von 1802, das von der französischen Künstlerin Nadine Le Prince, die das Haveli 1998 kaufte, in den prächtigen Originalzustand zurückversetzt wurde. Einige ortsansässige Kenner beklagen die Art und Weise, in der das Haveli restauriert wurde (großflächige Neubemalung mit Wandbildern statt Reinigung und Bewahrung der existierenden Werke), aber der Gesamteindruck ist zweifellos eindrucksvoll. Das Haus ist eines der wenigen in Shekhawati, in dem man einen echten Eindruck davon erhält, wie diese opulenten Anwesen ursprünglich aussahen. ◷ tgl. 8–19 Uhr, Eintritt Rs100.

Ganz in der Nähe des Nadine Le Prince Haveli erhebt sich über der Hauptstraße Richtung Norden das eindrucksvolle **Jagannath Singania Haveli** (für Besucher geschlossen). Die meisten Außenmalereien sind verblichen; die besten befinden sich an der Westfassade des kleinen Gebäudes hinter dem Haus. Darunter sind Bilder von Krishna und Radha eingerahmt von Elefanten und Abbildungen einiger Europäer mit prächtigen Bärten und Gewehren. Das **Geori Shankar Haveli** weiter südlich (neben dem außergewöhnlich guten Stand für Armbänder) ist das Gegenstück zum Nadine Le Prince Haveli. Es ist verfallen, aber sehr stimmungsvoll und wird immer noch von einigen armen Familien bewohnt.

Übernachtung

Das moderne **RTDC Hotel Haveli**, abseits des NH-11, ✆ 01571/230293, ist das einzige echte Hotel am Ort. Die großen und hellen Zimmer (einige mit AC) machen allerdings die launischen sanitären Einrichtungen und den allgemeinen vernachlässigten Eindruck nicht wett. ❹–❺

Transport

Fatehpur hat zwei **Busbahnhöfe**, nicht weit voneinander im Ortszentrum an der Nord-Süd-Hauptstraße von Sikar nach Churu.
Vom südlicheren der beiden fahren staatliche Busse nach JAIPUR (alle 30 Min., 3 1/2 Std.), RAMGARH (stdl., 30 Min.), BIKANER (14x tgl., 3 1/2–4 Std.) und DELHI (5x tgl., 6 Std.). Private Busse fahren vom nördlicher gelegenen Busbahnhof am Basar nach MANDAWA (alle 30 Min., 45 Min.), JHUNJHUNU (alle 30 Min., 1 Std.), MAHANSAR (4x tgl., 45 Min.) und RAMGARH (stdl., 30 Min.). Bei der Ankunft in Fatehpur setzen viele Busse ihre Fahrgäste an der Kreuzung mit der NH-11 ab, etwa 1 km südlich der Stadt.

Mahansar, Ramgarh und Lakshmangarh

Einige der faszinierendsten Wandbilder und Hindu-Monumente der Region liegen verstreut in drei kleinen Orten im hohen Norden und im Westen von Shekhawati, Mahansar, Ramgarh und Lakshmangarh. Nur in Mahansar gibt es Unterkünfte, die anderen beiden Orte sind im Rahmen von Tagesausflügen von Fatehpur, Mandawa oder Nawalgarh aus zu erreichen, entweder mit dem eigenen Fahrzeug oder – erheblich langsamer – mit Jeeps und gelegentlich Bussen.

Mahansar

Das in einem Meer aus Gebüsch und Treibsand weit ab vom Schuss gelegene und somit recht schlecht zugängliche Mahansar birgt einige nur selten besuchte Monumente und eignet sich recht gut, um in friedvoller Umgebung ein oder zwei Tage auszuspannen. Es gibt zwei Gründe für eine Fahrt nach Mahansar: Der erste ist eine Übernachtung im urigen **Narayan Niwas Castle**, ✆ 01595/264322, 🖳 www.mehansarcastle.com, ❹–❺. Das von der Fürstenfamilie von Mahansar geführte, etwas baufällige Haus von 1768 verfügt über 14 Zimmer unterschiedlicher Qualität, darunter zwei bemerkenswert eingerichtete historische Zimmer (Nr. 1 und 5) und einige billigere, aber immer noch sehr stimmungsvolle Standard-Doppelzimmer mit mehr Flair als Komfort.

Der zweite Grund für die Fahrt nach Nahansar ist das atemberaubende **Sona ki Dukan Haveli** („Goldladen-Haveli") in der Dorfmitte. Die Wandbilder in der Eingangshalle sind die schönsten in Shekhawati: Sie stellen die Abenteuer von Rama, die Inkarnationen von Vishnu und das Leben Krishnas dar, alles wunderbar detailreich gemalt und üppig mit Goldblatt verziert – daher der Name des Havelis. 🕓 keine festen Öffnungszeiten, in den Geschäften nach dem Schlüssel fragen; Eintritt Rs100. In der Nähe steht der **Raghunath Mandir** mit bunten blumigen Wandgemälden und guten Ausblicken über den Ort vom Dach.

Ramgarh und Lakshmangarh

Ramgarh, 20 km nördlich von Fatehpur, wurde 1791 gegründet und von unzufriedenen Mitgliedern der reichen Kaufmannsfamilie Poddar als Statussymbol ausgebaut. Es wurde alles getan, damit der Ort das nahe Churu, das sie nach einem Streit über Steuern verlassen hatten, in den Schatten stellen würde. Und sie hatten Erfolg: Ramgarh ist einer der schönsten – und am wenigsten besuchten – Orte in Shekhawati und besitzt neben den üblichen schönen Havelis auch eine außergewöhnliche Ansammlung sakraler Baukunst.

Vom Busbahnhof auf der Westseite des Orts gelangt man über eine von zwei Straßen Richtung Osten ins Zentrum. Nach etwa fünf Minuten sind die **Havelis der Familie Poddar** erreicht, eine fantastische Ansammlung von Kaufmannshäusern. Sie sind reich verziert u. a. mit Szenen aus Volkserzählungen aus der Gegend und einem häufig wiederkehrenden Motiv, drei an den Mäulern zusammengewachsenen Fischen, das nur in Ramgarh auftaucht. Gleich dahinter liegt der Hauptplatz des Ortes mit den verfallenden Überresten weiterer üppig bemalter Havelis. Wer hier links und durch das Churu-Tor geht, gelangt zu zahlreichen außergewöhnlich üppig verzierten Tempeln und Gedenk-*chhatris.* Sie wurden von mehreren Mitgliedern des Poddar-Clans errichtet und ihre Dächer schmückt ein Sammelsurium von Kuppeln und Arkaden. Besucher, die mit einem Führer unterwegs sind – ansonsten ist es so gut wie unmöglich, ihn zu finden – sollten sich noch den nahen **Shanicharji Mandir** zeigen lassen, einen Saturn geweihten Minitempel voller Spiegel.

Der kleine Ort **Lakshmangarh**, 20 km südlich von Fatehpur, ist ein weiterer typischer, aber ebenfalls nur selten besuchter Ort in Shekhawati. Das symmetrische Straßenraster – von der Rosaroten Stadt in Jaipur inspiriert – birgt Dutzende reicht bemalter Havelis in unterschiedlich weit fortgeschrittenem Stadium malerischen Verfalls. Über allem thront auf einem Felsen im Westen des Orts das **Fort** aus dem 19. Jh., das für Besucher geschlossen ist. Man kann aber den steilen Weg zum Eingang hoch gehen und genießt dann schöne Ausblicke über die Stadt. Von hier oben ist auch links das große **Char Chowk Haveli** („Vier-Höfe-Haveli") zu sehen, das schönste im Ort und eines der größten in Shekhawati.

Östlich von Jaipur

Die von den bewaldeten Hängen der Aravalli-Hügel durchsetzten Gebiete östlich von Jaipur weisen eine interessante Mischung aus historischen Städten und Naturschutzgebieten auf. Die befestigte Stadt **Alwar** im Nordosten ist Ausgangspunkt für Exkursionen zum **Sariska-Tigerreservat und -Nationalpark**. Weiter östlich liegen die ehemalige Prinzenstadt **Bharatpur** sowie Indiens schönstes Vogelschutzgebiet, der **Keoladeo-Nationalpark**. Der **Ranthambore-Nationalpark** in einer idyllischen Landschaft südöstlich von Jaipur bietet die besten Chancen, in Indien einen Tiger in freier Wildbahn zu beobachten.

Alwar

Alwar liegt rund 140 km nordöstlich von Jaipur an der Strecke Richtung Delhi in einem Tal zu Füßen einer der mächtigsten und eindrucksvollsten Festungen Ost-Rajasthans, deren massive Mauern sich über einen hohen und schroffen Grat nach Nordwesten ziehen. Reisende nutzen Alwar in erster Linie als Tor zum Sariska-Nationalpark. Doch auch die Stadt selbst hat einige Sehenswürdigkeiten zu bieten, darunter den eleganten Stadtpalast und eine Reihe farbenprächtiger Basare. Alwars größte Attraktion ist der weitläufige, malerische Stadtpalast **Vinai Vilas Mahal**. Die zahlreichen, üppig verzierten Palastgebäude mit ihren endlosen Reihen von Balkonen sind leider etwas im Verfall begriffen. Heute dienen die unzähligen Räume als Verwaltungsbüros, und auf dem Hof vor dem Palast haben Dutzende von Schreibern und Rechtsanwälten ihr Lager aufgeschlagen. Das altmodische **Museum** im Obergeschoss des Stadtpalastes präsentiert eine umfassende Sammlung von Waffen und Miniaturen, dazu höfische Memorabilien wie Musikinstrumente und ausgestopfte Tiere. ⌚ Di–So 10–17 Uhr; Eintritt Rs10.

Wer die Stufen am linken Rand der Hauptfassade hochgeht, kommt zu dem großen Teich, eingerahmt von *ghats,* Pavillons und einer Terrasse mit dem zierlichen **Moosi Maharani Chhatri**. Es wurde zum Gedenken an Bhaktawar Singhs Geliebte errichtet, die ihrem Leben auf seinem Verbrennungshaufen ein Ende setzte. Hoch über Alwar thront die Festung **Bala Qila**, deren gut erhaltene Mauern sich dramatisch über die bewaldeten Hügel erstrecken. Im Fort selbst gibt es nicht viel zu sehen – abgesehen von einem Tempel und ein paar alten Kanonen, aber es ist ein gutes Ziel für einen angenehmen Spaziergang, mit tollen Ausblicken und einer frischen Brise. Zu Fuß braucht man von der Stadt bis zum äußersten Tor der Festung hin und zu-

Alwar

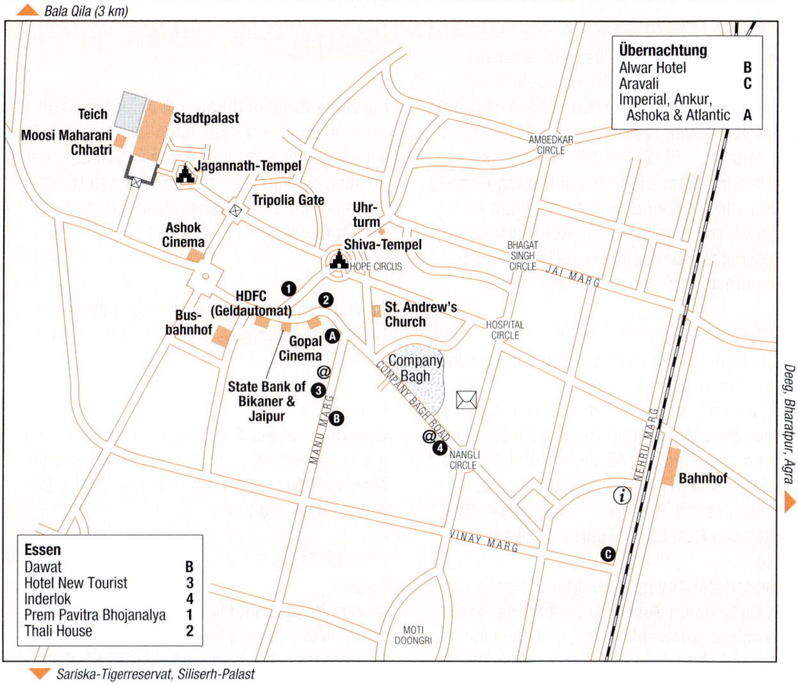

rück ungefähr zwei Stunden; rund doppelt so lang, um den höchsten Punkt der Anlage zu erreichen. Wer den Fußmarsch scheut, muss sich im Hotel oder Tourismusbüro ein Taxi besorgen lassen – für eine Fahrradrikscha ist die Straße viel zu steil.

Übernachtung

Alwar Hotel, 26 Manu Marg, ✆ 0144/270 0012, 💻 www.alwarhotel.com. Das schmucke kleine Mittelklassehotel ist fraglos die netteste Unterkunft in Alwar. Es hat hübsche, geräumige AC-Zimmer und einen gepflegten Garten. Ein weiterer Bonus ist das hauseigene Restaurant Dawat (S. 212). ❺

Ankur, Ashoka, Atlantic und **Imperial**, vier an einer Ecke der Manu Marg, 5 Gehminuten vom Busbahnhof nebeneinander gelegene und kaum voneinander zu unterscheidende Hotels, die einfache, aber billige, ausreichend saubere Zimmer mit Ventilator und AC bieten; es gibt immer genügend freie Betten. ❷–❹

Aravali, gleich südlich vom Bahnhof in der Nehru Marg, ✆ 0144/233 2883. Die einzige echte Budgetalternative zur Ankur-Hotelgruppe. Hat definitiv schon bessere Tage gesehen, und die unterschiedlichen Zimmer (Ventilator, *air-cooler* oder AC) sind alle ziemlich abgerissen, wenn auch einigermaßen sauber. Bar, Internet und Pool (nur für Hausgäste) im Sommer. ❸–❻

Hill Fort Kesroli, ✆ 01468/289352, 💻 www. neemranahotels.com. 12 km östlich von Alwar, ist Indiens ältestes Heritage Hotel. Es hat ein originalgetreu restauriertes Fort aus dem

15. Jh. bezogen, das einen üppig grünen Innenhof besitzt. Die Zimmer sind angenehm rustikal und erlauben eine schöne Aussicht auf das Dorf Kesroli und die Umgebung. ❻–❼

Neemrana Fort-Palace, Neemrana (etwas nördlich der Schnellstraße von Delhi nach Jaipur (NH-8), nicht weit von der Staatsgrenze, 75 km von Alwar, 120 km von Delhi und 140 km von Jaipur), ✆ 01494/246006, 💻 www.neemranahotels.com. Eines der ältesten Heritage-Hotels in Rajasthan mit einer breiten Auswahl an Zimmern im Rajasthani- und Kolonialstil im riesigen alten Neemrana Fort (1464), einem Labyrinth aus Höfen und Gängen. ❼–❾

Rajasthan

Essen und Unterhaltung

Alwar ist in ganz Rajasthan berühmt für seine Milchkuchen *(palang torh)*, die man an den Ständen im Umkreis des Hope Circus bekommt. Keines der hier aufgeführten Lokale schenkt Alkohol aus. Der beste Zufluchtsort für Leute, die etwas Alkoholisches zu sich nehmen möchten, ist der düstere, moskitoverseuchte Garten des **Hotel New Tourist** an der Manu Marg.

Dawat, Hotel Alwar, Manu Marg. Dieses bewährte kleine Restaurant mit AC hat eine ordentliche Auswahl an veg. und nicht veg. nord- und südindischen Gerichten und überdurchschnittlich gutes chinesisches Essen. Hauptgerichte Rs40–140.

Inderlok, Company Bagh Rd, nahe Nangli Circle. Gemütliches klimat. veg. Restaurant, beliebt bei Einheimischen. Serviert gute nord- und südindische Standardgerichte sowie ein paar chinesische Speisen. Hauptgerichte Rs80–125.

Prem Pavitra Bhojanalya. In diesem heimeligen kleinen Lokal wird das beste Essen der Stadt aufgetischt. Auf der sehr knappen Speisekarte stehen einfache nordindische Speisen zu sehr niedrigen Preisen (alle Hauptgerichte unter Rs50). Der Eingang ist leicht zu übersehen: Schräg gegenüber der State Bank of Jaipur & Bikaner führt eine Straße an einer Bharat Petroleum-Tankstelle vorbei nach oben. Nach ungefähr 50 m ist das Restaurant erreicht, es liegt auf der linken Straßenseite.

Thali House. Einfaches kleines AC-Café mit einigen passablen südindischen und ein paar chinesischen Gerichten. Hauptgerichte Rs35–65.

Sonstiges

Geld

Die **State Bank of Bikaner & Jaipur** im Stadtzentrum wechselt Banknoten und Reiseschecks; hier gibt es auch einen Geldautomaten für Auszahlungen auf Visa- und MasterCard-Karten. Ganz in der Nähe ist ein weiterer **Geldautomat** der HDFC.

Informationen

Touristeninformation, nicht weit südlich vom Bahnhofsausgang, ✆ 0144/234 7348. 🕓 Mo–Fr 10–17 Uhr.

Internet

Cyberlink, an der Südseite des Company Bagh, gut ausgestattet, 🕓 tgl. 8–20 Uhr; Rs20 pro Std.

Manish Cyber, in der Manu Marg, 🕓 tgl. 8.30–22 Uhr; Rs20 pro Std.

Transport

Busse

Alwars **Busbahnhof** liegt günstig mitten in der Stadt. In der Stadt gibt es zwar jede Menge Fahrrad-Rikschas, dafür aber kaum Motor-Rikschas – am besten versucht man es am Bahnhof.

Nach BHARATPUR via Deeg (alle 15 Min., 4 Std.), DELHI (alle 30 Min., 5 Std.), JAIPUR (stdl., 4 Std.) und SARISKA (alle 30 Min., 1–1 1/2 Std.).

Eisenbahn

Der **Bahnhof** liegt rund 1,5 km östlich der Innenstadt. Züge fahren nach Delhi, Jaipur, Jodhpur, Ajmer und Ahmedabad (aber nicht nach Bharatpur). Die beste Verbindung nach JAIPUR bietet der Ajmer Shatabdi (Nr. 12015; tgl., Abfahrt 8.41 Uhr, Ankunft. 10.30 Uhr).

Zwei der schnelleren Züge nach DELHI sind der Jaisalmer–Delhi Express (Nr. 14660; tgl.; Abfahrt. 7.13 Uhr, Ankunft 11.10 Uhr) und der Ajmer Shatabdi (Nr. 12016; tgl.; Abfahrt 19.32 Uhr, Ankunft 22.40 Uhr).

Sariska-Tigerreservat

Alwar ist der Ausgangspunkt für Ausflüge zum 35 km südwestlich gelegenen Sariska-Tigerreservat und -Nationalpark, das ehemalige Jagdrevier eines Maharadschas, das seit 1979 dem Projekt Tiger unterstellt ist. Das Sariska-Reservat, bislang immer im Schatten des berühmteren Ranthambore-Nationalparks stehend, sorgte im Jahr 2005 für negative Schlagzeilen, als entdeckt wurde, dass sein Bestand an Tigern, der zwei Jahre zuvor noch auf 28 Tiere geschätzt wurde, von Wilderern nahezu ausgerottet worden war – einer der größten Umweltskandale Indiens. 2008 wurden wieder Tiger in Sariska angesiedelt, und zwar ein Männchen und zwei Weibchen aus Ranthambore, und in naher Zukunft sollen zwei weitere Tiger folgen.

Ein positiver Effekt der Affäre ist, dass die Anzahl der Besucher des Reservats signifikant zurückgegangen ist, sodass die echten Naturliebhaber im Sariska-Reservat die Ruhe vorfinden, die der Ranthambore-Nationalpark mit seiner hektischen Betriebsamkeit schon seit geraumer Zeit vermissen lässt. Das 881 km² große Reservat ist die Heimat zahlreicher wilder Tiere, darunter Nilgai-Antilopen, Sambar- und Axishirsche, Wildschweine, Mungos, Affen, Pfauen und viele andere Vogelarten. Im Park gibt es auch einige geschichtsträchtige Ruinen, darunter das alte **Kankwari Fort**, wo der Mogulherrscher Aurangzeb seinen Bruder und Thronrivalen, Dara Shikoh, einsperren ließ, sowie einen beliebten **Hanuman-Tempel**. Samstags und dienstags ist im Park richtig viel los, denn dann werden Tempelbesucher kostenlos eingelassen. 🕓 Okt–Feb tgl. 7–15.30, März–Juni tgl. 6–16 Uhr, Juli–Sep geschlossen; Eintritt Rs200 p. P. plus Rs125 pro Fahrzeug und Rs200 für einen obligatorischen Guide; wer eine Videokamera mitbringt, zahlt Rs200 extra.

Übernachtung

In der Nähe des Reservats befinden sich mehrere Unterkünfte, die jedoch alle ziemlich überteuert sind.

Alwar Bagh, 20 km von Sariska (und 16 km von Alwar) an der Straße von Sariska nach Alwar, ✆ 0294/241 2081, 💻 www.alwarbagh.com. Große, gemütliche AC-Zimmer in einer Reihe hübscher zitronengelber Gebäude in weitläufiger Gartenanlage und ein guter Pool. Viel besseres Preis-Leistungs-Verhältnis als bei den Unterkünften, die näher am Park liegen. ❻

RTDC Hotel Tiger Den, ✆ 0144/284 1342. Attraktive, aber ziemlich überteuerte Unterkunft direkt am Parkeingang. Geräumige, altmodische Zimmer mit Ventilator oder AC und ein hübscher Garten. Der Service lässt jedoch mitunter sehr zu wünschen übrig. ❺–❻

Sariska Palace, ein paar Fahrminuten weiter vom Parkeingang die Hauptstraße entlang, ✆ 0114/651 5651, 💻 www.thesariskapalace.in. Die ehemalige Maharadscha-Residenz besitzt viel Atmosphäre, doch die Zimmer im Hauptgebäude sind angesichts des Preises enttäuschend und die in den verschiedenen modernen Anbauten auf dem Gelände klein und langweilig. Pool und große, gepflegte Rasenflächen. ❽

Sariska Tiger Heaven, abseits der Hauptstraße 5 km vor dem Parkeingang auf der Richtung Jaipur gelegenen Seite (ausgeschildert als „Sariska Tiger Haven"), ✆ 9114 652248. In friedvoller ländlicher Umgebung und mit gepflegter Anlage und Pool. Jedoch sind die Cottages angesichts des hohen Preises überraschend schäbig, und das Restaurant ist nichts weiter als ein Betonbunker. ❽

Touren

Jeeps können am Eingang gemietet werden und kosten für eine 3-stündige Parkrundfahrt Rs900, für die längere Fahrt (4–5 Std.) zum Kankwari Fort Rs1400 und Rs2700 für einen ganzen Tag. Man kann auch sein eigenes Fahrzeug mit in den Park nehmen, darf aber die Schotterstraßen nicht verlassen.

Transport

Sariska liegt an der Hauptstraße von Jaipur nach ALWAR. **Busse** zwischen den beiden Städten (alle 30 Min., 1 Std. Fahrt von Alwar) halten auf Wunsch kurz am Hotel Sariska Palace, 5 Gehminuten vom Park entfernt. Eventuell lässt sich über ein Hotel in Alwar ein **Taxi** organisieren (um Rs1000); auf der Rückfahrt kann man dann noch in Siliserh vorbeischauen.

Siliserh Palace

Der Siliserh Palace 15 km südlich von Alwar lässt sich mit einem eigenen Transportmittel gut auf dem Weg von oder nach Sariska besuchen – eine öffentliche Verkehrsverbindung gibt es nicht. Maharadscha Vijay Singh ließ den Palast 1845 errichten, um eine schöne „Bürgerliche", eine gewisse Sheela, zu gewinnen, die ihn nur heiraten wollte, wenn sie in Sichtweite der bescheidenen Behausung ihrer Familie wohnen könnte. Der weiß getünchte Palast selbst ist eher uninteressant, aber die Lage am Rand eines 10 km² großen Sees inmitten von dschungelbewachsenen Bergen ist sehr idyllisch. Der Palast beherbergt das enttäuschend schäbige RTDC **Lake Palace Hotel**, ✆ 0144/288 6322, ❺–❻. Hier kann man alles in allem gut einen Nachmittag vertrödeln und etwa ein Paddel- oder Motorboot für eine Rundfahrt auf dem See ausleihen.

Deeg

In der etwa 30 km nordwestlich von Bharatpur gelegenen staubigen kleinen Marktstadt Deeg steht einer der opulentesten Paläste im östlichen Rajasthan. Die faszinierende Mischung aus Stilen der Mogul- und Hindu-Architektur wurde im Auftrag der örtlichen Jat-Dynastie um die Mitte des 18. Jhs. erbaut. Zum weitläufigen Komplex gehören einige wunderschön gestaltete Gebäude inmitten großer Gärten im *charbagh*-Stil, in denen über 30 Springbrunnen stehen – leider sind die Wasserkanäle ausgetrocknet, und die Brunnen werden nur zu örtlichen Festlichkeiten angestellt. 🕓 tgl. außer Fr 9.30–17.30 Uhr, Eintritt Rs100.

Nach Betreten des Palastes steht direkt vor einem das erste und größte der verschiedenen Gebäude, das **Gopal Bhawan**. Die geräumige und üppig ausgestattete Halle diente Surajmal ursprünglich als Sommerresidenz. Dahinter liegt der erste der beiden Stauteiche des Palastes, der **Gopal Sagar**. Auf der anderen Seite der Gärten befindet sich das schmuckvolle **Kesav Bhawan** („Monsun-Palast"), ein mit schönen Steinmetzarbeiten versehener offener Pavillon, umgeben von einem tiefen Wasserkanal mit Hunderten kleiner Fontänen. Dieses ungewöhnliche Bauwerk sollte die kühle Atmosphäre der Regenzeit nachstellen. Aus Leitungen auf dem Dach floß Wasser, um einen Monsunregen zu imitieren, und weiteres Wasser wurde an Metallkugeln vorbeigeleitet, die dann ein Geräusch wie Donner erzeugten. Gleich dahinter ist der zweite **Stautank** des Palastes; seine Treppen sind gewöhnlich mit der Wäsche von Ortsbewohnern bedeckt. Darüber erheben sich die hohen Mauern der riesigen Festung des Orts.

Deeg ist per **Bus** von ALWAR (alle 15 Min., 3 Std.) und BHARATPUR (alle 15 Min., 1 Std.) aus zu erreichen. Der Ort kann leicht als Tagestour von Bharatpur aus besucht werden oder auf dem Weg von Bharatpur nach Alwar. Unterkünfte gibt es hier nicht.

Bharatpur und der Keoladeo-Nationalpark

Die befestigte Stadt **Bharatpur** liegt nur einen Steinwurf von der Grenze zu Uttar Pradesh entfernt. Bis zu Akbars verlassener Hauptstadt Fatehpur Sikri sind es knapp 18 km. Die Erkundung macht Spaß, denn Märkte, Paläste und Tempel sorgen für Abwechslung. Der Hauptgrund für einen Aufenthalt aber ist Indiens berühmtestes Vogelschutzgebiet, der nur wenig südlich der Stadt gelegene **Keoladeo-Nationalpark**.

Bharatpur

Die Gründung von Bharatpur geht auf den Jat-Herrscher Surajmal zurück, der 1732 im Herzen der Stadt das nahezu uneinnehmbare **Lohagarh Fort** bauen ließ. Der 11 km langen dicken Schutzmauer und dem gewaltigen Wassergraben konnten Zeit und Neuerungen kaum etwas anhaben. Die meisten Besucher betreten die Festung von Süden her, aber es lohnt sich, bis zum mächtigen **Ashtdhatu-Tor** zu gehen. Es erhielt seinen Namen („Acht Metalle") nach den offenbar acht verschiedenen Arten von Metall, die zum Bau seiner extrem widerstandsfähigen Türen verwendet wurden. Das Fort besitzt drei Paläste in unterschiedlichen Stadien des Ver-

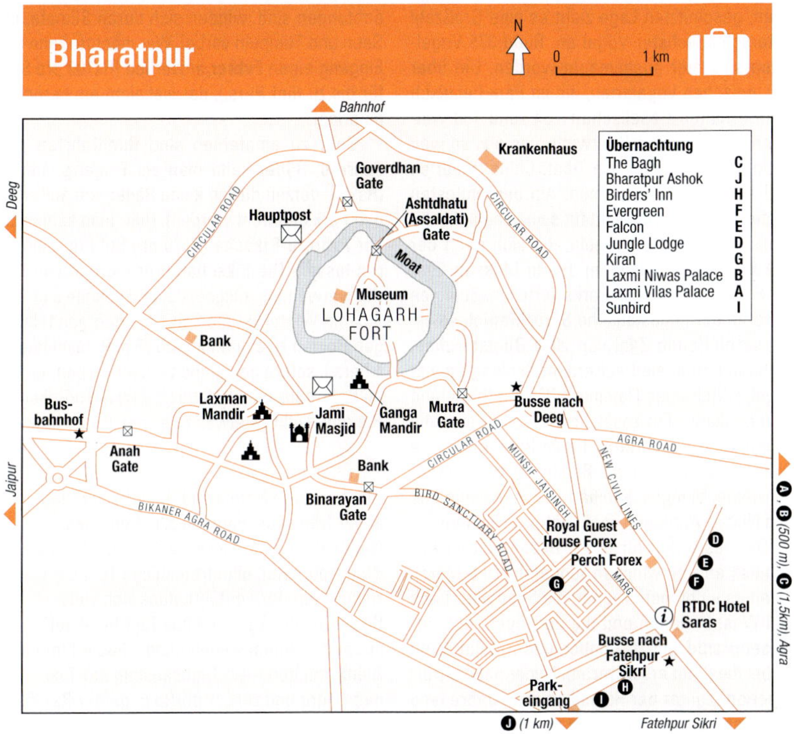

falls, die zwischen 1730 und 1850 unter den Jats erbaut wurden.

Der am besten erhaltene ist der große, orangefarbene **Kamra Khas Mahal** an der Westseite der Festung, in dem das halbwegs unterhaltsame städtische **Museum** untergebracht ist. Es beherbergt eine Reihe kunstvoll geschnitzter Skulpturen, ein erlesenes kleines, marmorverkleidetes Hammam (Dampfbad) und außerdem die üblichen fürstlichen Besitztümer wie Miniaturen, Waffen usw. ⌚ tgl. außer Fr 10–16.30 Uhr; Rs3, Fotoerlaubnis Rs10, Video Rs20.

Wer am Museumsausgang nach links abbiegt und der schmalen Straße folgt, die um die Ecke des Palastes herum nach oben führt, gelangt zur luftigen **Jawahar Burj**. Auf dieser kleinen, erhöhten Plattform stehen vier kunstvoll verzierte Pavillons und ein ungewöhnliches Eisentor, auf dem der Familienstammbaum der Maharadschas von Bharatpur eingraviert ist. Das eigentliche Highlight aber ist die wunderbare Aussicht. Unmittelbar südlich des Forts liegt der sehenswerte **Ganga Mandir**, ein großer Hindu-Tempel. Er ist der Schutzgöttin von Indiens heiligstem Fluss geweiht. Das kunstvoll gestaltete Sandsteingebäude gleicht jedoch mehr einem französischen Schlösschen als einem indischen Tempel. Dahinter schlängeln sich Gassen Richtung Südwesten durch Bharatpurs malerisches Basarviertel zur ehrfurchtgebietenden **Jama Masjid**, die hoch über dem Straßengewimmel thront.

Keoladeo-Nationalpark

Der Keoladeo-Nationalpark ist das namhafteste Vogelschutzgebiet Indiens. Dank seiner ausgedehnten Feuchtgebiete (die sich inzwischen allerdings stark reduziert haben) und der günstigen, geschützten Lage zieht es eine Großzahl unterschiedlichster Vögel an. Rund 375 Vogelarten sind hier ausgemacht worden. Die über 200 indischen Vogelarten, die im Park heimisch sind, erhalten Gesellschaft von rund 150 weiteren Arten, die zur Überwinterung aus so weit entfernten Gebieten wie Tibet, China, Siberien und sogar Europa kommen. Am berühmtesten ist der Keoladeo vielleicht für seine unglaubliche Vielzahl von Wasservögeln, die sich nach der Ankunft des Monsuns im Juli in Massen über die Feuchtgebiete des Parks verteilen. Zu ihnen gehören der majestätische **Saruskranich** sowie die verblüffende Zahl von 2000 **Buntstörchen**. Zu beobachten sind außerdem Schlangenhalsvögel, Löffelreiher, Flamingos, Weiße Ibisse und Graupelikane. Ein zusätzlicher Bonus sind die zahlreichen **Säugetiere**, die im Park leben. Die Chancen stehen gut, am Rande der Wege Wildschweine, Mungos, Sambarhirsche, Axishirsche und Nilgau-Antilopen beobachten zu können.

Die beste Zeit für einen Besuch ist im Anschluss an den Monsun (ungefähr Okt–März), wenn es nicht mehr regnet, die Seen aber noch viel Wasser haben und die Zugvögel noch anwesend sind (im Dezember und Januar kann Nebel die Sicht erschweren). Leider hat die Dürreperiode, unter der Rajasthan zehn Jahre lang litt, auch vor dem Keoladeo nicht haltgemacht, sodass die Seen im Park auf einen Bruchteil ihrer früheren Größe geschrumpft sind. Folglich ist auch die Zahl der im Park lebenden Wasservögel erheblich zurückgegangen. Dank eines Plans zur künstlichen Bewässerung hat sich die Situation inzwischen vielleicht verbessert. Aber selbst ein Keoladeo mit wenig Wasser ist immer noch ein ausgesprochen lohnendes Besuchsziel.

Praktische Hinweise zum Parkbesuch

Der **Eingang** zum Nationalpark liegt rund 4 km südlich vom Bahnhof von Bharatpur; 🕓 Park tgl. April–Sep 6–18, Okt–März 6.30–17 Uhr; Rs200, Videoerlaubnis Rs200. Am Parkeingang ist eine kostenlose **Karte** erhältlich, und ein neues **Informationszentrum** steht im Park in der Nähe vom ersten Checkpoint. Nur eine einzige Straße führt durch das Schutzgebiet, doch zahlreiche Pfade, die glänzende Verstecke für Vogelbeobachtungen sind, winden sich durch Sümpfe, an Seen und Tümpeln vorbei. Wer möchte, kann am Eingang einen **Führer** anwerben (Rs100 pro Std. für bis zu fünf Pers.), der vielleicht ein Fernglas mitbringt.

Sehr zu empfehlen sind Rundfahrten per **Fahrrad**; Räder kann man am Eingang mieten (Rs25 – derzeit dürfen keine Räder von außen in den Park gebracht werden). Oder man kann sich per **Fahrrad-Rikscha** (Rs70 pro Std.) herumfahren lassen. Die Rikschafahrer werden von der Parkverwaltung ausgebildet und kennen sich gut aus. Im Winter ist die Fahrt mit den gondelartigen **Booten** zu empfehlen (Rs25 p. P., mindestens 4 Pers.), sofern genügend Wasser vorhanden ist. Im Bahratpur Ashok Hotel (S. 217) am nördlichen Parkende gibt es etwas zu essen und zu trinken.

Übernachtung und Essen

Alle besseren Hotels und Gästehäuser liegen in der Nähe vom Eingang zum Keoladeo-Nationalpark, rund 3 km südlich vom Stadtkern. Bharatpurs Ruf, eine freundliche Touristenoase zu sein, hat dazu geführt, dass sich viele Reisende, die Agra und das Taj Mahal auf ihrem Programm stehen haben, lieber hier eine Bleibe suchen – ein Tagesausflug per Taxi nach Agra und zurück dürfte ungefähr Rs1000 kosten. Es gibt keine Restaurants in Bharatpur; die meisten Reisenden essen in ihrer Unterkunft.

Untere Preisklasse

Evergreen, ✆ 05644/225917. Eine der billigsten Unterkünfte in Bharatpur. Einfache, aber saubere Zimmer mit Ventilator und Bad (in manchen Zimmern Warmwasser nur in Eimern). ❶

Falcon, ✆ 05644/225306, ✉ falconguest_house@hotmail.com. 100 m nordöstlich von der Touristeninformation. Modernes Gästehaus mit bequemen Zimmern (Ventilator, *air-cooler*, AC) und einem kleinen Restaurant im Garten, das gutes Essen hat. Internet. ❷–❹

Jungle Lodge, ✆ 05644/225622, 💻 www.junglelodge.dk. Besitzt unterschiedliche, saubere und geräumige moderne Zimmer (Ventilator, *air-cooler*, AC) mit Blick auf einen Blumengarten. Freundlich und gut geführt von einem kundigen

Naturfreund. Mit seinem hübschen kleinen Terrassenrestaurant und dem abendlichen Kaminfeuer (im Winter) ein Ort zum Wohlfühlen; es gibt Fahrräder und Ferngläser zu mieten. Internet. ❶–❷

Kiran, ✆ 05644/223845, 💻 www.kiranguest house.com. Von zwei ausgesprochen freundlichen und hilfsbereiten Brüdern geführt. Saubere, einladende Zimmer mit Ventilator, *air-cooler* oder AC zu unschlagbaren Preisen. Kostenloses Abholen/Absetzen vom/am Bahnhof oder Busbahnhof; Fernglasverleih (Rs50). ❶–❸

Mittlere und obere Preisklasse

The Bagh, Agra Rd, 1 km hinter Laxmi Vilas Palace, ✆ 05644/228333, 💻 www.thebagh.com. Das schicke, idyllische Hotel besteht aus einer Ansammlung niedriger, pinkfarbener Gebäude in einer Gartenanlage, in der mehr als 50 Vogelarten leben. Die Zimmer sind kühl, geräumig und geschmackvoll möbliert; großer Pool und Wellnessbereich. Ab US$180. ❾

Bahratpur Ashok (ehemals Bharatpur Forest Lodge), 1 km im Park, ✆ 05644/222760. Das verschlafene Hotel in schöner Waldumgebung (für jede hier verbrachte Nacht muss die tgl. Parkeintrittsgebühr bezahlt werden) hat geräumige, bequeme, altmodische Zimmer mit Balkon und von dort Blick auf das Schutzgebiet, einen netten Garten und ein passables Restaurant. Relativ teuer, aber die Lage ist einzigartig. ❼

Laxmi Niwas Palace, Agra Rd, ✆ 05644/223522, 💻 www.laxminiwas.com. Schickes, relativ neues Hotel im traditionellen Rajasthani-Stil direkt neben dem Laxmi Vilas Palace – ein bisschen komfortabler als der ältere Nachbar, hat aber bei Weitem weniger Flair. ❽

Laxmi Vilas Palace, Agra Rd, ✆ 05644/223523, 💻 www.laxmivilas.com. Früherer Prinzenpalast mit großem Grundstück östlich der Stadt. Ein bisschen kitschig, aber fraglos romantisch; charmante, erschwingliche AC-Zimmer mit Himmelbett. ❽

Sunbird, ✆ 05644/225701, 💻 www.hotelsunbird.com. Attraktives Hotel der mittleren Preisklasse und eine prima Alternative, falls das benachbarte Birders' Inn ausgebucht ist. Verschiedene moderne, sehr gut ausgestattete Zimmer mit Ventilator oder AC, dazu ein paar traditionelle Rajasthani-Cottages im weitläufigen Garten. ❺

Nicht nur für Vogelfreunde

Birders' Inn, ✆ 05644/227346, 💻 www.birders inn.com. Dies ist das einladendste Plätzchen der Stadt und meist mit Hobby-Ornithologen belegt, die abends im gemütlichen, strohgedeckten Restaurant ihre Checklisten vergleichen. Die Zimmer (alle AC) sind groß, gepflegt und ausgesprochen preisgünstig. Internetzugang vorhanden. ❺

Sonstiges

Geld und Internet

The Perch und **Royal Guest House Forex**, beide in New Civil Lines, in der Nähe der Touristeninformation, wechseln Bargeld und Reiseschecks, bieten Internetzugang (Rs30 pro Std.) und arrangieren Taxis. Bei The Perch gibt's auch Bargeld auf Kreditkarten. 🕒 beide bis gegen 22, 23 Uhr.

Informationen

Die **Touristeninformation**, ✆ 05644/222542, 💻 www.bharatpur.nic.in, befindet sich an der Kreuzung nahe dem Parkeingang, wo die Busse aus Fatehpur Sikri eintreffen. 🕒 Mo–Sa 9.30–18 Uhr.

Transport

Busse

Bharatpurs **Busbahnhof** befindet sich im Westen der Stadt. Wer von Fatehpur Sikri her kommt, sollte schon vorher aussteigen, an der Kreuzung im Osten der Stadt nahe den Parktoren, da die Gästehäuser von dort besser (und ohne Rikschafahrt) zu erreichen sind – Ausschau nach dem unübersehbaren staatlichen Rajasthan-Touristenbüro direkt an der Kreuzung oder dem großen RTDC Hotel Saras gegenüber halten!

Busse fahren nach AGRA (stdl., 1 1/2–2 Std.), DELHI (alle 30 Min.–1 Std., 5 Std.), FATEHPUR SIKRI (alle 30 Min.–1 Std., 30–45 Min.), JAIPUR (alle 30 Min., 4 Std.).

Eisenbahn

Der **Bahnhof** liegt 2 km nordwestlich der Innenstadt, an der Hauptstrecke Delhi–Mumbai. Der Transport zum/vom Keoladeo-Nationalpark und den Unterkünften nahe beim Park kostet Rs40–50. Es gibt drei oder vier Verbindungen tgl. nach AGRA FORT (darunter der Howrah Superfast Nr. 12308; tgl.; Abfahrt 4.52 Uhr, Ankunft 6.15 Uhr; und der Sealdah Express Nr. 12988; tgl.; Abfahrt 17.33 Uhr, Ankunft 19.30 Uhr), sieben Züge nach SAWAI MADHOPUR (am besten sind der Golden Temple Mail Nr. 12904; tgl.; Abfahrt 10.45 Uhr, Ankunft 13.03 Uhr; und der Kota Jan Shatabdi Nr. 12060; tgl.; Abfahrt 15.50 Uhr, Ankunft 18.02 Uhr – beide fahren weiter nach KOTA, Ankunft 14.25 Uhr bzw. 19.40 Uhr), und vier Verbindungen nach JAIPUR (der beste ist der Marudhar Express Nr. 14853/14863/14865; Abfahrt 7.15 Uhr, Ankunft 11.15 Uhr).

Ranthambore-Nationalpark

Eine Garantie auf Tigersichtungen gibt es in keinem indischen Naturreservat, doch nirgends stehen die Chancen so gut wie im Ranthambore-Nationalpark, 💻 www.ranthamborenationalpark.com. Der Park ist relativ klein, und die dortigen Tiger stören sich auffallend wenig an Menschen, jagen im hellen Tageslicht und zeigen auch wenig Scheu vor Kameras und Jeepladungen voller Touristen. Die Gelassenheit der Großkatzen kombiniert mit der Nähe des Parks zum „Goldenen Dreieck" Delhi–Agra–Jaipur ist der Grund, weshalb so viele Reisende den Weg nach Ranthambore finden.

Der Ranthambore-Nationalpark ist eines der beliebtesten Reservate Indiens und empfängt über 80 000 Besucher im Jahr. In den kühlen Wintermonaten, besonders um Diwali und Neujahr herum, treten sich die Leute fast gegenseitig auf die Füße, so voll wird es. In den Sommermonaten, von April bis Juni, ist es viel ruhiger, aber natürlich sehr heiß. Derzeit leben ungefähr 35 ausgewachsene Tiger im Park, außerdem zahlreiche Axishirsche, Nilgauantilopen, Schakale, Panther und Dschungelkatzen sowie unzählige Vogelarten. Das Kerngebiet des Parks wurde kürzlich um drei neue **Pufferzonen** erweitert, um mehr Platz für die wachsende Anzahl an Tigern zu schaffen. In diesen Gebieten dürfen Besucher ihr Fahrzeug verlassen und umhergehen (was im Hauptgebiet nicht erlaubt ist), allerdings ist es hier schwieriger, einen Tiger zu Gesicht zu bekommen.

Selbst ohne die wilden Tiere wäre das Gebiet einen Besuch wert, denn Ranthambores Landschaften bestechen durch ihre Schönheit. Durch eines der letzten Buschlandgebiete Indiens von ansehnlicher Größe fließen mehrere Flüsse, deren Eindämmung zur Bildung von **Seen** führte. Unversehens erblickt man in der Landschaft zierliche Pavillons und verfallene, von Kletterpflanzen umrankte Rajputen-Paläste, die besonders bei Sonnenaufgang und in den frühen Morgenstunden eine unwirkliche, entrückte Atmosphäre schaffen, zumal sich die auf einer schroffen Klippe stehenden Ruinen des **Chauhan-Forts** aus dem 10. Jh. über das Walddach erheben – eine Szenerie wie aus Rudyard Kiplings *Dschungelbuch*. Das Fort gehört zu den besten Plätzen für eine Vogelpirsch. Dort oben befindet sich auch ein **Ganesha-Tempel**; Menschen aus dem ganzen Land schicken dem Gott mit dem Elefantenkopf Einladungen zu ihrer Hochzeit.

Achtung: Das Kerngebiet des Ranthambore ist alljährlich vom 1. Juli bis 30. September geschlossen, die Pufferzonen sind ganzjährig zugänglich. Die **beste Reisezeit** sind die trockenen Monate Okt–März), in denen die größeren Tiere wegen Wasserknappheit zu den Seeufern kommen, während sie in der Monsun- und unmittelbaren Nachmonsunzeit tiefer in den Wäldern bleiben. Weitere Informationen sind der ausgezeichneten Broschüre *The Ultimate Ranthambore Guide* zu entnehmen, die für Rs250 in örtlichen Souvenirläden verkauft wird.

Praktische Hinweise zum Parkbesuch

Die Eintrittsbestimmungen scheinen sich alle paar Jahre zu ändern, es ist also möglich, dass die hier gegebenen Informationen schon bald nicht mehr stimmen. Zurzeit wird die Zahl der in den Park eingelassenen Fahrzeuge streng kontrolliert. Während der Öffnungszeit am Vormittag und Nachmittag werden jeweils maximal rund 15 **Jeeps** mit sechs Plätzen (auch „Gypsys" genannt) und 25 **Canters** (offene Lastwagen mit 20 Sitzen) zugelassen. Natürlich bevorzugen die meisten Besucher die viel kleineren und ruhigeren Jeeps, aber die Nachfrage übersteigt normalerweise das Angebot, und zahlreiche Touristen müssen sich mit einem Platz auf einem Canter begnügen.

Die Chance, einen Tiger zu sehen, ist bei beiden Fahrzeugtypen gleich; ein Jeep vermittelt einfach nur ein besseres Safari-Gefühl. Safaris werden tgl. vor- und nachmittags durchgeführt und dauern rund drei Stunden. Die morgendlichen **Abfahrtszeiten** hängen davon ab, wann die Sonne aufgeht, also zwischen 6.30 und 7 Uhr. Nachmittags geht es zwischen 14.30 und 15 Uhr los. Es ist ratsam, mehrere Schichten Kleidung übereinander zu tragen: morgens kann es überraschend kalt sein.

Offiziell kostet ein Platz in einem Canter Rs555 und in einem Jeep Rs600 (beide Preise schließen die Park-Eintrittsgebühr ein). Eine Videoerlaubnis kostet Rs200. Wer einen Sitzplatz buchen möchte, tut das am besten online unter 💻 www.rajasthanwildlife.in. Die Alternative besteht darin, sich unter die chaotische und manchmal aggressive Ansammlung von Schleppern im **Ranthambhore Tiger Reserve Tourist Centre** beim Hotel Tiger Safari zu mischen, rund 7 km vom Park entfernt an der Ranthambore Road, wo Karten für am gleichen Tag stattfindende Touren verkauft werden. ⏲ Ticketbüro tgl. 5.30–6.30 und 12.30–13.30 Uhr. Es ist aber sehr schwierig, dort einen Platz in einem Jeep zu ergattern.

Viel einfacher ist es, einen Platz in einem Jeep oder Canter über ein Hotel **reservieren** zu lassen – am besten bucht man den Platz gleich bei der Zimmerbuchung mit. Das kostet eine zusätzliche Gebühr, die zwischen mindestens Rs50/100 für einen über ein billigeres Hotel gebuchten Canter/Jeep-Platz und bis zu Rs2000 für einen über ein Luxushotel gebuchten Jeep-Platz liegen kann. In der Praxis ist ein Platz im Canter normalerweise für rund Rs600 zu haben, während die Preisspanne für einen Jeep-Platz sehr groß ist (von Rs700 bis Rs1200 und mehr).

Wer einen Tag im Voraus bucht, müsste eigentlich problemlos einen Platz in einem Canter bekommen (außer vielleicht an den Freitagen und Sonntagen zwischen dem 1. Okt und 15. April, wenn fünf bis acht Canters für die Passagiere des *Palace on Wheels* und des *Royal Rajasthan on Wheels* reserviert sind). Wer die Fahrt in einem Jeep machen möchte, sollte am besten eine Weile im Voraus reservieren, kann aber Glück haben, vor allem von ungefähr April bis Juni, wenn die Besucherzahlen merklich nachlassen. Ganz schlecht stehen die Chancen um Diwali, Neujahr und andere öffentliche Feiertage.

Übernachtung und Essen

Die meisten der zahlreichen Hotels und Gästehäuser der Gegend befinden sich an der 14 km langen Straße zwischen Sawai Madhopur und dem Nationalpark; manche der besseren werden unter 💻 www.hotelsranthambhore.com vorgestellt. Die Zimmerpreise liegen in Ranthambore erheblich über dem Durchschnitt, und echte Budgetunterkünfte gibt es so gut wie gar nicht. Feilschen ist überall empfohlen.
Die günstigste Verpflegungsmöglichkeit stellt das Gartenrestaurant des Hotels Tiger Safari dar. Wer sich etwas gönnen möchte, begibt sich in die Sawai Madhopur Lodge (Mittags- und Abendbuffet für Rs550/650) oder das bezaubernde Vanyavilas (Abendessen ab etwa Rs1500).

Untere und mittlere Preisklasse

Aditiya Resort, Ranthambore Rd, 3 km nördlich der Stadt, ✆ 9414/728468. Die billigste Unterkunft in Ranthambore: 6 einfache, aber saubere, moderne Zimmer (davon 2 sehr billige mit Gemeinschaftsbad und 2 mit AC) in kleinem privatem Wohnhaus. ❶–❹

Ankur Resort, Ranthambore Rd, 2 km außerhalb der Stadt, ✆ 07462/220792, 💻 www.hotelankurresort.com. Viele verschiedene Zimmer, von gesichtslosen billigen mit Ventilator im kargen, unpersönlichen Hauptgebäude bis zu schickeren und sehr viel freundlicheren Cottages im Garten dahinter, von denen allerdings einige stark überteuert sind. Kleiner Pool (Besucher Rs150) und passables Restaurant. ❸–❻

Hammir Wildlife Resort, Ranthambore Rd, 7 km außerhalb der Stadt, ✆ 9414/446566, 💻 www.nivalink.com/hammir. Begehrt bei indischen Touristen und eine der Unterkünfte mit realistischeren Preisen (das Preis-Leistungs-Verhältnis der Zimmer ist allerdings wesentlich besser als das der Garten-Cottages). Pool (Besucher Rs100) und Geldwechselservice. ❺–❻

Raj Palace Resort, Ranthambore Rd, 2 km außerhalb der Stadt, ✆ 07462/224793, 💻 www.rajpalaceranthambhore.com. Eines der preiswertesten Hotels in Ranthambore. Geräumige und saubere moderne Zimmer mit AC im Hauptgebäude sowie ein paar etwas gemütlichere Cottages mit AC hinten im Garten; Pool (Besucher Rs200 pro Std.). ❸–❹

Tiger Safari, Ranthambore Rd, 2,5 km außerhalb der Stadt, ✆ 07462/221137, 💻 www.tigersafari resort.com. Das beste von Ranthambores billigeren Hotels. Hilfsbereite Mitarbeiter, gut möblierte Zimmer (fast alle mit AC) und geräumige Cottages im Garten hinter dem Haupthaus. Internet, Pool (auch für Besucher kostenlos), kostenloser Transport vom/zum Bahnhof und ein nettes Gartenrestaurant. ❹–❺

Obere Preisklasse

Khem Villas, ✆ 07462/252099, 💻 www.khem villas.com. Hübsches kleines Öko-Resort inmitten einer 4 ha großen gepflegten Wildnis mit zahlreichen Vögeln sowie anderen Tieren. Es gibt Zimmer, Luxuszelte und stilvolle kleine Häuschen, dazu Biokost aus eigenem Anbau und interessante Exkursionen. Ab rund US$200 mit Vollpension. ❾

Nahargarh, 2 km südlich vom Parkeingang, Khilchipur Village, Ranthambore Rd, ✆ 07462/252281, 💻 www.alsisar.com. Im Stil eines alten Rajputen-Palastes erbautes Hotel. Verschwenderisch ausgestattete Zimmer; großer Pool. ❽–❾

RTDC Castle Jhoomar Baori, auf einer Anhöhe 7 km außerhalb der Stadt, ✆ 07462/220495, 💻 www.hotelsranthambhore.com. Frühere königliche Jagdlodge in großartiger Lage im Park, mit wunderbarer Aussicht von der Dachterrasse über Waldgebiete und Hänge. Große AC-Zimmer mit viel Atmosphäre, aber ein bisschen verwohnt. ❼

Sawai Madhopur Lodge, Ranthambore Rd, 1,5 km außerhalb der Stadt, ✆ 07462/220541, 💻 www.tajhotels.com. Stilvolle Jagdlodge aus den 1930er-Jahren, luxuriöses Heritage Hotel mit jeder Menge Charme, üppig grünem Garten und reizenden Zimmern im Kolonialstil (ab ungefähr US$330 mit VP – es lohnt sich, ein bisschen mehr für eins der stilvolleren Luxus-Zimmer zu bezahlen). Pool (Besucher Rs400) und attraktives Restaurant. ❾

Vanyavilas, Ranthambore Rd, ca. 7 km außerhalb der Stadt, ✆ 07462/223999, 💻 www. oberoihotels.com. Wunderbar stilvolles (und kostspieliges) Dschungelresort. Das Herzstück der Anlage ist ein verschwenderisch verziertes Gebäude nach Art eines königlichen Jagdschlosses. Die Gäste werden in wunderschön eingerichteten Zelten mit AC und Holzfußboden auf dem Gelände untergebracht. Zimmer ab US$850. ❾

Sonstiges

Geld

Geldwechsel ist in vielen Hotels und in der **State Bank of Bikaner & Jaipur** in Sawai Madhopur möglich.

Informationen

Die **Touristeninformation** im Bahnhof, ✆ 07462/220808, ist sehr hilfreich und händigt kostenlose Stadtpläne aus. 🕓 Mo–Sa 10–17 Uhr.

Internet

An der Hauptstraße bieten kurz vor dem Hotel Ankur einige Läden Internetzugang, darunter das Geschäft **Tiger Track** (Rs50 pro Std.).

Transport

Zum Ranthambore-Nationalpark gelangt man über das Städtchen Sawai Madhopur. Hier halten die Züge der Hauptstrecke Mumbai–Delhi, daher ist der Nationalpark von Bharatpur, Agra, Jaipur, Delhi und Kota aus leicht erreichbar. Der Bahnhof liegt mitten in der Stadt, in der Nähe des Busbahnhofs. In Ranthambore gibt es so gut wie keine Rikschas, folglich muss der Transport vom/zum Bahnhof oder Busbahnhof über das Hotel arrangiert werden.

Busse

Die ehemals schrecklichen Straßen in der Umgebung von Ranthambore werden nach und nach ausgebessert, deshalb ist eine Busfahrt inzwischen nicht mehr so langsam und unbequem wie früher, dennoch ist für die meisten Ziele die Bahn zu bevorzugen. Es bestehen Verbindungen nach Jaipur (6x tgl., 4–5 Std.), Bundi (3x tgl., 4–5 Std.) und Ajmer (1x tgl., 8 Std.). Die Busse fahren an einer der beiden dicht beieinander liegenden Haltestellen mitten in Sawai Madhopur ab. Wer die Stadt verlässt, sollte sich beim Transport zum Bus vergewissern, dass es auch die richtige Haltestelle ist.

Eisenbahn

Sawai Madhopur liegt an der Haupteisenbahnlinie zwischen Delhi und Mumbai und ist bequem per Bahn zu erreichen. Täglich fahren Züge nach JAIPUR (4, 10.10, 10.45 und 14.40 Uhr, 2 1/4 Std.–2 3/4 Std.); BHARATPUR (7.10 und 12.35 Uhr, 2 1/4–2 1/2 Std.); JODHPUR (14.40 Uhr, 8 Std.), KOTA (13.08, 13.30, 16.10, 18.05 und 19.40 Uhr, 1 1/4–1 1/2 Std.), DELHI (6.33, 7.10, 0.35 und 1.08 Uhr, 4 1/2–6 Std.) und MUMBAI (13.08, 16.10, 20.37 und 22.05 Uhr, Fahrzeit 16–17 Std.). Die günstigste Verbindung nach Bundi ist per Bahn nach Kota und von dort mit dem Bus, oder gleich mit einem Direktbus (s. „Busse").

Zentral-Rajasthan

Ajmer

Der Nag Pahar („Schlangenberg"), ein steiler, schroffer Höhenzug der Aravalli-Kette westlich von Jaipur, bildet einen malerischen Hintergrund für Ajmer, die Heimat des berühmten Sufi-Heiligen **Khwaja Muin-ud-Din Chishti**, Begründer des Chishti Sufi-Ordens. Bis zum heutigen Tag gehört sein Grabmal, die **Dargah Khwaja Sahib**, zu den heiligsten moslemischen Wallfahrtsorten der Welt. Besonders zu Muharram (dem islamischen Neujahr), an Eid und am Geburtstag des Heiligen, **Urs Mela** (s. Kasten), strömen unzählige Pilger und Derwische herbei, denn nach islamischem Glauben kommen sieben Besuche in Ajmer einer Wallfahrt nach Mekka gleich. Für Hindu-Pilger und ausländische Reisende ist Ajmer in erster Linie das Sprungbrett für einen Abstecher nach Pushkar, das nach einer 20-minütigen Busfahrt erreicht ist. Es stellt aber umgekehrt auch ein lohnendes Ziel für einen Tagesausflug von Pushkar dar. Als eine Bastion des Islam ist es im von Hindus dominierten Rajasthan einzigartig.

Die Urs Mela

Die Urs Mela, die am 6. Tag des islamischen Monats Rajab (ungefähr 27. Mai 2012 und 16. Mai 2013) abgehalten wird, ist eine Feier zu Ehren des aus Ajmer stammenden Sufi-Heiligen Khwaja Muin-ud-Din Chishti am Jahrestag seines Todes und eines der wichtigsten religiösen Feste Rajasthans. Dann strömen Wallfahrer in die Stadt, um den Heiligen mit *qawwali* (Sufi–Gesängen) zu ehren. Im Dargah wird in riesigen Schüsseln *kheer* (Reispudding) gekocht und an die Besucher verteilt. Nachts finden religiöse Zusammenkünfte, sogenannte *mehfils,* statt. Es ist eigentlich nur ein Fest für Gläubige, aber in der Stadt herrscht dann eine festliche Stimmung, denn schon eine Woche vorher füllt sich Ajmer mit Pilgern vom ganzen Subkontinent und aus anderen Teilen der Welt.

Geschichte

Der lokale Rajputen-Führer Ajay Pal Chauhan errichtete die Festung bei Ajmer im 10. Jh. Die **Chauhans** übernahmen mit der Zeit die Oberhoheit im östlichen Rajasthan, wurden aber 1193 von Muhammad von Ghor (S. 110) besiegt. Die Delhi-Sultane ließen die Chauhans als Tributpflichtige weiter regieren, aber 1365, als Delhi seine regionale Machtposition verlor, fiel Ajmer an das Königreich **Mewar** (Udaipur). Im 16. Jh. wurde die Stadt zum Zankapfel zwischen Mewar und dem benachbarten Königreich **Marwar** (Jodhpur). Die Marwaris bemächtigten sich 1532 der Stadt, aber nur 27 Jahre später marschierten Akbars Streitkräfte ein. Für die moslemischen **Moguln** war Ajmer von besonderer Bedeutung, da sich hier der Khwaja Muin-ud-Din Chishti Dargah befand. Die Moguln herrschten mehr als 200 Jahre in Ajmer, doch als ihr Reich zu zerfallen begann, liebäugelten die Rajputen-Königreiche der Nachbarschaft erneut mit der

Herrschaft über die Stadt. 1770 wurde diese schließlich von den Marathen übernommen, die sie 1818 für 50 000 Rupien an die East India Company verkauften.

So kam es, dass der überwiegende, von Hindus beherrschte Teil Rajasthans während des Raj seine innere Unabhängigkeit bewahrte, Ajmer jedoch eine kleine, von den Briten regierte moslemische Enklave blieb und sich erst wieder mit Jodhpur und Udaipur, seinen ehemaligen Oberherrschern, vereinigte, als es 1956 Rajasthan angegliedert wurde.

Die Stadt

Die schmalen Gassen, die sich durch die Basare rings um den **Dargah Khwaja Sahib** ziehen, haben fast mittelalterlichen Charakter. Reihenweise bieten Stände als Opfergaben dienende Rosenblätter, grüne Seidenbahnen mit Goldbordüre, Holzperlenschnüre und Gebetsteppiche an. Die Hauptportale der Altstadt bezaubern durch ihre eleganten Torbögen im Mogulstil, und das zerbröckelnde Fort **Taragarh**, über Jahrhunderte Indiens wichtigste strategische Festung, schaut auf Kuppeln und Moscheeminarette hinab.

Dargah Khwaja Sahib

Der Dargah Khwaja Sahib oder Dargah Sharif, 💻 www.wdargahajmer.com, mit dem Grab des hochverehrten Sufi-Heiligen Khwaja Muin-ud-Din Chishti ist der bedeutendste moslemische Wallfahrtsort Indiens und zieht täglich Tausende von Pilgern an. Der im 13. Jh. gegründete Dargah wurde unter diversen moslemischen Herrschern mit architektonischen Elementen ihrer jeweiligen Epoche versehen – insbesondere unter den drei großen Mogulkaisern Jahangir, Shah Jahan und Akbar, der zum Dargah kam, um für einen männlichen Thronfolger zu beten, und eine Moschee stiftete, als sein Wunsch in Erfüllung ging. 🕓 tgl. 5–24 Uhr.

Nach Betreten des Dargah durch das **Nizam Gate** wird der Besucher in der Regel von streng aussehenden jungen Männern aufgehalten, die sich als „offizielle Führer" ausgeben, in Wirklichkeit aber *khadim* sind: Männer mit ererbtem Priesteramt, die Pilger gegen Spendengelder durch die notwendigen Rituale im Dargah führen. Ihre Dienste sind nicht obligatorisch, auch wenn sie vielleicht das Gegenteil behaupten. Gleich hinter dem Nizam Gate befindet sich ein kleinerer Durchgang, das vom Mogulherrscher Shah Jahan in Auftrag gegebene **Shajahani Gate**. Es führt in einen Hof, wo auf der rechten Seite eine kleine Treppe zur **Akbari Masjid** (Moschee Akbars) hoch führt. Die Moschee wurde vom dankbaren Herrscher Akbar nach der Geburt seines Sohnes Salim (dem späteren Herrscher Jahangir) gestiftet.

Gleich hinter dem Shajahani Gate steht ein drittes Tor, das imposante, blaugrüne **Darwaza**. Dahinter stehen zwei riesige **Kessel** auf Plattformen. Pilger werfen Geld hinein, das an die Armen verteilt wird. Der Kessel rechts, der größere, wurde 1567 von Akbar gestiftet; der andere war ein Geschenk von Jahangir, im Anschluss an seine Thronbesteigung im Jahr 1605. Hinter den *khanas* liegt ein Hof mit einem Mausoleum, das aus Marmor erbaute **Mazar Sharif**, in dem sich das Grab von Khwaja Sahib befindet. In dem Hof werden abends *qawwali* gesungen (ab etwa einer Stunde vor Sonnenuntergang bis 21 Uhr), begleitet von Harmonium- und Trommelmusik, die die Teilnehmer in einen tranceartigen Zustand versetzt. Das Grab innen (🕓 Fr–Mi 15–16 und Do 14.30–15.30 Uhr geschlossen) ist von einem silbernen Zaun umgeben und wird von einer großen vergoldeten Kuppel gekrönt. Die Besucher werden gesegnet, leicht mit Pfauenfedern gestrichen und erhalten kurz – gegen eine angemessene Spende – Gelegenheit zur Berührung des Tuchs auf dem Grab.

Islamische Monumente

Die wenig beachtete **Adhai-din-ka-Jhonpra** („Zweieinhalb-Tage-Hütte") ist das älteste erhaltene Bauwerk der Stadt und eines der besten Beispiele mittelalterlicher Architektur in ganz Rajasthan. Das Bauwerk wurde 660 als Jain-Tempel errichtet und 1153 in eine hinduistische Lehranstalt verwandelt. Vierzig Jahre später wurde es von Muhammad von Ghor zerstört, der es jedoch später als Moschee wieder aufbauen ließ. Der Überlieferung zufolge soll ihr Name auf die Geschwindigkeit des Wiederaufbaus hinweisen, der tatsächlich jedoch 15 Jahre dauerte und unter Verwendung von Materialien aus geplünderten Hindu- und Jain-Tempeln erfolgte.

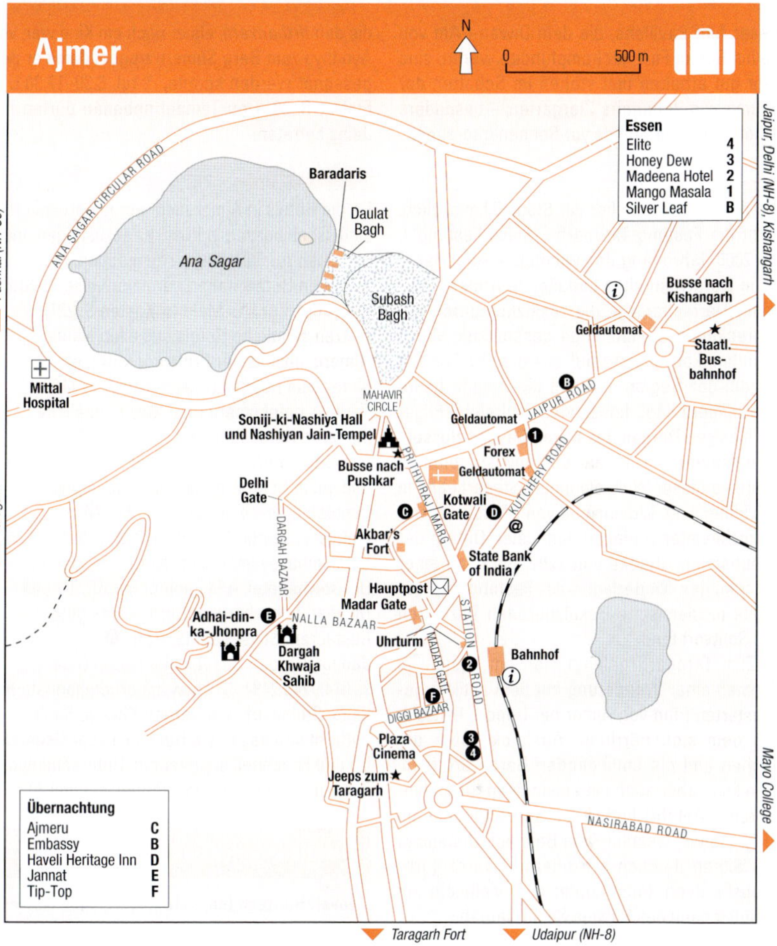

Der Name stammt in Wahrheit von einem Fakir-Fest, das im 18. Jh. hier regelmäßig abgehalten wurde; eine *jhonpra* (Hütte) war die Unterkunft eines Fakir (Sufi-Bettelheiliger). Hindu-Motive mit verblichenen Gesichtern sind an Säulen und Decken noch deutlich zu erkennen. Das schönste Merkmal der Moschee aber sind die kalligraphischen Bänder mit Koraninschriften an den sieben Kragbögen der Fassade.

Ein jüngeres islamisches Erbe ist das kleine, aber hübsche Fort von Akbar, das einen rechteckigen Pavillon aus goldfarbenem Sandstein umschließt, der von Akbar und seinem Sohn Jahangir genutzt wurde. Heute beherbergt er ein kleines **Museum**, das vorwiegend Hindu- und Jain-Statuen präsentiert. ◷ Di–So 9.45–17 Uhr, Eintritt Rs10.

Der künstliche See **Ana Sagar** nordwestlich der Stadt wurde im 12. Jh. angelegt. Einen Abstecher wert ist der See wegen der **Baradaris** genannten, eleganten weißen Marmorpavillons, die Shah Jahan am Ostufer errichten ließ. Vier dieser fünf Pavillons, die dem Diwan-i-Am von Delhis Rotem Fort nachempfunden waren, sind sehr gut erhalten und stehen im Schatten der Bäume von Jahangirs Ziergarten – besonders schön rund eine Stunde vor Sonnenuntergang.

Taragarh Fort

Auf dem Grat hoch über der Stadt, 3 km südlich, steht die Festung Taragarh („Stern-Festung"), die 2000 Jahre lang das wichtigste Angriffsziel für in Nordwestindien einfallende Armeen war. Jeder Herrscher, der die zusätzlich durch abschreckende Steilabhänge geschützten Wälle einnahm, kontrollierte auf effektive Weise den Handel der Region. Obwohl die Anlage heute in Trümmern liegt, finden sich zahlreiche Pilger am hiesigen **Dargah des Miran Sayeed Hussein Khangsawar** ein, einem der gewiss seltenen Schreine dieser Welt, die einem Steuerbeamten gewidmet sind. Muhammad von Ghors höchster Finanzbeamter zählte zu den vielen Opfern der rajputischen Attacke von 1202, als nach einer der wenigen Niederlagen der Festung ihre gesamte moslemische Besatzung den Tod durch das Schwert fand.

Zum Taragarh gelangt man am besten im Rahmen einer **Wanderung** auf dem antiken gepflasterten Pfad von Ajmer her (rund 1 1/2 Std.), von dem sich herrliche Ausblicke über die Ebenen und die umliegenden Berge eröffnen. Man kann aber auch mit einem **Jeep** (Rs50) hinfahren – Abfahrt hinter dem Plaza Cinema am Diggi Chowk, westlich vom Bahnhof. Unbedingt alle Silben deutlich artikulieren („Ta-ra-garh-Jeeps"), denn sonst landet man vielleicht am Haupteingang des Khwaja Sahib Dargah.

Soniji-ki-Nashiya

Zu Ajmers bizarrsten Sehenswürdigkeiten gehört der Spiegelsaal Soniji-ki-Nashiya neben dem Jain-Tempel. Wegen der Farbe des Sandsteins wird er auch „Roter Tempel" genannt. Die in den 1820er-Jahren im Auftrag eines Diamantenmagnaten aus Ajmer errichtete Halle erinnert an das Leben des Rishabha (auch Adinath), des ersten *tirthankara* der Jains. Der das Auge blendende Saal, der eine Tonne Gold enthält, zeigt wie ein riesiges plastisches Schaubild eine gewaltige Prozession von Soldaten und Elefanten, die den *tirthankara,* als er noch ein Kind war, von Ayodhya zum Berg Sumeru trugen, damit er dort gesegnet werden konnte. ⌚ tgl. 8.30–17.30 Uhr, Eintritt Rs20. Den Tempel nebenan dürfen nur Jains betreten.

Übernachtung

Da die Hotels in Ajmer nicht gerade preiswert sind, ist es besser, in Pushkar abzusteigen und nur einen Ausflug hierher zu machen. Die billigeren Hotels haben normalerweise 24-Std.-Checkout. Zur Urs Mela (s. Kasten S. 221) platzen sämtliche Hotels aus allen Nähten.

Ajmeru, abseits der Prithviraj Marg, gleich hinter dem Kotwali Gate, ☎ 0145/243 1103, 💻 www.hotelajmeru.com. Das behagliche moderne Hotel bietet mit das beste Preis-Leistungs-Verhältnis der Stadt. Helle, saubere und gut in Schuss gehaltene Zimmer mit Ventilator, *air-cooler* und AC. ❸–❹

Embassy, Jaipur Rd, ☎ 0145/242 5519, 💻 www.hotelembassyajmer.com. Nettes, modernes Dreisternehotel. Alle Zimmer mit AC, TV und Minibar; beherbergt außerdem das gute Restaurant Silver Leaf (S. 225). ❺

Jannat, Dargah Basar, nahe Nizam Gate, ☎ 0145/243 2494, 💻 www.ajmerhoteljannat.com. Einen Steinwurf vom Dargah Khwaja Sahib entfernt und das beste Hotel in dieser Gegend. Do und Fr schnell ausgebucht. Unterschiedliche Zimmer, alle modern und sauber, z. T. mit AC.

Historie und Hausmannskost

Haveli Heritage Inn, Kutchery Rd, Phul Nawas, ☎ 0145/262 1607, 💻 www.haveliheritageinn.com. In einem alten Haus aus den 1870er-Jahren, das einst als Hauptquartier der Kongresspartei diente – sowohl Nehru als auch Ghandi haben sich hier aufgehalten. Hört sich großartiger an, als es eigentlich ist: Es handelt sich eher um eine Pension als um ein altes Haveli. Die eigentliche Attraktion sind die friedliche Atmosphäre und die gastfreundliche Familie, die das Hotel führt. Die Zimmer (*air-cooler* und AC) sind hell, geräumig und hübsch möbliert, außerdem gibt es köstliche Hausmannskost. ❸–❺

Auch gutes Restaurant und freundlicher Service. ❹–❺

Tip-Top, Cinema Rd, unweit des Diggi Basar, ✆ 0145/510 0241. Das beste Hotel im Umkreis des Busbahnhofs. Für Ajmer-Verhältnisse preiswert; gemütliche Zimmer mit oder ohne AC, alle mit Bad. ❷–❹

Essen

In keinem der nachstehend genannten Restaurants wird Alkohol ausgeschenkt; wer etwas Alkoholisches möchte, muss einen Bottle Shop suchen oder es über den Zimmerservice im Hotel probieren.

Elite, Station Rd. Zuverlässiges veg. Restaurant, serviert bezahlbare Currys und *thalis* (Rs50–90), dazu ein paar veg. chinesische, westliche und südindische Gerichte. Das Essen wird entweder im Speisesaal oder an einem Tisch im Garten serviert. Das ein paar Häuser weiter nördlich gelegene Restaurant **Honey Dew** ist ganz ähnlich.

Madeena Hotel, Station Rd. Moslemisches Lokal, in dem sehr leckere nicht veg. Mogul-Currys zubereitet werden, meistens mit „mutton" (d. h. Ziegenfleisch), in großen oder kleinen Portionen (Rs40–80) mit frisch gebackenem Brot aus dem Tandoor. Auch Hühnchen-, Eier- und veg. Gerichte.

Mango Masala, Sardar Patel Marg. Das angesagte Lokal hat Pizza, Snacks, veg. Burger, Salate, Mixgetränke, aber auch veg. Tagesgerichte und *thalis* sowie viele *paneer*-Currys. Hauptgerichte Rs60–145.

Silver Leaf Embassy Hotel, Jaipur Rd. Ruhiges veg. Restaurant mit einer großen Auswahl an Currys (die meisten um Rs70–120) sowie einer Reihe chinesischer und westlicher Gerichte, Snacks und Frühstücksgedecke.

Sonstiges

Geld

Es gibt Geldautomaten der **State Bank of India** gegenüber von der Hauptpost in der Prithviraj Marg und bei der Touristeninformation, einen Automaten der **Bank of Baroda** zwischen den Restaurants Elite und Honey Dew sowie **ICICI**- und **HDFC**-Geldautomaten an beiden Enden der Sardar Patel Marg (die Straße, in der sich das Restaurant Mango Masala befindet).

UAE Money Exchange, 10 Sardar Patel Marg, wechselt Bargeld und Reiseschecks, ◷ Mo–Sa 9–13.30 und 14–19 Uhr.

Gepäckaufbewahrung

Eine 24 Std. geöffnete Gepäckaufbewahrung befindet sich direkt gegenüber der Touristeninformation im Bahnhof.

Informationen

RTDC-Touristeninformationen gibt es in der Nähe der Haltestelle der staatlichen Busse neben dem RTDC Hotel Khadim, ✆ 0145/262 7426, ◷ Mo–Sa 10–17 Uhr; und am Bahnhof, gleich hinter dem kleineren, südlich gelegenen Eingang; kein Telefon, ◷ tgl. 9–17 Uhr.

Internet

Satguru, 61 Kutchery Rd, nahe Haveli Heritage Inn; Rs20 pro Std., ◷ tgl. 9–22 Uhr; und 10 Sardar Patel Marg, Rs20 pro Std., ◷ tgl. 11–21 Uhr.

Transport

Busse

Der **staatliche Busbahnhof** mit Verbindungen zu zahlreichen Zielen liegt an der Jaipur Road, ✆ 0145/242 9398, rund 2 km nordöstlich der Innenstadt. Zwischen beiden verkehren Motor-Rikschas für rund Rs40. Busse nach PUSHKAR (30 Min.) fahren hier bis gegen 21 Uhr ungefähr viertelstündlich ab. Die meisten Reisenden besuchen Ajmer als Tagesausflug von Pushkar aus. Allerdings fahren die zwischen Pushkar und Ajmer verkehrenden Busse nicht mehr durchs Zentrum von Ajmer, sodass man vom Busbahnhof entweder eine Rikscha nehmen oder zu Fuß in die Stadt laufen muss und später wieder zurück. Sitzplätze in **Privatbussen** – oft mit Anschlussverbindungen von Pushkar – kann man bei den Reisebüros in der Kutchery Road, Richtung Prithviraj Marg, reservieren.

Eisenbahn

Ajmers **Bahnhof**, ✆ 0145/243 2535, befindet sich mitten im Stadtzentrum. Ajmer liegt an der Eisenbahnlinie Delhi–Ahmedabad. Im 1. Stock

Empfohlene Zugverbindungen ab Ajmer

Folgende Züge sind die schnellsten und/oder zeitlich günstigsten zu bestimmten Städten.

Ziel	Name	Nr.	Abfahrt	Ankunft
Abu Road	Ahmedabad Mail	19106	06.50 Uhr (tgl.)	11.45 Uhr
	Aravali Express	19708	11.25 Uhr (tgl.)	17.00 Uhr
Agra	Sealdah Express	12988	12.45 Uhr (tgl.)	19.30 Uhr
Alwar	Ajmer Shatabdi	12016	15.50 Uhr (tgl.)	19.30 Uhr
	Jammu Tawi Express	12413	14.15 Uhr (tgl.)	18.38 Uhr
Chittaurgarh	Udaipur Express	12992	16.15 Uhr (tgl.)	19.15 Uhr
	Ratlam Express	19654	13.25 Uhr (tgl.)	17.05 Uhr
Jaipur	Ajmer Shatabdi	12016	15.50 Uhr (tgl.)	17.45 Uhr
	Jaipur Express	19655	06.55 Uhr (tgl.)	09.25 Uhr
	Aravali Express	19707	16.23 Uhr (tgl.)	18.45 Uhr
Jodhpur	Fast Passenger Train	54802	14.30 Uhr (tgl.)	19.30 Uhr
New Delhi	Ajmer Shatabdi	12016	15.50 Uhr (tgl.)	22.40 Uhr
	Rajdhani Express	12957	00.55 Uhr (tgl.)	07.25 Uhr
Udaipur	Udaipur Express	12992	16.15 Uhr (tgl.)	21.30 Uhr

des Südflügels des Bahnhofs gibt es eine computerisierte Reservierungshalle. Man muss früh dort sein, um langes Anstehen zu vermeiden. Gegen einen geringen Aufpreis besorgen auch Reisebüros die Fahrkarten.

Pushkar

Nach der Überlieferung wurde das 15 km nordwestlich von Ajmer gelegene Pushkar geboren, als der Schöpfergott Brahma eine Lotusblüte *(pushpa)*, die er in seinen Händen *(kar)* hielt, fallen ließ. An den drei Stellen, wo die Lotusblätter zu Boden fielen, entsprang wundersamerweise mitten in der Wüste Wasser, das drei kleine blaue Seen bildete. Daraufhin berief Brahma am Ufer des größten Sees eine Versammlung von 900 000 himmlischen Wesen ein – das gesamte hinduistische Pantheon. Der von weiß getünchten Tempeln und Badeghats umgebene See ist heute eine von Indiens heiligsten Stätten.

Da das Seewasser während der Glück verheißenden Vollmondphase im Okt/Nov (Jahrestag des Göttertreffens) die Seele von sämtlichen Befleckungen reinigen soll, strömen an diesen Tagen unzählige Pilger aus dem gesamten Land zusammen. Überdies nehmen die rajasthanischen Landbewohner das religiöse Fest zum Anlass, ihr Zuchtvieh nach Pushkar zum größten **Kamelmarkt** *(unt mela)* der Welt zu treiben, bei dem über 150 000 Händler, Schaulustige und Touristen die Dünen westlich des Sees belagern.

Tempel

In Pushkar und der näheren Umgebung gibt es über 500 Tempel. Manche, beispielsweise der prächtige **Vishnu Mandir**, dürfen ausschließlich von Hindus betreten werden. Die Hauptkammer von Pushkars wichtigstem Tempel **Brahmaji Mandir**, einem der wenigen Brahma geweihten Tempel Indiens, beherbergt eine viergesichtige Brahma-Statue. Die erhöht auf einer Terrasse im Zentrum des Hofes stehende Kammer wird auf drei Seiten von kleineren Nebenschreinen umringt, von deren Flachdächern der Blick westwärts über die Wüste zum auf einem nahen Hügel gelegenen **Savitri Mandir** wandert.

Der einstündige Aufstieg zum Gipfel dieses Hügels, den man am besten abends unternimmt, um zum Sonnenuntergang oben zu sein, wird durch unvergleichliche Ausblicke auf die ringsum von Wüste umgebene Stadt belohnt. Der Tempel an sich ist modern, aber die Statue von Savitri soll aus dem 7. Jh. stammen. Auch vom **Gayitri-Tempel** (Pap Mochini Mandir) auf einem Hügel im Osten der Stadt, bietet sich ein herrlicher Blick, vor allem bei Sonnenaufgang.

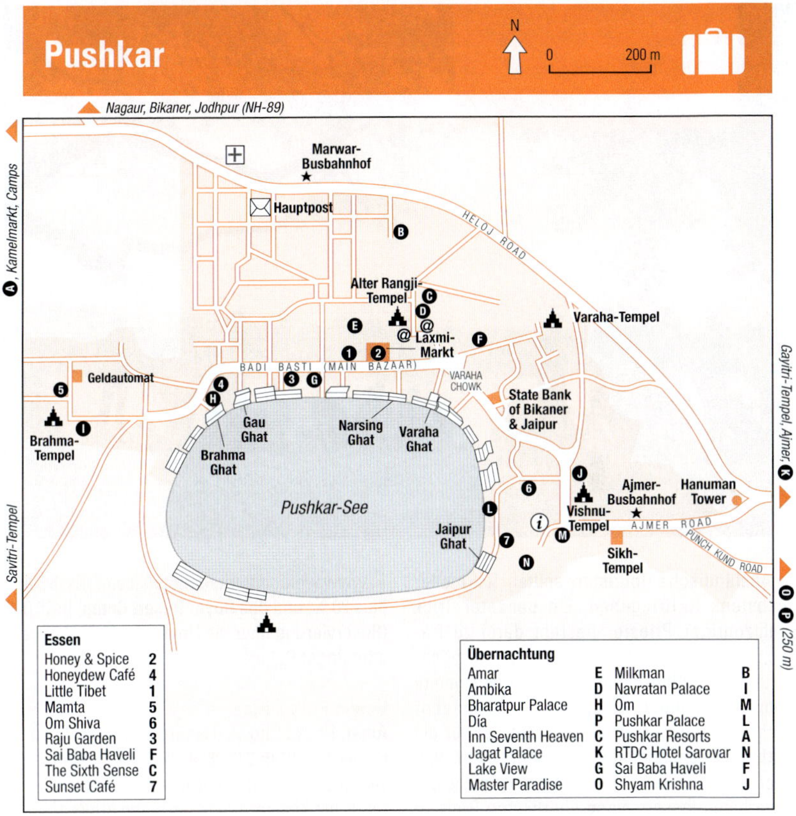

Der See und die Ghats

Der Pushkar-See wird von 52 *ghats* (Treppen) gesäumt – eine für jeden rajasthanischen Maharadscha, der sich vor Ort ein eigenes Ferienhaus bauen ließ. Die zuweilen als Main Ghat bezeichnete **Gau Ghat** ist die Stätte, an der die Asche Mahatma Gandhis, Jawaharlal Nehrus und Shri Lal Bahadur Shastris in den See gestreut wurde. An der **Brahma Ghat** soll Brahma selbst ein Opferritual vollzogen haben, und an der größeren **Varaha Ghat** in der Nähe des Marktplatzes soll Vishnu in Form der dritten seiner neun irdischen Inkarnationen erschienen sein, nämlich als *varaha* (Wildschwein). An allen *ghats* müssen Besucher aus Gründen des Respekts in angemessener Entfernung zum See die Schuhe ablegen und sollten weder rauchen noch fotografieren.

Brahmanische Priester halten sowohl Inder als auch westliche Touristen dazu an, am See die **Pushkar Puja** zu vollziehen. Dazu gehören die wiederkehrende Rezitation von Gebetsformeln, das Ausstreuen von Rosenblättern in den See und nicht zuletzt eine Spende. Als sichtbares Zeichen für die Ableistung der *puja* nimmt ein Tempeldiener ein rotes Tempel-Band, das er dem Wallfahrer ums Handgelenk bindet. Dieser „Pushkar-Pass" stellt sicher, dass man nicht länger von aufdringlichen Priestern angesprochen wird, sondern ungehindert an den *ghats* entlang spazieren kann.

Am Pushkar-See soll der Schöpfergott Brahma einst alle hinduistischen Gottheiten versammelt haben.

Ausländische Touristen sollten Rs51 oder höchstens Rs101 geben. Ein beliebter Trick schlitzohriger Priester besteht darin zu fragen, wie viel der Besucher bezahlen möchte, und daraufhin einen Segen für bestimmte Familienmitglieder zu sprechen. Dann aber reicht der angegebene Betrag plötzlich für die restlichen Familienmitglieder nicht mehr. Von solchen Tricks sollte man sich aber nicht dazu verleiten lassen, einen überhöhten Preis zu bezahlen.

Übernachtung

Die Preise steigen zum **Kamelmarkt** bis auf das Fünffache an. Für diese Zeit sollte man Zimmer so weit wie möglich im Voraus buchen. Aber wer früh morgens ankommt und ein wenig sucht, müsste auch zur Zeit des Marktes selbst noch ein Zimmer finden. Die RTDC richtet für den Kamelmarkt in der Nähe des Festgeländes mehrere Zeltlager ein, in denen man die Wahl zwischen Mehrbettunterkünften (Rs400), Luxuszelten ❾ oder Hütten mit Du/WC ❹ hat – Infos in der Touristeninformation oder auf 💻 www.rajasthantourism.gov.in. Zusätzliche Luxuszelte bieten das **Royal Camp** (Reservierung über WelcomHeritage, ✆ 0291/257 2321, 💻 www.welcomheritagehotels.com), Rs16 500 plus 20 %, und das **Royal Desert Camp**, Rs10 000 (Reservierung über die Hotels Pushkar Palace oder Jagat Palace).

Untere Preisklasse

Amar, Holika Chowk (Hintereingang am Main Bazaar), ✆ 0145/277 2809, ✉ amar-hotel@yahoo.com.in. Sehr zentral, aber angenehm ruhig, mit Zimmern rund um einen großen Garten. Die Zimmer (mit Ventilator, *air-cooler* oder AC) sind allerdings enttäuschend schäbig. ❶–❹

Ambika, gegenüber dem Old Rangji Temple, ✆ 0145/277 3154. Mitten im Getümmel, mit einfachen, aber billigen und sauberen weiß getünchten Zimmern, alle mit Bad, einige mit Blick auf die Straße darunter – gutes Ambiente, wenn auch etwas laut. Recht günstig während des Kamel-markts. ❶

Bharatpur Palace, Main Bazaar, ✆ 0145/277 2320, ✉ bharatpurpalace_pushkar@yahoo.co.in. Ein bisschen einfach und fürs Gebotene zu teuer, aber in wundervoller Lage direkt am See. Aus einigen Zimmern Blick auf die *ghats*. Ein paar Zimmer haben AC, die billigeren Gemeinschaftsbad. ❶–❹

Lake View, Main Bazaar, ✆ 0145/277 2106, 💻 www.lakeviewpushkar.com. Einfache, etwas überteuerte Zimmer, einige ohne Bad, teurere mit AC. Traumhafte Aussicht über den See von der Terrasse und vom Dachterrassen-Restaurant – das Essen ist allerdings nichts Besonderes. ❶–❹

Milkman, Maili Mohalla, ✆ 0145/277 3452. Kleines Hotel in Familienbesitz, versteckt in einer Nebenstraße gelegen. Gemütliche, gepflegte Zimmer (Ventilator, *air-cooler* oder AC; z. T. mit Gemeinschaftsbad), hübsches Dachgartencafé und Terrasse. Guter Deal. ❶–❸

Navratan Palace, nahe dem Brahma-Tempel, ✆ 0145/277 2145, 💻 www. hotelspushkar.net/hotel_navaratan_palace_pushkar.htm. Eher für indische Gäste gedacht. Modernes Hotel mit tadellosen Zimmern (z. T. mit AC), gepflegten Grünanlagen und einem der besten Pools der Stadt (Besucher Rs50). Ausgezeichnetes Preis-Leistungs-Verhältnis. ❷–❸

Om, Ajmer Rd, ✆ 0145/277 2672, 💻 www.hotelompushkar.co.cc. Angenehm ruhiges Hotel mit einer großen Auswahl unterschiedlicher, recht preisgünstiger Zimmer mit Bad (Ventilator, *air-cooler* oder AC), Garten und nettem kleinem Pool. Günstig während des Kamelmarkts. ❶–❸

Sai Baba Haveli, abseits Varaha Chowk, ✆ 0145/510 5161, ✉ lola_singh_modiano@hotmail.com. Von einem französisch-indischen Paar geführt. Unterschiedliche Zimmer mit Ventilator und Bad in einem reizenden alten Haus mit einem gemütlichen Innenhof. Hat auch ein gutes Restaurant (S. 230). ❷–❸

Shyam Krishna Guest House, Main Bazaar, Nähe Vishnu-Tempel, ✆ 0145/277 2461. Attraktives, ruhiges Gästehaus mit unterschiedlichen Zimmern (z. T. mit Gemeinschaftsbad) rund um einen Garten, auf einem schönen ehemaligen Tempelgelände. Hervorragendes Preis-Leistungs-Verhältnis, besonders während der Kamelmesse. ❶–❷

Mittlere und obere Preisklasse

Día, neben dem Masters Paradise Resort, Panch Kund Rd, ✆ 0145/277 2585, 💻 www.inn-seventh-heaven.com. Kleines, vom Eigentümer des Inn Seventh Heaven eröffnetes Gästehaus mit nur 4 schön möblierten Zimmern in ruhiger Lage am Ortsrand, rund 500 m vom Ajmer-Busbahnhof. ❺

Jagat Palace, Ajmer Rd, ✆ 0145/277 2953, 💻 www.hotelpushkarpalace.com. Gut gemanagtes Luxushotel in etwas ungünstiger Lage am Stadtrand. Teilweise aus Mauerresten eines alten Forts erbaut, mit Wandmalereien und stilvoller Ausschmückung. Herrliche Aussicht, riesiger Pool, Sauna, Whirlpool und Garten. ❼

Master Paradise, Punch Kund Rd, ✆ 0145/277 3933, 💻 www.masterparadise.com. Makellos sauberes, gepflegtes 3-Sterne-Hotel in ruhiger Lage etwas außerhalb, mit hübschem Garten, Pool, Dampfbad und Jacuzzi. ❺–❻

Pushkar Palace, ✆ 0145/277 3001, 💻 www.hotelpushkarpalace.com. In einem malerischen ehemaligen Maharadscha-Palast mit Blick auf den See. Die gesamte Anlage mit ihren altmodischen Zimmern (die meisten mit Seeblick) und einem hübschen Hofgarten besitzt eine Menge Charme. Die Preise sind allerdings recht gesalzen – und während des Kamelmarkts exorbitant. Zimmer ab ❽

Pushkar Resorts, Motisar Rd, Ganehara, ✆ 011/2649 4531, 💻 www.sewara.com. Modernes Resort, ungünstige Lage, 5 km weit draußen in der Wüste. 40 schicke AC-Chalets inmitten von Gärten und ein nierenförmiger Pool. Das hauseigene Restaurant ist weit und breit das einzige, das Fleisch und Alkohol hat. Vorabbuchung empfohlen. ❻–❼

RTDC Hotel Sarovar, ✆ 0145/277 2040, 💻 http://rtdc.in/sarover.htm. Staatlich geführtes Hotel, ein bisschen unpersönlich, aber in

Die Mischung macht's

Inn Seventh Heaven, Chhoti Basti, ✆ 0145/510 5455, 💻 www.inn-seventh-heaven.com. Schönes Hotel in einem eleganten alten Haveli. Eine gelungene Mischung aus traditionellen und zeitgenössischen Stilen, mit von Weinblättern umrankten Balkonen rund um einen weitläufigen Hof und einer Reihe liebevoll möblierter Zimmer. Ausgezeichnetes Preis-Leistungs-Verhältnis. ❷–❺

hübscher Lage am See. Schöner Garten und Pool, geräumige, auf angenehme Art altmodische Zimmer (*air-cooler* oder AC; die billigsten mit Gemeinschaftsbad). ❸–❺

Essen

Da Pushkar dem Schöpfergott Brahma geweiht ist, sind alle Speisen innerhalb der Stadtgrenzen streng vegetarisch: Fleisch, Eier und Alkohol sind verpönt. Die süße Spezialität von Pushkar ist *malpua,* im Grunde ein in Sirup gebackenes *chapatti.* Es wird in „sweetshops" überall in der Stadt sowie in der Halwai Gali, der Straße direkt gegenüber der Gau Ghat, verkauft.

Honey & Spice, Laxmi Market, Main Bazaar. Etwas fantasievoller als die durchschnittlichen Backpacker-Cafés von Pushkar. Kleine, aber feine Speisekarte mit leckeren veg. Vollwert-Gerichten (Rs40–75), außerdem Säfte, Lassis und Spezialtees. Gutes Frühstück. Schließt um 19 Uhr.

Honeydew Café, Main Bazaar, nahe dem Hotel Bharatpur Palace. Winziges Lokal aus der Hippie-Ära. Tischt immer noch ordentliches Frühstück auf, vor allem für Liebhaber von Filterkaffee, und auch die Pasta (Rs40–70) ist nicht schlecht.

Little Tibet, Payal Guest House, Main Bazaar. Das schöne Gartenrestaurant unter einem riesigen Baum hat recht gute tibetische und indische Küche sowie die übliche Mischung aus pseudo-italienischen, -israelischen und -mexikanischen Touristengerichten. Dazu gibt's die unvermeidliche Chillout-Musik und einen noch relaxteren Service. Hauptgerichte Rs50–170.

Mamta, nahe dem Brahma-Tempel. Die kulinarische Anlaufstelle vieler indischer Pushkar-Besucher, denn hier werden die besten veg. Currys (Rs60) der Stadt zubereitet. Was auf den Tisch kommt, hängt davon ab, welches Gemüse gerade Erntezeit hat, aber die Auswahl ist immer gut.

Om Shiva, in der Gasse, die vom Main Bazaar zum Pushkar Palace führt. Das beste der verschiedenen Buffet-Angebote in Pushkar, angesichts des Preises von Rs70 ein fantastisches Schnäppchen. Vorsicht: Es gibt Nachahmer mit ähnlichem Namen!

Saisonale Frische

The Sixth Sense, im obersten Geschoss des Inn Seventh Heaven. Stilvolles Café-Restaurant, einladende Alternative zu den etwas schäbigen Backpacker-Cafés von Pushkar, mit kleinem, aber sorgfältig ausgewählten Angebot an indischen und italienischen Gerichten aus frischen saisonalen Zutaten, dazu Snacks, frische Säfte und Frühstück. Hauptgerichte Rs40–120.

Raju Garden, Main Bazaar. Überdurchschnittlich gutes indisches, chinesisches und westliches Essen in wunderbarer Lage am See. Besonders berühmt für seine veg. *shepherd's pie* und Backkartoffeln, serviert aber auch eine ordentliche Auswahl an veg. Currys. Hauptgerichte Rs40–80.

Sai Baba Haveli, abseits Varaha Chowk. Hat die üblichen veg. Currys (Rs50–80), tolle Pasta und die beste Pizza (Rs60–110) in Pushkar (der Tandoor dient gleichzeitig als Pizzaofen). Es gibt Tische vorm Haus und im Garten, wo es sich angenehmer sitzt. Samstags um 20 Uhr werden Rajasthani-Tänze aufgeführt, dann gibt es ein ausgezeichnetes Buffet für Rs150.

Sunset Café, am Ostufer des Sees in der Nähe des Pushkar Palace. Ein idealer Platz zum Genießen des legendären Sonnenuntergangs über dem See, dann meist voll. Hat eine beachtliche Auswahl an Säften, Lassis und Shakes sowie die üblichen italienischen, mexikanischen, tibetischen und chinesischen Gerichte. Hauptgerichte Rs50–120.

Sonstiges

Einkaufen

Auch wenn Pushkar kein eigentliches Kunsthandwerkszentrum ist, lassen sich hier gute Souvenirs einkaufen, und die Geschäfte liegen nahe beieinander im Main Bazaar. Abgesehen von Hippie-Klamotten, T-Shirts und Silberschmuck werden auch Rajasthani-Textilien, Räucherstäbchen usw. angeboten. Neue und gebrauchte Bücher gibt es in einigen Läden im Main Bazaar, gleich südlich des Varaha Chowk.

Fahrradverleih

Malakar Bicycle Shop, beim Ajmer-Busbahnhof (das pinkfarbene Geschäft ohne Schild neben EKTA Travels), vermietet einfache Fahrräder für Rs25 pro 24 Std.

Geld

Sehr praktisch ist der **Geldautomat** der State Bank of Bikaner & Jaipur in der Nähe des Brahma-Tempels. Bargeld oder Reiseschecks tauschen Dutzende von Wechselstuben am Main Bazaar ein. Zwei bewährte Adressen sind das Büro von **Thomas Cook** gegenüber vom Gästehaus Shyam Krishna, ◷ Mo–Sa 9.30–18.30 Uhr, und **Mantri Forex** am Main Bazaar ein paar Türen östlich des Laxmi Market, beim Café Honey & Spice, ◷ tgl. 9–20 Uhr. Beide tätigen auch Barauszahlungen auf Visa- und MasterCard-Karten.

Informationen

Die **Touristeninformation**, ✆ 0145/277 2040, befindet sich in günstiger Lage gleich im Haupteingangsbereich des RTDC-Hotels Sarovar, ◷ tgl. 10–17 Uhr, während des Kamelmarkts 24 Std.

Internet

Die zahlreichen kleinen, über die Stadt verteilten Internetlokale verlangen ungefähr Rs30 pro Std. – darunter das gut ausgestattete **New Cyber Space** in der Straße in der Nähe des Old Rangji-Tempels und **KK Internet**, gegenüber.

Kamelsafaris

Zahlreiche Veranstalter in der Stadt bieten kurze Kamelritte sowie Kamelsafaris (auch mit Übernachtung) in die Wüste rings um Pushkar an. **EKTA Travels** (S. 232) bietet Kamelritte für rund Rs130 pro Std.

Medizinische Hilfe

Government Hospital, gegenüber der Hauptpost in der Nähe des Marwar-Busbahnhofs, ✆ 0145/277 2029.

Motorradverleih

Gleich östlich des Ajmer-Busbahnhofs gibt es mehrere Verleiher von Motorrollern und Motorrädern (rund Rs100–200 pro Tag).

Polizei

Neben der Hauptpost, ✆ 0145/277 2046.

Kartika Purnima und der Kamelmarkt von Pushkar

Das ganze Jahr über kommen Hindus nach Pushkar, um in dem heiligen See zu baden, doch nur am Vollmondtag *(purnima)* des Monats Kartika (meistens im November) wäscht ein Tauchbad die Gläubigen von allen Sünden rein: An den fünf Tagen vor und zum Vollmond selbst finden sich Tausende Gläubige ein, die am Seeufer und im Brahma-Tempel die vorgeschriebenen Rituale vollziehen. Zur selben Zeit findet westlich der Stadt ein großer, einwöchiger **Kamelmarkt** statt, zu dem sich Herdenbesitzer aus ganz Rajasthan zusammenfinden, um Handel zu treiben, ihre Tiere vorzuführen oder an Wettrennen teilnehmen zu lassen.

Nachdem die Ernte sicher eingebracht und das überzählige Vieh verkauft worden ist, haben die Landbewohner in diesen kurzen Tagen endlich einmal ein wenig Geld übrig, um sich zu amüsieren, was eine unbeschwerte und heitere Stimmung schafft, die auf anderen Tiermärkten Rajasthans gewöhnlich nicht zu spüren ist. Hier finden auch Kamelrennen, Bartwettbewerbe und ein beliebter Jahrmarkt mit einer auffälligen Reihe großer Riesenräder statt. Wenn man die Kamele und traditionellen Trachten der Einheimischen sehen möchte, empfiehlt es sich, an den ersten zwei oder drei Tagen des Marktfestes zu kommen; am Ende der Festwoche sind die meisten Tiere verkauft, und die meisten Händler haben sich bereits auf den Heimweg gemacht. Gut ist auch der Tag vor dem offiziellen Beginn des Marktes: Dann sind schon fast alle Händler und Tiere da, aber noch relativ wenige Touristen.

Termine der nächsten Kamelmärkte: 2.–10. Nov 2011, 20.–28. Nov 2012 und 9.–17. Nov 2013.

Post

Hauptpost, im Norden der Stadt in der Nähe des Marwar-Busbahnhofs, ⌚ Mo–Sa 9–17 Uhr.

Reisebüros

EKTA Travels hat die Vertretung von Indian Railway in Pushkar und kann gegen eine Gebühr von Rs40 Fahrkarten für die Abfahrt von jedem Bahnhof in Indien besorgen sowie Flugtickets buchen, stornieren oder rückbestätigen. Büros am Marwar-Busbahnhof, ✆ 0145/277 2131, und am Ajmer-Busbahnhof, ✆ 0145/277 2888.

Tanz

Das **Colleena Shakhti Dance Center**, 💻 www.colleenashakti.com, im alten Rangji-Tempel, veranstaltet Intensivkurse im Odissi-Tanz, einem klassischen Tanzstil aus Orissa, sowie Kurzunterricht in verschiedenen anderen Stilen.

Wäschereien

Chhotu, unweit des Varaha Chowk. Wer die Wäsche früh herbringt, kann sie noch am selben Tag wieder abholen. ⌚ tgl. 7–20.30 Uhr.

Yoga und Meditation

Der erfahrene Yoga-Lehrer Yogesh Yogi leitet intensive Yoga- und Meditationskurse (3–30 Tage) im ruhigen Pushkar Yoga Garden, Vamdev Rd, gegenüber vom Ajmer Bus Stand, hinter dem Sikh-*gurudwara*, ✆ 9828/279835, 💻 www.pushkaryoga.org.

Transport

Pushkar besitzt keinen Bahnhof. Die meisten Langstreckenreisen müssen über Ajmer erfolgen, selbst per Bus. Empfehlenswerte Zugverbindungen von Ajmer s. S. 226.

Busse

Der **Ajmer-Busbahnhof** im Osten der Stadt wird von Regionalbussen aus Ajmer bedient,

Brahma, Savitri und Gayitri

Obwohl **Brahma**, der Schöpfer, zusammen mit Vishnu, dem Bewahrer, und Shiva, dem Zerstörer, zum Triumvirat der wichtigsten Hindu-Gottheiten gehört, ist seine Bedeutung seit der vedischen Ära geschwunden. Die Geschichte, die hinter dem Brahmaji-Tempel in Pushkar steht, bietet eine Erklärung dafür und unterstreicht zugleich die Bedeutung der beiden hiesigen, nach Brahmas Gemahlinnen Savitri und Gayitri benannten Tempel.

Laut dieser Geschichte wollte Brahma eine Flussgöttin namens **Savitri** heiraten, und zwar anlässlich eines Opferrituals, genannt *yagna,* das zu einem ganz bestimmten, astrologisch günstigen Zeitpunkt zelebriert werden musste. Aber Savitri war so sehr damit beschäftigt, sich für die Zeremonie hübsch zu machen, dass sie nicht rechtzeitig erschien. Da der Schöpfergott aber ohne Frau das *yagna* nicht im Glück verheißenden Moment vollziehen konnte, musste er sich eine andere Gemahlin suchen. Die einzige unverheiratete Frau, die man finden konnte, war ein Hirtenmädchen namens **Gayitri** aus der Kaste der unberührbaren Gujar. Die Götter unterzogen sie einem Reinigungsritual, indem sie sie „durch den Mund einer Kuh" schickten *(gaya* bedeutet „Kuh", *tri* heißt „hat durchschritten"). Als das Ritual begonnen hatte, traf plötzlich Savitri ein, die darüber, dass Brahma eine andere Frau geheiratet hatte, so erzürnt war, dass sie ihn mit dem Fluch belegte, fortan einzig und allein in Pushkar Verehrung genießen zu dürfen. Außerdem verkündete sie, dass die Angehörigen der Gujar-Kaste nach dem Tode nur noch dann Erlösung finden würden, wenn ihre Asche im Pushkar-See verstreut würde – ein Glaube, der bis heute Bestand hat. Danach zog sie sich auf den höchsten Berg über der Stadt zurück. Um Savitri zu besänftigen, wurde ausgemacht, dass sie ihren eigenen Tempel dort oben bekommen sollte, Gayitri dagegen auf dem niedrigeren, gegenüberliegenden Berg am Ostufer des Sees, und dass Savitri immer vor Gayitri die Ehre erwiesen werden sollte. Und genau so machen es die Pilger bis heute: Zuerst wird der Tempel von Savitri besucht, dann der von Gayitri.

während Anreisende von ferneren Zielen wie Delhi, Jaipur, Jodhpur und Bikaner (die meisten dieser Busse halten unterwegs in Ajmer) am **Marwar-Busbahnhof** im Norden der Stadt eintreffen. Da in Pushkar nur sehr wenige Fahrrad-Rikschas und keine Motor-Rikschas zur Verfügung stehen, muss man wahrscheinlich zu Fuß zum Hotel gehen.
Staatliche und private Intercity-Busse fahren vom **Marwar-Busbahnhof**, ✆ 0145/242 9398, nach BIKANER (9x tgl., 6 1/2 Std.), BUNDI (2x tgl., 5 Std.), DELHI (5x tgl., darunter 3 Nachtbusse mit Liegesitzen, 10–11 Std.), JAIPUR (8x tgl., 3 1/2 Std.), JAISALMER (2 Nachtbusse, 9 Std.), JODHPUR (1x tgl. plus 1 Nachtbus, 5 Std.). Nach UDAIPUR muss man in Ajmer umsteigen.
Nach AJMER (30 Min.) fahren jede Viertelstunde Busse vom Ajmer-Busbahnhof. Weitere Abfahrten von Ajmer s. S. 225. Von dort gibt es auch Anschlussbusse, aber es kommt oft vor, dass Leute, die eine Fahrkarte in einem Reisebüro in Pushkar gekauft haben, feststellen müssen, dass ihre Sitzplätze doppelt belegt wurden, wenn sie in Ajmer in den entsprechenden Bus steigen. Daher sollte man möglichst erst mal nur bis Ajmer fahren und dort die Weiterreise buchen. Vor allem Sitzplätze nach Delhi sind oft Tage im Voraus ausgebucht.

Jodhpur

Über Jodhpur, nach der Farbe seiner Altstadthäuser „blaue Stadt" genannt, wacht die mächtige Festung Meherangarh Fort, die spektakulärste Zitadelle in Rajasthan. Jodhpur war einst die bedeutendste Stadt von Marwar, Rajputanas größtem Fürstentum. Heute hat die Stadt rund eine Million Einwohner. Die meisten Touristen bleiben nur kurz in Jodhpur, um das Fort zu besichtigen; jedoch lohnt die Stadt auch durchaus einen längeren Aufenthalt. Wenn man sich durch das blaue Labyrinth der Altstadt treiben lässt, steht man unversehens vor moslemischen Färbern, Marionettenbauern und traditionellen Gewürzmärkten, und vor allem zum Sonnenuntergang ist Jodhpurs berühmte kubische Dachlandschaft ein Traum für Fotografen.

Geschichte

Die Entstehung des Königreichs Marwar geht auf das Jahr 1381 zurück, als Rao Chanda, Oberhaupt des Rajputenclans der Rathore, die Festung von Mandor (S. 241) überfiel und deren Herrscher, die Parihars, vertrieb. 1459 verlegte **Rao Jodha** die Hauptstadt Marwars vom wenige Kilometer entfernten ungeschützten **Mandore** an einen Ort, über dem ein massiver schroffer Felsen thronte, und benannte die neue Hauptstadt nach sich selbst. Das hoch gelegene Fort mit den mächtigen Befestigungsmauern erwies sich als nahezu unverwundbar, und schon bald sammelte die Stadt großen Reichtum durch den Handel an. Die Moguln schielten mit gierigen Blicken nach Jodhpur, doch da sie rasch erkannten, dass schlechte Aussichten auf eine Übernahme bestanden, entschlossen sie sich zu Friedensverhandlungen und untermauerten die neuen freundschaftlichen Bande 1561 durch die Verheiratung der Schwester des Marwar-Herrschers Udai Singh mit Akbar dem Großen.

Das 18. Jh. erlebte trotz der gemeinsamen Front gegen die Moguln viele blutige Schlachten zwischen Marwar, Mewar (Udaipur) und Jaipur. Gegen Ende des Jahrhunderts sah **Maharadscha Man Singh** sich von dem expandierenden Marathen-Reich im Süden bedroht und wandte sich schließlich 1818 hilfesuchend an die Briten. Der Vertrag, den er mit ihnen schloss – nicht unähnlich dem alten Arrangement von Marwar mit den Moguln –, sicherte dem Königreich seine innere Unabhängigkeit, es musste jedoch einen jährlichen Tribut an die East India Company entrichten. An den letzten Maharadscha vor der Unabhängigkeit, **Umaid Singh**, erinnert der mächtige Palast Umaid Bhawan. 1930 einigte der Maharadscha sich mit den Briten darauf, Marwar in ein unabhängiges Indien einzugliedern. Trotz des Verlustes ihres fürstlichen Status haben seine Erben einen großen Teil ihrer Reichtümer behalten und genießen überdies in Jodhpur nicht nur eine Menge Einfluss, sondern auch echten Respekt.

Orientierung

Die meisten Panoramen von Jodhpur werden vom mächtigen **Meherangarh Fort** beherrscht, das auf seinem riesigen Sandsteinsockel über der Stadt thront. Darunter kauern sich die Häu-

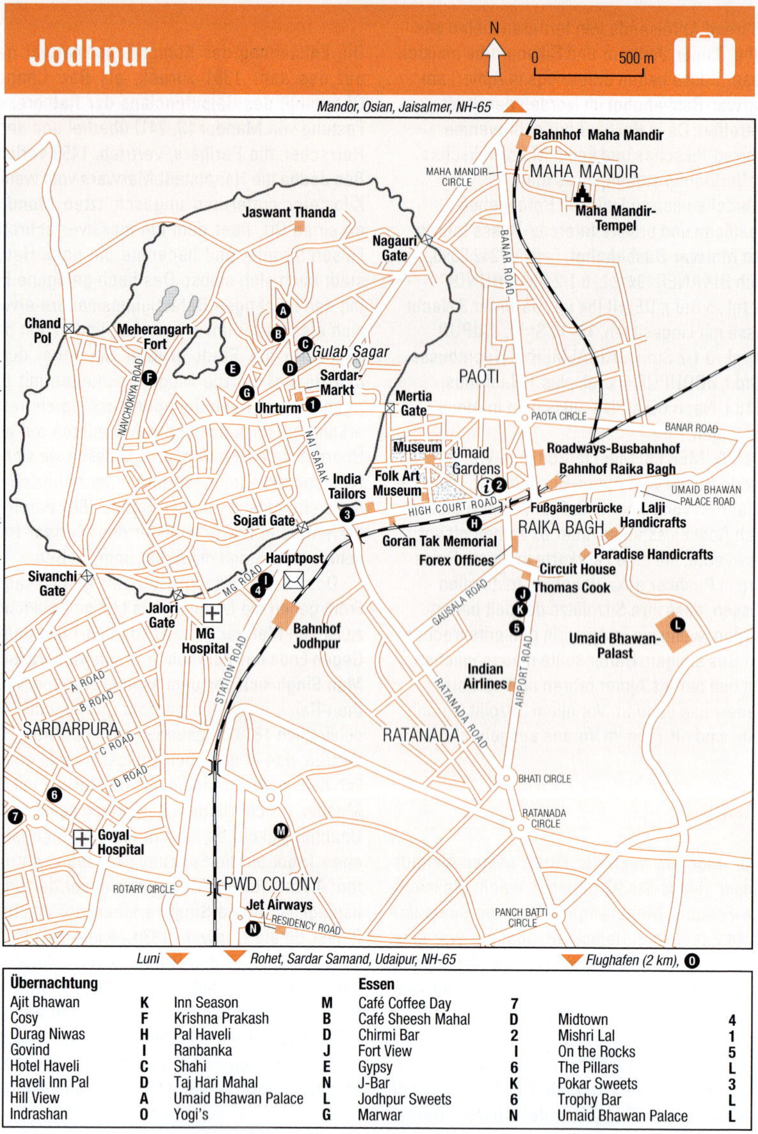

Übernachtung				**Essen**			
Ajit Bhawan	K	Inn Season	M	Café Coffee Day	7		
Cosy	F	Krishna Prakash	B	Café Sheesh Mahal	D	Midtown	4
Durag Niwas	H	Pal Haveli	D	Chirmi Bar	2	Mishri Lal	1
Govind	I	Ranbanka	J	Fort View	I	On the Rocks	5
Hotel Haveli	C	Shahi	E	Gypsy	6	The Pillars	L
Haveli Inn Pal	D	Taj Hari Mahal	N	J-Bar	K	Pokar Sweets	3
Hill View	A	Umaid Bhawan Palace	L	Jodhpur Sweets	6	Trophy Bar	L
Indrashan	O	Yogi's	G	Marwar	N	Umaid Bhawan Palace	L

ser der ummauerten **Altstadt** wie auf einem kubistischen Gemälde, zumeist blau getüncht, was der Stadt ihr einzigartiges Aussehen verleiht. Der blaue Anstrich war ursprünglich das Kennzeichen von Wohnungen hochkastiger Brahmanen und geht darauf zurück, dass der weißen Kalktünche Indigo beigemischt wurde, was als Schutz der Gebäude gegen Insekten und Sonneneinstrahlung im Sommer gedacht war. Die auffällige Farbe wurde zum Markenzeichen der Stadt, und heute gibt es sogar eine blau getünchte Moschee an der Straße vom Jalori Gate westlich des Forts.

Die **Basare** der Stadt, in denen die jeweiligen Branchen ihnen zugeordnete Bezirke haben, erstrecken sich von dem 1910 erbauten Sardar-Markt mit seinem hohen Uhrturm – einem ausgezeichneten Orientierungspunkt – in alle Richtungen. Die meisten Befestigungsanlagen auf der Südseite der Altstadt sind abgerissen worden, sodass die beiden Stadttore **Jalori Gate** und **Sojati Gate** heute einen ziemlich traurigen Anblick bieten.

1 HIGHLIGHT

Meherangarh Fort

Das Meherangarh Fort ist mit seiner überwältigenden Größe und Präsenz einer der denkwürdigsten Bauten in ganz Indien – ein uneinnehmbares Bollwerk mit hoch aufschießenden, fensterlosen Mauern, die direkt aus dem gewaltigen Felssockel herauszuwachsen scheinen. Der Aufstieg von der Altstadt zum Fort ist ziemlich steil, aber man erreicht das Fort auch per Taxi oder Motor-Rikscha über die Zufahrtsstraße vom Nagauri Gate her. Die großartige Audio-Tour dauert rund zwei Stunden. Man betritt die Festung durch das **Jai Pol** (oder Jey Pol), das erste von sieben Verteidigungstoren des Forts. Das sechste der sieben Tore, das **Loha Pol**, weist eine scharfe Biegung und noch schärfere Eisennägel auf, um das Eindringen von Kriegselefanten zu verhindern. An der Torwand prangen die Handabdrücke der Witwen des Maharadschas Man Singh. In Befolgung des rajputischen Ehrenkodexes starben sie 1843 auf dem Verbrennungshaufen ihres Ehemannes – die letzte Massen-*sati* von Frauen eines Marwari-Maharadscha.

Hinter dem letzten Tor, dem **Suraj Pol**, liegt der Krönungshof (Shangar Chowk), in dem die Maharadschas auf einem speziellen Marmorthron gekrönt werden. Vom Hof aus nach oben bietet sich eine gute Sicht auf die fantastischen *jali* (durchbrochenes Steinwerk), die nahezu alle Sandsteinwände überziehen. Die auf den Hof hinausgehenden Wohnräume wurden in ein **Museum** verwandelt, wo silberne *howdahs* (Elefantensättel), Sänften und Waffen zu sehen sind. Eine Treppe höher befinden sich ein paar wertvolle Miniaturen aus der Marwari-Schule. Der am reichsten geschmückte Raum ist der **Phool Mahal** (Blumenpalast) von 1724 mit seinen Buntglasfenstern und der blattgoldverzierten Decke. Hier ließen sich die Maharadschas Musik oder Gedichte vortragen oder Tänze vorführen. Maharadscha Takhat Singh hingegen bevorzugte seine eigene, im 19. Jh. errichtete Wohnung **Takhat Vilas**, von deren Decke riesige Weihnachtskugeln hängen.

Im **Jhanki Mahal** (Palast der Königin) sind die Wiegen früherer Herrscher ausgestellt, und im **Moti Mahal** (Perlenpalast) fanden die Ratssitzungen statt. Die fünf Alkoven in der Wand gegenüber vom Eingang sind in Wirklichkeit versteckte Balkone, von denen aus die Frauen der Maharadschas heimlich das Geschehen verfolgen konnten. Hinter dem Moti Mahal befindet sich der **Zenana**, der Frauenbereich. Von hier geht es zum Tempel von Chamunda hinab, dem ältesten Tempel der Stadt. Er ist der Schutzgöttin Jodhpurs gewidmet, einer Inkarnation von Durga. ⏲ tgl. 9–17.30 Uhr; Eintritt Rs300 inkl. Audio-Tour bei Hinterlegung eines Ausweises, einer Kreditkarte oder einer Kaution, Videoerlaubnis Rs200; Aufzugbenutzung Rs20; Guide Rs150; 🖳 www.mehrangarh.org.

Jaswant Thanda

Vom Fort führt eine Straße 500 m Richtung Norden zum mit Säulen versehenen Marmorbau Jaswant Thanda, der Gedenkstätte für den populären Herrscher Jaswant Singh II. (1878–95), der Jodhpur von Banditen säuberte, Bewässerungssysteme anlegen ließ und die Wirtschaft ankurbelte. Auf demselben Gelände befinden sich Kenotaphe von Mitgliedern der königlichen Familie, die nach Jaswant verstorben sind. An vor ihm Verstorbene erinnern *chhatri* in Mandor (S. 241). Die Gedenkstätte bietet die besten Perspektiven, um das Fort zu fotografieren, das stolz auf dem Meherangarh-Plateau in die Höhe ragt. ⏲ tgl. 9–17 Uhr, Eintritt Rs20, Fotoerlaubnis Rs25, Video Rs50.

Umaid Bhawan

Am südöstlichen Horizont bestimmt die kolossale Silhouette des Umaid Bhawan-Palastes das Stadtbild. Das Gebäude im indo-sarazenischen Stil wurde 1929 von Maharadscha Umaid Singh in Auftrag gegeben, um der hungernden Bevölkerung in Zeiten von Dürre und Not Arbeit und damit Einkünfte zu verschaffen. Dreitausend Arbeiter benötigten sechzehn Jahre, um den Palast zu erbauen, der über neun Millionen Rupien kostete. Die ursprünglich in London bestellten Möbel und andere Einrichtungsgegenstände für die 374 Zimmer fielen während des Krieges einem U-Boot-Angriff zum Opfer; daraufhin erhielt der Palast durch den polnischen Kriegsflüchtling Stephen Norblin seine fantastische Art-déco-Ausstattung.

Der gegenwärtige Maharadscha Gaj Singh bewohnt nur ein Drittel des Palastes und hat andere Bereiche an ein Luxushotel übertragen (S. 238). Im Palast gibt es auch ein ziemlich langweiliges **Museum**, das die üblichen königlichen Kuriositäten präsentiert; ⌚ tgl. 9–17.30 Uhr. Weitaus interessanter ist der Palast selbst. Wer schon einmal hier ist, sollte einen Blick ins Hotel werfen, um die Möbel und Ausstattung im originalen Art-déco-Stil, die typisch rajasthanischen Goldverzierungen und die ausladenden Treppenaufgänge zu bewundern. Wer sich nicht hier einquartiert hat, aber dennoch das Innere des Palastes sehen möchte, muss mindestens Rs3000 in der Bar oder in den Restaurants des Hotels hinblättern (S. 238).

Übernachtung

Jodhpur hat viele Unterkünfte aller Kategorien, doch einige Motorrikscha-*wallahs* versuchen auf jede nur erdenkliche Art, Fahrgäste in ein Hotel zu bringen, das ihnen eine Provision bezahlt. Manche Unterkünfte bieten kostenlose Abholung; eine andere Möglichkeit besteht darin, sich in die Nähe der gewünschten Unterkunft bringen zu lassen und dann zu Fuß zu gehen.

Untere Preisklasse

Cosy, Bhram Puri, Chuna ki Choki, Navchokiya, ✆ 0291/261 2066, 💻 www.cosyguesthouse.com. Freundliches kleines Gästehaus in einem hübschen, blau getünchten Haus tief versteckt im Gassengewirr im Westen der Altstadt – es ist schwer zu finden, daher sollte man sich abholen lassen. Die Zimmer (mit Ventilator, *air-cooler* oder AC, einige ohne eigenes Bad) sind einfach, aber sauber und gemütlich. Von der Dachterrasse bieten sich erstklassige Ausblicke aufs Fort. ❶–❹

Durag Niwas, 1 Old Public Park, Raika Bagh, ✆ 0291/251 2385, 💻 www.durag-niwas.com. Sehr freundlich und gut gemanagt, mit gemütlichen Zimmern mit *air-cooler* oder AC an einem friedvollen Hof. Unterhält auch verschiedene Programme zur Unterstützung benachteiligter Frauen (die Hälfte der Gäste sind zumeist freiwillige Helfer). Gay-freundlich. ❶–❹

Hill View, Old City, an der Straße zum Fort, rund 200 m hinter dem Hotel Krishna Prakash – siehe unten. Geselliges Gästehaus, geführt vom Hotelier Zafran (jetzt örtlicher Politiker der Kongresspartei) und seiner Familie. Die Zimmer haben alle ein Bad und sind einfach, aber sehr billig. Außerdem genießt man eine herrliche Aussicht über die Stadt. ❶–❷

Hotel Haveli, Old City, zu erreichen vom Nordausgang des Sardar Market, links, dann die erste rechts, dann noch einmal rechts vorbei am Gästehaus Ganpati, ✆ 0291/261 4615, 💻 www.hotelhaveli.net. Eines der ältesten und höchsten Havelis im Sardar Bazaar. Es hat verschiedenste Zimmer, von einfachen, billigen mit Ventilator bis zu viel schickeren mit AC, Fenstersitzen und traditioneller Einrichtung. Tolle Ausblicke vom Dachrestaurant. ❷–❺

Yogi's, Old City (rund 50 m die Straße vor dem Hotel Krishna Prakash lang), ✆ 0291/264 3436,

> **Altbewährt und gut**
>
> **Govind**, Station Rd, ✆ 0291/262 2758, 💻 www.govindhotel.com. Bewährter Travellerfavorit mit hellen, sauberen Zimmern (einige mit AC, im Sommer alle mit *air-cooler*), einem sauberen Dorm (Rs110), prima Dachrestaurant (S. 238) mit WLAN und sehr hilfsbereitem Management. Außerdem Internetcafé und Reiseagenturen (S. 240); in praktischer Nähe zum Bahnhof. ❷–❹

www.yogiguesthouse.com. Das beste der unzähligen Gästehäuser direkt nördlich vom Sardar Bazaar, mit hübschem blauem Dekor, sauberen, gemütlichen Zimmern, zumeist mit AC, und hervorragender Aussicht auf das Fort vom Dachrestaurant aus. ❶–❹

Mittlere Preisklasse

Haveli Inn Pal, in der Nähe des Gulab Sagar Lake (durch das nördliche Tor des Sardar-Marktes hinausgehen, dann nach rechts und an der ersten Abzweigung nach links abbiegen), 0291/261 2519, www.haveliinnpal.com. Die ansprechende Mittelklasseunterkunft im Herz der Altstadt hat große, gut ausgestattete Zimmern mit AC, manche mit Blick auf Fort oder See, in einem Haveli aus dem 18. Jh. ❺–❻

Indrashan, 593 High Court Colony, 3 km südlich der Stadt, 0291/244 0665, www.rajputana discovery.com. Acht supergemütliche Zimmer bei einer Familie. Veranstaltet hervorragende Kochkurse, die von Hobbyköchen aus der ganzen Welt besucht werden. Nach telefonischer Voranmeldung können auch Besucher, die nicht hier abgestiegen sind, zum Abendessen kommen (Rs425). ❺

Inn Season, PWD Rd, 0291/261 6400, www. innseason.in. Stilvolles Boutiquehotel, dessen Art-déco-Zimmer und insbesondere die Suiten die Liebe des Besitzers zu Oldtimern spiegeln. Nachteil: Während der Heiratszeit (ungefähr Okt–März) ist es laut, denn gleich nebenan befindet sich ein Hochzeitsgelände. Vorbuchen. ❺–❻

Krishna Prakash, Nayabas (den Sardar Market durch das Nordtor verlassen, nach links und die erste rechts und dann geradeaus gehen, das Hotel ist dann nach 150 m auf der linken Seite), 9829/241547, www.kpheritage.com. Ein Heritage-Hotel in einem alten Haveli direkt unterhalb der Festungsmauern. Das Gebäude an sich ist nicht überwältigend, aber die Zimmer (alle mit AC) sind hübsch möbliert und erschwinglich. Der Pool ist jedoch eine Katastrophe. ❹–❺

Pal Haveli, nahe dem Gulab Sagar-See, 0291/ 329 3328, www.palhaveli.com. Stimmungsvolles Heritage-Hotel im Herzen der Altstadt mit schön eingerichteten Zimmern und viel historischem Flair. Die Standardzimmer („Royal Heritage") sind einigermaßen erschwinglich; die „historischen" Zimmer sind nur geringfügig schöner, aber doppelt so teuer. ❼–❾

Shahi, Gandhi St, City Police District, unweit des Katla-Basars gegenüber vom Narsingh-Tempel, 0291/262 3802, www.shahiguesthouse.com. Gastfreundliches, von einer Familie geführtes Gästehaus, untergebracht in einem 350 Jahre alten Haveli tief im Labyrinth der Gassen unterhalb der südwestlichen Festungsmauer und mit atemberaubender Aussicht vom Dach. Die 6 Zimmer (AC optional) haben jede Menge Atmosphäre, Wandgemälde und Nippes. Schwer zu finden, man sollte sich also abholen lassen. ❹–❺

Obere Preisklasse

Ajit Bhawan, Airport Rd, 0291/251 1410, www.ajitbhawan.com. Resort im Stil eines Dorfes mit kleinen runden Häuschen oder konventionelleren Zimmern und entspannter Atmosphäre; Swimming Pool mit Wasserfall, strohgedecktes Garten-Restaurant, Wellness-Center. Zimmerpreise ab US$210. ❾

Bal Samand Lake Palace, 8 km nördlich von Jodhpur, 0291/257 2321, www.welcom heritagehotels.com. Eines der attraktivsten Heritage-Hotels im ganzen Bundesstaat, ein umgestalteter Sommerpalast des Maharadschas am Seeufer. Die zehn schönen „Palastsuiten" im Hauptgebäude sind groß, luftig und exquisit möbliert. Ab etwa US$380. ❾

Jhalamand Garh, Jhalamand, 7 km südlich von Jodhpur, 0291/272 0481, www.heritagehotel sindia.com. Im eleganten, aus dem 18. Jh. stammenden Palast der *thakurs* (Barone) des Dorfs Jhalamand. Die Verpflegung besteht aus traditionellen Gerichten der Rajputen, und jeden Abend gibt es um ein Lagerfeuer herum Tanzdarbietungen einer Kalbeliya-Truppe. ❽

Ranbanka, Airport Rd, 0291/251 2800, www.ranbankahotels.com. Im selben Palast wie das Ajit Bhawan, authentischer (die Zimmer befinden sich tatsächlich innerhalb des Palastes), aber im Allgemeinen nicht so ansprechend. Die Zimmer sind ziemlich gesichtslos und der Service lückenhaft. Ein großes

Rajasthan

Plus sind jedoch die weitläufigen Gartenanlagen und der recht große Pool (Besucher Rs700). ❽

Taj Hari Mahal, 5 Residency Rd, 1 km südlich der Stadt, 💻 www.tajhotels.com, ✆ 0291/243 9700. 5-Sterne-Taj-Hotel mit eleganter traditioneller Einrichtung, zwei guten Restaurants, darunter das Marwar, Wellnessbereich und großem Pool sowie geräumigen und schön eingerichteten Zimmern.
Ab US$300. ❾

Umaid Bhawan Palace, ✆ 0291/251 0101, 💻 www.tajhotels.com. Das Lieblingsprojekt des Maharadschas von Jodhpur gehört zu den besten Hotels der Welt und zählt viele Prominente zu seinen Gästen. Allerdings scheinen sich manche in den überdimensionalen Suiten, prächtigen Salons und dunklen, mit Marmor getäfelten Korridoren etwas verloren zu fühlen und beklagen sich über die unbehagliche Atmosphäre. Ab US$950. ❾

Essen

Jodhpurs Restaurants haben für jeden Geschmack und Geldbeutel etwas zu bieten. Zu den örtlichen Spezialitäten gehören *mirchi bada,* eine große, mit Kartoffeln und Masala gefüllte Chilischote in einem Teigmantel, die in schwimmendem Fett gebacken wird.

Der genialste Ort für einen Drink ist die **Trophy Bar** des Hotels Umaid Bhawan Palace – wenn man sich den Mindestverzehr von Rs3000 leisten kann. Als Alternative gibt es die schöne **J-Bar** im Hotel Ajit Bhawan, mit bequemen Sesseln, cooler Einrichtung und verschiedensten Getränken für den Bruchteil des Preises. Andere Möglichkeiten sind die langweilige, aber ruhige **Chirmi Bar** im RTDC-Hotel Goomar neben der Touristeninformation, die mit einem netten Garten aufwartet, oder die recht schmuddeligen, überwiegend von Männern besuchten Kneipen in der Umgebung des Restaurants Midtown in der Station Road.

Vielseitig und freundlich

Midtown, in einer Nebenstraße der Station Rd, gegenüber vom Bahnhof. Hell, sauber und freundlich. Hier kommen köstliche, rein veg. Currys, südindische Gerichte, Gujarati- und Rajasthani-*thalis* und andere Rajasthani-Spezialitäten auf den Tisch, außerdem Pizza und chinesische Gerichte. Hauptgerichte Rs70–150. Alkoholausschank.

Fort View, Govind Hotel, Station Rd. Eine Spur besser als die üblichen Touristenrestaurants. Gute, veg. Currys und *thalis* zu angemessenen Preisen (Rs45–120), regionale Spezialitäten wie *gulab jamun* (nicht die bengalische Süßspeise, sondern ein köstliches Rajasthani-Gericht, das mit *mawa* zubereitet wird), außerdem leckeres Frühstück inkl. echtem Kaffee. WLAN. Gut geeig_net, um die Zeit bis zur Bus- oder Zugabfahrt zu verbringen (Gepäckaufbewahrung möglich). Alkoholausschank.

Gypsy, C Rd, Sardarpura. Im Erdgeschoss befindet sich ein gewöhnlicher Imbiss, der indische Snacks und Eiscreme verkauft. Eine Treppe höher gibt's ein gemütliches Restaurant, wo nur ein einziges Gericht zubereitet wird: köstliche veg. *thalis* (Rs125) bis zum Abwinken.

Marwar, im Hotel Taj Hari Mahal, ✆ 0291/243 9700. Kostspielig, aber das beste Lokal der Stadt, um traditionelle Marwari-Küche zu probieren, z. B. *Jodhpuri mas* (würziges Hammelgericht). Hauptgerichte Rs210–400.

On the Rocks, neben dem Hotel Ajit Bhawan, Airport Rd, ✆ 0291/230 2701. Nobleres Gartenrestaurant, spezialisiert auf Kebabs und Tandoor-Speisen. Langsamer Service und nicht gerade herausragendes Buffet, aber abends sehr vergnüglich und feierlich; zum Mittagessen kommen meist Reisegruppen. Vegetarische Hauptgerichte Rs70–120, nicht veg. Rs120–300.

Cafe Sheesh Mahal, Sardar Bazaar (nach Verlassen des Sardar Bazaar durch das Nordtor rechts, das Café ist dann an der Ecke kurz vor dem Eingang zum Hotel Pal Haveli). Überraschend schickes kleines AC-Café mit gutem Kaffee und Tee, dazu Snacks, Sandwiches und leichte Gerichte sowie Unterhaltung in Form von Ausblicken auf die Straße unten.

Umaid Bhawan Palace, ✆ 0291/251 0101, 💻 www.tajhotels.com. Im opulenten Umaid Bhawan Palace gibt es mehrere Ess- und Trink-Etablissements, jedoch muss man auf jeden Fall mindestens Rs3000 berappen, zahlbar am

Eingang – so hat man dann Gelegenheit, sich im üppigen Art-déco-Palast umzusehen. Für die Restaurants ist übrigens eine Tischreservierung zu empfehlen. Das Verandacafé **The Pillars** bietet schöne Ausblicke über die Palastgärten und tagsüber leichte Gerichte und eignet sich außerdem schön für einen Drink am frühen Abend. Ansonsten bietet sich Durstigen auch die **Trophy Bar** an. Vollständige Mahlzeiten aus verschiedenen Landesküchen (Festpreismenüs um Rs4000) gibt es im Restaurant **Risala** in einem verschwenderisch dekorierten, altmodisch europäischen Speisesaal sowie abends im The Pillars.

Sonstiges

Bücher

Sarvodaya Bookstall, gegenüber vom Raj Ranchodji-Tempel, in derselben Nebenstraße der Station Rd, in der sich auch das Restaurant Midtown befindet.
Krishna Book Depot, im Obergeschoss von Krishna Art and Export im Sardar-Markt, unmittelbar östlich des Nordtors.

Feste

Jodhpurs jährliches, zweitägiges **Marwar Festival** findet bei Vollmond im Hindu-Monat Ashvina statt (10.–11. Okt 2011, 28.–29. Okt 2012, 17.–18. Okt 2013, 7.–8. Okt 2014). Es handelt sich um ein Kulturfestival, bei dem überwiegend Musik und Tanz vorgeführt werden.

Geld

Geldautomaten in der 151 und 157 Nai Sarak; in der MG Rd 100 m östlich vom Sojati Gate; in der kleinen Straße, die gegenüber dem Sojati Gate von der MG Rd abgeht; in der Station Rd nahe beim Govind Hotel und neben der Touristeninformation. **Wechselstuben** finden sich nördlich des Uhrturms im Sardar-Markt und in der Hanwant Vihar gleich nördlich vom Circuit House (es gibt auch ein Thomas Cook-Büro in der Airport Rd).

Informationen

Die **Touristeninformation** befindet sich neben dem RTDC Goomar Hotel in der High Court Rd, ✆ 0291/254 5083, ⌚ Mo–Fr 9.30–18 Uhr.

Ethnische Minderheiten in Rajasthan

Wie in den meisten indischen Bundesstaaten gibt es auch in Rajasthan einige ethnische Gruppen – die sogenannten *tribals* –, die außerhalb des gesellschaftlichen Mainstreams existieren. Viele von ihnen sind Nomaden und werden oft als *gypsies* („Zigeuner") bezeichnet – die europäischen Sinti und Roma sollen von diesen Volksgruppen in Rajasthan abstammen. Die bekannteste Gruppe sind die **Kalbeliya**, die man größtenteils in Pushkar findet. Die Kalbeliya haben herausgefunden, wie man Schlangen beschwört, und sie tanzten und sangen einst für die Maharadschas, so wie sie es heute für die Touristen machen. Jedoch existieren sie am Rand der Gesellschaft und leiden unter denselben Vorurteilen wie ihre europäischen Brüder und Schwestern.
Die **Bhopa** sind grünäugige Nomaden, die früher als Unterhalter der Maharadschas arbeiteten, und auch heute schlagen sie sich noch als umherziehende Dichter und Geschichtenerzähler durch. Besonders, wenn jemand krank ist, werden sie eingeladen, mit ihren Liedern zur Heilung der Krankheit beizutragen.
In der Umgebung von Jodhpur unternehmen viele Reisende Ausflüge ins Umland zu den **Bishnoi** (S. 241), mehr einer religiösen als einer rein ethnischen Gruppe, deren naturverehrende Auffassungen besonders bei den Hippies des Westens Anklang fanden. Ganz in ihrer Nähe, aber mit einem völlig anderen Lebensstil, existieren die **Bhil**, hervorragende Jäger, die sich als Soldaten in den Armeen der Rajputen verdingten. Sie haben ihre eigene Religion und Sprache, und ihre Tänze sind sehr populär geworden, besonders zum Holi-Fest.

Die beiden Websites 💻 www.jodhpur.nic.in und 💻 www.maharajajodhpur.com stecken voller interessanter Hintergrundinformationen über die Stadt.

Internet

Internetzugang (normalerweise Rs30–40 pro Std.) wird vielerorts angeboten. Günstig gelegene Lokale sind z. B. das Internetbüro im

Govind Hotel in der Station Rd, ⌚ tgl. 24 Std., Rs40 pro Std., und **Sify i-Way**, gegenüber dem Nordtor des Sardar-Markts, Rs40 pro Std., ⌚ tgl. 9–23 Uhr.

Medizinische Hilfe

Das beste private Krankenhaus ist das **Goyal** in der Residency Rd, Sindhi Colony, 2 km südlich der Stadt, ✆ 0291/243 2144.

Motorradverleih

Jodhpur Travels, Station Rd (ein paar Türen südlich vom Hotel Govind), vermietet Motorräder und Mopeds für Rs300–1000 pro Tag.

Polizei

✆ 0291/265 0777. Beim Uhrturm im Sardar-Markt gibt es einen Kiosk der Touristenpolizei.

Post

Hauptpost, Station Rd, gegenüber dem Govind Hotel. Briefmarken werden in dem Raum hinter dem Eingang auf der rechten Seite verkauft, ⌚ Mo–Sa 9–17, So 11–16 Uhr. Poste restante und Paketpost befinden sich hinter dem linken Eingang, ⌚ Mo–Fr 9–13 und 14–15, Sa 9–13 Uhr.

Reisebüros

Das Hotel **Govind** (S. 236) kann Buchungen für Züge, Busse und Flüge vornehmen (Bearbeitungsgebühr Rs40–50) und Leihwagen (Rs1200–1700 pro Tag) vermitteln.

Transport

In Jodhpur laufen Rajasthans Haupt-Touristenrouten zusammen: Richtung Nordosten nach Pushkar, Jaipur und Delhi, Richtung Süden nach Udaipur und Ahmedabad sowie Richtung Westen nach Jaisalmer. Busse sind meist schneller als Züge.

Busse

Private Busse halten zumeist am Kalpataru Cinema, 4 km südwestlich der Stadt.
Abfahrt der meisten privaten Busse ist vom Busbahnhof an der Pal Road, 4 km westlich des Zentrums (um Rs40 mit der Motor-Rikscha), einige fahren auch vom Kalpataru Cinema (Rs30 mit der Motor-Rikscha). Private Busse nach Jaisalmer fahren in der Nähe, bei Bombay Motors Circle, am Westende der Sardarpura, ab; eine Motor-Rikscha hierher kostet Rs50. Fahrscheine für private Busse lassen sich in den meisten Reisebüros und in

Empfohlene Zugverbindungen ab Jodhpur

Alle genannten Züge fahren täglich. Wichtig: Es gibt keine Direktverbindung nach Udaipur oder Chittaurgarh – zu diesen Zielen nimmt man besser den Bus.

Ziel	Name	Nr.	Abfahrt	Ankunft
Abu Road	Ahmedabad Express	19224	05.55 Uhr	10.37 Uhr
	Ranakpur Express	14707	14.45 Uhr	19.57 Uhr
Agra	Howrah Superfast	12308	20.30 Uhr	06.15 Uhr
Ajmer	Fast Passenger Train	54801	07.00 Uhr	12.55 Uhr
Alwar	Jaisalmer–Delhi Express	14660	23.20 Uhr	07.11 Uhr
Bikaner	Ranakpur Express	14708	10.05 Uhr	15.35 Uhr
	Barmer-Kalka Express	14888	10.30 Uhr	16.25 Uhr
Delhi	Mandor Express	12462	20.00 Uhr	06.25 Uhr
	Jaisalmer-Delhi Express	14660	23.20 Uhr	11.10 Uhr
Jaipur	Jaipur Intercity Express	12466	05.55 Uhr	10.45 Uhr
	Marudhar Express	14854/14864/14866	09.50 Uhr	15.25 Uhr
Jaisalmer	Delhi-Jaisalmer Express	14659	05.05 Uhr	11.00 Uhr
	Jaisalmer Express	14810	23.45 Uhr	05.30 Uhr
Sawai Madhopur	Intercity Express	12466	05.55 Uhr	13.15 Uhr

vielen Hotels (gegen eine Gebühr von Rs50) reservieren. **Staatliche Busse** fahren am Roadways-Busbahnhof (Raika Bagh) ab, am östlichen Stadtrand – man sollte etwa eine Stunde vor der Abfahrtszeit da sein, um ein Ticket zu kaufen. Informationen über aktuelle Abfahrtszeiten kann man vom Hotel oder Gästehaus telefonisch erfragen lassen: ✆ 0291/254 4686 oder 0291/254 4989.

Eisenbahn

Jodhpurs **Hauptbahnhof** liegt in der Station Road, 300 m südlich vom Sojati Gate.
Gleich nördlich vom Bahnhof, hinter der Hauptpost, befindet sich ein computerisiertes Reservierungsbüro, ◷ Mo–Sa 8–20 Uhr, So 8–14 Uhr. Zahlende Gäste des Restaurant Fort View im Govind Hotel (S. 238) dürfen ihr Gepäck kostenlos abstellen und die Toiletten benutzen, während sie auf den Zug warten.
Empfohlene Verbindungen s. Kasten S. 240.
1x wöchentl. fährt der Thar Express nach KARACHI in Pakistan (Sa um 23.30 Uhr; 24 Std.).

Flüge

Eine vorausbezahlte Motor-Rikscha vom 4 km südlich gelegenen **Flughafen** in die Stadt kostet Rs100, Taxis verlangen Rs250–300.
Es gibt Flugverbindungen nach DELHI, JAIPUR, MUMBAI und UDAIPUR.

Fluggesellschaften

Indian Airlines, East Patel Nagar, Airport Rd, ✆ 0291/251 0758; **Jet Airways**, Osho Apartments, Residency Rd, ✆ 0291/510 3333.

Die Umgebung von Jodhpur

Mandor

Rund 9 km nördlich von Jodhpur liegt das verschlafene Dorf Mandor, einstige Hauptstadt von Marwar, mit einer fabelhaften Ansammlung fürstlicher **Kenotaphe**, errichtet im Andenken an die früheren Herrscher des Fürstenstaates. Vom 6. Jh. bis 1381 war Mandor Hauptstadt der Parihar-Rajputen, dann wurden sie durch Rao Chauhan vom Clan der Rathore verdrängt. Und obwohl die Hauptstadt 1459 nach Jodhpur verlegt wurde, errichtete man die Gedenkkenotaphe *(dewal)* der Herrscher von Marwar weiterhin in Mandor. Die Grabmäler aus dunkelrotem Sandstein nahmen mit der wachsenden Macht der Rathore an Größe und Pracht zu. Der größte erinnert an Ajit Singh und wurde 1724 erbaut. Seine sechs Ehefrauen sowie Geliebten, Konkubinen, Dienerinnen und Gesellschaftsdamen – insgesamt 84 Frauen – begingen *sati*.

Am Ende der Parkanlage, hinter den *chhatris*, steht der achteckige **Ek Thamba Mahal** („Ein-Säulen-Palast"), ein dreistöckiges Gebäude, das zu Beginn des 18. Jhs. erbaut wurde, damit die Damen des Hofes öffentliche Veranstaltungen beobachten konnten, ohne ihre *purdah* zu brechen. Dahinter befindet sich ein kleines **Museum**, mit ein paar langweiligen Skulpturen und Gemälden, ◷ tgl. außer Fr 10–16 Uhr, Eintritt Rs5. Viel interessanter sind die umfangreichen Überreste des **Mandor Forts**. Zu der einstigen Zitadelle der Parihar und später der Rathore-Rajputen führen hinter dem Museum Stufen hinauf.

Mandor ist mit den Minibussen Nr. 1, 5 und 7 ab dem Sojati Gate zu erreichen. Wer in Mandor übernachten möchte, kann sich im angenehm ländlichen kleinen **Mandore Guest House** einquartieren, unweit der Parkanlage in der Dadawari Lane, ✆ 0291/254 5210, 💻 www.mandore.com; ❺. Es ist eigentlich eher ein Mini-Resort als ein Gästehaus; für die Unterbringung stehen unterschiedliche Zimmer mit *air-cooler* und AC sowie (ziemlich dunkle) runde Hütten in einem Garten mit Bäumen bereit.

Die Bishnoi-Dörfer

Die Umgebung von Jodhpur kann im Rahmen von organisierten „Village Safaris" erkundet werden. Diese bringen kleine Touristengruppen ins ländliche Rajasthan und halten gewöhnlich in vier oder fünf Dörfern der Bishnoi. Dort kann man traditionelle Speisen probieren, Opium-Tee trinken und beim Spinnen oder Teppichknüpfen zuschauen. Die Bishnoi – eher eine Religionsgemeinschaft als eine ethnische Gruppe im herkömmlichen Sinn – gehören zu den frühesten Baumschützern der Welt. Ihr Ursprung geht auf eine Dürrezeit im Jahr 1485 zurück. Ein Guru namens **Jambeshwar Bhagavan** hatte herausgefunden, dass die Trockenheit in erster Linie durch die Abholzung der Wälder hervorgerufen worden war, und stellte daraufhin 29 Regeln für ein Leben in Harmonie mit der Natur und Umwelt auf. Seine Anhänger heißen Bishnoi, nach dem Marwari-Wort für 29. Abgesehen von der Forderung nach striktem Vegetariertum verboten Jambeshwars Regeln das Töten von Tieren und das Fällen von lebenden Bäumen.

1730 begannen Arbeiter, die der Maharadscha von Marwar geschickt hatte, im Dorf **Khejadali** *khejri*-Bäume zu fällen, um daraus Kalkstein für einen Palast zu brennen. Der *khejri*-Baum war den Bishnoi besonders heilig. Eine Frau mit Namen Amrita Devi legte daher ihre Arme um einen Baum und erklärte, dass sie ihr erst den Kopf abschneiden müssten, bevor sie den Baum fällen könnten. Der Aufseher der Arbeiter ließ sie enthaupten, woraufhin ihre drei Töchter dem Beispiel der Mutter folgten; auch sie wurden geköpft. Nun kamen Bishnoi aus der ganzen Region zusammen, um die Bäume zu verteidigen – 363 von ihnen kamen dabei ums Leben. Als die Nachrichten den Maharadscha erreichten, ließ er das Fällen einstellen und verbot den Holzeinschlag und Jagen auf Bishnoi-Territorium. Heute steht an der Stelle, wo das alles passierte, ein kleiner Tempel, und auf dem Gelände wachsen zum Gedenken an die Märtyrer 363 *khejri*-Bäume.

Es ist zwar möglich, per Bus nach Khejadali zu gelangen, aber dort findet sich kaum jemand, der Englisch spricht, und es ist viel besser, sich einer **Tour** anzuschließen, die auch noch andere Dörfer besucht. Die meisten halten zum Mittagessen in Khejadali. Darauf folgt normalerweise eine Opium-Zeremonie, bei der Opium-Tee aufgegossen und anschließend aus einer Handfläche getrunken wird. Streng genommen ist das gesetzeswidrig, aber bei diesem traditionellen Opiumgebrauch drücken die Behörden beide Augen zu, obwohl Opiumabhängigkeit im ländlichen Rajasthan tatsächlich ein Problem darstellt.

Gute und preiswerte Touren in die Bishnoi-Dörfer werden von mehreren Gästehäusern in Jodhpur veranstaltet, darunter vom Govind Hotel, Durag Niwas und Yogi's Guest House. Die Preise beginnen bei etwa Rs600 p. P. (in größeren Gruppen billiger).

Osian

Rajasthans größte Gruppe früher Jain- und Hindutempel liegt 64 km nördlich von Jodhpur vor den Toren der Kleinstadt Osian (oder Osiyan). Die Tempel stammen aus dem 8. bis 12. Jh., als Osian ein regionales Handelszentrum war. Der Herrscher der Stadt und die Bevölkerung konvertierten anscheinend im 11. Jh. zum Jainismus, und der Ort ist immer noch ein wichtiges Jain-Pilgerzentrum. Den Mittelpunkt der Stadt bildet der imposante **Sachiya Mata-Tempel** aus dem 12. Jh., der von seiner erhöhten Position auf einem Hügel ganz Osian überschaut. Der Hauptschrein auf dem Gipfel ist Sachiya (einer Inkarnation Durgas) geweiht. Er weist ungewöhnliche, bunte Glasverzierungen und zahlreiche dekorative Steinmetzarbeiten auf.

Nur fünf Minuten zu Fuß vom Sachiya Mata-Tempel entfernt liegt das schönste Bauwerk von Osian, der **Mahavira Jain-Tempel** (Rs5, Fotoerlaubnis Rs40, Video Rs100; kein Leder im Innenbereich, kein Zutritt während der Menstruation). Der Tempel wurde im 8. Jh. erbaut, im 10. Jh. renoviert und vor nicht allzu langer Zeit restauriert. Zwanzig Säulen mit kunstfertigen Bildhauerarbeiten tragen den Hauptvorbau. In der Nähe liegen drei kleinere Tempel: zwei Surya-Tempel und der ungewöhnliche Peeplaj-Tempel, sowie ein beeindruckender **Stufenbrunnen** aus der Pratihara-Epoche (8./9. Jh.).

Direkt südlich der Bushaltestelle befindet sich die älteste Tempelgruppe mit Bauwerken für **Vishnu** und **Harihara**, die ebenfalls auf die Pratihara-Epoche zurückgehen. An allen drei Tempeln sind zahlreiche dekorative Steinmetzarbeiten erhalten. Staatliche Busse aus Jodhpur (alle 30–60 Min., 1 1/2 Std.) setzen Passagiere an der Bushaltestelle an der Hauptstraße unmittelbar südlich der Stadt ab. Die meisten Besucher übernachten im sehr einfachen, aber freundlichen **Priest Bhanu Sarma Guesthouse**, ✆ 9414/440479, ❷, gegenüber vom Mahavira-Tempel. Es wird von dem (Hindu-) Priester geführt, der sich um den (Jain-) Tempel kümmert, Auskünfte gibt und auch Touren zu Bishnoi-Dörfern vermittelt.

Eine Alternative für Reisende mit gut gefülltem Geldbeutel ist das luxuriöse **Camel Camp Osian**; Buchungen via India Safari Club in Jodhpur, ✆ 0291/243 7023, 🖳 www.camelcamposian.com, ⑨, ab etwa US$260. Das Camp hat mit Teppichen ausgelegte Zelte und einen Pool. **Kamelsafaris** können auch über das Hotel Govind und das Gästehaus Cosy in Jodhpur arrangiert werden; die Preise beginnen bei etwa Rs1000 p. P. und Tag (mind. 2 Pers.).

Der Westen Rajasthans

2 HIGHLIGHT

Jaisalmer

Im weltfernen westlichen Zipfel Rajasthans liegt die Wüstenstadt *par excellence* – Jaisalmer, dessen golden sandfarbene Befestigungswälle sich wie ein Bild aus Tausendundeiner Nacht aus der Wüste Thar erheben. Eine zügellose Vermarktung setzt dieser romantischen Vision zwar einen Dämpfer auf, doch trotzdem übertrifft die Zahl der Dorfbewohner, die knallrote und orangefarbene gewaltige Turbane tragen, die Zahl der ausländischen Besucher noch immer bei Weitem, und die erlesene Sandsteinarchitektur der „Goldenen Stadt" sucht in ganz Indien ihresgleichen.

Rawal Jaisal vom Clan der Bhati gründete die Stadt 1156 als Ersatz für seine schwieriger zu verteidigende Hauptstadt Lodurva. Ständig kam es zu kriegerischen Auseinandersetzungen mit den Sultanen von Delhi. 1298 endete eine 7-jährige Belagerung der Festung durch die Streitkräfte von **Ala-ud-Din Khalji** (S. 111) damit, dass die Männer der Stadt in den Tod hinaus ritten und die Frauen *johar* (freiwilliger Heldentod) begingen. Doch bald übernahmen die Bhati wieder die Herrschaft. 1326 wurde die Stadt erneut von den Heeren des Sultanats belagert, und wieder endete es tragisch mit *johar*, aber dank Gharsi Bhatis Verhandlungsgeschick wurde sein Königreich ein Vasallenstaat von Delhi, und auch danach blieb es in den Händen der Bhati.

1570 verheiratete der Herrscher von Jaisalmer eine seiner Töchter mit Akbars Sohn und festigte so die Allianz zwischen Jaisalmer und dem Mogulreich. Dank seiner Lage an der Überlandroute zwischen Delhi und Zentralasien wurde es zu einem wichtigen Umschlagplatz für Güter wie Seide, Opium und Gewürze, und die Stadt gelangte zu beträchtlichem Wohlstand. Doch mit dem Aufstieg von Bombay und Surat als große Hafenstädte ging der Überlandhandel zurück und damit auch der Reichtum Jaisalmers. Der Todesstoß kam mit der Teilung Indiens, als Jaisalmers lebenswichtige Ver-

Die Legende von der Entstehung der Wüste Thar

Der Überlieferung zufolge ist die Entstehung der Wüste Thar Rama, dem Helden des Ramayana, zu verdanken.

Rama, eine irdische Inkarnation des Gottes Vishnu, muss seine Frau Sita aus den Klauen des Dämonen Ravana retten, der sie auf der Insel Sri Lanka gefangen hält. Um zu der Insel zu gelangen, lädt Rama seinen Bogen mit einem Zauberpfeil, der den Ozean trocken legt, aber der Meeresgott Sagara beschwört ihn, nicht zu schießen, und bietet ihm freies Geleit an. „Nun", sagt Rama, „mein Bogen ist jetzt gespannt, und der Pfeil muss abgeschossen werden, wohin soll ich zielen?" „Im Norden gibt es ein Meer", antwortet Sagara, „wo Übeltäter mein Wasser trinken und mir weh tun; schieß dorthin, und du tust mir einen Gefallen." Also zielt Rama und schießt, legt so das Meer trocken, das Sagara beschrieben hatte, und schafft die Wüste Marwar („Land der Toten"). Aber Rama gewährt dem neuen Land eine spezielle Gunst: Zwar ist es Wüste, aber voller süßer Kräuter und dafür geeignet, Rinder zu halten.

Tatsächlich scheint sich die Legende auf einen wahren Kern zu gründen: Wie Fossilienfunde gezeigt haben, war die Thar im Jura (vor 206–144 Mio. Jahren) wirklich von Wasser bedeckt. Sandsteinplatten weisen oft wellenförmige Muster auf, was darauf hinweist, dass sie einst den Teil des Meeresbodens bildeten.

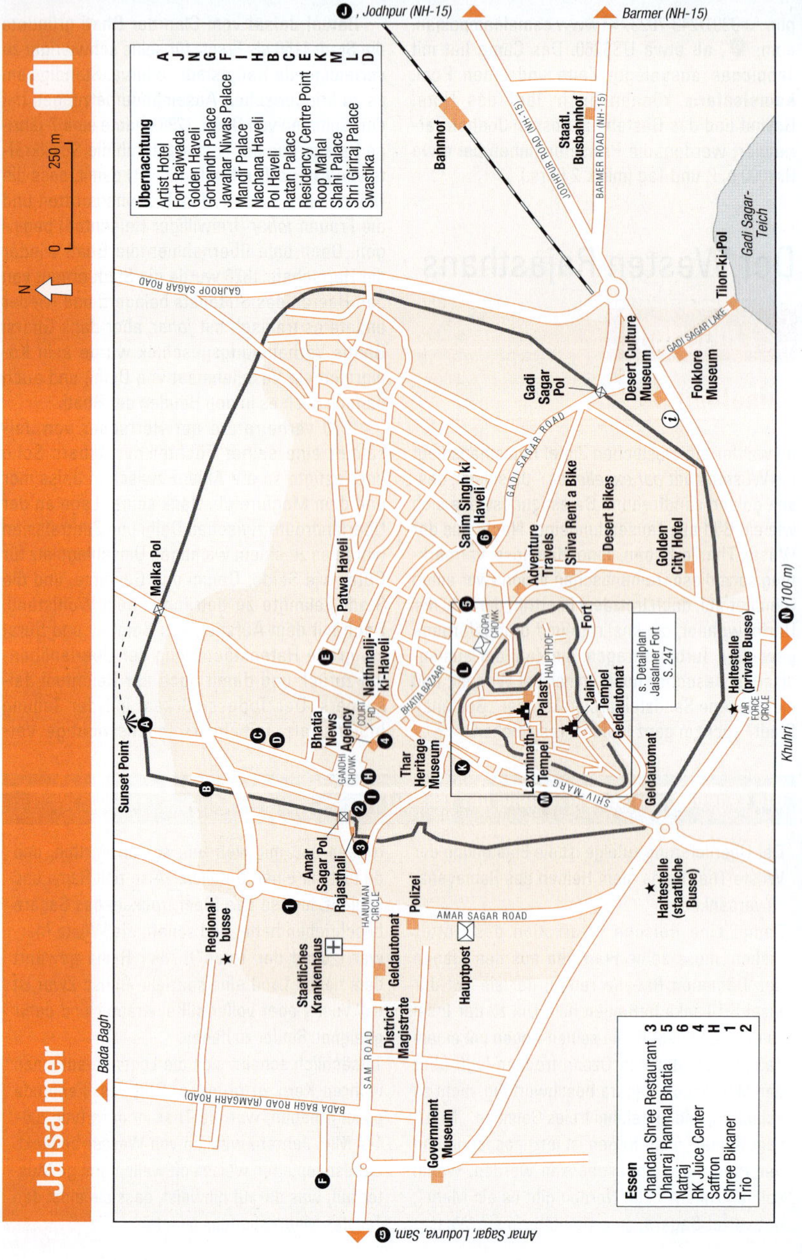
Jaisalmer
Übernachtung
Artist Hotel A
Fort Rajwada J
Golden Haveli N
Gorbandh Palace G
Jawahar Niwas Palace F
Mandir Palace I
Nachana Haveli H
Pol Haveli B
Ratan Palace C
Residency Centre Point E
Roop Mahal K
Shahi Palace M
Shri Giriraj Palace L
Swastika D
Essen
Chandan Shree Restaurant 3
Dhanraj Ranmal Bhatia 5
Natraj 6
RK Juice Center 4
Saffron H
Shree Bikaner 1
Trio 2
250 m
N
J, Jodhpur (NH-15)
Barmer (NH-15)
Bahnhof
Staatl. Busbahnhof
JODHPUR ROAD (NH-15)
BARMER ROAD (NH-15)
Gadi Sagar-Teich
Tilon-ki-Pol
GADI SAGAR LAKE
Folklore Museum
Desert Culture Museum
Gadi Sagar Pol
GADI SAGAR ROAD
GAJROOP SAGAR ROAD
Malka Pol
Sunset Point
Patwa Haveli
Salim Singh ki Haveli
Adventure Travels
Shiva Rent a Bike
Desert Bikes
Golden City Hotel
N (100 m)
Haltestelle (private Busse)
AIR FORCE CIRCLE
Khuhri
GOPA CHOWK
HAUPTHOF
Fort
s. Detailplan Jaisalmer Fort S. 247
Palast
Jain-Tempel
Geldautomat
Laxminath-Tempel
SHIV MARG
BHATIA BAZAAR
Nathmalji-ki-Haveli
COURT RD.
Bhatia News Agency
GANDHI CHOWK
Thar Heritage Museum
Amar Sagar Pol
Rajasthali
HANUMAN CIRCLE
Polizei
AMAR SAGAR ROAD
Haltestelle (staatliche Busse)
Hauptpost
Regionalbusse
Staatliches Krankenhaus
District Magistrate
SAM ROAD
Government Museum
BADA BAGH ROAD (RAMGARH ROAD)
Bada Bagh
Amar Sagar, Lodurva, Sam, G

sorgungsroute von der neuen, hoch explosiven pakistanischen Grenze gekappt wurde. Die geografische Lage aber verschaffte Jaisalmer eine neue strategische Bedeutung während der indo-pakistanischen Kriege von 1965 und 1971. Heute ist die Stadt ein wichtiger **militärischer Vorposten**, über dessen Befestigungswällen immer wieder das Getöse von Kampfjets zu hören ist.

Jaisalmer Fort

Alle Teile des Forts von Jaisalmer sind aus weichem gelbem jurassischem Sandstein erbaut. Die dicken Mauern der Festung mit ihren halbrunden Bastionen fallen fast 100 m zur darunter liegenden Stadt ab; drinnen säumen kunstvoll gemeißelte Sandsteinfassaden die verschlungenen schmalen Gassen. 2000 Menschen leben innerhalb der Festung, von denen 70 % Brahmanen und die restlichen 30 % überwiegend Angehörige der Rajputen-Kaste sind. Zum Hauptplatz der Festung hinauf windet sich eine abschnittsweise von vier gewaltigen Toren unterbrochene Pflasterstraße – oben auf den Festungsmauern liegen große runde Steine, die im Falle eines Angriffs auf die feindliche Armee hinab geworfen werden konnten. Im Haupt-*chowk* haben sich im 14. und 15. Jh. entsetzliche Szenen von *johar* abgespielt. Wenn ihre Männer auf dem Schlachtfeld besiegt wurden, zogen die Frauen des Palastes für sich und ihre Kinder den Tod der Entehrung vor. Dann ließen sie im Hof einen großen Scheiterhaufen anzünden und warfen sich von den Mauern des Palastes hinunter.

Den Platz beherrscht der alte **Maharawal-Palast**, der ins **Fort Palace Museum** verwandelt wurde. Seine fünfstöckige Fassade mit Balkonen und Fenstern gehört zu den prachtvollsten Steinmetzarbeiten Jaisalmers. Links vom Palasteingang steht der große, reich verzierte Marmorthron, von dem aus der Herrscher (in Jaisalmer Maharawal, nicht Maharadscha genannt) zu den Truppen sprach. Das Museum wirft ein interessantes Schlaglicht auf das Leben der Jaisalmer-Herrscher im Laufe der Jahrhunderte. Von der Dachterrasse eröffnet sich ein unschlagbarer Blick über die Stadt und darüber hinaus. ◷ Okt–März tgl. 9–18, April–Sep tgl. 8–18 Uhr, Eintritt Rs250 inkl. Audioguide, Video Rs150.

Hindu- und Jain-Tempel

Im Fort gibt es diverse Hindu-Tempel, darunter den altehrwürdigen **Laxminath-Tempel** von 1494, der Laxmi geweiht ist. Aber keiner ist so eindrucksvoll wie der Komplex aus sieben **Jain-Tempeln**. Sie wurden zwischen dem 12. und 15. Jh. aus jurassischem Sandstein errichtet und bestechen durch ihre gelben und weißen Marmorschreine. Wände, Decken und Säulen sind mit wundervollen bildhauerischen Motiven verziert, und schmale Korridore und Treppengänge verbinden die Tempel miteinander. Zwei der sieben Tempel sind zwischen 8 und 12 Uhr geöffnet; die anderen fünf nur von 11 bis 12 Uhr, dann wird es sehr voll. Deshalb ist es am besten, die ersten beiden Tempel vor 11 Uhr zu besichtigen, und später zurückzukommen, um die übrigen zu sehen. Rs30, Fotoerlaubnis Rs70, Video Rs120, Handy-Fotoerlaubnis Rs30.

Die Havelis

Jaisalmers Straßen werden von zahllosen honigfarbenen Fassaden gesäumt, die mit Gitterwerk und floralen Mustern verziert sind, doch die eigentlichen Prunkstücke der Stadt sind die Havelis, die im 18. und 19. Jh. von reichen Kaufleuten in Auftrag gegeben wurden. Das gleich nördlich der Bhatia Bazaar gelegene **Nathmalji-ki-Haveli** (die Gasse zwischen dem Ajanta Photo Studio und Dev Handicrafts nehmen) wurde 1885 für den Premierminister Jaisalmers errichtet, und zwar von zwei Steinmetz-Brüdern, von denen der eine die linke, der andere die rechte Hälfte baute; das Resultat sind zwei leicht unterschiedliche Seiten.

Das größere und noch prächtiger verzierte **Patwa Haveli** im Norden der Stadt wurde in der ersten Hälfte des 19. Jhs. von den fünf Brüdern einer Jain-Familie errichtet, die mit Brokat und Opium handelte. Die auffälligsten Merkmale des Bauwerks aber sind die üppig skulpturierten *jharokha,* die vorkragenden Balkone. Das Haveli (◷ tgl. 8–18.30 Uhr, Eintritt Rs20) ist in fünf Bereiche aufgeteilt; zwei sind nicht für Besucher zugänglich, zwei sind in ihrem Originalzustand erhalten und als staatliche Museen zugänglich (◷ tgl. 10–17 Uhr; Kombiticket Rs50). Ein Bereich wurde zum **Kothari Patwa Haveli Museum** (◷ tgl. 10–17 Uhr, Eintritt Rs120, Fotoerlaubnis

Rs30) umgebaut und birgt verschiedenste traditionelle Artefakte und an den Wänden Nachahmungen von Spiegelschmuck, sodass zu erahnen ist, wie das Haveli ursprünglich aussah.

Das dritte von Jaisalmers berühmtem Haveli-Trio, das kleine **Salim Singh ki Haveli**, steht im Ostteil der Stadt und ist dank seines vorkragenden Dachbalkons, der das Gebäude seltsam „kopflastig" macht, auf den ersten Blick zu erkennen. Das Obergeschoss ist am besten vom Dach des Restaurants Natraj aus zu bewundern. ⌚ tgl. Sommer 8–19, Winter 8–18 Uhr, Eintritt Rs20, Fotoerlaubnis Rs20.

Außer diesen Havelis können auch Abschnitte des **Mandir Palace**, inzwischen teilweise in ein Heritage Hotel (S. 248) umgewandelt, besichtigt werden. Sein herausragendstes Merkmal, der elegante **Badal Vilas-Turm**, lässt sich aber am besten von Westen, außerhalb vom Amar Sagar Pol, bewundern. ⌚ tgl. 10–17 Uhr; Rs20.

Gadi Sagar Tank und Museen

Südlich der Stadt führt ein eindrucksvoller dreifacher Torweg zum Wasserbecken **Gadi Sagar**, das einst Jaisalmers einzige Wasserquelle war. Es ist ein friedlicher Ort, flankiert von Sandstein-*ghats* und Tempeln, mit Blick hinaus in die Wüste. Besucher können Boote mieten. Das nette kleine **Folklore Museum** in der Nähe des Haupteingangs zum Wasserbecken zeigt Kunsthandwerk, Textilien und Gegenstände, die mit dem Konsum von Opium zu tun haben. ⌚ tgl. 8–18 Uhr, Eintritt Rs20, Fotoerlaubnis Rs20. Eine ähnliche Auswahl an einheimischen Artefakten, darunter Musikinstrumente und seltene Manuskripte, präsentiert das **Desert Culture Museum**, ein Stückchen weiter die Straße lang, neben der Touristeninformation. ⌚ tgl. 10–17 Uhr, Eintritt Rs20. Das kleine **Thar Heritage Museum** im Stadtzentrum beherbergt die persönliche Sammlung des einheimischen Historikers L. N. Khatri. Er ist vielleicht gerade zugegen, um zu erklären, was es mit einigen der Stücke aus dem Sammelsurium örtlicher Artefakte auf sich hat, darunter Baumfossilien, alte *chillums,* Kamelschmuck und alte Musikinstrumente. ⌚ tgl. 9–21 Uhr, Eintritt Rs40.

Außergewöhnlich

Shahi Palace, unweit der Shiv Marg, ✆ 02992/255920, 💻 www.shahipalacehotel.com. S. auch Karte „Jaisalmer Fort" S. 247. Tolles, versteckt gelegenes kleines Hotel direkt südlich des Forts in einem stilvollen, modernen Sandsteingebäude mit umwerfender Aussicht vom Dachgartenrestaurant und makellosen Zimmern. Der einzige Nachteil ist, dass die billigeren Zimmer ein bisschen klein ausfallen – es lohnt sich, etwas mehr Geld für eines der ausgezeichneten größeren AC-Zimmer hinzulegen. Dieselbe Familie managt auch das **Oasis Haveli** und das **Star Haveli**, beide in der Nähe und etwas günstiger. ❷–❺

Übernachtung

Jaisalmer hat eine Vielzahl von Unterkünften in allen Preisklassen, und dank der starken Konkurrenz sind die Preise recht niedrig. Man hat die Wahl zwischen den alten Häusern im sehr stimmungsvollen Fort selbst und den neueren Unterkünften außerhalb des Forts, viele davon in traditionellem Sandstein gebaut und mit schönen Blicken auf die Festung. Die meisten Unterkünfte bieten kostenlose Abholung von Bus und Bahn, und die meisten verfügen auch über Internetzugang. Nahezu alle Hotels veranstalten Kamelsafaris, die sich in Qualität und Preis stark unterscheiden.

Im Fort

Desert, ✆ 02992/250602, 💻 www.deserthotel.com. Freundliches kleines Gästehaus mit billigeren Zimmern (EZ z. T. mit Gemeinschaftsbad) im Untergeschoss und helleren Zimmern im Obergeschoss, teilweise mit Blick aufs Fort. ❶–❷

Desert Haveli, ✆ 02992/251555, ✉ desertguesthouse@hotmail.com. Einfache Budgetadresse. Unterschiedlich große Zimmer mit Bad und Steinwänden zu sehr günstigen Preisen. ❶

Moti Palace, ✆ 02992/254693, ✉ kailash_bissa@yahoo.co.uk. Freundliche Billigunterkunft mit herrlichem Blick auf das Haupttor; hat eine Reihe preisgünstiger Zimmer (alle mit Bad und im Sommer mit *air-cooler*). ❶–❹

Paradise, ✆ 02992/252674, 💻 www.paradiseonfort.com. Pittoreskes altes Haveli mit

Jaisalmer Fort

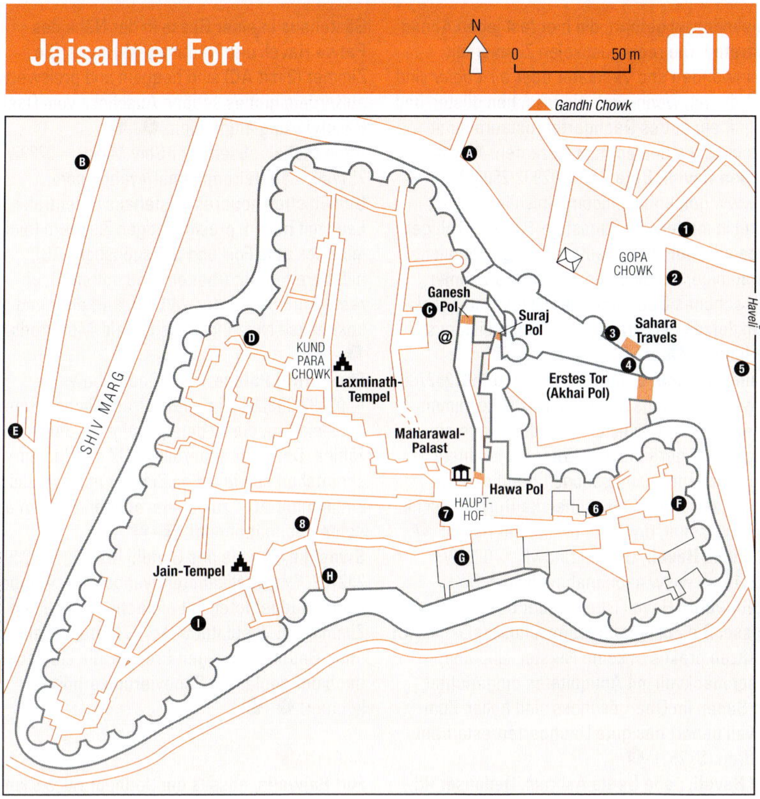

Übernachtung

Desert	D		
Desert Haveli	H	Shahi Palace	E
Moti Palace	C	Shri Giriraj Palace	A
Paradise	G	Suraj	I
Roop Mahal	B	Surja	F

Essen und Trinken:

8 July	7	Krishna's Boulangerie	8
Bhang Shop	3	Little Italy	4
Dhanraj Ranmal Bhatia	1	Little Tibet	6
Joshi's German Bakery	2	Monica	5

grünem Hof und einer großen Bandbreite an Zimmern, von billigen im Untergeschoss mit Gemeinschaftsbad bis zu liebevoll ausgestalteten im Obergeschoss mit AC. ❶–❺

Suraj, ✆ 02992/251623, 💻 www.hotelsuraj jaisalmer.webs.com. Sehr stimmungsvolles Haveli von 1526. Es ist eine der schönsten Unterkünfte im Fort, jedoch vergleichsweise teuer. Das Suraj hat alte Zimmer mit Charakter und Ventilator und einen faszinierenden Ausblick vom Dach auf die Jain-Tempel. ❹–❺

Surja, ✆ 9414 761394, 💻 www.surjahotel.com. Eine Reihe schlichter Zimmer mit Ventilator und Bad – die teureren mit schönem Ausblick – und einer Dachterrasse mit einem der besten Panoramen der Stadt. ❶–❸

In der Stadt

Artist Hotel, Manganyar Colony, ✆ 02992/252082, 💻 www.artisthotel.info. Von einem Österreicher als Kooperative für Mitglieder der Manganyar-Kaste (Minnesänger,

Spielmänner) geführt, die hier fast jeden Abend auftreten. Die recht rustikalen Zimmer mit Steinwänden und Ventilator oder *air-cooler* sind in Ordnung, wenn auch ein bisschen düster, und es gibt ein nettes Dachgartenrestaurant mit gutem Essen und echtem Pizzaofen. ❷–❸

Golden Haveli, Bera Rd, ✆ 02992/250821, 💻 www.goldenhaveli.com. Stilvolles neues Hotel in modernem Sandstein-Haveli in ruhiger Lage am südlichen Stadtrand. Ungewöhnlich geräumige, schön eingerichtete AC-Zimmer und schönes Dachrestaurant mit Wüstenblick. Zum derzeitigen Preis gutes Preis-Leistungs-Verhältnis. ❺

Mandir Palace, Gandhi Chowk, ✆ 02992/252788, 💻 www.mandirpalace.com. Das Hotel nimmt einen Teil des exquisiten Mandir Palace ein. Angenehm geräumige Zimmer mit leichtem historischem Touch, schöne öffentliche Bereiche, darunter die schöne alte Durbar Hall mit Mini-Museum, und Pool (Besucher Rs350). ❽

Nachana Haveli, Gandhi Chowk, ✆ 02992/252110, 💻 www.nachanahaveli.com. Das altehrwürde Haveli ist eines der besten seiner Klasse. Die Zimmer im Erdgeschoss (alle mit AC) besitzen praktisch keine Fenster, sind aber geschmackvoll mit Antiquitäten eingerichtet; die Suiten im Obergeschoss sind heller. Zum Haveli gehört das gute Dachgartenrestaurant Saffron (S. 251). ❻

Pol Haveli, nahe Geeta Ashram, Dedansar Rd, ✆ 02992/250131, 💻 www.hotelpolhaveli.com. Attraktives neues Gästehaus in stilvollem kleinem Sandsteingebäude. Saubere und gemütliche Zimmer mit Ventilator oder AC und reizende Dachterrasse zum Entspannen mit Blick aufs Fort. ❶–❺

Ratan Palace, Seitenstraße des Gandhi Chowk, ✆ 02992/252757, ✉ hotelrenuka@rediffmail.com. Eine der besten Billigunterkünfte in diesem Stadtteil, freundlicher Besitzer. Altmodische, aber sehr saubere Zimmer, die billigeren ohne eigenes Bad, die teureren mit AC. Veranstaltet gute Kameltreks (S. 250) und hat auch noch etwas größere und teurere Zimmer (Rs350–750) im **Renuka** in derselben Straße. ❶–❸

Residency Centre Point, Khumbara Para, ✆ 9414/760421, ✉ residency_guesthouse@yahoo.com. Kleines, von einer Familie geführtes Gästehaus in einer Gasse in der Nähe des Patwa Haveli und Nathmalji-ki-Haveli. Die Zimmer (2 mit AC) sind bequem und preiswert, außerdem gibt es schöne Ausblicke vom Dach. Reservierung empfohlen. ❷–❸

Roop Mahal, abseits der Shiv Marg, ✆ 02992/251700, ✉ hotelroopmahal@yahoo.com. Gemütliches neueres Gästehaus in zentraler Lage mit hellen, preisgünstigen Zimmern (einige mit Blick aufs Fort und preisgünstiger AC), hilfsbereiten Mitarbeitern und nettem Dachrestaurant. Außerdem WLAN, Parkplatz und kostenlose Nutzung eines Enfield-Motorrads. ❶–❸

Shri Giriraj Palace, nahe Gopa Chowk, ✆ 02992/252268. Einfaches, freundliches Hotel mit Zimmern, die zu den günstigsten der Stadt zählen. Darunter superbillige DZ mit Gemeinschaftsbad sowie billige Zimmer mit Bad und Zimmer mit AC – zu den derzeitigen Preisen ein echtes Schnäppchen! ❶–❷

Swastika, abseits des Gandhi Chowk, ✆ 02992/252152, ✉ swastikahotel@yahoo.com. Altmodisches Budgethotel, hat einfache, gemütliche Zimmer mit Ventilator oder AC (darunter einige ohne Bad) zu günstigen Preisen, die sich aber nach der geplanten Renovierung erhöhen können. ❶–❸

Außerhalb

Fort Rajwada, abseits der Jodhpur Rd, 3,5 km östlich der Stadt, ✆ 02992/253233, 💻 www.fortrajwada.com. Eines der besten der neuen Resorthotels am Stadtrand. Besitzt alle Einrichtungen eines 5-Sterne-Hotels (Pool, Bar, gutes Restaurant, toller Coffeeshop). April–Sep 25 % Rabatt. ❽

Gorbandh Palace, Sam Rd, 2 km westlich der Stadt, ✆ 02992/253801, 💻 www.eternalmewar.in. Nobles Resorthotel etwas außerhalb, zählt nicht zu den stimmungsvollsten Unterkünften in Jaisalmer, ist aber gut geführt und sehr komfortabel. Schickes Restaurant und Bar, Pool und Ayurveda-Wellnessbereich. ❽

Jawahar Niwas Palace, 1 Bada Bagh Rd, ✆ 02992/252208 oder 288. Königliches Gästehaus aus dem späten 19. Jh. mit Sandstein-Türmchen, großen, hübschen Zimmern und einem guten Pool (Rs250 für Besucher). ❼–❽

Jaisalmer in Gefahr

Die auf einem Untergrund aus weichem Ton, Sand und Sandstein errichteten Fundamente des Jaisalmer Fort sind durch den vor allem dem Tourismus zu verdankenden steigenden **Wasserverbrauch** einem immer stärkeren Verschleiß ausgesetzt. Zum Höhepunkt der Touristensaison werden rund 120 l Wasser pro Kopf in das Gebiet gepumpt. Der größte Teil des daraus resultierenden Schmutzwassers fließt durch ein vollkommen unzureichendes Abwassersystem und sickert nahezu ungehindert in den Erdboden, wodurch die Fundamente der Stadt unterhöhlt werden. Das Ergebnis ist desaströs: 1998 starben sechs Menschen, als eine Stützmauer unterhalb der Zitadelle einstürzte, und fünf weitere Bastionen sind 2000 und 2001 zusammengebrochen. Jaisalmer gehört heute zu den 100 „Most Endangered Sites" des World Monument Fund.

Inzwischen wurde eine **internationale Kampagne** namens Jaisalmer in Jeopardy („Jaisalmer in Gefahr", JiJ), 💻 www.jaisalmer-in-jeopardy.org, ausgerufen, um weitere Reparaturen an der Festung durchführen zu können. **JiJ** leistet u. a. Hilfe bei der Verbesserung des Abwassersystems, ist dabei aber zum größten Teil auf Spenden angewiesen – Näheres dazu auf der Website. Trotz der bisher erfolgten Reparaturen ist die Stadtverwaltung zum Teil immer noch der Ansicht, dass die Festung am ehesten gerettet werden kann, indem man die 2000 dort lebenden Menschen evakuiert und das gesamte Abwassersystem von Grund auf erneuert, ein Unternehmen, das viel Geld und Zeit kostet und bei den Besitzern der Gästehäuser, die von den Einnahmen aus dem Tourismus abhängig sind, auf wenig Begeisterung stößt.

Angesichts dieser Problemlage plädieren einige Leute (und auch Reisebuchautoren) dafür, dass Reisende nicht auf dem Fort **übernachten** sollten, um die bröckelnden Fundamente nicht noch mehr zu gefährden. Leider hat das den Nebeneffekt, dass dadurch viele der einheimischen Betreiber von Unterkünften, die hier zum Teil seit Jahrzehnten ansässig und nicht für die Situation verantwortlich sind, ihres Lebensunterhalts beraubt werden. Daher führen wir in diesem Buch weiter einige Unterkünfte im Fort auf. Diese sind allesamt lange hier ansässig, versuchen, das Fort möglichst wenig zu schädigen, und befinden sich in größtenteils unveränderten Originalgebäuden. Dagegen haben wir keine der modernen, als Hotels neu erbauten Unterkünfte aufgeführt. Wer im Fort übernachtet, sollte seinen Teil zur Erhaltung beitragen und möglichst wenig Wasser verbrauchen.

Kamelsafaris

Nur wenige Reisende, die den weiten Weg nach Jaisalmer zurücklegen, verzichten auf ein Kameltrekking und damit auf die unwiderstehlich romantische Gelegenheit, die öde sandige Weite zu durchqueren und unter einem der prächtigsten Sternenhimmel dieser Erde zu nächtigen. Sieht man über gelegentliche Sandstürme, wund gescheuerte Pobacken und ungeniert rollende Kamelfürze hinweg, so kann man die Safaris nur als Vergnügen bezeichnen. Normale Treks haben eine **Dauer** von nur ein bis vier Tagen und kosten Rs600–1500 pro Nacht. Höhepunkt einer Safari ist die unter dem Sternenhimmel verbrachte Nacht, und somit scheint es für die meisten Reisenden ausreichend, wenn man nachmittags um 15 Uhr aufbricht und am nächsten Tag gegen Mittag zurückkommt. Unglücklicherweise ist die Höhe des Preises kein Maßstab für die Qualität des gebotenen Service. Es lohnt sich also, zuerst andere Reisende nach ihren Erfahrungen zu fragen und **Angebote** zu vergleichen. Unten sind ein paar verlässliche Veranstalter aufgelistet, doch die Liste ist längst nicht komplett. Man sollte unbedingt darauf achten, dass genügend Decken mitgeführt werden (es kann nachts sehr kalt werden), ein Lagerfeuer angezündet und nur mit Mineralwasser gekocht wird. Man sollte sich auch vergewissern, dass der Veranstalter unterwegs alle anfallenden Abfälle verbrennt oder wieder mit zurücknimmt, auch Plastikflaschen.

Routen

Die meisten Safaris von Jaisalmer führten traditionell zu den verschiedenen Dörfern westlich von Jaisalmer, typischerweise nach Amar Sagar, Bada Bagh, Lodurva, Sam und Kuldara (S. 253). Einige Veranstalter sind hier nach wie vor unterwegs, jedoch erhält man wegen der zunehmenden Erschließung und der Massen anderer Touristen (besonders um Sam) kein echtes Gefühl für die Wüste mehr. Die besseren Veranstalter suchen stets nach neuen und unverdorbenen Gegenden für ihre Exkursionen. Das bedeutet, dass man von Jaisalmer erst einmal 50 bis 60 km hinausfährt, was sich aber durchaus lohnt, um dann mehr Ruhe zu haben. Auch längere, d. h. sieben bis zehn Tage lange Safaris nach Pokaran, Barmer und Bikaner können gebucht werden, aber diese stellen schon eine gewisse Herausforderung dar.

Grundsätzlich sollte man keine **Buchungen** vornehmen, bevor man in Jaisalmer angekommen ist. In den Zügen und Bussen von Jodhpur versuchen Schlepper, Touristen zu ködern, doch bieten sie in der Regel nur fragwürdige Dienste an. Als Gegenleistung für eine Safaribuchung werben sie mit unglaublich billigen Zimmern, doch die schwarzen Bretter der Gästehäuser sind voll mit Geschichten von Reisenden, die zutiefst bedauern, sich darauf eingelassen zu haben. Als Faustregel gilt: Um jedes Unternehmen, das Schlepper zum Kundenfang einsetzt – und das gilt auch für Hotels –, einen großen Bogen machen!

Empfehlenswerte Veranstalter

Adventure Travel, nicht weit südlich vom First Fort Gate, ✆ 9414/149176, 💻 www.adventurecamels.com, feiert 2011 sein 25-jähriges Bestehen und wird von Touristen am meisten gelobt: Es werden abgelegene Gegenden besucht, zur Ausrüstung gehören richtige Matratzen und Bettlaken, und die Preise sind niedrig.

Sahara Travels, am Gopa Chowk gelegen, ✆ 02992/252609, 💻 www.mrdesertemeritus.com. Etwas billiger, jedoch nicht minder zuverlässig und geleitet vom unverkennbaren „Mr. Desert", einem ehemaliger Lkw-Fahrer, Fotomodell und Filmstar.

Unter den Hotels, die Kamelsafaris organisieren, genießt das **Shahi Palace** einen verdientermaßen guten Ruf; es garantiert mehr oder weniger, dass man keine anderen Safarigruppen sieht. Das freundliche **Hotel Renuka** bietet zu Preisen, die zu den günstigsten in der Stadt gehören, verlässlich gute Safaris.

Essen

Jaisalmers Touristenrestaurants, normalerweise auf einem Dach mit Aussicht auf das Fort angesiedelt, servieren neben indischen Gerichten auch die üblichen Touristenspeisen. In den meisten wird auch Bier verkauft. Im Nachana Haveli am Gandhi Chowk sollte inzwischen eine Bar in den alten Stallungen eröffnet haben. Sofern nicht anders angegeben, sind alle genannten Lokale auf der Jaisalmer-Karte S. 244 eingezeichnet.

Restaurants

8 July, Main Chowk, im Fort, s. Karte S. 247. Empfehlenswert wegen des privilegierten Blicks von der Terrasse auf das lebhafte Treiben auf dem Haupthof, weniger der Küche wegen. Hat aber eine gute Auswahl an Smoothies, Lassis und Säften sowie indische, italienische, chinesische und mexikanische Hauptgerichte (Rs70–95). Ein schöner Ort zum Frühstücken.

Chandan Shree Restaurant, direkt westlich vom Amar Sagar Pol. Beliebtes Lokal mit preiswerten veg. Currys (Rs25–90) und *thalis* (Rs60–140) sowie Rajasthani-Spezialitäten.

Little Italy, hinter dem ersten Festungstor, s. Fort-Karte S. 247. Das italienische Restaurant hat leckere Pastagerichte (Rs120–180) in großen Portionen zu angemessenen Preisen (die Pizza gibt sich alle Mühe, authentisch zu sein, schafft es aber nicht). Schöne Terrasse direkt gegenüber der Festung – besonders reizend abends.

Little Tibet, im Fort, s. Karte S. 247. Travellercafé unter Leitung von freundlichen jungen Tibetern. Serviert alle üblichen indischen und chinesischen Gerichte plus Mexikanisches, Pasta und tibetisches Essen. Auch ein nettes Plätzchen zum Frühstücken. Hauptgerichte Rs60–95.

Monica, in der Nähe des ersten Festungstors, s. Fort-Karte S. 247. Rajasthani- und Tandoori-Gerichte zu moderaten Preisen, außerdem köstliche veg. und andere rajasthanische *thalis* (Rs145/210). Hauptgerichte Rs65–145.

Natraj, gegenüber vom Salim Singh Haveli. Freundliches, nicht veg. Dachgartenrestaurant, berühmt für mild gewürzte *Mughlai chicken, malai kofta* und andere indische Speisen. Hauptgerichte Rs85–190. Alkoholausschank.

Saffron, Nachana Haveli, Gandhi Chowk, ✆ 02992/251910. Etwas nobleres Restaurant mit erlesenen Tandoori- und Mughlai-Speisen, veg. indischen sowie italienischen und chinesischen Gerichten (Hauptgerichte Rs60–170) und abends Livemusik.

Shree Bikaner, nördlich vom Hanuman Circle. Schnörkelloses veg. Restaurant; Punjabi-Currys (Rs45–100), verschiedene rajasthanische, gujaratische und bengalische *thalis* (Rs80–125) und wundervolles *dal bati churma* (traditionelles Rajasthani-Gericht aus gebackenen Weizenmehlbällchen mit *dhal* und süßer *churma-S*auce; Rs125), das so lange nachgefüllt wird, bis der Gastsatt ist.

Trio, Gandhi Chowk, ✆ 02992/252733. Berühmt für seine hervorragenden Tandoori- und Maghlai-Fleischgerichte (Hauptgerichte Rs145–280), außerdem einige Rajasthani-Spezialitäten sowie eine annehmbare Auswahl an veg. Gerichten. Die besten Tische mit Blick auf den Mandir Palace und die Zitadelle sollte man frühzeitig reservieren lassen.

Getränke und Snacks

Bhang Shop, Gopa Chowk, s. Fort-Karte S. 247. Eine der besten Adressen des Landes für *bhang*-Liebhaber (Vorsicht: verträgt nicht jeder, s. S. 82). Hier gibt's eine Karte mit lauter verschiedenen *bhang*-Getränken und -Süßigkeiten und die Wahl unter mehreren Stärkegraden.

Dhanraj Ranmal Bhatia, Court Rd. Wunderbar saftige Süßigkeiten auf Milchbasis wie *ladoo* und *barfi* plus tolle Samosas und *mirchi badas*. Wird alles vorne im Laden hergestellt, man kann also zuschauen.

Joshi's German Bakery, Gopa Chowk, s. Fort-Karte S.247. Verkauft köstliche frisch gebackene Kuchen, Torten, Croissants und Gebäck, besonders am Morgen. Dazu gibt's leider nur Pulverkaffee.

Krishna's Boulangerie, im Fort, nahe den Jain-Tempeln, s. Fort-Karte S. 247. Günstig gelegen für eine Atempause während der Besichtigung. Prima Kaffee, kleine Snacks, Pizza und Pasta. Auch gut fürs Frühstück.

RK Juice Center, Bhatia Bazaar. Herrliche frisch gepresste Säfte aus dem Obst und Gemüse, was gerade zur Verfügung steht, z. B. Orange, Granatapfel, Banane, Karotte und Ingwer. Ohne Hinzufügung von Eis und Leitungswasser, das jedoch zum Ausspülen des Entsafters verwendet wird.

Einkaufen

Jaisalmer ist einer der besten Orte in Indien, um Souvenirs zu kaufen. Die Preise sind zwar vergleichsweise hoch, und die Händler feilschen zäh, aber die Auswahl ist hervorragend. Quasi das gesamte Fort ist inzwischen ein riesiger Souvenir-Basar, Dutzende weitere Läden gibt es am Bhatia Bazaar. In Jaisalmer lassen sich besonders gut Textilien, Stoffe und Leder (darunter Taschen und Schuhe aus Kamelleder) sowie billige Hippiemode einkaufen.

Rajasthali, das offizielle staatliche rajasthanische Kunsthandwerkskaufhaus außerhalb vom Amar Sagar Pol, ist ziemlich langweilig und lieblos eingerichtet und hat nicht immer die allerbeste Qualität, aber immerhin kann man sich hier einen guten Preisüberblick verschaffen.

Sonstiges

Bücher

Bhatia News Agency, Court Rd, nicht weit vom Ghandi Chowk. Außerdem zahlreiche Bücherstände im Fort.

Fahrradverleih

Narayan Cycles, in der Straße direkt gegenüber dem Hotel Nachana Haveli (100 m links hoch, bis zur Straßenbiegung), vermietet Fahrräder für Rs5 pro Std.

Feste

Jaisalmers **Wüstenfest** findet drei Tage lang bei Vollmond im Mondmonat Magha statt (5.–7. Feb 2012, 23.–25. Feb 2013). Im Gegensatz zu vielen anderen Festen der Region ist dies kein Viehmarkt, sondern eher ein vergnügliches Kulturfestival mit Volkstänzen, Wettbewerben im Turbanbinden, Kamelrennen und Kunstgewerbemärkten. Die wichtigsten Veranstaltungen finden auf dem Dedansar Polo Ground statt. Um diese Zeit sind die Hotels meistens ausgebucht, verlangen aber normalerweise keine höheren Preise. Das aktuelle Programm müsste unter 💻 www.jaisalmer.nic.in zu finden sein.

Geld

Ein **Geldautomat** befindet sich direkt im Amar Sagar Pol, ein weiterer gleich gegenüber dem Tor draußen, einer beim Büro des District Magistrate in der Sam Road und ein paar am Südrand des Forts. Am Ghandi Chowk gibt es mehrere **Wechselstuben**. Das zuverlässige Reisebüro Adventure Travel (S. 250) wechselt Geld und Reiseschecks.

Informationen

Die **RTDC-Touristeninformation,** ✆ 02992/252406, südöstlich der Stadt in der Nähe des Gadi Sagar Pol, ist wenig hilfreich, und die Veranstalter, die von den Mitarbeitern „empfohlen" werden, müssen für dieses Privileg bezahlen. 🕒 Mo–Sa 10–17 Uhr.
Online lohnt sich ein Blick auf 💻 www.jaisalmer.org.uk und 💻 www.jaisalmer.nic.in.

Internet

Internetzugang wird vielerorts angeboten, ist aber meist langsam. Die **Chai Bar** im Fort, nicht weit vom Ganesh Gate, hat noch die besten Terminals (Rs50 pro Std. inkl. Getränk). In der Nähe, langsamer, aber billiger (Rs30 pro Std.): **Joshi Cyber Café** in Joshi's German Bakery.

Medizinische Hilfe

Dr. S. K. Dube, ✆ 02992/251560, spricht gut Englisch; berechnet Rs500 pro Konsultation. Das **staatliche Krankenhaus** befindet sich in der Sam Road westlich vom Hanuman Circle, ✆ 02992/252495, besser ist jedoch das kleine, private **Maheshwari Hospital**, ✆ 02992/250024, abseits der Sam Road gegenüber dem Gericht und dem Büro vom District Magistrate.

Polizei

Etwas südlich des Hanuman Circle an der Amar Sagar Rd, ✆ 02992/252233. Inzwischen sollte auch ein neues Büro der Touristenpolizei an der Sam Road eröffnet haben.

Post

Die **Hauptpost** mit *poste restante* liegt in der Amar Sagar Rd, 200 m südlich vom Hanuman Circle, ⏲ Mo–Sa 9–15.30 Uhr. Ein kleineres Postamt befindet sich gegenüber der Festungsmauer hinter dem Gopa Chowk, ⏲ Mo–Sa 10–17 Uhr.

Reisebüros

Adventure Travel (S. 250) besorgt gegen eine geringe Gebühr Bus-, Bahn- und Flugtickets und bucht Unterkünfte.

Nahverkehr

Die **Regionalbusse** nach Lodurva, Khuhri und Sam fahren an der Haltestelle nordöstlich vom Hanuman Circle ab, allerdings soll diese Haltestelle an einen anderen Ort weiter draußen, an der Hauptstraße nördlich vom Hanuman Circle, verlegt werden – den aktuellen Stand der Dinge bitte in der Unterkunft erfragen.

Transport

Busse

Die meisten **staatlichen Busse**, ✆ 02992/251541, fahren vom Busbahnhof im Osten der Stadt an der Barmer Road. Busse mit frühmorgendlicher Abfahrtszeit benutzen die praktischer gelegene Haltestelle am Südende der Amar Sagar Road – beim Ticketkauf auf den Abfahrtsort achten!
Die **privaten Busse** fahren am Air Force Circle ab. Tickets für die privaten Busse verkauft jedes der zahlreichen Reisebüros der Stadt – z. B. Swagat Travels oder Hanuman Travels, unmittelbar nördlich vom Hanuman Circle, oder Adventure Travels (S. 250). **Nahverkehrsbusse** nach LODURVA, KHUHRI und SAM fahren von der Haltestelle nördlich des Hanuman Circle.

Eisenbahn

Jaisalmers **Bahnhof** liegt 2 km östlich der Stadt an der Straße nach Jodhpur; eine Motor-Rikschafahrt aus der Stadt kostet rund Rs40. In den Nachtzügen kann es übrigens sehr kalt werden – im Winter sinken die Temperaturen manchmal bis fast auf den Gefrierpunkt. Reisende ohne Reservierung können sich in Ruhe unter den hochgehaltenen Hotelschildern am Parkplatz umschauen. Die meisten Unterkünfte bieten kostenlosen Transfer; ansonsten zahlt man für eine Motor-Rikschafahrt in die Stadt Rs30.
Zug Nr. 14660, der Jaisalmer–Delhi Express, fährt tgl. um 17.15 Uhr ab und hält in POKARAN (18.43 Uhr), PHALODI (20.04 Uhr), OSIAN (21.07Uhr), JODHPUR (22.40 Uhr), JAIPUR (4.50 Uhr), ALWAR (7.11 Uhr) und DELHI (11.10 Uhr). Der Nachtzug Nr. 14809, der Jaisalmer–Jodhpur Express, fährt um 23.30 Uhr ab und erreicht JODHPUR um 5.15 Uhr. Um nach BIKANER zu gelangen, muss man in Jodphur umsteigen, es fahren dort Züge um 10.05 Uhr, 10.30 Uhr, 13.40 Uhr und 20.15 Uhr. Fahrzeit rund 6 Std.

Flüge

Jaisalmers **Flughafen** liegt 14 km westlich der Stadt an der Khuri Road. Es bestehen Flugverbindungen über JAIPUR nach DELHI und über UDAIPUR nach MUMBAI.

Rajasthan

Die Umgebung von Jaisalmer

In der kargen Sandöde rings um Jaisalmer trifft man unversehens auf Bauwerke, die aus einer Zeit stammen, in der noch belebte Karawanenstraßen durch dieses Gebiet führten. Hin und wieder rumpelt ein Linienbus über die staubigen Pisten, und auch mit einem übers Hotel gemieteten Jeep lassen sich die wichtigsten Sehenswürdigkeiten erkunden.

Bada Bagh, Amar Sagar und Lodurva

In der fruchtbaren Gegend von **Bada Bagh**, 6 km nördlich von Jaisalmer, stehen zusammengedrängt auf einem Hügel und umgeben von modernen Windrädern zahlreiche Kenotaphe zum Gedenken an frühere Jaisalmer-Herrscher. ⏲ tgl. Sonnenauf- bis Sonnenuntergang, Eintritt Rs50, Fotoerlaubnis Rs20, Video Rs50. Aus der sich zu ihren Füßen ausbreitenden grünen Oase stammt das meiste Obst und Gemüse der Region. Sieben Kilometer nordwestlich von Jaisalmer liegt an einem großen, künstlich angelegten

See (der in der Trockenzeit leer ist) die friedliche Kleinstadt **Amar Sagar**. Hier stehen der aus dem 18. Jh. stammende Amar Singh-Palast und drei Jain-Tempel (Eintritt Rs10, Fotoerlaubnis Rs50), darunter der Adeshwar Nath-Tempel, der 1928 im Auftrag eines Mitglieds derselben Familie errichtet wurde, die das Patwa Haveli in Jaisalmer erbauen ließ.

Lodurva, die ehemalige Hauptstadt der Bhati-Rajputen, liegt 10 km nordwestlich von Amar Sagar. Die Bhatis herrschten hier vom 8. bis ins 12. Jh., bis Lodurva von Muhammad von Ghor geplündert wurde. Danach verlegten die Bhati ihre Hauptstadt nach Jaisalmer. Heute sind nur noch ein paar Jain-Tempel, die im 17. Jh. wiederaufgebaut wurden, erhalten. Den Parshvanath geweihten Haupttempel ziert ein kunstvoll geschnitzter, 8 m hoher *toran* (Bogengang), der sich gleich hinter dem Eingang zum Hauptgelände befindet und vielleicht der erlesenste seiner Art in Rajasthan ist. Beachtung verdienen auch die detaillierten Steinmetzarbeiten an den Außenwänden. ⏲ tgl. 7–20 Uhr, Eintritt Rs30, Fotoerlaubnis Rs70, Video Rs120.

Täglich fahren drei oder vier **Busse** von Jaisalmer nach Lodurva, aber bequemer ist die Fahrt mit einer Motor-Rikscha oder einem **Taxi** (Rs250/400 hin und zurück, inkl. Halt in Amar Sagar und Bada Bagh). Oder man fährt mit dem Fahrrad.

Kuldara, Sam und Khuhri

Südlich der Straße nach Sam, rund 25 km westlich von Jaisalmer, liegt das Geisterdorf **Kuldara**. Es war eines von 84 Dörfern, die aus unerfindlichen Gründen alle gleichzeitig eines Nachts im Jahr 1825 von der brahmanischen Paliwal-Gemeinde, die hier seit dem 13. Jh. ansässig war, verlassen wurden. Von dem Fleiß und der Ordnungsliebe der Paliwals zeugen ihre Wohnhäuser, jedes mit Wohn- und Schlafzimmern, Gästezimmer, Küche und Ställen sowie einer Stelle, um ein Kamel anzubinden. Besucher können einen Spaziergang zum Tempel im Dorfkern machen und die Atmosphäre auf sich wirken lassen. ⏲ tgl. Sonnenauf- bis Sonnenuntergang, Eintritt Rs50, Fahrzeuge Rs100.

Die gewaltigen Wanderdünen 40 km westlich von Jaisalmer heißen **Sam**, obwohl dies streng genommen der Name eines weiter westlich gelegenen kleinen Dorfes ist. Leider ist die einst ursprüngliche Wüstenlandschaft hier inzwischen unter endlosen Zeltcamps verschwunden, da jeden Tag etwa 5000 Touristen hierher strömen, um den Sonnenuntergang anzuschauen und sich zu vergnügen. Nur wer in die Wüste Thar gekommen ist, um sich Menschenmassen, psychotische Kameltourenschlepper und haufenweise im Wind wirbelndem Plastik anschauen möchte, wird sich hier wie im siebten Himmel fühlen. Man kann hier in einem der zahlreiche Zeltlager übernachten, aber das ist nicht zu empfehlen.

Ein erheblich netterer Ort, um den Sonnenuntergang hinter den Dünen zu genießen, ist das Dorf **Khuhri**, 42 km südlich von Jaisalmer. Viele Kamelsafaris beginnen hier oder legen ihre Ankunft zeitlich so, dass die Teilnehmer die farbenfroh gekleideten Frauen zu Gesicht bekommen, die immer zu einer bestimmten Zeit an den nach Kasten getrennten Brunnen Wasser holen, das sie in großen Krügen auf dem Kopf tragen. Das Dorf hat einen gewissen Charme: Viele Häuser sind noch aus Lehm gebaut und mit Stroh gedeckt, und die Außenwände sind mit weißen Malereien verziert. Leider ist durch die touristische Erschließung schon ein Großteil des traditionellen Charakters des Dorfes verloren gegangen. So gut wie jedes Gebäude scheint mittlerweile als Gästehaus zu fungieren, und auf jedem verfügbaren Stück Land sprießen hässliche neue Betonbauten und Reklameschilder aus dem Boden, vervollständigt durch die übliche Flut an Plastik- und anderem Müll.

Vier **Busse** fahren täglich vom Regionalbusbahnhof in Jaisalmer nach Khuhri (um 10.30, 13.30, 15 und 17.30 Uhr). Man kann auch einen Jeep (Rs500 hin und zurück) oder ein Taxi (Rs250 hin und zurück) nehmen. Trotz der vielen Gästehäuser im Dorf und der Zeltlager drum herum sind die Übernachtungspreise ziemlich hoch. Die beste **Übernachtungsmöglichkeit** ist vielleicht das sehr einfache, aber extrem ruhige Badal House, kein Telefon, ❷ mit VP. Es handelt sich um eine Unterkunft mit Familienanschluss, gut geeignet, um ein paar Tage auszuspannen und das Dorfleben kennenzulernen. Die Betreiber können auch Kamelsafaris organisieren.

Pokaran

Rund 110 km östlich von Jaisalmer an der Straßen- und Bahnschienenkreuzung zwischen Jodhpur, Bikaner und dem Westen liegt die Kleinstadt Pokaran. Sie machte im Mai 1998 internationale Schlagzeilen, als Indien 20 km nordwestlich der Stadt drei unterirdische Nukleartests durchführte und damit seinen Beitritt zum Verein der Atommächte erklärte. Trotz dieses ungebetenen Auftritts auf der Weltbühne ist Pokaran immer noch eine Art Außenposten der Zivilisation, allerdings mit einer ausgezeichneten Unterkunft in seinem **Fort** aus dem 16. Jh., ✆ 02994/222274, 🖳 www.fortpokaran.com, ❼–❽, einem wundervollen alten Sandsteingebäude – besonders authentisch, da nur teilweise restauriert.

Phalodi und Keechen

Highway und Eisenbahntrasse verlaufen östlich von Jaisalmer parallel durch die Wüste, bis sie sich auf nahezu halber Strecke zwischen Jaisalmer und Bikaner in der kleinen Ortschaft **Phalodi** trennen. Die kleine Salzgewinnungskolonie ist der Ausgangspunkt für eines der schönsten Naturerlebnisse in ganz Rajasthan. Das rund 6 km östlich von Phalodi gelegene Dorf **Keechen** ist die zeitweilige Wahlheimat einer 4000 Tiere zählenden Schar **Jungfernkraniche**, die jeden Winter von ihren Brutstätten in Zentralasien herkommen. Die Einheimischen ermutigen die im lokalen Jargon *kurja* heißenden Vögel zur Rückkehr, indem sie zweimal täglich eigens für die Tiere gespendetes Futter ausstreuen – eine Sitte, die seit mindestens 150 Jahren gepflegt wird. Zu den Fütterungszeiten (5–7 und 5–18 Uhr) findet sich die riesige Vogelschar auf einem umzäunten Areal vor dem Dorf ein, wo man die Tiere aus der Nähesehen kann.

Von Phalodi gelangt man am besten mit dem Fahrrad nach Keechen (Verleih an einem der Stände in der Nähe des Busbahnhofs) – eine angenehme Fahrt auf meist flachem Gelände über gut befestigte Straßen. Man kann aber auch eine Motor-Rikscha (Rs100) oder ein Taxi (Rs200) nehmen (vor dem Bahnhof warten stets Ambassador-Taxis). Die beste Budgetunterkunft ist das **Hotel Chetnya Palace**, ✆ 02925/223945, ❷–❸, neben der Haltestelle der Busse nach Jaisalmer. Die andere Unterkunft ist das **Lal Niwas**, ✆ 02925/223813, 🖳 www.lalniwas.com, ❻–❼, ein 300 Jahre altes Haveli aus rotem Sandstein, das in ein schlichtes Heritage-Hotel verwandelt wurde. Die mit AC ausgestatteten Zimmer sind nicht mehr ganz taufrisch, aber es gibt einen Pool.

Wer nur einige Stunden bleiben will, sollte vor dem Abstecher nach Keechen die Abfahrtszeiten überprüfen, denn die Verkehrsverbindungen sind nicht ganz zuverlässig. Rein theoretisch fahren fast stündlich **Busse** nach Jaisalmer und Bikaner. **Züge** nach Jaisalmer fahren um 7.29 Uhr und 9.55 Uhr; nach Jodhpur um 19.27 Uhr und nach Bikaner (Lalgarh Junction) um 14.20 Uhr.

Bikaner

Die geschäftige Handelsstadt Bikaner hat nicht die Anziehungskraft seiner Nachbarn Jaisalmer, Jodhpur oder Jaipur, besitzt jedoch ein sehenswertes Fort und eine Altstadt mit zahlreichen Havelis. Ganz in der Nähe befinden sich eine staatliche Kamelzuchtfarm und der außergewöhnliche Rattentempel von Deshnok. Bikaners Hauptsehenswürdigkeit ist das Junagarh Fort, aber Besucher sollten sich auch Zeit für einen Spaziergang durch die Altstadt mit ihren originellen Havelis aus dem frühen 20. Jh. nehmen.

Junagarh Fort

Bikaners Junagarh Fort ist auf den ersten Blick weniger imposant als Rajasthans andere mächtige Befestigungsanlagen, denn es liegt ebenerdig und wird nur von hohen Mauern und einem breiten Graben geschützt, doch sein verschwenderisch verziertes Inneres kann sich mit allen anderen messen. Das Fort wurde zwischen 1587 und 1593 erbaut und von späteren Herrschern immer wieder erweitert und verschönert. Im Eintrittspreis ist eine einstündige, obligatorische Führung inbegriffen, aber es ist leicht, sich von den anderen abzusetzen und auf eigene Faust herumzuwandern. Beim Zugang zur Festung sind im Mauerwerk nahe dem zweiten Tor **Daulat Pol** Handabdrücke zu sehen, die an den freiwilligen Opfertod *(sati)* hoheitlicher

Frauen erinnern, deren Männer in der Schlacht gefallen waren.

Der sich zum Haupthof öffnende **Karan Mahal**, der mit Blattgoldgemälden verziert ist, wurde im 17. Jh. zur Erinnerung an einen Sieg über den Mogulkaiser Aurangzeb errichtet. Der **Anup Mahal** (Diwan-i-Khas) ist der edelste Raum im Palast, mit wunderbaren roten und goldenen Malereien und einem von Glas und Spiegeln eingerahmten Satin-Thron. Der riesige Teppich wurde von Insassen des Gefängnisses von Bikaner geknüpft. Nach so viel verschwenderischer Pracht erscheint der Mitte des 19. Jhs. für Maharadscha Sardar Singh (1851–72) erbaute **Badal Mahal** („Wolkenpalast") angenehm schlicht. In einem Saal im Obergeschoss sind mit Nägeln beschlagene Betten, Schwertblätter und Speerspitzen zu sehen, mit denen die Sadhus ihre Schmerzunempfindlichkeit demonstrierten. Auf der anderen Seite der Terrasse, im kunstvoll ausgemalten Gaj Mandar, stehen das Einzelbett des Maharadschas und das bequemere Doppelbett der Maharani.

Der aus dem 20. Jh. stammende **Ganga Niwas**, der unter Maharadscha Ganga Singh (1887–1943) errichtet wurde, lässt sich entweder über einen langen, verschlungenen Korridor vom Gaj Mandar aus oder, schneller, vom Vikram Vilas-Hof erreichen. Den Mittelpunkt dieses Teils des Palasts bildet der riesige **Diwan-i-Am**. Hier steht ein Flugzeug aus dem Ersten Weltkrieg, ein Geschenk der Briten an die Streitkräfte von Bikaner. Daneben befindet sich das aus dem 20. Jh. stammende Büro von Ganga Singh, dann folgen weitere Räume voller Gewehre und Schwerter. ◷ tgl. 10–17.30 Uhr, letzter Einlass 16.30 Uhr, Eintritt Rs150, Fotoerlaubnis Rs30, Video Rs100, Kombiticket inkl. Eintritt, Fotoerlaubnis und Audioguide Rs250.

Innerhalb der Festung befindet sich auch das **Prachina Museum**, 🖳 www.prachina-museum.com. Seine hübsche Sammlung (darunter Geschirr und Spazierstöcke) zeigt den zunehmenden europäischen Einfluss auf die Lebensweise in Rajasthan zu Beginn des 20. Jhs. Ein ganzer Salon von ca. 1900 wurde nachgestellt, und außerdem sind interessante rajasthanische Textilien zu sehen. ◷ tgl. 9–18 Uhr, Eintritt Rs50, Fotoerlaubnis Rs20, Video Rs70.

Die Altstadt

Bikaners labyrinthartige Altstadt ist für ihren Reichtum an ungewöhnlichen Havelis berühmt, die eine äußerst gewagte Mischung aus einheimischer Sandsteinarchitektur, Jugendstil und der Backsteinarchitektur britischer Städte darstellen. Es ist schwierig, sich in der Stadt zurechtzufinden, aber sich hin und wieder zu verlaufen, gehört zu einem Besuch einfach mit dazu. Nachdem man die Altstadt durch das **Kote Gate** betreten hat, wandert man links (Süden) die Jail Road entlang. Nach 300 m, direkt hinter dem Tor zu einem Hindu-Tempel, gelangt man rechts ab zur City Kotwali (der Polizeiwache der Altstadt) und dann auf dieser Straße weiter zu den drei bezaubernden **Rampuriya Havelis**. Sie wurden in den 1920er-Jahren von drei Brüdern einer Jain-Kaufmannsfamilie in Auftrag gegeben und weisen Reliefs mit Abbildungen berühmter Personen auf, darunter Maharadscha Ganga Singh, Queen Mary und Krishna.

Spaziert man vor dem dritten Rampuriya Haveli nach links, vorbei am verbarrikadierten **Golchha Haveli** von 1918 und mehr oder weniger weiter geradeaus den Windungen der Straße nach rechts folgend, erreicht man nach 100 m eine Straße voller Eisenwarenhändler. Hier geht es rechts ab und 300 m weiter bis zu einem kleinen Platz, dem **Rangari Chowk** mit einem adretten weißen Hindu-Tempel. An der rechten Seite des Tempels vorbei kommt man zum **Kothrion ka Chowk**, gesäumt von hübschen Havelis.

Folgt man der Straße nach links, vorbei am **Kothari Building** (rechts) mit fünf wunderbar extravaganten Jugendstil-Balkonen, trifft man auf den kleinen **Daga Sitya Chowk**. An einem Haus linker Hand sind noch verblichene Wandgemälde von Dampfeisenbahnen zu sehen. Das **Diamond House**, rechts, wird nach oben hin breiter. Jetzt geht man zurück bis kurz vor den Kothrion ka Chowk und biegt dann nach links ab zum **Punan Chand Haveli**, das eine wunderbar geschnitzte Fassade mit Blumenmustern besitzt. Wer nun wieder zurück Richtung Kothrion ka Chowk geht und sich bei der ersten Straße nach links wendet, gelangt zum großen, von eleganten Havelis umgebenen **Daddho ka Chowk**.

Man überquert den Platz bis zu dem Punkt, wo die Straße an einer T-förmigen Kreuzung

Bikaner

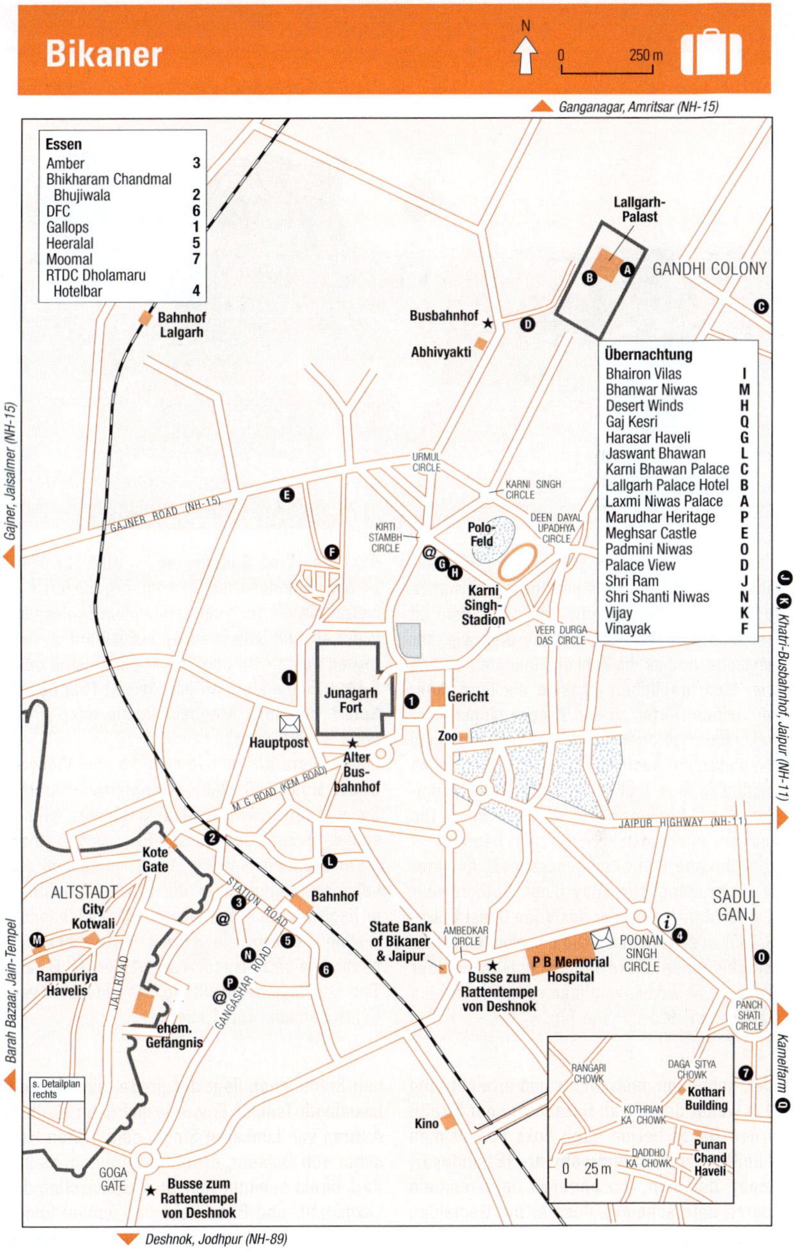
N
0
250 m
Ganganagar, Amritsar (NH-15)
Essen
Amber 3
Bhikharam Chandmal Bhujiwala 2
DFC 6
Gallops 1
Heeralal 5
Moomal 7
RTDC Dholamaru Hotelbar 4
Übernachtung
Bhairon Vilas I
Bhanwar Niwas M
Desert Winds H
Gaj Kesri Q
Harasar Haveli G
Jaswant Bhawan L
Karni Bhawan Palace C
Lallgarh Palace Hotel B
Laxmi Niwas Palace A
Marudhar Heritage P
Meghsar Castle E
Padmini Niwas O
Palace View D
Shri Ram J
Shri Shanti Niwas N
Vijay K
Vinayak F
Lallgarh-Palast
GANDHI COLONY
Bahnhof Lalgarh
Busbahnhof
Abhivyakti
URMUL CIRCLE
KARNI SINGH CIRCLE
KIRTI STAMBH CIRCLE
DEEN DAYAL UPADHYA CIRCLE
Polo-Feld
Karni Singh-Stadion
VEER DURGA DAS CIRCLE
GAJNER ROAD (NH-15)
Gajner, Jaisalmer (NH-15)
Junagarh Fort
Gericht
Zoo
Hauptpost
Alter Bus-bahnhof
M G ROAD (KEM ROAD)
J, K Khatri-Busbahnhof, Jaipur (NH-11)
JAIPUR HIGHWAY (NH-11)
Kote Gate
ALTSTADT
City Kotwali
Rampuriya Havelis
JAIL ROAD
STATION ROAD
Bahnhof
GANGASHAR ROAD
State Bank of Bikaner & Jaipur
AMBEDKAR CIRCLE
Busse zum Rattentempel von Deshnok
P B Memorial Hospital
POONAN SINGH CIRCLE
SADUL GANJ
PANCH SHATI CIRCLE
Kamelfarm O
ehem. Gefängnis
Barah Bazaar, Jain-Tempel
s. Detailplan rechts
Kino
RANGARI CHOWK
DAGA SITYA CHOWK
Kothari Building
KOTHRIAN KA CHOWK
DADDHO KA CHOWK
Punan Chand Haveli
0 25 m
GOGA GATE
Busse zum Rattentempel von Deshnok
Deshnok, Jodhpur (NH-89)

Kamelsafaris von Bikaner

Bikaner ist als Ausgangspunkt für Kamelsafaris in die Wüste Thar eine gute Alternative zu Jaisalmer. Der östliche Teil der Wüste ist landschaftlich ebenso faszinierend wie der westliche, und da die Zahl der Touristen bislang eher klein geblieben ist, sind die Einwohner der kleinen Dörfer an der Strecke längst nicht so kommerziell orientiert wie in der Umgebung von Jaisalmer. Auch die Tierwelt ist erstaunlich reichhaltig, u. a. gibt es zahlreiche Schwarzböcke, Nilgai-Antilopen und Wüstenfüchse. Die Auswahl an Veranstaltern ist relativ begrenzt.

Der führende und alteingesessenste Anbieter ist der umgängliche Vijay Singh Rathore (der „Camel Man"), der über das **Vijay Guest House** (S. 260) zu erreichen ist. Die Einzelheiten seiner verschiedenen Treks finden sich auf seiner Website 💻 www.camelman.com; die Preise starten bei Rs900 p. P. und Tag.

Auch das **Vino Guesthouse**, ☎ 0151/227 0445, 💻 www.vinodesertsafari.com, organisiert Kamelsafaris, die auch von zahlreichen Schleppern in der Altstadt Safaris angepriesen werden – am besten bucht man aber direkt per Telefon oder E-Mail. Eine andere Möglichkeit ist **Thar Camel Safari**, c/o Hotel Meghsar Castle oder direkt unter ☎ 9351 206093.

Eine weitere Alternative sind die vom **Vinayak Guest House** (S. 260) arrangierten Safaris. Sie werden von Jitu Solanki geführt, einem studierten Zoologen, dessen Exkursionen einen faszinierenden Einblick in die Fauna und die Lebensbedingungen in der Wüste vermitteln; er begleitet auch Ausflüge zu abgeschiedenen Bishnoi-Dörfern. Die Safaris lassen sich auf bestimmte Interessen zuschneiden, z. B. auf Tier- und Vogelbeobachtung, das Aufspüren von Schlangen oder Fotografieren.

endet, geht dann nach rechts und erreicht rund 400 m weiter den Barah Bazaar. Auf der Straße um den Basar herum nach links kommt man schließlich zum **Bhandreshwar-** (Bhandasar) **Tempel**, der sich von anderen Jain-Tempeln dadurch unterscheidet, dass er mit Gemälden übersät ist. Unmittelbar dahinter, bei der hohen Stadtmauer, liegt der große, hinduistische **Laxminath-Tempel**. Er wurde im frühen 16. Jh. im Auftrag von Lunkaran Singh, dem dritten Herrscher von Bikaner, errichtet. In einem kleinen Park direkt dahinter (der Straße zwischen dem Laxminath- und Bhandreshwar-Tempel folgen) steht ein zweiter Jain-Tempel, der **Sandeshwar-**

(Neminath) **Tempel** von 1536, ebenfalls reich, aber zurückhaltender in dunklen Grün- und Rottönen bemalt.

Lallgarh-Palast und Shri Sadul Museum

Der mächtige **Lallgarh-Palast** aus rotem Sandstein im Norden der Stadt ist das Zuhause der Fürstenfamilie von Bikaner, doch heute dienen Teile des Bauwerks als Hotel. Der Palast wurde unter der Herrschaft von Ganga Singh errichtet, der ab 1902 dort lebte. Trotz einiger sehr feiner Steinmetzarbeiten kann er dem Vergleich mit anderen rajasthanischen Palästen nicht standhalten. Das **Shri Sadul Museum** beherbergt eine umfangreiche Sammlung alter Fotografien von Besuchen diverser Vizekönige und von königlichen Prozessionen; ⌚ Mo–Sa 10–17 Uhr, Eintritt Rs40, Fotoerlaubnis Rs50, Video Rs100.

Übernachtung

Bikaner verfügt über eine überraschend große Auswahl an Hotels. Die Billighotels in der Station Road sind allerdings unzumutbar und am besten zu meiden.

Untere und mittlere Preisklasse

Bhairon Vilas, neben dem Junagarh Fort, ✆ 0151/254 4751, 💻 hotelbhaironvilas.tripod.com. Stilvolles Heritage Hotel in einem alten, fürstlichen Haveli, mit Familien-Erbstücken und Antiquitäten eingerichtet und von einem hübschen Garten umgeben. Die Zimmer (alle mit AC) sind unterschiedlich: Es lohnt sich, ein bisschen mehr für eins der teureren auszugeben, die geräumiger sind und mehr historisches Flair verströmen. ❹–❺

Desert Winds, beim Kirti Stambh Circle, ✆ 0151/254 2202, 💻 www.hoteldesertwinds.in. Mittelgroßes Hotel mit sauberen, komfortablen Zimmern (alle mit AC) und einem ordentlichen veg. Restaurant. Eine etwas einfachere Alternative zum ganz ähnlichen Harasar Haveli nebenan, nur ohne die Tourgruppen. ❹–❺

Harasar Haveli, beim Kirti Stambh Circle, ✆ 0151/220 9891, 💻 www.harasar.com. Kein Haveli, sondern ein mittelgroßes, modernes Hotel mit hellen, bequemen und blitzsauberen Zimmern (die teureren mit AC und TV). Dachgarten- und Terrassenrestaurants, die annehmbares veg. und nicht veg. Essen servieren. Beliebt bei Reisegruppen. Mit Ventilator ❷, mit AC ❹–❺

Jaswant Bhawan, Alakhsagar Rd (im Bahnhof den Hinterausgang nehmen), ✆ 0151/254 8848, 💻 www.hoteljaswantbhawan.com. Gemütliches Hotel in einem netten alten Haus ganz in der Nähe des Bahnhofs. Angesichts der Lage erstaunlich ruhige, komfortable Zimmer mit Ventilator, *air-cooler* oder AC. ❹

Marudhar Heritage, Gangashahar Rd, ✆ 0151/252 2524, ✉ hmheritage2000@yahoo.co.in. Freundliches, ruhiges Hotel in der Nähe vom Bahnhof. Unterschiedliche saubere Zimmer, teils mit *air-cooler*, teils mit AC, alle mit Bad. Kostenlose Abholung. ❷–❹

Meghsar Castle, 9 Gajner Rd, 300 m westlich des Urmul Circle, ✆ 0151/252 7315, 💻 www.hotelmeghsarcastle.com. Billiges Standardhotel – und nicht etwa ein Schloss – mit gemütlichen, wenn auch leicht schäbigen Zimmern mit *air-cooler* oder AC. Hilfsbereiter Betreiber. Am besten nimmt man ein Zimmer abseits der Hauptstraße. ❷–❹

Padmini Niwas, 148 Sadul Ganj, abseits der Jaipur Rd, 1,5 km östlich der Innenstadt, ✆ 0151/252 2794, ✉ padmini_hotel@rediffmail.com. Ein bisschen abgelegen, aber ruhig und preiswert. Geräumige, saubere Zimmer (z. T. mit AC) und hübscher kleiner Pool. ❸–❹

Palace View, Lallgarh Palace Campus, ✆ 0151/254 3625, ✉ hotelpalaceview@gmail.com. Einladendes Gästehaus in ruhiger Lage. Angenehme, reizend altmodische Zimmer (teils mit AC), gemütlicher kleiner Speiseraum und Aussicht auf den Lallgarh-Palast. ❹

Shri Ram, Sadul Ganj, 1,5 km östlich des Stadtzentrums, ✆ 0151/252 2651, 💻 www.hotelshriram.com. Freundliches Hotel in einem Vorort. Die teureren Zimmer sind geräumig und sehr gemütlich eingerichtet, die billigeren etwas beengt. Auch Dorms mit 5 Betten (Rs200). ❸–❺

Shri Shanti Niwas, Gangashahar Rd, ✆ 0151/252 4231. Die sauberste der superbilligen Unterkünfte in der Nähe des Bahnhofs, jedoch kann es sein, dass Nicht-Inder nicht gerne aufgenommen werden. Unter den Zimmern gibt es auch ein paar sehr billige EZ (Rs80) mit Gemeinschaftsbad. Die DZ haben alle Bad. 24-Std.-Checkout. ❶–❸

Vijay, gegenüber der Sophia School, 5 km östlich des Zentrums am Jaipur Highway, ✆ 0151/223 1244, 🖳 www.camelman.com. Geselliger Familienbetrieb mit geräumigen und sehr gemütlichen Zimmern (einige mit wahlweise AC) zu sehr günstigen Preisen. Es gibt auch einen Platz zum Zelten sowie einen hübschen Garten und kostenlosen Fahrradverleih. ❷–❹

Vinayak, Old Ginani, ✆ 9414/430 948. Einladendes kleines Gästehaus. Wird von einer Familie geführt und hat einfache, aber sehr billige DZ mit Bad (nicht alle mit fließendem warmem Wasser). Kostenloser Kochunterricht, Motorradverleih (Rs200 pro Tag). Gut zum Buchen von Kamelsafaris (S. 258). ❶

Obere Preisklasse

Bhanwar Niwas, Altstadt, ✆ 0151/220 1043, 🖳 www. bhanwarniwas.com. Bikaners protzigstes Haveli, Ende der 1920er-Jahre für einen Textilmagnaten errichtet. Oldtimer im Foyer, ungemein kitschige Zimmer und hübsches Fin-de-siècle-Restaurant. ❽

Gaj Kesri, Bypass Rd, ✆ 0151/240 0372, 🖳 www. gajkesri.com. Prächtiger Palast im Heritage-Stil aus rotem Sandstein, 15 Autominuten von der Stadtmitte in der Nähe der Kamelzuchtstation. Schöne öffentliche Bereiche und gut ausgestattete Zimmer. ❽

Karni Bhawan Palace, Gandhi Colony, 1 km östlich vom Lallgarh-Palast, ✆ 0151/252 4701 bis 5 oder 1800/180 2933 oder 2944, 🖳 www. hrhindia.com. Das Äußere macht nicht viel her, aber das Innere ist stilvoll, mit wunderschönen (wenn auch überteuerten) Art-déco-Suiten im Hauptgebäude. Dagegen kann man die Standardzimmer im Anbau getrost vergessen. Im Sommer 40 % Rabatt. ❼–❽

Laxmi Niwas Palace, Lallgarh-Palast, ✆ 0151/ 220 2777, 🖳 www.laxminiwaspalace.com. Das bessere und ruhigere der zwei luxuriösen Hotels im Lallgarh-Palast; geräumige Zimmer mit alten englischen Möbeln. Die Zimmer im benachbarten **Lallgarh Palace Hotel** sind etwas günstiger und weniger beeindruckend, haben aber immer noch jede Menge Kolonialambiente. ❽

Essen

Restaurants sind in Bikaner Mangelware, deshalb speisen die meisten Besucher der Stadt in ihrem Hotel. Wer etwas Alkoholisches trinken möchte, kann die **Bar** des RTDC Dholamaru Hotel am Pooran Singh Circle o der die teurere im Hotel Lallgarh Palace aufsuchen.

Bikaner ist berühmt für seine **Süßigkeiten**, z. B. *kaju katli,* mit Cashewnüssen gemacht, und *tirangi,* ein dreifarbiges Konfekt, das aus Cashews, Mandeln und Pistazien hergestellt wird.

Amber, Station Rd. Einfach, aber sauber und ein beliebter Treffpunkt westlicher Touristen. Hat eine breite Auswahl an indischen veg. Standardgerichten und ein paar Snacks. Die meisten Hauptgerichte kosten Rs50–70.

Bhikharam Chandmal Bhujiawala, abseits der Station Rd an der Straße zum Kote Gate (das englische Schild ist sehr klein und leicht zu übersehen). Hervorragender Süßwarenladen, berühmt für seine ausgezeichneten bengalischen und rajasthanischen Süßigkeiten, hat aber auch eine ansehnliche Auswahl an leckeren kleinen Gerichten.

DFC (Dwarika Food Cuisine), Station Rd, bei der Silver Square Mall. Sauberes, freundliches Restaurant, bietet eine lange Liste veg. Hauptgerichte (die meisten Rs60–80), *thalis* (Rs60–110) und sogar *train tiffins* (Proviantpakete für Rs90).

Gallops, Court Rd. Das angenehme, aber deutlich überteuerte Restaurant gegenüber vom Fort lebt gut von den hier vorbeikommenden Tourbussen. Das Essen ist aber trotzdem nicht schlecht: Es gibt nordindische veg. und nicht veg. Standardgerichte plus ein paar örtliche Spezialitäten, alles in großzügigen Portionen. Zur Mittagszeit ist es normalerweise voll mit Reisegruppen, abends meistens ruhiger und netter. Hauptgerichte Rs175–450. Alkohollizenz.

Heeralal, gegenüber vom Bahnhof. Sauberes, großes veg. Restaurant mit nord- und südindischer Küche, darunter einem guten

Rajasthani-*thali* (Rs125) und anderen regionalen Spezialitäten. Hauptgerichte Rs100–140.
Moomal, Panch Shati Circle. Restaurant mit weißen Tischdecken, beliebt bei begüterten Einheimischen. Serviert köstliches südindisches veg. Essen – schon für das Moomal Special mit Cashewnüssen und Kirschen lohnt sich die Reise nach Bikaner. Hauptgerichte Rs100–180.

Einkaufen

Bikaner ist berühmt für hervorragende Lackwaren und Kunsthandwerk sowie für seine handgewebten wollenen *pattu* (eine Art Umhang/Decke). Der beste Ort, um Letztere einzukaufen, ist der Kunstgewerbeladen **Abhivyakti**, Ganganar Rd, nahe dem Busbahnhof (🕓 So nachmittags geschl.). Der Geschäftsführer kann auch Besuche in Dörfern arrangieren, wo man Frauen beim Weben zusehen kann.
Vichitra Arts, im Bhairon Vilas, verkauft alte fürstliche Gewänder und Miniaturen.

Sonstiges

Fahrradverleih

Einige Buden gleich südlich vom Hauptpostamt, gegenüber der Südwestecke des Forts, vermieten einfache Räder für Rs4 pro Std.

Geld

Geldautomaten befinden sich direkt gegenüber vom Bahnhof, außerdem 100 m weiter südlich, in der Station Rd schräg gegenüber der Straße vom Kote Gate und zwischen dem RTDC Hotel Dhola Maru und Panch Shati Circle.
Thomas Cook, im Eingang zur Festung, wechselt ebenfalls Bargeld und Reiseschecks; 🕓 Mo–Sa 9–18 Uhr.

Informationen

Die hilfreiche **Touristeninformation** ist im RTDC Dholamaru Hotel am Pooran Singh Circle untergebracht, ✆ 0151/222 6701, 🕓 tgl. 10–17 Uhr. Weitere nützliche Infos unter 💻 www.realbikaner.com.

Internet

Internetzugang ist in vielen Lokalen für rund Rs30–40 pro Std. zu haben, aber die Verbindung ist meist langsam. Es gibt zahlreiche Internetlokale in der Umgebung des Kirti Stambh Circle, außerdem **New Horizons**, hinter dem Amber Restaurant in der Station Road, und **Cyber World** (nur Rs10 pro Std.), unmittelbar südlich vom Hotel Marudhar Heritage.

Medizinische Hilfe

PB Memorial Hospital, beim Ambedkar Circle, ✆ 0151/222 6334.

Polizei

Station Rd, ✆ 0151/252 2225.

Post

Hauptpost, unmittelbar westlich vom Fort, 🕓 Mo–Fr 10–15, Sa 10–13 Uhr.

Touren

Jitu Solanki (s. Kasten S. 258), ein staatlich lizenzierter **Guide**, kann Stadtführungen durch Bikaner organisieren (Rs200). Vijay Singh Rathore im Vijay Guest House bietet eine vergnügliche **Tagestour** nach Gajner, Kolayat, Deshnok und zur Kamelfarm für Rs2000.

Transport

Busse

RSTRC-Busse fahren am größten **Busbahnhof** nördlich des Zentrums in der Nähe vom Lallgarh-Palast ab, ✆ 0151/252 3800.
Privatbusse werden von einer Hand voll Gesellschaften betrieben, von denen die meisten ein Büro am alten Busbahnhof neben dem Fort besitzen – einfach so lange herumfragen, bis man den günstigsten Bus gefunden hat. Die meisten privaten Busse fahren bei diesen Büros ab, jedoch sollte man sich beim Ticketkauf vergewissern. Es gibt nämlich auch einen neuen privaten Busbahnhof 5 km nördlich der Stadt via Ganganagar Road, jedoch wurde er zuletzt nur von wenigen Betreibern genutzt. Die bequemsten Fernbusse betreiben Chandra Travels, Sharma Travels und Milan Travels. Die meisten Gästehäuser sollten Bustickets buchen können.
Busse in die Region **Shekhawati** fahren vom Khatri Bus Stand etwa 3,5 km östlich der Stadt an der Schnellstraße nach Jaipur.

Empfohlene Zugverbindungen ab Bikaner

Es gibt keine Direktverbindungen nach **Ajmer** – viel einfacher fährt man mit dem Bus dorthin.

Ziel	Name	Nr.	Abfahrt	Ankunft
Abu Road	Ranakpur Express	14707	09.30 Uhr (tgl.)	19.57 Uhr
	Ahmedabad Express	19224	00.40 Uhr (tgl.)	10.37 Uhr
Agra	Howrah Superfast	22308	18.45 Uhr (tgl.)	06.15 Uhr
Delhi	Assam Express*	15610	19.45 Uhr (tgl.)	07.20 Uhr
Jaipur	Jaipur Intercity	12467	06.15 Uhr (tgl.)	12.55 Uhr
	Kota Special	09733	22.12 Uhr (tgl.)	05.15 Uhr
Jaisalmer**	Ranakpur Express	14707	09.30 Uhr (tgl.)	14.15 Uhr (Raika Bagh)
	Jaisamer Express	14810	23.52 (Raika Bagh tgl.)	05.30
Jodhpur	Ranakpur Express	14707	09.30 Uhr (tgl.)	14.35 Uhr
	Barmer Express*	14887	10.21 Uhr (tgl.)	15.55 Uhr
	Ahmedabad Express	19224	00.40 (tgl.)	05.35 Uhr

* ab Lalgarh Junction

** Jaisalmer ist nur durch Umsteigen in Raika Bagh oder Jodphur zu erreichen.

Rajasthan

Eisenbahn

Der **Bahnhof** liegt zentral in der Station Road, gleich östlich der Altstadt. (Achtung: Einige Züge halten am **Bahnhof Lalgarh Junction**, in der Nordwestecke der Stadt). Eine Fahrt durch die Stadt vom staatlichen Busbahnhof zum Bahnhof dürfte ungefähr Rs30 kosten.

Die Umgebung von Bikaner

In der Wüste 10 km südlich der Stadt liegt die angeblich größte **Kamelzuchtfarm** Asiens, das National Research Centre on Camels. Die Hin- und Rückfahrt mit einer Motor-Rikscha kostet inklusive Wartezeit um Rs120. Bikaners Kamele gelten seit jeher als besonders robust, und das Kamelcorps war im Ersten Weltkrieg ein gefürchteter Verbündeter der Engländer. Inzwischen haben allerdings motorisierte Fahrzeuge das „Wüstenschiff" als Transportmittel weitgehend verdrängt.

Am besten schließt man sich einer Tour an und versucht, um 15.30–16 Uhr hier zu sein, wenn 300 Staub aufwirbelnde Kamele aus der Wüste zu ihrer täglichen Fütterung herangaloppieren. Zur Zeit der Recherche war ein neues Museum in Bau. In einem Laden werden alle möglichen Produkte auf der Basis von Kamelmilch verkauft, z. B. Lassis und *kulfi.* ⏲ tgl. 15–18 Uhr, Eintritt Rs20, Fotoerlaubnis Rs20, Kamelritt Rs20, Führung Rs100.

Der 30 km südlich von Bikaner gelegene **Karni Mata-Tempel** in **Deshnok** ist eine der ausgefallensten Sehenswürdigkeiten Indiens. Der Besucher, der das Eingangstor aus italienischem Marmor durchschritten hat, sieht plötzlich überall Ratten herumlaufen, *kabas* genannt. Diese werden von den Gläubigen als wiedergeborene Seelen betrachtet, die vor dem Zorn des Totengottes Yama bewahrt blieben.

Der Schrein ist der historischen Gestalt Karniji geweiht. Der rustikale innere Schrein aus unbearbeitetem Gestein und dem Holz des heiligen *jal*-Baumes, in dem das gelbe Marmorbildnis *(pratima)* der Karniji steht, wird von einem wesentlich größeren Marmorgebäude umschlossen. Pilger bringen Essen mit, das die Nagetiere im Hauptschrein verspeisen. Es gilt als glücksbringend, die Überreste aufzuessen, nachdem die *kabas* daran geknabbert haben.

Ein gutes Omen ist es auch, wenn eine Ratte über jemandes Füße rennt (ein Weilchen stillstehen – am besten in der Nähe von etwas Essbarem). Wer hingegen (auch nur versehentlich) auf eines der Tiere tritt, muss das Goldmodell einer Ratte spenden, um die Gottheit zu besänftigen.

Die Schuhe müssen am Tor ausgezogen werden, d. h. die Besucher spazieren barfuß oder in Socken zwischen den Rattenkötteln herum. ⌚ tgl. 6–22 Uhr, Eintritt frei, Fotoerlaubnis Rs20, Video Rs50; 💻 www.karnimata.com.

Busse von Bikaner nach Deshnok (45 Min.) fahren rund alle 15 Minuten vom Hauptbusbahnhof ab und halten an der Ostseite des Ambedkar Circle in der Nähe des PB Memorial Hospital sowie gleich südlich vom Goga Gate Circle in der Nähe der Südostecke der Altstadt. Es verkehren auch **Züge** (Fahrzeit 1 Std.); Abfahrt um 9.45 Uhr und 10.45 Uhr, Rückfahrt von Deshnok um 14.54 und 15.25 Uhr.

Die Ratten von Deshnok

Die Mitglieder der Musikerkaste der Charans glauben, dass Inkarnationen der Göttin Durga von Zeit zu Zeit unter ihnen auftauchen. Eine solche war Karni Mata, 1387 in einem Dorf bei Phalodi geboren. Sie vollbrachte Wunderwerke wie das Auffinden von Wasservorräten im Erdboden und die Wiedererweckung von Toten und wurde schließlich zur mächtigsten Kultführerin der Region. Der Überlieferung zufolge kam eine von Karni Matas Anhängerinnen zu ihr, weil ihr Sohn schwer krank war. Aber als die beiden dann zu ihm kamen, war er schon tot. Karni Mata ging sodann zu Yama, dem Gott der Unterwelt, um den Sohn zurückzuholen, aber Yama weigerte sich, ihn herauszugeben. Da sie wusste, dass von allen Lebewesen auf der Erde nur die Ratten dem Zugriff Yamas entzogen waren, beschloss Karni Mata, dass in der Zukunft alle Charans als Ratten wiedergeboren werden und somit vor Yama geschützt sein sollten. Diese heiligen Ratten *(kabas)* bevölkern den Tempel von Deshnok.

Der Süden Rajasthans

Udaipur

Mit ihrer Lage am Ufer des malerischen Pichola-Sees und der majestätischen Kulisse grüner Hügel, den weiß gestrichenen Havelis und spitzen *shikhara*-Tempeltürmen, die von den fein verzierten Balkonen und Kuppeln des Stadtpalastes überragt werden, ist Udaipur eine der romantischsten Städte Indiens. Doch ganz so ungetrübt ist die Idylle der Stadt nicht. Die unsensible Bebauung des Seeufers, der höllische Verkehr und die Massen von Touristen sorgen dafür, dass die Stadt keineswegs unberührt ist. Trotzdem bleibt Udaipur ein äußerst lohnendes Reiseziel, und obwohl sich die meisten seiner Sehenswürdigkeiten in ein paar Tagen besichtigen lassen, bleiben viele Leute mindestens eine Woche, um die Stadt und ihre wunderschöne Umgebung zu erkunden.

Geschichte

Für indische Verhältnisse ist Udaipur eine relativ junge Stadt. Sie wurde Mitte des 16. Jhs. von **Udai Singh II.** aus der Familie der Sisodia gegründet, den Herrschern des Staates **Mewar**, der einen Großteil des heutigen Süd-Rajasthan ausmachte. Die Sisodias gelten traditionell als die beständigste aller Rajputen-Dynastien. Der gegenwärtige Herrscher ist der 76. einer ununterbrochenen Abfolge von Mewar-Fürsten, was das Haus Mewar zur vielleicht ältesten bestehenden Dynastie der Welt macht. Der Staat Mewar wurde im Jahre 568 von **Guhil**, dem ersten Sisodia-Maharana, gegründet. Seine Nachfolger richteten ihre Hauptstadt zunächst in **Nagda** ein und dann im mächtigen Fort Chittaurgarh (Näheres s. S. 282), von wo aus sie die Macht über einen großen Teil des heutigen Süd-Rajasthan ergriffen.

Als **Udai Singh II.** 1537 die Thronfolge in Mewar antrat, zeichnete sich jedoch bereits das Ende Chittaurgarhs ab. Udai begann Ausschau nach einem geeigneten Standort für eine neue Stadt zu halten, die Udaipur heißen sollte. Schließlich wählte er das sumpfige Gebiet am Pichola-See, das zu allen Seiten von Ausläufern des Aravalli-Gebirges geschützt war. Der Mogulherrscher Akbar nahm 1568 nach einer langen Belagerung Chittaurgarh ein, aber um diese Zeit hatte sich Udai schon fest in seiner neuen Hauptstadt eingerichtet, wo er ungestört bis zu seinem Tod 1572 schaltete und waltete. Sein Sohn, der heldenhafte **Pratap Singh**, verbrachte den größten Teil seiner Regentschaft

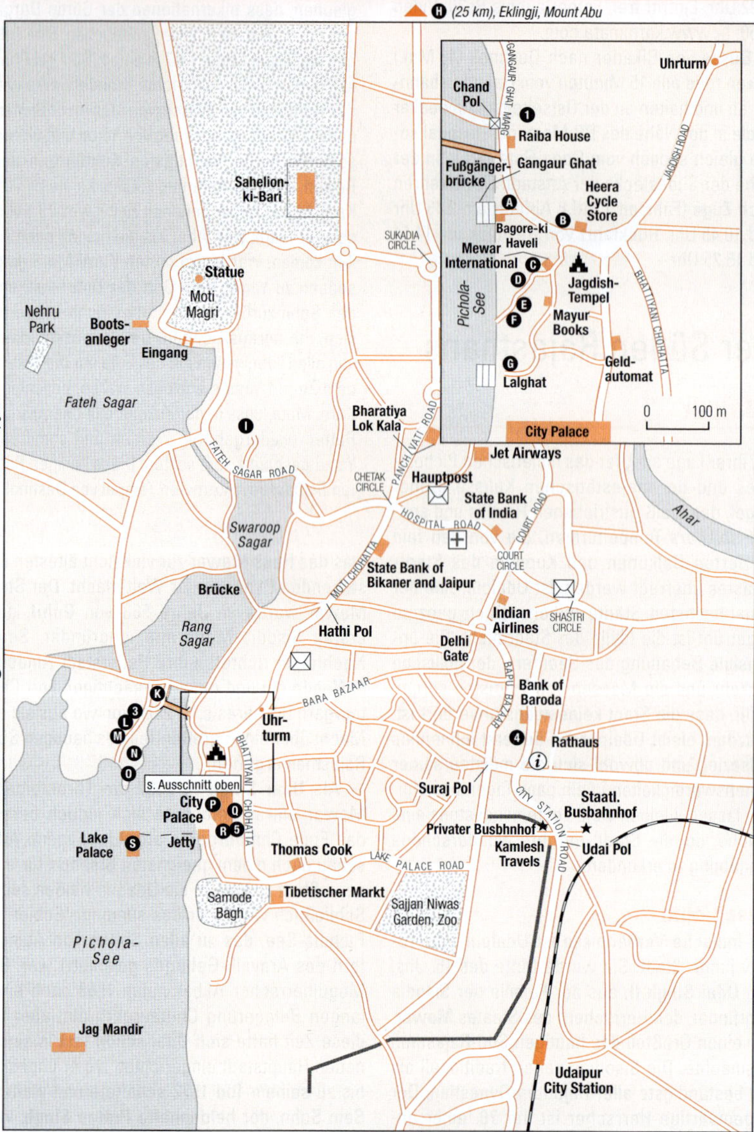
(25 km), Eklingji, Mount Abu
Uhrturm
Chand Pol
GANGAUR GHAT MARG
Raiba House
Fußgängerbrücke
Gangaur Ghat
JAGDISH ROAD
Heera Cycle Store
Bagore-ki Haveli
Mewar International
Jagdish-Tempel
Pichola-See
Mayur Books
BHATTIYANI CHOHATTA
Geld-automat
Lalghat
0 100 m
City Palace
Sahelion-ki-Bari
SUKADIA CIRCLE
Statue
Moti Magri
Nehru Park
Boots-anleger
Eingang
Fateh Sagar
Shilpgram
Bharatiya Lok Kala
PANCHVATI ROAD
Jet Airways
FATEH SAGAR ROAD
CHETAK CIRCLE
Hauptpost
State Bank of India
Ahar
HOSPITAL ROAD
COURT ROAD
Swaroop Sagar
COURT CIRCLE
State Bank of Bikaner and Jaipur
MOTI CHOHATTA
Brücke
Indian Airlines
SHASTRI CIRCLE
Rang Sagar
Hathi Pol
Delhi Gate
Sajjangarh „Monsoon Palace", J
BAPU BAZAAR
Bank of Baroda
BARA BAZAAR
Uhr-turm
Rathaus
s. Ausschnitt oben
Suraj Pol
CITY STATION ROAD
Staatl. Busbahnhof
Airport (20 km)
City Palace
Lake Palace
Jetty
Privater Busbhnhof
Kamlesh Travels
Udai Pol
Thomas Cook
LAKE PALACE ROAD
Samode Bagh
Tibetischer Markt
Sajjan Niwas Garden, Zoo
Pichola-See
Jag Mandir
Udaipur City Station
T, Ahmedabad

N 0 500 m

Übernachtung		Essen	
Amet Haveli	O	Ambrai	O
Devi Garh	H	The Gallery	P
Dream Heaven	K	Jagat Niwas	F
Fateh Prakash Palace	P	Kankwara Haveli	F
Gangaur Palace	A	Natraj	4
Jagat Niwas	F	Queen Café	3
Jaiwana Haveli	E	Savage Garden	1
Kankarwa Haveli	F	The Whistling Teal	5
Kumbha Palace	Q		
Lake Corner Soni	G		
Lake Palace	S		
Lake Pichola Hotel	N		
Lalghat Guest House	D		
Laxmi Vilas Palace	I		
Mewar Haveli	C		
Panorama	L		
Shikarbadi	T		
Shiv Niwas	R		
Udai Kothi	M		
Udai Niwas	B		
Udaivilas	J		

damit, hartnäckig die Freiheit seines Königreichs gegen das übermächtige Heer der Moguln zu verteidigen.

Nach Akbars Tod kehrte endlich Frieden ein – bis Mewar sich 1736 dem ersten einer Reihe von Angriffen der **Marathen** gegenübersah, die die Stadt nach und nach in den Ruin trieben und erst aufhörten, als die Marathen im frühen 18. Jh. ihrerseits von den Briten vertrieben wurden. Daraufhin verbündeten sich die Sisodias mit den Briten und behielten ihre Unabhängigkeit bis 1947, als der berühmte alte Staat Mewar schließlich in der neu gegründeten Nation Indien aufging.

Orientierung

Die ursprüngliche Siedlung Udaipur erstreckte sich um den großen **Stadtpalast** am Ostufer des Pichola-Sees. Unmittelbar im Norden des Palastes beginnt das Gassengewirr der **Altstadt**. Nördlich davon liegt der zweite große See von Udaipur, der **Fateh Sagar**.

Der Pichola-See

Udaipurs idyllischer Pichola-See bildet einen wunderbaren Rahmen für die majestätischen Bauten des Stadtpalastes, die Havelis, *ghats*, Tempeltürme und unzähligen anderen Gebäude, die sein Ostufer säumen – das Gesamtgebilde lässt sich am besten bei einer Bootsfahrt auf dem See würdigen. Die beiden Insel-Paläste gehören zu den berühmtesten Wahrzeichen von Udaipur. Der **Jag Niwas**, das heutige Lake Palace Hotel (S. 269), wurde in einer Mischung aus Rajputen- und Mogul-Architektur unter der Regentschaft Jagat Singhs (1628–52) als Sommerpalast errichtet. Seit dem Anschlag in Mumbai im Jahr 2008 können Besucher das Hotel nicht mehr besichtigen.

Den **Jag Mandir** auf der weiter südlich gelegenen Insel umgibt ein großer, von steinernen Elefanten bewachter Garten. Das Hauptgebäude hier ist das **Gol Mahal**, unter dessen Kuppeldach eine kleine Ausstellung zur Geschichte der Insel zu sehen ist. In seiner Jugend war Shah Jahan einmal hier zu Besuch, und offenbar beeindruckte ihn das Gebäude so sehr, dass er es als eines der Modelle für seinen Taj Mahal benutzte; die Ähnlichkeit ist jedoch nur mit Mühe auszumachen.

Bootsrundfahrten beginnen an der Anlegestelle am Südende des Palastgeländes. Man hat die Wahl zwischen einer schnellen, 30-minütigen Rundfahrt (Rs200) mit oder ohne Landgang am Jag Mandir (Rs300). Beide starten jeweils zur vollen Stunde zwischen 10 und 18 Uhr. Im Boot sollte man auf der dem Palast zugewandten Seite sitzen (Fahrtrichtung erfragen; gewöhnlich entgegen dem Uhrzeigersinn). Es werden hier auch Boote für individuelle Rundfahrten vermietet (Platz für bis zu 7 Pers., Kostenpunkt Rs3000). Eine andere Möglichkeit besteht darin, eines der Tret- oder Motorboote auszuleihen, die am Ufer zwischen den Havelis Jaiwana und Kankarwa angeboten werden (2-Sitzer Rs125 pro 30 Min., Motorboote ab Rs700 pro 30 Min.). Eine Seerundfahrt zum Sonnenuntergang kostet Rs200 p. P.

Das Palastmuseum

Udaipurs faszinierender Stadtpalast aus weichem gelbem Stein steht auf einem Felsvorsprung am Nordostufer des Pichola-Sees. Auf einem fensterlosen Fundament erheben sich mehrere Etagen mit reich verzierten Balkonen

Eintritt zum Stadtpalast

Es ist wichtig zu wissen, dass in bestimmten Bereichen des Stadtpalastes, darunter die Hotels Fateh Prakash Palace und Shiv Niwas, die Durbar Hall, Crystal Gallery und an der Anlegestelle der Boote, die über den Pichola-See und hinüber zum Hotel Lake Palace fahren, Rs25 für eine Eintrittskarte zum Stadtpalast-Komplex fällig werden. Wer nur das Palastmuseum oder den Hof besichtigt oder aber in einem der genannten Hotels wohnt, braucht diese Karte nicht zu kaufen.

sowie zierliche Türme. Insgesamt elf *mahal* (Paläste), die aufeinander folgende Maharanas in den drei Jahrhunderten nach Udaipurs Gründung im Jahre 1559 errichten ließen, bilden den größten hoheitlichen Baukomplex von ganz Rajasthan. Teile des Palastes sind heute ein **Museum**, 🕓 tgl. 9.30–16.30 Uhr, Eintritt Rs50, Fotoerlaubnis Rs200, Video Rs200, Audioguide Rs250, Guides Rs150 für bis zu 5 Pers.

Enge Passagen mit niedrigen Decken verbinden die einzelnen *mahal* und Höfe miteinander und erfüllen gleichzeitig den Zweck, ein überraschendes Eindringen bewaffneter Feinde zu verhindern. Für heutige Besucher ist der Weg aber deutlich ausgeschildert. Der Eingang zum Museum befindet sich auf der gegenüberliegenden Seite des Moti Chowk (einen Blick lohnt die große, tragbare Tigerfalle in der Mitte des Hofs). Die drei großen Pfaue *(mor)* in den Mauern des **Mor Chowk** aus dem 17. Jh., die Sajjan Singh 200 Jahre nach der Palastgründung anbringen ließ, bestehen aus jeweils 5000 grün, golden und blau schillernden Glasteilen. Die von Säulen getragenen Wohnräume gegenüber vom Mor Chowk sind mit Szenen aus dem Leben Krishnas geschmückt. Korridore führen in den vollkommen mit Spiegelmosaiken verzierten Raum **Kanch-ki-Burj** und zum „Mondhof" **Chandra Chowk**, der einen eigenen Garten auf einem Hügel im Herzen des Palastes umschließt.

Weitere Korridore führen zu den Frauengemächern des **Zenana Mahal**, die mit ihren Alkoven, Balkonen, bunten Fenstern, gekachelten Wänden und gefliesten Böden die prächtigsten Räume des gesamten Palastes sind. Der mit Miniaturen gefüllte Wohnbereich **Krishna Vilas** erinnert an eine udaipurische Prinzessin aus dem 19. Jh., die sich vergiftete, um dem Dilemma zu entkommen, einen Ehemann aus den rivalisierenden Häusern von Jodhpur oder Jaipur erwählen zu müssen.

Der restliche Palastkomplex

Das kleine **Government Museum** gegenüber dem Eingang zum City Palace Museum ist vor allem interessant wegen der eindrucksvollen Skulpturengalerie mit Stücken aus Kumbalgarh, darunter erstklassige Arbeiten aus schwarzem Marmor. 🕓 tgl. 10–16.30 Uhr, Eintritt Rs10; zuletzt zwecks Renovierung geschlossen. In vielerlei Hinsicht sehenswerter – und auf jeden Fall sehr viel stimmungsvoller – ist die riesige **Durbar Hall** im Fateh Prakash Palace, dem Gebäude direkt hinter dem Hauptgebäude des Stadtpalastes, in dem sich jetzt das Hotel Fateh Prakash Palace befindet. In diesem gewaltigen, wunderbar altmodischen Ballsaal aus edwardianischer Zeit fanden Staatsbankette, Empfänge und Ähnliches statt, und er hat sich jede Menge historisches Flair bewahrt, mit riesigen Kronleuchtern, knarrenden alten Möbeln und verstaubten Porträts.

Man kann hier im Rahmen eines Besuchs des Cafés The Gallery (S. 270) Tee trinken. In einer benachbarten Galerie befindet sich die exzentrische **Crystal Gallery** mit einer Sammlung edlen britischen Kristallglases, das Sajjan Singh in den 1880er-Jahren bestellt hatte. Dazu gehören unendlich kitschige Kristallglasstühle, -tische und -lampen und sogar eine Wasserpfeife und ein Bett aus Glas. Der hohe Eintrittspreis schreckt etwas ab, inbegriffen sind allerdings ein Audioguide und ein Getränk im Café The Gallery. 🕓 tgl. 9–18.30 Uhr, Eintritt Rs525.

Jagdish-Tempel und Bagore-ki-Haveli

Der unmittelbar nördlich des Stadtpalastes an einer Kreuzung stehende **Jagdish-Tempel** ist das Zentrum beständiger Aktivitäten. Der Tempel wurde 1652 errichtet und ist Jagannath, einer Erscheinungsform Vishnus, geweiht. Die Außenwände und der sich hoch aufschwingende *shikhara*-Turm sind über und über mit Vishnu-Darstellungen, Szenen aus dem Leben Krishnas und tanzenden *apsaras* (Nymphen) verziert. Die geräumige Mandapa führt ins zentrale Heiligtum, in dem ein mit Blumen überschüttetes schwarzes Jagannath-Bildnis sitzt, während draußen vor dem Tempel ein kleiner erhöhter Schrein einen bronzenen Garuda beherbergt, das Reittier Vishnus. Zu beiden Seiten des Haupttempels stehen kleinere Schreine für Shiva und Hanuman.

Nördlich vom Tempel führt eine Gasse zur **Gangaur Ghat** und dem **Bagore-ki-Haveli**, einem restaurierten Haveli aus dem Jahre 1751 mit 138 Zimmern. Es beherbergt heute ein sehenswertes **Museum**, in dem Antiquitäten, Musikinstrumente und eine Galerie für moderne Kunst untergebracht sind. ◷ tgl. 10–17 Uhr, Eintritt Rs25, Fotoerlaubnis Rs10, Video Rs50. Jeden Abend um 19 Uhr finden traditionelle Musik- und Tanzvorführungen statt.

Bharatiya Lok Kala

Etwas nördlich vom Chetak Circle in der Neustadt beherbergt das alte Museum **Bharatiya Lok Kala** eine einigermaßen interessante Sammlung an Ausstellungsstücken zur Volkskultur von Rajasthan und dem restlichen Indien, darunter bunte Masken, Puppen und Musikinstrumente. ◷ tgl. 9–18 Uhr, Eintritt Rs35, Kamera Rs10, Video Rs50. Den ganzen Tag über finden nach Bedarf kurze unterhaltsame **Puppentheater-Aufführungen** statt (Trinkgeld wird erwartet) – die Puppenspieler warten gewöhnlich schon kurz hinter dem Eingang, um Besucher ins Puppentheater abzuschleppen. Eine einstündige Vorführung mit Musik, Tanz und Puppen findet tgl. um 18 Uhr statt, Eintritt Rs50, Fotoerlaubnis Rs10, Video Rs50.

Sahelion-ki-Bari

Nordöstlich des Moti Magri erstreckt sich der Garten **Sahelion-ki-Bari**, der „Garten der Ehrendamen", den Sangram Singh (1710–34) zur sommerlichen Erbauung der Damen des königlichen Hofes anlegen ließ. Die Brunnen wurden allerdings erst unter Fateh Singh (1884–1930) installiert. Im Zentrum des Gartens befindet sich ein friedvoller Hof mit einem großen Teich und formellen Gärten, an deren Ende vier Elefanten den auffälligsten Brunnen in Udaipur umstehen – eine fantasievolle Schöpfung, die ein wenig wie ein großer bunter Kuchenständer aussieht. ◷ tgl. 8–19 Uhr, Eintritt Rs5.

Shilpgram

Rund 5 km westlich der Stadt liegt das viel besuchte ländliche Kunsthandwerkszentrum Shilpgram. Das Dorf wurde zur Förderung und Bewahrung von traditioneller Architektur, Musik und Kunsthandwerk der Volksgruppen des westlichen Indiens errichtet und zeigt Ausstellungen über die verschiedenen Lebensstile und Sitten der indischen Landbevölkerung. Ungefähr 30 im traditionellen Stil verschiedener Staaten nachgebaute Häuser und Hütten wurden hier zusammengestellt. Sobald sich Besucher nähern, treten zwischen den Häusern Musiker und Tänzer auf – Trinkgeld wird erwartet. Man kann außerdem Leuten beim Weben, Töpfern und Sticken zusehen. Die meisten der hier verkauften Kunsthandwerkserzeugnisse sind jedoch bestenfalls drittklassig.

Trotz der lobenswerten Absicht hinter dem Ganzen empfinden viele Touristen die Atmosphäre als gekünstelt und die Musikanten usw. als unangenehm aufdringlich. Dennoch lohnt sich der Abstecher, und sei es nur wegen der landschaftlich reizvollen Fahrt auf der Straße um den Fateh Sagar herum, am besten per Fahrrad. Die Hin- und Rückfahrt mit einer Motor-Rikscha kostet ungefähr Rs150 inkl. Wartezeit. ◷ tgl. 11–19 Uhr, Eintritt Rs30, Fotoerlaubnis Rs25, Video Rs50.

Sajjangarh

Hoch auf einem Berg 5 km westlich der Stadt steht der „Monsunpalast" Sajjangarh, mit dessen Bau 1883 im Auftrag des Maharana Sajjan Singh begonnen wurde. Das Sommerhaus sollte ein neunstöckiges Observatorium bekommen, von dem aus die königliche Familie auf die vorbeiziehenden Monsunwolken hätte herunterschauen können. Der vorzeitige Tod des Maharana nur ein Jahr später bereitete dem geplanten Observatorium leider ein Ende. Der Palast selbst wurde zwar von Singhs Nachfolger Maharana Fateh Singh fertiggestellt, aber es stellte sich heraus, dass es unmöglich war, Wasser hinaufzupumpen. Deshalb wurde der ganze Ort bald darauf aufgegeben.

Heute bietet das große, ziemlich schmucklose Gebäude einen etwas traurigen Anblick, aber die Aussicht über Udaipur, mehr als 300 m weiter unten, ist schlichtweg märchenhaft. Die Fahrt nach oben mit einer Rikscha oder einem Taxi (rund Rs300 hin und zurück) dauert gute 15 Minuten. Die Steigung ist per Fahrrad nur schwer zu bewältigen, aber manche Leute versuchen es trotzdem. Da der Monsunpalast im Sajjangarh Wildlife Sanctuary liegt, muss am Fuß des Hügels Eintritt (Rs80, plus Rs25 pro Rikscha oder Rs65 pro Auto) bezahlt werden. ⏲ tgl. ab 8 Uhr, letzter Einlass um 17.30 Uhr, aber die Rückfahrt kann auch noch nach Sonnenuntergang angetreten werden.

Übernachtung

Die meisten Unterkünfte liegen am Ostufer des Pichola-Sees. Allerdings entstehen immer mehr Hotels am weitaus ruhigeren nordwestlichen Seeufer, gleich hinter der Brücke beim Chand Pol.

Östlich vom Pichola-See

Fateh Prakash Palace, Stadtpalast, ✆ 0294/252 8016, 💻 www.hrhindia.com. Hat die beste Lage der Stadt, mitten im Zentrum des Stadtpalast-Komplexes, und entsprechende Preise. Die meisten Zimmer (US$365) besitzen fantastische Ausblicke auf den See, aber manche sind ziemlich klein und charakterlos und ihren Preis nicht wert. ❾

Gangaur Palace, ✆ Gangaur Ghat Marg, ✆ 0294/242 2303, 💻 www.ashokahaveli.com. Beliebtes Budgethotel in einem malerischen traditionellen Haveli. Hat Zimmer unterschiedlicher Standards (Ventilator und AC), darunter einige mit Seeblick, aber die Preise für die schöneren Zimmer fallen ein bisschen zu hoch aus – vielleicht lassen sie sich herunterhandeln. Bietet u. a. Malkurse und eine deutsche Bäckerei. ❷–❺

> **Tolles Budgethotel**
>
> **Panorama**, Chand Pol, ✆ 0294/243 1027, ✉ krishna2311@rediffmail.com. Sehr effizient geführt. Billige, gemütliche und ausgesprochen preiswerte Zimmer (manche mit Fernblick auf den See; ein paar mit AC). Hat auch ein nettes Dachgartenrestaurant mit herrlicher Aussicht auf den See und überdurchschnittlich guter Küche. Reservieren. ❶–❹

Jagat Niwas, 23-25 Lalghat, ✆ 0294/242 2860, 💻 www.indianheritagehotels.com. Schön restauriertes Haveli aus dem 17. Jh. direkt am See. Komfortable AC-Zimmer (z. T. mit Seeblick) und ein gutes Restaurant (S. 270), aber weder so ruhig noch mit so gutem Preis-Leistungs-Verhältnis wie die nahe gelegenen Havelis Kankarwa und Jaiwana. ❺–❼

Kumbha Palace, 104 Bhatiyani Chohatta, ✆ 0294/242 2702, 💻 www.indianheritagehotels.com. Freundliches, angenehm ruhiges Hotel mit holländischem Besitzer, versteckt unterhalb der östlichen Mauern des Stadtpalastes. Einfache, aber saubere Zimmer (ein paar mit AC). ❷–❹

Lake Corner Soni Paying Guest House, Lalghat, ✆ 0294/252 5712. Dieses einfache kleine Gästehaus, geführt von einem charmanten älteren Paar, bietet einige der billigsten Zimmer in Udaipur. Die Zimmer (z. T. mit Gemeinschaftsbad) sind einfach, aber sauber und ruhig, und von der Dachterrasse sowie von einigen Zimmern eröffnet sich ein schöner Seeblick. ❶

Lalghat Guest House, Lalghat, ✆ 0294/252 5301, ✉ lalghat@hotmail.com. Eines der ältesten Gästehäuser in Udaipur, in traumhafter Uferlage und mit günstigen Preisen. Unterschiedliche Zimmer (alle mit Bad, z. T. mit AC und einige mit Seeblick) sowie ein überdurchschnittlicher 10-Personen-Dorm (Rs100 p. P.). ❶–❹

Mewar Haveli, 34–35 Lalghat, ✆ 0294/252 1140, 💻 www.mewarhaveli.com. Gut geführtes, modernes Mittelklassehotel in sehr zentraler Lage. Die Zimmer (manche mit AC und Seeblick) sind kitschig, aber gemütlich, und vom attraktiven Dachgartenrestaurant ist – ebenso wie von den Zimmern – der See zu sehen. ❹–❺

Shiv Niwas, City Palace, ✆ 0294/252 8016, 💻 www.hrhindia.com. Dieses luxuriöse Heritage Hotel lässt sich seine wunderbare Lage innerhalb des Palastkomplexes gut bezahlen. Es verfügt über gepflegte Gemeinschaftsanlagen, einen bezaubernden Pool (Besucher Rs300) und einen neuen Wellness-

Hier stimmen Preis und Leistung

Jaiwana Haveli, 14 Lalghat, ✆ 0294/241 1103, 💻 jaiwanahaveli.com. Preisgünstige Haveli-Unterkunft am See mit einwandfreien, modernen Zimmern; manche haben AC und die teuren herrlichen Seeblick, ebenso wie das empfehlenswerte Dachgartenrestaurant. ❺

bereich. Die Standard („Palace") -Zimmer sind angesichts des Preises von Rs12 960 enttäuschend klein und gewöhnlich; die Suiten (ab etwa US$585) dagegen sind erheblich reizvoller, mit viel Atmosphäre und märchenhaftem Seeblick. Im Sommer 20 % Preisnachlass. ❾

Udai Niwas, Gangaur Ghat Marg, ✆ 0294/241 4303, 💻 www.hoteludainiwas.com. Modernes Hochhaushotel mit einer Reihe hübscher Zimmer in verschiedenen Preislagen (die teureren mit AC). Allerdings sorgt die in unregelmäßigen Abständen per Lautsprecher übertragene Musik aus dem nahe gelegenen Jagdish-Tempel dafür, dass man hier nicht gerade ungestört ist. ❷–❺

Nordwestlich vom Pichola-See

Amet Haveli, Chand Pol, ✆ 0294/243 4009, ✉ amethaveli@sify.com. Das elegante alte weiße Haveli liegt auf einem der besten Ufergrundstücke der Stadt. Alle Zimmer sind liebevoll mit traditionellen Gegenständen geschmückt und haben AC, TV und Seeblick. Wer etwas mehr Geld ausgibt, kann sich in einer der wunderschönen Suiten mit großen Fenstern, die direkt aufs Wasser hinausgehen, einquartieren. Beherbergt auch das ausgezeichnete Restaurant Ambrai (S. 270). ❼

Dream Heaven, Chand Pol, ✆ 0294/243 1038, ✉ deep_rg@yahoo.co.uk. Zu Recht beliebt, daher vorausbuchen. Hat eine ansehnliche Auswahl an sauberen, billigen und ihren Preis werten Zimmern. Manche bieten Seeblick, genau wie das Dachterrassen-Restaurant. ❶–❹

Lake Pichola Hotel, Chand Pol, ✆ 0294/243 1197, 💻 www.lakepicholahotel.com. Einen Schönheitswettbewerb würde dieses alteingesessene Hotel nicht gewinnen, aber die Lage am See und die Aussicht auf den Stadtpalast sind fast perfekt und die Preise erschwinglich. Die Standardzimmer ohne Ausblick sind ihr Geld allerdings nicht wert. Alle Zimmer mit AC und TV. ❻

Udai Kothi, Chand Pol, ✆ 0294/243 2810, 💻 www.udaikothi.com. Makelloses, modernes Hotel im traditionellen Stil, mit verspielten architektonischen Details. Alle Zimmer haben TV und AC; Pool (Besucher Rs300) und hübscher Garten. ❼–❾

Außerhalb des Stadtzentrums

Laxmi Vilas Palace, abseits der Fateh Sagar Rd, ✆ 0294/252 9711, 💻 www.thelalit.com. Erhöht gelegenes Luxushotel in einem Haus aus dem 19. Jh. mit Blick auf den Fateh Sagar. Verfügt über alle erdenklichen Annehmlichkeiten, gut ausgestattete Zimmer und einen großen Pool, lässt allerdings ein bisschen die Atmosphäre vermissen, die in den ähnlich kostspieligen Hotels im Stadtpalast herrscht. DZ ab US$470. ❾

Udaivilas, ✆ 0294/243 3300, 💻 www.oberoihotels.com. Udaipurs märchenhaftestes Hotel nimmt ein ausgedehntes Palastgelände ein, mit Unmengen von Marmor und einem Pool, der wie ein Schlossgraben rund um das Hauptgebäude angelegt ist. Zu jeder Suite gehört ein eigener Pool und privater Butler, und das Spa ist schlichtweg paradiesisch. DZ in der Hauptsaison ab US$878. ❾

Für Romantiker

Lake Palace, Lake Pichola, ✆ 0294/252 8800, 💻 www.tajhotels.com. Eines der berühmtesten und romantischsten Hotels Indiens. Es schwimmt in märchenhafter Isolation auf seiner eigenen Insel inmitten des Pichola-Sees. Die Unterbringung erfolgt in Zimmern und Suiten, die von rundum luxuriös bis zu märchenhaft opulent reichen. Zu den Annehmlichkeiten zählen ein Spa, Pool, Butlerservice und Miet-Limousinen. Der Normalpreis für ein Standardzimmer liegt bei Rs5115, aber auf der Webseite finden sich Sonderangebote. ❺

Umgebung von Udaipur

Devi Garh, Delwara Village, 25 km nördlich von Udaipur, ☏ 02953/289211, 🖳 www.deviresorts.com. Versteckt in den Aravalli-Bergen, 40 Autominuten nördlich von Udaipur gelegenes Luxushotel, untergebracht im zauberhaften Devi Garh-Palast aus dem 17. Jh., der auf sehr gelungene Art prunkvolle traditionelle Rajasthani-Eleganz mit zeitgenössischem Stil vereinigt. Verfügt u. a. über ein wunderbares Spa und einen spektakulären Pool. Nur Suiten, ab US$607 in der Hauptsaison. ❾

Shikarbadi, Goverdhan Vilas, 5 km südlich von Udaipur an der NH-8, ☏ 0294/258 3201, 🖳 www.hrhindia.com. Ehemaliges königliches Jagdhaus mit eigenem Pool, See, Rotwildpark und Gestüt. Weniger großtuerisch (und erheblich billiger) als die Paläste in der Stadt. Die Suiten im Block aus den 1930er-Jahren sind stilvoller als die neueren Zimmer mit AC. Zimmer US$145, Suiten US$170. ❽

Rajasthan

Essen und Unterhaltung

Im Bagore-ki-Haveli (S. 266) finden jeden Abend Tanzvorführungen statt, und in Shilpgram (S. 267) treten oft Künstler von außerhalb auf. Einstündige Darbietungen traditioneller Volkstänze aus Rajasthan finden Mo–Sa um 19 Uhr im Meera Kala Mandir, Meera Bhawan, Sector 11, an der Ahmedabad Road, statt. Eintritt Rs60; Karten reservieren unter ☏ 0294/258 3176. Viele von Udaipurs Backpacker-Cafés zeigen übrigens allabendlich (normalerweise um 19 Uhr) kostenlos den James-Bond-Film *Octopussy,* der teilweise in Udaipur gedreht wurde.

Restaurants und Cafés

Ambrai, Amet Haveli Hotel, Chand Pol. Eines der wenigen Restaurants am See, dessen Küche der einmaligen Lage gegenüber vom Stadtpalast gerecht wird. Das Angebot umfasst eine große Auswahl an nordindischen veg. und nicht veg. Gerichten (darunter erstklassige Tandooris) sowie ein paar chinesische und europäische Speisen. Man kann aber auch einfach für einen Drink herkommen und dabei den Sonnenuntergang über dem See genießen. Nicht veg. Hauptgerichte Rs165–210.

The Gallery, im Inneren des Hotels Fateh Prakash Palace verborgen (der halbe Spaß besteht schon darin, es überhaupt ausfindig zu machen). Die renommierteste Adresse in Udaipur für einen klassischen englischen Nachmittagstee (tgl. 15–18 Uhr), der entweder auf der sonnigen Terrasse oder in der prächtigen Durbar Hall (S. 266) serviert wird. Es gibt aber auch ganz normalen Tee oder Kaffee.

Jagat Niwas, im gleichnamigen Hotel, 23–25 Lalghat. Beliebtes Restaurant mit leckeren nordindischen Standardgerichten (nicht veg. Hauptgerichte Rs170–235), schönem Seeblick von seinen bequemen Sitzgelegenheiten am Fenster und dezenter Live-Sitar-Musik.

Natraj, New Bapu Bazaar, hinter dem Ashok Cinema, Town Hall Rd. Seit weit über 20 Jahren Udaipurs beste *thali*-Küche, doch abseits der Touristenpfade. Sehr schwer zu finden (vom Suraj Pol Richtung Norden den Bapu Bazaar hinauf, nach 30 m rechts, dann links, dann ist es nach 20 m auf der rechten Seite). Hat mit Abstand das beste billige Essen der Stadt – nur Rs60 für unbegrenzte Portionen veg. Currys, Suppen, *dhal* und *chapattis.*

Queen Café, Chand Pol. Dieses gemütliche und schlichte kleine Café stellt eine erfrischende Alternative zu Udaipurs Touristenrestaurants dar. Es bietet echtes indisches veg. Essen an, so wie es in den Küchen indischer Familien zubereitet wird, z. B. Currys mit Banane, Mango, Kürbis und Kokosmilch. Dazu superbillig: Die meisten Hauptgerichte kosten Rs55–60.

Savage Garden, Chand Pol. Stilvolles Restaurant in einem alten Haveli mit ansprechender, moderner Einrichtung. Die sorgfältig ausgewählten Gerichte auf der kleinen, gourmethaft angehauchten Karte kommen überwiegend aus dem Nahen Osten und Europa. Pasta Rs150–180, Hauptgerichte Rs160–550.

The Whistling Teal, im Hotel Raj Palace, 103 Bhattiyani Chohatta. Attraktives Gartenrestaurant unter einem Zeltdach, hat leckere nordindische und rajasthanische veg. und sonstige Gerichte ab Rs125 (veg.) und Rs225 (nicht veg.) – etwas teurer als der Durchschnitt, aber das Geld wert. Hat auch eine ordentliche Auswahl an *shishas* mit Tabak mit Fruchtgeschmack (Rs250) und einwandfreien Kaffee.

Sonstiges

Bücher

Mewar International, Lalghat, hinter dem Jagdish-Tempel, neue und Secondhandbücher.
Mayur Book Paradise, an einem anderen Abzweig derselben kleinen Seitenstraße, ist besonders gut für Secondhandbücher. Nicht schlecht ist **OK**, ein paar Türen weiter. Alle drei kaufen oder tauschen zuweilen gebrauchte Bücher.

Einkaufen

Udaipur ist eine der besten Shoppingadressen in Rajasthan, denn hier gibt es wunderschönes Kunsthandwerk aus der Gegend und aus anderen Bundesstaaten. Die Spezialität der Stadt ist die **Miniaturmalerei**: Zahlreiche Geschäfte verkaufen traditionelle Miniaturen im Mewari-Stil auf Papier und Seide. Udaipur ist auch berühmt für seinen **Silberschmuck** – entsprechende Läden finden sich in der Jagdish Street, im Bara Bazaar und Moti Chohatta, im Umkreis des Uhrturms.

Fahrrad- und Mopedverleih

Heera Cycle Store, 86 Gangaur Ghat Marg, beim Jagdish-Tempel, ✆ 0294/513 0625, vermietet einfache Fahrräder für Rs50 pro Tag und Mountainbikes für Rs100 pro Tag, Mopeds (Rs200 pro Tag), Vespas (Rs350 pro Tag) und Enfields (Rs450 pro Tag). Pass mitnehmen s owie Bargeld (keine Rupien) als Pfand. ⌚ tgl. 7.30–21 Uhr.

Fotoausrüstung

Mewar International, an der Lalghat hinter dem Jagdish-Tempel, brennt CDs und DVDs, verkauft Speicherkarten und kann Fotos von den meisten Digitalkamera-Fabrikaten herunterladen; bietet auch Backup und Fotowiederherstellung *(photo recovery)* von defekten Speicherkarten.

Geld

Geldautomaten gibt es überall in der Neustadt, außerdem besonders praktische, 24 Std. zugängliche, in der zum Stadtpalast führenden Straße. Zahlreiche Möglichkeiten zum Geldwechseln finden sich rund um den Jagdish-Tempel.
Mewar International, am Lalghat, tauscht Cash und alle Arten von Reiseschecks und gibt außerdem Bargeld auf Visa und MasterCard, ⌚ tgl. 9–23 Uhr.
Thomas Cook, Lake Palace Rd, wechselt Bargeld und Reiseschecks. ⌚ Mo–Sa 9–18 Uhr.

Informationen

Die **Touristeninformation**, ✆ 0294/241 1535, befindet sich im Fateh Memorial an der Airport Road in Suraj Pol im Osten der Stadt. ⌚ Mo–Sa 10–17 Uhr. Informationsschalter gibt es auch am Flughafen und am Bahnhof.

Internet

In der Umgebung von Lalghat und Gangaur Ghat gibt es Dutzende von Internetlokalen. Der zurzeit übliche Preis liegt bei Rs30 pro Std. Zwei der am besten ausgestatteten sind **Mewar International**, an der Lalghat in der Nähe des Jagdish-Tempels, und das **Cybercafé** im Erdgeschoss des Hotels Udai Niwas.

Kochkurse

Gut sind z. B. die im **Panorama Guest House** (S. 268; Rs500 für 3 Std.) und, etwas teurer, im gemütlichen kleinen **Queen Café** (S.270; Rs900 für 3 Std.).

Medizinische Hilfe

Aravalli Hospital (privat), 332 Ambamata Rd, ✆ 0294/243 0222.

Musik

Sitar- und Tabla-Unterricht bietet der enthusiastische Rajesh Prajapat, Kontakt via **Prem Musical Instrument Shop** gegenüber vom Hotel Gangaur Palace, ✆ 0294/243 0599. Er berechnet Rs350 für 90 Min. Er kann auch Flötenunterricht bei seinem Bruder organisieren.

Post

Pakete verschickt man am besten von der **Hauptpost** am Chetak Circle, ⌚ Mo–Sa 10–16 Uhr.

Rajasthan

Reisebüros und Touren

Touren nach Ranakpur, Kumbalgarh, Nathdwara und Eklingji sowie Mietwagen mit Fahrer (normalerweise um Rs1200 pro Tag für bis zu 300 km) bieten einige der zahlreichen Reisebüros in der Innenstadt an. Fast jedes Geschäft und Gästehaus rund um den Jagdish-Tempel scheint Bus- und Bahnfahrkarten zu verkaufen. Zu den zuverlässigen Agenturen gehören **Mewar International**, an der Lalghat hinter dem Jagdish-Tempel; **Gangaur Tour 'n' Travels**, ganz in der Nähe an der Gangaur Ghat Marg; und das Reisebüro im **Hotel Udai Niwas**.

Yoga

Ashtanga Yoga Ashram („Raiba House"), Chand Pol, ✆ 0294/252 4872. Veranstaltet tgl. um 8.30 Uhr 90-minütige Hatha-Yoga-Kurse für alle Stufen. Kostenlos, aber Spenden sind willkommen – sie gehen an einen lokalen Tierschutzverein. Auch Einzelunterricht möglich.

Nahverkehr

Das gängige Transportmittel in der Stadt sind **Motor-Rikschas**; man kann aber auch ein Fahrrad mieten (s. o.). **Regionalbusse** zu Orten wie Nagda, Eklingji, Nathdwara und Kankroli fahren tagsüber in regelmäßigen Abständen am RSTRC-Busbahnhof ab.

Transport

Busse

Staatliche Busse nutzen den RSTRC-Hauptbusbahnhof im Osten der Innenstadt, am Udai Pol (Rikscha von der Stadtpalastgegend Rs32).

Private Busse fahren von der anderen Seite der Town Hall Road ab. Sie sind für längere und (besonders) Übernachtfahrten die bessere Wahl – die meisten Nachtbusse haben Liegesitze, und es gibt *sleeper*-Busse mit AC nach Mumbai, Delhi und Jaipur. Am einfachsten ist es, Tickets für private Busse von einem der zahlreichen Reisebüros in der Stadt buchen zu lassen (normalerweise gegen die geringe Gebühr von rund Rs20). Wer das lieber selbst erledigen möchte, muss eine Reservierung bei einem der Büros der Gesellschaften rings um das Udai Pol vornehmen – als zuverlässig hat sich **Kamlesh Travels** erwiesen, ✆ 0294/248 5823.

Eisenbahn

Züge halten am Bahnhof **Udaipur City Station** südöstlich des Stadtzentrums. Die Bahnverbindungen von Udaipur aus sind erstaunlich dürftig; die nachstehend gelisteten sind darunter noch die besten. Es ist wichtig zu wissen, dass es **keine Direktverbindung** nach Jaipur und Jodhpur (in Kota umsteigen) oder Mumbai (in Ahmedabad umsteigen) gibt. Wer sich den Abstecher zum Bahnhof zwecks Fahrkartenreservierung ersparen möchte, kann sich an eines der Reisebüros (s. o.) wenden (Bearbeitungsgebühr Rs50–75 – so viel würde man auch für die Motor-Rikscha zum und vom Bahnhof zahlen).

Flüge

Der **Dabok Airport**, ✆ 0294/265 5453, liegt 20 km östlich von Udaipur. Taxis vom Flughafen

Empfohlene Zugverbindungen ab Udaipur

Ziel	Name	Nr.	Abfahrt	Ankunft
Ahmedabad	Ahmedabad Fast Passenger	52927	09.35 Uhr (tgl.)	21.05 Uhr
	Ahmedabad Express	19943	19.25 Uhr (tgl.)	04.25 Uhr
Ajmer	Ajmer Express	12991	06.15 Uhr (tgl.)	11.40 Uhr
Bundi	Mewar Express	12964	18.15 Uhr (tgl.)	22.40 Uhr
Chittaurgarh	Mewar Express	12964	18.15 Uhr (tgl.)	20.30 Uhr
Delhi (HN)	Mewar Express	2964	18.15 Uhr (tgl.)	06.30 Uhr
Kota	Mewar Express	12964	18.15 Uhr (tgl.)	23.40 Uhr
Sawai Madhopur	Mewar Express	12964	18.15 Uhr (tgl.)	01.06 Uhr

in die Stadt kosten rund Rs300. Es gibt Flugverbindungen von und nach DELHI, JAIPUR, JODHPUR und MUMBAI.

Fluggesellschaften
Indian Airlines, Sahelion-ki-Bari Rd, ✆ 0294/241 0999,
Jet Airways, am Flughafen, ✆ 0294/265 6288,
Kingfisher Airlines, Chetak Circle, ✆ 0294/510 2468.

Die Umgebung von Udaipur

Nördlich der Stadt befinden sich die bedeutenden Tempel von Nagda, Eklingji, Nathdwara und Kankroli, und im Nordwesten, an der Strecke nach Jodhpur, liegen die herrlichen Jain-Tempel von Ranakpur und die weitläufige Festungsanlage Kumbalgarh. Es fahren zwar Busse, doch mit einem Auto oder Motorrad lässt sich Zeit sparen.

Nagda und Eklingji

An einem See 20 km nordöstlich von Udaipur stehen nur wenige Kilometer vor Eklingji die verfallenen Überreste der antiken Mewar-Hauptstadt **Nagda**, die auf das Jahr 626 zurückgehen. Busse aus Udaipur, die auf der Hauptstraße nach Eklingji verkehren, setzen Passagiere am Abzweig nach Nagda ab, neben einem kleinen Fahrradladen (Verleih Rs5 pro Std.). Nagda liegt 5 km weiter an dieser Landstraße. Die meisten Gebäude hier wurden entweder von mogulischen Eiferern zerstört oder versanken im See, dessen Pegel über die Jahrhunderte hinweg auf natürliche Weise stieg.

Erhalten geblieben ist nur ein majestätisches Paar von Vishnu-Tempeln aus dem 10. Jh., das den Namen **Saas-Bahu** trägt: „Schwiegermutter" und „Schwiegertochter". Der eindrucksvollere Schwiegermuttertempel hat seinen *shikhara* (Turm) verloren, sich aber im Inneren einen verblüffenden Skulpturenreichtum bewahrt. In der Mandapa kennzeichnen vier Säulen mit Bildnissen der Gottheiten Brahma, Vishnu, Shiva und Surya, denen Neuvermählte huldigen müssen, den Heiratsbereich.

Zurück an der Hauptstraße gibt es zwei Möglichkeiten, nach **Eklingji** zu gelangen: Entweder folgt man einfach weiter der Straße oder man lässt sich im Fahrradladen den Pfad zeigen, der hinter den alten Schutzwällen bergab führt. Der Gott Eklingji, eine Erscheinungsform Shivas, war seit dem 8. Jh. die Schutzgottheit der Herrscher von Mewar. Noch heute besucht der Maharana von Udaipur jeden Montagabend den Komplex mit seinen 108 Tempeln. (In ganz Indien ist der Montag der heilige Tag Shivas.) Der milchigweiße Haupttempel aus Marmor mit einer von Steinelefanten bewachten zweistöckigen Mandapa beherbergt einen schwarzen Marmor-Lingam mit vier Gesichtern. Am Hauptbusbahnhof von Udaipur fahren regelmäßig **Busse** nach Eklingji ab, die Passagiere in der Nähe des Tempelkomplexes aussteigen lassen. 🕓 tgl. 10.30–13.30 und 17–19.30 Uhr.

Nathdwara

Der Nath (d. h. Krishna, der beliebtesten Inkarnation Vishnus) geweihte Tempel in Nathdwara – dem „Tor zu Gott" – soll einer der reichsten Tempel Indiens sein und kann an großen religiösen Feiertagen unglaublich voll werden. Der Tempel geht auf das 17. Jh. zurück, als ein mit einem Bildnis von Krishna beladener Wagen 26 km nördlich von Eklingji im Matsch stecken blieb. Die Statue befand sich auf dem Weg von Mathura nach Udaipur, denn man wollte sie vor der ansonsten sicheren Zerstörung durch Aurangzeb retten. Ihre Träger deuteten das Vorkommnis als göttliches Zeichen, dort, wo sie aufgehalten wurden, den neuen **Shri Nathji-Tempel** zu errichten.

Der Tempel liegt rund 1 km südlich der Bushaltestelle des Ortes, umgeben von einem faszinierenden Gewirr schmaler Gassen, wo in den Vitrinen der Geschäfte Räucherstäbchen, Gebetsschnüre, Duftstoffe und kleine Krishna-Statuen ausgestellt sind. Der Tempel öffnet achtmal täglich seine Tore für Gläubige anlässlich von Zeremonien, mit denen das Bildnis geweckt, gewaschen, angekleidet, gespeist und zu Bett gebracht wird. Nähere Beachtung verdienen die strahlenden *pichwai*-Malereien im Hauptheiligtum, die mit kräftigen Gemüsepigmentfarben auf handgesponnenes Tuch gemalt sind.

Ranakpur

Der **Jain-Tempelbereich** in Ranakpur, 90 km nördlich von Udaipur, ist der größte seiner Art in ganz Indien. Die Marmorskulpturen der vier Tempel können sich durchaus mit denen der berühmteren Dilwara-Schreine in Mount Abu (S. 276) messen. Die Tempel liegen in einem schönen, bewaldeten Tal tief in den Aravallis verborgen, einem Gelände, das Rana Kumbha, der hinduistische Herrscher von Mewar, im 15. Jh. der Jain-Gemeinde schenkte.

Die Tempel

Der **Haupttempel** wurde 1439 erbaut; seine Maße folgen strengen Regeln, in denen die Zahlen 4 und 72 (das Alter, in dem der Gründer des Jainismus, Mahavira, Nirwana erlangte) die Hauptrolle spielen. Der Tempel, dessen verschiedene Bereiche bis zu vier Stockwerke hoch sind, steht auf einer Plattform, die 72 x 72 m misst, und wird von 1440 (20 x 72) Säulen getragen, die einzigartig skulpturiert sind. Im Inneren stehen 72 verzierte Schreine, die zum Teil oktogonal sind. Das Bildnis der Hauptgottheit im zentralen Heiligtum stellt Adinath, den ersten *tirthankara,* mit vier Gesichtern dar. An den Wänden zeigen Friese Darstellungen aus dem Leben der *tirthankaras,* und aus den Stützbalken zwischen Pfeilern und Decke wurden Musiker und Tanzgruppen modelliert. 🕓 tgl. 12–17 Uhr; Eintritt frei, Fotoerlaubnis (auch für Fotohandys) Rs50, Video Rs100.

In der Nähe stehen zwischen Bäumen drei kleinere Tempel. Der eindrucksvollste ist der **Parshwanath-Tempel**, rund 100 m vom Haupttempel entfernt. Er besitzt einen kleinen, kunstvoll geschnitzten Schrein. 100 m weiter liegt der schlichtere **Neminath-Tempel**. Nicht weit von hier (ein kurzes Stück zu Fuß über den Parkplatz) befindet sich ein moderner **Hindutempel** für Surya.

Übernachtung und Essen

Gegen eine Spende von Rs10 kann man zusammen mit den Pilgern im Tempelbereich übernachten; der Komfort beschränkt sich auf eine Matratze auf kaltem Zementfußboden. Von dieser Möglichkeit abgesehen, sind die Unterkünfte im Dorf relativ kostspielig.

Sämtliche Restaurants befinden sich in den Hotels und Gästehäusern.

Aranyawas, 11 km von Ranakpur an der Straße nach Kumbalgarh, ✆ 02956/239029, 💻 www.aranyawas.com. Kleine Dschungel-Lodge mit rustikal-eleganten Zimmern und Cottages. Alle bieten Ausblick auf eine Wasserstelle, zu der manchmal auch Leoparden kommen – ein idealer Ort zum Ausspannen in totaler Abgeschiedenheit. Frühstück inkl. ❼

Fateh Bagh, 4 km südlich der Tempel, ✆ 02934/286186, 💻 www.hrhindia.com. Ranakpurs luxuriöseste Unterkunft, ein 200 Jahre alter Palast, der ursprünglich 50 km entfernt stand und hier wieder aufgebaut wurde. Die Zimmer sind komfortabel und stilvoll. Pool, Spa und Ayurveda-Zentrum. Zimmer ab ca. US$148. ❽

Maharani Bagh Orchard, 3,5 km südlich der Tempel, ✆ 02934/285105, 💻 www.jodhanaheritage.com. Unprätentiöses Resort mit geschmackvoll möblierten Zimmern (alle mit AC) in Cottages aus rotem Backstein rings um Ziergärten. Pool vorhanden. ❽

Ranakpur Hill Resort, (T) km südlich der Tempel, ✆ 02934/286411, 💻 www.ranakpurhillresort.com. Pinkfarbenes kleines Resort mit Zimmern (*air-cooler* und AC) unterschiedlichen Standards und einigen weniger einladenden Zelten (nur Okt–März). Recht großer Pool, kleines Ayurveda-Zentrum und halbtägige Ausritte. Zimmer ❺–❻, Zelte ❻

Shivika Lake Hotel, 2 km südlich der Tempel, ✆ 02934/285078 oder 9929/918419, 💻 www.shivikalakehotel.com. Die einzige preiswerte Option in Ranakpur, obgleich die billigeren Zimmer angesichts des Preises enttäuschend einfach ausfallen; die teureren (z. T. mit AC) sind schon eher ihr Geld wert. Trekkingtouren (Rs350 p. P.) und Jeepsafaris (Rs650 p. P.) auf Wunsch. ❸–❹

Transport

Linienbusse von Udaipur (6x tgl.) benötigen für die holprige Strecke nach Ranakpur 3 Std., außerdem fahren Busse von JODHPUR (6x tgl.; 4–5 Std.) über die Marktstadt Falna (der nächste Bahnhof) am NH-14 hierher. Es gibt auch 2 Busse tgl. nach Abu Road (5–6 Std.).

Die Busse halten direkt vor den Jain-Tempeln, 2–4 km von den Hotels entfernt. Wer Glück hat, findet an der Haltestelle eine Motor-Rikscha oder einen Jeep vor; wenn nicht, bleibt nichts anderes übrig, als im Hotel anzurufen und um Abholung zu bitten oder (schlimmstenfalls) zu Fuß zu gehen.

Ranakpur kann auch im Rahmen eines **Tagesausflugs** von Udaipur aus besucht werden, entweder allein oder in Verbindung mit dem nahe gelegenen KUMBALGARH; die Autofahrt hin und zurück dürfte etwa Rs1200 kosten. Wenn Kumbalgarh ebenfalls auf dem Reiseplan steht, empfiehlt sich eine Wanderung zwischen beiden Orten, die durch einen schönen, unverdorbenen Teil der Aravallis führt. Da Kumbalgarh oben auf der Höhe liegt, ist die Wanderung von dort hinab nach Ranakpur die leichtere Alternative, doch alle (oben aufgelisteten) Hotels vermitteln auch Führer für den 6-stündigen Aufstieg in entgegengesetzter Richtung.

Kumbalgarh

Die abgelegene Bergfestung Kumbalgarh, 80 km nördlich von Udaipur, ist die wehrhafteste von 32 Anlagen, die Rana Kumbha von Chittaurgarh im 15. Jh. errichten ließ. Die von mächtigen Wällen und Bastionen geschützte Festung wurde nur einmal erfolgreich gestürmt, als ein von Akbar geführtes Heer den Wassernachschub der Sisodia-Rajputen vergiftete. Abgesehen von den eindrucksvollen Befestigungsanlagen und den antiken Bauwerken, die sie umschließen, gehört die idyllische Landschaft der Aravallis zu den guten Gründen für einen Besuch. Das eindrucksvollste Panorama bietet sich vom ziemlich schlichten **Kumbalgarh-Palast** aus, dem höchsten Punkt der Festung. Von hier schweift der Blick über zahlreiche Jain- und Hindutempel, die sich am Haupttor drängen und über die Hänge weiter unten verstreut sind. Die ältesten von ihnen sollen aus dem 2. Jh. stammen. Im Osten sind die **Grabstätten** des großen Rana Kumbha und seines Enkels Prithviraj zu sehen. 🕓 tgl. 8–17.30 Uhr; Eintritt Rs100.

Auf einer Länge von 36 km ziehen sich zinnenbewehrte Befestigungsmauern um den Hügel, und es ist möglich, innerhalb von zwei Tagen bequem an ihnen entlangzuwandern und ungefähr auf halber Strecke die Nacht im Freien zu verbringen. Ein Führer ist nicht notwendig, wohl aber genügend Essen und Wasser. Westlich vom Fort sieht man tief unten die Wälder des **Kumbalgarh Wildlife Sanctuary**, eines Schutzgebiets für Wölfe und Leoparden, das man mit einem Führer leicht in vier bis fünf Stunden bis nach Ranakpur durchwandern kann. Eintritt Rs80, Fotoerlaubnis Rs200. Ausländer benötigen ein Permit, das vom District Forest Officer im 7 km entfernten **Kelwara** ausgestellt wird. Das Permit kann auch von einem der örtlichen Führer besorgt werden, die man über die (unten aufgelisteten) Hotels, über Geschäfte am Ort oder das Café gleich hinter den Toren des Forts kontaktieren kann, und die Rs600–1000 für die Wanderung verlangen (Rs1500 inkl. Eintritt für eine Fahrt im Jeep).

Übernachtung

In Kumbalgarh gibt es keine Billigunterkünfte.

Aodhi, 1 km unterhalb der Festung, ✆ 02954/242341, 💻 www.eternalmewar.in. Ruhiges und freundliches Heritage-Hotel mit stilvoll möblierten Zimmern. Großer Pool und Jeepsafaris zu Dörfern der Umgebung (2 Std., Rs1550). ❽

Club Mahindra Fort Kumbalgarh, 5 km auf der Straße nach Kelwara, ✆ 02954/242171, 💻 www.thekumbhalcastle.com. Schickes, modernes Hotel mit grandioser Aussicht von der Gartenterrasse und vom Pool. ❽

Kumbhal Castle, 1 km unterhalb der Festung, ✆ 02954/242171, 💻 www.thekumbhalcastle.com. Angenehmes, modernes Hotel mit großen Zimmern und Pool; Jeep- und Pkw-Vermietung kann organisiert werden. ❺–❻

Transport

Kumbalgarh und Ranakpur lassen sich gut innerhalb eines (ziemlich langen) Tagesausflugs per **Taxi** von UDAIPUR besuchen (rund Rs1200 hin und zurück für bis 4 Pers.). Es verkehren außerdem **Jeeps** vom Chetak Circle nach KELWARA, 7 km weiter die Straße lang; von dort aus müsste es möglich sein, einen Jeep oder eine Riksha nach Kumbalgarh aufzutreiben.

Mount Abu

Als einziger echter Höhenkurort Rajasthans, der sich über die Grenzen eines bewaldeten Beckens hinaus erstreckt, ist Mount Abu (1220 m; 30 000 Einwohner) vor allem bei Hochzeitsreisenden beliebt, die zur winterlichen Heiratssaison (November bis März) in Scharen aus dem benachbarten Gujarat eintreffen. Der kommerzialisierte Ferienort spricht zwar in erster Linie indische Mittelstandsurlauber an, doch wissen auch ausländische Touristen die frische, kühle Luft und die schönen Ausblicke zu schätzen. Die Stadt spielt auch eine wichtige Rolle in der Rajputengeschichte, denn hier fand im 8. Jh. die berühmte Feuerzeremonie *yagna agnikund* statt, der mythologische Ursprung aller Rajputen. Zu beachten ist, dass sich in der Hochsaison von April–Juni und um fast alle wichtigen Feiertage herum (vor allem um Diwali im November) die Bevölkerungszahl vervielfacht, die Zimmerpreise ins Unendliche steigen und es mit der Ruhe dann vorbei ist.

Wandern auf dem Mount Abu

Unten am Markt ist kaum etwas von der märchenhaften Landschaft rund um die Stadt zu erahnen, doch nach nur wenigen Minuten Aufstieg über schmale Pfade ins zerklüftete Gestein und Unterholz, welches das Plateau zu allen Seiten umringt, wird deutlich, warum die Gegend schon über Jahrhunderte hinweg Weise, Heilige und Pilger angezogen hat. Leider ist das Wandern auf eigene Faust nicht zu empfehlen, denn es ist schon zu Überfällen und sogar Mord gekommen – die Touristenpolizei schickt jeden zurück, der sich allein auf den Weg macht. Es besteht auch die Gefahr, Bären und Leoparden zu begegnen.

Zwei zuverlässige ortsansässige Guides sind **Lalit Kanojia** im Hotel Shri Ganesh, der jeden Morgen 5-stündige Treks anführt (Rs100 p. P.), und **Mahendra Dan**, besser bekannt als „Charles", 💻 www.mount-abu-treks.blogspot.com, der verschiedene halbtägige (Rs380) und ganztägige (Rs610) Wanderungen mit Schwerpunkt auf Dorfleben, Tierbeobachtung und regionalen Heilpflanzen leitet und auch Camping-Ausflüge anbietet. Er ist über das Hotel Lake Palace oder unter ✆ 9414/154854 bzw. ✉ mahendradan@yahoomail.co.in zu erreichen.

Stadtzentrum

Im Stadtzentrum liegt der **Nakki-See**, an dem man sich nachmittags trifft, um auf Ponys zu reiten und Tretboot zu fahren. Der beliebteste von mehreren Aussichtspunkten am Stadtrand ist der **Sunset Point** – angesichts der Flitterwöchner und Straßenverkäufer aber auch der unromantischste. Spektakuläre Ausblicke auf die Ebene bieten sich jedoch zu jeder Tageszeit von den ruhigeren Aussichtspunkten **Honeymoon Point** (oder „Ganesh Point" in Anspielung auf den benachbarten Tempel) und **Anadhra Point** (besonders ab 16 Uhr). Meiden sollte man jedoch die Klippenpfade zwischen dem Sunset und dem Honeymoon Point, weil hier schon Touristen überfallen worden sind.

Das **Brahma Kumaris Museum**, zwischen dem Polofeld und dem See, ist den spirituellen Idealen der Brahma Kumaris („Kinder Brahmas") gewidmet, deren Hauptquartier sich in der Nähe befindet. Die Brahma Kumaris predigen, dass alle Religionen ein und dasselbe Ziel verfolgen, es aber unterschiedlich benennen. Nachdem man das „Tor zum Paradies" durchschritten hat, wird man von verrückten lebensgroßen Puppen begrüßt, darunter blauen Ungeheuern mit langen Messern. Die Figuren versinnbildlichen Habgier, Sexbesessenheit und andere Manifestationen des „Eisernen Zeitalters", von denen die Sektenführer die Menschen zu befreien versprechen. Das Ganze hört sich wirklich sehr sektenhaft an, und viele Einheimische versuchen, Ausländer vor den Fängen der Sekte zu bewahren. 🕒 tgl. 8–20 Uhr, Eintritt frei.

Die Dilwara-Tempel

Die Dilwara-Tempel, 3 km nordöstlich von Mount Abu, gehören zu den schönsten Jain-Schreinen in Indien. Alle Tempel sind aus reinem Marmor errichtet und mit einer skulpturellen Ornamentik versehen, die an Feinheit ihresgleichen sucht. Die Tempel dürfen nur im Rahmen einer Führung besichtigt werden – Be-

Mount Abu

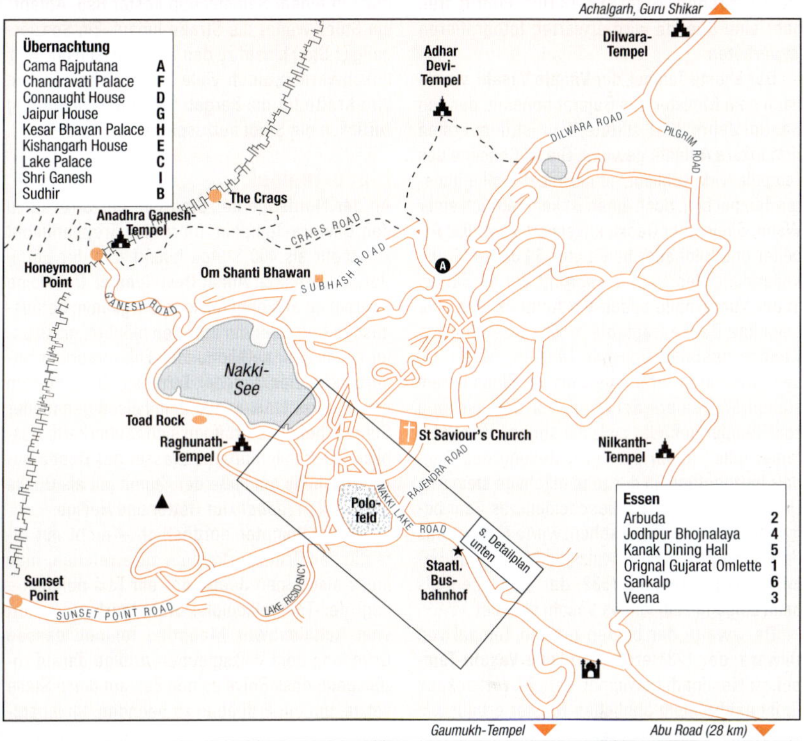

N
0 500 m
Achalgarh, Guru Shikar
Übernachtung
Cama Rajputana A
Chandravati Palace F
Connaught House D
Jaipur House G
Kesar Bhavan Palace H
Kishangarh House E
Lake Palace C
Shri Ganesh I
Sudhir B
Adhar Devi-Tempel
Dilwara-Tempel
DILWARA ROAD
PILGRIM ROAD
The Crags
Anadhra Ganesh-Tempel
CRAGS ROAD
SUBHASH ROAD
Honeymoon Point
Om Shanti Bhawan
GANESH ROAD
Nakki-See
Toad Rock
Raghunath-Tempel
St Saviour's Church
Nilkanth-Tempel
RAJENDRA ROAD
NAKKI LAKE ROAD
Polo-feld
s. Detailplan unten
Staatl. Bus-bahnhof
Essen
Arbuda 2
Jodhpur Bhojnalaya 4
Kanak Dining Hall 5
Orignal Gujarat Omlette 1
Sankalp 6
Veena 3
Sunset Point
SUNSET POINT ROAD
LAKE RESIDENCY
Gaumukh-Tempel
Abu Road (28 km)

Dadta Sea World
Union Bank of India
Charter-Jeeps nach Dilwara
Sammeljeeps nach Dilwara
MARKT
Gujarat Travels
RAJENDRA ROAD
NAKKI LAKE ROAD
Geldautomat
Boote
Busbahnhof (private Busse)
Polo-feld
Taxis
Buchungsbüro der Bahn
Gujarat Travels
Jeeps nach Abu Road
Staatl. Busbahnhof
Brahma Kumaris Museum
Geldautomat
Ponyvermietung
Nakki Lake Road und Umgebung
N
0 100 m

sucher müssen warten, bis genügend Leute für eine Gruppe zusammengekommen sind –, aber drinnen ist es nicht schwierig, sich selbstständig zu machen. ⏲ tgl. 12–18 Uhr, Eintritt frei, aber eine Spende wird erwartet; fotografieren ist verboten.

Der älteste Tempel, der **Vimala Vasahi**, wurde nach dem Minister aus Gujarat benannt, der den Bau im Jahre 1031 stiftete, und ist dem ersten *tirthankara* Adinath geweiht. Die Außenseite des Tempels wirkt schlicht, genau wie das aller anderen Tempel hier, doch innen ist kein Bereich einer Wand, Säule oder Decke unverziert. Fast 2000 Arbeiter und Bildhauer benötigten 14 Jahre für die Vollendung des Bauwerks. Acht der 48 Säulen in der Vorderhalle bilden ein Achteck, das eine gewölbte Decke trägt, die in elf konzentrischen Kreisen gestaltet und mit Tänzern, Musikern, Elefanten und Pferden verziert ist. Rings herum stehen 57 kleinere Schreine. Vor dem Eingang zum Tempel befindet sich die sogenannte „Elefantenzelle" (nach der Fertigstellung des Tempels hinzugefügt), in der zehn mächtige steinerne Dickhäuter stehen. Ein bescheideneres Paar bemalter Elefanten sowie sehenswerte *tirthankaras* flankieren das Tor des winzigen **Mahaveerswami-Tempels**, Baujahr 1582, der sich ebenfalls beim Eingang zum Vimala Vasahi befindet.

Der zweite der beiden großen Tempel von Dilwara, der 1231 errichtete **Luna Vasahi-Tempel**, ist Neminath gewidmet, dem 22. *tirthankara*. Er ist nach einem ähnlichen Muster erbaut wie der Vimala Vasahi: Ein zentraler Schrein, umgeben von einer langen Reihe kleinerer Schreine (hier sind es nur 48). Die Steinmetzarbeiten sind noch detailreicher, insbesondere in der Kuppel über der Eingangshalle. Die übrigen zwei Tempel, beide aus dem 15. Jh., sind weniger spektakulär. Im **Bhimasah Pittalhar-Tempel** steht eine riesige vergoldete Statue des ersten *tirthankara,* Adinath. Sie wurde 1468 in den Tempel gebracht, ist über 2,40 m hoch und wiegt rund 4,5 Tonnen. Der große, dreistöckige **Khartar Vasahi-Tempel** (in der Nähe des Eingangs zum Tempelgelände) wurde 1458 erbaut und ist Parshvanath geweiht. Der Tempel wird von einem hohen grauen Steinturm gekrönt und besitzt ein paar feine Skulpturen, ist jedoch insgesamt nur ein schwacher Abklatsch der früher erbauten Tempel.

Charter-Jeeps nach Dilwara (Rs50 einfach, Rs150 hin und zurück) fahren an der Kreuzung am nördlichen Ende des Polo-Platzes ab. Ein Platz in einem Sammeljeep kostet Rs5, Abfahrt ein Stück weiter die Straße hinauf. Ein Spaziergang (1 Std.) hinauf zu den Tempeln ist nicht sehr beschwerlich, doch viele Leute ziehen es vor, ihre Kräfte für die bergab führende Wanderung zurück in die Stadt aufzusparen.

Hindu-Tempel

An der Nordseite der Stadt, an der Strecke zu den Dilwara-Tempeln, führt eine Treppenflucht von mehr als 400 Stufen hinauf zum der Göttin Durga geweihten **Adhar Devi-Tempel**. Der kleine Schrein ist aus dem felsigen Bergkamm herausgeschnitten. Wer ihn betreten möchte, muss unter einem sehr tiefhängenden Felsvorsprung hindurch kriechen. Von der Terrasse oben, wo sich ein weiterer kleiner, aus dem Felsen gehauener Schrein befindet, eröffnen sich zauberhafte Ausblicke. Das milchfarbene Wasser des **Doodh Bari-Brunnens** am Fuße der Stufen gilt als Quelle purer Milch *(doodh)* für Götter und Heilige.

Acht Kilometer nordöstlich – nicht mit öffentlichen Transportmitteln zu erreichen, man muss also einen Jeep oder ein Taxi nehmen – liegt der Tempelkomplex **Achalgarh**, dominiert vom Achaleshwar Mahadeo-Tempel, dessen Gründung dem Volksglauben zufolge darauf zurückgeht, dass Shiva seinen Zeh auf diese Stelle setzte, um ein Erdbeben zu beenden. Im innersten Heiligtum wird einer *yoni* gehuldigt, die eine Öffnung besitzt, die angeblich bis hinab in die Unterwelt reicht.

Der **Jamadagni Ashram** in der Nähe ist der Ort des *yagna agnikund,* wo der Weise Vashishtha das Feuerritual überwachte, aus dem die vier Rajputenclans (die Parmars, Parihars, Solankis und Chauhans) hervorgingen. 7 km südlich des Marktes steht der von Touristen verhältnismäßig wenig besuchte **Gaumukh-Tempel**, der über 750 steil nach oben führende Stufen zu erreichen ist. Der kleine Teich auf dem Tempelgelände – der selbst in Zeiten der Dürre mit Wasser gefüllt ist – soll Wasser aus dem heiligen Sarawati-Ganges enthalten. Auch dieser Tempel ist nicht mit öffentlichen Verkehrsmitteln zu erreichen.

Zu Mount Abus wichtigen hinduistischen Pilgerstätten gehört der Tempel **Atri Rishi** in **Guru Shikar**, 15 km nordöstlich der Stadt, der auf dem höchsten Punkt Rajasthans (1772 m) steht. Schöne Ausblicke auf die Umgebung eröffnen sich nicht erst oben am Tempel selbst, sondern schon unten an den Treppenstufen, wo kalte Getränke angeboten werden. Da keine öffentlichen Transportmittel hierher fahren, muss ein Jeep gemietet werden (rund Rs400).

Übernachtung

Aufgrund des steten Stroms von Pilgern und Hochzeitsreisenden stehen in Mount Abu zahlreiche Unterkünfte zur Verfügung. Viele Hotels bieten für frisch Vermählte luxuriöse „couple rooms" an. In den meisten Unterkünften ist der Checkout schon um 9 Uhr. In der Hauptsaison (April–Juni und November–Dezember) schnellen die Preise in die Höhe. Die teuerste Zeit sind die Tage um Diwali (Oktober oder November). Die angegebenen Preiskategorien gelten für die Hochsaison.

Cama Rajputana, Adhar Devi Rd, ✆ 02974/238205, 💻 www.camahotelsindia.com. Attraktive Hotelanlage in einem sorgfältig restaurierten ehemaligen Kolonialgebäude mit weitläufigem Garten. Die Zimmer (alle mit AC) sind kühl und geräumig. U. a. Fitnessraum, Massagen und großer Pool (nur für Hausgäste). Beliebt bei Reisegruppen. DZ ab US$400. ❾

Chandravati Palace, 9 Janta Colony, ✆ 02974/238219. Ausgezeichnetes, sehr preiswertes kleines Gästehaus in einer ruhigen Seitenstraße der Nakki Lake Rd. Die kleinen, makellos sauberen Zimmer sind hell, haben große Balkone und Blick auf die Berge. ❶

Einfach, aber gut

Shri Ganesh, südwestlich vom Polo-Feld, nahe Sophia High School, ✆ 02974/237292, ✉ lalit_ganesh@yahoo.co.in. Mit Abstand das beste Budgethotel der Stadt und das einzige, das auf ausländische Rucksackreisende ausgerichtet ist. Hat viele einfache, saubere Zimmer (z. T. mit Bad, z. T. mit sehr harten Betten) sowie Schlafsaalbetten (Rs60–100 p. P.). Indische Kochkurse (Rs200), geführte Wanderungen, Jeeptouren (S. 281), zuverlässiger Internetanschluss, kostenlose Abholung vom Busbahnhof. ❶–❷

Köstliches zum Sattessen

Kanak Dining Hall, Nakki Lake Rd. Freundliches Lokal, serviert die besten Gujarati-*thalis* der Stadt – eine ausgezeichnete Zusammenstellung zurückhaltend gewürzter vegetarischer Köstlichkeiten für sehr günstige Rs90 p. P. Viel Hunger mitbringen – der Nachschlag ist unbegrenzt. Auch ein Punjabi-*thali* (Rs100) sowie ein paar vegetarische Gerichte.

Connaught House, Rajendra Rd, ✆ 02974/238560, 💻 www.jodhanaheritage.com. Mount Abus eindrucksvollste Unterkunft, untergebracht in einer Ferienresidenz aus der britischen Kolonialzeit inmitten eines Gartens voller Blumen mit weiten Ausblicken. Die Zimmer (alle mit AC) im alten Haus sind wunderbar erhalten und mit Gegenständen aus der Kolonialzeit eingerichtet; jene im modernen Block am Hang darüber haben sehr viel weniger Atmosphäre. ❼

Jaipur House, südlich vom See, ✆ 02974/235176, 💻 www.royalfamilyjaipur.com. Dieser elegante alte Sommerpalast auf einem Hügel über der Stadt vermietet geschmackvoll eingerichtete Suiten, die zu den besten Unterbringungsmöglichkeiten der Stadt zählen. Die Deluxe-Zimmer dagegen, in einem hässlichen modernen Block auf halber Höhe der Zufahrt, sind langweilig und überteuert. ❻

Kesar Bhavan Palace, Sunset Rd, ✆ 02974/238647, 💻 www.kesarpalace.com. Eher ein funktionales, modernes Hotel als der versprochene „Palast", aber die Zimmer (z. T. mit AC) sind erfreulich geräumig und sonnig und bieten von ihren großen Veranden Blick über die Baumkronen. Die Zimmer im neuen Anbau (gleiche Preise) sind dunkler und weniger einladend. ❻–❼

Kishangarh House, Rajendra Rd, ✆ 02974/238092, 💻 www.royalkishangarh.com. Nicht so spektakulär wie das benachbarte Connaught House, aber trotzdem mit einem gewissen kolonialen Charme. Unterbringung in hübsch möblierten Zimmern (die meisten mit AC) im alten Gebäude oder in billigeren, aber ziemlich langweiligen „Cottage" -Zimmern in einem Neubau. ❻–❼

Lake Palace, Nakki Lake Rd, ✆ 02974/237154, 💻 www.savshantihotels.com. Eines der besten Mittelklassehotels im Ort in reizvoller Lage mit Blick auf den Nakki-See. Guter Service und gepflegte, moderne Zimmer (alle mit AC, die teureren mit Seeblick und Balkon). ❺–❻

Sudhir, gegenüber Connaught House, Rajendra Rd, ✆ 02974/235120, ✉ hotelsudhir@gmail.com. Modernes Hotel mit hellen, geräumigen Zimmern: die der Kategorie Semi-deluxe sind ziemlich kahl, die der Deluxe-Klasse erheblich hübscher. ❻–❼

Essen

Mount Abus Besucher entstammen vorwiegend dem Gujarat-Mittelstand und sind hinsichtlich des Essens recht wählerisch. Die zahlreichen Restaurants an der Nakki Rd haben sich mit hoher Qualität und niedrigen Preisen darauf eingestellt. Fleisch gibt es in Mount Abu kaum, allenfalls im Basar, wo sich zwei nicht veg. Punjabi-Restaurants befinden.

Arbuda, Nakki Lake Rd. Sehr gut besuchtes Lokal mit beachtlicher veg. Speisekarte, die Pizza, Burger und Sandwiches, aber auch chinesische und indische Gerichte (Hauptgerichte Rs50–80) sowie gute frische Obstsäfte umfasst. Schnelle, freundliche Bedienung und eine luftige Terrasse.

Orignal Gujarat Omlette, Nakki Lake Rd. Der kleine Stand gegenüber der Nordspitze des Polo-Feldes hat Omelett-Sandwiches für Rs30.

Jodhpur Bhojnalaya, Nakki Lake Rd. Das beste Lokal der Stadt mit unverfälschter veg. Rajasthani-Küche, zu empfehlen für alle, die *ghee* und Gewürze mögen. Tipp: *dhal bati churma* (gebackene Weizenmehlklöße mit *dhal* und süßer *churma*-Sauce, Rs90). Hat außerdem aber auch die übliche lange Liste veg. indischer Gerichte.

Sankalp, Nakki Lake Rd. Filiale einer südindischen Kette mit dem üblichen Angebot (*iddlis, dosas, uttapams* usw.) in gemütlicher, moderner Umgebung, dazu Spezialitäten wie veg. *pulao* (Rs80) oder Tomaten-*masala uthappa* (Rs100) Wer richtig zuschlagen möchte, bestellt die 30 cm lange *dosa* (Rs500).

Veena, Nakki Lake Rd, offener Sitzbereich an der Hauptstraße. So kitschig wie Mount Abu nur sein kann (grelles Licht und aktuelle *filmi*-Hits), aber unschlagbares Fast Food und abends auf der Terrasse oft ein wärmendes Kaminfeuer. Lecker sind das *pao bhaji* (Rs50–70) und die *dosas* (Rs50–85), die einem auf der Zunge zergehen.

Sonstiges

Geld

Die beste Adresse für das Wechseln von Reiseschecks ist die **Union Bank of India**, im Basar beim Postamt versteckt. Vor der Touristen-

Empfohlene Zugverbindungen ab Abu Road

Die nachstehend genannten Züge sind die schnellsten und/oder praktischsten.

Ziel	Name	Nr.	Abfahrt	Ankunft
Ahmedabad	Ahmedabad Express	19224	10.57 Uhr (tgl.)	15.00 Uhr
	Ahmedabad Mail	19106	11.55 Uhr (tgl.)	16.55 Uhr
Ajmer	Aravali Express	19707	10.02 Uhr (tgl.)	16.13 Uhr
	Haridwar Mail	19105	14.51 Uhr (tgl.)	20.25 Uhr
Delhi	Rajdhani Express	12957	20.54 Uhr (tgl.)	07.25 Uhr
	Ashram Express	12915	22.05 Uhr (tgl.)	10.10 Uhr
Jaipur	Aravali Express	19707	10.02 Uhr (tgl.)	18.45 Uhr
	Haridwar Mail	19105	14.51 Uhr (tgl.)	23.00 Uhr
Jodhpur	Jammu Tawi Express	19223	15.22 Uhr (tgl.)	20.00 Uhr
Mumbai	Aravali Express	19708	17.10 Uhr (tgl.)	06.45 Uhr
	Surya Nagri Express	12479	23.38 Uhr (tgl.)	11.45 Uhr

information gibt es einen **Geldautomaten** der State Bank of India; zwei weitere befinden sich zwischen der Touristeninformation und dem Poloplatz.

Informationen

Die **Touristeninformation** liegt gegenüber vom Hauptbusbahnhof, ◷ Mo–Sa 10–13.30 und 14–17 Uhr. Online-Informationen unter 💻 www.mountabu.com.

Internet

Internetzugang hat z. B. das **Yani-Ya Cyber Zone** unmittelbar südlich der Post und das **Shree Krishna Cybercafe** in der Gasse gleich hinter dem Yani-Ya (beide Rs30 pro Std.).

Post

Die **Hauptpost** befindet sich an der Kreuzung nordwestlich des Poloplatzes.

Touren

Das Guesthouse **Shri Ganesh** veranstaltet Jeeptouren (Halbtagesausflug Rs400 für das Fahrzeug) zu Orten wie Achalgarh und Guru Shikar.

Nahverkehr

Busse nach Abu Road fahren stdl. bis 21 Uhr. **Jeeps** fahren gegenüber dem Busbahnhof los, sobald sie voll sind. Auch **Taxis** stehen zur Verfügung (Abfahrt an der Kreuzung im Südosten des Polo-Feldes, rund Rs250 pro Wagen).

Transport

Mount Abu ist nur auf dem Straßenweg zu erreichen. Der am nächsten gelegene Bahnhof ist ABU ROAD, von dort fahren Busse in 45 Min. nach Mount Abu hoch. Der Zugang nach Mount Abu kostet eine Gebühr von Rs10 (plus Rs10 pro Pkw oder Jeep).

Busse

Staatliche Busse fahren am staatlichen Busbahnhof in der Nakki Lake Road ab.
Private Busse werden von verschiedenen Gesellschaften unterhalten, die Büros entlang der Nakki Lake Road, westlich des staatlichen Busbahnhofs, haben (ein bewährtes Unternehmen ist Gujarat Travels).
Private Busse fahren nach AJMER (1x nachts; 7 Std.), AHMEDABAD (3x tgl.; 6 Std.), JAIPUR (1x nachts; 11 Std.), JODHPUR (1x tgl.; 6 Std.), UDAIPUR (3x tgl.; 5 Std.).

Eisenbahn

Ein computerisiertes Buchungsbüro befindet sich im Obergeschoss der Touristeninformation. ◷ tgl. 8–14 Uhr. Busse nach **Abu Road**, dem am nächsten gelegenen Bahnhof, fahren in Mount Abu stdl. bis 21 Uhr ab; Jeeps fahren neben dem Busbahnhof ab, sobald sie voll sind, und wer mit dem Taxi fahren möchte, kann eines für Rs300 an der Ecke beim Restaurant Jodhpur Bhojnalaya nehmen.

Chittaurgarh

Von allen rajputischen Hauptstädten war das 115 km nordöstlich von Udaipur gelegene Chittaurgarh (auch Chittor) die stärkste Bastion des hinduistischen Widerstands gegen die moslemischen Invasoren. Im Laufe der Jahrhunderte entschieden sich die Bewohnerinnen der Festung dreimal für den rituellen Massenselbstmord *jauhar*. Noch immer schwebt ein Hauch von Schwermut über der honigfarbenen alten Zitadelle. Nur Jodhpurs Meherangarh Fort ist ein ähnlich eindrucksvolles Symbol für rajputische Ritterlichkeit und Wehrhaftigkeit. Manche Besucher kommen im Rahmen eines Tagesausflugs oder auf einen Abstecher auf dem Weg zwischen Bundi und Udaipur hierher, doch eine Übernachtung bietet die Gelegenheit, das Fort eingehender zu erkunden.

Geschichte

Die genaue Entstehungszeit der Festung von Chittor liegt im Dunkeln, geht aber wahrscheinlich auf das 7. Jh. zurück. 734 wurde sie von Bappa Rawal, dem Begründer der Mewar-Dynastie, eingenommen und blieb für die nächsten 834 Jahre, abgesehen von ein paar kurzen Unterbrechungen, die Hauptstadt des Mewar-Reichs. Doch trotz seiner majestätischen Lage und imposanten Erscheinung war Chittor keineswegs uneinnehmbar. Im Laufe der Jahrhunderte wurde die Stadt dreimal geplündert: von Ala-ud-Din-Khalji (1303), Sultan Bahadur Shah (1535) und Akbar (1568). Der letzte dieser Überfälle bewegte den damaligen Herrscher von Mewar, Udai Singh, dazu, seine Hauptstadt an einen abgeschiedeneren und leichter zu verteidigenden Ort zu verlegen: nach Udaipur. 1616 wurde Chittaurgarh zwar den Rajputen zurückgegeben, aber inzwischen hatte sich die königliche Mewar-Familie längst in Udaipur niedergelassen und kam nie wieder zurück. Heute leben in der Festung, die einmal Heimat von vielen Tausenden war, nicht mehr als ein paar hundert Menschen.

Das Fort

Die gesamte Festung ist 5 km lang und 1 km breit, und es lässt sich leicht ein ganzer Tag damit zubringen, die unzähligen Ruinen zu erforschen. Die meisten Besucher begnügen sich jedoch mit einigen Stunden. Man kann eine Motor-Rikscha (Rs200 für rund 3 Std.) bis zum Eingang des Forts nehmen und dann in der Festung herumwandern oder aber (vielleicht schöner) in dem Geschäft an der von der Kreuzung vor dem Bahnhof nach Westen führenden Straße ein Fahrrad leihen. Der Anstieg zum Fort ist steil, doch oben sind die Wege überwiegend eben. ◷ tgl. 7–18 Uhr, Eintritt Rs100, plus Rs5 pro Rikscha.

Der Aufstieg zum Fort, das von massiven Bastionen geschützt wird, beginnt am **Padan Pol** im Osten der Stadt und führt über Kurven bergauf durch weitere sechs Tore. Die Wohnhäuser der wenigen Menschen, die noch das Fort bewohnen, stehen in der Nähe des letzten Tores **Rama Pol**, wo man Eintritt bezahlt. Nach dem Betreten der Festung erreicht man zuerst den langsam verfallenden **Palast des Rana Kumbha** (reg. 1433–68) aus dem 15. Jh., der von dem Herrscher errichtet wurde, der Mewar zu seiner größten Blüte brachte. Das Hauptgebäude erhebt sich immer noch fünf Stockwerke hoch, aber es ist schwierig, aus dem Durcheinander von halbverfallenen Mauern und Türmen schlau zu werden. Gegenüber vom Palast befindet sich der kunstvoll verzierte **Shingara Chauri Mandir** aus dem 15. Jh., ein kleiner, aber zauberhaft ausgestalteter Jain-Tempel, der dem 16. *tirthankara* Shantinath geweiht ist.

Der benachbarte moderne **Fateh Prakash-Palast**, ein großes, schmuckloses Gebäude, wurde in den 1920er-Jahren für den Maharana erbaut und beherbergt heute ein kleines **Archäologisches Museum**, in dem eine schöne Sammlung von Jain- und Hindu-Skulpturen zu sehen ist, die an verschiedenen Orten in der Umgebung der Festung vor dem Verfall gerettet wurden; ◷ tgl. außer Fr 10–17 Uhr, Eintritt Rs10. Rund 200 m weiter steht der imposante **Kumbha Shyama-Tempel**, der von Rana Kumbha erbaut (und nach ihm benannt) wurde. In einem eigenen Pavillon vor dem Schrein befindet sich eine schwarze Statue von Garuda, und ein Bildnis von Varaha, Vishnus Inkarnation als Eber, ziert eine Nische an der Rückseite. In der Nähe steht ein ummauerter zweiter Schrein. Er ist **Meerabai** geweiht, einer Prinzessin und Poetin aus Jodhpur, die für ihre Krishna-Verehrung bekannt war.

Der Vijay Stambh und Umgebung

Die Hauptstraße innerhalb der Festung führt zum zentralen **Vijay Stambh**, dem „Siegesturm", den Rana Kumbha zur Erinnerung an seinen Sieg von 1440 über den moslemischen Sultan Mehmud Khilji von Malwa errichten ließ. Mit seinen neun Stockwerken erreicht er eine Höhe von 36 m, und seine Wände sind üppig mit mythologischen Szenen und Bildnissen aus allen indischen Religionen verziert, und auch arabische Inschriften zur Lobpreisung Allahs fehlen nicht. Der Aufstieg bis zur Spitze erfolgt über eine dunkle schmale Treppe (Eintritt frei).

Das Gelände um den Vijay Stambh ist übersät mit einer großen Zahl weiterer Bauten, darunter zwei monumentale Eingangstore und einige malerische Tempel. Einer davon ist der wunderbare **Samiddhesvara-Tempel**, dessen Schrein ein Bildnis der *trimurti* beherbergt, das dreiköpfige Abbild von Shiva, Brahma und Vishnu in einem. Ein Pfad führt von hier hinab zum großen Wasserbecken **Gaumukh Kund**, das von einem unterirdischen Wasserlauf gespeist wird, der sich durch die bildhauerisch gestalteten Münder *(mukh)* von Kühen *(gau)* ins Becken ergießt. Hier eröffnen sich herrliche Blicke auf die Ebene.

Weiter südlich liegen der **Kalika Mata-Tempel** und der **Palast der Padmini**, deren ziemlich kahle Bauten eine Reihe hübscher kleiner Gär-

Chittaurgarh

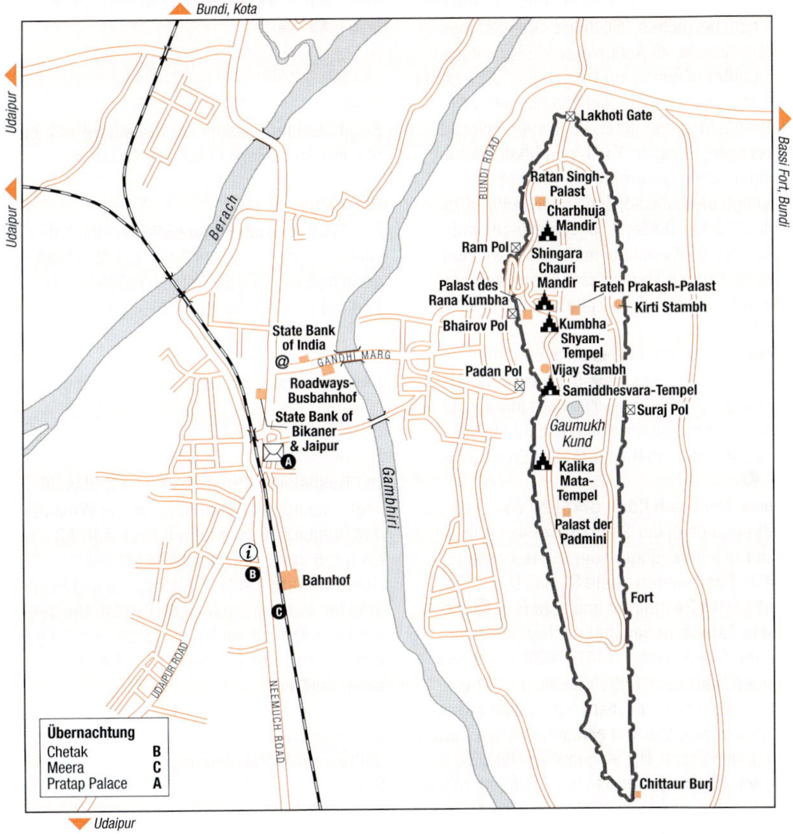

ten umschließen, die an einem Turm mit Blick auf einen kleinen See enden. Die Straße führt nach Süden zu der Stelle, an der einst Verräter in den Tod gestürzt wurden, und anschließend über den östlichen Kamm mit herrlicher Aussicht nach Norden zurück zum **Suraj Pol**. Mehrere Tempel säumen die Strecke, doch das eindrucksvollste Bauwerk ist **Kirti Stambh**, das Vorbild für den Siegesturm. Digambaras errichteten diesen kleineren „Ruhmesturm" als Monument für den ersten *tirthankara* Adinath, dessen Bildnis auf allen sechs Stockwerken präsent ist.

Übernachtung und Essen

Die Unterkünfte in Chittor sind relativ kostspielig; die einzigen wirklich billigen sind die etwas zwielichtigen Hotels um den Bahnhof und in der Stadtmitte. Die meisten Besucher essen in ihrer Unterkunft, aber in der Innenstadt und am Bahnhof finden sich auch bescheidene *dhabas*.

Bassi Fort Palace, Bassi, 24 km östlich von Chittaurgarh, ✆ 01472/225321, 💻 www.bassifortpalace.com. Attraktives Heritage Hotel im prunkvollen Palast von Bassi, mit 16 komfortablen Zimmern auf einem weitläufigen Gelände.

Dort steht ein heiliger Baum, der angeblich alle Wünsche erfüllt. ❻

Castle Bijaipur, ✆ 01472/240099, 💻 www.bijaipurhotels.com. Dieses malerische Hotel ist in einem herrlichen, 350 Jahre alten Schloss untergebracht, 45 Autominuten (32 km) östlich von Chittor in ländlicher Umgebung. Die Zimmer sind mit traditionellen rajasthanischen Holzmöbeln eingerichtet. Pool, ayurvedische Massagen, Gruppen-Yoga- und Meditationsstunden (Einzelunterricht auf Anfrage); Ausflüge per Fahrrad, Jeep oder zu Pferd zu benachbarten Dörfern. Tagesausflüge nach Chittor Rs700. Vermietet auch einige Kilometer entfernt in noch abgeschiedenerer Lage am Pangarh-See luxuriöse Zelte. Frühstück inkl. ❼–❾

Chetak, Neemuch Rd, gleich am Bahnhof, ✆ 01472/245192. Passable Budgetunterkunft mit sauberen modernen Zimmern (die an der lauten Hauptstraße meiden) und einem gut besuchten kleinen Restaurant im Erdgeschoss. ❸–❹

Meera, Neemuch Rd, ✆ 01472/240266. Die beste Budgetoption in der Stadt. Breite Auswahl an Zimmern mit Ventilator oder AC, Dorm (Rs150) und originell eingerichtete Suiten. U. a. preiswertes Restaurant und gute Bar. ❷–❹

Pratap Palace, gegenüber der Hauptpost an der Shri Gurukul Rd, ✆ 01472/240099, 💻 www.bijaipurhotels.com. Mittelklassehotel ohne Schnickschnack – an manchen Stellen etwas mitgenommen, aber mit einem hübschen Garten und gutem Essen. Die eleganteren Deluxe-Zimmer sind die schönsten der Stadt (allerdings ziemlich teuer); die billigeren Zimmer sind nicht besonders einladend und zudem überteuert. Die Mitarbeiter organisieren Ausflüge aufs Land, ausgehend vom Castle Bijaipur (s. o.). ❹–❼

Sonstiges

Geld

Es gibt **Geldautomaten** der State Bank of India und der State Bank of Bikaner & Jaipur.

Informationen

Die **RTDC-Touristeninformation** nördlich des Bahnhofs in der Station Rd, ✆ 01472/241089, vermittelt registrierte Guides (Rs230 für bis zu 4 Std.). 🕓 Mo–Sa 10–13.30 und 14–17 Uhr.

Internet

Megavista Internet, nahe dem Busbahnhof.

Transport

Busse

Der **Busbahnhof** (Roadways oder Kothwali) liegt 2 km nördlich vom Bahnhof am Westufer des Ghambiri. Busse fahren nach AJMER (7x tgl.; 5 Std.), KOTA (2x tgl., 4 1/2 Std.), UDAIPUR (etwa stdl.; 2 1/2 Std.). Es gibt keine direkten Verbindungen nach BUNDI. Um dorthin (und gewöhnlich auch nach Kota) zu gelangen, nimmt man einen Bus nach BHILWARA und steigt dort um.

Eisenbahn

Chittaurgarhs **Bahnhof** liegt im Westen der Stadt.

Empfohlene Zugverbindungen ab Chittaurgarh

Ort	Name	Nr.	Abfahrt (tgl.)	Ankunft
Ajmer	Udaipur–Ajmer Express	12991	08.42 Uhr	11.40 Uhr
	Ratlam–Ajmer Express	19653	10.10 Uhr	13.55 Uhr
Bundi	City Link Express	29019	14.55 Uhr	17.33 Uhr
	Mewar Express	12964	20.50 Uhr	22.40 Uhr
Delhi (HN)	Mewar Express	12964	20.50 Uhr	06.30 Uhr
Jaipur	Gwalior Superfast	12966	00.35 Uhr	06.00 Uhr
Kota	Nimach–Kota Express	29019	14.55 Uhr	18.50 Uhr
Udaipur	Mewar Express	12963	05.05 Uhr	07.20 Uhr
	Ajmer–Udaipur Express	12992	19.35 Uhr	21.30 Uhr

Bundi

Die ummauerte Stadt Bundi, 37 km nördlich von Kota, liegt im Norden des früheren Territoriums von Hadaoti und wird im Norden, Osten und Westen von der Vindhya-Bergkette geschützt. Hier befand sich die Hauptstadt der Hadachauhans, doch obwohl der Ort bereits im Jahre 1241 gegründet wurde, war er nie mehr als ein bescheidenes Marktzentrum und ist bis zum heutigen Tag relativ unberührt von modernen Entwicklungen geblieben. Schon der **Palast** lohnt dank seiner spektakulären Wandgemälde die Reise nach Bundi und macht zusammen mit der gut erhaltenen **Altstadt** voller verwitterter Havelis eines der reizvollsten Ziele im südlichen Rajasthan aus – eine Tatsache, die sich auch bei ausländischen Touristen herumgesprochen hat.

Der Palast

Der im 16. und 17. Jh. in authentischem Rajputen-Stil errichtete Palast war einer der wenigen fürstlichen Wohnsitze Rajasthans, die ohne Mogul-Einfluss erbaut wurden. Angesichts der häufigen Erweiterungen, die über die Jahre erfolgten, ist die Erscheinung des Bauwerks erstaunlich homogen. ◷ tgl. 8–18 Uhr, Eintritt Rs60, Fotoerlaubnis Rs50, Video Rs100. Ein extrem kenntnisreicher Führer ist Keshav Bhati, ✆ 9414/394241, ✉ bharat_bhati@yahoo.com. Er berechnet um Rs250 für eine Führung durch den gesamten Palast und bietet auch Touren zu nahe gelegenen Felsmalereien und nach Kota an.

Ein kurzer steiler Pfad windet sich zum Haupttor **Hathi Pol** hinauf, das von Elefantenstatuen flankiert wird. Dahinter liegt der Haupthof des Palastes. Rechter Hand führen Stufen zur Ratan Daulat hoch, der **Diwan-i-Am** (öffentliche Audienzhalle) aus dem 17. Jh., eine offene Terrasse, die den Haupthof überschaut und auf der ein einfacher Marmorthron steht. Über eine Treppe am hinteren Ende der Ratan Daulat geht es zum Hof **Chhatra Mahal** hoch. Durch den säulenbestandenen türkisfarbenen Pavillon an der Südseite des Hofs und den dahinter liegenden Raum gelangt man zum kleinen Vorzimmer (oder „Ankleidezimmer"), das vollständig mit Wandmalereien aus den 1780er-Jahren bedeckt und mit Gold- und Silberblättchen verziert ist. Die gegenüberliegende Seite des Hofs flankiert ein Pavillon mit Säulen, die auf den Rücken schwarzer Elefanten ruhen. An seiner Rückseite befindet sich eine gut erhaltene alte Hocktoilette, die wahrscheinlich die beste Aussicht von allen öffentlichen Toiletten Rajasthans bietet.

Vom Chhatra Mahal führen schmale Stufen zu einem noch kleineren Hof hoch, der vom spektakulären **Phool Mahal** gesäumt wird. Dieser wurde 1607 erbaut, aber die Wandgemälde – darunter eine lange Prozession von Soldaten in europäischen Uniformen und ein Kamelkorps – stammen aus den 1860er-Jahren. Über weitere Treppenstufen geht es hoch zum **Badal Mahal** („Wolkenpalast"), von dem oft gesagt wird, dass er die prächtigsten Gemälde im ganzen südlichen Rajasthan enthalte. Ein farbenfroher Kreis von Krishnas und Radhas tanzt um den höchsten Teil des Gewölbes herum; die angrenzenden Wandgemälde zeigen Krishna, der von Ganesh zu seiner Hochzeit gefahren wird, und den aus Sri Lanka nach Ayodhya zurückkehrenden Rama.

Weitere faszinierende Malereien sind im **Chittra Shala** gleich oberhalb des Palastes zu sehen, ◷ Sonnenaufgang–Sonnenuntergang; Eintritt frei. Im Innern führen Stufen in der hinteren linken Ecke des Gartens zu einem kleinen, höher gelegenen Hof. Er ist mit Wandgemälden verziert, die in ungewöhnlichen changierenden Farbtönen von Türkis, Blau und Schwarz gehalten ist. Die meisten zeigen Szenen aus dem Leben Krishnas. Die überwältigendste Aussicht über Bundi, den Palast und die Landschaft ringsherum hat man oberhalb des Chittra Sala von der von Affen bevölkerten **Festung Taragarh** aus. Der dafür erforderliche 20-minütige Anstieg ist aber steil.

Die restliche Stadt

Mitten in der Stadt steht das noch relativ neue **Maharao Raja Bahadur Singh Museum**. Es zeigt eine Sammlung von höchst schmeichelhaften Porträts sämtlicher Maharadschas von Bundi. Außerdem gibt es eine Galerie mit ausgestopften Tigern und anderen traurigen Tieren. Das Eintrittsgeld ist anderweitig besser angelegt. ◷ April–Sep tgl. 9–13 und 14–18, Okt–März tgl. 9–13 und 14–17 Uhr, Eintritt Rs50, Fotoerlaubnis Rs50.

In der Südhälfte der Stadt befindet sich der sehr viel sehenswertere **Raniji-ki-Baori** (keine festen Öffnungszeiten), einer der spektakulärsten Stufenbrunnen Rajasthans. Der 1699 errichtete Brunnen ist über eine von mehreren Ebenen unterbrochene und mit prächtigen Säulen geschmückte Treppenflucht zu erreichen. Besondere Beachtung auf dem Weg hinab verdienen die herausragenden Steinmetzarbeiten an den Seitenwänden, die Vishnus zehn Inkarnationen zeigen.

Nordöstlich von Bundi, am Südufer des Wasserbeckens Jait Sagar, steht der schöne, aber ziemlich vernachlässigte **Sukh Mahal** – Rao Raja Vishnu Singhs Sommerpalast, wo Rudyard Kipling (der einige Monate lang die Gastfreundschaft des Raja genoss) *Kim* und Teile des *Dschungelbuchs* schrieb. Das Gebäude ist für Besucher geschlossen, aber man kann zu beiden Seiten des Palasts ein Stückchen am Ufer entlangspazieren. Rund 1,5 km weiter am See stehen im **Shar Bagh** 60 im Verfall begriffene Kenotaphe. Wenn die Tür verriegelt ist, kann man in der Hütte des *chowkidar* nach dem Schlüssel fragen; sie liegt rund 100 m nördlich der Kenotaphe, jenseits der Hauptstraße gleich hinter dem Eingangstor links. Die Hin- und Rückfahrt per Motor-Rikscha von der Stadt zum Sukh Mahal kostet ungefähr Rs80 und zum Shar Bagh Rs120.

Wohnen mit Stil

Bundi Haveli, ✆ 0747/244 6716, 💻 www.hotelbundihaveli.com. Traditionelles, liebevoll modernisiertes Haveli mit wunderschön möblierten Zimmern (die meisten mit AC), einem empfehlenswerten Restaurant, Internetzugang und Geldwechsel. Ausgezeichnetes Preis-Leistungs-Verhältnis. ❹–❺

Haveli Braj Bhushanjee, ✆ 0747/244 2322, 💻 www.kiplingsbundi.com. 150 Jahre altes Haveli mit viel Atmosphäre; Original-Wandgemälde, Antiquitäten und Kunstgewerbe, die praktisch sämtliche Flächen zieren. Auch die Zimmer (z. T. mit AC und TV) sind bezaubernd und überdies hervorragend in Schuss. ❹–❼

Übernachtung und Essen

Die meisten Unterkünfte in Bundi sind umgestaltete alte Havelis mit sehr unterschiedlicher Ausstattung und Preisen. Die meisten Besucher essen in ihrem Hotel. Wer zum Essen ausgehen möchte, bekommt im Dachrestaurant des **Bundi Haveli** schmackhafte veg. und nicht veg indische Speisen (nicht veg. Hauptgerichte Rs175–260) und echten Kaffee in stilvollem Ambiente. Von der Terrasse des **Royal Retreat** hat man eine schöne Aussicht auf die Stadt.

Haveli Elephant Stable, ✆ 9928/154064, ✉ elephantstable_guesthouse@hotmail.com. Unterkunft in den ehemaligen Elefantenställen des Palastes; hübsch und sehr ruhig unterhalb der Festungsmauern gelegen. Die Zimmer sind schlicht, aber bei dem Preis und in dieser Lage kann man sich darüber wirklich nicht beschweren. ❶–❷

Haveli Katkoun, ✆ 0747/244 4311, 💻 www.havelikatkoun.free.fr. Früheres Budgetgästehaus, inzwischen renoviert mit Marmorböden und verschiedenen geräumigen, schicken modernen Zimmern, die besten davon mit AC und Blick auf den Palast. ❸–❺

Haveli Riya, ✆ 0747/244 4211. Freundliches Gästehaus in Familienbesitz mit einer Auswahl an Zimmern zu sehr günstigen Preisen. Einige sind etwas einfach, aber alle adrett und sauber, und zudem gibt´s ein nettes kleines Dachcafé. ❶–❷

Kasera Paradise, ✆ 0747/244 4679, 💻 www.kaseraparadise.com. Das einladende Gästehaus in einer stillen Gasse direkt hinter dem Braj Bhushanjee ist in einem originalgetreu restaurierten Haveli aus dem 16. Jh. untergebracht. Die Zimmer zu unterschiedlichen Preisen sind alle hübsch eingerichtet und mit traditionellen Wandgemälden verziert. ❷–❺ Eine noch etwas größere Bandbreite an Zimmern vermietet derselbe Besitzer im **Kasera Heritage** auf der gegenüberliegenden Straßenseite. ❷–❻

Lake View, ✆ 0747/244 2326, ✉ lakeviewbundi_@yahoo.com. Schäbiges Gästehaus in einem alten Haveli am See. Nicht gerade das sauberste Haus am Ort, aber dafür billig und

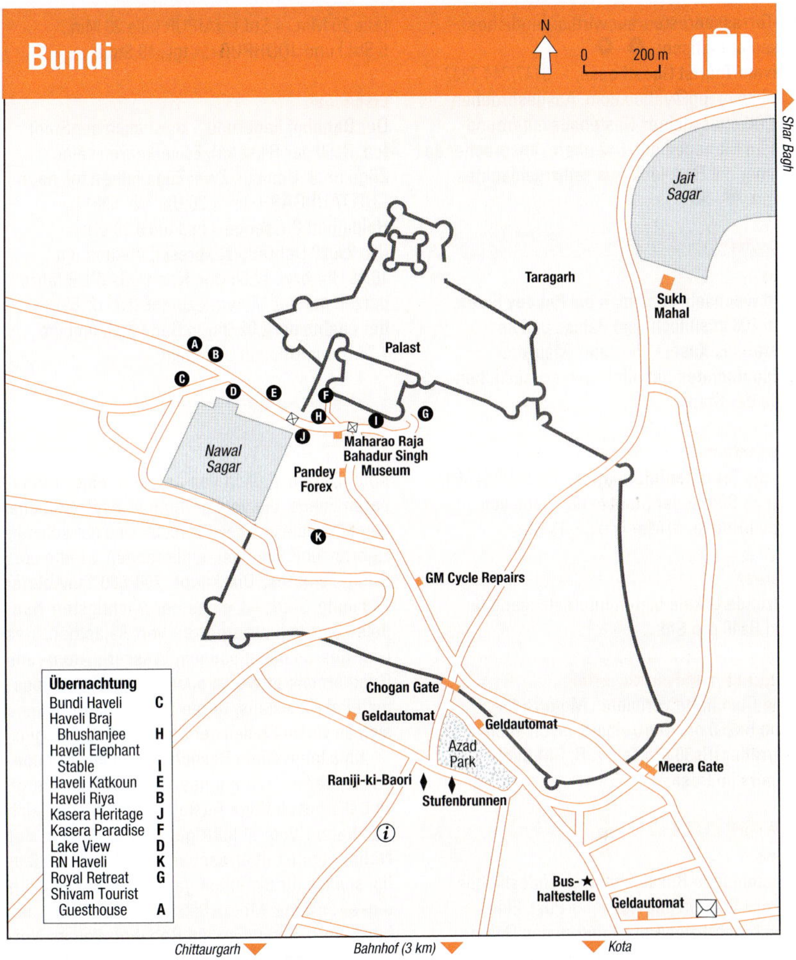

mit einer netten, auf den Nawal Sagar hinausgehenden Terrasse. Die Gartenzimmer sind ziemlich kahl; die teureren im Haveli selbst besitzen verblichene alte Wandgemälde und Seeblick. ❶–❷

RN Haveli, ✆ 0747/512 0098, ✉ rnhavelibundi@yahoo.co.in. Freundliches, heimeliges und zu Recht beliebtes von Frauen geführtes Gästehaus in 200 Jahre altem Haveli. Die Zimmer sind einfach, aber okay, und die hausgemachten Mahlzeiten sind hervorragend. ❶

Royal Retreat, ✆ 0747/244 4426, ✉ royalretreatbundi@yahoo.com. Nur vier komfortable Zimmer (alle mit *air-cooler*) im tiefer gelegenen Teil der Palastanlage. Sehr friedvoll – allerdings kann man sich hier nach Einbruch der Dunkelheit ein bisschen verlassen fühlen, vor allem wenn die anderen Zimmer unbewohnt sind.

Im Terrassenrestaurant wird ordentliches Essen aufgetischt. ❸–❹

Shivam Tourist Guesthouse, ✆ 0747/244 7892, ✉ shivam_pg@yahoo.com. Ausgesprochen gemütliches kleines Gästehaus mit freundlichem Management. 6 saubere, ansprechende Zimmer mit Bad; leckeres selbstgemachtes Essen. ❶–❹

Sonstiges

Geld

Geld wechseln kann man bei **Pandey Forex**, rund 100 m südlich vom Palast, und im Gästehaus **Kasera Heritage**. Mehrere **Geldautomaten** befinden sich am südlichen Ende der Stadt.

Informationen

Bundis **Touristeninformation**, ✆ 0747/244 3697, liegt im Süden der Stadt in der Nähe vom Circuit House. ◷ Mo–Fr 9.30–18 Uhr.

Internet

Dutzende Lokale bieten Internetzugang für rund Rs40 pro Std.

Motorrad- und Fahrradverleih

Viele Geschäfte vermieten Motorräder (rund Rs250 pro Tag), einige davon auch Fahrräder (Rs30 pro Tag, z. B. GM **Cycle Repairs** im Basar).

Transport

Busse

Ankommende Busse halten im südöstlichen Teil der Stadt in der Nähe der Post. Eine Rikschafahrt zum Palast und zu den Gästehäusern kostet von dort aus ca. Rs30.

Es gibt keine direkten Busse nach CHITTAURGARH, jedoch viele nach Bhilwara und von dort nach Chittor.

Busse verkehren 4x tgl. nach UDAIPUR (7–8 Std.) sowie SAWAI MADHOPUR (4 1/2 Std.) im Norden (Ausgangspunkt für den Ranthambore-Nationalpark); Sawai Madhopur lässt sich auch erreichen, indem man einen Bus nach Kota (alle 30 Min., 3/4–1 Std.) und dort einen Zug nimmt. Busse sind auch das günstigste Verkehrsmittel nach AJMER (alle 20 Min., 4 Std.), JAIPUR (alle 20 Min., 5 Std.) und JODHPUR (5x tgl., 10 Std.).

Eisenbahn

Der **Bahnhof** liegt rund 5 km südlich der Stadt (ca. Rs50 per Rikscha). Es verkehren keine Züge nach Udaipur. Zwei Züge fahren tgl. nach CHITTAURGARH: um 7.20 Uhr (Nr. 59812 Haldighati Passenger) und um 9.38 Uhr (Nr. 29020 Dehradun Express), Ankunft um 10.45 Uhr bzw. 12.05 Uhr. Nach UDAIPUR fährt derzeit nur der Mewar Express (Nr. 12963), der nachts um 2.02 Uhr in Bundi hält und um 7.20 Uhr in Udaipur ankommt.

Kota

Kota, 230 km südlich von Jaipur in einer fruchtbaren Ebene, die vom größten Fluss Rajasthans, dem Chambal, gespeist wird, ist eine der schmutzigeren und weniger einladenden Städte des Bundesstaates. Die knapp 700 000 Einwohner zählende Stadt ist eines der wichtigsten Handels- und Industriezentren von Rajasthan. Das Ufer des Chambal säumen Wasser-, Atom- und Geothermalkraftwerke sowie die größte Düngemittelfabrik Asiens, deren riesige Schornsteine sich an vielen Stellen der Stadt ins Bild drängen.

Kota lohnt einen Besuch wegen des Stadtpalastes, der ein recht gutes Museum beherbergt. Und die geschäftige Altstadt unterscheidet sich wohltuend vom schläfrigen Bundi ganz in der Nähe. Kota ist überraschend groß und weitläufig, sodass für die unten genannten Sehenswürdigkeiten eine Motor-Rikscha erforderlich ist, besonders wenn man am Bahnhof weit im Norden der Stadt ankommt. Vom Busbahnhof aus ist es ein recht weiter, aber machbarer Fußweg durch den quirligen Hauptmarkt zum Stadtpalast.

Der Stadtpalast

Im südlichen Teil des Zentrums steht etwa 2 km vom Busbahnhof entfernt der Stadtpalast, eine gut erhaltene Ansammlung von blauen und rosafarbenen fürstlichen Residenzen. Mit dem Bau wurde 1625 begonnen, und es wurde sporadisch bis ins frühe 20. Jh. weitergebaut. Im Palast befindet sich das hervorragende **Maharao Madho**

Singh Museum. Der erste Raum ist mit Luxusgegenständen des Maharadschas gefüllt. Schräg gegenüber liegt auf der anderen Seite des Hofes das **Raj Mahal**, erbaut von Rao Madho Singh (reg. 1625–49) und reich ausgeschmückt mit Gemälden und Spiegeln; dies war die öffentliche Audienzhalle des Herrschers. Vom Raj Mahal führt ein Gang zu einer Abfolge von Räumen, darunter eine Waffenkammer und eine kleine Kunstgalerie sowie eine deprimierende Tiergalerie mit den mottenzerfressenen Überresten diverser Leoparden und Tiger. ◷ tgl. außer an Feiertagen 10–16.30 Uhr, Kombiticket für Museum und Palast Rs100, Fotoerlaubnis Rs50, Video Rs100.

Nach dem Verlassen des Museums geht es über eine Treppe am Raj Mahl vorbei hinauf zu einigen schön bemalten Palastgebäuden. Drei Stockwerke weiter oben befindet sich das **Barah Mahal**. Hier ist ein Raum mit Dutzenden von quadratischen Miniaturen geschmückt, die wie Fliesen an der Wand befestigt sind und verschiedene religiöse und moderne Szenen zeigen, von Krishna, wie er den Berg Goverdhan anhebt, bis zu exotisch anmutenden europäischen Damen und Herren.

Die übrige Stadt

Kishore Sagar, ein 1346 künstlich angelegter See, bietet eine willkommende Abwechslung zur grauen Industrieszenerie der Stadt. Der rot-weiße Palast in der Mitte des Sees, der **Jag Mandir**, wurde 1346 von Prinz Dher Deh von Bundi in Auftrag gegeben. Das angestaubte **Government Museum** (◷ tgl. 10–17 Uhr, Eintritt Rs10) auf der Nordseite des Sees dient einer exzellenten Sammlung an Steinmetzarbeiten aus der Gegend als trauriges Zuhause. Beschriftung in Hindi, wenn überhaupt. Ein paar Kilometer südlich der Festung sonnen sich unweit vom Fluss manchmal Krokodile und Gaviale in einem seichten Wassertümpel in den **Chambal Gardens**, Eintritt Rs5. Von hier starten kurze Bootstouren (Rs30) auf dem vor Krokodilen wimmelnden Chambal.

Übernachtung und Essen

Die Hotels von Kota sind überwiegend auf Geschäftsreisende ausgerichtet. Wer es sich nicht leisten kann, in einem der genannten Hotels zu übernachten, nächtigt besser in Bundi.

Das moderne veg. Restaurant **Venue** im Hotel Navrang bietet zahlreiche nordindische Gerichte (Hauptgerichte Rs50–80) sowie dosas, Pizzas und chinesische Speisen.

Brijraj Bhawan, Civil Lines, ✆ 0744/245 0529, 💻 www.indianheritagehotels.com. Ein idyllischer Zufluchtsort im Herzen des lauten Kota, ein schönes altes Herrenhaus aus der Kolonialzeit in friedlicher Lage am Fluss. Echt viktorianisch eingerichtete, sehr gepflegte und sehr komfortable Zimmer. ❼

Navrang, Station Rd, ✆ 0744/232 3294. Das netteste der billigen Hotels der Stadt besitzt eine Mischung aus einfachen Zimmern mit *air-cooler* und schöner eingerichteten AC-Zimmern, alle mit TV. Das benachbarte Phul Plaza ist auch in Ordnung, aber nicht ganz so ansprechend. ❸–❹

Sukhdham Kothi, Civil Lines, ✆ 0744/232 0081, 💻 www.sukhdhamkothi.com. Gästehaus mit sehr viel Flair in 100 Jahre altem steinernem Herrenhaus inmitten eines großen Gartens. Gemütliche und stimmungsvolle Zimmer mit alten Holzmöbeln und verschiedenem Schnickschnack aus dem 19. Jh. ❻

Umed Bhawan Palace, Station Rd, Khelri Phatak, ✆ 0744/232 5262, 💻 www.welcomheritagehotels.com. Schickes Hotel in der großen, aber recht hässlichen ehemaligen fürstlichen Residenz. Viel Komfort (und nicht wenig Plüsch) zu einem vernünftigen Preis. ❼

Sonstiges

Geld

Reiseschecks wechselt man am besten in der unpraktisch im Süden der Stadt gelegenen State Bank of Bikaner & Jaipur. Geldautomaten finden sich um die Kreuzung beim Hotel Navrang herum.

Informationen

Das Tourist Office, ✆ 0744/232 7695, ist im RTDC Chambal Hotel nördlich des Kishor Sagar. ◷ Mo–Fr 9–17 Uhr.

Transport

Der Bahnhof von Kota liegt im Norden der Stadt, ein paar Kilometer vom zentralen Busbahnhof an der Bundi Road (in der Nähe des

Empfohlene Zugverbindungen ab Kota

Ort	Name	Nr.	Abfahrt	Ankunft
Agra Fort	Avadh Express	19037	14.50 Uhr (Di, Mi, Fr, So)	21.50 Uhr
	Haldighati Passenger	59811	21.00 Uhr (tgl.)	06.00 Uhr
Bundi	Dehra Dun Express	29020	09.00 Uhr (tgl.)	09.36 Uhr
Chittaurgarh	Dehra Dun Express	29020	09.00 Uhr (tgl.)	12.05 Uhr
Delhi (Hazrat	Kota Jan Shatabdi	12059	05.55 Uhr (tgl.)	12.30 Uhr
Nizamuddin)	Golden Temple Mail	12903	11.15 Uhr (tgl.)	18.30 Uhr
	Mewar Express	12964	23.55 Uhr (tgl.)	06.30 Uhr
Jaipur	Dayodaya Express	12181	07.55 Uhr (tgl.)	11.40 Uhr
	Jaipur Express	12955	08.50 Uhr (tgl.)	12.50 Uhr
	Ranthambore Express	12465	12.30 Uhr (tgl.)	16.45 Uhr
Mumbai (Central)	Jaipur–Mumbai SF	12956	17.35 Uhr (tgl.)	07.50 Uhr
Sawai Madhopur	Dayodaya Express	12181	07.55 Uhr (tgl.)	09.50 Uhr
(für Ranthambore-	Golden Temple Mail	12903	11.15 Uhr (tgl.)	12.30 Uhr
Nationalpark)	Ranthambore Express	12465	12.30 Uhr (tgl.)	14.25 Uhr
	Dehra Dun Express	19019	19.30 Uhr (tgl.)	21.10 Uhr

Nayapura Circle) entfernt. Von Letzterem fahren regelmäßig Busse nach BUNDI (alle 30 Min., 45–60 Min.), AJMER (alle 30 Min., 6 Std.), CHITTOR (5x tgl., 4 1/2 Std.), JAIPUR (alle 30 Min., 6 Std.) und UDAIPUR (7x tgl., 6 Std.). Kota verfügt auch über gute Zugverbindungen.

Uttar Pradesh

Stefan Loose Traveltipps

3 **Taj Mahal** Das schönste Gebäude der Welt, ein Glanzstück der Mogul-Architektur, wird einfach allen Erwartungen gerecht. S. 295

Akbar-Mausoleum, Sikandra Die großartige Mogul-Grabstätte inmitten von Ziergärten sieht noch genauso aus wie auf alten Miniaturen dargestellt. S. 302

Fatehpur Sikri Die prachtvolle, lange verlassene Palastanlage steht auf einer kargen Anhöhe nahe der Grenze zu Rajasthan. S. 310

4 **Varanasi** Eine Bootsfahrt auf dem Ganges, während über der ältesten und heiligsten Stadt Indiens die Sonne aufgeht, ist ein unvergessliches Erlebnis. S. 328

Sarnath Den Ort, an dem Buddha seine erste Predigt hielt, kennzeichnen eindrucksvolle Ruinen. S. 343

UTTAR PRADESH

Uttar Pradesh, „der nördliche Bundesstaat" – früher United Provinces genannt, aber stets UP abgekürzt – ist das Herzland des Hinduismus. Die Geschichte dieses Bundesstaates, der sich über eine weite Gangesebene erstreckt, hat praktisch die des ganzen Landes beeinflusst, und seine Tempel und Baudenkmäler – buddhistische, hinduistische und moslemische – zählen zu den eindrucksvollsten des Subkontinents.

Das an Delhi grenzende westliche UP lag immer nahe am indischen Machtzentrum. In seiner bedeutendsten Stadt, Agra, die einst Hauptstadt des Mogulreichs war, steht das Taj Mahal, nicht weit entfernt von der verlassenen Mogul-Stadt Fatehpur Sikri.

Große Teile im Zentrum von UP mit den fruchtbaren Schwemmebenen von Doab gehörten einst zum Königreich **Avadh**. Es war das letzte Reich unabhängiger Moslemherrschaft in Nordindien, ehe die Briten es übernahmen. Damit schürten sie den Groll, der zum Aufstand von 1857 führte, in dem die Hauptstadt Lucknow (heute Bundeshauptstadt von UP) eine wichtige Rolle spielte. **Bundelkhand** – das Gebiet nördlich der zerklüfteten Vindhya-Berge, die sich im Nordosten von Madhya Pradesh erstrecken – war Teil eines Königreichs, das die Chandella-Rajputen im 9. Jh. schufen. Zu diesem Reich gehörte auch Khajuraho in Madhya Pradesh (s. S. 423). Ein günstiger Ausgangspunkt für Reisen dorthin ist Jhansi, ein weiteres Zentrum des Aufstands von 1857. Im östlichen UP liegt die heiligste Stadt des Hinduismus, Varanasi, ein Ort des Übergangs *(tirtha)*, wo der Tod die Seelen zur endgültigen Erlösung befördert. Die seit dem Altertum heilige Stadt wurde auch von Mahavira aufgesucht, dem Begründer des Jainismus, genauso wie vom Buddha, der seine erste Predigt im nahen Sarnath hielt.

UP war früher einmal ein blühendes Zentrum islamischer Rechtsprechung und Kultur, doch während der blutigen Jahre im Anschluss an die Unabhängigkeit ergriffen zahlreiche Moslems die Flucht. Heute beträgt der Anteil der moslemischen Bevölkerung nur noch 16 %. Als Herzland des sogenannten „Cow Belts" wurde UP einige Zeit von der sektiererischen Hindu-Partei BJP beherrscht. Der Bundesstaat steht in dem unerfreulichen Ruf, Kernpunkt heftiger kommunaler Spannungen zu sein, besonders seit der Zerstörung der Babri-Moschee in **Ayodhya** östlich von Lucknow, nahe Faizabad, 1992 (s. S. 118). In jüngerer Zeit wurde die Politik durch zwei weitgehend regionale Linksparteien bestimmt, die sozialistische Samajwadi Party (SP) und die Bahujan Samaj Party (BSP).

Dank des nicht übermäßig luxuriösen, aber effizienten **Verkehrsnetzes** staatlicher Busse sowie der ausgezeichneten Bahnverbindungen lässt sich UP (mit Ausnahme von Bundelkhand im Süden) recht gut bereisen. Die wichtigsten Touristenziele Agra und Varanasi sind schon seit Jahrhunderten auf Besucher und Pilger eingestellt und verfügen über alle erforderlichen Einrichtungen für Reisende. UP Tourism, 💻 www.up-tourism.com, hat Büros in den meisten größeren Städten.

Agra

Agra – unter den Moguln die Metropole ganz Indiens und Stadt des Taj Mahal – gehört zusammen mit Delhi, 204 km nordwestlich, und Jaipur in Rajasthan zum „Goldenen Dreieck", liegt also auf der beliebtesten Indien-Reiseroute. Allerdings kann Agra selbst für erfahrene Indienbesucher ein hartes Pflaster darstellen. Smog ist in der Stadt die Regel; an so manchem Morgen ist die Sonne hinter den Abgaswolken kaum zu erkennen. Touristen müssen darüber hinaus bei den weltberühmten Sehenswürdigkeiten auf Menschenmassen, hohe Eintrittspreise und selbst für asiatische Verhältnisse penetrant hartnäckige Schlepper und Rikscha-*wallahs* gefasst sein.

Durch all das sollte man sich aber nicht abschrecken lassen. Es ist zwar möglich, Agra von Delhi aus einen Tagesbesuch abzustatten, doch schon allein das Taj verdient sehr viel mehr Zeit – ein Kurzbesuch wird den zwischen Sonnenauf- und Sonnenuntergang kontinuierlich wechselnden Facetten des Bauwerks nicht gerecht. Und die weiteren Sehenswürdigkeiten der Stadt sowie Fatehpur Sikri können mehrere Tage füllen.

Geschichte

Über die vorislamische Geschichte Agras ist wenig bekannt. Eine Chronik von 1080 n. Chr. berichtet von einer wehrhaften Festung mit einer blühenden Stadt in strategisch günstiger Lage an der Kreuzung zweier wichtiger Handelsstraßen. Dennoch blieb Agra ein eher unbedeutender Verwaltungsort, bis der Sultan von Delhi, **Sikandar Lodi**, 1504 seinen Hauptsitz hierher verlegte, um sein Reich besser unter Kontrolle zu haben. Die Ruinen der prächtigen Sultanatsstadt sind noch am Ostufer der Yamuna zu sehen.

Nachdem **Babur**, der Begründer des Mogulreiches, den letzten Lodi-Sultan, Ibrahim Lodi, 1526 bei Panipat geschlagen hatte, entsandte er seinen Sohn **Humayun** mit dem Auftrag, Agra einzunehmen. Zum Dank für die großzügige Behandlung, die Humayun ihnen zukommen ließ, schenkte die Familie des Raja von Gwalior dem Mogul Schmuck und kostbare Edelsteine – darunter den legendären **Koh-i-noor-Diamanten**, der heute zu den englischen Kronjuwelen gehört.

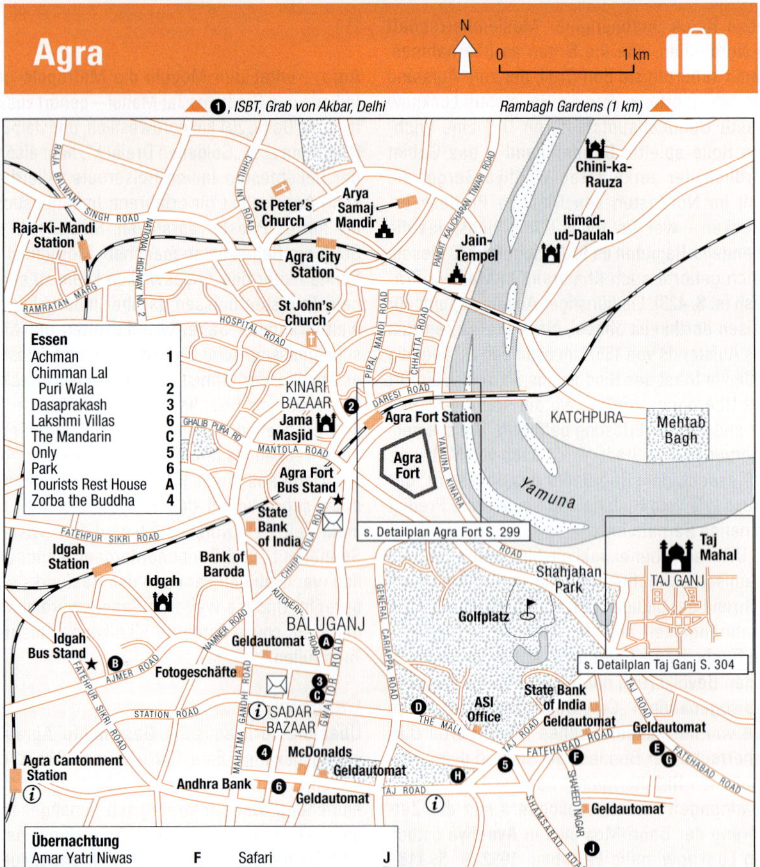

Seine Glanzzeit erlebte Agra unter der Herrschaft von Humayuns Sohn **Akbar dem Großen** (1556–1605), der das Agra Fort erbauen ließ. Über ein Jahrhundert lang behauptete die Stadt ihre Stellung als Hauptstadt des Reiches, und selbst als **Shah Jahan**, Akbars Enkel, Delhi – Shahjahanabad, heute Old Delhi – zur Hauptstadt machte, blieb sein Herz in Agra. Zwar blühte das Reich auch noch unter seinem Nachfolger **Aurangzeb** (1658–1707), doch dessen Intoleranz gegenüber Nichtmoslems schürte Unmut. In der Folge wurde Agra nacheinander von den Jaten, den Marathen und schließlich den Briten besetzt.

Nach dem Aufstand von 1857 musste die Stadt ihre Position als Sitz der Nordwestprovinzregierung und des Obersten Gerichtshofs an Allahabad abtreten und ihre Macht schwand. Doch Agras Schätze der Mogulzeit garantierten, dass die Stadt nicht in der Bedeutungslosigkeit versank, und heute ist sie ein wohlhabendes Industrie- und Handelszentrum sowie ein begehrtes Touristenziel.

Orientierung

Agra ist riesengroß und unübersichtlich. Es hat kein wirkliches Zentrum, sondern besteht aus mehreren eigenständigen Basarvierteln in einem amorphen Häusermeer, das weit über 20 km² bedeckt. Die meisten der bedeutenden Baudenkmäler aus der Mogulzeit – darunter das Taj Mahal – liegen an den Ufern der Yamuna, am östlichen Stadtrand. Im Gassengewirr von **Taj Ganj** beim Taj Mahal findet man die meisten Billighotels und Backpacker-Cafés.

Rund 2 km westlich, jenseits des grünen Viertels **Cantonment**, liegt **Sadar Bazaar**. Es ist mit Taj Ganj durch die Fatehabad Road verbunden, an der viele der besseren Hotels sowie zahlreiche Restaurants und Geschäfte mit Kunsthandwerk liegen. Nordwestlich von Taj Ganj steht das **Agra Fort** und jenseits davon erstreckt sich **Kinari Bazaar**, das dritte der großen Geschäftsviertel von Agra rings um die gewaltige Jama Masjid.

3 HIGHLIGHT

Taj Mahal

Das Taj Mahal, das der Poet Rabindranath Tagore als „eine Träne im Antlitz der Ewigkeit" bezeichnete, ist zweifellos Ausdruck höchster Mogul-Baukunst. Nicht einmal die Massen von Touristen können dem Zauber des Grabmals etwas anhaben, denn angesichts des riesigen Mausoleums werden sie zu kleinen, herumwuselnden Ameisen. Am allerschönsten ist das Taj jedoch in der relativen Stille der frühen Morgenstunden, in Nebelschwaden eingehüllt und in ein sanftes rötliches Licht getaucht. Wenn Schatten auf die Marmorflächen fällt oder sich die Sonne darin spiegelt, wechseln sie die Farbe, von Grau und Gelb über Hellbeige bis zu blendendem Weiß. Dieses Farbenspiel ist keineswegs unbeabsichtigt, sondern soll die Gegenwart Allahs symbolisieren, der niemals figürlich dargestellt wird.

Das Taj Mahal, mit Blick auf die Yamuna, steht am Nordende eines ausgedehnten, von Mauern umgebenen Gartens. Die Anlage repräsentiert, einem islamischen Prinzip folgend, das Paradies, doch handelt es sich in erster Linie um das Denkmal einer großen Liebe. **Shah Jahan** ließ es als Grabmal für seine Lieblingsfrau, Arjumund Bann Begum, besser bekannt unter ihrem offiziellen Palasttitel **Mumtaz Mahal** („Erwählte des Palastes") erbauen, die 1631 kurz nach der Geburt ihres 14. Kindes starb. Die große Kinderzahl beweist bereits, wie wichtig sie dem Herrscher war, dem doch so viele Frauen und Konkubinen zur Verfügung standen. Er war von ihrem Tod erschüttert und errichtete ihr ein Denkmal, wie es die Welt noch nicht gesehen hatte.

Sein Name „Taj Mahal" ist nur eine Abkürzung für Mumtaz Mahal. Die Arbeiten an dem Mausoleum begannen 1632 und dauerten bis 1653. Ungefähr 20 000 Arbeitskräfte aus ganz Asien waren daran beteiligt. Der Marmor wurde bei Makrana nahe Ajmer in Rajasthan gebrochen, und die Halbedelsteine – Onyxe, Amethyste, Lapislazuli, Türkise, Jade, Kristalle, Korallen und Perlmutt – stammen aus Persien, Russland, Afghanistan, Tibet, China und dem Indischen Ozean. Shah Jahans Sohn Aurangzeb ließ seinen Vater im Agra Fort einsperren und übernahm selbst die Macht. Shah Jahan starb schließlich im Januar 1666 und wurde im Taj an der Seite seiner Lieblingsfrau begraben.

Die Anlage

Süd-, Ost- und Westeingang führen alle auf den **Vorhof** Chowk-i-Jilo Khana. Der **Haupteingang**, ein monumentales, von zierlichen Kuppeln gekröntes und mit Koranversen und Blumen-Intarsien verziertes Tor, befindet sich am Nordrand des Chowk-i-Jilo Khana, gibt aber den Blick auf das Taj dahinter nicht frei. Hat man das Tor durchschritten, fällt der Blick auf das Marmorgrab am Ende des weitläufigen *charbagh* (wörtlich „vier Gärten"), einer von (meist trockenen) Kanälen in vier Segmente unterteilten **Grünanlage**. Sie erinnert an die islamische Vorstellung von den Paradiesgärten, wo Flüsse mit Wasser, Milch, Wein und Honig fließen. Die von Babur aus Zentralasien eingeführten *charbaghs* waren die gesamte Mogulzeit hindurch beliebt.

Während andere Mausoleen der Mogulzeit – etwa jenes von Akbar (S. 302) und von Humayun (S. 151) – im Zentrum der Anlage stehen, befindet sich das Taj an dessen nördlichem Ende am Fluss. Das **Museum** in der Westmauer

Das Taj Mahal: ein bedrohtes Monument

Obwohl dem Taj Mahal eine scheinbar unerschütterliche Ruhe und überirdische Entrücktheit anhaftet, sieht sich das berühmteste Bauwerk Indiens einer sehr realen Bedrohung ausgesetzt. Verursacher sind die von Verkehr und Industrie verursachte Luftverschmutzung und die Millionen von Menschen, die das Taj jedes Jahr besichtigen. Wind und Regen trotzt Marmor mehr oder weniger problemlos, aber gegen das Schwefeldioxid, das in dem staubigen Dunst enthalten ist, der das Monument einhüllt, hat der Stein keine natürlichen Widerstandskräfte. Manchmal ist der Smog so dicht, dass das Taj vom Fort aus nicht zu sehen ist. Das Schwefeldioxid mischt sich mit der Feuchtigkeit aus der Luft und setzt sich als Schwefelsäure auf der Oberfläche des Bauwerks ab, sodass der glatte weiße Marmor gelb und schuppig wird und sich ein Pilz bildet, den die Experten „Marmorkrebs" nennen.

Die Hauptquellen der Luftverschmutzung sind der ununterbrochene Strom von Fahrzeugen auf den Fernstraßen rund um Agra und die 1700 Fabriken in und um die Stadt – die chemischen Abgase aus ihren Schornsteinen überschreiten die empfohlenen Grenzwerte bei Weitem. Trotz Gesetzen, die die Installation von Vorrichtungen zur Kontrolle des Schadstoffausstoßes fordern, trotz der Verbannung von allen benzin- und dieselbetriebenen Fahrzeugen aus einem Umkreis von 500 m rund um das Taj und trotz der Einrichtung einer 10 400 km² großen Zone rund um das Monument, in dem keine neuen Industrieanlagen gebaut werden dürfen, ist der Anteil an Schadstoffen in der Luft weiter angestiegen – viele machen hierfür die Dieselgeneratoren der nahen Hotels verantwortlich –, und trotz Verbots sind neue Fabriken entstanden.

Bis zu einem gewissen Grad stellen Säuberungsarbeiten am Taj eine Lösung des Problems dar, aber die dabei eingesetzten Chemikalien werden auf lange Sicht auch den Marmor angreifen – die Guides leuchten mit ihren Taschenlampen zuweilen auf „gereinigte" Stellen, um zu zeigen, wie der Marmor seine durchscheinende Qualität eingebüßt hat. Die Behörden haben mit der Einrichtung einer Umweltmessstation reagiert, um die Konzentration von N_2O und SO_2 in der Luft zu überwachen. Aber 2007 berichtete ein parlamentarischer Ausschuss, dass außer den säurehaltigen Gasen auch der Feinstaub in der Luft das Taj langsam gelb werden lässt. Der Ausschuss empfahl die Behandlung mit einer korrosionssicheren Tonpackung (so etwas wie eine gebäudegroße Gesichtspackung), um die Ablagerungen vom Marmor zu entfernen. Von Zeit zu Zeit tauchen Berichte auf, die besagen, dass die vier Minarette des Taj Mahal sich neigen und Gefahr laufen umzukippen. Glücklicherweise handelt es sich hierbei um falschen Alarm: Die Minarette wurden absichtlich so gebaut, dass sie sich leicht nach außen neigen. Das soll verhindern, dass sie sich vom Boden aus betrachtet nach innen zu neigen scheinen. Keine Angst: Ungeachtet der Schräge sind die Minarette sehr stabil.

des geschlossenen Bezirks zeigt sehr kostbare Miniaturen, zwei Marmorsäulen, die vermutlich aus dem Fort stammen, Porträts von Herrschern der Mogulzeit sowie Pläne des Taj Mahal und Beispiele von Stein-Intarsien. 🕓 tgl. außer Fr 8–17 Uhr, manchmal aber ohne erkennbaren Grund geschlossen; Rs5.

Jenseits der Gärten führen Stufen zur quadratischen Marmorplattform hinauf, auf der sich das **Mausoleum** erhebt. An jeder Ecke ragt ein hohes und nach oben schlanker werdendes Minarett empor. Westlich des Grabmals steht eine **Moschee** aus rotem Sandstein und östlich eine nachgebaute *jawab*. Sie diente zur Vollendung der architektonischen Symmetrie. Als Moschee kann sie jedenfalls nicht dienen, da sie von Mekka weg weist. Das Grabmal selbst ist weitgehend quadratisch, mit Spitzbogen an den Seiten und überwölbt von einer mächtigen, 55 m hohen Zentralkuppel. Ihre Höhe wird noch durch eine fast 17 m hohe Messingspitze unterstrichen. Die ganze Erhabenheit des Bauwerks und die Details der mit Halbedelsteinen verzierten Gravuren lassen sich erst aus nächster

Das Taj Mahal – ein überwältigendes Beispiel höchster Mogul-Baukunst

Uttar Pradesh

Nähe erkennen. Arabische Inschriften, in denen die Herrlichkeit des Paradieses gerühmt wird, schmücken die Torbögen.

An der Südseite des Grabmals befindet sich der Haupteingang zur **Grabkammer**: Der hohe, achteckige Raum ist in ein fahles Licht getaucht. Ein mit Edelsteinen verziertes Marmorgitter, so fein, dass es fast durchsichtig wirkt, schützt die Grabmale von Mumtaz Mahal und Shah Jahan. Das zentrale Grab ist in einer Linie mit dem Eingang und der entfernten Pforte zum Chowk-i-Jilo Khana angeordnet. Nur das dicht daneben liegende Grabmal von Shah Jahan durchbricht die perfekte Symmetrie. Die 99 Namen Allahs zieren die Abdeckung von Mumtaz' Grab, während in jene von Shah Jahans Grab ein Behälter für Schreibutensilien eingelassen ist, das Wahrzeichen eines männlichen Herrschers. In Übereinstimmung mit der Mogul-Tradition sind diese Ehrengräber leer; die echten Gräber liegen in der Krypta darunter.

Besichtigungshinweise

🕓 tgl. außer Fr 6–19 Uhr; Eintritt Rs750 inkl. Museum. Zwar ist die **Eintrittsgebühr** zur berühmtesten Sehenswürdigkeit Indiens für Ausländer recht hoch (Rs250 gehen an den Archaeological Survey of India (ASI), Rs500 sind lokale Steuern), doch wenn sie dann vor dem Gebäude stehen, bereuen nur wenige Besucher die Investition. Das Ticket ist den ganzen Tag lang gültig, jedoch nur für einen Besuch. Die Schlangen an den Kassen sind am längsten am Westtor, am kürzesten am Südtor. Am Osttor ist die Kasse einen halben Kilometer die Straße hinunter zum Kunstgewerbedorf Shilpgram verlegt worden.

Es gilt zu beachten, dass keine Lebensmittel mitgenommen werden dürfen (drinnen gibt es auch keine zu kaufen), kein Handy und kein Reiseführer. Diese Gegenstände können in Schließfächern an den Eingängen deponiert werden. Ausländer erhalten kostenlos eine Flasche Wasser und Überzieher für die Schuhe. Die Eintrittskarte erspart beim Besuch einiger anderer Sehenswürdigkeiten am gleichen Tag die Steuer – Rs50 beim Agra Fort, Rs10 bei Sikandra, Itimad-ud-Daulah und Fatehpur Sikri. Das Taj kann außerdem in **Vollmondnächten** sowie jeweils zwei Tage davor und danach besucht werden (außer freitags und während des Ramadan). Pro Abend werden nur 400 Besucher eingelassen, und zwar zwischen 20 Uhr und Mitternacht jeweils in Gruppen zu 50 Personen. Tickets (Rs750) müssen am Vortag beim ASI-Büro, 22 The Mall, 📞 0562/222 7261, 🕓 Mo–Sa 10–18 Uhr, erworben werden. Falls eine Abendbesichtigung abgesagt wird, bekommt man den Eintritt erstattet.

Kostenlos betrachten lässt sich das Taj vom Dach eines Hotels in Taj Ganj oder von einem kleinen Krishna-Tempel am Fluss auf der Ostseite des Geländes. Hier kann man auch kleine Bootsfahrten (Rs100–1000 je nach Einschätzung der Fahrgäste durch die Bootsleute) unternehmen, um das Taj vom Fluss aus zu bewundern. Noch besser ist es, sich zum Mehtab Bagh am anderen Ufer der Yamuna zu begeben. Dort bietet sich ein atemberaubender Blick auf das Taj, vor allem bei Sonnenaufgang. Dorthin gelangt man über die Brücke nördlich des Agra Fort; am Ufer biegt man nach rechts auf die Straße ab, die nach Katchpura führt.

Im Dorf verwandelt sich die Straße in einen Holperpfad, der bei einem kleinen Dalit-Schrein am Fluss endet, direkt gegenüber dem Taj und gleich beim Eingang zum **Mehtab-Garten** (🕓 tgl. von Sonnenaufgang bis -untergang, Eintritt Rs100). Man sieht das Taj vom Flussufer außerhalb des Gartens genauso gut wie von den mit Flutlichtanlagen versehenen Fußwegen innerhalb. Leider ist es nicht mehr möglich, per Boot den Garten beim Taj von der anderen Seite des Flusses zu erreichen.

Agra Fort

An einer Biegung der Yamuna, 2 km nordwestlich des Taj Mahal, ragen die hohen Festungswälle aus rotem Sandstein des Agra Fort empor. Akbar ließ diese majestätische Anlage, erbaut zwischen 1565 und 1573 in Form eines Halbmonds, auf den Überresten einer früheren Rajputen-Befestigung errichten. Die „Rote Festung" diente über Generationen hinweg als Sitz und Machtzentrum des Mogulreichs. Unter Akbar entstanden die Mauern und Tore, unter seinem Enkel Shah Jahan die meisten der Hauptgebäude und unter Aurangzeb die Schutzwälle.

Nur eines der riesigen Tore ist derzeit für Besucher geöffnet, das **Amar Singh Pol**. Der

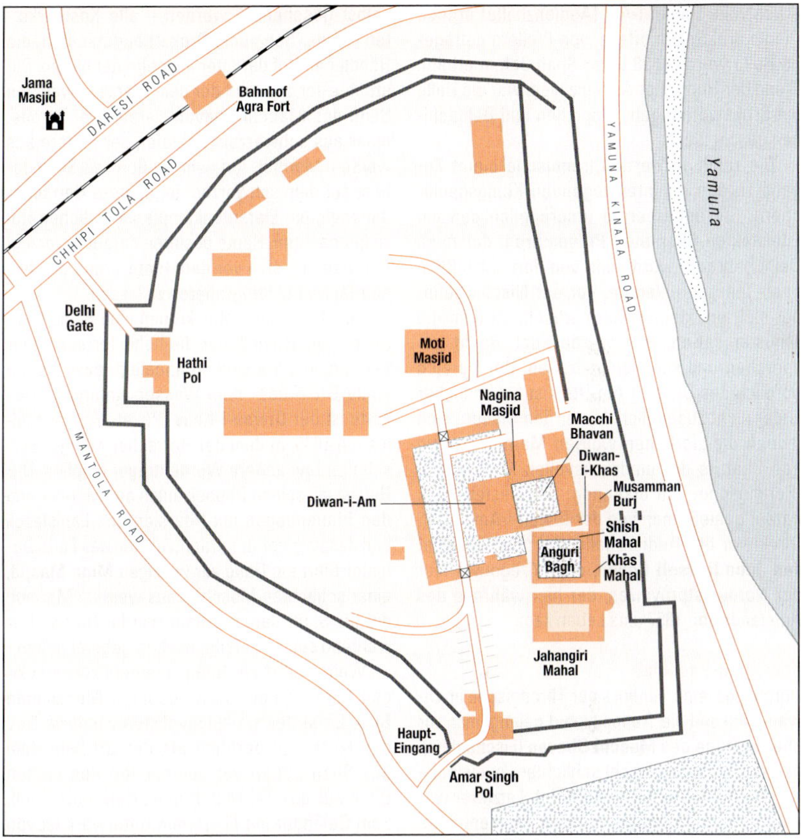

ursprüngliche, wesentlich pompösere Haupteingang aber war der im Westen über **Delhi Gate** und **Hathi Pol** oder „Elefantentor“, heute flankiert von zwei Türmen, früher aber von kolossalen Steinelefanten bewacht, die Aurangzeb 1668 zerstören ließ. Viele Teile der Festung dürfen nicht betreten werden und sind hier daher auch nicht beschrieben. ⌚ Sonnenauf- bis Sonnenuntergang; Eintritt Rs300, Rs50 Ermäßigung mit Taj-Ticket vom selben Tag. Achtung: Innerhalb des Forts werden keine Getränke verkauft. Wer nicht an den Wasserhähnen anstehen will, sollte Wasser mitnehmen.

Diwan-i-Am

Das Fort betritt man durch das Amar Singh Pol. Es besteht aus drei im rechten Winkel zueinander angeordneten Toren, um potenzielle Angreifer zu verwirren und keinen Platz für Rammböcke etc. zu lassen. Dahinter steigt eine

Rampe sanft aufwärts. Sie ist von hohen Mauern gesäumt, die ebenfalls der Verteidigung dienten. Hinter dem zweiten Tor folgt ein Hof mit einer baumbestandenen Rasenfläche, auf der sich die prachtvolle Diwan-i-Am (Audienzhalle) erhebt. Die an drei Seiten offene, von Pfeilern getragene Halle wurde 1628 unter Shah Jahan erbaut. Wenn der Herrscher Audienz hielt, war die Halle mit Brokatvorhängen, Teppichen und Baldachinen geschmückt.

Die reich verzierte Thronnische bietet Zugang zu den dahinter liegenden Königsgemächern. Sie beherbergte ursprünglich den mit Edelsteinen übersäten **Pfauenthron**, der nach Delhi gebracht wurde und von dort schließlich nach Teheran gelangte. Vor der Nische befindet sich ein kleiner Marmortisch, an dem die Minister saßen. Hier wurde auch Recht gesprochen und sogleich vollzogen. Der Bereich nördlich des Diwan-i-Am-Hofs ist für Besucher leider nicht zugänglich. Hinter den Mauern sind jedoch die zierlichen weißen Marmorkuppeln und Chattris der eindrucksvollen Moti Masjid (Perlmoschee) zu erkennen. Den besten Blick darauf genießt man von der Diwan-i-Am selbst. Direkt vor der Audienzhalle steht das **Grabmal von John Russell Colvin**, dem Vizegouverneur der Nordwestprovinzen, der hier während des Aufstands von 1857 ums Leben kam.

Königliche Pavillons

Durch die kleine Tür links der Thronnische im Diwan-i-Am und die Treppe hinauf gelangt man zur oberen Etage des **Macchi Bhavan** (Fischpalast), eines großen, aber recht schlichten, zweistöckigen Baus über einem weiten Hof. Letzterer war einst voller Springbrunnen und Blumenbeete. Dazwischen lagen Teiche und Kanäle, in denen der Herrscher und sein Hofstaat angelten. Doch der Maharadscha von Bharatpur ließ später einen Teil der Marmorverzierungen in seinen Palast von Deeg schaffen. Und William Bentinck (1828–35 Generalgouverneur) versteigerte weitere Mosaiken und Gitterwerke des Palasts.

Im Norden des Hofs (beim Betreten links) führt eine kleine Tür zur kostbaren **Nagina Masjid** (Juwelen-Moschee), die ganz aus Marmor besteht. Der Bau mit drei Kuppeln, den man über einen Marmorhof erreicht, wurde von Shah Jahan für seine Damen des Zenana (Harem) in Auftrag gegeben. Rechts hinten befindet sich ein kleiner Balkon mit einem filigranen Gitterwerk. Von dort aus konnten die Haremsdamen – ohne selbst gesehen zu werden – alle Kostbarkeiten (Seide, Schmuck, Brokat) begutachten, die Händler im Hof darunter ausgebreitet hatten. Die erhöhte Terrasse auf der dem Ufer zugewandten Seite des Macchi Bhavan zieren zwei Throne: einer aus schwarzem Schiefer, der andere aus weißem Marmor. Auf dem weißen saß Shah Jahan, auf dem schwarzen der spätere Herrscher Jahangir, um Elefantenkämpfe im östlichen Hof zu beobachten. Heute posieren darauf bevorzugt Pärchen, um sich vor dem Hintergrund des fernen Taj Mahal fotografieren zu lassen.

Zum Fluss hin rechts krönen eine Reihe luxuriöser Königsgemächer die hohe Terrasse über der Yamuna. Sie sind so angelegt, dass sie die kühle Brise über dem Wasser einfangen. Das erste ist der **Diwan-i-Khas** (Private Audienzhalle) von 1635, in dem der Herrscher Könige, Botschafter und andere Würdenträger empfing. Der Bau ist mit seinen Doppelsäulen aus Marmor und den Pfauenbogen mit Intarsien aus Lapislazuli und Jaspis einer der prachtvollsten des Forts.Dahinter führt ein Gang zur winzigen **Mina Masjid**, einer schlichten Moschee aus weißem Marmor, die für Shah Jahan erbaut wurde. Hier soll er während seiner Gefangenschaft gebetet haben.

Weiter führt ein Gang zu einem zweistöckigen Pavillon oder Turm, genannt **Musamman Burj**. Er ist der am kunstvollsten verzierte Bau des Forts und berühmt als der Ort, von dem aus Shah Jahan vor seinem Tod den letzten Blick auf das Taj Mahal geworfen haben soll. Sein Geländer mit filigranem Gitterwerk ist von zahlreichen Schmucknischen durchsetzt und fast lückenlos von kostbaren Einlegearbeiten bedeckt. Vor dem Turm liegt ein Hof mit achteckigen Marmorplatten. In dessen Mitte befindet sich ein Spielfeld, auf dem der Kaiser – wie schon sein Vater in Fatehpur Sikri – Pachisi (eine Art Mensch-ärgere-dich-nicht) mit Tänzerinnen als Spielfiguren spielte.

Jenseits des Musamman Burj erstreckt sich ein weiterer großer Hof, der **Anguri Bagh** (Traubengarten), ein *charbagh* in Miniaturausgabe. An seiner Ostseite liegt der Marmorbau des **Khas Mahal** (Privatpalast), vermutlich einst Ankleidezimmer oder Schlafgemach des Herrschers. Er wird von zwei sogenannten **Goldenen Pavillons** flankiert, deren geschwungene Dächer an die Reetdächer der Dorfhäuser in Bengalen erinnern. Vor dem Khas Mahal führen Treppen hinunter zur nordöstlichen Ecke des Anguri Bagh und zum **Shish Mahal** (Glaspalast). Dort badeten die Damen der Königsfamilie im weichen Licht der Lampen, das die Spiegelmosaiken an Wänden und Decke reflektierten. Leider ist das Gebäude derzeit nicht zugänglich, sodass man nur einen Blick durch die Fenster werfen kann.

Das Jahangiri Mahal

Südlich des Khas Mahal erhebt sich der gewaltige Jahangiri Mahal (Jahangirs Palast). Der Name ist allerdings irreführend, da der Palast tatsächlich für Jahangirs Vater errichtet wurde. Vermutlich diente er auch nicht als Königspalast, sondern als Harem. Im Gegensatz zur reinen Mogul-Architektur der umliegenden Bauwerke zeigt dieser wuchtige Sandsteinbau eine Mischung aus hinduistischen Elementen, traditionellem Mogulstil und islamischen Motiven.

Vom zentralen Hof führt ein Torweg durch das Hauptportal in den Palast. Seine eindrucksvolle Fassade zeigt eine typische Mischung von indischen und Mogul-Motiven: islamische Spitzbögen und Einlegemosaiken, kombiniert mit hinduistisch geprägten Dachüberhängen, die auf reich verzierten Konsolen ruhen. Direkt vor dem Palast befindet sich **Jahangirs Hauz** (Jahangirs Becken), eine riesige Wanne, die 1611 aus einem einzigen Porphyrblock gehauen wurde, mit persischen Inschriften und Stufen außen und innen. Sie wurde für das kaiserliche Bad mit Rosenwasser gefüllt. Es heißt, Jahangir habe sie sogar auf seinen Reisen durch das ganze Reich mitführen lassen, was allerdings angesichts ihrer Maße und ihres Gewichts wenig glaubhaft scheint.

Jami Masjid und Basare

Gegenüber vom Fort erhebt sich hinter dem Bahnhof die Hauptmoschee der Stadt, die hoch aufragende **Jami Masjid** (Freitagsmoschee) von 1648. Sie war ursprünglich durch einen langen Hof mit dem Haupttor der Festung (Delhi Gate) verbunden. Doch die Briten bauten zwischen beiden eine Bahnlinie, sodass die Moschee plötzlich im Niemandsland jenseits der Schienen stand. Sie wird von drei großen Sandsteinkuppeln mit charakteristischen Zickzackbändern aus Marmor gekrönt. Fünf mächtige Bögen führen in die Hauptgebetshalle, die meisterhafte Einlegearbeiten mit abstrakten Blumenmustern zieren.

Den Mihrab im Inneren umgeben kunstvoll verschnörkelte, schwarz eingelegte Inschriften mit Texten aus dem Koran, wie sie auch den Hauptgang zieren. Rings um die Moschee erstreckt sich der belebte, aber angenehm stressfreie **Kinari Bazaar**, ein faszinierendes Gewirr von Gassen voller Läden und Stände, in dem man jedoch wegen der zahllosen Menschen, Roller, Rikschas und Kühe nur langsam vorankommt. Gegenüber der Nordostecke stehen *petha-wallahs,* Straßenhändler, die Agras berühmteste Süßigkeit verkaufen (s. S. 305).

Itimad-ud-Daulah

Am Ostufer der Yamuna, 3 km nördlich des Agra Fort, erhebt sich das prachtvolle Grabmal von Mirza Ghiyas Beg, dem Wesir (Erster Minister) und Schwiegervater von Kaiser Jahangir, der ihm den Titel Itimad-ud-Daulah („Säule des Staates") verlieh. Unter den Rikscha-*wallahs* von Agra ist das Grab als „Baby Taj" bekannt. Es ist zwar kleiner und nicht ganz so harmonisch proportioniert wie das berühmtere Taj Mahal, kann aber als dessen Vorläufer gelten, da es das erste Bauwerk im Agra der Mogulzeit war, das ganz mit Marmor verkleidet und mit reichen Einlegearbeiten an den Fassaden verziert wurde.

Wie üblich befindet sich das Grab im Zentrum eines *charbagh*-Gartens, den man allerdings von Osten und nicht wie sonst von Süden betritt – vermutlich um die Lage am Ufer der Yamuna zu betonen. Auch dieses Stilelement wurde beim Taj Mahal wieder aufgegriffen. Auf dem Dach befindet sich anstelle der üblichen Kuppel ein etwas zu klein geratener Pavillon mit untersetzten Minaretten an den vier Ecken. Doch diese kleinen Unvollkommenheiten werden überstrahlt von den prachtvollen Einlegearbei-

Das Grabmal Itimad-ud-Daulah gilt als Vorläufer des Taj Mahal.

Uttar Pradesh

ten, die praktisch den gesamten Bau bedecken – eine unfassbare Flut geometrischer und floraler Muster in gedämpften Rot-, Orange-, Braun- und Grautönen. Elegante Einlegearbeiten mit typisch persischen Motiven wie Weinkrügen, Bäumen und Geißblattranken zieren auch die vier Eingangsbögen. Die Innenwände bedecken leider stark abgeblätterte und schlecht restaurierte Ornamente mit weiteren Gefäßen, Blumen und Zypressen. 🕓 tgl. von Sonnenauf- bis Sonnenuntergang, Eintritt Rs110.

Chini-ka-Rauza

Rund 1 km nördlich des Itmad-ud-Daulah liegt das Chini-ka-Rauza, das zwischen 1628 und 1639 als Mausoleum für Afzal Khan erbaut wurde. Dieser persische Dichter aus Shiraz war einer von Shah Jahans Ministern. Der Herkunft von Afzal Khan entsprechend, ist das Grab ganz im persischen Stil gehalten und das einzige Bauwerk dieser Art in Agra. Wiederum 1 km nördlich des Chini-ka-Rauza erstrecken sich mitten im staubigen Norden von Agra die **Rambagh-Gärten**. Sie sind eines der letzten erhaltenen Zeugnisse in Indien, die noch von Babur stammen, dem Gründer der Mogul-Dynastie. Sie wurden 1526 nach dem persischen *charbagh*-Muster angelegt und zum Vorbild für alle späteren Mogul-Gärten auf dem indischen Subkontinent. Heute gibt es allerdings nicht mehr viel zu sehen. 🕓 tgl. von Sonnenauf- bis Sonnenuntergang; Eintritt Rs110.

Akbars Mausoleum: Sikandra

Angesichts der Bedeutung, die prachtvolle Grabmäler in der Mogulzeit besaßen, überrascht es nicht, dass das Mausoleum des berühmtesten Mogulherrschers zugleich eines der stolzesten Bauwerke seiner Zeit war. Es befindet sich an der Hauptstraße nach Mathura bei der Ortschaft Sikandra, 10 km nordwestlich von Agra. Rikschas kosten hin und zurück mindestens Rs120. Man kann aber auch vom Busbahnhof Agra Fort einen Bus in Richtung Mathura nehmen. Den Komplex betritt man durch das gigantische **Buland Darwaza** (Großes Tor), das von vier Minaretten überragt wird und mit Marmor und farbigen Kacheln in geometrischen Mustern verkleidet ist. Letztere tragen die aus dem Koran stammende Inschrift: „Dies ist der Garten Eden, tritt ein und lebe ewiglich." Dahinter erstrecken sich weitläufige, parkartige Gärten, die von erhöhten Sandsteinstegen in vier gleiche Quadrate geteilt werden, wie es für die *charbagh*-Gärten der Mogulzeit typisch ist. Auf den Wegen sieht man Languren, und durch das hohe Gras streifen Hirsche – genau wie auf den Miniaturen aus der Mogulzeit, als das Grabmal gebaut wurde. All das verleiht dem Ort eine wundervoll friedliche Atmosphäre.

Das eigentliche Mausoleum, im Zentrum des *charbagh* und direkt vor dem Buland Darwaza, ist eines der ungewöhnlichsten Bauwerke aus dem Agra der Mogulzeit. Seine quadratische Basis wird nicht wie sonst von einer Kuppel überwölbt, sondern von einem dreistöckigen, offenen Sandsteinbau, den ein wuchtig wirkender Marmorpavillon krönt. Dieses Durcheinander der Stile ist vermutlich Jahangir zuzuschreiben, der während der Bauzeit Änderungen im Plan des Mausoleums anordnete. Akbar selbst hatte keine fertigen Pläne hinterlassen. Gemessen an anderen Mogulbauten Indiens ist das Grabmal architektonisch misslungen. Es hat aber dennoch seinen eigenen, sonderbaren Reiz, und die Einlegearbeiten am unteren Stockwerk sind zum großen Teil meisterhaft.

Ein hohes Marmorportal in der Südfassade gibt den Blick frei auf ein kunstvolles Gitterwerk. Dahinter verbirgt sich eine kleine Vorhalle, die mit meerblauen Fresken und Koransprüchen bemalt ist. Von hier aus geht es über eine Rampe in die große, schlicht gehaltene Gruft hinab, die nur durch eine Öffnung in der Decke beleuchtet wird. In ihrer Mitte befindet sich Akbars Grab, verziert mit der Federschachtel, dem Symbol der männlichen Herrscher, die auch am Grab von Shah Jahan im Taj Mahal zu sehen ist. ◷ tgl. von Sonnenauf- bis Sonnenuntergang; Eintritt Rs110. 1 km nördlich von Sikandra liegt etwas abseits der Straße das weit bescheidenere **Grab von Mariam**, das Mausoleum von Akbars Frau und Jahangirs Mutter Mariam Zamani. ◷ tgl. von Sonnenauf- bis Sonnenuntergang, Eintritt Rs100.

Übernachtung

Die meisten Budgetreisenden steigen in **Taj Ganj** ab, dem Gewirr schmaler Gassen unmittelbar südlich des Taj. Die dortigen Gästehäuser sind zwar zum Teil sehr einfach, aber mit ihrem herrlichen Ausblick vom Dach, ihren gemütlichen Cafés und günstigen Preisen oft eine sehr gute Wahl. Modernere und teurere Unterkünfte säumen die **Fatehabad Road**, südwestlich von Taj Ganj. Die grünere Gegend vom **Cantonment** und das angrenzende **Sadar Bazaar** bieten Zimmer in jeder Preiskategorie sowie eine günstige Lage.

Taj Ganj

Die nachstehend aufgeführten Hotels und Gästehäuser befinden sich in der Nähe des Taj Mahal; s. Karte S. 304.

Kamal, Chowk Kagzi, ☏ 0562/233 0126, ✉ hotelkamal@hotmail.com. Mitten im Zentrum des Geschehens von Taj Ganj; gepflegte Zimmer (die billigsten ohne warme Dusche) und tolle Aussicht vom Dachrestaurant. ❷–❹

Shah Jahan, Chowk Kagzi, ☏ 0562/320 0240, ✉ shahjahan_hotel@hotmail.com. Sieht auf den ersten Blick etwas düster aus, doch die Zimmer sind sauber und haben alle warme Duschen; Dachrestaurant und Internetzugang unten. ❷–❹

Shanti Lodge, Chowk Kagzi, ☏ 0562/233 1973, ✉ shantilodge2000@yahoo.co.in. Zu Recht beliebte Backpacker-Herberge mit herrlichem Blick auf das Taj vom Dachrestaurant. Die Zimmer, darunter einige der billigsten der Stadt, sind sehr verschieden; die im neuen Anbau sind größer und besser. Gute Deals für Einzelbelegung. ❶–❸

Sheela, East Gate, ☏ 0562/233 1973, 💻 www.hotelsheelaagra.com. Große, saubere Zimmer mit Ventilator, *air-cooler* oder AC rund um einen hübschen, kleinen Garten, die billigsten

Luxus pur

Amarvilas, East Gate, ☏ 0562/223 1515, 💻 www.oberoihotels.com, mit Abstand das schönste (und teuerste) Hotel in Agra. Ein wahres Kunstwerk in einer gelungenen Mischung aus maurischem und Mogul-Stil rings um einen prachtvollen Garten, der besonders abends zauberhaft ist. Die meisten Zimmer haben Blick aufs Taj Mahal. Das Hotel hat einen großen Pool, idyllische Terrassengärten, zwei noble Restaurants und eine sehr hippe Bar. Zimmer ab US$709. ❾

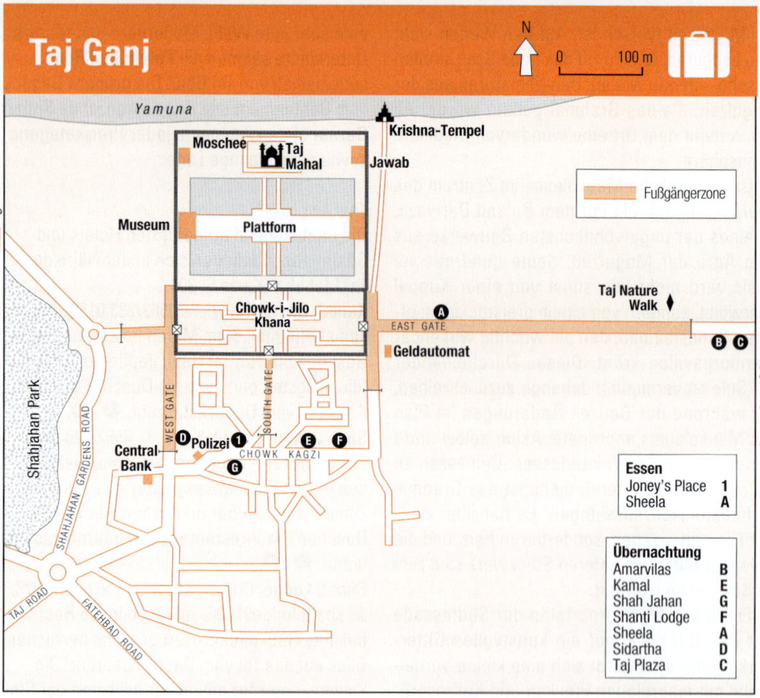

haben warmes Wasser nur in Eimern; nettes Personal und gutes Restaurant. ❷–❹

Sidhartha, West Gate, ✆ 0562/233 0901, 💻 www.hotelsidhartha.com. Größere und bessere Zimmer als die anderen Billighotels in Taj Ganj, die billigsten jedoch ohne fließendes Warmwasser; Restaurant in einem grünen Innenhof mit Mauerresten aus der Mogulzeit. ❷–❹

Taj Plaza, East Gate, ✆ 0562/223 2515, 💻 www.hoteltajplaza.com. Das kleine, moderne Hotel ist eine etwas teurere Alternative zu den nahen Gästehäusern von Taj Ganj. Es besitzt saubere, helle Zimmer mit AC und Kabel-TV. Die kostspieligeren sind erheblich überteuert, haben aber einen schönen Blick aufs Taj. ❹–❼

Cantonment und Sadar Bazaar

Siehe Karte Agra, S. 294.

Clarks Shiraz, 54 Taj Rd, ✆ 0562/222 6121, 💻 www.hotelclarksshiraz.com. Großes 5-Sternehotel in angenehmer Lage mit kleinen, aber netten Zimmern, die teureren mit Blick auf das weit entfernte Taj. Drei Restaurants, zwei Bars, Swimming Pool und Fitnessraum. Zimmer ab Rs6300, die teuersten kosten um US$140. ❽–❾

Hilltop, 21 The Mall, ✆ 0562/222 6836, ✉ hotelhilltopagra@yahoo.com. Etwas schäbige Unterkunft inmitten netter Anlage mit Pfauen und Papageien. Die billigeren Zimmer sind eher klein, die nobleren jedoch recht preisgünstig. Es gibt ein paar sehr einfache, zellenartige EZ ohne Bad für nur Rs120, und für Rs150 kann man zelten. ❸–❹

Sakura, nahe dem Idgah-Busbahnhof, ✆ 0562/242 0169, 💻 www.hotelsakuraagra.com. Gepflegtes und empfehlenswertes Guesthouse im Westteil der Stadt. Die Zimmer (alle mit Luftkühlern) sind groß, hell und schön ausgestattet; der hilfsbereite Besitzer ist eine Fundgrube für Infos über die Region. Einziger Nachteil ist die Lage: nicht schlecht für den

Idgah-Busbahnhof und den Bahnhof Cantonment, aber etwas weit von allem Übrigen. ❷–❹

Yamuna View, 6-B The Mall, ✆ 0562/246 2989, 💻 www.hotelyamunaviewagra.com. Zentral gelegenes, aber recht durchschnittliches 5-Sterne-Hotel; noble, wenn auch etwas abgenutzte Zimmer; Pool, Bar und zwei gute Restaurants, darunter das todschicke Mandarin (S. 306). DZ ab US$105. ❾

Fatehabad Road und Umgebung

Siehe Karte Agra S. 294.

Amar Yatri Niwas, Fatehabad Rd, ✆ 0562/223 3030, 💻 www.amaryatriniwas.com. Empfehlenswertes Mittelklasse-Hotel mit gepflegten Zimmern (die billigen sind klein, aber komfortabel) und internationalem Restaurant. ❺–❻

The Gateway, Fatehabad Rd, ✆ 0562/660 2000, 💻 www.tajhotels.com/gateway. Der kastenförmige, kleine Bau sieht von außen nicht nach viel aus, ist aber sehr geschmackvoll ausgestattet; die in freundlichem Orange-Weiß gestalteten Zimmer (einige mit Blick auf das ferne Taj) gehören zu den attraktivsten der Stadt. Lobby etc. sind luxuriös und es gibt die übliche 5-Sterne-Ausstattung; DZ offiziell ab US$209, aber gewöhnlich billiger. ❾

Mayur Tourist Complex, Fatehabad Rd, ✆ 0562/233 2302, ✉ mayur268@rediffmail.com. Schmuddelige Häuschen mit Bad im Pagodenstil um einen großen Garten (meist ruhig, aber von Nov–Jan viele Hochzeiten); Restaurant mit multikultureller Speisekarte, schmuddelige Bar, Pool. Auch Camping ist möglich für Rs600 p. P. ❺–❻

Safari, Shaheed Nagar, Shamsabad Rd, ✆ 0562/248 0106, ✉ hotelsafari@hotmail.com. Freundliches, entspanntes Hotel im Süden der Stadt. Zimmer (mit Ventilator, *air-cooler* oder AC) sind recht alt, aber sauber und sehr gepflegt; vom Dachcafé Blick aufs Taj. Etwas abgelegen, aber sonst zu empfehlen. ❷–❸

Trident, Tajnagri, Fatehabad Rd, ✆ 0562/233 2400, 💻 www.tridenthotels.com. Ruhiges 5-Sterne-Hotel mit freundlichen Zimmern (zwei sind behindertengerecht) in flachen Bauten um einen weitläufigen Garten mit großem Pool und internationalem Restaurant. DZ ab US$221 (Normalpreis). ❾

Das Original

Tourists Rest House, Kutchery Rd, Baluganj, ✆ 0562/246 3961, ✉ dontworrychickencurry@hotmail.com. Eines der besten Billighotels der Stadt mit hellen Zimmern (alle außer den allerbilligsten mit fließend Wasser) um einem ruhigen, grünen Innenhof; Telefonzelle, WLAN, Generator und kostenlose Abholung von Bus und Bahnhof, wenn man sich einen Tag vorher meldet. Vorsicht: Rikscha-Fahrer bringen einen gern zu anderen Hotels mit ähnlichem Namen. ❶–❸

Essen

Agra ist berühmt für seine traditionelle, von Persien beeinflusste Mogul-Küche. Sie ist geprägt von gehaltvollen Soßen auf Sahne- und Joghurtbasis, Nan- und Tandoori-Brot, das im Erdofen gebacken wird, Pulao-Reisgerichten und süßen Milchspeisen wie *kheer*. Mogul-Spezialitäten werden in vielen besseren Restaurants der Stadt serviert. Die meisten davon liegen in der Gegend von Sadar Bazaar und in der Fatehabad Road. In **Taj Ganj** gibt es zahllose sehr schlichte, kleine Traveller-Cafés, allerdings mit zweifelhafter Hygiene, meist fantasieloser Küche und langsamer Bedienung. Das große Plus dieses Viertels sind seine Dachcafés, von denen viele tagsüber und in Vollmondnächten einen herrlichen Blick auf das Taj Mahal bieten – den besten hat man von den Gästehäusern Kamal und Shanti Lodge.

Zu den **Spezialitäten** von Agra gehört *petha* (eine Süßspeise aus geriebenem Kürbis). Am besten ist jene von Panchi, die man vielerorts in Agra bekommt, besonders in den *petha*-Läden des Kinari Bazaar, nordöstlich der Jami Masjid (jenseits des Cafés Chimman Lal Puri Wala). Probieren sollte man auch *ghazak* (ein steinhartes Konfekt mit Nüssen) und *dalmoth* (eine knusprige Mischung mit schwarzen Linsen).

Die Restaurants der Stadt – selbst die namhafteren – sind leider nicht immun gegen den grassierenden Missbrauch von **Kreditkarten** (s. S. 83). Am besten ist es, gar nicht mit der Karte zu bezahlen (außer in den 5-Sterne-Lokalen) oder zumindest die gesamte Prozedur sorgfältig im Auge zu behalten. Außer dem Sheela und Joney's Place, die sich auf der Karte von Taj Ganj (S. 304) befinden, sind alle unten aufgeführten Lokale auf der Agra-Karte (S. 294) eingezeichnet.

Achman, Agra–Delhi Highway (NH-2), Dayal Bagh, 5 km außerhalb beim Baghwan Cinema. Wird unter Insidern vor allem für sein *navratan korma* (mild gewürzte Mischung aus Nüssen, Trockenobst und *paneer*), *malai kofta* und Kichererbsen-Masala gelobt, außerdem für sein exzellentes, gefülltes Nan. Weitab der Touristenpfade im Norden der Stadt gelegen, aber ideal zum Abendessen auf dem Rückweg von Sikandra (etwa auf halber Strecke). Ansonsten zu erreichen per Sammel-Motor-Rikscha vom Busbahnhof Agra Fort oder Gwalior Road. Hauptgerichte Rs95–145.

Chimman Lal Puri Wala, gegenüber der Nordostmauer der Jami Masjid. Seit fünf Generationen eine Institution in Agra; kleines Café-Restaurant, sieht von außen eher schäbig aus, serviert aber z. B. köstliche *puri-thalis* für nur Rs30. Ideale Anlaufstelle nach der Besichtigung der Jami Masjid.

Dasaprakash, Meher Theatre Complex, 1 Gwalior Rd, nahe dem Tourists Rest House. Filiale des berühmten Restaurants in Chennai, kleine Auswahl hervorragender südindischer Gerichte und Großauswahl an Eiscremes; Hauptgerichte meist Rs80–150, *thalis* Rs100–210.

Joney's Place, Chowk Kagzi, Taj Ganj. Das älteste und beste der Traveller-Cafés in Taj Ganj besteht seit 1978 und öffnet bereits um 5 Uhr. Das indische Frühstück (*puris*, Kichererbsen-Curry, *jalebi* und Tee) ist recht gut. Außerdem gibt es Spaghetti, Makkaroni, veg. und nicht veg. Currys und gelegentlich sogar Hummus und Falafel. Hauptgerichte Rs30–70.

Lakshmi Villas, 50-A, Sadar Bazaar. Schlichtes, aber zu Recht beliebtes südindisches Café im Herzen von Sadar Bazaar; bietet die typische *iddli-dosa-uttapam*-Karte plus einige *thalis* – eine gute und deutlich billigere Alternative zum Dasaprakash. Die meisten Gerichte kosten nur Rs55–80, *thalis* Rs88.

The Mandarin, Yamuna View Hotel. Eins der besten nicht indischen Restaurants der Stadt; das ziemlich schicke chinesische Lokal bietet eine willkommene Abwechslung zu Mogul-Currys und *masala dosas*. Die recht umfangreiche Karte umfasst eine gute Auswahl an köstlich zubereiteten (wenngleich teuren) Gerichten wie gebratenes Gemüse in Mandelsoße und Hühnchen in Chili und Honig. Nicht veg. Hauptgerichte Rs330–400 (Meeresfrüchte Rs400–575).

Only, The Mall, Ecke Taj Rd. Eines der beliebtesten nordindischen Restaurants der Stadt, normalerweise voll mit einheimischen Familien und Touristengruppen; bekannt für seine gut zubereiteten Tandoori- und Mogul-Gerichte, bietet aber auch eine große Auswahl an nordindischen veg. und anderen Standardgerichten sowie ein paar chinesische und europäische Speisen; abends hat man die Wahl zwischen einem Tisch im klimatisierten Speisesaal und Sitzplätzen in einem angenehmen Innenhof; nicht veg. Hauptgerichte Rs140–295.

Park Restaurant, Taj Rd, Sadar Bazaar. Seit Langem bei Einheimischen und Touristen gleichermaßen beliebtes, einfaches Restaurant mit AC und einem ausgezeichneten Angebot an klassischen Mogul-Hühnchengerichten, Tandooris und veg. wie anderen Currys mit köstlichem Nan-Brot, außerdem eine kleine Auswahl von europäischen und chinesischen Spezialitäten. Hauptgerichte zumeist Rs90–185. Die Spezialität des Hauses ist der *banno*-Kebab mit Hähnchenstücken in scharfer Cashew-Paste (Rs200).

Sheela, East Gate, Taj Ganj. Das zuverlässigste und angenehmste Lokal in der Nähe des Taj mit schmalem Gästeraum und Tischen im schattigen Garten. Gute Auswahl an einfachen indischen Gerichten sowie Drinks und Snacks. Die Obst-Lassis sind schon mehr ein Nachtisch als ein Getränk. Nicht veg. Hauptgerichte Rs90–250.

Tourists Rest House, Baluganj. Stimmungsvolles Gartenlokal mit kleiner Auswahl an Frühstücksgedecken, indischen veg. Gerichten, insbesondere *vegetable kofta*. Preiswert und beliebt bei Rucksackreisenden. Hauptgerichte Rs35–80.

Zorba the Buddha, E-19, Shopping Arcade, Sadar Bazaar. Das nett gestaltete kleine Lokal ist ganz auf ausländische Touristen ausgerichtet, obwohl auch Inder hier essen. Auf der Karte stehen neben veg. indischen Gerichten auch ausgefallene Spezialitäten wie „Hawaiian Spree" (Gemüse und Ananas in Ananas-Soße) oder „Fiesta" (Gemüse in Tomaten-Cashew-Soße) für Rs90–150, die gewöhnlich lecker zubereitet und hübsch präsentiert werden. Festpreismenü Rs350 (plus Steuer). ⌚ Juni geschl.

Einkaufen

Agra ist bekannt für seine mit Blumenmotiven verzierten und mit Halbedelsteinen eingelegten Tischplatten, Vasen und Tabletts aus Marmor. Außerdem kann man hier ausgezeichnet Lederwaren einkaufen, ebenso Teppiche und **Dhurries** (derbe Baumwollstoffe als Bodenbelag) sowie traditionelle Stickereien.

In der Stadt gibt es mehrere große Kaufhäuser, z. B. **Cottage Industries Exposition** in der Fatehabad Rd, das gut ausgestattet, aber viel zu teuer ist. In solche Läden werden Touristen üblicherweise von Provisionsjägern gelotst.

Die Geschäfte in den großen Hotels sind auch nicht billig, aber Qualität und Service sind dort meistens besser. Einer von mehreren staatlichen Läden beim Taj ist z. B. **UP's Gangotri** (feste Preise). In der Nähe des East Gate liegt **Shilpgram**, ein „Künstlerdorf" mit Kunst- und Kunstgewerbegegenständen aus ganz Indien. Manchmal finden hier auch Livemusik- und Tanzvorstellungen statt.

Ein Einkaufsbummel durch The Mall, die MG Rd und Munro Rd, den Kinari Bazaar bei der St. John's Church, Sadar Bazaar und Taj Mahal-Komplex macht viel Spaß, aber man sollte schon wissen, was man sucht, und darauf gefasst sein, zu handeln. Sachen zu kaufen und nach Hause schicken zu lassen, ist nicht ratsam. Besondere Vorsicht ist beim Bezahlen mit Kreditkarte geboten: Die Karte nie aus den Augen lassen und darauf achten, dass sämtliche Angaben korrekt und vollständig sind. In Agra hat es zahlreiche Fälle schweren **Kreditkartenbetrugs** gegeben. Die Hauptdienststelle der städtischen Polizei führt eine Liste all jener Gewerbebetriebe, gegen die eine Anzeige vorliegt. Nicht vergessen: Wer mit der **Rikscha** oder dem **Taxi** bei einem Geschäft vorfährt, zahlt zum normalen Preis noch die Provision für den Fahrer mit dazu. Will man zu einem bestimmten Geschäft, sollte man sich in der Nähe absetzen lassen und zu Fuß hingehen.

Sonstiges

Fotoausrüstung

Zahlreiche Geschäfte an der MG Road, eine Straße nördlich von The Mall, können digitale Bilder laden und auf CD brennen oder ausdrucken. Ebenso das **Moonlight Studio**, West Gate, Ecke Chowk Kagzi, Taj Ganj.

Geld

Es gibt zwei **Geldautomaten** am Bahnhof Cantonment sowie einige weitere an verschiedenen Orten der Stadt (s. Karte S. 294 und 304).

State Bank of India, gleich südlich der Taj Rd im Cantonment, wechselt keine Amex-Reiseschecks. Geldwechsel auch bei der **Allahabad Bank** im Hotel Clarks Shiraz.

Es gibt mehrere private Wechselstuben in Taj Ganj, in der Tourist Complex Area sowie in der Umgebung der Hotels Amar Yatri Niwas und Mansingh Palace, z. B. **Varun Forex** gegenüber dem Amar Yatri Niwas an der Fatehabad Rd.

Informationen

Agra hat zwei Touristeninformationen:

India Tourism, 191 The Mall, ✆ 0562/222 6368, ⌚ Mo–Fr 9–17, Sa 9–14 Uhr, und

UP Tourism, 64 Taj Rd, ✆ 0562/222 6378; ⌚ Mo–Sa 10–17 Uhr.

Außerdem gibt es einen **Informationsschalter** im Bahnhof Cantonment, ✆ 0562/242 1204, ⌚ tgl. 24 Std.

Internet

Internetzugang bieten zahlreiche Lokale in Agra, besonders in Taj Ganj. Die Preise liegen um Rs30 pro Std. Viele Hotels und Gästehäuser haben ihren eigenen Internetzugang.

Medizinische Hilfe

Nachstehend drei saubere und vertrauenswürdige Privatkliniken mit Englisch sprechenden Ärzten.
SR Hospital, Namner Cross Roads, ☎ 562/242 1362,
GG Nursing Home, 106/2 Sanjay Place, ☎ 0562/285 3952,
Pushpanjali, Delhi Gate, ☎ 0562/252 7566-8.
Das **District Hospital**, MG Rd, Chipitola, ☎ 0562/236 3043, leistet kostenlose medizinische Hilfe und ist vielleicht für kleinere Verletzungen vorzuziehen.
Meiden sollte man auf jeden Fall Hinterhofkliniken, selbst wenn sie vom Hotelmanager empfohlen werden. Wer an Symptomen einer Lebensmittelvergiftung leidet, sollte auf keinen Fall Kliniken oder Ärzte aufsuchen, die von jemandem in dem betreffenden Restaurant angepriesen werden.

Uttar Pradesh

Polizei

Polizeiwachen gibt es an der Chowk Kagzi in Taj Ganj, ☎ 0562/233 1015, und an der Mahatma Gandhi Road in Sadar Bazaar, etwas südlich der Kreuzung mit der Fatehpur Sikri Rd, ☎ 0562/222 6561.
Mittlerweile verfügt Agra über eine eigene **Touristenpolizei**, die Reisende vor Verbrechen schützen soll. Sie ist zu erreichen über UP Tourism oder unter ☎ 9454/402764.

Post

Hauptpost in The Mall, in der Nähe des Büros von India Tourism.

Schwimmen

Die Hotelpools sind meist den Gästen vorbehalten, doch einige akzeptieren gegen Eintritt auch Tagesbesucher. Derzeit z. B. **Yamuna View** (Rs350), **Clarks Shiraz** (Rs500) sowie das **Amar** (Rs300) beim Amar Yatri Niwas und der **Mansingh Palace** (Rs400).

Touren

UP Tourism organisiert (tgl. außer Fr) eine Rundtour durch Agra mit festen Haltepunkten, zugeschnitten auf Tagesausflügler von Delhi. Sie beginnt um 9.45 Uhr beim Büro von India Tourism und hält um 10.20 Uhr am Bahnhof Agra Cantonment, passend für den Taj Express von Delhi (Ankunft 10.07 Uhr). Die ganztägige Tour kostet Rs1700 inkl. aller Gebühren für Eintritt und Führungen. Sie umfasst eine Stippvisite beim Taj Mahal, Agra Fort und in Fatehpur Sikri und endet gegen 18 Uhr, rechtzeitig für den Taj Express zurück nach Delhi (Abfahrt 18.55 Uhr). Man kann aber auch nur nachmittags an der Besichtigung von Fatehpur Sikri (Rs550) teilnehmen. Reservierungen sind sowohl über UP Tourism als auch über India Tourism möglich.

Nahverkehr

Agras Sehenswürdigkeiten liegen zu weit auseinander, um sie zu Fuß zu erkunden.
Egal wo man übernachtet, man wird in jedem Fall einige Zeit in Rikschas oder Taxis zubringen. Von einem Stadtteil in den andern zu gelangen, kann sehr zeitraubend sein. Besonders problematisch ist die Überquerung der Yamuna, da beide Brücken im Zentrum extrem überlastet und vernachlässigt sind.
Fahrrad-Rikschas, mit denen sich einige der ärmsten Bewohner der Stadt ihren Lebensunterhalt verdienen, eignen sich für kürzere Strecken. Für längere Strecken sind sie jedoch nervtötend langsam. Lästig sind ihre Fahrer, die Passanten überall hinterherrennen – Fußgänger, die auf der rechten Straßenseite unterwegs sind, lassen sich allerdings schwerer erwischen.
Motor-Rikschas sind schneller und die Preise (inkl. Wartezeit) günstig, wenn man feilscht. Üblicherweise kostet es ab Taj Ganj: Rs40–50 nach Sadar Bazaar, Rs50–70 zum Bahnhof Agra Cantonment und Rs30–40 zum Fort.
Taxis empfehlen sich für längere Fahrten, etwa nach Sikandra oder Fatehpur Sikri. Den Preis vor Beginn der Fahrt aushandeln. Es gibt Taxistände an den Bahnhöfen, und das Hotel kann ein Taxi rufen. In jedem Fall muss bei Rikschas und Taxis um den Fahrpreis erbittert gefeilscht werden, denn angesichts der Massen „frischer" Touristen verlangen die Fahrer unverschämt hohe Preise. Wird ein überhöhter Preis verlangt, ist es am besten, einfach weiterzugehen. Dann kommen die Fahrer einem meist hinterher und

nennen realistischere Preise. Viele Rikscha- und Taxifahrer halten auch bei allen möglichen Geschäften, um eine Provision zu ergattern – die im Endeffekt der Käufer/Passagier bezahlt. Besonders wenn ein absurd niedriger Fahrpreis angeboten wird, sind Einkaufsläden das eigentliche Ziel.

Zwischen dem Fort und dem Westtor des Taj Mahal verkehrt ein billiger und umweltfreundlicher **Elektrobus** (Rs5); allerdings kann es 20–30 Min. dauern, ehe einer kommt.

Für Ausländer, die mit dem Verkehrschaos und den schlechten Straßen nicht vertraut sind, ist **Radfahren** stressig und gefährlich.

Ein kleiner Bereich zu beiden Seiten des Taj Mahal ist für Kraftfahrzeuge gesperrt, um das Bauwerk vor Luftverschmutzung zu bewahren. Die Straßen in diesem Bereich sind angenehm ruhig, aber wer dort sein Hotel hat, muss ein kurzes Stück zu Fuß gehen.

Transport

Busse

Agra hat drei Busbahnhöfe; der Agra Fort Bus Stand wird aber inzwischen nur noch von Lokalbussen angefahren. Der **Idgah Bus Stand**, nahe dem Bahnhof Cantonment im Südwesten der Stadt, bietet Verbindungen nach FATEHPUR SIKRI (alle 30 Min., 1–1 1/2 Std.), DELHI (alle 10 Min., 5–6 Std.), Madhya Pradesh und Rajasthan. Für Ziele in Rajasthan jenseits von JAIPUR nimmt man den Bus nach Jaipur (alle 30 Min., 5–6 Std.) und steigt dort um (eine Ausnahme bildet AJMER, das man 4x tgl. in 10 Std. direkt erreicht). Luxus- und AC-Busse nach Jaipur fahren am Hof vor dem Hotel Shakpura, nahe dem Busbahnhof, ab. Die Fahrt nach Khajuraho (Abfahrt 5 Uhr, 12 Std.) ist recht anstrengend – bequemer ist es, den Zug zu nehmen oder zumindest mit dem Zug bis Jhansi (3 Std.) zu fahren und dort in einen Bus umzusteigen (5 Std.).

Vom relativ neuen **Interstate Bus Terminal (ISBT)**, 12 km nördlich der Stadt in Transport Nagar, an der Fernstraße von Delhi nach Agra, fahren Busse zu Zielen in UP wie LUCKNOW (stdl., 9 1/2 Std.) und VARANASI (2x tgl.; 14 Std.) sowie nach HARIDWAR (3x tgl., 10 Std.), RISHIKESH (3x tgl., 12 Std.) und DEHRA DUN (5x tgl., 13 Std.). Eine Motor-Rikscha zwischen Busbahnhof und Zentrum kostet etwa Rs70.

Hotels und Reiseagenturen reservieren Plätze für **Busse privater Unternehmen** nach Delhi, Gwalior, Khajuraho, Lucknow und Nainital.

Wenn Busse nach Agra bereits in den Vororten (etwa 6 km vom Busbahnhof Idgah) halten, um Einheimische aussteigen zu lassen, kommen oft Rikscha-Fahrer (manchmal in Absprache mit den Busfahrern) und behaupten, dies sei die Endstation, an der alle aussteigen müssten. Doch solange noch andere Passagiere im Bus sind, sollte man bis Idgah sitzen bleiben.

Eine Busfahrt, insbesondere auf der Grand Trunk Road Richtung Delhi und auf dem NH-11 nach Jaipur, ist sehr viel nervenaufreibender als eine Bahnfahrt auf derselben Strecke, denn es passieren erschreckend viele Verkehrsunfälle.

Eisenbahn

Agra besitzt sechs Bahnhöfe; für Touristen sind davon aber nur zwei interessant. Der meistfrequentierte ist der **Agra Cantonment (Cantt)** im Südwesten mit Verbindungen nach Delhi, Gwalior, Jhansi und Zielorten weiter südlich. Er verfügt über einen Touristeninformationsschalter und liegt in der Nähe der meisten Hotels. Züge aus Rajasthan halten unweit der Jami Masjid am Bahnhof **Agra Fort** (einige auch im Bahnhof Agra Cantt). Agra Cantt liegt günstiger für die Hotels um Sadar Bazaar; der Bahnhof Agra Fort befindet sich etwas näher bei Taj Ganj. Beide sind recht weit von den Hotels an der Fatehabad Road entfernt.

Am Bahnhof Agra Cantonment gibt es einen Schalter für vorausbezahlte **Motor-Rikschas und Taxis** (Rs52/85 zu jedem Ort in der Stadt). Manche Fahrer versuchen Touristen vorher abzufangen, um höhere Preise oder eine Provision zu kassieren. Fahrrad-Rikschas warten im Vorhof, brauchen aber lange, falls man zur Fatehabad Road oder nach Taj Ganj will. Wie üblich versuchen Rikscha- und Taxifahrer eine Provision zu verdienen, indem sie ihre Fahrgäste zu bestimmten Hotels bringen. Sie behaupten dann vielleicht (fälschlich), das Hotel, zu dem der Fahrgast will, sei geschlossen.

Bahnfahrkarten, vor allem in die Hauptstadt, sollten so früh wie möglich in den Bahnhöfen Agra Cantonment oder Agra Fort gekauft werden. Beide verfügen über Reservierungscomputer und separate Touristenschalter.

Die Züge nach DELHI fahren vom Bahnhof Cantonment ab. Der schnellste und teuerste Zug nach New Delhi ist der voll klimatisierte Shatabdi Express Nr. 12001 (Abfahrt 20.30 Uhr tgl., 2 Std.); eine Alternative ist der Taj Express Nr. 12279 nach HAZRAT NIZAMUDDIN (tgl. 18.55 Uhr; 3 Std.). In der entgegengesetzten Richtung fährt der Shatabdi Express Nr. 12002 (Abfahrt 8.17 Uhr tgl.) nach GWALIOR (1 1/4 Std.) und weiter nach JHANSI (2 1/2 Std.), von wo Busse nach Khajuraho fahren. Nach KHAJURAHO fährt außerdem täglich außer mittwochs der Sampark Kranti Express Nr. 12448, Abfahrt ab Agra Cantonment um 23.20 Uhr, Ankunft in Khajuraho um 6.35 Uhr. Dieser Zug wird in Mahoba um 5.08 Uhr geteilt.

Ein praktischer aber relativ langsamer Frühzug nach NEW DELHI ist der Intercity Express Nr. 14211 (Abfahrt 6 Uhr; 4 1/4 Std.); der schnellste Mittagszug ist der Kerala Express Nr. 12625 (Abfahrt 10.28 Uhr; 3 1/4 Std.).

Nach JAIPUR verkehren u. a. der Gwalior–Udaipur Super Express Nr. 12965 vom Bahnhof Cantonment (Abfahrt 17.40 Uhr, Ankunft 22.20 Uhr) und der Marudhar Express Nr. 14853/14863/14865 von Agra Fort (Abfahrt 6.15 Uhr, Ankunft 11.15 Uhr). Mit dem Marudhar Express kommt man auch nach JODHPUR (Ankunft 17 Uhr), oder man reist über Nacht mit dem Howrah–Jodhpur Express Nr. 12307 (Abfahrt 20.10 Uhr, Ankunft 6 Uhr am nächsten Morgen); einige Wagen werden in Merta Road abgekoppelt, mit Ziel BIKANER (Ankunft 8 Uhr).

Nach KOLKATA verkehrt der Ajmer–Sealdah Express Nr. 12988 ab Agra Fort (Abfahrt 19.50 Uhr, Ankunft in Sealdah 15.55 Uhr am nächsten Tag.

Nach LUCKNOW fährt als Nachtzug tgl. der Avadh Express Nr. 19037/19039 von Agra Fort (Abfahrt 21.25 Uhr, Ankunft 6.25 Uhr am nächsten Morgen). Die beste Verbindung nach VARANASI ist der Nachtzug Marudhar Express Nr. 14854/14864/14866 (tgl. 21.20 Uhr ab Agra Fort, Ankunft 10.30 Uhr. Nach Goa fährt der Goa Express Nr. 12780 ab Agra Cantonment um 17.50 Uhr und erreicht VASCO 36 3/4 Std. später (um 6.30 Uhr); die beiden Nachtverbindungen nach CHENNAI (der GT Express Nr. 12616 um 21.50 Uhr und der Tamil Nadu Express Nr. 12622 um 1.10 Uhr) sind schneller; der 12622 braucht nur 30 Std.

Flüge

Der Flughafen **Kheria**, ✆ 0562/240 0569, liegt 7 km südwestlich der Stadt. Abhängig von der Jahreszeit gibt es Flüge mit Kingfisher nach DELHI. Aber wenn man den Zeitaufwand fürs Einchecken und die Fahrt zwischen Flughafen und Stadtzentrum bedenkt, geht es mit dem Zug genauso schnell und obendrein erheblich billiger.

Fluggesellschaften

Indian Airlines, Hotel Clarks Shiraz, ✆ 0562/222 6821;

Jet, Hotel Clarks Shiraz, ✆ 0562/222 6527.

Fatehpur Sikri

Die Geisterstadt Fatehpur Sikri, ehemalige Reichshauptstadt des Großmoguls Akbar, liegt auf einem Felsenhügel 40 km südwestlich von Agra. Sie wurde zwischen 1569 und 1585 erbaut. Anlass war die Begeisterung des Moguls für den islamischen Heiligen Sheikh Salim Chishti. Es mag aber auch eine Rolle gespielt haben, dass Akbar die Menschenmassen satt hatte und eine neue Hauptstadt schaffen wollte, die seine Macht zum Ausdruck bringen sollte. Die Verschmelzung hinduistischer und islamischer Traditionen in der Architektur der Stadt sagt viel über die religiöse und kulturelle Toleranz unter Akbars Herrschaft.

Die Vorherrschaft von Fatehpur Sikri unter den Städten des Mogulreichs war jedoch nur von kurzer Dauer. Nach 1585 diente es nie wieder als Residenz eines Mogulherrschers. Die Gründe für die Aufgabe der Stadt sind bis heute unklar. Die bisherige Theorie, dass die Wasserversorgung für die wachsende Bevölkerung

Akbars Harem

Obwohl Akbar in erster Linie wegen seiner liberalen Haltung in Sachen Religion bekannt ist, war er hinsichtlich seiner Einstellung gegenüber Frauen ein typischer Mogul: Er sammelte Frauen wie ein Philatelist Briefmarken. Zu seiner Glanzzeit umfasste der königliche Harem in Fatehpur Sikri etwa 5000 Frauen, die von einer Vielzahl von Eunuchen bewacht wurden. Die Türen des Harems waren für Außenstehende verschlossen, aber durch die Sandsteinmauern drangen Gerüchte, und mehrere bekannte Reisende wurden in die Harems der Großmoguln hineingeschmuggelt und hinterließen der Nachwelt oft reißerische Beschreibungen des Privatlebens der Herrscher.

Die Größe von Akbars Harem wuchs proportional mit der Ausdehnung seines Reiches. Mit jeder neuen Eroberung erhielt er von den besiegten Herrschern und Edelleuten deren schönste Töchter, die zusammen mit ihren Zofen im luxuriösen Zenana des Moguls untergebracht wurden. Insgesamt soll der Großmogul 300 **Ehefrauen** gehabt haben; ihre Zahl wuchs durch den konstanten Zustrom an **Konkubinen** *(kaniz)*, **Tänzerinnen** *(kanchni)* und **Sklavinnen** *(bandis)*, die auf Märkten in ganz Asien eingekauft wurden. Vom öffentlichen Blick durch reich verzierte durchbrochene Steinfenster *(jali)* verborgen waren Frauen aus allen Gegenden des Mogulreiches sowie Afghaninnen, Türkinnen, Perserinnen, Araberinnen, Tibeterinnen, Russinnen und Abessinierinnen und sogar eine Portugiesin, allesamt als Geschenke oder Tributzahlungen an Akbar gesandt. Die **Eunuchen**, die über den Harem wachten, waren ähnlich vielfältiger Herkunft. Einige waren Hermaphroditen, andere waren zwangsweise kastriert worden, entweder zur Strafe nach der Niederlage auf dem Schlachtfeld oder nachdem sie von ihren Vätern zur Begleichung einer alten Steuerlast gestiftet worden waren – eine weit verbreitete Sitte zu jener Zeit.

Akbar soll jede Menge persischen Wein, *araq* (einen Zuckerrohrschnaps), *bhang* und Opium konsumiert haben. Die üppigen Tanzvorführungen im Harem und die sexuellen Begegnungen im höchsten Pavillon des Panch Mahal und im Haremsbezirk selbst sind wohl durch diese Substanzen angefacht worden. Mit der Zeit rief Akbars Hedonismus die **Kritik** seiner höchsten Kleriker hervor, der Ulema. Im Koran ist die Zahl der Ehefrauen, die ein Mann haben kann, ausdrücklich auf vier beschränkt. Aber in einem Vers wird auch eine niedrigere Stufe der Ehe, bekannt als *muta*, eingeräumt – mehr ein informeller Pakt als eine Ehe, der auch mit Nichtmosleminnen eingegangen werden konnte. Akbars Missbrauch dieses lange für überholt erachteten Gesetzes wurde von seinem sunnitischen Hauptpriester während ihrer religiösen Dispute scharf kritisiert.

Darüber, wie das **Leben der Frauen** in Akbars Harem wirklich aussah, kann nur spekuliert werden. Bekannt ist aber, dass Alkohol- und Drogenmissbrauch weit verbreitet waren und einige Haremsfrauen ihr Leben aufs Spiel setzten, indem sie Affären mit männlichen Geliebten hatten, die als Ärzte oder stark verschleiert eingeschmuggelt wurden. Die Vorstellung, dass der Harem ein goldener Käfig war, dessen Insassen ihr Leben mit süßem Nichtstun und Tändeleien verbrachten, ist größtenteils unzutreffend. Einige Haremsdamen waren selbst sehr wohlhabend und übten am Hof großen Einfluss aus. Jahangirs Frau Nur Jahan herrschte während der letzten fünf Jahre der Amtszeit ihres schwächelnden Ehemannes vom Harem aus über das Reich; ihre Schwiegermutter besaß ein Schiff, mit dem sie zwischen Surat und dem Roten Meer Handel betrieb, eine Tradition, die von Shah Jahans Tochter fortgeführt wurde, die durch ihre geschäftlichen Unternehmungen zu immensem Reichtum kam.

Auch wegen des Geldes, das den Haremsdamen zur Verfügung stand, und ihres Einflusses kam es im Harem oft zu Eifersüchteleien, und unter den Tausenden von Pflegemüttern, Tanten, Verwandten des Herrschers und allen seinen Frauen, den Nebenfrauen, Geliebten, Musikerinnen, Tänzerinnen, Amazonen und Sklavinnen für Ruhe und Ordnung zu sorgen, war eine umfassende Aufgabe. Akbars Hofchronist meinte dazu trocken: „Die Verwaltung eines Königreiches ist demgegenüber ein echtes Vergnügen, denn im Harem hat die Intrige ihre wahre Heimat."

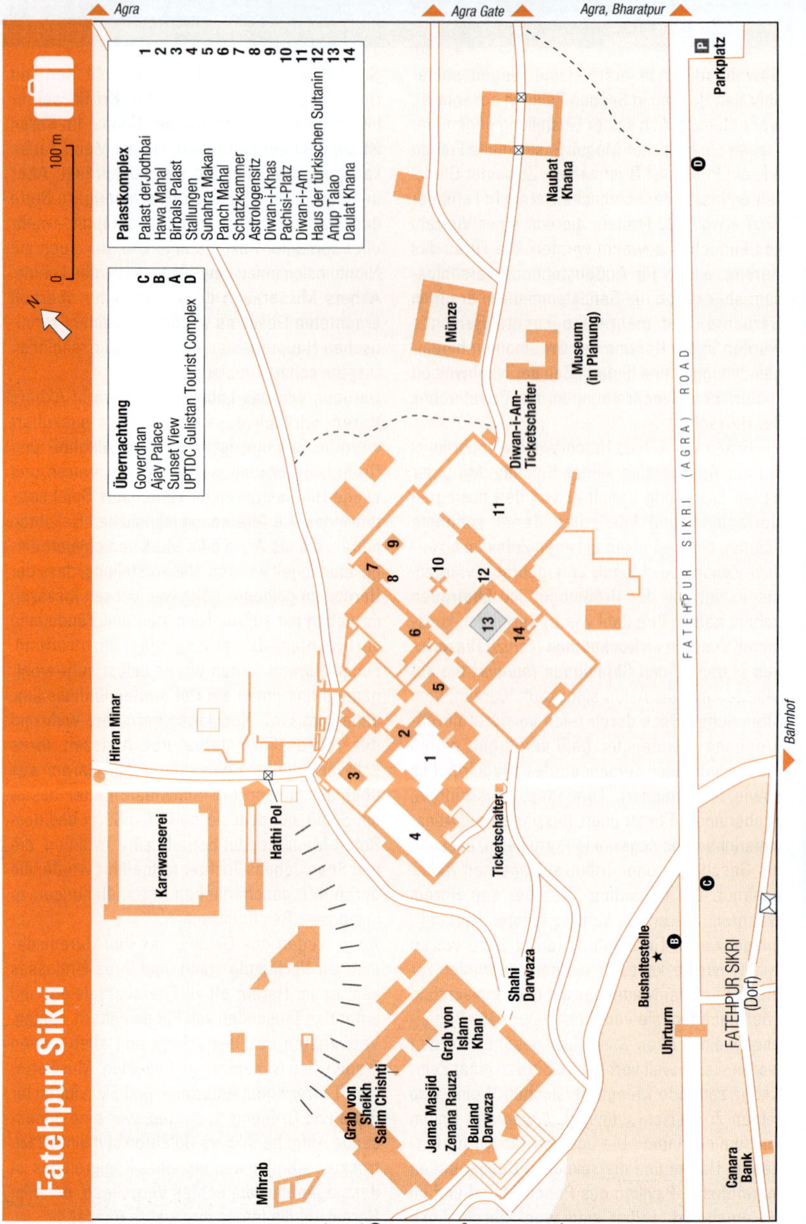

Fatehpur Sikri
0
100 m
N
Übernachtung
Goverdhan C
Ajay Palace B
Sunset View A
UPTDC Gulistan Tourist Complex D
Palastkomplex
Palast der Jodhbai 1
Hawa Mahal 2
Birbals Palast 3
Stallungen 4
Sunahra Makan 5
Panch Mahal 6
Schatzkammer 7
Astrologensitz 8
Diwan-i-Khas 9
Pachisi-Platz 10
Diwan-i-Am 11
Haus der türkischen Sultanin 12
Anup Talao 13
Daulat Khana 14
Agra
Agra Gate
Agra, Bharatpur
Parkplatz
Naubat Khana
Münze
Museum (in Planung)
Diwan-i-Am-Ticketschalter
FATEHPUR SIKRI (AGRA) ROAD
Hiran Minar
Karawanserei
Hathi Pol
Ticketschalter
Bahnhof
Shahi Darwaza
Bushaltestelle
Uhrturm
FATEHPUR SIKRI (Dorf)
Grab von Islam Khan
Grab von Sheikh Salim Chishti
Jama Masjid
Zenana Rauza
Buland Darwaza
Mihrab
Canara Bank
A (100 m)
Keksbäckereien und Spirituosenhandlung

nicht ausreichte, scheint zweifelhaft. Selbst nachdem die Stadt verlassen war, hatte der nordwestlich von ihr gelegene See noch einen Umfang von 20 km und lieferte gutes Trinkwasser. Wahrscheinlicher ist, dass die wechselnde militärische Lage den Ausschlag gab. Kurz nach Einweihung der neuen Hauptstadt wurde das Reich durch Unruhen im Punjab bedroht. Um die Gefahr zu bannen, verlegte Akbar seine Residenz in das strategisch günstiger gelegene Lahore. Dort blieb er gezwungenermaßen mehr als ein Jahrzehnt – und im Anschluss daran entschied er sich aus unerfindlichen Gründen dafür, nach Agra statt nach Fatehpur Sikri zurückzukehren.

Der Palast

Akbar verwarf die hinduistische Tradition, Städte nach den Himmelsrichtungen zu orientieren, und passte seine neue Hauptstadt lieber dem Gelände an. Daher weisen die Hauptachsen, die Stadtmauern und viele der wichtigsten Gebäude nach Südwesten oder Nordosten. Die Moschee und die meisten privaten Wohnhäuser folgen jedoch nicht dieser Ausrichtung, sondern blicken gemäß islamischer Tradition in westliche Richtung gen Mekka. Der Palast erhebt sich auf dem höchsten Punkt des Bergrückens. Er hat zwei Eingänge. Einzelreisende benutzen meist den an der Westseite beim Palast der Jodhabai, Tourgruppen den an der Ostseite beim Diwan-i-Am. Offiziell zugelassene Führer findet man beim Reservierungsbüro für Rs50–100. Innerhalb der Anlage darf man nicht picknicken und es werden keine Getränke verkauft (Wasser mitnehmen). ◷ tgl. Sonnenauf- bis Sonnenuntergang, Eintritt Rs260, Video Rs25.

Diwan-i-Am

Als Ausgangspunkt für die Besichtigung bietet sich der Diwan-i-Am an, wo wichtige Festlichkeiten stattfanden und Petitionen eingereicht werden konnten. Im Gegensatz zu den verzierten Säulenbauten des Diwan-i-Am der Forts in Agra und Delhi ist dies im Grunde ein großer Hof, umgeben von einem Säulengang im hinduistischen Stil. Er wird nur von einem kleinen, von *jali*-Gittern flankierten Pavillon unterbrochen, in dem der Kaiser zu sitzen pflegte. Die Position der Plattform zwang seine Untertanen dazu, sich dem Herrscher in unterwürfiger Haltung von der Seite zu nähern.

Diwan-i-Khas

Eine Pforte an der Nordwestecke des Diwan-i-Am führt ins Innere des *mardana* (Männerbezirk): eine große Einfriedung mit einer eindrucksvollen Mischung verschiedenster Bauten. An ihrem jenseitigen (nördlichen) Ende erhebt sich der hohe **Diwan-i-Khas** (Private Audienzhalle), gekrönt von vier *chhatris* und geschmückt mit reich verzierten Konsolen, Dachvorsprüngen und Bögen, die für die Architektur von Fatehpur Sikri typisch sind. Das Innere besteht aus einer einzigen, hohen Halle (nicht zwei Stockwerke, wie man von außen meint) mit einer kunstvoll verzierten Säule im Zentrum, die als „Thronsäule" bekannt ist. Sie trägt einen kanzelartigen Thron, von dem vier Brücken ausgehen. Auf diesem Thron pflegte der Kaiser zu sitzen und mit Vertretern verschiedener Religionen zu diskutieren, in der Hoffnung, die Religionen Indiens in einer Synthese vereinen zu können. Diese Bestrebung unterstreicht die Säule mit ihren Motiven aus Hinduismus, Buddhismus, Islam und Christentum.

Neben dem Diwan-i-Khas befindet sich die aus drei Räumen bestehende **Schatzkammer**. Ihre Tragsäulen zieren mythische Seeungeheuer als Wächter der Schätze der Tiefe. Sie wird auch Ankh Michauli genannt, nach dem gleichnamigen Versteckspiel, das hier angeblich gespielt wurde. Tatsächlich sind wohl beide Namen frei erfunden und der Bau hat vermutlich einst verschiedenen Zwecken gedient. Daran angefügt ist der sogenannte **Astrologensitz**, ein kleiner Pavillon, den prachtvolle Jain-Bildwerke schmücken. Im Zentrum des Hofs, zwischen dem Diwan-i-Khas und den Gebäuden auf der gegenüberliegenden (südlichen) Seite des Komplexes, befindet sich der **Pachisi-Platz**, ein riesiges steinernes Spielfeld für *pachisi* (ähnlich Mensch-ärgere-dich-nicht). Akbar soll ein fanatischer Spieler gewesen und Sklavenmädchen als lebende Spielfiguren eingesetzt haben.

Haus der türkischen Sultanin

Schräg gegenüber des *pachisi*-Feldes steht das Haus der türkischen Sultanin (auch **Anup Talao-**

Pavillon genannt). Der Name rührt daher, dass man gern glaubt, es sei der Palast einer von Akbars Lieblingsfrauen, der Sultanin Ruqayya Begum. Das scheint jedoch eher unwahrscheinlich, da das Gebäude inmitten der Männerwohnungen steht. Vermutlich haben Führer im 19. Jh. sich den Namen ausgedacht, um die Fantasie früher Touristen anzuregen. Vermutlich handelt es sich eher um einen Vergnügungspavillon. Üppige geometrische und florale Muster sowie einige teils beschädigte Tierskulpturen schmücken seine Steinwände. Südlich davon liegt der **Anup Talao** („Makelloser Teich"), ein hübscher kleiner Teich, unterteilt von vier Dämmen, die zu einer kleinen „Insel" in der Mitte führen.

Daulat Khana und Panch Mahal

Auf der anderen Seite des Gartens, mit Blick auf das Haus der türkischen Sultanin, liegt Akbars einstiger Privatpalast, der **Daulat Khana** („Ort des Glücks"). Die mit Nischen versehenen Räume im Erdgeschoss beherbergten die Bibliothek des Kaisers. Hier ließ er sich etwas aus seinen rund 50 000 Manuskripten vorlesen (er selbst war Analphabet). Hinter der Bibliothek befindet sich das kaiserliche Schlafgemach, das **Khwabgah** („Haus der Träume"), in dessen Mitte ein riesiges Bett steht. Nordwestlich davon erhebt sich eines der berühmtesten Bauwerke von Fatehpur Sikri, der **Panch Mahal** oder fünfstöckige Palast. Er kennzeichnet den Beginn des Zenana (Frauenbereich), die die gesamte Westseite des Palastkomplexes einnimmt. Der Bau verjüngt sich zu einer einzigen Turmkammer hin und wird von 176 unterschiedlichen Säulen getragen; das Erdgeschoss weist 84 Pfeiler auf – eine bedeutungsvolle Zahl in der Hindu-Astrologie. Zwischen den Säulen befand sich früher Gitterwerk, sodass die Damen sehen konnten, was darunter im Hof des *mardana* vor sich ging, ohne selbst gesehen zu werden.

Frauengemächer

Direkt hinter dem Panch Mahal war ein Hofgarten dem Zenana (Harem) vorbehalten. Hier beginnt der abgeschlossene Frauenbereich des Hofes. Im angrenzenden **Sunahra Makan** soll die Mutter des Kaisers, Mariam Makani, oder aber eine von Akbars Frauen gelebt haben. Ihn zieren verblassende Wandmalereien, Zeilen eines Gedichts von Abu'l Fazl, das auf blauen Bändern rund um die Decke verläuft, und kleine Reliefs an dem Dachträgern. Den Haremskomplex beherrscht der **Palast der Jodhabai**, der Hauptharem. Die Residenz einiger der ranghöchsten Gemahlinnen des Kaisers ist ein imposanter Bau und der großartigste und größte der ganzen Stadt. Er ist den Rajputen-Palästen von Gwalior und Orchha nachgebildet.

An der Nordseite des Palasts befindet sich der **Hawa Mahal** („Palast der Winde"), ein kleiner Turm mit durchbrochenem Mauerwerk und einer kunstvoll gestalteten Kammer, der dazu diente, die Abendbrise einzufangen. Ein erhöhter und überdachter Fußweg, gesäumt von fünf großen *chhatris*, führt von hier zu der Stelle, an der sich einst ein See befand. Nordwestlich des Jodhabai-Palasts steht ein dritter Frauenpalast, der als **Birbals Palast** bekannt ist. Doch auch hier dürfte der Name irreführend sein, denn Birbal, einer von Akbars bevorzugten Höflingen, wäre als Mann mitten im Harem sicher höchst unwillkommen gewesen. Vermutlich war es eher die Residenz von zwei ranghohen Frauen Akbars.

Jama Masjid

Im Südwesten des Palastkomplexes steht die Jama Masjid oder Dargah-Moschee (🕓tgl. Sonnenauf- bis Sonnenuntergang) mit dem Dorf Fatehpur Sikri zu ihren Füßen. Sie ist eine der schönsten Moscheen Indiens, doch leider wimmelt es dort von selbsternannten „Führern" (Rs20 pro Führung), die es praktisch unmöglich machen, den Bau in Ruhe zu genießen. Die Moschee war vermutlich bereits 1571 vollendet, noch ehe die Arbeit am Palast begann – ein Beleg für die religiöse Bedeutung, die der ganze Ort für Akbar besaß. Diese rührte von seiner Verbindung zu dem Sufi-Heiligen Sheikh Salim Chishti her, der hier bestattet wurde. Er spielte eine maßgebliche Rolle bei der Gründung von Fatehpur Sikri, denn er hatte dem Kaiser die Geburt eines Sohnes prophezeit. Zu Ehren des Weisen wurde schließlich die Hauptstadt Fatehpur Sikri erbaut.

Das **Buland Darwaza** („Große Pforte"), ein gewaltiges Tor mit einer eindrucksvollen Treppe, ist um 1576 zur Erinnerung an Akbars Feldzug in Gujarat angefügt worden. Die zahlreichen Hufeisen, die hier in die Türen geschlagen sind, stammen aus dem frühen 20. Jh. und sind ein seltsames Zeugnis britischen Aberglaubens an diesem islamisch geprägten Ort. Das Tor führt zu einem riesigen Hof, der weit größer ist als bei jeder früheren Moschee Indiens. Die Gebetshalle links (westlich) ist das Herzstück der Moschee. Ins Auge sticht vor allem das kostbare **Grabmal von Sheikh Salim Chishti**, direkt vor einem, wenn man den Hof betritt. Ursprünglich wurde es weitgehend aus rotem Sandstein errichtet und erst später mit Marmor verkleidet. Das prachtvolle Gitterwerk – ein Bauelement, das vermutlich aus Gujarat stammte und später charakteristisch für die Mogulbauweise wurde – ist ungewöhnlich fein gearbeitet, und die Dachvorsprünge ruhen auf eindrucksvollen Konsolen mit Schlangenmustern.

Übernachtung und Essen

Ajay Palace, Agra Rd, ✆ 05613/282950. Einfaches Hotel im Dorf; recht kleine, aber sehr saubere Zimmer (warmes Wasser nur in Eimern) sowie eine nette Dachterrasse. ❶

Goverdhan, Buland Gate Rd, östlich der Bushaltestelle, ✆ 05613/282643, 🖳 www.hotelfatehpursikriviews.com. Gute Auswahl gepflegter Zimmer rund um einen Rasen. Hat gutes Essen, das mit gefiltertem oder Mineralwasser zubereitet wird; freundlicher und hilfsbereiter Betreiber. ❶–❹

UPTDC Gulistan Tourist Complex, Agra Rd, 1 km östlich vom Dorf, ✆ 05613/282490. Moderner Flachbau aus rotem Sandstein, der eher wie eine Schule aussieht. Bietet passable, zweckmäßige Zimmer, Restaurant, Billardzimmer und kleine Bar. ❸–❹

Sunset View, 100 m westlich der Jama Masjid, ✆ 05613/283129. Backpacker-Gästehaus mit einfachen, aber sauberen Zimmern und herrlichem Blick auf die Moschee und die Landschaft dahinter. ❶

Wer nicht im eigenen Hotel isst, kann das Goverdhan oder das Restaurant im Hotel Ajay Palace probieren. Die leckeren **Kekse** von Fatehpur Sikri sollte man sich nicht entgehen lassen – sie werden in den Bäckereien entlang der Gasse zwischen dem Basar und der Jama Masjid abends frisch aus dem Ofen verkauft.

Geld

Die **Canara Bank** verfügt über einen Geldautomaten, und das Hotel **Goverdhan** tauscht Bargeld (Dollar, Pfund und Euros).

Nahverkehr

Im Dorf selbst verkehren **Tongas** und **Motor-Rikschas**, aber die meisten Leute gehen zu Fuß.

Transport

Busse und Sammeljeeps

Busse fahren entweder von der umlagerten Haltestelle im Zentrum des Dorfs oder von der Haltestelle an der Umgehungsstraße beim Agra Gate, rund 1,5 km vom Ort (etwa Rs10 per Tonga vom Dorf). Am schnellsten ist es gewöhnlich, einen Bus vom Agra Gate zu nehmen, besonders wenn man nach JAIPUR (alle 30 Min., 4 Std.) fahren möchte. Busse vom Busbahnhof im Ort fahren zum Idgah Bus Stand in AGRA (alle 30 Min., 1–1 1/2 Std.) und nach BHARATPUR (stdl., 30–45 Min.). Vom Dorf verkehren auch Sammeljeeps nach Agra (Rs25), aber sie sind immer ziemlich vollgestopft, der Fahrstil ist nicht sehr beruhigend, und sie sind oft in Unfälle verwickelt.

Eisenbahn

Es fahren tgl. 4 Züge von Fatehpur Sikri nach AGRA, außerdem Nachtzüge nach LUCKNOW und nach KOTA, BUNDI und CHITTAURGARH, und es gibt sogar einen (wenn auch zeitlich ungünstigen) Direktzug nach MUMBAI.
Am Bahnhof befindet sich ein computerisiertes Buchungsbüro.

Jhansi

Der Verkehrsknotenpunkt Jhansi liegt in einem seltsamen Ausläufer von UP, der südwärts nach Madhya Pradesh hineinragt. Trotz seines Forts hat der Ort nicht viel zu bieten. Die meisten nehmen hier nur den Zug nach **Khajuraho**, 175 km südöstlich in Madhya Pradesh. Wie Avadh (S. 317) war Jhansi ein unabhängiger Staat, bis die Briten es 1854 annektierten. Hier war daher die Unterstützung für den Aufstand von 1857 besonders groß, und Rani Lakshmibai, die Witwe des letzten Herrschers, wurde zur großen Heldin dieses Aufstands.

Wie viele ehemalige britische Städte besteht auch Jhansi aus zwei unterschiedlichen Teilen: den von Bäumen gesäumten, breiten Straßen, schattigen Gärten und Villen von **Cantonment** und **Civil Lines** im Westen und dem Gewirr der Gassen, Minarette und *shikharas* der **Altstadt** im Osten. Über allem thront das **Jhansi Fort**. Es wurde 1613 von einem der Orchha-Rajas, Bir Singh Joo Deo, erbaut und lohnt einen Besuch vor allem der Aussicht wegen. ◷ tgl. von Sonnenauf- bis Sonnenuntergang. Eintritt Rs100, Video Rs25. Im Fort findet jeden Abend eine **Sound-and-Light-Show** statt; auf Englisch April–Okt 19.30, Nov–März 18.30 Uhr, Rs250.

Zwei Minuten zu Fuß vom Kreisverkehr unterhalb der Festung liegt das **Rani Lakshmi Mahal**, der ehemalige Palast der Rani von Jhansi. Es handelt sich um eine kleine Villa im „Bundela-Stil", für den zahlreiche verzierte Balkone und Kuppeldächer kennzeichnend sind. Hier richteten britische Soldaten 1858 ein Blutbad an, indem sie sämtliche Bewohner mit Bajonetten durchbohrten (insgesamt ermordeten sie 5000 Menschen). Heute dient das Gebäude als Gedenkstätte und archäologisches Museum, und der hübsche Patio ist mit Fragmenten antiker Steinstatuen übersät. ◷ tgl. Sonnenauf- bis Sonnenuntergang. Eintritt Rs100, Fotografieren verboten.

Auf dem Gelände eines Priesterseminars im Cantonment, zwischen Hauptpost und Bahnhof, befindet sich eine der wichtigsten katholischen Wallfahrtsstätten Indiens, der **St. Jude's Shrine**. In den Grundmauern der schlichten, grau-weißen Kirche soll ein Knochen des Apostels Judas ruhen. An seinem Namenstag, dem 28. Oktober, bitten Tausende von Pilgern um seinen Beistand.

Übernachtung

Da Orchha ganz in der Nähe ist, übernachten nur Wenige in Jhansi. Die meisten Unterkünfte haben 24-Std.-Checkout.

Jhansi, Shastri Marg, gegenüber der Hauptpost, ✆ 0517/247 0360, ✉ jhansihotel@sancharnet.in. Ehemaliger Treff britischer *sahibs* mit einer einladenden, gut sortierten Kolonialzeit-Bar, einem Restaurant und einem kleinen Garten. ❹

Shrinath Palace, Station Rd im Distrikt Civil Lines, zwischen Bahnhof und Damru Cinema, ✆ 0510/244 5555. Modern und zweckmäßig, alle Zimmer mit AC und TV, jedoch haben nur die Deluxe-Zimmer Fenster. ❹–❺

Essen

Preiswertes Essen (frische *thalis* veg. Rs22, nicht veg. Rs27, außerdem Frühstück) gibt es in den **Railway Refreshment Rooms** im Bahnhof.

Let's Eat, Shastri Marg. Neues helles klimatisiertes Restaurant mit Snacks und Mahlzeiten, vor allem Gerichte mit Huhn. Nicht veg. Hauptgerichte Rs140–160.

Nav Bharat, Shastri Marg 200 m weiter, bietet veg. und andere *thalis*, *dosas*, Currys und Burger (nicht veg. Hauptgerichte Rs80–110; Di geschl.).

Sharma Sweets, Shastri Marg, neben dem Nav Bharat, verkauft leckere *mithai* (Süßigkeiten) – besonders köstlich ist das nussige *ladoo* aus Trockenfrüchten.

Sonstiges

Autovermietungen

Mietwagen organisieren die großen Hotels sowie die hilfsbereite Agentur **Baghel Travels**, ✆ 0510/244 1255, gegenüber vom Damru Cinema, an der belebten Kreuzung Elite Cross im Zentrum.

Geld

Es gibt zwei **Geldautomaten** beim Damru Cinema; die **State Bank of India** befindet sich 200 m weiter östlich in der Jhokan Bagh Rd.

Informationen

UP und MP Tourism haben Informationskiosks im Bahnhof auf Bahnsteig 1. Der Kiosk von UP, ◷ Mo–Sa 10–17 Uhr, 2. Sa des Monats geschlossen, ist nur mit einer Person besetzt und ab und zu für Pausen geschlossen.

Der von MP Tourism, ✆ 0517/244 2622, ⏲ Mo–Sa 9–17 Uhr, hat Infos zum Transport nach Khajuraho.
Das **UP Tourist Office** in der Stadt, im Hotel Veerangana, Shivpuri Rd, ✆ 0517/244 1267, bietet Informationen über Bundelkhand und die Strecke nach Khajuraho; ⏲ Mo–Sa 10–17 Uhr.

Transport

Busse und Tempos

Busse nach KHAJURAHO fahren vom Busbahnhof 3 km östlich ab. Private Busse (5x tgl., 4 1/2 Std., Rs98) sind schneller und bequemer als die staatlichen (5x tgl., 5 1/2 Std., Rs90). Sammel-Tempos nach ORCHHA (3/4 Std., Rs10) warten am Busbahnhof; eine vorausbezahlte Motor-Rikscha vom Bahnhof in Jhansi kostet Rs225.
Weitere Busse nach AGRA (8x tgl., 5 1/2 Std.) und LUCKNOW (5x tgl., 8 Std.).

Eisenbahn

Züge halten am Bahnhof im Westen der Stadt, nahe dem Viertel Civil Lines. Es ist der günstigste Bahnhof für die Fahrt nach Khajuraho und Orchha.
Zusätzlich zum Sampark Kranti Express Nr. 12448 aus DELHI (tgl. außer mittwochs, Abfahrt in JHANSI um 2.25 Uhr, Ankunft in KHAJURAHO um 6.35 Uhr; der Zug wird in Mahoba um 5.08 Uhr geteilt) verkehrt noch die Regionalbahn Khajuraho Link Passenger Train Nr. 229 (Abfahrt in JHANSI tgl. 7.20 Uhr, Ankunft in KHAJURAHO um 12.10 Uhr).
Vor dem Bahnhof gibt es einen Schalter für vorausbezahlte Taxis; die Fahrt zum Fort kostet Rs40 (hin und zurück inkl. Wartezeit Rs175), zum Busbahnhof Rs45.

Lucknow

Die Bundesstaatshauptstadt Lucknow ist vor allem bekannt wegen der fünf Monate dauernden **Belagerung** der Residency im Jahr 1857. Weniger oft wird an die Grausamkeiten erinnert, die die Briten nach der Rückeroberung der Stadt verübten. Lucknow erlebte die letzten Tage moslemischer Herrschaft in Indien. Die Absetzung von Wajid Ali Shah, dem letzten *nawab* von Avadh, im Jahr 1856 war einer der entscheidenden Auslöser für den Aufstand des folgenden Jahres. **Avadh** (in der alten britischen Schreibweise Oudh) trennte sich Mitte des 18. Jhs. vom Mogulreich, nachdem sein *nawab* Safdarjang in Delhi sein Amt verloren hatte, weil er Schiit war. Mit dem Niedergang des Mogulreichs wurde Avadh das Zentrum islamischer Macht. Die letzten *nawabs* wurden zum Inbegriff von Dekadenz, doch unter ihrer Herrschaft blühten die Künste. Lucknow, die Hauptstadt von Avadh, zog Künstler in Scharen an. Kurtisanen wurden zu Dichterinnen, Sängerinnen und Tänzerinnen, und unter der Protektion des letzten *nawab* entstand hier die als *thumri* bekannte Liedform (s. S. 132). Außerdem war die Stadt ein bedeutendes Zentrum schiitischer Kultur und islamischer Rechtsprechung. An ihre Schule Farangi Mahal kamen Studenten aus ganz Zentralasien und China.

Unter dem Einfluss der schiitischen *nawabs* entstanden auch neue Formen der Religionsausübung – besonders bei den **Muharram-Prozessionen** zum Gedenken an das Martyrium von Mohammeds Enkel Hussein (dem zweiten schiitischen Imam) in Karbala im Irak. Sie entwickelten sich zu einer aufwendigen Feier, die bis heute zahlreiche indische Schiiten anlockt. Die meisten Baudenkmäler befinden sich am oder in der Nähe des Südufers des Gomti, eines von Pflanzen überwucherten Flusses, der bei Monsun anschwillt und dann von Fischerkanus wimmelt. In der Nähe der großen Brücke im Stadtkern liegt das moderne Geschäftsviertel **Hazratganj**. Zwischen Hazratganj und Charbagh befindet sich das alte Stadtviertel **Aminabad**, ein Gewirr aus belebten Straßen und faszinierenden Märkten.

Hussainabad

Im Westen der Stadt, in der Nähe der das „alte" Lucknow begrenzenden Hardinge Bridge, liegen die traurigen Überreste mehrerer von den *nawabs* von Avadh errichteter Bauten, darunter mehrere *imambara* („Häuser der Imame"), Grabbauten für Imame. Am sehenswertesten ist die Große oder **Bara Imambara** aus dem 18. Jh., die

Uttar Pradesh

eine der größten Gewölbehallen der Welt aufweist – 50 m lang und 15 m hoch. Das Bauwerk erreicht man durch ein Tor, das früher äußerst prächtig gewesen sein muss, inzwischen jedoch dem Einsturz nahe ist. Von den Toren geht es durch zwei Innenhöfe zur eigentlichen Imambara.

Eine Treppe führt zu einem Gewirr aus Kammern, dem sogenannten *bhulbhulaiya* („Labyrinth") hoch. ⏲ tgl. außer während Muharram Sonnenauf- bis Sonnenuntergang, Eintritt Rs300 (gilt auch für die Hussainabad Imambara und die Muhammad Ali Shah Art Gallery in der Taluqdar's Hall). An die Bara Imambara grenzt die auf zwei Plinthen erbaute **Asaf-ud-daula-Moschee**. Die von zwei Minaretten flankierte Moschee darf nur von Moslems betreten werden, kann jedoch von den westlich des Gebetshauses gelegenen Victoria Gardens aus betrachtet werden. ⏲ tgl. außer Fr von Sonnenauf- bis Sonnenuntergang, Eintritt frei.

Die Hauptstraße westlich der Haupteingangstore überspannt der kolossale, im Verfall begriffene **Rumi Darwaza**, ein Triumphbogen nach dem Vorbild der Hohen Pforte in Istanbul. Stufen führen zu offenen Räumen mit Ausblick auf die Baudenkmäler von Hussainabad. Ein Stückchen weiter westlich befindet sich die **Hussainabad Imambara**, auch Chhota („kleine") Imambara oder Palast der Lichter genannt, denn wenn sie zu besonderen Anlässen geschmückt und illuminiert wird, gleicht sie einem Märchenschloss. In der Mitte der mit Minaretten, kleinen Zwiebeltürmen und Torbögen sowie einer Miniaturausgabe des Taj Mahal versehenen Anlage erhebt sich eine vergoldete Kuppel. Die Imambara wurde 1837 von Muhammad Ali Shah erbaut und beherbergt einen versilberten Thron sowie die Gräber hochrangiger Avadh-Persönlichkeiten. Westlich der Imambara, umgeben von Ruinen, stehen die beiden Minarette und die drei Kuppeln der **Jama Masjid** (kein Zutritt für Nichtmoslems), die nach dem Tod Muhammad Ali Shahs fertiggestellt wurde.

Hinter dem Hussainabad Tank, östlich der Hussainabad Imambara, ragt der 67 m hohe **Hussainabad Clocktower** empor, ein 1887 fertiggestelltes neugotisches Bauwerk mit der größten Uhr Indiens. In der Nähe dieses bizarren Monolithen befinden sich die **Taluqdar's Hall**, erbaut von Muhammad Ali Shah für die Büros des Hussainabad Trust und die staubige **Picture Gallery**, auch bekannt als **Muhammad Ali Shah Art Gallery**. Die chronologisch angeordneten Porträts der *nawabs* zeigen deutlich den Niedergang ihrer Kultur, da die Abgebildeten immer korpulenter werden. Auf einem berühmten Bild ist der androgyn aussehende letzte *nawab*, Wajid Ali Shah (1847–56), mit einem tief ausgeschnittenen Oberteil abgebildet, das seine linke Brustwarze zeigt. ⏲ wie Bara Imambara, Eintritt mit demselben Ticket.

The Residency

Die Ruinen der britischen Residenz liegen inmitten einer Parkanlage südöstlich der Hardinge Bridge. Sie wurde genauso belassen, wie sie aussah, nachdem die monatelange Belagerung am 17. November 1857 durch das Eingreifen von Sir Colin Campbell schließlich ein Ende fand. Ihr von einer Kanonenkugel zerschmetterter Turm wurde zum Wahrzeichen des Durchhaltevermögens der Briten in Indien. Während der Belagerung wurde jedes Gebäude des Komplexes zu Verteidigungszwecken genutzt. Die **Schatzkammer (Treasury)**, erreichbar durch das **Baillie Guard Gate**, diente als Waffenarsenal, die **Banqueting Hall**, gleich westlich davon, als Krankenstation und das weitläufige, einstöckige **Dr. Fayrer's House** zur Unterbringung der Frauen und Kinder.

In der Residenz befindet sich ein kleines **Museum**. Der Model Room im Erdgeschoss, der einzige Raum mit intaktem Dach, beherbergt ein großes Modell der Verteidigungsanlagen und der Residenz sowie eine interessante kleine Bildersammlung, darunter einige Zeichnungen, auf denen zu sehen ist, wie Einschusslöcher mit Billardtischen verbarrikadiert wurden. ⏲ Museum: tgl. 9–17 Uhr; ⏲ Residency: tgl. von Sonnenauf- bis Sonnenuntergang, Eintritt Rs100, Video Rs25.

Hazratganj

Am Fluss, gegenüber dem Carlton Hotel in der Rana Pratap Marg, thront die riesige Kuppel der **Shah Najaf Imambara**, nach dem Mausoleum Alis im Irak benannt und am sehenswertesten im Lichterglanz während Muharram. In den staubigen Innenräumen liegt die versilberte Grabstätte

des dekadenten, lasterhaften Ghazi-ud-Din-Haidar (Regierungszeit 1814–27), der zusammen mit drei seiner Ehefrauen begraben wurde. Die Imambara diente während des Sepoy-Aufstandes als Festung der Aufständischen. ⌚ tgl. außer Fr von Sonnenauf- bis Sonnenuntergang; Spende erwartet.

Am 16. November 1857 fand im angrenzenden Lustgarten **Sikandrabagh** die entscheidende Schlacht statt, die es den Briten ermöglichte, die Residenz zu befreien. Heute beherbergt Sikandrabagh das National Botanical Research Institute und den schönen **Botanischen Garten**, ⌚ Mo–Fr: April–Sep 5–20, Okt–März 6–8.30 Uhr; Eintritt Rs1.

Im Ostteil von Lucknow steht ein außergewöhnliches Gebäude, schon fast ein Symbol der Stadt – **La Martinière**, bis zum heutigen Tag eine exklusive Jungenschule in reinster Kolonialtradition. Erbaut wurde sie als Landsitz von General Claude Martin, einem französischen Soldaten und Abenteurer, der von den Briten in Puducherry gefangen genommen wurde. Später trat Martin in die East India Company ein, machte ein Vermögen mit Indigo und diente sowohl unter den Briten als auch den *nawabs* von Avadh.

In der Nähe des Zentrums von Hazratganj, auf einem mit Avadh-Ruinen übersäten Gelände, liegt der kleine **Zoo**, der gleichzeitig als Vergnügungspark dient. ⌚ Di–So 8–17 Uhr, Eintritt Di–Sa Rs20, So und Feiertage Rs25. Durch den ausgedehnten Park des Zoos erreicht man das **State Museum** mit seinen erlesenen Sandsteinskulpturen der Mathura-Schule aus der

Kushana- und Gupta-Periode (1.–6. Jh. n. Chr.). Außerdem gibt es Terrakotta-Gegenstände, eine ägyptische Mumie und in der Avadh Gallery Musikinstrumente, Gemälde und alte Trachten zu sehen. ⌚ Di–So 10.30–16 Uhr, Eintritt Rs100, Fotoerlaubnis Rs20.

Übernachtung

Hotels unterer Preisklasse finden sich im Umkreis der Subhaj Marg nördlich des Bahnhofs, gehobenere Unterkünfte vor allem nahe dem Viertel Hazratganj im Zentrum.

Amber, Subhash Marg, Naka Hindola, ✆ 0522/268 3201, ✉ amberhotel@yahoo.com. Preisgünstiges Hotel nahe dem Bahnhof; große Zimmer, einige mit *air-cooler,* einige mit AC. 24 Std.-Checkout. ❸–❹

Arif Castles, 4 Rana Pratap Marg, ✆ 0522/409 8777, ✉ arifcastles@hotmail.com. Das hellblau gestrichene „Businessclass Hotel", wie es sich selbst nennt, prunkt mit Marmor und Messing; es hat AC-Zimmer mit Kabel-TV und ein Restaurant mit Avadhi-Küche. Frühstück inkl. ❻–❽

Carlton, Shah Najaf Rd, ✆ 0522/222 4021. Renommierte Adresse, Fin-de-Siècle-Gebäude im Euro-Avadhi-Stil mit großen Zimmern, vorsintflutlichen Strom- und Wasserleitungen und mottenzerfressenen Jagdtrophäen; derzeit wegen Generalsanierung geschlossen, aber bald rundum neu. ❾

Chowdhury Lodge, 3 Vidhan Sabha Marg, ✆ 0522/227 3135. Etwas schmuddeliges Billighotel im Zentrum in einer Gasse nahe einer Tankstelle. Die DZ mit Bad (Warmwasser in Eimern) sind etwas teuer, doch das Hotel liegt sehr zentral und hat auch EZ ohne Bad für nur Rs150. ❶–❹

Deep Avadh, Aminabad Rd, Naka Hindola, ✆ 0522/268 4381-7, ✉ deepavadh@sify.com. Große Auswahl an guten Zimmern mit AC und 24-Std.-Zimmerservice. Zwei Restaurants, Bar und Reisebüro; in einem interessanten Viertel unweit des Bahnhofs, am Rand des Gewimmels von Aminabad. 24-Std.-Checkout. ❺–❼

Elora, 3 Lalbagh, ✆ 0522/221 1307. Freundliche, beliebte Unterkunft. Saubere Zimmer mit Kabelfernsehen, einige mit AC; 24-Std.-Zimmerservice, Restaurant. ❸–❺

Gemini Continental, 10 Rani Laximbai Marg, ✆ 0522/401 1111, 💻 www.geminicontinental.com. Zentrale gelegenes Hotel mit großen, modernen Zimmern: schöne Aussicht, Minibar, Kabelfernsehen und AC; 24-Std.-Zimmerservice. DZ ab US$140 inkl. Frühstücksbuffet. ❽–❾

Hardik Guest House, 16 Rana Pratap Marg, nahe der Kreuzung mit der Jopling Rd, ✆ 0522/220 9497. Sauberes, gemütliches Familien-Gästehaus; freundliches Personal, gutes Essen. ❺–❼

La Place, 6 Shah Najaf Rd, Hazratganj, ✆ 0522/400 4040, 💻 www.sarovarhotels.com. Kleines, aber schickes, modernes und super-effizientes Businesshotel mit WLAN und Businesscenter, aber ohne Pool. ❾

Mayur, Subhash Marg, Ecke Station Rd, Charbagh (über dem Bharat Restaurant), ✆ 0522/245 1824. Gegenüber vom Bahnhof. Die billigen Zimmer sind schäbig, die teureren dagegen haben ein gutes Preis-Leistungs-Verhältnis. 24-Std.-Checkout. ❶–❹

Ramkrishna, Ashok Marg, ✆ 0522/223 0499. Sehr empfehlenswertes Billighotel in der Gegend von Hazratganj, aber leider oft ausgebucht – ebenso wie das ähnliche Hotel **New Ram Krishna**, ✆ 0522/262 4225, gleich nebenan. ❷

Taj Residency, Vipin Khand, Gomti Nagar, ✆ 0522/239 3939, 💻 www.tajhotels.com. Elegantestes Hotel der Stadt, im Avadhi-Stil erbaut (DZ ab US$198); Pool und mehrere Restaurants, allerdings 3 km außerhalb. ❾

Essen

Leckere Gerichte aus der traditionellen Lucknavi-Küche – Mughlai-Gerichte und örtliche *dum pukht* (Dampftopf)-Spezialitäten, die nach der Bezeichnung für den Topf manchmal auch *handi* genannt werden – gibt es an **Essenständen** überall in der Stadt, z. B. im Shami Avadh Bazaar, unweit des K.D. Singh Babu-Stadions, im Chowk, in Aminabad und hinter dem Tulsi-Theater in Hazratganj.

Auf den Märkten bekommt man Lucknows beliebte Frühstücksspezialität *paya-khulcha,* eine scharfe Hammelfleischsuppe, serviert mit warmem Brot.

Gut und günstig

Tunday Kababi, Naaz Cinema Rd, gleich am Hauptmarkt von Aminabad. Dieses beliebte und günstige Lokal (das beste in der Straße) bietet authentische Avadhi-Küche. Tandoori-Huhn sowie Kebab mit Schaf- und (tatsächlich!) Rindfleisch werden draußen zubereitet und drinnen serviert; Hauptgerichte Rs30–75.

Bharat, Subhash Marg, Ecke Station Rd, Charbagh. Billiges Straßenlokal gegenüber dem Bahnhof. Gute *dosa* und Currys (veg. Rs30–80, andere Rs60–170).

Dastarkhwan, China Gate. Eines von mehreren Freiluft-Lokalen in einer kleinen Straße beim UP Press Club. Nicht veg. Mughlai-Gerichte wie Kebabs, *kormas* und Biriyanis. Hauptgerichte Rs45–130.

Indian Coffee House, Ashok Marg. Ehemaliger Treffpunkt der politischen Avantgarde von Lucknow. Inzwischen wiedergeboren als helles neues Café mit hervorragendem Filterkaffee sowie Kuchen, Shakes, Snacks und südindischen und chinesischen Gerichten (Hauptgerichte Rs35–80).

Jone Hing, MG Marg, Hazratganj. Chinesisches Restaurant mit süß-sauren Standardgerichten, Chopsuey, Chowmein und Spezialitäten wie Ingwer-Huhn oder Mandschurischer Fisch. Hauptgerichte mit Fleisch Rs100–130, mit Fisch Rs135.

Moti Mahal, MG Marg, Hazratganj. Der Süßwarenladen im vorderen Teil hat hervorragendes Sahnekonfekt, darunter auch zuckerfreies. Das Familienrestaurant im oberen Stock serviert leckere Gemüse-Currys (Rs65–120).

Nawab's, im Hotel Capoor's, MG Marg, Hazratganj. Gehobenes Restaurant, abends mit *qawwali*-Musik (außer Di). Top-Tipp sind Gerichte wie *murg nawabi*, ein mildes, sahniges Hühnergericht mit Cashew-Butter, und *tikka masala* mit Pilzen. Nicht veg. Hauptgerichte Rs140–290.

Royal Café, Shah Najaf Rd. Bei Einheimischen beliebt; hier gibt es nicht veg. Mogul-Gerichte für Rs130–205 und Biriyanis zu Rs130–170. Filiale beim Hotel Capoor's in der MG Marg.

Einkaufen

Chikan heißt eine alte, traditionelle Lucknavi-Stickerei: filigrane Bordüren mit Blumenmustern, die die Ränder von Saris und Halsausschnitte von *kurtas* säumen. Entsprechende Werkstätten gibt es im Chowk, der Marktgegend im alten Teil von Lucknow, und Geschäfte finden sich in Hazratganj (besonders im Janpath-Markt), Nazirabad und Aminabad. **Gangotri**, das bundesstaatliche Kaufhaus in der MG Marg in Hazratganj (einen Block westlich von Lalbagh), hat feste Preise, die etwas über denen der Marktstände liegen, dafür ist die Qualität gewährleistet und man braucht nicht zu feilschen.

Lucknow ist auch für *ittar* (oder *attar)* bekannt, konzentriertes **Parfüm**, das in kleinen Fläschchen verkauft wird – ein kostspieliges Vergnügen. Kleine Baumwollbällchen werden mit dem Parfüm getränkt und in die Ohrmuschel gesteckt. Musiker glauben, der Geruch schärfe ihre Sinne. Beliebte *ittar* sind *ambar* aus Amber, *khus* aus der Blüte einer Pflanze und *ghulab* aus Rosen. Ein etablierter Händler ist **Sugandhco**, D-4 Janpath Market, an der Südseite des Markts.

Sonstiges

Autovermietungen

Mietwagen verleihen z. B. **Hotel Clarks Avadh**, 8 MG Marg, Clarks Avadh Crossing, ✆ 0522/261 6500, und **UP Tours** im Hotel Gomti, ✆ 0522/261 2659.

Feste

Das **Lucknow Festival** im Feb. gewährt einen Einblick in das reiche musikalische und tänzerische Erbe der Stadt; Näheres bei UP Tourism.

Geld

Es gibt zahlreiche **Geldautomaten** in der ganzen Stadt, z. B. am Bahnhof, am Busbahnhof, in der MG Road und in der Shah Najaf Road. **Allahabad Bank**, Park Rd, Hazratganj, und **State Bank of India**, Moti Mahal Marg.

Informationen

UP Tourism Office im Hotel Gomti, 6 Sapru Marg, ✆ 0522/261 2659; ⌚ Mo–Sa 9–19 Uhr.

Uttar Pradesh

Internet

Meeting Point, Sapru Marg, nahe der Kreuzung mit der Ashok Marg, oder **UP Business Centre**, gegenüber (beide Rs20 pro Std.).

Reisebüros

Bus-, Bahn- und Flugtickets verkaufen z. B. **Thomas Cook**, 13-A Jopling Rd, ✆ 0522/400 2181, und **UP Tours**, Hotel Gomti, 6 Sapru Marg, ✆ 0522/261 2659.
Wer nach Uttarakhand reisen möchte, findet in Lucknow Büros von **GMVN**, 4-7-RF Khushnuma Complex, Bahadur Marg, ✆ 0522/220 7844, und **kmVN**, 3. Stock, Sarang Menor, Shah Nzaf Rd, hinter dem Hotel Gomti, ✆ 0522/261 5866, die Touren nach Garhwal und Kumaon sowie Unterkünfte dort organisieren.

Touren

Gute Stadtrundfahrten (Rs550), die im Voraus bei **UP Tours** gebucht werden müssen, starten ab drei Teilnehmern tgl. vom Hotel Gomti um 9.30 Uhr und enden dort um 14.30 Uhr. Auch Abholung am Bahnhof (um 9 Uhr) und von verschiedenen Hotels. Guide und Eintrittsgebühren sind im Preis enthalten.

Nahverkehr

Mehrsitzige **Tempos** haben die Stadtbusse mehr oder weniger verdrängt und verkehren auf festen Strecken, z. B. zwischen Charbagh und der Hauptpost.

Transport

Busse

Die meisten Fernbusse verkehren vom Busbahnhof **Alambagh**, 3 km südwestlich des Bahnhofs (etwa Rs70 per Motor-Rikscha von Hazratganj, Rs5–8 in Sammel-Vikrams von Charbagh oder Ashoka Marg).
Einige Busse fahren vom zentraleren **Kaiserbagh Bus Stand** ab (Rs30 per Fahrrad-Rikscha von Hazratganj), und zwar nach DEHRA DUN (2x tgl., 10 1/2 Std.) und HARIDWAR (2x tgl., 10 Std.), außerdem einige der Busse nach GORAKHPUR (2x stdl., 8 Std.) und die meisten der Busse nach SONAULI (7x tgl., 12 Std.).

Eisenbahn

Der **Hauptbahnhof** mit vernetztem Reservierungsbüro liegt in Charbagh, 4 km südwestlich vom zentralen Viertel Hazratganj (Rs45 mit vorausbezahlter Motor-Rikscha).
Nach DELHI fährt z. B. der Shatabdi Express Nr. 12003, Abfahrt 15.35 Uhr, Ankunft in New Delhi 22.05 Uhr. Nachtzüge sind z. B. der Lucknow Mail Nr. 12229, Abfahrt 22.10 Uhr, Ankunft in New Delhi 6.50 Uhr, und der Kaifiyat Express Nr. 12225, Abfahrt 23.15 Uhr, Ankunft in Old Delhi 7 Uhr.
Der Marudhar Express Nr. 14863/14865/14853 nach AGRA fährt tgl. um 0.30 Uhr und erreicht Agra Fort um 5.55 Uhr; der Lucknow Express Nr. 12179 fährt ab Lucknow um 15.45 Uhr und ist um 21.35 Uhr in Agra Cantonment. Der Pushpak Express Nr. 12533 ist die beste Verbindung nach MUMBAI (tgl. 19.45 Uhr, Ankunft 20.05 Uhr). Die schnellste tägliche Verbindung nach KOLKATA ist der Amritsar–Howrah Mail Nr. 13006 (Abfahrt 10.50 Uhr, Ankunft 7.20 Uhr am nächsten Tag). Der Bareilly–Varanasi Express Nr. 14236 fährt um 23.15 Uhr nach VARANASI und kommt dort um 6.50 Uhr an. Am Tag verkehrt der Amritsar–Howrah Mail Nr. 13006 (Abfahrt 10.50 Uhr, Ankunft 16.40 Uhr). Der Doon Express Nr. 13009 um 18.30 Uhr bietet die beste Verbindung nach DEHRA DUN (Ankunft 7.10 Uhr). RAMNAGAR ist mit dem Dheradun Express Nr. 14265 zu erreichen (Ankunft 6.10 Uhr). Beide Züge halten in HARIDWAR, allerdings mitten in der Nacht. Ebenfalls nach Uttarakhand fährt der Bagh Express Nr. 13019 (Abfahrt 0.25 Uhr) und erreicht KATHGODAM (nach Nainital) um 9.30 Uhr.
Der Chitrakoot Express Nr. 15009 um 17.30 Uhr erreicht SATNA nachts um 4.15 Uhr, zeitig genug, um einen Bus für die Weiterreise zu erwischen.
Nach **Nepal** fahren täglich Nachtzüge mit Ziel GORAKHPUR – von wo Busse zur Grenze bei Sonauli gehen und dann weitere Busse nach Kathmandu und Pokhara – u. a. der Amritsar–Katihar Express Nr. 5708 (Abfahrt 0.50 Uhr, Ankunft 5.50 Uhr) und der Kushinagar Express Nr. 11015 (Abfahrt 1.55 Uhr, Ankunft 7.25 Uhr). Es gibt auch Direktbusse nach Sonauli, was aber eine anstrengende 12-Stunden-Reise ist.

Banden in Bundelkhand

Aufgrund der Rauheit des Terrains und der fast unerträglichen Sommerhitze ist die Region Bundelkhand südlich von Lucknow an der Grenze zu Madhya Pradesh der am schwierigsten zu kontrollierende Teil des Bundesstaates. Auch heute noch sind in den verschlungenen Berglandschaften und Tälern berüchtigte Banden von Gesetzlosen zu Hause, die sogenannten Dacoits.

Viele haben es unter den Dorfbewohnern der Gegend zu Volkshelden gebracht, und sie verstecken sie vor der fast gleichermaßen brutalen Polizei. Die berühmteste Verbrecherin der letzten Jahre war **Phoolan Devi**, die „Bandit Queen", aus einem Dorf bei Behmai. Sie wurde von einer Dacoit-Bande gekidnappt, wurde die Geliebte des Bandenanführers und nahm seine Position ein, nachdem er getötet worden war. Am Ende stellte sie sich der Polizei, wurde 1994 frei gelassen und war sogar Parlamentsabgeordnete der sozialistischen Samajwadi Party, ehe sie 2001 ermordet wurde.

Flüge

Vom **Amausi Airport**, 16 km südlich an der Kanpur Rd, kostet eine Taxifahrt in die Innenstadt rund Rs500. Vom Bahnhof zum Flughafen kostet ein vorausbezahltes Taxi Rs210, eine vorausbezahlte Motor-Rikscha Rs95.

Indian Airlines und **Air India**, 9 Rani Laxmi Bai Marg (beim Gemini Continental Hotel), ✆ 0522/262 0927;

Jet Airways und **JetLite**, 6 Park Rd, ✆ 0522/223 9612.

Allahabad

Die Verwaltungs- und Industriestadt Allahabad, 135 km westlich von Varanasi und 227 km südöstlich von Lucknow, wird auch **Prayag** („Zusammenfluss") genannt, denn sie liegt an dem Punkt, an dem sich die Yamuna und der Ganges mit dem mythischen Fluss Saraswati (S. 325) vereinen. Der den Hindus heilige **Sangam** (bedeutet ebenfalls „Zusammenfluss") östlich der Stadt ist einer der wichtigsten Wallfahrtsorte Indiens. Während der *melas* (religiöse Feierlichkeiten) strömen zahllose Besucher nach Allahabad: Die **Magh Mela** findet jedes Jahr statt (Jan/Feb), die prächtige **Maha Kumbh Mela** hingegen nur alle zwölf Jahre (das nächste Mal in den Jahren 2013 und 2025).

Allahabad ist eine recht angenehme Stadt mit großen freien Flächen am Fluss und guten Einrichtungen, jedoch gibt es keine bedeutenderen Tempel und Monumente. Durch die Lage am Ende des fruchtbaren Doab, des „Zwei-Flüsse"-Tals zwischen Yamuna und Ganges, besaß die Stadt aber strategische Bedeutung. Das riesige, von Großmogul Akbar 1583 erbaute **Fort** wird auch heute noch vom indischen Militär genutzt. Ein weiterer Mogul, Jahangirs Sohn Khusrau, wurde hier von seinem Bruder Shah Jahan ermordet, der daraufhin die Herrschaft übernahm. Nach dem Aufstand von 1857 war Allahabad für kurze Zeit Machtzentrum, nachdem die Briten die Hauptstadt der Nordwestprovinzen von Agra hierher verlegt hatten. Im darauffolgenden Jahr fand in Allahabad die offizielle Übergabe der Macht von der East India Company an die britische Krone statt.

Die Eisenbahnschienen führen mitten durch das Zentrum und schneiden Allahabad in zwei Teile: Die chaotische **Altstadt** oder **Chowk** liegt südlich des Hauptbahnhofs und das wohlgeordnete Straßennetz von **Civil Lines** (das Wohngebiet der alten britischen Garnisonsstadt) nördlich davon. 1 km nördlich des Bahnhofs Allahabad Junction thront die gelb-rote Sandsteinmasse der neugotischen **All Saints' Cathedral** über den umliegenden Alleen. Die von Sir William Emerson, dem Architekten des Victoria Memorial in Kolkata, entworfene Kathedrale verfügt noch über einen großen Teil der Original-Buntglasfenster sowie über einen eindrucksvollen Altar mit Marmorintarsien.

Die Gedenktafeln in der Kirche gestatten einen Blick in die Tage der britischen Herrschaft in Indien, und das Strebewerk und die wasserspeienden Monster draußen vermitteln den Besuchern den Eindruck, sich in einer englischen Stadt zu befinden – die Palmen im Garten

Allahabad

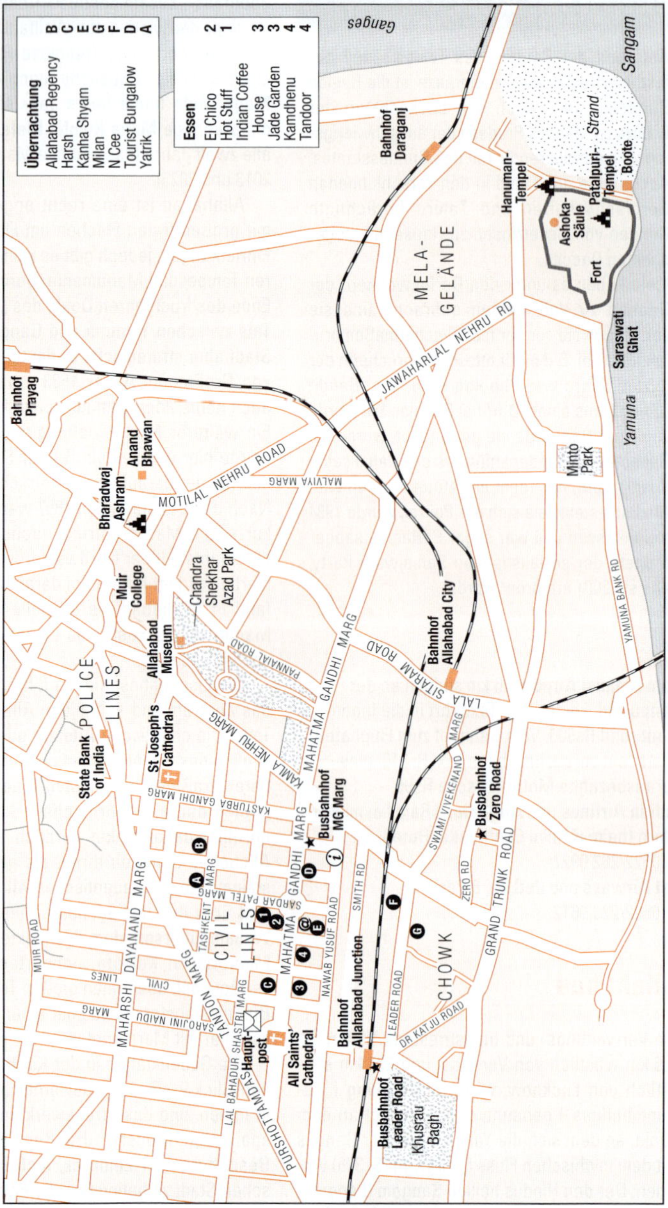
Übernachtung
Allahabad Regency B
Harsh C
Kanha Shyam E
Milan G
N Cee F
Tourist Bungalow D
Yatrik A
Essen
El Chico 2
Hot Stuff 1
Indian Coffee House 3
Jade Garden 3
Kamdhenu 4
Tandoor 4
Varanasi
Ganges
Sangam
Strand
Lucknow
Bahnhof Prayag
Bahnhof Daraganj
Mela-Gelände
Jawaharlal Nehru Rd
Hanuman-Tempel
Patalpuri-Tempel
Boote
Ashoka-Säule
Fort
Saraswati Ghat
Yamuna
Minto Park
Yamuna Bank Rd
Kausambi, Chitrakut
Anand Bhawan
Bharadwaj Ashram
Motilal Nehru Road
Malviya Marg
Muir College
Chandra Shekhar Azad Park
Allahabad Museum
Bahnhof Allahabad City
Lala Sitaram Road
Police Lines
State Bank of India
St Joseph's Cathedral
Kamla Nehru Marg
Mahatma Gandhi Marg
Pannalal Road
Kasturba Gandhi Marg
Busbahnhof MG Marg
Swami Vivekenand Marg
Busbahnhof Zero Road
Zero Rd
Grand Trunk Road
Smith Rd
Nawab Yusuf Road
Sardar Patel Marg
Tashkent Marg
Civil Lines
Maharshi Dayanand Marg
Muir Road
Tandon Marg
Lal Bahadur Shastri Marg
Sarojini Naidu Marg
Hauptpost
All Saints' Cathedral
Bahnhof Allahabad Junction
Leader Road
Chowk
Dr Katju Road
Purshotamdas
Busbahnhof Leader Road
Khusrau Bagh
Bamrauli Airport, Kanpur
1 km

machen diese Illusion aber schnell zunichte. Zu den Sonntagsgottesdiensten hier kommen immer noch sehr viele Gläubige, genauso wie zu den Messen in der auffälligen **St. Joseph's Roman Catholic Cathedral** ein Stück Richtung Nordosten.

Am Rande des hübschen **Chandra Shekhar Azad Park**, gleichfalls in Civil Lines, liegt das mit alten Skulpturen übersäte Gelände des **Allahabad Museums**. Die Ausstellungsstücke umfassen frühe Terrakotta-Gegenstände, Skulpturen aus dem 18. Jh., die in der buddhistischen Stätte Kausambi gefunden wurden, und eine wunderbare, aus dem 12. Jh. stammende Darstellung von Shiva und Parvati. Außerdem gibt es eine umfassende Galerie moderner indischer Werke, naive Malereien des russischen Künstlers Nicholas Roerich und Arbeiten des Tibetologen Lama Anagarika Govinda. In einer naturkundlichen Abteilung sind ausgestopfte Tiere zu sehen und in einer anderen Fotos und Dokumente aus der Zeit des Unabhängigkeitskampfes. ⌚ Di–So 10.30–16.45 Uhr, jeden So nach dem 2. Sa im Monat geschlossen; Eintritt Rs100.

Nördlich des Museums stehen die aus dem 19. Jh. stammenden Sandsteingebäude der **Allahabad University** und das gotische **Muir College**, Baujahr 1870, dessen 61 m hoher Turm zwischen blau gekachelten Kuppeln und eleganten Torbögen emporragt. Gleich hinter dem College, inmitten einer wunderbaren Anlage rund 1 km nordöstlich des Museums, befindet sich das **Anand Bhawan**. Das reich verzierte viktorianische Gebäude war das Elternhaus des ersten indischen Premierministers nach der Unabhängigkeit, Jawaharlal Nehru. Es wurde in ein Museum verwandelt. Schlangen von Besuchern spähen durch Glasscheiben in die prunkvollen Wohnräume und verschaffen sich einen Eindruck davon, wie gut es der „First Family" ging. Nehrus Tochter Indira Gandhi wurde hier geboren, und der mit der Familie nicht verwandte Mahatma Gandhi wohnte hier, wenn er die Stadt besuchte. ⌚ Di–So 9.30–17 Uhr (von 12.45–13.30 Uhr kein Kartenverkauf); Erdgeschoss: Eintritt frei, 1. Stock: Rs8.

Das längste Stück der Uferpromenade Allahabads liegt entlang der Yamuna, wo Frauen abends an der **Saraswati Ghat** *arati* (Lichtopfer) ausführen, indem sie kleine, *diya* genannte Öl-

Die Kumbh Mela

Traditionell gelten den Hindus Zusammenflüsse von Flüssen (Sangams) als glückverheißende Orte, und kein Zusammenfluss ist bedeutender als das Zusammentreffen von Yamuna und Ganges mit dem Fluss der Erkenntnis, der mythischen unterirdischen Saraswati, bei Allahabad. Der Überlieferung zufolge trug Vishnu einen *kumbha* (Topf) mit *amrita* (Nektar), als zwischen den Göttern ein Handgemenge ausbrach und vier Tropfen Nektar verschüttet wurden. Sie fielen an den vier *tirthas* Prayag, Haridwar, Nasik und Ujjain auf die Erde. Dieses Ereignis wird alle drei Jahre bei der Kumbh Mela gefeiert, die bei jeder *tirtha* abwechselnd stattfindet. Der Sangam von Allahabad ist als Tirtharaja bekannt, „König der *tirthas*", und die hiesige *mela*, die Maha Kumbh Mela (Große Kumbh Mela), ist die größte und heiligste von allen.

An der Maha Kumbh Mela, dem größten religiösen Fest Indiens, nahmen 2001 17 Millionen Pilger teil (die nächsten sind 2013 und 2025). Die riesigen Überschwemmungsebenen und Flussuferzonen am Zusammenfluss waren mit Zelten zugestellt, organisiert in fast militärischer Ordnung von der Regierung, den örtlichen Behörden und der Polizei. Die *mela* ist insbesondere dafür bekannt, dass sich hier eine außergewöhnliche Ansammlung religiöser Asketen einfindet – Sadhus und *mahants* –, die von ihren abgeschiedenen Zufluchtsorten in Wäldern, auf Bergen und in Höhlen weggelockt werden.

Nachdem die Astrologen die günstigste Badezeit *(kumbhayog)* errechnet haben, strömen zuerst scharenweise Naga Sadhus oder Naga Babas ins Wasser, die ihre nackten Körper mit Asche beschmieren und ihre Haare in Rastalocken tragen. Die Sadhus, die sich selbst als Glaubenswächter sehen, nähern sich dem Zusammenfluss zur vereinbarten Zeit mit all dem Pomp und der Prahlerei einer angreifenden Armee.

Während die Kumbh Mela nur alle drei Jahre und außerdem nicht immer in Allahabad stattfindet, gibt es noch ein kleineres jährliches Badefest, die Magh Mela, die immer im Monat Magha (Jan/Feb) stattfindet.

lämpchen flussabwärts treiben lassen. Östlich der Saraswati Ghat, in der Nähe des Sangam, befindet sich das **Fort** – am eindrucksvollsten präsentiert es sich von einem Boot aus betrachtet. Da die Festung noch zu Militärzwecken dient, dürfen Besucher nur das Gelände rund um den **Patalpuri-Tempel** betreten, das man durch eines der drei massiven Festungstore erreicht.

An einer *ghat* östlich der Festung fahren die Boote zum Sangam ab. Weiter landeinwärts, links des Sangam, am Fuße der Anlage, führt eine Straße an Ständen vorbei zum farbenfrohen **Hanuman-Tempel**. Ungewöhnlich ist, dass der Affengott im Tempelinnern nicht stehend, sondern liegend dargestellt wird; angeblich steigt während der jährlichen Überschwemmungen das Wasser so lange, bis es die Füße des Gottes berührt, und geht dann wieder zurück.

Übernachtung

Allahabad Regency, 16 Tashkent Marg, ✆ 0532/261 1110, 💻 www.hotelallahabadregency.com. Kolonialhotel aus dem 19. Jh. mit komfortablen AC-Zimmern, gutem Gartenrestaurant, Sauna, Jacuzzi, Pool und Fitnessraum. ❼

Harsh, 118/116 MG Marg, ✆ 0532/242 7897. Der schäbige Kolonialbungalow hat große, abgewohnte Zimmer mit Bad; die nach vorne raus besitzen kleine Kamine und öffnen sich auf einen Rasen. Wurde zuletzt renoviert, sollte also mittlerweile besser aussehen. ❷

Ilawart Tourist Bungalow, 35 MG Marg, ✆ 0532/260 7440, ✉ rahiilawart@up-tourism.com. Die Zimmer im neuen Flügel unweit des Busbahnhofs auf ihren Lärmpegel hin testen – die mitgenommeneren im alten Block sind ruhiger. Es gibt auch einen Schlafsaal (Rs125), ein Restaurant mit langsamer Bedienung, aber guter Küche und eine beliebte Bar. Gemanagt von UP Tourism. ❹–❺

Kanha Shyam, Strachey Rd, Civil Lines, ✆ 0532/256 0123-32, 💻 www.hotelkanhashyam.com. Nobles 4-Sternehotel mit ziemlich edlen Zimmern in Burgunderrot und mit dunklem Holz. Pool, Bar, Café (⏲ 24 Std.) und Dachrestaurant. ❷–❹

Milan, 46 Leader Rd, ✆ 0532/240 3776 oder -7, 💻 www.milanhotels.in. Etwas besser als die anderen Hotels südlich des Bahnhofs und eine gute Wahl in der mittleren Preislage. Die billigeren Zimmer sind etwas verwohnt und die Matratzen ziemlich hart, aber es gibt auch bessere AC-Zimmer. ❸–❹

N Cee, 108 Leader Rd, ✆ 0532/240 1166. Beliebtes Budgethotel südlich der Bahnschienen im betriebsamen Basarviertel. Kleine, aber billige Zimmer, freundliche Atmosphäre, oft voll. 24-Std.-Checkout. ❶–❷

Yatrik, 33 Sardar Patel Marg, ✆ 0532/226 0921-6, 💻 www.hotelyatrik.com. Das beste der teureren Hotels, hat weniger Serviceangebote, aber mehr Ambiente als das Kanha Shyam. Einladender Garten mit Pool (April–Sep). 24-Std.-Checkout. ❻–❼

Essen

Die meisten besseren Cafés und Restaurants liegen in Civil Lines um die MG Marg. Am frühen Abend gibt es an den Essenständen in der MG Marg alle möglichen Leckerbissen.

Bootsfahrt zum Sangam

Rund 7 km von Civil Lines befindet sich der heilige Zusammenfluss, der Sangam. An der Stelle, wo sich der braune Ganges und die grünliche Yamuna vereinigen, drängen sich *pundas* (Priester) auf kleinen Plattformen, um *puja* durchzuführen und den Gläubigen bei der rituellen Reinigung im flachen Wasser behilflich zu sein. Die Strände und *ghats* sind mit den abgeschnittenen Haaren der Pilger bedeckt, die hier für ihre verstorbenen Eltern eine Trauerzeremonie durchführen, und Frauen verkaufen Häufchen aus leuchtend rotem und orangefarbenem *tilak*-Puder.

Boote, die Pilger und Touristen zum Sangam befördern, fahren an der *ghat* östlich des Forts ab. Der staatlich empfohlene Preis für die Überfahrt beträgt pro Person Rs30, doch die meisten Wallfahrer zahlen ungefähr Rs60, und manchmal werden bis zu Rs150 verlangt. Der offizielle Preis für eine ganze Bootsmiete liegt bei Rs150, kann aber bei den *melas* bis über Rs500 steigen.

El Chico, 24 MG Marg. Gutes, schickes Lokal; leckere indische, chinesische und auch westliche Gerichte; nicht veg. Hauptgerichte Rs185–300.

Hot Stuff, 21 Sardar Patel Marg. Der beliebte Treffpunkt der Stadtjugend serviert neben Burgern und chinesischen Gerichten auch Milchshakes und Eiscreme; Hauptgerichte Rs50–130.

Indian Coffee House, MG Marg, etwas von der Straße zurückversetzt. Allahabads Filiale dieser südindischen Kette bietet ausgezeichneten Filterkaffee und einfache Snacks (max. Rs35).

Jade Garden, 123–127 MG Marg. Kleines Gartenlokal, überwiegend chinesische Küche wie Chopsuey, Chowmein und Süßsaures sowie veg. und andere indische Gerichte (Hauptgerichte Rs90–175).

Kamdhenu, 37 MG Marg. Bekannter Süßwarenladen im schönen Gebäude des Theatre Palace aus dem 19. Jh. mit köstlichen örtlichen Spezialitäten.

Tandoor, 33 MG Marg. Etwas teureres, nicht veg. Restaurant und eines der besten für indische Küche mit allen Tandoori-Klassikern wie Huhn oder Fisch-Tikka, Kebab und Mogul-Currys. Nicht veg. Hauptgerichte kosten Rs85–195.

Sonstiges

Autovermietungen

Mietwagen vermitteln Reisebüros wie **Varuna**, Tulsiani Plaza, neben dem Hotel Harsh an der MG Marg, ✆ 0532/242 7287, ✉ varunatravels@hotmail.com; die Preise liegen bei Rs650 pro Tag plus gefahrene Kilometer.

Geld

Es gibt mehrere **Geldautomaten** in der MG Marg; die **State Bank of India**, Kutchery Rd, Police Lines, liegt ungünstig.

Informationen

Tourist Information Office im Tourist Bungalow, 35 MG Marg, Civil Lines, ✆ 0532/260 1873. Sehr hilfsbereit, bietet nützliche Infos, vor allem während der *melas*. ⌚ Mo–Sa 10–17 Uhr, 2. Sa im Monat geschlossen.

Internet

Mehrere Internetläden im Maya Bazaar, neben dem Restaurant Tandoor, und **Angelica's Cyber Point**, gegenüber vom Hotel Sangam in einer Nebenstraße der MG Marg, berechnen Rs15–20 pro Std.

Post

Die **Hauptpost** (GPO oder HPO genannt) liegt an der Sarojini Naidu Marg, unweit der All Saints' Cathedral in Civil Lines.

Nahverkehr

Taxis findet man in der Umgebung der Allahabad Junction Station, doch die üblichsten Fortbewegungsmittel sind **Fahrrad- und Motor-Rikschas**; eine Fahrt zum Sangam von der großen Kreuzung in Civil Lines kostet etwa Rs35 (mit dem Fahrer einen Zeitpunkt für die Rückfahrt ausmachen).

Transport

Busse

Am Busbahnhof **Leader Road** halten die Busse aus westlich gelegenen Städten wie Agra, Lucknow, Kausambi und Delhi. Er liegt direkt vor den Südausgängen des Bahnhofs Allahabad Junction. Der Busbahnhof **Zero Road**, zuständig für die im Süden gelegenen Städte Mahoba, Satna und Chitrakut – Ausgangspunkte nach Khajuraho – befindet sich 1 km weiter südöstlich. Busse von überall her und vor allem aus Städten im Osten, darunter Varanasi, laufen den Busbahnhof **MG Marg** an, neben der Touristeninformation.

Eisenbahn

Allahabad besitzt vier Bahnhöfe, doch Expresszüge halten am Bahnhof **Allahabad Junction**. Die meisten Unterkünfte liegen ganz in der Nähe; beim Verlassen des Bahnhofsgebäudes darauf achten, den Ausgang zu nehmen, der zur angestrebten Hotelgegend führt.

Flüge

Der Bamrauli Airport liegt 18 km westlich der Stadt an der Straße nach Kanpur.

Indian Airlines, mit Büro am Flughafen, ✆ 0532/258 1370, fliegt nach Delhi.

Die Umgebung von Allahabad

Nur 63 km südlich von Allahabad liegen am Ufer der Yamuna die ausgedehnten Ruinen von **Kausambi**, einem bedeutenden buddhistischen Zentrum, in dem einst der Buddha selbst predigte. Die Stadt hatte ihre Blütezeit zwischen dem 8. Jh. v. Chr. und dem 6. Jh. n. Chr.; archäologische Funde legen eine noch frühere Besiedlung nahe. Der Überlieferung zufolge wurde die Stadt von Nachfahren der Pandavas gegründet, nachdem ihre Stadt Hastinapur durch Überschwemmungen zerstört worden war. Über den Feldern erheben sich ursprünglich mit Ziegelsteinen eingefasste Befestigungen aus Lehm, die eine unregelmäßige, etwa 6 km lange Umfriedung bilden, und es gibt auch noch Teile eines Wassergrabens.

Innerhalb des Komplexes haben Ausgrabungen eine befestigte Straße, Backsteinhäuser, Brunnen, Teiche und Abflüsse, ein Kloster und einen großen Stupa zu Tage gefördert sowie in der südöstlichen Ecke die Überreste eines Palastes. Das Einzige, was noch steht, ist eine beschädigte Sandsteinsäule, die Ashoka zugeschrieben wird – eine zweite Säule wurde von den Moguln versetzt und ziert heute die Tore des Forts von Allahabad. Mit dem eigenen Fahrzeug oder einem gemieteten Taxi (rund Rs1000) ist Kausambi ein einfacher Tagestrip von Allahabad. Ansonsten fahren auch Busse (Rs50) vom Busbahnhof Leader Road.

Allahabad ist außerdem eine gute Basis für Ausflüge in die entlegeneren Teile von **Bundelkhand** (S. 293) im Süden. Das weitläufige Pilgerdorf **Chitrakut** (auch **Sitapur** genannt) liegt 128 km Richtung Südwesten und ist leicht mit dem Zug oder Bus erreichbar. Von hier kann man auch gut nach Kalinjar und Khajuraho weiterfahren. Zusammen mit der Schwesterstadt **Karbi** 8 km östlich (von wo es Zugverbindungen nach Allahabad, Kolkata und Delhi gibt) ist Chitrakut ein wichtiges Wallfahrtszentrum der Vaishnavas. Die meisten religiösen und Freizeitaktivitäten konzentrieren sich am reizenden **Ramghat** im Zentrum, auf dem Boote mit blauen Matratzen und Kissen ein schönes Bild vor der Kulisse aus Ashrams und *ghats* auf beiden Seiten des schmalen, träge dahinfließenden Flusses abgeben.

Etwa 88 km südwestlich von Chitrakut blickt oberhalb der gleichnamigen Stadt die verlassene sternförmige Festung von **Kalinjar** von einem Felsenberg am Ende der zerklüfteten Vindhya-Berge auf das Ganges-Tal. Einen Großteil der Festung hat sich trockener, von Affen bevölkerter Buschwald zurückerobert. Die einst prächtigen Alleen sind nurmehr felsige Fußpfade, die sich um die wenigen verbleibenden zerfallenden, jedoch reich verzierten Gebäude winden. Kalinjar hat so gut wie keine touristischen Einrichtungen – die meisten Besucher kommen im Rahmen von Tagesausflügen von Chitrakut oder Allahabad. Oder sie steigen in Banda ab, das an den wichtigen Bahn- und Busrouten liegt; von Banda fahren Nahverkehrsbusse nach Kalinjar.

Vom Dorf Kalinjar geht es 3 km über steile Stufen hinauf zum Haupttor der Festung, **Alam Darwaza**. Am Südtor, dem **Panna Gate**, gibt es Felsritzungen, die sieben Hirsche zeigen – diese repräsentieren wie die sieben Tore der Festung die sieben damals bekannten Sterne. Unter dem **Bara Darwaza**, dem „Großen Tor", liegt die künstliche Höhle Sita Sej; hier befinden sich auf einer Steincouch aus dem 4. Jh. mit die ältesten Inschriften von Kalinjar. Von den kolossalen Befestigungen des Forts bieten sich weite Ausblicke über die Ganges-Ebene im Norden und die Vindhya-Berge im Süden.

4 HIGHLIGHT

Varanasi

Das Flussufer der Hindu-Stadt Varanasi in der Ganges-Ebene, auch **Banaras** oder **Benares** genannt, wird kilometerweit von steinernen *ghats* gesäumt, an denen tagtäglich Tausende Pilger und Anwohner ihre rituellen Waschungen durchführen. Das von Gläubigen **Kashi**, die Erleuchtete – die von Shiva gegründete Stadt des Lichtes – genannte Varanasi ist eine der ältesten ununterbrochen bewohnten Städte der Welt. Seit dem 6. Jh. v. Chr. steht sie im Mittelpunkt der hinduistischen Glaubenswelt und einer religiösen Geografie, die von der im Himalaya gelegenen Höhle Amarnath in Kashmir nach

Nepper und Schlepper

Wie in Agra und Delhi wimmelt es in Varanasi von „Bauernfängern", und vor allem Neuankömmlinge müssen auf der Hut sein. Die meisten Hotels zahlen Kundenschleppern eine Provision von bis zu 80 % des Zimmerpreises (pro Übernachtung) – auf Rechnung des Gastes. Alle Englisch sprechenden Rikscha-Fahrer sind Schlepper und äußerst hartnäckig. Wer am Bahnhof Cantonment ankommt, sollte zuerst das hilfsbereite Tourist Office (S. 340) aufsuchen, das Hotel seiner Wahl anrufen und sich abholen lassen. Wer lieber in der Altstadt absteigen will, marschiert vom Bahnhof oder Busbahnhof weg bis zur Hauptstraße, sucht dort einen Fahrradrikscha-Fahrer, der kein Englisch kann, und gibt als Fahrziel Godaulia, 3 km südöstlich an – die Rikscha-Fahrt kostet Rs30. Rikschas kommen nicht durch die schmalen Gassen rings um den Vishwanatha-Tempel und sind im Zentrum von Godaulia nicht zugelassen. Auch in diesem Fall ist es ratsam, bei einem Hotel anzurufen und sich abholen zu lassen. Wer auf eigene Faust ein Hotel sucht, bekommt unweigerlich einen Begleiter, der dann im Hotel Provision verlangt. Von den Hotels in der Altstadt, die sich auf diesen Handel nicht einlassen, wird üblicherweise behauptet, sie seien „abgebrannt" oder „überschwemmt".

Kanniyakumari, der Südspitze Indiens, von Puri im Osten und Dwarka im Westen reicht.

Varanasi zählt zu den heiligsten aller *tirthas* (S. 293) und zieht seit jeher Wallfahrer, Sinnsuchende und Sannyasins an, darunter heilige Männer wie Buddha, Mahavira, Gründer des Jainismus, und der große hinduistische Reformer Shankara. Jeder, der in Varanasi stirbt, erlangt sofort *moksha,* d. h. Erlösung, und viele ältere Menschen kommen zum Sterben hierher.

Ghats

Die von Villen, Palästen und Tempeln aus dem 18. und 19. Jh. gesäumten Flussufer Varanasis sind mit einer Reihe steinerner Treppen versehen – den *ghats.* Jede der etwa 100 kleineren oder größeren *ghats* besitzt einen Lingam und nimmt in der religiösen Geografie der Stadt ihren speziellen Platz ein. Manche sind im Zerfall begriffen, andere dagegen genießen hohen Zulauf. Bei den Hindus gilt der Ganges als *amrita*, jenes Elixier, das den Lebenden Reinheit und den Toten Erlösung bringt. In Wirklichkeit ist der Fluss aber stark verunreinigt und ein Bad daher keinesfalls ratsam. Das Schlimmste sind die Schwermetalle, die zusammen mit den ungeklärten Abwässern aus den weiter flussaufwärts gelegenen Fabriken in den Ganges geleitet werden. Ob sterilisiertes Ganges-Wasser noch die Kraft hat, von Sünden zu reinigen, ist bei den Gläubigen umstritten. Derzeit überwiegt die Meinung, dass Abkochen zulässig ist, nicht jedoch eine chemische Behandlung.

Seit Jahrhunderten folgen Pilger ganz bestimmten Strecken unter Einbeziehung am Wege gelegener Tempel. Eine der populärsten ist **Panchatirthi Yatra**, zu der die *pancha* (fünf) *tirthi* (Übergänge) Asi, Dash, Manikarnaka, Panchganga und Adi Kesh gehören. Um das Wohlwollen der Götter zu erlangen, rezitiert der von einem *panda* (Priester) begleitete Gläubige fromme Formeln und vollzieht an jedem Streckenabschnitt ein Ritual. Touristen begnügen sich meist damit, eine Reihe von *ghats* im Rahmen einer Bootsfahrt oder Wanderung zu betrachten.

Die Preise für **Bootsfahrten** entlang der *ghats*, insbesondere der wichtigeren wie der Dashaswamedh, sind weit überhöht. Es gibt zwar einen Polizeiposten an der Dashaswamedh Ghat, doch Touristen erfahren von staatlicher Seite wenig Unterstützung und müssen auf zähes Feilschen gefasst sein. Es gibt von UP Tourism empfohlene Festpreise von Rs50 pro Std. für kleine Boote (1–4 Personen) und Rs75 für ein größeres Boot (5–10 Personen), aber daran hält sich keiner.

Von der Asi Ghat zur Kedara Ghat

Am Lehmufer der **Asi Ghat**, am Zusammenfluss von Asi und Ganges, baden die Pilger, bevor sie am großen Lingam unter einem *peepal*-Baum beten. Ein kleiner Marmortempel unweit der

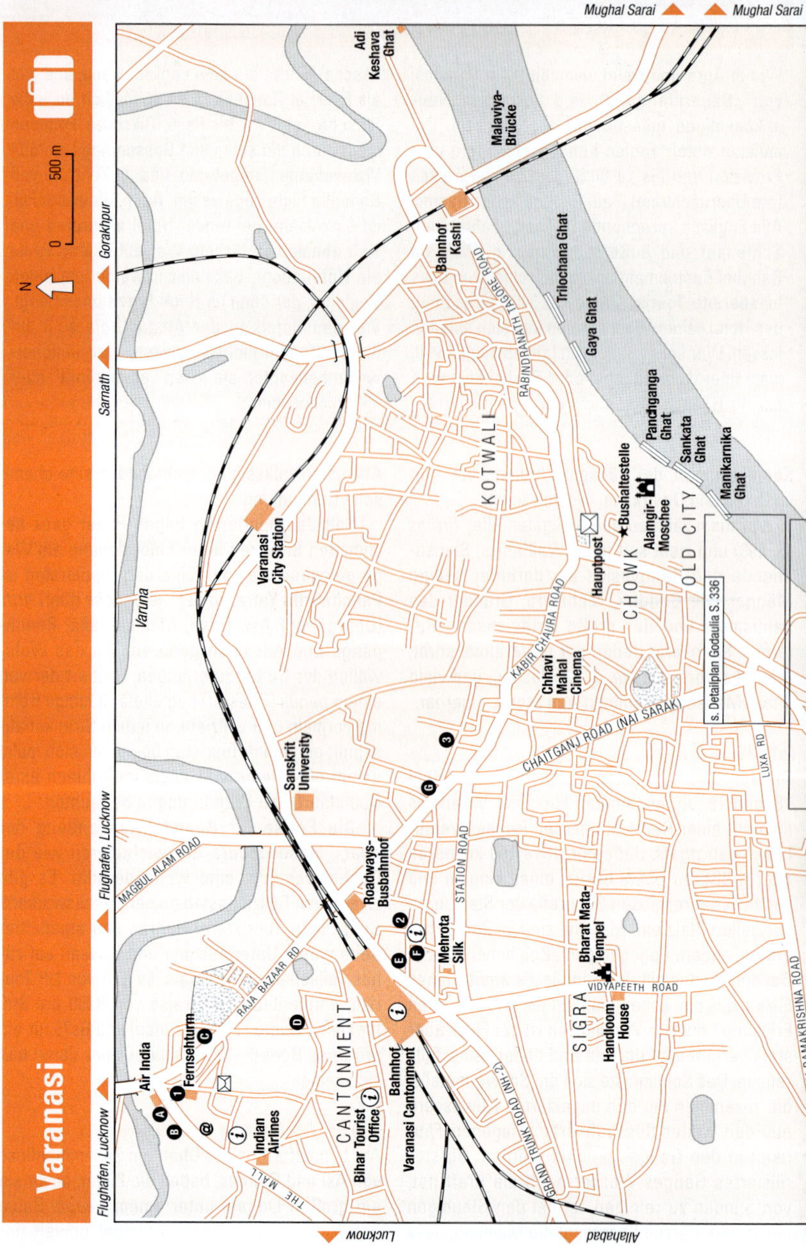

Varanasi
500 m
N
Flughafen, Lucknow
Gorakhpur
Sarnath
Mughal Sarai
Mughal Sarai
Lucknow
Allahabad
Adi Keshava Ghat
Malaviya-Brücke
Bahnhof Kashi
Trilochana Ghat
Gaya Ghat
Panchganga Ghat
Sankata Ghat
Manikarnika Ghat
RABINDRANATH TAGORE ROAD
KOTWALI
Bushaltestelle
Alamgir-Moschee
Hauptpost
CHOWK
OLD CITY
s. Detailplan Godaulia S. 336
KABIR CHAURA ROAD
Chhavi Mahal Cinema
CHAITGANJ ROAD (NAI SARAK)
LUXA RD
Varanasi City Station
Varuna
Sanskrit University
MAGBUL ALAM ROAD
Roadways-Busbahnhof
STATION ROAD
Mehrota Silk
Bharat Mata-Tempel
VIDYAPEETH ROAD
SIGRA
Handloom House
RAMAKRISHNA ROAD
RAJA BAZAAR RD
CANTONMENT
Bahnhof Varanasi Cantonment
Bihar Tourist Office
GRAND TRUNK ROAD (NH 2)
Air India
Fernsehturm
Indian Airlines
THE MALL

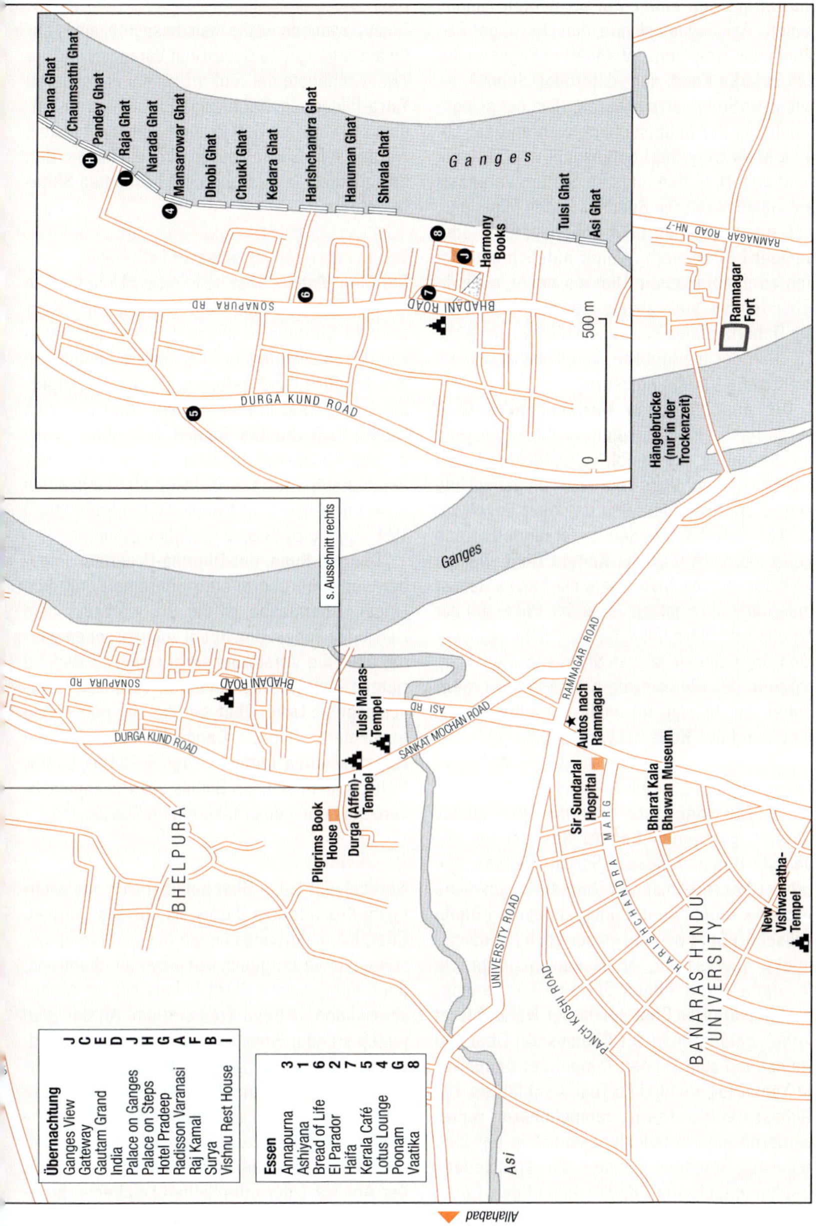
Übernachtung
Ganges View J
Gateway C
Gautam Grand E
India D
Palace on Ganges J
Palace on Steps H
Hotel Pradeep G
Radisson Varanasi A
Raj Kamal F
Surya B
Vishnu Rest House I
Essen
Annapurna 3
Ashiyana 1
Bread of Life 6
El Parador 2
Haifa 7
Kerala Café 5
Lotus Lounge 4
Poonam G
Vaatika 8
Rana Ghat
Chaumsathi Ghat
Pandey Ghat
Raja Ghat
Narada Ghat
Mansarowar Ghat
Dhobi Ghat
Chauki Ghat
Kedara Ghat
Harishchandra Ghat
Hanuman Ghat
Shivala Ghat
Tulsi Ghat
Asi Ghat
Ganges
Harmony Books
SONAPURA RD
BHADAINI ROAD
DURGA KUND ROAD
0
500 m
RAMNAGAR ROAD NH-7
Ramnagar Fort
Hängebrücke (nur in der Trockenzeit)
s. Ausschnitt rechts
Ganges
Tulsi Manas-Tempel
ASI RD
SANKAT MOCHAN ROAD
RAMNAGAR ROAD
Autos nach Ramnagar
Durga (Affen)-Tempel
Pilgrims Book House
BHELPURA
Sir Sundarlal Hospital
Bharat Kala Bhawan Museum
HARISHCHANDRA MARG
UNIVERSITY ROAD
PANCH KOSHI ROAD
BANARAS HINDU UNIVERSITY
New Vishwanatha-Tempel
Asi
Allahabad

ghat birgt noch einen viel besuchten Lingam namens **Asisangameshvara**, den „Herrn der Asi-Mündung". Traditionell wanderten Pilger weiter zum **Lolarka Kund**, der „Zitternden Sonne", einem über Stufen erreichbaren, 15 m tief gelegenen Teich, der hauptsächlich während der Lolarka Mela (Aug/Sep) aufgesucht wird. Lolarka Kund gehört zu den ältesten Stätten Varanasis und lockte bereits zu Buddhas Zeiten Pilger an.

Die angrenzende **Tulsi Ghat** liegt mehr oder weniger in Trümmern. Weiter nördlich befindet sich an der **Hanuman Ghat** ein neuer, südindischer Tempel. Viele glauben, es handle sich um den Geburtsort des Vaishnava-Heiligen Vallabha (15. Jh.), der maßgeblich zum Wiederaufleben der Krishna-Verehrung beitrug.

Die anschließende **Harishchandra Ghat** wurde nach einem legendären König benannt, der großmütig sein Reich verschenkte. Sie ist eine der beiden *ghats* Varanasis, an denen Tote eingeäschert werden, und ist daher unschwer an den Rauchschwaden zu erkennen. Noch weiter nördlich folgt die **Kedara Ghat**, welche die hinduistische Mythologie mit Shivas Heimat Kedarnath im Himalaya verbindet. Pilger auf der Panchatirthi Yatra besuchen sie nicht, doch vor allem im heiligen Monat Shravana (Juli/Aug), mitten in der Monsunzeit, herrscht hier großer Trubel. Der hiesige rot-weiß gestreifte Tempel beherbergt den **Kedareshvara Lingam**.

Von der Chauki Ghat zur Chaumsathi Ghat

Das herausragendste Merkmal der weiter nördlich gelegenen **Chauki Ghat** ist ein gewaltiger Baum, in dessen Schatten kleine, den *nagas* (Wasserschlangen-Gottheiten) geweihte Schreine liegen. An der unverkennbaren **Dhobi** (Wäscher) **Ghat** werden immer noch Kleidungsstücke gewaschen. An kleineren *ghats* wie der nach dem heiligen See in Tibet benannten **Mansarowar Ghat** sowie der **Narada Ghat** vorbei, gelangt man zur **Chaumsathi Ghat**, wo Steinstufen zum kleinen Tempel der **Chaumsathi Yogini** (64 weiblichen Yogi) hochführen. Die Bildnisse von Durga im Tempelinneren repräsentieren eine Entwicklungsstufe, in der eine Reihe von Göttinnen nunmehr als verschiedene Erscheinungsformen dieser mächtigen Göttin betrachtet wurde.

Dashaswamedh Ghat

Dashaswamedh ist die meistbesuchte, am leichtesten zugängliche Bade-Ghat Varanasis und die zweitwichtigste der fünf *tirthas* am Panchatirthi Yatra-Pilgerweg. Der hiesige Brahmeshvara Lingam soll von dem Gott Brahma selbst aufgestellt worden sein. Südlich davon birgt ein flacher Bau den zu allen Jahreszeiten gut besuchten **Shitala-Schrein**.

Von der Man Mandir Ghat zur Lalita Ghat

Die **Man Mandir Ghat** ist in erster Linie für ihre im 18. Jh. unter dem Maharadscha von Jaipur erbaute Sternwarte bekannt. Pilger besuchen zuerst den Lingam von Someshvara, dem Herrn des Mondes, und gehen dann an der **Tripurabhairavi Ghat** vorbei zur **Mir Ghat** und zum **Neuen Vishwanatha-Tempel**. Der Tempel wurde von konservativen Brahmanen erbaut, die behaupteten, der alte Vishwanatha-Lingam sei unrein geworden, als Harijans („Unberührbare") 1956 Zugang zu diesem Heiligtum erhielten.

Dharma Kupa, der Dharma-Brunnen, umgeben von untergeordneten Schreinen und dem Lingam **Dharmesha**, ist der Ort, wo Yama, dem Herrn des Todes, das Recht zugesprochen wurde, über die Verstorbenen der ganzen Welt zu richten – außer über jene von Varanasi. Nördlich liegt die **Lalita Ghat**, berühmt für den Vishnu gewidmeten Schrein **Ganga Keshava** und den **Nepalesischen Tempel** (🕒 tgl. 5–20 Uhr; Eintritt Rs10), in dem sich ein Bildnis von **Pashupateshvara** befindet – einer Inkarnation Shivas.

Manikarnika Ghat

Nördlich der Lalita Ghat befindet sich das wichtigste Krematorium Varanasis, die Manikarnika Ghat. Normalerweise liegen die Verbrennungsstätten im Verborgenen irgendwo am Stadtrand, doch die gesamte Stadt Shivas gilt als **Mahashamshana**, Großes Krematorium. An der *ghat* finden ständig Einäscherungszeremonien statt, und die **Doms**, die „unberührbaren" Totenwärter sind ununterbrochen damit beschäftigt, die Glücklichen, denen es erlaubt war, hier zu sterben, auf ihre Reise ins Totenreich zu schicken. Die meisten ausländischen Besucher fasziniert der Anblick einer öffentlichen Leichenverbrennung, aber Fotografieren ist natürlich absolut

An den *ghats* von Varanasi am heiligen Ganges führen tagtäglich Tausende Hindus ihre rituellen Waschungen durch.

tabu, und es sollte auch keine Kamera zu sehen sein, will man keinen Anstoß erregen.

Die Manikarnika Ghat liegt im Zentrum der fünf *tirthas* und symbolisiert sowohl Schöpfung als auch Zerstörung, was sich in dem heiligen Brunnen **Manikarnika Kund** ausdrückt. In der hinduistischen Mythologie gab es den Manikarnika Kund schon vor dem Ganges; sein Ursprung liegt tief im Himalaya. Vishnu grub den *kund* mit seinem Diskus und füllte ihn auf Geheiß Shivas mit dem Schweiß, den er bei der Schöpfung der Erde vergossen hatte. Als Shiva vor Begeisterung zitterte, fiel sein Ohrring in diesen Teich, der als Manikarnika – „juwelenbesetzter Ohrring" – die erste *tirtha* der Welt wurde. Jedes Jahr, nachdem der Flusspegel gesunken und der *kund* nur noch mit Schlamm gefüllt ist, wird er wieder neu ausgegraben. Die Umgebung wird gesäubert und mit farbenfrohen Darstellungen der hier verehrten Göttin **Manikarni Devi** bemalt.

Von der Panchganga Ghat zur Adi Keshava Ghat

Hinter der Lakshmanbala Ghat liegt eine der umstrittensten *ghats*, die **Panchganga Ghat**, die von der mächtigen **Alamgir-Moschee**, von den Anwohnern Beni Madhav-ka-Darera genannt, überragt wird. Die Moschee steht auf den Ruinen des **Bindu Madhava**, eines Vishnu-Tempels, dessen Anlage sich von der Panchganga bis zur Rama Ghat erstreckte, bevor er von Aurangzeb zerstört und durch die Moschee ersetzt wurde. Panchganga zeugt aber auch von freundschaftlicheren Beziehungen zwischen Hindus und Moslems, denn hier fand die Initiation des mittelalterlichen Sufi-Heiligen Kabir statt, Sohn eines moslemischen Webers, der von Hindus und Moslems gleichermaßen verehrt wird.

Die Altstadt

Im Herzen Varanasis, zwischen der Dashaswamedh Ghat und Godaulia im Süden und Westen und der Manikarnika Ghat im Norden, liegt die Altstadt (oder Vishwanatha Khanda), ein Labyrinth aus verwinkelten Gässchen, das zum Erkunden einlädt. In jeder Ecke taucht ein Tempel oder Lingam auf, und es herrscht ein buntes Treiben. Ein guter Orientierungspunkt für den wahrscheinlichen Fall, dass man sich verläuft, ist der Fluss. Über die Gasse **Vishwanatha Gali** lässt sich der Tempelkomplex **Vishwanatha** oder **Visheshwara** erreichen, wegen seines vergoldeten Turms auch **Goldener Tempel** genannt.

Die hinter einer Mauer verborgene Anlage darf nur von Hindus betreten werden, alle anderen müssen sich mit einem Blick von umliegenden Gebäuden aus begnügen. Seine schlichten weißen Kuppeln überragen den **Jnana Vapi** („Weisheitsbrunnen"), umgeben von einer offenen, 1828 erbauten Bogenhalle, in dem Shiva nach der Fertigstellung des Vishwanatha seinen Lingam kühlte. Neben dem Tempel steht, von bewaffneten Polizisten gegen Überfälle hinduistischer Fanatiker geschützt, die **Jnana Vapi-Moschee**, auch die Große Moschee von Aurangzeb genannt.

Der **Annapurna Bhavani-Tempel** nahe dem Vishwanatha ist Shakti gewidmet, der göttlichen weiblichen Energie. Sie manifestiert sich in zahlreichen Erscheinungsformen, darunter die der grausamen Göttinnen Kali und Durga mit ihren Waffen und Girlanden aus Totenschädeln, doch hier zeigt sie sich als Nahrungsspenderin und trägt einen Kochtopf. In der Nähe befindet sich eine eindringliche Darstellung von **Shani** oder Saturn. Ein Stückchen weiter nördlich, auf der anderen Seite der Hauptstraße, befindet sich die im 13. Jh. auf den Trümmern eines noch früheren, unter den Sultanaten zerstörten Vishwanatha-Tempels erbaute **Razia-Moschee**.

Bharat Mata

Etwa 3 km nordwestlich von Godaulia steht außerhalb der Altstadt der moderne Tempel **Bharat Mata** („Mutter Indien"), der von Mahatma Gandhi eingeweiht wurde. Der Tempel ist insofern ungewöhnlich, als es hier eine riesige marmorne Reliefkarte des ganzen indischen Subkontinents und der tibetischen Hochebene gibt; Berge, Flüsse und die heiligen *thirtas* sind deutlich zu erkennen. Die Pilger umkreisen die Karte zunächst und betrachten sie anschließend in ihrer Gänze vom zweiten Stock aus. Der Tempel ist mit der Rikscha von Godaulia für etwa Rs30 zu erreichen.

Südlich der Altstadt

Der im 19. Jh. erbaute **Durga-Tempel** – bei Rucksackreisenden wegen seiner aggressiven Affen als Monkey Temple bekannt – liegt hinter Mauern verborgen 4 km südlich von Godaulia, nicht weit von der Asi Ghat entfernt. Seine Bauweise ist typisch nordindisch, mit einem aus fünf Stockwerken bestehenden, die Elemente symbolisierenden *shikhara* und kunstvoll verzierten Stützpfeilern. Der Tempel ist Durga geweiht, der Furcht einflößenden Erscheinungsform von Shivas Gefährtin Parvati und eine Verkörperung von *shakti*, der weiblichen Energie. Der gezinkte Pfahl im Hof wird bei Festen dazu verwendet, Opfertiere (Ziegen) zu enthaupten. Nichthindus dürfen zwar den Hof, nicht aber das Allerheiligste des Tempels betreten. Der Zugang zum angrenzenden **Tulsi Manas-Tempel** steht hingegen allen offen. Der Tempel wurde 1964 aus Marmor erbaut; seine Wände zieren Inschriften mit Versen von Goswami Tulsidas, dem Verfasser des *Ramcharitmanas*, Hindi-Äquivalent des in Sanskrit verfassten *Ramayana*. ⏲ tgl. 5–12 und 15.30–21 Uhr.

Das weiter südlich gelegene Museum **Bharat Kala Bhawan** zeigt eine faszinierende Sammlung von Miniaturen, Skulpturen, zeitgenössischer Kunst und Bronzen. In einer der Stadt Varanasi gewidmeten Abteilung sind archäologische Fundstücke von neueren Ausgrabungen an der Raj Ghat und alte Stadtskizzen zu sehen. Neben buddhistischen und hinduistischen Skulpturen gibt es auch Galerien mit Werken ausländischer Künstler, die von Indien inspiriert wurden, wie Nicholas Roerich und Alice Boner. Auch zahlreiche Arbeiten des bengalischen Künstlers Jamini Roy sind vertreten. ⏲ Mai und Juni Mo–Sa 7.30–13, Juli–April 10.30–16.30 Uhr; Eintritt Rs100, Fotoerlaubnis Rs50.

Das Bharat Kala Bhawan gehört zur Banaras Hindu University (BHU). Auf deren Campus steht außerdem der **New Vishwanatha-Tempel**, der an seinem hohen Turm aus weißem Marmor zu erkennen ist. Der Tempel verdankt seine Existenz Pandit Malaviya, dem Gründer der Universität und einem großen Anhänger einer egalitären und kastenlosen hinduistischen Renaissance. Erbauen ließen den Tempel die Birlas, eine wohlhabende Marwari-Industriellenfamilie. Obwohl der Tempel dem von Aurangzeb zerstörten Originaltempel nachempfunden sein soll, zeigt das Gebäude Charakteristiken einer neuen Mode der Tempelarchitektur, bei der Einflüsse aus verschiedenen Teilen Indiens mit einer kitschig-grellen Innenausstattung verschmelzen. Vor den Tempeltoren gibt es für die zahlreichen Besucher einen kleinen Markt mit Teesbuden, Blumenverkäufern und anderen Ständen. ⏲ tgl. 4–12 und 13–21 Uhr.

Ramnagar Fort

Das Ramnagar Fort, die Residenz des Maharadscha von Varanasi, ragt südlich der Asi Ghat auf der anderen Seite des Ganges empor. Der Anblick der Festungsanlage ist am späten Nachmittag besonders eindrucksvoll. Um ans jenseitige Flussufer zu gelangen, nimmt man die vom Universitätsgelände nach Südosten führende Straße und überquert dann eine Hängebrücke. Während des Monsuns wird die Brücke eingezogen und durch eine Fähre ersetzt. Das Innere der Festung zeugt vom Wohlstand und anhaltenden Einfluss des Maharadschas.

In dem staubigen, vernachlässigten **Museum** sind Erinnerungsstücke aus prunkvollen Zeiten zu sehen: Pferdekutschen, mit Gold und Silber verzierte *howdahs* (Elefantensänften), *hookahs* (Wasserpfeifen) und verblichene Seidenstoffe, eine Rüstung, eine Sammlung winziger Elfenbeinschnitzereien und Jagdtrophäen. Eine Abteilung auf der gegenüberliegenden Seite des Hofes dreht sich um die **Ram Lila**-Prozessionen und Feierlichkeiten, die während des Dussehra-Festes (Okt) abgehalten werden. Das Ram Lila von Varanasi, in dessen Verlauf überall in der Stadt Episoden aus dem Ramayana nachgespielt werden, ist besonders berühmt. Die drei Wochen andauernden Festakte werden vom Maharadscha finanziell kräftig unterstützt. ⏲ tgl. 10–17 Uhr, Eintritt Rs15.

Übernachtung

Die meisten besseren, teureren Hotels liegen an der Peripherie des Zentrums. Ein wirkliches Gefühl für die Stadt bekommt aber nur, wer in der Nähe der *ghats* und der Altstadt absteigt. Die besten Zimmer sind normalerweise die helleren im Obergeschoss mit Ausblick. UP Tourism vermittelt auch **Zimmer bei Gastfamilien** – Infos erteilt das Büro am Bahnhof. Die nachstehend unter Godaulia aufgeführten Hotels sind auf der

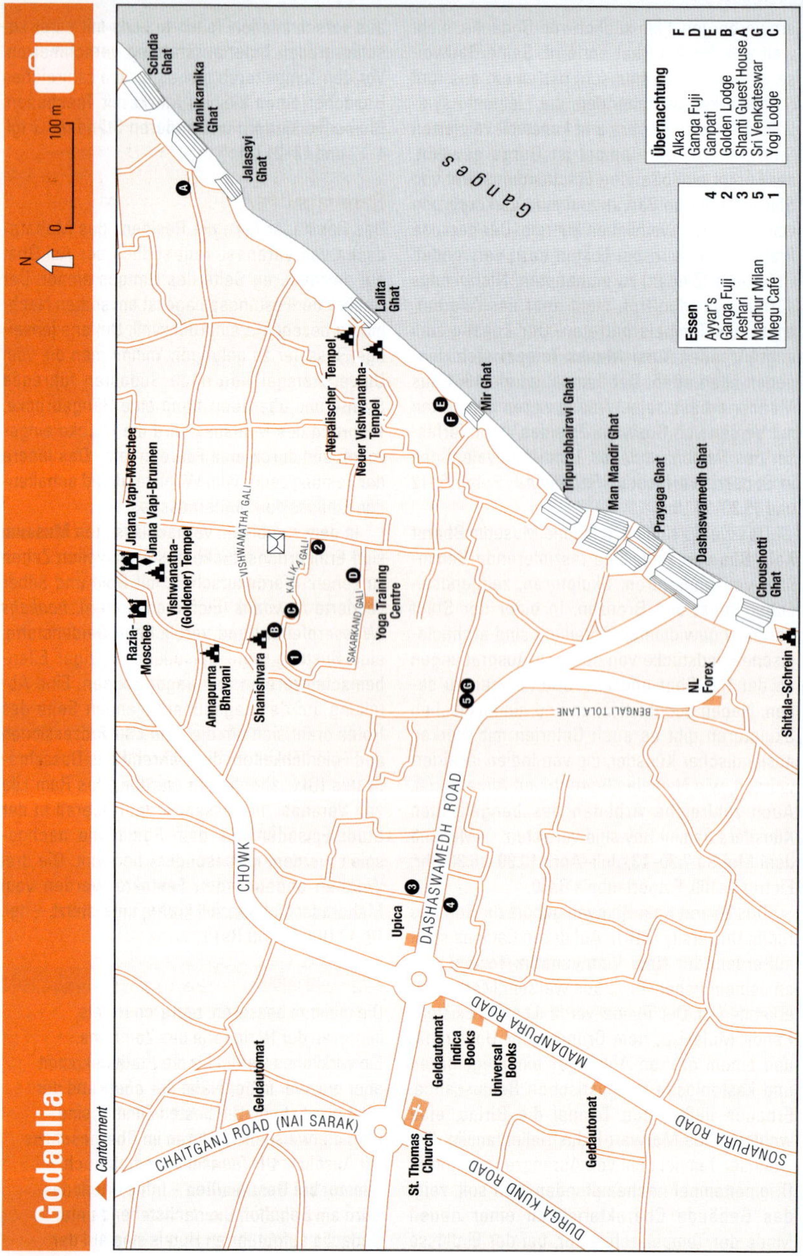
Godaulia
Cantonment
N
0
100 m
Übernachtung
Alka F
Ganga Fuji D
Ganpati E
Golden Lodge B
Shanti Guest House A
Sri Venkateswar G
Yogi Lodge C
Essen
Ayyar's 4
Ganga Fuji 2
Keshari 3
Madhur Milan 5
Megu Café 1
Ganges
Scindia Ghat
Manikarnika Ghat
Jalasayi Ghat
Lalita Ghat
Mir Ghat
Tripurabhairavi Ghat
Man Mandir Ghat
Prayaga Ghat
Dashaswamedh Ghat
Choushotti Ghat
Nepalischer Tempel
Neuer Vishwanatha-Tempel
Jnana Vapi-Moschee
Jnana Vapi-Brunnen
Vishwanatha-(Goldener) Tempel
Razia-Moschee
Annapurna Bhavani
Shanishvara
VISHWANATHA GALI
KALIKA GALI
SAKARKAND GALI
Yoga Training Centre
Shitala-Schrein
NL Forex
BENGALI TOLA LANE
DASHASWAMEDH ROAD
CHOWK
Upica
MADANPURA ROAD
SONAPURA ROAD
DURGA KUND ROAD
Geldautomat
Indica Books
Universal Books
Geldautomat
St. Thomas Church
Geldautomat
CHAITGANJ ROAD (NAI SARAK)

Karte von Varanasi Godaulia eingezeichnet, s. S. 336; alle anderen erscheinen auf der großen Varanasi-Karte S. 330/331.

Godaulia

Alka, D-3/23 Mir Ghat, ✆ 0542/239 8445, 🖳 www.hotelalkavns.com. Empfehlenswertes Mittelklasse-Hotel am Fluss mit einer großen Auswahl an guten, gepflegten Zimmern, einer Terrasse und einem hübschen, kleinen Rasen mit Flussblick; oft mit Pauschalgruppen belegt. ❷–❺

Ganga Fuji, D-7/21 Sakarkand Gali, ✆ 0542/ 232 7333, 🖳 www.gangafujihome.com. Gut geführtes Familien-Gästehaus nahe dem Goldenen Tempel mit geschmackvoll eingerichteten Zimmern, z. T. mit AC, sauberem Bad und heißer Dusche; alles tadellos sauber trotz der Lage in einer schmutzigen Gasse. ❷–❺

Ganpati, D-3/24 Mir Ghat, ✆ 0542/239 0059, 🖳 www.ganpatiguesthouse.com. Zimmer mit Aussicht auf den Ganges, andere rund um einen Hof; Restaurant und Gemeinschaftsbalkon mit Flussblick. Ungünstig ist der Check-out bis spätestens 10 Uhr. ❷–❺

Golden Lodge, D-8/35 Kalika Gali, nahe Shanishvara, ✆ 0542/239 8788, ✉ goldenvaranasi@gmail.com. Freundliche Mitarbeiter, verschiedene Zimmer mit Bad (plus einige EZ ohne Bad), recht gutes Restaurant. Man sollte sich jedoch vergewissern, dass der vereinbarte Preis Steuern und Service beinhaltet, sonst wird bei der Abreise u. U. versucht, diese zusätzlich zu berechnen. ❶–❹

Shanti Guest House, Ck 8/129 Garwasi Tola, nahe Manikarnika Ghat, ✆ 0542/239 2568, ✉ varanasishanti@yahoo.com. Alter Travellertreff in der Nähe der Verbrennungs-*ghats*. Großes Gebäude mit zahlreichen, meist sauberen Zimmern mit Du/WC. Könnte einen Neuanstrich vertragen, bietet aber die billigsten Schlafsaalbetten der Stadt (Rs50). Gut besuchtes Dachrestaurant mit überwältigendem Ausblick. ❶–❹

Sri Venkateswar, D-5/64 Dashaswamedh Rd, ✆ 0542/239 2357, ✉ venlodge@yahoo.com. Einfach, sauber, unweit der *ghats* und des Vishwanatha-Tempels. Große Zimmer, schöner Innenhof, freundliche Mitarbeiter, 24-Std.-Checkout; Rauschmittel jeglicher Form verboten. ❷–❸

Yogi Lodge, D-8/29 Kalika Gali, ✆ 0542/239 2588, ✉ yogilodge@yahoo.com. Bewährte Traveller-Unterkunft mitten in der Altstadt; hervorragende Leitung, Safe. Makelloses Restaurant, saubere Zimmer und Schlafsäle (Rs65). ❶

Trittbrettfahrer

Die **Yogi Lodge** (beim Vishwanatha-Tempel), das **Vishnu Rest House** (mit Flussblick) und das **Shanti Guest House** (unweit der Manikarnika Ghat) sind drei der ältesten und bewährtesten Unterkünfte in der Altstadt. Doch leider wird ihnen rücksichtslos Konkurrenz gemacht: von anderen Hotels, die sich die gleichen Namen zulegen und Rikscha-*wallahs* dafür entlohnen, dass sie ahnungslose Gäste „umleiten". So gibt es inzwischen vier weitere „Vishnu"-Trittbrettfahrer: Old Vishnu Lodge, Vishnu Guest House, Real Vishnu Guest House und New Vishnu Guest House. Verschiedene andere „Shanti"- und „Yogi"-Herbergen bedienen sich derselben Praxis. In rechtlicher Hinsicht droht den Nachahmern kein Ungemach, denn es gibt keinen Urheberschutz für so universell gebräuchliche indische Wörter wie „Yogi", „Vishnu" und „Shanti". Reisende sollten jedoch auf der Hut sein: Hotels, die Provision zahlen oder sich wie hier beschrieben Kundschaft zu erschleichen suchen, sind generell wenig vertrauenswürdig.

Südlich von Godaulia, in Flussnähe

Ganges View, Asi Ghat, ✆ 0542/231 3218, 🖳 www.hotelgangesview.com. Herrliche Veranda mit Flussblick und angenehmes Ambiente, daher oft ausgebucht; kleine, aber geschmackvoll eingerichtete Zimmer; etwas teurere im oberen Stock mit besserer Aussicht. ❻–❼

Palace on Ganges, B-1/158 Asi Ghat, ✆ 0542/ 231 5050, 🖳 www.palaceonganges.com. Das einzige Luxushotel am Fluss; 22 individuell eingerichtete Zimmer mit AC, TV und Minibar; Dachterrassen-Restaurant, Tour-Buchung. ❼

Palace on Steps, D-21/11 Rana Ghat, ✆ 0542/245 0970, ✉ palaceonsteps@gmail.com. Ursprünglich zwei durch einen großen Banyan-Baum getrennte Hotels, jetzt zu einem kombiniert, mit Zimmern von Budget bis AC. Alle makellos sauber; die mit Ausblick auf die *ghats* sind allerdings sehr teuer, und denselben Blick genießt man auch von der Hotelterrasse. ❷–❼

Vishnu Rest House, D-24/17 Pandey Ghat, ✆ 0542/245 0206. Eine der nettesten Unterkünfte am Fluss; Zimmer, Schlafsäle (Rs60), hübscher Patio und Café mit Blick auf den Ganges; beliebt und oft ausgebucht. Am besten über die *ghats* erreichbar – südlich von der Dashaswamedh. ❶–❹

Uttar Pradesh

Cantonment und Stadtrand

Gateway, Nadesar Palace Grounds, Raja Bazaar Rd, ✆ 0542/250 3001 bis 19, 💻 www.thegatewayhotels.com. Das vornehmste Hotel der Stadt auf riesigem Gelände (zu erkunden im Buggy oder bei einer Vogelbeobachtungstour) und mit stattlichen Zimmern, edlen Restaurants, Pool, Fitnesscenter und Yoga-Unterricht. DZ ab Rs9450, Luxussuite US$315. ❾

Gautam Grand, Parade Kothi, ✆ 0542/220 8288, 💻 www.hotelgautamgrand.com. Preisgünstiges modernes Hotel in Bahnhofsnähe. Die Zimmer (z. T. mit AC) sind nicht groß, aber recht gepflegt und alle mit Balkon; 24-Std.-Zimmerservice, Schlafsaal (Rs100) und freundliche Mitarbeiter. ❸–❹

India, 59 Patel Nagar, ✆ 0542/250 7593, 💻 www.hotelindiavns.com. Recht schickes 3-Sterne-hotel; schöne, moderne Zimmer mit Bad, AC und hellem Holz (selbst der Laminatboden ist gar nicht so übel); Fitnesscenter, Dachgartenbar und 4 Restaurants, darunter das ausgezeichnete Palm Springs. ❻

Hotel Pradeep, Kabir Chaura Rd, Jagatganj, ✆ 0542/7231 oder 2, 💻 www.hotelpradeep.com. Gut ausgestattet, beliebt bei Pauschalgruppen, in erreichbarer Nähe der *ghats*. Gutes Restaurant (s. Poonam, S. 339). ❺–❻

Radisson Varanasi, The Mall, ✆ 0542/250 1515 oder 1800/1800 333, 💻 www.radisson.com/varanasi.in. Eines der empfehlenswertesten Luxushotels der Stadt (DZ ab US$163); schöne, gut ausgestattete, aber nicht sehr große Zimmer, Pool, zwei Restaurants, Bar und Coffeeshop; üppiges Frühstücksbuffet inkl. ❾

Raj Kamal, Parade Kothi, ✆ 0542/220 8844. Preiswerte, anspruchslose Zimmer in günstiger Bahnhofsnähe, ganz in der Nähe des Tourist Bungalow der UPTDC, aber oft voll. ❷

Surya, S-20/51, A5 The Mall, ✆ 0542/250 8465 oder 6, 💻 www.hotelsuryavns.com. Gut geführtes, komfortables Hotel um einen schönen Garten mit akzeptablem Restaurant; kleine, aber tadellose Zimmer mit modernem Bad, viele mit Balkon. Internetservice, Tour-Buchung, Geldwechsel und Pool (Tagesbesucher Rs200). Camping für Rs100 p. P. ❹–❺

Essen

Die meisten Cafés in der Altstadt servieren nur Vegetarisches und keinen Alkohol. Im Viertel Cantonment dagegen gelten weniger strenge Vorschriften, und in einigen der teureren Hotels gibt es sogar eine Bar. **Magen-Darm-Erkrankungen** sind in Varanasi fast an der Tagesordnung, daher sollten Besucher nur Mineralwasser aus fest verschlossenen Flaschen bzw. abgekochtes/gereinigtes Wasser trinken und bei der Lebensmittel- und Restaurantauswahl äußerst vorsichtig sein.

Im Vishnu Rest House an der Pandey Ghat gibt es ausgezeichnete *thalis* und in der Yogi Lodge die wahrscheinlich sauberste Küche der Altstadt. Die nachstehend unter Godaulia aufgeführten Lokale sind auf der Godaulia-Karte auf S. 336 eingezeichnet, alle anderen auf der großen Varanasi-Karte S. 330/331.

Godaulia

Ayyar's, Dashaswamedh Rd. An der Rückseite einer Einkaufspassage gelegenes, kleines, billiges Café. Südindische Küche (Rs16–32), gute *masala dosas,* ausgezeichneter Filterkaffee und köstliche Milchshakes.

Ganga Fuji, D5/8 Kalika Gali, Dashaswamedh. Nettes kleines Restaurant nahe dem Vishwanatha-Tempel, bietet multikulturelle Küche (veg. Hauptgerichte Rs50–100, andere Rs80–200) und abends klassische indische Livemusik ab 19.30 Uhr.

Keshari, D-14/8, Teri Neem, nahe Dashaswamedh Rd. Bietet eine riesige Auswahl veg. Currys zu Rs45–100. Zu den Spezialitäten zählen Paneer-Tomaten und Pilz-Masala, aber auch sonst schmeckt alles gut.

Madhur Milan, Dashaswamedh Rd, gleich hinter der Vishwanatha Lane. Billiges und sehr beliebtes Café mit köstlichen *dosas,* Süßspeisen, *kachoris* und Samosas (man kann draußen zusehen, wie sie gebraten werden, und sie dann ganz frisch mitnehmen). Hauptgerichte Rs28–72, *thalis* Rs40–110.

Megu Café, D-8/1 Kalika Gali, an der Straße zur Golden Lodge und Yogi Lodge. Kleines Lokal eines japanisch-indischen Paars (am Eingang Schuhe ausziehen) mit einer kleinen Auswahl japanischer Köstlichkeiten wie veg. Sushi, Tempura und Ingwer-Hühnchen (Hauptgerichte Rs75–85). So geschl.

Andere Stadtteile

Annapurna, J-12/16A Ramkatora, ✆ 0542/220 0151, 🖳 www.sriannapurna.com. Strahlend sauberes Restaurant mit europäischer, indischer und chinesischer Vegetarierküche (Hauptgerichte Rs85–140, *thalis* Rs120–140, Snacks Rs85–110). Auch Lieferservice; auf zweistündige Vorbestellung auch Lieferung von *thalis* zu allen durch Varanasi fahrenden Zügen (Zugnamen und -nummer sowie Wagen- und Platznummer angeben).

Ashiyana, Major Singh Place, Lt. Rohan Marg, Cantonment. Chinesische und indische Gerichte, Snacks und Drinks, serviert in der AC-Lounge oder auf dem recht lauten Rasen; nicht veg. Hauptgerichte Rs75–150.

Bread of Life, B3/322 Sonapura Rd. Die Backstube liefert dunkles Brot, süße Brötchen und Gebäck; das kleine, saubere Restaurant serviert westliche Gerichte (Hauptgerichte Rs70–120); der Erlös kommt einer gemeinnützigen Einrichtung zugute, aber die Bedienung ist langsam.

El Parador, Maldahia Rd. Bemerkenswertes Restaurant um die Ecke vom Tourist Bungalow; hervorragendes Essen, von mexikanisch über griechisch und französisch bis italienisch, in Bistro-Atmosphäre; die Pasta ist hausgemacht; Hauptgerichte Rs175–350.

Haifa, 1/108 Asi Rd. Lokal mit entspannter Atmosphäre und nahöstlicher Küche wie Hummus, frischem Pitta und Falafel sowie den üblichen indischen Gerichten. Hauptgerichte Rs60–110, Frühstück Rs60–90. Sehr zu empfehlen sind die „Middle Eastern Thalis" (eine Auswahl von Vorspeisen mit Pitta) zu Rs80.

Kerala Café, Durga Kund Rd, Bhelpura Thana. Sehr beliebtes südindisches Restaurant mit guten Snacks (*dosas, vadas, uttapams* etc. zu Rs16–32) und Zitronenreis, Tamarindenreis, Sambarreis oder Joghurtreis zu Rs40.

Lotus Lounge, 14/21 Manasarowar Ghat. Keine Lounge, sondern ein angenehmes Terrassenrestaurant über den *ghats* mit einer bunten Mischung internationaler Gerichte wie Chicken Satay, thailändischem Red Curry und Moussaka; außerdem Pasta und Salate; Hauptgerichte Rs75–180.

Poonam, Hotel Pradeep, Kabir Chaura Rd, Jagatganj. Gute Mughlai-Küche (nicht veg. Hauptgerichte Rs200–235) in angenehmem, klimatisiertem Ambiente.

Vaatika, Asi Ghat. Schattiges Terrassenrestaurant direkt an der *ghat,* gute Pizza (Rs70–120) und Pasta (Rs60–100), dazu köstliche, frisch gepresste Säfte und Salate (alles Gemüse wird mit Permanganat sterilisiert und das Wasser gefiltert und abgekocht).

Einkaufen

Angesichts der Schlepper und Rikscha-Fahrer, die ganz wild darauf sind, Touristen gegen Provision in bestimmte Geschäfte zu lotsen, kann ein Einkaufsbummel in Varanasi zum

Maßgeschneidertes

Mehrotra Silk, 21/72 Englishia Lane, an der Station Rd nahe dem Bahnhof, ✆ 0542/220 0189, 🖳 www.mehotrasilk.in, ist sehr zu empfehlen. Man kann sich ein Hemd maßschneidern und ins Hotel liefern lassen oder fertige Schals, Umhänge oder Betttücher kaufen. Kunden können sich kostenlos vom Hotel oder Bahnhof abholen lassen (Rikscha-Fahrer bringen Touristen gerne zu Nachahmern, die Provision zahlen). Filiale: K4/8A Lalghat.

Horrortrip werden. Es gibt jedoch ein paar lohnende Geschäfte: z. B. im **Thatheri Bazaar** (Messinggegenstände) oder um die Jnana Vapi-Moschee und im **Tempelbasar** in der Vishwanatha Gali in Godaulia (Seidenbrokatstoffe und Schmuck).
Bundesstaatliche Kaufhäuser wie UP Handlooms in Lahurabir (B-21 Rathyatra Crossing) und Nichi Bagh (39/6 beim City Post Office) sowie das Handloom House in Sigra (D64/132K) verkaufen nur qualitativ hochwertige Waren zu festen Preisen.
Open Hand Café and Shop, B1/128-3 Dumraun Bagh, Colony Asi, nahe dem Haifa Restaurant und der Tiwari Lodge, 💻 www.openhandonline.com, ist ein von der Gemeinde betriebenes Projekt. Es verkauft Bettwäsche, Kleider, Taschen sowie Karten und dient zugleich als Café, sodass man beim Einkauf nebenher Filterkaffee und Schokoladenkuchen genießen kann.
Am hartnäckigsten gefeilscht (und gern betrogen) wird um Gegenstände aus Seide. Die Straße **Qazi Sadullahpura**, in der Nähe des Chhavi Mahal Cinema, bildet die Schlagader eines moslemischen Viertels, das sich der Seidenproduktion verschrieben hat.
Upica, staatliches Kaufhaus, das Filialen in Godaulia sowie gegenüber dem Gateway Hotel unterhält.
Paraslakshmi Exports, D-61/16, Sidhgiribagh, ✆ 0542/241 1496, mit einem sehr großen Angebot an Seidenprodukten zu festen Preisen.

Sonstiges

Apotheken
Die **Singh Medical Pharmacy** befindet sich in der Nähe des Prakash Cinema, Lahurabir, 2 km nördlich von Godaulia, und hat lange geöffnet.
Bei jedem Krankenhaus gibt es in der Nähe auch eine rund um die Uhr geöffnete Apotheke.

Autovermietungen
Mietwagen um Rs2000–3000 pro Tag inkl. Fahrer bietet **UPTDC**, ✆ 0542/220 5845.

Bücher
Indica Books, D40/18 Madanpura Rd, Godaulia; man kann hier Pakete abschicken.
Universal Book Company, D40/60 Madanpura Rd.
Pilgrims Book House, B27/98-A-8, Nawabganj Road, Durga Kund, 💻 www.pilgrimsbooks.com.
Harmony, B1/158 Asi Ghat.

Geld
In der ganzen Stadt gibt es zahlreiche **Geldautomaten** (z. B. am Godaulia-Kreisverkehr). Auch einige der Hotels wechseln Geld, ebenso **NL Forex** in der Dashaswamedh Rd und in der Straße gegenüber vom Hotel Gateway.
Die **State Bank of India** beim Hotel Surya im Cantonment wechselt ebenfalls Bargeld und löst Reiseschecks ein, ⌚ Mo–Fr 10–16, Sa 10–13 Uhr.

Informationen
Das **UP Tourism Office** befindet sich im Tourist Bungalow an der Parade Kothi, 500 m südwestlich vom Cantonment-Bahnhof, ✆ 0542/220 6638, ⌚ Mo–Sa 10–17 Uhr (2. Sa im Monat geschl.), doch der Schalter im Cantonment-Bahnhof, ✆ 0542/250 6670, ⌚ tgl. 7–19 Uhr, ist die eigentliche Infostelle – der dortige Chef, Uma Shankar, ist äußerst hilfsbereit und wird jetzt von der neuen Touristenpolizei (✆ wie oben) dabei unterstützt, die Touristen vor Verbrechen zu schützen.
Das heruntergekommene **Bihar Government Tourist Office**, 3. Stock, Hans Sarowar, Englishis Lane, Jawaharlal Nehru Market, Cantonment, ✆ 0542/222 3821, ist nützlich für Besucher, die ostwärts nach Bihar reisen.
Das **India Tourism Office** liegt bei The Mall an der Stranger Rd im Cantonment, weit von der Altstadt und den *ghats* entfernt. Es informiert in erster Linie über ganz Indien, doch die Angestellten helfen auch bei Hotelreservierungen in Varanasi. ⌚ Mo–Fr 9–17.30, Sa 9–14 Uhr. Das Tourism Office unterhält auch einen Schalter am Flughafen, geöffnet bei ein- und ausgehenden Flügen.
Wer die *ghats* bei Sonnenaufgang oder das friedliche Sarnath erleben möchte, nimmt am

besten Abstand von den geführten Touren und organisiert den Besuch auf eigene Faust. Wenn die Zeit sehr begrenzt ist, vermittelt das India Tourism-Büro offizielle **Fremdenführer** (Rs600 pro Tag für bis zu 5 Pers.; bei größeren Gruppen geringfügig mehr).
Die örtliche Stelle des **National Informatics Centre** hat auf ihrer Website 💻 www.varanasi.nic.in einige interessante Info über Varanasi.

Internet

Eine Surfstunde in einem der Internetcafés in der Umgebung der Kachauri Lane und der Bengali Tola Lane in Godaulia kostet zumeist Rs20. Im Cantonment bezahlt man gewöhnlich Rs30 pro Std., im **Cyber Café**, Parade Kothi (vom Hotel Gautam Grand 50 m Richtung Bahnhof), jedoch nur Rs15 pro Std.

Medizinische Hilfe

Sir Sunderlal Hospital, Benares Hindu University, ✆ 0542/230 7565;
Shiv Prasad Gupta Hospital (staatlich), Kabir Chaura, ✆ 0542/221 4720-3;
Marwari Hospital, Godaulia, ✆ 0542/239 2611;
Ram Krishna Mission Hospital, Luxa, ✆ 0542/245 1727.

Motorradverleih

Gibt es in Jagatganj, nahe der Sanskrit University zu mieten. In dieser Ecke befinden sich auch zahlreiche auf Enfields spezialisierte Werkstätten.

Musik

International Music Ashram, D33/81 Kalishpura, Old City, ✆ 0542/245 2302, ✉ keshvaraonayak@hotmail.com, ist ein ausgezeichneter Ort, um ein paar Stunden Tabla- oder Sitarunterricht zu nehmen.

Post

Die **Hauptpost** befindet sich in der Altstadt an der Kabir Chaura Rd, nahe der Kotwali-Polizeizentrale am nördlichen Rand von Chowk. Das Postamt des Cantonment liegt in der Raja Bazaar Rd, nahe dem großen Fernsehmast. Weitere Filialen gibt es im Clarks Hotel an der Mall im Cantonment, in der Dashaswamedh Rd nahe dem Fluss und in der Sakarkand Gali nahe dem Restaurant Ganga Fuji.

Reisebüros

Nova International, Shubhash Nagar, nahe Parade Kothi, ✆ 0542/220 8361; **Thomas Cook**, Sridas Foundation Building, 4 The Mall (beim Radisson), ✆ 0542/250 0589, 💻 www.thomascook.in.

Yoga

Es gibt ein Yogainstitut in der Benares Hindu University, doch zentraler liegt das **Yoga Training Cente** (D5/15 Shakarkand Lane, bei der Mir Ghat, ✆ 9919/857895, 💻 www.yogatrainingcentre.com, in Godaulia. Ein weiterer Anbieter ist **Yogi Rakesh Pandeep**, B-4/35 Hanuman Ghat, ✆ 09415/817882.

Nahverkehr

Das einfachste Mittel der Fortbewegung in Varanasi sind **Fahrrad-Rikschas**, die oft todesmutig Verkehrsstaus umgehen, indem sie einfach auf der falschen Straßenseite fahren; eine Fahrt von Godaulia zum Bahnhof Cantonment kostet etwa Rs30. **Motor-Rikschas** sind angesichts des Verkehrsaufkommens auf kurzen Strecken kaum schneller und sollten für die gleiche Strecke nicht mehr als Rs50 verlangen.

Transport

Busse

Die meisten ankommenden Busse halten ein paar hundert Meter östlich des Cantonment-Bahnhofs an der Hauptstraße (Grand Trunk Rd) und am Roadways-Busbahnhof. Die Busse aus Nepal werden hier von der Rikscha-Mafia in Empfang genommen (S. 329, Kasten Nepper und Schlepper).
Busse der **UPSRTC**, ✆ 0542/220 3476, fahren von 5.30 bis 20.30 Uhr stdl. vom Cantonment-Busbahnhof via GORAKHPUR (7 Std.) zur nepalesischen Grenze bei SONAULI (10 Std.). Es gibt auch gute, regelmäßige Verbindungen (alle 30 Min; 3 Std.) nach ALLAHABAD (besser als der Zug). Nach Bihar fahren hingegen nur noch

wenige Busse (keine mehr nach Patna) und die Straßen sind schlecht, weshalb man besser den Zug nimmt.

Eisenbahn

Varanasi besitzt zwei Bahnhöfe: **Varanasi Cantonment** in der Stadt selbst und **Mughal Sarai**, 17 km östlich der Stadt. Der Bahnhof Cantonment liegt am günstigsten und verfügt über Kioske für vorausbezahlte Motor-Rikschas und Taxis. Doch je nachdem, wo man herkommt, kann es passieren, dass man am Mughal Sarai landet: Viele der Züge auf der Ost-West-Strecke zwischen Delhi und Kolkata halten hier statt in Varanasi. Am Bahnhof Mughal Sarai gibt es allerdings Retiring Rooms, und Nahverkehrsbusse sowie Taxis verkehren ständig in die Stadt (45 Min.).

Am Cantonment-Bahnhof gibt es ein **Reservierungsbüro für Ausländer**, ✆ 0542/234 3404, ⌚ Mo–Sa 8–20, So 8–14 Uhr.

Die schnellste Verbindung nach AGRA und JAIPUR bietet der tägliche Howrah–Jodhpur Express Nr. 12307, der von Mughal Sarai um 9.55 Uhr abfährt und den Bahnhof Agra Fort um 19.50 Uhr, Jaipur um 0.05 Uhr und JODHPUR um 6 Uhr am nächsten Morgen erreicht.

Es gibt aber auch täglich einen Nachtzug von Varanasi Cantonment, den Marudhar Express Nr. 14853/14863/14865 (Abfahrt je nach Wochentag zwischen 17.20 und 18.15 Uhr, Ankunft in Agra Fort 5.55 Uhr, Jaipur 11.15 Uhr, Jodhpur 17 Uhr).

Die günstigsten Züge nach DELHI fahren von Varanasi Cantonment, z. B. der Shiv Ganga Express Nr. 12559 (Abfahrt 19.15 Uhr, Ankunft in New Delhi um 7.40 Uhr); es gibt aber auch zwei Rajdhani-Expresszüge, die gegen 1 Uhr nachts durch Mughal Sarai fahren. Der beste Zug tagsüber, der Neelachal Express Nr. 12875 (Abfahrt 7.38 Uhr, Ankunft in New Delhi 21.40 Uhr) fährt nur Di, Fr und So.

Zu den günstigen Nachtzügen nach KOLKATA zählt der Howrah Mail Nr. 13006, der Varanasi um 16.55 Uhr verlässt und um 7.20 Uhr in Howrah einläuft. Schnellere Verbindungen gibt es ab Mughal Sarai (der Rajdhani Nr. 12302 um 1.55 Uhr braucht an den meisten Tagen nur 8 Std.).

Der Mahanagri Express Nr. 11094 ist der schnellste Zug nach MUMBAI (Abfahrt 11.25 Uhr, Ankunft in Mumbai CST um 14.15 Uhr am folgenden Tag).

Der günstigste Zug nach PATNA ist der Secunderabad–Patna Express Nr. 12791, der um 14.35 Uhr abfährt und Patna um 19.10 Uhr erreicht. Wer früher ankommen möchte: Der Magadh Express Nr. 12402 fährt um 8 Uhr ab Mughal Sarai und ist um 11.30 Uhr in Patna.

Die beste Bahnverbindung nach GAYA bietet der Doon Express Nr. 13010, Abfahrt 16.15 Uhr, Ankunft 21.17 Uhr.

Nach DEHRA DUN in Uttarakhand ist der Doon Express Nr. 13009 (Abfahrt 10.35 Uhr, Ankunft um 7.10 Uhr am folgenden Tag) die beste Option. Der Dehra Dun Express Nr. 14265 (Abfahrt 8.30 Uhr) hat auch Kurswagen nach RAMNAGAR (Ankunft 6.10 Uhr am nächsten Morgen, abgekoppelt wird in Moradabad zwischen 23.45 Uhr mit Weiterfahrt um 4.20 Uhr).

Für KHAJURAHO nimmt man den Zug nach Satna (als Nachtzug den 4x wöchentl. verkehrenden Lokmanyatilak Express Nr. 11062, Abfahrt Mo, Mi, Fr und So 23.20 Uhr, Ankunft 6.45 Uhr; tagsüber den Dadar Superfast Express Nr. 12168, Abfahrt 10.25 Uhr, Ankunft 15.50 Uhr); von Satna fahren Busse in 3 Std. nach Khajuraho.

Flüge

Ein vorausbezahltes Taxi vom **Babatpur Airport**, 22 km nordwestlich der Innenstadt, kostet Rs450, eine Motor-Rikscha verlangt für die gleiche Strecke Rs250. Für die Fahrt zwischen Altstadt und Flughafen muss man mindestens 90 Min. einplanen. Ein vorausbezahltes Taxi vom Bahnhof Cantonment zum Flughafen kostet Rs400, eine Motor-Rikscha Rs200 und Rs50–100 mehr von anderswo in der Stadt.

Fluggesellschaften

Air India und **Indian Airlines**, 52 Yadunath Marg, Cantonment, ✆ 0542/250 2547;
Jet Airways und **JetLite**, 1. Stock, Krishnayatan Building, S-20/56 Kennedy Rd, abseits von The Mall, Cantonment, ✆ 0542/250 6444.

Sarnath

Sarnath, 10 km nördlich von Varanasi, ist ein buddhistischer Wallfahrtsort und ein beliebtes Tagesausflugsziel von Varanasi-Besuchern. Hier predigte Buddha 530 v. Chr., nur fünf Wochen nach seiner Erleuchtung, zum ersten Mal. Nach buddhistischem Glauben setzte er dadurch das **Rad der Lehre** *(dharmachakra)* in Bewegung. Während der Regenzeit, wenn Buddha und seine Anhänger sich von ihren Missionsreisen zu erholen suchten, zogen sie sich nach Sarnath zurück. Der Ort ist auch unter der Bezeichnung **Rishipatana**, Ort der Weisen *(rishis)*, oder auch **Mrigadaya** (Hirschpark) bekannt.

Jahrhundertelang war Sarnath ein florierendes Zentrum buddhistischer Kunst und Lehre, insbesondere des **Hinayana-Buddhismus**. Im 7. Jh. zählte der chinesische Reisende Xuan Zhang hier dreißig Klöster, bewohnt von rund 3000 Mönchen und beschrieb die lebensgroße Messingstatue eines das Gesetzesrad drehenden Buddhas. Der indische Buddhismus bröckelte jedoch unter dem Ansturm der moslemischen Invasionen und dem Aufstieg des Hinduismus. Die buddhistische Siedlung von Sarnath löste sich infolge dieser religiösen und politischen Umwälzungen schließlich auf.

Mit Ausnahme des Dhamekh-Stupa bestand der größte Teil der Stätte fast 1000 Jahre lang nur aus Ruinen. Sarnath wurde mutwillig zerstört und geplündert, bis Alexander Cunningham, Leiter des Archeological Survey, 1834 die Stätte ausgraben ließ. Heute ist es erneut ein wichtiges buddhistisches Zentrum mit Gebäuden von Missionen aus der gesamten buddhistischen Welt.

Hauptanlage und Dhamekh-Stupa

Die Ausgrabungsarbeiten der Hauptstätte finden innerhalb eines gepflegten, von dem Dhamekh-Stupa überragten Parks statt. Wenn man die Anlage von Südwesten her betritt, sind direkt nördlich die Überreste des **Dharmarajika-Stupa** zu sehen. Er soll die Stelle markieren, an der Buddha seine erste Predigt hielt, und wurde wahrscheinlich im 3. Jh. v. Chr. unter Ashoka erbaut, jedoch noch sechs Mal erweitert. An den Dharmarajika-Stupa schließen die Ruinen des **Hauptschreins** an, wo Ashoka meditiert haben soll. Westlich davon steht der untere Teil einer **Ashoka-Säule**. Auf dem Gelände befinden sich auch die Überreste von vier **Klöstern**, datierend aus dem 3. bis 12. Jh.; alle weisen einen von Klosterzellen umgebenen Zentralhof auf.

Das eindrucksvollste Bauwerk ist der **Dhamekh-Stupa**, auch **Dharma Chakra-Stupa** genannt, von dem ebenfalls behauptet wird, er stünde an dem Ort, an dem Buddha zum ersten Mal predigte. Sein zylinderförmiger Turm ist 33,5 m hoch und ruht auf einem Steinsockel, verziert mit Basreliefs aus Blattwerk und geometrischen Formen. Die acht Bogennischen in halber Höhe beherbergten vielleicht Buddha-Statuen. ◷ tgl. Sonnenauf- bis -untergang; Eintritt Rs100, Video Rs25.

In einer eigenen Anlage außerhalb des Parks – und daher kostenlos zugänglich – steht der Jain-Tempel **Sri Digamber** (auch Shreyanshnath-Tempel), angeblich an der Stelle, an der Shreyanshnath, der elfte Jain-Furtbereiter, geboren wurde. Der 1824 erbaute Tempel birgt im Inneren ein großes Bildnis des Heiligen sowie schöne Fresken mit Szenen aus dem Leben von Mahavira, einem Zeitgenossen des Buddha und der Begründer der Jain-Religion.

Museum

Gegenüber den Eingangstoren zur Hauptanlage steht das im Stil eines *vihara* (Kloster) erbaute Museum, dessen kleine, aber erlesene Sammlung an buddhistischen und brahmanischen Antiquitäten überwiegend Skulpturen aus Chunar-Sandstein umfasst. Das renommierteste Ausstellungsstück ist das **Löwenkapitell**, das von der Ashoka-Säule stammt. Es wurde von Ashoka (273–232 v. Chr.) entworfen, dem berühmten Maurya-Kaiser, der sich zum Buddhismus bekehrte, und diente als Vorbild für das heutige indische Staatswappen: Vier Löwen bewachen die Kardinalpunkte einer runden Plattform.

Aus dem 1. und 2. Jh. n. Chr. stammen zwei lebensgroße Figuren stehender Bodhisattvas, und unter den zahlreichen Skulpturen aus dem 5. Jh. befindet sich die eines sitzenden Buddha mit dem Rad der Lehre. Unter späteren Werken, aus dem 10. bis 12. Jh., befindet sich eine ungewöhnlich fein ziselierte Darstellung des

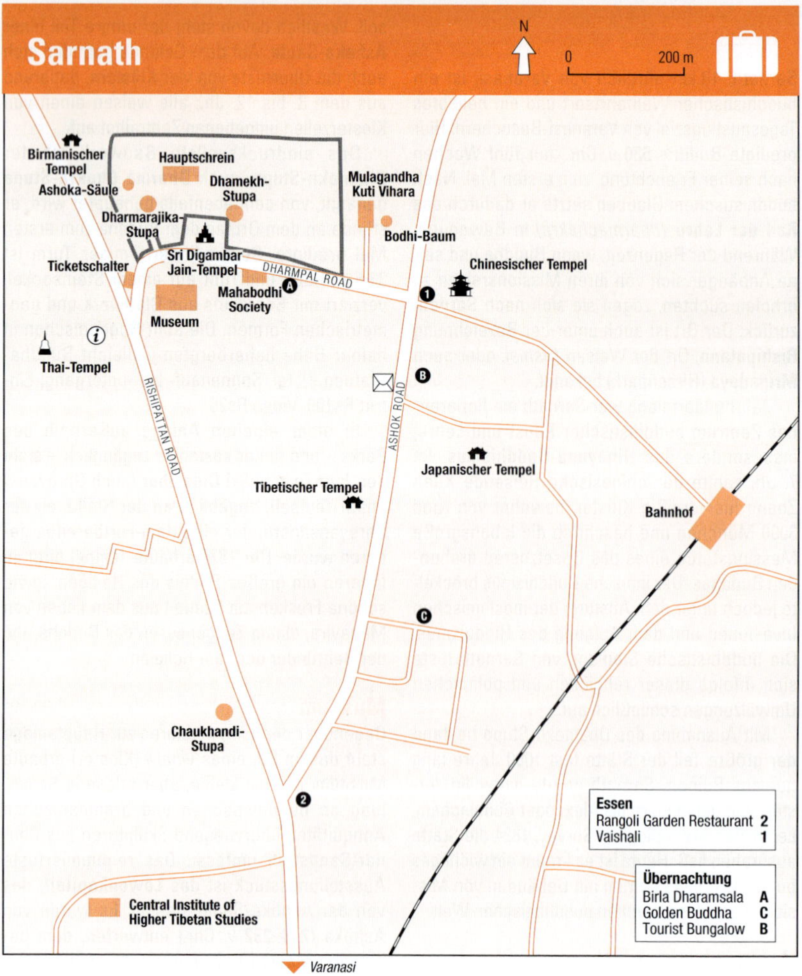

Bodhisattvas **Avalokiteshvara** mit einer Lotusblüte und eine von **Lokeshvara** mit einer Schale. ⏲ tgl. 8–17 Uhr; Eintritt Rs5 (Kartenkasse auf der anderen Straßenseite; Kameras und Handys in Schließfächern am Eingang deponieren).

Mulagandha Kuti Vihara und moderne Stätten

Nordöstlich des Dhamekh-Stupa steht das 1931 mit Spenden der internationalen buddhistischen Gemeinde erbaute **Mulagandha Kuti Vihara**. Das von der Mahabodhi Society geleitete Kloster ist einer der größten Anziehungspunkte Sarnaths, sowohl für Pilger als auch Touristen. Die Eingangshalle ziert eine riesige Glocke – ein Geschenk aus Japan – und das Innere eine vergoldete Reproduktion der berühmten, im Museum untergebrachten Buddha-Figur, umgeben von Wandfresken, auf denen Szenen aus seinem Leben dargestellt sind. Ein Stück weiter östlich steht Sarnaths **Bodhi-Baum**, ein Ableger des Baumes von Bodhgaya in Bihar, unter dem Buddha die Erleuchtung zuteil wurde.

Buddhistische Gemeinden aus anderen Teilen der Welt sind in Sarnath gut vertreten. Außer der alteingesessenen **Mahabodhi Society**, ✆ 0542/259 5955, bietet das **Central Institute of Higher Tibetan Studies**, ✆ 0542/258 5242, 💻 www.smith.edu/cihts, außerhalb Richtung Varanasi, Zertifikatskurse in tibetischer Philosophie und der uralten Sprache Pali. In der Nähe des Postamts befindet sich der **Tibetische Tempel**, der eine Sammlung von *thangkas* (tibetisch-buddhistischen Gemälden) beherbergt. Der **Chinesische Tempel** liegt 200 m östlich der Haupteingänge und weiter nordwestlich der **Birmanische Tempel**. Hinter dem Tourist Bungalow befindet sich der **Japanische Tempel** unter Leitung der Mrigdayavana Mahavihara Society.

Übernachtung und Essen

Burmese Vihara, eines der gastfreundlichen Klöster, nordwestlich der Hauptstätte, bietet gegen eine Spende einfache Zimmer.
Birla Dharamsala, direkt vor den Toren der Mahabodhi Society. Sehr zentral, aber auch sehr einfach. ❶
Golden Buddha, ✆ 0542/236 9695, 💻 www.goldenbuddhahotel.com, etwas außerhalb, 10 Min. zu Fuß südlich vom Japanischen Tempel. Die komfortabelste Unterkunft der Gegend besitzt schöne Zimmer und ein gutes Restaurant. ❹
Tourist Bungalow, südöstlich vom Park gelegen, ✆ 0542/259 5965, ✉ rahimrigdava@up-tourism.com, von UPTDC geleitet, bietet annehmbare Zimmer und einen Schlafsaal (Rs150). ❸–❹
Vaishali, oben an der Kreuzung beim Chinesischen Tempel. Südindische Snacks, veg. und nicht veg. Currys, chinesische Gerichte und sogar Pancakes (nicht veg. Hauptgerichte Rs70–140).
Das **Rangoli Garden Restaurant**, wenn man von Varanasi kommt, gleich an der Kreuzung jenseits des Chukhandi Stupa, ist beliebt für seine nord- und südindischen Gerichte (nicht veg. Hauptgerichte Rs100–185) und hat Tische im Freien.

Post

Die **Hauptpost** liegt direkt gegenüber vom Tourist Bungalow südöstlich des Parks.

Transport

Blaue **Busse** nach Sarnath fahren regelmäßig vor dem Cantonment-Bahnhof in VARANASI ab (Rs10), sind aber manchmal sehr voll.
Eine vorausbezahlte **Motor-Rikscha** vom Cantonment-Bahnhof kostet um Rs80 einfach; manchmal verkehren auch Sammel-Rikschas (Rs20 p. P.). In Sarnath angekommen, kann man die Sehenswürdigkeiten bequem zu Fuß besuchen.

Gorakhpur

Gorakhpur, rund 230 km nördlich von Varanasi, ist bekannt als Station auf der Pilgerstrecke zwischen Kushinagar (dem Ort von Buddhas Erleuchtung) und Lumbini (seinem Geburtsort, der auf der anderen Seite der Grenze in Nepal liegt). Heute dient es in erster Linie als Durchreisestation nach Nepal. Die Stadt wurde nach dem shaivitischen Yogi **Gorakhnath** benannt und besitzt einen großen, ihm geweihten Ashram und Tempel. Die meisten Touristen und Wallfahrer halten sich hier so kurz wie möglich auf – dafür sorgen schon die Fliegen- und Moskitoschwärme.

Übernachtung und Essen

Gorakhpur Hotels reichen von schäbigen Budgetunterkünften in Bahnhofsnähe bis zu Mittelklassehäusern in Golghar, 1 km südwestlich, und Niyamachak, 1,5 km westlich.
Billige *dhabas* findet man gegenüber vom Bahnhof. Ansonsten gibt es das beste Essen in den teureren Hotels und im Restaurant **Bobis** in Golghar (veg. Hauptgerichte Rs75–125, andere Rs80–140).
Fast alle unten aufgeführten Hotels haben 24-Std.-Checkout.
Bobina, Nepal Rd, Niyamachak, ✆ 0551/233 6663, 💻 www.hotelbobina.com. Recht gute Mittelklasse-Unterkunft mit leicht verwohnten AC-Zimmern, ordentlichem Restaurant mit Bar und sogar einem Pool. ❹–❺

Clarks Inn Grand, Park Rd, bei Golghar, ✆ 0551/220 5015, 🖳 www.clarksinngrand.in. Das vornehmste Hotel der Stadt ist ein eher langweiliges, aber verlässliches Businesshotel mit großen Zimmern, Fitnesscenter und Pool. ❽

President, Golghar, ✆ 0551/233 7654, 🖳 www.hotelpresident.net.in. Mittelklassehotel mit verschiedenen vorzeigbaren AC-Zimmern und sogar einer Präsidentensuite. ❹–❺

Das **Marina**, ✆ 0551/233 7630, das sich mit dem President den Hof teilt, ist schmutziger und recht heruntergekommen, hat aber sehr billige EZ (Rs150–250).

Retiring Rooms, im Bahnhof. Preiswerte Zimmer mit und ohne AC sowie Schlafsaalbetten (Rs75). ❶–❷

Standard, Station Rd, bei der Statue von Maharana Pratap Singh, ✆ 0551/220 1439. Das sauberste unter den billigen Hotels gegenüber vom Bahnhof. Zimmer mit Bad, warmes Wasser gibt's hier allerdings nur im Eimer (Rs8). ❷

Sonstiges

Geld

Geldautomaten gibt es in Golghar (1 km südwestlich des Bahnhofs) und direkt vor dem Bahnhof; die **State Bank of India**, Bank Rd, wechselt Reiseschecks.

Post

Die **Hauptpost** befindet sich in Golghar.

Nahverkehr

Das üblichste Verkehrsmittel in der Stadt sind **Fahrrad-Rikschas**, da nur wenige Hotels mehr als 2 km vom Bahnhof entfernt sind. Vor Schleppern und dem schlechten Service der Reisebüros gegenüber vom Bahnhof sollte man sich in Acht nehmen.

Transport

Busse

Es gibt drei Busbahnhöfe: Der **Railway Bus Stand** beim Bahnhof (150 m die Station Road entlang, zu erkennen an einem Reiterstandbild

Transport nach Nepal

Gorakhpur ist ein sehr günstiger Ausgangspunkt für die Weiterfahrt ins westliche Nepal, denn hier gibt es Verbindungen nach Pokhara und sogar nach Kathmandu.

Die **Direktbusse von oder nach Kathmandu und Pokhara** sind nicht besonders vorteilhaft – besser nimmt man einen Bus nach Sonauli, geht zu Fuß über die Grenze und fährt dann auf der anderen Seite weiter.

Busse nach Sonauli (3 Std.) fahren am Railway Bus Stand von Gorakhpur zwischen 4.30 und 21 Uhr ab. Deluxe-Busse fahren direkt vor dem Bahnhofsgebäude los. Wer noch bei Tageslicht einen Anschlussbus nach Pokhara oder Kathmandu (je 10 Std.) bekommen und die Landschaft sehen möchte, muss früh aufstehen; es verkehren aber auch Nachtbusse. Private Busse verlassen Sonauli morgens zwischen 5 und 11 Uhr fast stündlich. Nach Kathmandu fahren die meisten Reisenden am liebsten mit dem Bus, der in **Bhairawa**, 4 km weiter in Nepal, abfährt; das Reservierungsbüro befindet sich in Bhairawa in der Nähe des Yeti Hotel. **Jeeps** befahren die 24 km lange Strecke zwischen Bhairawa und Lumbini (Nepal). Wer eine Übernachtungspause einlegen möchte, kann im UPTDC-Hotel Niranjana (Rs300–650) in Sonauli absteigen, 1 km vor der Grenze. Es hat Zimmer mit AC und einen Schlafsaal (Rs100). Umfangreicher ist das Angebot jenseits der Grenze in Nepal. Beliebte Hotels in Bhairawa sind das Yeti und das Himalayan Inn.

Visa für Nepal (für 1 Monat gültig) gibt es an der Grenze zum Preis von US$30. Auf der indischen Seite steht eine State Bank of India; die Geldwechsler auf der nepalesischen Seite tauschen auch Reiseschecks. Vorsicht: indische Rs500- und Rs1000-Scheine sind in Nepal illegal und können „konfisziert" werden; wer welche bei sich hat, kann sogar verhaftet werden.

von Maharana Pratap Singh) ist für Busse von der nepalesischen Grenze bei Sonauli und Kushinagar. Am **Kacheri-Busbahnhof**, 1 km südwestlich vom Bahnhof, halten Busse aus Allahabad, Lucknow und Varanasi. Der **Pedleyganj**, 2 km südöstlich vom Bahnhof, wird von einigen Bussen von/nach Varanasi genutzt.

Eisenbahn

Gorakhpur bietet tägliche Verbindungen mit dem Gorakdam Express Nr. 12555 um 16.35 Uhr nach LUCKNOW (Ankunft 21.40 Uhr) und NEW DELHI (Ankunft 5.45 Uhr) sowie mit dem Gorakhpur–Lokmanyatilak Express Nr. 15018 um 5.30 Uhr nach MUMBAI (Ankunft in Kalyan um 17.30 Uhr am nächsten Tag) via VARANASI (Ankunft 11.05 Uhr); eine weitere Verbindung nach Varanasi (6 Std.) bietet der Nachtzug Gorakhpur–Manduadih Nr. 55149 (mit Schlafwagen), der um 23.15 Uhr abfährt und um 6.15 Uhr ankommt.
Im Bahnhof gibt es angenehme *retiring rooms* (s. o.), ein einfaches Restaurant und eine **Tourist Information**, ⌚ theoretisch Mo–Sa 9–17 Uhr, aber meistens geschlossen.

Flüge

Der **Flughafen** liegt 7 km östlich von Gorakhpur Richtung Kushinagar. Er wird derzeit nur von JetLite angeflogen, mit Flügen von/nach Delhi. Taxis in die Stadt kosten Rs150.

Kushinagar

Das idyllisch gelegene Dorf Kushinagar, 53 km östlich von Gorakhpur, wird als Buddhas **Mahaparinirvana** verehrt, seine Todesstätte, wo er die endgültige Erlösung von dem Kreislauf aus Tod und Wiedergeburt erlangte. Zu Buddhas Lebzeiten war **Kushinara**, wie es damals hieß, ein kleines, von Wäldern umgebenes Königreich der Mallas. Der Ort geriet in Vergessenheit und wurde erst Ende des 19. Jhs. von Archäologen wiederentdeckt und ausgegraben – auf der Grundlage von Schriften chinesischer Pilger des 7. Jhs.

In einem schattigen Park mitten in Kushinagar steht der aus der Regierungszeit Kumaraguptas I. (413–455 n. Chr.) stammende **Mahaparinirvana-Tempel** (oder Nirvana-Stupa), der 1927 von birmanischen Buddhisten restauriert wurde. Im angrenzenden Tempel befindet sich die vergoldete Statue eines **ruhenden Buddha**. Der **Matha Kunwar-Schrein** an einer Kreuzung unmittelbar südwestlich birgt eine vergoldete Buddha-Statue aus blauem Schiefer. Er ist meist abgeschlossen (dann bleibt nur ein Blick durchs Fenster), aber manchmal schließt einem der Aufseher auch auf. Gleich um die Ecke ist ein „Bauddha Museum" mit einer mäßig interessanten Sammlung alter buddhistischer Skulpturen, die aber nicht alle antik sind; ⌚ Di–Sa und meist So 10.30–16.30 Uhr; Eintritt frei.

Rund 1,5 km südöstlich der Hauptanlage steht der verfallene **Ramabhar Stupa**, bei dem es sich wahrscheinlich um den ursprünglichen Mukutabandhana-Stupa handelt, der an der Stelle errichtet wurde, wo der Leichnam des Buddha eingeäschert wurde. Heute ist Kushinagar ein internationales buddhistisches Zentrum und beherbergt mehrere Klöster, die von Buddhisten aus Tibet, Birma, Thailand, Sri Lanka und Japan finanziert wurden. Der wunderbar schlichte **Japanische Tempel** besteht nur aus einem einzigen runden Raum mit einer herrlichen, goldenen Buddha-Statue. In starkem Kontrast dazu steht das erst kürzlich erbaute **Thai-Kloster**, eine große Anlage mit Tempeln und Schreinen im üppigen traditionellen Stil.

Übernachtung und Essen

Die meisten Tempel stellen gegen eine Spende (etwa Rs200 p. P.) Zimmer für Pilger bereit. Der chinesische **Linh Son-Tempel**,

Nicht nur zum Frühstück

Yama Café, nahe dem chinesischen Linh Son-Tempel, ist sauber und einladend und das einzige gute Restaurant im Ort; hausgemachte indische, tibetische und chinesische Gerichte (Hauptgerichte Rs25–55). Es öffnet um 8 Uhr zum Frühstück und schließt gegen 20 Uhr.

✆ 9936 132062, hat große, saubere Zimmer mit Bad und Warmwasser ❷. **Shree Birla**, gegenüber, ✆ 05564/ 273090, ist einfacher. ❷

Pathik Niwas, ✆ 05564/273046, ✉ rahipathikniwas@up-tourism.com. Der relativ teure staatliche Tourist Bungalow hat u. a. Zimmer mit AC, luxuriöse Cottages, „American Huts" genannt, und ein Restaurant. ❸–❺

Lotus Nikko, ✆ 05564/273025, 💻 www.lotusnikkohotels.com, neben dem Japanischen Tempel. 3-Sterne-Hotel mit AC-Zimmern und Geldwechselschalter, aber oft von Reisegruppen ausgebucht. ❽

Essenstände an der Kasia-Kreuzung servieren preiswerte Snacks.

Sonstiges

Geld

Eine Wechselstube gibt es im **Yama Café**; auch im **Lotus Nikko Hotel** kann man Geld wechseln.

Informationen

UP Tourism unterhält ein Büro im Hotel Pathik Niwas, ⏲ Mo–Sa 10–17 Uhr.

Sowohl India Tourism als auch UP Tourism führen interessante Touren entlang des gesamten „Buddhist Circuit" von Uttar Pradesh durch; zu buchen entweder in Kushinagar oder bei UP Tourism in Delhi.

Touren

Das **Yama Café** organisiert einen Spaziergang von 13 km zu den umliegenden Dörfern und religiösen Stätten von 8–16 Uhr, Teilnahmegebühr Rs750 p. P. inkl. Frühstück und Mittagessen, Mindestteilnehmerzahl 5 Pers.

Transport

Von Kushinagar gibt es regelmäßige Busverbindungen nach GORAKHPUR (2 Std.).

Uttarakhand

Stefan Loose Traveltipps

Char Dham Der Pilger-Rundgang um die vier Heiligtümer von Garhwal zeigt einen Querschnitt der eindrucksvollsten Landschaft des indischen Himalaya. S. 352

Haridwar Die heilige Stadt am Ganges ist eine der vier Kultstätten des Kumbh Mela-Festes und auch zu anderen Zeiten ein faszinierender Ort, um Hindubräuche zu beobachten. S. 359

Rishikesh Das Pilgerzentrum am Ufer des türkisfarbenen Ganges ist ein führendes Yoga- und Meditationszentrum. S. 363

5 **Gangotri** Hoch in den Bergen zieht es die Pilger zur heiligen Quelle des Ganges. S. 371

Valley of the Flowers Das abgeschiedene Tal, dessen saftige Wiesen der Traum aller Botaniker sind, wurde erst 1931 von Europäern entdeckt. S. 376

Curzon Trail Eine zehntägige Wanderung über den Kuari-Pass bietet atemberaubende Ausblicke auf den Himalaya. S. 379

Corbett-Tigerreservat Das in den 1930er-Jahren geschaffene Naturreservat ist vor allem wegen seiner (leider stark gefährdeten) Tiger berühmt. S. 381

UTTARAKHAND

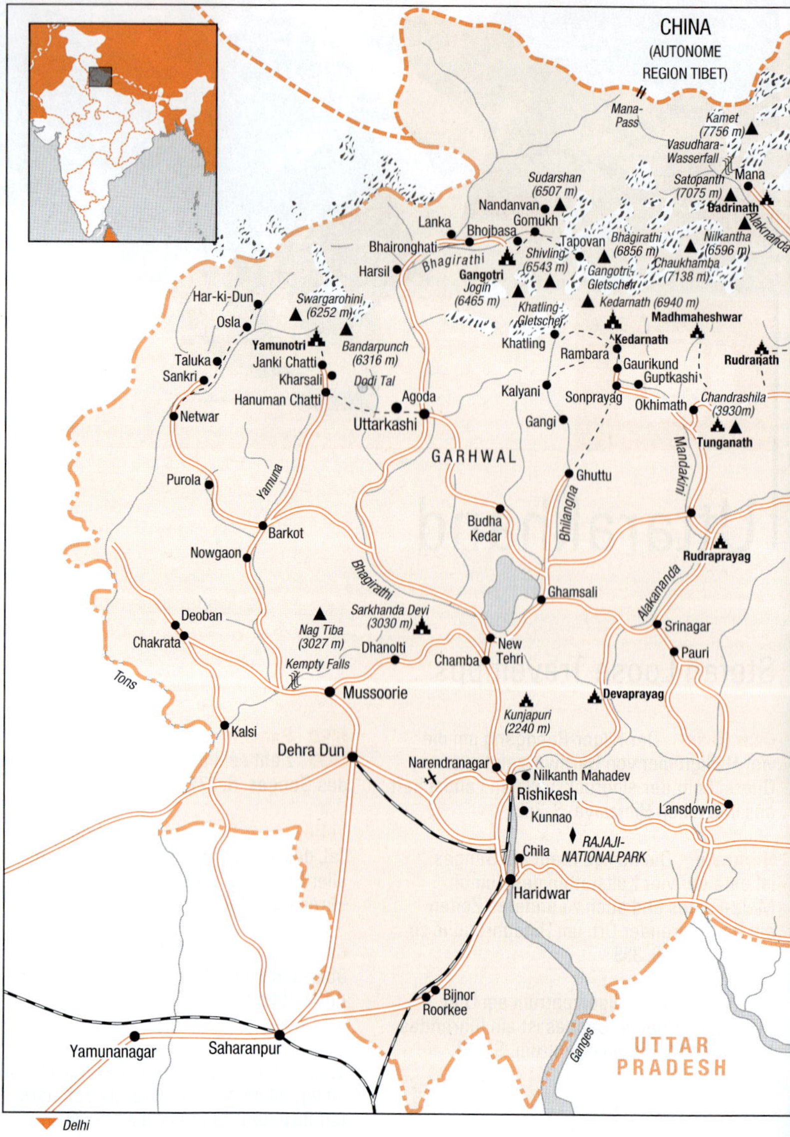

N
0
50 km
Mount Kailash
Niti-Pass
Lipu Lekh-Pass
Om Parvat (6191 m)
Johlingkang
Api (7132 m)
Malari
Valley of Flowers
Hathi Parbat (6727 m)
Nilgiri Parbat (6474 m)
Hemkund
Ghangaria
Pandukeshwar
Govind Ghat
Joshimath
Dhauliganga
Dunagiri (7066 m)
Milam-Gletscher
Milam
Raglam
Panchuli (6904 m)
Budhi
Kali
Narayan Ashram
Nanda Devi East (7434 m)
Nanda Devi (7816 m)
Lata
Nanda Kot (6861 m)
Lilam
Tawaghat
Seilbahn
Auli
Tapovan
NANDA DEVI SANCTUARY
Pindari-Gletscher
Munsiyari
Gorson (3016 m)
Kuari-Pass
Trisul 7120 m
Phurkia
Dwali
Dharchula
Kalpeshwar
Pipalkota
CURZON TRAIL
Girgaon
Chiplakot Bugyal
Roop Kund
Khati
Tejam
Gopeshwar
Ramani
Bedni Bugyal
Loharkhet
Askot
NEPAL
Didihat
Nandaprayag
Ghat
Wan
Thal
Debal
Chaukori
Berinag
Pindar
Tharali
Gwaldam
Karanprayag
Badhangari
Baijnath
Bageshwar
Pithoragarh
Garur
Kausani
Binsar (2412 m)
Jageshwar
UTTARAKHAND
Artola
KUMAON
Dwarahat
Almora
Champawat
Ranikhet
Ramganga
Kosi
Naina Peak (2611 m)
Tanakpur
Bhowali
Bhimtal
Nainital
Banbassa
Kathgodam
Mahendrenagar
Haldwani
Dhikala
Ramnagar
CORBETT-PARK
Lalkuan
Pantnagar
Delhi
Lucknow

Nordöstlich von Delhi an der Grenze zu Nepal und Tibet erheben sich aus den fruchtbaren Ebenen am Fuß des Himalaya die Bergregionen **Garhwal** und **Kumaon**. Zusammen bilden sie den Bundesstaat Uttarakhand, der nach jahrelangen Unruhen erst im Jahr 2000 von der Tiefland-Region Uttar Pradesh abgetrennt wurde. Bis 2007 war er unter dem Namen Uttaranchal bekannt. Die Region weist ganz eigene Sprachen und Kulturen auf. Tiefe Flusstäler beheimaten faszinierende Mikro-Zivilisationen, in denen sich Hinduismus, Animismus und Buddhismus vermischen. Die schneebedeckten Gipfel dieser Gegend sind zwar nicht so hoch wie die weiter östlich gelegenen Giganten in Nepal oder der Karakorum, zählen aber zu den schönsten Bergen des Mittleren Himalaya. Sie bilden eine fast durchgehende Bergkette, die im **Nanda Devi** gipfelt, dem mit 7816 m höchsten Berg Indiens.

Geschichte

Die ersten bekannten Bewohner von Garhwal und Kumaon waren die **Kuninda** im 2. Jh. v. Chr., die offenbar eng mit der zeitgenössischen indogriechischen Zivilisation verbunden waren, eine frühe Form des Shivaismus praktizierten und mit Tibet Salzhandel trieben. Etwa im 4. Jh. n. Chr. unterlagen die Kuninda schließlich den **Gupta**, die im Gebirge aber keinen nachhaltigen Einfluss gewannen. Zwischen dem 7. und dem 14. Jh. beherrschten die shivaitischen **Katyuri** Gebiete von unterschiedlicher Größe. Ihr Hauptsitz war das Katyur Baijnath-Tal in Kumaon, wo ihre Steintempel noch heute zu sehen sind. Unter ihrer Herrschaft war **Jageshwar** ein bedeutendes Pilgerzentrum, und die brahmanische Kultur blühte. Ost-Kumaon erlebte unter den **Chandra** vom 13. bis zum 15. Jh. einen Aufschwung. In dieser Zeit nahmen Kunst und Bildung neue Formen an, und die **Garhwal-Schule der Malerei** entwickelte sich. Im 19. Jh. beendete die britische Annexion die westliche Expansion des Gurkha-Reiches.

Nach der Unabhängigkeit wurden Garhwal und Kumaon Teil von Uttar Pradesh, aber da die Regierung in Lucknow es versäumte, die Region zu fördern, wurden die **Forderungen nach einem unabhängigen Staat** schließlich immer lauter. Das separatistische Anliegen wurde von der BJP aufgegriffen, als diese im März 1998 an die Macht kam, und so wurde im November 2000 der neue Bundesstaat gegründet.

Die Gründung dieses neuen Staates ging alles andere als reibungslos vonstatten, denn zwischen Garhwal und Kumaon liegt eine tiefe kulturelle Kluft, und beide Regionen wollten die neue Hauptstadt in ihrem Landesteil haben. In Haridwar – kulturell gesehen Teil des Tieflands – gingen die Bauern auf die Straße und forderten, dass alles bleiben solle, wie es war. Die Kumaonis hingegen waren wütend, dass **Dehra Dun**, eine Stadt in Garhwal, zur Hauptstadt erklärt wurde. Die neue Regierung hat außerdem mit ernsthaften Umweltproblemen zu kämpfen. Durch die Abholzung geht urbares Land im Vorgebirge verloren, und in den höheren Regionen gehen infolge der globalen Erwärmung die Gletscher mit beängstigender Geschwindigkeit zurück – was weiter unten zu Wasserknappheit führt.

Garhwal

Als heiliges Land, in dem die mächtigen Flüsse Ganges und Yamuna entspringen, bildete Garhwal schon im 9. Jh. das Herz der Hindu-Identität. Damals integrierte der Reformer Shankara viele der alten Bergheiligtümer in den Hinduismus. Tief im Innern des Himalaya gründete er die vier wichtigsten *yatra-* (Wallfahrts-)Tempel, **Char Dham** genannt – **Badrinath**, **Kedarnath** sowie die weniger häufig besuchten **Gangotri** und **Yamunotri**. Jedes Jahr zwischen Mai und November, sobald der Schnee geschmolzen ist, dringen Ströme von Pilgern hoch in die Berge vor und passieren dabei **Rishikesh**, die Stadt der Yogis und Ashrams.

Mehr als ein Jahrtausend lang kamen die *yatri* (Pilger) zu Fuß. In den letzten Jahren jedoch hat sich das alljährliche Schauspiel verändert: Die Straßen, die das Militär während des Kriegs gegen China in den 1960er-Jahren sprengte, sind jetzt die Adern einer neuen, motorisierten Form von *yatra*. Insbesondere das östliche Garhwal wird immer wohlhabender, und das Gesellschaftsgefüge in den Bergen verändert sich rasant. Besucher, die das ursprüngliche Garhwal kennen lernen möchten, sollten daher zumindest einen Teil ihrer Zeit weitab der großen *yatra*-Routen verbringen. Daneben etabliert sich das Bergland zunehmend auch als Zentrum für **Abenteuersport**: Trekking, Wildwasserfahrten, Paragliding, Skifahren und Klettern.

Garhwal ist eine echte Herausforderung für jeden Reisenden: Lange und oft nervenaufreibende Bus- und Jeepfahrten sind an der Tagesordnung. Die Belohnung dafür sind spektakuläre Blicke auf schneebedeckte Gipfel zwischen bunt bemalten Garhwali-Dörfern in tiefen Tälern.

Alle Touristen-Bungalows werden von **Garhwal Mandal Vikas Nigam (GMVN)** betrieben. Die meisten ballen sich entlang der Pilgerrouten, doch das Netzwerk weitet sich zunehmend aus. Es gibt keinen einheitlichen Standard, aber die meisten Bungalows bieten eine Reihe von Einzel- und Mehrbettzimmern in unterschiedlichen Preislagen sowie ein Restaurant. GMVN organisiert auch Char Dham-**Touren** (oft überteuert und wenig lohnend) und bietet teure **Mietwagen** an. Der GMVN-Hauptsitz ist in Dehra Dun (s. unten), nützlicher ist allerdings das Büro in Delhi, ✆ 011/2335 0481. Zuständig für Abenteuersport-Pauschalangebote wie Skilaufen und Trekking ist das Büro in Rishikesh (s. S. 367).

Dehra Dun

Das im Jahr 2000 zur Hauptstadt von Uttarakhand gekrönte Dehra Dun liegt 255 km nördlich von Delhi in angenehmer Höhe von knapp 700 m, sodass es im Sommer nie zu heiß wird und im Winter selten schneit. Die Stadt befindet sich in der Mitte des 120 km langen **Doon Valley** *(dun* oder *doon* heißt wörtlich übersetzt „Tal"), das für seinen Basmati-Reis berühmt ist. Sie wird im Westen von der Yamuna und im Osten, bei Rishikesh, vom Ganges begrenzt. Nacheinander wurde sie von den Sikhs, den Moguln und den Gurkhas besetzt – doch am augenscheinlichsten ist der britische Einfluss.

Die meisten der lebendigen Märkte liegen rund um den hohen viktorianischen **Uhrturm** oder in der Umgebung von Gandhi Road und Rajpur Road. 4 km weiter gelangt man zur riesigen, grünen Siedlung, wo der **Survey of India** beheimatet ist. Gegründet im Jahr 1767, war es sein größtes Verdienst, die Höhe des Mount Everest zu ermitteln und ihn nach dem Vermesser und Offizier Sir George Everest zu benennen.

Anschließend überquert die Kaulagarh Road das Bett des nur in der Regenzeit Wasser führenden Bindal Rao und führt Richtung Nordwesten an der besten Privatschule von Dehra Dun, der **Doon School**, vorbei. Schließlich erreicht sie das ausgedehnte Gelände und schlossähnliche Gebäude des **Forest Research Institute**, das sich der Erhaltung der gefährdeten Wälder Indiens widmet. Ein großes und durchaus sehenswertes Museum zeigt Holzarten, Insekten, Möbel, Tierembryos und Ähnliches. ◷ Mo–Fr 9.30–17 Uhr, Rs15.

Übernachtung

In Dehra Dun gibt es zahlreiche Hotels mittlerer Preisklasse. Viele von ihnen reihen sich im nördlichen Teil der Rajpur Rd (Richtung Mussoorie) aneinander. Die wenigen billigen Übernachtungsmöglichkeiten befinden sich zwischen Bahnhof und Uhrturm – oder man steigt in den altmodischen *retiring rooms* des Bahnhofs ab.

Ashrey, 10 Tyagi Rd, ✆ 0135/262 3388. Südlich vom Princes Chowk, 3 Min. zu Fuß, in ruhiger, doch immer noch zentraler Lage; große, saubere und gut eingerichtete Zimmer zu angemessenen Preisen. ❹–❺

Great Value, 74-C Rajpur Rd, 2,5 km nördlich vom Uhrturm, ✆ 0135/274 4086, 💻 www.greatvaluehotel.com. Großes, gut geführtes Hotel einer Kette (DZ ab US$45) mit vielen Annehmlichkeiten, u. a. einem schönen Garten, Bar und WLAN im Zimmer (Rs120 pro Std.). ❻–❽

Übernachten im Weißen Haus

White House, 15/7 Subhash Rd (auch: Lytton Rd), ✆ 0135/265 2765. Reizvolle alte Raj-Residenz nahe Astley Hall mit riesigen Veranden, hohen Decken, schweren Möbeln (recht harte Betten) und einer unzuverlässigen Wasserversorgung. Ein friedlicher Ort, um dem Zentrum von Dehra Dun zu entfliehen, und doch nur wenige Minuten zu Fuß davon entfernt. ❷

Madhuban, 97 Rajpur Rd, ✆ 0135/274 0066, ✉ hotelmadhuban@bsnl.in. Großes, imposantes und exklusives Hotel mit beliebtem Restaurant, Bar, Sauna und Fitnesscenter. Gilt als Dehra Duns bestes und teuerstes Hotel (für die Präsidentensuite sind schlappe Rs10 000 hinzulegen); im Comfort Inn-Anbau gibt es aber auch billigere Zimmer. ❽–❾

Moti Mahal, 7 Rajpur Rd, ✆ 0135/265 1277, ✉ hotelmotimahal@rocketmail.com. Die makellosen Zimmer mit AC in dem hellen, modernen Hotel haben doppelt verglaste Rauchglasfenster, die Lärm und Abgase fernhalten. ❺

Victoria, 70 Gandhi Rd, ✆ 0135/262 3486. Einfache Unterkunft in Bahnhofsnähe, die 1936 gegründet wurde. Alles andere als luxuriös (warmes Wasser nur in Eimern), aber mit seinem gewissen Boheme-Charme der Superstar unter den echten Billighotels. ❶

Uttarakhand

Essen

Es gibt in Dehra Dun verschiedene empfehlenswerte Restaurants im mittleren Preisbereich und eine Reihe passabler günstigerer Cafés an der Gandhi Rd. Zu den besseren Espresso-Cafés zählen das **Barista** beim Kumar Veg und das **Coffee Day**, gegenüber vom Madhuban Hotel. **Kumar Sweets** am Uhrturm ist der beliebteste Süßwarenladen der Stadt.

Black Pepper, 3 Astley Hall, Rajpur Rd. Das Höhlenambiente gefällt sowohl Familien als auch jungen Leuten. Große Auswahl an indischen und chinesischen Gerichten sowie europäischer Küche, z. B. Steaks und Hühnchen „Stroganoff" für Rs150–200.

Countdown Fast Food, Subhash Rd, hinter Astley Hall, bietet Pizzas, Burger sowie indische und chinesische Spezialitäten, auch vom Schwein. Für Rs60–90 gibt's riesige Portionen.

Moti Mahal, 7 Rajpur Rd. Das Restaurant im gleichnamigen rundum klimatisierten Hotel tischt zahlreiche leckere Gerichte auf, insbesondere Hühnchen und *paneer*. Zu den Angeboten für Nichtvegetarier (Rs150–250) zählen z. B. *chicken karahi, chicken muglai* und der köstliche angelsächsisch-bangladesische Beitrag zur indischen Küche: *chicken tikka masala*.

Preiswertes für jeden Geschmack

Kumar Foods, 15B Rajpur Rd. Hervorragende vegetarische und fleischhaltige Küche zu vernünftigen Preisen (Hauptgerichte Rs100–150) in angenehmer Umgebung. Eine rein vegetarische Filiale liegt 40 m weiter nördlich.

Tirupati, 27B Rajpur Rd. Sauber und freundlich; multikulturelle Speisekarte mit Schwerpunkt auf südindischer Küche. Ein nordindisches *thali* kostet Rs115; für Rs90 gibt es eine südindische Kombination aus *dosa*, *iddli* und *vada*.

Yeti, 55-A Rajpur Rd. Interessante chinesische und thailändische Gerichte, darunter Spezialitäten aus Sichuan. Nicht vegetarische Hauptgerichte kosten Rs75–150, Meeresfrüchte Rs120–250.

Sonstiges

Bücher

Natraj, 17 Rajpur Rd. Hat eines der besten Sortimente zum Thema Wildtiere in Indien.

Geld

Die **State Bank of India**, Convent Rd, wechselt Reiseschecks; ebenso einige der staatlichen Banken in der Rajpur Rd. Geldautomaten gibt es an vielen Stellen in der Stadt; z. B. mehrere um den Uhrturm.

Informationen

Drona Travels, im Hotel Drona-Komplex, 45 Gandhi Rd, ✆ 0135/265 3309, bietet den gleichen Service wie GMVN (s. u.). ◷ Mo–Sa 10–17 Uhr.

GMVN Head Office, 74/1 Rajpur Rd, ✆ 0135/ 274 6817, ✉ gmvn@sacharnet.in. Gibt Informationen und Ratschläge zu Trekkingtouren. Außerdem kann man GMVN-Unterkünfte und Touren durch Garhwal buchen sowie Autos mieten.

Internet

Dehra Dun ist der beste Ort in Uttarakhand, um ins Internet zu gehen, denn entlang der Hauptstraße gibt es zahlreiche Internetläden.

Post

Neben dem Uhrturm im Stadtzentrum.

Touren und Ausrüstung

Wer eine Trekking-Tour plant, ist mit **Adventure Tours**, 151 Araghar ✆ 0135/267 7769, ✉ garhwal trekking@rediffmail.com, gut beraten.
Die beste Adresse der ganzen Region zum Kauf von Wander- und Bergsteiger-Ausrüstung ist **Cliff Climbers**, 51–61 Bazaar, ✆ 0135/265 1235, 200 m südlich vom Clock Tower.

Transport

Busse

Der moderne **Interstate Bus Terminal (ISBT)** liegt 5 km südwestlich der Stadt an der Gandhi Rd. Er ist vom zentraler gelegenen Bahnhof und den Budgethotels in der Gandhi Road mit einer Motor-Rikscha für Rs60 zu erreichen oder per Sammel-Vikram Nr. 5 für Rs6.
Vom ISBT fahren in kurzen Abständen Busse ab, darunter ein Deluxe für Rs200 nach DELHI (7 Std.) sowie staatliche Busse zu größeren Städten in Uttarakhand und Shimla.

Eisenbahn

Der **Bahnhof** befindet sich an der Gandhi Rd. Die besten der täglichen Verbindungen nach DELHI sind der Nachtzug Mussoorie Express Nr. 14042 (Abfahrt 21.20 Uhr, Ankunft Sarai Rohilla 8.35 Uhr), nach New Delhi der klimatisierte Shatabdi Express Nr. 12018 (Abfahrt 17 Uhr, Ankunft 22.45 Uhr) oder der Janshatabdi Express Nr. 12056 (Abfahrt 5.10 Uhr, Ankunft 11.15 Uhr). Der Doon Express Nr. 13010 (Abfahrt 20.25 Uhr) ist die günstigste Verbindung nach LUCKNOW (Ankunft 8.20 Uhr) und VARANASI (Ankunft 16 Uhr) mit Weiterfahrt nach KOLKATA, Ankunft am übernächsten Tag um 7 Uhr. Der Ujjaini Express Nr. 14310 fährt nur Di und Mi nach AGRA (Abfahrt 6 Uhr, Ankunft 16.55 Uhr).

Mussoorie

Mussoorie, das sich über 15 km eines hohen, zerklüfteten Bergkamms erstreckt, ist die Delhi am nächsten gelegene Hill Station: Es liegt nur 278 km nördlich der Hauptstadt und 34 km nördlich von Dehra Dun. In einer Höhe von 2000 m gewährt der Ort Besuchern, die aus dem Tiefland kommen, einen ersten Blick auf die schneebedeckten Himalaya-Gipfel des westlichen Garhwal sowie eine herrliche Aussicht auf das darunter gelegene Dehra Dun-Tal.

Heutzutage ist Mussoorie ein beliebtes Wochenendziel. Die meisten ausländischen Besucher kommen nach Mussoorie, um in der hervorragenden Landour Language School **Hindi** zu lernen. Aber die Stadt ist auch ein sehr guter Ausgangspunkt für **Trekkingtouren** nach Westen, in das Innere von Garhwal. Mussoories Bergpanorama mit dem langen Bandarpunch-Massiv (6316 m) und dem Swargarohini (6252 m) im Nordosten und der Gangotri-Gruppe im Osten mag nicht so spektakulär sein wie das einiger anderer Hill Stations, aber es bildet eine angenehme Kulisse für die belebte Urlaubsstadt.

Die Gipfel in der Ferne sieht man am besten von dem flachen **Gun Hill** aus, der sich wie ein Vulkan aus dem Zentrum Mussoories erhebt. Erklimmen lässt er sich entweder zu Fuß oder per Pony auf einem Reitweg, der sich von der Mall aus nach oben windet. Die Alternative ist eine an der Mall beginnende, 400 m lange Fahrt mit einer **Drahtseilbahn** (Rs55 hin und zurück). Doch auch ein gemütlicher Spaziergang oder Ritt auf der 3 km langen **Camel's Back Road** bietet einen schönen Bergblick. Die Straße durchquert den nördlichen Teil von Gun Hill und passiert den auffälligen Felsen Camel's Rock sowie einen alten britischen Friedhof (für Besucher geschlossen). Ein weiterer Aussichtspunkt – der höchste in der unmittelbaren Umgebung – ist **Childer's Lodge** 5 km östlich der Mall, oberhalb von Landour.

Am östlichen Ende der Mall, hinter dem **Kulri Bazaar**, windet sich die steile Straße 5 km weit durch den farbenfrohen Markt von **Landour**. Die Geschäfte hier sind überreiche Fundgruben für Raj-Relikte, Silberschmuck und Bücher. Oberhalb des Landour-Marktes befindet sich ein Platz mit vielen Cafés, in denen sich Traveller wie einheimische Intellektuelle treffen. Ganz in der Nähe lädt die hübsch bewaldete Region **Sister's Bazaar** zu wunderschönen Spaziergängen ein, z. B. zum **Haunted House**, einer verlassenen Villa aus der Raj-Ära, oder rund um die berühmte **Landour Language School** (s. unter Sonstiges).

Übernachtung

Mussoories Zimmerpreise variieren je nach eher vage definierter Saison: Nachsaison (Jan–März und Juli–Sep), Nebensaison (Weihnachten, April und die „Bengali-Saison" im Okt und Nov) und Hochsaison (Mai–Anfang Juli), während der sich die Preise teilweise vervierfachen und selbst spartanische Zimmer Rs1000 kosten können. Die Stadt leidet gelegentlich unter **Wasserknappheit**, was auch manche der billigeren Hotels betrifft. Checkout ist in Mussoorie um 10 Uhr.

Broadway, Camel's Back Rd, ✆ 0135/263 2243. Riesiges altes Gästehaus am Rande des Kulri-Basars, mit hübschen bunten Blumenkästen, einem schönen Ausblick und freundlicher Atmosphäre. Gutes Preis-Leistungs-Verhältnis für kleine Budgets und in der Saison das einzige Billighotel. ❶–❷

Carlton's Plaisance, Happy Valley Rd, ✆ 0135/263 2800, 💻 www.geocities.com/carltonhotels_india. Reizvolles altes Haus aus der Raj-Ära sowie ein moderner Anbau, beide mit vielen historischen Erinnerungsstücken. Schöner Garten. Idealer Ausgangspunkt für Kurzausflüge aus der Stadt. In der Saison zwei Wochen vorher reservieren. ❼–❽

Darpan, Landour Rd, nahe Picture Palace, Kulri, ✆ 0135/263 2483. Preiswert und sauber; heiße Dusche, Bergblick von einigen Zimmern und einem guten vegetarischen Gujarati-Restaurant. ❷–❹

Dev Dar Woods, Sister's Bazaar, ✆ 0135/263 2644, ✉ anilprakash56@yahoo.com. Altes, abgenutztes Hotel in abgeschiedener Lage. Wegen der Nähe zur Sprachschule ist es oft voll, daher empfiehlt sich eine frühzeitige Reservierung – dann wird man evtl. sogar vom Bus abgeholt. Frühstück inkl. ❸

Kasmanda Palace, The Mall, ✆ 0135/263 2424, 💻 www.welcomeheritagehotels.com. Ein kurzer, aber sehr steiler Anstieg führt zum Sommerpalast eines ehemaligen Maharadschas, der jetzt als historisches Hotel geöffnet ist. Komfortabel und ruhig mit herrlichem Garten. In der Saison einen Monat im Voraus buchen. ❼–❽

Neelam International, Kulri ✆ 0135/263 2195. Zentral gelegen und selbst in der Saison noch preisgünstig. Sieht etwas abgerissen aus, hat aber saubere und gemütliche Zimmer. ❷

Valley View, The Mall, ✆ 0135/263 2324. Freundliche, saubere Unterkunft über der Mall, mit Sonnenterrassen zum Doon Valley und einem guten Restaurant. ❷–❹

Kolonialer Chic

Padmini Nivas, Library, ✆ 0135/263 1093, 💻 www.hotelpadmininivas.com. Unterhalb der Mall gelegen; mit schönem Rosengarten und Obstbäumen plus herrlichem Ausblick und schönen, hellen Zimmern meist mit Veranda. Es wurde um 1840 von einem britischen Offizier gegründet und diente später als Residenz für eine Gujarati-Königin (Padmini), daher der Name. ❺–❼

Essen

Cafés und Restaurants überall in der Mall bieten alles von Hotdogs bis zu chinesischen Spezialitäten; neben den unten genannten gibt es auch gute Restaurants in vielen der Hotels. Die Espresso-Ketten **Barista** und **Café Coffee Day** haben Filialen in der Stadt.

Clarks, The Mall, Kulri. Multikulturelles Restaurant, das eine gewisse historische Atmosphäre bewahrt hat. Nicht vegetarische indische und chinesische Küche. Hauptgerichte Rs90–150.

Four Seasons, The Mall. Nicht so unterhaltsam wie das Tavern gegenüber, aber für die Einheimischen ist das überwiegend indische Essen das beste der Stadt; liefert kostenlos ins Hotel. Nicht vegetarische Hauptgerichte zu Rs100–200.

Golden, Landour Bazaar. Beliebtes, aber unauffälliges Lokal neben dem Uhrturm mit tibetischen, chinesischen und indischen Gerichten sowie Frühstück. Vegetarische Hauptgerichte Rs40–70, sonst Rs80–100.

Green, The Mall, Kulri. Zu recht beliebtes vegetarisches Restaurant mit Alkohollizenz; zu den Hauptessenszeiten muss man früh dran sein oder Schlange stehen. Serviert indische und chinesische Speisen. Hauptgerichte Rs80–100.

Mussoorie

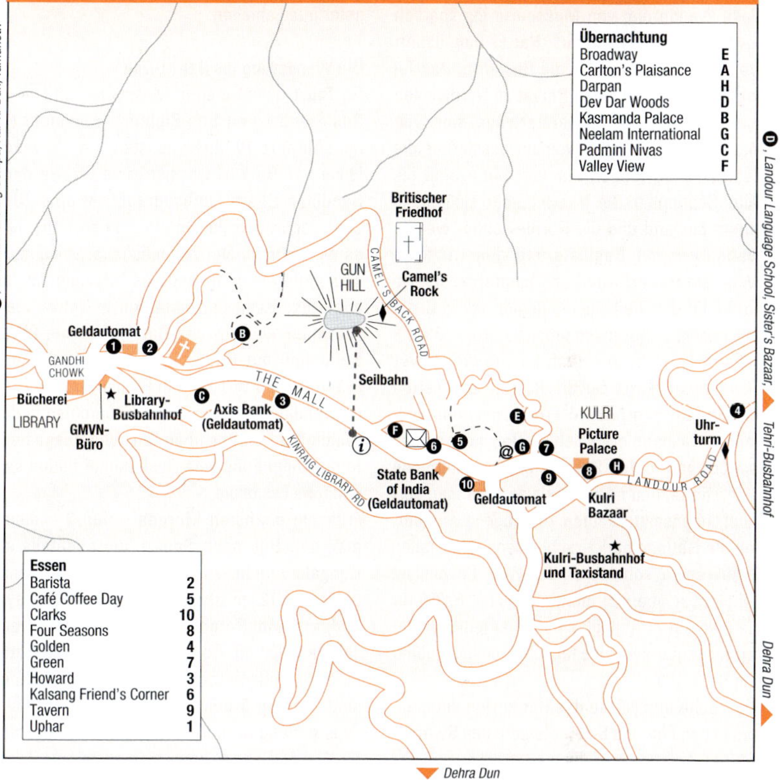

Howard, The Mall. Klapprig wirkendes Dreh-Restaurant (nicht vegetarische Hauptgerichte Rs65–180) mit 360°-Ausblick. Bäckerei und Coffeeshop im Erdgeschoss.

Prakash's Store, Sister's Bazaar. Eignet sich gut zum Einkaufen: hausgemachtes Brot, Marmelade, Erdnussbutter und Cheddar-Käse.

Tavern, The Mall. Das hippe Lokal nahe Picture Palace hat nicht gerade billige westliche, chinesische, indische und Thai-Gerichte, eine kleine Bar, samstags manchmal Livemusik und Tanz, Billard und Internetcafé im Obergeschoss. Nicht vegetarische Hauptgerichte Rs150–400.

Uphar, Gandhi Chowk. Sauberes und freundliches nord- und südindisches vegetarisches Restaurant mit Eisdiele; eines der besten Lokale in der Library-Gegend. Hauptgerichte Rs30–80.

Asiatisches Potpourri

Kalsang Friend's Corner, The Mall, beim Postamt. Herzhafte tibetische Küche (u. a. *momos, thukpas* und Schweinefleischgerichte) sowie chinesische, indische und ein paar thailändische Gerichte; alle lecker. Nicht vegetarische Hauptgerichte zu Rs55–130.

Der Har-ki-Dun Valley-Trek

Die relativ leicht zu bewältigende, aber grandiose Wanderung von **Mussoorie** ins spärlich bevölkerte „Tal der Götter", **Har-ki-Dun**, dauert drei Tage (plus einen für die Busfahrt). Das Tal liegt in der Region **Fateh Parvat** im Nordwesten von Garhwal. Die Talwanderwege sind von Mitte April bis Mitte November passierbar, die Gebirgspässe jedoch nur von Mitte Juni bis Mitte September. Die Trekkingpfade sind alle in gutem Zustand und die Dorfbewohner weisen Wanderern mit Begeisterung den richtigen Weg, sofern erforderlich. Empfehlenswerte Karten für den Trail und die Region sind z. B. die von Leomann herausgegebene Karte – Blatt 8 behandelt Garhwal – und die *Ground Survey of India*-Landkarte für die Region. Die Karten sind in jedem größeren Fremdenverkehrsamt von Uttarakhand erhältlich. Im Tal, nicht jedoch weiter oben in den Bergen, gibt es zahlreiche Unterkünfte, und normalerweise kann man dort auch Lebensmittel kaufen. Die Gegend wird derzeit als Nationalpark erschlossen, daher fallen **Gebühren** an, sobald man den Wald-Checkpoint bei Netwar überschreitet: insgesamt Rs350 für die ersten drei Tage plus Rs175 für jeden weiteren Tag, außerdem eine tägliche Campinggebühr von Rs50–100.

Die Bäche und Flüsse des Har-ki-Dun entspringen in den Eis- und Schneefeldern des **Swargarohini** („Aufstieg zum Himmel", 6252 m) und des **Bandarpunch** („Affenschwanz", 6316 m). Die hier lebenden Menschen leiten ihren Stammbaum bis aufs *mahabharata* zurück; sie betrachten sich als Nachfahren von Duryodhana und seinen Brüdern. Ebenso wie die Pandavas des Epos praktizieren sie eine Art Vielmännerei und üben eigenartige religiöse Bräuche aus, zu denen auch Hexerei gehört. Beim „Gottesdienst" im Duryodhana-Tempel in Taluka beispielsweise wird die Gottheit mit Schuhen beworfen; in Pakola steht die Götterstatue mit dem Rücken zur Gemeinde. Die unverwechselbaren Hochgebirgshäuser der Region besitzen wunderschön geschnitzte Holztüren und -fenster und die gemauerten Wände zieren aus Holz gefertigte Lamellen.

Die Wanderung ins Har-ki-Dun

An **Tag 1** nimmt man in Mussoorie am Library Bus Stand einen Bus Richtung Yamunotri (1x tgl., Abfahrt 10 Uhr) und steigt in Nowgaon (9 km vor Barkot, wo sich eine Straße nach Hanuman Chatti hochschraubt) in einen Bus oder Jeep nach **Purola** um. Von dort aus geht es weiter nach Netwar; möglicherweise muss man in Purola in ein anderes Fahrzeug umsteigen – insgesamt sind es 148 km. In Netwar steht zwischen Weizen- und Reisfeldern ein **PWD**-Bungalow mit Gästezimmern zur Verfügung. Hier oder im PWD-Büro in Purola wird auch die notwendige Erlaubnis fürs Übernachten in den Waldhütten weiter oben am Weg ausgestellt. In der Umgebung vom Busbahnhof finden sich einfache Esslokale.

Früh am nächsten Morgen – **Tag 2** – nimmt man den Bus nach **Sankri**, wo ebenfalls ein Bungalow steht. Von hier führt eine für Jeeps geeignete 12 km lange Straße durch Himalaya-Zedern- und Bergahornwälder-Wälder nach **Taluka** (1900 m). Dort steht wieder eine Hütte, in der auch einfache Mahlzeiten erhältlich sind. An **Tag 3** geht es bergab und am River Tons entlang durch ein herrliches Waldgebiet. Im Weiler Gangar kann man zwar eine Tasse Tee trinken, aber etwas zu essen gibt es erst wieder nach ganzen 11 km Fußmarsch in **Osla** (2259 m). Die Waldhütte, das GMVN-Hotel und die *dhaba*-Stände liegen alle am Hauptpfad an einer Stelle namens Seema, unterhalb von Osla. Ab hier muss die Verpflegung mitgeführt werden, also ordentlich Proviant einkaufen. Nach dem steilen, 14 km langen Anstieg von Osla ist an **Tag 4** schließlich der Campingplatz in **Har-ki-Dun** (3560 m) erreicht – eine hervorragende Ausgangsbasis zur Erkundung der *bugyals* (Hochgebirgswiesen) unterhalb des Swargarohini im Osten und des Jaundhar-Gletschers (3910 m) am Rand des Tals.

Sonstiges

Autovermietungen und Touren

Kulwant Travels, am Kulri-Busbahnhof, ✆ 0135/263 2717. Bewährter Tourveranstalter und Autovermieter.

Das **GMVN Transport Office** neben dem Library-Busbahnhof, ✆ 0135/263 1281, hat Stadtführungen und Ausflüge im Angebot. 🕒 Mo–Sa 10–17 Uhr.

Trek Himalaya Tourism, an der steilen Straße gegenüber von der Drahtseilbahn, ✆ 0135/ 263 0491, 💻 www.trekhimalaya.com. Organisiert Trekkingtouren.

Geld

Die **State Bank of India** sowie die **Apex Bank** wechseln Geld und haben Geldautomaten. Zwei weitere Automaten gibt es an der Mall.

Informationen

Die **Touristeninformation** in der Mall bei der Drahtseilbahn, ✆ 0135/263 2863, gibt eine kleine Broschüre mit örtlichen Informationen aus. 🕒 Mo–Sa 10–17 Uhr.

Internet

Internetzugang bieten **Visual Knot** in der Nähe vom Restaurant Green und das **Banares Cyber Café** gleich um die Ecke (beide Rs15 pro Std.).

Post

Am Kulri-Ende der Mall.

Sprachunterricht

Landour Language School, im Osten der Stadt, ✆ 0135/263 1487, 💻 www.landourlanguage school.com. 🕒 Mitte Feb–Mitte Dez.

Nahverkehr

An den Busbahnhöfen stehen Sammeltaxis und Autos bereit.

Transport

Da Mussoories 2 km lange Mall während der Tourismus-Saison für den Verkehr gesperrt ist, dienen ihre beiden Enden – der Library-Bezirk am westlichen und der Kulri-Bezirk am östlichen Ende – als Transportzentren. Die meisten Fahrradrikschas fahren in Richtung Library-Bezirk; Träger bringen für höchstens Rs50 Gepäck zu den Hotels.

Das **Taxiunternehmen** gegenüber von Kulwant Travels (s. Autovermietungen) bietet u. a. Verbindungen nach Dehra Dun (Rs 400), Delhi (Rs 4000), Gangotri und Yamunotri (beide Rs5000).

Busse (Rs30) und Sammeltaxis (ca. Rs100) aus Dehra Dun (alle halbe Std.; 1 Std.), dem Tiefland und dem restlichen Garhwal kommen entweder am **Library-Busbahnhof** in Gandhi Chowkh oder am **Kulri-Busbahnhof** (auch Masonic-Lodge-Busbahnhof genannt) an.

Im kleineren **Tehri-Busbahnhof** östlich von Landour, 2 1/2 km von der Mall entfernt, laufen Busse aus Chamba (5x tgl., 2 1/2 Std.) ein (auf Fahrten zwischen Mussoorie und Uttarkashi muss man in Chamba umsteigen).

Haridwar

In Haridwar – dem „Tor *(dwar)* Gottes“ *(Hari)* –, 214 km nordöstlich von Delhi, kommt der Ganges nach seinen letzten Stromschnellen hinter den Shivalik-Bergen zum Vorschein, um seine lange, langsame Reise quer durch Nordindien zum Golf von Bengalen anzutreten. Haridwar erstreckt sich über rund 3 km entlang eines schmalen Landstreifens zwischen den bewaldeten Hügeln im Westen und dem Fluss im Osten, und wird besonders von Hindus verehrt. Für sie kennzeichnet die **Har-ki-Pairi** (wörtlich: „Fußstapfen Gottes“) **Ghat** genau die Stelle, an der der Fluss die Berge verlässt. Die Stadt ist ein Verkehrsknotenpunkt, sowohl für den Straßen- als auch für den Schienenverkehr: Sie verbindet die Ganges-Ebene mit den Bergen von Uttarakhand und deren heiligen *yatra-* (Pilger-)Stätten. Neben Nasik, Ujjain (S. 450) und Prayag in Allahabad (S. 323) ist Haridwar eine der vier heiligen *tirtha* oder „Flussübergänge“, die den Mittelpunkt des gigantischen **Kumbh Mela-Festes** bilden. Alle zwölf Jahre (nächstes Mal 2022) kommen Tausende von Pilgern herbei, um in einem gottgewollten Moment im Fluss rund um Har-ki-Pairi zu baden.

Der **Ganges** wird im Norden von Haridwar durch eine Talsperre in zwei Wasserarme ge-

Haridwar

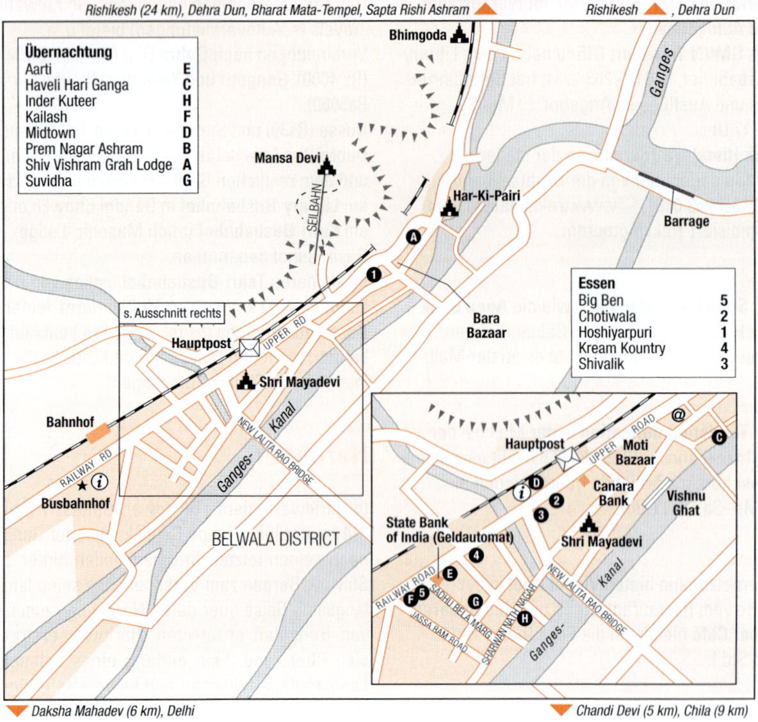

Uttarakhand

teilt, die in südwestlicher Richtung durch die Stadt fließen. Zwischen beiden liegt ein langer, schmaler Landstreifen. Der natürliche Fluss liegt im Osten, der Kanal, an dem sich die *ghats* und Ashrams befinden, im Westen. Die wichtigsten *ghats* und die religiösen Aktivitäten konzentrieren sich rund um den **Har-ki-Pairi-Tempel**. Metallketten im Fluss sollen verhindern, dass die Badenden von der schnellen Strömung davongerissen werden.

Der **Uhrturm** gegenüber vom Har-ki-Pairi Ghat bietet eine hervorragende Aussicht auf das Geschehen. In der Dämmerung lockt die spektakuläre tägliche **Ganga Aarti-Zeremonie** – die Verehrung der Leben spendenden Göttin Ganga – Tausende auf die Inseln und Brücken. Lichter schwimmen den Fluss hinunter und Priester schwingen zur Begleitung von Gongs und Musik Fackeln. Sobald sie geendet haben, füllt sich der Fluss mit Menschen, die nach Münzen suchen, die von den Gläubigen ins Wasser geworfen wurden.

Haridwars wimmelndes Netzwerk von **Märkten** ist eine Attraktion. Der **Bara Bazaar** im Nordosten der Stadt bietet gute Gelegenheit, einen *danda* (Bambusstab) für Treks in den Bergen zu kaufen.

Die Stände im farbenfrohen **Moti Bazaar** in der Jawalapur Road im Zentrum der Stadt verkaufen alles von Kleidung bis zu Gewürzen.

Auf einem Bergkamm hoch über Haridwar ragt der strahlend weiße *shikhara* des **Mansa**

Devi-Tempel über Stadt und Tal auf. Der Tempel ist mit einer **Drahtseilbahn** leicht zu erreichen; die Seilbahnstation liegt abseits der Upper Road in der Stadtmitte (tgl. April–Okt 7.30–19 Uhr, Dez–März 8.30–17 Uhr, Rs48 hin und zurück). Allerdings ist der 1,5 km lange, steile Anstieg früh morgens auch ein lohnender Spaziergang. Keiner der Schreine und Tempel auf dem Gipfel ist architektonisch sonderlich interessant, aber dafür ist der Blick auf den Fluss sehr schön.

Übernachtung

Haridwar hat Übernachtungsmöglichkeiten für so ziemlich jedes Budget. Im Vergleich mit Rishikesh, 24 km nördlich, schneiden die hiesigen Unterkünfte jedoch nicht so gut ab. Die unten genannten Preiskategorien können nur Anhaltspunkte sein: Je nach Saison und Verhandlungsgeschick gibt es Preisnachlässe.

Aarti, Railway Rd, 01334/226365, www.hardwar hotels.com. Renovierungsbedürftig, aber in der Nähe von Bahnhof und Busbahnhof, die teuersten Zimmer haben AC. Außerhalb der Saison gibt es Preisnachlass. ❸–❹

Haveli Hari, Ganga 21, Ramghat, 01334/265207, www.havelihariganga.com. Schönes *haveli,* das 1917 von zwei Brüdern gegründet und jetzt zu einem reizvollen historischen Hotel umgebaut wurde. „Superior"-Zimmer für Ausländer ab US$132. ❽

Inder Kuteer Guest House, Sharwan Nath Nagar, 01334/226336. In Flussnähe; kleine Zimmer und harte Betten, Dachterrasse mit Aussicht, angenehme Atmosphäre und heißes Wasser in Eimern. Günstigste Unterkunft dieser Preisklasse. ❶–❸

Kailash, Railway Rd, 01334/227789. Zentral gelegenes Hotel mit verschiedenen Zimmern, alle entweder mit Ventilator oder AC; außerhalb der Saison bis zu 50 % Rabatt. ❸–❹

Midtown, in einer Gasse, die von der Upper Rd abzweigt, gegenüber vom Restaurant Chotiwallah, 01334/227507, hotelmidtown@gmail.com. Bietet das beste Preis-Leistungs-Verhältnis der mittleren Preisklasse, saubere Zimmer und freundliche Mitarbeiter. Die Zimmer nach vorn mit Balkon, die mit AC sind teuer. ❹–❼

Prem Nagar Ashram, Jawalapur Rd, 2 km westlich vom Bahnhof, 01334/266344, www.manavdharam.org. Sehr ruhig und friedlich, wenn auch weit außerhalb (Rs5 per Sammel-Vikram). Das Personal ist nett und die Zimmer sind sauber und billig. ❶

Shiv Vishram Grah Lodge, Upper Rd, nahe Har-ki-Pairi, 01334/227618. Die billigen Zimmer sind luftgekühlt und recht groß, die besseren bieten TV und Blick auf den Parkplatz im Hof. Dorm Rs100; sehr zentrale Lage. ❸

Suvidha, Sharwan Nath Nagar, hinter dem Kino Chitra Talkies, 01334/227023. Bequem und luxuriös, in angenehmer Lage in Flussnähe, abseits des Trubels der Basare und Hauptstraßen; Zimmer mit und ohne AC. ❹–❺

Essen

Als heilige Stadt ist Haridwar rein vegetarisch und alkoholfrei.

Big Ben, Railway Rd. Hotel-Restaurant mit guter Auswahl an vegetarischen Currys (Rs65–100), Menüs (Rs125–150), Frühstücksgerichten (Rs100–140) und ein paar chinesischen und europäischen Spezialitäten wie Käsesteak und vegetarisches Steak (gemeint sind eher „Schnitzel").

Chotiwala, Upper Rd. Das 1937 eröffnetes Restaurant ist ein gemütliches Lokal mit gedämpfter Beleuchtung und guter indischer Küche (Hauptgerichte Rs45–85), Frühstück (Tee, Kaffee, Toast und dergleichen) sowie einigen südindischen und chinesischen Gerichten.

Hoshiyarpuri, Upper Rd. Sehr beliebtes *dhaba*-Lokal in der Nähe der Har-ki-Pairi Ghat. Gut besucht und freundlich mit köstlichem indischen Essen (besonders Punjabi) und chinesischen Hauptgerichten (Rs25–80) sowie leckerem *kheer* (sahniger Reispudding).

Shivalik, Railway Rd. Ein kleines Hotel-Restaurant. Mäßige Auswahl an chinesischen Gerichten und leckere südindische Snacks, u. a. *dosas*. Hauptgerichte Rs50–100, Frühstück und *thalis* jeweils Rs80–120.

Sonstiges

Geld

Bargeld wechselt die **State Bank of India**, Railway Rd, die auch den zentralsten Geldautomaten hat. Die **Canara Bank**, Railway Rd, wechselt Bargeld und Reiseschecks.

Sie hat ebenfalls einen Geldautomaten. An der Upper St gibt es zwei weitere Geldautomaten.

Informationen

Der Touristeninformationsschalter im Bahnhof ist nur bedingt hilfreich. Besser ist das **GMVN Tourist Office** in der Nähe der Lalita Rao Bridge, Upper Rd, ✆ 01334/224240.
Eine weitere Möglichkeit bietet das **staatliche Fremdenverkehrsamt** im Rahi Motel, bei der Busstation an der Railway Rd, ✆ 01334/265304. ⏲ alleMo–Sa 10–17 Uhr.

Internet

In der Upper St bietet **LPK Forex** ein Internetbüro.

Post

Es gibt eine **Post** in der Upper Rd.

Reisebüros

Konark Tourist Service, Jassa Ram Rd, ✆ 01334/227210, 💻 www.konarktravels.com. Arrangiert Touren mit Bus und Auto innerhalb des Staates.

Transport

Bahnhof und Busbahnhof von Haridwar liegen sich südwestlich des Stadtzentrums auf beiden Seiten der Hauptverkehrsader gegenüber. Reisende auf dem Weg in die Berge sollten nach Rishikesh fahren und von dort weiterreisen.

Busse

Vom Busbahnhof fahren von 4–23 Uhr jede halbe Stunde Busse nach Delhi (6 Std.) und Rishikesh (1/2 Std.) sowie von 5–19.30 Uhr auch halbstündlich nach Dehra Dun (1 1/4 Std.).

Taxis

Der Taxiverband beim Bahnhof verlangt etwas höhere Preise als andere; ein Taxi nach DELHI kostet Rs2500, nach RISHIKESH Rs450 und nach CHILA Rs310.
Sammel-Vikrams nach Rishikesh fahren am Shivalik-Restaurant ab und bieten eine recht beengte Alternative für fast den gleichen Preis wie der Bus.

Eisenbahn

Zu den wichtigsten Zügen, die durch Haridwar kommen, zählen der Mussoorie Nachtexpress Nr. 14042 nach DELHI, Abfahrt in Haridwar um 23.10 Uhr, Ankunft in Delhi (Sarai Rohilla) 8.35 Uhr.
Der klimatisierte Janshatabdi Express Nr. 12056 (Abfahrt 6.22 Uhr) erreicht New Delhi um 11.15 Uhr. Nach AGRA fährt der Kalingautkal Express Nr. 18478 (tgl. 6 Uhr), Ankunft 15.50 Uhr. Der The Doon Express Nr. 13010 (Abfahrt 22.15 Uhr) ist die beste Verbindung nach LUCKNOW (Ankunft 8.20 Uhr), Varanasi (Ankunft 16 Uhr) und KOLKATA (Ankunft Howrah 6.55 Uhr am übernächsten Tag).
Angesichts der guten und häufigen Verbindungen auf dem Straßenweg sind die Züge, die auf der Zweigstrecke nach Rishikesh verkehren, keine besonders praktische Alternative.

Rajaji-Nationalpark und Umgebung

Unmittelbar östlich von Haridwar erstreckt sich der Rajaji-Nationalpark über rund 830 km² des Himalaya-Vorgebirges. Obwohl er nicht in gleichem Maße auf Touristen ausgerichtet ist wie das Corbett-Tigerreservat, ist er wunderschön. Er wird von ähnlich vielen Tieren bewohnt, insbesondere Elefanten, aber auch Antilopen, Leoparden und sogar einer seltenen Art Ameisenbär – allerdings nicht von Tigern.

Der Park hat acht Eingangstore, u. a. **Kunnao** in der Nähe von Rishikesh und den Haupteingang in **Chila** (S. 363), das von Haridwar aus 9 km auf der Straße Richtung Osten jenseits des Ganges liegt. Übernachtungsmöglichkeiten innerhalb des Parks gibt es in neun **Forest Rest Houses**, die über das **Rajaji National Park Office**, 5/1 Ansari Marg, Dehra Dun, ✆ 0135/262 1669, gebucht werden können. Es ist jedoch nicht unbedingt nötig, so tief ins Innere des Parks vorzudringen, um den Dschungel zu erleben. Man kann den Park auch von Chila oder Rishikesh aus besuchen oder über die Straße zwischen diesen beiden Städten, die parallel zum Kanal entlang der Grenze des riesigen Waldes verläuft.

Eintritt Rs350 für drei Tage, Rs150 für jeden weiteren Tag plus Rs100–500 pro Fahrzeug; Fotoerlaubnis Rs100; 💻 www.rajajinationalpark.in.

Chila

Nach Chila kommt man von Haridwar aus am besten mit einem der Busse, die zwischen 7 und 14 Uhr stündlich vom GMOU-Büro am Busbahnhof abfahren. Man kann auch ein Taxi (ca. Rs300–350 einfach, Rs500–600 hin und zurück) nehmen oder sogar zu Fuß gehen – Chila ist von Haridwar aus bereits zu sehen, und wenn man eine Abkürzung von Har-ki-Pairi über die Flussbetten und eine Brücke nimmt, ist es nur ein 4 km langer Marsch Richtung Osten. Die Stadt selbst ist weder attraktiv noch interessant, aber ein guter Ausgangspunkt zum Erkunden des Parks, und der **Chila Beach**, der gelegentlich von großen Weichschildkröten aufgesucht wird, liegt nur einen Waldspaziergang entfernt – dem Ganges 1 km flussaufwärts folgen! **Elefantenritte** von hier kosten rund Rs300 p. P. für zwei Stunden.

Unterkunft bietet der große GMVN Chila Tourist Bungalow, ✆ 0138/266678, mit einem überteuerten Schlafsaal (Rs190), Standard- und Luxuszimmern, Hütten und einem Campingplatz; kann auch über GMVN in Haridwar gebucht werden. ❹–❺

Rishikesh

Rishikesh liegt 238 km nordöstlich von Delhi und 24 km nördlich von Haridwar, an dem Punkt, wo die bewaldeten Berge von Garhwal sich abrupt aus dem tiefen Grund des Tals erheben und der Ganges ins Flachland stürzt.

Ashrams, Yoga und Meditation

Aufgrund eines andauernden Disputs mit der Regierung ist der wunderschön gelegene Ashram von **Maharishi Mahesh Yogi**, in dem die Beatles 1968 wohnten, zurzeit geschlossen. Er steht leer auf einer bewaldeten Klippe über dem Fluss. Auch den **Yoga Niketan Ashram** sollte man meiden, da von dort Diebstähle und Schlimmeres gemeldet wurden. Leider gibt es auch ziemlich viele Beschwerden über Diebstahl und Belästigung in anderen Ashrams. Es gibt jedoch zahlreiche angesehene und seriöse Ashrams in Rishikesh, die Yoga-Schüler aufnehmen und Kurse von unterschiedlicher Dauer – von einem Tag bis zu mehreren Monaten – und zu unterschiedlichen Preisen anbieten.

Ananda Spa, ✆ 01378/227500, 💻 www.anandaspa.com. Kein Ashram, sondern ein Luxusresort am Rand von Rishikesh, das Yoga, Spa und ayurvedische Anwendungen bietet; Zimmer, Suiten und Villen zu US$530–1855 pro Nacht.

Parmarth Niketan Ashram, ✆ 0135/244 0077, 💻 www.parmarth.com, organisiert in Zusammenarbeit mit Uttarakhand Tourism eine Yoga-Woche Ende Feb/Anfang März mit Unterkunft in verschiedenen Hotels in Rishikesh.

Phool Chatti Ashram, ✆ 0135/698 1303, 💻 www.phoolchattiyoga.com. Der friedliche, meditative Ashram steht 5 km nördlich von Lakshmanjula mitten im Grünen. Hier werden einwöchige Kurse in Hatha- und Astanga-Yoga veranstaltet.

Shivananda Ashram, ✆ 0135/243 0040, 💻 www.divinelifesociety.org. Große Institution mit Niederlassungen in der ganzen Welt; Betreiber ist die Divine Life Society. Der Ashram wurde vom 1963 verstorbenen Swami Shivananda gegründet. Es gibt eine gut ausgestattete Bibliothek, eine Waldhütte und ein karitatives Krankenhaus. Hier finden fortlaufend Meditations- und Yogakurse sowie weitere Aktivitäten statt. Um einen längerfristigen Aufenthalt zu vereinbaren, sollte man bereits zwei Monate vorher mit dem Sekretariat Kontakt aufnehmen (dem entsprechenden Link auf der Website folgen).

Ved Niketan Ashram, ✆ 0135/243 0279. Auf der anderen Flussseite, südlich von Swarg Ashram. Monatelange Yogakurse, geleitet von dem charismatischen Swamiji Dharmanandam, und tgl. Hatha-Yoga-Kurse 8–9.30 und 16–17.30 Uhr.

Yoga Study Centre, ✆ 0135/243 3837. Angesehene Schule für die *Iyengar*-Form des Hatha Yoga, 1 km südlich des Stadtzentrums in Ganga Vihar.

Hinweis

Die **Telefonvorwahl** für Rishikesh ist üblicherweise ✆ 0135; wenn man aber innerhalb eines Umkreises von 75 km anruft, muss man ✆ 95135 vorwählen.

Es ist das Zentrum für alle Sorten von New Age- und Hindu-Aktivitäten, und seine vielen Ashrams ziehen immer noch Anhänger aller möglichen seltsamen und wunderbaren Gurus an. Das große **Shivananda Ashram** ist als Yoga-Zentrum besonders bekannt. Darüber hinaus entwickelt sich Rishikesh zu einer Hochburg des Abenteuersports wie Wildwasserfahrten, Trekking und Bergsteigen.

Rishikesh hat einen oder zwei alte Schreine, war aber schon immer in erster Linie eine Wegstation für Sannyasins, Yogis und Reisende auf dem Weg in den Hohen Himalaya. Die bei weitem beste Zeit für einen Besuch ist der Winter oder Frühling, wenn die Bergtempel wegen des Schnees geschlossen sind. Ohne all das *yatra*-Remmidemmi kann man die friedliche Ruhe erahnen, die den ursprünglichen Reiz dieses Ortes ausmachte.

Verwirrenderweise bezieht sich der Name Rishikesh nicht nur auf die Stadt, sondern auf eine lose Ansammlung von fünf Orten zu beiden Seiten des Flusses: **Rishikesh** selbst, der kommerzielle Angelpunkt, die rasch wachsende Vorstadt **Muni-ki-Reti**, **Shivananda Nagar**, gleich nördlich der Stadt, die diversen Ashrams in **Swarg Ashram** auf der Ostseite des Flusses und die Ufertempel von **Lakshmanjhula**, noch etwas weiter nördlich.

Die meisten Pilger, die auf dem Weg zu den Himalaya-Heiligtümern, den Char Dham, durch Rishikesh kommen, pausieren für ein kurzes Bad und eine *puja* an der **Triveni Ghat** in der Nähe des Stadtzentrums. Der Fluss sieht während der *arati* (Abendandacht), wenn die *diya*-Lichter auf dem Wasser schwimmen, besonders eindrucksvoll aus. In der Nähe steht mit dem **Bharat Mandir** der älteste Tempel von Rishikesh. Das hiesige schwarze Steinbildnis von Vishnu soll im 9. Jh. von dem großen hinduistischen Erneuerer Shankara geweiht worden sein.

Der dichte Komplex aus Cafés, Geschäften und Ashrams gegenüber dem Shivananda Ashram wird **Swarg Ashram** genannt. Er erstreckt sich nach hinten bis auf die bewaldeten Hügel, wo immer noch Sadhus in Höhlen wohnen. Der Fluss kann an dieser Stelle entweder auf der Ramjhula-Brücke überquert werden oder mit **Fähren**, die je nach Nachfrage zwischen 8 und 19 Uhr verkehren (Rs5 einfach, Rs8 hin und zurück). Einer der auffälligsten Ashram-Tempel ist **Parmarth Niketan**, dessen großer Hof voller prächtig gekleideter Göttinnen- und Götterfiguren steht. Der **Gita Bhavan Ashram** daneben betreibt etwas weiter eine ayurvedische Apotheke (◷ Di–So 10–12 Uhr; die ersten drei Tage gibt es Medizin umsonst) und verkauft Bücher und *khadi*, handgewebte Stoffe.

Etwa 2 km nördlich von Swarg Ashram säumt ein Pfad das Ostufer des Flusses. An diesem Weg nach **Lakshmanjhula** liegen schöne, von großen Felsen geschützte Sandstrände. Ein Steg überquert den Fluss, der sich hier seine letzten Meter durch felsige Berglandschaft bahnt. Dies ist der reizvollste Teil von Rishikesh, obwohl hier der riesige, protzige **Kailashananda Ashram** steht.

Die schöne Landschaft und der türkisfarbene Fluss lassen sich am besten vom Devraj Coffee Corner am Westufer aus würdigen, wo Besucher ganze Tage verbringen, um den Affen beim Herumtollen auf der Brücke zuzusehen.

Übernachtung

Es gibt zahlreiche Hotels im Ortsteil Rishikesh, doch die Gegend ist laut und schmutzig. Ihr einziger Vorteil ist die Nähe zum Busbahnhof und den Dienstleistungsbetrieben. Die meisten

Spirituelles Wohnen

Omkarananda Gita Sadan, Lakshmanjhula Rd, Shivananda Nagar, ✆ 0135/243 6346, ✉ omkara@vsnl.com. Das zauberhafte Gästehaus des gleichnamigen Ashram hat eine entspannte Atmosphäre, schlichte, aber geräumige und makellos saubere Zimmer, eine herrliche Aussicht auf den Fluss und sogar eine Suite für vier Personen. Aber man muss reservieren. ❹

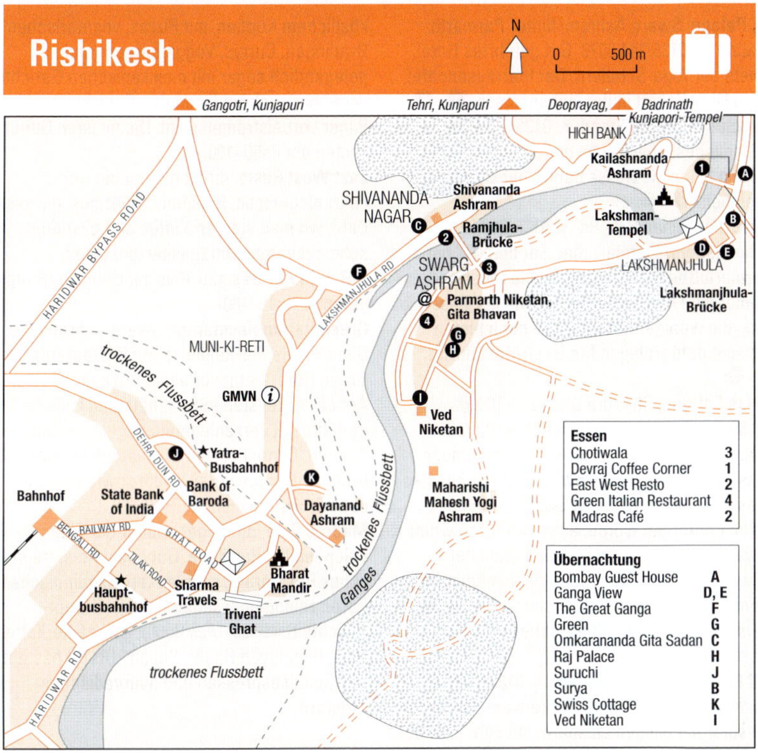

New Age-Anhänger wohnen in Swarg Ashram oder am Ostufer des Flusses – fern des Lärms und nahe der Ashrams –, während Rucksackreisende eher die billigen kleinen Gästehäuser von Lakshmanjhula ansteuern.

Bombay Guest House, Lakshmanjhula, ✆ 0135/325 0038. Schlichte Unterkunft mit Gemeinschaftsbad rund um einen grünen Hof. Beliebt bei Hippies und praktisch, um den unberührten oberen Teil dieses Flussabschnitts zu erkunden. ❶

Ganga View, Lakshmanjhula, ✆ 0135/244 0320. Ein guter Tipp unter den zahlreichen, sich ähnelnden kleinen Billighotels in dieser Gegend. Es hat schöne Zimmer (alle mit Bad und Warmwasser) und liegt halbwegs ruhig und etwas abseits. Ein neuerer Ableger befindet sich 50 m flussabwärts. ❶

The Great Ganga, Lakshmanjhula Rd, Shivananda Nagar, ✆ 0135/244 2243, 💻 www.thegreatganga.com. Es lohnt sich, die steile und recht düstere Gasse zu erklimmen, um dieses noblere Hotel zu erreichen. Die luftigen Zimmer haben Balkone zum Fluss hin und eine schöne Aussicht. Außerdem gibt es ein gutes Restaurant. Wer sich etwas wirklich Exklusives gönnen will, nimmt eine Suite für Rs7550. ❻

Green, Swarg Ashram, ✆ 0135/243 1242. Beliebtes kleines Traveller-Hotel hinter dem Gita Bhavan Ashram; alle Zimmer mit Bad (meist mit fließend Warmwasser); Dachterrasse und Restaurant, das zurückhaltend gewürzte indische und italienische Speisen serviert. Das Hotel **Green View** hinter dem Green ist etwas teurer, aber ebenfalls empfehlenswert. ❶–❹

Raj Palace, Swarg Ashram, hinter Parmarth Niketan, ✆ 0135/244 0079. Gut geführtes Hotel, beliebt bei Yoga-Schülern; Dachterrassencafé; bis zu 50 % Rabatt in der Nebensaison. ❶–❹
Suruchi, Yatra Bus Stand, ✆ 0135/243 2602. Freundliches, aber etwas ungepflegtes Hotel. Praktisch, um die Busse nach Char Dham zu erreichen. ❶–❷
Surya, Lakshmanjhula Rd, ✆ 0135/243 3211, ✉ hotelsurya@hotmail.com. Saubere DZ mit Marmorfußböden. Die besten und teuersten Zimmer mit Flussblick liegen vorn mit Flussblick; die weniger hellen liegen nach hinten und sind dafür ruhiger. Mit Dach-Restaurant. ❶–❷
Swiss Cottage, Chandra Bhaga, ✆ 0135/243 5012, ✉ shivgangamylove@rediff.mail.com. Nahe der Brücke und durch namenlose Gassen Richtung Fluss liegt Rishikeshs ältestes Guesthouse, das 1961 von Swami Brahmananda gegründet wurde, einem Jünger Swami Shivanandas. Es ist ein kleiner, friedlicher Ruhepunkt mit einer bunten Ansammlung von Zimmern. Sehr beliebt bei Dauergästen. Gutes Preis-Leistungs-Verhältnis, daher oft ausgebucht. ❶–❷
Ved Niketan, Swarg Ashram, ✆ 0135/243 0279. Riesiger, orangefarbener Ashram am östlichen Flussufer mit billigen Zimmern und sehr beliebt bei Reisenden mit kleinem Budget. ❶

Essen

In Rishikesh gibt es zahlreiche gute Restaurants und *dhabas*, viele mit schöner Aussicht auf den Fluss und auf Touristen ausgerichteten Speisekarten, allerdings alle rein vegetarisch.
Chotiwala, Swarg Ashram. Zwei benachbarte Restaurants mit demselben Namen wetteifern um Kunden. Der Service im näher am Fluss gelegenen Chotiwala ist etwas besser, außerdem hat es eine gemütliche Dachterrasse. Beide Restaurants sind groß, gut besucht und ab 7 Uhr morgens zum Frühstück geöffnet. Auf den umfangreichen Speisekarten (Hauptgerichte Rs40–100) stehen u. a. Eiscreme, Süßigkeiten und kalte Getränke.
Devraj Coffee Corner, Lakshmanjhula, gleich an der Brücke. Hier wird man mit Kaffee und köstlichem Kuchen, mit Pizzas, vegetarischen Bratlingen, Currys, Veggieburgern und gelegentlich sogar mit mexikanischen Gerichten verwöhnt, während man den Ganges und die Pilger vorbeiströmen sieht. Die meisten Gerichte kosten um Rs50–100.
East West Resto, direkt gegenüber der Fähranlegestelle, Ramjhula. Winziges, billiges Café, wo man starken Kaffee und gesundes, schmackhaftes Mittagessen bekommt, z. B. brauner Basmati-Reis mit Gemüse (Hauptgerichte Rs45–100).
Green Italian Restaurant, Swarg Ashram. Diese Filiale des italienischen Restaurants im Green Hotel bietet vor allem Pizza und Pasta. Auf der Karte stehen Spaghetti und Nudelgerichte mit verschiedenen vegetarischen Saucen, Cannelloni mit drei verschiedenen Gemüsefüllungen (Rs80–100) sowie verschiedene Frühstückmenüs (Rs40–90).
Madras Café, direkt gegenüber der Fähranlegestelle, Ramjhula. Gut besuchtes, freundliches Restaurant, sehr leckeres südindisches Essen zu angemessenen Preisen (Hauptgerichte Rs40–90, *thali* Rs60), guter Filterkaffee. Das „Himalayan Health Pullao" (Rs75) besteht aus Gemüsesprossen und ayurvedischen Kräutern.

Sonstiges

Autovermietungen und Taxis

Zu den zuverlässigen Anbietern von Taxis und Mietwagen zählen **Ajay Travels** im Hotel Neelkanth, Haridwar Rd, ✆ 0135/243 0644, und **Mahayama Travels**, Urvasi Complex, Dehra Dun Rd, ✆ 0135/243 2968.

Geld

Es gibt mehrere Banken in der Stadt, u. a. die **Bank of Baroda**, 70 Dehra Dun Rd, und die **Apex Bank** ganz in der Nähe; beide mit Geldautomat. Weitere **Geldautomaten** findet man an der Haridwar Rd, Ecke Ghat Rd, an der Lakshmanjhula Rd beim GMVN Trekking-Büro und auf dem Ostufer nahe der Ramjhula Bridge. Auch einige Reiseagenturen in Lakshmanjhula wechseln Bargeld und Reiseschecks. ◷ tgl. 9–21 Uhr.

Informationen und Touren

Das **Uttarakhand Tourist Office** und das **GMVN Yatra Office** an der Haridwar Bypass Rd bieten regionale Infos. Doch das Letztere beschränkt sich in der Praxis darauf, seine eigenen Touren zu verkaufen oder Buchungen für seine Lodges entgegenzunehmen.

Die GMNV-Abteilung für **Bergsteigen und Trekking**, Lakshmanjhula Rd, Muni-ki-Reti, ✆ 0135/243 0799, vermietet jedoch einfache Ausrüstung, vermittelt Führer und organisiert Skiausflüge nach Auli.

Das **GMVN** in Muni-ki-Reti organisiert Pauschaltouren (ein 4-Tages-Ausflug nach Badrinath mit Busfahrt, Unterkunft und Verpflegung kostet rund Rs5000) und teure Mietwagen.

Die meisten etablierten Flusscamps am Ganges oberhalb von Rishikesh sind von Ende Sep–Mitte Dez und von Mitte Feb–Ende April in Betrieb. Die **Rafting**-Exkursionen reichen von halbtägigen Trips bis zu längeren Camping-Expeditionen. Der Halbtages-Trip kostet um Rs800 p. P., die 3-tägige Tour Rs4500 alles inbegriffen. Leider gibt es immer mehr unzuverlässige Anbieter, sodass man etwas vorsichtig sein muss. Vertrauenswürdig ist die örtliche Firma **Red Chilli** an der Lakshmanjhula Rd in High Bank, ✆ 0135/243 4021, 💻 www.redchilli adventure.com.

Internet

Es gibt zahlreiche Internetcafés; eines der besten ist **Blue Hill Travel and Cyber Café** im Ortsteil Swarg Ashram nahe dem Parmarth Niketan, das Rs20 pro Std. berechnet; das Reisebüro selbst hat aber einen schlechten Ruf.

Post

Die **Hauptpost** ist an der Ghat Rd. Filialen gibt es in Lakshmanjhula und nahe der beiden Enden der Ramjhula-Brücke.

Reisebüros

Wie in vielen anderen Gebirgsorten ist auch in Rishikesh mit den Touristenzahlen die Anzahl der schwarzen Schafe unter den Touranbietern und Reisebüros erheblich gestiegen. Wer sich ihnen anvertraut, genießt keinerlei Versicherungsschutz. Daher sollte man im Hotel oder bei der Touristeninformation nach empfehlenswerten und seriösen Reiseveranstaltern fragen.

Nahverkehr

Fahrrad- und Motor-Rikschas sowie Sammel-Vikrams verbinden die wichtigsten Stadtteile miteinander; der Fahrpreis von Rishikesh nach LAKSHMANJHULA beträgt Rs30 (Rs6 im Sammel-Vikram). Es gibt auch Sammel-Vikrams nach HARIDWAR.

Transport

Jeeps

Jeden Morgen gegen 5 Uhr startet eine Flotte von Jeeps in die Berge, um die Zeitungen auszuliefern. Sie fahren an der Haridwar Rd vor Nagar Palika Parashad (unmittelbar südlich der Tilak Rd) ab und dienen auch als **Sammeltaxis**. Zumindest einige davon kann man auch reservieren, und zwar bei **Sharma Travels** (alias Kaushik Telecom), 86 Haridwar Rd, beim Akash Ganga Hotel, ✆ 0135/243 0364. Sie sind teurer als der Bus (z. B. Rs300 nach Joshimath), dafür aber viel schneller. Wenn man vorher reserviert und westlich des Flusses übernachtet, holen sie einen manchmal sogar vom Hotel ab.

Busse

Der Hauptbusbahnhof, **Main Bus Stand**, Bengali Rd, in der Nähe des Stadtzentrums, wird von staatlichen Bussen aus HARIDWAR (alle halbe Std., 1/2 Std.) und DEHRA DUN (alle halbe Std., 1 1/2 Std.) sowie von Bussen aus DELHI (6 1/2 Std.) angefahren.

Busse in Richtung der Garhwal-Berge, z. B. nach JANKI CHATTI (für Yamunotri, 4x tgl., 10 Std.), fahren während der Pilgersaison von April bis Oktober vom **Yatra-Busbahnhof**, auch bekannt als **Tehri-Busbahnhof**, abseits der Dehra Dun Rd ab.

Eisenbahn

Alle Züge von Rishikesh fahren nach HARIDWAR (6x tgl., 1/2 Std.), aber die Fahrt per

Bus oder Vikram ist bequemer. Der Passenger-Zug 54472 um 7 Uhr fährt sogar weiter bis Delhi. Er ist allerdings sehr langsam, sodass man besser den Bus nach Haridwar nimmt und dort in einen schnelleren Zug umsteigt.

Wanderungen in der Umgebung von Rishikesh

Vor einiger Zeit wurde eine neue Straße gebaut, die zum kleinen Shiva-Schrein im östlich von Rishikesh gelegenen Dörfchen **Nilkanth Mahadev** (Nilkantha) führt. Aber der ältere und kürzere Pilgerpfad existiert noch und bietet sich für einen Spaziergangs zum Schrein an. Der malerische Weg windet sich durch den Wald hinter dem Swarg Ashram hoch, vorbei am Ashram des Mahesh Yogi und überquert vor dem Abstieg nach Nilkantha einen Karrenpfad. Unterwegs begegnet man vielleicht wilden Tieren; vor Elefanten ist respektvolle Distanz geboten. Nilkantha befindet sich gerade im Umbruch, immer mehr Wallfahrer kommen auf der neuen Straße hierher, die eine breite Schneise durch den Wald geschlagen hat.

Wer Lust hat, kann auch nördlich von Lakshmanjhula den für Motorfahrzeuge geeigneten Schotterweg am Fluss entlang nehmen. Bevor er den wunderschönen Ashram **Phool Chatti** (5 km) erreicht, passiert er mehrere gute Strände. Der Ashram liegt an einer Biegung des Flusses zwischen riesigen Felsbrocken, einer genialen Stelle zum Schwimmen.

Sehr zu empfehlen ist überdies die 10 km lange Wanderung hoch über Lakshmanjhula zum kleinen weißen Shakti-Tempel von **Kunjapuri**. Er steht an der höchsten Stelle eines fast kreisrunden Hügels mit atemberaubender Aussicht auf den Himalaya im Norden und hinüber nach Haridwar im Süden. Man sollte versuchen, gleich bei Sonnenaufgang oben zu sein, denn später wird es dunstig. Eine weniger anstrengendere Alternative besteht darin, den Bus nach Hindola Khal an der Straße nach Tehri zu nehmen und die restlichen 3 km zum Tempel zu Fuß zurückzulegen. Im gesamten Gebiet ist es dringend ratsam, nur zusammen mit einem Guide oder zu mehreren zu wandern, denn auf den Wegen ist es schon zu **Raubüberfällen** gekommen.

Wanderung nach Yamunotri

Der Tempel von Yamunotri (3291 m), 223 km nordöstlich von Rishikesh, schmiegt sich in eine tiefe Felsspalte im Schoß des Bandarpunch. Der Tempel markiert die Quelle der Yamuna – nach dem Ganges der zweitheiligste Fluss Indiens. Er ist der am wenigsten spektakulär gelegene, aber der hübscheste und ursprünglichste der vier *dhams* (Wallfahrtstempel) von Garhwal. Mit dem Ausbau der Straße ist auch die Anreise einfacher geworden (möglich nur zwischen Mitte April und Anfang November mit jährlichen Schwankungen). Vom Ende der Straße in **Janki Chatti** sind es nur noch 5 km. Der Weg folgt dem turbulenten, eisblauen Fluss durch reizvolle Landschaften mit schneebedeckten Gipfeln in der Ferne.

Janki Chatti und Umgebung

Das zauberhafte Dorf Janki Chatti liegt am Ende einer befahrbaren Straße und ist mit einem Bus von Dehra Dun, Mussoorie oder Rishikesh aus zu erreichen. Manche Verbindungen erfordern ein Umsteigen in **Barkot**, eine vierstündige Busfahrt von Mussoorie (Rs100) entfernt, wo es einen **GMVN Tourist Bungalow**, ✆ 01375/224236, ❷–❹, gibt, aber kaum etwas zu essen.

Jeeps und Busse (Rs40) brauchen ab Barkot weitere 2 1/2 Std. bis zur kleinen, an der Yamuna gelegenen Siedlung **Hanuman Chatti**, das einen ausgezeichneten **GMVN Tourist Bungalow**, ✆ 01375/233371, ❸–❹, der Zimmer mit Flussblick und einen komfortablen Schlafsaal (Rs190) bietet.

Eine neue Straße führt am Ortsrand über eine Brücke und windet sich weiter durch die Berge, bis sie nach 9 km Janki Chatti erreicht. Hier gibt es ein **GMVN Tourist Rest House**, ✆ 013752/235639, ❹, Dormbett Rs150–200, und eine **Travellers' Lodge** ❹. Das **Ganga Yamuna**, ✆ 01375/223301, ❷, und der **Arvind Ashram** ❶ liegen ebenfalls am Rande des Haupt-Wanderwegs. Eine Reihe anständiger Restaurants bietet *thalis*, kalte Getränke und Snacks.

Während des Aufenthalts in Janki Chatti lohnt sich der Abstecher von 1 km über den Fluss ins traditionelle Garhwali-Dorf **Kharsali**, in dem die *pandas* (Priester der Pilger) von Yamunotri leben.

Inmitten der Gebäude mit ihren schön geschnitzten Holzbalken steht ein einzigartiger, dreistöckiger Shiva-Tempel zu Ehren von Someshwar, dem Gott des Mondes und des mythischen Rauschmittels Soma. Wer weiter nach **Gangotri** reisen möchte (eine Fahrt von 11 Std.), nimmt am besten den ersten Bus um 5.30 Uhr, wenngleich auch der zweite um 7 Uhr noch am selben Abend in Gangotri ankommen sollte. Die Busse fahren gewöhnlich an der Station Hanuman Chatti ab, doch manche halten auch bei Janki Chatti.

Yamunotri

Kurz hinter Janki Chatti wird der Weg sehr steil, aber dafür auch immer schöner und eindrucksvoller. In der Nähe des Flusses rund um drei siedend heiße Schwefelquellen steht der neue, architektonisch uninteressante **Yamunotri-Tempel**. Der größte Schrein ist Teil der oberen Quelle und wird als Ursprung des Flusses verehrt. Er enthält ein kleines silbernes Abbild der Göttin Yamuna. Sie ist die Tochter von Surya, der Sonne, und Sangya, dem Bewusstsein, und die Zwillingsschwester von Yama, dem Gott des Todes. Wer in ihrem Wasser badet, dem bleibt ein schmerzvolles Ende erspart, und Essen, das in dem Wasser gekocht wird, ist eine *prasad* (göttliche Opfergabe). Die meisten Pilger nehmen auch ein Bad bei den warmen Quellen, wo Becken für Männer und Frauen gebaut worden sind (Eintritt frei).

Wer in Yamunotri übernachten will, findet im **GMVN Tourist Bungalow** in der Nähe des Tempels einen einfachen Schlafsaal (Rs200). Die beste der Hand voll *dharamshalas* ist der **Ramananda Ashram** ❶, der einen schönen Panoramablick vom Berg oberhalb des Tempels bietet; der Besitzer ist der oberste Priester. Einfache Mahlzeiten lassen sich über die Ashrams und den Bungalow organisieren.

Genau genommen ist der Gletschersee **Saptarishi Kund** die Quelle der Yamuna. Ihn erreicht man nach einer anstrengenden 12 km langen Wanderung, die dem Fluss folgend geradewegs den Berg hinaufführt, bis der Weg vor Kalinda Parbat etwas weniger steil wird. Für diesen Trek sind mindestens ein Tag Akklimatisierung, angemessene Kleidung und Vorräte sowie ein Führer unerlässlich.

Uttarkashi

Uttarkashi, die größte Stadt im Inneren Garhwals, liegt im flachen, fruchtbaren Flusstal des Bhagirathi und dient den meisten Pilgern und Touristen als Zwischenstopp auf der langen Reise zwischen Rishikesh, 148 km weiter südlich, und Gangotri, 100 km weiter nordöstlich.

Uttarkashis gut bestückter **Markt** ist ideal zum Einkaufen von Vorräten für Wanderungen in die Berge. Darüber hinaus ist die Stadt ein guter Ort, um erfahrene Bergführer zu finden – die meisten sind Absolventen des hiesigen, hoch angesehenen **Nehru Institute of Mountaineering**, ✆ 01374/222123, 🖳 www.nimindia.org. Die Preise liegen zurzeit bei etwa Rs250 für einen Träger und Rs400–500 für einen Führer. Einer der spezialisierten **Tour-Veranstalter** ist Mount Support, BD. Nautial Bhawan, Bhatwari Rd, ✆ 01374/222419, ✉ mountsupport@rediffmail.com, in der Hauptstraße; hier kann man auch Ausrüstung und Führer mieten.

Übernachtung und Essen

Bandhari, ✆ 01374/222203, an der Hauptstraße, hat Zimmer z. T. mit Warmwasser und TV. ❷–❸. Ein neuer Ableger desselben Hotels, ✆ 01374/222384, liegt 300 m die Straße hinauf auf der linken Seite, ist heller und sauberer und hat Balkone mit Blick über die Straße. ❷–❹

In den Gassen am Markt findet man das schlichte, aber gepflegte **Amba**, ✆ 01374/222150, ❶, und den **GMVN Tourist Bungalow**, ✆ 01374/ 222271, mit großen Zimmern und einem Schlafsaal (Rs190) um eine kleine Wiese. ❸–❺

In der Stadt isst man am besten im Restaurant des Bandhari Hotel, das Frühstück und einfache Gemüse-Currys zu Rs40–70 serviert.

Ideal für Trekker

Monal Tourist Home, ✆ 01374/222270, 🖳 www.monaluttarkashi.com, rund 2 km vom Zentrum, bietet mit Abstand die besten Unterkünfte und das beste Essen. Wer anruft, wird vom Busbahnhof abgeholt; viele Trekking-Informationen. ❷–❹

Der Dodi Tal-Trek

Der relativ kurze **Dodi Tal-Wanderweg**, der die Regionen Gangotri und Yamunotri verbindet, ohne das Gletschergebiet zu berühren, ist einer der Ganzjahresklassiker von Garhwal. Die Wanderung ist nicht schwierig, aber die Dorfbewohner der Gegend bieten gern ihre Dienste als Träger oder Führer an. Wer die ausgetretenen Pfade verlassen und die Dörfer besuchen möchte, sollte dieses Angebot unbedingt annehmen. Wanderer müssen ein Zelt und so viel Lebensmittel wie möglich mitnehmen. Die besten Landkarten für diesen Trek sind die *Ground Survey map of Garhwal* und die Karte von Leomann (Blatt 7 der India Series), beide bei größeren Tourismusbüros in Uttarakhand erhältlich.

Die nachstehende Wegbeschreibung führt von Osten nach Westen. Ausgangspunkt ist **Uttarkashi** an der Strecke nach Gangotri, Endpunkt **Hanuman Chatti**, 14 km südlich von Yamunotri.

An **Tag Eins** nimmt man einen der drei täglich verkehrenden Busse oder einen der stündlich abfahrenden Jeeps von Uttarkashi via Gangotri nach **Kalyani** (1829 m). Der erste Jeep startet um 7 Uhr und braucht 1 Std. Von Kalyani steigt der Weg gemächlich auf 7 km Länge durch Felder und Wälder hoch nach **Agoda** (2286 m). Der dortige *Tourist Bungalow* am Dorfausgang ist zurzeit unbewohnbar, daher muss im eigenen Zelt übernachtet werden.

An **Tag Zwei** steigt der Pfad von Agoda am Ufer eines Flusses entlang und dann in Serpentinen stetig durch üppigen Nadelwald, unterwegs passiert er zwei *chai*-Buden. Nach 14 km und einer letzten Spitzkehre ist der **Dodi Tal** (3024 m) erreicht, ein See vor der Kulisse üppig bewaldeter Berge. In der Nähe der primitiven Waldhütte auf der Lichtung gibt es *chai*-Shops und Campingstellen.

Manchen Wanderern sind die ganzen 18 km vom Dodi Tal nach Shima an **Tag Drei** zu lang und anstrengend. Sie ziehen es deshalb vor, die Strecke auf zwei Tage zu verteilen. Der gut erkennbare Pfad führt an dem Fluss entlang (und oft auch drüber), der den Dodi Tal speist. Der Weg ist stellenweise steil und erfordert einige Kletterpartien. Man darf nicht vom Weg abweichen und muss die Pfade ignorieren, die ihn kreuzen, bis man oberhalb der Baumgrenze herauskommt. Nach weiteren 1,5 km führt der Weg nach links zu einem kleinen Pass und dann im Zickzack hoch zum **Darwa Pass** (4130 m), ungefähr auf halber Strecke nach Shima. Dies ist der höchste Punkt des Treks, und es eröffnen sich grandiose Ausblicke auf die Srikanta Range. Wer für heute genug hat und einen Übernachtungsstopp einlegen möchte, findet am Ende eines linker Hand verlaufenden Pfades einen Campingplatz und Wasser. Die Hauptstrecke führt in ein Tal hinab und anschließend wieder steil nach oben. Auf der Anhöhe angekommen, sind es noch ungefähr vier Stunden bis **Shima**, wo man wieder die Baumgrenze erreicht. In Shima kann man in einer sehr einfachen Hütte übernachten, aber Verpflegung muss mitgebracht werden.

Der zauberhafte, 12 km lange Abstieg von Shima an **Tag Vier** beginnt mit einer sehr abschüssigen, 1,5 km langen Kraxelei an einem Flussufer entlang. Dann wird der Weg leichter begehbar und führt an einem Wald und *bugyal* vorbei, wo Schäferhütten stehen. Auf einem gut ausgetretenen, steinigen Pfad geht's nun unaufhaltsam bergab, durch zwei Dörfer und dann in Haarnadelkurven runter zum Hanuman Ganga River. Der Weg endet schließlich bei **Hanuman Chatti** (S. 368). Dort fahren Busse über Barkot nach Uttarkashi, Mussoorie und zu anderen Orten in Garhwal. Der Dodi Tal-Trek lässt sich prima mit Wanderungen in der Gegend von **Har-ki-Dun** und **Yamunotri** kombinieren; s. auch S.368.

Sonstiges

Einen **Geldautomaten** gibt es zwei Häuser vom Bandhari-Hotel entfernt. Verteilt über die Stadt gibt es **Internet**, aber der Zugang ist teuer (Rs60 pro Std.).

Transport

Alle **Busse** von und nach Uttarkashi – von wo aus zwischen Mai und November regelmäßig Busse nach GANGOTRI (bis 14 Uhr) und RISHIKESH abfahren – halten zurzeit an der

Hauptstraße im Zentrum. Nach MUSSOORIE nimmt man einen Bus in Richtung Rishikesh und steigt in Chamba um.
Taxis findet man rund um den Markt. Ein Platz in einem **Sammeljeep** nach Gangotri kostet ungefähr Rs120 p. P.

5 HIGHLIGHT

Gangotri und Umgebung

Gangotri liegt in 3140 m Höhe inmitten hoher *deodar*- und Kiefernwälder am Kopf der Bhagirathi-Schlucht, 248 km nördlich von Rishikesh. Es ist der abgeschiedenste der vier *dhams* (Wallfahrtstempel) von Garhwal und von Anfang November bis Mitte April nicht zugänglich. Den Hindus gilt Gangotri als spirituelle Quelle des Ganges. Die physische Quelle ist die Eishöhle **Gomukh** auf dem Gangotri-Gletscher, 14 km taleinwärts. Hier beginnt der **Bhagirathi** seinen wilden Lauf durch eine Reihe riesiger Schluchten, wobei er tiefe Gräben in die Felsen schneidet und in Wasserbecken schäumt.

Von Uttarkashi fahren Busse, Taxis und Jeeps in kurzen Abständen nach Gangotri hinauf. Am angenehmsten ist die Fahrt im Sammeljeep (Rs120; 3 1/2 Std.). Die Busse machen nämlich viele Zwischenstopps und brauchen mehr als fünf Stunden. 10 km hinter dem Dorf Harsil, bei **Lanka**, durchquert die Straße die tiefe Bhagirathi-Schlucht über eine spektakuläre Brücke, die angeblich zu den höchsten der Welt zählt. Dies ist Militärgebiet – also keine Fotos machen! Beim Dörfchen **Bhaironghati**, 3 km weiter und 11 km vor Gangotri, kommt der Rudragaira aus seiner Schlucht zum Vorschein und mündet in den Bhagirathi. Ein kleiner Tempel steht inmitten hoch aufragender *deodar*-Wälder, und es gibt ein paar Teebuden sowie einen selten genutzten **GMVN Tourist Bungalow** ❸–❹.

Gangotri

Zwar wird der Blick auf die meisten schneebedeckten Gipfel durch die schroffen, kahlen Berge, die unmittelbar über Gangotri aufragen, versperrt, doch die Stadt selbst, die von Hindu-Pilgern und ausländischen Wanderern bevölkert wird, verströmt den Duft des Hohen Himalaya. Ihr bescheidener **Tempel**, der gleich hinter einem kleinen Markt am rechten Ufer den Fluss überblickt, wurde Anfang des 18. Jhs. vom Gurkha-General Amar Singh Thapa erbaut. Das vergoldete Dach ziert ein *shikhara,* den vier kleinere Repliken umgeben. Der Tempel erinnert an die Legende, derzufolge König Bhagirath mit Bußübungen die Göttin Ganga auf die Erde lockte, damit sie sein Volk wieder zum Leben erwecke. Im Inneren des Tempels steht ein silbernes Bildnis der Göttin, während eine Steinplatte neben dem Tempel als **Bhagirath Shila** – Platz, an dem der König meditierte – verehrt wird. Stufen führen hinunter zur wichtigsten *ghat* am Fluss, wo die Gläubigen im eiskalten Wasser des Flusses baden, um sich von Sünden zu reinigen.

Auf der anderen Seite des Flusses führt eine lose Ansammlung von Ashrams und Gästehäusern im Schatten hoch emporragender Felsen und riesiger Bäume hinunter zur **Dev Ghat**, oberhalb der Mündung des Kedar Ganga. Nur ein kurzes Stück weiter, am eindrucksvollen, von einem Wasserfall gespeisten Teich **Gaurikund**, liegt der Anfang der 20 km langen Schlucht. Wunderschöne Waldwege führen durch dunkle *deodar*-Wälder und über eine Brücke am Rand

Ashrams in Gangotri

Die meisten der sogenannten „Ashrams" von Gangotri sind in Wirklichkeit kommerziell betriebene Gästehäuser. Aber ein paar Sadhus vermieten Zimmer auf Spendenbasis an Gäste, die auf der Suche nach einem meditativen Rückzugsort sind. Der **Kailash Ashram** mit Blick auf den Zusammenfluss von Kedar Ganga und Bhagirathi ist zwar sehr schlicht, besitzt jedoch viel Flair. Geführt wird er (zusammen mit einer kleinen ayurvedischen Klinik) von dem liebenswürdigen Bhim Yogi, der gern Besucher für mehrere Tage und länger aufnimmt. Der **Nani Mata's Ashram** in der Nähe gehört einer australischen *mataji* (weiblicher Sadhu), die viele Jahre lang in Gangotri lebte und hier immer noch hoch angesehen ist.

der Schlucht entlang zu einer wackeligen Seilbrücke, die einen fantastischen Blick auf den wilden Strom darunter bietet.

Den **GMVN Tourist Bungalow**, ✆ 013772/22221, mit Zimmern (❸–❺) und einem relativ günstigen Schlafsaal (Rs190) findet man, wenn man von der Bushaltestelle aus die kleine Fußgängerbrücke überquert. Neben der Auslegerbrücke liegt das große, populäre **Ganga Niketan**, ✆ 013772/22219, ❷, mit Café, Geschäft und Blick auf den Fluss. Das **Himalaya Sadan** ✆ 094129/23149, ❶, am Flussufer gegenüber dem Tempel ist eine einfache, freundliche Unterkunft mit fantastischer Aussicht über das Tal auf die schneebedeckten Gipfel. Eine Reihe von *dhabas* und Cafés auf beiden Seiten des Flusses servieren *thalis*, gutes Frühstück und wohltuenden *chai*.

Gomukh und der Gangotri-Gletscher

Eine Treppe neben dem Tempel von Gangotri führt zu einem Reitpfad, der sanft ansteigt und fantastische Panoramablicke auf die Berge um den Gangotri-Gletscher bietet – einen der schönsten und am besten zugänglichen Gletscher des Mittleren Himalaya. Bedauernswerterweise weicht er jährlich um mehrere hundert Meter zurück. Pro Tag dürfen nur 150 Touristen den Weg begehen. Das Permit muss vorher beim Divisional Forest Office in Uttarkashi erworben werden. Nach einer Strecke von 2 km wird an einem Wald-Checkpoint der Rucksack durchsucht und jeglicher potenzieller Plastikmüll konfisziert.

Wenn man sich der Oase **Chirbasa**, 7 km von Gangotri, nähert, dominieren zauberhafte Felsvorsprünge und glasartige Felswände das Panorama. Den Höhepunkt bilden die Bergspitzen des Bhagirathi 3 (6454 m) und Bhagirathi 1 (6856 m). Von jetzt an klettert der Weg bis über die Baumgrenze und folgt dem breiter werdenden Tal bis zu einer hohen Bergwüste. Gleich hinter Chirbasa kommt ein Steilhang; der schmale Pfad ist hier in sehr schlechtem Zustand, und durch Windstöße können Steine herabgefegt werden – daher ist größte Vorsicht geboten. Kurz nachdem er einen Fluss überquert hat, umrundet der Weg einen Felsvorsprung und eröffnet bei **Gomukh** („Kuhschnauze") einen ersten Blick auf die Gletscherzunge, die allgegenwärtigen Bhagirathi-Gipfel und den riesigen, 23 km langen und bis zu 4 km breiten Gangotri-Gletscher. Besucher dürfen sich dem Gletscher nur bis zu einer Entfernung von 500 m nähern.

Darunter, auf dem Talboden, 5 km von Chirbasa, kauert das kalte, graue Dörfchen **Bhojbasa** im Schatten des wunderschönen **Shivling Peak** (6543 m) – hier verbringen die meisten Besucher die Nacht, bevor sie ihren Weg nach Gomukh und darüber hinaus fortsetzen. Wer weiter als bis Gomukh wandern will, sollte hier Halt machen, um sich zu akklimatisieren. Im **GMVN Tourist Bungalow** (kein Telefon) gibt es einen Schlafsaal (Rs300), aber keine Zimmer. Abends drängen sich die Gäste in dem netten kleinen Café, das auch der richtige Anlaufpunkt ist, um einen Bergführer für die Gletscherüberquerung zu engagieren. Eine weitere Übernachtungsmöglichkeit bietet der **Lal Baba's Ashram** ❷ (kein Telefon), dessen Komfort sich auf Bettlaken und Matratzen auf dem Boden beschränkt, dafür sind Mahlzeiten im Preis inbegriffen. Wer ein eigenes Zelt hat, findet am Fluss einen guten Campingplatz.

Nach einer Übernachtung in Bhojbasa sollte man sich von der Kälte nicht abschrecken lassen und einen frühen Spaziergang nach Gomukh machen, um den Sonnenaufgang zu beobachten. Die schöne Wanderung ist 5 km lang.

Die Route nach Kedarnath

Kedarnath, 223 km nordöstlich von Rishikesh nahe der Quelle des Mandakini, liegt in atemberaubender Lage 3583 m hoch über dem Meeresspiegel und wird von steil abfallenden Gletschern und riesigen Vorsprüngen aus Eis, Schnee und Fels überragt. Kedarnath, die dritte der heiligen Char Dham-Stätten, ist der bedeutendste Schrein des Himalaya.

Als eine von Indiens zwölf *jyotrilinga* – Licht-Lingams – zieht der Schrein in den Sommermonaten Scharen hinduistischer Pilger *(yatri)* an, ist aber von Anfang November bis Anfang April geschlossen. Die saftigen grünen Hänge, die hübsch angelegten Bergterrassen und die zahlreichen Apfelbaumgärten bieten eine erfrischende Abwechslung von den öden, felsigen Tälern des westlichen Garhwal. Darüber hinaus ist Kedarnath ein guter Ausgangspunkt für kurze Wanderungen zu den schönen Bergseen Vasuki Tal und Gandhi Sarovar.

Gaurikund

Gaurikund ist eine freundliche Kleinstadt oberhalb von Sonprayag, wo die Straße endet. Zurzeit ist sie der Ausgangspunkt für die Wanderung zum **Kedarnath-Tempel**, es gibt jedoch Pläne, die Straße bis nach Rambara auszubauen.

Direktbusse fahren die ganze Strecke von Gaurikund nach Rishikesh, aber die meisten Besucher kommen mit Nahverkehrsbussen oder Taxis vom größeren Busbahnhof in **Guptkashi**, 29 km weiter talwärts. Dieser wird von Rudraprayag, das auf der viel befahrenen Route Rishikesh–Joshimath–Badrinath 109 km weiter südlich liegt, sowie von Gopeshwar, 138 km südöstlich, aus angefahren.

Es gibt mehrere günstige *dharamshalas* und **Hotels** in Gaurikund selbst, u. a. die **Vijay Tourist Lodge,** ✆ 01364/269242, ❶, die in der Hauptstraße des Basars liegt und saubere, wenn auch einfache Zimmer hat. Das gegenüberliegende **Annapurna**, ✆ 01364/269209, ❷, bietet große DZ mit Teppich und sonnigen Balkons sowie Schlafsäle. Im **GMVN Tourist Bungalow**, ✆ 01364/269202, ❸–❺, gibt es teurere, aber gemütliche DZ, einen Schlafsaal (Rs200) und ein Restaurant, wo man Suppen und Salate bekommt.

Die Wanderroute von Gaurikund

Kedarnath ist ein dermaßen populärer Bestandteil der *yatra*-Route, dass der Pfad, der von Gaurikund aus bergauf führt, langsam seiner Vegetation beraubt wird – verbraucht als Brennstoff oder als Futter für die Ponys der wohlhabenderen Pilger. Ein Pferd für die Tour kann für Rs300 gemietet werden.

Der breite Reitweg von Gaurikund herauf ist von *chai*-Läden gesäumt. Er führt durch die sterbenden Bergwälder zum 7 km höher gelegenen Dorf **Rambara**, auf halber Strecke nach Kedarnath, das die Baumgrenze und den Beginn der alpinen Zone markiert. Hier finden sich viele Cafés und Rest Houses. Während der Weg steil nach **Garur Chatti** emporsteigt, sieht man mehrere augenfällige Abkürzungen den Hang verunstalten. Erst etwa 1 km vor Kedarnath wird es ebenerdiger. Dann plötzlich, nach einer Kurve, steht man vor dem atemberaubenden Südhang des Kedarnath (6940 m) am Ende des Tals. Am Fuße des Berges liegt, in der Entfernung kaum auszumachen, die Tempelstadt.

Kedarnath und Wanderungen in der Umgebung

Kedarnath selbst ist nicht sehr attraktiv – und auf dem Höhepunkt der Pilgersaison (Mai, Juni und Sep) sogar fast unerträglich. Die Stadt ist sehr grau und besteht im Grunde nur aus einer 500 m langen Hauptstraße zwischen Tempel und Brücke, die von Resthouses und *dharamshalas,* Pilgergeschäften und Verwaltungsbüros gesäumt wird, doch kann man ihr leicht entfliehen, um die einzigartige Hochgebirgslandschaft zu erkunden.

Der imposante **Tempel** ist ein relativ simpel konstruiertes Stein-Bauwerk mit einer großen Mandapa, in der ein beeindruckendes Steinbildnis von Shivas Stier Nandi steht. Im inneren Heiligtum, das auch Nicht-Hindus zugänglich ist, sitzen *pandas* (die Priester der Pilger) um einen Felsen herum, bei dem es sich der Legende nach um Shivas Hintern handelt – er blieb hier zurück, als Shiva kopfüber in die Erde eintauchte.

Von der Hauptbrücke der Stadt führt ein Pfad über den Mandakini zur linken Seite des Tals und endet 4 km weiter am **Gletscher**. Der See daneben, **Chorabari Tal**, ist auch als **Gandhi Sarovar** bekannt, seit ein Teil von Mahatma Gandhis Asche hier verstreut wurde. Nur rund 800 m entfernt entspringt der Mandakini: Er sprudelt aus einem Loch in der Moräne. Der Boden ist hier extrem unsicher und sollte auf keinen Fall betreten werden. Man kann den Fluss auch auf einer kleinen Brücke hinter dem Tempel überqueren und die von Steinen übersäte Moräne hochklettern, um zum Hauptpfad zu gelangen.

Östlich der Stadt führt ein gut markierter Pfad diagonal den Hang hinauf zu den Gebetsflaggen, die über einem kleinen Schrein für **Bhairava**, die zornige Erscheinung von Shiva, wehen.

Übernachtung und Essen

GMVN Tourist Bungalow, ✆ 01364/263218. Nahe der Innenstadt, hat große, anonyme DZ und einen Schlafsaal (Rs200). ❸–❺

Bharat Seva Ashram, ✆ 01364/263213. Sauber und bequem; ein großes, rotes Gebäude hinter dem Tempel auf der linken Seite. ❷

Modi Bhavan (kein Tel.). Schön gelegener Bungalow, hinter bzw. oberhalb des Tempels, der große Zimmer mit Kitchenettes bietet. ❷

Das Essen in den **Cafés** in der Hauptstraße von Kedarnath ist einfach, aber teuer, denn alle Vorräte müssen auf Pferden aus dem Tal hochgebracht werden.

Kedar Mishthan Bhandar ist das einzige, das sich auf westlichen Geschmack eingestellt hat. Tischt passable Salate und Kartoffelgerichte auf. Die Kantine des Tempel-Komitees, **Shri Badrinath Kedarnath Mandi Samiti**, hinter dem Tempel, serviert Currys und *aloo paratha*.

Joshimath

Die weit verstreute Verwaltungsstadt Joshimath, 250 km nordöstlich von Rishikesh, schmiegt sich an die Seite eines tiefen Tals und bietet eine faszinierende Aussicht: Hoch über ihr erheben sich die schneebedeckten Gipfel, und wer nach unten blickt, sieht bei Vishnu Prayag, der Mündung des Dhauli Ganga, die Straße in einer dunklen Schlucht verschwinden. Nur wenige der abertausend Pilger, die auf dem Weg nach Badrinath hier vorbeikommen, bleiben eine Weile. Joshimath ist eng mit **Shankara**, dem Reformer des 9. Jhs. verbunden: Hier, unter einem Maulbeerbaum, wurde er erleuchtet, bevor er **Jyotiramath** gründete, eines der vier Pilgerzentren des Hinduismus in den vier Haupthimmels-richtungen.

Joshimath besteht aus einem oberen Basar und, vom Main Square aus rund 1 km der Straße nach Badrinath folgend, einem unteren Basar, der die farbenfrohen Tempel **Narsingh**, **Navadurga**, **Vasudev** und **Gauri Shankar** beherbergt.

Übernachtung und Essen

GMVN Tourist Rest House, ✆ 01389/222118, am nördlichen Ende des oberen Basars eine kurze Gasse hinauf. Finstere Unterkunft, u. a. mit Schlafsaal (Rs200); auch ein Café, wo einfache Mahlzeiten zu haben sind. ❸–❺

Der Neubau, ✆ 01389/222226, direkt oberhalb des alten Gästehauses, zu erreichen über eine Gasse gegenüber vom GMOU-Büro, ist wesentlich besser, aber dennoch nicht besonders preisgünstig (Schlafsaal Rs200). ❹

Hotel Sriram, ✆ 01389/222332, neben dem alten GMVN-Gästehaus; preiswerte Zimmer, z. T. mit TV und Warmwasseranschluss. ❷

Dronagiri, weiter südlich des Zentrums, ✆ 01389/222254. Das komfortabelste Hotel der Stadt, sehr schöne Aussicht, sauberes Restaurant und Satelliten-TV. ❹–❺

Für Freunde guter Küche sind die Möglichkeiten in Joshimath äußerst begrenzt; am besten sind noch die Restaurants der Hotels Dronagiri und Sriram. Das **Marwari** am Marktplatz ist ein gut besuchtes und preisgünstiges vegetarisches *dhaba*, und das **New Star**, am Upper Bazaar nahe dem GMVN-Gästehaus und Sriram, öffnet früh zum Frühstücken.

Sonstiges

Informationen

Tourist Office, ✆ 01389/222181, beim neuen GMVN-Block. Erteilt auch Auskünfte zum 15 km entfernten **Skigebiet** bei Auli. 🕓 Mo–Fr und meist auch Sa 10–17 Uhr.

Internet

Internetzugang bieten **Eskimo Adventure Company** und **KCE Uniyal Infotech** am Upper Bazaar bei der Badrinath Jeep-Haltestelle. Beide verlangen Rs50 pro Std.

Trekking

Eskimo Adventure Company, ✆ 01389/222864, ✉ aeskimoadventures@rediffmail.com, gegenüber vom Hotel Sriram, geleitet von zwei Absolventen des Nehru Institute of Mountaineering, erteilt Ratschläge zu Trekking- sowie Skitouren und organisiert Treks, Felsklettern, Skifahren und Wildwasserfahrten inkl. Genehmigungen, Führer und Ausrüstung.

Transport

Die meisten **Busse** und **Jeeps** halten im oberen Basar.

Badrinath

Der meistbesuchte der vier Haupt-Pilgertempel von Garhwal ist Badrinath, „Gott der Beeren", 298 km nordöstlich von Rishikesh und nur 40 km von der Grenze zu Tibet entfernt. Im 9. Jh. von Shankara gegründet, ist der Tempel eine der heiligsten Stätten des Hinduismus. Er liegt unweit der Quelle des Alaknanda, dem Haupt-Zufluss des heiligen Ganges. Obwohl der Tempel vor einer fantastischen Kulisse liegt, tief unten in einem Tal am Fuße der steilen, schneebedeckten Pyramide des Nilkantha (6558 m), ist die Stadt, die um ihn herum gewachsen ist, grau, schmutzig und unattraktiv. Alle Fahrzeuge von Joshimath müssen in Konvois verkehren. Schranken im Abstand von jeweils 24 km kontrollieren den Verkehr in beiden Richtungen: Die erste Etappe ist die zwischen Joshimath und Pandukeshwar, die zweite von Pandukeshwar bis Badrinath. Täglich verlassen mehrere Konvois Joshimath; der erste um 6.30 Uhr und der letzte um 16.30 Uhr. Nachts ist die Straße gesperrt und Badrinath selbst bleibt von Mitte November bis Anfang April geschlossen.

Badrinath steht immer noch ein Brahmane aus Kerala vor – der Rawal, der gleichzeitig als oberster Priester für Kedarnath fungiert. Der Legende nach lagen die beiden Tempel einst so nahe beieinander, dass die Priester an einem Tag in beiden beten konnten. Der **Tempel** selbst, der auch als **Badri Narayan** bekannt ist, ist Vishnu geweiht, der einst im mythischen Badrivan („Wald der Beeren"), der früher die Berge von Uttarakhand bedeckte, Buße getan haben soll. Ungewöhnlicherweise ist der Tempel aus Holz. Jedes Jahr im Mai, wenn der Schnee geschmolzen ist und der Tempel für die Saison öffnet, wird die gesamte Fassade neu gestrichen. Aus der Entfernung erinnern seine hellen Farben, die einen markanten Kontrast zu den Betongebäuden, den verschneiten Gipfeln und dem tiefblauen Himmel bilden, an ein tibetisches *gompa*. Es gibt Debatten darüber, ob der Tempel früher ein buddhistischer Schrein war. Im Inneren, wo Fotografieren absolut tabu ist, sitzt das schwarze Steinbildnis von **Badri Vishal** wie ein Bodhisattva in der Lotusposition (Hindus betrachten Buddha als Inkarnation von Vishnu).

Der Standort am Westufer des turbulenten Alaknanda mag wegen seiner schwefelhaltigen heißen Quellen **Tapt Kund** auf der Böschung gleich unterhalb des Tempels, ausgewählt worden sein. Sie werden für rituelle Bäder benutzt. Unmittelbar südlich des Tempels steht immer noch das alte Dorf Badrinath, dessen traditionelle Steingebäude und kleiner Markt wie Relikte aus einer vergangenen Ära wirken. Die Hauptstraße nördlich von Badrinath führt in grenznahe und damit militärisch sensitive Gebiete, aber Besucher können in der Regel mit örtlichen Bussen und Taxis noch 4 km weiter fahren, wo am Ende der Straße das faszinierende Bhotia-Dorf **Mana** liegt (die aktuelle Situation sollte vorher geklärt werden).

Mana ist auch zu Fuß erreichbar (neben der Straße verläuft ein Pfad). Das Dorf selbst besteht aus einem Labyrinth kleiner Straßen und Gebäude, die buchstäblich übereinander gestapelt wurden. Seine Bewohner sind Bhotia, Buddhisten tibetischer Herkunft, die ursprünglich über den hohen Mana-Pass hinweg Handel trieben und jetzt Vieh und Ponys züchten und Yak-Fleisch sowie bunt gefärbte, handgemachte Teppiche verkaufen.

Vom Dorf führt ein Pfad über eine natürliche Felsenbrücke und das linksseitige Flussufer hinauf in Richtung des Berges Satopanth (7075 m) zum Fuß des beeindruckend hohen **Vasudhara-Wasserfalls**. Er wird als Quelle des Alaknanda betrachtet. Die Gehzeit beträgt nur 1 1/2 Std., aber es gibt keine Teestände an der Strecke.

Übernachtung und Essen

Badrinath hat unzählige spartanische und von Flöhen heimgesuchte Billighotels, die meisten liegen an der Hauptstraße.

GMVN Devlok, ✆ 01381/22212, hinter der Post, ist eine bessere Wahl; mit angenehmen Zimmern, Restaurant und vielen Informationen. ❺–❻

Yatri Niwas hat 500 Schlafsaalbetten (Rs100), und das **Tourist Rest House** (kein Telefon) bietet gemütliche DZ mit Teppich. ❸–❹

Hotel Narayan Palace, ✆ 01381/22380, ist nicht schlecht, aber angesichts abgetretener Teppiche und fehlender Heizung ist der Preis nicht ganz gerechtfertigt. ❺–❻

Sarovar Portico, ✆ 01381/222267, 🖳 www.sarovarhotels.com. Ganz neu und das luxuriöseste Hotel der Stadt. ❼–❽

Die besten **Cafés** und ***chai*-Lokale** findet man in der alten, stimmungsvollen Gegend rund um den Tempel, aber am kommerzielleren Ostufer gibt es neben zahlreichen Durchschnitts-*dhabas* auch ein paar anspruchsvollere, moderne Restaurants mit Neonlicht wie **Laxmi** und **Saket**.

Transport

Der Verkehr zurück nach JOSHIMATH, einschließlich der normalen Linienbusse, bewegt sich im gleichen Konvoi-System fort wie auf dem Weg hierher; der letzte Konvoi verlässt Badrinath um 15.30 Uhr. Langstreckenbusse fahren, mit einem Übernachtungsstopp, direkt nach RISHIKESH und nach GAURIKUND bei Kedarnath (14 Std.); Buchungen im Büro des Busbahnhofs oberhalb der Stadt.

Hemkund und das Valley of the Flowers

Beim Dörfchen **Govind Ghat**, 28 km südlich von Badrinath auf der Straße nach Joshimath (Busse halten hier auf Anfrage), beginnt ein bedeutender Pilgerpfad, der sich über 21 steile Kilometer zum **Hemkund-See** (4329 m) hinaufwindet. Im heiligen Buch der Sikh, dem *Guru Granth Sahib*, erinnert sich Govind Singh daran, wie er an einem See meditierte, der von sieben hohen Bergen umgeben war. Erst im 20. Jh. stellte sich heraus, dass es sich bei dem See um Hemkund handelte. Ein großer *gurudwara* (Sikh-Tempel) und ein kleiner Schrein zu Ehren von Lakshmana, dem Bruder von Rama, Held des Ramayana, stehen jetzt nebeneinander. Um den *deodar*-Wald zu schützen, können Besucher jedoch nicht mehr die Nacht hier verbringen.

Stattdessen dient der überwachsene Ort **Ghangaria**, 6 km unterhalb von Hemkund, Besuchern als Basis für Tageswanderungen. Hier gibt es mehrere *chai*-Läden, eine kleine Touristeninformation, *gurudwaras* und einfache Lodges. Abgesehen vom **GMVN Tourist Bungalow** mit Schlafsaalbetten zu Rs250, ❹–❺, ⏲ Mitte April–Anfang Nov, ist die beste darunter das Hotel Prya, ✆ 01389/222595, ❷, das auch über ein gutes Restaurant verfügt. Zum Govind Ghat gehört auch ein großer *gurudwara*, Bezahlung auf Spendenbasis.

Ein anderer Weg biegt hinter Ghangaria links ab und führt 5 km bergauf zu den Berg-*bugyals* des Bhyundar-Tals – dem **Valley of the Flowers**, das auf einer Höhe von 3352 m beginnt. Es wurde 1931 vom Visionär und Bergsteiger Frank Smythe entdeckt, der es wegen der Unmengen von wunderschönen, seltenen Pflanzen und Blumen „Tal der Blumen" taufte. Die Wiesen sind gegen Ende der Monsun-Zeit, Anfang September, am schönsten. Auch sie haben unter den Füßen der Besucherscharen gelitten, daher ist Zelten hier ebenfalls verboten. Damit ist es unmöglich, das 10 km lange Tal vollständig zu erkunden – Wanderer müssen mit dem zufrieden sein, was sie auf einer Tageswanderung von Ghangaria aus zu sehen bekommen. Ausländer müssen am Eingang zum Tal Rs350 Eintritt bezahlen (gültig für drei Tage).

Nanda Devi-Nationalpark

Östlich von Joshimath beherrschen die majestätischen Zwillingsgipfel von Nanda Devi – mit 7816 m der höchste Berg, der sich vollständig in Indien befindet – einen großen Teil des nordöstlichen Garhwal und Kumaon.

Die Göttin, die dem Berg ihren Namen gab, ist für alle, die in ihrem Schatten leben, die wichtigste Gottheit von allen – ein Fruchtbarkeitssymbol, das auch als Erscheinung von Durga gilt, der unbezwingbaren Form von Shakti. Umgeben von einem scheinbar undurchdringlichen Ring von Bergen, galt der Nanda Devi lange Zeit als unbezwingbar. Als den Bergsteigern Eric Shipton und Bill Tilman 1934 schließlich der Aufstieg durch die schwierige Schlucht **Rishi Gorge** gelang, sah man darin eine Befleckung des heiligen Bodens. Eine Serie von Katastrophen folgte: Erst 1976 endete ein Versuch von Willi Unsoeld und seiner Tochter Nanda Devi in einer Tragödie: Nanda Devi starb unterhalb des Gipfels, nach dem sie benannt worden war.

Die wunderschöne Wildnis rund um den Berg bildet jetzt das Schutzgebiet **Nanda Devi Sanc-**

tuary. Es liegt im Zentrum des 5860 km² großen Nanda Devi-Nationalparks, der im Oktober 2004 zum Unesco-Biosphärenreservat ernannt wurde. Seit 1982 ist das innere **Schutzgebiet** aus Umweltschutzgründen gesperrt. Nur eine begrenzte Zahl von Wanderern wird zwischen Mai und Oktober in den Nationalpark eingelassen und es gibt nur eine zugelassene Route. Sie führt vom Dorf **Lata** am Ende der Straße bis zum Dharansi-Pass, der einen fabelhaften Ausblick auf den Nanda Devi bietet.

Die **GMVN Mountaineering and Trekking Division** in Rishikesh, ✆ 0135/243 0799, organisiert neuntägige Treks für rund Rs25 000 p. P. alles inklusive. Die Gruppen haben nur drei bis fünf Teilnehmer. Weitere Informationen über Permits erteilt das Forestry Office in Joshimath (links vom Dronagiri Hotel zwei Treppen hinauf und dann rechts).

Kumaon

Die Shivaiten-Tempel von Kumaon werden weniger leidenschaftlich verehrt als ihre Pendants in Garhwal. Dafür gibt es hier deutlich weniger Touristenverkehr, die Dörfer bleiben weitgehend unverdorben und die Trekkingrouten leiden weniger unter Müll.

Kumaon Mandal Vikas Nigam, abgekürzt **KMVN**, 💻 www.kmvn.gov.in, ist in Kumaon für den Tourismus zuständig und bietet einen ähnlich lückenhaften Service wie GMVN in Garhwal. Kumaons Stomversorgung ist unzuverlässig, Ausfälle gehören zur Tagesordnung. Ebenfalls wichtig zu wissen ist, dass Nainital (abgesehen von Geldautomaten) die einzige Möglichkeit bietet, Geld zu tauschen. Reiseschecks werden auch in Ranikhet und Almora eingelöst.

Nainital

Der spektakuläre, erdnussförmige Kratersee Nainital (*tal* heißt „See") liegt auf einer Höhe von 1938 m in einer Senke, 277 km nördlich von Delhi. Nach ihm wurde die größte Stadt Kumaons benannt. Im Jahre 1841 durch einen reichen Zuckerhändler namens Barron für die Europäer entdeckt, wurde Nainital schnell zu einem beliebten Zufluchtsort, um der Sommerhitze des Tieflands zu entgehen, und ist bis heute eine der bedeutendsten Hill Stations Indiens geblieben. Das ganze Jahr über, aber ganz besonders zwischen März und Juli, bevölkern Horden von Touristen und Flitterwöchnern **The Mall**, die Promenade, die **Mallital** („Kopf des Sees"), den älteren, kolonialen Teil von Nainital am Nordende, mit **Tallital** („Fuß des Sees") verbindet.

Nainitals Lage in atemberaubender Sichtweite des Mittleren Himalaya – die Gipfel sind von Aussichtspunkten oberhalb des Zentrums zu sehen – macht die Stadt zu einer guten Basis für Erkundungstouren durch Kumaon. Wem der Kommerz der Stadt ein bisschen zu viel wird, kann jederzeit in die schöne Landschaft der Umgebung entfliehen – zu Seen wie dem **Sat Tal**, wo das Vorgebirge nach Süden hin steil zum Flachland abfällt, oder zu den bewaldeten Höhenzügen rund um **Kilbury**.

Der Großteil der Aktivitäten in Nainital spielt sich auf der 1,5 km langen **Mall** ab, die von Restaurants, Hotels und Souvenirgeschäften gesäumt wird. **Boote** können ab Rs85 pro Std. im Boat Club am Nordostufer des Sees in Mallital gemietet werden, die Preise steigen im Sommer jedoch bis auf Rs200 pro Std. Der Boat Club steht auf einer großen Ebene, „The Flats", die 1880 durch einen gewaltigen Erdrutsch entstand, der das Victoria Hotel mit 150 Personen unter sich begrub. Heute finden hier Sportveranstaltungen und ein **tibetischer Markt** statt.

Oberhalb der Stadt, vom Südende der Mall 1,5 km zu Fuß bergauf, liegt der exzellente **Hochgebirgszoo**, der Sibirische Tiger, Tibetische Wölfe, Leoparden und Himalaya-Bären beheimatet. 🕓 Di–So 10–16.30 Uhr, Eintritt Rs25, Fotoerlaubnis Rs25.

Eine Seilbahn (Sommer tgl. 7–19 Uhr, Winter tgl. 10–17 Uhr) verkehrt zwischen dem Restaurant Mayur auf der Mall zum **Snow View** (2270 m); das Ticket für Hin- und Rückfahrt (Rs100) gilt für einen einstündigen Aufenthalt oben. Die Alternative ist ein 2 km langer Fußmarsch auf einem von vielen steilen Wegen. Für Rs200 trägt einen ein Pony hier herauf. Auf dem Gipfel, der in der Hochsaison völlig überfüllt ist, gibt es eine Promenade, Cafés und einen Aussichtspunkt. Früh am Morgen hat man die besten Chancen, dass der Blick auf die schneebedeckten Gipfel frei ist.

Von hier aus führen weitere Wege zum 5 km entfernten **Naina Peak** (2611 m), einem der besten Aussichtspunkte der Gegend, und zum abgelegenen **China Peak**, dem felsigen Gipfel im Westen. Etwa auf halbem Weg von der Stadt zum Snow View liegt das wegen seiner vielen Gebetsflaggen kaum zu übersehende kleine tibetische *gompa* (Kloster) **Gadhan Kunkyop Ling**, das im traditionellen *gompa*-Stil umgebaut wurde. 3 km außerhalb der Stadt an der Straße nach Almora steht **Hanuman Garh**, ein Tempel voller Affen und herumalbernder, junger Priester – ein beliebter Ort, um den Sonnenuntergang zu beobachten.

Übernachtung

Als beliebtes Urlaubsziel bietet Nainital eine reiche Auswahl an Hotels. Es ist jedoch schwierig, in der Saison preisgünstige Unterkünfte zu finden. Zwischen März und Juli liegen die Zimmerpreise am höchsten und erreichen ihren absoluten Höhepunkt zwischen Mitte April und Mitte Juni. Die unten angegebenen Nebensaisonpreise sind jedoch wesentlich günstiger. Insgesamt sind Zimmer in Tallital billiger als in Mallital.

Ankur Plaza, Mallital, bei der Seilbahn-Station, ✆ 05942/235448, 💻 www.hotelankurplaza.com. Während der Saison ist es zwar teuer, hat aber ein freundliches Management. Außerhalb der Saison eine der besten Billigunterkünfte mit günstigen Angeboten. Die Zimmer sind nett und die Plastikblumen beweisen Liebe zum Detail, wenn auch nicht unbedingt guten Geschmack. ❸

Ashok, Tallital, ✆ 05942/235721, ✉ ashok nainital@yahoo.co.in. Das zweckmäßig eingerichtete altmodische Hotel nur 100 m vom Busbahnhof entfernt hat kompakte Zimmer, die sich gut für einen Kurzaufenthalt eignen. ❷–❹

City Heart, am Rikschastand in Mallital, ✆ 05942/235228, 💻 www.cityhearthotel.netfirms.com. In der Hauptsaison teuer, aber ansonsten akzeptabel. Es bietet den besten Seeblick der Stadt, besonders von den oberen Zimmern und vom Dachrestaurant. Der Geschäftsführer ist Tierfotograf und Bassist in einer hiesigen Rockband. ❸–❺

Grand, The Mall, ✆ 05942/235406, 📠 237057. Eines der ältesten Häuser von Nainital – hier scheint die Zeit still zu stehen. Gute Lage, große Zimmer mit hoher Decke, einige schon etwas altersschwach; Nov–März geschl. ❻–❼

KMVN Tourist Bungalow, Tallital, ✆ 05942/235570. Lodge mit funktionalen Räumen und billigem Schlafsaal (Rs150) in ruhiger Gegend, nicht weit vom Busbahnhof. ❺–❼

The Naini Retreat, Ayarpatta Slopes, ✆ 05942/235105, 💻 www.leisurehotels.in. In wunderschöner Lage hoch über dem See, mit einem ausgedehnten, sehr gepflegten Grundstück und einer großen Terrasse für Barbecues. Ein Zimmer mit Seeblick kostet Rs9000. ❽–❾

Youth Hostel, Mallital, ✆ 05942/236353. Jugendherberge mit 50 Betten (Rs50 für Mitglieder, sonst Rs80) an einem hübschen, abgeschiedenen Fleck 1,5 km oberhalb von Mallital, mit schönem Garten. In der Regel ist sie entweder menschenleer oder völlig überfüllt mit Schulkindern. Freundliches Personal und sehr gutes Preis-Leistungs-Verhältnis, allerdings ohne Generator.

Essen

Zum Essen bietet Nainital eine reiche Auswahl sowohl an Restaurants als auch an Touristen orientierten Fastfood-Läden entlang der Mall. Außerdem servieren die alltäglichen *dhabas* in den Basaren an beiden Enden der Stadt billiges und leckeres Fisch-Curry.

Café de Mall, The Mall. Eher ein Restaurant als ein Café, obwohl es auch so etwas wie Kaffee (instant) anbietet. Es hat eine Terrasse mit Seeblick. Serviert werden südindische Snacks, Pizzas und Pfannengerichte sowie *thalis* (Rs100–150). Nicht vegetarische Hauptgerichte kosten ab Rs135.

Embassy, The Mall, Mallital. Eins der besseren Restaurants von Nainital, mit holzgetäfeltem Inneren. Am leckersten sind die Tandoori-, chinesischen und tibetischen Gerichte, aber es gibt auch Pizzas (Rs75–115) und Gebratenes (Rs160–240).

Machan, The Mall, gleich westlich des Embassy. Gut geführtes Restaurant in einem

Kuari-Pass und Curzon Trail

Die lange Route über den **Kuari-Pass** (4268 m) belohnt mit atemberaubenden Bergpanoramen. Sie ist als Curzon Trail bekannt, nach dem britischen Vizekönig, der Teile davon gewandert ist. Nach der Unabhängigkeit erhielt sie den offiziellen Namen Nehru Trail. Der 10-tägige Trek beginnt in **Gwaldam** an der Grenze zu Kumaon, oberhalb des Flusses Pindar, überquert die hohen Bergketten, ohne dabei die Grenze des ewigen Schnees zu überschreiten, und endet rund 150 km weiter nördlich an den heißen Quellen von **Tapovan** im Dhauli Ganga Valley bei Joshimath. Es gibt zahlreiche Alternativen und kürzere Pfade zum Pass, darunter eine 24 km lange Route ab Auli. Die ganze Route ist neben anderen Wanderungen auf der *Leomann*-Karte von Kumaon-Garhwal eingezeichnet (Blatt 8 in der Indien-Reihe). Die beste Zeit für die Treks ist zwischen Mai und Juni und von Mitte September bis November.

Der Trail über den Kuari-Pass ist ideal für Besucher, die keine Ausrüstung für die Besteigung von Gletschern haben: Er führt über Bergwiesen, überquert mehrere große Flüsse und streift das äußere Westende des Nanda Devi-Nationalparks. Die Wanderung belohnt mit großartigen Blicken auf den dreizackigen Trisul (7120 m), auf den Nanda Ghunti (6309 m) und den zahnförmigen Changabang (6864 m), während sich weit im Norden, an der Grenze zu Tibet, die unverwechselbare Pyramide von Kamet (7756 m) erhebt.

Camping-Ausrüstung ist auf jeden Fall erforderlich, vor allem auf dem Pass. In der Ortschaft Gwaldam an der Hauptstraße zwischen Karnaprayag und Almora sowie an unterschiedlichen Punkten auf dem Weg können auch Führer engagiert werden. Man besteigt entweder ein öffentliches Verkehrsmittel in Gwaldam (dort auch einige Unterkünfte) oder wandert durch den schönen Kiefernwald, überquert den Fluss Pindar und nach rastet 8 km in **Debal**, wo es ein Resthouse im Wald und eine Tourist Lodge gibt. Motorisierte Transportmittel bringen einen von Debal nach **Bagrigadh**, gleich unterhalb des hübschen Dörfchens **Lohajung**, das eine nette Tourist Lodge hat. Hier steht auch der Lohajung-Schrein: Eine verrostete, an einer Zypresse hängende Eisenglocke wird jedesmal geläutet, um die Ankunft der Wanderer dem *devta*, dem hier ansässigen Geist, mitzuteilen.

Dem Fluss Wan ab Debal 10 km weit folgend, führt der Weg schließlich zum großen Ort **Wan**, wo es mehrere Übernachtungsmöglichkeiten gibt, u. a. einen GMVN Tourist Bungalow (Schlafsaal Rs90) und ein Forest Resthouse. Das kleine Dorf **Sutol** liegt 14 km von Wan entfernt, zu erreichen über einen Weg durch hübschen Zypressen- und *deodar*-Wald. Von Sutol nach **Ramani** führt ein sanfter, 10 km langer Weg durch mehrere Dörfer. Hinter Ramani klettert ein steiler Pfad 4 km lang durch dichten Wald zum Pass von **Sem Kharak**, bevor er weitere 9 km bergab zum kleinen Dorf **Jhenjhenipati** führt. Von hier aus geht es über einen unebenen Pfad, vorbei am schönen **Gauna-See**, zum 12 km entfernten Ort **Panna**. Von Panna aus führt ein erbarmungslos steiler Trail 12 km bergauf zum **Kuari-Pass** (4298 m), der die Grenze zum Hohen Himalaya bildet und mit einer herrlichen Aussicht auf den Nanda Devi und den Trisul belohnt. Es ist mehr als empfehlenswert, den Kuari-Pass als Basis zu benutzen, um den Gipfel des **Pangerchuli** (5183 m) zu besteigen – 12 km hin und zurück. Von dort oben sieht man beinahe die gesamte Route und kann das wirklich atemberaubende Bergpanorama genießen. Obwohl man beim Aufstieg auf Schnee treffen kann, sind weder Bergsteigertechniken noch eine spezielle Ausrüstung erforderlich – außer einem guten Stock. Von Kuari aus führt ein mörderischer, in die Knie gehender Abstieg über 22 km direkt in den kleinen Ort **Tapovan**, der das Dhauli Ganga-Tal überblickt und einen von heißen Quellen gespeisten Teich hat. Von hier aus verkehren Busse ins 11 km entfernte Joshimath. Ein alternativer Abstieg vom Kuari-Pass ist die malerische und nicht ganz so furchtbar steile 24 km lange Route durch den Wald, die über Chitrakantha zum Skiort **Auli** führt.

Nainital

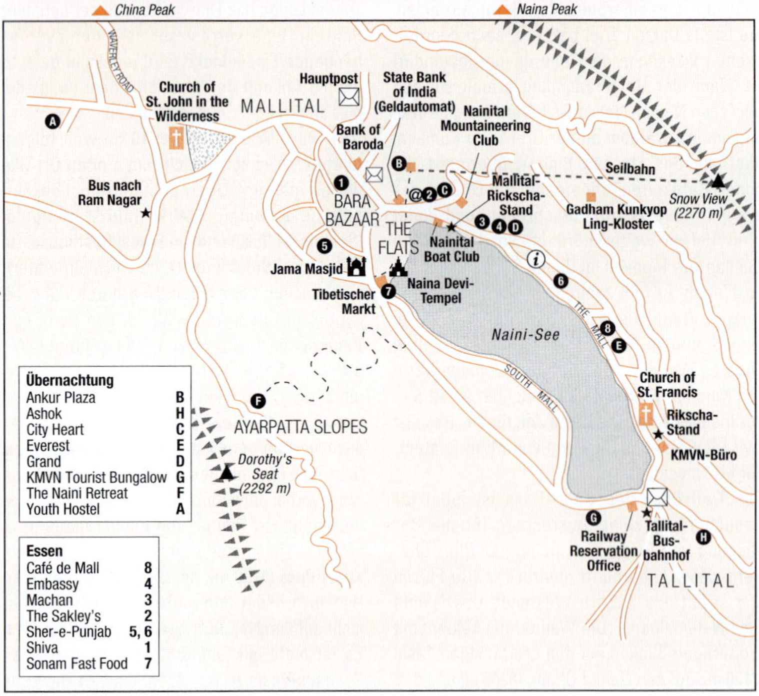

Obergeschoss mit schickem „Bronzezeit-Dekor“ und gutem Service; sehr gut zum Beobachten der Leute auf der darunter liegenden Promenade. Ausgezeichnete indische Küche und einige chinesische Gerichte (nicht vegetarische Hauptgerichte Rs85–290).

Sakley's, The Mall, Mallital. Recht nobles und teures internationales Restaurant (Hauptgerichte Rs175–375); u. a. Fischgerichte wie gedämpfter Fisch und scharfe Tigergarnelen. Aber man kann auch einfach Tee und Gebäck bestellen.

Sher-e-Punjab, The Mall. Gutes, nicht vegetarisches indisches Essen (Rs80–275), darunter Chicken *sagwala*, *karahi*, *handi* und natürlich Butterhühnchen. Eine zweite, größere Filiale in der Nähe des Bara Basars ist genauso gut und sehr beliebt bei Einheimischen.

Shiva, Bara Basar, Mallital. Billiges, gutes und sehr populäres *dhaba* im Basar. Hier gibt es neben anderen vegetarischen Speisen auch leckere *paneer*- und Pilzgerichte (Rs40–90).

Sonam Fast Food, Tibetischer Markt, Mallital. Kleines Café an einer Marktgasse, das vegetarische *momos* (gedämpfte Klöße), Nudeln und *thukpa* (Suppe), alles für rund Rs30–40, verkauft. Kaum Sitzgelegenheiten.

Sonstiges

Autovermietungen

Autos vermieten neben Parvat Tours in Tallital (s. u.) mehrere Anbieter auf der Mall, z. B. **Hina Tours**, ✆ 05942/235860.

Geld

Auf der Mall und in Mallital gibt es eine Handvoll **Geldautomaten**. Die **State Bank of India** und die **Bank of Baroda** wechseln Geld und lösen Reiseschecks ein. Wer in die Berge reist, sollte das hier erledigen, denn weiter nördlich gibt es keine Bank mehr, die Bargeld wechselt.

Informationen

Bei **Parvat Tours** in Tallital auf der Mall, ✆ 05942/235656, das KMVN repräsentiert, kann man Touren buchen, Autos mieten und Übernachtungen in allen KMVN Lodges reservieren.

Das **Uttarakhand Tourism Office** befindet sich am Mallital-Ende der Mall, ✆ 05942/235337, ⌚ Mo–Sa 10–17 Uhr. Bessere Informationen sind online unter 💻 www.nainitaltourism.com zu finden.

Professionelle Ratschläge zum Trekking erteilt der **Nainital Mountaineering Club**, CRST Inter College Building, gegenüber vom City Heart Hotel, ✆ 05942/235119.

Internet

Am besten ist **Cyberia**, am Weg zur Seilbahn (Rs30 pro Std.).

Transport

Die meisten Jeeps und Busse kommen in Tallital an. Eine **Rikscha** von hier am See entlang die Mall hinauf bis Mallital, wo die meisten Hotels stehen, kostet Rs8. Die Busse von Ramnagar kommen meist an einer Station in Sukhatal, nördlich der Stadt, an. Von dort kostet das Taxi nach Mallital Rs50; ansonsten ist es ein langer Fußmarsch, der jedoch bergab führt.

Busse

Die meisten Busse fahren vom **Tallital Bus Stand** ab. Für einige Orte in Kumaon, z. B. Ranikhet und Almora, jeweils 3 Std., muss man einen der Busse (7–18 Uhr, alle 30 Min.) oder einen Sammel-Jeep nach **Bhowali** nehmen und von dort weiterfahren. Die Busse nach Ramnagar (3 Std.) fahren meist von einer Haltestelle in **Sukhatal**, westlich von Mallital, ab. Aber morgens starten auch zwei Busse von der Tallital-Station.

Eisenbahn

Das **Railway Reservation Office**, ✆ 05942/231010, befindet sich beim Bus Stand Tallital, ⌚ Mo–Sa 9–12 und 14–17, So 9–14 Uhr.

Der nächste Bahnhof ist der von **Kathgodam**, 3 Std. von Nainital, wohin Busse von Tallital (5–19 Uhr, alle 30 Min.) verkehren.

Von Kathgodam fahren z. B. der Raniket Express Nr. 15014 um 20.40 Uhr nach DELHI Sarai Rohilla (an 3.55 Uhr), der Dehra Dun Express Nr. 14119 um 19.45 Uhr nach HARIDWAR (an 2.30 Uhr) und DEHRA DUN (an 4.20 Uhr) und der Kathgodam–Howrah Express Nr. 13020 um 21.55 Uhr nach LUCKNOW (an 5.55 Uhr), GORAKPUR (an 12.20 Uhr) und KOLKATA (an in Howrah 12.40 Uhr am übernächsten Tag).

Corbett-Tigerreservat

Das Corbett-Tigerreservat bei **Ramnagar**, 250 km nordöstlich von Delhi und 63 km südwestlich von Nainital, 💻 www.corbettnationalpark.com, ist eines der besten Wildreservate Indiens. 1936 von Jim Corbett, einem legendären Jäger von Menschen fressenden Tigern, Fotografen, Naturschützer und Schriftsteller, zunächst als Hailey-Nationalpark gegründet und später ihm zu Ehren umbenannt, war Corbett der erste Nationalpark Indiens und ist jetzt eines der letzten unberührten Gebiete des indischen Himalaya. Fast der gesamte 1288 km² große Park im Vorgebirge Kumaons ist von einer Pufferzone aus gemischten Laubbäumen und gigantischen *sal*-Wäldern umgeben, die einen undurchdringlichen Schutzschild für die hier lebenden Tiere bilden. Der Hauptteil des 520 km² großen Kerngebiets in seinem Inneren ist unzugänglich, und Safaris zu Fuß sind nur in den äußeren Wäldern erlaubt.

Corbett ist vor allem für seine Großkatzen berühmt – ganz besonders für **Tiger**: Hier wurde mit dem „Projekt Tiger" 1973 erstmals ein Tiger-Reservat eingerichtet. Allerdings sind die ungefähr 110 Tiger extrem menschenscheu. Es ist daher eher unwahrscheinlich, dass man einen zu Gesicht bekommt. Doch obwohl das Projekt anderswo Probleme bereitet und das Überleben

Safaris im Corbett-Tigerreservat

Safaris im Corbett-Tigerreservat werden morgens (ca. 6.30–9.30 Uhr) und nachmittags (13.30–17.30 Uhr) angeboten. Von Ramnagar aus sind halb- oder ganztägige Safaris in die Randgebiete des Parks möglich (um Jhirna oder Bijrani), doch wenn man den Kernbereich des Parks um Dhikala (am besten für Wildbeobachtungen) besuchen will, muss man eine Unterkunft reservieren. Das sollte man mindestens 30 Tage vorher durch das **Reception Centre** in Ramnagar, (T)/℡ 05947/251489, erledigen, ◷ tgl. 6–8 und 10–16 Uhr. Dort bekommt man auch ein **Permit** (Rs450 für drei Tage und zwei Übernachtungen plus Rs200 für jeden weiteren Tag) und kann die Gebühren für Fahrzeug und Fahrer sowie den Führer bezahlen. Eine Liste des Zentrums informiert über alle Preise.

Jeeps sind die beste Art, sich innerhalb des Parks fortzubewegen; sie können nur in Ramnagar gemietet werden und kosten Rs1500 für bis zu fünf Personen. Girish im **Restaurant Govind**, ☏ 05947/251615, kann Jeeps organisieren. Weitere Anbieter findet man an der Busstation. Darauf achten, was alles im Preis inbegriffen ist (Treibstoff, Unterkunft für den Fahrer und eine festgelegte Zahl dreistündiger Touren sollten enthalten sein).

Alle Jeepsafaris müssen von einem **Führer** begleitet werden (Rs150 pro Tag), der mehr oder weniger kompetent ist und vom Reception Centre jedem Jeep nach einem Rotationssystem zugeteilt wird. Wer einen gut ausgebildeten Führer sucht, schickt einen Monat im Voraus ein Fax an ℡ 05947/251489.

Der Park ist (bis auf das Gebiet um Jhirna) vom 16. Juni bis zum 14. November geschlossen. In dieser Zeit lässt der Monsun den Fluss über die Ufer treten und blockiert die nicht sehr festen Straßen.

Wer all diese bürokratischen Hürden umgehen will, kann in einem Waldgebiet außerhalb des Parks auf Safari gehen – z. B. bei Sitabani. Auch das arrangiert Girish im Restaurant Govind. Außerdem kann man dann seinen Führer selbst wählen. Weitere Angaben zum Park auf 💻 www.corbettnationalpark.com.

der Tiger in Indien ernsthaft bedroht ist (s. Fauna, S. 102), vermittelt das Corbett zumindest den Eindruck, das Wohlergehen der Tiger über das anderer Wildtiere und der Touristen zu stellen. **Wilderei** kommt trotzdem vor. Allerdings sind davon in erster Linie die im Corbett lebenden 627 **Elefanten** betroffen. Sie lassen sich am besten rund um das malerische Dhikala Camp in der Nähe des Stausees beobachten, besonders im Frühling, wenn der Wasserspiegel sinkt und die Tiere mehr Bewegungsfreiheit haben. Im Stausee leben **Gaviale** (auch Ghariale), langschnäuzige, Fisch fressende Krokodile, Sumpfkrokodile sowie andere Reptilien. Es gibt zahlreiche Schakale, und abends rennen Wildschweine durch die Camps. Im Grasland rund um Dhikala leben Rotwildarten wie der **Axishirsch** (Chital), **Schweinshirsch** und der größere **Sambar**. Rhesusaffen und Languren, die beiden wichtigsten indischen **Affen**arten, kommen beide sehr häufig vor. Die hier lebende Vogelwelt reicht von Wasservögeln wie dem Graufischer bis hin zu **Raubvögeln**, z. B. Schlangenweihe und dem Graukopf-Seeadler.

Das nächstgelegene der verschiedenen **Eingangstore** zum Park ist das 1 km vom Zentrum Ramnagars gelegende **Amdanda Gate**, an der Straße zum 11 km entfernten **Bijrani Camp**, das eine gute Basis für Tagesausflüge ist. 18 km weiter bietet das **Dhangarhi Gate**, an der Straße nach Norden Richtung Ranikhet, Zugang zum nördlichen und nordwestlichen Teil des Parks, entlang des Ramganga-Flusstals, und zum Hauptcamp **Dhikala**.

Ramnagar

Die Marktstadt Ramnagar im reichen Landwirtschaftsgürtel des Terai, am südöstlichen Rand der großen Wälder, fungiert als Verwaltungszentrum für das Corbett-Tigerreservat. Das Reception Centre, wo man seine Besuchserlaubnis erhält, liegt 100 m nördlich vom Busbahnhof auf der anderen Straßenseite (s. Kasten).

Außer zum **Angeln** lädt die Gegend um Ramnagar jedoch nicht zu vielen Aktivitäten ein. Im 15 km weiter nördlich gelegenen Lohachaur am Fluss Kosi haben Angler die Chance, den legendären *mahseer* zu fangen, einen gewaltigen Flusskarpfen.

CORBETT-TIGERRESERVAT

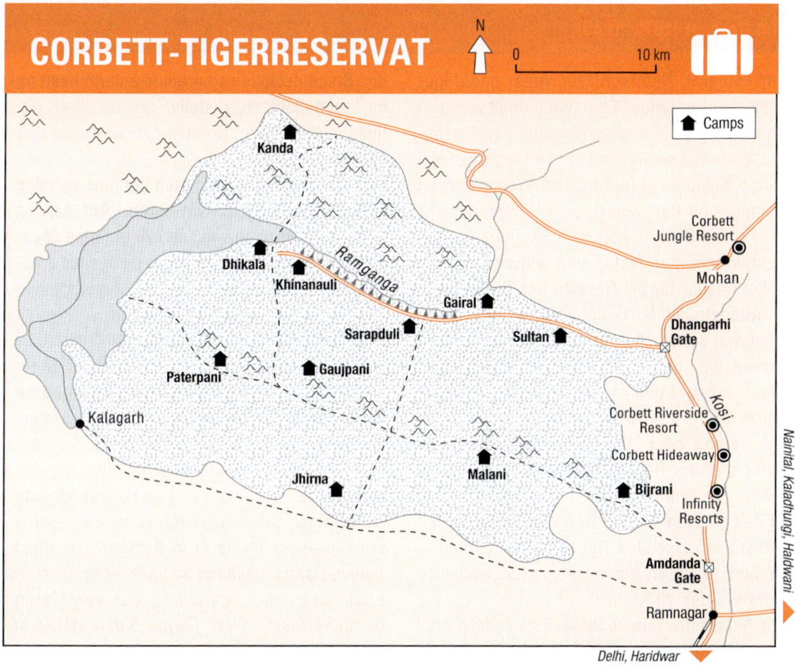

Die Mehrheit der Touristen reist sofort nach Dhikala im Park weiter, doch auch Ramnagar bietet einige **Übernachtungsmöglichkeiten**. Die KMVN Tourist Lodge, ✆ 05947/251225, ❹–❺, neben dem Reception Centre bietet einen Schlafsaal (Rs150) und spartanische Doppelzimmer.

Rund 100 m südlich vom Busbahnhof steht das bescheidene Anand, ✆ 05947/254385, ❶. Es ist der Star unter den Billigherbergen und hat saubere Zimmer mit Bad und TV. Das tadellose **Corbett Kingdom**, 300 m weiter südlich an der Hauptstraße, ✆ 05947/251601, 💻 www.corbettkingdom.com, ❼, ist das beste Hotel der Stadt.

Das Govind gegenüber vom Anand ist ein gutes nicht vegetarisches **Restaurant**. Am leckersten sind aber die vegetarischen Gerichte wie gefüllte Tomaten oder Paprika (Hauptgerichte Rs65–200). Das **Green Valley**, 200 m südlich des Govind, bietet gute Küche und Plätze im Freien (Hauptgerichte Rs60–180).

Mehrere **Geldautomaten** und **Internetcafés** (Rs40 pro Std.) gibt es an der Hauptstraße südlich vom Busbahnhof.

Von Ramnagar fahren **Busse** nach Delhi (alle 30 Min.; 8 Std.), Haridwar (9x tgl., 5 Std.), Dehra Dun (9x tgl., 6 1/2 Std.) und Nainital (4x tgl. direkt; 3 Std.).

Vom **Bahnhof** (1 km südlich der Stadt hinter dem Hotel Corbett Kingdom) fährt der Corbett Park Link Express Nr. 5014A um 21.45 Uhr nach Delhi Sarai Rohilla (an 5.30 Uhr). Für schnellere Züge nach Delhi oder Verbindungen zu anderen Orten umsteigen in Moradabad (7x tgl., 2 Std.).

Dhikala

Das Hauptcamp für Corbett-Expeditionen, Dhikala, 49 km nordwestlich von Ramnagar, liegt sehr schön, mit Blick auf den Ramganga-Stausee und die bewaldeten Berge dahinter. Da man nur auf dem Rücken eines Elefanten oder in einem Auto bzw. Jeep außerhalb der Grenzen des Camps

Jim Corbett (1875–1955)

Der Fotograf, Naturschützer, Autor und Jäger menschenfressender Tiger **Jim Corbett** wurde in Nainital als Sohn englisch-irischer Eltern geboren. Während seiner Kindheit verbrachte er viel Zeit in Kaladhungi (auf halbem Weg zwischen Nainital und Ramnagar), dem Winterwohnsitz der Familie Corbett. Hier kam Jim in hautnahen Kontakt mit der Natur und entwickelte ein gutes Gespür für die Gesetze des Dschungels. Er arbeitete bei der Eisenbahn, trat aber 1917 – immerhin schon 40 Jahre alt – in die indische Armee ein. Er brachte es zum Rang eines Oberstleutnant und kämpfte in Flandern an der Spitze der 70. Kumaon Company.

Jim Corbett oder „Carpet Sahib", wie ihn die Bewohner der Region in einer Verballhornung seines Nachnamens nannten, wurde von Zeit zu Zeit gerufen, um die Berge bei Kumaon von **menschenfressenden Tigern** und Leoparden zu säubern. Die normalerweise menschenscheuen Tiere werden zu Menschenfressern, wenn sie aus Altersschwäche (oder weil sie verletzt sind) ihre eigentlichen natürlichen Beutetiere nicht mehr erjagen können. Viele der Tiere, die Corbett erledigte, wiesen Eiterwunden auf, die von tief in ihren Pfoten steckenden Stachelschweinstacheln stammten. Anscheinend fallen Tiger fast immer auf die simple Verteidigungsstrategie des Stachelschweins herein, die darin besteht, ihr Stachelkleid aufzustellen und mit ihren giftigen, aufgestellten Borsten rückwärts auf den Feind zuzugehen.

Eine der größten Heldentaten Corbetts war das Erlegen des **Champawat-Tigers**. Auf dessen Konto gingen nachweislich 436 getötete Menschen, und er schreckte sogar nicht einmal davor zurück, seine Opfer direkt aus menschlichen Siedlungen heraus zu verschleppen.

Mitte der 1930er-Jahre allerdings erkannte Corbett mit Schrecken, dass die Anzahl der Jäger im Himalaya überhand genommen hatte und sie dabei waren, die freilebenden Tiere auszurotten. Von da an verwandte er seine ganze Kraft auf den Tierschutz. Er vertauschte das Gewehr gegen eine Filmkamera und verbrachte Monate damit, Tiger auf Filmstreifen zu bannen. Seine Erlebnisse schilderte er in Büchern wie *Mein Indien*, *Dschungelleben* und *Menschenfresser: Erlebnisse eines Tigerjägers*. Das von Martin Booth verfasste Werk *Carpet Sahib: A Life of Jim Corbett* ist die hervorragende Biographie eines bemerkenswerten Mannes. Nach der Unabhängigkeit fühlte sich Jim Corbett in Indien nicht mehr wohl. Er zog nach Ostafrika, wo er bis zu seinem Tod im Alter von 80 Jahren für den Naturschutz kämpfte.

umherstreifen kann, erinnert die Atmosphäre ein wenig an ein Militärlager.

Die **Übernachtungsmöglichkeiten**, zu buchen im Reception Centre in Ramnagar, rangieren von den 24 recht unbequemen Etagenbetten der **Log Huts** (Rs200) bis zu etwas komfortableren Bungalows und Cabins für je zwei Personen, ❹–❻. Indisches und westliches **Essen** gibt es im vom KMVN geführten Restaurant Parvat, das auch einen Leseraum hat und Tierfilme (in Hindi) zeigt. Ähnlich gutes Essen gibt's deutlich billiger in dem *dhaba* am anderen Ende des Camps.

Normalerweise kann man schon vom **Aussichtsturm** neben einem Restaurant, 1 km vom Camp entfernt, viele Tiere und Vögel beobachten. Im savannenartigen Grasland *(chaur)*, das sich hinter dem Camp in Richtung Süden erstreckt, finden Chital, Sambar und mehrere andere Hirscharten Unterschlupf, und manchmal finden sich sogar Tiger auf der Suche nach Beute hier ein. Dieses Grasmeer kann man auf zweistündigen **Elefantenritten** vom Camp aus erkunden (Rs250 p. P.). Sie führen selten weit in den dahinterliegenden tiefen Dschungel hinein, aber man kann versuchen, den *mahout* (Elefantenführer) zu überzeugen, es doch zu tun.

Auf dem Weg vom Dhangarhi Gate nach Dhikala führt die Straße durch fantastischen Wald – wer ein eigenes Auto hat, sollte unbedingt am Aussichtspunkt **High Bank** Halt machen und versuchen, Krokodile oder sogar Elefanten am darunterliegenden Fluss zu erspähen.

Resorts rund um Corbett

Eine Reihe von Selbstversorger-Resorts ist rund um Corbett entstanden. Die Resorts bieten anspruchsvolle Übernachtungsmöglichkeiten – zu anspruchsvollen Preisen – sowie Expeditionen in den umgebenden Wald, auf denen man mit ein bisschen Glück ebenso viele Tiere sieht wie im Park und mehr Bewegungsfreiheit hat.

Corbett Hideaway, Garija, Ramnagar, ✆ 05947/284132 oder 011/4652 0000, 💻 www.corbetthideaway.com. Luxuriöse, terrakottafarbene Hütten mit allem modernen Komfort in einem schönen Garten, auf einem Steilhang über dem Fluss; versucht vergeblich, rustikal zu wirken. Organisiert Safaris und die üblichen Touren. ❽–❾

Corbett Jungle Resort, Kumeria Reserve Forest, Mohan, ✆ 05947/287820, 💻 corbettjungleresort.net. Holzgetäfelte Steinhäuschen in einem üppigen Mango-Garten oberhalb des Kosi; 29 km nördlich von Ramnagar an der Straße Richtung Ranikhet, 9 km hinter dem Dhangarhi Gate. Elefantenritte in den Wald und Safaris in den eigentlichen Park; gute Preisnachlässe in der Nebensaison. ❼–❽

Corbett Riverside Resort, Garija, Ramnagar, ✆ 05947/284125, 💻 www.corbettriverside.com. In malerischer Lage 10 km nördlich von Ramnagar, mit Blick auf die baumbestandenen Felsen hinter dem Fluss Kosi. Die Suiten am Fluss (um Rs10 000) haben eine Veranda direkt über dem Ufer. ❽–❾

Infinity Resorts, Garija, Ramnagar, ✆ 05947/251279, 💻 www.infinityresorts.com. Das prunkvollste Resort von Corbett, überblickt den Kosi und die bewaldeten Hügel dahinter. Große, komfortable Zimmer (US$220–280), eine Bücherei, eine gut sortierte Bar und ein Swimming Pool. Zu den angebotenen Aktivitäten zählen Wanderungen mit einem zum Resort gehörenden Naturforscher, Dschungelritte, Angeln, Trekking und Filme. ❾

Man kann auch in einem der folgenden **Forest Resthouses** übernachten: Sultan ❺, Gairal ❺–❻ und Sarapduli ❻. Sie sind alle von dichtem Wald umgeben und müssen im Reception Centre gebucht werden.

Ranikhet

Die kleine und ganz bewusst nur spärlich ausgebaute Hill Station **Ranikhet**, 50 km westlich von Almora, ist in erster Linie ein Militärverwaltungssitz, das Hauptquartier der Kumaon Rifles. Die neue Bebauung beschränkt sich auf die **Sadar Bazaar**-Gegend. Die Häuser des übrigen Städtchens überziehen den Berghang bis hoch zum Gipfel inmitten majestätischer Nadelbäume und schauen auf den Markt herab. Es gibt jede Menge herrlicher Waldwege, darunter mehrere Abkürzungen zwischen dem Basar und der Mall. Obwohl sich einige Offiziere als Großkatzenjäger versuchen, streifen in manchen entlegeneren Gebieten innerhalb der Stadtgrenzen immer noch Leoparden herum.

Ranikhets Mall – die Bezeichnung „Mall" ist etwas irreführend, denn es handelt sich um eine ruhige Straße mit wenigen Gebäuden, abgesehen von den Offiziersmessen – beginnt gleich oberhalb der Stadt und verläuft 3 km weit am bewaldeten Felsrand entlang. Über dem Narsingh Stadium Parade Ground, gleich am Anfang der Mall, sind in einer alten Kirche die Webstühle und Spinnräder der **KRC Shawl and Tweed Factory** untergebracht. Es ist erlaubt, den Webern bei ihrer faszinierenden Arbeit zuzusehen, die hohe Konzentration erfordert. ⌚ Sommer Mo–Sa 9–19, So 10–17, Winter Mo–Sa 10–18, So 10–17 Uhr. Die Tweedstoffe im Fischgrät- und Hahnentrittmuster werden im Laden nebenan verkauft. Wer eine kleine Ahnung davon bekommen möchte, wie es beim indischen Militär zugeht, kann für Rs50 pro Tag dem **Ranikhet Club** beitreten, ✆ 05966/220611. Der steht Männern und Frauen offen und liegt 1 km die Mall hoch. Er hat eine nette Bar, ein Restaurant und ein Billardzimmer. Hier halten sich Herren mit tadellos gepflegten Schnurrbärten auf, die sich untereinander mit *chap* (Kerl, Bursche) anreden.

Übernachtung und Essen

Wenn man nur kurz in Ranikhet bleibt, sind die **Hotels** im quirligen Basar völlig ausreichend. Für einen längeren Aufenthalt eignet sich jedoch die Mall besser. Außerhalb der Saison gibt es in den meisten Unterkünften einen saftigen Rabatt (30–50 %).

Die Auswahl an **Esslokalen** ist recht begrenzt. Das beste Essen wird in den teureren Hotels zubereitet, aber in der Marktgegend gibt's auch ein paar anspruchslose Cafés und *dhabas*.

KMVN Tourist Bungalow, 500 m von der Mall (aus der Stadt kommend gleich hinter dem Hotel Meghdoot links oben am Hang), ✆ 05966/220893. Der einigermaßen gut in Schuss gehaltene Komplex aus Ferienbungalows und einem billigen Dorm (Rs150) liegt wunderschön zwischen Bäumen. ❹

Meghdoot, The Mall, 1,5 km von der Stadt, ✆ 05966/220475, ✉ hotelmeghdoot@yahoo.com. Ordentlich ausgestattete Suiten mit Balkonen voller Topfpflanzen und Blumen, fließend Warmwasser, Parkplatz und Roomservice. Außerdem ein gutes Restaurant mittlerer Preisklasse, wo diverse leckere *biriyani, pulao* und andere nicht vegetarische Gerichte zu haben sind (die meisten für Rs50–100). ❸–❺

Norton's, abseits der Mall (aus der Stadt kommend gleich hinter dem Hotel Meghdoot rechts), ✆ 05966/220377. Aus dem Rahmen fallendes, in Familienbesitz befindliches Hotel von 1880 mit einer Reihe unterschiedlicher Zimmer, Suiten und Cottages. Behaglich, aber etwas verschlissen; der freundliche Manager kann sich noch an die Raj-Ära erinnern. ❷–❹

Rajdeep, Bazaar, ✆ 05966/220017, 💻 www.hotelrajdeep.com. Das Rajdeep ist das beste Budgethotel im Marktviertel und fast immer voll belegt. Es ist ein wenig laut, aber sauber und hat lange Veranden mit Blick auf die Schneegipfel. ❷–❹

Kolonialflair im Überfluss

Chevron Rosemount, 1 km abseits der Mall (aus der Stadt kommend gleich hinter dem *Hotel Meghdoot* scharf links abbiegen), ✆ 05966/221391, 💻 www.chevronhotels.com. Die geschmackvoll restaurierte Kolonialvilla Baujahr 1897 liegt mitten im Wald. Sie hat viel Teak- und anderes Holz, bezaubernde Zimmer, ein Restaurant und eine Anlage mit Tennis-, Krocket- und Badmintonplatz; vom Rasen aus sind schneebedeckte Gipfel zu erblicken. Zum Rosemount gehört auch ein Ferienhäuschen für 4 Pers. ❻–❽

Sonstiges

Geld

In der Stadt gibt es drei **Geldautomaten**.

Die State Bank of India wechselt Reiseschecks, jedoch kein Bargeld. 🕒 Mo–Fr 10–16 Uhr.

Post

Das **Hauptpostamt** befindet sich an der Mall, nicht weit hinter dem Ranikhet Club.

Transport

Busse aus ganz Kumaon, darunter auch dem 84 km entfernten Endbahnhof Kathgodam, halten beim Basar an einem der beiden Busbahnhöfe. Vom kmOU-Busbahnhof an der Straße nach Haldwani fahren die Busse nach HALDWANI (7x tgl., 4 Std.) via BHOWALI und KATHGODAM ab. Nur ein Bus pro Tag fährt direkt nach NAINITAL, man kann aber nach Bhowali fahren und dort umsteigen; auf dieser Strecke verkehren auch viele Sammeljeeps. Der Roadways (Almora)-Busbahnhof, 500 m weiter, ist den Bussen und Sammeljeeps nach ALMORA (2 Std.) vorbehalten. Der **Taxistand** liegt direkt oberhalb vom kmOU-Busbahnhof, das **Bahnfahrkarten-Reservierungsbüro** über dem Almora-Busbahnhof, 🕒 Mo–Sa 9–12 und 14–17 Uhr.

Almora

Almora, 67 km nördlich von Nainital und auf einer angenehmen Höhe von 1646 m gelegen, wurde 1560 von der Chand-Dynastie gegründet und nacheinander von den Gurkhas und den Briten besetzt, ist bis heute eine wichtige Marktstadt und gilt als kulturelle Hauptstadt der Region.

Obwohl der Großteil von Almoras offiziellen Geschäften auf der **Mall** abgewickelt wird, ist das **Marktviertel**, oberhalb der Mall entlang des Bergrückens, wesentlich interessanter. Wer hier durch die gut sortierten Basare und die von kunstvoll geschnitzten Holzfassaden gesäumten Straßen streift, fühlt sich manchmal in eine weit zurückliegende Vergangenheit versetzt. Waren, die es sich zu kaufen lohnt, sind u. a. *khadi* (Stoffe aus handgesponnener Baumwolle) und fertige Kleidungsstücke aus dem Khadi Bhawan, gleich westlich des Boshi-Sen-Uhrturms, Schals von Panchachuli auf der Mall beim Hotel Shikhar sowie regionale Wollwaren von Kumaon Woollens, weiter westlich beim Hotel Himsagar. Die wichtigste Lokaltradition ist jedoch die Herstellung von *tamta,* Töpfen aus Kupfer, die anschließend versilbert werden. Man findet sie im belebten Lala Bazaar und in Chowk, am nordöstlichen Ende des Marktes.

Zum oberen Ende der Stadt hin, hinter Chowk, steht eine Gruppe von **Stein-Tempeln** aus der Chand-Periode. Der wichtigste, ein flacher, einstöckiger Bau, ist der Berggöttin **Nanda Devi** gewidmet. Typischer für die Tempelarchitektur von Kumaon sind jedoch die zwei größeren Shivaiten-Tempel aus bemaltem Stein mit ihren *amalaka* (Turmbekrönung in Form einer Frucht) und schirmartigen Holzdächern. Im September findet hier ein Volksfest zu Ehren von Nanda Devi statt.

Übernachtung

Die Übernachtungsmöglichkeiten in Almora selbst konzentrieren sich weitgehend auf die Mall. Man kann jedoch auch ins Leben der Einheimischen eintauchen und in der Region um Kasar Devi (von den Dorfbewohnern „Hippieland" genannt, per Sammel-Jeep für Rs20 ab Bharat-Tankstelle, gleich westlich des Hotel Shikhar, zu erreichen) für längere Zeit in einem der Dorfhäuser wohnen. Die *chai*-Läden informieren über solche Zimmer. Die nachstehend angegebenen Preise gehen in der Hauptsaison nach oben.

Bansal, Lala Bazaar, ✆ 05962/230864. Am Ende der steilen Gasse gegenüber Hotel Shikhar; einfache, saubere Zimmer mit Bad (heißes Wasser aus Eimern), großartige Aussicht von der Dachterrasse, sehr freundlicher Manager. Keine saisonbedingten Preisschwankungen. ❷

Deodar Holiday-Inn, The Mall, ✆ 05962/231295, 750 m westlich vom Busbahnhof. Hier wohnten Swami Vivekananda und sein Jünger Nivedita von 1890 bis 1898 – seit dieser Zeit scheint sich hier nicht viel verändert zu haben. Die Räume sind einfach, einige haben Warmwasser und TV, es gibt eine hübsche sonnige Terrasse, und der Innenhof, in dem nachts ein Lagerfeuer brennt, ist angenehm ruhig. Keine saisonbedingten Preisschwankungen. ❷–❹

Kailas, The Mall, oberhalb der Hauptpost, ✆ 05962/230624, ✉ jawaharlalshah@india.com. Es ist durchaus ernst gemeint, wenn Leute diesen baufälligen Steinhaufen als „einzigartiges Hotel" preisen. Einerseits ist es ein wahrer Müllplatz, andererseits ein reizvolles, altes Haus, inspiriert von Nek Chands Steingarten in Chandigarh (S. 581). Geleitet wird es vom charmanten, bejahrten Mr Shah, der seine Gäste gern mit Geschichten aus alten Zeiten unterhält. ❶–❷

Konark, The Mall, gleich östlich vom Busbahnhof, ✆ 05962/231217. Die Zimmer sind schlicht, aber sauber und preiswert, besonders mit Nebensaisonrabatt. Die größeren Zimmer oben besitzen Duschen, die billigeren unten nur Warmwasser im Eimer. ❸

Savoy, Police Line, oberhalb der Hauptpost, ✆ 05962/230329. Ruhiges Hotel, abseits des Lärms der Mall, aber trotzdem zentral gelegen, mit schönem Garten, Veranda und gutem Restaurant; große, etwas dunkle Zimmer, fließend Warmwasser oben, heißes Wasser in Eimern unten. ❸–❹

Shikhar, The Mall, ✆ 05962/230253, 💻 www.hotelshikhar.in, 150 m nordöstlich vom Busbahnhof. Man sollte sich von der teuer wirkenden äußeren Erscheinung nicht abschrecken lassen: Das große Angebot umfasst auch einige Zimmer zu sehr günstigen Preisen, die meisten mit Balkon. Das freundliche Restaurant serviert gutes Frühstück. Generator, Internetcafé und keine saisonalen Preisschwankungen. ❶–❻

Essen

Viele Cafés und Restaurants säumen die Mall, besonders rund um den Basar. In der Region angebauter Kumaon-Reis und schwarze *dhal* sind besonders lecker. Die Küchenmitarbeiter in Hotels wie das Savoy können ein Festmahl aus Kumaoni-Speisen bereiten, wenn man es rechtzeitig vorher bestellt.

Chatpat Chicken Corner, The Mall, 300 m westlich vom Busbahnhof. In dem einfachen, hell beleuchteten Lokal gibt es knusprige Brathähnchen für weniger als Rs100.

City Heart, The Mall, bei der Gandhi-Statue. Versucht sich nicht ganz erfolglos an Pizza sowie südindischen, tibetischen und chinesischen Gerichten (Rs30–80), aber sie kommen eher wie Snacks daher, nicht wie ganze Mahlzeiten.

Glory, beim Hotel Shikhar, The Mall. Café-Restaurant mit multikultureller Küche; serviert sehr gute nordindische Küche (vegetarische Gerichte Rs40–70, nicht vegetarische Rs70–120) und gutes Frühstück.

New Dolma, Kasa Devi, 5 km westlich der Stadt. Von Tibetern geführtes Café, in schöner Lage mit Blick auf den Himalaya. *Momos*, *thukpa*-Reis und *chow mein* zu Rs30–60 pro Portion; außerdem Frühstück und Gästezimmer (Rs300).

New Soni, The Mall, nahe der Busstation. Ausgezeichnetes, von Sikhs geleitetes *dhaba*, das für seine Gerichte mit Huhn (ganze Portion Rs140, halbe Portion Rs70) und Lamm (Rs80) berühmt ist; manchmal sehr voll.

Sonstiges

Geld

Auf der Mall gibt es vier **Geldautomaten**. Die **State Bank of India** wechselt Reiseschecks (bevorzugt Amex), ⌚ Mo–Fr 10–13 Uhr. Die nächste Stadt, in der man Bargeld tauschen kann, ist Nainital.

Informationen

Uttarakhand Tourism betreibt eine **Touristeninformation** neben dem Savoy Hotel oberhalb des GPO, ✆ 05962/230180, ⌚ Mo–Sa 10–17 Uhr.

Internet

Auf der Mall gibt es viele Internetcafés (um Rs20 pro Std.), aber alle schließen gegen 20 Uhr.

Aktivitäten

Die besten Adressen, um sich über Miettaxis, Treks und andere Aktivitäten zu informieren oder Ausrüstung zu leihen und Führer zu verpflichten, sind **Discover Himalaya**, ✆ 05962/231470, ✉ discoverhimalaya@indiatimes.com, und **High Adventure**, ✆ 05962/232277, beide auf der Mall beim Hotel Kailas.

Transport

Ein Großteil des Zentrums, einschließlich des Marktviertels, ist für den Fahrzeugverkehr gesperrt. Die meisten Busse verkehren vom **Busbahnhof** an der Mall in der Mitte der Hauptstraße von Almora, in deren Nähe es auch einen Taxistand gibt. **Bustickets** für DEHRA DUN, HARIDWAR und DELHI werden in einem Büro 50 m östlich der Busstation – bei Deewan's Sweets einige Stufen hinunter – verkauft.
Auch Lion Tours, in der Nähe von Deewan's, ✆ 05962/232922, fährt gelegentlich mit einem Luxusbus nach DELHI. Im KMVN-Hotel Holiday Home an der Mall, 1 km westlich des Zentrums, befindet sich ein Reservierungsbüro der **Bahn**, ⌚ Mo–Sa 9–12 und 14–17 Uhr.

Binsar und Jageshwar

Sowohl Binsar als auch Jageshwar sind von Almora aus leicht zu erreichen und können in einem Tagesausflug besucht werden (rund Rs500 für ein Taxi hin und zurück). Beide Orte sind jedoch so hübsch, dass sich auch eine Übernachtung lohnt. Der **Binsar**, in der Region auch als Jhandi Dhar (Berggipfel) bekannt, ist der abgelegene, von Wald bedeckte Berg, der sich 34 km nördlich von Almora zu einer beeindruckenden Höhe von 2412 m erhebt. Eine steile Straße führt von der Hauptstraße zwischen Almora und Bageshwar rund 11 km bergauf zu einer **KMVN-Touristenanlage** kurz vor dem Gipfel, ✆ 05962/280176 ❹–❺, die komfortable Zimmer bietet. Hier befand sich einst die Sommerhauptstadt der Chandras, der Könige Kumaons, aber davon ist heute außer dem steinernen Shiva-Tempel **Bineshwar**, 3 km unterhalb des Gipfels, nur noch wenig zu sehen. Die meisten Besucher kommen, um das 300 km weite Panorama der Himalaya-Gipfel am nördlichen Horizont zu bewundern, wo u. a. (von Westen nach Osten) Kedarnath, Chaukhamba, Trisul, Nandaghunti, Nanda Devi, Nandakot und Panchuli emporragen. Wessen Blick genug in die Ferne geschweift ist, kann ruhige Waldspaziergänge durch die Eichen- und Rhododendronwälder genießen. Der vor kurzem zum Naturreservat erklärte Binsar ist reich an alpiner Flora, Farnen, Bartflechten und Wildblumen.

Jageshwar, 34 km nordöstlich von Almora, ist das eigentliche Herz von Kumaon, ein Ort, wo Sprache und Sitten jeder Veränderung getrotzt zu haben scheinen. Von der Hauptstraße von Artola (mit dem Bus von Almora zu erreichen) schlängelt sich ein idyllischer kleiner Fluss zwischen dunklen Kiefern hindurch, bis er nach 3 km einen Komplex aus 124 altertümlichen Schreinen und Tempeln zu Füßen hoher und altehrwürdiger *deodar*-Bäume erreicht. Das Dorf Jageshwar konnte sich einen Großteil seines traditionellen Charmes erhalten: Mit Steinen gepflasterte Straßen führen vorbei an kunstvoll geschnitzten Holztüren und in Grün, Türkis und anderen leuchtenden Farben gestrichenen Fenstern.

Übernachtungsmöglichkeiten bieten der große, bequeme KMVN Tourist Bungalow, ✆ 05962/ 263028 ❹–❺, der auch einen Schlafsaal (Rs150) hat, und Tara Guesthouse, ✆ 05962/ 263068 ❶. Auch einfache *dhabas* gibt es überall in Jageshwar.

Reizvolle **Wanderungen** durch die Region sind u. a. der steile, 3 km lange Aufstieg durch schöne Kiefernwälder nach **Vriddha** oder **Briddh Jageshwar** (Alt-Jageshwar), einem kleinen Dorf mit einigen Steintempeln, von wo man einen weiten Panoramablick von den Bergen Garhwals bis zum Massiv in West-Nepal genießen kann. Von hier aus folgt ein Weg dem wellenförmigen Bergkamm bis ins 12 km entfernte Binsar, um beim Steintempel **Bineshwar** schließlich den Wald zu verlassen.

Kausani und Umgebung

Das Dorf Kausani, 52 km nordwestlich von Almora, erstreckt sich von Osten nach Westen über einen schmalen, kiefernbewachsenen Bergkamm und bietet einen spektakulären Panoramablick auf den Himalaya. Diese Reize haben den Ort zu einem beliebten Urlaubsziel werden lassen. Von Almora aus ist er mühelos in einem Tagesausflug zu erreichen, allerdings ist der Blick auf die Gipfel – Nanda Choti, Trisul, Nanda Devi und Panchol – während des Morgengrauens und der Abenddämmerung am eindrucksvollsten, weshalb es sich lohnt, über Nacht zu bleiben.

Außer neuen Hotels und Restaurants gibt es mehrere **Ashrams**, von denen eines 1929 Mahatma Gandhi beherbergte, der hier 30 Jahre vor dem Bau der Straße zu Fuß ankam. Die Gegend bietet eine große Auswahl an kurzen Tageswanderungen durch die Wälder und Täler rund um Kausani wie auch an längeren Exkursionen zu den bedeutenden Pilgerstätten Baijnath und Bageshwar.

Übernachtung

Die angegebenen Preiskategorien gelten für die Nebensaison und können sich in der Hochsaison (15. Apr–15. Juni und 1. Okt–15. Nov) verdoppeln. Zimmer mit Aussicht sind wesentlich teurer als solche ohne.

Anashakti Ashram, oberhalb der Mall in der Snow View Rd, ✆ 05962/258028. Gäste, die bereit sind, sich an die Ashram-Regeln zu halten, z. B. an gemeinsamen Gebeten teilzunehmen und nicht zu rauchen, sind in Gandhis ehemaligem Ashram, der angenehm, aber spartanisch ist, willkommen. Auch wenn man nicht hier wohnt, lohnt sich ein Besuch der Gebetshalle, die nebenher als Gandhi-Museum (🕒 tgl. 8–18 Uhr) fungiert. Schöne Aussicht, aber kein Generator. ❶

Himalaya Mount View, 1 km nördlich der Stadt Richtung Baijnath, ✆ 05962/258080. Sehr ruhig und mit seinen schweren, eleganten Holzmöbeln und gefliesten Böden auch recht hübsch. Man spricht nur wenig Englisch. ❸–❺

Hotel Uttarakhand, ✆ 05962/258012. Vom Busbahnhof Richtung Norden einige Stufen hinauf. Auf ausländische Touristen spezialisierte Unterkunft, wo man Trekking-Informationen bekommt; saubere DZ und eine fantastische Terrasse mit Blick auf den Himalaya.
Die Zimmer im 2. Stock mit Satelliten-TV und WC bieten das beste Preis-Leistungs-Verhältnis. ❸–❺

Krishna Mountview, ✆ 05962/258008, 💻 www.kumaonindia.com. Großes Hotel neben dem Anashakti Ashram; komfortable Zimmer, herrlicher Garten, Fitnessraum, teures Restaurant und netter Manager; herrlicher Blick auf die Schneeberge. ❻–❽

Uttarakhand

Essen und Sonstiges

Ashoka, nicht weit vom Snow View Point, ist ein preiswertes Restaurant. Hier gibt es multikulturelle Gerichte (Rs40–70), inklusive lokaler Kumaoni-Spezialitäten und fantastischem *kheer*. Das **Hill Queen Café**, in der Nähe vom Snow View Point, verkauft Snacks und hat **Internet** (Rs30 pro Std.) sowie ein Teleskop, um die Berge und Sterne zu betrachten. In der **Uttarkhand Tourist Lodge** gibt es eine wunderbare Terrasse und importierte Köstlichkeiten wie Olivenöl und Parmesankäse (Hauptspeisen Rs60–140).
In der State Bank of India gibt es einen **Geldautomaten**.

Transport

Von Kausani bestehen **Bus**- und **Sammel-Jeep**-Verbindungen nach ALMORA.

Baijnath und Bageshwar

Baijnath liegt 20 km nordwestlich von Kausani. Die Straße, auf der Busse und Sammeljeeps verkehren, führt hinab in ein breites Tal und zu Steintempeln aus dem 11. Jh., die malerisch an einer Flussbiegung stehen. Früher war Baijnath eine wichtige Stadt der Katyur-Könige, die einen Großteil von Garhwal und Kumaon beherrschten; heute ist es eher so etwas wie ein Park. Ungewöhnlicherweise ist der Haupttempel Parvati geweiht, der Gefährtin von Shiva, und nicht Shiva selbst. Die 1,5 m hohe Statue der Göttin gehört zu den wenigen Bildnissen in der Tempelanlage, die einigermaßen unbeschadet die Jahrhunderte überstanden. Die einzigen **Versorgungseinrichtungen** hat das moderne KMVN-Tourist Rest House, ✆ 05963/250101, ❹–❺. Es besitzt große Zimmer mit Bad, ein Dorm (Rs100), einen Garten, atemberaubende Ausblicke auf den Trishul – und zwei armselige Cafés.

Bageshwar schmiegt sich in ein dunstiges Tal 90 km nördlich von Almora und ist eine der wichtigsten Wallfahrtsstätten von Kumaon. Die Ortschaft im fruchtbaren, idyllischen Tal des Gomti River hat einen Markt, auf dem man sich prima mit Proviant eindecken kann. Deshalb nutzen Wanderer Bageshwar gern als Ausgangspunkt für den Pindari-Trek. Die meisten Ausländer nächtigen in den Zimmern oder im Schlafsaal (Rs100) des großen, unansehnlichen KMVN Tourist Bungalow, ✆ 05963/220034 ❷–❸, 2 km südlich vom Busbahnhof hinter einer Brücke. Im Umkreis des Tempels gibt es aber auch ein paar spartanische *dharamshalas* und *dhabas*.

Madhya Pradesh und Chhattisgarh

Stefan Loose Traveltipps

Sanchi Der schön restaurierte, buddhistische Stupa-Komplex besitzt kunstvoll gestaltete Tore. S. 402

Pachmarhi Zentralindiens einzige Hill Station lädt zu Wanderungen auf einen heiligen Shiva-Gipfel und zu prähistorischer Felskunst ein. S. 409

Orchha Hier zeigt sich Madhya Pradesh von seiner exotischsten Seite – verfallene Gräber an Flüssen, reich verzierte Rajputen-Paläste und Scharen grüner Papageien. S. 419

6 **Khajuraho** Die mit unzähligen erotischen Skulpturen verzierten Tempel lagen jahrhundertelang im dichten Dschungel verborgen. S. 423

Nationalparks Kanha und Bandhavgarh Urtypisches Kipling-Land mit faszinierender Tierwelt und der Chance, Tiger in freier Natur zu sehen. S. 437 und 440

Mandu In der mittelalterlichen Festung vergnügte sich der Großmogul in seinem riesigen Harem, im Theater, in den Dampfbädern und Pavillons. S. 446

Das heiße und staubige Madhya Pradesh ist eine riesige Binnenregion aus Hügeln, die von Strauchwerk überwuchert werden, ausgedörrten Ebenen und einem Drittel der indischen Waldbestände. Madhya Pradesh erstreckt sich vom Oberlauf des mächtigen Flusses **Narmada** bis zu den Ausläufern der Westghats und bildet eine klimatische Übergangszone zwischen der Ganges-Tiefebene im Norden und dem hohen, trockenen **Dekkan-Plateau** im Süden.

Trotz zahlreicher Sehenswürdigkeiten – von antiken Tempeln über Bergfestungen bis hin zu einigen der besten Tigerreservate Indiens – verzeichnet Madhya Pradesh nur einen Bruchteil der Touristenzahlen, die sich auf Delhi, Agra, Varanasi und den Süden verteilen. Wer die Mühen der Reise durch einen touristisch weniger erschlossenen Bundesstaat nicht scheut, wird hier ein Juwel entdecken, das zahlreiche kulturelle Höhepunkte zu bieten hat und noch größtenteils frei von der anderswo üblichen Hektik ist.

Im Zentrum von Madhya Pradesh liegt seine Hauptstadt **Bhopal**. Die meisten Leute verbinden mit dem Namen auf Anhieb nur die Giftgaskatastrophe (s. Kasten S. 396). Die Stadt kann jedoch mit einem lebendigen moslemischen Erbe und ein paar spannenden Museen aufwarten. In der Nähe befindet sich **Sanchi**, eine der wichtigsten buddhistischen Stätten Indiens. In der Hill Station **Pachmarhi** mit ihren zahlreichen Wanderrouten und dem selten besuchten Satpura-Nationalpark dagegen liegt noch Raj-Flair in der Luft.

In der Großstadt **Gwalior** im Norden des Staates thront eine trutzige Festung. Von hier aus ist es nicht weit zum Rajput-Palast von **Datia**, den Familienmausoleen der Familie Scindia in **Shivpuri** und nach **Orchha,** wo die faszinierenden Ruinen der Hauptstadt der Bundella-Rajas stehen. Weiter östlich wartet die größte Attraktion Madhya Pradeshs: die majestätischen Sandsteintempel von **Khajuraho**, bekannt für ihr pikantes erotisches Schnitzwerk.

Jabalpur ist die größte Stadt im östlichen Madhya Pradesh. Sie sticht nicht durch historisch bedeutsame Stätten, sondern durch die Reservate **Kanha**, **Bandhavgarh** und **Pench** hervor. Diese Naturschutzgebiete gehören zu den letzten Rückzugsgebieten zahlreicher vom Aussterben bedrohter Tierarten, allen voran der **Tiger**. Neben Orchha und Khajuraho sind diese Parks die einzigen Ecken von Madhya Pradesh, wo man Gefahr läuft, mehr als eine Handvoll (Mit-)Touristen zu treffen.

Im westlichen Madhya Pradesh ist **Indore** angesiedelt, eine moderne Industriestadt. Sie hat nicht viel Sehenswertes zu bieten, stellt aber eine prima Ausgangsbasis für Exkursionen dar. So zum Beispiel nach **Mandu**, der romantischen ehemaligen Hauptstadt der Malwa-Sultane, zu den Hindu-Wallfahrtszentren **Omkareshwar** und **Maheshwar** sowie in die heilige Stadt **Ujjain**, eine der Stätten der Kumbh Mela.

Geschichte

Die ältesten Zeugnisse menschlicher Besiedlung in Madhya Pradesh sind die 10 000 Jahre alten Malereien in den einsamen Hügeln von **Bhimbetka** in der Nähe von **Bhopal**. Die Ureinwohner schufen diese Felskunst auch noch während der Ausbreitung des Buddhismus unter dem Maurya-Kaiser Ashoka im 2. Jh. v. Chr. Das beeindruckendste Zeugnis dieser Ära ist das nahe gelegene **Sanchi**.

Ende des ersten Jahrtausends war Zentralindien in mehrere Königreiche unterteilt. Die Paramaras, deren Herrscher Raja Bhoj die Stadt Bhopal gründete, kontrollierten die südlichen und zentralen Gebiete, bekannt als **Malwa**, während die **Chandella**, auf die einige der herausragendsten Tempel des Subkontinents – insbesondere die von Khajuraho – zurückgehen, über den Norden herrschten. Ab dem 13. Jh. nahm der moslemische Einfluss allmählich zu, und gegen Mitte des 16. Jhs. stand die ganze Region unter **Mogulherrschaft**. Diese hinterließ deutliche Eindrücke in der Architektur und Kultur insbesondere von Mandu, Gwalior und Bhopal. Vor Ankunft der Briten im 17. Jh. hatten dann kurzzeitig die Marathen das Heft in der Hand.

Unter den **Briten** war Indiens Mitte zu den Zentralprovinzen („Central Provinces") zusammengefasst, die von Nagpur (heute in Maharashtra) und der Sommerhauptstadt Pachmarhi verwaltet wurden. Madhya Pradesh, kurz **MP**, entstand in seiner politischen Form erst nach der Unabhängigkeit, als die Zentralprovinzen mit mehreren kleinen Fürstentümern vereint wurden. Seitdem erwies sich der Staat, in

MADHYA PRADESH UND CHHATTISGARH

dem über 90 % der vorwiegend ländlichen und Stammesbevölkerung Hindus sind, als stabiler als seine Nachbarstaaten Uttar Pradesh und Bihar. Wirtschaftlich hat sich diese Stabilität allerdings nicht ausgezahlt: Madhya Pradesh bleibt einer der ärmsten indischen Bundesstaaten, ungeachtet seiner florierenden Automobil-, Zement- und Sojabohnenindustrie. Die Regierung setzt auf Tourismusförderung, um die wirtschaftliche Situation des Bundesstaats zu verbessern.

Orientierung

Wer Madhya Pradesh ohne eigenes Fahrzeug bereist, muss sich auf anstrengende Fahrten in klapprigen Bussen einstellen, die überwiegend der staatlichen Transportgesellschaft MPSRTC gehören. Bei längeren Strecken ist stets die Eisenbahn die bessere Wahl. Die Central Railway, die wichtigste Bahnlinie zwischen Mumbai und Kolkata, führt quer durch den Bundesstaat und verzweigt sich in **Itarsi**, von wo eine Strecke nordwärts nach Bhopal, Jhansi, Gwalior und

Agra führt, während die anderen nach Varanasi im Nordosten und via Jabalpur nach Ostindien verlaufen. Im Westen bestehen in Indore und der heiligen Stadt **Ujjain** Anschlüsse an die Western Railway, die durch Ost-Rajasthan nach Bharatpur und Delhi führt.

Die beste **Reisezeit** für Madhya Pradesh sind die relativ kühlen Wintermonate zwischen November und Februar. Von April bis Juni klettert das Thermometer häufig auf über 40 °C. Doch wer die Hitze erträgt, hat in diesen Monaten in den Nationalparks die besten Chancen darauf, einen Tiger zu sehen. Die in jüngster Zeit spärlicher werdenden, von Südosten heraufziehenden Regenfälle setzen gewöhnlich Ende Juni oder Anfang Juli ein.

Madhya Pradesh Tourism (allgemein als MP Tourism bezeichnet) betreibt im ganzen Bundesstaat verstreute **Hotels**, **Lodges** und vereinzelt **Hostels** von unterschiedlicher Qualität, aber oft in ausgezeichneter Lage. Sie sind nicht nur in allen MP-Tourism-Büros, sondern auch unter 💻 www.mptourism.com buchbar.

Chhattisgarh

Im November 2000 spalteten sich 16 Distrikte von Madhya Pradesh ab und schlossen sich zum Staat Chhattisgarh zusammen. Er erfreut sich reicher Mineralienvorkommen, leidet aber unter gewalttätigen Aktionen der **Naxaliten** (maoistische Rebellen). Deshalb verirrt sich auch nur selten ein ausländischer Besucher hierher. Herausragende Sehenswürdigkeiten sind eher Mangelware, doch Chhattisgarh ist die Heimat faszinierender indigener Volksstämme, insbesondere die landschaftlich reizvolle Region **Bastar**. Für Besuche in alle Gebiete südlich der Hauptstadt **Raipur** müssen Infos über die **aktuelle Sicherheitslage** am beabsichtigten Reiseziel eingeholt werden. Im südlichen Chhattisgarh kommt es immer wieder zu **gewaltsamen Zusammenstößen** zwischen Naxaliten-Guerrillagruppen und staatlich unterstützten Milizen; einige abgeschiedene Gegenden stehen praktisch ständig unter Kontrolle der Rebellen. Außerhalb der größeren Städte steht es um die öffentlichen Verkehrsmittel so schlecht, dass Reisenden fürs Fortkommen eigentlich nur ein Mietauto übrig bleibt. Nähere Informationen auf der Website des Chhattisgarh Tourism Board: 💻 www.chhattisgarhtourism.net.

Bhopal

Die rund 1,5 Mio. Einwohner zählende Hauptstadt Madhya Pradeshs erstreckt sich am östlichen Ufer eines riesigen künstlichen Sees, ihre enge Altstadt ist von modernen Betonvorstädten und grünem Hügelland umgeben. Neben den **Moscheen** aus dem 19. Jh., Zeugnissen des moslemischen Erbes der Stadt, sind die betriebsamen **Basare** in der ummauerten Altstadt sehenswert, und einige gute archäologische **Museen** zeigen riesige Sammlungen kostbarer antiker Skulpturen. Am Seeufer residiert das **Bharat Bhavan**, eines von Indiens herausragenden Zentren für darstellende und bildende Kunst. Das **Museum of Man** am Stadtrand zeigt in einer umfangreichen Freilichtausstellung Häuser, Kultur und Technik der Adivasi.

Geschichte

Bhopals Name soll auf den Herrscher **Raja Bhoj** aus dem 11. Jh. zurückgehen, der von seinen Hoflehrmeistern die Weisung erhielt, den Mord an seiner Mutter durch die Verbindung der neun Flüsse seines Königreichs zu sühnen. Nachdem einer dieser Flüsse durch einen Damm *(pal)* gebändigt worden war, gründete der Herrscher an den beiden so entstandenen Seen seine neue Hauptstadt **Bhojapal**. Ende des 17. Jhs. eroberte der ehemalige General Aurangzebs **Dost Mohammed Khan** den heute verlassenen Ort, um auf den Trümmern des Mogulreichs seinen eigenen Staat zu errichten. Seine moslemische Dynastie sollte zu einer der bedeutendsten Herrscherfamilien Zentralindiens werden, deren Angehörige unter Großbritanniens Vizekönigen zu den wenigen Auserwählten gehörten, die durch einen Salut mit 19 Schüssen geehrt wurden. Im 19. Jh. hatte Bhopal größtenteils weibliche Herrscher. Sie polierten die Stadt mit noblen Bauprojekten auf, darunter die drei **Moscheen** aus Sandstein, die noch heute das Stadtbild prägen.

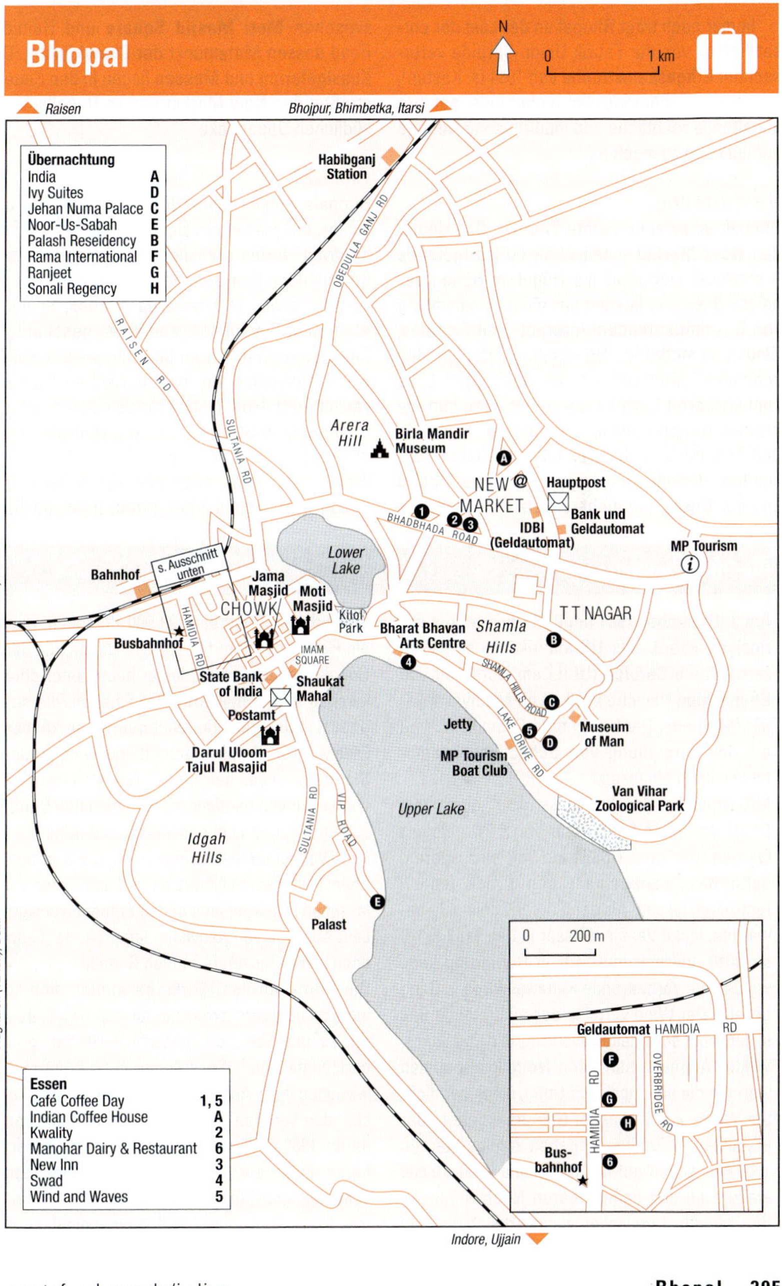
Bhopal
N
0
1 km
Raisen
Bhojpur, Bhimbetka, Itarsi
Übernachtung
India A
Ivy Suites D
Jehan Numa Palace C
Noor-Us-Sabah E
Palash Reseidency B
Rama International F
Ranjeet G
Sonali Regency H
Habibganj Station
OBEDULLA GANJ RD
RAISEN RD
SULTANIA RD
Arera Hill
Birla Mandir Museum
NEW MARKET
Hauptpost
Bank und Geldautomat
IDBI (Geldautomat)
BHADBHADA ROAD
MP Tourism
Lower Lake
Sanchi, Delhi
s. Ausschnitt unten
Bahnhof
Jama Masjid
Moti Masjid
CHOWK
Kilol Park
Bharat Bhavan Arts Centre
Shamla Hills
T T NAGAR
HAMIDIA RD
Busbahnhof
IMAM SQUARE
State Bank of India
Shaukat Mahal
SHAMLA HILLS ROAD
Postamt
Jetty
Museum of Man
MP Tourism Boat Club
LAKE DRIVE RD
Darul Uloom Tajul Masajid
Van Vihar Zoological Park
Upper Lake
SULTANIA RD
VIP ROAD
Idgah Hills
Palast
Flughafen (12 km), Delhi
0
200 m
Geldautomat HAMIDIA RD
OVERBRIDGE RD
HAMIDIA RD
Bus-bahnhof
Essen
Café Coffee Day 1, 5
Indian Coffee House A
Kwality 2
Manohar Dairy & Restaurant 6
New Inn 3
Swad 4
Wind and Waves 5
Indore, Ujjain

Immer noch trägt Bhopal an der Last der entsetzlichen, von der Fabrik Union Carbide verursachten **Giftgaskatastrophe** von 1984 (s. Kasten), und die Bewohner werden nicht müde, auf ihre anhaltende rechtliche und medizinische Notlage aufmerksam zu machen.

Orientierung

Bhopal hat zwei getrennte Zentren. Das Gebiet des **New Market** – teilweise Fußgängerzone – erstreckt sich über die Hügel im Süden der beiden Seen und besteht aus einer Ansammlung von Geschäftsarkaden, Internet- und Eiscafés, Kinos und modernen Bürobauten. Nördlich des schmalen Landstreifens, der den Upper Lake vom kleineren Lower Lake trennt, weichen die breiten Hauptstraßen, öffentlichen Gebäude und Parkanlagen, der wesentlich geballter wirkenden **Altstadt**. Hier liegen die **Jama Masjid** und der **Basar**, ein dichtes Netz von Gässchen zwischen **Moti Masjid Square** und Hamidia Road dessen Mittelpunkt der **Chowk** bildet. Die **Kunstgalerien** und **Museen** liegen in den Seitenstraßen des New Market und im Hügelland am südlichen Upper Lake.

Chowk

Bhopals pulsierender Basar (So und Mo geschlossen) präsentiert sich als angenehm bunter Kontrast zu den grässlichen, verstopften Straßen rund um den Bahnhof. Berühmt für *„zarda, purdah, garda* und *namarda*" (Tabak, Schleier, Staub und Eunuchen), sind seine geschäftigen Seitenstraßen mit ihren überhängenden, kunstvoll mit islamischen, geometrischen Mustern verzierten Balkonen stark moslemisch geprägt.

Die engen Straßen, die vom zentralen Platz abzweigen, sind jeweils auf eine bestimmte Ware spezialisiert, etwa *chanderi*-Seidensaris, Basstrommeln und Klarinetten, indische Roh-

Die Giftgaskatastrophe

Am 3. Dezember 1984 um 0.05 Uhr trat aus der riesigen Fabrik des US-amerikanischen Konzerns **Union Carbide** (UCIL) am Nordrand von Bhopal eine tödliche Wolke von Methylisocyanat (MIC) aus. Die hochgiftige Chemikalie wird bei der Herstellung von Schädlingsbekämpfungsmitteln eingesetzt.

MIC ist hochreaktiv und muss unter konstantem Druck bei einer Temperatur von 0 °C gelagert werden. Um rund US$70 am Tag einzusparen, hatte das Management den Druck jedoch reduzieren lassen. Als dann durch schlampig gewartete, lecke Ventile Wasser in den Tank E-610 sickerte und mit dem MIC in Berührung kam, wurde eine verheerende **Kettenreaktion** in Gang gesetzt. Der Wind verteilte das austretende Gas in den dicht besiedelten Wohnvierteln und Slums. Weder Alarmsirenen noch Notfallmaßnahmen warnten die ahnungslosen Opfer, die in der dichten Wolke aus ätzendem Gas erblindeten oder erstickten. Offiziellen Angaben zufolge starben 1600 Menschen auf der Stelle und 7000–10 000 weitere an den unmittelbaren Nachwirkungen der Tragödie. Inzwischen summiert sich die Zahl der **Opfer** auf weit über 23 000 Personen. Rund ein Fünftel der über 500 000 Menschen, die dem Gas ausgesetzt waren, leidet heute unter chronischen und unheilbaren Krankheiten, die sich offensichtlich zum Teil weitervererben können. Fälle von Tbc, Krebs, Unfruchtbarkeit und grauem Star treten in den betroffenen Gebieten nach wie vor wesentlich häufiger als im nationalen Durchschnitt auf. Das Leitungswasser in den betroffenen Wohngebieten ist immer noch mit giftigen Chemikalien kontaminiert, die auf dem heute verlassenen Fabrikgelände in den Erdboden sickern. Laut Aussage von Aktivisten lagern in der Fabrik noch immer Tausende Tonnen Giftmüll.

Die Offiziellen des Werks bekannten sich zur moralischen Verantwortung für den Unfall, doch als es um Schadensersatzforderungen ging, bezichtigten sie Indiens Regierung der Vernachlässigung ihrer Aufsichtspflicht und der unzureichenden Vorgabe notwendiger Sicherheitsstandards. 1989 erklärte sich Union Carbide endlich bereit, jedes erwachsene Opfer mit einer **Entschädigungszahlung** von Rs25 000 abzufinden – eine karge Summe, die noch nicht einmal die für

seide, Silberschmuck oder Bhopals berühmte perlenverzierte Handtaschen. Im Zentrum des Marktes erheben sich die roten Sandsteinmauern und gedrungenen Minarette der 1837 auf Veranlassung von Kudsia Begum errichteten Moschee **Jama Masjid**.

Vom Imam Square zur Tajul Masjid

Der Imam Square südwestlich des Chowk war einst Mittelpunkt des königlichen Bhopal. Heute ist der Platz wenig mehr als eine vom Ruhm der Vergangenheit zehrende Verkehrsinsel, die nur zu einem Blick auf die im Osten stehende **Moti Masjid** einlädt. Die 1860 von Kudsias Tochter Sikander Begum errichtete Perlen-Moschee („Pearl Mosque") ist eine verkleinerte und weniger beeindruckende Kopie von Shah Jahans Jama Masjid in Old Delhi, weit mehr für ihre schlanken Minarette mit goldenen Spitzen und Sandsteinkuppeln bemerkenswert als für ihre Größe.

Ein fünfminütiger Spaziergang führt vom Tor im Westen des Imam Square zu Bhopals eindrucksvollstem Bauwerk, der **Darul Uloom Tajul Masjid**, die mit ihren kolossalen pinkfarbenen Minaretten, die hoch über das Stadtbild hinausragen, ihren Beinamen „Mutter aller Moscheen" rechtfertigt. Die Bauarbeiten begannen unter dem Sultan Jehan Begum (1868–1901), dem achten Herrscher von Bhopal. Nach dem Tod ihres despotischen Ehemannes stiftete die verwitwete Königin der Stadt ein Postsystem, neue Schulen und den Anschluss an die Eisenbahn, doch die Projekte trieben den Staat an den Rand des Ruins, sodass die Tajul Masjid nie vollendet wurde.

Birla Mandir Museum

Östlich vom Lower Lake kann sich die Sammlung des Birla Mandir des Besitzes einiger der schönsten Steinskulpturen Madhya Pradeshs rühmen. Der ausländische Besucher erhält dort

medizinische Behandlungen aufgenommenen Kredite der ersten fünf Jahre abdeckte. Erst seit 2001 werden Patienten im Bhopal Memorial Hospital and Research Centre behandelt.

Obwohl den ehemaligen amerikanischen und indischen Bossen so schwerwiegende Tatbestände wie Körperverletzung mit Todesfolge zur Last gelegt wurden, versuchten Regierung und Werksverwaltung den ganzen Vorfall unter den Teppich zu kehren.

Es dauerte bis zum Juni 2010, ehe die Mühlen der Rechtsprechung langsam zu mahlen begannen und ein Gericht in Bhopal sieben ehemalige leitende Fabrikangestellte zu zweijährigen **Gefängnisstrafen** aufgrund von „fahrlässiger Tötung" verurteilte. Außerdem legte der Richter der ehemaligen indischen Geschäftsleitung von Union Carbide eine **Geldstrafe** von Rs500 000 auf. NGOs und indische Aktivisten bezeichneten diese Strafe als völlig unzureichend. Warren Anderson, der US-amerikanische Ex-Chef von Union Carbide, hat sich bis heute der Rechtsprechung entzogen. 2002 und erneut im März 2011 verlangte die indische Justiz die Auslieferung Warrens, doch die US-Behörden weigern sich beharrlich, dem nachzukommen (Anderson hatte sich in die USA abgesetzt, nachdem er in Indien auf Kaution freigelassen worden war).

2005 leitete die Regierung auf anhaltenden Druck hin ein **Gerichtsverfahren** ein, um Geld von dem Unternehmen Dow Chemical zu erstreiten, das Union Carbide 2001 übernommen hat, aber alle weiteren Haftungsansprüche zurückweist. Bis zum heutigen Tag sind keine großen Fortschritte zu verzeichnen, während die Bürger von Bhopal weiterhin regelmäßig Protestveranstaltungen und Demonstrationen abhalten, um ihre Sache nicht in Vergessenheit geraten zu lassen.

Informationen über die Katastrophe und für potenzielle **freiwillige Helfer** gibt es bei Sambhavna Trust, Bafna Colony, Berasia Rd, Bhopal, ✆ 0755/273 0914, 💻 www.bhopal.org. Als eindringliche Lektüre zum Thema sind die Bücher *Fünf nach zwölf in Bhopal* von Dominique Lapierre und Javier Moro (Hamburg 2004) und das 2007 für den Booker Prize nominierte *Animal's People* von Indra Sinha zu empfehlen.

nützliche Informationen, weil die Exponate in den Hauptgalerien mit englischen Erklärungen versehen sind. Das Museum befindet sich in einem allein stehenden Gebäude neben dem modernen Lakshmi Narayan-Tempel Birla Mandir, der vom Arera Hill den Lower Lake überschaut.

Abgesehen vom Museum ist auch der **Tempelgarten** mit Blick über die Stadt ein wunderschöner Ort, um den Sonnenuntergang zu betrachten. Die Ausstellung widmet sich Vishnu, den Muttergöttinnen und Shiva. In der **Vishnu**-Abteilung sind interessante Darstellungen der diversen und oft recht bizarr anmutenden Reinkarnationen des Gottes zu sehen. Im **Devi**-Saal nebenan steht das Gerippe Chamunda (die Göttin Durga in ihrer schrecklichsten Manifestation) inmitten von üppigen Jungfrauen und Fruchtbarkeitsfiguren. Der Shiva-Raum dagegen fällt rundum dezenter aus. Zum Abschluss des Besuchs lohnen noch die Nachbildungen der 3500 Jahre alten Gegenstände aus der Harappa-Kultur in den Vitrinen unter der Treppe einen Blick. ⏲ Di–So 10.30–17.30 Uhr, Eintritt Rs100.

Kunstzentrum Bharat Bhavan

Das Bharat Bhavan wurde 1982 als Teil eines umfassenden Regierungsprojekts zur Förderung der bildenden und darstellenden Kunst in indischen Landeshauptstädten eingerichtet. Die Initiative verlief nach dem Tod von Premierministerin Indira Gandhi im Sande. Doch das Bharat Bhavan hat sich inzwischen zum herausragendsten Kunstzentrum auf Bundesstaatsebene entwickelt.

Die Anlage aus Betonkuppeln und Ziegelmauerwerk beherbergt neben wechselnden Ausstellungen eine umfangreiche Sammlung mit Werken der modernen indischen Malerei und Skulptur. Eine Galerie des Bharat Bhavan ist ausschließlich der **Adivasi-Kunst** gewidmet – die Exponate wurden von Talentsuchern auf monatelangen Reisen durch abgelegene Gebiete zusammengetragen. Zu ihren berühmtesten Entdeckungen zählt der einem Gond-Stamm angehörende Maler **Jangarh Singh Shyam**. Viele seiner Werke sind hier zusammen mit einer bunten Sammlung von Masken, Terrakotten, Holzschnitzereien und rituellen Objekten ausgestellt. ⏲ Di–So Feb–Okt 14–20 Uhr, Nov–Jan 13–19 Uhr, Eintritt Rs10, freitags frei, Veranstaltungen Rs20–50.

Museum of Man

Die Geschichte von Indiens angestammten Minderheiten – Adivasi, wörtlich „ursprüngliche Bewohner" – klingt altbekannt: Von ihrem Land durch gewaltige Erschließungsprojekte oder ausbeuterische Geldverleiher vertrieben, erlebten sie eine schleichende Aushöhlung ihrer Kultur. Das Museum of Man oder **Rashtriya Manav Sangrahalaya** ist ein anerkennenswerter Versuch der Wiedergutmachung.

Auf dem 80 ha großen Areal auf einem Hügel mit Blick auf New Market auf der einen und über die weite Fläche des Upper Lake auf der anderen Seite kann der Nachbau eines Küstendorfs aus Kerala besichtigt sowie ein verschlungener Mythologie-Pfad begangen werden, auf dem jede Stammesgruppe ihre Interpretation der Schöpfung darstellt. In einer großen Ausstellungshalle sind alle wichtigen Alltags- und Ritualgegenstände der Adivasi zu sehen. Botanische Lehrpfade führen durch Unterholz und lichten Wald, es gibt ein Forschungszentrum, und im zentralen **Tribal Habitat** zeigt eine permanente Freilichtausstellung traditionelle Adivasi-Bauten.

Das Museum ist nur mit eigenem Fahrzeug oder per Motor-Rikscha zu erreichen. Am besten von vornherein einen angemessenen Pauschalpreis für Hin- und Rückfahrt einschließlich einer mindestens einstündigen Wartezeit aushandeln (um Rs150). ⏲ Di–So März–Aug 11–18.30 Uhr, Sep–Feb 10–17.30 Uhr, Eintritt Rs 10, Fahrzeug Rs10, Video-Erlaubnis Rs50.

Van Vihar Zoological Park

Ein Besuch im **Tierpark Van Vihar** lässt sich prima mit dem im Museum of Man gleich daneben verbinden – am besten sichert man sich die gleiche Motor-Rikscha für den ganzen Ausflug. Die Stars des Parks sind zwei **weiße Königstiger**, aber hier leben auch Gangesgaviale, Leoparden, Kragenbären und „gewöhnliche" Tiger. ⏲ tgl. März–Sep 8–17.30, Okt–Feb 6.30–17.30 Uhr, Eintritt Rs200, Fotoerlaubnis Rs40, Video Rs300. Eine Motor-Rikscha für den Transport durch den Park kostet Rs150 plus Rs20 Eintrittsgebühr für den Fahrer; ein Leihfahrrad ist für Rs10 zu haben.

Die 207 hier lebenden Vogelarten lassen sich besser und genauer bei einer Bootsfahrt beobachten. Die Boote fahren von der Anlegestelle einen halben Kilometer nordöstlich vom Parktor ab, ⌚ 9 Uhr–Sonnenuntergang; Tretboote kosten Rs30 pro 30 Min.

Übernachtung

Wer sich an Verkehrslärm und Abgasen nicht stört, findet in der geschäftigen Durchgangsstraße **Hamidia Road** die am günstigsten gelegenen Hotels. Wirklich billige Quartiere sind aber dünn gesät: Selbst die schäbigsten Absteigen erheben 10 % „Luxussteuer" (und oft auch noch einen Bedienungszuschlag). Die meisten Top-Hotels stehen in den Shamla Hills am Upper Lake, eine 15-minütige Fahrt vom Bahnhof entfernt.

Hotel India, New Market, ✆ 0755/255 4594. Das von der Kooperative Indian Coffee House gekonnt gemanagte Mittelklassehotel besitzt saubere, gut ausgestattete Zimmer mit Bad, TV und Telefon. Es ist sehr begehrt, daher frühzeitig reservieren. ❹–❺

Jehan Numa Palace, 157 Shamla Hills Rd, ✆ 0755/266 1100, 💻 www.hoteljehanumapalace.com. Bhopals bestes historisches Hotel residiert in einem Palastbau rund um einen Innenhof mit von Bougainvillea überwucherten Säulengängen. Die luxuriösen Zimmer (Rs4300–7500) genügen hohen Ansprüchen, aber bei den billigeren wurde am Platz gespart. Im Haus gibt's drei fabelhafte Restaurants (Abendessen um Rs650 p. P.). ❼–❾

Noor-Us-Sabah, Palace Grounds, VIP Rd, ✆ 0755/522 3333, 💻 www.noorussabahpalace.com. Das „Morgenlicht" ist ein perfekt renovierter Begum-Palast aus den 1920er-Jahren auf einem Hügel am Upper Lake. Die feudalen Zimmer prunken mit eleganten Spiegeln, fürstlichem rotem Mobiliar und eigenen Balkons. Dazu gibt es einen Pool und ein gutes Restaurant. ❽–❾

Sympathisches Quartier mit Seeblick

Ivy Suites, A. Nadir Colony, Shamla Hills, ✆ 0755/423 5508, 💻 www.ivysuites.in. Ansprechendes Gästehaus mit angenehm lockerer Atmosphäre in einer gehobenen Wohnsiedlung. 10 geräumige, liebevoll mit Gemälden, Büchern und Pflanzen eingerichtete Zimmer; die im Obergeschoss haben efeuberankte Balkons und Blick auf den Upper Lake. Mahlzeiten im Preis enthalten. ❻–❼

Topservice zum kleinen Preis

Sonali Regency, von der Hamidia Rd zurückversetzt, ✆ 0755/274 0880, ✉ sonali@mantrafreenet.com. Ruhiger als andere Hotels der Gegend. Für die eher klein geratenen Zimmer und ziemlich harten Betten entschädigen Marmor- oder Teppichböden, Fernseher und saubere Badezimmer. Das Hotel hebt sich mit netten Extras wie Gratis-Zeitungen, Internet, 24-Std.-Checkout und hervorragendem Service von der Konkurrenz ab. ❸–❹

Palash Residency, TT Nagar Rd, nahe New Market, ✆ 0755/255 3006, ✉ palash@mptourism.com. Eine unerwartet stilvolle Unterkunft von MP Tourism. Die Zimmer sind schick und zur Ausstattung gehören Teebereiter/Kaffeemaschinen sowie Körbchen mit Toilettenartikeln. Dazu gibt es einen kleinen Garten. Frühstück ist im Preis inbegriffen, Reservierung ratsam. ❻

Rama International, Hamidia Rd, ✆ 0755/253 5542. Recht ruhiges, verschachteltes Hotel, von der Hauptstraße zurückversetzt. Einfache und saubere Zimmer mit Ventilator oder AC. ❸–❹

Ranjeet, Hamidia Rd, Ranjeet Hamidia Rd, ✆ 0755/274 0500, ✉ ranjeethotels@sancharnet.in. Die grünmarmorne Lobby verströmt den Charme einer Gruft, aber die Zimmer sind hell genug und das Frühstück gibt's gratis dazu. Möglichst ein Zimmer nach hinten nehmen; die nach vorn sind sehr laut. Checkout 24 Std. ❸–❹

Essen

Die **Restaurants** in Bhopals größeren Hotels servieren einheitliche multikulturelle Küche. Die **Cafés** gegenüber vom Busbahnhof tischen äußerst preiswerte *thali*-Gerichte und *subzi*, Reis und *dhal* auf. Zum Frühstück empfehlen sich die Lieblingsgerichte der Einheimischen: *poha* (gedämpfter Reiskuchen) und *katchori* (in Öl gebackener, mit Linsen gefüllter Snack). In der Bhadbada Road und am Lake View Drive gibt es Filialen von Café Coffee Day.

Indian Coffee House, Hotel India, New Market. Der einzige Schmuck des Lokals sind zwei alte Kaffee-Werbeplakate. Mehr braucht es auch gar nicht, denn der Filterkaffee (Rs10), die südindischen Frühstücksangebote (Rs30–50), Hauptgerichte (Rs50–145) und die Bedienung durch weiß gekleidete Mitarbeiter sind Spitzenklasse.

Kwality, New Market. Beliebte Filiale der landesweiten Kette mit Tischen im Freien, geschäftigem Kantinenbereich und einem ruhigeren Speisesaal mit AC. Geboten wird eine große Auswahl an Snacks wie *pani puri*, Pizza sowie chinesische und indische Hauptgerichte (Rs48–100).

Manohar Dairy & Restaurant, Hamidia Rd. Gut besuchtes Lokal im Fastfood-Look, wo Kellner in gelben Hemden *katchoris*, vegetarische Bratlinge, Pizza, Gebäck und Eiscreme (Rs22–85) auftragen. Zum Lokal gehört auch ein Sweetshop.

New Inn, Bhadbhada Rd, New Market. Hinter der Glasfront – mit ziemlich unpassender gelb-grüner Drachendeko – lauern Wände in schreiendem Gelb und Orange und braune Ledermöbel. Zum Glück beweist man in der Küche bei den sehr erschwinglichen Gerichten (besonders erwähnenswert: die *sheesh*-Kebabspieße und Lammkoteletts) einen erheblich besseren Geschmack (Hauptgerichte Rs23–90).

Swad, Bharat Bhavan Arts Centre. Zieht mit seinen *samosas*, *pakoras* und leichten Gerichten zu zivilen Preisen (Rs3–35) ein erfrischend gemischtes Publikum aus Studenten, Künstlern und Touristen an. Die Terrasse ist ein ideales Fleckchen, um den Sonnenuntergang zu beobachten (Mückenschutzmittel nicht vergessen).

Wind and Waves, Lake Drive Rd. Die Speisekarte nach gängigem MP-Tourism-Muster (indische, chinesische und ein paar westliche Speisen) hält nur wenige Überraschungen bereit. Aber die Seeuferlage in der Nähe der Museen und des Bootsverleihs ist malerisch und außerdem gibt es im Obergeschoss eine Bar. (Hauptgerichte Rs75–195).

Sonstiges

Bibliothek

Das **British Council** hat eine Bibliothek im GTB-Komplex, Roshanpura Naka, New Market, wo auch Nicht-Mitglieder in englischen Zeitungen und Zeitschriften schmökern dürfen. Zur Zeit der Recherche gab es allerdings umstrittene Pläne, sie zu schließen. ⌚ Di–Sa 11–19 Uhr.

Bücher

Variety Book House am oberen Ende der Bhadbada Rd, New Market, und **Book's World** gleich gegenüber.

Einkaufen

Der **Chowk** ist der beste Platz für Seide und Silber; Basar ⌚ Mo–Sa. In der New Market-Gegend finden sich größere Geschäfte wie das staatlich geleitete **Mrignayani** mit Kunsthandwerk, *salwar kameez*, Batiken, *dokra*-Metallarbeiten, *khadi*-Kleidung, Tagesdecken und Saris zu Festpreisen. Ein Ableger von Mrignayani befindet sich in der Hamidia Rd. In der Nähe der New Market-Filiale liegt das staatlich geführte Geschäft **Tribes India**, wo preisgebundene Adivasi-Waren zu haben sind.

Geld

Neben den Tophotels wechseln nur die großen Banken in New Market Geld. Es gibt zahlreiche Geldautomaten, z. B. bei der **State Bank of India** neben dem GPO, bei der **ICICI-Bank** gegenüber und bei der Tankstelle in der Hamidia Rd.

Informationen

MP Tourism betreibt **Touristeninformationen** in der Ankunftshalle des Bahnhofs (Ausgang Gleis 1, ✆ 0755/274 6827, ⌚ tgl. 8–20 Uhr), am Flughafen (öffnet für ankommende Flüge) und einen Reservierungsschalter im Palash Residency, ✆ 0755/329 5040, ⌚ tgl. 8–20 Uhr. Das **Hauptbüro**, ✆ 0755/277 8383, 💻 www.mptourism.com, liegt ziemlich weitab vom Schuss in Paryatan Bhawan, Bhadbhada Road, 2 km südlich von New Market, ⌚ Mo–Sa 10–18 Uhr. Hier gibt es Tickets für Jet Airways und Indian Airlines.

Internet
Einen Versuch lohnt das namenlose **Internetcafé** in der Nähe vom Hotel Ranjeet (Rs20 pro Std.) oder das **Hub** gegenüber der State Bank of India in New Market (Rs10 pro Std.).

Medizinische Hilfe
Hamidia Hospital, ✆ 0755/254 0222, Sultania Rd, zwischen Imam Square und Darul Uloom Tajul Masjid. Ganz hervorragend ist das kleine private **Hajela Hospital**, Sultania Rd, in Geetanjali, ✆ 0755/277 3392.

Post
Das **Hauptpostamt** liegt etwas von der Bhadbhada Rd zurückversetzt in New Market. Eine Nebenstelle befindet sich in der Sultania Rd nahe Darul Uloom Tajul Masjid.

Touren
MP Tourism bietet die **Bhopal-On-Wheels**-Stadtrundfahrt ab Palash Residency an, ⌚ (Di–So 11–15 Uhr, Rs60). Der **Boat Club** von MP Tourism veranstaltet Speedboat-Fahrten (Rs40 pro 5 Min.) auf dem Upper Lake.

Nahverkehr
Bhopals interessanteste Sehenswürdigkeiten liegen so weit voneinander entfernt, dass **Motor-Rikschas** das empfehlenswerteste Nahverkehrs-mittel sind. Vor allen besseren Hotels warten Taxis, Bestellungen tätigen MP Tourism. Taxis und Motor-Rikschas, die an einem Schalter im Voraus bezahlt werden, warten an einem eigenen Stand vor dem Bahnhof in der Hamidia Rd.

Transport
Busse
Der zentrale **Busbahnhof**, an dem die Busse aus Indore, Jabalpur, Pachmarhi, Sanchi und Ujjain eintreffen und abfahren, liegt zu Fuß zehn Minuten südwestlich vom Hauptbahnhof an der Hamidia Road.
Züge sind zwar meist schneller, es gibt aber auch günstige Busverbindungen, besonders nach INDORE, das mit einem der häufigen staatlichen Busse oder den schnelleren Expressbussen von MP Tourism (4 1/2 Std., Abfahrt am Palash Residency) erreichbar ist. Wer nach UJJAIN will, steigt in Dewas für die restlichen 37 km in einen Regionalbus um. Vom staatlichen Busbahnhof in der Hamidia Rd verkehren alle halbe Stunde Busse nach SANCHI (1 1/2 Std.). Außerdem starten hier Busse nach PACHMARHI (7x tgl., 6 1/2–7 1/2 Std.); am praktischsten sind die, die um 8.15 und 10.15 Uhr abfahren.

Eisenbahn
Der **Hauptbahnhof** liegt nahe dem Zentrum. Zu den Hotels gelangt man über den Ausgang an Gleis 4 oder 5, von wo man rasch die Ecke der geschäftigen Hamidia Rd erreicht. Von Süden eintreffende Züge halten meist kurz am weit außerhalb des Zentrums gelegenen Bahnhof **Habibganj Station** an – nur dann aussteigen, wenn man ein Hotel in den Shamla Hills oder in New Market beziehen will.
Bhopal liegt an einer Hauptstrecke zwischen Delhi und Mumbai. Richtung **Norden** via JHANSI (für Orchha/Khajuraho), GWALIOR oder AGRA gibt es etwa 12 reguläre Verbindungen und den superschnellen Shatabdi Express Nr. 12001, der tgl. um 14.40 Uhr abfährt und um 22.30 Uhr in DELHI ankommt. Der einzige Zug, den man vermeiden sollte, ist der superlangsame Dadar-Amritsar-Express Nr. 11057.
In die andere Richtung nach MUMBAI ist der Punjab Mail Nr. 12138 am besten (Abfahrt tgl. 17 Uhr, Ankunft 7.35 Uhr.).
Nach JABALPUR fährt der Narmada Express Nr. 18233, Abfahrt 23.35 Uhr, Ankunft 6.30 Uhr. Ein anderer Zug nach Jabalpur ist der Shatabdi Express Nr. 12061 (AC), Abfahrt tgl. außer So 17.40 Uhr, Ankunft 22.55 Uhr., der von der Habibganj Station abfährt und auch in **Itarsi Junction**, 92 km südlich, hält, wo es Zugverbindungen nach Kolkata und Varanasi gibt.

Flüge
Bhopals **Flughafen** liegt 12 km nördlich der Stadt. Fahrt ins/vom Zentrum mit Taxi (ungefähr Rs250) oder Motor-Rikscha (um Rs150).
Jet Airways und Indian Airlines fliegen tgl. nach DELHI, MUMBAI, HYDERABAD und INDORE.

Air India/Indian Airlines, Airlines House, Bhadbhada, TT Nagar Rd, ✆ 0755/255 0480.
Jet Airways, Ranjit Towers, MP Nagar, ✆ 0755/276 0371.

Die Umgebung von Bhopal

Im Umkreis von zwei Stunden Fahrt befinden sich zahllose faszinierende alte Denkmäler. Nordöstlich von Bhopal stehen die aus dem 3. Jh. v. Chr. datierenden Stupas von Sanchi – ein leicht erreichbares Ziel für einen Tagesausflug. Mit seiner friedlichen Lage eignet sich Sanchi auch hervorragend als Ausgangspunkt für Besuche der *Stupas* von **Satdhara** oder einen Abstecher zu den Höhlen von **Udaigiri** und der Säule des Heliodorus im nahe gelegenen **Besnagar**. Nach Süden hin, Richtung Hoshangabad und Narmada-Tal, liegen die prähistorischen Höhlenmalereien von **Bhimbetka**, die man an einem Tag mit dem Bus besuchen kann.

Sanchi

Aus der Entfernung wirkt das glattseitige, halbkugelförmige Objekt, das 46 km nordöstlich von Bhopal oberhalb der Eisenbahntrasse auf einer Anhöhe in Sanchi erscheint, wie das surrealistische Bild einer umgestülpten Satellitenschüssel. In Wirklichkeit aber legt der gigantische Steinhügel Zeugnis von wesentlich früheren Kommunikationsversuchen mit dem Kosmos ab. Der **Große Stupa** ist nicht nur das prächtigste buddhistische Monument Indiens, sondern zugleich eines der ältesten religiösen Bauwerke des gesamten Subkontinents. Er überragt ein Areal mit Tempel- und Klosterruinen, die gemeinsam eine reichhaltige und ungebrochene Dokumentation der buddhistischen Kunst und Architektur darstellen, von der Ausbreitung des Glaubens in Zentralindien im 3. Jh. v. Chr. bis zu seiner Verdrängung durch das Wiederaufkeimen des Brahmanismus im Mittelalter.

Geschichte

Im Gegensatz zu anderen berühmten buddhistischen Zentren Ostindiens und Nepals steht Sanchi in keiner überlieferten Beziehung zum Buddha selbst. Es wurde erst zum Pilgerort, als der Maurya-Kaiser Ashoka, der eine Frau aus dem nahen **Besnagar** (S. 408) heiratete, Mitte des 3. Jhs. v. Chr. eine glatt geschliffene Steinsäule und einen Stupa aus Ziegeln und Mörtel errichten ließ. Unter den folgenden Dynastien wurde das Areal beständig vergrößert, doch nach dem Niedergang des Buddhismus fiel Sanchi dem Verfall und der Überwucherung anheim, bis General Taylor von der Bengalischen Kavallerie es 1818 wieder entdeckte.

In den folgenden Jahren fielen Schwärme von Amateurschatzsuchern über die Stätte her. Aber der Einzige, der mehr als nur Trümmer und Schutt fand, war der Forscher **Sir Alexander Cunningham**. 1851 förderte er zwei Reliquienbehälter aus Speckstein zutage. Sie enthielten Knochenfragmente und trugen die Namen zweier der bekanntesten Gefährten Buddhas: Sariputra und Maha-Mogalanasa. Für Historiker war das, „… als hätte man die Gräber von Petrus und Paulus entdeckt". Das jahrhundertelang vergessene Sanchi wurde plötzlich wieder zum buddhistischen **Pilgerziel**. Die Reliquienbehälter selbst werden einmal im Jahr, gegen Ende November, im srilankischen Tempel ausgestellt.

1912 war der Dschungel gerodet, die wichtigsten Stupas und Tempel wieder aufgebaut, Rasenflächen angelegt, Bäume gepflanzt, und ein Museum für die verbliebenen Skulpturen errichtet, die nicht nach Delhi oder London geschafft worden waren.

Die Stätte

Die Ruinen von Sanchi haben sich eine friedliche Ruhe bewahrt, die bereits die ersten frühen Bewohner unwiderstehlich angezogen haben wird. Die meisten Besucher verwenden nur wenige Stunden auf die Erkundung der Stätte, doch man könnte problemlos ganze Tage allein damit verbringen, sich in die Skulpturenvielfalt der vier wundervollen **Torana** (Eingangstore) zu versenken, die den Großen Stupa umgeben. Gepflasterte Pfade und Treppen führen um die auf dem Hügel stehende ummauerte Ruinenstätte. Entlang des Rundwegs geben Tafeln detaillierte Auskunft, und die Bäume spenden Schatten vor der zuweilen äußerst drückenden Hitze. 🕓 tgl.

8–18 Uhr, Eintritt Rs250, Video-Erlaubnis Rs25, Auto Rs10.

Die Eintrittskarten sind an einem Schalter vor dem **Museum** erhältlich. Von dort läuft man einen gewundenen Weg nach rechts und erreicht nach rund 10 Minuten den Haupteingang. Hier beginnt dann der Hauptweg, auf dem man am neuen srilankischen Buddhisten-Tempel entlang zum Großen Stupa gelangt.

Der Große Stupa

Stupa 1, der Große Stupa, erhebt sich am westlichen Rand des Plateaus. Ringsherum stehen einige der kunstvollsten und am besten erhaltenen antiken Skulpturen der gesamten Stätte. Fragmente des originalen Bauwerks aus dem 3. Jh. v. Chr., das wesentlich kleiner als die heutige Konstruktion war und von Ashoka errichtet wurde, liegen noch unter der dicken äußeren Schicht aus Kalkverputz verborgen. Die **Shunga** fügten den erhöhten Balkon für die Prozessionen und die beiden eleganten Treppen hinzu, die ausgehend von dem gepflasterten Pfad in sanftem Schwung den Stupa umlaufen. Auf sie gehen auch der scheinbar schwebende *chhattra* und die viereckige Umfriedung zurück, die den Erdwall nach oben hin abschließen. Die vier kunstvoll gearbeiteten Tore entstanden im 1. Jh. v. Chr. unter den **Satavahana**, lange vor den vier Ruhe verströmenden **Meditations-Buddhas**, die den Besucher an den Haupteingängen empfangen. Die aus dem örtlichen Sandstein gemeißelten Figuren wurden um das Jahr 450 in der Gupta-Epoche aufgestellt, als sich figurative Darstellungen des Buddha durchgesetzt hatten (anderswo in Sanchi wird Buddha symbolhaft in Form eines leeren Throns, eines Rades, eines Fußabdruckpaares und sogar eines Schirms verehrt).

Mit zunehmender Nähe zum Stupa rückt der außerordentliche Skulpturenreichtum der **Torana** immer stärker in den Mittelpunkt. Die gesamte Oberfläche, der acht Meter hoch aufragenden Pfeiler und der drei gekrümmten Querstreben, wimmelt nur so von zierlichen Darstellungen von Menschen, Halbgöttern, Göttern, Vögeln, Säugetieren und Glück verheißenden Symbolen. Daneben gibt es zahlreiche rein dekorative Felder und Darstellungen des Himmels, die die Gläubigen erinnern sollen, auf Erden ein verdienstvolles

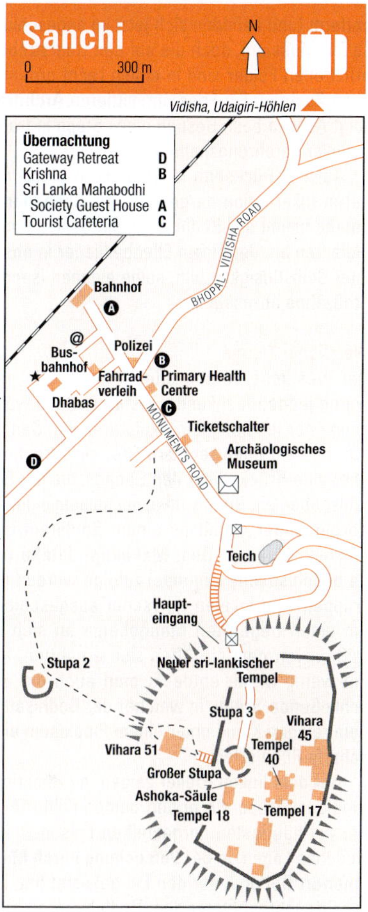

Leben zu führen. Es empfiehlt sich, die Besichtigung am südlichen Torana zu beginnen und den Stupa im Uhrzeigersinn zu umrunden, wie es an buddhistischen Bauwerken vorgeschrieben ist.

Südlicher Torana

Der südliche Torana, der sich zur Zeremonientreppe hin öffnet, war der wichtigste Eingang zum Großen Stupa. Dies geht eindeutig aus dem in der Nähe stehenden Sockel von Ashokas originaler Steinsäule hervor. Im Laufe der Jahre wurden einige Felder mit den besten Skulpturen entfernt (und befinden sich jetzt im angeschlossenen Museum), doch die auf den Querstreben erhaltenen Felder sind in einem recht ordentlichen Zustand. Ein Fries am mittleren **Architrav** zeigt Ashoka beim Besuch eines Stupa in traditioneller Verehrungshaltung.

Auf der Rückseite ist Buddha in einer früheren Inkarnation dargestellt. Als **Chhaddanta Jataka** nimmt der Bodhisattva die Gestalt eines Elefanten an, der einem Elfenbeinjäger in absoluter Selbstlosigkeit hilft, seine eigenen (sechs) Stoßzähne abzusägen.

Westlicher Torana

Der westliche Torana stürzte im 19. Jh. ein, wurde jedoch fachkundig restauriert und weist einige der lebendigsten Skulpturen von Sanchi auf. Im Feld oben rechts hastet ein Affenheer über eine Brücke über den Ganges, die der Befehlshaber, ein Bodhisattva, mit seinem eigenen Körper bildet, damit es einem Soldatentrupp entkommen kann. Dem **Mahakapi Jataka** (eine buddhistische Legende) zufolge wurden die Truppen vom lokalen Herrscher ausgeschickt, um einen begehrten Mangobaum an sich zu reißen, von dem die Affen sich ernährten. Mit ein wenig Mühe entdeckt man auch die abschließende Szene, in welcher der Bodhisattva dem reuigen König unter einem Pipalbaum eine scharfe Rüge erteilt.

Auf dem linken Pfeiler zeigen mit Blickrichtung zum Stupa die ersten beiden Felder eine der am häufigsten dargestellten Episoden aus Buddhas Leben. In der **Versuchung durch Mara** ignoriert Buddha, der den Eid geleistet hat, bis zur Erleuchtung unter dem Bodhibaum zu bleiben, alle Versuche der bösen Dämonin Mara, ihn durch Gewaltandrohung oder durch ihre verführerischen Töchter von seinem Weg abzubringen.

Nördlicher Torana

Der von einem unvollständigen Rad des Gesetzes und zwei Dreizacken, die Buddhas Trinität symbolisieren, gekrönte nördliche Torana ist das künstlerisch wertvollste und am besten erhaltene der vier Tore. Die überreich auf seine beiden Pfeiler gezwängten Szenen zeigen u. a. den schwebenden Buddha bei einem Spaziergang und einen Affen, der ihm eine Schale Honig anbietet.

Zwischen beiden Säulen zeigt ein Flachrelief auf der untersten Querstrebe das **Vessantara Jataka** (ebenfalls eine buddhistische Legende), das von einem Bodhisattva-Prinzen erzählt, der von seinem Vater verbannt wurde, weil er einen magischen Elefanten weggab, der Regen herbeizaubern konnte. Einen besseren Blick auf den inneren, nach Süden ausgerichteten Teil der Tafeln hat man vom Balkon der erhöhten Stupa-Terrasse. Beachtung verdient das kleine Tableau ganz rechts, das die mühsam durch den Dschungel ziehende Königsfamilie zeigt.

Östlicher Torana

Die berühmteste Skulptur von Sanchi ist die zierlich gestaltete **salabhanjika** (Waldnymphe), die sich vom rechten Kapitell des östlichen Torana sinnlich in den Raum hinauslehnt. Die sinnliche Fruchtbarkeitsgöttin ist eine von mehreren Figuren, die einst den Gläubigen, die das Gelände des Großen Stupa betraten, Segen spendeten. Nur wenige von ihnen befinden sich noch an ihrem originalen Platz, die anderen sind heute in Museen in Los Angeles und London zu bewundern.

Die Felder auf der Innenseite der Säule zeigen unterhalb der *salabhanjika* Szenen aus Buddhas Leben, darunter auch die Empfängnis, bei der ein Bodhisattva in Form eines weißen Elefanten in den Leib seiner Mutter Maya eindringt. Die Vorderseite des mittleren Architravs nimmt die Geschichte Jahre später auf, als der junge Buddha in Form eines Pferdes **Abschied** vom elterlichen Palast nimmt, um fortan das Leben eines Wanderasketen zu führen. Auf der Rückseite sieht man den erleuchteten Buddha, nun symbolisiert durch einen leeren Thron.

Stupa 3 und Vihara 45

Von den Dutzenden anderen nummerierten Ruinen entlang der 400 m langen Ummauerung lohnen nur wenige eine ausgiebigere Erkundung. Der kleinere, schlichtere **Stupa 3** steht makellos restauriert unmittelbar nordöstlich von Stupa 1 und hat dem geringfügig älteren Bruder nur in einer Hinsicht etwas voraus: 1851 wurden tief in der Mitte des Erdhügels zwei kostbare Reliquienschreine entdeckt, die sterbliche Über-

Stupas

Zu den frühesten Kultobjekten in Indien zählen als Stupas bekannte halbkugelförmige Hügel, die seit dem 6. Jh. v. Chr., als **Buddha** selbst den ersten Prototyp entwarf, für die buddhistische Andacht eine wichtige Rolle spielen. Von einem seiner Schüler nach einem Symbol gefragt, das helfen würde, seine Lehren nach seinem Tod zu verbreiten, nahm der Meister seine Almosenschüssel, seinen Lehrstock und einen Streifen Stoff – seine einzigen weltlichen Besitztümer – und bildete daraus die Form eines Stupa, indem er den Stoff als Grundlage, die umgedrehte Schüssel als Kuppel und den Stock als Turmspitze nahm.

Ursprünglich waren Stupas einfache Grabhügel, die **Reliquien** Buddhas und seiner Anhänger beherbergten. Als sich die Religion verbreitete, vermehrten sich die Grundkomponenten jedoch und erhielten eine symbolische Bedeutung. Die Hauptkuppel *(anda)* – die die Himmel und Erde miteinander verbindende „Weltenachse" darstellt – wurde größer, während die sie umgebende hölzerne Umzäunung *(vedika)* durch eine massive aus Stein ersetzt wurde. Hinzugefügt wurde eine erhöhte Terrasse *(medhi)*, zusammen mit zwei Treppen und vier Zeremonialeingängen, die mit Bedacht nach den Himmelsrichtungen ausgerichtet sind. Die krönende Spitze des Stupa entwickelte sich zu einem dreistufigen Schirm *(chhattra)*, der die Drei Kostbarkeiten des Buddhismus symbolisiert: Buddha, das kosmische Gesetz und die Mönchsgemeinschaft *(sangham)*.

Der *chhattra*, gewöhnlich von einem niedrigen quadratischen Steinkasten *(harmika)* umschlossen, bildete die Spitze der Achse, direkt über dem Reliquienschrein im Herzen des Stupa. Die Reliquienschreine, die von in Stoff gehüllten Knochenstücken bis zu schönen Kästchen aus Edelmetallen, Kristall und verziertem Stein reichten, waren die „Samen" und die sie schützenden Hügel das „Ei". Ausgrabungen der geschätzten 84 000 über den Subkontinent verstreuten Stupas haben gezeigt, dass die Innenräume manchmal auch als kunstvolle Mandalas angelegt wurden – symbolische Muster, die einen wohltuenden Einfluss auf den Stupa und alle, die ihn umschritten, ausübten. Das **Ritual der Umwandlung** *(pradakshina)*, das es dem Gläubigen ermöglichte, ein magisches Kräftefeld zu betreten und vom weltlichen ins göttliche Reich getragen zu werden, wurde stets im Uhrzeigersinn von Osten aus vollzogen, in Nachahmung der „Sonnenbewegung" (eigentlich der Erdumdrehung).

Von dem halben Dutzend oder mehr großen Stupa-Arealen, die im alten Indien verstreut lagen, ist nur **Sanchi** erhalten geblieben. Um jedoch ein aktives buddhistisches Zentrum zu sehen, muss man sich südwärts nach Sri Lanka, nordwärts zum Himalaya und zum tibetischen Plateau oder über den Golf von Bengalen nach Südostasien begeben, wo die Stupas heute noch als *dagoba*, *chorten* und *chedi* verehrt werden – als Horte der heiligen Energie.

reste von zwei der engsten Schüler Buddhas enthielten. Einer der Schreine enthielt Knochenreste sowie Perlen, Kristalle, Amethyste, Lapislazulis und Gipsfragmente, und der Deckel trug den Anfangsbuchstaben des Heiligen Sariputra, dem sie zugeordnet werden.

Nachdem die Gegenstände im Londoner British Museum ausgestellt waren, werden sie nun im neuen buddhistischen Tempel außerhalb der Stupa-Ummauerung aufbewahrt und jedes Jahr gegen Ende November einen Tag lang für die Öffentlichkeit ausgestellt.

Von Stupa 3 führt der Weg durch ein Gewirr aus Säulen, kleinen Stupas und freigelegten Tempelfundamenten zu einem weitläufigen Bereich mit untereinander verbundenen Terrassen am **östlichen Rand** der Stätte. Das am besten erhaltene Kloster der gesamten Anlage, **Vihara 45**, stammt aus dem 9. oder 10. Jh. und weist den üblichen Grundriss mit einem zentralen Hof, um den die Zellen angeordnet sind, auf. Ursprünglich erhob sich ein kolossaler, reich verzierter Turm über das Gelände, doch er stürzte ein und ließ das innere Heiligtum nach oben hin offen.

Zu den kunstfertig gestalteten Figuren, die den Eingang des Heiligtums flankieren, gehören die Flussgottheiten Ganga und Yamuna. Im Inneren aber nimmt Buddha immer noch den höchsten Rang ein.

Die aus dem 10. Jh. stammende östliche **Begrenzungsmauer** ist der beste Ort, um Sanchis **Panorama** zu genießen. Im Nordosten erhebt sich ein mächtiger, jäh abfallender Felsen in Vidisha nahe der Stätte der antiken Stadt, welche die Geldmittel für die Klöster stiftete (Spuren des **Pilgerpfads** zwischen Besnagar und Sanchi sind unten am Berg noch erhalten). Im Süden des Berges erstreckt sich eine weite Fläche mit gut bewässerten Getreidefeldern bis hin zu den winkeligen Sandsteinkämmen des Steilhangs Raisen.

Südlicher Bereich

Im südlichen Bereich des ummauerten Bezirks stehen einige der interessantesten Tempel Sanchis. Die im Fundament von **Tempel 40** gefundenen verkohlten Holzreste beweisen, dass der heutige apsidiale buddhistische Tempel *(chaitya)* auf den Mauern eines älteren Baus errichtet wurde, der wahrscheinlich zeitgleich mit Stupa 1 zur Maurya-Zeit entstand. **Tempel 17** ist ein vorzügliches Beispiel der frühen Gupta-Architektur und Vorläufer des klassischen Hindu-Stils, der sich später in Orissa und Khajuraho entwickelte.

Vor dem Verlassen des ummauerten Bezirks lohnt ein kurzer Blick auf den Stumpf der **Ashoka-Säule** rechts vom südlichen Torana von Stupa 1. Der Maurya-Kaiser ließ in seinem ganzen Reich solche Säulen errichten, um heilige Stätten und Pilgerpfade zu kennzeichnen. Ursprünglich krönte das prachtvolle Löwenkapitell, das heute nebenan im Museum aufbewahrt wird, den fein geschliffenen Säulenschaft. Eine umlaufende Inschrift verkündet unten in Brahmi-Schrift Ashokas Edikte in Pali, der frühen buddhistischen Sprache und Vorläuferin des Sanskrits.

Der westliche Hang

Neben Stupa 1 führt eine Treppenflucht den westlichen Hang der Sanchi-Anhöhe hinab zum Dorf. Unterwegs gelangt man zu zwei beachtenswerten Bauten: Die unteren Teile der dicken Steinmauern von **Vihara 51** wurden sorgfältig restauriert, um den Grundriss der 22 Zellen um einen gepflasterten zentralen Hof zu veranschaulichen. Weiter unten steht **Stupa 2** aus dem 2. Jh. v. Chr. auf einem künstlichen Sockel. Seine Lage unterhalb des ummauerten Hauptbereichs lässt darauf schließen, dass er von geringerer Bedeutung als Stupa 1 und 3 war. Der Steinzaun hat nicht die Qualität der oberen Beispiele, doch die Lotusblüten und mythischen Tiere sind äußerst beachtenswert. Die Schlaufen, die von den Sätteln mancher Reiter herabbaumeln, dürften Hinweise auf die frühesten Steigbügel Indiens geben.

Archäologisches Museum

Sanchis kleines archäologisches Museum, das sich links von der Straße befindet, die auf die Anhöhe führt, beherbergt eine übersichtliche Sammlung von Skulpturen, Schmuck, Keramik, Waffen und Werkzeugen. Die eindrucksvollsten Stücke stehen in der **Haupthalle**, darunter das berühmte Löwenkapitell der Ashoka-Säule und zwei beschädigte *salabhanjika* von den Toren des Stupa 1. Beachtung verdienen außerdem die charakteristischen roten Mathura-Sandstein-Buddhas. 🕒 tgl. außer Fr 10–17 Uhr, Eintritt Rs5.

Übernachtung

Gateway Retreat von MP Tourism, an der Hauptstraße Bhopal–Vidisha, ✆ 07482/266723. Die vornehmste Unterkunft in Sanchi bietet leicht überteuerte, weiß getünchte Zimmer mit Bad in einer gepflegten Anlage. Hier gibt es auch einen computergestützten Bahnkarten-Reservierungsservice und ein Meditationszentrum. Oft ausgebucht, deshalb rechtzeitig reservieren. ❺

Krishna, über der Jaiswal-Drogerie an der Hauptstraße Bhopal–Vidisha, ✆ 07482/266610. Der freundliche Familienbetrieb ist der beste Tipp für Traveller: saubere, geflieste Zimmer (die besten liegen nach hinten raus), traditionelle oder westliche Toiletten und Dachterrasse mit Blick auf die Stupas. ❷

Sri Lanka Mahabodhi Society Guest House, vor dem Bahnhof, ✆ 07482/266699. Die preiswerte Unterkunft ist vor allem auf buddhistische Pilger ausgerichtet, aber auch Touristen sind herzlich willkommen. Zur Wahl stehen spartanische Zimmer mit Gemeinschaftsbad und Blick auf einen schattigen Garten oder komfortablere mit Bad. ❶–❸

Tourist Cafeteria von MP Tourism, an der Straße zum Museum, ✆ 07482/266743. Zwei einfache Vierbettzimmer mit Bad. ❸

Essen

Die **Tourist Cafeteria** von MP Tourism serviert einfallslose, aber ordentlich zubereitete Kost wie Suppen, Tandoori-Huhn, China-Küche oder Fish'n'Chips (Rs50–150) in einem lauschigen Garten. Das **Gateway Retreat** bietet genau dieselbe Speisekarte, ist aber fürs Abendessen die bessere Wahl, da sich hier auch Sanchis einzige Bar findet. Im Restaurant des **Krishna** werden Pfannkuchen, Sandwiches, Nudeln und indische Hauptgerichte (Rs30–80) serviert. Bei den *dhabas* und Essensständen am Busbahnhof gibt es preiswerte *thalis*. Eine leckere lokale Spezialität sind die sehr süßen *nariyal samosas* (Teigtaschen mit Kokosfüllung).

Sonstiges

Einkaufen

Sanchis winziger Basar besteht aus einer Handvoll hölzerner Buden rund um den Busbahnhof. Die niedrigen, weiß getünchten Häuser des eigentlichen Dorfs drängen sich auf der anderen Seite der Hauptstraße unterhalb des Stupa-Hügels.

Elektrizität

Da Stromausfälle in Sanchi an der Tagesordnung sind, gehört eine Taschenlampe ins Reisegepäck.

Fahrradverleih

Im Basar werden Fahrräder für ca. Rs40 pro Std. vermietet.

Informationen

Touristeninformationen gibt es bei den Mitarbeitern des **Gateway Retreat**.

Internet

Eine Internetbude (Rs40 pro Std.) findet sich im Basar beim Busbahnhof.

Transport

Busse

Vom Busbahnhof Hamidia Road fahren alle 30 Minuten Busse nach Sanchi ab. Die Fahrt dauert 1 1/2 Std. Wer zurück nach BHOPAL will, wartet gegenüber vom Gateway Retreat (S. 406), wo man vorbeifahrende Busse per Handzeichen anhalten kann.

Eisenbahn

Von BHOPAL nach Sanchi verkehren tgl. 4 Züge (erste Abfahrt 8 Uhr, 40 Min.). Der erste Zug von Sanchi zurück nach Bhopal fährt ebenfalls um 8 Uhr, braucht aber länger.

Der nächste größere Bahnhof befindet sich im 10 km nordöstlich gelegenen **Vidisha**, von wo es zahlreiche Busverbindungen nach Sanchi gibt. Von dort fahren täglich Züge nach MUMBAI und DELHI.

Satdhara

Am Abgrund einer gähnenden Schlucht in ansonsten sanftem Hügelland, 30 km nördlich von Bhopal, liegt der selten besuchte Ort Satdhara („sieben Flüsse"). Für echte Stupa-Liebhaber lohnt sich der Umweg unbedingt, allerdings ist dafür ein eigenes Fahrzeug erforderlich. Hier stehen 34 **Stupas** aus der Zeit des Maurya-Reichs im 3. Jh. v. Chr. und 14 Klöster; von dreien der Klöster sind noch umfangreiche Ruinen erhalten. Mehrere Stupas und zwei der **Klöster** wurden unter Verwendung der Originalmethoden und -materialien rekonstruiert. Andere Baudenkmäler befinden sich gerade in der Renovierungsphase.

Der imposanteste Stupa von allen ist der 13 m hohe **Stupa 1**, dessen Sockel ein *medhi* (breiter Rundweg) umgibt. Direkt dahinter erhebt sich die wuchtige, 3 m hohe Grundmauer von **Kloster 1**. Rechts daneben stehen zwei runde **Mühlen**, wo Ochsen im Kreis trotten und einen schweren Mahlstein bewegen, um Kalk, Sand und Kieselsteine zu Zement zu zermahlen – die gleiche Technik wie damals, als die Klöster erbaut wurden.

Vidisha

Die quirlige Marktstadt Vidisha liegt 56 km per Bahn oder Bus von Bhopal entfernt und lässt sich auch mit dem Bus vom nahe gelegenen Sanchi aus erreichen. Hauptgrund für einen Abstecher nach Vidisha ist, dass hier *tongas* zu den archäologischen Stätten von **Udaigiri** und **Besnagar** abfahren. Wer es nicht eilig hat, kann noch dem kleinen **Museum** hinter dem Bahnhof im Osten des Städtchens einen Besuch abstatten. Die meisten der Ausstellungsstücke sind Hindu-Artefakte aus dem 2. Jh. n. Chr., die in Besnagar ausgegraben wurden – z. B. der Kubera Yaksha, die 3 m hohe, schmerbäuchige männliche Fruchtbarkeitsstatue in der Eingangshalle, ◷ Di–So 10–17 Uhr; Rs50, Fotoerlaubnis Rs50.

Udaigiri

Im nur 6 km westlich von Vidisha gelegenen Udaigiri gibt es mehrere Tempelruinen und Höhlen aus dem 5. Jh. Die Ausschmückungen vieler Höhlen in dem langen schmalen Sandsteinfelsen, der sich inmitten eines Flickenteppichs aus Weizenfeldern erhebt, gehen auf hinduistische und jainistische Bettelmönche zurück. Udaigiri lässt sich mit einer der **Pferdedroschken** *(tonga)* erreichen, die an Vidishas Busbahnhof warten (rund Rs50 hin und zurück), aber auch bequem mit dem **Fahrrad** von Vidisha aus (Radverleih in Geschäften unweit vom Basar von Vidisha) oder etwas anstrengender zu Fuß von Sanchi aus (1–2 Std.).

Hinter Vidisha führt nach Überquerung des Flusses Betwa eine Linksabbiegung zunächst auf eine hügelige, 2–3 km lange Allee, die kurz vor Erreichen der Bergflanke erneut einen scharfen Linksknick macht und auf das Dorf zuführt. Hier, am Fuß eines nahezu senkrechten Felsens, führt eine steile Treppe hinauf zu **Höhle 19**, an deren Eingang verwitterte Reliefs Götter und Dämonen zeigen. Am nördlichen Rand des Hangs steht ein **jainistischer Höhlentempel**. Auf Anfrage öffnen die *chowkidar* Besuchern die Türen.

Prunkstück der Anlage ist ein 4 m hohes Bildnis des wildschweinköpfigen Varaha in **Höhle 5**. Vishnu nahm diese Gestalt an, um die Erdgöttin Prithvi aus dem schäumenden urzeitlichen Ozean zu retten. Varahas linker Fuß ruht auf einem Naga-König, den eine Haube aus dreizehn Kobraköpfen schützt, während zu beiden Seiten die Flussgöttinnen Ganga und Yamuna Wassergefäße halten. Im Hintergrund sind Brahma und der vedische Feuergott Agni zu sehen. Die dargestellte Szene gilt als Allegorie für die Eroberung Nordindiens durch Kaiser Chandra Gupta II.

Die Ruinen des antiken **Besnagar**, das bei den Einheimischen den Namen **Khambaba** trägt, liegen 5 km hinter der Abzweigung nach Udaigiri in einem kleinen Dorf an der Hauptstraße von bzw. nach Vidisha. Unter der Herrschaft der Maurya und Shunga im 3. und 1. Jh. v. Chr. überschaute hier eine blühende Provinzhauptstadt das Zusammenfließen von Bes und Betwa. Der spätere Kaiser Ashoka war dort Gouverneur und heiratete die Tochter eines örtlichen Geldverleihers. Nur ein paar Erdhügel und verstreute Steinmetzarbeiten sind übrig geblieben. Ein kleines Bauwerk jedoch, die **Säule des Heliodorus**, macht den Abstecher zu einer lohnenden Unternehmung. Die in einem umschlossenen Hof stehende 16-seitige Säule wurde 113 v. Chr. von einem baktrisch-griechischen Gesandten des Hofes aus der Gandhara-Hauptstadt Taxila (heute Pakistan) gestiftet, der im Laufe seines langen Aufenthalts hier ein Anhänger des örtlichen Vishnu-Kultes wurde. Der Krishnas Vater Vasudeva geweihte Schaft wurde ursprünglich durch eine Statue von Vishnus Reittier Garuda gekrönt.

Bhimbetka

Kurz nachdem der NH-12 von der Hauptstraße Bhopal–Hoshangabad, 45 km südöstlich von Bhopal, abzweigt, erscheint im Westen eine lange Reihe von Felsblöcken hoch oben auf einem von Gestrüpp überwucherten Kamm. Die dortigen Höhlen, Überhänge und Felsspalten, die sich über Jahrmillionen im weichen Sandgestein bildeten, beherbergen eine der reichsten Sammlungen **prähistorischer Felskunst**. Das 1957 entdeckte Bhimbetka ist Ziel eines faszinierenden Tagesausflugs.

Öffentliche **Busse** (1 Std.) fahren vom Hamidia Road-Busbahnhof in Bhopal zur 7 km von Bhimbetka entfernten Kleinstadt Obaidullaganj, wo es mit einer Motor-Rikscha (rund Rs50) zu der Ausgrabungsstätte geht. Übernachten kann man in der MP-Tourism-Unterkunft **Highway Treat**, ✆ 07480/281558, ✉ bhimbetka@mptourism.com. ❹ Das Hotel liegt an der Hauptstraße, an der Abzweigung nach Bhimbetka, und hat drei schlichte Zimmer mit Bad sowie ein Restaurant.

Von den bislang auf einer Länge von 10 km nahezu tausend katalogisierten **Nischen** ist ungefähr die Hälfte mit Felsenzeichnungen versehen, die aus drei unterschiedlichen Epochen stammen. Die ältesten Malereien (rund 10 000 Jahre alt) sind grüne Konturzeichnungen menschlicher Figuren und große rote Tierbilder. Die fruchtbarere zweite Phase, die den größten Teil von Bhimbetkas Felskunst hervorbrachte, fällt in die **„Steinzeit"** zwischen 8000 und 5000 v. Chr. Ihre Felsbilder zeigen Jagdszenen mit wilden Tieren, Initiationsriten, Begräbnisse, Maskentänze, sportliche und kriegerische Aktivitäten, Schwangere und sogar ein Trinkgelage.

Bhimbetkas dritte und letzte Phase der Entstehung von Felsmalereien fand in einer vorgeschichtlichen Epoche statt; ihre stilisierten geometrischen Figuren ähneln in verblüffender Weise der Kunst, die noch heute von den Adivasi der Region hervorgebracht wird.

Vom Parkplatz auf der Anhöhe windet sich ein gepflasterter Pfad durch die Felsen mit den interessantesten und am leichtesten zugänglichen Malereien. Die *chowkidars* lassen sich für ein Trinkgeld als Führer anheuern. Besondere Beachtung verdienen die grünen paläolithischen Skizzen, die wundervollen mit Kreuzschraffierungen und komplexen geometrischen Mustern ausgemalten Tierfiguren sowie die wiederkehrenden Darstellungen eines Bullen, der eine menschliche Figur und eine Krabbe verfolgt. Vermutlich symbolisiert sie den Kampf zwischen den Helden dreier verschiedener Stämme. 🕓 Sonnenauf- bis Sonnenuntergang, Eintritt Rs10.

Pachmarhi

Die **Mahadeo-Berge** gehörten zu den letzten Gebieten Zentralindiens, die von den Briten vermessen wurden. Sie wurden erst 1857 erforscht, als Captain J. Forsyth inmitten der Wildnis ein idyllisches Plateau in der Form einer Untertasse entdeckte, das mit riesigen Geröllblöcken und Wasserläufen durchsetzt war. Fünf Jahre später wurde eine Straße vom Bahnhof **Piparia** hinauf in die Berge gebaut, und Ende des Jahrhunderts war Pachmarhi bereits die Sommerhauptstadt der gesamten Zentralprovinzen, versehen mit Militärkrankenhaus, Kirchen, Clubhäusern, Pferderennbahn und Polofeld.

Abgesehen von der verblichenen Raj-Atmosphäre und den unzähligen Wandermöglichkeiten ist der Hauptgrund einer Reise nach Pachmarhi, hier im Wald umher zu streifen und nach **prähistorischer Felskunst** zu suchen. Alternativ bietet sich ein Besuch im **Satpura-Nationalpark** an, der Heimat einer Handvoll (gut versteckter) Tiger und Leoparden.

Beste **Reisezeit** für Pachmarhi sind die Monate zwischen Oktober und März. Dann bringt die kühle, klare Bergluft eine willkommene Erholung von der Hitze und dem Staub in tiefer gelegenen Gebieten. An langen Feiertagswochenenden treten sich in den beliebten Ecken die Besucher gegenseitig auf die Füße – also lieber einen anderen Termin wählen.

Praktische Wandertipps

Die **Stadt Pachmarhi**, mehr als 1000 m über dem Meeresspiegel, ist grün und entspannt, trotz der Militärsiedlung in ihrer Mitte. Sie hat sich eine typische Kolonialatmosphäre bewahrt, die noch durch elegante englische Villen und die Kirchturmspitzen verstärkt wird, die aus den tropischen Baumwipfeln hervorblitzen, als hätten sie sich verirrt. Abends schlendern Familien durch den Park oder halten ein Picknick ab, während Militärkapellen und Soldatentrupps im Stechschritt über die *maidans* marschieren.

Das Netz der **Waldwege** und **Pilgerpfade**, die zu den weit verstreuten archäologischen und religiösen Stätten des Plateaus führen, bietet exzellente Voraussetzungen für Wanderungen. Nur wenige Pfade sind auf Englisch ausgeschildert;

wer ausgedehntere Touren machen will als die unten beschriebenen, nimmt sich besser einen örtlichen Führer. Eine verlässliche Agentur ist **Satpura Adventure Club**, ✆ 07578/252165, geleitet von Vinay Sahu vom Hotel Saket, der *guides* für Rs150–200 p. P. und Tag organisiert. Die **Führer** sind Stammesangehörige, die sich hervorragend in der Gegend auskennen. Allerdings sprechen nicht alle Englisch. Der Veranstalter hat auch Parasailing (Rs350) im Programm und organisiert Klettertouren sowie Aufenthalte mit Übernachtung in nahe gelegenen Dörfern. Eine andere verlässliche Informationsquelle fürs Trekking und über die lokale Fauna und Flora ist **Kamal Dhoot** vom Hotel Kachnar, ✆ 07578/252547. Fremdenführer (Rs350 pro Tag) vermittelt auch die Bison Lodge (s. u.) Die meisten der längeren Wanderungen führen durch den Satpura-Nationalpark und erfordern daher ein **Permit** (s. u.).

Satpura-Nationalpark

Der 524 km² große Satpura-Nationalpark mit den imposanten, zerklüfteten Mahadeo-Bergen liegt rund 3 km südwestlich der Stadt und ist einen Besuch wert, um die hiesige Tierwelt zu sehen. Einen der wenigen Tiger oder Leoparden zu Gesicht zu bekommen, ist allerdings reine Glückssache. **Zugangsgenehmigungen** gibt es bei der Forestry Commission (◷ Mo–Sa 10–18 Uhr) in der Bison Lodge, fünf Minuten zu Fuß südlich vom Amaltas-Hotel. Die **Trekking-Permits** (Rs500; Guide Rs150; Video-Erlaubnis Rs350) und **Safari-Permits** (Rs2000 für ein Fahrzeug mit Platz für acht Passagiere, Rs1500 für eins mit Platz für fünf Passagiere; Walking-Safari Rs200; Guide Rs150; Video-Erlaubnis Rs350) gelten jeweils einen Tag lang. Dem Büro ist ein kleines **Museum** angeschlossen, das eine gute Einführung in die Flora und Fauna des Nationalparks bietet. ◷ Di–So 9–13 und 15–19 Uhr.

Wer das meiste aus dem Besuch im Satpura herausholen möchte und nicht knausern muss, sollte sich in der traumhaften **Forsyth Lodge** einmieten, ✆ 07575/21306, 💻 www.forsythlodge.com, ❾. Die im Dschungel nahe dem Dorf Sarangpur gegenüber vom Parkeingang Madai gelegene Anlage hat zwölf wunderschöne Cottages (Rs12 000 p. P.) und einen Pool. Im Preis enthalten sind Vollpension und Jeep- und Elefantensafaris.

Pachmarhi Hill und Jata Shankar-Höhle

Die folgenden beiden Kurzwanderungen können ohne Führer und Permit unternommen werden. Die erste ist ein 15-minütiger Aufstieg vom moslemischen Heiligtum im Stadtgebiet Babu Lines, 1 km südwestlich des Busbahnhofs, zum Gipfel des **Pachmarhi Hill**, der mit schönen Ausblicken auf die Stadt und zur anderen Seite auf das dicht bewaldete Tal **Jambu Dwip** belohnt wird. Die zweite, diesmal eine 30-minütige Wanderung, führt auf einem leicht ersichtlichen Weg vom Busbahnhof nördlich des Basars durch eine schmale Schlucht mit schroffen Steilwänden hinauf zur heiligen Höhle **Jata Shankar**, die zu den Wallfahrtsorten *(yatra)* des Shivratri Mela gehört.

Am Wege, nur ein kurzes Stück vom Pfad entfernt, liegt zwischen einigen anderen prähistorischen Höhlenwohnungen die **Harper's Cave**, deren Name von einer natürlich geformten, sitzenden Figur eines Harfe spielenden Mannes abgeleitet ist. Ein Stück weiter liegt dann die Jata Shankar-Höhle am Fuß einer langen steinernen Treppenflucht. Der Name der Grotte, dessen wörtliche Übersetzung „Shivas Haartracht" bedeutet, bezieht sich auf eine Steinformation, die einen natürlichen Felslingam auf dem Höhlenboden umschließt und der üppigen Rastalocken-Frisur der Gottheit ähneln soll.

Pandav Caves, Fairy Pool und Big Falls

Während eines zwei- oder dreistündigen Spaziergangs um den Ostausläufer des Plateaus herum lassen sich ein paar Sehenswürdigkeiten besichtigen. Zuerst geht man zu den **Pandav Caves** (40 Min.) hoch. Sie überziehen einen knubbligen Sandsteinhügel östlich der Straße zwischen der ATC-Kaserne (einem Trainingslager der Armee) und der Tankstelle. Der Hindu-Mythologie zufolge dienten diese fünf *(panch)* schlichten Zellen *(*marhi*)* den aus dem *Mahabharata* bekannten Pandava-Brüdern in der Zeit ihres 13-jährigen Exils als Unterkunft. Archäologen dagegen behaupten steif und fest, dass eine Gruppe buddhistischer Mönche die nackten Steinkammern und mit Säulen bestandenen Veranden um das 1. Jh. v. Chr. herum errichteten.

Vor den Höhlen kehrt man wieder auf die Straße zurück und wandert um die Rückseite des Hügels herum zum melancholischen **British Cemetery**. Hinter dem britischen Friedhof geht die Straße in eine sandige Karrenspur über, die an einem kleinen Parkplatz endet. Wer weiter zum Fairy Pool oder den Big Falls möchte, muss vorher ein Permit kaufen (s. o.). Vom Parkplatz führt ein abschüssiger Fußweg ungefähr 20 Minuten lang durch den Wald. Unten nimmt man den Abzweig nach rechts hinab zum **Apsara Vihar** oder „Märchenteich" – einer beliebten Bade- und Picknickstelle am Fuß eines kleinen Wasserfalls. Eine fünfminütige Klettertour über Felsblöcke flussabwärts führt zum 150 m hohen **Rajat Prapat** oder „Big Falls". Wenn man zurück zu der Weggabelung und auf dem Pfad weiter spaziert, steht man nach fünf Minuten an der Absperrung vor dem 105 m hohen Wasserfall. Auf eigene Faust geht es ab hier nicht mehr weiter. Nur mit einem ortskundigen Führer findet man den 2 km langen Weg zum tiefen, kalten Wasserbecken am Fuß des Wasserfalls.

Chauragarh

Der 23 km lange Aufstieg zum heiligen Gipfel Chauragarh (kein Permit erforderlich) am Südrand des Plateaus folgt dem Hauptpilgerpfad, den auch die Gläubigen während des Shivratri Mela abschreiten. Die ersten 8 km sind mit dem Fahrrad zu bewältigen. Vom Basar führt die Strecke südwärts am See vorbei zur Kreuzung vor dem **Hotel Amaltas**. Von dort führt die Straße zur **Mahadeo-Höhle**, vorbei an einem Aussichtspunkt über der engen Schlucht **Handi Kho**. Er befindet sich unmittelbar vor dem ersten starken Gefälle der Straße an der Abzweigung nach **Priyadarshini** oder „Forsyth's Point".

Der eigentliche **Wanderweg** beginnt unten im Tal, nachdem die Straße durch einige Haarnadelkurven an Höhe verloren hat. Vor dem Aufstieg führt ein kurzer Abstecher hinter dem modernen **Tempel** zur Mahadeo-Höhle, wo Pilger ein reinigendes Tauchbad im kühlen Quellwasser nehmen. Von dort führt ein anstrengender zweistündiger Aufstieg über uralte Pfade, auf denen sich zum Shivratri Mela Zehntausende von Pilgern drängen, auf den Gipfel des Berges, wo ein Tempel, den überaus mächtigen Chauragarh-Lingam beherbergt. Die Aussicht von hier oben ist so atemberaubend, wie es dem Ort gebührt.

Übernachtung

Zur Zeit der Feste *(melas)*, über Weihnachten und Neujahr sowie in den Monaten **Mai/ Juni** kann es schwierig sein, eine Unterkunft zu finden; zu diesen Zeiten rechtzeitig reservieren. Sonst lassen sich aber fast immer überall nennenswerte Rabatte aushandeln.
Die Billigunterkünfte liegen im Basar, aber die meisten der komfortableren **MP-Tourism-Hotels** befinden sich in der Nähe von Tehsil.

Amaltas, nahe Tehsil, ✆ 07578/252098, ✉ amaltas@mptourism.com. Dieses Hotel von MP Tourism ist in einem historischen britischen Gebäude untergebracht. Seine schlichten AC-Deluxe-Zimmer bestechen durch kleine Besonderheiten wie eine gewölbte Wand oder einen Marmorkamin (besonders nett ist das Zimmer Nr. 5). Die Standardzimmer im neueren Flügel sind längst nicht so hübsch. ❺

Golf View, Tehsil, mit Blick auf den Golfplatz, ✆ 07578/252115, 🖳 www.welcomheritage hotels.com. Pachmarhis teuerste Herberge hat klassische Zimmer mit Mobiliar im Stil der 1920er-Jahre, Kamin, hohen Decken und modernen Extras wie Tee-/Kaffeebereiter und Whirlpools. Zur Anlage gehören penibel gepflegte Rasenflächen, Mangobäume und – etwas unerwartet – eine Aschenbahn. ❽

Hotel Highlands, Main Road, rund 600 m vom Busbahnhof entfernt, ✆ 07578/252099, ✉ highland@mptourism.com. Das erschwinglichste unter den MP-Tourism-Hotels bietet

Sympathische Kolonialherberge

Evelyn's Own, in Tehsil in der Nähe des Golf View, ✆ 07578/252056, ✉ evelynsown@gmail.com. Bungalow aus der Kolonialära mit gemütlichen Zimmern (von unterschiedlichem Niveau; am besten lässt man sich mehrere zeigen), Pool und Tennisplatz. Das ganz große Plus sind aber die Inhaber, Ex-Armeeoberst Bunny Rao und seine Frau Pramila, die mit Informationen jeder Art aushelfen. ❺–❼

Madhya Pradesh und Chhattisgarh

Zimmer mit Bad und TV, Ventilator oder AC in weiß getünchten Cottages mit grünen Wellblechdächern. Sie sind zwar gut ausgestattet, könnten aber einen neuen Anstrich vertragen. ❹

Rock End Manor, nahe Tehsil, ✆ 07578/252079, ✉ rem@mptourism.com. Das MP-Tourism-Haus in einem vorzüglich restaurierten britischen Kolonialbungalow mit hochherrschaftlichem Flair ist mit seinen traditionell eingerichteten Zimmern (eigentlich schon fast Suiten) ein etabliertes Lieblingshotel der Prominenz. Von den Liegestühlen auf der Veranda hat man Aussicht auf das Bergpanorama und den Blumengarten. Vollpension inkl. ❽

Saket, Patel Marg, ✆ 07578/252165, ✉ hotel saket2003@yahoo.com. Im Herzen des Basars, 5 Min. vom Busbahnhof entfernt. Freundliche, saubere Zimmer mit TV, Bad (einige mit Hocktoiletten) und Glitzersternchen an der Decke. Die teureren sind größer und haben Badewanne, AC und einen kleinen Balkon. Warmwasser nur 7–9 Uhr. ❷–❸

Essen

In den billigen *dhaba* an der Hauptstraße gibt es üppig bemessene *thali*-Gerichte, doch die Hygiene lässt mancherorts zu wünschen übrig.

Chatora's, Misty Meadows Resort, am unteren Ende vom Basar, etwas abseits der Hauptstraße. Ein riesiger Fernsehbildschirm (auf dem normalerweise Cricket läuft) dominiert das Geschehen in dem vegetarischen Restaurant. Auf der Speisekarte stehen verschiedene nordindische Currys (Rs40–85) und *thalis*; wer richtig Hunger hat, sollte die „VIP"-Version für Rs150 nehmen.

Khalsa, im Hotel Khalsa in einer Nebenstraße am unteren Basar abseits der Hauptstraße. Von Sikhs betriebenes Restaurant mit gutem veg. und nicht veg. Punjabi-Essen (inkl. fluffiges Peshwari-*naan*) und nicht zu verachtendem Gujarati-*thali*. Den Speisesaal „schmücken" Deckenstützen aus unechten Baumstämmen und Weihnachtsbeleuchtung. Hauptgerichte Rs38–150.

Rock-End Manor, Hotel Rock-End Manor, 3 07578/252079. In allen Restaurants der MP-Tourism-Hotels gibt es solide, aber keineswegs weltbewegende nordindische und chinesische Kost. Doch das Rock-End versprüht den Charme der Raj-Ära und hebt sich dadurch von den anderen ab – passend zum Ambiente bestellt man vielleicht am besten Fish`n`chips (Rs175). In der Hochsaison geht nichts ohne Tischreservierung.

South Indian Coffee House, gleich vor dem Busbahnhof. Dieses einfache Lokal eignet sich prima für ein südindisches Frühstück (leider nur mit Pulverkaffee) oder ein paar Stunden später für eine umfangreichere vegetarische Mahlzeit (Hauptgerichte Rs35–60), z. B. ein *biriyani* à la Hyderabad.

Sonstiges

Fahrradverleih

Läden im Basar vermieten ein paar Fahrräder (um Rs50 pro Tag). Ein Fahrradschloss mitnehmen und beim Wandern das Rad vorsichtshalber im Gebüsch verstecken.

Geld

Die **State Bank of India** hat einen Geldautomaten, aber keinen Geldwechselservice.

Informationen

Das Haupt-**Informationsbüro** von MP Tourism, ✆ 07578/252100, liegt neben dem Hotel Amaltas in der Nähe vom Truppenübungsplatz Tehsil am Ufer eines Lotusteichs, 5 Min. per Jeep oder Motor-Rikscha südlich vom Busbahnhof. ⏲ Mo–Sa 10–18 Uhr.

Es gibt auch einen kleinen **Infoschalter** am Busbahnhof, ✆ 07578/252029. ⏲ Mo–Fr 10–17 Uhr.

Internet

Bagri Internet Centre, gegenüber vom Khalsa Restaurant, berechnet Rs40 pro Std., aber die Verbindung ist sehr unzuverlässig.

Touren

In jedem der acht Hotels von MP Tourism kann man einen **Jeep mieten** (Rs1000–1500 pro Tag). **Sammel-Jeeps** fahren zu den Hauptsehenswürdigkeiten von Pachmarhi und wieder zurück; ein Sitzplatz kostet Rs100–200 für den ganzen Tag.

Transport

Busse

Busse verbinden Pachmarhi mit BHOPAL (7x tgl., 6 1/2–7 1/2 Std.), die um 18.30 und 20 Uhr fahren weiter bis INDORE (12–13 Std.). Außerdem gibt es Verbindungen nach CHHINDWARA (2x tgl., 4–5 Std.) mit Weiterfahrt nach NAGPUR. Inzwischen dürfte auch der tägliche „luxury" AC-Bus von MP Tourism nach Bhopal wieder im Einsatz sein.

Eisenbahn

Der nächste Bahnhof befindet sich 52 km nordöstlich in **Piparia** und ist mit dem Bus in einer Stunde zu erreichen (zahlreiche Verbindungen). Piparia liegt an der Hauptstrecke Mumbai–Howrah (via ALLAHABAD, VARANASI und ITARSI). Wer aus Bhopal kommt, muss an der **Itarsi Junction** in einen Bus (3 Std.) oder Zug (mehrmals tgl., 1–2 Std.) nach Piparia umsteigen. Der letzte Bus nach Pachmarhi fährt um 19.30 Uhr, aber Sammeltaxi-Jeeps (Rs40) verkehren bis zum späten Abend. Das **Tourist Motel** von MP Tourism, ✆ 07576/222299, ✉ pipariya@mptourism.com ❹, hinter dem Bahnhof ist die einzige anständige Übernachtungsmöglichkeit in Piparia.

Gwalior

Gwalior, an der Eisenbahnlinie Delhi–Mumbai gelegen, ist die größte Stadt im Norden Madhya Pradeshs und Standort einer der spektakulärsten Bergfestungen Indiens. Die alte Sandstein-Zitadelle mit Tempeln und Palästen blickt vom Rand eines schroff abfallenden Tafelbergs auf den Dunstschleier der Benzinabgase und geschäftige Straßenzüge hinab. Die andere Hauptsehenswürdigkeit der Stadt ist der extravagante **Jai-Vilas-Palast**, der sich im Besitz der ansässigen Herrscherfamilie Scindia befindet. Ihr Einfluss ist überall in der Stadt spürbar – von den **Chhatri** (Kenotaphen) nördlich des Jiyaji Chowk bis hin zum ausgezeichneten Museum für klassische Musik **Sarod Ghar**.

Eine Reiseunterbrechung in Gwalior lohnt sich insbesondere Ende November/Anfang Dezember, wenn mit dem **Tansen Festival** auf dem Gelände der alten **Mogulgräber** eins von Indiens bedeutendsten klassischen Musikfestivals stattfindet.

Geschichte

Einer Inschrift zufolge, die in einem nicht mehr existierenden Sonnentempel freigelegt wurde, eroberten im 6. Jh. v. Chr. hunnische Eindringlinge aus dem Norden Gwalior. Die örtliche Legende aber schreibt die Grundsteinlegung des Forts dem Kuchwaha-Prinzen **Suraj Sen** zu, der im 10. Jh. von dem Einsiedler **Gwalipa**, nach dem die Stadt benannt ist, von Lepra geheilt wurde. Die den Kuchwaha nachfolgende Parihar-Dynastie wurde 1232 durch **Iltutmish** gestürzt.

Eine dritte Rajputen-Dynastie, die **Tomar**, eroberte Gwalior 1398 zurück und führte die Stadt in ihr „goldenes Zeitalter". Unter **Man Singh**, der 1486 den *gadi* (Thron) der Tomar bestieg, erhielt die Festung ihre herrlichen Paläste und stolzen Befestigungen, die ihr den Beinamen „Perle in der Halskette der Hindu-Burgen" eintrugen. Scharmützel mit den Nachbarmächten belasteten die Rajputen-Herrschaft, bis die **Lodi** von Delhi die Festung 1517 zum zweiten Mal belagerten und Man Singh getötet wurde. Danach stand Gwalior unter der Herrschaft mehrerer moslemischer Oberherren, darunter Babur, Humayun, Sher Shah und schließlich Akbar.

Nach dem Niedergang der Mogul-Herrschaft wurde Gwalior 1754 zur Basis der **Scindia**, des mächtigsten der vier Marathen-Clans. 26 Jahre später eroberten britische Truppen das Fort. Innerhalb weniger Stunden befand sich die Zitadelle in ihrer Gewalt, und Gwalior wurde zu einem britischen Lehnsgebiet, über das eine Abfolge von Marionettenkönigen herrschte. Der berühmteste von ihnen, **Jayaji Rao Scindia**, wahrte im Sepoy-Aufstand von 1857 die Loyalität zu den Briten und wuchs rasch wieder in seine Rolle als Gastgeber der opulentesten vizeköniglichen Gelage, königlichen Besuche und Tigerjagden hinein, welche die Zeit des Raj jemals erlebte. Auch nach der Unabhängigkeit bewahrten die Scindia von Gwalior aus ihren politischen Einfluss.

Das Fort

Gwaliors beeindruckendes Fort erstreckt sich nördlich der modernen Stadt über einen 3 km langen Tafelberg aus Sandstein. Die mächtigen Brustwehren und Türme umschließen sechs Paläste, drei Tempel, mehrere Wasserbecken und Zisternen sowie eine renommierte öffentliche Schule und einen Sikh-*gurudwara* (Tempel).

Zwei Routen winden sich nach oben. Von Westen führt ein befahrbarer Weg von der Gwalior Road durch die steile Schlucht des **Urwahi-Tals** zum **Urwahi Gate** hinauf, vorbei an mehreren aus dem Fels gehauenen Jain-Statuen. Das einfacher zu erreichende **Gwalior Gate** liegt im Nordosten des Felsmassivs.

Offizielle **Führer** (Rs250 für 3 Std.) warten am Urwahi Gate und beim Getränkeladen am Eingang des Palastkomplexes auf Kundschaft. Über die Geschichte des Forts informiert tgl. eine 45-minütige **Ton- und Lichtshow** im Man Mandir auf Englisch und Hindi (April–Sep 20.30, Okt–März 19.30 Uhr, Rs250). ◷ tgl. Sonnenauf- bis Sonnenuntergang, Eintritt Rs100, Fotoerlaubnis Rs20, Video Rs25.

Nordöstlicher Zugang und Museum

Gleich hinter dem Gwalior Gate kommt man zum bescheidenen **Gujuri Mahal**, den Man Singh errichten ließ, um ein einfaches Bauernmädchen zu umwerben, das seine spätere Lieblings-Rani Mrignayani wurde. Der elegante Sandsteinpalast beherbergt heute Gwaliors **Archäologisches Museum**, dessen umfangreiche Ausstellung von Skulpturen, Inschriften und Malereien trotz der wenig informativen Beschriftungen einen Besuch wert ist. Zu den Höhepunkten gehören zwei Ashoka-Löwenkapitelle aus Vidisha in Galerie 2 und das erotische Flachrelief in Galerie 9. Das berühmteste Ausstellungsstück aber ist die kostbare **salabhanjika** – eine kleine weibliche Figurine, die in den Ruinen des Tempels in Gyaraspur gefunden und wegen ihrer sinnlichen Kurven und ihres erhabenen Gesichtsausdrucks oft „Indiens Mona Lisa" genannt wird. ◷ Di–So 10–17 Uhr, Eintritt Rs100.

Man-Singh-Palast

Das **Hathiya Paur** („Elefantentor") mit seinen Zwillingstürmen und blauen Zierkacheln bildet den Zugang zum Man-Singh-Palast, den der Forscher Sir Alexander Cunningham im 19. Jh. zum „vortrefflichsten Beispiel der Hindu-Wohnarchitektur im nördlichen Indien" erklärt hatte. Er wurde zwischen 1486 und 1517 vom Tomar-Herrscher Man Singh erbaut und trägt wegen der Keramik-**Mosaike**, die seine Fassade zieren, auch den Namen Chit Mandir („geschmückter Palast"). Die am besten erhaltenen Kachelfragmente an der Südseite sind gut vom Erdwall, links des Hathiya Paur, aus zu sehen. Auf den üppigen Bändern in Türkis, Smaragdgrün und Gelb entdeckt man im reich verzierten Mauerwerk Tiger, Elefanten, Pfauen, Krokodile und Blumen.

Das Innere des vierstöckigen Palastes ist hingegen sehr karg ausgestattet. Es gibt allerdings ein paar Jali-Trennwände aus kunstvollem steinernem Gitterwerk, hinter denen die Frauen des Palastes saßen und von der anderen Seite aus Unterricht von Gwaliors besten Musiklehrern erhielten. Die runden Kammern in den unteren Etagen dienten als Kerker.

Teli-ka-Mandir und Suraj Kund

Der 30 m hohe Teli-ka-Mandir im Süden des Tafelberges stammt aus dem 8. Jh. und ist das älteste erhaltene Bauwerk der Anlage. Der mächtige rechteckige Turm hat ein in ungewöhnlicher Weise gewölbtes Bogendach, dessen Pipalblattform von den *chaitya*-Fenstern wesentlich älterer buddhistischer Felsenhöhlen abgeleitet ist. Nach dem indischen Aufstand von 1857 funktionierten die Briten den Vishnu-Tempel zu einer Sodafabrik um. Inzwischen sind langwierige Restaurationsarbeiten im Gange.

Abseits der Straße nördlich des Teli-ka-Mandir liegt am Kopf der Urwahi-Schlucht das 100 m lange Becken Suraj Kund, dessen Wasser angeblich im 10. Jh. den Herrscher Suraj Sen (später Suraj Pal) von der Lepra heilte.

Sasbahu Mandir und Sikh-Tempel

Die beiden Sasbahu Mandir-Tempel („Mutter und Schwiegertochter") überschauen die Stadt vom östlichen Rand des Tafelbergs, nahe bei einem unansehnlichen TV-Mast. Die dreistöckige Mandapa (Versammlungshalle) des größeren der beiden Tempel wird von vier reich verzierten Säulen getragen, während das kleinere Bauwerk durch eine seitlich offene Vorhalle und ein pyramidenförmiges Dach auffällt. Beide Tempel

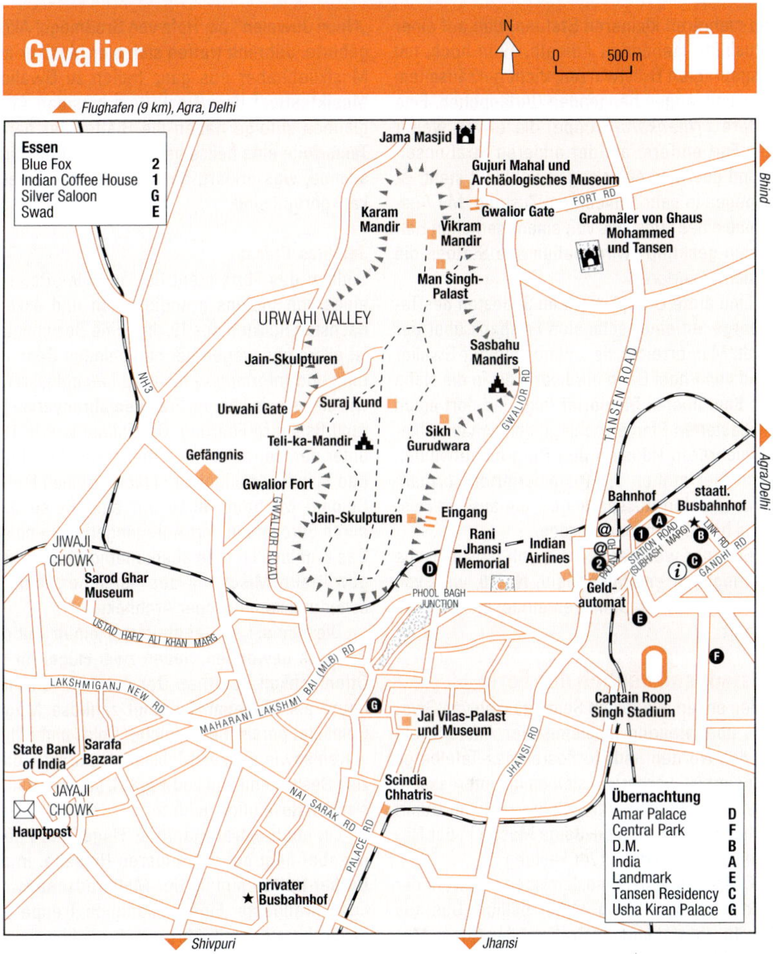

stammen aus dem späten 11. Jh. und sind Vishnu geweiht. Der Weg führt dann weiter zum *gurudwara* (Tempel) der Sikh-Gemeinde.

Jain-Skulpturen

In den schroffen Sandsteinklippen unterhalb des Forts befinden sich imposante aus dem Felsen gehauene Jain-Skulpturen. Die meisten Statuen, die zwischen dem 7. und 15. Jh. entstanden, sind große honigfarbene Bildnisse der 24 Lehrer und Erlöser des Jainismus – *tirthankara* (wörtlich „Furt-Bereiter" oder „Furt-Macher"). Sie sind in ihren charakteristischen Posen dargestellt: stehend mit fest in die Hüften gestemmten Armen oder im Schneidersitz mit nach oben gerichteten Handflächen. Viele Statuen verloren 1527 beim Ansturm der ikonoklastischen Truppen des Großmoguls Babur ihre Gesichter und Genitalien.

Die größere der beiden Hauptgruppen säumt entlang der Hänge der **Urwahi**-Schlucht den südwestlichen Zugang zum Fort. Das größte Bildnis in der Nähe des Urwahi-Tor zeigt (neben mehreren kleineren Statuen) den auf einer Lotusblüte stehenden Adinath, 19 m hoch, mit ausgeprägten Brustwarzen, dicht gekräuseltem Haar und langen hängenden Ohrläppchen. Eine andere *tirthankara*-Gruppe, die etwas weiter vom Fort entfernt auf der anderen Straßenseite und oberhalb einer engen Schlucht steht, ist hingegen in sehr schlechtem Zustand. Mit Ausnahme eines Trios, das von einem zierlichen Baldachin geschützt wird, haben alle Statuen die Gesichter verloren.

Eine dritte Gruppe steht im Südosten des Tafelbergs auf einer schmalen Felsbank über der Stadt. Man erreicht sie, indem man der Gwalior Road von Phool Bagh nordwärts bis in die Nähe des **Rani Jhansi Memorial** folgt und dort einen gepflasterten Pfad einschlägt, der sich links hinter mehreren Häusern den Berg hinaufwindet. Auch hier stehen die (nummerierten) *tirthankaras* in tiefen Aussparungen, die aus der Felswand herausgehauen wurden.

Eine der wenigen nicht durch moslemische Eindringlinge entstellte Figur, **Nr. 10**, wird von Gwaliors kleiner Jain-Gemeinde als Schrein verehrt.

Altstadt und südlich des Forts

In den engen, staubigen Seitengassen von Gwaliors überwiegend moslemischer Altstadt, die um den Norden und Nordosten des Tafelbergs gruppiert ist, verbergen sich einige interessante islamische Monumente. Nicht weit vom Gujuri Mahal entfernt steht die **Jama Masjid** in der Nähe des Haupteingangs zur Festung.

Das berühmteste moslemische Bauwerk der Stadt aber steht 1 km weiter östlich. Das aus dem 16. Jh. stammende **Grabmal des Ghaus Mohammed**, eines afghanischen Prinzen, der Babur bei der Erstürmung des Forts half, ist ein schönes Beispiel der frühen Mogul-Architektur und ein beliebter lokaler Schrein. An den vier Ecken stehen elegante hexagonale Pavillons, und die große zentrale Kuppel enthält Reste von blau glasierten Kacheln. Die Wände des Grabmals sind mit erlesenen durchbrochenen Steinwänden ausgestattet.

Das zweite, kleinere Grab auf dem Gelände ist die Ruhestätte des berühmten mogulischen Sängers und Musikers **Tansen**, der zu den „Neun Juwelen" am Hofe von Großmogul Akbar gehörte. Jährlich treffen sich hier Musiker und Musikliebhaber aus ganz Indien zu Gwaliors **Musikfestival** (Nov/Dez). Dem hiesigen Aberglauben zufolge haben die Blätter der nahen **Tamarinde** eine heilsame Wirkung auf die Singstimme, was erklärt, dass die unteren Zweige kahl gerupft sind.

Jai Vilas-Palast

Südlich des Forts steht der Jai Vilas-Palast – eines von Indiens grandiosesten und exzentrischsten Relikten des 19. Jhs. Eine Besichtigung ist allerdings wegen der mangelnden Beschriftung und Information nicht so aufschlussreich, wie sie es sein könnte. **Fremdenführer** verlangen rund Rs50 pro Führung. Der Palast wurde 1875 unter der Herrschaft des Maharadschas Jayaji Rao Scindia errichtet. Er schickte seinen Freund Colonel Michael Filose auf eine Reise quer durch Europa, um dort Anregungen zu sammeln. Das Ergebnis ist eine abenteuerlich zusammengewürfelte Mischung aus dorischer, toskanischer und korinthischer Architektur.

Die Scindia, die noch immer einen Teil des Palastes bewohnen, haben zwei Flügel für die Öffentlichkeit geöffnet. Der erste davon dient heute als **Museum**. Es zeigt zahllose Mogul-Gemälde, persische Teppiche, Gold- und Silberwaren sowie antikes Mobiliar, das ursprünglich zum Besitzstand von Ludwig XVI. vor der Französischen Revolution gehörte.

Ein noch extravaganterer Flügel des Palastes aber liegt auf der anderen Hofseite. In der **Durbar-Halle** empfing der Maharadscha wichtige Ehrengäste. Eine ausladende Treppe aus belgischem Kristall führt von der Lobby zur riesigen Versammlungshalle im Obergeschoss, wo die größten **Kronleuchter** der Welt hängen. Angesichts des Gewichts von über 3,5 t pro Stück wurde die Tragfähigkeit der Decke zunächst mit acht an ihr in die Höhe gezogenen Elefanten getestet. Der in der Halle liegende Teppich wurde von Insassen des Gefängnisses von Gwalior gewebt, die zwölf Jahre zur Fertigstellung des 40 m langen Stückes benötigten. Er ist der längste handgefertigte Teppich Asiens. ⌚ tgl. außer Mo 10–17.30 Uhr, Eintritt Rs250, Fotoerlaubnis Rs30, Video Rs80.

Sarod Ghar Museum

Versteckt im Westen der Stadt (eine Motor-Rikscha nehmen) liegt das Sarod Ghar Musik-Museum in der Ustad Hafiz Ali Khan Marg, Jiwaji Ganj. Das Museum befindet sich in dem schönen angestammten Haus der Familie Bangash. Ihre Vorfahren waren afghanische Pferdehändler, die sich in Indien niederließen und eine Dynastie musikalischer Talente hervorbrachte, von denen vor allem **Ustad Hafiz Ali Khan** und sein Sohn **Ustad Amjad Ali Khan** Berühmtheit erlangten. Das Museum stellt Gwaliors reiches **musikalisches Erbe** vor – von Tansen, der am Hof des Großmoguls Akbar auftrat, bis zum von Gulam Ali Khan Bangash erfundenen Instrument **Sarod**. ⌚ Di–So 10–13 und 14–16 Uhr, 💻 www.sarod.com.

Die Scindia Chhatris

Eine kurze Rikschafahrt vom Jayaji Chowk nach Osten führt zu zwei typisch pompösen Grabstätten der Familie Scindia. Die **Chhatris** auf einem Hof zwischen Mauern weisen wunderschöne Bildhauereien auf und sind kunstvoll mit Szenen vom Leben am Maratha-Königshof im 19. Jh. ausgemalt. Das umfangreichere der beiden Grabmäler wurde 1817 für Maharaja Jiyaji Rao Scindia erbaut. Seine größte Zierde ist das Außenmuster von ineinander verflochtenen Blumen. Das zweite *chhatri* ist eine kompaktere Version des ersteren. Es wurde 1843 für den gerade verstorbenen Maharaja Janakaji Scindia errichtet; Skulpturen und Schnitzereien erzählen vom aufreibenden Leben eines Königs.

Übernachtung

Die Budgethotels von Gwalior sind äußerst spartanisch. Die meisten mittelklassigen bis teuren Hotels erheben zusätzlich zum Übernachtungspreis noch jeweils 10 % „Luxussteuer" und Bedienungszuschlag.

Amar Palace, Phool Bagh Junction, 📞 0751/232 5843. Die Zimmer fallen eher klein und überwiegend geräuschvoll aus, haben aber immerhin Marmorböden und Telefon. Es lohnt sich, ein wenig mehr Geld hinzulegen, denn dann gibt es auch einen kleinen Balkon – teils mit Blick aufs Fort – und AC. ❸–❹

Central Park, Stadtzentrum, in einer Seitenstraße der Gandhi Rd, 📞 0751/223 2440, 💻 www.thecentralpark.net. Die Zimmer in dem Business-Hotel haben schicke Bäder, bequeme Betten und WLAN. Frühstück ist im Preis mit drin. Leider sind die Preise nicht ganz gerechtfertigt, und auf den Service ist nicht immer Verlass. Dafür entschädigen jedoch das Restaurant, die Konditorei und der Pool. ❼

D.M., nahe dem staatlichen Busbahnhof, 📞 0751/234 2083. Die Zimmer sind arg klein geraten, dafür aber sauber und ruhig; die billigeren haben nur Hockklos. Die vorsintflutlichen Fernsehgeräte liegen im Schrank an Ketten, falls jemand auf die Idee kommen sollte, sich eins unter den Nagel reißen zu wollen. Moskitos können zum Problem werden, deshalb ist es ratsam, ein Netz aufzuspannen. ❸–❹

India, Station Rd, 📞 0751/234 1983. Beliebte, schlichte Unterkunft unter Leitung der Indian House-Kette. Die Zimmer sind sauber, gehen aber auf die laute Hauptstraße hinaus. Westliche Toiletten besitzen nur die Deluxe-Zimmer. ❷–❹

Landmark, Manik Vilas, 30751/401 1271, 💻 www.hotellandmarkgwalior.com. Die Mittelklasse-Zimmer mit AC sind komfortabel, aber mit ihrer mattbraunen Ausstattung etwas deprimierend. Rund um die Uhr geöffneter Coffeeshop sowie Restaurant und Bar. ❼

Tansen Residency, 6A Gandhi Rd, 📞 0751/234 0370, ✉ tansen@mptourism.com. Gut geführtes Hotel von MP Tourism in Bahnhofsnähe mit Gartenanlage und gut ausgestatteten, aber unterdimensionierten Zimmern. Ordentliches Restaurant und Bar. Sehr gefragt, also rechtzeitig reservieren. ❺

Usha Kiran Palace, Jayendraganj, Lakshar, 📞 0751/232 3993, 💻 www.tajhotels.com. Der romantische, 120 Jahre alte königliche Palast in einer 3,5 ha großen Parkanlage bietet charmante Zimmer (ab US$202) mit indischen Diwanen, Mobiliar im Stil der 1930er-Jahre und Seidenkissen. Außerdem im Angebot: Pool, Wellness-Bereich sowie Koch- und Yoga-Kurse. ❾

Essen

Gwaliors beste Restaurants befinden sich in den nobleren **Hotels**. Die erheblich einfacheren und billigeren *dhabas* dagegen sind in Bahnhofsnähe angesiedelt.

Schlemmen wie ein König

Silver Saloon, Usha Kiran Palace. Wer sich das Hotel nicht leisten kann, sollte sich vielleicht mit dem Besuch seines vorzüglichen Restaurants trösten: Indische, Muglai-, Marathi-, nepalesische und internationale Gourmetküche in stimmungsvollem Ambiente mit perfektem Service. Fürs Abendessen sind um die Rs350–750 einzukalkulieren. Zum krönenden Abschluss geht's in die hoteleigene Bada Bar auf einen Drink und eine Runde Billiard.

Blue Fox, Hotel Shelter, Padav Rd. Gemütliche Essnischen laden zum Verzehr der verführerisch angerichteten Hühnchen- oder Lamm-*kebabs* ein; besonders lecker ist *shashlik*. Wer Genuss ohne Reue sucht, bestellt heiße Schokolade (sie steht auf der Karte unter „health drinks"). (Hauptgerichte Rs60–150).

Indian Coffee House, Station Rd. Bescheidenes Esslokal, dessen Kellner weiße Turbane tragen und die Gäste zuverlässig mit Toast und Filterkaffee, südindischen *dosas* und sättigerenden Komplettmahlzeiten versorgen (Rs35–140).

Swad, Hotel Landmark. Außer schmackhafter Nord- und Südindienküche bekommt man hier auch internationale „Hausmannskost" wie gebackene Bohnen auf Toast, Porridge (Haferbrei) und French Toast (Rs80–200).

Sonstiges

Geld

Die **State Bank of India** im Herzen des Basarviertels am Jayaji Chowk in der Nähe der Post wechselt Geld. Neben dem Hotel Shelter in der Padav Road und beim Touristeninformationsschalter im Bahnhof gibt es **Geldautomaten**.

Informationen

Das **Informationsbüro** von MP Tourism, ✆ 0751/223 4557), ⌚ tgl. 10–18 Uhr, befindet sich in der Tansen Residency in der Gandhi Road. U. a. bietet es täglich eine Busrundfahrt an (10–19 Uhr; Rs75). Außerdem gibt einen **MP-Tourism-Schalter** im Bahnhof auf Bahnsteig 1, ✆ 0751-407 0777, ⌚ tgl. 9–19 Uhr.

Internet

Es gibt mehrere Internetcafés in der Nähe vom Hotel Shelter, u. a. **Gwala's Cyber Zone** (Rs10 pro Std.) und **J. Cyber Zone** (Rs20 pro Std.).

Transport

Busse

Der **staatliche Busbahnhof** ist nur eine Straßenecke vom Hauptbahnhof entfernt. Staatliche **Busse** fahren von hier aus alle 30 Min. nach AGRA (3–3 1/2 Std.), DATIA (1 1/2–2 Std.), JHANSI (3 Std.) und SHIVPURI (2 1/2 Std.). Ungünstiger am Südwestrand der Stadt gelegen ist der **private Busbahnhof**.

Eisenbahn

Gwaliors **Bahnhof** liegt im Osten der Stadt, direkt um die Ecke vom staatlichen Busbahnhof. Die meisten ordentlichen Unterkünfte sind von hier bequem zu Fuß zu erreichen. Zu entfernteren Zielen im Westen fahren Motor-Rikschas über die belebte MLB (Maharani Lakshmi Bai) Rd. Wer mit leichtem Gepäck unterwegs ist, spart Geld durch Nutzung der billigen Tempo, die über die Station Rd pendeln. Der schnellste **Zug** nach DELHI ist der Shatabdi Express Nr. 12001 (tgl. 19.05 Uhr, 3 1/2 Std.) über AGRA (1 1/2 Std.). In entgegengesetzter Richtung fährt der Shatabdi Express Nr. 12002 (tgl. 9.38 Uhr) nach BHOPAL (4 1/2 Std.) via JHANSI (1 1/4 Std.).

Flüge

Der **Flughafen** liegt 9 km nördlich der Stadt. **Air India/Indian Airlines**, ✆ 0751/237 6820, fliegt 6x wöchentl. nach DELHI und JABALPUR.

Datia

Auf dem Höhepunkt des „goldenen Zeitalters" der Bundelas ließ Bir Singh Deo den selten besuchten majestätischen Palast von **Datia** erbauen. Er steht 30 km nordwestlich von Jhansi und ist eines der prachtvollsten Rajputen-Gebäude Indiens. Datia liegt an der Haupteisenbahnlinie Delhi–Mumbai und wird normalerweise in einem Tagesausflug von Jhansi oder vom 71 km weiter nordwestlich gelegenen Gwalior aus besucht.

Von beiden Städten fahren halbstündlich Busse und täglich mehrere Züge hierher. Wer mit dem Bus aus Shivpuri kommt, 97 km weiter westlich, muss in Karera in einen anderen Bus umsteigen. Die **Busse** halten am Südrand der Innenstadt. Tongas und Fahrradrikschas bringen Passagiere von dem kleinen **Bahnhof**, der 2 km südwestlich von Datia liegt, ins Zentrum.

Im Norden der Stadt, auf einem Felsvorsprung, thront der **Nrsing Dev-Palast** und schaut auf das Gewirr weiß- und blau getünchter Ziegelhäuser hinab. Der halbe Spaß beim Besuch des labyrinthartigen Palastes besteht darin, von den stockfinsteren unterirdischen Gewölben einen Weg zur luftigen Wohnung der Rani im Obergeschoss zu finden. Die Kellerräume wurden in den harten Felsen gehauen, um während der heißen Jahreszeit als Ausweichquartiere zu dienen. Zwischen Souterrain und Dachgeschoss wimmelt es von sich kreuzenden Korridoren, Hängebrücken, Mauerwerk, an dem noch Überreste von Keramikfliesen kleben, Holzgittern und Bogengängen, Geheimgängen, Pavillons und Zimmerfluchten. In sich immer mehr verjüngenden Kreisen geht es nach oben, bis endlich die Treppen aufhören. Die Aussicht von den höheren Stockwerken ist atemberaubend. ◷ tgl. Sonnenauf- bis Sonnenuntergang.

Shivpuri

Shivpuri, die ehemalige Sommerhauptstadt der Scindias, liegt 112 km südlich von Gwalior. Die größte Sehenswürdigkeit hier ist das **Madhav Rao Scindia Chhatri**, eine weiße, marmorne Synthese hinduistischer und islamischer Architekturstile mit Türmchen und Pavillons, ◷ tgl. 8–12 und 15–20 Uhr, Eintritt Rs40, Fotoerlaubnis Rs10, Video Rs40. Es gibt auch noch verschiedene andere, weniger eindrucksvolle chhatris und stille Gärten mit viktorianischen Laternen und Zierbalustraden. Im **Madhav-Nationalpark** in der Nähe leben Rotwild, Leoparden, Lippenbären und Krokodile. Außerdem stehen dort ein Jagdhaus und ein Schlösschen aus der Zeit der Scindias. ◷ tgl. von Sonnenaufgang bis 16.30 Uhr, Eintritt pro Fahrzeug Rs1500, Fotoerlaubnis Rs40, Video Rs300, Guide Rs150.

Das Tourist Village von MP Tourism, ✆ 07492/223760, ✉ tvshivpuri@mptourism.com, ❺, hat einladende, aber überteuerte **Zimmer** mit AC, einen Pool und ein Restaurant plus Bar. Die Mitarbeiter können Miet-Jeeps organisieren. Zwischen Shivpuri und Gwalior verkehrt auch ein **Zug** (4 Std.), aber mit den staatlichen **Bussen** (3 Std.) geht es schneller.

Orchha

Orchha, wörtlich „versteckter Ort", trägt seinen Namen zu Recht, auch wenn es inzwischen zu einem wichtigen Zwischenstopp für Touristen auf dem Weg nach Khajuraho geworden ist. Denn der Ort liegt 18 km südöstlich von Jhansi inmitten eines gestrüppreichen *dhak*-Waldgebietes. Die inzwischen aufgegebene mittelalterliche Stadt ist trotz ihres vernachlässigten Zustands noch immer ein architektonisches Juwel, wo mit Vogeldreck befleckte *shikhara*-Türme, verlassene Paläste, Haveli und mit Unkraut überzogene Sandstein-Kenotaphe die Ufer des ruhigen Flusses Betwa überragen. Das verschlafene Dorf am Fuß der exotischen Ruinen ist hervorragend geeignet, um sich nach den hektischen Städten des Nordens zu entspannen.

Geschichte

Nachdem die **Bundela** von mehreren Generationen von Delhi-Sultanen aus verschiedenen Hauptstädten in Zentralindien vertrieben worden waren, zogen sie sich Ende des 15. Jhs. in die alte Malwa-Festung von Orchha zurück. Unter Raja **Rudra Pratap** begannen die Arbeiten an Orchhas großartigen Befestigungsanlagen, Palästen und Tempeln, die bis zu seinem Tod (angeblich bei dem Versuch, eine Kuh aus den Fängen eines Tigers zu befreien) im Jahre 1531 fortgeführt wurden. In der Folgezeit hingen Orchhas Geschicke vom Wohlwollen der mächtigen Nachbarn ab, der **Moguln**. Nach einer verlorenen Schlacht gegen Akbar besiegelte der stolze und fromme **Madhukar Shah** um ein Haar das Todesurteil gegen seine Sippe, indem er mit einem roten *tilak* auf der Stirn am Hof des Großmoguls erschien – einem Zeichen, das dieser ausdrücklich verboten hatte. Doch die wagemutige Geste trug ihm

Akbars Respekt ein, und zwischen beiden entwickelte sich eine Freundschaft.

Die neue Allianz wurde in den folgenden Jahren durch Orchhas schillerndsten Herrscher **Bir Singh Deo** noch untermauert. Während seiner 22-jährigen Herrschaft errichtete er 52 Festungen und Paläste, zu denen die Zitadelle von **Jhansi**, der verschachtelte Nrsing Dev in **Datia** und zahlreiche Prachtbauten von Orchhas gehören.

1627 wurde er von Wegelagerern ermordet, als er sich gerade auf dem Rückweg aus dem Dekkan mit einer Kamel-Karawane und reicher Beute befand. Nach seinem Tod verschlechterten sich die Beziehungen zu den Moguln rapide. Schließlich sahen sich die Bundela gezwungen, aus Orchha ins relativ sichere **Tikamgarh** zu fliehen. Abgesehen vom Sheesh Mahal, heute ein Hotel, blieben die großartigen Bauwerke seitdem mehr oder weniger dem Verfall überlassen.

Die Monumente

Englisch sprechende **Führer** können am Haupteingang zum Fort für einen kurzen Rundgang durch die Festung angeheuert werden (etwa Rs200), oder in der Nähe des Hauptplatzes für eine Halbtagesbesichtigung von Orchha (Rs350). ◷ tgl. 8–18 Uhr, Tagespass für alle Monumente Rs250, Fotoerlaubnis Rs25, Video Rs200. Jeden Abend gibt's eine **Ton- und Lichtshow** auf Englisch: ◷ März–Okt 19.30 Uhr, Nov–Feb 18.30 Uhr; 1 Std., Eintritt Rs250, Kinder Rs150.

Raj Mahal und Rai Praveen Mahal

Das erste Bauwerk hinter Orchhas mittelalterlicher Granitbrücke ist die noch relativ gut erhaltene Ruine des Raj Mahal (unbeschränkt zugänglich). Am Ende der Brücke führt der Weg nach links zum Haupteingang und dann nach rechts zum Hotel Sheesh Mahal. Der zweite innere rechteckige Hof, den einst die Bundela-Ranis nutzten, ist der auffälligere von beiden. Er ist von opulenten herrschaftlichen Wohnquartieren, erhöhten Balkonen, ineinander verschachtelten, auf allen vier Seiten symmetrisch nach oben führenden Wandelgängen sowie Kuppelpavillons und Türmen geprägt. Die an das Viereck im Erdgeschoss angrenzenden Wohnbereiche gehörten den Lieblingsfrauen. Beim Rundgang sollte man auf die Reste von Spiegelintarsien und lebensnahen **Malereien** an den Wänden und Decken achten. Einige bemerkenswert gut erhaltene Friese zeigen Vishnu in verschiedenen exotischen Inkarnationen, Hof- und Jagdszenen sowie lebendige Feste.

Über einen Pfad, der vom Raj Mahal um die Nordseite des Hügels führt, gelangt man zu dem kleinen zweistöckigen Ziegelgebäude Rai Praveen Mahal, das Raja Indramani Mitte des 17. Jhs. für seine Konkubine errichten ließ. Die begabte Dichterin, Musikerin und Tänzerin Rai Praveen bezauberte den Großmogul Akbar, dem sie zum Geschenk gemacht wurde. Sie wurde aber schließlich nach Orchha zurückgeschickt, um dort ihren Lebensabend zu verbringen. Das Haus steht auf dem gut bewässerten Rasen des **Anand-Mahal-Gartens** (unbeschränkt zugänglich) und verfügt über eine Versammlungshalle im Erdgeschoss, in der die Musik- und Tanzdarbietungen stattfanden, ein Boudoir im Obergeschoss sowie kühle Räume im Untergeschoss.

Jahangir Mahal

Bir Singh Deo ließ Orchhas meistbewunderten Palast Jahangir Mahal im 17. Jh. als Willkommensgeschenk für einen offiziellen Besuch des Großmoguls errichten. Jahangir kam, um seinem alten Verbündeten das Schwert seines ärgsten Feindes Abdul Fazal zu überreichen, den Bir Singh einige Jahre zuvor hatte töten lassen. Die nach Osten gerichtete Hauptfassade hinter dem kunstvoll gestalteten Zeremonientor ist noch mit den türkisfarbenen Kacheln bedeckt. Zwei Elefanten aus Stein neben dem Treppenaufgang halten Glocken mit den Rüsseln, um die Ankunft des Rajas anzukündigen, und drei Etagen mit eleganten Hängebalkonen, Terrassen, Wohnbereichen und Zwiebeltürmen umschließen einen zentralen Hof. Doch wirkt dieser Palast durch seine zahllosen Fenster und die durchbrochenen Steinwände, die den Blick auf Orchhas exotisches, westliches Stadtbild freigeben, insgesamt leichter als der Raj Mahal.

Sheesh Mahal

Der lange vor Orchhas Niedergang im frühen 8. Jh. errichtete „Spiegelsaal" Sheesh Mahal diente als exklusiver Landsitz des lokalen Rajas Udait Singh. Nach der Unabhängigkeit ging das Gebäude in den Staatsbesitz über und wurde zum Hotel umgestaltet. Der recht kompakt wirkende Palast steht zwischen Raj Mahal und Jahangir Mahal am hinteren Ende eines seitlich offenen Hofes. Nachdem der Palast weiß getüncht und die meisten persischen Teppiche und Antiquitäten fortgeschafft worden sind, ist wenig vom ehemaligen Glanz erhalten geblieben. Von den oberen Terrassen und Türmen jedoch hat man eine schöne Aussicht in die Umgebung.

Das Saket Museum von Ramayana Correlogram

Die kleine **Kunstgalerie**, 2 Min. zu Fuß südlich vom Raj Mahal, zeigt eine faszinierende Sammlung hinduistischer Volkskunst aus ganz Indien. Zu den Highlights zählen Mithila-Gemälde (die mit Farben auf der Grundlage von Kuhmilch gemalt wurden) aus Bihar und farbenfrohe Masken aus Orissa und Uttar Pradesh. ⏲ Di–So 10–17 Uhr.

Die Umgebung des Dorfes

In Dorfnähe stehen unterhalb der Anhöhe verschiedene andere interessante Monumente. Der **Ram Raja Mandir** befindet sich am Ende des kleinen Basars in einem kühlen, mit Marmor ausgekleideten Hof. Der Legende nach ließ Madhukar Shah das Bauwerk als Palast für seine Frau Rani Ganesha bauen. Zum Tempel wurde es, als die Herrscherin dort eine Rama-Statue aus ihrer Heimatstadt Ayodhya aufstellen ließ, die sich fortan nicht mehr von der Stelle bewegen ließ; die Statue steht heute noch da und ist eine beliebte Pilgerstätte.

Der ursprünglich für die Rama-Statue vorgesehene **Chatturbuj Mandir** mit seinen hoch über das Dorf aufragenden *shikhara*-Türmen wäre aber ebenfalls ein angemessener Aufenthaltsort für die Gottheit gewesen. Mit seinem kreuzförmigen Grundriss, der den vierarmigen Vishnu repräsentiert, den sieben Stockwerken und den weiten, von gewölbten Balkonen umgebenen Höfen verkörpert er den prunkvollen, von den Moguln beeinflussten Bundelkhand-Stil – mit rajputischen, persischen und europäischen Elementen. Die spärlichen Verzierungen und die großzügige Einbeziehung des Raums machen ihn zu einem eher ungewöhnlichen Hindu-Tempel – vielleicht sollte er Anhänger des **Bhakti**-Kults aufnehmen, bei dem eine größere Menschenmenge zur Andacht zusammenkommt als die sonst übliche kleine Gruppe von Priestern. Zwischen den Stockwerken führen schmale Treppen hinauf bis zum Dach, wo sich in den Nischen der verzierten *shikhara*-Spitze nistende Geier niedergelassen haben.

Gegenüber vom Ram Mandir führt ein Pfad durch den im Mogul-Stil angelegten Ziergarten **Phool Bagh** hinüber zum großen Pavillon **Hardaul ka Baithak**, in dem einst Bir Singh Deos zweiter Sohn Hardaul, ein Verbündeter Jahangirs und ein romantischer Ästhet, Hof hielt. Heute gehen Frischvermählte dort hin, um Hardauls Segen zu erbitten. Die hohen Türme, die sich wie zwei einsame Brückenpfeiler über den Garten erheben, sind sogenannte *dastgir* („Windfänger"): nach persischem Vorbild gebaute Kühltürme, die dem Nachbarpalast Palkhi Mahal kühle Luft zuführten. Sie sind vermutlich die einzigen erhaltenen ihrer Art in ganz Indien.

Mehr als nur ein Hauch von Melancholie liegt über den hellbraunen, mit Unkraut überwucherten Kuppeln und Türmen der 14 **Chhatris** am Fluss. Dies sind die Kenotaphe der ehemaligen Herrscher von Bundelkhand. Nördlich der *chhatris*, hinter einer Brücke, liegt das **Orchha Nature Reserve**. Hier kann man auf einem friedlichen Naturpfad in der Gesellschaft von Affen und Pfauen einen gemütlichen Spaziergang oder eine kleine Radtour unternehmen. ⏲ Sonnenauf- bis Sonnenuntergang, Rs150.

Lakshmi Narayan Mandir

Der einsame Lakshmi-Narayan-Tempel steht auf einem kleinen Hügel 1 km westlich des Dorfes Orchha am Ende eines gepflasterten Weges. Vom Platz hinter dem Ram Raja Mandir bietet ein gemütlicher 15-minütiger Spaziergang schöne Panoramen und am Ziel ausgezeichnete Malereien aus dem 17. und 19. Jh. Gegen ein kleines Trinkgeld führt der *chowkidar* Besucher durch die Galerien im Inneren des Tempels.

Übernachtung

Die beiden Basisorganisationen Sarthak und Friends of Orchha, ✆ 9993/385405, 💻 www.orchha.org, vermitteln in Zusammenarbeit **Homestays** bei hiesigen Familien. ❸

Amar Mahal, Bypass Rd, 200 m südlich vom Markt, ✆ 07680/252102, 🖳 www.alsisar.com. Auf Mogulstil getrimmte Zimmer mit Bad, holzgeschnitzten Betten und kunstvoll bemalten Decken rings um eine Reihe ruhiger, miteinander verbundener Höfe. Pool, Restaurant und Mini-Spa (Anwendungen Rs500–2000) vervollständigen das Angebot. ❼

Betwa Retreat, abseits der Tikamgarh Rd, zehn Gehminuten südlich vom Markt, ✆ 07680/252618, ✉ betwa@mptourism.com. Die Lodge von MP Tourism besteht aus einer Reihe von ein wenig abgewohnten, aber geschmackvoll eingerichteten Cottages in Lachsrosa und komfortablen Zelten mit AC – alle mit TV, Kühlschrank und Marmorbad – in einer ruhigen Gartenanlage am Fluss. Zur Anlage gehören ein Restaurant, eine Bar und ein kleiner Pool. ❺

Bundelkhand Riverside, abseits der Jhansi Rd, 600 m nördlich vom Markt, ✆ 07680/252612, 🖳 www.bundelkhandriverside.com. Das ehemalige Jagdschlösschen des letzten Maharadschas von Orchha wurde 1895 in einer Verquickung aus traditioneller indischer und britischer Kolonialarchitektur erbaut. Es hat stilvoll eingerichtete, geräumige Zimmer mit Bad (die meisten mit Flussblick), ein Restaurant und einen Pool. ❼

Shri Mahant Guesthouse, am Markt, ✆ 07680/252715. Die altbewährte Backpacker-Herberge liegt mitten im Brennpunkt des Geschehens. Ziemlich winzige Zimmer, in der einfachsten Ausführung nur mit Hocktoiletten, aber für ein paar Rupien mehr gibt es schon einen Ventilator, TV und Sitztoilette. ❷–❹

Zimmer mit Aussicht

Ganpati, Jhansi Rd, ✆ 07680/252765, 🖳 www.hotelganpati.in. Das einladende Hotel ist ein Familienbetrieb mit unterschiedlichen Zimmern. Sie gruppieren sich um einen kleinen Garten mit atemberaubender Aussicht auf die alte Festungsanlage. Alle Zimmer sind makellos sauber und verfügen über ein Bad; die teureren haben AC und manche (insbesondere Nr. 21) einen wunderbaren Ausblick. ❷–❹

Wo einst der Maharadscha residierte

Sheesh Mahal, Jehangir Mahal Rd, neben dem Raj Mahal, ✆ 07680/252624, ✉ smorchha@mptourism.com. Der einstige Landsitz des hiesigen Raja im Herzen des Forts ist heute ein stimmungsvolles Hotel. Es hat acht bezaubernde und dabei sehr preiswerte Zimmer mit AC und eine sehr persönliche Atmosphäre. Auf die Glücklichen, die sich eine romantische Nacht in der Maharadscha-Suite leisten können, warten Extras wie eine riesige Marmorbadewanne und das ultimative Örtchen mit Panoramablick. Reservierung ratsam. ❺–❽

Shri Mahant Hotel, Lakshmi Narayan Temple Rd, 200 m nordwestlich vom Markt, ✆ 07680/252341. Das entspannte Hotel unter gleichem Management wie das Shri Mahant Guesthouse hat riesige, in Pastellfarben gehaltene Zimmer mit einwandfreiem Bad (manche mit Wanne) und Balkon. Gegen Aufpreis gibt es auch AC und TV. Von der Dachterrasse eröffnet sich eine tolle Aussicht. ❸–❹

Essen

Die köstliche lokale **Spezialität** *kalakand* (Milchkuchen) gibt es bei den kleinen Buden gegenüber vom Shri Mahant Guesthouse zu kaufen.

Betwa Tarang, an der Straße zur Festungsbrücke. Die relativ teuren Pizzas mit Knusperboden und die Pastagerichte (Rs95–240) sind durchaus einen Versuch wert, auch wenn der Koch sich manchmal etwas zu viel vornimmt. Es liegt aber auch noch eine Extra-Speisekarte mit billigeren vegetarischen indischen Gerichten (Rs60–85) bereit.

Blue Sky, Jhansi Rd. In dem freundlichen Dachgartenrestaurant werden die Gäste mit vegetarischem indischen, chinesischen und koreanischen Essen (Hauptgerichte Rs50–80) verwöhnt und können dabei das Straßentreiben unten oder die Festung in der Ferne betrachten.

Jharokha, Hotel Sheesh Mahal. Wer schon nicht hier abgestiegen ist, kann wenigstens im säulengeschmückten Speisesaal das Flair auf sich wirken lassen. Das veg. und nicht veg. Essen, z. B. Hühnchen in Spinatsoße, schmeckt sehr lecker (Hauptgerichte Rs50–200). Abends ist Livemusik und Tanz angesagt.

Neeraj, im Markt. Der begehrte vegetarische *thali*-Imbiss hat den Standort gewechselt, aber das Essen ist so gut wie eh und je und reißt kein großes Loch ins Portemonnaie (Rs20–50). Ideal für alle, die die überall gleichen internationalen Speisekarten in Orchha satthaben.

Ram Raja, an der Straße zur Festungsbrücke. Gemütliches kleines Lokal mit großer Frühstückskarte (gilt den ganzen Tag lang), die Rösties, Toast mit Erdnussbutter, Filterkaffee und Eier in jeder erdenklichen Zubereitungform umfasst. Daneben gibt es auch einfache vegetarische indische Speisen und *momos* (tibetische Knödel). Hauptgerichte Rs20–60.

Sonstiges

Geld

Reiseschecks wechselt die **Canara Bank** am Hauptplatz. Ein **Geldautomat** der State Bank of India ist in der Tikamgarh Road, ein paar Minuten südlich des Markts, zu finden.

Fahrradverleih

AR Tours and Travel, Tikamgarh Rd, vermietet Fahrräder für ungefähr Rs50 pro Tag.

Informationen und Touren

Das **Informationsbüro** von MP Tourism, ✆ 07680/252624, befindet sich im Hotel Sheesh Mahal. Es veranstaltet u. a. Rafting-Touren auf dem Fluss (Rs1200 pro 90 Min., Rs3000 für 3 Std. inkl. Mittagessen). ⌚ tgl. 7–22 Uhr.

Internet

Es gibt mehrere Internetcafés im Ort. Das **Cyber Café** (Rs30 pro Std.) neben dem Restaurant Bhola bietet auch Telefonverbindungen über Skype an (Rs40 pro Std.).

Nahverkehr

Voll besetzte **Tempos und Busse** fahren regelmäßig vom Busbahnhof in Jhansi zur wichtigsten Kreuzung von Orchha. Fahrtzeit jeweils 20–40 Min., Rs10, Gepäck im Tempo zusätzlich Rs10. Eine **Motor-Rikscha** vom Hauptbahnhof oder Busbahnhof Jhansi kostet Rs150–200, ein Taxi Rs350–400; abends ist beides teurer. Auf der Hauptstraße von **Khajuraho** kommend kann man sich an der Abzweigung nach Orchha absetzen lassen und die restlichen 7 km mit einem Tempo zurücklegen.

Transport

Busse

Wer nach KHAJURAHO weiterfahren will, sollte sich lieber nicht darauf verlassen, am Highway einen der schnelleren privaten Expressbusse (8x tgl., 4 1/2–6 Std.) anhalten zu können, da die Fahrzeuge meistens voll sind. Besser, man ist früh genug am Busbahnhof Jhansi und steigt schon ein, bevor sie losfahren. Von hier aus fahren auch staatliche Busse (3x tgl., 5–7 Std.) nach Khajuraho.

Taxis

Mit einem beim MP-Tourism-Informationsbüro gemieteten Taxi (Rs1800) lässt sich die Fahrzeit nach KHAJURAHO verkürzen.

6 HIGHLIGHT

Khajuraho

Die prachtvollen Hindu-Tempel von Khajuraho standen knapp ein Jahrtausend verlassen und verwahrlost da, bis man sie minutiös restaurierte. Jetzt sind sie Unesco-Kulturerbe und dürfen auf keiner Rundreise zu Indiens historischen Monumenten fehlen. Die Tempel, die v. a. für die zierliche Sinnlichkeit und unverblümte Erotik ihrer Skulpturen berühmt sind, entstanden zwischen dem 10. und 12. Jh. als größte architektonische Leistung der Chandella-Dynastie. Wiederholte Angriffe afghanischer Eroberer beschleunigten allerdings den Niedergang der Chandellas und schon kurz nach dem Bau der Tempel, zogen sie sich in sicherere Regionen zurück. Die Tempel wurden nach und nach aufgegeben und vom Dschungel überwuchert, bis im 16. Jh. nichts mehr von ihnen zu sehen war. Erst nach der Wiederentdeckung durch die Briten

1838 erhielten diese Meisterwerke die gebührende nationale und internationale Würdigung.

Obwohl Khajuraho auf den Landkarten des Subkontinents sehr zentral liegt – 400 km südöstlich von Agra und etwa dieselbe Entfernung ab Varanasi –, sind die Tempel noch heute so weit von den Hauptreiserouten entfernt wie zur Zeit ihrer Entstehung. Dieser Umstand ersparte ihnen zumindest die Verwüstungen durch Plünderer, Eroberer und religiöse Eiferer, die so viele andere alte Hindu-Stätten trafen. Immerhin durchschneidet inzwischen eine Eisenbahnlinie die ausgedehnte Schwemmlandebene, was heutzutage einen Besuch von Khajuraho erheblich vereinfacht.

Die hohe Kunstfertigkeit der **Tempel**, deren spektakulärste **Kandariya Mahadeva**, **Vishvanatha** und **Lakshmana** sich in der **Westgruppe** befinden, wurde erst durch den weichen rötlich braunen Sandstein möglich, der zu ihrem Bau verwendet wurde. In Anbetracht der Anfälligkeit des Gesteins gegen Witterungseinflüsse haben die Skulpturen den Lauf der Zeit bemerkenswert gut überstanden. Große Teile der feinen **Skulpturen** an den Tempelwänden sind in einem nahezu dreidimensional wirkenden Hochrelief gearbeitet, und pinkfarbene Maserungen im Gestein verleihen den Figuren fleischfarbene Tönungen. Die beeindruckende Geschicklichkeit der Künstler ist in jeder Arbeit ersichtlich. Friese mit einem Maß von nur 10 cm sind reich versehen mit naturalistischen Details wie Schmuck, Zierrat, Frisuren und sogar manikürten Fingernägeln.

Die Pracht der Tempel lässt die Existenz des **Dorfes Khajuraho** fast vergessen, wo eine Flut von Hotels und Souvenirläden entstanden ist. Doch wer ein oder zwei Nächte hierbleibt, lernt auch das beschauliche Dorfleben schätzen, besonders abends, wenn auf dem Markt und in den Freiluft-Restaurants eine äußerst gesellige Atmosphäre herrscht.

Vorsicht vor Abzocke

Von den lästigen Hotelschleppern abgesehen, müssen sich Besucher Khajurahos besonders vor Kindern in Acht nehmen, die ihnen unbedingt ihre Schule, ein Krankenhaus oder Dorf zeigen wollen – solche Besuche enden regelmäßig mit Geldforderungen.

Das Dorf

Die Einrichtungen für Besucher konzentrieren sich in den verkehrsarmen Straßen des kleinen Dorfes Khajuraho. Unmittelbar am Eingang zur westlichen Tempelgruppe befindet sich der Hauptplatz, umgeben von Budgethotels, Cafés und Souvenirläden, in denen man sich auf aggressive Verkaufsmethoden einstellen muss. Das **Khandariya Art and Cultural Centre**, 1 km südlich des Zentrums, ist dagegen ein gehobenes Geschäft mit Waren zu Festpreisen. Hier werden auch tgl. Tanzaufführungen gezeigt (19 und 20 Uhr, Rs350). Auch im **Tourist Facilitation Centre** finden Vorstellungen traditioneller Tänze der Region statt, ⌚ tgl. 19 und 20.30 Uhr, Rs300.

Die bemerkenswerteste Skulptur des kleinen **Archäologischen Museums** an der Südseite des Hauptplatzes ist ein dickbäuchiger tanzender Ganesha; ⌚ tgl. außer Fr 10–17 Uhr, Eintritt Rs5. Das Museum soll irgendwann in neue Räumlichkeiten in der Nähe vom Lalit Temple View umziehen.

Das **Adivart State Museum of Tribal and Folk Art** im Chandella Cultural Complex hütet eine kleine, aber interessante Sammlung von Malereien, Skulpturen und anderer Kunst der vielen Stammesgruppen von Madhya Pradesh. ⌚ Mi–Mo 10–17 Uhr, Eintritt Rs50.

Khajuraho verwandelt sich während Phalguna (Feb/März) in ein betriebsames Zentrum, denn das Fest **Maha Shivratri** zieht Pilger aus der gesamten Region an, um Shivas Hochzeitstag zu feiern. Und das alljährliche **Khajuraho Festival of Dance** gehört zu Indiens wichtigsten Tanzereignissen. Da die genauen Termine des Festivals in der Regel spät bekannt gegeben werden, sollte man sich rechtzeitig bei der staatlichen Tourismusbehörde danach erkundigen.

Die Westgruppe

Die westliche Tempelgruppe, die wie eine gestrandete Schiffsflotte aus Stein zwischen makellosen Rasenflächen und mit Bougainvillea gesäumten Blumenbeeten liegt, ist Khajurahos größter Besuchermagnet.

Die erotische Kunst Khajurahos

Seit ihrer Wiederentdeckung im Februar 1838 fasziniert oder entrüstet Khajurahos ungenierte erotische Skulpturenpracht die Betrachter. Der junge britische Offizier der Bengal Engineers **T. S. Burt** war von seiner geplanten Route abgewichen und erreichte die von dichtem Dschungel überwucherten antiken Tempel. Die freimütige Darstellung von Oralsex, Masturbation, Sodomie und derlei Dingen mag unter den **Chandella** des 10. Jhs. nicht anstößig gewesen sein, doch sie entsprach, wie Burt erzählt, kaum den moralischen Vorstellungen von Queen Victorias aufrechten Offizieren:

„Ich fand ... sieben Hindu-Tempel, die von der künstlerischen Ausfertigung her wunderschön und meisterhaft gehauen waren, doch die Steinmetze hatten ihre Motive nur allzu häufig leidenschaftlicher gestaltet, als dazu irgendeine Notwendigkeit bestanden hätte. Tatsächlich waren so manche Skulpturen extrem unsittlich und Anstoß erregend..."

Burt fand an den Stufen des Vishvanatha-Tempels eine Inschrift, die es den Historikern ermöglichte, die Stätte den Chandella zuzuschreiben und ihre Entstehungsgeschichte zu rekonstruieren. Die erotischen Darstellungen lösen noch heute vehemente Kontroversen und Debatten unter Akademikern wie neugierigen Touristen aus. Die Aufgabe, eine schlüssige Erklärung für ihren Sinn und Zweck abzugeben, wird durch die Tatsache erschwert, dass selbst die Chandella die Tempel in ihrer Literatur kaum erwähnten, und auch der Name „Khajuraho" mag in die Irre führen, weil er sich möglicherweise nur auf das nahe Dorf bezieht.

Zu den Erklärungsansätzen für den sexuellen Bezug der Skulpturen gehörten Spekulationen über Verbindungen zu **tantrischen Kulten**, in denen sexuelle Handlungen zentrale Bedeutung in der Götterverehrung haben. Andere Stimmen vermuten, dass die Inspirationen auf das Kamasutra zurückgehen und als Leitfaden für die Liebe dienen, während wiederum andere Thesen anführen, dass die Skulpturen die Götter unterhalten, ihren Zorn zerstreuen und so die Tempel gegen Naturkatastrophen schützen sollten.

Die sechzehn großen Täfelungen, die an den nördlichen und südlichen Fassaden der drei Haupttempel – Kandariya Mahadeva, Lakshmana und Vishvanatha – die sexuelle Vereinigung zeigen, verbinden zugleich die männlichen und weiblichen Elemente der Tempel, Mandapa (Vorhalle) und *garbha griha* („Mutterschoß"). Vielleicht sind sie deshalb als eine Art visuelle Zweideutigkeit zu verstehen, die mit größter künstlerischer Freiheit ausgearbeitet wurde.

Khajuraho

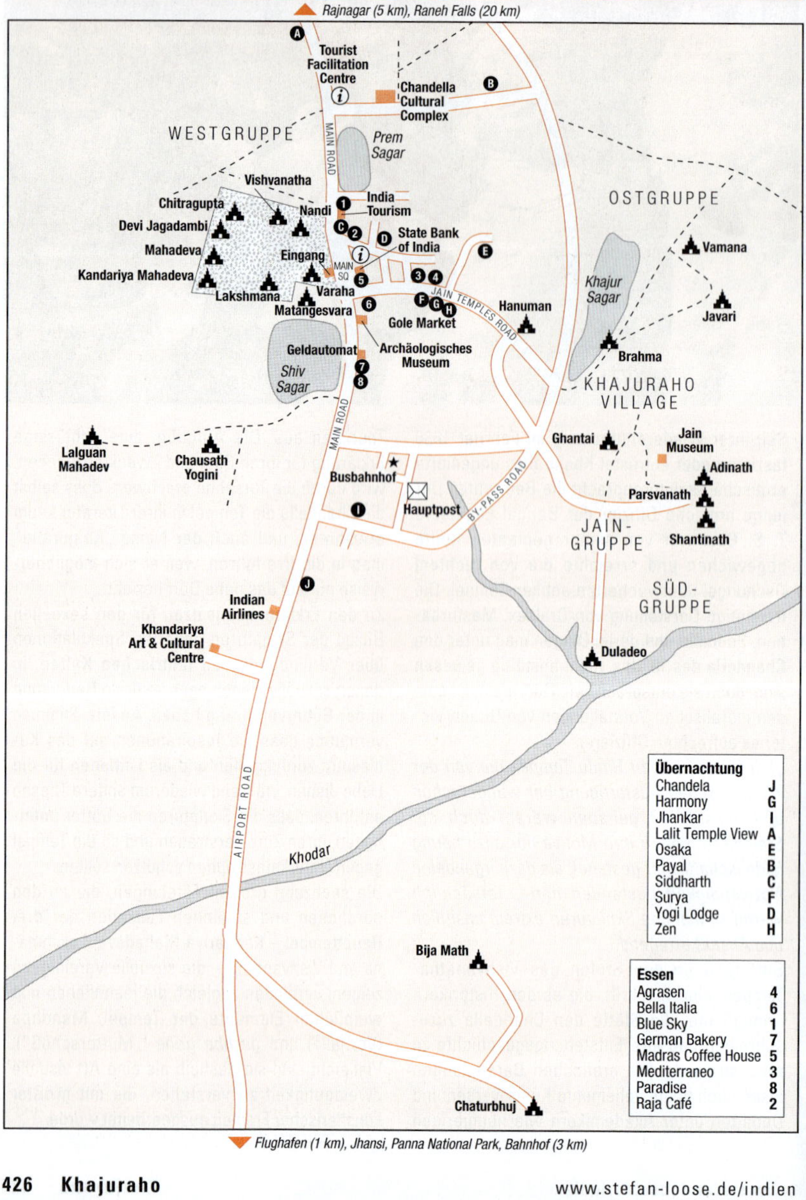

N
0
500 m
Rajnagar (5 km), Raneh Falls (20 km)
Tourist Facilitation Centre
Chandella Cultural Complex
WESTGRUPPE
MAIN ROAD
Prem Sagar
Vishvanatha
Chitragupta
Nandi
India Tourism
Devi Jagadambi
State Bank of India
Mahadeva
Eingang
MAIN SQ
Kandariya Mahadeva
Lakshmana
Varaha
Matangesvara
JAIN TEMPLES ROAD
Hanuman
Gole Market
Archäologisches Museum
Geldautomat
Shiv Sagar
OSTGRUPPE
Vamana
Khajur Sagar
Javari
Brahma
KHAJURAHO VILLAGE
Lalguan Mahadev
Chausath Yogini
Busbahnhof
Hauptpost
BY-PASS ROAD
Ghantai
Jain Museum
Adinath
Parsvanath
Shantinath
JAIN-GRUPPE
SÜD-GRUPPE
Indian Airlines
Khandariya Art & Cultural Centre
Duladeo
AIRPORT ROAD
Khodar
Bija Math
Chaturbhuj
Übernachtung
Chandela J
Harmony G
Jhankar I
Lalit Temple View A
Osaka E
Payal B
Siddharth C
Surya F
Yogi Lodge D
Zen H
Essen
Agrasen 4
Bella Italia 6
Blue Sky 1
German Bakery 7
Madras Coffee House 5
Mediterraneo 3
Paradise 8
Raja Café 2
Flughafen (1 km), Jhansi, Panna National Park, Bahnhof (3 km)

Mit Ausnahme des vor dem Hauptkomplex stehenden **Matangesvara** scheinen alle Tempel ihrer religiösen Bedeutung beraubt und nur zum Maha Shivratri-Fest (s. o.) erwachen sie zu neuem Leben. Besucher müssen vor dem Betreten der einzelnen Anlagen die Schuhe ausziehen. Informative **Audio-Führungen** durch die Westgruppe (Rs50 plus Rs500 Pfand) gibt es im Büro der Tempelanlage. ⌚ tgl. von Sonnenauf- bis Sonnenuntergang, Eintritt Rs250, Fotoerlaubnis Rs25. Jeden Abend findet eine exzellente **Ton- und Lichtshow** statt (50-minütige englische Version: ⌚ März–Okt 19.30 Uhr, Nov–Feb 18.30 Uhr, Rs300).

Varaha

Im Eingangsbereich steht dieser kleine offene Mandapa-Pavillon aus dem 10. oder 11. Jh., der ein großes, glatt geschliffenes Sandsteinbildnis von **Vishnu** als Wildschwein (Varaha) beherbergt. Auf seinen Körper sind in fein säuberlichen Reihen 674 Flachrelief-Figuren gemeißelt, die die wichtigsten Götter und Göttinnen des hinduistischen Pantheons repräsentieren. Als Herr über Erde, Wasser und Himmel sitzt das achtsame Wildschwein auf der Schlange Shesha begleitet von der Erdgöttin **Prithvi**, von der jedoch nur die Füße und eine Hand auf Varahas Nacken erhalten sind und die T. S. Burts Vermutung zufolge niemals schöner geschaffen wurde als hier. Über dem Bildnis schwebt der Lotushimmel in Reliefform.

Lakshmana

Hinter Varaha und dem gegenüber der Begrenzungsmauer stehenden Matangesvara führt der Weg zum reich verzierten Tempel Lakshmana. Er entstand etwa 950 n. Chr. und ist damit das älteste Bauwerk der Westgruppe. Er erhebt sich auf einem hohen Sockel, dessen Friese Prozessionen mit Pferden, Elefanten und Kamelen neben Soldaten, häuslichen Szenen, Musikern und Tänzern zeigen.

Während der Sockel die niedere menschliche Welt darstellt, knüpft der Tempel selbst den Kontakt zur himmlischen Sphäre. Zwei gemeißelte Gesimsstreifen zieren die Außenseite mit Göttern und Göttinnen, denen *apsaras* (himmlische Nymphen) zur Seite stehen, sowie Figuren in komplizierten sexuellen Stellungen auf dem unteren Streifen und in den Vertiefungen.

Über der Mandapa (Vorhalle) und Veranda erheben sich aufeinander folgende, pyramidenartige Dächer zu einem kompakten Turm aus identischen, übereinander gesetzten Elementen. Kleine Veranden mit abfallenden Traufen springen oberhalb der Mandapa und des Korridors vor, die mit vorzüglich gestalteten Säulen, jede mit acht Figuren, ausgestattet wurden und in jeder Ecke der Terrasse von prächtigen Konsolen in Form von *apsaras* gestützt werden. Ins Heiligtum *(garbha griha)* führt ein Portal, dessen Türsturz Vishnus Gefährtin **Lakshmi** in Begleitung von **Brahma** und **Shiva** zeigt, während ein anderer Fries **Navagraha** (die neun Planeten) darstellt. Das Hauptbildnis im Inneren zeigt Vishnu in der Form des dreiköpfigen und vierarmigen Vaikuntha, der von seinen Inkarnationen als Wildschwein und Löwenmensch begleitet wird.

Kandariya Mahadeva

Der majestätische Kandariya Mahadeva steht zusammen mit anderen Tempeln auf einer Terrasse in der westlichen Ecke der Anlage. Er wurde zwischen 1025 und 1050 n. Chr. erbaut und ist das größte und imposanteste Bauwerk der Westgruppe. Als Gipfel der Perfektion des im Lakshmana und Vishvanatha begonnenen fünfstufigen Aufbaus, repräsentiert dieser Shiva-Tempel den Höhepunkt der Chandella-Kunst. Seine reich verzierten Dächer ragen in dramatische 31 m Höhe empor zum *shikhara*-Turm, der 84 kleinere Repliken beherbegt.

Kandariya Mahadeva ist vor allem wegen seiner außerordentlich lebhaften und provokativen **erotischen Darstellungen** beliebt, die seine drei Stufen schmücken und nahezu jede Fläche der Außenseite bedecken. Bewundernde Blicke erntet stets das besonders schön gestaltete Bildnis eines in *mithuna* (sexueller Vereinigung) verbundenen Paares, das zu beiden Seiten von Frauengestalten zur Sinnlichkeit ermutigt wird. Es gehört zu Khajurahos bekanntesten Motiven und scheint sich über die Natur hinwegzusetzen, denn die männliche Gestalt hängt kopfüber nach unten, und erst wenn man die Szene wie aus der Vogelperspektive betrachtet, machen die geschmeidig ineinander verschlungenen Glieder Sinn.

Ein kunstvoll aus einem Stein gearbeitetes Blumengewinde dient über dem Tempelportal als *torana*, zeremonielles Eingangstor für eine Hochzeitsprozession. Innen wie außen feiern üppig und feinsinnig gestaltete Götter, Göttinnen, Musiker und Nymphen den Anlass. Drinnen führt eine dunkle Passage zum Shivalingam. In den Nischen an der Außenseite befinden sich Bildnisse von **Ganesha**, **Virabhadra** und den **Sapta Matrika** („sieben Mütter"), die für das Einkleiden des Bräutigams Shiva verantwortlich sind.

Devi Jagadambi

Nördlich des Kandariya Mahadeva schließt sich auf derselben Terrasse der ältere Tempel Devi Jagadambi an. Er weist eine einfachere Struktur auf und hat keine versetzten Balkone an den Außenwänden. Die auffällige Vorhalle, des ursprünglich Vishnu geweihten, Bauwerks ist von einem kompakten Pyramidendach gekrönt. Drei *bhanda* („Gürtel") umschließen den *jangha* („Leib, Rumpf"), der mit feinen sinnlichen Steinmetzarbeiten versehen ist. Die erotischen Darstellungen des dritten *bhanda* gelten als die vollendetsten von Khajuraho. Überall erscheint Vishnu auf den Friesen, die auch geschmeidige Nymphen, Götter und Göttinnen (teils in liebender Umarmung) zeigen. Die Fachwelt vertritt unterschiedliche Meinungen zum Bildnis im Inneren des Heiligtums: Die einen halten es für eine stehende Parvati, die anderen für die schwarze Göttin Kali, die den Ortsnamen Jagadambi trägt.

Zwischen Kandariya Mahadeva und Devi Jagadambi beherbergen die Reste des Tempels **Mahadeva** einen meterhohen Löwen, den eine Gestalt mit undefinierbarem Geschlecht begleitet. Der meist stark stilisierte Löwe ist in Khajuraho ein stets wiederkehrendes Motiv. Hier richtet er sich über einem knienden Krieger mit gezogenem Schwert auf, möglicherweise ein Emblem der Macht der Chandella.

Chitragupta

Am Ende der Terrasse steht der restaurierte, wuchtige und stellenweise etwas unförmige Tempel Chitragupta, der seinem südlichen Nachbarn Devi Jagadambi ähnelt. Ungewöhnlich ist, dass er dem Sonnengott **Surya** geweiht wurde. Die schönen Darstellungen auf den Friesen zeigen Jagdszenen, Nymphen und Tanzmädchen nebst Prozessionen, und im Süden fällt das Bildnis eines besonders energischen Vishnu auf, das alle zehn Inkarnationen vereint. In der inneren Kammer sieht man den hitzigen Surya auf einem Wagen, der von sieben Pferden gezogen wird.

Der kleine, relativ unbedeutende Tempel vor dem Chitragupta ist ebenfalls rundum restauriert und heute **Parvati** geweiht. Ursprünglich mag es sich um einen Vishnu-Tempel gehandelt haben, wenngleich er ein interessantes Bildnis der auf einem Krokodil reitenden Göttin Ganga beinhaltet.

Vishvanatha

Der auf einer Ebene mit dem Lakshmana stehende Tempel Vishvanatha im Nordosten der Umfriedung ist der dritte der drei Hauptschreine der Westgruppe. Er kann präzise auf das Jahr 1002 n. Chr. datiert sowie der Herrschaft Dhangadevas zugeordnet werden. Der Vishvanatha war, im Gegensatz zu anderen Tempeln Khajurahos, in denen die residierenden Gottheiten wechselten, stets ein Shiva-Tempel. Dies belegt der offene Pavillon der Vorhalle vor dem Hauptheiligtum, wo ein riesiger, sitzender **Nandi** folgsam wartet. Die großen Tafeln zwischen den Balkonen zeigen auch hier *mithuna*, Paare in liebender Umarmung zwischen sinnlichen Nymphen.

Matangesvara

Die Schlichtheit des außerhalb der Tore stehenden Tempels Matangesvara weist ihn als eines der ältesten Bauwerke Khajurahos aus. Er entstand im frühen 10. Jh. und dient noch heute als Tempelstätte. Das runde Heiligtum hat mehrere tiefe Balkone. Wie eine Säule erhebt sich im Innern als zentrales Heiligtum ein Shivalingam auf einer als Sockel dienenden *yoni*, die Vulva – wiederkehrendes Symbol der Unität Shivas. Während des jährlichen Shivratri-Festes, der prachtvollen Hochzeit von Shiva und Parvati, wird der Schrein zum Mittelpunkt aufwendiger Aktivitäten: Zahlreiche Pilger zieht er an, hier ihre Zeremonien zu feiern, die tief in der Vergangenheit Khajurahos verankert sind.

Chausath Yogini

Südwestlich des Badebeckens Shiv Sagar stehen die Überreste des seltsamen Tempels Chausath Yogini – „Die 64 *yogini*“. Das Bauwerk aus dem 9. Jh. besteht aus 35 kleinen Granitschreinen, die sich um ein Rechteck gruppieren. Ursprünglich gab es 64 solcher Schreine, in deren Mitte der Tempel der residierenden Göttin stand. In ganz Indien gibt es nur 14 weitere Tempelanlagen (alle im Norden), die jenen zornigen und blutrünstigen Begleiterinnen der wilden Göttin Kali geweiht sind. Rund 1 km westlich befinden sich die Ruinen des kleinen Tempels **Lalguan Mahadev**, der Shiva geweiht ist.

Die Ostgruppe

Die zwei getrennten Tempelbereiche, die Cunninghams Ostgruppe bilden, sind über die beiden Verzweigungen der vom Zentrum ostwärts führenden Straße zu erreichen: der eine besteht aus den dicht beieinander stehenden **Jaina-Tempeln**, der andere aus mehreren weiter nördlich stehenden Schreinen sowie den beiden größeren Tempeln Vamana und Javari, die beide aus dem späten 11. Jh. stammen. ⏲ tgl. Sonnenaufgang bis -untergang, Eintritt frei.

Die Tempel im Nordteil

An der Nordseite der Jain Temples Rd steht ein modernerer Tempel, der eine zwei Meter hohe Statue des Affengottes **Hanuman** beherbergt. Sie ist vermutlich älter als sämtliche Tempel und Schreine Khajurahos. Von dort, wo der Weg am Dorfrand nach links zum Ostufer des trüben Wasserbeckens Khajur Sagar abzweigt, führt er zu den Ruinen eines Tempels mit nur einer Kammer, der irrtümlich als **Brahma**-Tempel bezeichnet wird. Es handelt sich um ein Shiva-Heiligtum, was deutlich am *chaturmukha*, dem „vierköpfigen“ Shivalingam ersichtlich ist. Während die östliche und die westliche Front freundliche, gütige Züge tragen und die Nordseite die Milde von Shivas weiblicher Manifestation Uma zeigt, ist die grausame Südseite mit Darstellungen von Tod und Vernichtung überzogen.

Die staubige Straße führt weiter zum kleinen Tempel **Javari**. Das Bauwerk ist nicht so reich verziert wie andere Tempel, weist aber einige sehr schöne Skulpturen auf, von denen vor allem die Nymphen im klassischen Khajuraho-Stil Beachtung verdienen.

Der größte Tempel des Dorfes Khajuraho, **Vamana**, steht abgesondert in einem Gebiet 200 m weiter nördlich. Das etwas früher als der Javari, im bereits voll entwickelten Chandella-Stil, errichtete Bauwerk besitzt einen schlichten *shikhara*-Turm. Zu den Statuen gehören verführerische himmlische Nymphen, die zu zwei Bändern geformt den Tempelrumpf *(jangha)* umschließen. Ins Innere des Heiligtums, das Vishnus Inkarnation Vamana geweiht ist, führt ein prächtiges Portal. Richtung Jain-Gruppe führt der Weg an den Überresten des Tempels **Ghantai** aus dem späten 10. Jh. vorbei, dessen schöne Säulen mit Glocken *(ghantai),* Blumengewinden und anderen Motiven verziert sind.

Die Jain-Gruppe

Der Tempel **Parsvanath**, der den ummauerten Bezirk der Jain-Gruppe dominiert, ist angesichts seines relativ einfachen Grundrisses wahrscheinlich älter als die Haupttempel Khajurahos. Vielleicht war er einst ein Hindu-Tempel, der später der sich ansiedelnden Jain-Gemeinde überlassen wurde. Auf jeden Fall ist Khajurahos lebenssprühende Skulpturenkunst auf den beiden horizontalen Bändern, welche die Mauern umlaufen, sehr gut repräsentiert. Das obere Band ist von hinduistischen Göttern in den bekannten innigen Darstellungen übersät. Zu den besten Arbeiten Khajurahos gehören hier ein Brahma mit Gemahlin, ein schöner Vishnu, ein seltenes Bildnis des Liebesgottes **Kama**, der seine Gesellin **Rati** umarmt, zwei anmutige weibliche Gestalten. Auf einem schmalen Streifen über den beiden Hauptbändern sind Girlanden tragende himmlische Musikanten *(gandharva)* dargestellt, die Zimbeln, Trommeln, Saiteninstrumente und Flöten spielen. Im Inneren, hinter einer reich verzierten Halle, ist ein schwarzer Monolith dem Jain-Heiligen Parsvanath geweiht, der erst 1860 an die Stelle eines anderen *tirthankara*, Adinath, trat.

Die Südgruppe

Khajurahos Südgruppe besteht aus drei weit auseinander liegenden Tempeln. Am nächsten zur Stadt liegt 1,5 km vom Stadtzentrum entfernt der **Duladeo**, zu dem ein staubiger Pfad südlich der Jain-Gruppe führt. Er entstand im frühen 12. Jh. und legt Zeugnis vom allmählichen Verfall der Tempelarchitektur in der späten Chandella-Epoche ab. Vor allem den Skulpturen fehlt die kennzeichnende Geschmeidigkeit des Khajuraho-Stils.

Jenseits des Flusses Khodar und südlich zweigt eine schmale Straße links von der Airport Rd ab, die zu dem unverhältnismäßig großen, sich nach oben verjüngenden Tempel **Chaturbhuj** führt. Das um 1100 entstandene Bauwerk hat eine gewisse Ähnlichkeit zum Javari-Tempel der Ostgruppe und ist ein Vorläufer des Duladeo, insgesamt jedoch schlichter als dieser und bar jeder Erotik. Im inneren Heiligtum steht eine beeindruckende Vishnu-Statue.

Der Weg zum dritten Tempel **Bija Math** führt zunächst zurück zur Häusergruppe vor dem Chaturburj und dann über einen staubigen Pfad rechts durch den kleinen Ort. Bis 1998 lag er unter einem verdächtig großen Erdhügel *(tela)* verborgen, bis bei einer Ausgrabung die fein gestaltete Plattform entdeckt wurde. Der Tempel selbst ist leider gänzlich verfallen. Nur einzelne, ehemals schmuckvolle Skulpturen liegen weit um die Stätte verstreut.

Übernachtung

Für Besucher, die aus anderen Teilen von Madhya Pradesh anreisen, können Khajurahos Touristenschlepper und das mit ihnen verbundene Provisionssystem ein ziemlicher Schock sein. Am besten nie mit Taxi- oder Motor-Rikscha-Fahrern zusammen in die Hotels gehen und nachdrücklich darauf beharren, sich die Unterkunft selbst auszusuchen. Das riesige Hotelangebot sorgt für heftige Konkurrenz und hohe Unterbringungsstandards in allen Preiskategorien. Bei etwas Verhandlungsgeschick sind kräftige Preisnachlässe drin. Im Büro von India Tourism (S. 432) lassen sich **Homestays** in nahe gelegenen Dörfern arrangieren.

Chandela, an der Straße zum Flughafen, ✆ 07686/272355, 🖳 www.tajhotels.com. Elegante Cottages mit Bad in einer gepflegten, 4,5 ha großen Gartenanlage mit allen Annehmlichkeiten der Taj-Gruppe: Minigolf, Tennis, Krocket, Fitnesscenter, Pool (für Nichtgäste Rs300), Café, Bar und zwei Restaurants. ❽

Harmony, Jain Temples Rd, ✆ 07686/274135, 🖳 www.hotelharmonyonline.com. Das mediterrane Styling verleiht dem altbewährten Hotel ein angenehm großzügiges Flair. Es bietet eine Auswahl an luftigen, supersauberen Zimmern der unteren und mittleren Preisklasse, einen Hof voller Vögel und außerdem noch gutes Essen. ❸–❺

Jhankar, By-Pass Rd, ✆ 07686/274063, ✉ jhankar@mptourism.com. Das propere, wenn auch etwas bejahrte MP-Tourism-Hotel in sicherer Entfernung vom Touristen- und Schlepper-Gewimmel rund um die westliche Tempelgruppe ist der Renner bei indischen Touristen. Die sauberen Zimmer mit AC schmücken Gemälde, auf denen die Tempel dargestellt sind. Frühstück inkl. ❺

Osaka, abseits der Jain Temples Rd, ✆ 07686/272839, ✉ osaka4guest@ymail.com. Die ordentliche Budgetunterkunft hat eine Handvoll großer, aber ramponierter Zimmer mit Kachelfußboden und Bad. Die Zimmer fallen unterschiedlich aus, daher mehrere in Augenschein nehmen; manche besitzen sogar eine altersschwache Klimaanlage. Leider ist das Osaka keine moskitofreie Zone. ❶

Payal, hinter den Feldern nordöstlich des Zentrums, ✆ 07686/274064, ✉ payal@mptourism.com. Das stille, von MP Tourism verwaltete Hotel in einer hübschen Grünanlage besitzt einen Pool, der zum Abkühlen einlädt. Die Zimmer mit Miniveranden und Ventilator oder AC könnten zwar eine Generalüberholung vertragen, sind aber dennoch gemütlich. ❺

Luxusoase mit Verwöhnprogramm

Lalit Temple View, Main Rd, ✆ 07686/272111, 🖳 www.thelalit.com. Der Toptipp, wenn Geld keine Rolle spielt. Die luxuriösen Zimmer (US$181–202) blicken entweder auf die Tempel oder den hübschen Pool und Grüppchen schattiger *mahua*-Bäume. Am tollsten ist aber das Wellness-Angebot, u. a. mit Ayurveda-, Thai- und Reflexzonen-Massage. ❾

Siddharth, gegenüber der westlichen Tempelgruppe, 📞 07686/274627, ✉ hotelsiddharth@rediffmail.com. Die freundlichen Mitarbeiter des Mittelklassehotels können nichts dafür, dass die Zimmer ziemlich mitgenommen sind. Aber immerhin besitzt das Deluxe-DZ mit AC eine herrliche Aussicht auf die Tempel und die indischen Gerichte des Restaurants gehören zum Besten, was vor Ort zu haben ist. ❹–❺

Surya, Jain Temples Rd, 📞 07686/274144, 💻 www.hotelsuryakhajuraho.com. Beliebtes, kompetent geführtes Hotel mit sauberen, gut ausgestatteten Zimmern verschiedener Preislagen, üppig grünem Garten, 24-Std.-Internetzugang, Büchertausch, Yoga- und Massage-Angebot und Restaurantbereich im Freien. ❸–❺

Yogi Lodge, in einer Sackgasse zwischen den Läden hinter dem Raja Café, 📞 07686/274158, ✉ yogi_sharm@yahoo.com. Die superbilligen, recht sauberen Zimmer mit Bad verdienen zwar das Prädikat „spartanisch", aber ihr Preis ist unschlagbar, zumal Yoga und Meditation inklusive sind. ❶

Zen, Jain Temples Rd, 📞 07686/274228, ✉ oshozen62@hotmail.com, 💻 www.hotelzenkhajuraho.co.in. Mittelpunkt des Hotels ist der Zen-Garten mit Lotosteich und Streichelkaninchen. Die angemessen bepreisten Zimmer verfügen über Bad und TV, die teureren auch über AC. Im hoteleigenen italienischen Restaurant bekommt man sensationellen Schokoladenkuchen. ❸–❺

Essen

In Khajuraho herrscht kein Mangel an Restaurants; die Auswahl reicht von einfachen, preiswerten Lokalen bis zu teuren internationalen und italienischen Restaurants. Hotels wie Chandela und Lalit Temple View haben Restaurants der oberen Kategorie, die exquisite Küche zu angemessenen Preisen offerieren. Vorsicht: Viele Dachterrassen-Restaurants versprechen zum Essen zugleich Blick auf die abendlichen Ton- und Lichtshows, während in Wirklichkeit nur Lichtflackern und gedämpfte Sprachfetzen bis zu ihnen heraufdringen.

Mediterraner Schlemmertempel

Mediterraneo, Jain Temples Rd, 📞 07686/272246. Echte Pizza mit dünnem Knusperboden aus dem Holzofen, handgemachte Pasta, selbst gebackenes Brot, umwerfender holländischer Apfelkuchen und unvergleichlicher Cappuccino machen das charmante Lokal zur besten kulinarischen Adresse der Stadt. Reservierung ratsam. Hauptgerichte Rs185–275.

Agrasen, Jain Temples Rd. Die Küche des Dachrestaurants produziert die typische Multikultikost (Hauptgerichte Rs40–120), jedoch mit etwas mehr Pfiff als üblich. Es gibt ein umfangreiches Frühstücksangebot, preiswerte *thalis* und Komplettmenus. Die Kokosnuss-Lassi ist zum Niederknien.

Bella Italia, Jain Temples Rd. Inzwischen in neuer Location mit einer von Kletterpflanzen umrankten Terrasse, ist das Bella Italia eine erschwinglichere Alternative zum Mediterraneo. Hier gibt's hausgemachte Knusperbodenpizza, Pasta und Crêpes (Hauptgerichte Rs125–215). Am frühen Abend versammeln sich in den Bäumen ringsum Hunderte von Papageien, die einen Riesenlärm veranstalten, bevor sie sich gegen 20 Uhr zur Ruhe begeben.

Blue Sky, Main Rd. Das Dachterrassen-Restaurant hat zwar etwas von einer Touristenfalle, bietet aber ein einmaliges Esserlebnis: einen Tisch im Baumhaus. Doch selbst nicht schwindelfreie Esser sind mit den *thalis*, chinesischen und westlichen Speisen nicht schlecht bedient. Und das Erfrischungsgetränk *jeevan rakshak ghol* (Mineralwasser, Limonensaft, Zucker und Salz) ist an heißen Tagen kaum zu toppen. Hauptgerichte Rs80–150.

German Bakery, Main Rd. Winziger Laden mit ein paar Plastikhockern, einem wackeligen Tischchen und verführerischem, selbst gebackenen Brötchen, Croissants, *pain au chocolat*, Brötchen, Kokosnussplätzchen und Kuchen – alle für etwa Rs5–50; dazu gibt es Filterkaffee. Abenteuerlustigere Esser können auch die Sandwiches mit nepalesischem Yakmilch-Käse probieren.

Madras Coffee House, Jain Temples Rd. Der schlichte Kantinenbetrieb ist bei Einheimischen und sparsamen Travellern angesagt und eignet sich prima für ein preiswertes südindisches Frühstück, bestehend aus *dosas*, *vadas* und *uttapams* (Rs30–70).

Paradise, Airport Rd. Die Dachterrassenbar plus Restaurant mit Aussicht auf den Shiv Sagar-See ist das ideale Plätzchen für einen Sundowner, z. B. einen Cocktail (Rs90–280), ein Kingfisher (Rs130), indischen Wein oder „Champagner" (Rs1200–1250 pro Flasche) sowie klassische Traveller-Leibspeisen wie *banana pancakes*.

Raja Café, Main Square. Ein boomender Laden für alles: neben offiziellen Führern, Internetzugang und Buchladen bietet das Raja auch Röstis, Gulasch und *southern fried chicken* sowie ausgezeichnete indische und chinesische Küche. Als Nachtisch empfiehlt sich die flambierte Banane – oder ein kaltes Bier. Hauptgerichte Rs60–100.

Sonstiges

Fahrradverleih

Viele Anbieter vermieten Fahrräder (Rs20–50 pro Tag), darunter Mohammad Bilal an der Jain Temples Road.

Geld

Geld wechselt die **State Bank of India** am zentralen Main Square. ⏲ Mo–Fr 10.30–16.30, Sa 10.30–13.30 Uhr. Sie hat auch einen **Geldautomaten** gegenüber vom Shiv-Sagar. Ein Geldautomat der **Union Bank** befindet sich neben dem Raja Café (s. o.).

Informationen

Das **Informationsbüro** von **India Tourism** ist am Main Square, ✆ 07686/272347, ✉ goito.khr@gmail.com. ⏲ Mo–Fr 9.30–18 Uhr.

Das Büro von **MP Tourism**, im Tourist Facilitation Centre, ✆ 07686/274051, kann Unterkünfte und Mietwagen vermitteln. ⏲ Mo–Sa 10–5 Uhr, am 2. und 4. Sa des Monats geschlossen.

Internet

Internetzugang gibt es in den meisten Hotels und entlang der Jain Temples Road.

Polizei

Für den Fall ernsthafter Probleme betreibt die **Touristenpolizei** einen Kiosk an der Main Road.

Post

Ein Postamt befindet sich in der Nähe vom Busbahnhof.

Touren

Zu den empfohlenen und sehr erfahrenen **Führern**, die Besuchern Khajuraho näher bringen, gehören Ganga, Eigentümer des Hotels Harmony und Tantraexperte, außerdem Mr. D. S. Rajput, Mr. Mama und Mr. Chandel, die alle drei über das Raja Café zu kontaktieren sind, und Raghuvir Singh, der über das Tour-Aids-Büro (s. u.) zu erreichen ist, sowie Anurag Sukla, ✆ 9425/143963. Die behördlich festgelegten Honorare für Führer betragen Rs600 für 1–5 Pers. pro halben Tag und Rs750 für den ganzen Tag. Bei Führungen in anderen Sprachen als Hindi und Englisch wird ein Zuschlag von Rs225 halbtags, Rs350 ganztags fällig.

Nahverkehr

Khajuraho setzt sich aus mehreren Dörfern zusammen, die **kein öffentliches Verkehrsnetz** haben. Doch es gibt verschiedene Möglichkeiten: **Taxis** und **Mietwagen** sind am zentralen Main Square zu kriegen, über das Raja Café und bei den meisten Hotels. Ein Taxi nach Orchha kostet Rs2200–2500, nach Satna Rs1600–1800; Forderungen der Fahrer nach horrenden „road tolls" (Straßengebühren) geflissentlich ignorieren und vor Fahrtantritt einen festen Preis vereinbaren.

Fahrrad-Rikschas kosten für eine Rundfahrt zu allen Tempeln Rs100, **Motor-Rikschas** für den halben Tag Rs150 und für ganztägige Tempelrundfahrten Rs250.

Transport

Busse

Ungefähr 8x tgl. fahren private Busse ins 174 km weiter westlich gelegene JHANSI (4 1/2–6 Std.) – am schnellsten ist normalerweise der um 8 Uhr abfahrende. Außerdem verkehren dorthin

3x tgl. langsamere staatliche Busse (5–7 Std.). Es gibt regelmäßige Verbindungen nach GWALIOR (7–9 Std.), täglich Busse nach AGRA (8 Std.) und BHOPAL (12 Std.) und ab und zu nach VARANASI (14 Std.). Nach Varanasi gelangt man auch mit einem der 3x tgl. ins 125 km östlich gelegene SATNA (3 1/2 Std.) fahrenden Busse; in Satna in den **Zug** umsteigen (s. u.). Eine weitere Verbindung nach Varanasi bietet einer der mehrmals täglich verkehrenden Busse Richtung Norden nach MAHOBA (3 Std.), dort weiter per Bahn (s. u.).

Eisenbahn

SATNA (3 1/2 Std. per **Bus**, s. o.) liegt an der Bahnstrecke Mumbai–Varanasi–Kolkata.
Von Satna geht es auch per Bahn nach GORAKHPUR, von dort fahren **Busse** zur nepalesischen Grenze. Der Kamayani Express Nr. 11071 fährt tgl. um 11.45 Uhr von Satna ab und erreicht VARANASI um 19.25 Uhr.
Ebenfalls nach Varanasi geht es per **Bus** nach MAHOBA (s. o.) und weiter mit dem täglichen Bundelkhand Express Nr. 11107, Abfahrt um 1.05 Uhr (9 3/4 Std.).
Es fahren auch mehrere Züge von Satna nach JABALPUR; die beste Verbindung ist der Howrah-Mumbai Mail Nr. 12321 (Abfahrt tgl. 14.55 Uhr; 3 Std.).
Am Busbahnhof gibt es ein computergestütztes **Buchungsbüro für Zugtickets** (tgl. 9–12 und 14–16 Uhr), es soll allerdings zum Bahnhof umziehen.

Flüge

Air India/Indian Airlines, ✆ 07686/274035, Flughafen ✆ 07686/274036, **Jet Airways**, Flughafen, ✆ 07686/274407, und **Kingfisher Airlines**, 🖳 www.flykingfisher.com, fliegen tgl. über VARANASI (um Rs5500) nach DELHI (um Rs7500). Die Nachfrage ist hoch, daher rechtzeitig buchen.

Die Umgebung von Khajuraho

Rund 20 km nordwestlich von Khajuraho tosen die **Raneh Falls** durch eine Schlucht mit schwarzen und pinkfarbenen Basaltwänden. Auch wenn viele Leute etwas anderes behaupten: Ghariale (ein krokodilähnliches Reptil) sind hier außerhalb der Monsunmonate fast nie zu sehen. In der Monsunzeit ist der Wasserfall natürlich am spektakulärsten. ⏲ tgl. von Sonnenauf- bis Sonnenuntergang, Eintritt Rs150, Guide Rs40.

Laut offiziellen Zahlen lebten 2006 im **Panna-Nationalpark**, 37 km südlich von Khajuraho, 24 Tiger. Im Juli 2009 musste die Regierung von Madhya Pradesh jedoch eingestehen, dass kein einziger Tiger mehr am Leben war, und gab Wilderern die Schuld daran. 2011 streiften wieder drei aus anderen Parks umgesetzte Tiger durch den Panna. Aber wer mit größtmöglicher Sicherheit einen Tiger zu Gesicht zu bekommen möchte, ist in den Nationalparks Kanha, Bandhavgarh oder Pench an der besseren Adresse. Davon abgesehen hat der Panna jedoch sensationelle 200 Vogelarten sowie Lippenbären, Wölfe und Pythons zu bieten. ⏲ Nov–Ende Juni tgl. Sonnenauf- bis Sonnenuntergang, Eintritt Rs2180 pro Jeep/Safari, obligatorischer Führer Rs150.

Jabalpur und Umgebung

Nachdem sie endlose Weiten mit Weizenfeldern und Stammesdörfern durchzogen haben, erreichen die Straße und die Eisenbahngleise, die Kolkata mit Mumbai verbinden, die größte Stadt im Osten Madhya Pradeshs: Jabalpur. Die 330 km östlich von Bhopal gelegene Stadt ist in erster Linie als Ausgangspunkt für die **Marmorfelsen** am nahen Narmada-Fluss sowie für die Nationalparks und Tigerreservate Kanha und Bandhavgarh interessant, die beide etwa eine halbe Tagesreise entfernt im Osten liegen.

3 km westlich in Richtung Marble Rocks (S. 436) streift der Highway eine ausgedehnte Moräne aus großen Granitfelsen, auf der die Ruinen des **Madan Mahal** (Originalaussprache: *M'den M'hel)* stehen, den der Gond-Herrscher Madan Shah 1116 als Festung und Lustschloss anlegen ließ. Einen Kilometer weiter westlich kommt man an eine eindrucksvolle Brücke über den Narmada.

Mehrere Schreine am Ufer kennzeichnen **Tilwara Ghat**, eine der heiligen Stätten, an denen ein Teil der Asche Mahatma Gandhis ausgestreut wurde. Die Abzweigung nach rechts führt zu den Marble Rocks.

Übernachtung

Die meisten Unterkünfte Jabalpurs liegen in Busbahnhofsnähe. Achtung: Manche Hotels erheben zusätzliche „Luxussteuern" und „Bedienungszuschläge".

Kalchuri Residency, Residency Rd, ✆ 0761/267 8491, ✉ kalchuri@mptourism.com. Das freundliche MP-Tourism-Hotel, vom Bahnhof gleich um die Ecke, hat verwohnte, aber großzügig bemessene Zimmer mit AC und ein einladendes Restaurant mit Bar. ❺

Narmada Jacksons, Civil Lines, ✆ 0761/400 1122, 💻 jacksons-hotel.net. Schmuckes, historisches Hotel mit modernen AC-Zimmern, verlockendem Pool, Ayurveda-Spa, Sauna und Restaurant. ❼–❽

Utsav, Russel Chowk, ✆ 0761/401 7269, 💻 www.hotelutsav.com. Die Zimmer im Utsav sind ziemlich schäbig und dabei keineswegs preiswert. Aber immerhin haben sie Bad, TV und Telefon, was sie für eine Nacht erträglich macht. Das Hotel liegt an einer verkehrsreichen Straßenecke mitten im Stadtzentrum; also unbedingt Ohrstöpsel mitbringen. 24-Std.-Checkout. ❷–❹

Kompetente Kooperative

Hotel India, in der Nähe des Karamchand Chowk, ✆ 0761/248 0093, ✉ icwcsltdjbp@rediffmail.com. Die Kooperative, die auch die Restaurantkette Indian Coffee Houses betreibt, führt dieses Hotel mit der gleichen ruhigen Kompetenz. Die Zimmer sind gut ausgestattet und besitzen Bad, TV und Telefon; die teureren auch AC. 24-Std.-Checkout. ❹

Essen

Von den Restaurants der besseren Hotels abgesehen sind die Möglichkeiten zum Essengehen in Jabalpur beschränkt.

Indian Coffee House hat drei Filialen: im Basar-Viertel, gegenüber vom Jyoti-Kino und im Hotel India. Die Filiale im Hotel India kommt edel daher, mit schwarzen und roten Ledermöbeln, Glaswänden und einem (normalerweise trockenen) Brunnen, erstklassiger chinesischer Küche sowie süd- und nordindischen Hauptspeisen und Snacks (Rs28–140) plus Filterkaffee (Rs8). Die zwei anderen Ableger sind nicht so nobel, aber das Essen und die Bedienung sind genauso gut.

Kalchuri Residency, im gleichnamigen Hotel. Das altbekannte MP-Tourism-Angebot – die üblichen indischen und chinesischen Fleisch-, Fisch und vegetarischen Gerichte für Rs50–150 – ist nicht weiter aufregend, aber abends empfiehlt sich das Kalchuri als nettes Plätzchen für ein kaltes Bier.

Pangat, im Hotel Shikhar Palace, Russel Chowk. Orangefarbene Wände, Multicolor-Würfelleuchten – ein Glück, dass dieses klimatisierte Restaurant nur gedämpft beleuchtet ist. Die rein vegetarische indische und chinesische Kost ist aber solide (Hauptgerichte Rs45–90).

Fleischlos glücklich für wenig Geld

SSS (Satyam Shivam Sundaram), in der Nähe des Jyoti-Kinos, Naudra Bridge. Unaufdringliches, rein vegetarisches Lieblingslokal der Einheimischen mit hervorragenden *thalis* und *dhals* zu unschlagbaren Preisen (Rs28–50). Besonders zu empfehlen ist das Pilz-Curry.

Sonstiges

Autovermietungen

Die besseren Hotels vermitteln Mietwagen für Tagesausflüge in die Umgebung von Jabalpur für rund Rs1400 pro Tag.

Geld

Vor dem Besuch der Nationalparks in Jabalpur Geld wechseln, da es in den Parks keine Möglichkeit dazu gibt. Die rund 1 km westlich vom Bahnhof gelegene **State Bank of India** und das Hotel **Rishi Regency** (🕓 24 Std.) gegenüber wechseln Bargeld und Reiseschecks.

Informationen

Das **Informationsbüro** von MP Tourism in der Ankunftshalle des Bahnhofs, ✆ 0761/267 7690,

Jabalpur

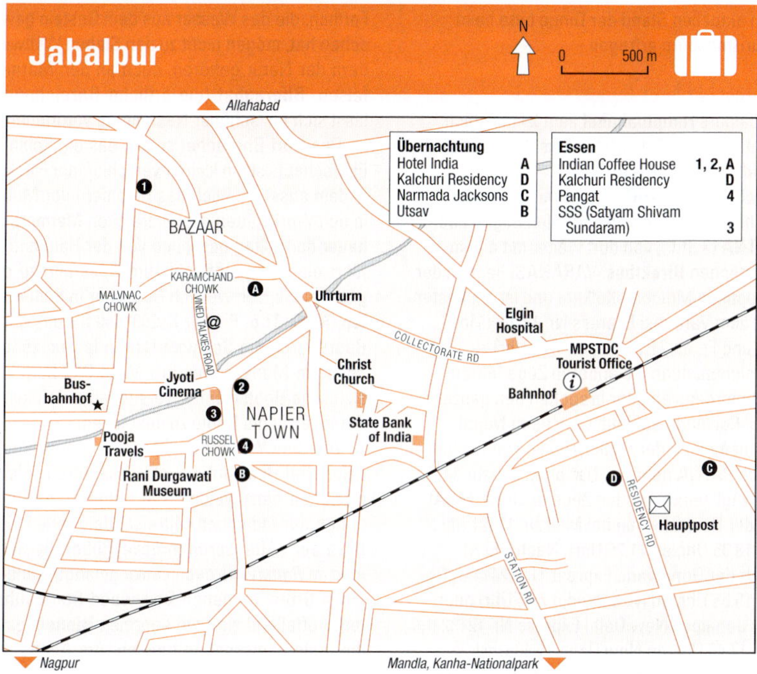

jabalpur@mptourism.com, veranstaltet **Bootsausflüge** auf dem Narmada River für Rs1500–Rs4000 p. P. Mo–Sa 7–19, So 7–14 Uhr.

Internet

Internetzugang (allerdings in einem Privathaushalt) kostet Rs20 pro Std.

Post

5 Min. Fußweg vom Bahnhof Richtung Süden.

Touren

Pooja Travels, 0761/261 0118. Das seriöse Reisebüro vermietet Wagen (mit Fahrern); eine Tour nach Kanha kostet um die Rs2000.

Transport

Busse

Im Umkreis des chaotischen **Busbahnhofs** knapp südl. vom Basar und westl. der Naudra-Brücke gibt es mehrere preiswerte Hotels.

Bei den meisten Reisenden steht nach dem Besuch von Jabalpur der KANHA-NATIONALPARK auf dem Programm. Dorthin, zum Haupteingangstor **Kisli**, fahren 3x tgl. staatliche Direktbusse (7, 11 und 12 Uhr, zurück um 6.30, 8.30 und 12.30 Uhr; 5–7 Std.) vom Zentralbusbahnhof; mit dem frühesten Bus geht es immer am schnellsten.

Busse nach MANDLA, auf halber Strecke zum Park, fahren jede halbe Stunde ab.

BANDHAVGARH ist schwieriger zu erreichen: Man muss einen **Zug** (häufig; 1 1/2 Std.) oder Bus (stdl., 2 Std.) nach MURWARA (auch Katni genannt) nehmen, dann auf der Eastern Railway-Strecke nach UMARIA fahren und dort einen Regionalbus zum Parktor nehmen. MP Tourism beabsichtigt, regelmäßig verkehrende AC-Busse sowohl nach KANHA als auch BANDHAVGARH einzusetzen;

den aktuellen Stand der Dinge bitte beim Tourismusbüro erfragen.

Eisenbahn

Jabalpurs **Hauptbahnhof** liegt 2 km östlich vom Zentrum. Eine Motor-Rikscha-Fahrt in die Stadt kostet Rs20–30.

Nach KHAJURAHO geht es mit einem von mehreren täglich verkehrenden Zügen nach SATNA (3 Std.), von dort weiter mit einem staatlichen **Direktbus**. VARANASI liegt an der Hauptlinie Mumbai–Kolkata und ist am besten mit dem Varanasi Express Nr. 12165 (Mo, Do und Fr; ab 21.15 Uhr, an 7.05 Uhr) zu erreichen, denn die anderen Züge fahren frühmorgens ab oder brauchen den ganzen Tag. Reisende auf dem Weg nach **Nepal** können einen der täglichen Züge von Jabalpur nach PATNA nehmen. Der praktischste der 5–6x tgl. verkehrenden Züge nach MUMBAI ist der Howrah-Mumbai Mail Nr. 12321 (tgl.; ab 18.05 Uhr, an 11.25 Uhr). Nach DELHI fährt der Gondwana Express Nr. 12411 (tgl.; ab 15.55 Uhr, an Nizamuddin 7.25 Uhr) oder der Jabalpur-New Delhi Express Nr. 12192 (tgl.; ab 17.45 Uhr, an New Delhi 11.40 Uhr).

Eine günstige Verbindung nach BHOPAL ist der Vindhyachal Express Nr. 11271 (tgl.; ab 21 Uhr, an 9.25 Uhr).

Flüge

Der **Flughafen** liegt 21 km nordwestlich vom Bahnhof. Ein Taxi in die Stadt (bzw. zurück) kostet Rs500–600, eine Motor-Rikscha Rs300.

Air India/Indian Airlines, Flughafen ✆ 0761/290 4090, fliegt 6x wöchentl. nach DELHI und GWALIOR, **Kingfisher Airlines**, 💻 www.flykingfisher.com, tgl. nach DELHI.

Marble Rocks

Westlich von Jabalpur verengt sich der Narmada plötzlich, stürzt über eine Reihe von dramatischen Wasserfällen und zwängt sich durch eine Passage aus milchig-weißem Marmor, bis er seinen Lauf schließlich durch den Dekkan fortsetzt. Die 30 m hohen Felsen und gerundeten Formen, die das Wasser aus dem Gestein gewaschen hat, mögen nicht zu den Sieben Weltwundern der Natur gehören, doch an den Marmorfelsen, **Bheraghat** (die örtliche Bezeichnung), lässt sich ein schöner Nachmittag verbringen.

Das **Dorf** Bheraghat selbst, das die Schlucht überschaut, ist ein kleiner verschlafener Flecken, in dem ausschließlich das Hämmern der Meißel in den Werkstätten der zahlreichen **Marmorbildhauer** den Alltag bestimmt. Von der Hauptstraße führt eine Treppenflucht zum Fluss und zu den *ghats* hinab, von wo sich Besucher in **Ruderbooten** (Rs20–31 p. P. oder Rs250–450 für das ganze Boot) durch die Schlucht fahren lassen können (nicht im Monsun von Juli–Mitte Oktober). Vorsicht: Die Bootsmänner versuchen durchaus, 25 Personen in die Boote zu quetschen.

Auf dem Wasser beginnen die Bootsmänner sofort, auf Hindi auf die interessanteren **Felsformationen** hinzuweisen. Die aufgeregten Reaktionen der indischen Mitreisenden gelten nicht etwa der „Affensprungbrücke" (über die Hanuman im *Ramayana* nach Lanka gelangt), sondern jenen Orten, an denen Bollywood-Stars auftraten. Auffallend sind die enormen **Bienennester**, die in den Felsspalten hängen. Am Abend sind die Felsformationen angestrahlt.

Bheraghat ist auch eine Art Wallfahrtsstätte. Von der Flussgabelung führen 107 Felsstufen zum **Mandapur-Tempel** aus dem 10. Jh. Berühmt sind die 64 fein gearbeiteten tantrischen Gottheiten, „Chausath Yogini", die der Rundbau beherbergt.

Weit hinter dem Tempel stürzt sich am Ende der Schlucht der Wasserfall **Dhuandhar** („Dunstkaskade") hinunter auf eine tiefere Ebene. Er wirkt besonders spektakulär, wenn er am Ende der Monsunzeit in Gischtschleier gehüllt ist.

Übernachtung und Essen

Motel Marble Rocks, an der Straße zu den Wasserfällen, ✆ 0761/283 0424, ✉ mmr@mptourism.com. Angenehme MP-Tourism-Unterkunft in einem umgebauten Bungalow aus der Kolonialzeit mit Veranda, gepflegtem Rasen und Garten mit Liegestühlen und guter Aussicht. Zum Hotel gehört ein kleines **Restaurant** mit freundlicher, aber furchtbar langsamer Bedienung. ❹–❺

Hotel River View, ☎ 0761/290 5937, 💻 www.marblerock-hotelriverview.com, eine etwas billigere Alternative ganz in der Nähe. Die Zimmer hier sind hübscher und vom Garten hat man eine tolle Aussicht in die Schlucht. Die Laken könnten allerdings sauberer sein. Zum Hotel gehört auch ein ordentliches vegetarisches Restaurant. ❸–❹

Transport

Von der Busbahnhof neben dem Museum in Jabalpur kriechen **Tempo** (Rs15–20 im Schneckentempo in 45 Min. nach Bheraghat. Eine **Motor-Rikscha** kostet für Hin- und Rückfahrt rund Rs350, ein Taxi ungefähr Rs650.

Von Jabalpur zum Kanha

Die knochenbrecherische Fahrt von Jabalpur nach Kanha führt in einige der weltabgeschiedensten ländlichen Regionen des östlichen Madhya Pradesh. Als Captain J. Forsyth und seine Bengal Lancers Ende des 19. Jhs. auf dem Weg ins unerforschte Landesinnere hier durchkamen, bestand die Landschaft praktisch nur aus Wald, in dem es von indischen Bisons, Rotwild und Tigern wimmelte. Inzwischen sind die Angehörigen der hier lebenden Barga-Stämme zu Bauern geworden. Abgesehen von ein paar Fleckchen Wald, die sich an die Bergkämme ringsum klammern, wurde alles abgeholzt. Der Wald musste dem Ackerbau weichen oder diente der wachsenden Zahl von Landarbeitern und ihren Familien als Feuerholz.

Die einzige größere Stadt entlang der Strecke nach Kanha ist **Mandla**. Es lohnt sich, hier eine kurze Pause einzulegen und den heiligen Zusammenfluss dreier Flüsse **Triveni Sangam** am Stadtrand hinter dem Basar zu besichtigen. Wer danach noch Kanha erreichen möchte, muss beachten, dass der letzte Bus um 16.15 Uhr abfährt. In die andere Richtung, nach Jabalpur, fahren die Busse tagsüber alle 30 Min. ab. Die State Bank of India wechselt nur Bargeld – die nächste Möglichkeit zum Bargeldumtausch gibt es erst wieder im Kanha.

Kanha-Nationalpark

Der Kanha-Nationalpark, für viele Indiens großartigstes Tierreservat, erstreckt sich über rund 940 km² mit Laubwäldern, Savannengrasland, Hügeln und sanft mäandernden Flüssen. Er ist die Heimat von Hunderten Vogelarten und Säugetieren, zu denen auch Tiger gehören. Tigersichtungen sind natürlich nicht garantiert, aber selbst ein flüchtiger Blick auf eine der Großkatzen ist ein tolles Erlebnis. Und auch sonst ist der Park mit seiner vielfältigen Tierwelt und der urtypischen Kipling'schen Landschaft ein wunderbarer Ort für einen mehrtägigen Aufenthalt.

Geschichte

Das Kerngebiet des Kanha-Tals wurde 1933 zum Tierreservat bestimmt. Zuvor befand sich dort ein riesiges Jagdareal des Vizekönigs, das ausschließlich hochrangigen britischen Armeeoffizieren und Staatsbeamten vorbehalten war, die Trophäen für ihre kolonialen Bungalows schießen wollten. Aber erst in den 1950er-Jahren erklärte die indische Regierung Kanha zum Nationalpark, nachdem ein besonders unersättlicher Jäger auf einer einzigen Jagd 30 Tiger geschossen hatte. Kanha gehörte zu den ersten Teilnehmern an Indira Gandhis **Project Tiger** (S. 953), das zur Erholung der Bestände beigetragen hat. Die Forstverwaltung spricht von ungefähr 78 Tigern, während Führer und Naturforscher eher von 35–40 ausgehen (bei den meisten indischen Tigerreservaten dürfte eine Halbierung der offiziellen Zahlen realistischer sein). Im Rahmen eines langfristig angelegten Projekts wurde der Park ausgeweitet, um eine größere Pufferzone zu schaffen – ein Schritt, der auf den Widerstand einiger Stämme traf, die Nahrung und Feuerholz aus dem Wald beziehen. Die Regierung hatte große Mühe, die Bedürfnisse der Einwohner mit denen des Naturschutzes und Tourismus in Einklang zu bringen.

Die Herausforderungen bleiben trotz aller Bemühungen groß: In den letzten Jahren ist die Wilderei wieder zum Problem geworden; selbst in der von Safaris besuchten „Touristenzone" des Parks wurden Fallen entdeckt. Auch der illegale Holzeinschlag ist problematisch, die Pufferzone wird immer weniger respektiert, und es gibt keine ernstlichen Bemühungen, den Bau neuer Hotels einzudämmen. Was Traveller zum Schutz der Tiger in Indien unternehmen können, steht auf der Website der **Organisation Travel Operators for Tigers**, 🖳 www.toftigers.org.

Im Park

Von den Haupttoren **Kisli** im Westen und dem 35 km entfernten **Mukki** im Süden führt ein Netz von befahrbaren Pisten quer durch die verschiedenen Geländeformen des Parks. Welche Tiere aus den offenen Jeeps zu sehen sind, hängt in erster Linie von der Gebietswahl des Führers ab. Kanha ist berühmt für seine weiten, wogenden Grasflächen, *maidan*, die sich an den Flusstälern entlangziehen und die bevorzugten Aufenthaltsorte von Rotwild sind. Zu den verschiedenen im Park lebenden Rotwildarten gehört der seltene **Barasingha-Zackenhirsch**, der in den 1960er-Jahren vor der Ausrottung bewahrt werden konnte. Die **chital** (Axishirsche), Hauptbeute der Tiger, versammeln sich besonders zur Brunftzeit Anfang Juli hier mehrere tausend Tiere.

Die **Forstgebiete**, die wie ein Teppich die Ausläufer der von Süden in die Kernzone hineinragenden Maikal Ridge überziehen, setzen sich neben Sal- und Teakbäumen auch aus feuchten Laubwäldern zusammen, die verblüffend stark an Nordeuropa erinnern. In Scharen turnen Languren durch das Laubdach, während unten die **Gaur**, die größten Wildrinder der Welt, im herabgefallenen Blattwerk stöbern. In höher gelegenen Parkgebieten lassen sich zuweilen Rothunde (auch Dholes oder Asiatische Wildhunde genannt), Stachelschweine, Pythons, Lippenbären, Wildschweine, Zwerghirsche oder scheue Sambarhirsche sehen. Sichtungen von **Leoparden** sind nicht auszuschließen, doch die scheuen Katzen halten sich im Allgemeinen von motorisierten Fahrzeugen fern.

Kanha ist außerdem die Heimat von exotischen **Vogelarten** wie indische Blauracken, Bienenfressern, Pirolen, Hainparadiesschnäppern, Silberreihern, seltenen **Nashornvögeln** sowie zahlreichen Eis- und Greifvögeln.

Die Jeepfahrer und Guides wissen, dass Khanhas **Tiger** die touristische Hauptattraktion sind und halten deshalb Ausschau nach Spuren auf den sandigen Pisten und horchen nach aufgeregten Alarmschreien naher Tiere. Die besten Chancen auf eine Tigersichtung bieten die „Tiger Shows" (Rs600): Wenn ein sitzender oder schlafender Tiger entdeckt wird, werden die Besucher aus ihren Jeeps auf bereitgehaltene Elefanten umgeladen, um sich der Großkatze zu nähern. Manchen Besuchern ist dieses Erlebnis allerdings ein bisschen zu künstlich.

Wer unbedingt einen leibhaftigen Tiger sehen will, sollte mindestens drei Übernachtungen einplanen und auf mindestens fünf Exkursionen vorbereitet sein. Die Großkatzen werden meist im tarnenden Bambusdickicht oder hohen Elefantengras an Flüssen oder Wasserlöchern entdeckt.

Der Kanha ist vom 1. November bis zum Beginn der Monsunzeit Ende Juni geöffnet. 🕓 tgl. im Winter 6.30–12 und 15–17.45 Uhr, im Sommer 5–11 und 16–19 Uhr, Eintritt Rs2180 pro Fahrzeug mit bis zu 7 Pers. pro Safari, obligatorischer Führer Rs150 pro Safari. In der Hauptsaison (Nov–Feb) können die Nächte und frühen Morgenstunden sehr kalt sein, Frost ist möglich, also warme Kleidung mitbringen. Während der Hitzeperiode (März–Juni) sinken die Besucherzahlen, doch die Zahl der Tigersichtungen steigt, da der Durst die Katzen hinaus zu den Wasserlöchern und Flüssen treibt.

Übernachtung und Essen

MP Tourism hat zwei Lodges in Kisli in stimmungsvoller Lage innerhalb des eigentlichen Parks und eine in der Nähe des Mukki-Tors. Die Privatangebote vor dem Westtor in und um Khatia reichen von billigen Lodges bis zu 5-Sterne-Resorts. Vor allem in der Nähe von Mukki werden vorwiegend Unterkünfte der Spitzenkategorie angeboten. Alle sollten mehrere Tage vor Ankunft (in der Hauptsaison bis zu drei Monate im Voraus) gebucht werden. Es lohnt sich aber immer, nach Preisnachlässen zu fragen.

Man muss sich unbedingt vom Busfahrer am richtigen Ort absetzen lassen, denn die Hotels in Khatia und an den Toren des Parks liegen an einer 6 km langen Straße verstreut, auf der tagsüber kaum Verkehr herrscht. Wer ohne eigenes Fahrzeug von Khatia zu den Hotels

Öko-Camp de luxe

Shergarh, Mukki, ✆ 07637/226215, 💻 www.shergarh.com. Katie und Jehan Bhujwala führen dieses wunderbar gemütliche, umwelt- und sozialbewusste Camp mit sechs luxuriösen Zelten, jedes mit schickem Bad und eigener Veranda. Topservice und nette kleine Aufmerksamkeiten (wie Wärmflaschen für die Teilnehmer frühmorgendlicher Safaris) kreieren ein wunderbares Verwöhn-Ambiente. Der geniale Küchenchef verwendet Bioprodukte aus dem Camp-Garten, der zugleich ein Schmetterlingsparadies ist. Der kleine Teich zieht Eisvögel und Kormorane an (Jungle Plan-Paket für US$223 p. P.). ❾

von Mukki will, muss sich abholen lassen. Vermeiden sollte man einen Besuch rund um indische Feiertage wie Diwali und Holi – dann platzen die Hotels aus allen Nähten.

Baghira Log Huts, Kisli, ✆ 07649/277227, ✉ blh@mptourism.com. Die MP-Tourism-Lodge im Herzen des Parks vermietet geräumige Chalets mit Bad (DZ mit Vollpension Rs3890–4590). Nr. 1–8 bieten Blick auf eine Wiese, auf der mitunter Tiere grasen. Dazu gehört ein anständiges Restaurant mit Bar. ❼–❽

Tourist Hostel, Kisli, ✆ 07649/277310, ✉ thk@mptourism.com. Mit seinen 24 Schlafsaalbetten (Rs690, Vollpension) ist das ganz in der Nähe der Baghira Log Huts gelegene Hostel eine ausgezeichnete Alternative. ❸

Kanha Safari Lodge, Mukki, ✆ 07637/290715, ✉ ksl@mptourism.com. Die baumbestandene MP-Tourism-Anlage auf der ruhigeren Seite des Parks lockt mit Flussblick und picobello gepflegten Zimmern mit blau gekachelten Bädern, Ventilator oder AC, Wasserkessel und TV in Ferienbungalows (DZ mit Vollpension Rs2490–3190). Restaurant und Bar. ❻–❼

Kipling Camp, 4 km südlich von Khatia, ✆ 07649/277218, 💻 www.kiplingcamp.com. Das „Camp" unter britischer Leitung in einsamer Waldlage verspricht ein rustikales Wohnerlebnis mit 5-Sterne-Komfort. Schöne Cottages (Jungle Plan-Paket US$360 für 2 Pers.) mit Holzbalken und eigener Veranda. Zur Anlage gehören auch eine fantastische Bar voller Fotos und eine Bibliothek mit vielen Büchern. ❾

Krishna Jungle Resort, 4,5 km südlich von Khatia, ✆ 07649/277 207, 💻 www.jungleresort.in. Altbewährter und zu Recht zeitlos beliebter Komplex mit Zimmern im Kolonialstil, Pool, göttlichem Essen sowie äußerst engagiertem und naturkundigem Manager. Reine Zimmerpreise; es gibt aber auch B&B- und Jungle Plan-Angebote. Inzwischen müsste sogar ein kleines Wellnesscenter seine Pforten geöffnet haben. ❼

Pug Mark Resort, Khatia, an einem gewundenen Weg 10 Gehminuten von der Hauptstraße, den Schildern folgen, ✆ 07649/277291, ✉ info@pugmarkresort.com. Fröhliche Zimmer in Türkis und Grün mit Ventilator oder AC in üppiger Gartenanlage rund um eine Lagerfeuerstelle. Das attraktive Restaurant steht auch Nichthotelgästen offen. ❹–❺

Singinawa, Mukki, ✆ 07636/200031, 💻 www.singinawa.in. Die edle Lodge kombiniert „plastikfreies" Öko-Bewusstsein mit exklusivem Ambiente: stilvoll eingerichtete Cottages, einige davon rollstuhlgerecht, 22 ha Gelände mit vielfältiger Tierwelt, hübscher Pool und die faszinierende Gesellschaft von Naturfotograf und -filmemacher Nanda S.J.B. Rana und seiner Frau Latika, einer bekannten Naturkundlerin (Jungle Plan-Paket US$634 p. P.). ❾

Van Vihar, 500 m vom Khatia-Tor abseits der Hauptstraße, ✆ 07649/277241. Das erschwingliche Hotel ist in *shocking* Pink gehalten und hat unterschiedliche Zimmer, die sauberer sein könnten. Die billigsten haben Hockklos und sind ganz schön schäbig, aber die teureren bieten angemessenen Gegenwert fürs Geld. ❷–❹

Transport

Innerhalb des Parks

Wer kein Jungle Plan-Paket gebucht hat, in dem Unterkunft, Mahlzeiten und Safaris enthalten sind, muss zur Erkundung des Parks einen offenen **Jeep** – „Gypsy" genannt – mieten. Die Kosten liegen bei rund Rs1500 für eine Vormittagssafari und Rs1000 für eine Nachmittagssafari. Jeeps sind bei den meisten

Hotels, privaten Anbietern in Khatia oder an den Haupteingängen des Parks zu mieten. Am besten schließt man sich zu einer Gruppe zusammen und bestellt das Fahrzeug mindestens einen Tag im Voraus. In die Jeeps passen (zusätzlich zu Führern/Fahrer) vier Personen bequem hinein; notfalls lassen sich auch bis zu acht hineinquetschen. Angesichts des zunehmenden Besucheransturms auf Kanha – und Madhya Pradeshs andere Tigerreservate – ist in Zukunft mit Fahrzeugbeschränkungen zu rechnen. Es ist streng **verboten**, den Park zu Fuß zu betreten, denn die Tiger sind gefährlich.

Vom / zum Park

Der geradlinigste Weg nach Kanha führt via JABALPUR, von wo **Eisenbahnanschluss** in andere Regionen besteht. Reisende aus Orissa fahren auf der Linie Mumbai–Kolkata bis KATNI, um dort in einen der vielen Züge umzusteigen, die nach Süden unterwegs sind, z. B. in den Howrah-Mumbai Mail Nr. 2321 (tgl. 16.25 Uhr; 1 1/2 Std.) nach Jabalpur, dem Bahnhof, der dem Park am nächsten liegt.
Die nächsten **Flughäfen** mit regelmäßigen Inlandsflügen befinden sich in Jabalpur und im 226 km entfernten Nagpur.
Von Jabalpur fahren täglich **Busse** um 7, 11 und 12 Uhr via MANDLA nach **Kisli** (5–7 Std.). Sie halten alle kurz an der Sperre in **Khatia** (4 km vor Kisli). Die Busse zurück nach Jabalpur verlassen Khatia um 6, 8 und 13.30 Uhr. Außerdem verkehrt 1x tgl. ein Bus nach NAGPUR (6 1/2 Std.).
Ein **Taxi** von Jabalpur zum Park dürfte pro Strecke Rs1900–2500 kosten.

Bandhavgarh-Nationalpark

Madhya Pradeshs zweiter Nationalpark Bandhavgarh liegt im gebirgigen Nordosten des Bundesstaates. Das Schutzgebiet hat von allen Reservaten Indiens die größte relative Dichte an **Tigern** und beherbergt faszinierende Ruinen. Die Anreise zum Bandhavgarh von Jabalpur (195 km) oder Khajuraho (237 km) ist lang, aber die Anstrengung unbedingt wert – nicht nur der Tiger wegen. Es gibt nämlich auch eine faszinierende Vielfalt an Vögeln, die sich bequem von der Lodge aus betrachten lassen, denn alle Unterkünfte liegen in der Nähe der Parktore.

Geschichte

Obwohl Bandhavgarh zu Indiens jüngeren Nationalparks gehört, blickt es auf eine lange Geschichte zurück. Die Überlieferung führt den Bau des **Forts** auf einer Anhöhe in die Zeit des *Ramayana* (um 800 v. Chr.) zurück. Ausgrabungen in Höhlen unter dem Felsen förderten Inschriften zu Tage, die im 1. Jh. v. Chr. in Sandstein geritzt worden waren. Zu dieser Zeit wurde Bandhavgarh zur Basis von mehreren Dynastien, zu denen später auch die **Chandella** gehörten, auf die Khajurahos Tempel zurückgehen. Im 12. Jh. übernahmen die **Bhagel** die Macht über die Region, die bis heute in den Händen ihres direkten Nachfahren, des Maharadschas von Rewa, liegt. Der Hauptsitz der Dynastie wurde 1617 nach Rewa verlegt. Und als Bandhavgarh zum herrschaftlichen Jagdgelände wurde, eroberten sich Wald, Bambus und Grasland ihr Terrain zurück. 1968 beendete der derzeitige Maharadscha jedoch die Jagdtradition und übereignete das Gebiet dem Staat als Parkgelände. Seit die Kernzone 1986 um zwei Waldflächen erweitert wurde, hat der Nationalpark eine Fläche von 448 km^2.

Im Park

Obwohl sich im Süden flache grasige *maidan* erstrecken, ist der Bandhavgarh-Nationalpark überwiegend hügelig und zerklüftet. In den Tälern dominieren Salbäume, und in den höheren Bereichen spendet ein Mischwald der vielfältigen Vogelwelt Lebensraum. Das Hauptquartier des Parks befindet sich im kleinen Dorf **Tala**, nur einen Steinwurf vom nördlichen Haupttor entfernt. Der Ort ist durch eine 32 km lange Straße, die sich durch den schmalen Mittelteil des Parks zieht, mit Umaria im Südwesten verbunden.

Die meisten Jeepsafaris führen ins Kerngebiet, wo die Chancen auf die Sichtung eines der schätzungsweise 35–45 **Tiger** hoch sind. Zu den hier lebenden Rotwildarten gehören Gazellen, Muntjak (Bellhirsche), Nilgau-Antilopen und Axishirsche. Auch Lippenbären, Stachelschweine und Sambarhirsche leben im Wald verborgen, während sich Hyänen, Füchse und Schakale gelegentlich auch im offenen Gelände zeigen. Nur mit viel Glück erhascht man einen Blick auf einen Leoparden.

Ebenso lassen sich sehr exotische **Vögel** beobachten, darunter Bankivahuhn, Weißnackenspecht und Langschnabelgeier. Die vielleicht unterhaltsamste Möglichkeit, die Tierwelt zu beobachten, bietet ein **Elefantenritt** in der diesigen Morgendämmerung.

Die Ruinen des **Forts** krönen eine Anhöhe im Zentrum des Parks, 300 m über dem umgebenden Gelände. Seine Wälle bieten schöne Ausblicke und die mit Abstand besten Voraussetzungen für Vogelbeobachtungen im Park. Unterhalb des Forts gibt es kleine Tempel, aus dem Fels geschlagene Mönchsklausen und Soldatenunterkünfte sowie einen großen steinernen Vishnu, der auf einer Kobra ruht, zu sehen. Er datiert aus dem 10. Jh.

In der Gegend könnten Tiger herumstreifen, auch wenn sie sich wahrscheinlich eher in tiefer gelegenem Gelände aufhalten. Soweit bekannt, ist noch niemand hier einer dieser gestreiften Wildkatzen begegnet oder gar von einer verletzt worden, aber das Risiko besteht und sollte nicht auf die leichte Schulter genommen werden.

Die beste **Reisezeit** für Tierbeobachtungen sind die heißeren Monate zwischen März und Juni, wenn der Durst Tiger und andere Raubtiere zu den Wasserlöchern und den drei ganzjährig Wasser führenden Flüssen treibt; allerdings kann das heiße Klima um diese Zeit sehr strapaziös sein. Angenehmer sind Aufenthalte in der kalten Jahreszeit, die immer noch gute Bedingungen zur Wildbeobachtung bietet. ⌚ Nov–Ende Juni Sonnenauf- bis Sonnenuntergang, Rs2180 pro Jeep/Safari; obligatorischer Führer Rs150 pro Safari.

Für besonders Wissbegierige stehen in Tala einige sehr erfahrene **Naturkundler** zur Verfügung, die über das Hotel kontaktiert werden können. S. K. Tiwari vom **Skay's Camp**, ✆ 07653/265309, 💻 www.skayscamp.com, ist ein Spezialist für Naturfotografie und weiß alles über Indiens Fauna und Flora.

Übernachtung und Essen

Die meisten Hotels Bandhavgarhs (alle in und um Tala) richten sich an betuchtere Reisende und offerieren Jungle Plan-Pakete inklusive Unterkunft, Verpflegung und zwei Jeepsafaris p. P. Es gibt jedoch auch eine Handvoll Budgetunterkünfte und Mittelklassehotels. Einzige Option zum Essen außerhalb der Hotels sind die preiswerten *dhaba* an Talas Hauptstraße.

Bandhavgarh Jungle Lodge, in Flussnähe, ✆ 07627/265317, 💻 www.welcomheritagehotels.com. Rustikale (aber überaus anheimelnde) Lehmhütten mit Strohdächern, die schöne Gartenanlage und die engagierten Mitarbeiter verleihen dieser Lodge reichlich Charakter. Auf der Wiese nebenan ist oft äsendes Rotwild zu sehen. Jungle Plan-Paket US$439 für 2 Pers. ❾

Tiger's Den Resort, Umaria Rd, ✆ 011/2704 9446, 💻 www.tigerdenbandhavgarh.com. Die freundliche, kompetent geführte Lodge besteht aus einer Ansammlung hübsch eingerichteter Cottages mit Badewannen inmitten einer Gartenanlage voller Blumenbeete. Außerdem gibt es ein behagliches, holzvertäfeltes Esszimmer. Jungle Plan-Paket US$319 für 2 Pers. ❾

Tiger Trails, 2,5 km hinter Tala; zu buchen über Indian Adventures, ✆ 022/2640 8742,

Baumhausidylle

Treehouse Hideaway, Ketkiya Village, ✆ 011/2588 9516, 💻 www.treehousehideaway.com. Die fünf umwerfenden Baumhäuser aus örtlichen Baumaterialien, die sich nahtlos in den Dschungel einfügen, haben keinerlei Ähnlichkeit mit irgendwelchen Baumhütten aus Kindertagen, sondern kombinieren feudalen Komfort mit Abenteuerfeeling. Das Camp umfasst 8,5 ha Waldgelände mit einer Wasserstelle, die manchmal von Tigern besucht wird. Jungle-Plan-Paket US$425 für 2 Pers. ❾

💻 www.indianadventures.com. Die gemütlichen Cottages mit Ziegeldach und unverputzten Ziegelwänden gehören zu den Unterkünften mit dem besten Preis-Leistungs-Verhältnis in Tala. Das Freiluft-Esszimmer liegt an einem kleinen See, an dem sich zahlreiche Vögel tummeln Jungle Plan-Paket Rs5800 für 2 Pers. ❻

White Tiger Forest Lodge, Umaria Rd, neben der Sperre, ☏ 07653/265308, ✉ wtfl@mptourism.com. Große Anlage von MP Tourism mit schnuckligen Zimmern samt Ventilator und AC, die durch Stege verbunden sind. Bar und Restaurant. Zimmer Nr. 17–21 befinden sich in Bungalows mit großen Veranden zum Fluss, an dem unzählige Vögel – ganz selten auch Tiger – zu beobachten sind. Preise (DZ Rs2890–3890 inkl. Vollpension. ❻–❼

Transport

Innerhalb des Parks

Für Fahrten durch den Park stehen **Jeeps** bereit, die im Hauptquartier am Parktor (Rs1000–1500 pro Safari) oder über das Hotel gebucht werden können.

Vom / zum Park

Ohne eigenes Fahrzeug kann die Anreise problematisch sein. Die einfachste Option mit dem **Zug** besteht mit dem nächtlichen Narmada Express Nr. 8233 via Indore (17 Uhr), Bhopal (23.25 Uhr), Jabalpur (6.40 Uhr) nach UMARIA, der nächstgelegenen Bahnstation. Von hier fahren regelmäßig Sammeljeeps (Rs15) und Taxis (Rs300) nach Tala (1 Std.).

Der Weg von Khajuraho oder Varanasi führt über SATNA an der Hauptlinie, von wo Züge direkt nach Umaria fahren. Derzeit verkehren keine Busse zwischen Satna und Umaria.

Beste Anreisemöglichkeit von DELHI ist der Utkal Express Nr. 8478, der Delhis Bahnhof Nizamuddin um 12.10 Uhr verlässt und über AGRA, GWALIOR und JHANSI nach Umaria fährt, Ankunft um 5.25 Uhr am nächsten Morgen. In Gegenrichtung fährt er um 20.46 Uhr von Umaria ab.

Die Fahrt mit einem **Taxi** von Khajuraho oder Jabalpur dauert rund 5 Std. und kostet mindestens Rs2500.

Pench-Tigerreservat

Im Pench Tiger Reserve leben ungefähr 20–25 Tiger, die relativ häufig gesichtet werden. Der 758 km² große Park mit überwiegend tropischem Mischwald ist daneben aber auch die Heimat von Leoparden, Schakalen, Rotwild und 250 verschiedenen Vogelarten. Hier herrscht längst nicht so viel Betrieb wie in den berühmteren Tigerreservaten. ⏲ Nov–Juli von Sonnenauf- bis Sonnenuntergang, Eintritt Rs2180 pro Jeep/Safari, obligatorischer Führer Rs150, Elefantenritt Rs600.

Täglich fahren Busse von Jabalpur (192 km, 4–5 Std.) und Nagpur (92 km, 2 1/2 Std.) nach Khawasa. Dort geht es mit einem Sammeljeep nach Turia, 2 km vom Haupteingangstor, wo sich die Hotels befinden. Eine andere Transportmöglichkeit wäre ein Taxi von Jabalpur (Rs2500–3000) oder Nagpur (rund Rs2000).

Übernachten kann man in Turia z. B. in dem von MP Tourism betriebenen Kipling's Court, ☏ 07695/232830, ✉ kcpench@mptourism.com, ❻–❼. Es hat Zimmer ohne Schnickschnack, aber mit AC und Ventilator sowie 10 ausgesprochen preiswerte Dormbetten (Rs700). Alle Preise verstehen sich inklusive Vollpension. Das Pench Jungle Camp, ☏ 07695/232817, 💻 www.wildlife-camp-india.com, ❾, besteht aus Luxuszelten mit Rattanmöbeln und Bad, ein paar reizenden Cottages sowie ein paar „ganz normalen" Hotelzimmern. Und natürlich gibt's einen Pool (Jungle- Plan-Paket Rs15 000 für 2 Pers.).

Indore

Indore, die wirtschaftliche Triebfeder des Bundesstaats und größte Stadt im westlichen Madhya Pradesh, ist riesig, modern und ingesamt eher langweilig. Wer jedoch auf der Reise ins 98 km südwestlich gelegene **Mandu** Zeit übrig hat, findet aber noch zwei lohnende Sehenswürdigkeiten.

Die am Zusammenfluss von Khan und Saraswati gelegene Stadt war jahrhundertelang eine Station an den Pilgerpfaden nach Omkareshwar und Ujjain. Im 18. Jh. stieg sie zur Hauptstadt der **Holkar**-Dynastie auf. Später übernahm Raos Schwiegertochter **Ahilya Bai** die Kontrolle

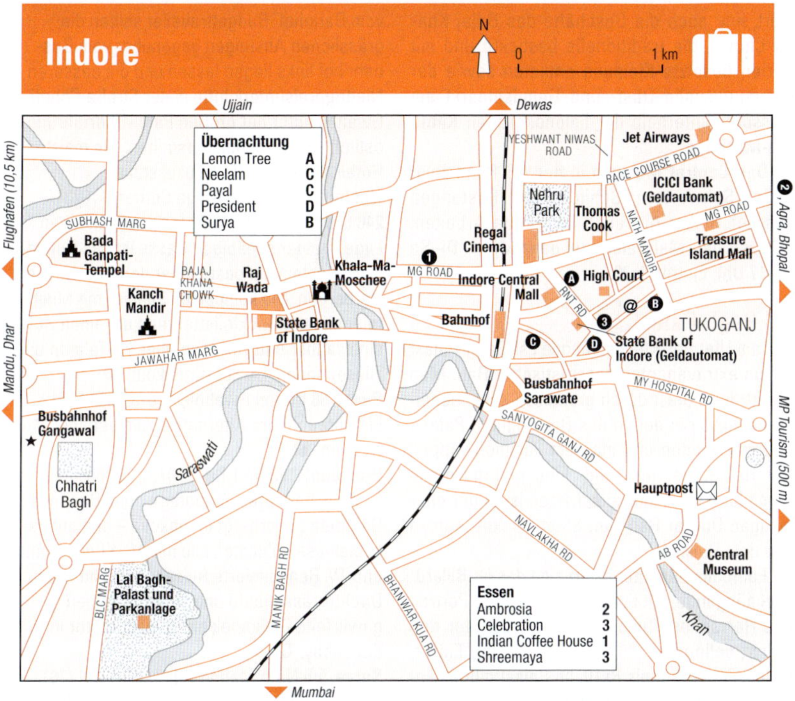

über das Reich, das sich damals bis zum Ganges und Punjab erstreckte. Sie gründete die heutige Stadt Indore. Nach ihrem Tod im Jahre 1795 wurde das Reich von einer Abfolge blutiger Auseinandersetzungen erschüttert, die erst 1818 ein Ende fanden, als sich die Dynastie ein kleines, aber reiches Dominion (sich selbst regierender Staat innerhalb des Britischen Reiches und Commonwealth) mit Indore als Hauptstadt sicherte. Im 19. Jh. blühte die Stadt durch ihren Handel mit Baumwolle und Opium auf. Heute ist Indore das größte Geschäfts- und Wirtschaftszentrum der Region.

Die Stadt

Die meisten Sehenswürdigkeiten Indores liegen westlich der Eisenbahntrasse im und um den Basar. Die breiten Hauptverkehrsstraßen MG Road und Jawahar Marg bilden die nördliche und südliche Grenze dieses berstenden und chaotischen Viertels, in dessen Osten Saraswati und Khan zusammenfließen.

Indores Wahrzeichen ist der alte Holkar-Palast **Raj Wada**, der einen von Palmen gesäumten Platz im Herzen der Stadt überragt und einen siebenstöckigen Treppenaufstieg hat. Der Großteil des Palastes ist nach einem Brand 1984 zerstört worden. Erhalten geblieben sind nur die Fassade und ein Tempel.

Tief im Herzen des Basarviertels steht der jainistische **Kanch Mandir** („Spiegeltempel"), eines der exzentrischen religiösen Monumente der Stadt. Der Tempel einer für ihre Nüchternheit und Mäßigung bekannten Glaubensgemeinschaft überrascht durch sein Inneres, das über und über mit bunten **Glasmosaiken** ausgeschmückt ist. ⏲ tgl. 10–17 Uhr. Fotografieren verboten (!).

Der **Sarafa Bazaar** gleich um die Ecke ist eine gute Adresse für Schmuck. Einen Besuch wert sind auch die Geschäfte des Bajaj Khana Chowk, die traditionelle bestickte und mit Perlen besetzte Kleidung anbieten sowie der stimmungsvolle Obst- und Gemüsemarkt am Flussufer unterhalb der limonengrünen **Khala Ma-Moschee**.

Das **Central Museum** in der AB Road zeigt außer Schwertern, Schilden und Rüstungen aus der Holkar-Ära auch Terrakotta-Arbeiten, Münzen und Malereien aus ganz MP. ⏲ Di–So 10–17 Uhr, Eintritt Rs30.

Lal Bagh-Palast

Der am Ufer des Khan stehende Lal-Bagh-Palast ist ein extravaganter klassizistischer Bau. Man betritt den Palast durch grandiose schmiedeeiserne Tore, die denen des Buckingham Palace nachempfunden und mit dem Familienwappen der Holkar verziert sind. Eine umfangreiche Sammlung von Familienschätzen ist in der ehemaligen Durbar Hall, den Staatsbanketträumen und dem Ballsaal.

Ebenfalls beachtenswert sind das im Billardsaal hängende, mit Edelsteinen verzierte Portrait des Herrschers Tukoji Rao (1902–25), der den Palast vollendete. ⏲ Di–So 10–17 Uhr, Eintritt Rs100, Fotoerlaubnis Rs10. Im Palast gibt es sogar ein **Planetarium**, Eintritt Rs5.

Übernachtung

Die meisten Hotels in Indore sind auf Geschäftsreisende eingestellt und befinden sich in der wohlhabenden Vorstadt Tukoganj 1 km östlich vom Bahnhof. Budgettraveller sollten die grässlichen Absteigen gegenüber vom Busbahnhof links liegen lassen und die besseren Niedrigpreisunterkünfte in der Straße Chhoti Gwaltoli unter der großen Patel-Überführung, östlich vom Bahnhof, aufsuchen. Die meisten Hotels kassieren 10 % Luxussteuer.

Neelam, 33/2 Patel Bridge Corner, ✆ 0731/246 6001, ✆ 251 8774. Trotz der ungünstigen Lage in einer schäbigen Gasse ist das freundliche Neelam die beste unter den Backpacker-Herbergen. Die kompakten Zimmer mit Minibad (manche mit Hocktoilette) rund um einen Hof sind sauber und verfügen über TV, Telefon und Fliesenböden. 24-Std.-Checkout. ❷

Payal, 38 Chhoti Gwaltoli, ✆ 0731/504 5151. Eine brauchbare Alternative zum benachbarten Neelam. ❷

President, 163 RNT Rd, ✆ 0731/252 8866, 💻 www.hotelpresidentindore.com. Das rosa Gebäude beherbergt identische – und etwas seelenlose – Zimmer, alle mit AC, Kühlschrank und TV. Renommierte Reiseagentur im Haus, Dachterrassencafé und eine zusammengewürfelte Bibliothek mit Trivialliteratur in der Lobby. ❻

Surya, 5/5 Nath Mandir Rd, ✆ 0731/2517701, 💻 www.suryaindore.com. Die Zimmer des altbewährten Mittelklassehotels weisen zwar ein paar Alterserscheinungen auf, sind aber trotzdem immer noch sehr gemütlich, besonders die der *executive* Klasse. Der Service ist gut; das Tüpfelchen auf dem i ist das ausgezeichnete Multikulti-Restaurant mit Bar. ❺–❻

Alles top

Lemon Tree, RNT Rd, ✆ 0731/442 3232, 💻 www.lemontreehotels.com. Mit seinem zitronengelben Anstrich, hochkarätigen Service und den eleganten Zimmern mit Bad rund um ein weitläufiges, mit moderner Kunst ausgestaltetes Atrium ist das Lemon Tree der Superstar unter den Nobelherbergen von Indore. Es verfügt über ein Restaurant, ein Café, eine Sportsbar und ein Fitnesscenter. Die Zimmer weisen Wohlfühldetails wie Wasserkessel, ergonomische Stühle und orthopädische Matratzen auf. ❼–❽

Essen

Eine bekannte Spezialität von Indore ist das **Salzgebäck** namens *namkeens*. Im Einkaufszentrum Treasure Island in der MG Rd gibt es McDonalds, Pizza Hut und Baskin Robbins sowie einen Coffeeshop von Barista. Ein Café Coffee Day befindet sich in der Indore Central Mall in der RNT Rd.

Ambrosia, Hotel Fortune Landmark, Vijaynagar, 3 km nordöstlich der Innenstadt. Der vornehme Speisesaal würde in eine hochherrschaftliche Privatvilla passen, und entsprechend gediegen ist die umfangreiche Auswahl an indischen, chinesischen und internationalen Gerichten.

Wo Kenner speisen

Shreemaya, Hotel Shreemaya, RNT Rd. Speisesaal in Pfirsichtönen mit geschwungener Art-déco-Decke, viel Mattglas und unwiderstehlich leckeres Essen. Dringend empfohlen: das großzügig bemessene *chicken biriyani, missi roti* und – falls noch Platz im Magen ist – Brownies und Eiscreme. Hauptgerichte Rs90–200.

Besonders zu empfehlen: *rogan josh* mit Hammel. Der Name des Restaurants – „Götternahrung" – ist zwar geprahlt, aber das Essen müsste den Ansprüchen der meisten Normal-sterblichen genügen. Hauptgerichte Rs100–300.

Celebration, RNT Rd, im Nebengebäude rechts vom Hotel Shreemaya. Die saubere Bäckerei mit Café ist bekannt für süße Leckereien wie kariesfördernde Schwarzwälderkirschtorte, Ananas- und Schokoladenkuchen (Rs35–50 pro Stück) und herzhafte Snacks wie *katchori* (Rs12–20).

Indian Coffee House, neben dem Rampura Building abseits der MG Rd. Kellner mit Turban und Kummerbund servieren südindische Frühstückszutaten, nordindische Speisen und guten Kaffee (Rs10). Ein ideales Plätzchen zur ausgiebigen Zeitungslektüre. Eine weitere Filiale befindet sich auf dem Commissioner's Office-Gelände hinter der MG Rd. Hauptgerichte Rs28–75.

Sonstiges

Geld

Geldwechsel bei der **State Bank of Indore** gegenüber der Hauptstelle am Raj Wada. Ein Geldautomat der State Bank befindet sich in der RNT Road.

ICICI Bank, 576 MG Marg, und **Thomas Cook** in der Yeshwant Niwas Road, ✆ 0731/254 2525, 🕒 Mo–Sa 9.30–18 Uhr, sind effiziente Alternativen.

Informationen

Das **Informationsbüro** von MP Tourism liegt sehr ungünstig in der Agricultural College Rd im Osten der Stadt, ✆ 0731/249 9566. Es lohnt nur einen Besuch, wenn man eine **Citytour** 🕒 tgl. 9–18 Uhr für Rs100 mitmachen oder einen AC-Expressbus nach Bhopal (s. u.) nehmen möchte. 🕒 Mo–Sa 10–17.30 Uhr.

Internet

Internetzugang hat **Rimzim** in der Silver Mall am Rand der RNT Road (Rs10 pro Std.).

Reisebüros

President Travels im Hotel President, 163 RNT Rd, ✆ 0731/253 3472, ist ein zuverlässiges Reisebüro.

Nahverkehr

Taxis für Tagesausflüge nach Mandu, Omkareshwar oder Maheshwar kosten Rs1100–1400.

Transport

Busse

Der **Hauptbusbahnhof** Sarawate, ✆ 0731/246 5688, liegt nur einen kurzen Fußmarsch südlich von Gleis 1 des Hauptbahnhofs, jenseits der Hochstraßen-Überführung. Andere Busse nutzen den 3 km hinaus Richtung Flughafen gelegenen Busbahnhof Gangawal, ✆ 0731/248 0688.

Täglich fahren zwei Direktbusse vom **Busbahnhof** Gangawal nach MANDU (3 1/2–4 Std.). Als Alternative kann man auch einen der zahlreichen Busse nach DHAR (2 Std.) nehmen, wo alle 30 Min. eine Busverbindung mit MANDU (1 1/2–2 Std.) besteht. 8x tgl. fahren „luxury" Busse von MP Tourism nach BHOPAL (4 1/2 Std., Rs220).

Eisenbahn

Züge halten am **Hauptbahnhof** im Stadtzentrum. Von Gleis 1 kommt man zu Fuß rasch zum südlich gelegenen Hauptbusbahnhof (unter der Überführung hindurch).

Zwei Breitspur-Strecken der **Western Railway** verbinden Indore mit Nordindien.

Der schnellste Zug nach DELHI, der tgl. verkehrende Nizamuddin Express Nr. 12415 (ab 16.20 Uhr, an 5.40 Uhr), fährt nach Norden über UJJAIN, KOTA und BHARATPUR.

Die andere Verbindung, der tgl. verkehrende

Malwa Express Nr. 12919 (ab 12.25 Uhr, an 5 Uhr am nächsten Tag), fährt Richtung Osten nach BHOPAL, dann geht es Richtung Norden nach DELHI mit der Central Railway via JHANSI, GWALIOR und AGRA. Nach RAJASTHAN fährt tgl. der Ranthambore Express Nr. 12465, Abfahrt 6.20 Uhr, Ankunft in JAIPUR um 16.45 Uhr. Der tgl. um 16.50 Uhr abfahrende Narmada Express Nr. 18233 ist die beste Bahnverbindung nach JABALPUR (Ankunft 6.30 Uhr).

Flüge

Air India/Indian Airlines, ✆ 0731/243 1595, Flughafen ✆ 0731/262 0758, fliegt tgl. nach DELHI, BHOPAL und MUMBAI. Mit **Jet Airways**, ✆ 0731/262 0454, geht es regelmäßig nach MUMBAI, AHMEDABAD und NAGPUR. **Kingfisher Airlines**, 💻 www.flykingfisher.com, fliegt nach MUMBAI, DELHI, AHMEDABAD, NAGPUR, PUNE und RAIPUR. Ein Taxi zum Flughafen kostet rund Rs200, eine Motor-Rikscha um Rs100.

Mandu

Vor dem zerklüfteten Vindhya-Gebirge liegt 98 km südwestlich von Indore die mittelalterliche Geisterstadt Mandu. Sie ist eine der stimmungsvollsten Hinterlassenschaften Zentralindiens. Verfallene, elegante islamische Paläste, Moscheen und Mausoleen stehen neben mittelalterlichen Wasserbecken. Und zu ihren Füßen hinter den schroffen Schluchten erstreckt sich eine endlose ausgedörrte Ebene mit winzigen Dörfern gen Horizont.

Mandu ist in einem Tagesausflug von Indore aus zu erreichen, doch es lohnt sich, einige Nächte vor Ort einzuplanen. So bleibt genug Zeit, um die Ruinen zu erkunden und die denkwürdigen Sonnenuntergänge über dem Narmada-Tal zu genießen.

Geschichte

Archäologische Spuren lassen vermuten, dass die abgelegene Höhe um das 6. Jh. erstmals befestigt wurde und damals Mandapa Durga (Durgas Vorhalle) hieß, woraus der Name „Mandu“ entstand. 400 Jahre später gewann die Stätte strategische Bedeutung, als die mächtigen **Paramara** ihre Hauptstadt von Ujjain ins 35 km nördlich gelegene Dhar verlegten. Die naturgegebene Verteidigungsmöglichkeit des Plateaus reichte jedoch nicht aus, um die Attacken moslemischer Eindringlinge abzuwehren, und 1305 fiel die Festung schließlich an die Sultane von Delhi.

Als das Sultanat rund ein Jahrhundert später vollauf damit beschäftigt war, die Mongolen an seiner nördlichen Grenze abzuwehren, packte Malwas afghanischer Gouverneur **Dilawar Khan Ghuri** die Gelegenheit beim Schopf und gründete sein eigenes unabhängiges Reich. Als er nach vier Jahren verstarb, trat sein ehrgeiziger junger Sohn die Thronfolge an. Unter der schillernden 27-jährigen Herrschaft des **Hoshang Shah** stieg Mandu vom Sommersitz zur königlichen Hauptstadt auf und erhielt einige der herausragendsten islamischen Bauwerke Asiens.

Mandus goldenes Zeitalter setzte sich unter den **Khalji** fort, die 1436 die Ghuri-Dynastie ablösten. Nach einem weiteren Bauschub und mehreren Kriegen erlebte Mandu unter **Ghiyath Shah** (1469–1500) eine von Frieden und Wohlstand geprägte Periode. Er scharte einen Harem mit 15 000 Kurtisanen um sich, und seine Leibwache, die er im prachtvollen Jahaz Mahal einquartierte, bestand aus tausend Frauen. Der genusssüchtige Sultan wurde kurz nach seinem 80. Geburtstag von seinem Sohn und Nachfolger Nasir Shah vergiftet, der selbst zehn Jahre später verstarb. Die von Fehden und drohenden Rebellionen geschwächte Stadt wurde zur leichten Beute des militaristischen Sultans von Gujarat, der 1526 aufmarschierte. In den folgenden Jahrhunderten wechselte die Kontrolle über die Festung und rasch verfallenden Bauten zwischen mehreren unabhängigen Herrschern und den Großmoguln. Heute ist Mandu eine stille, abgelegene Stätte, die weit weniger Besucher hat, als sie verdient – abgesehen von den Wochenenden, wenn die Busse mit indischen Tagesausflüglern einfallen.

Die Bauwerke

Mandus Bauwerke gehen auf eine einzigartige Schule islamischer Architektur zurück, die hier und in der früheren Hauptstadt Dhar zwischen 1400 und 1516 blühte. Die für ihre elegante

Mandu

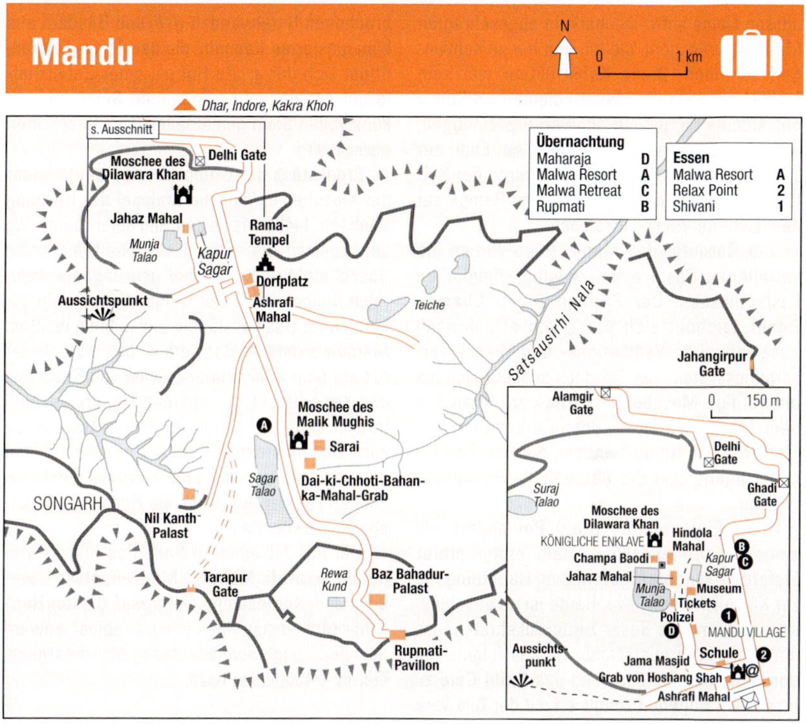

Schlichtheit berühmten Gebäude sollen beträchtlichen Einfluss auf die Mogul-Architekten gehabt haben, die das Taj Mahal entwarfen.

Mandus 23 km² großes rechteckiges Plateau wird durch die „tiefe Schlucht" **Kakra Khoh** von den Höhenzügen im Norden getrennt. Ein schmaler Damm bildet eine natürliche Brücke über die Schlucht. Über ihn führt die Straße an einigen Nebentoren vorbei zum heutigen Haupteingang des Forts neben dem originalen Delhi Gate.

Wer kein eigenes Fahrzeug hat, kann die Festung mit ihren weit verstreuten Bauten auch gut per **Fahrrad** erkunden. Ein Mietfahrrad kostet beim Malwa Resort Rs100 pro Tag – beim Ritik Bicycle Shop in der Nähe des Restaurants Shivani nur halb so viel. Eine weitere Alternative wäre es, eine **Motor-Rikscha** für den ganzen Tag zu mieten und damit eine komplette Sightseeingtour zu machen (um Rs200).

Die Königliche Enklave

Vom Dorfplatz führt ein Weg westwärts zur Königlichen Enklave. Gleich hinter dem Eingang befinden sich ein Buchladen und ein kleines **Museum** mit einer bescheidenen Steinskulpturen- und Tonscheibensammlung, ⌚ 9–17 Uhr. Die Enklave wird von Ghiyath Shahs majestätischem **Jahaz Mahal** („Schiffspalast") dominiert. Der Name rührt von seiner ungewöhnlichen Form und erhöhten Lage auf einem schmalen Landstreifen zwischen zwei großen Wasserbecken her. Eine Dachterrasse mit vier Kuppelpavillons überschaut das Becken **Munja Talao** im Westen und den rechteckigen, von Steinen gesäumten **Kapur Sagar** im Osten. Vom nördlichen Balkon hat man einen guten Ausblick auf die geometrischen Badebecken aus Sandstein.

Das nächste Gebäude entlang des Weges ist der „Schwingende Palast", **Hindola Mahal**, dessen Name auf seine markant abgeschrägten Mauern zurückgeht, die hin und her zu schwingen scheinen. Diese Konstruktion war rein funktionell, denn die Mauern dienten als Stütze der anmutigen, jedoch schweren Steinbögen, welche die innere Decke tragen. Am Ende der T-förmigen Versammlungshalle konnte der Sultan das obere Stockwerk über eine Rampe auf dem Elefantenrücken erreichen.

Am Nordufer des Munja Talao stehen die verfallenen Reste eines zweiten königlichen Lustschlosses. Der Stufenbrunnen **Champa Baodi** zeichnet sich durch ein erfinderisch ausgeklügeltes Ventilations- und Wasserversorgungssystem aus. Nördlich schließt sich die ehrwürdige **Moschee des Dilawara Khan** aus dem Jahre 1405 an. Eindeutig erkennbar sind Elemente aus Hindu-Tempeln, die zum Bau für den Eingang und die Säulenhalle verwendet wurden.

Das „Elefantentor" **Hathi Pol** bildete mit seinem Paar kolossaler, halb enthaupteter Elefanten-Wächterfiguren den Haupteingang zur Königlichen Enklave. Heute ist es geschlossen, und um zum Basar zurückzukehren, muss man dem Weg aus Mandu heraus folgen, um den Rand des Plateaus und das **Delhi Gate** zu erreichen. Ungefähr zeitgleich mit der Dilawara Khan-Moschee entstand diese große Bastion, die sich in fünf skulpturierten Bögen über dem Kopfsteinpflaster der Straße aufschwingt und die imposanteste von zwölf Wehranlagen ihrer Art entlang der 45 km langen Außenmauer der Festung ist. 🕓 Sa–Do Sonnenaufgang bis -untergang, Eintritt Rs100, Video Rs25.

Die Dorfgruppe

Einige der am besten erhaltenen Bauwerke der Festung stehen in der Umgebung des Dorfes. Die Arbeiten an der großartigen roten Sandstein-Moschee **Jama Masjid** im Westen des Hauptplatzes begannen unter Hoshang Shah und wurden erst drei Generationen später abgeschlossen. Angeblich entstand das Bauwerk nach dem Vorbild der Großen Moschee von Damaskus. Es ruht auf einem gewaltigen erhöhten Sockel, der von Reihen winziger gewölbter Kammern durchzogen ist, die als Gästezimmer für Geistliche dienten. Hinter den kunstvoll durchbrochenen Gitterwänden *(jali)* und Bändern aus blau glasierten Kacheln, die den Torweg zieren, öffnet sich der große Hof mit einer Gebetshalle auf der gegenüberliegenden Seite, die von kunstvoll in Stein gemeißelten Koraninschriften geziert wird.

Prunkstück der Gruppe ist das direkt hinter der Moschee befindliche **Grabmal des Hoshang Shah** (ca. 1440), das im Zentrum einer rechteckig ummauerten Umfriedung auf einem niedrigen Sockel steht und von einer gedrungenen zentralen Kuppel sowie vier kleinen Eckkuppeln gekrönt wird. Das vollständig aus milchig weißem Marmor errichtete Bauwerk ist das erste dieser Art auf dem Subkontinent. Es ist von Schimmel und Kot befleckt, der aus den Fledermausnestern in den Dachgesimsen herausgewaschen wird. Das Innere des Grabmals ist sehr schlicht gehalten, mit Ausnahme der kunstvoll durchbrochenen Fenster aus Stein, die Hoshangs Sarkophag Licht spenden.

Der auf der anderen Seite des Platzes stehende **Ashrafi Mahal**, „Münzenpalast", war einst eine Koranschule *(madrasa),* die der Herrscher Muhammad Shah in ein Grabmal umwandeln ließ. 🕓 tgl. Sonnenaufgang bis -untergang, Eintritt Rs100, Video Rs25.

Die Umgebung des Sagar Talao

Südlich der Dorfgruppe, Richtung Rewa Kund-Gruppe, stehen auf den Feldern östlich des Sees Sagar Talao weitere Monumente, deren ältestes die aus dem frühen 15. Jh. stammende **Moschee des Malik Mughis** ist. Auch hier wurde zu ihrem Bau antikes hinduistisches Mauerwerk verwendet. Beachtung verdienen die türkisen Kacheln und schönen islamischen Kalligrafien über dem Haupteingang. Das Gebäude mit hohen Mauern gegenüber war eine Karawanserei, in der Kaufleute mit ihren Kamelherden eine Rast auf den langen Wanderungen quer durch den Subkontinent einlegten.

Nur ein kurzes Stück in Richtung Süden erhebt sich das oktagonale Grab **Dai-ki-Chhoti Bahan-ka-Mahal** auf einem erhöhten Sockel über die umliegenden Felder. Noch sind große Streifen aus blauen Keramikkacheln erhalten, die einst fast alle der schönen afghanischen Kuppeln Mandus schmückten.

Rewa Kund-Gruppe

Die Straße zur Rewa Kund-Gruppe führt am morastigen Ufer eines Sees vorbei, wo mitunter Wasserbüffelherden grasen, und verläuft weiter durch einige Bhil-Dörfer zum Südrand des Plateaus. Stattliche alte Affenbrotbäume säumen den Weg. Rewa Kund selbst ist ein altes steinernes Becken, dessen Wasser Heilkräfte haben soll; es liegt 6 km südlich vom Hauptdorf. Das Wasser wurde früher in die Zisterne des nahen **Baz Bahadur-Palastes** gepumpt. Bahadur, der letzte unabhängige Malwa-Herrscher, zog sich nach Mandu zurück, um Musik zu studieren, nachdem er in einer Schlacht gegen Rani Durgavati verloren hatte.

Angeblich verliebte er sich in eine hinduistische Sängerin namens Rupmati, die er mit einem wunderschönen Palast zu seinem Wohnort hier oben lockte. Das Paar heiratete, wurde jedoch nicht glücklich. Denn als Akbar von Rupmatis Schönheit erfuhr, schickte er eine Armee nach Mandu, um sie zu entführen und nebenbei die längst begehrte Festung zu unterwerfen. Bahadur konnte fliehen, doch seine Braut blieb im Palast und vergiftete sich, um den Angreifern nicht in die Hände zu fallen.

Der romantische **Rupmati-Pavillon**, den Bahadur für seine künftige Braut errichten ließ, steht noch hoch auf den Felsen über dem Rewa Kund. Unter seiner Terrasse fällt das Plateau schroff in das Narmada-Tal ab. Die Aussicht ist besonders bei Sonnenuntergang an einem klaren Tag atemberaubend. 🕓 tgl. Sonnenaufgang bis -untergang, Eintritt Rs100, Video Rs25.

Übernachtung

Das Übernachtungsangebot ist sehr begrenzt, schließlich ist Mandu in erster Linie ein Tagesausflugsziel. Und was geboten wird, ist nicht gerade umwerfend.

Hotel Rupmati, am Nordende des Plateaus in der Nähe der Talsperre Nagar Panchayat, ✆ 07292/263270. Roter Teppichboden, pinkfarbene Wände und braune Bettüberwürfe verunzieren die überteuerten Zimmer mit Bad. Zum Glück haben sie aber auch einen Fernseher, mit dessen Hilfe man sich vom Dekor ablenken lassen kann. Außerdem gibt es eine Gemeinschaftsveranda mit Blick auf die Schlucht sowie ein ordentliches Restaurant. Das Hotel liegt 1 km vom Busbahnhof entfernt. Wer hier absteigen möchte, sollte sich daher unterwegs absetzen lassen. ❹

Malwa Retreat, unmittelbar südlich vom Hotel Rupati, ✆ 07292/263221, ✉ mretreatm@mptourism.com. Die Zimmer in diesem MP-Tourism-Hotel sind sauber und kompakt, teilweise mit Blick auf die Schlucht. Einige haben allerdings Flecken von Wasserschäden an den Wänden. ❺

Maharaja, an der Straße zur Royal Enclave, ✆ 07292/263288. Die zweite der drei MP-Tourism-Unterkünfte ist ziemlich abgetakelt und nur als Ausweichmöglichkeit für den Notfall erwägenswert. ❷

Maharaja, 2 km südlich vom Hauptplatz, ✆ 07292/263235, ✉ mresortm@mptourism.com. Ebenfalls ein Hotel von MP Tourism, aber mit Abstand die Topwahl am Ort. Es besteht aus zwei Cottages mit Ventilator und AC, beide besitzen eine Veranda mit Seeblick. Ein Cottage hat sogar getrennte Wohn- und Schlafzimmer und Kühlschrank. Zum Maharaja gehören ein gutes Restaurant und eine Bar. ❺

Essen

Das **Freiluft-Restaurant** im Fort tischt indische vegetarische Küche zu zivilen Preisen auf und gehört zu den ansprechendsten Adressen.

Das Hotel **Shivani** auf halber Strecke zwischen Platz und Talsperre Nagar Panchayat serviert eine Auswahl an nord- und südindischen Gerichten (Rs20–50), darunter leckeres Gujarati *thali*. Am Platz selbst offeriert **Relax Point** Tee, Snacks und *thalis* mit unbegrenztem Nachschlag. Fleisch und *paneer* sollte man überall meiden, denn wegen der häufigen Stromausfälle haben auch Lokale mit Kühlschrank Probleme, leicht verderbliche Lebensmittel frisch zu halten.

Sonstiges

Geld

Geldwechsel ist nicht möglich, die nächste Bank befindet sich in Indore.

Internet

Vinayak an der Main Rd bietet eine quälend langsame Internetverbindung.

Post

Ein chaotisches Postamt gibt es an der Main Rd.

Transport

Private Anbieter schicken tgl. einige **Busse** von Indore nach Mandu (3 1/2–4 Std.), doch ist es oft schneller, den Bus von Indore nach DHAR zu nehmen und dort in einen der halbstündig verkehrenden Busse (1 1/4 Std.) umzusteigen.
Taxis von Indore nach Mandu kosten Rs1250 hin und zurück plus Rs250 für die Wartezeit über Nacht.

Ujjain

Ujjain, 55 km nördlich von Indore an den Ufern des heiligen Flusses Shirpa gelegen, ist eine von Indiens sieben heiligsten Städten. Wie in Haridwar, Nasik und Prayag findet hier alle zwölf Jahre Indiens größte religiöse Versammlung statt: die **Kumbh Mela**. In den vergangenen Jahren zogen rund 30 Mio. Pilger hierher zum Bad. Zu anderen Zeiten ist Ujjain ein geeigneter Ort, Pilgern und Einheimischen bei ihren täglichen Verrichtungen zuzusehen. In der Nähe der Tempel zeigt sich der moderne Hinduismus von seiner kitschigsten Seite: Überall werden zeremonielle Utensilien in den grellsten Farben sowie Blumengirlanden aus Plastik angeboten. An den *ghats* schlagen Frauen nasse Saris trocken, während Kinder im Wasser plantschen und *pujari* zwischen den Schreinen am Fluss ihren rituellen Aufgaben nachgehen. Die sich hinter den *ghats* erhebenden Tempel wirken in der Dämmerung majestätisch, und die klingenden Glocken und der Duft von Weihrauch verleihen der Stätte eine zeitlose Atmosphäre.

Geschichte

Ausgrabungen nördlich von Ujjain förderten Spuren menschlicher Besiedlung aus dem 8. Jh. v. Chr. zu Tage. Der hinduistischen Mythologie zufolge änderte Shiva einst den alten Namen Avantika in **Ujjaiyini** („der mit Stolz erobert"), um seinen Sieg über den Dämonenkönig Tripuri herauszustellen. Im 4. und 5. Jh. regierte von dort Chandra Gupta II., der sich als Förderer der Künste hervortat.

1234 wurde Ujjain von Iltutmish erobert, und Delhis Sklavendynastie ließ die meisten Tempel niederreißen. Später herrschten über die Malwa-Hauptstadt die Sultane von Mandu, die Moguln und **Raja Jai Singh** aus Jaipur, der das Observatorium Vedha Shala entwarf – Ujjain liegt auf dem ersten hinduistischen Längenmeridian. Im frühen 18. Jh. setzte Ujjains Niedergang ein, der nur von einer 60-jährigen Renaissance zwischen der Ankunft der Scindia 1750 und ihrem Umzug nach Gwalior unterbrochen wurde. Heute konzentriert sich der Hauptteil der industriellen Aktivitäten der Region auf das nahe Indore. Ujjains Einwohner verdienen ihren Lebensunterhalt auf traditionellere Art.

Orientierung

Die Western Railway verläuft mitten durchs **Stadtzentrum** und unterteilt die Stadt in die weitläufige wohlhabende Vorstadt im Süden und die interessanteren lebendigen Straßen im Nordwesten des Bahnhofs. Neben der üblichen Tempelroute locken in Ujjain vor allem der **Basar** und das Observatorium Vedha Shala Besucher an.

Mahakaleshwar Mandir und Harsiddhi Mandir

Ujjains bedeutendste Sehenswürdigkeit, der Tempel Mahakaleshwar Mandir, bildet den Auftakt einer Stadtbesichtigung. Der riesige safranfarben getünchte Turm des Heiligtums wurde von den Scindias im 19. Jh. als Ersatz für den ursprünglichen, 1234 von Iltutmish zerstörten Turm errichtet. Er ragt hoch über einen Bereich mit Marmorhöfen, Wasserbecken und Springbrunnen auf, um die Präsenz eines der mächtigsten Shivalingam Indiens zu verkünden.

Der in einer klaustrophobisch engen, unterirdischen Kammer gehütete Lingam gehört zu Indiens zwölf ***jyotrilingam*** („Lingam des Lichts"), deren Energie *(shakti)* aus ihnen selbst hervorgeht und nicht durch um sie herum vollzogene Rituale entsteht. Er gilt vor allem bei den Anhängern des Tantrismus aufgrund seiner Ausrichtung nach Süden als besonders potent.

Vom Mahakaleshwar Mandir führt der Weg westlich den Hügel hinab und am Becken Rudra

Sagar vorbei zum Harsiddhi Mandir, den die hinduistische Mythologie als den Ort ausweist, an dem Parvatis Ellbogen auf die Erde stürzte, als Shiva ihren brennenden Leib vom Sati-Scheiterhaufen forttrug.

Gopal Mandir

Der im Nordosten des **Chattri Chowk**, einem chaotischen Marktplatz im Herzen des Basars, stehende pittoreske Gopal Mandir wurde im frühen 19. Jh. von einer Scindia-Rani errichtet. Mit seiner Mischung aus einer Mogul-Kuppel, den maurischen Bögen und dem hinduistischem Turm ist der Tempel ein schönes Beispiel der späten Maratha-Architektur. Die mit Silber beschlagenen inneren Portale wurden von Mahaji Scindia hergebracht, der sie aus Lahore rettete, wohin moslemische Plünderer sie verschleppt hatten. Die mit Marmor, Silber und Perlmutt verzierte zentrale Kammer enthält Statuen der hier residierenden Gottheit Gopal (Krishna) und seiner Eltern Shiva und Parvati.

Observatorium Vedha Shala

Ujjain ist der Geburtsort von Indiens mathematischer Astronomie und seit Ashokas Zeiten ein Forschungszentrum für den Lauf der Sterne und Planeten. Später fixierten hinduistische Astronomen hier den **ersten Längenmeridian** und den Wendekreis des Krebses. Aus diesem Grund wählte Raja Jai Singh aus Jaipur, Gouverneur von Malwa unter dem Mogul-Herrscher Mohammad Shah, den Ort zur Stätte einer seiner surrealistisch anmutenden Freiluft-Sternwarten.

Das 1725 erbaute Observatorium Vedha Shala steht 1 km südwestlich vom Bahnhof am Fluss Shirpa. Die Anlage ist kleiner als die berühmten Jantar Mantar in Delhi und Jaipur, doch sie ist in einem guten Zustand. Hervorzuheben sind ihre sehr kenntnisreichen Führer (kostenlos, aber ein Trinkgeld wird erwartet) und informativen Beschilderungen. Örtliche Astronomen benutzen noch immer die fünf Instrumente, um Ephemeriden – astronomische Tabellen, die den Stand der Planeten vorherbestimmen – aufzuzeichnen, die man vor Ort kaufen kann. Eine Motor-Rikscha vom Stadtzentrum hier heraus kostet um die Rs40. ⏲ tgl. von Sonnenauf- bis Sonnenuntergang, Eintritt Rs5.

Übernachtung

Die Hotels in Ujjain sind alles andere als überwältigend, deshalb erscheint die „Luxussteuer" von 10–15 % wie ein schlechter Scherz. Checkout ist – soweit nicht anders angegeben – lästigerweise schon um 9 Uhr. Bei längeren Besuchen kann man in einem **Ashram** wohnen, z. B. im **Shri Ram Mandir** (kein Telefon) in der Nähe von Rudra Sagar ❶

Atlas, Station Rd (Subhash Marg), Indore Gate, ✆ 0734/256 0473. Die Werbung mit „deluxe"-Zimmern ist wild übertrieben, dafür sind die Zimmer mit einigermaßen sauberen Bädern allerdings recht erschwinglich, zumal die freundliche Hotelleitung sich auf Preisverhandlungen einlässt. Checkout um 9 Uhr. ❸–❹

Avantika, von der Lal Bahadur Shastri Marg zurückversetzt, ✆ 0734/251 1398, ✉ avantika@mptourism.com. Das auch Yatri Niwas genannte, etwas anstaltsmäßige MP-Tourism-Hotel liegt 2 km außerhalb der Stadt. Das beste Angebot für Budgettraveller ist der unterteilte Schlafsaal (Rs90) mit bequemen Betten und sauberen Laken; die Doppelzimmer sind nett, aber überteuert. Gutes Restaurant. Checkout um 12 Uhr. ❹

Rama Krishna, Station Rd (Subhash Marg), gegenüber vom Bahnhof, ✆ 0734-255 3017. Einen Tick besser als die übrigen Absteigen in Bahnhofsnähe; die großen, verwohnten Zimmer haben immerhin Bad mit fast durchgehend Warmwasser und sind einigermaßen sauber – was man vom Bettzeug nicht sagen kann. Der Eingang ist leicht zu übersehen; auf das große „RK"-Emblem auf dem Dach achten. Checkout um 9 Uhr. ❸

Maurisches Ambiente

Shipra Residency, University Rd, ✆ 0734/255 1495, ✉ shirpa@mptourism.com. Die MP-Tourism-Herberge bietet richtig hübsche Zimmer mit Bad und reizenden gesteppten Bettdecken rund um einen friedlichen, weiß gefliesten Innenhof mit ausgeprägtem maurischem Flair. Preise inkl. Frühstück im Preis enthalten, Restaurant, Bar und Checkout um 12 Uhr – was will man mehr? ❺

Madhya Pradesh und Chhattisgarh

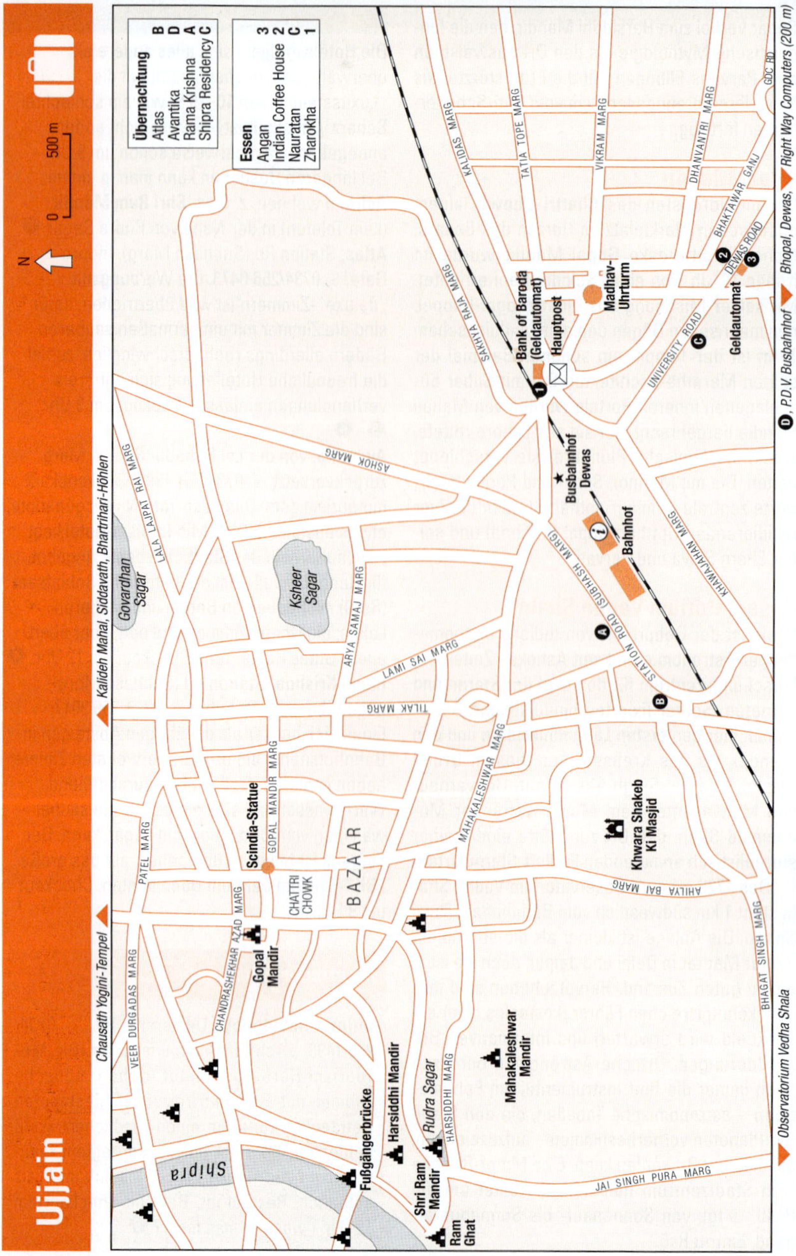
Ujjain
Übernachtung
Atlas B
Avantika D
Rama Krishna A
Shipra Residency C
Essen
Angan 3
Indian Coffee House 2
Nauratan C
Zharokha 1
0 500 m
N
Kalideh Mahal, Siddavath, Bhartrihari-Höhlen
Chausath Yogini-Tempel
Observatorium Vedha Shala
Right Way Computers (200 m)
Bhopal, Dewas, P.D.V. Busbahnhof
D, P.D.V. Busbahnhof
Govardhan Sagar
Ksheer Sagar
Rudra Sagar
Shipra
Scindia-Statue
Gopal Mandir
Chattri Chowk
BAZAAR
Harsiddhi Mandir
Fußgängerbrücke
Shri Ram Mandir
Ram Ghat
Mahakaleshwar Mandir
Khwara Shakeb Ki Masjid
Bahnhof
Busbahnhof Dewas
Bank of Baroda (Geldautomat)
Hauptpost
Madhav-Uhrturm
Geldautomat
Veer Durgadas Marg
Patel Marg
Lala Lajpat Rai Marg
Ashok Marg
Arya Samaj Marg
Lami Sai Marg
Tilak Marg
Gopal Mandir Marg
Chandrashekhar Azad Marg
Harsiddhi Marg
Mahakaleshwar Marg
Ahilya Bai Marg
Bhagat Singh Marg
Jai Singh Pura Marg
Station Road (Subhash Marg)
Khawajahan Marg
University Road
Dewas Road
Bhaktawar Ganj
Dhanvantri Marg
Vikram Marg
Tatia Tope Marg
Kalidas Marg
Sakhya Raja Marg
GDC Rd

Essen

In Ujjain herrscht ein eklatanter Mangel an vernünftigen Esslokalen. Eine Ansammlung von Imbiss-Ständen befindet sich östlich des Uhrenturms, genau wie bei den billigen *dhaba* gegenüber vom Bahnhof sollte man sich auch hier immer an die Buden mit den meisten Kunden halten.

Angan, Hotel Ashray, Dewas Rd. Bietet außer den üblichen *tandoori*-Spezialitäten und chinesischen Gerichten auch ein paar Überraschungen wie Fischstäbchen mit Remoulade. Extrem schleppende Bedienung, aber das kalte Bier hilft, die Wartezeit zu vertreiben. Hauptgerichte Rs50–100.

Indian Coffee House, Durga Plaza, Dewas Rd. Bescheidenes Lokal mit südindischem Frühstück, *thali* zum Mittagessen und Abendgerichten zu moderaten Preisen (Hauptgerichte Rs30–120). Außerdem gibt's hier ordentlichen Kaffee.

Nauratan, Hotel Shipra Residency. Typisches MP-Tourism-Angebot: vegetarische indische, Mogul-, *tandoori*- und China-Küche und ein paar westliche Sachen wie Fish'n'chips (Rs50–150). Ungezwungenes Ambiente, dazu Ujjains größte Auswahl an alkoholischen Getränken.

Zharokha, Hotel Grand Tower. Abwechslungsreiche Speisekarte voller nordindischer Standardgerichte mit äußerst üppigen Saucen; dazu die obligatorischen chinesischen Gerichte (Rs50–120).

Sonstiges

Geld

Der nächste Ort zum Geldwechseln ist Indore. Geldautomaten gibt es bei der **IDIBI Bank**, University Rd, und der **State Bank of India**, Dewas Rd, in der Nähe des Uhrenturms.

Informationen

Das **Informationsbüro** von MP Tourism befindet sich im Bahnhof, ✆ 0734/256 1544. ⌚ Mo–Sa 10–17 Uhr.

Internet

Internetzugang (Rs20 pro Std.) gibt es bei **Right Way Computers**, Dewas Rd.

Nahverkehr

Da sich die Stadt über ein weites Gebiet erstreckt, sind Motor-Rikschas oder **Fahrräder** (Verleih gegenüber vom Dewas-Busbahnhof) die gängigsten Nahverkehrsmittel. Bei der **Taxi**vermittlung hilft das MP-Tourism-Büro im Bahnhof (s. o.).

Transport

Busse

Der Busbahnhof **Dewas** mit Verbindungen nach Gwalior, Agra, Rajasthan und Bhopal liegt direkt nordöstlich des Bahnhofs. Vom 2 km südlich der Stadt gelegenen **PDV-Busbahnhof**, neben dem MP-Tourism-Hotel Avantika, fahren Busse nach INDORE (alle 30 Min.; 2 Std.) und MANDU ab.

Eisenbahn

Die Züge der Western Railway rollen am Bahnhof im Stadtzentrum ein. Es gibt regelmäßige Intercity-Verbindungen nach Indore und Bhopal.

Maheshwar

Maheshwar liegt mit Blick auf das Nordufer des mächtigen Flusses Narmada, 91 km südwestlich von Indore. Früher befand sich hier **Mahishmati**, die Hauptstadt von König Kartvirajun, die sowohl im *Mahabharata* als auch *Ramayana* erwähnt wird. Im 18. Jh. ließ Maharani **Ahilya Bai** einen Palast und mehrere Tempel errichten und verhalf der Stadt damit zu neuer Lebensenergie. Heute ist Maheshwar eine wichtige Etappe auf dem hinduistischen Narmada-Pilgerrundgang, liegt aber fernab der touristischen Trampelpfade.

Bei den **ghats** am Wasser unterhalb des alten Sandsteinpalasts bietet sich ein Schauspiel, wie es für Indien nicht typischer sein könnte. Gruppen von *yatris* führen ihre zeremoniellen Waschungen durch und Sadhus sitzen Gebete murmelnd unter Sonnenschutz-Bastmatten. Die beste Aussicht auf das Treiben bietet der Balkon des **Ahilya Bai Mandir** aus dem 18. Jh. Man erreicht ihn über eine Treppe am Fuß des Palasts hinter dem Mandir.

Unter einem Dach mit dem Maharadscha

Ahilya Fort, ✆ 011/4155 1575, 🖳 www.ahilya fort.com, ist ein Heritagehotel und wird vom Sohn des letzten Maharadscha von Indore geleitet. Die Festung aus dem 16. Jh. besitzt märchenhaft schöne Zimmer (ab US$400 inkl. VP) mit Steinwänden und Möbeln aus der Kolonialzeit. Die Gäste erwartet ein Pool, ein bezaubernder Garten und vorzügliches Essen. ❾

Im Palast und auf der Festungsanlage weiter oben an der Treppe befinden sich die Werkstätten der Rewa Society. Sie wurden vor 250 Jahren von der Maharani ins Leben gerufen, um die lokale Tuchweberei zu fördern. Die **Saris** von Maheshwar sind für ihre unverwechselbaren Muster und hohe Qualität bekannt; die Werkstätten können besucht werden, ⌚ Mo–Fr 10–17 Uhr. Nachkommen der alten Herrscherfamilie bewohnen immer noch Teile des Gebäudes. Allerdings wurde in zwei Räumen am Eingangshof ein kleines, sehr mäßig interessantes Museum eingerichtet.

Übernachtung und Essen

Aakash Deep Rest House, im Stadtzentrum, ✆ 07283/273326. Das einladende Hotel rechter Hand vom Festungs-Parkplatz hat arg mitgenommene Zimmer mit Bad. ❶

Narmada Retreat, ✆ 07283/273455, ✉ aheshwar@mptourism.com. Das Hotel von MP Tourism liegt 1 km außerhalb der Stadt am Fluss. Es besitzt gemütliche Zimmer in Cottages, komfortable Zelte mit AC und ein hübsches Restaurant – aber man darf auf keinen Fall das Mückenschutzmittel vergessen. ❺

Esslokale sind Mangelware. Die beste Option ist das *Cottage Garden*, leider einen ganzen Kilometer von der Festung entfernt, neben dem *Hotel Kumal* an der Hauptstraße.

Transport

Alle nach Maheshwar führenden Straßen sind in verheerendem Zustand. Wer im Auto unterwegs ist, sollte sich also auf ein mühsames Vorankommen einstellen – die Fahrt von Mandu her kann bis zu 4 Std. dauern, und von Indore sind es mindestens 3 Std. **Busse** fahren nach DHAR (alle 20–30 Min.; 2 Std.) und ziemlich oft nach INDORE (3 1/2 Std.) mit Umsteigen in der Marktstadt Dhamnod, 76 km südwestlich von Indore am NH-3. Der nächste **Bahnhof** befindet sich in Barwaha, 39 km westlich von Maheshwar.

Omkareshwar

Östlich der Flussüberquerung in Barwaha lenkt der Narmada seinen Lauf zunächst nach Süden, schwenkt im weiten Bogen zurück nach Norden und fließt dann um einen 2 km langen, keilförmigen Sandsteinfelsen. Von oben hat die Insel zwischen den tiefen Schluchten eine erstaunliche Ähnlichkeit mit dem „Om"-Symbol. Diese Tatsache und die Präsenz eines hoch verehrten Shivalingam an der jäh abfallenden Südseite der Insel haben das 77 km südlich von Indore gelegene Omkareshwar zu einer der heiligsten Hindu-Stätten Zentralindiens gemacht.

Seit jeher strömen Pilgerscharen zum *darshan* und zu einem heiligen Bad im Fluss hierher. In den letzten Jahren hat sich der Ort jedoch aufgrund seiner Abgeschiedenheit und der vergeistigten Stimmung auch zu einem Lieblingsziel ausländischer Kiffer entwickelt. Dessen ungeachtet und auch trotz des unglückseligen Omkareshwar-Damms, dessen Bau für die Umsetzung vieler tausend Menschen aus den nahe gelegenen Dörfern verantwortlich ist, hat sich Omkareshwar eine authentische religiöse Atmosphäre bewahrt.

Vom Busbahnhof am Dorfende führt Omkareshwars einzige Straße 400 m bergauf zu einem schäbigen Platz, wo sich die meisten *dharamshala* und Teestuben befinden und an einigen Ständen *puja*-Utensilien verkauft werden. Auf die Insel gelangt man entweder über die hohe betonierte Fußgängerbrücke oder mit einem der flachen Fährboote, die zwischen den *ghats* hin und her fahren.

Der auffällige weiße *shikhara*-Turm des **Shri Omkar Mandhata Mandir** ist eine relativ junge

Ergänzung im dichten Gewirr der Gebäude im Süden der Insel. Erst die kunstfertig gestalteten Säulen der unteren Versammlungshalle bezeugen das beträchtliche Alter des Tempels. Die Mythen, die sich um die Gottheit in dem niedrigen Sanktuarium ranken, gehen bis ins 2. Jh. v. Chr. zurück. Der hiesige **jyotrilingam** („Lingam des Lichts") soll den Hindus zufolge nach einem Kampf zwischen Brahma, Vishnu und Shiva spontan aus dem Erdboden gewachsen sein.

Rund um die Insel

Traditionellerweise beginnt die *parikrama* (Umrundung) von Omkareshwar bei den *ghat*s unter dem Shri Mandhata und führt dann im Uhrzeigersinn um die Insel herum. Der Fußmarsch dauert mindestens zwei Stunden, also viel Wasser mitnehmen.

Der erste Wegabschnitt besteht aus einem gemütlichen, halbstündigen Spaziergang von der Fußgängerbrücke zur mit Kieselsteinen übersäten Westecke der Insel. Dort gibt es eine kleine *chai*-Bude und zwei nicht weiter bedeutsame Schreine. Der **Triveni Sangam** oder „Zusammenfluss dreier Flüsse" ist ein hervorragender Badeplatz an der Stelle, wo sich der Narmada gabelt, während er sich mit dem Kaveri-Fluss vereinigt. Von hier steigt der Pfad über dem weißen Sandstreifen des Nordufers hoch zu einem Plateau. Dort stehen die Ruinen des **Gaudi Somnath-Tempels**, umgeben von zahlreichen Statuen auf Betonsockeln. Das Gotteshaus beherbergt einen kolossalen *shivalingam,* bewacht von einem ebenfalls riesigen Nandi-Stier. Von hier kann man auf steilen Stufen ins Dorf hinabsteigen oder weiter nach Osten zu der alten befestigten Stadt wandern, die früher die Insel krönte, bevor sie im Mittelalter von Moslems in Schutt und Asche gelegt wurde. Zwischen den Trümmern liegen zahlreiche Überreste von Tempelskulpturen, darunter ein paar schön geschnitzte Götter und Göttinnen, die jetzt ganzen Lemurenfamilien als Schattenspender dienen.

Nachdem der Pfad den Rand einer Schlucht erklommen hat, führt er unter dem großen, reich verzierten **Surajkund-Tor** hindurch. Das Tor flankieren 3 m hohe Statuen von Arjun und Bheema, zwei der berühmten Pandava-Brüder. Fünf Minuten weiter Richtung Süden steht der **Siddhesvara-Tempel** aus dem 10. Jh. auf einer Plattform mit Blick über den Fluss. Seinen mächtigen Sockel zieren sich aufbäumende Elefanten und über dem Südtor sind kunstvoll geschnitzte *apsaras,* d. h. himmlische Nymphen, angebracht.

Es gibt zwei verschiedene Strecken zurück ins Dorf. Die eine führt über die Hochebene und dann steil nach unten, an einer weiteren Tempelruine und dem **Maharaja**-Palast vorbei, zum Shri Mandhata-Tempel. Die andere verläuft über viele Treppenstufen hinab zum Flussufer und dann an einer Reihe von Sadhus-Höhlen vorbei zu den Haupt-*ghat*s.

Übernachtung

Omkareshwar bietet einiges an Unterkünften. Asketen können in den billigen **Dharamshala** (Rs50–100) im Dorf auf dem Festland die Pilgerkultur aus erster Hand erleben. Deren Zimmer sind allerdings meist fensterlose Zellen, und die sanitären Anlagen beschränken sich auf Gemeinschaftstoiletten und eine Wasserzapfstelle im Hof. Das **Jat Samaj**, rechts der Brücke am Fluss, gehört zu den besten *dharamshala* (nach der Figur auf dem Pferderücken auf dem Dach Ausschau halten). Weitere *dharamshala* sind **Ahilya Bai** hinter dem Vishnu-Tempel an der Straße zum Mamaleshwar-Tempel und den *ghats* oder sein Nachbar **Tirole Kunbi Patel**.

Wer sich nicht auf ein *dharamshala* einlassen will, hat einige Alternativen:

Ganesh Guest House, in der Nähe vom Tirole Kunbi Patel, ✆ 07280/271370. Die Zimmer sind ausgesprochen spartanisch, doch das Haus an sich hat eine coole Travelleratmosphäre und schöne Aussicht. Es nimmt nur ausländische Touristen auf. ❶

Hotel Geeta Shree, in der Nähe des Hauptmarktes, ✆ 07280/271560. Nicht jedes der Zimmer mit Bad und westlichen Toiletten besitzt Fenster nach draußen. ❸

Narmada Resort, 2 km vor dem Busbahnhof, ✆ 07280/271455, ✉ omkareshwar@mptourism.com. Das Hotel von MP Tourism ist die glamouröseste Unterkunft am Ort. Die Zimmer sind schlicht, aber mit Bad und Ventilator oder AC ausgestattet. Zum Resort gehört ein überdurchschnittlich gutes Restaurant. ❹–❺

Essen

Länger verweilende Besucher und Pilger kochen ihre Mahlzeiten in der Regel auf den Öfen im **Dharamshala** oder essen für wenig Geld im Basar, wo auch einige Lebensmittel verkauft werden. Gute Alternativen sind das Gartenrestaurant **Third Eye** des Ganesh Guest House, dessen vegetarisches Speisenangebot (Hauptgerichte Rs50–120) Pizza, Pasta, einige israelische und indische Gerichte, Pfannkuchen sowie ausgezeichnete tibetische *momo*s (Knödel) und *thukpa*s (Suppen) umfasst.

Sonstiges

Geld

Die **State Bank of India** an der Hauptstraße hat einen Geldautomaten.

Post

Kleines Postamt mit verlässlichem Poste-restante-Service an der Hauptstraße.

Transport

Busse

Busse verbinden Omkareshwar mit INDORE (3–4 Std.) und MAHESHWAR (2–3 Std.).

Eisenbahn

Der nächste Bahnhof liegt an der Omkareshwar Road, wo nur Bummelzüge halten. Den nächstgelegenen Bahnhof an einer Hauptstrecke hat Barwaha am Nordufer des Narmada River.

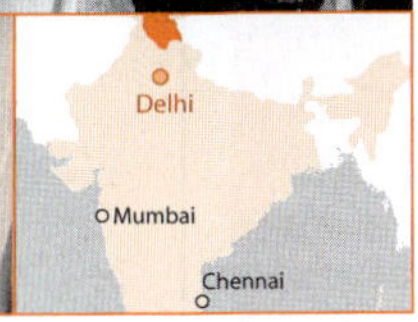

Himachal Pradesh

Stefan Loose Traveltipps

Der Toy Train nach Shimla Durch traumhafte Berglandschaften rattert die „Spielzeugeisenbahn" in die Sommerresidenz der Raj-Ära. S. 463

Dharamsala In die einstige Sommerresidenz und Heimat des Dalai Lama kommt man zum Innehalten, Meditieren und Wandern. S. 479

Naggar Das stille Städtchen mit dem weiten Blick über das Kullu-Tal ist ein herrlicher Ort, um die Seele baumeln zu lassen. S. 501

Manali Die „Flitterwochenhauptstadt" lädt Reisende auf dem Weg nach Ladakh zum Genießen des majestätischen Himalaya-Panoramas ein. S. 503

Spiti-Tal Winzige tibetische Dörfer und herrliche weiße *gompas* sprenkeln die grandiose Mondlandschaft von Spiti. S. 517

7 **Von Manali nach Leh** Die zweithöchste Straße der Welt bahnt sich ihren Weg durch eine faszinierende Wüste. S. 521

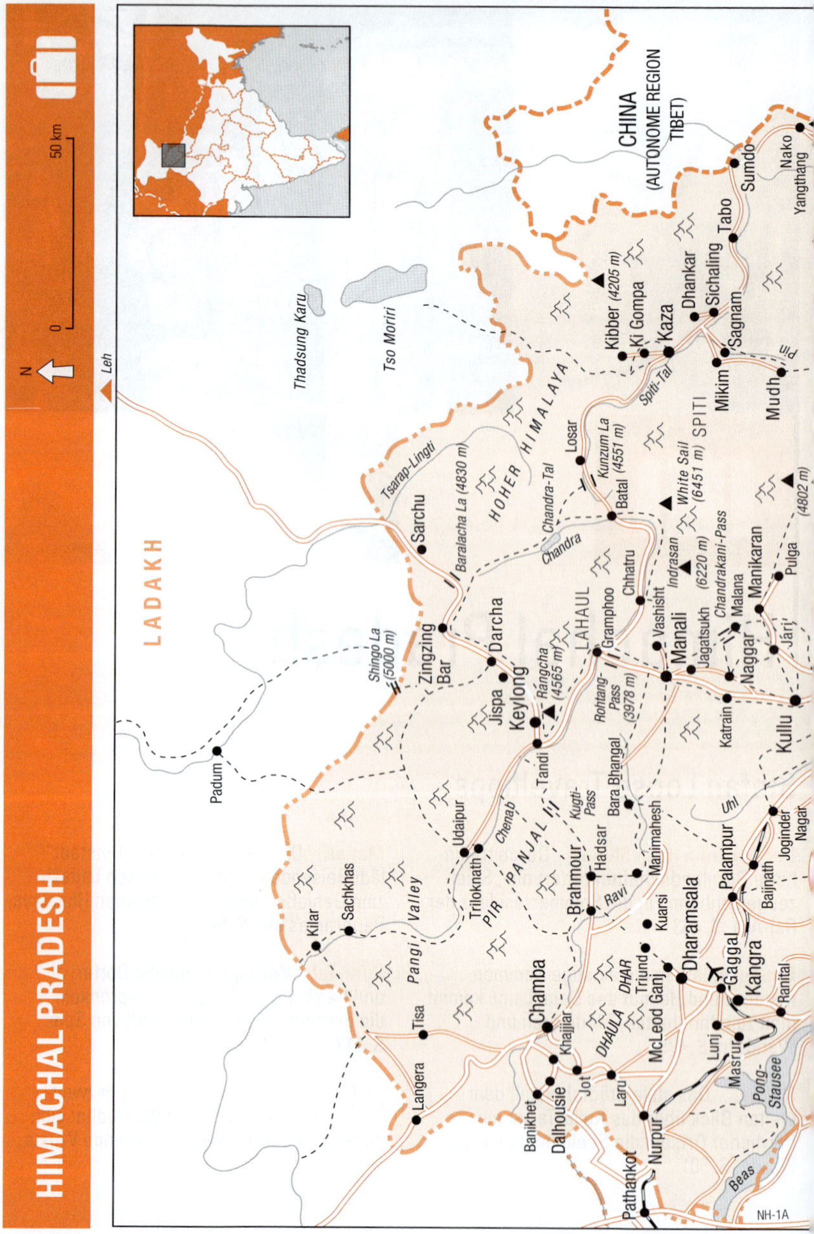
HIMACHAL PRADESH
N
0
50 km
Leh
LADAKH
CHINA
(AUTONOME REGION
TIBET)
Thadsung Karu
Tso Moriri
Padum
Shingo La
(5000 m)
Zingzing
Bar
Sarchu
Baralacha La (4830 m)
Tsarap-Lingti
HOHER HIMALAYA
Darcha
Jispa
Keylong
Rangcha
(4565 m)
Tandi
LAHAUL
Chandra
Chandra-Tal
Losar
Kunzum La
Batal (4551 m)
Kibber (4205 m)
Ki Gompa
Kaza
Spiti-Tal
Dhankar
Sichaling
Tabo
Sumdo
Nako
Yangthang
Sagnam
Mikim
Mudh
SPITI
White Sail
(6451 m)
(4802 m)
Indrasan
(6220 m)
Chandrakani-Pass
Chhatru
Gramphoo
Rohtang-
Pass
(3978 m)
Vashisht
Manali
Jagatsukh
Malana
Manikaran
Pulga
Naggar
Jari
Katrain
Kullu
Bara Bhangal
Manimahesh
Kugti-
Pass
PIR PANJAL
Chenab
Udaipur
Triloknath
Kilar
Sachkhas
Pangi Valley
Brahmour
Hadsar
Ravi
Kuarsi
DHAULA DHAR
Triund
McLeod Ganj
Dharamsala
Uhl
Palampur
Joginder
Nagar
Baijnath
Gaggal
Kangra
Ranital
Chamba
Tisa
Langera
Khajjiar
Banikhet
Dalhousie
Jot
Laru
Nurpur
Lunj
Masrur
Pong-
Stausee
Beas
Pathankot
NH-1A
Jammu
Amritsar

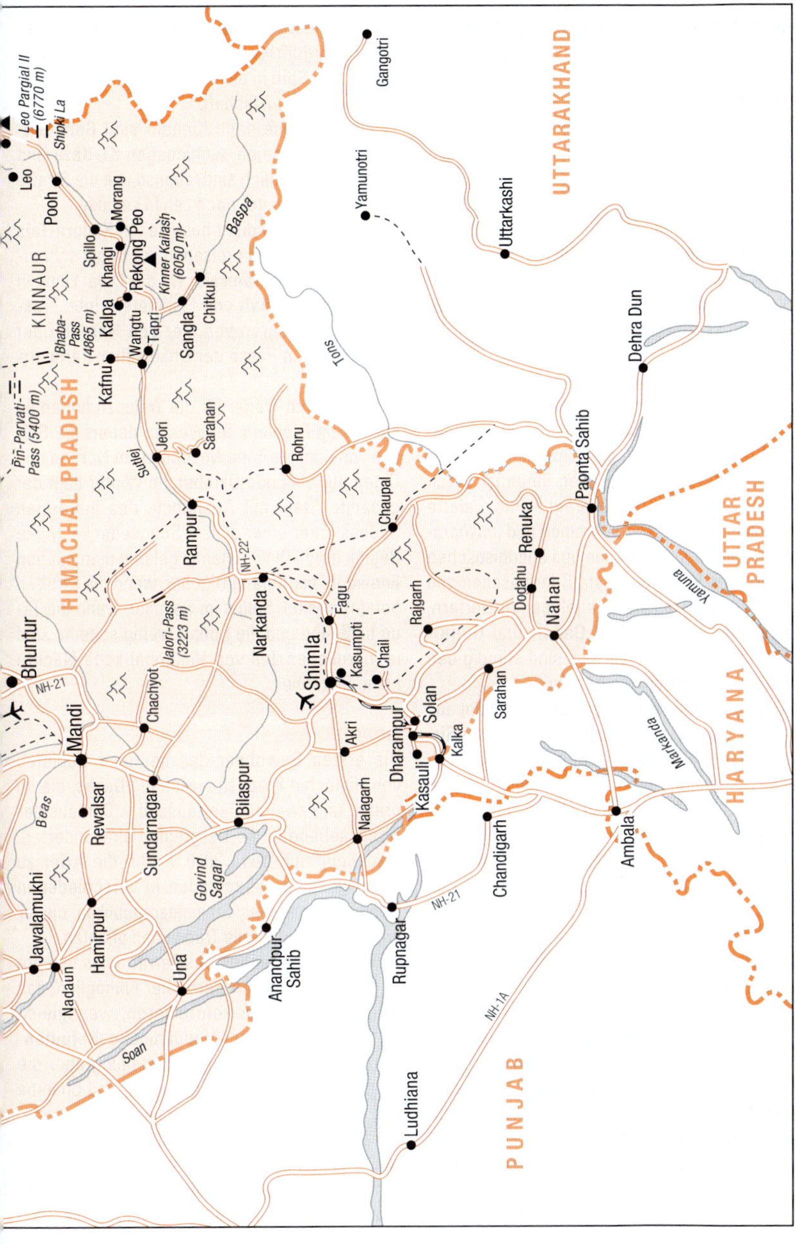

HIMACHAL PRADESH
UTTARAKHAND
UTTAR PRADESH
HARYANA
PUNJAB
KINNAUR
Leo Pargial II (6770 m)
Shipki La
Leo
Pooh
Morang
Spillo
Khangi
Rekong Peo
Kinner Kailash (6050 m)
Baspa
Kalpa
Bhaba-Pass (4865 m)
Wangtu
Tapri
Sangla
Chitkul
Kafnu
Pin-Parvati-Pass (5400 m)
Sutlej
Jeori
Sarahan
Rohru
Tons
Rampur
NH-22
Jalori-Pass (3223 m)
Bhuntur
NH-21
Mandi
Chachyot
Narkanda
Fagu
Chaupal
Kasumpti
Shimla
Chail
Rajgarh
Dodahu
Renuka
Nahan
Paonta Sahib
Dehra Dun
Yamuna
Yamunotri
Gangotri
Uttarkashi
Solan
Dharampur
Akri
Kalka
Kasauli
Sarahan
Markanda
Delhi
Beas
Rewalsar
Sundarnagar
Bilaspur
Nalagarh
Chandigarh
Ambala
Govind Sagar
Jawalamukhi
Hamirpur
Nadaun
Una
Anandpur Sahib
Rupnagar
NH-21
NH-1A
Soan
Ludhiana

Zwischen dem Punjab und Tibet gelegen, ist Himachal Pradesh (HP) der beliebteste und am einfachsten zugängliche Bergstaat Indiens – geprägt von den Höhenzügen der Shivalik-Kette im Süden, den Gebirgsketten Pir Panjal und Dhauladhar im Nordwesten und dem Hohen Himalaya im Norden und Osten.

Das Tiefland mit Obstplantagen, subtropischen Wäldern und Maisfeldern geht allmählich in höher gelegene Regionen über, in denen sich Kiefern an steile Berghänge klammern, bis sich schließlich über Felsmassiven und gefährlichen Eisflächen schroffe Gipfel in bis zu 6000 m Höhe erheben.

Diese Berge bilden gemeinsam mit den tiefen Schluchten, die durch herabstürzende Flüsse aus dem Himalaya entstanden sind, die natürlichen Grenzen zwischen den einzelnen Distrikten des Bundesstaates. Jeder von ihnen ist durch eine eigene Baukunst geprägt – die Palette reicht von gemeißelten Schreinen und *shikhara*-Tempeln bis zu Kolonialvillen und buddhistischen Klöstern. Die Verbindungsstraßen zwischen den Städten und unzähligen abgelegenen Dörfern, die von halbnomadischen **Gaddi**- und **Gujjar**-Schafhirten bewohnt werden, sind ständig den Unbilden des Wetters ausgesetzt.

Die meisten Besucher steuern von Delhi aus zunächst die jenseits der grünen Täler von **Sirmaur** gelegene Hauptstadt **Shimla** an, der ehemalige Sommersitz der britischen Regierung. Von Shimla aus führt die Hauptstraße bis zum Distrikt **Kinnaur** im Osten. Die grüne Hochgebirgslandschaft im Westen von Kinnaur verwandelt sich weiter östlich in karges und unfruchtbares Land, das sich bis zum tibetischen Hochland erstreckt. Unterstrichen wird die Schönheit der Region durch die zierlichen Holzhäuser, Tempel und die im Wind flatternden Gebetsfahnen.

In nordwestlicher Richtung führt von Shimla eine Straße nach **Mandi**, einem wichtigen Durchgangsort des Bundesstaates. Nördlich davon befindet sich das **Kullu-Tal**: Terrassenfelder, Obstplantagen und Wälder werden von schneebedeckten Gipfeln bewacht. Zentrum ist die ständig wachsende Touristenstadt **Manali** inmitten einer idyllischen Landschaft. Jenseits des Rohtang-Passes im äußersten Norden des Distrikts Kullu erstrecken sich unterhalb gewaltiger schneebedeckter Gipfel und abgeschiedener Bergdörfer die Wüsten-Hochtäler von **Lahaul** und **Spiti** in einer von tibetischen *gompas* durchsetzten Landschaft.

Für die Reise nach Kinnaur sind **Genehmigungen** erforderlich, wohingegen **Ki**, **Kaza** und **Tabo** frei zugänglich sind, ebenso wie die Straße durch Lahaul weiter nach Leh in Ladakh.

Besucher des dicht besiedelten **Kangra-Tals** westlich von Manali reisen in der Regel schnurstracks nach **Dharamsala**, wo der Dalai Lama in einer Gemeinschaft von Exiltibetern lebt. Trekking-Routen führen von hier gen Norden über die tückischen Pässe der Dhauladhar-Berge ins **Chamba-Tal**.

Führer und Träger für die **Treks** zu finden ist meist kein Problem. Im Westen dauert die Saison von Juni bis Ende November, im Norden und Osten nur bis Ende Oktober. Im Winter liegt der gesamte Staat mit Ausnahme des äußersten Südens unter einer dicken Schneedecke. In die Region nördlich von Manali gelangt man nur von Ende Juni bis Anfang Oktober, wenn die Straßen befahrbar sind. Selbst im Sommer, wenn die Tage heiß sind und die Sonne kräftig scheint, sind im nördlichen Teil von Himachal kalte Nächte keine Seltenheit.

Geschichte

Die ersten Bewohner des heutigen Gebietes von Himachal Pradesh waren die **Dasas**, die im dritten und zweiten Jahrtausend v. Chr. aus der Gangesebene in die Bergregion einwanderten. Nachdem sich etwa 2000 v. Chr. die **Arier** zu ihnen gesellten, entstanden in verschiedenen Gebieten *janapadas,* Stammesrepubliken, die jeweils eigene kulturelle Traditionen pflegten.

Die Beschaffenheit des Territoriums machte es für einen einzigen Herrscher unmöglich, das gesamte Gebiet zu kontrollieren, wenngleich sich bis 550 n. Chr. hinduistische **Rajputen**-Familien bereits die Vormachtstellung über die nordwestlichen Distrikte Brahmour und Chamba gesichert hatten, zwei der vielen Fürstentümer, die zwischen dem 6. und 16. Jh. entstanden waren. Das mächtigste davon war **Kangra**, wo die Katoch-Rajputen zahlreiche Angriffe abwehrten, bevor im 16. Jh. schließlich die Moguln die Herrschaft übernahmen.

Sperrgebiete und Inner Line Permits

Ausländer, die zwischen Sumdo in Spiti und Morang in Kinnaur unterwegs sind – wo die Straße ein Stück durch das westliche Tibet führt – benötigen **Inner Line Permits**, die zur Erkundung der Grenzgebiete berechtigen. Offiziell sind nur über ein Reisebüro organisierte Reisen in Gruppen von mindestens vier Personen erlaubt. In der Praxis wird diese Bestimmung aber durchweg ignoriert – in manchen Orten muss man allerdings Mitglied einer Gruppe sein, um ein Permit beantragen zu können.

Inner Line Permits gelten sieben Tage und sind in Shimla, Manali, Kullu, Rampur, Kaza und Rekong Peo erhältlich. Individualreisende stellen den Antrag am besten in Rekong Peo (S. 473) in Kinnaur oder in Kaza (S. 517) in Spiti; dort kann man die erforderlichen Behördengänge selbst erledigen und bekommt die Genehmigung normalerweise kostenlos innerhalb einer oder zwei Stunden. In Shimla, Manali, Kullu und Rampur bestehen die Beamten gewöhnlich auf Einhaltung der o. g. Vorschrift, und der Reiseveranstalter verlangt eine Gebühr von Rs150 p. P. Es ist grundsätzlich ratsam, drei Fotos und Kopien von Pass und Visum mitzubringen. Einige Beamte machen sie allerdings lieber selbst. Obwohl man sie kaum benötigen wird, sollte man mindestens vier Kopien von der Genehmigung anfertigen, für den Fall, dass an den Kontrollposten entlang der Strecke eine Kopie einbehalten wird.

Bei Reisen durch Sperrgebiete keinesfalls Fotos von militärischen Einrichtungen oder sensiblen Orten wie z. B. Brücken machen. Hält man sich an den Hauptweg, sollte es eigentlich keine Schwierigkeiten geben.

Während des Mittelalters nahmen die Täler **Lahaul** und **Spiti** eine Sonderrolle ein. Sie wurden nicht von Rajputen, sondern von den **Jos** beherrscht, die ihre Bräuche und Architektur aus Tibet mitbrachten. Nachdem sie eine Zeit lang Ladakh unterworfen waren, wurden Lahaul und Spiti später von den Rajas von **Kullu** beherrscht, einem zentralen Fürstentum, das im 17. Jh. seine Blütezeit erreichte. Weiter südlich war die Gegend um **Shimla** und **Sirmaur** in über dreißig unabhängig regierte *thakurais* aufgeteilt. Gegen Ende des 17. Jhs. stellte die wieder erstarkte **Sikh**-Gemeinde mit Sitz in **Paonta Sahib** (Sirmaur) neben den Moguln eine zusätzliche Bedrohung dar. Im 18. Jh. hielten die Sikhs unter **Maharadscha Ranjit Singh** bereits Stützpunkte in großen Teilen des westlichen Himachal und verfügten über enorme Macht in Kullu und Spiti.

Im Kampf gegen die Ausbreitung der Sikh gewann Amar Singh Tapur, der Führer der **Gurkha**-Armee, in den südlichen Shimla-Bergstaaten an Macht. Die *thakurai*-Oberhäupter baten die **Briten** um Hilfe und zwangen die letzten Gurkha 1815 zurück nach Nepal. Erwartungsgemäß ergriffen die Briten die Macht im Süden und drängten so die Sikh in den **Ersten Britischen Sikh-Krieg**. Mit der Unterzeichnung eines Abkommens 1846 annektierten die Briten überwiegende Teile des Südens und Westens des Staates und erklärten Shimla 1864 zum Sommersitz der Regierung.

Nach Erlangung der Unabhängigkeit wurden die an den heutigen Punjab grenzenden Gebiete zusammengefasst und Himachal Pradesh („Himalaya-Provinzen") genannt. 1956 wurde HP als Unionsterritorium anerkannt und zehn Jahre später zum Bundesstaat erklärt, mit Shimla als Hauptstadt.

Trotz der politischen Einheit ist Himachal Pradesh kulturell sehr vielfältig. Mehr als 90 % der **Bevölkerung** lebt außerhalb der großen Städte und viele Regionen sind während der langen Wintermonate nach wie vor total isoliert. Die verschiedenen Distrikte von Himachal sind durch unterschiedliche Bräuche, Architektur, Kleidung und landwirtschaftliche Methoden geprägt. Und obwohl der Hinduismus überwiegt, sind auch Sikh, Moslems und Christen zahlenmäßig stark vertreten. Darüber hinaus werden Lahaul, Spiti und Kinnaur schon seit dem 10. Jh. von tibetischen Buddhisten bewohnt. Das erklärt vielleicht, weshalb in HP herkömmlicherweise die recht weltoffene Congress Party die meisten Anhänger verbucht. In den letzten Jahren hat allerdings die BJP in der Regierung das Sagen.

Shimla und Umgebung

Shimla, die Hauptstadt von Himachal Pradesh, ist die größte und bekannteste Hill Station Indiens. Hier siedelte Rudyard Kipling den Großteil seines Kolonialklassikers *Kim* an. Während die Stadt bei indischen Familien und Hochzeitsreisenden sehr beliebt ist, lässt ihre wenig einladende Größe westliche Touristen eher selten verweilen. Dabei ist sie nicht nur der perfekte Zwischenstopp auf dem Weg ins Kullu-Tal, sondern auch ein geeigneter Ausgangspunkt für Ausflüge in die entlegenen Gebiete von Spiti.

Nordöstlich von Shimla liegt vor einer prachtvollen Kulisse imposanter Himalaya-Gipfel **Sarahan** mit dem berühmten Bhimakali-Tempel, das in einer Zwei- bzw. Dreitagetour von Shimla aus oder auf der Reise nach Kinnaur zu erreichen ist.

Shimla

Egal ob man über die Straße oder per Zug von Süden her anreist – das letzte Stück des Anstiegs nach Shimla erscheint endlos. Tief eingebettet ins Vorgebirge des Himalaya, ist die Hill Station über einen kurvenreichen Weg zu erreichen, der sich von den Ebenen bei Kalka fast 100 km lang durch tief eingeschnittene Flusstäler, Kiefernwälder und Berghänge windet. Es ist unschwer zu erraten, warum die Briten diesen unzugänglichen Ort als ihre Sommerresidenz auswählten. In einer Höhe von 2159 m ist der mondsichelförmige Gebirgskamm, über den sich die Stadt verteilt, das ganze Jahr hindurch mit kühler Luft und einem herrlichen Panorama gesegnet.

Benannt nach seiner Schutzgöttin Shamla Devi (einer Erscheinungsform von Kali), wurde das winzige Dorf, das hier lag, 1817 von einer Gruppe britischer Landvermesser „entdeckt". Ihre begeisterten Berichte über die Schönheit und das Klima drangen nach und nach bis in die Hauptstadt des britisch-indischen Reiches, Kalkutta, vor und binnen zweier Jahrzehnte wurde die Siedlung zum schicksten Sommerurlaubsort des Subkontinents. 1864 schließlich erhielt der alljährliche Umzug einen offiziellen Hintergrund, nachdem Shimla – inzwischen eine elegante Stadt mit herrschaftlichen Wohnhäusern, Kirchen und Cricketplätzen geworden – zum offiziellen Sommersitz der Kolonialregierung erklärt wurde. Mit der Fertigstellung der **Eisenbahnstrecke Kalka–Shimla** im Jahre 1903 war Shimla nur noch zwei Tage Zugfahrt von Delhi entfernt. Und sein Aufstieg setzte sich auch nach der Erlangung der Unabhängigkeit fort, besonders seit es 1966 zur Hauptstadt von Himachal Pradesh wurde.

Noch heute ist Shimla ein bedeutender Urlaubsort, der vor allem Neureiche aus dem Punjab und aus Delhi anzieht, die vor Einsetzen des Monsuns im Mai/Juni und dann wieder im September/Oktober zu Tausenden hier einfallen. Sein verblasster kolonialer Charme lockt auch ausländische Touristen auf den Spuren des Raj an. Die *burra-* und *memsahibs* sind zwar weitergezogen, doch Shimla bewahrt sich sein deutlich **britisches Flair**: Echte indische Gentlemen, in Tweed gekleidet, schlendern Pfeife rauchend die Mall entlang und Kinder in Schuluniformen flitzen an den Ladenfronten im Tudorstil und Häusern mit Namen wie Braeside vorbei. Man wähnt sich beinahe in England – wären da nicht die frechen Affenhorden und der Blick auf die dicht gedrängten Wellblechdächer des **Basars** von Shimla gleich unterhalb des Bergrückens.

Die beste **Reisezeit** sind die Monate Oktober und November, bevor in Himachal der Winter Einzug hält. Dann sind die Tage noch warm und trocken und der Himmel in den frühen Morgenstunden klar. Von Dezember bis Ende Februar gibt es meist starken Schneefall und die Temperaturen schwanken um bzw. fallen unter null Grad. Das Klima im Frühling ist ausgesprochen wechselhaft: Heftige warme Winde aus den Ebenen wechseln sich mit eisigen Regenschauern von den Bergen ab. Während der ersten Hochsaison (Mitte April bis Ende Juni) können Unterkünfte knapp und kostspielig sein, in der zweiten Hochsaison von Mitte September bis Mitte November ist dies weniger der Fall. An Wochenenden und Feiertagen, insbesondere zu Weihnachten und Neujahr, ist mit größeren Besucherscharen zu rechnen. Zu jeder Jahreszeit sollten genügend warme Sachen im Gepäck sein, denn die Nächte können unerwartet kalt werden.

Das Zentrum

Obwohl sich Shimla und seine Satellitenbezirke über mindestens fünf Berghänge verteilen, ist das Zentrum überschaubar; es befindet sich um den weiten, **The Ridge** genannten Platz, von dem aus die sanften Hügel der Vorgebirge und am Horizont die zerklüfteten schneeweißen Gipfel des Pir Panjal und des Hohen Himalaya zu sehen sind. Die Gegend ist eine Art Wasserscheide. Der Volksmund sagt, dass alles Sickerwasser von der Nordseite ins Arabische Meer fließt, das von der Südseite in den Golf von Bengalen. Die viktorianisch-gotische Turmspitze von **Christ Church** ist der hervorstechendste Punkt Shimlas. Die bunten Glasfenster waren die erlesensten von ganz Britisch-Indien und stellen (von links nach rechts) Glaube, Hoffnung, Barmherzigkeit, Stärke, Geduld und Demut dar. Am anderen Ende von The Ridge liegt **Scandal Point**, der Mittelpunkt des berühmten Nachmittagstreffs von Shimla, wo die Menschen zusammenkommen und den neuesten Klatsch austauschen.

Vom Ridge zieht sich ein Gewirr kleiner Straßen stufenförmig und jeweils durch Steintreppen miteinander verbunden hügelabwärts, und um den südlichen Fuß des Hügels windet sich **The Mall**, die meistbesuchte Fußgängerzone. Flankiert von einer langen Reihe unverkennbar britischer Fachwerkhäuser, war die Haupteinkaufsmeile von Shimla bis zum Ersten Weltkrieg für alle „Eingeborenen", ausgenommen die Mitglieder des Königshauses und das Rikschapersonal, strengstens verboten. Heute sind Rikschas, ob mit Muskelkraft oder anders angetrieben, verboten und nichtindische Gesichter kaum zu entdecken. Das durch und durch kolonialzeitliche **Gaiety Theatre** wurde 2008 renoviert. Hier finden regelmäßig Vorstellungen statt.

Folgt man einer der vielen von der Mall herabführenden Gassen, taucht man in ein Labyrinth verschlungener Seitenwege ein. Im **Basar** von Shimla herrscht reges Treiben – wackelige Buden, hell erleuchtete Verkaufsstände und Minarette, die bis zum Rande der Cart Road reichen. Außer dass man hier authentische Souvenirs erwerben kann, ist dies auch einer der wenigen Orte der Stadt mit Himalaya-Flair: Neben den bunten Kopfbedeckungen aus Kullu *(topi)* tauchen auch fremde Gesichter aus Lahaul, Kinnaur und Tibet in der Menge auf.

Das State Museum

Das Museum des Staates Himachal Pradesh liegt etwa 1,5 km Fußmarsch vom Zentrum entfernt, doch der Weg lohnt sich. Im Erdgeschoss der eleganten Kolonialvilla sind vor allem Tempelskulpturen ausgestellt, daneben gibt es eine Galerie mit herrlichen **Pahari-Miniaturen** – Beispielen der letzten großen Hindu-Kunstform, die in Nordindien ihre Blütezeit hatte, bevor im frühen 19. Jh. der Einfluss der westlichen Kultur einsetzte. Ihren Ursprung hat die Pahari-Schule

Der „Toy Train" des Vizekönigs

Bis zum Bau der Eisenbahnstrecke Kalka–Shimla war Shimla nur auf der so genannten **Cart Road** erreichbar – einer langsamen und kurvenreichen Strecke, ausgetreten von den vielen duldsamen Trägern und von Pferden gezogenen Tongas. Als die 96 km lange Eisenbahnlinie 1903 fertig war, hatte man zwischen Shimla und der Endstation Kalka (26 km nordöstlich von Chandigarh) 103 Tunnel, 24 Brücken und 18 Bahnhöfe gebaut. Heute sind die Busse vielleicht schneller, eine Reise mit dem „Toy Train" aber ist unvergesslich – besonders wenn man erster Klasse in einem der **Wagen mit Panoramafenstern** reist. Gezogen von einer winzigen Diesellok rattert man gemächlich durch bezaubernde Landschaften, bis man nach 5 1/2–7 Stunden in Shimla eintrifft. Entlang der Strecke tauschen die Zugbegleiter mit dem Personal auf den Bahnsteigen kleine Lederbeutel aus. Die Beutel, die sie zurückbekommen, enthalten kleine Messingscheiben, die von den Lokführern in spezielle Maschinen eingelegt werden, um so durch Signale auf ihre Ankunft aufmerksam zu machen. Das von jeher zuverlässig arbeitende „Neal's Token System" garantiert, dass entgegengesetzt fahrende Züge auf den eingleisigen Abschnitten niemals aufeinander treffen. Informationen zu Fahrplänen und Fahrscheinbuchungen s. S. 468.

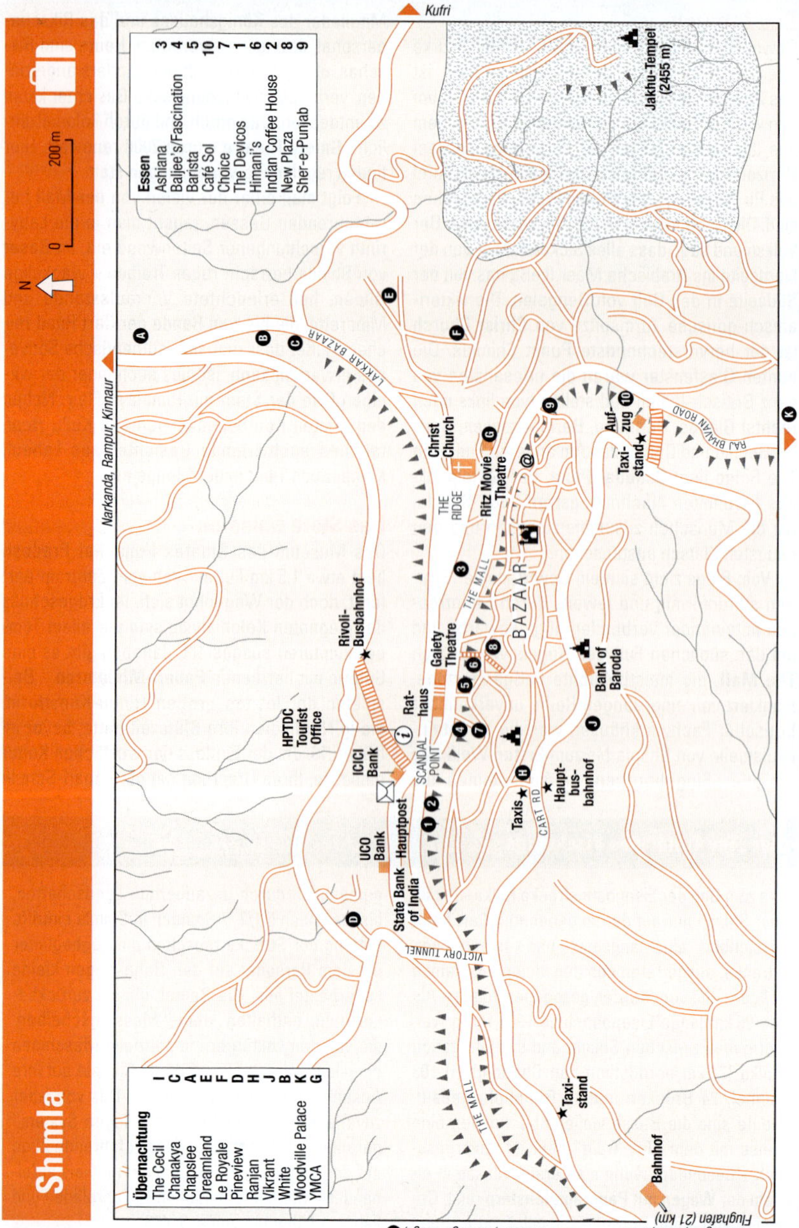
Shimla
0 200 m
N
Essen
Ashiana 3
Baljee's/Fascination 4
Barista 5
Café Sol 10
Choice 7
The Devicos 1
Himani's 6
Indian Coffee House 2
New Plaza 8
Sher-e-Punjab 9
Übernachtung
The Cecil I
Chanakya C
Chapslee A
Dreamland E
Le Royale F
Pineview D
Ranjan H
Vikrant J
White B
Woodville Palace K
YMCA G
Kufri
Narkanda, Rampur, Kinnaur
Jakhu-Tempel (2455 m)
LAKKAR BAZAAR
Christ Church
THE RIDGE
Ritz Movie Theatre
Rivoli-Busbahnhof
HPTDC Tourist Office
Rat-haus
Gaiety Theatre
THE MALL
BAZAAR
Aufzug
Taxistand
RAJ BHAVAN ROAD
ICICI Bank
SCANDAL POINT
Hauptpost
UCO Bank
State Bank of India
Taxis
CART RD
Hauptbusbahnhof
Bank of Baroda
VICTORY TUNNEL
Taxistand
Bahnhof
Museum, Viceregal Lodge, I
Chandigarh, Delhi, Flughafen (21 km)

in der Mogul-Malerei. Sie ist durch Szenen aus Hindu-Epen inspiriert worden und für ihre feinsinnige Darstellung romantischer Liebe berühmt.

Unter den **Gemälden** sind Dutzende Miniaturen aus der Mogulzeit und aus Rajasthan sowie ein paar schöne Aquarelle zu bewundern. Sie wurden von den Nachkommen der Mogul- und Pahari-Meister für die souvenirhungrigen Kolonialherren hergestellt und zeigen Fakire, umherziehende Sadhus und Bettler, die direkt aus den Geschichten von Kipling entsprungen scheinen. Ein Zimmer ist Mahatma Gandhi gewidmet; es zeigt Fotos von seiner Zeit in Shimla und ein paar amüsante Karikaturen über seine politische Beziehung zu den Briten. ◷ Di–So 10–13 und 14–17 Uhr, am zweiten Samstag im Monat geschlossen, Eintritt Rs50, Kamera Rs50. Man gelangt hierher, indem man auf der Mall bergabwärts am Postamt vorbeigeht. An der ersten Kreuzung hinter dem Hotel Classic nach rechts und an der zweiten nach links abbiegen, wo ein Schild den Weg weist.

Viceregal Lodge und Prospect Hill

Shimlas einziges und höchst eindrucksvolles Monument aus der Kolonialzeit ist die alte **Viceregal Lodge**, die bis in die 40er-Jahre der Sommersitz der britischen Regierung war und heute das Institute of Advanced Studies beherbergt. Sie ist in 15 Gehminuten vom Museum aus in westlicher Richtung zu erreichen. ◷ tgl. 9–17 Uhr; Rs50, Führungen alle 30 Min. außer zwischen 13 und 14 Uhr.

Nirgendwo ist Shimla britischer als hier. Das prächtige Anwesen im elisabethanischen Stil mit einem Löwen und einem Einhorn über dem Eingangsportal ist umgeben von gepflegten Rasenflächen, Blumenbeeten und Kiefern. Im pompösen Innern sind nur einige Bereiche des Erdgeschosses der Öffentlichkeit zugänglich: eine gewaltige mit Teakholz verkleidete Eingangshalle, eine beeindruckende Bibliothek (einst der Ballsaal) und das Gästezimmer. Der Konferenzraum mit Fotos von Nehru, Jinnah und Gandhi war im Vorfeld der Unabhängigkeit ein Ort wichtiger Entscheidungen. Auf der Steinterrasse an der Rückseite des Gebäudes zeigt eine Tafel die Profile und Namen der in der Ferne sichtbaren Gipfel.

Ein Besuch des Jakhu-Tempels

Der frühmorgendliche Aufstieg zum **Jakhu Temple** („Affentempel") gehört in Shimla schon fast zur Tradition. Vom Berggipfel (2455 m), auf dem der Tempel steht, eröffnet sich eine atemberaubende Aussicht in den Himalaya – am spektakulärsten präsentiert sie sich morgens, bevor sie im weiteren Tagesverlauf von Wolken getrübt wird.

Der erbarmungslos steile Anstieg dauert zu Fuß 20–40 Min., es gibt aber auch Reitpferde zu mieten. Der Weg beginnt gleich links von der Christ Church; während der Hauptreisezeit braucht man sich bloß in die Völkerwanderung einzureihen.

Nach der anstrengenden Hochkraxelei erweist sich der Tempel dann eher als Enttäuschung. Es handelt sich um ein mit Lichterketten und Lametta überladenes Bauwerk aus roten und gelben Ziegelsteinen. Die Gläubigen sind davon überzeugt, dass sich im Inneren die Fußabdrücke von **Hanuman** befinden. Die Überlieferung zufolge ruhte sich der von den Hindus wegen seiner Körperkraft und Treue verehrte Affengott am Jakhu aus, nachdem er im Himalaya Heilkräuter für Ramas verletzten Bruder Lakshmana gesammelt hatte.

Vorsicht ist vor den Herden zudringlicher Affen beim Tempel geboten. Generationen von Pilgern und Touristen haben sie so verwöhnt, dass sie sich zu einer echten Landplage entwickelt haben. Also Tasche oder Rucksack gut festhalten und keine Lebensmittel auspacken.

Der Besuch der Lodge lässt sich wunderbar mit einem Abstecher zum beliebten Picknickplatz **Prospect Hill** (2176 m) verbinden. Durch die Wälder westlich der Villa gelangt man zu der verkehrsreichen Kreuzung Boileauganj, von der aus ein Asphaltweg steil bergauf zu dem kleinen Schrein **Kamana Devi** führt. Vom Gipfel bietet sich ein wunderschöner Blick.

Übernachtung

Im Mai und Juni sind die Übernachtungspreise besonders hoch und ohne Reservierung geht überhaupt nichts. Zu anderen Zeiten lässt sich möglicherweise ein bis zu 50 %iger Preisnachlass aushandeln.

The Cecil, The Mall, ☏ 0177/280 4848, 💻 www.oberoihotels.com. Gebäude aus der Raj-Ära, 1939 von der Oberoi Group gekauft und saniert, viel Luxus, aber wenig Charakter. An seine Vergangenheit erinnert eigentlich nur die Fassade. Zimmer kosten ab Rs14 000, Suiten satte Rs30 000. ❾

Chanakya, Lakkar Bazaar, ☏ 0177/265 4465. Gemütlich, sauber und zentral. Die billigeren Zimmer sind kleiner, aber das Preis-Leistungs-Verhältnis stimmt, und in der Nebensaison sinken die Preise spürbar. ❸

Chapslee, Lakkar Bazaar, ☏ 0177/280 2542, 💻 www.chapslee.com. Schönes altes Herrenhaus am Stadtrand, umgeben von Gärten und voller Antiquitäten. Fünf Luxussuiten, ein EZ, Bibliothek, (Karten)Spielzimmer, Tennisplatz und Krocketrasen. Buchung erforderlich. Halbpension Rs12 500–15 500. ❾

Le Royale, Jakhoo Rd, ☏ 0177/265 1002, ✉ le_royale@hotmail.com. Das Hotel hoch über dem Ridge hat umwerfende Ausblicke in alle Richtungen und unterschiedliche, luxuriöse Zimmer, die alle geschmackvoll möbliert sind. ❺–❼

Pineview, Mythe Estate, am entlegenen Ende des Victory-Tunnels, ☏ 0177/265 8604, ✉ pineviewshimla@gmail.com. Die Unterkunft in schöner Lage auf einer Apfelplantage besitzt ein breites Angebot an gut ausgestatteten Zimmern mit Bad. ❹–❺

Ranjan, gleich oberhalb des alten Haupt-Busbahnhofs, ☏ 0177/265 2818. Das große, weiße Gebäude, Baujahr 1907, ist nicht mehr ganz taufrisch, aber o.k. Die Zimmer mit Bad sind groß und schlicht, einige mit Originaleinrichtung. Sonniger Balkon. ❸

Vikrant, Cart Rd, Bahnhofsnähe, ☏ 0177/265 3602. Praktisch bei später Ankunft und früher Abreise. Großes Hotel mit sauberen DZ und einigen EZ. Die billigeren mit Gemeinschaftsbad und Warmwasser aus dem Eimer. Auch ein Dorm vorhanden (Rs250). ❹

White, Lakkar Bazaar, ☏ 0177/265 5276, 💻 www.hotelwhiteshimla.com. Gut geführtes Hotel; helle Zimmer mit Sicht auf den Himalaya. Könnte manchmal sauberer sein. Ausgezeichnete Deluxe-Suite (Rs1700). Das ganze Jahr über Festpreise. ❻

Woodville Palace, Raj Bhavan Rd, ☏ 0177/262 3919, 💻 www.woodvillepalacehotel.com. 20 Min. zu Fuß südlich der Christ Church. Mit riesigen Zimmern, Stilmöbeln, Grünflächen und einem Badmintonplatz. Im oberen Bereich leben noch heute Mitglieder der ehemaligen Königsfamilie Shimlas. Das Glanzstück ist die Royal Suite für Rs11 000. ❽–❾

YMCA, The Ridge, ☏ 0177/265 0021, ✉ ymcashimla@yahoo.co.in. Über die Treppe links vom Kino Ritz erreichbar. Große Zimmer, 7 davon mit Bad. Speisesaal, Sonnenterrasse, Star-TV, Snookertische, Fitnessräume, Tischtennis und Internetcafé. Frühstück inkl., Nebensaisonpreise verhandelbar. ❷–❹

Sauber und günstig

Dreamland, The Ridge, ☏ 0177/280 6897, 💻 www.hoteldreamlandshimla.com, oberhalb der Kirche. In der Nebensaison sehr preiswert. Lauter saubere Zimmer mit warmer Dusche und Star-TV. Die billigeren haben Hocktoiletten, die teureren einen fantastischen Blick auf den Himalaya. Außerdem gibt es ein angenehmes Restaurant im Obergeschoss sowie Internetzugang. ❷–❹

Essen

Nur wenige Restaurants in Shimla haben sich etwas koloniales Ambiente bewahrt und das kulinarische Niveau ist meist niedrig. Da hier vorwiegend indische Touristen verköstigt werden, liegt der Schwerpunkt auf reichhaltiger, scharfer, nicht vegetarischer Kost. Abgesehen von den Spitzenhotels und den nachstehend aufgeführten Lokalen gibt es in mehreren Fastfood-Restaurants an der Mall südindische, chinesische und Mughlai-Snacks, während Schleckermäuler in den vielen **Bäckereien und Eisdielen** bestens bedient werden. Wirklich preiswerte und sättigende Mahlzeiten sind geröstete Kartoffelpastetchen *(tikki)* oder Kichererbsencurry mit Puris *(channa batura)*, die man in den **Snackbars** entlang der Stufen gegenüber dem Gaiety Theatre bekommt.

Zwei in einem

Baljee's, 26 The Mall. Kulinarisches und gesellschaftliches Wahrzeichen von Shimla. Besonders abends sind die Snacks, Süßigkeiten und das Eis in diesem Café sehr gefragt; Alkohol wird nicht ausgeschenkt. Das schicke Restaurant **Fascination** im oberen Stock serviert indische und chinesische Gerichte um Rs120–200, aber auch Würstchen, Eier und Pommes für Rs80.

Ansonsten gibt es auf dem Basar billige *dhabas*.
Ashiana, The Ridge. Restaurant der HPTDC in einem umgebauten Musikpavillon mit vorwiegend nicht vegetarischer indischer Küche inkl. Chicken-*makhanwalla*, Pizza und chinesischen Gerichten. Hauptgerichte um Rs100.
Barista, The Mall. Kaffeebar nach westlichem Vorbild mit ausgezeichneten Lattes, Muffins, Brownies und flotter Bedienung; vergleichsweise preisgünstig.
Café Sol, The Mall, Modernes Dachrestaurant und Café des Combemere Hotel. Günstige italienische und thailändische Speisen ab Rs180–500 sowie indische Standardgerichte und köstliche Backwaren.
Choice, Middle Bazaar. Winziges, nüchternes chinesisches Restaurant, umfangreiche Speisekarte, preiswerte und köstliche Gerichte.
Devicos, The Mall. Gut besuchter Fastfood-Laden im westlichen Stil mit südindischen Snacks, vegetarischen Burgern und Shakes. Fast alles unter Rs100. Eine Etage tiefer ist ein weiteres Restaurant und oben eine schicke Bar.
Himani's, 48 The Mall. Schicke Videospielhalle im Erdgeschoss, lebhafter Barbetrieb (fast nur Männer) im 1. Stock sowie ein Familienrestaurant und Billardzimmer eine Etage höher. Auf der Speisekarte stehen *tandoori chicken* (große Portion Rs190) und südindische Küche.
Indian Coffee House, The Mall. Betagtes Café mit Kolonialcharakter, für ein Coffee House übliches Angebot an Snacks und höflicher Service. Die Besucher sind überwiegend männlich.
New Plaza, 60/1 Middle Bazaar, die Treppe neben Himani's hinunter. Beliebtes Familienrestaurant. Preiswerte Speisen, darunter auch leckere Fleisch-*sizzler* für Rs130.
Sher-e-Punjab, Upper Bazaar. Bestes der *dhabas* gleich unterhalb der Mall. Große Portionen pikanter Bohnen, Kichererbsen und *dhal* für Rs40–60.

Touren

Das **Tourist Office** der HPTDC (s. „Informationen".) organisiert **Sightseeing-Touren** rings um Shimla (z. B. Narkanda) und gibt Tipps zu Wanderungen im Umland. Wer sich in entlegenere und schwierigere Regionen wie Kinnaur und Spiti vorwagen möchte, sollte sich bei den vielen Trekkingagenturen an der Mall informieren. Empfohlene Veranstalter S. 468.

Sonstiges

Apotheken

Indu Medical, The Mall, ⌚ 9–20 Uhr.

Bücher

Maria Brothers, teures Antiquariat auf der Mall, alte Karten und Radierungen sowie eine begrenzte Auswahl neuer Bücher.
Asia Bookhouse und **Minerva**, ebenfalls auf der Mall, verkaufen Taschenbücher.

Geld

An der Mall gibt es ein halbes Dutzend Geldautomaten von **Citibank**, **UCO Bank** und **ICICI**. Reiseschecks können nur bei SBI eingelöst werden. Bargeld wechseln auch andere Banken und Wechselstuben. Auszahlungen auf Visa-Karte bei der **Bank of Baroda** an der Cart Rd.

Genehmigungen

Inner Line Permits werden beim **Additional District Magistrate's Office**, ✆ 0177/265 7005, im 1. Stock des modernen Rathauses ausgestellt, eine Straße unterhalb der Mall, gegenüber von Sheel SJ Jewellers. ⌚ Mo–Sa 10–17 Uhr, am 2. Sa im Monat geschlossen.

Informationen

Das wichtigste HPTDC-**Tourist Office**, ✆ 0177/265 2561, 🖳 www.hptdc.gov.in, befindet sich

auf der Mall nahe Scandal Point.
Hauptsaison tgl. 9–20, sonst 9–18 Uhr.

Internet

Internetzugang gibt es im **Dreamland Hotel** und mehreren Internetbüros entlang der Mall, die Rs20 pro Std. verlangen.

Medizinische Hilfe

Indira Gandhi Medical College Hospital, 0177/280 3073.
Deen Dayal Hospital, nahe dem ISBT-Busbahnhof, 0177/265 4071.

Post

GPO, mit Poste-restante-Schalter, nahe Scandal Point auf der Mall.
Mo–Sa 10–18 Uhr.

Reisebüros

Zu den zuverlässigen Anbietern gehören **Band Box**, 9 The Mall, nahe Scandal Point, 0177/265 8157, bboxhv@satyam.net.in, spezialisiert auf maßgeschneiderte Reiserouten, und **Great Himalayan Travels**, 0177/265 8934, www.ghtravels.com. **YMCA**, 0177/280 4085, und **Silver Dreams** im Dreamland, 0177-280 6897, www.blueskiestrekking.com, organisieren ebenfalls Treks und Safaris.

Nahverkehr

Egal wo man in Shimla ankommt, man wird immer von Trägern umlagert. Der größte Teil der Stadt besteht aus Fußgängerzonen und steilen Anstiegen, also wird so mancher über etwas Hilfe beim Tragen des Gepäcks froh sein. Man sollte aber bedenken, dass die meisten **Träger** gleichzeitig als Schlepper für die Unterkünfte fungieren und dafür Provision kassieren, wodurch die Kosten für die Unterkunft steigen. Zu den teureren Hotels am Stadtrand kommt man am besten mit **Taxis**. Der größte Taxistand **Vishal Himachal Taxi Union**, 0177/265 7645, befindet sich 1 km östlich des Busbahnhofs am Fuße des Aufzugs (Rs7 pro Fahrt), der das östliche Ende der Cart Rd mit der Mall verbindet. Die dortige Fahrpreisliste gilt für die Hochsaison, zu anderen Zeiten kann man Preisnachlässe aushandeln. Ein zentralerer Taxistand befindet sich gleich oberhalb des Haupt-Busbahnhofs an der **Cart Rd**.

Transport

Busse

Seit Anfang 2011 bedienen alle Überlandbusse den neuen **Haupt-Busbahnhof** an der Umgehungsstraße. Reisende nach MANALI oder DELHI können zwischen folgenden Bussen wählen: Luxury mit AC, Deluxe ohne AC oder den staatlichen Klapperkästen. Für Erstere sollten die Fahrkarten einen Tag im Voraus bei den Reisebüros an der Mall gebucht werden, Tickets für die staatlichen Busse können draußen vor dem HPTDC Tourist Office nahe Scandal Point (Mo–Sa 10–16.30 Uhr) oder an den Schaltern des Busbahnhofs reserviert werden. Nach CHANDIGARH fahren die Busse so häufig, dass keine Reservierung nötig ist.

Busse nach:
CHANDIGARH (alle 15 Min., 4 Std.),
DELHI (stdl., 10 Std.),
DHARAMSALA (4x tgl., 10 Std.),
KULLU (8x tgl., 7–8 Std.),
MANALI (8x tgl., 8–9 Std.),
MANDI (8x tgl., 5 Std.),
RAMPUR (stdl., 6 Std.),
REKONG PEO (6x tgl., 9–10 Std.),
SARAHAN (2x tgl., 7–8 Std.).

Eisenbahn

Shimlas **Bahnhof** befindet sich 20 Min. Fußweg südwestlich des Busbahnhofs. Mit dem **Toy Train** gelangt man von hier nach KALKA, wo man in die große Breitspureisenbahn nach CHANDIGARH und DELHI umsteigen kann. Wer den Zug um 10.30 Uhr nimmt, kann in Kalka entweder in den Himalayan Queen Nr. 14096 (Abfahrt 16.50 Uhr) oder in den schnelleren Shatabdi Express Nr. 12012 (Abfahrt 17.45 Uhr) umsteigen. Beide erreichen Delhi gegen 22 Uhr. Weitere Abfahrtszeiten des Toy Train: 8.30, 14.25, 16.15, 17.40 und 18.15 Uhr; rund 5 Std. Fahrt bis Kalka, häufig jedoch länger. Reservierungen für die Weiterreise von Kalka sind auf dem Bahnhof von Shimla möglich, 0177/265 2915, Auskunft 131.

Flüge

Der **Flughafen** von Shimla liegt 21 km südöstlich der Stadt bei Jubarhati an der Straße nach Mandi. Kleinflugzeuge von DELHI nach Shimla unterhält Kingfisher (1x tgl.; 1 1/4 Std.); die Preise schwanken je nach Nachfrage erheblich. Tickets sind bei verschiedenen Agenturen an der Mall erhältlich.

Indian Airlines, **Kingfisher** und **Jagson Airlines**, c/o Ambassador Travels, The Mall, ✆ 0177/265 8014.

Südlich von Shimla

An der Grenze zu Uttarakhand liegt **Paonta Sahib**, dessen gepflasterte Straßen hellgelbe, eng zusammengeduckte Häuser säumen. In dem Städtchen steht ein hoch verehrter Schrein zu Ehren des 10. Sikh-Lehrers **Guru Gobind Singh**, der in den späten 1680er-Jahren hier lebte. Von Paonta Sahib aus gibt es gute Busverbindungen für Fahrten zwischen Shimla und Zielorten wie Mussoorie, Dehra Dun, Haridwar und Rishikesh. Wer eine Nacht oder länger hier bleiben möchte, kann im HPTDC-Hotel Yamuna am Ufer der Yamuna absteigen, ✆ 01704/222341 ❸–❻. Es besitzt einladende Zimmer, ein Restaurant und eine Bar.

Das zwischen Nadelwäldern eingebettete, beschauliche Kleinstädtchen **Kasauli** mit seinem Hauch Raj-Architektur, 77 km südwestlich von Shimla, sieht nur wenige westliche Touristen. Trotzdem eignet es sich prima für einen Zwischenstopp auf der Reise nach oder von Delhi. Ein Netz holpriger Pflastersteinsträßchen führt kreuz und quer am Rand von Berghängen voller Wälder und Blumenwiesen vorbei. Auf ihnen lassen sich gemütliche Spaziergänge unternehmen, beispielsweise ins nahe Sanawar. Der am nächsten gelegene Bahnhof befindet sich in **Dharampur**, das an der Eisenbahnlinie Kalka–Shimla liegt. Von Dharampur fahren Busse die 11 km hoch nach Kasauli; es verkehren aber auch Direktbusse zwischen Kasauli und Shimla. Von Kasauli schlängelt sich ein leicht begehbarer und landschaftlich reizvoller 12 km langer Wanderweg durch Wälder nach **Kalka**, dem Kopfbahnhof des **Toy Train** nach Shimla. Abgesehen von den billigeren Unterkünften, dessen Spitzenreiter das Gian, ✆ 01792/272244 ❷–❸, in der Post Office Road ist, besitzen die meisten **Hotels** in Kasauli Zimmer mit hoher Decke, Kamin, Teppichboden und Balkon – ganz im Stil des Raj eben. Eine gute Wahl an der Lower Mall ist das bewährte, staatliche HPTDC Ros Common, ✆ 01792/272005 ❻–❼. Von den größeren Hotels mit Restaurant einmal abgesehen, beschränken sich die Möglichkeiten zum **Essen gehen** auf ganz gewöhnliche *dhabas*.

Wohlfühl-Luxusherberge

Das im 18. Jh. erbaute **Nalagarh Fort**, ✆ 01795/223179, ✉ fortresort@satyam.net.in, wurde umgebaut und ins wahrscheinlich allerschönste Hotel von Himachal Pradesh verwandelt. Wer es sich irgendwie leisten kann, sollte auf der Fahrt zwischen Delhi und Kullu hier einen Aufenthalt einlegen. Die romantische Herberge ist 60 km von Chandigarh entfernt und liegt 12 km abseits der Hauptstraße Chandigarh–Mandi. Die Unterbringung erfolgt in makellos gepflegten Suiten, die mit antiken Möbeln ausgestattet sind. Von der stilvollen Loungebar schweift der Blick über ein terrassiertes Gelände mit Tennisplatz, Krocketrasen und Swimming Pool, außerdem steht eine Ayurveda-Klinik zur Verfügung, wo man sich massieren lassen kann. Reservierung erforderlich. ❽

Nordöstlich von Shimla

Nach einer dreistündigen (65 km) Busfahrt von Shimla nach Nordosten ist **Narkanda** (2725 m) erreicht. Das schroffe Bergstädtchen bietet sich als Erholungsstopp vor der halsbrecherischen sechsstündigen Fahrt nach Sarahan an. Narkanda, eine ehemalige Karawanserei an der Strecke zwischen Hindustan und Tibet, ist die Versorgungsstelle und wichtigster Handelsumschlagplatz der zahlreichen Bauern, die auf weit verstreut liegenden Gehöften in der Region Äpfel und Kartoffel anbauen. Ein paar hübsche Wanderwege durchziehen die Zedernwälder ringsum und es bieten sich grandiose **Ausblicke** in den Himalaya. 7 km östlich von Narkanda thront auf dem **Hatu Peak** (3143 m) ein einsamer **Durga-Tempel** und blickt auf den kurvenreichen Sutlej-Fluss in der Tiefe und Bergketten mit weißen Mützen im Norden und Osten hinaus.

Zum **Übernachten** steht z. B. das ruhig gelegene HPTDC-Hotel Hatu, ✆ 01782/242430 ❹–❺, zur Verfügung. Es punktet mit geräumigen, gut ausgestatteten Zimmern, toller Aussicht vom Rasen ringsum und einem Restaurant. Dann gibt es noch das Mahamaya Palace, ✆ 01782/242448 ❸, das ganz annehmbare Zimmer mit Bad und ein Restaurant bietet. Im New Himalayan Dhaba direkt gegenüber wird einfaches, aber leckeres vegetarisches Essen aufgetischt.

Rampur

Hat die Straße erst einmal den Pass bei Narkanda überwunden, schlängelt sie sich unaufhaltsam hinab ins Sutlej-Tal Richtung Rampur, einem wichtigen Verkehrsknotenpunkt 132 km nordöstlich von Shimla. Die ehemalige Hauptstadt des Fürstentums Bhushar präsentiert sich heute als eine abweisende, freudlose Ansammlung von Zementhäusern im Klammergriff einer finsteren Felsmauer. In einem kleinen buddhistischen **Gompa** an der Hauptstraße gegenüber vom Busbahnhof sind eine riesige Gebetsmühle aus Metall und ein Felsblock untergebracht, auf dem angeblich eine Million mal in Winzigschrift das Mantra „Om Mane Padme Hum" eingeritzt ist.

Von Rampur bestehen **Busverbindungen** nach Rekong Peo und von dort weiter bis nach Kaza in Spiti. **Inner Line Permits** für Kinnaur gibt es im Büro des Sub-Divisional Magistrate gegenüber der Feuerwehr an der Hauptstraße; unbürokratischer lassen sie sich allerdings in Rekong Peo (S. 473) besorgen. Am Fuß der Treppe, die zum Busbahnhof führt, stehen das **Amar Jyoti**, ✆ 01782/233185 ❶, und das um winzige Nuancen noblere **Bhagwati**, ✆ 01782/233117 ❶–❸. Sie sind ganz brauchbar, aber das Tophotel ist das HPTDC-**Bushehar Regency**, ✆ 01782/234103 ❹–❺, am Stadtrand Richtung Shimla. Das beste **Essen** hat das Restaurant des Bhagwati. Im Café Sutluj, 200 m westlich der Stadt, wiegen die Klimaanlage, eine Bar und eine fantastische Terrasse mit Flussblick das fehlende Ambiente auf.

Sarahan

Das abgelegene Sarahan, einstige Sommerhauptstadt der Bhushar Rajas, thront auf einem in 2000 m Höhe gelegenen Bergrücken oberhalb des Flusses Sutlej. Vor einem atemberaubenden

Blutopfer in Sarahan

Die Gottheit Bhimakali, eine hiesige Erscheinungsform der dunkelgesichtigen und blutdürstigen Hindu-Göttin Kali (Durga), verband man jahrhundertelang mit **Menschenopfern**. Bevor die Briten dem Ritual im 19. Jh. ein Ende setzten, wurde hier alle zehn Jahre ein Mann getötet und der *devi* als Opfer dargeboten. In einer komplizierten Zeremonie wurde die Zunge der Göttin mit seinem frischen Blut benetzt, damit sie es trinken konnte. Anschließend wurde sein Körper in einen tiefen Brunnen auf dem Tempelgelände geworfen. Wenn kein Opfer gefunden werden konnte, so sagt man, ertönte ein furchtbares Gebrüll aus den Tiefen des Erdlochs, das mittlerweile verschlossen ist.

Die Tradition des Blutopfers wird in Sarahan bis zum heutigen Tage aufrechterhalten, wenn auch in etwas abgemilderter Form. Während des alljährlichen **Astami**-Festes, zwei Tage vor dem Höhepunkt der **Dussehra**-Feierlichkeiten, wird die reinste Menagerie von Tieren geschlachtet, darunter ein Wasserbüffelkalb, ein Schaf, eine Ziege, ein Fisch, ein Huhn, ein Krebs und sogar eine Spinne. Das blutige Spektakel zieht große Massen an und ist eine Alternative zur Dussehra-Prozession in Kullu, die etwa zur selben Zeit Mitte Oktober stattfindet.

Hintergrund beherbergt das Dorf eine der exotischsten Sehenswürdigkeiten des nordwestlichen Himalaya – den **Bhimakali-Tempel**. Mit seinen beiden mehrstufigen Türmen, den elegant geschwungenen Schieferdächern und den golden glänzenden Turmspitzen ist er der erhabenste der frühen Holztempel des Sutlej-Tals – eines Gebietes, das für die Errichtung seiner Heiligtümer auf Holzplattformen bekannt ist. Obwohl das Bauwerk zum großen Teil aus dem frühen 20. Jh. stammt, nimmt man an, dass einige Teile über 800 Jahre alt sind.

Zwei kunstvoll verzierte Metalltüren führen in einen großen Innenhof, in dem sich ein kleiner steinerner **Shiva-Schrein** befindet. Nachdem man zu einem weiteren kleinen Hof hinaufgestiegen ist, passiert man die nächste goldene, ebenfalls mit mythischen Szenen reich verzierte Tür. Dahinter befinden sich im Innersten der Anlage die beiden **Türme des Heiligtums**. In dem rechten sind Musikinstrumente, Fahnen und zeremonielle Waffen aufbewahrt. Eine Auswahl ist in dem kleinen „Museum" in der Ecke des Hofes ausgestellt. Nicht-Hindus, die auf die Spitze des anderen, moderneren Turmes (fotografieren verboten) steigen möchten, um sich die Gottheit mit dem strahlend goldenen Gesicht anzusehen, müssen eine safrangelbe Kopfbedeckung tragen. Bhimakali selbst wird – mit Blumengirlanden geschmückt – in einem Schrein im Obergeschoss aufbewahrt.

Übernachtung und Essen

Srikhand, ✆ 01782/274234. Das HPTDC-Hotel ist ein Betonklotz, aber mit schönem Garten und einem Restaurant, auf dessen hübscher Terrasse gute vegetarische Gerichte serviert werden. Außerdem ein Schlafsaal (Rs100). ❹–❺

Temple Guest House, ✆ 01782/274248, im Innenhof des Bhimakali, hat mehr Atmosphäre. Angenehme Zimmer und Schlafsaal im Erdgeschoss (Rs75). ❶–❷

Hotel Trehan's, ✆ 01782/274205, ✉ hoteltrehan47@rediffmail.com, bietet geräumige Zimmer mit Bad und TV. ❷–❸

Wenn die Tempelküchen einmal nicht ihre billigen und leckeren Mahlzeiten produzieren, sollte man es in den *dhabas* außerhalb versuchen, z. B. im **Dev Bhumi**.

Transport

Die Busse von SHIMLA nach SANGLA und REKONG PEO fahren durch das Städtchen JEORI, von wo aus täglich mehrere Busse und Taxis die 17 km nach Sarahan hoch keuchen. Außerdem gibt es eine direkte Busverbindung von RAMPUR. Passionierte Wanderer bevorzugen vielleicht einen Spaziergang entlang des gut ausgetretenen Maultierpfads von Jeori nach Sarahan.

Kinnaur

Vor 1992 war das weltabgeschiedene Kinnaur, eine gebirgige Pufferzone zwischen den Gebirgsausläufern bei Shimla und der wilden Westecke des chinesisch besetzten Tibet, für Touristen jeder Art gesperrt. Inzwischen dürfen Besucher durch die „**Restricted Area**" und weiter nach Spiti, Lahaul und ins Kullu-Tal reisen, benötigen dafür aber immer noch eine Genehmigung (s. S. 461). Andere Gebiete von Kinnaur dagegen, insbesondere das **Baspa-Tal** und das heilige Massiv des **Kinner-Kailash**, das vom Bergdorf **Kalpa** aus zu sehen ist, sind frei zugänglich.

Kinnaur, das beiderseits des mächtigen Stroms Sutlej liegt und sich die Südhänge des Mount Kailash hochzieht, war Jahrhunderte lang eine wichtige Trans-Himalaya-Passage. Hier kamen die Händler durch, die auf der **Hindustan-Tibet-Karawanenroute** zwischen China und der Punjabi-Ebene unterwegs waren. Einige Straßenstücke werden bis heute von Dorfbewohnern und Wanderern genutzt. Die allermeisten Fahrzeuge auf dem Weg nach Osten Richtung Grenze nehmen inzwischen jedoch den neueren NH-22. Dieser schlägt kurz vor dem Anstieg zum nach wie vor gesperrten Shipki La-Pass auf der chinesischen Seite einen Bogen nordwärts nach Spiti.

Im gut bewässerten, überwiegend von Hindus bewohnten Westen der Region reicht die landschaftliche Bandbreite von subtropisch bis fast alpin: Dörfer mit schiefergedeckten Holzhäusern, umgeben von terrassenförmigen Maisfeldern und Obstgärten, ducken sich unter Nadelwälder und hoch aufragende blaugraue Berggipfel. Weiter

Trekking in Kinnaur

Kinnaur ist kreuz und quer von einsamen Gebirgspfaden durchzogen. Sie bieten Trekkingmöglichkeiten, die von gemütlichen Wanderungen bis zu abenteuerlichen Klettertouren über Hochgebirgspässe reichen. Die Routen im **Sutlej-Tal**, wo es zahlreiche staatliche Rasthäuser und Dörfer gibt, lassen sich ohne Lastenträger bewältigen. Aber abseits der Hauptstraße muss alles Notwendige mitgeführt werden. **Träger** kann man für gewöhnlich in Rampur, Rekong Peo und im Baspa-Tal anheuern – außer zu Herbstbeginn (Sep/Okt), denn dann sind sie alle bei der Apfelernte.

Der Kinner-Kailash-Rundweg

Die fünf- bis siebentägige *parikrama* (Umrundung) des majestätischen Kinner-Kailash-Massivs, ein geheiligter Pilgerweg, ist eine unvergessliche Trekkingtour, für die kein Inner Line Permit erforderlich ist. Der Rundweg beginnt im Dorf **Morang** am linken Ufer des Sutlej, per Bus aus Tapri oder Rekong Peo erreichbar. Von hier aus führt ein Schotterpfad, den Jeeps bewältigen können, Richtung Südosten nach **Thangi**, dem Ausgangs- und Endpunkt der Tour. Der Pfad geht weiter durch Rahtak und über den **Charang La**-Pass (5266 m) nach **Chitkul** im Baspa-Tal. Nun folgt der Trail dem Fluss hinab ins bezaubernde Dorf **Sangla**, wo sich zwei wunderschöne Tageswanderungen anbieten: eine zum **Kamru-Fort** außerhalb des Dorfs, die andere ein Steilanstieg zum **Shivaling La**-Pass mit märchenhafter Aussicht auf den Raldang (5499 m), den südlichsten Gipfel des Kinner-Kailash-Massivs. Der letzte Abschnitt des Rundwegs verläuft durch das untere Baspa-Tal via Shang und Brua nach **Karcham**, oberhalb der Hauptverkehrsstraße NH-22. Die beste Zeit für die Kinner-Kailash-*parikrama* ist zwischen Juli und Oktober; im August sind am meisten einheimische Pilger unterwegs.

Kafnu nach Kaza, via Pin-Tal

Diese sehr schwierige, aber atemberaubend schöne Route über den Himalaya, via Kalang Setal-Gletscher und Shakarof La-Pass, führt nach Spiti und ins Pin-Tal und unterliegt keinen Beschränkungen. Diesen Trail, der extrem steil, schneebedeckt und stellenweise schwer begehbar ist, sollte man auf keinen Fall ohne Lastentiere, Träger, angemessene Ausrüstung und zuverlässigen Führer in Angriff nehmen. Richtig ernst wird's ab dem Dorf Kafnu, das durch ein Teersträßchen mit Wangtu an der Hauptstraße verbunden ist. Weiter geht es über Mulling, Phustirang (3750 m) und über den **Bhaba-Pass** (4865 m) – eine echte Herausforderung – durch Schneefelder, dann kommt der Abstieg ins wunderschöne, weltabgeschiedene Pin-Tal. Von hier kann man noch weiter wandern oder ein Fahrzeug nach Kaza (S. 517) nehmen. Es könnte sein, dass bald weitere Abschnitte dieser Route asphaltiert werden, denn das immer wieder aufgeschobene Straßenbauprojekt Wangtu–Mudh macht zögerliche Fortschritte.

Chitkul nach Har-ki-Dun

Der zehntägige Trek nach **Garhwal** (S. 352) führt am Rand der Inner Line vorbei, und es kann zu Einschränkungen der Wanderfreiheit kommen. Die Route beginnt in **Chitkul**, überquert den Baspa-Fluss nach Doaria, erklimmt dann die Wand eines Seitentals und folgt einer Moräne hoch zum Zupika Gad. Ein steiler Anstieg – dessen letzter Abschnitt einer Gletscherspalte folgt – bringt den Wanderer schließlich zum **Borsu-Pass** (5300 m). Hinter dem Pass passiert man ein sehr abschüssiges Schnee- und Geröllfeld, das einige Rutschpartien erfordert. Ein paar Tage später ist das idyllische Tal **Har-ki-Dun** in Garhwal erreicht. Der Trek ist nur mit Führer machbar.

Die alte Hindustan–Tibet-Straße von Kalpa ins Rupa-Tal

Eine weitere überlegenswerte Route ist die relativ einfache fünftägige Wanderstrecke, die bei **Kalpa** beginnt und der alten Hindustan–Tibet-Straße folgt. Sie führt durch die weit abgelegenen Weiler des Hochlands von Kinnaur (Permits erforderlich) an Shi Asu vorbei ins Rupa-Tal. Unterwegs eröffnen sich traumhafte Ausblicke und die Dorfbewohner sind ausgesprochen gastfreundlich. Die stellenweise ausbesserungsbedürftige Straße ist auch toll zum Mountainbikefahren.

östlich, wo der Monsun kaum noch hinkommt, wird die Gegend unfruchtbarer und von allen Seiten schauen drohend Gletscher herab.

Im 10. Jh. brachten die Könige von Guge, die das heutige südwestliche Tibet regierten, den **Buddhismus** nach Kinnaur. Als **Rinchen Sangpo** (958–1055), der „Große Übersetzer", auf dessen Ruhmeskonto die „Zweite Verbreitung" des Glaubens in Guge geht, hier durchkam, hinterließ er mehrere Klöster. Außerdem begründete er eine Hinwendung zu einer reinen Lehre des Buddhismus, die sich hier schon fast 1000 Jahre lang hält. Im 16. Jh., nachdem Guge in Dutzende unbedeutende Lehensgüter zerfallen war, übernahmen die **Bhushar-Könige** das Szepter in Kinnaur. Sie blieben während der gesamten Zeit des britischen Raj an der Macht. Damals diente die Region als eines der Schlachtfelder, auf denen der Spionagekrieg zwischen Agenten der chinesischen, russischen und britischen Imperien ausgetragen wurde – das „Great Game", wie es mitreißend in den Romanen von Rudyard Kipling beschrieben ist.

Rekong Peo

Östlich von Jeori schraubt sich die Straße hoch oben über dem Sutlej in immer weltabgeschiedeneres Terrain empor. Auf Hängebrücken geht es über gähnende Schluchten, und winzige Dörfer mit Holzhäusern und dem unvermeidlichen, von einer Pagode gekrönten Tempel klammern sich an die Berghänge. Bei der Brücke von **Wangtu**, dem Ausgangspunkt des Kinnaur–Pin-Tal–Kaza-Treks (s. Kasten), beschreibt die Hauptstraße einen Bogen hin zum Nordufer des Flusses neben dem gewaltigen Wasserkraftwerk Karcham Dam. Hinter dem Dorf **Tapri** zweigt nach rechts ein Sträßchen Richtung **Sangla** im Baspa-Tal ab.

Die Hauptstraße dagegen führt weiter bis **Rekong Peo**, dem Verwaltungszentrum von Kinnaur. Seine Ansammlung von Zementhäusern und Regierungsgebäuden rings um einen kleinen *maidan* verleihen ihm das Flair eines zu Geld gekommenen Wildwest-Städtchens. Doch Rekong Peo hat immerhin einen halbwegs interessanten **Basar** vorzuweisen. Wer hier anhält, will entweder Trekkingproviant kaufen, den Wanderweg nach Kalpa nehmen oder sich im Büro des District Commissioner ein Inner Line **Permit** (s. S. 461) besorgen. In Wirklichkeit wird das aber im unweit davon entfernten Tourist Info Centre erledigt, ✆ 01786/222857. Es befindet sich in dem offenen Innenhof unterhalb der Basar-Bushaltestelle, 🕒 Mo–Sa 10–17 Uhr. Die Angestellten dort verlangen Rs150, aber dafür schießen sie das erforderliche Passbild und machen auch die Passkopien selber.

Übernachtung und Essen

Eine Übernachtungsmöglichkeit mit wirklich gutem Preis-Leistungs-Verhältnis sucht man hier vergebens.

Hotel City Heart, rund 1 km die Straße zur Haupt-Busbahnhof hoch, ✆ 9418/018615. Das noch relativ neue Hotel besitzt makellose, geräumige DZ mit Bad – die teureren haben die schönere Aussicht. ❸–❹

Hotel Fairyland, an der Straße hinter dem Cafeteria Roof, ✆ 01786/222477. Die Zimmer in dem pinkfarbenen Hotel sind schmucklos, aber sauber und mit Bad. Außerdem bieten sie einen wunderbaren Ausblick über den Markt zum Kinner-Kailash. ❷–❸

Hotel Mehfil, oberhalb vom Markt, ✆ 01786/223600. Eine ganz brauchbare Alternative. ❷

Die Optionen zum Essen gehen in Peo beschränken sich im Grunde auf die **Cafeteria Roof**, 100 m östlich vom unteren Busbahnhof. Hier gibt's Sizzlers, Pizza und zwei typische Kinnauri-Gerichte. Beim *dhaba* **Punjabi** im Basar bekommt man billiges Lamm, Hühnchen und Vegetarisches.

Sonstiges

Geld

Bargeld spuckt der **SBI-Geldautomat** im Basar aus.

Internet

Internetzugang hat **Network**, 100 m hinter dem Haupt-Busbahnhof.

Transport

Obwohl Rekong Peo weitab vom Schuss liegt, wird es von verhältnismäßig vielen **Bussen** bedient. Aus- und Einstieg ist an der Kurve im großen Basar, bevor die Busse auf der Straße Richtung Kalpa die 2 km den Berg hoch zum **Haupt-Busbahnhof** keuchen. Mehrmals täglich fahren Busse nach SHIMLA und frühmorgens geht einer direkt nach MANDI. Direktbusse gibt es auch nach CHANDIGARH, DELHI und ins nahe gelegene SANGLA. 2x tgl. fährt ein Bus nach POOH und morgens einer nach KAZA. An der Hauptstraße in der Talsenke, 6 km unterhalb von Rekong Peo, kann man auch noch andere Busse anhalten.

Kalpa (Chini)

Das knapp 250 km nordöstlich von Shimla und 9 km auf der kurvigen Straße von Rekong Peo entfernt gelegene **Kalpa** ist per Fahrzeug auf dem Straßenweg oder zu Fuß auf verschiedenen steilen Pfaden zu erreichen. Dank seiner romantischen engen Gassen und der spektakulären Lage auf einem Felsvorsprung hoch über dem rechten Ufer des Sutlej ist es ein traumhaftes Wanderziel. Das alte tibetische *gompa* in Kalpa wurde von Rinchen Zangpo gegründet; daneben gibt es auch noch einen kleinen Shiva-Tempel. Über dem Dorf und 4500 m über dem Talboden thront das majestätische Massiv des **Kinner-Kailash**. Der höchste Berg ist der Jorkaden (6473 m) in der Mitte. Danach kommt der heilige Gipfel des Kinner-Kailash (6050 m) im Norden, und das Schlusslicht bildet die Nadelspitze des Raldang (5499 m) im Süden. Am Talhang sind noch Überreste der Hindustan–Tibet-Karawanenroute auszumachen.

Übernachtung und Essen

Kalpa ist wesentlich attraktiver zum Übernachten als Rekong Peo. Allerdings muss man vielleicht eine Weile herumlaufen, bis ein passendes Zimmer gefunden ist.

Blue Lotus Guest House, direkt in Kalpa, ✆ 0178/226001. In dem Betonklotz 100 m hinter dem unteren Busbahnhof hängen die Zimmerpreise von der jeweiligen Aussicht ab. ❷–❹

HPTDC-Kinner Kailash Cottage, an der oberen Straße, ✆ 01786/226159. Die Anlage besteht aus einer Reihe unterschiedlicher DZ, größeren Chalets und einem nur im Sommer geöffneten Campingplatz. ❺–❻

Kinner Villa, an der oberen Straße, ✆ 01786/226006, ✉ kinnervilla@rediffmail.com. Dies ist das stilvollste Hotel der Gegend. Es hat schicke, hübsch möblierte Zimmer, tadellose Badezimmer und einen grünen Rasen. ❹–❻

Rakpa Regency, an der oberen Straße, ✆ 01786/245285. Das freundliche Hotel steht auf einem gepflegten Gelände und die Zimmer nach vorn heraus erfreuen sich einer umwerfenden Aussicht vom eigenen Balkon. ❸–❺

Die **Restaurants** im Blue Lotus und im Hotel Shivalik am oberen Dorfrand haben die größte Speisenauswahl. Ansonsten gibt es nur noch ein paar kärgliche *dhabas*.

Transport

Bis 18 Uhr verkehren Busse und Taxis ungefähr im Halbstundentakt zwischen Kalpa und Rekong Peo. Nützliche Verbindungen sind z. B. die Busse nach SHIMLA (tgl. 6.30, 11.30 und 14.30 Uhr) sowie jener nach SANGLA und CHITKUL (tgl. 8.30 Uhr).

Das Baspa-Tal

Zwischen den Gipfeln des Kinner-Kailash im Norden und den hohen Zacken der Garhwal-Bergkette im Süden fließt der 70 km lange **Baspa** durch die wilde Gebirgslandschaft entlang der indisch-tibetischen Grenze. Bis vor Kurzem zählte diese Gegend zu den schönsten und abgeschiedensten von Kinnaur. Inzwischen dominiert ein gewaltiges, unansehnliches Wasserkraftwerk das tiefer gelegene Tal unterhalb von Sangla – die Landschaft hinter Sangla ist aber noch unberührt. Der Norden des Tals ist für Touristen gesperrt, doch sie finden in den Seitentälern genügend Wandermöglichkeiten.

Sangla, die größte Niederlassung im Tal, wird täglich von Bussen aus Shimla, Rampur, Rekong Peo und Tapri angefahren. Die Ortschaft ist ein ausgezeichneter Ausgangspunkt für einen Abstecher ins nahe gelegenen Dörfchen **Kamru**, 25 Min. zu Fuß oberhalb von Sangla. Hier säumen Steinhäuser mit Holzdächern ein Gewirr aus verschlungenen Gassen und es gibt sogar eine aus Holz und Stein erbaute **Festung**

mit einem Satteldach. Tibetische Gebetsfahnen flattern im Wind, und die Bewohner halten an buddhistischen Begräbnisriten fest, obwohl die meisten inzwischen Hindus sind und kein Tibetisch mehr lesen können. Der Zugang zum Allerheiligsten des **Tempels** unterhalb vom Fort ist Besuchern verwehrt – es sei denn, sie spendieren eine Opferziege.

Im September und Oktober ist Sangla ein beliebtes Ziel von Urlaubern aus Bengalen. Die Hotelsituation bessert sich von Jahr zu Jahr; die meisten der empfehlenswerteren **Unterkünfte** befinden sich an der nach Sangla hineinführenden Straße. Eine gute Wahl ist das Monal Regency, ✆ 01786/242922 ❷–❹, 500 m vor der Stadt. Es hat hübsche Zimmer und einen gepflegten Rasen vor dem Haus. An der nächsten Straßenbiegung führt ein kurzer Pfad zum freundlichen Sangla Resorts, ✆ 01786/242401 ❷. Hier gibt es saubere DZ, einen Schlafsaal (Rs70) und ein gutes Restaurant. Gleich unterhalb der Hauptstraße liegen nebeneinander das Highland Guest House, ✆ 01786/242285 ❶, und das Himalaya Home, ✆ 01786/242256 ❶. Beide bieten schmucklose, aber saubere Zimmer. **Essen** kann man in Hotelrestaurants und diversen kleinen Cafés im Ortszentrum. Im Sonam, dem mittleren von drei benachbarten Lokalen mitten im Haupt-Basar, gibt's ordentliche tibetische und chinesische Küche. Innerhalb des Basars befinden sich auch ein Net Café und eine Billardhalle.

Täglich befahren zwei **Busse** die mit jedem Kilometer atemberaubendere Strecke durchs Baspa-Tal nach Chitkul. Allerdings ist auf den Fahrplan wenig Verlass und manchmal fällt ein Bus ganz aus. Dann bleibt nichts anderes übrig, als einen Jeep anzuhalten oder zu mieten (Rs500). Am Flussufer, 8 km hinter Sangla, liegt das traumhafte Banjara Camp, ✆ 01786/242536, 💻 www.banjaracamps.com ❼, mit Luxuszelten, tadellosem Service und Vollpension. Im ländlich stillen **Rakcham**, 14 km und 40 Busminuten von Sangla entfernt, bietet das Rupin River View Guest House, ✆ 01786/244225 ❷, einladende holzvertäfelte Zimmer mit Gemeinschaftsbad und Warmwasser. Die Angestellten besorgen auf Wunsch auch **Träger** und **Guides** für Treks wie die strapaziöse Dreitageswanderung nach Thangi am Kinner-Kailash-Rundweg.

Auf einer Anhöhe mit spektakulärer Aussicht aufs Tal, 25 km von Sangla entfernt, befindet sich **Chitkul**. Ab hier geht es für Besucher nicht mehr weiter, für sie ist jetzt der höchste Punkt des Tals erreicht: Ein Tor und ein Checkpoint am Dorfausgang markieren den Anfang der streng bewachten Inner Line. Das helle, freundliche Amar Guesthouse ❶, ein wackliges Holzhaus im Oberdorf westlich der Festung, ist klösterlich ausgestattet, aber gemütlicher als das blaue Thakur Guesthouse, ✆ 01786/244320 ❶–❸, Dorm Rs75, unten an der Bushaltestelle. Das Thakur hat ein paar Zimmer mit Bad und sagenhafte Ausblicke; hier bekommt man auch Trekkingtipps. Im Restaurant Great Himalayan im Obergeschoss, schräg gegenüber vom Thakur, wird gut gekocht, aber mit der Bedienung hapert es gewaltig. Vom Dorf aus ist oben am Berg eine Fährte erkennbar, die sich zu einem mächtigen Bergsattel unterhalb vom **Charang La-Pass** hochschraubt – die Route des Kinner-Kailash-Pilgerrundgangs (s. S. 472).

Upper Kinnaur

Ab dem öden Weiler **Spillo** sind für Upper Kinnaur, der gottverlassenen Region östlich von Kalpa, Inner Line Permits erforderlich. Die erste größere Siedlung am Weg ist die Kleinstadt **Pooh**. Mehrere Stunden Jeepfahrt von Rekong Peo und einen Tagesmarsch von der Grenze entfernt, klebt sie 4 km oberhalb der Hauptverkehrsstraße am Berg. Alte Inschriften besagen, dass Pooh im 11. Jh. ein wichtiges Handelszentrum war und in den Einflussbereich des tibetischen Königreichs Guge geriet, als der Große Übersetzer Rinchen Zangpo die Gegend bereiste. Der hiesige Tempel ist Sakyamuni geweiht. Hölzerne Pfeiler stützen die hohe Decke und um den Altar führt ein Rundweg herum. Das Om Guest House, ✆ 01785/232601 ❷–❹, hat ordentliche Zimmer, zwei Dorms (Rs125) und ein gutes Restaurant.

Hinter Pooh wendet sich die Straße nach Norden. Den schlammigen Sutlej überquert sie das letzte Mal bei **Khab**, wo er auf das türkisfarbene Wasser des Spiti trifft. Im Nordosten thront der höchste Gipfel von Kinnaur, der **Leo Pargial II** (6770 m). Fast senkrecht erhebt sich die 4000 m hohe Wand, welche die Grenze mit Tibet markiert und am **Shipki La-Pass** (5569 m) auf die alte Verbindungsstraße zwischen Indien und Tibet herabschaut. Die NH-22 führt weiter nach Norden durch die Wüstenei des Hanglang-Tals, vergleichbar mit bestimmten Gegenden von Ladakh.

Nako, das größte Dorf im Tal, umgibt hoch über dem Fluss auf 3640 m Höhe einen kleinen, künstlich angelegten **See**. Es liegt jetzt an der neuen Hauptverbindungsstraße Rekong Peo–Kaza, die bergan umgeleitet wurde, um den berüchtigten **Malling Slide** zu umgehen. Leider kommt es bei schlechtem Wetter immer noch zu Erdrutschen, die die Straße blockieren, ebenso wie auf vielen anderen Abschnitten der Kinnaur–Spiti-Rundstraße. In der Nordwestecke des Dorfs steht der **Nako Chokhor**-Komplex aus dem 11. Jh., der Rinchen Zangpo zugeschrieben wird. Er müsste dringend restauriert werden, aber seine erlesenen Wandgemälde im Inneren können sich mit den von Alchi (S. 567) messen. Das schönste Gebäude von allen ist die den Tathagatas oder Transzendenten Buddhas geweihte Serkhang oder „Goldene Halle". Der Eintrittspreis von Rs50 ist im Zelt des Youth Club am Hang über dem Busbahnhof zu entrichten.

Nako besitzt ein paar einfache **Übernachtungsmöglichkeiten**. Die beste der drei Unterkünfte beim Busbahnhof ist das Reo Purguil, ✆ 01785/236339 ❷–❹, dessen Zimmer alle über Bad und Balkon verfügen. Das Galaxy Guest House, ✆ 01785/263617 ❶, hat schlichte Zimmer mit Bad. Recht ordentliche Zimmer finden sich auch unten am See im Lake View Guest House, ✆ 01785/236041 ❷–❸. Zum **Essen** geht man am besten ins Reo Purguil, aber es gibt auch zwei gute tibetische *dhabas*. Täglich fahren mindestens ein Bus und zahlreiche **Jeeps** über Tabo und Rekong Peo nach Kaza.

Der Nordwesten

Von Shimla aus schlängelt sich die Hauptstraße gen Nordwesten zu der am Fluss gelegenen Marktstadt **Mandi**, einem wichtigen Kreuzungspunkt zwischen dem Kullu-Tal und den Bergen im Nordwesten. Die sanft ansteigenden Vorgebirge auf dieser Seite des Bundesstaates sind zwar wärmer und leichter zugänglich als die östlichen Gebiete von Himachal, dafür aber auch weniger spektakulär und bedeutend niedriger. Tourismus gibt es kaum, wenn man von **Dharamsala** absieht, der britischen Hill Station und heutigen Tibeter-Siedlung, Heimat des Dalai Lama. Bestens geeignet ist Dharamsala als Ausgangspunkt für Treks über die rasch ansteigende Dhauladhar-Bergkette zum Chamba-Tal, wo man in **Brahmour** und **Chamba** Hindutempel von einzigartiger Bauart bewundern kann. Südlich von Chamba befindet sich außerdem die verblassende Hill Station **Dalhousie**, die sich einen gewissen Charme aus der Raj-Ära bewahrt hat. In den Sommermonaten kommen indische Touristen scharenweise hierher.

Der nachstehend beschriebene Streckenabschnitt folgt dem Fluss Beas und der NH-21 auf ihrer kurvenreichen Strecke von Mandi nach Dharamsala, vorbei an einer Reihe verträumter Bergstädtchen und -dörfer. Die meisten Reisenden legen die sechsstündige Fahrt nach Dharamsala mit einem der neun täglich verkehrenden **Busse** in einem Rutsch zurück. Wer aber mehr Zeit zur Verfügung hat, kann im heiligen **Rewalsar**, vor den Toren von Mandi, einen Stopp einlegen, oder im **Kangra**-Tal in **Joginder Nagar** oder **Baijnath** anhalten, um die Schmalspureisenbahn zu nehmen, die durch Felder und lichte Wälder nach **Kangra** zuckelt, nur eine Stunde von Dharamsala entfernt.

Mandi

Die Stadt Mandi liegt an der Kreuzung zweier Hauptverkehrsstraßen, 158 km nördlich von Shimla. Sie wurde beiderseits des Beas erbaut, und ihre *ghats* am Flussufer sind mit Steintempeln gesprenkelt, in denen Sadhus und Pilger ihre Gebete abhalten. Früher war Mandi ein wichtiger Handelsposten für die nach Süden reisenden Ladakhis – *mandi* bedeutet Markt. Die Stadt knistert immer noch vor wirtschaftlicher Betriebsamkeit, in deren Mittelpunkt heutzutage der schmucke **Indira Market** beim großen Platz im Stadtzentrum steht. Auf dem **Tarna Hill** über der Stadt thronen mehrere Tempel im Naggari-Stil des 16. Jhs. Den Gipfel krönt der Haupttempel. Er ist Kali geweiht und mit gruseligen Gemälden der grausamen, mit Blut beschmierten und von Totenschädeln übersäten Muttergöttin verziert.

Beim Indira Market findet sich fast alles, was Reisende brauchen: Fastfood-Lokale, **Internetcafés** und am Nordrand das ans Computernetz angeschlossene Bahnfahrkarten-Büro *(railway ticketing office)*.

Übernachtung und Essen

Die meisten der zahlreichen **Hotels** sind in der Gegend vom Indira Market angesiedelt.

Raj Mahal, oberhalb vom Stadtplatz, ✆ 01905/222401. Die idyllischste Unterkunft von Mandi ist dieser verwinkelte, mit Möbeln aus der Raj-Ära eingerichtete Palast in einer weitläufigen, schattigen Grünanlage. Das Hotel verfügt über ein gutes Restaurant und eine stilvolle Gentlemen's Bar. ❸

Shiva, am Stadtplatz, ✆ 01905/224211. Besitzt weniger Flair als das Evening Plaza in der Nähe, ist aber billiger. ❷

Evening Plaza, am Stadtplatz, ✆ 01905/225123, ✉ malhotralalji@hotmail.com. Das Hotel ist etwas größer als die meisten anderen und hat unterschiedliche Zimmer, manche mit AC. ❷–❹

Im staatlichen **Café Shiraz**, am Rand des Stadtplatzes, kann man südindische Snacks verzehren und **Bustickets** reservieren.

Geld

Sowohl die **Bank of Baroda** als auch die **Overseas India Bank** wechseln Bargeld und Reiseschecks, am einfachsten geht es aber im **Evening Plaza**. Außerdem gibt es in Mandi zwei Geldautomaten.

Transport

Der turbulente **Busbahnhof** liegt eine kurze Taxifahrt jenseits des Flusses am Ostufer und hat ein **Café**, wo köstliches vegetarisches Essen zubereitet wird. Ungefähr im Halbstundentakt fahren Busse nach REWALSAR, KULLU, MANALI und DHARAMSALA sowie stündlich nach SHIMLA, eventuell mit Umsteigen in BILASPUR. Es fahren auch Busse zu noch weiter entfernten Zielorten.

Rewalsar

Wer sich für den Buddhismus interessiert – und sei es auch nur ein wenig –, sollte den 24 km langen Umweg auf sich nehmen, der südöstlich von Mandi nach Rewalsar führt. Hier stehen drei tibetische Klöster (Nyingma, Drikung Kagyu und Drukpa Kagyu) und bilden ein hochrangiges Wallfahrtszentrum. In Rewalsar stehen aber auch noch Sikh- und Hindu-Tempel, und zusammen ziehen sie einen ständigen Strom von Pilgern und Touristen an. Die Gläubigen vollführen eine komplette *chora* um den kleinen heiligen See herum und über schmale Gassen voller Schreine und Ständen mit tibetischen Kinkerlitzchen, bevor sie sich unter den Gebetsfahnen auf der Wiese am Seeufer niederlassen.

Padmasambhava soll in den Bergen rund um den See zahlreiche Hand- und Fußabdrücke in Felsen und Höhlen hinterlassen haben. Steile Pfade ziehen sich vom See hoch zu **Höhlen**, die heute als weltferne Meditationsretreats genutzt werden. Das stimmungsvollste und von den Gläubigen am meisten verehrte der drei Klöster am See ist das **Tso-Pema Ogyen Heruka Gompa**, unterhalb der Touristenunterkunft. Hier steht der Baum, den der Dalai Lama während seiner Indienreise 1957 anlässlich des 2500. Geburtstags von Buddha gepflanzt hat, zwei Jahre vor seinem Exil aus Tibet. Das große, aber viel neuere **Drukpa Kagyu Zigar Gompa** erhebt sich eindrucksvoll über dem See und beherrscht praktisch die ganze „Skyline" von Rewalsar.

Für die **Hindus** gilt Rewalsar als Heimstatt des Weisen Lomas, für den der See angelegt und mit Wasser aus dem Ganges und der Yamuna gefüllt wurde. Drei nicht besonders große Tempel, die Krishna, Lomas und Shiva geweiht sind, spiegeln zusammen mit der Statue eines Nandi-Stiers und Ufer-*ghats* Rewalsars Beziehung zum Hinduismus wider. Das **gurudwara** am Westufer ist das Ziel von Sikh-Pilgern, die in den Fußstapfen von Guru Gobind Singh wandeln möchten, der 1702 hierher kam; es ist einer der ganz wenigen Orte in Himachal Pradesh, die an Gobind Singh erinnern. Nach Süden hin liegt ein kleines **Naturschutzgebiet** für Rotwild und Kragenbären.

Das HPTDC-Tourist Inn, ✆ 01905/240252 ❶–❹, ein kleines Stückchen vom Nordufer entfernt, hat gut ausgestattete Zimmer mit warmen Duschen sowie einen kleinen Schlafsaal (Rs100) im älteren Gebäude. Besucher, die länger bleiben möchten, entscheiden sich vielleicht eher für die nette **Klosterunterkunft** im Nyingma Gompa, ✆ 01905/280226 ❶, oder das ein wenig komfortablere Drukpa Kagyu Gompa, ✆ 01905/280210 ❶–❷. Auch Privatleute vermieten gern ein Gästezimmer; entsprechende Auskunft gibt's im Restaurant Zigar Tibetan Food Corner. Zum **Essen** gehen stehen diverse kleine, aber einwandfreie tibetische Restaurants in Seenähe zur Verfügung. Das Angebot besteht aus *thukpa*, *momos* und Nudeln. In den *dhabas* an der Hauptstraße dagegen wird nordindische Küche serviert.

Joginder Nagar und Baijnath

Joginder Nagar, 63 km nordwestlich von Mandi, ist ein unscheinbares Dörfchen. Es besteht aus nicht viel mehr als zwei von Holzhäusern gesäumten Straßen und einem mehr als betriebsamen Busbahnhof. Hauptgrund für einen Stopp in Joginder Nagar ist, dass sich hier der östliche Endbahnhof der Kangra-Tal-**Eisenbahn** (Toy Train; s. Kasten) nach Kangra und Pathankot befindet. Busbahnhof und Bahnhof liegen nur 500 m voneinander entfernt. Am Ostrand des Dorfs steht das hübsche HPTDC-**Hotel Uhl**, ✆ 01908/222002 ❹–❺; die Angestellten informieren über Möglichkeiten zum Paragliding in **Bir**, 15 km weiter westlich.

Das rund 30 km nordwestlich von Joginder Nagar gelegene **Baijnath** eignet sich möglicherweise besser zum Einsteigen in den Toy Train. Dort fahren die Züge nämlich öfter ab und außerdem kann man auch noch den **Baidyanath Shiva-Tempel** besichtigen. Er weist einige wunderbare Schnitzarbeiten auf und soll 804 erbaut worden sein.

Kangra und Umgebung

Obwohl die meisten Reisenden auf dem Weg ins 18 km weiter nördlich gelegene Dharamsala **Kangra** links liegen lassen, lohnt der Ort den kleinen Umweg. Busse aus dem ganzen Kangra-Tal und von weiter weg laufen den Busbahnhof 1 km nördlich vom Ortszentrum an, wo in kurzen Abständen Busse nach Dharamsala abfahren. Kangra kann auch von Pathankot und von Joginder Nagar mit der täglich verkehrenden **Schmalspureisenbahn** (s. Kasten) erreicht werden.

Das verfallene, überwucherte **Fort** von Kangra wurde 1905 bei einem Erdbeben beschädigt.

Die Kangra-Tal-Eisenbahn

In Indien sind fünf der weltweit rund 20 alten „Spielzeugeisenbahnen" oder Schmalspur-Gebirgseisenbahnen unterwegs. Drei dieser Toy Trains verkehren im Himalaya und zwei davon in Himachal Pradesh. Am berühmtesten ist die Strecke Kalka–Shimla (s. S. 463), aber auch die wenig bekannte 163 km lange **Kangra Valley Railway** ist ein Wunderwerk der Ingenieurskunst. Im Unterschied zur Kalka-Strecke mit ihren 103 Tunnels und Haarnadelkurven bevorzugten die Erbauer dieser Bahnlinie Brücken – 950 Stück an der Zahl. Viele von ihnen gelten bis heute als technische Meisterleistung. Sie erlauben den Passagieren auf dem ganzen Weg von Pathankot nach Joginder Nagar eine freie Aussicht. Mit der Bahn kommt man zwar langsamer voran als auf der Straße, aber landschaftlich ist die Fahrt ungleich schöner, besonders der Abschnitt zwischen Kangra und Mangwal.

Sechs Züge pro Tag fahren in **Pathankot** zwischen 2.20 und 16.10 Uhr ab, vier davon enden bereits in **Baijnath** (6 1/2–7 Std.), die anderen beiden verkehren bis nach **Joginder Nagar** (10 Std.). In entgegengesetzter Richtung fahren die Züge in Joginder Nagar um 7.20 und 12.20 Uhr ab, die anderen vier in Baijnath zwischen 4.15 und 17.35 Uhr. Jeder dieser Züge kommt durch Kangra.

Jetzt wird es von kreischenden grünen Papageien bewohnt, die durch ein paar schmucklose, immer noch von Priestern betreute Tempel schwirren. Hohe Tore, die teilweise von den Briten gebaut wurden, überspannen den Kopfsteinpflasterweg zu den verwaisten Befestigungsmauern. Anfahrt: auf der Straße Richtung Jawalamukhi 3 km weit nach Süden, dann direkt vor der Brücke auf die 1 km lange Zufahrtstraße abbiegen. ◷ tgl. Sonnenauf- bis Sonnenuntergang, Eintritt Rs100.

Zu den **Unterkünften** an der Straße zwischen dem Busbahnhof und der Stadt gehören das bescheidene Hotel Preet, ✆ 01892/265260 ❶, dessen beste Zimmer im ersten Stock an einer niedlichen kleinen Terrasse liegen, und das sauberere Hotel Yatrika, ✆ 01892/262258 ❷–❹, dessen Deluxe-Zimmer über AC verfügen. Das lärmgeplagte Raj, gegenüber vom Busbahnhof, taugt nicht zum Übernachten, hat aber ein gutes **Restaurant** mit Bar.

Das Dörfchen **Masrur**, 35 km südwestlich von Kangra, ist die einzige Ortschaft im Himalaya, in der es **Hindu-Felsentempel** ähnlich derer von Ellora in Maharashtra (S. 701) gibt. Sie sind zwar längst nicht so faszinierend, aber immerhin 15 an der Zahl. Die Ram, Lakshman und Sita geweihten Tempel wurden im 9. und 10. Jh. aus dem Berg gehauen. Wer sie besichtigen möchte, nimmt einen **Bus** Richtung Pir Bindu, steigt im Dörfchen Nagrota Suriyan aus und geht dann zu Fuß die 1,5 km hoch zu den Tempeln. ◷ tgl. Sonnenauf- bis Sonnenuntergang, Eintritt Rs100.

Ein schlichter, weiß getünchter Tempel im ansonsten nicht weiter erwähnenswerten Städtchen **Jawalamukhi**, 35 km südlich von Kangra, beherbergt einen der wichtigsten Hinduschreine Nordindiens. In dem von einer mächtigen Goldspitze gekrönten Heiligtum brennt eine natürliche blaue Gasflamme, die direkt aus der Erde kommt und als eine Manifestation der Feuergöttin Jawalamukhi verehrt wird. Hier halten zahlreiche **Busse** (1 Std.) aus Kangra und es gibt auch Direktverbindungen ins 53 km weiter nördlich gelegene Dharamsala. Die zwei besten **Hotels** sind das noble HPTDC-Hotel Jwalaji, ✆ 01970/222280 ❹–❻, am Ortsrand, und das Mata Vaishno Devi Hotel, ✆ 01970/222135 ❸–❹, 250 m nördlich vom Busbahnhof, Eine klösterlich bescheidene Zelle im Geeta Bhawan Ashram, ✆ 01970/222242 ❶, strapaziert das Portemonnaie allerdings wesentlich weniger.

Dharamsala und McLeod Ganj

Dharamsala oder, genauer gesagt, dessen oberer Stadtteil **McLeod Ganj** ist eines der reizvollsten Reiseziele von Himachal Pradesh. Die Stadt, Heimat des Dalai Lama und der tibetischen Exilregierung sowie Ausgangspunkt für herrliche Treks in den Hohen Himalaya, erstreckt sich über die bewaldeten Bergkämme unterhalb der kargen Felsen der Dhauladhar-Kette und besteht aus zwei unterschiedlichen, durch eine 10 km lange Haarnadelkurvenstraße voneinander getrennten Stadtteilen mit einem Höhenunterschied von fast 1000 m. Ursprünglich ein britischer Sommerort, hat sich McLeod Ganj durch den Zustrom **tibetischer Flüchtlinge** inzwischen gewandelt. Der tibetische Einfluss ist seither sehr stark. Zu den Errungenschaften der Tibeter zählen Tempel, Schulen, Mönchs- und Nonnenklöster, Meditationszentren sowie die umfangreiche Bibliothek der tibetischen Geschichte und Religion.

McLeod Ganj ist nicht nur Ziel für die Massen in- und ausländischer Touristen, sondern auch Pilgerstätte für Buddhisten und Interessierte aus der ganzen Welt, Viele Menschen kommen nach Indien, allein um diesen Ort zu besuchen, und seine entspannte und freundliche Atmosphäre lässt einen nicht so leicht wieder los.

Trotz heftigen Schneetreibens und niedriger **Temperaturen** zwischen Dezember und März empfängt McLeod Ganj seine Besucher das ganze Jahr über. Die Sommer bringen sintflutartige Regenfälle – schließlich ist dies der Ort mit der zweithöchsten Niederschlagsmenge Indiens. Die Tagestemperaturen mögen hoch sein, für die kühlen Nächte aber braucht man immer warme Kleidung.

Dharamsala

Warum die meisten Besucher das eigentliche Dharamsala, eine ungeordnete Ansammlung von Geschäften, Behörden und Häusern, umgehen, liegt auf der Hand. Von Interesse ist hier

Ein Besuch bei Seiner Heiligkeit dem Dalai Lama

Der Dalai Lama ist sehr gefragt: Tibetische Flüchtlinge kommen zu ihm, um Segen und Kraft zu erbitten, Mönche und Nonnen aus ganz Indien und Nepal suchen bei ihm nach spiritueller Führung, und eine ständig wachsende Anzahl von Menschen aus der westlichen Welt kommt nach Dharamsala in der Hoffnung auf einen Moment seiner Aufmerksamkeit. Vor 20 Jahren mag es noch möglich gewesen sein, Seine Heiligkeit persönlich zu treffen, heute jedoch müssen sich Besucher mit einer seiner **öffentlichen Audienzen** begnügen. Dann begrüßt er mehrere hundert Menschen und schüttelt ihnen die Hand. Die Audienzen werden alle paar Wochen abgehalten, sofern Seine Heiligkeit in der Stadt ist, jedoch nach keinem festen Plan. Auskünfte darüber, wann die nächste stattfindet, erteilt das **Branch Security Office**, ✆ 01892/221560, in McLeod Ganj (oberhalb des Welfare Office in der Bhagsu Road); allerdings weiß man es dort auch erst wenige Tage vorher. Interessierte müssen sich im Office registrieren lassen, erforderlich dafür sind der Pass und mehrere Passfotos; mit Wartezeiten ist zu rechnen. Näheres (Ort, Zeit, Thema) zu den **Public Teachings** (öffentlichen Vorlesungen) seiner Heiligkeit sind unter 💻 www.tibet.net zu erfahren.

Privataudienzen sind nur wenigen Auserwählten vorbehalten und können nur arrangiert werden, wenn mindestens vier Monate im Voraus darum gebeten worden ist. Beim Sekretär des Dalai Lama gehen täglich Hunderte solcher Briefe ein, und jeder Fall wird gesondert beurteilt. Spirituelle Fragen werden an einen hiesigen Lama weitergeleitet, der zu speziellen Punkten Rat geben kann, Fragen zu tibetischen Themen können meist auch von den Sekretären und Gemeindeoberhäuptern beantwortet werden. Der **17. Karmapa Lama** hält inzwischen tgl. um 14 Uhr im Gyuto-Kloster, 2 km vom Norbulingka Institute (S. 484), eine Audienz ab. Vorsichtshalber vorher anrufen, um sicherzugehen, dass er auch wirklich anwesend sein wird, ✆ 01892/236637, und zwecks Registrierung 15 Min. vor Beginn am Sicherheitsschalter erscheinen.

höchstens das **Museum of Kangra Art** mit seiner Sammlung von Kangra-Miniaturen und ein paar zeitgenössischen Kunstwerken, ◷ Di–So 10–17 Uhr, Rs50. Der kürzeste Weg nach McLeod Ganj ist ein steiler, 3 km langer Pfad, der hinter dem Gemüsemarkt beginnt und an der Tibetan Library und dem Tibetan Secretariat vorbeiführt.

McLeod Ganj

Die stetig wachsende Siedlung McLeod Ganj erstreckt sich entlang eines mit Kiefern bewachsenen Bergrückens mit Blick auf das Tal und die senkrecht aufragenden Wände der Dhauladhar-Gebirgskette dahinter. Außer dem Namen, den sie seit ihrer Gründung als Hill Station 1848 dem Vizegouverneur des Punjab, David McLeod, zu verdanken hat, gibt es kaum noch Spuren der britischen Besatzung. Als zentraler Punkt von McLeod Ganj, an dem sich zwei mit Schlaglöchern übersäte Straßen kreuzen, gilt der buddhistische **Tempel**, der von roten und goldenen Gebetsmühlen umgeben ist. Die wackeligen Gebäude der Stadt sind mit Gebetsfahnen geschmückt. Heute wohnen hier weitaus weniger Inder als Tibeter, denn für diese ist McLeod Ganj nicht nur ein Zufluchtsort, sondern auch die Heimat ihres geistlichen Oberhauptes, des Dalai Lama, und Sitz der tibetischen Exilregierung.

In McLeod Ganj findet man sich ganz gut zurecht. Die Straße von der Unterstadt führt zu einem kleinen Platz am nördlichen Stadtrand, der als Busbahnhof dient. Von hier aus führen die Straßen nach Süden zur Residenz des Dalai Lama und zur Library of Tibetan Works and Archives, nach Norden in das Dorf Dharamkot, zum Tushita Retreat Meditation Centre und zum Tibetan Children's Village am Dal Lake, und nach Osten schließlich in das Dörfchen Bhagsu.

Der Sitz des Dalai Lama und das Tibet-Museum

Im Jahre 1960 suchte der Dalai Lama vorübergehend Zuflucht in McLeod Ganj. Heute, nach rund 50 Jahren, ist er immer noch hier, und das Areal am südlichen Stadtrand ist zum Sitz der

Dharamsala und McLeod Ganj

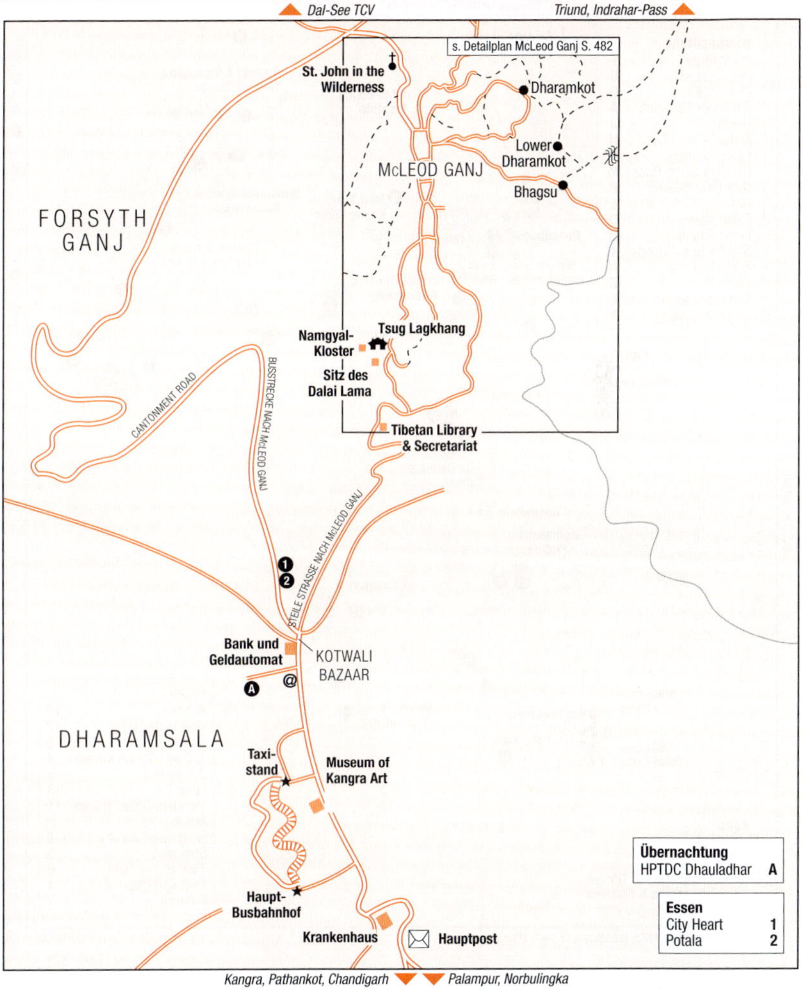

tibetischen Exilregierung geworden. Der von ihm genutzte Bereich ist eher bescheiden; der größte Teil des von einer hohen Mauer umgebenen Komplexes wird von Regierungsbüros eingenommen. Außerhalb der Anlage steht der bedeutendste buddhistische Tempel von Dharamsala, **Tsug Lakhang**, in dem Bilder von Sakyamuni (dem historischen Buddha), Padmasambhava (der den Buddhismus nach Tibet brachte) und Avalokitesvara (dem Bodhisattva

McLeod Ganj

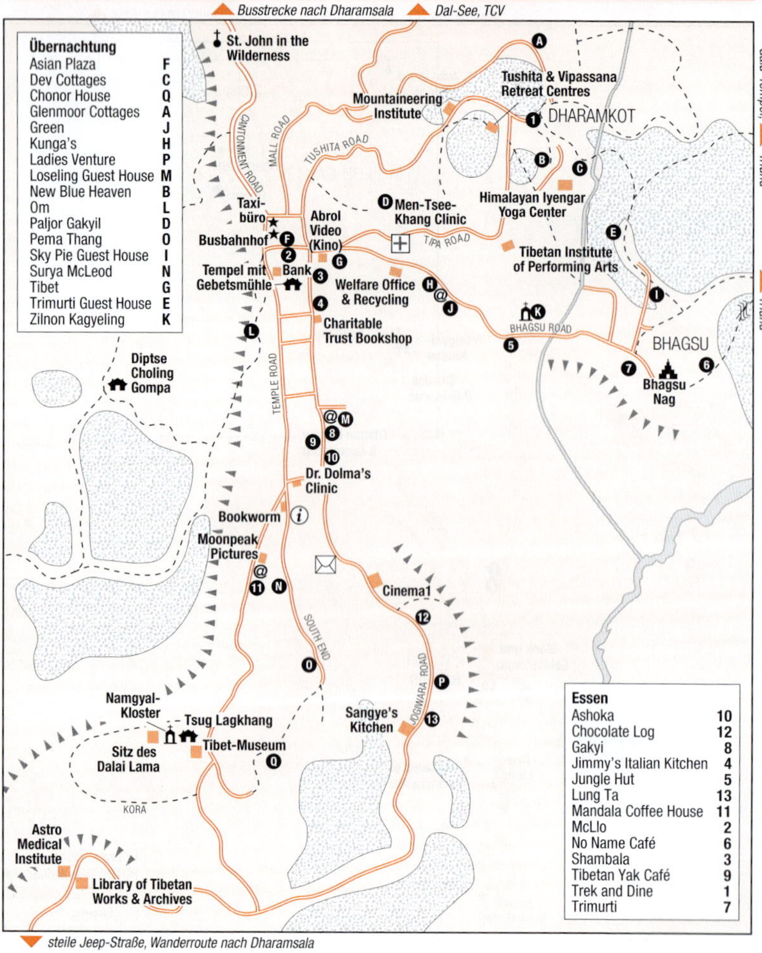

Himachal Pradesh

der Barmherzigkeit) aufbewahrt werden, allesamt in Meditationshaltung und von den Gaben ihrer Anhänger umringt. Nach der Huldigung des Buddha im Innern umschreiten die Anhänger im Rahmen einer so genannten *kora* den Tempelkomplex (im Uhrzeigersinn, ausgehend vom Anfang des Wegs unterhalb der Mönchsquartiere), drehen Gebetsmühlen und senden so ihre Gebete in alle Richtungen aus. Jeden Nachmittag halten die Mönche aus dem nahe gelegenen **Kloster Namgyal** im Hof gegenüber vom Tempel hitzige, aber disziplinierte Diskussionen ab. In dem kleinen Namgyal Café bekommt man gutes Essen und Snacks.

Das **Tibet-Museum** neben dem Kloster veranschaulicht den Leidensweg des tibetischen Volkes seit der Besetzung Tibets durch China (1959). Mittels Fotos und Videoclips wird Besuchern im Rahmen eines Rundgangs in Eigenregie gezeigt, wie tibetische Freiheitskämpfer mit Unterstützung der CIA bis in die 70er-Jahre hinein einen unmöglich zu gewinnenden Partisanenkrieg gegen die Chinesen führten. In der Halle im Obergeschoss befinden sich die Lebensläufe der Museumskuratoren – ausnahmslos Flüchtlinge und ehemalige politische Gefangene – und eine Gedenkstätte für die 1,2 Mio. Tibeter, die während des Konflikts ums Leben kamen. ⌚ Di–So 9–17 Uhr

Library of Tibetan Works and Archives

Die Bibliothek tibetischer Werke, ✆ 01892/222467, beherbergt eine der weltweit umfangreichsten Sammlungen tibetischer heiliger Texte und Gebete, Bücher über sämtliche Tibet betreffende Belange, Material zur indischen Kultur und Architektur sowie ein großes Archiv historischer Fotografien. Sie ist im Tibetan Central Administration Complex am Südrand von McLeod Ganj untergebracht und mit leuchtenden tibetischen Motiven verziert. Werktags werden hier **Kurse** in tibetischer Sprache und Philosophie abgehalten (s. S. 487, Aktivitäten). In dem kleinen **Museum** (Rs10) in der ersten Etage der Bibliothek sind buddhistische Statuen, kunstvoll geformte Bronzefiguren und Mandalas ausgestellt.

Ein Informationszentrum im **Tibetan Secretariat** neben dem Eingang zum Komplex liefert neuste Informationen über die tibetische Gemeinde in Tibet und der ganzen Welt. In dem kleinen **Astro Medical Institute** (⌚ tgl. 9–13 und 14–17 Uhr; Eintritt frei) stellen Mönche Diagnosen, indem sie Augen, Puls und Urin untersuchen. Verschrieben werden Pillen aus Kräutern, Edelsteinen und manchmal auch Tierprodukten, die in besonders günstigen Mondphasen zusammengestellt worden sind. Hier kann man auch sein Horoskop erstellen lassen.

Tibetan Institute of Performing Arts

Das Tibetische Institut der Darstellenden Künste, wurde 1959 gegründet, um die tibetische Identität im Exil zu bewahren. Etwa 150 Menschen leben auf diesem Campus in den Wäldern oberhalb von McLeod Ganj mit Blick auf Bhagsu, darunter Künstler, Lehrer, und Musiker. Die TIPA-Truppe führt traditionelle Lhamo-Opern auf und lässt das internationale Publikum an dem reichen kulturellen Erbe Tibets teilhaben. Informationen zu bevorstehenden Veranstaltungen und Tourneen sind im Büro erhältlich. ✆ 01892/221478, 💻 www.tibetanarts.org, ⌚ Mo–Sa 9–12 und 13–17 Uhr, am 2. und 4. Samstag im Monat geschlossen.

Nördlich und östlich von McLeod Ganj

In nördlicher Richtung führt eine Nebenstraße vom Busbahnhof in McLeod Ganj zum **Mountaineering Institute**, wo Mr. Saini Interessierte mit Büchern und Karten über die Dhauladhar-Berge versorgt und Trekking-Touren organisiert. ✆ 01892/221787, ⌚ Mo–Sa 10–13.30 und 14–17 Uhr, am 2. Samstag im Monat geschlossen. Ein Stück weiter die Straße entlang gelangt man zu zwei wunderschön inmitten von Wäldern gelegenen buddhistischen Zentren: Das Tibetan Buddhist Centre **Tushita** wurde 1972 von Lama Thubten Zopa Rinpoche gegründet. Gleich um die Ecke steht das **Dhamma Sikhara**, ein Theravada Vipassana-Zentrum (Kurse s. S. 487, Meditation). Von hier führt die Straße weiter zur kleinen Siedlung Dharamkot, dem Ausgangspunkt für Wanderungen nach **Triund** (2975 m) und Treks über die hohen Pässe zum Chamba-Tal.

Ein Pfad führt durch die bewaldeten Hänge von Dharamkot aus hinab zum kleinen, trüben **Dal-See**, Schauplatz eines Viehmarkts und des Shaiviten-Festes im September. Er liegt hinter dem ausgedehnten Komplex des **Tibetan Children's Village** (TCV), das etwa 2000 Kindern eine schulische und handwerkliche Ausbildung gewährt. Viele der Kinder sind Waisen oder wurden von ihren nach Tibet zurückgekehrten Eltern hier in sichere Obhut gegeben.

Die Bhagsu Road erstreckt sich vom Hauptplatz von McLeod Ganj 2 km am Hang entlang gen Osten, bis sie das Dorf **Bhagsu** mit einem alten Shiva-Tempel erreicht. Hier hat sich in den letzten Jahren mit dem Bau mehrerer v. a. auf indische Touristen ausgerichteter Hotels einiges verändert, in Tempelnähe gibt es ein paar Cafés.

Hinter dem Tempel windet sich ein Pfad durch das mit Felsblöcken übersäte Ufer eines kleinen Flusses hoch zu einem **Wasserfall**. Das dort befindliche Shiva Café bietet Essen, Tee und einmal pro Woche einen die ganze Nacht dauernden Rave. Wer Tabla spielen lernen möchte, wendet sich an Ashoka im Trimurti Guest House (S. 485), er ist Leiter der **Trimurti International Music School**.

Vorsicht: In den letzten Jahren sind mehrere Frauen auf dem Weg zwischen Bhagsu und McLeod Ganj **überfallen** worden. Diesen Weg also keinesfalls allein gehen.

Südlich von McLeod Ganj: Das Norbulingka Institute

8 km (30 Min.) von Dharamsala, nahe dem Dorf Sidpur, befindet sich das **Norbulingka Institute**, ✆ 01892/246 402, 🖳 www.norbulingka.org, das sich sich der Bewahrung der tibetischen Literatur und Kunst verschrieben hat. ◷ Mo–Sa 8–17 Uhr. Die 1985 im tibetischen Stil errichteten Institutsgebäude liegen inmitten eines friedlichen japanischen Gartens und konzentrieren sich um den zweistöckigen **Deden Tsuglakhang-Tempel**, dessen obere Galerie 1173 Buddhabildnisse sowie Fresken der 14 Dalai Lamas beherbergt. Die vergoldete Kupferstatue von Sakyamuni in der Halle zu ebener Erde ist die größte ihrer Art außerhalb von Tibet. Im **Losel Doll Museum** auf dem Tempelgelände sind farbenfrohe Dioramen mit Puppen in traditionellen Kostümen zu sehen. Zum **Übernachten** steht das Norling Guest House im Garten bereit, ✆ 01892/246406 ❻–❼. Es ist sauber und nett eingerichtet. Auch wer nicht dort absteigt, kann im OG die 50 Zeichnungen betrachten, auf denen der Lebensweg des 14. Dalai Lama festgehalten ist.

Traditionell tibetisch

Chonor House, nahe Thekchen Choeling Gompa, South End, ✆ 01892/221006, 🖳 www.norbulingka.org. Gehört zum Norbulingka Institute for Tibetan Culture; von Künstlern gestaltete Zimmer in einer Mischung aus traditioneller tibetischer Einrichtung und modernem Komfort. Ausgezeichnetes Restaurant mit Tischen im Freien. Sämtliche Einnahmen kommen dem Institut zugute. ❻

Übernachtung

Fast alle Besucher übernachten in **McLeod Ganj**. Für eine Übernachtung in **Dharamsala**, wo es nur ein einziges ordentliches Hotel gibt, spricht eigentlich nichts. Richtig knapp werden Betten während Losar, der tibetischen Neujahrsfeierlichkeiten (Feb/März). In den kleinen Ortschaften **Bhagsu** und **Dharamkot** gibt es Gästezimmer in Privathäusern und einer steigenden Zahl von Hotels, die auf indische Touristen und Hippie-Traveller ausgerichtet sind.

In den Zimmern der **Tibetan Library** kommen ein paar Studenten unter, die hier Kurse belegen. Anhänger des Buddhismus finden immer einen Platz in einem **Kloster**.

McLeod Ganj

Asian Plaza, Main Chowk, ✆ 01892/220685, 🖳 www.asianplazahotel.com. Schickes, neues Zentrumshotel mit liebevoll eingerichteten Zimmern und riesigen Suiten. Im Dachrestaurant gibt es Standardgerichte aus der indischen, chinesischen und europäischen Küche. ❻

Glenmoor Cottages, oberhalb der Mall Rd, ✆ 01892/221010, 🖳 www.glenmoorcottages.com. Fünf luxuriöse Ferienhäuser mit eindrucksvoller Holzvertäfelung und weniger kostspielige Zimmer im Hauptgebäude auf einem malerischen Waldstück etwa 1 km oberhalb des großen Basars. ❼–❽

Green, Bhagsu Rd, ✆ 01892/221200, 🖳 www.greenhotel.biz. Breite Auswahl an komfortablen Zimmern, mit Talblick; gutes Restaurant und angrenzendes Internetcafé. Verdientermaßen beliebt. ❶–❷

Ladies Venture, Jogiwara Rd, ✆ 01892/221559, ✉ shantiazad@yahoo.co.in, hinterm Chocolate Log. Gut ausgestattete Zimmer unterschiedlicher Größe in einem freundlichen, von Tibetern geführten Hotel. Ruhige Umgebung, Garten und kleines Café, Schlafsaalbetten Rs80. Das ganze Jahr über feste Preise. ❶–❷

Loseling Guest House, abseits der Jogiwara Rd, ✆ 01892/221087. Bescheidene Kloster-Unter-

Gut versorgt

Kunga's, Bhagsu Rd, ✆ 01892/221180, ✉ tenhin_dhonyo@yahoo.co.in. Sauber, zentral gelegen, mit vielfältiger Zimmerauswahl und einem tollen Sonnendeck. Die größeren Zimmer sind geräumig und hell mit großem Balkon. Der Besitzer Tenzin tut alles für seine Gäste und betreibt eines der besten Restaurants im Ort. ❶–❷

kunft, einfach und gut geführt mit schöner Aussicht von einer Dachterrasse. Die oberen Zimmer sind die besten, aber meist schnell vergeben. Unterbringung im 3-Bett-Dorm nur Rs60; das ganze Jahr über Festpreise. ❶

Om, nahe Busbahnhof, ✆ 01892/221322. Einfache, ruhige und überaus freundliche Lodge am Westrand der Stadt. Unterschiedliche Zimmer, die billigsten mit asiatischer Gemeinschaftstoilette und Gemeinschaftsdusche (Warmwasser). Auf der oberen Terrasse und im gemütlichen Restaurant treffen sich Traveller gern zum Sonnenuntergang. ❶

Paljor Gakyil, TIPA Rd, ✆ 01892/221443, ✉ ngapal@yahoo.com. Gepflegte Lodge, Zimmer mit und ohne Teppich, Schlafsaalbetten (Rs50), toller Blick über McLeod Ganj. Zugang: Die Treppe zwischen den Gästehäusern Seven Hills und Kalsang hoch. ❶

Pema Thang, South End, ✆ 01892/221871, 💻 www.pemathang.net. Das am besten geführte Hotel im South End. Alle Zimmer mit Heizung, TV und Warmwasserdusche, die mit schöner Aussicht kosten mehr. Beliebt bei gut betuchten Besuchern aus dem Westen, die sich für den Buddhismus interessieren. ❹

Surya McLeod, South End, ✆ 01892/221418, 💻 www.suryamcleod.com. Eher unattraktives, großes Hotel mit einigen geräumigen Zimmern mit Glasfront und Blick nach Westen über die Ebenen; auf Geschäftsreisende und einheimische Touristen ausgerichtet. ❻

Tibet, Bhagsu Rd, ✆ 01892/221587, ✉ htdshala@sancharnet.in. Ausgezeichnetes Hotel mit dem Spitzenrestaurant Snow Lion. Das beste Preis-Leistungs-Verhältnis bieten die Zimmer im Erdgeschoss mit Blick aufs Tal. Gut besucht, zentral gelegen. Ganzjährig Festpreise. ❸–❹

Zilnon Kagyeling Monastery, Bhagsu Rd, ✆ 01892/220581. Einfache, spottbillige EZ und DZ mit Gemeinschaftsbad in einem aktiven *gompa*. Der Mönch bewohnt Zimmer Nr. 50. Tolles Café. ❶

Bhagsu

Sky Pie Guest House, an der Linkskurve kurz vor dem Tempel, ✆ 01892/220497, ✉ denisraaz8@gmail.com. Ansprechende und belebte Unterkunft mit Standardzimmern der unteren Preisklasse, z. T. mit Gemeinschaftsbad. ❶–❸

Trimurti Guest House, im oberen Teil von Bhagsu, in Richtung Dharamkot, ✆ 01892/ 221364, 💻 www.trimurtimusic.com. Einige Zimmer in einer ruhigen Familienpension mit Rasen und einem farbenprächtigen Schrein. Der Besitzer leitet eine kleine Musikschule, s. S. 484. ❷–❸

Dharamkot

Dev Cottages, in der Hauptstraße unterhalb der Teestube, ✆ 01892/221558. Geräumige, neue Häuschen, gut ausgestattet und mit tollem Talblick. ❹–❺

New Blue Heaven, abseits der Hauptstraße unterhalb der Teestube, ✆ 01892/221005, ✉ sandeep74gill@yahoo.co.in. Zweistöckige Familienpension mit Terrasse und Garten. Die Zimmer sind einfach, aber alle mit Bad. ❶–❷

Dharamsala

City Heart, abseits des Kotwali Bazaar, ✆ 01892/223761. Passable Zimmer mit Aussicht, eingezwängt zwischen einem gut besuchten Lokal mit Bierbar und einer „Party Hall". ❸

HPTDC Dhauladhar, abseits des Kotwali Bazaar, nahe der Bank, ✆ 01892/224926, ✉ dharamshala@hptdc.in. Hat Anstalts-charakter, aber geräumige Zimmer mit Bad, ständig Warmwasser und Balkon mit Blick über die Ebenen im Süden. Gutes Essen im Restaurant zu mittleren Preisen, Bar, Gartenterrasse. ❺–❻

Essen

McLeod Ganj gehört zu den Orten, in denen das Plaudern und Philosophieren in den

Nettes Café

Jimmy's Italian Kitchen, Jogiwara Rd. Gemütliches Café; im Angebot sind gute Salate, Backkartoffeln, Milchkaffee und selbst gemachte Desserts. Die meisten Gerichte kosten Rs100–150. 30 m weiter in Richtung Tempel gibt es im oberen Stock eine Filiale mit Livemusik am Mi und Sa.

Restaurants als Lieblingsbeschäftigung gilt. Neben chinesischen Eiernudeln, *chow mein* und gebratenem Allerlei werden tibetische Gerichte wie *thukpa* und *momos* serviert. Frisch gebackenes tibetisches Brot und Kuchen sind fast überall erhältlich, außerdem gibt es Omelettes, Pommes, Toast, vegetarische Burger und viele israelische Gerichte. Wer tibetisch kochen lernen möchte, kann in Sangye's Kitchen beim Postamt in der Jogiwara Rd an einem **Kochkurs** (So–Fr 11–13 und 17–19 Uhr; Rs150) teilnehmen. Über einen Mangel an Imbissen kann man sich in Dharamsala wirklich nicht beschweren, die Auswahl der Geschmacksrichtungen ist allerdings begrenzt. Die beste Bandbreite an indischen und westlichen Gerichten bietet das **City Heart**. Das **Potala** ist ein kleines, sauberes tibetisches Café mit schlichtem Speisenangebot.

In Dharamkot eignet sich das **Trek and Dine**, zehn Fußminuten oberhalb der Teestube an der Kreuzung, gut zur Verköstigung mit Pizza oder Pies. In Bhagsu gibt es das preisgünstige **Trimurti** neben dem Tempel (nicht im gleichnamigen Guesthouse), ein ausgezeichnetes vegetarisches indisches Café mit Dachterrasse. Im Café **No Name** auf halbem Weg zum Wasserfall bekommt man einfache Snacks.

Ashoka, Jogiwara Rd. In zwei Räumen und auf einer schmucklosen Dachterrasse werden riesige Portionen leckeres und auf Wunsch scharfes indisches Essen für Rs100–200 serviert. Tipp: *karai chicken.*

Chocolate Log, Jogiwara Rd. Vorzügliche Kuchen, Pasteten und Trüffel; auch Pikantes wie Spinatpizza. Man kann drinnen essen oder es sich im gepflegten Garten auf Liegestühlen bequem machen. Rs50–100. ⏲ Di geschl.

Gakyi, Jogiwara Rd. Schlicht und gemütlich, mit guten tibetischen und westlichen vegetarischen Gerichten, zudem das beste Früchtemüsli der Stadt und tibetisches Brot. Alle Gerichte unter Rs100.

Jungle Hut, Bhagsu Rd. Von der Bambus-„Hütte" oben am Hang eröffnen sich die besten Ausblicke weit und und breit. Die Speisekarte reicht von westlichem Frühstück bis zu indischer und chinesischer Standardkost; Hauptgerichte für rund Rs100.

Lung Ta, Jogiwara Rd. Japanisches vegetarisches Lokal mit tgl. wechselndem Menü, darunter meist Misosuppe, Sushi, Gemüsetempura und Tofusteak; Hauptgerichte rund Rs100. Der Gewinn kommt ehemaligen tibetischen politischen Gefangenen zugute. Im heimeligen, eine Tür weiter gelegenen koreanischen Restaurant **Dokebi Nara** werden brutzelnde Speisen im Gusseisentopf aufgetischt.

Mandala Coffee House, Temple Rd. Ein cooles Plätzchen zum Chillen bei Soulfood wie Kuchen (Rs30–50) und anständigem Kaffee. Verfügt auch über WLAN.

McLlo, Central Square. Riesiges neonbeleuchtetes Ungetüm mit Blick auf die Bushaltestelle. Große Auswahl guter westlicher Speisen (ab Rs100), außerdem gibt es eine echte Baskin-Robbins-Eisdiele und im 2. Stock eine Bar, die am frühen Abend ganz annehmbar ist, später aber sehr laut und unangenehm werden kann.

Shambala, Jogiwara Rd. Eines der besten Lokale, das tibetische und chinesische vegetarische und andere Speisen sowie Fischspecials für rund Rs100 zu bieten hat.

Tibet Yak Cafe, Jogiwara Rd. Kleines und einfaches Restaurant, bei Einheimischen beliebt, gute tibetische Küche für Rs40–60.

Einkaufen

Die Stände und kleinen Läden entlang der Hauptstraßen bieten tibetischen Schnickschnack, preiswerte warme Kleidung, Räucherwerk, Gebetsglocken, Teppiche und Bücher an. Der große **Kunsthandwerksladen** in der

Jogiwara Rd verkauft *thangkas* in allen Größen und Gebetsfahnen. Für ca. Rs600 plus Stoffpreis kann man sich hier *bakkus* (tibetisches Frauengewand) nähen lassen. Der **Green Shop** in der Bhagsu Rd verkauft handbemalte T-Shirts, Umweltliteratur und gefiltertes, abgekochtes Wasser für Rs5.

Aktivitäten

In McLeod Ganj kann man eine Vielzahl von Kursen belegen, darunter Tibetisch, Hindi, Yoga, Tabla, Tai Chi sowie indisch-vegetarische und tibetische Kochkunst. Weitere Angaben unter www.mcllo.com (s. S. 489).

Tibetischer Buddhismus

An den meisten Wochentagen gibt es in der **Library of Tibetan Works and Archives** von 11 bis 12 Uhr kostenlosen Unterricht zum Dharma. Außerdem erteilt die Bibliothek Philosophieunterricht und dreimonatige Kurse in tibetischer Sprache (Beginn März, Juni, Sep). Beim Secretary for Tibetan Studies melden, 01892/222467.

Trekking ab Dharamsala

Dharamsala zählt zu den beliebtesten Ausgangspunkten für Treks über die felsigen Kämme der **Dhauladhar-Gebirgskette**, die aus dem Kangra-Tal steil bis auf 4600 m ansteigt. Die Wege führen durch Wälder mit Himalaya-Zedern, Kiefern, Eichen und Rhododendren, über Bäche und Flüsse und winden sich Schwindel erregend an Klippenrändern entlang, wobei sie gelegentlich an einem Wasserfall oder Gletscher vorbeikommen.

Wer sich hier nicht sehr gut auskennt, braucht unbedingt einen Führer, denn die Wege sind steil und die Gedenksteine zeugen von denen, die es nicht überlebt haben. Das **Mountaineering Institute** in der Dharamkot Road (S. 483) hilft bei der Suche nach Führern und Trägern und stellt Karten zur Verfügung. Es gibt zwar am Weg auch primitive Hütten und Höhlen, aber die beste Variante ist ein Zelt.

Die beste **Jahreszeit** zum Trekking hier sind die Monate September bis November, wenn die heftigste Zeit der Monsune vorüber ist und die Temperaturen noch nicht zu niedrig sind. Bergsteigen im Winter sollten sich nur erfahrene Kletterer vornehmen, die mit Eispickel und Steigeisen vertraut sind.

Von Dharamsala nach Chamba über den Indrahar-Pass

Die teilweise sehr anstrengende Route von Dharamsala zum Chamba-Tal über den Indrahar-Pass (4350 m) wird am häufigsten gewählt und von den meisten Trekkern in etwa fünf Tagen bewältigt. Der erste Abschnitt von Dharamkot aus führt 9 km durch dichte Wälder und steiles felsiges Gelände bis zu einem grasbewachsenen Plateau bei **Triund**. Von hier geht der Weg bergan bis nach **Laqa Got**, es folgt ein stark ansteigender Abschnitt hoch zum **Indrahar-Pass**, wo sich bei schönem Wetter phänomenale Aussichten eröffnen – im Süden über das Tiefland und im Norden über die verschneiten Gipfel des Pir Panjal und des Hohen Himalaya. Auch der Abstieg ist zum Teil beschwerlich und führt über die Gaddi-Dörfer Kuarsi und Channauta bis zur Hauptstraße, wo sich die Gelegenheit bietet, sich nach Brahmour oder Chamba mitnehmen zu lassen.

Alternative Routen von Dharamsala nach Chamba

Mehrere andere Routen führen über die Dhauladhar-Berge, darunter eine über den **Toral Pass** (4575 m), die 10 km von Dharamsala bei **Tang Narwana** (1150 m) beginnt, Die schwierigste Strecke nach Norden ist der 5- bis 6-tägige Trek über den **Bhimghasutri Pass** (4580 m), der teilweise fast senkrecht ansteigt und über schroffe Felsen und gefährliche Schluchten führt. Eine wesentlich einfachere, 4- bis 5-tägige Wanderung von Dharamsala überwindet den **Bleni Pass** (3710 m) in den sanfteren Bergen im Nordwesten; dabei schlängelt er sich über alpine Weiden und durch Wälder und überquert ein paar Bäche, bevor er **Dunali** an der Straße nach Chamba erreicht.

DHAULADHAR-TREKS

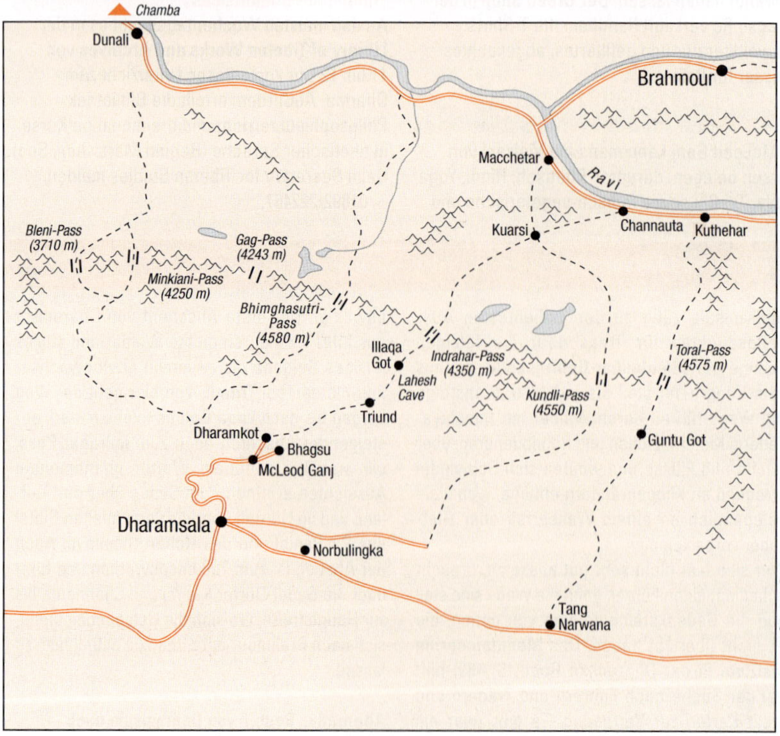

Meditation und Yoga

Kurse zur tibetischen buddhistischen Meditation werden im **Tushita Meditation Centre** in Dharamkot, ✆ 01892/221866, 💻 www.tushita.info, angeboten. Die Kurse umfassen 8–10-tägige Meditationseinheiten und intensive 3-monatige Retreats (Vajrasattva) im Sommer. Übernachten kann man in einfachen Zimmern und Schlafsälen, außerdem gibt es eine ausgezeichnete Bibliothek. Rechtzeitig buchen! ⌚ Mo–Sa 9.30–11.30 und 13–16.30 Uhr.

Das **Vipassana Centre**, gleich neben Tushita, folgt eher den Lehren des Theravada-Buddhismus. Hier erlernt man in 10-tägigen Kursen die stille Meditation. Persönliche Anmeldung Mo–Sa 16–17 Uhr, ansonsten ✆ 01892/221309, 💻 www.sikhara.dhamma.org.

Yoga, Himalayan Iyengar Yoga Centre in Dharamkot, 💻 www.hiyogacentre.com, bietet 5-tägige Hatha-Yoga-Kurse. Beginn jeweils am Donnerstag.

Sonstiges

Bücher

Im **Tibetan Bookshop and Information Office** lässt es sich wunderbar in Büchern zum tibetischen Buddhismus stöbern, genau wie im **Charitable Trust Shop**, beide in der Jogiwara Rd auf dem großen Basar in McLeod Ganj. Gegenüber dem Tourismusbüro im South End befindet sich der kleine Laden **Bookworm**, dessen umfangreiches Angebot neben Secondhandbüchern vor allem Literatur zum Buddhismus umfasst.

Geld

Punjab National Bank in McLeod Ganj nahe Busbahnhof, ◷ Mo–Fr 10–14, Sa 10–12 Uhr, wechselt Reiseschecks und Bargeld, ebenso die obere Filiale der **State Bank of India** in Dharamsala; beide mit Geldautomat.
In McLeod Ganj gibt es mehrere autorisierte private Wechselstuben, wie **Thomas Cook** und **LKP Forex** in der Temple Rd, die Bargeld auf Kreditkarten geben.

Informationen

McLeod Ganjs **Tourist Office**, am South End gegenüber von Bookworm, hält ein paar Informationen zu Unterkünften und Verkehrsmitteln bereit, ◷ Mo–Fr 10–17, Sa 10–14 Uhr. Eine gute Quelle für allgemeine Infos, aktuelle Veranstaltungen und Szeneadressen ist 💻 www.mcllo.com.

Internet

In McLeod Ganj gibt es viele Internetcafés, vor allem in der Bhagsu Rd und Jogiwara Rd, außerdem in Hotels wie dem Green. Die meisten berechnen Rs20 pro Std.

Medizinische Hilfe

Das **Tibetan Delek Hospital**, ✆ 01892/222053, oberhalb des Astro Medical Institutes, ist eines der besten Krankenhäuser im Bundesstaat und beschäftigt auch westliche Ärzte.

Post und Telefon

Das Postamt von McLeod Ganj in der Jogiwara Rd hat einen Poste-restante-Schalter, wo Briefe bis zu einem Monat lang aufbewahrt werden. Post, die nicht an McLeod Ganj, Upper Dharamsala, adressiert ist, landet in der Hauptpost (GPO) in der Unterstadt.

Reisebüros

Bei **Himachal Travels**, Jogiwara Rd, ✆ 01892/221428, kann man örtliche und private Busse sowie Züge aus Pathankot und Inlandflüge buchen sowie internationale Flüge bestätigen bzw. umbuchen lassen. Taxibuchungen für Reisen inner- und außerhalb von Himachal Pradesh sowie Informationen über Treks.
Ways Tours & Travels, Temple Rd, ✆ 01892/221910, gut organisiertes Reisebüro, das internationale Flüge, individuell zugeschnittene Touren innerhalb Indiens und Geldwechsel anbietet.
Yeti Trekking, an der Straße zum Mountaineering Institute, ✆ 01892/221032, veranstaltet Trekkingtouren und verleiht jede Menge Ausrüstungsgegenstände.

Tibetische Siedlung

Anfragen zur tibetischen Siedlung bitte telefonisch an das **Welfare Office** in der Bhagsu Rd in McLeod Ganj oder direkt an das **Reception Centre** unterhalb des Postamts richten, wo Kleiderspenden, Bücher und Decken für Neuankömmlinge aus Tibet immer dankbar angenommen werden. Wertvolle Informationen bekommt man auch im **Tibetan Bookshop and Information Office** in der Jogiwara Rd.

Nahverkehr

Zwischen Dharamsala und McLeod Ganj verkehren ab 7.45 Uhr zahlreiche **Busse** (40 Min.). Ein **Sammeltaxi** (Rs10) ist jedoch bedeutend schneller. Sowohl in McLeod Ganj als auch in Dharamsala gibt es ausgewiesene Festpreise. Ein **Taxi** von McLeod Ganj nach Dharamsala kostet Rs130. **Motor-Rikschas** verkehren häufig zwischen dem McLeod Ganj-Busbahnhof und Bhagsu (Rs30) sowie dem *chai shop* in Dharamkot (Rs50).

Transport

Busse

Staatliche Busse aus Shimla, Manali, Mandi, Pathankot, Kangra und Delhi halten am Haupt-Busbahnhof im Südteil der Unterstadt, einige wenige private und Deluxe-Busse aus Delhi und Manali fahren weiter nach McLeod Ganj.
Die HRTC betreibt zahlreiche Busse vom Haupt-Busbahnhof zu verschiedenen Reisezielen in Himachal Pradesh und darüber hinaus; u. a.

halbstündlich verkehrende Flughafenbusse der Gesellschaft Gaggal.
3x tgl. fahren Busse nach MANALI (6, 8 und 20 Uhr; 10 Std.) und 2x tgl. nach DELHI (18 und 19 Uhr; 15–16 Std.) via CHANDIGARH, bei erhöhter Nachfrage werden weitere eingesetzt. 2x tgl. fahren staatliche Busse nach DALHOUSIE (8 und 12 Uhr; 6–7 Std.) und 4x tgl. nach SHIMLA (10 Std.).
Viele Touristen bevorzugen private „Deluxe"-Busse, die bei Anbietern in McLeod Ganj (s. S. 489) gebucht werden können. Vor allem die neuen Schlafbusse nach Delhi (Rs700) sind gefragt. Busse nach PATHANKOT (3 Std.), wo Zuganbindung besteht, fahren alle 30 Min. ab.

Flüge

Der **Flughafen** von Dharamsala liegt 11 km südlich bei Gaggal. Kingfisher fliegt 1x tgl. nach DELHI. Ein Oneway-Ticket ist schon ab Rs1200 zu haben, aber weil Flüge oft wegen schlechten Wetters storniert werden, ist es ratsam, einen Zeitpuffer einzubauen, wenn man einen internationalen Flug erreichen muss.

Dalhousie

Dalhousie verdankt seinen Namen Lord Dalhousie, dem Generalgouverneur des Punjab (1849–56), der aufgrund des angenehmen Klimas hier ein Sanatorium errichten ließ. Zu Beginn des 20. Jhs. bot der Ort eine beliebte Alternative zum überfüllten und teuren Shimla. Eine Reihe von Tibetern hat sich nach der chinesischen Invasion in Tibet 1959 hier niedergelassen. Heute gilt Dalhousie als beliebter Sommerurlaubsort für Erholungssuchende aus dem Punjab, während westliche Touristen nur selten kommen und höchstens ein bis zwei Tage verweilen.

Die Stadt erstreckt sich über eine Reihe von Bergen, durch die sich die Straßen schlängeln, die die beiden Kernbereiche, die Chowks, miteinander verbinden. Der **Gandhi Chowk** ist mit seinen Restaurants und dem Postamt der belebtere Teil. Von hier aus verlaufen die Mall und Garam Sarak abwärts und führen in einer Biegung 2 km weiter zum **Subhash Chowk** am oberen Ende des vornehmlich moslemischen Sadar Bazaar. Nördlich von hier markieren die Bushaltestelle und das Informationsbüro die wichtigste Ausfallstraße.

Übernachtung und Essen

Viele der Hotels bieten in der Nebensaison enorme Preisnachlässe.
Silverton, oberhalb des Circuit House, The Mall, ✆ 01899/240674, 💻 www.heritagehotels.com/silverton, altes Herrenhaus mit großen Zimmern und gepflegten Rasenflächen inmitten eines privaten Waldgebietes. ❹–❼
Aroma-N-Claires, südlich des Subhash Chowk in der Court Rd, ✆ 01899/242199, 📠 242639, stimmungsvoller, etwas überladener 30er-Jahre-Bau mit einer Bibliothek und begrünten Innenhöfen. ❹–❺
Hotel Crags, 500 m auf einem Trampelpfad vom Subhash Chowk entfernt, in der Garam Sarak Rd, ✆ 01899/242124, ist ein ruhiges, außergewöhnlich freundlich geführtes Hotel mit großer Terrasse, leckerer Verpflegung und wunderschöner Aussicht ins Tiefland. ❷–❹
Jugendherberge, ✆ 01899/242189, ✉ yh_dalhousie@rediffmail.com. Von der Bushaltestelle aus 5 Gehminuten hinter den *dhabas*. Schlafsaalbetten (Rs60) und DZ. ❶
Neben den Hotelrestaurants und verstreuten *dhabas* findet man die **Food Junction** am Busbahnhof, **Kwality's** am Gandhi Chowk und **Moti Mahal** sowie **Sher-e-Punjab** im Subhash Chowk.

Sonstiges

Geld

Die **State Bank of India** an der Bushaltestelle bietet Geldwechsel und einen Geldautomaten.

Informationen

Tourist Information Office, ✆ 01899/242136, 50 m von der Bushaltestelle entfernt, gibt Auskünfte bzgl. Verkehrsverbindungen; 🕓 Mo–Sa 10–17 Uhr.

Internet

Eva's Cyber Café, am tibetischen Lhasa-Markt oberhalb des Busbahnhofs, bietet Internetzugang.

Transport

Die meisten Besucher kommen mit dem Bus aus dem 80 km südwestlich im Punjab gelegenen PATHANKOT (stdl., 3 Std.) oder dem 47 km östlich gelegenen CHAMBA (2 1/4 Std.) nach Dalhousie; die Fahrt durch die Vorgebirge des Himalaya von DHARAMSALA (2x tgl., 6–7 Std.) und SHIMLA (Flughafen; 1x tgl., 14–15 Std.) führt über Nurpur.

Die meisten Transportmittel nach CHAMBA (2 1/4 Std.) nehmen den Weg über Banikhet, aber es gibt auch vier Busse via KHAJJIAR (1 Std.). 1x tgl. verkehrt auch ein Bus nach AMRITSAR (6 Std.).

Vom Busbahnhof führt ein steiler Weg hoch zur Mall; wer nicht laufen möchte, kann eines der Maruti-Taxis nehmen (Rs50), die auf der Strecke verkehren.

Khajjiar

Auf dem Weg nach Osten Richtung Chamba führt die Straße durch Zedernwald zur Wiese von Khajjiar hinab. Hier überblickt der kleine Tempel von **Khajjinag** aus dem 12. Jh. eine sanft gewellte Grünfläche mit einem Teich in der Mitte. Indische Touristen unternehmen gern einen Tagesausflug von Dalhousie nach Khajjiar, um sich im Ponywagen herumkutschieren zu lassen. Wer über Nacht bleiben möchte, kann im Shining Star Resort absteigen, ✆ 01899/236336, 💻 www.shiningstarkhajjiar.com ❺, einem eleganten Hotel mit einwandfreiem Restaurant und herrlicher Aussicht. Hinter Khajjiar verläuft die Straße über kahle, terrassierte Berghänge hinunter nach Chamba. Prince Travels, am Busbahnhof in Dalhousie, betreibt einen **Ausflugsbus** nach Khajjiar und Chamba. Abfahrt ist um 10 Uhr, zurück nach Dalhousie geht es um 18.30 Uhr. Darüber hinaus fahren täglich vier Busse über Khajjiar nach Chamba.

Chamba

Von allen Seiten durch hohe Berge geschützt, wurde Chamba ein ganzes Jahrtausend lang von den königlichen Nachkommen des Raja Sahil Varma regiert, der es im Jahre 920 n. Chr. gegründet und nach seiner Tochter Champavati benannt hatte. Anders als die weiter südlich gelegenen Staaten von Himachal war es formal niemals der Mogulherrschaft unterstellt. Durch die Abgeschiedenheit hatte die dort ansässige Hindukultur Bestand, bis 1870 die ersten Straßen nach Dalhousie gebaut wurden. Mit der Entstehung des Staates Himachal Pradesh 1948 wurde Chamba Hauptstadt des gleichnamigen Distrikts. Heute kommen nur wenige Besucher her, um die einzigartigen Tempel zu besichtigen.

Die große Grünfläche *chaugan*, die für Sportveranstaltungen, Abendspaziergänge und Feierlichkeiten genutzt wird, bestimmt das Zentrum der Stadt, über dem der **Rang Mahal** thront, der heute als Regierungsgebäude dienende Palast. Das am Südrand des *chaugan* gelegene **Bhuri Singh Museum** beherbergt eine ganz passable Sammlung von einheimischer Kunst und Kunsthandwerksgegenständen. Kangra-Miniaturen aus dem 18. und 19. Jh. stellen das Leben bei Hofe, amouröse Begegnungen sowie Männer und Frauen beim Rauchen kunstvoll gearbeiteter *hookahs* dar und sind bedeutend gewagter als ihre von der Mogul-Malerei inspirierten Entsprechungen aus Rajasthan. Das beste Stück des Museums ist sein kleiner Vorrat an *rumals*, gestickten Bildern mit Szenen aus Volksmythen, die seit dem 10. Jh. von Frauen gefertigt werden. Heute halten nur noch wenige Frauen an dieser Tradition fest, aber Ansätze zur Wiederbelebung dieser Kunst gibt es im Webzentrum im alten Palast. 🕓 Di–So 10–17 Uhr, Eintritt frei.

Die Tempel

Der Tempel-Komplex **Lakshmi Narayan** hinter dem Dogra Bazaar westlich des *chaugan* ist in einem Stil erbaut worden, der ausschließlich in Chamba und Brahmour anzutreffen ist. Drei seiner sechs erdbraunen Tempel sind Vishnu geweiht und drei Shiva, alle mit aufwendig geschnitzten Außenfassaden, eigenwillig geformten *shikharas*, überhängenden Vordächern aus Holz und goldenen Dachverzierungen, die 1678 hinzugefügt wurden – trotz Aurangzebs Befehl zur Zerstörung sämtlicher Hindutempel in den Bergstaaten. In den Mauernischen sieht man Bilder von Gottheiten, doch viele sind auch leer.

Einige Statuen wurden bei dem Erdbeben 1905 zerstört, andere später geraubt.

Beim Betreten der Anlage trifft man zuerst auf den größten und ältesten Tempel aus dem 10. Jh., der eine Marmorstatue von Lakshmi Narayan birgt. Die drallen Jungfrauen an den Seiten des Eingangs zum Altarraum tragen je ein Gefäß mit Wasser und repräsentieren die Göttinnen Ganga und Yamuna. Im Innenraum stellt ein Fries Szenen aus dem *Mahabharata* und dem *Ramayana* dar. Die Shiva geweihten Tempel befinden sich im dritten Hof. Wenn die Augen sich an das gedämpfte Licht im Inneren des Heiligtums gewöhnt haben, sind die soliden Messingbilder von Shiva, Parvati und Nandi mit Intarsien aus Silber und Kupfer aus den nahe gelegenen Minen zu erkennen. Außerhalb des Tempelkomplexes fertigen **Kupferschmiede** Trompeten für zeremonielle Anlässe und *hookahs* aus Messing an.

Unter den übrigen Tempeln von Chamba ist der **Chamunda Devi-Tempel** aus dem 10. Jh. der faszinierendste. Er thront hoch über der Stadt im Norden – der Aufstieg über die steilen Treppen beginnt in der Nähe der Bushaltestelle und dauert etwa eine halbe Stunde. Der komplett aus

Treks in der Umgebung von Chamba und Brahmour

Die beliebtesten Wanderungen von Chamba aus führen Richtung Süden über die **Dhauladhar-Gebirgskette** via Minkiani- oder Indrahar-Pass nach Dharamsala. Die notwendige **Ausrüstung** kann in Chamba und Brahmour gemietet werden, wo sich auch Träger und **Führer** anheuern lassen. Mani Mahesh Travels in Chamba, ✆ 01899/222507, organisiert Treks und stellt das notwendige Zubehör bereit.

Treks durchs Pangi-Tal nach Lahaul

Nur wenigen Trekking-Touristen gelingt es, in das spektakuläre, fast unzugängliche Pangi-Tal zwischen der Gebirgskette des Hohen Himalaya im Norden und der Äußeren Himalaya-Kette im Süden vorzudringen. Einige der Gipfel hier sind noch niemals bezwungen worden, und Pfade führen weiter nach Kashmir, Lahaul und Zanskar. Für den **Trek von Traila nach Lahaul** (90 km nördlich von Chamba) braucht man neun bis zehn Tage. Er führt über Satraundhi (3500 m) und den Sach-Pass nach Killar, Sach Khas und zur Endstation Purthi, wo man den Bus über Tindi nach **Udaipur** nehmen kann. Von dort fahren Busse nach Keylong (Hauptstadt von Lahaul) mit Anschluss nach Norden bis Leh und nach Süden über den Rohtang-Pass nach Manali.

Treks von Brahmour

Trekkingrouten führen von **Brahmour** (2130 m) nach Norden über die Gebirgskette Pir Panjal. Dabei müssen Pässe überquert werden, die fast das ganze Jahr über schneebedeckt sind. Die schwierige, sechs- bis siebentägige Wanderung über den **Kalichho-Pass** (4990 m), „Die Heimstatt von Kali", endet im Dorf **Triloknath**, dessen uralter Tempel für den dreigesichtigen Shiva sowohl Hindus als auch Buddhisten heilig ist. Von hier fahren Busse nach Udaipur und weiter nach Keylong und Manali.

Eine weitere herausfordernde fünf- bis sechstägige Strecke überquert den **Kugti-Pass** (5040 m). Von **Hadsar**, eine Busstunde von Brahmour entfernt, folgt der Pfad dem Fluss Budhil 12 km weit bis **Kugti** und schlängelt sich dann hoch zur **Kuddi Got**, einer riesigen Blumenwiese (4000 m). Der nächste Abschnitt, der über den Pass führt, erfordert für die extrem anstrengende sechsstündige Klettertour Steigeisen und Eispickel. Nachdem man sich oben am Anblick der hoch aufragenden Gipfel Lahaul und Zanskar sattgesehen hat, geht's bergab zu einem Gletscherfeld bei **Khardu** und weiter nach Raape, 7 km von **Shansha** entfernt, wo eine Straße nach Udaipur und Keylong führt.

Schließlich kann man auch eine herrliche dreitägige Wanderung zum heiligen See **Manimahesh** (4183 m) unternehmen; Ausgangs- und Endpunkt ist Hadsar. Über dem See ragt das Ehrfurcht gebietende, von ewigem Eis und Schnee bedeckte Manimahesh Kailash-Massiv empor.

Holz erbaute und mit Hunderten schwerer Messingglocken geschmückte Tempel bietet einen wunderschönen Blick auf die Ravi-Schlucht. In seinem Innern wird ein Furcht einflößendes Bild der blutdürstigen Göttin Chamunda aufbewahrt.

In der Stadt südlich des *chaugan* nahe dem Postamt befindet sich der kleine, reich verzierte **Harirai-Tempel** aus dem 11. Jh. mit einem Messingabbild von Vaikuntha, der dreiköpfigen Erscheinung von Vishnu.

Übernachtung und Essen

In der Umgebung des Busbahnhofs im Norden der Stadt gibt es mehrere Lodges, von denen die etwas schäbige **Chamunda View**, unterhalb der Haltestelle, 01899/224067, die beste ist. ❶

Das **Hotel Iravati** der HPTDC, ✆ 01899/222671, an der nächstgelegenen Ecke des *chaugan* hat komfortable Zimmer mit Teppich und Bad. ❹–❺

Sein billigerer Anbau **Champak**, ✆ 01899/222774, hat ganz annehmbare DZ und einen Schlafsaal (Rs100). ❷

Das moderne **City Heart**, am anderen Ende des *chaugan*, ✆ 01899/225930, 💻 www.hotelcityheartchamba.com, ist das beste Hotel der Stadt. ❺–❻

Das beste Essen bekommt man im **Khaatir** im City Heart. Zwei ordentliche Alternativen dazu sind das **Rishi** im Dogra Bazaar und das **Park View** in der Museum Rd. Die hiesige Spezialität *madhra,* eine nahrhafte, ölige und leicht bittere Mischung aus Bohnen und Quark, sollte man sich nicht entgehen lassen.

Sonstiges

Geld

Die **Punjab National Bank** in der Hospital Rd kann zwar kein Geld wechseln, gibt aber Bargeld auf American Express-Reiseschecks.

Informationen

Das ein wenig triste **Tourist Office**, ✆ 01899/224002, gehört zum Iravati-Komplex. 🕐 Mo–Sa 10–17 Uhr.

Internet

Internetzugang bietet **Mani Mahesh Travels**.

Feste in Chamba

Chambas alljährliches viertägiges **Suhi Mata Festival** Anfang April wird zu Ehren der Rani Sunena, Gattin des Raja Sahil Verma aus dem 10. Jh., abgehalten. Die Legende besagt, dass sich das Wasser eines Stroms in der Nähe von Chamba weigerte, durch den Kanal zu fließen, der es in die Stadt leiten sollte. Daraufhin eröffneten Brahmanen aus der Region dem Raja Verma, dass er entweder seinen Sohn oder seine Frau opfern müsse, um Abhilfe zu schaffen. Die selbstlose Königin nahm das Los auf sich. Sie wurde bei lebendigem Leib am Kanaleingang begraben, und das Wasser begann zu fließen. Bei dem Fest sind nur Frauen und Kinder zugelassen. Zuerst tanzen sie auf dem *chaugan*, später ziehen sie in einer Prozession mit dem Bildnis von Champavati (Rani Sunenas Tochter, nach der die Stadt benannt ist) und Bannern mit dem Sonnenemblem des Clans zum Suhi Mata-Tempel in den Bergen hinter der Stadt hoch.

Auch **Minjar**, ein einwöchiges Gesangs- und Tanzfest Anfang August zur Feier der Maisernte, ist ein Fest, das es nur in Chamba gibt. Seinen Höhepunkt erreicht es am letzten Tag der Festwoche. Dann veranstalten die Einheimischen, Gaddis und Gujjars, in traditionelle Gewänder gehüllt einen turbulenten Umzug, der sich vom Palast aus zum Flussufer hinabschlängelt, wo Maisbüschel ins Wasser geworfen werden. Vor der Unabhängigkeit war es üblich, einen Büffel in den Fluss zu treiben. Ertrank er, galt das als ein gutes Omen. Rettete er sich aber schwimmend ans andere Ufer, war im Laufe des Jahres noch Unheil zu erwarten.

Transport

Von Chamba fährt tgl. ein Bus nach DHARAMSALA (21.30 Uhr; 8–9 Std.) und zwei nach SHIMLA (4 und 17 Uhr; 15–16 Std.). Halbstündlich geht ein Bus nach BANIKHET, stdl. nach PATHANKOT (5 Std.) und 1x tgl. nach AMRITSAR (11 Uhr; 8 Std.).

Brahmour

Brahmour ist ein auf allen Seiten von hohen Schneegipfeln umgebenes Kleinstädtchen mit Giebeldachhäusern, Apfelbäumen und kleinen Maisfeldern. Die **Tempel**, deren geschwungene *shikharas* den großen, säuberlich asphaltierten zentralen Stadtplatz dominieren, sind sehenswerter und besser erhalten als ihre Nachbarn in Chamba. Die Tempeltüren werden nur morgens und abends zur *puja* aufgeschlossen. Bei der Gelegenheit lässt sich ein Blick auf die wuchtigen Bronzestatuen von Ganesh, Shiva und Parvati werfen. Sie stehen hier schon unverändert seit dem 7. und 8. Jh., als Brahmour die Hauptstadt der gesamten Bergregion ringsum war.

Zur Wallfahrt *(yatra)* im September sind alle Unterkünfte ausgebucht, aber sonst ist es kein Problem, in einem der Handvoll Gästehäuser ein **Zimmer** zu bekommen. Die beste Wahl sind das Divya Cottage, ✆ 01090/275033 ❷ – vielleicht die empfehlenswerteste Herberge in Brahmour – und das Shanti Guesthouse, ✆ 01090/225018 ❶, ganz in der Nähe. Bezüglich **Essen** ist die Auswahl gering; das Restaurant Chourasi ist einen Hauch besser als die Essenstände an der Hauptstraße zwischen Busbahnhof und Stadtplatz. Beim gut organisierten Mountaineering Institute gibt es **Trekkinginfos** für die Umgebung und einen Ausrüstungsverleih, und die Angestellten besorgen auch zuverlässige Guides und Träger.

Das Kullu-Tal

Das majestätische Kullu-Tal liegt eingebettet zwischen dem Pir Panjal im Norden, der Parvati-Kette im Osten und der Barabhangal-Kette im Westen. Hier zeigt sich Himachal von seiner idyllischsten Seite: tosende Flüsse, bezaubernde Bergdörfer, Obstgärten und terrassenförmige Felder, dichte Kiefernwälder und schneebedeckte Gebirgskämme.

In alten Hindu-Schriften als **Kulanthapitha** oder das „Ende der bewohnbaren Welt" erwähnt, erstreckt sich das Kullu-Tal von der Mündung der steilen und engen **Larji-Schlucht** in der Nähe von Mandi über 80 km nördlich bis zum Fuße des **Rohtang-Passes**, dem Tor nach Lahaul und Ladakh. Jahrhundertelang bildete das Tal einen wichtigen Handelskorridor zwischen Zentralasien und der Gangesebene, und die regionalen Herrscher, die zunächst in **Jagatsukh** und später in **Naggar** und Sultanpur, dem heutigen **Kullu**, ihren Sitz hatten, konnten aus dem Durchgangsverkehr beachtliche Profite ziehen. Durch dieses Handelsmonopol wurde das Kullu-Tal jedoch auch zum begehrten Ziel für Invasoren, und so mussten sich die Rajas von Kullu im 18. und 19. Jh. der Angriffe des Raja von Kangra und der Sikh erwehren, bis ihr Land schließlich 1847 von den Briten annektiert wurde.

In den darauf folgenden Jahren kamen britische Familien aus Shimla über den Jalori-Pass und nutzten das Hochgebirgsklima des Tals zum Anbau von **Äpfeln**, der neben dem **Cannabis**-Anbau die Hauptstütze der heutigen Landwirtschaft darstellt. Die erste Straße, 1927 zunächst für den Obstexport gebaut, bedeutete das Ende der Ruhe und Abgeschiedenheit, weshalb viele Siedler ihre Sachen packten und die Gegend verließen – schon lange vor Erlangung der Unabhängigkeit. In den 1950er- und 60er-Jahren nahm die Einwohnerzahl aufgrund des Zustroms **tibetischer Flüchtlinge** wieder zu.

Trotz der Veränderungen durch die Straßen, die Zuwanderung und den erst kürzlich aufgekommenen Massentourismus hat sich die Lebensweise des Kullu-Tals in unzähligen Dörfern aus Holz und Stein erhalten. Die *pahari* („Bergbewohner") genannten Einheimischen – hochkastige Thakurs mit Grundbesitz und ihre (niederkastigen) abgabepflichtigen Gutspächter – tragen wie eh und je die unverwechselbaren Kullu-typischen Kopfbedeckungen *(topi)*. Die Frauen tragen bunte Kopftücher und mit Silbernadeln und -ketten befestigte *puttoos*. Bei einem Ausflug zu den saftigen Wiesen oberhalb der Baumgrenze begegnet man auch nomadischen Gaddi-Schafhirten.

Die meisten Touristen fahren nach der zermürbenden Reise von Leh oder Delhi gleich weiter nach **Manali**, wo es neben einer Riesenauswahl an Hotels und Restaurants eine entspannte Atmosphäre und für jeden Geschmack etwas zu tun gibt. Nach wie vor ein beliebter Hippietreff,

KULLU-TAL

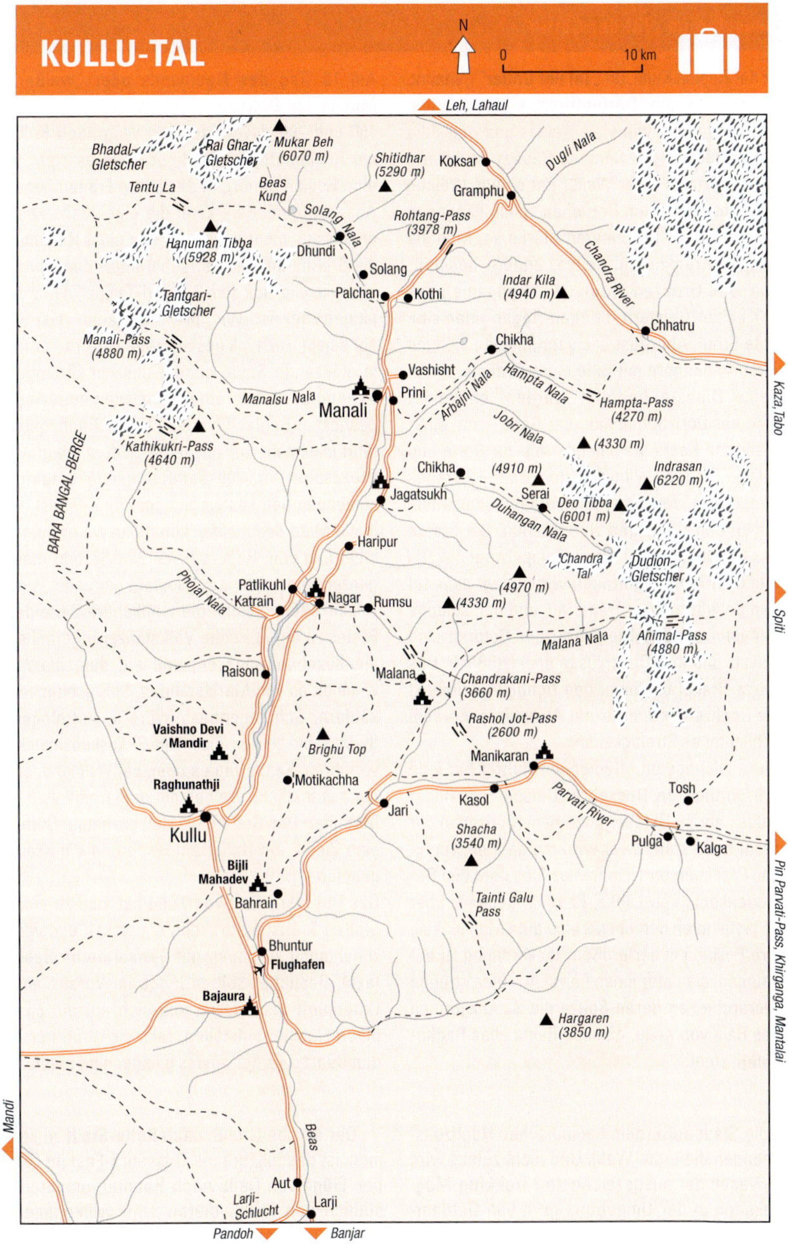

Himachal Pradesh

Dussehra im „Tal der Götter"

In der Region Kullu, oft **„Tal der Götter"** genannt, beherrscht die Dorfgottheit einfach alles. Niemand weiß, wie viele *devtas* und *devis* die Berge südlich des Rohtang-Passes bevölkern, aber praktisch jeder Weiler hat eine/n. Welche Rolle er oder sie im Dorfleben spielt, hängt von der jeweiligen besonderen Stärke ab. Manche können Krankheiten heilen, andere beschützen die Grenzen ihrer „Kirchengemeinde" vor bösen Geistern, bringen Regen oder eine gute Ernte. Aber fast alle verständigen sich mit ihren Anhängern mit Hilfe eines **Orakels**. Wenn seine Dienste benötigt werden, entkleidet sich der Dorf-Schamane, der **Gaur** – aus einer niedrigen Kaste stammend – bis zur Hüfte und fällt in Trance. Während des Trancezustands benutzt der *devta* die Stimme des Schamanen, um zu den Gläubigen zu sprechen. Die Statue der Gottheit, die auf einem Tempelwagen *(rath)* aus dem Tempel getragen wird, wiegt sich auf den Schultern ihrer Träger hin und her, solange der *gaur* spricht. Die Worte der Gottheit sind Gesetz und ihre Beschlüsse unumstößlich. Das *devta*-Orakel bestimmt den richtigen Zeitpunkt für Hochzeiten und für die Aussaat, außerdem schlichtet es Streitigkeiten.

Ihren wichtigsten öffentlichen Auftritt hat jede Dorfgottheit an **Dussehra**. Dieses Fest findet jedes Jahr im Oktober nach dem Monsun in der Stadt Kullu statt. Zwar wird mit dem einwöchigen Fest in erster Linie Ramas Sieg über den Dämonenkönig von Lanka, Ravana, gefeiert, aber es bietet auch den *devtas* eine gute Möglichkeit, ihre Position in der großen Hackordnung zu behaupten, die unter ihnen herrscht – eine strenge Hierarchie, an deren Spitze die Schutzgottheit des Raja von Kullu, nämlich Rama alias **Raghunathji**, steht.

Am 10. Tag des Neumonds oder „weißen" Monds im Oktober machen sich zwischen 150 und 200 *devtas* auf den Weg nach Kullu, um Raghunathji zu huldigen. Wie es sich für eine Region gehört, in der ältere Frauen hohes Ansehen genießen, kann die eigentliche Festprozession nicht beginnen, ehe nicht **Hadimba**, die Großmutter des Herrschergottes der königlichen Familie, aus dem Dunghri-Tempel in Manali eingetroffen ist. Wie ihre Untertanen reist sie auf einem kunstvoll geschnitzten hölzernen *rath,* in glänzende Seide gehüllt und mit Girlanden behangen unter einem verschwenderisch bestickten Baldachin oder *chhatri.* Raghunathji führt in seinem *rath* mit sechs Rädern die große **Prozession** an. 200 handverlesene Gläubige schleppen den Festwagen vom Rupi-Palast bis in die Mitte des *maidan* von Kullu, wo er aufgestellt und vom Raja, dessen Familie und einer ganzen Heerschar von Priestern umrundet wird. Anschließend kommt die weltlichere Seite des Festes zu ihrem Recht. **Volkstänzer** unterhalten die Zuschauermassen, und auf dem *maidan* wimmelt es von Marktständen, Süßigkeitenverkäufern, Schlangenbeschwörern, Astrologen, Sadhus und Leuten, die billige Zirkuskunststücke vorführen. Sechs Tage später, bei Vollmond, endet das festliche Treiben mit dem traditionellen **Blutopfer**: Den Göttern werden ein junger Büffel, eine Ziege, ein Hahn, ein Fisch und ein Krebs geopfert.

Das Dussehra-Fest von Kullu hat sich zu einer großen Touristenattraktion entwickelt und wird zunehmend zu einem gut vermarkteten Spektakel. Besucher sollten lange im Voraus eine Unterkunft reservieren und sich auf ein paar blaue Flecken einstellen, falls sie auch nur in den Dunstkreis der *devtas* gelangen möchten.

ist die Stadt außerdem bei indischen Hochzeitsreisenden die erste Wahl. Und nicht zuletzt wird sie wegen der ausgezeichneten **Trekking**-Möglichkeiten in der Umgebung gern von Outdoor-Enthusiasten besucht.

Der einzige Grund, nach **Kullu-Stadt** zu kommen, ist das alljährliche Dussehra-Fest im Oktober. **Flüge** von Delhi nach Bhuntur, unmittelbar südlich von Kullu, bieten eine willkommene, wenn auch wetterabhängige Alternative zu den langen nächtlichen Busfahrten. Weiter nördlich bieten das Schloss, die antiken Tempel und netten Gästehäuser von **Naggar** eine angenehme Abwechslung zum Betonstadtbild des modernen Manali, ebenso die heiligen heißen Quellen von **Manikaran** im fantastischen **Parvati-Tal**.

Kullu

Kullu, das seit Mitte des 17. Jhs. die Hauptstadt des Tals war, wurde nach Erlangung der Unabhängigkeit zum Sitz der Distriktverwaltung. Obwohl es das Handelszentrum und der wichtigste **Verkehrsknotenpunkt** der Region ist, spielt es als Touristenzentrum nur eine untergeordnete Rolle neben dem 40 km nördlich gelegenen Manali. Kullu ist laut, verschmutzt und meilenweit entfernt von den ruhigen Dörfchen hoch oben in den umgebenden Bergen. Auch eine neue Umgehungsstraße, die einen Teil des Verkehrs vom Zentrum wegführt, brachte wenig Erleichterung. Kullu ist ein günstiger Ort, um ein Verkehrsmittel für die Weiterfahrt ins Parvati-Tal zu nehmen, und im Umkreis der Stadt findet man einige **Tempel**, von denen sich wunderschöne Ausblicke aufs Tal eröffnen. Im Oktober, wenn die Talbewohner herbeiströmen, um **Dussehra** zu feiern, erhält die Stadt ein völlig anderes Gesicht.

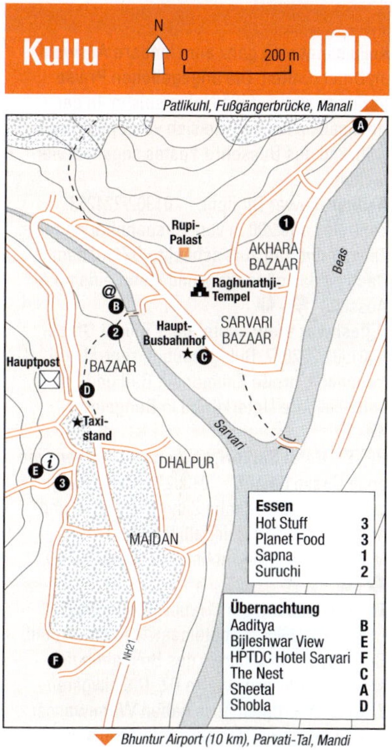

Die Tempel

Der berühmteste Tempel von Kullu, **Raghunathji Mandir**, beherbergt eine heilige Statue von Raghunathji, einer Erscheinungsform von Rama, die Mitte des 17. Jhs. von Raja Jagat Singh nach Kullu gebracht wurde. Der Tempel liegt hinter dem **Rupi-Palast** der Rajas von Kullu oberhalb der Bushaltestelle versteckt. Spaziert man etwa eine halbe Stunde weiter aufwärts, führt der gepflasterte Weg vorbei am Städtchen Sultanpur bis zu einem hohen Kamm, von dem sich ein grandioser Blick über den Beas-Fluss bis zu den schneebedeckten Gipfeln im Osten bietet. Der kleine Höhlentempel **Vaishno Devi Mandir**, der ein Abbild der Göttin Kali (Durga) beherbergt, liegt anstrengende 3 km weiter entfernt.

Ein weiterer bedeutender Tempel, der **Bijli Mahadev Mandir**, befindet sich 8 km südöstlich der Stadt auf dem Steilhang über dem heiligen Zusammenfluss des Beas und des Parvati. Man nähert sich dem Tempel über die Hängebrücke von Akhara Bazaar nach Tapu und läuft einen gut ausgetretenen Pfad nach Süden entlang des Beas. Bijli Mahadev ist für seinen außergewöhnlichen **Lingam** berühmt. Blitzschläge, die über den 20 m hohen Mast mit einem Dreizack an der Spitze in das Heiligtum geleitet werden, sollen die Ikone in regelmäßigen Abständen zerstören, die sich später dann mit Hilfe der Bittgebete des hiesigen *pujari* wie durch ein Wunder wiederherstellt. Vom Tempel bietet sich ein wunderbares Panorama des Parvati- und Kullu-Tals sowie der höchsten Berge von Himachal. Wer über Nacht bleiben möchte, findet eine einfache **Unterkunft** mit Kaltwasser und ohne Toiletten im Rasthaus des Tempels (Spende erbeten). Am folgenden Tag kann man ins Parvati-Tal hinabwandern.

Übernachtung und Essen

Kullu bietet eine ganz annehmbare Auswahl an Unterkünften. Die angegebenen Preise beziehen sich auf die Nebensaison. In der Hochsaison können sie sich verdoppeln und während des Dussehra-Festes sogar vervierfachen.

Aaditya, Lower Dhalpur, ✆ 01902/224263. Zentrale Lage 200 m vom Busbahnhof entfernt. Zimmer mit Bad; das schlichte DZ auf dem Dach ist das günstigste und bietet eine tolle Aussicht. ❷–❹

Bijleshwar View, hinter dem Tourist Office, ✆ 01902/222677. Ruhig, sauber, zentral und freundlich; große Zimmer mit Bad und Kamin, auch billigere Unterkünfte in Bungalows. ❷–❸

HPTDC Hotel Sarvari, südlich des *maidan* eine enge Gasse hinauf, ✆ 01902/222471. Ruhige Lage, unterschiedliche Zimmer im alten und neuen Trakt. Schöner Talblick, Ayurveda-Massage, Restaurant und Bar. Dorm Rs100. ❹–❻

The Nest, neben dem Haupt-Busbahnhof, ✆ 01902/222685, ✉ hotelnest@rediffmail.com. Beste Wahl im Umkreis des Busbahnhofs; saubere, sehr preiswerte DZ. Die billigsten Zimmer im Erdgeschoss haben Warmwasser aus Eimern; zwei der etwas teureren Zimmer im Obergeschoss besitzen ein eigenes Bad. Keine saisonal bedingten Preisänderungen. ❶–❷

Sheetal, Akhara Bazaar, ✆ 01902/224548. Nettes kleines Gästehaus, Zimmer mit Blick über den Fluss. Sehr gutes Preis-Leistungs-Verhältnis. ❷

Shobla, Dhalpur, ✆ 01902/222800. Das Tophotel von Kullu wurde kürzlich umfassend renoviert. Große Zimmer, gutes Restaurant mit gemischtem Speisenangebot und Rasenflächen zum Ausspannen. ❹–❼

Die besten Lokale, abgesehen von den Hotelrestaurants, sind **Planet Food** und **Hot Stuff**, zwei Restaurants mit ähnlichen Preisen auf ihren gemischten Speisekarten, unweit des Tourismusbüros. **Sapna**, ein preiswerter Süßwarenladen im Akhara Bazaar, serviert auch südindische Gerichte, ebenso **Suruchi** an der Stadtseite der Fußgängerbrücke.

Sonstiges

Informationen

Das **Tourist Office** der HPTDC, ✆ 01902/222349, liegt an der Westseite des Dhalpur Maidan. ⏲ tgl. 10–18, April–Juni bis 20 Uhr.

Im **District Commissioner's Office**, ✆ 01902/222727, kann man Inner Line Permits (S. 518) für Sperrgebiete in Spiti und dem oberen Kinnaur beantragen. ⏲ Mo–Sa 10–17 Uhr, am 2. Sa im Monat geschlossen.

Internet

Das am günstigsten gelegene Internetcafé befindet sich neben dem Hotel Aaditya.

Transport

Busse

Alle Fernbusse halten am **Haupt-Busbahnhof** am Sarvari Bazaar am Nordufer des Sarvari River, der von Westen durch die Stadt fließt. Örtliche Busse Richtung Norden halten auch am oberen Ende des Dhalpur, unweit der meisten Hotels und Restaurants. Im **Tourist Office** kann man Tickets für die Deluxe-Busse der HPTDC nach DELHI, SHIMLA und CHANDIGARH buchen.

Reisende nach NAGGAR nehmen einen der vielen Busse Richtung Manali, die auf der Hauptstraße in Richtung Norden an der Westseite des Tals entlangfahren, und steigen in Patlikuhl aus. Von dort nimmt man für die restlichen 6 km ein Sammeltaxi oder einen örtlichen Bus. Es gibt auch direkte Busverbindungen über Naggar nach MANALI. Diese Verbindung (etwa stdl.) ist langsamer, aber landschaftlich sehr viel reizvoller.

Flüge

Flüge nach Kullu von Delhi und Shimla landen in Bhuntur, 30 Min. Busfahrt südlich von Kullu. Taxis zum Flughafen (Rs200) sollten im **Union Office**, ✆ 01902/222322, in der Hauptstraße in der Nähe des Tourist Office gebucht werden. Für Flüge mit Indian Airlines, Kingfisher und MDLR ist **Ambassador Travels**, ✆ 01902/225286, im LAC-Building gegenüber dem Dhalpur Maidan zuständig. Jagsons ist die günstigere Wahl und berechnet für den einfachen Flug knapp US$100.

Das Parvati-Tal

Gigantische Berggipfel umgeben das längste Nebental des Kullu-Tals – das Parvati-Tal, das sich von den Gletschern und Schneefeldern an der Grenze zu Spiti westwärts bis zum Beas bei Bhuntar windet. Inmitten grüner Terrassen und uralter Kiefernwälder schmiegen sich malerische Dörfer an die Hänge. Zwar wurde die Landschaft um **Jari** durch das unschöne **Malana-Wasserkraftwerk** schwer in Mitleidenschaft gezogen, doch geben sich die Verantwortlichen alle Mühe, die Stelle zumindest zu kaschieren. Das Tal zieht eine seltsam anmutende Mischung von Besuchern an, bestehend aus westlichen Hippies (darunter zahlreiche Israelis) und Sikh-Pilgern auf dem Weg zum *gurudwara* in **Manikaran**, 32 km nordöstlich des Zusammenflusses von Beas und Parvati. Diese uralte religiöse Stätte, die sowohl Hindus als auch Sikhs heilig ist, liegt auf dem Grunde einer düsteren Schlucht und ist berühmt für ihre **heißen Quellen**, die aus dem steinigen Boden hervorsprudeln.

Um die Landschaft am Parvati in ihrer märchenhaften Schönheit richtig genießen zu können, muss man **wandern**. Zwei beliebte Routen bahnen sich ihren Weg talaufwärts: Die eine führt vom faszinierenden Bergdorf **Malana** (s. Kasten S. 507) nach Norden über den Chandrakhani-Pass nach Naggar. Die andere folgt dem Lauf des Parvati gen Osten nach **Khirganga**, einer weiteren heiligen heißen Quelle und einem beliebten Aufenthaltsort für Sadhus. Von dort geht der Weg weiter nach **Mantalai** mit seinem Shiva-Schrein und weiter über den eindrucksvollen Pin-Parvati-Pass in 5400 m Höhe bis nach **Spiti**. Dieses nicht zu unterschätzende Schneefeld wird von Gletscherspalten durchzogen und seine Überquerung nimmt mehrere Stunden in Anspruch. Ein Führer ist absolut unverzichtbar (s. Kasten).

Jari, Mateura und Kasol

Die Ortschaft **Jari,** 15 km von Bhuntur entfernt, erstreckt sich beiderseits der Hauptstraße und am Südhang des Parvati-Tals. Sie blickt hinüber ins steile Manala-Tal im Norden und auf die schneebestäubten Spitzen der Baranagh-Kette am östlichen Horizont. Ebenso wie viele ihrer Artgenossen beherbergt die armselige Siedlung eine kleine Durchgangspopulation bekiffter Westler, die sich vom erstklassigen *charas* angezogen fühlen. Zwei einfache, freundliche **Unterkünfte** sind das Dharma Guest House, ✆ 01902/276059 ❶, am Hang über dem Busbahnhof, und das sauberere Om Shiva, ✆ 01902/276202 ❶–❷, am Dorfeingang links. Das beste Essen gibt es im Restaurant Deepak am Busbahnhof. Wer eine Abkürzung nach **Malana** (s. Kasten) nehmen möchte, kann ein Fahrzeug hoch zum Wasserkraftwerk Malana mieten, von dort sind es nur noch 4 km Fußweg bis ins Dorf.

Knapp zehn Minuten zu Fuß vom Busbahnhof liegt oben am Hang das unberührte Dörfchen **Mateura** mit atemberaubender Aussicht auf die Parvati Range. In Mateura steht der kleine, aber bedeutsame Kali Anagha-Tempel. Das Vil-

Verschwunden im Parvati-Tal

Innerhalb eines guten Jahrzehnts sind im Parvati-Tal mindestens 20 Reisende auf mysteriöse Weise spurlos verschwunden. Die meisten sind nie wieder aufgetaucht; so auch der Israeli, dessen Fall im Juli 2009 durch die Presse ging. Es gibt verschiedene Theorien zur Erklärung, von drogenbedingten Unfällen auf den tückischen Bergpfaden über Angriffe von Bären und Wölfen bis hin zu Machenschaften der zahlreichen Cannabispflanzer der Gegend. Sogar von der Teilnahme der Verschwundenen an geheimen Kulten hoch oben in den Bergen war die Rede.

Es weist jedoch alles auf Raubüberfälle aus purer Habgier hin, wobei die wilden Wasser des Parvati wohl zur Beseitigung der Leichen dienten. Alleinreisende sollten den Rat beherzigen und **Treks durch die Berge nur mit anerkannten Führern** unternehmen. Alleingänge sind tunlichst zu unterlassen – nicht einmal die relativ einfache Route über den Chandrakhani-Pass zwischen Naggar und Malana und die unkomplizierte Strecke zu den heißen Quellen bei Khirganga. Es gibt mehrere Trekkingagenturen in Kullu und Manali, die seriöse Führer vermitteln können.

lage Guest House, ✆ 01902/276070 ❷, ist ein traditionelles Haus mit Holzbalkon. Es liegt in einem wunderschönen Garten, hat makellose Zimmer mit Satelliten-TV und ist das ganze Jahr über gut besucht. Von der Dachterrasse des benachbarten Rooftop Restaurant & Guest House, ✆ 01902/275434 ❶, lässt sich das ganze Dorf überblicken.

Hinter Jari schlängelt sich die Straße hinab ins Tal des reißenden, grau-grünen Parvati. Sie erreicht ihn bei **Kasol**, einem malerischen, von Wald umgebenen Dorf, durch das ein Gebirgsfluss rauscht. Es liegt nur 4,5 km von Manikaran entfernt, ein gemütlicher Spaziergang auf einem Waldweg. Kasol ist bei Insidern zu Berühmtheit gelangt – hier hat sich eine große Gemeinde *charas*-rauchender Traveller angesiedelt, zumeist Israelis, was dem Ort bei den Einheimischen den Spitznamen „Klein-Israel" eingetragen hat. Auch der eine oder andere Wanderer auf dem Weg zum oder vom Rashol Jot-Pass (2440 m) kommt hier durch. Diese harte Tagesklettertour, die an der Nordwand des Tals hochführt, stellt eine Alternativstrecke nach Malana und zur Chandrakhani-Route ins Kullu-Tal dar. Bei Swagtam Tourism in Kasol kann man **Geld wechseln** und bekommt gegen 3 % Gebühr auch Bargeld auf Kreditkarte.

Das **Übernachtungsangebot** reicht von spartanischen Zimmern in Dorfhäusern und schlichten Herbergen bis zu Hotels wie dem Deep Forest, ✆ 01902/273048 ❷, oben am Berg direkt hinter der Brücke, oder dem nobleren Hotel Sandhya Kasol, ✆ 01902/273745 ❸–❺. Es liegt 300 m außerhalb vom Dorf, besitzt gut ausgestattete Zimmer, und in der Nebensaison gehen die Preise um bis zu 70 % runter. Das beste Preis-Leistungs-Verhältnis bietet das zweistöckige Alpine Guest House, ✆ 01902/273710, 💻 www.alpineguesthouse.net ❷–❸. Es steht auf einem baumbestandenen Grundstück am Fluss und hat geräumige Zimmer.

In Kasol gibt es viele billige **Travellercafés**. Das große Plus des Moondance Restaurant and Bakery in der Nähe der Brücke ist seine Lage, es blickt nämlich direkt auf den schmucken Sasi Palace am anderen Ufer. Im Dorf, an der Bhuntur zugewandten Seite, werden im Little Italy Spaghetti und andere westliche Gerichte gekocht und auf der gut besuchten Terrasse serviert. Und im Tushar Tea Stall lassen Sadhus und westliche Hippies *charas* herumgehen.

Manikaran und Umgebung

Die unweit von Kasol aus dem felsigen Flussufer aufsteigenden Dampfwolken kündigen die Hauptattraktion des Parvati-Tals an. In der Hindu-Mythologie ist Manikaran als der Ort benannt, wo der Schlangenkönig Shesha die Ohrringe *(manikara)* von Parvati stahl, während sie und ihr Gemahl Shiva im Fluss badeten. Als die Schlange von den Göttern ins Kreuzverhör genommen wurde, prustete sie wütend die Ohrringe aus ihrer Nase heraus. Seither kommt hier heißes Wasser aus der Erde. Verehrt wird der Ort auch von den Sikh, die über der Quelle ein riesiges *gurudwara* aus Beton errichtet haben.

Manikaran liegt am Grund einer gewaltigen, steil abfallenden Schlucht und ist ein feuchter, dunkler und beengter Ort, an dem man nicht unbedingt mehr als eine Nacht verbringen möchte. Das Leben spielt sich hauptsächlich um die Quellen herum ab, die man auf der Straße von der Fußgängerbrücke aus durch das Dorf erreicht. Unterwegs sollte man den kunstvoll gemeißelten **Rama-Tempel** gleich hinter dem Hauptplatz beachten und die Pfannen mit Reis und *dhal*, die in den dampfenden Becken auf den Wegen kochen. Unten am **Shiva-Schrein** neben dem Fluss sitzen halbnackte **Sadhus** im siedenden Wasser und rauchen Chillums. Die Sikh-Pilger unterdessen gehen zum nahe gelegenen **Gurudwara**, wo sie ein kurzes, reinigendes Bad in dem unterirdischen Becken nehmen und ein Dampfbad in den heißen Höhlen, bevor sie sich oben versammeln, um den musikalischen Rezitationen aus dem heiligen Buch der Sikh, *Guru Granth Sahib,* zu lauschen. Bei einem Besuch sind Arme, Beine und Kopf zu bedecken, Tabakkonsum ist im gesamten Komplex verboten.

Übernachtung und Essen

Außer im Mai und Juni, wenn Urlauber aus dem Punjab nach Manikaran strömen, gibt es genügend preiswerte Unterkünfte. Die meisten der hier aufgelisteten Hotels verfügen über Whirlpools, allerdings verursacht der Dampf unangenehme Feuchtigkeit und Stockflecken in vielen der Räume.

Hotel Shivalik, ✆ 01902/273817, an der Hauptstraße bei der Abzweigung zum Busbahnhof, hat große Zimmer, TV und Balkone mit Flussblick. ❷–❹

Country Charm, am Busbahnhof, ✆ 01902/ 273703, ist ein ziemlich mitgenommenes Hotel mit kitschigen Zimmern und einem heißen Becken. Überwiegend von Einheimischen besucht. ❸

Jenseits der Fußgängerbrücke liegen zahlreiche billige Gästehäuser und begehrte, oft überfüllte Tempel-Dorms. Das beste der Gästehäuser ist das **Fateh Guest House**, ✆ 01902/ 273767, dessen Zimmer alle über wame Duschen und TV verfügen. ❶

Sharma Guest House, ✆ 01902/273742, am entlegenen Ende des Basars, ist die bessere der beiden Unterkünfte beim *gurudwara*. Allerdings hat es nur Gemeinschaftsbäder. ❶

Manikaran ist streng vegetarisch. Das beste Restaurant ist **Holy Palace**, in der Hauptstraße zwischen dem Rama-Tempel und dem *gurudwara*. Das gute *dhaba* **Veerda Janta** in einer Ecke des Busbahnhofs hat leckeres, gut gewürztes indisches Essen. Für *chai* und Snacks ist das **Sharma Sweets**, nahe dem Rama-Tempel, zu empfehlen.

Transport

Mindestens 1x stdl. verkehren **Busse** von BHUNTUR nach Manikaran (1 1/2 Std.).

Der letzte Bus zurück nach KULLU über Bhuntur fährt gegen 18 Uhr.

Es ist auch möglich, ein Maruti-**Taxi** zu mieten.

Naggar

Das landschaftlich reizvollste und am einfachsten zugängliche Gebirgsdorf zwischen Kullu und Manali ist das 6 km von der Hauptkreuzung bei Patlikuhl entfernte Naggar, das sich über grüne, terrassenförmig ansteigende Hänge erstreckt. Einst war diese Ansammlung von Häusern um ein altes Schloss die Hauptstadt der Region, ehe die einheimischen Rajas Mitte des 19. Jhs. ihre Zelte abbrachen und nach Kullu zogen. Etwa 100 Jahre später kamen dann die ersten europäischen Siedler.

Die antiken Tempel des Dorfes, seine ruhige Lage und entspannte Atmosphäre laden zum Verweilen ein. Auf zahlreichen Bergpfaden, die zu entlegeneren Ortschaften hochführen, lassen sich herrliche Wanderungen unternehmen.

Naggars Sehenswürdigkeiten und Unterkünfte befinden sich ein gutes Stück oberhalb des kleinen Basars, wo die Busse ankommen. Wer über ein eigenes Fahrzeug verfügt, kann bis zur Roerich-Galerie am oberen Ende des Ortes hochfahren.

Das Schloss

Seit es um 1700 von Raja Sidh Singh errichtet wurde, hat das zentrale Schloss von Naggar auf seinem Steilhang als Palast, koloniales Herrenhaus, Gerichtsgebäude und Schule gedient. Heute ist es ein vom Staat Himachal betriebenes Hotel, doch auch Nicht-Gäste können sich hier für Rs15 umsehen und die Aussicht von den Balkonen genießen. Im traditionellen, „erdbebensicheren" *pahari*-Stil aus Zedernholz und Stein erbaut, verfügt das Castle über einen zentralen Innenhof, einen kleinen Schrein sowie einen Kunsthandwerksladen im Erdgeschoss. Die gestaltlose Gottheit des **Jagti Patt-Tempels**, eine mit Rosenblättern und Rupien-Noten bestreute dreieckige Felsplatte, soll aus ihrer Heimat auf dem Gipfel des Deo Tibba von einem Schwarm wilder Bienen – die getarnten *devtas* des Tals – hierher getragen worden sein.

Die Nicholas Roerich-Galerie

Am oberen Rand des Dorfes thront die **Nicholas Roerich-Galerie**, 💻 www.roerichtrust.org, mit einer Ausstellung von Gemälden und Fotografien zum Andenken an ihren früheren Besitzer, den russischen Künstler, Schriftsteller, Philosophen, Archäologen, Forscher und Mystiker. Roerichs stimmungsvolle Landschaftsmalereien und esoterischen Philosophien – eine geheimnisvolle Mischung aus östlichem Mystizismus und humanistischem Idealismus des Fin de Siècle – inspirierten zu Beginn des 20. Jhs. eine kultähnliche Anhängerschaft in Frankreich und den Vereinigten Staaten. Die Spenden seiner Verehrer versetzten Roerich in die Lage, seiner großen

Leidenschaft nachzugehen: den Himalaya zu bereisen. 1929 setzte er sich in Naggar zur Ruhe, wo er 18 Jahre später starb. ⌚ Di–So: Mai–Aug 10–13 und 13.30–18 Uhr; Sep–März 10–13 und 13.30–17 Uhr, Eintritt Rs30, Fotoerlaubnis Rs25, Video Rs60.

Folgt man dem Weg oberhalb der Straße weiter aufwärts durch den Wald, so gelangt man nach etwa 100 m zum **Urusvati-Himalayan Folk Art Museum** (Eintrittskarte auch hier gültig). Das Museum wurde 1928 von Roerichs Frau gegründet und stellt eine Sammlung einheimischer Volkskunst und Gebräuche aus, daneben Gemälde von Roerich, einige Werke seiner russischen Anhänger und russische Volkskunst.

Die Tempel

Der größte und charakteristischste unter Naggars alten Hindu-Tempeln und -Schreinen ist der im Pagodenstil ganz aus Holz erbaute **Tripuri Sundri** in einer kleinen Anlage am oberen Ende des Dorfes, gleich unterhalb der Straße zur Roerich-Galerie. Ebenso wie der Dunghri-Tempel in Manali krönt ihn ein dreistufiges Dach, wobei das oberste rund ist. Sein *devta* steht im Mittelpunkt des alljährlichen *mela* (Mitte Mai), wenn die Gottheiten aus den umliegenden Dörfern in einem Umzug hergebracht werden, um ihm die Ehre zu erweisen.

Zehn Gehminuten bergan – die Steintreppen hinauf, die von der Straße nach rechts führen – liegt eine Lichtung, von wo aus der alte **Murlidhar** (Krishna) **Mandir** aus Stein auf Naggar herabschaut und sich eine bildschöne Aussicht über das Tal bis zu den verschneiten Gipfeln von Solang und zum Rohtang-Pass bietet. Das Heiligtum wurde auf den Ruinen der uralten Stadt Thawa erbaut und liegt in einem großen Innenhof. Nicht-Hindus ist der Zutritt strengstens verboten.

Schließlich sollte man in der Nähe der Bushaltestelle am unteren Teil des Dorfes einen Blick auf die kunstvoll gemeißelten Stein-*shi-kharas* des **Gaurishankar Mandir** werfen. Dieser Shiva-Tempel, der zu den ältesten seiner Art hier im Tal gehört, steht in einem gepflasterten Hof unterhalb des Schlosses. Besucher sollten vor dem Betreten die Schuhe ausziehen.

Übernachtung

Alliance Guest House, zwischen Dorf und Roerich-Galerie, ☎ 01902/248263, ✉ voyage alliance@yahoo.co.in. Beliebtes Gästehaus mit einfachen, sauberen Zimmern, einer Ferienwohnung für Selbstversorger (Rs1500), einer kleinen Leihbücherei und freundlicher Familienatmosphäre. ❶–❸

Chanderlok Guest House, im angrenzenden Dorf Chanalti direkt unterhalb von Naggar, ☎ 01902/ 248213. Einfaches Gästehaus in ruhiger Lage. Zimmer mit Bad und ein koreanisches Restaurant. ❶–❷

HPTDC Hotel Castle, ☎ 01902/248316, reizvolles Haus mit gut ausgestatteten DZ mit Bad (teils mit herrlicher Aussicht von den weitläufigen Holzbalkons) und Schlafsaalbetten (Rs100). Rechtzeitige Buchung bei einem HPTDC Tourist Office sichert eines der teureren Zimmer im Westflügel. ❺–❼

Karbo Shin Guesthouse, Ghourdor Village, ☎ 01902/248342, ✉ awhitecloud46@hotmail.com. Gästehaus mit holländischem Besitzer, 4 Zimmern, einem Gemeinschaftsbad mit Dusche und Warmwasser, ausgezeichneter Verpflegung und herrlichen Ausblicken. Hier werden auch längere und kürzere Treks organisiert. Zu erreichen auf der Waldstraße von Naggar zum Bijli Mahadev-Tempel; das Guesthouse liegt am Fuß des von der Straße her ausgewiesenen Pfades (10–15 Min.). ❶

Sheetal Hotel, ☎ 01902/248250, ✉ sheetal_hotel_naggar@yahoo.com, besser als das nahegelegene Castle: bietet preiswertere Zimmer mit vergleichbarem Standard, hat Balkone, ein Dachrestaurant und deutlich

Gemütliche Bleibe*

Poonam Mountain Lodge, unterhalb des Schlosses, ☎ 01902/248248, 💻 www.poonamlodge.com. Gemütliche DZ, drei davon mit Kamin für Aufenthalt im Winter, Internetzugang, hübsche Freiterrasse und ein gutes vegetarisches Restaurant mit lokalen Spezialitäten wie rotem Reis. Außerordentlich freundlicher und kenntnisreicher Besitzer. ❶–❷ reduzierte Nebensaisonpreise. Betreibt auch noch ein paar Cottages in der Nähe. ❷–❹

Essen

Im Restaurant **Ragini Hotel Rooftop** neben dem Sheetal Guest House wird gutes Essen serviert, inkl. gegrillter Forelle. Forelle gibt's auch im **Zenith Café**, kurz vor der Roerich Gallery. Die traumhafte Aussicht hält, was der Name verspricht, und auch das tibetische Essen ist top. Das **La Purezza** im Dorf hat hervorragende italienische Küche und Forellen-Spezialitäten. Sie werden entweder in einem Kellerraum oder auf der wesentlich ansprechenderen Dachterrasse serviert.

Touren

Wer an Trekking in der Umgebung von Naggar interessiert ist, sollte unbedingt einen Fremdenführer anheuern, insbesondere für die Überquerung des Chandrakani-Passes nach Malana (S. 507). **Himalayan Mountain Treks**, in der Poonam Mountain Lodge (s. Kasten), stellt Ausrüstung zur Verfügung, vermittelt Träger und Führer und kann Jeep-Touren nach Lahaul und Spiti organisieren. Es ist nicht schwierig, auch ohne Vermittlung einheimische Führer zu finden, aber man sollte sich dann unbedingt vergewissern, dass sie seriös sind.

Transport

Naggar liegt genau in der Mitte (je 21 km entfernt) zwischen KULLU und MANALI und wird von Bussen aus beiden Richtungen angefahren. Die Direktverbindungen, über die Ostseite des Tals sind langsamer (von Manali oder Kullu je 1 1/2 Std.), aber landschaftlich reizvoller und unkomplizierter als die häufigeren Verbindungen auf dem großen Highway gegenüber auf der Westseite. Letztere machen in PATLIKUHL (6 km von Naggar) Halt, von wo aus Taxis, Motor-Rikschas und stündlich verkehrende Busse den Beas überqueren und nach Naggar hoch fahren. Wer bei Tageslicht ankommt und kein schweres Gepäck hat, kann von Patlikuhl aus auch zu Fuß auf dem alten Maultierpfad entlangwandern (mindestens 1 Std.).

Manali und Umgebung

Das touristische Zentrum von Himachal Pradesh ist Manali am Eingang des Kullu-Tals, 108 km nördlich von Mandi. Obwohl es im Herzen der höchsten Gebirgskette der Region liegt, ist es vom Tiefland aus über die Straße leicht erreichbar. Von Delhi dauert die Anreise 16 Stunden per Bus oder eine Flugstunde und eine kurze Fahrt auf der Straße – und schon blickt der Besucher von der Hotelveranda über die Apfelgärten und dichten Kiefernwälder auf die Schneefelder von Solang Nala, die nur einen verlockenden Steinwurf entfernt in nördlicher Richtung glitzern. Sie bringen Manali zunehmend mehr Popularität bei den einheimischen Touristen (5 Mio. pro Jahr) und die bunte Mischung aus Flitterwöchnern, Urlaubern, Hippies, Trekking-Touristen und Händlern wird immer größer.

Das Manali, das in den 70er-Jahren die Travellerszene anzog, gibt es nicht mehr, obwohl die majestätische Berglandschaft, die Thermalquellen und das hochwertige *charas* nichts von ihrem Reiz verloren haben. **Old Manali** hat sich etwas von seinem Flair bewahrt und das Dorf **Vashisht** auf der anderen Seite des Tals, in dem immer mehr Gästehäuser und Cafés eröffnen, ist ein beliebter Ort zum Ausspannen geworden. Für jene, die sich in die Berge vorwagen wollen, ist Manali eine ideale **Trekking-Basis** sowohl für kurze Touren als auch für schwierige Expeditionen; unzählige Agenturen können bei der Zusammenstellung der nötigen Ausrüstung behilflich sein. Die ruhigen Hotels am Rande von Manali und Dutzende geselliger Cafés und Restaurants um den **Basar** mit gutem Angebot eignen sich wunderbar zur Erholung von den Härten der Bergtouren. Mehr Informationen zu Treks um Manali und im Kullu-Tal auf S. 506/507.

Die Stadt

Die am Busbahnhof beginnende Hauptstraße **The Mall** ist, anders als ihre Namensvetterin in Shimla, laut und von geschäftigem Treiben erfüllt. Hier finden sich vor dem Busbahnhof mehrere Märkte, Reisebüros, Hotels und Restaurants. Es ist ein wunderbarer Ort, um das Treiben zu beobachten – Einheimische mit traditionellen Kopfbedeckungen, tibetische Frauen in makellosen, regenbogenfarbig gestreiften Schürzen, Träger aus Nepal, buddhistische Mönche, in wollene *gonchas* gehüllte Zanskaris, indische Touristen auf Souvenirjagd und westliche Besucher.

Manalis Zeiten als authentischer *pahari*-Basar waren vorbei, als die Tata-Trucks an die Stelle der Maultierkarawanen traten, aber zum Einkaufen von Souvenirs ist es immer noch bestens geeignet. Wollsachen sind hier die absoluten Favoriten, besonders die leuchtend gemusterten **Wolltücher**, für die das Kullu-Tal berühmt ist. Echte handgewebte Tücher aus reiner Wolle mit gestickten Borten fangen bei etwa Rs500 an, jene aus feinster Pashmina-Wolle kosten dagegen mehrere tausend Rupien. Also erst einmal umsehen und die Festpreise im Fabrikverkauf checken, um einen Überblick über das Angebot zu bekommen. Das von der Regierung unterstützte Unternehmen **Bhutico** in der Mall gegenüber dem Tourist Office, der **Bodh Shawl Factory Shop** neben der Mall südlich des Busbahnhofs und **The Great Hadimba Shop & Factory** neben dem Manu-Tempel in Old Manali sind zu empfehlen. Auch das NSC (New Shopping Centre) in der Nähe vom Busbahnhof hat ein gutes Sortiment.

Ansonsten gibt es auf dem **Basar** jede Menge Stände mit handgewebten Waren und topis aus Kullu. Die leuchtend bunten Exemplare mit den hochgeschlagenen Krempen und goldenen Kordeln sind typisch für das Tal, aber es gibt auch einfarbig grüne mit Samt an der Vorderseite, die vor allem bei den Kinnauri beliebt sind.

Zu den weiteren Spezialitäten von Manali gehören **tibetisches Kunsthandwerk** wie Gebetsmühlen, Amulette, *dorjees* (Donnerkeile), Masken und Musikinstrumente. Nur wenige der als Antiquitäten angebotenen Sachen sind echt, aber es braucht einen Fachmann, um die Fälschungen zu erkennen. Dasselbe gilt für **Schmuck** aus Silber mit Intarsien aus Türkisen und Korallen, der auf jeden Fall schön und relativ preiswert ist.

Der Hadimba-Tempel

15 Gehminuten nordwestlich des Basars steht auf einer großen steinernen Plattform der **Hadimba-Tempel**, Manalis ältester Schrein und Sitz von Hadimba (auch „Hirma Devi"), der Gemahlin von Bhima. In Zeiten des Unglücks betet man zu Hadimba, die als Inkarnation von Kali gilt und auch eine Schlüsselrolle beim Dussehra-Fest spielt. Hadimba soll den Vorfahren der Rajas von Kullu das gleichnamige Königreich übergeben haben, und so blickt die Familie noch heute voller Verehrung und Zuneigung auf die „Großmutter".

Der riesige dreistöckige Pagodentempel aus Holz, oben mit purpurnen Wimpeln, Kugel und Dreizack (Shivas *trishula*) aus Messing geschmückt, stammt aus dem Jahre 1553 und ist eine Kopie früherer Tempel, die immer wieder von Waldbränden zerstört wurden. Seine Fassade ist mit herrlichen Holzschnitzereien von Elefanten, Krokodilen und Volksgottheiten verziert.

In den düsteren Schrein gelangt man durch eine Tür, über der Steinbockhörner angebracht sind. Der Innenraum wird durch mehrere große Felsblöcke beherrscht, von denen einer den Stein schützt, auf dem bei bedeutenden Ritualen Ziegen und Büffel geopfert werden. Durch das Loch in dessen Mitte, das man für den Fußabdruck von Vishnu hält, rinnt das Blut zu Hadimbas Mund.

Für das Wohl und die Unterhaltung der Besucher sorgen Getränke- und Souvenirstände sowie Anbieter von Yak-Ausritten. Im nahe gelegenen **Kullu Cultural Museum** (Rs10) sind detaillierte Modelle der im Tal befindlichen Tempel ausgestellt. Die meisten Agenturen unternehmen auch Jeep-Safaris in entlegene Regionen wie Spiti.

Old Manali

Das Dorf, von dem die heutige Stadt ihren Namen hat, liegt 2 km nördlich der Mall, auf der anderen Seite des Manalsu Nala. Die meisten Häuser von Old Manali sind im alten *pahari*-Stil erbaut und verfügen über schwere Steindächer und hölzerne Balkons, an denen Kräuter und Tabak trocknen. Im Gegensatz zu seinem wuseligen Ableger hat sich der Ort ein beschauliches, traditionelles Ambiente bewahrt – zumindest außerhalb der Saison. Im Sommer jedoch düsen Traveller auf röhrenden Enfields durch die Gassen, aus den Gästehäusern dröhnt Trancemusik, und in den Cafés kann man vor lauter *chillum*-Rauch kaum die Hand vor Augen sehen. Und im

Manali und Vashisht

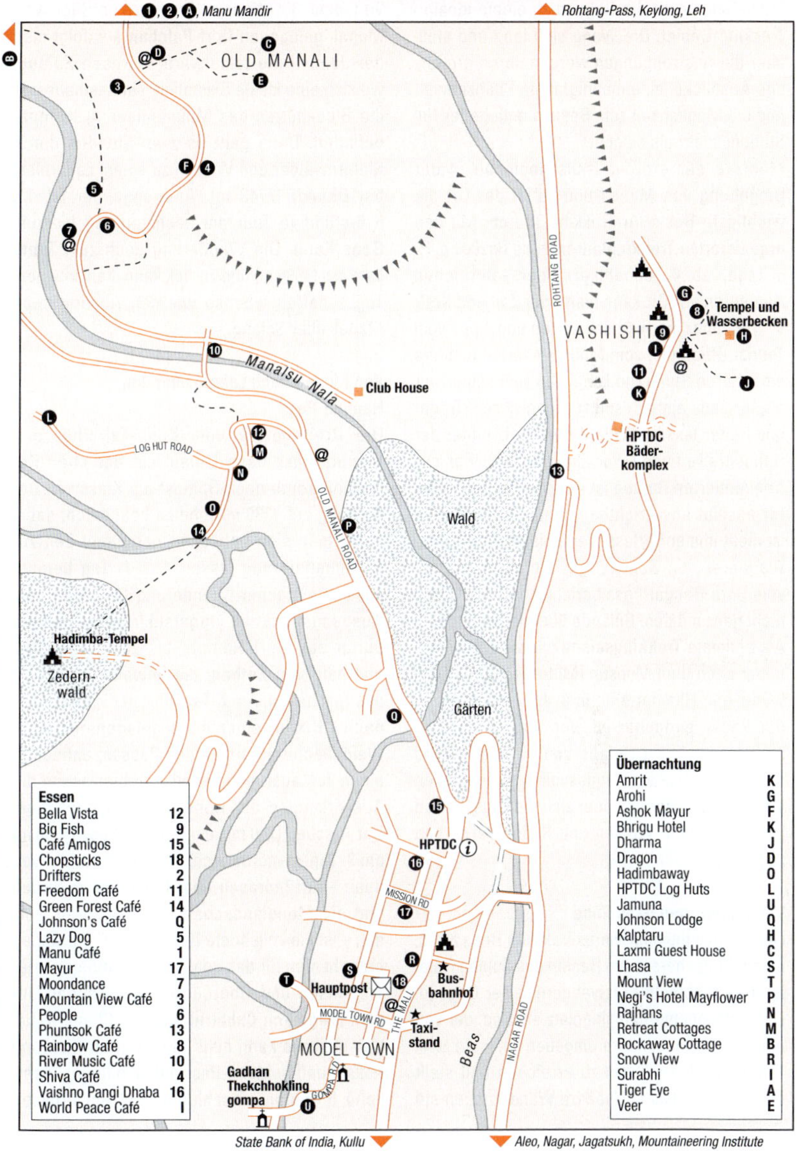

Treks im Umland von Manali und im Kullu-Tal

Die spektakuläre Hochgebirgslandschaft des Kullu-Tals macht die Gegend zu einem idealen Trekking-Gebiet. Die Wege sind lang und steil, aber die Anstrengungen werden durch großartige Ausblicke, eine mannigfaltige Pflanzenwelt und die Möglichkeit zum Besuch entlegener Hill Stations mehr als belohnt.

Mehrere der großen Trails beginnen in der Umgebung von Manali und so ist der Ort die wichtigste Basis für Trekking-Touren. Mit den **organisierten Trekkingtouren** (rund Rs2000 p. P./ 3 Tage, ab 4 Teilnehmern) der zahlreichen Agenturen vor Ort kann man zwar Zeit und Kraft sparen, aber mit Hilfe der Karten und Tipps vom Tourist Office und vom Mountaineering Institute am unteren Stadtrand kann man sich seine Tour auch relativ einfach selbst organisieren. Träger und Reiter lassen sich auf dem Platz hinter der Hauptstraße finden. Vor allem auf den weniger frequentierten Routen ist ein zuverlässiger **Führer** absolut unverzichtbar, denn auf die **Karten** ist nicht immer Verlass. Verschiedentlich haben Wanderer von Schwierigkeiten beim Abstieg vom Bara Bangal-Pass berichtet, wo die Karten nicht ganz mit dem Gelände übereinstimmten.

Als optimale **Trekkingsaison** gilt die Zeit unmittelbar nach dem Monsun (Mitte Sep–Ende Okt), wenn der Himmel klar und die Überquerung der Pässe einfacher ist. Von Juni bis August läuft man ständig Gefahr, von plötzlichen und möglicherweise verhängnisvollen Schneefällen überrascht zu werden oder sich die sagenhaften Aussichten von Wolken und Regen verderben zu lassen.

Von Manali zum Beas Kund

Der relative unkomplizierte Trek zum Beas Kund, einem Gletschersee am Beginn des Solang Nala, ist die beliebteste Kurzwanderung der Gegend. Der vielbesuchte Campingplatz am See, der von einigen Fünftausendern umgeben ist, ist in zwei Tagen von Manali aus zu erreichen und stellt eine ideale Basis für weitere Wanderungen auf die umliegenden Gebirgskämme und Pässe dar. Von dem 30 Minuten Busfahrt nördlich von Manali gelegenen Dorf **Palchan** aus folgt man der Jeepstraße talaufwärts bis nach **Solang**, wo sich eine kleine Skistation, ein Rasthaus und die Blockhütten des Mountaineering Institute befinden. Dann geht es zwei Stunden durch Kiefernwälder und Wiesen zu einem Lagerplatz bei **Dhundi** (2743 m). Anstrengender ist die 5–6-stündige Tour am nächsten Tag bis zum **Beas Kund**. Die Wanderung hoch zum **Tentu La-Pass** (4996 m) und zurück kann man an einem Tag schaffen, ebenso wie den Abstieg nach Manali über Solang.

Von Manali nach Lahaul über den Hampta-Pass

Die Dreitagetour vom Kullu-Tal über den Hampta-Pass nach Lahaul auf der alten Karawanenroute nach Spiti ist ein Klassiker. Der Aufstieg auf 4330 m Höhe ist beachtlich; dabei sollte man sich unbedingt genügend Zeit zur **Akklimatisierung** lassen. Der **1. Tag** beginnt mit der einfachen Wanderung (4–5 Std.) vom Ausgangspunkt in Jagatsukh oder **Hampta** durch das Dorf Hampta bis zum Lagerplatz oberhalb von **Sethen**, die bewaldeten Hänge des Tals hinauf. Am **2. Tag** führt der Weg (5 Std.) nach **CHikha**, einer hoch gelegenen Gaddi-Weidefläche unterhalb des Passes; unbedingt einen Tag ausruhen, wenn sich hier schon die Auswirkungen der Höhe bemerkbar machen. Der Aufstieg (700 m) zum **Hampta-Pass** (4330 m) am **3. Tag** ist mörderisch, aber die Aussicht von oben – auf Indrasan und Deo Tibba im Süden und die Mondlandschaft von Lahaul im Norden – ist die vollendete Belohnung. 6–7 Stunden braucht man für das unablässige Springen über die Felsen und Überqueren von Bächen auf dem Weg nach **Chhatru** unten im Chandra-Tal. Von hier aus kann man gen Osten in Richtung Koksar und **Rohtang-Pass** gehen oder die westliche Richtung einschlagen und am größten

Gletscher der Welt, dem **Bara Shigri**, vorbei bis nach **Batal** wandern.

Von Naggar nach Malana über den Chandrakhani-Pass und weiter

Die Tour vom 21 km südlich von Manali gelegenen Naggar aus nach Jari im Parvati-Tal ist der Inbegriff des Trekkings im Kullu-Tal, denn er führt durch traumhafte Landschaften und faszinierende Dörfer. Die Rundwanderung ist in drei Tagen zu schaffen, allerdings ist ein Aufenthalt in **Malana** mit Erkundung seiner Umgebung sehr verlockend.

Ein **Führer** ist aus mehreren Gründen unbedingt erforderlich: Zum einen führt die erste Etappe der Wanderung durch ein Gewirr von Weidepfaden, und zum anderen sollte man die kulturelle Sensibilität von Malana berücksichtigen und mit den hiesigen Bräuchen vertraut sein. Hinzu kommt, dass in den letzten Jahren mehrere Menschen im Parvati-Tal unter mysteriösen Umständen verschwunden sind (S. 499). Der Abstieg in das Parvati-Tal ist zu steil für Packpferde, aber in Naggar werden über die Gästehäuser Träger vermittelt, z. B. bei Himalayan Mountain Treks in der Poonam Mountain Lodge (s. S. 502).

Der Weg führt durch das Dorf Rumsu und schlängelt sich dann weiter durch wunderschöne, uralte Wälder zu einem Stück Weideland gleich oberhalb der Baumgrenze, das einen idealen Lagerplatz darstellt. Von hier führt ein 4 km langer Anstieg zum **Chandrakhani-Pass** (3660 m), mit herrlichem Ausblick nach Westen in das obere Kullu-Tal und nach Norden zu den Ghalpo Mountains von Lahaul eröffnen. Manche ziehen es vor, den Fuß des Passes am ersten Tag zu erreichen und vor dem letzten Aufstieg noch einmal zu rasten.

Die Bewohner von **Malana**, an einem Steilhang 7 km unterhalb des Passes, sind für ihre kühle Zurückhaltung und strengen Traditionen bekannt und wehren sich mit aller Kraft gegen Pläne, wonach eine Teerstraße bis zu ihrem Dorf gebaut werden soll. Zwar hält man sich nicht mehr so streng an die Vorstellung von der **Kasten-Verunreinigung** wie früher, aber ein paar grundsätzliche **„Regeln"** sind in Malana unbedingt einzuhalten: das Dorf respektvoll und still betreten; sich niemals abseits der Wege aufhalten; sich vom Tempel fernhalten; und vor allem nichts und niemanden berühren, besonders keine Kinder oder Häuser. Macht man doch mal einen groben kulturellen Schnitzer, so wird Schadensersatz gefordert: normalerweise in Form einer Zahlung von Rs1000 für ein Lamm oder eine junge Ziege als Opfergabe an den Dorfgott **Jamlu**, einen der mächtigsten Götter des Kullu-Tals. Sein **Tempel** darf nur von hochkastigen Hindus betreten werden und ist mit anschaulichen Schnitzereien verziert, die u. a. Soldaten abbilden: Die Dorfbewohner sagen von sich, sie seien die letzten verbliebenen Abkömmlinge der Armee Alexanders des Großen.

Beliebte **Unterkünfte** sind z. B. das Renuka Guesthouse ❶, das über Warmwasser verfügt, und das Himalaya Guesthouse ❶, das unter der Leitung des ehemaligen Dorfoberhauptes steht. Der Eigentümer des Santu Ram's ❶ ist ein Experte, was die Wanderwege der Umgebung betrifft. Alle Gästehäuser bieten einfache Mahlzeiten. Der offizielle Lagerplatz liegt 100 m jenseits des Dorfbrunnens.

Die **letzte Etappe** des Treks führt die steilen, mit Gestrüpp bewachsenen Kalksteinhänge des Malana *nala* hinab zur Sohle des Parvati-Tals – über einen 12 km langen Steilhang, der teilweise durch eine kurvige Straße erschlossen ist. Für den weiteren Weg vom Dörfchen **Rashol** stehen drei Routen zur Wahl: nach Osten am rechten Ufer flussaufwärts nach **Manikaran**, der Südwestroute folgend zum heiligen **Bijli Mahadev Mandir** oder über die verbliebenen 3 km nach **Jari** hoch, von wo regelmäßig Busse nach Bhuntur, Kullu und Manali verkehren.

Gefolge der Touristen kommen die Kashmiris, Rajasthani-Schneider und andere Geschäftstüchtige, die noch einen Reibach machen wollen, bevor sie im Herbst nach Goazurückkehren.

Nach Old Manali gelangt man, wenn man auf der Old Manali Road die nördliche Richtung einschlägt, sich an der Straßengabelung rechts hält und weiter bis zu der Eisenbrücke läuft, die über den Fluss führt.

Ein ordentlicher Fußmarsch führt ins eigentliche Dorf, das sich auf der Spitze eines steil abfallenden Felsvorsprungs auf einem ebenen Gelände über dem *nala* drängt. Es wird auch **Manaligarh** genannt, nach seiner alten Zitadelle – einem mittlerweile verfallenen Fort, das von einem Flickenteppich aus terrassierten Maisfeldern und dunkelgrünen Obstgärten umgeben ist. Manali selbst gilt als sicher, doch den Weg nach Old Manali sollten Frauen im Dunkeln lieber nicht alleine gehen, denn hier hat es in den vergangenen Jahren mehrere Vergewaltigungsversuche gegeben.

Die Gompas

In Manali leben die meisten **tibetischen Flüchtlinge** des Kullu-Tals, daher die Gebetsfahnen, die an den Zufahrtsstraßen zur Stadt im Wind flattern, und die beiden Klöster am südlichen Stadtrand.

Mit glänzend goldenen Ornamenten gekrönt, ist das unverwechselbare gelbe Wellblech-Pagodendach des **Gadhan Thekchhokling Gompa** ein auffallender Farbklecks inmitten des tibetischen Viertels. Das Kloster wurde 1969 erbaut und wird durch Spenden aus der hiesigen Gemeinde und den Verkauf handgewebter Teppiche aus der Tempelwerkstatt unterhalten. Wenn sie sich nicht um den Laden kümmern, drängen sich die jungen Mönche im Innenhof und spielen *cholo* – ein tibetisches Würfelspiel mit viel Geschrei und dem Aufknallen von *tsampa*-Holzbechern auf ledernen Untersetzern. Neben dem Haupteingang listet eine Ehrentafel die Namen der Tibeter, die bei den politischen Demonstrationen im China der späten 80er-Jahre ums Leben kamen.

Das kleinere und modernere der beiden Klöster ist näher am Basar in einem Garten, der im Spätsommer mit Sonnenblumen übersät ist. Sein wichtigstes Heiligtum wird von Dutzenden nackter Glühbirnen beleuchtet und von duftendem tibetischem Weihrauch erfüllt. Es beherbergt einen gewaltigen goldgesichtigen Buddha, den man am besten von dem kleinen Raum im ersten Stock aus betrachten kann.

Übernachtung

In Manali gibt es im Wesentlichen drei Übernachtungsbezirke. Budget-Unterkünfte für längere Aufenthalte konzentrieren sich in **Old Manali**, wo improvisierte, familienbetriebene Gästehäuser sowie eine Hand voll nicht ganz so einladender, moderner Hotels inmitten der Obstgärten auf Besucher warten. Viele sind zwar von einer *charas*-bedingten Trägheit geprägt, aber die Ruhe und die Gärten mit Aussicht lohnen den 2 km langen Fußmarsch (oder die Motor-Rikscha-Fahrt für Rs40) von New Manali.

Die meisten der reizvollen, klassischen Hotels von Manali liegen in den nördlichen und westlichen Vororten, auf halbem Weg **zwischen Old Manali und der Mall**. Wenig attraktiv, aber in günstiger Lage versteckt sich in der Stadt hinter der Mall eine Ansammlung einförmiger Mittelklassehotels, die sich **Model Town** nennt.

Während der **Hochsaison** (April–Juni und Sep–Okt) schießen die Zimmerpreise in Manali in die Höhe. Außerhalb dieser Zeit sind bei den teureren Hotels Preisnachlässe von 50 % auf die ausgewiesenen Preise an der Tagesordnung. Die wenigen Hotels, die auch im **Winter** geöffnet sind, werden dann hauptsächlich von Skifahrern bewohnt. Die folgenden Preisangaben gelten für die Nebensaison.

Old Manali

Ashok Mayur, ✆ 01902/252868, ✉ anurishi72@yahoo.com. Kleines, schlichtes (fast schäbiges) und freundliches Gästehaus gegenüber dem Café Shiva mit morgens sonnenüberfluteten Balkons. ❶–❷

Dragon, ✆ 01902/252790, 💻 www.dragontreks.com. Neueres Hotel mit wenig attraktivem Äußeren, aber komfortablen und geräumigen Zimmern mit Bad, Warmwasser und Balkon.

Im Obergeschoss gibt es ein paar hübsche 2-Zimmer-Apartments mit Holzfußboden für Rs800–1500. Außerdem Internetcafé und Reisebüro. ❷

Laxmi Guest House, ✆ 01902/253569. Nette, kleine Unterkunft mit wackligen Holzmöbeln und Gemeinschaftsbad. Highlights sind der tolle Talblick und ein kleiner Garten. Auch in der Hauptsaison günstig. ❶

Rockway Cottage, 500 m entlang dem Weg, der vom Mahalsu Café wegführt, ✆ 01902/253428. Idyllische Umgebung. Angenehme Zimmer, einige mit Holzofen. Gutes Essen im Gartencafé oberhalb des Flusses. Lohnt die Anstrengung, aber Taschenlampe mitbringen. ❶–❹

Veer, ✆ 01902/252410, ✉ sesramthakur@hotmail.com. Schlichte Unterkunft mit herrlichem Talblick aus einem grünen Garten mit gemeinschaftlicher Essecke. Zimmer z. T. mit Bad, einige mit TV und AC. ❶–❷

Nördliche und westliche Randbezirke

Hadimbaway, Log Huts Area, ✆ 01902/251552, 🖳 hotelhadimbaway.com. Die preiswerteste der vielen Unterkünfte in dieser ruhigen, kleinen Enklave nahe dem Hadimba-Tempel. Die Zimmer im oberen Stock sind günstiger. ❷

HPTDC Log Huts, überschaut den Manalsu Nala, ✆ 01902/253225, ✉ manali@hptdc.in. Im Wald gelegene Ferienhäuser aus Holz; komfortabel, aber überteuert, mit einem oder zwei DZ, Küchen und Annehmlichkeiten wie Star-TV. ❽

Negi's Hotel Mayflower, Old Manali Rd, ✆ 01902/252104, 🖳 www.mayflowermanali.com. Eines der angenehmsten Hotels von Manali. Große, moderne Zimmer, die im traditionellen Stil gestaltet sind und Blick auf Kiefernwald bieten. Auf dem Vorderbalkon kann man sich in der Nachmittagssonne aalen. Ganzjahrespreise. ❻

Jede Menge Stil

Johnson Lodge, Old Manali Rd, ✆ 01902/253023, 🖳 www.johnsonslodge.com. Altes Kolonialgebäude, große Zimmer mit Aussicht auf den Garten. Die Zimmer im Untergeschoss mit Teppichboden sind teurer, verfügen aber über Holzöfen für kalte Winternächte. ❻

Rundum einladend

Tiger Eye, in einer kleinen Dorfgasse verborgen, aber gut ausgeschildert, ✆ 01902/252718, ✉ tigereyeindia@yahoo.com. Ruhiges Familiengästehaus, geführt von einem sympathischen indisch-holländischen Paar. Makellos saubere Zimmer mit Balkon und toller Aussicht. Sie sind ihren Preis wirklich wert. ❶–❷

Rajans, nahe Old Manali Rd, ✆ 01902/252209, ✉ hotelrajhans@gmail.com. Stilvoller, neuer Ziegelbau mit vier Stockwerken. Alle Zimmer mit Bad und TV, die luxuriöseren in den oberen Stockwerken außerdem mit tollem Talblick. ❸–❻

Retreat Cottages, Log Hut Rd, ✆ 01902/252042, ✉ tibetemporium@hotmail.com. Makellose und geräumige Einheiten mit drei oder vier Schlafzimmern (Rs7000), Bad und Kochgelegenheit in einem geschmackvoll gestalteten Bau. Empfehlenswert für Gruppen von 6–8 Pers. Auf Wunsch auch Verpflegung. ❼–❾

Model Town

Yamuna, Gompa Rd, ✆ 01902/252506. Altmodisches Hotel mit sauberen und relativ großen Zimmern. Günstigere wird man in Model Town kaum finden. ❶

Lhasa, nahe Model Town Rd, ✆ 01902/252134. Eine der angenehmeren und preiswerteren Unterkünfte der Gegend. Die Einrichtung ist nicht mehr die neueste, aber alle Zimmer haben Bad und TV. ❷

Mount View, abgelegenes Ende der Model Town Rd, ✆ 01902/252465. Ansprechendes, von Efeu bewachsenes Gebäude in einer ruhigeren Ecke von Model Town. Geräumige DZ und eine Dachterrasse mit fantastischem Ausblick. ❶–❹

Snow View, The Mall, ✆ 01902/253084, 🖳 www.hotelsnowviewmanali.com. Großes, zweckmäßig eingerichtetes Hotel mit gut ausgestatteten, geräumigen Zimmern. ❹

Essen

Die vielen unterschiedlichen **Restaurants** von Manali sind Ausdruck der bunten Mischung seiner Bewohner: Tibetische *thukpa*-Läden stehen dicht neben südindischen Coffeshops, Gujarat-typischen *thali*-Bars und von Nepalesen geführten Konditoreien. Tatsächlich bieten die meisten Speisekarten jedoch eine ähnliche Mischung aus chinesischen und westlichen sowie nordindischen Gerichten und viele servieren ein travellerfreundliches **Frühstück** mit Eiern, Porridge, Pfannkuchen, Toast und Marmelade.

Der starke Wettbewerb und die vielen einheimischen Touris und internationalen Backpacker halten die Preise niedrig. Die meisten Restaurants verlangen für ein Hauptgericht (sofern nicht anders angegeben) Rs60–120. Essen zu Tiefstpreisen bekommt man in den *dhabas* gegenüber der Bushaltestelle. Gehaltvolles, Energie spendendes **Trekkingfood** haben die Lebensmittelgeschäfte und am Ort und die Bäckereien im Basar auf Lager. In der staatlich gesponsorten Kooperative beim Tempel auf der Mall gibt es ganze Säcke voller Nüsse und Trockenobst sowie Pötte mit echtem Bienenhonig – die Preise sind nicht verhandelbar.

Einen legendären Ruf genießt die relaxte, von Briten betriebene **Alchemy Bar**, 5 km weiter in Jagatsukh (Rs60 per Motor-Rikscha). Hier erwartet die Gäste nicht nur gesundheitsbewusste westliche Küche, sondern auch so erfreuliche Annehmlichkeiten wie Sofas, Filme, Worldmusic und ein Billardtisch.

The Mall und Umgebung

Bella Vista, Log Hut Rd. Das hippe Lokal gleich hinter der Brücke aus Richtung Old Manali verwöhnt die Kundschaft mit dem besten italienischen Essen, das in der Region zu haben ist (rund Rs200).

Café Amigos, The Mall. Holztische, buntes Tongeschirr, coole Musik und eine Riesenauswahl an Kuchen und Gebäck, aber auch Hauptgerichte.

Chopsticks, The Mall. Sehr beliebtes, tibetisch geführtes Restaurant in angenehmer Atmosphäre und mit abwechslungsreichem Angebot. Filterkaffee, Müsli, Obst und Quark.

Indische Küche, schönes Ambiente

Mayur, Mission Rd, gleich neben der Mall. Spannendes und umfangreiches indisches Angebot mit Gerichten aus allen Ecken des Subkontinents – sehr zu empfehlen ist das exzellente *jalfrezi*. Kerzen, Servietten und klassische indische Musik sorgen für angenehmes Ambiente.

Green Forest Café, abseits der Log Hut Rd. Kleines indisches Esslokal, serviert für Rs40–60 die besten *momos* in Manali.

Johnson's Café, Teil der Johnson Lodge. Ausgezeichnetes Café mit Gartentischen, bietet u. a. Bier, frische Forelle und Karamellpudding. Manche Speisen kosten über Rs200, sind ihren Preis aber wert.

Vaishno Pangi Dhaba, nahe der Mall. Eines der besten Billiglokale mit *dosas* und anderen nord- und südindischen Snacks für ca. Rs40.

Old Manali

Drifters, cooles neues Hotelrestaurant im Erdgeschoss mit niedrigen Tischen und Sitzkissen sowie einer Terrasse. Abgesehen von gebratener Forelle mit Beilagen für Rs250 sind auch schlichtere indische, chinesische und westliche Gerichte zu haben.

Lazy Dog, beliebtes koreanisches Restaurant mit Flussblick, geschmackvoll eingerichtet und eine prima Location für Leute, die etwas für laute westliche Musik übrig haben. Lecker: die Reisplatte „Kadimba" (Rs180).

Manu Café, typisches Haus mit kleinem Café, neben dem üblichen Angebot für Touristen beste einheimische Spezialitäten. Fast alle vegetarischen Gerichte für Rs50 oder weniger.

Moondance, beliebtes Gartencafé und Treffpunkt oberhalb des Flusses mit bunt gemixter Speisekarte inkl. mexikanischer und italienischer Küche.

Mountain View Café, abseits der meisten Gästehäuser, mit weitem Ausblick auf die umliegenden Berge. Einfache, aber abwechslungsreiche Speisen; in der Hochsaison oder bei großer Nachfrage rund um die Uhr geöffnet.

People, kleine russische Eckkneipe; die Besucher bekommt Papier und Buntstifte zum Malen überreicht. Spezialitäten wie *sirniki* und *droniki* sorgen für ein wenig kulinarische Abwechslung. Außerdem gibt's hier das beste westliche Frühstück weit und breit.
River Music Café, lässiges Lokal an der Brücke mit Tischen draußen und Sitzkissen auf dem Boden drinnen. Das übliche Angebot und gute Musikanlage.
Shiva Café, gesellige Terrasse, an den meisten Abenden offenes Feuer sowie chinesische, indische und Pasta-Gerichte, beliebt bei Budget-Travellern.

Sonstiges

Geld

Geldwechsel ist in der **State Bank of India** in der Hauptstraße 250 m südlich der Mall möglich. Einige autorisierte private Wechselstuben bieten diesen Service ebenfalls an, verlangen aber höhere Gebühren. In der Mall gibt es außerdem zwei **Geldautomaten** der SBI und einen der UCO Bank.

Informationen

In der Nähe des Busbahnhofs liegt das freundliche **Tourist Office**, ✆ 01902/252175, ⏲ in der Hauptsaison tgl. 8 – 20 Uhr, sonst

Touren und Aktivitäten um Manali

Der **Taxi Operators' Union Kiosk** von Manali, ✆ 01902/252450, befindet sich am oberen Ende der Stadt, oberhalb des Tourist Office. Die Taxis fahren zu Festpreisen, die während der Nebensaison verhandelbar sind. Sofern die Wetter- und Straßenverhältnisse es zulassen, organisiert die **HPTDC** täglich Bustouren zum **Rohtang-Pass** (10–17 Uhr, Rs250) und Tagestrips nach **Manikaran** im Parvati-Tal (9–18.30 Uhr, Rs275). Tickets können im Voraus am Transportschalter von HPTDC gekauft werden.
Angesichts der wilden Wasser, die während der Frühlingsschmelze das Kullu-Tal herunterdonnern, ist die **Rafting**-Szene von Manali überraschend begrenzt. Rafting-Trips auf dem Beas-Fluss werden zwischen Ende Mai und Anfang Juli angeboten, wenn der Wasserstand am höchsten ist. Die Tour beginnt in Piridi (oberhalb von Bhuntur) und führt rund 16 km flussabwärts bis Jhiri. Im Preis (rund Rs1200) sollten Verpflegung, Helme, Schwimmwesten und Rückfahrt enthalten sein, also genau überprüfen, wofür man zahlt, denn einige Veranstalter kümmern sich nicht um die Rückfahrt.
Zum **Skifahren** im Solang-Tal sind die Monate Januar bis April am besten geeignet, der Hang ist allerdings nicht viel größer als ein Fußballfeld. Derzeit ist in Zusammenarbeit mit der finnischen Regierung ein neues Skizentrum auf dem Rohtang-Pass geplant. Weitere Aktivitäten im Solang-Tal sind **Paragliding**, **Kitesurfing** (beides Rs600–2500) und **Hubschrauberflüge** (Rs1750 p. P.).
Eine der besten Arten zur Erkundung von Kullu ist **Mountainbiking**, möglich von Mitte Juni bis Mitte Oktober. Der empfehlenswerteste Mountainbike-Guide vor Ort ist Raju Sharma, ✆ 09816/056934, 💻 www.magicmountainadventures.com, der ein Leihrad besorgen kann (Rs300 pro Tag für ein europäisches Mountainbike, Rs500 mit Raju als Führer) und Routenvorschläge für die Umgebung von Manali sowie für Expeditionen hoch nach Leh parat hat. Beliebte Strecken sind z. B. die Abfahrt von Rohtang, der Waldpfad zum Bijli Mahadev-Tempel und die Landstraße nach Naggar.
Plant man eine Trekking- oder Rafting-Tour, sollte man sich genau umsehen und Preise und Angebote vergleichen; viele **Agenturen** haben einen zweifelhaften Ruf und nehmen für Busfahrscheine nach Delhi, Chandigarh und Leh einen Aufschlag. Zu den anerkannten, seriösen Anbietern gehören Rup Negi von Himalayan Adventurers (sehr erfahren), ✆ 01902/253050, gegenüber dem Tourist Office, und Himanshu Sharma von Himalayan Journeys, ✆ 01902/252365, 💻 www.himalayanjourneysindia.com, neben dem Café Amigos. Sie organisieren Pauschalangebote zum Trekking, Bergsteigen, Rafting und Skifahren in Solang. Der zuverlässigste Veranstalter in Old Manali ist Tiger Eye Adventure, ✆ 01902/252718. Mehrere Reisebüros bieten auch **Jeepsafaris** in abgeschiedene Regionen wie Spiti an.

10–13.30 und 14–17 Uhr. Reservierungen für die staatlich betriebenen Hotels nimmt man in den zwei Türen weiter unten befindlichen Büros der **HPTDC**, ✆ 01902-253531, vor.

Inner Line Permits

Die meisten Leute beantragen die Genehmigung in Kaza (S. 517) oder auf der Süd-Nord-Route in Rekong Peo. Wer sie in Manali erwerben will, muss sich an ein registriertes Reisebüro wenden. Benötigt werden drei Fotos und eine Passkopie sowie Angaben zum Visum.

Internet

In der Mall und in Old Manali gibt es zahlreiche Internetcafés mit Breitbandverbindung.

Post

Das Hauptpostamt abseits der Model Town Rd hat einen zuverlässigen Schalter für postlagernde Sendungen. ⏲ Mo–Sa 9–13 und 13.30–17 Uhr.

Taxis

Der Kiosk von Manalis **Taxi Operators' Union**, ✆ 01902/252450, liegt gleich neben dem Tourist Office. Die Taxis haben feste Preise, die jedoch außerhalb der Saison verhandelbar sind.

Transport

Die meisten aus Delhi kommenden Privatbusse halten an der Bushaltestelle 100 m südlich der State Bank of India am unteren Stadtrand; die staatlichen Busse halten am Busbahnhof von Manali in der Mitte der Mall, nicht weit vom Tourist Office.

Manali verfügt über gute **Busverbindungen** in andere Orte in Himachal Pradesh und die großen Städte im Tiefland. Die HPSRTC unterhält Luxury-, Deluxe- und Normalbusse, für die man die Tickets am Busbahnhof bucht. Im Sommer übersteigt die Nachfrage das Angebot, vor allem für die schnelleren Verbindungen, also so früh wie möglich buchen. Die zahlreichen Reisebüros der Stadt verkaufen auch Fahrscheine für private Deluxe-Busse nach DELHI (8x tgl., 16–17 Std.), SHIMLA (8x tgl., 8–9 Std.) und DHARAMSALA (3x tgl., 10 Std.). Es verkehren auch Busse über den Rohtang La nach KAZA (2x tgl., 11–12 Std.), der Hauptstadt von Spiti, von wo man via Kinnaur weiter nach Shimla reisen kann. Will man sich jedoch

Weiterfahrt nach Leh

Täglich fahren acht **Busse** über den Rohtang-Pass nach KEYLONG, in die Hauptstadt von Lahaul. Die Buchung der Weiterreise von Keylong nach LEH kann allerdings schwierig werden, da die Busse dort fast immer schon voll ankommen, also möglichst vorher einen Platz buchen. Deshalb nehmen die meisten Reisenden für die 485 km nach Leh einen Direktbus – eine anstrengende, aber unvergessliche Zweitagestour mit Übernachtung im Zelt. Der Super-Deluxe-Bus der HPTDC (Reservierung im HPTDC-Büro in der Mall) fährt alle zwei Tage und kostet Rs1800 inkl. Unterbringung und zwei Mahlzeiten in der Zeltkolonie in Keylong. Ansonsten bleiben nur die klapprigen Busse der HPSRTC und deren Äquivalente von J&K, die weniger als Rs600 für eine Fahrkarte verlangen.

Es ist nicht schwierig, einen Einzelplatz in einem **Jeep oder Maruti Gypsy Taxi** zu buchen, mit denen man am bequemsten von Manali nach Ladakh gelangt. Die Fahrpreise beginnen bei etwa Rs1200. Etwas teurer wird es in der ersten Reihe und zur Hauptsaison im Frühsommer. Mit einer Fahrzeit von 17–19 Stunden ist dies der schnellste Weg nach Ladakh. Abfahrt ist allerdings um 2 Uhr nachts, was bedeutet, dass man von der herrlichen Landschaft am Anfang und Ende der Fahrt leider gar nichts mitbekommt. Außerdem gibt es regelmäßig Beschwerden über die Fahrer, die nicht selten übermüdet sind und in scharfen Kurven sowie auf den langen, ungeteerten Abschnitten unnötige Risiken eingehen.

Näheres zur Strecke Manali–Leh s. S.521.

jenseits von Sumdo bewegen, sind Genehmigungen erforderlich.
Fahrscheinverkauf bei **Harrisons Travels**, ✆ 01902/253519, **Monal Himalayan Travels**, ✆ 01902/254215, **Swagtam**, ✆ 01902/253990, sowie **Valleycon**, ✆ 01902/253776, am Busbahnhof und im Restaurant Mayur.

Vashisht

Das beständig wachsende Dorf Vashisht 3 km nördlich von Manali ist eine ungeordnete Ansammlung traditioneller Holzhäuser und moderner Betonklötze, dazwischen gepflasterte Höfe und schmale, unbefestigte Wege. Es ist berühmt für seinen Talblick und heiße Schwefelquellen. Vor allem aber ist der Ort ein Treffpunkt der Budget-Traveller-Szene mit vielen Gästehäusern und Cafés. Nur hin und wieder wird die ruhige und traditionelle Atmosphäre durch Partys in den Wäldern oder bei Schlechtwetter in einem Hotel unterbrochen.

Von Manali nach Vashisht gelangt man auf der Straße oder über einen Fußweg, der von der Hauptstraße abgeht und am **HPTDC-Bäderkomplex** vorbeiführt, der seit Jahren aufgrund von Streitigkeiten zwischen dem Dorf und der Regierung von Himachal Pradesh geschlossen ist. In der Zwischenzeit ist ein heißes Bad nur in den Becken des alten Tempels von Vashisht (kostenlos) möglich, wo es ohnehin viel stimmungsvoller ist. Es gibt getrennte Bereiche für Männer und Frauen, in denen eine bunte Mischung von Hindu-Pilgern, westlichen Hippies, halbnackten Sadhus und Kindergruppen anzutreffen ist.

Vashisht hat zwei alte **Tempel** aus Stein, die sich oberhalb des Hauptplatzes gegenüberstehen und dem hiesigen Schutzheiligen Vashista, dem Guru von Raghunathji, geweiht sind. Der kleinere von ihnen verfügt über einen teilweise überdachten Hof und ist mit kunstvoll gearbeiteten Holzschnitzereien verziert. Auch die im Inneren des Schreins über die Jahre durch Öllampen und *dhoop*-Rauch geschwärzten Schnitzereien sollte man nicht verpassen. Wer mehr unternehmen möchte, begibt sich ins **Himalayan Extreme Centre**, ✆ 09816/174164, 💻 www.himalayan-extreme-center.com, an der Straße ins Dorf, wo Snowboarding, Kitesurfing und Felsklettern organisiert werden.

Übernachtung

In Vashisht findet man massenweise Budget-**Gästehäuser**, vornehmlich alte Holzhäuser mit breiten Veranden und ungestörtem Blick auf das Tal. Wer mit primitiven sanitären Einrichtungen, schmuddeligen Betten und dem Geruch von Dope leben kann, hat eine große Auswahl – außer in der Hochsaison (Mai–Juni und Sep–Okt), wenn selbst ein Plätzchen auf dem Boden kostbar ist. Am Stadtrand bieten ein paar größere Hotels gute Qualität in komfortablen Zimmern. Zur Lage der folgenden Unterkünfte s. Karte Manali und Vashisht auf S. 505.

Amrit, hinter dem Tempel, ✆ 01902/254209. Türkisfarbenes Holzhaus mit einfacher Ausstattung, z. B. Gemeinschaftsbäder mit Warmwasser aus dem Eimer. Schmuddelig, aber reizvoll, wackelige Balkons mit hübscher Aussicht. ❶

Arohi, direkt oberhalb vom Bhrigu, ✆ 01902/254421. Makellose Zimmer mit Kabel-TV, Intercom und Balkon mit Flussblick. Der Besitzer spricht ausgezeichnet Englisch und gewährt bis zu 50 % Preisnachlass außerhalb der Saison. ❷–❹

Bhrigu Hotel, an der Hauptstraße ins Dorf, ✆ 01902/253414. Großes Hotel, dessen Zimmer auf der Westseite alle über Bad und Balkone mit toller Aussicht verfügen. ❷–❸

Kalptaru, mit Blick auf Tempelbecken, ✆ 01902/253443. Dichter kommt man an die Bäder nicht heran – mit superpreiswerten Zimmern, alle mit Bad u. Warmwasser aus Eimern. Kleiner Garten und Veranda mit Blick auf das Geschehen. ❶

Surabhi, in der Mitte der Hauptstraße, ✆ 01902/252796, 💻 www.surabhihotel.com. Gut belüftete,

Zimmer mit Aussicht

Dharma, 5 Min. Fußweg entlang der Gasse hinter den Tempeln, ✆ 01902/252354. Mit neuem Anbau. Toller Ausblick aus den meisten Zimmern und von der Marmor-Terrasse mit Hollywoodschaukeln. Kleiner Swimming Pool, gespeist von Wasser aus den heißen Quellen. ❸ große und saubere Zimmer im oberen Stock, alle mit Talblick. Die billigeren Erdgeschosszimmer sind kühler und dunkler. ❷–❹

Essen

Die vielen **Cafés** des Backpackerparadieses Vashisht bieten typische Traveller-Kost inkl. gebratenem Reis, Nudeln, Omelettes, Pfannkuchen und *lassis*, alles zu Durchschnittspreisen. Außerdem sorgen die Bäckereien für Vollkornbrot, Apfelkuchen und verschiedene Süßigkeiten. Die meisten Cafés sind beliebte Treffs, einige haben Terrassen mit Aussicht, große Unterschiede sind nicht auszumachen.

Big Fish, an der Hauptstraße, gegenüber der Tempel. In dem Restaurant im Obergeschoss werden Forellen für rund Rs200 und andere Traveller-Lieblingsspeisen serviert.

Freedom Café, in der Hauptstraße hinter dem Bhrigu Hotel. Sitzkissen auf dem Fußboden sowie grasbewachsene Veranda mit schöner Aussicht; mexikanische, tibetische und italienische Küche.

Phuntsok Café, an der tiefer gelegenen Straße am Fluss gelegenes Freiluftcafé, wo köstliches, nahrhaftes tibetisches Essen serviert wird. Eines der besten Lokale von Vashisht.

Rainbow Café, nahe dem Kalptaru Hotel mit Ausblick von der Terrasse auf die Tempelbecken und travellerfreundlichen Angeboten wie Pfannkuchen, Pasta und Frühlingsrollen.

World Peace Café, in der Hauptstraße oberhalb des Surabhi Hotels. Die Küche (indisch und westlich) ist eher durchschnittlich, dafür wird hier ein sehr guter türkischer Kaffee serviert und auch sonst einiges geboten: Filmvorführungen, Brettspiele und regelmäßige Liveauftritte. Außerdem gibt es eine Dachterrasse.

Lahaul und Spiti

Es gibt nicht viele Orte auf der Welt, die eine so spektakuläre Veränderung der Landschaft markieren wie der **Rohtang-Pass**. Auf der einen Seite der Beginn des fruchtbaren Kullu-Tals und auf der anderen der überwältigende Blick auf karge, schokoladenbraune Berge, Gletscher und Schneefelder, die im strahlenden Licht glitzern und nur tief unten im Tal hie und da von Pflanzen unterbrochen werden. Der größte Distrikt von Himachal, Lahaul und Spiti, ist nach seinen beiden Teilgebieten benannt, die trotz ihrer vielen geografischen und kulturellen Parallelen voneinander getrennte und grundverschiedene Regionen darstellen.

Lahaul

Lahaul, manchmal auch Chandra-Bhaga-Tal genannt, ist das Gebiet, das den Hohen Himalaya von der Pir Panjal-Gebirgskette trennt. Sein größter Fluss Chandra entspringt tief in den kargen Einöden unterhalb des **Baralacha-Passes**. Er fließt zuerst nach Süden und dann nach Westen, bis er sich bei Tandi mit dem Fluss Bhaga vereint. Der aus dem Zusammenfluss entstehende Chenab verlässt hier Himachal in nördlicher Richtung und fließt bis nach Kishtwar in Kashmir.

Da Lahaul mehr von den Regenfällen abbekommt, die der Monsun von Süden her über den Rohtang-Pass führt, ist das **Klima** in Lahaul erheblich weniger trocken als in Ladakh und Zanskar. Deshalb fällt auf den Haupt-Straßenpässen von Rohtang La und Baralacha La sehr viel früher Schnee als auf den höheren Pässen weiter im Norden. So kommt es, dass zwischen Ende Oktober und Ende März der Schnee den Weg über die Pässe versperrt und die Region vom Rest der Welt abschneidet. Trotzdem erarbeitet die Bevölkerung, die sich aus Buddhisten und Hindus zusammensetzt, eines der höchsten Pro-Kopf-Einkommen des ganzen Subkontinents. Mit dem Schmelzwasser der Gletscher, das über uralte Bewässerungskanäle geleitet wird, schaffen es die Bauern aus Lahaul, auf ihren sorgfältig angelegten Terrassen Rekordernten von Saatkartoffeln einzufahren. Außerdem ist die Gegend der einzige Lieferant von Hopfen an die indischen Brauereien und erntet nebenher ungeheure Mengen von Wildkräutern zur Herstellung von Parfüm und Arzneimitteln. Große Teile der Verkaufsgewinne werden für prachtvollen Schmuck, vor allem Staubperlenketten und Silberschnallen mit Intarsien aus Korallen und Türkisen ausgegeben, die von den Frauen über den knöchellangen, roten oder braunen Wollkleidern getragen werden.

Die traditionellen Trachten und der Buddhismus von Lahaul sind ein Erbe des tibetischen Einflusses, der die Region von Osten her durchdrang. Staatliche **Busse** verkehren von Manali durch die Täler von Chandra und Bhaga hinauf nach **Keylong** und **Darcha** ab etwa Ende Juni, wenn der Rohtang-Pass befahrbar ist, bis Ende Oktober, wenn es wieder schneit. Sind Plätze frei, kann man auch mit Bussen nach Leh durch Lahaul reisen.

Die Jeeps und sogar die staatlichen Busse, die auf dem Weg von Ladakh herunter Richtung Osten nach Spiti statt Manali fahren, verlassen beim Dörfchen **Grampoo** die Teerstraße. Sie nehmen die spektakuläre, aber holprige 80 km lange Strecke über den verschneiten 4550 m hohen Kunzum La nach **Losar** (S. 517) am Beginn des Spiti-Tals.

Keylong

Die größte Ortschaft von Lahaul liegt 114 km nördlich von Manali. Sie ist Sitz der Distriktverwaltung und die letzte größere Siedlung auf der langen Reise nach Ladakh. Das Städtchen selbst ist uninteressant, liegt aber inmitten einer zauberhaften Landschaft. An einem Tag kann man den Aufstieg zu drei buddhistischen **Klöstern** schaffen. Ein paar **Geschäfte** auf dem belebten kleinen Markt verkaufen Trekking-Ausrüstung, für den Fall, dass man auf dem Weg nach Zanskar ist.

Für die Buddhisten von Lahaul besitzt die Umrundung des heiligen **Rangcha Mountain** (4565 m), der über dem Zusammenfluss von Bhaga und Chandra wacht, besondere Bedeutung. Diese **Rangcha Parikrama** genannte Umwanderung im Uhrzeigersinn kann man in einer langen, anstrengenden Tagestour von Keylong aus auf einem viel genutzten Weg durch märchenhafte Landschaften schaffen, wobei man außerdem am großen **Khardung Gompa** vorbeikommt.

Eine holprige, aber befahrbare Straße führt zum Khardung Gompa (10 km), doch näher an Keylong und auf derselben Seite des Tals weit oben am Hang befinden sich zwei ruhige und pittoreske Gompas: das **Shasher Gompa** (3 km) und das **Gungshal Gompa** (5 km).

Übernachtung und Essen

Hotels findet man in Keylong an der Hauptstraße oberhalb der Stadt und entlang der Mall, die unterhalb der Fernverkehrsstraße durch

Im einsamen Spiti-Tal an der Grenze zu Tibet gibt es nur vereinzelt ein Dorf oder Lamakloster.

Trekking in Lahaul und Spiti

Einige Abschnitte der alten Handelsrouten nach Ladakh und Tibet sind inzwischen asphaltiert, doch der größte Teil dieser spektakulären, weltabgeschiedenen Region ist nach wie vor nur zu Fuß erreichbar. Auf den Pfaden herrscht in der Hochsaison inzwischen viel Betrieb, aber sie sind lang, hart und durchziehen schwindelnde Höhen. Deshalb müssen Wanderer alles Notwendige mitbringen und auf jeden Fall auch einen Führer anheuern. Packpferde und Proviant bekommt man am einfachsten in **Manali** oder – wenn man es sich leisten kann, ein paar Tage zu warten – in **Keylong** und **Darcha** (Lahaul) sowie in **Kaza** (Spiti). Auf vielen Strecken ist ein gutes Seil für Flussüberquerungen äußerst nützlich, besonders im Sommer, wenn der Wasserstand am höchsten ist.

Die **beste Trekkingzeit** ist von Juli bis Anfang September. Dann erstrahlt der Himmel hier in wolkenlosem Blau, während im Kullu-Tal der Monsunregen niedergeht. Schon ab Ende September kann es zu Schneefall kommen, daher verzichten viele Besucher dann auf längere Expeditionen. Unabhängig von der Jahreszeit sollte man genügend Zeit einplanen, um seinen Körper an die große **Höhe** anzupassen, bevor man einen der großen Pässe in Angriff nimmt: Jedes Jahr sterben in der Region einige Menschen an AMS (Acute Mountain Sickness; s. S. 1268).

Lahaul: Von Darcha nach Padum via Shingo La-Pass

Der beliebteste Trek ist der von Darcha über den Shingo La-Pass (5000 m) nach Padum in Zanskar. Der Weg führt durch Kargyak, das am höchsten gelegene Dorf in Zanskar, und durch das Tal des Kargyak hinab zu seiner Mündung in den Tsarap bei Purne. Hier gibt es ein kleines Café, einen Laden und einen Campingplatz. Purne ist auch ein guter Ausgangspunkt für einen Abstecher zum *gompa* Phuktal, einer der größten Sehenswürdigkeiten von Zanskar. In der Hochsaison (Juli und August) tauchen in Abständen entlang des gut ausgetretenen Pfades durchs Tsarap-Tal nach Padum *chai*-Buden und Zeltlager auf. Das bedeutet, dass von hier an auf Führer und Ponys verzichtet werden kann. Am Anfang und Ende der Saison darf man jedoch nicht damit rechnen, unterwegs etwas zu essen und einen nächtlichen Unterschlupf zu finden.

Lahaul: Von Batal zum Baralacha-Pass

Die zweite, sehr beliebte Trekkingroute in Lahaul folgt dem Fluss Chandra nach Norden bis zu seinem Ursprung am **Baralacha-Pass** (4920 m) und stellt eine gute Verlängerung der auf S. 516 beschriebenen Hampta-Passwanderung dar. Man kann aber auch in Manali einen Bus Richtung Kaza bis zum Beginn des Weges bei **Batal** (3960 m) im Schatten des **Kunzum La** (4551 m) nehmen. Zum traumhaft schönen, milchig-blauen **Chandratal** („Mond")-See sind es von Batal aus sieben unerbittliche Stunden Aufstieg. Aber dann eröffnen sich atemberaubende Ausblicke nach Süden auf den längsten Gletscher der Welt, den **Bara Shigri**, und die schroffe Nordwand des **White Sail**-Massivs (6451 m). Der nächste Campingplatz befindet sich beim Sturzbach **Tokping Yongma**. Mehrere Stunden weiter oben erreicht man den **Tokpo Yongma**, den zweiten der beiden großen Sturzbäche – frühmorgens lässt er sich am einfachsten überqueren. Von hier aus geht es stetig bergan bis zum **Baralacha-Pass**. Dahinter kann man entweder über den Phirtse La weiter nach Zanskar wandern oder ein Fahrzeug (möglichst im Voraus arrangiert) hinab nach Keylong und Manali oder weiter nach Leh nehmen.

Spiti: Von Kaza via Pin-Tal nach Manikaran oder Wangtu

Einer der besten Treks in **Spiti** führt das **Pin-Tal** hinauf. Die Strecke am Fluss Pin entlang, an einer Reihe traditioneller Siedlungen und Klöster vorbei, ist inzwischen bis Mudh, rund 40 km südlich von Kaza, befahrbar. In den nächsten Jahren soll sie ganz bis nach Wangtu asphaltiert werden. Bislang gabelt sich der Weg aber hinter Mudh in zwei Fußpfade: Der nördliche führt über den Pin-Parvati Pass (5400 m) nach **Manikaran** im Parvati-Tal (S. 499), der südliche via Bhaba-Pass (4865 m) nach Wangtu in **Kinnaur**. Der letzte Abschnitt nach Wangtu ist auch schon den Straßenbauern zum Opfern gefallen, deshalb kann man auch einfach Anhalter spielen.

den Basar führt. Abgesehen von den schäbigen Absteigen am Busbahnhof gibt es das **Tashi Deleg**, ☏ 01900/222450, an der Mall. Es hat saubere und komfortable Zimmer mit Warmwasser-Dusche. ❷–❹

Gyespa, an der Mall, ☏ 01900/222207; hat ebenfalls Zimmer mit Warmwasser-Dusche, auch Schlafsaal (Rs50). Kleiner *chorten* im Garten. ❷

Lamayuru, weiter unten an der Mall, ☏ 01900/222202; nur 4 Zimmer – angenehm und sauber mit Warmwasser-Dusche –, und das beste Restaurant der Stadt. ❷

HPTDC Chander Bhaga, zurück auf der Hauptstraße, 1 km in Richtung Darcha, ☏ 01900/222393; einfach und überteuert, aber annehmbar. Schlafsaalbett Rs150. ❺–❼

Zu den Unterkünften um die Bushaltestelle zählt das **Nordaling**, ☏ 01900/222294. Helle Zimmer mit Bad und TV. ❸

Alle diese Hotels bieten einen fantastischen Ausblick auf das Khardung Gompa.

Neben den *dhabas* wie dem **Friends** servieren die Restaurants der o. g. Hotels das beste Essen.

Sonstiges

Geld

Keine offizielle Möglichkeiten, doch das **Tashi Deleg** wechselt Geld, allerdings zu ungünstigen Kursen.

Post

Das Postamt liegt in der Hauptstraße ein Stück hinter dem Busbahnhof.

Transport

Von Keylong verkehren tgl. 8 Busse nach MANALI, der erste um 5.30 Uhr und der letzte um 13.30 Uhr, und (im Sommer) auch private Busse in sämtliche Orte nördlich des großen Highway. Zu beachten ist, dass die Weiterreise nach LEH während der Hochsaison (Juli und August) schwierig werden kann, da die meisten Busse schon bei ihrer Ankunft hier voll besetzt sind. So kommt es nicht selten vor, dass Reisende per Anhalter mit einem der Trucks mitfahren müssen, die bei den *dhabas* am Straßenrand oberhalb des Städtchens halten.

Spiti

Von seinem Quellgebiet unterhalb des **Kunzum La-Passes** strömt der Fluss Spiti 130 km in südöstlicher Richtung bis kurz vor die Grenze zu Tibet, wo er sich mit dem Sutlej vereint. Das Tal ist von mächtigen Gipfeln umgeben, liegt in durchschnittlich 4500 m Höhe und ist damit eine der höchstgelegenen und abgeschiedensten bewohnten Regionen der Erde – eine trostlose, öde Gegend, in der es neben vereinzelten winzigen Dörfern aus Holz und Lehm nur ein paar einsame Lamaklöster gibt.

Bis 1992 war Spitibnv für ausländische Touristen vollständig gesperrt. Heute fällt nur noch seine äußerste südöstliche Ecke in die **Inner Line** – damit ist das obere Spiti einschließlich der Distriktverwaltung **Kaza** von Nordwesten her über Lahaul frei zugänglich. Wer unbedingt die gesamte Rundstrecke durch das eingeschränkt zugängliche Gebiet nach oder von Kinnaur bereisen möchte, benötigt eine **Genehmigung**. Letzte Haltestelle vor Erreichen der nicht frei zugänglichen Zone ist das berühmte **Tabo Gompa**, das einige der ältesten und erlesensten buddhistischen Kunstwerke der Welt beherbergt.

Im Sommer, sobald Rohtang La und Kunzum La (4550 m) schneefrei sind, verkehren täglich morgens zwei Busse von Manali nach Spiti. In Manali kann man auch **Jeeps** mieten (bei der HPTDC oder einem anderen Reisebüro). Per Trekking erreicht man das Gebiet vom Kullu-Tal aus oder in südlicher Richtung vom Baralacha La. Von Grampoo führt eine ungeteerte Holperpiste 80 km weit nach Losar. Mit dem Ausblick auf die Schlucht, Wasserfälle und schneebedeckte Gipfel und nicht zuletzt aufgrund der haarsträubenden Überquerung des Kunzum La bietet die Fahrt einen grandiosen Vorgeschmack auf Spiti. Bald hinter dem Pass führt die Piste durch das weitläufige Dorf **Losar** (4113 m), wo die Polizei einen Kontrollposten unterhält. Übernachten kann man in zwei einfachen Gästehäusern: dem Sam Song ❶–❷ und dem Serchu ❶. Ab hier wird aus der Piste bis Kaza eine Straße.

Kaza und Umgebung

Kaza, der Verwaltungssitz von Spiti, liegt 76 km südöstlich des Kunzum-Passes und 201 km von

Manali entfernt, überblickt das Nordufer des Flusses Spiti und ist als wichtigster Markt der Region der ideale Ausgangspunkt für eine Reihe von Zwei- bzw. Dreitagewanderungen zu Klöstern und abgelegenen Dörfern wie Kibber. Die Gebühren für Träger und Ponytreiber unterscheiden sich kaum von denen in Kullu. Von hier aus kann man auch nach Dhankar (32 km) und weiter nach Tabo (43 km) wandern.

Wer weiter nach Kinnaur möchte, kann ein kostenloses **Inner Line Permit** im Büro des Additional Deputy Commissioner im neuen Teil der Stadt bekommen. Erforderlich dafür sind zwei Passfotos und Kopien der entsprechenden Seiten im Pass, außerdem ein Polizeistempel, erhältlich bei der Polizeidienststelle unten am Hang, vom DC-Büro Richtung Fluss.

Übernachtung und Essen

Die rund 30 einfachen **Unterkünfte** verteilen sich gleichmäßig über das alte und neue Stadtviertel, zwischen denen ein (normalerweise trockenes) Flussbett verläuft.

Banjara Retreat, Richtung Fluss, New Kaza, ✆ 01906/222236. Eines der besseren Hotels, mit 12 bequemen Doppelzimmern und einem guten Restaurant. ❸

Khangasar Hotel, Old Kaza, ✆ 01906/222276. Die schlichte Herberge besitzt große, hübsche Zimmer mit Bad und TV. ❷

Phuntsok Palbar, nahe Flussbett, New Kaza, ✆ 01906/222360. Die preiswerteste Unterkunft vor Ort mit absolut sauberen Zimmern und Warmwasser-Eimerduschen verfügt außerdem über ein warmes Gemeinschaftszimmer, einen sonnigen Hof und kostenlose Gepäckaufbewahrung. ❶

Sakya's Abode, Hauptstraße, New Kaza, ✆ 01906/222254, ✉ sakya_abode@yahoo.com. Das einladende Haus besitzt vergleichsweise noble Zimmer und einen billigen Schlafsaal (Rs100). ❸

Zangchuk Guest House, nahe Flussbett, Old Kaza, ✆ 01906/222510. Die Zimmer und Einrichtungen sind ausgesprochen „puristisch", aber von der ruhigen Terrasse entfaltet sich eine wunderbare Aussicht. ❶

Die meisten Besucher essen in den Hotelrestaurants oder in den Touristencafés. Von Letzteren schießen immer mehr aus dem Boden, vor allem in der Altstadt: Auf dem Hauptplatz befinden sich z. B. das **Sachen Kunga Nyingpo** mit leckeren Gerichten aus verschiedenen Küchen, darunter der tibetischen, und die **German Bakery**, deren Name für sich spricht. Die beste Anlaufstelle für herzhafte Hausmannskost ist das **Hesty Testy**, und bei **Mahabudha** im Obergeschoss gibt's ganz ordentliches indisches und chinesisches Essen.

Sonstiges

Internet

Auf dem Hauptplatz gibt es einen Internetladen, der aber keine festen Öffnungszeiten hat.

Reiseveranstalter

Ecosphere, ✆ 01906/222652, 💻 www.spitiecosphere.com, informiert über Trekkingmöglichkeiten sowie die einheimische Tierwelt und führt Ökoprojekte durch.

Spiti Holiday Adventure, ✆ 01906/222711, 💻 www.spitiholidayadventure.com, ist ein bewährtes Reisebüro, wo man auch **Geld** wechseln kann.

Transport

2x tgl. (um 9 und 14 Uhr) fährt ein **Bus** nach TABO (2 Std.) und dann weiter bis ins entfernte REKONG PEO in Kinnaur. Ein einziger Bus macht sich auf den Weg nach MUDH im Pin-Tal (2 1/2 Std.), er kehrt am nächsten Morgen wieder zurück. Nach KIBBER fährt 1x tgl. um 17.30 Uhr ein Bus, Rückfahrt am nächsten Morgen um 8 Uhr. Die Abfahrtszeiten der Busse für diese Ziele doppelt und dreifach checken – sie ändern sich ständig.

Es ist eine gute Idee, in Spiti – wo die Straßen gefährlich und die öffentlichen Verkehrsmittel unzuverlässig sind – einen **Jeep** zu mieten. Anbieter warten in der Nähe der Bushaltestelle; ungefähre Kosten: Rs1800 ins PIN-TAL und zurück, Rs1500 nach TABO, oder Rs720 nach KIBBER via Ki. Die Straße jenseits von Sumdo, die zur Inner Line gehört, wurde erneuert. In der Gegend kommt es aber immer wieder zu **Erdrutschen**, daher sollte man sich unbedingt nach dem aktuellen Straßenzustand erkundigen.

Ki Gompa

Vor dem Hintergrund schneebedeckter Berge klammert sich das Ki Gompa an die steilen Hänge eines dem Wind ausgesetzten, kegelförmigen Hügels. Der Ort ist ein Bilderbuchbeispiel für tibetische Architektur und bietet eines der exotischsten Spektakel von ganz Himachal. Im 16. Jh. gegründet, ist Ki das größte **Kloster** im Spiti-Tal mit einer wachsenden Gemeinschaft von Mönchen, dessen Rinpoche, Lo Chien Tulkhu aus Shalkar nahe Sumdo, die derzeitige Inkarnation des „großen Übersetzers" Rinchen Sangpo sein soll. Ein Labyrinth von dunklen Gängen und Holztreppen verbindet den Gebets- mit dem Versammlungssaal, in dem eine Sammlung alter *thangkas*, Waffen, Musikinstrumente, Manuskripte und religiöser Bilder aufbewahrt wird (Fotografieren untersagt). Nach einem Erdbeben im Jahr 1975 sind viele der Räume neu gestaltet worden, und im Jahr 2000 wurde eine vom Dalai Lama gestiftete Gebetshalle hinzugefügt. Zum Neumond gegen Ende Juni / Anfang Juli richtet Ki ein großes Fest aus, mit dem die „Verbrennung des Dämons" gefeiert wird. Nach den *chaam*-Tänzen folgt eine Prozession, die sich ihren Weg hinab zum rituellen Platz unterhalb des Klosters bahnt, wo eine große Butterskulptur angezündet wird.

Das Dorf Ki liegt 12 km nordwestlich von Kaza an der Straße nach Kibber. Vom Ort führt ein steiler, 1 km langer Aufstieg zum Klostertor. Den schönsten Anblick der prachtvollen Südseite des Gompa genießt, wer den 17.30-Uhr-Bus von Kaza nach Kibber nimmt, in Ki Village aussteigt und das letzte Stück bis zum Kloster zu Fuß geht. Ansonsten macht aber auch der 8-Uhr-Bus aus Kibber auf seiner Strecke hinunter nach Kaza einen kleinen Umweg und hält beim Kloster. In Ki gibt es beschränkte Übernachtungsmöglichkeiten: Besucher können für Rs300 (inkl. Verpflegung) im Kloster, ✆ 9418/626613, absteigen oder auch im gastfreundlichen Tashi Khangsar Guesthouse, ✆ 019006/226277 ❶, hinter der ersten Straßenbiegung, gekennzeichnet mit einem grünen Schild.

Kibber

Kibber (4205 m) gehört zu den höchstgelegenen Siedlungen der Welt, die über Straßenanbindung und Elektrizität verfügt. Die Jeep-Pisten, Satellitenschüsseln, das etwas abseits gelegene, mit einem Blechdach geschmückte Regierungsgebäude und die etwa 100 in der Gegend verstreuten alten Spiti-Häuser bieten einen eigentümlichen Anblick. Im Sommer von grünen Gerstenfeldern umgeben, befindet sich Kibber auch am Anfang eines Trails, der sich seinen Weg in nördlicher Richtung durch die Berge bahnt und über den hohen, eisbedeckten **Parang-Pass** (5600 m) nach Ladakh führt. Bevor man Straßen in das Spiti-Tal gebaut hatte, führten die Einheimischen ihre Pferde und Yaks hier entlang, um auf dem Basar in Leh Geschäfte zu machen. Ein paar Trekking-Veranstalter (s. S. 511) mit Sitz in Manali bieten einen 17-tägigen Trek von hier zum See **Tso Moriri** in Ladakh an (S. 562).

Wer den 17.30-Uhr-**Bus** von Kaza nach Kibber (1 Std.) nimmt, muss über Nacht bleiben. Man kann aber auch einen **Jeep** mieten, eine Mitfahrgelegenheit bei einer Reisegruppe ergattern oder sich auf Schusters Rappen verlassen und die 16 km auf Pfaden bewältigen, gegen Ende geht es allerdings fast nur noch bergauf. Dank seiner fantastischen Lage ist es toll, in Kibber zu übernachten, und so mancher Besucher bleibt länger als geplant in einem der einfachen und travellerfreundlichen **Gästehäuser**, alle mit Gemeinschaftsbad und Warmwasser in Eimern. Das Norling, ✆ 01906/200091 ❶-❷, und das Rainbow, ✆ 01906/200316 ❶, liegen nebeneinander gegenüber der Schule am Dorfeingang. Das Norling sowie dessen Restaurant sind dem Nachbarbetrieb etwas überlegen. Das weiter im Dorf gelegene Serkong, ✆ 01906/200156 ❶, hat nur Gemeinschaftsbäder, dafür aber eine hübsche Dachterrasse.

Dhankar und das Pin-Tal

Nach rund einem Drittel der Strecke zwischen Kaza und Tabo zweigt in der Nähe des Zusammenflusses von Pin und Spiti eine Schotterstraße Richtung Osten ab. Nach 8,5 km erreicht sie das Dorf **Dhankar** (3890 m). Das **Dhankar Gompa** auf dem höchsten Punkt im Rücken des Dorfes ist für seine brillanten Wandgemälde berühmt. Sie entstanden wahrscheinlich im 17. Jh. und erzählen das Leben von Buddha. Manche Bilder sind zerstört worden, aber die, die Buddhas Geburt, Wiedergeburt sowie sein Leben in Kapilavastu und seine Abkehr vom Weltlichen darstellen, sind spektakulär. Vom *gompa* eröffnet sich eine umwerfende Aussicht in die Tiefe auf die Stelle, wo sich der große Spiti und sein Zufluss Pin vereinigen. Dhankar liegt an keiner Busstrecke, deshalb muss man sich entweder eine Fahrgelegenheit besorgen (ein Taxi von **Sichaling** auf der Hauptstraße her kostet Rs160) oder zu Fuß gehen – die Abkürzung beginnt am Wetterhäuschen an der Hauptstraße unter dem *gompa*, 3 km vor Sichaling. Besucher dürfen gegen eine Spende im Kloster übernachten, sollten aber eigene Bettwäsche mitbringen – die Bettwanzen von Dhankar kennen keine Gnade. Ein klein wenig mehr Komfort bietet der Homestay Tenzin, ✆ 9459/270036 ❷ einschließlich Verpflegung, am Berghang über dem Kloster in der Nähe des Old Fort.

Das Pin-Tal

Eine halbe Stunde östlich von Kaza überspannt bei Attargu eine Brücke den Spiti und markiert den Beginn des 16 km langen Anstiegs durchs **Pin-Tal** nach **Gulling**. Über Gulling thront das bedeutende Nyingma-*gompa* Gungri, das aus dem 8. oder 9. Jh. datieren soll. Hier gibt es ein schlichtes Hotel namens Himalaya ❶, zwei Cafés, in denen *thukpa* und *momos* serviert werden, und einen Campingplatz. Das winzige **Mikim** liegt 3 km hinter Gulling am Zusammenfluss von Pin und Parahio. Die unwesentlich größere Ortschaft **Sagnam** auf der anderen Seite des Flusses besitzt ein paar einfache Unterkünfte, darunter ein PWD Resthouse ❶, das Norzang Guesthouse ❶ und das Shambala Guesthouse, ✆ 01906/224221 ❶.

Hinter Sagnam wird die Straße zusehends schlechter, aber mit einem Fahrzeug schafft man es noch weitere 14 km bis **Mudh**. Das bezaubernde Minidörfchen thront über einem atemberaubend schönen Tal, an dessen Rand sich der pyramidenförmige Tordang Mountain erhebt. Diverse **Guesthouses** warten auf durchziehende Wanderer, deren Zahl immer weiter steigt. Allerdings sind die Herbergen äußerst schlicht ausgestattet, und bislang gibt es in allen nur Gemeinschaftsduschen und -toiletten. Am nettesten ist das Dawa ❶ mit großem Schlafsaal (Rs50). Im Hauptgebäude wird Essen serviert, und auch ein neuer Flügel ist im Bau, der Zimmer mit Bad verspricht. Ebenfalls empfehlenswert sind das freundliche Himalayan Pin Parvati Guest House ❶ und das Tara Guest House, ✆ 9418/441453 ❶. Einmal am Tag verkehrt ein überfüllter **Bus** zwischen Kaza und Mudh, der oft Verspätung hat. Am besten fragt man die Einheimischen nach der voraussichtlichen Abfahrtszeit.

Tabo

Einer der Hauptgründe, die mühsamen Straßen von Spiti in Angriff zu nehmen, ist ein Besuch des **Tabo Gompa** 43 km östlich von Kaza. Die aus Holz und Lehm erbauten Häuschen, die sich an das steile Nordufer des Flusses Spiti schmiegen, wirken zunächst unscheinbar, doch beherbergen sie mit ihren bunten Wandgemälden und Skulpturen aus Stuck einige der weltweit bedeutendsten antiken Kunstschätze des Buddhismus: das Verbindungsglied zwischen den Höhlenmalereien von Ajanta (S. 707) und der opulenteren tantrischen Kunst, die etwa fünf Jahrhunderte später in Tibet zu voller Blüte gelangte. Laut einer Inschrift in seiner Hauptversammlungshalle wurde das Kloster 996 n. Chr. errichtet, als Rinchen Zangpo den Dharma über den nordwestlichen Himalaya verbreitete. Außer den 158 buddhistischen Texten in Sanskrit, die er persönlich transkribierte, hatte der „große Übersetzer" auch ein Gefolge von Handwerkern aus Kashmir bei sich, die die Tempel schmücken sollten. Die einzig verbliebenen Beispiele ihrer außergewöhnlichen Arbeit findet man hier in Tabo, in Alchi in Ladakh sowie in den *gompas* von Toling und Tsaparang im chinesisch besetzten westlichen Tibet.

Umgeben von einer Mauer aus Ziegeln und Schlamm, befinden sich im **Chogskhar** („heilige Enklave") von Tabo acht Tempel und 24 Tschörten (Stupas). Der größte und älteste Bau der Gruppe, **Sug La-khang**, steht gegenüber dem Haupteingang. Gegen Ende des 10. Jhs. wurde die „Halle der Erleuchteten Götter" errichtet. Sie ist als dreidimensionales Mandala konzipiert, dessen Struktur und kunstvoll verziertes Inneres das mystische Modell des Universums mitsamt Gottheiten symbolisiert. Es gibt drei verschiedene Ebenen mit Darstellungen: Die Gemälde auf der unteren Ebene zeigen Episoden aus dem Leben Buddhas und seiner vorherigen Inkarnationen;

darüber stellen Stuckarbeiten Götter und Göttinnen dar, und ganz oben in der Halle sind meditierende Buddhas und Bodhisattvas zu sehen. Wer die Wandmalereien eingehend betrachten möchte, sollte eine Taschenlampe mitbringen.

Die anderen Tempel stammen aus dem 15. und 18. Jh. Ihr Inneres veranschaulicht die Entwicklung der buddhistischen Ikonographie von ihren frühen indischen Ursprüngen bis zur chinesisch beeinflussten Opulenz des mittelalterlichen tibetischen Tantrismus, der heute in noch farbenprächtigerer Form in modernen Klöstern vorherrscht. Im neuen Gompa, das 1983 durch den Dalai Lama eröffnet wurde, wohnen rund 50 Mönche und ein paar *chomos* (Nonnen), von denen einige bei einem *geshe* (Lehrer) aus Osttibet Unterricht in traditioneller Maltechnik nehmen. Besucher sind zur tgl. um 6.30 Uhr stattfindenden *puja* willkommen. Überdies lohnt sich ein Abstecher zu den **Höhlen** jenseits der Hauptstraße; eine der Höhlen beherbergt weitere Wandmalereien, doch wer sie sehen möchte, muss vom Gompa-Wärter eingelassen werden.

Übernachtung und Essen

Das freundliche und stimmungsvolle **Millenium Monastic Guest House**, ✆ 01906/223333, in Tabo, vor den Haupttoren des Klosters. Schlafsaalbetten (Rs50) sowie einfache Zimmer mit oder ohne Bad. ❶

Tashi Khangsar Hotel, hinter dem Kloster beim Fluss, ✆ 01906/233346. Einladendes Hotel mit einfachen, preiswerten Zimmern mit Bad und einem schönen Garten. ❷

Durchaus in Ordnung sind auch das **Panma Guest House**, ✆ 9459/270055 ❶–❸ und das **Maitreya Guest House**, ✆ 9418/981957 ❶–❷.

Das Restaurant **Millennium Monastery** und das **Zion Café** im Panma bieten einfache tibetische und indische Gerichte. Im üppig grünen Hof des **Café Kunzon Top** gibt es ausgezeichnetes Frühstück und den „höchsten Cappuccino der Welt".

Transport

Zwei **Busse** fahren tgl. nach KAZA, der um 4 Uhr abfahrende geht sogar bis nach MANALI. In der Gegenrichtung kommt gegen 11 Uhr ein Bus durch, der die Strecke zwischen Kaza und REKONG PEO in Kinnaur bedient.

7 HIGHLIGHT

Von Manali nach Leh

Seit ihrer Freigabe für ausländische Touristen 1989 hat die berühmte Straße von Manali nach Leh die alte Route Srinagar–Kargil als beliebteste Verbindung nach Ladakh abgelöst. Jeden Sommer setzt sich ein Strom von Fahrzeugen im Kullu-Tal in Bewegung, um die zweithöchste Straße der Welt, die bei Tanglang La die Schwindel erregende Höhe von 5328 m erreicht, zu bewältigen. Die Straße, deren Oberflächen-

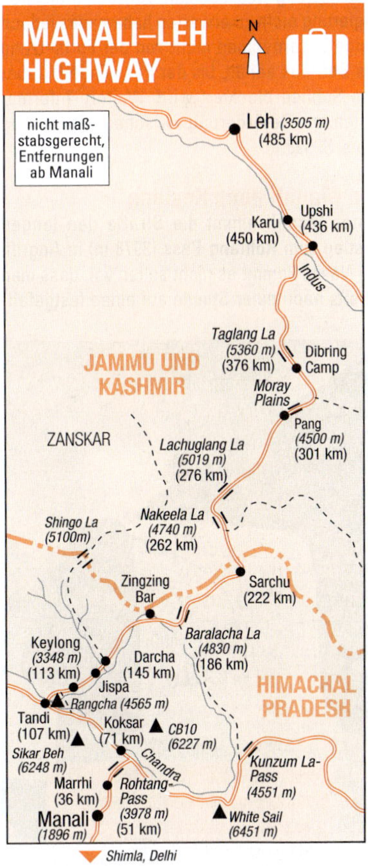

beschaffenheit große Unterschiede aufweist – von recht glattem Asphalt über Schlaglöcher verschiedenster Größe bis zu unbefestigten Abschnitten –, durchquert eine unheimliche, faszinierend schöne Mondwüste.

Je nach Straßenzustand und Fahrzeug braucht man für die 485 km 17 bis 30 Stunden reine Fahrzeit. Alle Busfahrer halten bei einem der spartanischen **Zeltlager** an der Route, wo man eine kurze und kalte Nacht verbringt. Die Zeltlager sind allerdings nach dem 15. September, wenn die Straße offiziell gesperrt wird, selten zu finden. In der Praxis bedeutet die Sperrung, dass vom Schnee Eingeschlossene eine Rettung aus der Luft von der indischen Regierung nicht zu erwarten haben, was jedoch einige Unternehmen nicht von der Fortsetzung des Betriebs abhält, bis der Pass Ende Oktober vom Schnee blockiert wird. Weitere Informationen zur Beförderung zwischen Manali und Leh s. S. 523.

Von Manali nach Keylong

Hinter Manali nimmt die Straße den langen Anstieg zum **Rohtang-Pass** (3978 m) in Angriff. Bei Nässe kommt es nicht selten vor, dass man bereits nach einer Stunde auf einen festgefahrenen LKW trifft, der die Straße blockiert. In solchen Fällen sind unplanmäßige Wartezeiten von bis zu vier Stunden nicht ungewöhnlich. Die Busse halten zum Frühstück (oder Brunch) 17 km vor dem Pass an einer Reihe behelfsmäßiger *dhabas* in Marhi (3360 m). Obwohl der Rohtang für Himalaya-Verhältnisse gar nicht so hoch liegt, gehört er zu den tückischsten Pässen der Region.

Alle Jahre wieder werden Einheimische und Touristen gleichermaßen von unerwarteten Wetterwechseln überrascht; daher der Name Rohtang, der wörtlich etwa „ein Haufen von Leichen" bedeutet.

Vom Rohtang führt die Straße wieder abwärts zur Sohle des **Chandra-Tals** und erreicht schließlich den Fluss bei **Koksar**, nicht viel mehr als eine Ansammlung von *chai*-Ständen und ein **Kontrollposten**, an dem Angaben aus dem Reisepass verlangt werden – einer von mehreren solcher Stopps auf dem Weg nach Leh.

Die nun folgenden Stunden werden zu den unvergesslichsten der ganzen Fahrt gehören. Am besten sitzt man auf der linken Busseite. Der Weg führt über die nördlichen Hänge des Tals durch die ersten buddhistischen Siedlungen, die von hoch aufragenden Gipfeln und hängen-

Die Straße von Manali nach Leh ist die beliebteste Verbindung nach Ladakh.

Auf zwei Rädern über den Manali–Leh Highway

Bei **Fahrradfahrern** gilt die Strecke Manali–Leh als eine der schwierigsten der Welt. Jeden Sommer brechen bis zu 300 waghalsige Radler auf, um die 500 km lange Strecke zu bezwingen. Zwar sind die **Steigungen** selten so, dass man schieben muss, aber der zweitägige Anstieg, die holprigen Pfade über die **Pässe** und vor allem die Höhe erfordern Wachsamkeit und etwas Vorbereitung. Ein voll beladenes Rad 50 km lang ununterbrochen den Berg hochzutreten, und zwar bis auf weit über 5000 m, mag ein verwegenes Unterfangen sein. Aber die Anstrengung wird fürstlich belohnt, vor allem wenn man eine eigene Zeltausrüstung dabei hat und nicht auf die lauten, schmuddligen Fallschirmspringercamps angewiesen ist. **Wichtig** sind wind- und wasserfeste Kleidung, eine warme Fleecejacke, eine Sonnenbrille, eine Kopfbedeckung und ein ordentlicher Vorrat an High-Energy-Snacks wie die Erdnusskrokantriegel, die es in den Basaren zu kaufen gibt. Ein Wasserfilter bringt zusätzliche Unabhängigkeit, denn pro Tag müssen mindestens 3 l Wasser getrunken werden. Man sollte sich vergewissern, dass das Rad eine leicht zu betätigende Gangschaltung für die Strampelei hoch zu den Pässen hat (bei den meisten MTBs der Fall), ebenso wie möglichst neue Bremsbeläge sowie gut befestigte und verschlossene Gepäcktaschen für die anschließenden langen Abfahrten. Die Kleidung sollte aus saugfestem, schnell trocknendem Material bestehen, damit man sich auf den zugigen Pässen in den verschwitzten Klamotten nicht verkühlt.

Die meisten Leute starten in Manali (1900 m) und benötigen acht bis zehn Tage bis Leh (3500 m). Für eine Abfahrt in Leh spricht aber, dass die Möglichkeit besteht, sich vorher zu aklimatisieren, und die Fahrt weniger Anstiege beinhaltet, jedoch nicht weniger faszinierend ist. Darüber, dass man selbst oder das Rad unterwegs vielleicht schlapp macht, braucht man sich keine allzu großen Sorgen zu machen – im Notfall findet sich immer eine Mitfahrgelegenheit. Wer nicht auf eigene Faust losradeln möchte, findet auf S. 511 Adressen von Mountainbike-Tourveranstaltern in Manali. Weitere Infos unter 💻 www.himalayabike.com.

den Gletschern eingerahmt sind, nach Keylong (S. 515). Die HPTDC-Super-Deluxe-Busse und einige andere Linien legen hier einen Übernachtungsstopp ein, um den größten Teil der Strecke am folgenden Tag hinter sich zu bringen.

Von Keylong nach Sarchu

Hinter Keylong weitet sich das Bhaga-Tal, doch an seinen kahlen Hängen finden sich nur vereinzelte Dörfer. In **Darcha**, einer einsamen Ansammlung von Steinhütten und schäbigen Zeltlagern sowie einem weiteren Checkpoint, ist die Landschaft immer noch ziemlich grün.

Sämtliche Busse halten hier, damit sich die Fahrgäste von den *dhabas* am Wegrand eine heiße Schüssel tibetischer *thukpa* holen können. Viel mehr kann man in Darcha auch nicht unternehmen, obwohl am Ortsrand der Shingo La Trailhead liegt, Ausgangspunkt der wichtigsten Trekkingroute Richtung Norden nach Zanskar.

Wenn man nicht in einem Bus sitzt, der von Manali nach Leh durchfährt, ist ein Zwischenstopp in **Jispa** (7 km südlich) zu empfehlen, einem netten kleinen Dorf mit genügend Zeltmöglichkeiten am Fluss sowie dem teuren Hotel Jispa, ✆ 01900/233203 ❺. Das Hotel bietet auch Dormbetten für Rs200.

Von Darcha schlängelt sich die frisch geteerte Straße in nordöstlicher Richtung zum Pass **Baralacha La**. Manche Busse halten über Nacht auf der anderen Seite in **Sarchu**, wo im ziemlich schlichten Tent Camp der HPTDC ❸ dampfender Reis, *dhal* und Gemüse gereicht werden, ebenso wie in einigen ähnlich preiswerten *dhabas* in der Nähe. Es gibt noch ein paar teurere Camps an der Straße, die bis zu Rs800 p. P. inkl. Verpflegung verlangen. Zu beachten ist, dass Sarchu 2500 m höher als Manali liegt und Reisenden, die direkt von dort kommen, der Höhenunterschied zu schaffen machen könnte.

Von Sarchu zum Taglang La

In Sarchu endet die Saison am 15. September. Dann drängen die Busse, die nicht in Keylong Station gemacht haben, in Richtung Norden über den **Lachuglang La** (5019 m), den zweithöchsten Pass am Highway, zum Zeltcamp in **Pang** (4500 m), das länger geöffnet ist. Das bedeutet aber leider auch, dass die Fahrt durch einen der aufregendsten Abschnitte der Route, eine fantastische Schlucht, im Dunkeln stattfindet. Nördlich von Pang beginnt die Straße ihren Anstieg zum vierten und letzten Pass, dem **Taglang La**, dem allerhöchsten Punkt der Straße von Manali nach Leh auf atemberaubenden 5328 m. Die Fahrer halten hier mal kurz an, damit die Reisenden das Gebetsrad drehen und sich für ein Foto neben dem Höhenschild und einem kleinen Schrein aufstellen können. Ist der Himmel klar genug, erblickt man weit im Norden, jenseits des bunten Gewirrs der Gebetsfahnen von Ladakh, die Karakorum-Gebirgskette am Horizont.

Von Taglang La nach Leh

Dreißig Kilometer hinter dem Pass liegt **Rumtse**, das erste Ladakhi-Dorf. Hier gibt es zwei spartanische Gästehäuser/*dhabas* ❶. Sie stehen gegenüber von einem Laden, wo haltbare Snacks verkauft werden. Nur ein Stück weiter die Straße entlang befindet sich in **Gya**, dem nächsten Dorf, ein Krankenhaus (mit Sauerstoffzelt). Gleich dahinter, unterhalb der Baumgrenze, hat in **Lato** während der Saison ein besonders hübscher Campingplatz geöffnet. Außerdem gibt's ein schlichtes Hotel ❶. In **Upshi** erreicht die Straße das spektakuläre Indus-Tal und folgt dem Flusslauf des **Indus**, vorbei an Armeecamps und alten Klöstern. Kurz vor **Choglamsar** nimmt das Verkehrsaufkommen zu, während man die letzten staubigen Kilometer nach **Leh** (S. 545) – vorbei am höchstgelegenen Golfplatz der Welt – durch die modernen Vororte bis zu den Verkaufsständen von Lehs Hauptbasar bewältigt.

Jammu und Kashmir

Stefan Loose Traveltipps

Kashmir-Tal Das üppig-grüne Tal zieht mit seinen Trekkingzentren wie Pahalgam und Gulmarg inzwischen wieder Besucher an. S. 531

Dal-See Sich auf einem kashmirischen Hausboot entspannen, umgeben von Seerosen, Eisvögeln und einer atemberaubenden Gebirgskette – unvergesslich. S. 534

Leh Mittelalterliche Straßen, ein Palast im tibetischen Stil und Basare vor der Kulisse schneebedeckter Gipfel. S. 545

Tikse Neben Lamayuru und Hemis die eindrucksvollste Klosteranlage im indischen Teil des Himalaya. S. 557

Tso Moriri Seltene Zugvögel bevölkern den von verschneiten Bergwüsten umgebenen Hochgebirgssee. S. 561

Nubra Valley Sanddünen, Trampeltiere und Ausblicke auf das mächtige Karakorum-Gebirge erwarten Besucher am Ende der höchsten befahrbaren Straße der Welt. S. 562

Alchi Hinter den schlichten Mauern dieses uralten Klosters verbergen sich wundervolle Wandmalereien und Stuckbilder. S. 567

8 **Zanskar** Die von hohen Himalaya-Gipfeln umgebene Wildnis ist im Winter nur über den zugefrorenen Fluss erreichbar. S. 573

JAMMU UND KASHMIR

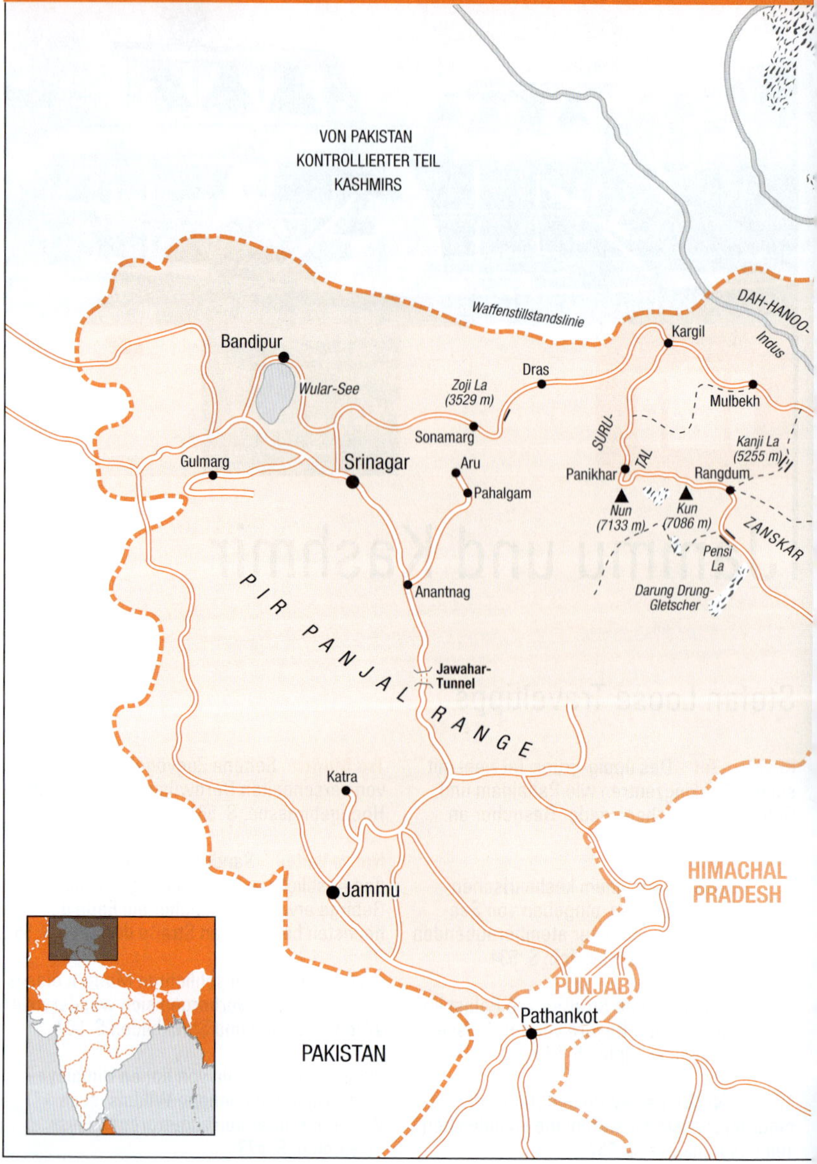

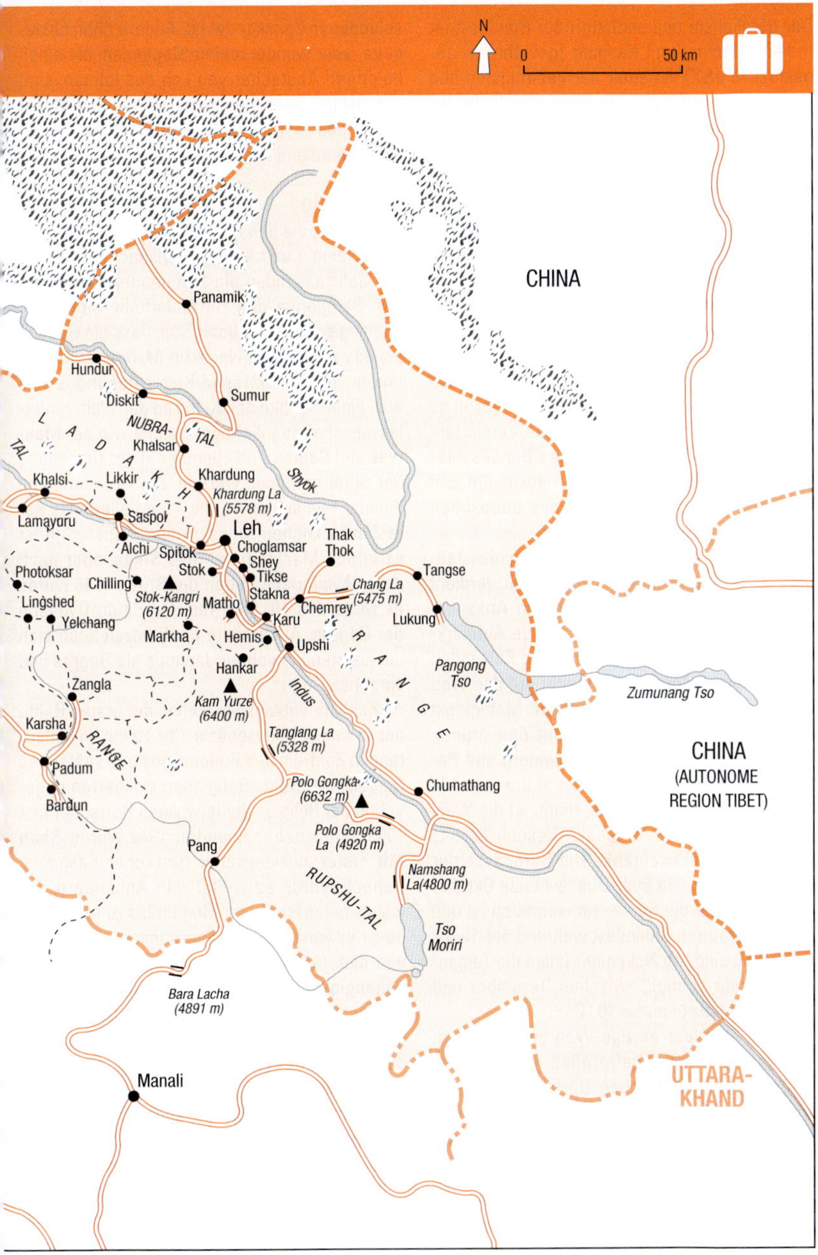
N
0
50 km
CHINA
Panamik
Hundur
Diskit
Sumur
LADAKH
NUBRA-TAL
Khalsar
Shyok
Khardung
Khardung La (5578 m)
Khalsi
Likkir
Saspol
Lamayuru
Leh
Alchi
Spitok
Choglamsar
Thak Thok
Photoksar
Stok
Shey
Tikse
Tangse
Chilling
Stok-Kangri (6120 m)
Stakna
Chang La (5475 m)
Lingshed
Matho
Chemrey
Lukung
Yelchang
Markha
Karu
Hemis
Upshi
Hankar
Pangong Tso
Zumunang Tso
Zangla
Kam Yurze (6400 m)
Indus
RANGE
Karsha
Tanglang La (5328 m)
CHINA
(AUTONOME REGION TIBET)
Padum
Polo Gongka (6632 m)
Chumathang
Bardun
Polo Gongka La (4920 m)
Pang
Namshang La(4800 m)
RUPSHU-TAL
Tso Moriri
Bara Lacha (4891 m)
UTTARA-KHAND
Manali

Der nördlichste und sechstgrößte Bundesstaat Indiens, Jammu und Kashmir (gewöhnlich abgekürzt zu J&K), ist einer der gebirgigsten und schönsten des Landes. Er versinnbildlicht außerdem die kulturelle und religiöse Vielfalt des Subkontinents, denn er zerfällt in drei deutlich unterscheidbare Regionen. Das südwestliche Ende des Staates ist das Gebiet um die Winterhauptstadt **Jammu** mit Hindu-Mehrheit. Nördlich hiervon liegt auf der anderen Seite der ersten Himalaya-Kette das fast ausschließlich moslemische **Kashmir**. Es ist gleichermaßen berüchtigt wegen der fortwährenden politischen Probleme (s. Kasten S. 532/533) wie auch für seine anmutige Schönheit. Im Nordosten schließlich erstreckt sich an den umstrittenen Grenzen zu Pakistan und China die abgelegene, zerklüftete Region **Ladakh**, die fast 70 % des Bundesstaates in seinen De-facto-Grenzen ausmacht und überwiegend von Anhängern des tibetischen Buddhismus bewohnt wird.

Jammu ist die größte Stadt des Bundesstaates und das traditionelle Tor zur Region, verdient jedoch wegen seiner wunderbaren Ansammlung von Tempeln auch selbst einige Aufmerksamkeit. Die meisten ausländischen Reisenden machen sich jedoch gleich weiter auf den Weg in die Sommerhauptstadt **Srinagar**, Mittelpunkt des berühmten Kashmir-Tals mit den grünen Bergen und den Wiesen von **Gulmarg** und **Pahalgam**. Wenn man nicht direkt in die reizende Hauptstadt von Ladakh, **Leh**, fliegt, ist die Wahl der **Reisezeit** für den Ladakh-Besuch bereits weitgehend eingeschränkt: Die Bergpässe der Region sind nur von Ende Juni bis Ende Oktober geöffnet, wenn die Sonne am wärmsten ist und die Temperaturen zumindest während des Tages angenehm sind. Ab November fallen die Temperaturen sehr schnell, zwischen Dezember und Februar oft bis auf minus 40 °C.

Dann führt der einzige Weg von und nach Zanskar über den zugefrorenen Fluss. Leh ist umgeben von zahlreichen Dörfern mit altehrwürdigen Klöstern wie **Tikse** und **Hemis**, oder, weiter westlich, **Lamayuru**. Letzterer Ort ist ein guter Zwischenstopp auf dem Weg nach **Kargil**, das auf halber Strecke zwischen Leh und Srinagar liegt und der Ausgangspunkt zum abgeschiedenen Zanskar-Tal ist. Andere dünn besiedelte, aber wunderschöne Gegenden, die einen holprigen Abstecher von Leh aus lohnen, sind die eisigen Seen **Pangong Tso** und **Tso Moriri** sowie das fast surreale **Nubra-Tal** mit seinen Sanddünen und herumziehenden Kamelen.

Geschichte

Die Region, die den heutigen indischen Bundesstaat Jammu und Kashmir ausmacht, ist schon seit Jahrtausenden ein Schnittpunkt der Kulturen, Religionen und Herrschaftsbereiche. Archäologische Funde beweisen, dass die Gegend um Jammu, dessen Name im *Mahabharata* auftaucht, Teil der **Harappa**-Kultur des Indus-Tals war, einer der ältesten Kulturen der Welt. Hinterlassenschaften mächtiger Reiche wie der **Mauryas** und **Guptas** sind ebenfalls in der Umgebung der Stadt gefunden worden. Die Gründung von Jammu – im späten 14. Jh. – wird allerdings **Raja Jambu Lochan** zugeschrieben. Später geriet es in den Machtbereich des **Sikhs**, aber nach deren Niederlage gegen die Briten 1846 wurde es Mitte des 19. Jhs. Teil der Hindu-Dynastie der **Dogras**. Auch heute noch bezeichnen sich die meisten Einwohner Jammus als Dogras und sprechen Dogri.

Kashmir entwickelte sich in der ersten Hälfte des ersten Jahrtausends n. Chr. zu einem bedeutenden Zentrum des Buddhismus und später des Hinduismus. Beide Religionen existierten ungeachtet der Religion der jeweiligen Herrscher fast 1000 Jahre nebeneinander. 1349 wurde **Shah Mir** erster moslemischer Herrscher Kashmirs. Danach wurde es weiter von Anhängern des Islams beherrscht, von Moguln bis zu Afghanen, bevor es von den Sikhs übernommen wurde und von den 1840er-Jahren bis zur indischen Unabhängigkeit denselben politischen Weg ging wie Jammu. Die Probleme in der Region sind genauer im Kasten S. 532/533 dargestellt. Unter der Führung des jüngsten Chief Minister (Ministerpräsidenten) aller Zeiten, des im Januar 2009 gewählten **Omar Abdullah**, sehen die Kashmiris wieder hoffnungsvoller in die Zukunft.

Die ersten Bewohner Ladakhs waren vermutlich Nomadenhirten aus dem tibetischen Hochland und eine kleinere Gruppe früher buddhistischer Flüchtlinge aus Nordindien, die Mon. Im 4. oder 5. Jh. kamen die indo-arischen **Dard** hinzu, die die Bewässerung und die sesshaft betriebene Landwirtschaft mitbrachten. Das erste unabhängige Königreich in der Region wurde im 9. Jh. von dem abtrünnigen Adligen Nyima Gon gegründet, mehr oder weniger gleichzeitig mit der Verbreitung des **Buddhismus** durch Wandermönche wie Padmasambhava (alias „Guru Rinpoche"). Später folgte die sogenannte Zweite Ausbreitung. Einer der wichtigsten Missionare dabei war der „Große Übersetzer" **Rinchen Sangpo**. Etwa im 14. Jh. durchlebte Ladakh ein finsteres Zeitalter und wurde dann unter **Tashi Namgyal** (reg. 1555–70) wieder vereint. Er gründete eine neue Hauptstadt in Leh und ließ dort einen Palast bauen. Schließlich musste sich Ladakh den mächtigeren Moguln unterwerfen: Aurangzeb verlangte höhere Abgaben, befahl den Bau einer Moschee in Leh und zwang den König von Ladakh, zum Islam zu konvertieren.

Die Handelsbeziehungen zu Tibet wurden im 18. Jh. wieder aufgenommen, aber Ladakh erreichte nie wieder seinen vorherigen Status. Geplagt von Stammesfehden und Attentaten sank das Königreich seinem endgültigen Abstieg entgegen und war leichte Beute für den **Dogra**-General Zorawar Singh, der es 1834 für den Maharadscha von Kashmir annektierte. Im Jahr 1948, nach dem ersten der drei indisch-pakistanischen Kriege in der Region, wurde Ladakh Teil des Staates Jammu und Kashmir im unabhängigen Indien. Gelegentlich flammen die Konflikte um die umstrittenen Grenzen wieder auf (s. Kasten S. 532/533). Bedenkt man dabei die Nähe zu China – ein weiterer Erzfeind, der sich 1962 einen großen Teil von Ladakh einverleibte –, wird deutlich, warum dies die sensibelste Grenzregion Indiens ist.

Hinzu kommt ein hohes Maß an inneren Spannungen. Nach der jahrelangen Unzufriedenheit der Ladakhis mit der in Srinagar ansässigen Staatsregierung wurde im September 1995 schließlich der **Ladakh Autonomous Hill Development Council** (LAHDC) eingesetzt. Seither wird Ladakh – zumindest theoretisch – auch von Ladakh aus regiert. Eine Gruppe buddhistischer und islamistischer Parteien Ladakhs gründete 2002 die **Ladakh Union Territory Front**, mit dem Ziel der Abspaltung Ladakhs von Jammu und Kashmir und der Anerkennung als Unionsterritorium von Seiten Delhis. Trotz der Erfolge dieser Partei bei regionalen Wahlen hat die von der Kongresspartei geführte Regierung des Bundesstaates alle Versuche abgewehrt, Ladakh als Union Territory zu etablieren.

Kashmir

Schon lange bevor Kashmir in dem gleichnamigen Song der Band Led Zeppelin verewigt wurde, hatte es sich bei Reisenden aus dem Westen einen legendären Ruf erworben, angefangen von Offizieren des britischen Raj bis zu den ersten asienreisenden Hippies in den 1960er-Jahren. Kein Trip zum Indischen Subkontinent war vollständig ohne einen Zwischenstopp auf den berühmten Hausbooten der Hauptstadt **Srinagar** (s. Kasten S. 538) im Herzen des idyllischen Kashmir-Tals. Die Hauptstadt des Bundesstaats, **Jammu**, ist eine pulsierende Stadt mit einer imposanten Festung und vielen Tempeln.

Ende der 1980er-Jahre boomte der Tourismus und hatte die Landwirtschaft als wichtigste Erwerbsquelle der Region überholt. Mit dem Ausbruch des Kashmir-Konflikts 1989 (s. Kasten S. 532/533) kam dies jedoch quasi über Nacht zum Stillstand. Erst in den letzten Jahren hat sich die Lage wieder so weit stabilisiert, dass der Besucherstrom allmählich breiter wird, wenn auch die Zahlen noch weit unter denen der 1980er-Jahre liegen und die Zahl der indischen die der ausländischen Besucher noch weit übertrifft. Die meisten Reisenden begnügen sich mit einer Visite in **Srinagar**. Doch auch die Orte **Gulmarg** und **Pahalgam**, beide in erstklassigen Trekkingrevieren, gelten jetzt als sicher, genauso wie der hübsche Ort **Sonamarg** an der Straße nach Kargil. Jedoch sollte man sich vor einer Reise nach Kashmir auf jeden Fall über die aktuelle Sicherheitslage informieren; Näheres s. Kasten S. 532/533.

Jammu

Jammu, wegen der vielen Schreine in der Stadt auch „Stadt der Tempel" genannt, ist auf jeden Fall einen ganztägigen Aufenthalt auf dem Weg nach Kashmir wert (bis zur Fertigstellung der Bahnstrecke nach Srinagar ist Jammu der Kashmir am nächsten gelegene Bahnhof). Der wichtigste Tempel der Stadt ist der **Ragunath-Tempel**; bedeutender ist allerdings der **Vaishno Devi** bei Katra, etwa 60 km weiter nördlich. Die Stadt wartet außerdem mit dem beeindruckenden **Bahu Fort** auf, das auf einem Hügel oberhalb des Tawi thront, und außerdem gibt es noch die prächtigen Gärten **Baja-u-Bahu**. Das wichtigste Museum der Stadt ist das nicht sonderlich fesselnde Kunstmuseum **Amar Mahal**.

Wer Zeit für nur einen der vielen Tempel in Jammu hat, sollte den lebendigen **Ragunath** besichtigen, etwa zehn Gehminuten durch die Geschäftsgassen östlich des Busbahnhofs entfernt. Nach Absolvierung der strengen Sicherheitschecks gelangt man in einen großen Hof, der von zahlreichen *shikharas* und zwei Gärten umgeben ist. Inmitten der Anlage befindet sich ein Innenhof mit dem Hauptheiligtum des Lord Ragunath, einer Inkarnation Vishnus, und seiner zwei Gefährtinnen, über die in der Nähe ein in ein orangefarbenes Gewand gekleideter Hanuman wacht. ◷ tgl. 6–11.30 und 18–21.30 Uhr.

Die zweite Hauptsehenswürdigkeit ist das **Bahu Fort** auf einer hohen Klippe am Südufer des Flusses Tawi, etwa 3 km südöstlich des Zentrums. Innerhalb der soliden, gedrungenen Befestigungen liegen säuberlich manikürte Rasenflächen. Hauptanziehungspunkt für Hindus ist jedoch der kleine **Mata Kali-Tempel** im Festungskomplex. ◷ tgl. 9–21 Uhr, Eintritt frei. Neben dem Fort sind im fischförmigen, metallenen **Aquarium Awareness Centre** alle möglichen Fische zu sehen, ◷ tgl. 9–21 Uhr, Eintritt Rs20. Unterhalb der Festung erstrecken sich die terrassenförmig angelegten **Baja-u-Bahu Gardens** mit liebevoll gepflegten Blumenbeeten und Zierteichen, die Affen als Badebecken dienen, ◷ tgl. Sommer 8–22, Winter 9–21 Uhr, Eintritt Rs10.

Ein paar Kilometer nordöstlich des Busbahnhofs befindet sich in einem umgebauten Palast an der Srinagar Road das **Amar Mahal Museum**, im Grunde ein Kunstmuseum mit ein paar fürstlichen Erinnerungsstücken. Die Porträts und Miniaturen stammen zumeist aus dem frühen 20. Jh. ◷ tgl. 9–12.50 und 14–17.50 Uhr, im Winter bis 16 Uhr, Eintritt Rs45.

Übernachtung

Ein Zimmer zu finden ist generell kein Problem, jedoch gibt es im mittleren und gehobenen Segment recht wenig Auswahl. Die meisten Budgetunterkünfte befinden sich an der Straße Gumat Bazaar und um den Busbahnhof herum.

Diamond, Gumat Bazaar, ✆ 0191/257 7792. Zahlreiche annehmbare Zimmer unterschiedlicher Größe. Das Diamond hat die meisten Gästen aus dem westlichen Ausland, aber nicht dem besten Preis-Leistungs-Verhältnis. ❶–❷

Nagima, Gumat Bazaar, ✆ 0191/256 6008. Sehr saubere, von Sikhs geführte Unterkunft mit nur 10 Zimmern, einige davon mit AC. ❸–❹

Savera, gegenüber vom Ragunath-Tempel, ✆ 0191/254 9936. Budgetunterkunft mit sehr viel besserem Preis-Leistungs-Verhältnis als die meisten Hotels am Busbahnhof und am Gumat Bazaar und mit größeren Zimmern. ❶–❸

Tourist Reception Centre, Dak Bungalow, Vir Marg, ✆ 0191/257 9554. Mehrere ziemlich langweilige staatliche Gebäude mit unterschiedlichen Zimmern, teils mit AC, und ein paar Suiten. ❷–❺

Vivek, gleich südlich vom Busbahnhof, ✆ 0191/254 7545. Hotel mit zentral gesteuerter AC, gemütlichen Zimmern und einer schicken Lobby. Das hauseigene Restaurant ist allerdings nicht der Rede wert. ❺

Essen

Jammu ist zwar kein Gourmetparadies, aber es gibt zahlreiche billige Imbisslokale und vegetarische *dhabas*. Wer Fleisch und ein gemütlicheres Ambiente möchte, sollte eines der Hotelrestaurants aufsuchen.

Falak, KC Residency, Vir Marg. Dieses Drehrestaurant oben im Hotel bietet gute indische und internationale Küche. Hauptgerichte zumeist ab Rs200.

JKTDC Café, Baja-u-Bahu Gardens. Einfaches Café am unteren Ende der Gärten, gut für eine

Tasse Tee oder einen einfachen Imbiss wie eine Samosa.

Mehfil, Hotel Samrat, Gumat Bazaar. In dem ruhigen Hotelrestaurant gibt es ganz ordentliche veg. und nicht veg. indische und chinesische Gerichte für rund Rs100.

Mughal Darbar, Vir Marg. Eine der besten Adressen für einen Vorgeschmack auf die kashmirische Küche, darunter die berühmten, kräftig gewürzten Hammelgerichte (Rs120–160).

Regal, gegenüber vom Ragunath-Tempel. Beliebtes Restaurant mit schmackhaftem veg. Essen für die vielen Pilger.

Sonstiges

Geld

Der praktischste **Geldautomat** ist der von der HFDC Bank am Busbahnhof. Bei der **J&K Bank**, Shalimar Rd, kann man Bargeld umtauschen und Reiseschecks einlösen.

Informationen

Das **Tourist Reception Centre**, ✆ 0191/254 4527, 💻 www.jktourism.org, ist in der Vir Marg (Residency Rd), die etwa zehn Fußminuten nördlich vom Busbahnhof gegenüber vom Ragunath-Tempel beginnt. Hier gibt's hilfsbereite Mitarbeiter und eine recht gute Karte des Bundesstaats sowie der beiden größten Städte.

Transport

Busse und Sammeljeeps

Der **Hauptbusbahnhof**, etwas nördlich vom Fluss inmitten der Altstadt, ist Anlaufstelle vieler Stadtbusse. Zwischen 5 und 8 Uhr fahren von hier zahlreiche Busse nach SRINAGAR (11–12 Std., Rs250). Daneben gibt es Verbindungen z. B. nach PATHANKOT, AMRITSAR und DELHI. Wer später fahren möchte, muss einen der Sammeljeeps (9–10 Std., Rs450) nehmen. **JKTDC-Busse** fahren in der Nähe des Tourist Office an der Vir Marg (Residency Rd) ab.

Eisenbahn

Züge aus ganz Indien, u. a. die der längsten Bahnverbindung des Landes, des wöchentlichen dreitägigen Zugmarathons von Kanyakumari, halten am **Bahnhof** 4 km südlich des Zentrums. Es kommen tgl. mindestens 7 Züge aus DELHI an; der schnellste ist der All Jat Express Nr. 12413 (tgl., Abfahrt 22.25 Uhr, Ankunft 8.05 Uhr). Nach Delhi fährt z. B. der Jammu All Express Nr. 12414 (tgl. Abfahrt 18.15 Uhr, Ankunft in Delhi 4 Uhr).

Flüge

Der **Flughafen** von Jammu, ✆ 0191/243 7843, liegt 8 km südwestlich der Stadt. Air India und Jet fliegen mehrmals tgl. nach DELHI und SRINAGAR.

Die Umgebung von Jammu

Obwohl sich die meisten ausländischen Besucher schnurstracks ins Kashmir-Tal begeben, gibt es in der Nähe der Straße nach Srinagar ein paar Orte, die einen Stopp durchaus lohnen. Die Straße nach Srinagar ist wie zu erwarten mit militaristischen Parolen geschmückt. Etwa 30 km nördlich von Jammu führt eine Nebenstraße zur kleinen Stadt **Katra**, Ausgangspunkt für die 12 km lange Wanderung zum **Vaishno Devi-Tempel**. Der Höhlenschrein, eines der bedeutendsten Wallfahrtsziele der Region, lässt sich nur durch einen knöcheltiefen Bach erreichen. Um *darshan* vor dem Bildnis der Göttin, einer dreifachen Inkarnation der weiblichen *shakti*, zu erfahren, muss das kühle Wasser durchwatet werden.

Katra selbst ist auch ganz nett. Es fahren regelmäßig Busse und Jeeps aus Jammu hierher. Es gibt einfache Unterkünfte; eine der besten davon ist der JKTDC Tourist Bungalow, ✆ 0191/254 9065, ❷–❹. 70 km weiter, wo die Kiefern den Laubwald abzulösen beginnen, führt die Hauptstraße an **Patnitop** vorbei, einem Ferienort im alpinen Stil. Er ist besonders bei Indern aus dem Tiefland beliebt, weil er schöne Ausblicke und frische Luft bietet und einfach zu erreichen ist.

Das Kashmir-Tal

Der Kontrast zwischen den heißen, staubigen Ebenen um Jammu und dem kühlen grünen Gürtel des Kashmir-Tals könnte nicht größer sein. Neben dem geographischen Unterschied, bedingt durch einen Höhenunterschied von

Der Kashmirkonflikt

Der wichtigste Grund für die bittere Feindschaft zwischen Indien und Pakistan ist der Himalayastaat Kashmir. Die Wurzeln des Konflikts gehen auf die Unabhängigkeit zurück, als der regierende hinduistische Maharadscha Hari Singh den Anschluss seines Territoriums an Indien statt an Pakistan beschloss. Seither hat das geopolitische Tauziehen um den Staat die Beziehungen zwischen den beiden Ländern schwer belastet.

Der Konflikt in Kashmir hat zwei Erscheinungsformen: erstens die einer **militärischen Konfrontation** zwischen der pakistanischen und indischen Armee entlang der De-facto-Grenze (mit Kriegen 1947, 1965 und 1999) und zweitens die von **Gewalttätigkeiten und Bürgerkrieg** seit 1989, einer Zeit, in der sowohl kashmirische als auch ausländische moslemische Kämpfer zahlreiche indische militärische und zivile Ziele innerhalb Kashmirs angriffen, was zu gleichermaßen blutigen Vergeltungsmaßnahmen von Seiten der indischen Sicherheitskräfte führte. Dieser Konflikt hat bislang schätzungsweise 70 000 Menschenleben gefordert.

Die Ursprünge des Problems

Nach dem Ende der Auseinandersetzungen im Jahr 1948 forderten die Vereinten Nationen Indien auf, eine Volksabstimmung abzuhalten, damit die Bewohner Kashmirs selbst über ihre politische Zukunft entscheiden könnten. **Indien** weigerte sich aber standhaft, dieser Forderung nachzukommen. Die Waffenstillstandslinie, die sogenannte **Line of Control**, wurde zur eigentlichen Grenze zwischen Indien und Pakistan. Jenes Drittel Kashmirs, das unter pakistanischer Kontrolle ist, wird von den Befürwortern einer Unabhängigkeit von Indien als **Azad (Freies) Kashmir** bezeichnet.

Während eines Konflikts im Jahr 1962 (S. 117) verlor Indien ein weiteres Stück kashmirischen Territoriums an China, danach kam es 1965 zu einer Wiederholung der kriegerischen Auseinandersetzungen mit Pakistan im **Zweiten Indo-Pakistanischen Krieg** (S. 117). Auch diesmal stand Kashmir im Mittelpunkt, doch bei Kriegsende kehrten beide Seiten auf ihre ursprüngliche Position zurück. Die 1972 unterzeichnete **Vereinbarung von Simla** verpflichtete beide Seiten zum gegenseitigen Gewaltverzicht, der Respektierung der Demarkationslinie und der De-facto-Grenze zwischen den beiden Staaten.

Aufstand und Bürgerkrieg

Die unterschwellige Unzufriedenheit der Kashmiri mit der indischen Regierung und der politischen Einmischung Delhis in der Region, die eigentlich für ihren Anschluss an Indien völlige Autonomie erhalten sollte, verwandelte sich gegen 1989 in **bewaffneten Widerstand**. Als Ursache dafür wird häufig das Eintreffen von Mudschaheddin im Kashmir-Tal angeführt, die erfolgreich gegen die Russen in Afghanistan gekämpft hatten. Den Ausschlag aber gab vielmehr das Massaker an rund hundert unbewaffneten Demonstranten im Jahr 1990, die auf der **Gawakadal-Brücke** in der Hauptstadt Srinagar von indischen Sicherheitskräften unter Beschuss genommen wurden.

Ein Jahr später herrschte Gewalt, und **Menschenrechtsverletzungen** waren an der Tagesordnung, sowohl im Kashmir-Tal als auch weiter südlich, in der Umgebung von Jammu. Nächtliche Ausgangssperren wurden Routine, Tausende Verdächtige sahen sich ohne Verhandlung inhaftiert, und zahllose Anschuldigungen sprechen von Folterungen, systematischen Vergewaltigungen kashmirischer Frauen durch

1000 m, gibt es auch gewaltige kulturelle und religiöse Unterschiede. Während das gesamte Gebiet um Jammu vorwiegend hinduistisch ist, sind das Kashmir-Tal und seine Hauptstadt **Srinagar** deutlich moslemisch geprägt. Daher rührt der berühmt-berüchtigte Konflikt (s. Kasten).

Der erste Eindruck vom Kashmir-Tal – egal ob man sich ihm durch den Jawahar-Tunnel, der die Berge aus Richtung Süden und Jammu durchschneidet, oder über den Pass Zoji La vom östlich gelegenen Kargil nähert – ist der eines üppigen ländlichen Paradieses vor einer Ku-

indische Armeeangehörige, dem Verschwinden unzähliger Jungen und Männer sowie massenhaften Hinrichtungen. Der Konflikt dauerte die gesamten 1990er-Jahre an. Die ehemals blühende Tourismusindustrie der Region brach völlig zusammen, als die extremistische moslemische Gruppe Al-Faran 1995 fünf Touristen, die in der Nähe von Pahalgam wanderten, entführte und mindestens einen von ihnen enthauptete – die anderen wurden nie gefunden.

Da beide Länder inzwischen Nuklearstaaten sind, ist Kashmir einer der gefährlichsten geopolitischen Brennpunkte der Welt geworden. Im Mai 1999 schlichen sich mindestens 800 von Pakistan unterstützte Mudschaheddin über die Waffenstillstandslinie oberhalb der Srinagar-Leh-Straße bei **Kargil** und besetzten indisches Territorium. Zwar fielen auf beiden Seiten Hunderte Soldaten, aber schließlich beugte sich Pakistan dem internationalen Druck und zog seine Truppen zurück, ein Kriegsausbruch wurde verhindert.

Anfang 2003 konnte erneut ein offener Kriegsausbruch gerade noch verhindert werden, indem der US-Abgesandte Colin Powell starken Druck auf beide Seiten ausübte. In Kashmir wurden alteingesessene **Organisationen** wie die Jammu and Kashmir Liberation Front und die All Party Hurriyat Conference, die traditionell einen säkularen und nationalistischen Standpunkt vertraten, zunehmend von militanten islamischen und pro-pakistanischen Gruppierungen wie Lashkar-e-Toiba und Jaish-e-Mohammad ins Abseits gedrängt.

Weg zum Frieden?

Die ersten Anzeichen einer echten **Annäherung** gab es im Mai 2003, als Premierminister Vajpayee den indischen Willen zum Frieden bekundete und die Freilassung von Hunderten von Pakistani ankündigte, die seit dem Kargil-Krieg in indischen Gefängissen festgehalten wurden. Pakistans Premierminister Mir Zafarullah Khan Jamali reagierte mit der Ankündigung, dass Pakistan die Handelsbeziehungen, Reisemöglichkeiten und sportliche Begegnungen erleichtern würde. 2004 und 2005 führten die indische und pakistanische Regierung auch zum ersten Mal Gespräche mit den kashmirischen Separatisten der Hurriyat Conference und erarbeiteten einen Friedensfahrplan für den Fortschritt der Region. Eine weitere Runde indo-pakistanischer Gespräche folgte auf die Ernennung von Manmohan Singh zu Indiens neuem Premierminister. Daraus resultierten kleine, ermutigende Zeichen eines Fortschritts. Als Symbol dafür stand die im April 2005 erfolgte Einrichtung einer 14-tägigen **Busverbindung** zwischen Srinagar und Muzaffarabad im von Pakistan kontrollierten Kashmir. Eine weitere Entspannung war nach dem verheerenden **Erdbeben** im pakistanischen Kashmir im Oktober 2005 zu beobachten, bei dem rund 73 000 Menschen in Pakistan und weitere 1400 im indischen Kashmir ums Leben kamen: Die Line of Control wurde geöffnet, um die Rettungsarbeiten zu beschleunigen.

Derzeit werden verschiedene langfristige Lösungen der Kashmir-Frage diskutiert. Indien hat vorgeschlagen, aus der Demarkationslinie eine permanente Grenzlinie zu machen. Pakistan könnte vielleicht sogar bereit sein, sämtliche Ansprüche auf Kashmir fallenzulassen, falls Indien den Kashmiri irgendeine Form von Selbstregierung zugesteht. Kashmirs Zukunft sieht jetzt erfreulicher aus als in den vergangenen Jahrzehnten. Doch besteht ständig die Gefahr, dass ein einziger Vorfall eine neue Welle der Gewalt auslösen könnte.

lisse majestätischer Bergriesen. Die Gipfel der mächtigen **Pir Pinjal**-Kette tragen sogar das ganze Jahr über außer im Hochsommer eine Schneekrone. Sattgrüne Mais- und Weizenfelder bilden zusammen mit Obstgärten und Nussbaumhainen, vor allem Walnuss und Mandeln, einen natürlichen Flickenteppich. Die Felder sind meistens von hohen Pappeln und Weiden gesäumt, daher sieht man bei der Fahrt in die Stadt sehr viele Läden, die hochwertige Cricketschläger verkaufen. Schwerindustrie sucht man hier bisher vergebens.

Beste Reisezeit

Obwohl das Klima nicht so rau ist wie im benachbarten Ladakh und die Straße von Jammu von der Armee offen gehalten wird, gibt es in den Wintermonaten Temperaturen von weit unter null und jede Menge Schnee. Wer zwischen November und März nach Kashmir kommt, braucht sehr warme Kleidung – die Einheimischen tragen ein dickes Wollgewand, den *pheran*. Da ein Großteil des Kashmir-Tals sowie Srinagar selbst unter 2000 m Höhe liegen, kann es im Hochsommer wiederum überraschend heiß werden, teils über 35 °C. Die besten Reisezeiten sind daher das späte Frühjahr und der Frühherbst, besonders für Trekking-Touren. Im Frühjahr überziehen sich die Wiesen mit einem Meer von Blumen, der Herbst lockt mit warmen goldenen Tagen, kühleren Nächten und den ersten Anzeichen der Laubfärbung.

Srinagar

Srinagar, die Sommerhauptstadt des Bundesstaates Jammu und Kashmir, ist tief in der Tradition verankert. Auf drei Seiten eingerahmt von majestätischen Bergen weist sie eine der atemberaubendsten Lagen Indiens auf. Leider machte die Stadt mit fast einer Million Einwohnern in jüngster Zeit allzu oft Schlagzeilen wegen gewalttätiger Auseinandersetzungen. Bei Reisenden ist sie aber in erster Linie berühmt für die **Hausboote** auf dem **Dal-See**, dem **Nageen-See** und auf dem mittleren Abschnitt des **Jhelum**, eines Nebenflusses des Indus. Aber die Stadt verfügt noch über weitere Sehenswürdigkeiten, die nach einer langen Zeit der Sperre nun auch wieder für Besucher geöffnet sind. Die wichtigsten Attraktionen sind zwei bedeutende Moscheen: die **Jami Masjid** tief im Herzen der malerischen **Altstadt** und die am See gelegene **Hazratbal-Moschee**. Eine weitere wichtige Stätte für Moslems ist der Schrein des Sufis **Makhdoom Sahib** auf halbem Weg hinauf zum nicht zugänglichen Fort.

Wie das restliche Kashmir ist auch Srinagar überwiegend moslemisch. Besonders nach dem Beginn ernsthafter Auseinandersetzungen im Jahr 1990 ist das so, als fast alle hinduistischen Pandits vertrieben wurden. Dabei war die Region jahrhundertelang für ihre religiöse Toleranz berühmt gewesen, wo die Anhänger aller größeren Religionen des Ostens friedlich zusammenlebten. Der wichtigste Hindu-Tempel ist der **Shankaracharya Mandir** auf einem Hügel oberhalb des Dal-Sees. Neben den religiösen Sehenswürdigkeiten gibt es noch das faszinierende **Sri Pratap Singh Museum** und die Lustgärten der Moguln um den See herum, z. B. den **Shalimar Bagh** und den **Nishat Bagh**.

Seen und Gärten

Schon dank seiner Himalaya-Kulisse wäre Srinagar ein Besuchermagnet – die stillen Seen und prächtigen Gärten aber machen die Stadt erst unwiderstehlich. Das Stadtgebiet wird von mehreren großen Gewässern in seine verschiedenen Stadtteile zerteilt. Am größten ist der **Dal-See** mit einer Fläche von etwa 21 km^2. Normalerweise präsentiert sich die Seeoberfläche so glatt wie ein Spiegel, und da sich die umliegenden Gipfel in dem grünblauen Wasser spiegeln, bietet der See ein unglaublich pittoreskes Bild. Abgesehen von den Hausbooten an seinem südlichen Ende in der Nähe des Stadtzentrums ist der See auch berühmt für seine **schwimmenden Gärten** sowie für den **schwimmenden Blumen- und Gemüsemarkt**, den man am besten früh morgens besucht. Die nahe gelegene Insel **Nehru Park** verfügt über Pontons zum Schwimmen (Rs50 pro Std.) und sogar über Wasserski-Einrichtungen (Rs600 inkl. Einweisung). Am besten erkundet man den See mit einer *shikara* (s. Kasten S. 538). Je nach Verhandlungsgeschick kosten sie um die Rs100 Leihgebühr pro Stunde.

Das Ufer des Dal-Sees säumen üppige Ziergärten, ein Erbe der Mogulzeit des 17. Jhs. Am schönsten präsentiert sich diese Ansammlung von Brunnen, terrassierten Rasenflächen und Blumenbeeten im **Nishat Bagh** auf halber Höhe des Ostufers (🕓 tgl. 6–19 Uhr, Eintritt Rs5) und im **Shalimar Bagh**, ein Stückchen von der Nordostecke des Sees entfernt. Am nördlichen Ende des Westufers erhebt sich die **Hazratbal-Moschee**, deren riesige weiße Kuppel über einem großen Innenhof thront. Die Moschee gilt als heiligste Stätte Kashmirs: Im einfachen, aber gewaltigen Inneren beherbergt sie ein einzelnes

Haar des Propheten Mohammed, das vor Jahrhunderten aus Medina hierher gebracht worden sein soll. Hier fanden auf dem Höhepunkt des Aufstandes heftige Kämpfe statt; heute ist es wieder ein friedvoller Ort, an dem neben den vielen Gläubigen auch Besucher willkommen sind. Zwischen der Landzunge hinter der Hazratbal-Moschee und der Altstadt erstreckt sich der viel kleinere **Nageen-See**, an dem es keine besonderen Sehenswürdigkeiten gibt. Gerade deshalb ist er friedlicher und bei Hausbootgästen beliebt.

Die Altstadt

Die typisch kashmirischen Holzhäuser mit reich verzierten Balustraden und Fenster- und Türrahmen, die schon die älteren Teile der Stadt um das Dal Gate herum sprenkeln, sind im Straßenlabyrinth der **Altstadt** allgegenwärtig. Dieses faszinierende Gebiet, bis vor ein paar Jahren noch strengstens tabu, ist mittlerweile für Besucher wieder sicher. Ein Taxi vom Dal Gate kostet Rs250, eine Motor-Rikscha etwa Rs120. Wichtigster Bezugspunkt des Viertels ist die **Jama Masjid**, die größte Moschee Srinagars. Sie wurde zwischen 1398 und 1402 von Sikander But-Shikoh mit den markanten pagodenähnlichen hölzernen Minaretten, die es so nur in Kashmir gibt, erbaut. Jedoch wurde das Bauwerk wiederholt durch Brände zerstört und wieder aufgebaut, zuletzt 1961.

Ein paar Kilometer südöstlich steht die kleine quadratische **Rozabal-Moschee** mit einer einfachen achteckigen Kuppel. Hier soll sich das Grabmal Jesu befinden – behaupten zumindest die Anhänger der These, dass Jesus in Wahrheit bis ins hohe Alter lebte und in Kashmir starb, Thema des Buches *Jesus lebte in Indien* von Holger Kersten.

Sicherheitsprobleme und Betrügereien in Kashmir

Obwohl die Lage in Kashmir heute ruhiger ist als in den letzten rund 25 Jahren führt kein Weg daran vorbei, sich vor der Reise mit Hilfe verlässlicher Medien über die Sicherheitslage zu informieren – eine gute einheimische Quelle ist 💻 www.kashmirtimes.com. Seit 1995 sind keine Touristen mehr das Ziel von Anschlägen gewesen (s. Kasten S. 532/533). Aber wenn wieder Unruhen ausbrechen, muss man mit einer äußerst starken Militärpräsenz rechnen. Dann besteht die Gefahr, dass man in die Schusslinie gerät oder von einem Terroranschlag getroffen wird. Jedoch sollte man sich nicht unbedingt von staatlichen Sicherheitshinweisen abschrecken lassen, da die auswärtigen Ämter zumeist extrem vorsichtig sind – Kashmir stand selbst in ruhigsten Zeiten immer auf der Liste der No-go-Areas.

In Jammu und im Kashmir-Tal selbst wird Sicherheit groß geschrieben. Die meisten touristischen Sehenswürdigkeiten wie Tempel, Moscheen, Museen und Festungen werden streng bewacht. Normalerweise dürfen keine Taschen und elektronischen Geräte mit hineingenommen werden. Wenn man sie abliefert, bekommt man eine Marke, aber wer wertvolle Dinge wie Kameras oder Handys lieber nicht abgeben möchte, sollte sie im Hotel einschließen. Die Flughäfen von Jammu und Srinagar verfügen noch einmal über extra Sicherheitsvorkehrungen. Fluggäste dürfen das Terminal erst innerhalb einer bestimmten Frist vor Abflug betreten, gewöhnlich zwei Stunden oder weniger. Manchmal darf kein Handgepäck mit an Bord genommen werden; am besten erkundigt man sich im Voraus danach.

Ein anderes Problem stellen die verschiedenen Betrugsversuche skrupelloser Kashmiris an arglosen Touristen dar, besonders im Paharganj- Viertel in Delhi sowie in Jammu. Bei allen Sicherheitsratschlägen fremder Leute bezüglich Kashmir ist Vorsicht geboten. Einige sprechen Ausländer an und beteuern, dass sie ohne Guide nicht sicher wären – und versuchen dann, ihnen eine Tour für Hunderte oder gar Tausende Dollar aufzudrängen. Diese Typen sollte man unbedingt meiden, genauso wie Agenten, die Reisenden Zimmer auf Hausbooten andrehen wollen. Im besten Fall zahlt man nur einfach zu viel für die Katze im Sack (z. B. für ein Zimmer, das man noch gar nicht gesehen hat), im schlimmsten Fall wird man wirklich böse abgezockt. Hinweise zu Hausbooten s. Kasten S. 538.

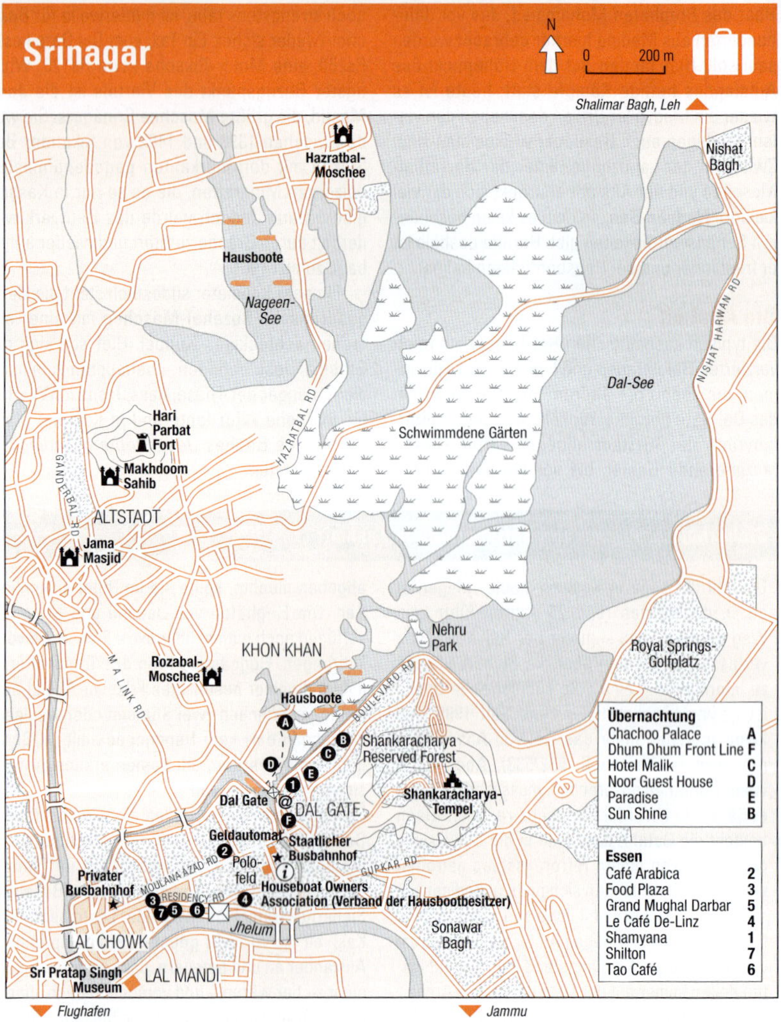

Eine weitere viel besuchte religiöse Stätte ist der Schrein des Sufi-Heiligen **Makhdoom Sahib** am nördlichen Rand der Altstadt, auf halber Strecke hinauf zum Fort Hari Parbat auf dem gleichnamigen Hügel. Während die Festung von der Armee vereinnahmt wird und somit nicht zugänglich ist, ist der Schrein zugänglich, zumindest für Männer. Von den Stufen in der Nähe bieten sich schöne Ausblicke auf den Nageen-See und darüber hinaus.

Andere Gegenden

Das quirlige Zentrum von Srinagar um die beiden Hauptstraßen Residency Road und MA Road herum ist nicht sonderlich ansprechend. Interessanter ist der Basarbereich **Lal Chowk** am westlichen Ende der beiden Straßen. Da sich aber so viele kashmirische Händler in andere Teile Indiens abgesetzt haben, darf hier nicht auf bessere Preise für Souvenirs wie Pashmina-Schals oder Teppiche als anderswo gehofft werden, und insgesamt sollte man hier beim Kauf solcher Dinge Vorsicht walten lassen.

Das hervorragende **Sri Pratap Singh Museum**, 💻 www.spsmuseum.org, befindet sich im Lal Mandi, Richtung Süden auf der anderen Seite des Jhelum vom Lal Chowk. Der ehemalige Maharadscha-Palast beherbergt eine riesige Sammlung mit z. B. archäologischen Fundstücken wie Tonfliesen und buddhistischen Tafeln. Außerdem sind ornamentale Kunst von Emailgeschirr bis zu Pappmaschee, Stoffe, Manuskripte und Miniatur-Malereien ausgestellt. 🕓 Di–So 10–16 Uhr, Eintritt Rs50.

Der wichtigste Hindu-Tempel der Stadt, der **Shankaracharya Mandir**, liegt auf der Kuppe des gleichnamigen Hügels etwa eine halbe Stunde zu Fuß südlich des Boulevards. In architektonischer Hinsicht ist der Tempel nichts Besonderes, und die Sicherheitsvorkehrungen sind hier extrem streng, aber die Ausblicke über die Stadt und die Seen hinweg auf die Berge dahinter sind atemberaubend.

Übernachtung

Bei Kashmir denken viele Besucher hinsichtlich der Übernachtung zuallererst an Hausboote (s. Kasten S. 538), und es stehen tatsächlich jede Menge zur Auswahl. Allerdings gibt es auch einige recht gute Hotels auf festem Boden. Auf vielen Wohnbooten werden Zimmer nur inkl. Vollpension vermietet; die unten angegebenen Preise beziehen sich – wo nicht anders angegeben – auf die reine Zimmermiete. Meistens kann man Ermäßigungen aushandeln, selbst in der Hochsaison, falls nicht so viel los ist.

Hotels

Dhum Dhum Front Line, Dal Gate, ☎ 0194/245 0779. Bei Backpackern beliebte Unterkunft in günstiger Lage zu den Transportmitteln und zur Stadt, jedoch ziemlich laut. Akzeptable Zimmer. ❷

> **Charmantes Haus am See**
>
> **Chachoo Palace**, New Rd, Khon Khan, Dal-See, ☎ 9906/523796. Dieses urige hölzerne Hotel mit einem Rasen am See vermittelt den Charme eines Hausboots, jedoch mit leichterem Zugang. Die gemütlichen Zimmer mit Bad verfügen über TV, und die freundlichen Betreiber sorgen auf Wunsch auch für Verpflegung. ❶

Hotel Malik, Dal-See, ☎ 0194/247 3672, ✉ mas_inc786@yahoo.com. Standardhotel am See mit ordentlichen, gut ausgestatteten, jedoch etwas überteuerten Zimmern. ❻

Noor Guest House, Abi-Buchara, Dal-See, ☎ 0194/245 0872. Nette farbenfrohe Unterkunft mit großer Lounge vorne und reizendem Garten. Gutes Preis-Leistungs-Verhältnis. ❷–❸

Paradise Boulevard, Dal-See, ☎ 0194/250 0663, 💻 www.hotelparadisesgr.org. Mehrere Gebäude mit recht noblen Zimmern in unterschiedlicher Größe. Am See gelegen und daher mit günstigerem Preis-Leistungs-Verhältnis als die Konkurrenz im mittleren Preissegment. ❺

Sun Shine, Dal-See, ☎ 0194/247 2469, 💻 www.hotelsunshinesgr.com. Das sonnengelbe moderne Hotel zählt zu den besten in seiner Preisklasse. Schicke Zimmer, mit Seeblick teurer. Café auf dem Dach. ❻–❼

Hausboote

Dunhill Khon Khan, Dal-See, ☎ 9622/946264. Von der Straße aus zugängliches, sehr günstiges einfaches 2-Zimmer-Boot, geführt von einem Mutter-Tochter-Team. Zwei Mahlzeiten kosten Rs400 pro Tag extra. ❶

Kashmir View, Dal-See, ☎ 9906/722897. Besonders schön ist hier der Speiseraum,

> **Erschwingliches Luxus-Hausboot**
>
> **Bendemeer Khon Khan**, Dal-See, ☎ 0194/247 5418. Dieses wunderschön verzierte Luxusboot ist von der Straße aus zugänglich und bietet professionellen Service und ein hervorragendes Preis-Leistungs-Verhältnis. ❺

in dem man Gerichte von der Karte bestellen kann. Die Zimmer im angeschlossenen Ponton-Hotel kosten Rs300. Kostenlose Nutzung eines *dunghy*, eines kanuähnlichen Holzboots, zum Herumpaddeln. ❹

Lakeview, Ostseite des Nageen-Sees, ✆ 9906/532015. Eine Gruppe von 8 Hausbooten unter gemeinsamer Leitung – die Rezeption befindet sich in einem nahe gelegenen Haus. Gut in Schuss und gutes Preis-Leistungs-Verhältnis. ❹

Mughal Sheraton, Dal-See, ✆ 9906/864924, ✉ mughalsheraton@yahoo.co.in. Das größte von 4 Schwesterbooten hat geräumige, luxuriöse Zimmer. 3 Mahlzeiten für 2 Pers. kosten Rs1000 extra pro Tag. ❻

New Bulbul, Dal-See, ✆ 9906/476085. Kleines Boot in angenehm offener Lage und mit heimeliger Atmosphäre. Besonders preisgünstig, wenn man sich für VP entscheidet. ❸

Royal Pleasure, Nageen-See, ✆ 0194/242 4675, ✉ royaljeweller@rediffmail.com.

Das Wiegenlied sanft wogender Wellen

Was ist romantischer, als auf einem Hausboot mit kunstvoll von Hand geschnitzten Möbeln und Verzierungen die Seele baumeln zu lassen, den Eisvögeln dabei zuzusehen, wie sie sich zwischen Seerosen ihr Abendessen ertauchen, oder sich in den Anblick des Mondes, der sich im dunklen Wasser spiegelt, zu vertiefen? Die schwimmenden Hotels mit einem bis vier Zimmern gibt es schon seit Generationen. Viele stammen aus den Hochzeiten des britischen Raj, als viktorianische Familien hier die gesamte heiße Jahreszeit verbrachten. Boote nutzten sie, um die Gesetze zu umgehen, denen zufolge ihnen der Besitz von Grund und Boden verboten war.

In Srinagar gibt es an den Ufern des Dal- und des Nageen-Sees sowie am Fluss Jhelum nicht weniger als 1200 **Hausboote**. Und das sind nur die offiziell angemeldeten Boote. Daher ist das Angebot auf den ersten Blick völlig unüberschaubar. Wichtig ist vor allem, sich in Srinagar (oder in der Nachbarschaft) nicht auf Schlepper einzulassen, die Besucher mit allen möglichen Versprechungen zu locken versuchen. Einige Anbieter sind berüchtigt für schlechten Service und Abzockerei – besonders sollten alle, die irgendwie mit dem Namen Baktoo verbunden sind, gemieden werden wie die Pest. Eine Möglichkeit ist, den Aufenthalt über die **Houseboat Owners Association**, ✆ 0194/245 0326, 💻 www.houseboatowners.org, zu organisieren. Ihr Büro befindet sich gegenüber vom Tourist Reception Centre an der Residency Road. Hier gibt es eine klare Preisliste mit den verschiedenen Hausboot-Kategorien von „Deluxe Class" (Rs4500 für ein DZ mit VP) bis zur „D Class" (Rs1100 für dasselbe). Der Verband hilft auch bei der Aushandlung kleiner Ermäßigungen zu ruhigeren Zeiten wie im Spätsommer und in der Nebensaison.

Die beste Art und Weise, ein Hausboot zu finden, ist jedoch, sich in der ersten Nacht in einem Hotel in der Stadt einzuquartieren und dann eine *shikara* zu mieten, ein buntes **Wassertaxi** mit flachem Boden, das mit einem herzförmigen Paddel manövriert wird. Damit geht's auf Erkundungstour. So kann man bei verschiedenen Booten halten und Preise, Einrichtungen und Lage vergleichen. Wer sich ein Boot ausgesucht hat, sollte klären, was im Preis wirklich enthalten ist (Anzahl der Mahlzeiten, Getränke und ob eine tägliche *shikara*-Fahrt zum Ufer inbegriffen ist). Man sollte auch klarmachen, dass man nicht von auf dem Wasser verkehrenden Händlern belästigt werden will und dass die Qualität des Service nicht nachlassen darf, wenn man diese abweist.

Einige Hausboote auf der entfernten Seite des Dal-Sees und die meisten Boote auf dem Nageen-See sind per Straße oder Fußpfad zu erreichen. Die Boote auf dem Nageen-See sind im Allgemeinen etwas billiger. Übrigens ist die Existenz der gesamten Hausbootszene möglicherweise dadurch bedroht, dass die Bootsbesitzer von amtlicher Seite zum Einbau teurer Abwasseraufbereitungsgeräte gezwungen werden sollen, um eine weitere Verunreinigung des Wassers zu verhindern.

Neues, aber auf traditionelle Art verziertes Boot. Sehr freundlich. Die Betreiber bieten außerdem Trekking-Touren an. 2 Mahlzeiten inkl. ❹

Sea Palace, Dal-See, ✆ 9906/722914. Kleine Gruppe von unterschiedlich großen Booten. Ungewöhnlich ist, dass einige Boote über Badewannen verfügen. 2 Mahlzeiten kosten Rs500 pro Gästepaar und Tag. ❹

Veena Palace, Dal-See, ✆ 9797/056134, ✉ findous123@yahoo.co.in. Freundliche und extrem preisgünstige Unterkunft auf einem Seerosenteich. Mahlzeiten für 2 Pers. kosten Rs500 (veg.) bzw. Rs600 (nicht veg.) pro Tag. ❶

Essen

Die kashmirische Küche ist unter dem Namen *wazwan* bekannt und sehr fleischlastig. Das bekannteste Gericht ist *roghan josh,* stark gewürztes Hammelfleisch in Tomatensauce. In den Gerichten kommt oft Safran zum Einsatz, der hier angebaut wird und daher nicht so teuer ist wie anderswo. Kashmir ist außerdem für den grünen *kahwa*-Tee bekannt, der süß und ohne Milch, aber gewöhnlich mit Kardamom oder Mandel gewürzt getrunken wird. Ein Alternativgetränk, der salzige Schwarztee *nonn,* ist eher gewöhnungsbedürftig. In mehreren Lokalen wird auch Alkohol ausgeschenkt, ein Zeichen dafür, dass Srinagar keine Hochburg islamischer Militanz ist. Die meisten unabhängigen Restaurants befinden sich an der Residency Road.

Café Arabica, Hotel Broadway, Moulana Azad Rd. Im angesagtesten Lokal der Stadt serviert man einem vorwiegend jungen Publikum Kaffee und Snacks. Im Hotel gibt es auch eine Bar.

Food Plaza, Residency Rd. Hell und luftig, spezialisiert auf Seafood wie Fisch aus den Seen und Garnelen. Außerdem chinesische und kashmirische Gerichte, z. B. Kebabs. Hauptgerichte Rs80–160.

Grand Mughal Darbar, Residency Rd. Überwiegend Tandoori- und *wazwan*-Speisen und einige Fischgerichte. Außerdem gibt's hier eine Bäckerei. Gerichte Rs50–130.

Le Café De-Linz, Residency Rd. Das Restaurant in einem einzigartigen, aber recht heruntergekommenen Rundbau hat eine große Auswahl an indischen und einigen chinesischen Gerichten, zumeist unter Rs100.

Im Rosengarten speisen

Tao Café, Residency Rd. Im charmantesten Restaurant der Stadt können die Gäste an Tischen in einem wunderschönen Rosengarten speisen. Es gibt eine große Auswahl an Klassikern aus Indien, China und Tibet für Rs100–200.

Shamyana, Boulevard, Dal-See. Nettes Gartenrestaurant am See mit indischer, chinesischer, europäischer und sogar etwas mexikanischer Küche abends; tagsüber hat auch die Bäckerei im Haus geöffnet. Hauptgerichte Rs150–250.

Shilton, Residency Rd. Neben den indischen und chinesischen Standardgerichten gibt es in diesem beliebten Restaurant auch ganz gute Steaks und örtliche Spezialitäten für etwa Rs80–150.

Sonstiges

Geld

An der Residency Road gibt es einige **Geldautomaten**. Geld tauschen auch die Filialen der **J&K Bank** in der MA Road und am Boulevard.

Informationen

Das **Tourist Reception Centre**, ✆ 0194/245 2691, 💻 www.jktourism.org, befindet sich direkt neben dem Busbahnhof für staatliche Busse an der Residency Road und hat angeblich rund um die Uhr geöffnet. Außer einer nützlichen Karte und ein paar Hochglanzbroschüren ist hier aber nicht viel zu holen. Vorsicht vor den Schleppen, die hier und an anderen Touristenorten herumhängen und Reisenden Hausboote, geführte Touren und „billige" Teppiche aufschwatzen wollen.

Internet

Es gibt einige Internetläden, z. B. **Skybiz** auf der Stadtseite des Dal Gate und **Nida Tours & Travel** am Uferpfad auf der anderen Seite des Dal Gate.

Post

Die **Hauptpost** befindet sich in der Nähe der Residency Road.

Reisebüros

Nida Tours & Travel, ✆ 0194/250 1684, ✉ nida tours@yahoo.com. Hier kann man Tickets buchen, Trekking-Touren arrangieren lassen und/oder nützliche Informationen zu beidem einholen, genauso wie **Kashmir Valley Travels**, ebenfalls beim Dal Gate, ✆ 0194/210 7527. Näheres zum Trekking s. Kasten.

Transport

Busse und Sammeljeeps

Bis zur Fertigstellung der Bahnstrecke nach Jammu (angepeilt ist 2012), lässt sich Srinagar auf dem Landweg nur mit dem **Bus** oder **Jeep** erreichen. Staatliche Busse und Jeeps halten an der Residency Road, ein paar Gehminuten südlich vom Dal Gate; der Busbahnhof für private Busse liegt rund 1 km weiter westlich. Es gibt häufige Busverbindungen nach JAMMU (10x tgl., 11–12 Std.), KARGIL (6–8x tgl., 10–11 Std.) und LEH (4–6x tgl., 2 Tage). Auf denselben Strecken verkehren zu flexibleren Abfahrtszeiten Jeeps; diese sind rund 50 % teurer, aber auch erheblich schneller als die Busse.

Flüge

Der **Flughafen** von Srinagar, ✆ 0194/243 0334, liegt 14 km südlich des Zentrums. Ein Taxi in die Stadt kostet stolze Rs400, eine Motor-Rikscha etwa die Hälfte. Jet Airways und Air India bieten Füge nach DELHI (8–10x tgl., 1 1/2–2 1/2 Std.), zum Teil über Jammu. Air India fliegt 1x wöchentl. nach LEH (Mi; 1 Std.).

Gulmarg

Etwa 56 km westlich von Srinagar liegt auf einer Höhe von rund 2700 m Gulmarg („Blumenwiese") Der hübsche Erholungsort für Städter ist jedoch in erster Linie auf den indischen Markt ausgerichtet, daher kann es hier sehr voll werden. Außerdem ist der Ort sehr weitläufig und verfügt über kein echtes Zentrum. Die Wiese selbst ist 1 km breit und über 3 km lang und bietet viel Platz für Picknicks, Ponyreiten und sogar einen der höchstgelegenen Golfplätze der Welt. Von den umliegenden Kiefernhängen eröffnen sich Ausblicke auf den 8126 m hohen **Nanga Parbat** im Norden im von Pakistan kontrollierten Baltistan.

Wer nicht so gut zu Fuß ist, kann einen dieser Hänge für Rs300–800 (je nachdem, wie weit man hochfährt) mit der Seilbahn hinauffahren. Im Winter dient die Gondelbahn zur Beförderung von Skifahrern. Die **Skipisten** von Gulmarg werden nicht übermäßig viel genutzt, haben aber tollen Pulverschnee. Ausrüstung (US$7–20) und Skilehrer (US$38) gibt es im angeblich kleinsten Skigeschäft der Welt, Kashmir Alpine, ✆ 0195/425 4638, 💻 www.kashmiralpine.com. In den wärmeren Monaten organisiert der Besitzer des Ladens Trekking-Expeditionen. Ein weiterer guter Anbieter ist das britisch geführte Unternehmen Mountain Tracks, 💻 ski-gulmarg.co.uk.

Übernachtung und Essen

Die Unterkünfte liegen weit auseinander und sind relativ teuer.

Gulmarg Sahara, ✆ 0195/425 4505, 💻 www.hotelgulmargsahara.com. Neben der Wiese, eine der bescheideneren Unterkünfte, im Chalet-Stil. ❺

Hilltop, bei der Talstation der Seilbahn, ✆ 0195/425 4477, 💻 www.hilltophotelgulmarg.com. Das höher gelegene und schickere Hilltop bietet üppig ausgestattete Zimmer und Suiten. ❽

Die einzigen Verpflegungsmöglichkeiten abgesehen von den Hotel-restaurants, sind die Straßen-*dhabas* zwischen dem Busbahnhof und der Seilbahn-Talstation.

Transport

Außer mit den nicht immer und auch nicht immer pünktlich verkehrenden Bussen kommt man von SRINAGAR am besten mit einem Sammeljeep (Rs60) oder einem für einen Tagesausflug gemieteten Fahrzeug (Rs1300) nach Gulmarg.

Pahalgam

Pahalgam, der wichtigste Trekkingort in Kashmir (s. Kasten S. 554/555), liegt etwa 100 km östlich von Srinagar in atemberaubender Lage im tief

Trekking in Kashmir

Obwohl Kashmir ein erstklassiges Trekking-Revier ist, machen sich wegen der Sicherheitsbedenken der letzten Jahrzehnte vergleichsweise wenige ausländische Besucher auf den Weg in die Berge. Die einst boomende Branche ist jedoch langsam wieder auf dem Weg nach oben, und seit 1995 hat es keine Vorfälle mit ausländischen Touristen mehr gegeben (s. Kasten S. 532/533). Angesichts des schwierigen Terrains und der heiklen politischen Situation ist es jedoch ratsam, zumindest mit einem einheimischen Guide aufzubrechen. Trekking-Agenturen in Srinagar (S.534) und einige im Text erwähnte Hotels bieten vollständig organisierte Trekking-Touren mit Ponys, Trägern und der nötigen Ausrüstung. Hauptbasis für Trekking-Touren ist nach wie vor Pahalgam. Die Touren variieren hinsichtlich Länge und Schwierigkeitsgrad von einer zweitägigen Rundtour im Lidder-Tal bis zur einwöchigen Wanderung nach Panikhar im Suru-Tal in Ladakh (S. 572). Gute Wanderungen sind auch von Sonamarg möglich, dem letzten größeren Ort in Kashmir vor dem Zoji La-Pass. Im Hochsommer ist es sehr heiß und daher zum Wandern eher unangenehm. Am besten sind das späte Frühjahr und der Frühherbst. Die nützlichste Karte ist das Sheet 1 in der India Himalaya-Reihe von Leomann. Allgemeine Hinweise zum Trekking s. S. 554/555.

Zur Amarnath-Höhle

Auf der meistbegangenen Trekkingroute in Kashmir tummeln sich im Juli/August um Vollmond herum Tausende von Pilgern, die auf dem Weg zum natürlichen Eis-Lingam in der Amarnath-Höhle auf 3962 m Höhe sind. Die Wanderung von Pahalgam dauert gewöhnlich vier Tage und umfasst Übernachtungen in Chandanwari (2900 m), Sheshnag (3720 m) und Panchtarni (3933 m). Auf der letzten Etappe wird der Mahagunas-Pass überquert. Nach dem Besuch der Höhle kann man entweder auf demselben Weg zurückgehen oder den direkteren Abstieg nach Baltal wählen, 8 km östlich von Sonamarg an der Straße von Srinagar nach Leh.

Zum Kolahoi-Gletscher

Die Fünftageswanderung von Pahalgam zum majestätischen, aber leider schmelzenden Kolahoi-Gletscher (3400 m) kann um einen Tag verkürzt werden, indem man zum ersten Übernachtungsstopp im malerischen Aru (2414 m) einen Jeep nimmt. Am nächsten Tag geht es hinauf über Bergwiesen und durch Bäche nach Lidderwat (3049 m). Danach kommt eine sanftere Etappe nach Satlanjan (3150 m), sodass man noch genug Energiereserven hat für den steilen Anstieg zum Gletscher und den Abstieg am folgenden Tag zurück nach Lidderwat. Von hier geht es am fünften Tag zurück hinunter nach Aru oder Pahalgam.

Von Sonamarg nach Wangat

Diese beliebte Route führt durch schöne Berglandschaften und vorbei an einer Reihe von hübschen Bergseen, in denen man mit einer entsprechenden Erlaubnis (erhältlich bei Agenturen in Srinagar) auch angeln darf. Vom ersten Stopp in Nichnai (3620 m) bieten sich Ausblicke auf den Thajiwas-Gletscher. Am nächsten Tag geht es dann auf einer hügeligen Strecke nach Kishanar (3819 m), am dritten Tag verläuft der Weg über den 4191 m hohen Bazkal Gali-Pass und vorbei am Gadsar-See hinunter nach Dubta Pani (3280 m), wo man übernachtet. Am nächsten Tag geht es an den sieben unterschiedlich hoch gelegenen Satsar-Seen vorbei zum größten Gewässer der Region, dem Gangabal-See (3507 m). Hier wird noch einmal gezeltet, bevor es auf der letzten Etappe hinunter nach Wangat geht; dort fahren Busse und Jeeps nach Srinagar.

eingeschnittenen Lidder-Tal. Seine kiefernbestandene Wände ragen schroff beiderseits des kalten, reißenden Flusses empor. Der größte Teil des Städtchens auf 2139 m Höhe ist auf der etwas flacheren Ostseite des Flusses und den umliegenden Hängen angesiedelt. Main Market, die Hauptstraße des modernen Ortsbereichs, verläuft parallel zum Fluss; dort befinden sich

Günstig und gut

Beach Resort, am Fluss, ✆ 9797/292332, ✉ mehrajganai2001@gmail.com. Die beste der Budgetunterkünfte hat gemütliche Zimmer unterschiedlicher Größe und die freundlichen Betreiber organisieren Trekking-Touren. ❶–❹

die meisten Einrichtungen. Das hübscher anzusehende **alte Dorf** mit seinen Blumenbeeten und Formschnitthecken liegt 1,5 km nördlich hinter dem Pushwan Park. Es gibt keine besonderen Sehenswürdigkeiten, doch überall sind eifrige Pony-Führer auf der Suche nach Kunden, die sich gegen amtlich festgesetzte Preise (zurzeit Rs200 pro Std.) zu verschiedenen landschaftlich schönen Stellen bringen lassen möchten.

Übernachtung und Essen

Die zahlreichen Unterkünfte sind nur an wichtigen Feiertagen gefüllt. Die besten Budgetunterkünfte finden sich im alten Dorf.
Pahalgam Hotel, ✆ 01936/243252, 💻 www.pahalgamhotel.com. Das beste Hotel am Ort ist diese Luxusherberge auf einem riesigen Anwesen zwischen Main Market und Fluss. In der Hochsaison kosten die geräumigen Zimmer in den im alpinen Stil gehaltenen Gebäuden über Rs7000 (US$160). ❾
Paradise, Main Market, ✆ 01936/243368. Schicke Mittelklasse-Unterkunft. ❺
Das beste Hotelrestaurant ist **The Trout Beat** im Pahalgam Hotel; hier gibt's fachkundig zubereitete Forellen und andere nicht veg. Gerichte. Zu den einfacheren Lokalen an der Straße Main Market zählen **Purnima Gujrati** (*dosas* und andere veg. Snacks) und **Dana Pani** (sättigende vegetarische Punjabi-Gerichte).

Informationen

Das **Tourist Reception Centre**, Main Market, ✆ 01936/243224, hat in der Hauptsaison vermeintlich rund um die Uhr geöffnet.

Transport

Auf die Busverbindungen von SRINAGAR nach Pahalgam ist nicht unbedingt Verlass. Jedoch ist es kein Problem, einen Bus oder ein Sammeltaxi (Rs60) nach ANANTNAG (vor Ort als Islamabad bekannt) zu bekommen und dort einen Anschlussbus zu finden.

Sonamarg

Der dritte Ort im ländlichen Kashmir, in den die ausländischen Besucher zurückkehren, ist das 84 km nordöstlich von Srinagar am Fluss Sindh gelegene Sonamarg. Das Städtchen ist von Kiefern-, Tannen- und Buchenwäldern und hoch aufragenden Gipfeln umgeben und eignet sich schön zur Unterbrechung der Fahrt nach Kargil oder Leh. Hier zeigen sich auch die Frühjahrs- und Frühsommerblumen von ihrer besten Seite. Der **Thajiwas-Gletscher** ist nur 4 km entfernt – eine einfache Wanderung. Der einzige Nachteil an Sonamarg ist, dass es an der wichtigen Straße zwischen Srinagar und Leh liegt und daher eine starke Militärpräsenz aufweist.

Übernachtung und Essen

An der Hauptstraße und in ihrer Nähe gibt es eine recht gute Auswahl an Unterkünften, darunter in einem robusten Backsteingebäude das Hotel **Glacier Heights**, ✆ 0194/241 9224, ❹, und die zuverlässigen **JKTDC Tourist Huts**, ✆ 0194/241 7208, ❷–❺.
Außer dem **J&K Tourist Café** bietet auch das **Restaurant Lolabi** eine Standardauswahl an indischen und chinesischen Gerichten.

Transport

Da Sonamarg direkt an der Hauptstraße nach Ladakh liegt, verkehren von SRINAGAR zahlreiche Busse hierher, besonders morgens. Die meisten Fahrzeuge, die weiter gen Osten fahren, sind aber leider schon voll.

Ladakh

Die kulturell und verwaltungstechnisch eigenständige Region Ladakh (La-Dags, das „Land der hohen Bergpässe"), oft als „Klein-Tibet" oder das „letzte Shangri-La" beschrieben, ist eine der letz-

Umweltschäden und Hilfsorganisationen

Umweltschäden sind in Ladakh zu einem immens wichtigen Thema geworden. Obwohl Plastiktüten in Leh verboten wurden, weil sie die lebenswichtigen Flusssysteme, von denen der Staat so sehr abhängt, verstopfen, benutzen Ladenbesitzer sie immer noch. Mineralwasserflaschen aus **Plastik** stellen ein besonderes Problem dar. Besucher sollten also entweder eigene Wasserfilter mitbringen (S. 74) oder ihre Plastikflaschen in einem Guesthouse mit gefiltertem Wasser oder in der **Dzomsa Laundry** beim Hauptbasar in Leh füllen lassen. In der Dzomsa Laundry gibt es nicht nur sauberes Trinkwasser und köstliche Säfte, sondern auch einen ungeheuer lobenswerten ökologischen Waschservice mit biologisch abbaubaren Waschmitteln in sicherer Entfernung zu den Wohngebieten. Die Wäscherei ist eine Kooperative von Menschen vom Land mit eingeschränkten Lese- und Schreibfertigkeiten.

Eine Handvoll dürftig ausgestatteter Hilfsorganisationen bemüht sich um den Schutz der bedrohten Umwelt und das Überleben der uralten Kultur Ladakhs. Dazu gehört die **LEDeG** (**Ladakh Ecological Development Group**), 💻 www.ledeg.org, eine ortsansässige Nicht-Regierungs-Organisation, die sich der Bekämpfung der negativen Auswirkungen einer Erschließung der Region nach westlichem Muster verschrieben hat. Sie fordert wirtschaftliche Unabhängigkeit und Respekt für die traditionelle Kultur. Das Hauptquartier der Organisation ist das Ecology Centre, ✆ 01982/253221, fünf Minuten Fußweg nördlich vom Basar, 🕓 Mo–Sa 10–16.30 Uhr. Hier gibt es eine kleine Bibliothek und ein Kunsthandwerksgeschäft, das in der Region hergestellte Kleidung, *thangkas*, T-Shirts, Bücher und Postkarten verkauft.

Helena Norberg-Hodge, die schwedische Gründerin der LEDeG, steht auch hinter der Website der „International Society for Ecology and Culture" (ISEC), 💻 www.isec.org.uk, die sich für die Verwirklichung nachhaltiger Lebensbedingungen in „Entwicklungs-" und „entwickelten" Ländern einsetzt. In Ladakh beschäftigt die ISEC Freiwillige im Rahmen des sogenannten **Farm Project**, das einheimische Bauern bei der Aufrechterhaltung ihrer traditionellen Anbaumethoden unterstützt. In enger Zusammenarbeit mit dem Farm Project steht die in Chubi (nördlich des Zentrums von Leh) beheimatete Kooperative **Women's Alliance of Ladakh** (WAL), ✆ 01982/250293, ✉ womenallianceleh@yahoo.com, 🕓 Mo–Sa 10–17 Uhr, die sich für die Förderung traditioneller Ladakhi-Kultur einsetzt. Eine ihrer bemerkenswerteren Errungenschaften war die Durchsetzung eines Verbots von Plastiktüten in Leh im Jahr 1998. Heute hat die Allianz über 5000 Mitglieder in 100 Dörfern. Die beste Zeit für einen Besuch sind die von den Organisationen veranstalteten **Feste** mit Volkstänzen, Ständen für einheimische Erzeugnisse und Kunsthandwerk sowie Ausstellungen farbenfroher traditioneller Trachten. Es werden auch **Filme** gezeigt, darunter **Ancient Futures: Learning from Ladakh** von Norberg-Hodge (Vorführung um 15 Uhr), mit spannenden Einblicken in die ladakhische Kultur und die enormen Umwälzungen in den letzten 30 Jahren – auch in Buchform erhältlich. Um 11 Uhr stehen außerdem jeweils verschiedene Filme auf dem Programm, und im Anschluss ist ein Mittagessen für Rs45 erhältlich. Manchmal, wenn sie im Juli oder August in der Stadt ist, hält Norberg-Hodge im Zentrum Vorträge.

Eine weitere Organisation ist **LEHO** (**Ladakh Environment and Health Organization**), die sich vor allem für die richtige Nutzung der Land- und Wasserressourcen und eine nachhaltige Viehzucht einsetzt. Büro und Ausstellungsräume der Organisation befinden sich im 1. Stock des Himalaya Complex, unter dem Restaurant Amdo, Main Bazaar, ✆ 01982/253691, ✉ sultanaleho@yahoo.com, 🕓 Mo–Sa 10–17 Uhr.

ten Enklaven des **Mahayana-Buddhismus**. Die seit fast tausend Jahren in Ladakh vorherrschende Religion wird heute in ihrem Mutterland Tibet von den Chinesen brutal unterdrückt. Außer nahe der Übergangszone zu Kashmir sind die äußerlichen Symbole des Buddhismus überall zu sehen: Bunte Gebetsfahnen flattern auf den Hausdächern, während glänzende Gebetsmühlen und

Sperrgebiete und Genehmigungen

Teile Ladakhs sind für den normalen Touristen immer noch unzugänglich. Seitdem die Spannungen im indisch-chinesischen Grenzgebiet abgenommen haben, wurden jedoch weite Teile dieses außergewöhnlichen Landes zugänglich, das einst hinter dem politischen Vorhang der „Inner Line" verborgen lag. Vor allem drei Regionen sind heute bei Travellern beliebt: das nördlich von Leh an die Karakorum-Bergkette grenzende **Nubra-Tal**, die Gegend um den **Pangong Tso**, den See östlich von Leh, und die Region **Rupshu** mit dem See **Tso Moriri** südöstlich von Leh. Sowohl indische als auch ausländische Besucher benötigen eine **Genehmigung** (Permit), um in diese Gebiete einreisen zu können. Offiziell wird sie nur für Gruppen von mindestens vier Personen in Begleitung eines Führers von einem der örtlichen **Tourveranstalter** ausgestellt. In der Praxis jedoch vergeben Reisebüros aber auch ohne Probleme Permits an Individualreisende, wobei einfach drei imaginäre Begleiter (in der Regel Leute, die zur gleichen Zeit einen Antrag stellen) auf dem Schein eingetragen werden, um die Statistik zu frisieren. Solange Name und Reisepassnummer auf dem Permit stehen, ist es den Wächtern an den Kontrollpunkten relativ gleichgültig, aus wie vielen Personen die Gruppe besteht.

Die Genehmigungen werden zwar vom **District Magistrate's Office** in **Leh** ausgestellt, sind derzeit allerdings nur über einen der zahlreichen Tourveranstalter (S. 553) in Leh erhältlich. Diese erheben eine **Gebühr** – normalerweise rund Rs50–100 p. P. Da einige der betreffenden Regionen (z. B. Pangong Tso) nur schwer mit öffentlichen Verkehrsmitteln erreichbar sind, nehmen die meisten Besucher ohnehin die Dienste eines Tourenveranstalters in Anspruch. In diesem Fall ist die Genehmigung meistens schon im Gesamtpaket enthalten. Benötigt werden zwei Fotokopien der relevanten Seiten aus Reisepass und Visum. Wer den Antrag morgens stellt, erhält die Genehmigung in der Regel noch am selben Tag. Sie ist normalerweise für maximal sieben Tage gültig. Es empfiehlt sich, mindestens fünf Kopien zu machen, denn die Kontrollpunkte behalten oft gerne eine Kopie, wenn man sich dort anmeldet. Mitunter ist auch das Original vorzuzeigen. Bei organisierten Gruppenreisen kümmert sich der Fahrer um alles und die Teilnehmer haben mit ihrem Permit meist gar nichts zu tun.

weiß getünchte Tschörten (das regionale Äquivalent der Stupas, s. S. 405) die Eingänge selbst der kleinsten Siedlungen säumen.

Noch eindrucksvoller und geheimnisvoller sind die mittelalterlichen **Klöster** von Ladakh. Meist auf felsigen Berggipfeln erbaut, sind *gompas* sowohl die Hüter uralten Wissens als auch lebendige religiöse Zentren. Ihre düsteren Gebetshallen und reich verzierten Schreine beherbergen bemerkenswerte Kunstschätze: gigantische Buddhas aus Messing, *thangkas*, Bibliotheken mit antiken tibetischen Manuskripten, bizarre Musikinstrumente und Wandgemälde voller grimmig dreinschauender, tantrischer Gottheiten. Dies ist die abgelegenste und am dünnsten besiedelte Region des indischen Subkontinents, eine Hochgebirgswüste zwischen Karakorum und Himalaya, kreuz und quer von unzähligen steilen Gipfeln und Bergkämmen durchzogen.

Die größte Ansammlung von Klöstern findet man im **Indus-Tal** nahe bei **Leh**, der Hauptstadt der Region. Umgeben von erhabenen Landschaften und übersät von Hotels, Gästehäusern und Restaurants ist diese stimmungsvolle kleine Stadt – einst Zwischenstation an der alten Seidenstraße – der Ankunftsort der meisten Besucher Ladakhs und ein guter Ausgangspunkt für Erkundungstouren. Nördlich von Leh, jenseits des **Khardung La**, des höchsten befahrbaren Gebirgspasses der Welt, liegt das **Nubra-Tal**, dessen Sanddünen mit den hoch aufragenden Felszacken der Karakorum-Gebirgskette kontrastieren. Es ist auch möglich, die Wildnis rund um den See **Tso Moriri** in **Rupshu**, südöstlich von Leh, zu besuchen, und von den Ufern des

Pangong Tso, im äußersten Osten von Ladakh, einen Blick auf das ferne Tibet zu werfen. Für diese Gebiete benötigen Besucher jedoch eine Genehmigung (S. 544).

Westlich von Leh, hinter den windumtosten Pässen **Fatu La** und **Namika La**, sind immer weniger buddhistische Gebetsfahnen zu sehen, je weiter man sich dem vorwiegend moslemischen Distrikt **Kargil** nähert. Die zweitgrößte Stadt Ladakhs liegt am Ende des atemberaubend schönen **Suru-Tals** und auf halbem Wege von bzw. nach Srinagar. In Kargil steigt man aus, um **Zanskar** zu erkunden – die große Wildnis im äußersten Süden des Staates, die die Grenze zu Lahaul in Himachal Pradesh bildet. Weitab vom Einflussbereich des Monsuns schneit es in Ladakh nur selten, vor allem in den Tälern, und noch seltener fällt Regen (nur gut 100 mm pro Jahr). Dem dünnen, sandigen Boden, der acht Monate im Jahr steinhart gefroren ist und den die restlichen vier Monate eine gleißende Sonne versengt, können die Einheimischen nur das Allernötigste abringen. In den letzten Jahren hat die globale Erwärmung trockene Winter mit noch weniger Schnee gebracht. Der daraus folgende Mangel an Schmelzwasser erschwert die für den traditionellen Ackerbau unerlässliche Bewässerung und schürt die Angst vor Dürren.

Transport

Zwei große „Highways" verbinden Ladakh mit dem restlichen Indien: die legendäre Srinagar–Leh-Route und die Straße, die vom knapp 500 km weiter südlich gelegenen **Manali** (S. 503) hochführt. Die beiden Highways sowie die unbefestigte Straße zwischen Kargil und Padum in **Zanskar** verbinden auch die meisten größeren Orte Ladakhs mit der Hauptstadt.

Die **Busverbindungen** entlang des großen Indus-Tal-Highways sind gut, die Busse verkehren häufig und zuverlässig. Dies gilt jedoch umso weniger, je weiter man sich von Leh entfernt. Wer einen Tagesausflug in abgelegenere Täler und Dörfer plant, sollte sein Geld lieber in eine Fahrt mit einem **Jeep-Taxi** investieren – ein Gypsy oder ein Tata Sumo findet man sowohl in Kargil als auch in Leh. Die alternative und traditionellere Weise, sich in der Region fortzubewegen, ist natürlich zu Fuß.

Leh

Wer zum ersten Mal über die staubige, steinige Straße vom Boden des Indus-Tals her nach Leh kommt, kann sich gut vorstellen, wie die umherziehenden Trans-Himalaya-Kaufleute sich gefühlt haben müssen, wenn sie auf den alten Karawanenrouten von Yarkhand und Tibet endlich hierher gelangten: eine Mischung aus der Erleichterung darüber, die Berge unversehrt überquert zu haben, und der Vorfreude auf einen erholsamen Aufenthalt in einer der bezauberndsten Städte Zentralasiens. Die Hauptstadt von Ladakh liegt in einem kleinen Nebental, das im Norden bis an schneebedeckte Gipfel reicht, und Richtung Süden blickt sie auf das majestätische **Stok-Kangri-Massiv** (6120 m).

Leh erstreckt sich zu Füßen eines zerfallenen Palastes im tibetischen Baustil – ein Labyrinth aus Lehmziegeln und Beton, das auf einer Seite von Wüste und auf der anderen von fruchtbarem, bewässertem Ackerland umrahmt wird. Leh wurde erst im 17. Jh. zur Hauptstadt der Region, als Sengge Namgyal seinen Hof von Shey, 15 km südöstlich, hierher verlegte. Er wollte dem Beginn des Korridors zwischen Khardung La und Karakorum nach China näher sein. Der Umzug zahlte sich aus: Innerhalb nur einer Generation erblühte die Stadt zu einem der wichtigsten Märkte an der Seidenstraße.

Lehs Wohlstand war vor allem den sunnitischen Händlern zu verdanken, deren Nachkommen in der Altstadt von Leh, dem **Old Quarter** leben. Lehs Blüte fand ein abruptes Ende, als in den 50er-Jahren die chinesische Grenze geschlossen wurde. Erst nach den indisch-pakistanischen Kriegen von 1965 und 1971, als Indien den schon vergessenen strategischen Wert der Hauptstadt wieder entdeckte, wendete sich das Schicksal der Stadt zum Guten. Heute sind die *jawans* (Soldaten) in ihren khakifarbenen Uniformen mit ihren Familien aus den nahe gelegenen Militär- und Luftstützpunkten die wirtschaftliche Hauptstütze der Stadt, wenn im Winter nur noch wenige ausländische Besucher – für die die Region 1974 geöffnet wurde – hierher kommen. Seit der Öffnung für den **Tourismus** ist Leh auf die doppelte Größe angewachsen und hat nicht mehr viel mit dem verschlafenen Himalaya-

Höhenkrankheit

Da Leh 3505 m über dem Meeresspiegel liegt, leiden manche Besucher, vor allem diejenigen, die mit dem Flugzeug aus Delhi ankommen, zunächst an leichter Höhenkrankheit. Am besten lassen sich die Symptome (anhaltende Kopfschmerzen, Schwindelgefühl, Schlaflosigkeit, Appetitlosigkeit und Kurzatmigkeit) vermeiden, indem man sich nach der Ankunft mindestens 48 Stunden lang ausruht. Weiterhin ist zu empfehlen, drei bis vier Liter Wasser pro Tag zu trinken, auf Alkohol zu verzichten und sich nicht zu überanstrengen. Weitere Infos s. S. 1268.

Städtchen der frühen 1970er-Jahre gemein. Die Lebensmittelläden und traditionellen Bekleidungsgeschäfte an der Hauptstraße wurden inzwischen größtenteils von kashmirischen Kunsthandwerksläden, Internetcafés und tibetischen Restaurants verdrängt.

Orientierung

Da der **Palast** als mächtiger Koloss die Stadt im Norden überragt, ist es praktisch unmöglich, in Leh die Orientierung zu verlieren. Der breite Basar verläuft von Norden nach Süden durch das Herz der Stadt und trennt die verwinkelte **Altstadt** und den nahe gelegenen Poloplatz von den grüneren, großzügigeren Wohnbereichen **Karzoo** und **Suki** im Westen. **Fort Road**, die zweite große Straße, zweigt von der Hauptstraße gen Westen ab und führt dann bergab, vorbei am Taxistand, Hotels, Restaurants und Shops weiter in Richtung des Air India-Büros am Südrand der Stadt.

Basar und Altstadt

Nachdem sie sich in einem Hotel oder einem der Gästehäuser eingemietet haben, verbringen die meisten Besucher ihren ersten Tag in Leh damit, die Atmosphäre des Basars in sich aufzunehmen. Vor etwa 80 Jahren war dieser geschäftige Boulevard der meistbesuchte Markt zwischen Yarkhand und Kashmir. Händler aus Srinagar und dem Punjab versammelten sich hier, um Pashmina-Wolle von den Nomadenhirten aus Westtibet und Rohseide, die mit Trampeltieren über die Karakorums transportiert worden war, zu kaufen oder zu tauschen. Auch heute, obwohl die Straße von kitschigen Antiquitäten- und Kunsthandwerksläden übersät ist, ist die typische zentralasiatische Atmosphäre hier noch deutlich zu spüren. Selbst wer nicht seine Trekkingvorräte aufstocken will, sollte in den noch vorhandenen **Provision Stores** an der Straße stöbern, wo rosa- und türkisfarbene sowie weinrote Kummerbunde in den Fenstern hängen.

Wer vom Basar genug gesehen hat, kann vorbei an der neuen, grün-weißen **Jama Masjid** ans obere Ende der Straße laufen und von dort einer der Gassen in die **Old Town** folgen. Außer einem Elektrokabel und einem Betonweg hier und da scheint sich nicht das Geringste verändert zu haben – vor allem nicht die Wasserleitungen: ein Labyrinth aus Flachdachhäusern, bröckelnden Tschörten und Mani-Mauern (S. 548, Kasten), das Ende des 16. Jhs. angelegt wurde. Ein Ort, der auf jeden Fall einen Besuch lohnt, ist der **Chamba-Tempel**. Er ist schwierig zu finden: Am besten fragt man in der zweiten Ladenreihe links hinter dem großen Bogen nach dem *gonyer*, der den Schlüssel hat und Besuchern den Weg zeigt. Der einräumige Schrein zwischen baufälligen Villen beherbergt ein riesiges Bildnis von Maitreya, dem künftigen Buddha, und einige wunderschöne, alte Wandmalereien.

Der Palast

Auf einem schroffen Granitfelsen sitzend überragt der verlassene **Palast** majestätisch die Stadt. Von hier aus regierte Sengge Namgyal im 16. Jh. sein Reich. Der Palast ist eine bescheidenere Version des Potala in Lhasa und ein Paradebeispiel für die mittelalterliche Architektur Tibets, mit gigantischen, schrägen Säulenwänden und vorspringenden Holzbalkonen, die hoch über den umliegenden Häusern hängen. Seit die Ladakher Königsfamilie den Palast in den 40er-Jahren des 20. Jhs. verließ, hat der Schaden, den die kashmirischen Kanonen aus dem 19. Jh. angerichtet haben, große Teile zum Einsturz gebracht. ⏲ tgl. Sonnenauf- bis -untergang, Rs100.

Namgyal Tsemo Gompa

Sobald man sich an die Höhe gewöhnt hat, ist eine frühmorgendliche Wanderung zum **Namgyal Tsemo Gompa**, dem Kloster auf dem Schie-

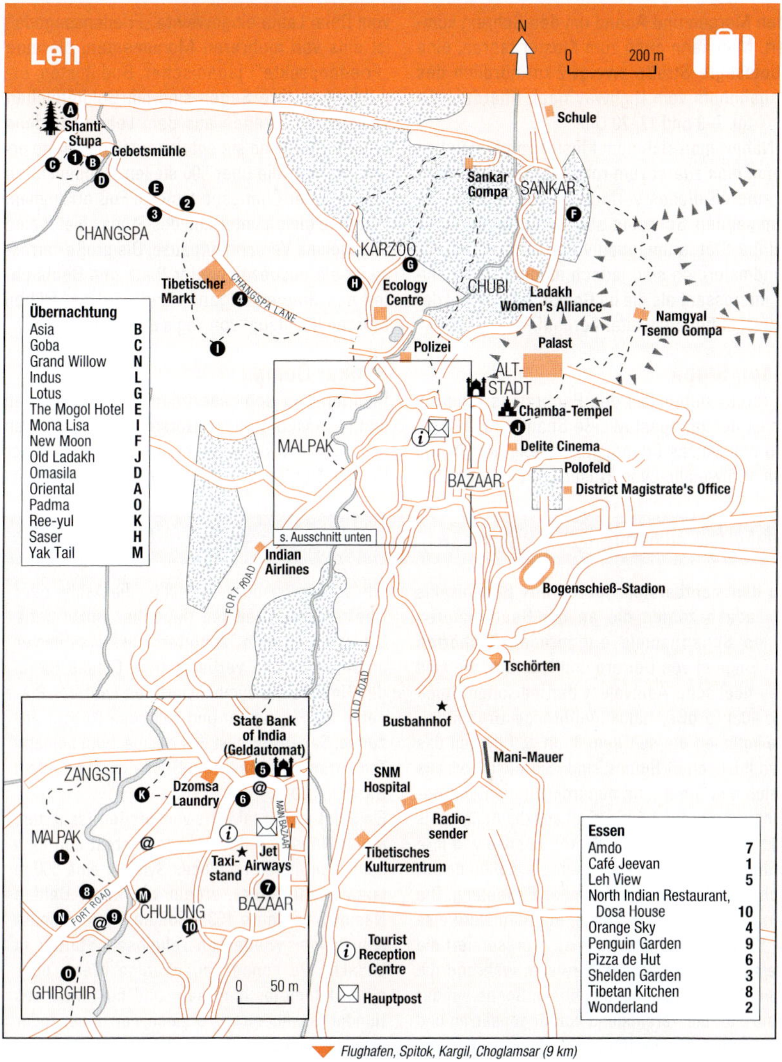

ferfelsen oberhalb des Palasts von Leh, eine wunderschöne, wenn auch anstrengende Art, den Tag zu beginnen. Zwei Wege führen hinauf zum „**Peak of Victory**“, dem Siegesberg, dessen beide Gipfel durch lange Reihen farbenfroher Gebetsfahnen verbunden sind.

Der erste und meistbegangene Pfad verläuft von der Palaststraße aus im Zickzack an der Südseite des Berges hinauf, während ein zweiter durch das Dorf **Chubi** den etwas weniger steilen Nordhang hochführt. Dies ist die Route, die der Lama vom Sankar Gompa nimmt, der sich jeden Morgen und Abend um den Schrein kümmert. Man kann auch zum Kloster fahren, eine unbefestigte Straße zweigt 2 km nördlich des Busbahnhofs vom Highway nach Khardung La ab. ⌚ tgl. 7–9 und 17–20 Uhr.

Nähert man sich dem Kloster von Süden her, kommt man zuerst zum roten **Maitreya-Tempel**. Im Inneren dieses vermutlich aus dem 14. Jh. stammenden Schreins steht eine gigantische Buddha-Statue umgeben von Bodhisattvas. Die Wandmalereien sind jedoch modern und weniger interessant als die im **Gonkhang** (Tempel der Schutzgottheiten) weiter bergauf.

Shanti Stupa

Ein relativ neuer Teil des Panoramas rund um Leh ist der zahnpastaweiße Shanti Stupa oberhalb des Dorfes Changspa, entlang der Straße 3 km nordwestlich vom Basar. Die im Jahre 1983 vom Dalai Lama eingeweihte „Friedenspagode" ist eins von mehreren Monumenten, die eine „Friedenssekte" japanischer Buddhisten errichtet hat. Ihre Seiten sind mit Goldtäfelchen verziert, die Szenen aus dem Leben Buddhas zeigen. Man kann sie entweder mit dem Auto erreichen oder die über 500 steilen Treppenstufen am Ende der Changspa Lane zu Fuß erklimmen. Das Café gleich unterhalb des Stupas bietet eine angenehme Verschnaufpause. Die große Terrasse ist ein ausgezeichneter Platz zum Beobachten des Sonnenaufgangs und wird am frühen Morgen bevorzugt von Yogis aufgesucht.

Sankar Gompa

Inmitten von schimmernden Pappelwäldchen und terrassenförmigen Gerstenfeldern, die sich hinter Leh das Tal hinauf erstrecken, liegt Sankar Gompa. Nur 2 km nördlich des Stadtzentrums ist

Tschörten und Mani-Mauern

Zu den sichtbarsten Spuren des Buddhismus in Ladakh zählen die an die Bauernfiguren eines Schachspiels erinnernden **Tschörten** am Eingang von Dörfern und Klöstern. Sie sind das tibetische Äquivalent der indischen Stupa (S. 405): große, halbkugelförmige Grabhügel-Heiligtümer, die seit dem 3. Jh. v. Chr. Teil des buddhistischen Rituals sind. Sie bestehen aus Lehm und Stein (und neuerdings auch aus Beton) und wurden häufig von Ladakhs Adligen als Akt der Frömmigkeit errichtet. Ebenso wie ihre indischen Pendants stecken sie voller mystischer Kräfte und symbolischer Bedeutung: Die lange, kegelförmige Spitze, die normalerweise in 13 Abschnitte unterteilt ist, repräsentiert die Reise der Seele in das Nirwana, während die von einer Mondsichel umgebene Sonne auf der Spitze für die Vereinigung von Gegensätzen und die Einheit von Existenz und Universum steht. Manche enthalten heilige Manuskripte, die, ebenso wie die Tschörten selbst, im Laufe der Zeit verwittern und verfallen – als Widerspiegelung der zentralen buddhistischen Idee der ständigen Veränderung der Welt. Diejenigen, die in Klöstern bewahrt werden – sie bestehen meist aus solidem Silber und sind mit Halbedelsteinen besetzt – enthalten die Asche oder Überreste der heiligen rinpoches (inkarnierte Lamas). An einem Tschörten muss man immer im Uhrzeigersinn vorbei gehen: Dieses Ritual des Umrundens symbolisiert den Lauf der Planeten am Firmament und soll böse Geister abhalten. Sehenswert ist das riesige, bunt bemalte Tschörten zwischen dem Busbahnhof und dem Basar in Leh.

Ein Stück weiter talwärts vom großen Tschörten, in der Nähe des Radiosenders, steht ein noch monumentaleres religiöses Symbol: eine 500 m lange **Mani-Mauer**, erbaut von König Deldan Namgyal im Jahre 1635. Solche Mauern findet man immer wieder an religiösen Stätten in Ladakh. Sie können nur wenige Meter oder einen Kilometer lang sein und bestehen aus Hunderttausenden von Steinen, von denen jeder einzelne mit einem Gebet oder heiligen Mantras beschrieben ist – normalerweise mit dem Bittgebet Om Mani Padme Hum: „Juwel im Lotus". Es bedarf wohl keiner Erwähnung, dass solche Steine auf keinen Fall entfernt werden dürfen und dass Besucher dem Impuls widerstehen sollten, auf die Mauern zu klettern, um Fotos zu machen.

es eins der am leichtesten zugänglichen Klöster in Zentral-Ladakh. Die Öffnungszeiten für Touristen sind relativ beschränkt, ⏲ tgl. 7–18 Uhr, Eintritt Rs30. Man erreicht es entweder mit dem Auto oder zu Fuß, am Antelope Guesthouse links und dann rechts auf den Betonweg entlang des Flusses. Nach einem etwa 15-minütigen Fußmarsch erscheint Sankar, umgeben von sonnengebleichten Tschörten und einer hohen Lehmmauer. Man kann aber auch über die Felder hinter dem ständig wachsenden Touristengebiet von Karzoo gehen.

Das Kloster, ein kleines „Sub"-Gompa von Spitok, in dem zwanzig Mönche leben, ist die offizielle Residenz des **Kushok Bakula**, des ladakhischen Oberhaupts der Gelugpa-Schule. Über der Dukhang (Hauptgebetshalle) steht die wichtigste Gottheit dieses Gompa: Tara in ihrer triumphierenden, 1000-armigen Form als Dukkar oder „Herrin des weißen Schirms". Sie dominiert einen hellen, luftigen Raum mit dem Schrein, dessen Wände mit einem tibetischen Kalender sowie einer Tafel mit den z. T. ausgesprochen geheimnisvollen Mönchsregeln bemalt sind. Eine weitere Treppe führt zur Kloster-**Bücherei** und schließlich zu einer Dachterrasse, von der aus man einen wunderschönen Blick auf die Nordseite des Namgyal Tsemo und das Tal im Süden hat.

Übernachtung

In Leh wimmelt es von Übernachtungsmöglichkeiten, von denen viele – dank strenger Vorschriften – angenehm sauber, ordentlich und ausgesprochen preiswert sind. Die meisten der billigen Gästehäuser der Stadt sind makellos weiß getünchte, traditionelle Häuser am grünen Stadtrand – vor allem in der Gegend von **Changspa** im Westen und **Karzoo** im Norden. Einfache DZ ohne Bad sind selbst in der Hochsaison schon ab Rs150 zu haben; ab Rs300 mit Bad. Für ein bisschen mehr Geld findet man oft schon ein sonniges „Glaszimmer" mit Panoramablick. Die Zimmer der wachsenden Anzahl von **Mittel- und Oberklassehotels** bieten ein eigenes Bad und fließend heißes Wasser. Die unten angegebenen Preiskategorien beziehen sich auf die Hochsaison; außerhalb der Saison können sie um bis zu 60 % fallen. **Privatzimmer** in Dörfern außerhalb kosten einschließlich Abendessen und Frühstück Rs400 p. P. (Rs600 pro Paar). 10 % dieser Summe kommen der Dorfentwicklung zugute. Dieses Programm läuft derzeit in der Gegend zwischen Likkir und Temisgang, sowie zwischen Stok und Chilling. Weitere Informationen erteilt **Snow Leopard Trails**, ✆ 01982/252188, im Hotel Kanglhachhen bei der Fort Road.

Zimmer mit Aussicht

Oriental, unterhalb des Shanti Stupa, Changspa Lane, Changspa, ✆ 01982/253153, 💻 www.oriental-ladakh.com. Angenehmes und äußerst beliebtes Gästehaus mit makellos sauberen Zimmern (jetzt meist mit eigenem Bad), solarbeheiztem Wasser, fantastischer Aussicht, hausgemachtem Essen und einem wirklich warmem Empfang selbst im Winter; im Sommer reservieren. ❶–❹

Asia, Changspa Lane, ✆ 01982/253403, ✉ ladakhasia@yahoo.co.in. Großes Gästehaus am Fluss mit einem funkelnagelneuen Trakt. Gesellige Dachterrasse mit Café, Yoga, Meditation, Reiki und Pranic Healing. ❷–❹

Goba, an einer Nebengasse der Changspa Lane, ✆ 01982/253670. Gepflegtes traditionelles Haus mit makellosen Zimmern (die im Neubau haben ein eigenes Bad) und hübschem Garten sowie Blick auf den Shanti Stupa. ❶–❷

Grand Willow, Fort Rd, ✆ 01982/251835, 💻 www.hotelgrandwillow.net. Geräumige Zimmer mit Kabel-TV und bunten Vorhängen und Kissen. Wunderschön verzierte Holzbalkone mit Bergblick. ❼

Indus, Malpak, nahe Fort Rd, ✆ 01982/252502, ✉ masters_adv@yahoo.co.in. Billige EZ und wenige DZ, alle mit eigenem Bad, solarbeheiztes Wasser. Zentral gelegen, familiäre Atmosphäre; im Winter geöffnet. ❶–❸

Lotus, Upper Karzoo, ✆ 01982/250265, ✉ ri_wangtrek@gmail.com. Dank der lockeren Mitarbeiter und der Lage im Grünen eine entspannende und gastfreundliche Unterkunft im traditionellen Stil, wenngleich die Zimmer anderer Hotels besser sind. Die teureren Zimmer bieten Ausblick auf die Berge. ❼

The Mogol Hotel, Changspa Lane, ☎ 01982/ 253439, 💻 www.hotelmogol.com. Schickes neues Hotel mit freundlichen Angestellten und großen, freundlich eingerichteten Zimmern, die Hälfte davon mit TV. ❼

Mona Lisa, an einem Pfad, der von der Changspa Lane abzweigt, ☎ 01982/252456, ✉ riggs_pisces@yahoo.co.in. Geführt von Mönchen, die sich liebevoll um den Gemüsegarten kümmern. Einfache Zimmer mit und ohne Bad, Frühstück erhältlich. ❶–❸

New Moon, Sankar Rd, Chubi, ☎ 01982/250296, ✉ angchok@india.com. Neues Haus in traditionellem Stil mit großen Zimmern und günstiger Lage unterhalb des Namgyal Tsemo Gompa. ❹

Old Ladakh, Altstadt, ☎ 01982/252951, ✉ oldladakh@rediff.com. Ladakhs allererstes Gästehaus. Gemütlich und zentral gelegen, bietet eine Reihe von unterschiedlichen Zimmern. Das kitschige „Deluxe"-Zimmer (pinkfarbene Kissen und tibetische Teppiche) ist ein echter Knüller. Die Preise für Trekking-Touren sollte man allerdings kritisch prüfen. Falls ausgebucht, kann man es im Tak in derselben Gasse versuchen. ❶–❸

Omasila, Changspa Lane, ☎ 01982/252119, 💻 www.hotelomasila.com. Nettes, gastfreundliches Hotel mit 35 Zimmern, darunter fünf Suiten und sechs Zimmer mit Zentralheizung. Die große Terrasse bietet einen weiten Blick auf die Berge, und im reizenden Speisesaal werden ausgezeichnete Mahlzeiten mit Gemüse aus dem eigenen Garten serviert; ⏲ ganzjährig geöffnet. ❼

Padma, Ghirghir, neben Fort Rd, ☎ 01982/ 252630, 💻 www.padmaladakh.net. Das Hotel besteht aus zwei Teilen: einem traditionellen alten Gebäude mit blitzsauberen Zimmern, Gemeinschaftsbad, schöner Küche, Garten und Bergblick sowie einem modernen Anbau mit komfortablen DZ mit Privatbad und Restaurant auf der Dachterrasse. ❸–❻

Ree-yul, Zangsti, an einer Gasse, die von der Fort Rd abzweigt, ☎ 01982/252911, ✉ limbijal@ rediffmail.com. Versteckt in einer ruhigen Ecke des Zentrums, mit hübschem Hof und wunderbaren Holzschnitzarbeiten. Gesellige Unterkunft mit sauberen Zimmern mit Bad, teils mit TV. ❶–❷

Saser, Karzoo, den Weg vom Ecology Centre nach oben, ☎ 01982/250162, ✉ namy_z@ yahoo.com. Modernes Hotel, das erfolgreich Elemente traditioneller Architektur mit einem schönen Garten und komfortablen Zimmern mit Bad kombiniert; außerhalb der Saison ein Schnäppchen. ❷–❸

Yak Tail, Fort Rd, ☎ 01982/252118. Großes zentral gelegenes Hotel mit 30 luxuriösen Zimmern, alle mit Kabel-TV, rings um einen Hof. ❸–❻

Essen

Da sich Lehs blühende Restaurant- und Cafészene fest in den Händen der Flüchtlingsgemeinde befindet, ist **tibetisches Essen** allgegenwärtig. Außerdem findet man viele auf Touristen abgestimmte chinesische und europäische Speisen. **Bier** ist in den meisten Touristenrestaurants von Leh erhältlich, während das einheimische Gerstengebräu **chang** schon schwieriger zu finden ist.

Amdo, Main Bazaar. Beliebtes tibetisches Restaurant mit frisch zubereiteten Speisen, die ausgezeichnet sind, aber manchmal eine Stunde auf sich warten lassen; Hauptgerichte Rs50–80. Die Filiale gegenüber bekommt Morgensonne und serviert herzhaften *tsampa*-Porridge.

Café Jeevan, Changspa Lane, modernes Sikh-Restaurant mit unterschiedlichen vegetarischen Spezialitäten um Rs60–100. Sowohl der Speiseraum unten als auch die teils geschlossene Dachterrasse sind schön gestaltet.

Tibet kulinarisch

Tibetan Kitchen, in einer Seitengasse der Fort Rd. Viele, sowohl Einheimische als auch Touristen, halten es für das beste tibetische Restaurant der Stadt. Köstliche *thukpas* mit Lammfleisch für Rs70, die *momos* für Rs120 sind etwas teuer.

Leh View, Main Bazaar. Bester Panoramablick der Stadt aber eine entnervend langsame Bedienung, so dass man besser auf einen Drink kommt als zum Essen.

North Indian Restaurant & Dosa House, südlich der Fort Rd gelegen. Die Küche produziert Typisches von beiden Enden des Subkontinents sowie einige westliche Gerichte. Und auf jeden Fall die besten *masala dosas* in der Stadt (Rs40).

Orange Sky, Changspa Lane. Restaurant in einem Innenhof unter französischer Leitung, mit Bergblicken und überdachtem Chillout-Bereich. Gute europäische Gerichte wie Lasagne ab Rs200.

Penguin Garden, Old Rd nahe Fort Rd. Im grünen Garten gibt es Snacks von der German Bakery und Mahlzeiten (Rs80–150). Schöner Ort für ein Bier.

Pizza de Hut, Main Bazaar, fast gegenüber von SBI. Frühstück oder ein Bier am Abend und großartiges Dachrestaurant mit Terrasse. Die gemischte Speisekarte beinhaltet Holzofenpizza und Tandoori-Gerichte (Rs100–150). Besser als **La Terrasse** nebenan.

Shelden Garden, Changspa Lane. Spezialitäten sind köstliches Grillfleisch und Fisch um Rs150, serviert in einem netten Hof oder in einem Zelt, in dem jeden Abend eine DVD gezeigt wird.

Wunderbar

Wonderland, Changspa Lane. Tolles Dachterrassenrestaurant mit gemütlicher Kissenecke und ungewöhnlich aufmerksamem Service. Gute Auswahl an indischen, chinesischen, tibetischen und europäischen Hauptgerichten für Rs80–120.

Einkaufen

Zwischen Juni und September wird Leh von fast genauso vielen Händlern aus Tibet und Kashmir überschwemmt wie von souvenirhungrigen Touristen. Der größte Teil der Waren in ihren für den Sommer eingerichteten Läden und Ständen stammt nicht aus der Region: Pappmaché-Schüsseln, Schals und Teppiche aus Srinagar, Schmuck und Miniaturen aus Jaipur und „Himalaya"-Kunsthandwerk, darunter *thangkas*, hergestellt in Nepal und von tibetischen Flüchtlingen in Old Delhi. Die Preise sind eher hoch, also muss man handeln, und auf keinen Fall sollte man auf clever getürkte „Antiquitäten" hereinfallen. Ein großer Teil des angebotenen „Silbers" ist in Wahrheit billiges Weißmetall.

Kuriositäten aus Tibet und Ladakh machen den größten Teil des Sortiments in den Läden von Leh aus, auch wenn sie zumeist von Kashmiris betrieben werden. Der **Ladakh Art Palace** abseits des Hauptbasars ist eines der wenigen von Einheimischen betriebenen Souvenirgeschäfte und eignet sich gut zum Stöbern.

Wenn Geld keine Rolle spielt, kann man sich einen **perak** leisten, einen langen, mit Türkisen besetzten Kopfschmuck aus Ladakh, der ab Rs5000 kostet. **Türkis** wird per *tolah* verkauft (acht *tolahs* sind 1 kg), und Qualität und Alter bestimmen den Preis. Händler findet man auf der Hauptstraße; eine Alternative ist der stimmungsvoll altmodische Laden **Potala** in der Nowshara Lane, die bei der Jama Masjid von der Hauptstraße abzweigt. Der benachbarte Laden, **Himalayan Art**, befindet sich genauso wie Potala in einheimischem Besitz und bietet eine große Auswahl von Andenken, von Steinen bis zu *thangkas*.

Authentische Souvenirs aus Ladakh verkaufen die Haushaltswarengeschäfte im Hauptbasar. Zum Stöbern lädt z. B. der Laden von Konchok Lobzang ein, ein paar Türen nördlich des Buchladens Lehling. Hier gibt es selbst gefertigtes Kunsthandwerk im Ladakh-Stil, darunter wunderbar mit Schnitzereien verzierte Tische und *thangkas*.

Die vom Basar Richtung Altstadt abzweigenden Gassen sind mit winzigen Läden von Näherinnen gesäumt, die Maßanfertigungen einheimischer **Kleidungsstücke** herstellen, z. B. schicke Zylinderhüte *(tibi)*, handgefärbte *gonchas*, Rohseiden-Kummerbunde, gebatikte Espadrilles *(pabbu)* und Bhutan-Hemden. Schals aus Yakwolle kosten Rs750–950.

Feste

Die meisten buddhistischen Feste in Ladakh, bei denen maskierte Mönche in Klosterhöfen chaam-Tanztheaterstücke aufführen, finden im Januar und Februar statt, wenn die Straßen der Region im Schnee versinken. Für die Einheimischen lindern diese Feste die Eintönigkeit des Winters, aber für Außenstehende bedeutet es, dass nur wenige je die Möglichkeit haben, diese bunten und faszinierenden Spektakel mitzuerleben. In letzter Zeit sind einige der größeren Klöster dem Beispiel von Hemis gefolgt und haben ihre jährlichen Feste in den Sommer verlegt, um Touristen anzulocken. Die Touristeninformation in Leh gibt eine Broschüre mit dem Titel Ladakh heraus, in dem die Veranstaltungen der kommenden Jahre verzeichnet sind.

Zu den Klöstern, die ihre chaam-Tanzfeste im Winter oder Frühjahr abhalten, zählen Matho (Mitte Feb–Mitte März), Spitok (Mitte Jan), Tikse (Ende Okt–Mitte Nov) und Diskit in Nubra (Mitte Feb–Anfang März). Ein anderes wichtiges Fest in Ladakh ist Losar (das tibetische und ladakhische Neujahr), das zwischen Mitte Dezember und Anfang Januar stattfindet.

Sommerfeste

Hemis Tsechu: 29.–30. Juni 2012; 18.–19. Juni 2013.

Karsha Gustor, Zanskar: 15.–16. Juli 2012; 6.–7. Juli 2013.

Thak Thok Tsechu: 28.–29. Juli 2012; 18.–19. Juli 2013.

Sani Nasjal, Zanskar: 1.–2. August 2012; 21.–22. Juli 2013.

Phyang Tsedup: 16.–17. Juli 2012; 6.–7. Juli 2013.

Festival of Ladakh: 1.–15. September. Diese beliebte, von J&K Tourism gesponserte zweiwöchige Veranstaltung, die vor allem in Leh stattfindet, dient der Verlängerung der Touristensaison. Zu den Highlights gehören Wettbewerbe im Bogenschießen, Polospiele, Trampeltiere aus Nubra und traditionelle Tänze aus Ladakh, das Ganze begleitet von langatmigen Reden.

Erhältlich sind diese Dinge z. B. im **Lonpo Shop** an der Gasse, die gegenüber vom Restaurant Amdo abzweigt, oder rechts um die Ecke in den Läden **Namgail Dorje** und **Tsereng Yangskit**. Die Kunstgewerbeläden der im Kasten auf S. 543 erwähnten Organisationen sind weitere Quellen für traditionelle Kleidung von guter Qualität, darunter handgestrickte Wollpullover, Schals, Hüte und Socken. Die meiste Wolle aus Ladakh wird im Kashmir-Tal verarbeitet, und nur wenige der **Pashmina-Schals**, die in den Geschäften an der Fort Road angeboten werden, sind echt.

Sonstiges

Apotheken

Het Ram Vinay Kumar, am oberen Ende des Basars gelegen, verkauft allopathische Pillen und Tropfen wie auch Batterien und Tampons.

LSTM Amchi Clinic, Changspa Lane. Führt tibetische Medizin. Das Personal spricht Englisch und verlangt Rs50 für eine Beratung unter Einsatz traditioneller Diagnosemethoden. ⌚ tgl. Juli–Sep 8–20, Okt–Juni 10–16 Uhr.

Bücher

Die hervorragende Bibliothek des **Ecology Centre** (Mo–Sa 10–16 Uhr) hat Bücher zu fast jedem Thema wie Landwirtschaft und Zen-Buddhismus sowie Zeitschriften und stapelweise Artikel über Ladakh und Entwicklungsthemen. Wer sich mit dem Buddhismus beschäftigt, sollte einen Blick in die Büchersammlung des **Chokhang Vihara Monastery** (gegenüber der State Bank of India) werfen und das südlich der Stadt gelegene **Tibetische Kulturzentrum** aufsuchen. Zwei der besten Buchhandlungen sind der **Ladakh Bookshop** im 1. Stock unter dem Leh View Restaurant im Hauptbasar und **Book Lovers Retreat** an der Changspa Lane. Beide haben eine gute Auswahl an Literatur, Nachschlagewerken und

Souvenirbüchern. Gebrauchte Taschenbücher verkauft oder tauscht **Parkash Stationers**, gegenüber vom Gemüsemarkt. **Fairdeal Stationers**, nahe der Jami Masjid, Main Bazaar, hat viele Zeitungen.

Fahrradverleih

Luna Ladakh Travel, Zangsti Rd (50 m von der Dzomsa Laundry), vermietet Mountainbikes für Rs250 pro Tag.

Geld

Die **J&K Bank**, 1. Stock, Himalaya Shopping Complex, Main Bazaar, und die **State Bank of India** auf dem Hauptmarktplatz wechseln Geld und haben Geldautomaten. Ein weiterer Geldautomat befindet sich bei der **Punjab National Bank**.
Private lizenzierte **Wechselstuben** gibt es in vielen Hotels und Reisebüros rund um Fort Road und Changspa Lane.

Informationen

J&K Tourist Reception Centre, ✆ 01982/252094, 💻 www.jktourism.org, 3 km entfernt vom Basar in der Flughafenstraße, liegt sehr weit außerhalb der Stadt und lohnt einen Besuch kaum, ⏲ Mo–Sa 10–16 Uhr.
Tourist Information Centre, Fort Rd im Basar, ✆ 01982/253462, etwas hilfreicher. ⏲ die meiste Zeit des Jahres 10–16 Uhr.

Internet

Seit es fast überall Satellitenanschluss gibt, schießen die Breitband-Internetcafés in der Gegend von Main Bazaar, Fort Road und Changspa Lane wie Pilze aus dem Boden. Preise gewöhnlich Rs1,50 pro Min.

Massagen

Indian Vedyashala an der Changspa Lane, ✆ 9906/999502, bietet ayurvedische Massagen um Rs500–1000.

Meditation, Yoga und alternative Therapien

Mahabodhi Society, Changspa, ✆ 01982/253689, veranstaltet in der Hochsaison kleine Kurse mit Schwerpunkt Vipassana. Ihre große Niederlassung in Devachan bei Choglamsar, 3 km südlich von Leh, ✆ 01982/244155, 💻 www.mahabodhi-ladakh.org, umfasst auch ein Meditationszentrum mit Kursen von 3–7 Tagen.
Das **Asia Guesthouse** in der Changspa Lane beherbergt ein von Deutschen betriebenes Vajrayana-Meditations- und Heilzentrum.
Auf zahlreichen Plakaten und mit Prospekten wird für Kurse und Sitzungen in Yoga, Reiki, Shiatsu und anderen alternativen Therapien geworben.

Medizinische Hilfe

Das überlastete, schlecht ausgestattete **SNM Hospital**, ✆ 01982/252014, liegt 1 km südlich des Zentrums in der Hauptstraße. Wer dringend einen Arzt benötigt, sollte dies über die teureren Hotels veranlassen.
PT Alamdar Chemist & Clinic, am unteren Ende des Basars, ✆ 01982/252587, hat morgens ab 9 Uhr eine gute englische Sprechstunde.

Motorradverleih

Es gibt mittlerweile eine ganze Reihe von Motorradvermietungen, die für ab Rs600 pro Tag eine Enfield verleihen. Man sollte sich die Bikes jedoch vorher sehr genau ansehen. Die bei weitem zuverlässigste Agentur ist **Enntrax Tours**, ein paar Häuser hinter dem Khangri Hotel, ✆ 01982/250603. Ein Moped kostet dort Rs400 für 24 Std.

Polizei

✆ 01982/252018 oder 252200, Vermittlung ✆ 100.

Post

Die **Hauptpost** ist im Hauptbasar, ⏲ Mo– Sa 10–13 und 14–17 Uhr. Pakete gibt man beim GPO außerhalb der Stadt an der Straße zum Flughafen auf. ⏲ Mo–Sa 10–16.30 Uhr.
Der unzuverlässige *poste restante*-Schalter liegt auf der Rückseite. Man kann sich Briefe auch zum Tourist Information Centre in der Fort Rd schicken lassen.

Touren

Es folgt eine Aufstellung der zuverlässigsten und empfohlenen Trekking- und Jeep-Safari-

Veranstalter. Einige bieten auch Rafting auf dem Indus an.
Dreamland Trek & Tours, Fort Rd, ✆ 01982/250784, 💻 www.dreamladakh.com.
Footprints, Fort Rd, ✆ 01982/251799, 💻 www.footprintsindia.com.
Mountain Trails, 2 Hemis Complex, Zangsti Rd, ✆ 01982/254855.
Yama Adventures, Changspa Lane, ✆ 01982/250833, 💻 www.yamatreks.com.
Einen persönlicheren Service bieten kleinere Agenturen wie z. B. **Oriental Travels** im Oriental Guest House, Changspa, ✆ 01982/253153.

Wäschereien

Dzomsa Laundry (s. Kasten S. 543).

Trekking in Ladakh und Zanskar

Die alten Wanderwege, die kreuz und quer durch Ladakh und Zanskar führen, zählen zu den eindrucksvollsten Routen im gesamten Himalaya-Gebiet. Sie verbinden entlegene buddhistische Dörfer mit Klöstern, die windgebeutelte Gebetsfahnen zieren und die im Winter hinter den hohen Pässen von der Außenwelt abgeschnitten sind. Fast alle diese Wanderwege sind lang, hart und befinden sich in großer Höhe – aber sie sind nie langweilig. Die **beste Zeit** für Trekking ist von Juni bis September. Ob man alle notwendigen Vorbereitungen selbst trifft oder eine Agentur dafür bezahlt, das zu übernehmen: **Leh** (S. 545) ist der beste Ort für die Planung einer Wanderung.
Auf eigene Faust zu wandern gestaltet sich relativ unkompliziert, sofern man den Wanderführer *Trekking in Ladakh* (s. u.) im Gepäck hat und sich nicht scheut zu feilschen und die Logistik selbst zu übernehmen. **Ponys** und **Guides** findet man in dem tibetischen Flüchtlingscamp in **Choglamsar**, 3 km südlich von Leh. Die Preise liegen bei ca. Rs300 pro Tag für ein Pferd bzw. Rs200 für ein Maultier – zwei Personen zahlen demnach z. B. für einen Trek durch das Markha-Tal ca. US$30 für eine ganze Woche. Eine **Pauschaltour** bei einem Trekking-Veranstalter in Leh kostet rund US$50 pro Tag und sogar mehr, wenn die Gruppe aus weniger als vier Personen besteht.
Mietausrüstung, z. B. hochwertige Zelte, Schlafsäcke, Isomatten und Daunenjacken, kann man entweder über die Veranstalter beziehen oder bei Läden wie der **Frontier Adventure Company** gegenüber vom Taxistand in der Fort Rd, ✆ 01982/253011, oder bei **Spiritual Trek**, Changspa Lane, ✆ 01982/251701, ✉ spiritualtrek@yahoo.com) bekommen. Beide Läden fungieren auch als Trekking-Veranstalter, d. h. sie stellen Führer, Träger, Transport und Essen. Die Preise liegen bei ca. Rs100–150 pro Tag für ein Zelt, Rs80–100 für einen Schlafsack und Rs40–50 für einen Gaskocher. Wer sich an die Besteigung des Stok-Kangri machen will, sollte noch einmal Rs50 für einen Eispickel drauflegen. Wer auf eigene Faust loszieht, kann sich auch indische Ausrüstung im Basar besorgen und anschließend wieder verkaufen.
Besucher sollten so weit wie möglich dazu beitragen, die Kultur und Ökologie der Region intakt zu halten und sich möglichst **selbst versorgen**, vor allem was Nahrung und Brennstoffe angeht. Unterwegs Vorräte zu kaufen, belastet das auf Selbstversorgung angelegte System unnötig und fördert zudem die Verbreitung von hässlichen „Tea Shops" (oft in den Händen von Ortsfremden) am Wegesrand. Immer Kerosin verbrennen, niemals die rare, wertvolle Ressource Holz verwenden. Abfall nicht unterwegs zurücklassen, sondern einpacken und mitnehmen, ganz gleich wie weit man von der nächsten Stadt entfernt ist. Plastik sollte man zum Recyceln ins Ecology Centre in Leh bringen. Fäkalien immer vergraben und benutztes Toilettenpapier verbrennen. Und: Die Steinhütten am Wegesrand nicht als Toiletten benutzen – die Schäfer suchen hier bei Stürmen Unterschlupf. Weitere Einzelheiten zu Umweltfragen in Ladakh s. S. 543.
Ein ausgezeichnetes **Buch** mit allem Wissenswerten für eine Expedition in der Region ist der von Trailblazer herausgegebene Wanderführer *Trekking in Ladakh* von Charlie Loram, in den Buchhandlungen von Leh erhältlich.

Das Markha-Tal: Das wunderschöne Tal verläuft parallel zum Indus auf der Südseite des

Nahverkehr

Der **Taxistand**, ✆ 01982/253039 (tgl. 6–19 Uhr), liegt fast genau gegenüber dem Tourist Information Center. Jeder Fahrer hat eine Liste mit festen Fahrpreisen zu allen erdenklichen Zielen in Ladakh inkl. Wartezeiten, Eintrittspreisen und Gebühren für Nachtfahrten. Diese Preise gelten nur in der Hochsaison, außerhalb dieser sind Preisnachlässe von bis zu 40 % möglich.

Da die Saison so kurz ist, sind die Preise hoch. Die Fahrer nehmen rund Rs80 nach Changspa, Rs650 nach Tikse (hin und zurück), Rs1300 nach Hemis (hin und zurück) und Rs5200 nach Pangong Lake, mit einem Zuschlag von Rs1000 bei Übernachtung.

schneebedeckten Stok-Kangri-Massivs, das von Leh aus zu sehen ist. Der gewundene Pfad führt durch das Tal über kultivierten Boden, hügelige Hochland-Wiesen und oftmals verschneite Pässe – so ermöglicht er Wanderern den Aufenthalt in einer Region ohne Straßen, ohne dafür wochenlang durch die Wildnis wandern zu müssen. Folglich ist er zu einer der meistgenutzten Routen in Ladakh geworden. Man sollte diesen Trek auf keinen Fall ohne angemessene, regen- und kältefeste Kleidung unternehmen: Schneestieben werden selbst im August über die höheren Lagen des Markha-Tals geweht. Der Rundgang dauert 6–8 Tage und verläuft in der Regel gegen den Uhrzeigersinn, beginnend im Dorf **Spitok** (S. 565), 10 km südlich von Leh. Der spektakulärere Weg über **Stok** (S. 558) gewährt unübertreffliche Blicke über das Indus-Tal bis zu den Bergketten von Ladakh und dem Karakorum. Allerdings führt er schon am zweiten Tag über den steilen **Stok La** (4848 m) und sollte daher nur von Wanderern gewählt werden, die sich bereits gut an die Höhe gewöhnt haben.

Von Likkir nach Temisgang: Die befahrbare Straße entlang der alten Karawanen-Route durch die Berge zwischen Likkir und Temisgang bietet sich für eine leichte, zweitägige Wanderung an. Man kommt an den drei großen Klöstern Likkir, Rhizong und Temisgang sowie einer Reihe idyllischer Dörfer vorbei. Die Tour gibt einen hervorragenden Vorgeschmack auf das Wandern in Ladakh und eignet sich perfekt, um sich zu akklimatisieren, wenn man längere und anspruchsvollere Routen plant. Ponys und Führer für den Trek lassen sich auf gut Glück in Likkir oder Temisgang arrangieren, in beiden Orten gibt es kleine Gästehaus und tägliche Busverbindungen nach Leh.

Von Lamayuru nach Alchi: Obwohl sie gemessen an ladakhischen Standards kurz ist, zählt die fünftägige Wanderung von **Lamayuru** nach **Alchi** zu den härtesten in der Region. Sie führt über hohe Pässe, durch eine Reihe von entlegenen Tälern und vorbei an einigen alten *gompas*. Sie bietet dabei fantastische Panoramablicke auf die Wildnis im Süden des Indus-Tals. Es ist sehr schwierig, sich auf dieser Strecke zurechtzufinden, Wanderer benötigen also unbedingt einen erfahrenen Führer, Ponys und ausreichend Vorräte für den Fall, dass sie sich verirren.

Von Padum nach Lamayuru: Der Trek über die schroffe Zanskar-Bergkette von Padum nach Lamayuru auf dem Highway Srinagar–Leh wird üblicherweise in zehn bis zwölf Tagen zurückgelegt und ist eine äußerst beliebte, aber sehr anspruchsvolle Langstreckenroute. Er sollte keinesfalls der erste Trekkingversuch sein und erfordert gebührende Vorbereitungen, Ponys und einen Führer.

Der Stok-Kangri: Der von Leh aus gut sichtbare Stok-Kangri (6120 m) steht in dem Ruf, der einfachste Sechstausender der Welt zu sein. Mehrere Veranstalter in Leh werben für fünftägige **Kletterexpeditionen** mit dem Ort Stok als Ausgangspunkt und einem technisch anspruchslosen Aufstieg für ca. US$45 p. P. bei einer 4er-Gruppe. Wer das Buch „Trekking in Ladakh“ dabei hat, kann diese Tour auch allein in Angriff nehmen, wobei ausreichend Verpflegung für drei bis vier Tage mitzuführen ist.

Busse und Geländewagen

Staatliche und private **Busse** fahren den staubigen Busbahnhof der Stadt an, der 15 Min. zu Fuß bzw. eine kurze Taxifahrt (Rs50) entfernt südlich vom Basar und von vielen Hotels gelegen ist. Busse aus Manali fahren bis zur Fort Rd in der Nähe des Hotel Dreamland.

Der Landweg nach MANALI in Himachal Pradesh ist offiziell bis zum 15. Sep offen; dann stellen die HPTDC-Busse ihren Dienst ein, einige **Privatbusse** befahren die Straße jedoch noch bis Anfang Oktober, ebenso Gypsy-**Geländewagen** und Sumos. Eine detaillierte Beschreibung der in Manali beginnenden 485 km langen Route findet sich auf S. 506/507.

Tickets für die jeden zweiten Tag verkehrenden HPTDC-„Super-Deluxe"-Busse (Rs1800 inkl. einer Übernachtung und Mahlzeit in Keylong) können in deren Büro im oberen Stockwerk in der Fort Rd gebucht werden, ✆ 9697/376404, ⏲ tgl. 10–20 Uhr.

Nicht einmal halb so teuer sind die klapprigen Busse der **staatlichen Transportunternehmen** HPSRTC und J&KSRTC, die einen Tag vor Abfahrt beim Busbahnhof im Ort gebucht werden können.

Mehrere Büros an der Fort Road verkaufen Tickets für Privatbusse nach Manali für Rs900–1000. Sie können auch ein Sumo- oder Gypsy-4WD-Taxi nach Manali für Rs1200–1800 pro Person arrangieren. Das ist die mit Abstand komfortabelste Lösung, und wer dazu bereit ist, um 2 Uhr nachts zu starten, kommt meist noch am gleichen Tag in Manali an. Allerdings verpasst man dann einen Teil der spektakulären Landschaft und die Fahrer sollen oft wie die Berserker fahren.

J&KSRTC-Busse nach SRINAGAR (2 Tage, Rs560–700) verkehren von Mitte Juni bis Ende Oktober. Sie legen einen Übernachtungsstopp in Kargil ein, bevor sie sich den kargen Pass Zoji La (3540 m) hinaufquälen, um dann steil in das sagenumwobene Tal von Kashmir hinabzufahren.

Flüge

Ein Taxi vom **Flughafen** Leh, 5 km südwestlich der Stadt auf dem Highway nach Srinagar, bringt Fahrgäste für einen Festpreis von Rs150 zum Basar oder für Rs165 nach Changspa, wo sich viele Hotels befinden.

Im Sommer gibt es bei gutem Wetter tgl. Flüge von Air India, Jet Airways und Kingfisher nach DELHI (1 1/2 Std.). Air India fliegt außerdem nach JAMMU (Fr und So, 1 Std.) und SRINAGAR (Mi). Während des restlichen Jahres sind die Flugverbindungen weniger häufig und zuverlässig.

Tickets können beim Büro von **Air India / Tushita Travels** in der Fort Rd, nicht weit von der Moschee, ✆ 01982/250999, 💻 www.jetairways.com, gebucht und rückbestätigt werden.

Kingfisher-Tickets müssen wie üblich über ein Reisebüro gebucht werden. Im Sommer gibt es einfache Tickets nach Delhi von rund Rs5000 bei Kingfisher bis zu über Rs10 000 bei den anderen Anbietern zu Spitzenzeiten.

Die Niederlassung von **Jet Airways** befindet sich nicht weit von der Moschee im Hauptbasar, 💻 www.jetairways.com, ✆ 01982/250999, ⏲ Mo–Sa 10–17, So 10–15 Uhr.

Südöstlich von Leh

Südöstlich von Leh wird das Indus-Tal zu einem weiten, fruchtbaren Flussbecken. Imposante buddhistische Monumente säumen die Ränder der Talebene. Zu den berühmtesten zählen **Shey** mit seiner Palastruine und dem gigantischen Messingbuddha sowie das großartige Kloster **Tikse**. Beide liegen in Sichtweite der Straße und werden von den regulären Bussen angefahren. Mit Ausnahme des **Stok-Palastes**, der Heimat der Königin von Ladakh, sind die Sehenswürdigkeiten auf der gegenüberliegenden, südlichen Seite des Indus mit der Hauptstraße lediglich durch eine selten benutzte und nur teilweise asphaltierte Straße verbunden und mit öffentlichen Verkehrsmitteln schwierig zu erreichen.

Das **Matho Gompa**, südlich von Stok, ist für seine winterlichen Orakelfestivals berühmter als für seine Kunstschätze, lohnt aber dennoch einen Besuch, allein schon wegen des fantastischen Ausblicks von der Dachterrasse. Noch weiter südlich kann man bis **Hemis** weiterfahren, dem reichsten Kloster von Ladakh und Schauplatz eines der wenigen religiösen Feste, die im Sommer stattfinden.

Wer anderen Touristen in Leh bei seinem Tagesausflug entgehen will, sollte das unglaublich schöne Nebental auf der Hemis gegenüber liegenden Flussseite mit den Klöstern **Chemrey** und **Thak Thok** besuchen. Letzteres wurde um eine legendäre Meditationshöhle herum gebaut. Östlich von Thak Tok überquert die Straße den Chang La und biegt nach Osten zu dem hoch gelegenen Bergsee **Pangong Tso**, der größtenteils in Tibet liegt. Wesentlich entspannender und einladender ist die riesige Wildnis von **Rupshu**, die an den Ufern des **Tso Moriri** im tiefen Süden zu Wanderungen einlädt. Für alle diese Gebiete sind Genehmigungen erforderlich. Weitere Informationen hierzu s. S. 544.

Shey

Die ehemalige Hauptstadt von Ladakh, Shey, liegt 15 km südöstlich von Leh und ist heute praktisch verlassen, nachdem die königliche Familie Mitte des 19. Jhs. von den Dogras vertrieben wurde. Geblieben sind nur ein halb verfallener Palast, ein kleines Kloster und eine Fülle von Tschörten, rund um einen Felsausläufer gedrängt, der in das fruchtbare Indus-Tal hineinragt. Die Ruinen stehen oberhalb des Highways und sind mit Minibussen erreichbar, die sehr häufig zwischen dem Busbahnhof in Leh und Tikse verkehren. Vom Kloster Tikse aus kann man auch zu Fuß nach Shey laufen: Ein gewundener Pfad führt durch eines der größten Tschörten-Felder von Ladakh, vorbei an Hunderten von weiß getünchten Schreinen in den verschiedensten Größen, die über eine surreale Wüstenlandschaft verstreut liegen.

Der **Palast**, eine kleinere und verfallenere Ausgabe des Palastes in Leh, steht am Rande der Schlucht unterhalb einer alten Festung. Gekrönt von einer goldenen Tschörten-Spitze, ist sein ganzer Stolz der riesige, metallene Shakyamuni Buddha in den Tempelruinen, ⏲ tgl. 6–9 Uhr, Eintritt Rs30. Er wurde 1633 hier aufgestellt und enthält angeblich einen Schatz aus Edelsteinen, Mandalas und starke Zauberkräfte. Aus einer bemalten Vorkammer tritt man ein und blickt auf die riesigen Füße der Buddhastatue mit den nach oben weisenden Sohlen. Von der umlaufenden Galerie im Obergeschoss lässt sich der gigantische Buddha in besserem Licht betrachten. Jahrhundertelang durch den dicken Ruß aus den Gebetslampen konserviert, gehören die mit Gold getönten Wandgemälde zu den kostbarsten Malereien im Tal.

Übernachtung und Essen

Besthang Hotel, wenige Minuten zu Fuß die Gasse hinter dem Straßenrestaurant Shilkar hinunter, ✆ 01982/252792, umgebautes, traditionelles Ladakhi-Haus mit Fremdenzimmern mit Bad, schönem Garten und einfacher Küche. ❷

Shilkhar Restaurant. Das einzige Restaurant in Shey bietet eine gemischte Karte mit indischen und westlichen Speisen.

Transport

Busse kommen in beiden Richtungen bis etwa 18 Uhr alle 30–60 Min. vorbei. Die Fahrt von/nach LEH dauert 30 Min.

Tikse

Das meistfotografierte und architektonisch eindrucksvollste Kloster in Ladakh befindet sich in Tikse, 19 km südöstlich von Leh. Es wurde im 15. Jh. gegründet, und seine weiß getünchten Tschörten und quaderförmigen Mönchsquartiere erstrecken sich über einen zerklüfteten Felsvorsprung. Gekrönt wird das Ganze von einem imposanten, ockerfarbenen und roten Tempelkomplex, dessen strahlende goldene Kreuzblumen in jede Richtung meilenweit zu sehen sind. Die Wiedergeburt Tikses als Touristenattraktion hat zwei Seiten: Einerseits stören die konstanten Besucherströme im Sommer die Ruhe, die die Mönche zum Meditieren benötigen, andererseits haben die dadurch erzielten Gewinne umfangreiche Renovierungs- und Ausbauarbeiten ermöglicht, u. a. den Bau des **Maitreya-Tempels**, gleich oberhalb des Haupthofs. Der im Jahre 1980 durch den Dalai Lama geweihte Schrein wurde um eine gigantische, 14 m hohe Buddhastatue mit goldenem Gesicht gebaut. Der Buddha sitzt nicht, wie sonst üblich, auf einem Thron, sondern im Lotussitz.

Die leuchtenden Gemälde an der Wand dahinter wurden von Mönchen des Lingshet Gompa in Zanskar angefertigt und zeigen Szenen aus Maitreyas Leben. Für die meisten ausländischen Besucher ist jedoch der Blick von der **Dachterrasse** der Höhepunkt ihres Ausflugs nach Tikse. Ein Flickenteppich aus Gerstenfeldern erstreckt sich über das Tal, zu dessen Seiten sich kahle, schneebedeckte Berge und eine Reihe von Klöstern, Palästen und ladakhischen Dörfern erheben. Wer das beeindruckende Panorama genießen möchte – untermalt vom archaischen Klang der tibetischen Hörner, die zur *puja* um 7 Uhr auf dem Dach geblasen werden – muss hier übernachten oder in aller Frühe mit einem Jeep aus Leh anreisen.

Übernachtung und Essen

Zimmer gibt es hinter dem Klosterrestaurant, ✆ 01982/267005. Sie sind groß und sauber, haben aber kein eigenes Bad. ❷
Chamba Hotel, ✆ 01982/267005, bietet ordentliche Zimmer mit Bad zu überhöhten Preisen und hat ein gutes Gartenrestaurant mit abwechslungsreichen Speisen von tibetischem Essen bis zu Pfannkuchen sowie ein Buffet zu Rs250; ◷ April–Sep. ❺

Transport

Eine asphaltierte Straße führt von der Hauptstraße den Westhang des Berges hinauf zum kleinen Parkplatz des Klosters. Bei der Ankunft mit dem Minibus aus LEH (alle 30 Min. ab dem städtischen Busbahnhof) überquert man den Platz unterhalb des *gompa* und folgt dem Fußweg durch die unteren Gebäude hindurch zum Haupteingang, wo Mönche Eintrittskarten verkaufen (Rs30). Der letzte **Bus** zurück nach Leh fährt um 18 Uhr.

Stok

Gleich hinter dem tibetischen Flüchtlingscamp in **Choglamsar**, am Fuß einer enorm großen Geröllmoräne, steht im Schatten eines störenden Fernsehturms der elegante **Palast Stok**. Von dort streift der Blick über terrassierte Gerstenfelder, die mit weiß getünchten Bauernhäusern durchsetzt sind. Anfang des 19. Jhs. vom letzten Herrscher oberhalb von Ladakh erbaut,

In Tikse steht das eindrucksvollste Kloster Ladakhs.

ist Stok die offizielle Residenz der königlichen Familie von Ladakh, seit sie vor 200 Jahren aus Leh und Shey verdrängt wurde. Die derzeitige Gyalmo oder „Königin“ und ehemalige Parlamentsabgeordnete Deskit Angmo lebt während des Sommers immer noch hier, hat jedoch einen Flügel ihres 77-Zimmer-Palastes in ein kleines **Museum** verwandelt.

Die faszinierende Sammlung, die hier zu sehen ist, umfasst einige der wertvollsten Erbstücke der königlichen Familie, darunter exquisite *thangkas* aus dem 16. Jh., die mit Farben aus zerstoßenen Rubinen, Smaragden und Saphiren verziert wurden. Die *pièces de résistance* sind jedoch die *peraks* der Gyalmo. Dieser uralte Kopfschmuck – wahrscheinlich ursprünglich aus Tibet stammend – ist mit lupenreinen Türkisen, geschliffenen Korallen, Lapislazulis und Nuggets aus purem Gold besetzt und wird zu wichtigen Anlässen auch heute noch getragen. ◷ tgl. 8–18 Uhr, Eintritt Rs30.

Das **Stok Gompa** liegt einen 20-minütigen Spazierweg durch das Tal entfernt und hat eine interessante Sammlung von Tanztheater-Masken und einige grell-moderne Wandgemälde von Lamas aus dem Lingshet gompa in Zanskar. Dieselben Künstler haben die Maitreya-Statue in Tikse (S. 557) geschaffen. ◷ Sonnenauf- bis -untergang, Eintritt Rs30.

Übernachtung

Hotel Highland, ✆ 01982/242005, ✉ tangdul@yahoo.co.in. Palastartiges, zweistöckiges Haus, aus dessen hübsch möblierten Apartmentzimmern man einen sehr schönen Ausblick hat. ❼

Hotel Skittsal, ca. 2 km die Straße hinunter Richtung Leh, ✆ 01982/242049, 💻 www.skittsal.com. Imposantes Hotel mit Panoramablick über das Indus-Tal. ❷–❺

Beide Hotels schließen Anfang September, im Gegensatz zum kleinen einfachen **Kalden Guest House** am Fuße des Palastes, ✆ 01982/242057. ❶

Transport

Busse von LEH nach Stok (40 Min.) fahren um 8, 14, und 16 Uhr ab. Der letzte Bus zurück nach Leh geht um 17 Uhr.

Matho

Das 27 km südlich von Leh gelegene Matho zieht sich über einen Geländesporn an der Öffnung eines idyllischen Seitentals, das tief ins Herz des Stok-Kangri-Massivs hineinführt. Obwohl der Ort genauso interessant und landschaftlich schön gelegen ist wie die Nachbarorte, kommen nur vergleichsweise wenige Reisende hierher. Das örtliche Kloster ist die einzige Niederlassung der **Sakyapa**-Sekte in Ladakh, die im 13. Jh. in Tibet politische Macht ausübte. Da Matho relativ weit von der Hauptfernstraße entfernt liegt, fahren nicht allzu viele Busse hierher: Von Leh verkehren tgl. Busse um 7.30, 14 und 16.30 Uhr, zurück geht's um 7.30, 16 und 16.30 Uhr. Mit dem eigenen Fahrzeug bildet Matho eine praktische Zwischenstation auf der wenig befahrenen Straße zwischen Stok und Hemis auf der linken Seite des Tals.

Trotz seiner Sammlung von 400 Jahre alten *thangkas* ist das Kloster vor allem für sein **Orakelfest**, Matho Nagran, bekannt, das am 25. und 26. Tag des zweiten tibetischen Monats (Feb/März) stattfindet. Alle drei Jahre werden aus den etwa 60 hier residierenden Mönchen per Los zwei Orakel, die *rongzan*, bestimmt. Vor dem großen Fest fasten und meditieren die beiden Auserwählten, um für den Augenblick gewappnet zu sein, wenn der Geist der Gottheit in sie einkehrt. Unter den Augen der zahlreichen hingerissenen Zuschauer vollführen sie dann alle möglichen todesmutigen Aktivitäten; so springen sie z. B. mit verbundenen Augen auf den hohen Brüstungen des Klosters herum, während sie kesselweise *chang* schlürfen, und schlagen sich selbst mit rasiermesserscharfen Säbeln, ohne blutende Wunden zu verursachen. Im Klosterhof werden bunte *chaam*-Tänze dargeboten, und schließlich gibt es noch eine Frage-und-Antwort-Session, bei der die *rongzan*, noch immer unter dem Einfluss der Gottheit, Prophezeiungen für das kommende Jahr aussprechen.

Die Kostüme und Masken, die die Mönche während der Feierlichkeiten tragen, sind in Mathos kleinem **Museum** zu bewundern, das versteckt hinter dem Du-khang liegt. Männer dürfen auch den unheimlichen **Gon-khang** auf dem Dach besichtigen, wo die Waffen und die rituelle Kleidung der Orakel aufbewahrt werden.

Der Boden des winzigen Tempels liegt unter einer dicken Schicht Gerste, die die Dorfbewohner als Erntegabe hierher gebracht haben.

Hemis

Dank seines berühmten Festes – eines der wenigen, die im Sommer stattfinden, wenn die Pässe geöffnet sind – hat das 45 km südöstlich von Leh gelegene Hemis mehr Besucher zu verzeichnen als alle anderen Klöster in Ladakh. Jedes Jahr Mitte Juli gesellen sich Hunderte Ausländer zu den großen Massen Einheimischer, die anlässlich des farbenfrohen, zweitägigen Festzugs in ihren feinsten traditionellen Gewändern hierher strömen. Zu anderen Zeiten kann das weitläufige, stimmungsvolle Kloster aus dem 17. Jh. (🕓 tgl. 8–18 Uhr; Eintritt Rs30) jedoch enttäuschend ruhig sein. Obwohl Hemis zu den führenden Institutionen der Region zählt, leben hier außerhalb der Saison nur sehr wenige Mönche und Novizen.

Der Haupteingang des Klosters führt in einen großen Hof, wo während des Festes die **chaam**-Tänze aufgeführt werden. Begleitet von Zymbal-Schlägen, Trommelwirbeln und gelegentlichen Stößen aus den Tempelhörnern, findet das Fest seinen Höhepunkt am zweiten Tag in der wilden Zerstückelung einer Puppe – ein Akt, der die Zerstörung des menschlichen Egos und somit den Triumph des Buddhismus über die Ignoranz und das Böse symbolisiert.

Nur alle zwölf Jahre findet während des Hemis-Festes auch das rituelle Entrollen eines riesigen *thangka* statt. Es ist der ganze Stolz des Klosters und bedeckt ausgerollt die gesamte Fassade des Gebäudes. Die Hände der Frauen, die es gestickt haben, werden jetzt als heilige Relikte verehrt. Das mit Perlen und Edelsteinen verzierte Prunkstück war zuletzt im Jahr 2004 zu sehen. In der Ecke des Hofes gibt es ein **Museum**, doch die bescheidene Sammlung von *thangkas*, Masken und Musikinstrumenten rechtfertigt den hohen Eintrittspreis kaum. 🕓 8–18 Uhr, Eintritt Rs100.

Übernachtung und Essen

Wer in Hemis übernachtet, hat die Möglichkeit, der *puja* um 7 Uhr beizuwohnen. Inzwischen gibt es auch eine größere Auswahl einfacher Zimmer mit Bad. Zelten kann man umsonst im nahe gelegenen Dorf Chomoling oder für Rs100 beim Hemis Restaurant, ✆ 01982/249072, unterhalb des *gompa*, das von jungen Mönchen geleitet wird. Dort gibt es auch einige sehr einfache Zimmer. ❶

Das neuere **Hemis Spiritual Retreat**, ✆ 01982/249011, hat etwas bessere Zimmer und serviert im Garten **Mahlzeiten**. ❶ Sowohl das **Hemis Restaurant** als auch das **Parachute Restaurant** in Chomoling bieten einfache Gerichte. Das Letztgenannte ist billiger, hat diverse Pancakes und dient als nützlicher Zwischenstopp für Wanderer auf dem Weg zum Markha-Tal.

Transport

Mit dem Auto ist Hemis bequem in einem Tagesausflug von Leh zu erreichen. Busse verkehren nur während des Festes häufig, ansonsten 2x tgl. ab Leh: um 9.30 Uhr (zurück um 12 Uhr) und um 16 Uhr (zurück erst am nächsten Tag um 7 Uhr). Aber es fahren auch 10 Minibusse pro Tag (letzte Rückfahrt um 18 Uhr).

Chemrey

Das wie ein Schwalbennest an den Flanken eines kegelförmigen Schieferberges klebende prachtvolle Kloster Chemrey wird wegen seiner Lage nur von wenigen Besuchern aufgesucht – es liegt in dem Seitental, das sich von Karu, südlich von Hemis, zum Pass Chang La Richtung Pangong zieht. Wer kein eigenes Fahrzeug hat, muss damit rechnen, einiges zu Fuß gehen zu müssen, um hierher zu gelangen. Wenn einen der Bus von Leh nach Thak Thok an der Hauptstraße abgesetzt hat, sind es noch etwa 50 Minuten zu Fuß auf einem Feldweg hinunter zum Fluss und dann hinauf zum Kloster.

In dem 1664 im Gedenken an König Sengge Namgyal gegründeten Kloster leben nur noch etwa 20 Drugpa-Mönche und ihre Novizen. Der Haupt-**Du-khang**, der auf der unteren Ebene vom Hof abzweigt, wartet mit einem schönen silbernen Tschörten und einigen alten tibetischen Texten auf, deren kleine Blätter mit goldener und silberner Kaligraphie verziert sind. Oben im restaurierten **Guru-La-khang** gibt es eine große

Messingstatue von Padmasambhava. Das neue Museum im obersten Geschoss beherbergt Statuen, *thangkas*, Schriftrollen und verschiedenste Utensilien. Eintritt Rs50 inkl. Museum.

Thak Thok

Ein paar Kilometer von Chemrey das Tal hinauf befindet sich oberhalb des Dorfes **Sakti** das Kloster Thak Thok (es wird „Tak-Tak" gesprochen und bedeutet „Felsendach"). Zum Kloster gehört eine Höhle, in der Padmasambhava, einer der Begründer des tibetischen Buddhismus, während seiner epischen Reise nach Tibet im 8. Jh. meditiert haben soll. Die mysteriöse Grotte, im Laufe der Jahre durch den Ruß von klebrigen Butterlampen und Weihrauch geschwärzt, wird heutzutage allerdings durch die moderneren Flügel des Klosters etwas in den Schatten gestellt. Neben einigen spektakulären Wandbildern aus dem 20. Jh. beherbergt der **Urgyan Photan Du-khang** eine Sammlung bunter Kerzenskulpturen aus Yakbutter, die vom Oberhaupt der Mönche angefertigt wurden. Modernste buddhistische Ikonographie findet man ganz oben im Dorf Thak Thok. Hier stößt man in einem nagelneuen Tempel auf große glänzende Buddhas mit Seidengewändern, umgeben von kitschig-grellen modernen Wandbildern.

Außer während des jährlichen **Festes** ist das Dorf Sakti ein ruhiges Plätzchen und bietet schöne Ausblicke Richtung Süden auf die schneebedeckten Berge hinter Hemis. Eine Übernachtungsmöglichkeit ist der J&K Tourist Bungalow ❷ an der Straße direkt unterhalb des Klosters. Am Fluss gibt es außerdem jede Menge ideale Plätze zum Zelten, jedoch sollte man wie immer zuerst um Erlaubnis fragen. Vier Minibusse fahren tgl. von Leh nach Sakti (um 8, 8.30, 14.30 und 15.30 Uhr); letzte Rückfahrt nach Leh ist um 15.30 Uhr.

Pangong Tso

Der Pangong Tso, 154 km südöstlich von Leh, ist einer der größten Salzwasserseen Asiens – ein 134 km langer Schlauch, der sich von Ladakh Richtung Osten nach Tibet hineinzieht. Nur ein Viertel des Sees befindet sich in Indien, und die indische Armee, die im Krieg mit China 1962 an den Ufern des Sees schwere Verluste hinnehmen musste, wacht argwöhnisch über ihre Seite der Grenze. Bis zur Mitte der 1990er-Jahre war der See für Touristen tabu, und auch heute noch benötigen Reisende eine Genehmigung für eine Fahrt hierher (s. Kasten S. 544). Der auf 4267 m Höhe gelegene See, mit dem dramatischen, gletscherbedeckten Pangong-Gebirge im Süden und dem Changchenmo-Gebirge, das sich im tiefen grünblauen Wasser spiegelt, im Norden, ist an der breitesten Stelle nur 8 km breit und ermöglicht einen verlockenden Blick auf Tibet in der Ferne. Jedoch ist diese Gegend wegen der bitteren Winde, die über das brackige Wasser pfeifen, eine der kältesten in Ladakh.

Der einzige Bus aus Leh (Abfahrt Sonntag 6 Uhr) setzt Besucher im Dorf **Spangmik** ab und fährt dann weiter zum Sperrgebiet an der Grenze; Rückfahrt nach Leh ist Montag 7 Uhr. In Spangmik gibt es einfache Übernachtungs- und Verpflegungsmöglichkeiten, z. B. das Diskit Guest House (kein Telefon; ❶) und ein weit überteuertes Zeltcamp. Besser ist das Padma, ✆ 9419/819078, ✉ tonybuddhist@yahoo.co.in ❺, an der Stelle, wo die Straße den See erreicht; hier sind die Mahlzeiten im Preis fürs Zimmer oder Zelt inbegriffen. Die meisten Touristen kommen im Rahmen einer zweitägigen **Jeep-Safari** ab Leh hierher (ab Rs6100 für bis zu 5 Pers.). Unterwegs bieten sich dabei die Klöster Chemrey und Thak Thok für eine Unterbrechung der Fahrt an.

Tso Moriri

Der See Tso Moriri, 210 km südöstlich von Leh, ist berühmt für die großen Herden *kiang* (wilde Esel), die an seinen Ufern grasen. Er liegt in der dünn besiedelten Region **Rupshu**, für die eine Reisegenehmigung erforderlich ist (s. S. 544, Kasten). Der 20 km lange See liegt in einem breiten Tal zu Füßen der höchsten Gipfel von Ladakh: dem **Lungser Kangri** (6666 m) und dem **Chanmser Kangri** (6622 m). Neben den *kiang* leben hier auch Schwärme wandernder *nangpa*

(Streifengänse). Nur ab und zu durchbrechen große Herden Pashmina-Ziegen und die Lager der Nomadenhirten die Einsamkeit. **Korzok**, an den Ufern des Sees auf 4595 m Höhe gelegen und die einzige größere Ansiedlung dieser Gegend, ist ein freundlicher Ort mit einem kleinen Kloster. Um das empfindliche Ökosystem vor dem Zustrom der Touristen zu schützen, verbietet ein neues Gesetz den Bau von Wohnhäusern im Umkreis von 700 m um den See herum. Besucher sollten ihre eigenen Vorräte mitbringen und all ihren Müll wieder mitnehmen.

Die freien Flächen um den Tso Moriri eignen sich sehr gut zum **Wandern**, u. a. auf der relativ einfachen, 40 km langen, dreitägigen Route rund um den See – man sollte jedoch akklimatisiert sein. Ein anderer Wanderweg, der sich zunehmender Beliebtheit erfreut, führt von Rumtse bei Upshi über Tso Kar nach Tso Moriri. Manche Trekking-Agenturen in Manali und Leh bieten auch anspruchsvollere Routen an, z. B. den alten Handelsweg, der **Spiti** mit Tso Moriri und Leh via Kibber verbindet. Vierergruppen zahlen für den Trek ab US$45 pro Tag und Person. Dieser Preis schließt in der Regel Transport, Verpflegung und Zelte ein.

Übernachtung

Übernachtungsmöglichkeiten bieten einige Homestays in der Gegend, nach denen man sich möglicherweise vor Ort erkundigen muss.
Lake View, in unmittelbarer Nähe des Busbahnhofs von Korzok. Das ist eine von Betreibern aus Delhi geleitete, recht heruntergekommene Unterkunft. ❺
Ähnlich überteuert ist das Zeltlager, wo ein Bett saftige Rs1000 kostet.

Transport

Aus Leh fahren drei Busse zum Tso Moriri, und zwar am 10., 20. und 30. jedes Monats um 6 Uhr, Rückfahrt am Folgetag. Die meisten Reisenden kommen mit einer Jeep-Safari zum Tso Moriri, die ab ca. Rs7700 für zwei Tage kostet.
Die Jeep-Safaris folgen normalerweise einer Rundstrecke über Upshi und die Mahe-Brücke nach Korzok. Die Tour führt weiter zum Highway zwischen Manali und Leh, vorbei am Tso Kar Lake und durch den kleinen Ort Thukse.

Nördlich von Leh: das Nubra-Tal

Bis 1994 war das Gebiet nördlich von Leh nicht für Reisende zugänglich. Seit dem 19. Jh. waren keine Außenstehenden mehr hierher gekommen. Heute kann das atemberaubende Nubra-Tal, das sich jenseits der höchsten befahrbaren Straße der Welt, die über den Pass **Khardung La** (5602 m) führt, erstreckt, mit einer sieben Tage gültigen **Genehmigung** (S. 544) besucht werden. Damit hat man genügend Zeit zur Erkundung des rauen Terrains und für ein oder zwei Wanderungen zu Klöstern. Der Gebirgsrücken des Tals wird im Osten vom Fluss Nubra und im Westen vom Fluss Shyok eingeschlossen, die inmitten silbergrauer Sanddünen und Felsbrockenfelder zusammentreffen. Richtung Norden und Osten bildet der mächtige Karakorum die indische Grenze zu China und Pakistan. Unten im Tal ist es relativ mild; jedoch sind **Sandstürme** über den breiten Flussbetten keine Seltenheit.

Bevor die Region von Leh aus verwaltet wurde, regierten die alten Könige von Nubra von einem Palast in **Charasa** aus. Er stand auf

Transport im Nubra-Tal

Ab Leh fahren **Busse** über Sumur nach Panamik (Di und Do 6 Uhr, 7–8 Std.) und über Diskit nach Hundur (Di, Do und Sa 6 Uhr, 6–7 Std.). Diese Busse kehren jeweils am nächsten Tag nach Leh zurück; die Rückfahrt sollte sofort nach der Ankunft reserviert werden. Alternativ dazu können am Taxistand in Leh und bei den Tourenveranstaltern (s. S. 553) **Jeeps** für bis zu 5 Pers. gemietet werden. Eine 3-Tages-Tour inkl. Diskit und Panamik kostet etwa Rs6800 für Jeep mit Fahrer. Im Tal selbst kann man auch versuchen zu trampen, jedoch sollte man das nicht als Alleinreisender tun. Die wenigen **Taxis** in Diskit verlangen rund Rs1000 für eine eintägige Erkundungstour durch das Tal. Trips nach Sumur und Panamik kosten extra. Zwischen Diskit und Panamik verkehren tgl. **Busse**: Abfahrt in Panamik um 7 Uhr, Rückfahrt von Diskit um 16 Uhr.

einem einsamen Hügel gegenüber von Sumur, wo das wichtigste Kloster des Tals angesiedelt ist. Weiter den Nubra-Fluss hinauf befinden sich die warmen Quellen von **Panamil**, die einst fußlahmen Händlern Linderung boten und auch heute nach einem langen Tag im Bus eine wunderbare Erfrischung darstellen. Über **Diskit** am benachbarten Shyok thront ein Kloster; 7 km weiter liegt **Hundur**, das für seine eigenartigen zweihöckrigen baktrischen Hochlandkamele bekannt ist.

Von der Straße Richtung Norden nach Nubra – eine steile und holprige Straße, die Bussen und Lkws jede Menge Gestöhn entlockt – ist Leh noch etwa drei Stunden lang sichtbar. Dann geht es über den Pass Khardung La und von dort sanfter hinunter in Richtung der fernen Berge des Karakorum. Wegen ihrer strategischen Bedeutung als militärischer Transportweg zum „höchsten Schlachtfeld der Welt" im umstrittenen Grenzgebiet am Siachen-Gletscher wird die Straße nach Nubra das ganze Jahr über offen gehalten, jedoch können die Fahrbedingungen zu jeder Jahreszeit tückisch sein.

Sumur

Das jenseits des Zusammenflusses von Shyok und Nubra gelegene Sumur ist eine verschlafene Oase, die sich über eine weite Fläche ausbreitet. Hier ist das einflussreichste Kloster des Tals ansässig, **Samstem Ling**, ein netter 40-minütiger Spaziergang hinter dem Dorf. In dem 1841 erbauten Kloster leben knapp 100 Gelug-pa-Mönche aller Altersstufen. Wer zum Morgen- oder Abendgebet hier sein will, muss in Sumur übernachten. Die meisten Gästehäuser liegen an der sandigen Gasse, die an der Gebetsmühle von der Bushaltestelle wegführt.

Übernachtung

AO Guesthouse, am nächsten bei der Hauptstraße, ✆ 01980/223506. Hat einfache DZ, davon 6 mit eigenem Bad, einen Garten, ein vegetarisches Café und Campingmöglichkeiten (Rs50). ❶–❷

K-Sar Guest House, 500 m weiter die Gasse hinunter, ✆ 01980/223574. Gepflegte Zimmer mit Bad. Camping in den geräumigen Zelten des Gästehauses Rs300, in eigenem Zelt Rs100. ❷

Saser Guest House, 500 m weiter die Gasse hinunter, ✆ 01980/223584. Zimmer mit und ohne Bad, Camping Rs100. ❶–❷

Silk Route Cottages, ✆ 9990 094107, 💻 www.hotelmogol.com, in schöner Lage oben im Dorf. Die nobelste Unterkünfte der Gegend besitzt geräumige Bambushütten. ❻

Panamik

Eine Busstunde (22 km) von Sumur entfernt liegt Panamik (auch Pinchimik genannt), ein staubiger Weiler unterhalb des spitzen Gipfels des Charouk Dongchen. Dies ist der nördlichste für Touristen zugängliche Ort in Indien. Das eigentliche Dorf befindet sich 1 km hinter den etwas enttäuschenden **heißen Quellen**. Der saphirfarbene Fluss Nubra ist hier zu breiten Läufen verwildert und macht einen seichten und zahmen Eindruck, aber das täuscht: Man sollte sich auf jeden Fall an die Ratschläge der Einheimischen halten und nicht versuchen, den Fluss zu durchqueren, da dabei schon mehrere Reisende verunglückt sind.

Die Hauptattraktion hier ist das Kloster **Ensa**, ein Tüpfel an der Bergflanke auf der anderen Flussseite. Der Fußweg dorthin (3 Std. pro Strecke) führt durch das Dorf und hinter dem riesigen Felsbrockenfeld 3 km flussaufwärts über eine Brücke. Dann geht es mehrere Kilometer lang auf einer breiten Jeeppiste oberhalb des Flusses entlang. Obwohl das Kloster gewöhnlich verschlossen ist, ist der Ausblick von der Reihe zerfallender Tschörten in der Nähe auf jeden Fall den Aufstieg wert. Falls einer der wenigen Mönche anwesend ist, die manchmal eine Weile hier leben, wird man jedoch ins Kloster gebeten. Wer dieses Glück hat, kann sich die alten Wandbilder in den Tempeln anschauen sowie den Fußabdruck von Tsong-kha-pa, den er hier auf seinem Weg von Tibet nach Indien im 14. Jh. zurückgelassen haben soll.

Die nicht gerade berauschenden Übernachtungsmöglichkeiten in Panamik sind das Hot Spring Guesthouse ❷ gleich hinter den heißen Quellen und das nicht ausgeschilderte Bangka Guesthouse ❷ 600 m weiter.

Diskit und Hundur

Diskit wirkt bei erster Betrachtung ziemlich öde, verfügt jedoch über eine recht ansprechende Altstadt. Ihre altehrwürdigen, mit Balkonen versehenen Häuser stehen vor dem Abzweig ins Zentrum unterhalb der Hauptstraße. Busse halten an der Gebetsmühle an der Hauptstraße von Diskit, wo die Straße durch das alte Viertel zum Basar hinabführt, und dann noch einmal an der neuen Straße zum Basar; danach fahren sie weiter nach Hundur. Wer die Gästehäuser ansteuern möchte, steigt beim ersten Halt aus. Die Hauptstraße klettert vorbei an der relativ neuen 30 m hohen Buddha-Statue den Berg oberhalb der Stadt hinauf zum malerischen, 1420 erbauten **Kloster** von Diskit.

Wer zu Fuß ist, folgt der langen *mani*-Mauer, die auf der anderen Seite der Straße weitergeht, und nimmt dann den Pfad, der sich vom Ende der Mauer zum Kloster hinaufwindet – ein steiler, etwa 30-minütiger Spaziergang. Die Klostertreppen führen an den Mönchsquartieren vorbei zum ersten von mehreren Tempeln (Rs30). Einer örtlichen Legende zufolge wurde in der Nähe ein mongolischer Dämon, ein erklärter Feind des Buddhismus, getötet, aber sein lebloser Körper kehrte immer wieder zum Kloster zurück. Was angeblich sein faltiger Kopf und seine Hände sind, wird nun von einer dickbäuchigen Schutzgottheit im unheimlichen **Gon-khang** in den Händen gehalten.

Der höher gelegene kleine **Lachung-Tempel** ist der älteste Tempel hier. Eine riesige Tsongkha-pa-Statue mit einem gelben Gelug-pa-Hut sieht sich vom Ruß geschwärzten Wandbildern gegenüber. Im Herz des Klosters zeigt im **Du-khang** ein bemerkenswertes Wandbild im Kuppelgewölbe der Halle das tibetische Kloster Tashilhunpo, wo der Panchen Lama eine lange Reihe von sich auf Kamelen, Pferden und Karren nähernden Besuchern empfängt. Die Tempel **Kangyu Lang** (Bücherraum) und **Tsangyu Lang** dienen als Aufbewahrungsorte Hunderter mongolischer und tibetischer Texte.

Hundur, ein winziges Dorf in einem bewaldeten Tal jenseits einiger eindrucksvoller Sanddünen 7 km nördlich, ist in diesem Teil des Nubra-Tals der Endpunkt für Reisende. Das Hauptkloster liegt gleich unterhalb der Hauptstraße in der Nähe der Brücke am Ende der Straße. Weiter unten befindet sich auf der anderen Seite des Baches ein knarrendes, mit Spinnweben gefülltes altes Herrenhaus, das einst der örtlichen Zimskhang-Königsfamilie gehörte. Der Schlüsselinhaber im Goba Guesthouse sperrt es gelegentlich auf. Das Dorf ist für seine Trampeltiere (oder Baktrischen Kamele) bekannt, eine Hinterlassenschaft aus den Tagen der alten Handelsroute über den Karakorum. Auf die Tiere stößt man, sobald man sich in die Dünen aufmacht. **Kamelritte** werden ab etwa Rs150 für eine kurze Runde durch den Sand angeboten.

Übernachtung

Diskit wartet mit zahlreichen gemütlichen Gästehäusern auf. In Hundur dagegen muss sich eine Guesthouseszene erst noch etablieren. In allen aufgeführten Unterkünften gibt es Verpflegung, zumindest einfache. Das einzige erwähnenswerte eigenständige **Restaurant** ist das Sangam View im Zentrum von Diskit.

Diskit

Olthang, nicht weit von der Gebetsmühle an der Hauptstraße, ✆ 01980/220025. Verschiedene Zimmer mit Bad sowie Camping (Rs300). Abends gibt's im Speisesaal, der auch als Bar dient, Gerichte mit Gemüse aus dem eigenen Garten (rund Rs50). ❷–❹

Sunrise, ✆ 01980/220011. An einer *mani*-Mauer rechts der Straße, die von der Gebetsmühle wegführt. Einfache Herberge mit billigen Betten, Gemeinschaftsbad und nettem Garten. ❶

Thachung, ✆ 01980/220 002. An einer Gasse hinter der zweiten Gebetsmühle des Dorfes gelegen. Schöne sonnige Zimmer und saubere Bäder. ❷

Supergünstig

Hotel Sangam, beim Dorfzentrum, Diskit, ✆ 01980/220404. Das Sangam ist die gepflegteste Unterkunft der Gegend. Sie hat Zimmer mit und ohne Bad und ein ausgezeichnetes Preis-Leistungs-Verhältnis. ❶–❸

Hundur

Goba, 400 m unterhalb des Klosters an der Straße, ✆ 01980/221083. Freundliche, urige und ruhige Unterkunft mit sonnigem Hof und zahllosen Blumen. ❶–❸

Semba, an der Straße nach Diskit, ✆ 01980/221348. Kleines Gästehaus mit nur 3 Zimmern mit Gemeinschaftsbad und der Dorfbar. ❶

Snow Leopard, an der Hauptstraße hinten im Dorf ausgeschildert, ✆ 01980/221097. Abgeschiedenes Gästehaus in schönem Gemüsegarten mit toller Aussicht und einigen Zimmern mit Bad. ❶–❹

Westlich von Leh

Von den vielen über die Straße erreichbaren Klöstern westlich von Leh liegen nur zwei nahe genug an der Hauptstadt, um in bequemen Tagesausflügen besucht zu werden: **Spitok**, an einem Hang am Ende der Fluglandebahn, und **Phyang**, eines der malerischsten Dörfer von Ladakh. Die anderen wie **Likkir**, **Rhizong** und **Alchi**, einem Tempelkomplex mit wunderbar erhaltenen Wandmalereien aus dem 11. Jh., werden normalerweise auf dem Weg von oder nach **Kargil** besucht. Die 231 km lange Reise, die über mehrere Pässe und durch atemberaubend schöne Landschaften führt, lässt sich in einer einzigen, achtstündigen Fahrt zurücklegen (per Jeep etwas weniger). Es lohnt sich, hier mindestens ein paar Tage zu verbringen und kurze Streifzüge in die Seitentäler des Indus zu unternehmen, wo idyllische Siedlungen und Klöster zwischen Gerstenfeldern und hohen Bergen ruhen.

Eines der großen Wahrzeichen auf der ehemaligen Karawanen-Route ist das Kloster **Lamayuru**. Nach einer beklemmenden Anzahl von Haarnadelkurven, in denen sich die Straße aus dem Indus-Tal zum **Fotu La** hinaufwindet, liegt Lamayuru nur noch einen kurzen Fußweg durch eine Art Mondlandschaft entfernt, am Beginn der Haupt-Trekkingroute nach Süden in Richtung Padum in Zanskar. Weiter westlich und jenseits des spektakulären Passes **Namika La** liegt **Mulbekh**, das letzte buddhistische Dorf. Ab hier weichen dann die Klöster den Moscheen mit Zwiebeldächern und die *gonchas* den fließenden *salwar kameezes*.

Auf der schmalen und mit scharfen Kurven gespickten Bergstraße von Leh nach Kargil wird im Durchschnitt ein Verkehrsunfall pro Tag registriert. Am häufigsten betroffen sind Tata Trucks, und manchmal benötigen die Rettungsfahrzeuge aus Leh oder Kargil mehrere Stunden für die Anfahrt und Räumung der Fahrbahn. Im Sommer ist der **Verkehr** auf dem Highway problemlos; dann verkehren auch die klapprigen staatlichen und privaten Busse auf der Strecke. Es kann jedoch schwierig werden, zu den abgelegeneren Orten zu gelangen. Einige Reisende behelfen sich, indem sie für eine Fahrt in einem der zahllosen Lastwagen bezahlen oder per Anhalter auf einen Militärkonvoi aufspringen. Mit einer Gruppe bei einem Tourveranstalter in Leh einen **Jeep** zu mieten (s. S. 533) ist zwar relativ teuer, aber auch sicherer, spart Zeit und verschafft leichteren Zugang in die Seitentäler.

Spitok

Spitok, am Ende der Fluglandebahn, bietet sich für einen Halbtagesausflug von Leh an, denn der Ort liegt nur 10 km entfernt auf der Nordseite des Indus-Tals. Hierher gelangt man mit dem Taxi (um Rs100) oder einem der **Busse**, die auf dem Srinagar-Highway in Richtung Westen fahren. Das malerische, aus dem 15. Jh. stammende **Kloster** erstreckt sich über einen steilen Hang hinunter bis zu einer Gruppe von Bauernhäusern und gut bewässerten Feldern. Man erreicht es von Norden über die Straße oder von Süden über einen Fußweg durch das Dorf Spitok, von dessen großen Dachterrassen aus man die ganze Gegend überblicken kann. Der Hauptkomplex ist weniger interessant als die **Kapelle Palden Lumo** auf einem Bergkamm oberhalb.

Die Soldaten aus den nahe gelegenen Kasernen der indischen Armee verehren die Tempelgottheit als Kali Mata, während der Schlüsselverwalter den Besuchern versichert, dass die schwarzgesichtige, blutdürstige Hindu-Göttin des Todes und der Zerstörung in Wirklichkeit

Rafting und Kajakfahren auf dem Indus

Von Ende Juni bis Ende August, wenn die Wasserstände hoch sind, bieten verschiedene Reiseveranstalter in Leh Rafting-Touren auf dem Indus. Im Vergleich zu den Routen in Nepal sind die Strecken hier eher zahm. Aber in einem 12-sitzigen Schlauchboot den Fluss hinabzutreiben ist eine sehr vergnügliche Art und Weise, die zerklüftetsten und schönsten Abschnitte des Indus-Tals kennen zu lernen. Zwei Flussabschnitte werden befahren: von Spitok zum Zusammenfluss von Indus und Zanskar bei Nimmu (3 Std.) und von Nimmu bis zum alten Tempelkomplex von Alchi (2 1/2 Std.). Erfahrene Rafter können außerdem die schwierigere Strecke zwischen Alchi und Khalsi ausprobieren, mit einem 1 km langen Abschnitt voller Stromschnellen bei Nurla. Der schönste aller Trips ist die jährlich stattfindende Mehrtages-Expedition den Zanskar zum Indus hinab, da er auch die spektakuläre Anfahrt über die Straße nach Padum umfasst.

Mehrere Abenteuertouren-Veranstalter in Leh bieten Wildwasser-Rafting und Paddeln auf dem Indus. Die Ausflüge sollten mindestens einen Tag im Voraus gebucht werden. Einer der besten Anbieter ist Splash Adventure Tours, Changspa Lane, ✆ 01982/251042, 💻 www.kayakindia.com; die Preise beginnen bei etwa Rs1400 für Tagestouren. Bei der Buchung sollte man sich vergewissern, dass Hin- und Rücktransport zum bzw. vom Fluss, der Jacken- und Helmverleih sowie Mahlzeiten im Preis inbegriffen sind und dass ein wasserdichter Behälter für Wertsachen vorhanden ist.

Yidam Dorje Jigjet ist. Bunte Lampen beleuchten die Kammer voller Spinngewebe, in der mehrere verschleierte Schutzgottheiten stehen, deren Furcht einflößende Gesichter nur einmal im Jahr gezeigt werden. Wer eine Taschenlampe hat, kann einen Blick auf die 600 Jahre alten Gemälde an der hinteren Wand der Kapelle werfen. Sie werden zum Teil von unheimlichen *chaam*-Masken verdeckt, die bei im Winter stattfindenden Festen hervorgeholt werden.

Phyang

Das **Kloster Phyang** 17 km westlich von Leh thront über dem Ende eines einsamen Seitentals, das sich von der Straße nach Srinagar zur Ladakh-Kette hin verjüngt. Von Leh fahren tgl. acht **Busse** zum Kloster; wer den Bus zurück verpasst, geht einfach die geteerte Zufahrtsstraße zur Hauptstraße (30 Min.) zurück und hält ein Fahrzeug Richtung Leh an. Im Kloster wohnen rund 50 Mönche, aber es gibt nur wenig bemerkenswerte alte Wandbilder, da die meisten vor einiger Zeit bunt übermalt wurden. Die einzigen Schätze sind eine kleine Sammlung von Bronzearbeiten des 14. Jhs. aus Kashmir im modernen Guru Padmasambhava-Tempel und die drei Silber-Tschörten im hellen und luftigen **Du-khang**, von denen einer mit einem siebenäugigen **Dzi-Stein** verziert ist. Der Edelstein soll viel Glück bringen. Er wurde vom ehemaligen Oberhaupt der Mönche, dessen Asche in dem Tschörten bewahrt wird, aus Tibet nach Phyang gebracht.

Um die Ecke befinden sich im düster-stimmungsvollen **Gon-khang** (Eintritt Rs30) des Klosters eine Furcht erregende verschleierte Schutzgottheit und eine erstaunliche Sammlung von Waffen und Rüstungen, die während der Mongolen-Einfälle des 14. Jhs. als Beute abfielen. Von den mit Spinnweben überzogenen Dachbalken baumeln mehrere Paare Yakhörner. Es soll sich um 900 Jahre alte Relikte des Bön-Glaubens handeln.

Das jährliche **Klosterfest**, Phyang Tsedup, findet im Sommer (zwischen Mitte Juli und Anfang August) zur Reisesaison statt und ist nach dem Fest in Hemis (S. 560) das zweitgrößte in Ladakh. Zu den Festakten gehören die charakteristischen *chaam*-Maskentänze und den Höhepunkt bildet das feierliche Ausrollen eines riesigen 10 m langen Seidenbrokat-*thangka*.

Likkir

Fünf Kilometer nördlich der Hauptverbindungsstraße zwischen Leh und Srinagar, kurz vor dem kleinen Ort Saspol, liegt das große, wohlhabende Kloster Likkir. Hier leben rund 100 Mönche. Es ist vor allem für seine 23 m hohe, gelbe Statue des zukünftigen Buddhas berühmt, die freundlich über die Terrassenfelder blickt. Das Dorf Likkir ist ein angenehmer Kontrast zum turbulenten Leh und bietet auch eine kleine, aber ausreichende Auswahl an Unterkünften an. Zusammen mit der absoluten Ruhe in der Umgebung zieht es viele Reisende an, die hier ein paar Tage bleiben. Das vom Dorf aus 3 km talaufwärts gelegene Kloster wurde im 18. Jh. umfassend renoviert, doch heute deuten nur noch wenige Zeichen auf die lange religiöse Tradition dieser Stätte hin. Es liegt oberhalb des Ausgangspunkts für die beliebte zweitägige Wanderung über Rhizong nach Temisgang, die einen vergleichsweise einfachen Einstieg in das Wandern in Ladakh bietet.

Übernachtung und Essen

Einfache Zimmer gibt es im Kloster selbst und in der benachbarten Mönchsschule. Beide bitten um eine Spende.

Gaph-Chow, ✆ 01982/252748, im unteren Teil des Dorfes. Angenehm und gut organisiert: einfache, aber bequeme Zimmer mit Bad. In dem hübschen Gemüsegarten kann man auch zelten, außerdem gibt es Internetanschluss, ein Gartencafé und traditionelle ladakhische Mahlzeiten. ❷

Norboo Spon, an der Straße zum Kloster. Der Besitzer erteilt seinen Gästen Unterricht in Holzschnitzerei und *thangka*-Malerei. Außerdem gibt er gute Ratschläge für Wanderungen anhand eines maßstabgetreuen Modells der Route von Likkir nach Temisgang in seinem Garten. Unterkunft mit Vollpension. ❸

Transport

Der direkte Minibus aus LEH (Abfahrt 16 Uhr, Rückfahrt 7 Uhr am nächsten Morgen, 3 Std.) fährt am Dorf vorbei und 3 km weiter durch das Tal bis zum Kloster. Sonst kann man sich von einem beliebigen Fahrzeug Richtung Westen mitnehmen und an der Abzweigung von der Straße nach Kargil absetzen lassen. Von dort führt eine baumlose Straße ins 1 km entfernte Dorf, von wo man mit einem Taxi zum Kloster fahren kann.

Alchi

Wenn man auf dem nahe gelegenen Highway Srinagar–Leh daran vorbeifährt, ahnt man nicht, dass der faszinierende, weinrote Geröllhang von **Saspol** 3 km jenseits des Indus eine der bedeutendsten historischen Stätten Asiens verbirgt. Die niedrige Pagode *Chosk-hor* (religiöse Enklave) in Alchi liegt 70 km westlich von Leh am Fuße eines spektakulären, weinroten Geröllbergs. Sie beheimatet eine außergewöhnliche Fülle uralter Wandgemälde und Holzskulpturen, die in den fünf winzigen Lehmtempeln auf wundersame Weise neun Jahrhunderte überlebt haben. Die ältesten Wandmalereien von Alchi gelten als die am besten erhaltenen Beispiele eines Stils, der während der zweiten Verbreitung des Buddhismus im 10. und 11. Jh. (s. S. 107) in Kashmir dominierte. Nicht einmal eine Hand voll Klöster, die während dieser Zeit gegründet wurden, haben die moslemischen Plünderungen des 14. Jhs. überlebt. Alchi ist von diesen das eindrucksvollste, das am leichtesten zugängliche und das einzige, für dessen Besuch man keine Genehmigung benötigt.

Die Legende berichtet, dass Rinchen Sangpo, der „Große Übersetzer", auf dem Weg nach Chiling hier seinen Wanderstock in den Boden steckte, um auf dem Rückweg festzustellen, dass eine Pappel daraus gewachsen war – das verheißungsvolle Zeichen veranlasste ihn, an dieser Stelle einen Tempel zu errichten. Ein mit einem Schild versehener Baum in der Nähe des Eingangs zum *Chos-khor* erinnert an diese Begebenheit. Der Komplex selbst besteht aus fünf separaten Tempeln, diversen Wohngebäuden und einer verstreuten Ansammlung großer Tschörten. Allesamt sind sie umgeben von einer Mauer aus Lehm und Stein. Am besten konzentriert man sich auf die zwei ältesten Gebäude, den **Du-khang** und den **Sumtsek**, beide in der

Mitte der Einfriedung. Der die *Chos-khor* verwaltende Lama verkauft **Eintrittskarten** (Rs30) und öffnet Besuchern gern die Tür zu diesen beiden Gebäuden, aber nicht so gern zu den drei weniger wichtigen Schreinen.

Du-khang

Eine Inschrift besagt, dass der älteste Bau in Alchi, der Du-khang, Ende des 11. Jhs. errichtet wurde. Sein Herzstück ist ein Bildnis von Vairocana (der „Glanz Buddhas"), umrahmt von den vier großen Buddha-Manifestationen. Sie tauchen überall auf den Tempelwänden von Alchi und immer in ihren typischen Farben auf – Akshobya („Unerschütterlich", blau), Ratnasambhava („Geborenes Juwel", gelb), Amitabha („Unendlicher Glanz", rot) und Amoghasiddhi („Unfehlbarer Erfolg", grün). Die anderen Wände sind mit sechs kunstvollen Mandalas verziert und von aufwendigen Friesen durchsetzt.

Sumtsek

Links vom Du-khang markiert der Sumtsek den Höhepunkt der frühmittelalterlichen Kunst der indischen Buddhisten. Die Holzschnitzereien und Gemälde, die von leuchtenden Rot- und Blautönen dominiert werden, sind heute noch ebenso frisch und kraftvoll wie vor 900 Jahren, als der flache, dreistöckige Bau errichtet wurde. Im Mittelpunkt des Schreins steht eine gigantische Statue **Maitreyas**, des zukünftigen Buddha. Sie ist so groß, dass ihr Kopf weit in den zweiten Stock hineinragt. Neben ihr stehen zwei ebenso große **Bodhisattvas**, deren Köpfe freundlich durch Öffnungen in der Decke blicken. Jede dieser Stuckstatuen trägt eine enge *dhoti* (Robe), die mit unterschiedlichen, haarfein detaillierten Motiven verziert ist: Die Robe von Avalokiteshvara (der Bodhisattva des Mitgefühls, auf der linken Seite) ist verziert mit Bildern von Pilgerstätten, Höfen, Palästen und Stupas in präislamischem Stil, während jene von Maitreya Episoden aus dem Leben des Gautama Buddha erzählt.

Die *dhoti* von Manjushri (der Zerstörer der Falschheit, auf der rechten Seite) zeigt die 84 Tantra-Meister, die Mahasiddhas, die inmitten von ausdrucksstarken Karomustern komplizierte Yoga-Positionen einnehmen. Unter den hervorragenden **Wandgemälden**, von denen manche im 16. Jh. ausgebessert worden sind, befindet sich auch die berühmte sechsarmige, grüne Göttin Prajnaparamita, die „Perfektion der Weisheit". Erstaunlicherweise fügen sich dieses und die zahlreichen anderen Bilder, die das Innere des Sumtsek bedecken, zu einem harmonischen Ganzen zusammen, wenn man sie von der Mitte des Schreins aus betrachtet.

Übernachtung und Essen

Das Angebot von Gästehäusern in Alchi wächst ständig:

Lotsava, ✆ 01982/227129, unterhalb des auf Gruppen ausgerichteten Alchi Resorts, wenn man sich dem Taxistand nähert. Es ist angenehme und einfache Unterkunft mit gutem Ausblick. Die Wirtin serviert ein sättigendes Frühstück und Abendessen in ihrem kleinen Garten, wenn man ihr rechtzeitig Bescheid sagt. ❶–❷

Potala, ✆ 9419 178747, ✉ angchok1@rediffmail.com. Passables Hotel des *gompa*. ❸

Samdupling, ✆ 01982/221704, 100 m oberhalb des Taxistands gelegen, einfach hinter dem Potala Guesthouse dem Fluss folgen. Eine Unterbringungsmöglichkeit der gehobenen Klasse. ❸

Zimskhang, ✆ 01982/227086, ✉ zimskhang@yahoo.com, zu beiden Seiten der zum Kloster führenden Gasse. Zur Rechten ein modernes Hotel, zur Linken ein billigeres Gästehaus mit hübschem Garten. ❷–❺

Das einzige **Restaurant**, abgesehen von zwei billigen *dhabas* beim Taxistand, ist die **Golden Oriole German Bakery** gleich oberhalb des *gompa* gelegen, wo man die übliche Kombination westlicher und indischer Gerichte bekommt. Wer richtig großen Hunger hat, kann das vegetarische Buffet im **Zimskhang** probieren.

Transport

Eine Alternative zum Taxi für die Anfahrt aus LEH ist der private Bus (Abfahrt 8 und 16 Uhr). Er benötigt rund 3 Std. für die 70 km lange Strecke und fährt um 15.45 Uhr bzw. am nächsten Morgen um 7 Uhr zurück. Sonst kann man auch jedes Fahrzeug in Richtung Kargil nehmen und bei der eisernen Gitterbrücke westlich von Saspol aussteigen, über den Fluss gehen und die letzten 6 km zu Fuß zurücklegen.

Lamayuru

Wenn man Ladakh unter einer Sehenswürdigkeit subsumieren müsste, so wäre es das Lamayuru Gompa, 130 km westlich von Leh. Umrandet von einer Mondlandschaft aus geröllbedeckten Bergen steht das weiß getünchte mittelalterliche **Kloster** oberhalb eines baufälligen Grüppchens von Lehmziegelhäusern auf der Spitze eines fast vertikalen, bizarr zerklüfteten Steilhangs. Das Kloster ist eines der großen Wahrzeichen der alten Seidenstraße und zählt zu den 108 (eine spirituell bedeutsame Zahl) Klöstern, die Rinchen Sangpo im 10. und 11. Jh. gründete. Sein schroffer Standort soll Milarepa während seiner religiösen Odyssee über den Himalaya Schutz geboten haben, und vermutlich war er lange bevor der Buddhismus aufkam ein heiliger Ort, an dem die Menschen in dieser Region noch der schamanistischen Bön-Religion folgen.

Heute sind nur noch dreißig Mönche aus dem Brigungpa-Zweig der Kargyu-pa-Schule übrig geblieben – vor rund 100 Jahren waren es noch 400. Kunstschätze hat das Lamayuru nur wenige zu bieten. Die meisten Besucher machen jedoch Halt an diesem Abschnitt der Straße von Srinagar nach Leh, weil sie das Kloster vom Tal aus fotografieren oder zum Pass Prikiti La wandern möchten, dem Zugang nach Zanskar.

Der steile Fußweg vom Highway oberhalb des Ortes führt zum nahe gelegenen Haupteingang des Klosters, wo man in den meisten Fällen den Mönch findet, der die Eintrittskarten (Rs30) verkauft und den Besuchern die Tür zum **Dukhang** aufschließt. Die neu renovierte Gebetshalle von Lamayuru beherbergt wenig Bemerkenswertes außer einer **Höhle**, in der Milarepas Lehrer Naropa meditiert haben soll, sowie eine Sammlung farbenfroher Skulpturen aus Yak-Butter. Wenn man Glück hat, wird man durch den Irrgarten enger Gassen unterhalb des Klosters zu einer winzigen **Kapelle** geführt. Die stark beschädigten Wandmalereien mit Mandalas und den Tathagata Buddhas stammen aus der gleichen Zeit wie jene in Alchi (S. 567).

Wie bei Muttern

Dragon Guest House, ☏ 01982/224510, ☏ 252414. Einladendes Familienhotel mit einer Reihe unterschiedlicher Zimmer inkl. einem begehrten „Glaszimmer" und einem netten Gartenrestaurant, in dem das beste Essen von Lamayuru serviert wird. ❶–❸

Übernachtung und Essen

Niranjana Hotel, ☏ 01982/224555, das vierstöckige Hotel im Kloster-Stil beherrscht die Silhouette am Gompa-Eingang. Die 20 schlichten Zimmer mit Betonfußboden haben Gemeinschaftsbäder mit fließend Warmwasser und bieten schöne Ausblicke auf die Täler der Umgebung. ❸

Transport

Lamayuru ist sowohl von Leh als auch von Kargil (107 km westlich) zu weit entfernt, um es in einem Tagesausflug besuchen zu können. Wer hier nicht auf einer Fahrt mit einem Jeep vorbeikommt, muss die Nacht in Lamayuru verbringen.

Der täglich zwischen Leh und Kargil in beide Richtungen verkehrende **Bus** fährt in beiden Städten um 5.30 Uhr ab und passiert Lamayuru zwischen 9 und 10 Uhr. Er hält bei den Tee-Ständen im Zentrum. Bis zum frühen Nachmittag kommen auch einige private Busse durch den Ort. Wer **wandern** möchte und auf der Suche nach zuverlässigen Guides und Ponys ist, kann im Dragon Guest House nachfragen. Oder man arrangiert sie im Voraus bei ihrer Niederlassung in Leh, ☏ 01982/253164.

Mulbekh

Westlich von Lamayuru erklimmt die Hauptstraße zunächst die Spitze des **Fotu La** (4091 m), des höchsten Passes zwischen Leh und Srinagar, und dann den **Namika La** („Himmelssäule", 3760 m), so genannt wegen der zerklüfteten Felsnadel, die im Süden aufragt. Nachdem sie den windumtosten Berggrat überquert hat, fällt die Straße durch eine spektakuläre Landschaft aus zerfallenen, öden Felsen und steinigen Schluchten zum Dorf Mulbekh ab. Die letzte größere buddhistische Siedlung an der Straße vor den moslemischen Purki-Ortschaften rund um Kargil verteilt sich an den Ufern des Flusses Wakha, das von Pappeln und Gärten voller Walnuss- und Aprikosenbäume gesäumt wird.

Wahrscheinlich wäre Mulbekh heute nichts weiter als ein verschlafenes Dörfchen, wenn nicht endlose Konvois aus Trucks und Touristenbussen hier durchfahren würden, solange, wie die Pässe geöffnet sind. Wenn die Besucher überhaupt halt machen, bleiben sie normalerweise gerade mal lange genug, um in der Straßen-*dhaba* einen Chai zu trinken und einen kurzen Blick auf die sieben Meter hohe **Maitreya-Statue** („Chamba" auf Tibetisch) zu werfen, die in einen gigantischen Felsblock in der Nähe gemeißelt wurde. Der genaue Ursprung des wohlgeformten zukünftigen Buddhas mit den vier Armen ist nicht bekannt, aber eine Inschrift besagt, dass er zwischen dem 7. und 8. Jh. geschaffen wurde – also lange bevor der Buddhismus in Tibet wirklich Fuß gefasst hatte. Das einräumige Kloster (Rs10) vor der Statue ist mit besonders schönen Wandmalereien verziert und dem 1000-armigen Chenrezig (Avalokitesvara) gewidmet.

Übernachtung und Essen

Die Übernachtungsmöglichkeiten in Mulbekh selbst beschränken sich denn auch auf ein paar schäbige Zimmer über einfachen Gaststätten wie dem **Paradise**, ✆ 01985/270010, ❶, und dem **Tsomo Riri**, ✆ 01985/270013, ❶, an der Hauptstraße gegenüber der Chamba-Statue. Tagsüber werden hier *thukpa, dhal,* Reis, *momos* und Buttertee serviert, später verwandeln sich beide in billige Spelunken. Das **Maitreya Guest House**, ✆ 01985/270035, 1 km westlich an der Hauptstraße, bietet komfortablere Zimmer mit Bad. ❸

Kargil

Obwohl die Umgebung von Kargil unglaublich schön ist, verbringen die meisten Besucher nicht mehr als ein paar Stunden in der Hauptstadt der auch als auch **„Klein Baltistan"** bezeichneten Region. Am Zusammenfluss von Suru und Drass gelegen, erscheint Kargil zunächst als eine ungeordnete Ansammlung von Wellblechdächern. Als Zwischenstopp auf halber Strecke zwischen Leh und Srinagar füllen sich die schäbigen Hotels abends mit matten Busreisenden, die um 4 Uhr wieder aufstehen, um noch vor Tagesanbruch weiterzufahren. Das Stadtgebiet erstreckt sich zwar mehrere Kilometer entlang des Flusses und die Ufer hinauf, doch das Zentrum um den Hauptbasar, der sich in einem Bogen nach Norden hinzieht, ist sehr kompakt und kann zu Fuß erkundet werden.

Kargil selbst bietet nur wenige ausgemachte Sehenswürdigkeiten, ist aber ein stimmungsvoller Ort, um hier einen oder mehrere Tage zu verbringen und auf einen Bus nach Zanskar zu warten. Alte Männer mit Wollmützen und Bärten und geschniegelte Jugendliche bevölkern die Straßen mit ihren altmodischen Geschäften, die säckeweise Getreide, Gewürze und Büchsen mit geklärter Butter anbieten. Tibeter verkaufen Panasonic-Elektronikartikel, während die Fleischer abgetrennte Ziegenköpfe auf verstaubten Holzbrettern präsentierten. Die Atmosphäre der Stadt mutet eher pakistanisch als indisch an, die (fast ausschließlich männlichen) Gesichter und das Essen erinnern an Kashmir und Zentralasien. Frauen aus dem Westen sollten Arme und Beine bedeckt halten. Wer als Frau allein durch die Straßen spaziert, muss sich auf kichernde Teenager und neugierige Blicke älterer Männer einstellen.

Die meisten der 8000 Einwohner von Kargil sind Purki und strenge **Moslems**. Anders als die Sunniten in Kashmir sind die Purki jedoch orthodoxe **Schiiten**. Das erklärt nicht nur die allgegenwärtigen Fotos des Ayatollah, sondern auch die auffällige Abwesenheit von Frauen auf dem Basar. Hin und wieder trifft man auch auf einen Agha mit schwarzem Turban; die geistigen Führer von Kargil haben ein Verbot gemischtgeschlechtlicher gesellschaftlicher Aktivitäten (z. B. Tanzen) durchgesetzt und fahren auch heute noch auf Pilgerreisen zu heiligen Stätten im Iran.

Die Purki sind die Nachkommen von Siedlern und moslemischen Händlern aus Kashmir und Yarkhand. Sie sprechen den **Purig**-Dialekt, eine Mischung aus Ladakhi und Balti. Und wäre die Region während des indisch-pakistanischen Krieges 1948 nicht so waghalsig durch Indien wiedererobert worden, wäre Kargil heute tatsächlich ein Teil von Baltistan, der Region jenseits der Waffenstillstandslinie, der die Stadt so ähnelt.

Die Stadt liegt so nah an der Grenze und den pakistanischen Stellungen, dass sie im Krieg 1999 (s. S. 119) von Indien als logistisches Zentrum genutzt und wiederholt von pakistanischer Artillerie unter Beschuss genommen wurde. Abgesehen von einigen wenigen zerstörten Gebäuden kam Kargil jedoch relativ glimpflich davon, denn die Militärbasen und der Flugplatz liegen außerhalb der Stadt. Nach weiteren Konflikten im Sommer 2002 ist der Sturm spürbar abgeflaut, und dank der Fortsetzung des Kashmir-Dialogs zwischen Indien und Pakistan, steigen die Touristenzahlen wieder an.

Übernachtung

Der Kashmir-Konflikt hat die Touristenzahlen stark zusammenschrumpfen lassen. Die Hälfte aller Hotels musste dicht machen, darunter fast alle preiswerteren Absteigen. Billigunterkünfte sind daher sehr knapp und im Juli und August, wenn die meisten Besucher kommen, explodieren die Zimmerpreise förmlich. Unten sind die Preise für die Hochsaison angegeben, zu anderen Zeiten lässt sich normalerweise ein Rabatt aushandeln.

Crown, in der Nähe der Haltestelle der staatlichen Busse. Großes, altes Budgethotel, das schon bessere Tage gesehen hat, aber tatsächlich immer noch Rucksacktouristen anlockt. Manche Zimmer haben ein eigenes Bad, und es gibt einen superbilligen Schlafsaal (Rs50). Fließend Wasser auf Wunsch. ❶

Greenland, an der Gasse, die zur Haltestelle der staatlichen Busse führt, ✆ 01985/232324. Das alte Gebäude ist ziemlich grässlich, das neue ist besser, aber zu teuer. Akzeptabel als letzte Möglichkeit. ❸–❺

J&K Tourist Bungalow Unit No. 1, 5 Min. zu Fuß von der Kreuzung oberhalb des Busbahnhofs, ✆ 01985/232721. Saubere Zimmer, saubere Laken, friedliche Atmosphäre und ein kleiner Speisesaal. Mit Abstand das beste Budgethotel der Stadt. Man muss aber bei einem der J&K Büros reservieren. Die **Unit No. 2** im Tourist Office Komplex ist schäbiger, bietet aber Ausblicke auf den Fluss. ❶

Siachen, an einer Straße hinab zum Taxistand, ✆ 01985/233055, ✉ hotel_siachen_kargil@rediffmail.com. Groß, komfortabel und eines der besten Hotels in der Stadtmitte. Zimmer mit Bad, einige billigere im 1. Stock und ein gutes Restaurant. ❻

Hotel Tourist Marjina, an der Gasse, die zur Haltestelle der staatlichen Busse führt, ✆ 01985/232578. Ein bisschen besser als Tiefstniveau, mit annehmbaren Zimmern mit Bad in zwei Gebäuden. Die Zimmer im Obergeschoss sind geräumiger als die anderen. ❷

Essen

Abgesehen von den teureren Hotels wie dem Siachen beschränken sich die Essensmöglichkeiten in Kargil mehr oder weniger auf die kleinen, auf Touristen ausgerichteten **Straßencafés** sowie *dhabas* im und um den Hauptbasar. Zum Frühstück sind alle Restaurants geschlossen, doch das Essen an den **Straßenständen** ist teilweise auch sehr lecker. Dort gibt es *chai, chapattis,* Omeletts und warmes Kashmir-Brot mit Butter. Später am Tag wird scharfer Schischkebab für nur Rs10 serviert.

Karan Singh Punjabi Janata, am südlichen Ende des Hauptbasars. Eins der besseren

Tibetische Leckereien

Tibetan Food Restaurant, Main Bazaar. Alle Lieblingsgerichte wie *momo* und *thukpa* um Rs40–60. Nettes Lokal im oberen Stock mit sehr authentischer Atmosphäre.

dhabas der Stadt: scharfe indische Speisen mit viel Reis. Für Rs 50 kann man hier gut essen.

Las Vegas, in der Gasse vom Taxistand zum Main Bazaar. Eines der hygienischeren Lokale mit nicht-vegetarischen indischen, kashmirischen und chinesischen Gerichten für Rs80–100.

Rubby, am Südende des Main Bazaar. Beliebtes Restaurant, das regionale Spezialitäten serviert, u. a. *yakhani* (in Joghurt gekochtes Fleisch) und *gustaba* (Fleischbällchen), die beide nur für Gaumen zu empfehlen sind, die sich schon gut an die mittelasiatische Küche gewöhnt haben. Die meisten Gerichte kosten deutlich unter Rs50.

Zojila Bakery, Main Bazaar. Guter Anlaufpunkt für einen Morgentee oder für Brot und Kekse. Eines der wenigen Lokale, wo man gemütlich im Sitzen frühstücken kann.

Sonstiges

Geld

Die einzige Geldwechselmöglichkeit ist der **Geldautomat** der State Bank of India im Basar.

Informationen

J&K Tourist Reception Centre, im Ostteil der Stadt an der Flussseite des Taxistands, ✆ 01985/232721. Unzuverlässig. ⏲ Mo–Sa 10–16 Uhr.

Internet

Kargil hat mehrere Örtlichkeiten mit Internetzugang (Rs80 pro Std.). Die beste Adresse befindet sich beim Hotel Tourist Marjina.

Transport

Die staatlichen **Busse** aus Leh, Srinagar und Padum kommen am Fluss 150 m unterhalb der Mitte des Basars an. Busse privater Unternehmen, Minibusse und Jeeps halten an der größeren Haltestelle weiter südlich gleich unterhalb des Basars.

Busse nach MULBEKH fahren tgl. um 15, 15.30 und 16 Uhr ab. Morgens kann man mit etwas Dusel auch einen Matador-Minibus erwischen.

Die staatlichen Busse nach PADUM in Zanskar verkehren sehr unzuverlässig – es gibt keine festen Fahrpläne – und sind oft schon voll, wenn sie aus Leh in Kargil vorbeikommen. Wer nicht allein unterwegs ist und sich nicht scheut, per Anhalter zu fahren, kann einen Bus nach PANIKHAR nehmen (alle 1–2 Std. bis 14 Uhr) und sich dort am Kontrollposten hinstellen. Einfacher ist es natürlich, ein Taxi zu mieten; die einfache Fahrt nach Padum kostet Rs9000 (Rs1800 p. P.). Nach LEH fahren täglich zwischen 4 und 5 Uhr mehrere Busse (Rs200), doch schneller und einfacher ist es, einen Tag vorher ein Ticket für einen der Tata Sumos (Rs500–600) zu buchen, die ebenfalls früh am Morgen abfahren.

Das Suru-Tal

Das Suru-Tal trennt zwei der atemberaubendsten Bergketten der Welt voneinander. Es erstreckt sich südlich von Kargil bis zum kargen Pensi La – dem Hauptzugang nach Zanskar. Die erste Teilstrecke, die gewöhnlich vor Sonnenaufgang mit dem Bus zurückgelegt wird, führt durch die weiten Niederungen des fruchtbaren Tals, wo sich zahlreiche moslemische Dörfer um die Metallkuppeln ihrer Moscheen drängen. Im weiteren Verlauf der Fahrt Richtung Süden tauchen am Horizont die unberührten, weißen Eisfelder und der Doppelgipfel des **Nun-Kun** (7077 m) auf. Dieses majestätische Bergmassiv dominiert die Landschaft während der gesamten Fahrt bis nach Zanskar, nur bei **Panikhar** verschwindet es kurz hinter den steilen Talwänden.

Kurz hinter Panikhar windet sich der Suru in Richtung Osten um den Fuß des Nun-Kun, nur einen Steinwurf von dem großartigen **Gletscher Parkachik Gangri** entfernt. Nachdem die Straße ein scheinbar endloses, zu beiden Seiten von nackten Felswänden umschlossenes Geröllfeld durchquert hat, führt sie weiter durch sumpfiges Gelände, umgeben von schneebedeckten Gipfeln und fast senkrecht aufragenden Bergwänden, die verschiedene Gesteinsschichten erkennen lassen. **Juldo**, eine winzige Siedlung, auf deren Hausdächern sich Essensvorräte stapeln und Gebetsfahnen flattern, markiert den Beginn des buddhistischen **Suru**.

Der Anstieg zum Pass des **Rangdum Gompa**, jenseits des flachen Flussbeckens von Juldo, ist atemberaubend. Ein funkelnder 6000-Meter-Gipfel nach dem anderen erscheint über einer Reihe von Nebentälern, viele von ihnen sind durchsetzt von riesigen Fels- und Eisfurchen. Den Höhepunkt der Fahrt bildet die Abfahrt vom **Pensi La** (4401 m): Die Straße windet sich in Schwindel erregenden Serpentinen hinab und gibt den Blick auf den kolossalen, S-förmigen **Darung Drung-Gletscher** frei, dessen milchiggrünes Schmelzwasser sich nach Südosten in das darunter sichtbare Stot-Tal ergießt.

Panikhar

Drei Busstunden südlich von Kargil liegt Panikhar. Es ist zwar keineswegs der größte Ort im Suru-Tal, bietet sich aber an, um die lange Reise nach Padum zu unterbrechen. Vor der Kashmir-Krise fungierte es als kleineres Trekkingzentrum am Ausgangspunkt des Trails Lonvilad Gali–Pahalgum. Heute zieht es trotz der verbesserten politischen Lage selbst in der Hochsaison weit weniger Touristen an.Der Hauptgrund, hier Halt zu machen, ist um zum nahe gelegenen **Parkachik La** zu wandern und den Panoramablick auf die von Gletschern geschliffene Nordwand des imposanten **Nun-Kun-Massivs** zu bestaunen. Der **Weg** zum Pass beginnt jenseits des Suru, den man 30 Minuten südlich des gleichnamigen Ortes auf einer Hängebrücke überquert.

Es mag von Panikhar aus unkompliziert aussehen, aber die vier Stunden hinauf zum Bergrücken und wieder zurück sind vor allem in Gipfelnähe hart. Dies gilt besonders für Besucher, die nicht an die Höhe gewöhnt sind. Aber auch erfahrene Trekker werden sich von dem Anblick, der sie nach der Ankunft auf dem Gipfel erwartet, beeindruckt zeigen: Der Nun „schwebt" 3500 m über dem Talboden, von seinem umwölkten, pyramidenförmigen Gipfel weht ständig Schnee herab und riesige Gletscher zerfurchen seine Hänge. Links und rechts von ihm ragen seine Geschwister in die Höhe: der mehrgipflige Kun und der Sattelberg Barmal.

Übernachtung

Es gibt in Panikhar nur zwei Übernachtungsmöglichkeiten. Das **Kayoul**, gleich gegenüber der Bushaltestelle, ✆ 9469/192810, ✉ saki_muna@yahoo.com, hat ein paar sehr einfache Zimmer. ❶ Ein bisschen mehr Komfort finden Besucher im bescheidenen **J&K Tourist Bungalow**, 100 m die Straße hinunter auf der linken Seite, ✆ 01985/259137. Hier gibt es außerdem einfache vegetarische Mahlzeiten – die einzige Verpflegungsmöglichkeit im Dorf. ❶

Transport

Wer eine Mitfahrgelegenheit nach Padum sucht, sollte die 5 km zurück zum Kontrollpunkt an der Hauptstraße gehen und dort sein Glück versuchen – je früher am Tag, desto besser.

8 HIGHLIGHT

Zanskar

Die von hohen Himalaya-Gipfeln umschlossene Region Zanskar, wörtlich „Land des weißen Kupfers", übt bereits seit Jahrzehnten eine geradezu paradiesische Anziehungskraft auf Ladakh-Besucher aus. Die unglaubliche Abgeschiedenheit, das extreme Klima und die große Entfernung von den wichtigen Himalaya-Handelsrouten haben dafür gesorgt, dass Zanskar – im Gegensatz zum weiter nördlich gelegenen Indus-Tal – kaum unter den Einfluss von Erneuerung und Veränderung geraten konnte. Der jährliche Trekking-Strom und eine von Motorfahrzeugen befahrbare Straße haben das Tempo der Entwicklung sicherlich beschleunigt, doch abseits der größten Ansiedlung, **Padum**, hat sich der Alltag der Zanskaris kaum verändert, seit der weise Padmasambhava im 8. Jh. diese Gegend bereiste.

Den Kern der Region bildet ein Y-förmiges Gletschertalsystem, dessen Wasser in drei Hauptflüsse abfließt: Der **Stot** (oder Doda) fließt mit dem **Tsarap** (oder Lingit) zusammen und heißt im weiteren Verlauf nach Norden **Zanskar**. Da das Tal auf der Leeseite der Himalaya-Wasserscheide liegt, gibt es hier viel mehr Schnee als in Zentral-Ladakh. Selbst die niedrigsten Pässe sind sieben bis acht Monate im Jahr gesperrt, und die Temperaturen können in der Mitte des Winters auf beißende minus 40 °C sinken. Rund vierzehntausend Menschen leben in diesem öden, baumlosen Terrain – eine der kältesten bewohnten Regionen auf unserem Planeten –, die Hälfte des Jahres eingemummelt in ihren rauchgefüllten, weiß getünchten Katen, auf deren Dächern sich die Nahrung für den ganzen Winter stapelt.

Bis Ende der 1970er-Jahre musste alles, was die erfindungsreichen Zanskaris nicht selbst produzieren konnten (u. a. Bauholz für ihre Häuser) über die 4000–5000 m hohen Pässe in die Region transportiert werden. Im Winter konnten die benötigten Waren sogar nur von Nimmu, wo Indus und Zanskar zusammenfließen, über das gefrorene Eis des Zanskar getragen werden – eine 10- bis 12-tägige Tour hin und zurück, die heute die schnellste Route von Padum zur Straße Srinagar–Leh ist. Schließlich wurde 1980 ein befahrbarer Feldweg den Suru hinunter und über Pensi La ins Stot-Tal frei gesprengt. Von Erdrutschen und heftigen Schneestürmen einmal abgesehen – auf dem Pensi La kann selbst im August Schnee liegen –, kann die holprige Reise von Kargil nach Padum jetzt in nur zehn Stunden zurückgelegt werden.

Die meisten Besucher kommen nach Zanskar, um zu **wandern**. Zahlreiche Wege winden sich von Padum in Richtung Norden nach Zentral-Ladakh, in Richtung Westen nach Kishtwar und in Richtung Süden ins benachbarte Lahaul – allesamt lange und anstrengende Wanderrouten (S. 554/555, Kasten). Nur eine Hand voll der weit verstreuten Klöster und Siedlungen in Zanskar liegt nahe genug an der Straße. Der Rest von ihnen ist versteckt in abgeschiedenen Tälern und erst nach tage- oder gar wochenlangen Fußmärschen zu erreichen. Die verbesserte Kommunikation, als Konsequenz aus dem Bau der Straße, könnte sich als zweischneidiges Schwert für Zanskar entpuppen. Zwar hat sie zweifellos einen gewissen Wohlstand nach Padum gebracht, jedoch zwingt sie dem Rest des Tals bedeutende Veränderungen auf. Am deutlichsten sichtbar wird dies an der drastischen Zunahme des Touristenverkehrs, dessen Langzeitfolgen für die zerbrechliche Ökologie und die traditionelle Kultur der Region noch gar nicht abzuschätzen sind. Zumindest hat der Anstieg des Tourismus den Einheimischen bisher wenig finanzielle Vorteile gebracht, denn das Geld der Trekkinggruppen kassieren die Agenturen in Leh, Manali, Srinagar und selbst in Delhi.

Die Zanskaris sind es leid, ihre Region immer hinter Kargil anstehen zu sehen. Sie fordern schon seit Jahren mehr Autonomie für ihre Region, d. h. die Kontrolle über die Bautätigkeit. Außerdem nehmen die Sorgen der Buddhisten angesichts der Misswirtschaft der Staatsregierung und gelegentlicher Konflikte mit ihren islamischen Nachbarn zu. Mittlerweile gibt es auch etwas Hilfe von außen: Eine sehr gute Initiative ist die niederländische **Stichting Zanskar Scholen**, 💻 www.zanskarscholen.com, eine Stiftung, die einige der mittellosen Staats- und Klosterschulen ausstattet.

Padum

Nach einer unvergesslichen Wanderung oder Busfahrt ist Padum, 240 km südlich von Kargil, ein bisschen enttäuschend. Anstelle eines malerischen Zanskari-Dorfes, das man erwarten könnte, entpuppt sich die Verwaltungszentrale und Verkehrsachse als eine zusammenhanglose Ansammlung aus den typischen Betonquadern, verölten Lkw-Parkplätzen und Regierungsgebäuden mit Blechdächern. Der einzige Reiz des Ortes liegt in seiner herrlichen Umgebung: An der südlichsten Spitze eines weiten, fruchtbaren Flussbeckens überragt Padum ein flaches, karomusterartiges Ackerland, das an drei Seiten von riesigen Geröllwänden und schneebedeckten Bergen umgeben ist.

Dank seiner Lage am Knotenpunkt mehrerer Langstreckenwanderwege dient Padum als wichtiges **Trekkingzentrum** und ist der einzige

Ort in Zanskar, an dem der Tourismus bisher nennenswert Einzug gehalten hat. Während der kurzen Sommersaison sieht man beinahe ebenso viele wettergegerbte westliche Reisende über seine sandigen Straßen laufen wie Buddhisten und Sunniten. Dennoch beschränken sich die touristischen Einrichtungen nach wie vor auf eine winzige Touristeninformation und eine kleine, aber wachsende Zahl von Geschäften, Restaurants und Gästehäusern. Und es gibt in Padum nicht viel zu sehen, während man darauf wartet, dass die Blasen an den Füßen verheilen. Die einzig erwähnenswerte Sehenswürdigkeit ist das kleine **Tagrimo Gompa**, 15 Gehminuten westlich der Stadt.

Übernachtung

Die Übernachtungsmöglichkeiten in Padum werden ständig besser.

Chamling Kailash, nördliches Ende des Main Bazaar, ✆ 9469 457379, ✉ lobel@sancharnet.in. Die beste Budgetunterkunft, mit gemütlichen Zimmern mit Bad, im buddhistischen Stil eingerichtet und um einen Hof gruppiert. ❷–❸

Hotel Ibex, Main Bazaar, ✆ 01983/245012. Gute Standard-Lodge rund um einen netten Hof. ❸

J&K Tourist Complex, am nördlichen Ende des Main Bazaar, ✆ 01983/245017. Die einfache, aber gemütliche staatliche Lodge hat ordentliche DZ mit Bad sowie Schlafsaalbetten und Zeltstellplätzen (jeweils Rs50). ❶

Marq, 200 m westlich des Main Bazaar, ✆ 01983/245021, 💻 www.marqinnzanskar.com. Die nobelste Unterkunft am Ort besitzt helle, geräumige Zimmer mit Bad und tollem Ausblick. ❹

Mont Blanc, südliches Ende des Main Bazaar, ✆ 01983/245183. Freundliche Unterkunft unter französischer Leitung mit einfachen Zimmern; Zeltplatz Rs50. ❷–❸

Essen

Gegen Ende der Trekkingsaison wird Verpflegung in Padum zum Problem. Etwa Mitte Oktober gehen die Waren, die importiert werden müssen – nahezu alles außer Gerstenmehl und Yak-Butter – zur Neige, und selbst ein frisches Ei kann dann als Festessen betrachtet werden.

Zu den besten saisonalen Lokalen für tibetische und chinesische Speisen zählen neben den Restaurants der Gästehäuser das **Lhasa** und das **Gyaskit**; das **Shahi Darbar UP Restaurent** (sic) ist ein gutes, günstiges indisches *dhaba*.

Sonstiges

Informationen

J&K Tourist Office, ✆ 01983/245017. Als allgemeine Informationsquelle geeignet, vermietet aber keine Trekking-Ausrüstung. ⏲ Mo–Sa 10–16 Uhr.

Internet

Es gibt zwei Internetcafés, doch die Verbindungen sind launisch und langsam.

Post

Bisher gibt es in Padum keine Möglichkeit, Geld zu wechseln, aber vom **Postamt** kann man immerhin Briefe abschicken.

Touren

Einfache **Trekkingausrüstungen** werden in den kleinen Geschäften in der Basarstraße verkauft. Die Preise sind deutlich höher als anderswo. Es lohnt sich also, alles Notwendige aus Kargil mitzubringen. Die meisten Wanderer mieten **Ponys** bei der Touristeninformation oder bei den Gästehaus-Besitzern oder bei **Zanskar Trek**, ✆ 01983/245053, wo auch Führer (Rs500–1000 pro Tag) vermittelt werden. Für ein Pony sind Rs300 pro Tag zu veranschlagen. Die Preise schwanken je nach Jahreszeit, denn Anfang September werden die Ponys während der Ernte zum Transport von Getreide eingesetzt. Wer Schwierigkeiten hat, einen Pferde-*wallah* in Padum zu finden, hat bessere Aussichten in einem der Nachbardörfer, z. B. in Pipiting (30 Min. zu Fuß über die Felder in Richtung Norden).

Transport

Wer es geschafft hat, einen **Bus** nach Padum zu finden, steigt am besten in der Nähe der meisten Gästehäuser aus, an der Hauptstraße gleich südlich des J&K Tourist Office. Aufgrund der kurzen Saison und des eingeschränkten Fremdenverkehrs ist es teuer, in

Padum ein Taxi zu mieten (über das Büro der Padum Taxi Union): Eine Fahrt nach Karsha und zurück kostet mindestens Rs1200.

Die Umgebung von Padum

Öffentliche Verkehrsmittel im Zanskar-Tal sind so gut wie unberechenbar, aber mittwochs und freitags fährt ein Bus von Padum nach Zangla (morgens hin und am Nachmittag zurück). Ansonsten bleibt nichts anderes übrig, als sich mit den maßlos übertriebenen Preisen der Taxi-Union in Padum abzufinden. Wer gut zu Fuß ist, kann auch über die Felder zum **Karsha Gompa** wandern, dem größten Gelug-pa-Kloster von Zanskar und lohnenswertesten Ziel in der näheren Umgebung. Die Gruppe weiß getünchter Lehmquader an den felsigen Hängen des Bergs nördlich von Padum wurde zwischen dem 10. und 14. Jh. erbaut. Die eindrucksvollsten Gebetshallen sind der kürzlich renovierte Du-khang und Gonkhang am oberen Ende des Komplexes. Das kleine Chukshok-jal, das abseits des Klosters unter einer Festungsruine am Rande eines Kanals liegt, beheimatet Karshas älteste Wandgemälde. Sie stammen aus der gleichen Zeit wie die in Alchi (S. 567).

Der schnellste Fußweg nach Karsha führt von Padum aus Richtung Norden zur Seilbrücke über den Stot, unmittelbar unterhalb des Klosters. Man sollte früh morgens aufbrechen, denn die heftigen, eiskalten Stürme, die nachmittags vom Süden her über den Hohen Himalaya fegen, verwandeln die 90-minütige Wanderung über das offene Flussbecken in einen Härtetest. Es ist wesentlich netter, in Karsha zu übernachten, als in Padum. Einige Dorfbewohner vermieten **Zimmer** an Touristen. Empfehlenswert sind Thuktan Thardots wundervolles „Glaszimmer", ❶, in Sharling Ward gleich unterhalb des Klosters und das schlichte Lobzang Guesthouse, ❶.

Jammu und Kashmir

Haryana und Punjab

Stefan Loose Traveltipps

Rock Garden, Chandigarh Der bizarre Skulpturengarten, den ein einheimischer Exzentriker scheinbar planlos aus Abfall zusammengestellt hat, bildet einen eigentümlichen Kontrast zur ordentlichen Stadt. S. 581

9 **Goldener Tempel, Amritsar** Im spirituellen Zentrum der Sikhs erklingen den ganzen Tag über bis in die Nacht hinein *kirtan* (religiöse Gesänge). S. 585

Das Gebiet der wohlhabenden Staaten Haryana und Punjab erstreckt sich über die fruchtbaren Flussniederungen von Delhi. Dieses ehemals von den Briten verwaltete „Fünfstromland" wird von den fünf großen Nebenflüssen des **Indus** durchquert. Mit Erlangung der Unabhängigkeit wurde der Punjab zwischen Pakistan und Indien aufgeteilt. Daraufhin setzte ein von entsetzlichen Massakern begleiteter Exodus ein: Die indischen Moslems flohen in westlicher Richtung nach Pakistan und die Sikhs und Hindus gen Osten. 1966 gab Indira Gandhi dem Druck der Sikhs nach, ordnete die Punjab Hills Himachal Pradesh zu und teilte die Ebene auf: in den vorwiegend von Sikhs bevölkerten Punjab und in Haryana, das zu 96 % von Hindus bewohnt wird. Regierungssitz für beide Staaten wurde die neu erbaute Hauptstadt Chandigarh.

Für Touristen gibt es in diesen beiden Bundesstaaten nicht viel Interessantes zu sehen – mit Ausnahme des Goldenen Tempels in **Amritsar** und des skurrilen Rock Garden von **Chandigarh**. Für die **Wirtschaft** des Landes hingegen ist die als „Brotkorb Indiens" bekannte Region von großer Bedeutung. Die Bauern produzieren nahezu ein Viertel des indischen Weizens und ein Drittel der Milch und Molkereierzeugnisse. Nicht zuletzt durch die Geldsendungen von Millionen ausgewanderter Inder aus Großbritannien, den USA und Kanada beträgt das Pro-Kopf-Einkommen des Staates fast das Doppelte des nationalen Durchschnitts. Die Region wird von Reisenden meist nur auf dem Weg nach Himachal Pradesh oder zur indisch-pakistanischen Grenze bei **Wagha** durchfahren. Den Goldenen Tempel in Amritsar und das städtebauliche Experiment von Le Corbusier, Chandigarh, sollte man sich jedoch nicht entgehen lassen.

Geschichte

Punjabs erste Siedlung, heute als **Harappa**-Zivilisation bekannt, geht bis ins 3. Jahrtausend v. Chr. zurück und wurde um 1700 v. Chr. von den Ariern überfallen. Im 3. Jh. v. Chr. wurde das Gebiet von den Maurya erobert. Zu einer Vielzahl weiterer Gefechte kam es, als verschiedene eindringende Mogulnheere auf ihrem Weg vom Khyber-Pass nach Delhi hier vorbeizogen. Darunter war auch Babur, der Ibrahim Lodi 1526 in der **Schlacht von Panipat** besiegte. Unterdessen begann sich weiter nördlich unter der Führung von Guru Nanak (1469–1539) der **Sikhismus** zu entwickeln. Die Vision des Gurus von einer egalitären Gesellschaft ohne Kasten, die sich auf den Glauben an eine einzige gestaltlose Gottheit gründete, fand bei Hindus und Moslems gleichermaßen Zustimmung. Die Versuche des Großmoguls Aurangzeb zur Ausmerzung des Sikh-Glaubens führten auf lange Sicht eher zu dessen Stärkung. Sie veranlassten den militaristischen und streitbaren zehnten **Guru Gobind Singh**, eine neue Strenggläubigkeit in Form von **Khalsa** („Gemeinschaft der Reinen") und die fünf Ks einzuführen (s. S. 129).

Nachdem sie im 17. Jh. mehrfach afghanische Invasionen überstanden hatte, füllte die Sikh-Nation das Machtvakuum, das beim Zusammenbruch der Mogulherrschaft entstanden war. Erst in den 1840er-Jahren, nach zwei blutigen Kriegen gegen die Briten, war die Khalsa-Armee geschlagen. Danach spielten die Sikhs jedoch eine entscheidende Rolle im Raj und halfen bei der Niederschlagung des Aufstandes von 1857. Das Verhältnis wurde erst durch das **Massaker auf dem Jallianwalla Bagh** 1919 zerstört, als Hunderte friedlicher Demonstranten von britischen Soldaten niedergemetzelt wurden. Damit wurde der Weg frei für den aufkommenden Radikalismus. Nach der Unabhängigkeit und Teilung beruhigte sich die Lage so weit, dass der neue Staat auf seinen gewaltigen landwirtschaftlichen Erträgen einen neuen Wohlstand aufbauen konnte. Unterdessen begannen militante Sikhs, die Schaffung eines eigenständigen Punjabi-sprachigen Staates „Khalistan" zu fordern. 1966 einigte man sich auf einen Kompromiss. Die Hindu-Provinz Haryana und der von einer Sikh-Mehrheit bewohnte Punjab wurden nominell geteilt.

Mit dem Aufkommen einer von **Sant Jarnail Singh Bhindranwale** angeführten ultra-radikalen Separatistenbewegung wurden die ohnehin schon instabilen Verhältnisse durch ein noch unheilvolleres Element gefährdet. Bhindranwale und seine Anhänger führten im Punjab eine barbarische Kampagne religiösen Terrors, die 1984 mit der Besetzung von Amritsars Goldenem Tempel ihren Höhepunkt erreichte. Indira Gandhis brutale Antwort, die **Operation Blue Star**

HARYANA UND PUNJAB

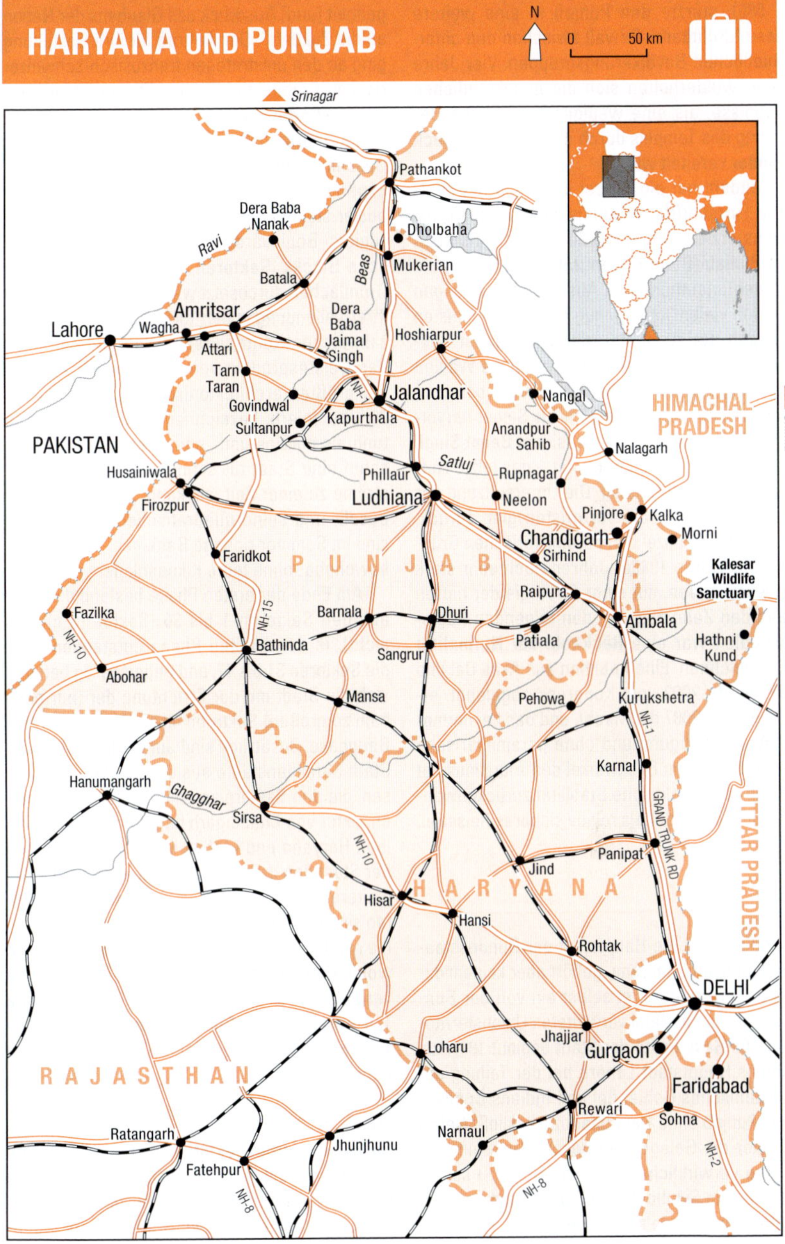

(S. 586), stürzte den Punjab in eine weitere Phase furchtbarer Gewalt zwischen den unterschiedlichen Bevölkerungsgruppen. Vier Jahre später wiederholten sich die geschichtlichen Ereignisse, als eine weniger bedrohliche Besetzung des Tempels durch die **Operation Black Thunder** vereitelt wurde.

Seitdem hat die Polizei in Punjab beträchtliche Fortschritte im Kampf gegen den Terrorismus erzielt. Dabei wurde sie erstmals auch von Punjabi-Bauern, den **Jats**, unterstützt, die von den unaufhörlichen Auseinandersetzungen und den vielen Toten genug hatten. Die meisten Gruppen der Akali Dal (der wichtigsten Religionspartei der Sikhs) boykottierten die Wahlen von 1992, aus der die Kongresspartei bei einer Wahlbeteiligung von nur 22 % als Sieger hervorging. 1995 wurde Ministerpräsident **Beant Singh** durch eine Autobombe getötet – das letzte Aufbäumen der Extremisten. Die Unterstützung der Öffentlichkeit für die Terroristen ging zurück, während die Polizei den paramilitärischen Gruppen, die in den 1980er-Jahren noch sehr stark gewesen waren, mit einer Strategie der harten Hand den Zahn zog. Bei den folgenden Regionalwahlen war eine **Rückkehr zur Normalität** zu verzeichnen. Eine Koalition aus Akali Dal und BJP wurde 2002 vom Kongress abgelehnt, errang jedoch 2007 die Macht, und das bei normaler Wahlbeteiligung und ohne paramilitärische Gewalt. Aus dem Blickwinkel des Tourismus hat Punjab seine politische Stabilität zurückgewonnen und gilt wieder als relativ sicheres Reiseziel.

Chandigarh

Chandigarh ist die Hauptstadt der Bundesstaaten Punjab und Haryana, gehört aber keinem der beiden an, sondern ist selbst ein von der Bundesregierung in Delhi verwaltetes Unionsterritorium. Die Geschichte der Stadt beginnt 1947, als Punjabs Hauptstadt Lahore bei der Teilung auf pakistanisches Gebiet fiel und Indiens Bundesstaat Punjab ohne Hauptstadt zurückließ. Nehru sah hier die Gelegenheit gekommen, seine Vision zu verwirklichen und eine Stadt zu schaffen, die „ein Symbol für die Zukunft Indiens sein sollte, unbeirrt von den Traditionen der Vergangenheit [und] Ausdruck des Glaubens der Nation an die Zukunft". Der Auftrag für ihre Gestaltung ging an den umstrittenen französisch-schweizerischen Architekten Charles-Edouard Jeanneret alias **Le Corbusier**.

Im Jahre 1952 begann man mit dem in der Geschichte der Städteplanung bahnbrechenden Experiment Chandigarh. Die Pläne von Le Corbusier stellten ein geordnetes Raster von großzügigen Boulevards dar, geteilt in 29 übersichtliche Blocks, **Sektoren**, die mit ausgedehnten Grünflächen durchsetzt waren. Die Stadt bot seit ihrer Vollendung in den 1960er-Jahren Anlass zu zahlreichen Kontroversen. Während die einen das Geistesprodukt von Le Corbusier als eine der größten architektonischen Leistungen des 20. Jhs. feiern, bezeichnen Kritiker die Gestaltung als maßlos und „unindisch". Le Corbusier schuf eine Stadt für schnelle, große Verkehrsströme zu einer Zeit, als kaum jemand ein Auto besaß, und seine quadratischen Betonhäuser sind im Sommer richtige Backöfen – nahezu unbewohnbar ohne teure Klimaanlagen.

Am Ende der ersten Phase bestand die Stadt aus den Sektoren 1 bis 30 (Sektor 13 gibt es nicht). In der zweiten Phase entstanden dann die Sektoren 31 bis 47, und gegenwärtig befindet sich die Stadt mit der Errichtung der (nur noch halb so großen) Sektoren 48 bis 61 in der dritten Bauphase. Zusätzlich sind auf beiden Seiten der Stadt Satellitenstädte aus dem Boden geschossen, die den Rasterplan und die sterile Betonarchitektur von Chandigarh nachahmen: Panchkula in Haryana und Mohali im Punjab. Sie bieten der Stadt den dringend benötigten Raum für ihre weitere Ausdehnung. Trotz der Unzulänglichkeiten sind die Einwohner stolz auf ihre Hauptstadt, die nicht nur sauberer und grüner, sondern auch wohlhabender ist als andere indische Städte vergleichbarer Größe. Zudem besitzt sie eine Top-Attraktion, den **Rock Garden**, der (nach dem Taj Mahal) die meistbesuchte Touristenattraktion Indiens sein soll.

Orientierung

Die nummerierten **Sektoren** von Chandigarh sind weiter unterteilt in mit Buchstaben bezeichnete Blocks, wodurch man sich relativ gut zurechtfindet. Le Corbusier sah den Stadtplan als lebenden Organismus mit dem imposanten **Capital Complex** im Norden als „Kopf", dem Einkaufskomplex **Sektor 17** als „Herz", den weiträumigen Grünflächen als „Lunge" und dem Straßennetz als „Kreislauf".

Die Museen

Die großen Museen von Chandigarh liegen im als Leisure Valley bekannten Grüngürtel der Stadt – in Sektor 10 gelegen – und sind Teil des kulturellen Komplexes, zu dem auch der benachbarte Rose Garden und das Open-Air-Theater gehören. Hier werden hin und wieder kostenlose Konzerte aufgeführt. Das **Government Museum & Art Gallery** zeigt eine beträchtliche und informativ zusammengestellte Sammlung aus Textilien, Harappa-Artefakten, Miniaturen und indischer Gegenwartskunst, darunter fünf Originale von Roerich und zwei stimmungsvolle Aquarelle von A. N. Tagore. Am faszinierendsten sind aber wohl die uralten Skulpturen, allen voran die Buddhas aus Gandhara – ein Erbe aus der Zeit der Herrschaft Alexanders des Großen. ⌚ Di–So 10–16.30 Uhr.

Nebenan steht das kleine, aber passend modernistische **City Museum** (Architekturmuseum). In einem Betonpavillon, der auf einem Entwurf von Le Corbusier basiert, illustriert es anhand von Modellen und Fotos die Planung und den Bau von Chandigarh. ⌚ Di–So 10–17 Uhr. Das **Natural History Museum** zeigt ausgestopfte Tiere, versteinerte Mammutknochen und Dioramen früher Menschen. ⌚ Di–So 10–16.45 Uhr. Im Ticketpreis von Rs10 ist der Eintritt für alle drei Museen enthalten; Fotoerlaubnis Rs5.

Der Capital Complex

Aufgrund strenger Sicherheitsvorkehrungen nach dem Attentat auf den ehemaligen Ministerpräsidenten von Punjab, Beant Singh, der 1995 vor dem Versammlungsgebäude von nationalistischen Sikh-Hardlinern getötet wurde, benötigt man für eine Besichtigung des Capital Complex in Sektor 1 ein Genehmigungsschreiben, das im Tourist Office am Busbahnhof ISBT (S. 584) ausgestellt wird. Das imposanteste Bauwerk des Komplexes ist das elfgeschossige **Secretariat**, das höchste Gebäude von Chandigarh, in dem Ministerialeinrichtungen für Haryana und Punjab untergebracht sind und dessen Dachgarten eine schöne Aussicht auf die Stadt bietet. Die Ähnlichkeit der gleich nördlich gelegenen **Legislative Assembly** oder Vidhan Sabha (Sitz der gesetzgebenden Versammlungen beider Bundesstaaten) mit einem Kraftwerk ist kein Zufall: Le Corbusier hatte sich hier angeblich von den Kühltürmen inspirieren lassen, die er in Ahmedabad gesehen hatte.

Gegenüber dem Secretariat steht der (ebenfalls für beide Bundesstaaten zuständige) Gerichtshof **High Court**, angeblich mit Elementen des Buland Darwaza in Fatehpur Sikri, dessen Innenräume riesige wollene Wandteppiche zieren. Weiter nördlich befindet sich das schwarze, 13 m hohe **Open Hand Monument**, das Wahrzeichen der Stadt Chandigarh. Trotz seiner unglaublichen 45 Tonnen dreht es sich auf Kugellagern wie eine Wetterfahne und steht für „post-koloniale Harmonie und Frieden".

Der Rock Garden

Der Rock Garden in der Nähe des Capital Complex bildet ein surreales Fantasieland aus Scherben, Leuchtstoffröhren, Gefäßen, Kieselsteinen, zerbrochenen Armreifen und allem möglichen urbanen und industriellen Müll. Die Freiluftausstellung ist das Lebenswerk von **Nek Chand**, einem pensionierten Straßeninspekteur des Public Works Department. Inspiriert von einem ständig wiederkehrenden Kindheitstraum, begann er 1965 heimlich mit dem Aufbau. Es sollte ursprünglich nur ein kleiner Garten werden, aber als er 1973 entdeckt wurde, nahm er – zum allgemeinen Erstaunen – bereits eine Fläche von 5 ha ein.

Trotz seiner illegalen Existenz, würdigte der Stadtrat den Park als großes künstlerisches Werk und stellte Chand zur Weiterführung seiner Arbeit die nötigen finanziellen Mittel und 50 Helfer zur Verfügung. 1976 öffnete der inzwischen 10 ha große Garten mit mehreren Tausend Skulpturen seine Tore für die Öffentlichkeit. ⌚ April–Sep tgl. 9–19, Okt–März tgl. 9–18 Uhr, Eintritt Rs10.

Übernachtung

Wegen der Schwindel erregenden Immobilienpreise in Chandigarh ist die Übernachtung hier teuer. Das gilt besonders für die untere Qualitätskategorie, die nur wenig Auswahl bietet.

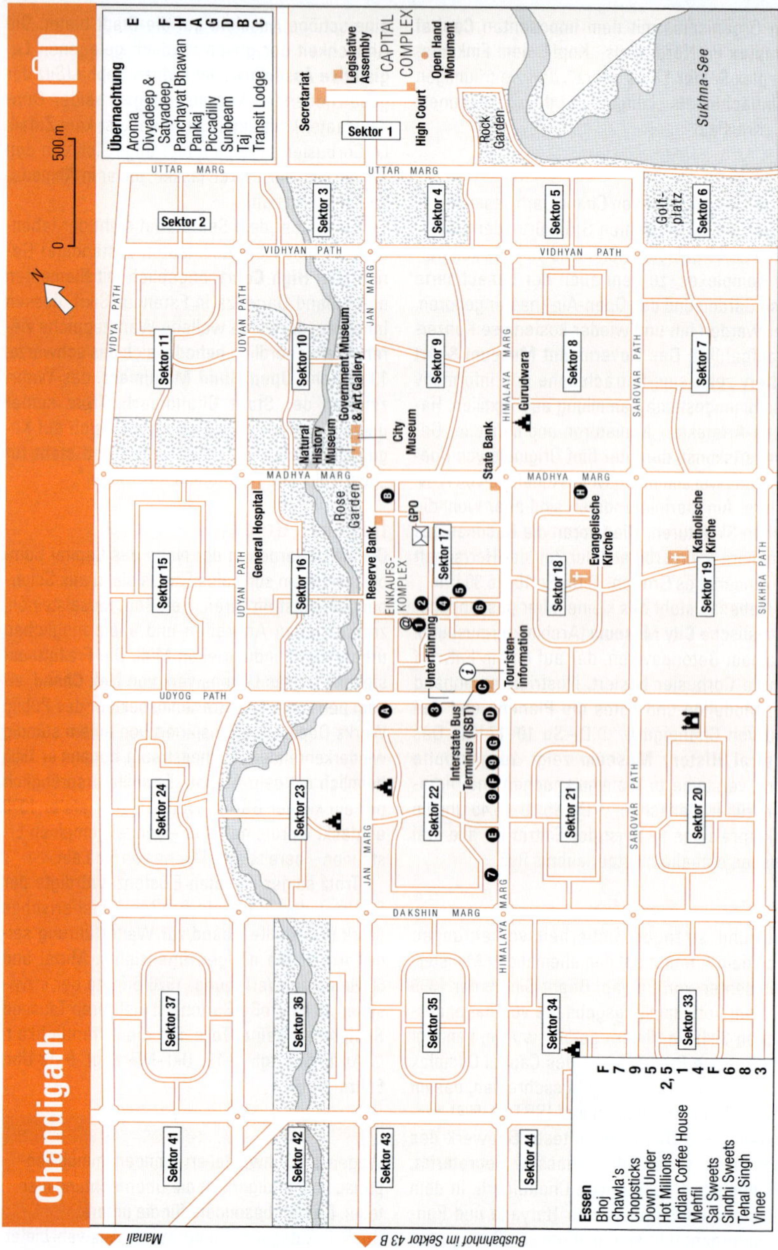
Chandigarh
500 m
Übernachtung
Aroma E
Divyadeep & Satyadeep F
Panchayat Bhawan H
Pankaj A
Piccadilly G
Sunbeam D
Taj B
Transit Lodge C
Essen
Bhoj F
Chawla's 7
Chopsticks 9
Down Under 5
Hot Millions 2,5
Indian Coffee House 1
Mehfil 4
Sai Sweets F
Sindhi Sweets 6
Tehal Singh 8
Vinee 3
CAPITAL COMPLEX
Secretariat
Legislative Assembly
Open Hand Monument
High Court
Sektor 1
Rock Garden
Sukhna-See
UTTAR MARG
VIDHYAN PATH
VIDYA PATH
UDYAN PATH
JAN MARG
HIMALAYA MARG
SAROVAR PATH
MADHYA MARG
SUKHRA PATH
UDYOG PATH
DAKSHIN MARG
Golf-platz
Sektor 2
Sektor 3
Sektor 4
Sektor 5
Sektor 6
Sektor 7
Sektor 8
Sektor 9
Sektor 10
Sektor 11
Government Museum & Art Gallery
Natural History Museum
City Museum
Gurudwara
State Bank
Bahnhof
General Hospital
Rose Garden
Reserve Bank
GPO
EINKAUFS-KOMPLEX
Sektor 15
Sektor 16
Sektor 17
Sektor 18
Sektor 19
Evangelische Kirche
Katholische Kirche
Unterführung
Touristen-information
Interstate Bus Terminus (ISBT)
Sektor 20
Sektor 21
Sektor 22
Sektor 23
Sektor 24
Delhi, Flughafen
Sektor 33
Sektor 34
Sektor 35
Sektor 36
Sektor 37
Sektor 41
Sektor 42
Sektor 43
Sektor 44
Manali
Busbahnhof im Sektor 43 B

Aroma, Himalaya Marg, Sektor 22-C, ✆ 0172/270 00-47, -48, 💻 www.hotelaroma.com. Die Einfahrt zu diesem attraktiven Hotel mit mehreren Bars und Restaurants wird von einem alten Austin flankiert. Die Zimmer selbst enttäuschen jedoch mit ihren Laminatfußböden und abgenutzten Wänden. Dennoch eine vernünftige Alternative, falls das Sunbeam's ausgebucht ist. Frühstück inkl. ❻

Divyadeep, Himalaya Marg, 1090–1 Sektor 22-B, ✆ 0172/270 1169. Angenehmes Budgethotel, von Anhängern Sai Babas geführt. Die Zimmer mit AC und fließend Warmwasser sind recht ordentlich, und es gibt eine große Dachterrasse, auf der allerdings kein Alkohol ausgeschenkt wird. Eine Ausweichmöglichkeit bei voller Belegung bietet das benachbarte (und preislich ähnliche) **Satyadeep**, 1102-03 Sektor 22-B, ✆ 0172/270 3103, unter gleicher Leitung. ❹

Panchayat Bhawan, Madhya Marg, Sektor 18, ✆ 0172/270 07-91, -92, ✉ pbhutchd@yahoo.co.in. Die billigste Unterkunft der Stadt erinnert an eine Jugendherberge, ist aber gepflegt. Große, saubere Zimmer, manche mit AC. ❶–❸

Pankaj, Udyog Path, Sektor 22-A, ✆ 0172/270 9891, 💻 www.chandigarh-hotelpankaj.com. Pieksaubere AC-Zimmer mit schicker Dusche. In der Kategorie „regular" allerdings nur im obersten Stock mit Fenstern; die größeren und besseren Deluxe oder Super-Deluxe-Zimmer bieten nicht nur alle Ausblick, sondern auch einen abgetrennten Sitzbereich. ❹–❻

Hotel Piccadily, Himalaya Marg, Sektor 22-B, ✆ 0172/270 75-71, -72, 💻 www.thepiccadily.com. Recht feudale Unterkunft mit dicken Teppichen auf Fluren und Zimmern. Zentrale AC, Nobelrestaurant, Bar und Café. Frühstück inkl. ❼–❾

Moderne Eleganz

Taj, Chandigarh Block 9, Sektor 17-A, ✆ 0172/661 3000, 💻 www.tajhotels.com. Chandigarhs bei weitem vornehmstes Hotel. Der geschmackvolle Bau mit minimalistisch-moderner Einrichtung in kühlen, hellen Farben erinnert an eine elegantere und schönere Version der Wohnblocks von Le Corbusier. DZ ab US$233. ❾

Sunbeam, Udyog Path, Sektor 22-B, gegenüber dem ISBT, ✆ 0172/270 81-00 bis -07, 💻 www.hotelsunbeam.com. Hotel der gehobenen Klasse. Schickes Marmorfoyer und komfortable Zimmer, denen die Nachbargebäude allerdings viel Licht wegnehmen. ❻

Transit Lodge, im ISBT, Sektor 17, ✆ 0172 /464 4485. Billige und heitere Unterkunft mitten im Busbahnhof. Etwas anstaltsähnlich, aber saubere Zimmer mit Bad und Warmwasser. Preise inkl. Frühstück und Abendessen, Dorm-Bett Rs175. ❹

Essen

Über einen Mangel an Lokalen und Imbissständen kann man sich in Chandighar wahrlich nicht beschweren. Wie überall im Punjab ist auch hier Hähnchen die beliebteste Mahlzeit und wird auf vielerlei Art zubereitet.

Sai Sweets, unter dem Hotel Satyadeep in Sektor 22-B, und **Sindhi Sweets**, 110 Sektor 17-B gehören zu den besten Süßwarenläden der Stadt. Sai Sweets bietet außerdem ausgezeichnetes *chana bhutura* – wie *chana puri*, nur größer.

Bhoj, Hotel Divyadeep, Nr. 1090–1, Sektor 22-B. Erstklassiges veg. Lokal, das von Anhängern Sai Babas geführt wird und ausschließlich *thalis* serviert (Rs90 und Rs120).

Chawla's, Himalaya Marg, Sektor 22-C. Kleines Tandoori-Restaurant, berühmt für sein köstliches Cream Chicken (ganzes Hähnchen Rs300, aber die halbe Portion für Rs170 ist mehr als ausreichend).

Chopsticks, nicht weit vom Hotel Piccadilly, Himalaya Marg, Sektor 22. Vernünftiges chinesisches Restaurant mit Hauptmahlzeiten für Rs85–140, darunter auch einige Schweinefleischgerichte (Meeresfrüchte sind teurer).

Hot Millions, 76-79 Sektor 17-D (Obergeschoss). Filiale einer erfolgreichen Fastfood-Kette, bietet alles von *dosas* bis Pizza. Gute Salatbar und Buffet am Mittag und Abend (veg. Rs260, nicht veg. Rs298). Zum **Hot Millions 2** im Sektor 17-C nahe Mehfil gehört der beliebte Pub **Down Under**.

Indian Coffee House, Sektor 17-E. Billigkette mit begrenztem Angebot inkl. *dosas*, Sandwiches und gutem Kaffee. Alle Gerichte unter Rs36.

Mehfil, SCO 183–5, Sektor 17-C. Domäne der Schickeria von Chandigarh, der Ort, um die schmackhafte Mughlai- und Punjab-Küche in klimatisierter Atmosphäre zu genießen. Nicht veg. Hauptgerichte für Rs210–300. Im gegenüberliegenden **Baskin-Robbins** gibt es Eis zum Dessert.

Tehal Singh, Himalaya Marg, 1116–7 Sektor 22-B. Sehr beliebtes Tandoori-Restaurant (Hauptgerichte Rs80–170). Gleich nebenan sorgt **Singh's Chicken** für Konkurrenz.

Vinee, Udyog Path, Sektor 22-B, gegenüber vom Busbahnhof. Spezialität dieses Budgetrestaurants sind *karahi*-Gerichte (Huhn oder *paneer*), bei deren Zubereitung die Gäste durch eine Glasscheibe zuschauen können. Nicht veg. Gerichte Rs75–135.

Einkaufen

In dem Einkaufskomplex in 27 Sektor 17 betreiben einige Bundesstaaten Warenhäuser mit Kunsthandwerksartikeln, so auch der Punjab, dessen **Phulkari Store** (Sektor 17-B) eine große Auswahl an bestickten Seidenwaren, Holzarbeiten und traditionellen spitzen Punjab-Schuhen bereithält. Qualitativ hochwertige handgewebte Produkte bekommt man gegenüber im **UP-Emporium** (139–41 Sektor 17-C) Hat beste handbedruckte Baumwolltextilien, vor allem *salwar kameez*.

Sonstiges

Apotheken

Apollo Pharmacy, 1617 Sektor 34-A, ✆ 0172/260 4386, ◷ 24 Std.

Bücher

Capital Book Depot, 3 Sektor 17-E, und **English Bookshop**, 30 Sektor 17-E.

Geld

Um den Bank Square am nordwestlichen Rand von Sektor 17 liegen einige Banken, die Geld wechseln, darunter **UCO Bank**, **Punjab National Bank** und **State Bank of India**. Auch Geldautomaten sind keine Mangelware. Es gibt u. a. einen am Bahnhof und zwei am Busbahnhof.

Gepäckaufbewahrung

Im Busbahnhof, ◷ 24 Std., 12.30–13 und 20.30–21 Uhr geschl,, Rs4 pro Tag.

Informationen

Touristinformation, am Busbahnhof ISBT, ✆ 0172/270 0054, 💻 www.chandigarhtourism.gov.in. Das hilfsbereite und freundliche Personal stellt Genehmigungen für einen Besuch des Capital Complex aus (s. S. 581). ◷ tgl. 9.30–17.30 Uhr.

Der **Tour and Travel Wing**, CITCO (Chandigarh Industry and Tourism Development Corporation), ✆ 0172/270 7267, 💻 www.citcochandigarh.com, befindet sich im selben Büro. ◷ tgl. 8–19 Uhr.

Das **Büro für Himachal Pradesh**, ✆ 0172/270 3839, neben dem Tourist Office, hilft bei Buchungen von Touren der HP Tourist Development Corporation und Bussen mit Reisezielen in HP, wie z. B. Manali und Shimla. ◷ Mo–Sa 10–18 Uhr.

Punjab Tourism, 3 Sektor 38-A, ✆ 0172/269 9140.

Haryana Tourism, 17–19 Sektor 17-B, ✆ 0172/270 2955.

Internet

e-net, Sektor 17-E, oberhalb des Indian Coffee House, Rs25 pro Std.

Medizinische Hilfe

General Hospital, Sektor 16, ✆ 0172/276 82-01, -02. Das Krankenhaus ist aber nicht so gut wie das **PGI** in Sektor 12, ✆ 0172/274 6018.

Polizei

✆ 1090.

Nahverkehr

Chandigarh ist zu groß, um zu Fuß erkundet zu werden. Dafür stehen viele **Fahrrad- und Motor-Rikschas** in den Straßen bereit. Fahrrad-Rikschas sind billiger, für die Fahrer sind die weiten Strecken zum nördlichen Stadtrand oder zum Bahnhof jedoch harte Arbeit, man sollte also viel Zeit einplanen. Der größte **Taxi**-Stand, ✆ 0172/270 4621, 24 Std. Bereitschaft, ist neben dem Vorauszahlungsschalter für Motor-

Rikschas in der nördlichen Ecke des Busbahnhofs ISBT.
CITCO am ISBT organisiert Halb- und Ganztagestouren durch die Stadt und Umgebung und betreibt zudem **Halbtages-Touren** (Rs50) in einem **Sightseeing-Bus**, der zum Museum mit Kunstgalerie und zum Rock Garden fährt. Bei mindestens 20 Teilnehmern wird eine Ganztagestour (Rs75) angeboten, die auch den Capital Complex einschließt.
Am Flughafen, am Bahnhof und am ISTB gibt es Vorauszahlungsschalter für Motor-Rikschas mit Festpreisen. Mit Vorauszahlungsticket kostet eine Fahrt vom Flughafen zum Busbahnhof Rs83 (ein Taxi kostet ca. Rs200). Vom Bahnhof zum Busbahnhof Festtarif Rs51, vom Busbahnhof zum Rock Garden Rs29. Der ISBT hat außerdem einen Schalter zur Reservierung von Bahntickets. ⌚ Mo–Sa 8–14 und 14.15–20, So 8–14 Uhr.

Transport

Chandigarh ist ein wichtiger Knotenpunkt auf dem Weg nach **Shimla**. Dorthin kommt man am schnellsten mit dem Bus von Sektor 43 (alle 10 Min., 4–4 1/2 Std.). Langsamer, aber sympathischer ist die Reise mit dem **„Toy Train"** von **Kalka**, 26 km in nordöstlicher Richtung, das häufige Zug- und Busverbindungen nach Chandigarh unterhält. Die 75 km lange Reise von Kalka nach Shimla durch reizvolle Landschaften dauert etwa 5 Std. (Abfahrt 4, 5.15, 6 und 12.10 Uhr). Abfahrtszeiten Shimla–Kalka s. S. 468.

Busse

Der **Interstate Bus Terminus (ISBT)** befindet sich in Sektor 17. Busse aus dem Punjab und Himachal Pradesh nutzen z. T. den Busbahnhof in Sektor 43, der – über den regelmäßig verkehrenden Stadtbus Nr. 18 – an den ISBT angeschlossen ist. **Tickets** können vorab an den Schaltern im Erdgeschoss gebucht oder im Bus gekauft werden.

Eisenbahn

Vom **Bahnhof** gibt es Direktverbindungen nach DELHI (8x tgl., 3 Std. 17 Min.–5 1/4 Std.), JODHPUR (1x tgl.; Nr. 14887, Abfahrt 22.25 Uhr, Ankunft 15.55 Uhr), MUMBAI (1x tgl.; Nr. 22926, Abfahrt 11.20 Uhr, Ankunft 15.15 Uhr nächster Tag) und KOLKATA (1x tgl.; Nr. 12312, Abfahrt 1.10 Uhr, Ankunft 7.30 Uhr nächster Tag).
Der superschnelle **Shatabdi Express** mit AC fährt nach NEW DELHI (Nr. 12006 und Nr. 12012, Abfahrt 6.53 Uhr, Ankunft 10.25 Uhr, und Abfahrt 18.23 Uhr, Ankunft 21.55 Uhr).
Ein Fahrschein 2. Kl. kostet Rs435 und ist damit 4x so teuer wie der Bus, aber der Zug ist wesentlich komfortabler und fast doppelt so schnell.
Weitere nützliche, tgl. verkehrende Züge sind der Himalayan Queen Nr. 14096 (Abfahrt 17.30 Uhr, Ankunft Delhi Rohilla 22.40 Uhr) und der Kalka–Jodhpur Express Nr. 14887 (Abfahrt 22.25 Uhr, Ankunft JODHPUR 15.55 Uhr am nächsten Tag).

Flüge

Der **Flughafen** von Chandigarh liegt 11 km südlich des Stadtzentrums (Anfahrt vom ISBT per vorausbezahlter Motor-Rikscha Rs100, per Taxi Rs250). Von hier gehen Flüge nach Delhi, Mumbai und Goa.

Fluggesellschaften
Air India, 162–4 Sektor 34-A, ✆ 0172/262 4941,
Indian Airlines, c/o Air India,
Jet, Flughafen, ✆ 0172/500 1395,
Bajaj Travels, 96–7 Sektor 17-C, ✆ 0172/270 8677.

9 HIGHLIGHT

Amritsar

Amritsar, heilige Stadt der Sikhs, ist die größte Stadt des Punjab: laut, schmutzig und hoffnungslos verstopft. Der einzige strahlende Lichtblick ist der legendäre Goldene Tempel, dessen Kuppeln sich über die überfüllten Straßen erheben. Für Reisende nach Pakistan ist Amritsar ein wichtiger Zwischenstopp auf dem Weg zum 29 km westlich gelegenen Grenzort Wagha (s. Kasten S. 592).

Geschichte

Amritsar wurde 1577 von dem vierten Sikh-Guru **Ram Das** an einem für seine Heilkräfte gerühmten See gegründet. Das Land wurde den Sikhs vom Mogul-Herrscher Akbar auf ewig übertragen. Als Kaufleute hierher kamen, um sich die strategisch günstige Lage an der Seidenstraße zunutze zu machen, wurde die Stadt schnell größer und bekam unter dem Sohn und Nachfolger von Ram Das **Guru Arjan Dev** einen prächtigen neuen Tempel. 1761 von den Afghanen geplündert, wurde das Heiligtum von dem bedeutendsten weltlichen Führer der Sikhs **Maharajah Ranjit Singh** wieder aufgebaut, der auch das beim Bau verwendete Gold stiftete.

Das 20. Jh. sollte durch entsetzliche **Massaker** für Amritsar zu einem der dunkelsten Kapitel seiner Geschichte werden. Das erste ereignete sich 1919, als Tausende unbewaffneter Zivilisten bei einer Demonstration auf dem **Jallianwalla Bagh** (S. 115) ohne Vorwarnung von britischen Truppen niedergeschossen wurden – diese Gräueltat gab den Anstoß zu Gandhis Non-Cooperation Movement. Auch nach dem Zusammenbruch des Raj musste Amritsar einige der schlimmsten Blutbäder in der Geschichte des Subkontinents über sich ergehen lassen. In den 1980er-Jahren besetzten schwer bewaffnete Fundamentalisten unter dem kriegerischen Prediger **Sant Jarnail Singh Bhindranwale** den Akal Takht, ein Gebäude im Golden Temple Complex, das traditionell als Sitz der religiösen Sikh-Führung diente. Anfang Juni 1984 wurde der Belagerung ein Ende gemacht, als Premierministerin Indira Gandhi die **Operation Blue Star** anordnete. Bei diesem unverhältnismäßig brutalen Angriff auf den Tempel kamen neben Bhindranwale und 200 seiner Soldaten weitere 2000 Menschen ums Leben, unter ihnen viele Pilger.

Weithin als totale Katastrophe geächtet, führte die Operation Blue Star nur vier Monate später direkt zur Ermordung von Indira Gandhi durch ihre Sikh-Leibwächter und provozierte die schlimmsten Unruhen in der Stadt seit der Teilung (Partition). Die Kongress-Regierung schien allerdings wenig aus ihren Fehlern gelernt zu haben, denn 1987 verletzte Indira Ghandis Sohn Rajiv Gandhi eine mit der wichtigsten Religionspartei der Sikhs, der Akali Dal, getroffene Vereinbarung, die die Separatisten veranlasste, mit einer erneuten Besetzung des Tempels Vergeltung zu üben. Diesmal zeigte die Armee allerdings mehr Zurückhaltung und überließ die **Operation Black Thunder** den Polizeikräften des Punjab. Da weder die Ausrüstung noch die Motivation der Fundamentalisten mit der von Bhindranwales Märtyrern vergleichbar war, entschlossen sie sich schließlich zur Kapitulation.

Goldene Regeln

Der Zutritt zum Goldenen Tempel ist Besuchern sämtlicher Nationalitäten und Religionen gestattet, vorausgesetzt sie respektieren ein paar Grundregeln, deren Einhaltung von patrouillierenden Posten kontrolliert wird. Zum einen sind Tabak, Alkohol und Drogen jeglicher Art verboten. Außerdem muss man vor dem Eintreten die Schuhe an den kostenlosen Garderoben abgeben, den Kopf bedecken (Baumwollschals gibt es vor dem Haupteingang, oder man trägt einen Kullu-Hut) und sich die Füße in dem Becken unterhalb der Stufen waschen. In der Umgebung des Beckens ist **Fotografieren** erlaubt, im Innern des Heiligtums nicht.

Orientierung

Der Goldene Tempel befindet sich im Herzen der **Altstadt**, einem Labyrinth aus engen Gassen und Basaren. Achtzehn befestigte **Tore**, von denen nur das Lohgarh Gate (im Norden) ein Original ist, liegen an der Straße mit dem passenden Namen **Circular Road**. Um die Altstadt herum führt die Eisenbahnlinie, die eine scharfe Trennung zwischen dem Basar und dem etwas weitläufigeren, von den Briten erbauten Stadtviertel bildet.

Der Goldene Tempel

Der Faszination des strahlenden Goldenen Tempels von Amritsar, dem allen Menschen offen stehenden spirituellen Zentrum des Sikh-Glaubens, können sich selbst Besucher ohne religiösen Hintergrund nicht entziehen. Im späten 16. Jh. von Guru **Arjan Dev** erbaut, erhebt sich der prachtvoll vergoldete Tempel, der **Harmandir**, aus der Mitte eines künstlich angelegten rechteckigen Sees und ist durch einen schmalen

Amritsar

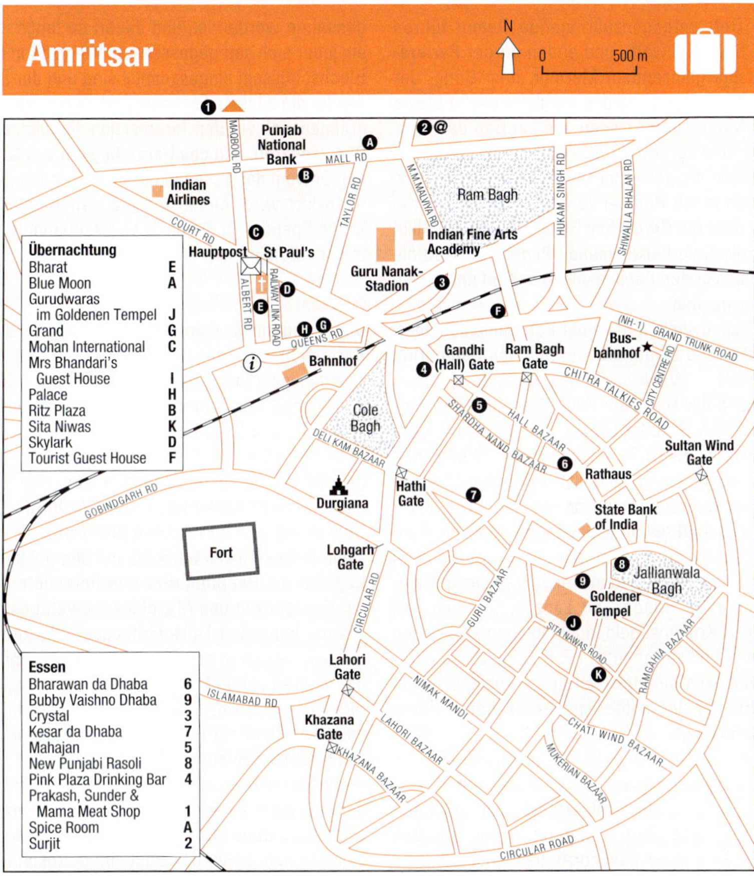

Damm mit dem ihn umgebenden weißen Marmorkomplex verbunden. Jeder Sikh versucht wenigstens einmal im Leben eine Pilgerfahrt hierher zu unternehmen, um den erhabenen musikalischen Rezitationen *(shabad kirtan)* aus dem *Adi Granth* zu lauschen und in dem reinigenden Wasser des Tempelsees **Amrit Sarovar** (etwa „See der Unsterblichkeit") zu baden.

Die beste Zeit für einen Besuch des Tempels ist der frühe Morgen, wenn die ersten Sonnenstrahlen auf den goldenen Kuppeln funkeln und sich im Wasser des Amrit Sarovar spiegeln. In der Sonnenuntergangs- und Abendstimmung kann man sich herrlich auf die wunderschöne Musik einlassen, die im Harmandir erklingt. Das Informationsbüro, 🕓 tgl. 7–20 Uhr, rechts am Haupteingang organisiert Führungen, informiert über Unterbringungsmöglichkeiten in der Anlage und hat Bücher und Broschüren über den Tempel und den Sikh-Glauben im Angebot.

Die Parikrama

Der nördliche Haupteingang zum Tempel führt unter einem viktorianischen **Uhrturm** hindurch zu einer Treppe, von wo man den ersten flüchtigen Blick auf den Harmandir werfen kann, wie er auf der spiegelglatten Oberfläche des Amrit Sarovar zu treiben scheint. Als Erinnerung an die Gott entgegenzubringende Demut führen die Stufen abwärts und enden an der **Parikrama** aus glänzendem Marmor, dem Gang, der den See umgibt und dessen glatte weiße Steine die Namen derer tragen, die am Bau des Tempels beteiligt waren. In die Parikrama sind vier Kabinen mit gläserner Vorderseite integriert, in denen je ein Priester *(granthi)* sitzt, der Verse aus dem *Adi Granth* (die Heilige Schrift der Sikh) intoniert. Vorbeikommende Pilger berühren die Stufen vor den Kabinen mit dem Kopf und geben Geldspenden.

Vom östlichen Rand der Parikrama aus überblicken die beiden abgebrochenen **Ramgarhia Minars** – Wachtürme aus Backstein, deren Spitzen der Operation Blue Star zum Opfer fielen – den Guru-ka-Langar und die von Pilgern wimmelnden Badestellen *(ghats)*. Wenn man hier lange genug verweilt, bekommt man einen guten Querschnitt durch die moderne Sikh-Gesellschaft geboten: Jat-Bauernfamilien, Auslandsinder auf Reisen, die aus Großbritannien oder Nordamerika kommen, und grimmig dreinschauende Krieger mit Lanzen, Dolchen und langen Krummsäbeln, dunkelblauen knielangen Roben und safrangelben Turbanen. Diese ultraorthodoxen *nihangs* (wörtlich „Krokodile") sind Anhänger des militaristischen zehnten Gurus Gobind Singh.

Der Guru-ka-Langar

Für Sikhs ist eine Pilgerfahrt zum Goldenen Tempel erst dann vollendet, wenn sie den Guru-ka-Langar besucht haben. Diese riesige Gemeinschaftskantine mit Blick auf den östlichen Eingang zum Tempelkomplex bietet allen Ankommenden **freie Speisen**. Hinter den freien Mahlzeiten für jedermann steht die Absicht, eine der zentralen Lehren des Sikh-Glaubens zu untermauern: das Gleichheitsprinzip, mit dem der dritte Guru **Amar Das** im 16. Jh. das Kastensystem abschaffen wollte. Etwa 10 000 *chapatti* und *dhal*-Gerichte werden hier jeden Tag mit der den Sikhs eigenen Tüchtigkeit angerichtet.

Von der Betriebsamkeit kann man sich selbst überzeugen, indem man sich in die Schlangen einreiht, die sich draußen vor der Halle (24 Std. geöffnet) bilden. Die Mahlzeit beginnt erst, nachdem das Tischgebet von einem Freiwilligen gesungen worden ist, und dauert so lange, bis ein jeder sich satt gegessen hat. Wenn dann die Blechschüsseln eingesammelt sind und der Boden für die nächste Essensausgabe gewischt ist, drängen sich vor den Toren schon die nächsten Pilgerscharen, und das Ganze beginnt von Neuem. Obwohl das Essen mit Geldern des Tempels finanziert wird, geben die meisten Besucher kleine Spenden in die dafür vorgesehenen Kästen draußen im Hof.

Der Akal Takht

Direkt gegenüber dem Zeremonieneingang zum Harmandir befindet sich der Akal Takht, die zweitheiligste Stätte des Tempelkomplexes. Dieses Symbol von Gottes Macht auf Erden wurde im 17. Jh. von Guru Hargobind erbaut und war später Sitz des 1925 gegründeten Shiromani Gurudwara Parbandhak Committee, der religiösen und politischen Sikh-Regierung. Während der Belagerung von 1984 nutzten Bhindranwale und seine Armee dieses Gebäude mit den goldenen Kuppeln als Hauptquartier und befestigten es mit Sandsäcken und Maschinengewehrposten. Als die indischen Fallschirmjäger beim Sturm auf das Heiligtum den davor gelegenen Hof zu überqueren versuchten, wurden sie zu Hunderten niedergemäht: Das war der Grund dafür, dass die Armee zur Beendigung der Belagerung schließlich zu einer viel härteren Taktik griff.

Panzer schossen aus ihrer Stellung am anderen Ende des Amrit Sarovar eine Salve hochexplosiver Quetschkopfgeschosse in die feine Fassade und legten das Bauwerk in Sekundenschnelle in Schutt und Asche. Nichts an dieser ganzen Operation hat die Gefühle der Sikhs so sehr verletzt wie die Zerstörung des Akal Takht. Das Heiligtum wurde weitgehend wiederaufgebaut und sieht heute fast genauso aus wie vor dem 6. Juni 1984. Jeden Abend wird das *Adi Granth* in einem Palankin aus Gold und Silber aus dem Harmandir in das mit kunstvoll gearbeiteten Intarsien geschmückte Erdgeschoss des Gebäudes gebracht.

Der Jubi Tree

Der knorrige alte Jubi-Baum nahe dem Haupteingang wurde vor etwa 450 Jahren von dem ersten Hohepriester des Goldenen Tempels **Babba Bud-**

dhaya gepflanzt und soll Wunderkräfte besitzen. So hängen Frauen, die sich einen Sohn wünschen, Stoffstreifen an die Zweige. Traditionell werden in seinem Schatten Vereinbarungen über Eheschließungen ausgehandelt, die Glück bringen sollen – ein Brauch, den die moderne Tempelverwaltung missbilligend zur Kenntnis nimmt.

Der Harmandir

Einst von einem Guru mit „einem Schiff auf dem Ozean der Unwissenheit" verglichen, wurde der dreistöckige Harmandir („Goldener Tempel Gottes") von Arjan Dev als Herberge für das **Adi Granth** erbaut, das er aus den Lehren sämtlicher Sikh-Gurus zusammenstellte und das den Mittelpunkt des Sikh-Glaubens darstellt. Der Tempel hat vier Türen, die darauf hinweisen, dass er Menschen aller Glaubensrichtungen und aller vier Varna (Hauptkasten) der Hindu-Gesellschaft offen steht. Die große Kuppel und das Dach, die mit 100 kg Blattgold bedeckt sind, haben die Form einer umgekehrten Lotusblüte und symbolisieren die Sorge der Sikhs um weltliche wie spirituelle Belange.

Dem langen Steg **Guru's Bridge**, der von der Westseite des Amrit Sarovar zum Tempel führt, nähert man sich über einen prunkvoll verzierten Bogengang, den **Darshani Deorh**. Während man auf das Allerheiligste zugeht, sollte man sich auf keinen Fall die fantastischen Marmor-Einlegearbeiten im Mogul-Stil und die schönen vergoldeten Blumenmuster über den Türen und Fenstern entgehen lassen. Das Innere des Tempels – mit noch mehr Gold und Silber verziert, mit Elfenbeinmosaiken und kunstvoll geschnitzten Holzpaneelen geschmückt – wird von dem riesigen *Adi Granth* beherrscht, das auf einem prächtigen Thron unter einem mit Edelsteinen besetzten seidenen Baldachin ruht.

Guru Gobind Singh, der das *Adi Granth* überarbeitet hatte, verkündete vor seinem Tode 1708, dass er der letzte lebende Guru sei und das Buch sein Nachfolger würde – daher dessen vollständige Bezeichnung *Guru Granth Sahib*. Während die Andächtigen vorbeiziehen, intonieren von Sängern und Musikern begleitete *granthi* ununterbrochen Verse aus der Schrift, die über Lautsprecher in den ganzen Komplex übertragen werden. Das *Shri Akhand Path* genannte ununterbrochene Verlesen des gesamten *Adi Granth* erfolgt in Schichten zu je drei Stunden und dauert insgesamt etwa 48 Stunden.

Übernachtung

Die unzähligen Hotels von Amritsar sind in der ganzen Stadt verteilt. Die meisten bewegen sich in der mittleren Preisklasse und darüber, Budgetunterkünfte sind dünn gesät. Eine Alternative bieten die *niwas* des Goldenen Tempels (s. Kasten S. 590).

Bharat, an der Bahnlinie, Link Rd, ✆ 0183/222 7536, ✉ bharat_hotel@yahoo.com. Annehmbares Hotel, günstig in Bahnhofsnähe gelegen. Unterschiedlich große Zimmer, alle mit Bad (die besten mit Warmwasserdusche, die billigsten mit Warmwasser in Eimern). Eventuelle Forderungen nach Bezahlung von frei erfundenen „Extrasteuern" beim Checkout einfach ignorieren. ❷–❸

Blue Moon, The Mall, ✆ 0183/222 0759, ✉ hotelbluemoon@gmail.com. Freundlich, hilfsbereit, besseres Preis-Leistungs-Verhältnis als in manch einem teureren Hotel. Nettes Restaurant auch für Tagesgäste. ❺–❻

Grand, Queens Rd, gegenüber vom Bahnhof, ✆ 0183/256 2977, 💻 www.hotelgrand.in. Sauber und ordentlich, gemütlich und zentral. Die Zimmer sind um einen schönen Garten im Innenhof gruppiert, allerdings gehen alle Fenster nach innen. Die angrenzende Bar ist mit Hollywood-Postern dekoriert. ❺–❻

Mohan International, Albert Rd, ✆ 0183/222 78-01, -02 bis -08, 💻 www.mohaninternationalhotel.com. Eins der Nobelhotels von Amritsar, jedoch überteuert – allerdings mit AC, Zimmerservice, 24 Std. geöffnetem Café und Pool. Wird in der Saison (Nov–März) gern für Hochzeitsempfänge genutzt, die sehr farbenprächtig, aber auch sehr laut sind. Inkl. Frühstück. ❼–❽

Mrs Bhandari's Guest House, 10 Cantonment, ✆ 0183/222 8509, 💻 www.bhandari_guesthouse.tripod.com. Herrlich altmodische Zimmer mit Kaminen und Badewannen in einem Kolonialhaus mit Rasenflächen, Gärten und kleinem Pool. 3-Gänge-Menüs nach britischer Art, aber nicht ganz billig. Zelten für Rs170 p. P. möglich. Das besonders bei Pauschalreisenden beliebte

Übernachtung im Goldenen Tempel

Die authentischsten Unterkünfte in Amritsar sind zweifellos die fünf *niwas* oder Pilgerhostels, die vom Verwaltungskomitee des Goldenen Tempels betrieben werden. In diesen eigentlich für Sikh-Pilger gedachten wohltätigen Einrichtungen sind auch ausländische Touristen willkommen, die gegen eine Schutzgebühr maximal drei Nächte bleiben können.

Guru Arjan Dev Niwas, das erste Gebäude auf dem Weg zu den an der Ostseite des Tempels liegenden Unterkünften. Hier befindet sich die Rezeption für alle *niwas*. Es gibt einfache, aber geräumige Zimmer.

Guru Hargobind Niwas, das komfortabelste unter den fünf *niwas*, hat ordentliche Zimmer bei ausgezeichnetem Preis-Leistungs-Verhältnis.

Sri Guru Nanak Niwas ist das Gebäude, in dem sich Bhindranwale und seine Männer vor der Erstürmung des Goldenen Tempels 1984 verschanzt hatten.

Zu den Schattenseiten der Übernachtung in den *niwas* gehört – neben der teilweise spartanischen Ausstattung (*charpai* und Gemeinschaftswaschbecken im zentralen Innenhof sind die Norm) – das mit unangenehmen Geräuschen verbundene, allgemein übliche Ausspucken am frühen Morgen. Auch die Sicherheit kann zum Problem werden. Es ist ratsam, im Voraus zu buchen, da Zimmer und Betten fast immer belegt sind.

Hotel ist aus Amritsar nicht mehr wegzudenken. ❺

Palace, gegenüber vom Bahnhof, Queens Rd, ✆ 0183/256 5111. Die Unterkunft hat schon glanzvollere Tage gesehen, ist aber günstig gelegen und preiswert. Die besseren Zimmer haben Warmwasser aus der Leitung, die billigeren Warmwasser aus Eimern. ❶–❷

Ritz Plaza, 45 Mall Rd, ✆ 0183/256 2836, 💻 www.ritzhotel.in. Unaufdringliches, aber recht nobles Hotel, das allerdings sehr unterschiedliche Kritiken bekommt. Zentrale AC, geräumige Zimmer und entspannte Atmosphäre. Rasenflächen, Pool, Lounge-Bar, 24 Stunden geöffnetes Café und Restaurant mit internationaler Küche. Behindertenfreundlich mit einem rollstuhlgerecht eingerichteten Zimmer. ❽

Sita Niwas, 61 Sita Nawas Rd, ✆ 0183/254 3092, 📠 254 1898. Beliebte Budgetunterkunft mit gutem Preis-Leistungs-Verhältnis in der Nähe vom Guru Ram Das Niwas und Goldenen Tempel, mit unterschiedlichen Zimmern, meist mit Bad. In den billigeren gibt es meist kein Warmwasser. ❷

Skylark, 79 Railway Links Rd, ✆ 0183/265 2053. Eine der besseren Unterkünfte in der Straße gegenüber vom Bahnhof. Riesige, etwas schäbige Zimmer, bequeme Betten und Warmwasser rund um die Uhr (außer bei Stromausfall). ❷–❹

Tourist Guest House, Hide Market, nahe Bhandari Bridge, Grand Trunk Rd, ✆ 0183/ 255 3830, ✉ bubblesgoolry@yahoo.com. Die seit den Hippie-Zeiten bei Budgettravellern beliebte Unterkunft bietet eine große Auswahl an Zimmern. Die billigsten sind eher schmuddelig und haben Gemeinschaftsbad, die mit eigenem Bad und Warmwasser sind recht hübsch und trotzdem preiswert. Ignorieren sollte man die auf Provision erpichten Rikscha-*wallahs*, die gern fabulieren, dass es ausgebucht ist. ❶–❷

Essen

Wer günstig essen möchte, sollte die einfachen vegetarischen *dhabas* in der Gegend um den Goldenen Tempel und den Busbahnhof ausprobieren, in denen preiswerte und leckere *puris* und *chana dhal* angeboten werden. Zu den hiesigen Spezialitäten gehören Amritsari-Fisch – in würziger Panade gebratene Flussfisch-Filets von Scholle (schmackhafter) oder *singara* (günstiger) – sowie *dal pinni* und *matthi*, aus Linsen hergestellte Süßspeisen, die man beispielsweise im Mahajan auf dem Hall Bazaar bekommt.

Bharawan da Dhaba, nahe City Hall. Eines der besten *dhabas* in Amritsar, mittlerweile ein vollwertiges Restaurant, hat einfache und preiswerte, gute veg. Currys (Rs40–85).

Bubby Vaishno Dhaba, 201 Gantagar Market, gegenüber dem Haupteingang zum Golden Temple. Günstig gelegen für veg. Currys

(Rs40–80), *thalis* (Rs50–80) und Frühstück in Form von *parathas* oder *puris*, dazu einige südindische Gerichte.

Crystal, Crystal Chowk. Eines der beliebtesten Restaurants mittlerer Preisklasse mit indischen, chinesischen und westlichen Gerichten (nicht veg. Hauptgerichte Rs200–240) in angenehmer Umgebung, die auch in Fastfood-Buden auf der Straße angeboten werden.

Kesar da Dhaba, Passion Chowk, zwischen Golden Temple und Durgiana Temple. Das seit 1916 bestehende Restaurant bietet eine begrenzte Speisekarte mit einfachen veg. Currys (Rs30–80). Es liegt gut versteckt in einer Seitenstraße – nach dem Weg fragen, oder eine Motor-Rikscha nehmen.

New Punjabi Rasoli, unweit Jallianwalla Bagh. Indische veg. Gerichte, einige chinesische und internationale Spezialitäten zu vernünftigen Preisen (Rs65–100). Die meisten heimischen Speisen werden mit indischem Käse serviert (*paneer tomato* ist zu empfehlen), es gibt aber auch eine köstliche Pilz-*tikka masala*.

Pink Plaza Drinking Bar, 1 Pink Plaza Market, außerhalb Ghandi (Hall) Gate. Das *dhaba* sieht auf den ersten Blick unhygienisch aus, aber das Essen wird vor den Augen der Gäste zubereitet. Der Fisch nach Amritsar-Art (Rs250 pro kg) ist saftig und das Tandoori-Hühnchen lecker (Rs60 pro Portion). Der Name ist ein wenig irreführend, denn wer zum Essen etwas Alkoholisches trinken möchte, muss es im Liquor Store gegenüber kaufen und kann es dann in hier im Lokal zu sich nehmen.

Prakash Meat Shop, **Sunder Meat Shop** und **Mama Meat Shop**, Maqbool Rd, 500 m nördlich der Mall Rd. Dieses *dhabas*-Trio ist eine lokale Institution und serviert, für Rs100 pro Portion, würziges Schafs-*tikka* oder (für die experimentierfreudigere Kundschaft) Hirncurry auf *tawas* (Kuchenblechen).

Spice Room, Blue Moon Hotel, Mall Rd. Hier gibt es hauptsächlich scharf gewürzte chinesische Gerichte. Hauptgerichte Rs195–295.

Surjit, GT 3-4 Nehru Plaza, Lawrence Rd. Das hübsche Restaurant hat ausgezeichnete Punjabi-Gerichte, z. B. Sahne-/Butter-Hühnchen und Fisch à la Amritsar, aber auch nicht veg. Gerichte für Rs150–300.

Einkaufen

Tablas (Handtrommeln) und andere **Musikinstrumente** bekommt man in den Läden um den Goldenen Tempel, wo man außerdem preiswerte **Kassetten** und **CDs** mit den schön klingenden *kirtan* bekommt, die in dem Heiligtum zu hören sind. Andere beliebte Souvenirs sind die traditionellen **Punjab-Lederslipper**; sie werden an den Ständen östlich des Haupteingangs zum Tempel angeboten.

Sonstiges

Geld

Geldautomaten gibt es überall in der Stadt, u. a. fünf vor dem Bahnhof, einen am Busbahnhof und mehrere auf dem Jallianwalla Bagh. Gegenüber dem Bahnhof an der Railway Link Rd gibt es einige Devisenhändler, die z. T. pakistanische Rupien tauschen.

Gepäckaufbewahrung

Für kurze Zeit in den *gurudwaras* des Goldenen Tempels möglich, sonst bei der Gepäckaufbewahrung im Bahnhof oder Busbahnhof.

Informationen

PTDC Tourist Office, am Westausgang vom Bahnhof in der Queens Rd, ✆ 0183/240 2452. Freundliche und hilfsbereite Mitarbeiter, 🕓 Mo–Sa 9–17 Uhr. Im Grand Hotel gibt es ebenfalls gute Informationen.

Internet

Es gibt ein paar Internetcafés im Nehru Plaza, Lawrence Rd, z. B. **Cyber World**, GF 55 (Rs20 pro Std.)

Medizinische Hilfe

Die besten Krankenhäuser der Stadt ist das **Kakkar Hospital**, Green Avenue, ✆ 0183/250 6015. Außerdem gibt es noch das **Munilal Chopra Hospital**, 361 Mall Rd, ✆ 0183/222 2072.

Schwimmen

Die Hotels **Mohan International** und **Ritz Plaza** erlauben die uneingeschränkte Nutzung ihrer Pools (Tagesgäste Rs110–300).

Reisen nach Pakistan

Wer weiter nach Pakistan möchte, nimmt ein Taxi, einen Mietwagen oder einen der häufigen Busse nach **Attari**, von wo es nur noch 2 km bis zur Grenze bei Wagha sind. Zwischen Attari und **Wagha** verkehren Rikschas. Die Grenze nach Pakistan kann nur zu Fuß passiert werden – mit allen Formalitäten kann das bis zu zwei Stunden dauern. Wer sich lediglich das bunte Treiben an der Grenze ansehen möchte, kann ein Taxi (Rs400) oder eine Motor-Rikscha (Rs200) für die Hin- und Rückfahrt mieten. Zwar fährt auch ein Zug über die Grenze nach Lahore im pakistanischen Teil des Punjab, aber der Betrieb hängt von der politischen Lage ab. Momentan kann man wahrscheinlich nur in Delhi, nicht in Amritsar, zusteigen.

Nahverkehr

Amritsar ist eigentlich zu groß und labyrinthartig für eine Erkundung zu Fuß. Wenn man quer durch die Stadt will oder in Eile ist, empfiehlt sich eine **Motor-Rikscha**. Ansonsten kommt man mit **Fahrrad-Rikschas** am besten durch die engen und überfüllten Straßen der Altstadt.

Transport

Amritsar ist ein Hauptknotenpunkt für Verkehrsverbindungen Richtung Nordosten nach Kashmir, Richtung Südosten nach Delhi und Chandigarh (Hauptausgangspunkt nach Shimla und Zentral-HP) und Richtung Westen zur pakistanischen Grenze bei Wagha.

Busse

Der chaotische **Busbahnhof** befindet sich an der Grand Trunk Rd (NH-1) nördlich der Altstadt. Privatbusse, einschließlich der AC-Busse, fahren am Bahnhof oder an der Straße nördlich von Gandhi (Hall) Gate ab. Unternehmen vor dem Ghandi (Hall) Gate und in der Queens Rd betreiben klimatisierte und Deluxe-Busse nach DELHI (8 Std.) und CHANDIGARH (4–5 Std.). Nach PATHANKOT (alle 10 Min.; 3 Std.) und zu anderen Reisezielen in HP fahren nur staatliche Busse. Delhi ist vielen für eine Busreise zu weit entfernt (475 km), darum nehmen die meisten Reisenden den Zug.

Eisenbahn

Der **Bahnhof** liegt günstig im Zentrum, nördlich der Altstadt. Die besten Züge nach DELHI sind die „superfast" Amritsar–New Delhi Shatabdis mit klimatisierten Salonwagen – Nr. 12014 (tgl. 5 Uhr, Ankunft 11.15 Uhr in New Delhi) und Nr. 12030/12032 (Abfahrt tgl. 16.55 Uhr, Ankunft 23.05 Uhr). Wer lieber nachts fährt, nimmt den Golden Temple Mail Nr. 12904 (Abfahrt tgl. 21.25, Ankunft 7.05 Uhr in Nizamuddin), der weiterfährt bis MUMBAI (Ankunft 5.35 Uhr am Folgetag). Weitere Züge sind der 1x tgl. verkehrende Amritsar–Howrah Express Nr. 13050 (Abfahrt 18.10 Uhr) über VARANASI (Ankunft 18.55 Uhr am Folgetag) nach KOLKATA (Ankunft Howrah 15.45 Uhr am nächsten Tag) und der 2x wöchentl. abfahrende Amritsar–Jaipur Express: Nr. 19782 (Fr und So um 17.50 Uhr) ist etwas schneller als Nr. 19772 (Di und Do 14.30 Uhr) – beide kommen um 7.30 Uhr in JAIPUR an.

Flüge

Der **Flughafen** liegt 12 km nordwestlich der Stadt. Air India, Kingfisher und Jet fliegen von hier nach DELHI. Taxis (Rs300) und Motor-Rikschas (Rs150) fahren ins Zentrum.

Fluggesellschaften

Air India, MK International Hotel, Ranjit Ave, ✆ 0183/250 81-22, -33,

Indian Airlines, 39-A Court Rd, ✆ 0183/221 33-92, -93,

Jet, Flughafen, ✆ 0183/250 8003.

Gujarat

Stefan Loose Traveltipps

Ahmedabad Eine fantastische indisch-islamische Architektur, bunte Basare und Mahatma Gandhis Sabarmati Ashram. S. 599

Sonnentempel in Modhera Der schöne Tempel aus dem 11. Jh. in beschaulichen Gartenanlagen ist das herausragendste Beispiel der Solanki-Architektur. S. 609

Kutch Kunsthandwerk, Textilkunst und Kultur verschiedener Volksgruppen blühen nach wie vor in dieser unwirtlichen und entlegenen Region. S. 611

Dwarka Indiens westlichste heilige Stadt ist der Überlieferung zufolge die Hauptstadt Krishnas. S. 621

Gir-Nationalpark Dieses Waldreservat ist der letzte verbleibende Lebensraum des seltenen Asiatischen Löwen. S. 629

Diu Westindiens schönstes Strandparadies mit charmanter Kolonialarchitektur im portugiesischen Stil. S. 630

Tempel von Palitana Der heilige Berg Shatrunjaya ist mit wunderbar geschnitzten Marmortempeln übersät und bietet atemberaubende Aussichten. S. 639

Champaner Zu den Attraktionen dieser uralten moslemischen Stadt zählen eine Solanki-Festung sowie mehrere Jain-Tempel. S. 643

GUJARAT

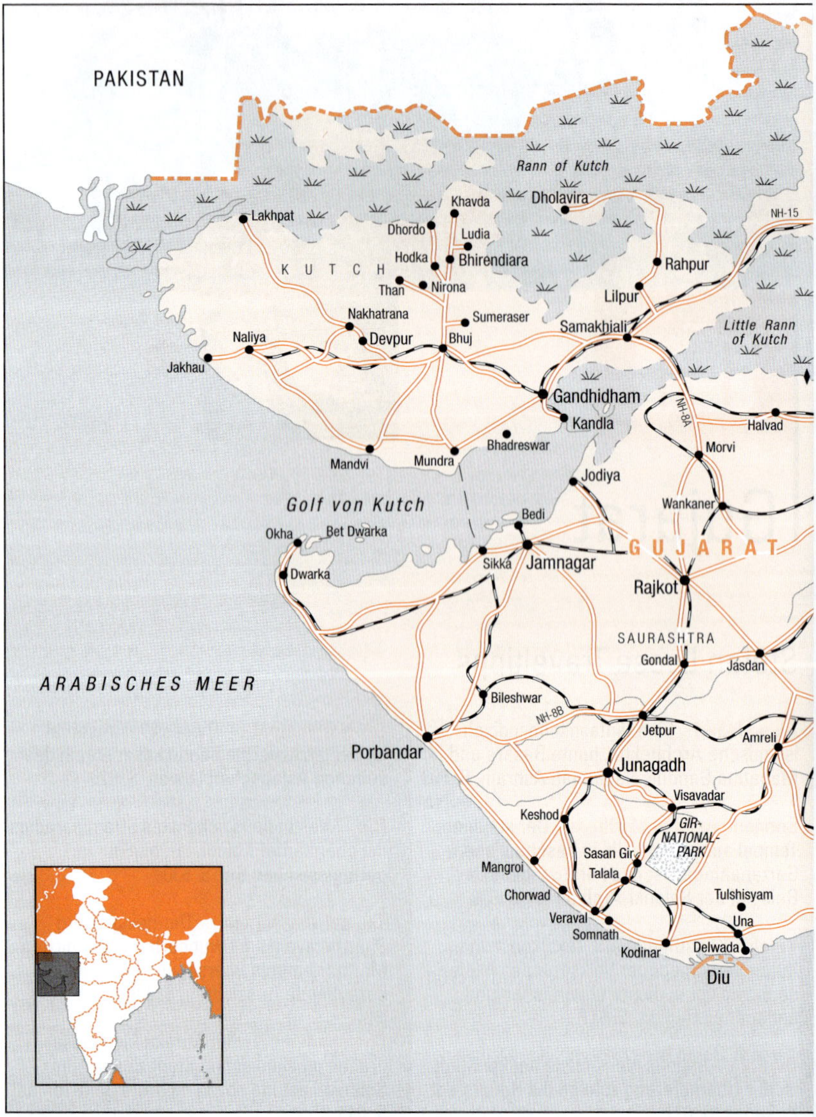
PAKISTAN
Rann of Kutch
Dholavira
Khavda
Lakhpat
Dhordo
Ludia
Hodka
Bhirendiara
K U T C H
Than
Nirona
Rahpur
Lilpur
NH-15
Nakhatrana
Sumeraser
Samakhiali
Little Rann of Kutch
Naliya
Devpur
Bhuj
Jakhau
Gandhidham
NH-8A
Kandla
Halvad
Bhadreswar
Mandvi
Mundra
Morvi
Jodiya
Golf von Kutch
Wankaner
Bedi
Okha
Bet Dwarka
GUJARAT
Sikka
Jamnagar
Dwarka
Rajkot
SAURASHTRA
Gondal
Jasdan
ARABISCHES MEER
Bileshwar
NH-8B
Jetpur
Amreli
Porbandar
Junagadh
Visavadar
Keshod
GIR-NATIONAL-PARK
Sasan Gir
Mangroi
Talala
Chorwad
Tulshisyam
Veraval
Una
Somnath
Delwada
Kodinar
Diu

N
0
50 km
Jaisalmer
Jaipur, Udaipur
RAJASTHAN
Mt Abu
Tharad
Ambaji
Deesa
Palanpur
Bhabhar
Taranga
Sabarmati
Khadbrahma
Patan
Siddhpur
Idar
Dungarpur
Radhanpur
Sami
Modhera
Mehsana
Himatnagar
Banswara
Modasa
Dasada
NH-8
Vatrak
Kalol
LITTLE RANN WILD ASS SANCTUARY
Bajana
Viramgam
Gandhinagar
Mahi
Adalaj Vav
Ahmedabad
Dhrangadhra
Sarkhej
Nadiad
Dohad
Wadhwan
Surendranagar
Dholka
Dakor
Godhra
Indore
Bogodra
NH-8A
Anand
Champaner
Sayla
Limbdi
Lothal
Halol
Bhadar
Dhandhuka
Cambay
Vadodara
Bodeli
VELAVADAR-NATIONAL-PARK
Kavi
MADHYA PRADESH
Dabhoi
Narmada
Gadhada
Velabhipur
Rajpipla
Bhavnagar
Suklatirth
Dahej
Bharuch
Ankleshwar
Talisa
Palitana
Alang
Shatrunjaya
NH-8
Talaja
Tapti
Surat
Vyara
Mahuva
Golf von Cambay
Navsari
Bilimora
Valsad
Pardi
MAHARASHTRA
Daman
NH-8
Vapi
Silvassa
DADRA & NAGAR HAVELI
Mumbai

Der Bundesstaat Gujarat bildet die am weitesten nach Westen ragende Landmasse Indiens. Im Norden wird Gujarat von den brütend heißen Wüsten Pakistans und Rajasthans erhitzt, während im Süden die sanfte Brise des Arabischen Meeres für Abkühlung sorgt. Die topografische Vielfalt dieser Region – bewaldetes Bergland und fruchtbare Ebenen im Osten, riesige Marschlandflächen mit dem Salzsumpfgebiet des Rann of Kutch im Westen und eine felsige Küstenlinie – wird allenfalls noch von der Verschiedenartigkeit ihrer politischen und kulturellen Landschaften übertroffen. Als Heimat unterschiedlicher religiöser Bevölkerungsgruppen (Hindus, Jain, Moslems und Christen) sowie verschiedener Stämme und Nomadenvölker hat Gujarat dem Besucher auch ein vielfältiges Mosaik aus religiösen Stätten zu bieten, wobei den Hindu- und Jain-Tempeln zum Teil eine bedeutende Rolle in den hinduistischen Überlieferungen zukommt.

Gujarat ist die Heimat von **Mahatma Gandhi**. Gandhi wurde in Porbandar geboren und lebte viele Jahre in Ahmedabad. Die Gujaratis haben sein Credo der Unabhängigkeit verinnerlicht, und wenn es um die wirtschaftliche Leistungskraft geht, ist der Bundesstaat in sämtlichen Statistiken immer oben mit dabei, und viele Gujaratis haben sich als Auswanderer in allen Teilen der Welt eine neue Existenz aufgebaut. Der Wohlstand der Region geht bis ins 3. Jahrtausend v. Chr. zurück, als die **Harappas** mit Muschelschmuck und Stoffen zu handeln begannen. Bis heute ist die von den Jains dominierte Textilindustrie eine wichtige Einkommensquelle für den Staat. Gujarat ist Indiens am stärksten industrialisierter Staat und besitzt eine der größten Ölraffinerien des Subkontinents und ist ein bedeutendes Zentrum der Zement-, Chemie- und Pharma-Industrie. In Alang befindet sich eine lukrative Schiffsabwrackungsanlage. Kandla ist einer der **größten Häfen** Westindiens und ein Großteil des Diamantschliffs und der Diamantpolitur Indiens wird in den Zentren Surat, Ahmedabad und Bhavnagar vorgenommen. Im ländlichen Raum ist Armut jedoch nach wie vor ein ernstes Problem, und die Entwicklung in Gesundheitswesen und Bildung kann mit dem wirtschaftlichen Wachstum nicht mithalten.

An Ghandis wichtigstes Anliegen – politische Veränderung durch gewaltfreie Mittel zu erreichen – hat sich Gujarat nicht immer gehalten. Die Spannungen zwischen Moslems und Hindus entluden sich in zyklischer Regelmäßigkeit bei **gewalttätigen Auseinandersetzungen**. 2002 kam es zu den blutigsten Krawallen seit der Teilung, bei denen rund 2000 Menschen starben. Kurz zuvor gab es im Januar 2001 ein verheerendes Erdbeben bei Kutch. Diese Ereignisse verschlimmerten die ohnehin schwierige Lage eines Staates, der unter ernsthafter **Wasserknappheit** und **Dürre** zu leiden hat. Ungeachtet dessen hat Gujarat seinen Besuchern sehr viel zu bieten – und das ohne die aufdringliche Behandlung, die Touristen im berühmteren nördlichen Nachbarstaat Rajasthan häufig zuteil wird. Neben imposanten Tempelstädten, Festungen und Palästen locken in Gujarat auch kleine Gemeinden, die einzigartiges Kunsthandwerk herstellen und deren Lebensweise von den globalen Trends kaum berührt scheint.

Die architektonische Vielfalt des Staates spiegelt den Einfluss seiner vielen unterschiedlichen Herrscher wider: Buddhistische Mauryas, hinduistische Könige und natürlich moslemische Herrscher. **Ahmedabad**, bis 1970 Hauptstadt von Gujarat und ein guter Ausgangspunkt für eine Tour durch den Bundesstaat, beherbergt die ersten Moscheen im ungewöhnlichen indo-islamischen Baustil. Nördlich von hier liegen die alte Hauptstadt **Patan** und der Solanki-Sonnentempel in **Modhera**, und im Süden befindet sich die Harappa-Fundstätte in **Lothal**. Die größtenteils karge Region **Kutch** im Nordwesten wurde von den ausländischen Invasoren, die in Gujarat einfielen, übergangen. Daher konnte sie sich eine einzigartige Kultur bewahren, in der immer noch Handwerke praktiziert werden, die woanders längst vergessen sind.

Das Herz von Gujarat ist die Kathiawar-Halbinsel, auch als **Saurashtra** bekannt. Überall zeugen Tempel, Moscheen und Paläste von den Jahrhunderten, in denen Buddhisten, Hindus und Moslems die Region beherrschten. Zu den Höhepunkten zählen die fantastischen Jain-Tempel auf den Hügeln von **Shatrunjaya** bei Bhavnagar und dem **Mount Girnar** bei Junagadh. Der Tempel in **Somnath**, so heißt es, hat den Anbeginn der Zeit miterlebt, ebenso wie der Tempel von **Dwarka** am Ort der alten Hauptstadt Krishnas. In **Junagadh** liegen Felsen mit 2000 Jahre alten Inschriften aus der Herrschaftszeit Ashokas direkt neben verschwenderisch verzierten Mausoleen und viktorianischen Palästen im gotischen Stil. Darüber hinaus bietet sich die Halbinsel hervorragend zur **Tierbeobachtung** an: Im **Gir-Nationalparks** leben Asiatische Löwen, im **Velavadar-Nationalpark** Hirschziegenantilopen und im **Little Rann Sanctuary** der Indische Halbesel (Khur). Durch einen schmalen Streifen des Arabischen Meeres von der Südküste getrennt, lockt die Insel **Diu** (zum Union Territory und nicht zum Bundesstaat gehörig) mit herrlichen Stränden, Palmenhainen und weiß getünchten portugiesischen Kirchen.

Dank der guten Straßen und des umfangreichen Schienennetzes ist die **Fortbewegung** innerhalb des Staats problemlos. Nur die Kommunikationsbarrieren können das Reisen ziemlich erschweren, denn es gibt z. B. kaum Fahrpläne auf Englisch. Außerhalb der Großstädte ist es nahezu unmöglich, ein Luxus-Hotel zu finden, doch mehrere heimische Maharadschas und Nawabs haben ihre Häuser zu **Heritage-Hotels** umfunktioniert. Das **Essen** hier ist vorwiegend vegetarisch. Besonders berühmt sind die regionalen *thalis*, die sich durch ihre Größe und Süße auszeichnen. In Gujarat herrscht **Alkoholverbot**, aber die größeren Hotels stellen einwöchige Ausnahmegenehmigungen für Touristen aus. Man sollte sich unbedingt von schwarz gebranntem Alkohol fernhalten – im Juli 2009 sind in Ahmedabad 136 Menschen daran gestorben. In den Union-Territory-Enklaven Daman und Diu ist der Alkoholkonsum legal.

Geschichte

Die ersten bekannten Siedler im heutigen Gujarat waren die **Harappas**, die um 2500 v. Chr. aus dem Pandschab hierher kamen. Trotz ihres handwerklichen Geschicks und ihrer guten Handelsbeziehungen zu Afrikanern, Arabern, Persern und Europäern begann um 1900 v. Chr. der Niedergang ihrer Zivilisation, was vor allem auf verheerende Überflutungen zurückzuführen war. Die politische Geschichte Gujarats beginnt mit dem mächtigen, von Chandragupta gegründeten **Maurya-Reich** und dessen Hauptstadt Junagadh. Unter Ashoka erreichte diese Ära ihre Blütezeit, nach seinem Tod im Jahre 226 v. Chr. schwand die Macht der Mauryas allmählich. Letzter bedeutender Herrscher war Ashokas Enkel Samprati, ein Jain, der an *tirthas* (Pilgerstätten) wie Girnar und Palitana grandiose Tempel errichten ließ.

Im 11. und 12. Jh. fiel Saurashtra schließlich in die Hände der **Solanki** (oder Chalukyan)-Dynastie. Es folgte ein goldenes Zeitalter, in dem die Herrscher prachtvolle Hindu- und Jain-**Tempel** und **Stufenbrunnen** erbauen ließen. Viele dieser Bauwerke erlitten 1027 während der moslemischen Beutezüge des Mahmud von Ghazni großen Schaden, doch erst mit der Eroberung von Khalji 1299 konnten die Moslems endgültig die Macht an sich reißen. Acht Jahre später formulierte Muzaffar Shah die Unabhängigkeitserklärung und gründete das **Sultanat Gujarat**, welches bis zur Eroberung durch den Mogul-Herrscher Akbar im 16. Jh. überdauerte. Dies war die Zeit, in der die Baustile der Moslems, Jains und Hindus miteinander verschmolzen und beeindruckende indo-islamische Moscheen und Grabmäler hervorbrachten. Auch wenn die jüngsten religiös motivierten Gewalttaten, besonders in Ahmedabad, auf anderes hinzudeuten scheinen, so haben Islam, Hinduismus oder Jainismus jahrhundertelang Seite an Seite überlebt.

Im 16. Jh. wandten sich die **Portugiesen**, die zu dieser Zeit bereits in Goa ansässig waren, Gujarat zu. Daman wurde 1531 erobert, vier Jahre später folgte Diu. Festungen und typisch europäische Städte entstanden. Sogar gegen die arabischen und moslemischen Angriffe konnten sich die neuen Herrscher behaupten, doch um 1960 mussten sie sich Indien anschließen.1613 errichtete die **Britische Ostindienkompanie** ihr Hauptquartier in Surat und gründete bald darauf die erste Fabrik, die den Grundstein für eine prosperierende Textilindustrie darstellen sollte. Als 1818 die Ära der britischen Staatshoheit begann, unterzeichneten Generalgouverneure Verträge mit rund 200 Fürstentümern und Kleinstaaten in Saurashtra. Die britische Herrschaft führte Maschinen ein, um den Aufbau einer Textilindustrie zu fördern. Die Region kam damit zwar zu erheb-

Godhra und die Ausschreitungen in Gujarat

Als die BJP bei den Wahlen im Dezember 2002 mit ihrem erdrutschartigen Sieg ganz Indien schockte, benötigten die Analysten nur ein einziges Wort zur Erklärung des Ergebnisses: **Godhra**. Die Stadt war lediglich ein unbekanntes Eisenbahndepot, bis am 27. Februar 2002 ein moslemischer Mob mehrere Eisenbahnwaggons in Brand setzte. In ihnen kamen 59 Hindu-Pilger, die sich auf der Rückfahrt vom umstrittenen Tempel in Ayodhya befanden, ums Leben. Das Ereignis löste in ganz Gujarat gewaltige **Unruhen** aus. Moslemische Viertel wurden in Brand gesteckt und mit Schwertern und Stöcken bewaffnete Hindus randalierten, plünderten und vergewaltigten, während die Polizei in vielen Fällen nur tatenlos zugeschaut haben soll. Nach offiziellen Angaben wurden in den Wochen nach dem Zwischenfall von Godhra über 1000 Menschen getötet, Menschenrechtsorganisationen schätzen die tatsächliche Zahl auf über 2000. Die meisten Opfer waren Moslems, Tausende weitere Menschen zogen in Flüchtlingslager, weil sie aus Angst nicht in ihre eigenen Häuser zurückkehren wollten.

Die Spirale der Gewalt fand auch ihr politisches Echo, als der Kongress die Regierung beschuldigte, nicht genug für die Sicherheit der moslemischen Bürger zu tun. **Narendra Modi**, seines Zeichens BJP-Ministerpräsident („Chief Minister") von Gujarat, musste sich wegen seiner passiven Haltung angesichts der fortschreitenden Gewalt und seiner mangelnden Unterstützung für die Überlebenden den Beinamen „Moslem Killer" gefallen lassen. Wenige Tage nachdem die Nichregierungsorganisation Human Rights Watch der Regierung von Gujarat vorgeworfen hatte, direkt an der Tötung von mehreren Hundert Moslems beteiligt gewesen zu sein und eine groß angelegte **Vertuschungsaktion** bei den Ausschreitungen organisiert zu haben, rang sich das Parlament zu einer Verurteilung des Vorgehens der BJP-Regierung durch. Nach einer 16-stündigen Marathondebatte entschuldigte sich Premierminister Atal Bihari Vajpayee schließlich für die Versäumnisse der Regierung und sagte eine Wiedergutmachung in Höhe von 31 Millionen US-Dollar zu.

Vor den anstehenden **Wahlen** im Bundestaat intensivierte Modi seine *Hindutva*-Rhetorik und trat vehement dafür ein, ein weiteres Godhra zu verhindern, indem er offenkundig versuchte, inmitten der ethnischen Spannungen so viele Hindu-Stimmen wie möglich zu gewinnen. Doch erst mit dem Wahlergebnis vom 12. Dezember 2002, als er überraschend einen erdrutschartigen Sieg landete, wurde bestätigt, welchen Kultstatus er inzwischen bei breiten Bevölkerungsschichten Gujarats erlangt hatte. Bei den Nationalwahlen 2004 gelangte jedoch eine von der Kongresspartei geführte Regierung ans Ruder. Die BJP wurde erneut stärkste politische Kraft in Gujarat, doch die Wahlen waren hart umkämpft. Nach Protesten gegen die passive Haltung und Voreingenommenheit der Behörden bei den Ausschreitungen fällte der oberste indische Gerichtshof die Entscheidung, die Fälle der von den Ereignissen betroffenen Familien zu deren Sicherheit an Gerichte in anderen Bundesstaaten zu überstellen und ordnete die Bildung einer **Untersuchungskommission** an. In Bezug auf den Eisenbahnbrand in Godhra führten die Ermittlungen bislang allerdings noch zu keinem abschließenden Ergebnis.

Während der Wahlen im Oktober 2007 veröffentlichte das angesehene Magazin *Tehelka* **geheimes Filmmaterial**, das die Beteiligung hoher Gujarati Hindu-Politiker, vor allem Mitglieder der BJP, an den Aufständen thematisierte. Gegen Modi wurde der Vorwurf erhoben, er habe die Gewalttaten gefördert, die Polizei angewiesen, sich auf die Seite der hinduistischen Aufrührer zu schlagen und diese vor dem Gesetz in Schutz genommen. Bislang gab es keinerlei Aufklärungsversuche – weder auf juristischer noch auf politischer Ebene – und im Dezember 2007 wurde Modi sogar wiedergewählt. Er wurde anschließend als neuer Premierminister gehandelt, aber zur Zeit der Recherchen schien seine Beliebtheit wieder abzunehmen. Wer einen aussagekräftigen Bericht über die Zeit nach den Ausschreitungen von Godhra lesen möchte, sollte sich das Buch *Scarred: Experiments With Violence In Gujarat* von Dionne Bunsha besorgen.

lichem Wohlstand, auf der anderen Seite wurden aber viele Handwerker aus dem Geschäft gedrängt. Für sie machte sich insbesondere der in Gujarat geborene **Mahatma Gandhi** stark (s. S. 115). Nach der Teilung schwappte eine gewaltige, von heftigen Kämpfen begleitete Migrationswelle über das Grenzgebiet; Hindus aus Sind strömten nach Gujarat und Moslems aus Gujarat nach Pakistan.

Sprachenkonflikte (viele Demonstranten forderten eine Anpassung der Staatsgrenzen an die sprachlichen Grenzen, so wie es im Süden geschehen war) führten 1960 zu einer Teilung des Staates Bombay und zur Gründung von Gujarat. Die portugiesischen Enklaven wurden von der indischen Regierung 1961 zwangsannektiert. Nach der Unabhängigkeit zeigte sich Gujarat generell als treuer Kongress-Anhänger, bis die Fundamentalisten der BJP 1991 die Kontrolle im Staat übernahmen. Die Ausschreitungen von 2002 haben ein altes Kapitel der Auseinandersetzungen zwischen Moslems und Hindus wieder aufgeschlagen (s. Kasten). Die neun Jahre andauernden Spannungen sind nicht ohne Auswirkungen geblieben; viele Wohnviertel sind nach Glaubensrichtung geteilt, und die Moslems werden zurückgedrängt und diskriminiert.

Ahmedabad

Mit seinen Fabriken, Moscheen, Tempeln und Wolkenkratzern erstreckt sich die Großstadt Ahmedabad (alias Amdavad) als wirtschaftliches Zentrum von Gujarat entlang dem Sabarmati, rund 90 km bevor dieser in den Golf von Cambay mündet. Die mit 5 Mio. Einwohnern größte Stadt des Bundesstaates leidet an entsetzlicher Umweltverschmutzung und ist wegen ihrer unglaublich verstopften Straßen und der Ausbrüche ethnisch motivierter Gewalt berüchtigt. Die Mischung aus Mittelalter und Moderne macht die Stadt allerdings auch zu einem besonderen Ort. Ein Bummel durch die Basare und *pols* (Wohnbezirke) der geschäftigen **Altstadt** ist bereits ein Erlebnis für sich. Darüber hinaus fasziniert die Stadt durch ihre Vielfalt architektonischer Stile, die sich in über 50 Moscheen, Grabmälern, Hindu- und Jain-Tempeln und großartigen Stufenbrunnen *(vavs)* niederschlagen. Das **Calico Museum of Textiles** ist eines der besten Textilmuseen der Welt, und Gandhis **Sabarmati Ashram** ist ein Muss für jeden, der sich für den Mahatma interessiert.

Besonders bei Spaziergängen in der Altstadt ist es ratsam, Mund und Nase mit einem Tuch zu bedecken, um so wenig **Kohlenmonoxid** wie möglich einzuatmen. 2002 wurde ein umstrittenes **Kanalprojekt** umgesetzt, in dessen Rahmen nun Wasser aus dem Fluss Narmanda in den Sabarmati geleitet wird, der vorher außerhalb des Monsuns völlig trocken lag. Diese Maßnahme sorgte für eine etwas frischere Atmosphäre in der Stadt, bis man hier frei durchatmen kann ist es jedoch noch ein weiter Weg. Mitte Januar findet hier das weltweit größte **Drachen-Festival** statt.

Geschichte

Als **Ahmed Shah** 1411 das Sultanat Gujarat erbte, verlegte er seine Hauptstadt von Patan nach Asawal, eine kleine Siedlung am Ostufer des Sabarmati. Die Stadt wuchs schnell, da Kunsthandwerker und Händler zur Ansiedlung ermuntert wurden. Unter ihren Händen entstanden prächtige Moscheen, die darauf ausgerichtet waren, die Überlegenheit der Moslems zu demonstrieren. Sie dienten als Vorreiter des neuen **indo-islamischen Architekturstils**. 1572 wurde Ahmedabad in das Mogul-Reich eingegliedert und galt als schönste Stadt Indiens. Sie profitierte vom blühenden Textilhandel, aber schließlich führten zwei verheerende Hungersnöte und politische Instabilität zum allmählichen Niedergang der Stadt.

Erst als die Briten 1817 die Steuern senkten und dadurch die Kaufleute zur Rückkehr bewegten, die während der Marathen-Herrschaft abgewandert waren, kam wieder Leben in die Stadt. Der Opiumhandel blühte und die modernen technischen Gerätschaften verhalfen Ahmedabad zu einem Wiederaufstieg als Textilzentrum. In der Zeit vor der Unabhängigkeit, als **Mahatma Gandhi** mit der Wiederbelebung der bescheidenen Textilproduktion beschäftigt war, avancierte das „Manchester des Ostens" zu einem bedeutenden Sitz politischer Macht und zu einer Brutstätte religiöser Spannungen. In den vergangenen Jahren haben die fortwährenden **Ausschreitungen**, insbesondere eine Reihe brutaler Zusammenstöße zwischen Hindus und Moslems, Ahmedabads Ansehen besudelt.

Orientierung

Das historische Herz von Ahmedabad ist die **Altstadt**, eine Region von rund 3 km² am Ostufer des Flusses, die von den Hauptdurchgangsstraßen Relief Road (auch als Tilak Road bekannt) und Mahatma Gandhi (MG) Road durchschnitten wird und im Norden an das **Delhi Gate** grenzt. Der beste Ausgangspunkt für einen Stadtrundgang ist Lal Darwaja mit den gedrungenen Gebäuden der **Bhadra**-Zitadelle, **Moscheen** und Grabstätten der moslemischen Herrscher, geschäftigen Basaren und natürlich den *pols* – Labyrinthe aus hohen Holz-Havelis und engen Sackgassen, in denen noch immer Menschen der gleichen Kaste oder der gleichen Berufsgruppe auf einem Fleck leben.

Bhadra, Moschee Sidi Sayyid und Umgebung

Gujarat

Die massive, befestigte Zitadelle **Bhadra** wurde 1411 als erstes moslemisches Bauwerk von Ahmedabad errichtet und präsentiert sich im Vergleich zu späteren, ähnlichen Monumenten relativ schlicht. Heute befinden sich Büros in den Räumen des Palastes. Ein Großteil des Gebäudes ist leider nicht zugänglich, doch über eine Wendeltreppe gleich hinter dem Haupteingang kann man auf das Dach klettern. Vor der Zitadelle liegt die in fröhlichem Grün und Weiß angemalte **Moschee Alif Shah**. Weiter östlich, hinter dem Fleischmarkt im **Khas Bazaar**, erhebt sich das **Teen Darwaja**, ein dreiflügeliges Tor, das während der Herrschaft von Ahmed Shah erbaut wurde und einst in den Außenhof der königlichen Zitadelle führte. Ein Trio spitzer Gewölbebögen mit islamischen Inschriften und detailreichen Reliefs überspannt die belebte Straße.

Die **Moschee Sidi Sayyid** (Baujahr 1573) steht mitten auf einem verkehrsreichen Platz östlich der Nehru Bridge steht. Ihre Berühmtheit verdankt sie hauptsächlich den zehn prachtvollen *jalis* (Steingittern) – am eindrucksvollsten sind die beiden halbkreisförmigen an der Westwand, die herrliche Blumenmotive besitzen. Sie wurden aus gelbem Stein gemeißelt. Die Steinmetzarbeiten im Innern zeigen Helden und Tiere aus populären Hindu-Mythen, eine Folge des Einflusses der Hindu- und Jain-Künstler auf die islamische Tradition, bei der die Darstellung von Lebewesen üblicherweise nicht gestattet war. Frauen haben keinen Zutritt zur Moschee, aber der umliegende Garten gewährt einen guten Blick auf die *jalis*.

Moschee Ahmed Shah

Die kleine und schlichte Moschee Ahmed Shah südwestlich von Bhadra, nahe den Victoria Gardens, diente einst als privater Andachtsraum für Mitglieder des Königshauses. Bei ihrem Bau benutzte man Teile eines alten Hindu-Tempels (möglicherweise aus dem Jahre 1250), was die unzusammenhängenden Sanskrit-Inschriften auf einigen der Säulen im Sanktuarium erklärt. Der Zenana (Harem) liegt versteckt hinter Steingittern über dem Sanktuarium in der Nordwestecke.

Jami Masjid

Ein kurzer Spaziergang vom Teen Darwaja über die MG Road führt zur spektakulären Jama Masjid. Das Gebäude steht heute noch so da, wie es im Jahre 1424 vollendet wurde – mit Ausnahme zweier Minarette, die 1957 bei einem Erdbeben in sich zusammenfielen. Täglich wälzt sich ein Besucherstrom in die Moschee, wobei der Gottesdienst am Freitag den Höhepunkt darstellt und Tausende von Gläubigen anzieht. Die 260 eleganten Säulen, auf denen das Kuppeldach der Gebetshalle *(qibla)* ruht, sind über und über mit eindeutig hinduistischen Steinmetzarbeiten verziert, während die große, schwarze Steintafel in Nähe des Hauptbogens der Sockel eines Jain-Bildnisses sein soll, das als Ausdruck der moslemischen Überlegenheit umgedreht und vergraben wurde.

Manek Chowk

Östlich der Jama Masjid befindet sich der **Schmuck- und Textilmarkt** Manek Chowk mit Kunsthandwerkern, die zwischen frisch gefärbten und geschneiderten Stoffen ihrer Arbeit nachgehen. Hier geht es zu wie in einem Bienenstock. Unmittelbar vor dem Osteingang der

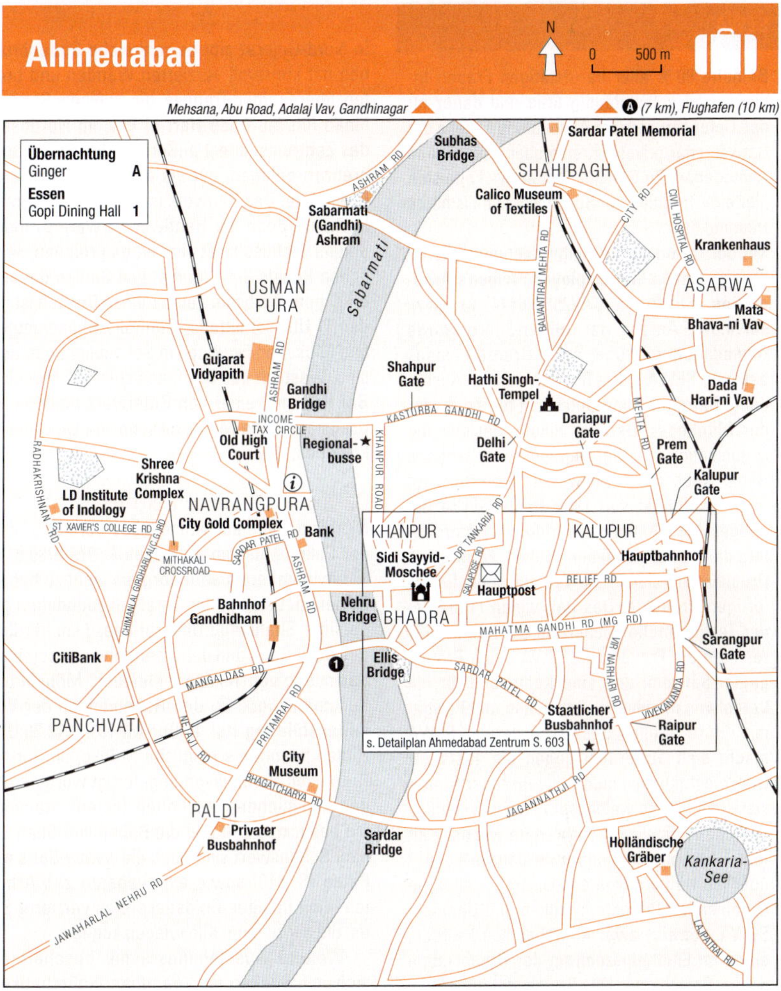

Moschee erhebt sich die viereckige **Grabstätte von Ahmed Shah I.**, deren rundum laufende Veranden auf Säulen ruhen. Die Hauptkammer (kein Zutritt für Frauen) beherbergt die Gräber des 1442 verstorbenen Ahmed Shahs, seines Sohnes und seines Enkels. Mitten im Marktbereich, umgeben von den farbenprächtigen Ständen der Färber, liegt das Mausoleum von Ahmed Shas Frauen, **Rani-ka-Hazira**. Sein Grundriss ist identisch mit der Grabstätte von Shah und die Säulen-Veranden zeugen deutlich vom Einfluss hinduistischer Baukunst.

Schwingende Minarette

Südwestlich des Bahnhofs, gegenüber Sarangpur Gate, sind die **Minarette von Sidi Bashir** die einzigen Überbleibsel einer Moschee, die den Namen eines Lieblingssklaven von Ahmed Shah

SEWA

Beinahe 90 % aller berufstätigen Frauen Indiens sind selbstständig tätig und daher oft das Opfer skrupelloser Ausbeutung seitens der Banken oder privater Kreditgeber – nicht so in Ahmedabad. Zu Gandhis Zeit entwickelte sich hier eine Tradition der Selbsthilfe, die bis heute Bestand hat.

Mit der Gründung der bahnbrechenden Frauenorganisation **Self-Employed Women's Association** (SEWA), ✆ 079/2550 6444, 💻 www.sewa.org, Anfang der 1970er-Jahre wurde Ahmedabad weit über seine Grenzen hinaus bekannt. SEWA bietet Rechtsbeistand, Ausbildung, Betreuung und Unterricht für die Kinder der Mitglieder. Darüber hinaus betreibt die Organisation ihre eigene genossenschaftliche Bank. Nach dem drastischen Preissturz auf dem Textilmarkt von 1984 stellte SEWA die nötigen Maschinen zur Verfügung, unterrichtete die Frauen in Weben, Nähen, Färben und Drucken und schuf eine Verkaufsstelle für die fertigen Produkte. Das half vielen Frauen in der Textilbranche wieder auf die Beine. 1987 reichten die Frauen von SEWA einen Protest gegen Sati ein, und eine Kampagne für ein Verbot von mündlicher Scheidung und Polygamie führte zu einer Gesetzesänderung. SEWA macht sich außerdem gegen die Tests zur Geschlechtsbestimmung ungeborener Kinder stark (die Tötung weiblicher Föten ist vor allem in Gujarat eine weit verbreitete Praxis). Mit fast 1 Million Mitgliedern im ganzen Land – über die Hälfte davon aus Gujarat – leitet die Organisation Projekte in Indien und Übersee. SEWA betreibt zwei Kunsthandwerksläden, einen im Empfangszentrum der Organisation an der Ostseite der Ellis Bridge, der andere im Banascraft Chandan Complex in der C.G. Road. 🕓 beide Mo–Sa 10–20, So 10–18.30 Uhr.

trägt. Die Türme erreichen eine Höhe von 21 m und gelten als bestes existierendes Beispiel für die „Schwingenden Minarette" (erbaut auf einem Fundament flexiblen Sandsteins, vermutlich um sie vor Erdbeben zu schützen), die einst ein fester Bestandteil der Skyline von Ahmedabad waren.

Dada Hari-ni Vav

In Nord-Gujarat gibt es zahlreiche Stufenbrunnen mit kunstvoll verzierten Wänden und breiten, überdachten Treppen, die zu einem Schacht hinab führen. **Dada Hari-ni Vav**, im Nordosten des Zentrums, direkt außerhalb der alten Stadtgrenzen gelegen, gilt als eines der schönsten Exemplare. Das Bauwerk ist zwar moslemischer Herkunft, doch die Handwerker waren Hindus und ihr Einfluss lässt sich an den reichen, sinnlichen Reliefs auf Wänden und Säulen deutlich erkennen. Die beste Zeit für einen Besuch ist gegen 11 Uhr vormittags, wenn die Blumenmotive und hübschen Figurinen in Sonnenlicht getaucht sind. Westlich des Brunnens steht die **Moschee Bai Harir** mit einer von Gitterwerk umgebenen Grabstätte. Eine Motor-Rikscha von Lal Darwaja kostet ca. Rs60.

Calico Museum of Textiles

Niemand sollte aus Ahmedabad abreisen, ohne das Calico Museum of Textiles, ✆ 079/2786 8172, 💻 www.calicomuseum.org, besucht zu haben. Es befindet sich in der Sarabhai Foundation gegenüber Shahibagh Underbridge, 3 km nördlich des Delhi Gate, und beherbergt Indiens schönste Sammlung von Textilien, Kleidung, Möbeln und Kunsthandwerk. Zu den Höhepunkten der **Vormittagsführung** (tgl. außer Mi 10.30–12.30 Uhr) zählen besonders exquisite Stücke, die für die Briten und Portugiesen angefertigt wurden. Aus den königlichen Haushalten Indiens stammen ein besticktes Zelt und die Roben von Shah Jahan. Sehenswert sind auch die *patola*-Saris aus Patan (S. 610) sowie extravagante *zari*-Arbeiten – mit üppigen Goldstickereien verzierte Saris, die bis zu neun Kilo wiegen können.

Weitere Ausstellungsräume beschäftigen sich mit Stickereien, *bandhani*-Knüpfbatiken, Textilien für den Export nach Übersee und Wollschals aus Kashmir und Chamba. Auf dem Programm der **Nachmittagsführung** (tgl. außer Mi 14.45–16.45 Uhr) stehen Ausstellungsräume mit *pichwais* und anderen Tempelgemälden und -dekorationen, darunter auch Jain-Statuen in nachgebauten Haveli-Tempeln, jahrhundertealte Manuskripte und auf Palmblätter gemalte Mandalas. Unbedingt rechtzeitig aufkreuzen, da die Führungen schnell ausgebucht sind und

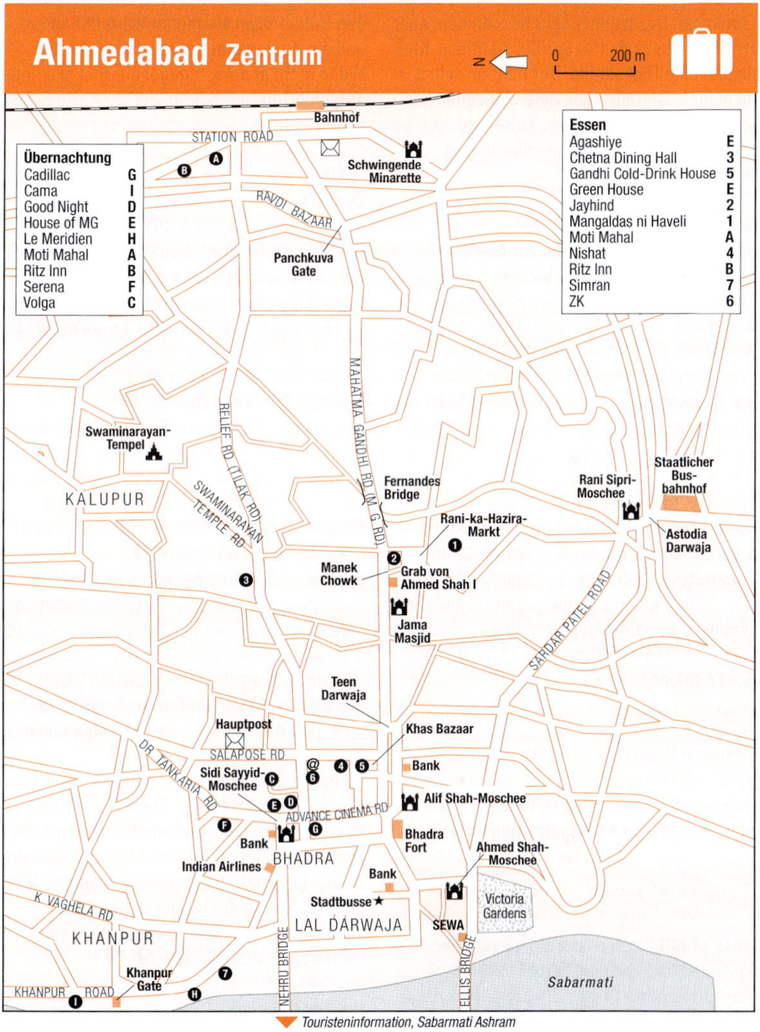

die Besichtigung auf eigene Faust nicht möglich ist. Anfahrt mit Bus Nr. 101 oder 105. Eine Motor-Rikscha kostet Rs50.

Sabarmati (Gandhi) Ashram

Am nördlichen Ende der Ashram Road steht der Sabarmati Ashram, ✆ 079/2755 7277, 💻 www.gandhiashram.org, wo der Mahatma von 1917 bis 1930 lebte und Versammlungen mit Webern und Harijans abhielt. Gandhis Ziel war es, ihnen zu neuer Sicherheit zu verhelfen und die manuelle Textilverarbeitung in Ahmedabad wieder einzuführen. In Übereinstimmung mit seinem Lebensstil präsentiert sich die Kollektion seiner persönlichen Besitztümer sehr bescheiden, aber ergreifend: Holzschuhe, weiße, nahtlose Kleidung und eine Nickelbrille. Der Ashram selbst ist nicht mehr in Betrieb, aber viele Menschen kommen zum Meditieren hierher. Außerdem gibt es regelmäßig abendliche **Filmvorführungen**. ⌚ tgl. 8.30–18.30 Uhr.

Weitere Museen

Im informativen **Shreyas Folk Art Museum** nahe der westlichen Stadtgrenze werden traditionelle Arbeiten der unterschiedlichen Stämme von Gujarat gezeigt. ⌚ Fr–Di 10–13.30 und 14–17.30 Uhr; Eintritt Rs90, Anfahrt mit Bus Nr. 34/2 oder 34/3 ab Lal Darwaja, Fotografieren verboten. Das **Tribal Museum** in der nordwestlichen Ecke des Gujarat Vidyapith, nördlich vom Income Tax Circle in der Ashram Road gelegen, porträtiert die verschiedenen Völker des Staates und deren Bräuche. ⌚ tgl. außer Mo 11–17 Uhr.

Eine großartige Sammlung von Miniaturen aus ganz Indien birgt die **N.C. Mehta Gallery** im **LD Institute of Indology** im Westen der Stadt. Das im selben Komplex untergebrachte **Indology Museum** zeigt Jain-Skulpturen und Manuskripte. ⌚ Di–So: Mai und Juni 8.30–17.30, Juli–April 10.30–17.30 Uhr.

Übernachtung

Die meisten Hotels liegen im Westteil der Altstadt, nur wenige Fußminuten von den vielen Sehenswürdigkeiten entfernt. Weitere Übernachtungsmöglichkeiten findet man rund um den Bahnhof, im eleganten Viertel Khanpur, und ein paar weitere nördlich der Stadt. Wenn nicht anders angegeben, sind alle unten aufgeführten Unterkünfte auf der Karte S. 603 eingezeichnet.

Wunderbares Boutiquehotel

House of MG, Dr Tankaria Rd, gegenüber der Moschee Sidi Syyid, ✆ 079/2550 6946, 🖳 www.houseofmg.com. Dieses altehrwürdige Hotel aus den 1920er-Jahren verfügt über geräumige, individuell eingerichtete Zimmer (ab US$130), von denen die meisten mit Himmelbetten ausgestattet sind. In den Innenhöfen stehen alte Möbel, antike Fotografien schmücken die Wände, und die Suiten (US$235–275) haben witzige Extras wie Popcornmaschinen. Zwei ausgezeichnete Restaurants und ein Hallenbad machen das Ganze komplett. ❽–❾

Lal Darwaja

Cadillac, Advance Cinema Rd, unweit der Moschee Sidi Sayyid, ✆ 079/2550 7558. Bestes Billighotel mit freundlichen Angestellten, aber sehr spartanischen Zimmern: Die Farbe blättert ab, die Betten sind hart und sowohl die Gemeinschafts- als auch die Toiletten in den zu den Zimmern gehörigen Bädern sind Hockklos. Es gibt auch einen überfüllten Männer-Schlafsaal (Rs100). ❷

Good Night, Dr Tankaria Rd, gegenüber der Moschee Sidi Sayyid, ✆ 079/2550 7181, ✉ hotelforyou2002@yahoo.com. Blitzsaubere Zimmer mit weiß gefliestem Bad, TV und entweder AC oder Ventilator. Die 3-Bett-Zimmer mit AC sind besonders preiswert. ❹

Serena, Dr Tankaria Rd, nahe der Moschee Sidi Syyid, ✆ 079/2551 0136. Hinter dem nicht besonders anziehenden Äußeren verstecken sich gute Zimmer mit Bad in den Kategorien „Klassic", „Empress" und „Senate". Die teureren verfügen über AC und sind größer. Eine gute Alternative, falls das **Volga** und das **Good Night** ausgebucht sind. ❹

Volga, an der Relief Rd, gegenüber Electricity House, ✆ 079/2550 9497. Zuvorkommender Service, makellose, in Pastell-Tönen gehaltene, Zimmer mit TV und Telefon. Checkout-Schalter 24 Std. geöffnet. Die teureren Zimmer verfügen über AC, einige der billigeren haben nur innenliegende Fenster. Erstaunlich ruhig für Lal Darwaja-Verhältnisse. ❹–❺

Um den Bahnhof

Moti Mahal, Station Rd, Kapasia Bazaar, ✆ 079/212 1881. Sehr gut geführtes, sauberes Hotel; Zimmer mit Bad und TV. ❹

Ritz Inn, Station Rd, Kapasia Bazaar, ✆ 079/2212 3842. Empfehlenswertes 3-Sternehotel mit Jugendstil-Verzierungen und geschmeidigem Service. Die ansprechenden Zimmer haben ein schwarz-weiß gehaltenes Bad, TV und Schreibtisch. ❻–❼

Khanpur

Cama, Khanpur Rd, ✆ 079/2550 1234, 💻 www.camahotelsindia.com. Die großen Zimmer (ab US$150) mit Blick auf den Sabarmati sind etwas abgewohnt, die teureren verfügen über Badewanne und Teppich. Der gepflegte Garten, der geschwungene Pool, ein Toprestaurant und ein 24 Std. geöffnetes Café sind dafür jedoch eine angemessene Entschädigung. Checkout um 9 Uhr. ❾

Le Meridien, Khanpur Rd, ✆ 079/2550 5505, 💻 www.starwoodhotels.com. Service und Standard entsprechen den Erwartungen an diese internationale Kette. Ausgezeichnetes Restaurant, Hallenbad und Fitnessraum. Die Zimmer (US$150–300) sind mit Holzfußböden und Ledermöbeln ausgestattet. Die mit Aussicht auf den Fluss blicken auch auf einen Slum, was die Gäste während ihres Aufenthalts zum Nachdenken anregen könnte. ❾

Im Norden

Ginger, Drive-In Rd, hinter der Himalaya Mall, 7 km nördlich vom Stadtzentrum (s. Karte S. 601), ✆ 079/6666 3333, 💻 www.gingerhotels.com. Das Hotel gehört zur Kette der gleichförmigen Tata Group und verfügt über Zimmer mit AC, Kaffeemaschine und Kühlschrank. Professioneller Service und moderne Annehmlichkeiten wie WLAN und Selbst-Check-in. Die Lage ist aber nur zum Flughafen günstig. ❻–❼

Essen

Die beliebtesten Restaurants von Ahmedabad konzentrieren sich um die Relief Rd, die Salapose Rd und in Badhra. Im Khas Bazaar gibt es gute Imbiss-Stände. Wer nur einen Kurzaufenthalt in Gujarat einlegt, sollte keinesfalls versäumen die köstlichen *thalis* zu probieren.

Chetna Dining Hall, Relief Rd. Hinter dem düsteren Eingang verbirgt sich ein beliebtes veg. Restaurant mit hervorragenden und preiswerten südindischen *dosas, vadas* und *uttapams* (Rs21–40).

Gandhi Cold Drink House, Khas Bazaar. Ein winziges Lokal mit Plastikstühlen im Außenbereich und einer Reihe erfrischender Milchmixgetränke und Eisbecher (um Rs15), darunter der indonesisch inspirierte „Royal Faluda", den es nur in Ahmedabad gibt, und ein Toffee-Lassi.

Gopi Dining Hall, Pritamrai Rd (s. Karte S. 603), ✆ 079/2657 6388. Das einladende Restaurant auf der Westseite der Ellis Bridge hat Gujarat- und Kathiawadi-*thalis* zu unschlagbaren Preisen (Rs65–85). Sehr beliebt, also reservieren oder Schlange stehen.

Green House, House of MG. Ähnlich reizvoll wie das Agashiye, aber deutlich günstiger (Hauptgerichte um die Rs125). Hier genießt man Snacks, leichte Mahlzeiten, Sorbets, Frozen Yoghurt und Eiscreme (unbedingt die Sorten Safran oder Sternanis probieren) auf Holzbänken unter einem efeubewachsenen Pavillon.

Jayhind, Manek Chowk. Dieser seit 1948 betriebene Laden ist mit die beste Wahl, um die süßen Köstlichkeiten zu probieren, für die Ahmedabads berühmt ist; *halwa* mit Trockenfrüchten und *kaju pista roll* (Rs5–30).

Mangaldas ni Haveli, Lakha Patel ni Pol. Unter Leitung des House of MG. Mischung

Große Klasse

Agashiye, House of MG. Eines der besten Restaurants im Bundesstaat mit Dachterrasse, Bodenkissen und einer offenen Küche. Die Preise sind gesalzen (Mittagessen Rs325–425; Abendessen Rs345–495), aber die großartigen *thalis* aus Gujarat (und die manchmal auf der Speisekarte stehenden internationalen Gerichte) sind Spitzenklasse. Hier werden auch Kochbücher verkauft, und Kochkurse sind in Vorbereitung.

Thalis-Paradies

Nishat, Khas Bazaar. Das Restaurant mit dem riesigen, blinkenden Neonschild ist kaum zu verfehlen. Berühmt für nicht veg. *thalis* mit Hühnchen-*tikka*, Lammcurry und Biryani. Betriebsamer Speisesaal im Erdgeschoss und ruhiges, etwas teureres AC-Lokal im Obergeschoss. Hauptgerichte Rs50–100.

aus Dachterrassencafé, Handwerksmuseum und Laden in einem wunderschön restaurierten, 200 Jahre alten Haveli. Ein veg. *thali* kostet Rs125. Das Haus ist schwer zu finden, deshalb beim House of MG nach dem Weg fragen oder eine Motor-Rikscha nehmen. ⌚ tgl. 18.30–23 Uhr.
Moti Mahal, im Moti Mahal Hotel. Nicht veg. Restaurant und Süßspeisentempel, berühmt für hervorragende Biryanis (Rs30–80) und erfrischend salziges Lassi mit Kreuzkümmel.
Ritz Inn, Ritz Inn Hotel. Friedvolles Hotelrestaurant mit Buntglasfenstern, Kronleuchtern und einem ausgezeichneten vegetarischen Angebot indischer und chinesischer Speisen (Rs65–90).
Simran, Khanpur Rd. Restaurant mit AC in günstiger Lage für die Gäste der großen Hotels in der Nähe. Eine gute Auswahl an *tawa jhinga* (Krabbencurry), Hammel-Kebab, *shahi raan* (Tandoori-Lammhaxe) und Fischcurrys (Rs60–180).
ZK, Relief Rd. Romantisch beleuchtetes Restaurant. Einrichtung in Rosa und Kastanienbraun mit einem altmodischen Aquarium. Das Durchblättern der umfangreichen Speisekarte (über 200 Gerichte) macht richtig Appetit; besonders zu empfehlen sind die Tandoori-Gerichte (Rs70–90).

Sonstiges

Bücher

Crossword, im Shree Krishna Complex, nahe der Mithakali-Kreuzung; **People's Book House**, in der Relief Rd, 200m östlich der Salapose Rd; **Art Book Centre**, gleich an der Mangaldas Rd, 350 m östlich der Ellis Bridge.

Fotoausrüstung

One Hour Photo, Ashram Rd, an der Nordwestecke des Income Tax Circle.

Geld

US-Dollar sowie Reiseschecks wechseln d ie **Bank of India** im Khas Bazaar, die **Central Bank of India**, gegenüber der Moschee Sidi Sayyid, und die **State Bank of India**, gegenüber dem Busbahnhof Lal Darwaja. ⌚ alle Mo–Fr 11–15, Sa 11–13 Uhr.

Eine Filiale von **Thomas Cook** befindet sich in der Sakar III. Nr. 208, nahe Ashram Rd und dem alten Gerichtshof, ☎ 079/2550 5312.
Filiale von **CITIBank**: B/201 Fairdeal House, C.G. Rd, nahe Swastik Four Rd, Narampura.
Geldautomaten finden sich überall.

Informationen

Obwohl sich die touristischen Attraktionen vornehmlich am Ostufer des Sabarmati abspielen, liegt das größte **Tourist Office** jenseits des Flusses im HK House, nahe Ashram Rd, 1 km nördlich der Nehru Bridge, ☎ 079/2658 9172, 💻 www.gujarattourism.com, ⌚ Mo–Sa 10.30–13.30 und 14–18 Uhr, jeden 2. und 4. Sa im Monat geschl.

Internet

Relief Cyber Café, gegenüber dem Relief Road Cinema, Rs15 pro Std.
Wizard Online, 50 m in einer Gasse unmittelbar nördlich des Income Tax Circle, an der Westseite der Ashram Rd, Rs15 pro Std.

Kinos

City Gold Cinema, nahe dem Tourist Office in der Ashram Rd, ☎ 079/2658 7782. Modernes Multiplex-Kino, das die Filme auf Englisch und Hindi zeigt.

Medizinische Hilfe

VS General, Ellis Bridge, ☎ 079/2657 7621; großes staatliches Krankenhaus.
Akhandanand Ayurvedic, Akhandanand Rd, ☎ 079/2550 7796; für traditionelle Behandlungen.

Post

Hauptpost, Salapose Rd, ⌚ Mo–Sa 10–20, So 10–16 Uhr.

Touren

Stadtrundfahrten beginnen am Busbahnhof Lal Darwaja (9–13 und 13.30–17.30 Uhr; Rs75; ☎ 079/2550 7739. House of MG veranstaltet einen **Heritage-Nightwalk** (tgl. 10 Uhr, 1 Std., Rs50), durch einige der ältesten Gegenden der Stadt sowie selbstgeführte **Audio-Touren** (tgl. 8–17 Uhr, Rs100).

Nahverkehr

Taxis und **Motor-Rikschas** (mit Taxameter) stehen überall bereit. Im Oktober 2009 wurde das **Bus Rapid Transit System** eingeführt, das die Fortbewegung in der Stadt schneller und einfacher macht.

Transport

Busse

Vom **staatlichen Busbahnhof** werden hauptsächlich Nahziele angesteuert, darunter GANDHINAGAR (alle 15 Min., 1 Std.), DHOLKA (nach Lothal, alle 30 Min., 1 1/2 Std.), MEHSANA (alle 10 Min., 2 Std.) und DHRANGADHRA (alle 30 Min., 3 Std.), aber auch Rajasthan, Maharashtra und Madhya Pradesh.
Zahlreiche **Privatbusse** von Busfirmen, die in Paldi, westlich der Sardar Bridge ansässig sind, fahren nach BHAVNAGAR (4–5 Std.), RAJKOT (5–6 Std.), BHUJ (8–9 Std.) und MUMBAI (14 Std.).

Eisenbahn

Die meisten Züge fahren vom **Hauptbahnhof** ab, aber auch der Gandhigram-Bahnhof bedient Zielorte in ganz Saurashtra, einschließlich einer Verbindung nach Delwada (Ausgangspunkt für Diu).
An beiden Bahnhöfen gibt es elektronische **Reservierungsbüros**, ⌚ Mo–Sa 8–20, So 8–14 Uhr.

Als wichtige Station der Linie Delhi–Mumbai halten viele Züge in Ahmedabad. Die Stadt ist auch Ausgangspunkt für fast alle Ziele innerhalb Gujarats sowie in nördlicher Richtung für Mount Abu, Jodhpur und Udaipur in Rajasthan.

Flüge

Der **internationale Flughafen** von Ahmedabad, ☏ 079/286 9266, liegt 10 km nördlich der Stadt. Ins Zentrum gelangt man mit Taxis (Rs250–300 am Vorauszahlungsschalter), Motor-Rikschas (Rs150) oder der Buslinie Nr. 101, die bis zum Busbahnhof Lal Darwaja in der Altstadt fährt, wo sich auch die meisten Hotels befinden.
Es gibt täglich Flüge nach BANGALORE, CHENNAI, DELHI, GOA, INDORE, JAIPUR und MUMBAI. Wöchentlich fliegen Flugzeuge nach HYDERABAD. Ahmedabad gewinnt auch als internationaler Flughafen an Bedeutung. Hier starten Flüge nach New York, Paris, London, Shanghai, Bangkok und zu diversen Zielen im Mittleren Osten.

Nationale Fluggesellschaften
Air Deccan, am Flughafen, ☏ 079/3092 5213;
Air Sahara, am Flughafen, ☏ 079/2285 8002, ansonsten 2285 8003 oder 5545 5969;
Indian Airlines, an der Straße zwischen Moschee Sidi Sayyid und Nehru Bridge, ☏ 079/2658 5382;

Nützliche Züge von Ahmedabad

Zielort	Name des Zuges	Nr.	Ab	Reisedauer
Bhavnagar	Bhavnagar Express	12971	05.45 Uhr	5 1/2 Std.
Bhuj	Nagari Express	19115	23.59 Uhr	7 1/2 Std.
Delhi	Ashram Express	12915	18.30 Uhr	15 1/2 Std.
Dwarka	Saurashtra Mail	19005	05.15 Uhr	10 Std.
Jamnagar	Saurashtra	19005	05.15 Uhr	7 Std.
Jodhpur	Ranakpur Express	14708	00.25 Uhr	9 1/2 Std.
Mumbai	Shatabdi Express	12010	14.30 Uhr	7 Std.
	Gujarat Mail	12902	22.00 Uhr	8 3/4 Std.
Porbandar	Saurashtra Express	19215	20.05 Uhr	8 Std.
Udaipur	Mewar Fast Passenger	52928	07.10 Uhr	10 1/2 Std.

Alle Züge fahren tgl., mit Ausnahme des Shatabdi Express 2010 (Mo–Sa). Mehrere zuverlässige IATA-Reisebüros in der Ashram Rd und C.G. Rd übernehmen die Buchung.

Die Industal-Kultur

Bevor sich im 4. Jh. v. Chr. die Maurya-Dynastie durchsetzen konnte, galt die Industal-Kultur als größtes Reich Indiens. Hoch entwickelte Siedlungen aus dem Jahre 2500 v. Chr. wurden erstmalig 1924 an den Ufern des Indus im heutigen Sind (Pakistan) an einem Ort namens **Mohenjo Daro** entdeckt. 1946 enthüllten weitere Ausgrabungen die Stadt **Harappa** aus der gleichen Zeit. In ihrer Blütezeit breitete sich diese großartige Kultur von der heutigen Grenze zwischen dem Iran und Afghanistan bis nach Kashmir, Delhi und Süd-Gujarat aus. Die Industal-Kultur überdauerte bis 1900 v. Chr., als sie von schweren Überschwemmungen zerstört wurde.

Die Industal-Kultur stand unter einer bemerkenswerten, zentralistisch organisierten Führung und gilt als sehr gebildet und wohlhabend. Alle Städte sahen nahezu identisch aus und besaßen komplexe Drainageanlagen. **Lothal,** nahe dem Golf von Cambay in Süd-Gujarat, war ein bedeutender Hafen. Obwohl vieles dieser komplexen Gesellschaft immer noch im Dunkeln liegt, konnten frappierende Ähnlichkeiten zwischen der Industal-Kultur und dem heutigen Indien hergestellt werden. Wie bei den Hindus wurde einer Muttergöttin gehuldigt, und es gibt Hinweise auf phallische Kulte, die bei den Shaiviten nach wie vor praktiziert werden.

Jet Airways, Ashram Rd, gegenüber Gujarat Vidyapith, ✆ 079/2754 3304;
Kingfisher Airlines, am Flughafen, ✆ 01800/233 3131.

Internationale Fluggesellschaften
Air India, nahe Ashram Rd und Gerichtshof, ✆ 079/2658 5622;
Air France, Paduban House, nahe der Ellis Bridge-Stadthalle, ✆ 079/2644 6886;
Alitalia und **Kenya Airways**, hinter dem Kino City Gold nahe der Ashram Rd, ✆ 079/2658 5077;
British Airways, Centre Point Building, Panchwati Circle, C.G. Rd, ✆ 079/2656 5957;
Cathay Pacific, Ratnanabh Complex, gegenüber Gujarat Vidyapith, ✆ 079/2754 5421;
KLM, Shefali Centre, Paldi, ✆ 079/2657 7677;
Malaysia Airlines, C.G. Rd, nahe Ellis Bridge, ✆ 079/5561 3355;
Singapore Airlines, S.P. Nagar Rd, an der C.G. Rd, ✆ 079/5525 9933.

Die Umgebung von Ahmedabad

Klassische Tagesausflüge von Ahmedabad führen Richtung Norden nach **Adalaj**, wo es einen eindrucksvollen Stufenbrunnen zu besichtigen gibt, und weiter nach **Gandhinagar** mit seinem außergewöhnlichen religiösen Komplex Swaminarayan. Südwestlich des Stadtzentrums bieten der See, die Pavillons und Mausoleen von **Sarkhej** einen stillen Zufluchtsort von der hektischen Metropole. Weiter im Süden befindet sich die alte Harappa-Ausgrabungsstätte **Lothal**.

Adalaj Vav

Einer der spektakulärsten Stufenbrunnen von Gujarat, Adalaj Vav, liegt in liebevoll gepflegten Gärten an der Route nach Gandhinagar, 19 km nördlich von Ahmedabad (von der Bushaltestelle muss man noch etwa 1 km zu Fuß gehen). Für einen Besuch des 1498 erbauten und heute stillgelegten Monuments, eignet sich am besten die Zeit zwischen 11 und 12 Uhr, wenn das Sonnenlicht bis auf den Grund des achteckigen, fünf Stockwerke tiefen Brunnenschachts fällt. Über eine Reihe von Plattformen, die mit Treppen verbunden sind und auf Säulen ruhen, gelangt man in die kühle Tiefe des Brunnens. Seine Wände, Säulen, Gesimse und Nischen sind bedeckt mit fantastischen, teilweise erotischen Skulpturen von tanzenden Jungfrauen, Musikern und Tieren. ⏲ tgl. 8–18 Uhr.

Sarkhej

Knapp 10 km südwestlich von Ahmedabad (Bus Nr. 31 ab Lal Darwaja) bietet Sarkhej einen künstlichen See mit einem Komplex sehr schöner Bauten. An der Südwestseite des Sees steht das größte Mausoleum Gujarats, die Grabstätte des als Heiligen verehrten Sheikh Ahmed Khattu, 1445 verstorbener Mentor von Ahmed Shah. Das größte Mausoleum in Gujarat wurde 1446 von Ahmed Shas Nachfolger Mohammed Shah erbaut. Ein späterer Sultan, der 1511 verstorbene Mohammed Beghada, fügte der Stätte Paläste, einen Harem und einen riesigen See hinzu – und auch seine eigene Grabstätte. Sarkhej entwickelte sich zu einem Rückzugsort für die Sultane von Gujarat und besitzt immer noch Charme.

Lothal

Die größte und bedeutendste Ausgrabungsstätte der **Harappa-Kultur** ist Lothal (oder Indus Valley; s. Kasten S. 608), nahe der Mündung des Sabarmati. Sie liegt nur rund 100 km südlich von Ahmedabad und ist per Bus (in Dholka umsteigen) oder Zug (3 Std.) leicht zu erreichen. Grundmauern, Sockel, bröckelnde Wände und gepflasterte Böden sind die einzigen Überbleibsel der blühenden Seehandels-Gemeinde, die hier zwischen 2400 und 1900 v. Chr. lebte, bis eine Flut ihre Siedlung fast gänzlich zerstörte. Bei einem Spaziergang um den **zentralen Grabhügel** stößt man auf die alten Straßen, die an den Häusern der Minister vorbei und durch die Akropolis führen. Die Unterstadt umfasste einst einen Basar, Werkstätten sowie ein Wohngebiet. ◷ tgl. von Sonnenauf- bis Sonnenuntergang.

In Lothal wurden auch Hinweise auf eine noch ältere Zivilisation gefunden, nämlich auf die Red-Ware-Kultur der Glimmerperiode, die möglicherweise schon im 4. Jahrtausend v. Chr. existierte. Stücke aus dieser Zeit sowie von der Industal-Kultur sind im sehr interessanten **Museum** ausgestellt. ◷ tgl. außer Fr 10–17 Uhr, Eintritt Rs2.

Nord-Gujarat

Der Distrikt Mehsana, nördlich von Gandhinagar, war zwischen dem 11. und 13. Jh. der erste Herrschaftssitz der Solanki. Ein paar Überreste ihrer alten Hauptstadt – darunter der außergewöhnliche **Rani-ki-Vav** – sind in **Anhilawada Patan** zu finden. Die Stätte liegt direkt vor den Toren des modernen **Patan**, wo Gujarats letzte *patola*-Weber leben. Von **Mehsana** aus, einer Stadt im Zentrum der Provinz, bietet sich ein Ausflug zum alten Sonnentempel in **Modhera** an. Der Jain-Tempel in den Bergen von **Taranga** ist von Mehsana oder von Ahmedabad gut zu erreichen.

Mehsana

Die 100 km nördlich von Ahmedabad gelegene Stadt Mehsana ist eines der größten Zentren der Milchindustrie in ganz Asien. Die einzige Sehenswürdigkeit der schmutzigen und weitläufigen Stadt ist der alte **Rajmahal-Palast**. Mehsana bietet sich für eine Übernachtung an, wenn Ziele im Norden Gujarats auf dem Reiseplan stehen. In der Nähe vom Restaurant Navjivan gibt es drei **Banken**.

Übernachtung und Essen

Die Budgetunterkünfte der Stadt zählen zu den schlechtesten in Gujarat.

A-One Guesthouse, in Bahnhofsnähe, ✆ 02762/251394. Noch das kleinste Übel in dieser Gegend. ❶

Savera Guesthouse, rund 3 km vom Bahnhof am Highway Ahmedabad–Palanpur, ✆ 02762/256710. Die beste Herberge der Stadt bietet recht saubere, geräumige DZ (teils AC). Wer aus Modhera anreist, kommt auf der anderen Seite der Stadt an und nennt am besten einem Rikscha-Fahrer das Fahrtziel „Highway". ❸–❹

Navjivan, gegenüber Savera Guesthouse. Rein veg. Restaurant.

Transport

Das schnellere Transportmittel sind i. d. R. **Busse**, zu deren Zielen Städte in Rajasthan und Gujarat einschließlich Bhuj gehören.

Züge verbinden Mehsana mit AHMEDABAD (2–3 Std.), ABU ROAD (2 Std. 10 Min., 3 Std.), AJMER (6 1/2 Std., 7 Std.), JODHPUR (7 Std.) und PATAN (2 Std.).

Modhera

Wer nur eine Stadt im Norden Gujarats besucht, sollte sich für Modhera entscheiden. Der hiesige **Sonnentempel** aus dem 11. Jh. gilt als bestes

Gujarat

Beispiel der Solanki-Architektur im ganzen Staat und hat Erdbeben und den moslemischen Bildersturm weitgehend unbeschadet überstanden. Die Solanki-Könige wurden klar von Jain-Traditionen beeinflusst: Die sandbraunen Wände und Säulen werden von Göttern und ihren Gefährten, Tieren, kurvenreichen Mädchen und komplexen Friesen geziert.

In der Mandapa, der säulengestützten Eingangshalle, repräsentieren zwölf *adityas* in Wandnischen die Verwandlung der Sonne über das Jahr hinweg. Die eng mit der Sonne verbundenen *adityas* sind die Söhne von *Aditi*, Göttin der Unendlichkeit und der Unsterblichkeit. Entsprechend der indischen Tradition ist der Sonnentempel von Modhera so positioniert, dass die Bildnisse im Allerheiligsten – die ansonsten in schummrigem Zwielicht liegen – bei den Äquinoktien von der aufsteigenden Sonne beleuchtet werden. ◷ tgl. 8–18 Uhr, Eintritt Rs200.

Per Bus benötigt man von Modhera rund 40 Minuten nach Mehsana und zwei bis drei Stunden nach Ahmedabad. Wer aus Ahmedabad anreist, kann sich an der Kreuzung am Mehsana Highway absetzen lassen und hier in einen der stündlichen Busse zum Tempel umsteigen, ohne erst in die Stadt hinein zu fahren. Die Rückfahrt mit dem **Taxi** kostet Rs350. Von Modhera besteht übrigens auch eine Busverbindung nach Patan. Es gibt keine Übernachtungsmöglichkeiten in der Stadt, aber die staatliche Toran Cafeteria auf dem Tempelgelände verkauft Snacks. Im Januar findet in Modhera ein **Tanzfestival** statt.

Patan und Anhilawada Patan

Patan, rund 40 km nordwestlich von Mehsana, besitzt nur wenige Sehenswürdigkeiten, aber im Stadtteil **Salvivad** kann man den komplizierten Webevorgang der seidenen *patola*-Saris beobachten, früher das bevorzugte Kleidungsstück von Königinnen und Aristokratinnen und ein bedeutender Exportartikel Gujarats, der heute nur noch von einer einzigen Großfamilie hergestellt wird. Jeder Sari (Verkaufspreis Rs50 000–75 000) erfordert für seine Herstellung vier bis sechs Monate Arbeit. Zwischen Mehsana und Patan verkehren regelmäßig **Busse** (1 1/4 Std.).

Patan liegt nur 2 km, und doch Welten von Gujarats alter Hauptstadt, **Anhilawada Patan** entfernt, die zwischen dem 8. und 12. Jh. von mehreren Rajputen-Dynastien beherrscht wurde, ehe es die Moguln annektierten. Der Nie-

Der Sonnentempel von Modhera ist ein schönes Beispiel für die Solanki-Architektur.

dergang von Anhilawada Patan nahm seinen Lauf, als Ahmed Schah 1411 die Hauptstadt nach Ahmedabad verlegte. Heute sind nur noch die Befestigungsanlagen erhalten und der fantastische **Rani-ki-Vav**, Gujarats eindrucksvollster Stufenbrunnen. Er wurde 1050 für die Solanki-Königin Udaimati erbaut und in den 1980er-Jahren umfassend restauriert. Dabei wurden die verschwenderischen Verzierungen des Originals so weit wie möglich nachempfunden. ◷ tgl. 8–18 Uhr, Eintritt Rs100. Der Rani-ki-Vav ist vom Stadtzentrum aus per Rikscha zu erreichen (Rs30–40).

In der Nähe des Kohinoor Cinema befindet sich das **Hotel Neerav**, ✆ 02766/222127, ❹ mit anständigen Zimmern, von denen alle mit Bad und einige sogar mit AC ausgestattet sind.

Der Jain-Tempel von Taranga

Abseits der Touristenpfade liegt der **Tempelkomplex** von Taranga aus der Solanki-Ära, etwa 60 km nordöstlich von Mehsana. Er ist von Ahmedabad (3 1/2 Std.) und Mehsana (1 1/2 Std.) aus gut mit dem Bus zu erreichen. Die Busse halten bei Timba, von wo aus Sammeljeeps (Rs5) die restlichen 8 km nach Taranga zurücklegen. Die auf einem Hügel erbauten Heiligtümer üben eine ganz besondere Faszination aus und sind besser erhalten als vergleichbare berühmtere Stätten wie Mount Abu, Girnar oder Shatrunjaya. Pilger, Mönche und Nonnen versammeln sich hier rund ums Jahr, um Segnungen zu erhalten und zu beten. Der **Haupttempel** aus Sandstein ist Ajitanath gewidmet, dem zweiten von 24 *tirthankaras*. Touristische Einrichtungen gibt es hier kaum, doch in den *dharamshalas* der Tempelanlage kann man sehr preiswert zu Mittag essen.

Kutch

Im Norden und Osten liegen Sumpfebenen, im Süden und Westen der Golf von Kutch und das Arabische Meer – Kutch (auch Kuchchh oder Kachchha) ist eine abgelegene, von ihren Nachbarn Saurashtra und Sind nahezu abgeschnittene Provinz, deren eintönige Landschaft nur von den Farben der reich bestickten Trachten der Einheimischen aufgeheitert wird. Die Legenden der Kutchi treten in den Motiven ihrer Skulpturen zutage, und ihre Traditionen sind bis heute in Kunsthandwerk, Kleidung und Schmuckdesign erhalten geblieben. Nur wenige Touristen verirren sich hierher, diese aber sind ausnahmslos begeistert. Von der zentralen Stadt **Bhuj** kann man gut losziehen und zahllose Dörfer, alte Festungen, mittelalterliche Häfen und abgeschiedene Klöster erkunden. Das mittelalterliche Zentrum von Bhuj wurde von dem verheerenden Erdbeben 2001 schwer getroffen.

Die baumlosen Sümpfe im Norden und Osten, **Great and Little Ranns of Kutch**, stehen während eines heftigen Monsuns teilweise komplett unter Wasser und verwandeln die Provinz in eine Insel. In dieser Region leben die seltenen Esel, und dies ist der einzige Ort in Indien, an dem sich Flamingos erfolgreich. Im südlichsten Distrikt von Kutch, **Aiyar Patti**, gedeihen Baumwolle, Rizinuspflanzen, Sonnenblumen, Weizen und Erdnüsse. Nord-Kutch, oder **Banni**, präsentiert sich dagegen als Halbwüste mit trockenem Treibsand und aridem Grasland.

Geschichte

Funde aus dem 3. Jahrtausend v. Chr. im östlichen Kutch deuten darauf hin, dass Stämme aus dem Indus-Tal einst von Mohenjo Daro im heutigen Pakistan quer durch die Ranns nach Lothal im Osten Gujarats wanderten. Trotz seiner abgeschiedenen Lage waren auch in Kutch die Auswirkungen des buddhistischen Maurya-Reichs zu spüren. Später geriet das Gebiet unter die Kontrolle eines gräko-baktrischen Reiches und der mächtigen Guptas. Die arabische Invasion der Sind im Jahre 720 trieb Flüchtlinge in den Westen von Kutch, Stämme aus Rajputana und Gujarat überquerten seine östlichen Grenzen.

Im 8. Jh. fiel die Region unter die Herrschaft der Gujarati-Hauptstadt Anhilawada (das heutige Patan), und bis zum 10. Jh. hatten die Samma-Rajputen, später bekannt als Jadeja, Kutch von Westen her infiltriert und sich an die Macht gebracht. Ihre Dynastie herrschte bis 1948. Dann wurde Kutch Teil der Indischen Union, bewahrte jedoch eigene Bräuche, Gesetze und eine blühende Seefahrertradition, die ihren Ursprung im Handel mit Malabar, Mokka, Muscat und der afrikanischen Küste hatte.

Bhuj

Die schmalen Straßen und alten Basare innerhalb der Stadtmauern von Bhuj, im Herzen von Kutch gelegen, konnten sich ihren mittelalterlichen Charme bewahren wie keine andere Stadt in Gujarat – bis zum **Erdbeben** vom Januar 2001, bei dem hier 20 000 Menschen ums Leben kamen und 1,2 Mio. Häuser zerstört wurden. Der Bereich unmittelbar hinter dem berühmten „Spiegelpalast" Aina wurde am schwersten getroffen und befindet sich bis heute im Wiederaufbau. Nach dem Erdbeben wurden ein neuer Flughafen, neue Bahnstrecken und eine Universität eröffnet und das Straßennetz ausgebaut. Das mehrere Millionen Dollar umfassende Projekt brachte der Region neue Arbeitsplätze und neue Firmen verlegten ihren Unternehmenssitz hierher. Die Einheimischen sehen die Veränderungen größtenteils positiv, obwohl der Prozess alles andere als reibungslos ablief. Zweifel bezüglich der Aufteilung von Spendengeldern verzögerten den Start des Wiederaufbaus und die Preise für Grundnahrungsmittel stiegen an. Die Arbeiten sind fast abgeschlossen und die Stadt scheint sich allmählich von der Tragödie erholt zu haben.

Bhuj wurde Mitte des 16. Jhs. von **Rao Khengarji**, einem Jadeja-Rajputen, zur Hauptstadt von Kutch erhoben. Seine Familie regierte die Stadt bis 1948 – mit Ausnahme einer kurzen Machtübernahme durch die Briten Anfang des 19. Jhs. Als die Staatsgewalt 1834 wieder an Maharao Desal überging, verbot dieser die Einfuhr von Sklaven aus Afrika und die Afrikaner fanden im Norden der Stadt eine neue Heimat. Mit Gründung der Stadt Gandhidham und des Hafens Kandla südöstlich der Hauptstadt verlagerte sich der wirtschaftliche Schwerpunkt und Bhuj konnte seine Traditionen abseits der Modernisierungen des 20. Jhs. bewahren. Im Osten der Stadt erhebt sich der **Bhujia Hill** mit einer zerfallenen Festung auf seiner Spitze. Die Gegend ist allerdings nicht für die Öffentlichkeit zugänglich, da es sich um militärisches Sperrgebiet handelt. Der riesige **Hamirsar Tank**, auf dessen Insel ein kleiner Park zum Entspannen einlädt, befindet sich am Westrand von Bhuj.

Die Überreste der **Altstadt** von Bhuj bilden ein enges Gassenlabyrinth rund um den **Palastkomplex**, dessen dicke Mauern und schwere Tore die Paläste Aina und Prag beschützen. Der **Aina Mahal** wurde im 18. Jh. während der Herrschaft von Maharao Lakho erbaut und später zu einem Museum umgestaltet, das den Reichtum der königlichen Dynastie zur Schau stellte. Der Palast wurde beim Erdbeben 2001 schwer beschädigt, als sein Dach einstürzte. Glücklicherweise blieb der berühmte **Spiegelsaal** weitgehend intakt. Das Innere ist vollständig restauriert, an den Außenfassaden wird noch gearbeitet. ◷ tgl. außer Sa 9–12 und 15–18 Uhr, Eintritt Rs10, Fotoerlaubnis Rs30, Video Rs100.

Der federführende Architekt, Ram Singh Malam, war ein indischer Seefahrer, der 17 Jahre lang in Europa studiert hatte, nachdem er als Schiffbrüchiger vor der afrikanischen Küste von holländischen Seeleuten gerettet worden war. Sein Meisterstück ist ein gefliester Raum im Herzen des Palastes, wo der Maharadscha beim entspannenden Plätschern einer genial ausgetüftelten Springbrunnenanlage Gedichte zu schreiben und Musik zu hören pflegte. Unter den königlichen Erbstücken, die hier bewundert werden können, befinden sich zwei originale Hogarth-Gemälde und ein Porträt von Katharina der Großen.

Der nahe gelegene **Prag Mahal**, der in den 1860er-Jahren errichtet wurde und die architektonischen Stilrichtungen der Moguln, Briten, Kutchi und Italiener vereint, wurde durch das Erdbeben ebenfalls in Mitleidenschaft gezogen und so kann derzeit nur die Haupthalle besichtigt werden. Der Palast war einer der Drehorte für den Erfolgsfilm *Lagaan*. Besucher werden nur in die Haupthalle vorgelassen, ◷ Mo–Sa 9–12 und 15–18 Uhr, Eintritt Rs12, Fotokamera Rs30, Videokamera Rs100.

In der südwestlichen Ecke des Hamirsar Tank, steht der **Sharad Bagh-Palast**, der 1867 als Rückzugsort des letzten Maharao erbaut wurde. Die kleinen Gebäude sind fantasievoll aufgeteilt und beinhalten u. a. einen luxuriösen Salon vol-

Kunsthandwerk aus Kutch

Kutch ist bekannt für sein traditionelles Kunsthandwerk, vor allem Stickarbeiten, die von heimischen Volksgruppen gepflegt werden. Dazu zählen die hinduistischen Rabari und Ahir, die moslemischen Jat und Muthwa sowie Einwanderer aus Sind, darunter die Sodha Rajput und Meghwal Harijan. Traditionell besitzt jede dieser Gruppen ihre charakteristischen Stiche und Muster, wobei diese Unterschiede mit der Zeit allerdings immer geringer werden.

In den nördlichen Dörfern Dhordo, Khavda und Hodko findet man die letzten **Ledersticker**, die Taschen, Fächer, Zügel, Geldbeutel, Kissenbezüge und Spiegelrahmen mit Blumen-, Pfauen- und Fischmotiven verzieren. Dhordo hat sich darüber hinaus mit seinen **Holzschnitzereien** einen Namen gemacht, während Khavda einer der letzten Orte ist, wo die Druckmethode **Ajrakh** praktiziert wird. Der langwierige Prozess, bei dem Textilien mit natürlichen Pigmenten gefärbt werden, funktioniert ähnlich wie Batik. Nur dass man statt Wachs eine Mischung aus Kalk und Gummi aufträgt, um bestimmte Teile des Stoffs beim nächsten Färbegang auszusparen.

Die Frauen in Khavda widmen sich dem Bemalen von **Terrakotta**-Schalen. Nur noch wenige Handwerker in Nirona, ebenfalls im nördlichen Kutch, pflegen die Kunst der **Rogan**-Malerei. Aus handgepresstem Rizinusöl wird bunte Farbe hergestellt, mit der man anschließend einfache geometrische Muster auf Kissenbezüge, Bettwäsche und Vorhänge malt. Außerdem produzieren einige Handwerker in Biber äußerst kunstvolle und melodische **Glocken** aus Kupfer und Messing, früher von den Schäfern zur Kommunikation benutzt. Silberschmuck ist in Kutch weit verbreitet und Bestandteil der meisten traditionellen Kostüme, doch die seit eh und je in Bhuj beheimatete **Silbergravur** ist eine vom Aussterben bedrohte Kunstform. Die Fußkettchen, Ohrringe, Nasenringe, Armreifen und Ketten ähneln denen aus Rajasthan. Ein Großteil des Schmucks wird von den Ahir und Rabari hergestellt, die über beide Regionen verteilt leben. Zu den Hauptzentren der Silberkunst gehören Anjar, Bhuj, Mandvi und Mundra.

Kleidungsstücke aus Kutch zeichnen sich nicht nur durch ihre feinen Stickverzierungen aus, sondern auch durch ihr verwegenes Design. Die verbreitetste Form des Stoffdrucks ist eine Knüpfbatik namens **Bandhani**, die zwar in den meisten Dörfern zur Anwendung kommt, sich aber auf Mandvi und Anjar konzentriert. Typisch für die Region ist beispielsweise die Technik *mushroo (ilacha)*. Das verwendete Garn besteht aus sorgfältig gefärbter Seide, die zu einem gestreiften Grundmuster verwoben wird. Darüber legt man auf die gleiche Weise ein so detailliertes Muster, dass es gestickt zu sein scheint.

ler Jagdtrophäen, Fotos und alter Uhren sowie einen Speisesaal, in dem Maharao Madansinjhis Sarg steht. Der attraktivste Teil des Palasts ist jedoch der liebevoll gepflegte Park. ⌚ tgl. außer Fr 9–12 und 15–18 Uhr; Eintritt Rs10, Fotoerlaubnis Rs20, Video Rs100.

Das **Kachchh Museum** an der Südostecke des Hamirsar Tank zeigt geografische, historische und kulturelle Ausstellungen über die Region, darunter auch interessante Funde aus Dholavira sowie Textilien und Kunsthandwerk aus Kutch. Unmittelbar südlich vom Hamirsar Tank, westlich der College Road, führt ein Pfad zu dem 250 Jahre alten, knochentrockenen **Ramkund Tank**, der im Schatten hoher Bäume liegt. Er besteht aus hartem, grauem Stein und ist mit kunstvollen Bildern von Kali, Vishnu, Naga und Ganesha verziert. In den kleinen Wandnischen funkelten früher Öllampen in der Dunkelheit, während die Gläubigen zur Abendandacht zusammenkamen. Nahebei steht eine Gruppe von Sati-Steinen aus dem 16. Jh.

Das private **Folk Museum** in der Mandvi Road, 100 m westlich vom Collectors' Office, beherbergt schöne Keramiken, Stickarbeiten, Spiele und Wandbehänge aus Kutch. ⌚ tgl. außer Mo 10.30–13.15 und 14–17 Uhr, Eintritt Rs50, Fotoerlaubnis/Video Rs50.

Übernachtung

City Guest House, Langa St, nahe Shroff Bazar, ✆ 02832/221067. Ideal, wenn das Geld knapp ist. Es hat saubere Zimmer (z. T. mit Bad) ohne Schnickschnack um einen kleinen Hof und 24-Std.-Checkout ❶–❷

Garha Safari Lodge, 14 km nördlich von Bhuj mit Blick auf den Gorudra-Stausee, ✆ 079 /6579672, ✉ gbglad1@sancharnet.in. Eine gute Wahl für Gäste mit eigenem Fahrzeug. Das Camp hat weiße Betonhütten im Stil traditioneller Häuser. ❼

Ilark, Station Rd, ✆ 02832/258999, 💻 www.hotelilark.com. In dem Hotel mit hypermoderner Außenverglasung in rot und schwarz sind die schicksten Zimmer der Stadt, alle mit Holzfußboden, breiten Betten und Großbildfernseher. Außerdem gibt es zwei gute Restaurants und einen Baum in der Lobby. ❻–❽

Oasis, New Station Rd, ✆ 02832/254303. Auch wenn es von außen dem Ilark gleicht, ist das Oasis etwas bescheidener. Die preiswerten Zimmer verfügen aber trotzdem über TV, Wasserkocher und entweder Ventilator oder AC, auch wenn einige wenig Licht von draußen bekommen. ❹–❻

Prince, Station Rd, ✆ 02832/220370, ✉ princad1 @sancharnet.in. Alteingesessenes Mittelklassehotel mit großen, etwas abgewohnten Zimmern, hilfsbereiten Angestellten, Geldwechsel und zwei Restaurants. ❹–❻

Backpackers Heaven

Gangaram, hinter dem Aina Mahal in der Altstadt, ✆ 02832/222948, ✉ hotelgangaram@ yahoo.com. Das äußerst beliebte Traveller-Hotel besitzt gemütliche Zimmer mit Bad und TV. Außerdem gibt es Internetzugang, ein gutes Restaurant und eine Dachterrasse. Der Betreiber Rajesh Jethi ist überaus zuvorkommend und hat jede Menge Informationen zu bieten. ❸–❹

Essen

Entlang der Station Rd stehen Stände, an denen der regionale Lieblingsimbiss *dhabeli* (würzige Linsen und Erdnüsse in Brötchen) verkauft wird. Im **Hotel Prince**, wo auch Schanklizenzen ausgegeben werden, gibt es ein Weingeschäft.

Anando Foods, nahe Kachchh Museum. Hygienisches Fastfood-Lokal mit preiswerten, südindischen Snacks, chinesischen Nudelsuppen und gebratenem Reis sowie Eis. Hauptgerichte Rs30–70.

Green Hotel, unweit vom Shroff Bazaar. Nicht auffälliges, veg. Lokal, das bei den Einheimischen für seine sättigenden *thalis* (ab Rs55), *dosas,* Punjabi-Gerichte und eine Auswahl an mäßig guten Pizzas, Sandwiches und Burgern beliebt ist. Hauptgerichte Rs30–70.

Green Rock, ST Rd. Elegantes AC-Restaurant mit Fotos von Bollywood- und Cricketstars an den Wänden und einer Speisekarte mit Gemüse aus Nord- und Südindien, chinesischen und westlichen Gerichten. Hauptgerichte Rs65–100. *Thalis* Rs110.

Jesal und **Toral**, Hotel Prince. Im **Jesal** gibt es Fischstäbchen und Toast mit Bohnen, einige interessante nordindische Fischgerichte, sowie veg. und nicht veg. indisches und chinesisches Essen (Hauptgerichte Rs90–200). Das **Toral** bietet für Rs140 *thalis* bis zum Abwinken.

Nilam, Station Rd. Die aufmerksamen Mitarbeiter servieren ausgezeichnete veg. indische und chinesische Gerichte – besonders zu empfehlen: Zuckermais und *Green Pepper*-Masala. Ab 11 Uhr gibt es preiswertes Frühstück. Hauptgerichte Rs60–90

Vijay, am Shroff Bazaar. Der Inbegriff eines indischen Teesalons; hier sitzen einheimische Männer zusammen, trinken süßen Schaumtee aus winzigen Tässchen und diskutieren die aktuellen Themen des Tages.

Sonstiges

Bücher

Crossword, Buchhandlung in der Nähe des Busbahnhofs.

Fahrrad- und Motorradverleih

Hotel Gangaram und **City Guest House** vermieten Motorräder (Rs350–400 pro Tag),

von denen allerdings viele in schlechtem Zustand sind.
Santosh Cycle Centre, nahe dem Busbahnhof, verleiht Fahrräder für Rs25–50 pro Tag.

Geld
Die **State Bank of India** in der Hospital Rd und **ICICI** gegenüber wechseln Geld und Reiseschecks. Es gibt zahlreiche **Geldautomaten**.

Informationen
Da Bhuj keine offizielle Touristeninformation besitzt, wendet man sich am besten an den Informationsschalter vom **Aina Mahal**, ✆ 02832/291702, ✉ pkumar_94@yahoo.com. ⌚ tgl. außer Sa 9–12 und 15–18 Uhr. Der freundliche und gut informierte Pramod Jethi organisiert auch Kulturführungen. (3 Std., Rs500)

Internet
Western Cyber Café, nahe dem neuen Gemüsemarkt, bietet Internetzugang für Rs20 pro Std.

Kunsthandwerk
Bhuj ist einer der günstigsten Orte in Westindien zum Einkaufen von Kunsthandwerk. In der ganzen Stadt gibt es entsprechende Läden, besonders im Shroff Bazaar und in Vaniyawad (am alten Bahnhof 1 km nördlich der Stadt).
Das Sortiment des Kala Raksha-Outlet im **Hotel Ilark** besteht nur aus sozial verantwortlich hergestellte Waren, und im **Hotel Prince** werden Produkte von Kutch Mahila Vikas Sangathan verkauft, einer Organisation, die dafür einsteht, dass die Künstler für ihre Arbeit angemessen bezahlt werden.

Transport

Busse
Der **Busbahnhof** befindet sich in der ST Station Rd am Südrand der Altstadt. Es fahren staatl. Busse nach AHMEDABAD (8–9 Std.), RAJKOT (6–7 Std.) und JAMNAGAR (8 Std.) sowie in näher gelegene Städte wie MANDVI und MUNDRA. Spärlichere Verbindungen bestehen mit einigen Dörfern im Norden von Kutch.
Die privaten Busunternehmen konzentrieren sich in der Station Rd.
Patel Tours and Travels, 100 m westlich vom Bahnhof, ✆ 02832/657781, betreibt zwei Nachtbusse nach AHMEDABAD.
Ashapura Travels, gegenüber vom Busbahnhof, ✆ 02832/252491, fährt tgl. nach Barmer (Rajasthan), jeden zweiten Tag auch mit Anschluss nach Jaisalmer (Rs240). Ein anderer Bus der Gesellschaft fährt nach Ajmer (Anschluss nach Pushkar).
Jay Somnath, gegenüber vom Green Rock-Restaurant, ✆ 02832/221919, hat Busse nach RAIJKOT.

Eisenbahn
Der **Bahnhof** befindet sich 1,5 km nördlich des Aina Mahal. Nach Ahmedabad gelangt man am besten per Bahn: entweder man nimmt den Nagari Express Nr. 19116 (Abfahrt tgl. 22.15 Uhr, Ankunft 5.05 Uhr) oder den Hazrat Express Nr. 14312 (Abfahrt Mo, Do, Sa und So 12.30 Uhr, Ankunft 19.50 Uhr). Mehrere Züge fahren tgl. nach Gandhidham, doch für diese Strecke empfiehlt sich eher der Bus.

Flüge
Der **Flughafen** liegt 5 km nördlich der Stadt.
Jet Airways, ✆ 02832/253671, und **Kingfisher**, 🖳 www.flykingfisher.com, fliegen täglich nach Mumbai.

Dörfer rund um Bhuj

Bhuj eignet sich hervorragend als Ausgangspunkt für Besuche der entlegenen Kunsthandwerksdörfer. Die meisten Freiheiten bietet die Erkundung per **Taxi** oder **Motorrad** (Infos zum Verleih s. S. 614). Die öffentlichen Busse sind langsam und verkehren nicht allzu regelmäßig von Bhuj nach Nirona (6x tgl.), Dhordo (2x tgl.) und Khavda (3x tgl.). Tipps, welche Dörfer besucht werden sollen, gibt Pramod Jethi (s. o.). Er ist Herausgeber mehrerer nützlicher Reiseführer über Kutch (Rs100, erschienen in Englisch und Französisch) und organisiert Touren (Rs1300 mit dem Auto; Rs100 mit der Motor-

Rikscha) durch die Kunsthandwerksdörfer. Für viele der abgelegenen Dörfer wird ein **Permit** benötigt, das beim District Superintendent der Polizeidienststelle, fünf Minuten zu Fuß südöstlich des Hamirsar Tank (tgl. außer So 11–14 und 15–18 Uhr), kostenlos beantragt werden kann. Diese Prozedur dauert etwa 15 Minuten; benötigt werden Kopien von Ausweis und Visum sowie die Originale.

Mandvi und Mundra

Mandvi, 60 km südwestlich von Bhuj am Golf von Kutch gelegen, unterstützt die rückläufige Schiffsbauindustrie. Händler, Seeleute und später die Briten ließen sich an diesem blühenden Hafen nieder, aber nur wenige blieben. Zeugen dieser Zeit sind prächtige europäische Villen. Mandvi verzaubert seine Besucher mit Gelassenheit und Charme. Ein kleines Geschäft reiht sich ans andere, und die **Märkte** quellen über vor Silber- und Knüpfbatikprodukten. Auf seiner Südseite wird der Meeresarm von Treibsand blockiert, was einen langen **Strand** schuf, an dem man herrlich baden oder bei Ebbe Flamingos und andere Watvögel beobachten kann. Am Meeresufer werden *dhows* handgefertigt; 50 Männer arbeiten zwei Jahre lang an jedem der Schiffe, von denen die größten mindestens US$500 000 kosten. Auftraggeber sind wohlhabende Araber aus den Golfstaaten.

Der selten besuchte **Palast Vijay Vilas**, 8 km westlich der Stadt (nach 4 km links abbiegen), steht auf einem 2,5 km² großen Gelände und wurde in den 1940er-Jahren als Sommerresidenz für den Maharao von Kutch erbaut. Heute ist er ein beliebtes Filmset. Im Innern des sandweißen, mit einer Kuppel gekrönten Gebäudes zieren Jagdtrophäen die Wände und europäische Möbel füllen die hohen Räume. Eine breite Treppe führt zu den Frauengemächern im ersten Stock. Zum Anwesen gehört auch ein Privatstrand (Eintritt Rs50) mit königlichem Pavillon. ⏲ tgl. 9–13 und 15–18 Uhr; Eintritt Rs35, Fotoerlaubnis Rs50, Video Rs200. Alle 30 Minuten verkehren **Busse** und etwas schnellere, aber auch vollgestopftere Sammeltaxis (etwa Rs35) zwischen Bhuj und Mandvi.

In den letzten Jahren hat sich Mundra, 44 km östlich von Mandvi, zu Indiens größtem Privathafen entwickelt. Es gibt nicht viel zu sehen, aber auf den Märkten wird regionales Kunsthandwerk angeboten. Am besten besucht man Mundra im Rahmen eines Tagesausflugs von Mandvi (Busse stdl., 1 1/2 Std.) oder von Bhuj (Busse stdl., 1 1/2 Std.).

Übernachtung und Essen

Rukmavati Guest House, am Ufer in einem ehemaligen Krankenhaus nahe Bridge Gate, ✆ 02834/223558, ✉ hotelrukmavati@gmail.com. Tolle Budgetunterkunft; alle Zimmer verfügen über Bad und TV, und die Rs25 extra für einen Balkon lohnen sich. Es gibt eine kleine Bibliothek, und der Besitzer geizt nicht mit Informationen über die Gegend. ❹

Hotel Sea View, ebenfalls am Ufer, in der Nähe vom Busbahnhof, ✆ 02834/224481. Die winzigen Zimmer haben zwar keinen Meerblick, dafür bieten die vorderen Aussicht auf die Schiffsbauer. ❹

The Beach at Mandvi Palace, an einem privaten Strandabschnitt vom Vijay Vilas Palace, ✆ 02834/295725. Zehn Luxuszelte mit AC, Bad und Veranda sowie ein ausgezeichnetes Restaurant. Leider stehen die Zelte ein bisschen zu dicht beieinander. ❽

Abgesehen vom **The Beach** hat **Zorba the Buddha**, KT Shah Rd, westlich des Busbahnhofs hinter einem alten Stadttor, das beste Essen, z. B. ausgezeichnete veg. *thalis*.

Saurashtra

Der größte Teil von Gujarat wird von Saurashtra (oder der **Kathiawar-Halbinsel**) eingenommen, das sich von den Bergen und Sümpfen des Nordens bis zum Arabischen Meer im Süden erstreckt, im Osten begrenzt durch den Golf von Cambay und im Westen durch den Golf von Kutch. Dies ist Gujarat in seiner vielfältigsten Form: Viehzüchter teilen sich das Land mit Industriellen, moderne Stadtzentren existieren neben traditionellen Basaren, und die Architektur wurde von Hindus, Jains, Buddhisten und Moslems geprägt. Saurashtra rühmt sich nicht nur der großartigsten Jain-Tempelstadt Indiens, der **Shatrunjaya** bei **Palitana**, sondern auch mehrerer Krishna-Tempel in **Dwarka** und **Somnath** sowie Ashokas Buddhistenhauptstadt **Junagadh**.

Gandhis Geburtsstätte in **Porbandar** kommt nach wie vor große Verehrung zuteil, und seinem Andenken widmet sich ein Museum in **Rajkot**, das einst sein Elternhaus war. Im **Gir-Nationalpark** leben noch Asiatische Löwen und im **Velavada-Nationalpark** nordöstlich von Bhavnagar tummelt sich die weltweit größte Herde von Hirschziegenantilopen. Wer Sonne, Meer und Bier genießen möchte, findet hierfür kaum einen besseren Ort als die ehemals portugiesische Insel **Diu**, unmittelbar vor der Südküste Saurashtras gelegen.

Rajkot

Die im 16. Jh. gegründete Stadt Rajkot wurde von den Jadeja-Rajputen regiert, bis sie sich nach der Unabhängigkeit mit der Union von Saurashtra vereinigte. Die Stadt avancierte zu einem erfolgreichen Industriezentrum mit starker Mittelschicht. Rajkot machte sich vor allem durch **Mahatma Gandhi** einen Namen. Außer seinem Familienhaus und einem Museum bietet die Stadt jedoch wenig, was Touristen anziehen würde. Dafür eignet sich Rajkot hervorragend als Ausgangspunkt für Ausflüge in die ehemaligen Fürstenstädte der Umgebung.

Orientierung

Im Zentrum von Rajkot liegt der viel befahrene Sanganwa Chowk, von dem sternförmig drei Hauptstraßen abgehen: die **Dhebar Road** gen Süden, vorbei am 100 m entfernten ST-Busbahnhof; die **Lakhajiraj Road** gen Osten, einmal quer durch die Altstadt; und die **Jawahar Road** gen Norden, vorbei an der Alfred High School (Mahatma Gandhis ehemalige Schule, die mittlerweile offiziell seinen Namen trägt, der aber noch wenig gebräuchlich ist), den Jubilee Gardens, der 2 km entfernten **Rajkot Junction Station** (wer mit dem Zug ankommt, sollte lieber hier aussteigen als an der City Station) und dem 4 km nordöstlich gelegenen **Flughafen**.

Sehenswürdigkeiten

Das attraktivste Viertel Rajkots ist die **Altstadt**, wo noch zahlreiche traditionelle Gujarat-Häuser mit Holzfassaden, Buntglasfenstern und durch komplizierte Schnitzarbeiten verzierten Fensterläden zu besichtigen sind. Gandhis Familie zog 1881 von Porbandar hierher: Sein Elternhaus **Kaba Gandhi no Delo** liegt versteckt zwischen schmalen Gassen in der Ghitaka Road, die rund 300 m östlich des Sanganwa Chowk von der Lakhajiraj Road abgeht (die Abzweigung ist durch ein leicht zu übersehendes blaues Schild gekennzeichnet). Zu sehen ist eine kleine Ausstellung mit Artefakten und Fotos. ◷ Mo–Sa 9–12 und 15–17.30 Uhr.

Die zweite große Touristenattraktion der Stadt ist das **Watson Museum** im Jubilee Bagh, das in einem Gebäude aus dem 19. Jh. residiert. Das Museum wurde nach Colonel Watson (britischer Politikunterhändler von 1886 bis 1893) benannt und zeigt ein buntes Sammelsurium an Ausstellungsstücken von 2000 v. Chr. bis zum 19. Jh., darunter Funde aus dem Indus-Tal, mittelalterliche Statuen und Manuskripte. ◷ 9–18 Uhr, So sowie jeden 2. und 4. Sa im Monat geschlossen, Eintritt Rs50.

Übernachtung

Da die billigsten **Hotels** in der Nähe des Busbahnhofs einiges zu wünschen übrig lassen, lohnen sich ein paar Euro mehr durchaus – zumindest entkommt man dann dem Lärm und Schmutz des Zentrums.

Bhabha Hotel, Panchnath Rd, nahe Jawahar Rd, südlich der Alfred High School, ✆ 0281/222 0861, 📠 222 1384. Billighotel mit kleinen EZ, DZ und 4-Bett-Zimmern. Alle mit TV und Bad ausgestattet, die teureren Zimmer auch mit Badewanne und AC. 24-Std.-Checkout. ❷–❹

Galaxy, Jawahar Rd, 100 m nördlich des Sanganwa Chowk, im 3. Stock eines Einkaufszentrums (nur per Aufzug erreichbar), ✆ 0281/222 2905. Das Hotel besitzt geräumige AC-Zimmer in Creme- und Brauntönen mit TV; die Bäder könnten allerdings besser sein. ❹–❺

Imperial Palace Hotel, Dr Yagnik Rd, ✆ 0281/248 0000, 💻 www.theimperialpalace.biz. Rajkots nobelstes Hotel, das gerne von Cricket-

Gujarat

spielern und Bollywood-Stars besucht wird. Anspruchsvolle Zimmer, Pool, Fitnesscenter und ein ausgezeichnetes Restaurant. Das Hotel ist rollifreundlich– eine Seltenheit in Gujarat. Frühstück inkl. ❼

Jyoti, Kanak Rd, 200 m nördlich des Busbahnhofs, ✆ 0281/222 5472. Dank der freundlichen Leitung für eine Nacht noch die beste unter den gammeligen und winzigen Budgetunterkünften. ❶–❷

Kavery, Kanak Rd, ✆ 0281/223 9331, 💻 www.hotelkavery.com. Businesshotel der Mittelklasse mit geräumigen Zimmern und hellem Holzmobiliar. Kostenlose Abholung vom Flughafen und WLAN. ❻

Silver Palace, Gondal Rd, ✆ 0281/248 0008. Das professionell gemanagte Hotel unter derselben Leitung wie das **Imperial Palace** hat kleine, aber gut geschnittene Zimmer mit Bad, Wasserkocher und *"keep fit in your room"*-Broschüren. ❻

Essen

Unbedingt Ausschau halten nach der regionalen *kathiawadi*-Variante der für Gujarat typischen *thalis* – mit Ingwer und Knoblauch. Rajkot ist auch wegen seiner auf Milchbasis produzierten Süßspeisen bekannt, z. B. *thabdi halwas* und mit Safran gewürzte *kesar pedas*.

Adingo, Limda Chowk, neben Hotel Harmony. Elegantes Lokal mit roten Tischen und Stühlen. Auf der Karte stehen Frühstück, Fast Food, indische und chinesische Gerichte; besonders zu empfehlen ist das *paneer tikka* (Rs45–100).

Bukhara, Hotel Kavery, Kanak Rd. Schickes Restaurant mit guten nord- und südindischen sowie chinesischen, mexikanischen und italienischen Gerichten (Hauptgerichte Rs50–150) und Gujarat-*thalis* zum Mittag.

Grand Regency, Hotel Grand Regency, an derDebar Rd gelegen. Empfehlenswertes internationales Hotelrestaurant. Die verglaste Küche ist eine Attraktion für sich und ermöglicht den Gästen bei der Zubereitung indischer Brote (z. B. *naan*) zuzusehen. Hauptgerichte Rs75–150.

Echt gastfreundlich

Lord's Banquet, Kasturba Rd. Das von Einheimischen hoch gelobte AC-Restaurant hat hervorragende nordindische Speisen (Rs80–150) und ausgezeichneten Service. Hier dürfen die Gäste die Schärfe ihrer Gerichte und sogar die Knusprigkeit ihrer *roti* selbst bestimmen. Für Snacks, Fast Food und Eis gibt es das **Temptations** unter gleicher Leitung im Nachbargebäude.

Sonstiges

Geld

State Bank of Saurashtra, nördlich des Sanganwa Chowk – nach dem blauen ATM-Schild Ausschau halten, da der Name der Bank nur auf Gujarati angeschrieben ist.

Informationen

Die relativ überflüssige **Touristeninformation**, ✆ 0281/223 4507, liegt nördlich des Sanganwa Chowk hinter der State Bank of Saurashtra. 🕓 Mo–Sa 10.30–13.30 und 14–18 Uhr, 2. und 4. Sa im Monat geschlossen

Internet

Buzz Cyber Café, gegenüber vom Lord's Banquet, Rs15 pro Std.

Post

Hauptpost, Sadar Rd, nahe Jawahar Rd, gegenüber den Jubilee Gardens.

Transport

Busse

Regelmäßig fahren staatliche Busse nach Jamnagar (2 Std.), Junagadh (2–2 1/2 Std.), Porbandar (5 Std.) und Veraval (5 Std.).

Eagle Travels, Ring Rd, gegenüber Adani Hyper Market, ✆ 0281/554444, unterhält komfortablere AC-Verbindungen nach AHMEDABAD, VADODARA und MUMBAI.

Jay Somnath, Gondal Rd, 50 m südlich vom Telegraph Office, ✆ 0281/243 3315, bietet Busse nach BHUJ (5–6 Std.).

Eisenbahn

Der Hauptbahnhof **Rajkot Junction** befindet sich 2 km außerhalb der Innenstadt.

Flüge

Der **Flughafen** liegt 4 km nordwestlich der Stadt. Jet Airways, gegenüber Lord's Banquet, ✆ 0281/247 9623, fliegt tgl. nach Mumbai.

Die Umgebung von Rajkot

Die Prinzen des Rajkot-Distrikts hinterließen ein reiches Erbe an prächtigen Villen, deren architektonische Stilrichtungen vom detailverliebten 17. Jh. bis hin zum Jugendstil reichen. Die meisten Busse zwischen Rajkot und Ahmedabad halten in **Sayla**, 87 km östlich, wo eine Kolonialvilla ins **Old Bell Guest House**, ✆ 02755/280017, ✉ saylaheritage@rediffmail.com, ❻–❼, mit großen AC-Zimmern und einem guten Restaurant umgewandelt worden ist. Auf dem Gelände gibt es ein Riesen-Schachbrett und einen alten Tennisplatz. In Sayla kann man verschiedenartiges Kunsthandwerk kaufen, darunter Perlen- und Webarbeiten. Die Stadt ist ein guter Ausgangspunkt für einen Abstecher ins nahe gelegene **Wadhwan**, das für seine *bandhani*-Knüpfbatiken und Messingarbeiten bekannt ist.

Wankaner

Im prunkvollen **Palast Ranjit Vilas** (Besuchserlaubnis rechtzeitig anfordern unter ✆ 02828/220000) in Wankaner, 39 km nordöstlich von Rajkot, leben bis heute die Nachkommen der einstigen Herrscher über den alten Staat gleichen Namens. Das zwischen 1899 und 1914 erbaute Gebäude liegt inmitten der Ebenen von Saurashtra und ist schon von weitem zu sehen. Die außergewöhnliche, bogenförmige Fassade präsentiert sich als buntes Mischmasch architektonischer Stile, beeinflusst von den Moguln sowie von italienischer, maurischer und viktorianischer Gotik – mit Buntglasfenstern, Türmen mit Kuppeldächern und Kronleuchtern. **Unterkunft** in prächtigem Art-déco-Ambiente bietet die nahegelegene Sommerresidenz der Familie, das **Royal Oasis**, ✆ 02828/220000, 📠 220002, mit geräumigen Zimmern, VP und Hallenbad. ❼

Gondal

Gondal, 39 km südlich von Rajkot, wird alle 30 Min. von Bussen angesteuert (1 Std. Fahrzeit). Die Nachkommen der Aristokratenfamilie haben den Gästeflügel ihres **Huzoor-Palasts** in das **Orchard Palace Hotel**, ✆ 02825/224550, ✉ hghgroup@yahoo.com, VP inkl. ❼–❽, umgewandelt. Die großen Zimmer mit hohen Decken, Himmelbetten und antiken Möbeln blicken auf Obsthaine. Gondal ist ein Zentrum für Perlenstickerei, Handweberei, Silberwaren, handgemachte Messingbehälter und ayurvedische Medizin. Gute Adressen zum **Einkaufen** sind der Markt in der Darbargadh Road und das Kaufhaus Udyog Bharati in der Nähe des Palasts.

Jamnagar

Nahe der Nordwestküste von Saurashtra birgt das hektische Jamnagar mehrere architektonische Überraschungen. Die im 16. Jh. am Ostufer des Ranmal Lake – in dessen Mitte sich das kreisrunde Lakhota-Fort erhebt – gegründete Stadt wurde Ende des 19. und Anfang des 20. Jhs. mehrere Jahre lang von **K. S. Ranjitsinhji** regiert, der für England Cricket spielte. Unter seiner Führung entstanden mehrere attraktive Gebäude, heute die Zeugen seiner erfolgreichen Regierungsperiode. Jamnagar hat sich außerdem für seine hervorragende *bandhani* (Knüpfbatik) einen Namen gemacht, die man überall auf den Märkten in der Umgebung von Darbargadh erstehen kann.

Ranjitsinhjis bemerkenswertester Bau ist **Willingdon Crescent**, dessen schwungvolle Fassade die breiten Straßen des Chelmsford Market und den alten Palast **Darbargadh** überblickt. Im Herzen der Stadt, nahe der Ranjit Road und südwestlich des Bedi Gate, steht die aus dem späten 19. Jh. stammende **Ratan Bai-Moschee**. Diese riesige, überwölbte Gebetshalle – deren Sandelholztüren mit Einlegearbeiten aus Perlmutt verziert sind – bildet einen scharfen Kontrast zu den beiden benachbarten, prächtigen **Jain-Tempeln**, die jeweils mit außergewöhnlichen **Wandmalereien** versehen sind. Der spektakulärere der beiden Tempel, **Shantinath Mandir**, besticht mit seinem Irrgarten aus bunt bemalten Säulen. Die große Kuppel über dem **Adinath Mandir** dagegen schmückt sich mit einem bunten, golddurchsetzten Mosaik, und beide Tempel werden über

Gujarat

ihrem Eingangsportal durch ein Muster aus Spiegeln verschönert. Die Tempel bilden gleichzeitig den Eingang zum **Chandni Bazaar**, einem fast kreisrunden Marktviertel, das durch Mosaike, Balkone und detailverliebte Schnitzereien an den Türen aufgewertet wird.

Ranmal Lake und **Lakhota-Palace** westlich der Altstadt waren das Ergebnis einer Arbeitsbeschaffungsmaßnahme in den 1750er-Jahren, als der Staat Jamnagar von einer schlimmen Dürre heimgesucht wurde. Der Palast ist in beiden Richtungen über einen Damm mit dem Festland verbunden, aber nur von Norden aus zugänglich. Beim Betreten der Anlage kommt man an einer Wachstube vorbei, in der Musketen, Schwerter und Pulverkolben zur Schau gestellt werden. Das Museum im oberen Stockwerk zeigt eine mittelmäßige Ausstellung von Gemälden, Skulpturen, traditioneller Kunst und Münzen. ⌚ 10.30–14 und 14.30–17.30 Uhr, Mi sowie jeden 2. und 4. Sa im Monat geschlossen, Eintritt Rs50.

Südlich des Sees erhebt sich das mächtige **Bhujia-Fort**, das beim Erdbeben von Jamnagar schwer beschädigt wurde und seitdem für Besucher geschlossen ist. Der **Tempel Bala Hanuman** am Rand der Altstadt ist Schauplatz von Gesängen („Shree Ram, Jay Ram, Jay Jay Ram"), die rund um die Uhr andauern und seit 1964 nicht mehr unterbrochen wurden, was dem Tempel eine Erwähnung im *Guinnessbuch der Rekorde* eingebracht hat.

Übernachtung

Passable Unterkünfte in Jamnagar sind dünn gesät. Die billigen Hotels im und um den New Super Market liegen unter dem gewohnten Standard.

Aram, Nand Niwas, Pandit Nehru Marg, ☎ 0288/255 1701, 💻 www.hotelaram.com. Palastartiges weißes Gebäude – ehemaliges Zuhause eines Nachfahren der Herrscherfamilie – mit blauen Markisen, erinnert an ein britisches Strandhotel. Die großen, etwas verblichenen AC-Zimmer verströmen charmantes Raj-Flair und sind mit europäischen Antiquitäten eingerichtet. ❺

Ashiana, 3. Stock, New Super Market, ☎ 0288/255 9110. Für ein Budgethotel gibt es recht geräumige Zimmer mit TV und Bad. Zur Auswahl stehen AC-Zimmer mit Teppichboden sowie schäbigere, die spartanisch ausgestattet sind. ❷–❹

Gayatri Guest House, Summer Club Rd, fünf Minuten zu Fuß südlich des Busbahnhofs, im 2. Stock gegenüber dem Rathi Hospital, ☎ 0288/256 4727. Bescheidene DZ, teilweise mit AC und TV, günstige EZ und 24-Std.-Checkout. ❸–❹

President, Teen Batti, ☎ 0288/255 7491, 💻 www.hotelpresident.in. Das gut geführte Hotel hat einfache Zimmer mit Balkon und TV, Geldwechsel und ein gutes Restaurant. An der Rezeption lassen sich Ausflüge zum Vögelbeobachten, Segeltörns und Besuche des hiesigen Wasserschutzgebietes organisieren; kostenloser Flughafentransfer. ❸–❺

Punit, Pandit Nehru Marg, unmittelbar nordwestlich vom Teen Batti, ☎ 0288/255 9275, 📠 255 0561. Beliebte Unterkunft mit kleiner, charmanter Dachterrasse. Luftige, türkis gestrichene Zimmer mit Teppichen und etwas altmodischer Einrichtung. ❸–❹

Ausgezeichnetes Hotelrestaurant

7 Seas, Hotel President. Getreu dem nautischen Motto des Hotels hat das Restaurant eine bullaugenartige Tür und ist mit maritimen Gemälden verziert. Hier gibt es einige der besten nicht veg. Gerichte von Jamnagar. Das Curry mit gebackenem Lammfleisch ist absolut köstlich und die Ananas-Lassi darf man sich auf keinen Fall entgehen lassen.

Essen

Fresh Point, in der Nähe vom Rathaus. Das bescheidene Lokal mit vielen einheimischen Stammgästen verwöhnt seine Gäste mit Punjab- und anderen nordindischen Gerichten (Rs30–70).

Kalpana, Teen Batti. Alterndes Dekor, aber durchaus verlockende vegetarische Snacks: Burger, *dosas*, Milchshakes und Eiscreme (Rs20–50).

Madras, Teen Batti. In dem beengten Speisesaal und dem etwas größeren AC-Raum werden großartige Punjabi-, südindische, Jain- und chinesische Gerichte aufgetragen, außerdem umwerfende veg. *jalfrezi* (Rs30–80).

Sonstiges

Kurse

Jamnagar's Ayurvedic University, 1 km nordwestlich vom Teen Batti, ☏ 0288/277 0103, 🖳 www.ayurveduniversity.com. Hier werden verschiedene Kurse, Massagen, Yoga und Schlammbäder angeboten.

Reisebüros

Savetime Travel, Bedi Gate Rd, ☏ 0288/255 3137, verkauft Flugtickets und erteilt Reiseinformationen.

Transport

Busse

Vom staatlichen **Busbahnhof** sind es nur 2 km zu Fuß oder per Rikscha gen Westen am Ranmal Lake vorbei zum Bedi Gate und New Super Market, dem inoffiziellen Stadtzentrum. Die Busse aus Rajkot fahren auf dem Weg zum Busbahnhof durch die Stadt, sodass die Möglichkeit besteht, sich am Bedi Gate absetzen zu lassen. Wer in Richtung Rajkot reisen möchte, kann den Bus vor dem Hotel President heranwinken. Staatliche Busse fahren regelmäßig nach RAJKOT (2 Std.), JUNAGADH (4 Std.), PORBANDAR (4 Std.) und DWARKA (3–4 Std.).

Einige **Privatbusse** fahren am Pancheshwar Tower nahe Teen Batti ab. **Patel Tours & Travels**, ☏ 0288/255 2419, bietet Verbindungen nach AHMEDABAD und BHUJ.

Eisenbahn

Vom **Hauptbahnhof** führt eine 6 km lange Fahrt Richtung Südosten in die Stadt, vorbei am großen Platz Teen Batti. Die meisten Züge halten auch am kleineren Bahnhof Gandhinagar, 2 km vom Zentrum entfernt.

Flüge

Der **Flughafen** liegt 8 km westlich vom Busbahnhof. **Indian Airlines**, Bhid Bhanjan Rd, ☏ 0288/255 0211, fliegt tgl. nach Mumbai.

Dwarka

Im äußersten Westen der Halbinsel bieten die fruchtbaren Weizen-, Erdnuss- und Baumwollfelder einen angenehmen Kontrast zu den dürren Ebenen des Inlands. Gemäß einer Hindu-Legende floh Krishna aus Mathura in diese Küstenregion und erkor Dwarka zu seiner Hauptstadt. So richtig erwacht Dwarka während der großen Hindufestivals zum Leben, von denen das Shivratri Mela (Feb/März) und Janmashtami (Aug/Sep) am ausgelassensten gefeiert wird. Der kunstvoll verzierte Turm des aus dem 16. Jh. stammenden **Dwarkadish-Tempels** ragt 50 m über die Stadt empor. Der Zutritt ist auch Nichthindus erlaubt, allerdings muss man zuvor unterschreiben, dass die Religion respektiert wird. 🕓 tgl. 7–12.30 und 17–21.30 Uhr.

Als Krishna mit dem Yadava-Clan nach Dwarka kam, machte er sich mit Prinzessin Rukmini auf und davon. Der kleine **Rukmini-Tempel** aus dem 12. Jh. liegt 1 km östlich der Stadt und ist architektonisch eindrucksvoller als der Dwarkadish-Tempel; all seine Wände werden von Elefanten, Blumen, Tänzern sowie Shiva in verschiedenen Erscheinungsformen geziert. Ein großartiger **Ausblick** über die Stadt und das dahinter liegende Meer bietet sich von der Spitze des Leuchtturms. 🕓 tgl. 17–18.30 Uhr, Eintritt Rs10.

Übernachtung und Essen

Die Übernachtungsmöglichkeiten in Dwarka sind preiswert.

Gurupreena, an der Zufahrtstraße vom Highway zum Busbahnhof, ☏ 02892/235512. Saubere und komfortable Zimmer, die teureren mit AC. ❸–❹

Hotel Rajdhani, Hospital Rd, zwischen Busbahnhof und Tempel, ☏ 02892/234070. Einfache Zimmer mit TV und entweder AC oder Ventilator. ❹

Meera, an der Zufahrtstraße, hat günstige veg. *thalis.*

Sonstiges

Internet

Shreeji Cybercafé, gegenüber dem Hotel Uttam, ☏ 02892/234692, Rs40 pro Std.

Gujarat

Touren

Dwarka Darshan, im Gemüsemarkt, ✆ 02892/234093, veranstaltet jeweils um 8 und 14 Uhr Touren zum unterirdischen Jyotrilingam im Nageshwar-Tempel, 16 km von Dwarka entfernt (Rs50).

Transport

Busse

Vom **Busbahnhof** an der Straße nach Okha bestehen regelmäßig Verbindungen nach AHMEDABAD (6x tgl., 11 Std.), JAMNAGAR (8x tgl., 3–4 Std.), JUNAGADH (3x tgl., 5–6 Std.), PORBANDAR (stdl., 3 Std.) und VERAVAL (stdl., 6 Std.).

Eisenbahn

Die Züge kommen am **Bahnhof** nördlich der Stadt an.

Porbandar

Gujarat

Porbandar, einst internationaler Hafen und Hauptstadt des Fürstentums, liegt zwischen Veraval und Dwarka. Bekannt ist die Stadt vor allem als Geburtsort von **Mahatma Gandhi**, sie wird aber auch eng mit der Legende von **Krishna** in Verbindung gebracht – früher hieß der Ort Sudampuri, nach einem von Krishnas Gefährten. Die Hauptstraße Porbandars, die **Mahatma Gandhi (MG) Road**, verläuft von einem Brunnen im Osten (nordöstlich davon liegt der **Bahnhof**) zu einem dreiflügligen **Tor** im Westen, ganz in der Nähe von Gandhis Geburtshaus. Auf dem großen **Main Square** wird die MG Road von der Arya Sumaj Road geschnitten, die im Norden zur Jubilee Bridge und im Süden zum **GPO** führt. Unmittelbar östlich davon liegt der **ST-Busbahnhof** (über die ST Road mit der MG Road verbunden) und im Süden Porbandars größter Strand.

Die Stadt bietet wenig Sehenswertes, abgesehen von **Gandhis Geburtshaus**, einer rührend einfachen Gedenkstätte zu Ehren der „Großen Seele". Im Innern des Gebäudes, im Westteil der Stadt, herrscht gähnende Leere – mit Ausnahme der Wände in den Lese- und Gebetszimmern der oberen Stockwerke, wo verblichene Spuren von Malereien zeugen. Kirti Mandir, eine in den 1950er-Jahren errichtete Gedenkstätte für den Mahatma und seine Ehefrau, beherbergt Fotografien und Artefakte aus dem deren Leben. 🕓 7.30–19.30 Uhr, Eintritt frei, die Führer erwarten jedoch eine Spende.

Die ehemaligen Maharadscha-Paläste befinden sich unweit des Chowpatty Sea Face. Der **Huzoor-Palast** wird noch von einer Familie mit aktuellem Wohnsitz in London genutzt, wenn sie sich auf Urlaub hier aufhält. Der **Palast Daria Rajmahal** unweit des Leuchtturms beherbergt heute ein College. Sehenswert ist auch der in der Nähe des Busbahnhofs gelegene Pavillon **Grishmabhawan** mit seinen Bögen, der im 18. Jh. für den Dichter und Maharadscha Sartanji erbaut wurde. Der See von Porbandar ist ein ausgewiesenes Vogelschutzgebiet, doch mehr **Flamingos** als hier bekommt man an den kleinen Flüssen entlang der Küste zu Gesicht, wo auch die Schiffsbauer ihrer Arbeit nachgehen. Jahr für Jahr tummeln sich über 1000 Walhaie an den Küsten nahe Porbandar und Veraval. Der **Wildlife Trust of India**, ✆ 011/2632 6025, 💻 www.wti.org.in, organisiert Tauchgänge (allerdings ohne Ausrüstung) und Fahrten auf Forschungsbooten.

Übernachtung

Indraprasth, nahe ST Rd, ✆ 0286/224 2681, 💻 www.hotelindraprasth.biz. Eine von mehreren anständigen, aber nicht gerade aufregenden Mittelklasseunterkünften in Porbandar. Einfache Zimmer in warmen Farbtönen mit TV und Bad; AC kostet extra. ❷–❹

Moon Palace, MG Rd, 100 m östlich vom Hauptplatz, ✆ 0286/224 1172, ✉ hmppbr@hotmail.com. Etwas düstere Zimmer, aber sauber, komfortabel und preiswert. Alle mit Bad / TV. ❷–❹

Silver Palace, Silver Complex, nahe MG Rd, ✆ 0286/225 2591. Gutes Hotel, makellose Zimmer

Erstklassig

Natraj, MG Rd, nahe dem Moon Palace, ✆ 0286/221 5658, 💻 www.hotelnatrajp.com. Mit Abstand Porbandars bestes Hotel. Erfrischend kühle, minimalistisch eingerichtete Zimmer zum Schnäppchenpreis. Gutes Restaurant und Geldwechsel. ❸–❺ mit TV, Kühlschrank und allem möglichen Schnickschnack (z. B. Polsterstühle und kleine Tische). Am besten mehrere Zimmer zeigen lassen, da manche sehr grell gestrichen sind. ❸–❹

Essen

Obwohl Porbandar in Gujarat für seine Meeresfrüchte bekannt ist, sind diese recht schwer zu finden. Generell gibt es wenige Restaurants, die nicht zu einem Hotel gehören.

Moon Palace, MG Rd. Das sehr beliebte Hotelrestaurant serviert Gujarat-*thalis* für Rs50–85, Punjab-Gerichte und westliche Snacks. Öffnet zeitig zum Frühstück.

National, MG Rd. In dem moslemischen Restaurant bekommen die immer zufriedenen Gäste kleine, aber vorzügliche Fleischportionen oder veg. Essen (Rs30–90).

Natraj, Natraj Hotel. Im selben Stil und mit gleicher Effizienz geführt wie das Hotel. Moderner Speisesaal und vielseitiges Angebot indischer und chinesischer Gerichte sowie leckere Pizza und Pastagerichte – Letztere eine echte Seltenheit in Gujarat (Rs40–120).

Swagat, MG Rd, 250 m östlich des Main Square. Entspanntes, schummrig beleuchtetes Lokal mit guter, preiswerter Punjab- und Südindien-Küche (Rs30–85). Am Wochenende meist sehr voll.

Sonstiges

Geld

Die **Banken** in der MG Rd wechseln Bargeld und Reiseschecks.

Internet

Shiny the Cyber Hut, unter dem Indraprasth Hotel, bietet Internetzugang für Rs30 pro Std.

Reisebüros

Eagle Travels, ✆ 0286/221 2089, betreibt Busse, u. a. nach RAJKOT (5 Std.), AHMEDABAD (10 Std.) und JUNAGADH (3 Std.); es verkehren aber auch langsamere staatliche Busse.

Thankys Tours and Travels, MG Rd, nahe Dreamland Cinema, ✆ 0286/224 4344, Buchung von Taxis, nationalen Flügen und Fahrkarten für den Saurashtra Express Nr. 9216.

Transport

Eisenbahn

Der Saurashtra Express Nr. 19216 fährt tgl. um 21.05 Uhr ab, Ankunft in AHMEDABAD um 6 Uhr und in MUMBAI um 19.15 Uhr.

Flüge

Der **Flughafen** liegt 5 km außerhalb.

Jet Airways fliegt 5x wöchentl. nach MUMBAI (1 1/2 Std.).

Junagadh und Umgebung

Die Kleinstadt Junagadh (oder Junagarh) fasziniert bereits aus der Ferne mit ihrer Skyline aus Kuppeln und Minaretten. Die bunten Basare laden zu einem Streifzug ein, und die vielen buddhistischen Bauwerke, Hindutempel, Moscheen, gotischen Torbögen und Villen – ganz zu schweigen von den großartigen Jain-Tempeln auf dem **Mount Girnar** – machen Junagadh zu einer aufregenden Stadt.

Vom 4. Jh. v. Chr. bis zum Tod Ashokas (ca. 232 v. Chr.) war Junagadh die Hauptstadt von Gujarat und stand unter der Herrschaft der buddhistischen Mauryas. Die kurzen Regierungsperioden der Kshatrapas und der Guptas endeten, als die Stadt in die Hände der hinduistischen Chudasanas fiel. Sie mussten sich jedoch bald darauf den moslemischen Invasoren geschlagen geben, die bis zur Unabhängigkeit regierten. Unter dem Druck der gesamten Region wurde Junagadh nicht, wie ursprünglich geplant, Teil von Pakistan, sondern schloss sich der Indischen Union an.

Der heilige Mount Girnar 4 km außerhalb lässt das **Shivaratri Mela** (Feb/März) in Junagadh zu einem besonders großen Ereignis werden. Jedes Jahr kommen aus diesem Anlass Tausende in Safrangelb gekleidete Sadhus in die Stadt und kampieren in den Straßen. Neun Tage lang wird die Stadt beherrscht von Prozessionen, rituellen Klängen, Darstellungen bußfertiger, asketischer Praktiken, Feuerwerken, Volkstänzen, Bhawai-Theater und Chillum rauchenden Menschen. Mittlerweile nehmen jeden November bis zu 1 Million Menschen am Parikrama teil, einer 36 km langen, 5-tägigen Prozession um den

Fuß des Girnar und die umliegenden Hügel. Reisende, die ihren Aufenthalt auf eine dieser Feierlichkeiten legen, sollten ihre Unterkünfte weit im Voraus buchen.

Orientierung

Die recht kompakte Stadt konzentriert sich auf das quirlige Marktviertel rund um den **Chittakhana Chowk**. Richtung Nordwesten, in der Nähe des **Bahnhofs**, führen ruhige, breite Straßen an den majestätischen **Muqbara-Bauwerken** vorbei, während auf dem Circle Chowk und dem Janta Chowk im Südosten hektische Betriebsamkeit herrscht. Der Circle Chowk wird von einer wunderschönen, halbkreisförmigen Terrasse zwischen mächtigen gotischen Toren im viktorianischen Stil dominiert und der Janta Chowk von der **Durbar Hall** mit ihrem bescheidenen Museum. In südlicher Richtung verläuft die MG Road zum **Kalwa Chowk**.

Die Stadt

Auf einem von dicken Mauern umgebenen Hügel erhebt sich die imposante Festung **Uperkot**, der von Adlern, Silberreihern und Eichhörnchen bevölkert wird. Der Legende nach stammt die Festung aus der Zeit der Yadavas (Krishnas Clan), die von Mathura nach Dwarka flohen; Historiker sind jedoch der Meinung, dass sie 319 v. Chr. von Chandragupta Maurya erbaut wurde. 976 n. Chr. von moslemischen Eroberern wieder entdeckt und instand gesetzt, gewann die Festung erneut an verteidigungsstrategischer Bedeutung und widerstand in den darauffolgenden 800 Jahren 16 Belagerungen.

Den Eingang zur Zitadelle bilden drei beeindruckende Durchgänge, die während der moslemischen Besatzung in soliden Felsen gehauen wurden. Hier beginnt ein gepflasterter Weg, der sich zum Gipfel der Festungsanlage schlängelt, wo die verlassene **Jama Masjid** steht. Die beiden Furcht einflößenden Kanonen gegenüber der Moschee wurden 1530 benutzt, um die Festung von Diu gegen die Portugiesen zu verteidigen, und erst 1538 an dieser Stelle aufgebaut. ⏲ tgl. 7.30–18.30 Uhr, jeden 2. und 4. Sa im Monat geschlossen, Eintritt Rs50.

Nördlich der Jama Masjid liegt ein Komplex kleiner Zellen, die sich um mehrere Höfe formieren und ebenfalls in den nackten Fels geschlagen wurden. Diese **Buddhistenhöhlen** entstanden im 3. oder 4. Jh. n. Chr. und lassen auf ihren Säulen im unteren Bereich noch immer Spuren von Figurinen und Blattmotiven erkennen; ⏲ tgl. 8–18 Uhr; Eintritt Rs100. Ganz in der Nähe führen mehr als 170 Stufen hinunter zum **Adi Chadi Vav**, aus dem 15. Jh. Der eindrucksvollere **Navghan Kuva** aus dem 11. Jh., südöstlich der Festung, besitzt eine wunderschöne Treppe, die sich rund um den Brunnenschacht bis zum kaum beleuchteten Wasser mehr als 52 m tiefer windet. Ein großes Bassin in der Nähe fängt das Wasser aus den umliegenden Bergen auf, um die Stadt mit dem kostbaren Nass zu versorgen.

Am Fuße der Südwand von Uperkot liegen die **Babupyara-Höhlen**, zwischen 200 v. Chr. und 200 n. Chr. aus dem Fels geschlagen, die bis zur Zeit Ashokas von den Buddhisten und dann von den Jains benutzt wurden. Eintritt Rs100. Die schlichteren und jüngeren **Khapra-Kodia-Höhlen** nördlich von Uperkot sind in relativ gutem Zustand und über Treppen, Säulengänge und Passagen miteinander verbunden.

Westlich des Haupteingangs zur Festung, auf dem Janta Chowk, beherbergt der ehemalige Palast der Nawabs (moslemische Landbesitzer) heute u. a. das **Durbar Hall Museum**. In der Halle stehen silberne Stühle säuberlich aufgereiht um einen großen Teppich, wertvolle Silberuhren verbergen gammelige ausgestopfte Vögel und von der Decke hängen riesige, bunte Kronleuchter herab. ⏲ 9–12.15 und 15–18 Uhr, Mi sowie jeden 2. und 4. Sa im Monat geschlossen, Eintritt Rs50.

Junagadhs bedeutendstes moslemisches Bauwerk ist die reich verzierte **Maqbara** in der MG Road gegenüber dem Gerichtshof. Die flachen, quadratischen Mausoleen – nicht zu vergleichen mit anderen Grabmälern in Gujarat – stammen aus dem 19. Jh. und wurden für moslemische Herrscher erbaut. Zahlreiche große, bauchige Kuppeln krönen die Gebäude. Das prächtigste Mausoleum ist eindeutig das von Mahabat Khan I. aus dem Jahre 1892; den Preis für Auffälligkeit jedoch erhält das aufwendig gestaltete Grabmal des Wesirs Sahib Baka-ud-din Bhar, das vier Jahre später entstand und an jeder Ecke von hohen Minaretten mit Wendeltreppen begrenzt wird.

Junagadh

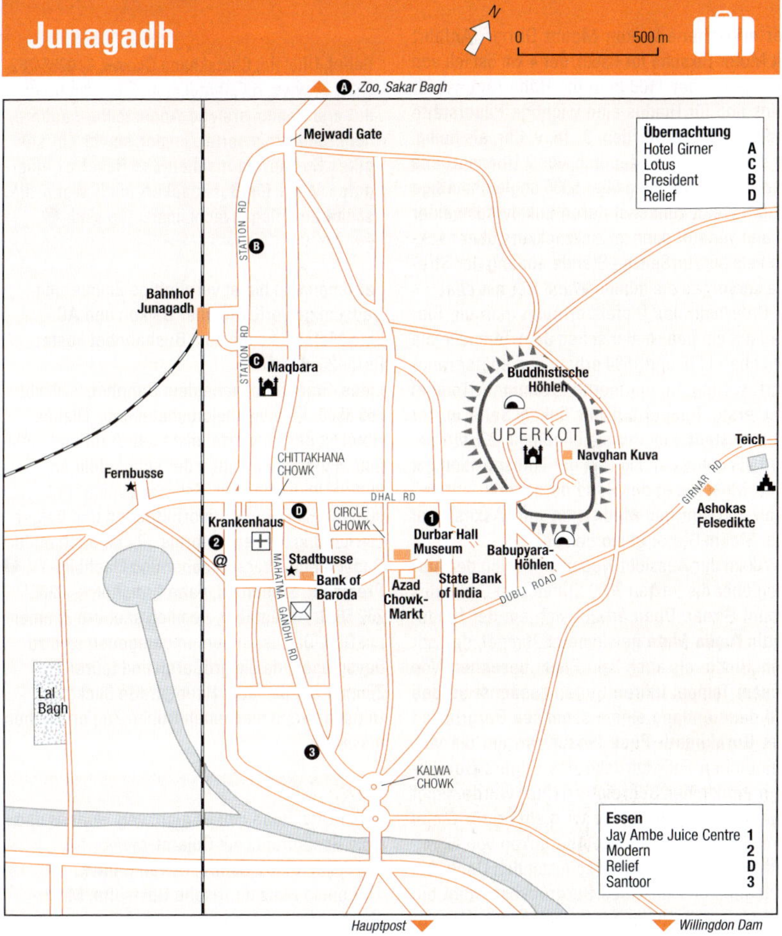

Ashokas Felsedikte

2 km östlich der Stadt, an der Straße nach Girnar, erinnert eines der buddhistischen Felsedikte Ashokas an Junagadhs berühmtesten Monarchen. Das Edikt steht seit dem 3. Jh. v. Chr. an dieser Stelle, allerdings leidet seine Ausstrahlung heute unter der modernen Betonplattform und Überdachung. Die im Prakrit-Dialekt in den Granit gemeißelten Verse preisen die buddhistische Lehre und die Gleichberechtigung, und rufen die unterschiedlichen religiösen Sekten dazu auf, in Harmonie miteinander zu leben und die Kriege zu bereuen. Durch ihre Lage an der Pilgerroute zum heiligen Berg Girnar, besaßen Ashokas Felsedikte bleibenden Einfluss – selbst im 7. Jh. n. Chr. gab es in Junagadh noch 3000 Buddhisten und über 50 Klöster. Auf dem gleichen Felsen sind übrigens auch ein paar Sanskrit-Inschriften zu erkennen, die während der Herrschaft von König Rudraman (150 n. Chr.) und Skandagupta (455 n. Chr.) hinzugefügt wurden. ⏲ tgl. 8–13 und 14–18 Uhr, Eintritt Rs100.

Mount Girnar

Der erloschene Vulkan Mount Girnar (Anfahrt mit Motor-Rikscha für Rs60), der 4 km östlich von Junagadh über 1100 m in die Höhe ragt, ist für Jains und für Hindus eine wichtige Pilgerstätte und galt bereits vor dem 3. Jh. v. Chr. als heilig. Es empfiehlt sich, deutlich vor 7 Uhr morgens loszulaufen. Der Weg über 5000 ungleichmäßige Stufen steigt zunächst durch Eukalyptuswälder an und verläuft dann im Zickzackkurs über nackten Fels bis zur Spitze –Stände entlang der Strecke versorgen die müden Wanderer mit *chai*.

Unterhalb des Gipfels erreicht man ein Plateau mit ein paar malerischen Jain-Tempeln, die zwischen 1128 und 1500 erbaut und später renoviert wurden. Im marmornen **Neminath-Tempel** (der erste Tempel auf der linken Seite in der „Tempelstadt") ist der gleichnamige 22. *tirthankara* als schwarze Figur in der Lotusposition mit einer Muschel in der Hand dargestellt – er soll nach 700-jähriger Meditation und Askese auf dem Mount Girnar gestorben sein.

Allein der Aussicht wegen lohnt sich der Aufstieg über die letzten 2000 Stufen zum Gipfel des Mount Girnar. Oben erhebt sich ein der Hindu-Göttin **Amba Mata** gewidmeter Tempel, den sowohl Hindu- als auch Jain-Pilger besuchen. Von diesem Tempel führen Stufen zunächst bergab und dann entlang einem schmalen Bergrücken zum **Gorakhnath Peak** hinauf, wo um die vermeintlichen Fußabdrücke des Pilgers Gorakhnath ein kleiner Schrein errichtet wurde. Folgt man dem Weg weiter, so wird ein dritter Gipfel erreicht, diesmal mit den Abdrücken von Neminaths Füßen unter einem schützenden Dach. Am entlegensten Punkt des Bergrückens steht ein Schrein zu Ehren der Furcht erregenden Hindu-Göttin **Kali** (eine Erscheinung Durgas). Dies ist ein Lieblingsplatz der fast nackten **Aghora-Asketen**, die ihrer absoluten Abkehr von der Welt Ausdruck verleihen, indem sie ihre eigenen Begräbnisse inszenieren.

Übernachtung

Reisende, besonders Frauen, sollten die **Hotels** in der Gegend um den Kalwa Chowk meiden.

Hotel Girner, außerhalb der Stadt, 2 km nördlich vom Busbahnhof, ✆ 0285/2621201. Wird (leidenschaftslos) von Gujarat Tourism betrieben und bietet vernünftige Zimmer mit Bad. Einige verfügen über Balkon und AC. Eine Motor-Rikscha vom Busbahnhof kostet Rs15–20. ❸–❹

Lotus, Station Rd, nahe dem Bahnhof, ✆ 0285/265 8500, 💻 www.thelotushotel.com. Dieses Hotel ist das komfortabelste der Stadt und stellt eine Ruheoase inmitten der schmuddligen, lauten Umgebung dar. Schicke Zimmer mit schwarz-weißen Marmorfußböden und beiger Einrichtung. Gegen Aufpreis gibt es auch noch Badewanne, Wasserkocher und Flachbild-TV. ❺

President, Station Rd, nahe Bahnhof, ✆ 0285/262 5661. Akzeptable, ziemlich saubere Zimmer mit Bad. Die zum Innenhof gelegenen sind zu bevorzugen, da die größeren und teureren Zimmer auf die laute Hauptstraße blicken. Günstig, wenn man einen frühen Zug erwischen muss. ❹

Bezahlbar und gemütlich

Relief, Dhal Rd, Chittakhana Chowk, ✆ 0285/262 0280, 💻 www.reliefhotel.com. Freundliche und äußerst kenntnisreiche Angestellte, saubere, helle und preiswerte Zimmer sowie ein sehr gutes Restaurant machen das Relief zu einer guten Wahl für Backpacker, auch wenn die sanitären Anlagen nicht immer top sind. ❸

Essen

In der Dhal Road gibt es nicht veg. *dhabas* und viele Restaurants mit Gujarat-*thalis*.

Jay Ambe Juice Centre, Diwan Chowk. Der beste Platz für frische Obstsäfte, Milchshakes und Eis. Besonders empfehlenswert: Getränke aus den *kesar*-(Safran) Mangos (um Rs25), für die Junagadh berühmt ist.

Modern, gegenüber vom Krankenhaus. AC-Speisesaal mit jeder Menge süß-saurer *thalis* (Rs80). Da es Touristen eher selten hierher verschlägt, könnten Ausländer beim Essen bestaunt werden.

Relief, Relief Hotel. Schickes Restaurant mit einer verlockenden Auswahl an moslemischen sowie Tandoori-Fleisch- und Fischgerichten, z. B. *murg malaj*-Kebab. Auch veg. Speisen (Hauptgerichte Rs55–95).

Santoor, MG Rd, nördlich des Kalwa Chowk. Köstliche, preiswerte südindische und Punjab-Gerichte (Rs20–60), sowie Shakes und Säfte aus regionalen Früchten.

Sonstiges

Geld

Die **State Bank of India**, gegenüber dem Durbar Hall Museum, wechselt Bargeld. Reiseschecks akzeptiert die nahe gelegene **Bank of Baroda** in der Nähe des Nahverkehrs-Busbahnhofs. Dort gibt es auch einen **Geldautomaten**.

Informationen

Die beste Informationsquelle über die Sehenswürdigkeiten und den Gir-Nationalpark sind die Angestellten des Relief-Hotels.

Internet

XS Cyber Café, nahe Busbahnhof, bietet Zugang für Rs15 pro Std.

Post

Hauptpost, 2 km südlich des Zentrums. Neben dem Nahverkehrs-Busbahnhof gibt es noch eine kleinere Filiale.

Nahverkehr

Allgemein übliches Transportmittel sind **Motor-Rikschas**, aber auch per Fahrrad lässt sich in und um Junagadh viel entdecken – mit ein bisschen Beinarbeit gelangt man sogar zum Mount Girnar. Ganz passable **Fahrräder** verleiht ein Laden unmittelbar westlich vom Chittakhana Chowk sowie das Relief Hotel.

Transport

Wer mit dem Bus oder Zug in Junagadh ankommt, befindet sich bereits in Laufweite zu allen Hotels.

Busse

Vom Langstrecken-Busbahnhof werden Ziele im ganzen Bundesstaat angesteuert, z. B. fahren stdl. Busse nach UNA und DIU (Direktverbindungen nach Diu um 7 Uhr; 6 Std.).
Mahasagar Travels, unweit des Bahnhofs, ✆ 0285/262 6085, verkauft Tickets für Busse privater Gesellschaften, u. a. nach MUMBAI (24 Std.). Eine Filiale befindet sich am Kalwa Chowk, ✆ 0285/262 1913.

Eisenbahn

Alle Züge nach Rajkot, Ahmedabad und zur Südküste halten in Junagadh. Es gibt auch tgl. Verbindungen nach Veraval, Sasan Gir und Delwada (Richtung Diu). Busse zu den letzteren beiden Zielen sind zwar schneller, aber weniger komfortabel.

Flüge

Regelmäßige Verbindungen nach MUMBAI (1x tgl., 2 1/4 Std.).

Veraval und Somnath

Der Fischerort **Veraval** liegt auf halber Strecke zwischen Porbandar und Diu. Die Stadt ist Ausgangspunkt für einen Besuch im 5 km östlich gelegenen Somnath, Heimat eines Tempels, der zu den zwölf *jyotrilingams* Shivas gehört. Seine Vishnu-Schreine und seine Verbindung mit Krishna – der zur Zeit des *Mahabharata* mit den Yadavas hier gelebt haben soll – machen den Ort außerdem zu einem bedeutenden Pilgerziel für die Vaishnaviten.

Somnath besteht aus nur wenigen Straßen und einem Busbahnhof, nicht einmal sein berühmter **Tempel** am Meer sieht besonders faszinierend aus – dafür ist die damit verbundene Geschichte umso interessanter. Der Legende nach soll die früher als **Prabhas Patan** bekannte Stätte dem Saft einer Pflanze namens Soma gewidmet gewesen sein, die bei Ritualen verwendet und im *Rigveda* wegen ihrer erleuchtenden Kräfte (und ihrer halluzinogenen Effekte) hoch geschätzt wurde. Auf Geheiß des Sonnengottes entstand der Tempel zunächst aus Gold, der Mondgott soll ihn ein zweites Mal in Silber erschaffen haben, Krishna ordnete seine Errichtung in Holz an und schließlich wurde das Gebäude von Bhima, dem stärksten der fünf Pandava-Brüder aus dem *Mahabharata*, in Stein erbaut.

Die erste verlässliche Aufzeichnung datiert den Tempel jedoch auf das 10. Jh., als er dank großzügiger Spenden von Gläubigen zu Reichtum gelangte. Unglücklicherweise kam dieser

Gujarat

Reichtum dem brutalen Bilderstürmer Mahmud von Ghazni zu Ohren, der das Heiligtum zerstörte und seine Reichtümer nach Afghanistan entführte. In den darauffolgenden sieben Jahrhunderten durchlebte das Bauwerk eine wechselvolle Zeit aus Wiederaufbau und Plünderung, lag nach dem letzten Raubzug von Aurangzeb jedoch 200 Jahre lang in Trümmern, bevor man 1950 mit dem jüngsten Wiederaufbau begann. Von seiner Originalstruktur ist heute leider nur wenig erhalten. Obwohl der Tempel im Stil der Solanki-Architektur entworfen wurde, besteht er aus hässlichem modernen Stein. Gottesdienste werden jeweils um 7, 12 und 19 Uhr abgehalten. (🕒 tgl. 6–21.30 Uhr, Fotografieren verboten)

Das **Architekturmuseum** nördlich des Tempels beherbergt Statuen, Türstürze, Teile der Deckensäulen, Friese und *toranas* aus dem 10. bis 12. Jh. 🕒 8.30–12.15 und 14.30–18 Uhr, Mi sowie jeden 2. und 4. Sa im Monat geschlossen. Das **Museum von Somnath** gegenüber vom Busbahnhof ist mit haufenweise seetüchtigen Artefakten bestückt. 🕒 10.30–17.30 Uhr, Mi sowie jeden 2. und 4. Sa im Monat geschlossen, Eintritt Rs50.

Vor dem Busbahnhof warten Tongas und Rikschas, um die Pilger zu den Tempelstätten östlich von Somnath zu bringen. Am bedeutendsten davon ist **Triveni Tirth** im Mündungsdelta der Flüsse Hiran, Saraswati und Kapil. Zuvor passiert die Straße den alten **Surya Mandir**, der aus der Solanki-Ära stammt, aber heute von einem neueren Tempel und nahe stehenden Betonhäusern fast erdrückt wird.

Übernachtung

Veraval

Veraval hat ein größeres Angebot an Unterkünften als Somnath, Gestank und Dreck der Stadt schrecken Touristen allerdings ab.

Hotel Kaveri, Akar Complex, ST Rd, ✆ 02876/220842, 💻 www.hotelkaveri.com. Das beste Haus am Platz bietet saubere, helle und gut ausgestattete Zimmer (teils AC) mit TV und Bad. ❹–❺

Hotel Park, an der Zufahrtstraße von Junagadh, 1,5 km außerhalb der Stadt, ✆ 02876/242703. Ziemlich langweilig, aber die AC-Zimmer sind in Ordnung, und es gibt einen großen Pool.

Hotel Utsav, gegenüber dem Busbahnhof, ✆ 02876/22306. Nicht gerade sauber, aber eine Option, wenn man aufs Geld schauen muss. ❷–❹

Somnath

Shivam, in einer Seitenstraße unweit des Tempels, ✆ 02876/233086. Die beste Unterkunft vor Ort hat saubere und ordentlich ausgestattete Zimmer (teils AC). ❷–❹

Mayuram, südöstlich vom Busbahnhof mit einem Schild auf Gujarati, ✆ 02876/231286. Etwas bessere Preise als das Nandi. ❷–❸

Nandi, unweit des Architekturmuseums, ✆ 02786/231839. ❷–❹

Essen

Veraval

Das komfortable und klimatisierte **Sagar**, nahe dem Uhrenturm, bietet eine abwechslungsreiche vegetarische Speisekarte mit indischen und chinesischen Gerichten.

Wer nicht auf guten Fisch verzichten möchte, begibt sich zum **Park Hotel**.

Somnath

Bei der **Tempelstiftung** gibt es preiswerte veg. *thalis*.

Transport

Busse

Der **Busbahnhof** von Veraval, ✆ 02876/221666, liegt zehn Minuten Fußweg westlich der Stadt. Es bestehen gute Verbindungen nach Junagadh, Porbandar und Dwarka. Außerdem fahren Regionalbusse nach Diu, aber die Fahrzeuge sind langsam und die Straßen schlecht. Busse nach SASAN GIR fahren ab 8 Uhr alle 2 Std. los (Fahrtdauer 1 Std.). Die Busse nach Somnath (alle 15–30 Min.) halten ein paar hundert Meter östlich des Shiva-Tempels.

Eisenbahn

Die Züge aus JUNAGADH (2 Std.), RAJKOT (4 1/2 Std.) und AHMEDABAD (12 Std.) kommen am **Bahnhof**, ✆ 02876/220444, 1 km nördlich der Stadt an. Wer von Veraval aus eine lange

Zugreise antritt, erreicht sein Ziel am schnellsten mit Umsteigen in Rajkot. Der Zug nach SASAN GIR (2 Std.) fährt um 9.40 Uhr ab.

Gir-Nationalpark

Der **Asiatische Löwe** – durch die Jagd, die Abholzung der Wälder und die Wilderei im übrigen Indien bereits 1880 ausgerottet – kommt in freier Wildbahn nur noch auf rund 1150 km² des hügeligen Gir Forest vor. Allein im 260 km² großen **Gir-Nationalpark** leben um die 350 Löwen. Sie teilen sich das Gebiet mit Viehzüchtern vom Stamm der Maldhari. Viele Familien wurden inzwischen umgesiedelt – diejenigen, die nach wie vor innerhalb der Parkgrenzen leben, erhalten für jeden von den Löwen gerissenen Büffel Schadensersatz. Außerdem sind im Nationalpark etwa 200 **Leoparden** beheimatet. 2008 kam heraus, dass ein paar Touristen für grausame – und streng verbotene – *baitwalla*-Shows bezahlt hatten, bei denen Löwen angebundenes Vieh rissen. Wer etwas von so einer Show hört, sollte sofort die Parkverwaltung informieren.

Zur Rechten des Eingangs zum ummauerten Hauptquartier des Parks befindet sich ein übersichtliches **Orientation Centre**, ⌚ 9–18 Uhr. Ganz in der Nähe liegt eine **Krokodilaufzuchtstation**, ⌚ 9–18 Uhr. **Permits** werden im **Park Information Centre**, ⌚ Mitte Okt–Mitte Feb 6.30–10.30 und 15–17 Uhr, Mitte Feb–Mitte Juni 6.30–13 und 16–17.30 Uhr), ausgestellt, auf der anderen Straßenseite vom Orientation Centre. Der Eintritt für ein Auto mit bis zu sechs Passagieren beträgt unter der Woche Rs400. Am Wochenende und während Festivals steigen die Preise um 25 bzw. 35 %. Pro Fahrzeug ist eine obligatorische **Führungsgebühr** von Rs50 zu entrichten, und von jedem Besucher werden zusätzlich Rs250 für eine **Fotoerlaubnis** verlangt. Außerdem muss man für die 2 1/2- bis 3-stündige Tour am Orientation Centre einen Jeep mieten. Auch wenn manche Preise in Dollar ausgezeichnet sind, werden nur Rupien angenommen. Natürlich hat man nicht immer das Glück, einen Löwen zu erspähen, aber die Tiere scheinen sich von den Jeeps nicht stören zu lassen. Die besten Chancen bestehen im Sommer.

In **Dewaliya**, einem teilweise umzäunten Parkabschnitt mit der Bezeichnung „Gir Inter-

Der Asiatische Löwe

Der seltene Asiatische Löwe *(Panthera leo persica)* ist heller und zotteliger als sein verbreiteterer afrikanischer Cousin; außerdem hat er eine längere Schwanzquaste, markantere Fellbüschel am Beingelenk und eine größere Bauchfalte. Vermutlich kamen die Löwen von Persien nach Indien und waren zu Zeiten Buddhas im indischen Flachland weit verbreitet. Um 300 v. Chr. bemühte sich Kautilya, der Minister von Chandragupta Maurya, um ihren Schutz, indem er bestimmte Gebiete zu *abharaya aranyas* („Wälder frei von Angst") erklärte. Später verbot **Ashoka** auf seinen Felsedikten das Jagen der majestätischen Tiere.

Im 19. Jh. wurde der Löwe, Sinnbild der Macht, zum beliebtesten Jagdwild der indischen Herrscher und bereits 1913 – nicht lange nachdem der Nawab von Junagadh die Löwen zur geschützten Spezies erklärt hatte – gab es nur noch 20 Exemplare. 1969 ernannte man den Gir Forest zum Reservat und sechs Jahre später zum Nationalpark – seitdem ist die Zahl der Löwen wieder auf über 360 gestiegen, obwohl die Art nach wie vor durch **Wilderer** sehr gefährdet ist, und auch illegale Baumfällarbeiten sind immer noch üblich. Durch den Park verlaufen drei große Straßen und eine Eisenbahnlinie. Vier Tempel ziehen jährlich rund 80 000 **Pilger** an – natürlich resultiert daraus Lärm und Verschmutzung. Außerdem kommt es immer häufiger vor, dass die Tiere die Parkgrenzen überschreiten und Mensch und Tier attackieren. Mittlerweile gibt es von Seiten der Regierung Pläne für ein zweites Reservat (außerhalb von Gujarat), das die Gefahr der Ausrottung der gesamten Gruppe durch Infektionskrankheiten ausschließen soll (eher aus politischen als aus Naturschutzgründen). Die Umsetzung ist allerdings noch nicht gesichert. Weitere Infos unter 🖳 www.asiatic-lion.org.

pretation Zone", bekommt man garantiert Löwen zu sehen: Der Bereich wird regelmäßig von in Sasan Gir abfahrenden Jeeps angesteuert (Rs200 hin und zurück). Das Zentrum vermittelt überraschenderweise einen recht guten Eindruck vom Leben der Löwen „in freier Wildbahn", denn auch hier müssen sie ihr Futter selbst erjagen – wenngleich die Hirsche nur wenig Platz zum Entkommen haben. ⏲ tgl. außer Mi 8–11 und 15–17 Uhr; Eintritt Rs75.

Übernachtung und Essen

Sasan Gir selbst ist eine von Abfall übersäte Hauptstraße mit *chai*-Ständen, Schleppern und hässlichen Betonblocks. Es ist zu beachten, dass die in der Hochsaison (Dez) gültigen Hotelpreise in der Nebensaison (Juni/Juli) um bis zu 70 % fallen können.

Eines der besseren unter den preiswerten Hotels ist das **Umang**, ✆ 02877/285728, ❹–❻. Es liegt in der Nähe der Unterkunft des Forest Department, der mittelmäßigen und überteuerten **Sinh Sadan Forest Lodge**. Sie hat helle, aber spartanische Zimmer, einige davon mit AC. Zur Lodge gehört auch ein Schlafsaal (Rs300).

Gir Birding Lodge, am Bambaphor-Nationalparktor, ✆ 079/2630 2019, ✉ girbirdinglodge@gmail.com. Hat Zimmer im Hauptgebäude und in Cottages mit Holzmöbeln und Himmelbetten. Ein freundlicher Guide und Naturkenner unternimmt mit den Gästen Ausflüge zur Vogelbeobachtung. Gutes Restaurant. VP inkl. ❽

Amidhara Resort, südlich vom Park in Talala, ✆ 02877/285950, 💻 www.amidhararesorts.com. Einfache, aber komfortable Zimmer, Pool und Restaurant. VP inkl. ❽

Rundum gut

Anil Farmhouse, an der Hauptstraße von Junagadh, rund 4 km von Sasan Gir entfernt, ✆ 02877/285590, 💻 www.giranilfarmhouse.com. Das Farmhouse besticht durch eine wunderschöne Grünanlage und preiswerte Zimmer mit schwarz-weiß gefliesten Böden, Rattanmöbeln und Warmwasser. Es gibt auch ein paar billigere Zelte. Zum Haus gehören ein Pool und ein ausgezeichnetes Restaurant. ❹–❻

Transport

Zwischen Sasan Gir und JUNAGADH (1 1/2–2 1/2 Std.) sowie VERAVAL (1–2 Std.) bestehen Verbindungen mit **Bus** und **Bahn**. Wer nach DIU möchte, fährt zunächst mit dem Bus nach UNA und steigt dort um (2 1/4 Std.).

Diu

Vor der Südspitze von Saurashtra liegt die weniger als 12 km lange und nur 3 km breite Insel Diu, die bis 1961 der Kontrolle Portugals unterlag. Heute wird sie als Unionsmitglied zusammen mit Daman von Delhi aus regiert, und ihre entspannte Atmosphäre unterscheidet sie von jedem anderen Ort in Gujarat. Obwohl die Strände nicht so idyllisch sind wie in Goa, bleiben die meisten Besucher doch länger als ursprünglich geplant – sie vertreiben sich die Zeit in den Cafés, erkunden das Eiland per Rad oder machen Spaziergänge über die Klippen. Vielleicht hat die lockere Stimmung auch ein wenig damit zu tun, dass man überall auf der Insel Alkohol bekommt.

Dreh- und Angelpunkt des Eilands ist **Diu Town** im Osten; ein Labyrinth kleiner Gässchen mit hübschen portugiesischen Häusern bildet die **Altstadt** und über dem Golf von Cambay thront eine gebieterische **Festung**. An der Nordküste verläuft die Hauptstraße durch Salzbecken und Sumpfebenen, in denen Schwärme von Wasservögeln leben, darunter Flamingos, die zu Beginn des Frühlings hier eine Pause zur Nahrungsaufnahme einlegen. Die Route entlang der Südküste führt vorbei an Felsklippen und Stränden, von denen **Nagoa Beach** der beliebteste ist, und endet im äußersten Westen der Insel im Fischerdorf **Vanakbara**.

Geschichte

Die frühesten Aufzeichnungen über Diu stammen aus dem Jahre 1298, als die Insel von der Chudasana-Dynastie beherrscht wurde. Kurz danach fiel sie in die Hände der Moslems und wurde ab 1349 von **Mohammed bin Tughluq** regiert, der erfolgreich den Schiffsbau förderte. Diu blühte als Hafen und stand ab 1510 unter der Herrschaft des Ottomanen **Malik Ayaz**, dem es 1520 und erneut 1521 gelang, die Belagerung der

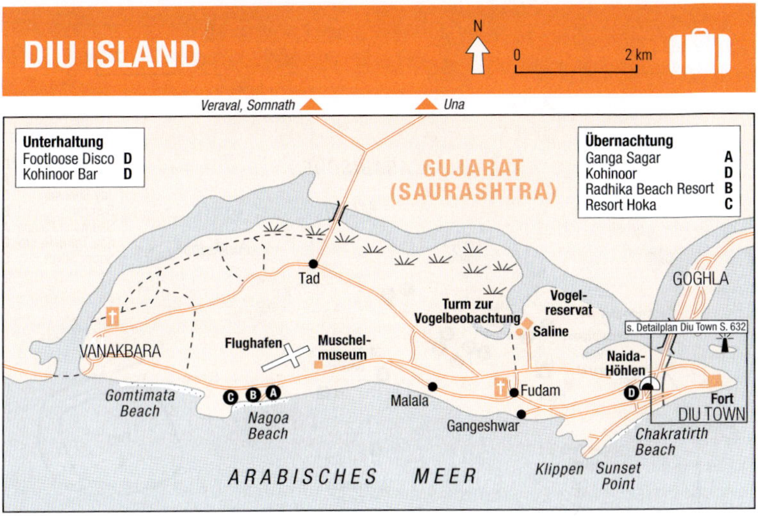

Portugiesen abzuwehren. Diese waren sich jedoch der strategischen Position von Diu für den Handel mit Arabien und dem Persischen Golf bewusst und gaben nicht auf, zumal sie bereits in Daman Fuß gefasst hatten.

Unter **Nuno da Cunha** versuchten sie 1531 ein weiteres Mal vergeblich, die Insel zu erobern. 1535 wurde Sultan Bahadur von Gujarat ermordet, der sich für ein Friedensabkommen ausgesprochen hatte. Die Portugiesen übernahmen die Kontrolle und errichteten sofort eine Festung und eine starke Stadtmauer. Zwar lief der Handel unter den neuen Herrschern weiter, aber vielen Ortsansässigen widerstrebte es, Steuern an die Portugiesen zu zahlen. Sie unternahmen eine Reihe von Raubzügen auf portugiesische Schiffe, welche die Portugiesen ebenso abwehrten wie die Angriffe von Moguln und Arabern. Erst 1961 wurden sie mit Bomben von der indischen Regierung vertrieben, die Diu in ihr Territorium eingliederte.

Diu Town

Das kleine Diu Town wird im Osten von der Festung und im Westen von einer Mauer geschützt. Mitten in dem Labyrinth enger Gassen des **Old Portuguese District** liegt in der Makata Road eine der schönsten Villen der Insel, **Nagar Seth's Haveli**. Von hier kann man zum **Fischmarkt** gegenüber der Moschee spazieren, wo der morgendliche Fang verkauft wird. Zwar verschwindet die christliche Bevölkerung – und deren alte Sprache – allmählich, doch sind ein paar ihrer **Kirchen** nach wie vor in Benutzung. Unter den hohen Decken und bemalten Säulen der **St Paul's Church** werden Messen auf Portugiesisch abgehalten, während die **St Thomas's Church** jetzt als Museum und Gasthaus (S. 633) fungiert (🕓 tgl. 8–21 Uhr) und die **St Francis of Assisi Church** teilweise vom örtlichen Krankenhaus belegt ist.

Dius **Festung**, die seit dem 16. Jh. der von drei Seiten heranrollenden Brandung trotzt, beheimatet inzwischen Vögel, Schakale und das Stadtgefängnis. Dank ihres breiten Burggrabens und ihrer Lage konnte sie sowohl Angriffen vom Land als auch vom Wasser widerstehen – nur den Luftangriff der indischen Regierung im Jahre 1961 hatte sie nichts zu entgegnen (man beachte das Loch über dem Kirchenaltar). Bei einem Streifzug durch die Anlage, die mehr oder weniger in den Händen der Natur liegt, stolpert man immer wieder über jahrhundertealte Kanonenkugeln und genießt einen wunderschönen Blick über das Meer und die Insel. Unmittelbar vor der Küste liegt das sonderbare, in Schiffsform konstruierte **Panikotha Fort**, das durch ei-

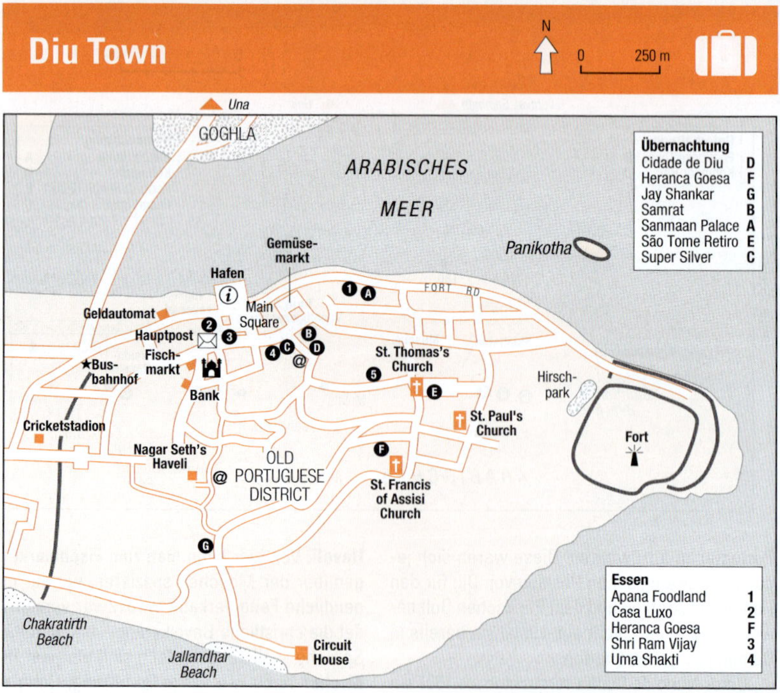

nen Tunnel mit dem Festland verbunden ist. Sie darf zwar nicht betreten werden, doch am Hafen kann man bei gutem Wetter ein Boot (Rs60) mieten, um die Festung von außen zu betrachten. ⌚ tgl. 8–18 Uhr.

Rund um die Insel

Klippen und natürliche Felsbecken dominieren die Südküste von Diu, nur ab und zu unterbrochen von einem Stück Strand. Unmittelbar südlich von Diu Town liegt der idyllische **Jallandhar Beach**, etwas weiter westlich, am Fuße eines Hügels und direkt vor den Stadtmauern, der größere **Chakratirth Beach**. Letzterer gilt in vielerlei Hinsicht als schönster Strand der Insel, zumal er meist menschenleer ist und man in Ruhe ein Bad nehmen kann, was besonders allein reisende Frauen zu schätzen wissen. Am nahen **Sunset Point** ist regelmäßig ein romantisches Spektakel zu sehen, wenn die Sonne wie eine goldene Scheibe in den Wellen versinkt. Der längste und einzige erschlossene Strand von Diu, **Nagoa Beach**, 7 km westlich der Stadt, verfügt über mehrere Hotels; leider müssen sich Sonnenanbeter, das gilt insbesondere für Frauen, auf häufige Belästigungen einstellen. Busse fahren von Diu Town nach Nagoa, die Fahrzeiten ändern sich jedoch ständig und können beim Tourist Office erfragt werden. Wer ein eigenes Fahrzeug hat, sollte unbedingt auch dem stets einsamen **Gomtimata Beach** zwischen Nagoa und Vanakbara einen Besuch abstatten.

Ein Stückchen außerhalb der Stadt führt eine Abzweigung von der Nagoa Rd nach **Fudam**, einem hübschen Dorf mit blassgelb und taubengrau getünchten Häusern im portugiesischen Stil. Hier wurde eine Kirche zu einem Krankenhaus umgestaltet. Folgt man der Nagoa Road weiter gen Westen, so kommt kurz vor dem Flughafen das **Muschelmuseum** (Shell Museum) ins Blickfeld. Es beherbergt die persönliche, über einen Zeitraum von 42 Jahren zusammengetragene Sammlung von Captain Fulbari, der fast sein ganzes Leben auf den Weltmeeren verbrachte und von Stränden in allen Winkeln der Erde Muscheln mit nach Hause brachte. ⌚ tgl. 9–18 Uhr, Eintritt Rs10.

Übernachtung

Die nachfolgenden Preisangaben beziehen sich auf die Hochsaison. Zu besonderen Anlässen, vor allem Diwali und Holi, muss mit Erhöhungen gerechnet werden, während die Preise in der Nebensaison um bis zu 70 % sinken. An Festtagen geht es laut und raubeinig zu, was manche ausländischen Frauen erschrecken oder gar abschrecken könnte.

Diu Town

Cidade de Diu, nahe Collectorate Rd, ☎ 02875/254595, 💻 www.cidadedediu.com. Von außen unheimlich kitschig: in pink, lila und weiß gehalten und nachts von blinkenden Neonlichtern erhellt. Zum Glück fallen die Zimmer deutlich geschmackvoller aus. Die billigeren sind etwas abgewohnt, aber die teureren sind komfortabel und mit Balkon, TV und Telefon ausgestattet. ❺–❻

Heranca Goesa, in der Nähe vom Diu Museum, ☎ 02875/253851. Eine sehr freundliche Familie aus Goa vermietet ein paar Zimmer in ihrem Wohnhaus. Alle sind makellos und mit Bad, auch wenn einige in Grellrosa gehalten sind. Die Zimmer ganz oben sind die besten. Außerdem gibt's tolle Verpflegung. ❶–❷

Jay Shankar, Jallandhar Beach, ☎ 02875/252424. Dank der niedrigen Preise und guten Lage in Strandnähe ein beliebter Traveller-Treff. Allerdings weisen die Zimmer deutliche Gebrauchsspuren auf. ❶–❷

Samrat, Collectorate Rd, ☎ 02875/252354, ✉ samrat_diu@yahoo.com.in. Gute Option für alle, die sich nicht an den chaotischen Farbtönen stören (alle Zimmer mit TV, AC und Bad, manche mit Balkon) – vor allem da die Preise hier verhandelbar sind. ❸–❺

Sanmaan Palace, Fort Rd, ☎ 02875/253031. Das wunderschöne Äußere der renovierten Kolonialvilla setzt sich leider nicht ganz bis in die Zimmer fort. Die vorderen sind luftig und verfügen über TV und AC, aber die Badezimmer sind winzig. Bei den „Cottages" hinter dem Haus handelt es sich in Wirklichkeit um fast unzumutbare Bauwagen. ❹–❺

Super Silver, Super Silver Complex, ☎ 02875/252020, ✉ supersilverdiu@yahoo.com. Beliebt bei ausländischen Touristen. Sehr preiswerte Zimmer mit Bad und TV. Wer AC und mehr Platz haben möchte, legt einfach ein bisschen Geld drauf. Freundliche Mitarbeiter und eine gemütliche Dachterrasse. ❶–❸

Übrige Insel

Ganga Sagar, Nagoa Beach, ☎ 02875/252249. Das Ganga Sagar ist zwar ein bisschen zwielichtig, hat aber preiswerte geflieste Zimmer in fantastischer Strandlage. ❸–❹

Kohinoor, nahe Fudum, ☎ 02875/252209, 💻 www.hotelkohinoordiu.com. Das mediterran angehauchte Resort besitzt gemütliche Zimmer mit Bad. Zur Anlage gehören ein Pool, ein Restaurant, eine Konditorei, eine Bar und die Disco **Footloose**. ❻

Radhika Beach Resort, Nagoa Beach, ☎ 02875/252553, 💻 www.radhikaresort.com. Eine der besten Luxusunterkünfte von Diu. Von den großen, hübschen Zimmern mit Kühlschrank, TV und Badewanne hat man Ausblick auf den Pool oder die gepflegten Grünflächen. Im Restaurant/in der Bar gibt es ausgezeichnete Meeresfrüchte, z. B. Tandoori-Seebrasse. ❻–❼

Resort Hoka, nahe Nagoa Beach, ☎ 02875/253036, 💻 www.resorthoka.com. Ansprechendes Hotel mit einladenden Zimmern. In den Aufenthaltsbereichen baumeln Hängematten, zudem gibt's einen kleinen Pool und ein Restaurant mit köstlichen Fischgerichten. ❺–❻

Übernachtung in heiligen Hallen

São Tome Retiro, St Thomas's Church, ☎ 02875/253137. Klassische Unterkunft mit einfachen Zimmern in einer stimmungsvollen alten portugiesischen Kirche. Ist alles belegt, kann man auf dem Dach übernachten (Rs100). Jeden zweiten Abend gibt es das legendäre *all-you-can-eat*-BBQ (Sep–April, Rs100), zu dem nicht nur Hotelgäste willkommen sind. ❶–❸

Gujarat

Essen und Unterhaltung

In gastronomischer Hinsicht haben die Portugiesen leider nicht viel mehr als den freien Alkoholausschank hinterlassen. Für den einen oder anderen Drink empfehlen sich die in den 1960ern steckengebliebene **Casa Luxo** und die modernere Bar des **Hotel Kohinoor**. Für ein Kingfisher muss man ungefähr Rs40–50 hinlegen. Der einzige Nachtclub von Diu befindet sich ebenfalls im Hotel Kohinoor: die **Footloose Disco**. Wer auf dem Markt appetitliche Meeresfrüchte entdeckt, kann sie in fast jedem der Restaurants zubereiten lassen.

Apana Foodland, Apana Hotel, Fort Rd. Belebte Gartenterrasse mit Meerblick. Ganztägig warme Küche mit köstlichen Tandoori-Spezialitäten, z. B. Hühnchen, Haifisch-*tikka* und gegrillter Hummer. (Hauptgerichte Rs45–250).

Heranca Goesa, nahe Diu Museum, ✆ 02875/253851. Gemütliches Lokal in einem Privathaus und eines der wenigen in Diu mit portugiesisch-goanischen Speisen. Die Meeresfrüchte sind ausgezeichnet, und wenn der *bebinca*-Pudding auf der Karte steht, sollte man zugreifen. Zum Frühstück braucht man keine Reservierung, aber abends sollte man einen Tisch bestellen. Mittags geschlossen. Hauptgerichte Rs150–200.

Uma Shakti, hinter dem Gemüsemarkt. Leckeres Frühstück mit Cornflakes, Toast oder Pancakes und deftigere indische oder chinesische Hauptmahlzeiten. Die luftige Dachterrasse mit Blick über Diu Town eignet sich hervorragend für einen Dämmerschoppen. Hauptgerichte Rs50–120.

Sonstiges

Fahrrad- und Motorradverleih

A–Z Tourist Centre, im Old Portuguese District, arrangiert Mietfahrzeuge und Mopeds (Rs150–170 pro Tag) sowie Fahrkarten für Bus und Bahn oder Flugtickets. An vielen Stellen werden Fahrräder verliehen (Rs20–30 pro Tag).

Geld

Die **State Bank of India** nahe Main Square, tauscht Geld. Dius einziger **Geldautomat** steht 250 m östlich vom Busbahnhof, es gibt allerdings schon Pläne für einen weiteren.

Urige Eisdiele

Shri Ram Vijay, nahe Main Square. Amerikanisches Kleinstadt-Feeling in einer Eisdiele mit selbstgemachter Eiscreme (Rs15–25 pro Kugel), Früchtebechern, Bananensplits und Shakes.

Informationen

Touristeninformation, am Hafen gegenüber dem Main Square, ✆ 02875/252653, 💻 www.damandiutourism.com. Bietet nicht viel mehr als Kartenmaterial sowie Bus- und Zugfahrpläne. 🕒 Mo–Sa 10–13 und 14–18 Uhr.

Internet

Zugang bieten u. a. das **A–Z Tourist Centre** im Old Portuguese District (Rs30 pro Std.) und das **Super Surfing** unterhalb vom Hotel Super Silver (Rs30 pro Std.).

Post

Hauptpost, auf der Westseite des Main Square, die Treppen hoch. 🕒 Mo–Sa 8–12 und 14–17 Uhr.

Nahverkehr

Motor-Rikschas stehen in der ganzen Stadt zur Verfügung. Es gibt eine abendliche **Bootstour**, die während der Hauptsaison täglich um 19.30 Uhr beginnt (Rs110 inkl. Drink).

Transport

Normalerweise gelangt man von Goghla, einem kleinen Festland-Fischerdorf mit schlichten Hotels, über die neue Brücke direkt nach Diu Town. Wer aus dem Westen der Halbinsel anreist, nimmt möglicherweise die andere Brücke, die bei Tad auf die Insel trifft.

Busse

Der **Busbahnhof** befindet sich nahe der Brücke nach Goghla, keine zehn Minuten zu Fuß vom Zentrum. Von hier fahren staatliche Busse nach PORBANDAR, RAJKOT, JAMNAGAR, JUNAGADH, VADODARA und VERAVAL.
Wer nach Palitana möchte, nimmt einen Bus nach Bhavnagar und steigt in Talaja um.

Privatunternehmen unterhalten Verbindungen mit komfortableren Bussen nach AHMEDABAD und MUMBAI.

Eisenbahn

Motor-Rikschas und Busse (alle 30 Min.) verbinden Diu Town mit dem nächstgelegenen Bahnhof in Delwada.

Flüge

Jet Airways, Büro am **Flughafen**, ✆ 02875/ 253542, fliegt 5x wöchentl. via PORBANDAR nach MUMBAI.

Bhavnagar

Die Hafenstadt Bhavnagar wurde 1723 vom Gohil-Rajputen Bhavsinghji gegründet, dessen Vorfahren im 13. Jh. aus Marwar (Rajasthan) nach Gujarat gekommen waren. Die Stadt ist ein wichtiges Handelszentrum mit Hauptexportware Baumwolle. Sie hat zwar wenig Sehenswürdigkeiten, aber einen faszinierenden Basar in der Altstadt, und es bietet sich an, vor der Weiterreise Richtung Südwesten zum Jain-Tempel von Palitana hier eine Nacht zu verbringen.

Bhavnagar ist Ausgangspunkt für die ebenso gigantische wie umstrittene, zurzeit florierende **Schiffabwrackanlage** in **Alang**. Das Betreten der Anlage, wo 20 000 Arbeiter beschäftigt sind, ist für Ausländer verboten, seitdem Greenpeace den Ort mit der roten Flagge für Umweltverschmutzung, Giftmüll und gefährliche Arbeitsbedingungen gebrandmarkt hat. Bhavnagar hat eine Reihe berühmter Künstler und Schriftsteller hervorgebracht. Der bekannteste Sohn der Stadt ist der Poet Jhaverchand Meghani. Die Einheimischen behaupten außerdem, das grammatikalisch korrekteste Gujarati zu sprechen.

Hauptanziehungspunkt ist die Altstadt mit ihren quirligen Märkten, ihren kunstvoll geschnitzten Holzbalkonen und ihren säulengestützten Fassaden früherer Kaufmannshäuser. Der marmorne **Ganga Devi Mandir** beim Ganga Jalia Tank in der Stadtmitte besitzt eine große Kuppel und kunstvolles Gitterwerk an den Wänden, während der unspektakuläre **Takhteshwar-Tempel** auf einem Berg südlich des Zentrums einen schönen Blick bis zum Golf von Cambay im Osten gewährt.

Südöstlich des Stadtzentrums, an der Straße zum Diamond Chowk, zeigt das **Gandhi Smriti Museum** alte Sepia-Fotos des Mahatma, der eine Zeitlang am hiesigen Shamaldas Arts College & Sir PP Science Institute studierte. Eine ihm gewidmete Gedenktafel steht im Vorhof des imposanten Gebäudes aus den 1880er-Jahren. ◷ Mo–Sa 9–13 und 14–18 Uhr; 2. und 4. Sa im Monat geschl. Das **Baron Museum** eine Treppe tiefer zeigt planlos zusammengestellte buddhistische, hinduistische und Jain-Statuen, mittelalterliche Bronzen und Harappa-Keramik. ◷ Mo–Sa 9–13 und 14–18 Uhr; 2. und 4. Sa im Monat geschlossen; Eintritt Rs50.

Bhavnagar besitzt ferner eine Vielzahl beeindruckender Gebäude – darunter das staatliche Krankenhaus –, mit denen die Maharadschas seinerzeit prominente Architekten wie Sir William Emerson beauftragten.

Übernachtung

Apollo, ST Station Rd, gegenüber dem Busbahnhof, ✆ 0278/251 5655. Relativ schäbige Billigzimmer und AC-Zimmer mit besserem Preis-Leistungs-Verhältnis. Alle mit TV und Bad. Frühstück inkl. ❹

Bluehill, gegenüber Pil Gardens, ✆ 0278/242 6951, ✉ hotelbluehill@yahoo.com. Die Zimmer sind geräumig mit AC, Badewanne, Kühlschrank und netter, separater Sitzecke. Die teureren bieten außerdem Blick auf die Störche in den Pil Gardens. ❹–❺

Mini, Station Rd, ✆ 0278/251 2915. Freundliches, aber sehr einfaches Hotel in Pinktönen. Die Zimmer mit Bad und TV haben eine Rundumerneuerung dringend nötig. Eine Ausweichmöglichkeit, falls das Vrindavan voll ist. ❷

Nilambagh Palace, ST Station Rd, ✆ 0278/ 242 4241, 💻 www.gujarat-tourism.net. Bhavnagars luxuriösestes Hotel wurde 1859 von einem deutschen Architekten für den Kronprinzen erbaut. Es hat riesige Zimmer und ruhige Gärten, einen Pool und Tennisplätze. Der europäische Einfluss zeigt sich in Gestalt von Kronleuchtern und antiken Möbeln. ❼ In einem separaten Gebäude ist sich das weniger atmosphärische, aber preiswerte **Narayani Heritage Hotel** ❺.

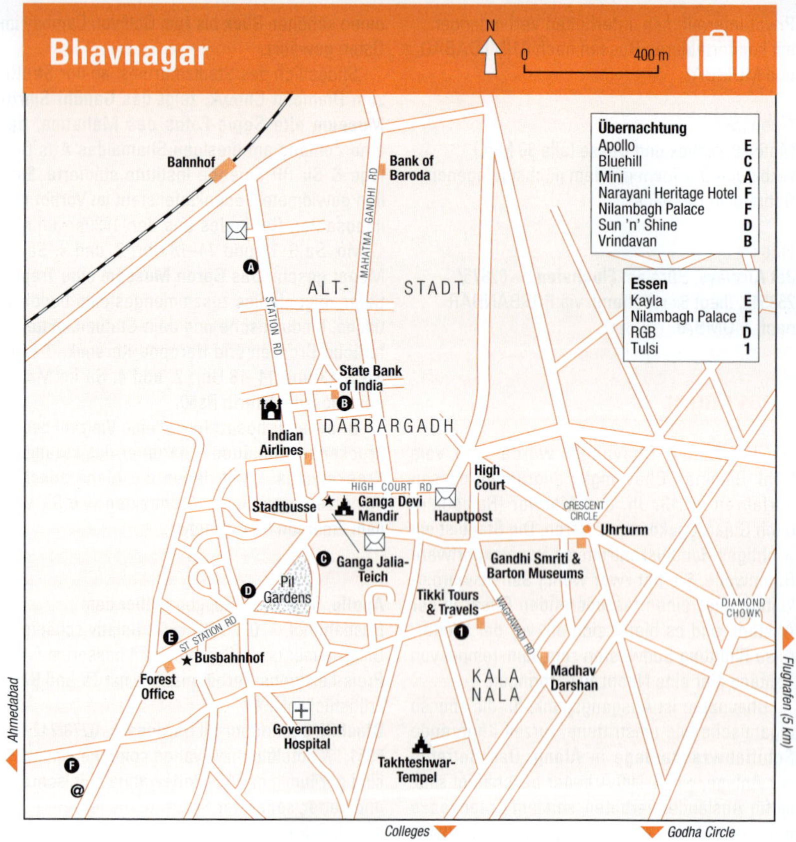

Vrindavan, Darbargadh, ✆ 0278/251 8928. Das verschachtelte Hotel macht zumindest von außen einen recht interessanten Eindruck. Seine abgewohnten Zimmer mit winzigem Bad und TV sind eine Spur besser als die im Mini. Wirklich einladend ist das Vrindavan aber nicht. ❷

Essen

Unbedingt probierenswerte einheimische Spezialitäten sind *ganthias*, *farsans* (beides salzige Snacks) und süße *pedas*.

Kayla, Apollo Hotel. Brandneues, in Orange gehaltenes Speiselokal. Teilweise mit Glaswänden zwischen den einzelnen Tischen und sehr interessanter Auswahl von nordindischen, Punjabi- und chinesischen Gerichten (Rs50–100).

RGB, Sun 'n' Shine Hotel. Ausgezeichnete veg. Speisen aus der Gujarati-, Jain- und chinesischen Küche. Besonders lecker sind die üppigen *paneer*-Gerichte. Als Dessert gibt's Eiscreme mit Topping. Die Mitarbeiter sind gut geschult und berücksichtigen gern individuelle Wünsche der Gäste bezüglich mehr oder weniger Schärfe im Essen. Hauptgerichte Rs70–110.

Tulsi, Kalanala Chowk. In dem ruhigen, legeren Restaurant stehen verlockende chinesische und indische veg. Gerichte wie *chana*-Masala

Schick speisen

Nilambagh Palace, Nilambagh Palace Hotel. Hier gibt es ausgezeichnete und preiswerte Hühnchen-, Lamm-, Fisch- und Garnelengerichte für ungefähr Rs60–200. Das absolute Highlight jedoch ist die wunderbare Atmosphäre im herrschaftlichen Speisesaal und auf der Veranda, wo der Trubel der Stadt meilenweit entfernt zu sein scheint.

auf der Speisekarte. Aber Finger weg von der kleinen Auswahl an westlichen Gerichten, besonders den Ananas- und Gemüsemakkaroni. Hauptgerichte Rs50–75.

Sonstiges

Geld

Die **State Bank of Saurashtra** und die **Bank of India**, beide auf dem Amba Chowk in der Nähe vom Hotel Vrindavan, bieten Wechselservice an.

Internet

Cyber Café, nahe Nimabagh Palace (Rs10 pro Std.).

Post

Hauptpost, neben dem Gerichtshof in der High Court Rd. Weitere Niederlassungen gibt es nahe der Station Rd, einen Block südlich des Bahnhofs, sowie gegenüber der Südwestecke des Ganga Jalia Tank.

Reisebüros

Flugtickets verkauft **Tikki Tours and Travels**, im Prithvi Complex, Kalanala, ✆ 0278/243 1477.

Transport

Busse

Der **ST-Busbahnhof** befindet sich in der ST Station Rd. Von hier fahren Busse nach Ahmedabad, Mumbai, Bhuj, Rajkot, Junagadh, Veraval, Vadodara und Surat. Es bestehen auch einige Verbindungen nach DIU, die bequemste um 12 Uhr. Busse starten nach PALITANA (alle 30 Min., 1 1/4 Std.), aber pro Tag fahren nur ein paar Direktbusse nach VELAVADAR (1 Std.).

Busse privater Gesellschaften, z. B. von Tanna Travels am Crescent Circle (✆ 0278 /242 5218) und anderen in der Waghawadi Rd, fahren nach AHMEDABAD (4 Std.) und VADODARA (5 Std.).

Eisenbahn

Der **Bahnhof** liegt am oberen Ende der Station Rd. Es fahren mehrere Züge, die meisten allerdings mit Abfahrt oder Ankunft in den frühen Morgenstunden.

Flüge

Der **Flughafen** liegt 5 km südöstlich der Stadt. **Jet Airways**, ✆ 0278/243 3371, 💻 www.jetairways.com, und **Kingfisher**, 💻 www.flykingfisher.com, fliegen täglich nach MUMBAI.

Velavadar Blackbuck-Nationalpark

Außerhalb des winzigen Örtchens Velavadar, 65 km nördlich von Bhavnagar, beheimatet der 34 km² große **Blackbuck-Nationalpark** Indiens größte Population der indischen Hirschziegenantilope. Vor der Unabhängigkeit lebten hier rund 8000 dieser Tiere. Durch Jagd und den Wegfall natürlicher Lebensräume waren es 1966 gerade noch 200 Exemplare. Inzwischen hat sich der Bestand erholt und zählt nun rund 3400 Antilopen.

Im Park leben außerdem der gefährdete Indische Wolf, Nilgai-Antilopen, Schakalfüchse, Wildkatzen und der Indische Fuchs. Vogelliebhaber kommen bei seltenen Arten wie dem Wüstenbraunkehlchen *(Stoliczka's Bushchat)* und Höhlenweihen auf ihre Kosten. Die Trockenheit der vergangenen Jahre zwang allerdings viele Höhlenweihen, sich eine neue Heimat zu suchen. Folglich schrumpfte ihre Anzahl von 2515 im Jahr 2002 auf 979 im Jahr 2009.

🕓 Mitte Okt–Mitte Juni. Die Eintrittspreise betragen Rs250 p. P. zzgl. Rs250 pro Fahrzeug und Rs250 für eine Fotokamera. Zusätzlich ist man verpflichtet, einen Guide zu nehmen (Rs250 pro 4 Std.). Nur die wenigsten der Führer sprechen Englisch.

Übernachtung und Essen

Die Übernachtungsmöglichkeiten sind knapp. Im Park selbst gibt es nur vier einfache Zimmer im **Bahumaliya Multi-Storey Building**, Annexe F/10, direkt westlich vom Busbahnhof, ❸–❹. Hier kann man auch essen. Reservierungen nehmen das **Bhavnagar Forest Office** und die Parkverwaltung entgegen (s. Informationen).

Informationen

Bhavnagar Forest Office, im Bahumaliya Multi-Storey Building, Annexe F/10, unmittelbar westlich vom Busbahnhof, ✆ 0278/242 6425, ⏲ Mo–Fr 11–18 Uhr, 2. und 4. Sa im Monat geschlossen. Die Parkverwaltung ist auch direkt per Telefon unter ✆ 0278/288 0342 zu erreichen. Reservierungen sind dringend notwendig.

Transport

Vor Ort kann man keine Jeeps mieten, aber ein **Taxi** für einen Tagesausflug von BHAVNAGAR kostet um die Rs1000. Wer mit dem **Bus** kommt (2x tgl. ab Bhavnagar, 1 Std.), kann auf einen der Aussichtstürme in der Nähe des Eingangs klettern und den schönen Ausblick genießen, der sich nicht mit einer Tour durch den Park vergleichen lässt.

Shatrunjaya und Palitana

Für viele Besucher ist das Besteigen des heiligen Bergs **Shatrunjaya** (⏲ tgl. 6.30–19.45 Uhr; Fotoerlaubnis Rs40) der Höhepunkt ihrer Saurashtra-Reise. Indiens wichtigste Jain-Pilgerstätte liegt vor den Toren der farblosen Stadt **Palitana**, 50 km südwestlich von Bhavnagar, und wird von über 900 Tempeln gekrönt. Dieser Berg soll ein Ableger des mächtigen Himalaya-Gebirges sein, wo der erste *tirthankara* der Jains, Adinath, und sein erster Jünger die Erleuchtung erfuhren. Aufzeichnungen beweisen, dass der Hügel bereits im 5. Jh. ein *tirtha* (Pilgerstätte der Jains) war, aber die existierenden Tempel gehen nur bis ins 16. Jh. zurück – der Rest wurde von den Moslems im 16. und 17. Jh. zerstört. Der Aufstieg über die breiten Treppen dauert etwa ein bis zwei Stunden. Wie bei allen Pilgerzentren dieser Art stehen jedoch für alle, die den Aufstieg nicht allein bewältigen können, *dholis* bereit – Sänften, die von vier Trägern geschultert werden. Schon beim Anstieg bieten sich überwältigende Ausblicke. Man sollte mindestens zwei weitere Stunden auf dem Berg einplanen, um wenigstens einen Bruchteil der Tempel zu sehen.

Palitana ist die bedeutendste Pilgerstäte der Jains.

Die einzelnen *tuks* (befestigte Umfriedungen eines Jain-Tempels oder -Schreins) sind nach den Kaufleuten benannt, die sie einst gründeten. Zusammen bilden sie eine fantastische Stadt, die sich über beide Gipfel erstreckt und von dicken Mauern umschlossen wird. Jeder Tuk umfasst mehrere große, mit schwarz-weiß kariertem Marmor gepflasterte Höfe und prächtig verzierte **Tempel**. Die Motive an den Wänden reichen von Heiligen über Vögel und andere Tiere bis hin zu Musikern, Tänzern und drallen Mädchen. Viele Tempel sind zwei oder sogar drei Stockwerke hoch und besitzen Balkone mit perfekt proportionierten Dächern.

Der größte Tempel ist Adinath geweiht und liegt im Khartaravasi-Tuk auf dem nördlichen Bergkamm. Er ist meistens voll von maskierten Svetambara-Nonnen und Mönchen, die an ihrer weißen Kleidung und ihren weißen Fliegenwedeln zu erkennen sind. Zum südlichen Bergkamm mit dem spektakulären Adishvara-Tempel gelangt man auf einem Weg, der am oberen Ende des Hauptpfades nach rechts abzweigt. An einem klaren Tag kann man vom Gipfel aus den Golf von Cambay im Süden, Bhavnagar im Norden und den Mount Girnar im Westen überblicken. Das **Museum** liegt 400 m vor den Treppen am Fuß des Hügels und zeigt eine Sammlung von Jain-Artefakten, die zwar nur auf Gujarati beschriftet, aber dennoch ausgesprochen sehenswert sind. ⏲ tgl. 11–15 und 16–18 Uhr, Eintritt Rs6.

Übernachtung und Essen

Direkt am Shatrunjaya gibt es keine Übernachtungsmöglichkeiten, also muss man in Palitana absteigen – entweder in einer der vielen Pilgerherbergen in der Altstadt (alle streng veg.) oder in einem der Hotels nahe dem Busbahnhof. Abgesehen von den Hotels bietet das schlichte, gut besuchte und sehr billige **Restaurant Jagruti** ausgezeichnete einheimische Kost und Snacks. Es befindet sich in einer schmalen Gasse neben dem Hotel Shavrak.

Hotel Sumeru, Station Rd, ✆ 02848/252327, zwischen Busbahnhof und Bahnhof. Etwas vergammelte aber akzeptable Zimmer (z. T. mit AC) und Dorm-Betten (Rs90). Checkout um 9 Uhr. Das dazugehörige Restaurant serviert *thalis* und überraschend leckere Pasta. ❷–❹

Hotel Shavrak, gegenüber vom Busbahnhof, ✆ 02848/252428. Angemessen große, saubere Zimmer mit 24-Std.-Checkout. Außerdem ein Männerschlafsaal (Rs100, Checkout um 9 Uhr). ❸–❹

Vijay Vilas Palace Hotel, in Adpur, 4 km vom Busbahnhof, ✆ 02848/282371. Eine gute Alternative für Reisende mit eigenem Fahrzeug (sonst kostet eine Motor-Rikscha-Fahrt rund Rs50). Das Gästehaus in einem umgebauten Palast im europäischen Stil Baujahr 1906 verfügt über Zimmer mit Himmelbetten, alten Kommoden und weiteren Sammelstücken aus dem frühen 20. Jh. ❼

Transport

Busse nach Palitana kommen aus BHAVNAGAR (stdl. 1–1 1/2 Std.), JUNAGADH (2x tgl., 6 Std.) und UNA (1x tgl. 5 Std.).

Motor-Rikschas (Rs30–40) und **Tongas** verkehren zwischen Palitana und Shatrunjaya (10 Min.).

Südost-Gujarat

Der selten besuchte Südosten Gujarats liegt zwischen Maharashtra und dem Arabischen Meer und bietet wenig, das zu einer Fahrtunterbrechung verleiten würde. Selbst Vadodara, die ehemalige Hauptstadt der Gaekwad-Rajputen, besticht allenfalls durch ihre Nähe zur alten moslemischen Stadt **Champaner** und zu den verfallenen Festungen und exotischen Jain- und Hindu-Tempeln auf dem **Pavagadh Hill**. Die Weidelandschaft weicht weiter südlich einem sumpfigen, malariaverseuchten Küstenstreifen, in dem Bananenplantagen, schimmernde Salzbecken und verschlammte Flüsse das Bild bestimmen. Die größte Stadt der Gegend ist **Surat**. Der einzig wirklich interessante Ort im äußersten Süden von Gujarat ist das ehemals portugiesische Hoheitsgebiet **Daman**, das allerdings mit Goa und Diu nicht mithalten kann.

Die Hauptverkehrsadern der Westküste, der NH-8 und die Western Railway verlaufen zwischen Ahmedabad und Mumbai fast parallel. Die Reise mit dem Zug ist in jedem Fall komfortabler, besonders von Ahmedabad nach Vadodara, denn der einspurige Highway gehört zu den haarsträubendsten Straßen ganz Indiens.

Vadodara (Baroda)

Landwirtschaft prägt die Gegend zwischen Ahmedabad und Vadodara (oder Baroda). Die Stadt selbst jedoch lebt von der Industrie und präsentiert sich dementsprechend. Immerhin gibt es eine Altstadt mit schönen Havelis und traditionellen Basaren, einige grüne Oasen und 100 000 Studenten der MS University, die für eine jugendliche Atmosphäre sorgen. Vadodara dient als gute Basis für einen Ausflug zur Ruinenstadt **Champaner**. Wer während des **Navratri-Festivals** (Ende Sep/Anfang Okt) vor Ort weilt, kann sich ins Getümmel stürzen und Tausenden von farbenfroh gekleideten Frauen, Männern und Kindern dabei zusehen, wie sie bis in die frühen Morgenstunden tanzen.

Die Hauptattraktionen von Vadodara befinden sich im **Sayaji Bagh**, einem großen Park mit Museen, Planetarium, Zoo und historischer Spielzeugeisenbahn, dessen Haupteingang in der Tilak Road liegt. Das indo-sarazenische **Baroda Museum** in der University Road stellt Kunst und Textilien aus aller Welt, archäologische Funde aus Gujarat und Moguln-Miniaturen aus. ⌚ tgl. 10.30–17 Uhr, Eintritt Rs10.

Im Süden des Sayaji Bagh verläuft die Tilak Road gen Osten über den Fluss und passiert auf ihrem Weg in die Altstadt das **Kirti Mandir** (Mausoleum der Herrscher von Vadodara). Die Altstadt, deren Zentrum die MG Road ist, grenzt im Westen an das **Laheri Pura Gate** und den **Naya Mandir** („Neuer Tempel"), ein eindrucksvolles indo-sarazenisches Gebäude, das den Gerichtshof beherbergt. Am östlichen Ende der MG Road steht ein weiteres Tor, das **Pani Gate**, und ganz in der Nähe liegt der **Nazarbaug-Palast** aus dem späten 19. Jh. Den großen Platz an der MG Road schmückt das mächtige **Mandvi Gate**, das ursprünglich von den Moguln stammt, aber seither stark verändert wurde.

Im Westen der MG Road liegt, umgeben von prächtigen, bemalten Havelis, der künstliche **Sarsagar Tank**, auf dessen Insel in der Mitte eine riesige, moderne Shiva-Statue thront. Ein weiteres sehenswertes Monument ist der **Laxmi Niwas** im Süden der Stadt, Vadodaras extravagantester Palast. Wer einen Rundgang durch die beeindruckende Durbar Hall, das Waffenlager und die von Palmen gesäumten Mosaik-Innenhöfe (⌚ Di–So 10.30–16 Uhr, Eintritt Rs100) machen möchte, begibt sich zum **Maharaja Fateh Singh Museum** auf dem Palastgelände. Das Museum selbst beherbergt eine Sammlung japanischer, chinesischer, indischer und europäischer Kunstgegenstände. ⌚ tgl. 10.30–17.30 Uhr, Eintritt Rs100.

Übernachtung

Die zahlreichen Mittelklassehotels von Vadodara sind häufig ausgebucht: also zeitig reservieren. Budgethotels gibt es nicht viele und bei den meisten besteht dringender Handlungsbedarf in Sachen Sanierung. Die meisten Unterkünfte liegen in Sayaji Gunj, dem Bereich südlich des Bahnhofs.

Apsara, Sayaji Gunj, ✆ 0265/222 5399. Vermutlich noch das beste unter den Billighotels – was nicht viel heißen will. Es hat altersschwache, aber gerade noch bewohnbare Zimmer mit Bad.

Kalyan, Sayaji Gunj, ✆ 0265/236 2211, 💻 www.kalyanhotel.com. Sehr sauberes, vorbildlich geführtes Hotel mit schönen und gut ausgestatteten Zimmern. Kostenloser Internetzugang und 24-Std.-Checkout. Die Angestellten buchen auch Zug- oder Flugtickets. ❹–❺

Sapphire Regency, Sayaji Gunj, ✆ 0265/236 1130, 💻 www.sapphireregency.com. Das auf Geschäftsleute ausgerichtete Hotel hat makellose Zimmer mit modernem Bad, Flach-

Supermodern

Ginger, Fatehgunj Camp Rd, 1 km nördlich vom Bahnhof, ✆ 0265/663 3333, 💻 www.gingerhotels.com. Vadodaras Niederlassung der hypermodernen Hotelkette mit minimalistischen Zimmern, freundlichen Mitarbeitern und Extras wie Trinkwasserbehälter auf jedem Stockwerk sowie WLAN. Im Haus befinden sich auch ein Buffetrestaurant und eine Filiale von **Café Coffee Day**. Gute Online-Angebote. ❻

Vadodara

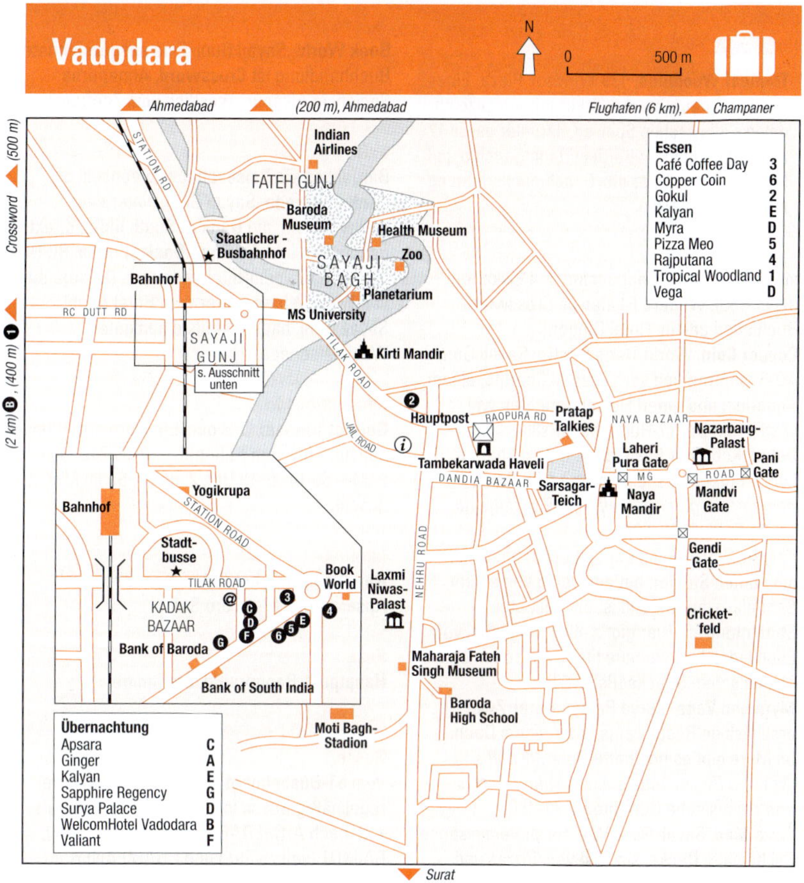

bild-TV, weißen Ledersesseln und WLAN. 24-Std.-Checkout. Frühstück inkl. ❺–❻

Surya Palace, Sayaji Gunj, ✆ 0265/222 6000, 💻 www.suryapalace.com. Die beste Wahl in dieser Ecke. Etwas veraltete, aber sehr gemütliche Zimmer, guter Service, Reisebüro vor Ort und kostenloser Flughafentransfer. Frühstück inkl. ❺–❻

Valiant, 7. OG, BBC Tower, Sayaji Gunj, ✆ 0265/236 3480. Ein gutes, wenn auch etwas unpersönliches Mittelklassehotel; alle Zimmer mit TV und sauberem Bad. 24-Std.-Checkout; Zugang über einen alten Fahrstuhl. ❹

WelcomHotel Vadodara, RC Dutt (Racecourse) Rd, ✆ 0265/233 0033, 💻 www.itcwelcomgroup.in. Vadodaras einziges 5-Sternehotel besitzt todschicke Zimmer (ab Rs8000) mit großen Betten. Außerdem verfügt es über ein Qualitätsrestaurant, das sich auf die „North West Frontier"-Küche spezialisiert hat, Pool und Fitnesscenter. Gute Online-Angebote. ❾

Essen

Café Coffee Day, gegenüber der Sardar Patel Statue. Vadodaras Filiale dieser indischen Kette lockt ihre – vorwiegend jungen Besucher –

Im siebten *dosas*-Himmel

Tropical Woodland, 139 Windsor Plaza. Eines der Toprestaurants der Stadt mit ausgezeichneten südindischen Speisen, darunter ganze 17 *dosas*-Varianten. Außerdem Hauptgerichte und Milchshakes –Tipp: die Geschmacksrichtung *chikoo*. (Rs70–150).

mit *pukka* Kaffee, Cappuccino und Eiskaffee (Rs45 – 80). Weitere Filialen im Crossword-Buchladen und im Hotel Ginger.
Copper Coin, World Trade Centre, Sayaji Gunj. AC-Restaurant mit verblasstem Charme, einem Aquarium und guten Fleischgerichten wie köstlichem Butter-Hühnchen (Rs80–140).
Gokul, Koti Char Rasta. Kleine Snackbar mit hervorragenden südindischen Gerichten, *punjabi* und *gujarati thalis* und Eiscreme für wenig Geld (Rs25–60).
Kalyan, Sayaji Gunj. Das gut besuchte Lokal mit bunten Stühlen hat ein wenig von einem Schnellrestaurant und ist ein beliebter Studententreff. Hier gibt's alles Mögliche, von Enchiladas über Fondue bis zu indischen und chinesischen Snacks (Rs30–90).
Myra und **Vega**, Surya Palace Hotel. Zwei erstklassige Restaurants unter einem Dach. Im Myra gibt es herzhafte Gujarati-*thalis* (Rs110–175), im Vega schmackhafte Currys und chinesische Gerichte (Rs80–150).
Pizza Meo, Sayaji Guni. Wie die im Renaissance-Stil bemalte Decke, sind die veg. Pizzas und Pastagerichte (Rs105–185) dieses Italieners gut, aber eben nicht authentisch.
Rajputana, Sayaji Gunj. In dem bizarr mit von der Decke hängenden Ketten, Glocken, Puppen und unechten Holzbalken dekorierten Restaurant gibt es leckere nordindische und chinesische Gerichte sowie ein paar eigenartige Kreationen wie "Paneer Manchurian". Hauptgerichte Rs85–120.

Sonstiges

Autovermietungen

Zuverlässig ist **Sweta Travels**, gegenüber dem Bahnhof, ✆ 0265/278 6917, wo man Fahrzeuge mit Fahrer mieten kann.

Bücher

Book World, Sayaji Gunj. Eine ausgezeichnete Buchhandlung ist **Crossword**, Annapurna Society in Alkapuri, westlich vom Zentrum.

Geld

Bargeld sowie Reiseschecks wechseln die **Bank of Baroda**, Sayaji Gunj, hinter dem Kadak Bazaar, die **Bank of South India**, direkt gegenüber, und die **State Bank of India**, RC Dutt Rd, nahe WelcomHotel Vadodara. Die Agentur von **Trade Wings**, hinter dem Hotel Amity, Sayaji Gunj, hat ebenfalls einen guten Wechselservice.

Informationen

Gujarat Tourism, C-Block, EG, Narmada Bhavan, Jail Rd, 2 km vom Bahnhof, ✆ 0265/242 7489. ⌚ Mo–Sa 10.30–18 Uhr, 2. und 4. Sa im Monat geschl.

Internet

New Speedy Cyber Café, gegenüber dem Apsara Hotel (Rs15 pro Std.).

Post

Hauptpost, Raopura Rd, Stadtmitte.

Transport

Busse

Vom **ST-Busbahnhof** in der Station Rd fahren regelmäßig Busse in andere Städte Gujarats, z. B. nach AHMEDABAD (häufig; 2 1/2 Std.), RAJKOT (stdl., 8 Std.) und CHAMPANER (stdl., 1 1/2 Std.).
Es fahren regelmäßig Busse nach MUMBAI (14 Std.), aber nur wenige starten in Vadodara, so dass sie oft schon bei ihrer Ankunft in der Stadt voll sind – eine bessere Option ist daher der Zug. Entlang der Station Rd verkaufen diverse Schalter Fahrkarten für **Privatbusse** nach Mumbai, Rajasthan und Madhya Pradesh.

Eisenbahn

Im **Bahnhof** von Vadodara, ebenfalls in der Station Rd, ist meist die Hölle los (das Reservierungsbüro liegt im oberen Stockwerk). Diesem Stress kann man entgehen, indem man das Ticket für eine geringe Aufgebühr beim

Yogikrupa Travel Service, direkt gegenüber dem Bahnhof, ✆ 0265/279 4977, ⏱ tgl. 8.30–20.30 Uhr, kauft.

In Vadodara halten alle Züge, die auf der Hauptstrecke zwischen Delhi und Mumbai unterwegs sind. Der Shatabdi Express Nr. 12009 ist die beste Wahl, wenn es nach AHMEDABAD gehen soll (Abfahrt tgl. außer So 11.20 Uhr, Ankunft 13.10 Uhr); die schnellste Verbindung nach MUMBAI bietet der Shatabdi Express Nr. 12010 (Abfahrt tgl. außer So 16.17 Uhr, Ankunft 21.35 Uhr).

Flüge

Der **Flughafen**, 6 km nordöstlich des Zentrums, kann gut per Motor-Rikscha (Rs50) erreicht werden. Jet Airways und Indian Airlines fliegen tgl. nach DELHI, die Ersteren auch nach MUMBAI.

Das Büro von **Indian Airlines** liegt in Fateh Gunj, ✆ 0265/279 4747, das von **Jet Airways**, ✆ 0265/234 3441, gegenüber dem WelcomHotel Vadodara in der RC Dutt (Racecourse) Rd.

Pavagadh und Champaner

45 km nordöstlich von Vadodara erhebt sich der Pavagadh 820 m über die Ebene und überblickt die fast vergessene moslemische Stadt **Champaner** (⏱ tgl. 10–18 Uhr; Rs100), die inzwischen zum Weltkulturerbe erklärt wurde. Heute strahlt Champaner eine eigenartige, der modernen Welt entrückte Atmosphäre aus. Innerhalb der massiven Stadtmauern mit ihren von Inschriften verzierten Toren liegen mehrere Häuser, sehr schöne Moscheen, moslemische Grabmäler sowie einige neuere Jain-Pilgerherbergen. Champaners größte Moschee, die prächtige **Jama Masjid**, liegt außerhalb der Stadtmauern am Fuße des Pavagadh. Hohe Minarette überragen beide Seiten des Haupteingangs, und die Gebetshallen sind durch fast 200 Säulen unterteilt, die ein wunderschön gearbeitetes, aus mehreren Kuppeln bestehendes Dach tragen. Die Tickets gelten auch für den **Tempel Shahr-ki Matchi** innerhalb der Stadtmauern in der Nähe des Busbahnhofs.

Um von dort zum **Pavagadh** zu gelangen, nimmt man entweder einen Bus oder den ansteigenden Pfad, der an der verfallenen Festung **Chauhan Rajput** vorbei zu einem Rastpunkt führt, wo man Snacks, Souvenirs und *chai* erhält. Von hier geht es mit der Drahtseilbahn (Rs87 hin und zurück) oder zu Fuß auf einem Pfad in Richtung Gipfel. Neben mehreren Jain-Tempeln steht hier auch ein Hindu-Tempel, der einem Mataji (weiblicher Sadhu) gewidmet ist und dessen Dach ein Schrein zu Ehren des moslemischen Heiligen Sadan Shah krönt. Der Ausblick mag die Hauptattraktion des Pavagadh sein, doch die interessanteste Sehenswürdigkeit dieser Gegend ist das nur noch als Ruine erhaltene **Fort** gegenüber vom Hauptbusbahnhof.

Im Jahr 1297 erkoren die Chauhan-Rajputen den Pavagadh zu ihrem Stützpunkt und wehrten drei Moslem-Angriffe ab, bevor sie die Festung 1484 an Mohammed Begada verloren. Alle Frauen und Kinder begingen *johar* (rituellen Selbstmord durch Selbstopferung), und die überlebenden Männer wurden ermordet, als sie sich der Konvertierung zum Islam widersetzten. Nach der Eroberung begann Begada mit dem Bau von Champaner, der 23 Jahre dauerte. Bis zum Tod von Bahadur Shah im Jahre 1536 fungierte die Stadt als politische Kapitale von Gujarat. Danach siedelte der Hof nach Ahmedabad um und der Niedergang von Champaner nahm seinen Lauf.

Von Vadodara fährt stündlich ein Bus nach Champaner (via Halol, 1 1/2 Std.). Außerdem gibt es mehrere tägliche Verbindungen von und nach Ahmedabad. **Hotel Champaner**, auf halbem Weg nach Pavagadh, ✆ 02676/245641, ❷–❸, etwas glanzloses Hotel mit Schlafsaal (Rs75) und passablen Zimmern mit großartigem Blick über die weiten Ebenen. Im dazugehörigen Restaurant bekommt man gute vegetarische *thalis*.

Zu Hause bei Maharadschas

Jambughoda Palace, 25 km außerhalb von Champaner, ✆ 02676/241258, 💻 www.jambughoda.com. Deutlich schickere Option. Sehr individuelle Zimmer und hausgemachte Speisen mit Bioprodukten aus dem eigenen Garten. Der Familiensitz des ehemaligen Maharadscha überblickt das Jambughoda Wildlife Sanctuary, das vielen Vögeln Lebensraum bietet. ❺–❻

Gujarat

Daman

Erkundigt man sich bei Gujaratis nach Daman, so hört man zuerst, dass es dort Alkohol gibt. Als Mitglied des Union Territory ist die Stadt unabhängig von dem „trockenen" Staat, der sie umschließt, und rühmt sich liberaler Ausschankgesetze. Dies macht die Enklave zu einem beliebten Wochenendziel für ganze Busladungen männlicher Gujaratis, die sich hemmungslos betrinken. Unter der Woche geht es in der Stadt zwar wesentlich ruhiger zu, aber übermäßig hohe Erwartungen sollte man nicht haben. Die Atmosphäre lässt Assoziationen zu einer verschlafenen Grenzstadt aufkommen, und außer ein paar mittelmäßigen Stränden, ausgezeichnetem Seafood und einigen gut erhaltenen Kirchen, Häusern und Festungen im portugiesischen Stil wird hier kaum etwas geboten.

Durch seine Lage an der Mündung des **Damanganga**, der in der Sahyadri Range auf der Dekkan-Hochebene entspringt, war Daman ein einladendes Ziel für die Portugiesen, die die Stadt 1531 vom Sultan von Gujarats äthiopischem Regenten Siddu Bapita eroberten. Damans wirtschaftlicher Niedergang wurde durch die britische Besetzung von Sind in den 1830er-Jahren heraufbeschworen, welche den **Opiumhandel** zum Stillstand brachte. Trotzdem überlebte die Kolonialherrschaft bis 1961, als Nehru die Geduld verlor und seine Truppen nach Daman schickte, anstatt weiterhin auf eine friedliche Übergabe der Portugiesen zu warten.

Heute wird Daman als Union Territory von New Delhi aus regiert, ebenso wie die nahe gelegenen ehemals portugiesischen Kolonien Diu, Dadra und Nagar Haveli. Die Stadt Daman besteht aus zwei separaten Teilen. Nördlich des Damanganga liegt **Nani Daman** („Klein Daman"), wo sich die meisten Hotels, Restaurants, Bars und Märkte befinden; **Moti Daman** („Groß Daman"), das alte portugiesische Viertel, dessen barocke Kirchen und Latino-Villen von imposanten Festungsmauern umgeben sind, breitet sich südlich des Flusses aus.

Die Stadt

Das Leben im Stadtteil Nani Daman spielt sich größtenteils in der **Seaface Road** ab, die vom Markt in westlicher Richtung, vorbei an Hotels, schäbigen Bars und Liquor Stores bis zum Meer führt. Der **Strand** ist verschmutzt und lädt nicht zum Schwimmen oder Sonnenbaden ein . Die Gegend am **Flussufer** südlich des Zentrums wird von Fischerbooten und Märkten dominiert. Das ganze Geschehen lässt sich von den Befestigungsmauern des **St Jerome's Fort**, direkt hinter dem Kai, sehr gut beobachten. Die im 17. Jh. zum Schutz vor den Moguln errichtete Zitadelle umschließt einen kleinen *maidan*, eine katholische Kirche und einen portugiesischen Friedhof.

Die beeindruckendsten Gebäude der Stadt liegen jenseits des Flusses im kolonialen **Moti Daman**, 2 km südlich der Seaface Rd. Innerhalb der stattlichen Mauern liegen elegante zweistöckige Villen mit geschwungenen Treppen, hölzernen Fensterläden, Veranden, bunt getünchten Fassaden und grünen Höfen. Zu den schönsten Bauwerken von Moti Daman gehören die **Kirchen**, darunter einige der ältesten und besterhaltenen christlichen Baudenkmäler Asiens. Am prächtigsten ist die 1603 erbaute **Kathedrale** nördlich des Hauptplatzes. Ihre gigantische Barockfassade öffnet sich zu einer erhabenen, überwölbten Halle. Auf der gegenüberliegenden Seite des Platzes erhebt sich die **Church of Our Lady of the Rosary**, die einige kunstvolle Holzarbeiten beherbergt.

Die **Main Road** verbindet die beiden im Jahre 1580 nach einer Moguln-Invasion errichteten **Stadttore** miteinander. In dem kleinen Cottage neben dem nördlichen Sea Gate lebte im 18. Jh. der portugiesische Poet Bocage. Am anderen Ende der Main Road liegt auf der Bastion mit Blick auf das Land Gate eine Zelle, in der die zum Tode Verurteilten zu Zeiten der Portugiesen ihre letzten Tage verbrachten.

Übernachtung

Fast alle Hotels von Daman liegen an oder nahe der Seaface Rd in Nani Daman. Die Resorts am Devka Beach sind generell teurer, was nicht unbedingt auf ihren Komfort, sondern eher auf ihre Lage zurückzuführen ist.

Gurukripa, Seaface Rd, ✆ 0260/225 504.
Das alteingesessene Hotel zeigt Ermüdungserscheinungen, ist aber immer noch sehr gut geführt und hat geräumige Zimmer mit Bad und

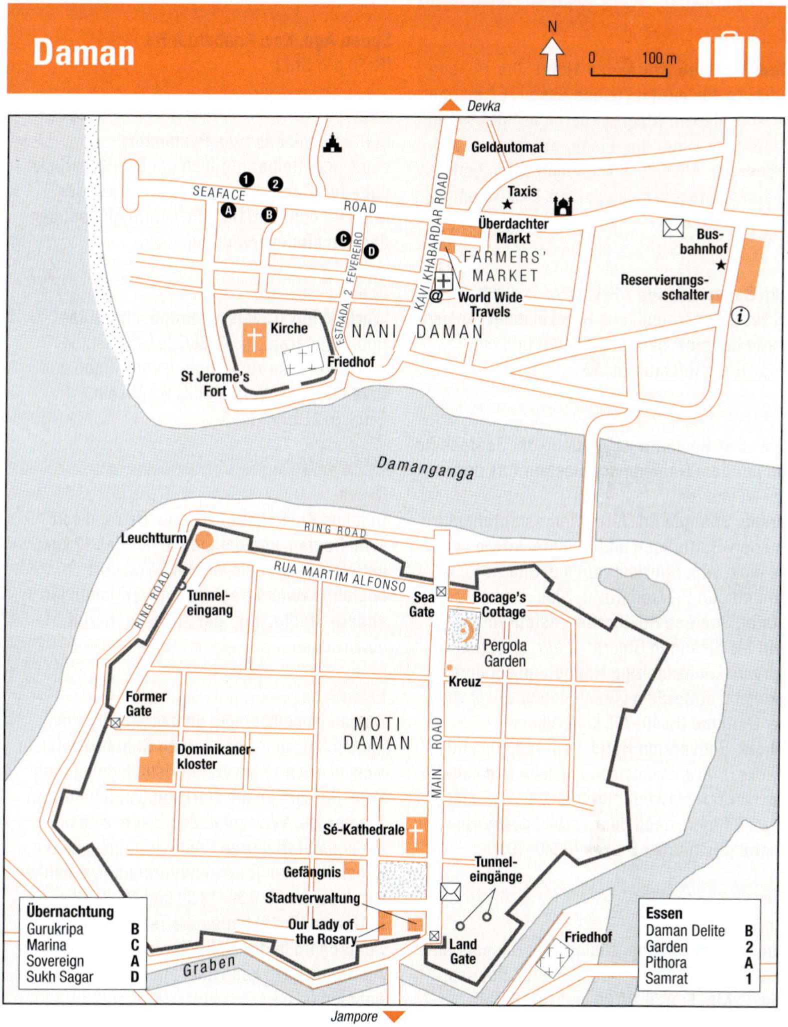

AC, außerdem eine Dachterrasse und ein gutes Bar-Restaurant. Es werden auch Yogakurse angeboten. ❹–❺

Marina, Estrada 2 Fevereiro, ✆ 0260/225 4420. Langsam zerfallender und doch sehr stilvoller, portugiesischer Kolonialbau mit preiswerten AC-Zimmern und altmodischen Möbeln. Es lohnt sich, für die Deluxe-Variante etwas mehr Geld auszugeben. Auch das Restaurant ist nicht zu verachten. ❸–❹

Sovereign, Seaface Rd, ✆ 0260/225 0236. Nahe dem Gurukripa und unter derselben Leitung. Anständige AC-Zimmer mit kleinem Bad und TV. ❹–❺

Der leckerste Fisch

Daman Delite, Gurukripa Hotel. Die richtige Adresse für ein piekfeines Essen. Es stehen verschiedenste Meeresfrüchte auf der Karte. Highlights sind die Fischcurrys, und zum krönenden Abschluss kippt man einen gehaltvollen *feni* (Kokosschnaps) aus Goa. Hauptgerichte Rs70–250.

Sukh Sagar, Estrada 2 Fevereiro, ✆ 0260/225 5089. Das freundliche Hotel in einer ruhigen Straße hat gute, saubere Zimmer und ein preiswertes Restaurant. ❸

Essen und Unterhaltung

Viele „Bar-Restaurants" entlang der Seaface Rd sind nur dem Namen nach Restaurants und eher zu meiden.

Garden, Seaface Rd. Terrassenrestaurant mit Tandoori-Butterfisch und Hummer sowie veg. und nicht veg. Spezialitäten aus Goa zu vernünftigen Preisen (Rs40–200).

Samrat, Seaface Rd. Straßenrestaurant mit mehr als füllenden Gujarat-*thalis,* zu denen man *namkeens* (salzige Häppchen) serviert bekommt; außerdem verschiedene *dhals* und veg. Gerichte (Rs40–70); kein Alkohol.

Pithora, Souvereign Hotel. Veg. südindische Snacks, *thalis,* chinesisches Essen und kaltes Bier werden entweder drinnen serviert oder auf einem luftigen, nach dem Vorbild des dörflichen Gujarat gestalteten Balkon (Rs40–100).

Sonstiges

Informationen

Touristeninformation, südlich des Busbahnhofs, ✆ 02638/225 5104, 💻 www.damandiutourism.com. 🕒 Mo–Fr 9.30–13.30 und 14–18 Uhr.

Internet

Speed Age, Kavi Khabardar Rd (Rs20 pro Std.).

Post

In Daman gibt es zwei **Postämter**: eines unmittelbar nördlich der Straßenbrücke über den Damanganga, das andere in der Main Rd von Moti Daman, schräg gegenüber der Gemeindeverwaltung.

Reisebüros

World Wide Travels, im Erdgeschoss des Hotel Maharaja, ✆ 02638/225 5734, ist die beste Adresse zum Buchen von Flügen und **Geld** und Travellerschecks wechseln, 🕒 tgl. 9–21 Uhr.

Transport

Busse

Damans **Busbahnhof** liegt am Ostrand von Nani Daman, bedient jedoch nur das 12 km entfernte VAPI (alle 30 Min.). Von dort bestehen zwar verschiedene Verbindungen in andere Städte, aber der Zug ist generell vorzuziehen.

Eisenbahn

Daman ist selbst nicht an das Schienennetz angeschlossen. Der nächste **Bahnhof** befindet sich im etwa 12 km weiter östlich gelegenen **Vapi**, das zu den am stärksten verschmutzten Städten der Welt zählt. Zugtickets sind dort am computerisierten Reservierungsschalter, gegenüber der Touristeninformation, erhältlich 🕒 tgl. außer Mi 9.30–13.30 und 16–21 Uhr.
In Daman (Rs15) halten die Taxis an der Seaface Rd in der Nähe der meisten Hotels. Alternativ dazu kann man auch einen Bus nehmen (s. o.).

Mumbai

Stefan Loose Traveltipps

Gateway of India Mumbais Wahrzeichen, der Ort für einen Abendspaziergang. S. 654

Chhatrapati Shivaji Museum Eine erlesene Sammlung indischer Kunst von unschätzbarem Wert – von uralten Tempelskulpturen bis zu Rüstungen der Moguln. S. 656

Oval Maidan Hier entkommt man dem Rummel der Stadt, kann Cricket spielen, gemütlich zu Mittag essen oder einfach nur relaxen. S. 657

Grabmal von Haji Ali Donnerstagabends versammeln sich am Inselgrab des Sufi-Mystikers Haji Ali moslemische Gläubige, um der Qawwali-Musik zu lauschen. S. 661

CS (Victoria) Terminus Das wunderbar exzentrische Bauwerk ist vielleicht der großartigste Bahnhof, den die Briten jemals gebaut haben. S. 658

Elephanta Island Ein Boot bringt Besucher über den Hafen von Mumbai zu einem der schönsten, in den Fels gehauenen Shiva-Tempel. S. 663

Bollywood-Blockbuster Die neueste Hindi-Megaproduktion in einem der gigantischen Art-déco-Kinos im Stadtzentrum zu sehen, ist ein Erlebnis der besonderen Art. S. 675

Mumbai

Übernachtung	
Oberoi	B
Taj President	A
Trident Nariman Point	B

Essen	
Badshah Juice, Snack Bar	2
Rajdhani	1

N
0
1 km
ARABISCHES MEER
Back Bay
Banganga-Teich
Walukeshwar-Tempel
Malabar Hill
PM (Hanging) Gardens
Türme des Schweigens
Breach Candy Hospital
Crossword Bookshop
Mahalakshmi-Tempel
Haji Ali-Mausoleum
Jain-Tempel
Kamla Nehru Park
Bulbunath Mandir-Tempel
KEMP'S CORNER
Chowpatty Beach
Mani Bhavan (Mahatma Gandhi Museum)
VATSALABAI DESAI CHOWK
Grant Rd Station
Opera House
Charni Road
NAIK CHOWK
Mumbai Central (Bahnhof)
Willingdon Golf Course
Mahalaxmi Racecourse
Busse ins Zentrum
Alfred Talkies
Red Light District
Maratha Mandir Cinema
Mahalaxmi Station
Gymkhanas
Wankhede-Stadion
Bombay Hospital
Bhuleshwar Market
Mumba Devi-Tempel
Metro Cinema (Busse nach Goa)
Mumbai Central (Busbahnhof)
SANT GADGE MAHARAJ CHOWK
Chor Bazaar
Azad Maidan
Zaveri Bazaar
JOHAR CHOWK
Crawford Market
Städtische Dhobi Ghats
Flughäfen
Jami Masjid
Minara Masjid
Byculla
Chinchpokli
Chhatrapati Shivaji Terminus (Victoria Terminus)
Jijamata Udyaan (Victoria Gardens)
BYCULLA
Masjid Bunder
Sandhurst Road
Dr Bhau Dadji Lad Museum
Dockyard Road
Reay Road
WALUKESHWAR MARG
N DABHOLKAR MARG
JAGMOHANDAS MARG
BAL GANGADHAR KHER MARG (RIDGE RD)
BHULABHAI DESAI RD
DR G DESHMUKH MARG
S K BADODDAWALA MARG
BALBUNATH MARG
SITARAM PATKAR MARG
PANDITA RAMABAI
DR N A PURANDRE MARG
TARDEO RD
TADDER MARG
LALA LAJPATRAI MARG
KASHAVRAO KHADE MARG
DR D BHADKAMKAR MARG
P BAPURAO MARG (FALKLAND RD)
SUBHASH CHANDRA MARG
MAHARISHI KARVE RD
JAGANNATH SHANKARSHETH MARG
SARDAR V PATEL RD
MAULANA SHAUKATALI (GRANT RD)
N DESAI RD
S NIMKAR MARG
DR ANANDRAO NAIR MARG
SANE GURUJI MARG
J BOMAN BEHRAM MARG
MAULANA AZAD RD (NORTH)
MAULANA AZAD RD (SOUTH)
MIRZA GALIB ST
BAPORAO JAGTAP MARG
KALBADEVI RD
CP TANK RD
MEMON ST
ABDUL REHMAN ST
MOHAMMED ALI RD
SIR J JEEJIBHOY RD
N M JOSHI MARG
DR BABASAHEB AMBEDKHAR MARG
RAMCHANDRA BHAT MARG
DR D N MARG
MRA RD
LOKMANYA TILAK RD
MERCHANT ROAD
SHIVDAS CHAMPSI MARG
S B DHODY MARG
MOTI SHAH RD
SETH
SANT SAVTA MARG
E S PATANWALA MARG
VICTORIA RD
NANDALAL JANI RD
P D'MELLO RD
J M PATHOD MARG
NATH PAI MARG (REAY RD)

Seit der Fertigstellung des Suez-Kanals 1869 ist Mumbai (früher Bombay) das Haupteingangstor zum indischen Subkontinent. Der Schriftsteller Aldous Huxley sagte einmal sinngemäß, dass keine der beiden Erdhalbkugeln eine entsetzlichere Stadt zu bieten habe. Viele Reisende betrachten ihren Aufenthalt in Mumbai als eine Erfahrung, bei der es eher um das nackte Überleben als ums Genießen geht. Doch als führende Wirtschafts-, Industrie- und Handelsmetropole des Landes und Quelle der verführerischsten Medienbilder ist die Hauptstadt von Maharashtra auch ein äußerst faszinierender Ort, in dem es sich durchaus umzusehen lohnt. Ob jemand diese Erfahrung auch genießen kann, hängt zum großen Teil davon ab, wie er mit der Hitze, der Feuchtigkeit, der Hektik, den Abgasen, den unglaublichen Menschenmassen und der erschreckenden Armut in der dynamischsten und am meisten „verwestlichten" Stadt Indiens zurechtkommt.

Der erste Eindruck von Mumbai wird oft von dem chronischen **Platzmangel** bestimmt, unter dem die Metropole leidet. Sie kauert auf einem schmalen, gekrümmten Landstreifen, der sich von der sumpfigen Küste ins Arabische Meer schiebt. Streng genommen handelt es sich um eine Insel, die mit dem Festland durch Brücken und schmale Dämme verbunden ist. In weniger als 500 Jahren hat sich Mumbai vom Eingeborenen-Fischerdorf zu einer Megalopolis mit über 16 Mio. Einwohnern entwickelt – und zu einem der weltweit größten städtischen Siedlungsgebiete. Ob man vom endlosen Strom der Pendler auf breiten Boulevards mitgeschwemmt oder in den von Menschen wimmelnden Basaren von Kulis und Handkarren ziehenden Leuten eingekreist wird – Mumbai scheint immer und überall aus allen Nähten zu platzen.

Die Ursache der Überbevölkerung und der damit verbundenen Armut liegt – auch wenn es paradox erscheinen mag – in der unglaublichen Fähigkeit dieser Stadt, **Reichtum** zu produzieren. Mumbai allein erwirtschaftet fast ein Drittel von Indiens Steuereinnahmen, in seinem Hafen wird die Hälfte des indischen Außenhandels abgewickelt, und die hiesige Filmindustrie ist die größte der Welt. Wohlstandssymbole finden sich allerorten: von der Phalanx von Bürohochhäusern am Nariman Point („Maharashtras Manhattan") bis zu teuer gekleideten Teenagern, die in Colabas Szenediscos posieren.

Die Kehrseite der Erfolgsstory ist die hier herrschende, hinlänglich dokumentierte **Armut**. Tag für Tag strömen schätzungsweise 500 Wirtschaftsflüchtlinge aus dem Hinterland von Maharashtra nach Mumbai. Manche finden Arbeit und Obdach; die Mehrheit jedoch endet auf den ohnehin schon überfüllten Straßen oder lebt im Elend inmitten eines der größten Slums von ganz Asien, sammelt Lumpen oder bettelt an Verkehrsampeln die Autofahrer an, um zu überleben. Man darf die Probleme keineswegs herunterspielen, andererseits ist Mumbai längst nicht die Horrorstadt, von der manche Traveller berichten. Hat man erst einmal den Stress der Hotelsuche bewältigt, lässt sich dem irren Treiben und der turbulenten, kosmopolitischen Atmosphäre durchaus etwas abgewinnen.

Geschichte

Mumbai bestand ursprünglich aus sieben **Inseln**, die von kleinen Koli-Fischergemeinden bevölkert wurden. 1534 überließ Sultan Bahadur von Ahmedabad das Land den **Portugiesen**. 1661 gelangte es als Teil der Mitgift Katherinas von Braganza, der portugiesischen Infantin, die mit dem englischen König Charles II. den Bund der Ehe schloss, in die Hände der Engländer. Der geschützte Naturhafen und die strategisch günstige Handelsposition Bombays weckten das Interesse der im nahen Surat ansässigen **East India Company**. 1668 wurde eine Vereinbarung getroffen, und Charles überließ der Ostindien-Kompanie Mumbai für eine lächerliche Summe.

Das Leben der Engländer in Bombay war nicht leicht. Die Ruhr, Cholera und andere Krankheiten rafften viele der ersten Siedler dahin, und der Geistliche der Kolonie erklärte „zwei Monsunregen entsprechen der Dauer eines Menschenlebens". Trotzdem etablierte sich die Stadt als Hauptstadt der aufstrebenden East India Company und zog unterschiedlichste Siedler an, darunter Goaner, Kaufleute aus Gujarat, moslemische Weber und geschäftstüchtige **Parsen**. Die amerikanische Baumwollkrise nach dem Ende des Bürgerkrieges löste in der Stadt einen mächtigen Baumwollboom aus, der die Stadt zu

Großraum Mumbai

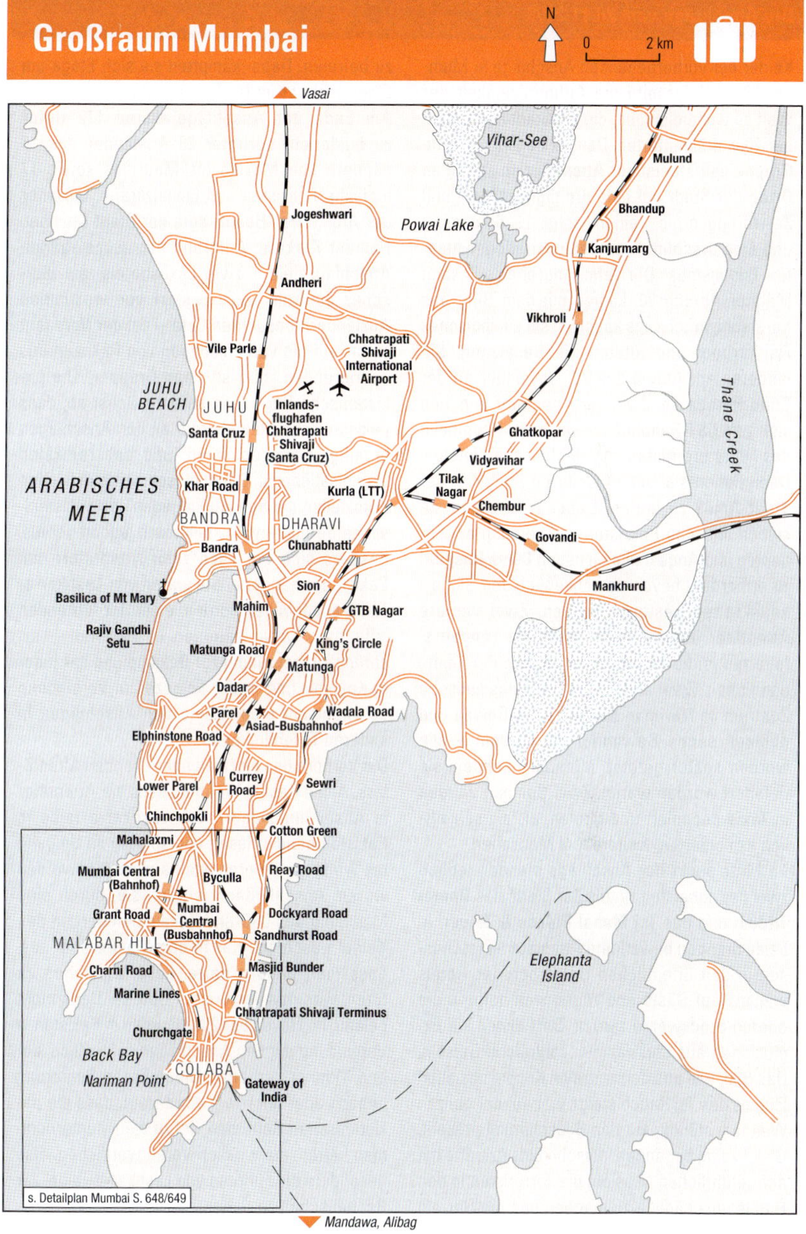

Mumbai

Die Anschläge vom 26.11.2008

Keiner der vorhergehenden Anschläge in Mumbai (S. 653) fesselte die Aufmerksamkeit der Welt so wie diejenigen, die die Stadt im November 2008 erschütterten. Damals begab sich eine Gruppe **pakistanischer Attentäter** an zentralen Orten der Stadt auf eine dreitägige Mord- und Zerstörungsorgie – ein indischer 11. September und eine erschütternde Demonstration militanten Islamismus. Die zehn Angreifer, allesamt Männer Anfang 20, kamen mit dem Boot aus Karatschi, unterwegs kaperten sie ein indisches Fischerboot und töteten die Besatzung. Sie landeten am Abend des 26. November an der Cuffe Parade an. Zwei der Attentäter begaben sich zum **CST-Bahnhof**, wo sie in der Haupthalle das Feuer eröffneten und 58 Menschen töteten, Dann flohen sie, um an weiteren Stellen in der Stadt Amok zu laufen. Dabei erschossen sie sieben indische Polizisten und versuchten, Patienten und Angestellte im nahen **Cama Hospital** zu ermorden, bevor sie schließlich von Sicherheitskräften gestoppt wurden. Zwei weitere Attentäter begaben sich zum **Café Leopold's**, feuerten in die Menge, töteten zehn Personen, und flohen. Zwei andere brachten das jüdische Zentrum im **Nariman House** in ihre Gewalt und nahmen sechs Bewohner als Geiseln – alle wurden später getötet, offenbar nachdem sie gefoltert worden waren. Zwei Bomben wurden in **Taxis** deponiert und töteten, als sie schließlich explodierten, weitere fünf Menschen.

Im Mittelpunkt der Anschläge standen jedoch zwei der nobelsten Hotels der Stadt, das **Oberoi Trident** und das **Taj Mahal Palace & Tower**. In beide drangen bewaffnete Attentäter ein, schossen in den öffentlichen Bereichen der Hotels wahllos auf Gäste und zogen sich dann in die oberen Stockwerke zurück. Dort lösten sie Explosionen aus und nahmen zahlreiche Geiseln. Das Bild, wie aus der zentralen Kuppel des alten Flügels des Taj Rauch steigt, war auf der ganzen Welt fast ständig auf den Bildschirmen präsent. Gleichzeitig begannen indische Einsatzkräfte mit der gefährlichen Mission, die Terroristen in den Hotels unschädlich zu machen und die Geiseln zu befreien. Dabei kämpften sie sich Etage um Etage vor, was im Taj drei Tage dauerte.

Am Ende der Anschläge waren 172 **Opfer** zu beklagen, darunter 28 Ausländer aus 16 Ländern von Mexiko bis Mauritius sowie 17 indische Polizisten und Einsatzkräfte, darunter der Anti-Terror-Beauftragte der Stadt Mumbai, Hemant Karkare. Aufgrund der ausgewählten Anschlagsziele – zwei Luxushotels, ein jüdisches Zentrum und ein stark von westlichen Ausländern besuchtes Café – fiel der Verdacht sofort auf die verschiedenen von Pakistan aus operierenden islamistischen Gruppen. Die pakistanische Regierung stritt zunächst ab, dass pakistanische Staatsbürger an den Anschlägen beteiligt gewesen seien, und gab radikalen Organisationen in Bangladesch sowie indischen Kriminellen die Schuld. Entgegen den pakistanischen Beteuerungen stellte sich jedoch heraus, dass es sich bei allen zehn Attentätern um Pakistaner handelte. Sie waren von **Lashkar-e-Taiba** ausgebildet worden, einer der führenden militanten Organisationen in Pakistan – ursprünglich gegründet zur Bekämpfung der Inder in Kashmir und in der Folgezeit in Verbindung gebracht mit einer Reihe von Anschlägen in anderen Teilen Indiens.

Die Verhöre des einzigen überlebenden Attentäters, Ajmal Kasab, ergaben, dass die Attentäter in Ausbildungslagern von Lashkar-e-Taiba in Pakistan handverlesen und speziell im Umgang mit Waffen und Sprengstoff ausgebildet worden waren. Anschließend wurden sie, durch eine Mischung aus LSD und Kokain befeuert, in den Kampf geschickt. Kasab sagte außerdem aus, dass man gehofft hatte, 5000 Menschen zu töten, was den Terroristen Gott sei Dank nicht gelang. Im November 2009 wurden in Pakistan in Verbindung mit den Anschlägen schließlich sieben Männer verhaftet. Die indische Regierung beharrt aber nach wie vor darauf, dass die pakistanischen Behörden viel zu wenig unternommen hätten, die wirklich Verantwortlichen, also besonders die Führung von Lashkar-e-Taiba, zur Rechenschaft zu ziehen.

einer bedeutenden Industrie- und Handelsstadt machte. Nach der Eröffnung des Suez-Kanals 1869 und dem Bau riesiger Hafendocks wurde Bombays Einfluss auf die europäischen Märkte noch verstärkt. Steinerne Zeugen dieser Epoche des Aufbruchs sind die aufsehenerregenden kolonialen neugotischen Stadtbauten, die in der Amtszeit des Gouverneurs **Sir Bartle Frere** von 1862 bis 1867 errichtet wurden.

Als wohlhabendste Stadt der Nation stand Bombay in der vordersten Front des Unabhängigkeitskampfes. Mahatma Gandhi benutzte hier drei Jahrzehnte lang ein Haus, inzwischen ein Museum, um den Widerstand zu organisieren. Passenderweise verabschiedete die erste britische Kolonie das Raj endgültig in Mumbai: Im Februar 1948 marschierte das letzte Kontingent britischer Truppen durch das Gateway of India ab. Nach der **Unabhängigkeit** entwickelte Mumbai sich zur kommerziellen Hauptstadt Indiens. Die Einwohnerzahl verzehnfachte sich und stieg auf über 16 Millionen. Die daraus resultierende Überbevölkerung hat auch zu den Spannungen zwischen den diversen Minderheiten beigetragen, und dazu kamen noch die terroristischen Anschläge von außerhalb. Davon, dass immer mehr Zuwanderer aus anderen Regionen des Landes in die Stadt strömten, und von der damit einhergehenden wachsenden Unzufriedenheit profitierte vor allem die rechtsextreme Maharashtria-Partei **Shiv Sena**. Sie wurde 1966 von Bal Thackeray, laut Eigenaussage ein Bewunderer Hitlers, gegründet. Nach der Zerstörung der Babri Masjid in Ayodhya (1992/93) wurden Tausende moslemische Bewohner von Bombay von Hindu-Banden getötet.

Im Gegenzug verloren im März 1993 bei zehn **Bombenexplosionen** 260 Menschen ihr Leben, und bedeutende Baudenkmäler wurden zerstört. Man ging von einer Beteiligung des moslemischen Paten Dawood Ibrahim und des pakistanischen Geheimdienstes aus. Sowohl Ibrahim als auch der Geheimdienst wurden mit nachfolgenden Gräueltaten in Verbindung gebracht. Dazu zählten die Bombenanschläge im August 2003, die 107 Besucher des Gateway of India das Leben kosteten, und die Anschläge im Juli 2006, bei denen durch zeitlich aufeinander abgestimmte Explosionen sieben vollbesetzte Pendlerzüge zerrissen wurden. Und schließlich die Anschläge vom 26. November 2008 (s. Kasten S. 652), denen 172 Personen zum Opfer fielen.

Trotz dieser Rückschläge hat Mumbai wie sonst keine andere Stadt in Indien von der wirtschaftlichen Liberalisierung profitiert. So verdrängten IT-, Finanz- und Gesundheitssektor sowie Back-Office-Dienstleistungen die seit Jahrzehnten stagnierende Textilindustrie. Ganze Vororte mussten neu gebaut werden, um die Ströme neuer Mittelklassearbeiter aufzunehmen; natürlich mit glänzenden Einkaufszentren und Autohändlern, damit sie ihr sauer Verdientes auch ausgeben konnten. Jedoch hat die Korruption in Politik und Wirtschaft Investitio-

Bombay oder Mumbai?

1996 wurde Bombay im Rahmen einer umfassender angelegten Politik der Stadtverwaltung unter Führung der rechtsgerichteten Maharashtra-Nationalisten-Partei Shiv Sena in Mumbai umbenannt. Die war Teil der Absicht, alle Örtlichkeiten, Straßen und Einrichtungen der Stadt, die eine Verbindung zur britischen Herrschaft in Indien aufwiesen, mit neuen Namen zu versehen.

Die Shiv Sena behauptete, dass der britische Name „Bombay" vom Marathi-Namen einer örtlichen Göttin stammte, der mundlosen „Maha-amba-aiee" (kurz „Mumba Devi", s. S. 660). Allerdings sind sich Historiker einig, dass die Portugiesen, die die Bucht „Bom Bahia" („Gute Bucht") nannten, als sie sie zum ersten Mal erblickten, für die Namensgebung des Ortes verantwortlich sind und der spätere britische Name nichts mit der hinduistischen Erdgöttin zu tun hat.

Die Namensänderung war anfänglich äußerst unpopulär, besonders bei der Mittel- und Oberschicht und den nicht aus Maharashtra stammenden Zuwanderern; sie blieben stur bei Bombay. Mehr als 15 Jahre später scheint „Mumbai" aber immer mehr an Boden zu gewinnen, besonders bei der jüngeren, computeraffinen Generation. Außerdem hat sich der Name mehr und mehr aus der Zwangsjacke seiner nationalistischen Wurzeln gelöst.

nen in sozial schwächeren Gebieten verhindert. Während in Bandra Luxusappartements für eine halbe Million Dollar und mehr gehandelt werden, hausen schätzungsweise 7 bis 8 Millionen Menschen (knapp die Hälfte aller Bewohner Mumbais) auf 6 % der Stadtfläche zusammengedrängt in Slums ohne Sanitäreinrichtungen.

Orientierung

Nirgendwo wird deutlicher spürbar, dass man in Mumbai angekommen ist, als am **Gateway of India**, dem ultimativen Wahrzeichen der Stadt. Nur fünf Gehminuten nördlich vom Anleger steht das **Prince of Wales Museum**, die nächste Hauptattraktion auf der Sightseeing-Liste. Dabei ist die extravagante Architektur genauso interessant wie die Kunstschätze im Innern. Das Museum liefert einen Vorgeschmack auf die Straßen der unmittelbaren Umgebung, wo man die architektonische Crème de la Crème von Bartle Freres Bombay bewundern kann, beispielsweise die Prachtbauten der Universität und den High Court mit den offenen Maidans auf der einen und den Boulevards von Fort auf der anderen Seite.

Warum die Gründerväter Bombay damals *Urbs Prima in Indis* nannten, zeigt der weiter nördlich gelegene Bahnhof **Chhatrapati Shivaji Terminus (CST)**, das absolute Prunkstück der indischen Raj-Architektur. Hinter dem CST liegen die überfüllten Basare und Moslemviertel von Zentral-Mumbai, am lebendigsten und buntesten um den **Crawford Market** und die **Mohammed Ali Road**. Wer dem Stadtgetümmel entkommen möchte, unternimmt zum Beispiel einen Abendspaziergang über den **Marine Drive** am westlichen Rand von Downtown oder eine Bootstour nach **Elephanta**, einer Insel in der Hafenbucht von Mumbai mit einem Höhlentempel.

Colaba

Ende des 17. Jhs. war Colaba wenig mehr als die letzte einer Reihe von steinigen Inseln, die sich zu dem am südlichsten Punkt von Mumbai stehenden Leuchtturm hin erstreckte. Heute sind die ursprünglichen Konturen des Landvorsprungs (dessen Name von den frühesten hiesigen Fischern, den **Koli**, abgeleitet wurde) unter einer Masse baufälliger Kolonialwohnhäuser, Hotels, Bars, Restaurants und Kunsthandwerksgeschäften versteckt. Wer sich nur in dieser Gegend aufhält, bekommt ein sehr einseitiges Bild von Mumbai. Obwohl es die hauptsächliche Touristenenklave und ein angesagtes Ausgehviertel für die jungen Reichen der Stadt ist, hat sich Colaba das zwielichtige Flair jenes Hafenortes bewahrt, der er einmal war.

Gateway of India und das Taj-Hotel

Indiens eigener, honigfarbener Arc de Triomphe, errichtet zur Erinnerung an den Besuch von König George V. und Queen Mary 1911, wurde 1924 von dem Architekten George Wittet erbaut, auf dessen Reißbrett zahlreiche der nobelsten Bauwerke der Stadt entworfen wurden. Das Tor vereint einheimische Gujarat-Motive mit großem viktorianischem Pomp und war ursprünglich als feierlicher Landungspunkt für mit P&O-Dampfern ankommende Passagiere gedacht. Inzwischen sind die einzigen am Fuß der Steintreppe im Wasser schaukelnden Schiffe die Boote, die Touristen durch den Hafen zur Elephanta Island und zurückbringen.

Gleich hinter dem Gateway erhebt sich das betagte Hotel **Taj Mahal Palace & Tower** (S. 667), ein Wahrzeichen indischen Widerstandes gegen die kolonialen Unterdrücker. Sein Schirmherr, der parsische Industrielle J. N. Tata, soll das Taj als einen Akt der Rache in Auftrag gegeben haben, nachdem ihm der Zutritt zum damals besten Hotel der Stadt, dem „whites only"-Watson's verwehrt worden war. Sein zorniger Wunsch ging in Erfüllung: Das Watson's ist schon längst vom Erdboden verschwunden, aber das Taj thront noch immer majestätisch über dem Meeresufer und beherbergt Mumbais Jetset. Normalsterbliche dürfen hereinkommen, um ihr Geld in der Tea Lounge und in den Einkaufspassagen auszugeben oder einen Blick in die riesige, klimatisierte Lobby zu werfen (am Gang links des Hauptschalters gibt es übrigens eine höchst feudale Toilette).

Colaba Causeway und Sassoon Docks

Die Ende des 19. Jhs. dem Meer abgetrotzte Hauptdurchgangsstraße **Colaba Causeway** (ein Abschnitt der Shahid Bhagat Singh Marg) führt

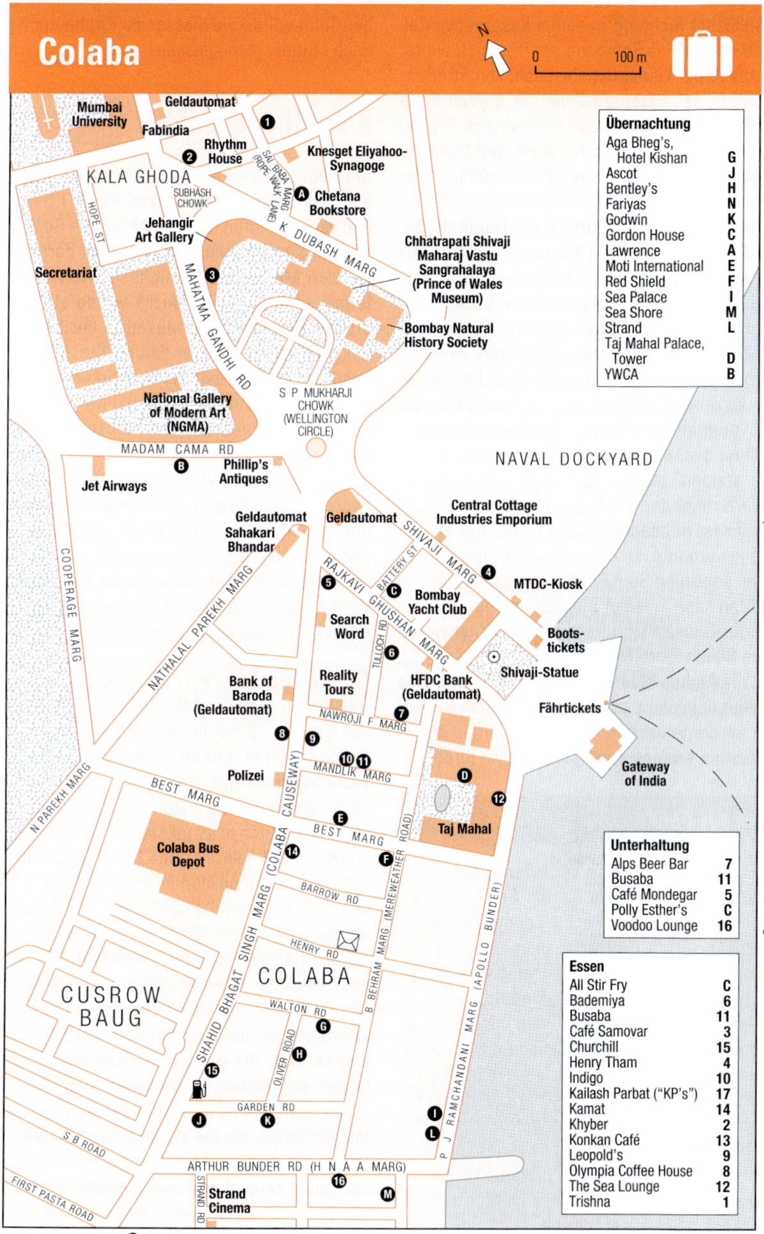
Colaba
N
0
100 m
Übernachtung
Aga Bheg's, Hotel Kishan G
Ascot J
Bentley's H
Fariyas N
Godwin K
Gordon House C
Lawrence A
Moti International E
Red Shield F
Sea Palace I
Sea Shore M
Strand L
Taj Mahal Palace, Tower D
YWCA B
Unterhaltung
Alps Beer Bar 7
Busaba 11
Café Mondegar 5
Polly Esther's C
Voodoo Lounge 16
Essen
All Stir Fry C
Bademiya 6
Busaba 11
Café Samovar 3
Churchill 15
Henry Tham 4
Indigo 10
Kailash Parbat ("KP's") 17
Kamat 14
Khyber 2
Konkan Café 13
Leopold's 9
Olympia Coffee House 8
The Sea Lounge 12
Trishna 1
Mumbai University
Geldautomat
Fabindia
Rhythm House
Knesget Eliyahoo-Synagoge
KALA GHODA
SUBHASH CHOWK
SAI BABA MARG (ROPE WALK LANE)
Chetana Bookstore
HOPE ST
Jehangir Art Gallery
K DUBASH MARG
Secretariat
MAHATMA GANDHI RD
Chhatrapati Shivaji Maharaj Vastu Sangrahalaya (Prince of Wales Museum)
Bombay Natural History Society
National Gallery of Modern Art (NGMA)
S P MUKHARJI CHOWK (WELLINGTON CIRCLE)
MADAM CAMA RD
Phillip's Antiques
Jet Airways
NAVAL DOCKYARD
Geldautomat Sahakari Bhandar
Geldautomat
Central Cottage Industries Emporium
SHIVAJI MARG
BATTERY ST
RAJKAVI GHUSHAN MARG
Bombay Yacht Club
MTDC-Kiosk
COOPERAGE MARG
NATHALAL PAREKH MARG
Search Word
Boots-tickets
TULLOCH RD
Shivaji-Statue
Elephanta Island
Reality Tours
HFDC Bank (Geldautomat)
Bank of Baroda (Geldautomat)
Fährtickets
NAWROJI F MARG
MANDLIK MARG
Gateway of India
Polizei
N PAREKH MARG
BEST MARG
CAUSEWAY)
Taj Mahal
Colaba Bus Depot
BEST MARG
(COLABA
ROAD)
BARROW RD
(MEREWEATHER
Mandawa, Alibag
HENRY RD
SHAHID BHAGAT SINGH MARG
B BEHRAM MARG
(APOLLO BUNDER)
COLABA
CUSROW BAUG
WALTON RD
OLIVER ROAD
P J RAMCHANDANI MARG
GARDEN RD
S B ROAD
ARTHUR BUNDER RD (H N A A MARG)
FIRST PASTA ROAD
STRAND RD
Strand Cinema

in südlicher Richtung zu einem Kasernenviertel, doch nur wenige Touristen verirren sich weiter als bis zu der klaustrophobischen, von Straßenhändlern beherrschten Zone am oberen Ende der Straße. Dabei würde es sich wirklich lohnen, und sei es nur, um über den **Obst- und Gemüsemarkt** zu schlendern (zwei Blocks südlich vom Strand Cinema).

Von hier geht es zurück zur Hauptstraße, wo sich linker Hand der Eingang von Mumbais Fischgroßmarkt Sassoon Docks auftut. Am betriebsamsten präsentieren sich die Docks während der Stunden kurz vor und nach Sonnenaufgang, wenn die Kulis die nächtlichen Fänge in Körben mit zerstoßenem Eis über die Landungsbrücke ziehen, während sich die Koli-Frauen um die Versteigerer drängen. Der penetrante Geruch ist genauso überwältigend wie der Krach und stammt überwiegend vom traditionellen Exportartikel der Stadt, Bombay Duck (s. Kasten . Es ist zu beachten, dass Fotografieren hier streng verboten ist, denn die Docks grenzen an einen sensiblen Standort der Kriegsmarine.

Man kann in jeden Bus steigen, der auf dem Colaba Causeway durch das Kasernenviertel nach Süden fährt (Nr. 3, 11, 47, 103, 123 und 125), und die **Afghan Memorial Church of St. John the Baptist** besuchen, die von 1847–54 zum Gedenken an die britischen Opfer des 1. afghanisch-britischen Krieges erbaut wurde. Mit ihrem hohen Turm würde die blassgelbe Kirche auch gut nach Mittelengland passen.

Bombay Duck

Anders als der Name vermuten lässt, handelt es sich hier nicht um ein Geflügelcurry, sondern um einen Fisch – genauer: einen Eidechsenfisch *(Harpadon nehereus)*, der im Marathi-Dialekt „bummalo" heißt. Wie diese schlangenähnliche Meereskreatur zu ihrem englischen Namen kam, weiß niemand so genau. Am plausibelsten scheint die Theorie, dass der aus der Raj-Ära stammende Begriff auf das Hindi-Wort für Postzug *(dak)* zurückgeht. Der üble Geruch des getrockneten Fisches soll die Briten an den Kalkutta–Bombay-*dak* erinnert haben, dessen hölzerne Waggons nach drei Tagen und Nächten im Monsun ein stinkender Schimmel überzog.

Kala Ghoda und Umgebung

Die Gegend unmittelbar nördlich von Colaba ist als **Kala Ghoda** („Schwarzes Pferd") bekannt und verdankt ihren Namen der großen Reiterstatue von König Edward VII., die einst dort stand, wo sich MG Road und Subhash Chowk sichelförmig schneiden. Der Bezirk wurde als Standort des bedeutendsten Museums der Stadt und einiger Kunstgalerien in den letzten Jahren zunehmend als Kulturviertel vermarktet, um seine zahlreichen historischen Gebäude zu erhalten und die modernen visuellen Künste zu fördern, die hier seit den 1950er-Jahren florieren. Entlang der Fußwege des Viertels erläutern beeindruckende Edelstahltafeln die Sehenswürdigkeiten, und an Sonntagen im Dezember und Januar versammeln sich hier Porträtkünstler, Töpfer und *mehendi*-Maler zum **Kala Ghoda Fair**, um ihre Werke auf dem Parkplatz vor der Jehangir Art Gallery unter die Leute zu bringen.

Chhatrapati Shivaji Museum

Das Prince of Wales Museum of Western India, von der Shiv Sena-Verwaltung kürzlich in den Zungenbrecher **Chhatrapati Shivaji Maharaj Vastu Sangrahalaya** umbenannt, gehört zu Mumbais bemerkenswertesten Gebäuden aus der Raj-Ära. Der von einer mächtigen weißen Kuppel im Mogul-Stil gekrönte Bau beherbergt auf drei Stockwerken eine der erlesensten Sammlung von Gemälden und Skulpturen. Das Gebäude wurde von George Wittet entworfen, der auch für das Gateway of India verantwortlich zeichnete. Es ist der Inbegriff des indo-sarazenischen Mischstils und galt seinerzeit als „aufgeklärte" Interpretation der Gujarati-Architektur des 15. und 16. Jhs., die islamische Feinheiten mit der typisch englischen Ziegelbauweise vereint.

Im Eintrittspreis für Ausländer ist eine **Audiotour** enthalten, für die entsprechende Geräte im Eingangsbereich verteilt werden. Leider vermag der Kommentar die hochgesteckten Erwartungen nicht zu erfüllen. Auch die Hitze und Feuchtigkeit im Innern des Gebäudes stellen den Besucher auf eine harte Probe. Zur Erholung gibt es einen Tee- und Kaffee-Kiosk im Garten, der allerdings weniger zu empfehlen ist als das Café Samovar außerhalb des Geländes. Dabei ist darauf zu achten, dass die Eintrittskarte beim Verlassen des Museums im Eingangsbereich abgestempelt wird, damit man später wieder hineinkommt. Zur Zeit der Recherche waren verschiedene Abteilungen zwecks Renovierung geschlossen, sodass einzelne Ausstellungsstücke vielleicht an einem anderen Standort zu finden sind.

In der **Key Gallery**, der zentralen Halle im Erdgeschoss, ist eine kleine Auswahl der Museumsschätze ausgestellt, darunter mehrere 1909 von dem Archäologen Henry Cosuens ausgegrabene, buddhistische Stuckfiguren aus dem 5. Jh. Im **Skulpturensaal** des Erdgeschosses sind weitere buddhistische Artefakte zu bestaunen, größtenteils aus der ehemaligen griechischen Kolonie Gandhara. Zu den bedeutenden Hindu-Skulpturen zählen ein aus dem 7. h. stammendes Chalukya-Basrelief, das den auf einer Lotusblüte sitzenden Brahma darstellt, und ein Torso von der Göttin Durga, die mit erhobenem Dreizack bereitsteht, den Büffel-Dämonen zu erledigen.

Die Hauptattraktion im ersten Stock ist die berühmte **Sammlung indischer Malerei**. Die kürzlich eröffnete **Karl & Meherbai Khandalavala Gallery** im renovierten Ostflügel dieses Stockwerks beherbergt feine mittelalterliche Miniaturgemälde neben Ghandara-Skulpturen von unschätzbarem Wert, einem herrlichen religiösen Wandbehang aus Nathdwara in Rajasthan, Chola-Bronzen und einigen der schönsten noch erhaltenen mittelalterlichen Gujarati-Holzschnitzarbeiten des Landes.

In der **House of Laxmi Gallery**, ebenfalls im Ostflügel, stehen indische Münzen im Mittelpunkt, während im zweiten Stock eine riesige **Sammlung orientalischer Keramiken und Glasobjekte** gezeigt wird. Unter den **Waffen** und Rüstungen in einer kleinen Seitengalerie ganz oben im Gebäude sind ein Kürass mit Helm und Jade-Dolch besonders sehenswert, die – wie man erst kürzlich herausfand – keinem Geringeren als dem Großmogul Akbar gehört haben. ⌚ tgl. außer Di 10.15–18 Uhr, Eintritt Rs300, Fotoerlaubnis Rs200, Video Rs1000 – Stative und Blitzlichter sind nicht erlaubt.

Kunstgalerien in Kala Ghoda

Praktisch auf demselben Gelände wie das Prince of Wales Museum, jedoch mit Eingang von weiter oben an der MG Rd, befindet sich die **Jehangir Art Gallery**, Mumbais älteste Galerie für zeitgenössische Kunst, bestehend aus fünf kleinen Ausstellungsräumen, die Kunst und Kunsthandwerk aus aller Welt gewidmet sind. Man weiß nie, was einen erwartet – die Ausstellungen dauern meistens nur eine Woche, und die Stücke sind oft käuflich zu erwerben. ⌚ tgl. 11–19 Uhr, Eintritt frei.

Auf der gegenüberliegenden Seite der MG Road steht mit Blick auf das Museum und den Mukharji Chowk die größere **National Gallery of Modern Art** (NGMA), 💻 www.ngmaindia.gov.in. Die Galerie beherbergt auf drei Stockwerken eine Mischung aus dauerhaften und temporären Ausstellungen, anhand derer die Entwicklung der modernen indischen Kunst von ihren Anfängen in den 1950er-Jahren bis heute dokumentiert wird. Besonders die Installationen sind deutlich gewagter als die in der Jehangir-Galerie gegenüber. ⌚ Di–So 11–18 Uhr, Eintritt Rs150.

Rund um den Oval Maidan

Nordöstlich von Kala Ghoda erstreckt sich der luftige grüne **Oval Maidan**, wo fast täglich spontane Cricketspiele ausgetragen werden. Einige der bedeutendsten viktorianischen Gebäude Mumbais säumen den Ostrand des Maidan. Hier erhält man einen guten Eindruck davon, was der Reiseschriftsteller Robert Byron als das „architektonische Sodom" der Stadt beschrieb – „Indisches, Schweizer Chalet, französisches Château, Giottos Turm, der Dom zu Siena und der Petersdom finden sich alle zusammen in fast jedem einzelnen Gebäude". Etwas nördlich von hier steht der typisch pompöse **High Court** – der indische Staatsdiener G. W. Forrest beschrieb das Gerichtsgebäude 1903 als „einen gewaltigen Steinhaufen, dessen wichtigste Bauelemente aus Venedig herbeigeschafft wurden, doch die ganze Schönheit ging während der Überfahrt verloren."

Auf der anderen Seite der AS D'Mello Rd, gegenüber dem High Court, stehen zwei große Gebäude, die zur **Mumbai University** (eingeweiht 1857) gehören und in England von Sir Gilbert Scott entworfen wurden, dem Architekten des Londoner Bahnhofs St. Pancras. Die von dem parsischen Philanthropen Cowasjee „Readymoney" Jehangir gestiftete **Convocation Hall** ähnelt stark einer Kirche. Die **Bibliothek** wird gekrönt vom etwa 80 m hohen **Rajabhai-Uhrenturm**, der angeblich Giottos Campanile in Florenz nachempfunden ist. Früher spielte er Klänge wie *Rule Britannia* und *Home Sweet Home*.

Fort

Östlich des Oval Maidan erstreckt sich das Viertel Fort; hier befanden sich die erste britische Siedlung und die erste Festung – daher der Name. Das Geschäftszentrum von Süd-Mumbai ist eine hervorragende Gegend, um sich ziellos treiben zu lassen. Zwischen viktorianischen Gebäuden zwängen sich zahlreiche altmodische Cafés, Kaufhäuser und Straßenstände. Im Herz des Viertels liegt der weitläufige **Horniman Circle**, den der damalige Municipal Commissioner Charles Forjett 1860 als Zentrum des geplanten neuen Bombay an der Stelle des alten „Dorfangers" der Stadt anlegen ließ. Später diente der Platz als Baumwollmarkt und Exerzierplatz. Auf der Ostseite des Platzes steht an der Shahid Bhagat Singh Marg die beeindruckende **Town Hall**.

Das dorische Gebäude von 1833 wurde erbaut, um die gewaltige Sammlung der **Asiatic Society Library** aufzunehmen, die auch heute noch für die Öffentlichkeit zugänglich ist. Außer dass es jetzt Strom gibt, hat sich seit der Gründung der Institution nur wenig verändert. In den Leseräumen mit ihren schmiedeeisernen, halboffenen Bogenhallen und Bücherregalen aus Teakholz brüten Gelehrte über muffigen Bänden aus der Zeit der britischen Herrschaft. Unter den 10 000 seltenen und wertvollen Manuskripten, die hier aufbewahrt werden, ist eine Erstausgabe von Dantes *Göttlicher Komödie* aus dem 14. Jh., die rund 3 Millionen US-Dollar wert sein soll – die Society darf sich der Tatsache rühmen, dass sie sich geweigert hat, das Buch an Mussolini zu verkaufen. Besucher sind willkommen, sollten sich jedoch am Tisch des Leitenden Bibliothekars im Erdgeschoss ins Gästebuch eintragen. ◷ Mo–Sa 10–19 Uhr.

Die kleine, einfache **St. Thomas' Cathedral** westlich des Horniman Circle gilt als ältestes britisches Bauwerk Mumbais und verbindet den klassizistischen mit dem gotischen Stil. Nach dem Tod ihres Gründers, Gouverneur Aungier, wurde das Projekt aufgegeben. Vierzig Jahre lang standen die fünf Meter hohen Mauern unbeachtet, bis man sich in den 1720er-Jahren wieder dafür erwärmte. Am Weihnachtsabend des Jahres 1718 wurde die Kirche mit dem unumgänglichen „kanonenkugelsicheren Dach" schließlich eingeweiht. In jenen Tagen waren die Sitzreihen so eingeteilt, dass niemand vergaß, wo sein angestammter Platz war, und es gab sogar eine Abteilung für „niedere Frauen". Das weiß getünchte, mit Messing und Holz ausgestaltete Innere von St. Thomas sieht noch fast genauso aus wie im 18. Jh. Die Wände säumen Gedenktafeln für britische Gemeindemitglieder, von denen viele in jungen Jahren an Krankheiten oder im Kampf gestorben sind. ◷ tgl. 7–18 Uhr.

Chhatrapati Shivaji Terminus (Victoria Terminus)

Der nach dem Vorbild des Bahnhofs St. Pancras in London von F. W. Stevens als „Tempel des Fortschritts" entworfene **Victoria Terminus** ist das verrückteste Gebäude von Mumbai. Der Bahnhof wurde 1887 als größtes britisches Bauwerk in Indien fertig gestellt. Seine atemberaubende Ansammlung von Kuppeln, Türmen, korinthischen Säulen und Minaretten hat der Journalist James Cameron treffend als „viktorianisch-gotisch-sarazenisch-italienisch-orientalisch-St. Pancras-Barock"-Stil definiert. Gemäß der gegenwärtigen reindisierenden Umbenennung der Straßen und Gebäude der Stadt wurde diese Ikone britischer imperialer Architektur in **Chhatrapati Shivaji Terminus** umgetauft, im Gedenken an den berühmten Heerführer der Marathen. Der neue Name ist jedoch ein bisschen lang, daher heißt der Bahnhof bei den Einheimischen zumeist weiter kurz **VT**.

Nur wenige der rund zwei Millionen Fahrgäste, die hier täglich mit fast 1000 Zügen ankommen oder abfahren, beachten die Überfülle an Gebäudeschmuck. Ein „britischer" Löwe und ein indischer Tiger wachen am Eingang. Das Äußere zieren Skulpturen aus der Bombay Art

Dabawallahs

Mumbais Ausdehnung und die unpraktische Anlage der Stadt bescheren der arbeitenden Bevölkerung alle möglichen Unannehmlichkeiten – nicht zuletzt, weil sie Tag für Tag mehr als vier Stunden in öffentlichen Verkehrsmitteln stecken muss, die sich nur im Schneckentempo bewegen. Über eines jedoch müssen sich die Pendler keine Sorgen machen: darüber, wie sie an ein billiges, sättigendes und hausgemachtes Mittagessen kommen. In einer Stadt, die für alles *wallahs* hat, findet das Essen zu den Hungrigen. Dafür sorgen die Mitglieder des **Nutan Mumbai Tiffin Box Suppliers Charity Trust** (NMTSCT), allgemein unter dem liebevoll gemeinten Begriff *dabawallahs* bekannt. Jeden Tag bringen ungefähr 4500 bis 5000 *dabawallahs* frisch zubereitete Gerichte aus 175 000 bis 200 000 Vorstadtküchen in die Büros der Innenstadt. Jedes Lunchpaket wird in aller Frühe von einer liebenden Ehefrau oder Mutter zubereitet, während Ehemann oder Sohn die qualvolle Enge im Pendlerzug ertragen. Sie verteilt den Reis, *dhal, subzi,* Joghurt und *parathas* in zylindrische Aluminiumbehälter, steckt sie ineinander und verschließt das Essgeschirr mit einem ordentlichen kleinen Henkel. Diese einem schlanken Farbeimer nicht unähnliche *tiffin box* ist der Dreh- und Angelpunkt der gesamten Operation.

Wenn am Vormittag der Bote kommt, kennzeichnet er den Deckel mit einem bestimmten Farbcode, der ihm sagt, für wen das Mittagessen bestimmt ist. Am Ende seiner Runde bringt er sämtliches Geschirr zum nächsten Bahnhof und händigt es den anderen *dabawallahs* zwecks Beförderung in die Stadt aus. Auf dem Weg von der heimischen Küche zum Empfänger wandert die *tiffin box* durch mindestens ein halbes Dutzend Hände, wird auf Köpfen balanciert, baumelt an Schulterstangen oder Fahrradlenkern und schaukelt in den bunt gestrichenen Handkarren, die sich halsbrecherisch ihren Weg durch den Mittagsverkehr bahnen. So gut wie nie geht eine Büchse verloren – das amerikanische Wirtschaftsmagazin Forbes beschied Mumbais *dabawallahs* eine nahezu 100 % Zuverlässigkeit, d. h. nur eine von sechs Millionen *tiffin boxes* geht verloren. In puncto Effizienz befinden sich die des Lesens und Schreibens unkundigen *dabawallahs* damit auf Augenhöhe mit Hightechunternehmen wie Motorola. Wer sie in Aktion sehen möchte, begibt sich am späten Morgen zum **Bahnhof CST** (VT) oder **Churchgate**, denn dann kommen die *tiffin boxes* im Stadtzentrum an. Das Geschehen begleitet ein Chor von „lafka! lafka!"(„schnell! schnell!")-Rufen, während die *dabawallahs* – zu erkennen an ihren weißen Nehru-Kappen und weiten Pyjamahosen – sich beeilen, das Mittagessen rechtzeitig zuzustellen.

Fast alle stammen aus einem kleinen Dorf bei Pune und sind miteinander verwandt. Sie kassieren von jedem Kunden Rs350–400, macht insgesamt rund Rs5000–6000 im Monat – kein schlechtes Einkommen für indische Verhältnisse. Der Preis ist einer der Gründe, dass sich dieses System noch immer gegen die starke Fastfood-Konkurrenz behaupten kann. Da ein *daba*-Mittagessen immer noch ein gutes Stück billiger ist, sparen die Werktätigen der Mittelschicht, die sich dieses Systems bedienen, wertvolle Rupien. Einer der führenden Geschäftsmänner, die sich intensiver für das *dabawallah*-Phänomen interessiert haben, ist Sir Richard Branson. Der Gründer des Virgin-Imperiums und Ballonfahrer hat einen *tiffin*-Austräger einen Tag lang auf seiner Runde begleitet. Wer es ihm gleichtun will, kann mit dem NMTSCT Kontakt aufnehmen: Einfach auf der Website www.mydabbawala.com den Link „Day with a Dabbawala" anklicken.

School. Sie wurden von den indischen Schülern John Lockwood Kiplings hergestellt, dem Vater von Rudyard Kipling. Zu den Skulpturen zählen groteske mythische Wesen, Affen, Pflanzen und Medaillons berühmter Personen. Um die Kraft der Sonne zu mindern, wurde getöntes Buntglas verbaut, verziert mit Bildern von Lokomotiven und Elefanten. Über allem thront auf der gewaltigen Zentralkuppel eine weibliche Figur, die den „Fortschritt" verkörpert.

Crawford Market und Basare

Etwa 1 km nördlich des CST (VT) Bahnhofs, im verwirrenden Straßenlabyrinth jenseits der Lokmanya Tilak Road, liegt das zentrale Basarviertel von Mumbai. Mit seinem bunten Treiben bildet es einen faszinierenden Kontrast zu den breiten, westlich geprägten Straßen der Innenstadt. Der Tradition der Trennung nach Gilde, Kaste und Religion folgend, sind die meisten Straßen auf ein oder zwei Warenangebote spezialisiert. Wer sich verlaufen hat, fragt sich am besten bis zur **Mohammed Ali Road** durch, der verkehrsreichen, inzwischen mit einer gigantischen Überführung versehenen Durchgangsstraße, auf der man ein Taxi anhalten kann.

Der **Crawford (alias Mahatma Phule) Market**, zehn Minuten zu Fuß vom CST nach Norden, ist eine alte Markthalle im britischen Stil, in der so ziemlich alle erdenklichen frischen Lebensmittel und Haustiere verkauft werden. Vor dem Betreten lohnt es sich, die Friese rings um die Außenfassade betrachten – eine viktorianische Darstellung rundlicher Bauern bei der Feldarbeit, entworfen 1865 von Rudyard Kiplings Vater Lockwood, damals Rektor der Bombay School of Art. Die Haupthalle ist in verschiedene Sektoren gegliedert: Einen Gang entlang gibt es nur Pyramiden aus glänzend poliertem Obst und Gemüse, in einem anderen Säcke voller Nüsse oder Ölkanister mit Kräutern und Gewürzen. Im hinteren Bereich des Marktes, der Großhandelsabteilung, geht es hektischer zu. Hier rennen unter viel Geschrei Kulis herum, die riesige Bastkörbe hochhalten (wenn sie Arbeit suchen) oder auf dem Kopf tragen (wenn sie welche gefunden haben).

Die von den Kuppeln und Minaretten der weißen **Jama Masjid** (oder „Freitagsmoschee", erbaut ca. 1800) überragten Straßen unmittelbar nördlich des Crawford Market und westlich der Mohammed Ali Road sind ein einziger Riesenbasar. Die nördlich von der Moschee abgehende **Memon Street** wird vom Schmuckmarkt **Zaveri Bazaar** eingenommen, auf dem die Bewohner Mumbais sich mit Brautausstattung und Hochzeitskleidung eindecken. Weiter nördlich erhebt sich der creme- und türkisfarbene Turm des **Tempels Mumba Devi** über einem Labyrinth verschlungener Gassen, eingerahmt von hohen, mit hölzernen Balkonen verzierten Gebäuden. Der Tempel zählt zu den wichtigsten Zentren der Devi-Anhänger Indiens und wurde zu Beginn des 19. Jhs. erbaut, als die Göttin Mumba Devi – der die Stadt vielleicht ihren heutigen Namen verdankt – dem Bau der CST (VT) Station weichen musste.

Marine Drive und Chowpatty Beach

Die Netaji Subhash Chandra Marg, besser bekannt als **Marine Drive**, ist Mumbais Meerespromenade, eine achtspurige Stadtautobahn mit einem breiten Spazierweg, die in den 1920er-Jahren auf aufgeschüttetem Land erbaut wurde. Chowpatty Beach am oberen Ende des Marine Drive ist eine Institution von Mumbai, die erst abends und am Samstag richtig zu Leben erwacht. Die Menschen strömen abends und an Wochenenden hierher – nicht zum Schwimmen (das Meer ist total verdreckt), sondern um herumzuschlendern, im Sand zu hocken, *kulif* und *bhelpuri* zu genießen, sich die Ohren säubern zu lassen und über die Bucht zu blicken, während die Kinder auf Ponys reiten oder auf einem rostigen Karussell fahren. Jedes Jahr im September findet hier zu Ehren des elefantenköpfigen Gottes Ganesha das Fest **Ganesha Chathurthi** statt, das wahre Menschenmassen anzieht.

Zehn Gehminuten nördlich vom mittleren Abschnitt des Chowpatty Beach gelangt man über die Pandita Ramabai Marg zum Haus **Mani Bhavan** in der 19 Laburnum Road, das zwischen 1917 und 1934 Gandhis Domizil in Bombay war. Das in einer schattigen, gutbürgerlichen Straße gelegene Haus ist heute eine Gedenkstätte für den Mahatma. Die Wände des mit liebevoll polierten Holzmöbeln ausgestatteten Inneren zieren Fotos historischer Begebenheiten und Gegenstände – besonders anrührend ist ein freundlicher Brief an Hitler mit der Bitte, den Weltfrieden zu wahren. 🕓 tgl. 9.30–18 Uhr, Eintritt frei, Spende möglich. Die Laburnum Road ist ein paar Straßen vom Konzertveranstaltungsort Bharatiya Vidya Bhavan an der KM Munshi Marg entfernt – wer per Taxi kommt, fragt am besten nach der nahe gelegenen Gamdevi Police Station.

Malabar Hill

Das Vorgebirge mit seinen grünen Flanken und atemberaubenden Wolkenkratzern, das den Chowpatty Beach im Norden von Back Bay umschließt, ist quasi schon seit der Gründung Mumbais das begehrteste Viertel der Stadt. Die Briten erkannten früh die Vorteile der frischen Brise und des weiten Blicks über das Meer. Sie errichteten Bungalows auf der Landspitze, die damals noch eine eigenständige Insel war. Der imposanteste Bau entstand in den 1820er-Jahren und dient heute als Amtssitz des Gouverneurs von Maharashtra, Raj Bhavan. Auch wenn keine der Sehenswürdigkeiten von Malabar zu den Top-Highlights in Mumbai zählt, bilden seine Hindu-Schreine und Kolonialzeitgebäude einen interessanten Kontrast zur Moderne ringsum.

Die wichtigste Straße des Bezirks ist die **Bal Gangadhar Kher Marg** (früher Ridge Road). Sie führt von Mumbais wichtigstem **Jain-Tempel** (s. Karte S. 648/649) bis zur Spitze der Landzunge. Dort erhebt sich der berühmte **Walkeshwar-Tempel**, Mumbais ältestes noch erhaltenes hinduistisches Heiligtum. Dem *Ramayana* zufolge hat Rama hier einen Lingam aus Sand geformt, um Shiva zu verehren. Im Laufe der Jahrhunderte wurde daraus eines der wichtigsten Pilgerzentren Konkans. Der heutige Tempel wurde 1715 errichtet, nachdem die Portugiesen den Vorgängerbau zerstört hatten. Er ist weniger imposant als der **Banganga Tank** unterhalb davon, ein rechteckiger See, gesäumt von steinernen *ghats* und zahlreichen zerfallenden Schreinen.

Die Türme des Schweigens

Hoch oben auf dem Malabar Hill, verborgen hinter einer hohen Mauer und dichter Vegetation (und für Besucher strengstens tabu), stehen die sieben Türme des Schweigens, auf denen die immer kleiner werdende zoroastrische Gemeinde der Stadt (besser bekannt als Parsen) ihre Toten beisetzt. Die Verunreinigung der vier heiligen Elemente (Luft, Wasser, Erde und – am allerheiligsten – Feuer) sind der größte Verstoß gegen die elementaren Gebote des 2500 Jahre alten Parsenglaubens, der nach Indien gelangte, als die Anhänger des Zoroastrismus aus dem sassanidischen Persien flohen, um der arabischen Verfolgung im 17. Jh. zu entgehen. Deshalb werden die Verstorbenen hier nicht verbrannt oder vergraben, sondern auf nach oben hin offene, zylindrische Türme – die sogenannten *dokhmas* – gelegt, damit Geier und Witterung ihre Gebeine säubern. Diese werden anschließend in der Beinkammer im Turminneren beigesetzt.

Zentral-Mumbai: Mahalakshmi bis Byculla

Zentral-Mumbai, jenseits des Malabar Hill, besteht größtenteils aus Arbeitervierteln: ein gigantisches Mosaik aus baufälligen Mietshäusern, Märkten und Industrieruinen – Überbleibsel des viktorianischen Baumwollbooms. Um dem Kessel der Großstadt zu entfliehen, pilgern die Anwohner Richtung Westen zum Strand und beten im **Mahalakshmi-Tempel** (wenn sie Hindus sind) oder am Inselgrab **Haji Alis** (wenn sie dem Islam angehören). Beides sind lohnende Ausflugsziele ab Mumbai und lassen sich gut mit einem Besuch des kürzlich renovierten **Dr Bhau Dadji Lad Museum** in Byculla und einem Zwischenstopp an den **Dhobi Ghats** von Mahalakshmi kombinieren – einer der ungewöhnlicheren Attraktionen der Stadt.

Die Busse Nr. 83, 124 und 132 fahren von Colaba zum Grab von Haji Ali, einen Steinwurf vom Mahalakshmi-Tempel entfernt. Die Busse der Linien 124 und 153 fahren bis zu den Dhobi Ghats. Die nahe gelegene Mahalakshmi Station ist von Süd-Mumbai aus auch gut per Bahn zu erreichen.

Mahalakshmi-Tempel und Grabmal des Haji Ali

Zum Mahalakshmi-Tempel an der Bhulabhai Desai Road führt eine Gasse, die von Straßenständen mit eindrucksvollen Blumenopfern und Heiligenbildern gesäumt ist. Die Gaben für Mumbais Lieblings-*devi*, **Lakshmi**, die Göttin der Schönheit und des Reichtums – die beiden Dinge, wonach die ganze Stadt am eifrigsten strebt – türmen sich so hoch, dass die *pujaris* des Tempels mit

Dharavi: der 1,4-Milliarden-Dollar-Slum

Beim Anflug auf den Airport Mumbai scheint das Fahrwerk der Flieger die Wellblechdächer des riesigen Slums – eines der größten Indiens – beinahe mitzureißen. In dem 2,2 km² großen Labyrinth aus heruntergekommenen Hütten und engen, stinkenden Gassen leben mehr als eine Million Menschen. Auf 15 000 Menschen kommt im Schnitt eine Toilette. Infektionskrankheiten wie Ruhr, Malaria und Hepatitis sind weit verbreitet – und Krankenhäuser gibt es nicht. Trotz alledem hat der britische *Observer* Dharavi als „eines der vorbildlichsten Wirtschaftsmodelle Asiens" beschrieben: Inmitten der baufälligen Hütten und offenen Abwasserkanäle verbergen sich geschätzte 15 000 **Minifabriken** mit etwa einer Viertelmillion Arbeitern und einem Jahresumsatz von einer Milliarde US-Dollar.

Die meisten dieser kleinen Unternehmen arbeiten in der **Abfallverwertung**: Jung und Alt sammeln die Abfallstoffe in der ganzen Stadt zusammen und transportieren sie in großen Bündeln zum Recyceln in die Slums. Hier werden Aluminiumdosen eingeschmolzen, Seifenreste von Schulen und Hotels in großen Behältern wiederverwertet, Lederwaren aufgearbeitet, alte Ölfässer restauriert und weggeworfene Plastikteile in neue Formen gegossen. Alleine im Plastiksektor sind etwa 10 000 Arbeiter beschäftigt. Die Monatseinkünfte liegen zwischen Rs3000–15 000 und damit über dem Landesdurchschnitt. Obwohl Dharavi keinerlei medizinische Einrichtungen hat, gibt es hier doch mehrere Banken und sogar Geldautomaten.

Als Indiens größter und bekanntester Slum hat Dharavi sich außerdem eine Nische in der Geschichte des indischen und internationalen Films erobert. Hier wurden viele der Aufnahmen für Mira Nairs bahnbrechendes Porträt der Stadt, *Salaam Bombay!*, gedreht, und das Gebiet diente ab den 1970er-Jahren außerdem zahlreichen Bollywood- und Tamil-Streifen als Kulisse. Den filmischen Höhepunkt erlebte Dharavi dann allerdings mit dem mehrmaligen Oscar-Preisträger *Slumdog Millionär* von Danny Boyle aus dem Jahr 2009. Der Slum lieferte zahlreiche **Drehorte** sowie einige der führenden Kinderdarsteller des Films – deren Mitwirkung entwickelte sich in der Folge allerdings zum Streitpunkt. Ein britisches Boulevardblatt behauptete (ohne Beweise vorzulegen), dass nach dem Welterfolg des Films der Vater der neunjährigen Darstellerin Rubina Ali seine Tochter einem Undercover-Reporter für 200 000 Pfund zum Kauf angeboten habe.

Trotz der internationalen Berühmtheit ist die Zukunft des Slums jedoch ungewiss. Die gesamte Gegend steht im Schatten eines geplanten 40-Milliarden-Dollar-Sanierungsprojekts. Das Ziel ist, die Slums komplett niederzureißen. Für die **Räumung** ihrer alten Domizile wurde den Bewohnern Dharavis pro Familie eine 21 m² große Wohnung in einem der neuen Hochhäuser zugesichert. Auch Schulen, Straßen, Krankenhäuser und andere Einrichtungen wurden ihnen versprochen. Dennoch ist der Entwurf für sie alles andere als überzeugend. Die Bewohner Dharavis sind der Ansicht, die Initiative sollte sich auf die Verbesserung der Lebensumstände in den Slums konzentrieren, anstatt in einen protzigen neuen Vorort zu investieren. Trotz der Proteste und langwieriger Verzögerungen durch die Bürokratie wurde Anfang 2010 ein neuer **Generalplan** für das Projekt verabschiedet – umrankt von Gerüchten, dass private Investoren in Erwartung baldiger Neuerschließung damit begonnen hätten, Tausende von Slumhütten aufzukaufen. Wann genau und wie die Pläne umgesetzt werden, ist jedoch nach wie vor offen.

Im Rahmen der von Reality Tours and Travels von Colaba aus angebotenen „Slum Tours" können sich Touristen selbst ein Bild von Dharavi machen. Die fesselnden **Führungen** kosten Rs400 (inkl. Anreise). Für Rs800 gibt es eine längere und komfortablere Tour im AC-Fahrzeug. Nähere Infos bei Krishna Pujari, ✆ 022/2283 3872 oder 9820/822253, auf 💻 www.realitytoursandtravel.com oder im Buchungsbüro der Firma abseits des Colaba Causeway (SBS Marg) im Akbar House, Nawroji Fardonji Marg, gegenüber dem Laxmi Vilas Hotel, s. Karte S. 655. Das Akbar House erreicht man durch eine Passage durch S. S. S. Corner neben dem New Apollo Restaurant; das Büro ist im 1. Stock, zu erreichen durch das Unique Business Service Centre. ⏲ Mo–Fr 10.15–20.35, Sa 10.15–15.45 Uhr.

deren Wiederverkauf ein profitables Geschäft betreiben.

Auf einer winzigen Insel in der Bucht unmittelbar nördlich des Mahalakshmi-Tempels steht das Mausoleum des moslemischen Heiligen und afghanischen Mystikers **Haji Ali Bukhari**. Das Grabmal ist durch einen schmalen, zementierten **Dammweg**, der nur zu Ebbe begehbar ist, mit dem Festland verbunden. Sofern nicht überflutet, wird er auf seiner gesamten Länge von Bettlern gesäumt, die Verse des Koran zitieren. Vor allem Donnerstag- und Freitagabends lohnt sich ein Besuch dennoch. Dann versammeln sich hier die Massen, um der Qawwali-Livemusik zu lauschen und den Sonnenuntergang zu beobachten. Nicht-Moslems sind willkommen, sollten jedoch angemessen gekleidet sein (Frauen mit Kopftuch). Zur Zeit der Recherche wurde der gesamte Komplex umfassend saniert, die Arbeiten sollten mittlerweile aber beendet sein.

Den traditionellen Ausklang für einen Ausflug zum Mausoleum bilden ein oder zwei Gläser Fruchtsaft im legendären Haji Ali Juice Centre, das sich gleich rechts am Beginn des Fahrdamms befindet. Die Gäste zwängen sich entweder in den winzigen Gastraum oder bestellen von ihrem Fahrzeug aus.

Mahalakshmi Dhobi Ghats

Irgendwie ist es schon etwas seltsam, extra einen Zwischenstopp einzulegen, nur um zu schauen, wie Mumbais Schmutzwäsche gewaschen wird. Dennoch sind die Dhobi Ghats nahe dem Vorortbahnhof von Mahalakshmi sehenswert genug, um auf der Fahrt durch die Stadt hier einen Halt zu machen. Jeden Morgen wird die Wäsche aus der ganzen Stadt hier gesammelt, in großen Betonbecken eingeweicht und von den Bewohnern des Viertels ausgewaschen. Ausländische Touristen fotografieren dieses typisch indische Spektakel von der Mahalakshmi-Straßenbrücke aus.

Am bequemsten gelangt man mit der S-Bahn von Churchgate nach Mahalakshmi. Vor dem Bahnhof geht's nach links über die Bahnschienen und immer der Straße nach, bis links unten die Ghats auftauchen (die Straßenhändler aus den nahen Slums weisen gern den Weg). Auch der Bus Nr. 124 aus Colaba kommt hier vorbei.

Dr Bhau Dadji Lad Museum

Weit draußen im postindustriellen Ödland von Byculla befindet sich das **Dr Bhau Dadji Lad Museum**. Bei seiner Eröffnung 1872 hieß es noch **Victoria and Albert Museum** und galt als „eines der größten Geschenke der Briten an Indien". Das elegante Bauwerk im palladianischen Stil inmitten eines klassischen botanischen Gartens (heute ein eher deprimierender Zoo) ist mittlerweile restauriert worden und erstrahlt nun wieder in altem Glanz. Die **Ausstellung** von Lithographien, Drucken, Dokumenten, Uniformen und Modellen zur Entstehung Bombays erfüllt nicht ganz die Erwartungen, die der aufwändige Gesamteindruck vermittelt. Im angrenzenden Garten thront der steinerne Dickhäuter, nach dem die Portugiesen Elephanta Island benannt haben, über einer Sammlung britischer Statuen, die während der Unabhängigkeit hier vor dem wütenden Mob in Sicherheit gebracht wurden. 🕒 tgl. außer Mi 10–17.30 Uhr, Eintritt Rs10.

Elephanta

Eine Stunde Fahrt von Colaba durch die Hafenbucht in nordöstlicher Richtung liegt die Insel Elephanta, die beste Möglichkeit, der überfüllten Stadt zu entfliehen – jedenfalls solange man das Wochenende meidet, wenn die lärmenden Tagesausflügler hier in Massen einfallen. Die einzigen Bewohner sind die einer kleinen Fischersiedlung, die ursprünglich **Gherapura** („Stadt der Ghara-Priester") hieß, jedoch im 16. Jh. von den Portugiesen nach dem steinernen Elefanten umbenannt wurde, den sie im Hafen fanden. Er steht heute vor dem Dr Bhau Dadji Lad Museum in Byculla. Die Hauptattraktion ist der einmalige **Höhlentempel**, dessen mächtige Skulptur eines Trimurti Shiva (dreigesichtigen Shiva) ein hervorragendes Beispiel hinduistischer Bildhauerkunst bildet.

Boote fahren jede halbe Stunde am Gateway of India ab (🕒 tgl. 9–14.30 Uhr, Rückfahrt 12–17 Uhr; zu buchen an den Kiosken in der Nähe des Gateway). Während des Monsuns können Fahrten bei schlechtem Wetter gestrichen werden. Wer mit einem Deluxe-Boot (Rs120 hin und zurück) anreist, erhält auf der Insel eine 30-

minütige Führung mit einem offiziellen Guide – auf der Insel angekommen, fragt man am Kartenverkaufsschalter der Höhlen nach dem Führer. Bei den **normalen Fähren** (Rs100 hin und zurück) ist keine Führung inbegriffen, und die Boote sind meistens sehr voll. Bei der Ankunft ist eine Touristensteuer von Rs5 zu entrichten.

Die Höhle

Elephantas beeindruckende Höhle (8. Jh.) umfasst eine Fläche von rund 5000 km². Über 100 Stufen, gesäumt von Souvenir- und Krambuden, führen den Hügel hinauf. Wer nicht zu Fuß hochgehen möchte, kann vom Bootsanleger mit einem kleinen Zug (Rs8 hin und zurück) hochfahren. Die wuchtigen, aus dem harten Felsen gehauenen Säulen im Inneren der Höhle erwecken den Anschein, einer bestimmten Anordnung zu folgen. Hinter dem Eingang rechts ist auf einer Tafel **Nataraj** abgebildet, Shiva als kosmischer Tänzer. Die Tafel wurde zwar angeblich von den Portugiesen als Zielscheibe missbraucht, ist jedoch noch sehr gut erhalten. Shivas Gesichtsausdruck ist entrückt, und mit einer seiner beiden linken Hände lüftet er den Schleier der Unwissenheit. Gegenüber befindet sich eine stark beschädigte Darstellung von Lakulisha, Shiva mit einem Knüppel *(lakula)*.

Jeder der vier Eingänge zum einfachen, viereckigen Haupt-**Schrein** wird von zwei *dvarpala*-Wächtern bewacht (nur die an der Rückseite sind gut erhalten geblieben), die den Rachen weit aufsperren. Der große Lingam im Innern ist von Münzen und glimmenden Räucherstäbchen umgeben, die Gläubige hinterlassen haben. Eine Tafel mit Blick auf die Nordwand des Schreins zeigt Shiva, wie er den Dämonen **Andhaka** durchbohrt. Auf der Platte hinter dem Schrein, an der Rückwand, ist die Hochzeit von **Shiva und Parvati** dargestellt, aber das zentrale Meisterstück der Höhle ist eine atemberaubende, 6 m hohe Büste von **Trimurti**, dem dreigesichtigen Shiva, dessen Silhouette den Indern fast so vertraut ist wie das Taj Mahal.

Von Höhle Nr. 1 führt ein Teerweg um die Nordseite des Hangs zu einer Reihe begonnener Ausgrabungen, die die Entstehung der Höhlen dokumentieren. Wer genug Ausdauer hat, sollte dem Trampelpfad folgen, der vom Ende des Teerwegs in etwa 15 Minuten bis zum Gipfel vom Elephanta Hill führt. Neben rostigen, portugiesischen Kanonen bietet er einen fantastischen Ausblick über Mumbais Hafen und die dahinterliegende Stadt. ⌚ Di–So 9.30–17 Uhr, Eintritt Rs250.

Übernachtung

Bei der Ankunft in Mumbai ein preiswertes Zimmer zu finden kann problematisch werden. Vor allem Budgetreisenden steht bei der Suche nach einer akzeptablen und erschwinglichen Bleibe eine schwere Zeit bevor. Die besten der relativ preiswerten Unterkünfte sind gegen Mittag normalerweise ausgebucht. Unter Umständen muss man also lange in glühender Hitze herumlaufen, um am Ende nur ein überteuertes Flohnest zu bekommen. Daher sollte man unbedingt gleich bei der Ankunft (besser noch einige Zeit vorher) telefonisch ein Bett reservieren. Die Kosten der besseren Hotels sind für indische Verhältnisse sehr hoch. Zusätzlich werden sie von der staatlichen Luxussteuer (derzeit 10 %) und den vom Hotel erhobenen Service Charges in die Höhe getrieben. Beide Zuschläge wurden bei unseren Preis-Codes berücksichtigt.

Colaba und Kala Ghoda

Das nur eine kurze Fahrt von den größten Geschäftszentren der Stadt, den Bahnhöfen und dem Tourist Office entfernte Colaba ist sehr praktisch zum Übernachten und die erste Anlaufstelle der meisten ausländischen Besucher. In den Straßen am Gateway of India wimmelt es von Unterkünften, und das Viertel bietet auch bessere Verpflegungs- und Unterhaltungsmöglichkeiten als die Nachbarbezirke. Die nachfolgend aufgeführten Hotels sind auf der Karte von Colaba (S. 655) verzeichnet, mit Ausnahme des Taj President, das auf der Karte auf S. 648/649 zu finden ist.

Untere Preisklasse

Aga Bheg's & Hotel Kishan, Erdgeschoss, 2. und 3. Stock, Shirin Manzil, Walton Rd, ✆ 022/2284 2227. Zwei von Moslems geführte Pensionen der unteren Preisklasse, auf verschiedenen Stockwerken im selben Gebäude. Die Zimmer (teils mit AC) sind etwas schäbig, aber akzeptabel, falls die anderen aufgeführten Unterkünfte voll sind. ❹–❺

Lawrence, 3rd Floor, 33 Sri Sai Baba Marg (Rope Walk Lane), ✆ 022/2284 3618 oder 6633 6107. Nahe der Jehangir Art Gallery, vielleicht die beste unter den preiswerten Unterkünften in Süd-Mumbai. 5 sehr gepflegte DZ (plus 2 EZ und 2 3-Bettzimmern) mit Ventilator und nicht sehr sauberem Du/WC auf der Etage. Frühstück inkl., Reservierung unerlässlich. ❸

Red Shield, Red Shield House, 30 Boram Behram (Mereweather) Rd, nahe Taj, ✆ 022/2284 1824, ✉ redshield@vsnl.net. Sehr einfache Etagenbetten (Rs225) in überfüllten, staubigen Schlafsälen (Schließfächer vorhanden), auch größere, preiswerte DZ (ohne/mit AC), zumeist mit Bad. Der Übernachtungspreis beinhaltet Frühstück und Mittagessen, serviert in der geselligen Kantine. Aufenthalt maximal eine Woche. ❹

Sea Shore, 4th Floor, 1/49 Kamal Mansion, Arthur Bunder Rd, ✆ 022/2287 4237. Eine der besten Budgetunterkünfte in Colaba. Die Zimmer mit Meeresblick und Fenster sind erheblich hübscher als die fensterlosen Räume zur Rückseite. Freundliches Management und sichere, kostenlose Gepäckaufbewahrung. Nur Gemeinschaftsbad. ❸–❹ Falls es belegt ist, kann man im selben Gebäude im etwas billigeren und ungepflegteren **India**, ✆ 022/2283 3769, ❸ nach einem freien Zimmer (nur mit Gemeinschaftsbad) fragen.

Mittlere Preisklasse

Ascot, 38 Garden Rd, ✆ 022/6638 5566, 🖳 www.ascothotel.com. Eines der ältesten und komfortabelsten Hotels in Mumbai, runderneuert mit moderner Designer-Glas-und-Marmor-Ausstattung. Geräumige Zimmer. ❽–❾

Bentley's, 17 Oliver Rd, ✆ 022/2284 1474, 🖳 www.bentleyshotel.com. Zuverlässiger, alteingesessener Favorit in 5 verschiedenen Häusern aus der Kolonialzeit an begrünten Seitenstraßen. Die Zimmer (wahlweise mit AC für Rs300 extra) sind ruhig, sicher und geräumig, allerdings etwas verwohnt. Die Preise sind jedoch eindeutig zu hoch. ❻

Godwin, Jasmine Building, 41 Garden Rd, ✆ 022/2287 2050, 🖳 www.mumbainet.com/hotels/godwin. 3-Sterne-Hotel der Spitzenklasse. Zimmer nach internationalen Standards, mit großartigem Ausblick aus den oberen Stockwerken (bei der Buchung nach Zimmer 804, 805 oder 806 fragen). ❽

Moti International, 10 Best Marg, ✆ 022/2202 1654, ✉ hotelmotiinternational@yahoo.co.in. Ruhiges und freundliches Hotel in stimmungsvollem Gebäude aus der britischen Ära. Gemütliche und saubere Zimmer mit AC, Kühlschrank und TV. Gutes Preis-Leistungs-Verhältnis. ❻

Sea Palace, Kerawalla Chambers, 26 PJ Ramchandani Marg, ✆ 022/2284 1828, 🖳 www.seapalacehotel.net. Komfortables, frisch renoviertes Hotel an einem ruhigen Ende des Hafens. Alle Zimmer mit AC; die mit Meerblick sind teurer. Frühstück und Snacks auf der Sonnenterrasse erhältlich. ❼–❽

Strand, PJ Ramachandani Marg (Apollo Bunder), ✆ 022/2288 2222, 🖳 www.hotelstrand.com. Beliebtes und gut geführtes Uferhotel in toller Lage. Altmodische, aber gemütliche Zimmer, schöner Blick auf den Hafen von den teureren. Das Hotel Harbour View, ✆ 022/2282 1089, 🖳 www.viewhotelsinc.com, in den beiden obersten Geschossen desselben Gebäudes, ist sehr ähnlich. Beide ❼

Obere Preisklasse

Fariyas, 25, abseits der Arthur Bunder Rd, ✆ 022/6141 6141, 🖳 www.fariyas.com. Kompaktes Luxushotel mit allem erdenklichen Komfort eines 5-Sterne-Hotels inkl. Pool und Fitnesscenter sowie tollen Ausblicken von den teureren Zimmern. DZ ab etwa US$240. ❾

Günstige Alternative in Süd-Mumbai

YWCA, 18 Madam Cama Rd, ✆ 022/2202 5053, ✉ ywcaic@mtnl.net.in. Gemütliche, sichere und ruhige Herberge für Frauen und Männer mit makellos sauberen Zimmern. Die Preise enthalten Frühstück und ein großzügiges Dinnerbuffet und sind für den Süden Mumbais sehr günstig. Reservierung erforderlich (per Geldanweisung). ❻–❼

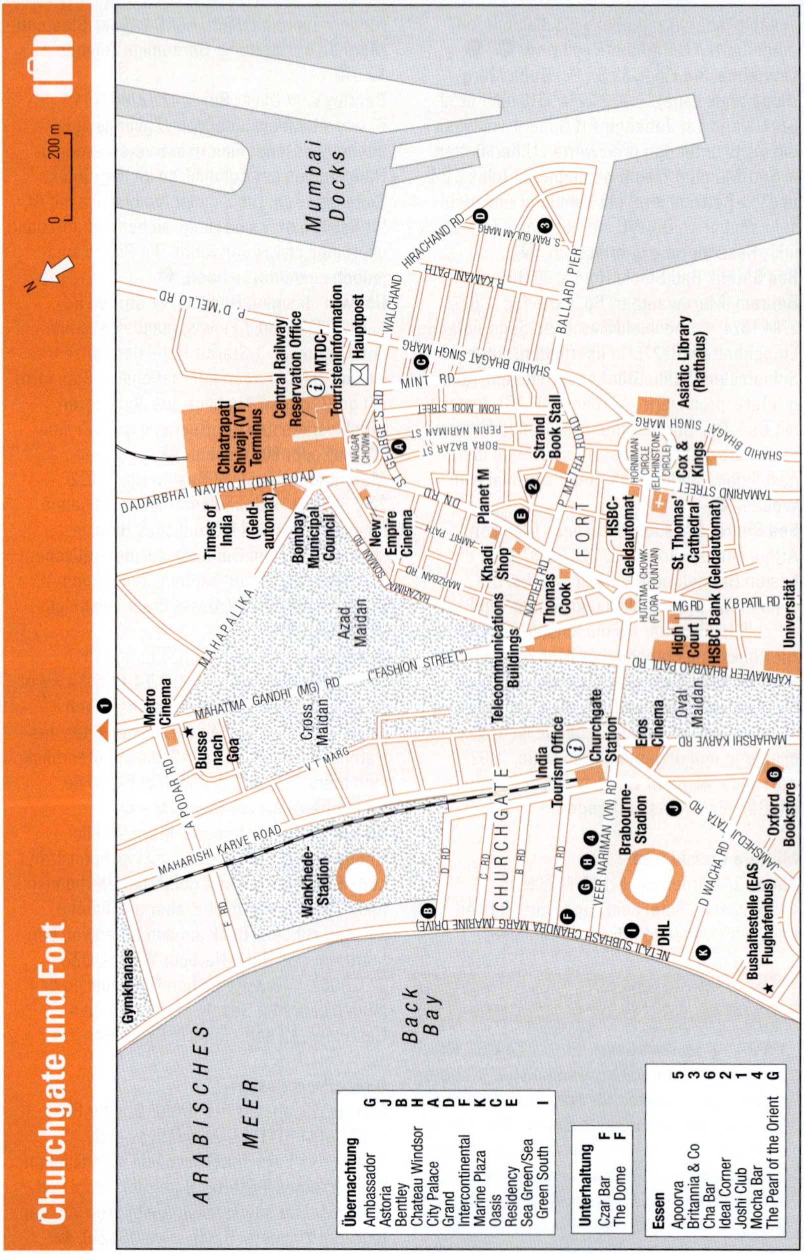
Churchgate und Fort
Übernachtung
Ambassador G
Astoria J
Bentley B
Chateau Windsor H
City Palace A
Grand D
Intercontinental F
Marine Plaza K
Oasis C
Residency E
Sea Green/Sea Green South I
Unterhaltung
Czar Bar F
The Dome F
Essen
Apoorva 5
Britannia & Co 3
Cha Bar 6
Ideal Corner 2
Joshi Club 1
Mocha Bar 4
The Pearl of the Orient G
ARABISCHES MEER
Back Bay
Mumbai Docks
CHURCHGATE
FORT
Chhatrapati Shivaji (VT) Terminus
Central Railway Reservation Office
MTDC-Touristeninformation
Hauptpost
Azad Maidan
Cross Maidan
Oval Maidan
Wankhede-Stadion
Brabourne-Stadion
Churchgate Station
India Tourism Office
Asiatic Library (Rathaus)
St. Thomas' Cathedral
High Court
Universität
Oxford Bookstore
Bushaltestelle (EAS Flughafenbus)
Busse nach Goa
Metro Cinema
Eros Cinema
New Empire Cinema
Gymkhanas
NETAJI SUBHASH CHANDRA MARG (MARINE DRIVE)
MAHATMA GANDHI (MG) RD
MAHARISHI KARVE ROAD
DADABHAI NAVROJI (DN) ROAD
200 m

Gordon House, 5 Battery St, ✆ 022/2289 4400, 🖳 www.ghhotel.com. Schickes Designer-Boutiquehotel hinter dem Kino Regal mit thematisch unterschiedlichen Stockwerken: „Scandinavian" (am wohnlichsten), „Mediterranean" und „Country"). DZ ab etwa US$360, am Wochenende günstiger. ❾
Taj Mahal Palace & Tower, PJ Ramchandani Marg, ✆ 022/6665 3366, 🖳 www.tajhotels.com. Das vielleicht berühmteste Hotel Indiens und Treffpunkt von Mumbais Schickeria vereint unter einem Dach 546 Luxuszimmer, Einkaufspassagen, einen riesigen Pool unter freiem Himmel sowie zahlreiche Bars und Restaurants. Das Hotel stand im Mittelpunkt der Terroranschläge vom November 2008; dabei gerieten die oberen Stockwerke des Palace nach Bombenexplosionen in Brand. Der Tower-Flügel wurde nur einen Monat nach den Anschlägen wieder eröffnet, auch der Palace ist inzwischen wieder offen. Preise ab etwa US$250 im Tower, der Palace ist sehr viel teurer. ❾
Taj President, 90 Cuffe Parade, ✆ 022/6665 0808, 🖳 www.tajhotels.com (s. Karte S. 648/649). Modernes, auf Geschäftsleute ausgerichtetes 5-Sterne-Hotel in einem 17-stöckigen Wolkenkratzer unmittelbar südlich von Colaba. Wesentlich preisgünstiger als das Schwesterhotel Taj Mahal Palace & Tower, allerdings auch mit weniger Stil und Atmosphäre. Großer Pool unter freiem Himmel und Fitness-Center mit Sauna. Preis ab etwa US$400. ❾

Marine Drive

Den schicken **Marine Drive** (offiziell Netaji Subhash Chandra Marg) am Westrand von Downtown säumen Nobelhotels, die sich das Privileg der Aussicht über die Back Bay und die Nähe zum Geschäftsviertel der Stadt teuer bezahlen lassen. Die nachstehend aufgeführten Hotels sind auf der Karte Churchgate und Fort (S. 666) eingezeichnet, mit Ausnahme des Trident Nariman Point (ehemals Hilton Towers) und des Oberoi, die auf der Karte S. 648/649 erscheinen.
Ambassador, VN Rd, ✆ 022/2204 1131, 🖳 www.ambassadorindia.com. Kürzlich renoviertes 4-Sterne-Hotel mit schicken (wenn auch gesichtslosen) modernen Zimmern und toller Lage in Seenähe und bei zahlreichen Cafés. Ein weiterer Pluspunkt ist das rotierende Restaurant Pearl of the Orient (S. 671). DZ ab etwa US$260. ❾

Logieren wie in den 50ern

Chateau Windsor, 5th Floor, 86 Veer Nariman Rd, ✆ 022/6622 4455, 🖳 www.chateauwindsor.com. Zentral gelegenes und tadellos sauberes Hotel mit überaus höflichen Mitarbeitern. Unterschiedliche schön renovierte moderne Zimmer. Sehr beliebt, also lang im Voraus reservieren. ❼–❽

Astoria, Jamshedji Tata, ✆ 022/6654 1234, 🖳 www.astoriamumbai.com. Nobles Businesshotel in einem renovierten Jugendstil-Gebäude aus den 1930er-Jahren nahe dem Eros-Kino. Die Zimmer sind nicht so elegant wie es die Lobby vermuten lässt, bieten aber – so zentrumsnah – ein gutes Preis-Leistungs-Verhältnis. ❽–❾
Bentley, 3rd Floor, Krishna Mahal, D Rd, Ecke Marine Drive, nahe dem Cricketstadion, ✆ 022/2281 5244. Nicht zu verwechseln mit dem Bentley's in Colaba. Die mit Marmor ausgekleideten AC-Zimmer sind sauber und für ihren Preis recht komfortabel, die meisten haben jedoch nur Gemeinschaftsbäder. Preise ab Rs1650 inkl. Frühstück. ❺
Intercontinental, 135 Marine Drive, ✆ 022/3987 9999, 🖳 www.mumbai.intercontinental.com. Das ultraschicke Boutiquehotel zählt derzeit zu den stilvollsten modernen Hotels in ganz Indien. Die Zimmer haben Riesenfenster mit Meerblick und sind top ausgestattet (u. a. mit 42-Zoll-Plasma-TV und DVD-Player). Der Pool auf dem Dach sowie die Bars und Restaurants (darunter das Dome, S. 673) zählen zum Schicksten, was Mumbai derzeit zu bieten hat. Normalpreise ab etwa US$475, online jedoch oft nur halb so teuer. ❾
Marine Plaza, 29 Marine Drive, ✆ 022/2285 1212, 🖳 www.hotelmarineplaza.com. Nobles, aber kleines Luxushotel am Wasser mit den üblichen 5-Sterne-Einrichtungen und einem Foyeratrium im (Pseudo-)Art-déco-Stil sowie einem Pool mit Glasboden auf dem Dach. Zimmer ab etwa US$560. ❾

Oberoi, Nariman Point, ✆ 022/2232 5757, 💻 www.oberoihotels.com. Das Oberoi war eines der Hauptziele bei den Anschlägen vom November 2008, hat aber mittlerweile wieder geöffnet. Das Hotel in Top-Lage an der Back Bay ist traditionell die beliebteste Adresse für Geschäftsreisende, lässt aber den altehrwürdigen Charakter des Taj Mahal Palace & Tower vermissen. Es bietet von seinem hoch aufragenden Turm jedoch tolle Ausblicke und verströmt insgesamt ein Flair überbordender Opulenz. ❾

Sea Green/Sea Green South, 145 Marine Drive, ✆ 022/6633 6525, 💻 www.seagreenhotel.com, und 145-A Marine Drive, ✆ 022/6633 6535, 💻 www.seagreensouth.com. Zwei gemeinschaftlich geführte und seit langem beliebte Uferhotels. Die Zimmer sind altmodisch und schon etwas abgenutzt, außerdem überteuert, dafür bieten sich von den Zimmern nach vorne raus wunderschöne Ausblicke auf die Bucht. ❼

Trident Nariman Point (ehemals Hilton Towers), Nariman Point, ✆ 022/6632 4343, 💻 www.tridenthotels.com. Das neben dem Oberoi (s. o.) am Nariman Point gelegene Trident wurde bei den Anschlägen 2008 leicht beschädigt, aber schnell wieder eröffnet. Es ist derzeit das beste Businesshotel der Stadt, mit den üblichen 5-Sterne-Einrichtungen, darunter eine gigantische Lobby und Meerblick vom Pool. DZ ab ungefähr US$250. ❾

Mumbai

Umgebung des Chhatrapati Shivaji (Victoria) Terminus

Die Umgebung des Bahnhofs **CST** (VT) und des nahe gelegenen GPO ist zwar einigermaßen zentral, hat aber recht wenig zu bieten, lediglich ein paar ganz gute Mittelklasse-Unterkünfte und einige noblere Hotels. Im CST (VT) gibt es überdurchschnittlich ausgestattete **Retiring Rooms** ❺, die allerdings nicht vorausgebucht werden können. Die unten angegebenen Hotels sind auf der Karte Churchgate und Fort (S. 666) eingezeichnet.

City Palace, 121 City Terrace, ✆ 022/2261 5515, 💻 www.hotelcitypalace.net. Großes, beliebtes Hotel direkt gegenüber dem Bahnhof. Die „Economy"-Zimmer sind winzig und fensterlos, aber absolut sauber und mit AC ausgestattet.

Mitten im Fort-Viertel

Residency, 26 Rustom Sidhwa Marg, abseits der DN Rd, ✆ 022/2262 5525, 💻 www.residencyhotel.com. Ein tolles kleines Mittelklassehotel nahe den besten Einkaufsgegenden. Die Zimmer (unterschiedliche Preisklassen, aber alle mit Safe und WLAN) bieten ein unschlagbares Preis-Leistungs-Verhältnis. Besonders die einfachen „Standard"-Zimmer sind sehr günstig, müssen allerdings schon Wochen im Voraus gebucht werden. ❻

Von den größeren Deluxe-Zimmern in den oberen Stockwerken hat man eine schöne Aussicht. ❺–❻

Grand, 17 Shri SR Marg, Ballard Estate, ✆ 022/6658 0506, 💻 www.grandhotelbombay.com. Charmantes 3-Sterne-Hotel aus der britischen Ära unweit der alten Docks, mit schön renovierten und gut ausgestatteten Zimmern zu günstigen Preisen. ❼–❽

Oasis, 276 Shahid Bhagat Singh Marg, ✆ 022/3022 7886, 💻 www.hoteloasisindia.in. Sehr günstig an der CST-Station gelegen, bietet es das beste Preis-Leistungs-Verhältnis in dieser Gegend. Die Zimmer (einige mit AC) haben Bad und gute Betten, saubere Laken und TV. Die bessere Aussicht von den Deluxe-Zimmern im oberen Stock rechtfertigt den höheren Preis. ❺

Juhu und die Umgebung der Flughäfen

Die Hotels in der überfüllten Gegend um den internationalen Flughafen sind in erster Linie auf Transit- oder Geschäftsreisende ausgerichtet. Wer die 30-minütige Fahrt durch die Stadt nicht scheut und sich die hohen Übernachtungspreise leisten kann, sollte den am Meer gelegenen Vorort Juhu ansteuern, eine der nobelsten Adressen Mumbais.

Hyatt Regency, Airport Rd, Andheri (East), ✆ 022/6696 1234, 💻 www.mumbai.regency.hyatt.com. Dieses superluxuriöse 5-Sterne-Hotel in unmittelbarer Flughafennähe berücksichtigt in Architektur und Design traditionell hinduistische Konzepte. Das Ergebnis ist sehr eindrucksvoll und einen Touch stilvoller als bei der Konkurrenz, mit Fenstern vom Boden bis zur Decke, Rainshower-Duschen und dunklen Marmorböden. Preis ab etwa US$200. ❾

ISKCON Guesthouse, Juhu Church Rd., Juhu, ✆ 022/2620 6860, 💻 www.iskconmumbai.com (im Menü links dem Link „Guest House" folgen). Eigenwilliges Hotel der International Society for Krishna Consciousness. Die Zimmer (teils mit AC) sind – angesichts der Preise – überraschend geräumig, es gelten allerdings gewisse Vorschriften (kein Alkohol, kein Fleisch und kein Koffein). 40 Tage Vorausbuchung empfehlenswert. ❻

JW Marriott, Juhu Tara Rd, Juhu, ✆ 022/6693 3000, 💻 www.marriott.com. Luxuriöser 5-Sterne-Komplex mit 5 opulenten Restaurants, drei Pools (ein Salzwasserbecken), einem tollen Wellnessbereich und luxuriösen Zimmern mit Blick über die Hotelanlage zum Strand. Preis ab rund US$300. ❾

Lotus Suites, Andheri Kurla Rd, International Airport Zone, Andheri (East), ✆ 022/2827 0707, 💻 www.lotussuites.com. Die umweltfreundliche Unterkunft bezeichnet sich selbst als „4-Sterne-Ökohotel zum 3-Sterne-Preis". Die verwendeten Baumaterialien sind umweltfreundlich, und in den Zimmern findet man Jute-Slipper und Wertstofftonnen. Sehr komfortable Zimmer für unter US$150 bei Online-Buchung. ❽

Midland, Jawaharlal Nehru Rd, Santa Cruz (East), ✆ 022/2611 0414, 💻 www.hotelmidland.com. Zuverlässiges, gastfreundliches 2-Sterne-Hotel mit gut ausgestatteten Zimmern mit je 2 Einzelbetten. Preise ab Rs4400 inkl. Bustransfer und Frühstück. ❼

Orchid, 70-C Nehru Rd, Vile Parle (East), ✆ 022/2616 4040, 💻 www.orchidhotel.com. Das preisgekrönte „5-Sterne-Ökohotel" wurde mit umweltfreundlichen oder recycelten Baustoffen unter Verwendung umweltschonender Farben und Lacke erbaut. Es werden alle Anstrengungen unternommen, um Ressourcen zu schonen, einschließlich Wasserwiederaufbereitungsanlage und eigener „Nullmüll-Politik". Zimmer ab ❽

Essen

In Mumbai gibt es zahllose interessante Esslokale. Im Süden der Stadt schöpfen Colabas Cafés, Bars und Restaurants nahezu alle gastronomischen Möglichkeiten aus. In Richtung Norden ist es zu Fuß oder mit dem Taxi nicht weit nach Kala Ghoda und Fort. Hier sind einige der besten Cafés und Restaurants Mumbais zu finden, z. B. die letzten traditionellen Parsen-Lokale, deren Speisekarte und teilweise auch die Einrichtung sich seit Generationen kaum verändert hat.

Es sei darauf hingewiesen, dass die teureren Restaurants Service-Gebühren erheben.

Colaba und Kala Ghoda

Sofern nicht anders vermerkt, sind die folgenden Lokale auf der Karte S. 655 zu finden.

All Stir Fry, Gordon House Hotel. Kühles modernes Restaurant für Wok-Gerichte, die sich der Gast selbst zusammenstellen kann. Frische vegetarische Zutaten, Fleisch, Fisch, Nudeln und Soßen werden vor den Augen der Gäste zubereitet. Satay und Dim Sum sind besonders zu empfehlen. Rs420 mit unbeschränktem Nachschlag.

Busaba, 4 Mandlik Marg, ✆ 022/2204 3779. Die kultivierte Bar mit Restaurant ist auf

Straßenessen

Mumbai ist für sein besonderes Straßenessen bekannt – besonders **bhelpuri**, eine typische Mumbai-Mischung aus Puffreis, gebratenen Bandnudeln, Kartoffeln, knusprigen *puri*-Stücken, Chilipaste, Tamarindenwasser, gehackten Zwiebeln und Koriander. Hygienischer und gleichermaßen weit verbreitet sind **pao bhaji**, ein rundes portugiesisches Brötchen, das auf einem Blechteller mit pikantem Gemüsecurry serviert wird, und **kanji vada**, herzhafte Donuts, die in fermentierte Senf-Chili-Sauce getaucht sind. Und wem das alles nicht zusagt, dem gefällt vielleicht eine Pause an einer der zahllosen Saftbars der Stadt. Ein probates Mittel gegen die Hitze ist ein Glas kühle Milch mit frischem Ananas, frischer Mango, Banane, *chikoo* (eine kleine braune Frucht, die wie eine süße Birne schmeckt) oder frischem Zimtapfel. Man muss nur darauf achten, dass kein Eis in den Milchshake gelangt – das kann nämlich aus nicht entkeimtem Wasser bestehen.

fernöstliche Küche spezialisiert, darunter thailändische, koreanische, burmesische, vietnamesische und tibetische Hauptgerichte mit exotischen Salaten (grüne Mango und Glasnudeln). Eine der Adressen, um sich sehen zu lassen, wenn man es sich nicht leisten kann, im Indigo nebenan zu essen. Hauptgerichte Rs350–550.

Café Samovar, Jehangir Art Gallery, MG Rd, ✆ 022/2284 8000. Sehr nettes, ruhiges, halboffenes Café mit Blick auf die Museumsgärten. Zur Auswahl stehen zahlreiche Gerichte à la carte, darunter Garnelencurry, *roti kebabs*, knackige Salate und *dhansak*, dazu köstlicher gekühlter Guavensaft oder Bier. ⌚ Mo–Sa 11–19.30 Uhr.

Churchill, 103 Colaba Causeway. Winziges Parsi-Lokal mit einer Schwindel erregenden Auswahl an Speisen, darunter Salate, Pasta und Burger, größtenteils auf Fleischbasis und mit milder Sauce, einem Klecks Kartoffelpüree und gekochtem Gemüse serviert – ideal, wenn man von scharf gewürzten Gerichten die Nase voll hat. Kein Alkoholausschank, Hauptgerichte Rs210–275.

Henry Tham, Dhanraj Mahal, CST Rd, Apollo Bunder, Colaba, ✆ 022/2202 3186, 💻 www.henrytham.com. Schickes Restaurant ganz in der Nähe des Gateway of India mit hervorragender moderner chinesischer Küche, darunter guten Dim Sum und Mittagstagesmenüs.

Indigo, 4 Mandlik Marg, ✆ 022/6636 8999, 💻 www.foodindigo.com. Eines der schicksten Restaurants der Stadt und endlich mal eins, das den Hype rechtfertigt. Tolle internationale und moderne europäische Küche mit indischer Note (z. B. Kerala-Austern mit Safran-Ravioli). Hauptgerichte ab etwa RS600, ohne Reservierung läuft nichts.

Kailash Parbat („KP's"), 1 Pasta Lane, nahe dem Kino Strand. Sieht nicht viel versprechend aus, doch die *aloo parathas* zum Frühstück, die veg. Gerichte, scharfen Snacks und süßen Sachen (zum Mitnehmen) lohnen den Weg. KP´s ist eine Institution von Colaba – besonders berühmt sind seine *makai-ka* (Mais) *rotis*.

Kamat, Colaba Causeway, Ecke Barrow Rd. Freundliches kleines Lokal, serviert fraglos das beste südindische Frühstück im ganzen Viertel, dazu die übliche Palette an südindischen Snacks (*iddli*, *vada*, *sambar*), köstliche Frühlings-*dosas* und einige *thalis* für Rs60–150. Die beste Option in der Gegend für Budgettraveller mit Bärenhunger.

Khyber, gegenüber Jehangir Art Gallery, ✆ 022/2267 3227. Überreiche Ausgestaltung im Stil von Tausendundeiner Nacht und hervorragende nordwestindische Gerichte. Das Hühnchen-*tikka* ist legendär, aber auch die Tandoori-Gerichte und die Kebab-Platte sind vorzüglich. Hauptgerichte Rs240–425.

Konkan Café, Taj President Hotel, Cuffe Parade (s. Karte S. 655), ✆ 022/6665 0808. Der ideale Ort, um einmal richtig auf den Putz zu hauen. Das kultivierte 5-Sterne-Hotelrestaurant kredenzt feine regionale Gerichte aus Maharashtra, Goa, Karnataka und Kerala. Es besteht die Auswahl zwischen *thali*-Platten (Rs845–1045) und Speisen à la carte: Der Krebs in Butter, Pfeffer und Knoblauch ist zum Niederknien. Schlicht und ergreifend das köstlichste südindische Essen, das man jemals auf den Teller bekommt.

Leopold's, Colaba Causeway. Seit Jahrzehnten eine Institution in Mumbai und ein beliebter Treff für indienmüde Reisende aus dem Westen – trotz oder gerade wegen der Tatsache, dass das Café eines der Hauptziele der Anschläge vom November 2008 war (die Mitarbeiter zeigen Besuchern auf Wunsch die jetzt hinter Bildern versteckten Einschusslöcher). An kleinen Tischen verspeisen die Gäste überteuerte, größtenteils uninteressante Touristengerichte

Kebab auf der Motorhaube

Bademiya, hinter dem Taj Mahal Palace & Tower, Tulloch Rd. Der Kebab-*wallah* ist eine Institution in Colaba, bekannt für knusprige Grillhähnchen, Lamm und Fischsteaks sowie für veg. Alternativen, die in hauchdünne, kochend heiße *rotis* eingewickelt und auf Bänken am Straßenrand verzehrt werden. Am Wochenende kommen reiche Familien aus den Villenvierteln, um auf den Motorhauben ihrer Autos zu essen, da drinnen nur wenige Tische und Stühle zur Verfügung stehen.

verschiedener Landesküchen. Meist muss man auf einen freien Tisch warten; Hauptgerichte Rs150–300, Bier Rs200.

Olympia Coffee House, 1 Colaba Causeway. Iranisches Fin-de-Siècle-Café mit Marmortischplatten, holzgetäfelten Wänden, verrückten Spiegeln und einem Zwischengeschoss nur für Frauen. Kellner mit Peshwari-Käppi und im *salwar kameez* servieren köstliche Kebabs und exzellente Dips auf Quarkbasis. Zum Frühstück mit mutton masala fry – nichts für Cholesterinbewusste – ist es hier immer sehr voll. Stammgäste trinken dazu leuchtend orangefarbenen chai. Durch und durch Bombay und dazu auch noch preiswert. Hauptgerichte Rs60–100.

The Sea Lounge, Taj Mahal Palace & Tower, 1. Stock. Reizendes Lounge-Café im 1930er-Jahre-Stil vor der Kulisse von Gateway und Hafen. Gut für Kaffee und Kuchen (ab Rs600) und ein üppiges Frühstück (Rs1000). ⌚ tgl. 7–24 Uhr.

Trishna, 7 Sai Baba Marg (Ropewalk Lane), Kala Ghoda, ☏ 022/2261 4991. In dem schummrigen Mangalore-Restaurant speisten schon durchreisende und einheimische Berühmtheiten, vom griechischen Präsidenten bis zu Bollywood-Stars. Köstliche Fischkreationen in jeder erdenklichen Soße, darunter das Aushängeschild des Lokals, Krebs in Butter, Pfeffer und Knoblauch (Rs700–800), aber auch der mit grüner Masala gefüllte *pomfret* (Rs490) ist ausgezeichnet. Daneben gibt es auch billigere nordindische Klassiker (Rs200). Sehr klein, daher Reservierung empfohlen.

Churchgate und Fort

Die folgenden Lokale sind auf der Karte S. 666 verzeichnet.

Britannia & Co, Shri SR Marg, Ballard Estate. Das schrullige kleine Parsi-Restaurant ist ebenso berühmt für seine verschrobene altmodische Atmosphäre wie für seine iranische Vollwertkost. Die meisten Gäste bevorzugen das vorzügliche berry pulao (mit Hühnchen, Ziege oder Gemüse) mit köstlichen, sauren Trockenbeeren, die aus Teheran importiert werden (Rs200, aber als gigantische Portion). Zum Dessert empfiehlt sich der hausgemachte Karamellquark (caramel custard). Eines der kulinarischen Erlebnisse der Stadt, die sich niemand entgehen lassen sollte. ⌚ 11.30–15.30 Uhr.

Authentisches Mangalore-Lokal

Apoorva, SA Brelvi Rd, ☏ 022/2287 0335. Beliebtes Mangalore-Restaurant, versteckt in einer vom Horniman Circle abzweigenden Seitenstraße (bei dem mit bunten Lämpchen dekorierten Baum). Die Küche ist absolut authentisch, das in würziger Sauce auf Kokosbasis gekochte Seafood ist jeden Tag fangfrisch. Tipp: die nicht zu überbietende Bombay Duck, *surmai* (Königsmakrele) in Kokosnusssaft oder das überragende Garnelen-*gassi*. Hauptgerichte Rs100–475. Alkoholausschank.

Cha Bar, Oxford Bookstore, 3 Dinsha Wacha Rd, Churchgate. Todschickes AC-Café im hinteren Bereich der besten Buchhandlung im Zentrum. Riesenauswahl an verschiedenen Teesorten, vom *kawa* aus Kashmir bis zum Buttertee aus Ladakh. Außerdem gibt es Kaffee, Sandwiches, Wraps und Kuchen.

Ideal Corner, 12 F/G Hornby View, Gunbow St, ☏ 022/2262 1930. Ein weiteres parsisches Café mit Kultstatus. Zu empfehlen sind die köstlichen Spezialitäten nach Hausmacherart: *kchchidi*-Garnelen, Lamm-*dhansak* oder Hühnchen-farcha sowie die legendäre Quarkspeise *lagan*. Hauptgericht ca. Rs50–75. ⌚ Mo–Sa 9–16.30 Uhr.

Mocha Bar, VN Rd. Kühles Terrassencafé, in dem ganze Schwärme von „Rich Kids" aus dem Süden der Stadt sich bei Kaffeespezialitäten, Tapas, Panini, Wraps und Crêpes in Pose werfen oder im Raucherbereich hinten an einer Schischa nuckeln – Zeitgeist à la Mumbai.

The Pearl of the Orient, Ambassador Hotel, Veer Nariman Road, ☏ 022/2229 1131. Rotierendes orientalisches Hotelrestaurant mit eher durchschnittlicher Küche (recht teuer bei etwa Rs1000 für 3 Gänge), aber der Blick auf die Stadt ist schon etwas Besonderes.

Crawford Market und Zentrale Basare

Die folgenden Lokale sind, soweit nicht anders vermerkt, auf der Karte S. 648 verzeichnet.

Badshah Juice and Snack Bar, gegenüber Crawford Market, Lokmanya Tilak Rd. Mumbais renommiertestes *falooda*-Lokal serviert auch köstliches **kulfi** (Eis) und eine Großauswahl frisch gepresster Obstsäfte. Der ideale Abschluss eines Marktbesuches, aber mit Wartezeit ist zu rechnen.
Joshi Club, 31-A Narottamwadi, Kalbadevi Rd, ✆ 022/2205 8089. Die exzentrische, auch als The Friends Union Joshi Club bekannte *thali*-Kantine serviert nach Aussage zahlreicher Fans die authentischsten und leckersten Gujarati-Marwari-Mahlzeiten der Stadt. Das Essen wird auf wenig verheißungsvollen Resopal-Tischen vor dem Hintergrund schmuddeliger Wände serviert. Für Rs95 gibt es unerschöpfliche Portionen mit 4 Gemüsesorten, *dhal* und bis zu 4 verschiedenen Broten, mit allen Beilagen und Bananen-Vanillepudding zum Dessert. Das Lokal ist nicht ganz leicht zu finden: Man läuft oder nimmt ein Taxi zum unteren Ende der Kalbadevi Rd (gegenüber dem Kino Metro, s. Karte S. 666), dann geht es in nördlicher Richtung über den Vardhaman Chowk und danach ca. 5 Min. die Kalbadevi Rd hinauf, bis zur Rechten unter einem Fenster im 1. Stock das Hinweisschild „Bhojanalaya" auftaucht.
Rajdhani, Sheikh Memon St. Sagenhafte Gujarati-thalis, bis man platzt. Sehr beengt und etwas teurer als gewöhnlich (Rs250; Rs299 für das Spezialmenü am Sonntagmittag), aber die Ausgabe wirklich wert. ⏲ Sonntagabend geschlossen. Das Lokal liegt an der Straße, die zur Jama Masjid führt (vom Crawford Market kommend die Straße beim Eingang überqueren und hinter dem Lokmanya Tilak Marg Police Booth rechts abbiegen).

Unterhaltung

In Mumbai herrscht eine ungewöhnlich lockere Einstellung gegenüber dem Alkoholkonsum. Der Sprung in die Kneipe auf ein Bier wird weithin akzeptiert (zumindest für Männer), selbst schon zur Mittagszeit. Im Mittelpunkt der Traveller-Szene steht der Colaba Causeway, aber der Puls des städtischen Nachtlebens schlägt in Bandra und Juhu. Trotz der 2005 eingeführten **Sperrstunde** um 1.30 Uhr – nur Hotelclubs dürfen länger geöffnet haben – ist die Clubszene von Mumbai die beste Indiens. Ende der 1990er-Jahre begann der betuchte Jetset an den neuesten House-, Trance-, Fusion- und Funkklängen, die in Goa und im Westen Erfolge feierten, Gefallen zu finden, und es entstand eine coolere, aufgeschlossenere Szene. Die meisten Discos und Clubs kassieren an der Tür Eintritt pro Paar (ein Teil davon kann für Getränke eingelöst werden), denn theoretisch sind meistens nur Pärchen zugelassen. In der Praxis werden aber normalerweise gemischte Gruppen und „ordentlich" aussehende Singles nicht abgewiesen. Die Discos exklusiver Hotels stehen dagegen manchmal nur Hotelgästen und Clubmitgliedern offen.

Musik, Tanz und Theater

Mumbai ist ein kulturelles Zentrum ersten Ranges und zieht die begnadetsten Interpreten klassischer indischer Musik und Tanzkunst aus dem ganzen Land an. Zahlreiche Konzerte und Vorstellungen finden an folgenden Veranstaltungsorten statt: **Bharatiya Vidya Bhavan**, K M Munshi Marg, ✆ 022/2363 0224, Hauptquartier der internationalen (hinduistischen) Kulturorganisation; **National Centre for the Performing Arts** (NCPA), Nariman Point, 💻 www.ncpamumbai.com.
Der führende Veranstaltungsort für zeitgenössische Livemusik ist das Ende 2007 eröffnete **Blue Frog** in Nord-Mumbai, D/2 Mathuradas Mills Compound, NM Joshi Marg, Lower Parel, ✆ 022/4033 2300, 💻 www.bluefrog.co.in. Die Bühne steht in einem riesigen alten Lagerhaus im ehemaligen Fabrikviertel Mumbais, und es treten renommierte indische und ausländische Musiker und DJs auf, die alles spielen, von Rock bis Hip-Hop.
Ein kleines, aber quicklebendiges Theater ist das **Prithvi Theatre**, Juhu Church Rd, ✆ 022/2614 9546, 💻 www.prithvitheatre.org. Es bringt vor allem Inszenierungen auf Hindi, aber auch einige Stücke auf Englisch.

Bars und Kneipen

Alps Beer Bar, Nawroji Marg, Colaba, hinter dem Taj Mahal Palace & Tower (s. Karte S. 655). Etwas schäbige, aber ruhige Alternative zu den Warteschlangen und Besuchermassen im nahen Leopold's und Café Mondegar, mit dem billigsten Bier in Colaba sowie einem kleinen Angebot an Speisen wie Currys, Steaks und sizzlers.

Aurus Nichani House, Juhu Tara Rd, Juhu, ✆ 022/6710 6666, 💻 www.dishhospitality.com. Cooler Laden am Strand mit funkiger Bar/ Restaurant drinnen und einer netten Terrasse am Juhu Beach; dazu gibt's gute internationale Fusionsküche und eine umfangreiche Wein- und Cocktailkarte. Unter den Gästen finden sich zwar einige Sternchen und VIPs, aber der Einlass wird hier nicht so schnöselig gehandhabt wie in anderen Läden der Gegend.

Busaba, 4 Mandlik Marg, Colaba (s. Karte S. 655). Schicke, schummrig beleuchtete Bar unter dem eleganten Restaurant Busaba (S. 669) mit guter Auswahl an australischen, südafrikanischen und amerikanischen Weinen, außerdem Whisky, geniale Cocktails und Biere aus aller Welt.

Café Mondegar, Colaba Causeway (s. Karte S. 655). Import- und indische Biere vom Fass und aus der Flasche sowie köstliche, fruchtige Cocktails in einer kleinen Café-Bar. Die Atmosphäre ist sehr entspannt, die Musik tendiert zu Rockklassikern, das Publikum besteht aus einer Mischung von Westlern und Studenten. Die Wandmalereien eines berühmten Cartoonisten aus Goa verleihen dem Lokal einen zusätzlichen lebensfrohen Touch. Große Auswahl an durchschnittlichen indischen, chinesischen und europäischen Speisen. Wahrscheinlich muss man am Eingang Schlange stehen.

Czar Bar, Hotel InterContinental, 135 Marine Drive (s. Karte S. 666). Angesagte Wodka-Bar mit schickem, minimalistischen Dekor, raffinierter Beleuchtung und über 40 Wodka-Sorten im Regal (ab Rs400), dazu große Auswahl an anderen Spirituosen und Cocktails. Bis 23 Uhr Lounge-Musik, danach wird es lebhafter. Unter der Woche relativ ruhig, aber am Wochenende gut gefüllt. 🕓 tgl. 17.30–1.30 Uhr.

Henry Tham, Dhanraj Mahal, CST Rd, Apollo Bunder, Colaba (s. Karte S. 655). Die kleine, aber fidele Bar unter dem hervorragenden chinesischen Restaurant (S. 670) ist derzeit der angesagteste Treffpunkt der Schönen von Süd-Mumbai. Exzellente Cocktails und einer der besten House-Soundtracks der gesamten Stadt.

Indigo, 4 Mandlik Rd, Colaba (s. Karte S. 655. Die coolste Bar in Colaba gehört zum angesagten gleichnamigen Restaurant (S. 670). Beliebt bei jungen Medienleuten und Möchtegern-Weinkennern. Unkonventionell nacktes Dekor.

Olive, 4 Union Park Rd, Pali Hill (zwischen Juhu und Bandra). Der angesagteste Promi-Treff der Bollywood-Stars. Wer Hrithik, Abhishek und Aishwarya, Preity und Shilpa treffen will, hat hier die besten Chancen, muss sich allerdings entsprechend herausputzen und eine dicke Brieftasche haben. Das Essen dient hier zwar mehr als Vorwand zum „Sehen-und-gesehen-werden", die mediterrane Küche ist aber sehr gut.

Vie Lounge, 102 Juhu Tara Rd, Juhu, ✆ 022/ 2660 3003, 💻 www.vie.co.in. Strandbar im Ibiza-Stil am Juhu Beach mit eigenen und Gast-DJs und toller Cocktailkarte sowie einem ordentlichen Angebot an Seafood- und Cajun-Gerichten.

Wink, Taj President, 90 Cuffe Parade, ✆ 022/ 6665 0808, 💻 www.tajhotels.com (s. Karte S. 648). Elegante Loungebar im Asienstil mit einer der besten Getränkekarten der Stadt, darunter eine tolle Auswahl an Spezialcocktails. Früh am Abend sehr schön für einen ruhigen

Der perfekte Sundowner

The Dome, Hotel InterContinental, 135 Marine Drive (s. Karte S. 666). Diese coole Dachterrassenbar ist ganz klar Süd-Mumbais beste Adresse für einen Sundowner. Um den namengebenden Rundbau herum stehen vornehme, weiße Sofas und kerzenbeleuchtete Tische, dahinter ein atemberaubender, erhöhter Pool. Die Aussicht über die Back Bay macht die astronomischen Getränkepreise wett. 🕓 tgl. 17.30–1.30 Uhr.

Bollywood, die Hindi-Filmhauptstadt

Die Heimat des Hindi-Blockbusters, des „all-India film", ist Mumbai, bekannt geworden als **Bollywood**. Mumbai-Besuchern bieten sich jede Menge Gelegenheiten, in den Genuss klassischer oder moderner Hindi-Filme zu kommen. Die Auswahl erleichtert der Kauf des Magazins *Bombay*, das Besprechungen und Terminangaben bringt. Wer sich spontan zum Kinobesuch entschließt, hält am besten nach dem größten Reklameschild Ausschau und reiht sich in die Warteschlange ein. Ein Sitzplatz in einem bequemen Kino mit AC kostet Rs120–200 – weniger, wenn man im vorderen Parkett sitzt (für Frauen nicht empfehlenswert).

Von den ungefähr 200 **Kinos** zeigt nur ungefähr ein Dutzend regelmäßig Filme in **englischer Sprache**. Die am zentralsten gelegenen und einladendsten Kinos sind die herrlichen Art-déco-Filmpaläste aus der Endzeit des Raj: das **Regal** in Colaba, das **Eros** gegenüber der Churchgate Station sowie das **Metro** an der Dhobi Talao Junction, das in ein hypermodernes Multiplexkino umgebaut wurde. Ein weiterer großer Kinokomplex ist das **Inox**, 💻 www.inoxmovies.com, am Nariman Point bei den Express Towers; dieses moderne Kino wurde erst vor ein paar Jahren im alten Art-déco-Stil von Mumbai erbaut.

Drink; im Verlauf des Abends wird die Musik immer lauter, und später herrscht dann ausgeprägte Club-Atmosphäre.

Zenzi, 183 Waterfield Rd, Bandra West, 📞 022/5643 0670, 💻 www.zenzi-india.com. Schicke Bar mit Restaurant unter niederländischer Leitung im modernen balinesisch-thailändischen Stil mit Restaurant (edle panasiatische Küche), Bar, DJ-Lounge und luftiger Terrasse unter freiem Himmel. Vor 23 Uhr zumeist ruhig, später dann aber oft rappelvoll mit glamourösen Einheimischen.

Clubs

Enigma, JW Marriott Hotel, Juhu Tara Rd. Hier amüsieren sich Hindi-Filmstars und die hippen, jungen Millionäre Indiens. Es bietet die erotischsten Outfits, die neusten Dance-Tracks (darunter viele filmi-Hits), das tollste Ambiente und die höchsten Eintrittspreise (Rs800–Rs2500 für ein Paar je nach Abend).

Polly Esther's, Gordon House Hotel, Battery St, Colaba (s. Karte S. 655). Retro-Club mit buntem Dekor im Stil der 1970er- und 80er-Jahre. Die Kellner tragen verrückte Afro-Perücken. An unterschiedlichen Abenden Livemusik, Hip-Hop, Bollywood und Retro. Eintritt Rs900–1200 pro Paar. ⌚ Mi–So.

Squeeze, 5th Rd, Khar. Ein sehr treffender Name für Bandras flippigstes Nachtlokal. Es ist die ganze Woche rappelvoll, und am Wochenende platzt es fast aus den Nähten. Hier überwiegt der Hindi-Pop nicht so sehr wie andernorts. Eintritt um Rs1500 pro Paar.

Voodoo Lounge, Arthur Bunder Rd, Colaba (s. Karte S. 655). Samstags ab 9 Uhr dient diese verrufene, kleine Spelunke am Colaba Causeway als Location für Mumbais einzigen Gay-Club (den Rest der Woche wird hier nichts geboten). Nach westlichen Standards geht es hier eher verhalten zu, aber die Atmosphäre ist ungezwungen, und Schwule sowie Hetero-Männer und -Frauen sind gleichermaßen willkommen. Die meisten Gäste kommen um Kontakte zu knüpfen. Eintritt Rs300 p. P.

Sport

Wie überall in Indien ist man auch in Mumbai verrückt nach Cricket. Andere Zuschauersportarten haben – neben den Pferderennen in Mahalakshmi, die an Derby-Tagen sehr viele Besucher anziehen – kaum eine Chance. Alle Veranstaltungen werden auf den hinteren Seiten der Zeitungen Times of India und Time Out Mumbai angekündigt.

Cricket

Cricket ist in der Hauptstadt von Maharashtra ein ähnlich beliebter Zeitvertreib wie die Bollywood-Filme. Irgendwo läuft immer gerade ein Spiel, sei es eine improvisierte Spaßpartie am Chowpatty Beach oder ein offizielles Club-Match an den Gymkhanas entlang des Marine Drive. In Süd-Mumbai ist **Oval Maidan** der beste Ort, um – vor herrlicher Kulisse mit Kolonialbauten – einheimische Talente in Aktion zu erleben. Hier gibt es eine gewisse Rangordnung: Je weiter man sich vom Pfad durch das Zentrum des Parks entfernt, umso besser werden die Spiele.

An Orten wie diesem hat Mumbais Liebling, Sachin Tendulkar, seinen Sport erlernt. Der weltweit erfolgreichste Schlagmann (sowohl beim Mehrtages- als auch Eintages-Cricket) lebt noch heute in der Stadt und spielt regelmäßig für seinen Erstligaclub im **Brabourne Stadium**, nahe dem Marine Drive. 1 km weiter nördlich, im 45 000 Zuschauer fassenden **Wankhede Stadium**, finden in aufgeheizter, rauer und für Gäste eher einschüchternder Atmosphäre die wichtigen internationalen Begegnungen statt.

Die indische Cricket-Saison läuft von Oktober bis Ende Februar. Tickets für die großen Spiele sind fast so schwer zu ergattern wie Sitzplätze in den Pendlerzügen. Teilweise gibt es für ausländische Besucher aber Quoten, durch die sie bei der **Mumbai Cricket Association**, 1. Stock des Wankhede, leichter an Karten kommen.

Pferderennen und Reiten

Die **Mahalakshmi-Rennbahn**, nahe dem Mahalakshmi Tempel nördlich von Malabar Hill, ist die Heimat des Royal Western India Turf Clubs – einem Überbleibsel aus britischen Zeiten – und einer der beliebtesten Treffpunkte der Oberschicht. Die Rennen finden zwischen November und März immer mittwochs und samstags statt. Große Veranstaltungen wie das **2000 Guineas** und das Derby locken bis zu 25 000 Schaulustige an. Für das öffentliche Gelände sind Tageskarten erhältlich. Die Logenplätze aus der Kolonialzeit mit üppigen Rasenflächen und dem exklusiven Restaurant Gallops sind den Mitgliedern vorbehalten. Rennpläne und Formulare finden sind im Sportteil der *Times of India* und auf der Website 💻 www.rwitc.com.

An den rennfreien Tagen dient die Rennbahn als Reitgelände. Eine zeitlich begrenzte Mitgliedschaft im **Amateur Riding Club of Mumbai**, einer weiteren Bastion der städti-schen Elite, berechtigt zu Reitstunden auf den Vollblütern des Clubs. Mehr Infos hierzu sowie eine Liste der anstehenden Polospiele sind unter 💻 www.arcmumbai.com zu finden.

Einkaufen

In Mumbai kann man toll einkaufen, seien es Souvenirs in letzter Minute oder Proviant und Ausrüstung für die lange, noch bevorstehende Reise. Vor allem der Kauf im Land produzierter Textilien und Exportüberschuss-Bekleidung sowie von Kunsthandwerk aus allen noch so entlegenen Landesteilen lohnt sich. Mit Ausnahme der Shopping-Arkaden in den Luxushotels übersteigen die Preise überraschenderweise kaum die anderer indischer Städte. In größeren Geschäften gelten Festpreise, und oft werden Kreditkarten angenommen; ansonsten jedoch lässt sich, insbesondere bei Straßenhändlern, durch Handeln meist ein besserer Preis herausschlagen. Die zentralen Basare der Innenstadt sind allerdings mehr zum Schauen als zum Einkaufen. Neue Schmuckstücke aus Gold und Silber kauft man am besten im Zaveri Bazaar (Goldschmiedemarkt) gegenüber vom Crawford Market.

Bücher

Mumbai verfügt über eine gute Auswahl an englischsprachigen Buchhandlungen und Bücherständen.

Crossword Bookstore, Mohammed Bhai Mansion, Huges Rd, Kemp's Corner, 10 Fußminuten nördlich von Chowpatty Beach, ✆ 022/ 2384 2001. Mumbais größter Buchhändler in einem schicken neuen AC-Gebäude mit eigener Kaffeebar.

Nalanda, Ground Floor, Taj Mahal Palace & Tower. Große Auswahl an Bildbänden und Taschenbüchern, allerdings zu Höchstpreisen.

Oxford Bookstore, Apeejay House, 3 Dinsha Vacha Rd, Churchgate. Nicht ganz so groß wie Crossword, aber besser zu erreichen, wenn man in Downtown oder Colaba übernachtet; mit AC-Café: Cha Bar (s. S. 671).

Search Word, Shahid Bhagat Singh Marg (Colaba Causeway). Colabas bester Buchladen mit Regalen, randvoll mit Führern und indischer Belletristik. Schnäppchenpreise, denen nur noch der Strand Book Stall in Fort Konkurrenz machen kann.

Strand Book Stall, neben der Canara Bank, abseits der PM Rd, Fort. Preiswerteste Buchhandlung im Zentrum, jede Menge verbilligte Penguin-Bücher und indische Literatur.

Kleidung

In Mumbai wird ein Großteil der indischen Bekleidung hergestellt, überwiegend von der leichten, hellen „shirtings and suitings"-Art, der bevorzugten Kleidung unzähliger gleich gewandeter Büro-*wallahs*. Billige westliche Kleidung kauft man am allerbesten an der endlosen Reihe von Ständen auf dem Bürgersteig der MG Rd, zwischen Cross und Azad Maidan westlich des CST. Diese sogenannte **Fashion Street** ist auf abgelehnte und überzählige Export-Klamotten aus den großen Fabriken spezialisiert, darunter T-Shirts,

Lach-Yoga

Getreu dem Motto „Lachen ist die beste Medizin" haben der Mumbaier Arzt Madan Kataria und seine Frau Madhuri – auch bekannt als die „Kichergurus" – eine völlig neue Therapieform entwickelt: *hasya*-(Lach-)Yoga. Mittlerweile gibt es in Indien über 300 Lacher-Clubs und viele weitere auf der ganzen Welt. Rund 50 000 Menschen nehmen jedes Jahr am ersten Sonntag im Mai an Mumbais Feierlichkeiten zum Laughter Day teil. Weltweit sind es Zehntausende. Die 15-minütigen Unterrichtsstunden beginnen mit Atemübungen. Dann folgt ein „Ho ho ha ha"-Singsang, der übergeht in ein spontanes „herzliches Lachen" (beide Hände nach oben gestreckt, den Kopf nach hinten geneigt). Dann folgen „Milchshake-Lachen" (alle Teilnehmer lachen und machen dazu eine Geste, als würden sie einen Milchshake trinken), „schwungvolles Lachen" (die Teilnehmer stehen im Kreis und machen „aaii-uu-iii-uuu") und schließlich das geradezu Angst einflößende „Löwenlachen" (mit herausgestreckter Zunge, weit aufgerissenen Augen und Händen, die zu Klauen geformt werden, wird aus dem Bauch heraus gelacht). Am Ende der Sitzung halten sich die Teilnehmer an den Händen und singen den Slogan „Wir sind die Laughter Club-Mitglieder ... JA!".

Die Clubtreffen finden an verschiedenen Orten der Stadt zwischen 6 und 7 Uhr statt, u. a. in den Colaba Woods an der Cuffe Parade und am Juhu Beach. Mehr Infos unter 💻 www.laughteryoga.org.

Jeans, Sommerkleider und Sweatshirts. Baumwollbekleidung höherer Qualität (oft schicke, nachgemachte Designer-Ware) gibt es in Geschäften am **Colaba Causeway** und an der **Mandlik Marg** (hinter dem Taj Mahal Palace & Tower). Einen Besuch wert ist auch die Filiale der indischen Kette **Fabindia** in der MG Road in Kala Ghoda, die eine tolle und erschwingliche Auswahl an stilvollen modernen indischen Hemden, *kurtas, salwar kameezes* usw. bietet. Wer sich für traditionellere indische Kleidung interessiert, begibt sich zum **Khadi-Laden** (beschildert mit „Mumbai Khadi Gramodyog Sangh"), 286 Dr DN Marg, in der Nähe des Thomas Cook-Büros. Wie Whiteaway & Laidlaw stattete auch dieses unüberschaubare viktorianische Warenhaus die frisch angekommenen *burra-sahibs* mit Tropenhelmen, Khakishorts und Chinintabletten aus. Heutzutage türmen sich in den alten Holzregalen, Hemden- und Sockenschubladen Dutzende verschiedener, handgewebter Baumwoll- und Seidenstoffe, die vom laufenden Meter verkauft werden oder zu Westen, *kurtas* oder bedruckten *salwar kameezes* verarbeitet worden sind. Außerdem gibt es hier die üblichen weißen Nehru-Kappen, *dhotis, lunghis* im Madras-Karomuster und herrliche Saris aus Seidenbrokat.

Kunsthandwerk

Regional hergestelltes Kunstgewerbe wird in verschiedenen staatlichen Geschäften im **World Trade Centre**, unten an der Cuffe Parade, und entlang der **Sir PM Rd** in Fort angeboten. Die Qualität ist durchweg hoch – die Preise aber auch, wenn man nicht gerade den Ferienausverkauf erwischt. Gleiches gilt für das Kaufhaus **Central Cottage Industries Emporium**, 34 Shivaji Marg, nahe dem Gateway of India in Colaba. Aufgrund seiner Größe, zentralen Lage und des großen Angebots an mit Einlegearbeiten verzierten Möbeln, Holz- und Metallgegenständen, Miniaturgemälden und Schmuck, Spielwaren, Bekleidung und Textilien ist es der beste Ort für Souvenirs jeder Art. In der **Mereweather Road** (jetzt offiziell B Behram Marg), gleich hinter dem Taj Mahal Palace & Tower, wimmelt es von kaschmirischen Volkskunstläden mit überteuerten Gefäßen aus Pappmaché, Silberschmuck, wollenen Schals und Teppichen. Wer schlecht mit aufdringlichen Verkäufern umgehen kann, bleibt dieser Ecke besser fern.

Parfüm ist in Mumbai eine ausschließlich moslemische Domäne. Unten am Südende des Colaba Causeway, rings um die Arthur Bunder Rd, findet man viele Geschäfte mit Spiegelwänden und Regalen voller Kristallflaschen, gefüllt mit dickflüssigen, duftenden Ölen.

Räucherdüfte werden an den umliegenden Bürgersteigen in Stäbchen, Kegeln und klebrigen Scheiben *(dhoop)* verhökert (darauf achten, dass die Schachteln voll sind und nicht schon die Hälfte fehlt). Großeinkäufe tätigt man günstiger im **Khadi-Laden** an der Dr DN Marg (s. o.). Dort werden ganze handgerollte Bündel Räucherstäbchen verkauft, außerdem gibt es eine Kunsthandwerksabteilung mit bedruckten Bettüberwürfen, Holzspielzeug, Sandelholzstatuen und Möbeln.

Musik

Die bekanntesten der zahlreichen guten Läden für Musikinstrumente in Mumbai befinden sich in der Nähe des Kinos Moti an der Sadar V Patel Rd im zentralen Basarviertel. **Haribhai Vishwanath**, **Ram Singh** und **RS Mayeka** sind 3 Geschäfte, die mit Sitars, Sarods, Tablas und Flöten handeln. Top Qualität mit Garantie verkauft Bhargava's Musik im Norden, 4/5 Imperial Plaza, 30th Rd in Bandra. Zum Kundenkreis gehören viele indische Topmusiker im Klassikbereich.

Rhythm House, Subhash Chowk, neben Jehangir Art Gallery. Eine gute Adresse für Kassetten und CDs mit einem Riesenangebot an klassischer, religiöser und populärer Musik aus ganz Indien, einer ordentlichen Auswahl an westlichen Rock-, Pop- und Jazztiteln und DVDs mit klassischen und zeitgenössischen Hindi-Filmen.

Planet M, 10 Fußminuten vom Rhythm House, an der DN Rd in Fort. Gutes Angebot an Musik-CDs und DVDs.

Sonstiges

Apotheken

Regal Pharmacy, gegenüber Gordon House Hotel in Colaba (s. S. 667), ⏲ rund um die Uhr.

Geld

Der nächste Ort zum Geldwechseln bei der Ankunft in Mumbai ist der rund um die Uhr geöffnete Schalter der **State Bank of India** im Chhatrapati Shivaji International Airport.

Der Wechselkurs ist der allgemein übliche, doch für ein *encashment certificate* (Umtauschquittung) muss man manchmal bezahlen – dieses muss man u. U. vorzeigen, wenn man ein *tourist quota*-Eisenbahnticket (s. „Traveltipps von A bis Z" auf S. 87) oder einen Indrail-Pass (S. 88, Kasten) an Sonderschaltern in den Bahnhöfen Churchgate oder CST (VT) kaufen möchte.

In der ganzen Stadt gibt es Dutzende von **Geldautomaten** – die genauen Standorte sind auf den verschiedenen Karten im Buch eingezeichnet.

Alle großen staatlichen **Banken** in Downtown wechseln Fremdwährungen, ⌚ Mo–Fr 10.30–14.30, Sa 10.30–12.30 Uhr; manche (wie die Bank of Baroda) bieten auch **Kreditkartenservice**.

Thomas Cooks große Filiale an der Dr DN Marg, ✆ 022/6160 3333, zwischen dem Khadi-Shop und Hutatma Chowk, nimmt auch Geldüberweisungen aus Übersee entgegen. ⌚ Mo–Sa 9.30–19 Uhr.

Gepäckaufbewahrung

Eine Gepäckaufbewahrung gibt es im Bahnhof CST (VT). Alles, was hier abgegeben wird, auch Rucksäcke, muss mit einem Vorhängeschloss gesichert werden; Maximaldauer 1 Monat, Rs12 pro Tag.

Informationen

India Tourism, 123 M Karve Rd, gegenüber dem Ostausgang der Churchgate Station, ✆ 022/2207 4333 oder 4334, ✉ indiatourism@mtnl.net.in. Die ausgezeichnete Einrichtung ist die beste Informationsquelle in Mumbai. Die Angestellten sind außergewöhnlich hilfsbereit und vergeben zahlreiche kostenlose Broschüren und Karten. ⌚ Mo–Fr 9–18, Sa 9–14 Uhr.

Maharashtra State Tourism Development Corporation (MTDC), Madam Cama Rd, ✆ 022/2284 5678, 💻 www.maharashtratourism.gov.in, gegenüber dem LIC Building in Nariman Point, reserviert Zimmer in MTDC-Resorts und verkauft Tickets für Stadtrundfahrten. ⌚ Mo–Sa 9.30–17.30 Uhr.

Das Mumbai-Stadtmagazin *Time Out* (💻 www.timeoutmumbai.net) ist die beste Quelle für ausführliche **Veranstaltungshinweise** und liefert alle Details. Alternativen sind die „Metro"-Seite des *Indian Express* und die Rubrik „Bombay Times" in der *Times of India*. Alle diese Zeitungen sind an Straßenständen in Colaba und in der Innenstadt erhältlich.

Internet

Mumbai wartet mit überraschend wenigen Internetcafés auf. In Colaba gibt es in der Nawroji F Marg zwei enge, rund um die Uhr geöffnete Internetlokale (Rs40 pro Std.).

WLAN für Leute mit eigenem Computer gibt es in vielen der besseren Hotels der Stadt und in den Filialen der Coffeeshop-Kette Barista, z. B. neben dem Regal Cinema in Colaba.

Konsulate

Die meisten Nachbarstaaten Indiens, darunter Bangladesch, Bhutan, Myanmar (Burma), Nepal und Pakistan, haben nur Konsulate in New Delhi und/oder Kolkata.

Deutschland, 10th Floor, Hoechst House, Nariman Point, 193 Backbay Reclamation, Mumbai 400 021, ✆ 022/2283 2422, 📠 22025493, ✉ info@mumbai.diplo.de, 💻 www.mumbai.diplo.de.

Österreich, 26 Maker Chambers VI, Nariman Point, Mumbai 400021, ✆ 022/2287 4758, ✉ tamara_valladares@jasubhai.com.

Schweiz, 102 Maker Chambers IV, 10th Floor, 222 Jamnalal Bajaj Marg, Nariman Point, Mumbai 400021, ✆ 022/228845-63 bis -65, 📠 228845-66, ✉ vertretung@mum.rep.admin.ch, 💻 www.eda.admin.ch/mumbai.

Kulturinstitute

Asiatic Society, Shahid Bhagat Singh Marg, Horniman Circle, Ballard Estate, ⌚ Mo–Sa 10.30–19 Uhr.

Bombay Natural History Society, Hornbill House, neben dem Chhatrapati Shivaji Museum, 💻 www.bnhs.org, genießt internationales Renommee für seine Erforschung der indischen

Tierwelt. Besucher können eine vorübergehende Mitgliedschaft erwerben, die den Zutritt zur Bibliothek, zur naturkundlichen Sammlung, manchmal auch zu Vorträgen und außerdem die Teilnahme an organisierten Wanderungen und Feldforschungsunternehmungen ermöglicht. ⌚ Mo–Fr 9.30–17.30 Uhr.
British Council, A Wing, 1st Floor, Mittal Tower, Nariman Point. Britische Zeitungen und Magazine. ⌚ Di–Sa 10–18 Uhr.
Max Mueller Bhavan (Goethe-Institut), K Dubash Marg, Kala Ghoda, Mumbai 400 001, ✆ 022/22027710, ✉ info@mumbai.goethe.org, 💻 www.goethe.de/ins/mum/deindex.htm.

Medizinische Hilfe

Bombay Hospital, New Marine Lines, unmittelbar nördlich des staatlichen Tourismusbüros an der M Karve Rd, ✆ 022/2206 7676, 💻 www.bombayhospital.com. Das Privatkrankenhaus ist das renommierteste Hospital im Zentrum der Stadt.
Breach Candy Hospital, Bhulabhai Desai Rd, in der Nähe des Schwimmbads, ✆ 022/2367 1888, 💻 www.breachcandyhospital.org. Wird auch von ausländischen Botschaften empfohlen.

Polizei

Die Hauptwache in Colaba, ✆ 022/2285 6817, liegt an der Westseite des Colaba Causeway, in der Nähe der Kreuzung mit der Best Marg.

Post

Die **Hauptpost** liegt gleich um die Ecke vom Bahnhof CST (VT), abseits des Nagar Chowk, ⌚ Mo–Sa 9–20, So 9–16 Uhr. Das Paketbüro befindet sich hinter dem Hauptgebäude im 1. Stock, ⌚ 10–16.30 Uhr. Auf dem Bürgersteig draußen warten Paketpack-*wallahs* auf Kundschaft.
DHL, ✆ 022/2850 5050, hat 11 Büros in Mumbai; am günstigsten gelegen ist das 24 Std. geöffnete unter dem Sea Green Hotel am Südende des Marine Drive.

Reisebüros

Nachstehend einige bewährte Reisebüros für Buchungen nationaler und internationaler Flüge und privatgesellschaftlicher Überlandbusse.
Cox and Kings India, 16 Bank St, Fort, ✆ 1800/221235, 💻 www.coxandkings.co.in;
Sita World, 11th Floor, Bajaj Bhavan, Nariman Point;
Thomas Cook, 324 Dr DN Rd, Fort, ✆ 022/6160 3333, 💻 www.thomascook.co.in.

Touren

Verschiedene Veranstalter beim Gateway of India bieten **eintägige Stadtrundfahrten** per Bus (um Rs100 plus Eintrittsgelder), eine billige, jedoch sehr gehetzte Möglichkeit, die touristischen Highlights Mumbais an einem Tag abzuhaken. Eine einstündige **Abendtour** der MTDC in einem offenen Bus (Wochenende 19 und 20.15 Uhr; oberes Deck Rs120, unten Rs50) führt vorbei an den angeleuchteten Sehenswürdigkeiten der Stadt. Die Tour beginnt am MTDC-Kiosk nahe dem Gateway of India, wo man auch Tickets kaufen kann.
Eine entspanntere Alternative mit Schwerpunkt Architektur und Geschichte bieten die geführten Rundgänge der **Bombay Heritage Walks**, 💻 www.bombayheritagewalks.com. Die zweistündigen Rundgänge (Rs1500 für bis 3 Pers., Rs500 für jede weitere Pers.) finden vor allem an den Wochenenden statt, manchmal können aber auch unter Woche abends Führungen arrangiert werden. Buchung erforderlich unter ✆ 022/2369 0992 oder ✉ info@bombayheritagewalks.com.
Mumbai Magic, 💻 www.mumbaimagic.com, hat verschiedene interessante Rundgänge und -fahrten zu unterschiedlichen Themen im Programm, von Kolonialarchitektur bis zum jüdischen Erbe der Stadt.
Reality Tours and Travels veranstaltet fesselnde Ausflüge in den riesigen Slum Dharavi (s. Kasten S. 662).

Nahverkehr

Während der Rushhour sind Staus nach wie vor die Regel. Auch mit dem Taxi oder Bus muss man sich dann auf lange Wartezeiten an den Kreuzungen gefasst machen. Die Stadtbahn ist schneller, doch selbst außerhalb der Stoßzeiten stellt die Fahrt einen Härtetest dar.

Busse

BEST, ✆ 022/2285 6262, 🖳 www.bestundertaking.com, unterhält ein undurchschaubares, aber komplexes Busnetz, das bis in die entlegensten Ecken der Stadt reicht. Die Strecken und Busnummern können auf der BEST-Internetseite nachgeschaut werden. Schwieriger ist es, die Nummern der Busse dann auf der Straße zu erkennen, denn die Zahlen sind auf Marathi angeschrieben (auf den Seiten allerdings in arabischen Ziffern). Wann immer möglich, sollte man einen „Limited"-Bus („Ltd") wählen, der seltener anhält, und um jeden Preis die Stoßzeiten meiden. Die Fahrkarte kauft man beim Busschaffner.

Stadtbahn

Mumbais Vorortzüge befördern jeden Tag rund 6,1 Mio. Pendler zwischen Downtown und den endlosen Vororten im Norden – landesweit 50 % aller Bahnfahrgäste (s. Kasten S. 681).
Eine Bahnstrecke beginnt am CST (VT) und führt am Ostrand der Stadt entlang. Die andere führt von Churchgate über Mumbai Central und Dadar nach Santa Cruz und weiter. Die Züge fahren von 5–24 Uhr alle paar Minuten und halten an Dutzenden kleiner Stationen.

Praktisch die ganze Zeit über sind die Waggons voll bis unters Dach, und aus den offenen Türen hängen tollkühne Passagiere, die dem Gedränge drinnen entgehen wollen.
Man sollte sich also mindestens 3 Stationen vor dem Ziel auf den Weg zum Ausgang machen. Am allerschlimmsten geht es während der Stoßzeiten zu (ca. 8.30–10 und 16–19 Uhr). Frauen sind ein kleines bisschen besser dran, für sie gibt es *ladies carriages*; nach den Trauben aus farbenfrohen Saris und *salwar kameezes* am Ende des Bahnsteigs Ausschau halten!

Taxis

Da Rikschas nur in den Vororten zugelassen sind, bewegt man sich am besten und schnellsten mit den massenhaft vorhandenen schwarz-gelben Taxis durch die Innenstadt. Theoretisch müssen alle mit Taxameter und einer aktuellen Preisliste (um die auf dem Taxameter angezeigte Kilometerzahl korrekt umzurechnen) versehen sein, doch in der Praxis, vor allem nachts oder frühmorgens, weigern sich viele Fahrer, sie zu benutzen. In dem Fall entweder ein anderes Taxi anhalten oder vorher einen Preis aushandeln. Als Faustregel gilt:

Wer in Mumbai Bus fährt, sollte die Stoßzeiten meiden.

ca. Rs10 pro Kilometer nach dem Grundpreis von rund Rs20, plus geringer Aufpreis für schweres Gepäck (Rs5–10 pro Stück). Die neueste Errungenschaft im hektischen Verkehrsgewühl ist das **Cool Cab**, ✆ 022/2216 4466, 🖳 www.citycoolcab.in, ein blaues Taxi mit Klimaanlage und getönten Scheiben, das rund 40 % teurer ist.

Boote

Fährschiffe verlassen in regelmäßigen Abständen den Hafen von Mumbai. Sie verbinden die Stadt mit dem gegenüberliegenden Ufer und einigen der dazwischen liegenden Inseln.
Die von Besuchern am meisten genutzte ist die Fähre nach **Elephanta**, Abfahrt am Gateway of India. Auch regelmäßige Boote nach Mandawa mit Busanschluss nach Alibag, dem Verkehrsknotenpunkt für die selten benutzte Küstenstrecke nach Süden, fahren hier ab.

Transport

Viele Besucher möchten Mumbai so schnell wie möglich den Rücken kehren. Glücklicherweise gibt es in der Stadt „superschnelle" Unternehmen, die eine (zumindest für indische Verhältnisse) rasche und mühelose Weiterreise ermöglichen. Alle namhaften internationalen und nationalen Fluggesellschaften besitzen hier Büros, die Eisenbahnbetriebe unterhalten spezielle Touristenschalter in den Haupt-Reservierungssälen und Dutzende Reisebüros und Busgesellschaften verkaufen Busfahrkarten. Nur wer mit dem Zug in Mumbai am Chatrapathi Shivaji Terminus (der ehemaligen Victoria Station) ankommt, muss sich nicht auf eine langwierige Fahrt ins Zentrum gefasst machen. Die nationalen und internationalen Flughäfen liegen dagegen weitab vom Schuss nördlich der Stadt und 90 Fahrminuten oder länger von den wichtigsten Hotelgegenden entfernt. Und auch vom Hauptbahnhof Mumbai Central odervom Busbahnhof steht dem Ankömmling eine anstrengende Fahrt quer durch die Stadt bevor.

Busse

Der wichtigste Abfahrtsort für Überlandbusse aus Mumbai ist der belebte **Mumbai Central Bus Stand** an der J Boman Behram Marg, gegenüber dem gleichnamigen Bahnhof.
Staatliche Überlandbusse nutzen den Busbahnhof der Maharashtra State Road Transport Corporation (MSRTC) selbst, private Unternehmen halten am Straßenrand nahe dem Bahnhof Mumbai Central, 2 Fußminuten westlich, auf der anderen Straßenseite der belebten Dr AN Marg (Lamington Road). In die Innenstadt kommt man vom Mumbai Central entweder mit einem der Pendlerzüge – die, von der *mainline* aus, über eine Fußbrücke zu erreichen sind – oder mit einem der Taxis, die vor dem Bahnhof warten. Die Busgesellschaften der Bundesstaaten Maharashtra, Karnataka und Goa besitzen Schalter am Busbahnhof. 🕓 tgl. 8–20 Uhr.
Während die meisten MSRTC-Busse den Mumbai Central anfahren, kommen jene aus Pune (und Umgebung) am **ASIAD**-Busbahnhof (eher ein großer Parkplatz) beim Bahnhof Dadar an (s. S. 682).

Die überfüllteste S-Bahn der Welt

Die S-Bahn Mumbais ist ganz offiziell die überfüllteste weltweit. Keine andere Linie befördert so viele Passagiere und zwängt sie so eng zusammen. Zu Stoßzeiten kann es durchaus vorkommen, dass in einem Zug mit 9 Waggons – der offiziell 1700 Plätze hat – bis zu 4700 Personen fahren, was die Mitarbeiter der Bahngesellschaft in typisch lockerer Mumbai-Manier gerne als „Super-dense Crush Load" bezeichnen. Dabei kommen auf einen Quadratmeter 14 bis 16 stehende Passagiere, von denen natürlich nicht alle auf dem Boden stehen können. Etwa 10 % baumeln waghalsig an den offenen Türen.
Der am stärksten ausgelastete Abschnitt, die 60 km zwischen dem Bahnhof Churchgate und Virar in Nord-Mumbai, wird pro Jahr von 900 Mio. Menschen genutzt – das ist weltweiter Rekord. Tödliche Unfälle sind hier nur allzu häufig: Durchschnittlich sterben im Jahr 3500 Menschen auf den Gleisen. Sie stürzen aus den Türen, werden von vorbeifahrenden Zügen erfasst oder bei der Fahrt auf dem Dach von Stromleitungen getötet.

Nur in den seltensten Fällen ist – sofern man die Wahl hat – eine Busfahrt der Bahn vorzuziehen. Es kann schwierig sein, zuverlässige Fahrplaninformationen zu erhalten, in normalen Bussen lässt sich kein Sitzplatz reservieren, und die meisten längeren Fahrten sind ziemlich unbequeme Übernachtreisen. Ausnahmen davon bilden z. B. die **Deluxe-Busse** von MSRTC nach Pune und Kolhapur; für einen geringen Aufpreis gibt es mehr Beinfreiheit, weniger Stopps und die Möglichkeit einer vorherigen Reservierung. Das einzige Problem ist, dass sie in der Regel am **ASIAD-Busbahnhof in Dadar** oder am neuen MSRTC-Busbahnhof in Thane (mit dem Auto oder Zug 30 bzw. 60 Min. nördlich vom Mumbai Central) abfahren.

Private Busunternehmen bedienen größtenteils dieselben Routen wie die staatlichen. In aller Regel sind sie schneller, komfortabler und problemloser zu reservieren. Allerdings fahren auch ihre Überlandbusse ausnahmslos abends ab. Tickets gibt es vor dem Bahnhof Mumbai Central an den Schaltern direkt an der belebten Dr Anadao Nair Marg. Sie befinden sich gegenüber dem Busbahnhof, jenseits der in Nordsüdrichtung verlaufenden Hauptstraße (s. Karte. S. 648/649). Zu beachten ist, dass die Fahrpreise zu den beliebten Touristenzielen während der Hauptsaison um bis zu 75 % angehoben werden.

Eisenbahn

Die Züge aus den meisten zentralen, südlichen und östlichen Regionen halten in Mumbai am **Chhatrapati Shivaji Terminus (CST)**, früher **Victoria Terminus (VT)**, dem Kopfbahnhof am Ende der Central Railway-Strecke. Von hier aus sind es 10 oder 15 Autominuten nach Colaba. Taxis warten an der belebten Haltestelle am Südausgang gegenüber der neuen Reservierungshalle. Man kann sie aber auch auf der Straße anhalten.

Mumbai Central, der Endbahnhof für Züge der Western Railway aus Nordindien, liegt eine halbe Autostunde von Colaba entfernt. Man kann entweder auf dem Vorplatz ein Taxi nehmen oder an der Hauptstraße eins heranwinken. Der Preis sollte bei etwa Rs200–250 liegen.

Manche Züge aus Südindien halten an weniger bekannten Bahnhöfen. Wer an der **Dadar Station**, weit nördlich in den Industrievororten, landet und sich kein Taxi leisten möchte, geht über die Straßenbrücke der Tilak Marg Richtung Western Railway und nimmt einen Vorortzug in die Stadt (das Ticket ist vorab an einem Schalter auf Gleis 1 zu lösen). Am Bahnhof **Kurla** (auch Lokmanya Tilak Terminus oder **LTT**) unmittelbar südlich des nationalen Flughafens laufen einige Züge aus Bengaluru und Kerala ein. Von dort ist der Vorortzug nach Churchgate die einzige vernünftige Alternative zum Taxi. Fahrgäste, die an einem der beiden letztgenannten Bahnhöfe ankommen, sollten sich erkundigen, ob dort in nächster Zeit ein Fernzug nach Churchgate oder zum CST (Victoria Terminus) anhält – die Fahrt in einem Fernzug ist wesentlich angenehmer als in einem der viel überfüllteren Vorortzüge oder im Bus.

Reisende sind am besten beraten, wenn sie ihre Reservierungen am effizienten **Tourist Counter** (Nr. 14) im 1. Stock der Buchungshalle von Western Railways neben dem Government of India Tourist Office in Churchgate vornehmen: ✆ 022/2209 7577, ⌚ Mo–Fr 8–20, Sa 8–14 Uhr. Dieser Schalter (ganz hinten am Ende der Reservierungshalle) hat auch Zugang zu den speziellen *tourist quotas*, die drei Monate im Voraus verfügbar sind, jedoch nicht online, sodass man persönlich erscheinen muss, sowie zu der besonderen Emergency Quota (Notfallquote).

Wenn die Touristenquote *closed*, also nicht verfügbar oder schon erfüllt ist, muss man wie alle anderen am normalen Schalter Schlange stehen. Die Tage vor großen nationalen Festen und Feiertagen (vor allem zu **Diwali**, wenn halb Indien auf den Beinen ist) gilt es um jeden Preis zu meiden. Wer dennoch reisen muss, wenn anscheinend keine Fahrkarten mehr zu haben sind, bekommt für eine Zusatzgebühr möglicherweise noch ein spezielles *tatkal*-Ticket (Einzelheiten s. „Traveltipps von A bis Z" auf S. 87). Das ist eine gute Alternative, wenn man mit der Konkan Railway auf der oft ausgebuchten Route nach Goa fahren möchte.

Wichtige Züge ab Mumbai

Ziel	Zug	Nummer	Von	Häufigkeit	Ab	Reisedauer
Agra	Punjab Mail	12137	CST	tgl.	19.40 Uhr	22 Std.
Ahmedabad	Shatabdi Express	12009	MC	tgl.*	06.25 Uhr	6 3/4 Std.
Aurangabad	Tapovan Express	17617	CST	tgl.	06.10 Uhr	7 Std.
Bengaluru	Udyan Express	16529	CST	tgl.	08.05 Uhr	24 3/4 Std.
Bhopal	Punjab Mail	12137	CST	tgl.	19.40 Uhr	14 Std.
Chennai	Chennai Express	11041	CST	tgl.	14.00 Uhr	26 3/4 Std.
Delhi	Rajdhani Express	12951	MC	tgl.	16.40 Uhr	15 3/4 Std.
Goa (Margao)	Konkan–Kanya Express	10111	CST	tgl.	23.05 Uhr	11 3/4 Std.
	Jan Shatabdi	12051	CST	tgl.	05.10 Uhr	9 Std.
	Karwar Express	12133	CST	tgl.	22.15 Uhr	8 3/4 Std.
Hyderabad	Hussainsagar Express	12701	CST	tgl.	21.50 Uhr	14 1/4 Std.
Jaipur	Mumbai–Jaipur Express	12955	MC	tgl.	18.50 Uhr	18 Std.
Jodhpur	Ranakpur Express	14708	Bandra	tgl.	15.00 Uhr	18 3/4 Std.
Kochi (Cochin)	Netravati Expr. (via Kurla)	16345	LTT	tgl.	11.40 Uhr	26 1/2 Std.
Kolhapur	Sahyadri Express	11023	CST	tgl.	17.50 Uhr	12 1/4 Std.
Kolkata (Howarh)	Gitanjali Express	12859	CST	tgl.	06.00 Uhr	30 1/2 Std.
Lonavala	Udyan Express	16529	CST	tgl.	08.05 Uhr	2 1/2 Std.
Pune	Udyan Express	16529	CST	tgl.	08.05 Uhr	3 1/2 Std.
Thiruvananthapuem (Trivandrum)	Netravati Expr. (via Kurla)	16345	LTT	tgl.	11.40 Uhr	31 Std.
Varanasi	Muzaffarpur Express	11061	LTT	Mo, Mi, Fr, Sa	13.00 Uhr	25 Std
	Darbhanga Expr.	11065	LTT	Di, Do, So	13.00 Uhr	25 Std

* außer So

Der andere große Fahrkartenschalter für Touristen befindet sich im 1. Stock (Schalter 52) des klimatisierten Buchungsbüros von Central Railway beim **CST** (VT); ⌚ Mo–Sa 8–20, So 8–14 Uhr, ☏ 022/2262 2859. Das Buchungsbüro befindet sich rechts (wenn man hineingeht) des Haupteingangs des Bahnhofs, gleich beim Vorplatz, an dem die Taxis halten. Hier werden auch Indrail-Pässe verkauft; theoretisch muss man eine Umtauschbescheinigung oder einen Geldautomaten-Beleg vorzeigen, aber das ist selten der Fall.
Tickets für die Konkan Railway gibt es in den Reservierungshallen in Churchgate oder am CST. Für weitere Informationen zu den Zugverbindungen nach Goa s. S. 685.

Flüge

Der 30 km nördlich vom Zentrum gelegene **Chhatrapati Shivaji International Airport**, ☏ 022/2681 3000, 💻 www.csia.in, ist in zwei Terminals aufgeteilt, einen für Air-India-Flüge (Terminal 2C) und einen für ausländische Fluggesellschaften (Terminal 2B). Alle indischen Fluggesellschaften verfügen über Schalter am Haupteingang. In der Ankunftshalle gibt es einen 24 Std. geöffneten Wechselschalter und Geldautomaten der State Bank of India, Touristeninformationsschalter von India Tourism und der MTDC sowie Mietwagenkioske. Eine praktische, rund um die Uhr geöffnete Gepäckaufbewahrung befindet sich auf dem nahen Parkplatz. Im Terminal 2B gibt es auch einen **Reservierungsschalter von Indian Railways**. Das ist sehr praktisch für Besucher, deren nächstes Reiseziel schon feststeht, denn eine hier vorgenommene Reservierung kann lange Wartezeiten in den Buchungsbüros der Innenstadt ersparen; ⌚ tgl. 8–13 und 14–20 Uhr. Wer mit einer der seltenen Maschinen ankommt, die nachmittags oder am frühen Abend landen – wenn die meisten Hotels schon belegt sind –, sollte am besten gleich am Hotelreservierungsschalter *(accommodation booking desk)* in der Ankunftshalle ein Zimmer buchen und bezahlen. Viele der teureren Hotels, insbesondere jene in Flughafennähe, schicken kostenlose Shuttlebusse zur Abholung ihrer Gäste. Ansonsten besorgen sich die meisten Fluggäste nach der Landung in der Ankunftshalle am Vorauszahlungsschalter einen Fahrschein für ein **Taxi**. Der Preis ist etwas höher als per Taxameter, aber auf diese Art wird man auf jeden Fall auf dem schnellsten Weg ans Ziel gebracht und erspart sich vielleicht das Feilschen. Eine Taxifahrt kostet Rs355 (AC Rs455) nach Colaba, Rs165 (AC Rs210) nach Juhu. Taxi-*wallahs* versuchen manchmal, den Fahrgast davon zu überzeugen, ein anderes als das angestrebte Hotel zu nehmen. Darauf sollte man sich nicht einlassen, denn ihre Kommission wird dem Gast auf den Zimmerpreis aufgeschlagen.

Wer für die Ankunft ein Auto mit Fahrer buchen möchte, kann dies z. B. bei **RNK Travels**, ✆ 022/2437 1112, 💻 www.rnk.com.

Inlandsflüge landen am nationalen Flughafen, der 26 km nördlich vom Zentrum und 2 km westlich vom internationalen Flughafen liegt. Offiziell gehört er zum internationalen Flughafen **Chhatrapati Shivaji**, wird aber gemeinhin auch mit seinem alten Namen **Santa Cruz** bezeichnet. Terminal 1A wird von Air India, Indian Airlines und Kingfisher genutzt, alle anderen Fluglinien nutzen Terminal 1B. Wer vom neuen Terminal 1C abfliegt, muss an einem Schalter in den beiden alten Terminals einchecken. Wer von hier aus direkt zum Weiterflug zum internationalen Flughafen muss, nimmt den kostenlosen „fly-bus", der alle 15 Min. zwischen beiden verkehrt; Infos am Transferschalter in der Transitlounge. In der Ankunftshalle gibt es sowohl einen India Tourism- als auch einen MTDC-Schalter, beide bieten Informationen rund um die Uhr. In der Nähe des Ausgangs zu ebener Erde verstecken sich ein Geldwechsel- und ein Hotelbuchungsschalter. Der offizielle Taxi-Vorauszahlungsschalter in der Ankunftshalle berechnet für eine Fahrt nach Colaba ca. Rs400. Auf keinen Fall sollte man in eine der Motor-Rikschas steigen und sich dabei auch nicht von den Billigangeboten der Schlepper vor dem Terminal beirren lassen. Sie sind in der Innenstadt nicht zugelassen und übergeben ihre Fahrgäste daher am Rande des übel riechenden Mahim Creek, der südlichsten Grenze des ihnen zugestandenen Gebietes, an skrupellose Taxifahrer.

Malariawarnung

Aufgrund der riesigen Slums und der stehenden Gewässer in der Umgebung der Flughäfen bergen sowohl der Chhatrapati Shivaji International Airport als auch der 4 km entfernte Chhatrapati Shivaji Domestic Airport ein erhebliches Malaria-Risiko. Ganze Wolken von Moskitos nehmen die Besucher vor den Terminals in Empfang. Es wird daher dringend geraten, sich vor Verlassen der Flughafengebäude mit einem wirksamen Insektenschutzmittel einzureiben.

Nationale Fluggesellschaften

Air India, Air India Building, Nariman Point, ✆ 1800/227722;
Air India Express, Air India Building, Nariman Point, ✆ 022/2279 6330;
GoAir, ✆ 1800 222111;
Indian, Air India Building, Nariman Point, ✆ 1800/180 1407;
IndiGo Airlines, ✆ 099/1038 3838 oder 1800/180 3838;
Jet Airways, B1, Amarchand Mansion, Ground Floor, Madam Cama Rd, Colaba, ✆ 022/3989 3333;
Jet Lite, ✆ 1800/223020;
Kingfisher, 241/242, Ground Floor, Nirmal Building, Nariman Point, ✆ 022/6649 9393;
SpiceJet, ✆ 1800/180 3333.

Internationale Fluggesellschaften

Internetadressen s. S. 54.
Air France, 201/B Sarjan Plaza, 2nd Floor, 100 Dr Annie Besant Rd, Worli, ✆ 1800/110055;
Air India, Air India Building, Nariman Point, ✆ 022/2548 9999 oder 1800/227722;
British Airways, ✆ 08925/77470;
Cathay Pacific, 2 Brady Gladys Plaza (2nd Floor), 1/447 Senapati Bapat Marg, Lower Parel, ✆ 022/6657 2222;

Emirates, 3 Mittal Chambers, Ground Floor 228, Nariman Point, ✆ 022/4097 4097;
Gulf Air, Maker Chambers V, Ground Floor, Nariman Point, ✆ 1800/221122;
Jet Airways, B1, Amarchand Mansion, Ground Floor, Madam Cama Rd, Colaba, ✆ 022/3989 3333;
KLM, 201/B, Sarjan Plaza, 100 Dr Annie Besant Rd, Worli, ✆ 0124/272 0273;
Kuwait Airways, 902N Nariman Bhavan, 9th Floor, Nariman Point, ✆ 022 66555655;
Lufthansa, Express Towers, 4th Floor, Nariman Point, ✆ 022/6630 1940;
Qantas, 4th Floor, Rear Wing, Sunteck Centre, 37–40 Subhash Rd, Vile Parle (East), ✆ 022/2200 7440;
Qatar Airways, Bajaj Bhavan, Nariman Point, ✆ 022/4456 6000;
Singapore Airlines, Taj Mahal Palace & Tower, Apollo Bunder, Colaba, ✆ 022/2202 2747;
South African Airways, Podar House, 10 Marine Drive, ✆ 022/2284 2237;
Thai Airways, Mittal Tower A Wing, Ground Floor 2A, Nariman Point, ✆ 022/6637 3737.

Schiffe

Drei Gesellschaften – PNP, Maldar Catamarans und Ajanta – bieten Schiffsverbindungen vom **Gateway of India** nach Mandawa auf der anderen Seite der Hafenbucht von Mumbai. Von dort pendeln Busse zum nahen Alibag, dem Verkehrsknoten für Routen südwärts entlang der Konkan-Küste. Die Schiffe verkehren etwa stündlich und reichen von primitiven Barkassen (Rs65) bis zu komfortablen, klimatisierten Katamaranen (Rs110). Tickets löst man vorab bei den Schaltern der Gesellschaften PNP, Ajanta und Maldar auf der Nordseite der Shivaji Marg, nahe dem MTDC-Informationsschalter.

Transport nach Goa

Die 500 km zwischen Mumbai und Goa lassen sich am besten auf dem Luftweg zurücklegen. Oft sind die Flugpreise günstiger als die der Konkan Railway, die zweimal täglich fährt. Auch wer aufs Budget achtet, sollte sich gründlich überlegen, ob er die höllische Übernacht-Busfahrt wirklich auf sich nehmen will.

Transitreisen

Für Durchreisende, die in Mumbai lediglich in ein anderes Flugzeug umsteigen und sich die halbe Nacht um die Ohren schlagen müssen, dürfte es interessant sein, dass sich die 5-Sterne-Hotels Leela Kempinski und Royal Meridien beide nur eine kurze und kostenlose Busfahrt vom internationalen Flughafen entfernt am CST befinden. Ihre klimatisierten Restaurants, Cafés und Bars sind wesentlich angenehmer als die Abflughalle des schmuddeligen Flughafens – und auch die Toiletten sind um Klassen besser. Die Ruheräume des Inlandsflughafens stellen eine interessante Alternative dar, falls man zwischen zwei Flügen etwas schlafen will. Allerdings stehen sie meist nicht kurzfristig zur Verfügung. Auskünfte erteilen die Informationsschalter im internationalen und nationalen Flughafen.

Busse

Die Busfahrt Mumbai–Goa gehört zu den schlimmsten, die man in Indien unternehmen kann. In den Reisebüros wird Stein und Bein geschworen, dass sie 13 Stunden dauert, aber die geschundenen Fahrzeuge und der erbärmliche Straßenzustand auf der Küstenstrecke machen eine Fahrzeit von 18 Stunden wahrscheinlicher.
Der Preis für eine Busfahrkarte beginnt bei ca. Rs250 für einen verstellbaren Sitz in einem ramponierten Bus des staatlichen goanischen Unternehmens **Kadamba** oder der **MSRTC**. Tickets für diese Busse sind während der Reisesaison bei indischen Touristen äußerst gefragt, daher rechtzeitig am Busbahnhof Mumbai Central buchen. Es fahren auch einige **private Nachtbusse** nach Goa (ca. ein Dutzend tgl.). Für die Fahrt in einem einfachen Bus zahlt man ab etwa Rs250, für einen etwas nobleren Volvo mit AC und Schlafabteil (das man seltsamerweise gelegentlich mit anderen Fahrgästen teilen muss) sind es bis Rs1000. Fahrkarten sollte man mindestens einen Tag vorher bei einem renommierten Reisebüro oder direkt beim Busunternehmen kaufen. Der größte

Anbieter für Fahrten nach Goa ist Paulo Travels, Buchungen unter ☏ 0832/663 7777, 💻 www.paulotravels.com.

Eisenbahn

Auf der Strecke der Konkan Railway fahren tgl. Expresszüge von Mumbai nach Goa. Allerdings sind die Tickets in den Reservierungshallen am CST und in Churchgate nicht immer kurzfristig verfügbar. Am besten bucht man schon von zu Hause aus **online** (s. S. 86) ein Ticket. Auf keinen Fall zu empfehlen ist die Fahrt in der „nicht reservierten" Klasse der Konkan-Züge, denn bis Ratnagiri (ungefähr auf der Hälfte der Strecke) herrscht qualvolle Enge. Es gibt eine Reihe praktischer Verbindungen – s. Kasten S. 683.

Flüge

Zwischen dem **nationalen Flughafen** von Mumbai und DABOLIM gibt es täglich rund 15 Flüge. Derzeit werden Flüge angeboten von Jet Airways, JetLite, Kingfisher, IndiGo, SpiceJet, Go Air, Indian Airlines und Air India (Webadressen s. S. 89). Ein einfaches **Ticket** kostet ab etwa Rs2000; aktuelle Angebote finden sich auf 💻 www.expedia.co.in und 💻 www.travelocity.co.in sowie auf den Webseiten der Fluglinien selbst.

Um Diwali und Weihnachten/Neujahr herum ist die Nachfrage so groß, dass kurzfristig kaum noch ein Ticket zu bekommen ist. Zu normalen Zeiten findet sich dagegen fast immer ein Anbieter, mit dem man noch am gleichen Tag fliegen kann – allerdings nicht unbedingt besonders günstig.

Wer den Flug nicht gleich beim Kauf des Indien-Tickets zu Hause mitgebucht hat, sollte sich sofort nach der Ankunft bei den Fluggesellschaften nach einem freien Platz erkundigen. Tickets bekommt man an deren Schaltern am Flughafen, in ihren Büros im Zentrum, falls vorhanden (S. 679), bei jeder seriösen Reiseagentur in Mumbai (hier allerdings häufig zu schlechten Wechselkursen), telefonisch oder über das Internet (wobei die Billiganbieter häufig keine ausländischen Kredit- und Debitkarten akzeptieren).

Maharashtra

Stefan Loose Traveltipps

Nasik Das Pilgerzentrum und die Hauptstadt der aufkeimenden Weinindustrie Indiens ist eine faszinierende Mischung aus Tradition und Moderne. S. 690

10 **Höhlen von Ellora** Atemberaubende hinduistische, buddhistische und Jain-Höhlen, die aus dem massiven Vulkangestein gehauen wurden. S. 701

Höhlen von Ajanta Die Wandmalereien in einer abgelegenen Schlucht gelten als die schönste „Kunstgalerie", die aus einer frühen Zivilisation erhalten geblieben ist. S. 707

Gandhi-Ashram, Sevagram Im letzten Ashram, in dem Gandhi lebte, erfahren Besucher etwas über das Leben und Werk des bedeutenden Mannes. S. 716

Matheran Die zweistündige Fahrt mit der Schmalspurbahn zu dieser urtypischen britischen Hill Station gewährt fantastische Panoramablicke über die Westghats. S. 718

Pune Das „Oxford des Ostens" besticht durch eine faszinierende Altstadt, ein fesselndes Museum und einige sehr gute Restaurants. S. 723

Maharashtra ist der drittgrößte Bundesstaat Indiens und der mit den zweitmeisten ausländischen Besuchern. Sobald man die endlosen Betonwohnsilos, petrochemischen Anlagen und Sumpfgebiete der überfüllten Hafenstadt **Mumbai** hinter sich gelassen hat, taucht man in eine völlig neue, von ihrer eigenen Geschichte geprägten, Welt ein. Die größten Schätze Maharashtras sind zweifellos die einzigartigen Höhlentempel und -klöster. Die eindrucksvollsten von ihnen sind in der Nähe von **Aurangabad** zu finden. Die Stadt wurde nach dem Mogul-Herrscher Aurangzeb benannt. Hier steht das seiner Frau gewidmete Mausoleum **Bibi-ka-Maqbara**. Die Handelsstadt dient vielen Besuchern als Basis für Touren zu den buddhistischen Höhlen von **Ajanta** mit ihren fantastischen Wandmalereien und den eindrucksvollen monolithischen Tempeln von **Ellora**, wo der hinduistische **Kailash-Tempel** komplett aus dem Felsen gehauen wurde.

Obwohl Maharashtra in der Frühzeit eine herausragende Bedeutung als Zentrum des Buddhismus hatte, ist das Leben in dem Bundesstaat heute vorwiegend hinduistisch geprägt: 80 % der Bevölkerung sind Hindus. Hauptwallfahrtsort der Region ist mit seinen uralten Bezügen zum *Ramayana* schon seit langer Zeit **Nasik**, das mittlerweile auch eine Industriestadt ist. Nasik eignet sich gut zur Unterbrechung der Reise Richtung Aurangabad. Es ist einer der vier Orte, an denen die Kumbh Mela stattfindet, und in religiöser Hinsicht ist hier immer etwas los. Ganz in der Nähe befindet sich einer der wichtigsten Shiva-Schreine des Landes, der über einen steilen Weg vom Dorf **Trimbak** aus zu erreichen ist.

Östlich von Aurangabad erstreckt sich Maharashtra weitere 500 km über den Dekkan bis zum geografischen Zentrum des Subkontinents. **Nagpur** in der Nordostecke des Staates liegt inmitten eines Gebietes, das größtenteils von verschiedenen Stammesgruppen bewohnt wird. Von hier ist es nicht weit nach **Sevagram**, wo Mahatma Gandhi während seines Kampfes für die Unabhängigkeit Indiens sein Hauptquartier aufschlug.

Eines der charakteristischsten Merkmale der Landschaft sind die zahlreichen Festungen, die dem Schutz der Handelsrouten in diesem westlichen Grenzland zwischen Nord- und Südindien dienten. Nicht weit von der Küste ragen die Sahyadri Hills, die zur Gebirgskette der **Westghats** gehören, abrupt in den Himmel empor und bilden eine Abfolge von riesigen Stufen zwischen dem schmalen Küstenstreifen und dem Rand des Dekkan-Plateaus. Diese Berge eigneten sich mit ihren flachen Gipfeln bestens für den Bau von Festungen, in denen auch kleine Streitkräfte langwierigen Belagerungen großer Armeen widerstehen konnten. Heutige Besucher können solche windumtosten, befestigten Höhen bei **Pratapgadh** und – besonders spektakulär – **Daulatabad** erklimmen.

Im 19. Jh. dienten die Berge dann einem anderen Zweck. Als der Sommer den Briten in Bombay zu heiß wurde, suchten sie Zuflucht in den nahe gelegenen **Hill Stations**. Die beliebteste von ihnen, **Mahabaleshwar**, zieht heute Scharen von indischen Urlaubern an. **Matheran**, 108 km südöstlich von Mumbai und 800 m höher gelegen, bietet eine ganz besondere Attraktion: eine klapprige Schmalspurbahn, die sich auf gewundenen Gleisen den Berg hinauf schlängelt. Südlich von Matheran konzentrieren sich um den Urlaubsort **Lonavala** abermals eine Reihe großartiger aus dem Fels gehauener Höhlen. Der Ort eignet sich gut für eine Pause auf der Fahrt zur modernen, kosmopolitischen Stadt **Pune** – Heimat des international bekannten, vom New-Age-Guru Bhagwan Rajneesh gegründeten **Osho Ashram**. Pune verdankt seine Attraktivität vor allem seiner bezaubernden Altstadt und einer erblühenden Restaurant- und Kneipenszene, die sich immer mehr zu einer Konkurrenz für Mumbai entwickelt.

Im Westen nimmt Maharashtra rund 500 km der Konkan-Küste am Arabischen Meer ein. Dieser wenig besuchte palmengesäumte Küstenstreifen zwischen Gujarat und Goa wird von zahllosen Meeresarmen, Höhenzügen und Tälern durchbrochen und mit Festungen gespickt. Eine davon ist die außergewöhnliche Festung von **Murud-Janjira**, die einzige, die nie von den Moguln eingenommen wurde. Ein weiteres Highlight an der Küste ist der wichtigste Wallfahrtsort der Region, **Ganpatipule** mit meilenlangen, so gut wie verlassenen Palmenstränden. Erreicht man erst einmal Kolhapur, die größte Stadt im Süden

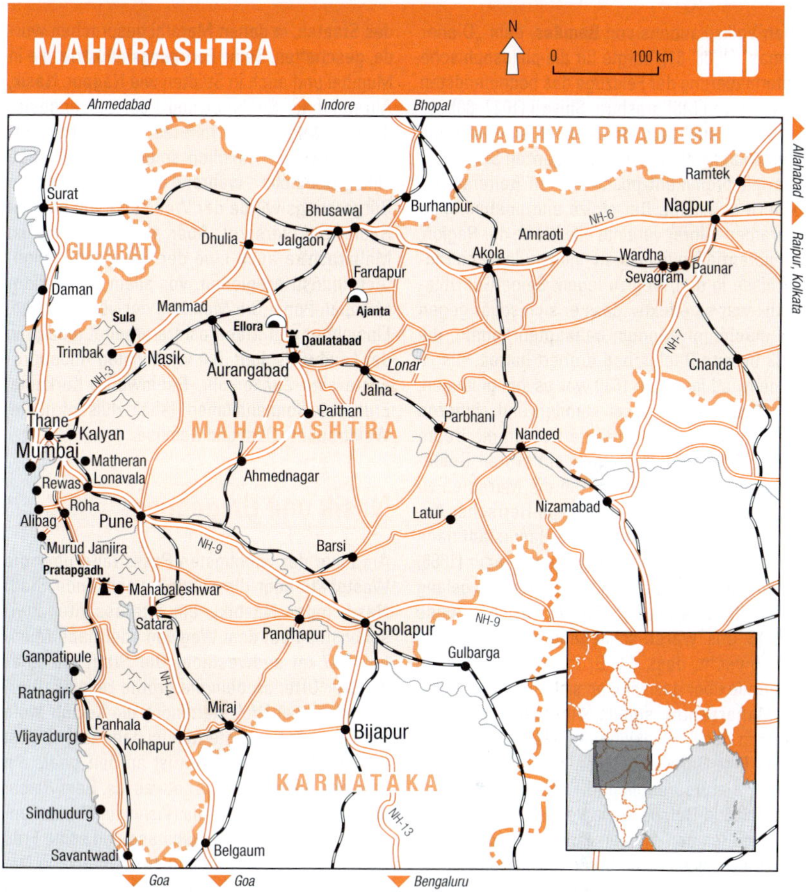

Maharashtras, berühmt für ihren Tempel und den Maharadscha-Palast aus der Zeit der britischen Herrschaft, ist Mumbai Welten entfernt.

Die **Maharashtra Tourism Development Corporation (MTDC)** betreibt im gesamten Bundesstaat eine Reihe von Hotels, oft in fantastischer Lage; die Qualität der Unterkünfte schwankt jedoch. Außerdem werden Übernachtungen in örtlichen B&Bs organisiert. Die besten MTDC-Resorts sind in diesem Kapitel aufgeführt und können in den Büros der MTDC oder unter 💻 www.maharashtratourism.gov.in gebucht werden.

Geschichte

Die Geschichtsschreibung dieser Region beginnt im 2. Jh. v. Chr. mit der Anlage der ersten buddhistischen Höhlen an friedlichen, landschaftlich reizvollen Orten. Sie hätten ohne den Wohlstand, den die Karawanenwege zwischen Nord- und Südindien der Region brachten, niemals geschaffen werden können. Die ersten Hindu-Herrscher der Region traten im 6. Jh. auf den Plan; sie hatten ihren Sitz in Badami im heutigen Karnataka. Bis zum 12. Jh. hatte der Hinduismus den Buddhismus im ganzen Land fast völlig verdrängt. Der Hinduismus in der Form des einfachen Volksglaubens von **Ramdas**, dem „Diener Ramas“ (1608–81), sorgte für die philosophische Untermauerung der Feldzüge des bedeutendsten Kriegers von Maharashtra, **Shivaji** (1627–80).

Shivaji stellt auch heute noch eine wichtige Identifikationsfigur dar und im ganzen Staat wird ihm mit prominent positionierten Reiterstandbildern gehuldigt. Der stolze und unabhängige Marathen-Führer vereinte alle Kräfte der Region, um potenziellen Invasoren unüberwindliche Hindernisse in den Weg zu legen. Seine Guerrilla-Taktik war so effektiv, dass er sich sogar gegen die mächtigen Moguln behaupten konnte, die 1633 bereits Daulatabad erobert hatten. Bis zu seinem Tod im Jahre 1680 war es ihm gelungen, die **Marathen** in einem stabilen und sicheren Staat zu vereinen – finanziert durch die Beute seiner Raubzüge in so weit entfernten Gebieten wie Andhra Pradesh. Um die Marathen zu unterwerfen, verlegte der Mogul-Herrscher Aurangzeb seinen Hof und seine Hauptstadt nach Süden in den Dekkan, zuerst nach Bijapur (1686) und dann nach Golconda (1687). Doch es gelang ihm nicht, Shivajis Dynastie zu besiegen. Ende des 18. Jhs. waren schließlich beide Seiten so geschwächt, dass die Briten die vollständige Kontrolle über das Land an sich reißen konnten.

Maharashtra spielte eine entscheidende Rolle in der Entwicklung des Nationalbewusstseins. Eine Organisation namens Indian National Union, die ursprünglich in Pune zusammentrat, hielt 1885 in Bombay eine Versammlung ab, der man später den Namen **Indian National Congress** gab. Dieser lose Verbund von Regionalpolitikern aus dem ganzen Land sollte das Gesicht der indischen Politik verändern. Zunächst beschränkte sich seine Zielsetzung darauf, eine nationale Plattform zu schaffen, mit deren Hilfe der Status der Inder verbessert werden sollte. Die Loyalität den Briten gegenüber wurde noch nicht infrage gestellt. Langfristig wurde der Nationalkongress jedoch zu einem wichtigen Instrument im Kampf um die Unabhängigkeit, die 62 Jahre später erreicht wurde. Viele führende Mitglieder des Kongresses stammten aus Maharashtra.

Mit der **Unabhängigkeit** wurde die Bombay Presidency, zu der große Teile von Maharashtra gehörten, zum Staat Bombay. Der Bundesstaat Maharashtra wurde erst 1960 aus den Gebieten des Staates, in denen Marathi gesprochen wurde, geschaffen. Seine **Fertigungsindustrie**, die in Mumbai und auch in Städten wie Nagpur, Nasik, Aurangabad, Sholapur und Kolhapur angesiedelt ist, trägt heute 15 % zu Indiens Gesamtproduktion bei. Textilien spielen schon lange eine große Rolle – während der Amerikanischen Bürgerkriegs wurde der Weltmarkt von hier mit Baumwolle versorgt. Aber darüber hinaus ist Maharashtra auch eine der wichtigsten Hightech-Industrieregionen, vor allem im Korridor Mumbai–Pune. Die Mehrheit der über 100 Mio. Einwohner von Maharashtra arbeitet jedoch in der **Landwirtschaft**. Die wichtigsten Anbauprodukte sind Zuckerrohr, Baumwolle, Kurkuma, Erdnüsse, Sonnenblumen, Tabak, Hülsenfrüchte, Weintrauben, Obst und Gemüse.

Nasik und Umgebung

Am Ende der wichtigsten Passstraße über die Westghats liegt die schnell wachsende Stadt Nasik (oder Nashik), ein interessanter Zwischenstopp auf dem Weg von oder nach Mumbai, 187 km südwestlich. Die Stadt ist einer der vier Orte, an dem die größte religiöse Versammlung der Welt stattfindet, die **Kumbh Mela** (S. 325) – das nächste Mal im Jahr 2015. Selbst außerhalb der Festzeiten ist an den *ghats* am Ufer des **Godavari** immer etwas los. Dem *Ramayana* zufolge lebten Rama (Vishnu in Menschengestalt), sein Bruder Lakshmana und seine Frau Sita nach ihrer Vertreibung aus Ayodhya in Nasik, und der Erzdämon Ravana entführte Sita von hier in einem Luftstreitwagen in sein Königreich Lanka im Süden. Diese Episoden bilden den Kern des pulsierenden Pilgerviertels, einer Enklave voller religiöser Experten, Bettler, Sadhus und Straßenhändler, die zeremonielle Gegenstände verkaufen.

Jedoch mangelt es Nasik überraschenderweise an historischen Bauwerken; selbst die berühmten Tempel am Fluss stammen erst aus der Zeit der Marathen im 18. Jh. Die einzigen echten Sehenswürdigkeiten sind die aus dem Fels geschlagenen Höhlen im nahen **Pandav Lena**. Diese 2000 Jahre alten Zellen, in der Blütezeit des Buddhismus auf dem Dekkan entstanden,

Die Weinhauptstadt Indiens

Mit seinen gemäßigten Wintern, seinen fruchtbaren Böden und seiner sanft gewellten Landschaft hat sich das trockene und staubige Hinterland von Nasik überraschenderweise als ideales Weinanbaugebiet herausgestellt. Inzwischen hat sich die Stadt fest als Zentrum der schnell expandierenden Weinindustrie Indiens etabliert. Der beste Weinproduzent, von Kennern aus Mumbai mit enthusiastisch gefeiert, ist **Sula Vineyards**, 14 km westlich von Nasik, ✆ 0253/223 0575, 💻 sulawines.com. Das ist ein schicker und professioneller Betrieb, der auch 45-minütige Führungen durch das Weingut anbietet (stdl. 11.30–17.30 Uhr, Rs150). Die Führungen enden mit einer großzügigen Probe von einem halben Dutzend Weinen – alle sehr trinkbar – auf der geselligen Tasting Terrace (◷ bis 22, Fr und Sa bis 23 Uhr) mit Aussicht über ordentlich aufgereihte Weinstöcke bis zum schönen Gangapur-See. Wer möchte, kann auf dem Weingut in der luxuriösen Villa „Beyond" mit drei Schlafzimmern für Rs18 000–22 000 pro Nacht oder in normalen Gästezimmern ❽ übernachten.

erinnern an die Zeit, als Nasik als Hauptstadt der mächtigen **Satavahana**-Dynastie die wichtigen Handelswege zwischen der Ganges-Ebene und den Häfen im Westen kontrollierte.

Von Nasik bietet sich ein interessanter Tagesausflug zum als höchst glückverheißend geltenden Dorf **Trimbak** an. Dort führt ein steiler Weg zur **Brahmagiri**, der Quelle des Godavari. Der religiösen Bedeutung Nasiks zuwiderlaufend ist die etwas überraschende Tatsache, dass die Stadt im Zentrum des aufblühenden **Weinanbaugebiets** von Maharashtra (s. Kasten) liegt.

Die Stadt

Gut 1 km östlich des Busbahnhofs liegt am Flussufer der See **Ram Kund**, an dem immer so etwas wie Karnevalsstimmung herrscht. Der See ist der Hauptmagnet für religiös motivierte Besucher der Stadt, wenn er auch oft eher an ein überfülltes städtisches Freibad erinnert als an eine der ältesten heiligen Stätten Indiens. Zu den eher obskuren Eigenschaften des Sees soll seine Fähigkeit zählen, Knochen aufzulösen – daher heißt er auch **Astivilaya Tirth**, „Knocheneintauchsee".

Gegenüber vom Ram Kund führt eine Straße den Berg hinauf zur zweitwichtigsten heiligen Stätte der Stadt, dem Platz um den **Kala Ram Mandir**. Zu den bekannten Episoden aus dem *Ramayana*, die hier spielen, zählt das Ereignis, das zu Sitas Entführung führte: Lakshmana schnitt Ravanas Schwester die Nase ab, nachdem sie versucht hatte, Rama zu verführen, indem sie die Gestalt einer vollbusigen Prinzessin annahm. Sitas Höhle, d. h. **Gumpha**, eine winzige Grotte, die im *Ramayana* Parnakuti („kleinste Hütte") heißt, befindet sich in unmittelbarer Nähe des Platzes.

In dem unten am Platz gelegenen Kala Ram-Tempel befinden sich ungewöhnlich pechschwarze Bildnisse der Gottheiten Rama, Sita und Lakshmana. Sie sind ausgesprochen beliebte Wallfahrtsziele, da der Zugang zu ihnen frei von allen Kastenbeschränkungen ist. Am besten kommt man bei Sonnenuntergang nach dem Abendgebet hierher. Dann versammelt sich im Hof eine zumeist aus Frauen bestehende Menge um einem traditionellen Geschichtenerzähler zuzuhören, der Episoden aus dem *Ramayana* und anderen Epen zum Besten gibt.

Ein 15-minütiger steiler Anstieg einen der Kegelberge an der Straße von Mumbai nach Agra hinauf führt 8 km südwestlich von Nasik zu den 24 Felsenheiligtümern von **Pandav Lena**, bekannt für ihre gut erhaltenen Pali-Inschriften und schönen alten Steinskulpturen. Höhle 18, die einzige *chaitya*-Halle, eine der ältesten Höhlen (aus dem 1. Jh. v. Chr.), weist eine auffallende Fassade auf, und die Außenwand von Höhle 3, das größte *vihara*, einige wunderbare Steinmetzarbeiten. ◷ Sonnenauf- bis Sonnenuntergang, Eintritt Rs100. Ohne eigenes Fahrzeug gelangt man am einfachsten mit einer Motor-Rikscha (um Rs100 pro Strecke) nach Pandav Lena. Die vielen Nahverkehrsbusse, die hier vorbeifahren, sind aber normalerweise nicht hemmungslos überfüllt.

Übernachtung

Die meisten Hotels in Nasik, die die Mumbai–Agra Road Richtung Pandav Lena säumen, sind auf Geschäftsreisende ausgerichtet. Günstigere Unterkünfte finden sich um den Old City Bus Stand.

Gateway, 7 km südwestlich vom Zentrum an der Mumbai–Agra Rd, ✆ 0253/660 4499, 💻 www.thegatewayhotels.com. Die nobelste Unterkunft der Gegend befindet sich auf schön gestaltetem Gelände und verfügt über eine glänzende Marmorlobby im Pseudo-Marathen-Stil. Listenpreise ab etwa US$170. ❾

Padma, Sharanpur Rd, direkt gegenüber vom Old City Bus Stand, ✆ 0253/257 6837. Sicher und sauber, mit Restaurant und Bar. Alle Zimmer haben Bad und Warmwasser (6–9 Uhr). ❷–❸

Panchavati, 430 Chandak Vadi, ✆ 0253/257 2291, 💻 www.panchavatihotels.com. Komplex mit 4 Häusern abseits der lauten MG Road gelegen, 15 Minuten Fußweg vom New City Bus Stand. Hier gibt es Zimmer für fast jedes Budget. Alle sind sehr sauber, mit Bad und gutem Preis-Leistungs-Verhältnis, obwohl die Räumlichkeiten insgesamt ein wenig abgenutzt und institutionell daherkommen. Am billigsten ist das Panchavati Guest House, ✆ 0253/257 8771, ❸ gefolgt von der gut geführten Mittelklasse-Unterkunft Panchavati Yatri, ✆ 0253/257 2290, ❺ dem etwas nobleren Hotel Panchavati, ✆ 0253/257 5771, ❺ und schließlich dem Panchavati Millionaire, ✆ 0253/231 2318, ❻ wo man für ein paar Hundert Rupien mehr eine Suite bekommt.

Rajmahal, Sharanpur Rd, ✆ 0253/258 0501, 💻 hotelrajmahalnashik.com. Helle, gemütliche, moderne Zimmer (nach einem fragen, das nicht zur Hauptstraße hin liegt) in einem schicken neuen Gebäude gegenüber vom Old City Bus Stand. Nebenan gibt es ein veg. Restaurant. Sehr gutes Preis-Leistungs-Verhältnis. ❹

Essen

Die preisgünstigsten Mahlzeiten in Nasik gibt es in den traditionellen *thali*-Restaurants, wo man für weniger, als man für ein Bier bezahlen würde, sorgfältig zubereitete köstliche Gemüse-, Hülsenfrüchte- und Linsengerichte bekommt, oft mit regionalen Spezialitäten wie *bajra* (Vollkornmehl-*rotis*) und *bakri* (warme Hafermehlkekse). Wegen der religiösen Bedeutung der Stadt sind Fleisch und Alkohol hier nicht so einfach zu haben wie anderswo in Maharashtra, doch die meisten größeren Hotels verfügen über Bars und Restaurants mit Alkoholausschank.

Annapurna, MG Rd. Die Bedienung ist nicht die freundlichste, aber die veg. Gerichte aus Südindien und dem Punjab zu scharf kalkulierten Preisen sind ausgezeichnet. Eine Spezialität sind *dosas*, z. B. die perfekt gewürzte und sehr sättigende Mysore *paneer masala dosa* (Rs55).

Pangat Thali, im Hotel Panchavati Yatri. Geschäftige Cafeteria mit Gujarati-*thalis*, wo die fleißigen, Turban tragenden Kellner den Teller schneller mit frischen veg. Leckereien nachfüllen, als die Gäste sie leeren können. *Thalis* mit unbegrenztem Nachschlag Rs90.

Suruchi, unter dem Basera Hotel, Shivaji Rd. Der billige, saubere und schnörkellose südindische Imbiss beim Old City Bus Stand hat auch billige Udipi-Snacks und kalte Getränke. Mittags gefüllt mit Büroangestellten.

Talk of the Town, Suyojit Chambers, Trimbak Rd, neben dem New City Bus Stand. Eins von wenigen edleren Restaurants im Zentrum von Nasik mit verschiedenen schicken Speisesälen, vom familienfreundlichen bis zum verraucht-machomäßigen. Die nordindischen nicht veg. Gerichte (Hauptgerichte Rs130–230) sind von unterschiedlicher Qualität, das macht aber das umfassende Angebot an Bieren und Spirituosen wieder wett.

Sonstiges

Geld

Die **State Bank of India**, zwischen den beiden im Zentrum gelegenen Busbahnhöfen an der Old Agra Road, hat einen Geldautomaten und wechselt Bargeld.

Informationen

Die hilfsbereite **MTDC-Touristeninformation**, T1, Golf Club, Old Agra Rd, ✆ 0253/257 0059, ist am einfachsten zu erreichen, indem man gegenüber vom New City Bus Stand durch den Park geht. 🕓 Mo–Sa 10–17.30 Uhr.

Internet

Matrix, an einer Gasse neben dem Restaurant Suruchi (Rs20 pro Std.).
Bits 'n' Bytes, um die Ecke vom Hotelkomplex Panchavati (Rs15 pro Std.).

Transport

Busse

Es gibt drei größere Busbahnhöfe. Busse aus Mumbai halten am **Mahamarga Bus Stand**, 10 Min. mit der Rikscha vom Zentrum; Busse aus Aurangabad und Pune halten am **New City Bus Stand** im Zentrum. Der **Old City Bus Stand** liegt etwa 500 m nördlich an der Old Agra Road (auch bekannt als Swami Vivekanand Road) und ist in erster Linie für Busse nach TRIMBAK interessant. Von beiden Busbahnhöfen sind mehrere günstige Hotels und Restaurants leicht zu Fuß zu erreichen.
MSRTC-Busse fahren alle 1–2 Std. nach AURANGABAD (4–4 1/2 Std.), stdl. nach MUMBAI (4 Std.) und jede halbe Stunde nach PUNE (4–5 Std.). Auf diesen Strecken verkehren auch private Busse.

Eisenbahn

Der nächstgelegene **Bahnhof** ist Nasik Road. Er liegt 8 km südöstlich des Zentrums. Von hier fahren Stadtbusse regelmäßig ins Zentrum, zudem herrscht kein Mangel an Sammeltaxis und Motor-Rikschas (Rs100).
Die praktischsten Verbindungen von Nasik Road nach AURANGABAD (3 1/4–4 Std.) sind der Tapovan Express Nr. 17617 (Abfahrt 9.50 Uhr) und der Jan Shatabdi Express Nr. 12071 (Abfahrt 17.10 Uhr). In die andere Richtung, nach MUMBAI (3 1/2–4 Std.), gibt es zahlreiche Verbindungen; am nützlichsten sind der Panchavati Express Nr. 12110 (Abfahrt 7 Uhr) und der Jan Shatabdi Express Nr. 12072 (Abfahrt 8.55 Uhr). Wer das Ticket für die Weiterfahrt nicht gleich bei der Ankunft in Nasik bucht, kann dies später im Buchungsbüro im Zentrum, beim HDFC House etwa 1 km westlich der beiden Busbahnhöfe, erledigen; ⏲ Mo–Sa 8–20, So 8–14 Uhr. Weitere von Nasik direkt zu erreichende Ziele sind AGRA (3–5x tgl., 17–21 Std.), BHOPAL (6–12x tgl., 9–11 1/2 Std.), DELHI (3–4x tgl., 20 1/2–25 Std.), JABALPUR (9–12x tgl., 11 1/2–15 Std.), JALGAON (häufig, 2 3/4–4 Std.) und NAGPUR (6–8x tgl., 9 1/2–11 1/2 Std.).

> **Going doolally**
>
> In den Tagen der britischen Herrschaft wurden Soldaten, die unter den Belastungen des Militäralltags in Britisch-Indien zusammengebrochen waren, zur Erholung in eine psychiatrische Klinik in der kleinen Garnisonsstadt **Deolali** bei Nasik geschickt. Der Name des Orts wurde zu einem Synonym für Wahnsinn und Nervenzusammenbrüche – daher der englische Ausdruck „to go doolally".

Flüge

Vom Flughafen **Gandhinagar**, etwa 5 km südöstlich der Stadt am Weg zum Bahnhof, fliegt Kingfisher 1x tgl. nach MUMBAI.

Trimbak

Im Schatten der Westghats, 28 km westlich von Nasik, liegt das Dorf Trimbak – wörtlich übersetzt aus dem Marathi bedeutet der Ortsname „dreiäugig"; „Der Dreiäugige" ist eine Bezeichnung für Shiva. Dies ist einer der Orte, an denen während des Kampfes zwischen Vishnus „Fahrzeug" Garuda und den Dämonen die vier berüchtigten Tropfen des unsterblich machenden *amrit*-Nektars aus dem *kumbh*-Gefäß auf die Erde fielen – der mythologische Ursprung der Kumbh Mela (S. 325). Den **Trimbakeshwar Mandir** in der Dorfmitte, einen der wichtigsten Shiva-Tempel Indiens, dürfen Nichthindus leider nicht besuchen. Der beeindruckende *shikhara* (Turm) aus dem 18. Jh. ist von den Sträßchen in der Umgebung des Tempels jedoch gut zu sehen.

Trimbak liegt nicht weit entfernt von der Quelle eines der längsten und heiligsten Flüsse Indiens, des **Godavari**. Die Quelle ist über einen uralten Pilgerpfad zu erreichen, der durch eine Spalte in einer eindrucksvollen Felswand führt. Der Hin- und Rückweg zur **Brahmagiri**, der Quelle des Godavari, dauert insgesamt zwischen zwei und drei Stunden. Der Weg ist recht anstrengend, besonders wenn es heiß ist, sodass man genügend Wasser mitnehmen sollte. Von seinem Beginn am Dorfrand ist der Pfad bis zur ersten Felsstufe geteert und gestuft; dort gibt es dann einige willkommene Teestände sowie einen kleinen Weiler. Danach biegt man hinter der letzten Hüttengruppe nach links und folgt einem Trampelpfad durch den Wald bis zu den aus dem Gestein geschlagenen **Stufen** (20 Min.) oder geht geradeaus zu den drei Schreinen am Fuße der Klippe.

Der erste Schrein ist der Göttin Ganga gewidmet, der zweite – eine Höhle mit 108 *lingams* – Shankar (Shiva) und der dritte dem Weisen Gautama Rishi, der hier einst als Einsiedler lebte. Die Stufen führen 550 m oberhalb von Trimbak zu den Überresten des **Anjeri Fort**. Die Festung wurde im Verlauf der Zeit von den Truppen Shah Jahans und Aurangzebs angegriffen, bevor sie in die Hände von Shaha-ji Raj fiel, dem Vater des legendären Rebellenführers Shivaji. Die **Quelle** befindet sich 20 Gehminuten entfernt über den **Brahmagiri Hill** hinweg im ansonsten kaum bemerkenswerten Tempel Gaumukh („Kuhmaul"). Von seiner bescheidenen Quelle fließt der Godavari fast 1000 km weit Richtung Osten über den gesamten Dekkan bis zur Bucht von Bengalen.

Trimbak ist ein einfaches Ziel für einen Tagesausflug von Nasik. **Busse** fahren jede halbe Stunde vom Old City Bus Stand (45 Min.). Zurück geht's wieder mit dem Bus (bis ungefähr 20 Uhr) oder mit einem der **Sammeltaxis**, die vor dem Busbahnhof von Trimbak warten. Wenn das Taxi voll ist, ist der Fahrpreis für Bus und Taxi gleich.

Aurangabad

Oberflächlich betrachtet ist nachvollziehbar, warum viele Traveller Aurangabad lediglich als bequemen, aber nicht weiter interessanten Zwischenstopp auf dem Weg nach Ellora und Ajanta betrachten. Bei genauerem Hinsehen bietet die rund 1 Mio. Einwohner zählende Stadt jedoch einiges, um ihre architektonischen Mängel wettzumachen. Die am Stadtrand verstreuten Ruinen von Festungen, Toren, Kuppeln und Minaretten – darunter **Bibi-ka-Maqbara**, der gewaltigste Mogul-Gräbergarten im westlichen Indien – zeugen von ihrer illustren hegemonialen Vergangenheit, und die Handvoll faszinierender **buddhistischer Felsenhöhlen** in den Flanken der sandgelben Tafelberge im Norden erinnert an eine noch frühere Ansiedlung.

Die Stadt wurde Anfang des 17. Jhs. von **Malik Ambar** gegründet. Der ehemalige abessinische Sklave brachte es bis zum obersten Minister des unabhängigen Moslem-Reichs der Nizam Shahi. Viele der Moscheen und Paläste, die er erbauen ließ, sind noch erhalten, wenn auch als Ruinen. Wirkliche Bedeutung erlangte der Ort jedoch erst gegen Ende des 17. Jhs., als **Aurangzeb** von Delhi hierher zog. Auf sein Geheiß wurden 1682 die imposanten Stadtmauern und Stadttore erbaut, um den beharrlichen Angriffen der Marathen zu widerstehen. Nach Aurangzebs Tod im Jahre 1707 wurde die Stadt zu seinen Ehren umbenannt. Den neuen Herrschern, den **Nizam von Hyderabad**, gelang es, die Marathen fast 250 Jahre abzuwehren, bis die Stadt 1956 schließlich mit Maharashtra vereint wurde.

Das moderne Aurangabad ist eines der wachstumsstärksten Wirtschafts- und Industriezentren von ganz Indien. Seine wichtigsten Erzeugnisse sind Autos, Softdrinks und Bier. Die Stadt wirkt mit ihren zahlreichen interessanten Geschäften, Restaurants und Bars in der Altstadt ausgesprochen dynamisch.

Orientierung

Die alte Stadt mit rechtwinkligem Straßennetz, die Malik Amber im frühen 17. Jh. anlegen ließ, bildet noch heute den Kern von Aurangabads großem Basar-Bezirk. Am einfachsten erreicht man sie vom südlich gelegenen **Gulmandi Square**, indem man einer der diversen Straßen voller farbenfroher Geschäfte und Verkaufsstände folgt. Es sind noch Teile von Aurangzebs Stadtmauern erhalten, eindrucksvoller präsentieren sich jedoch die **Stadttore**. Einige sind restauriert worden und erstrahlen wieder annähernd in alter Pracht.

Bibi-ka-Maqbara

Das eindrucksvollste islamische Monument in ganz Maharashtra litt stets unter dem Vergleich mit dem 40 Jahre zuvor erbauten Taj Mahal, von

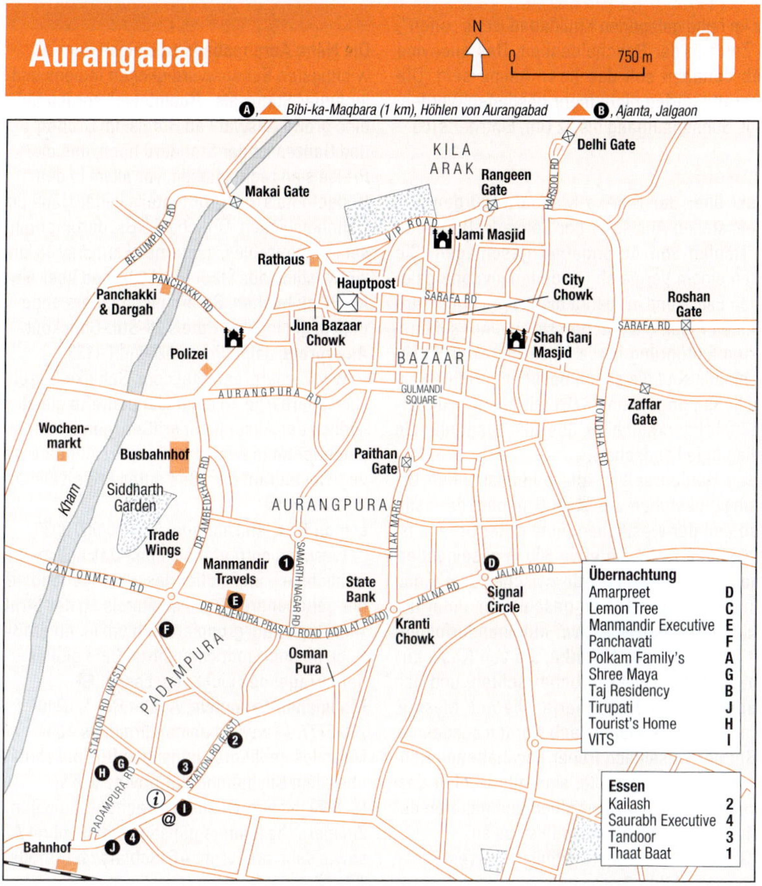

dem es ganz offensichtlich eine Nachahmung ist. **Prinz Azam Shah** widmete das im Jahre 1678 fertiggestellte Mogul-Mausoleum mit Gartenanlage dem Gedenken an seine Mutter **Begum Rabi'a Daurani**, Aurangzebs Frau. Mangel an Geldmitteln behinderte das 25 Jahre dauernde Projekt, und das Endresultat wurde den hohen Erwartungen nicht gerecht. Durch die stumpfen Minarette und den plumpen Eingangsbogen wirkt die Bibi-ka-Maqbara im Vergleich zur eleganten Höhe und Symmetrie des Taj unproportioniert. Der Gesamteindruck wird nicht gerade besser durch die Tatsache, dass der Marmor nach den ersten beiden Metern abrupt endet – angeblich eine Sparmaßnahme.

Eine riesige Tür mit Messingeinlagen führt in den typischen *charbagh* (Gartenkomplex). Sie ist mit persischer Kalligrafie verziert, die ihren Hersteller, das Jahr ihrer Fertigstellung und den Oberbaumeister nennt. Einer der beiden Eingänge zum eigentlichen Mausoleum führt auf den inneren Balkon, der andere durch eine weitere schöne Tür in die Gruft. Im Inneren umgibt eine achteckige Abtrennung aus kunstvollem weißem Marmor-Gitterwerk den Sockel mit dem Grab der Fürstin Rabi'a Daurani. Wie das ihres Ehemannes im nahe gelegenen Khuldabad ist es „offen", als Zeichen der Bescheidenheit. Das anonyme Grab daneben soll das ihrer Amme sein. Die Minarette dürfen nicht mehr bestiegen werden. ⏲ tgl. Sonnenaufgang bis 22 Uhr, Eintritt Rs100.

Die Höhlen

Direkt über der Bibi-ka-Maqbara wurden aus einem steilen Ausläufer der Sahyadri-Bergkette die Höhlen von Aurangabad geschlagen. Sie halten einem Vergleich mit denen im nahe gelegenen Ellora und in Ajanta nicht stand, aber ihre schönen **Plastiken** machen sie zu einer sehenswerten Einführung in die Felsarchitektur. Darüber hinaus sind die selten besuchten Höhlen ein friedlicher, angenehmer Ort mit einem wunderschönen Panoramablick über die Stadt und die umliegende Landschaft.

Die Höhlen selbst, alle buddhistischen Ursprungs, bestehen aus zwei Gruppen: der östlichen und der westlichen (eine dritte Gruppe ist nicht zugänglich), die etwa 500 m auseinanderliegen. Die Mehrzahl wurde zwischen dem 4. und dem 8. Jh. in den Felsen geschlagen, unter der Schirmherrschaft von zwei aufeinanderfolgenden Dynastien: den **Vakatka**, die von Nasik aus den westlichen Dekkan beherrschten, und den **Chalukya**, einer Herrscherfamilie aus Mysore, die im 6. Jh. ihre Macht nach Norden ausdehnte. Außer der wesentlich früher geschaffenen Höhle 4, einer *chaitya*-Halle, sind alle Höhlen dem *vihara*-(Kloster)Typ zuzuordnen und gehören der Mahayana-Schule des Buddhismus an.

Die eindrucksvollste Höhle der westlichen Gruppe ist **Höhle 3** mit eindrucksvollen Friesen an den Säulen in der Hauptkammer. In Höhle 6 der östlichen Gruppe befinden sich einige fein gearbeitete Bodhisattvas. Höhepunkt jedoch sind die wundervollen Steinmetzarbeiten in **Höhle 7**, darunter ein paar kurvenreiche Darstellungen von Tara und links des Buddha im Heiligtum ein berühmter Fries mit einem Tänzer in klassischer Pose, begleitet von sechs Musikerinnen. ⏲ Sonnenauf- bis Sonnenuntergang, Eintritt Rs100.

Am besten kommt man mit einer Motor-Rikscha zu den etwa 3,5 km vom Stadtzentrum entfernten Höhlen. Eine Rundtour inklusive Bibi-ka-Maqbara sollte etwa Rs200 kosten.

Übernachtung

Die Nähe Aurangabads zu einigen der wichtigsten Sehenswürdigkeiten Indiens und ihr neuer Status als „Boomtown" sorgen für eine große Auswahl an Hotels. Im Großen und Ganzen ist der Standard hoch, und die Preise sind recht günstig, vor allem in den Budgethotels, die größtenteils in der Nähe des Bahnhofs liegen. Örtliche B&Bs, darunter ein sehr komfortables, modernes Farmstay 18 km südwestlich der Stadt (Rs5500), sind über die MTDC zu buchen. Sofern nicht anders angegeben, gilt in allen Hotels 24-Std.-Checkout.

Amarpreet, Jalna Rd, ☎ 0240/621 1133, 🖳 www.amarpreethotel.com. Schicke Mittelklasseherberge an einer Hauptstraße gleich südlich der Altstadt mit großen, gemütlich eingerichteten Zimmern. Ausgezeichnetes nicht veg. Restaurant plus Bar, gutes Preis-Leistungs-Verhältnis ❼

Lemon Tree, Chikalthana, ☎ 0240/660 3030, 🖳 www.lemontreehotels.com. Das hellste und fröhlichste – und sicher das wohlriechendste – der gehobeneren Businesshotels an der Straße zum Flughafen, gruppiert sich um einen großen Pool. Im unprätentiösen Citrus Café gibt es hervorragendes nicht veg. Essen. ❽

Manmandir Executive, Adalat Rd, ☎ 0240/236 5777, 🖳 www.manmandirmotels.com. Makellos gepflegtes günstiges Businesshotel über dem Busbahnhof für private Busse (S. 698) mit verschiedenen recht geräumigen Zimmern (besonders günstig sind die ohne AC) sowie sehr sauberem AC-Schlafsaal (Rs150). ❹–❻

Panchavati, in einer Seitenstraße der Station Rd West, ☎ 0240/232 8755, 🖳 www.hotelpanchavati.com. Ein paar Dutzend adrette, saubere Zimmer (alle mit Bad, einige mit AC) am Westrand des Stadtzentrums. Die beste Wahl in diesem Preissegment, mit sehr freundlichen Mitarbeitern. ❸–❹

Polkam Family's, Nipat Niranjan Nagar, New Pahadsingpura, ☎ 0240/240 0916. Das schönste B&B in Aurangabad: 3 heimelige Zimmer (2 mit Bad) im reizenden und ruhigen Haus einer moslemischen Familie am Stadtrand zwischen Bibi-ka-Maqbara und den Höhlen. Buchung direkt oder über die MTDC. ❹

Freundlich und begehrt

Shree Maya, Bharuka Complex, Padampura Rd, in einer Seitenstraße der Station Rd West, ✆ 0240/233 3093. Freundliche und sehr beliebte Unterkunft mit großen, sauberen Zimmern (z. T. mit AC; alle mit Bad). Zum Haus gehören außerdem ein cooles AC-Restaurant und ein Internet-Terminal. ❷–❸

Taj Residency, Ajanta Rd, 4 km nördlich des Zentrums, ✆ 0240/661 3737, 💻 www.tajhotels.com. Die luxuriöseste Unterkunft in Aurangabad ist eine von einer Kuppel gekrönte, gleißend weiße Hochzeitstorte. Die Zimmer (Listenpreis ab etwa US$160) sind geschmackvoll in dunklem Holz gehalten, alle mit Badewannen und Balkon oder Terrasse. Außerdem Spa, großer Pool und Krocket auf palmengesäumtem Rasen. ❾

Tirupati, Station Rd East, ✆ 0240/233 3814. Das bunteste, wenn auch nicht das billigste einer Reihe schicker neuer „executive lodgings" (mit und ohne AC) gegenüber vom Bahnhof. Die besseren, in Pastellfarben gehaltenen Zimmer verfügen über LCD-TVs. ❹–❺

Tourist's Home, Station Rd West, ✆ 0240/233 7212 oder 9326/262611. Die beste der Billigunterkünfte befindet sich auf einem ruhigen, weitläufigen Gelände und hat Zimmer für verschiedenste Ansprüche. Die schicksten (einige mit Balkon und AC) liegen im neueren Flügel weg von der Hauptstraße, während der alte Flügel mit seinen hohen Decken einfache Schlafsäle (Rs150) und die billigsten DZ der Stadt beherbergt. ❷–❹

VITS, Station Rd East, ✆ 0240/235 0701, 💻 www.vitshotelaurangabad.com. Das ambitionierte Businesshotel ist die nobelste Unterkunft im Zentrum, mit eindrucksvollem Atrium und exklusiven Zimmern mit einem Hauch von Stil; außerdem Pool und WLAN. Gewöhnlich sind erhebliche Ermäßigungen erhältlich. Frühstück inkl. ❽

Essen

Aurangabad bietet zahllose Essmöglichkeiten. In den meisten Restaurants gibt es entweder strikt vegetarische Gujarati-Gerichte oder fleischlastigere nordindische Speisen. Wie im übrigen Maharashtra steht „nicht vegetarisch" in der Regel für Dämmerlicht, zugezogene Vorhänge und männliche Klientel – Ausnahmen sind unten aufgeführt –, während die vegetarischen Restaurants Familien anziehen. Das Alkoholtrinken bleibt gewöhnlich ausschließlich den Männern vorbehalten und findet in zahlreichen, speziell abgegrenzten Bars (oder „Permit Rooms") statt. Eine Ausnahme bilden die größeren, auf Touristen ausgerichteten Hotels und Restaurants.

Kailash, im Nandavan Hotel, Station Rd East. Preisgünstiges, bei einheimischen Arbeitern beliebtes rein veg. Café mit dem üblichen Angebot an schmackhaften südindischen und Punjabi-Spezialitäten. Hauptgerichte Rs50–60.

Saurabh Executive, Station Rd East, gegenüber vom MTDC-Büro. In dem sauberen Lokal werden hinter einer unscheinbaren schmalen Fassade einige der besten nicht veg. Gerichte in Aurangabad serviert. Zu den Highlights zählen der Tashtari-Teller mit einer köstlichen Zusammenstellung von Tandoori-Leckerbissen (Rs175) und einige sündhafte cremige Mughlai-Hauptgerichte (Tipp: *murgh makhani*). Für Leute mit Heimweh gibt's auch ein paar westliche Speisen. Hauptgerichte ab Rs80.

Tandoor, Shyam Chambers, Station Rd East. Der einladende Traveller-Favorit ist eines der etabliertesten nicht veg. Restaurants der Stadt. Spezialität des Hauses sind Tandoori-Huhn und Hammelspieße. Den ganz großen Hunger stillt die *sizzling tandoori platter* („brutzelnde Tandoori-Platte") für Rs495; die reicht notfalls auch für zwei Personen. Hauptgerichte Rs90–250.

Thaat Baat, unter dem Embassy Hotel, nahe Vivekanand College, Samarth Nagar Rd. Vergnügliches, familienfreundliches *thali*-Lokal mit festlicher Stimmung, in dem ganze Heerscharen schick gekleideter junger Kellner vor einer Kulisse aus Puppen, Gemälden und Kunstgewerbeartikeln aus Rajasthan köstliche rein veg. Leckereien verteilen. Viel Hunger mitbringen! *Thalis* mit unbegrenztem Nachschlag kosten Rs110.

Sonstiges

Geld

Eine gut funktionierende, private Wechselstube ist **Trade Wings**, Dr. Ambedkhar Rd, ⌚ tgl. 9–19 Uhr.
Ein **Geldautomat** der ICICI Bank befindet sich gegenüber dem MTDC Holiday Resort an der Station Rd East.

Informationen

Ein zu den Flugankunftszeiten geöffneter Schalter am Flughafen gibt erste Informationen. Detailliertere Auskünfte sind im **Tourist Reception Centre** im MTDC-Komplex Holiday Resort in der Station Rd East erhältlich; hier gibt es Büros von **India Tourism**, ✆ 0240/233 1217, ⌚ Mo–Fr 8.30–18, Sa 8.30–13.30 Uhr, und der **MTDC**, ✆ 0240/233 1513, ⌚ Mo–Fr plus 1. und 3. Sa im Monat 10–17.45 Uhr, im 1. Stock. Eine super Informationsquelle ist **Chandrashekar Jaiswal** vom MTDC-Büro.

Internet

Internetcafés gibt es gegenüber dem MTDC Holiday Resort an der Station Rd East (etwa Rs40 pro Std.).

Touren

Mehrere Unternehmen veranstalten tgl. geführte Touren durch Aurangabad und die Umgebung. Alle haben ähnliche Routen und Abfahrtszeiten und sind ziemlich gehetzt.
Die **Ellora- und City-Touren** umfassen normalerweise Bibi-ka-Maqbara, Panchakki, die Daulatabad-Festung, Aurangzebs Grab in Khuldabad und die Ellora-Höhlen (aber nicht die von Aurangabad).
Die **Ajanta-Touren** führen nur zu den Höhlen – eine ziemlich lange Hin- und Rückreise für einen Tag. Wer mehr Zeit bei den Ajanta-Höhlen verbringen möchte, kann in Fardapur (s. S. 712) übernachten oder nach Jalgaon weiterfahren (s. S. 713).
Classic Travel, ✆ 0240/233 7788, ✉ contact@classicservices.in, im Erdgeschoss des MTDC Holiday Resort, Station Rd East, ist der beste Tourveranstalter (Ellora and City Rs230, Ajanta Rs350). Die Firma setzt kleinere Fahrzeuge mit mehr Komfort ein als die anderen Anbieter.

Nahverkehr

Die Sehenswürdigkeiten von Aurangabad liegen zu weit auseinander, um sie zu Fuß besichtigen zu können. Doch die Stadt ist voll von Motor-Rikschas – längere Sightseeing-Touren sind wesentlich billiger, wenn man sich im Voraus auf einen Preis einigt (ab rund Rs400 pro Tag).
Taxis kann man auf der Straße herbeiwinken, ansonsten findet man am Bahnhof immer welche.
Wagen mit Fahrer vermitteln Reisebüros wie **Classic Travel** (s. o.); der Preis liegt bei etwa Rs800–1000 (je nach Größe und Ausstattung des Wagens) für einen 8-Std.-Tag. Fahrten über die Stadtgrenzen hinaus werden gewöhnlich nach Kilometern abgerechnet (üblich sind Rs10 pro Kilometer), und bei einer Übernachtung kommt eine Gebühr von rund Rs350 hinzu.

Transport

Busse

Alle staatlichen (MSRTC-)Busse fahren vom **Central Bus Stand**, 2,5 km nördlich des Bahnhofs ab, darunter tgl. ein preiswerter „Luxus"-Nachtbus nach MUMBAI. Für alle, die ein bisschen mehr Komfort möchten, bieten eine Reihe von Unternehmen AC-Busse zu den meisten größeren Zielen an.
Wer seine Nerven schonen möchte, begibt sich gleich zum ruhig und effizient geführten Busunternehmen **Manmandir Travels**, Adalat Rd, ✆ 0240/236 5748, das abendliche Luxusbusse z. B. nach MUMBAI (Borivali), GOA, INDORE, NAGPUR, HYDERABAD und AHMEDABAD von einem eigenen privaten Busbahnhof anbietet – ein großer Unterschied zum üblichen Chaos.

Eisenbahn

Der Bahnhof befindet sich am südwestlichen Rand des Stadtzentrums, nicht weit entfernt von den meisten billigeren Hotels und etwa 2,5 km entlang der Station Rd West vom Central Bus Stand entfernt (Rs30). Es verkehren nur sehr wenige Züge von und nach Aurangabad, denn die Stadt liegt nicht an der Hauptgleisstrecke. Von den 4 Zügen, die tgl. nach MUMBAI (6 3/4–8 Std.) fahren und die alle in NASIK

ROAD (3–4 Std.) halten, ist der praktischste der oft ausgebuchte Devgiri Express Nr. 17058. Er fährt um 23.25 Uhr ab und erreicht am nächsten Morgen um 7.10 Uhr Mumbais Fernbahnhof CST (VT). Der Zug hat aber oft erhebliche Verspätung. Zuverlässiger sind gewöhnlich der Jan Shatabdi Express Nr. 17618, Nr 12072 Abfahrt tgl. 6 Uhr, Ankunft am CST um 12.45 Uhr, und der Tapovan Express Nr. 2072, Nr. 17618 der tgl. um 14.35 Uhr in Aurangabad abfährt und um 22.05 Uhr im CST einläuft.

Nach HYDERABAD/SECUNDERABAD fahren tgl. 4–8 Züge (10–15 1/2 Std.); der praktischste davon ist der Ajanta Express Nr. 17063, Abfahrt um 22.45 Uhr. Einmal tgl. geht auch ein Zug nach DELHI.

Der nächstgelegene Bahnhof der Hauptgleisstrecke liegt in **Jalgaon**, 166 km nördlich. Von dort fahren erheblich mehr Züge zu viel mehr Zielorten.

Flüge

Aurangabads noch relativ neuer **Flughafen Chikal Thana** liegt 10 km östlich der Stadt.

Nach MUMBAI fliegen 2x tgl. Jet Airways, ✆ 0240/244 1392, sowie 1x tgl. Air India, ✆ 0240/248 5421, und Kingfisher Airlines; der Air India-Flug geht weiter nach DELHI.

JetLite, ✆ 0240/248 7076, fliegt 1x tgl. direkt nach Delhi.

Die Büros von **Air India** und **Jet Airways** befinden sich beide in der Jalna Road auf dem Weg zum Flughafen; **JetLite** und **Kingfisher** haben Schalter am Flughafen.

Vom und zum Flughafen gelangt man am einfachsten per **Taxi** (mit Taxameter, etwa Rs150 zur Station Rd East oder West). Gäste der besseren Unterkünfte werden normalerweise abgeholt.

Daulatabad

13 km nordwestlich von Aurangabad erhebt sich am Horizont eine der imposantesten Festungen Indiens, Daulatabad. Die eindrucksvolle Zitadelle krönt den Gipfel eines mächtigen Vulkankegels, dessen Seiten in 60 m hohe Granitwände verwandelt wurden. Allein für den Panoramablick vom Gipfel des Hügels lohnt es sich, hier auf dem Weg von oder nach Ellora eine Pause einzulegen. Die **Yadavas** schürften im 11. Jh. die zerklüfteten unteren Flanken des Berges – damals bekannt als **Deogiri**, „Berg der Götter" – ab, um den steilen Felssockel der Festung und den 15 m tiefen Graben zu schaffen. Die moslemische Besatzung von Deogiri begann 1327 mit der Ankunft von **Ghiyas-ud-Din Tughluq**.

Der Sultan fand die Festung ideal als Stützpunkt für Feldzüge nach Süden und ließ seinen kompletten Hof von Delhi hierher umsiedeln. Der 1100 km lange Marsch kostete Tausende von Menschenleben und erwies sich im Endeffekt als sinnlos. Die folgenden 17 Jahre waren von Dürre und Hungersnot geprägt, und der bedrängte Herrscher sah sich schließlich gezwungen, nach Delhi zurückzukehren. In der Folge fiel die Festung an eine Reihe unterschiedlicher Regimes, unter anderem 1633 an die **Moguln** unter Shah Jahan, bevor sie in der Mitte des 18. Jhs. schließlich von den **Marathen** übernommen wurde.

Die Festung

Die labyrinthartige Festung von Daulatabad erstreckt sich hinter einer Reihe von äußeren Verteidigungsmauern am Fuße der Berges um den gewaltigen, 1435 errichteten **Chand Minar**, den „Siegesturm". Die persischen blauen und türkisfarbenen Kacheln, die ihn einst in komplexen geometrischen Mustern bedeckten, sind verschwunden. Aber er bietet noch immer einen imposanten Anblick, so wie er sich aus den Ruinen der Stadt, die sich einst zu seinen Füßen ausbreitete, gen Himmel schwingt.

Die **Jama Masjid**, zurück am Hauptpfad, ist das älteste islamische Bauwerk von Daulatabad. Die Moschee wurde 1318 an der Stelle alter Hindu- und Jain-Tempel erbaut; die 106 Säulen der gut erhaltenen Moschee stammen noch von den ursprünglichen Tempeln. Heute fungiert die Moschee als Bharatmata-Tempel – sehr zum Leidwesen der hier ansässigen Moslems. Das große, von Steinen gesäumte „Elefanten"-Becken neben der Moschee war früher eine zentrale Komponente des extensiven Bewässerungssystems der Festung. Zwei riesige Terrakotta-Rohre leiteten das Wasser aus den Bergen in die legendären Obst- und Gemüsegärten von Deogiri.

Vom Chand Minar führt der Fußweg durch weitere Basteien und Festungsmauern, bevor er den **Chini Mahal** erreicht, den „chinesischen Palast". Die eindrucksvolle Kanone **Mendha Tope** („mit einem Schafskopf verzierte Kanone") – ihr Name ist in Persisch auf ihr eingraviert – steht darüber auf einem untersetzten Steinturm. Eine Abfolge von makabren Fallen erwarteten den unaufmerksamen Eindringling von hier an auf dem Weg zur Zitadelle, z. B. ein Wassergraben voller Menschen fressender Krokodile (jetzt von einer Eisenbrücke überspannt) und ein Labyrinth aus engen Zickzackgängen, von denen der letzte mit einem Metalldeckel verschlossen war – er konnte erhitzt werden, um giftige Dämpfe zu erzeugen.

Vom letzten Tunnel führt ein ziemlich steiler Weg in zehn Minuten hinauf zu einem schönen achteckigen Pavillon. Der **Baradari** wurde von Shah Jahan bei seinen Besuchen in Daulatabad bewohnt. Der Ausblick vom Flachdach ist atemberaubend. Einen noch eindrucksvolleren Panoramablick bietet der Aussichtsposten auf dem Berggipfel. Hier findet man eine weitere alte Kanone. ⌚ tgl. 6–18 Uhr, Eintritt Rs100.

Zwar ist Daulatabad Teil der Touren von Aurangabad nach Ellora (S. 701), aber man hat mehr Zeit, die Festung zu genießen, wenn man in einem der jede halbe Stunde zwischen Aurangabad und den Höhlen pendelnden Busse hierher kommt. Von Daulatabad fährt man dann einfach mit einem anderen Bus oder mit einem Sammeltaxi weiter nach Khuldabad und Ellora. Die Haltestelle befindet sich gleich gegenüber vom Haupteingang zur Festung. Wer nicht mit einer geführten Tour hierher kommt, sollte möglichst früh da sein, da das Fort oft von Schulkindern „gestürmt" wird. Außerdem sollte man eine Taschenlampe mitnehmen, denn einige der Festungsgänge sind stockfinster und hoffnungslos verwirrend – was auch dafür spricht, vielleicht einen Führer zu engagieren (Rs600).

Khuldabad

Auf einem hohen Sattel, 22 km von Aurangabad und nur 4 km von Ellora entfernt, steht die alte, von Mauern umschlossene Stadt Khuldabad, auch bekannt als Rauza, die für ihre Kuppelgräber berühmt ist. Zu den moslemischen Berühmtheiten, die für würdig befunden wurden, auf diesem allerheiligsten Gräberfeld ihre letzte Ruhe zu finden (Khuldabad bedeutet „Himmlische Wohnstatt"), zählen Großmogul Aurangzeb (der die Festungsmauern aus Granit und sieben befestigten Tore errichten ließ), einige Nizams und nicht wenige der *chishti*-Gründungsväter der Stadt. Der letzte große Mogul liegt im berühmtesten *dargah* (Grabbau eines moslemischen Heiligen) der Stadt, dem **Dargah des Sayeed Zain-du-Din**, auf halbem Weg zwischen Nord- und Südtor.

Das Grab selbst ist sehr bescheiden, die einzige Dekoration sind frische Blüten, die Besucher streuen. Auch ist es nicht in Stein eingemauert, sondern offen den Elementen ausgesetzt. Der fromme Herrscher bestand darauf, dass sein Grab nicht aus der königlichen Kasse bezahlt würde, sondern von dem Geld, das er in seinen letzten Lebensjahren mit dem Verkauf seiner handgesteppten weißen Kappen verdiente. Aurangzeb wählte diesen Ort vor allem deshalb als letzte Ruhestätte, weil nebenan das Grab von Sayeed Zain-ud-Din liegt. Das Mausoleum belegt einen Innenhof, der Aurangzebs Grab von dem seiner Frau und seines zweiten Sohnes, Azam Shah, trennt.

Hinter einer kleinen Tür verschlossen liegt im Mausoleum die am strengsten bewachte Reliquie von Khuldabad. Die **Robe des Propheten** Mohammed wird der Öffentlichkeit nur einmal im Jahr vorgestellt, am 12. Tag des islamischen Monats Rabi-ul-Awwal, dem Geburtstag des Propheten. Das Grab wird dann zum Mittelpunkt eines religiösen Festes, zu dem Gläubige aus ganz Indien herbeiströmen. ⌚ Sonnenaufgang bis 22 Uhr, Spende erwünscht.

Direkt gegenüber von Zain-ud-Dins Grab steht das **Dargah des Sayeed Burhan-ud-Din**, eines *chishti*-Missionars, der 1334 hier begraben wurde. Der Schrein soll Haare vom Barte des Propheten Mohammed enthalten, deren Zahl sich jedes Jahr, wenn sie gezählt werden, auf wundersame Weise vermehrt hat. ⌚ wie oben.

MSRTC-Busse von Aurangabad nach Ellora halten etwa alle 30 Minuten am kleinen Busbahnhof von Khuldabad, nur zehn Minuten

Fußweg von den Gräbern entfernt. Besucher sollten sich vorher gut mit Kleingeld eindecken, da erwartet wird, dass sie großzügig Trinkgelder verteilen.

10 HIGHLIGHT

Ellora

Paläste werden zerfallen, Brücken einstürzen, und selbst der edelste Bau muss dem nagenden Zahn der Zeit weichen, während die Höhlentempel von Ellora ihre unzerstörbaren, uralten Häupter (…) heben, der Glanz vergangener Zeiten und Gegenstand der Bewunderung kommender Zeitalter.

Captain Seely, The Wonders of Ellora

Die meistbesuchte Sehenswürdigkeit von Maharashtra sind die Ellora-Höhlen, 29 km nordwestlich von Aurangabad. Sie haben zwar nicht die fantastische Lage ihrer älteren Verwandten in Ajanta, aber ihr unglaublicher bildhauerischer Reichtum gleicht dies mühelos aus. 34 buddhistische, hinduistische und Jain-Höhlen – die z. T. gleichzeitig in einer Art Wettbewerb geschaffen wurden – säumen den Fuß des 2 km langen Chamadiri-Steilhanges.

Die Hauptattraktion von Ellora ist der gigantische **Kailash-Tempel**, der aus einer riesigen Aushöhlung im Fels emporragt, ein gigantischer Brocken soliden Basalts, aus dem eine spektakuläre Ansammlung miteinander verbundener Säulengänge, Hallen, Emporen und heiliger Schreine geschaffen wurde. Der ursprüngliche Grund, warum dieser scheinbar so abgeschiedene Flecken zum Mittelpunkt religiöser und künstlerischer Aktivität wurde, war die belebte Karawanenroute zwischen den wohlhabenden Städten im Norden und den Häfen der Westküste, die hier vorbeiführte.

Die Profite aus dem lukrativen Fernhandel ermöglichten eine 500 Jahre andauernde, emsige Bautätigkeit. Der Höhlenbau begann etwa in der Hälfte des 6. Jhs. n. Chr., um dieselbe Zeit, als Ajanta, 100 km nordöstlich, verlassen wurde und die buddhistische Ära in Zentral-Indien im Niedergang begriffen war – gegen Ende des 7. Jh. begann der Hinduismus wieder an Boden zu gewinnen. Der Wiederaufstieg der Brahmanen wurde während der nächsten 300 Jahre unter den Chalukya- und Rashtrakuta-Königen gefördert – diese beiden mächtigen Dynastien waren für den größten Teil der Arbeiten in Ellora verantwortlich, darunter der aus dem 8. Jh. stammende Kailash-Tempel. Eine dritte und letzte Blüte erlebte die heilige Stätte gegen Ende des 1. Jahrtausends n. Chr., nachdem die regionalen Herrscher vom Shaivismus zur Digambara-Sekte des Jain-Glaubens übergewechselt waren. Eine kleine Ansammlung von unauffälligeren Höhlen nördlich der Hauptgruppe zeugt heute noch von dieser Zeit.

Im Gegensatz zum abgeschiedenen Ajanta entging Ellora dem moslemischen Bildersturm im 13. Jh. nicht. Die schlimmsten Ausschreitungen ereigneten sich während der Herrschaft von **Aurangzeb**, der die Zerstörung der „heidnischen Symbole" in Ellora befohlen hatte. Obwohl die Stätte immer noch die Narben dieser Zeit trägt, sind einige der besten bildhauerischen Werke intakt geblieben. Die Tatsache, dass sie aus solidem Felsen und außerhalb der Reichweite der Monsun-Regengüsse geschaffen wurden, hat die Höhlen in sehr gutem Zustand erhalten.

Alle Höhlen sind in grob chronologischer Abfolge nummeriert. Die Höhlen 1 bis 12, am Südende des Geländes, sind die ältesten: Sie stammen aus der buddhistischen Vajrayana-Ära (500–750 n. Chr.). Die hinduistischen Höhlen, Nummer 13 bis 29, stammen von 600 bis 870 n. Chr. und überschneiden sich zeitlich mit den späteren buddhistischen Höhlen. Weiter im Norden liegen die Jain-Höhlen – Nummer 30 bis 34 –,

Eintrittsregelung

Das Betreten der Höhlen von Ellora, ◷ Mi–Mo Sonnenauf- bis -untergang, kostet Rs250. Achtung: Dienstags bleibt der Komplex geschlossen. Offizielle, mehrsprachige **Führer** stehen bereit, um Besucher durch die interessantesten Höhlen zu führen (Gruppen von bis zu 5 Pers. Rs600–750).

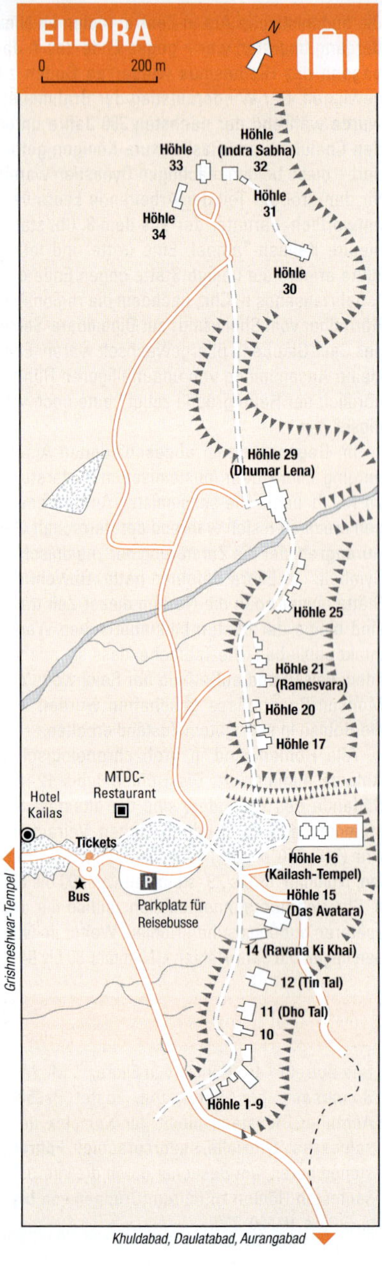

die zwischen 800 n. Chr. und dem späten 11. Jh. geschaffen wurden. Die meisten Höhleneingänge liegen hinter offenen Höfen und großen, von Säulen gestützten Veranden oder Portalen.

2012 soll bei den Höhlen ein neues Besucherzentrum eröffnet werden, das dann eine hervorragende Einführung in die Höhlenkunst bieten soll. Um die ältesten Höhlen zuerst zu sehen, sollte man gegenüber Höhle 16, dem großen Kailash-Tempel, rechts abbiegen und dem Hauptfußweg hinunter zu Höhle 1 folgen. Von hier aus arbeitet man sich langsam Richtung Norden vor und widersteht möglichst der Versuchung, in Höhle 16 reinzuschauen. Die hebt man sich am besten bis zum späten Nachmittag auf, wenn die Busreisegruppen fort sind und die langen Schatten der untergehenden Sonne die außergewöhnlichen Steinarbeiten zum Leben erwecken.

Die buddhistische Gruppe

Die buddhistischen Höhlen säumen die Seiten einer sanften Einbuchtung im Chamadiri-Steilhang. Außer Höhle 10 sind sie alle *viharas*, Klosterhallen, die die Mönche früher zum Studium, für die Meditation, die gemeinsame Andacht oder für so profane Dinge wie Essen und Schlafen nutzten. Größe und Ausstattung der Höhlen werden im Laufe der Zeit immer eindrucksvoller. Experten führen dies auf den Aufstieg des Hinduismus zurück und auf die Notwendigkeit, mit den Ehrfurcht einflößenden hinduistischen Tempeln mitzuhalten, die ganz in der Nähe in den Fels geschlagen wurden.

Höhlen 1 bis 9

Die erste interessante Höhle ist **Höhle 2**, in der zwölf massive Säulen mit eckigem Sockel die große zentrale Kammer stützen. Die Gänge säumen sitzende Buddhastatuen. Den Eingang zum Schrein flankieren zwei gigantische, mit Edelsteinen geschmückte *dvarpalas,* Wächterfiguren: links ein ungewöhnlich muskulöser Padmapani, der Bodhisattva der Barmherzigkeit, und rechts ein Maitreya, der Buddha des nächsten Weltzeitalters. Beide haben ihre Gefährtinnen bei sich. Im Allerheiligsten selbst sitzt ein stattlicher Buddha auf einem Löwenthron. Er wirkt stärker und entschlossener als seine freundlichen Vorgänger in Ajanta.

Den **Höhlen 3 und 4** fehlt die Kunstfertigkeit von Höhle 2; Höhle 4 besitzt jedoch noch einige schöne Kapitelle. **Höhle 5** ist das größte einstöckige *vihara* in Ellora. Seine riesige, 36 m lange, rechteckige Versammlungshalle wurde wahrscheinlich von den Mönchen als Refektorium benutzt; zwei Reihen von Bänken wurden aus dem Steinboden gemeißelt. Die Höhlen 6–9 wurden etwa um dieselbe Zeit, im 7. Jh., gegraben und sind durch eine einzige Tür und eine in den Fels geschlagene Treppe zu erreichen.

An den Wänden der Vorkammer am hinteren Ende der zentralen Halle von **Höhle 6** stehen zwei der berühmtesten und kunstvollsten Figuren von Ellora. **Tara**, die Gefährtin des Bodhisattva Avalokiteshvara, steht links. Auf der gegenüberliegenden Seite ist **Mahamayuri**, die buddhistische Göttin der Gelehrsamkeit, mit ihrem Emblem, dem Pfau, dargestellt, während ein fleißiger Student an seinem Schreibtisch darunter als gutes Vorbild dient. Von Höhle 6 führt eine kurze Treppe zur winzigen **Höhle 9** mit einem schönen Fries als Fassadenschmuck.

Höhlen 10, 11 und 12

Die Anfang des 8. Jhs. geschaffene **Höhle 10** ist eine der letzten und großartigsten der aus Fels geschlagenen *chaitya*-Hallen des Dekkan. Stufen führen von der linken Seite ihrer großen Veranda zu einem Balkon nach oben, wo eine dreiflügelige Tür – flankiert von himmlischen Nymphen und einem Fries mit Zwergen – zu einem Innenbalkon führt. In der langen, in einer Apsis endenden Halle – eventuell muss man darum bitten, dass sie aufgeschlossen wird – imitieren steinerne Rippen die Dachbalken in den früheren frei stehenden Holzbauten. Vor einem Votiv-Stupa, dem religiösen Mittelpunkt des Saals, sitzt ein schlanker Buddha auf einem Thron.

Höhle 11 ist immer noch als **Dho Tal**, zweistöckige Höhle, bekannt, obwohl 1876 der bis dahin verborgene Keller wiederentdeckt wurde. Das obere Stockwerk bildet eine lange, säulengestützte Versammlungshalle mit einem Buddha-Schrein und, an ihrer Rückwand, Bildnissen von Durga und Ganesha, dem elefantenköpfigen Sohn Shivas – ein Beweis, dass die Höhle nach dem Abzug der Buddhisten in einen Hindu-Tempel verwandelt wurde.

Nebenan steht mit **Höhle 12** – **Tin Tal** („dreistöckig") – ein weiteres dreistöckiges *vihara*, das man über einen großen, offenen Hof betritt. Auch hier befinden sich die künstlerischen Höhepunkte im obersten Stockwerk. Die Wände des Schreinraums am Ende der Halle sind von fünf großen Bodhisattvas gesäumt; sieben Buddhas flankieren die beiden Seiten des Schreins – eine für jede frühere Inkarnation des Meisters.

Die hinduistische Gruppe

Die 17 hinduistischen Höhlen von Ellora liegen in der Mitte des Steilhangs, verteilt auf beide Seiten des majestätischen Kailash-Tempels. Sie wurden zu Beginn des brahmanischen Wiederaufstiegs im Dekkan geschaffen, während einer Zeit relativer Stabilität – wohl deshalb strahlen die Höhlentempel eine Lebendigkeit aus, die ihren zurückhaltenden buddhistischen Vorgängern fehlt.

Es gibt keine Reihen von Buddhas und Bodhisattvas mit schläfrigem Blick und gütigen Gesichtern mehr. Stattdessen schmücken riesige **Flachreliefs**, die dynamische Szenen aus den Hindu-Schriften darstellen, die Wände. Die meisten haben einen Bezug zu **Shiva**, dem Gott der Zerstörung und der Regeneration (der vorherrschenden Gottheit in allen hinduistischen Höhlen von Ellora), man trifft aber auch auf zahlreiche Bildnisse von Vishnu, dem Bewahrer, in seinen diversen Inkarnationen.

Es tauchen immer wieder die gleichen Szenen auf: Diese Wiederholungen boten den Künstlern von Ellora reichlich Gelegenheit, ihre Technik im Laufe der Jahre zu verfeinern, bis sie schließlich ihr großartigstes Werk schufen, den **Kailash-Tempel** (Höhle 16), der separat auf S. 704 beschrieben wird. Er ist zweifellos der Höhepunkt eines Besuchs in Ellora, aber man wird seine schönen Skulpturen umso mehr zu schätzen wissen, wenn man sich zunächst die früheren hinduistischen Höhlen ansieht. Für Besucher mit wenig Zeit: Nummer 14 und 15 sind die schönsten Höhlen.

Höhle 14

Die vom Anfang des 7. Jhs. stammende Höhle 14 zählt zu den letzten frühen Höhlen. Sie war ein buddhistisches *vihara*, bevor die Hindus sie als Tempel nutzten. Der Eingang zum Heiligtum wird von zwei beeindruckenden Flussgöttinnen bewacht, Ganga und Yamuna, während an der Umgangswand rechts hinten sieben **Sapta Matrikas**, vollbrüstige Fruchtbarkeitsgöttinnen, pausbäckige Babys auf ihrem Schoß wiegen. Shivas elefantenköpfiger Sohn Ganesha sitzt rechts von ihnen neben Kala und Kali, den Göttinnen des Todes. Fantastische Friese zieren die langen Seitenwände der Höhle.

Höhle 15

Wie ihre Nachbarhöhle begann auch die zweistöckige Höhle 15, zu der eine lange Treppe führt, ihr Dasein als buddhistisches *vihara,* wurde aber von den Hindus in Beschlag genommen und in einen Shiva-Schrein umgewandelt. Hinter der Natya Mandapa („Halle des Tanzes") in der Mitte des Hofes gelangt man ins obere Geschoss des Hauptbaus, wo einige der schönsten Arbeiten von Ellora zu finden sind. Der Name der Höhle, **Das Avatara**, leitet sich von der Reihe von Reliefs an der rechten Wand ab, auf der fünf von Vishnus zehn Inkarnationen *(avatars)* zu sehen sind.

Ein Relief in einer Nische rechts der Vorkammer zeigt Shiva aus einem Lingam auftauchend. Brahma und Vishnu stehen bescheiden und bittend vor der Erscheinung – ein Symbol für die damalige Überlegenheit des Shaivismus in der Region. Auf halber Höhe der (wenn man dem Schrein zugewandt steht) linken Wand der Kammer ist die eleganteste bildhauerische Leistung der Höhle zu sehen: Shiva als Nataraja in einer klassischen Tanzpose.

Höhlen 17 bis 29

Nur drei der hinduistischen Höhlen, die sich nördlich des Kailash-Tempels über die Berge erstrecken, lohnen einen genaueren Blick. **Höhle 21** – die **Ramesvara** – wurde gegen Ende des 6. Jhs. in den Felsen geschlagen: Man hält sie für die älteste hinduistische Höhle in Ellora. Sie enthält einige sehr gut ausgeführte Bildhauereien, darunter zwei schöne Flussgöttinnen zu beiden Seiten der Veranda, zwei wundervolle Türwächter und einige sinnlich wirkende Paare, *mithunas*, die sich über die Wände des Balkons verteilen. **Höhle 25**, ein Stück dahinter, enthält an der Außendecke des Hauptschreins ein faszinierendes Bildnis des Sonnengottes **Surya**, der in seiner Kutsche auf die Morgendämmerung zurast.

Von hier aus führt der Pfad an zwei weiteren Höhlen vorbei und fällt dann über einen nackten Felshang steil ab zu einer kleinen Schlucht. Unter einem nur in der Regenzeit vorhandenen **Wasserfall** hindurch führt der Weg auf der anderen Seite wieder hinauf zu **Höhle 29**, der riesigen **Dhumar Lena**. Sie stammt aus dem späten 6. Jh. und hat einen ungewöhnlichen, kreuzförmigen Grundriss – ähnlich wie die Elephanta-Höhle im Hafen von Mumbai. Löwen bewachen ihre drei Treppen, während die Innenwände von riesigen Friesen bedeckt sind. Auf der rechten Seite des (südlichen) Eingangs zeigt eine Würfelspiel-Szene, wie Shiva Parvati neckt, indem er ihren Arm festhält, als sie gerade würfeln will. Links des Ausgangs spießt Shiva den Andhaka-Dämonen auf. Auf dem gegenüberliegenden Relief hindert er den vielarmigen Ravana daran, ihn und Parvati von der Spitze des Berges Kailash hinunterzustürzen (man beachte den frechen Zwerg, der seinen Hintern entblößt, um den bösartigen Dämon zu verspotten).

Der Kailash-Tempel (Höhle 16)

Höhle 16, der gigantische Kailash-Tempel, ist das Meisterwerk von Ellora. Hier ist das Wort „Höhle" nicht nur eine drastische Untertreibung, sondern eine komplette Fehlbezeichnung. Denn obwohl der Tempel wie die anderen Höhlen aus dem Fels gehauen wurde, erinnert er doch sehr stark an die früheren frei stehenden Bauwerke in Südindien. Der Monolith soll die Idee des Rashtrakuta-Herrschers **Krishna I.** (756–73) gewesen sein. Es brauchte aber 100 Jahre und vier Generationen von Königen, Architekten und Handwerkern, bis das Projekt vollendet war.

Seine Größe ist atemberaubend. Die Arbeiten begannen mit dem Ausheben von drei tiefen Gräben auf der Bergspitze. Pickel und Latten aus Holz wurden verwendet, die man mit Wasser tränkte und in Spalten steckte, um durch ihre Ausdehnung den Basalt zum Bröckeln zu bringen. Sobald auf diese Weise ein großer Brocken Fels freigelegt worden war, gingen die königlichen Bildhauer an die Arbeit. Man schätzt, dass etwa eine Viertelmillion Tonnen Bruchsteine aus den Felsen geschlagen wurden – ohne die Mög-

Die Felsenhöhlen im nordwestlichen Dekkan

Die Felsenhöhlen, die sich über die vulkanischen Berge des nordwestlichen Dekkan verteilen, zählen zu den außergewöhnlichsten religiösen Monumenten Asiens. Sie reichen von winzigen Klosterzellen bis hin zu kunstvoll gemeißelten Tempeln und beeindrucken vor allem deshalb so sehr, weil sie von Hand aus dem Felsen gemeißelt wurden. Ihre Ursprünge liegen im 3. Jh. v. Chr. Damals dienten sie offenbar als Unterschlupf für reisende buddhistische Mönche, die hier vor heftigem Monsunregen Schutz suchten. Sie wurden nach dem Vorbild älterer Holzbauten geschaffen und von Kaufleuten finanziert, für die der kastenlose neue Glauben eine attraktive Alternative zur alten, diskriminierenden Sozialstruktur bot. Ermutigt vom Beispiel des Maurya-Herrschers Ashoka wandten sich nach und nach auch die Machthaber der Region dem Buddhismus zu. Unter ihrer Schirmherrschaft wurden im 2. Jh. v. Chr. die ersten großen Höhlen-Klöster in **Karla**, **Bhaja** und **Ajanta** aus dem Fels gemeißelt.

Um diese Zeit war die strenge **Hinayana-Schule** des Buddhismus die vorherrschende Religion Indiens. Die Felsenhöhlen aus dieser Zeit sind größtenteils einfache „Andachtshallen", **chaityas** – lange, rechteckige Kammern mit einer Apsis, Tonnengewölben und zwei schmalen Säulengängen, die sich im hinteren Teil um einen monolithischen Stupa bogen. Als Symbole für die Erleuchtung Buddhas bildeten die Stupas den Mittelpunkt der Andacht und Meditation; während der gemeinschaftlichen Rituale wurden sie von den Mönchen umkreist.

Im 4. Jh. n. Chr. verlor die Hinayana-Schule gegenüber der **Mahayana-Schule** an Einfluss. Deren Schwerpunkt lag auf einem ständig anwachsenden Pantheon von Bodhisattvas (barmherzigen Heiligen, die ihren Übergang ins Nirwana aufschoben, um der Menschheit zur Erleuchtung zu verhelfen), was eine Veränderung des architektonischen Stils mit sich brachte. Die *chaityas* wurden verdrängt von Klosterhallen, *viharas,* in denen die Mönche sowohl lebten als auch den Göttern dienten, und das einst verbotene Buddha-Bildnis trat viel stärker in den Vordergrund.

Die Ikone nahm den Platz in der Apsis am Ende der Halle ein, wo früher der Stupa stand, und wurde mit den 32 Merkmalen Buddhas, den *lakshanas*, ausgestattet (inklusive den langen Ohrläppchen, der hervorstehenden Stirn, den kurzen Locken, der Robe und dem Glorienschein). Ihren Höhepunkt erreichte die Mahayana-Kunst gegen Ende der buddhistischen Ära. Die herrlichen **Wandgemälde** in Ajanta, die sich aus dem reichhaltigen Themen- und Bilderfundus uralter Schriften wie den *Jatakas* (Legenden über die früheren Inkarnationen Buddhas) bedienten, sollten möglicherweise den Enthusiasmus für den Glauben, der zu dieser Zeit in der Region bereits an Rückhalt verlor, wieder neu entflammen.

Die Versuche, ab dem 6. Jh. mit dem Wiederaufstieg des Hinduismus in Wettbewerb zu treten, führten schließlich zur Entwicklung einer anderen, eher esotherischen Bewegung. Die **Vajrayana („Blitzschlag")-Sekte** betonte die schöpferische Kraft der Weiblichkeit, *shakti,* mit geheimnisvollen, magischen Ritualen. Letztendlich erwiesen sich aber auch solche Veränderungen als machtlos gegen den wachsenden Reiz des Brahmanismus. **Ellora** ist das beste Beispiel für diesen Wandel. Während des 8. Jhs. wurden viele der alten *viharas* in hinduistische Tempel umgewandelt und enthielten nun glänzende *shivalinga* statt Stupas und Buddhas. Die hinduistische Höhlenarchitektur mit ihrer Vorliebe für Skulpturen aus der Mythologie gipfelte im fantastischen **Kailash-Tempel**, einem gigantischen Ebenbild der frei stehenden Tempelbauten, die bereits an die Stelle der Höhlentempel traten.

Es war der Hinduismus, der im Mittelalter der ganzen Wucht des islamischen Bildersturms im Dekkan ausgesetzt war, denn der Buddhismus war bereits lange vorher in die Sicherheit des Himalaya geflohen, wo er bis heute blüht.

lichkeit, Fehler zu korrigieren. Der Tempel wurde als gigantische Nachbildung der Wohnstatt Shivas und Parvatis im Himalaya betrachtet, des pyramidenförmigen Bergs **Kailash**.

Heute ist die dicke Schicht aus weißem Kalkputz, die dem Tempel das Aussehen eines schneebedeckten Berges verlieh, bis auf ein paar Stellen abgeblättert; darunter ist die kunstvoll gemeißelte Oberfläche aus grau-braunem Stein sichtbar. An der Rückseite des Turms wurde diese Oberfläche durch jahrhundertelange Erosion gebleicht und abgeschliffen, so als würde das riesige Bauwerk in der sengenden Hitze des Dekkan allmählich dahinschmelzen.

Der **Haupteingang** des Tempels führt durch eine hohe steinerne Trennwand, die den Übergang vom profanen in den heiligen Bereich versinnbildlichen soll. Nachdem man zwischen den beiden Wache haltenden Flussgöttinnen Ganga und Yamuna hindurchgeschritten ist, gelangt man in einen engen Gang, der auf den Haupt-Vorhof führt. Hier zeigt ein Relief **Lakshmi**, die Göttin des Reichtums, wie sie von zwei Elefanten rituell gereinigt wird. Der Sitte nach müssen Pilger im Uhrzeigersinn um den Berg Kailash laufen, daher geht man von hier die Treppen nach links hinunter und überquert die vordere Seite des Hofs bis zur nächstgelegenen Ecke.

Von der Spitze der Betontreppe in der Ecke sind alle drei Hauptbereiche des Tempelkomplexes sichtbar. Oberhalb des Eingangs liegt zunächst der Schrein mit Shivas Reittier **Nandi**, dann folgt die Hauptversammlungshalle, Mandapa, auf deren Wänden immer noch Spuren des alten Putzes, der einst das ganze Gebäude bedeckte, zu sehen sind, und schließlich das Heiligtum selbst, das von dem 29 m hohen Pyramidenturm, *shikhara,* überragt wird (am besten von oben zu sehen). Alle drei Bauten stehen auf einer erhöhten Plattform, die von Dutzenden Lotus sammelnder Elefanten getragen wird. Der Tempel symbolisiert nicht nur den heiligen Berg Shivas, sondern zugleich auch einen gigantischen Wagen. Die Querschiffe, die aus den Seiten der Haupthalle hervortreten, sind die Räder, der Nandi-Schrein ist das Joch, und die zwei lebensgroßen, rüssellosen Elefanten im vorderen Hof (von moslemischen Plünderern beschädigt) sind die Zugtiere.

Die meisten Hauptattraktionen des Tempels sind auf seinen Seitenwänden zu finden, die von kraftvollen Plastiken bedeckt sind. Entlang der Treppe, die zur Nordseite der Mandapa führt, erzählt ein langes Relief Episoden aus dem Leben **Krishnas**. Dem Tempel weiter im Uhrzeigersinn folgend, gelangt man zu Reliefs, die größtenteils **Shiva** gewidmet sind. Auf der Südseite der Mandapa, in einer Wandnische, die aus dem vorstehenden Felsvorsprung gemeißelt wurde, befindet sich die herausragendste bildhauerische Arbeit des Komplexes. Das Relief zeigt, wie Shiva und Parvati vom vielköpfigen Dämon **Ravana** belästigt werden, der im Inneren des heiligen Bergs eingekerkert wurde und mit seinen vielen Armen die Mauern seines Gefängnisses schüttelt. Shiva stellt daraufhin seine Überlegenheit unter Beweis, indem er das Erdbeben mit einem Stups seines Zehs zum Abklingen bringt. Parvati beobachtet die Szene gelassen auf ihre Ellbogen gestützt, während eine ihrer Dienerinnen panisch die Flucht ergreift.

Von hier geht man an der südwestlichen Ecke des Hofs die Treppen hinauf zur **Opferhalle**, wo ein faszinierender Fries die sieben Muttergöttinnen, die **Sapta Matrikas**, und ihre dämonenhaften Gefährtinnen Kala und Kali (dargestellt auf einem Leichenberg) zeigt. Die von 16 Säulen gestützte Versammlungshalle liegt in einem trüben Zwielicht, das es den Gläubigen erleichtern soll, sich auf die Gegenwart der Gottheit im Inneren zu konzentrieren. Mit einer tragbaren Bogenlampe beleuchtet der *chowkidar* Fragmente von Malereien an der Decke, wo Shiva, der als Nataraja den Tanz des Todes vollführt, zu sehen ist.

Die Jain-Gruppe

Elloras kleine Gruppe von vier Jain-Höhlen liegt nördlich der Hauptgruppe. Man erreicht die Höhlen entweder in fünf Minuten zu Fuß über einen Weg von Höhle 29 aus oder direkt vom Kailash-Tempel über eine kurvige Asphaltstraße. Die zwischen dem späten 9. und im 10. Jh. geschaffenen Jain-Höhlen sind die letzten Kunstwerke von Ellora. Sie warten mit einigen schönen Bildhauereien und feinen Gemälden auf. Am interessantesten ist **Höhle 32**; die **Indra Sabha** („Indras Versammlungshalle") ist eine Miniaturversion des Kailash-Tempels.

Die untere ihrer beiden Ebenen ist schlicht und unvollständig, aber das obere Stockwerk, beschützt von großen *yaksha*- und *yakshi*-Figuren, die sich auf der Veranda gegenüberstehen, quillt über vor kunstvollen Steinmetzarbeiten. Besonders hervorzuheben sind die reich verzierten Säulen und die zwei *tirthankaras,* die den Eingang zum zentralen Schrein bewachen. Die nackte Figur des **Gomatesvara** auf der rechten Seite erfüllt im Wald ein Schweigegelübde. Er ist so tief in die Meditation versunken, dass Kletterpflanzen seine Beine hinauf gewachsen sind und Schlangen, Skorpione und andere Tiere um seine Füße krabbeln.

Grishneshwar Mandir

Der cremefarbene *shikhara* des Grishneshwar Mandir, der über dem kleinen Dorf westlich der Höhlen emporragt, kennzeichnet den Sitz einer der ältesten und heiligsten Gottheiten Indiens. Der Lingam im inneren Heiligtum des Tempels ist einer der zwölf **jyotrilinga** (Linga des Lichts), die vermutlich aus dem 2. Jh. v. Chr. stammen. Nicht-Hindus dürfen sich in die Schlange zum *darshan* einreihen, aber Männer müssen ihre Hemden ausziehen, bevor sie den Schrein selbst betreten dürfen.

Übernachtung und Essen

Hotel Kailas, direkt gegenüber den Höhlen, ✆ 02437/244543, 🖳 www.hotelkailas.com. Die kleine, ruhige Anlage besteht aus gepflegten Selbstversorger-Chalets mit Außensitzbereichen. Außerdem gibt es einige billigere Zimmer an der Straße und ein recht gutes Restaurant. ❹–❻

Das **MTDC-Restaurant** hat veg. und nicht veg. Essen zu moderaten Preisen sowie Bier; ⌚ 9–17 Uhr. Besser ist das Essen allerdings im etwas teureren Restaurant des Hotel Kailas sowie an den Straßen-dhabas gegenüber vom Busbahnhof.

Transport

Die meisten Besucher benutzen AURANGABAD als Ausgangspunkt für Tagesausflüge zu den Höhlen, entweder mit den halbstündlichen MSRTC-Bussen oder im Rahmen einer geführten Tour. Diese Touren sind allerdings sehr gehetzt. Wer sich die Höhlen lieber in Ruhe ansehen und vielleicht auch noch nach Daulatabad hinauf will, sollte entweder in Ellora übernachten oder früh morgens in Aurangabad aufbrechen.

Für die Rückfahrt nach Aurangabad ist es oft einfacher, eines der Sammeltaxis zu nehmen, da diese häufiger verkehren als die Busse.

Ajanta

Die Felsenhöhlen von Ajanta wurden in die fast senkrechten Hänge einer hufeisenförmigen Schlucht gemeißelt. Vor weniger als zwei Jahrhunderten war dieser abgeschiedene Flecken Erde nur den hier ansässigen Angehörigen des Bhil-Volkes bekannt – die schattigen Eingänge zu den verlassenen Steinkammern lagen tief unter Schlingpflanzen und Dschungel vergraben. 1819 entdeckte ein kleiner Jagdtrupp der East India Company die Höhlen zufällig. Von einem jungen Späher zum Gipfel des steilen Felskliffs geführt, sahen die Jäger tief unter sich etwas aus dem dichten Blattwerk hervorstechen, was später als Fassade von Höhle 10 identifiziert wurde.

Die britischen Soldaten hatten einen der sensationellsten archäologischen Funde aller Zeiten gemacht. Weitere Erkundungen offenbarten insgesamt 28 säulengestützte Höhlen, gemeißelt aus den schokoladenbraunen und grauen Basaltfelsen, die den Fluss Waghora säumen. Noch bemerkenswerter waren die einwandfrei erhaltenen Gemälde, die alle Oberflächen in ihrem Inneren bedecken. Denn zusätzlich zu den Stein-Buddhas und anderen Bildhauereien in ihrem Inneren sind die Höhlen von Ajanta mit Wandmalereien verziert – die Motive reichen von Schlachtfeldern bis zu Segelschiffen und Straßenszenen, von üppigen Wäldern voller wilder Tiere bis hin zu schneebedeckten Berggipfeln. Selbst wer mit den Erzählungen, die sie illustrieren, nicht so vertraut ist, wird unschwer erkennen, warum diese Gemälde als die schönste erhaltene „Kunstgalerie" aus einer frühen Hochkultur gelten.

Trotz ihrer Abgeschiedenheit werden die Höhlen von Ajanta von außergewöhnlich vie-

Eintrittsregelung

Das Betreten der Höhlen von Ajanta, ⌚ Di–So 9–17.30 Uhr, kostet Rs250. Die Eintrittskarten sind am Haupteingang, eine 4 km lange Busfahrt von der Ajanta-T-Junction, zu erwerben. Achtung: Montags bleibt der Komplex geschlossen.

len Menschen besucht. Wer diesen Ort in Ruhe erkunden will, sollte keinesfalls an einem Wochenende oder Feiertag hierher kommen, denn es erfordert überdurchschnittliche Fantasie, sich auszumalen, wie buddhistische Mönche hier einst zwischen den rohen Steinstufen wandelten, wenn gerade Hunderte lärmender Schulkinder und Massen an Urlaubern auf ihnen herumkraxeln. Zu den Maßnahmen, die die Auswirkungen des Besucheransturms minimieren sollen, zählt das Verbot des Fotografierens mit **Blitzlicht** – die Betrachtung der Gemälde wiederum wurde durch eine angemessene Beleuchtung erleichtert. Außerdem gilt eine strenge Begrenzung der Zahl der Besucher, die sich gleichzeitig in den interessantesten Höhlen aufhalten dürfen. Eine weiterer bedeutsamer Schritt in Richtung Eindämmung der ökologischen Folgen für das Gebiet war die Schaffung der Ajanta T-Junction.

Die **beste Zeit für einen Besuch** ist entweder während des Monsuns, wenn der Fluss anschwillt und die Schlucht vom Tosen der Wasserfälle widerhallt, oder während der kühleren Wintermonate zwischen Oktober und März. Während des restlichen Jahres kann die Sonne vom Dekkan, die erbarmungslos auf die nackten, nach Süden gewandten Felsen niederbrennt, eine Tour durch Ajanta zu einem wahren Härtetest machen. Wann auch immer man kommt, man sollte auf jeden Fall einen Hut, eine Sonnenbrille, eine Taschenlampe und ausreichend Trinkwasser mitbringen.

Geschichte

Ajanta war für die umherziehenden buddhistischen Mönche der Region der ideale Ort für die Gründung eines ihrer ersten festen Klöster: nahe genug an den großen Handelsrouten durch den Dekkan, um regelmäßig Almosen zu erhalten, und doch weit genug von der Zivilisation entfernt, um Ruhe und Frieden für Meditation und Gebete zu bieten. Spenden-Inschriften deuten darauf hin, dass die ersten Höhlen hier im 2. Jh. v. Chr. in den Fels geschlagen wurden.

In ihrer Glanzzeit beherbergten die Höhlen von Ajanta mehr als 200 Mönche sowie eine beträchtliche Anzahl von Malern, Bildhauern und Arbeitern, die damit beschäftigt waren, die Mönchszellen und Heiligtümer in die Felsen zu schlagen und zu verzieren. Irgendwann im 7. Jh. wurde die Stätte jedoch verlassen – ob wegen der wachsenden Beliebtheit der nahe gelegenen Höhlen von Ellora oder wegen des Wiederaufstiegs des Hinduismus, ist unbekannt. Bereits im 8. Jh. war der verlassene Komplex vergessen und wurde sogar von den moslemischen Bilderstürmern übersehen, die den anderen heiligen Stätten der Region während des Mittelalters solch verheerenden Schaden zufügten.

Die Höhlen

Vom Kartenschalter führt ein nicht zu übersehender Weg zu den großen Mahayana-*viharas*. Wer die Höhlen lieber in chronologischer Reihenfolge besichtigen will, muss dagegen mit der kleineren Hinayana-Gruppe von *chaitya*-Hallen weiter unten in der Flussbiegung beginnen (Höhlen 12, 10 und 9) und anschließend über Höhle 17 wieder nach oben kommen. Wer beim Erklimmen dieser Stufen Hilfe benötigt, findet vor den Ständen darunter Sänften-Träger, *dhooli-wallahs* (etwa Rs400); Gepäckträger (Rs100) tragen Taschen.

Offizielle **Touristenführer** bieten zweistündige Touren (Rs600) an, die beim Eintrittskartenschalter gebucht werden können. Sie bereichern den Besuch durch interessante Geschichten – allerdings hat man vielleicht das Bedürfnis, sich die Höhlen anschließend noch einmal in etwas ruhigerem Tempo anzusehen.

Höhle 1

Höhle 1 – hier gibt es immer eine Warteschlage – enthält einige der kunstvollsten und stilistisch am weitesten entwickelten Gemälde von Ajanta. Als die Arbeiten an der Höhle Ende des 5. Jhs. begannen, dienten *viharas* den Mönchen nicht nur

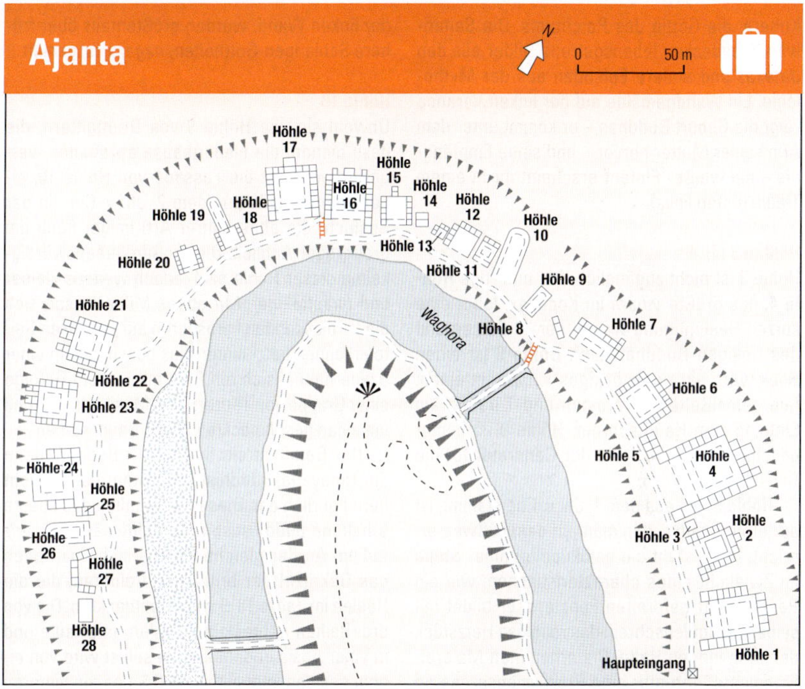

Aussichtspunkt ▼ Tickets, Grüne Busse, T-Junction, Fardapur ▼

als Wohn- und Schlafbereiche, sondern auch als Stätten der Andacht. Wie in den meisten Mahayana-*viharas* bebildern die außergewöhnlichen Malereien auf Wänden und Decken Episoden aus den *Jatakas,* Geschichten über die Geburt und die früheren Leben Buddhas.

Links vom Eingang zum Hauptschrein steht ein weiteres Meisterwerk: **Padmapani**, „Der einen Lotus Haltende", eine Erscheinungsform von Avalokiteshvara, umgeben von einer Entourage aus Gefolgsleuten, göttlichen Musikanten, Liebhaberinnen, Affen und einem Pfau. Gegenüber, auf der rechten Seite des Eingangs, steht **Vajrapani**, der im Buddhismus die „wahre Wirklichkeit" verkörpert. Gemeinsam repräsentieren diese beiden Bodhisattvas den dualen Aspekt des Mahayana-Buddhismus: Barmherzigkeit und Weisheit.

Der wirkliche Mittelpunkt von Höhle 1 ist jedoch die große sitzende Buddha-Skulptur im Schrein – die schönste von Ajanta. Mit tragbaren Scheinwerfern demonstrieren die Touristenführer mit Vergnügen, wie sich der Ausdruck auf dem kunstvoll gemeißelten Gesicht Buddhas mit dem Lichteinfallswinkel verändert. Auf dem Weg nach draußen kann man einen Blick auf die vierte Säule links (wenn man Richtung Ausgang blickt) werfen: die Figuren der scheinbar vier einzelnen Gazellen teilen sich bei näherem Hinsehen alle denselben Kopf.

Höhle 2

Höhle 2, ein weiteres ausdrucksstarkes Mahayana-*vihara,* stammt aus dem 6. Jh. Komplizierte florale Muster, darunter Lotus- und Medaillon-Motive, zieren die Decke. Die reliefartigen Friese im kleinen Nebenschrein rechts von der Hauptkapelle konzentrieren sich auf eine Fruchtbarkeitsgöttin mit üppigen Rundungen, **Hariti**, die berüchtigte, kinderfressende Kannibalin, sowie

Kubera, die Göttin des Reichtums. Die Seitenwände bedecken lebensgetreue Bilder aus den *Jatakas* und andere Episoden aus der Mythologie. Ein Wandgemälde auf der linken Veranda zeigt die Geburt Buddhas – er kommt unter dem Arm seiner Mutter hervor – und seine Empfängnis – ein weißer Elefant erscheint ihr in einem Traum (unten links).

Höhlen 3 bis 9

Höhle 3 ist nicht zugänglich. Die unfertige **Höhle 4**, das größte *vihara* im Komplex, lohnt eine kurzen Besichtigung wegen der 28 Säulen und des riesigen Buddha. Auch **Höhle 6** ist einen Blick wert: ein zweistöckiges *vihara* mit einem fein gemeißelten Türpfosten und Türsturz am Eingang zum Hauptschrein. Höhle 8 ist immer geschlossen: In ihr steht der Generator für die Beleuchtung.

Höhle 9, die aus dem 1. Jh. v. Chr. stammt, ist der erste *chaitya,* den man auf dem Fußweg erreicht. In ihr steht ein halbkugelförmiger Stupa im Zwielicht eines charakteristischen, wie ein Peepal-Blatt geformten Fensters. Er bildet mit seinem Reliquienschrein das religiöse Herzstück der 14 m langen Halle. Die erhaltenen Malerei-Fragmente, darunter eine Prozessionsszene an der linken Wand, wurden größtenteils über frühere Schlangen-Gottheiten, *nagarajas,* gemalt.

Höhle 10

Obwohl sie wie Höhle 9 von Drahtgittern, die dazu dienen, die Fledermäuse abzuhalten, verunziert wird, ist die Fassade von Höhle 10, einer *chaitya*-Halle aus dem 2. Jh. v. Chr. (in der Schlucht die älteste ihrer Art) immer noch ein großartiger Anblick. Die großen Sehenswürdigkeiten dieser Höhle sind jedoch weitaus kleiner und unauffälliger. Mit etwas Mühe lassen sich die verblassenden Farbspuren auf der linken Seite erkennen (jetzt hinter Glas geschützt). In einer Szene nähert sich ein Raja mit seinem Gefolge einer Gruppe von Tänzern und Musikern, die rund um einen geschmückten Bodhi-Baum stehen.

Der Baum ist ein Symbol für Buddha, denn die Hinayana-Buddhisten stellten diesen nicht gern figürlich dar. Dies ist vermutlich das älteste erhaltene buddhistische Wandgemälde in ganz Indien. An der gleichen Wand sieht man auch das Gekritzel der britischen Soldaten, die die Höhlen im Jahre 1819 wiederentdeckten. Die von drei Reihen achteckiger Säulen unterteilte und in einer Apsis endende Halle selbst wird von einem riesigen, monolithischen Stupa am hinteren

Die Technik der Höhlenmalerei

Die einfachen Malerei-Techniken, mit denen die Künstler von Ajanta die glanzvollen Farbkaleidoskope schufen, haben sich im Laufe der 800-jährigen Nutzungsdauer der Stätte, von 200 v. Chr. bis 650 n. Chr., wenig verändert. Zuerst wurden die rauen Felsoberflächen grundiert: mit einer dicken Paste aus Lehm, Kuhdung, Tierhaar und Pflanzenfasern. Danach folgte eine dünne Schicht aus glattem, weißem Kalk. Bevor dieser trocken war, skizzierten die Künstler die Umrisse ihrer Bilder mit rotem Zinnober in diese Schicht hinein und füllten die Vertiefungen mit einem Belag aus Grünerde.

Die **Farbpigmente** stammten alle aus natürlichen, wasserlöslichen Substanzen (Kaolin-Kalk für Weiß, Lampenruß für Schwarz, Glaukonit für Grün, Ocker für Gelb und importierter Lapislazuli für Blau); sie wurden mit Leim angedickt und erst aufgetragen, nachdem die Grundierung vollständig getrocknet war. Daher sind die Ajanta-Gemälde streng genommen keine Fresken (die stets auf feuchte Oberflächen aufgetragen werden), sondern **Tempera-Malereien**. Nachdem sie getrocknet waren, wurden die Wandmalereien in mühevoller Kleinarbeit mit einem glatten Stein poliert, um ihren natürlichen Glanz herauszuarbeiten.

Die einzigen **Lichtquellen** der Künstler waren Öllampen und das Sonnenlicht, das sie mit Hilfe von Metallspiegeln und Wasser (die äußeren Höfe wurden eigens für diesen Zweck überflutet) in die Höhlen leiteten. Umso bemerkenswerter war ihre außergewöhnliche Beherrschung von Linienführung, Perspektive und Schattierung, mit der sie den Malereien von Ajanta ihre charakteristische, unirdische Stimmung verliehen.

Ende dominiert. Wenn keine anderen Besucher da sind, kann man die fantastische Akustik des *chaitya* ausprobieren.

Höhlen 16 und 17

Die nächste interessante Höhle, **Höhle 16**, ist ein spektakuläres *vihara* aus dem 5. Jh. Sie birgt das berühmte Gemälde, das als **Sterbende Prinzessin** bekannt ist: relativ weit vorn an der linken Wand. Die Prinzessin war eigentlich eine Königin namens **Sundari**, und sie stirbt nicht, sondern fällt in Ohnmacht, nachdem sie die Nachricht erhalten hat, dass ihr Gatte, König Nanda (Buddhas Cousin), auf den Thron verzichten will, um Mönch zu werden. Die gegenüberliegende Wand zeigt Episoden aus Buddhas frühem Leben als Siddhartha.

Höhle 17 stammt aus der Zeit zwischen der Mitte des 5. und dem Anfang des 6. Jhs. In ihr befinden sich die besterhaltenen und abwechslungsreichsten Gemälde von Ajanta. Die Wartezeit, bis man die Höhle betreten darf, lässt sich mit dem Anschauen der Fresken auf der Veranda verkürzen. Über der Tür blicken acht sitzende Buddhas, darunter der zukünftige Buddha Maitreya, auf die Besucher hinunter. Auf der linken Seite teilt ein Prinzenpaar ein letztes Glas Wein, bevor die beiden ihre weltlichen Besitztümer an die Armen verteilen. An der linken Seite der Veranda sind Fragmente eines kunstvollen „Rad des Lebens" zu erkennen.

Im Inneren der Höhle werden die Wandmalereien von Illustrationen der *Jataka* dominiert, vor allem von solchen, in denen Buddha die Form eines Tieres annimmt, um bestimmte Tugenden zu illustrieren. Hier findet sich auch das exzellente und viel gepriesene Porträt einer sinnlichen, dunkelhäutigen Prinzessin, die sich selbst in einem Spiegel bewundert, während ihre Dienerinnen und eine Zwergin ihr zusehen. Die *chowkidars* demonstrieren den Besuchern, wie ihre Augen und ihr Schmuck vor dem dunklen Hintergrund wie Perlen schimmern, wenn der Fries von der Seite angeleuchtet wird.

Höhle 19

Die in der Blütezeit des Mahayana-Buddhismus Mitte des 5. Jhs. aus dem Felsen gemeißelte Höhle 19 ist ohne Zweifel die großartigste *chaitya*-Halle von Ajanta. Ihre **Fassade** ist reich verziert mit kunstvollen Bildhauereien. Im Inneren der Halle sind weniger die Fresken als die Reliefs um den oberen Teil der Säulen bemerkenswert. Noch interessanter ist der stehende Buddha hinten in der Halle, eine weitere Mahayana-Innovation. Auffällig ist auch die Entwicklung der gedrungeneren Stupas in den frühen *chaityas* (Höhlen 9 und 10) zu dieser länglicheren Version. Ihre Schirme werden von Engeln und einer Vase mit Götternektar gehalten und reichen bis unter das Deckengewölbe.

Höhlen 21 bis 26

Höhlen 21 bis 26 stammen aus dem 7. Jh. und sind damit rund 200 Jahre jünger als die anderen. Sie bilden eine separate Gruppe am hinteren Ende des Felsens. Außer der unvollendeten **Höhle 24**, deren grob gehauene Gräben und Säulen eine Ahnung davon vermittelt, wie die ursprünglichen Arbeiten vonstattengingen, lohnt nur noch **Höhle 26** eine nähere Betrachtung. Sie wurde in ähnlicher Form geplant wie Höhle 19, aber nie fertiggestellt. Doch die bildhauerischen Arbeiten zählen zu den beschwingtesten und sinnlichsten in Ajanta.

Das riesige Bild **Parinirvarna**, auf der linken Wand beim Eingang zur Höhle, das Siddhartha auf seinem Sterbebett zeigt, ist ein Quell der Ruhe. Am unteren Rand weinen die Trauernden, oben fliegen Engel und Musiker, um den Weisen zu begrüßen, als er ins Nirwana eingeht. Im Kontrast hierzu zeigt ein Fries namens **Maras Versuchung** (zwei Relieffelder weiter unten) Buddha unter einem Peepal-Baum sitzend, während sieben aufreizende Schwestern versuchen, ihn zu verführen. Ihr Vater, der teuflische Mara, beobachtet die Szene vom Rücken eines Elefanten in der oberen rechten Ecke. Die Finte zur Irreführung Buddhas schlägt natürlich fehl und zwingt den bösen Widersacher und seine Töchter schließlich zum Rückzug (unten rechts).

Der Aussichtspunkt

Der Aufstieg zum Aussichtspunkt, von dem aus die britische Jagdgesellschaft zum ersten Mal die Höhlen von Ajanta sah, lohnt sich unbedingt: Der Panoramablick über die Waghora-Schlucht und die umliegenden Wände aus nacktem Felsen ist atemberaubend. Vom Ende der eisernen Fußgängerbrücke unterhalb von Höhle 8 führen Stufen die andere Seite der Schlucht hinauf zu einem kleinen Unterstand mit Blechdach; hier ist schon die majestätische Schönheit der steilen Schlucht zu erkennen. Von hier geht es noch 20 Minuten steil hinauf zu dem klar sichtbaren Aussichtspunkt am Kamm des Berges.

Übernachtung und Essen

Da der erste Bus von der T-Junction zu den Höhlen erst um 9 Uhr fährt, bringt es kaum Vorteile, direkt vor Ort zu nächtigen. Es gibt hier jedoch einige recht gute Unterkünfte.

MTDC T-Junction Guest House, ✆ 02438/ 244230. In schöner Gartenanlage nicht weit vom Touristenkomplex und der Bushaltestelle von Ajanta. Das Gästehaus hat geräumige Zimmer auf zwei Ebenen mit Außensitzbereichen. Größter Nachteil: Außer den Imbissständen in der Nähe gibt es hier keine Essmöglichkeit. ❺

MTDC Holiday Resort, 1,5 km von der T-Junction im Dorf Fardapur, ✆ 02438/244230. Günstigere Unterkünfte in Chalets und einem Schlafsaal (Rs150). ❸–❹

Padmapani Park, ✆ 02438/244280, ✉ padmapanipark@yahoo.co.in. Die beste Budgetunterkunft bietet schlichte, aber saubere Zimmer mit Bad in einem bunten Gebäude am Dorfrand, 1 km weiter die Straße nach Jalgaon entlang. Wer bei der Ankunft von der Bushaltestelle aus anruft, wird sogar abgeholt. ❸–❹

MTDC-Restaurant, gleich vor dem Eingang zu den Höhlen. Die einzige Verpflegungsmöglichkeit in Ajanta selbst ist dieses wenig aufregende Lokal mit Punjabi-Gerichten und *thalis* mit und ohne Fleisch. ⏲ bis 18 Uhr. Das gleichermaßen triste Restaurant im MTDC Holiday Resort in Fardapur hat genau die gleiche Speisekarte wie das Restaurant bei den Höhlen und steht auch Nichtgästen offen.

Padmapani Park. Beliebtes, freundliches rein veg. Restaurant – die weitaus beste Wahl, es sei denn, man möchte Bier zum Essen trinken.

Hotel Ajanta, zwischen Holiday Resort und Padmapani Park an der Hauptstraße. Der regionaltypische dhaba-Imbiss am Straßenrand hat köstliche Masala-Gerichte mit Huhn, Fisch und Hammel sowie warmes roti-Fladenbrot.

Transport

Wer kein eigenes Transportmittel hat, kommt nur mit dem **Bus** nach Ajanta. Alle Fahrzeuge, auch Taxis, müssen an der Abzweigung nach **Ajanta (Ajanta T-Junction)** haltmachen, 4 km vor den Höhlen an der Hauptstraße von Aurangabad nach Jalgaon. Hier gibt es einen Besucherkomplex mit Schnellrestaurants, Toiletten und Souvenirständen; außerdem soll bis 2012 ein neues Informationszentrum entstehen. Der Eintritt zu diesem Komplex kostet Rs7. Vom Besucherzentrum pendeln vermeintlich umweltfreundliche grüne Busse regelmäßig zu den Höhlen (Rs7, mit AC Rs12).

Alle MSRTC-Busse zwischen AURANGABAD, 108 km südwestlich, und dem nächsten Bahnhof in JALGAON, 58 km nördlich, halten auf Anfrage an der T-Junction. Wer mit einem frühen Bus kommt, kann die Höhlen besichtigen, einen Happen essen und dann in eine der beiden Richtungen weiterfahren. Alternativ kann man die Fahrt von und nach Aurangabad auch mit einer der gehetzten **Touren** (S. 698) zurücklegen; eine bessere Basis ist jedoch Jalgaon.

Lonar

Nur wenige Reisende fahren zum Krater von Lonar, aber wer es hierher schafft, findet einen faszinierenden stillen See vor, der seine Existenz einem Meteoriteneinschlag verdankt. In einer Hindu-Legende, die recht zutreffend annahm, dass es von einer Sternschnuppe gebildet wurde, trägt das gigantische Loch den Namen „Taratirth". Es entstand vor etwa 50 000 Jahren, als hier ein Felsbrocken aus dem Weltall einschlug. Als einziger **Meteoritenkrater** in Basaltgestein auf der ganzen Welt ist die Stätte nicht nur eine geologische Kuriosität, sondern generell für die Wissenschaft von großem Interesse. Die NASA hat hier wegen der Ähnlichkeit mit einigen Mond- und Marslandschaften umfassende Studien vorgenommen. Viele der Mysterien des Sees wie etwa die extreme Alkalinität des dicken, schwefelhaltigen Wassers sind jedoch immer noch ein Rätsel.

Vom Rand führen mehrere steile Pfade hinunter zum See; der Hauptweg beginnt etwa 500 m vom MTDC Holiday Resort und erreicht das Becken bei einem Shiva-Tempel aus dem 12. Jh. Eine komplette Umrundung des von Wald gesäumten Sees, an dem eine vielfältige Vogelwelt zu Hause ist, dauert rund drei Stunden. Unterwegs stößt man auf zahlreiche weitere anscheinend aufgegebene Shiva-Schreine. An einer Schlucht im Nordosthang des Kraters – hier führt auch ein Weg zurück hinauf – befindet sich eine faszinierende Gruppe von Tempeln mit einer Quelle, die vom Ganges herstammen soll. Zum Schluss lohnt sich noch ein Besuch im Chalukya-Tempel **Daitya Sudana** aus dem 10. Jh. im Dorf Lonar. Die Tempelmauern sind verschwenderisch mit detailreichen Steinskulpturen und -reliefs mythologischer Szenen verziert.

Am einfachsten kommt man mit dem **Taxi** von Aurangabad nach Lonar; ein Tagestrip kostet je nach Fahrzeug und Verhandlungsgeschick Rs1800–2500. Von Aurangabad (4 Std.) kommen außerdem morgens zwei **Busse** hierher; zurück fährt der letzte Bus gegen 16 Uhr. Die Busse halten in der Mitte des Dorfes Lonar, 2 km vom See. Wer mehr über den See erfahren möchte, nimmt sich am besten einen einheimischen **Guide**; empfohlen wird Gajanan Kharat, ✆ 07260/221428. Die einzige **Unterkunft** ist das gemütliche, aber etwas geisterhafte MTDC Holiday Resort direkt gegenüber vom Krater, ✆ 07260/221602, ❹, gebaut für einen Besucheransturm, der aber ausblieb. Das angeschlossene Restaurant besitzt eine herrliche Terrasse mit Seeblick.

Jalgaon

Jalgaon ist ein wichtiger Verkehrsknotenpunkt in den Streckennetzen von Central und Western Railway und liegt zudem an der Hauptstraße durch den Dekkan, dem NH-6. Der Ort dient als Marktzentrum für die Baumwoll- und Bananenbauern der Region und als wichtiger Stopp für Traveller auf dem Weg zu oder von den 58 km weiter südlich gelegenen Höhlen von Ajanta. Zwar bietet die Stadt selbst nichts Interessantes, Besucher sind jedoch oft gezwungen, hier zu übernachten, um früh morgens weiterreisen zu können.

Erstklassiges Budgethotel

Plaza Hotel, 2 Min. vom Bahnhof auf der linken Seite der Station Rd, ✆ 0257/222 7354, ✉ hotelplaza_jal@yahoo.com. Sehr schmucke und einladende Unterkunft mit verschiedenen, harmonisch eingerichteten EZ und DZ, alle makellos weiß, sehr preisgünstig und mit blitzsauberen gefliesten Badezimmern. Außerdem gibt es einen Schlafsaal mit AC (Rs150) und eine Suite (Rs900). Wer frühmorgens abreist, bekommt Tee aufs Zimmer serviert. ❸–❹

Übernachtung und Essen

Kewal, Station Rd, ✆ 0257/222 3949. Falls das Plaza Hotel voll ist; düster, aber einigermaßen sauber. ❹

Royal Palace, ✆ 0257/223 3888, 3 km hinter dem Busbahnhof. Mittelklassehotel mit großem Atrium; die Zimmer sind jedoch eher gesichtslos, dafür aber recht gut ausgestattet. ❺

Es gibt kein besseres Restaurant in der Stadt als das schnörkellose, aber freundliche **Hotel Arya**, 10 Fußminuten vom Bahnhof – am Ende der Station Road links abbiegen und dann am Uhrenturm wieder links. Sehr beliebt mittags wegen der frisch zubereiteten und herzhaften nordindischen veg. Spezialitäten. Unterwegs kommt man am großen **Arya Niwas** vorbei, das von denselben Leuten betrieben wird und eines der besten rein veg. *thali*-Lokale am Ort ist.

Nicht veg. Essen und Alkohol gibt's im respektablen, aber verrauchten **Bombay Hotel** neben dem Bahnhof. Wer den Abend nicht in Gesellschaft angetrunkener Handelsvertreter verbringen möchte, sollte recht früh hier sein.

Internet

Internetanschluss bietet das **Om Internet Café** für Rs20 pro Std. im 1. Stock des Einkaufszentrums Golani Market, nicht weit vom Kreisverkehr am Ende der Station Road.

Transport

Busse

Der geschäftige **MSRTC-Busbahnhof** liegt 1,5 km (Rs15 per Rikscha) vom Bahnhof entfernt.

Nach AJANTA (1 Std.) kommt man am schnellsten mit einem der halbstündlichen Busse nach AURANGABAD (4 Std.), 160 km südlich, die alle an der Abzweigung nach Ajanta (T-Junction) halten.
Die MSRTC unterhält außerdem Tagesverbindungen nach MUMBAI (1x tgl., 11 Std.), NAGPUR (2x tgl., 10 Std.) und PUNE (5x tgl., 9–10 Std.). Besser sind auf diesen Routen jedoch die zahlreichen privaten **Nachtbusse**. Diese Busse sowie private Busse zu anderen Zielen kann man bei den Reisebüros an der Station Road buchen. Die angenehmste Verbindung nach Pune bietet zurzeit **Shree Durga Travels**, ✆ 0257/222 8124; in andere größere Städte wie Mumbai, Indore und Ahmedabad ist derzeit **Uncle Travels**, ✆ 0257/224 1294, am besten.

Eisenbahn

Jalgaon hat hervorragende Zugverbindungen, da es auf der Hauptstrecke zwischen Delhi, Kolkata und Mumbai liegt, sowie gute Verbindungen zu den meisten Städten nördlich auf der Central-Railway-Strecke.
Außerdem kommen zahlreiche Expresszüge auf dem Weg zum Netz der Southeastern Railway durch die Stadt, darunter mindestens 9 Züge tgl. nach NAGPUR (7–9 Std.), via Wardha Junction (für Sevagram; 5 1/2–6 1/2 Std.); am praktischsten ist der Sewagram Express Nr. 12139, Abfahrt von Jalgaon um 22 Uhr, Ankunft in Nagpur Junction um 6.10 Uhr. Auch nach MUMBAI (7–8 3/4 Std.) gibt es regelmäßige Verbindungen.
Außerdem fahren Züge nach AGRA (4–5x tgl., 14–17 1/2 Std.), BENGALURU (1x tgl., 24 Std.), BHOPAL (7x tgl., 7–8 3/4 Std.), CHENNAI (1x tgl., 23 Std.), DELHI (4x tgl., 18–21 3/4 Std.), GWALIOR (4–5x tgl., 12–15 1/2 Std.), PUNE (4x tgl., 8 1/2–10 1/4 Std.), VARANASI (10–12x tgl., 18 1/2–28 Std.).

Nagpur

Nagpur, Hauptstadt des „Landes der Orangen", steht im Zentrum der staatlichen Bemühungen, die abgeschiedene nordöstliche Ecke von Maharashtra als Industriestandort zu etablieren – die meisten Ausländer sind aus geschäftlichen Gründen in der Stadt. Die wenigen Reisenden, die hier einen Halt einlegen, sind auf dem Weg nach Madhya Pradesh oder zum Gandhi-Ashram in Sevagram, zwei Fahrstunden südwestlich. Der andere lohnenswerte Ausflug führt in anderthalb Busstunden Richtung Nordosten zum Bergtempelkomplex von Ramtek.

Das auffälligste Wahrzeichen in der Stadt ist das **Sitabuldi Fort** auf einem Sattel zwischen zwei Hügeln oberhalb des Bahnhofs; es ist jedoch für die Öffentlichkeit geschlossen. Nördlich und westlich der Festung gibt es im angenehm grünen Bezirk **Civil Lines** einige prächtige Gebäude aus britischer Zeit, als Nagpur Hauptstadt der riesigen Region der Zentralprovinzen war.

Übernachtung

Blue Moon, ✆ 0712/272 6061. Das am wenigsten heruntergekommene der billigeren Hotels, 5 Min. zu Fuß westlich vom Skylark. Die winzigen Bäder könnten allerdings eine Generalreinigung vertragen. ❹–❺
Tuli International, 1 km nordwestlich vom Bahnhof im ruhigen Bezirk Sadar, ✆ 0712/665 3555, 💻 www.tuligroup.com. Das charmanteste der zahlreichen teureren Hotels für Geschäftsreisende, mit Kronleuchtern in der Lobby, Teppichen in den Fluren und plüschiger Einrichtung, was dem Hotel ein nettes altmodisches Flair verleiht. ❽
Skylark, 119 Central Ave, ✆ 0712/272 4654. Dies ist das beste einer Reihe von annehmbaren Budgethotels an der Central Avenue, rund 1 km östlich des Bahnhofs. Die angenehmsten Zimmer (mit AC) sind groß und sauber, die billigsten ein wenig schäbig und laut. Gutes Restaurant. ❹–❺

Essen

Naivedhyam, abseits des Jhowsi Rani Chowk in Sitabuldi mitten im Zentrum. Das schicke Restaurant ist eine Institution in Nagpur und bietet köstliches veg. Essen (Hauptgerichte Rs90–175). Im Hintergrund läuft Hindi-Hawaii-Musik.
The Grill. Gemütlicher, wenn auch verrauchter und von Männern dominierter Speisesaal mit

Maharashtra

Bar im Hotel Skylark. Gute veg. und nicht veg. Gerichte (Hauptgerichte Rs125–250), begleitet von Live-*ghazals*.
Shivraj, nicht weit vom Hotel Blue Moon. Leckere und billige südindische Snacks und *thalis*.

Sonstiges

Geld

Geld wechselt z. B. die **State Bank of India** am Kingsway beim Bahnhof.

Informationen

MTDC-Touristeninformation, West High Court Rd, Civil Lines, 2,5 km westlich vom Zentrum, ✆ 0712/253 3325. Nur nützlich für die Buchung von Unterkünften. ◷ tgl. 10–18 Uhr.
MP Tourism, 4. Stock, Lokmat Building, Wardha Rd, ✆ 0712/244 2378. Buchung von Unterkünften im Pench Tiger Reserve (S. 442), in Pachmarhi (S. 409) und im Kanha-Nationalpark (S. 437). ◷ Mo–Fr 11–17 Uhr, plus erster und letzter Sa im Monat.

Transport

Nagpur liegt ziemlich genau in der Mitte Indiens und verfügt so über gute Verkehrsverbindungen ins ganze Land – ansonsten liegt es aber ziemlich isoliert.

Busse

MSRTC-Busse halten am **staatlichen Busbahnhof**, 2 km südöstlich vom Bahnhof.
Außer nach RAMTEK und WARDHA fahren vom MSRTC-Busbahnhof Busse nach AURANGABAD (6x tgl., 12 Std.), INDORE (1x tgl., 11–12 Std.), JABALPUR (3x tgl., 7–8 Std.), JALGAON (2x tgl., 9 Std.) und PUNE (4x tgl., 16 Std.).

Eisenbahn

Der geschäftige **Bahnhof** von Nagpur liegt eine Rs20 teure Fahrt mit der Motor-Rikscha entfernt vom wichtigsten Hotelviertel rund um die Central Avenue.
Die schnellste Verbindung nach MUMBAI (6–8x tgl.) ist der Nagpur Mumbai Duronto Nr. 12290, Abfahrt 20.25 Uhr (nur Mo, Mi und Fr Di, Do und So), Ankunft im CST (VT) um 7.50 Uhr; alle anderen Verbindungen sind mindestens 2 Std. länger. Die meisten Züge nach WARDHA (für Sevagram; 11–13x tgl., 1–2 Std.) halten auch in JALGAON (9x tgl., 6 1/2–7 3/4 Std.).
Andere Ziele ab Nagpur sind: BHOPAL (8–17x tgl., 5 1/2–9 Std.), CHENNAI (3–6x tgl., 14 3/4–23 1/2 Std.), DELHI (10–13x tgl., 13 1/2–21 3/4 Std.), HYDERABAD (2–5x tgl., 8 1/4–11 1/4 Std.), INDORE (1–2x tgl., 10 1/2–12 Std.), JABALPUR (2–5x tgl., 8 1/4–10 Std.), KOLKATA (5–8x tgl., 17 1/2–22 3/4 Std.), NASIK (5–7x tgl., 9 1/2–11 Std.) und PUNE (2–3x tgl., 15–18 Std.).

Flüge

Der **Flughafen** befindet sich etwa 8 km südwestlich des Zentrums. Eine Motor-Rikscha sollte nicht mehr als Rs150 kosten.
Air India fliegt 2–3x tgl. von Nagpur nach MUMBAI; dieselbe Strecke bedienen 1x tgl. GoAir, IndiGo und Jet Airways und Kingfisher, weniger häufig JetLite.
Außerdem gibt es 1x tgl. (oder öfter) Flüge nach DELHI mit Air India, GoAir und IndiGo sowie nach KOLKATA mit Air India und IndiGo und nach BENGALURU mit Kingfisher und Air India (Air India fliegt weiter nach CHENNAI). Außerdem fliegt IndiGo 2x tgl. nach PUNE, Kingfisher 1x tgl. nach GOA und (über INDORE und PUNE) nach HYDERABAD.

Ramtek

Die malerische Ansammlung weiß getünchter Tempel und Schreine auf einem Hügel bei Ramtek, 40 km nordöstlich von Nagpur an der Hauptstraße nach Jabalpur (NH-7), ist eine dieser Erscheinungen, die sich dem Reisenden auf langen Fahrten durch Asien schon von Weitem offenbaren. Dem *Ramayana* zufolge legten Rama, Sita und Lakshmana auf ihrem Rückweg von Lanka auf diesem zerklüfteten, mit Gebüsch bewachsenen Hügel einen Aufenthalt ein. Obwohl aus diesen fernen Zeiten nur wenige Spuren überliefert sind, erfüllen die alten gepflasterten Pilgerwege, der heilige See, die verfallenen Schreine und die schönen Ausblicke über die endlose Ebene das aus der Ferne gegebene Versprechen vollends.

Busse aus Nagpur halten einige Kilometer vor dem **Ram Mandir** – dem Tempelkomplex – im Ort Ramtek. Vom Ortsrand führen Steintreppen steil den Berg hinauf. Wo heute der 1740 erbaute Tempel steht, gab es früher einen Tempel aus dem 5. Jh., von dem nur noch drei kleine Sandsteinschreine übrig sind. Gleich unterhalb des Tempelkomplexes befindet sich das runde **Kalidas Smarak**, ein modernes Denkmal für den großen Sanskrit-Dichter Kalidasa. Die Innenwände des Pavillons sind mit Bildtafeln geschmückt, die Szenen aus dem Leben und den Werken des Poeten zeigen. ◷ tgl. 8.30–20 Uhr, Eintritt Rs5.

Eine weitere heilige Stätte in Ramtek ist der **Ambala-See**, ein Badestaubecken am Grund einer Schlucht inmitten trockener brauner Hügel, zu erreichen über einen 1,5 km langen Pilgerweg. Hauptattraktion hier sind die Tempel und *ghats* an den schlammigen Ufern. Leute mit genügend Energie können den See auch noch **umrunden** und sich dabei die halb verfallenen Kenotaphe und von Unkraut überwucherten Schreine am ruhigeren Nord- und Westufer anschauen. Mit einer Motor-Rikscha (um Rs40) geht es zurück zum Busbahnhof.

Direktbusse nach Ramtek fahren jede halbe Stunde vom MSRTC-Busbahnhof von Nagpur. Wer nicht zu Fuß zum Tempel hochgehen möchte, kann sich vom Busbahnhof für etwa Rs100 am Ambala-See vorbei mit einer **Motor-Rikscha** hochfahren lassen. Das **Rajkamal Resort**, ✆ 07114/202761, ❹–❺, ein paar hundert Meter vom Tempel am Berg, bietet einige teure, aber akzeptable Zimmer sowie ein malerisch gelegenes Freiluft-Restaurant; das Essen ist aber leider nur mittelmäßig.

Sevagram

Sevagram, Gandhis Modell-„Village of Service", liegt tief in der stillen Landschaft Maharashtras, 9 km von der Eisenbahnstadt Wardha. Während des Monsuns von 1936 zog der Mahatma von seinem Ashram in Gujarat auf Einladung seines Freundes Seth Jamnalal Bajaj hierher. Direkt in der Mitte des Subkontinents und nicht weit vom Bahnnetz der Central Railway gelegen, bildete es ein ideales Hauptquartier für die gewaltfreie Nationalbewegung Satyagraha, da es abgeschieden und ruhig lag, aber gleichzeitig über die gute Verkehrsanbindung verfügte, die Gandhi für seine politischen Aktivitäten benötigte.

Heute ist die kleine Siedlung eine Mischung aus Museum und pulsierendem Zentrum für die Verbreitung von Gandhis Philosophie. Interessierte Besucher können ein paar Tage hier verbringen und bei der Feldarbeit helfen, an Diskussionen und Gebetstreffen teilnehmen (tgl. 5.45 und 18 Uhr; für die Gebetstreffen Insektenschutzmittel nicht vergessen) und die aussterbende Kunst des Handspinnens erlernen. Die älteren Bewohner des Ashrams sind echte Wissensquellen hinsichtlich der Worte ihres Gurus.

Hinter dem interessanten **Besucherzentrum** (◷ tgl. außer Di 10–18 Uhr) mit seinen Fotos und Dokumenten zu Gandhis Leben erreicht man den wunderbar friedvollen eigentlichen Hauptteil des Ashrams, der Eingang befindet sich ein paar Hundert Meter die Straße entlang. Die bescheidenen rustikalen **Hütten**, darunter die Hauptresidenz des Mahatma, sind exakt so erhalten, wie sie aussahen, als der große Mann und seine Anhänger hier in den letzten Jahren des Kampfes um die Unabhängigkeit lebten. ◷ tgl. 6–18 Uhr. In einem kleinen *khadi*-Laden werden handgesponnene Stoffe und andere hier hergestellte Produkte verkauft.

Übernachtung und Essen

Wer etwas mehr über Gandhi und seine Philosophie der Gewaltlosigkeit erfahren möchte, kann länger verweilen und im einfachen, aber sauberen **Rustam Bhavan Guest House** ❶ oder im Schlafsaal **Bajaj Bhavan** (Rs60) im Hauptteil der Anlage, ✆ 07152/284753, übernachten; jedoch wird erwartet, dass man jeden Tag ein paar Stunden Gemeinschaftsarbeit verrichtet. Ein wenig schäbigere Unterbringung in strohgedeckten Backsteinhütten bietet das **Yatri Niwas** des Ashrams, ✆ 9822/797520, gegenüber von der Hauptanlage; Zimmer ❶, Schlafsaal Rs40.

Einfache, billige und gesunde *thalis* und Snacks aus Maharashtra sind im **Organic Nutrition Centre** neben dem Besucherzentrum erhältlich.

Nahverkehr

Nahverkehrsbusse fahren jede halbe Stunde von WARDHA, 77 km südwestlich von Nagpur und an der Eisenbahn-Hauptstrecke gelegen, bis zur Kreuzung vor dem Kasturba Gandhi Hospital, von wo es noch 1 km bis zum Ashram ist. Eine **Motor-Rikscha** vom Busbahnhof von Wardha nach Sevagram und zurück sollte nicht mehr als Rs200 kosten.

Transport

Vom **MSRTC-Busbahnhof** in Nagpur fahren regelmäßig Express-Busse nach Wardha (2 Std.).

Südlich von Mumbai: Die Konkan-Küste

Obwohl in letzter Zeit mehrere noble Resorts für wohlhabende Städter entstanden sind, ist die Küste südlich von Mumbai, die Konkan-Küste, immer noch relativ unverdorben. Leere Strände vor Kasuarinen und Arekapalmen sowie Kokosplantagen vor der Kulisse der fernen Ghats säumen die Küste, und in kleinen befestigten Orten wird einer besonderen Küstenkultur gehuldigt, mit einem eigenen Marathi-Dialekt und einer feurig scharfen Küche. Wegen der vielen Flüsse und Flussmündungen, die die Küste zerschneiden, war diese wenig erkundete Region bis vor einiger Zeit schwer zu bereisen. Dank der Konkan Railway, die zwischen Mumbai und Kerala über Goa an der Küste entlangführt, ist sie heute erheblich besser zugänglich.

Murud-Janjira

Der erste interessante Ort auf dem Weg Richtung Süden ist der kleine Hafen Murud-Janjira, 165 km südlich von Mumbai. Das traditionelle Handelszentrum befand sich einst im Besitz einer Dynastie ehemaliger abessinischer Sklaven, der Siddis. Es verfügt noch über zahlreiche schöne Holzhäuser, einige davon bunt angestrichen und mit Säulenveranden versehen. Am breiten, sanft abfallenden Strand kann man gefahrlos baden, jedoch ist die Küste weiter Richtung Süden einladender.

Fünf Kilometer südlich steht gleich vor der Küste das eindrucksvolle **Janjira Fort** aus dem 16. Jh., eine der wenigen Festungen, die die Marathen nicht einnehmen konnten. Heute ist es in majestätischem Verfall begriffen. Für die Region typische *hodka*-Boote (20 Min., Rs20) fahren von der Anlegestelle in Rajpuri (Rs50 mit der Motor-Rikscha von Murud) hinaus zur Festung. Es ist eine nette Fahrt, jedoch haben die Boote Platz für 20 Personen und fahren erst ab, wenn sie voll sind, sodass man manchmal ein ganzes Boot chartern muss (Rs400). An der Festung hat man dann etwa eine Stunde Zeit für die Erkundung der mächtigen Mauern. Das Innere der Festung ist aber zum größten Teil verfallen.

Vor Murud, 2 km vom Strand entfernt, liegt das Kasa Fort von 1661 in offener See, kann aber nicht besichtigt werden, genauso wie der eindrucksvolle Palast des letzten *nawab* aus dem 19. Jh., der über dem Nordende der Bucht thront. Schöne Ausblicke auf die Küste und das Umland bieten sich von dem auf einem Hügel gelegenen **Dattatreya-Tempel** mit einem Turm im islamischen Stil. Der Tempel ist der dreiköpfigen Gottheit geweiht, die Brahma, Vishnu und Shiva in sich vereint.

Übernachtung und Essen

Die besten Unterkünfte befinden sich an der Durbar Road.

Golden Swan Resort, direkt am Strand, 1 km nördlich des *chowk* am Ortsrand, ✆ 02144/274078, 💻 www.goldenswan.com. Die komfortabelste Unterkunft am Ort hat schicke AC-Chalets sowie einfachere Zimmer ohne AC im ein paar Häuser weiter gelegenen kolonialen Beach House. Außerdem Fahrradverleih und Restaurant mit lokaler Malvani-Küche. ❼–❽

Mirage Holiday Homes, rund 500 m südlich, ✆ 9423/377004. Das schöne historische Gebäude besitzt Zimmer mit hohen Decken und mehr Flair als die Konkurrenz, jedoch keinen direkten Zugang zum Strand. ❹–❺

V. M. Dandekar's, gleich südlich des *chowk*, ✆ 9221/260260. Einfache Privatunterkunft an einem schmalen Stück Strand, mit Hausmacherkost. Nach dem Schild mit der Aufschrift „Rooms available here" Ausschau halten. ❹

Südlich des *chowk* herrscht kein Mangel an sauberen und preisgünstigen Esslokalen. Am besten ist **Patil's**, ein Spezialist für *thalis*, in einem schattigen Garten ein paar Schritte landeinwärts von der Durbar Road, zu Recht gerühmt für seinen knusprigen Fisch.

Sonstiges

Geld

Für den Aufenthalt muss man genügend **Bargeld** mitbringen – zur Zeit der Recherche gab es im Dorf keinen Geldautomaten, und die einzige Bank wechselte kein Geld.

Internet

Internetzugang bietet das **Fahim Internet Café**, 200 m östlich des *chowk* für Rs35 pro Std.

Post

An der parallel zum Meer verlaufenden Durbar Road gibt es ein winziges **Postamt**.

Transport

Busse

Die meisten direkten Busverbindungen von und nach MUMBAI Central dauern 6 Std. Es gibt auch zwei schnellere ASIAD-Busse (4 1/2 Std.), die im Voraus gebucht werden müssen. Die Busse halten an der Hauptstraße von Murud, der Durbar Road.

Maharashtra

Schiffe

Der Murud nächstgelegene Bahnhof ist Roha, zwei Busstunden entfernt. Daher gelangen die meisten Reisenden nach wie vor nach Murud, indem sie zunächst mit einem der etwa stündlich verkehrenden Luftkissen-Katamarane oder regelmäßig fahrenden Fähren (1 Std.) vom Gateway of India in MUMBAI nach MANDAWA auf der Südseite der Hafenbucht (s. S. 685) von Mumbai fahren, wo sie in Shuttlebusse nach ALIBAG (45 Min.) umsteigen, wo man dann wiederum einen normalen staatlichen Bus nach Murud (2 Std.) nehmen kann.

Ganpatipule

Rund 215 km südlich von Murud-Janjira liegt Ganpatipule, ein winziges Dorf mit einem modernen **Ganapati-Tempel**. Diesem nähert man sich auf einem langen überdachten Weg. Der Tempel ist um ein Ganapati-*omnar* herum gebaut, ein auf natürliche Weise entstandenes – wenngleich kaum akkurates – Bildnis des Elefantengottes, das jedes Jahr Tausende von Pilgern anlockt. Weitaus eindrucksvoller ist der spektakuläre weiße **Sandstrand** von Ganpatipule, der sich beiderseits des Dorfes mehrere Kilometer weit erstreckt. Im Meer hier kann man im Allgemeinen gefahrlos baden, von Juni bis Oktober sollte man jedoch vorsichtig sein.

Übernachtung und Essen

MTDC Resort, mitten im Dorf, ✆ 02357/235248. Die Hotelanlage mit gepflegten Rasenflächen hat annehmbare Zimmer in netten zweistöckigen Villen einen Katzensprung vom Meer entfernt. Einige davon besitzen einen luftigen Balkon. Die Konkani-Hütten in einer schattigen Anlage am Strand 10 Min. zu Fuß weiter nördlich sind leider enttäuschend schlecht in Schuss. ❺–❼

Shreesagar, ✆ 02357/235145, ✉ hotel_shreesagar@hotmail.com. Günstigere Alternative 5 Min. Fußweg vom Strand an der Zufahrtsstraße, mit recht guten, einigermaßen sauberen DZ und veg. Restaurant. ❹–❺

Im beliebten Restaurant des MTDC Resort, dem **Tarang**, werden frische Malvani-Gerichte und kühles Bier serviert.

Transport

Ganpatipule erreicht man über (das ans staatliche und private Busnetz gut angebundene) RATNAGIRI an der Strecke der Konkan Railway; von dort absolvieren Nahverkehrsbusse (alle 30–60 Min., 1 1/2 Std.) die letzten 32 km. Oder man nimmt einen der direkten MSRTC-Busse von Mumbai, Pune oder Kolhapur. Busse halten gewöhnlich vor dem MTDC Resort. Während Festen werden Fahrgäste u. U. an der Hauptstraße am Ortsrand abgesetzt, ca. 1,5 km zu Fuß oder per Rikscha vom Strand entfernt.

Matheran

Die urige ehemalige britische Hill Station Matheran, 108 km östlich von Mumbai, liegt in 800 m Höhe auf einem schmalen, in Nord-Süd-Richtung verlaufenden Berggrat der Sahyadri-Bergkette. Von einfallsreich benannten Aussichtspunkten am Rande nackter Felsen, die in tiefe

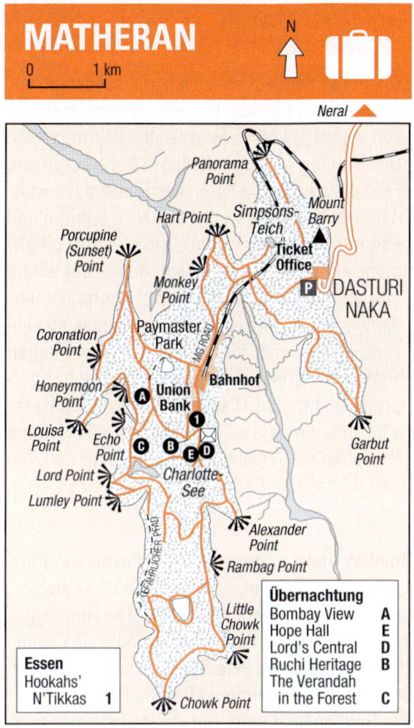

Schluchten abfallen, kann man weit über die dunstigen Ebenen schauen – an einem schönen Tag angeblich sogar bis nach Mumbai. Matheran selbst ist den größten Teil des Jahres über in dichten Nebel gehüllt. Einzigartig ist, dass Autos, Busse, Motorräder und Motor-Rikschas in der Stadt verboten sind. Dieser Umstand sowie die Anreise mit einer **Schmalspurbahn**, die durch die spektakuläre Landschaft bis zum Bergkamm hinauftuckert, verleihen der Stadt eine angenehm ruhige, zeitlose Atmosphäre.

Matheran (wörtlich „Mutter Wald") ist für die Bewohner Mumbais schon seit dem 19. Jh. ein beliebter Zufluchtsort vor der Hitze. Heutzutage finden nur noch wenige ausländische Touristen den Weg hier herauf, und diejenigen, die kommen, bleiben meist nur zwei oder drei Tage, um die Zeit bis zu einem Flug zu überbrücken oder den besonderen Charme der **Kolonialhotels** von Matheran zu genießen. Die Touristensaison dauert von Mitte September bis Mitte Juni (zu anderen Zeiten regnet es oder ist neblig); am meisten Betrieb herrscht um Diwali und Weihnachten, im April und Mai sowie praktisch an jedem Wochenende.

Es gibt hier oben eigentlich nichts anderes zu tun als zu entspannen, die Wälder zu Fuß oder auf dem Pferderücken zu durchstreifen und die frische Luft und schöne Aussicht zu genießen. Die Luftlinie zwischen dem Bahnhof in Neral und Matheran beträgt nur 6,5 km, aber der **Zug** windet sich auf nicht weniger als 21 km Gleisstrecke hier herauf, mit ganzen 281 Kurven, die zu den engsten Eisenbahnkurven der Welt gehören sollen. Die Zugfahrt ist ein echtes Vergnügen, vor allem, wenn man einen Fensterplatz ergattert. Wer sich keinen Platz in der ersten Klasse leisten kann, muss sich auf drangvolle Enge einstellen.

Übernachtung und Essen

Matheran hat zahlreiche Hotels, allerdings nur wenige billige. Am Wochenende sollte man auf jeden Fall vorausbuchen, außerdem verdoppeln sich dann die Preise fast. Und in den Hauptreisezeiten erklimmen sie fürwahr astronomische Höhen. Die unten angegebenen Preise gelten an Wochentagen zu normalen Zeiten. Die meisten Unterkünfte liegen in der Nähe des Bahnhofs in der MG Road, teurere, familienorientiertere Unterkünfte an der Straße dahinter, der Kasturba Bhavan. Checkout-Zeit ist normalerweise um 10 oder 11 Uhr; während der Regenzeit haben viele Unterkünfte geschlossen.

Für allein reisende Männer kann sich die Zimmersuche ziemlich schwierig gestalten, da die Hoteliers der Stadt Männern ohne weibliche Begleitung fast durchgehend die Aufnahme verweigern. Der Grund: Es kamen zu viele Selbstmörder eigens aus Mumbai angereist, um sich hier oben das Leben zu nehmen. Am problematischsten sind die Unterkünfte am unteren Ende des Preisspektrums.

Praktisch alle Hotels bieten Voll- oder Halbpension zu akzeptablen Preisen, wer jedoch außerhalb des Hotels essen will oder sparen muss, ist mit den zahlreichen thali-Läden rund um den Bahnhof oder den leckeren Kebabs und *tikka*-Gerichten von **Hookahs'N'Tikkas**, ebenfalls in der MG Rd, gut bedient.

Aussichtspunkte und Waldwanderwege

Matheran liegt auf einem langen, schmalen, bogenförmigen Plateau, das fast auf ganzer Breite von steil abfallenden Felswänden begrenzt wird. Diese laufen an vielen Stellen in Bergrücken und Felsspitzen aus, die durch das Blätterdach wunderbare **Panoramablicke** auf ferne Gebirge und Ebenen zulassen. Kaum ein Besucher schafft mehr als ein halbes Dutzend davon bei einem einzigen Ausflug, aber um die Wintersonnenwende, wenn die Temperaturen angenehm kühl sind, lassen sich die meisten in einer langen Tageswanderung abklappern. Eine erste Kostprobe bietet eine Wanderung vom Hauptbasar südwärts am Lord's Central Hotel an Matherans Ostflanke vorbei zum Alexander Point und von dort weiter zum Chowk Point – dem südlichsten Bergsporn. Das sollte hin und zurück nicht mehr als ein paar Stunden dauern.

Eine weitere schöne Wanderstrecke ist die alte Karrenpiste, die sich um den Westrand des Plateaus an einer Reihe malerischer Bungalows aus der britischen Ära vorbei bis zum Louisa, Coronation und Sunset (oder Porcupine) Point schlängelt – wie der Name andeutet, gilt letzterer Aussichtspunkt als ideal zur Betrachtung des Sonnenuntergangs. Exakte topografische Karten des Bergs und seiner vielen Wege sind praktisch nicht zu bekommen. Nur im Speisesaal des Lord's Central Hotel hängt noch ein wunderschönes altes Exemplar aus britischer Zeit aus; Wanderer dürfen gern vorbeischauen und sich orientieren.

Bombay View, südwestlich des Paymaster Park, 1,5 km vom Bahnhof, ✆ 02148/230453, 💻 www.bombayviewhotelmatheran.com. Die Herberge in einer großen, umgebauten Kolonialvilla samt Nebengebäude ist eine Spur teurer als die ganz schlichten Unterkünfte in Bahnhofsnähe, aber das Geld allemal wert. Die meisten Zimmer sind geräumig, mit Außensitzbereichen und Aussicht auf Wald oder Garten, und die Mitarbeiter sind hilfsbereit. ❸–❹

Traumveranda

The Verandah in the Forest, 2 km südwestlich vom Bahnhof, ✆ 02148/230296, 💻 www.neemranahotels.com. Allein schon für diesen prachtvoll restaurierten Bungalow aus dem 19. Jh. lohnt sich ein Abstecher nach Matheran. Neben der stimmungsvollen Aufmachung und Möblierung im authentischen Stil der Zeit bezaubert vor allem die riesige, von dichtem Laub beschattete Westveranda – ein traumhafteres Fleckchen für ein Mittagessen (muss reserviert werden) oder den Nachmittagstee findet sich in ganz Indien nicht. Beim Essen muss man sich allerdings vor den diebischen Affen hüten. Die Zimmerpreise sind vertretbar und bleiben das ganze Jahr über recht konstant. ◷ ganzjährig. ❼–❾

Hope Hall, MG Rd, gegenüber vom Lord's Central, ✆ 02148/230253. Geräumige, saubere Zimmer mit Bad – die besseren mit hohen Decken und Gemeinschaftsveranda – an einem abgeschiedenen Hof mit Badminton und Tischtennis am ruhigen Ende der Stadt. Unter der Woche einer der besten Deals in Matheran, am Wochenende bei vierfachem Preis jedoch viel zu teuer. ❷–❹

Lord's Central, MG Rd, ✆ 02148/230228, 💻 www.matheran.com. Obwohl schon etwas mitgenommen, mit wackeligen Veranden, Weihnachtssternen, harten Betten und schwer verdaulichen, aber köstlichen Tagesmenüs, ist das aus britischer Zeit stammende, exzentrische Lord's eine der beliebtesten Institutionen in Matheran, nicht zuletzt dank der ehrfurchtslosen, in Anekdoten verliebten parsischen Betreiber. Vom Garten am Pool bieten sich spektakuläre Ausblicke. Nur mit VP (ab Rs1600–2300 pro Pers. und Nacht; 30 % Nachlass bei Aufenthalt ab 2 Nächten). ❼–❽

Ruchi Heritage, MG Rd, ✆ 02148/230072. Während die geschmacklose Fassade eine echte architektonische Sünde darstellt, birgt das Pseudo-Heritage-Hotel im Innern recht geräumige, moderne, saubere Zimmer in Flieder- und Pfirsichtönen – im Notfall durchaus zu gebrauchen. ❹

Geld

Keine der Banken in Matheran wechselt ausländische Währungen, aber der **Geldautomat** der Union Bank etwas südlich des Bahnhofs nimmt ausländische Karten an.

Nahverkehr

Alle motorisierten Transportmittel, inkl. Sammeltaxis und Minibusse ab Neral (Rs50 p. P., Rs250 pro Wagen), halten am Taxistand neben dem MTDC Resort in Dasturi Naka, 2 km von Matheran. Von hier kann man einen Träger anheuern (Rs100–120) und zu Fuß gehen, sich auf eines der etwas zerbrechlich wirkenden Pferde setzen, die am Zügel geführt werden (Rs150–180) oder eine von Hand gezogene Rikscha nehmen (Rs250–300). Wer sein Gepäck selbst tragen kann, folgt einfach den Gleisen, die Matheran in der Mitte durchschneiden (die Straße ist viel kurviger). In jedem Fall ist bei Betreten der Stadt eine **Gebühr** (Rs25) zu zahlen, die für die gesamte Dauer des Aufenthalts gültig ist.

Transport

Der **Bahnhof** von Matheran liegt in der Ortsmitte an der MG Rd, die mehr oder weniger in Nord-Süd-Richtung verläuft.

Um Matheran per Zug zu erreichen, muss man zunächst nach **Neral Junction** (1 1/2–2 1/4 Std. ab Mumbai) fahren. Dieser Bahnhof wird regelmäßig von Vorortzügen aus MUMBAI (CST oder Dadar) Richtung KARJAT angefahren.

Die einzigen beiden Schnellzüge, die tgl. in Neral halten, sind der Deccan Express Nr. 11007 (Abfahrt 7.10 Uhr) und der Koyna Express Nr. 11029 (Abfahrt 10.05 Uhr); mit ihnen spart man 45 Min. Fahrzeit gegenüber dem Vorortzug.

Aus der anderen Richtung, aus PUNE (3 Std.), hält außer dem Sahyadri Express Nr. 11024 (Abfahrt 10.10 Uhr) kein Schnellzug in Neral. Allerdings halten zahlreiche Schnellzüge aus dieser Richtung in Karjat, von wo Vorortzüge zurück nach Neral verkehren.

Von Mitte Okt bis Mitte Juni zuckeln tgl. 4 Schmalspurzüge um 7.30, 8.50, 10.15 und 17.05 Uhr, am Wochenende zusätzlich um 12.15 Uhr von NERAL nach Matheran (1 3/4–2 Std.). Während des Monsuns hängt der Bahnverkehr vom Wetter ab.

Alle Schmalspurzüge warten auf die ankommenden Expresszüge; man muss sich also keine Sorgen machen, den Anschlusszug zu verpassen, wenn der Zug, mit dem man kommt, Verspätung hat. Für Fahrten am Wochenende sollte man schon einen Tag im Voraus einen Platz buchen.

Lonavala und die Höhlen von Karla und Bhaja

Vor nur 30 Jahren war die Stadt Lonavala, 110 km südöstlich von Mumbai und 62 km nordwestlich von Pune, noch ein ruhiger Zufluchtsort in den Sahyadri-Bergen. Seitdem ist sie jedoch rasant gewachsen und inzwischen nur noch als Stützpunkt für Ausflüge zu den fantastischen buddhistischen Höhlen von Karla und Bhaja interessant, von denen einige noch aus der Satavahana-Periode (2. Jh. v. Chr.) stammen. Die beiden Höhlenstätten gehören zu den kunstvollsten Beispielen der Felsarchitektur im nordwestlichen Dekkan. Sie können es an Größe zwar nicht mit Ajanta und Ellora aufnehmen, beherbergen aber einige besonders gut erhaltene Skulpturen.

Die beiden Stätten liegen etwa 6 km voneinander entfernt östlich von Lonavala und sind in Eigenregie per Bus oder Bahn gut an einem Tag anzuschauen, wenn man bereit ist, viel zu laufen (genug Wasser mitnehmen). Oder man mietet sich für die Tour eine **Motor-Rikscha** (ungefähr

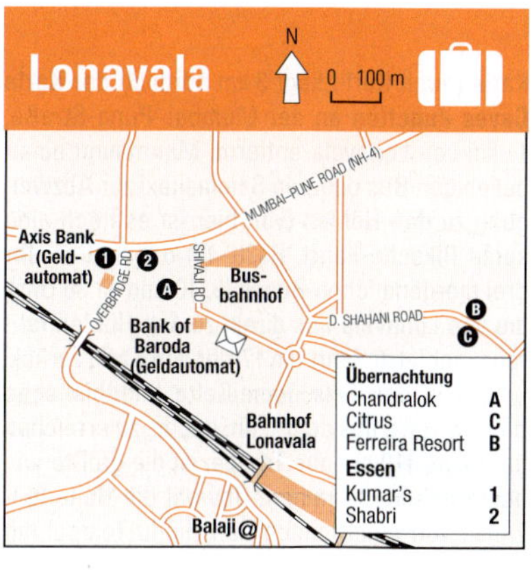

Rs300–400) oder ein **Auto** (Rs600 für 4 Std.) – beide sind normalerweise am Bahnhof von Lonavala zu finden. Wer die Höhlen in Ruhe und Frieden genießen will, sollte die Wochenenden meiden, denn dann wird vor allem Karla von Horden lärmiger Tagesausflügler überschwemmt, die den dortigen Hindu-Schrein aufsuchen.

Bhaja

Die Höhlen von Bhaja liegen 2 km vom Bahnhof Malavli entfernt, der mit stündlich verkehrenden Passagierzügen von Lonavala (9 km weiter westlich) zu erreichen ist. Zu den Höhlen führt südlich vom Bahnhof eine Straße, die nach 1,5 km endet; danach geht es etwa 10 Minuten steil hinauf zu den Höhlen. Die Höhlen zählen zu den ältesten in ganz Indien: Sie stammen aus dem 2. bis frühen 1. Jh. v. Chr., der frühesten Phase des Buddhismus (Hinayana).

Man betritt den Komplex gegenüber dem *chaitya,* der einen Stupa beherbergt, aber keine Figuren; 27 schlichte, angeschrägte Säulen neigen sich in Nachahmung eines Holzgebäudes leicht nach innen. Die meisten anderen Höhlen sind schlichte Klosterhallen *(viharas)* mit angrenzenden Zellen; vor vielen befinden sich einfache Veranden. Weiter südlich liegt hinter einer mysteriösen dichten Ansammlung von Stupas die letzte Höhle, ein *vihara,* dessen Veranda mit fantastischen Kunstwerken verziert ist. Experten haben die dargestellten Figuren als die Hindugötter Surya und Indra identifiziert. 🕓 tgl. 9–17.30 Uhr, Eintritt Rs100.

Karla

Karla (auch Karli) liegt 3 km nördlich der **Karla Caves Junction** an der Mumbai–Pune-Straße, 11 km von Lonavala entfernt. Man nimmt einen beliebigen Bus oder ein Sammeltaxi zur Abzweigung zu den Höhlen (von hier ist es noch eine kurze Rikscha-Fahrt, Rs30–40) oder einen der drei morgendlichen Busse (9, 10 und 11.30 Uhr), die von Lonavala aus direkt zu den Höhlen fahren – der letzte fährt um 17 Uhr von Karla zurück.

Die in den Fels gemeißelte buddhistische *chaitya*-Halle aus dem 1. Jh. n. Chr., zu erreichen über eine 110 m hohe Treppe, ist die größte und besterhaltene in Indien. Obwohl die Halle teilweise von einem modernen Hindu-Tempel mit einem Schrein für Ekviri verdeckt wird, ist ihre gigantische, 14 m hohe Fassade mit dem hufeisenförmigen Fenster immer noch sehr beeindruckend. Links vom Eingang steht ein *simhas stambha,* eine hohe Säule, auf der vier Löwen thronen.

In der Vorhalle der Höhle trennen Figurenreliefs mit sechs Paaren – vermutlich die reichen Mäzene der Halle – die drei Eingänge voneinander. Es ist schwer vorstellbar, dass diese Gestalten mit ihren ausdrucksvollen Gesichtern und sinnlichen Körpern vor rund 2000 Jahren gemeißelt wurden. Zwei Reihen achteckiger Säulen trennen das Innere in drei Teile. In der Mitte liegt ein breiter Gang und im hinteren Teil ein Stupa, den die Gläubigen umkreisten. Über dem kannelierten Kapitell jeder Säule kniet ein kunstvoll gemeißeltes Elefantenpaar mit jeweils zwei Reitern. Erstaunlicherweise sind sogar noch einige der Holzbalken, die die Bogendecke stützen, aus der Nutzungszeit der Halle erhalten. 🕓 tgl. 9–17 Uhr, Eintritt Rs100.

Übernachtung

Lonavalas Auswahl an Unterkünften ist begrenzt und bis auf wenige Ausnahmen für das Gebotene völlig überteuert. Das liegt vor allem daran, dass den größten Teil des Jahres die Nachfrage das Angebot bei Weitem übersteigt. Von Oktober bis März sinken die Preise, und an Werktagen ist mit Preisnachlässen von 20–30 % zu rechnen. Aber kaum jemand wird sich hier länger als nötig aufhalten wollen.

Chandralok, nicht weit vom Busbahnhof, Shivaji Rd, ✆ 02114/272294. Das gut geführte Mittelklassehotel (etwas abseits der Marktstraße) hat geräumige, luftige, moderne Zimmer mit und ohne AC. Dazu gibt es ein gutes *thali*-Restaurant im Erdgeschoss. ❺–❻

Citrus, D. Shahani Rd, 5 Min. mit der Rikscha von Busbahnhof und Bahnhof, ✆ 02114/279531, 💻 www.citrushotels.com. Elegantes neues Businesshotel im Mumbai-Stil, etwas unpassend an einer ruhigen Seitenstraße gelegen. Zimmer mit Designer-Touch in Gebäuden an mit Kunstrasen bedecktem Hof voller Sofas mit weißen Kissen – recht ausgefallen, aber die Preise brauchen keinen

Vergleich mit denen anderer Unterkünfte in Lonavala zu scheuen. ❼

Ferreira Resort, gegenüber vom Citrus Hotel, D. Shahani Rd, ✆ 02114/272689, ✉ iris19@rediffmail.com. Auf nette Weise altmodisches Hotel in einer ruhigen Nebenstraße außerhalb des Zentrums. Die ruhigen, sauberen Zimmer, alle mit Bad, haben kleine Balkone mit Blick auf die Straße oder ein grünes Grundstück hinter dem Haus. ❺

MTDC Karla Resort, 7 km östlich von Lonavala, 1,5 km westlich von Karla Junction, ✆ 02114/282230. Ruhige Unterkunft auf großem, schattigem Gelände ein paar hundert Meter vom Mumbai–Pune Highway mit verschiedenen preisgünstigen Zimmern und Suiten in Chalets und Cottages; außerdem kann man Kanus leihen und damit auf dem Fluss hinter dem Anwesen eine Paddeltour unternehmen. Checkout 9 Uhr. ❹–❺

Essen

In einer unüberschaubaren Zahl von Geschäften gibt es die ortstypische Süßigkeit **chikki** – eine köstliche Mischung aus Nüssen, Kernen oder Kokosnuss in steinhartem Palmzucker. Viele Hotels in Lonavala bieten Vollpension. Frischer ist das Essen aber in verschiedenen Lokalen entlang der Hauptstraße, die den regen Durchgangsverkehr abfertigen.

Shabri, unter dem Ramkrishna Hotel, Mumbai–Pune Rd. Neben Kumar's ein weiteres Lieblingsrestaurant der betuchten Mumbaier. In dem geräumigen, gut besuchten Speisesaal kommt eine große Auswahl nord- und südindischer Gerichte nebst kaltem Bier auf die Tische. Die Straßenterrasse ist ein beliebter Frühstücksplatz.

Mogulküche vom Feinsten

Kumar's, Mumbai–Pune Rd. Das große, betriebsame Speiselokal ist am Wochenende immer rappelvoll. Hier locken nämlich hervorragende Mogul- und Tandoori-Spezialitäten wie das köstliche *murg handi* (entbeintes Huhn nach Mogulart) mit ofenwarmem *naan* zum Dippen. Und kühles Bier gibt's auch.

Sonstiges

Geld

Mehrere Banken im Ort verfügen über **Geldautomaten**.

Internet

An der Straße, die vom Bahnhof nach Süden führt, befindet sich das kleine Internetcafé **Balaji's** (Rs20 pro Std.), ⌚ 9–22 Uhr.

Transport

Der **Busbahnhof** von Lonavala liegt zentral gleich neben der alten Mumbai–Pune-Straße, aber der Zug ist die weitaus bessere Wahl. Lonavala liegt auf der Hauptbahnstrecke zwischen MUMBAI (3 Std.) und PUNE (1 Std.), und die meisten Expresszüge halten hier.

Der **Bahnhof** liegt im Süden der Stadt, 10 Min. zu Fuß vom Busbahnhof.

Pune

Das wohlhabende Pune (manchmal noch anglisiert Poona genannt), die zweitgrößte Stadt Maharashtras, liegt in einer Höhe von 598 m in der Nähe der Westghats (hier bekannt als Sahyadri Hills) am Rande der Dekkan-Ebenen, die sich von hier in Richtung Osten erstrecken. Unter den Marathen des 16. Jhs. war Pune die Hauptstadt eines souveränen Staats, bis die Herrscher von der brahmanischen Peshwa-Dynastie verdrängt wurden. 1820 wählten die Briten den Ort wegen seines kühlen, trockenen Klimas zur zweiten Hauptstadt der Bombay Presidency.

Seit der Kolonialzeit hat sich Pune zu einer wichtigen Industriestadt entwickelt und gehört heute neben Hyderabad, Bengaluru und Chennai zu den wachstumsstärksten Wirtschaftszentren Südindiens. Der neue Wohlstand fällt überall ins Auge: von den riesigen Reklamewänden, die abgeschottete Wohnanlagen für Besserverdiener anpreisen, bis zu den Cappuccino-Bars, klimatisierten Einkaufszentren und hippen Modeboutiquen. Das total verwestlichte, von dichtem Verkehr geprägte Stadtzentrum ist ein Schock für alle, die Pune bisher nur mit Indiens notorisch relaxtem New-Age-Guru Bhagwan Rajneesh, alias Osho (1931–90), assoziierten.

Der Ashram, den der spirituelle Lehrer 1974 im grünen Vorort Koregaon Park gründete, erregt mit seinen Aktivitäten heute viel weniger Aufmerksamkeit als zu Rajneeshs Lebzeiten, zieht aber immer noch Anhänger aus aller Welt an. Dies war auch einer der Gründe für den terroristischen Anschlag vom Februar 2010 auf die nahe German Bakery, den früheren Hippie-Treff in Koregaon Park, bei dem 17 Menschen starben und etwa 60 verletzt wurden – ein riesiger Schock für diese normalerweise friedliche kleine Enklave. Pune ist spirituell Interessierten auch bekannt als Sitz des illustren Yoga-Zentrums von Yogacharya B. K. S. Iyengar – eine viel ernstere und seriösere Institution als der Osho-Ashram, S. 35 und S. 726.

Orientierung

Das Zentrum von Pune grenzt im Norden an den Mula und im Westen an den Mutha – die beiden Flüsse vereinen sich im Nordwesten, an der Sangam-Brücke, zum Mutha-Mula. Die Haupteinkaufszone und die größte Konzentration von Restaurants und Hotels befindet sich in den Straßen südlich vom Bahnhof, besonders in der Connaught und, weiter südlich, der MG Road. Die Altstadt, Peshwa, im Westen zwischen dem befestigten **Shaniwarwada Palace** und dem faszinierenden **Raja Dinkar Kelkar Museum**, ist der bei Weitem interessantere Teil der Stadt. Alte hölzerne *wadas*, palastartige Stadthäuser, sind in diesen engen, belebten Straßen erhalten geblieben, und der runde viktorianische **Mahatma Phule Market** ist ein pulsierendes Zentrum.

Raja Dinkar Kelkar Museum

Dinkar Gangadhar Kelkar (1896–1990) war nicht nur ein berühmter Marathi-Poet, der unter dem Namen Adnyatwasi veröffentlichte, er verbrachte auch einen großen Teil seines Lebens damit, zu reisen und Kunst und Kunsthandwerk aus dem ganzen Land zusammenzutragen. 1975 spendete er seine Sammlung der Regierung von Maharashtra, um ein Museum zum Gedenken an seinen im Alter von 12 Jahren gestorbenen Sohn Raja einrichten zu lassen.

Das in einer riesigen Altstadtvilla untergebrachte Museum, 1378 Shukrawar Peth, ist ein wundervolles Potpourri mit schönen und interessanten Kunst- und Alltagsgegenständen, Artikeln rund um *paan,* Musikinstrumenten, fantastischen Marathi- und Gujarati-Textilien und -Trachten, Puppen, Hausschreinen und Möbeln, Spielen aus Elfenbein und einem Modell des Shaniwarwada-Palastes. Von den 21 000 Stücken der gewaltigen Sammlung kann natürlich immer nur ein Bruchteil ausgestellt werden. ⌚ tgl. 9.30–18 Uhr, Eintritt Rs200.

Shaniwarwada Palace

Mitten im ältesten Teil der Stadt, 1 km nördlich des Kelkar Museum, stehen nach einem verheerenden Brand von 1828 vom Shaniwarwada Palace nur noch die beeindruckend hohen Mauern. Dies war von 1732 bis zur Einnahme durch die Briten die Hauptresidenz der Peshwas. Heute kann das Gebäude nur noch wenig Interesse erwecken, jedoch gibt es hier tgl. außer Di um 20 Uhr eine Sound-and-Light-Show auf English (Rs25). Der Zutritt erfolgt durch das Delhi Gate auf der Nordseite, eines von fünf Toren in der Umfassungsmauer; die riesigen Teakholztüren weisen gefährlich aussehende Spitzen zur Elefantenabwehr auf. Innerhalb der Mauern wächst jetzt nur noch Gras – das siebenstöckige Palastgebäude ist ganz verschwunden. ⌚ tgl. 8–18 Uhr, Eintritt Rs100.

Aga Khan Palace und Gandhi Memorial

Im Jahre 1942 wurden Mahatma Gandhi, seine Frau Kasturba und andere Schlüsselfiguren der Freiheitsbewegung im prächtigen Aga Khan Palace interniert. Er liegt in einem ruhigen Garten jenseits des Flusses Mula, 5 km nordöstlich vom Zentrum (Bus Nr. 157, Nr. 158 und Nr. 163). Der Aga Khan schenkte den Palast 1969 dem Staat, der ihn in ein kleines Gandhi-Museum verwandelte. Es zeigt beschriftete Fotos und einfache Räume, die unverändert geblieben sind, seit die Freiheitskämpfer hier lebten. Eine Gedenkstätte hinter dem Haus erinnert an Kasturba, die während ihrer Gefangenschaft starb. ⌚ tgl. 9–17.30 Uhr, Eintritt Rs100.

Tribal Museum

Das Tribal Research and Training Institute, welches das **Tribal Museum**, Koregaon Rd, 1,5 km östlich des Bahnhofs, 💻 www.trti.mah.nic.in,

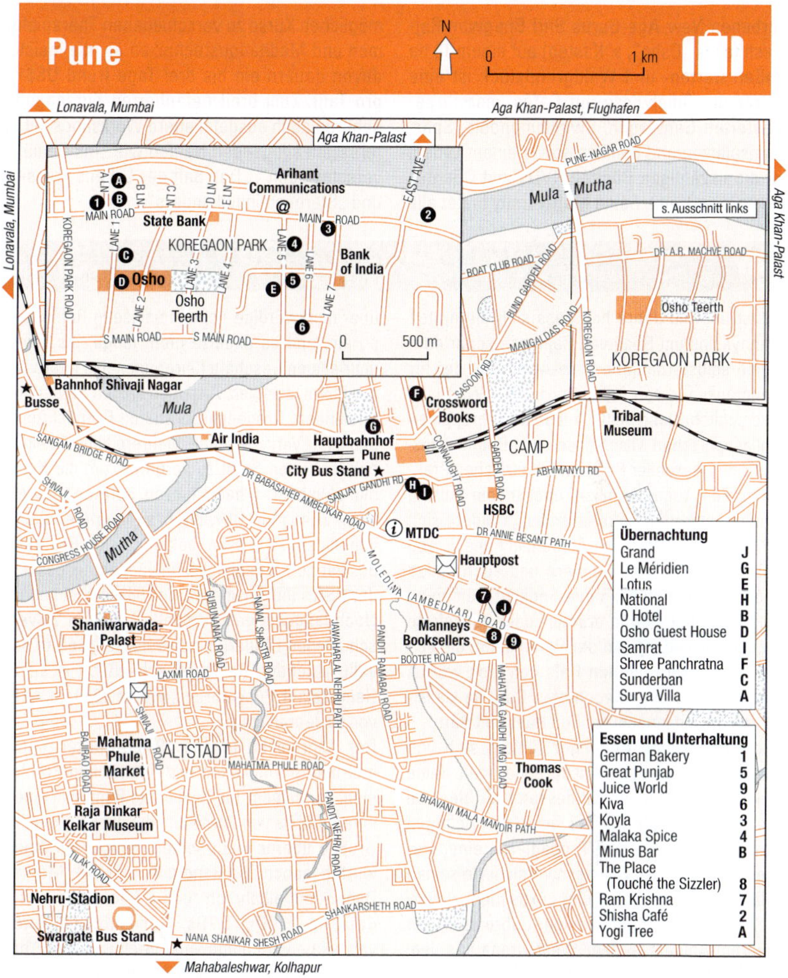

betreibt, widmet sich dem Studium und Schutz der mehr als 40 Stammesgruppen in Maharashtra, die zusammen rund zehn Millionen Menschen zählen. Die Fotos, Ausstellungsgegenstände und die Dioramen draußen bilden eine hervorragende Einführung in diese recht unbekannte Welt. Höhepunkt sind jedoch die wundervollen Sammlungen von Tanzmasken und Warli-Gemälden. Wer an kulturell einfühlsamen **Führungen** durch Stammesgebiete interessiert ist, kann sich an den Museumskurator wenden. ⌚ tgl. 10.30–17.30 Uhr, Eintritt Rs10.

Osho International Meditation Resort

Pune ist Sitz des berühmt-berüchtigten Osho International Meditation Resort, 17 Koregaon Park Rd, ✆ 020/2401 9999, 💻 www.osho.com, 2 km nordöstlich des Bahnhofs. Der Ashram des verstorbenen New-Age-Gurus Shri Bhagwan Rajneesh (alias „Osho", s. Kasten) auf einem 16 ha großen Garten- und Waldgrundstück ist eine verträumte Spielwiese mit Cafés, marmorgepflasterten Gehwegen, Swimmingpools, Spas, Tennisplätzen und Kliniken sowie einem Laden, der die unzähligen Bücher, DVDs und CDs des Meisters vertreibt. Seine **Multiversity** bietet alle möglichen Kurse zu verschiedenen Therapieformen und Meditationstechniken an; die meisten davon dauern ein bis drei Tage (rund US$100 pro Tag). Zum breit gefächerten Kursangebot gehören auch ausgefallenere Workshops mit interessant klingenden Namen wie „Ins Gemälde verschwinden", „Den Saft des Lebens pressen" und „Sterben einmal anders".

Osho

Es ist über 40 Jahre her, dass sich die ersten Sannyasins um Bhagwan Rajneesh scharten – jenen selbsternannten New-Age-Guru, der für Zehntausende von Anhänger in aller Welt kurz und schlicht **Osho** heißt. Auf seine Lehre, einen philosophischen Mischmasch aus Buddhismus, Sufismus, sexueller Befreiung, tantrischen Praktiken, Zen, Yoga, Hypnose, tibetischem Pulsing und ungeniertem Materialismus, gründete sich 1974 der erste Rajneesh-Ashram in Pune. Er zog rasch Scharen von Westlern und auch einige Inder an. Sie nahmen neue Sanskrit-Namen an und kleideten sich in orange- oder dunkelrote Baumwollkleidung. An der Perlenkette, die von den Anhängern um den Hals getragen wurde, hing ein Foto des erleuchteten Guru im klassischen Stil mit langem weißen Haar und Bart.

Viele der frühen Anhänger fühlten sich von Rajneeshs neuartigem Ansatz angezogen. Seine Kritik am Christentum mit dessen fixer Idee von Schuld und Sünde traf bei vielen den richtigen Nerv, ebenso wie sein Propagieren einer Befreiung durch Sex. Rajneesh versicherte seinen Gläubigen, dass materieller Luxus nicht zu verachten sei. Innerhalb weniger Jahre sprossen Ashram-Ableger in ganz Westeuropa aus dem Boden. Bis 1980 gab es 200 000 Anhänger, verteilt auf 600 Meditationszentren in 80 Ländern.

Um sich vor Umweltverschmutzung, Atomkriegen und AIDS zu schützen, steckte die Organisation Geld in ein utopisches Projekt namens **Rajneeshpuram**, auf rund 260 km² Ackerland in Oregon, USA. Zu diesem Zeitpunkt begannen Boulevardzeitungen und Fernsehteams wirkliches Interesse an Rajneesh zu entwickeln, der mittlerweile Multimillionär geworden war. Eingeschleuste Informanten verbreiteten Geschichten über merkwürdige Vorkommnisse in Rajneeshpuram, und es dauerte nicht lange, bis seine umtriebigen Geschäftsführerinnen das Interesse der Polizei erregten. Anzeigen wegen Steuerhinterziehung, Drogenmissbrauchs, Brandstiftung und einer Verschwörung, mehrere Leute in einer benachbarten Stadt zu vergiften, um die Kommunalwahlen zu beeinflussen, sorgten für weiteren Zündstoff. Obwohl er behauptete, nichts von alldem zu wissen, bekannte sich Rajneesh des Verstoßes gegen die Einwanderungsgesetze der USA schuldig und wurde 1985 abgeschoben. Nach langwierigen Versuchen, sich in 21 verschiedenen Ländern niederzulassen, kehrte der valiumsüchtige Rajneesh schließlich in seine Heimatstadt Pune zurück, wo er 1990 im Alter von 59 Jahren starb.

Der Ashram litt in den 1990er-Jahren unter internen Streitigkeiten und finanziellen Problemen. Vor seinem Tod bestimmte Rajneesh einen inneren Kreis von Personen, die die Führung der Gruppe übernehmen sollten. Einige von ihnen warfen jedoch das Handtuch, und die „Marke" Osho – die alljährlich rund 4 Mio. Bücher und dazu noch CDs, DVDs, Gemälde und Fotos vertreibt – wird heute von Zürich und New York aus kontrolliert. In Pune kam aber lange Zeit zu wenig von diesem Geld an, um die laufenden Kosten zu decken. Die Folge war ein Neustart mit Namensänderung (von Osho Commune International zu **Osho International Meditation Resort**). Auch das Leben im Ashram hat sich verändert: Während Besucher in den Hoch-Zeiten im Schnitt drei bis sechs Monate blieben, reisen die meisten heute nach höchstens zwei Wochen wieder ab, und nur noch wenige Anhänger leben ständig hier.

Für die Öko-Oase gilt eine strikte Zugangsregelung. Nach den Anschlägen in Mumbai und in Pune selbst wurden die Sicherheitsmaßnahmen verschärft und die Führungen bis auf Weiteres ausgesetzt. Besucher, die an einem Kurs teilnehmen wollen, müssen sich mit ihrem Pass im Welcome Center (◷ 9–12.30 und 14–15.30 Uhr) anmelden sowie einen HIV-Test machen lassen. Anmeldung, HIV-Test und der Tagespass für den ersten Tag kosten für Ausländer Rs1550; jeder weitere Tag schlägt mit Rs700 zu Buche.

Außerdem braucht man zwei Gewänder (dunkelrot für tagsüber, weiß für abends), die im Mini-Einkaufszentrum des Ashrams erhältlich sind. Wer auf dem Gelände selbst wohnen will, dem steht das schicke **Osho Guest House**, ✆ 020/6601 9900, ❽, mit seinen minimalistisch-eleganten Zen-Zimmern zur Verfügung. Die Unterkunft liegt allerdings genau über dem Hauptauditorium, was, wie der Ashram es so nett ausdrückt, „die Dynamische Meditation um 6 Uhr früh zu einem unwiderstehlichen Angebot machen kann".

Die wunderschöne **Gartenanlage** östlich des Osho-Hauptkomplexes heißt **Osho Teerth** und ist fürs allgemeine Publikum geöffnet. Der friedvolle Ort lädt zu Spaziergängen zwischen plätschernden Bächen, Bambushainen, alten Bäumen und kunstvoll verteilten Zen-Skulpturen ein. ◷ tgl. 6–9 und 15–18 Uhr, Eintritt frei, das Fotografieren ist untersagt.

Übernachtung

Unterkünfte der oberen Preisklasse schießen in ganz Pune wie Pilze aus dem Boden, aber Budget- und Mittelklassehotels sind dünn gesät. Das erklärt, warum die Preise unangemessen hoch sind und freie Zimmer Seltenheitswert haben: Ohne Reservierung läuft kaum etwas. Infos zur Übernachtung im Osho International Meditation Resort s. o.

Grand, in der Nähe der Dr.-Ambedkar-Statue am Ende der MG Rd, ✆ 020/2636 0728. Das Hotel aus der Kolonialzeit hinter einem schummerig beleuchteten Biergarten ist vor einiger Zeit durch einen neuen Farbanstrich aufgefrischt worden. In den superbilligen, durch Holzwände abgetrennten EZ ohne Bad bei der Rezeption (Rs300) findet man sicher nicht viel Schlaf, aber die renovierten DZ mit hohen Decken im hinteren Nebengebäude sind in Ordnung. ❹

Le Méridien, RBM Rd, gleich nordwestlich des Bahnhofs, ✆ 020/6641 1111, 💻 www.starwoodhotels.com. Obwohl es nicht mehr das größte Hotel in Pune ist, macht dieser riesige Marmortempel noch immer den Eindruck, das opulenteste und luxuriöseste zu sein. Es hat große, vornehme und luftige Zimmer mit dicken, honigfarbenen Teppichen und riesigen Betten. Die Dachgartenbar mit zweistöckigem Pool ist der genialste Ort der Stadt für einen abendlichen Drink. Offizielle Preise ab US$400. ❾

National, 14 Sassoon Rd, gegenüber vom Bahnhof, ✆ 020/2612 5054. Große, recht saubere Zimmer mit hohen Decken in weitläufigem, kargem und leicht verfallenem Kolonialhaus in überraschend ruhiger Lage etwas zurückversetzt von der Hauptstraße. Die kleineren, ruhigeren, billigeren Zimmer im Nebengebäude verfügen über eigene Außensitzbereiche. ❹

O Hotel, North Main Rd, ✆ 020/4001 1000, 💻 www.ohotelsindia.com. Goa-Schick in Pune: von außen ein abweisendes sandsteinfarbenes Hochhaus, drinnen eine üppige Designer-Spielwiese mit mutigen Farben und Formen. Die Zimmer zeichnen sich durch eine Kombination aus geraden Linien und stylischen Details einerseits und warmen, gedämpften Farbtönen und natürlichen Materialien andererseits aus. Toller offener Wellnessbereich und spektakuläre Dachterrasse mit Pool und Bar. Listenpreise ab etwa US$280. ❾

Ruhig und modern

Lotus, Plot No. 356, Lane No. 5, Koregaon Park, ✆ 020/2613 9701, 💻 www.hotelsuryavilla.com. Das renovierte Schwesterhotel des Surya Villa in einem unscheinbaren lachsfarbenen Gebäude in ruhiger, grüner Umgebung hat das beste Preis-Leistungs-Verhältnis in Koregaon Park. Die hellen, sauberen, modernen Zimmer haben große Fenstern, bequeme Betten und gemütliche Balkone sowie kostenloses WLAN. Ein einfaches Frühstück (inkl.) wird aufs Zimmer gebracht. Ganz in der Nähe liegen die besten Restaurants des Viertels. ❻

Samrat, 17 Wilson Garden, gegenüber vom Bahnhof, ☎ 020/2613 7964, ✉ thesamrathotel@vsnl.com. Schicker Hochhausblock mit zentraler Klimaanlage und großen, blitzblanken Zimmern an Galerien zum Atrium. Das Ganze versteckt sich in einem Seitensträßchen nur einen Katzensprung vom Bahnhof entfernt, ist aber leicht aufzuspüren und bietet nach Pune-Maßstäben ein ausgezeichnetes Preis-Leistungs-Verhältnis. WLAN vorhanden, Frühstücksbuffet inkl. ❻–❼

Shree Panchratna, 7 Tadiwala Rd, ☎ 020/2605 9999, 💻 www.hotelshreepanchratna.in. Nicht weiter aufregendes, aber gepflegtes und gut geführtes Businesshotel in einer ruhigen Seitenstraße in Bahnhofsnähe. Die Zimmer (alle mit AC) sind frisch und schlicht möbliert, mit WLAN, Schreibtisch und teilweise mit Balkon. ❼

Sunderban, 19 Koregaon Park, ☎ 020/2612 4949, 💻 www.tghotels.com. Schönes Art-déco-Gebäude hinter gepflegter Rasenfläche direkt neben dem Osho-Ashram. Die Zimmer im Hauptgebäude mit viel Leder und Teak- und Mahagoniholz bieten ein besseres Preis-Leistungs-Verhältnis als die Zimmer im schicken modernen Gartengebäude (um US$180). April–Sep erhebliche Rabatte. Frühstück inkl. ❼–❾

Surya Villa, 294/1 Koregaon Park, ☎ 020/2612 4501, 💻 www.hotelsuryavilla.com. Recht große, etwas spartanisch eingerichtete Zimmer auf 4 Etagen eines Vorort-Wohnblocks in der Nähe des Osho-Ashrams. Besonders beliebt bei ausländischen „Ashramiten" auf Dauerbesuch. ❺–❻

Essen und Unterhaltung

Punes kaufkräftige Nachwuchsgeneration wirft derzeit mit dem Geld nur so um sich, und Monat für Monat eröffnen neue, innovative Ess- und Trinkadressen, um sie um ihre Infotech-Gehälter zu erleichtern. Die größte Ansammlung findet sich im östlichen Teil von Koregaon Park. Für die nobleren Restaurants ist am Wochenende eine Tischreservierung zu empfehlen.

Cafés und Restaurants

German Bakery, 291 Koregaon Park. Die überaus beliebte Filiale der Kette in die Jahre gekommener Hippiecafés war Schauplatz des Terroranschlags von 2010 und sollte inzwischen in neuem Look wieder eröffnet worden sein, ohne den alten lagerhausähnlichen Charme gänzlich einzubüßen. Erhältlich sind leichte Mahlzeiten und sättigendes Gebäck und Brot. Das Publikum setzt sich aus gut betuchten Einheimischen und Osho-Jüngern in weinroten Roben zusammen.

Great Punjab, 5 Jewel Tower, Lane 5, Koregaon Park, ☎ 020/2614 5060. Eines der beliebtesten nordindischen Restaurants in Koregaon Park. Es hat großzügig bemessene Kebab-, Grill- und Tandoori-Gerichte und großes Angebot an Cocktails und Spirituosen in schicker, gedämpfter Umgebung. Fleischfreunde sollten den *karela kebab* probieren, einen Berg aus saftigem Tandoori-Huhn, gefüllt mit einer herzhaften Mischung aus Hackfleisch und Kräutern. Hauptgerichte Rs240–390.

Juice World, 2436/B East Street Camp. Frisch gepresste Obstsäfte (Rs25–80) und Shakes (unbedingt die superleckere Sorte mit Trockenfrüchten und *badam* probieren) sind das Markenzeichen dieses geschäftigen Studentenlokals gleich östlich des oberen Endes der MG Rd. Außerdem gibt es hier heiße Snacks wie aloo paratha und den ganzen Nachmittag und Abend hindurch würziges *pao bhaji* nach Bombay-Art, das auf einer riesigen Theken-Grillplatte vor sich hin schmurgelt.

Koyla, Mira Nagar Corner, North Main Rd, Koregaon Park. Das Restaurant mit dem extravagantesten Dekor von ganz Pune verblüfft mit spiegelglitzernden Wandbildern aus 1001 Nacht. Die Kellner in langen moslemischen *djellabas* und Fez tragen üppige, raffinierte Hyderabadi-Küche auf. Für 3 Gänge sind locker Rs750–900 zu veranschlagen.

Malaka Spice, Lane 5, Koregaon Park, ☎ 020/2615 6293. Alteingesessener Spezialist für südostasiatische Küche mit einigermaßen authentischen Pfannengerichten, Currys und Nudelgerichten (Rs195–260) in künstlerisch angehauchtem Ambiente. Mittags relaxt, abends intim, mit kerzen- und lichterkettenbeschienener Veranda und Gartenterrasse.

The Place (Touché the Sizzler), 7 Moledina Rd. Saftig Gegrilltes (Gemüse, Fisch, Schwein oder Rind) und zarte, saftige Steaks sind die Spezialität dieses beliebten, von Parsen betriebenen Restaurants im Stadtzentrum. Hauptgerichte Rs220–375.

Ram Krishna, 6 Moledina Rd. Kellner mit schwarzen Krawatten servieren unter der hohen Decke des Speisesaals veg. Nord- und Südindien-Küche der Spitzenklasse und ein paar fantastische Punjabi-Tandoori-Spezialitäten zu erstaunlich zivilen Preisen (die meisten Hauptgerichte für Rs65–110).

Yogi Tree, Hotel Surya Villa, 294/1 Koregaon Park. Im Stammlokal der gesundheitsbewussten Osho-Jünger gibt es reine, unter hygienischen Bedingungen hergestellte Fruchtsäfte, gegrillte Sandwiches, Tofu-Steaks (Rs165), köstliche koftas (Hackbällchen, Rs130–160) und extrem beliebten pfannengerührten pak choi (Rs165). Auch die Nachspeisen sind köstlich.

Bars

Kiva, Serenebay, Lane 6, Koregaon Park. Der 3 m hohe Totempfahl am Eingang weist auf das Ethnomotto dieser hippen Bar für die Jungen und Schönen von Pune hin. Drinnen besteht die Kulisse aus Gemälden von Ureinwohnern und Stammesmasken, viel Rattan und Kokosbast sowie einer in kühlem Blau beleuchteten Theke. Dazu gibt's lauten westlichen Pop, Knabbereien aus ganz Asien und die besten Cocktails der Stadt (Rs160–320). ⌚ tgl. 19–23.30 Uhr.

Shisha Café, ABC Farms, Koregaon Park, ✆ 020/6520 0390. Eine der freundlichsten Kneipen der Stadt: eine riesige Gastro-Bar mit ausladendem Strohdach, viel Grün und persischen Teppichen. Auf der Speisekarte dominieren Kebabs und die persische Küche; die Musikberieselung besteht dagegen aus kubanischen Klängen und Bebop. Dazu werden Bier und Spirituosen kredenzt, und der Tabak der hookahs (Wasserpfeifen) schmeckt nach Erdbeere. Do abends meist Live-Jazz.

Traumhaft

Minus Bar, O Hotel, Koregaon Park. Die hoch über der Stadt gelegene, mit Laternen beleuchtete Dachbar des O Hotels ist der traumhafteste Ort für einen Sonnenuntergangsdrink in Pune. Während man sich durch die innovative Cocktailkarte kämpft (zumeist Rs325–375), kann man sich auf tiefen Sofas oder Sitzsäcken fläzen oder die Füße in die sanft plätschernden seichten Pools tauchen und gleichzeitig die Aussicht genießen.

Sonstiges

Bücher

Manneys Booksellers, neben The Place (S. 728), Moledina Rd, und **Crossword**, auf der 1. Etage der Sohrab Hall (beim Hotel Shree Panchratna), sind die besten Buchläden im Zentrum der Stadt.

Geld

Thomas Cook, 13 Thacker House, ganz in der Nähe der General Thimmaya Road, ✆ 020/2634 6171, wechselt Fremdwährungen und löst Reiseschecks ein. ⌚ Mo–Sa 9.30–18 Uhr.

Informationen

Reiseinfos gibt es beim **MTDC Tourist Office**, ✆ 020/2612 6867, im „I"-Block des Central Building der Stadtverwaltung (Eingang zwischen Ambedkar Chowk und Sadhu Vaswani Circle), ⌚ Mo–Fr plus 1. und 3. Sa im Monat 10–17.45 Uhr.

Das MTDC Tourist Office betreibt außerdem einen **Informationsschalter** am Hauptbahnhof, gegenüber dem 1.-Klasse-Schalter, ⌚ offiziell wie oben.

Internet

Internetzugänge werden vielerorts angeboten, z. B. im rund um die Uhr geöffneten Cybercafé auf der 1. Etage des Hauptbahnhofs (Rs30 pro Std.). Wer sich sowieso gerade in Korgaon Park herumtreibt, hält sich am besten an **Zorba Net Surfing** im Erdgeschoss des Hotels Surya Villa neben dem Yogi Tree Café oder an **Arihant Communication**, gegenüber dem Ende der Lane 5 an der North Main Road (beide verlangen Rs20 pro Std.).

Post

Die sehr effiziente **Hauptpost** (GPO) ist in der Sadhu Vasavani (Connaught) Rd.

Transport

Als bedeutendes Wirtschaftszentrum verfügt Pune eigentlich über ausgezeichnete Verkehrsverbindungen zu vielen Orten und Städten im übrigen Südindien. Die Nachfrage nach Flügen, Zug- und Busplätzen übersteigt das Angebot jedoch bei Weitem, weshalb man die gewünschten Verbindungen möglichst weit im Voraus buchen sollte.

Busse

Es gibt drei größere Busbahnhöfe in Pune.
Der **City Bus Stand** neben dem Hauptbahnhof ist zweigeteilt: Von einem Bereich verkehren Busse in die Stadt selbst (mit Beschilderung und Fahrplänen ausschließlich in Marathi); der Fernbusbereich ist für Busverbindungen nach Süden und Westen reserviert, z. B. nach GOA (4x tgl., 11 Std.), MAHABALESHWAR (stdl., 3 1/2–4 Std.) und KOLHAPUR (stdl., 5–6 Std.). ASIAD-Busse nach MUMBAI (via LONAVALA) fahren von hier zwischen 5.30 und 23.30 Uhr alle 15 Min. (3 1/4 Std.).
Vom **Swargate Bus Stand**, 5 km südlich in der Nähe vom Nehru-Stadion, fahren Busse nach Karnataka und (wie vom City-Busbahnhof) zu verschiedenen Orten im Süden und Westen.
Vom **Shivaji Nagar Bus Stand**, neben dem gleichnamigen Bahnhof, 3 km westlich des Zentrums, fahren Busse halbstündlich Richtung Norden z. B. nach AURANGABAD (4 1/2 Std.) und NASIK (3–4 Std.).
Um herauszufinden, von welchem Busbahnhof Busse zum gewünschten Ziel fahren, erkundigt man sich am besten beim Informationsschalter am City Bus Stand oder beim **MTDC-Schalter** im Hauptbahnhof.

Eisenbahn

Der **Hauptbahnhof** liegt im Stadtzentrum südlich des Flusses. Da Pune einer der letzten Stopps für rund 20 Langstreckenzüge nach Mumbai ist, sind die Zugverbindungen hervorragend. Viele dieser Züge fahren jedoch frühmorgens ab, und einige enden in Dadar oder (noch schlimmer) Kurla – also immer auf den Endbahnhof achten. Alle Zugverbindungen sollten so früh wie möglich beim neuen **Reservation Centre** neben dem Hauptbahnhof reserviert werden. ⏲ Mo–Sa 8–20, So 8–14 Uhr.

Flüge

Der **Lohagaon Airport** liegt 10 km nordöstlich des Zentrums. Für die je nach Verkehrsdichte 15- bis 30-minütige Fahrt zum Stadtzentrum stehen vorausbezahlte Busse („city drop" Rs150) und Taxis (ohne AC Rs250, mit AC Rs350) zur Auswahl.
Der Flughafen von Pune ist ein wichtiges innerindisches Drehkreuz. Es gibt tgl. eine Verbindung nach GOA mit Kingfisher (Abflug 12.25 Uhr). IndiGo, Kingfisher und SpiceJet fliegen jeweils 2x oder 3x tgl. nach DELHI; Air India, Jet Airways und JetLite bieten eine tgl. Verbindung. BENGALURU wird 1x oder 2x tgl. von Kingfisher und Jet Airways angeflogen, tgl. von IndiGo und SpiceJet und 6x wöchentl. von Air India; Jet Airways, Kingfisher und Air India (außer Sa) steuern auch HYDERABAD an. Kingfisher bietet 2x tgl. eine Verbindung nach CHENNAI, das außerdem tgl. von IndiGo, SpiceJet, Paramount Airways (außer Sa) und Jet Airways (via Bengaluru) angeflogen wird. Jet Airways fliegt 2x tgl. nach MUMBAI, 1x davon weiter nach INDORE, 1x weiter nach KOLKATA; INDORE

Empfohlene Zugverbindungen ab Pune

Zielort	Name	Abfahrt	Fahrzeit
Bengaluru	Udyan Express 16529	11.45 Uhr tgl.	21 Std.
Chennai	Chennai Express 12163	00.10 Uhr tgl.	19 1/2 Std.
Delhi	Jhelum Express 11077	17.20 Uhr tgl.	27 1/2 Std.
Goa	Goa Express 12780	16.30 Uhr tgl.	14 Std.
Hyderabad	Konark Express 11019	19.05 Uhr tgl.	12 3/4 Std.
Kolhapur	Sahyadri Express 11023	22.05 Uhr tgl.	8 Std.
Mumbai CST	Deccan Queen 12124	07.15 Uhr tgl.	3 1/4 Std.

wird direkt von Kingfisher angesteuert, das außerdem nach RAIPUR und NAGPUR via Hyderabad fliegt. IndiGo bietet als einzige Gesellschaft Direktflüge nach NAGPUR (1–2x tgl.) und AHMEDABAD (tgl. außer Sa).

Taxis

Nach MUMBAI fahren 24-Std.-Taxis verschiedener Agenturen vom Taxistand vor dem Hauptbahnhof. Sie verlangen Rs290 p. P., bringen ihre Passagiere allerdings nur bis Dadar. Am gleichen Platz sind auch teurere „cool cabs" mit Klimaanlage (Rs355 p. P.) zu finden.

Luxusherberge mit Traumpanorama

Valley View Resort, Valley View Rd (zweigt von der Murray Peth Rd ab), ✆ 02168/260066, 💻 www.valleyview-resort.com. Die sympathischste Nobelherberge von Mahabaleshwar ist diese moderne 80-Zimmer-Anlage nicht weit vom Zentrum auf einem grünen Gartengelände mit spektakulärer Aussicht. Zu ihren besonderen Annehmlichkeiten gehören ein schickes, rein vegetarisches (und alkoholfreies) Restaurant und ein großes beheiztes Hallenschwimmbecken. ❻–❼

Mahabaleshwar

Die ehemalige Hauptstadt der Bombay Presidency, Mahabaleshwar, 250 km südöstlich von Mumbai, ist zusammen mit Matheran die meistbesuchte Hill Station in Maharashtra und leicht von Pune (120 km nordöstlich) aus zu erreichen. Als höchster Punkt in den Westghats (1372 m) ist der Ort extremen Wetterbedingungen ausgesetzt. Der Juni bringt schwere Nebel sowie einen drastischen Temperaturrückgang, gefolgt von Überschwemmungen biblischen Ausmaßes: In den 100 Tagen bis Ende September fallen bis zu 7 m Regen. Touristen kommen daher gewöhnlich nur zwischen Oktober und Anfang Juni hierher. Im Hochsommer, von April bis Mai, ist der Ort (Eintritt Rs20) völlig überfüllt.

Abgesehen von seiner günstigen Lage auf halbem Weg zwischen Mumbai und Goa ist die Hauptattraktion das Netz beschilderter **Wanderwege** durch die Wälder. Sie führen zu Wasserfällen und diversen Aussichtspunkten, von denen man über die Berggipfel und hinunter auf die Ebenen blickt. Ein netter Spaziergang, bei dem man mitunter keiner Menschenseele begegnet, ist der 3 km lange **Tiger Path** durch Wald zum **Mumbai Point**. Der Pfad beginnt 1 km südwestlich des Busbahnhofs gegenüber dem Hotel Sathar, etwas südlich vom christlichen Friedhof. Der Panoramablick bei Sonnenuntergang kann atemberaubend sein.

Mit einer Gruppe kann man gut ein **Boot** auf dem **Venna Lake** mieten (Rs300–400 pro Std., 6–8 Pers.), 2,5 km nördlich der Stadt. Die Bootsfahrt ist allerdings nicht so geruhsam, wie man sich das vorstellt. Ansonsten besteht die Hauptbeschäftigung darin, die wuselige Fußgängerzone des Orts, den **Main Bazaar** (Dr. Sabne Road), mit seinen Läden, Spielhallen und Popcorn-Ständen entlangzubummeln und die in der Umgebung angebauten Erdbeeren und andere Früchte, für die die Stadt berühmt ist, zu probieren.

Übernachtung

Wie in vielen Hill Stations liegen die Übernachtungspreise in Mahabaleshwar trotz des großen Angebots an Hotels zu den Hauptbesuchszeiten deutlich über dem Durchschnitt. Die Preise sind sehr variabel, aber grob gesagt sind die Hauptzeiten April und besonders Mai. Dann verdoppeln oder verdreifachen sich die Preise in den günstigen Unterkünften genauso wie zu Diwali, Weihnachten und Neujahr – am besten meidet man den Ort zu diesen Zeiten. Die unten angegebenen Preise gelten für die Nebensaison, also quasi das restliche Jahr mit Ausnahme von langen Wochenenden („mid-season"). Die billigsten Unterkünfte finden sich im Hauptbasar und der Parallelstraße Murray Peth, wo man, wenn nicht viel los ist (mit ein bisschen Handeln) Zimmer unter Rs400 bekommen kann. Während des Monsuns schließen einige Unterkünfte.

Blue Star, 114 Dr. Sabne Rd, ✆ 02168/260678. Besonders günstige Nebensaisonpreise für schlichte Zimmer mit Bad in zentraler Lage – allerdings mit entsprechend bescheidenem Unterbringungsstandard. ❷

Deluxe, Dr. Sabne Rd, ☏ 02168/260095. Eine der besseren Budgetunterkünfte in der Stadt, über einem Textilgeschäft. Kleine, aber saubere und gemütliche Zimmer mit und ohne AC. ❹
Dina, 1 km nordöstlich des Busbahnhofs, ☏ 02168/260246, 💻 www.themumbaimall.com/hoteldina. Das bezauberndste Heritage-Hotel der Stadt in einer 100 Jahre alten Villa samt Nebengebäude steht inmitten liebevoll gepflegter Blumenrabatten hoch über dem Venna-See. Am schönsten sind die geräumigen Zimmer im Haupthaus mit Himmelbetten und herrlichem Ausblick von der Veranda. Nur VP, Rs1800–3000 p. P. pro Tag. ❼
Dreamland, unterhalb des staatlichen Busbahnhofs, ☏ 02168/260228, 💻 www.hoteldreamland.com. Großes, etabliertes Resorthotel mit großem Garten. Das Zimmerangebot reicht von einfachen „Cottages" bis zu AC-Apartments, die einen tollen Ausblick bieten. Im hübschen Gartencafé am Pool gibt's guten Kaffee und im Restaurant feine indische, europäische, mexikanische und chinesische Küche. ❻–❽
Mann Palace, Valley View Rd, abseits der Murray Peth Rd, 1 km südöstlich des Busbahnhofs, ☏ 02168/261778. Die freundliche, gut geführte Unterkunft in einem ziemlich heruntergekommenem Viertel nicht weit vom Main Bazaar hat große, saubere Zimmer. Unter der Woche ein guter Deal, bei längeren Aufenthalten gibt es sogar erhebliche Rabatte. ❺
MTDC Holiday Resort, 2 km südwestlich vom Zentrum, ☏ 02168/260318. Große Anlage mit breitem Angebot an Unterkünften (alle mit Freisitz), darunter nüchterne, aber preisgünstige „economy"-Zimmer, Standardzimmer mit hohen Decken und moderne Cottages für 4 Pers. Das Resort befindet sich in ruhiger Lage, 10 Minuten zu Fuß vom Mumbai Point. ❸–❻

Essen

In Mahabaleshwar kann man gut essen. Abgesehen von den Hotelrestaurants ist das **Aman Restaurant** am östlichen Ende des Main Bazaar das beste Restaurant der Stadt; es hat saftige Kebabs und *tikkas*, köstliche Currys und riesige Portionen Biriyani (Rs60–100).
Tinklers-The Taste Bud, ein paar Häuser weiter, produziert gute südindische und andere Snacks.
Das originelle **Grapevine** am westlichen Ende der Masjid Road (parallel zum Main Bazaar) bietet neben einer guten Auswahl an Weinen, Bieren und Spirituosen ein nett zusammengewürfeltes, wenn auch teures Angebot an Speisen, von Parsen-Hausmannskost bis zu Fish 'n' Chips und Pasta mit hausgemachter Pesto, und im Hintergrund laufen Hits aus den 1980er-Jahren.

Sonstiges

Geld

In Mahabaleshwar finden sich zahlreiche **Geldautomaten**.

Internet

Es gibt ein paar eher unzuverlässige **Internetläden** im Basar.

Nahverkehr

Motor-Rikschas sind in Mahabaleshwar verboten, aber **Taxis** warten am westlichen Ende des Basars auf Fahrgäste und verlangen für kurze Fahrten in der Stadt und in die nähere Umgebung pauschal Rs40. **Fahrräder** verleiht ein Stand beim Hotel Dreamland für Rs150 pro Tag.

Transport

Der zentrale **staatliche Busbahnhof** befindet sich am Nordwestende des Basars. Der einzige MSRTC-**Bus** nach Panaji in GOA fährt um 9 Uhr (12 Std.), aber beim Basar gibt es zahlreiche Gesellschaften, die Tickets für ihre privaten Nachtbusse verkaufen. Außerdem bestehen Verbindungen nach KOLHAPUR (5x tgl., 5 1/2 Std.), PUNE (alle 30–60 Min., 3 1/2 Std.) und RATNAGIRI (1x tgl., 6 Std.).
6x tgl. kommen MSRTC-Busse aus MUMBAI; am empfehlenswertesten ist der „semi-luxury"-Bus (7 Std.), der jeden Morgen um 6 Uhr vom Central Bus Stand in Mumbai abfährt.

Pratapgadh

Eine einstündige Busfahrt von Mahabaleshwar entfernt liegt die im 17. Jh. erbaute **Festung** Pratapgadh, die sich über die gesamte Länge eines hohen Bergkamms erstreckt und eine überwältigende Aussicht auf die Berge rundum bietet. 500 Stufen führen zu ihr hinauf. Geschichtlich wird sie mit dem Marathen-Führer Shivaji in Verbindung gebracht, der den Mogul-General Afzal Khan von Bijapur hierher lockte, um über einen Waffenstillstand zu verhandeln. Keiner von beiden schien sich an die Bedingung, unbewaffnet zu kommen, halten zu wollen. Khan versuchte, Shivaji zu erstechen, woraufhin dieser ihn mit dem schaurigen *wagnakh,* einer Art Handschuh aus eisernen Krallen, tötete.

Die Besucher von heute erwartet hier Afzal Khans Grab, ein Gedenkstein an Shivaji und ein schöner Blick über die umliegenden Berge. ⌚ tgl. Sonnenauf- bis Sonnenuntergang, Eintritt frei. Ein Taxi nach Pratapgadh und zurück kostet etwa Rs560. Außerdem fährt täglich um 9 Uhr ein staatlicher Bus vom Busbahnhof in Mahabaleshwar hierher; Rückfahrt ist um 12.30 Uhr.

Kolhapur

Kolhapur, am Ufer des Flusses Panchaganga, 225 km südlich von Pune, soll seit uralten Zeiten ein bedeutendes Zentrum des tantrischen Kults gewesen sein. Die Stadt entstand vermutlich rund um den **Mahalakshmi-Tempel**, der im Leben ihrer Bewohner immer noch eine wichtige Rolle spielt, obwohl es in der Region noch bis zu 250 weitere Heiligtümer geben soll. Mit über 500 000 Einwohnern ist Kolhapur zu einem bedeutenden Industriezentrum geworden, hat sich aber genug typischen Maharashtra-Charakter bewahrt, um einen Zwischenstopp zu rechtfertigen.

Der **Mahalakshmi-Tempel**, dessen cremefarbene Türme das Zentrum der Altstadt überragen, wurde vermutlich im 7. Jh. gegründet. Was heute von dem Gebäude zu sehen ist, stammt jedoch aus dem frühen 18. Jh. Die Frommen warten in langen Schlangen vor dem Osttor des Komplexes, um am Bildnis der Göttin Mahalakshmi unter dem größten der fünf Türme zu beten; wer möchte, kann sich ihnen anschließen.

Der **Rajwada** oder Old Palace am Platz gleich oberhalb des Mahalakshmi-Tempels wird bis heute von Mitgliedern der einstigen Herrscherfamilie Chhatrapati bewohnt. Besucher können die Eingangshalle besichtigen – der Weg führt unter einer säulengestützten Veranda hindurch. Allerdings ist sie gewöhnlich mit Gläubigen gefüllt, die zum hiesigen Bhawani-Tempel kommen.

Kolhapur ist als Zentrum für den traditionellen Ringkampf *kushti* berühmt. Wenn man hinter den Palasttoren rechts abbiegt und durch das niedrige Tor tritt, gelangt man auf einen Pfad, der an ein paar baufälligen Gebäuden vorbei zur *motibaug,* der **Ringkampfarena**, führt. Wer zwischen 6 und 9 oder zwischen 16 und 18 Uhr (außer Sa) hierher kommt, kann die Ringer beim Training beobachten. Die Hauptsaison ist zwischen Juni und September, aber viele sind auch zu anderen Zeiten aktiv. Wettkämpfe finden im nahen Ringkampfstadion **Khasbag Maidan** statt.

Der **New Palace** des Maharadschas, 2 km nördlich des Zentrums, wurde 1884 nach einem Feuer im Rajwada erbaut. Der von Major Mant – dem Gründungsvater der indo-sarazenischen Bauschule, in deren Stil ein Großteil der britischen Kolonialarchitektur entstanden ist – entworfene Bau kombiniert Jain- und Hindu-Elemente sowie lokale Einflüsse des Rajwada und bleibt dabei doch eindeutig viktorianisch – mit einem auffälligen Uhrenturm.

Der heutige Maharadscha lebt im ersten Stock, während das Erdgeschoss das **Shahaji Chhatrapati Museum** beherbergt. Es besteht aus rund einem Dutzend Sälen voller faszinierender Erinnerungsstücke, die vor allem die außerordentliche Blutgier des Chhatrapati-Klans demonstrieren. Neben der Sammlung von Porträts, Trachten, Stickereien, Reitausrüstung und alten Fotos aus britischer Zeit findet sich eine erstaunliche Ansammlung von Schwertern, Gewehren und Folterinstrumenten, eine Vitrine voller aus allerlei Tierteilen hergestellten Haushaltsgegenstände eines Jägers sowie im letzten Raum eine skandalöse Sammlung von ausgestopften bedrohten Tieren, darunter mehrere Tiger. Weniger makaber ist die spektakuläre, kirchenähnliche Durbar Hall mit schönen Schnitzereien und Mosaikboden. ⌚ tgl. 9.30–18 Uhr, Eintritt Rs30.

Übernachtung und Essen

Es gibt in Kolhapur ein ausreichendes Angebot an recht guten Unterkünften zu vernünftigen Preisen; die meisten liegen in der Station Rd

Ausgezeichnete Wahl

Hotel Woodlands, 204 E Ward, Tarabai Park, ✆ 0231/265 0941, 💻 www.hotelwoodland.net. Preisgünstige, einladende Unterkunft der oberen Preisklasse in ruhiger Vorortlage 2 km nördlich der Bahnhöfe. Geräumige, helle und gemütliche Zimmer mit AC und kostenloser Modem-Nutzung, tolles nicht veg. Garten- und Veranda-Restaurant und Bar. Frühstücksbuffet inkl. ❺–❻

und sind damit vom Busbahnhof aus leicht zu erreichen.

Maharaja, Station Rd, ✆ 0231/265 0829. Einfache Lodge direkt gegenüber vom Busbahnhof mit Dutzenden einfacher, sauberer Zimmer zu guten Preisen und einem veg. Restaurant. ❸

Shalini Palace, in Stadtrandlage am Ufer des Rankala-Sees, ✆ 0231/263 0401, ✉ hotelshalinipalace@rediffmail.com. Die ehemalige Sommerresidenz des Maharadschas hat zwar etwas vom früheren Glanz eingebüßt, ist aber nach wie vor die stimmungsvollste Unterkunft der Stadt. Die Einrichtung ist im ganzen Haus enttäuschend modern, jedoch haben sich die riesigen Suiten (Rs5000–6000) einige reizende historische Details erhalten. Auch wer hier nicht nächtigt, kann in der ehemaligen Durbar Hall speisen und auf dem weitläufigen üppig begrünten Gelände einen hübschen Spaziergang am See unternehmen. ❻–❼

Tourist, Station Rd, ✆ 0231/265 0421, 💻 www.hoteltourist.co.in. Der beste Deal in einer Reihe einladender Mittelklassehotels ein paar Gehminuten östlich vom Busbahnhof. Schnörkellose, aber große und gepflegte Zimmer – am besten nach einem abseits des Verkehrs fragen. Veg. und nicht veg. Restaurant. Frühstück inkl. ❹–❺

Vrindavan Deluxe, Station Rd, ✆ 0231/266 4343. Neuere, vorwiegend auf Geschäftsreisende ausgerichtete Alternative zum Tourist, mit sehr sauberen gefliesten Zimmern und einem rein veg. Restaurant in schickem metallgrauem Gebäude. ❹–❺

Kolhapur ist in ganz Maharashtra für seine scharfe Küche bekannt. Abgesehen von den Hotels – hier ist das **Sunderban Restaurant** im Woodland am besten – hat das geschäftige Subraya, am oberen Ende des Station Square, recht gute nord- und südindische veg. Gerichte.

Sonstiges

Geld

An der Station Road und der Assembly Road gibt es zahlreiche Banken mit **Geldautomaten**.

Informationen

15 Min. zu Fuß vom Bahnhof entfernt (rechts abbiegen) liegt die hilfreiche **MTDC-Touristeninformation**, Assembly Rd (nach dem Collector's Office fragen), ✆ 0231/269 2935, 🕓 Mo–Fr plus 1. und 3. Sa im Monats 10–17 Uhr.

Internet

Eines der Internetcafés zwischen Bahnhof und Busbahnhof ist **SkyNet** (Rs15 pro Std.).

Transport

Busse

Mit dem **Bus** Richtung Norden: Alle 30 Min. fahren Busse nach PUNE (5–6 Std.) sowie mindestens 2x tgl. nach MAHABALESHWAR (5 1/2 Std.). Nach GOA fahren vormittags etwa stdl. Busse, weniger oft nach 13 Uhr.

Eisenbahn

Der **Bahnhof** liegt 400 m westlich des Busbahnhofs in der Station Rd, in der Nähe des Stadtzentrums.

Nach MUMBAI (11–13 Std.) fahren tgl. via Pune (7–8 Std.) der Mahalaxmi Express Nr. 11012 (Abfahrt 20.30 Uhr), der Koyna Express Nr. 11030 (7.55 Uhr) und der Sahyadri Express Nr. 11024 (22.50 Uhr). Richtung Süden ist der Rani Chennamma Express Nr. 16590 (Abfahrt 14.20 Uhr) die einzige tgl. Verbindung nach BENGALURU (17 1/2 Std.).

Flüge

Von Kolhapurs **Flughafen**, 8 km südöstlich vom Stadtzentrum, fliegt Kingfisher tgl. nach MUMBAI.

Goa

Stefan Loose Traveltipps

Old Goa Glockentürme und Barockkirchen zeugen von der einstigen kolonialen Pracht der ehemaligen Hauptstadt Goas. S. 746

Night Market, Arpora Entspannter als der Flohmarkt von Anjuna, und auch die Waren sind von besserer Qualität. S. 760

Flohmarkt von Anjuna Goas berühmter Touristenbasar ist der beste Ort, um sich mit angesagten Partyklamotten und Reisemitbringseln einzudecken. S. 761

Liquid Sky, Aswem Der angesagteste Laden für typisch goanische Trance-Musik ist ein abgelegenes Café auf einem Hügel mit unverstelltem Meerblick. S. 773

Arambol Ein alternativer Urlaubsort mit exquisiten Stränden und einigen der besten Budgetrestaurants in ganz Asien. S. 774

Palácio do Deão, Quepem Auf der schattigen Gartenterrasse des extravaganten, liebevoll restaurierten Herrenhauses aus der Kolonialzeit in Süd-Goa wird Mittagessen serviert. S. 781

11 **Palolem** Romantischer als an diesem idyllischen, von Palmen gesäumten Strand im äußersten Süden können tropische Sonnenuntergänge kaum sein. S. 789

Schon seit Kolonialzeiten ist die ehemalige portugiesische Enklave Goa auf halber Höhe der indischen Südwestküste ein Ferienziel. Damals kamen aus ganz Indien britische Soldaten und Beamte hierher, um sich zu erholen; die Hauptattraktionen waren Kneipen und Bordelle. Heute sind es die wunderbaren goldenen, palmengesäumten Strände an der 1054 km langen Küste des Bundesstaates, die die Touristen anlocken – jeden Winter etwa zwei Millionen. Billige Flugverbindungen zum goanischen Flughafen Dabolim aus dem restlichen Indien haben in den letzten Jahren zu einem dramatischen Anstieg des innerindischen Tourismus geführt.

Der Chartermarkt, wo früher Briten und Skandinavier dominierten, wird mittlerweile zunehmend von ganzen Flugzeugladungen ausgebefreudiger Russen beherrscht. Zur Hochsaison entspricht Goa also bei Weitem nicht dem Bild der Ruheoase, das in den indischen Medien gern verbreitet wird. Aber trotz der zunehmend chaotischen Verhältnisse in den Badeorten lassen sich immer noch relativ stille, erholsame Fleckchen finden – zumindest wenn man bereit ist, ein bisschen weiter in abgelegenere Gebiete zu fahren.

Goa war das erste Standbein Portugals in Asien und diente über 450 Jahre lang als Dreh- und Angelpunkt des weitreichenden portugiesischen Handelsnetzes. Doch als das portugiesische Weltreich im 17. Jh. seinem Untergang entgegenging, sank auch der Glücksstern Goas. Durch eine Mauer von Bergen und Hunderte von Kilometern unwegsamer Schwemmlandebenen vom Rest Indiens abgeschnitten, blieb es vom übrigen Subkontinent restlos isoliert – bis 1961, als der frustrierte indische Premierminister Jawaharlal Nehru nach vergeblichen Versuchen, mit dem portugiesischen Diktator Salazar zu einer gütlichen Einigung zu kommen, seine Armee schickte.

Kurz nach der „Befreiung" (oder „Besetzung", wie viele Goaner es nach wie vor nennen) kamen die ersten **Hippies** auf der alten Überlandroute nach Goa. Sie betraten eine Welt, in der sich seit Jahrhunderten wenig verändert hatte. Portugiesisch war nach wie vor die Lingua franca der gebildeten Elite, und die Küstensiedlungen waren nichts weiter als Fischerdörfer und Kokosplantagen. Begeistert stellten die „Aussteiger" fest, dass dies ein Ort war, wo man ausgelassen feiern konnte, ohne einen Kulturschock hervorzurufen. Also verbrachten die Traveller ihre Zeit mit Kiffen, erfreuten sich an den traumhaften Sonnenuntergängen über dem Arabischen Meer und veranstalteten in den Vollmondnächten wilde Partys.

Inzwischen hat der Bundesstaat große Mühe darauf verwendet, seinen Ruf als Zufluchtsort für Drogen konsumierende Aussteiger abzuschütteln, und die **Strände** erfreuen sich Jahr für Jahr wachsender Beliebtheit bei „normalen" Urlaubern. Ihr Erschließungsgrad ist ganz unterschiedlich und reicht von weitläufigen, luxuriösen Urlaubsanlagen nach westlichem Muster bis zu Stränden, an denen gerade mal ein paar aus Palmblättern geflochtene Hütten stehen.

Für welchen Strand Besucher sich entscheiden, hängt davon ab, was für eine Art Urlaub sie im Sinn haben. Besser ausgestattete Resorts wie **Calangute** und **Baga** im Norden sowie **Colva** und **Benaulim** im Süden bieten mehr Unterkünfte als andere Orte. Selbst wer nichts für touristische Zentren übrig hat, ist gut beraten, zuerst einen dieser Orte anzusteuern, da eine Übernachtungsmöglichkeit in weniger erschlossenen Orten nicht immer ganz einfach zu finden ist. **Anjuna**, **Vagator** und **Chapora** sind in erster Linie Partystrände. Die Unterkünfte sind hier in der Regel einfacher und nicht so leicht zu bekommen.

Die meisten Budgettraveller, die sich während einer Indienreise eine Erholungspause gönnen wollen, landen in **Palolem** ganz im Süden, wohin die Charterbusse noch nicht vorgedrungen sind. Aber man darf sich nicht täuschen – Palolem hat sich bereits zu einem größeren Urlaubsort entwickelt, der in der Hauptsaison von Tausenden Langzeitbesuchern bevölkert wird.

Wer es lieber etwas ruhiger mag, könnte das nur einen Landvorsprung von Palolem entfernte **Patnem** ansteuern, oder auch **Agonda**, weiter die Küste hinauf, wo es nur einige Hüttencamps und von Familien geführte Gästehäuser gibt. Der einzige Ort, an dem es noch eine erwähnenswerte Hippieszene gibt, ist **Arambol** ganz im Norden von Goa. Hier kann man sich zwischen den Strandaufenthalten verschiedensten Yoga-Stilen widmen und holistischen Therapien unterziehen.

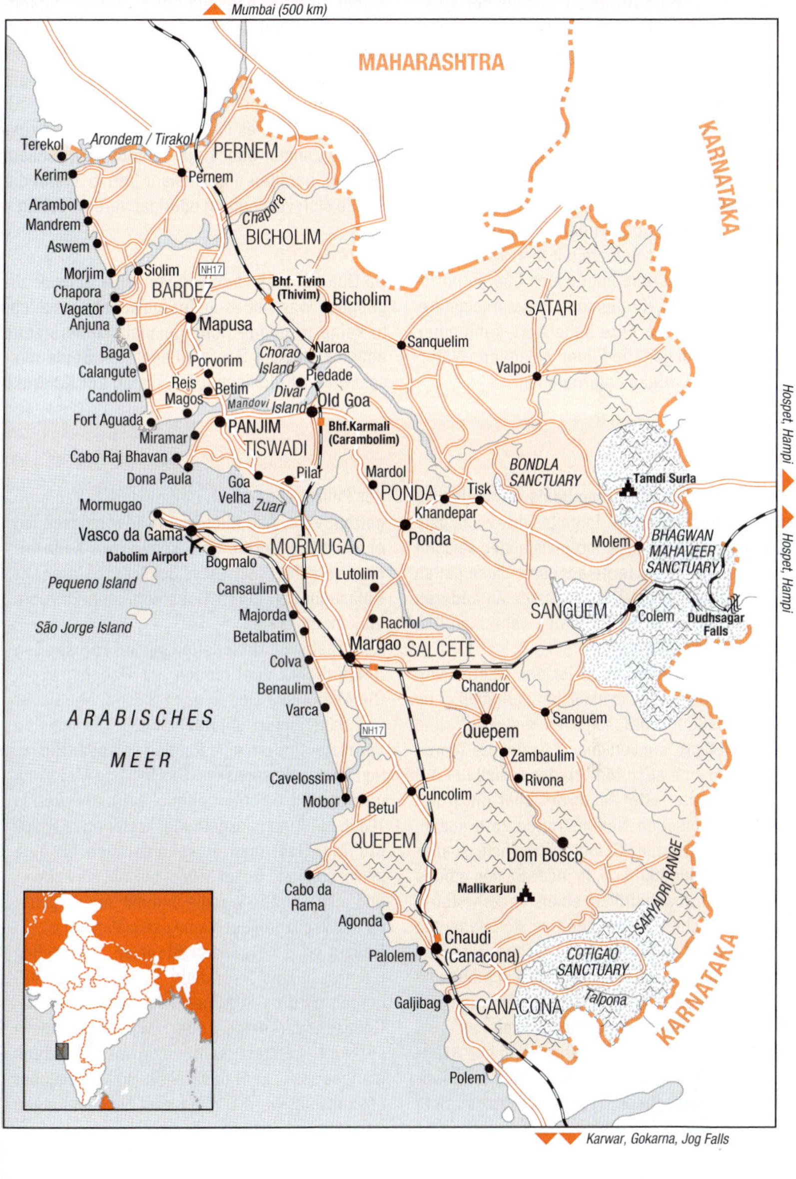
N
0
20 km
Mumbai (500 km)
MAHARASHTRA
KARNATAKA
Terekol
Arondem / Tirakol
PERNEM
Kerim
Pernem
Arambol
Mandrem
Chapora
BICHOLIM
Aswem
Morjim
Siolim
NH17
BARDEZ
Bhf. Tivim (Thivim)
Bicholim
Chapora
Vagator
Anjuna
Mapusa
SATARI
Baga
Porvorim
Naroa
Sanquelim
Calangute
Chorao Island
Valpoi
Reis Magos
Betim
Piedade
Candolim
Divar Island
Mandovi
Old Goa
Fort Aguada
PANJIM
Bhf.Karmali (Carambolim)
Miramar
TISWADI
Cabo Raj Bhavan
Pilar
Mardol
BONDLA SANCTUARY
Dona Paula
Goa Velha
Zuari
PONDA
Tisk
Tamdi Surla
Mormugao
Khandepar
Vasco da Gama
Ponda
Molem
BHAGWAN MAHAVEER SANCTUARY
Dabolim Airport
Bogmalo
MORMUGAO
Pequeno Island
Lutolim
Cansaulim
SANGUEM
Colem
Dudhsagar Falls
Majorda
Rachol
São Jorge Island
Betalbatim
Margao
SALCETE
Colva
Chandor
Benaulim
Varca
Quepem
Sanguem
ARABISCHES MEER
NH17
Zambaulim
Rivona
Cavelossim
Cuncolim
Mobor
Betul
QUEPEM
Dom Bosco
SAHYADRI RANGE
Cabo da Rama
Mallikarjun
Agonda
Chaudi (Canacona)
Palolem
COTIGAO SANCTUARY
Talpona
Galjibag
CANACONA
Polem
Hospet, Hampi
Hospet, Hampi
Karwar, Gokarna, Jog Falls

Goa

In rund 10 km Entfernung von **Panjim**, der Hauptstadt des Bundesstaates, bilden die Ruinen der ehemaligen portugiesischen Hauptstadt **Old Goa** die größte Attraktion abseits der Küste – eine Ansammlung katholischer Kathedralen, Klöster und Kirchen, die Pilger aus ganz Indien anzieht. Ein beliebter Tagesausflug führt zum **Flohmarkt von Anjuna**, der jeden Mittwoch stattfindet und ein guter Ort zum Kauf von Souvenirs und Tanzklamotten ist. Weiter landeinwärts verstecken sich in der dicht bewaldeten Umgebung von **Ponda** zahlreiche Tempel, die von der besonderen goanischen Art der Hindu-Architektur zeugen. Im Distrikt Salcete mit dem wichtigsten Marktflecken **Margao** finden sich überall portugiesische Häuser, Kirchen und Priesterseminare. Wer sich für wilde Tiere begeistert, kann einen Abstecher zum ganz im Süden gelegenen Naturschutzgebiet **Cotigao** unternehmen.

Die beste **Reisezeit** für Goa ist der trockene, relativ kühle Winter zwischen Ende November und Mitte März. Zu anderen Zeiten ist es entweder zu heiß, oder die hohe Luftfeuchtigkeit, die Wolken und der Regen vermiesen allen die Laune. In der Hochsaison von Mitte Dezember bis Ende Januar ist das Wetter perfekt, die Temperaturen überschreiten dann selten 32 °C. Allerdings kann es in dieser Zeit viel Mühe kosten, ein Zimmer oder Haus zu finden – vor allem um Weihnachten und Neujahr herum, wenn die Preise sich verdoppeln oder gar verdreifachen.

Geschichte

Da Goa auf dem Landweg von jeher schwer zugänglich war, hat es in der indischen Geschichte keine tragende Rolle gespielt. Andererseits entwickelte sich Goa zur begehrten Beute rivalisierender Kolonialmächte, die an der Kontrolle

Reisen in Goa

Die weißen Maruti-**Sammeltaxis** stellen für die meisten ausländischen Touristen das wichtigste Transportmittel dar. An den Taxiständen sind auf Schildern oft feste Tarife angeben, diese gelten aber meist nur in der Hochsaison. Zu anderen Zeiten ist man besser beraten, wenn man den Fahrpreis vorher aushandelt.

Eine billigere Alternative ist das Mieten von **Fahrrädern**. Räder aus indischer Fertigung ohne Gangschaltung werden in allen Resorts für rund Rs100–150 pro Tag verliehen. Für längere Touren kann man sich auch **Motorräder** ausleihen. Auf einem Scooter oder Motorrad über die tropischen goanischen Nebenstraßen zu brausen, vermittelt ein echtes Gefühl von Freiheit, ist aber nicht ganz ungefährlich. In jeder Saison gibt es in Goa durchschnittlich einen Verkehrstoten pro Tag, nicht selten handelt es sich dabei um Touristen auf einem Motorrad. Daher sollte man unbedingt darauf achten, dass Beleuchtung und Bremsen intakt sind. Und nach Anbruch der Dunkelheit ist besondere Vorsicht geboten.

Für das Mieten und Fahren sämtlicher Kraftfahrzeuge braucht man offiziell einen **internationalen Führerschein**. Aber in der Praxis reicht ein normaler Führerschein aus, wenn man von der Polizei angehalten und nach den Papieren gefragt wird. Alle Miet-Motorräder müssen mit einem besonderen, **gelb-schwarzen Kennzeichen** versehen sein. Diese Schilder schützen vor Belästigungen durch Goas notorisch korrupte Verkehrspolizisten.

Außerhalb von Ortschaften gilt auf Fernstraßen **Helmpflicht**, nicht jedoch auf Nebenstraßen. Die Mietpreise sind je nach Saison, Mietdauer und Fahrzeugart unterschiedlich. Die meisten Vermieter fordern eine Kaution und/oder Hinterlegung des Reisepasses. Das billigste Motorrad, eine einem Scooter ähnliche Honda Activa 100cc mit Automatikgetriebe, kostet etwa Rs200 pro Tag. Oder man entscheidet sich für eine stilvolle Enfield Bullet 350cc, obwohl sie schwer und nicht gerade wendig und mit einer Gebühr ab Rs350 pro Tag auch am kostspieligsten ist.

Benzin wird im ganzen Staat an Tankstellen („petrol pumps") verkauft. In kleineren Siedlungen wird es in Mineralwasserflaschen bei Gemischtwarenläden oder Zwischenhändlern verkauft. Letztere sollte man meiden, denn manche „strecken" das Benzin mit Kerosin oder Lösungsmitteln; die Folge sind Fehlzündungen und stinkende Abgaswolken.

der Meere und am lukrativen Gewürzhandel interessiert waren. Über tausend Jahre hatte Goa zum **Königreich von Kadamba** gehört, etwa bis 100 Jahre vor der Ankunft der Portugiesen. Dazwischen herrschten nacheinander die Vijayanagara-Dynastie aus Karnataka, die moslemischen Sultane aus Bahmani und Yusuf Adil Shah, der Gründer der Dynastie Bijapur. Den endgültigen Beginn der 451 Jahre währenden portugiesischen Herrschaft markierte dann die Einnahme der Festung von Panjim durch **Alfonso de Albuquerque** im Jahre 1510.

Die Bevölkerung Goas wuchs, und die Einwohnerzahl seiner prächtigen Hauptstadt (heute Old Goa) überstieg bald jene von Paris und London. Obwohl Ismail Adil Shah Goa 1570 zehn Monate lang belagerte und die Marathas unter Shivaji und späteren Anführern die Region beinahe erobert hätten, ging die größte Bedrohung von anderen europäischen Seemächten aus, allen voran Holland und Frankreich. In der Zwischenzeit gründete **Franz Xaver** 1542 eine **Jesuitenmission**, und in der Folge bekehrten Franziskanermissionare immer mehr Einheimische zum Christentum. Als bald darauf die **Inquisition** einsetzte, wurden Gesetze erlassen, die sämtliche Literatur der Zensur unterwarfen und jeden anderen als den katholischen Glauben verboten. Hindu-Tempel wurden zerstört, und konvertierte Hindus führten fortan portugiesische Namen wie da Silva, Correa oder de Sousa, die noch heute in der Region verbreitet sind.

Danach ging es mit der Kolonie, deren Handelsmonopol von den rivalisierenden Europäern gebrochen wurde, allmählich bergab, nicht zuletzt wegen der ungesunden, von Krankheiten geprägten Atmosphäre in der Hauptstadt. Trotz einer gewissen Liberalisierung (den Hindus wurde wieder erlaubt, ihren Glauben zu praktizieren, und die Inquisition wurde 1820 endgültig abgeschafft) erlebte Goa im 19. Jh. schwere Bevölkerungsunruhen. Während der britischen Besetzung zogen viele Goaner nach Bombay und in andere Orte Britisch-Indiens, um Arbeit zu finden.

Dass Goa sich nach der Unabhängigkeit Indiens von der portugiesischen Herrschaft befreien konnte, ist sowohl den Bemühungen der indischen Regierung, die ihre diplomatischen Beziehungen mit Portugal einfror, als auch der Arbeit von Freiheitskämpfern wie **Menezes Braganza** und **Dr. Cunha** zu verdanken. Nachdem bei einem „Befreiungsmarsch" 1955 mehrere Menschen zu Tode gekommen waren, wurde eine Blockade gegen den Staat verhängt. Als der Handel mit Bombay zum Erliegen gekommen und der Schienenweg abgeschnitten worden war, bemühte sich Goa um internationale Bündnisse, besonders mit Pakistan und Sri Lanka. Das führte zum Bau des Dabolim-Flughafens und dem Entschluss, die landwirtschaftlichen Erträge zu steigern.

1961 entsandte der indische Premierminister Jawaharlal Nehru schließlich Streitkräfte. Die einer Resolution der Vereinten Nationen zuwider handelnde **„Operation Vijay"** stieß nur auf symbolischen Widerstand, sodass die indische Armee Goa innerhalb von zwei Tagen eingenommen hatte. Danach wurde Goa (zusammen mit Portugals anderen beiden Enklaven, Daman und Diu) als autonomes **Unionsterritorium** ein Teil von Indien, allerdings mit einem Minimum an Einflussmöglichkeiten seitens Delhi.

Seit der Unabhängigkeit geht es Goa wirtschaftlich zusehends besser, vor allem dank der Gewinne aus Eisenerzexporten und der boomenden Tourismusindustrie. Themen wie Eigenstaatlichkeit, Status der Amtssprache Konkani und ständig steigende Einwanderungszahlen sorgen in Goa indes für chronische politische Instabilität. Ständig wechseln die Regierungen und Ministerpräsidenten, manchmal unterbrochen von Zeiten mit „President's Rule", wenn Goa direkt von Delhi aus regiert wird. Seit Beginn des 21. Jhs. werden neue Befürchtungen hinsichtlich der **Veränderungen** laut, die sich an der Küste Goas ereignen. Der plötzliche Zustrom von reichen Russen und indischen Immobilienhändlern aus Delhi und Mumbai hat bei den verschiedenen aufeinanderfolgenden Koalitionsregierungen Gegenmaßnahmen hervorgerufen.

Land, das Ausländern gehörte, wurde enteignet. Hunderte in Goa ansässiger Europäer verloren ihren Besitz und machten sich davon. Eine Reihe in der Presse groß ausgeschlachteter Übergriffe von Ausländern und auf Ausländer, vor allem der Mord an einem britischen Teenager im Jahr 2008, hat wenig dazu beigetragen, das Image Goas im Ausland zu verbessern. Und da die sich ständig verbessernden infrastrukturellen

Verbindungen zum übrigen Indien die Grenzen Goas durchlässiger machen, ist das Überleben des Bundesstaates als kulturell eigenständige Region heute mehr bedroht denn je.

Panjim und Zentral-Goa

Die **Umgebung von Panjim** sieht weniger Besucher als die Küstenresorts, obwohl ihre Reisfelder und bewaldeten Täler einige Attraktionen bereithalten, die einen ein- oder zweitägigen Ausflug vom Strand rechtfertigen. Nach **Old Goa** ist es nicht weit mit dem Bus. Weiter im Landesinneren beherbergen die bewaldeten unteren Hänge der Westghats, die von der Hauptstraße Panjim–Bengaluru (Bangalore) durchschnitten werden, die eindrucksvollen, nur per Geländewagen zu erreichenden **Dudhsagar-Wasserfälle**.

Panjim

An den Hängen eines saftig grünen, terrassierten Berghanges an der Mündung des Mandovi liegt **Panjim**, dessen Maharathi-Name **Panaji** („Land, das nicht überflutet wird") lautet. Jahrhunderte lang bestand Panjim aus nicht viel mehr als einem unbedeutenden Landungssteg und einem Zollhaus, von einem auf einem Hügel gelegenen Fort beschützt und von stehenden Sümpfen umgeben. Zur Hauptstadt wurde es erst 1843, nachdem der Hafen in Old Goa verschlammt war und sowohl die Herrscher als auch die verarmten Einwohner vor der Pest geflohen waren.

In Panjim herrscht weniger Verkehrschaos und Hektik als in den meisten anderen indischen Bundeshauptstädten. Sehenswürdigkeiten gibt es kaum, aber die Seitensträßchen des alten Viertels **Fontainhas** haben sich eine verblichene portugiesische Atmosphäre bewahrt – mit bunt getünchten Häusern und katholischen Kirchen.

Sehenswürdigkeiten

Der grüne, rechteckige Park gegenüber dem India Government Tourist Office, **Church Square** oder auch Municipal Gardens genannt, bildet das Zentrum von Panjim. Südöstlich des Parks erhebt sich das Wahrzeichen der Stadt, die schneeweiße Barockfassade der **Kirche Unserer Lieben Frau der Unbefleckten Empfängnis** (Church of Our Lady of the Immaculate Conception). Die Kirche am Ende eines Lateritweges wurde 1541 für die aus Lissabon eintreffenden Seeleute errichtet. Die erschöpften Matrosen taumelten vom Kai zur Kirche, um für die erfolgreiche Überfahrt zu danken, und fuhren anschließend zur Hauptstadt Old Goa weiter – wo die riesige Glocke herstammt, die im Glockenturm der Kirche zu sehen ist.

Von der Kirche verläuft die Rua José Falcao in nördlicher Richtung zum Fluss und trifft dort auf Panjims Hauptstraße, die **Avenida Dom Joao Castro** mit dem ältesten noch erhaltenen Gebäude der Stadt. Mit seinen schrägen Ziegeldächern, in Stein gemeißelten Wappen und hölzernen Veranden sieht das robuste **Secretariat** wie ein typischer Kolonialbau aus. Ursprünglich war es jedoch der Sommerpalast des moslemischen Herrschers Adil Shah, der Goa im 16. Jh. regierte. Später war es unter den Portugiesen zeitweilig die Residenz für die Gouverneure des portugiesischen Territoriums (die hier auf dem Weg von und nach Europa übernachteten), und danach residierte hier der Vizekönig. Heute sind hier Behördenbüros untergebracht. 100 m weiter östlich steht die eigentümliche Statue eines Mannes, der seine Hände über den Körper einer entrückten, liegenden Frau hält. Es handelt sich um **Abbé de Faria** (1755–1819), einen goanischen Priester, der nach Frankreich auswanderte, wo er einer der ersten professionellen Hypnotiseure wurde.

Unmittelbar hinter der Esplanade, 500 m westlich der Abbé-de-Faria-Statue, steht ein weiteres grandioses Zeugnis aus der Kolonialzeit, das **Menezes Braganza Institute**. Heute beherbergt es die städtische Zentralbibliothek, 🕓 Mo–Fr 9.30–13.15 und 14–17.30 Uhr. Das klassizistische Gebäude wurde Anfang des 19. Jhs. im Zuge der städtischen Neugestaltung errichtet, die vom Marquis of Pombal und von Dom Manuel de Portugal e Castro initiiert worden war. Das Foyer am Eingang in der Malacca Road wird von Wandbildern aus blauen und gelben Keramikkacheln geziert, sogenannten *azulejos,* die Szenen aus dem Epos *Os Lusíades* von Luís Vaz de Camões darstellen.

Fontainhas

Fontainhas, Panjims ältestes und interessantestes Viertel, umfasst etwa ein Dutzend klassizistischer Häuserblocks, die sich am Ostrand der Stadt, unweit vom Busbahnhof, an den Hängen des grünen Altinho Hill hochziehen. Viele dieser Häuser haben ihren traditionellen ockerfarbenen, hellgelben, grünen oder blauen Anstrich behalten, ein Erbe aus portugiesischer Zeit, als jedes goanische Gebäude (mit Ausnahme der Kirchen, die weiß zu sein hatten) nach jedem Monsun farbig getüncht werden sollte. Während einige restauriert wurden, befinden sich die meisten in einem Zustand charismatischen Verfalls.

Im Zentrum von Fontainhas erhebt sich die **Kapelle von St. Sebastian**. Sie steht am Ende eines kleinen Platzes, auf dem die portugiesischsprachigen Einwohner von Fontainhas jedes Jahr Mitte November eine farbenfrohe *festa* zu Ehren ihres Schutzpatrons veranstalten. Das unheimliche Kruzifix in der Kapelle, das ursprünglich im Inquisitionspalast von Old Goa hing, wurde 1812 hierher gebracht. Ungewöhnlich ist, dass die Augen Christi geöffnet sind – angeblich um den von den Inquisitoren Verhörten Furcht einzuflößen.

In unmittelbarer Nähe des unteren Abschnittes des Platzes befindet sich eine kleine Werkstatt, wo man dabei zuschauen kann, wie goanische *azulejos* auf traditionelle Weise hergestellt werden. Der Hauptverkaufsraum, **Velha Goa Galeria**, liegt zwei Straßen weiter neben dem Panjim Inn.

Übernachtung

Die Mehrzahl der indischen Goa-Besucher zieht eine Unterkunft in Panjim einem Resort an der Küste vor, was die große Zahl von **Hotels** und **Lodges** in der Innenstadt erklärt, besonders im moderneren westlichen Teil, wo der Lärmpegel sehr hoch ist. Ausländer übernachten hier vor allem, um etwas von der Atmosphäre des historischen Viertels Fontainhas zu schnuppern. Ein Zimmer zu finden gestaltet sich nur zu Dussehra (Sep/Okt), zum Fest zu Ehren des heiligen Franz (24. Nov–3. Dez) und in der Hochsaison (Mitte Dez–Mitte Jan) schwierig; die nachfolgenden Preisangaben beziehen sich auf die Zeit von Oktober bis März (mit Ausnahme der oben genannten Zeiten, an denen sich die Preise verdoppeln oder verdreifachen können). Es ist zu beachten, dass die **Checkout-Zeiten** extrem variieren.

Draußen alt, drinnen modern

Bharat Lodge, Sao Tome Rd, bei der Hauptpost, ✆ 0832/222 4862. Preisgünstiges Gästehaus im Herz des alten Viertels der Stadt in einem terrakottafarben getünchten, 150 Jahre alten Gebäude. Das Haus hat sich viele seiner alten Merkmale erhalten, ist innen aber umfassend modernisiert worden. Die Zimmer sind für den Preis groß, haben ruhige Ventilatoren und recht geräumige Bäder; am besten sind Nr. 106 und 102. ❹

Afonso, St. Sebastian Chapel Square, Fontainhas, ✆ 0832/222 2359 oder 9764/300165. Das renovierte Haus aus der Kolonialzeit in einer malerischen Seitenstraße ist eine sichere Wahl, wenn man sich das Panjim Inn in derselben Straße nicht ganz leisten kann. Einwandfreie Zimmer mit Bad, freundliche Besitzer und eine Dachterrasse mit schöner Aussicht. Auch Einzelbelegung möglich. ❺

Casa Paradiso, Ghanekar Building, Rua Jose Falcao, ✆ 0832/222 6291, 💻 www.casaparadisogoa.com. Dieses zentral gelegene Gästehaus ist die einzige Mittelklasseunterkunft außerhalb von Fontainhas, bei der es sich lohnt sie in Betracht zu ziehen. Die Lage an einer lauten Durchgangsstraße in der Nähe des Secretariat und des Church Square ist nicht gerade anheimelnd, und es gibt keinen Sitzbereich draußen, aber die Zimmer selbst sind tadellos und haben AC und glänzende Keramikböden. ❺

Panjim Inn / Panjim Pousada, E-212, Rua 31 de Janeiro, Fontainhas, ✆ 0832/243 5628, 💻 www.panjiminn.com. Das vornehme, 300 Jahre alte Stadthaus ist heute ein gemütliches Heritage-Hotel mit historischen Möbeln, alten Fotos,

Goa

Panjim

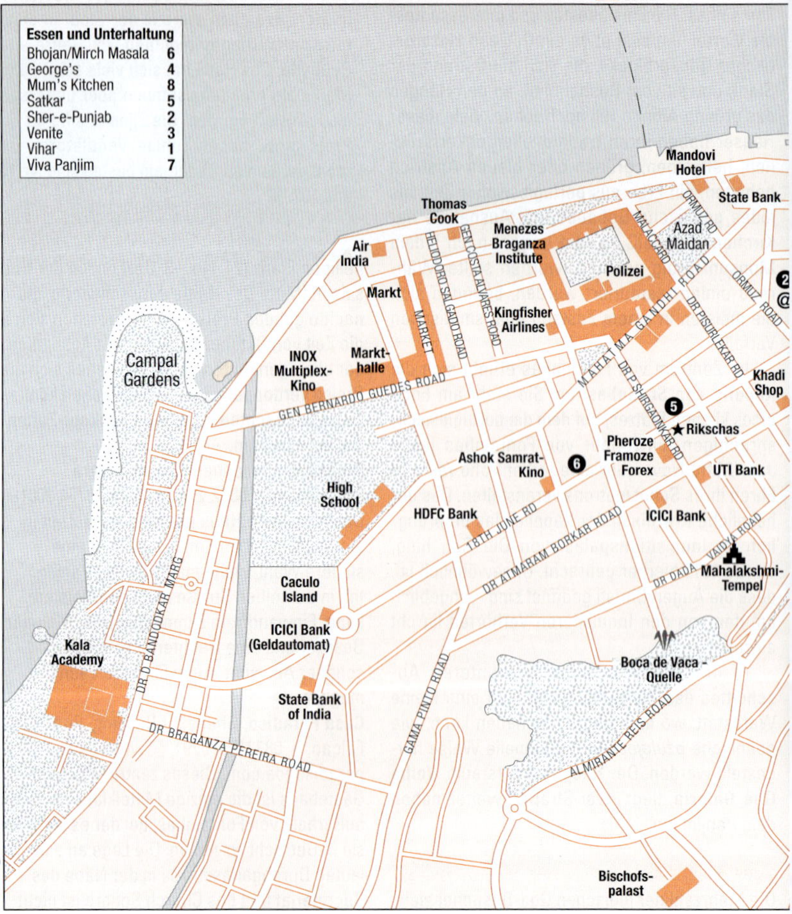

Goa

Balkonen und einer Veranda, auf der Speisen und Getränke serviert werden. Der dreistöckige Anbau mit Blick auf den Fluss ist im gleichen Stil gehalten, bietet aber eine bessere Aussicht. Die dazugehörige Panjim Pousada auf der gegenüberliegenden Straßenseite hat zwei hübsche Zimmer. Sie gehen nach hinten auf einen gemeinsamen Holzbalkon mit Blick auf einen kleinen Patio hinaus. ❻

Panjim People's, Rua 31 de Janeiro, Fontainhas, ✆ 0832/222 1122, 🖳 www.panjiminn.com. Dieser Ableger des Panjim Inn liegt gegenüber dem Originalhaus in einer ehemaligen Schule und wirkt exklusiver als die anderen Gebäude.

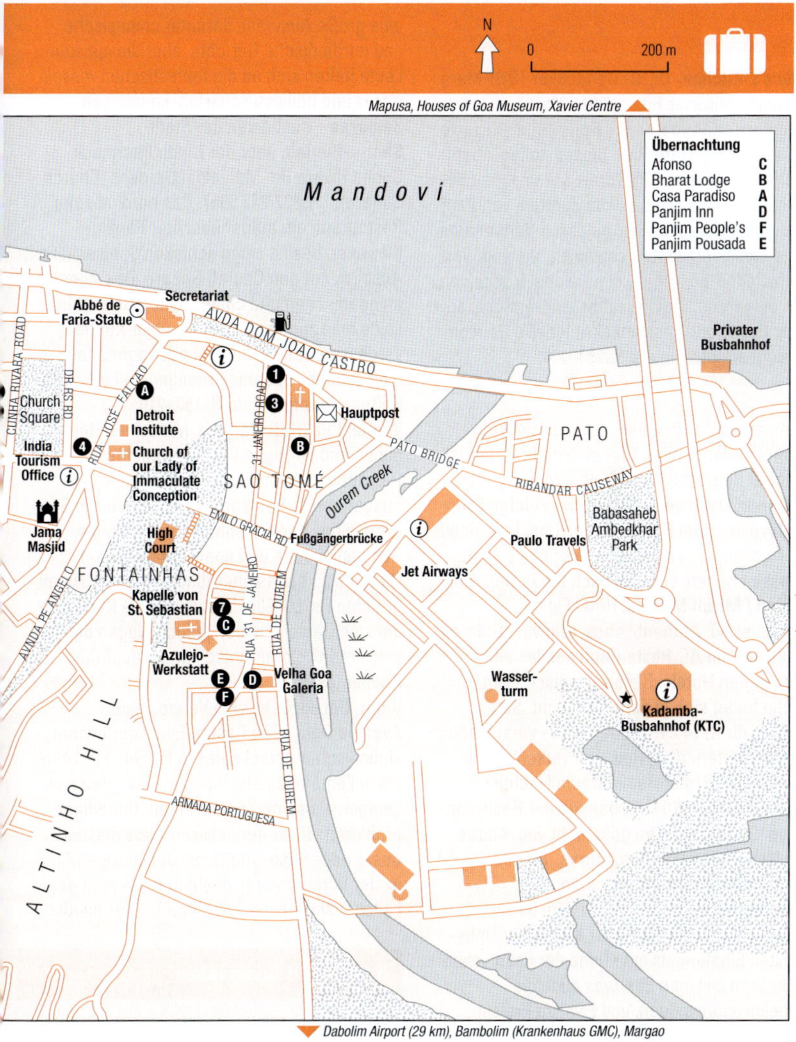

Die riesigen Zimmer sind mit antiken Rosenholzmöbeln, vergoldeten Blenden und Vorhängen mit Spitzenbesatz sowie mit relativ neuen Klimaanlagen und großen Fernsehgeräten ausgestattet. Mitte der Saison beginnen die Preise bei etwa Rs8000 (US$175) pro Nacht. ❾

Essen

Auf die Massen von Touristen aus anderen Teilen Indiens sowie auf die preisbewussteren Einheimischen warten zahlreiche gute Esslokale. Die meisten gehören zu einem Hotel, aber es gibt auch genügend unabhängige Lokale, die hochwertige Kost für sehr viel

Goa

Futtern wie bei Muttern

Mum's Kitchen, Dr. D. Bandodkar (DB) Marg (Panjim–Miramar Rd), ✆ 9011 095557, 🖳 www.mumskitchengoa.com. Rony und Suzette Martins, die Betreiber dieses tollen goanischen Restaurants im Vorort Miramar, mit der Motor-Rikscha 10 Min. vom Zentrum von Panjim, haben in ganz Goa bei ihren Verwandten alte Familienrezepte gesammelt, um vom Verschwinden bedrohte kulinarische Traditionen zu bewahren. Das Resultat sind äußerst authentische und geschmacksintensive Gerichte. Hauptgerichte zumeist Rs250–300.

weniger Geld auftischen, als in den Küstenresorts verlangt wird. Wer sich nicht sicher ist, welcher Regionalküche er den Vorzug geben soll, begibt sich am besten in die **Fidalgo Food Enclave** im Hotel Fidalgo in der 18th June Road, wo sich sechs verschiedene Esslokale niedergelassen haben, von goanisch bis zu Gujarati.

Bhojan / Mirch Masala, Hotel Fidalgo, 18th June Rd. Authentisches, rein veg. Gujarati-*thali*-Lokal im AC-Restaurantkomplex eines gediegenen Hotels. Bessere indische veg. Küche findet sich in ganz Goa nicht. Satt werden für Rs140: fünf oder sechs verschiedene Gemüsesorten, *dhal,* Reis und verschiedene traditionelle Brotsorten und zum Nachtisch lecker duftende Süßspeisen auf der Basis von Milch. Gleichermaßen gute nicht veg. Küche aus Nordindien (Kebabs, Currys, Tandoori u. Ä.) hat das **Mirch Masala** nebenan.

George's, Emilio Gracia Rd. In dem tollen kleinen Café in der Nähe der Kirche der Unbefleckten Empfängnis mit Küche der goanischen Katholiken isst man das, was auch die Einheimischen mögen, und zwar zu Preisen, die auch für sie erschwinglich sind. Wer einen Platz an einem der dicht zusammenstehenden Tische unter einem Ventilator ergattert hat, kann sich an einer Calamari-Chili-Pfanne, Fischfilets im Hirsemantel oder einer der preisgünstigen Seafood-*thalis* gütlich tun. Hauptgerichte zumeist etwa Rs100.

Satkar, 18th June Rd. Gut besuchtes südindisches Snack- und Obstsaftlokal. Es hat eine große Auswahl, darunter chinesische und nordindische Gerichte, aber die meisten Leute halten sich an die fantastischen *masala dosas* und höllisch scharfen, knusprigen Samosas – die besten der Stadt.

Sher-e-Punjab, über der Hindu Pharmacy, Cunha Rivara Rd, Municipal Gardens (Church Square), ✆ 0832/242 5657. Das nordindische Restaurant, ein aufgehübschter Panjim-Klassiker, besitzt einen schicken Speisesaal mit Ausblick auf den Church Square. Das Angebot an goanischen und chinesischen Gerichten sollte man zugunsten der Mughlai-Küche vergessen: Huhn, Hammel oder *paneer* aus dem Tandoor oder mit cremigen und würzigen Soßen. Hauptgerichte Rs150–210.

Venite, Rua 31 de Janeiro. Mit seinen Holzdielen und winzigen kerzenbeleuchteten Balkontischen ist dieses auf Touristen ausgerichtete Restaurant im alten Viertel São Tomé eines der charmantesten in Panjim. Gesamtindische und goanische Seafood-Gerichte zu etwas überhöhten Preisen (Hauptgerichte Rs200–300) bestimmen die Karte, die meisten Gäste kommen jedoch wegen des schlichten kolonialzeitlich angehauchten Ambientes.

Vihar. Um die Ecke vom Venite, in der Avenida Dom João Castro. Eines der besten südindischen Snackcafés in Panjim. Für Leute, die in Fontainhas abgestiegen sind, günstiger gelegen als seine Konkurrenten. Unbedingt probieren: die superleckeren *rawa masala dosas* oder Käse-*uttapams*. Das einzige Minus ist der Verkehrslärm, deshalb sollte man den Laden während der Rushhour besser meiden.

Traditionell Goanisches

Viva Panjim, 178 Rua 31 de Janeiro, hinter der Mary Immaculate High School, Fontainhas. Hier gibt's traditionelle goanische Hausmannskost (*xacutis, vindaloo,* Garnelen-*balchão, cafreal, amotik* und köstlichen gegrillten Fisch), serviert von der charmanten Linda de Souza in einem malerischen Seitensträßchen aus der Kolonialzeit. Die beste Adresse fürs Abendessen, wenn man in Fontainhas nächtigt.

Die goanische Küche

Es versteht sich von selbst, dass die goanische Küche nach 451 Jahren Kolonialherrschaft einen starken portugiesischen Einfluss aufweist.
Dabei spielen vor allem **Zutaten** wie der ansonsten in Indien unbekannte Palmessig, reichlich Kokosprodukte, Knoblauch, Tamarinden und scharfe einheimische Chilis eine Rolle. Goa ist die Heimat des berühmten **Vindaloo** (abgeleitet vom portugiesischen *vinho d'alho,* wörtlich übersetzt „Knoblauchwein"), ursprünglich ein extrascharfes und saures Schweinefleischcurry, das inzwischen aber auch mit anderen Fleischsorten und Fisch zubereitet wird. Weitere Schweinefleisch-Spezialitäten sind *chouriço* (Paprikawurst), *sorpotel* (ein scharfes Curry aus eingelegter Schweineleber und -herz), *leitão* (Spanferkel) und *balchão* (Schweinefleisch in deftiger brauner Soße). Eine köstliche Alternative ist *xacuti* (Ziegenfleisch mit einer Soße aus Zitronensaft, Erdnüssen, Kokos, Chili und Gewürzen). Die Auswahl an **Seafood**, oft als duftende Masala zubereitet, ist ausgezeichnet (z. B. Muscheln, Krabben, Hummer und Riesengarnelen). **Fisch** kommt je nach Art in saftigen Currys, vom Grill oder aus dem **Tandoori-Lehmofen**. *Sanna* ist (wie sein südindisches Pendant *iddli)* ein Kuchen aus fermentiertem Reismehl, wird in Goa aber mit Palm-*toddi* zubereitet. Wer Süßes liebt, wird sich an *bebinca* erfreuen, einem reichhaltigen, köstlichen Eipudding mit Kokosnuss.
Was **alkoholische Getränke** betrifft, sind lokale Weine, Spirituosen und Bier in Goa billiger als irgendwo sonst in Indien, da die Steuerabgaben hier niedriger sind. Das berühmteste und am weitesten verbreitete **Bier** ist Kingfisher, das hier weniger nach Konservierungsstoff schmeckt als in anderen Landesteilen. Es gibt auch das teurere Fosters, das in Mumbai gebraut wird, aber nichts mit dem Original gemein hat. Goanischer **Portwein**, eine süßere und minderwertigere Variante des portugiesischen Getränks, ist allgegenwärtig und wird gekühlt in großen Weingläsern mit einer Scheibe Zitrone serviert. Lokale **Spirituosen** (Whisky, Brandy, Rum, Gin und Wodka) gibt es in einer Vielfalt von Marken für Rs30–50 pro Glas, erfahren jedoch starke Konkurrenz durch die lokale Spezialität *feni,* einem aus destillierter Cashewnuss oder dem Saft der Kokospalme gewonnenen Schnaps. Cashew-*feni* wird meistens nach der ersten Destillation getrunken, man findet ihn aber auch doppelt destilliert als Likör mit Ingwer- oder Kümmelgeschmack.

Sonstiges

Apotheken

Hindu Pharma, neben dem Tourismusbüro am Church Square, ✆ 0832/222 3176. Panjims beste Apotheke führt ayurvedische, homöopathische und allopathische Medikamente.

Bücher

Broadway Book Centre, 18th June Rd, gegenüber dem Gulf-Supermarkt. Bietet die beste Auswahl an Büchern über Goa, eine große Auswahl an Faksimile-Editionen und jede Menge Architektur- und Fotobände als Hardcover zu reduzierten Preisen.

Geld

Fast alle Banken der Stadt verfügen über **Geldautomaten**, an denen man mit Visa- oder MasterCard-Karten Geld abheben kann.
Bargeld tauschen und Reiseschecks einlösen kann man am unbürokratischsten bei **Thomas Cook**, 8 Alcon Chambers, Dr. D. Bandodkar (DB) Marg, unweit des Büros von Air India/ Indian Airlines, 🕓 Mo–Sa 9–18, Okt–März auch So 10–17 Uhr.

Informationen

GTDC, in der Halle des Kadamba-Hauptbusbahnhofes, ✆ 0832/222 5620, 💻 www.goa-tourism.com. Nützlich zum Checken von Bahn- und Busfahrplänen, aber nicht viel mehr. 🕓 tgl. 9.30–13 und 14–17 Uhr.
India Tourism Office, Church Square, ✆ 0832/222 3412, 💻 www.incredibleindia.org. Zuverlässigere Informationsquelle. 🕓 Mo–Fr 9.30–18, Sa 9.30–13 Uhr.

Internet
Die meisten Hotels und Gästehäuser bieten Internetzugang für Gäste. **Cozy Nook Travels**, Nr. 6 Municipal Bldg, 18th June Rd, verfügt über eine schnelle DSL-Verbindung.

Kino
INOX, im Nordwesten der Stadt auf dem Gelände des alten Goa Medical College, Dr. D. Bandodkar (DB) Marg, ✆ 0832/242 0999, 💻 www.inoxmovies.com. Panjims protziges Multiplex-Kino mit 1272 Sitzen zeigt alle neuen Hindi-Blockbuster und einige Hollywood-Filme in Originalsprache. Der Lokalpresse oder der Inox-Website sind Einzelheiten zum Programm und zum Reservieren der Tickets zu entnehmen.

Medizinische Hilfe
Goa Medical College (GMC), 7 km südlich an der NH17 in Bambolim, ✆ 0832/245 8700-07. Das neue College ist das größte Krankenhaus des Bundesstaates und verfügt über eine rund um die Uhr geöffnete Apotheke. Mit einem normalen Taxi kommt man in der Regel wesentlich schneller hin als mit einem Krankenwagen (✆ 102). Die Verhältnisse sind nach westlichem Standard finster.
Vintage Hospital, neben der Hauptfeuerwache im Viertel St. Inez, ✆ 0832/564 4401-05. Für weniger schwerwiegende Fälle.

Musik und Tanz
Kala Academy, Dr. D. Bandodkar (DB) Marg, Campal, am äußersten westlichen Stadtrand, 💻 www.kalaacademy.org. Regelmäßig werden in Panjims Schule der darstellenden Künste klassische Konzerte indischer Musik und Tanzaufführungen geboten. Genaueres zu aktuellen Veranstaltungen ist den lokalen Zeitungen zu entnehmen.

Nahverkehr
Das beste Beförderungsmittel in Panjim sind **Motor-Rikschas**. Sie können an der Straße herangewunken oder an einem der Halteplätze in der ganzen Stadt bestiegen werden.
Wer mit leichtem Gepäck reist, findet in den **Motorrad-Taxis** – in Goa „pilots" genannt – eine billigere und schnellere Alternative.

Transport
Busse
Fern- und Regionalbusse nutzen Panjims geschäftigen **Kadamba-Busbahnhof**, 1 km östlich des Zentrums im Viertel Pato. Zehn Gehminuten von hier (über den Ourem Creek nach Fontainhas) liegen mehrere Budgethotels. Wer im moderneren Westteil der Stadt absteigen möchte, kann eine der Motor-Rikschas nehmen, die vor der Halle warten (Rs30–50).

Eisenbahn
In der Stadt selbst gibt es keinen Bahnhof. Der nächstgelegene der Konkan Railway befindet sich in **Karmali**, 11 km östlich von Panjim bei Old Goa. Von dort fahren staatliche Busse ins Zentrum von Panjim.

Flüge
Europäische Charter- und Inlandflüge landen auf dem **Dabolim Airport**, ✆ 0832/254 0788, 29 km südlich von Panjim am Rande von Vasco da Gama, Goas zweitgrößter Stadt. Taxis in die Stadt (45 Min., Rs550), die am Schalter im Vorhof reserviert und bezahlt werden, können von bis zu 4 Pers. geteilt werden.

Fluggesellschaften
Indian Airlines / Air India, Dempo House, Dr. D. Bandodkar Marg, ✆ 0832/242 8787 oder 223 7826,
Jet Airways / JetLite, Sesa Ghor, Pato Plaza, neben der GTDC Panjim Residency, Pato, ✆ 0832/243 8792,
Kingfisher Airlines, Shop G-4, 5–6 Glass Tower, Swami Vivekananda Rd, gegenüber Panjim Traffic Cell, ✆ 1800/209 3030.

Old Goa

Goas ehemalige Hauptstadt Goa Velha (Old-Goa), die einst mehrere Hunderttausend Einwohner zählte und als Inbegriff von Pracht galt, wurde nach zahlreichen Malaria- und Cholera-Epidemien, die die Stadt seit dem 17. Jh. heimsuchten, nahezu völlig aufgegeben. Trotz Unesco-Welterbestatus braucht man schon einiges an Fantasie, um sich die Hauptstadt in ihrem einstigen Glanz vorzustellen. Das Gewirr aus verschlungenen Straßen, Plazas und ockerfarbenen Villen ist verschwunden, übrig gebliebenen sind allein einige cremefarbene Kirchen und Klöster. Das bedeutendste der erhaltenen Monumente ist das Grab des heiligen **Franz Xaver**, jenes legendären Missionars aus dem 16. Jh., dessen sterbliche Überreste in der **Basilika Bom Jesus** aufbewahrt werden.

Busse fahren alle Viertelstunde vom Kadamba-Busbahnhof in Panjim nach Old Goa, die Fahrt dauert nur 30 Minuten. Alternativ dazu kann man auch eine Motor-Rikscha (Rs120) oder ein Miet-Taxi (Rs300–400) nehmen. In Old Goa gibt es kein empfehlenswertes Restaurant. Wer einen Imbiss essen oder Kaffee trinken möchte, geht am besten ein paar Kilometer auf der Straße nach Panjim zurück bis zum Lifestylegeschäft **Casa de Goa**. Es ist in einem wunderschönen *palácio* aus dem späten 16. Jh. untergebracht und hat ein ausgezeichnetes Café.

Viceroy's Archway und Kirche St. Cajetan

Wer die Stadt im 17. Jh. besuchte, durchschritt nach dem Verlassen des Bootes an der Anlegestelle im Norden zunächst den **Triumphbogen der Vizekönige** (Viceroy's Archway), der 1597 zum Gedenken an Vasco da Gamas Ankunft in Indien errichtet wurde. Er besteht aus dem gleichen porösen roten Laterit, aus dem nahezu alle alten Häuser in Old-Goa gebaut wurden. Auf dem Triumphbogen ist eine Figur mit einer Bibel in der Hand zu sehen, deren einer Fuß auf der gebeugten Figur eines „Eingeborenen" ruht. Die dem Fluss zugewandte Granitfassade zeigt eine Statue von da Gama.

Auf dem Weg kurz hinter dem Portal erreicht man die **Kathedrale St. Cajetan** (1651) mit ihrer charakteristischen Kuppel. Mönche des Theatiner-Ordens erbauten sie nach dem Vorbild des Petersdoms in Rom. Das Äußere ist zwar korinthisch, doch sind in der Verzierung der Kirche auch einige nichteuropäische Einflüsse zu entdecken, z. B. weist das Schnitzwerk der Kanzel ein Cashew-Muster auf. Unter der Kirche ist eine Krypta versteckt, die einst die Bleisärge mit den einbalsamierten Leichnamen der portugiesischen Gouverneure beherbergte, bevor sie nach Lissabon verschifft wurden. Die letzten drei waren dreißig Jahre vergessen worden und wurden erst 1992 kurz vor dem Staatsbesuch des damaligen portugiesischen Präsidenten weggeschafft.

Sé Catedral (Kathedrale der hl. Katharina)

Es war der portugiesische Vizekönig Redondo (1561–64), der die südwestlich der St.-Cajetan-Kathedrale gelegene Sé oder Kathedrale der hl. Katharina in Auftrag gab. Sein Anliegen war eine „prächtige Kirche, würdig dem Wohlstand, der Macht und dem Ruhm der Portugiesen, die die Meere vom Atlantik bis zum Pazifik beherrschen". Die Kathedrale ist größer als jede Kirche Portugals, obwohl das Bauvorhaben anfangs angesichts vieler Schwierigkeiten gefährdet war, nicht zuletzt aufgrund fehlender Mittel und Portugals zeitweiligem Verlust der Unabhängigkeit an Spanien. So vergingen 80 Jahre, bis die Kirche schließlich 1640 eingeweiht werden konnte.

Das Äußere ist im toskanischen Stil gestaltet. Der einzige erhaltene Turm beherbergt die **Goldene Glocke**, die im 17. Jh. in Cuncolim (Süd-Goa) gegossen wurde. Während der Inquisition kündigte ihr Geläut den Beginn der grausigen Autodafés an, die auf dem Platz vor der Kirche abgehalten wurden. Dabei wurden der Ketzerei Verdächtigte öffentlich gefoltert und auf dem Scheiterhaufen verbrannt. Die Ausmaße und Details des in korinthischem Stil gehaltenen Inneren sind überwältigend. Nicht weniger als fünfzehn **Altäre** finden sich ringsum an den Wänden, unter anderem einer zu Ehren Unserer Lieben Frauen der Hoffnung und einer für Unsere Liebe Frau der Bedrängnis.

Ein Altar der heiligen Anna enthält die sterblichen Überreste der **Seligen Märtyrer von Cuncolim**, denen es nicht gelang, den Mogulkaiser Akbar zu bekehren, und die dabei ermordet wurden. In einer Kapelle wird das **Wundertätige Kreuz** aufbewahrt, das in dem Ruf steht, Kranke heilen zu können. Am reich verzierten, vergoldeten **Hauptaltar** sind auf Paneelen Episoden aus dem Leben der heiligen Katharina von Alexandria (gest. 307 n. Chr.) dargestellt.

Kirche des hl. Franz von Assisi und Archäologisches Museum

Südwestlich der Kathedrale liegen der nur noch als Ruine erhaltene **Palast der Inquisition**, in dem bis 1774 die Inquisition Angst und Schrecken verbreitete, und im Westen das **Kloster des hl. Franz von Assisi**, von Franziskanermönchen 1517 erbaut und Mitte des 18. Jhs. restauriert. Heute beherbergt es das **Archäologische Museum**, dessen Mittelpunkt eine Galerie mit Porträts der portugiesischen Vizekönige bildet, die von lokalen Künstlern unter italienischer Anleitung angefertigt wurden. Weitere Ausstellungsstücke sind Münzen, christliche Holzskulpturen und – unten im Kreuzgang – Hinduskulpturen aus vorportugiesischer Zeit. ⌚ tgl. außer Fr 10–18 Uhr, Eintritt Rs5.

Nebenan sind in der **Kirche des hl. Franz von Assisi** (1521) dekorative Fresken, in den Boden eingelassene Grabsteine für Adlige und Gemälde auf Holz zu sehen, die das Leben des heiligen Franz von Assisi darstellen.

Basilika Bom Jesus

Die 1605 erbaute Kirche des Bom Jesus (des „Guten Jesus"), nahe dem Kloster des heiligen Franz, ist hauptsächlich für das **Grab des heiligen Franz Xaver** berühmt. 1946 wurde sie die erste indische Kirche, die den Status einer „Minor Basilica" zugesprochen bekam. Die dreistöckige Renaissancefassade im Westen weist korinthische, dorische, ionische und Kompositstile auf. Der Weg ins Innere führt unter dem von Säulen gestützten Chor hindurch. An der nörd-

Der heilige Franz Xaver

Franz Xaver, der „Apostel Indiens", wurde 1506 im ehemaligen Königreich Navarra, heute ein Teil Spaniens, geboren. Als den portugiesischen König Dom João III. (1521–57) Berichte über Korruption und Ausschweifungen unter den Portugiesen in Goa erreichten, wurde Franz Xaver, der gerade sein Theologiestudium an der Pariser Universität abgeschlossen hatte, 1541 von den Jesuiten beauftragt, in der Kolonie die Moral seiner Untertanen wieder herzustellen. Kaum war der junge Priester nach einjähriger Fahrt in Goa angelangt, nahm er ein ehrgeiziges Projekt in ganz Südindien in Angriff. Er gründete zahlreiche Kirchen, bekehrte angeblich 30 000 Menschen und soll Wunder wie die Wiedererweckung von Toten und die Heilung von Kranken durch eine Berührung mit seinem Rosenkranz vollbracht haben. In der Folge dehnte er seine Missionierungsversuche auf Sri Lanka, Malakka (Malaysia), China und Japan aus, wo er jedoch weniger erfolgreich war.

Als Xaver Goa zum letzten Mal verließ, wollte er in China das Evangelium verkünden. Noch an Bord des Schiffes bekam er jedoch die Ruhr und starb auf der Insel Shangchuan (San Chuan, Sancian) vor der chinesischen Küste, wo er auch beerdigt wurde. Als eine Gruppe von Christen aus Malakka von seinem Tod erfuhr, exhumierte sie seinen Leichnam, der in dem mit Kalk (womit die Zersetzung beschleunigt werden sollte) gefüllten Grab bestens erhalten war … Der Tote wurde in Malakka erneut beigesetzt und später nach Old-Goa verlegt, wo er seitdem in der Basílica do Bom Jesus ruht. Wirklichen Frieden hat der unverwüstliche Leichnam des heiligen Franz Xaver jedoch nie gefunden. Im Laufe der Zeit haben Reliquienjäger und neugierige Geistliche Teile seiner sterblichen Überreste entfernt: 1614 wurde der rechte Arm an den Papst in Rom geschickt (wo er angeblich seinen Namen „eigenhändig" auf Papier schrieb), eine Hand ging nach Japan und Teile seiner Eingeweide nach Südostasien. Eine portugiesische Frau, Dona Isabel de Caron, biss dem Leichnam 1534 sogar einen kleinen Zeh ab; dabei soll so viel Blut aus ihrem Mund gespritzt sein, dass sie eine Spur bis zu ihrem Haus hinterließ, die sie verriet.

Alle zehn Jahre wird der Körper des Heiligen in einer dreistündigen Zeremonie von der Basílica do Bom Jesus zur Sé-Kathedrale getragen, wo Besucher an ihm vorbeidefilieren, ihn berühren und fotografieren. Anlässlich der letzten „Ausstellung" 2004/2005 strömten über 250 000 Pilger zur rituellen Betrachtung des Leichnams – heutzutage eine verschrumpelte und eher unansehnliche Erscheinung.

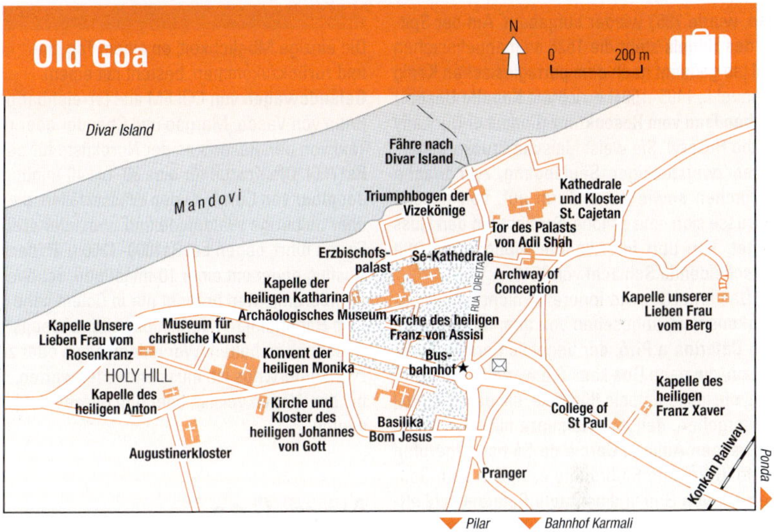

lichen Wand, im Mittelschiff, befindet sich ein Ehrenmal in vergoldeter Bronze für **Dom Jeronimo Mascaranhas**, den Hauptmann von Cochin und Stifter der Kirche.

Der verschwenderisch mit Gold verzierte Hochaltar zeigt das Jesuskind unter dem Schutz des heiligen Ignatius von Loyola, dem Gründer des Jesuitenordens; zu beiden Seiten befinden sich Nebenaltäre zu Ehren Unserer Lieben Frau der Hoffnung und des heiligen Michael. Im südlichen Querschiff ist die reich mit gewundenen, vergoldeten Säulen und blumigen Schnitzereien ausgeschmückte **Kapelle mit dem Grab des heiligen Franz Xaver** zu sehen. Die 1696 aus Marmor und Jaspis angefertigte Kapelle war das Geschenk eines Medici, Cosimo III., Großherzog der Toskana.

Auf der mittleren Stufe befinden sich Paneele mit Szenen aus dem Leben des Heiligen, ein verzierter, gewölbter Reliquienschrein aus Silber enthält seine sterblichen Überreste. Um seinen Festtag, den 3. Dezember herum, begeben sich für eine Woche Zehntausende christliche und hinduistische Pilger in die Warteschlange zum *darshan* (rituelle Betrachtung) an den Sarg, bevor sie auf dem Platz vor der Kapelle einer Messe unter freiem Himmel beiwohnen.

Holy Hill

Eine Reihe weiterer bedeutender religiöser Bauten und ein Museum stehen gegenüber der Bom Jesus auf dem Holy Hill. Der **Konvent der hl. Monika**, 1627 errichtet, war seinerzeit das einzige Kloster in Goa und das größte in Asien. Hier lebten ungefähr hundert Nonnen, die „Töchter der Heiligen Monika“. Daneben bot das Kloster Frauen, deren Männer vorübergehend in andere Teile des Reiches geschickt wurden, Unterkunft. Da die Nonnen sich der Öffentlichkeit nicht zeigen sollten, verfolgten sie die Messe von der Chorempore der benachbarten **Kirche** aus. Im Innern erhebt sich über der Statue der heiligen Monika beim Altar ein **Wundertätiges Kreuz**.

Neben der Kirche steht das **Museum für christliche Kunst**. Zu den Exponaten zählen Prozessionskreuze, Elfenbeinornamente, Priesterroben aus Damastseide und einige fein gearbeitete Holzikonen aus dem 16. und 17. Jh., darunter eine ungewöhnliche Statue von Johannes dem Täufer, der nach Art des Hindu-Gottes Shiva in ein Tigerfell gehüllt ist. ◷ tgl. 9.30–17 Uhr, Eintritt Rs15.

Das nahe gelegene **Kloster des hl. Johannes von Gott**, 1685 von dem Hospitaliterorden des heiligen Johannes gegründet, um Kranke zu versorgen, wurde 1953 wieder aufgebaut. Auf der Spitze des Hügels steht die 1526 im manuelinischen Stil (so genannt nach dem portugiesischen König Manuel I., 1495–1521) errichtete **Kapelle Unserer Lieben Frau vom Rosenkranz** (Chapel of Our Lady of the Rosary). Sie weist ionische Stuckarbeiten, einen zweistöckigen Säulengang, zylindrische Türmchen sowie einen Turm auf, von dessen Terrasse sich eine schöne Aussicht auf den Fluss bietet. Von dort überwachte Albuquerque die entscheidende Schlacht von 1510.

Das kreuzförmige Innere ist nicht weiter bemerkenswert, abgesehen von dem **Marmorgrab von Catarina a Piró**, der angeblich ersten Europäerin, die nach Goa kam. Sie war eine Bürgerliche, die in die Kolonie flüchtete, um dem Skandal zu entgehen, den ihre Romanze mit dem portugiesischen Adligen Garcia de Sá hervorgerufen hatte. Garcia de Sá brachte es später zum Gouverneur von Goa und heiratete Catarina schließlich unter dem Druck von Franz Xaver persönlich, allerdings nur *in articulo mortis* – als sie auf dem Sterbebett lag. Ihr kunstvoll geschnitztes Grab, eingelassen in die Wand hinter dem Hochaltar, schmücken erlesene Verzierungen im Gujarati-Stil, die möglicherweise aus dem portugiesischen Handelsposten Diu stammen.

Dudhsagar-Wasserfälle

Die insgesamt 600 m hohen Wasserfälle von Dudhsagar an der Grenze zu Karnataka zählen zu den größten Wasserfällen Indiens. Ihr Anblick ist spektakulär genug, um einen ständigen Besucherstrom von der Küste in die schroffen Westghats zu locken. Der Konkani-Name für die Wasserfälle, der wörtlich übersetzt „Milchmeer" heißt, rührt von den Schaumwolken her, die sich unten bilden, wenn der Wasserstand am höchsten ist.

Dudhsagar liegt in einer großartigen Landschaft am Rand eines tiefen, halbkreisförmigen Tals, das von tropischem Urwald bedeckt wird, und ist nur zu Fuß oder im Geländewagen erreichbar. Die beste **Reisezeit** für Dudhsagar ist nach dem Monsun, zwischen Ende Oktober und Mitte Dezember, wenn der Wasserstand am höchsten ist. Die Fälle führen aber noch bis in den April hinein Wasser.

Transport

Die einzige Möglichkeit, an einem Tag hin- und zurückzukommen, besteht mit einem **Geländewagen** von COLEM aus (erreichbar per Bahn von Vasco, Margao und Chandor oder per **Taxi** von den Resorts an der Nordküste für ca. Rs1750). Die Kosten für eine 30- bis 40-minütige **Jeeptour** von Colem zu den Wasserfällen, die über holperige Waldpfade und zwei oder drei Furten führt, liegen bei Rs1000–1250 p. P.; der Ausflug endet mit einer 10-minütigen, schönen Wanderung. Man braucht nur in Colem nahe dem Bahnhof nach dem „Controller of Jeeps" Ausschau zu halten. Wer jedoch allein oder zu zweit unterwegs ist, muss entweder warten, bis der Wagen voll ist, oder den ganzen Jeep mieten.

Nord-Goa

Die Bebauung in Nord-Goa konzentriert sich hauptsächlich auf den 7 km langen, weißen Sandstreifen, der sich vom Fuß des **Fort Aguada**, das östlich von Panjim über der Halbinsel thront, bis zum Flüsschen Braga im Norden zieht. Mit den Ferienorten **Candolim**, **Calangute** und **Baga** ist diese Region Goas Pauschaltouristenhochburg, die von den meisten Individualreisenden gemieden wird. Seit der Ankunft des Massentourismus in den 1980er-Jahren hat sich die alternative Szene immer weiter nach Norden verlagert, weg von den Sonnenliegen nach **Anjuna**, Vagator – mit Stränden, die zu den schönsten der Region zählen – und **Chapora**, ein Fischerdorf am Fluss.

Noch weiter nördlich liegt **Arambol**, das sich bislang einer größeren Bebauung entziehen konnte, trotz Fertigstellung der neuen Brücke über den Chapora. Der zusätzliche Verkehr hat in erster Linie die unauffälligen Urlaubsorte **Aswem** und **Mandrem** unmittelbar südlich von Arambol zum Ziel. Die Marktstadt **Mapusa** ist der Hauptverkehrsknotenpunkt der Region. Es bestehen Busverbindungen in die meisten Urlaubsorte an der Küste. Wer mit dem Zug der Konkan Railway ankommt, steigt am Bahnhof in **Tivim** (Thivim) aus, 12 km östlich von Mapusa. Von dort geht es dann mit dem Bus oder Taxi weiter.

Mapusa

Mapusa (ausgesprochen *Mapsa)* ist die Hauptstadt des *taluka* Bardez. Eine staubige Ansammlung heruntergekommener, größtenteils moderner Gebäude gruppiert sich um einen belebten zentralen Platz. Die Stadt ist nicht besonders interessant, wenn man einmal von dem lebendigen **Markt** am Freitagvormittag absieht. Der Markt von Anjuna eignet sich vielleicht besser für Souvenirs, aber der in Mapusa ist wesentlich authentischer. Zu den lokalen Spezialitäten gehören würzige goanische Würstchen *(chouriço), toddi* (fermentierter Palmensaft) und große grüne Kochbananen aus dem benachbarten Moira.

Übernachtung und Essen

Der Konkan Kanya Express Nr. KR0111 der Konkan Railway kommt um 9.30 Uhr in Tivim an, sodass genug Zeit bleibt, sich in den Urlaubsorten westlich von Mapusa eine Unterkunft zu suchen.
FR Xavier, im Municipal Market. Authentische goanische Speisen auf die Schnelle gibt es nirgendwo besser als in diesem Café, das bereits seit der portugiesischen Ära besteht.
Ruchira, im Hotel Satyaheera an der Nordseite des Hauptplatzes. Hier bekommt man Standardgerichte aus den Küchen vieler verschiedener Länder und kaltes Bier.

Transport

Busse

Der **Kadamba-Busbahnhof** befindet sich 5 Min. zu Fuß westlich des zentralen Platzes und wird auch von den staatlichen Bussen aus Panjim genutzt.

Eisenbahn

Der Mapusa am nächsten gelegene Bahnhof befindet sich in **Tivim**, 12 km östlich im Nachbardistrikt Bicholim. Dort stehen im Normalfall Busse nach Mapusa bereit.

Motorradtaxis und Taxis

Motorradtaxis warten am Hauptplatz, um leicht beladene Shopper und Traveller für Rs50–65 in die Küstenresorts zu befördern. **Taxis** verlangen wesentlich mehr (um Rs150), aber man kann sich die Kosten mit bis zu 5 Pers. teilen.

Candolim und Fort Aguada

Candolim wird vom Pauschaltourismus beherrscht und kaum von Backpackern angesteuert, bietet sich jedoch mit seinen vielen netten Unterkünften in ruhigen Nebensträßchen gut als erstes Reiseziel in Goa an. An der mitten durch den Ort verlaufenden Hauptstraße gibt es einige Banken und Geschäfte, in denen man sich gut mit allem Notwendigen versorgen kann, bevor man sich weiter auf Tour begibt. Außerdem locken ein paar tolle Restaurants und Kneipen, zumeist frequentiert von trinkfreudigen Briten mittleren Alters und jungen Russen.

Unmittelbar südlich thront auf einer abgeflachten, felsigen Landzunge am Ende des Strands das **Fort Aguada**, die einzige echte Sehenswürdigkeit der Gegend. Es wurde 1612 gebaut, um den Küstenbereich nördlich der Mandovi-Mündung vor holländischen und marathischen Überfällen zu schützen. Die Festung umschließt einige natürliche Quellen, die den in Goa anlegenden Schiffen das erste Trinkwasser nach der langen Seereise von Lissabon lieferten. Die Ruinen des Forts sind über eine Straße zu erreichen: Von Candolim folgt man zunächst der Hauptstraße Richtung Süden, geht an der Abzweigung zum Fort Aguada Beach Resort vorbei und noch rund 1 km weiter, bevor eine kleine Straße nach rechts bergauf zu einem kleinen Parkplatz abzweigt. Heutzutage dient der größte Teil der Anlage als Gefängnis und ist Besuchern daher nicht zugänglich.

Dennoch lohnt das Fort einen Besuch, wenigstens um die wunderbare Aussicht von der Spitze des Hügels zu genießen. Hier blickt seit 1864 ein vierstöckiger portugiesischer **Leuchtturm**, der älteste seiner Art in Asien, über das weite Meer, den Sand und die Palmen. An der nördlichen Flanke der Festung ragt ein Schutzwall aus rotbraunem Laterit ins Meer hinaus. Dies ist das Ende des **Sinquerim Beach**, der 2009 von einer Reihe mehrerer besonders schwerer Monsunstürme fast vollständig weggespült wurde. Der Strand gehörte zu den ersten Orten in Goa, die für den exklusiveren Tourismus ausgewählt wurden.

Die zu den teuersten Hotels Indiens zählenden Fort Aguada-Resorts der Taj Group be-

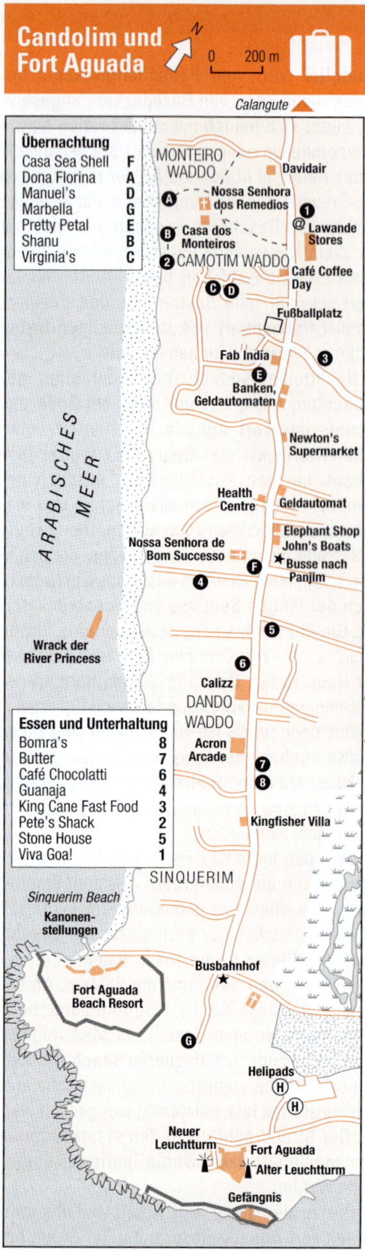

herrschen von den unteren Hängen der steilen Halbinsel aus den Strand. Vor der Küste liegt auch nach mehr als zehn Jahren, als sie bei einem Monsunsturm auf Grund lief, die **MV River Princess**. Es sind mehrere Versuche unternommen worden, das Wrack wieder frei zu bekommen und wegzuschleppen, aber ohne Erfolg. Jedes Jahr sinkt die *River Princess* tiefer in den Sand – ein skurriler Anblick so nah am indischen Vorzeigestrand.

In den Palmenhainen um Candolim herum liegen eine Reihe wunderschöner alter Villen und ein paar typische goanische Häuser versteckt. Einige der schönsten sind Bestandteil des Volkskunde- und Architekturmuseums **Calizz** in der südlichen Dorfhälfte. Über mehrere Hektar verteilen sich fünf liebevoll restaurierte Gebäude unterschiedlicher typisch goanischer Baustile. Sowohl christliche als auch hinduistische Bauten stehen hier. Von bescheidenen Lehmhütten aus vorkolonialer Zeit bis zu einem verschwenderischen portugiesischen *palácio* samt dazugehöriger Kapelle ist alles zu bewundern. Im Inneren der Häuser sind erlesene Möbel, religiöse Statuen und interessante Gegenstände des täglichen Gebrauchs zu sehen. Im Eintrittspreis ist eine 45-minütige Führung inbegriffen. ◷ tgl. 10–19 Uhr, Eintritt Rs300; 💻 www.calizz.com.

Übernachtung

Candolim ist fest in den Händen der Pauschalreiseveranstalter, deshalb sind die Unterkünfte während der ganzen Saison eher teuer. Andererseits kann man hier, wenn wenig los ist, echte Schnäppchen finden.

Casa Sea Shell, Fort Aguada Rd, nahe Bom Successo, ✆ 0832/247 9879. Alteingesessenes ehemaliges Pauschaltouristenhotel nahe der Kreuzung mit der Straße nach Nerul. Es hat Standardzimmer ohne AC und größere, neuere und besser ausgestattete Zimmer mit Flachbild-TV und AC. In beiden Gebäuden, die sich in einem schattigen Palmengarten gegenüberstehen, sind die Zimmer groß für den Preis, gepflegt und gut gelüftet. Ein weiterer Pluspunkt ist der saubere kleine Pool. ❹–❺

Manuel's, Camotim Waddo, ✆ 0832/248 9729. Kleines, von einer Familie betriebenes Gästehaus, seit Jahren hier etabliert. Es ist einladend, günstig und sauber, jedoch von anderen Gebäuden etwas eingezwängt. Alle Zimmer haben Ventilator und Du/WC. ❸

Marbella, Sinquerim, ✆ 0832/247 9551, 💻 www.marbellagoa.com. Individuell gestaltete Suiten und geräumige Zimmer (ab Rs3000) in einem wunderbaren Haus im traditionell goanischen Herrenhaus-Baustil, bewacht von einem riesigen Mangobaum. Dekor und Einrichtung sind himmlisch, besonders im „Penthouse" (Rs5500) im obersten Stock. Sehr romantisch und die Extra-Ausgabe auf jeden Fall wert. ❼–❽

Pretty Petal, Camotim Waddo, ✆ 0832/248 9184, 💻 www.prettypetalsgoa.com. Sehr große, moderne Zimmer, alle mit Kühlschrank, guten Matratzen und Balkon, sowie gemütliche Gemeinschaftsbereiche mit Marmorfußboden und Blick auf den Rasen. Am schönsten, wenn auch kostspieliger, ist das Apartment unter dem Dach, mit Fenstern zu allen vier Seiten hin und einem geräumigen Balkon. ❹–❺

Shanu, Escrivao Waddo, ✆ 832-248 9899. Geräumige, gut eingerichtete Zimmer mit kleinem Balkon direkt an den Dünen, einige mit ungehindertem Blick aufs Meer. Tipp: Zimmer 120 (ansonsten 118, 111, 110 oder 107). Frühstück wird auf dem Zimmer serviert. ❹

Virginia's, Camotim Waddo, ✆ 0832/6451069, 9923640584. Die freundliche Budget-unterkunft hat bessere Betten und Möbel als die Konkurrenz, dazu Schließfächer in den Zimmern mit Bad und bequeme Stühle zum Entspannen. Tolles Preis-Leistungs-Verhältnis. ❸

Yoga-Terrasse mit Meerblick

Dona Florina, an der Straße nach Monteiro, Escrivao Waddo, ✆ 0832/248 9051, 💻 www.donaflorina.co.in. Dieses herrlich gelegene, große Gästehaus mit Strandblick befindet sich im abgeschiedensten Teil des Dorfes. Die luftige Dachterrasse mit Bodenfliesen eignet sich hervorragend für Yoga-Übungen. Wegen des idyllischen Meerblicks ist es die paar Euro mehr durchaus wert. Keine Zufahrt für Autos. ❹

Essen

Candolims zahlreiche Strandcafés sind etwas eleganter als die üblichen Seafood-Hütten – mit Topfpflanzen, Hightech-Anlagen und entsprechenden Preisen. Die Preise sinken, je weiter man sich vom Taj-Komplex entfernt. Das Einzige, was einem Club nahekommt, ist **Butter**, 242 Souza Waddo im Süden des Dorfes Richtung Sinquerim (an der Straße weist ein großes Saxophon den Weg). Hier schlürfen gut situierte Leute über 30 aus Mumbai und Delhi über Weihnachten und Neujahr die teuren Cocktails. Wer den Besitzer nicht persönlich kennt, muss mit Rs1000 Eintrittsgebühr rechnen.

Café Chocolatti, nahe Calizz. Der in Groß-britannien aufgewachsene Eigentümer dieses freundlichen Cafés in Süd-Candolim, Nazneen, hat ein Mekka für Schokoholics geschaffen. Bei einer perfekten Tasse frisch gemahlenen Kaffees im Garten können Gäste in Trüffel-pralinen nach belgischer Art schwelgen – gefüllt mit Chili, Mokka und Orange – oder italienisches Gebäck mit Mandelgeschmack knuspern.

Guanaja, River Princess Lane. Das Schoko-paradies in einer urigen Holzhütte hat Schoko-ladensorten, die es zum Teil anderswo nicht gibt. Viele enthalten typisch goanische Zutaten wie Mango, Chili, Kokum und Kokosnuss. Außerdem werden hier frische Croissants, Kekse und Herzhafteres gebacken – nur der Kaffee könnte besser sein.

King Cane Fast Food, Bosio Hospital Rd, nahe Fußballplatz und Markthalle. Toller kleiner goanischer Imbisswagen am Straßenrand beim Markt, geführt vom Ehepaar Salvador und Maria Barretto. Beliebt ist das scharfe Rind-fleisch-Chili, das wie ein Hamburger in einem Brötchen verpackt wird. Echt umwerfend ist aber das *sorpotel* (eine würzige Mischung aus Schweinefleisch, Innereien, Blut, *toddi*-Essig und Gewürzen). Das Gericht wird über vier Tage hinweg täglich 10 Min. gekocht, damit sich die Aromen voll entfalten können.

Pete's Shack, Sequeira Waddo. Eine Strand-hütte, die Erwähnung verdient, weil dort immer professionell gearbeitet wird und tolle, gesunde Salate (Rs85–225) mit gutem Olivenöl, Mozzarella und Balsamico-Essig auf den Tisch kommen. Das Gemüse ist durchweg frisch

Versteckes Juwel

Bomra's, Souza Waddo, CHOGM (Fort Aguada) Rd, ✆ 9822/149633 oder 9822/106236. Entspanntes Lokal auf einer spärlich beleuchteten, mit Kies bestreuten Terrasse am Straßenrand. Von außen würde man niemals vermuten, dass es sich um eines der gastronomischen Highlights von Goa handelt, aber das Essen – moderne burmesische und Kachin-Küche – ist superb. Tipp: Spinat-Wraps in duftender Tahinisoße als Vorspeise, dann Rindfleisch in Erdnusscurry oder Schnapper mit Zitronengras, Tofu und Nudeln. Außerdem gibt's fantastische Mojitos und zum Nachtisch eine köstliche Ingwer-*crème brûlée*.

und wird sorgfältig in gechlortem Wasser gewaschen, kann also unbedenklich verzehrt werden. Dasselbe gilt für die Seafood-*sizzler* und Tandoori-Hauptspeisen. Als Dessert empfiehlt sich die Schokoladenmousse oder ein kühler Minz-Lassi.

Stone House, CHOGM (Fort Aguada) Rd. Blues-Fan Chris D'Souza betreibt dieses lebhafte, schummrige Restaurant mit Bar vor einem herrlichen goanischen Laterithaus. Die beliebtesten Gerichte sind erlesene Stücke Rindfleisch und Kingfish mit leckeren Ofenkartoffeln. Blues-Fans sollten allein schon wegen der CD-Sammlung hierher kommen. Hauptgerichte meist unter Rs250.

Viva Goa!, CHOGM (Fort Aguada) Rd. Saftige goanische Gerichte ohne Schnickschnack mit frischen Zutaten vom Markt: gebratene Muscheln, Barramundi *(chonok)*, Zitronenfisch *(modso)* und gebratene Haifischsteaks in Chili-Paste oder mit Hirse *(rawa)*. Gegessen wird auf einer Terrasse an der Straße. Touristen sind willkommen, aber hauptsächlich verkehren hier Einheimische – die Preise sind auf deren Finanzkraft zugeschnitten.

Geld

An der Hauptstraße (s. Karte S. 752) befinden sich mehrere **Geldautomaten**, und es gibt viele private Geldwechsler, doch die Kurse sind wahrscheinlich nicht so gut wie in Calangute.

Nahverkehr

Im Gegensatz zu den allgegenwärtigen **Taxis** sind **Mietmotorräder** während der Saison oft rar. Interessenten müssen dann ihr Glück in Calangute versuchen, z. B. bei **Gabriel's** (s. Karte S. 752). Die nächste Tankstelle liegt 5 km östlich an der Hauptstraße nach Panjim, nicht weit hinter Nerul.

Transport

Busse von und nach PANJIM halten ca. alle 10 Min. am Busbahnhof gegenüber der Casa Sea Shell im Zentrum von Candolim. Ein paar fahren nach Süden bis zur Haltestelle beim Fort Aguada Beach Resort; man kann die Busse auch überall an der Hauptstraße nach Calangute heranwinken.

Calangute

Das 45 Busminuten auf der Küstenstraße von Panjim entfernte Calangute war in portugiesischen Zeiten der Ort, an dem die besser betuchten Goaner im Mai und Juni ihre jährliche *mudança* („Luftveränderung") verbrachten, wenn die Hitze vor dem Monsun das Leben in den Städten unerträglich machte. Calangute ist zwar nach wie vor der belebteste Urlaubsort Goas. Es hat jedoch absolut nichts mehr mit dem Calangute gemein, in dem an der Promenade einst Musiker mit Strohhüten die elegant gekleideten, flanierenden Urlauber mit portugiesischen *fados* und Konkani-*dulpods* beglückten.

Die schlecht entwickelte Infrastruktur des Ortes ist den Massen von Pauschaltouristen und der steigenden Zahl indischer Besucher (für die Calangute *das* goanische Strandresort ist) nicht gewachsen. Besonders die Gegend um den Markt mit ihren vierstöckigen Bauten und dem chaotischen Verkehr sieht heute aus wie viele andere hastig zusammengeschusterte Siedlungen in Indien, vor denen viele Traveller eigentlich mal hierher geflüchtet sind.

Mit anderen Worten: Dies ist kein Ort zum Verweilen mehr. Trotzdem kommen die meisten Reisenden früher oder später hier durch, sei es um Geld zu wechseln oder um etwas dringend Benötigtes einzukaufen. Der einzige andere

Grund, sich dem Chaos auszusetzen, ist das Essen, denn in Calangute gibt es einige der besten **Restaurants** von ganz Goa.

Übernachtung

Trotz der chaotischen Zustände kommen jedes Jahr viele Budgettraveller nach Calangute und übernachten in kleinen Familiengästehäusern im Fischerviertel, wo es noch bemerkenswert beschaulich zugeht.

Camizala, 5-33B Maddo Waddo, ✆ 9689/156449. Hübsches, luftiges kleines Hotel mit nur 4 Zimmern, Gemeinschaftsveranden und Meerblick. Sehr ruhige Ecke und nah beim Strand. Angesichts der Lage erstaunlich billig. ❸

CoCo Banana, 1195 Umta Waddo, in der Gasse hinter dem Restaurant Meena Lobo, ✆ 0832/227 6478 oder 227 9068, 🖳 www.cocobananagoa.com. Sehr komfortable, große Chalets, alle mit Bad, Moskitonetzen, extra langen Matratzen und Balkonen, rings um einen Garten, aber ohne AC. Die Anlage wird von dem goanisch-schweizerischen Paar Walter und Marina Lobo geleitet, die schon seit fast 20 Jahren in Goa leben. ❺–❻

Indian Kitchen, hinter der Church of Our Lady of Piety, ✆ 0832/227 7555. Poppig dekoriertes Gästehaus mit ausgefallenen Mosaikfliesen, hell gemusterten Wänden und Laternen. Alle Zimmer haben Bad, Kühlschrank und Stereoanlage. Und es gibt sogar einen kleinen Pool. ❹

Essen

Seit das Restaurant Souza Lobo in den 1930er-Jahren am Strand eröffnete, um für das leibliche Wohl goanischer Tagesausflügler zu sorgen, kommen die Leute ebenso gern zum Essen nach Calangute wie für einen Spaziergang am Strand. Selbst wer in anderen Küstenorten übernachtet, wird sich der kulinarischen Anziehungskraft der Stadt nur schwer entziehen können.

A Reverie, Gauro Waddo, nahe Goan Heritage Resort, ✆ 9823/174927, 9326/114661. Erstklassiges Feinschmeckerlokal im Südteil von Calangute. Was das Gastronomische *und* das Ambiente angeht, ist es das extravaganteste Restaurant Goas. Preislich ist es aber sehr moderat (rund Rs1000 p. P., plus Getränke); Reservierung empfohlen.

Zimmer mit Dünenblick

Gabriel's, Gauro Waddo, ✆ 0832/227 9486, ✉ gabrielsguesthouse@gmail.com. Das einladende Gästehaus, ganz nah beim Strand, auf halbem Weg zwischen Calangute und Candolim, wird von einer sehr gastfreundlichen, hilfsbereiten Familie geführt. Geboten werden große Zimmer mit neuen Klimaanlagen, abschließbaren Stahlschränken und ordentlichen Matratzen; die nach hinten raus haben einen Balkon mit Aussicht auf die Dünen. ❹

Florentine's, 4 km östlich der St. Alex's Church in Saligao, neben dem Ayurvedic Natural Health Centre. Das Florentine's ist auf jeden Fall die Fahrt, um Florence D'Costas legendäres Hühnchengericht *cafreal* zu probieren, das nach einem sorgsam gehüteten Familienrezept zubereitet wird und Einheimische wie Touristen aus ganz Nord-Goa anlockt. Ein schlichtes Restaurant mit moderaten Preisen. Es gibt nur Hühnchen, etwas Seafood und veg. Snacks.

Infantaria Pastelaria, Baga Rd, neben der St. John's Chapel. Das Terrassencafé an der Straße ist besonders um die Frühstückszeit sehr gut besucht, denn dann gibt es Croissants, frisch gebackene Apfeltaschen und traditionelle goanische Süßigkeiten (u. a. *dodol* und haus-

Großartig!

Sublime, 1/9-A Grande Morod, Saligao, 5 km landeinwärts vom Markt von Calangute, ✆ 9822/484051. Der indisch-amerikanische Küchenchef Salim (oder Chris) hat sich mit seinen stilvollen Gerichten, die von Kellnern in *lunghis* mit Goldborten serviert werden, eine eingeschworene Fangemeinde erkocht. Zu den beliebtesten Hauptgerichten zählen das Balsam-Beefsteak auf Feta-Gratin und mit Macadamia-Nüssen in der Pfanne gebratene Fischfilets mit Süßkartoffel-Ahornsirup-Püree. Als Vorspeise ist der Tintenfisch im Ingwerteigmantel kaum zu toppen. Drei Gänge schlagen mit etwa Rs600–800 zu Buche, plus Getränke. Unbedingt reservieren.

Calangute und Baga

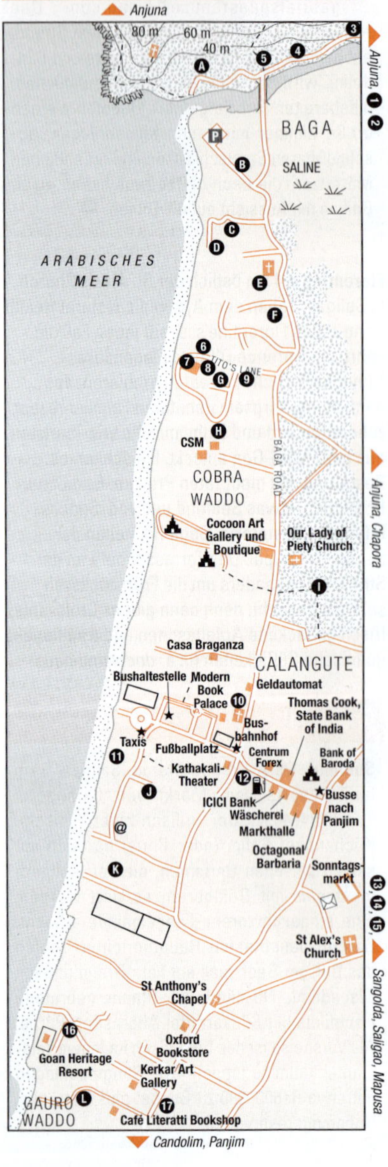

Übernachtung		Essen und Unterhaltung	
Alidia (Alirio & Lidia)	E	A Reverie	16
Andrade (Rita)	H	Baba Rhum	2
Angelina	G	Casa Tito's	1
Camizala	K	Fiesta	6
Cavala	B	Florentine's	15
CoCo Banana	J	Infantaria Pastelaria	10
Divine	A	J&A's	3
Gabriel's	L	Kamaki	9
Indian Kitchen	I	Le Poisson Rouge	5
Larissa	C	Lila Café	4
Villa Emmanuel	D	Lloyd's	17
Villa Fatima	F	Mambo's	7
		Plantain Leaf	12
		Souza Lobo	11
		Sublime	14
		Tito's	8
		West End Club	13

gemachte *bebinca).* Besonders köstlich sind die mit Garnelen und veg. Leckereien gefüllten Teigtaschen, mit denen sich die Einheimischen hier eindecken.

Lloyd's, South Calangute, nahe dem Abzweig zur Kerkar Art Gallery. In diesem unauffälligen kleinen Straßenlokal, das bis 4 Uhr morgens oder auch länger geöffnet hat, entspannen sich die Gastronomen der Stadt und die Zugezogenen aus Delhi nach der Arbeit. Wer die Steaks vom Holzkohlegrill und das scharfe Grillhuhn probiert hat, weiß warum. Auch die goanischen Spezialitäten sind toll – *chouriço*-Chilipfanne, Schweinefleisch-*sorpotel* und superscharfes Hai-*amotik* – und werden jeden Tag von der Mutter des Betreibers frisch auf den Teller gebracht. Das alles zu Preisen für Einheimische, und dazu ein kühles Bier.

Plantain Leaf, beim Markt. Das beste Udipi-Restaurant außerhalb von Panjim, wenn nicht gar in ganz Goa, bietet die übliche Auswahl an leckeren *dosas* und anderen würzigen Snacks in einem sauberen, kühlen, marmornen Speiseraum, und im Hintergrund dudelt *filmi*-Musik. Tipp: *iddli-vada*-Frühstück, *masala dosas* oder die billigen, sättigenden *thalis.*

Souza Lobo, am Strand. Eine Institution in Calangute, auch wenn das auf Gingham-Tischdecken von zahlreichen herumflitzenden Kellnern servierte Essen nicht immer das ist, was es einmal war. Spezialitäten des Hauses sind gefüllte Krebse, Baby-Kingfish und Crêpe Souza. Die meisten Hauptgerichte kosten Rs195–300.

Unterhaltung

In Calangute ist für einen Urlaubsort dieser Größe abends überraschend wenig los.
Der einzig erwähnenswerte Laden ist der **West End Club** (2–3x wöchentl. 21–16.30 Uhr; ✆ 0832/ 324 6727) auf einem Hügel im Mollem Bhat Valley, 4 km landeinwärts in Sangolda. Mit einer von Dschungel umgebenen Tanzfläche, einem Dachpool und Chillout-Bereichen ist dies einer der wenigen echten Tanzclubs in Goa. Der Eintritt liegt zumeist bei Rs500–600, gespielt wird vorwiegend Trance, und das Publikum besteht zumeist aus Russen in den Zwanzigern. In der Hochsaison kann es hier voll werden, aber südlich von Vagator ist ansonsten keine ernst zu nehmende Alternative zu finden.
In Gauro Waddo am südlichen Stadtrand von Calangute veranstaltet die **Kerkar Art Gallery**, ✆ 0832/227 6017, 💻 www.subodhkerkar.com, jeden Di von 18.45–20.30 Uhr im kerzenbeleuchteten Garten hinter dem Haus Vorführungen aus den Bereichen **klassische Musik und Tanz** bei Weihrauchduft und Kerzenlicht (Eintritt Rs350). Die kleinen Aufführungen werden von Studenten und Lehrern der Kala Academy in Panjim dargeboten; zu Beginn gibt es jeweils eine kurze Einführung. Die Eintrittskarten kauft man im Voraus oder am Abend für Rs300.

Geld

Thomas Cook hat eine Filiale auf dem Hauptgelände des Markts, in der Geld gewechselt wird, 🕓 Mo–Sa 9.30–18 Uhr. Dort befindet sich auch eine effiziente **ICICI Bank** mit einem 24-Std.-Geldautomaten. Zu den privaten Geldwechslern in der gleichen Straße zählt z. B. **Wall Street Finances** – gegenüber der Tankstelle und im Shoppingkomplex am Strand – wo Bargeld und Reiseschecks zu den üblichen Bankkursen getauscht werden, 🕓 Mo–Sa 9.30–18 Uhr. Die **Bank of Baroda**, unmittelbar nördlich vom Markt an der Straße nach Anjuna, erlaubt Barabhebungen mit Visa-Karte, wobei eine Kommission von 1 % des Wechselbetrages und Rs125 für den erforderlichen Kontrollanruf einbehalten werden. 🕓 Mo–Fr 9.30–14.15, Sa 9.30–12, So 9.30–14 Uhr.

Transport

Busse aus Mapusa und Panjim kommen am kleinen **Busbahnhof** und Marktplatz im Zentrum von Calangute an. Einige fahren weiter bis Baga und halten noch einmal an der Kreuzung hinter dem Busbahnhof.

Baga

Baga, 10 km westlich von Mapusa, ist im Grunde die Fortsetzung von Calangute. Der einzige Unterschied zwischen dem im Windschatten einer felsigen, bewaldeten Landzunge gelegenen Baga am nördlichsten Strandabschnitt und dem mittleren Abschnitt um Calangute ist der, dass die hiesige Landschaft ein wenig abwechslungsreicher und schöner ist. Vor der Kulisse eines felsigen, grünen Landstrichs fließt ein gezeitenabhängiger Fluss nördlich des Dorfs ins Meer, vorbei an einem Streifen weichen weißen Sandes, auf dem bunte Fischerboote liegen.

Seit dem Einsetzen des Pauschaltourismus wurde Baga schneller erschlossen als jeder andere Ort im Bundesstaat. Heute gleicht es mit seinen überwiegend jungen Pauschaltouristen eher einem kleinen Ferienort an der Costa Brava als dem goanischen Fischerdorf, das es Anfang der 1990er-Jahre noch war. Doch wer einen Bogen um die Touristenfallen und lautstarken Kneipen macht, wird feststellen, dass Baga seinen Nachbarn einiges voraus hat. Hier gibt es eine Reihe hervorragender **Restaurants** und ein aufregenderes **Nachtleben** als in allen anderen Orten Goas, wenn nicht sogar ganz Indiens.

Übernachtung

In Baga ist es schwieriger als in Calangute, eine Unterkunft auf gut Glück vor Ort zu organisieren, da Reiseveranstalter die meisten Hotels unter sich aufgeteilt haben. Selbst Zimmer in kleineren Gästehäusern sind oft schon vor Beginn der Saison ausgebucht.
Die meisten familienbetriebenen Unterkünfte liegen am nördlichen Ende des Strandes,

Alles top

Alidia (Alirio & Lidia), Baga Rd, Saunta Waddo, ✆ 0832/227 6835, ✉ alidia@rediffmail.com. Das in die Dünen gebettete kompakte Resorthotel ist weniger als 1 Min. vom Strand entfernt. Es besitzt 3 Zimmerkategorien, wird effizient geführt, ist stilvoll eingerichtet (mit Holzböden und traditionellen Muschelfenstern im neueren Gebäude) und liegt inmitten üppigster Vegetation. Dazu kommt noch ein schöner kleiner halbrunder Pool. Fürs Gebotene sehr preisgünstig. ❺–❻

wo die Nächte wesentlich ruhiger geworden sind, seit Tito's, der größte Club Goas, schalldicht gemacht wurde.

Andrade (Rita), unmittelbar südlich von Tito's Lane, Saunta Waddo, ✆ 0832/227 9087. Saubere, einfach eingerichtete Zimmer, einige davon zum Meer hin, in zwei modernen Wohnhaus-Anbauten. Die etwas teureren nach hinten raus sind schöner, aber ohne Aussicht. Freundliche Betreiber; nicht weit vom belebtesten Strandabschnitt entfernt. ❸–❹

Angelina, Saunta Waddo, ✆ 0832/227 9145, ✉ angelinabeachresort@rediffmail.com. Geräumige, ordentliche Zimmer mit großen Kachelbädern und großem Balkon, manche mit AC. Das Ganze liegt günstig inmitten der Action in der Nähe der Tito's Lane. Die besten Zimmer sind im Obergeschoss des neuesten der drei Blocks, auf Wunsch mit AC. Unschlagbar preisgünstig für diese Ecke. ❸–❹

Katzensprung zum Strand

Larissa, Saunta Waddo, ✆ 9823/269242. Dieses orangerote Gebäude ist wahrscheinlich vom Weltall aus zu sehen – zum Glück sind die Zimmer in etwas gedämpfteren Farben gehalten. Für den Preis sind sie riesig, dazu makellos sauber und modern und haben Kühlschrank und große, dicke Matratzen. Auch die Lage ist toll, auf einer Düne mit Blick aufs Dorf, gleich hinter dem Strand, nur einen Katzensprung von den Strandbuden entfernt. ❹

Cavala, Baga Rd, ✆ 0832/227 7587 oder 227 6090, 💻 www.cavala.com. Modernes Hotel mit einem von Bananenpflanzen umsäumten Pool auf der anderen Straßenseite. Geräumige 2-Bettzimmer mit Balkonen sowohl nach vorn als auch nach hinten. Die Bandbreite reicht von schlichten Zimmern ohne AC bis zu luxuriösen Suiten, und trotz der Lage an der Straße sind die Zimmer ruhig. ❺–❽

Divine, nahe Nani's & Rani's, nördlich des Flusses, ✆ 0832/227 9546, 💻 www.indivinehome.com. Unter Leitung eines gast- und tierfreundlichen Paares. Die Zimmer sind eher klein, aber tadellos sauber und z. T. mit Du/WC. Reizende Dachterrasse mit Liegen und Sonnenschirmen. ❺

Villa Emmanuel, Calypso Hotel, Saunta Waddo, ✆ 0832/227 5667 oder 9923/653514. Näher beim Strand als in diesem zweistöckigen Gebäude kann man nicht übernachten. Die Betten sind für den Preis etwas einfach, aber von den meisten Zimmern bietet sich ein unverstellter Ausblick aufs Meer. ❹–❺

Villa Fatima, Baga Rd, ✆ 0832/227 7418, 💻 www.villafatima.com. Das alteingesessene Backpacker-Gästehaus hat 32 Zimmer mit Bad an einer geselligen Gartenterrasse und mit nettem großem Pool hinterm Haus. Vernünftige, je nach Zimmer unterschiedliche Preise. ❹

Essen

Nirgendwo in Goa gibt es eine so gute Auswahl an Qualitätsrestaurants wie in Baga. Die Gastronomen – darunter immer mehr Zuwanderer aus Europa und der Oberschicht von Mumbai – konkurrieren mit raffiniertesten Speisekarten und den romantischsten, stilvollsten Gärten und Terrassen um die zahlungskräftige Kundschaft. Das alles hat so gut wie nichts mehr mit der behelfsmäßigen Strandhüttenkultur zu tun, die hier noch vor rund zehn Jahren vorherrschte.

Baba Rhum, Arpora, ✆ 98220/78759. Die coole französische Bäckerei und Konditorei liegt versteckt in der Ausländerenklave Arpora abseits der Touristenpfade, ist den Weg aber wert wegen der tollen Croissants, Baguettes, *pains au raisins*, Obstsalate und Säfte sowie wegen des perfekten Café au lait. Serviert wird an schweren Holztischen und im Hintergrund laufen ansteckende Weltmusik-Grooves. An der Hauptstraße von Calangute nach Anjuna links ausgeschildert. ⌚ So geschl.

Fiesta, Tito's Lane, ☏ 0832/227 9894, 💻 www.fiestagoa.com. Das am üppigsten eingerichtete Restaurant von Baga thront in bester Lage auf einer lang gestreckten Düne mit Meerblick. Gespeist wird auf der Veranda eines Hauses aus den 30er-Jahren. Die modernen Mittelmeergerichte sind ebenso geschmackvoll wie das Dekor. Tipp: Vorspeise Rindfleischcarpaccio und danach Lasagne, Risotto oder eine üppig belegte Holzofenpizza (Rs250). Die meisten Vorspeisen und Hauptgerichte kosten Rs300–400. Reservierung empfohlen.

J&A's, Baga Creek, ☏ 0832/227 5274 oder 9823/139488, 💻 www.italyingoa.com. Authentisches italienisches Essen (sogar der Parmesankäse, die sonnengetrockneten Tomaten und das Olivenöl sind importiert), serviert im herrlichen, kerzenbeleuchteten Garten eines alten Fischerhäuschens. Innovative Auswahl an Salaten und Antipasti, als Hauptgerichte hervorragende Pasta, Holzofenpizza und zarte Steaks (mit Rosmarinkartoffeln). Die Spezialität des Hauses, die Seafood-Lasagne, ist allerdings schwer zu übertreffen. Tipp zum Dessert: das im Mund zerlaufende, heiße Schokoladen-Soufflé. Bei drei Gängen ist mit mindestens Rs1000 p. P. zu rechnen – ohne Getränke.

Lila Café, Baga Creek. Gemütliche Bäckerei mit Snackbar, betrieben von einem deutschen Pärchen, das hier seit Jahrzehnten ansässig ist. Hervorragende selbstgebackenen Brote, Kuchen und ausgefallener Mittagstisch mit Spinat à la crème, Auberginenpâté und geräuchertem Wasserbüffelschinken. ⌚ 8–20 Uhr.

Normannisch-goanische Mischung

Le Poisson Rouge, Baga Creek, ☏ 0832/324 5800 oder 9823/859276. Der neueste Stern am kulinarischen Himmel Nord-Goas befindet sich in einem schattigen Palmengarten und wird von hübschen Teelichten beleuchtet. Der aus der Normandie stammende Koch Gregory Bazire verarbeitet die regionalen Zutaten mit französischer Verve, und die Resultate sind großartig. Empfehlenswert: golden gebratener Tintenfisch aus Chapora mit Basilikum-Hummus und einer grünen Coulis, gefolgt von duftiger Seebrasse in Anis-Buttersoße oder einem Spargelrisotto. Hauptgerichte kosten zumeist etwa Rs500. Reservierung empfohlen.

Unterhaltung

Dass Bagas Nachtleben in ganz Indien einen legendären Ruf genießt, hat die Stadt im Wesentlichen dem Club Tito's zu verdanken. Angelockt durch TV-Bilder von spärlichen Tanzklamotten und einer bombastischen Sound- und Lichtanlage finden sich Abend für Abend mehrere Hundert Partylustige auf der langen, schmalen Terrasse ein, um zu trinken, zu tanzen oder Leute zu beobachten. Die meisten sind Männer aus anderen indischen Bundesstaaten, die nach Goa kommen, um den moralischen Fesseln des Lebens zu Hause zu entfliehen. Besonders von Frauen aus dem Westen wird die Atmosphäre bisweilen als unangenehm aufgeladen empfunden. Allerdings scheint der Club nach kürzlicher Renovierung und Erhöhung der Eintrittspreise die Ära der vom Kingfisher-Bier begünstigten Raufereien hinter sich gelassen zu haben. Außerdem machen jedes Jahr neue Bars und Clubs auf und bieten zunehmend anspruchsvollere Alternativen. Wer im übrigen Indien gereist ist und dann in das Nachtleben von Baga stürzt, kann schnell eine Art Kulturschock erleiden. Weitere Infos über das Nachtleben in der Region finden sich in den Beschreibungen von Calangute (S. 754) und Anjuna (S. 760).

Bars und Clubs

Casa Tito's, Arpora, gegenüber von Ingo's Night Market. Schicke italienische Lounge in einem alten Haus aus der portugiesischen Ära mit traditionellen Möbeln, DJs, Cocktails und Gourmetküche. Perfekt zum Ausspannen nach einem Bummel über den Flohmarkt.

Kamaki, Tito's Lane, Saunta Waddo. Sport auf Großbildschirmen und eine hypermoderne

Karaoke-Anlage machen den Reiz dieser klimatisierten, von Engländern dominierten Bar aus. Manchmal werden Rs200 Eintritt verlangt.

Mambo's, Tito's Lane, Saunta Waddo. Große Kneipe, teils unter freiem Himmel, mit Holzeinrichtung und einem großen, kreisrunden Tresen. Während der Saison ist der Schuppen an den meisten Abenden rappelvoll mit einem gemischten Publikum, obwohl die Getränkepreise weit über dem Durchschnitt liegen und nach 23 Uhr, bzw. wenn es Live-Unterhaltung gibt, Rs400 *cover charge* kassiert werden. „Ladies Night" am Mi heißt: Eintritt und Getränke für Frauen kostenlos. Auch hier ist Karaoke der große Renner.

Tito's, Tito's Lane, Saunta Waddo, 💻 www.titosgoa.com. Indiens berühmteste Disco bietet die ganze Saison über auch immer wieder Cabaret, Modenschauen und Gast-DJs. Bis 23 Uhr wird Lounge gespielt, danach Hip-Hop, House, Salsa und Trance. Am Anschlagbrett ist abzulesen, wann Oldie- und andere Themenabende stattfinden. Eintritt für Männer Rs700, inkl. Drinks, für Frauen frei (ebenfalls kostenlose Getränke), um Weihnachten bis zu Rs1500 je nach Programm. 🕒 Nov–Dez 20 Uhr bis spät, außerhalb der Saison 20–23 Uhr. Di und Sa ist am meisten los.

Anjuna

Bis vor ein paar Jahren war Anjuna, der erste größere Küstenort nördlich von Baga, die letzte Bastion der schicken Alternativen in Goa. Hier fanden jede Saison die berühmten Vollmondpartys statt, und hier mietete das „Beautiful Set" für sechs Monate am Stück hübsche Häuser mit roten Ziegeldächern, mischte Trance-Musik, stellte ausgefallene Dance-Klamotten her, bemalte die Palmen mit Leuchtfarben und brutzelte monatelang in der Sonne am Strand. Ein kleiner Rest modisch gekleideter Hippies fortgeschrittenen Alters lässt sich immer noch blicken, aber dank des Verstärker-Verbots (S. 769) und des überwältigenden Erfolgs des Flohmarktes, der für Massenandrang sorgt, ist Anjuna komplett aus der Mode gekommen.

Das hat bewirkt, dass der Ort nun wieder fast so aussieht wie damals, bevor die Partyszene in großen Horden einfiel: verstreute alte portugiesische Häuser und weiß getünchte Kirchen vor einem langen, goldenen Sandstrand. Allerdings sprechen zwei Dinge gegen den Ort: Das eine ist die anhaltend drogengetränkte Atmosphäre mit einem außergewöhnlichen Ausmaß an Drogenmissbrauch, sowohl unter den Besuchern als auch unter den Einheimischen. Das Dorf leidet

Flohmärkte am Samstagabend

Eine der wenigen echten Aufwertungen, die Nord-Goas Urlaubsküste in jüngerer Vergangenheit erfahren hat, ist der **Saturday Night Bazaar**, der landeinwärts in **Arpora** auf halber Strecke zwischen Baga und Anjuna stattfindet. Der vom deutschen Einwanderer Ingo ins Leben gerufene Markt zeichnet sich durch effiziente Organisation und seinen Sinn für Spaß aus, der dem Flohmarkt in Anjuna inzwischen größtenteils abhanden gekommen ist. Außerdem laden die milden Abendtemperaturen und die hübsche Beleuchtung viel eher zum entspannten Stöbern ein als die brütende Mittagshitze am Strand von Anjuna.

Obwohl dieser Flohmarkt wesentlich kommerzieller ist als sein Pendant in Anjuna, bezeichnen viele Goa-Kenner ihn als authentischer. Zahlreiche Stände werden von Ausländern gemietet, die hier u. a. imitierte indische Pop-Kunst, alte Fotos, Klamotten für Trance-Partys, handpolierte Kokosschalenkunst und Demos von Techno-DJs anbieten. Abgerundet wird das Ganze durch eine köstliche Auswahl ethnischer Speisen und einer Bühne, auf der von 19 Uhr bis Mitternacht Livemusik geboten wird. Der Eintritt ist frei.

In die gleiche Kerbe versucht ein rivalisierender Markt namens **Mackie's** zu schlagen, der ein Stück weiter Richtung Baga am Fluss eröffnet hat. Der von ausländischen Designern und Standbesitzern gemiedene Markt ist nicht ganz so gut besucht wie sein Nachbar, aber so langsam holt er auf, dank besserer Live-Unterhaltung und zunehmend mehr ausländischen Verkäufern.

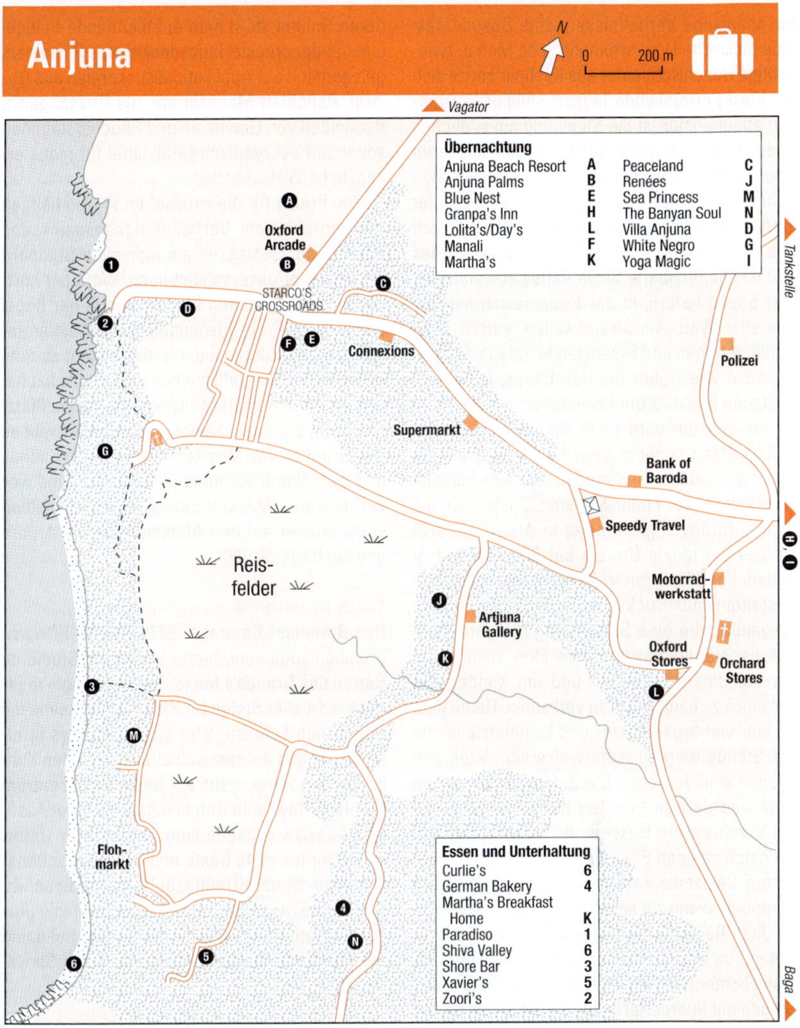

unter einem Überfluss an zweifelhaften Typen. Wie heruntergekommen die Szene um die Strandhütten von Anjuna ist, zeigte sich im Februar 2008, als ein britischer Teenager vergewaltigt und ermordet wurde. Der zweite Nachteil des Dorfes ist der berühmte **Flohmarkt**. Jeden Mittwoch überschwemmen Touristen und Händler von anderen Urlaubsorten an der Küste den Strand und die Olivenhaine am Südende des Strands. Dann sehen sich die meisten in Anjuna residierenden Urlauber veranlasst, für den Tag ins benachbarte Vagator auszuweichen.

Strand und Flohmarkt

Das Nordende des Strandes von Anjuna, direkt unterhalb der Stelle, an der die Busse halten, ist für goanische Verhältnisse nichts Besonderes: eine tückische Unterströmung, jede Menge zwielichtige Haschischdealer aus Kashmir sowie sich im Whisky ertränkende Tagesausflügler. Wesentlich angenehmer ist die Stimmung am südlichen Ende, wo sich in einer hübschen, geschützteren Bucht jüngere Traveller tummeln. Von den Hütten dahinter wird der Strand permanent mit lauter Trance-Musik beschallt. Abends entwickelt sich das Ganze dann zu echten Partys, wobei **Curlies** und das benachbarte **Shiva Valley** abwechselnd den Sound liefern, in der Hauptsaison mit DJs aus aller Welt. Am Strand selbst warten *chai*-Verkäuferinnen und Essenstände auf Kundschaft, genauso wie früher bei den Raves, jedoch ist heute um Punkt 22 Uhr Feierabend.

Am vollsten wird es in Anjuna immer mittwochs. Dann findet in einer Kokosnussplantage hinter dem südlichen Strandende, gleich nördlich von Curlie's, der **Flohmarkt** statt. Zusammen mit dem Saturday Night Market in Arpora (S. 760) ist dies der ideale Ort, um auf Souvenirjagd zu gehen. Vor 25 Jahren trafen sich bei dieser Veranstaltung nur Rucksacktouristen und andere Ausländer, die eine Saison lang hier ihre Zelte aufgeschlagen hatten. Man kam zusammen, um *chillums* zu rauchen und um Kleider und Schmuck zu kaufen und zu verkaufen. Heute geht es hier viel organisierter und kommerzieller zu. Die Stände werden meterweise vermietet, und Drogen sind verboten. Die Zufahrtsstraßen zum Dorf sind den ganzen Tag über brechend voll mit klimatisierten Bussen und Maruti-Taxis, die Touristen von den Resorts weiter südlich hierher karren. Selbst die Bettler müssen ein Bakschisch berappen, wenn sie sich hier aufhalten wollen.

Jede Region oder Kultur Indiens ist hier vertreten. Am einen Ende versammeln sich die sich stetig lichtenden Reihen alternativer Westler um Stände mit fluoreszierenden Partyklamotten und Designerbademode, und im Mittelpunkt der Anlage wachen tibetische Schmuckverkäufer über ordentlich aufgereihte Türkisarmreifen und allerlei Schnickschnack aus dem Himalaya. Am auffälligsten von allen sind die Lamani-Frauen aus Karnataka. Sie sind von Kopf bis Fuß in traditionelle Kleider gehüllt und verkaufen fein gewebte, bunte Stoffe, die sie in alles Mögliche – von Jacken bis zu Geldgürteln – verwandeln. An anderen Stellen stößt man auf blendende Spiegel und handgedruckte Tagesdecken aus Rajasthan, gelegentlich auf Applikationsstickereien aus Gujarat, Palmblatt-Manuskripte aus Orissa, ganze Pyramiden von Gewürzen und Räucherstäbchen sowie auf ayurvedische Heilmittel für jedes erdenkliche Wehwehchen.

Die **Preise** für die exotischen Waren hängen größtenteils vom Verhandlungsgeschick des Käufers ab. Gemessen am indischen Standard sind sie aber unverschämt hoch. Wer aber hartnäckig und vorsichtig bleibt, kann in der Regel einen fairen Preis aushandeln – die Westler unter den Verkäufern sind allerdings nicht so aufs Handeln erpicht. Selbst wenn man nichts kaufen will, ist der Flohmarkt trotzdem ein nettes Plätzchen zum Schauen. Neben den Händlern gibt es hier Gruppen von Musikanten, bettelnde Sadhus und die Zukunft vorhersagende Stiere. Und wer den hiesigen Markt verpasst, findet dieselben Leute wieder auf den **Abendmärkten** in Arpora und bei Baga (S. 760).

Yoga in Anjuna

Das **Brahmani Centre**, ✆ 9370/568639, 🖳 www.brahmaniyoga.com, bietet in seinem Studio im Garten des **Granpa's Inn** (S. 764) Ashtanga-Yoga-Unterricht aller Stufen für Kurzentschlossene mit erfahrenen Lehrern. Wer sich allerdings in einem richtigen Ashram aufhalten oder einen Kurs belegen möchte, geht am besten ins Zentrum **Purple Valley**, zehn Autominuten weiter in Assagao, 🖳 www.yogagoa.com. Dort gibt es Unterkünfte für bis zu 40 Gäste und eines der schönsten Yoga-*shalas* (Übungsgelände) Indiens. Zu den herausragenden Lehrern zählen Manju Jois und Sharath Rangaswamy, der älteste Sohn und der Enkel des illustren Ashtanga-Gurus Shri K. Pattabhi Jois.

Übernachtung

Nach jahrelanger Bettenknappheit haben Besucher in Anjuna jetzt die Qual der Wahl, vor allem die, die nicht jeden Cent zweimal umdrehen müssen.

Untere Preisklasse

Anjuna Palms, De Mello Waddo, ✆ 0832/227 3268 oder 9822/686817, 🖳 www. www.hotel.

de/de/anjuna/hotels. Das kleine Budgetgästehaus hinter einem alten portugiesischen Haus neben der Oxford Arcade verströmt mehr Flair als die meisten anderen Unterkünfte. Es gibt zwei Arten von Zimmern: größere mit AC und hohen Decken und abgenutztere ohne eigenes Bad. Alle liegen zu einem Gartenhof hin. Nur 5 Min. Fußweg zum Strand. ❷–❸

Blue Nest, Soronto Waddo, ✆ 9763/063379. Jospahs und Cecilias fünf altmodische Zimmer liegen in der Nähe der Dorfstraße, was aber kaum auffällt. Sie sind schön gestrichen, groß für den Preis und haben gute dicke Matratzen sowie hübsche kleine Veranden mit Waldblick. ❸

Lolita's / Day's, hinter Oxford Stores, ✆ 9822/461615. Eine Handvoll einfacher, großer Zimmer mit Spitzziegeldach sowie Du/WC, geführt vom leutseligen Darryl Days. Das teurere Zimmer verfügt über AC, Kühlschrank und TV. Trotz der Nähe zur Straße ruhig und mit Dachterrasse zum Entspannen. Zu buchen über Joel's Mini Store auf der anderen Straßenseite. ❹

Manali, südlich der Kreuzung bei Starco's, ✆ 0832/227 4421. Anjunas begehrtestes Budgetgästehaus bietet einfache Zimmer mit Gemeinschaftsbad und Ventilator, die auf einen Hof hinausgehen. Schließfach, Geldwechsel, Bibliothek, Internet und geselliges Terrassenrestaurant. Gutes Preis-Leistungs-Verhältnis, unbedingt frühzeitig buchen. ❷–❸

Martha's, 907 Montero Waddo, ✆ 0832/227 4194, ✉ mpd8650@hotmail.com. 11 tadellos saubere Zimmer mit Bad und zwei nette Häuser, geführt von einer gastfreundlichen Familie.

Gemütlich und günstig

Peaceland, Soronto Waddo, ✆ 0832/227 3700 oder 9822/685255. Ein charmantes einheimisches Paar mit freundlicher Unterstützung zweier Hunde bietet hier einfache Zimmer mit Bad in zwei Blocks (Rs400–500). Hohe Decken, Moskitonetze, Rucksackablagen, Hängematten, Kleiderständer und weitere gemütliche Details machen diese Unterkunft zur mit Abstand besten in ihrer Preisklasse. ❸

Zur Ausstattung gehören Kochgelegenheiten, Ventilatoren und fließend Warmwasser aus Solarenergie. ❹

Renées, Monteiro Waddo, ✆ 0832/227 3405. Kleines einladendes Gästehaus-Juwel inmitten üppiger Vegetation, geführt von einer Familie. Nur ein halbes Dutzend Zimmer, zumeist überraschend geräumig, mit Balkonen zum Garten raus, einige mit einfacher Kochnische und Kühlschrank. Etwas teurer als die Konkurrenz, den Mehrpreis aber wert. ❹–❺

Mittlere und obere Preisklasse

Anjuna Beach Resort, De Mello Waddo, ✆ 0832/227 4499, ✉ fabjoe@sancharnet.com. 32 geräumige, komfortable Zimmer mit Balkon, Kühlschrank, Bad und Warmwasser durch Solaranlage (die im oberen Stockwerk sind die besten) in zwei Betonbauten rings um einen Pool. Daneben ein Apartment-Block für Langzeitgäste. Beide Varianten bieten ein sehr gutes Preis-Leistungs-Verhältnis, jedoch zeigt der Komplex Abnutzungserscheinungen. ❺–❻

Sea Princess, Haus Nr. 649 Goenkar Waddo, Dando, ✆ 9890/449090. Einfaches Gästehaus in erstklassiger Lage in der Mitte des Strandes in Nachbarschaft der Shore Bar. Große Zimmer mit Bad und ordentlichen Sanitäranlagen, aber nicht ganz so gut in Schuss und voller Moskitos. Das Beste an dieser Unterkunft ist ihre Lage mitten in den Dünen. ❺

The Banyan Soul, Temp, ✆ 9820/707283, 💻 www.thebanyansoul.com. Designerschick am ruhigen südöstlichen Rand des Dorfes nahe der German Bakery. Die Zimmer im Schatten eines alten Banyan-Baumes sind schön eingerichtet – wenn auch klein für den Preis – und haben alle einen eigenen gut abgeschirmten Sitzbereich draußen. Einige Reisende finden die Unterkunft überteuert und beengt, andere hingegen mögen das Gefühl der Abgeschieden-heit. ❻–❼

Villa Anjuna, in Strandnähe, ✆ 0832/227 3443, 💻 www.anjunavilla.com. Modernes, gut funktionierendes Resorthotel nahe am Strand an der Hauptstraße des Ortes. Recht großer Pool und Jacuzzi. Beliebt bei Club-Gängern, denn es liegt nur einen Katzensprung vom Paradiso entfernt; es ist also nachts manchmal etwas lauter. ❻–❼

Beliebtes altes Gemäuer

Granpa's Inn, Gaun Waddo, ✆ 0832/227 3270, 🖳 www.granpasinn.com. Das ehemalige Bougainvillea befindet sich in einem reizenden, 200 Jahre alten Haus mit üppigen Gärten, Pool und schattiger Frühstücksterrasse. Zur Wahl stehen Zimmer in drei verschiedenen Kategorien, alle mit Bad: Standardzimmer ohne AC, Suiten im Haupthaus und Suiten am Pool. Yoga-Angebote und Billardtisch. Sehr beliebt, also lange im Voraus buchen. ❻–❼

White Negro, 719 Praia de St Anthony, südlich des Städtchens, nahe St. Anthony's Chapel, ✆ 0832/227 3326, ✉ dsouzawhitenegro@rediffmail.com. Zwölf tadellos saubere Chalets mit Meeresbrise, eigenem Bad, gefliesten Fußböden, Schließfächern und Moskitonetzen. Ruhig, gut geführt und gesundes Preis-Leistungs-Verhältnis. ❺

Yoga Magic, ✆ 0832/652 3796 oder 9370/565717, 🖳 www.yogamagic.net. Innovatives „Canvas Ecotel", das am Rande von Anjuna umweltfreundlichen Luxus in rajasthanischen Jägerzelten bietet. Sie sind mit bedruckten Baumwollstoffen ausgekleidet und mit Kissen, Seidendrapierungen und Solar-Halogenlampen möbliert. Als Toiletten dienen geruchsneutrale Kompostklos. ⏲ Mitte Nov–Mai. ❼

Essen

Gemäß den Vorlieben seiner „alternativen" Besucher finden sich in Anjuna zahlreiche qualitätsbewusste Cafés und Restaurants, von denen viele gesunde, vegetarische Speisen und Säfte anbieten. Heimwehkranke gehen zu **Orchard Stores** im Norden des Städtchens, denn dort gibt es ein breites Angebot an teuren importierten Lebensmitteln.

Martha's Breakfast Home, Martha's Guesthouse, 907 Montero Waddo. Abgeschiedener, sehr freundlicher Frühstücksgarten mit frischem indischen Kaffee, Crêpes sowie gesunden Säften und Obstsalaten mit Sahne. Die Spezialität des Hauses: Waffeln mit echtem Ahornsirup, die einem auf der Zunge zergehen.

Shore Bar, auf halber Strecke zum Strand runter. Fantastisches Angebot an Speisen von Salaten mit gebackenem *paneer* bis zu traditionellen goanischen Fischgerichten, dazu einige Fusionsgerichte wie Calamari-Wraps. Gute Stimmung, besonders zum Sonnenuntergang – die Musik ist allerdings ziemlich laut.

Xavier's South Anjuna. Das in einem Palmenwald landeinwärts vom Flohmarktgelände gelegene Xavier's bildet seit Jahrzehnten den Mittelpunkt der alternativen Szene in South Anjuna. Die meisten Gäste lassen sich von Seafood, Kebabs, Tikka- und Tandoori-Gerichten anlocken, aber es gibt auch köstliche chinesische und italienische Speisen, Bio-Salate und schmackhafte hausgemachte Pickles. Links an der Marktgasse ausgeschildert.

Zoori's, am nördlichen Strandende neben dem Paradiso. Cooles Café-Restaurant unter israelischer Leitung in perfekter Location auf den Klippen – einer der schönsten Plätze Goas, um den Sonnenuntergang zu genießen. Allerdings ist der Ausblick besser als das Essen. ⏲ tgl. 10–24 Uhr.

Das Original

German Bakery, South Anjuna, an der Straße zur Nirvana Hermitage, 🖳 www.germanbakery.org. Dies ist die einzige echte, nämlich die Originalausgabe des vielfach kopierten Vollwert-Cafés/Restaurants, versteckt in einem schattigen Garten in der Südhälfte des Dorfs – der ultimative Traveller-Treff in Goa. Unter alten, mit tibetischen Gebetsfahnen und Pipli-Laternen geschmückten Bäumen können Gäste von einer sich stets wandelnden Karte Raritäten wie Buchweizen-Porridge, Kombucha-Tee und Weizengras ordern. Für die weniger Gesundheitsbewussten gibt es ein umfassendes Angebot an italienischen, indischen, tibetischen und Seafood-Gerichten, dazu natürlich den berühmten Kuchen und Kaffee. In der Hauptsaison wird außerdem oft Livemusik, Tanz und Artistik geboten, und es gibt WLAN.

Unterhaltung

Anjuna ist heute zwar nicht mehr der Rave-Ort alter Zeiten, aber in der Umgebung wird zumindest noch eine große **Party** veranstaltet: in der Zeit um Weihnachten und Neujahr bei Vollmond. Die übrige Saison hindurch müssen sich Technofans mit dem ziemlich schäbigen, keineswegs ausgefallenen **Paradiso** begnügen. Es liegt oberhalb des äußersten nördlichen Strandendes von Anjuna und verkörpert das neue, weniger glamouröse Gesicht von Goa Trance. Das Lokal hat eine Tanzfläche, umgeben von Statuen hinduistischer Götter und tantrischen Symbolen. Gast-DJs legen Trance für ein überwiegend indisches und russisches Publikum auf. Das Paradiso hat keine festen Öffnungszeiten, öffnet aber an den meisten Tagen gegen 22 Uhr und macht erst im Morgengrauen zu; Eintritt Rs300–700, je nach Abend. Am anderen Ende von Anjuna bilden **Curlie's** und **Shiva Valley** (S. 762) den Mittelpunkt einer Mini-Rave-Szene. Hier gibt es ein großes, gemischtes Publikum aus Indern und westlichen Touristen, die sich hier vom Sonnenuntergang bis 22 Uhr zusammenfinden. Ganz eindeutig wurde mit der örtlichen Polizei ein Deal ausgehandelt: in und bei den Cafés werden offen *chillums* und Joints geraucht, in den Gassen und Gässchen dahinter sind Verhaftungen aber an der Tagesordnung. Vorsicht: Es gehen zahllose Gerüchte über echte und falsche Polizisten um, die von Touristen, die mit Drogen erwischt werden, Bestechungen in Form von Geld oder sexuellen Handlungen erpressen. Der Tod einer 15-jährigen Britin, die 2008 vergewaltigt und ermordet wurde, zeigt, wie gefährlich die Drogenszene hier sein kann.

Sonstiges

Geld

Manali Guesthouse (S. 763) und **Oxford Stores** wechseln Geld (zu schlechten Kursen). Bei der **Bank of Baroda** an der Straße nach Mapusa bekommt man mit einer Visa-Karte Bargeld, aber ausländische Währungen kann man nicht eintauschen.

Internet

Das **Manali Guesthouse** verlangt für seine Breitband-Verbindung Rs40 pro Std.

Post

Das **Postamt** an der Straße nach Mapusa hat einen zuverlässigen *poste-restante*-Schalter.

Transport

Busse aus Mapusa und Panjim halten an **verschiedenen Haltestellen** entlang der durch den oberen Teil des Ortes führenden Asphaltstraße, die an der Hauptkreuzung nach Norden Richtung Chapora abzweigt. Wer ein Zimmer sucht, sollte hier aussteigen, denn von dort ist es nicht mehr weit zu den meisten Gästehäusern. An der Kreuzung befinden sich einige kleine Läden und ein Motorradtaxistand, außerdem bildet sie de facto das Ortszentrum und dient als Busbahnhof.

Vagator

Nur ein paar Kilometer Felsen und trockenes Grasland trennen Anjuna von den südlichen Ausläufern von Vagator. Dieser sich um ein Gewirr aus verwinkelten Gassen ausbreitende, noch wenig erschlossene Urlaubsort lockt vorwiegend israelische und südeuropäische Strandfreunde an, die jedes Jahr wiederkommen. Der von dem roten Schutzwall des Chapora-Forts beherrschte, breite weiße Sandstrand – bekannt als **Big Vagator** – ist ohne Frage schön. Doch wer hofft, hier in aller Ruhe baden und am Strand faulenzen zu können, hat sich geschnitten, denn Vagator ist ein Hauptziel für ganze Busladungen einheimischer Touristen. Eine bessere Idee ist es, den Strand im Süden anzusteuern, auch wenn er immer noch eine ordentliche Portion Tagesausflügler anzieht.

Der hiesige, von einer steilen Mauer aus bröckeligem, palmenbestandenen Laterit begrenzte **Ozran** (oder **Little Vagator) Beach** ist eigentlich eine Aneinanderreihung von Buchten. Um sie zu erreichen, muss man vom Busparkplatz, oberhalb des Big Vagator 10 Minuten zu Fuß gehen, oder man fährt zum Ende des Weges, der von der Hauptstraße zwischen Chapora und Anjuna (Richtung Nine Bar), abzweigt; von dort führen Fußwege steil nach unten zu einem weiten Streifen ebenmäßigen weißen Sandes (nach den

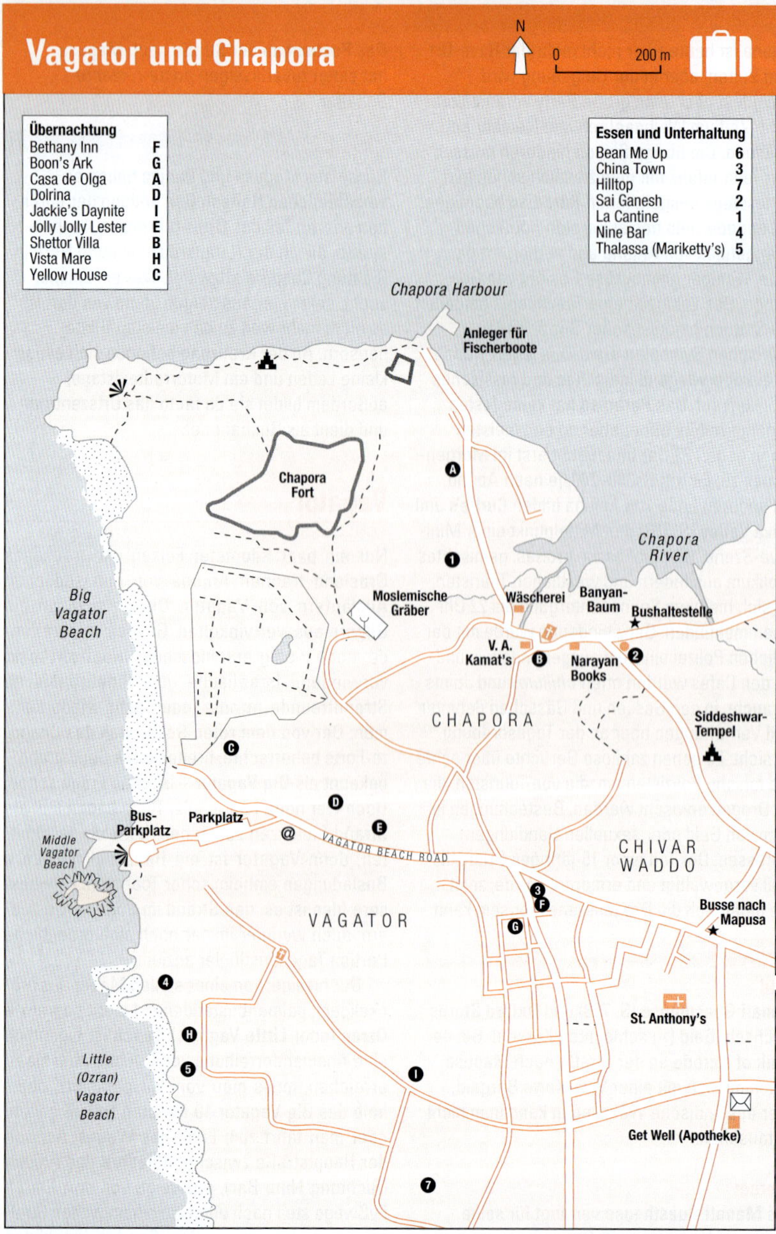
Vagator und Chapora
N
0
200 m
Übernachtung
Bethany Inn F
Boon's Ark G
Casa de Olga A
Dolrina D
Jackie's Daynite I
Jolly Jolly Lester E
Shettor Villa B
Vista Mare H
Yellow House C
Essen und Unterhaltung
Bean Me Up 6
China Town 3
Hilltop 7
Sai Ganesh 2
La Cantine 1
Nine Bar 4
Thalassa (Mariketty's) 5
Chapora Harbour
Anleger für Fischerboote
Chapora Fort
Chapora River
Big Vagator Beach
Moslemische Gräber
Wäscherei
Banyan-Baum
Bushaltestelle
V. A. Kamat's
Narayan Books
Siolim (6 km)
CHAPORA
Siddeshwar-Tempel
Bus-Parkplatz
Parkplatz
Middle Vagator Beach
VAGATOR BEACH ROAD
CHIVAR WADDO
Busse nach Mapusa
Tankstelle
VAGATOR
Mapusa (9 km),
Tankstelle, 6
St. Anthony's
Little (Ozran) Vagator Beach
Get Well (Apotheke)
Anjuna (3,1 km)

Mopeds und Fahrrädern Ausschau halten, die oben auf der Klippe abgestellt sind).

Am schönsten ist die lange von Italienern dominierte südlichste Bucht – der sogenannte Spaghetti Beach – mit einer Reihe großer, etablierter Strandkneipen, an deren Ende ein aus den Felsen gemeißeltes, gelassen gen Himmel blickendes Gesicht das auffälligste Wahrzeichen bildet. Was dieser Strand sonst noch zu bieten hat, sind Racquetball-Spieler, Trance-Sound aus fetten Anlagen und eine ziemlich große Herde umherstreifender Kühe.

Übernachtung

Die Unterkünfte in Vagator beschränken sich auf zwei teure Resorthotels, von Familien geführte Budgetgästehäuser und Dutzende kleiner Privathäuser, die für längere Zeiträume vermietet werden. Da in Vagator Wasserknappheit herrscht, tut man den Einheimischen einen großen Gefallen, wenn man sparsam damit umgeht. Zwischen Weihnachten und Neujahr verdoppeln sich die Preise

Bethany Inn, direkt südlich der Hauptstraße, ✆ 0832/227 3731, 💻 www.bethanyinn.com. 11 saubere Zimmer mit Minibar-Kühlschrank, Balkon und Bad (Rs800), plus 4 weitere mit AC in einem neuen Block, die über Flachbildschirm-TVs, größere Balkone und geräumigere Bäder verfügen (Rs1800). ❹–❺

Boon's Ark, nahe Bethany Inn, ✆ 9822/175620, 💻 www.boonsark.com. Die gradlinige, saubere von einer Familie geführte Unterkunft hat moderne Zimmer mit sehr guten Betten, Steinregalen, Kühlschränken und netten kleinen Veranden, die auf einen gepflegten Garten hinausgehen. Die Betreiber Peter und Jessie Mungu bieten Zimmerservice, Geldwechsel und Fahrradverleih. ❹

Dolrina, Vagator Beach Rd, ✆ 0832/227 3382, 9822/980447. Vagators größtes und beliebtestes Budgetgästehaus wird von einem freundlichen einheimischen Paar betrieben und hat Zimmer mit oder ohne Bad, größere Familienzimmer, ein geselliges Gartencafé, Einzelschließfächer und Platz auf dem Dach. Einzelbelegung möglich, Frühstück gibt es im hübschen Garten. ❷–❸

Jolly Jolly Lester, Vagator Beach Rd, ✆ 0832/227 3620, 9822/488536, 💻 www.hoteljollygoa.com. 11 angenehme DZ mit gekachelten Bädern, Schließfächern und frischen Handtüchern. Die Anlage umgibt ein schattiges Wäldchen, und die Eigentümer Lazarus und Remy achten sehr darauf, dass keine wilden Affen in den schönen Hotelgarten kommen. Einzelbelegung möglich, kleines Restaurant. ❹

Vista Mare, auf den Klippen am Ozran Beach, ✆ 9822/120980. Die hübschen, geräumigen Zimmer hinter einem einigermaßen ruhigen Restaurant haben große Doppelbetten und Bäder, Tische mit Marmorplatten und riesige Veranden. Tolle Lage und gutes Preis-Leistungs-Verhältnis. ❺

Yellow House, Big Vagator, ✆ 9822/125869. Henriquita Moniz und Sohn Jubert haben dieses Gästehaus hinter dem Big Vagator Beach vor einiger Zeit renoviert; nach weit über 20 Jahren sieht es jetzt besser aus als je zuvor. Es ist friedlich und abgeschieden, trotz der Nähe zum Strand. Die Zimmer sind ordentlich und angenehm eingerichtet, manche verfügen über einen Sitzbereich im Freien. ❹

Prima Deal

Jackie's Daynite, Beach Rd, ✆ 0832/227 4330, 9822/133789. Insgesamt die beste Budgetunterkunft im Dorf, in perfekter Lage in der Nähe der Nine Bar und des Hilltop. Jackie De Souza führt schon seit mehr als 30 Jahren hier ein Café und einen Laden und hat vor einiger Zeit hinten noch Zimmer angebaut. Diese Zimmer sind sauber und super preisgünstig, jedoch oft voll, sodass sich eine Vorausbuchung lohnt. ❸–❹

Essen und Unterhaltung

Dank der Urlauberszene gibt es in Vagator jede Menge Restaurants und dazu die üblichen Hütten am Strand. Mit Ausnahme des Bean Me Up und des Thalassa sind sie allerdings wenig innovativ, jedoch immer noch um einiges besser als die Spelunken am Basar von Chapora.

Der angesagte Treffpunkt für einen Sundowner ist die **Nine Bar** auf den Klippen oberhalb des Ozran Beach, wo fette Trance-Sounds zum Sonnenuntergang Publikum anlocken, besonders mittwochs nach dem Flohmarkt. Der

Goa

Eintritt ist frei, aber die Getränke sind teuer, und Fotografieren ist streng verboten. Ab dem späten Nachmittag wandern die Gäste zwischen der Nine Bar und dem nahen **Hilltop** hin und her. Letzteres liegt in einem Kokospalmenhain und hat eine nette runde Tanzfläche und eine dicke Anlage. Die Stämme der Palmen sind mit Leuchtfarben gestrichen, die Arena säumen Teefrauen mit flackernden Kerosinlampen und frisch gebackenen Knabbereien, ausländische DJs toben sich auf der Bühne aus, und freitagabends gibt es einen bunten Markt, auf dem ortsansässige Wessis alle möglichen selbstgemachten Sachen feilbieten. Eintritt Rs150.

Bean Me Up, in der Nähe der Tankstelle. Das einzige von Amerikanern geleitete Tofu-Restaurant Indiens ist das Nonplusultra, wenn es um gesunde Gourmet-Küche geht. Salate zum Selbstzusammenstellen, Obstsäfte, verschiedene Tofu-, Tempeh- und Seitan-Kombos mit cremigen Soßen, außerdem Pizza aus einem echten Holzofen. Zu den Hauptgerichten (etwa Rs180–250) gibt es gedünsteten Spinat, frisches Vollkornbrot und gründlich gewaschenes Grünzeug.

China Town, Chapora Crossroads, neben Bethany Inn. Das kleine Restaurant unmittelbar südlich des Hauptgeschehens ist seit Ewigkeiten eine beliebte Anlaufstelle für weniger betuchte Gäste. Leckeres Seafood, eine große Auswahl an chinesischen Gerichten und alles, wonach es die meisten Goa-Traveller gelüstet.

Tolle griechische Küche

Thalassa (Mariketty's), auf den Klippen am Ozran Beach, 39850/033537. Die aus Korfu stammende Mariketty verkaufte zunächst an einem Mini-Imbiss im Chapora Bazaar Souvlaki und Fleischspieße und konnte dann dank ihres Erfolgs diese Taverne aufmachen. Das Thalassa hat sich inzwischen als eines der besten Restaurants in Goa etabliert. Schnörkellos und freundlich wird hier ehrliche, schmackhafte authentische griechische Küche serviert; im Hintergrund wiegen sich die Palmen im Wind und rauscht der Ozean. Hauptgerichte kosten etwa Rs250–300, drei Gänge rund Rs650 plus Getränke.

Sonstiges

Bethany Inn, am Nordrand des Ortes, hat eine Lizenz zum Geldwechseln (Cash und Reiseschecks) und ein effizientes Reisebüro im Erdgeschoss.

Transport

Busse aus Panjim und Mapusa (9 km weiter östlich) kommen etwa alle 15 Min. an der Kreuzung im äußersten Nordosten von Vagator an, nicht weit von der Abzweigung der Straße Richtung Chapora. Von hier läuft man ca. 1 km über den Hügel zum Strand.

Chapora

Das im Schatten einer portugiesischen Festung auf der Vagator gegenüberliegenden, nördlichen Seite der Landzunge gelegene Chapora ist der wichtigste Fischereihafen Nord-Goas. Ankerplatz und Werft unterhalb der Zitadelle mit ihren braunen Mauern bilden das Rückgrat des Erwerbslebens im Dorf, aber daneben gibt es schon lange eine Szene mit trink- und rauchfreudigen Hippies, die sich um die Cafés und Kneipen an der Hauptstraße konzentriert. Bei Sonnenuntergang kann man die Szene in voller Pracht erleben, wenn unter dem Banyan-Baum Bananenlassis geschlürft und *chillums* geraucht werden – unverändert seit Jahrzehnten. Vor ein paar Jahren übernahmen russischen Mafia-Typen kurzzeitig die Szene und verdrängten die „Freaks"; diese sind jedoch inzwischen wie wandernde Schildkröten zahlreich an ihren alten Nistplatz zurückgekehrt, ungeachtet der neuerlichen Veränderungen in Goa. Wer dem allem nichts abgewinnen kann, sollte sich besser ans benachbarte Vagator halten.

Chaporas Wahrzeichen ist das ehrwürdige alte **Fort**, das am leichtesten von der Vagator-Seite aus zu erreichen ist. Bei Ebbe kann man auch unten um die Landzunge herumwandern, am Ankerplatz und den dahinter liegenden, abgeschiedenen kleinen Buchten vorbei bis nach Big Vagator, wo man den Berg hinaufklettern kann. Die rote Laterit-Bastion auf der Felsenklippe wurde 1617 von den Portugiesen an der Stelle eines früheren moslemischen Baus errichtet (daher auch der Ortsname, der sich von *Shah-*

Das Aus für Goas Partyszene

Viele Leute reisen nach Goa in der Erwartung, jede Nacht eine Strandparty zu besuchen, und sind enttäuscht, wenn sie feststellen müssen, dass die einzigen Orte zum Tanzen Mainstream-Clubs sind, denen sie zuhause wohl keinen zweiten Blick gönnen würden. Aber mit den tollen Beachpartys von einst, als Zehntausende Nachtschwärmer unter bunt bemalten Palmen zu wummernden Bässen aus gewaltigen Soundsystems abtanzten, ist es definitiv vorbei – was in erster Linie dem Einschreiten der Lokalbehörden zu verdanken ist.

Die ersten großen Partys in Goas Küstendörfern fanden in den 1960er-Jahren statt, als die ersten Hippies nach Calangute und Baga strömten. Zum Erstaunen der Einheimischen war die liebste Beschäftigung dieser Möchtegern-Sadhus, in Vollmondnächten zu lauter Rockmusik im *chillum*-Rauch nackt am Strand herumzuhüpfen. Zunächst schenkten die Dörfler diesen bizarren Zusammenkünften keine große Beachtung, aber mit jeder Saison etablierte sich die Szene mehr, und Ende der 1970er-Jahre hatten sich insbesondere die **Weihnachts- und Silvesterpartys** zu riesigen Veranstaltungen gemausert, die Tausende ausländischer Besucher anzogen.

Ende der 1980er-Jahre wurde die Partyszene jedoch von Grund auf umgekrempelt, als Acid House und Techno Einzug hielten. Die Rock- und Dub-Reggae-Szene wich der Rave-Kultur, und damit begann der Vormarsch von Ecstasy als der maßgeblichen Tanzdroge. Die Feten wurden zunehmend von jungen Pauschaltouristen bestritten, die zur Saison in Massen anrückten. Bald hatte Goa einen ganz eigenen psychedelischen Musikstil hervorgebracht, den **Goa Trance**. Musiker wie Goa Gill, Juno Reactor und Hallucinogen kultivierten diese Musikrichtung. Die goldene Ära von Goa Trance und Goas Partyszene brach Anfang der 1990er-Jahre an, als an sehr schönen Locations um Anjuna und Vagator zwei- bis dreimal wöchentlich große Raves veranstaltet wurden. Ein paar Jahre lang drückten die lokalen Behörden beide Augen zu, bis sie urplötzlich den Stecker zogen.

Im Vorfeld der Feiern zur Jahrtausendwende wurde ein **Verstärkeranlagenverbot** zwischen 22 und 7 Uhr erlassen. Mehr als zehn Jahre später ist das Verbot immer noch in Kraft, und die Rave-Szene ist praktisch völlig verschwunden, abgesehen von ein paar etablierten legalen Clubs – allen voran die **Nine Bar** und das **Hilltop** in Vagator und das **Paradiso** und **Curlie's** in Anjuna. Hin und wieder entgeht eine unter strenger Geheimhaltung abgehaltene House-Party dem wachsamen Auge der Polizei (besonders oben in **Aswem** im oder beim Liquid Sky), aber wer in der Hoffnung nach Goa reist, eine Art Ibiza am Arabischen Meer vorzufinden, muss sich auf eine herbe Enttäuschung gefasst machen.

pura ableitet, „Stadt des Schahs"). Im 19. Jh. wurde das Fort aufgegeben, sodass heute nur noch Ruinen erhalten sind. Die **Aussicht** von den unkrautüberwucherten Wällen über die Küste ist aber nach wie vor einzigartig.

Einen Besuch lohnt auch der geschäftige kleine **Anlegeplatz für Fischerboote**, wo man abends in der Regel köstlichen, fangfrischen Tintenfisch direkt von den Booten kaufen kann.

Übernachtung

Casa de Olga, nahe der Fischerbootsanlegestelle, ✆ 0832/227 4355, 9822/157145. Bei Weitem die einladendste (eigentlich die einzige einladende) Unterkunft in Chapora. Das makellose, rot und weiß gestrichene kleine Gästehaus wird mit viel Hingabe von einem jungen Paar – Edmund und Elifa – geführt. Die schönsten Zimmer sind die fünf im neuen Block hinten. Sie haben alle ein Bad und große Balkone. ❸

Shettor Villa, an der Westseite der Haupt-straße, ✆ 0832/227 3766, 9822/158154. Billig und schlicht. Ein halbes Dutzend der Zimmer liegt rund um einen Hinterhof, sie haben Ventilator und Bad. Die anderen 18 haben Gemeinschaftsduschen. ❷

Die beiden Häuser sind auf der Karte S. 766 eingezeichnet.

Essen

Das beliebteste Restaurant von Chapora ist zu Recht **La Cantine**, draußen an der Straße, die zur Anlegestelle der Fischerboote führt. In dieser einfachen Hütte am Straßenrand gibt es gesunde Hausmannskost – Kichererbsen- und Kürbissuppe, Rote-Beete-Tatar, *pasta al forno* und Zucchini-Quiche. Ansonsten warten auch viele preiswerte kleine Cafés und Restaurants an der Hauptstraße auf Kundschaft. Das **Sai Ganesh Café** nicht weit vom Banyan-Baum ist der Dreh- und Angelpunkt der Traveller-Szene; hier lassen die in Chapora ansässigen Westler bei Obstsäften und Milchshakes die Welt an sich vorbeiziehen.

Alle aufgeführten Lokale sind auf der Karte S. 766 eingezeichnet.

Morjim

Vom Fort Chapora aus gesehen präsentiert sich Morjim als spektakulärer, leerer Sandstrand, der sich von einer von der Brandung gepeitschten Landzunge an der Flussmündung nach Norden erstreckt. Wegen seiner relativen Abgeschiedenheit war das hinduistisch-christliche Dorf am Strand zu Beginn des neuen Jahrtausends das Ziel der ersten russischen Touristen in Goa. Heute ist der von anderen ausländischen Reisenden „Mojimograd" genannte Ferienort eine rein russische Enklave: Hotels, Gästehäuser und Ferienvillen werden von Moskauer Mafiosi kontrolliert oder gehören ihnen sogar. In den letzten Jahren sind in der indischen Presse jede Menge Sensationsstorys über die hiesige Edelprostitution und den Drogenhandel erschienen.

Obwohl diesen Berichten ein wahrer Kern zugrunde liegt, sind die meisten der sonnenhungrigen jungen Leute, die in Morjim auf Scootern herum düsen, ganz gewöhnliche, gesetzestreue Urlauber. Jedoch ist die Atmosphäre in den Gästehäusern und Restaurants oft alles andere als anheimelnd, und für die meisten Reisenden aus dem Westen ist ein Aufenthalt in Morjim eine unerfreuliche und dazu noch sehr teure Angelegenheit – sie ziehen daher die kulturell gemischteren Orte Aswem und Mandrem weiter nördlich vor.

Der spektakuläre Strand von Morjim ist aber auf jeden Fall einen Spaziergang wert, besonders am frühen Morgen, wenn Fischer riesige Handnetze aus der Brandung ziehen. Die Landzunge am südlichen Ende, gegenüber vom Chapora Fort, ist ein beliebter Vogelbeobachtungsplatz. Weder die hier heimischen Vögel noch die Dorfbewohner, die jeden Morgen ihre Därme in die Brandung entleeren, scheinen sich von den bizarren Fitnessübungen abschrecken zu lassen, denen sich manche Russen vor dem Frühstück widmen.

Übernachtung und Essen

Wegen der raubeinigen Stimmung sind die Hotels und Gästehäuser direkt hinter dem Strand, in den Dünen und an der Strandstraße am besten zu meiden. Am Rand von Morjim gibt es jedoch ein paar sehr schöne Unterkünfte.

Jardin d'Ulysse, am Flussufer am Südrand des Dorfs, ✆ 9822/581928, ✉ ulyssemorjim@gmail.com. Die charmante, goanisch-französisch geführte Unterkunft hat fünf „Cottages" mit Ziegeldach, ockerfarben getünchten Wänden und Kochnischen. Im Garten vorm Haus serviert man in einem kleinen Restaurant vorwiegend französischen und britischen Reisenden verschiedenste Gerichte wie Steaks, köstliche Lasagne, tibetische *momos* und Salate. ❹

Transport

Ein halbes Dutzend **Busse** pro Tag kommt an Morjim auf dem Weg nach PANJIM vorbei, der erste um 7 Uhr. In entgegengesetzter Richtung fährt um 17 Uhr ein Direktbus aus Panjim ab. Daneben bestehen häufige Verbindungen nach Mapusa über Siolim. Die Busse halten an der Hauptstraße, fünf Gehminuten vom Strand entfernt in Vithaldas Waddo.

Aswem

Aswem, die nächste Siedlung nördlich von Morjim, ist kaum als Dorf und schon gar nicht als Ferienort zu bezeichnen. Die Durchsetzung der Vorgaben der Coastal Protection Zone (CPZ)

Der Schildkrötenwind

Wenn in Morjim Anfang November die Nacht hindurch eine starke, beständige Brise landeinwärts weht, ist das der Schildkrötenwind, wie ihn die Einheimischen nennen. Denn ein solches Wetter kündigt gewöhnlich die Ankunft der seltensten Migranten Goas an, der **Oliv-Bastardschildkröten** (*Lepidochelys olivacea*). Seit Menschengedenken ist die löffelförmige Landspitze mit weichem weißem Sand bei **Temb**, dem südlichen Ende des Morjim Beach, Nistplatz dieser schönen Meerestiere. Jeden Winter tauchen in der Nacht Weibchen aus der Brandung auf und kriechen mit Hilfe ihrer Flossen zum Rand der Dünen, um ihr jährliches Gelege von 105–115 Eiern abzulegen. Gut zwei Monate später befreien sich die Schlüpflinge aus den Eiern und klettern blinzelnd über ihre Geschwister hinunter zum Wasser; auf dieser gefährlichen Strecke lassen sie sich vom Licht des Mondes leiten.

Darüber, wie diese geheimnisvollen Kreaturen den Rest ihres langen Lebens verbringen (Schildkröten werden oft über 100 Jahre alt), ist nur wenig bekannt. Man nimmt aber an, dass die Weibchen zur Eiablage an genau den Strand zurückkehren, an dem sie geboren wurden. Es wurde nachgewiesen, dass einige Schildkröten dazu eine 4500 km lange Strecke zurücklegen. Einst gab es im gesamten Pazifik, Atlantik und Indischen Ozean massenhaft Oliv-Bastardschildkröten, aber heute sind sie **vom Aussterben bedroht**. Neben den traditionellen Feinden wie Krähen, Fischadlern, Seemöwen und Bussarden, die die Schlüpflinge auf ihrem Weg zum Wasser abfangen, sehen sich die Neugeborenen und ihre Eltern in vielerlei Hinsicht der Bedrohung durch Menschen ausgesetzt.

In Morjim, wie in fast ganz Asien, gelten die **Eier** traditionell als Delikatesse, und die Dorfbewohner sammeln sie und verkaufen sie auf dem Markt in Mapusa. Viele Schildkröten – weltweit vielleicht 35 000 – werden unbeabsichtigt von Fischern getötet, weil sie in den feinen Krabbennetzen hängen bleiben oder sich vom Tintenfischköder, mit dem Thunfisch gefangen wird, anlocken lassen. Herumschwimmender Müll, den die Schildkröten für Quallen halten, hat in den vergangenen zwei Jahrzehnten ebenfalls zur Dezimierung der Bestände geführt. Tödlich sind auch die Teerklumpen von ins Meer ausgelaufenem Öl, die den Verdauungstrakt der Tiere verstopfen und die Nahrungsaufnahme behindern. Eine weitere Gefahr stellt die Zunahme des Tourismus dar: Elektrisches Licht am Strand verwirrt die Schlüpflinge auf ihrem Weg zum Wasser, und der durch die sonnenbadenden Touristen festgetretene Sand schädigt die Nester, sodass sich die Neugeborenen zu gegebener Zeit nicht freikämpfen können.

Zur Stärkung der Bestände werden Dorfbewohner inzwischen vom Goa Forest Department beschäftigt, um die Ankunft der Weibchen im November abzupassen und, nachdem die Eier gelegt sind, die Nester bis zum Schlüpfen des Nachwuchses zu bewachen. Die **Wächter** kampieren dann unter Palmblattdächern am Strand, und die Nester sind eingezäunt und mit Schildern gekennzeichnet. Bisher haben sich die Schutzmaßnahmen der Behörden aber als wenig effektiv erwiesen. Nach einem anfänglichen Ansteigen der Zahl von Schildkrötenbabys sind die Ergebnisse der letzten Zeit eher durchwachsen, was das Forest Department auf die steigenden Touristenzahlen zurückführt.

Die **nistenden Schildkröten zu beobachten** ist ein unvergessliches Erlebnis, obwohl dazu ein gewisses Maß an Geduld und auch Glück erforderlich ist. Niemand weiß sicher, wann ein Schildkröten-Weibchen auftaucht, aber wenn zur richtigen Zeit ein starker Schildkrötenwind weht, stehen die Chancen nicht schlecht. Sehr viel besser vorhersehbar ist das Erscheinen der Schlüpflinge, die genau 54 Tage nach der Eiablage schlüpfen. Die Wächter, die auf die Nester aufpassen, wissen Bescheid, wann das der Fall sein wird.

seitens der Kommunalverwaltung hat verhindert, dass hinter dem Strand gebaut wurde, sodass es hier nur wenige feste Häuser gibt. Jedoch sind in jüngster Vergangenheit einige provisorische Hüttencamps und Bretterbuden im Kokospalmenhain hinter dem Strand entstanden, und im Dezember und Januar ist es in Aswem inzwischen recht voll.

Das Publikum ist hier allerdings erheblich angenehmer als um die Landspitze Richtung Süden herum. Die Gäste sind zumeist umwelt- und gesundheitsbewusste Paare aus Nordeuropa in den Dreißigern und Vierzigern, oft mit Kleinkindern im Gepäck. Dazu gibt's noch ein paar altgediente Goa-Westler, die sich aus Anjuna und Morjim verabschiedet haben, weil sie sich dort nicht mehr wohlfühlen. Neben der russischen Invasion verdankt sich die plötzliche Popularität von Aswem vor allem der Tatsache, dass hier vor ein paar Jahren ein völlig unpassend wirkendes schickes Strandrestaurant, La Plage, die Pforten öffnete, ins Leben gerufen von drei französischen Gastronomen aus Baga.

Übernachtung

Die hier aufgeführten Unterkünfte waren bei unserem letzten Besuch die einzigen, die sich irgendwie hervorhoben und ein annehmbares Preis-Leistungs-Verhältnis boten. Die übrigen Camps waren entweder zu beengt und/oder absurd teuer.

Leela Cottages, nahe La Plage, ✆ 9823/400055, 💻 www.goaleela.com. Schicke, unterschiedlich große und teure AC-Designerbungalows auf einem geschlossenen Gelände unter Palmen nur einen Katzensprung vom Strand, jedoch weit genug von den Restaurants entfernt, um friedlich und ruhig zu sein. Die Einrichtung Cottages sind mit Antiquitäten aus allen Ecken Indiens ausgestattet. ❼–❽

Yoga Gypsies, ✆ 0832/645 3077 oder 9326/130115. Diese Unterkunft unterhalb des Ajoba-Tempels nördlich vom La Plage ist vielleicht die schönste an diesem Abschnitt der Küste. Sie besteht aus 5 großen achteckigen, clever aufgeteilten Cottages aus dunklem Mangoholz mit umlaufender Veranda, natürlicher Lüftung, guten Betten und unaufdringlicher Einrichtung.

Tolles Boutiquehotel

Yab Yum, ✆ 0832/224 7712, 💻 www.yabyumresorts.com. Eine Anlage mit wunderschönen, kuppelförmigen Bauten aus Palmwedeln, Mangobaumholz und Lavagestein mit Zementfußboden und -wänden. Die großen, stylisch möblierten Zimmer verfügen über Betten auf Podesten und bequeme Matratzen, Glitzerkugeln, Papierlaternen und Musselinvorhänge. So viel Stil hat natürlich seinen Preis (DZ Rs4800, Suite Rs5500). ❺

Außerdem gibt es einen Yoga-Bereich und eine hübsche Lounge. ❼

Essen

Change Your Mind, gleich nördlich vom La Plage. Hier wird erstklassiges Essen – vor allem nordindisches – aufgetischt, das obendrein noch sehr erschwinglich ist. Einen Besuch lohnt auch das **Pink Orange** ganz in der Nähe. Seine Strandterrasse ist jeden Abend voll mit Leuten, die sich eines der zahlreichen Fusionsgerichte einverleiben.

The Place, Liquid Sky (S. 773), auf dem Hügel oberhalb vom Aswem Beach. The Place nimmt sich ein bisschen ernster als die meisten anderen Restaurants der Gegend. Hier werkeln in einer offenen Küche in echte Küchenmontur gewandete Köche. Bulgarische, russische und sibirische Spezialitäten sowie Schwein und Kalb dominieren auf der Speisekarte, jedoch

Erfrischend anders

La Plage, Aswem Beach, ✆ 9850/258543. Sich im Wind wiegende Palmen und bauschige weiße Musselinstoffe bilden die Kulisse für französisch-mediterrane kulinarische Hochgenüsse wie kalte Spargelsuppe, Minze-Lassis, marokkanische Salate, frische Erdbeeren mit Sahne sowie üppige Seafood- und andere Gerichte vom Holzkohlegrill, die von Nepalis in schwarzen *lunghis* serviert werden. Übrigens: die Bloody Marys mit Koriander und Senfkörnern sind göttlich.

gibt es auch zahlreiche veg. Gerichte. Immer wieder gut ist der Backfisch in Knoblauchbutter und Weißwein mit Pastinaken. Hauptgerichte zumeist etwa Rs250.

Unterhaltung

Das La Plage ist nicht der einzige Laden im Goa-Schick, der sich in Aswem niedergelassen hat. Hier ist derzeit auch das **Liquid Sky Collective** zu Hause, ein innovatives, vom belgischen DJ Axailes, 💻 www.myspace.com/axailes, ins Leben gerufenes Electro-Party-Unternehmen. Mit der genialen Tanzfläche, dem schalldichten Innenbereich (für die Zeit nach 22 Uhr) und toller Musik hat sich der Club als coolster in ganz Goa etabliert. Manchmal organisieren die Betreiber in Zusammenarbeit mit Arambol Experience, 💻 www.myspace.com/arambolexperience, ausgezeichnete „historische" Bootspartys auf dem Mandovi. Das **Shanti** unten am Strand verströmt ebenfalls eine gute Tanzstimmung; hier legen DJs aus aller Welt auf.

Transport

Gelegentlich halten Busse aus Panjim und Mapusa an der ruhigen Hauptstraße, die landeinwärts parallel zum Strand verläuft. Von dort sind es fünf Minuten zu Fuß durch die Reisfelder bis zu den Kneipen und Hüttencamps am Strand. Mit Ausnahme der Cafés gibt es hier keinerlei Einrichtungen. Fast alle Gäste mieten sich anderswo ein Moped, um nach Aswem zu fahren. Die nächsten Geschäfte (und Internetzugang) befinden sich in Morjim – ein halbstündiger Fußmarsch Richtung Süden.

Mandrem

Vom Bach am Rand von Aswem erstreckt sich ein herrlicher, größtenteils menschenleerer Strand Richtung Arambol – der letzte unerschlossene Küstenabschnitt in Nord-Goa. Ob Mandrem auf Dauer der steigenden Flut von Touristen standhalten kann, wird sich zeigen, doch bislang hat auf jeden Fall die Natur noch die Oberhand. Am ruhigsten Strandabschnitt legen Oliv-Bastardschildkröten ihre Eier ab. Mit großer Wahrscheinlichkeit bekommt man hier auch die weißbäuchigen Fischadler zu Gesicht, die in den Kasuarinen nisten. Dies ist ihre letzte Bastion in Nord-Goa.

Die meisten Unterkünfte im Dorf liegen versteckt landeinwärts in **Junasa Waddo**; hier bietet eine Handvoll von Gästehäusern und Hotels einer gemischten Klientel von Ruhe und Frieden liebenden Reisenden Unterkunft. Ein paar kleine Läden, Internetcafés und Reisebüros sind auch vorhanden. Für den halbstündigen Fußweg nach **Madlamaz-Mandrem**, der Einkaufsmeile des Dorfs, mietet man am besten einen Motorroller. **Parsekar Stores** in Madlamaz-Mandrem führt ein umfassendes Sortiment von Lebensmitteln und Waren für den Touristgeschmack, darunter Müsli, Olivenöl, Nilgiri-Käse und natürliche Kosmetika.

Übernachtung

Dunes, ✆ 0832/224 7219 oder 224 7071, 💻 www.dunesgoa.com. Riesiges „Feriendorf" aus gelben Palmhütten mit je zwei Einzelbetten. Die Hütten liegen eine Spur zu dicht nebeneinander und stören mit ihrer hellen Beleuchtung die abendliche Strandatmosphäre, doch insgesamt handelt es sich um eine effizient geführte Unterkunft, die in der Hochsaison schnell ausgebucht ist. Auch teurere Zimmer mit Bad erhältlich. ❸–❺

Mandala, ✆ 9657/898021, 💻 www.themandalagoa.com. Exquisit gemalte Wandbilder schmücken die Gebäude des Mandala, eines „Zurück zur Natur"-Boutique-Resorthotels etwas flussaufwärts vom Ashiyana Retreat Centre; hier wird die Natur mittels der Kunst gefeiert. Gäste können zwischen dem modern ausgestatteten Haupthaus und einem der zweistöckigen Designerzelte mit Patio und Seeblick wählen. Die Hotelanlage liegt nicht weit vom Strand, aber es gibt keine direkte Zugangsstraße. ❼

Villa River Cat, 💻 www.villarivercat.com, ✆ 0822/224 7928 oder 9890/157060. Schrulliges Hotel am Fluss, durch Dünen vom Strand abgeschirmt, mit auffälliger Hippie-Einrichtung. Alle 16 Zimmer wurden individuell gestaltet, u. a. mit Mosaiken, Muscheln, religiösen Skulpturen und Hängematten. Einige haben Balkone, außerdem laden eine tolle Dachterrasse und ein Garten zum Chillen ein. Der äußerst tierliebe Besitzer Rinoo Seghal hält sich eine ganze Menagerie aus Hunden und Katzen. Künstler und Musiker bekommen 10 % Rabatt. ❺–❼

Arambol (Harmal)

Das 32 km nordwestlich von Mapusa gelegene Arambol ist der größte Küstenort im hohen Norden Goas und der wichtigste Ferienort der Gegend. Das Dorf, traditionell eine Hochburg von Hardcore-Hippies, zieht heute eine bunte Mischung von Travellern an, von denen die meisten die gesamte Saison hier in Gästezimmern, Hüttencamps und kleinen Häuschen hinter dem wunderbaren weißen Strand verbringen. Hedonistische, gut betuchte junge Russen sind in weitaus größerer Zahl anzutreffen als die älteren, alternativeren, spiritueller gesinnten Gäste aus Nordeuropa, die lange die Hauptbesuchergruppe in Arambol ausmachten. Aber die beiden Gruppen existieren harmonisch nebeneinander, und die Gesamtstimmung ist hier eher aufgeschlossen und positiv.

Es gibt viel Livemusik am Abend, zahlreiche relaxte Esslokale und Kneipen und mehr als genug Gelegenheiten, neue Yoga-Übungen zu lernen. Auch das Strandleben ist eher entspannt – außer am Wochenende, wenn trinkfreudige Tagesausflügler in Massen in ihren Geländewagen aus dem nahen Maharashtra einfallen. Die kurvige Hauptstraße von Arambol säumen Bekleidungsstände, Reisebüros, Internetcafés und Souvenirläden. Die von den britischen Reisenden „Glastonbury Street" genannte Straße zieht sich hinunter zum mit hölzernen Auslegerbooten gespickten Hauptstrand, einem der malerischsten in Südindien. Der beste Ausblick bietet sich vom Kreuz und kleinen **Parasurama-Schrein** auf dem Hügel im Norden (s. Karte S. 775), besonders schön bei Sonnenuntergang. Nach Einbruch der Dunkelheit, wenn die Feuerjongleure und *bhajan*-Sänger nach Hause gegangen sind, beleuchten die Kerzen und Lichterketten der Essenshütten den Strand auf zauberhafte Weise.

Der Strand eignet sich tagsüber gut zum Schwimmen, ist aber bei Weitem nicht so malerisch wie der Nachbarstrand **Paliem** bzw. **„Lakeside" Beach** auf der anderen Seite der Landzunge, der über einen Pfad Richtung Norden zu erreichen ist. Hinter einer Reihe von felsigen Buchten öffnet sich der Weg zu einem breiten Streifen aus weichem, weißem Sand vor steilen Klippen. Dahinter dehnt sich ein kleiner **Süßwassersee** über das Tal bis zu einem dichten Dschungel aus. Am Ufer des Gewässers sammelt sich schwefelhaltiger Schlamm, der, wenn man sich damit einreibt, im getrockneten Zustand eine butterfarbige Hülle ergibt.

Wer dem Pfad weiter um den See herum folgt, gelangt zum berühmten **Banyan-Baum** von Paliem, einem echten Riesenexemplar mit mehr als 50 m Umfang – seit Jahren ein beliebter Kifferplatz. Wanderer können über die Felsen (die beste Parasailing-Stelle von Arambol) weiter Richtung Norden zum **Kerim Beach** gehen, wo meistens nicht viel los ist.

Übernachtung

Die Übernachtungspreise sind in Arambol dank der Popularität, die das Dorf bei den gut betuchten jungen Russen genießt, stark gestiegen. Das Aussehen und die Ausstattung der Unterkünfte ist jedoch nach wie vor auf Budgettraveller zugeschnitten: Einfache Gästehäuser unter goanischer Leitung und von Ausländern inspirierter Hippie-Schick dominieren gegenüber den normalen Hotels.

Luftig und hell

Surf Club, Girkar Waddo, ✆ 9850/554006, ✉ contactus@surfclubgoa.com. Das britische Paar Phil und Maggie vermietet einige der schönsten Zimmer mittlerer Preisklasse in Nord-Goa, in toller Lage am Südende des Arambol Beach. Die Zimmer haben hohe Decken und bequeme Betten, sind luftig und hell und außerdem gemütlich eingerichtet. Von den Zimmern im Obergeschoss hat man wunderschöne Ausblicke aufs Meer, und es weht eine angenehme Brise. Allerdings darf hier abends keine Ruhe erwartet werden, da im Erdgeschoss einer der beliebtesten Livemusikläden von Arambol untergebracht ist. ❹–❺

Arun Huts, beim Narayan-Tempel, ✆ 9850/096468, 💻 www.arunhuts.arambolbeach.info. Von der Kosmetikerin Mala Singh geleitetes uriges kleines Hüttencamp mitten im Dorf, nur 60 m vom Meer. Es besteht aus zwei Reihen schön gestrichener Holzhütten mit ordentlichen Matratzen, Du/WC und Ventilator. Die gesamte Anlage ist voller Bananenstauden, Palmen und blühenden Pflanzen und besonders am Abend sehr stimmungsvoll. Gutes Preis-Leistungs-Verhältnis. ❸

Atman, Girkar Waddo, ✆ 9881/311643, 💻 www.atmangoa.com. Die hübschen Baumhütten aus Bambus und Holz an der Südseite des Strands sind mit Kokosmatten, bunten Saristoffen, Leucht-Wandbehängen dekoriert und auf den geräumigen Sitzbereichen im Freien liegen Kissen. Die freundlichen italienisch-indischen Eigentümer betreiben auch ein Yoga-Zentrum und eine Boutique sowie ein beliebtes Restaurant. ❺

Ave Maria, House Nr. 22, Modlo Waddo, ✆ 0832/224 2974. Arambols größtes Gästehaus besitzt gepflegte Zimmer mit oder ohne Bad und ein gemütliches Dachrestaurant in einem dreistöckigen, modernen Gebäude. ❷

Famafa, Khalcha Waddo, ✆ 0832/229 2516, 💻 www.travelingoa.com/famafa. Großer, nichtssagender Betonklotz in unmittelbarer Nähe des Hauptpfads zum Strand. Beliebt vor allem bei Israelis und dementsprechend laut, liegt sehr nah am Strand und bietet ein tolles Preis-Leistungs-Verhältnis. Keine Vorausbuchung möglich. Checkout 9 Uhr; wer ein Zimmer haben möchte, sollte also früh da sein,. ❷–❸

God's Gift, House Nr. 411, Girkar Waddo, ✆ 0832/224 2391, 9923/427570. Recht große Zimmer in dreistöckigen lila Gebäuden, einige mit Wohnzimmer und Küche. Nicht so gut wie Ivon's (die meisten Balkone sind winzig), aber der Preis ist in Ordnung. ❹

Ivon's, Girkar Waddo, ✆ 0832/224 2672 oder 9822/127398. Die beste Wahl unter den hiesigen Budgetunterkünften. Ivon´s hat makellos saubere, geflieste Zimmer – alle besitzen ein Bad und einen geräumigen Balkon mit Blick auf die Dünen oder die gepflegte Anlage. ❸

Om Ganesh Cottages, in der Bucht zwischen Ort und Lakeside Beach, ✆ 0832/229 7614.

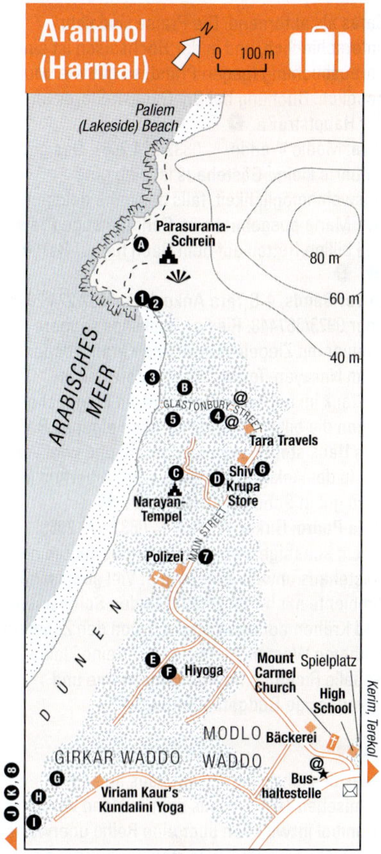

Übernachtung		Essen und Unterhaltung	
Arun Huts	D	Double Dutch	7
Atman	J	Eyes of Buddha	1
Ave Maria	E	Fellini's	5
Famafa	B	Lamuella	6
God's Gift	H	Loeki's	4
Ivon's	G	Relax Inn	3
Om Ganesh Cottages	A	Rice Bowl	2
Piya	F	Sole e Luna	8
Silver Sands	C	Surf Club	K
Surf Club	K		
Villa Pedro	I		

Das hübscheste unter den „Cottages" an den Klippen unmittelbar südlich vom Lakeside Beach. Der Blick aufs Meer von den Veranden ist vorzüglich, aber einige empfinden die israelische Kifferszene in den umliegenden

Cafés als abtörnend. Die Preise sind sehr unterschiedlich, und in der Hochsaison ist eine Vorausbuchung (gegen Pfand) so gut wie unumgänglich. Buchung bei Om Ganesh Stores an der Hauptstraße. ❺

Piya, Modlo Waddo, ✆ 0832/224 2661. Das gut geführte kleine Gästehaus ist eine gute Ausweichmöglichkeit, falls das nahe gelegene Ave Maria ausgebucht ist. Sehr günstige Preise und billige Hütten auf dem Dach für nur Rs100. ❶–❷

Silver Sands, 4-S Tara Ankush, ✆ 0832 224 2648 oder 9923/667448. Riesige, makellos saubere Zimmer mit Ziegeldächern und Keramikböden beim Narayan-Tempel. Die besten sind im 1. Stock im neuesten Gebäude; im Erdgeschoss liegen die billigeren Zimmer ohne eigenes Bad. Das Haus steht nahe beim Strand und wird von der in der Anlage wohnenden Betreiberfamilie Lavu gut in Schuss gehalten. ❷–❸

Villa Pedro, Girkar Waddo, ✆ 0832/224 2989. Leicht schäbiges, aber einladendes 10-Zimmer-Gästehaus unweit vom Strand. Viel goanisches Ambiente mit herumschnüffelnden Schweinen und Krähen auf den Balkonen; von den Zimmern Richtung Westen blickt man über eine kleine Kapelle Richtung Strand. Angenehme und zuverlässige Budgetunterkunft. ❷

Essen

Dank des jährlichen Zuwachses an gastronomischen Talenten aus dem Ausland verfügt Arambol inzwischen über eine Reihe unerwartet guter **Restaurants** – was man angesichts des im Allgemeinen faden Äußeren kaum vermuten würde. Die alternative westeuropäische Klientel vor Ort interessiert sich mehr für den Geschmack als für ein ausgefallenes Ambiente, und die Preise sind der Kundschaft angepasst. Die russischen Gäste mit besser gefüllter Reisekasse zieht es eher zu den edleren Seafood-Restaurants am Strand, wo man sich seinen Fisch aus dem gekühlten Tagesfang aussuchen kann, der dann direkt im Freien gegrillt wird. Das Essen kann hier sehr teuer sein; am besten erkundigt man also vor dem Bestellen nach dem Preis. Wer finanziell auf dem Tiefpunkt angelangt ist, sollte sich an die „Reistellerhütten" im unteren Teil des Ortes halten. Beliebt ist **Sai Deep**; hier werden große Obstsalate sowie *thalis* serviert, und es gibt ein gutes Traveller-Frühstück mit Pancakes, Eiern und Quark.

Eyes of Buddha, am Nordende des Strandes. Beliebter Traveller-Treff in perfekter Lage mit Blick auf den Hauptstrand. Berühmt vor allem für den riesigen Obstsalat und das Frühstück mit Quark sowie die Mittagssalate, aber abends gibt es auch tolle nordindische Gerichte, darunter saftige *paneer*- und Hühnchen-Kebabs mit heißem *naan*.

Fellini's, „Glastonbury Street". Italienisches Lokal mit köstlicher Holzofenpizza (Rs100–175); außerdem gibt's authentische Pasta und Gnocchi mit einer Auswahl aus über 20 Soßen. Während der Saison herrscht hier ein wahnsinniger Betrieb – also früh kommen, wenn man flott bedient werden möchte.

Relax Inn, Nordende des Strands. Spitzenmäßiges, fangfrisches Seafood und unglaublich authentische Pasta (hier verkehren sogar noch mehr Expat-Italiener als bei Fellini's). Preiswert, aber mit etwas Wartezeit ist zu rechnen, da alles frisch zubereitet wird.

Rice Bowl, Nordende des Strands. Das beste chinesische Essen in Arambol, dazu eine perfekte Aussicht auf den Strand und ein Billardtisch (Rs100 pro Std.). Von verlässlicher Qualität sind auf jeden Fall die köstlichen Nudelgerichte, genauso wie die japanischen und die tibetischen Spezialitäten. Hauptgerichte kosten zumeist Rs150–200.

Alternativer Mittelpunkt

Double Dutch, etwa in der Mitte der Hauptstraße auf der rechten Seite (nach dem gelben Schild Ausschau halten). Das entspannte Café unter einem Palmendach mitten im Ort ist Dreh- und Angelpunkt der Alternativszene von Arambol. Es ist berühmt für seinen im Munde zergehenden Apfelkuchen, kredenzt aber auch verführerische Butterkekse, Torten, gesunde Salate und aufwendige Hauptgerichte (ab Rs175), z. B. frisches Büffelsteak und den stets beliebten „Mixed Stuff" (gefüllte Pilze und Pfefferschoten mit Sesam-Pesto).

Kleines Café, großes Angebot

Lamuella, Main St. In dem genialen kleinen Straßencafé werden die Gäste tagsüber mit gesundem Frühstück, Toasties, Hummus-Tellern und sättigenden Salaten verwöhnt, dazu gibt´s Säfte und Kräutertees. Nach Sonnenuntergang gibt es erlesene Gerichte von der Abendkarte mit z. B. Schokoladenfondant-Eiscreme als Nachtisch. Hauptgerichte zumeist um Rs250.

Sole e Luna, Südende des Strands. Echte italienische Hausmannskost – Pasta mit Pesto, Pizza und Aufläufe – in der buntesten und am schrillsten dekorierten Bude von Arambol, serviert an tiefen und hohen Tischen. Außerdem gibt es Hängematten und einen Chillout-Bereich mit Kokosmatten. Dies ist auch eine schöne Strandbasis für tagsüber, da es recht weit entfernt vom Hauptbereich weiter nördlich ist.

Surf Club, Südende des Strands. Die meisten Gäste kommen wegen der Musik hierher, aber die Küche des Surf Club produziert auch gutes Essen. Umwerfend sind der tahitianische rohe Thunfisch, die Cashew- und Kichererbsen-Kroketten mit Thai-Gewürzen und die köstliche Hühnerbrust in Sahnesoße. Hauptgerichte kosten zumeist um Rs200.

Unterhaltung

Das „Nachtleben" von Arambol spielt sich in erster Linie in den Café-Restaurants und in der einen oder anderen Bar mit **Livemusik** ab. Am So und Do finden abends bei **Loeki's**, in der Nähe des Strands, Jamsessions und Konzerte statt. Die Qualität hängt natürlich davon ab, wer gerade hereinschneit, aber im Laufe der letzten Jahre hat es schon ein paar denkwürdige *impromptu gigs* gegeben. Im Surf Club, weiter unten am Strand, spielen Bands und manchmal legen DJs auf.

Aktivitäten

Überall in Arambol werden auf Zetteln an Palmen und Pinbrettern in Cafés unzählige Aktivitäten angeboten, von Drachensurfen bis Reiki. Einen guten Überblick über das aktuelle Angebot verschaffen das Schwarze Brett im Lamuella und die „Bullshit Info"-Ecke im Double Dutch. Hier findet man E-Mailadressen und Informationen von so gut wie jedem, der etwas veranstaltet, u. a. Infos über den vom Double Dutch veranstalteten *dokra*-Bronzeguss-Workshop, der jedes Jahr im Januar stattfindet.

Abenteuerlustige können sich beim **Paragliding** von den Klippen über dem Lakeside Beach stürzen. Die Veranstalter sind ein deutsches und ein britisches Unternehmen, die seit über zehn Jahren zwischen Goa und Manali pendeln. Im Preis für den Flug sind die Ausrüstung und eine ausführliche Einweisung enthalten. Infos gibt's bei **Arambol Hammocks** in der Nähe des Restaurants Rice Bowl am Nordende des Strands (s. Karte S. 775).

In jeder Reisesaison bietet eine ganze Armee von Veranstaltern ganzheitlicher Therapiemethoden ihre Dienste und Kurse an. Der Iyengar-Yogalehrer **Sharat**, 💻 www.hiyogacentre.com, hält in seinem Studio in Modlo Waddo 5-tägige Kurse ab. Interessierte sollten sich zwischen 13 und 15 Uhr im Yogazentrum anmelden; vom Gästehaus Piya (s. Karte S. 775) den Schildern mit der Aufschrift „HIYC" folgen. Beliebt sind auch die Kundalini-Yogakurse von **Viriam Kaur**, die in einem schattigen Dachgarten in Girkar Waddo (s. Karte S. 775) stattfinden. Termine und Kontaktdetails sind ihrer Website, 💻 www.organickarma.co.uk, zu entnehmen.

Sonstiges

Geld und Reisebüros

Es gibt keine Geldautomaten, aber mehrere Möglichkeiten, **Geld** zu wechseln und sich auf Debit- und Kreditkarten Geld auszahlen zu lassen: z. B. bei **Delight**, auf der Ostseite der Hauptstraße, und **Tara Travel**, direkt gegenüber, wo man auch Flüge rückbestätigen lassen und Flugtickets kaufen kann.

Post

Die **Post** befindet sich auf der Ostseite des Dorfes hinter der großen Kirche.

Transport

Ein **Taxi** vom Flughafen in **Dabolim** nach Arambol kostet Rs1200, die 30-minütige Fahrt vom nächsten Bahnhof in TIVIM (Thivim) Rs350. **Busse** von und nach PANJIM (via Mapusa) halten bis 12 Uhr mittags alle halbe Stunde, danach alle 90 Min. an der kleinen **Bushaltestelle** an der Hauptstraße. Schnellere, private **Minibusse** aus Panjim kommen tgl. gegenüber den *chai*-Ständen am Strandende des Dorfes an.

Terekol

Die winzige Enklave Terekol an der äußersten Nordspitze Goas erreicht man per Autofähre (alle 30 Min., 5 Min.) vom Anleger Querim aus (42 km von Panjim). Wenn Ebbe herrscht und der Fährbetrieb ruht, gibt es 5 km weiter Richtung Meer noch eine Fähre, oder man stellt das Fahrzeug ab und lässt sich von einem Bootsmann übersetzen (der Preis ist Verhandlungssache). Vor der Kulisse einer verrotteten Eisenerzfabrik beherrscht das alte **Fort** von Norden her die Flussmündung. Das ockerfarbene Bauwerk mit Schutzwällen und Türmen erinnert an ähnliche Bauten an der portugiesischen Küste und wurde Anfang des 18. Jhs. von den Marathas erbaut, aber schon bald danach von den Portugiesen übernommen. Heute dient es als dezentes Luxushotel (s. u.).

Übernachtung und Essen

The Fort Tiracol, ✆ 0832/227 6793 oder 02366/ 227631, 💻 www.nilaya.com/tiracol.htm. Sieben Zimmer in traditionellem Ocker und Weiß mit schwarzen Fußböden und rustikaler Einrichtung aus Holz und Schmiedeeisen. Preise ab heftigen US$250 / Nacht. Nichtgäste sind im Restaurant mit stilvoller Lounge-Bar willkommen, wo es authentische Goa-Küche gibt. Ein wahrer Genuss ist der Ausblick auf einen der schönsten Küstenabschnitte Südindiens. ❾

Süd-Goa

Im Süden des Bundesstaates liegen einige der schönsten **Strände** der Region, üppige Kokosplantagen und grüne Hügel mit hübschen Dörfern. Den idealen Einstieg in die Region ermöglicht **Benaulim**, 6 km westlich von **Margao**, der zweitgrößten Stadt Goas. Benaulim ist das am besten auf Individualreisende eingestellte Resort der Gegend und liegt genau in der Mitte eines schneeweißen, 25 km langen Sandstreifens. Unternehmen aus Mumbai errichten hier zwar immer mehr Ferienwohnungen, doch es gibt noch zahlreiche gute und preiswerte Übernachtungsmöglichkeiten. Der Nachbarort **Colva** degenerierte dagegen in den letzten zehn Jahren zu einem wenig einladenden Pauschalurlauberziel ohne erkennbaren Reiz, um das man auch wegen der riesigen Zahl von Tagesausflüglern am besten einen Bogen macht.

Da sich der Pauschaltourismus an diesem Küstenstreifen immer weiter ausbreitet, streben viele Budgettraveller inzwischen nach **Palolem**, zwei Autostunden auf der Hauptverkehrsstraße von Margao nach Süden, obwohl der Ort relativ schwierig zu erreichen ist. Der dortige Strand, vor einer Kulisse aus bewaldeten Hügeln, ist spektakulär. In der Hochsaison ist aber auch Palolem inzwischen schon recht überlaufen. Ruhiger ist es in **Agonda**, ein Stück weiter die Küste hinauf, oder in **Patnem** südlich von Palolem. Für Tagesausflüge bieten sich die portugiesischen Herrenhäuser in **Chandor** und **Quepem** an. Ganz im Süden Goas ermöglicht besteht im **Cotigao Wildlife Sanctuary** die einmalige Chance, Urwald und die dort lebenden Tiere zu sehen.

Margao (Madgaon) und Umgebung

Margao, die Hauptstadt des florierenden *taluka* Salcete, ist Goas zweitgrößte Stadt. Auf Zugfahrplänen und einigen Landkarten ist sie mit dem offiziellen Regierungsnamen Madgaon verzeichnet. Wer mit der Konkan Railway in Goa ankommt, muss hier vor der Weiterfahrt höchstwahrscheinlich einen Zwischenstopp einlegen. Die von Reisfeldern und Bananenhainen umgebene Stadt ist seit jeher ein wichtiger Agrarhandelsmarkt und war einst auch ein religiöses Zentrum mit Dutzenden wohlhabender Tempel und *dharamshalas;* die meisten wurden jedoch zerstört, als die Portugiesen das Gebiet im 17. Jh. ihren *Novas Conquistas* („Neue Eroberungen") einverleibten.

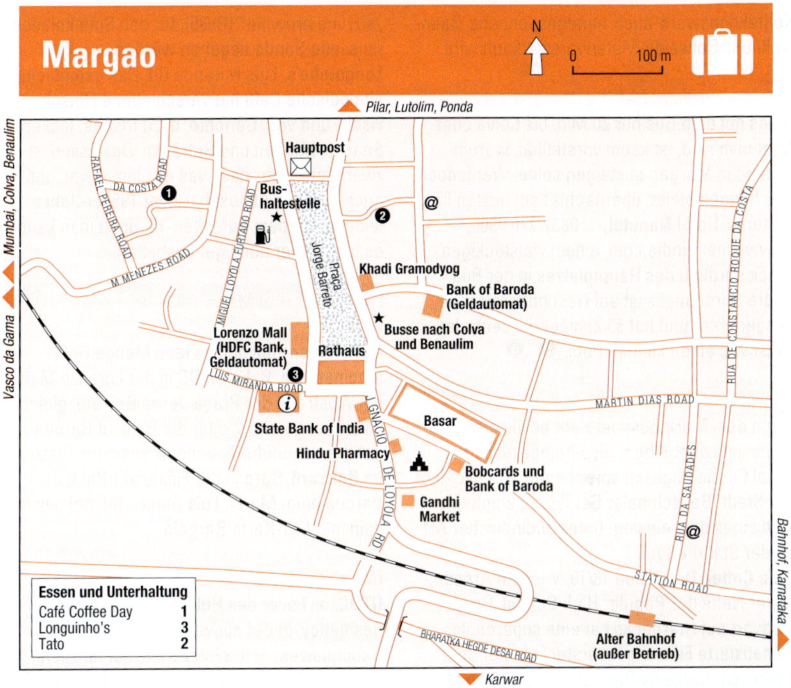

Heute gibt es hier immer noch mehr katholische Kirchen als hinduistische Schreine. Aber in Margao herrscht eine ausgesprochen kosmopolitische Atmosphäre, die vor allem den vielen Wanderarbeitern aus den Nachbarstaaten Karnataka und Maharashtra zu verdanken ist. Die **Church of the Holy Spirit** am Largo de Igreja-Platz ist das Wahrzeichen der malerischen kolonialen Enklave Margaos. Die 1675 von Portugiesen erbaute Kirche zählt zu den schönsten Beispielen spätbarocker Architektur in Goa. Das Innere wird von einem riesigen, vergoldeten Retabel beherrscht, das der Jungfrau Maria gewidmet ist.

Unmittelbar nordöstlich der Kirche steht mit Blick auf die Ponda Street einer der großartigsten *palacios* aus dem 18. Jh., **Sa Banzam Ghor** („Haus der Sieben Giebel"). Von den ursprünglich sieben Dächern sind nur noch drei erhalten, aber auch so ist das Bauwerk mit seiner kunstvoll verzierten Fassade und den riesigen Austernschalenfenstern ein beeindruckender Anblick.

Weitere Bespiele für Goas wunderbare traditionelle Kolonialarchitektur finden sich weiter landeinwärts in Dörfern wie **Loutolim**, **Racaim** und **Rachol** mit zahlreichen alten, im Verfall befindlichen portugiesischen Häusern, die größtenteils leer stehen, denn die traditionellen Erbschaftsgesetze der Region bewirken, dass sich die alten Familienhäuser im geteilten Besitz von mehreren Dutzend Nachkommen befinden, von denen zumeist keiner den Willen oder die Mittel zur Instandhaltung aufbringt.

Ein weiterer Grund nach Margao zu kommen ist der **Markt**. Auf dem Basar mit einem labyrinthartigen, überdachten Bereich im Zentrum gibt es alles Mögliche zu kaufen. Wenn die Luft hier zu stickig wird, kann man auf die Straßen in der Umgebung des Marktes ausweichen, von denen eine ganz im Zeichen von Textil- und Schneidergeschäften steht. Einen Besuch lohnt auch der kleine staatliche Laden **Khadi Gramodyog** am Hauptplatz, wo neben traditioneller indischer

Konfektionsware auch handgesponnene Baumwoll- und Rohseide-Meterware verkauft wird.

Übernachtung

Da es mit dem Bus nur 20 Min. bis Colva oder Benaulim sind, ist kaum vorstellbar, warum jemand in Margao absteigen sollte. Wer jedoch hier hängen bleibt, übernachtet am besten im 3-Sterne-Hotel **Nanutel**, ☏ 0832/270 0900, 💻 www.nanuindia.com, einem vielstöckigen Block nördlich des Hauptplatzes in der Rua Padre Miranda. Es ist auf Geschäftsreisende ausgerichtet und hat 55 Zimmer mit zentraler AC sowie einen kleinen Pool. ❺–❻

Essen

Nach dem Marktbummel zieht es die meisten Leute ins Longuinho's, ein alteingesessenes Lokal für die Englisch sprechende Mittelschicht der Stadt. Bei schmaler Geldbörse empfiehlt sich eines der rein veg. Cafés südindischer Art an der Station Road.

Café Coffee Day, Shop 18/19, Vasanth Arcade, in der Nähe der Popular High School. Goas Antwort auf Starbucks hat eine supercoole, klimatisierte Filiale, gut versteckt hinter dem Municipal Gardens-Platz und ist beliebt bei den Schülern der nahe gelegenen Schule. Abgesehen vom perfekten Latte gibt es gut gewürzte Leckerbissen (wie Minipizzas und Salatwraps) und, ganz besonders hervorzuheben, ein „sizzling brownie" (Rs85), für den Schokoladenfans jede Sünde begehen würden.

Longuinho's, Luis Miranda Rd. Das gemütliche, altmodische Café hat verschiedene Fleisch-, Fisch- und veg. Gerichte, dazu frische, leckere Snacks, Kuchen und Getränke. Das Essen ist zwar nicht mehr das, was es einmal war, und auch die Goa-Atmosphäre der 1950er-Jahre leidet unter dem Satelliten-TV, doch man kann es hier immer noch gut aushalten.

Köstliches auf zwei Etagen

Tato, versteckt in einer Gasse, die an der Ostseite der Praça Jorge Barreto abzweigt. In dem hellsten und besten südindischen Café der Stadt werden die bekannten warmen Snacks (darunter besonders leckere Samosas zur Frühstückszeit und ab mittags *masala dosas*) aufgetischt. Auch wenn es im Erdgeschoss ein bisschen beengt ist, lohnt sich die Suche nach diesem Lokal. Wer ein Hauptgericht zu sich nehmen möchte, geht die Treppe hoch in den klimatisierten Speisesaal, wo köstliche *thalis* (für Rs45) und verschiedene nordindische Gerichte angeboten werden, außerdem alle Udipi-Snacks, die es im Erdgeschoss gibt.

Sonstiges

Geld

Im Stadtzentrum gibt es jede Menge Geldautomaten, z. B. bei **HFDC** in der Lorenzo Mall am Westrand der Praça Jorge Barreto, gleich hinter Longuinho's, oder die Bank of Baroda auf der gegenüberliegenden Seite des Platzes. Im **Bobcard**-Büro in der Filiale der Bank of Baroda beim Markt, Luis Gomes Rd, bekommt man mit Visa-Karte Bargeld.

Informationen

GTDC, im Foyer des Hotels GTDC Margao Residency, in der südwestlichen Ecke des Hauptplatzes, ☏ 0832/222 5528, hat nützliche Bus- und Zugfahrpläne und verkauft Stadtpläne. 🕓 Mo–Fr 9.30–17.30 Uhr.

Kino

Osia Multiplex, im Norden der Stadt nahe dem Kadamba-Busbahnhof, ☏ 0832/270 1717. Das größte Kino Süd-Goas zeigt neue Hollywood- und Bollywood-Blockbuster. Eintrittskarten kosten Rs80–120.

Medizinische Hilfe

Die größten Krankenhäuser der Stadt sind **Hospicio**, Rua De Miranda, ☏ 0832/270 5664 oder 270 5754, und **Apollo Victor Hospital**, im Vorort Malbhat, ☏ 0832/272 8888 oder 272 6272.

Post

Die **Hauptpost** liegt im Norden des Stadtparks.

Transport

Busse

Regionale Privatbusse nach Colva und Benaulim fahren vor dem Kamat Hotel an der Ostseite des

Hauptplatzes von Margao ab. Wer mit staatlichen Fernbussen unterwegs ist, kann entweder hier aussteigen oder am **Kadamba-Hauptbusbahnhof**, 3 km weiter nördlich am Stadtrand. Letzterer ist auch Abfahrtsstelle der Busse nach Mangalore über Chaudi und Gokarna sowie nach Panjim und Nord-Goa. Die Luxusbusse von Paulo Travels von undnach Hampi fahren an einer Haltestelle neben dem Nanutel Hotel ab, rund 2 km südlich des Kadamba-Busbahnhofs in der Padre Miranda Road.

Eisenbahn

Margaos großer **Bahnhof** liegt 3 km südlich des Zentrums. Das Reservierungsbüro, ✆ 0832/271 2940, ⌚ Mo–Sa 8–16.30, So 8–14 Uhr, verteilt sich auf das Erdgeschoss und den 1. Stock. Fahrkarten nach Mumbai sind sehr begehrt – deshalb so lange wie möglich im Voraus reservieren. Wer den 4x wöchentl. verkehrenden Zug nach HOSPET (und weiter nach Hampi) nimmt, sollte früh kommen, um lange Warteschlangen zu vermeiden. Einige der wichtigsten Züge mit Aufenthalt in Margao kommen zu nachtschlafender Zeit hier an, es gibt aber einen Informationsschalter, ✆ 0832/271 2790, ⌚ 24 Std., und einen rund um die Uhr geöffneten Motor-Rikscha-Stand mit Vorauszahlungssystem vor dem Eingang.

Chandor und Quepem

13 km östlich von Margao liegt das verschlafene Dorf Chandor, ein verstreutes Häufchen baufälliger Villen und Bauernhäuser inmitten schattiger Alleen. Hauptgrund für einen Besuch ist das prächtige **Braganza-Perreira/Menezes-Braganza House**, ✆ 0832/278 4227 oder 9822/160009, das als prachtvollstes koloniales Herrenhaus in Goa gilt. Das Haus an dem staubigen Dorfplatz wurde im 16. Jh. im Auftrag der wohlhabenden Braganza-Familie gebaut. Seine riesige, zweistöckige Fassade weist beiderseits des Eingangs 28 Fenster auf. Braganza de Perreira, der Urgroßvater des jetzigen Besitzers, war der letzte Ritter des Königs von Portugal. Später war Menezes Braganza (1879–1938), ein berühmter Journalist und Freiheitskämpfer, einer der wenigen goanischen Aristokraten, die sich aktiv der portugiesischen Herrschaft widersetzten.

Die Familie war gezwungen, Chandor 1950 zu verlassen, kehrte aber 1962 zurück und fand ihr Haus erstaunlicherweise unberührt vor. Die luftigen, gekachelten Innenräume beider Flügel beherbergen einen wahren Schatz an **Antiquitäten**. Das Haus ist in zwei separate Flügel unterteilt, die sich im Besitz zweier unterschiedlicher Zweige der alten Familie befinden. Beide sind für die Öffentlichkeit zugänglich. Man betritt das Haus durch den Haupteingang, geht die Treppe hinauf und klopft an eine der Türen. Wer sich für Möbel und vor allem für seltenes chinesisches Porzellan begeistert, kommt im Menezes-Braganza-Flügel (der rechte Flügel, wenn man vor dem Gebäude steht) voll auf seine Kosten.

Im Braganza-Perreria-Flügel beherbergt eine schmuckvolle Kapelle den mit Diamanten verzierten Zehennagel des heiligen Franz Xaver, der im Tresorraum einer örtlichen Bank entdeckt wurde. Das herausragende Merkmal des Hauses ist jedoch sein überwältigender Ballsaal, der **Große Salon**. Dessen größter Stolz sind zwei hochlehnige Stühle, die der portugiesische König Dom Luis der Familie Braganza-Perrerias schenkte. ⌚ tgl. außer in den Ferien, keine festen Öffnungszeiten, in der Regel 10–12 und 15–18 Uhr, erwartete Spende mindestens Rs100 p. P.

Ein weiteres tolles koloniales Herrenhaus steht in **Quepem**, eine halbe Autostunde südöstlich von Margao am Rand des goanischen Eisenerzgürtels. 1787 ließ sich ein höher gestellter portugiesischer Geistlicher, **José Paulo de Almeida**, ein Landhaus im Ort erbauen. Der **Palácio do Deão**, 💻 www.palaciododeao.com, entwickelte sich zu einem der grandiosesten Anwesen der Kolonie und diente später den Vizekönigen der Kolonie als Rückzugsort. Das Haus wurde vor einiger Zeit von einem Paar aus Goa in seine ursprüngliche Pracht zurückversetzt; dafür durchstöberten die beiden auf der Suche nach Originalplänen Bibliotheken in Lissabon. Was man heute sieht, ist also eine möglichst getreue Annäherung daran, wie das Haus zu Zeiten von José Paulo aussah.

Die faszinierende kostenlose **Führung** (tgl. außer Fr 10–18 Uhr; ✆ 0832/266 4029) dauert eine halbe Stunde und endet auf der hübschen

Terrasse an der Rückseite des Hauses mit Blick auf den Fluss. Wer hier ein fantastisches und üppiges indisch-portugiesisches Mittagessen (Rs450) genießen möchte, muss dies im Voraus bestellen.

Colva

Colva war schon lange vor der Unabhängigkeit in der heißen Jahreszeit ein Zufluchtsort der reichen Mittelklasse von Margao. Es ist der älteste und größte – aber am wenigsten anziehende – Urlaubsort in Süd-Goa. Einige Viertel *(waddos)* mit ihren Villen im Kolonialstil und baufälligen Fischerhütten sind recht nett, doch der trostlose Strand präsentiert sich als öde Ansammlung von Hotelbauten aus Beton, Souvenirständen und von Fliegen umschwirrten Snackbars um einen kahlen Kreisverkehr. Die Müllhaufen in dem stinkenden Graben hinter dem Strand und der üble Geruch von trocknendem Fisch, der vom nahe gelegenen Dorf herüberweht, tragen nicht eben zur Verbesserung der Atmosphäre bei. Das nur fünf Autominuten weiter südlich gelegene Benaulim bietet eine wesentlich bessere Auswahl an Unterkünften und ist insgesamt sauberer.

Benaulim

Das vorwiegend katholische Fischerdorf Benaulim liegt genau auf halber Höhe des Colva Beach inmitten von Palmenhainen und Reisfeldern, 7 km westlich von Margao. Noch vor 20 Jahren verirrte sich kaum ein Tourist in dieses Dorf. Heute jedoch kommen gut situierte Urlauber aus den indischen Großstädten scharenweise hierher und logieren in den riesigen Ferienanlagen und Apartmentkomplexen, die am Ortsrand aus dem Boden schießen. Den größten Teil der ausländischen Besucher stellen trinkfreudige britische Rentner und europäische Paare in den Dreißigern, die sich eine Auszeit von ihrer Indienreise gönnen.

Als Folge der wachsenden Beliebtheit ist dem Ort einiges von seinem altmodischen Charme abhanden gekommen. Goa-Besucher, die nicht gerade um Diwali oder Weihnachten herum kommen, werden sich aber in Benaulim immer noch wohl fühlen und entspannen können. Das Seafood ist köstlich, die Preise für Unterkünfte und Motorradverleih liegen deutlich unter denen in anderen Orten Goas, und die Strände sind atemberaubend, insbesondere bei Sonnenuntergang, wenn der strahlend weiße Sand und die schäumende Brandung mit ihrem changierenden Farbenspiel einen geradezu magischen Effekt erzeugen.

Der fast bis nach Cabo da Rama am Horizont reichende Strand wird von der größten und farbenprächtigsten Flotte von Auslegerbooten gesäumt, die in Goa zu finden ist; in der Tageshitze spenden sie wohltuenden Schatten. Fliegende Händler, Masseure und Obstverkäufer tauchen in nervend kurzen Abständen auf, aber gewöhnlich kann man ihnen entfliehen, indem man ein Fahrrad leiht und bei Ebbe auf dem harten Sand Richtung Süden fährt.

An diesem Küstenabschnitt sind konventionelle Sehenswürdigkeiten rar. Eine Ausnahme bildet das tolle ethnografische Museum am östlichen Rand von Benaulim, **Goa Chitra**, ✆ 0832/657 0877, 💻 www.goachitra.com. Vor der Kulisse eines funktionierenden Biobauernhofs gibt es hier eine umfassende Sammlung alter landwirtschaftlicher Werkzeuge und andere Gegenstände zu sehen, von riesigen Kochtöpfen und kirchlichen Gewändern bis zu Blasinstrumenten und Zuckerrohrpressen. Mit dem Museum soll eine Wertschätzung des ländlich geprägten Lebensstils der Region vermittelt werden – eine Welt traditioneller Kenntnisse und Fertigkeiten, die heute in schnellem Verschwinden begriffen ist.

Anfahrt zum Museum mit dem Fahrrad oder Motorrad von der Kreuzung Maria Hall Richtung Osten (Margao) und nach 1 1/2 km bei einer Gabelung links; bei der T-Kreuzung dann scharf rechts, und das Museum liegt nach 500 m auf der rechten Seite. 🕓 Di–So 9.15–18 Uhr, letzte Führung 15.15 Uhr, Eintritt Rs300.

Übernachtung

Abgesehen von den unansehnlichen Ferienwohnanlagen und 5-Sterne-Hotels, die aus den Feldern rings ums Dorf aufragen, sind die meisten Unterkünfte in Benaulim kleine

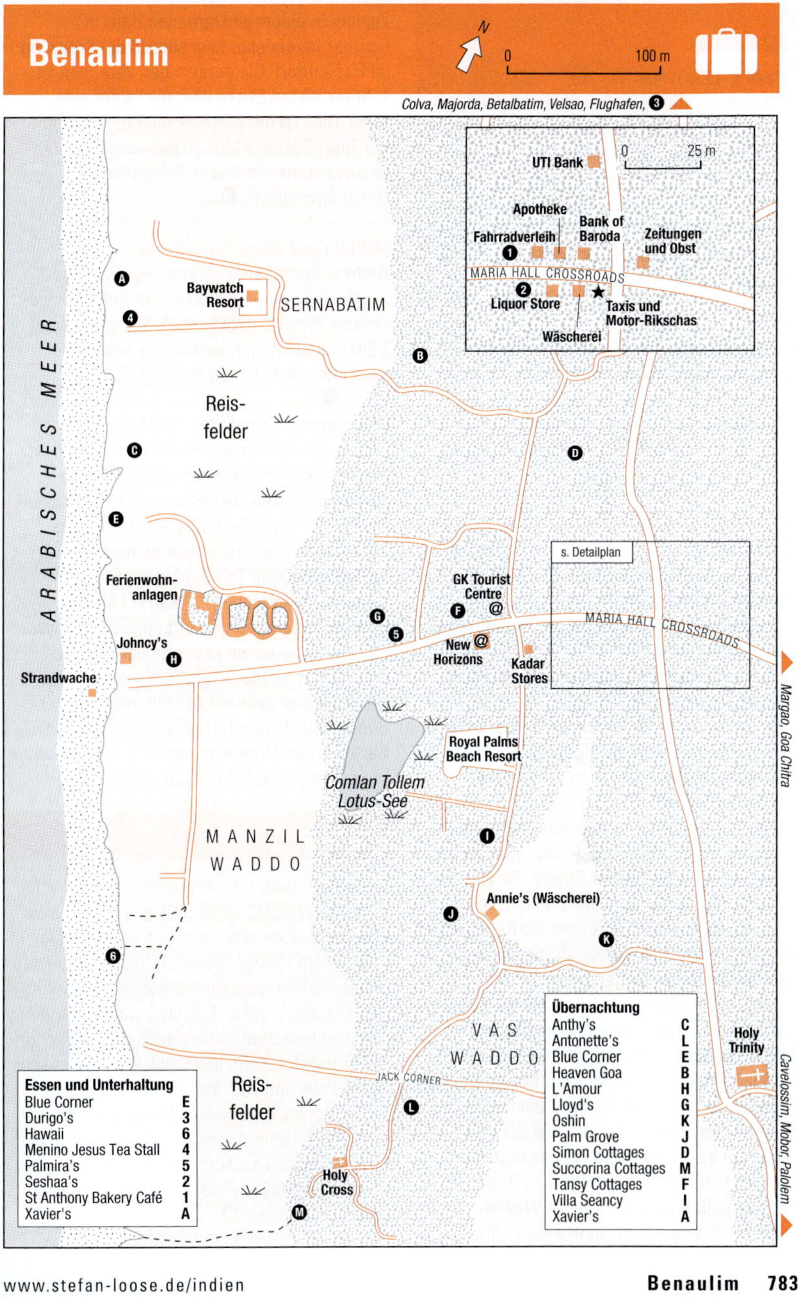
Benaulim
N
0
100 m
Colva, Majorda, Betalbatim, Velsao, Flughafen, 3
0
25 m
UTI Bank
Apotheke
Bank of Baroda
Fahrradverleih
1
Zeitungen und Obst
MARIA HALL CROSSROADS
2
Liquor Store
Taxis und Motor-Rikschas
Wäscherei
A
4
Baywatch Resort
SERNABATIM
B
ARABISCHES MEER
Reis-felder
C
D
E
s. Detailplan
Ferienwohn-anlagen
GK Tourist Centre
F
G
5
New Horizons
MARIA HALL CROSSROADS
Johncy's
H
Kadar Stores
Strandwache
Margao, Goa Chitra
Royal Palms Beach Resort
Comlan Tollem Lotus-See
MANZIL WADDO
I
Annie's (Wäscherei)
J
K
6
VAS WADDO
Holy Trinity
JACK CORNER
Reis-felder
L
Holy Cross
M
Cavelossim, Mobor, Palolem
Essen und Unterhaltung
Blue Corner E
Durigo's 3
Hawaii 6
Menino Jesus Tea Stall 4
Palmira's 5
Seshaa's 2
St Anthony Bakery Café 1
Xavier's A
Übernachtung
Anthy's C
Antonette's L
Blue Corner E
Heaven Goa B
L'Amour H
Lloyd's G
Oshin K
Palm Grove J
Simon Cottages D
Succorina Cottages M
Tansy Cottages F
Villa Seancy I
Xavier's A

Gelb und gut

Lloyd's, 1554/A Vas Waddo, ✆ 0832/277 1492. Mit seinem grellen gelben Anstrich hebt sich dieser Neubau auf der Strandseite des Dorfes eindeutig hervor. Die Zimmer sind für den Preis wirklich groß, haben hohe Decken, gute Betten und Ventilatoren sowie Moskitogitter vor den Fenstern. Für längere Aufenthalte gibt's oben Apartments verschiedener Größe. Zimmer ❸, Apartments ❺

Budgetgästehäuser, die sich in den Gassen rund 1 km vom Strand entfernt konzentrieren. Die meisten sind preisgünstig und freundlich und haben saubere, aber spartanische Zimmer; der einzige wesentliche Unterschied ist ihre Lage.

Untere Preisklasse

Antonette's, Jack Corner, House Nr. 1695 Vas Waddo, ✆ 0832/277 0358 oder 9922/312984. An einer Kreuzung, an der sich die Fischer und Jugendlichen des Orts treffen, in einer ansonsten jedoch ruhigen Ecke des Dorfs. Einfache, saubere Zimmer, die besten an der Rückseite des Gebäudes mit Blick auf die Felder. Im Obergeschosskorridor stehen Kühlschränke mit Bier und Mineralwasser. Eigentümer Geraldo Rodrigues ist außergewöhnlich freundlich und hilfsbereit. ❶

Oshin, Mazil Waddo, ✉ inaciooshin@rediffmail.com, ✆ 0832/277 0069. Großer Komplex, in sicherem Abstand von der Straße. Geräumige, saubere Zimmer mit Bad und Balkon, die im Obergeschoss einen Blick über die Baumkronen erlauben. Einen Tick besser als die meisten Unterkünfte dieser Gegend; prima Preis-Leistungs-Verhältnis, aber einen guten Fußmarsch vom Strand entfernt. ❸–❹

Simon Cottages, Ambeaxir Sernabatim, ✆ 0832/277 0581. Stets eines der besten Budgetangebote in Benaulim: Riesige Zimmer auf drei Stockwerken, alle mit Du/WC und Veranda, um einen sandigen Hof in ruhiger Lage im weniger touristischen Nordteil des Ortes. ❷

Succorina Cottages, 1711/A Vas Waddo, ✆ 0832/277 0365. Kleine, aber einwandfreie Zimmer in einem pinkfarbenen Haus mit lässiger Innendeko, 1 km südlich der Kreuzung im Fischerdorf. Die geräumigen Veranden im 1. Stock bieten Blicke über die Felder aufs Meer. Dies ist der perfekte Rückzugsort von der Touri-Szene, 5 Min. zu Fuß vom ruhigsten Strandabschnitt entfernt. Telefonische Buchung möglich. ❷

Mittlere und obere Preisklasse

Anthy's, Sernabatim, ✉ anthysguesthouse@rediffmail.com, ✆ 0832/277 1680. Stilvoll eingerichtete Zimmer direkt am Meer, mit winzigen Bädern und luftigen Veranden – allerdings zahlt man einen hohen Aufpreis für die Lage. ❺

Blue Corner, Sernabatim. Das beliebte Hüttencamp direkt am Strand wird von einem engagierten, jungen Team geleitet. Große Palmstrohbauten mit Ventilator, Moskitonetzen, Du/WC und Pergola. Ruhig und sicher; das hauseigene Bar-Restaurant ist abends einer der begehrtesten Treffpunkte am Stand. ❹

L'Amour, Beach Road, ✆ 0832/277 0404, 💻 www.lamourbeachresort.com. Benaulims ältestes Hotel ist ein komfortabler Cottage-Komplex. Er besitzt 30 geräumige und kühle Zimmer (teils mit AC) mit gefliesten Böden und kleinen Terrassen, die auf einen Garten in der Mitte hinausgehen. Angemessene Preise, jedoch sollte man die Zimmer im

Der Himmel in Goa

Heaven Goa, 1 Ambeaxir Sernabatim, ✆ 0832/275 8442 oder 9890/698202, 💻 www.heavengoa.in. Der relativ neue Hotelblock mit einem runden Dutzend Zimmer in bester Lage, 10 Min. vom Strand neben einem Wasserlilienteich voller Frösche, wird von einem gastfreundlichen schweizerisch-keralischen Paar geleitet, Karin und Sunil. Die Zimmer sind geräumig und gut ausgestattet (Holzregale, Moskitonetze, geflieste Böden und Balkone mit Blick aufs Wasser). Außerdem gibt's frische Pizza vom Holzofen und ayurvedische Massagen. Tolles Preis-Leistungs-Verhältnis in diesem Segment. ❹

Gepflegte Unterkunft in toller Lage

Xavier's, Sernabatim, ✆ 0832/277 1489, ✉ jovek@sanchar.net. Gepflegte, große Zimmer rings um einen hübschen Garten, praktisch direkt am Strand, aber auch in Spaziernähe zum Dorf. Alle Zimmer mit eigener Terrasse und Gartenstühlen. Die indischen Betreiber, die hier schon seit Jahrzehnten wohnen, sind ausgesprochen gastfreundlich. Eine friedvolle, gut geführte und perfekt gelegene Unterkunft. ❺

ersten Stock des Haupthauses meiden, weil es dort unerträglich heiß wird. ❸–❺

Palm Grove, Tamdi-Mati, 149 Vas Waddo, ✆ 0832/277 0059, 💻 www.palmgrovegoa.com. Abgeschiedenes Hotel in schöner Grünanlage mit drei Zimmerkategorien, teils mit AC. Das neueste Gebäude ist sehr luxuriös. Hilfsbereite Mitarbeiter. Eine Fahrradfahrt vom Strand entfernt, aber sehr angenehm. ❺–❻

Tansy Cottages, Beach Road, ✆ 0832/277 0574, ✉ tansycottages@yahoo.in. Keine tolle Lage und abschreckend grüner Anstrich, aber die Zimmer zählen zu den hübschesten dieser Preislage in Benaulim. Sie sind groß, mit gefliesten Böden und guten Bädern. ❹

Villa Seancy, Vas Waddo, ✆ 0832/227 0496 oder 9822/108453. Eine gute Wahl für Leute, die vielleicht länger bleiben wollen. Gastgeberin Percy Rodrigues vermietet ein halbes Dutzend moderne Apartments mit Kochnischen, großen Schlafzimmern und Balkonen, nicht weit von der Dorfmitte – die schönsten Ferienwohnungen liegen in den oberen Stockwerken. Sehr preisgünstig. ❹

Essen und Unterhaltung

Benaulims Nähe zum Markt von Margao sorgt zusammen mit der Fischergemeinde dafür, dass seine Restaurants das saftigste und preiswerteste Seafood in Goa servieren. Die größten und beliebtesten Hütten stehen am Strand, wo **Johncy's** den größten Zulauf hat. Besseres Essen zu günstigeren Preisen findet man ein Stück weiter den Strand hinunter. Die dort befindlichen Restaurants scheinen aber jährlich ihre Köche zu wechseln, sodass man sich beim Vorbeigehen am besten anhand der Anzahl der Gäste orientiert, wo das Beste fürs Geld zu bekommen ist. Ein Langzeitfavorit ist **Domnick's**, dessen geselliger Besitzer an einem Tag in der Woche Lagerfeuerpartys mit Livemusik veranstaltet (traditionell donnerstags). Der Laden ist aber nicht billig. **Pedro's** am Strand ist preislich etwas günstiger und veranstaltet auch Gigs (meistens am Samstagabend).

Blue Corner, Sernabatim. Das tolle kleine Strandlokal ist spezialisiert auf Seafood und authentische chinesische Küche. Besonders zu empfehlen ist das „Super Special Steak". Das aufsehenerregende Speisenangebot umfasst auch leckere italienische Gerichte, *sizzlers* und für Vegetarier sehr guten mit Käse überbackenen Blumenkohl. Die meisten Hauptgerichte kosten Rs150–250.

Durigo's, Sernabatim, 2 km nördlich der Kreuzung Maria Hall am Rand von Colva. Das Lieblingsrestaurant der Einheimischen serviert traditionelles goanisches Seafood von einer Art, die in einfachen Strandhütten nur selten zu finden ist. Tipp: saftige Muscheln, Zitronenfisch *(modso)* oder Barramundi *(chonok)*, mariniert in würzig-saurer *rechead*-Soße und mit Hirse in der Pfanne gebraten. Einige empfinden die Atmosphäre als etwas zu ruppig (die Bedienung ist jedoch immer höflich), aber man kann es ja auch so machen wie die Besserverdienenden aus dem Ort und sich etwas zum Mitnehmen bestellen.

Hawaii, am Südende des Strands. Nadia und Vinod aus Himachal Pradesh führen diese Hütte seit fast einem Jahrzehnt und haben sich eine sehr loyale Kundschaft erobert. Die kommt zumeist wegen der italienischen Gerichte,

Erste Adresse am Morgen

Palmira's, Beach Rd, ✆ 0832/277 1309. Hier gibt es Benaulims bestes Frühstück: wundervoll cremiger Frischkäse, üppige Obstsalate mit Kokos, echter Espresso, frisch gebackenes warmes Brot *(bajri)* und die Morgenzeitung. Für ein leichtes Mittagessen bietet sich ein köstlicher Krabbentoast oder eine Tomaten- oder Ingwer-Möhren-Suppe an.

die mit hausgemachter Pasta, frischen Kräutern, Olivenöl und Parmesankäse zubereitet werden. Gut sind auch die Garnelen-Lasagne und der Mojito mit frischer Minze. Auf Kinder warten tagsüber extragroße Backgammon-Spiele und ein Spielplatz. Hauptgerichte Rs120–160.

Menino Jesus Tea Stall, Sernabatim. Wer wissen möchte, wie die Strandhütten vor 30 Jahren aussahen, sollte sich diesen Teestand anschauen. Hier stärken sich die heimischen Rikscha-Fahrer mit würzigem Fischcurry und Reis, heißen, in Hirse gebackenen Makrelen und *pao bhaji* für nur Rs50. Völlig schnörkellos, aber das Essen ist köstlich, und der Ausblick aufs Meer perfekt.

Seshaa's / St. Anthony Bakery Café, Kreuzung Maria Hall. Eine hiesige Institution. Das düstere und ziemlich beengte Café, das überwiegend von einheimischen jungen Männern bevorzugt wird, ist eine hervorragende Adresse für *pukka, channa bhaji* und köstlich-lockere veg. oder Rindfleisch-Teigtaschen. Die **St. Anthony Bakery** auf der anderen Straßenseite ist genauso begehrt (besonders morgens) und verkauft die gleichen Regionalsnacks, wird aber weniger von Männern dominiert – und die Pasteten kommen direkt aus dem Ofen auf den Tisch.

Xavier's, Sernabatim. Maria, die Mutter des Betreibers Jovek, herrscht über die Küche dieses luftigen Restaurants am Strand und sorgt dafür, dass die goanischen Gerichte wie Garnelen-*vindaloo,* Fisch-*caldin* und die grandiose *chouriço*-Chili-Pfanne von erstklassiger Qualität sind. Zu den weniger scharfen Alternativen zählt ein besonders köstlicher Zitronenreis. Die Restaurantterrasse liegt nicht weit entfernt von der Meeresbrandung an einem der ruhigsten Strandabschnitte und ist besonders abends sehr romantisch.

Sonstiges

Fahrrad- und Motorradverleih

Ein **Fahrrad** zu mieten kostet rund Rs100 am Tag. Schilder mit Angeboten für **Leihmotorräder** finden sich in der zum Meer hinunterführenden Gasse. Die Preise entsprechen dem Durchschnitt und werden bei längerer Mietdauer im Verhältnis günstiger. Wer nach Süden weiterfahren möchte, sollte wissen, dass Motorräder hier billiger vermietet werden (und meistens in besserem Zustand sind) als in Palolem. **Benzin** wird literweise an einem Tisch an der Straße Richtung Royal Palms Beach Resort verkauft, doch es ist meistens mit Lösungsmitteln versetzt und stinkt fürchterlich. Junge Männer aus dem Dorf bieten an, den Motorradtank in Margao aufzufüllen, stecken aber die Hälfte des Geldes in die eigene Tasche. Wer im Besitz eines gültigen Führerscheins ist, sollte das lieber selbst erledigen (die größte Tankstelle von Margao befindet sich an der Westseite der Praça Jorge Barreto, s. Karte S. 783).

Geld

Bank of Baroda, Maria Hall, besitzt einen (launischen) Geldautomaten; der bei der UTI um die Ecke ist etwas verlässlicher. Bargeld und Reiseschecks wechseln **G.K. Tourist Centre**, an der Kreuzung im Zentrum, und **New Horizons**, schräg gegenüber. Es kann sich lohnen, die Kurse der beiden zu vergleichen.

Internet

G.K. Tourist Centre (Rs40 pro Std.) und **New Horizons** haben eine Breitband-Verbindung (Rs40 pro Std.).

Wäschereien

Annie's, gegenüber vom Palm Grove, hat einen billigen Wäscheservice mit Rückgabe am selben Tag.

Transport

Busse aus MARGAO und COLVA fahren etwa alle 15 Min. durch Benaulim und halten an der Kreuzung Maria Hall. Um die betriebsame Kreuzung herum liegen zwei gut ausgestattete Gemischtwarenläden, ein paar Café-Bars, eine Bank, eine Apotheke, eine Wäscherei sowie der **Taxi- und Motor-Rikschastand**, von dem man zum 1,5 km westlich gelegenen Strand kommt.

Agonda

Das 10 km nordwestlich von Chaudi gelegene Agonda ist eine angenehme Überraschung nach all dem Chaos, das anderswo in Goa herrscht.

Die Unterkünfte in diesem vorwiegend katholischen Fischerdorf sind kleine, familienbetriebene Gästehäuser und Hüttencamps, die Restaurantszene ist recht einfach, und die Besucher sind entspannt und gesundheitsbewusst. Hier gibt es zwar keinen verträumten Palmenhain als Strandkulisse, aber seit dem großen Tsunami scheint der Strand seine tückische Unterströmung eingebüßt zu haben, und der Sand ist hier so sauber wie sonstwo in Goa. Außerdem sind die umliegenden Hügel und Wälder traumhaft schön.

In der Zukunft könnte es Agonda genauso ergehen wie Palolem – einige Betreiber von großen Hüttencamps haben sich hier schon Land gesichert. Aber derzeit steht das Dorf noch ganz oben auf der Liste für Reisende, die ein ruhiges Plätzchen mit genügend Einrichtungen und viel authentischem Flair für einen entspannten Urlaub suchen.

Übernachtung

Die Preise sind hier genauso hoch wie in Palolem und Patnem, fallen jedoch dramatisch, wenn nicht so viel los ist. Nur wenige Unterkünfte nehmen Reservierungen an, sodass man sich wahrscheinlich vor Ort etwas Passendes suchen oder von einem Café aus anrufen muss – das Handynetz ist in dieser Gegend allerdings recht lückenhaft.

Chattai, Doval Kazan, ✆ 9423/812287, 💻 www.chattai.co.in. Eine der schickeren Unterkünfte in Agonda mit rund einem Dutzend Hütten in ausreichendem Abstand voneinander, die auch im Regenwald am Amazonas nicht fehl am Platz wirken würden. Sie befinden sich hinter einem kleinen Barbereich direkt am Strand und sind geräumiger als gewöhnlich, mit steilen Jutedächern, gut gelüfteten Bädern, ordentlichen Matratzen und Moskitonetzen. ❺

Chris-Joana, bei der Kirche, ✆ 0832/264 7306 oder 9421/155814, ✉ belu_miranda5@yahoo.in. Schickes neues Haus an der Straße gleich südlich der St. Anne's Church. Die preisgünstigen Zimmer sind sauber, hell und luftig und haben gute Betten. Von den Zimmern nach hinten raus blickt man über die Dächer und den Bach auf Kokosplantagen; in den Zimmern nach vorn wird es nachmittags recht warm. ❸

Dersy's, an der Straße am Südende des Strandes, ✆ 0832/264 7503. Sehr saubere und gemütliche Zimmer mit gefliestem Fußboden und geräumigem Bad. Die im 1. Stock (Frontseite) teilen sich eine Gemeinschaftsveranda mit Meerblick und -brise. Wenn man im Bett liegt, kann man die nur 100 m entfernte Brandung krachen hören. Zum Haus gehören auch zwei Reihen (ziemlich überteuerter) Strandhütten auf der gegenüberliegenden Straßenseite. ❷

Jardim A Mar, Doval Kazan, ✆ 9420/820470, 💻 www.jardim-a-mar.com. Das professionell deutsch-indisch geführte „Palmengartenresort" besitzt preisgünstige Zimmer und teurere Strandhütten, die schön mit Decken aus Rajasthan eingerichtet sind. Es steht auf einem sandigen Gelände, nur einen Katzensprung von der Brandung entfernt und wird effizienter geführt als ein Großteil der Konkurrenz. ❺

Mahnamahnas, Vall Waddo, ✆ 9421/152158, 💻 www.agondabeach.com. Preisgünstige doppelstöckige Sperrholzhütten mit Ziegeldächern und großen Bädern im Erdgeschoss, dazu große Balkonen mit Hängematten und freiem Ausblick aufs Meer. In deutschem Besitz, Buchung übers Internet möglich. ❹

Maria Paulo, unmittelbar nördlich von Dersy's Richtung Kirche, ✆ 0832/264 7606, 💻 www.mariapauloagonda.com. Sechs große, kühle Zimmer mit Marmorfußboden in einem pinkfarbenen modernen Gebäude an der Straße – nach dem Rettungsring mit der Aufschrift „Welcome Aboard" Ausschau halten. Alle Zimmer haben gute Betten und Moskitonetze, die teureren eine große Veranda. Das Maria Paulo ist größer und etwas anonymer als die anderen Gästehäuser im Ort, was einigen

Ayurveda am Strand

Bioveda, Doval Kazan, ✆ 9422/388982, 💻 www.bioveda.in. Luxuriöse Hütten mit Bad am Strand, schön angelegt, kühl und gemütlich, ausgestattet mit guten Betten. Die freundlichen britisch-keralischen Betreiber führen hier außerdem ein tolles kleines Ayurveda-Zentrum, in dem ausgebildete Mitarbeiter echte Ayurveda-Massagen verabreicht. ❺

Goa

Besuchern ganz gelegen kommen dürfte. ❸–❹

Palm Beach Lifestyle Resort, hinter Dersy's, ✆ 0832/264 7783 oder 9422/450380, 💻 www.palmbeachgoa.com. Schlichte, aber sehr nette Chalets auf Terrassen in einer Kokospalmenplantage. Alle Häuschen haben schöne Holzfußböden, bequeme Matratzen und Meerblick von erhöhten Terrassen aus. Das Preis-Leistungs-Verhältnis ist erheblich besser als bei vergleichbaren Unterkünften am Strand. ❹

Essen und Unterhaltung

Die Restaurants in Agonda dienen nicht nur als Restaurant, sondern auch als Location zum Chillen. Die meisten sind mit bequemen Rohrstühlen, Laternen und Lounge-Bereichen mit Kissen ausgestattet und befinden sich am oder nicht weit vom Strand – die einzige Ausnahme ist das hervorragende Restaurant Greek Place.

Arabian Nights, beim Jardim A Mar. Hier findet jeden Abend ein beliebtes BBQ mit frischem Seafood und köstlichen Steaks (ab Rs250) statt. Zur Krönung des Ganzen gibt's am Ende ein Stück der berühmten *banoffee pie* des Restaurants.

Cuba, Strandcafé in gutem Abstand zu den Häusern des Dorfes mit bis spät geöffneter Bar – die inoffizielle Party-Location von Agonda.

Dunhill's Goyam & Goyam, südlich der Kirche. Gehört denselben Betreibern wie das Dropadi in Palolem (S. 791) und das Goyam in Patnem (S. 795) und bietet den gleichen tollen Service und eine große Auswahl an fantastischem nordindischem Essen und frischem Fisch. Hauptgerichte kosten zumeist um Rs150.

Greek Place, gegenüber der St. Anne's Church. Dies ist ein authentisches griechisches Café auf einer abgeschiedenen Straßenterrasse in der Mitte von Agonda. Hier gibt´s köstliches Souvlaki (Rs100–140) und Bauernsalat mit echtem Feta (Rs180), dazu läuft Rembetiko-Musik. Die Besitzer Kosmas und Maria machen dieses freundliche Lokal zu einem echten Stück Griechenland.

Jardim A Mar, Doval Kazan. Ein Café-Restaurant, das alle Wünsche erfüllt. Es liegt direkt am Strand, ist schattig (unter Palmen und Fallschirmseide aus Ladakh), hat bequeme Korbstühle, Hängematten und Seidenkissen auf Lounge-Matten. Tolles Frühstück mit frischen Obstsäften, richtigem Kaffee, gegrillten Baguettes und – die Spezialität des Hauses – Reispudding; außerdem gibt es ein günstiges Ganztagesmenü.

Madhus, am nördlichen Strandabschnitt. Das seit Jahren beste Tandoori-Lokal am Strand ist gleichermaßen toll für frischen Fisch als auch für indische Gerichte. Es ist preisgünstig und immer voll, also früh da sein. Die meisten Hauptgerichte kosten nur Rs100.

Sonstiges

Geld und Reisebüro

In der **True Value Travel Agency**, ein paar Hundert Meter nördlich der Kirche, und bei **Shri Kaushik**, gegenüber der Bäckerei, ebenfalls gleich nördlich der Kirche, kann man mit Debit- und Kreditkarten **Bargeld** bekommen.

Die nächsten Geldautomaten sind in Chaudi, 10 km südöstlich. Im Reisebüro gibt es auch Zug-, Bus- und Flugtickets

Internet

Die **True Value Travel Agency** hat Breitband-Internetzugang.

Transport

Zwischen Agonda und dem nächsten Marktflecken, CHAUDI, verkehren tgl. 4 **Busse** (ab Chaudi um 8.30, 9.00, 15.30 und 16.30 Uhr), und 2 Busse fahren von und nach MARGAO (ab Agonda um 6.15 und 14.30 Uhr). Die meisten Busse halten an der Kreuzung an der Hauptstraße nach Palolem, 1 km östlich; für die Fahrt ins Dorf findet man problemlos eine **Rikscha**. Ein paar Busse fahren auch direkt bis zur Kirche in der Dorfmitte in der Nähe des mittleren Strandabschnitts. Von hier führt eine geteerte Gasse nach links (Richtung Süden) zu den meisten Hotels und Gästehäusern. Ein weiteres geteertes Sträßchen führt nach Norden, wird bald zu einer Staubpiste und verläuft hinter einer Reihe von Hüttencamps vorbei bis zu einer kleinen Fußgängerbrücke über den Fluss am Ende des Strands.

11 HIGHLIGHT

Palolem

Es gibt keinen anderen Strand auf dem indischen Subkontinent, der so sehr dem typischen Bild eines paradiesischen Sandstrandes entspricht wie der von Palolem, 35 km südlich von Margao. Die von wogenden Kokospalmen gesäumte Bucht beschreibt einen nahezu perfekten Halbmond aus goldenem Sand und zieht sich von einer Ansammlung riesiger Felsblöcke nach Norden bis zu den Sahyadri Hills, die hier inmitten dichten Waldes ins Meer auslaufen. Palolem ist heute allerdings definitiv ein verlorenes Paradies. Mittlerweile ist es der beliebteste Urlaubsort in Goa und wird ab Ende November von Dauergästen sowie von Tagesausflüglern aus Karnataka und weiter weg überflutet. In der Hochsaison sind die Besuchermassen echt überwältigend. Dann tummeln sich buchstäblich Tausende Urlauber am Strand, der auf seiner gesamten Länge von Hütten und Camps im thailändischen Stil gesäumt ist.

Palolem auf Hochtouren ist ein Ort, in den man sich auf den ersten Blick verliebt oder den man so schnell wie möglich wieder verlassen möchte. Wer sich in der letzteren Kategorie wiederfindet, kann auf den kleineren, weniger überlaufenen **Patnem Beach** etwas weiter südlich auf der anderen Seite der Landzunge ausweichen, wo die Hütten nicht so aufdringlich und der Strand nicht so übervölkert ist.

Übernachtung

Dank der strikten Umsetzung des Bauverbots für neue Betonklötze in Palolem durch die Gemeindeverwaltung (vor einigen Jahren wurden sogar alle Ferienanlagen ohne Vorwarnung mit Raupen niedergewalzt) bestehen die meisten Übernachtungsmöglichkeiten aus einfachen Palmblatthütten oder „Baumhäusern“. Außer den hier aufgeführten etwas schickeren Unterkünften besteht kaum ein Unterschied zwischen den Hüttencamps: Am besten bucht man sich einfach in einem ein, das einem gefällt, und erkundet dann von dort aus den Strand.

Cozy Nook, am nördlichen Strandabschnitt, in Inselnähe, ✆ 0832/264 3550, 💻 www.cozynookgoa.com. Eine der attraktivsten Anlagen in Palolem mit 25 Bambushütten (7 Gemeinschaftstoiletten, aber gute Matratzen, Moskitonetze, Schließfächer und Ventilatoren), mit der Lagune auf der einen und dem Strand auf der anderen Seite – eine unschlagbare Lage, wodurch sich die überdurchschnittlich hohen Preise erklären. ❻

Konggo, Ourem, ✆ 9422/059217 oder 9764/267511. Das Konggo wird von dem freundlichen Paar Claire und Dominic Pinko geführt und bietet derzeit die interessantesten Hütten in Palolem, genial um Klippen und Felsen herum gebaut in einem schönen tropischen Garten voller Vögel und Schmetterlinge, direkt hinter dem Südende des Strands. Die größeren Hütten (Rs1500) sind riesig und verfügen über lange, tiefe Terrassen und jede Menge Platz für Yoga-Übungen und man kann dort sogar selber kochen. Und die Badezimmer haben ordentliche sanitäre Einrichtungen. Angesichts der tollen Lage ist der Preis sehr günstig. ❹–❺

Neptune Point, South Palolem, ✆ 9822/584968 oder 9764/686555, 💻 www.neptunepoint.com. Das Neptune okkupiert eine tolle Stelle auf der felsigen Landzunge zwischen Palolem und Patnem, und die Hütten, die sich unter riesigen Kokospalmen den Hang hinaufziehen, nutzen den spektakulären Ausblick bestens aus. Für

Gastfreundliche Geschwister

Ordo Sounsar. Am nördlichen Ende vom Palolem-Strand, auf der anderen Seite der Furt (nach der wackeligen Fußgängerbrücke, wenn man auf die Insel zugeht, rechts, Ausschau halten), ✆ 9822/488769 oder 9422/639497, 💻 www.ordosounsar.com. Das von dem gastfreundlichen Bruder-Schwester-Team Serafin und Shelly geleitete Hüttencamp ist das idyllischste und freundlichste in Palolem. Es liegt versteckt an der stillen Seite des Flusses, zu erreichen über die hölzerne Fußgängerbrücke. Die Hütten sind großzügig geschnitten, einladend möbliert und haben tolle Veranden und lustige Strohdächer. Zur Anlage gehört ein hervorragendes Restaurant. ❹–❺

Der Strand von Palolem – goldener Sand, wogende Kokospalmen und unzählige Hütten.

heutige Standards sind sie sehr einfach, aber doch recht gemütlich, und auf drei Seiten vom Meer umgeben zu sein ist natürlich ein echter Pluspunkt. Der einzige Nachteil sind das Disco-Event Silent Noise und die Filmabende (S. 792), die an zwei Abenden der Woche auf dem Gelände stattfinden und jede Menge Publikum anziehen. ❹–❺

Oceanic, Tembi Waddo, ✆ 0832/264 3059, 💻 www.hotel-oceanic.com. Nach 10 Min. Fußweg landeinwärts vom Strand oder über die Nebenstraße nach Chaudi zu erreichen. Geschmackvoll eingerichtete, kühle Zimmer mit Marmorböden, Moskitonetzen, Tagesdecken und Nachttischlampen. Außerdem gibt es einen Pool auf einer baumgesäumten Terrasse hinter dem Haus und ein gutes Restaurant. ❼

Sevas, am südlichsten Strandende auf dem Hügel zwischen Palolem und Colom, ✆ 0832/264 3977 oder 9422/065437, 💻 www.sevaspalolemgoa.com. Die schönen Cabañas haben traditionelle Reisstrohdächer, Fußböden aus Lehm und Dung, hygienische Plumpsklos und Eimer als Waschgelegenheiten. Es werden Massagen und Yogaunterricht angeboten, und in dem freundlichen Restaurant auf dem Gelände gibt es sehr gute *thalis* für Rs125–150. ❸–❹

The Village, Haus 196, in der Nähe der Government High School, ✆ 0832/264 5767 oder 9960/487627, 💻 www.villageguesthousegoa.com. Dieses britisch geführte Boutique-Gästehaus am Rand von Palolem 10 Min. Fußweg vom Strand ist die komfortabelste und stilvollste Unterkunft der Gegend. Die großen AC-Zimmer verfügen über Himmelbetten, bunte Seidenbettdecken und WLAN sowie riesige Designer-Bäder. Der schattige Garten hinterm Haus dient als Frühstücksbereich, und abends kann man auf der Veranda etwas trinken. ❼

Wavelet, im Ort Palolem, ✆ 0832/264 3451, 💻 www.waveletbeachresort.com. Geflieste Zimmer in einem modernen, dreistöckigen Block in der Nähe der Gasse, die von der größten Kreuzung im Städtchen zum nördlichen Strandende abzweigt. Nicht unbedingt die Art Architektur, die das natürliche Flair des Ortes aufwertet, aber komfortable und sichere Unterkunft abseits des Strandrummels. Gutes Preis-Leistungs-Verhältnis. ❸

Palolem

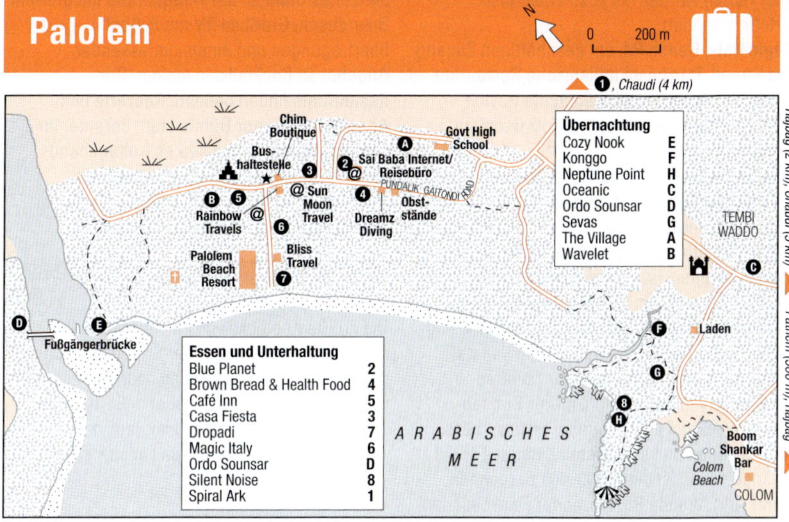

Essen

Palolems **Restaurants** reflektieren die kosmopolitische Zusammensetzung ihrer Gäste. Jahr für Jahr öffnen neue, innovative und immer stilvollere Lokale, die zumeist von Ausländern geführt werden. Wer mit einem knappen Budget auskommen muss, findet zwei von Einheimischen betriebene billige, freundliche *tea shops* an der parallel zum Strand verlaufenden Straße. Im Sai Kripa gibt es ein sättigendes *pao bhaji*-Frühstück, frische Brötchen, Omeletts und *chai* zu Spottpreisen. Das Calcutta Restaurant bietet morgens heiße *parathas* und *chapattis,* mittags Reisgerichte.

Blue Planet, etwas abseits der Pundalik Gaitondi Rd, 💻 www.blueplanet-café.com. Bio-Café mit veg. und veganischen Gerichten nicht weit von der Hauptstraße. Hier werden gesunde und köstliche Gerichte wie Spinatlasagne mit Babymais, sonnengetrockneten Tomaten, gebratenem Gemüse und grünem Salat aufgetischt, außerdem eine tolle Auswahl an Säften, Kräutertees und Milchersatzgetränken.

Brown Bread & Health Food, Pundalik Gaintondi Rd. Nicht gerade der fesselndste Name, aber das Frühstück in diesem sauberen, netten Café ist reichhaltig und köstlich. Die Croissants kommen direkt aus dem Backofen und die Ananas-Pfannkuchen locken zahlreiche Fans aus Nah und Fern an.

Café Inn, Pundalik Gaitondi Rd. Hier gibt's mit Abstand den besten Kaffee in Palolem, gebrüht mit einer echten italienischen Kaffeemaschine von zwei Israelis. Zur Frühstückszeit ist der Laden immer voll, außerdem lockt eine kleine, vielseitige Karte mit größeren Gerichten. 🕓 tgl. 10–23 Uhr.

Casa Fiesta, Pundalik Gaitondi Rd. Beliebtes Lokal an der Hauptstraße mit gemischter Speisekarte aus aller Welt: Hummus, griechischer Salat, Holzofenpizza, mexikanische Spezialitäten und Fisch-*pollichatu*. Die Hauptgerichte (meist

Spitzenküche am Strand

Dropadi, am Strand. Das Restaurant profitiert von seiner Spitzenlage und dem besten indischen Chefkoch Palolems, zu dessen Spezialitäten cremige Mughlai-Gerichte und Tandoori-Fisch gehören. Die meisten Hauptspeisen kosten Rs150–400.

unter Rs200) werden mit köstlichen Röstkartoffeln serviert.

Magic Italy, Beach Rd, am geschäftigen Zugang zum Strand. Das beste italienische Restaurant in Süd-Goa serviert hausgemachte Ravioli und Tagliatelle sowie leckere Holzofenpizza (Rs150–250).

Ordo Sounsar, am nördlichsten Strandende von Palolem (Wegbeschreibung s. unter „Übernachtung"). Da die meisten Lokale heutzutage tiefgefrorenen statt frisch gefangenen Fisch zubereiten, ist dieses schlichte Restaurant auf einer Terrasse im gleichnamigen Hüttencamp etwas Besonderes. Seine Spezialität sind goanisches Seafood der Saison und Vegetarisches: mit grünem Chili gefüllter *pomfret*, Papayacurry in Kokosmilch, grüne-Bohnen-*xacuti*, Weißkohl mit Limonendressing – alles aus erlesenen und frischesten Zutaten. Für ein 2-Gänge-Menü ist mit Rs300–400 zu rechnen.

Spiral Ark, Agonda Rd. Reizender Feinkostladen mit Tischen der auf der Terrasse eines alten portugiesischen Hauses, wo gesunde Säfte, Salate, Suppen, selbst gebackenes Brot, Kuchen und Bio-*thalis* serviert werden. 10 Min. Fahrt vom Strand, aber es lohnt sich; nach dem Essen kann man sich noch in dem tollen Laden umsehen.

Unterhaltung

Wie überall in Goa wird strikt auf die Einhaltung des Verbots von verstärkter Musik nach 22 Uhr geachtet – ein Laden hat jedoch einen Weg gefunden, das Problem zu umgehen. Im Neptune's Point am Südende der Bucht veranstaltet das Kollektiv von **Silent Noise** jeden Samstag (21–4 Uhr, Eintritt Rs400) **Kopfhörerpartys**. Die Tänzer haben auf drei Kanälen die Wahl aus verschiedenen House-, Electro- und Big-Beats-Mixen, die mit Bildschirm-, Licht- und Lasershows synchronisiert sind, und dazu kommt noch der traumhafte Ausblick auf den schönsten Strand Indiens. Infos über das Programm und Beispiele der verschiedenen Musikmixe bietet 💻 www.silentnoise.in.

Zusätzlich werden an gleicher Stätte jeden Mittwoch **Filme** gezeigt, zu denen man sich einen Mojito von der Bar des Neptune's Point genehmigen kann. Ein echtes Kneipenerlebnis bietet das **Cuba** an der Hauptstraße mit großem Billardtisch, Großbild-TV mit Fußballübertragungen und einem umfassenden Angebot an Cocktails. In einigen Bar-Restaurants finden beliebte **Konzerte** und Abende mit offener Bühne statt, darunter im **Laguna Vista** in Colom, wo es freitagabends indisch-französische Fusionsmusik gibt. Ansonsten verbringen die meisten Besucher ihre Abende in den Cafés am Strand.

Sonstiges

Apotheken

Die größte Apotheke von Palolem liegt 1 km außerhalb des Dorfes an der Straße nach Chaudi, rechts hinter der Abzweigung nach Agonda. Sie ist sonntags geschlossen, aber außerhalb der Öffnungszeiten kann man beim Haus des Apothekers gleich hinter dem Laden klingeln.

Geld

Mehrere Agenturen in Palolem besitzen eine Geldwechsellizenz; **LKP Forex** im Palolem Beach Resort (Karte S. 791) bietet gute Kurse. **Sai Baba International, Sun Moon Travel** und **Rainbow Travels** an der Hauptstraße tätigen alle Bargeldauszahlungen auf Visa- und MasterCard-Kreditkarten. Der nächste **Geldautomat** für Visa- und MasterCard-Auszahlungen ist in Chaudi.

Internet

Bliss Travel, links beim Hauptzugang zum Strand, verlangt Rs40 pro Std. für den schnellsten Breitbandzugang im Dorf. Warm anziehen – die Klimaanlage macht den Laden zum Kühlschrank.

Medizinische Hilfe

Dr. Sandheep, im privaten Dhavalikar Hospital, ☎ 0832/264 3147, 2 km außerhalb von Palolem in Devabag an der Straße nach Agonda, kurz vor dem Laden Spiral Ark.

Segeln

Goa Sailing, ☎ 9850/458865, 💻 www.goasailing.com, verfügt über drei 15-Fuß-Prindle-Katamarane, die ausgeliehen werden können, um abgelegene Strände der Umgebung zu erkunden. Eine Stunde Rs1250, halber Tag Rs3000, ganzer Tag Rs4000.

Tauchen

Dreamz Diving, im Sea Shells Guest House, Pundalik Gaitondi Rd, ✆ 9326/113466, 💻 www.dreamzdiving.com, bietet geführte Tauchgänge an Stellen mit sehr viel klarerem Wasser als um Palolem herum.

Telefon

Bliss Travel (s. o. unter „Internet") ist einer der wenigen verbleibenden IST/STD-Läden in Palolem mit einer zuverlässigen Verbindung.

Wandern

Goa Jungle Adventures, 💻 www.goajungle.free.fr, bietet geführte Wanderungen zu natürlichen Badestellen ab Rs1500–1800 für einen halben Tag inkl. Ausrüstung.

Transport

Busse

Es verkehren regelmäßig Direktbusse zwischen MARGAO und Palolem; sie halten am Ende des Weges, der von der Hauptstraße zum Strand führt. Busverbindungen bestehen außerdem zwischen Margao und KARWAR (in Karnataka) über den 2 km südöstlich gelegenen Marktflecken Chaudi (alle 30 Min., 2 Std.). Der letzte Bus von Palolem nach Chaudi/Margao fährt um 16.30 Uhr ab – Abfahrtszeiten von Einheimischen bestätigen lassen, da sie sich von Saison zu Saison ändern.

Eisenbahn

Chaudi besitzt den Palolem am nächsten gelegenen **Bahnhof**. Er liegt etwas nördlich der Ortsmitte. Die Fahrt von hier zum Strand kostet Rs75–100 per Motor-Rikscha und Rs150–200 per Taxi.

Südlich von Palolem: Colom, Patnem und Rajbag

Über den Bach und den felsigen Vorsprung, der die südliche Grenze des Strandes von Palolem bildet, erreicht man **Colom**, ein Hindu-Fischerdorf, das sich über mehrere felsige Buchten verteilt. Dutzende Zimmer für Langzeitgäste, Palmhütten und Privathäuser liegen versteckt zwischen den Palmenhainen und an der malerischen Landspitze, die sich Richtung Meer erstreckt. Hier empfiehlt es sich, mit der Suche nach einer Unterkunft zu beginnen – die jungen Männer im Ort wissen, wo etwas frei ist. Die meisten Zimmer hier sind allerdings sehr einfach.

Ein Streifen von Camps und Hütten säumt **Patnem**, den nächsten Strand weiter südlich. Der Strand zieht sich über etwa 1 km bis zu einem steilen Felsvorsprung. Er ist breit, bietet wenig Schatten und fällt bei bestimmten Gezeitenphasen recht steil ab, wenngleich die Unterströmung hier nur selten gefährlich wird. Auf der Landzunge zwischen Patnem und Colom bietet das **Harmonic Healing & Eco Retreat Centre**, ✆ 9822/512814, 💻 www.harmonicingoa.com, Heilung für Körper und Seele. In üppiger Vegetation und mit Ausblicken auf den Strand findet hier täglich Yoga-, Pilates- und Thai-Massage-Unterricht statt, dazu Unterricht in Bollywood-Tanz und klassischem indischem Gesang (Rs250 ohne Voranmeldung).

Bei Ebbe kann man von Patnem aus um die steilwandige Landspitze herumwandern zum Nachbarstrand **Rajbag**, einen weiteren kilometerlangen Streifen aus weißem Sand. Bedauerlicherweise war es mit der Abgeschiedenheit abrupt vorbei, als hier ein riesiges 5-Sterne-Hotel errichtet wurde – sehr zum Ärger der Einheimischen, die sich vier Jahre lang erfolglos gegen das Projekt gewehrt hatten.

Es ist sogar möglich, von Rajbag noch weiter nach Süden vorzudringen, indem man den Talpona-Fluss mit einer von Hand gepaddelten Fähre überquert, die meistens vom gegenüberliegenden Ufer angefordert werden muss (es empfiehlt sich, im Voraus einen Festpreis für die Hin- und Rückfahrt auszuhandeln). Auf der anderen Seite führt ein kurzer Fußmarsch zum **Talpona Beach**, der von niedrigen Dünen und Palmen gesäumt wird. Wer möchte, kann die Landspitze am Ende des Strandes überqueren und kommt nach **Galjibag**: eine abgeschiedene Bucht mit weißem Sandstrand und ein geschützter Eiablegeplatz für **Oliv-Bastardschildkröten**. Aufgrund der starken Unterströmung ist das Schwimmen hier allerdings zu gefährlich.

Übernachtung

Die Übernachtungsszene ist relaxter als in Palolem. Die Preise sind in etwa gleich, aber es ist hier leichter, ein Zimmer zu finden, und die Stimmung am Strand ist erheblich entspannter.

Boom Shankar, Colom, ✆ 0832/264 4035. Einfach eingerichtete, aber saubere Zimmer mit Bad am Südrand des Dorfs, mit viel Platz zum Abhängen und schönem Ausblick auf die Bucht. Die Mitarbeiter helfen auch gern bei der Suche nach längerfristiger Unterkunft in den Häusern in der Nähe. ❷–❸

Goyam, Patnem, ✆ 9822/685138 oder 9890/877844, 🖳 www.goyam.net. Luxuriöse, doppelstöckige, in Pastellfarben angestrichene Holzbungalows, teilweise im Schatten von Kasuarinabäumen, ansprechend eingerichtet und mit Badezimmern, Moskitonetzen und Balkonen mit Meerblick und Schaukelstühlen. Die Cottages ganz vorne sind die Toplagen im Dorf. ❼

Home, Patnem, ✆ 0832/264 3916, 🖳 www.homeispatnem.com. Das schicke kleine Gästehaus unter schweizerisch-britischer Leitung hat mit Stoffen, Kokosmatten und Lampenschirmen hübsch eingerichtete, jedoch recht teure Zimmer mit Bad in einem Anbau. ❺–❻

Namaste, Patnem, ✆ 9850/477189. Bewährtes und sehr begehrtes Budgettraveller-Camp unter Leitung des liebenswürdigen Satay. Die Preise liegen bei Rs700–1500, je nach Größe und Ausstattung der Hütte, Jahreszeit und Entfernung vom Strand; alle mit Du/WC. ❹–❺

Papaya's, Patnem, ✆ 9923/079447, 🖳 www.papayasgoa.com. Eine reizende grüne Oase mit Wasserrecycling zur Bewässerung der Pflanzen. Die Ökohütten haben luftige kleine

Weiterreise von Goa

Zu bestimmten Zeiten im Jahr schwanken die Ticketpreise für **Flüge** von Goa erheblich, am höchsten sind die jedoch um Weihnachten und Neujahr. Am einfachsten bucht man Flugtickets online. Fahrkarten für alle **Züge** der Konkan Railway sind ebenfalls am leichtesten im Internet zu buchen. Die Buchungsseite von Indian Railways, 🖳 www.irctc.co.in, ist nicht ganz so klar aufgebaut wie die von 🖳 www.cleartrip.com; bei Letzterer zahlt man jedoch zusätzlich zum Ticketpreis eine Buchungsgebühr von Rs100. Ansonsten kann man sich aber auch in die Schlangen im hektischen Reservierungsbüro von KRC im 1. Stock des Kadamba-Busbahnhofs in Panjim einreihen (🕓 Mo–Sa 8–20, So 8–14 Uhr) oder diejenigen im Hauptbüro von KRC im Bahnhof von Margao, ✆ 0834/271 2780, 🕓 Mo–Sa 8–16.30, So 8–14 Uhr. Es ist ratsam, früh zu reservieren.

Fahrkarten für **Busse** der goanischen Transportgesellschaft Kadamba können in den Büros im Busbahnhof von Panjim oder Mapusa reserviert werden, 🕓 tgl. 9–11 und 14–17 Uhr. Private Busgesellschaften verkaufen Fahrscheine über Reiseagenturen beim Busbahnhof von Panjim und in Mapusa südlich des Hauptplatzes.

Nach Mumbai

Rund zwei Dutzend Maschinen verlassen tgl. Goas Flughafen Dabolim. Die günstigsten **Flüge** kosten Rs1000 oder sogar noch weniger, wenn man weit im Voraus bei einem der Billigflieger bucht – SpiceJet, IndiGo, Go Air, JetLite oder Kingfisher Airlines (Webadressen S. 89); zu Silvester kosten normale Flüge dann vielleicht Rs30 000. Flüge mit Air India oder Jet Airways sind etwas teurer als die der Billigfluglinien und kosten gewöhnlich etwa US$100 pro Strecke.

Täglich fahren 4 bis 5 Züge der **Konkan Railway** nach Mumbai. Der günstigste ist der Nachtzug Konkan Kanya Express Nr. 10112. Er fährt um 16.45 Uhr in Margao (S. 781) (oder Karmali, nahe Old Goa, 11 km westlich von Panjim, um 17.18 Uhr) ab und erreicht den Bahnhof Mumbai CST (auch „Victoria Terminus" oder „VT") am nächsten Morgen um 5.50 Uhr. Der andere Schnellzug von Goa nach Mumbai (CST) ist der Mandovi Express Nr. 10104, Abfahrt in Margao um 8.30 Uhr (oder Karmali um 9.10 Uhr), Ankunft 21.40 Uhr am gleichen Tag.

Schließlich verkehrt noch eine Flotte von Nachtbussen auf der 500 km langen Strecke

Freisitze, den Strom erzeugen Sonnenkollektoren. ❺–❻

Tree Shanti, Colom, ✆ 0832/264 4460, 9923/795290. Kleines Gästehaus, betrieben von den temperamentvollen Schwestern Gita und Sarita Komarpunt. Es hat 5 gemütliche, ziegelgedeckte Cottages und 4 geräumige Zimmer, alle mit großem Bad, in einem schattigen Garten umgeben von Wald. Eine nette Unterkunft mit einer freundlichen Atmosphäre, die sich deutlich von der in den Hüttencamps von Palolem unterscheidet. ❻–❼

Essen

Die meisten Reisenden verbringen jeden Tag ein paar Stunden in einem oder mehreren der Cafés in Colom oder hinter dem Strand von Patnem. Hier ein paar besonders empfehlenswerte Lokale.

Bocado de Cardinales, Colom. Das kleine Lokal unter Palmen hat himmlische Tapas, tolle Fischgerichte und süchtig machende Cocktails. Vorsicht beim Alkoholgenuss – hier gibt es auch eine sehr verlockende Kleidungs- und Stoffboutique.

Boom Shankar, Colom. Tolles Angebot an Speisen, darunter die begehrten Mozzarella-Tomaten-Salate. Die Terrasse nach hinten raus mit Blick auf die Bucht ist das perfekte Plätzchen für einen Drink zum Sonnenuntergang.

Bora Dista Café, Harmonic Healing Centre. Entspanntes Café auf den Felsen oberhalb des Strands mit den besten Ausblicken weit und breit sowie gesundem Essen und einigen anderen Leckereien; es ist allerdings nur bis 16.30 Uhr geöffnet.

Goyam, am nördlichen Strandende. Schickes Strandrestaurant, ein Ableger des beliebten

von Goa nach Mumbai – eine furchtbare 14- bis 18-Stunden-Tortur, die man sich ersparen sollte. Hauptanbieter auf dieser Route ist Paulo Travels. Zum Fuhrpark gehören ganz einfache Busse für Rs350 und bequemere Volvotransporter mit AC und Schlafkojen für Rs700. Tickets gibt es im Büro von Paulo Travels vor dem Kadamba-Busbahnhof in Panjim, ✆ 0832/222 3736, 💻 www.paulotravels.com. Das PT-Hauptbüro in Süd-Goa befindet sich im Hotel Nanutel gegenüber dem Club Harmonia in Margao, ✆ 0834/272 1516. Informationen zu Abfahrtszeiten und Preisen s. Website.

Nach Hampi

Die stressfreiste und preiswerteste Reise von Goa nach Hospet bietet die 4x wöchentl. verkehrende **Eisenbahn**. Der Vasco–Howrah Express (Nr. 8048) fährt jeden Di, Do, Fr und So um 8.15 Uhr, Ankunft gut 6 Std. später. Die Preise reichen von Rs200 in der sehr einfachen, überfüllten 2. Klasse bis zu Rs675 für einen Platz im klimatisierten 2.-Klasse-Abteil, der komfortabelsten Variante. Tickets gibt es am Tag der Fahrt am Abfahrtsbahnhof. Man sollte spätestens um 7.30 Uhr in Margao sein, um sich in das Getümmel vor den Schaltern zu stürzen.

Die Reise mit dem **Bus** ist nicht billiger als mit dem Zug (Schlafwagenklasse), aber anstrengender. Zwei oder drei klapprige Busse fahren jeden Morgen an Panjims Kadamba-Busbahnhof (Plattform Nr. 9) nach Hospet ab, der letzte um 10.30 Uhr. Passagiere sollten sich auf eine unbequeme Fahrt gefasst machen. Sie dürfte nicht länger als 9 bis 10 Std. dauern, doch Verspätungen und Pannen sind leider an der Tagesordnung.

Nach Gokarna, Jog Falls, Mangalore und Süd-Karnataka

Am schnellsten und angenehmsten ist die Reise von Goa an der Küste entlang nach Gokarna mit der **Konkan Railway**. Der Madgaon–Mangalore Passenger (KR1 DN) verlässt Margao um 14.25 Uhr und passiert unterwegs um 15.05 Uhr Chaudi, bevor er um 16.20 Uhr in Gokarna Road, dem Bahnhof von Gokarna, einfährt. Fahrkarten müssen nicht im Voraus gekauft werden, sondern sind 30 Min. vor Abfahrt am Fahrkartenschalter erhältlich.

Relaxtes Camp

Parvati, Patnem, ✆ 9822/189913, 💻 www.parvatihuts.in. Um einiges besser als das durchschnittliche Hüttencamp, mit geräumigen, runden Bambushütten, jede mit einem recht großzügigen Bad, westlicher Toilette und Dusche, Schließfach und Moskitonetz. Das Parvati ist fraglos der beste Deal in dieser Preisklasse. Es befindet sich in einem schattigen Garten mit jeder Menge Hibiskuspflanzen und ist relaxter als die meisten Camps in der Nachbarschaft. ❹–❺

Dropadi in Palolem. Tolles Seafood im gehaltvollen nordindischen Stil: Die Aushängeschilder sind Krabben-*makhini* und Tandoori-Seebarsch (Rs350–400).

Home, in der Strandmitte. Im schönsten Strandcafé von Patnem bekommt man *meze,* frische Salate (ab etwa Rs150), Espresso, frisch gebackenes Brot und wunderbare Desserts (u. a. *banoffee pie*, warme Apfeltorte mit frischer Sahne oder Schoko-Walnuss-Kuchen). Besonders nett zum Frühstücken: Auf den Palmen zwitschern die Spatzen und im Hintergrund läuft Chopin.

UTI (United Tastes of India), etwas abseits des Strands. Südindische *dosas* und *iddlis,* komplett mit *chatni* und würziger *sambar,* sind die Spezialitäten im UTI, aber es gibt auch großzügige Portionen traditioneller nordindischer Speisen, darunter köstliches *palak paneer* und veg. *makanwalla*, das sich die Gäste mit luftigem *naan* und *chapattis* einverleiben.

Transport

Busse nach Palolem und Margao halten in regelmäßigen Abständen an der parallel zum Strand verlaufenden Straße.

Cotigao Wildlife Sanctuary

Das Cotigao Wildlife Sanctuary, 10 km südöstlich von Chaudi, wurde 1969 eingerichtet, um ein abgeschiedenes Waldgebiet an der Grenze von Goa und Karnataka zu schützen. Das 86 km² Mischwald umfassende Schutzgebiet wird zwar Baumliebhabern gefallen, viele Tiere sind jedoch nicht zu sehen. Die Tiger und Leoparden sind längst ausgerottet, und die Gazellen, Lippenbären, Stachelschweine, Panther und Hyänen, die angeblich in den Wäldern hausen, kommen nur selten zum Vorschein. Dafür stehen die Chancen nicht schlecht, mindestens zwei Affenarten, ein paar Wildschweine, vielleicht einen Gaur (urzeitlich aussehender indischer Bison) und viele exotische Vögel zu Gesicht zu bekommen.

Den friedlichen, landschaftlich schönen Park, der sich für einen angenehmen Tagesausflug vom 12 km nordwestlich gelegenen Palolem anbietet, besucht man am besten zwischen Oktober und März. Alle auf dem NH-17 via Chaudi Richtung Süden nach Karwar fahrenden Busse lassen Passagiere in einer Entfernung von 2 km zum Parkeingang aussteigen. Um aber die weit im Innern liegenden Gebiete zu erkunden, braucht man ein eigenes Transportmittel. Die Ranger in dem kleinen **Interpretative Centre** an den Haupttoren, wo auch der Eintritt entrichtet wird (Rs5 p. P., plus Rs100 pro Auto, Rs50 pro Motorrad, Rs50 für die Fotoerlaubnis) zeigen Besuchern, wie sie zu dem 25 m hohen Beobachtungsposten in einer Baumkrone gelangen.

Von dort blickt man auf ein **Wasserloch**, das zum Sonnenauf- und -untergang einige Tiere anlockt. Wer möchte, kann hier in einem ziemlich einfachen kleinen Zimmer auf dem Gelände hinter den Haupttoren übernachten (Rs250 pro Nacht). Verpflegung und Getränke sind vielleicht auf Vorbestellung erhältlich, und im nächstgelegenen Dorf 2 km innerhalb des Parks gibt es einen Laden.

Kolkata und Westbengalen

Stefan Loose Traveltipps

Victoria Memorial Das Symbol des britischen Empire in Kolkata weist eine ungewöhnliche Mischung architektonischer Stile auf. S. 808

Sundarbans Die endlosen Mangrovenwälder bieten einer Fülle von Wildtieren Lebensraum, darunter dem majestätischen Bengaltiger. S. 829

Shantiniketan In der ruhigen Universitätsstadt ist noch der Geist ihres Gründers Rabindranath Tagore zu spüren. S. 833

Toy Train Diese viktorianische Dampfeisenbahn schnauft aus der feucht-heißen Ebene hinauf in die Teeplantagen an den steilen Hängen von Darjeeling. S. 839

Darjeeling Die reizvolle, mit einer traumhaften Aussicht gesegnete Hill Station im Himalaya ist das Anbaugebiet eines weltberühmten Spitzentees. S. 841

Kalimpong Das Gartenbauzentrum des Nordostens lockt mit ruhigen Spazierwegen, Orchideengärtnereien und farbenfrohen Märkten. S. 852

KOLKATA UND WESTBENGALEN

Der einzige indische Bundesstaat, der sich von den Höhen des Himalaya bis hinunter zum Meer erstreckt, ist Westbengalen. Er wird nur von wenigen Reisenden ausführlich erkundet. Vielleicht liegt es am schlechten Ruf seiner Hauptstadt **Kolkata** (besser bekannt unter dem alten Namen **Kalkutta**), die eigentlich eine kultivierte und freundliche Stadt ist, aber ein Image als Brutstätte von Armut und Chaos besitzt. Bengalen bietet eine außergewöhnliche Mischung aus Natur und Kultur: von dem landschaftlich spektakulären **Darjeeling** mit Blick auf die höchsten Gipfel der Welt bis hin zu den weiten Mangrovensümpfen der **Sundarbans**, durch die Bengaltiger streifen. Der mächtige Ganges durchzieht auf seinem Weg von Bihar nach Bangladesch den schmalen Mittelstreifen des Bundesstaates, wo der Stausee **Farrakha Barrage** die südwärts fließenden Wasserwege kontrolliert, darunter den Fluss Hooghly, die Lebensader Kolkatas.

Auf dem Höhepunkt der britischen Kolonialherrschaft im 19. und frühen 20. Jh. erlebte Bengalen eine kulturelle und wirtschaftliche Blütezeit. Es entwickelte sich eine einzigartige Mischung aus West und Ost. Die **bengalische Renaissance** brachte Denker, Schriftsteller und Künstler hervor wie Bankim Chandra Chatterjee und Rabindranath Tagore. Ihr Wirken ist auch 100 Jahre später noch in der bengalischen Gesellschaft zu spüren.

Seit einiger Zeit weist eine von nepalischer Seite geführte Separatistenbewegung auf die krassen kulturellen Unterschiede innerhalb Bengalens hin. Das Ziel der Gurkha ist die Gründung eines autonomen Gurkhalandes im Raum von Darjeeling. Obwohl die hinduistischen Nepali seit dem 19. Jh. durch Migration Richtung Osten die einheimischen Stammesgruppen aus dem Norden größtenteils verdrängt haben, ist der lamaistische tibetische Buddhismus hier weiterhin stark verbreitet. Im Südwesten allerdings sind noch Stammesgruppen wie die Santhal und Munda anzutreffen. Umherziehende **Baul-Musiker**, die am häufigsten nahe Tagores Universität in **Shantiniketan** zu vernehmen sind, halten die regionalen Liedgut- und Tanz-Traditionen lebendig. Tangores besondere Musikform Rabindra Sangeet ist eine populäre Verschmelzung diverser Einflüsse aus Volksmusik und Klassik. Weitere Besonderheiten Bengalens sind die reich verzierten **Terrakotta-Tempel** sowie die Seidenproduktion, die sich um die letzte unabhängige Hauptstadt **Murshidabad** konzentriert.

Bengalens eigene Form des Hinduismus dreht sich um die **Muttergöttin**, die in der Gestalt der Furcht erregenden Kali oder Durga, der gütigen Saraswati oder der Göttin des Reichtums, Lakshmi, in Erscheinung tritt. Die mysteriöseste Göttin ist Tara. In ihrer Gestalt kommen die mittelalterlichen Verbindungen zum Buddhismus zum Ausdruck. Ihr Tempel in Tarapith ist das landesweit größte Zentrum des Tantrismus.

Geschichte

Bengalen war im 3. Jh. v. Chr. Teil des Maurya-Reiches. Es gewann erst unter den Gupta im 4. Jh. n. Chr. eine eigene Bedeutung. Nach einer kurzen Herrschaftsepoche der hoch kultivierten Sena, die von **Gaur** aus regierten, geriet Bengalen Ende des 12. Jhs. unter die moslemische Herrschaft des ersten Sultans von Delhi, Qutbud-din-Aibak. **Sher Shah Suri**, der Mitte des 16. Jhs. für kurze Zeit den Moguln die Macht entriss, baute die Infrastruktur aus und ließ die „Grand Trunk Road" errichten, die Bengalen mit der Nordwestprovinz an der Grenze zu Afghanistan verbindet. 1574, vor der Ankunft der Europäer im 18. Jh., eroberte **Akbar der Große** das Territorium zurück.

Die Portugiesen, die als Erste einen Handelsposten am Fluss Hooghly einrichteten, erhielten alsbald Gesellschaft von den Briten, Holländern, Franzosen und anderen Seenationen. Die Fremdmächte rivalisierten untereinander. Schließlich setzten sich die **Briten** durch; ihr letzter ernsthafter Gegner war der junge Siraj-ud-Daula, dem das Herrschaftsgebiet von Murshidabad unterstand. Dessen Angriff auf die britische Gemeinschaft von Kalkutta gipfelte 1756 im berüchtigten **Black-Hole-Zwischenfall** (S. 809), bei dem britische Gefangene erstickten. Die Vergeltung erfolgte ein Jahr später in Form einer britischen Armee aus Madras unter Führung von **Robert Clive**. Siraj-ud-Daulas Niederlage in der **Schlacht von Plassey** markierte den Beginn der britischen Herrschaft über den gesamten indischen Subkontinent. Bengalen wurde zum Hauptstützpunkt der britischen Ostindienkompanie, deren lukratives Handelsimperium erst 1858 der Kontrolle durch die Krone unterstellt wurde.

Bis 1905 gehörten Orissa und Bihar zu Bengalen. Doch der britische Außenminister Lord Curzon teilte das Gebiet in der Mitte, so dass auf der einen Seite die neuen Verwaltungsgebiete Ostbengalen und Assam, auf der anderen Seite Orissa, Bihar und Westbengalen entstanden. Diese Maßnahme rief große Verbitterung hervor, und die so bewirkte Spaltung zwischen Hindus und Moslems gehörte zu den direkten Ursachen für die zweite Teilung 1947, als Ostbengalen zu Ostpakistan wurde. Anfang der 1970er-Jahre führte ein Krieg zwischen Indien und Pakistan zur Gründung des unabhängigen Staates **Bangladesch**. Nahezu 10 Mio. Menschen flüchteten nach Westbengalen. Mit dem Verlust seiner Provinzen und der Verlagerung der Hauptstadtfunktion von Kalkutta nach Delhi im Jahr 1911 schrieb sich Bengalens Geschichte des 20. Jhs. überwiegend als Chronik des Niedergangs.

Die politische Landschaft des Bundesstaats wurde über lange Zeit von – bisweilen gewalttätigen – Auseinandersetzungen zwischen der **Kongresspartei** und den großen linksgerichteten Parteien, der **CPI(M)** (Marxist Communist Party of India) und den marxistisch-leninistischen **Naxaliten** (Communist Party of India, ML), dominiert. Letztere zettelte in den 1960er- und 70er-Jahren eine blutige Revolution an, die aber zum Scheitern verurteilt war.

Gestützt von einer starken Basis unter der ländlichen Bevölkerung trug die CPI(M) schließlich unter dem schillernden Jyoti Basu (gest. 2010) einen Wahlsieg davon und vermochte so dem weltweiten Zusammenbruch des Kommunismus zu trotzen. In den letzten Jahren schwand der Einfluss der CPI(M) jedoch zusehends, besonders in den Grenzgebieten. Dort verlangen immer mehr Ethnien die Unabhängigkeit von Bengalen. Doch im wirtschaftlich aufstrebenden, dank reichlich fließender Auslandsgelder boomenden Kolkata ist heutzutage von dem ganzen Politdebakel nichts mehr zu spüren.

Eine Warnung

In den Grenzgebieten zu Jharkhand und Orissa im äußersten Westen Westbengalens kommt es zurzeit immer wieder zu Unruhen, die durch maoistische Gruppen geschürt werden. Davon betroffen sind Teile der Distrikte Purulia, West Midnapur und Bankura. Unterstützung erfahren die Aufständischen von einigen Volksstämmen; die Triebfedern sind Armut und Hunger. Weder die indische Zentral- noch die Landesregierung haben hier viel zu sagen, und oft wird von Kämpfen zwischen Aufständischen und Sicherheitskräften berichtet.

Kolkata und Umgebung

Kolkata besitzt als eines der vier großen urbanen Zentren Indiens in den Augen seiner stolzen Bewohner mindestens ebenso viel Charme, Abwechslung und Reiz wie die anderen Metropolen des Landes. Die Parade-Hauptstadt des britischen Raj war einst die größte koloniale Stadt des Orients. Die Nachfahren der Glücksritter, die im 18. und 19. Jh. aus der gesamten Welt eintrafen, um von ihrem Handelsboom zu profitieren, treten noch heute in der kosmopolitischen Stadtbevölkerung in Erscheinung. In jüngster Zeit hat der bengalische Nationalismus zur Umbenennung von Kalkutta in Kolkata geführt – dieser offizielle neue Name gibt die bengalische Aussprache wieder, muss sich allerdings international noch durchsetzen.

Seit Indiens Unabhängigkeit wurde die städtische Infrastruktur wiederholt nach inneren Unruhen und Aufständen durch Masseneinwanderung besitzloser **Flüchtlinge** bis an die Grenzen belastet. Die daraus resultierenden Missstände und auch die Arbeit von Mutter Teresa, die die weltweite Aufmerksamkeit auf die Opfer richtete, haben Kolkata den Ruf eines Armenhauses beschert, den die Stadtbewohner selbst nicht für gerechtfertigt halten. Sie führen an, dass die Stadt trotz eines ständigen Zustroms von Flüchtlingen geringere Probleme habe als Mumbai oder andere Großstädte der Welt.

Überall in Kolkata entstehen neue Einkaufszentren, Restaurants und Trabantenstädte. Die Kehrseite sind eine sehr hohe Luftverschmutzung und der zunehmende Verkehr, dem mehr

Menschen zum Opfer fallen als irgendwo sonst in Indien.

Die **Stadtkultur** wird besonders von der bengalischen Bevölkerung bestimmt. Stolz auf ihr Künstlererbe, betrachtet sie sich als Indiens Intelligenz. Es gibt zahlreiche **Kunstgalerien** und bedeutende klassische Musikfestivals, eine äußerst lebendige bengalischsprachige Theaterszene und eine Kinotradition, die durch den großen Filmemacher Satyajit Ray zu Weltruhm gelangte.

Das angenehmste **Klima** herrscht in der kurzen Winterzeit (Nov–Feb), wenn die tägliche Höchsttemperatur bei 27 °C liegt und die Märkte mit Gemüse und Blumen beladen sind. Vor Einbruch der Monsunzeit lastet die Hitze schwer auf der Stadt. Ende Juni bescheren einsetzende Regenfälle die ersehnte Linderung, doch ihre schweren Fluten verwandeln gleichzeitig die Straßen in Morast. Nach einer kurzen Hitzeperiode nach dem Monsun sind Oktober und November recht angenehme Monate. Dann steigt auch das größte Fest der Stadt: **Durga Puja**.

Geschichte

Als der Brite **Job Charnock** 1690 das Hauptquartier der **Ostindienkompanie** in **Sutanuti** am Ostufer des Hooghly gründete, war das Flussufer bereits von den Handelsniederlassungen anderer europäischer Länder gesäumt. Wenige Jahre später wurde Sutanuti mit zwei weiteren Dörfern zur Stadt **Kalkutta** umgewandelt, ein Name, der sich wahrscheinlich von *kalikutir* herleitet: „Haus bzw. Tempel der Kali" – eine Anspielung auf den Tempel in **Kalighat**.

Der Erfolg im Handel brachte ehrgeizige Entwicklungspläne mit sich: 1715 handelte eine Delegation am Mogulhof in Delhi weitere Handelsrechte und zu beiden Seiten des Hooghly ein je 15 km langes Uferterritorium aus. Dem Black-Hole-Zwischenfall (S. 809) folgte 1758 die Schlacht von Plassey, die die Briten zu Herrschern über Bengalen machte. Nachdem das Parlament in London 1773 das Handelsmonopol der Gesellschaft anerkannt hatte, verlegte diese Bengalens Hauptstadt von Murshidabad nach Kalkutta. Die Stadt war fortan Umschlagplatz vieler Handelssparten, zu denen auch der lukrative **Opiumexport** nach China gehörte.

Die Ostindienkompanie schaffte zunächst britische Junggesellen ins Land und machte sie zu Beamten. Diese sogenannten *writers* („Schreiber") wurden im **Writers' Building** untergebracht. Viele heirateten indische Frauen, und so entstand eine neue eurasische Gesellschaftsschicht, die man als **„Anglo-Indians"** bezeichnete.

Nachdem das Monopol der Ostindienkompanie gebrochen war, trugen Kaufleute und Abenteurer – darunter Parsen, Juden aus Bagdad, Afghanen und Inder aus anderen Landesteilen – zur Entstehung eines Schmelztiegels bei. Der folgende wirtschaftliche Aufschwung hielt mehrere Jahrzehnte an und führte zur Errichtung prächtiger Bauwerke wie Court House, Government House und St Paul's Cathedral, die Kalkutta im 19. Jh. den Namen **Stadt der Paläste** eintrugen. Doch das unangenehm feuchte Klima, die modrigen Salzsümpfe und die schäbigen Hütten, die rund um die Metropole aus dem Boden schossen, sorgten für unhygienische Verhältnisse und waren eine Quelle der Armut und Krankheit.

Kalkuttas Bedeutung als internationaler Hafen schwand mit der Eröffnung des Suezkanals 1869, der den Aufstieg Bombays und das Ende des Opiumhandels in Kalkutta zur Folge hatte. 1911 fand die glorreiche Zeit ihr Ende, als Indiens Hauptstadt nach Delhi verlegt wurde.

Orientierung

Kolkatas verwitternde Gebäude und die chaotischen Straßen schüchtern auf den ersten Blick ein. Mit etwas Zeit und Geduld aber verwandelt sich die Metropole in ein faszinierendes Konglomerat aus Stilen und Einflüssen.

Der von der imposanten, freitragenden Howrah-Brücke überspannte **Hooghly** spielt im Alltag der Stadt keine große Rolle. Das Herzstück bildet vielmehr der **Maidan**, der Stadtbewohner aller Schichten zum Müßiggang und Sport, zu Ausstellungen und politischen Versammlungen anlockt. Am Südende der riesigen Rasenfläche steht das **Victoria Memorial** aus weißem Marmor, und nicht weit entfernt erheben sich die gotischen Türme der **St Paul's Cathedral**. Dicht neben dem geschäftigen **New Market** laden die umfangreichen Sammlungen des **Indischen Museums** zum Besuch ein.

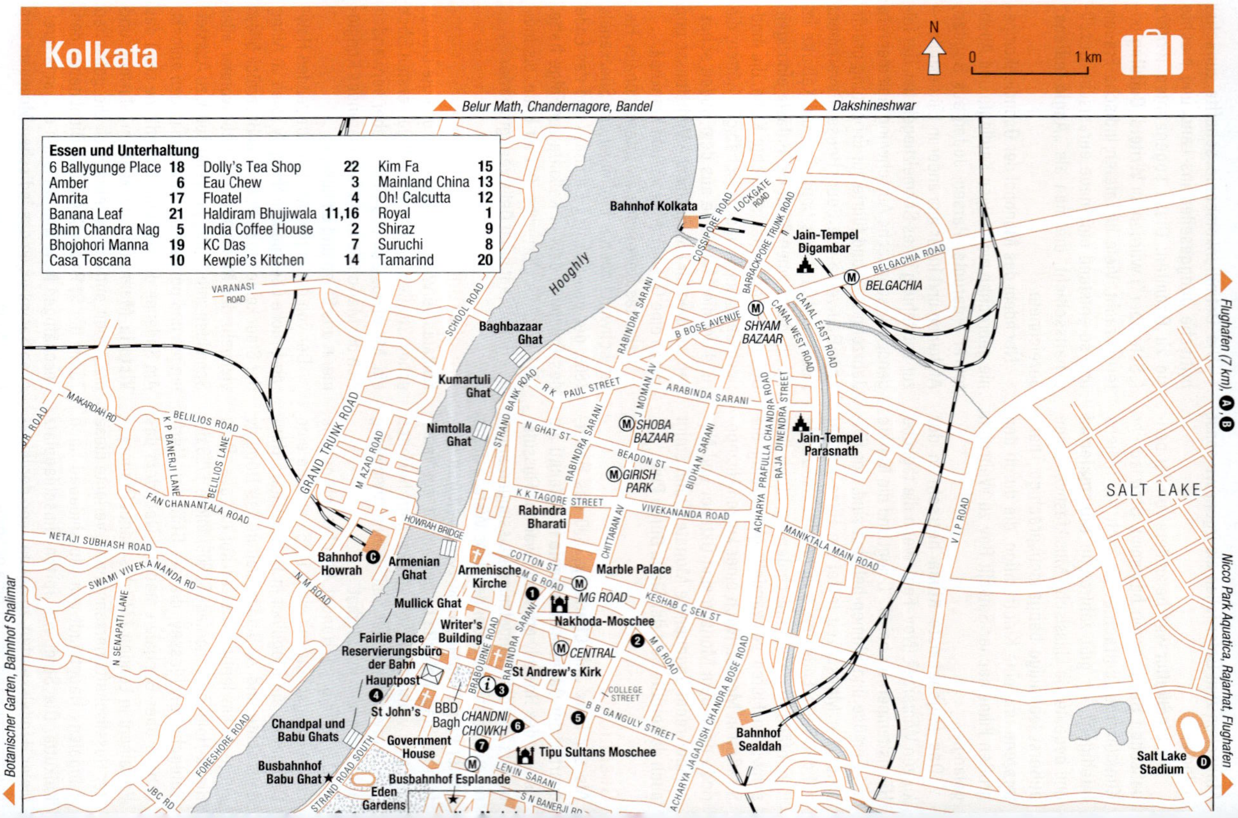

Kolkata
N
0 1 km
Belur Math, Chandernagore, Bandel
Dakshineshwar
Flughafen (7 km), A, B
Nicco Park Aquatica, Rajarhat, Flughafen
Botanischer Garten, Bahnhof Shalimar
Essen und Unterhaltung
6 Ballygunge Place 18
Amber 6
Amrita 17
Banana Leaf 21
Bhim Chandra Nag 5
Bhojohori Manna 19
Casa Toscana 10
Dolly's Tea Shop 22
Eau Chew 3
Floatel 4
Haldiram Bhujiwala 11,16
India Coffee House 2
KC Das 7
Kewpie's Kitchen 14
Kim Fa 15
Mainland China 13
Oh! Calcutta 12
Royal 1
Shiraz 9
Suruchi 8
Tamarind 20
Hooghly
Bahnhof Kolkata
Jain-Tempel Digambar
BELGACHIA
SHYAM BAZAAR
Jain-Tempel Parasnath
SALT LAKE
Baghbazaar Ghat
Kumartuli Ghat
Nimtolla Ghat
SHOBA BAZAAR
GIRISH PARK
Rabindra Bharati
Marble Palace
Bahnhof Howrah
Armenian Ghat
Armenische Kirche
Mullick Ghat
MG ROAD
Nakhoda-Moschee
Writer's Building
Fairlie Place Reservierungsbüro der Bahn
Hauptpost
CENTRAL
St Andrew's Kirk
St John's
BBD Bagh
CHANDNI CHOWKH
Chandpal und Babu Ghats
Government House
Tipu Sultans Moschee
Busbahnhof Babu Ghat
Busbahnhof Esplanade
Eden Gardens
Bahnhof Sealdah
Salt Lake Stadium
VARANASI ROAD
SCHOOL ROAD
GRAND TRUNK ROAD
M AZAD ROAD
HOWRAH BRIDGE
STRAND BANK ROAD
COSSIPORE ROAD
LOCKGATE ROAD
BARRACKPORE TRUNK ROAD
BELGACHIA ROAD
CANAL EAST ROAD
CANAL WEST ROAD
B BOSE AVENUE
RABINDRA SARANI
R K PAUL STREET
J MOMAN AV
ARABINDA SARANI
N GHAT ST
BEADON ST
BIDHAN SARANI
ACHARYA PRAFULLA CHANDRA ROAD
RAJA DINENDRA STREET
K K TAGORE STREET
VIVEKANANDA ROAD
CHITTARAN AV
MANIKTALA MAIN ROAD
V I P ROAD
COTTON ST
M G ROAD
KESHAB C SEN ST
BRABOURNE ROAD
COLLEGE STREET
B B GANGULY STREET
ACHARYA JAGADISH CHANDRA BOSE ROAD
LENIN SARANI
S N BANERJI RD
STRAND ROAD SOUTH
MAKARDAH RD
BELILIOS ROAD
K P BANERJI LANE
BELILIOS LANE
FANCHANANTALA ROAD
NETAJI SUBHASH ROAD
SWAMI VIVEKANANDA RD
N M ROAD
N SENAPATI LANE
FORESHORE ROAD
JBC RD

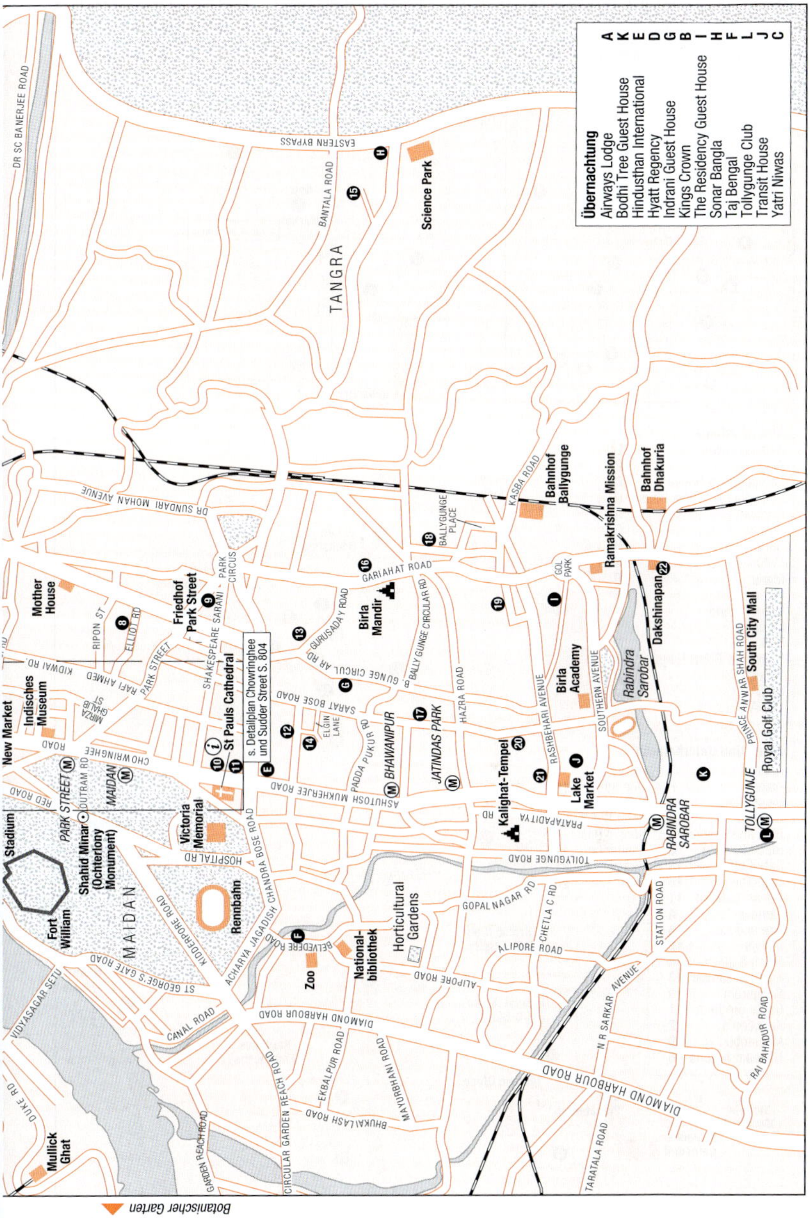
Übernachtung
Airways Lodge A
Bodhi Tree Guest House K
Hindusthan International E
Hyatt Regency D
Indrani Guest House G
Kings Crown B
The Residency Guest House I
Sonar Bangla H
Taj Bengal F
Tollygunge Club L
Transit House J
Yatri Niwas C
TANGRA
Science Park
EASTERN BYPASS
BANTALA ROAD
DR SC BANERJEE ROAD
DR SUNDARI MOHAN AVENUE
Mother House
Friedhof Park Street
St Pauls Cathedral
s. Detailplan Chowringhee und Sudder Street S. 804
New Market
Indisches Museum
Stadium
PARK STREET
MAIDAN
Shahid Minar (Ochterlony Monument)
Victoria Memorial
Fort William
MAIDAN
Rennbahn
Zoo
National-bibliothek
Horticultural Gardens
Birla Mandir
BHAWANIPUR
JATINDAS PARK
Kalighat-Tempel
Lake Market
Birla Academy
Rabindra Sarobar
Dakshinapan
South City Mall
Royal Golf Club
TOLLYGUNJE
RABINDRA SAROBAR
Bahnhof Ballygunge
Ramakrishna Mission
Bahnhof Dhakuria
GARIAHAT ROAD
ASHUTOSH MUKHERJEE ROAD
SARAT BOSE ROAD
HAZRA ROAD
RASHBEHARI AVENUE
SOUTHERN AVENUE
DIAMOND HARBOUR ROAD
ALIPORE ROAD
TOLLYGUNGE ROAD
Mullick Ghat
Botanischer Garten

Chowringhee und Sudder Street

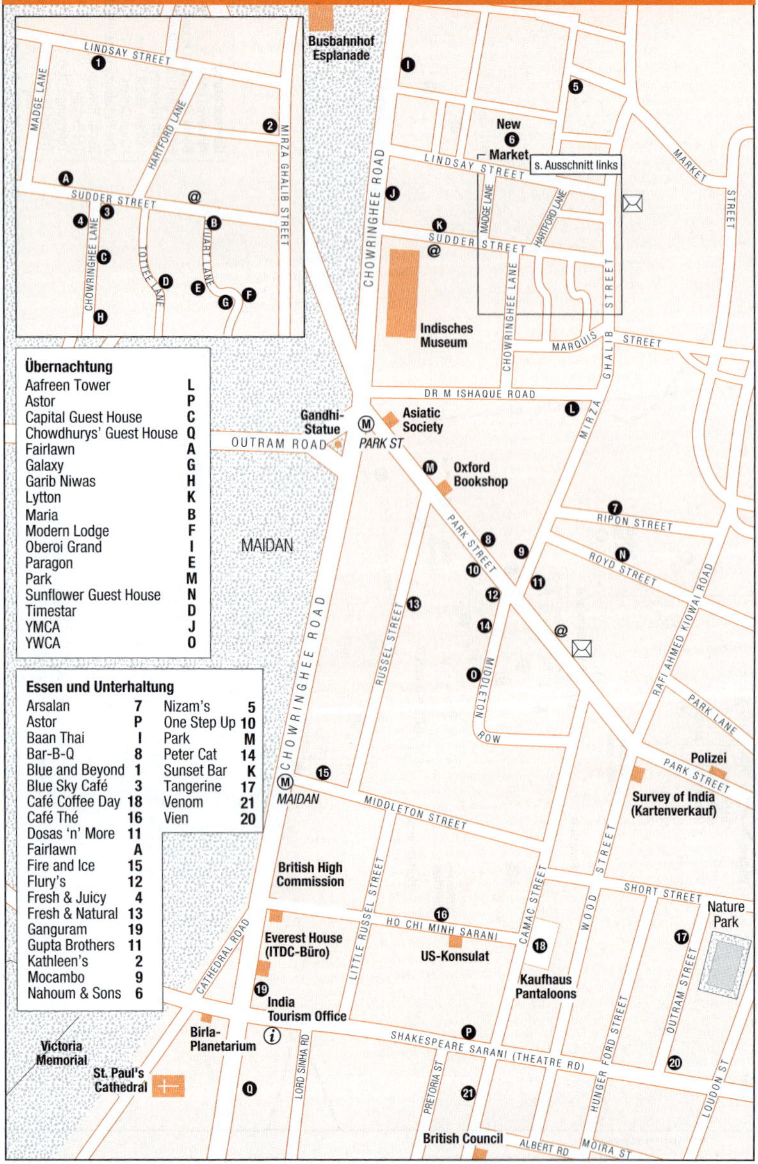

Weiter nördlich erinnert das Stadtviertel um **BBD Bagh** mit den massiven Mauern des 1780 für die „Schreiber" (Sekretäre) der East India Company erbauten **Writers' Building**, der **St Andrew's Kirk** und dem gewaltigen Säulenbau der **Hauptpost** an die Blütezeit der Ostindienkompanie. Ein Stück weiter steht am Rand des hektischen, labyrinthartigen Marktes **Barabazaar** die **Armenische Kirche**. Ein dichter besiedeltes Viertel weiter südlich beherbergt den berühmten Tempel **Kalighat**. Jenseits des Flusses, südlich vom fantastischen **Bahnhof Howrah**, erstreckt sich der friedliche **Botanische Garten**.

Maidan, New Market und Park Street

Der Maidan (auf Deutsch „Feld" oder „Wiese") erstreckt sich von Esplanade im Norden bis zur Rennbahn im Süden und wird im Osten begrenzt von der **Chowringhee Road** sowie im Westen von der Strand Rd am Flussufer. Er ist eine der größten städtischen Parkanlagen der Welt. Das weite offene Gelände bildet einen scharfen Kontrast zu den chaotischen Straßen ringsherum und bietet mehreren Sportclubs Raum für ihre Aktivitäten. Die Ursprünge des Parks gehen auf das Jahr 1758 zurück, als in Flussnähe das Fort William entstand, das heutige Truppenhauptquartier des Eastern Command. Um freie Schusslinie für seine Geschütze zu schaffen, ließ der britische Offizier und Gouverneur von Bengalen, Robert Clive, damals ein ausgedehntes Waldgebiet roden. Heute treiben dort allmorgendlich zahlreiche Stadtbürger Frühsport, am späten Nachmittag finden sich Freizeitsportler zu spontanen Cricket- und Fußballspielen oder zu *kabadi*-Wettbewerben (S. 84) zusammen.

Esplanade, New Market und Chowringhee

Die 46 m hohe Säule **Shahid Minar** (Märtyrerdenkmal) überragt am Esplanade genannten, nordöstlichen Teil des Maidan die Straßenbahn- und Bushaltestellen. Sie wurde 1828 errichtet, um an David Ochterlony zu erinnern, der die Truppen der Ostindienkompanie im Nepalischen Krieg 1814–16 zum Sieg geführt hatte.

Namenswirrwarr

Offiziell sind die meisten der alten britischen **Straßennamen** schon vor Jahren geändert worden. Aber alte Gewohnheiten lassen sich schwer ablegen und einige der ursprünglichen Namen werden nach wie vor gleichberechtigt neben den neuen benutzt. Ganz vorn dabei steht die Chowringhee oder Jawaharlal Nehru Road (nach wie vor Chowringhee genannt). Weitere wichtige Namensänderungen sind die für BBD Bagh (immer noch oft als Dalhousie Square oder kurz „Dalhousie" bezeichnet), Mirza Ghalib Street (Free School St), Dr Mohammed Ishaque Road (Kyd St), Muzaffar Ahmed Street (Ripon St), Rafi Ahmed Kidwai Street (Wellesley St), Ho Chi Minh Sarani (Harrington St), AJC Bose Road (Lower Circular Rd), Shakespeare Sarani (Theatre Rd), Rabindranath Tagore Street (Camac St), Lenin Sarani (Dharamtala) und Rabindra Sarani (Chitpore Rd).

An der Ostseite der Esplanade befindet sich die einst elegante und heute von Straßenhändlern und Einkäufern wimmelnde **Chowringhee Road** mit ihren Villen und Palästen. Heute erinnert nur noch das viktorianische **Grand Hotel** mit seinem Palmenhof, der etwas von Singapurs berühmtem Raffles hat, nach endlosen Renovierungen und Besitzerwechseln ein klein wenig an die Kolonialzeit.

Östlich des nördlichen Abschnitts der Chowringhee Road liegt der **New Market**. Sein Inneres hat sich seit seiner Eröffnung im Jahre 1874 kaum verändert und versprüht noch den Charme der alten Welt. Unter seinem gotischen Uhrturm aus roten Ziegeln bietet der Markt eine breite Auswahl an Haushaltsgegenständen, Stoffen, Kleidung, Schmuck, allerhand Nippes, Bücher, aber auch Fleisch, Obst und Gemüse. Bei **Chamba Lama** gibt es tibetische Souvenirs, Silberschmuck, Bronzen und einigen Antiquitäten zu kaufen. Im Geschäft **Symphony** kann man sich mit indischer Musik (Klassik und Pop) eindecken und im **Sujata's** mit einigen der Seidenstoffe, für die der Laden berühmt ist. Die renommierte jüdi-

Feste in Kolkata

Die meisten Hindu-Feste in Kolkata finden zu Ehren einer von mehreren Manifestationen der Muttergöttin **Shakti** statt. Kolkatas Schutzgöttin, die schwarze Göttin **Kali**, ist eine Erscheinungsform von **Durga**, der Gefährtin Shivas. Kali wird üblicherweise vierarmig dargestellt, wie sie mit vor Schreck weit herausgestreckter Zunge auf dem mit dem Gesicht nach unten liegenden Shiva steht, nachdem sie den Dämonen Raktavija getötet hat. Eine andere Darstellungsform ist z. B. die gruselige Camunda (zertrümmertes Haupt), in der Kali ihren abgeschlagenen Kopf in den Händen hält und ihr eigenes Blut trinkt.

Das überschwenglichste Fest von Kolkata ist die zweiwöchige **Durga Puja** (Sep/Okt). Zum Zeichen ihrer immensen Kraft wird **Durga** mit zehn Armen gezeigt, wie sie den Dämonen Mahisasura erschlägt, der die Gestalt eines Büffels angenommen und die Götter herausgefordert hat. Durga sitzt auf einem Löwen oder wird von einem begleitet.

In Vorbereitung auf die Feierlichkeiten stellen Künstler im Stadtbezirk Kumartuli (s. S. 811) aus Stroh, Pappmaschee und Ton große weibliche Figuren her. Die üppigen Göttinnenstatuen werden angekleidet und geschmückt und dann in einer lautstarken Prozession zu aufwendig verzierten Festzelten geführt, den sogenannten *pandals*. Tagelang blockieren die mit Geldspenden von Geschäftsleuten und Privatpersonen errichteten *pandal*s, wo indische Popmusik aus Lautsprechern dröhnt, nun viele kleinere Straßen. Nach der *puja* bringt man die Figuren zum Fluss zur zeremoniellen Waschung. Das farbenfrohe Geschehen lässt sich am besten bei einer der von den Tourist Offices in Westbengalen (s. S. 823) angebotenen Bootsfahrten betrachten. Bei den Tourismusbüros kann man sich auch für Sightseeing-Bustouren anmelden, auf deren Programm u. a. *pandals* stehen.

Die größeren Feste:

- **Jaidev Mela** (Anfang Jan) Das Fest zum Gedenken an Joydeb, den hoch verehrten Autor der *Gita Govinda,* wird in der Nähe von Shantiniketan im Dorf Kendubilwa, auch Kenduli genannt, abgehalten. Es ist eine tolle Gelegenheit, um Baul-Bänkelsänger ganz in ihrem Element zu erleben.
- **Ganga Sagar Mela** (Mitte Jan) Zur Wintersonnenwende Makar Sankranti kommen Hunderttausende Hindu-Pilger und Sadhus aus ganz Indien durch Kolkata. Sie sind auf der Hin- bzw. Rückreise zum/vom dreitägigen

sche Bäckerei und Konditorei **Nahoum & Sons** versorgt ihre unverbrüchlich treue Kundschaft mit Brötchen, Gebäck und Kuchen. Weiter oben am Gang stehen Gewürzstände mit Trockenobst, gesalzenem Bandel-Hüttenkäse (geräuchert und ungeräuchert) und *amshat*, getrockneten Mangowürfeln. Die Abteilungen für Obst und Gemüse, Geflügel, Fisch und Fleisch ganz in der Nähe verraten sich schon durch ihre Gerüche. Jeder Kunde, der auch nur einen Anflug von Zögerlichkeit erkennen lässt, sieht sich sofort von hilfsbereiten Kulis auf der Suche nach einer kleinen Provision umringt.

Indisches Museum

An der Kreuzung von Chowringhee Road und Sudder Street steht das Indische Museum. Das 1814 gegründete Museum ist das älteste und größte des Landes. Unter den Tausenden von Besuchern sind immer wieder Einheimische anzutreffen, die es *jadu ghar* („Haus der Magie") nennen.

Prunkstück des Museums ist eine Sammlung von **Skulpturen**, in deren Mittelpunkt ein großartiges **Löwenkapitell** aus Sandstein aus dem 3. Jh. v. Chr. steht. Eine Abteilung beherbergt die Überreste des buddhistischen Stupas aus **Bharhut** in Madhya Pradesh aus dem 2. Jh. v. Chr. Die Steinmetzarbeiten zeigen menschliche und tierische Gestalten und Szenen aus den Jataka-Erzählungen über Buddhas Leben und Lehre. Eine weitere große Sammlung präsentiert buddhistische Schieferskulpturen aus der Region Gandhara, die auf das 1.–3. Jh. zurückgehen. Zu den weiteren Exponaten gehören Steinskulpturen aus **Khajuraho**, Bronzearbeiten aus Pala

Fest in Sagardwip, 150 km südlich von Kolkata. Der Ort liegt an der Mündung des Ganges ins Meer.

- **Dover Lane Music Festival** (Jan/Feb) Das einwöchige Festival südlich von Kolkata zieht viele der besten Musiker des Landes an.
- **Saraswati Puja** (Jan/Feb) Populäres und wichtiges Fest zu Ehren der Göttin des Lernens, das überall in Bengalen gefeiert wird.
- **Chinese New Year** (Jan/Feb) Im Mittelpunkt der einwöchigen Festlichkeiten mit Drachentänzen, Feuerwerk und gutem Essen stehen Chinatown und der Vorort Tangra.
- **Muharram** (das genaue Datum hängt vom Mondkalender ab, s. 💻 www.when-is.com. Moslemische Shiiten begehen den Jahrestag des Märtyrertodes von Hussein mit strengen Bußübungen, darunter Prozessionen mit Geißelungen.
- **Durga Puja** (Sep/Okt) Das am Winteranfang gefeierte Durga Puja (anderswo Dussehra genannt) ist das bengalische Äquivalent für Weihnachten. Seinen Höhepunkt erreicht es am Mahadashami, dem 10. Tag, wenn Götterstatuen zur rituellen Waschung im Fluss untergetaucht werden.
- **Lakshmi Puja** (Okt/Nov) Wird fünf Tage nach Mahadashami bei Vollmond zu Ehren der Göttin des Wohlstands abgehalten.
- **Id ul Fitr** (das genaue Datum hängt vom Mondkalender ab, s. 💻 www.when-is.com. Ein fröhliches Fest, das vom Neumond angekündigt wird und das Ende des Fastenmonats Ramadan bedeutet. Die Menschen ziehen neue Kleidung an und gönnen sich ein üppiges Festmahl in den Restaurants und an den Essenständen rund um den Park Circus.
- **Diwali** und **Kali Puja** (Okt/Nov) Zwei Wochen nach Lakshmi Puja wird in einer mondlosen Nacht Kali Puja abgehalten, bei dem Ziegen geopfert werden müssen. Es überschneidet sich mit dem Lichterfest Diwali.
- **Weihnachten** (25. Dez) Die Park Street und der New Market sind mit Weihnachtsgirlanden und dem obligatorischen Christbaum geschmückt. Überall gibt es Plum-Pudding zu kaufen, und zur Mitternachtsmesse strömen die Massen herbei.
- **Poush Mela** (Ende Dez) Zu dem *mela,* das um Weihnachten herum in Shantiniketan stattfindet, kommen zahlreiche Bauls nach Kolkata. Diese wandernden Bänkelsänger sind immer ein Riesenpublikumserfolg.

sowie Kupferarbeiten, Steinzeitwerkzeuge und Terrakotta-Figuren aus anderen Fundstätten.

Neben einer vorzüglichen Gemäldeausstellung tibetischer *thangkas* besitzt das Museum auch Gemälde im Kalighat-Pat-Stil sowie Bilder der **Company School**, einer Gruppe indischer Künstler des 19. Jhs., die mit westlichen Themen und Techniken für europäische Mäzene tätig waren. Außerdem wird eine stattliche Ansammlung von Fossilien und ausgestopften Tieren präsentiert, die ihrem Aussehen zufolge längst eine ehrbare Bestattung verdient hätten. 🕓 Di–So 10–16.30 Uhr, Eintritt Rs150.

Park Street

Beim Indischen Museum um die Ecke befindet sich in der Park Street 1 die **Asiatic Society**. Die 1784 von Orientalisten um Sir William Jones gegründete Gesellschaft besitzt rund 150 000 Bücher und 60 000 Manuskripte, die zum Teil bis auf das 7. Jh. zurückgehen. Ein **Lesesaal** steht der Öffentlichkeit zur Verfügung, 🕓 Mo–Fr 10–20, Sa 10–17 Uhr, Eintritt frei. In einer **Galerie** sind Kunstwerke und Antiquitäten ausgestellt, darunter Gemälde von Rubens und Reynolds, eine umfangreiche Münzsammlung und eines der Felsedikte von Kaiser Ashoka.

Rund 2 km weiter östlich liegt an der Park Street ein alter **Friedhof**, der zu den eindringlichsten Erinnerungen an die koloniale Vergangenheit gehört. Die 1767 geschaffene Begräbnisstätte ist die älteste ihrer Art in Kolkata. Viele berühmte Persönlichkeiten aus der Raj-Ära haben dort unter Pyramiden, Obelisken, Pavillons, Urnengräbern und Grabsteinen ihre letzte Ruhe gefunden.

Victoria Memorial und Calcutta Gallery

Das auffällige **Victoria Memorial** (🖳 www.victoriamemorial-cal.org) aus weißem Marmor am südlichen Ende des Maidan ist mit seinen formal gestalteten Gärten und Wasserläufen nach wie vor Kolkatas Stolz. Andere Kolonialbauten und Statuen im Stadtgebiet wurden umbenannt oder abgerissen, doch Queen Victorias Popularität scheint ungebrochen; alle Versuche, den Namen des „VM" zu ändern, blieben fruchtlos.

Dieses außergewöhnliche, von Sir William Emerson entworfene Gebäude mit romanischen Statuen über dem Eingang, mogulischen Eckkuppeln und eleganten hohen Kolonnaden an den Seiten wurde von dem britischen Außenminister Lord Curzon geplant, um dem Empire zur Zeit seiner höchsten Blüte ein Denkmal zu setzen. Als es 1921, 20 Jahre nach Victorias Tod, fertiggestellt wurde, hatte sich die Raj-Hauptstadt nach Delhi verlagert. Flankiert von zwei dekorativen Becken starrt melancholisch eine Statue der Königin Victoria von einem Sockel, der mit Bronzepaneelen und Friesen verziert ist, über den Maidan. Das mit Makrana-Marmor aus Rajasthan verkleidete Gebäude selbst wird von einer Kuppel gekrönt, in deren Zentrum eine drehbare, 5 m hohe Victory-Bronzefigur steht.

Der zum Maidan hin gelegene Haupteingang führt in einen großen Innenraum unterhalb der Kuppel, wo in 25 Sälen Erinnerungen an den britischen Imperialismus ausgestellt sind. 🕓 Di–So 10–17 Uhr, jeden 2. Sa im Monat geschlossen, Eintritt Rs150.

Die angeschlossene **Calcutta Gallery** ist auf jeden Fall sehenswert. Anhand von Gemälden, Dokumenten und alten Fotografien vermittelt sie einen faszinierenden Einblick in Kolkatas Geschichte, das damalige Leben der Städter und den Unabhängigkeitskampf. Die abendliche **Sound and Light Show** auf dem Gelände, stellt dasselbe Thema dar, 🕓 Okt–Feb Di–So 19.15 Uhr, März–Juni 19.45 Uhr, Rs20.

Wenn die Tore der **Parkanlagen** geschlossen werden, wandelt sich das Bild rund um den Maidan: Eine ansehnliche Menschenmenge versammelt sich dann draußen, um die frische Brise am Fluss zu genießen, Imbisse an Straßenständen zu kaufen oder eine Fahrt im offenen Wagen *(ikka)* zu unternehmen. 🕓 tgl. 5.30–19 Uhr, Rs4.

St Paul's Cathedral und Umgebung

Nicht weit vom Victoria Memorial und Birla-Planetarium entfernt steht die gotische **St Paul's Cathedral**, 1847 unter Major W. N. Forbes errichtet. Das Eisenträgerdach mit den Maßen 75 x 24 m war damals das weltweit längste seiner Art. Zur besseren Belüftung erstrecken sich die Spitzbogenfenster bis auf Fußleistenniveau, und an den Decken hängen große Ventilatoren. Unter vielen gut erhaltenen Erinnerungsstücken und Gedenktafeln an verstorbene Imperialisten ragt das Buntglasfenster heraus, das Sir Edward Burne-Jones 1880 zu Ehren des britischen Generalgouverneurs Lord Mayo entwarf. Die ursprüngliche Kirchturmspitze wurde 1897 durch ein Erdbeben zerstört, nach einem weiteren Erdbeben 1934 wurde sie dem Bell Harry Tower der Kathedrale von Canterbury nachgestaltet. 🕓 tgl. 9–12 und 15–18 Uhr.

Südlich der Kathedrale präsentiert die **Academy of Fine Arts** in der Cathedral Road zeitgenössische bengalische Kunst. Neben Wanderausstellungen bietet sie Dauerausstellungen zu Werken von Künstlern wie Jamini Roy und Rabindranath Tagore. 🕓 tgl. 15–20 Uhr, Eintritt Rs5. Ein Café und schöne Grünanlagen tragen zum Ambiente bei. Der große Vortragssaal Rabindra Sadan hat regelmäßig klassische indische Musik auf dem Programm. Nebenan befindet sich das von dem berühmten Filmemacher Kolkatas, Satyajit Ray, gegründete Filmzentrum **Nandan** (s. S. 820).

Kolkatas Zentrum

Das wirtschaftliche und administrative Zentrum Kolkatas und Westbengalens ist **BBD Bagh**, das eingefleischte Einheimische noch immer **Dalhousie Square** nennen. Der neue offizielle Name erinnert in feinsinnig bürokratischer Rhetorik an drei Revolutionäre, die nach einem Mordversuch an dem Generalgouverneur Lord Dalhousie gehängt wurden.

Kunstgalerien

Zeitgenössische Kunst hat in Bengalen schon lange Tradition. Als Nebenprodukt des wirtschaftlichen Aufschwungs werden Kunstgegenstände immer öfter auch als geeignete Spekulationsobjekte/Geldanlagen betrachtet. Daher haben überall in der Stadt Galerien eröffnet, die zum Teil hervorragende Kunstobjekte feilbieten. Einen Ausstellungskalender findet man im *Cal Calling*. Abgesehen von der Academy of Fine Arts und dem Ashutosh Museum lohnen auch die nachstehend gelisteten Galerien unbedingt einen Besuch.

Aakriti Art Gallery, 1st Floor, Orbit Enclave, 12/3A, Picasso Bithi, Hungerford St, ✆ 033/2289 3027, 💻 www.aakritiartgallery.com. Die stilvoll angelegte moderne indische Kunstgalerie mit Museumsshop stellt Werke berühmter Künstler aus. ⌚ Mo–Sa 12–19 Uhr, Eintritt frei.

Bengal Gallery, Rabindranath Tagore Centre, 9A Ho Chi Minh Sarani, ✆ 033/2287 2680, 💻 www.tagorecentreiccr.org. Das staatliche Kulturhaus zeigt manchmal Kunst- und Kunsthandwerksausstellungen. ⌚ Mo–Sa 10–19 Uhr, Eintritt frei.

Birla Academy of Art and Culture, 108 Southern Ave, ✆ 033/2466 2843, 💻 www.birlaart.com. Widmet sich alter und neuer Kunst und veranstaltet regelmäßig Ausstellungen zeitgenössischer indischer Kunstschaffender. ⌚ Di–So 16–19 Uhr, Eintritt Rs5.

CIMA (Centre of International Modern Art), 2nd Floor, Sunny Towers, 43 Ashutosh Chowdhury Ave, ✆ 033/2474 8717, 💻 www.cimaartindia.com. In der renommierten Galerie in Ballygunge sind Arbeiten junger indischer Künstler zu sehen. ⌚ Di–So 14–20 Uhr, Eintritt frei.

Galerie 88, 28-B Shakespeare Sarani, ✆ 033/2247 2274, 💻 www.galerie88.in. Eine private Galerie mit modernen indischen Gemälden sowie Sonderausstellungen; auch ein paar große Namen aus der Kunstszene sind vertreten. Außerdem wird Künstlerbedarf verkauft. ⌚ Mo–Sa 10–19 Uhr, Eintritt frei.

Das 1868 an der Stelle des einstigen Fort William errichtete **GPO** (Hauptpostamt) im Westen des Platzes verbirgt angeblich hinter seinen Mauern das berüchtigte **Black Hole** von Kalkutta. In einer heißen Juninacht des Jahres 1756 pferchten Siraj-ud-Daulas Schergen 146 englische Gefangene in eine kleine Kammer, die nur durch winzige Fensterschlitze belüftet wurde. Am nächsten Morgen waren die meisten erstickt. Die Wachen hatten die sich abzeichnende Tragödie offensichtlich nicht erkannt, und Siraj-ud-Daula war bestürzt, als ihn die Nachricht erreichte.

Jenseits der Zentrale von Eastern Railways in der Netaji Subhash Rd befindet sich das Herz von Kolkatas **Geschäftsviertel**: die Calcutta Stock Exchange an der Ecke von Lyon's Range, die hier in den 1830er-Jahren als ein Treffen von Händlern unter einem Neem-Baum begann. Im Labyrinth der Bauwerke sind zahlreiche koloniale Handelsgesellschaften ansässig, unter ihnen einige mit schottischem Namen.

Über dieses Viertel verteilen sich mehrere britische **Kirchen** aus dem 18. und 19. Jh. Die interessanteste, **St John's**, steht unmittelbar südlich der Hauptpost. Das 1787 errichtete Bauwerk beherbergt Gedenktafeln an britische Einwohner ein Abendmahl-Gemälde von Johann Zoffany, auf dem prominente Bürger der Stadt als Apostel dargestellt sind. ⌚ tgl. 8–17 Uhr, Rs10. Auf dem ältesten Friedhof der Stadt befindet sich auch das Grab von **Job Charnock**, dem Gründer Kalkuttas.

Das Gebiet südlich des BBD Bagh wird vom **Government House** dominiert. Das nicht öffentlich zugängliche Gebäude überschaut den Norden des Maidan und die breite Prachtstraße Red Rd, die einst als Fluglandebahn fungierte. Bis 1911 diente das Gebäude den britischen Generalgouverneuren und Vizekönigen als Residenz, heute ist es unter dem Namen **Raj Bhavan** die offizielle Adresse des Gouverneurs von Bengalen. Ein Stückchen weiter westlich steht gegenüber dem **Assembly House** für Westbengalens gesetzgebende Versammlung die säulenbestandene **Town Hall**, in der das **Kolkata Panorama** untergebracht ist. Das Museum erzählt mithilfe einer gut integrierten Multimediapräsentation die Geschichte der Stadt – der Schwerpunkt liegt auf dem Unabhängigkeitskampf. Besucher werden in Gruppen durch die Ausstellung geführt. ◷ Di–So 11–18 Uhr, Eintritt Rs15. Direkt gegenüber befindet sich der Sportkomplex **Eden Gardens** mit dem weltberühmten Cricketplatz (offizieller Name: Ranji Stadium).

Kolkatas Norden

Das planlos wirkende Gebiet im Norden war lange Zeit eher ein „einheimischer" Stadtteil, denn dort errichteten die reichen bengalischen Familien im 19. Jh. ihre kleinen Paläste *(raj baris)*, von denen sich viele heute in einem fortgeschrittenen, aber faszinierenden Zustand des Verfalls befinden.

Das nördlich vom BBD Bagh gelegene Gebiet **Barabazaar** war die Heimat vieler Händlergemeinden, von denen die Portugiesen die ersten waren. Die kleinen hektischen Straßen südlich der MG Rd sind von Geschäften und Ständen gesäumt. Im äußersten Nordwesten von Barabazaar steht in der Nähe der Howrah-Brücke Kolkatas älteste Kirche, die **Armenian Church of Our Lady of Nazareth**, ◷ So 9–23 Uhr. Sie wurde 1724 von dem persischen Armenier Cavond gestiftet und entstand an der Stätte eines armenischen Friedhofs, dessen ältester Grabstein auf das Jahr 1630 zurückgeht. Die armenische Gemeinschaft übte bereits vor der Ankunft der Briten großen Einfluss am Hof von Bengalen aus und spielte auch eine wichtige Rolle in der Frühgeschichte der Ostindienkompanie. Später verhalf sie der lukrativen Jute-Industrie auf die Beine, und in der Stadt gibt es immer noch eine kleine armenische Gemeinde.

Östlich von Barabazaar ragen an der Rabindra Sarani (früher: Chitpore Rd) die stolzen Minarette der großen roten **Nakhoda-Moschee** in die Höhe. Sie ist die große Jama Masjid („Freitagsmoschee") der Stadt und wurde 1942 nach dem Vorbild von Akbars Grab in Sikandra bei Agra fertiggestellt. Ihre vier Stockwerke bieten 10 000 Gläubigen Platz. Rund um die Moschee werden auf dem traditionellen moslemischen Markt religiöse Gegenstände, Kleidung und Süßigkeiten wie *firni* (aus Reis) angeboten.

Bis vor relativ kurzer Zeit gab es im chaotischen Straßengewirr südlich der Rabindra Sarani eine lebendige **Chinatown** mit Restaurants, Opiumhöhlen und anderen zwielichtigen Angeboten. Einige wenige chinesische Familien leben noch heute rund um Chhatawala Gully, wo frühmorgens auf einem Straßenmarkt (◷ tgl.

Howrah-Brücke

Rabindra Setu lautet der offizielle – aber wenig gebräuchliche – neue Name für eines von Kolkatas berühmtesten Markenzeichen, die 97 m hohe und 705 m lange Howrah-Brücke, 💻 www.howrahbridgekolkata.gov.in. Sie überwindet den Fluss in einer einzigen Spanne und ist damit die drittlängste Auslegerbrücke der Welt. Sie wurde 1943 während des Zweiten Weltkriegs gebaut, um den alliierten Truppen Zugang zur burmesischen Front zu verschaffen und ersetzte eine ältere Pontonbrücke. Mit unzähligen Trägern, war sie die erste Brücke, die mit Hilfe von Nietverbindungen errichtet wurde. Noch heute wird sie von mehreren Millionen Pendlern überquert, und trotz der Beseitigung der Straßenbahngleise sind ihre acht Spuren ständig mit Fahrzeugen verstopft. In den 80er-Jahren war sie in einem so erbärmlichen Zustand, dass angeblich ein Mann, der sein liegen gebliebenes Fahrzeug schob, durch ein Loch gefallen und auf ewig verschwunden sein soll. Man sollte sich aber nicht abschrecken lassen: In den letzten Jahren wurden umfangreiche Ausbesserungsarbeiten durchgeführt, und das Erlebnis, sich im Strom der Fußgänger treiben zu lassen, hinterlässt einen nachhaltigen Eindruck.

Vidyasagar Setu, die zweite Brücke über den Hooghly, trägt nun 3 km weiter südlich zur Entspannung der Verkehrslage bei. Ihre Bauzeit betrug 22 Jahre. Sie ist eine riesige Mautbrücke, unter der Schiffe hindurchfahren können. Im Jahr 2006 machte die inkompetente Mautstelle einen Verlust von über US$7 Mio., was die Privatisierung zur Folge hatte.

6–7 Uhr) hausgemachte Wurst, Nudeln und Jasmintee angeboten werden. In dem fesselnden Buch *The Palm Leaf Fan and Other Stories* hat Kwai-Yun Li sehr einfühlsam das Schicksal der Chinesengemeinde von Kolkata festgehalten.

Nördlich der MG Rd an der winzigen Muktaram Babu Street, einer Seitenstraße der Chittaranjan Avenue, präsentiert der **Marble Palace** (Marmorpalast) seine Kostbarkeiten. Kostenlose Karten für die Teilnahme an einer der Führungen durch die außergewöhnliche Sammlung bieten die Touristenbüros am BBD Bagh oder in der Shakespeare Sarani (S. 823). In den Sälen finden sich Statuen, europäische Antiquitäten, Ming-Vasen sowie Gemälde von Rubens und Gainsborough beherbergen. 🕓 10–16 Uhr, Mo und Do geschlossen, Eintritt frei, fotografieren verboten.

Nördlich des Marble Palace erstreckt sich Kolkatas größter Rotlichtbezirk **Sonagachi** mit seinen labyrinthartigen Gassen.

Ein kurzer Spaziergang führt vom Marble Palace nordostwärts zur Dwarkanath Tagore Lane. Hier befindet sich der kleine Campus von Rabindranath Tagores geisteswissenschaftlicher **Universität Rabindra Bharati** mit dem Haus, in dem er geboren wurde und auch starb. Das heutige **Rabindra Bharati Museum**, auch als Tagore House bekannt, ist ein schönes *raj bari*-Beispiel aus dem 19. Jh. und besitzt viele von Tagores Gemälden. 🕓 Di–So 10–16.30 Uhr, Eintritt Rs50.

In der Nähe, im Centenary Building knapp innerhalb vom College Street-Gateway in der Calcutta University, findet man auch das **Ashutosh Museum of Indian Art**. Hier dreht sich alles um bengalische Kunst: von Skulpturen der Pala-Dynastie aus dem 8. Jh. bis hin zu bemalten Schriftrollen und modernen Werken. Nur wenige Besucher finden den Weg hierher und es ist gut möglich, dass man das Museum – abgesehen von ein paar Wächtern – ganz für sich allein hat. 🕓 Mo–Fr 11–16.30 Uhr, Eintritt Rs10.

Der Straße weiter folgend, gelangt man zum **India Coffee House**, das nach wie vor als Treffpunkt der Intellektuellenszene gilt. In Nord-Kalkutta gibt es zwei wichtige Jain-Tempel; der **Parasnath**, 2 km nordöstlich der College St in Manicktolla, ist eine kitschige Hommage an den zehnten *tirthankara*. Der **Sitalnath** glänzt mit neoklassischen Statuen in einem Wassergarten und einem Innenraum mit Marmor-Dekor, Silber und Kronleuchtern. Der **Digambar-Tempel** in Belgachia ist relativ schlicht gehalten.

Der Hooghly

Bevor der Hooghly, ein Nebenfluss des Ganges, infolge Verschlammung für große Schiffe unpassierbar wurde, war Kolkata ein geschäftiger Hafen. Anders als in Varanasi haben die *ghats* am Ostufer keine heilige Bedeutung. Sie dienen nur als Anlegestellen und Plätze für rituelle Waschungen. Rund 1,5 km nördlich der Howrah-Brücke ist **Nimtolla Ghat**, eine der wichtigsten Verbrennungsstätten der Stadt, vor öffentlichen Blicken abgeschirmt. Weiter nördlich sind die Gassen hinter **Kumartuli Ghat** die Heimat von Kunsthandwerkern, die für wichtige Feste benötigte Statuen von Gottheiten herstellen. Vor allem an den Tagen vor großen Festen wie Durga Puja ist **Kumartuli** ein faszinierendes Zentrum der Betriebsamkeit. Weiter nördlich gelangt man zur **Baghbazaar Ghat**, wo überladene Frachtkähne Stroh für Kumartulis Brennöfen abladen. Baghbazaar, der Gartenmarkt, befindet sich an der Stätte des ehemaligen **Sutanuti**. Die stolzen, jedoch verfallenden Prachtbauten erinnern an den längst verblichenen Lebensstil der bengalischen Oberschicht *bhadra log*.

Südlich der Howrah-Brücke, hinter dem belebten Blumenmarkt von **Mullick Ghat**, herrscht an der großen **Armenian Ghat** bei Morgengrauen der meiste Betrieb. Zu dieser Stunde treiben zahlreiche traditionelle Turner und Ringer, Anhänger des Affengottes Hanuman, ihren Frühsport. Auf dem Weg nach Süden führt die durch die Schienen der Circular Railway vom Fluss getrennte Strand Road an einigen Lagerhäusern, dem **Millennium Park** und Fairly Place vorbei zu weiteren *ghats*. An der **Chandpal Ghat** fahren in kurzen Abständen (7.30–20 Uhr) Fähren ab, eine bequeme Alternative zur Howrah Bridge. An der **Babu Ghat**, zu erkennen an der zerbröckelnden Kolonnade, sind frühmorgens *pujari* (Priester) und kräftige Masseure bei zeremoniellen Waschungen zugegen. In der Nähe liegt der ebenso schmuddelige wie betriebsame Busbahnhof Babu Ghat, einer der Knotenpunkte für Überlandverbindungen. Weiter südlich, Richtung **Princep Ghat**, zwischen Fort William und dem Fluss, wird aus der Strand Road eine schattige Promenade, die eine angenehme Flaniermeile für den Spätnachmittag abgibt. Hier findet man ein Café und Essensstände, und von einem kleinen Anleger in der Nähe des Café Scoops fahren Ausflugsboote ab (ca. Rs150 pro Std.).

Botanischer Garten

Der Botanische Garten in Shibpur liegt 10 km südlich des Bahnhofs Howrah am Westufer des Hooghly. Das große Gelände ist besonders im Winter und Frühling reizvoll. Beste Besuchszeit sind die frühen Morgenstunden, wenn es noch angenehm kühl ist. Berühmteste Sehenswürdigkeit ist der **weltweit größte Banyan-Baum**, der 24,5 m hoch ist und den erstaunlichen Umfang von 420 m aufweist. Sehenswert sind auch das Orchideenhaus, das Herbarium und die Farnhäuser. Am Fluss lädt ein Weg zum Spaziergang ein. ◷ tgl. 5.30–17 Uhr, Rs50.

Man erreicht den Garten in einer ermüdenden Fahrt von der Esplanade mit dem Bus Nr. C6. Von der Park Street fährt die Nr. T9 ab, von Dharamtala (via Howrah) sind es die Minibusse Nr. 6. Ein Taxi von der zentralen Sudder Street kostet für eine Strecke rund Rs150.

Kolkatas Süden

Südlich von Maidan und Park St erstrecken sich Kolkatas **Vorstädte**, zu denen Alipore und Ballygunge gehören – beide in bequemer Distanz zum Zentrum. Die Verbindungsstraße nach Süden beginnt mit der Chowringhee Rd und verläuft südlich von Esplanade via **Kalighat** nach **Tollygunge** entlang der U-Bahn-Linie. Sie endet in der Nähe des vornehmen Tollygunge Club, dem Wohnsitz eines Indigo-Kaufmanns, der heute von makellosen Golfflächen und Reitpfaden umgeben ist (s. S. 816). Nordöstlich davon führt die Straße hinter einer weiß gekachelten, 1835 von Nachkommen Tipu Sultans gebauten Moschee zu den Parkanlagen von **Rabindra-Sarobar**. Sie werden auch einfach die „Seen“ genannt und sind beliebt für Abendspaziergänge.

Alipore

Rund 3 km südwestlich der Park Street führen elegante Tore mit Dreifachbögen direkt südlich vom beliebten **Zoo** (◷ tgl. außer Di 9–17 Uhr, Eintritt Rs10) und Aquarium zur früheren Residenz des Gouverneurleutnants von Bengalen, **Belvedere**. Heute ist hier die **Nationalbibliothek** untergebracht. ◷ Mo–Fr 9–20, Sa und So 9.30–18 Uhr, Eintritt frei.

Kalighat

Kolkatas wichtigster Tempel Kalighat (ca. 5 km südlich der Park Street) ist über die Ashutosh Mukherjee Road, eine Verlängerung der Chowringhee Rd, zu erreichen. Er steht im Herzen eines bunt gemischten, von Leben erfüllten Viertels aus Wohngebieten und Basaren. Die Zufahrtswege zum Tempel werden von Bettlern gesäumt, die auf Almosen von Pilgern hoffen, und auf den Hauptstraßen und Brücken bieten Prostituierte in einer erschreckend trostlosen Umgebung ihre Dienste an. Der typisch bengalische Tempel selbst wurde 1809 aus Ziegel und Mörtel errichtet und ist mit seiner gebogenen

Kalighat-Malerei

Zu Beginn des 19. Jhs. erlebte Kalighat seine goldenen Jahre und zog Pilger, Kaufleute und Künstler aus allen Ecken Indiens an. Unter ihnen waren auch **Rollbildermalder** aus anderen Teilen von Bengalen – sie prägten den unverkennbaren Stil, der heute unter der Bezeichnung **Kalighat pat** bekannt ist. Unter Einbeziehung westlicher Kunsttechniken, z. B. der Verwendung von Papier und Aquarellfarben anstelle von Temperafarben, bewegten sie sich von religiösen Themen weg und hin zu zeitgenössischen. Um 1850 hatte Kalighat *pat* eine dynamische neue Richtung eingeschlagen: satirische Darstellungen der Mittelschicht, ähnlich den heutigen Politcartoons. Diese scharfsinnigen Zeitzeugnisse, prallvoll mit Szenen aus dem Alltagsgeschehen, findet man in Galerien und Museen in aller Welt, außerdem im Indian Museum (S. 806) sowie in der Birla Academy und im Ashutosh Museum in Kolkata.

Dachform der schwarzen **Göttin Kali**, einer Erscheinungsform der Shakti, geweiht.

Der Legende zufolge geriet Shiva nach dem Tod seiner Frau Sati in Raserei und begann mit ihrem toten Leib zu tanzen, so dass die gesamte Welt erbebte. Die Götter unternahmen mehrere Versuche, ihn zu bändigen, bis schließlich Vishnu seinen Sonnendiskus schleuderte und den toten Körper in 51 Teile zerstückelte. Jeder Ort, an dem eines dieser Teile zu Boden fiel, wurde zu *pitha*, einer Pilgerstätte für Anbeter des weiblichen Prinzips der Göttlichkeit – Shakti. Der Tempel Kalighat kennzeichnet den Ort, an dem ihr kleiner Zeh zu Boden fiel.

Der Tempel ist jederzeit geöffnet und stets gut besucht. Oft versuchen nach Bakschisch gierende Priester ausländische Besucher nach unten ins Kellergeschoss zu schieben, wo sie ein monolithisches Bildnis der Furcht erregenden Göttin mit den großen Augen und der blutigen Zunge anschauen können.

Im Hof hinter der Hauptversammlungshalle werden der Göttin zu bestimmten Anlässen wie Kali Puja Ziegen geopfert. Früher wurden dort angeblich sogar Menschenopfer dargebracht, um die Fruchtbarkeitsgöttin günstig zu stimmen. Im Norden des Tempelgeländes beten Frauen mit Kinderwunsch vor einem Lingam, und ringsum sorgen Läden für das Wohl der Pilger. In der Nähe, in der Nordwestecke der Anlage, befindet sich Mutter Teresas Hort **Nirmal Hriday** für Arme und Sterbende.

Übernachtung

Wenn Ausländer in Kolkata eintreffen, mutmaßen Taxifahrer sofort, dass ihr Ziel die Sudder Street nahe New Market ist. Diese aufregende Gegend mit einer Mischung aus Travellern, Geschäftsleuten und Bangladescher auf Durchreise bietet zahlreiche kleinere Budget- und Mittelklassehotels und liegt sehr zentral. Die meisten Hotels in der **Sudder Street** gehören der unteren und mittleren Preisklasse an, wobei letztere oft überteuert sind und kein gutes Preis-Leistungs-Verhältnis bieten. Wer ein wenig mehr Luxus möchte, wird sich wohl woanders umschauen müssen. Wer einen Nachtflug gebucht hat, ist mit den einfachen *retiring rooms* am **Flughafen** ganz gut bedient (s. S. 827). Für **Bahnreisende** eignet sich bei später Ankunft das **Yatri Niwas** in der South Station von Howrah, ✆ 033/2660 1742. Dorm Rs100, Zimmer Rs350, mit AC Rs550. Sowohl am Hauptbahnhof als auch in der South Station gibt es *foodhalls,* in denen man hervorragend essen kann.

Alle nachstehend aufgeführten Unterkünfte sind auf der Karte „Chowringhee und Sudder Street" verzeichnet (S. 804).

Sudder Street, New Market, Esplanade und Umgebung

Aafreen Tower, 9A Kyd St, ✆ 033/2229 3280. Ein gut geführtes Businesshotel mit einem gläsernen, an der Außenwand mit Spinnweben überzogenen Außenlift. Die Zimmer sind sauber und weisen ein extrem gutes Preis-Leistungs-Verhältnis auf, besonders die mit AC. ❸–❹

Capital Guest House, 11-B Chowringhee Lane, ✆ 033/2252 0598. Einfache, aber zweckmäßige Zimmer (teils AC) mit Warmwasser aus Eimern in einem großen Innenhof abseits des Rummels der Sudder St. ❷–❹

Fairlawn, 13-A Sudder St, ✆ 033/2252 1510, 🖳 www.fairlawnhotel.com. In dem berühmten, altmodischen und bis unters Dach mit Erinnerungsstücken vollgestopften Hotel in Familienbesitz herrscht ein charmant nostalgisches, exzentrisches Raj-Flair. Allerdings ist der Mangel an modernen Annehmlichkeiten nicht jedermanns Sache. Wer eine andere Bleibe bevorzugt, kann aber trotzdem auf einen Drink in der abends viel besuchten Bar im Garten vorbeikommen. ❻

Galaxy, 3 Stuart Lane, ✆ 033/2252 4565. Kleines Hotel mit nur 4 sauberen Zimmern (Warmwasser, aber kein AC) und fairen Preisen. ❷

Garib Niwas, 9 Chowringhee Lane, ✆ 033/2217 5452. An der Rückseite des ansonsten schlichten Hotels mit kleinen, sauberen Zimmern versteckt sich ein ungewöhnlicher Anbau. Dort befinden sich im Obergeschoss makellose, in knalligem Dunkelblau oder Dunkelrot gehaltene Zimmer mit Bad. ❸–❺

Lytton, 14 Sudder St, ✆ 033/2249 1872, 🖳 www.lyttonhotelindia.com. Das altbewährte Hotel besitzt zwar wenig Eigencharakter, ist aber wahrscheinlich das beste und eindeutig das

Mutter Teresa

Kolkatas berühmteste Bürgerin, die am 19. Oktober 2003 von Papst Johannes Paul II. selig gesprochene Mutter Teresa (1910–97), wurde mit dem Namen Agnes Gonxha Bojaxhiu als Tochter albanischer Eltern geboren und wuchs in Skopje/Mazedonien auf. Nachdem sie sich dem irischen Orden Sisters of Loreto angeschlossen hatte, wurde sie als Lehrerin nach Darjeeling geschickt. Hier leistete sie im Mai 1931 ihr Gelübde und wurde Teresa. Bei ihrer Arbeit an der St Mary's School in Kolkata wurde sie der erschreckenden Armut um sich herum gewahr, und so legte sie 1948 mit Erlaubnis aus Rom ihr Nonnengewand ab, um sich fortan mit dem einfachen weißen Sari mit blauer Bordüre zu kleiden. Es wurde die Uniform der **Missionare der Barmherzigkeit**.

Die größte Berühmtheit unter Mutter Teresas zahlreichen Heimen und Kliniken erlangte Nirmal Hriday, 251 Kalighat Rd, ein Hospiz für Mittellose. Örtlichem Widerstand zum Trotz wählte Mutter Teresa Kolkatas wichtigstes hinduistisches Zentrum Kalighat zum Sitz dieser Einrichtung, weil sie wusste, dass sich viele Arme dorthin begeben, um in der Nähe einer heiligen *tirtha* (Furt) zu sterben. Ihr frommer und geradliniger Einsatz für die Armen trug ihr internationale Anerkennung ein, und 1979 erhielt sie für ihre Arbeit den Friedensnobelpreis. Später handelte sie sich wegen ihrer rigorosen Ablehnung der Abtreibung auch Kritik ein. Später wurde ihr auch vorgeworfen, Fortschritte der Medizin zu ignorieren, um die Seelen der Sterbenden und Verelendeten vor äußerer Einmischung zu retten. Die Kritik an ihrer Person aber erscheint im Licht ihrer ungeheuren Verdienste für die Menschlichkeit unangebracht.

Wer sich für die Arbeit der Missionaries of Charity interessiert, wendet sich an die Adresse Mother House, nahe Sealdah Station in 54-A AJC Bose Rd, ✆ 033/2249 7115 (Do geschl.) wo es auch ein kleines Museum gibt. Gelegentlich werden Freiwillige, die hier arbeiten möchten, zwar abgewiesen, doch es werden Workshops als kurze Einführung in die Arbeit der Missionare veranstaltet (Mo, Mi und Fr 15–17 Uhr). In der Nähe befindet sich das Waisenhaus Shishu Bhavan, 78 AJC Bose Rd.

komfortabelste in der Sudder St. Kühlschrank, Satelliten-TV und AC sind Standard in allen Zimmern, außerdem gibt es u. a. eine Bar und zwei gute Restaurants. ❽

Maria, 5/1 Sudder St, ✆ 033/2252 0860. Altes, verblichenes Gebäude mit hohen Decken und großen Zimmern (z. T. mit Bad), oft ausgebucht. Schlafsaal (Rs80), zuverlässiges Internetcafé und gemütliche Terrasse. ❷

Modern Lodge, 1 Stuart Lane, ✆ 0332242 5960. Beengtes, trotz mürrischem – teils sogar unverschämtem – Personal schon seit den 1960ern bei Rucksacktouristen beliebtes Hotel mit netter Dachterrasse. Die besseren Zimmer (manche mit Bad) befinden sich im Obergeschoss. ❷

Oberoi Grand, 15 Chowringhee Rd, ✆ 033/2249 2323, 💻 www.oberoihotels.com. Von Grund auf renoviertes Haus mit viktorianischer Fassade aus dem Jahr 1938. Eine lokale Institution mit zuvorkommendem Service und komplett renovierten Zimmern in einem Stilmix aus Tradition und Moderne. Swimming Pool, thailändische und indische Restaurants; sehr strenge Sicherheitsmaßnahmen. Zimmer ab US$400. ❾

Paragon, 2 Stuart Lane, ✆ 033/2252 2445. Beliebte und sehr travellerfreundliche Unterkunft mit dunklen und etwas schmuddeligen Zimmern im Erdgeschoss. Bessere liegen rund um den belebten Dachgarten, sie sind allerdings recht klein. Manche Zimmer haben Bad, außerdem gibt es zwei Dorms (Rs110). ❷

Timestar, 2 Tottee Lane, ✆ 033/2252 8028. Große Zimmer in alter Villa mit Ventilatoren und Warmwasser aus dem Eimer, manche auch mit TV. ❷

YMCA, 25 Chowringhee Rd, ✆ 033/2249 2192. In der Nähe des Indian Museum. Eleganter, aber mitgenommener holzgerahmter Eingang; im Obergeschoss geräumige Zimmer mit hohen Decken. Die Zimmer mit AC bieten mehr Gegenwert fürs Geld. *Morning tea* und Frühstück sind im Preis enthalten. Wer eine zeitlich begrenzte Mitgliedschaft erwirbt (Rs50 pro Woche), darf auch den Billardtisch und die Tischtennisplatte benutzen. ❺

Park Street, Chowringhee und Umgebung

Alle nachstehend aufgeführten Unterkünfte sind auf der Karte „Chowringhee und Sudder Street" verzeichnet (S. 804).

Astor, 15 Shakespeare Sarani, ✆ 033/2282 9950, 💻 www.astorkolkata.com. Komfortables altes Gartenhotel, das sich einiges vom Charme des alten Kalkutta bewahrt hat. Komfortable, modernisierte Zimmer mit Satelliten-TV, Kühlschrank und AC, außerdem Disco und ausgezeichnete Restaurants (s. S. 818). ❽

Choudhurys' Guest House, 55 Chowringhee Rd, ✆ 033/2281 1817. Beliebt bei Geschäftsleuten und Dauergästen. Altmodische Zimmer mit hohen Decken und einigen Annehmlichkeiten. Ruhige Lage nahe dem Maidan. Zeitig reservieren. ❺–❻

Park, 17 Park St, ✆ 033/2249 9000, 💻 www.theparkhotels.com. Modernes 5-Sterne-Boutiquehotel in einer kosmopolitischen Straße. Sämtliche Annehmlichkeiten, z. B. Swimming Pool, Fitnessclub und später Check-out. Drei sehr gute Restaurants, darunter ein beliebter Club und eine Bar mit Livemusik. Luxuriös und stylisch. US$225. ❾

Sunflower Guest House, 7 Royd St, ✆ 033/2229 9401. Großer gepflegter Altbau unter Verwaltung einer der ältesten *rajbari*-Familien der Stadt. Ulkiger Aufzug. Die meisten der superber sauberen Zimmer mit Bad liegen auf den oberen drei Stockwerken; die Penthouse-Zimmer haben einen tollen Ausblick. Außerdem gibt es ein geräumiges Foyer und einen kleinen Dachgarten, wo auf Wunsch Essen serviert wird. ❹

YWCA, 1 Middleton Row, ✆ 033/2229 7033. Sichere Unterkunft für Frauen und besonders gut für einen längeren Aufenthalt. Sauberes, zentral gelegenes Hostel mit passablen Zimmern unweit der Park St, hübscher Hof mit Tennisplatz. Frühstück inbegriffen. ❷–❹

Bezauberndes Boutiquehotel

Bodhi Tree Guest House, 48/44 Swiss Park, ✆ 033/2424 6534, 💻 bodhitree-cal.spaces.live.com. Das wunderschöne kleine, farbenfroh und geschmackvoll eingerichtete Boutique-Guesthouse liegt von den Seen aus gesehen jenseits der Bahngleise und unweit vom U-Bahnhof Rabindra Saravar. Jedes Zimmer ist nach einem bestimmten Motto gestaltet, z. B. das aus Adobeziegeln erbaute Cottage „Yogacara" im Garten. Die Preise richten sich nach der Aufenthaltsdauer. ❺–❼

Home away from home

Indrani Guest House, 3B Lovelock St, ✆ 033/2486 6712. Komfortables Familienhotel mit Frühstück und auf Wunsch hausgemachten Mahlzeiten in einem Wohngebiet abseits der Ballygunge Circular Rd. Sehr begrenzte Zimmerzahl und überaus beliebt bei Langzeitgästen, deshalb frühzeitig buchen. ❺

Kolkatas Süden

Alle nachstehend aufgeführten Unterkünfte sind auf der Karte „Kolkata" verzeichnet (S. 802/803).

Hindusthan International, 235/1 AJC Bose Rd, ✆ 033/4001 8000, 💻 www.hindusthan.com. Renoviertes, aber einfaches und etwas überteuertes Businesshotel in günstiger Lage. Komfortable, konservativ eingerichtete Zimmer. Reisebüro, Restaurants, Disco, Fitnesscenter und Freibad. Zimmer ab US$270. ❾

The Residency Guest House, 50/1C Purna Das Rd, ✆ 033/2466 9382. Das in Gehweite von den Seen und Gariahat in einem Wohnbezirk am Rand des Gol Park gelegene Haus hat einwandfreie Zimmer mit AC und gefliesten Böden. Der Service ist freundlich; das Frühstück (im Preis inkl.) wird eine Tür weiter im edlen Schwesterhotel, dem Restaurant on the First Floor, eingenommen. ❺–❻

Transit House, 11-A Raja Basanta Roy Rd, ✆ 033/2466 2700, ✉ transit1@vsnl.net. Exzellentes, gemütliches Gästehaus, das für Frauen als sicher gilt. Geräumige Zimmer. Abseits des Zentrums, jedoch in der Nähe interessanter Märkte und der Seen und nicht weit von der Metro. ❺

Exklusive Herberge

Tollygunge Club, 120 Deshapran Sasmal Rd, ✆ 033/2473 2316, 💻 www.tollygungeclub.org, am südlichen Ende der U-Bahn-Linie. Dieser exklusive Club bietet eine Auswahl an modernen, aber gesichtslosen Cottages und Zimmern. Der Preis schließt die vorübergehende Mitgliedschaft ein, inkl. Nutzungsberechtigung für den 18-Loch-Golfplatz, die Reit-, Schwimm-, Tennis- Squash-Möglichkeiten und Ayurveda-Behandlungen. Die Bar Wills Shamiana im Garten ist ein tolles Plätzchen für einen Sundowner und zum Beobachten von herumstreunenden Schakalen. Lange im Voraus reservieren. ❼

Andere Stadtviertel

Alle nachstehend aufgeführten Unterkünfte sind auf der Karte „Kolkata" verzeichnet (S. 802/803).

Airways Lodge, No. 2 Airport Gate, Kolkata Airport, ✆ 033/2512 7280. Preiswerte Unterkunft in Flughafennähe mit einfachen, aber sauberen Zimmern. Bequem bei frühem Abflug und später Ankunft. ❷–❹

Hyatt Regency, JA-1 Sector 3, Salt Lake City, ✆ 033/2335 1234, Reservierungen ✆ 1600 228001, 💻 www.kolkata.regency.hyatt.com. Luxushotel am Eastern Bypass auf dem Weg zum Flughafen, aber auch in günstiger Lage zur Stadt. Eindrucksvoller Bau mit weitläufigen Foyers, Restaurants, palmengesäumtem Swimming Pool und sämtlichem Komfort. Zimmer ab US$260. ❾

Kings Crown, Nazrul Islam Avenue (VIP Rd), nahe Flughafen, ✆ 033/2573 1712. An der Straße nach Ultadunga. Gute Auswahl an Zimmern, vom einfachen EZ bis zum komfortablen AC-Zimmer, außerdem gutes Restaurant und Bar. Sehr günstig bei frühem Abflug und später Ankunft. ❺–❻

Sonar Bangla, Eastern Bypass, ✆ 033/2345 4545, 💻 www.itcwelcomgroup.in. Betriebsames Hotel, dessen Beliebtheit vor allem auf seiner lockeren, gastfreundlichen Atmosphäre und der günstigen Lage zwischen Stadt und Flughafen basiert. Ausgezeichnetes Angebot an Restaurants, Bars und Discos. Mit sämtlichem Komfort und Service, den man von einem 5-Sterne-Hotel erwartet. Zimmer ab US$215. ❾

Taj Bengal, 24-B Belvedere Rd, Alipore, ✆ 033/2223 3939, 💻 www.tajhotels.com. Opulentes Paradehotel, das bengalische Elemente mit dem Prunk der Taj-Kette zu verschmelzen sucht. Ausgezeichnete Restaurants (darunter ein chinesisches und eine indisches), Swimming Pool und Disco. Zimmer ab US$200. ❾

Essen

Obwohl Kolkatas Einwohner gerne essen gehen, beschränkte sich die traditionelle bengalische Küche noch bis vor Kurzem auf den heimischen Herd. Inzwischen gibt es jedoch einige ausgezeichnete Restaurants, die diese wunderbare, auf Fisch basierende Küche pflegen. Die beliebtesten Gerichte entstammen aber der chinesischen Küche und werden entsprechend dem lokalen Geschmack gewürzt und zubereitet. In dieser Hinsicht hat Kolkata eine reiche Tradition und sogar eine eigene **Chinatown** in Tangra an der Straße zum Flughafen (dort schließen die Restaurants aber schon gegen 22 Uhr). Gute südindische und moslemische Küche bieten Lokale wie das Shiraz; die vom Restaurant Nizam's erfundene *kathi roll* hat sich als integraler Bestandteil der Kolkata-Küche etabliert.

So langsam kommt auch das Kaffeetrinken in Mode: Es gibt das **Baristas** am Humayun Place und mehrere Ableger von **Café Coffee Day**, darunter einen im Kaufhaus Pantaloons in der Camac Street. Erlesenen Tee bekommt man in der **Cha Bar** im Oxford Bookshop und bei **Dolly's** (S. 819). Zahlreiche Patisserien und Konditoreien wie **Kookie Jar** und **Kathleen** geben sich redliche Mühe, mit der Nachfrage nach Gebäck Schritt zu halten. In der Filiale von **Fresh and Natural** in der Russel Street wird Eiscreme in köstlichen Geschmacksrichtungen produziert, z. B. sagenhaftes Zimtapfeleis.

Die Restaurants und Cafés in der Umgebung der **Sudder Street** versorgen vor allem westliche Reisende, die in den Hotels der Umgebung wohnen. *Chai*-Stände und Snack-Buden an der Straße bieten eine appetitliche Alternative. In der betriebsamen Umgebung des **New Market** findet sich auch ein moslemisches Viertel mit guten Restaurants, die überwiegend Fleischgerichte servieren.

New Market und Sudder Street

Alle nachfolgend aufgeführten Lokale sind auf der Karte „Chowringhee und Sudder Street" verzeichnet (S. 804).

Arsalan, 119A Ripon St, ✆ 033/6569 9579. Großes, neues Restaurant mit guter Auswahl chinesischer u. a. Speisen. Berühmt ist es für seine Mogul-Küche mit Kebabs und exzellenten Biriyanis (rund Rs300).

Baan Thai, Oberoi Grand Hotel, 15 Chowringhee Rd, ✆ 033/2249 2323. Hier muss man zwar tief in die Tasche greifen – Rs1600 und aufwärts p. P. –, bekommt dafür aber die bei Weitem beste Thai-Küche der Stadt. Auf der Karte stehen z. B. *poo krapaw* (gefüllte Krabben) und Klassiker wie rotes Curry.

Blue and Beyond, 9th Floor, Hotel Lindsay, 8-A Lindsay St. Dachrestaurant und Bar mit fantastischer Aussicht über New Market und die umliegende Stadt, vor allem bei Dämmerung. Es gibt gute indische und günstige chinesische Gerichte wie Fischfilet in Chili-Weinsoße (Rs150) sowie Frühstück und Buffets.

Blue Sky Café, Sudder St, an einer Ecke inmitten der Szene. Treffpunkt der Budgetreisenden mit allen beliebten Speiseangeboten. Sauber, gut geführt und beliebter Treffpunkt zum Informationsaustausch. Ab Rs30.

Fresh & Juicy, 2/7 Sudder St. Dieses kleine Café bietet nicht nur Fruchtiges, sondern auch abwechslungsreiche Menüs, Snacks und chinesisches *haka*. Eine Mahlzeit ist für etwa Rs80 zu haben.

Nahoum & Sons, F-20, New Market. Sagenhafte jüdische Bäckerei und Konditorei, deren Angebot köstliche Obstkuchen, Cashew-Makronen, Hühnerpasteten und Bagels mit Rahmkäse umfasst. Die Preise für ein Gebäckstück beginnen ungefähr bei Rs40.

Nizam's, 22–25 Hogg Market, nördlich hinter New Market. Das Original-Restaurant hat die legendäre *kathi roll* erfunden; Schischkebab in *paratha* (indisches Weißbrot). Heute ist von dem Mythos nicht mehr viel übrig, auf einen Snack für rund Rs60 vorbeizuschauen lohnt sich aber doch.

Umgebung Park Street

Alle nachfolgend aufgeführten Lokale sind auf der Karte „Chowringhee und Sudder Street" verzeichnet (S. 804).

Sweetshops

Eine Spezialität von Bengalen sind Süßigkeiten auf der Grundlage von Milch, z. B. die kleinen, knusprigen *sandesh*. Weiße *rosogulla*, braune (gebackene) *pantuas* und schwarze *kalojam*, allesamt in Sirup eingelegt, gibt es zwar überall in Nordindien, aber die aus Kolkata schmecken einfach unübertrefflich. Weitere Köstlichkeiten sind *lal doi* – leckerer warmer, roter Joghurt mit Rohrzucker – oder weißer *mishti doi*, Joghurt mit weißem Zucker. Nachmittags gibt es in den Sweetshops knackige Snacks wie knusprig gebackene salzige Teigplätzchen namens *nimki* (wörtlich „salzig"), *shingara*, eine köstliche bengalische Form von Samosa, und *dalpuri*, ein *paratha*-ähnliches Brot aus gemahlenen Linsen.

Amrita, 16-A Sarat Bose Rd. Hat erstklassigen *mishti doi*.

Bhim Chandra Nag, Surya Sen St, unweit der College St. Der beste von diversen guten Süßwarenläden in der Ecke.

Ganguram, 46-C Chowringhee Rd. Der ehemals legendäre Sweetshop in der Nähe des Victoria Memorial hat Ableger in fast allen Stadtvierteln; Tipp: *mishti doi* und *sandesh*.

KC Das, 11 Esplanade East, Ecke 57-A Ripon St. Im berühmtesten Süßwarengeschäft der Stadt muss man unbedingt den *rosogolla* probieren.

Sen Mahasay, 171-H Rashbehari Ave. Neben dem Gariahat Market gelegen, bekannt für seine *sandesh*, besitzt noch andere Filialen überall in der Stadt.

Vien, 34-B Shakespeare Sarani. Der kleine, beliebten Süßwarenladen hat neben anderen Leckereien ebenfalls hervorragende *sandesh*.

Astor, 15 Shakespeare Sarani, ✆ 033/2242 9950. Zu dem Nobelhotel gehören eine Bar und mehrere Restaurants, unter anderem das internationale Serai und das Banyan Tree mit bengalischer Küche. Beste Empfehlung aber ist das Kebab-e-Que im Garten, das vorzügliche *tandoori*-Gerichte hat, zum Beispiel leckeres *moti kebab* (Pilze und *paneer*). Ein komplettes Abendessen kostet ungefähr Rs600.
Bar-B-Q, 43 Park St. Alteingesessener und beständiger Favorit mit chinesischer und viel gepriesener *tandoori*-Küche. Angenehmes Ambiente mit AC und Bar im Untergeschoss. Als Mittagsspecial gibt es persische Delikatessen wie *chelo*-Kebabs auf Reis. Hauptgerichte um Rs300.
Café Thé, 9A Ho Chi Minh Sarani. Das moderne Bistro in einem Messezentrum hat ein breites Angebot an Teespezialitäten, darunter Eistee. Dazu gibt's Snacks, Sandwiches, Lasagne, indische und chinesische Speisen. Am besten zum Mittagessen oder am frühen Abend hingehen und mit rund Rs180 rechnen.
Fire and Ice, Kanak Building, 41 Chowringhee Rd, ✆ 033/2288 4073. Trendige Bistro-Bar mit kostenlosem WLAN. Auf der Karte stehen authentische italienische Gerichte, Pizzas und *al fiumé* (frische Flusskrebse in Olivenöl); ein Menü mit allem Drum und Dran kostet rund Rs700. Abends oft ausgebucht.
Flury's, 18 Park St, Ecke Middleton Row. Eine der bekanntesten Adressen Kolkatas ist die legendäre schweizerische Teestube und Patisserie. Die ehemals lockere Atmosphäre wurde vollständig wegrenoviert. Trotzdem lohnt sich der Besuch, denn Flury's hat tolles Frühstück, Kuchen, *patties patties*, selbstgemachte Schokoladen und schweizerische Konditoreiwaren – auch köstliche Rumkugeln.
Gupta Brothers, 42-A Park Mansions, Mirza Ghalib St. Ausgezeichnete, saubere und preiswerte vegetarische Snackbar mit Kuchentheke und gutes Rajasthani-Restaurant im Obergeschoss. Sehr lecker: *tandoori bharwan aloo*. Im Dosas 'n' More, ein Haus weiter, erwartet die Gäste in Wirklichkeit nicht viel mehr als *dosas*, das aber in zahlreichen Variationen ab Rs35.
Mocambo, 25-B Park St, Ecke Mirza Ghalib St. Eine absolute Institution mit guter Küche und gemischter Speisekarte, die von *chicken kiev* (Rs200) bis Pizza reicht. Edel, aber ungezwungen.
Oh! Calcutta, 4th Floor, Forum, Elgin Rd. Elegantes Ketten-Restaurant mit Betonung auf bengalischen Fischgerichten – unbedingt probieren: *dab chingri* (Garnelen in Kokosnussmilch). Innovative Küche in entspannter Atmosphäre. Inkl. Getränke Rs1200.
One Step Up, 18-A Park St. Helles neues Bistro mit großer Auswahl an Sandwiches und leichten Mahlzeiten bis zu *tandoori* und Gebäck. Zum Mittagessen besonders beliebt, aber auch für einen frühabendlichen Drink ideal. Ab Rs80.
Park, 17 Park St, ✆ 033/2249 3121. Dieses Luxushotel gilt als eine der besten kulinarischen Adressen der Stadt. Das Zen, ein Terence Conran-Restaurant, serviert Gerichte aus Thailand, China, Japan und Indonesien, das Saffron ist auf indische Küche spezialisiert, und auch die rund um die Uhr geöffnete Coffeebar Atrium hat eine gute Speisekarte. Ein Abendessen ist ungefähr ab Rs600 zu haben.
Tangerine, 2/1 Outram St, ✆ 033/2281 5450. Dank der Fenster im 1. Stock kann man hier die tolle, parknahe Lage optimal genießen. Die bunt gemischte Speisekarte steckt voller Überraschungen wie Singapore-Nudeln, *meen moilly* (Fischcurry aus Kerala) und gegrillter Hummer. Für ein Mittagessen muss man ab Rs300 rechnen.

Umgebung Chandni Chowk

Alle nachfolgend aufgeführten Lokale sind auf der Karte „Kolkata" verzeichnet (S. 802/803).
Amber, 11 Waterloo St, ✆ 033/2248 6520. Eine echte Institution Kolkatas, deren Beliebtheit nicht nachlässt. Hier gibt es legendäre *mughlai*- und *tandoori*-Gerichte; Hauptgerichte kosten ab Rs140. Etwas dunkle, vornehme Atmosphäre auf drei Stockwerken, Bar im Untergeschoss.
Eau Chew, P32 Mission Row Extension, Ganesh Chandra Ave, ✆ 09830/141857. Dieses legendäre Familienrestaurant über einer Tankstelle erinnert an die Blütezeit von Chinatown und serviert authentisches chinesisches Essen. Der langsam gegarte Eintopf ist besonders lecker,

muss aber im Voraus bestellt werden. Gerichte kosten ab Rs120.
India Coffee House, 15 Bankim Chatterjee St (in unmittelbarer Nähe der College St). Café mit Atmosphäre und langer Geschichte mitten im Herzen des Universitätsviertels, in dem sich Studenten und Intellektuelle treffen. Eignet sich prima für einen Imbiss (ab Rs40) und eine Verschnaufpause vom Bücherstöbern in der College Street.

Umgebung AJC Bose Road

Alle nachfolgend aufgeführten Lokale sind auf der Karte „Kolkata" verzeichnet (S. 802/803).
Shiraz, 56 Park St. Eines der namhaftesten Mughlai-Restaurants von Kolkata und besonders berühmt für sein *mutton biriyani* (Rs100), *champ* und *rumali roti*. Das Ambiente macht nicht viel her, aber das Lokal eignet sich sehr gut zum Mittagessen nach einem Besuch des nahe gelegenen Park Street-Friedhofs. Für Vegetarier ist allerdings nicht viel dabei.
Suruchi, 89 Elliot Rd. Betrieben von der All Bengal Women's Union, 💻 www.abwu.org., einem Wohlfahrtsverein für ehemalige Prostituierte und deren Kinder. Großartige Adresse, um einfache bengalische Küche zu kosten. Ungezwungene Atmosphäre, niedrige Preise und trotz der wenig einladenden Lage zum Mittagessen sehr zu empfehlen. Ab Rs60; abends sowie Sa und So geschl.

Kolkatas Süden

Alle nachfolgend aufgeführten Lokale sind auf der Karte „Kolkata" verzeichnet (S. 802/803).
6 Ballygunge Place, Ballygunge Place, ✆ 033/2460 3922. Eines der beliebten Bengali-Restaurants der neuen Generation; geschmackvolle Einrichtung und traditionelles Ambiente. Tipp: Reis und *shuktoni* (eine bittere Gemüseart) zur Vorspeise, *bhekti paturi* (Fisch in Bananenblatt) als Hauptgang und *mishti doi* (süßer Joghurt) zum Dessert. Mittagessen gibt's ab Rs300.
Bhojohori Manna, 18/1A Hindustan Rd, ✆ 033/2466 3941. Beliebte bengalische Kette mit vorwiegend lokalen Speisen. Es sind aber auch Einflüsse anderer Landesteile erkennbar, z. B. gibt es *tandoori* wie gegrilltes *masala bhekti*. Man muss mit Wartezeiten rechnen. In der Ekdalia Rd gibt es eine (kleinere) Filiale. Das Einzigartige am Bhojohori ist, dass Hausfrauen aus der Nachbarschaft das Kochen besorgen.
Dolly's Tea Shop, Dakshinapan Shopping Centre, Dhakuria. Ein kleines, aber unheimlich nettes Teelokal, das diesen freudlosen Betonkomplex erhellt. Es ist mit Rattanmöbeln eingerichtet, strahlt Gemütlichkeit aus und hat eine große Teeauswahl und Snacks, darunter Sandwiches und Kuchen.
Tamarind, 177 Sarat Bose Rd, ✆ 033/6454 8011. Geschmackvolles Dekor und eine überwiegend südindische Speisekarte mit Einsprengseln anderer Regionalküchen. Am besten hält man sich an die südindischen Sachen, z. B. *pomfret masala* mit *aapam* (Reispfannkuchen). Mit ungefähr Rs600 rechnen.

Bengalische Köstlichkeiten

Kewpie's Kitchen, 2 Elgin Lane, ✆ 033/2475 9880. Privathaus mit angegliedertem Restaurant. Üppige bengalische Spezialitäten: *lucci* sowie Fisch- und Krabbengerichte wie *malai chingri* (Krabben in Sahne) und *dab-er-chingri* (Krabben in grüner Kokosnusssoße). Ab Rs220. Mo geschlossen.

Preiswerte südindische Leckerbissen

Banana Leaf, 73 Rashbehari Ave, Lake Market. Äußerst beliebtes Restaurant mit schlichtem Dekor und effizientem Service. Hier gibt es mit die besten südindischen Speisen der Stadt. Die *dosas* und der *lemon rice* sind köstlich, aber auch ein ganzes „meal" inklusive Cashewnuss-*uttapam* kostet nur Rs90.

Übrige Bezirke

Alle nachfolgend aufgeführten Lokale sind auf der Karte von Kolkata verzeichnet (S. 802/803).
Casa Toscana, 56 Chowringhee Rd, ✆ 033/4003 4358. Einladendes Lokal mit Tischen im Patio, authentisch italienischem Ambiente und einer umfangreichen Speisekarte. Die sämigen Sahnesoßen sind gehaltvoll, die Pizzas

sättigend und die Minestrone kann sich sehen lassen, aber die eigentlichen Highlights sind das Seafood und die Spinatsuppe. Obendrein gibt's eine ansehnliche Weinkarte. Ca. Rs800 p. P.

Haldiram Bhujiwala, 58 Chowringhee Rd. Snackbar, Konditorei und Café. Vegetarische Selbstbedienungskette mit guter, aber wenig origineller Küche: Samosas, *thalis* (ab Rs75) und *dosas*, sowie Eiscreme. Weitere Filialen gibt es u. a. in der Middleton Row und in einem mehrstöckigen Supermarkt in der Gariahat Rd in Ballygunge.

Kim Fa, 47 South Tangra Rd, ✆ 033/2329 2895. Eines der besten China-Restaurants in Tangra. Tipp: Thailändische Suppen, Garnelen mit Chili (scharf!); ab Rs120. Falls es zu voll ist, bietet Lily's Kitchen in derselben Straße eine Alternative.

Mainland China, 3-A Gurusaday Rd, ✆ 033/2287 2206. Schickes chinesisches Restaurant mit gutem Service und ausgezeichnetem Seafood. Gilt weithin als das beste der Stadt, obwohl die Speisen z. T. etwas verkocht sind. Mit rund Rs800 p. P. ist zu rechnen.

Royal, nahe Nakhoda Masjid, Rabindra Sarani. Bei einem Abstecher in diese Gegend ist das legendäre moslemische Restaurant ein Muss. Serviert werden Speisen wie *biriyani* (Rs60) oder aromatisch gewürztes Hähnchen- oder Ziegenfilet mit *rumali roti* (dünnem „Taschentuchbrot").

Unterhaltung

Neben den nachfolgend aufgeführten Adressen sind die großen Hotels gute Anlaufpunkte für einen Drink; einige verfügen auch über **Discos**.

Alle genannten Lokale sind, sofern nicht anders angegeben, auf der Karte S. 804 verzeichnet.

Bars und Clubs

Bar-B-Q, 43 Park St. Unterhalb des gleichnamigen Restaurants, eine der stilvolleren Bars dieser Gegend mit hervorragendem Essen.

Blue and Beyond, 9th Floor, Hotel Lindsay, 8-A Lindsay St. In der Abenddämmerung ist diese Terrasse über dem betriebsamen New Market, aber außer Hörweite davon, der ideale Ort für einen Drink.

Fairlawn, 13-A Sudder St. Dieser verwinkelte Biergarten inmitten von herrlichen Grünanlagen ist wunderbar für einen abendlichen Drink.

Floatel, 9/10 Kolkata Jetty, Strand Rd. In der noblen, klimatisierten Anchor Bar knapp über dem Wasserspiegel lassen sich wunderbar die von Menschen wimmelnden vorbeiziehenden Fähren betrachten. Auf dem breiten Sonnendeck des Bar-Restaurants oben dagegen kann man die Flussbrise genießen, aber manchmal ist es für Privatveranstaltungen reserviert (s. Karte S. 802/803).

Park Hotel, 17 Park St. Das Park Hotel hat jede Menge Bars und Discos. Im Tantra, dem nach wie vor gefragtesten Nachtclub der Stadt, wird unter der Woche ab 19 Uhr und am Wochenende ab 16 Uhr gefeiert. Im schummrigen Someplace Else spielen Coverbands westliche sowie indische Titel, im Aqua am Pool legt abends ein DJ auf. Und die in einer gewagten Verbindung aus Aluminium und Backstein gehaltene Cocktailbar Roxy hat eine besonders respektable Weinkarte.

Peter Cat, 18-A Park St. Das elegante, einladende Restaurant genießt einen guten Ruf sowohl für seine Getränke- als auch für seine Speisenauswahl, darunter das hochgelobte *chelo*-Kebab.

Sunset Bar, Lytton Hotel, Sudder St. Freundlich und gemütlich, beliebter Travellertreffpunkt.

Venom, Fort Knox, 6 Camac St. Angesagter Partytreff mit Lounge-Bar und Tanzfläche. Der DJ legt alles Mögliche von Bhangra bis Hip-Hop auf.

Kinos

An der Chowringhee nahe Esplanade und New Market zeigen Kinos mehrmals tgl. englischsprachige Filme. Alle sind klimatisiert, und manche – wie das **Lighthouse** am Humayan Place – sind schöne Beispiele für Art déco. Andere Adressen: **Inox**, ein modernes Multiplex im Forum, Elgin Rd; **Elite**, S. N. Banerjee Rd; **Chaplin**, Chowringhee Place. Das **Nandan** hinter Rabindra Sadan, AJC Bose Rd, ✆ 033/2223 1210, das führende Kino der

Stadt, hat auch eine Bibliothek, ein Archiv und drei Vorführräume.

Musik und Tanz

Manchmal gibt es in Kolkatas Bars und Restaurants westliche Livemusik, und die lebendige Kunstszene ist für ihre eigene Musik bekannt. Nirgendwo im Land soll das Publikum so anspruchsvoll sein wie hier. Konzertsaison ist im Winter und Frühling. Ende Jan/Anfang Feb findet im Süden Kolkatas das große, einwöchige **Dover Lane Music Festival** statt, bei dem die besten Musiker des Landes auftreten. Weitere beliebte Veranstaltungsorte für ein- und mehrtägige Veranstaltungen sind **Rabindra Sadan**, an der Kreuzung zwischen AJC Bose Rd und Cathedral Rd sowie **Kala Bhavan** in der Theatre Rd (Shakespeare Sarani). Eines der führenden Musikinstitute ist die **Sangeet Research Academy** in Tollygunge, ✆ 033/ 2471 3395, 💻 www.itcsra.org, die Langzeitkurse in verschiedenen Musikrichtungen erteilt und mittwochs kostenlose Abendkonzerte anbietet.

Einkaufen

Verglichen mit Delhi hat Kolkata wenige touristische Einkaufsmöglichkeiten. Dennoch gibt es viele bunte Märkte, von denen vor allem der ausgedehnte **New Market** (S. 805) und lokale Institutionen wie der **Barabazaar** im Norden (S. 810) Erwähnung verdienen.
Moderne **Einkaufszentren** für Bücher, Kleidung, Lederwaren und Schmuck sind über die gesamte Stadt verteilt. Zu ihnen gehören **Forum**, 10/3 Elgin Rd, **Emami Shoppers City**, Lord Sinha Rd, und die sehr begehrte **South City Mall** mit mehreren guten Restaurants in der Prince Anwar Shah Road in South Kolkata.
Zum typisch bengalischen Kunsthandwerk gehören **Metallarbeiten** *(dokra)* aus dem Gebiet um Shantiniketan im Nordwesten der Stadt – im Wachsausschmelzverfahren hergestellte Objekte wie Tiergestalten oder Vögel. Fast zum Klischee geworden sind langhalsige und spitzohrige **Terrakotta-Pferde** aller Größen aus Bankura. **Kantha-Stoffe** tragen ein feines lineares Stickmuster mit dekorativen Formen. Bengalen besitzt einige gute Zentren für Baumwoll- und Seidenweberei, in denen legendäre **Saris** entstehen, z. B. im Baluchari-Stil aus Murshidabad.

Bücher

Die einen Monat andauernde **Kolkata Book Fair**, die im Jan/Feb auf dem Milan Mela-Gelände beim EM Bypass stattfindet, ist landesweit eine der größten ihrer Art und bietet beste Möglichkeiten, interessante Schnäppchen zu entdecken. Die Geschäfte und Straßenstände in der **College Street** sind gute Adressen zum Stöbern, wobei einem zwischen Stapeln von wissenschaftlichen Werken und Computerhandbüchern auch schon mal ein seltenes Juwel in die Hände fallen kann.
Crossword, 8 Elgin Rd. Große, moderne Buchhandlung auf zwei Stockwerken mit guter Auswahl an Belletristik, Bildbänden und Reiseführern. Musikabteilung und Café.
Earthcare Books, 10 Middleton St. Diese bescheidene kleine Buchhandlung in einem Hinterhof ist auf Bücher zum Thema Umweltschutz spezialisiert und hat bereits selbst einige Titel veröffentlicht.
Starmark, Emami Shoppers City, 3 Lord Sinha Rd. Moderner, sehr gut bestückter Buchladen in einem gut besuchten Einkaufszentrum.
Oxford Book & Stationery, 17 Park St. Anspruchsvolle AC-Buchhandlung inkl. kleiner Musikabteilung und dem Cha Bar Café im oberen Stock. Cooles Ambiente, aber beschränktes Angebot.
Seagull, 31-A SP Mukherjee Rd, ✆ 033/ 2476 5869, 💻 www.seagullindia.com. Nette, kleine Buchhandlung in Besitz einer interessanten und kreativen Verlegerfamilie. Das Recherchezentrum eine Straße weiter beherbergt eine Bibliothek und bietet Sonderausstellungen und Veranstaltungen.

Emporia (Kaufhäuser)

Staatliche „Emporia", von denen viele im großen Einkaufskomplex **Dakhsinapan** südlich der Dhakuria-Brücke nahe Gol Park und den Seen ansässig sind, führen eine gute Auswahl an kunsthandwerklichen Artikeln. Sie haben (etwas erhöhte) Festpreise und sind gute Ausgangspunkte, wenn man sich ein Bild über Angebot und Preise verschaffen möchte.

Assam, 8 Russel St. Teil des Assam House, führt Kunsthandwerk und Textilien aus Assam im Angebot, auch Seide.
Central Cottage Industries, 7 Chowringhee Rd, Esplanade. Teil der nationalen Kette, verkauft Kunsthandwerk, Schmuck, Silber und Stoffe aus ganz Indien, wenngleich das Angebot etwas nachlässt.
Kamala, 1st Floor, Rabindranath Tagore Centre, 9A Ho Chi Minh Sarani. In dem vom Crafts Council of India betriebenen Geschäft gibt es eine kleine, kostspielige Auswahl traditioneller und Fusions-Kunsthandwerksgegenstände aus allen Teilen Indiens.
Nagaland, 13 Shakespeare Sarani. Gute Auswahl an Naga-Schals mit roten Bändern sowie weißen und blauen Streifen auf schwarzem Grund. Die Motive sind ein Hinweis auf den jeweiligen Stamm.
Sasha, 27 Mirza Ghalib St. Die Frauenselbsthilfegruppe verfügt über eine gute Sammlung an Kunsthandwerksobjekten und Textilien einschließlich *kantha.*

Musikinstrumente

Kolkata ist berühmt für seine Sitar- und Sarod-Hersteller. Gute Instrumente sind kaum unter Rs8000 zu haben, für Topqualität zahlt man noch deutlich mehr.
Manoj Kumar Sardar & Bros., 8A Lalbazaar St, gegenüber Lalbazaar Police Station, ✆ 033/2237 5835, 💻 www.monojkrsardar.com. Ashok Sardar baut sehr gute Sitars und Sarods auf Bestellung und verschickt sie auf Wunsch auch. Außerdem hat er ein paar Instrumente zum Sofortverkauf vorrätig.
Die Läden um die **Sudder Street** sind eher auf westliche Instrumente spezialisiert. Die hier angebotenen traditionellen Instrumente sind durchweg von minderer Qualität und teilweise nicht einmal stimmbar. An der **Rabindra Sarani** (Chitpore Rd) konzentrieren sich Geschäfte von sehr unterschiedlicher Qualität. Viele von ihnen beliefern Hochzeitsbands.
Kolkata bringt mehr Tabla-Spieler als jede andere Stadt hervor. Tabla-Hersteller sind an der Kalighat-Brücke und in der **Keshab Sen St** (Nebenstraße der College St) zu finden.

Stoffe und Kleidung

In Kolkata kleidet man sich eher konservativ. Es werden jedoch viele Stoffe angeboten, und die entsprechenden Händler können einen generell auch auf sehr gute und sehr billige **Schneider** verweisen (auch in der Mirza Ghalib und New Market). Maßgefertigte Schuhe sind in den noch verbliebenen chinesischen Schuhgeschäften rund um die Chittaranjan Avenue erhältlich.
Anokhi, 2nd Floor, Forum, 10/3 Elgin Rd. Die bekannte Kette verkauft schicke handbedruckte Baumwollstoffe.
Balaram Saha, 14/6 Gariahat Rd. Tangail-, Baluchari- und Kantha-Saris aus Bengalen.
Fabindia, 234/3-A AJC Bose Rd. Diese trendige Boutique-Kette bietet eine gute Auswahl handbedruckter *kurtas* und *salwar kameez* sowie Shirts, Stoffe und Einrichtungsgegenstände. Es werden natürliche Färbemittel verwendet, die nur kalt und farbsortiert gewaschen werden dürfen. Eine weitere Filiale findet sich in 16 Hindusthan Park, nahe Gariahat.
Ritu's, 46-A Rafi Ahmed Kidwai Rd. Die edle *salwar kameez*-Boutique wurde von einer inzwischen international berühmten Designerin eingerichtet, die in diesem Laden ihre erste Kollektion entwarf.

Sport

Die Sportbegeisterung ist groß in Kolkata. **Fußball**spiele – vor allem die zwischen den beiden führenden Teams Mohan Bagan und East Bengal – und Cricket-Testspiele ziehen massenhaft Zuschauer an. Es gibt zwei große Stadien: das **Ranji** in Eden Gardens und das **Salt Lake** am östlichen Stadtrand.
Der **Maidan**, wo der Calcutta Bowling Club und der Ladies Golf Club beheimatet sind, ist ein begehrtes Pflaster für spontane Cricket- und Fußballspiele. Außerdem finden hier im Winter und Frühjahr regelmäßig Pferderennen des Calcutta Turf Club statt. Im Winter spielen oft auch Teams der Militärstreitkräfte auf dem Gelände in der Mitte des Rennplatzes **Polo**. Auf dem Maidan sind hin und wieder Leute zu sehen, die **Kabadi** spielen, eine Art Fangspiel, das zwei Mannschaften auf einem Feld von der Größe eines Badmintonplatzes austragen.

Gegen eine Tagesgebühr von Rs500 dürfen auch Nichtgäste den **Swimming Pool** des Hindusthan International Hotel, 235-1 AJC Bose Rd, ☏ 033/2247 2394, benutzen.
Der elitäre Royal Calcutta Golf Club ist nach dem St Andrews in Schottland der zweitälteste **Golfplatz** der Welt. Direkt gegenüber, auf der anderen Straßenseite, liegt der hervorragend ausgestattete Tollygunge Club, wo man (die richtigen Beziehungen vorausgesetzt) vielleicht den Pool und die **Tennisplätze** benutzen kann.

Sonstiges

Apotheken

Angel, 151 Park St, ⌚ 24 Std.;
Dey's Medical Stores, 6 Lindsay St und 20-A Nelly Sengupta Sarani;
Dhanwantary Clinic, 65 Diamond Harbour Rd, ⌚ 24 Std.;
Welmed, 4–1 Sambhunath Pandit St, ⌚ Mo und Di 24 Std.

Autovermietungen

Autoriders, 10-A Ho Chi Min Sarani, ☏ 033/2282 3561;
Avis, Oberoi Grand Hotel, 15 Chowringhee Rd, ☏ 033/2217 0147;
Wentz, ☏ 033/3293 4634, am Flughafen ☏ 033/3958 7217.

Bibliotheken

Asiatic Society Library, 1 Park St; **British Council Library**, 16 Camac St (für eine monatliche Gebühr Buchausleihe, Katalogzugriff und preiswerte Internetnutzung); **National Library**, 1 Belvedere Rd; **Ramakrishna Mission Library**, Gol Park; **University of Kalkutta Library**, College Square.
Seagull Arts and Media Resource Centre, 36-CSP Mukherjee Rd, unweit der Polizeistation Bhowanipur. Kleine, aber nette und organisierte Bibliothek mit AC.

Flussfahrten

Dampferfahrten auf dem Hooghly, in den Sundarbans und Murshidabad (Okt–April) veranstalten **Vivada Cruises**, ☏ 033/2463 1990, 🖳 www.vivadacruises.com, und die luxuriösere **Assam Bengal Navigation Company**, ☏ 0361/260 2223, 🖳 www.assambengalnavigation.com.

Geld

Am Flughafen unterhält die **State Bank of India** (SBI) einen 24-Std.-Schalter, wo man Geld wechseln kann. Auch **Thomas Cook** ist im internationalen Terminal vertreten.
Es gibt zahlreiche private **Wechselstuben** in der Gegend von Sudder St, New Market und Park Street; manche haben sehr gute Wechselkurse. Zu den Banken im Zentrum, die Geld wechseln, gehören **SBI**, 38B Chowringhee Rd und 1 Strand Rd, **Standard Chartered Bank**, 41 Chowringhee Rd, und **Citibank**, 43 Chowringhee Rd.
Fremdwährungen wechseln außerdem **Thomas Cook**, Chitrakoot Building, 230 AJC Bose Rd, ☏ 033/2247 5378, und **American Express**, 21 Old Court House St, in der Nähe des westbengalischen Touristenbüros, ☏ 033/2248 6283.
Die **Geldautomaten** der meisten Banken wie SBI und Axis sowie HSBC, 3-A Shakespeare Sarani, HDFC, BBD Bagh East, und ICICI, 24-B Camac St, akzeptieren MasterCard, Visa, Cirrus und Maestro.

Informationen und Touren

India Tourism, 4 Shakespeare Sarani, etwa auf halber Höhe der Chowringhee Rd, ☏ 033/2282 5813 oder 2282 7731, ✉ indtour610@dataone.in. Die ausgezeichnete, freundliche Einrichtung ist die beste Informationsquelle über Kolkata, Westbengalen und entferntere Ziele und hilft auch mit Besichtigungsempfehlungen und Tourbuchungen weiter. ⌚ Mo–Fr 9–18 Uhr, Sa 9–13 Uhr.
Government of West Bengal Tourist Bureau, 3/2 BBD Bagh East, nahe Writers' Building, ☏ 033/4401 2048, 🖳 www.westbengaltourism.gov.in, organisiert Stadtrundfahrten und Rundreisen durch Westbengalen, stellt die erforderlichen Genehmigungen für die Sundarbans aus und bucht Touren und Unterkünfte dort. ⌚ Mo–Sa 10.30–16.30 Uhr.
Die **Touristeninformationsschalter** in den beiden Terminals am Flughafen und im Bahnhof Howrah sowie Sealdah offerieren ähnliche Dienste.

Englischsprachige **Zeitungen** wie *Statesman*, *Telegraph* und *Hindusthan Standard* sind die wichtigsten Informationsquellen über aktuelle Ereignisse. Ausgezeichnete Hinweise und allgemeine Informationen über Kolkata bietet das monatlich erscheinende **Magazin** *Cal Calling* (Rs45). Ebenfalls nützlich ist die kostenlose Broschüre *Explocity Kolkata*, 💻 www.kolkata.explocity.com, die in manchen teureren Hotels ausliegt.
Zahlreiche private Anbieter veranstalten Stadtbesichtigungen. Die Stadtrundgänge von **Help Tourism**, ✆ 033/2455 0917, 💻 www.helptourism.com, bieten hervorragende Einblicke in das historische Herz der Stadt
(4–5 Std., Rs600). Die von **Calcutta Walks**, ✆ 9830/184030, 💻 www.traveleastindia.com, sind ausgezeichnet organisiert, aber teuer und kosten ab Rs1250. Calcutta Walks bietet auch Flussfahrten an, ebenso wie **Vivada Cruises**, ✆ 033/2463 1990, 💻 www.vivadacruises.com.
Wer die Stadt lieber in Eigenregie erkunden möchte, kann sich den Stadtführer *A Jaywalker's Guide to Calcutta* von Soumitra Das kaufen, der in Buchhandlungen wie Oxford erhältlich ist.
Nützliche Reiseinformationen halten insbesondere die Büros der nordöstlichen Bundesstaaten und das der Andamanen und Nikobaren bereit (Details über Permits s. S. 828):
Andamanen und Nikobaren, 2nd Floor, DP-7, Sector 5, ✆ 033/2356 7629;
Arunachal Pradesh, Block CE, 109 Sector 1, Salt Lake, ✆ 033/2321 3627;
Assam, 8 Russel St, ✆ 033/2229 5094;
Manipur, 26 Rowland Rd, ✆ 033/2475 8075;
Meghalaya, 120 Shantipally, EM Bypass, ✆ 033/2441 1932;
Mizoram, 24 Old Ballygunge Rd, ✆ 033/2461 5887;
Nagaland, 11 Shakespeare Sarani, ✆ 033/2282 5247;
Orissa, 41 und 55 Lenin Sarani, ✆ 033/2249 3653;
Sikkim, 4/1 Middleton St, ✆ 033/2281 5328;
Tripura, 1 Pretoria St, ✆ 033/2282 5703.
Eine weitere nützliche Touristeninformation ist das Büro des **Darjeeling Gurkha Hill Council**, India Tourism, 4 Shakespeare Sarani, ✆ 033/2282 1715.

Internet

Internetzugang (ab Rs15 pro Std.) ist überall in der Stadt leicht zu finden. Zu den zahlreichen Anbietern um die Sudder St gehört das **Hotel Maria**. Mit Abstand am freundlichsten ist aber **Gomukh**, 7 Sudder St, hinten im Hof. Gleich daneben gibt es einen Souvenirladen und ein Café – Besucher müssen die Schuhe ausziehen. **Sify iWays** gehört zu einer zuverlässigen Kette mit vielen Filialen in der Stadt, z. B. in der 57A und 59B Park St sowie im New Empire Building nahe New Market.

Konsulate

Bangladesch, 9 Circus Ave (Sheikh Mujib Sarani), ✆ 033/2247 5208;
Deutschland, 1 Hastings Park Rd, Alipore, ✆ 033/2479 1141;
Myanmar, 57K Ballygunge Circular Rd, ✆ 033/2485 1658;
Nepal, 1 National Library Ave, Alipore, ✆ 033/2479 1224;
Österreich, Industry House, 12th Floor, 10 Camac St, ✆ 033/2283 5660
Schweiz, c/o Titagarh Wagons Ltd., 113 Park St, ✆ 033/2229 5542
Singapur, 8 AJC Bose Rd, ✆ 033/2247 4990;
Sri Lanka, Nicco House, 2 Hare St, ✆ 033/2281 5354;
Thailand, 18-B Mandeville Gardens, ✆ 033/2440 7836.

Medizinische Hilfe

Die billigen staatlichen Krankenhäuser haben in der Regel ein schlechtes Management. Private Institute sind zwar teurer, doch wesentlich besser. Im Falle einer schwerwiegenden Krankheit ist es ratsam, sich mit dem Konsulat des Heimatlandes in Verbindung zu setzen. Gute Privatkliniken sind z. B.: **Belle Vue**, 9 Dr. U.N. Loudon St, ✆ 033/2287 2321;
Ruby General, EM Bypass, Kasba, ✆ 033/2442 0291;
Woodlands Nursing Home, 8/5 Alipore Rd, ✆ 033/2456 7075-89;
Krankenwagen, ✆ 102;
Dhanwantary Clinic, ✆ 033/2449 3734;
St Johns Ambulance Brigade, ✆ 033/2248 5277;
Bellevue Clinic, ✆ 033/2247 2321.

Permits und Visa

Foreigners' Registration Office, 237-A AJC Bose Rd, ✆ 033/2247 3301.

Polizei

✆ 100. Zentrale in der Lal Bazaar St, BBD Bagh, ✆ 033/2241 3230. Eine weitere Station befindet sich in der Park St, ✆ 033/2226 8321.

Post

Das **GPO** (Hauptpostamt) im Westen des BBD Bagh hat einen Poste-restante-Schalter und eine Philatelie-Abteilung. Bequemer zur Sudder St liegt das Postamt am New Market, Mirza Ghalib St. Für Paketversand eignet sich am besten das große und freundliche Postamt an der Park St, wo unternehmerische Privatpersonen die gesamte Abwicklung gegen verhandelbare Preise erledigen. Schnelleren Service bieten mehrere **DHL**-Filialen, u. a. in 6 Kedia Villa, Marquis St, ✆ 033/2217 1675.

Reisebüros

Thomas Cook, Chitrakoot Building, 2nd Floor, 230 AJC Bose Rd, ✆ 033/2247 5378, bieten Rundreisen, internationale Flüge und Geldwechsel an.

Nationale und internationale Flüge vermitteln zahlreiche Reisebüros in der Umgebung der Sudder St. **Chocks-Off**, 1 Cockburn Lane, nahe Royd St, ✆ 033/2246 8780, ✉ chocks@cal3.vsnl.net.in, ist sehr zuverlässig und effizient.

Warren Travels, 31 Chowringhee Rd, ✆ 033/2226 6612, kümmert sich um Flüge, Hotelbuchungen und Gruppenreisen.

Tourveranstalter

Help Tourism, ✆ 033/2455 0917, 💻 www.helptourism.com, bietet diverse Touren, z. B. in die Sundarbans und zur Wildtierbeobachtung in Nordbengalen.

Himalayan Footprints, ✆ 9830/033896. Informative und flexible Wildbeobachtungstouren, Naturwanderungen und Touren zu den Sundarbans sowie nach Sikkim und Darjeeling.

Kali Travel Home, ✆ 033/2248 7980, 💻 www.traveleastindia.com. Der flexible Anbieter veranstaltet Touren durch Bengalen sowie Kochkurse und vermittelt Farmstays.

Nahverkehr

Die **Metro** (Indiens erste U-Bahn) stellt ein rasches, sauberes und funktionierendes Mittel der Fortbewegung bereit. Auch der Fluss ist ins Transportsystem integriert. Dreh- und Angelpunkt der **Fähren** sind die *ghats* in der Nähe der Eden Gardens. Um dem Straßenverkehr zu entgehen, kann man mit einer der regelmäßigen **Fähren** von Chandpal Ghat nach Howrah Station übersetzen (Rs4), die zu den Stoßzeiten allerdings auch reichlich überfüllt sind. In allen öffentlichen Verkehrsmitteln (vor allem in überfüllten Bussen) ist Vorsicht vor **Taschendieben** geboten.

Busse

Kolkata besitzt ein ausgedehntes und kompliziertes Busnetz (Fahrplaninformationen unter 💻 www.calcuttaweb.com). Verkehrszeiten sind zwischen 5 und 23 Uhr. Die Busse sind oft überfüllt und ein Tummelplatz von Taschendieben.

Nützliche Buslinien sind **Nr. 8** von Howrah via Esplanade nach Gariahat; **Nr. S17** von Chetla bei Kalighat via Esplanade nach Dakshineshwar und **Nr. 5** und **Nr. 6** via Howrah und dem Gebiet Esplanade-Chowringhee mit Stopp am Indischen Museum am oberen Ende der Sudder Street. **Nr. C6** verkehrt via Chowringhee, obere Park Street und über die zweite Hooghly-Brücke (Vidyasagar Setu) zum Botanischen Garten; in der anderen Richtung (nach Norden) fährt der Bus zur College Street.

Busse mit vorangestelltem **S** bezeichnen spezielle Expresslinien, die geringfügig teurer als Normalbusse sind. Als eine der 6 Executive-Buslinien (Green Line) fährt **Nr. GL1** von Esplanade zum Flughafen.

Die **Whiteliners**, weiße AC-Busse, verkehren zwischen Tollygunge (via Gariahat) und Flughafen.

Daneben bedienen rücksichtslos rasende private braun-gelbe **Minibusse** je nach Bedarf eingerichtete Routen – die Ziele prangen meist in Bengali und Englisch an den Fahrzeugseiten. Das Ein- und Aussteigen ist gefährlich und es kommt oft zu Unfällen, da die wenigsten zum Halten an den Straßenrand fahren.

Metro

Trotz einiger Alterserscheinungen ist die 1984 eingeweihte Metro russischer Bauart bis heute mindestens so gut, wie die Stadtbewohner mit Stolz behaupten – mit im Minutentakt pünktlich verkehrenden Zügen. **Fahrzeiten:** Mo–Sa 7–21.45, So 15–21.45 Uhr. Die Fahrtkosten sind niedrig und beginnen bei Rs4. Die gesamte Fahrt von Dum Dum unweit des Flughafens nach Kavi Nazrul Islam (Garia) im Süden kostet nur Rs8. Eine Ost-West-Linie ist geplant. Aktuelle Informationen über den Stand der Arbeiten gibt es auf 💻 www.kolmetro.com.

Straßenbahn

Kolkatas schwerfällige Straßenbahn, 💻 www.calcuttatramways.com, seit der Inbetriebnahme 1873 bis auf die eine oder andere Neulackierung kaum verändert, wurde teilweise stillgelegt. Aber bestimmte Strecken werden noch bedient und man hat ein „neues" Modell mit hohen Glasfenstern eingeführt. Weibliche Reisende schätzen vor allem zur Stoßzeit die *women-only*-Waggons.

Praktische Linien sind z. B. **Nr. 29** von BBD Bagh nach Tollygunge über den Maidan, Hazra Mor und Kalighat, und **Nr. 1** von der Esplanade zur College Street.

Taxis

Kolkatas schwarz-gelbe Taxis sind in der Regel sehr preiswert, besonders bei längeren Strecken wie zwischen Flughafen und Innenstadt (rund Rs250 für 20 km). Manche Fahrer lehnen kurze Fahrten oder Fahrten in bestimmte Gegenden ab. Zwischen 22 und 6 Uhr wird ein 25 %-iger Nachtaufschlag erhoben; zwei Gepäckstücke sind frei, für jedes weitere und für die Verstauung im Kofferraum wird zusätzlich kassiert.

Die meisten Taxis haben funktionierende **Taxameter**. Sie benutzen diese in Verbindung mit einer **Umrechnungstabelle**, die sie mit sich führen müssen. Die aktuellen Tabellen stehen in *Cal Calling*. An einigen Bahnhöfen und am Flughafen stehen **vorausbezahlte Taxis** bereit.

Die Fahrzeuge mehrerer **privater Taxibetriebe** stehen am Flughafen, an den Bahnhöfen und vor den großen Hotels. Sie sind sicherer und bequemer, haben AC und vorgedruckte Quittungen. Zu ihnen gehören **Kolkata Cabs**, ☎ 4433 3222, **Mega Cab**, ☎ 4141 4141, und **Blue Arrow**, ☎ 13658 oder ☎ 9239/244416.

Rikschas

Obwohl sie eigentlich verboten werden sollten, gibt es in Kolkata immer noch von Menschen gezogene Rikschas. Sie stehen jedoch nur in den zentralen Stadtgebieten zur Verfügung, besonders rund um New Market, wo einige Rikschamänner ihr mageres Einkommen als Schlepper und Zuhälter aufbessern. Die Rikschas sind vor allem im Monsun lukrativ, wenn Straßen hüfthoch überschwemmt sind und die Rikschamänner eine angemessene Geldsumme für ihre Anstrengungen fordern können. Die meisten Rikschamänner sind obdachlose Bihari, die ein kurzes und hartes Leben führen. Man sollte um realistische Preise feilschen, aber am Ende ein kleines Bakschisch geben.

Transport

Busse

Wer die 560 km lange Nachtfahrt nach SILIGURI (4x tgl., 12 Std.) – Umsteigestation nach Darjeeling und Sikkim – wagen will, ist mit dem Royal Cruiser Service, Abfahrt 18.30 Uhr am Esplanade Bus Stand, knapp 500 m nördlich der Sudder St (12 Std., Rs900 im AC-Bus), am besten beraten. Weitere Busse fahren von hier z. B. nach BEHRAMPUR (Richtung MURSHIDABAD), BISHNUPUR, MALDA und RAMPURHAT (Richtung TARAPITH), nach BASANTI, zu den SUNDARBANS (die meisten frühmorgens) sowie zu Zielorten im Süden wie DIAMOND HARBOUR und noch weiter.

Fernbusse von Süden nutzen den **Busbahnhof Babu Ghat** in der Nähe von Fort William am Ostufer des Flusses. Die meisten anderen, z. B. die aus DARJEELING, laufen den **Esplanade Bus Stand** (s. o.) an. Am Babu Ghat befinden sich die Schalter von Orissa Roadways, ☎ 9433/143428, und West Bengal State Transport, ☎ 033/241 6388. Busse fahren von dort nach BHUBANESWAR (4x tgl., 8–10 Std.) und PURI (4x tgl., 12 Std.) in Orissa.

Eisenbahn

Kolkata hat drei große Bahnhöfe und einer vierter ist im Bau. Züge werden oft umgesetzt, daher sollte man sich doppelt und dreifach versichern, dass der Zug, den man nehmen will, wirklich vom angegebenen Bahnhof abfährt. Leider ist kein einziger Bahnhof ans U-Bahn-Netz angeschlossen.

Howrah – Ankunftsort der meisten wichtigen Züge von Süden und Westen – befindet sich einige Kilometer westlich des Zentrums am anderen Hooghly-Ufer. Um von hier aus in die Innenstadt zu kommen, muss der Verkehr die Howrah Bridge passieren – eine hervorragende Einführung ins städtische Verkehrschaos, besonders in der Stoßzeit, die am späten Vormittag beginnt. Die Schlepper und Taxifahrer draußen sollte man meiden: Es gibt einen Vorauszahlungs-Taxistand, an dem man ein Ticket für Rs65–100 zur Sudder Street und Park Street im Zentrum lösen kann.

Minibusse und **Busse** von Howrah bedienen Ziele in der ganzen Stadt. Sie sind aber in der Regel sehr voll. Eine gute Alternative ist die **Fähre** (Rs4). Der Beschilderung vom Bahnhofstor folgen, über den Hooghly übersetzen zur Babu Ghat oder der benachbarten Chandpal Ghat in der Nähe der BBD Bagh, von wo man mit einem Taxi mit Taxameter oder einem Bus weiterfahren kann.

Die schmucke **Kolkata Station** (oder Terminus, auch „Chitpur Station" genannt) liegt 1 km von der U-Bahnstation Shyambazar entfernt. Von dort sind es nur sieben Haltestellen Richtung Süden bis zur Park Street (wo sich die Sudder St-Hotels befinden). Es gibt keine vorausbezahlten Transportmittel in die Stadt, aber einen Taxistand sowie Motor-Rikschas zum U-Bahnhof Shyambazar.

Vom **Shalimar**, dem neuesten Bahnhof, der 5 km südlich von Howrah erbaut wird, fahren bislang nur eine Handvoll Züge ab. Der Bahnhof ist das Drehkreuz von Southern Railways.

Der Bahnhof **Sealdah**, auf dessen Parkplatz es einen Schalter für **vorausbezahlte Taxis** gibt, liegt am Ostrand der Innenstadt. Früher war er die Hauptanlaufstelle der Züge aus dem Norden. Er wird nach und nach zu einem Regionalbahnhof herabgestuft.

Fahrplaninfos gibt es unter ✆ 033/2230 3545/54 oder ✆ 033/2230 3535. In den ans Computernetz angeschlossenen *booking offices* an allen vier Bahnhöfen, ⌚ Mo–Sa 10–13 und 13.30–17, So und feiertags 10–14 Uhr, und überall in der Stadt lassen sich ganz einfach **Bahnfahrkarten** für die Weiterfahrt von Kolkata reservieren: **Eastern and South Eastern Railways**, Alexandra Court, 61 Chowringhee Rd, Rabindra Sadan; **Computerized Booking Office**, 3 Koilaghat St; New Koilaghat, 14 Strand Rd (Öffnungszeiten wie oben). Man kann aber auch online (s. S. 86) oder in einem Reisebüro buchen.

Das Touristenbüro im 1. Stock des Büros von **Eastern Railways** im Nordwesten von BBD Bagh, 6 Fairlie Place, ✆ 033/2222 4206, verkauft Touristenquoten-Bahntickets (Öffnungszeiten wie oben). Wer in Rupien bezahlt, muss eine **Umtauschquittung** vorlegen (Bankbeleg oder Geldautomatenauszug), um einen Schlafwagenplatz reservieren zu können. Für die meisten Züge können Reservierungen bis zu 60 Tage im Voraus getätigt werden. Allgemeine **Reservierungsauskünfte** gibt es unter ✆ 033/2230 3496, 1331 oder 135.

Flüge

Kolkatas 20 km nördlich des Zentrums gelegener Flughafen ist in einen nationalen und einen internationalen Bereich unterteilt. Der offizielle Name lautet „Netaji Subhash Bose International Airport", doch verbreiteter ist die alte Bezeichnung **Dum Dum**. Der trostlose **International Terminal** wird zurzeit einer langwierigen Modernisierung unterzogen, bietet Geldwechselschalter (24 Std.), einen Schalter von Thomas Cook, einen **Vorauszahlungs-Taxistand** und eine Touristeninformation von India Tourism. Der 500 m südlich gelegene moderne **Domestic Terminal** ist besser ausgerüstet: Hier gibt es u. a. Buchungsschalter für Unterkünfte und Eisenbahn-Reservierung.

Der Flughafen besitzt auch **Retiring Rooms** (Rs700 mit AC, Rs225 ohne AC, außerdem ein Dorm), buchbar im Büro des Airport Manager entweder im internationalen Terminal (gegenüber befindet sich ein Gepäckaufbewahrungsschalter) oder im Inlandsterminal.

Informationen über Fluggesellschaften und Flüge vom Kolkata Airport unter ✆ 033/2511 8787 oder 2511 9721, Flughafenauskunft vom Band ✆ 033/2511 9272: allgemeine Auskünfte ✆ 1400, Ankunft ✆ 1402, Abflug ✆ 1403.

Die Inlandsflugverbindungen von Kolkata aus sind hervorragend, die internationalen dagegen begrenzt. Es gibt Direktflüge nach Bangkok, Singapore, Myanmar, Bangladesh, Kathmandu und Bhutan. Air India, Jet Airways, Emirates und Lufthansa fliegen – mit Umsteigen – nach Europa. Kontaktdaten von Fluggesellschaften s. u.

Aktuelle Flug- (und Bahnfahr-)pläne stehen in *Graphiti*, der Wochenbeilage von *The Telegraph*.

Transport vom Flughafen

Ein **Pre-paid Taxi** zur Sudder Street im Zentrum kostet rund Rs260. Als Alternative bietet sich eine Fahrt mit dem Shuttle-Bus oder Taxi (ca. Rs70) zur **Metro**-Station Dum Dum (5 km) an, anschließend geht es weiter mit der U-Bahn in die Stadt; die Sudder Street ist nur einen kurzen Fußmarsch von der Station Park Street entfernt. Dabei ist zu beachten, dass keine sperrigen Gegenstände (Fahrräder, Sportausrüstung etc.) mit in die U-Bahn genommen werden können.

Internationale Fluggesellschaften

Bangladesh Biman, 55B Mirza Ghalib St, ✆ 033/2227 6001;
British Airways, ✆ 9831/377470 oder ✆ 033/2511 8424;
Druk Air, 51 Tivoli Court, 1A Ballygunge Circular Rd, ✆ 033/2280 5376;
Emirates Airlines, Trinity Towers, 83 Topsia Rd (South), ✆ 1800/233 2030;
GMG Airlines, 20H, Park St, ✆ 033/3028 3030;
Gulf Air, Chitrakoot Building, 230A AJC Bose Rd, ✆ 033/2283 7996;
KLM, Jeevan Deep, 1 Middleton St, ✆ 033/2283 0151;
Lufthansa, T2 8A Millennium City, IT Park, Salt Lake, ✆ 4002/42000 oder ✆ 033/2511 2266;
Singapore Airlines, DN62, Unit 9A Millennium City, IT Park, Salt Lake, ✆ 033/2367 5422;
Thai Airways International, 8th Floor, Crescent Tower, 229 AJC Bose Rd, ✆ 033/2280 1630;
United Airlines BD, Saberwal House, 55B Mirza Ghalib St, ✆ 033/4001 7235.

Nationale Fluggesellschaften

Air Deccan, ✆ 9831/677008;
Indian (Air India/Air India Express), 39 Chittaranjan Ave, ✆ 1407 oder 033/2211 0730, ⌚ 24 Std., ebenso wie der dazugehörige Touristenschalter;
Indigo, ✆ 09910/383838;
Jet Airways, 18-D Park St, ✆ 033/3984 0000; Flughafenauskunft ✆ 033/2511 9894;
Jet Lite, ✆ 1800/223020;
Kingfisher Airlines, ✆ 01800/209 3030;
Spicejet, ✆ 1800/180 3333.

Von Kolkata nach Bangladesch

Kolkata ist das Eingangstor nach Bangladesch. Das benötigte Visum erteilt das **Konsulat von Bangladesch**, 9 Circus Ave, ✆ 033/2247 5208 App. 207 für die Visa-Abteilung, ⌚ Mo–Fr 9–17 Uhr. Visa werden noch am gleichen Tag ausgestellt, wenn der Reisepass vor 10 Uhr vorgelegt wird.

Bangladesch ist per Bahn, auf dem Straßenweg und mehrmals täglich mit dem Flugzeug von Kolkata nach Dhaka zu erreichen.

Der einzige **Direktzug** nach DHAKA, der Moitri Express (Mi und Sa 7.10 Uhr; Tickets beim Foreign Tourist Bureau, Fairlie Place, s. o.), fährt an der Kolkata Station ab. Ohne Visum gibt's aber keine Fahrkarte.

Ein **Direktbus** fährt vom Salt Lake International Karunamoyee Terminal, ✆ 033/2359 8448, Taxifahrt vom Zentrum Rs140) nach Dhaka (Mo–Sa 6.30 Uhr, 12 Std.; Rs1000). Auch hier gibt es eine Fahrkarte nur mit Visum.

Mehrere Reisebüros in der Umgebung von Sudder St und Marquis St verkaufen Tickets für Privatbusse nach Dhaka. Abfahrt ist am Esplanade Bus Stand, und an der Grenze muss man umsteigen.

Von Kolkata auf die Andamanen

Flüge

Air India und Jet Lite fliegen tgl. nach PORT BLAIR.

Schiffe

Ein Schiffsticket (3–4 Abfahrten pro Monat) muss über die **Shipping Corporation of India**, 13 Strand Rd, ✆ 033/2248 2354, gebucht werden.

Die Reise dauert 3–5 Tage, also ordentlich Lese- und anderes Futter mitbringen (die Verpflegung lässt zu wünschen übrig). Bei der Ankunft werden kostenlose 30-Tage-**Permits** ausgestellt.

Die Umgebung von Kolkata

Dakshineshwar und Belur Math

Am Rande Kolkatas, 20 km nördlich von Esplanade, steht am Ostufer des Hooghly der bekannte Tempel **Dakshineshwar** im Schatten der Bally-Brücke. Das 1855 errichtete Bauwerk ist ein Produkt der bengalischen Renaissance, das zu einer Zeit eingeweiht wurde, als immer mehr Hindus der Mittelschicht ihren Glauben in Frage stellten. Den Tempel zieren typisch bengalische Motive wie das geschwungene Dach nach Art einheimischer Dorfhütten, neun *chhatris* und Kuppeldächer, die an Bienenwaben erinnern. Der Mystiker und einflussreiche religiöse Philosoph Ramakrishna war hier einst in Amt und Würden; in seinem ehemaligen Zimmer neben dem Hauptportal sind einige Stücke aus seiner persönlichen Habe zu sehen.

Von Dakshineshwar gelangt man über die Brücke zum 3 km südlich am Westufer des Hooghly gelegenen, ruhigen 16 ha großen Campus von **Belur Math**, 💻 www.belurmath.org. 1938 von Ramakrishnas Schüler Swami Vivekananda gegründet und nach seinem Tod fertiggestellt, birgt das Kloster Tempel und Museen, die der Mission gewidmet sind. Es vereint in sich Elemente aus verschiedenen Weltreligionen. Das Portal ist von der frühen buddhistischen Skulptur inspiriert, die Fenster weisen deutliche Bezüge zur islamischen Architektur auf und der Grundriss basiert auf dem christlichen Kreuz. 🕓 April–Sep 6–11 und 14–19 Uhr; Okt–März 6.30–11 und 15.30–18 Uhr, Eintritt frei. **Züge** aus Kolkata fahren vom Bahnhof Sealdah nach Bally Bridge bei Dakshineshwar und von Howrah nach Belur Math.

Nabadip und Mayapur

Zu Tausenden strömen Pilger in die Kleinstadt **Nabadip** (oder Nawadip) am Westufer des Hooghly, rund 100 km nördlich von Kolkata. Im 11. Jh., unter der Sen-Dynasty, war Nabadip die Hauptstadt von Bengalen und Wohnsitz des Hindu-Weisen Sri Chaitanya (1486–1533). In den Tempeln der Stadt drängen sich die Gläubigen beim *kirtan*-Singen (von einem Instrument begleitetes Mantra-Rezitieren). Ein 50 km langer *padakrama,* d. h. Pilgerfußweg, verbindet die verschiedenen Vaishnava-Stätten, die sich über neun Inseln verteilen. Auch wenn Nabadip eine Vaishnava-Stadt ist – ihr stimmungsvollster Tempel ist der **Kali Bari** in Poramatolla. Er schmiegt sich in die Kerben des Stammes von einem der mächtigsten Banyanbäume, die man wahrscheinlich je zu Gesicht bekommt; ringsherum stehen Marktstände. Gegenüber vom Boral Ghat (Fähre Rs5) befindet sich am anderen Flussufer das von der Hare Krishna-Gemeinde ISKCON geleitete Vaishnava-Zentrum **Mayapur**. Am Wochenende wimmelt es in dem labyrinthartigen Tempel und auf der gepflegten Parkanlage von Menschen.

Vom Howrah fahren Züge nach Nabadip, 2,5 km vom großen Boral Ghat (Rs25 per Fahrradrikscha) entfernt. Die Angestellten des ISKCON-Zentrums in Kolkata organisieren u. a. auch Fahrgelegenheiten und erledigen Reservierungen für Gästehäuser und *dharamshalas* im Mayapur-Komplex (📞 033/2287 3757, 💻 mayapur.com, ❶–❸).

Südlich von Kolkata: die Sundarbans

Südlich von Kolkata bis zur Küste säumt der Hooghly die Sundarbans, eine der größten Deltaregionen der Welt. Es handelt sich um ein 10 000 km² großes Gebiet aus Mangroven und bewaldeten kleinen Inseln, die von Schwemmsand aus dem Himalaya gebildet wurden. Die Region wurde zum Unesco-Welterbe erklärt, um die zahlreichen wilden Tiere dieser Region zu schützen, darunter Salzwasserkrokodile, Gangesdelphine, Otter und die größte Tigerpopulation der Welt. Näher bei der Stadt befindet sich der ehemalige Kolonialhafen **Diamond Harbour**, ein beliebtes Wochenendausflugsziel am Ostufer des Hooghly. Er liegt an der Strecke nach **Sagardwip**, einer heiligen Insel an der Stelle, wo der Ganges ins Meer mündet.

Sajnekhali und Sundarbans-Tigerreservat

Die mit Mangroven bedeckten Inseln der **Sundarbans** („schöner Wald") liegen im Delta des Ganges, das sich von der Mündung des Hooghly bis nach Bangladesch erstreckt. Sie sind die Heimat des **Bengal-** oder **Königstigers**, der sich erstaunlich gut an seine feuchte Umgebung angepasst hat. Er schwimmt von Insel zu Insel und legt dabei Entfernungen von bis zu 40 km pro Tag zurück.

Etwa 500 000 Menschen teilen sich das zerbrechliche Ökosystem mit den Großkatzen. Ungeachtet ihrer offiziellen Religion huldigen sie alle Banbibi, der Göttin des Waldes, und ihrem moslemischen Gemahl Dakshin Rai, Oberherrscher über die Sunderbans.

Praktische Tipps zum Park

Ausländer benötigen für eine Reise in die Sundarbans ein (kostenloses) **Permit**, das von Tourveranstaltern besorgt wird. Wer die Gegend auf eigene Faust besuchen möchte, muss sich vorab einen Erlaubnisschein beim **Government of West Bengal Tourist Bureau in Kolkata** holen. Erforderlich ist außerdem die Reservierung einer Unterkunft im Hauptcamp des Sundarbans Tiger Reserve (Eintritt Rs15) in Sajnekhali, das durch einen Drahtzaun vom Dschungel abgetrennt ist.

Die **Sajnekhali Tourist Lodge**, ✆ 03219/236560 ❹, ist eine große, verwinkelte, auf Pfählen stehende Unterkunft. Die Verpflegung ist im Preis enthalten. Zur Lodge gehört auch ein Dorm (Rs220). Auf dem nahe gelegenen Gelände des Tigerschutzprogramms „Projekt Tiger" gibt es einen Schrein für Banbibi, einen Beobachtungsturm und einen Minizoo zur Nachzucht von Schildkröten und Krokodilen. Weil manchmal Tiger über den Zaun springen, sind Streifzüge nach Einbruch der Dunkelheit nicht anzuraten. Weitere Sundarban-Beobachtungstürme stehen z. B. in Dobanki, wo ein „Skywalk" über die Mangroven führt, und in Netidhopani, das in der Nähe eines 400 Jahre alten Tempels liegt.

Der **Transport innerhalb des Reservats** findet ausnahmslos auf dem Wasserweg statt.

Der Bootsverleih (ab Rs700 je nach Reiseroute) liegt in den Händen der Boatman Association, die Angestellten der Lodge sind bei der Ausleihe behilflich. Es muss ein Führer des „Project Tiger" engagiert (Rs300) und Eintritt bezahlt werden (Rs130, Videoerlaubnis Rs300). Die lauten Dieselmotoren verscheuchen die Tiere, aber bei abgeschaltetem Motor herrscht eine traumhafte Stille.

Beste **Reisezeit** für die Sundarbans sind Winter und Frühling. Da die Anreise von Kolkata auf eigene Faust sehr mühsam ist, sollte man in Erwägung ziehen, sich einer All-inclusive-**Pauschaltour** anzuschließen, die beim West Bengal Tourist Centre, ✆ 033/2248 5917, Scp März, gebucht werden kann. Die zwei- oder dreitägigen Touren mit Übernachtung auf einem Boot oder in der Tourist Lodge gibt es ab Rs2300. Die Boote sind oft sehr voll und die Geräuschkulisse entsprechend groß, was die Wahrscheinlichkeit von Tiersichtungen reduziert. **Maßgeschneiderte Touren** (3-Tages-Tour ab Rs14 000), die von privaten Veranstaltern wie Kali Travel Home oder Neil Law von Himalayan Footprints (S. 825) mit eigenem Camp und Boot angeboten werden, gehen dagegen friedlicher und gemächlicher vonstatten.

Auf Moglis Spuren

Help Tourism (s. S. 838) hat mit dem **Sundarbans Jungle Camp** auf Bali Island am Rand des Reservats seine eigene Unterkunft. Sie besteht aus strohgedeckten Cottages, die traditionelle Architektur mit moderner Ausstattung kombinieren. In einem einzigartigen Rehabilitations- und Selbsthilfeprojekt beschäftigt das Camp einheimische Dorfbewohner – viele von ihnen ehemalige Wilderer – als Führer. Die Preise (ab Rs5000 für eine dreitägige Tour) sind gepfeffert, doch die Gelegenheit, tief in den Wald vorzudringen und einmalige Einblicke in die Kultur zu gewinnen, lohnen die Ausgabe.

Help Tourism (S. 838) hat ebenfalls ein eigenes Boot und Resort, das **Sunderbans Jungle Camp** ❽ auf Bali Island am Rand des Reservats. Die Angestellten des Camps sind Dorfbewohner aus der Umgebung, manche von ihnen ehemalige Wilderer – ein außergewöhnliches Rehabilitationsprojekt. Das **Sunderban Tiger Camp**, ✆ 033/3293 5749, 💻 sunderbantigercamp.com ❼, mit AC-Cottages nahe Gosaba ist beliebt bei Teilnehmern der WBTC-Touren aus Kolkata. Während der Saison veranstaltet **Vivada Cruises**, ✆ 033/2463 1990, 💻 www.vivadacruises.com, Luxusbootsfahrten in die Sundarbans. Die **Assam Bengal Navigation Company**, ✆ 0361/260 2223, 💻 www.assambengalnavigation.com, hat Luxusfahrten ab US$195 pro Tag im Angebot. Eine Alternative ist ein eigenes Mietboot, zu chartern in Gosaba Ghat (Godhkali) (s. unten).

Transport

Die Reise mit öffentlichen Verkehrsmitteln in die Sundarbans gestaltet sich kompliziert, egal ob per **Bahn** oder per **Bus**. Ganz wichtig ist gutes Timing, denn bei Eintritt der Dunkelheit wird der Zugang zum Wald gesperrt. Vorortzüge fahren von Sealdah nach Canning, von dort aus geht eine Fähre zum Doc Ghat – eine Sammel-Motor-Rikscha nach Basanti nehmen. Eine andere Möglichkeit wäre, einen Bus vom Babu Ghat in Kolkata nach **Basanti** (6x tgl., 3 Std.) zu nehmen. Zu empfehlen ist die frühe Verbindung um 6.45 Uhr. Von Basanti nimmt man ein Auto nach **Gosaba Ghat** (Godhkali), dann die Fähre nach Gosaba Bazaar, wo man Ausschau nach einer Fahrrad-Rikscha halten oder den Preis für eine Autofahrt nach Pakhirala (6 km) aushandeln muss. Von hier setzt eine Fähre nach Sajnekhali (um 7 und 18 Uhr) über. Ansonsten kann man auch in Godhkali oder Dayapur in der Nähe von Gosaba ein Boot chartern.

Am Ufer des Hooghly entlang zum Meer

Bei **Diamond Harbour**, 50 km südlich von Kolkata, mündet der Hooghly in den Golf von Bengalen. Der Hafen an dieser Stelle wurde früher von der Ostindienkompanie genutzt, und die Ruinen einer Festung gehen angeblich auf die Zeit portugiesischer Piraten zurück. Ende Januar findet hier alljährlich das Kulturfest **Ganga Utsav** mit Theater- und Tanzvorstellungen statt, für das im Magazin *Cal Calling* geworben wird. Die Fahrt von Kolkata nach Diamond Harbour per Bus oder Bahn vom Bahnhof Sealdah ist ein beliebter Tagesausflug für die Bewohner der Stadt, die mit Vorliebe die Ausflugsdampfer bevölkern. Es ist aber auch möglich, in einem Hotel, z. B. der **Diamond Harbour Tourist Lodge** ❷–❹ (Zimmer teils mit AC) zu übernachten; Buchung im Tourist Office, ✆ 033/2248 8271.

Sehr viel mehr Luxus und einen fantastischen Eindruck vom Gangesdelta bietet das **Ffort** im nahe gelegenen Raichak, ✆ 033/2280 0043, 💻 www.ffort.com ❽. Es verfügt über ein Wellness-Spa, erlesene Küche und ausgedehnte Grünanlagen.

Der Ort **Sagardwip** an der Mündung des Hooghly ist per Fähre vom Harwood Point nahe

Rabindranath Tagore

Der große bengalische Dichter Rabindranath Tagore (1861–1941) hat Generationen von Künstlern, Dichtern und Musikern inspiriert. Er entwickelte frühes Interesse am Theater und kleidete seine Gedichte in Musik – Rabindra Sangeet ist heute eine der populärsten Musiktraditionen Bengalens. Tagore, der im Westen durch den Maler William Rothenstein und den Dichter W. B. Yeats bekannt wurde, publizierte seine Gedichtsammlung *Gitanjali* erstmals 1912 in einer englischen Übersetzung und erhielt im folgenden Jahr den Literatur-Nobelpreis. Obwohl er bevorzugt in Bengalisch schrieb und Autoren ermutigte, Werke in anderen indischen Sprachen zu verfassen, beherrschte er die englische Prosa ebenso meisterhaft. Erst im Alter von 70 Jahren offenbarte sich auch sein Talent als Künstler und Maler, das sich aus Kritzeleien an den Rändern seiner Manuskripte entwickelte. Tagore inspirierte viele Künstler, darunter den Maler Nandalal Bose und später den Filmemacher Satyajit Ray, der mehrere Filme auf der Grundlage von Tagores Werken drehte.

Diamond Harbour aus zu erreichen und wird von Hindus verehrt, weil dort der Ganges ins Meer fließt. Der Zusammenfluss wird durch den **Tempel Kapil Muni** in Ehren gehalten. Er steht auf einer Insel, die häufig von besonders heftigen Tropenstürmen über dem Golf von Bengalen heimgesucht wird und langsam im Meer versinkt. Anlässlich des Festes Makar Sankranti (Mitte Januar) während des **Sagar Mela** strömen Hunderttausende Pilger aus ganz Indien auf die Insel und versammeln sich zum Baden im Wasser. Einige kleine Hotels, Ashrams und *dharamshalas* bieten einfache Unterkunft, während das **Larika Sagar Vihar**, ✆ 03210/240266 ❷–❸, mit etwas mehr Komfort aufwarten kann.

Vom Babu Ghat in Kolkata fahren während des *mela* Direktbusse nach Harwood Point. Ansonsten lässt sich die Insel auch mit der Vorortbahn von Namkhana aus erreichen. Der ruhige, mit Kasuarinen bestandene Strand von Bakkhali ist von dort auch leicht zugänglich. Ist man erst einmal in Sagardwip angekommen, sind es von der Fähranlegestelle bis zum Tempel noch 32 km per Bus oder Taxi.

Zentralbengalen

Zentralbengalen hat nur wenig Sehenswertes zu bieten, aber das an der Stätte des Ashrams von Rabindranath Tagores Vater entstandene **Shantiniketan** ist ein Ort des Friedens und ein Muss für jeden, der an bengalischer Musik, Kunst und Kultur interessiert ist.

Zu den anderen Höhepunkten der Region gehören die Paläste von **Murshidabad**, Bengalens letzter unabhängiger Dynastie. Wegen der maoistischen Unruhen entlang der Grenze zu Jharkhand und Orissa ist es inzwischen zu gefährlich, den Südwesten von Bengalen zu bereisen.

Bishnupur

Bishnupur, ein verschlafenes Städtchen 150 km nordwestlich von Kolkata, ist ein renommiertes Bengali-Sprachlernzentrum. Seine Berühmtheit verdankt es jedoch seinen exquisiten **Terrakotta-Tempeln**. Bishnupur war die Hauptstadt der Malla-Rajas, unter deren Schirmherrschaft es sich zu einer der größten Musikschulen Indiens entwickelte. Die moslemische Kultur Bengalens hat Bishnupur kaum beeinflusst, und so wurzelt die hiesige Tempelbautradition in der schlichten Form einer Wohnhütte. In Tempelarchitektur umgesetzt bedeutet das, dass die Gotteshäuser aus Lehmziegeln erbaut wurden (da Stein nur selten erhältlich war) und man sie mit einer kunstvoll geschnitzten Terrakottafassade versah, auf der oft Szenen aus dem Ramayana dargestellt sind. So vereinigen die Tempel schlichte Formen mit lebhafter Oberflächengestaltung.

Im weiten Umkreis von Bishnupur verstreut liegen mehrere Tempel, ◷ tgl. 9–17 Uhr, Eintritt jeweils Rs100. Im **Raas Mancha**, 1587 von Bir Hambir in einem einzigartigen pyramidalen Stil erbaut, werden während des jährlichen Raas-Festes die Bildnisse von Krishna und Radha ausgestellt. Der gut erhaltene **Shyamarai** in der Nähe, Baujahr 1643, ist ein besonders erlesenes Beispiel von Terracotta-Kunst, der kleinere **Jorbangla** dagegen weist filigrane Details auf. Der aus dem 10. Jh. stammende **Mrinmoyee-Tempel** macht von außen nicht viel her, umschließt jedoch die glückverheißenden *nababriksha*: neun Bäume, die so zusammengewachsen sind, dass sie wie ein einziger Baum aussehen. Im Norden der Stadt steht der 1694 erbaute **Madan Mohan**. Er ist einer der größten Tempel, hat in der Mitte einen von einer Kuppel gekrönten Turm und ist mit Szenen aus dem Leben von Krishna verziert.

Unterkünfte in der Innenstadt sind z. B. die weitläufige Tourist Lodge, ✆ 03244/252013 ❷–❹, Reservierungen unter ✆ 033/2248 5168, in der auch Mahlzeiten zu haben sind, oder die Udayan Lodge, College Rd, ✆ 03244/252278 ❸–❹, mit ihrem hübschen Garten. Aber die beste Unterkunft von allen ist die ländliche Idylle Basudha ❷, eine Biofarm plus Naturschutzzentrum und wissenschaftlicher Untersuchungsanstalt in einem aus Adobeziegeln erbauten Bauernhaus, 22 km von Bishnupur, Reservierung unter ✆ 9434/062891 oder über Kali Travel Home, ✆ 033/2248 7980, 💻 www.traveleastindia.com, s. S. 825.

Zwei **Expresszüge** (Nr. 2883 und Nr. 2827) pro Tag verbinden Bishnupur mit der Howrah Station in Kolkata.

Shantiniketan

Das nur 136 km nordwestlich gelegene und dennoch eine ganze Welt von Kolkatas Lärm und Schmutz entfernte Shantiniketan ist ein Ort der Ruhe und des Friedens – trotz des schnellen Wachstums und des Vordringens in das Stammesgebiet der Santhal. Die 1921 von **Rabindranath Tagore** an der Stätte des Ashrams seines Vaters gegründete Siedlung und ihre geisteswissenschaftliche Universität **Vishwa Bharati** wurden mit dem Anspruch errichtet, das Beste der bengalischen Kultur zu fördern. Gegen Ende der bengalischen Renaissance hatten Tagores Visionen und sein ungeheures Talent eine eigene Lebensart und Kunst hervorgebracht, wovon die Universität bis zum heutigen Tage zehrt.

Die Universität um den von Tagore entworfenen Gebäudekomplex **Uttarayan** harmoniert gut mit ihrer Umwelt, obwohl der Ort in jüngster Zeit gewachsen ist, weil sich hier viele Städter aus Kolkata niedergelassen oder Ferienhäuser gebaut haben.

Das **Kala-Bhavan-Archiv** zeigt bengalische Skulpturen und Malereien des 20. Jhs., darunter Werke von Abanendranath und Gaganendranath Tagore, Nandalal Bose und Rabindranath Tagore, sowie eine Sammlung chinesischer und japanischer Kunst. ⌚ tgl. außer Di 10–17 Uhr, Eintritt frei (mit Sondergenehmigung durch den Fakultätsleiter).

Das auch als Rabindra Bhavan Museum bekannte **Vichitra Museum** stellt Tagores Leben und Werk mit einer Sammlung seiner Gemälde, Manuskripte und persönlichen Gegenstände dar. ⌚ tgl. 10.30–13 und 14–16.30 Uhr, Di nur vormittags, Mi geschlossen, Eintritt Rs5.

Ethno-Cottages

Chhuti, 241 Charu Palli, Jamboni, ✆ 03463/252692, 💻 www.chhutiresort.com. Komfortable und hübsche Cottages (teils AC) im Ethno-Look mit Restaurant. Die reizende Anlage ist nach wie vor die einladendste Unterkunft von Shantiniketan. Kreditkarten werden gegen eine Gebühr von 2 % akzeptiert. ❹–❺

Die berühmten **Bauls**, die Wander-Troubadoure von Bengalen, die sich einer ganz besonderen Form der Volksmusik verschrieben haben, treten beim informellen *shanibarer haat* (Samstagsmarkt, ⌚ 15–17 Uhr) auf. Er wird unter den Bäumen am Kanal von Shriniketan abgehalten. Auch zum großen **Poush Mela**, das jedes Jahr zwischen dem 22. und 25. Dezember stattfindet, kommen immer viele Bauls.

Übernachtung

Im Umkreis von Shantiniketan gibt es eine annehmbare Auswahl an Unterkünften, mehrere davon an der lärmenden Hauptstraße nach Bolpur, und einige ansprechendere Hotels in der Umgebung des Universitätsgeländes.

Bolpur Lodge, Bolpur, ✆ 03463/252662. Große, alteingesessene und gastfreundliche Lodge abseits des täglichen Rummels der Hauptstraße mit einem netten Innenhof. Große und schlichte Zimmer mit gutem Preis-Leistungs-Verhältnis und ordentliches Restaurant. ❷

Bonpulak, Shyambati, ✆ 03463/261193. Drei angenehm luftige Zimmer in einem freundlichen Familienbetrieb mit kleinem buntem Garten; Essen nach Vorbestellung. ❸

Hotel Shantiniketan, Bhubandanga, ✆ 03463/254434. Helles, in Pink gehaltenes Hotel mit hübschem Garten in einer ruhigen Gasse. Die billigeren Zimmer bieten ein besseres Preis-Leistungs-Verhältnis, Warmwasser gibt es aber nur aus Eimern. ❸–❹

Shantiniketan Tourist Lodge, Bolpur Tourist Lodge Rd, ✆ 03463/252699. Große, staatlich geführte Unterkunft mit einigen AC-Zimmern, günstigen Cottages, einem hübschen Garten und Restaurant. ❸–❻

Essen

Einige der besseren Restaurants bieten eine internationale Speisekarte, haben ihre Stärke aber in einheimischer Küche mit Betonung auf Fisch. Die **Straßencafés** auf dem Marktplatz in Ratanpalli sind vor allem abends ein beliebter Studententreff.

Das bezaubernde kleine Gartencafé **Alcha** in Ratanpalli dient gleichzeitig als Buchladen, Bibliothek (Kaution Rs200), Galerie und als kleine, aber sehr gute Boutique für Kleidung

und Einrichtungsgegenstände; außerdem ist ein schöner Ort zum Frühstücken. ⌚ tgl. 7.30–10 und 16–20 Uhr.
Das **Ghare Baire** im Gitanjali-Komplex in der Siuri Rd zählt mit seiner exklusiven Bengali-Küche zu den elegantesten Lokalen der Stadt.

Nahverkehr

Im Nahverkehr sind vor allem **Fahrrad-Rikschas** unterwegs, am besten lässt sich Shantiniketan aber mit einem **Fahrrad** erkunden, das entweder im Hotel oder in einem der Fahrradläden an der Hauptstraße geliehen werden kann.

Transport

Busse

Der **Haupt-Busbahnhof** befindet sich in Jamboni, 2 km westlich Richtung Surul.

Eisenbahn

3 km südlich von Shantiniketan liegt **Bolpur**, der nächste **Bahnhof** an der Hauptstrecke zwischen Kolkata und Darjeeling. Dort halten Züge aus Burddhaman (auch Burdwan).
Der beste Zug von KOLKATA ist der Shantiniketan Express Nr. 12337, der Howrah um 10.10 Uhr verlässt, um 12.25 Uhr in Bolpur endet und eine halbe Stunde später wieder nach Howrah abfährt. In den Waggons der 2. Klasse musizieren gelegentlich Baul-Sänger.
Bester der täglich verkehrenden Expresszüge von Shantiniketan nach DARJEELING ist der Darjeeling Mail Nr. 12343, der spät nachts (0.34 Uhr) in Bolpur hält und am nächsten Morgen um 8 Uhr in New Jalpaiguri (NJP) eintrifft. Der beste Zug tagsüber ist der Kanchenjunga Express Nr. 15657 um 9.30 Uhr mit Ankunft in NJP um 18.15 Uhr, was für gewöhnlich eine Übernachtung im Gebiet von Siliguri mit sich bringt.
Reservierungen können am entsprechenden Schalter unweit der Post vorgenommen werden, ⌚ Mo–Sa 10–15 Uhr. Die dort verfügbaren **Quoten** sind sehr gering. Am Bahnhof Bolpur gibt es jedoch einen Reservierungsschalter mit Computeranschluss an das landesweite Netz und somit mehr Auswahl.

Tarapith

Tarapith, eines der bedeutendsten Zentren des **tantrischen Hinduismus**, liegt 50 km nördlich von Shantiniketan und lässt sich leicht im Rahmen eines Tagesausflugs besuchen. Der Tempel und das Einäscherungsgelände in einem Hain an dem von Schreinen gesäumten Fluss sind beliebte Aufenthaltsorte tantrischer Sadhus, bei deren Ritualen nicht selten Totenköpfe und Totenasche hinzugezogen werden. Der Tempel inmitten eines von Menschen wimmelnden Hofes ist Shakti in Form der mysteriösen und gefürchteten Göttin Tara geweiht. Die Göttin tritt dort mit silbernem Gesicht und großen Augen in Erscheinung.

Übernachtung und Essen

Tarapith hat mehrere Hotels:
Amantran, ✆ 03461/253133. Das luxuriöseste Haus am Ort. Es liegt 3 km vom Tempel an der Rampurhat Road entfernt, hat gut belüftete Zimmer, einen manikürten Garten, verschiedene kleine Cottages, manche davon mit AC, und ein gutes Restaurant. ❺–❻
Bengal Lodge, ✆ 9775/164636, nicht weit vom Fluss und nur 50 m von den Tempeleingängen entfernt. Besitzt viel Flair und preiswerte Zimmer, manche mit AC, sowie ein gut besuchtes Rrestaurant. ❷–❹
Sathi, ✆ 03461/253287. Das freundliche Hotel hat große Zimmer mit Bad, einige davon mit AC. ❷–❹
Sonar Bangla, ✆ 03461-253827. Bietet etwas mehr Komfort und besitzt ein ausgezeichnetes Restaurant. ❸–❺

Transport

Die 10 km lange Strecke zwischen Tarapith und RAMPURHAT wird von Bussen, Sammel-Motor-Rikscha-Taxis (Rs30) und normalen Taxis bedient.
Der Ganadevta Express Nr. 3017 von KOLKATA (6.05 Uhr ab Howrah) ist eine von mehreren günstigen **Bahnverbindungen**. Er verkehrt via Bolpur Shantiniketan (8.52 Uhr) zum 8 km nördlich von Tarapith gelegenen Bahnhof RAMPURHAT (Ankunft 10.20 Uhr). Der Rampurhat Express Nr. 2348 fährt über

Shantiniketan zurück. Tickets müssen unbedingt im Voraus gekauft werden, denn schon lange vor Abfahrt des Zuges herrscht auf dem Bahnhof und den Fußgängerbrücken totales Chaos.

Kendubilwa

Kendubilwa, auch Kenduli genannt, liegt am Ufer eines breiten, seichten Flusses 42 km von Shantiniketan. Es ist der Geburtsort von **Jaidev**, dem Autor der *Gita Govinda,* und die spirituelle Heimat der Bauls. Jedes Jahr Mitte Januar überschwemmen während des **Jaidev Mela** ganze Menschenmassen den kleinen Terrakotta-Tempel von Kendubilwa. Tausende Pilger, Yogis und Sadhus versammeln sich dann zwischen den Banyanbäumen, um die ganze Nacht über den Bauls zu lauschen. Im Laufe der Jahre hat sich das *mela* zu einem größeren Volksfest mit zahlreichen Buden und Rummelplatzattraktionen ausgewachsen. Während der *mela* fahren Sonderbusse von Bolpur (2 Std.) nach Kendubilwa.

Murshidabad

219 km nördlich von Kolkata, nahe der Handelsstadt **Behrampur**, liegt in sattgrüner Landschaft die historische Stadt Murshidabad mit einigen der letzten großen Zeugnisse Bengalens vor Ankunft der Briten. An den Ufern des Flusses Hooghly erinnern mehrere melancholische Bauwerke aus dem 18. Jh. an die Tage der letzten unabhängigen Hauptstadt Bengalens. Die im 18. Jh. vom Nawab **Murshid Quli Khan** gegründete Stadt verkam rasch, nachdem die Streitkräfte des Siraj-ud-Daula 1757 die Schlacht von Plassey gegen Robert Clive und seine britische Armee verloren hatten, denn die Briten kontrollierten Bengalen fortan von Kalkutta aus. Bekannt ist der Ort noch für seine Heimindustrien, allen voran für die Seidenweberei.

Murshidabads faszinierende kulturelle Mischung zeigt sich in der Architektur: vom romanischen Nawab-Palast **Hazarduari**, den General Duncan Macleod von den Bengal Engineers entwarf, bis hin zur **Katra-Moschee**, die Murshid Quli Khan im Stil der Moschee von Mekka errichten ließ. Der große U-förmige See **Moti Jheel** („Perlensee") schmiegt sich um die trostlosen Ruinen von Begum Ghasetis Palast, in dem Siraj-ud-Daula vor seiner Niederlage regierte. Weiter südlich liegt am anderen Flussufer **Khushbagh** („Garten der Freude"). Hier befinden sich unter den Gräbern vieler Nawab auch diejenigen von Alivardi Khan und Siraj-ud-Daula.

Übernachtung und Essen

Das Angebot an **Unterkünften** ist in Murshidabad begrenzt. Einladend ist das Hotel Manjusha, ✆ 03482/270321 ❷–❹, in der Nähe des Hazarduari, das Zimmer mit Balkon und einen bunten Blumengarten direkt am Fluss zu bieten hat. Das leicht per Motor-Rikscha (Rs10) oder Bus zu erreichende, 12 km entfernte **Behrampur** am verkehrsreichen Nord-Süd-Highway besitzt mehr Hotels. Das 3 km vom Zentrum an der Straße in Panchanantatala gelegene **Samrat**, ✆ 03482/251147 ❷–❺, ist günstig für den Abstecher nach Murshidabad. Es bietet Zimmer unterschiedlicher Kategorien, vom einfachen Doppelzimmer bis zu AC-Zimmern mit Teppichen, ein klimatisiertes Restaurant mit Bar und einen schönen Garten.

Transport

Zu den in Behrampur haltenden **Zügen** aus Kolkata (Bahnhof Sealdah, 4–6 Std.) gehört der Lalgola Passenger, der auch in Murshidabad hält; bessere Bahnverbindungen gibt es ab Azimganj, 20 km bzw. Rs700 per Taxi entfernt. Von Behrampur fahren zahlreiche Busse zum Busbahnhof Esplanade in KOLKATA (5–6 Std.) und nach MALDA (3 1/2 Std.).

Malda und Umgebung

Die große Handelsstadt **Malda**, 340 km nördlich von Kolkata, ist für ihre Mangos berühmt. Besonders schön ist die Stadt nicht, sie eignet sich aber prima als Sprungbrett für Abstecher zu den historischen Stätten **Gaur** und **Pandua**, beides ehemalige Hauptstädte von Bengalen. Malda liegt an der Haupteisenbahnlinie zwischen Kolkata und Nordbengalen und hat gute Bahnverbindungen, z. B. mit dem Kanchenjunga Express

Nr. 5657/5658. Entlang der Station Road findet sich eine ordentliche Auswahl an **Unterkünften** und Restaurants. An der Schnellstraße NH-34 dagegen steht das Purbanchal, ✆ 03512/266183 ❷–❹. Es bietet mehr Komfort als die Hotels an der Station Road, hat einige Zimmer mit AC, eines der besten Restaurants der Stadt und eine schummrige Bar. Ein Taxi sowohl nach Gaur als auch nach Pandua kostet jeweils Rs1500 für den ganzen Tag.

Gaur

Inmitten saftig grüner Reisfelder, 16 km südlich von Malda, liegt **Gaur**. Im 7. Jh. war sie die Hauptstadt von König Sasanka, anschließend gehörte sie erst den buddhistischen Palas, dann den Senas, den letzten Hindu-Königen von Bengalen. Zu Beginn des 13. Jhs. wurden diese von den Moslems gewaltsam vertrieben. 1537 eroberte und plünderte Sher Shah Suri die Stadt, und 1575 raffte die Pest dann auch noch die wenigen Überlebenden dahin.

Jahrhundertelang lag Gaur unter Sand und Schlick begraben, bis endlich Ausgrabungen die gewaltigen Ausmaße einer Stadt enthüllten, die zu ihrer Blütezeit über 1 Mio. Einwohner vorweisen konnte. Jüngste Funde förderten z. B. einen gewaltigen, aus Ziegeln erbauten **Palast** zutage, der über eine Kanalisation und eine Münzpräge verfügte. Ein *ghat*, an dem Ketten zum Befestigen von Bootsankern angebracht sind, lässt vermuten, dass der Ganges früher einmal am Palast vorbeifloss. Auf dem Gelände von Gaur befinden sich auch riesige Wasserbecken wie der 1,5 km lange **Sagar Dighi** von 1126. Durch das imposante, aus roten Ziegeln erbaute Tor **Dakhil Darwaza**, das 1425 während der moslemischen Herrschaft entstand, geht es zum **Fort** in der Südostecke, wo eine kolossale Mauer die Ruinen des alten Palastes umgibt. In der Nähe steht die **Qadam Rasul-Moschee**, die 1531 erbaut wurde, um einem Stein mit dem Fußabdruck des Propheten einen würdigen Rahmen zu geben. Ebenfalls nicht weit entfernt liegt das aus dem 17. Jh. stammende Grabmal von Fateh Khan, einem der Generäle Aurangzebs; die Bauweise des Mausoleums erinnert an eine Bengali-Hütte. Weitere ausgegrabene Bauwerke sind u. a. die elegante **Tantipara-Moschee** mit ihren filigranen Terrakotta-Verzierungen, die Lattan oder **Bemalte Moschee**, in der noch ein paar Überreste der emaillierten Ziegel erhalten sind, denen sie ihren Namen verdankt, und die massive **Bara Sona Masjid**, die „Herrliche Goldene Moschee", nordöstlich der Festung.

Pandua

Die prächtige **Adina Masjid** von **Pandua**, 18 km nördlich von Malda, wurde um 1370 erbaut und war damals die größte Moschee des Subkontinents. Heute liegt sie in Trümmern, doch selbst diese verraten noch den Ursprung vieler der verwendeten Baumaterialien – so dienten z. B. geschnitzte Basaltsockel aus früheren Hindu-Tempeln als Stütze für die 88 aus Ziegeln erbauten Bögen und 378 identischen kleinen Kuppeln. Der Grundriss der Moschee orientiert sich an der prächtigen Moschee von Damaskus aus dem 8. Jh. Weitere sehenswerte Baudenkmäler sind das **Eklakhi-Mausoleum** – eines der ersten quadratischen Ziegelgräber in Bengalen – mit einem geschnitzten Ganesha am Eingangstor, und die **Qutb Shahi Masjid** oder „Goldene Moschee", die zu Ehren des Heiligen Nur Qutb-ul-Alam erbaut wurde; die Überreste seines Schreines liegen ganz in der Nähe.

Der Norden von Westbengalen

Der Norden Westbengalens, wo sich die Berge des Himalaya aus der flachen Schwemmlandebene Richtung Nepal, Sikkim und Bhutan erheben, hat unvergessliche Bergpanoramen und eine berühmte Hill Station zu bieten. Die meisten Besucher reisen so rasch wie möglich über **Siliguri** weiter nach **Darjeeling**, **Kalimpong** und in den Gebirgskleinstaat Sikkim. Wer Zeit hat, sollte sich unbedingt die östlich von Siliguri gelegenen, sub-himalayischen Dooars mit ihren Teeplantagen und Wäldern anschauen. Dort findet sich auch der **Jaldapara Wildlife Sanctuary**, in dem Panzernashörner, Büffel und Wildschweine leben.

Oft legen die von der Gurkha-Bewegung ausgerufenen Streiks das Leben in den Bergen von Darjeeling lahm, darunter auch den Verkehr auf den wenigen Zufahrtstraßen. Touristen dürfen das Gebiet dann normalerweise trotzdem verlassen, müssen dafür einem Taxifahrer aber höchstwahrscheinlich Unsummen bezahlen. Wer die Region besuchen möchte, sollte vorher die Zeitungen studieren und sich im Hotel nach dem aktuellen Stand der Dinge erkundigen. Eine gute Informationsquelle ist auch 💻 www.darjeelingtimes.

Siliguri und New Jalpaiguri

Westbengalens zweitgrößte Stadt, Siliguri, ist ein wichtiges und stetig wachsendes Wirtschaftszentrum. Bedeutend sind seine Teeauktionen. Die Stadt dient als Eingangstor nach Darjeeling, Kalimpong, Sikkim und Bhutan. Zusammen mit seinem Hauptbahnhof New Jalpaiguri – kurz NJP – und dem Flughafen in **Bagdogra** bildet es ein Schienen- und Luftdrehkreuz zwischen Kolkata, Delhi und den Bergen. Die nahe Grenze zu Nepal in **Kakarbitta** ist nun für Touristen geöffnet, aber die Busreise von dort nach Kathmandu ist anstrengend.

Die meisten Touristen lassen Siliguri links liegen, die Reiseverbindungen können allerdings eine Übernachtung erforderlich machen. Abgesehen von lebendigen Basaren wie dem **Bidhan Market** gibt es wenig Interessantes zu sehen. Eine kleine tibetische Enklave (rund 2 km vom Zentrum an der Sevoke Road) beherbergt den imposanten **Tashi Gomang Stupa**, 🕓 tgl. 5–12 und 13–17 Uhr.

Übernachtung

Viele der Billighotels nahe dem Busbahnhof – insbesondere das Delhi und das Shere-e-Punjab – genießen einen zweifelhaften Ruf in Bezug auf die Behandlung ihrer weiblichen Gäste.

Apsara, 18 Patel Rd, Pradhan Nagar, in einer Gasse parallel zur Hauptstraße, gegenüber dem Busbahnhof Tenzing Norgay, 📞 0353/251 4252. Freundliches Budgethotel in günstiger Lage zu den Bahnhöfen und öffentlichen Einrichtungen. Einfache, saubere Zimmer mit Bad. ❷–❸

Holydon, NJP Station Rd, 📞 0353/269 1335. Einladendes und preiswertes Hotel, das beste in Bahnhofsnähe. Einige AC-Zimmer, Restaurant und Bar, die abends sehr gut besucht ist. ❷–❹

Manila, Pradhan Nagar, 📞 0353/251 9342. Sauberes, modernes Hotel nahe Taxistand und Bushaltestelle. Zuvorkommender Service, komfortable Zimmer, Geldwechsel (Geldautomat eine Tür weiter) und ein gutes Restaurant. Falls ausgebucht, ist das ähnliche Heritage nebenan eine Alternative. ❸–❹

Marinas, Naxalbari Rd, Bagdogra, 📞 0353/255 1371. Ein sehr hübsches Hotel mit Garten in günstiger Lage sowohl zum Flughafen (kostenlose Transfers) als auch zur Grenze mit Nepal bei Kakarbitta. Die Zimmer haben alle ein Bad und sind ihr Geld wert. Außerdem gibt es ein Restaurant, eine Bar und einen Glenary Coffeeshop. ❸–❻

Nirvana, 18 Patel Rd, Pradhan Nagar, 📞 9832/014001. Direkt hinter dem Restaurant Khana Khazana. Der günstig gelegene vielstöckige Block ist ein wenig komfortabler als das Apsara daneben. Die kleinen Zimmer besitzen Teppichboden und Bad. ❸

Saluja, Hill Cart Rd, 📞 0353/243 1684. Zentral gelegenes Hotel für jedes Budget; einfache Zimmer mit Gemeinschaftsbad, aber auch komfortable DZ und das ausgezeichnete Restaurant Parivar. Noch mehr Komfort bietet das benachbarte Schwesterunternehmen Saluja Residency. ❷–❺

Sinclairs, Pradhan Nagar, 📞 0353/251 7674, 💻 www.sinclairshotels.com. Gehobenes, älteres Hotel das seine anhaltende Beliebtheit u. a. der guten Lage an der Straße nach Darjeeling verdankt. Komfortable, große, modernisierte Zimmer inkl. Frühstück, gutes Restaurant, Garten und Pool (nur im Sommer nutzbar). ❼

Vinayak, Hill Cart Rd, 📞 0353/243 1130. Gutes, verlässliches Mittelklassehotel im Zentrum nahe Taxistand. Ordentliche (teils AC-) Zimmer. Restaurant im Untergeschoss mit guter indischer Küche. ❸–❻

Essen

Die besten Restaurants befinden sich in Hotels wie dem Vinayak und Saluja an der Hill Cart Road. Beide haben gute chinesische und

indische Küche. An der Pradham Nagar, gegenüber vom Bahnhof, bietet das ausgezeichnete Café **Khana Khazana** vielfältige Gerichte von *dosas* bis zu Pizzas.
Das einfache, aber legendäre **Kalpana Pice** im Bidhan Market wartet mit bengalischer Küche auf. Und das **Kalpataru Pice Hotel**, Rani Tanki More, Sevoke Rd, und ist berühmt für seine Fischgerichte.

Sonstiges

Geld

Das Delhi Hotel gegenüber vom Busbahnhof in der Hill Cart Rd hat einen Geldwechselschalter. Ansonsten bietet sich die **State Bank of India**, Mangaldeep Building, Hill Cart Rd, an. Es gibt mehrere **Geldautomaten**, u. a. gegenüber dem Manila Hotel in der Hill Cart Road und in der Umgebung der Sevoke More.

Informationen

Government of West Bengal Tourist Office, gegenüber dem Busbahnhof in der Pradhan Nagar, ✆ 0353/251 1979. Reserviert Zimmer in Touristen-Lodges, z. B. im Jaldapara Wildlife Sanctuary. ⏲ Mo–Fr 10.30–16, Sa 10.30–13 Uhr.
An der NJP-Station und am Flughafen gibt es ebenfalls Touristeninformationen.
Gegenüber dem Busbahnhof bietet das **Sikkim Tourist Information Centre**, SNT Colony, ✆ 0353/251 2646, im selben Bereich wie Sikkim Nationalized Transport, Informationen und **Permits für Sikkim** (s. S. 876). ⏲ Mo–Sa 10–16 Uhr.

Post

Die Hauptpost liegt in der Kacheri Rd, mit einer Filiale nahe dem Central Railway Booking Office und einer nahe dem Busbahnhof.

Touren

Help Tourism, First Floor, Malati Bhavan, 143 Hill Cart Rd, ✆ 0353/253 5892, 🖳 www.helptourism.com. Siliguris bester privater Veranstalter organisiert Touren mit Wildtierbeobachtung und Übernachtung in dörflichen Homestays und Gästehäusern sowie Trekking-, Adventure- und andere Touren abseits der Pfade.

Nahverkehr

In Siliguri kämpfen sich **Motor-** und **Fahrrad-Rikschas** (Rs45 bzw. Rs90) durch den häufig verstopften Marktbereich zwischen dem Bahnhof New Jalpaiguri und Siliguri. Während **Sammel-Vikrams** (Auto-Taxis) p. P. Rs30 berechnen, nehmen Taxifahrer Rs300. Für Kurz- und Langstrecken mit Motor-Rikschas und **Taxis** empfiehlt sich der Vorauszahlungsschalter vor dem Hauptbahnhof.

Transport

Busse, Jeeps und Taxis

Die meisten Busse nutzen den **Busbahnhof Tenzing Norgay** in der Hill Cart Rd, Ecke Pradhan Nagar, ganz in der Nähe der meisten Hotels und der Taxistände nach Darjeeling.
Über Nacht fahrende „Luxus"-**Busse** nach KOLKATA (mit AC Rs900, 12 Std.) wie der Rocket Bus und Royal Cruiser sind billiger als der Zug und haben den Vorteil, dass man in Esplanade in der Nähe der zentralen Sudder Street aussteigen kann. Die Straßen sind allerdings in einem desolaten Zustand, sodass man sich auf viel Rüttelei gefasst machen muss.
Standardbusse fahren von Siliguri nach Kolkata, Patna und Guwahati, doch der Zug ist die weitaus bequemere Alternative. Nach CHALSA und MADARIHAT gibt es regelmäßige Verbindungen mit Anschluss in die Tierschutzgebiete.

Eisenbahn

Alle wichtigen Züge, die überwiegend in Guwahati enden oder starten, bedienen nicht den Bahnhof von Siliguri, sondern den 4 km östlich gelegenen Bahnhof **New Jalpaiguri** (NJP). Reservierungen können im Bahnhof NJP oder im Central Railway Booking Office, Bidhan Rd, nahe dem Kanchenjunga-Stadion in Siliguri getroffen werden, ⏲ tgl. 8–16 Uhr.
Der beste Zug nach KOLKATA (Bahnhof Sealdah) ist der Darjeeling Mail Nr. 12344 Std. Der günstigste Zug nach DELHI (25 1/2 Std.) ist der Rajdhani Express Nr. 12423, der auch in PATNA hält, wo Anschluss nach Gaya und Bodhgaya besteht. Der Rajdhani Nr. 12435 (Mo und Fr) hält in VARANASI, während man an den übrigen Tagen den Rajdhani Nr. 12423 nehmen und in Mughal Sarai umsteigen muss.

Darjeeling Himalayan Railway oder Toy Train

Die Schmalspurbahn Darjeeling Himalayan Railway wurde 1881 als Erweiterung der North Bengal State Railway fertiggestellt und klettert von **New Jalpaiguri** via **Siliguri** über ein 88 km langes Gleis hinauf nach **Darjeeling**. Der Toy Train (wie die Bahn liebevoll genannt wird) gehört seit 1999 zum **Welterbe der Unesco** und folgt weitgehend der Hill Cart Road. Der Zug überquert die Straße mehrfach und teilt sie sich anderswo mit dem übrigen Verkehr. Als Verkehrsmittel ist der Toy Train eigentlich überflüssig geworden. Sein Überleben verdankt er seiner historischen Bedeutung und Anziehungskraft auf Touristen.

Heute ziehen meistens Dieselloks die Waggons auf der ganzen Strecke von Siliguri bis Darjeeling. Wer wild entschlossen ist, mit einer der niedlichen alten blauen Dampfloks zu fahren, von denen manche über 100 Jahre alt sind, sollte sich nach den Zügen erkundigen, die in Kurseong eingesetzt werden.

Bei entsprechender Wetterlage bieten die 1.-Klasse-Waggons mit ihren großen Panoramafenstern tolle Ausblicke während der siebenstündigen Fahrt aus der Ebene in die Berge. Die 2. Klasse ist oft überfüllt. Am höchsten Punkt bei Jorebungalow nahe **Ghoom** (2438 m), 7 km vor Darjeeling, eröffnet sich plötzlich das atemberaubende Panorama der Kanchenjunga-Kette. Kurz hinter Ghoom befährt der Zug die **Batasia-Schlaufe**, die spektakulärste der drei Schlaufen auf dieser Strecke. Eine andere Methode, rasch an Höhe zu gewinnen, sind die **Wendestationen**, an denen die Gleise einen Z-förmigen Verlauf nehmen.

Die Züge fahren in Siliguri um 9 Uhr ab und erreichen Darjeeling gegen 15 Uhr (2. Klasse Rs42, 1. Klasse Rs247).

Manche Reisende empfinden die entsetzlich langsame, klaustrophobische Fahrt als Härtetest, besonders im Anschluss an eine Übernachtfahrt von Kolkata nach Siliguri. Als Alternative bietet sich eine Fahrt mit der von einer Dampflokomotive gezogenen Bahn von Kurseong aus an oder eine kurze Fahrt mit dem Toy Train von Darjeeling ins 7 km entfernte Ghoom, wo man einige Klöster besuchen kann. Zurück nach Darjeeling geht es dann entweder zu Fuß oder per Taxi, Bus oder Zug.

Weitere **Informationen** über den Toy Train gibt es bei der Darjeeling Himalayan Railway Society, 💻 www.dhrs.org, oder in Indien beim Direktor der Gesellschaft im Elysia Building, nahe Himali School, Kurseong 734203, ✆ 0354/200 5734, 💻 www.dhr.in.

Wer DARJEELING auf dem Schienenweg erreichen will, ist auf die Schmalspurbahn (Toy Train) angewiesen (Abfahrt in Siliguri 9 Uhr, Ankunft in Darjeeling 15 Uhr, 2. Klasse Rs47, 1. Klasse Rs242).

Flüge

Der 12 km westlich von Siliguri gelegene Flughafen **Bagdogra** bietet Flüge mit **Indian Airlines**, **Jet Airways**, **Kingfisher** und der Billiglinie **Air Deccan** nach DELHI, KOLKATA und GUWAHATI. **Druk Air**, 💻 www.drukair.com.bt, fliegt nach BANGKOK (Di und Sa) und PARO in Bhutan (Mi und So). Demnächst soll es auch Direktflüge von Bagdogra nach KATHMANDU geben. Taxis, die am Vorauszahlungsschalter gebucht werden können, fahren nach Siliguri (Rs295), Darjeeling (Rs1185), Kalimpong (Rs1045) und Gangtok (Rs1505). Günstigere Preise lassen sich an der Haltestelle draußen vor den Gates bei zurückfahrenden Taxis aushandeln.

Von Bagdogra startet – wetterabhängig – tgl. um 13.30 Uhr ein **Helikopter** nach GANGTOK (Rs2200) in Sikkim (s. S. 877). Maximal zulässige Gepäcklast ist 10 kg.

Fluggesellschaften

Jet Airways, im Hotel Vinayak, Hill Cart Rd, ✆ 0353/243 1495.

Tourist Service Agency (TSA), Pradhan Nagar, gegenüber vom Busbahnhof, ✆ 0353/251 0872. Einziger Anbieter in Siliguri für die Hubschrauberflüge nach Gangtok.

Tickets gibt es bei **Heat Flexi Holidays**, 34 Bidyasagar Rd, Khalpara, ✆ 0353/250 4631, oder **Travel & Rental**, Sevoke More, ✆ 0353/253 8749.

Weiterreise ins Himalaya-Gebiet

Nach Darjeeling und Kalimpong

Darjeeling erreicht man am bequemsten per **Sammeljeep** mit Abfahrt am NJP-Bahnhof, Sevoke More und Tenzing Norgay-Busbahnhof in Siliguri. Dort haben die Jeep-Transportunternehmen eigene Ticketschalter mit festgelegten Preisen. **Taxis** nach Darjeeling fahren ab, sobald sie voll sind, benötigen 3–5 Std. und kosten Rs100 p. P. Für etwas mehr Komfort bucht man am besten zwei Frontsitze oder gleich ein ganzes Taxi (bei rückkehrenden Taxis sind oft Preisverhandlungen möglich). Weitere Optionen sind z. B. der **Toy Train** (Abfahrt in Siliguri um 9 Uhr, Ankunft in DARJEELING gegen 15 Uhr; 2. Klasse Rs47, 1. Klasse Rs242) (s. S. 839), oder ein **Bus** vom Tenzing Norgay-Busbahnhof.

Sammeltaxis nach KALIMPONG (Rs90) fahren vom Panitanki More auf der anderen Seite der Brücke ab, Busse nach KALIMPONG dagegen in der Umgebung des Bus Terminal.

Nach Sikkim

Reguläre **Busse** und **Sammeljeeps** nach GANGTOK (Rs120) fahren in der Umgebung des Busbahnhofs in Pradhan Nagar ab.

Sikkim Nationalized Transport, gegenüber dem Busbahnhof, ✆ 0353-251 1496, ◷ tgl. 6–16 Uhr, fährt nach Gangtok (Abfahrt 9.30 und 11.30, 12.30 und 13.30 Uhr, Rs110) und in andere Orte in Sikkim. **Permits** für Sikkim (S. 876) bekommt man nebenan bei Sikkim Tourism. Dort findet man auch Sammeljeeps; ein reservierter Platz in einem Jeep kostet Rs1220.

Nach Kathmandu

Um Kathmandu in **Nepal** zu erreichen, muss man nach Panitanki fahren, dem Grenzübergang (◷ 24 Std.) auf der indischen Seite. Dort geht es per Fahrrad-Rikscha (Rs30) auf die nepalische Seite zum Ort Kakarbitta (◷ 7–19 Uhr).

Sammeltaxis (Rs70), reguläre Busse vom Busbahnhof oder auf der Straße davor (ab Rs20) und Taxis (Rs600) fahren nach Panitanki, wo ein Visum für Nepal gegen US$30 in bar ausgestellt wird. Der Vorteil eines Stopps in Kakarbitta ist, dass hier eine größere Auswahl an **Bussen** für die Weiterfahrt nach Kathmandu (17 Std.) besteht. Wer lieber luxuriöser reist, gönnt sich bei Buddha Air oder Yet Airlines einen **Flug** von Bhadrapur (25 km und eine 45-minütige Taxifahrt von Kakarbitta entfernt) nach Kathmandu; Buchungen bei Reisebüros in Siliguri oder direkt in Kakarbitta.

Jaldapara und Gorumara

Abgesehen von den Darjeeling Hills liegt der Großteil von Nordbengalen weit abseits der touristischen Trampelpfade. Nur wenige Traveller verlassen die Route Darjeeling–Sikkim–Nepal. Der wahrscheinlich beste Grund, dies doch zu tun, ist ein Abstecher zu einem der verschiedenen **Tierschutzgebiete** in den **Dooars** an den Südausläufern des Himalaya.

Das größte davon, das 124 km östlich von Siliguri gelegene **Jaldapara Wildlife Sanctuary**, wurde 1943 gegründet, um Wildtiere vor den Einflüssen des Teeanbaus zu schützen. Vor der Kulisse bewaldeter Gebirgsausläufer erstreckt sich am mit Elefantengras bewachsenen Flussufer des Torsa das 216 km^2 große Parkareal. Es gewährt 50 Panzernashörnern, wilden Elefanten sowie Sambar und Schweinshirschen Zuflucht. Besonders reizvoll ist die Parkerkundung in der Abenddämmerung auf dem Elefantenrücken (Rs300). Geöffnet ist der Park von Oktober bis Mai. Ein paar Busse und Bahnen fahren von Siliguri nach **Madarihat**, 7 km vom Reservat und 1 km vom Parkeingang entfernt. Von dort gibt es auch Taxis nach **Hollong** im Herzen des Schutzgebiets (Rs150).

Unterkunft und Verpflegung bieten **Jaldapara Tourist Lodge** in Madarihat, ✆ 03563/262230 ❸–❺, oder die **Hollong Forest Lodge**, ✆ 03563/262228 ❺. Beide müssen vorab in den westbengalischen Touristenbüros in Siliguri, Darjeeling oder Kolkata gebucht werden. Am Parkeingang sind Rs100 Eintritt zu entrichten.

Leichter zu erreichen sind die 80 km östlich von Siliguri gelegenen Zwillingsparks **Gorumara National Park** und **Chapramari Wildlife Sanctuary**, ◷ Okt–Mai, mit ähnlicher Fauna. Die Zufahrt zu den Parks (Rs80) erfolgt per Jeep und lässt sich am Eingangstor **Lataguri** arrangieren. Für die **Unterkunft** stehen Forest Rest Houses ❸ zur

Verfügung, die über den Forest Officer gebucht werden müssen, ✆ 03561/220017. Weitere Alternativen sind z. B. das einladende Silver Ridge Resort, ✆ 9932 904028 ❸, in der Nähe der Lataguri-Gates. Busse fahren regelmäßig von der nahe gelegenen Ortschaft Chalsa nach Siliguri sowie nach Lataguri. Bessere Bahnverbindungen nach Siliguri gibt es von der angrenzenden **New Mal Junction**.

Darjeeling

Darjeeling (von: *Dorje Ling*, „Ort des Donnerkeils"), eine viktorianische Hill Station und bedeutendes Teeanbau-Zentrum, erstreckt sich fast 600 km nördlich von Kolkata über einen 2200 m hohen Rücken des Himalaya. Größte Attraktion sind die überwältigenden Ausblicke auf die Berge. Der Kanchenjunga (der dritthöchste Berg der Welt) und viele schneebedeckte Gipfel beherrschen in nördlicher Richtung den Horizont. Die bereits während der Raj-Ära errichtete Infrastruktur wird der ständig wachsenden Einwohnerzahl allerdings nicht mehr gerecht. Es herrscht akuter Mangel an Wasser und Strom, und auf den hoffnungslos unzureichenden Straßen geht es chaotisch zu. Dennoch ist Darjeeling noch immer eine farbenfrohe, kosmopolitische und lebendige Stadt mit guten Möglichkeiten zum Einkaufen und Essengehen, zahlreichen Wanderwegen durch die umliegenden Hügel, touristischen Attraktionen wie dem Toy Train und vielen florierenden bunten Buddhistenklöstern.

Darjeeling-Tee

Die Briten erschlossen Darjeeling zunächst als leicht zu erreichende Hill Station, wo sie Erholung von der Hitze des Tieflands fanden. Dann erkannten sie nach ihren Erfolgen in Assam rasch, wie geeignet dieses Gebiet für den **Teeanbau** war. Die Teeindustrie floriert nach wie vor in Darjeeling, wo zahlreiche berühmte chinesische Sorten gedeihen, darunter China Jat, China Hybrid und Hybrid Assam. Durch mehrere Faktoren, zu denen die Höhenlage und der nur sporadische Regenfall zählen, sind die Erträge relativ gering: nur rund 3 % der indischen Produktion. Dennoch gehören Darjeelings schwarze Teesorten zu den besten der Welt. Nebenbei bemerkt gehören sie auch zu den teuersten; bei Auktionen erzielen bestimmte Sorten mehr als Rs18 000/kg.

Sorten wie Flowery Orange Pekoe (FOP) oder Broken Orange Pekoe (BOP) werden nach Qualität und Länge der Blätter definiert. Der Produktionsprozess umfasst Welken, Zermürben, Fermentieren und Trocknen der Pflanzen. Ausführliche Auskunft über die Teeproduktion erteilt das **Happy Valley Tea Estate** hinter dem Botanischen Garten. ◷ Do–Sa 8–12 und 13–16.30 Uhr, So 8–12 Uhr, Eintritt frei. Das Gelände liegt eine halbe Stunde zu Fuß vom Stadtzentrum entfernt – von der Hill Cart Rd beim District Magistrate's Office einfach den Schildern folgen. Wer **Tee kaufen** möchte, sollte es bei den Händlern am Chowrasta versuchen. Das House of Tea an der Mall und Tea Cosy an der Rink Mall lassen einen vor dem Kauf probieren – wobei die Auswahl bei letzterem stark von der Saison abhängig ist. Die besten Preise und gute Erklärungen zu den jeweiligen Teesorten bekommt man bei **Radhika & Son**, im Labyrinth des Chowk Bazaar, nahe Laxmi Bhandar. Derartige Geschäfte handeln gewöhnlich mit unvermischten Teesorten, die – nach Qualitätsprüfung – direkt von den Plantagen angekauft werden. Die üblichen Kilokosten für einen guten Tee mittlerer Qualität betragen Rs600–700. Einen Eindruck vom luxuriösen Leben eines Teemanagers vermittelt die Übernachtung im **Glenburn**, an der Kalimpon Rd, ✆ 033/2288 5630, 💻 www.glenburnteaestate.com ❾ (ab US$180 all inclusive, einschließlich Transport). Wer eine weniger exklusive Teeplantagenunterkunft kennen lernen möchte, wählt eines der rustikalen Homestays von Makaibari, ✆ 9733/004577, 💻 makaibari.com, unterhalb von Kurseong, ❹–❺.

Darjeeling

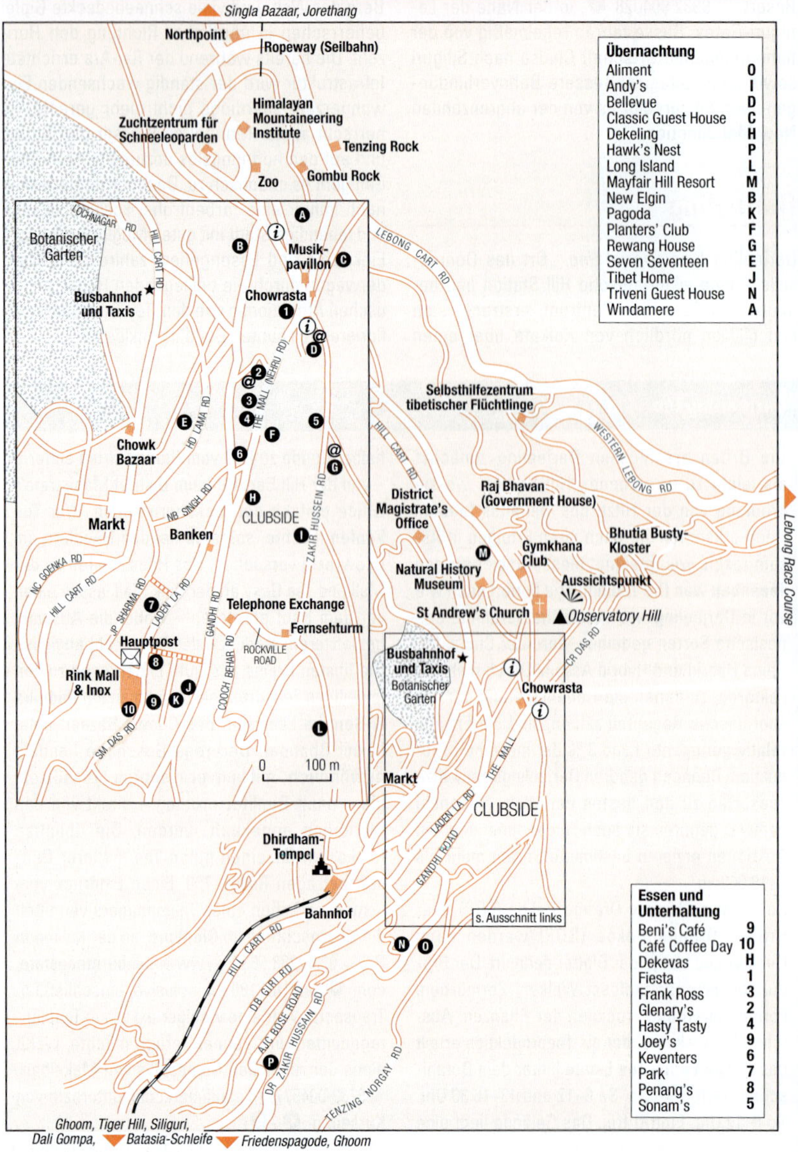

Singla Bazaar, Jorethang
Northpoint
Ropeway (Seilbahn)
Himalayan Mountaineering Institute
Zuchtzentrum für Schneeleoparden
Tenzing Rock
Zoo
Gombu Rock
Botanischer Garten
Lochnagar Rd
Hill Cart Rd
Busbahnhof und Taxis
Musik-pavillon
Chowrasta
Lebong Cart Rd
The Mall (Nehru Rd)
HD Lama Rd
Chowk Bazaar
Zakir Hussein Rd
NB Singh Rd
Markt
Banken
Clubside
NC Goenka Rd
Hill Cart Rd
JP Sharma Rd
Laden La Rd
Gandhi Rd
Telephone Exchange
Fernsehturm
Rockville Road
Cooch Behar Rd
Hauptpost
Rink Mall & Inox
SM Das Rd
0 100 m
Selbsthilfezentrum tibetischer Flüchtlinge
Western Lebong Rd
District Magistrate's Office
Raj Bhavan (Government House)
Bhutia Busty-Kloster
Gymkhana Club
Natural History Museum
Aussichtspunkt
St Andrew's Church
Observatory Hill
CR Das Rd
Busbahnhof und Taxis
Botanischer Garten
Chowrasta
The Mall
Markt
Laden La Rd
Gandhi Road
Clubside
s. Ausschnitt links
Dhirdham-Tempel
Bahnhof
Hill Cart Rd
DB Giri Rd
AJC Bose Road
Dr Zakir Hussain Rd
Tenzing Norgay Rd
Lebong Race Course
Ghoom, Tiger Hill, Siliguri, Dali Gompa,
Batasia-Schleife
Friedenspagode, Ghoom
Übernachtung
Aliment O
Andy's I
Bellevue D
Classic Guest House C
Dekeling H
Hawk's Nest P
Long Island L
Mayfair Hill Resort M
New Elgin B
Pagoda K
Planters' Club F
Rewang House G
Seven Seventeen E
Tibet Home J
Triveni Guest House N
Windamere A
Essen und Unterhaltung
Beni's Café 9
Café Coffee Day 10
Dekevas H
Fiesta 1
Frank Ross 3
Glenary's 2
Hasty Tasty 4
Joey's 9
Keventers 6
Park 7
Penang's 8
Sonam's 5

Die beste **Reisezeit** (auch fürs Trekking nach Sandakphu, um den Mount Everest zu sehen) liegt zwischen Monsun und Winter (Ende Sep–Ende Nov) bzw. Frühling (Mitte Feb–Mai).

Bis ins 19. Jh. gehörte Darjeeling zu **Sikkim**, doch 1817 wurde Sikkim nach einem verlustreichen Krieg gegen Nepal gezwungen, die Stadt den Briten als Kurort abzutreten – als Lohn dafür, dass diese den Frieden für Sikkim ausgehandelt hatten. Rasch entwickelte sich Darjeeling zur beliebtesten britischen **Hill Station**, besonders nachdem 1839 die Hill Cart Rd als Verbindung nach Siliguri fertiggestellt war. Als wenige Jahre später der **Tee** eingeführt wurde, folgten alsbald ein Zustrom von nepalischen Einwanderern und die nahezu vollständige Zurückdrängung der Wälder, die zuvor die Berge bedeckt hatten. Die wachsende wirtschaftliche Bedeutung der Stadt veranlasste die Briten, Sikkim 1861 einen Vertrag aufzuzwingen, durch den Darjeeling und Kalimpong annektiert wurden. Anfang des 20. Jhs. wuchs Darjeelings Ruf als einer der bezauberndsten und abgelegensten Vorposten des britischen Empire. In der Folge entwickelte sich die Stadt zu einem Bergsteigerzentrum und spielte eine Schlüsselrolle bei der Besteigung der höchsten Gipfel des Himalaya.

Nach der Unabhängigkeit kam die Region zu Westbengalen und damit unter Kolkatas Verwaltung. Doch die Rufe nach Autonomie wurden lauter und gipfelten in der **Gurkhaland-Bewegung** der 80er-Jahre unter Führung der Gurkha National Liberation Front (GNLF). Danach begann eine gewalttätige Kampagne, die erst ein Jahrzehnt später endete. Als sie endlich an der Macht waren, lehnten sich die GNLF-Politiker bequem zurück und legten die Hände in den Schoß. Das führte zu Unzufriedenheit in der Bevölkerung und schließlich zu ihrer Entmachtung durch die **Gorhka Jana Mukti Morcha (GJMM)** im Jahr 2007.

Der Sieg der GJMM hat den Bestrebungen nach einem autonomen Gurkhaland Auftrieb gegeben und zu folgenschweren Streiks geführt, die Westbengalens Oberherrschaft in der Region schwächen sollen. Obwohl die Bevölkerung der westbengalischen Regierung kritisch gegenübersteht, unterstützt längst nicht jeder Einheimische die GJMM.

Die Stadt

Herzstück des viktorianischen Darjeeling ist die ausgedehnte, verkehrsfreie Promenade **Chowrasta** mit einer Musiktribüne hoch über dem Basar an der Hill Cart Road. Zu den vier Straßen, die sich hier treffen, gehört **The Mall** (auch als Nehru Road bekannt). Sie führt vom Chowrasta zur Clubside, wo der renommierte **Planter's Club** zu Hause ist. Die ehrwürdige Institution, 1868 gegründet und auch unter dem Namen **Darjeeling Club** bekannt, war das Zentrum von Darjeelings gehobenen Kreisen. Heute sind Besucher in den Räumlichkeiten mit verblichener Eleganz gern gesehen. Gegen eine geringe Gebühr können sie die zeitweilige Mitgliedschaft erwerben und Einrichtungen wie Bar oder Billardraum benutzen.

Die Straße, die nahe dem Musikpavillon im Norden des Chowrasta von der Mall nach rechts abzweigt, führt zum **Aussichtspunkt** mit Blick auf das Kanchenjunga-Massiv und auf nahezu den gesamten Staat Sikkim. Von den Treppen des Windamere Hotels steigt der Weg durch einen mit Pinien übersäten Hang hinauf zum Gipfel des **Observatory Hill**, einem weiteren Aussichtspunkt und Stätte des Klosters Bhutia Busty. Der mit buddhistischen Gebetsfahnen gesäumte Schrein auf dem Hügel ist der zornigen buddhistischen Gottheit Mahakala geweiht, die von den Hindus als Shiva verehrt wird, und vereint verschiedenste Stilrichtungen. Das malerische Bhutia Busty Kloster, 1 km unterhalb des Chowrasta, ist über die steile CR Das Rd erreichbar.

Eine andere Institution des Raj, der **Gymkhana Club**, ✆ 0354/225 4342, steht in der Nähe des Observatory Hill. Hier sind auch Tagesgäste willkommen, um Billard oder Tennis zu spielen, und man kann sogar Rollschuh laufen (Tagesmitgliedschaft Rs50 plus normale Spielgebühren). Ferner gibt es eine kleine Bibliothek und eine Bar.

Unterhalb des Clubs präsentiert das kleine, wenig besuchte **Natural History Museum** eine große Schmetterlingssammlung, ausgestopfte Säugetiere und Vögel sowie den Nachbau eines natürlichen Lebensraums mit Sound-Effekten. ⏲ tgl. außer Do 10–16.30 Uhr, Rs5. Ein Stück vom Chowrasta entfernt und tief unterhalb des Government House befindet sich das 1959 gegründete **Selbsthilfezentrum Tibetischer Flücht-**

Reise-, Trekking- und Abenteuerreiseveranstalter

Adventures Unlimited, 142 Dr Zakir Hussein Rd, ✆ 9933 070013, 🖳 www.adventuresunlimited.in. Gautam veranstaltet sowohl Motorrad- als auch Mountainbiketouren und verleiht auch Zweiräder (Motorräder ab Rs1200, Mountainbikes ab Rs450 pro Tag), aber nur gegen Kaution. Außerdem organisiert er Paddeltouren auf dem Teesta.

Himalayan Travels, 18 Gandhi Rd, ✆ 0354/225 6956 oder 9434/209847. Die erfahrene, bewährte Organisation wird vom zuvorkommenden K.K. Gurung geleitet und ist eine der ersten, die in der Stadt aufgemacht haben. Im Programm stehen Touren und Treks durch Darjeeling, Sikkim und Bhutan.

Himalayan Mountaineering Institute (HMI), ✆ 0354/225 4087, 🖳 www.himalayanmountaineeringinstitute.com. Die Touren für Anfänger und Fortgeschrittene dauern 28 Tage (US$650) und werden mit militärischem Drill durchgezogen. Ausgangspunkt aller Touren ist das institutseigene Basislager Chaurikhang am Fuß des Rathong-Gletschers in Sikkim. Der lohnenswertere Kurs für Fortgeschrittene erfordert einiges an Bergsteiger-Erfahrung. Beide Kurse können von Personen im Alter zwischen 17 und 40 Jahren belegt werden.

Pineridge Travels, Nehru Road, Chowrasta, ✆ 0354/225 3912. Spezialisiert auf In- und Auslandsflüge, u. a. ab Kakarbitta/Bhadrapur nach Kathmandu und nach Bangkok.

Sandakphu Sikkim Tours & Trek, Hotel Long Island, 11/A/2 Dr Zakir Hussein Rd, ✆ 09434/4674-43, -20, Chowrasta, ✆ 09733/044986. Gute lokale Agentur für den Sandakphu-Trek; Eigentümer Pritam spendet einen Teil der Einnahmen an die Child Welfare Society.

Tenzing Norgay Adventures, D. B. Giri Rd, ✆ 0354/ 225 3058, 🖳 www.tensing-norgay.com. Effizient arbeitende internationale Organisation unter Leitung von Tenzing Norgays berühmtem Sohn Jamling – sehr zu empfehlen für Trekking und Bergsteigen.

Trek-Mate, Singalila Arcade, Nehru Rd, ✆ 0354/225 6611 oder 9832/083241, ✉ chagpori@satyam.net.in. Sehr hilfsbereite, von Tsewang Trogawa geführte Agentur, die Trekkingtouren nach Sandakphu und West-Sikkim organisiert, Führer, Träger und Verpflegung bereitstellt sowie Schlafsäcke und Daunenjacken verleiht. Zum Angebot gehören auch Tages-Treks und Übernachtungen nahe Tukdah.

Xplore Himalaya, Hotel Seven Seas, Clubside, ✆ 9775/493432. Micky blickt auf eine langjährige Erfahrung im Tourismusgeschäft zurück und veranstaltet gute Treks nach Sandakphu und Kalimpong sowie Wandertouren für Teilnehmer mit besonderen Interessen.

linge. Dort leben 700 tibetische Flüchtlinge, die Teppiche und tibetische Kunstgegenstände herstellen. Besucher können ihnen dabei zuschauen.

1 km weiter nördlich Richtung Gebirge liegt vor dem gotischen **St Joseph's College** der gepflegte **Zoo**, der unbedingt einen Besuch wert ist. Das nicht für die Öffentlichkeit zugängliche Zuchtzentrum für Schneeleoparden wurde 1986 gegründet und ist weltweit das einzige, das diese gefährdete Art erfolgreich gezüchtet hat. Das Project Panda hat mehrere Exemplare des Kleinen Panda hervorgebracht. ◷ tgl. außer Do 8.30–16 Uhr, Eintritt Rs100 inkl. HMI-Ticket.

Das vom Zoo und mit derselben Eintrittskarte zugängliche **Himalayan Mountaineering Institute (HMI)** (s. Kasten) zählt zu den bedeutendsten Bergsteiger-Ausbildungszentren Indiens. Erster Direktor war der verstorbene Sherpa **Tenzing Norgay**, der Sir Edmund Hillary bei dessen erfolgreicher Erstbesteigung des Mount Everest begleitete. Er lebte und starb in Darjeeling und wurde auf dem Institutsgelände beigesetzt.

Im Herzen des schönen, begrünten Komplexes widmet sich das **HMI Museum** der Geschichte des Bergsteigens. Zu sehen sind alte und neue Ausrüstungsgegenstände, eine Relief-Landkarte des Himalaya und eine Sammlung von Trachten der Bergvölker. ◷ tgl. außer Do 9–16.30 Uhr.

Das in einem Anbau untergebrachte **Everest Museum** erzählt die Geschichte der Besteigungen des höchsten Bergs der Welt, von Mallory und Irvines Expedition 1924 über Tenzings und Hillarys Triumph 1953 bis zum Rekordaufstieg von Kaji Sherpa 1998 (20 Std. 24 Min.).

Vom Busbahnhof im Basar windet sich die Lochnagar Rd hinab zum **Botanischen Garten**. Hier wachsen Pinien, Weiden und Ahorn und gut zu begehende Zickzackwege führen zu den etwas ramponierten Treibhäusern mit Farnen und Orchideen.

Bemerkenswert ist nicht zuletzt der mit Stufendach versehene **Dhirdham-Tempel** unterhalb des Bahnhofs, der nach dem Vorbild des berühmten Shiva-Tempels Pashupatinath in Kathmandu errichtet wurde.

Verlässt man die Stadt über die AJC Bose Rd, gelangt man zum diskret versteckten buddhistischen **Tempel Nipponjan Myohoji**, der meistens als Peace Pagoda bezeichnet wird und spektakuläre Ausblicke über das Tal auf den Kanchenjunga bietet. ⌚ tgl. 4.30–19 Uhr, Gebetsstunde um 4.30 und 16.30 Uhr.

Übernachtung

In Darjeeling gibt es über 300 Hotels, was erheblich zur Belastung der ohnehin überbeanspruchten Infrastruktur beiträgt. Überall gilt es vor der Einquartierung auf die **Wasserversorgung** zu achten. Viele preiswerte Unterkünfte stellen nur Wasser im Eimer bereit und erheben Gebühren, wenn es heiß sein soll.
In der Nebensaison (Ende Juni–Sep und Ende Nov–April) sind **Preisnachlässe** bis zu 50 % üblich.

Aliment, 40 Dr. Zakir Hussein Rd, ✆ 0354/225 5068. Unter Rucksackreisenden beliebter Treffpunkt, freundliches Management und Internetzugang. Schlichte Zimmer, die teureren mit TV. Das Restaurant im Obergeschoss mit seinem bunt gemischten Angebot, das von Pancakes über tibetisches Essen bis zu nepalischen *thalis* reicht, ist das beste Esslokal der Gegend. ❷–❸

Andy's, 102 Dr. Zakir Hussein Rd, ✆ 0354/225 3125. Die von einem Rentnerpaar geführte, sichere Unterkunft ist das empfehlenswerteste Gästehaus am Grat. Makellos saubere Zimmer und herrliche Aussicht Richtung Kalimpong und Bhutan, aber kein Restaurant. ❸

Bellevue, The Mall, ✆ 0354/225 4075. Dominiert oberhalb des Touristenbüros den Chowrasta. Weniger mondän als früher, hat aber große, holzvertäfelte Zimmer mit Kamin. Der Service ist so lala und Mahlzeiten müssen lang im Voraus bestellt werden, aber in der Nähe gibt es jede Menge Restaurants. ❹–❺

Classic Guest House, CR Das Rd, ✆ 0354/225 7025. Hat 5 saubere, gemütliche und geräumige Zimmer mit Veranda und fantastischem Ausblick. Günstige Lage wenige Minuten unterhalb Chowrasta mit herrlichem Ausblick. ❺

Long Island, 11/A/2 Dr. Zakir Hussein Rd, ✆ 0354/225 2043. Hinter dem Telecom-Turm auf der anderen Seite der Schlucht versteckt liegt dieses freundliche Haus mit einigen der besten Budgetzimmern am Grat, die meisten mit Gemeinschaftsbad und Warmwasser aus Eimern. Das familienbetriebene *kimchi*-Café serviert authentische koreanische Speisen, sofern die erforderlichen Zutaten zu haben sind, und es gibt einen guten Trekking-Service. ❶–❸

Mayfair Hill Resort, unterhalb des Government House, The Mall, ✆ 0354/225 6376, ✉ darjeeling @mayfairhotels.com. Einstiger Sommersitz eines Maharadschas, betont luxuriös mit zusätzlichen Bungalows und bester Einrichtung

Tibetische Gastlichkeit

Dekeling, 51 Gandhi Rd, ✆ 0354/225 4159, 💻 www.elginhotels.com. Oberhalb des populären Restaurant Dekevas in bester zentraler Lage. Das über eine Treppe erreichbare Haus verfügt über den unschätzbaren Luxus von fließendem Warmwasser. Manche Zimmer besitzen eine wunderbare Aussicht und die holzgetäfelten im Obergeschoss sind richtig kuschlig. Die tibetischen Besitzer sind unheimlich hilfsbereit und es brennt ein einladendes Holzfeuer. Außerhalb der Saison gibt's Rabatt. Den Eigentümern vom Dekeling gehört auch die 10 Min. Fußweg entfernte Villa **Hawk's Nest**. Dort erwarten die Gäste vier luxuriöse Suiten mit Kamin und Verpflegung mit solider Hausmannskost. ❹–❼ inkl. Restaurants, Spa und gepflegten Gärten. Vom Gartenrestaurant eröffnen sich faszinierende Ausblicke. Frühstück und Abendessen inkl. Zimmer ab US$190. ❾

Pagoda, 1 Upper Beechwood Rd, ✆ 0354/225 3498. Ruhige, zentrale Unterkunft nahe der Laden La Road und dem Postamt. Sehr preiswerte Budgetzimmer, eine Lounge mit Kamin und kostenloses Warmwasser aus Eimern. ❶–❷

Planters' Club, auch Darjeeling Club, The Mall, ✆ 0354/225 4348. Eines der Wahrzeichen Darjeelings mit altmodischen Zimmern, Kohlefeuer (Rs100), Billardsaal, Bar, Restaurant und Bibliothek. Übernachtungsgäste müssen eine zeitweilige Mitgliedschaft (Rs50) erwerben, Tagesgäste können die Einrichtungen für Rs100 nutzen. ❺–❻

Rewang House, Dr Zakir Hussein Rd, ✆ 9474/030016. Schlichte Studentenzimmer in einem wunderschönen Wohnhaus mit fließend Warmwasser; Frühstück und Abendessen im Preis inbegriffen. Der Eigentümer leitet ein pädagogisches Wohlfahrtsprojekt und freut sich über freiwillige Helfer. ❷

Seven Seventeen, H. D. Lama Rd, ✆ 0354/225 5099. Großes, gut geführtes Hotel mit luftigen Zimmern oberhalb vom Basar (kein Ausblick auf die Berge). Geldwechsel möglich, Kreditkarten werden nur für Zimmer ohne Preisnachlass akzeptiert; das billigere Nebengebäude liegt ein Stück weiter an derselben Straße. ❺–❻

Tibet Home Manjushree Centre, 12 Gandhi Rd, ✆ 0345/225 6714. Gemeinnütziges Kulturzentrum mit großen Zimmern unterschiedlicher Qualität; von einfachen, fensterlosen DZ mit Gemeinschaftsbad im Kellergeschoss bis zu gut ausgestatteten Zimmern mit Bad und Warmwasser. ❸–❹

Triveni Guest House, 85/1 Dr Zakir Hussein Rd, ✆ 9932/673511. Das schlichte, freundliche Gästehaus ist geräumiger und ein wenig billiger als das Aliment gegenüber, aber nicht ganz so begehrt. Neben Warmwasser aus dem Eimer (Rs10) gibt es ein Dorm (Rs80) und ein Restaurant. Hübsche Aussicht vom Sonnendeck. ❶–❷

Der Geist Darjeelings

New Elgin, 32 H. D. Lama Rd, ✆ 0354/225 4114, 💻 www.elginhotels.com. Stolz und vornehm, sehr gepflegt, altmodisch-formale Atmosphäre, die den Geist von Darjeeling einfängt, und gute Einrichtungen. Preise inkl. Vollpension und dem besten Tee-Service der Stadt. Zimmer ab US$135. ❾

Jede Menge Kolonialkomfort

Windamere, Observatory Hill, ✆ 0354/225 4041, 💻 www.windamerehotel.com. Darjeelings berühmtestes Hotel, das schon viele reiche und berühmte Gäste beherbergte. Gepflegte Bungalows mit Erinnerungsstücken aus der Raj-Epoche sowie ein moderner Flügel mit komfortablen Suiten und ein bisschen weniger Flair. Teuer, doch zumindest einen Besuch wert für eine Tasse Tee auf dem Rasen oder für eins der gelegentlichen Konzerte. Zimmer ab US$180. ❾

Essen

In Darjeeling gibt's Esslokale wie Sand am Meer. Die auf Touristen ausgerichteten konzentrieren sich in der Oberstadt. Dort besteht die Wahl unter zahlreichen Cafés wie dem **Fiesta** auf der Chowrasta, dem **Café Coffee Day** im Rink Plaza und dem **Frank Ross** auf der Mall; das winzige **Sonam's** in der Dr Zakir Hussein Road ist ein beliebter Travellertreff und **Beni's Café** gegenüber vom Rink Plaza berühmt für seine Samosas. Hotels wie Windamere und New Elgin haben Multikulti-Küchen – das New Elgin auch einen vorzüglichen Nachmittagstee. In Budgethotels, z. B. im **Aliment**, gibt's Traveller-Essen.

Dekevas, 51 Gandhi Rd. Das bei Reisenden wie Einheimischen gleichermaßen beliebte Nichtraucherrestaurant mit hübscher tibetischer Einrichtung bietet die übliche gemischte Auswahl, dazu viele tibetische Gerichte und ein sehr gutes Frühstück.

Glenary's, The Mall. Das renommierteste Restaurant in Darjeeling serviert leckere *sizzlers* und die besten *tandoori*-Gerichte der Stadt.

Hervorragendes Café und Patisserie mit Internetbereich. **The Buzz** im Untergeschoss ist eine Bar im amerikanischen Stil mit Poolbillard, Burgern und Pizza.
Hasty Tasty, The Mall. Das indische Fast Food in diesem Selbstbedienungsrestaurant ist sehr beliebt bei indischen Feriengästen. Leckere Käse-*dosas* und vorzügliche vegetarische *thalis*. Die Bedienung ist aber alles andere als *hasty*. Im **Frank Ross** gleich daneben, wo südindisch gekocht wird, ist es ruhiger und der Service flotter.
Joey's, gegenüber vom Rink Plaza. Der kleine, gemütliche Pub ist sowohl bei Einheimischen als auch Besuchern ein beliebter Treffpunkt. Der große Renner ist nicht unbedingt das Essen, sondern vielmehr das Bier und das Ambiente.
Keventers, Clubside. Allseits bekanntes Café, dessen Angebot Toast-Sandwiches und Frühstück mit Eiern, Speck und Schinken umfasst. Die Terrasse oberhalb der Kreuzung eignet sich prima, um das Treiben auf der Straße zu beobachten. Die Bedienung lässt allerdings zu wünschen übrig. Ein Delikatessengeschäft im Erdgeschoss verkauft Käse, Schinken und Würstchen.
Park, 41 Laden La Rd. Gilt weithin als Darjeelings bestes Lokal, wenn es um nordindische und *tandoori*-Küche in luxuriösem Ambiente geht. Außerdem hat es eine Bar und ganz ordentliche Thai-Gerichte; besonders lecker (zur Papayaerntezeit) ist der Papayasalat.
Penang's, gegenüber vom GPO, oberhalb der Laden La Rd. Billige und recht schäbige Kombination aus Bar und Café, aber beliebt für vorzügliche *momo* und *thukpa* sowie sagenhaftes Chilihühnchen.

Sonstiges

Apotheken
Frank Ross & Co, The Mall. Es gibt auch mehrere Apotheken rund ums Sadar Hospital oberhalb vom Busbahnhof.

Autovermietungen
Darjeeling Transport Corporation, Laden La Rd, ✆ 0354/225 2074, gehört zu den alteingesessenen Geschäften, doch es gibt noch viele andere Anbieter rund um Clubside.

Bücher
Oxford Books & Stationery, Chowrasta. Exzellente Auswahl an Romanen und Bildbänden; auch Buchversand.

Einkaufen
Kuriositäten und **Antiquitäten** kauft man am besten auf der Chowrasta, z. B. bei Habib Malik oder Jolly Arts. **Trekking-Ausrüstung** bieten Outdoorgeschäfte im Sinalila Market und in The Mall sowie der Ausrüster Rope, NB Singh Rd. **Kunst** und **Handwerk**, insbesondere Teppiche, gibt es bei Hayden Hall in der Laden La Rd und im Tibetan Refugee Centre. Life & Leaf, The Mall, ist ein Fair-Trade-Shop mit Kunstgewerbeartikeln und Lebensmitteln, z. B. **Tee**.

Geld
In der Laden La Rd gibt es mehrere **Geldautomaten**. Die **State Bank of India**, Laden La Rd, wechselt Bargeld und Reiseschecks, Gleiches gilt für die **HDFC** in der Rink Mall, ein Stückchen weiter die Straße runter. Private Wechselstuben mit Lizenz sind eine Alternative, erheben jedoch etwas höhere Gebühren als die Banken. Zu ihnen gehören die Hotels **Mohit** und **Seven Seventeen**, beide in der HD Lama Rd. Geldauszahlungen auf Kreditkarten gibt es bei **Poddar's**, 8 Laden La Rd nahe GPO.

Informationen
Tourist Bureau, 1 The Mall, am Chowrasta oberhalb vom Indian Airlines-Büro, ✆ 0354 /225 5351. ⌚ Mo–Fr 10–16.30 Uhr, und neben Sikkim Tourism, ✆ 0354/225 7248.
DGHC Tourism, Hauptbüro bei Silver Fir, Bhanu Sarani, 100 m nördlich des Chowrasta, ✆ 0345/225 4879, hat ausgezeichnete Informationen über Touren, Wanderungen, Trekking-Hütten, Transportmöglichkeiten und Rafting auf dem Teesta-Fluss (ab Rs450). Die DGHC-Schalter in Clubside und am Bahnhof sind nicht besonders nützlich. ⌚ tgl. 9–13 und 14–17 Uhr.

Internet
Die zentralsten und praktischsten unter den zahlreichen **Internetcafés** befinden sich im Glenary's und Hotel Bellevue (beide Rs30/Std.).

Die Verbindung ist langsam, deshalb sind in den meisten keine Skype-Telefonate möglich.

Kinos

Cinema Inox, Rink Mall, ✆ 0354/225 7183. Ein modernes neues Multiplex-Kino mit drei Vorführräumen und dem Neuesten aus Bollywood und Hollywood. Je nach Film kann die Musik so laut werden, dass man die Gehörgänge am besten mit Ohrstöpseln schützt.

Medizinische Hilfe

Planters' Hospital, Planter's Club, The Mall, ✆ 0354/225 4327; **Mariam Nursing Home**, The Mall, ✆ 0354/225 4327; **Tibetan Medical & Astro Institute**, Hotel Seven Seventeen, 26 H. D. Lama Rd, ✆ 0354/225 4735 (gehört zur medizinischen Organisation des Dalai Lama, Men-Tsee-Khang, und hat sowohl eine Klinik als auch eine gut bestückte Krankenhausapotheke); **Women's Clinic**, unter dem Hotel Springburn, 70 Gandhi Rd; ⏲ Mo–Sa 13.30–17 Uhr, So 10–13 Uhr.

Permits für Sikkim

Ausländer, die nach Sikkim weiterreisen wollen, benötigen ein Permit. Es handelt sich zwar um eine einfache Formalität, ist aber mit Lauferei verbunden.

Bei Fahrten nach Gangtok bekommt man am Grenzübergang **Rangpo** (aber nicht am Grenz-

Singalila-Treks: Der Maneybhanjang–Phalut-Trail

Das **Singalila-Gebirge** erhebt sich in der Nähe von Darjeeling und erstreckt sich bis zum Gipfel des Kanchenjunga. In Sikkim wurden zwar einige längere Wanderstrecken geöffnet, doch leider bestehen bislang noch keine Pläne, sie mit tiefer gelegenen Himalayaregionen und den dortigen Ortschaften **Sandakphu** (3636 m) und **Phalut** (3600 m) im Bezirk Darjeeling zu verbinden.

Von Darjeeling aus leicht zu erreichen sind die letzten Abschnitte des Maneybhanjang–Phalut-Trails, von denen aus sich fantastische Ausblicke ins Hochgebirge eröffnen. Hier lassen sich Expeditionen mit wenig Gepäck unternehmen, denn unterwegs gibt es Wanderhütten und Verpflegung in einfachen Buden. Mehrere Anbieter (s. S. 844) arrangieren Träger ab Rs250 pro Tag sowie **Führer** ab Rs350 (ein Englisch sprechender kostet rund Rs700), wenn man ein All-inclusive-Paket bucht (ab Rs1200 pro Tag). Trek-Mate in Darjeeling sowie andere Anbieter verleihen **Ausrüstung** (Schlafsack Rs30 pro Tag plus Rs1500 Kaution). Die **besten Zeiten** zum Wandern sind nach dem Monsun (Okt und Nov) und im Frühling (Feb–Mai). Von Ende April bis in den Mai hinein wird es heiß, aber diese Jahreszeit ist sensationell, weil dann nämlich die Rhododendronbäume blühen.

Als Startpunkt der Wanderung wählen die meisten Trekker die Kleinstadt **Maneybhanjang**, 27 km von Darjeeling entfernt; die atemberaubendsten Ausblicke bieten sich auf dem Abschnitt zwischen **Sandakphu** und **Phalut**, wenn man den Weg in nördlicher Richtung begeht. Das Forestry Department erhebt für das Betreten des **Singalila National Park** eine Gebühr (Rs150, Kameras Rs50), und ein Guide ist Pflicht. Lokale Führer (Rs300–Rs500) und Träger sind billiger, aber Erfahrungsberichten zufolge ist auf sie nicht immer Verlass (Alkoholkonsum und schlechte Ausbildung) – die von den Veranstaltern in Darjeeling ausgesuchten Führer sind professioneller. Ausländer müssen sich bei der Polizei in Maneybhanjang registrieren lassen und und immer wieder bei Grenzsoldaten entlang der Strecke ihre Papiere vorzeigen. Wer schon frühmorgens mit dem Taxi von Darjeeling nach Maneybhanjang fährt, kann noch am gleichen Tag losmarschieren; andernfalls kann man z. B. im spartanischen Kanchenjunga ❶ übernachten.

Die meistbegangene Route:

■ **Tag 1**

Vom wahrscheinlichen Ausgangspunkt in Maneybhanjang aus geht es am ersten Tag gleich steil hoch nach **Meghma** und anschließend – weniger anstrengend – bis zur Hütte ❶ in **Tonglu** (3070 m). Eine Alternativstrecke führt unter Umgehung von Tonglu nach Tumling, wo

Kolkata und Westbengalen

übergang Naya Bazaar nach West-Sikkim) eine 15-Tage-Erlaubnis, die in Sikkim verlängert werden kann (s. S. 876).
Wer das Permit bereits in Darjeeling beantragt, kann die haarsträubende 27 km lange Straße nach Jorethang nehmen und über Naya Bazaar direkt nach West-Sikkim einreisen.
Bei Drucklegung dieses Buchs sollte das Chowrasta-Büro von Sikkim Tourism gerade anfangen, Permits auszustellen. Wer dort keines bekommt, holt sich das Antragsformular für das Permit beim **District Magistrate's Office** in der Hill Cart Rd nahe dem Kloster Loreto, ⌚ Mo–Fr 10–16 Uhr, lässt es im **Foreigners' Registration Office** in der Laden La Rd, ⌚ tgl. 10–18 Uhr, abstempeln und geht dann zurück ins DM Office, um noch den letzten benötigten Stempel abzuholen.

Post

GPO (Hauptpostamt), Laden La Rd, ⌚ Mo–Fr 9–17, Sa 9–12 Uhr.

Tibetische Studien

Manjushree Centre of Tibetan Culture, 12 Gandhi Rd, ☏ 0354/225 6714, 💻 www.manjushree-culture.org. Gegründet 1988 zur Pflege und Förderung tibetischer Kultur. Bietet Teilzeitkurse (Mo–Sa 16–18 Uhr) sowie 3-, 6- oder 9-monatige Intensivkurse. Außerdem

---

es Unterkünfte wie das Shikara ❷ gibt, aber die meisten kräftigen Wanderer sollten es bis Gairibas oder Kalipokhari schaffen, das zwei Unterkünfte hat, darunter das Sherpa ❷.

■ Tag 2

Von Tonglu führt die Strecke weiter nach **Kalipokhari** und **Bikhebhanjang**. Dann steigt der Trail steil an bis **Sandakphu** (3636 m). Dort stehen eine Wanderhütte ❶ und Unterkünfte wie das freundliche Sherpa Chalet ❷ zur Verfügung.

■ Tag 3

Hinter Sandakphu wird der Horizont weiter und der Weg folgt dem Bergkamm bis nach **Sabarkum**. Hier warten weder Unterkunft noch Verpflegung, aber nur 30 Min. nach rechts den Berg hinab steht die Wanderhütte ❶ von **Molley**.

■ Tag 4

Jetzt geht es wieder zurück nach Sabarkum und auf dem Gebirgspass weiter bis **Phalut** (3600 m), wo es eine Wanderhütte ❷ gibt. Hier oben ist die Aussicht besonders faszinierend.

■ Tag 5

Heute tun sich mehrere Möglichkeiten auf: entweder wieder zurück nach Sandakphu oder von Phalut auf dem Trail weiter nach **Gorkhey**, das über eine Wanderhütte ❶ und die Shanti Lodge ❶–❸ verfügt, oder noch weiter bis **Ramam** (2560 m), Sitz des einladenden Sherpa Hotels ❶ und diverser anderer Lodges. Eine Alternative wäre der Abstieg von Sabarkum zum malerischen, an einem Fluss gelegenen Dörfchen Sirikhola, wo man in der Goparma Lodge ❷ nächtigen kann.

■ Tag 6

Am letzten Tag geht's nach **Rimbik** (2286 m); aber Vorsicht: Die Route ist schlecht markiert, deshalb sollte man sich vor dem Losgehen den Weg von Einheimischen genau beschreiben lassen. In Rimbik gibt es das gemütliche Sherpa ❷, dessen Mitarbeiter beim Besorgen von Busfahrkarten nach Darjeeling behilflich sind. Eine weitere Unterkunft ist z. B. das Sherpa Tenzing ❶ mit Gemeinschaftsbädern, Warmwassereimern und gutem Essen.
Von Rimbik verkehren Busse und Jeeps (6–7 und 12–13 Uhr) nach Darjeeling. Man kann aber auch mit einem Taxi oder zu Fuß die idyllische Karmi Farm in der Nähe von Bijanbari mit Blick aufs Flusstal des Ramam und West-Sikkim aufsuchen, 💻 www.karmifarm.com. Reservierung nur per E-Mail: ✉ karmifarm@yahoo.co.uk ❸. Wer die Route in ungekehrter Richtung begehen möchte, kann dies wunderbar von der Farm aus tun.

SINGALILA-TREKS

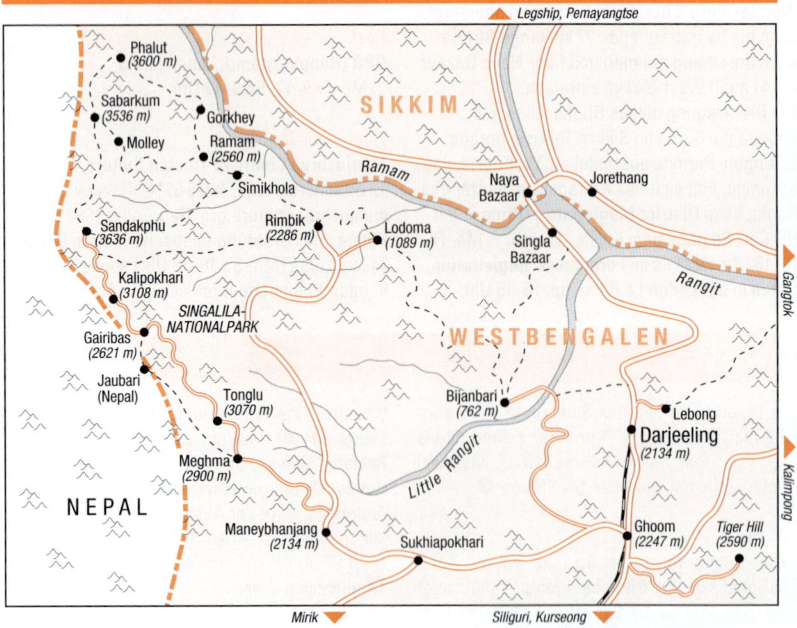

gibt es Seminare, Vorträge, Videoshows und Ausstellungen.
Das **Changpori Medical Institute** in Takdha (Richtung Teesta) bietet ausgezeichnete Kurse in tibetischer Medizin an; im Manjushree anfragen.

Transport

Nahezu alle Besucher aus der Ebene treffen entweder mit dem Toy Train oder mit Sammeltaxi oder Bus via Siliguri ein. Jeeps und Busse halten an der **Bushaltestelle** im tieferen Teil der Stadt, von wo es bergauf zu dem Viertel mit den meisten Unterkünften geht. Die meisten Taxis und manche Jeeps bringen ihre Fahrgäste zur **Clubside** an der **Mall** (offiziell Nehru Road). Am Busbahnhof und am Basar stehen auch Gepäckträger (ab Rs60) zur Verfügung, doch manche arbeiten als Schlepper für Hotels, wo sie Provision kassieren. Darjeeling lässt sich gut zu Fuß erkunden. Viele Bereiche (auch The Mall und Chowrasta) sind ohnehin Fußgängerzonen.

Busse, Minibusse und Sammeltaxis

Es verkehren Busse und Minibusse (ab Rs50) vom Busbahnhof nahe Chowk Bazaar nach SILIGURI. Sammeltaxis und Jeeps berechnen für dieselbe Strecke Rs100.
Langstreckenbusse nach KATHMANDU starten in der Grenzstadt **Kakarbitta** in Nepal (s. S. 840).
Morgens verkehren regelmäßig Jeeps nach GANGTOK, SILIGURI, MIRIK, KALIMPONG und JORETHANG (Weiterreise nach West-Sikkim; Rs100). Dies ist ganz klar die bequemste Art zu reisen, vor allem wenn man sich zwei Vordersitze reserviert. Nach Möglichkeit am Jeep-Stand neben der Bushaltestelle im Voraus buchen. Die einzelnen Strecken werden von

unterschiedlichen Betreibern bedient, teils auch von mehreren. Nach GANGTOK (4 1/2 Std., Rs130) gibt es zwischen 7 und 14 Uhr häufige Verbindungen.

Eisenbahn

Der **Toy Train** fährt um 9.15 Uhr nach SILIGURI und NEW JALPAIGURI, sofern das Wetter mitspielt und keine Erdrutsche die Fahrt verhindern. Die Fahrt dauert allerdings gemächliche 7–8 Std.

Zugreservierungen (tgl. 8–14 Uhr) für die Weiterfahrt von NJP können einige Tage vorab in Darjeelings Bahnhof getroffen werden, wo begrenzte Touristenquoten für die Züge nach Delhi, Kolkata, Bengaluru (Bangalore), Cochin und Thiruvananthapuram zur Verfügung stehen. Wer keine Fahrkarte mehr bekommt, wendet sich am besten an **Gupta Tours & Travel**, 5 Chachan Mansion, unweit des Bahnhofs, 0354/225 4616, wo gegen Gebühr manchmal auch dann noch Tickets zu bekommen sind, wenn die Quoten angeblich ausgeschöpft sind.

Flüge

Der nächste Flughafen ist der von **Bagdogra**, 100 km südlich (S. 839). Für die Taxifahrt dorthin muss man reichlich Zeit einkalkulieren. Tickets von **Jet Airways** verkaufen **Clubside Tours and Travels**, J. P. Sharma Rd, 0354/225 4646, und **Pineridge Travels**, Nehru Rd, Chowrasta, 0354/225 3912; bei Letzteren gibt's auch Druk Air-Flugtickets nach Bangkok. Beide vermitteln auch Flugtickets mehrerer Gesellschaften von **Bhadrapur** in Nepal nach KATHMANDU (s. S. 840). **Air India** unterhält ein Büro an The Mall nahe Chowrasta, 0354/225 4230.

Die Umgebung von Darjeeling

Ein Besuch von Darjeeling ist nicht komplett ohne die Teilnahme am frühmorgendlichen Massenansturm auf den **Tiger Hill** zum gemeinschaftlichen Bewundern des Sonnenaufgangs. Das lässt sich prima mit einem Besuch des alten Klosters **Ghoom** und der riesigen Klosteranlage **Sonada** an der Hill Cart Road Richtung Siliguri verbinden.

Tiger Hill

Ab 4 Uhr morgens fahren Tag für Tag mit Touristen voll gepackte Jeeps und Taxis von der Agentur Clubside in Darjeeling über Ghoom zum Tiger Hill, einem beliebten Aussichtspunkt. Bei Sonnenaufgang bietet der wundervolle Ort auf 2585 m Höhe am östlichen Rand der **Singalila Range** einen Rundblick: Im Süden erstrecken sich die dunstigen Ebenen an der Grenze zu Bangladesch, im Westen lugt die Spitze des Mount Everest über die Singalila-Kette, im Norden türmt sich der Kanchenjunga über Sikkim auf, und im Nordosten zieht sich der Himalaya nach Bhutan und Assam hinein. Wenn die Sonne aus der Ebene aufsteigt, taucht sie einen Gipfel nach dem anderen in ihr Licht, bevor die Berge vom Tagesdunst verschleiert werden.

Auf dem Höhepunkt der Hauptsaison verlassen bei gutem Wetter täglich bis zu 150 Jeeps Darjeeling und befördern über 2000 Menschen zum Aussichtspunkt. Mehrere Veranstalter in der Umgebung von Clubside vermitteln Jeep-Touren mit kurzen Stopps in Ghoom, beim Gurkha War Memorial (Rs5) und am Batasia Loop (Rs800 pro Fahrzeug bzw. ca. Rs80 pro Platz, in der Nebensaison günstiger).

Der **Aussichtsturm** hinter Glasscheiben bietet einen wärmeren, aber oft überfüllten Ort zum Beobachten des Sonnenaufgangs. Der Eintrittspreis beträgt Rs40 (inkl. Kaffee) für die oberste „Super Deluxe"-Etage, Rs30 für das Stockwerk darunter und Rs20 für die Aussichtsplattform plus Rs10 für den Transport. Die einfache Besteigung des Hügels kostet Rs5. Wer sich fit fühlt, kann vom Tiger Hill zu Fuß zurücklaufen und unterwegs die *gompas* in Ghoom besichtigen.

Ghoom

Das oft in Wolken gehüllte Ghoom (2438 m) mit seinem winzigen Basar am Rande des Jorebangla besitzt mehrere interessante Klöster. Das bedeutendste ist das **Yiga Choling** abseits der Hauptstraße über dem Sterling Resort.

Vom Bahnhof führt der ausgeschilderte Weg 200 m zurück Richtung Darjeeling bis zu einer Abzweigung nach links und dann rund 500 m durch einen Marktbereich. Das 1850 von dem berühmten Astrologen Sharap Gyatso errichtete Kloster besteht aus einer Tempelhalle und

Mit dem Toy Train nach Ghoom

Im nur 7 km vor Darjeeling gelegenen Ghoom erklimmt der **Toy Train** (S. 839) seine größte Höhe. In der Saison starten täglich um 10.15 und 13.20 Uhr zwei dampfbetriebene Touristenzüge (hin und zurück Rs265) von Darjeeling nach Ghoom, mit gerade einmal 15 Min. Aufenthalt – nicht genug für eine Besichtigung der Klöster. Danach geht es mit einem weiteren kurzen Zwischenstopp am Batasia Loop (Ausblicke auf den Himalaya) zurück nach Darjeeling.
Der reguläre Dieselzug mit Abfahrt um 9.15 Uhr in Darjeeling über Ghoom nach Siliguri ist billiger (1. Klasse Rs116, 2. Klasse Rs25). Nach individuellen Besichtigungen kann man bei dieser Variante alternative Transportmittel zurück nach Darjeeling nehmen oder gemütlich über die Straße zurückspazieren und unterwegs die herrlichen Aussichten genießen sowie die **Friedenspagode** im Wald oberhalb der Dali Gompa besuchen.

einigen Wohnhäusern. In der Gebetshalle steht eine große Statue von Maitreya, dem Buddha des künftigen Weltzeitalters, dessen bronzenes Gesicht außerordentlich kunstfertig gestaltet ist.

Kalimpong und Umgebung

Auf den ersten Blick wirkt die 50 km östlich von Darjeeling gelegene, ruhige Hill Station Kalimpong schäbig. Doch sie hat einiges zu bieten: einen farbenprächtigen Markt, außerordentliche Orchideen und andere Blumen, großartige Ausblicke auf den Kanchenjunga, mehrere Klöster und zahlreiche Möglichkeiten für Wanderungen in die umliegenden Berge, die noch heute die Heimat der **Lepcha** sind. Wie Darjeeling gehörte auch Kalimpong früher zu Sikkim und später zu Bhutan. Im Gegensatz zu Darjeeling war Kalimpong aber niemals eine Teestadt oder ein Urlaubsort, sondern immer ein Handelszentrum an der belebten Route nach Tibet. Aufgrund ihrer Lage war die Stadt nach den chinesisch-indischen Konflikten der frühen 1960er-Jahre mehrere Jahrzehnte lang für Touristen gesperrt.

Die Stadt

Kalimpong erstreckt sich über einen Bergkamm, der den **Marktbezirk Tenth Mile** umschließt. Hier gibt es zwar nicht so viele Souvenirläden und Touristenkaufhäuser wie in Darjeeling, aber dennoch zahlreiche Geschäfte, die buddhistische Kunsthandwerksobjekte und religiöse Mitbringsel verkaufen und Großeinkäufer aus ganz Indien anlocken. Besonders stark vertreten sind Seidenbrokatstoffe, für Mönche hergestellter tibetischer Weihrauch, und Silberschüsseln. Die **Touristenläden** Kaziratna Shakya und Himalayan Handicrafts in der Rishi Road haben eine gute Auswahl, während sich die größeren Geschäfte um die RC Mintri Road konzentrieren. Mittwochs und samstags wird Tenth Mile äußerst lebendig, denn aus der gesamten Umgebung strömen dann Dorfbewohner zu den beiden wichtigsten Wochenmärkten. In der **Gangjong Paper Factory** am Fuß der Treppe zur Printam Road können Besucher den Herstellungsprozess verfolgen, ⌚ Mo–Sa 9–16.30 Uhr. **Himalayan Handmade Paper** im Panlook Compound nahe Thirpai in der KD Pradhan Road ist leichter zugänglich und hat ebenfalls einen Direktverkauf.

Im Südwesten überragt der **Rinkingpong Hill** (auch als **Durpin Dara** bekannt) die Stadt. Die Armeepräsenz ist zwar unübersehbar, dennoch ist der 4 km lange Weg von der Innenstadt hinauf ein schöner Spaziergang. Am höchsten Punkt steht das Kloster **Zong Dog Palri Phodrang Gompa**, auch als Durpin („Teleskop") bezeichnet. Es wurde 1957 nach dem Vorbild von Guru Rinpoches mythischem Palast des „Reinen Königreichs" errichtet, um drei in den 1940er-Jahren aus Tibet hergebrachte Kupferstatuen zu beherbergen. Trotz der Funkmasten und des Militärlagers nebenan ist das Klosterdach ein hervorragender Ort, um den Sonnenaufgang und die Mönchsgesänge unterhalb zu genießen. Besucher sind während der Gebete willkommen, sollten sich aber hinsetzen und nicht stören.

An den Waldsträßchen, die den Rinkingpong Hill hinauf führen, verbergen sich einige interessante alte Herrenhäuser. Das **Morgan House** wurde für einen Jutehändler erbaut und dient heute als Touristenunterkunft. Beim Tee auf dem Rasen kann man die Atmosphäre der damaligen Zeit und zugleich eine herrliche Aussicht genie-

Das Kloster Zong Dog Palri Phodrang Gompa thront auf einem Hügel über Kalimpong.

ßen. Ein Stück weiter, etwa 2 km oberhalb der Stadt, steht die **St Teresa's Church**. 1929 von einem Schweizer Missionar erbaut, weist sie deutliche Einflüsse buddhistischer Klosterarchitektur auf und erinnert an ein bhutanisches *gompa*. Innen wie außen finden sich kunstvolle Schnitzereien. Besonders sehenswert sind die Türen mit den acht heiligen Symbolen des Buddhismus.

Ein Spaziergang in westliche Richtung aus der Stadt führt in einer halben Stunde auf den Berg Deolo mit der **Thirpai Choling Gompa**, einem 1892 gegründeten und kürzlich renovierten Kloster einer Gelugpa-Splittergruppe, in dem ein Bildnis der umstrittenen Gottheit Dorje Shugden zu sehen ist, die vom Dalai Lama verbannt wurde. Unterhalb und näher an der Stadt befinden sich die Meditationshallen des kleinen bhutanischen Klosters **Thongsa Gompa** aus dem Jahr 1692. Sie sind mit wunderschönen Wandgemälden verziert.

Der Gipfel des **Deolo Hill** (1704 m) ist ein beliebter Picknickplatz mit einer DGHC Tourist Lodge und Restaurant. Der herrliche Ausblick reicht vom diesigen Tal des Teesta bis über die Gipfel des Kanchenjunga, das Grenzgebirge und die Pässe Nathula und Jelepla hinaus bis nach Tibet. ⌚ tgl. 9–18 Uhr, Eintritt Rs5.

Kalimpong ist für seine **Gartenbaukultur** – vor allem Orchideen, Kakteen, Amaryllis Palmen und Farne – berühmt. Rund 50 Gewächshäuser wie Sri Ganesh Mani Pradhan (in der Twelfth Mile), Nurseryman's Haven (im Holumba Haven Hotel; s. S. 854) und Pineview in der Atisha Road (Rs5) haben sich auf exotische Kakteenarten spezialisiert. Zwar blühen die Pflanzen in Kalimpong ganzjährig, doch die beste Zeit für blühende Orchideen ist von Mitte April bis Mitte Mai. In diesen Wochen findet meist ein Blumenfest statt.

Die Umgebung von Kalimpong

Das kleine Dorf **Lava**, 35 km von Kalimpong entfernt am alten Handelsweg nach Bhutan gelegen und mit Sammeltaxi-Jeep zu erreichen, ist ein idealer Ausgangspunkt zur Erkundung des **Neura-Nationalparks** mit seinen Orchideen, Vögeln und Säugetieren. Lava liegt auch günstig zum **Rachela Pass** (3152 m) an der Grenze zwischen Sikkim und Bhutan. Von hier hat man schöne Ausblicke auf die Chola-Gebirgskette mit dem Chomalhari (7314 m), Bhutans heiligem Berg an der Grenze zu Tibet.

In Lava gibt es viele einfache Unterkünfte, darunter die Hütten des **Forest Rest House**, für das Buchungen beim **Forest Department**, abseits der

„Dorf-Tourismus“ und Homestays

Der kommerziell organisierte sogenannte **Village Tourism** gewinnt zunehmend an Beliebtheit. Er bietet die Möglichkeit, sowohl die bäuerliche Landschaft als auch die Kultur auf dem Lande näher kennenzulernen. Zu den größeren Anbietern auf diesem Gebiet zählen Gurudongma und Holumba (s. S. 856) in Kalimpong, Help Tourism (s. S. 838) in Siliguri und Himalayan Footprints in Gangtok (s. S. 883).
Gurudongma's Farm House ❽ ist ein rustikales, aber luxuriöses Gehöft auf dem wunderschönen Samthar Plateau, 80 km von Kalimpong entfernt. Ein weiteres Homestay ist **Tinchuley Village House**, ✆ 03542/262236 ❺, 28 km von Kalimpong in der Nähe von Takdah, eine Tee- und Kardamomplantage am Waldrand. Jenseits der Grenze in Sikkim, 35 km von Kalimpong, befindet sich das **Turuk Village House**, ✆ 9434/022580 ❼–❽, eine elegante Villa auf einer idyllischen Plantage aus dem späten 19. Jh.

Rinkingpong Rd, ✆ 03552/255780, 💻 www.wbfdc.com, in Kalimpong getroffen werden können.

Leicht begehbare Pfade führen westlich von Lava Richtung **Budhabare**, einer Marktstadt im Tal des Flusses Git, in dem Lepcha-, Gurkha- und Bhutia-Dörfer liegen. Der Weg verläuft durch Wald weiter nach **Kafer**, wo eine alte Touristenlodge steht; große Zimmer ❹ und ein Schlafsaal (Rs100). Der Sonnenaufgang vom nahen **Lolegaon** aus ist legendär und es gibt einen fantastischen, unter dem Blätterdach des Heritage Forest entlangführenden Weg. Von Kalimpong führt eine holprige Straße hierher. Wer fit ist, nimmt den Fußpfad, der den Relli River nahe vom Dorf überquert und in einem Bogen wieder nach Kalimpong verläuft.

Übernachtung

Kalimpongs akuter Wassermangel beeinflusst die Wahl der Unterkunft; nur wenige Hotels der unteren Preisklasse haben fließendes Wasser. Die meisten Budgethotels befinden sich in der Tenth Mile und rund um den Motor Stand.
Cloud 9, Rinkingpong Rd, ✆ 03552/259554. Hotel mit herrlicher Aussicht von den 5 geräumigen, sauberen und gut belüfteten Zimmern über einem Restaurant plus Bar. Wird lebendig, wenn der Besitzer Binodh die Gitarre auspackt und Beatles-Songs spielt. ❺
Crown Lodge, unterhalb des Motor Stand, ✆ 03552/255846. Beliebte Unterkunft in guter Zentrumslage; ideal bei frühen Abfahrtszeiten. Funktionale, saubere Zimmer, fließend Warmwasser und gutes Restaurant. ❷–❸
Deki Lodge, Tirpai Rd, 10 Min. zu Fuß vom Motor Stand, ✆ 03552/255095. Sauberes und sehr gastfreundliches, von Tibetern geführtes Hotel. Große Auswahl, von Budgetzimmern mit Warmwasser aus Eimern bis zum komfortablen DZ mit fließend Warmwasser im neuen Flügel nach hinten raus. Internetzugang. ❷–❺
Gompus, Damber Chowk, ✆ 03552/2558181. Legendäres Hotel mitten im Stadtzentrum, das von Grund auf renoviert und in ein schniekes Businesshotel verwandelt wurde. Es hat große Zimmer mit TV und modernen Sanitäranlagen auf drei Stockwerken über einem beliebten Bar-Restaurant. ❺
Himalayan, Upper Cart Rd, ✆ 03552/255248, 💻 www.himalayanhotel.com. Hotel mit historischem Bezug, vielen tibetischen Erinnerungsstücken und einem wunderschönen Garten auf einem unberührten Fleckchen oberhalb der Stadt. Die modernen Cottages sind luxuriös, aber das Flair des alten Hauses fehlt. ❻
Sherpa Lodge, Ongden Rd, ✆ 9800/861462. Günstige zentrale Lage, 8 gute Budgetzimmer, davon 3 mit Bad. Außerdem eine hübsche Frühstücksterrasse. ❷

Orchideentraum

Holumba Haven, 8.5 Mile, in der Nähe der Feuerwache, ✆ 03552/256936, 💻 www.holumba.com. Wunderschön eingerichtete Cottages in einer Orchideen-Gärtnerei mit einer ganzen Menagerie von Vögeln. Manche Cottages haben sogar eine Kochgelegenheit, aber auf Wunsch gibt es auch hausgemachte Mahlzeiten, die von den auskunftsfreudigen und extrem gastfreundlichen Besitzern liebevoll zubereitet werden. ❹–❺

Silver Oaks, Ringkingpong Rd, ✆ 03552/ 255296, 💻 www.elginhotels.com. Eine der vornehmsten Adressen der Stadt in zentraler Lage. Geräumige, konservativ-luxuriöse Zimmer und ein gutes Restaurant. Übernachtungspreise ab Rs5400. ❽

Essen

Einer der Vorzüge von Kalimpong ist die Bandbreite an unterschiedlichen Küchen, die von *momos* und *thukpa* bis Pizzas, Coffeeshops und vegetarischen Restaurants im Basar reicht. In Nobelhotels wie dem Silver Oaks wird edel gespeist und das Teeservice kommt auf dem Silbertablett daher. Es gibt auch mehrere nette Kneipen, z. B. **Cloud 9**, wo man sich auf ein Bier und ein Schwätzchen treffen kann.

3C's, Main Rd. Ein beliebtes Bistro mit Snackbar, Coffeeshop und Backtheke. Toll zu Frühstück und Mittagessen; sehr lecker sind beispielsweise *rumali roti* und *paneer tikka*.

Cakes-r-us und Pizza, SBG Rd, in der Nähe vom DGHC Tourist Office. Auf der einen Seite der Halle liegt die freundliche Patisserie und auf der anderen das Restaurant Pizza, wo es Pizza und indisches Essen gibt, auch zum Mitnehmen.

China Garden, Lall Gali, nahe Motor Stand. Eines der seltenen Überbleibsel der ehemals blühenden Chinesengemeinde ist dieses kleine, bei Einheimischen sehr beliebte Restaurant, wo es authentische chinesische Kost zu erschwinglichen Preisen gibt.

Gompus, Damber Chowk. Die Speisekarte des namhaften, populären Bar-Restaurants mitten in der Stadt hat einiges zu bieten. Am allerberühmtesten ist das Lokal jedoch für *momos* und *thukpa*. Eine super Location für ein großes Glas kaltes Bier.

Kalash, Main Rd. Weil das Schild auf Hindi geschrieben ist, muss mancher Gast vielleicht nachfragen, ob er oder sie auch wirklich an der richtigen Adresse ist. Aber die Suche lohnt sich, denn in dem vegetarischen Restaurant wird köstliche Biokost zu unglaublich günstigen Preisen aufgetischt; ein *thali* kostet nur Rs55.

King Thai, im Ma Supermarket in der Nähe der Polizeiwache. In dem begehrten Bar-Restaurant sind die Gerichte eher indisch und chinesisch

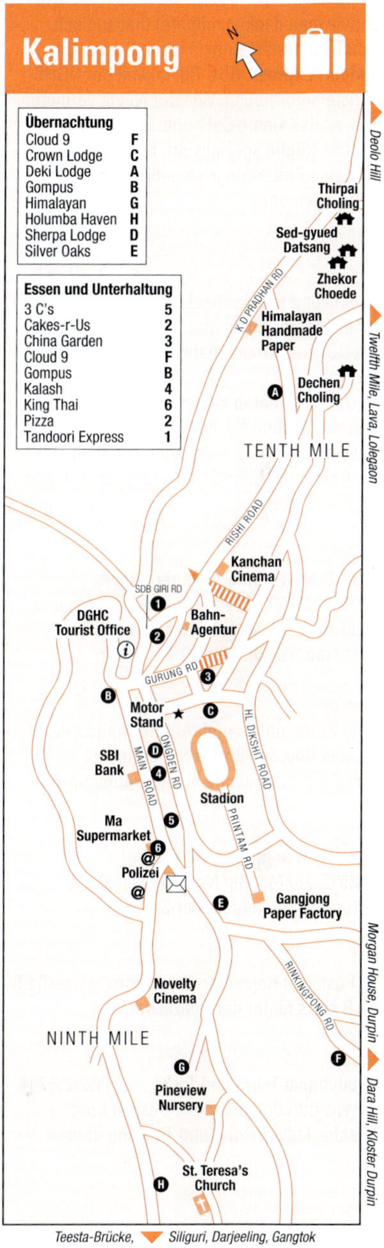

als (wie man denken möchte) thailändisch. Manchmal treten einheimische Bands auf.
Tandoori Express, SBG Rd, unweit der DGHC-Touristeninformation. Wie der Name vermuten lässt, ist das kleine Café und Takeaway auf indische Küche spezialisiert. Es gehört aber auch eine Patisserie mit Konditoreiwaren und Kuchen dazu.

Sonstiges

Geld

Bargeld und Reiseschecks wechseln kann man im **Soni Emporium** an der Main Road unweit vom DGHC-Büro und nebenan bei **Kaziratna Shakya**.
Die **Geldautomaten** neben der State Bank of India in der Main Rd, bei ICICI gleich nebenan sowie der von Axis in der DS Gurung Rd oberhalb vom Motor Stand akzeptieren Kredit- und Bankkarten.

Informationen

DGHC Tourist Office, Damber Chowk, ✆ 03552/ 257992, bietet allgemeine Infos und organisiert Wildwasser-Rafting auf dem Teesta (ab Rs350). ⌚ tgl. 9.30–17 Uhr.

Internet

In der Stadt gibt es mehrere Internetcafés, u. a. das **Odyssey** im Ma Supermarket, nahe der Polizeiwache an der Hauptstraße.

Medizinische Hilfe

Adarsh Nursinghome, SD Giri Rd, ✆ 03552/ 257743. Bei Notfällen eines der besten Krankenhäuser der Stadt.

Post

Die Post liegt nahe dem Stadtzentrum oberhalb des Basars hinter der Polizeiwache.

Touren

Gurudongma Tours und Treks, ✆ 03552/255204, 💻 www.gurudongma.com. Der auf ornithologische, kulinarische und Trekking-Touren spezialisierte Veranstalter betreibt ein eigenes Farmhaus auf der Samthar-Hochebene.
Himalayan Eagle, ✆ 9635/156911. Der Touranbieter unter schwedischer Leitung veranstaltet von Sep–Juni in der Nähe von Deolo Tandem-Fallschirmflüge – nichts für schwache Nerven! Das Schwesterunternehmen, 💻 www.himalayanbiketours.se, organisiert Motorradausflüge in der Region, die in Euros bezahlt werden müssen.
Holumba, ✆ 03552/256936, organisiert Dorfbesuche und Individualtouren, darunter Ausflüge ins Neora Valley.
Mondo Challenge, ✆ 03552/260026, 💻 www.kalimpongvillagetour.wordpress.com. Ein pädagogisches Hilfsprojekt, das gern Freiwillige beschäftigt; führt ebenfalls ein- oder zweitägige Ausflüge in Dörfer durch.

Transport

Kalimpong ist nur über die Straße zu erreichen und wird regelmäßig von Bussen, Taxis und Jeeps aus Darjeeling, Siliguri und Gangtok bedient. Die meisten Verkehrsmittel halten am **Motor Stand** im Bereich des Zentralmarktes. Jeeps und Busse fahren vom Motor Stand nach DARJEELING (2 1/2–4 Std., Rs80), SILIGURI (2 1/2 Std., Rs90) und GANGTOK (3 Std., Rs90). Verwirrenderweise ist für jede Strecke ein anderes Kollektiv mit eigenem Fahrkartenbüro zuständig. Weitere Destinationen sind z. B. NJP, LAVA, KAKARBITTA, PELLING und GHEZING. Bei der Abreise aus Kalimpong ist zu beachten, dass die letzten zuverlässigen Busse in den frühen Nachmittagsstunden zurückfahren.
Himalayan Travels, an der Ecke, ✆ 9434/166498, vermitteln reservierte Taxis, und das **Motor Transport Syndicate**, ✆ 9932/766064, hat Fahrzeuge nach Darjeeling (7–15 Uhr). **Dynamic Solutions** im Jopa Complex an der Main Road, ✆ 03552/257874, kann sämtliche Flugtickets besorgen. **Zugtickets** verkauft eine Bahnagentur in der Rishi Rd, ⌚ tgl. 10–16 Uhr, die aber nur über eine geringe Quote für NJP verfügt.

Bihar und Jharkhand

Stefan Loose Traveltipps

Sonepur Mela Einmal im Jahr findet in Sonepur ein großes Fest mit Viehmarkt statt. S. 864

Mahabodhi-Tempel, Bodhgaya Im Mittelpunkt steht ein Ableger des Baums, unter dem Buddha Erleuchtung fand. S. 866

Rajgir Die buddhistische Pilgerstadt bietet neben vielen Heiligtümern auch eines der außergewöhnlichsten Hotels der Region. S. 871

Nalanda Am Standort einer 1500 Jahre alten Universität aus den Zeiten, als der Buddhismus Indien noch beherrschte, sind die Überreste alter Stupas und Klöster zu bewundern. S. 871

Bihar erstreckt sich zwischen Uttar Pradesh und Westbengalen über die östliche Gangesebene; Jharkhand im Süden, auf dem hügeligen Chotanagpur-Plateau nördlich von Orissa gelegen, wurde erst im Jahr 2000 auf Betreiben seines größten Volksstammes von Bihar abgetrennt. Beide Bundesstaaten leiden unter Armut, einer mangelhaften Infrastruktur, gewalttätigen Kasten-Konflikten, Korruption und allgemeiner Gesetzlosigkeit.

Obgleich Ausländer von dem Banditentum und dem Guerillakrieg meist nicht betroffen sind, sind schon Touristen und buddhistische Pilger ausgeraubt worden, und kaum ein Besucher hält sich lange in Bihar auf. Was eigentlich schade ist, denn die abgelegene Region hat durchaus einige lohnende Attraktionen zu bieten. Bevor man Bihar bereist, sollte man sich jedoch beim Auswärtigen Amt und in der örtlichen Presse über die Sicherheitslage informieren. Gute Dienste leisten auch die Websites 💻 www.patnadaily.com und 💻 www.bihartimes.com, allerdings tendieren die zuständigen Behörden dazu, die Sicherheitsrisiken herunterzuspielen. Meiden sollte man die Gegend auf jeden Fall, wenn Wahlen vor der Tür stehen und die Gemüter besonders erhitzt sind.

Jharkhand

Nach jahrelangen Unruhen in der Bevölkerung (größtenteils Adivasi) wurde Jharkhand im Jahr 2000 aus dem Bundesstaat Bihar herausgelöst. Die Region erwirtschaftet fast 40 % aller Mineralien Indiens, leidet aber auch unter extremer Armut, Gesetzlosigkeit und den Aktivitäten der Naxaliten (maoistische Guerillakämpfer). Touristen verschlägt es eher selten hierher. Die Hauptattraktion sind die wunderschönen *sal*-Wälder des **Palamau-Nationalparks**, die leider unter einer mehrjährigen Trockenheit gelitten haben. Sie sind auch Teil des Project Tiger (s. S. 103). Tiger lassen sich hier mittlerweile eher selten blicken; dafür ist die Wahrscheinlichkeit, Elefanten, Antilopen und Wildschweine zu erspähen, umso höher. Der Park hat das ganze Jahr über geöffnet, die beste Zeit für Besuche ist aber zwischen Oktober und April. Im Staat verteilt liegen noch weitere Naturschutzgebiete und Parks, darunter der **Hazaribagh Nationalpark** im Norden. In dieser Gegend und rund um den **Parasnath-Tempel** sind allerdings Banditen und Naxaliten sehr aktiv. Es ist also ratsam, vor der Reise die Sicherheitslage zu prüfen. Außerdem sollte man nirgendwo im Staat nachts unterwegs sein. Wer bei ruhiger Gesamtlage den Palamau National Park besuchen will, sollte das von der Hauptstadt **Ranchi** aus tun. Gute Adressen sind Ashok Travels im Ranchi Ashok, ✆ 0651/248 0759, und Suhana Travels in der Station Rd, ✆ 0651/329 3808. Die beste Unterkunft in Ranchi ist das stimmungsvolle BNR Hotel im Raj-Stil in der Station Rd, ✆ 0651/246 1481, ✉ chanakyabnrranchi@hotmail.com ❻. In Palamau kann man im staatlichen Van Vihar beim Parkeingang übernachten, ✆ 06567/226513, Schlafsaal Rs100. ❷–❹

Patna

Bihars Hauptstadt Patna stammt aus dem 6. Jh. v. Chr. Heute kann man Patnas einstigen Glanz als Zentrum der Magadha- und Maurya-Reiche nur noch erahnen. Die ausgedehnte Metropole erstreckt sich über ca. 15 km am Südufer des Ganges. Ihre Gestalt hat sich seit der Verlegung der Hauptstadt des Magadha-Reiches durch Ajatasatru (491–459 v. Chr.) von Rajgir hierher kaum verändert.

Der erste Maurya-Herrscher **Chandragupta** ließ sich 321 v. Chr. im damals **Pataliputra** genannten Patna nieder und verschob die Grenzen seines Reiches bis zum Indus. Sein Enkel **Ashoka** (274–237 v. Chr.), einer der größten indischen Herrscher, konnte seine Macht über noch größere Gebiete ausbauen. Später erlebte die Stadt noch zweimal einen Aufschwung. Der erste Gupta-Herrscher, ebenfalls mit Namen **Chandra Gupta**, machte Patna Anfang des 4. Jh. n. Chr. zu seiner Hauptstadt, und im 16. Jh. wurde es unter dem afghanischen Herrscher **Sher Shah Suri** (1540–45) wiederaufgebaut Im März findet das alljährliche **Pataliputra Mahotsava Festival** statt. Über Tage hinweg wird die Stadtgeschichte bei Musik, Tanz und öffentlichen Veranstaltungen lebendig.

BIHAR UND JHARKHAND

Patnas bemerkenswertestes Bauwerk ist der **Golghar** (auch das „runde Haus“ genannt), ein riesiger Getreidespeicher aus der Kolonialzeit, der 1786 erbaut wurde, um eine Wiederholung der schrecklichen Hungersnot von 1770 zu vermeiden. Glücklicherweise ist der Speicher nie zum Einsatz gekommen. Geschmückt mit zwei Treppenkonstruktionen, die sich spiralförmig bis zum höchsten Punkt schlängeln, überblickt er den Fluss und den Gandhi Maidan. Auf der einen

Treppe sollten die Kulis das Getreide nach oben tragen, dort ihre Last in die Öffnung abladen und über die andere Treppe wieder hinabsteigen. Heutzutage klettern Besucher hinauf, um die Aussicht über den mächtigen Fluss und die Stadt zu genießen.

Das etwas heruntergekommene **Patna Museum** in der Buddha Marg zeigt eine erlesene Skulpturensammlung. Das berühmteste Exponat ist eine *yakshi* aus poliertem Sandstein mit einem Fliegenwedel, die aus dem 3. Jh. v. Chr. stammt. Daneben gibt es jainistische Bilder aus der Kushana-Periode und eine Gruppe von Bodhisattvas aus Gandhara (im nordwestlichen Pakistan) zu sehen. Es lohnt sich nicht, den Aufschlag von Rs500 für die Buddha-Statue zu zahlen. ⏲ Di–So 10.30–16.30 Uhr, Eintritt Rs250.

Am interessantesten ist der ältere Stadtteil von Patna, 10 km östlich des Gandhi Maidan. Von hier führen verdreckte und überfüllte Gassen zum **Har Mandir Sahib**, der unter den vier heiligsten großen Sikh-Schreinen, genannt *takhts* (Throne), an zweiter Stelle rangiert. Er ist Guru Gobind Singh geweiht, der 1660 in Patna geboren wurde. Der strahlend weiße Marmortempel mit Zwiebeltürmchen steht in einem

Lalu und die Kastenkriege: Politik in Bihar

Die Entwicklung in Bihar – und im Nachbarstaat Jharkhand – hinkt dem übrigen Land in allen Bereichen hinterher. Beide bilden das Schlusslicht bei der Alphabetisierung und beim BIP, die Straßen sind in einem verheerenden Zustand, Busse und Züge uralt, Stromausfälle gehören zum Alltag und sogar in Patna muss man lange nach Straßenlaternen suchen. Der Autor William Dalrymple bezeichnete Bihar als „Indiens am schwersten regierbaren und anarchischsten Staat" und das, obwohl es nicht nur mit riesigen Kohle- und Eisenvorkommen, sondern auch mit ausgedehnten landwirtschaftlich nutzbaren Flächen gesegnet ist. Ursache des Problems ist die verheerende Kombination aus **Kasten-Konflikten** und einer korrupten Landesregierung. Seit Erlangung der Unabhängigkeit wurde Bihar weitgehend von einer Grundbesitzer-Mafia aus den oberen Kasten beherrscht, die die Angehörigen der niederen Kasten – zusammen mit den „Unberührbaren" und den Volksstämmen immerhin über 70 % der Landesbevölkerung – marginalisierte und demütigte. All das schien sich 1991 zu ändern, als **Lalu Prasad Yadav**, ein Aufrührer aus der niederen Kaste der Büffelmelker, die „rückständigen Kasten", Moslems und Unberührbaren unter dem Banner der sozialen Gerechtigkeit vereinte und die Wahlen mit überwältigender Mehrheit gewann. Kaum an der Macht, stellte sich Lalu jedoch als mindestens genauso schlimm heraus wie seine Vorgänger. Zu seinem Kabinett von Kastenbrüdern gehörten Männer, die wegen Mordes und Entführung gesucht wurden, und **Gewalt** gehört nach wie vor zu den wichtigsten politischen Mitteln. Ein vielversprechender Kandidat meinte: „Ohne hundert bewaffnete Männer kann man in Bihar nicht zum Wahlkampf antreten." Fast überall im Land fielen obere und niedere Kasten, maoistische Guerillas (Naxaliten), Polizei und Privatarmeen blutig übereinander her und zettelten regelrechte Bürgerkriege an.

Lalus Karriere schien beendet, als er 1997 wegen Veruntreuung von Milliarden Rupien eine kurze Haftstrafe verbüßen musste. Doch der gewiefte Politiker ernannte kurzerhand seine Ehefrau Rabri Devi, eine Analphabetin, zur Ministerpräsidentin.

Bei den Wahlen 2005 wurde Lalus Partei, die RJD, gestürzt. Dennoch war Lalu von 2004 bis 2009 noch als Eisenbahnminister tätig, und bis heute bleibt er Abgeordneter im Parlament.

Mittlerweile haben sich die Dinge auf Staatsebene zum Besseren gewendet. 2005 übernahm eine neue Koalition unter Lalus Hauptgegner **Nitish Kumar** die Macht, die offensichtlich weniger von der organisierten Kriminalität beherrscht wird. Seitdem kehren allmählich auch die Investoren zurück. Ob diese sichtbare Verbesserung andauert, wird sich noch herausstellen, aber zumindest herrscht unter der Bevölkerung nun ein vorsichtiger Optimismus.

weitläufigen Innenhof abseits der Hauptstraße. Besucher können sich im Innenhof umsehen und hineingehen, um den religiösen Klängen zu lauschen, die hier meist ertönen. Vor dem Betreten die Schuhe ausziehen und den Kopf bedecken – kostenlose Schließfächer für Schuhe gibt es am Rande des Innenhofs. Gemeinschafts-Motor-Rikschas kosten etwa Rs10 vom Gandhi Maidan.

In Gulzarbagh steht im ehemaligen **Old Opium Warehouse** der East India Company eine Druckerpresse der Regierung.

Auf halbem Weg zwischen Har Mandir Sahib und Gandhi Maidan erhebt sich die **Saif Khan-Moschee** („Moschee aus Stein"), die von Parwez Shah, dem Sohn des mächtigen Mogulkaisers Jahangir erbaut wurde.

Übernachtung

Akash, nahe Fraser Rd, kein funktionierendes Telefon. Eines der besten Billighotels der Stadt mit kleinen, sauberen Zimmern. Sollte es belegt sein, kann man sein Glück nebenan im New Amar versuchen. ❶

Chanakya, Beer Chand Patel Path, ✆ 0612/222 3141, 💻 www.hotelchanakyapatna.in. Großes Hotel mit geschmackvollen Zimmern in Beige und Apricot; alle mit Bad. Es gibt auch eine schicke Bar, Geldwechsel und zwei Toprestaurants mit indischer und chinesischer oder afghanischer und Mogul-Küche. ❽

Garden Court Club, Patna Super Market, Fraser Rd, ✆ 0612/320 2279, 💻 www.gardencourtclub.com. Kleines Hotel in einem Einkaufszentrum, das über einen alten Aufzug erreichbar ist. Nette, saubere Zimmer und TV. Allein das tolle Terrassenrestaurant rechtfertigt einen Aufenthalt. ❸–❺

Kautilya Vihar Tourist Bungalow, Beer Chand Patel Path, ✆ 0612/222 5411, ✉ bstdc@sancharnet.in. Weitläufiges Hotel der Bihar State Tourism Development Corp. Helle, aber etwas überteuerte DZ, günstiger Schlafsaal (Rs100) und gemütliches Dachrestaurant. ❸–❺

Maurya Patna, Fraser Rd, South Gandhi Maidan, ✆ 0612/220 3040, 💻 www.maurya.com. 5-Sterne-Hotel mit etwas unpersönlichem Service, aber sehr luxuriösen Zimmern mit Bad, die in unterschiedlichsten Stilrichtungen – kolonial bis orientalisch – eingerichtet sind. Pool (Rs490 für Tagesgäste) und ausgezeichnete Restaurants. Die teureren Zimmer kosten $207. ❽–❾

President, nahe Fraser Rd, ✆ 0612/220 9203. ✉ hotelpresidentpatna@yahoo.com. Trotz der Einrichtung aus den 1970er-Jahren eine gute Wahl. Etwas spießige, aber saubere Zimmer mit bunten Tagesdecken. Das Management gibt gerne Fahrplan- und andere Auskünfte. ❹–❺

Windsor, Exhibition Rd, ✆ 0612/221 3250, 💻 www.hotelwindsorpatna.com. Gut geführtes Mittelklassehotel mit modernen Zimmern und Bad. Ausgezeichnetes Restaurant (s. u.). ❺–❻

Sicherheitshinweis

In Patna ist die Kriminalitätsrate höher als in allen anderen Städten Indiens, und es wird dringend davon abgeraten, nach Einbruch der Dunkelheit ohne Begleitung in der Stadt umherzulaufen.

Essen

In der Fraser Rd gibt es einige gute Restaurants, von denen die meisten abends als Bar dienen (dann sind nur noch Männer dort). Das schummrige **Bansi Vihar** ist ein kleines, bei Einheimischen beliebtes Lokal mit südindischen Snacks und 20 *dosas*-Variationen (Rs32–75). Ebenfalls an der Fraser Rd findet sich das **Gandhi's**, ein elegantes, supersauberes vegetarisches Restaurant (Hauptgerichte Rs65–130), in dem *paneer butter masala* und *galub jamun* serviert wird. Dann gibt es noch eine Reihe guter Hotel-Restaurants wie das **Bellpepper** im Hotel Windsor mit ausgezeichneten *tandoori*-Gerichten (nicht veg. Hauptgerichte Rs90–230), das **Takshila** im Hotel Chanakya mit afghanischer und Mogul-Küche (nicht veg. Hauptgerichte Rs130–375) und das märchenhafte Terrassenrestaurant im Garden Court Club (nicht veg. Hauptgerichte Rs80–160). In der Stadt verkaufen Straßenhändler eine Spezialität aus Bihar, *littis* – würzige Kichererbsen im Teigmantel.

Patna

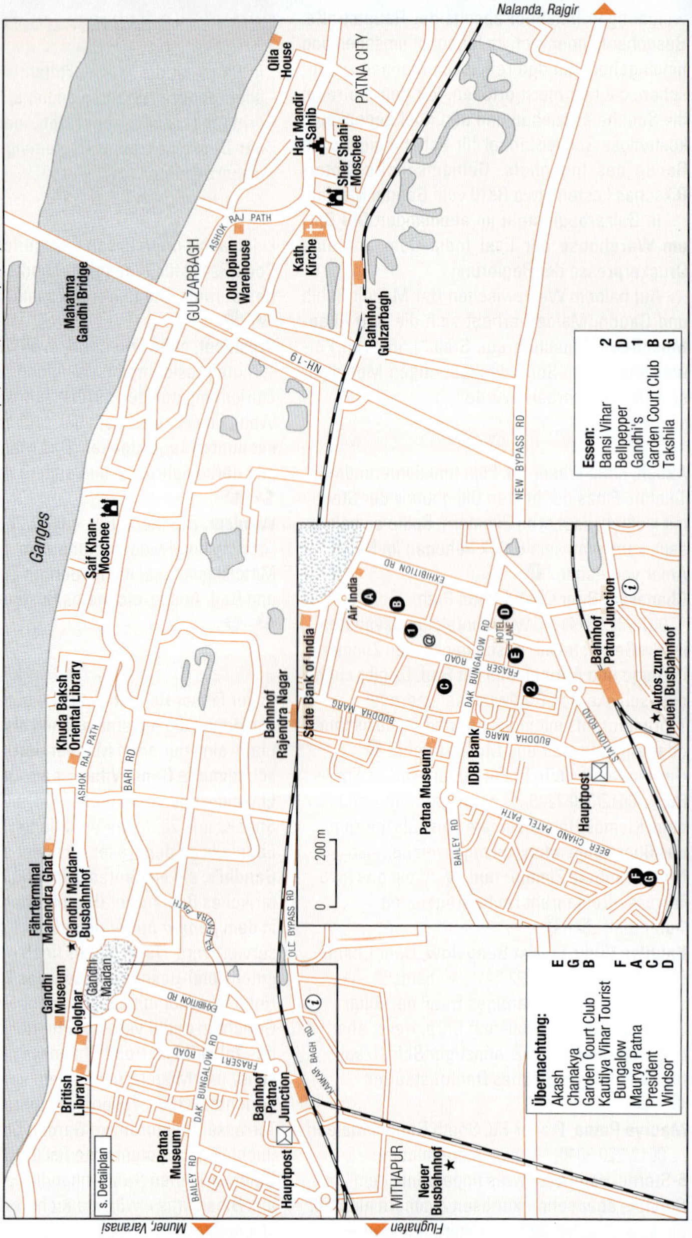
Nalanda, Rajgir
Sonepur, Vaishali, Muzaffarpur, Nepal
Muner, Varanasi
Flughafen
N
0 500 m
Ganges
Mahatma Gandhi Bridge
Saif Khan-Moschee
Khuda Baksh Oriental Library
Fährterminal Mahendra Ghat
Gandhi Maidan-Busbahnhof
Gandhi Museum
Golghar
Gandhi Maidan
British Library
Patna Museum
Bahnhof Patna Junction
Hauptpost
s. Detailplan
MITHAPUR
Neuer Busbahnhof
Bahnhof Rajendra Nagar
GULZARBAGH
Old Opium Warehouse
Kath. Kirche
Bahnhof Gulzarbagh
Har Mandir Sahib
Sher Shahi-Moschee
Qila House
PATNA CITY
NH-19
NEW BYPASS RD
ASHOK RAJ PATH
BARI RD
BAILEY RD
EXHIBITION RD
FRASER ROAD
DAK BUNGALOW RD
RAJENDRA PATH
OLE BYPASS RD
KANKAR BAGH RD
0 200 m
State Bank of India
Air India
HOTEL LANE
BUDDHA MARG
IDBI Bank
BEER CHAND PATEL PATH
STATION ROAD
Bahnhof Patna Junction
Autos zum neuen Busbahnhof
Essen:
Bansi Vihar 2
Bellpepper D
Gandhi's 1
Garden Court Club B
Takshila G
Übernachtung:
Akash E
Chanakya G
Garden Court Club B
Kautilya Vihar Tourist Bungalow F
Maurya Patna A
President C
Windsor D

Sonstiges

Geld

In der **State Bank of India** auf dem West Gandhi Maidan kann man Geld wechseln, während Geldautomaten über die ganze Stadt verteilt sind.

Informationen

Die **Bihar State Tourism Development Corporation** befindet sich im Kautilya Vihar Tourist Bungalow ✆ 0612/222 5411, 🖳 http://bstdc.bih.nic.in. ⌚ Mo–Sa 10.30–17.30 Uhr.
Einen weiteren Infostand gibt es in Patna Junction, ✆ 0612/220 5755, ⌚ tgl. 8–20 Uhr, er hat aber oft geschlossen.
Das **India Tourim Office** am Sudama Place, Kankar Bagh Rd, ✆ 0612/234 5776, vermittelt Fremdenführer, ⌚ Mo–Fr 9.30–18 Uhr.

Internet

Internetzugang bieten das **Broadband Internet Café** (Rs15 pro Std.) im 2. Stock des Jagat Trade Centre, Fraser Rd und das **Internetcafé** im Hotel Windsor (Rs25 pro Std.).

Post

Das **Hauptpostamt** (GPO) befindet sich in der Buddha Marg.

Reisebüros

Zuverlässige Reisebüros sind:
Ashok Travel & Tours, Hotel Pataliputra Ashok, ✆ 0612/250 4238.
Thomas Cook, Maurya Patna, ✆ 0612/222 1699.
Thomas Cook und Bihar Tourism arrangieren **Mietwagen**, allerdings lehnen viele Fahrer es aus Angst vor Banditen ab, in die entlegeneren Gegenden zu fahren.

Transport

Busse

Der **Neue Busbahnhof** in **Mithapur** liegt 2 km südlich vom Bahnhof Patna Junction.
Staatliche Busse nutzen den **Ghandi Maidan-Busbahnhof**, nördlich der Fraser Rd und Ghandi Maidan. Sammeltaxis verbinden die beiden Busbahnhöfe.
Private Reiseunternehmen verkaufen Fahrkarten nach KATHMANDU inkl. Ticket für den Bus über die Grenze. Es ist allerdings oft einfacher – und ratsamer –, auf eigene Faust nach Raxaul (s. S. 865) zu fahren, von dort die Grenze zu überqueren und sich dann auf nepalesischer Seite einen Bus für die Weiterfahrt zu suchen. Busse nach RAXAUL fahren vom chaotischen Neuen Busbahnhof in Mithapur ab (4x tgl., 8 Std.), mit Ausnahme eines Nachtbusses, der am Gandhi Maidan-Busbahnhof startet. Die Busse zu den meisten anderen Reisezielen fahren vom Neuen Busbahnhof ab, wo es weder Infoschalter noch Fahrplan gibt. Bei der Suche nach dem richtigen Bus ist man daher auf die Schlepper angewiesen.
Wer nach NALANDA und RAJGIR (stdl., 4 Std.) fahren will, muss gelegentlich in Bihar Sharif umsteigen. Für alle Ziele gilt aus Sicherheitsgründen, dass man nur tagsüber reisen sollte.
Die **Bihar State Tourism Corporation** betreibt täglich zwei Busse nach RANCHI (20 und 21 Uhr) und BODHGAYA (7 und 14 Uhr), die am **Kautilya Vihar Tourist Bungalow** abfahren.

Eisenbahn

Die wichtigsten Züge halten am Eisenbahnknotenpunkt **Patna Junction** im Westen der Stadt, dem Hauptbahnhof der Region.
Für Ausländer gibt es einen Reservierungsschalter (Nr. 7) im oberen Stock des Fahrkartenbüros.
Der beste Zug nach KOLKATA (Howrah) ist der Janshatabdi Express Nr. 12024 (Mo–Sa 5.45 Uhr, Ankunft 13.25 Uhr); über Nacht verkehrt der Vibhuti Express Nr. 12334 (tgl. 22.35 Uhr, Ankunft 7.55 Uhr). Der Northeast Express Nr. 12506 fährt tgl. um 22.20 Uhr nach JALPAIGURI (Ankunft 8.20 Uhr, Weiterfahrt nach Darjeeling) und GUWAHATI (Ankunft 16.40 Uhr). In die andere Richtung nach VARANASI ist der Shramjeevi Express Nr. 12391 (tgl. 10.06, Ankunft 15.01 Uhr) eine gute Wahl.
Nach NEW DELHI fahren u. a. der Rajdhani Express Nr. 12309 (tgl. 19.25 Uhr, Ankunft 7.35 Uhr) und der Sampark Kranti Express Nr. 12393 (tgl. 18 Uhr, Ankunft 8.35 Uhr).
Der Rajendra Nagar Nr. 12142 fährt täglich um 11.10 Uhr nach MUMBAI, Ankunft am nächsten

Tag um 15.30 Uhr. Nach GAYA (7x tgl., 2–3 Std.) geht's am schnellsten mit dem Janshatabdi Nr. 12365 (6.15 Uhr, Ankunft 8.15 Uhr), der weiter nach RANCHI (Ankunft 13.55 Uhr) fährt. Nur 1x wöchentlich fährt ein ziemlich unbequemer Zug von Patna direkt nach PURI, und in Gaya kommen die Züge nicht passend zum Purshottam Express Nr. 12802 (tgl. 13.35 Uhr, Ankunft Puri 5.20 Uhr) an. Man nimmt also entweder einen frühen Bus nach Gaya oder am Mo, Mi, Do oder Sa den Intercity Express Nr. 13243 (17.30 Uhr, Ankunft Gaya 20.15 Uhr). Dann erwischt man auch den Puri Express Nr. 12816, der nur an diesen Tagen in Gaya abfährt (21.05 Uhr, Ankunft am nächsten Tag um 12.25 Uhr).

Flüge

Der **Patna Airport** liegt 5 km westlich der Stadt und ist per Taxi (Rs150–200) oder Motor-Rikscha (Rs100) erreichbar. Die Büros von **Air India** und **Indian Airlines** liegen am South Gandhi Maidan, ✆ 0612/222 2554.

Die Umgebung von Patna

Patna eignet sich hervorragend als Ausgangspunkt für Touren nach Nalanda und Rajgir sowie Vaishali im Norden, aber auch in der näheren Umgebung gibt es Interessantes zu sehen. Der sagenhafte *dargah* 1 km westlich von **Muner** ist die Hauptattraktion: Dieses imposante, aber verwahrloste Mausoleum des Sufi-Heiligen Yahia Muneri aus rotem Sandstein überblickt einen See, der 27 km westlich von Patna an der vielbefahrenen Straße nach Varanasi liegt und von Muner aus gut mit dem Bus zu erreichen ist. Das Heiligtum selbst, das 1605 von Ibrahim Khan, dem Herrscher von Gujarat unter Jahangir, erbaut wurde, steht oben auf einem kleinen Hügel. Die wunderschönen Gärten unterhalb des Mausoleums werden von den engagierten Sufi-Verwaltern liebevoll gepflegt. Alljährlich um den Februar lockt ein dreitägiges *urs* (Fest) zu Ehren des Heiligen viele Pilger von überall her an, darunter auch *qawwals*, die Sufi-Sänger aus Delhi und Ajmer. Wer nach Muner kommt, sollte wissen, dass die Stadt für ihre **Süßigkeiten** berühmt ist, insbesondere die aus Linsen gemachten *ladoos*. Wer zwischen Anfang November und Anfang Dezember in der Gegend von Patna ist, darf auf keinen Fall das **Sonepur Mela** verpassen – den riesigen, einen Monat andauernden **Viehmarkt** auf der anderen Seite der großen Mahatma Gandhi Bridge, 25 km nördlich von Patna am Zusammenfluss von Gandak und Ganges. Hier werden Rinder, Elefanten, Kamele, Sittiche und andere Tiere zum Verkauf angeboten. Der Markt ist auch ein Treffpunkt für Sadhus und Pilger, die das Geschäftliche mit einem Bad im Ganges verbinden. Zu den Feierlichkeiten gehören Lieder und Tanzaufführungen sowie ein großer Jahrmarkt mit Ständen und einem Zirkus.

Die Touristenbüros in Bihar organisieren Touren und unterhalten während des Mela ein **Touristendorf** ❶–❹ in Sonepur.

Vaishali

55 km nördlich von Patna, inmitten von Reisfeldern, liegt das stille Dorf Vaishali, in dem Buddha seine letzte Predigt gehalten hat.

Benannt nach König Visala, der im Ramayana erwähnt wird, soll Vaishali einigen Historikern zufolge außerdem der erste Stadtstaat der Welt gewesen sein, in dem eine demokratische, republikanische Regierungsform praktiziert wurde. Nachdem Prinz Gautama seine Familie verlassen und der Welt entsagt hatte, studierte er hier, bevor er schließlich die Lehren seiner Meister ablehnte und seinen eigenen Weg zur Erleuchtung fand. Dreimal kam er noch nach Vaishali – beim letzten Besuch 483 v. Chr. verkündete er seine endgültige Erlösung, *Mahaparinirvana*, und seinen Abschied von der Welt. Hundert Jahre später wurden in Vaishali das zweite buddhistische Konzil abgehalten und zwei Stupas errichtet.

Ein kleines **Archäologisches Museum** vermittelt einen kurzen Einblick in die alte Welt des Buddhismus, ◷ tgl. außer Fr 10–17 Uhr, Rs2. Neben dem **Coronation Tank** (Abhishekh Pushkarni) führt ein kurzer Weg zu den Überresten eines Stupas, in dem angeblich die Asche Buddhas in einer silbernen Urne gefunden wurde.

2 km weiter nördlich bei den Ruinen von **Kolhua** steht die gut erhaltene, über 18 m hohe

Ashoka-Säule aus poliertem rotem Sandstein. Sie wurde von dem Maurya-Kaiser Ashoka (273–232 v. Chr.) errichtet, um des Ortes, an dem Buddha seine letzte Predigt hielt, zu gedenken. Auf der Säule thront ein auf einer umgekehrten Lotusblüte sitzender Löwe, dessen Blick gen Norden Richtung Kushinagar, Buddhas Sterbeort, gewendet ist. In den Feldern 1 km östlich von Kolhua haben Jainas der Svetambara-Sekte einen Schrein errichtet. Sie glauben, dass der Gründer der Jain-Religion, **Mahavira**, im Jahre 599 v. Chr. in Vaishali geboren wurde.

Reisebüros in Patna bieten organisierte Touren nach Vaishali an. Man kann aber auch den Bus vom Gandhi Maidan-Busbahnhof nach Sonepur oder Hajipur nehmen und dann in ein Taxi oder in einen anderen Bus umsteigen. In Vaishali gibt es keine **Unterkünfte** (die meisten Reisenden machen nur Tagesausflüge von Patna), aber in Hajipur befinden sich ein paar sehr einfache Hotels.

Die Straße nach Nepal

Der Grenzübergang nach Nepal befindet sich bei **Raxaul**, einer unspektakulären Stadt, in der es von Moskitos nur so wimmelt. Deshalb empfiehlt sich eine Übernachtung in Birganj hinter der nepalesischen Grenze. Muss man dennoch in Raxaul bleiben, ist das zweckmäßige **Kaveri Hotel** in der Main Rd, ✆ 06255-221 148, noch das kleinste Übel. ❶

An der Hauptstraße gibt es ein Café beim Kino, das Kebab mit *muri* (Puffreis) als hiesige Delikatesse im Angebot hat.

Die Grenze zwischen Raxaul und der nepalesischen Stadt **Birganj**, 5 km weiter nördlich (Rs50 per Motor-Rikscha), ist für Ausländer rund um die Uhr geöffnet, stellt aber nur zwischen 5.30 und 20 Uhr Visa aus (US$30 in bar, zwei Passfotos; am Grenzübergang zahlen). Früh- und Nachtbusse fahren von Birganj nach Kathmandu (8–12 Std.) und Pokhara (10–12 Std.). Minibusse sind schneller, aber auch teurer – wenn möglich sollte man einen Platz im Voraus buchen. Die Wechselstube in Raxaul tauscht nur indische in nepalesische Rupien, aber in Birganj kann man Reiseschecks und US-Dollar wechseln.

Gaya

Gaya, 100 km südlich von Patna, ist ein Durchgangsort auf dem Weg zum 13 km entfernten Bodhgaya. In Gaya gibt es keine wirklichen Touristenattraktionen, aber viele Hindus kommen hierher, um ihre Eltern ein Jahr nach deren Tod zu ehren. Zu diesem Zweck opfern sie im gewaltigen **Vishnupad-Tempel** (kein Zutritt für Nicht-Hindus) kleine Reisbällchen *(pinda)*. Viele Pilger baden auch in den *ghats* am Flussufer. 1 km südöstlich des Vishnupad-Tempels liegt der **Brahmajuni Hill**, wo Buddha seine Feuerpredigt gehalten haben soll.

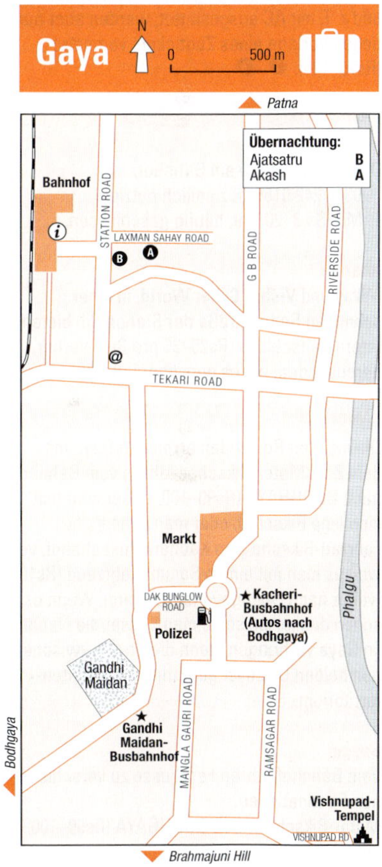

Bihar und Jharkhand

Übernachtung

Die meisten Hotels in Gaya stehen an der Station Rd in Bahnhofsnähe.

Ajitsatru, Station Rd, ✆ 0631/243 4584, 📠 243 4202. Die einfacheren Zimmer sind verdreckt und haben Plumpsklos, die AC-Zimmer sind nur wenig besser. Wirklich gut ist hier nur das Restaurant (nicht veg. Hauptgerichte Rs40–110). ❷–❹

Akash, Laxman Sahay Rd, ✆ 0631/222 2205. Ganz in der Nähe des Ajatsatru gelegen, aber eine etwas bessere Wahl. Einfache, saubere Zimmer mit Plumpsklos und warmem Wasser in einem Eimer auf Nachfrage (Rs10). ❶

Die *Retiring Rooms* im Bahnhof sind sauber und z. T. mit AC ausgestattet, werden aber nur gegen Vorlage eines Zugtickets vermietet (Rs75–125). ❶–❸

Sonstiges

Informationen

Das **Tourist Office** am Bahnhof, ✆ 0361/242 0155 ist ziemlich nutzlos. ⏲ Mo–Sa 8–20 Uhr, häufig geschlossen.

Internet

I-Way und **Vishal Cyber World**, in einer schmalen Seitenstraße der Station Rd, bieten Internetanschluss (Rs25–35 pro Std., vorher herausfinden, wo es günstiger ist).

Transport

Die meisten Reisenden erreichen Gaya mit dem Zug. Motor-Rikschas fahren vom Bahnhof nach BODGHAYA (Rs90–100; außer man teilt sich eine Rikscha), oder man nimmt eine Fahrrad-Rikscha zum Kacheri-Busbahnhof, von wo aus man mit einem Sammelfahrzeug (Rs10) weiter nach Bodhgaya fahren kann. Wenn es schon dunkel ist, sollte man besser die Nacht in Gaya verbringen, denn die Straße zwischen den beiden Orten ist gefährliches Banditenterritorium.

Busse

Vom Bahnhof fahren Fernbusse zu verschiedenen Destinationen.

Motor-Rikschas nach BODHGAYA (Rs90–100; teilt man sich eine, wird es billiger) fahren vor dem Bahnhof und Sammelfahrzeuge (Rs10) vom weiter südlich gelegenen **Kacheri-Busbahnhof** ab.

Eisenbahn

Gaya ist ein wichtiger Eisenbahnknotenpunkt mit vielen guten Verbindungen nach Kolkata, Varanasi und New Delhi.

Flüge

Gayas Internationaler **Flughafen**, ✆ 0631/221 0129, befindet sich 12 km westlich von Bodhgaya. Diese können für Rs70–80 mit einer Motor-Rikscha zurückgelegt werden.

Bodhgaya

Die bedeutendste buddhistische Pilgerstätte weltweit, Bodhgaya, liegt 13 km südlich von Gaya. Herzstück dieser herrlich verschlafenen Stadt ist der **Mahabodhi-Tempel**, wo Buddha einst Erleuchtung fand. Der Tempel stammt aus dem 7. Jh. und florierte bis ins 16. Jh. Dann fiel er in die Hände von Hindu-Priestern, die später beteuerten, nichts von seinem Ursprung gewusst zu haben. Anfang des 19. Jhs. kam Bodhgayas Bedeutung dank britischer Archäologen wieder ans Licht und wurde in der Folge von Buddhisten aus Übersee um Klöster, Tempel und Schreine erweitert.

Von November bis Februar ist Bodhgaya Gastgeber für eine lebhafte Gemeinschaft von Exiltibetern, darunter häufig sogar der Dalai Lama selbst, sowie für Scharen von Tibetfreunden aus aller Welt. Es gibt Meditationskurse (s. Kasten) und große Klöster von Orten wie Darjeeling lassen ihre Schüler an Zeremonien und Vorlesungen teilnehmen. Von Mitte März bis Mitte Oktober wird es hier drückend heiß und dann kehrt wieder Ruhe ein.

Der Mahabodhi-Tempel ist auch den Hindus, die in Buddha eine Reinkarnation Vishnus sehen, heilig und trotz massiver Proteste der buddhistischen Welt dominieren sie das für den Tempel zuständige Verwaltungskomitee. Der Konflikt wird durch die gegensätzliche Art der Verehrung zusätzlich angeheizt: Die Buddhisten praktizieren ihren Glauben eher nach innen gerichtet, während die Hindus zu öffentlichen und lautstarken Zeremonien neigen.

Der Mahabodhi-Tempel und der Bodhi-Baum

Die elegante, 55 m hohe Turmspitze des Mahabodhi-Tempels ist vom gesamten Umland aus sichtbar. Innerhalb des Tempelkomplexes, auf dem überall kleine Stupas und Heiligtümer verstreut stehen, befindet sich der **Haupttempel** aus Backstein, umgeben von einer steinernen Einfriedung aus dem 2. Jh. v. Chr.

Anders als die meisten Tempel Indiens strahlt diese Unesco-Weltkulturerbestätte eine friedliche und ruhige Atmosphäre aus. Im 19. Jh. weitgehend restauriert, soll er angeblich eine Kopie des Baus aus dem 7. Jh. sein, der wiederum an der Stelle stand, wo sich das ursprüngliche Heiligtum von Ashoka aus dem 3. Jh. v. Chr. befand. In einem Raum im Inneren des Tempels wird eine große vergoldete Buddhastatue aufbewahrt, während sich oben ein Balkon und eine kleine einfache Meditationskammer befinden.

Am Eingang sammeln sich Fremdenführer, die Rs100 pro Stunde verlangen. Die Anlage darf mit Schuhen betreten werden, vor dem Tempel müssen sie allerdings ausgezogen werden. ⌚ tgl. 4–21 Uhr; Fotoerlaubnis Rs20, Video Rs500.

Hinter dem Tempel in westlicher Richtung wächst der große **Bodhi-Baum**, der sowohl Gelehrte als auch Meditierende anzieht. Er ist allerdings nur ein Ableger des Baums, unter dem Buddha die Erleuchtung fand. Um die Zerstörung des Originals ranken sich zahlreiche Legenden. Als Ashoka seine Tochter Sanghamitra als Abgesandte des Buddhismus nach Sri Lanka schickte, brachte die einen Schössling mit und pflanzte ihn in Anuradhapura ein. Später wurde einer seiner Ableger zurückgebracht und wieder hier angepflanzt. Pilger binden bunte Fäden an seine Zweige.

Ein Sandsteinsockel neben dem Baum wird für den **Vajrasana** (auch „Donnerblitz-Sitz") gehalten, auf dem Buddha nach Osten gewandt gesessen haben soll.

Der kleine weiße **Animesh Lochana-Tempel** rechts am Eingang zum Komplex befindet sich

Meditationskurse in Bodhgaya

Besonders in der winterlichen Hochsaison werden Meditationskurse in Mahayana (Großes Fahrzeug) und Hinayana (auch Theravada) angeboten. Hinweistafeln in den Cafés beachten und beim Root Institute oder dem burmesischen Kloster nachfragen.

Das **Root Institute for Wisdom Culture**, ✆ 0631/ 220 0714, 💻 www.rootinstitute.com, ist ein wahrer Zufluchtsort – ein halbklösterliches Dharma-Zentrum, 2 km westlich des Haupttempels, mit gepflegten Gärten, einem Schreinraum, einer Bibliothek und Unterkünften. Es organisiert von Okt–März Kurse, die der Mahayana-Tradition folgen. Ein zehntägiger Kurs inkl. Unterkunft und Verpflegung kostet gewöhnlich Rs7300 und sollte möglichst frühzeitig gebucht werden. Das Institut ist stets auf der Suche nach Freiwilligen (für mindestens 3 Monate) zur Übernahme allgemeiner Aufgaben und als Aushilfen in der Schule und den Kliniken.

Das **Dhamma Bodhi International Meditation Centre**, ✆ 0631/220 0437, 💻 www.bodhi.dhamma.org, ist ein Vipassana-Zentrum, das sich wenige Kilometer außerhalb der Stadt in der Nähe der Magadha University an der Dobi Rd befindet. Es organisiert das ganze Jahr regelmäßig Kurse.

Das **International Meditation Centre**, ✆ 0631/ 220 0707, wenige hundert Meter hinter dem chinesischen Tempel, gibt ebenfalls Vipassana-Kurse für Anfänger und Fortgeschrittene. Spenden sind willkommen, denn es gibt keine festen Gebühren.

Ein weiteres Veranstaltungszentrum ist das **Burmesische Vihar**. Obwohl es gegenwärtig keine Meditationskurse anbietet, stellt man hier nützliche Informationen bereit und ist an Projekten für freiwillige soziale Arbeit beteiligt. **Insight Meditation**, 💻 www.bodhgayaretreats.org, veranstaltet im Thai-Kloster sieben- bis zehntägige Vipassana-Kurse mit westlichen Lehrern.

Bodhgaya

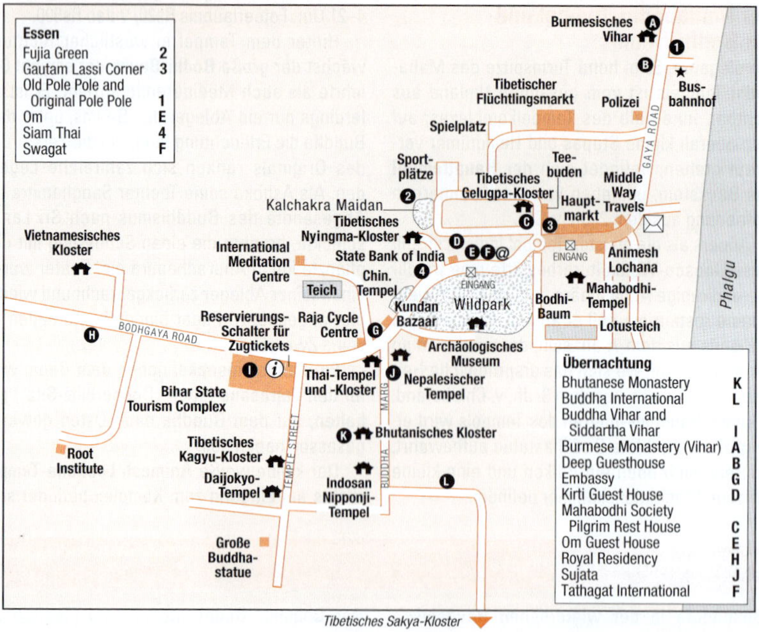

genau dort, wo Buddha stand, als er den Bodhi-Baum voller Dankbarkeit anschaute. Unzählige reich verzierte Stupas aus der Pala-Periode (7.–12. Jh. n. Chr.) verteilen sich über das Gelände und nahe dem Tempelkomplex im Süden liegt ein rechteckiger Lotus-Teich, in dem Buddha gebadet haben soll.

Tempel und Klöster

Die modernen Klöster und Tempel rund um den Mahabodhi-Tempel sind von 7–12 und von 14–18 Uhr geöffnet. Einige sind ganz schlicht, andere – wie der **Thai-Tempel** mit seinem charakteristischen Dach – richtiggehende Kunstwerke. Das tibetische **Gelugpa-Kloster** *(gompa)* befindet sich innerhalb des tibetischen Viertels nordwestlich des großen Heiligtums. Zum Komplex gehören ein zentraler Gebetssaal, eine große Gebetsmühle und Wohnhäuser. Das größere der beiden übrigen tibetischen Klöster weiter westlich gehört der **Kagyu-Schule**. Sein weitläufiger Hauptgebetssaal ist mit schönen, modernen Wandmalereien, Buddha-Bildern und einem großen Dharma Chakra (Rad des Gesetzes) geschmückt. Die anderen beiden bedeutendsten tibetischen Schulen sind hier ebenfalls durch Klöster vertreten – es gibt ein neues **Nyingma-Kloster** neben dem chinesischen Tempel sowie ein kleines **Sakya Gompa** nahe dem Hotel Buddha International.

Neben dem tibetischen Kagyu-Kloster steht der **Daijokyo-Tempel** aus Beton, der einige Elemente eines traditionellen japanischen Tempels erkennen lässt und der Nichiren-Schule gehört. Der **Indosan Nipponji-Tempel** gegenüber mit seinem eleganten, schlichten Dach bewahrt in seiner Haupthalle ein wunderschönes Bildnis von Buddha auf. Nebenan zeigt das sehr schöne **Bhutanische Kloster** feine Wandmalereien und Mandalas an der Decke. In einem herrlich gestalteten Garten am Ende der Straße steht die imposante, 25 m hohe, im japanischen Stil gehaltene **Buddhastatue**, die 1989 vom Dalai Lama enthüllt wurde.

Das **Archäologische Museum** von Bodhgaya, westlich des Mahabodhi-Tempelkomplexes, zeigt eine Sammlung in dieser Gegend entdeckter Skulpturen und Bronzestatuen von buddhistischen und Hindu-Gottheiten aus dem 9. Jh. ⌚ tgl. 8–17 Uhr, Eintritt Rs5.

Übernachtung

Außerhalb der Pilgersaison (Nov–Feb) sind in den meisten Hotels Preisnachlässe von bis zu 50 % möglich. Touristen sind fast in allen den Klöstern angeschlossenen Gästehäusern willkommen, doch erwartet man von ihnen, dass sie die Regeln genauso befolgen wie die Pilger. Das bedeutet vor allem Verzicht auf Rauchen, Alkohol und Sex. Die unten angegebenen Preiskategorien beziehen sich auf angemessene Spenden.

Klöster und Tempel

Bhutanese Monastery, Buddha Marg, ☎ 0631/220 0710. Altes Gästehaus neben dem Kloster mit viel Charakter; EZ und Familienzimmer, einige mit Bad und Heißwasser. ❶

Burmese Monastery (Vihar), Gaya Rd, ☎ 0631/220 0721. Die Zimmer sind eng und spartanisch, aber billig. Es gibt keinen Ventilator und eine Armada blutgieriger Insekten, die eine Herausforderung für jedwede buddhistische Gelassenheit darstellen. Gepflegter Garten. ❶–❷

Mahabodhi Society Pilgrim Rest House (Sri Lankan Guest House), Bodhgaya Rd, ☎ 0631/220 0742, ✉ mbsi_1891@yahoo.com. Beliebt bei Pilgern und oft ausgebucht. Schlafsaal (Rs50) und einige Zimmer; Kantine mit recht gutem vegetarischem Essen. ❶

Hotels

Buddha International, nahe Indosan Nipponji-Tempel, ☎ 0631/220 0506, ✉ ask2pavitra@gmail.com. Eindrucksvolles Marmor-Foyer mit einer etwas schrägen Mini-Tropfstein-Decke. Geräumige Zimmer mit Bad und Balkon. Deutlich günstigere Preise in der Nebensaison. ❺–❻

Buddha Vihar und **Siddartha Vihar**, Bihar State Tourism Complex, ☎ 0631/220 0445. Ersteres hat 3- bis 10-Bett-Schlafsäle (Rs75–150), Letzteres günstige DZ mit Bad. Gleichbleibende Preise in der Hauptsaison. ❸–❹

AP* Deep Guesthouse, Gaya Rd. nahe Burmesisches Vihar, ☎ 0631/220 0463. Eine der besten Billigunterkünfte in Bodhgaya. Herzlicher Empfang und gesellige Atmosphäre; kleine, aber sehr saubere Zimmer, z. T. mit Bad. Auch die Gemeinschaftsbäder sind einwandfrei, und es gibt rund um die Uhr heißes Wasser. ❶–❷

Embassy, Bodhgaya Rd, ☎ 0631/220 0799, 💻 www.hotelembassybodhgaya.com. Bewährtes Mittelklassehotel mit simplen Zimmern mit Marmorfußböden und glänzendem Bad. ❹

Kirti Guest House, nahe Kalchakra Maidan, ☎ 0631/2200744, ✉ kirtihouse744@yahoo.com. Das ruhige Gästehaus unter Leitung des tibetischen Klosters ist über eine kurze Brücke erreichbar. Etwas überteuerte, holzverkleidete DZ mit grünen Teppichen und preiswertere 3-Bett-Zimmer. ❹–❺

OM Guest House, Bodhgaya Rd, ☎ 9934-057498. Nichts für Klaustrophobiker und ohne den Gemeinschaftssinn anderer örtlicher Unterkünfte. Die Zimmer sind jedoch tadellos – alle mit Bad und hellgelben Wänden. ❷–❹

Sujata, Buddha Marg, ☎ 0631/220 0481, 💻 www.sujatahotel.com. Schlichte AC-Zimmer (Rs4620) mit tollem Bad (inkl. Badewanne), Balkon und goldbestickten Tagesdecken. ❼–❽

Tathagat International, Bodhgaya Rd, ☎ 0631/220 0106, 💻 www.hoteltathagatbodhgaya.net. Auffälliges, weiß getünchtes Gebäude

Zen meets India

Royal Residency, Domuhan Rd (Bodhgaya Rd), ☎ 0631/220 1156, 💻 www.theroyalresidency.net. Tadellose, aber teure Zimmer mit Bad (Rs4950), eleganten Holzfußböden und -möbeln, cremefarbenen Wänden und puristischer Einrichtung. Ein japanisches Gemeinschaftsbad und das ausgezeichnete Amarapali-Restaurant machen den Aufenthalt perfekt. ❽

gegenüber vom Wildpark. Etwas enge, aber komfortable Zimmer mit kleinen Sofas, karierten Vorhängen und Balkon. Die Rezeption übernimmt die Buchung von Zug- und Flugtickets. ❺–❻

Essen

Nirgends in Bihar gibt es ein breiteres Angebot an Restaurants und Lokalen als in Bodhgaya, wo Besucher aus aller Welt verpflegt werden wollen. Von November bis Februar eröffnen überall in der Stadt tibetische Zeltrestaurants. Die besten findet man, indem man sich einfach den Massen anschließt.

Fujia Green, Kalchakra Maidan. Sehr beliebter Tibetertreff: eine Mischung aus Hütte und Zelt mit weihnachtlich anmutender Dekoration und einer großen Auswahl an unterschiedlichen *momos* und herzhaften Nudelsuppen (Rs15–85).

Gautam Lassi Corner, gegenüber vom Eingang zum Mahabodhi-Tempel. Stets bevölkertes Lokal, das erfrischende Lassis (ganz besonders lecker mit Ananasgeschmack), frischgepresste Säfte und Instant-Kaffee verkauft (Rs12–25).

Old Pole Pole und **Original Pole Pole**, gegenüber vom Burmesischen Vihar. Die beiden benachbarten Zeltrestaurants servieren ähnliche, auf Traveller ausgerichtete Speisen, und streiten darüber, wer von ihnen zuerst da war. Beide bieten ausgiebiges Frühstück, Bananen-Pfannkuchen und Zimtgebäck (Rs20–70).

OM, Bodhgaya Rd. Ein Dauerbrenner unter Backpackern. Das Angebot reicht von *dosas*, Schokokeksen und Apfelkuchen (Rs20–85) über preiswerte *thalis* bis hin zum Frühstücksmenü (Rs50). Große Portionen, kleine Preise.

Swagat, Hotel Tathagat International. Der Speisesaal ist etwas schummrig, aber die Karte bietet verlockende, vegetarische Gerichte, Chicken-Burger, nordindische Spezialitäten wie *keema* (Hammelfleisch) und internationale Klassiker wie Hähnchen-*kiew* (nicht veg. Hauptgerichte Rs110–170).

Essen wie in Thailand

Siam Thai, Bodhgaya Rd. Nettes Restaurant mit Thai-Gerichten wie *red chicken curry* oder Riesengarnelen in einer Suppe aus gelben Bohnen (Fleischgerichte Rs130–160, Garnelen Rs150–400). Wer nicht gerne scharf isst, sollte das bei der Bestellung unbedingt sagen.

Sonstiges

Fahrradverleih

Gut ist das **Raja Cycle Centre** neben dem Embassy Hotel.

Geld

Die **State Bank of India** hat eine Wechselstube und einen Geldautomaten, ⌚ Mo–Fr 10.30–16, Sa 10.30–13.30 Uhr. Weitere Geldautomaten gibt es im Westen entlang der Bodhgaya Rd.

NL Forex, Kundun Bazar, und **Middle Way Travels** (s. u.), wechseln ebenfalls Reiseschecks und Bargeld, aber es lohnt sich, vorher die Konditionen zu vergleichen.

Informationen

Das **Tourist Office** im Bihar State Tourism Corporation Complex, ✆ 0631/220 0672 ist nicht sonderlich hilfreich. Nebenan gibt es aber einen computerisierten **Reservierungsschalter** für Zugtickets. ⌚ Mo–Sa 10–17 Uhr.

Internet

Lotus Gems and Travel, nahe dem Hotel Tathagat International, ist eines von vielen Internetcafés; Internetzugang für Rs30 pro Std.

Reisebüros

Middle Way Travels, nahe dem Eingang zum Mahabodhi-Tempel, ✆ 0631/220 0648, ✉ middleway_2006@yahoo.com, arrangiert lokale Ausflüge und Mietfahrzeuge sowie Zug-, Bus- und Flugtickets. Vorsicht vor Trittbrettfahrer-Unternehmen, die ähnlich aussehen!

Das Personal der **Sri Lankan Mahabodhi Society**, nordwestlich vom Mahabodhi-Tempel, ✆ 0631/220 0742, ✉ mbsi_1891@yahoo.com, hilft bei der Suche nach einer Unterkunft und dem passenden Meditationskurs.

Transport

Die meisten Fernbusse fahren ab Gaya. Vom Bihar State Tourism Corporation Complex starten jedoch tgl. zwei Direktbusse nach

PATNA (7 und 14 Uhr). Am Kalchakra Maidan gibt es mehrere Privatunternehmen mit Destinationen wie Ranchi, Raxaul, Varanasi und Siliguri (vor allem in der Hauptsaison).

Rajgir

80 km nordöstlich von Bodhgaya schmiegt sich die kleine Marktstadt Rajgir an die Hügel, die zum Schauplatz der Meditationen und Predigten von Buddha und Mahavira, dem Begründer des Jainaglaubens, wurden. Hier in der Hauptstadt des Königreiches Magadha vor Pataliputra (Patna) trat König Bimbisara zum Buddhismus über. Die Stadt wird wegen ihrer **heißen Quellen** – die allerdings unangenehm überfüllt sein können – auch als Kurort geschätzt.

In einem Park steht ein japanisches Heiligtum an der Stelle, wo einst als Wohnort für Buddha ein Kloster errichtet wurde, das **Venuvana Vihara**, und auf dem **Griddhakuta** („Geier-Gipfel"), 3 km vom Stadtkern entfernt, predigte Buddha seinen Anhängern. Die riesige, von den Japanern erbaute, moderne **Peace Pagoda** (Friedenspagode) dominiert den Ratnagiri Hill und ist mit einem klapprigen Sessellift erreichbar (tgl. 8.15–13 und 14–17 Uhr, letzter Ticketverkauf 16.30 Uhr, Rs30). Griddhakuta liegt auf halbem Weg den Berg hinunter, daher geht man vielleicht lieber zu Fuß von hier ins Tal, als wieder zum Sessellift hochzuklettern. Es lohnt sich, auf diesen Hügeln nach den 26 **Jain-Schreinen** Ausschau zu halten, die auf einem schwierigen Treck zu erreichen sind, der fast ausschließlich von Anhängern des Jainismus unternommen wird. Auf einem angrenzenden Hügel, in der **Saptaparni-Höhle**, kam das erste buddhistische Konzil zusammen, das die Lehren Buddhas nach seinem Tode aufzeichnete.

Übernachtung

Siddharth, Kund Market, 1 km südlich vom Busbahnhof, ✆ 06112/255 616. Einladende Unterkunft. Komfortable Zimmer mit Teppichböden und sauberen Bädern. ❹–❻

Gautam Vihar, 300 m vom Busbahnhof an der Straße nach Nalanda, ✆ 06112/255 273. Betrieben vom staatlichen Fremdenverkehrsamt. Geräumige Zimmer mit malerischer Veranda, annehmbarer Schlafsaal (Rs75) und Gartenrestaurant von schwankender Qualität. Vor dem Hotel serviert das Green Restaurant auf seiner relaxten Terrasse günstige indische und chinesische Speisen (nicht veg. Hauptgerichte Rs40–85). ❷–❹

Japanische Eleganz

Indo Hokke, 4 km westlich vom Busbahnhof, ✆ 06112/255 245, 🖳 www.theroyalresidency.net. Hier verschmelzen japanische und indische Architekturstile. Die Zimmer (Rs7313) sind japanisch oder westlich eingerichtet, es gibt ein japanisches Gemeinschaftsbad und das ausgezeichnete Lotus Restaurant (indische und chinesische Hauptgerichte Rs75–120, japanische Gerichte Rs150–400). ❾

Transport

Von Rajgir verkehren **Busse** nach GAYA, NALANDA und manchmal auch PATNA; Letztere z. T. mit Umsteigen im 25 km entfernten Bihar Sharif. 3x tgl. fahren Züge von PATNA hierher, einer davon kommt aus Delhi. Rajgir kann auch auf einer langen und ermüdenden Tagestour von Patna oder Bodhgaya aus besucht werden, in der auch Nalanda enthalten ist.

Nalanda

Im 5. Jh. n. Chr. von den Guptas gegründet, war die große klösterliche **Buddhistische Universität** von Nalanda Lehranstalt für Tausende internationaler Studenten und Dozenten. Ihre Blütezeit dauerte so lange, bis sie im 12. Jh. von dem afghanischen Eindringling Bhaktiar Khilji geplündert wurde.

Zum Lehrangebot gehörten Philosophie, Logik, Theologie, Grammatik, Astronomie, Mathematik und Medizin. Die Ausbildung war kostenlos und wurde durch Einnahmen aus den umliegenden Dörfern und Wohltäter wie dem König von Sumatra aus dem 8. Jh. unterstützt.

Bei Ausgrabungen im Ort sind neun Stadien unterschiedlicher Besiedlung entdeckt worden, die bis in das 6. Jh. v. Chr. und somit in die Zeit Buddhas und Mahaviras zurückreichen. Ein Großteil besteht heute aus Ruinen, doch die Ordnung und der Maßstab der Überreste liefern den Beweis für die erstaunliche Stärke der buddhistischen Zivilisation in ihrer Blütezeit. Überall liegen die Überreste von Stupas, Tempeln und elf Klöstern verstreut, deren dicke Mauern noch immer intakt sind. ⏲ tgl. 9–17.30 Uhr oder bis Sonnenuntergang; Rs100.

Heute gehört Nalanda zur modernen buddhistischen Pilger-Rundreise, doch jeder Tourist wird den Rundgang durch die ausgedehnte Anlage oder den Aufstieg auf den riesigen, 31 m hohen **Stupa** mit seiner eindrucksvollen Aussicht genießen. Am Ticketschalter erhältliche Informationsbroschüren machen die zahlreichen Führer vor Ort überflüssig. An der kleinen Freiluft-Bar auf dem Gelände bekommt man Tee, Kaffee und Softdrinks.

Das **Nalanda Museum** zeigt Antiquitäten, die hier und in Rajgir gefunden wurden, darunter buddhistische und hinduistische Bronzestatuen sowie einige unversehrte Buddhastatuen; ⏲ tgl. außer Fr 9–17 Uhr, Eintritt Rs5.

Nava Nalanda Mahavihara, das Pali-Institut für weiterführende Forschungsarbeiten, beherbergt viele seltene buddhistische Manuskripte und widmet sich dem Studium und der Erforschung der Pali-Literatur und des Buddhismus.

Busse verkehren regelmäßig zwischen Rajgir und Bihar Sharif (35 km nordöstlich; Umsteigemöglichkeit nach Patna). Sie halten an der Abzweigung nach Nalanda, von wo aus verschiedene Beförderungsmittel für die restlichen 2 km bis zu den Toren der Ausgrabungsstätte zur Verfügung stehen. Der Bahnhof, an dem dreimal täglich Züge zwischen Rajgir und Patna verkehren, liegt 2 km in die andere Richtung. In Nalanda gibt es keine Hotels, aber die **Tourist Cafeteria** am Eingang der Ausgrabungsstätte serviert gutes vegetarisches und nicht vegetarisches Essen.

Östlich von Nalanda

In **Pawapuri**, 18 km östlich von Nalanda, soll Mahavira, der Begründer des Jainismus, die Erleuchtung erlangt haben. Nach seinem Tod um 500 v. Chr. wurde sein Leichnam hier verbrannt. Der Ort der Feuerbestattung ist heute eine bedeutende Pilgerstätte. Anziehungspunkt für die Gläubigen ist der weiße Marmortempel **Jalamandir** in der Mitte eines Lotosteichs. Von Bihar Sharif fahren Busse nach Pawapuri.

Weitere 80 km östlich von Pawapuri, in **Munger**, leitet Swami Niranjananda Saraswati die **Bihar School of Yoga**, ✆ 06344/222430, 💻 www.yogamag.net, die weltweit erste anerkannte Yoga-Universität. Die englischsprachigen Seminare im Ashram dauern von Oktober bis Januar, es sind aber auch kürzere Aufenthalte möglich. Von Bihar Sharif kommt man mit dem Bus hierher oder kann sich vom Ashram die Anreise organisieren lassen. In Rikhia in Jharkhand gibt es ein verwandtes **Yoga-Zentrum**.

Sikkim

Stefan Loose Traveltipps

Chaam In vielen Klöstern wird der geheimnisvolle und farbenprächtige Maskentanz der Lamas meist anlässlich des Erntefestes Losung (Anfang Dez) aufgeführt. S. 878, S. 888 und S. 891

Rumtek Eines der meistverehrten Klöster von Sikkim und die Heimat der Schwarzhutschule. Im Februar findet hier ein spektakuläres Festival statt. S. 886

Der Berg Maenam Eine Tagestour führt durch einen uralten Wald bis zum Gipfel. Mit etwas Glück kann man Kleine Pandas (Katzenbären) beobachten. S. 888

Pemayangtse Das wunderschöne Kloster aus dem 17. Jh. thront auf einem hohen Bergkamm mit Blick auf Darjeeling. S. 891

Tashiding Der Klosterkomplex auf einem kegelförmigen Berg bietet märchenhafte Aussichten. S. 895

Yumthang Eine Wanderung durch dieses märchenhafte, mit Rhododendronbüschen bewachsene Tal vor der Kulisse hoch aufragender eisbedeckter Berggipfel ist unvergesslich. S. 897

Der wunderschöne kleine Bundesstaat Sikkim liegt unmittelbar südlich von Tibet zwischen Nepal im Westen sowie Bhutan im Osten. Obwohl er nur 65 x 115 km groß ist, umschließt er eine Vielfalt an Landschaften – von heißen, nur 300 m über dem Meeresspiegel gelegenen Tälern bis zu hoch aufragenden, schneebedeckten Bergen wie dem 8586 m hohen **Kanchenjunga** (von den Einheimischen Kanchendzonga genannt), dem dritthöchsten Gipfel der Welt. Ein noch sehr begrenztes, aber ständig wachsendes Netzwerk kurvenreicher Straßen führt in die zerklüftete Wildnis des Himalayas.

Jahrhundertelang war Sikkim ein isoliertes und unabhängiges buddhistisches Königreich. Der Krieg mit China Anfang der 1960er-Jahre führte jedoch dazu, dass die indische Regierung diese Region als einen strategisch wichtigen Korridor zwischen Tibet und Bangladesch ansah und sie daher 1975 annektierte. Diese erzwungene Eingliederung sorgte in Sikkim für dramatische Umwälzungen. Heute ist Sikkim ein eigenständiger indischer Bundesstaat und wird vornehmlich von Hindus bewohnt. Rund 75 % der Bevölkerung sind **nepalesische Gurungs**, während die **Lepchas**, die einstigen Herrscher, weniger als 20 % stellen. Es gibt nur noch wenige **Bhutias**, Einwohner tibetischer Abstammung, und **Limbus**, wahrscheinlich ebenfalls tibetischer Herkunft, die dem Staat seinen Namen – *sukh-im* („glückliche Heimat") – gaben. Nepali ist die Lingua franca und Nepalesen dominieren im gesellschaftlichen wie im politischen Leben. Trotzdem halten die Bewohner von Sikkim hartnäckig an ihrer Freiheit und ihrem Wohlstand fest und lassen sich nicht von der nepalesischen Autonomiebewegung der Gurkha im benachbarten Darjeeling anstecken, deren Protestaktionen gelegentlich die Zugangsstraßen nach Sikkim blockieren.

Obwohl bei Immobilien und Geschäften immer Sikkimesen Haupteigner sein müssen, waren es die Jointventures mit indischen (nicht-sikkimesischen) Geldgebern sowie die Subventionen für einheimische Produkte, die zu Wohlstand führten. Triebfedern waren nicht zuletzt Sikkims Sonderstatus innerhalb der Indischen Union und die Wiedereröffnung der lukrativen Handelsroute entlang seiner Grenze mit **Tibet** bei **Nathu La**.

Historisch, kulturell und spirituell ist Sikkim am stärksten mit Tibet verbunden. Für Besucher stehen daher neben Trekking die vielen Klöster im Mittelpunkt des Interesses. Es gibt über 200 Klöster, von denen die meisten der uralten **Nyingmapa-Schule** zuzuordnen sind. **Pemayangtse** in West-Sikkim ist das historisch Bedeutsamste. Das heiligste Nyingmapa-Kloster ist **Tashiding**, das 1717 erbaut wurde, von Gebetsfahnen und *chorten* umgeben ist und zu den schneebedeckten Gipfeln hinüberblickt. Doch das wahrscheinlich wohlhabendste Kloster von Sikkim ist **Rumtek**, der Sitz des **Gyalwa Karmapa**, des Oberhauptes der **Karma Kagyu-Schule**.

Nicht nur die Klöster und die überwältigende landschaftliche Schönheit locken Besucher nach Sikkim, sondern auch die Wandermöglichkeiten. In der kosmopolitischen Hauptstadt **Gangtok** warten zahlreiche Trekkingveranstalter auf Kundschaft, die für die erforderlichen Genehmigungen ihre Dollars zückt.

Die gigantischen Bergwände und bewaldeten Hänge, von denen reißende Flüsse wie der **Teesta** und der **Rangit** herabstürzen, sind der Traum eines jeden Botanikers. An niederen Hängen wachsen **Orchideen** im Überfluss, der Waldboden ist von Kardamom bedeckt und überall gibt es Apfelplantagen, Orangenhaine und terrassenförmige Reisfelder (die Tibeter nannten das Gebiet **Denzong**, „Reis-Land"). In höheren Lagen finden sich riesige, von Flechten überwucherte und in Monsunnebel gehüllte Waldgebiete. In den noch höheren Lagen, in Richtung des Hochlands von Tibet, weichen die Wälder aus Lärchen und Zwergrhododendren allmählich blumenübersäten Wiesen. Die Wälder von Sikkim werden von einer reichen Fauna bevölkert, darunter extrem scheue Schneeleoparden, Tahr (Wildziegen aus dem Hochland von Tibet), *bharal* (Blauschafe) und das Wahrzeichen von Sikkim, der gefährdete Kleine Panda *(Ailurus fulgens)*.

Die **beste Zeit für einen Besuch** Sikkims liegt zwischen Mitte März und Juni: Am schönsten sind die Monate März, April und Mai, wenn die Rhododendren und Orchideen blühen – die Temperaturen können dann allerdings besonders in den Tälern hoch sein. Vorher, wenn noch

Schnee liegt, ist das Trekking im Hochgebirge zu schwierig. Während der Monsunzeit von Ende Juni bis Anfang September werden manche Straßen und alle Flüsse unpassierbar. Die Pflanzen allerdings entwickeln, von dem unaufhörlichen Regen genährt, gegen Ende August nochmals ihre volle Blütenpracht. Im Oktober, wenn die Orchideen erneut blühen, und im November herrscht das klarste Wetter des Jahres. Das farbenprächtige Erntefest Losung findet Anfang Dezember statt. Kurz darauf wird es (besonders in den höheren Lagen) bitterkalt.

Sikkim leidet an den Auswirkungen der globalen Erderwärmung. Schnell schmelzende

Gletscher und unberechenbare Klimaschwankungen führen zu heftigen Regenfällen, die das ohnehin unzureichende Straßennetz zum Erliegen bringen.

Geschichte

Niemand weiß genau, wann oder wie die **Lepchas** – bzw. die Rong, wie sie sich selbst nennen – nach Sikkim gekommen sind, doch ihre Wurzeln können bis zu den Nagas an der indisch-burmesischen Grenze zurückverfolgt werden. Der **Buddhismus**, der im 13. Jh. aus Tibet herüberkam, nahm vier Jahrhunderte später seine charakteristische sikkimische Form an: Drei tibetische Mönche des alten Nyingmapa-Ordens, die über die Machtübernahme der reformistischen Gelugpas verdrossen waren, zogen nach Süden und trafen sich in Yoksum. Nachdem sie das Orakel befragt hatten, schickten sie nach einem gewissen Phuntsog Namgyal in Gangtok, den sie 1642 zum ersten **Chogyal** („Gerechten König") von Denzong krönten. Als weltliches und religiöses Oberhaupt von Sikkim wurde dieser bald von Tibet anerkannt und setzte drastische Reformen in Gang. Sein Herrschaftsgebiet ging weit über die Grenzen des heutigen Sikkim

Genehmigungen und Einschränkungen

Zwar müssen sich Ausländer für den Aufenthalt in Sikkim eine Genehmigung besorgen, ein **Inner Line Permit (ILP)**, doch das ist eine reine – wenn auch lästige – Formalität. In Indien stellen die unten aufgeführten Büros ein Permit aus. Indienreisende können die Genehmigung auch im Voraus zusammen mit dem Visum für Indien beantragen, aber Reisebüros außerhalb Indiens kassieren dafür eine unverschämt hohe Gebühr, während die Permits für Sikkim in Indien **kostenlos** sind. Außer bei den unten genannten Behörden sind sie auch an Ort und Stelle in Rangpo an der **Grenze zu Sikkim** erhältlich. Dies soll künftig auch in Melli möglich sein. Dort besorgt man sich dann im Tourist Office ein Antragsformular und lässt es auf der anderen Straßenseite bei der Polizei registrieren. Wer sein Permit in Indien beantragt, benötigt zwei Passfotos und Fotokopien von Reisepass und Visum.

Das Permit gilt zunächst zwei Wochen ab Einreise nach Sikkim, für gewöhnlich kann man die Genehmigung um weitere zwei Wochen verlängern (künftig soll es zunächst 30 Tage und bei Verlängerung weitere 30 Tage gelten) – das Maximum sind 60 Tage. **Verlängerungen** bekommt man beim Foreigners' Regional Registration Office, Kazi Rd, Gangtok, ✆ 03592-223041, aber auch bei der Polizei in den Distrikthauptstädten Mangan, Gyalshing und Namchi.

Wie für Gangtok und Umgebung gilt das ILP auch für ganz Süd-Sikkim und die meisten Gebiete in West- und Ost-Sikkim, abgesehen von den Hochgebirgstreks. Heikle Grenzgebiete wie der Tsomgo Lake (auch als Changu oder Tsangu bekannt) in Ost-Sikkim, weite Teile Nord-Sikkims (außer Mangan und seiner näheren Umgebung) und alle Treks im Hochgebirge (einschließlich Singalila Ridge und Dzongri) erfordern ein zusätzliches **Protected Area Permit (PAP)** (s. Kasten S. 881). Ausländer dürfen diese Gebiete nur in Gruppen von mindestens zwei Personen und in Begleitung mit dem Vertreter einer anerkannten Reiseagentur, die sich auch um die Permits kümmert, besuchen. Einige Gebiete, z. B. Nathu La in Ost-Sikkim an der Grenze zu Tibet und Gurudongma Lake in Nord-Sikkim, bleiben für Ausländer komplett gesperrt.

Behörden in Indien, die Permits ausstellen:

Die **Einwanderungsbehörde** an den vier Haupteinreiseflughäfen – Delhi, Mumbai, Kolkata, Chennai.

Foreigners Regional Registration Offices in Delhi, Mumbai, Kolkata und Chennai wie auch in Darjeeling (Näheres s. S. 841).

Sikkim House, 12-14 Panchsheel Marg, Chanakyapuri, New Delhi, ✆ 011/2611 5346.

Sikkim Tourist Centre, SNTC Bus Stand, Hill Cart Rd, Siliguri, ✆ 0354/251 2646.

Sikkim Tourist Information Centre, Sikkim House, 4/1 Middleton St, Kolkata, ✆ 033-2281 7905.

hinaus, auch Kalimpong in Westbengalen und Teile des westlichen Bhutan gehörten dazu.

Mit den Jahrhunderten verlor das Land Gebiete an Bhutan, Nepal und an die **Briten**. Zunächst musste es 1817 Darjeeling an die East India Company abtreten, und 1861 wurde das gesamte Königreich zum Protektorat der Briten erklärt. **Tibet**, das Sikkim als Vasallenstaat betrachtete, erhob Einspruch und marschierte 1886 in das Gebiet ein. Den Briten gelang es jedoch, ihre Kontrolle über Sikkim wieder zu festigen, indem sie 1888 eine Truppe nach Lhasa entsandten. Durch den Import von Arbeitskräften aus Nepal für die Teeplantagen von Sikkim, Darjeeling und Kalimpong gelang es ihnen, den starken tibetischen Einfluss zu schwächen und die ethnische Zusammensetzung der Region zu verändern, sodass die neuen Zuwanderer der einheimischen Bevölkerung zahlenmäßig bald überlegen waren.

Tashi Namgyal, der Reformer und ausgesprochen spirituelle elfte Chogyal, kämpfte seit der Unabhängigkeit Indiens bis zu seinem Tod im Jahre 1962 gegen die Auflösung seines Königreiches. Offiziell war Sikkim ein indisches Protektorat, und seine Rolle wurde im Zuge des chinesischen Truppenaufmarsches entlang der nördlichen Grenzen, der Anfang der 60er-Jahre in einer Invasion gipfelte, immer entscheidender. Namgyals Sohn, **Palden Thondup**, der letzte Chogyal, heiratete eine Amerikanerin namens Hope Cook, doch deren Reformen als Gyalmo (Königin) erwiesen sich als unpopulär und wurden auch für die indische Regierung zum Ärgernis. Schließlich beugte sich der Chogyal den Forderungen der nepalesischen Mehrheit, und so wurde Sikkim 1975 nach einem Volksentscheid mit der überwältigenden Zustimmung von 97 % der Stimmberechtigten von Indien annektiert. Der Chogyal blieb bis zu seinem Tod im Jahre 1981 die Galionsfigur von Sikkim.

Der Bundesstaat wird von der indischen Regierung nach wie vor mit großer Vorsicht behandelt, einerseits wegen des Unmuts in der unzufriedenen sikkimischen Minderheit, und andererseits – und das ist der Hauptgrund – weil Sikkim nach wie vor ein Zankapfel zwischen Indien und China ist. Heute wird die sikkimische Regierung von der **Sikkim Democratic Front** gebildet.

Gangtok und Umgebung

An einem Hang im Südosten von Sikkim, an der einst belebten Handelsroute nach Tibet, liegt Gangtok (1870 m), die farbenfrohe Hauptstadt des Staates. Zwar ist das moderne Gangtok ein Spiegelbild der jüngsten Veränderungen in der sikkimischen Kultur und Politik, doch sein wahrer Reiz für Besucher besteht in seiner buddhistischen Vergangenheit. Das zeigt sich nicht nur in der Sammlung des **Institute of Tibetology**, sondern auch in dem bezaubernden **Enchey-Kloster** und dem eindrucksvollen **Rumtek-Kloster**, das 24 km westlich der Stadt liegt. Der von den Chogyals zwischen 1894 und 1975 genutzte **Palast** liegt heute im Sperrgebiet. Er wird von dem neuen Regime besetzt und nicht als Teil des sikkimischen Erbes anerkannt. **Orchideen**, der Stolz von Sikkim, werden an verschiedenen Orten in und um Gangtok gezüchtet. Sie lassen sich im Flower Show Complex in der Nähe der Kolonialvilla **White Hall** bewundern.

Gangtok

Das Zentrum von Gangtok – was übersetzt „Bergspitze" bedeutet – konzentriert sich unmittelbar unterhalb des Palastes. Der größte Teil der Stadt selbst blickt nach Westen. Im Unterschied zu Darjeeling ist Gangtok zwar nicht für seine Ausblicke auf schneebedeckte Gipfel berühmt, aber ganz verzichten muss man auch hier nicht darauf. An verschiedenen Stellen eröffnet sich der Blick auf die Berge, z. B. am 5 km nördlich der Stadt gelegenen **Tashi Viewpoint**, am eindrucksvollsten bei Sonnenaufgang.

Die besten Einkaufsgegenden der Stadt sind der **Main Market**, der sich etwa 1 km entlang der Fußgängerzone MG Marg erstreckt, und der **Kanchenjunga Shopping Complex**, wo einheimische Erzeugnisse wie getrockneter Fisch, Yakkäse *(churpi)* und Hefe für das hiesige Bier *(tomba)* angeboten werden. In dem großen, vom **Government Institute of Cottage Industries** geführten Komplex am National Highway nördlich des Zentrums können Besucher dabei zusehen, wie Sikkimer Teppiche, handgewebte Stoffe, *thangka*-Malereien und Holzobjekte fertigen; die

Kunstwerke kann man zu Festpreisen erwerben. Läden in der MG Marg und an der Paljor Stadium Road bieten Schmuck aus Türkisen und Korallen sowie religiöse Objekte wie rituelle Silbergefäße und Rosenkränze an.

Am oberen Ende der Stadt, gleich unterhalb eines gewaltigen Fernsehturms, der 3 km vom Stadtzentrum entfernt liegt und über verschiedene Straßen zu erreichen ist (die malerischste führt an der Westseite des Bergrückens entlang), liegt das **Enchey-Kloster**, ein kleines zweistöckiges *gompa* des Nyingmapa-Ordens mit gut hundert Mönchen. Es wurde Mitte des 19. Jhs. an einer Stelle erbaut, die von Druptob Karpo gesegnet worden war. Besucher sind gern gesehen, am besten kommt man zwischen 7 und 8 Uhr morgens, wenn es im Kloster geschäftig zugeht und das Licht gut ist. Es wurde vom Chogyal im traditionellen tibetischen Stil errichtet. Seine wunderschön bemalte Veranda zeigt Wandgemälde von Schutzgottheiten und dem Rad des Gesetzes. Während des Losung-Fests Anfang Dezember findet in Enchey ein *chaam* (Maskentanz der Lamas) zur Vertreibung böser Geister statt.

Der Weg von Enchey bergab führt am **Flower Show Complex** am nördlichen Ende der Ridge Road in der Nähe der White Hall vorbei, wo ein großes und gut gepflegtes Gewächshaus eine umfangreiche Sammlung von Orchideen und anderen Pflanzen des Himalaya zeigt. Der Komplex, in dessen Laden man Samen, Pflanzen und Blumenzwiebeln kaufen kann, war früher im März und April Schauplatz des International Flower Festivals, das manchmal auch in Saramsa bei Ranipul, 14 km von Gangtok entfernt, stattfindet. ⌚ tgl. 10–17 Uhr, Eintritt Rs10.

Obwohl die Wachposten Besuchern ohne Genehmigung den Zutritt zum **Royal Palace** verwehren können, kommt man gelegentlich ohne Kamera in die etwas abseits gelegene **Tsuklakhang** mit ihrem gelben Dach und den beeindruckenden Wandmalereien, buddhistischen Bildern sowie der riesigen Manuskriptsammlung. Auch hier gibt es Ende Dezember einen Lama-Tanz *(kagyat),* dann sind die Haupttore für alle geöffnet. Von Zeit zu Zeit findet der *kagyat* nicht hier, sondern in Pemayangtse statt (S. 891).

Hinter der Tsuklakhang schlängelt sich die Straße abwärts zu dem kleinen **Deer Park**, ⌚ tgl. 10–16 Uhr, Eintritt frei, und weiter nach Deorali, über den National Highway 3 km vom Zentrum entfernt. Hier befinden sich in einem Waldgebiet das Museum und die Bibliothek des **Namgyal Institute of Tibetology**. Es werden eine beeindruckende Sammlung von Büchern und seltenen Manuskripten sowie religiöse und Kunstobjekte, z. B. erlesene *thangka* (Rollbilder) sowie ein Fotoarchiv gezeigt, ⌚ Mo–Sa 10–16 Uhr, jeden 2. Sa im Monat geschl., Eintritt Rs10.

Ein paar hundert Meter hinter dem Institut auf der Bergkuppe wird ein großes, belebtes Kloster von einem imposanten, weiß getünchten *chorten* dominiert, dem **Do-Drul Chorten**, einem der wichtigsten von ganz Sikkim. Oben auf dem *chorten* glänzt ein vergoldeter Turm, dessen Stufen die dreizehn Stufen zum Nirvana darstellen. Die Symbole von Sonne und Mond am oberen Ende stehen für die Einheit der Gegensätze und die Elemente Äther und Luft. Die 108 Gebetsmühlen, die ihn umgeben – jede mit dem Gebet *Om mani padme hum* („Juwel im Lotus") –, werden von den Gläubigen bei ihrer Umkreisung des Stupa im Uhrzeigersinn gedreht. Die nahe gelegene Gebetshalle hinter der großen Klosteranlage beherbergt ein großes Abbild des **Guru Rinpoche** (Padmasambhava), der im 8. Jh. n. Chr. auf Geheiß von König Trisong Detsen den Buddhismus nach Tibet brachte. Auf seinen Reisen durch Sikkim versteckte er kostbare Texte in Höhlen, die später von den *tertons* („Entdeckern") gefunden wurden. Merkwürdigerweise ragt der obere Teil der Statue in die Decke hinein. Deshalb sagt man, sie wachse langsam.

Übernachtung

Die Hotels von Gangtok sind in der Hochsaison – etwa von April bis Juni und von September bis November – teuer, zu anderen Zeiten gibt es jedoch Preisnachlässe. Zimmer mit Aussicht sind immer teurer als ohne. Doch je mehr die Stadt wächst, desto größer wird auch die Auswahl an Unterkünften. So entstehen entlang des NH-31A in Deorali und Tadong gute Hotels.

Zentrum von Gangtok

Cherry Guest House, Rai Cottage Complex, Church Rd, ✆ 03592/205431 oder 0932/351925. Einen kurzen Spaziergang von MG Rd und

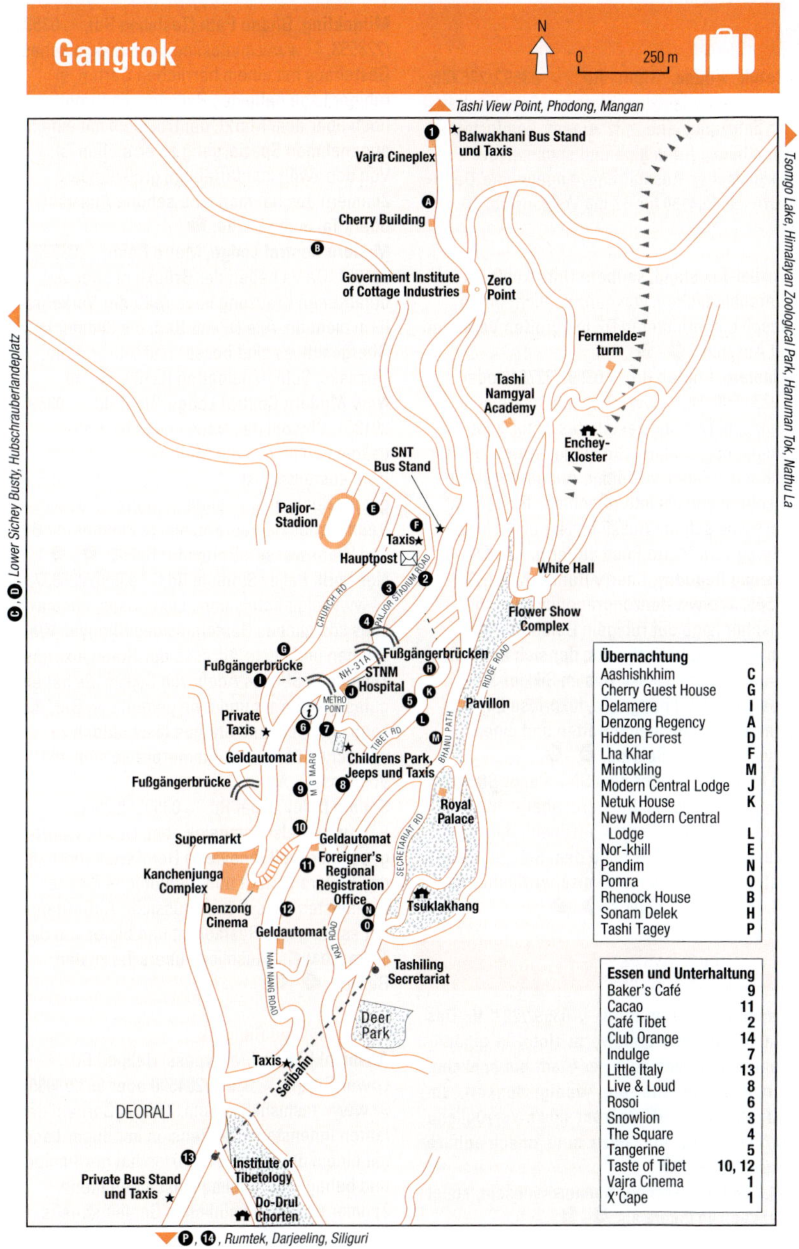
Gangtok
N
0
250 m
Tashi View Point, Phodong, Mangan
Tsomgo Lake, Himalayan Zoological Park, Hanuman Tok, Nathu La
C, D, Lower Sichey Busty, Hubschrauberlandeplatz
P, 14, Rumtek, Darjeeling, Siliguri
Balwakhani Bus Stand und Taxis
Vajra Cineplex
Cherry Building
Government Institute of Cottage Industries
Zero Point
Fernmeldeturm
Tashi Namgyal Academy
Enchey-Kloster
SNT Bus Stand
Paljor-Stadion
Taxis
Hauptpost
White Hall
Flower Show Complex
CHURCH RD
PALJOR STADIUM ROAD
Fußgängerbrücken
Fußgängerbrücke
NH-31A
STNM Hospital
METRO POINT
RIDGE ROAD
Pavillon
Private Taxis
TIBET RD
BHANU PATH
Geldautomat
Childrens Park, Jeeps und Taxis
Fußgängerbrücke
M G MARG
Royal Palace
SECRETARIAT RD
Supermarkt
Geldautomat
Foreigner's Regional Registration Office
Kanchenjunga Complex
Denzong Cinema
Tsuklakhang
Geldautomat
KAZI ROAD
NAM NANG ROAD
Tashiling Secretariat
Deer Park
Taxis
Seilbahn
DEORALI
Institute of Tibetology
Private Bus Stand und Taxis
Do-Drul Chorten
Übernachtung
Aashishkhim C
Cherry Guest House G
Delamere I
Denzong Regency A
Hidden Forest D
Lha Khar F
Mintokling M
Modern Central Lodge J
Netuk House K
New Modern Central Lodge L
Nor-khill E
Pandim N
Pomra O
Rhenock House B
Sonam Delek H
Tashi Tagey P
Essen und Unterhaltung
Baker's Café 9
Cacao 11
Café Tibet 2
Club Orange 14
Indulge 7
Little Italy 13
Live & Loud 8
Rosoi 6
Snowlion 3
The Square 4
Tangerine 5
Taste of Tibet 10, 12
Vajra Cinema 1
X'Cape 1

Sikkim

Wohnen mit Familienanschluss

Netuk House, Tibet Rd, ✆ 03592/226778, ✉ netukhouse@gmail.com. Familienhaus in Zentrumsnähe mit einem komfortablen Hotelflügel, freundlich und stimmungsvoll, mit sikkimischer Ausstattung, angenehme Dachterrasse. Rs4150 für DZ mit Vollpension. ❻

Bansilal-Taxistand; saubere Unterkunft mit unterschiedlichen, von ganz schlicht bis zu hübsch eingerichteten DZ mit großen Veranden und Aussicht. ❹–❻

Delamere, Church Rd, ✆ 03592/227646 oder ✆ 9233/500158, 💻 www.hoteldelamere.com. Kleines, aufwendig gestaltetes Hotel, zentral gelegen und modern. Gut eingerichtete Zimmer mit Kachelböden; vielfältige Angebote wie ein Reisebüro und ein internationales Restaurant, aber keine schöne Aussicht. Nur einen kurzen Fußweg vom Metro Point entfernt. ❺–❻

Denzong Regency, Cherry Banks, ✆ 03592/201565, 💻 www.denzongregency.com. In hübscher Lage auf ruhigem Gelände abseits vom Getümmel des Basars, der sich aber leicht zu Fuß erreichen lässt. Das im Sikkim-Stil gehaltene Hotel hat große, luxuriöse Zimmer (eher Suiten), bequeme Betten und einen hervorragenden Service. ❽–❾

Lha Khar, gegenüber dem SNT, Paljor Stadium Rd, ✆ 03592/225708. Saubere, aber schlichte Zimmer mit Bad in einem bescheidenen, gut geführten Gästehaus nahe dem SNT Bus Stand, Restaurant mit guter sikkimischer Küche, z. B. *thukpa* und *momos*. ❷–❸

Über den Dächern von Gangtok

Pandim, Secretariat Rd, ✆ 03592/227540. Das einladende und preiswerte Hotel in gigantischer Lage hoch über der Stadt hat schlichte Zimmer (manche ein wenig dunkel). Im Dachterrassen-Restaurant gibt's vorzügliche Sikkim-Küche und dazu eine unschlagbare Aussicht. ❸–❹

Wer sich etwas mehr Komfort wünscht, steigt nebenan im **Pomra** ab. ❹–❺.

Mintokling, Bhanu Path (Tashiling Rd), ✆ 03592/228553, 💻 www.mintokling.com. Sikkimisches Gästehaus mit einem herrlichen Garten, in ruhiger Lage nahe des Palastes. Es thront hoch über dem Markt, der trotzdem mit einem angenehmen Spaziergang zu erreichen ist. Von den zwölf komfortablen, großzügigen Zimmern aus hat man eine schöne Aussicht übers Tal in die Berge. ❺

Modern Central Lodge, Metro Point, ✆ 03592/221081. Da es neben der Brücke mit der viel befahrenen Kreuzung liegt, reißt der Verkehrslärm nicht ab. Alle DZ mit Bad; die Zimmer im Obergeschoss sind besser und teurer. Tolle Terrasse, Schlafsaalbetten Rs100. ❶–❸

New Modern Central Lodge, Tibet Rd, ✆ 03592/201361. Obwohl das Haus etwas heruntergekommen ist und die Mitarbeiter sich kein Bein ausreißen, ist es nach wie vor beliebt und gut für Rucksackreisende geeignet. Travellerfreundliches Restaurant, einige Zimmer mit Bad und Warmwasser; Dorms für Rs100. ❶–❷

Nor-khill, Paljor Stadium Rd, ✆ 03592/225637, 💻 www.elginhotels.com. Luxuriöses, ehemaliges königliches Gästehaus des Chogyal. Wahrzeichen und beste Adresse der Stadt; luxuriöse Zimmer im Stil des Adels von Sikkim. Es hat ein gutes Restaurant und eine gemütliche Bar; die Lage mit Blick aufs Stadion lässt jedoch zu wünschen übrig. Die Zimmerpreise sind inkl. Vollpension. ❾

Sonam Delek, Tibet Rd, ✆ 03592/202566, 💻 www.hotelsonamdelek.com. Das bewährte, geschmackvoll renovierte Hotel weit oberhalb des Basars verfügt über gemütliche Zimmer, die meisten mit schöner Aussicht. Außerdem hat es ein gutes Restaurant und bietet von der Terrasse weite Ausblicke übers Tal zu den Bergen. ❹–❻

Umgebung von Gangtok

Aashishkhim, Indira Bypass, Helipad Rd, Lower Burtuk, ✆ 03592/284500 oder 9932/308551, 💻 www.aashishkhim.com, 2 km außerhalb der lauten Innenstadt. Die Pension in ruhiger Lage mit einem üppig grünen Garten hat geräumige und behagliche, minimalistisch gehaltene Zimmer und ein gemütliches Gemeinschaftswohnzimmer. ❺

Trekking in Sikkim

Trotz der fantastischen Möglichkeiten ist Hochgebirgstrekking in Sikkim noch immer eingeschränkt und teuer. Das liegt zum Teil an dem strikten Permit-System und daran, dass Ausländer die Leistungen der in Gangtok ansässigen Veranstalter in US-Dollar bezahlen müssen.

Trekking-Genehmigungen (Protected Area Permits) für das Hochgebirge sind ausschließlich in den Büros von Sikkim Tourism in Gangtok und Delhi erhältlich. Trekking- und Reiseveranstalter in Gangtok (S. 833, Touren) können die notwendigen Vorkehrungen treffen. Vor dem Aufbruch sollte man die Papiere unbedingt aufmerksam durchsehen, denn schon der kleinste Fehler kann später zu Problemen führen. Trekking-Gruppen setzen sich aus mindestens zwei Personen zusammen; die Veranstalter berechnen abhängig von der Route und der Teilnehmerzahl einen offiziellen Tagessatz von US$40–150 p. P.

Zurzeit werden vor allem zwei **Hochgebirgstreks** angeboten: die Route Dzongri–Goecha La (und die Variante ab Uttarey) und jene durch die Singalila-Gebirgskette. Die Hauptlast der Trekking-Industrie im Staat trägt momentan noch Dzongri, und der Druck auf die Umwelt wird langsam deutlich spürbar. Eine angenehme Alternative sind die weniger extremen Treks durch die Rhododendronwälder um Varshey, für die man nur eine lokale Genehmigung für geschützte Wälder braucht. Man sollte aber in bewaldeten Gebieten niemals allein wandern, da hier Schwarzbären leben.

Die **Ecotourism and Conservation Society of Sikkim** (ECOSS), State Archives Annexe, Zero Point, Gangtok, ✆ 03592-228211, 💻 www.sikkiminfo.net/ecoss, ist eine unabhängige Organisation mit dem Ziel, den Tourismus zu fördern, während gleichzeitig Umwelt und traditionelle Kultur geschützt werden.

Für die meisten Gipfel sind zwar spezielle **Bergsteiger-Permits** sowie eine Genehmigung der Indian Mountaineering Foundation in Delhi (s. S. 36) erforderlich, doch die Regierung von Sikkim vergibt über entsprechende Veranstalter in Gangtok Permits für den **Frey's Peak** (5830 m) nahe Chaurikhang in der Singalila Ridge, für den **Thingchenkang** (6010 m) und den **Jopuno** (5935 m) in West-Sikkim sowie für den **Lama Wangden** (5868 m) und den **Brumkhangse** (5635 m) in Nord-Sikkim.

Zu den eigentlichen Reisekosten kommen Gebühren ab US$350 je nach Gruppengröße. Empfehlenswerte Agenturen in Gangtok sind z. B. Namgyal und Yak & Yeti (s. S. 884).

Rhenock House, Jeewan Theeng Marg, Development Area, ✆ 03592/204883 oder 9832/096281. Das ruhige, moderne Hotel liegt 1,5 km nördlich vom Metro Point. Es hat gut ausgestattete, saubere Zimmer, einen guten Service, ein Restaurant und eine kleine Bar.

Im Wald verstecktes Schmuckstück

Hidden Forest, Lower Sichey Busty, ✆ 03592/205197, 💻 www.hiddenforestretreat.com. Es ist nur eine 2 km lange Taxifahrt vom SNT-Busbahnhof und vom Paljor Stadium bis zu dieser idyllischen, ruhigen Oase mit Biokost und liebevoll eingerichteten Cottages auf dem Gelände einer Familie, die eine Orchideen- und Azaleen-Gärtnerei betreibt. Extrem gutes Preis-Leistungs-Verhältnis. ❺

Vom Garten reicht der Blick hinüber nach Gangtok. ❻–❼

Tashi Tagey, NH-31A, nahe der State Bank of India, Tadong, ✆ 03592/231631, 💻 www.tashitagey.com. Kleines und freundliches tibetisches Familienhotel, 4 km vom Zentrum. Sauber und gemütlich mit einem bei Einheimischen beliebten, guten Restaurant, das über eine Schanklizenz verfügt; 15-minütiger, steiler Aufstieg zum Do-Drul Chorten; das Taxi ins Zentrum von Gangtok kostet nur Rs12. ❹–❺

The Shire, Tshugshing House, Arithang Rd, ✆ 03592/202217 oder ✆ 09832/075920. In Zentrumsnähe und doch in einer anderen Welt, mit kleinem Garten und Zimmern in einem modernen Chalet hinter dem Wohnhaus; schlichte, geräumige Zimmer, gute Sikkim-Küche; zu Fuß sind es 15 Min. steil hinauf zum Zentrum, aber man kann sich ein Taxi rufen lassen. ❹–❺

Essen und Unterhaltung

Das beste Essen wird oft in den Hotelrestaurants serviert, es gibt aber auch mehrere Fastfood-Restaurants und Patisserien. In den meisten Restaurants bekommt man auch **Alkohol**. „Ausländische" alkoholische Getränke wie Weinbrand oder Bier sind erschwinglich. *Tomba* (s. S. 882) gibt es eher in den weniger vornehmen Lokalen, bessere Qualität bieten die teureren Hotels. Bei Vollmond legen die Sikkimer übrigens ein paar alkoholfreie Tage ein.

Baker's Café, MG Marg. Moderne Konditorei nicht weit vom Tourist Office; verlockende Auswahl an Kuchen, Pizza, Filterkaffee und Fruchtsäften; Filiale in der Nähe vom Private Bus Stand.

Cacao, MG Marg. Das hübsche, moderne Konditorei-Café hat Kuchen, Sandwiches, Burger, Pizza und köstlichen Kaffee. Die Tische auf der Terrasse mit Aussicht auf die Promenade sind ein tolles Plätzchen zum Leutegucken oder Freunde Treffen.

Café Tibet, NH-31A, hinter dem Krankenhaus, gehört zum Hotel Tibet. In dem quirligen, bei Studenten beliebten Café gibt es Pizza und Burger, Croissants, Kuchen und Eis.

So schmeckt Sikkim

Die Küche von Sikkim vereint nepalesische, tibetische und indische Einflüsse. Unverzichtbarer Bestandteil ist Reis und auch *dhal* steht fast überall auf dem Küchenzettel. Der traditionelle Fleischeintopf *gyakho* dagegen kommt nur bei besonderen Anlässen auf den Tisch. Spezielle Sikkim-Delikatessen sind z. B. mit Chilis zubereitete *ningro* (geschnittene Farnwedel), *shisnu* (Brennesseln), *phing* (Glasnudeln) und *churpi* (Hüttenkäse aus Yakmilch). Unbedingt mal probieren: *tomba*, ein traditionelles Getränk, das zum großen Teil aus fermentierter Hirse und ein paar Reiskörnern besteht. Es wird in einer Holz- oder Bambusschale gereicht und durch ein Bambusröhrchen geschlürft. Lässt man das Gebräu, das langsam mit heißem Wasser aufgegossen wird, ein paar Minuten ruhen, entsteht ein angenehm warmes, milchiges Bier – herrlich an kalten Abenden.

Asiatische Küche vom Feinsten

Snowlion, Hotel Tibet, Paljor Stadium Rd, ✆ 03592/222523 oder 223468. Immer noch das beste Restaurant in Gangtok. Das erstklassige tibetische und indische Speisenangebot samt den verschiedenen sikkimischen und japanischen Gerichten ist nach örtlichen Maßstäben teuer (ab Rs700 für ein Essen), aber wärmstens zu empfehlen.

Club Orange, Orange Village Resort, Ranipool, NH-31A. Die große, gut bestückte Bar und die Disco mit Tanzflächen auf unterschiedlichen Ebenen sind Tummelplatz einer Yuppie-Klientel, die vor allem am Wochenende gern von Gangtok aus hierher düst. Eintritt Rs500.

Indulge, Children's Park. Das schicke, neue Lokal im oberen Stock ist der angesagteste Treff im Zentrum. Trotz Schummerbeleuchtung, Nirvana-Postern und Bar-Atmosphäre ist das Essen erstaunlich gut; geboten wird indische, chinesische und regionale Küche.

Little Italy, Deorali, neben der Tankstelle im Obergeschoss; beliebte Bar mit Restaurant, wo man gutes italienisches Essen, vor allem Pizza, bekommt. Gelegentlich Livemusik.

Live & Loud, Tibet Rd. Mondäne Bar mit Restaurant mit breiten Sofas und Livemusik. Besonders am Wochenende, wenn Bands aus Fern und Nah auftreten, steppt hier der Bär.

Rosoi, MG Marg, beim Tourist Office. Das seit langem beliebte Lokal im Zentrum wurde inzwischen als vegetarisches Restaurant mit verschiedenen Küchenstilen neu eröffnet; am besten sind die indischen Gerichte; keine Bar.

The Square, Paljor Stadium Rd, neben dem Hotel Mount Jopuno. Schmuckes Café-Bistro mit kleiner, aber erlesener Speisekarte: europäische, nepalesische und gute Thai-Gerichte; Bar und tolle Aussicht.

Taste of Tibet, Hotel Bayul, MG Marg. Das Café ist besonders bei Anwohnern beliebt, denn seine Küchencrew produziert gute, herzhafte Regionalkost zu erschwinglichen Preisen: *momos*, *thukpa* und (unverzichtbar) *chow mein*. Ein zweites Café liegt ein Stückchen weiter südlich von hier, ebenfalls in der MG Marg.

Tangerine, Chumbi Residency Hotel, Tibet Rd. Vornehmes und doch bezahlbares Restaurant mit indischer, chinesischer und Sikkim-Küche, z. B. verlockendes *churpi ningro* (Käse mit Farn). Die Loungebar daneben ist gut für einen gemütlichen Drink.
X'Cape, Vajra Cineplex, Balwakhani. Die beliebte Disco in dem relativ zentral gelegenen Kinokomplex verliert in letzter Zeit manchen Stammgast an neuere, angesagtere Adressen. ⏲ Mi–So 19–24 Uhr, Eintritt Rs400.

Sonstiges

Geld

Die **Axis Bank** hat mehrere unterschiedliche **Geldautomaten**, die Visa, MasterCard und Maestro akzeptieren. Sie befinden sich entlang der MG Marg und an vielen anderen Orten der Stadt, z. B. direkt neben Sikkim Tourism. Die **State Bank of India** (SBI) in der Nähe vom Tourist Office und Metro Point wechselt fast alle ausländischen Währungen und Reiseschecks; bei manchen Reiseveranstaltern ist der Kurs vielleicht ein wenig günstiger. Wer ins Landesinnere weiterreist, sollte bedenken, dass außerhalb der Hauptstadt Wechselstellen und Geldautomaten Seltenheitswert besitzen.

Informationen

Das **Tourist Information Centre** von Sikkim Tourism in der MG Marg, ✆ 03592/203960, 💻 www.sikkimtournet.com, stellt Landkarten zur Verfügung und berät bei der Organisation von Reisen. Sikkim Tourism verkauft auch Tickets für seine spektakulären **Helikopterflüge**. Sie werden nach Anfrage gestartet und kosten ab Rs7590 für 15 Min. Flug oder per Charter für den ganzen Hubschrauber Rs1200 pro Minute. Ziele sind u. a. West-Sikkim, Yumthang, Gangtok und, der umwerfendste Trip von allen, der Zemu-Gletscher am Kanchenjunga (90 Min.). Auf den meisten Flügen sind keine Kameras erlaubt. ⏲ Mitte März bis Anfang Juni und Mitte Sep bis Nov tgl. 9–19 Uhr; Mitte Juni bis Mitte Sep und Dez bis Feb Mo–Sa 10–16 Uhr.

Internet

Abgesehen von den Hotels mit Internetzugang gibt es in Gangtok mehrere Internetcafés mit Preisen von etwa Rs30 pro Std., z. B. das **Web Centre**, NH-31A, nicht weit vom Café Tibet, und das **New Light** in der Tibet Rd.

Kinos

Das **X'Cape** im Vajra Cineplex, Balwakhani, ist ein modernes Kino. Das **Denzong** im Lall Market dagegen hat schon viele Jahre auf dem Buckel – beide zeigen eine bunte Mischung aus Bolly- und Hollywoodfilmen.

Medizinische Hilfe

Das **STN Memorial Hospital**, NH-31A, Ecke Paljor Stadium Rd, hat einen 24-Stunden-Notdienst und Krankenwagen, ✆ 03592/222944.

Post

Das **Hauptpostamt** liegt in der Paljor Stadium Rd.

Touren

Sämtliche **Hochgebirgstreks** in Sikkim sind nur in Gruppen erlaubt und werden von folgenden Agenturen oder Reiseveranstaltern in Gangtok arrangiert, die sich auch um die nötigen Permits kümmern. Die Preise variieren ein wenig, je nach Veranstalter, Route und Gruppengröße. Eine Trekkingtour im Hochgebirge kostet bei etablierten Anbietern US$40–150 p. P. und Tag. Treks in niederen Regionen kosten ab US$35. Es gibt auch billigere Angebote; aber man muss darauf achten, ob das nicht zu Lasten der Qualität geht.
Adarsh Tours & Travels, 17 Tse-ka Complex, in der Nähe vom Private Taxi Stand, NH-31A, ✆ 03592/205053. Ein zuverlässiger, preiswerter Veranstalter für jede Art von Transport, Treks sowie Motorradtouren.
Blue Sky Tours & Travels, Tourism Building, MG Marg, ✆ 9832/370680. Sehr hilfreich, spezialisiert auf Jeeptouren durch Nord-Sikkim. Die Ski-Pauschalangebote sind allerdings nicht zu empfehlen.
Galaxy Tours & Treks, Metro Point, NH-31A, ✆ 9832/014328. Die ambitionierte Agentur unter Leitung von Norgay aus Lachung in Nord-Sikkim ist ein Spezialist für Abenteuerreisen und Jeepsafaris.
Himalayan Footprints, Pineli Cottage, Upper Syari, ✆ 09832/091078, 💻 www.abouthimalayas.

com. Eines der wenigen Reisebüros unter der Leitung einer Frau. Ausgezeichnete Wahl für naturkundliche Wanderungen, Treks abseits der Hauptrouten und Village-Homestays mit einem weit verzweigten Netzwerk in ganz Nordostindien.

Khangri Tours & Treks, Tibet Rd, ✆ 03592/226050, 💻 www.khangri.com. Der Inhaber Tsering Dorjee, ein erfahrener Trekkingführer und eifriger Amateurbotaniker, arrangiert Klostertouren mit kulturellem Schwerpunkt sowie Treks in ganz Sikkim. Er hat Routen wie den Soft Trek zum Tosar Lake erschlossen. Empfehlenswert.

Namgyal Treks & Tours, Tibet Rd, ✆ 03592/203701 oder 09434/033122, 💻 www.namgyaltreks.net. Namgyal Sherpa ist ein kompetenter Veranstalter von Treks und Expeditionen in große Höhen und obendrein ein Nepal-Experte.

Sikkim Adventure, 6th Mile, Tadong, ✆ 03592/251250, ✉ sikkimorchid@hotmail.com. Sailesh Pradhan ist ein sehr kompetenter Botaniker und Spezialist für Touren mit Schwerpunkt auf der reichen Flora Sikkims.

Sikkim Tours & Travels, Church Rd, ✆ 03592/202188, 💻 www.sikkimtours.com. Der Inhaber Lukendra ist äußerst hilfsbereiter und erfahrener Spezialist für Natur-Touren, Fotografieren, Vogelbeobachtung, Homestays und Treks.

Tashila Tours and Travels, unterhalb TNSS School Hall, ✆ 03592/229842, 💻 www.tashila.com. Erfahrener Veranstalter mit Trekking-, Mountainbike- und Rafting-Angeboten, Angeltouren und Exkursionen zu Klöstern.

Yak & Yeti, Zero Point, NH-31A, ✆ 09233/522344, 💻 www.yaknyeti.com. Erfahrener, zuverlässiger und gut ausgerüsteter Spezialist für Bergexpeditionen, der auch Treks anbietet.

Nahverkehr

Die **Seilbahn** (🕓 tgl. 8–18 Uhr) hat Haltestellen an der Secretariat Rd, in Nam Nang und Deorali und bietet eine fantastische Aussicht über die Südstadt, ist aber für lokale Verhältnisse relativ teuer (hin und zurück Rs60, keine einfachen Tickets) und für die meisten Unterkünfte auch nicht gerade günstig gelegen. Fahrplanmäßig sollte die Bahn alle 12 Min. verkehren, meist wartet man aber, bis sie voll ist.

Die zahlreichen lokalen **Sammeltaxis** sind das übliche Transportmittel auf der Hauptstraße; eine Fahrt vom Zentrum in den Vorort Deorali kostet Rs8 pro Person. Nach 21 Uhr sind Sammeltaxis nur noch selten unterwegs.

Private Taxis findet man an Halteplätzen in der Nähe von SNT-Busbahnhof, am Private Bus Stand Deorali, am Supermarkt, am Children's Park zwischen MG Marg und Tibet Road sowie am Private Stand. Alle Taxis haben eine Preisliste aushängen.

Transport

Die meistbefahrene Strecke in Sikkim ist die Straße von Gangtok nach Siliguri in Westbengalen, wo sich der nächstgelegene Flughafen (Bagdorgra) und ein Bahnhof befinden (s. S. 837). Wegen der Gurkha-Aktionen im benachbarten Darjeeling District ist die Route manchmal gesperrt. Aber die Behörden versuchen sie offenzuhalten, vor allem für Notfälle und die Beförderung von Touristen.

Gangtok liegt nicht direkt an einer Eisenbahnstrecke, aber ein neuer Schienenstrang nach Melli ist im Bau. Die meisten Reisenden kommen per **Jeep** von **Siliguri** in West-Bengalen (4 1/2 Std., s. S. 838) her, dem derzeitigen Transportzentrum für den Kopfbahnhof von **New Jalpaiguri** (NJP) und den Flughafen **Bagdogra**. Sammeljeeps fahren auch nach **Darjeeling** und **Kalimpong**. Ein **Helikopter** verbindet in Zusammenarbeit mit Sikkim Tourism DC (✆ 03592/203960) den Flughafen Bagdogra mit Gangtok (Rs2200). Es sind aber nur 10 kg Gepäck erlaubt, bald soll jedoch ein größerer Hubschrauber angeschafft werden.

In **Pakyong**, 32 km südöstlich von Gangtok, wird ein Flughafen gebaut, auf dem kleine Passagiermaschinen landen können. Er soll Anfang 2012 den Betrieb aufnehmen.

Busse

Die Busse der staatlichen Gesellschaft **Sikkim Nationalized Transport (SNT)** halten am **SNT Bus Stand** in der Paljor Stadium Rd, aber Fahrgäste können auch schon am Metro Point in der MG Marg aussteigen, der näher am Tourist Office und den meisten Hotels liegt. Die anderen Busse halten am **Private Bus**

Stand am National Highway (NH-31A) unterhalb der Deorali, 2 km südlich des Zentrums.
Wer wild entschlossen ist, sich einer Busfahrt auszusetzen, hat die Wahl zwischen SNT (Sikkim Nationalized Transport) und ein paar privaten Busunternehmen. Es bestehen Busverbindungen nach KALIMPONG, DARJEELING und SILIGURI in Westbengalen sowie JORETHANG in Süd-Sikkim.

Jeeps

Sammeltaxis und -jeeps aus Kalimpong, Darjeeling, Siliguri, NJP und Bagdogra halten in Gangtok: die Jeeps und Taxis aus Ost-, West- und Süd-Sikkim am **Private Stand** in der Nähe vom National Highway gleich unterhalb der MG Marg und nicht weit vom Metro Point; die Taxis und Jeeps aus Nord-Sikkim in **Balwakhani**, 1,5 km nördlich der Innenstadt in der Nähe der Vajra Cinema Hall.
Sammeljeeps sind wegen der schlechten Straßen in Sikkim die meistgenutzten und besten Transportmittel. Die Jeeps nach SIILIGURI (5–6 Std., Rs120), NEW JALPAIGURI (NJP, Rs125), KALIMPONG (3–4 Std., Rs95) und DARJEELING (5–6 Std., Rs125) fahren vom Private Bus Stand am NH-31A unterhalb von Deorali ab.
Jeeps und Taxis zu anderen Zielorten innerhalb Sikkims – z. B. nach Gyalshing (4–5 Std., Rs130), Pelling (5–6 Std., Rs150), Jorethang (3–4 Std., Rs98) und Rumtek (1 Std., Rs30) fahren am Private Stand an der NH-31A in der Nähe vom Metro Point ab, Jeeps nach Nord-Sikkim am Balwakhani/Vajra. Für diese Verbindungen gibt es einen Fahrplan und **Vorausbuchungen** sind erforderlich (am Schalter am Taxistand). Alle Taxis und Jeeps haben eine Preisliste.

Eisenbahn

Gangtok liegt nicht an einer Eisenbahnstrecke; die meisten Reisenden kommen mit dem Jeep aus SILIGURI in Westbengalen (S. 838), dem Verkehrszentrum für den Endpunkt der Bahnstrecke in NEW JALPAIGURI.
Zugreservierungen von New Jalpaiguri sind beim SNT-Busbahnhof in der Paljor Stadium Rd, ✆ 03592/222016, möglich, doch das Reservierungskontingent für Gangtok ist völlig unzureichend, weshalb man besser in Siliguri bucht.
🕓 Mo–Sa 8–14, So 8–11 Uhr.

Flüge

Der nächste Flughafen ist in Bagdogra, in der Nähe von Siliguri. Flüge von Bagdogra können entweder bei **Josse & Josse**, MG Marg, ✆ 03592/224682, die auch Vertreter für Jet Airways sind, oder bei **Silk Route Tours and Travels** im 1. Stock des Green Hotels, MG Marg, ✆ 03592/223354, gebucht werden. Letztere verkaufen außerdem Tickets für die verschiedenen Fluggesellschaften, die von Biratnagar (2 Std. von Siliguri) im östlichen Nepal nach Kathmandu fliegen.
Sikkim Tourism Development Corporation, neben der Touristeninformation, ✆ 03592/203960, verkauft Tickets für die **Hubschrauberflüge**, die tgl. um 11 Uhr (wenn das Wetter es zulässt) für Rs2200 p. P. zum Flughafen Bagdogra starten, wo Anschluss an die Indian Airlines- und Jet-Flüge besteht.

Die Umgebung von Gangtok

In der Nähe von Gangtok gibt es drei beliebte Aussichtspunkte mit Blick auf die **Kanchenjunga-Gebirgskette**. Am einfachsten erreichbar ist **Ganesh Tok**, ein steiler Aufstieg (1 1/2 Std.) vom Fernsehturm und Enchey-Kloster. Ein kleines Ganesha-Heiligtum sowie die Aussicht auf Gangtok und die Berge belohnen jene, die die Kletterei auf sich genommen haben. Am **Hanuman Tok** (2300 m), 7 km außerhalb der Stadt an der Straße zum Tsomgo Lake, befindet sich ein Hanuman-Tempel und der Platz, auf dem die Mitglieder der königlichen Familie eingeäschert werden. Hier stehen *chorten,* in denen die Reliquien der Verstorbenen aufbewahrt werden. An der Straße nach Phodong bietet der **Tashi View Point**, 6 km hinter Gangtok, Ausblicke auf die Ostseite des Kanchenjunga sowie auf die verschneite Pyramide des Siniolchu (6888 m), die der Bergsteiger-Pionier Eric Shipton bestieg und als eine der schönsten der Erde rühmte.

Tsomgo Lake, 35 km nordöstlich von Gangtok und nur 20 km vor der tibetischen Grenze am

Nathu La, ist ein sehr schöner Ort auf 3750 m Höhe, der bei indischen Besuchern sehr beliebt ist. Sowohl Ausländer als auch Inder benötigen ein über einen Reiseveranstalter (s. S. 883) organisiertes Permit. Unterwegs kann man das **Kyongnosla Alpine Sanctuary** (3350 m) besuchen, wo zwischen Mai und August wilde Blumen in Hülle und Fülle blühen und wo Zugvögel auf ihrer jährlichen Reise von Sibirien nach Indien eine Atempause einlegen.

Rumtek

Von Gangtok aus fährt man 24 km auf der Straße in Richtung Südwesten, bis man das große *gompa* Rumtek erreicht, den Hauptsitz der **Karma Kagyu-Schule**, auch **Schwarzhutschule** genannt. Die Schule wurde im 12. Jh. von Gyalwa Karmapa Dusun Khyenpa (1110–1193) in Zentral-Tibet in der Nähe von Lhasa gegründet, wo sie bis zur chinesischen Invasion in Tibet im Jahre 1959 ihr zentrales Kloster hatte. Der **16. Karmapa**, Rangjung Rigpe Dorje, flüchtete aus Tibet nach Sikkim, wo man ihn einlud, im alten *gompa* von Rumtek zu bleiben. Innerhalb weniger Jahre hatte der Karmapa damit begonnen, auf vom sikkimischen König Chogyal Tashi Namgyal gestiftetem Land in Rumtek ein neues Kloster zu bauen, das sein neuer Wohnsitz werden sollte. Als eine der großen tibetischen Persönlichkeiten des 20. Jhs. hatte der 16. Karmapa großen Einfluss auf die Verbreitung des tibetischen Buddhismus im Westen. Er errichtete über 200 Karma Kagyu-Zentren. Als er 1981 starb, hinterließ er ein wohlhabendes Kloster von internationalem Ruf, der jedoch unter den heftigen Streitigkeiten um seine Nachfolge gelitten hat.

Das neue Rumtek-Kloster, das angesichts möglicher Überfälle verfeindeter Gruppen heute bewacht wird, ist ein großer Komplex mit einem Haupttempel, einem goldenen Stupa und dem Karma Shri Nalanda Institute, einigen kleineren Schreinen und einem Gästehaus außerhalb des Klosterhofs. Ausländer müssen am **Checkpoint** beim Basar den Pass vorlegen und ihre Daten eintragen lassen. Der **Haupttempel**, dessen Fassade reich verziert ist und bunt bemaltes, hölzernes Gitterwerk aufweist, überblickt den weitläufigen Innenhof. Rote Säulen stützen das hohe Dach der **Gebetshalle**, deren Wände mit Wandmalereien und *thangka* geschmückt sind. Besucher können an den täglichen Ritualen teilnehmen, wenn die Gesänge der Mönche

Das Kloster Rumtek ist der Hauptsitz der Schwarzhutschule des tibetischen Buddhismus.

erklingen. Eine Kammer neben der Halle, die für Tantra-Rituale genutzt wird, ist mit Gold auf schwarzem Hintergrund bemalt und stellt zornige Schutzgottheiten dar, ⏱ tgl. 6–17 Uhr, Eintritt Rs5, Fotografieren nicht gestattet.

Während Losar, dem tibetischen Neujahr (im Februar), finden im großen Innenhof spektakuläre *chaam*-Tanzvorstellungen statt, in denen Schwarzhüte zeremonielle Tänze aufführen, begleitet von Horn-, Trommel- und Beckenklängen.

Das **Karma Shri Nalanda Institute of Buddhist Studies** hinter dem Haupttempel, das 1984 im traditionellen tibetischen Stil erbaut wurde, ist das prunkvollste aller Gebäude von Rumtek. Die Asche des 16. Karmapa wird in einem vergoldeten, 4 m hohen *chorten* aufbewahrt, der mit Türkisen und Korallen besetzt ist und sich in der Halle des **Goldenen Stupa** gegenüber dem Institut befindet. 4 km hinter dem neuen Kloster und dem Dorf Rumtek führt ein mit Blumen und Gebetsfahnen geschmückter Weg zum schlichten **alten Gompa von Rumtek**, das 1740 gegründet wurde. Das Bauwerk zwischen unbewohnten Nebengebäuden im traditionellen sikkimischen Gebirgsstil mit hölzernen Gitterfenstern strahlt im Gegensatz zum Hauptkomplex eine wunderbare Ruhe aus. Hinter den Statuen in der großen Gebetshalle auf der rechten Seite gibt es einen kleinen Schreinraum, der Mahakala, dem Beschützer der Karma Kagyu-Schule, geweiht ist. Aufgrund seiner starken Wirkung ist das Bild stets verschleiert.

Die angenehmste Route nach Rumtek ist die Strecke über das imposante, neue **Kloster von Lingdum**. Es wurde 1998 fertig gestellt und liegt, bequem per Taxi zu erreichen, 14 km (Rs30) vom Zentrum Gangtoks entfernt. Die Oase des Friedens inmitten tiefer Wälder ist ein großartiges Beispiel moderner Klosterbaukunst mit einer großen Terrasse und einem weiten Hof.

Übernachtung und Essen

Es gibt nur wenige billige Übernachtungsmöglichkeiten in Rumtek, aber die wachsende Zahl von Resorts der oberen Preisklasse bieten eine ruhigere Alternative zum lautstarken Getümmel von Gangtok.

Bamboo Resort, 1 km vor den Klostertoren, ✆ 03592/252516 oder 9232/513090, 💻 www.bambooresort.com. Das Boutiquehotel ist eine Kombination aus Schweizer Schick und gediegener Sikkim-Eleganz vor einer Waldkulisse mit Ausblick auf Gangtok und Nathu La in der Ferne. Kräutergarten, Kräuterbad, Bibliothek, Meditationsraum und Mountainbikes für Ausflüge in die Landschaft ringsum. Jedes Gästezimmer ist in einer anderen Farbe gehalten. Frühstück und Abendessen sind im Preis enthalten. ❼–❽

Sangay, in der Nähe der Klostertore, ✆ 03592/252238. Das Sangay wurde zu einer modernen Unterkunft mit Zementwänden umgebaut; einige der DZ haben ein eigenes Bad. Lokale Speisen – *momos* und *thukpa* – sind erhältlich. ❷–❸

Sun-Gay, ✆ 03592/252221. Das freundliche Gästehaus zwischen dem Kontrollposten und den Parktoren ist mit Abstand die beste Budget-Unterkunft. Es bietet geräumige, saubere Zimmer, gute Hausmannskost, eine große Terrasse und einen Garten. Ein grimmiger Wachhund passt auf, dass sich keine ungebetenen Gäste einschleichen. ❷

Teen Taley Eco Garden Resort, Lower Sajong, ✆ 03592/252256, 💻 www.sikkimresort.com. Die große, rund 2 km von Rumtek entfernte Hotelanlage mit einer kleinen Farm richtet sich an Familien. Es gibt begleitete Wanderungen, einen Mountainbikeverleih, Reitponys und Selbstbedienung im Bio-Gemüsegarten. Die Cottages, *deluxe*-Zimmer und Suiten sind in einem Mix aus traditioneller und moderner Architektur gehalten. ❻–❼

Zurmang Tara Hotel, Lingdum, ✆ 9933/008818. Die vom Lingdum-Kloster betriebene Unterkunft mit schlichten Zimmern und einem Restaurant ist die einzige Übernachtungsmöglichkeit in dieser Ecke und eignet sich prima als stiller Rückzugsort. ❸–❹

Nudeln und *chai* bekommt man in den Teashops in der Nähe des Klostertors und des Basars.

Transport

Rumtek lässt sich gut als Tagesausflug von Gangtok besuchen. Wenn man nicht mit dem eigenen Fahrzeug anreist, nimmt man am besten eines der **Sammeljeeps**, die in GANGTOK beim Private Taxi Stand nahe Zero Point abfahren, sobald sie voll sind (Rs30 p. P., abends Rs50). Auf Anfrage auch in Gegenrichtung möglich!

Phodong und Labrang

Die Straße zum Kloster **Phodong**, 38 km nördlich von Gangtok an der Straße nach Mangan, führt an Kabi Lunchok vorbei. Das hübsche bewaldete Fleckchen mit einigen spektakulären Wasserfällen war Schauplatz eines wichtigen Vertragsschlusses zwischen den Lepchas und den Bhutias. Das bescheidene Kloster steht auf einem Bergvorsprung, 1 km oberhalb der Hauptstraße, und eröffnet märchenhafte Aussichten. Es besteht aus einem schlichten, quadratischen Haupttempel, mehreren Nebengebäuden und Wohnhäusern. Zu Beginn des 18. Jhs. erbaut, war dies die herausragendste Kagyu-Klosteranlage von Sikkim – bis zur Entstehung von Rumtek in den 60er-Jahren. Auch hier werden alljährlich im Dezember farbenprächtige Lama-Tänze aufgeführt, ähnlich den *chaam* von Rumtek. Auf einer holprigen Straße erreicht man nach 4 km ein weiteres renoviertes altes Kloster, das ungewöhnliche, achteckige **Labrang**. Zahlreiche *chorten* zwischen diesen beiden Klöstern markieren die Ruinen von **Tumlong**, das fast das gesamte 19. Jh. hindurch die Hauptstadt von Sikkim war. Im kleinen Marktflecken **Phodong**, 3 km weiter an der Hauptstraße, gibt es ein paar Unterkünfte und Cafés.

Süd- und West-Sikkim

Süd-Sikkim lassen die meisten Reisenden auf ihrem Weg zu höher gelegenen Trekkingpfaden und den majestätischen *gompas* von West-Sikkim einfach links liegen. Dabei ist es mit seinen Wäldern voller Orchideen und seltener Tiere sehr reizvoll. Wahrzeichen der Region ist der faszinierende bewaldete **Maenam**, der drohend über der Stadt **Ravangla** emporragt. Der für seine außergewöhnliche Flora sowie die atemberaubende Aussicht vom Gipfel berühmte Berg lädt zu einer anspruchsvollen Tagestour ein. Weniger anstrengend, aber genauso lohnend ist beispielsweise die wunderbare Dschungelwanderung auf den nicht ganz so hohen **Tendong** oder der Aufstieg zur gigantischen, hoch über der Distrikthauptstadt **Namchi** thronenden Statue **Samdruptse** – dieses machtvolle Symbol des modernen Sikkim ist sogar noch von Darjeeling aus zu sehen.

Ravangla

Die verschlafene Marktstadt Ravangla (auch Ravang oder Rabang) liegt über einen hohen Bergsattel verstreut, 65 km westlich von Gangtok und 52 km östlich von Pelling. Sie gilt als bequemer Zwischenstopp auf dem Weg nach West-Sikkim, vor allem für jene, die einen der letzten verbliebenen **Rhododendronwälder** im südlichen Zentral-Sikkim durchwandern wollen. Das fantastische **Maenam Sanctuary** an dem gigantischen Berg, der sich über der Stadt auftürmt, ist bislang noch ein Traum für jeden Botaniker. Die Stadt selbst hat eine größere tibetische Siedlung mit einem Zentrum für Handarbeiten und einem Geschäft im Kheunpheling Carpet Centre im Flüchtlingslager oberhalb der Stadt.

Ravangla besitzt eine große tibtische Gemeinde; im Flüchtlingslager im Süden der Stadt steht das **Kheunpheling Carpet Centre**, ein Kunstgewerbezentrum mit Verkauf. Nördlich vom Basar führt eine Treppe zu einem Shakyamuni und Guru Rinpoche gewidmeten, neuen **Nyingmapa-Kloster** hoch. Statuen der mächtigen Beschützer stehen in einer gepflegten Anlage neben dem alten *gompa*. Hier findet alljährlich Ende August das dreitägige Fest **Pang Lhabsol** zu Ehren von Kanchenjunga statt. Tausende Sikkimesen kommen dann hierher, um den traditionellen Sportwettkämpfen und dem Kriegstanz **Pangtoed Chaam** beizuwohnen. Er ist insofern einzigartig, als dass die Masken tragenden Tänzer keine Mönche, sondern *zigtempas* (Laien) sind.

Der Maenam

Der Gipfel des **Maenam** mit seiner kleinen Kapelle für Guru Rinpoche (Padmasambhava) erhebt sich bis auf eine Höhe von 3235 m. Der steile, rund 10 km lange und 1000 m hohe Aufstieg vom Basar hat es in sich, bietet aber, sofern das Wetter mitspielt, unübertreffliche Aussichten auf den schroffen Gipfel des Narsing (5825 m). Die als Tagestrip zu schaffende **Besteigung des Maenam** (2 1/2–4 Std.) beginnt mit Stufen, die

Homestays

Wer eine nähere Vorstellung vom Landleben in Sikkim bekommen möchte, sollte mal ein **Homestay** ausprobieren. So ein Besuch mit Übernachtung bei einer „ganz normalen Familie" erlaubt interessante Einblicke in den Alltag der Menschen. Im idyllischen, von Terrassenfeldern umgebenen *busti* (Dorf) **Kewzing** betreibt Chewang Rinchen Bonpo das Bon Farm House, ✆ 9735/900165, 💻 www.sikkimresorts.com, Rs1600 inkl. Verpflegung. Es hat hübsch eingerichtete holzvertäfelte Zimmer mit Bad und Gemeinschaftsveranda, zwei Cottages sind im Bau. Chewang ist Vogelkundler und organisiert *nature walks* und Wanderungen. Die Gemeinde repräsentiert eine spannende Mischung aus animistischer und Nyingmapa-Religion. Deutlich wird das am besten an dem kleinen, aber sehr gastfreundlichen *gompa* **Bon** an der Straße nach Ravangla oberhalb von Kewzing, einem der wenigen präbuddhistischen Klöster. Bitte beachten: Das Kloster muss gegen den Uhrzeigersinn umrundet werden. Das Dorf befindet sich am Rand des verträumten Marktstädtchens Kewzing, das 8 km östlich von Ravangla liegt.

Außer in Kewzing gibt es auch Homestays in **Yuksam** (Ansprechpartner: Mr. Pema Bhutia, ✆ 9832/452527), **Pastenga** in Ost-Sikkim (Ansprechpartner: Mr. Huna Rai, ✆ 9832/033679) und **Dzongu** (Ansprechpartner: Dr. N.T. Lepcha, ✆ 9434/179160). Nähere Auskünfte auf der Website 💻 sikkimtournet.com/WebForms/General/villagetourism.aspx.

vom Basar zu dem *gompa* hoch führen, bevor sie sich von der Straße entfernen und durch das Schutzgebiet ansteigen. Mit etwas Glück sind unterwegs sogar Vierbeiner zu erspähen, vielleicht ein scheuer Kleiner Panda oder Schwarzbär, und auf jeden Fall viele verschiedene Vögel. Wer den Sonnenaufgang vom Gipfel aus goutieren möchte, sollte einen warmen Schlafsack, Essen und Getränke mitnehmen. Oben gibt es nämlich nur einen verfallenen Unterstand, weiter nichts. Die Route durch den Wald ist keineswegs einfach zu finden (vor allem beim Abstieg, wenn eine falsche Abzweigung den Wanderer auf die andere Seite des Berges führt), daher ist ein ortskundiger Führer (Rs300) zu empfehlen. Guides werden in den Hotels der Stadt vermittelt, stehen aber auch 1 km oberhalb der Stadt am Tor, wo man den Eintritt in das Schutzgebiet (Rs25) bezahlt.

Übernachtung und Essen

In und um Ravangla besteht eine vernünftige Auswahl an Übernachtungsmöglichkeiten, viele davon an der Straße Kewzing–Legship.

10Zing, am Taxistand, ✆ 03595/260705. Das zentral gelegene, freundliche Hotel an der Hauptkreuzung bietet schlichte, kleine Zimmer über einem bei Anwohnern beliebten Restaurant mit Bar. ❷

Annexe at Mount Narsing Village Resort, 3 km außerhalb an der Straße nach Kewzing, ✆ 03595/260558, ✉ yuksom@gmail.com. Die idyllische Herberge in märchenhafter Lage auf einem Plateau mit weitem Ausblick liegt einen steilen 20-minütigen Fußmarsch (oder eine abenteuerliche Jeep-Fahrt) von der Straße entfernt. Behagliche Chalets, zum Teil aus Materialien der Region, umgeben die Haupt-Lodge, in der es einen Kamin und ein Restaurant gibt. ❹–❼

Reegyal, Taxi Stand, gegenüber vom 10Zing, ✆ 03595/260221. Das von einem Bengalen geleitete Hotel hat ein ordentliches Restaurant, aber Warmwasser nur aus dem Eimer. ❸–❹

Zumthang, an der Straße nach Kewzing, ✆ 03595/260870, ✉ zumthang@yahoo.com. Die Zimmer in dem gastfreundlichen Familienunternehmen am Rand von Ravangla sind geräumig und sauber, manche mit Balkon. Karma organisiert auf Wunsch Aufenthalte in buddhistischen Retreats, Betätigungsmöglichkeiten für freiwillige Helfer und Homestays. ❸–❺

Die meisten Hotels haben eigene Restaurants; doch die besten *momos* der Stadt bekommt man sowohl im **Florida Café** als auch im **Karma Café**, die sich an der Marktstraße gegenüber liegen.

Transport

Jeeps fahren von der Haltestelle an der Kreuzung in Richtung des südlichen Endes des Marktes nach GANGTOK (Rs80) und NAMCHI (Rs40) via DAMTHANG (Rs20) sowie nach Legship und Ghezing. Nur wenige Taxis fahren direkt nach PELLING (Rs80), sodass man meist in Gyalshing umsteigen muss. Man darf sich nicht darauf verlassen, dass nachmittags noch etwas fährt. **Busse** nach GYALSHING fahren gegen 11 Uhr und nach GANGTOK gegen 9 Uhr. Außerdem fahren zwei Busse nach Namchi (9 und 13 Uhr). Der kürzeste Weg nach Darjeeling führt über Namchi, wo man gegebenenfalls in einen Jeep oder Bus nach Jorethang umsteigt. Von dort gelangt man dann nach Darjeeling.

Jorethang

Geschäftige Marktstadt und wichtiger Verkehrsknotenpunkt: Jorethang liegt ganz im Süden des Staates, nur durch den River Rangit von Singla Bazaar in Westbengalen getrennt. Knapp 30 km trennen Jorethang von Darjeeling, das man im Süden – hoch über den Teeplantagen – gerade noch mit bloßem Auge ausmachen kann. Der Ort eignet sich prima als Versorgungsstopp und hat ein paar nette Budget-Hotels für den Fall, dass man den Anschluss verpasst und über Nacht bleiben muss. Das **Namgyal**, ✆ 03595/276852 ❸, neben der Brücke und nahe der Station der SNT-Busse nach Darjeeling, hat ordentliche DZ mit fließend Warmwasser und ein Restaurant. Gutes chinesisches und indisches Essen bekommt man im **Walk-In** an der Street No. 2, das auch als Bar sehr beliebt ist.

Von Jorethang gibt es gute Busverbindungen ins übrige Sikkim und einen Direktbus nach Siliguri (tgl. 8 Uhr). Busse fahren auch nach Gangtok (tgl. 7.30 Uhr), Pelling (15 Uhr) und Namchi (8.30 Uhr). Sammeljeeps wagen die ungemein steile, 25 km lange Tour nach Darjeeling (2 Std., Rs100) und fahren auch regelmäßig nach Legship (1 Std., hier umsteigen Richtung Pelling, Ravangla, Yoksum und Tashiding) sowie Namchi (1 Std., Rs25). Die Verbindungen nach Gyalshing und Varshey sind spärlicher. Regelmäßig fahren auch Jeeps nach Gangtok (4–5 Std., Rs98) und Siliguri (4–5 Std., Rs100). Nur wenige Jeeps verlassen Jorethang später als 13 Uhr.

Gyalshing und Legship

Die wuselige Marktstadt **Gyalshing** (manchmal Geyzing geschrieben und auch so ausgesprochen), 110 km westlich von Gangtok, ist das administrative Zentrum und der Verkehrsknotenpunkt von West-Sikkim. Hier kann man seine Vorräte auffüllen und **Permits** verlängern. Die Genehmigungen verlängert der Superintendent of Police (🕓 Mo–Sa 10–16 Uhr) in **Tikjuk**, auf halber Strecke zwischen Gyalshing und Pelling. Für den Fall, dass alle Anschlusstransportmittel schon das Weite gesucht haben, gibt es rund um den Hauptplatz im Zentrum von Gyalshing ein paar einfache **Hotels** und das komfortablere **Attri**, ✆ 03595/250602 ❸. Das **Denkhang**, ein paar Meter vom Markt an der Straße nach Tashigang, ist eines der besseren Restaurants von Gyalshing und auf Regionalküche spezialisiert.

Sammeljeeps fahren nach Gangtok (4–5 Std., Rs120) und Siliguri (Rs125; Tickets im Voraus am Schalter in der Nähe des Spielplatzes kaufen, ✆ 03595/250121. Regelmäßige Verbindungen gibt es auch nach Legship und Jorethang (2–3 Std., Umsteigen nach Darjeeling). Taxis und Jeeps nach Pelling (30 Min., Rs20) und zu anderen regionalen Zielen fahren vom Hauptplatz ab. Nur die Jeeps nach Pelling verkehren bis Sonnenuntergang, alle anderen sind spätestens bis Mittag abgefahren. Die Fahrt mit Omnis ist meistens billiger, denn diese bewältigen die steile Abkürzung nach Pelling, die Jeeps nicht nehmen dürfen. Ein SNT-**Bus** nach Gangtok fährt um 8 Uhr ab, nach Siliguri ebenfalls um 8 Uhr, und zwar via Jorethang, von wo es bessere Anschlussverbindungen und Jeeps nach Darjeeling gibt.

Das Zugangstor nach West-Sikkim ist **Legship** im tiefen, von einem Damm umgebenen Rangit Valley. Es liegt knapp 100 km westlich von Gangtok und 14 km südlich von Gyalshing. Legship ist ein wichtiger regionaler Verkehrsknotenpunkt. Reisende müssen hier mit ein, zwei Stunden Wartezeit bis zur Weiterfahrt rechnen. Abgesehen von einem Tempel am jenseitigen

Flussufer und verdreckten Thermalquellen ein Stück weiter die Straße lang hat der Ort aber nicht viel zu bieten. An der Straßenkreuzung steht das **Trishna** mit ein paar Gästezimmern und einem Restaurant, ✆ 03595/250887 ❸. Jeeps und Busse verbinden Legship mit Gangtok, Ravangla, Yoksum (via Tashiding) und Pelling, außerdem bestehen regelmäßig Verkehrsverbindungen nach Gyalshing und Jorethang.

Pemayangtse

Am Ende eines Gebirgskamms, der parallel zu dem von Darjeeling verläuft (und von dort sichtbar ist), thront das eindrucksvolle Kloster Pemayangtse. 118 km von Gangtok und nur 2 km von Pelling entfernt, schwebt es hoch über dem Fluss Rangit. Von Gyalshing fährt man zum Kloster 9 km auf der Hauptstraße, oder man nimmt die steile, 4 km lange Abkürzung durch die Wälder, vorbei an einer Reihe von *chorten* und den uninteressanten Ruinen von Rabdantse, der zweiten Hauptstadt von Sikkim.

Das **Kloster** Pemayangtse, auch „Perfect Sublime Lotus" (etwa „vollkommener erhabener Lotus") genannt, wurde im 17. Jh. von Lhatsun Chempo, einem der drei Lamas von Yoksum und Schutzheiligen von Sikkim, gegründet und im Jahre 1705 erweitert. Es ist heute eines der bedeutendsten *gompa* in Sikkim und gehört zum Nyingmapa-Orden. Der weite Ausblick und die Wälder ringsum schaffen eine wunderbar meditative Atmosphäre. Im Vergleich zu den Nebengebäuden in seinem Umkreis mit ihren raffinierten Holzschnitzereien an den Balken, Gitterfenstern und Türen wirkt das große *gompa* selbst eher bescheiden. Der Bau mit seinen drei Etagen umschließt eine große Halle mit Bildern von Guru Rinpoche und Lhatsun Chenpo sowie erlesenen *thangka* und Wandgemälden. Ganz oben stellt eine herrliche Holzskulptur, die von dem ehemaligen Abt von Pemayangtse, Dungzin Rinpoche, geschnitzt und bemalt wurde, Sang Thok Palri dar, den himmlischen Aufenthaltsort von Guru Rinpoche. Für die außergewöhnlich detailgenaue Darstellung der Dämonen, Tiere, Vögel, Buddhas und Bodhisattvas, *chorten* und fliegenden Drachen brauchte er fünf Jahre. Alljährlich zum Neujahrsfest Losar im Feb/März wird hier ein Guru Drogma *chaam* aufgeführt, der Besucher aus ganz Sikkim anzieht. Höhepunkt ist die Verhüllung des Klosters mit einem riesigen Thangka. ◷ tgl. 7–17 Uhr, Eintritt Rs20.

1980 richtete das Kloster die **Denjong Padma Choeling Academy** für mittellose Kinder und Waisen ein. Gegenwärtig wohnen hier etwa 300 Kinder, die mit Kleidung, Essen und Bildung versorgt werden. Großzügige Spenden haben den weiteren Aufbau und Projekte wie die Molkerei mit Yaks und Dris in der Nähe von Dzongri, ermöglicht. Ehrenamtliche Lehrer, die sich für mindestens zwei Monate verpflichten, sind willkommen. Sie erhalten die Gelegenheit zum Studium von Meditation und Buddhismus. Näheres bei Sonam Yongda, Pemayangtse Gompa, West Sikkim 737113, ✆ 03595/250760, oder 250141, der hin und wieder auch **Meditationskurse** organisiert.

Pelling und Umgebung

Der ruhige und relativ junge, aber schnell wachsende Ort Pelling, der 2085 m über dem Meeresspiegel und nur 2 km hinter Pemayangtse liegt, blickt nordwärts auf die Gletscher und Gipfel des Kanchenjunga. Hoch über den bewaldeten Bergen überblickt man die gesamte Route von Yoksum über den Dzongri La zum Rathong-Gletscher. Glücklicherweise geht durch den Bauboom nicht der ganze stille Zauber von Pelling verloren: Hotelterrassen bieten die Möglichkeit, den dritthöchsten Gipfel der Erde voller Ehrfurcht zu bestaunen, und leichte Wanderungen erschließen das reizvolle Hinterland. Einen Basar gibt es nicht, aber immerhin ein paar Geschäfte.

Über die Straße, die in der Nähe des Hubschrauberlandeplatzes in den Steilhang über Pelling gesprengt wurde, führt ein schöner, 4 km langer Spaziergang zum kleinen, aber hoch angesehenen Nyingmapa-Kloster **Sanga Choling**. Es ist eines der ältesten *gompas* in Sikkim und auch hier handelt es sich um einen Entwurf von Lhatsun Chenpo. Das bei einem Brand zerstörte Kloster wurde 1948 wieder aufgebaut und beherbergt noch einige der ursprünglichen Tonstatuen, darunter einen wunderschönen Samantha

Bhadra. Direkt über dem *gompa* soll als Touristenattraktion ein Riesenstandbild von Chenrazee aufgestellt werden. Dann könnte es mit der himmlischen Ruhe hier ein Ende haben.

Ein Pfad führt am Kloster vorbei und durch Orchideenwälder den Hang hinauf. Weiter passiert er einen riesigen, hohlen Baum und führt dann zu dem heiligen Felsen **Thikchuyangtse**, der auch als Rani Dunga bekannt ist (9 km).

In Pelling beginnt ein landschaftlich schöner **Trek** durch niedrigere Regionen zum Khecheopalri Lake, nach Tashiding und Yoksum. Von Yoksum und Tashiding fahren Jeeps nach Legship, von wo aus man nach Gyalshing und schließlich wieder nach Pelling gelangen kann. Wer wenig Zeit hat, kann sich an Reiseveranstalter wie Simvo Tour and Travels, ✆ 03595/258549, in Upper Pelling, oder Father Jeep Service, ✆ 03595/258219, wenden. Sie organisieren Jeep-Tagesfahrten zum Preis von ungefähr Rs2200 für 6–8 Teilnehmer. Auch das Hotel Garuda (s. „Übernachtung") hat ein kleines Reisebüro, wo Trekking und Touren organisiert werden und Informationen erhältlich sind.

Übernachtung

Die **Hotels** von Pelling, deren Preise in der Saison (März–Mai und Sep–Nov) sprunghaft steigen, liegen am 2 km langen Straßenabschnitt zwischen Upper, Middle und Lower Pelling. Während die Hotels am „Bengali Boulevard" von Lower Pelling mehr auf indische Besucher ausgerichtet sind, haben die Unterkünfte in Upper Pelling die bessere Aussicht.

Dubdi, nicht weit vom Hubschrauberlandeplatz, ✆ 03595/258349. Dieses kleine Hotel in ruhiger Lage über der Stadt und an der Pforte zum Norbu Ghang ist billiger als sein Nachbar Norbu Ghang und hat sehr angenehme, große und saubere Zimmer, teils mit schöner Aussicht. ❹–❺

The Elgin, Mount Pandim, unterhalb des Pemayangtse-Klosters, ✆ 03595/250756, 💻 www.elginhotels.com. Das ehemalige Regierungshotel wurde im eleganten Darjeeling-Stil renoviert und zur luxuriösesten Adresse in West-Sikkim gemacht. Jedes Zimmer bietet Ausblick auf die Schneegipfel, das ausgezeichnete Restaurant serviert Spezialitäten verschiedener Regionen und die ruhige, ursprüngliche Lage macht das Hotel zu einer erstklassigen Basis für die Erkundung der Region. ❾

Kabur, 200 m vor der Kreuzung, ✆ 03595/258504. Freundliche Unterkunft mit Internetzugang und einem hilfreichen Reise- und Trekking-Veranstalter. DZ mit Teppichboden, Warmwasser, im Winter mit Heizung. Große Dachterrasse mit Liegestühlen und herrlicher Aussicht. Das Restaurant mit Zugang zur Terrasse hat eine gute Auswahl verschiedener Gerichte, darunter auch Spezialitäten von Sikkim. Sehr gutes Preis-Leistungs-Verhältnis. ❷

Ladakh, Upper Pelling, ✆ 9733/210355. Eine vom Aussterben bedrohte Spezies in Pelling: Ein traditionelles, rustikales Haus im typischen Sikkim-Stil. Es hat 6 Zimmer und einen Schlafsaal (Rs50), wo meistens Fahrer übernachten. Die Gemeinschaftsbäder mit Hocktoiletten befinden sich außerhalb vom Haus. Primitiver geht's kaum, aber die Lage ist günstig. ❶

Norbu Ghang Resort, in der Nähe des Hubschrauberlandeplatzes, ✆ 03595/258272, 💻 www.norbughangresort.com. Effizientes Hotel der oberen Preislage mit komfortablen Cottages in einer geschniegelten Gartenanlage; die Einrichtung kombiniert Lokalkolorit mit modernem Komfort und jede der Hütten hoch über der Stadt hat eine Veranda mit schönem Ausblick. ❼

Phamrong, Upper Pelling, ✆ 03595/258218, ✉ mailphamrong@yahoo.com. Das altbewährte Hotel an der Kreuzung hat eine Reihe unter-

Zimmer mit Aussicht

Garuda, an der Kreuzung, ✆ 03595/258319. Das Garuda ist ein beliebter Travellertreffpunkt mit Internetzugang und Reisebüro. In dem gut geführten Familienhotel gibt's eine ganze Reihe unterschiedlicher EZ, DZ und Schlafsäle (Rs100) und außerhalb der Saison 40 % Preisnachlass. Sehr nützlich sind die Gästebücher mit aktuellen Trekkinginformationen. Im hauseigenen Restaurant bekommt man leckeres Essen, darunter ein mehrgängiges sikkimesisches Tagesgericht, Bier und im Winter *tomba* (s. S. 893). ❶–❸

Sikkim

schiedlicher gemütlicher, sauberer Zimmer, Warmwasser und zuvorkommende Mitarbeiter. Im einladenden Restaurant wird sikkimesisch, indisch und chinesisch gekocht, und von einigen der teureren Zimmer bietet sich eine herrliche Aussicht. Internetzugang zum E-Mail-Checken; Frühstück inkl. ❺

Essen

Die meisten **Restaurants** findet man in Hotels. Da die bengalischen Einflüsse hier sehr stark sind findet man hier eher *dhal bhat* als traditionelle Sikkim-Küche. In Upper Pelling gibt es mehrere Cafés, in einigen bekommt man südindisches Essen. Eines der besten Bar-Restaurants ist das **Taatopaani** im Hotel Chiminda in Middle Pelling, das neben verschiedenen Drinks, Mocktails und Cocktails auch preiswertes *thali* (Rs125) zu bieten hat. In der **Lotus Bakery** nahe Pemayangtse werden Croissants, Brote und Kuchen verkauft, der Erlös geht an ein Kinderhilfsprojekt. Die bevorzugten Travellerrestaurants sind die im **Hotel Garuda** und **Kabur**. Pelling ist ein guter Ort, um ein *tomba* (warmes Hirsebier) zu probieren; am besten schmeckt es in den von Sikkimesen geführten Hotels wie dem **Phamrong** oder Garuda.

Sonstiges

Geld

In der Nähe der Post gibt es einen **Geldautomaten** der State Bank of India, aber keine offizielle Möglichkeit zum Geldwechsel.

Informationen

Das **Tourist Information Centre** nicht weit vom Hubschrauberlandeplatz (🕓 tgl. 10–16 Uhr) ist gut für allgemeine Infos, ebenso die Website 💻 www.gopelling.com.

Internet

Das **Internetcafé** (Rs30 pro Std.) im Tourist Information Centre ist während der Öffnungszeiten zugänglich. Eine Alternative ist das **Paylink Cyberzone** in Upper Pelling.

Post

Es gibt ein **Postamt** in Upper Pelling oberhalb der Straßenkreuzung

Touren

Trekkinginfos stehen in den Gästebüchern vom Hotel Garuda. Ein zuverlässiger Trekking- und Reiseveranstalter ist **Himalayan Heritage**, 📞 09733/076469, in Upper Pelling.

Transport

Sammeljeeps verkehren regelmäßig von der Kreuzung in Upper Pelling: nach GYALSHING (6–16 Uhr), 2x tgl. nach GANGTOK über Ravangla (7 und 12 Uhr; Rs150), 1x tgl. nach SILIGURI (7 Uhr; Rs150). Ein **Bus** (Rs120) fährt um die gleiche Zeit via Jorethang nach Siliguri (Reservierung bei SNT im Hotel Pelling, Lower Pelling, 📞 03595/250707).
Die Straße von Pelling über Rimbi nach Yoksum ist schlecht und erfordert viel Zeit. Es gibt keine fahrplanmäßigen Verbindungen, aber **Jeeps** fahren von Gyalshing und Legship nach Tashiding und Yoksum.
Father Travels unterhält eine direkte Jeepverbindung nach GANGTOK, Abfahrt um 12.30 Uhr. Direkt-Jeeps nach DARJEELING lassen sich über Simvo organisieren (Rs2000).
Sikkim Tourism will demnächst einen **Hubschrauber** einsetzen, der jeden Montag nach Bagdogra (S. 884) und zurück fliegen soll, einfache Strecke Rs2200.

Khecheopalri Lake

Der Khecheopalri Lake liegt 33 km nordwestlich von Pelling in 2000 m Höhe und ist von dichten Wäldern umgeben. Der auch als „Wishing Lake" (Zaubersee) bekannte See ist den Lepchas heilig. Der Legende nach wird das Laub, das auf die Oberfläche des Sees fällt, von einem Vogel aufgesammelt und so die Reinheit des Wassers erhalten.

Von der Straße von Pelling nach Yoksum führt eine Abzweigung („Zero Point") nach 11 km nach Khecheopalri, eine nur selten von Jeeps befahrene Strecke, sofern die Erdrutsche es überhaupt zulassen. Wenn man von Pelling zum Khecheopalri wandern möchte, bietet sich eine Abkürzung an, die erst abwärts in das Flusstal, dann steil bergan bis zur Straße Pelling–Yoksum und schließlich zum See hoch führt (5 Std. einplanen).

Naturschutz im Kanchenjunga-Nationalpark

Das **Khangchendzonga Conservation Committee** (KCC), eine auf kommunaler Ebene aktive NGO mit Sitz in Yoksum, wurde 1996 mit Hilfe des Sikkim Biodiversity and Ecotourism Project ins Leben gerufen. Sein Ziel besteht in der Förderung des Umweltbewusstseins bei Einheimischen und Besuchern. Schwerpunkt der Arbeit des KCC ist es, die Auswirkungen des Tourismus auf den Kanchenjunga-Nationalpark gering zu halten. Zu seinen Methoden gehören Baumpflanzungen, die Mitwirkung der Einheimischen bei der Planung von Ökotourismusprojekten und die Organisation von Säuberungsaktionen. Andere Aufgaben des KCC sind die Sauberhaltung der Wege, die Veröffentlichung von Broschüren zur Schaffung eines Umweltbewusstseins, die Schulung von Arbeitskräften wie Trägern und Führern in der Ökotourismusbranche und der Aufbau von Selbsthilfegruppen. Weitere **Informationen** zum KCC gibt es bei dessem Koordinator Pema Chewang Bhutia im Visitors Information Centre, Gompa Road, Yoksum, ✆ 03595/241211 oder 9832/452527, 💻 www.sikkimkcc.netfirms.com/kcc/. Dort befindet sich auch ein **Biodiversity Centre.** Wer eine Begleitung beim Wandern in niedrigen Höhen braucht, kann hier für Rs300 pro Tag einen Guide anheuern.

Man kann auch bis nach Yoksum (18 km, 4–5 Std.), weitergehen. Der Weg dorthin ist 18 km lang und nimmt etwa vier Stunden in Anspruch. Allerdings sollte man sich im Hotel Garuda in Pelling mit Verpflegung, Informationen und einer Landkarte eindecken.

Das **Kloster** Khecheopalri, 2 km vor dem See auf dem Bergkamm, bietet schöne Ausblicke auf den Mount Pandim (6691 m). In den Bergen liegen mehrere heilige Höhlen verstreut. **Führer** für einen Besuch dieser Höhlen und für Treks nach Yoksum warten bei der Wanderhütte, ✆ 09733-076995 ❶, einer der wenigen Übernachtungsmöglichkeiten von Khecheopalri, 300 m vor dem Dorf. Die **Unterkunft** ist freundlich, aber bescheiden und bietet Gästen einfache Speisen. Hier bekommt man nützliche Informationen über die Umgebung. In den **Teashops** am Parkplatz gibt es *chai* und einfaches Essen.

Yoksum

Das verschlafene und weit verstreute Dörfchen Yoksum am Ende der Straße und an einem großen Felsplateau am Eingang zur Rathong Chu-Schlucht, 40 km nördlich von Pemayangtse gelegen, hat einen besonderen Platz in der sikkimischen Geschichte. Hier kamen aus verschiedenen Richtungen über den Himalaya im Jahre 1642 drei Lamas zusammen, um das erste religiöse Oberhaupt von Sikkim, Chogyal Phuntsog Namgyal, zu inthronisieren. Einer der drei, Lhatsun Chenpo, soll im **Norbugang Chorten** von Yoksum Opfergaben vergraben haben. Der große weiße Stupa wurde mit Steinen und Erde aus verschiedenen Gegenden von Sikkim erbaut und steht in einem Park in der Nähe (1 km). Dort befindet sich auch der schlichte steinerne Thron des ersten Chogyal. Der gewaltige Fußabdruck in einer Felsplatte vor dem Thron stammt von einem der Lamas. Der nahe gelegene **Kathok Lake** am Nordrand der Stadt hatte früher ebenfalls eine zeremonielle Bedeutung. Heute ist von dem See leider nur noch ein schlammiger Tümpel übrig.

Hoch über Yoksum wehen Gebetsfahnen vor dem **Kloster Dubdi**. Es wurde 1701 erbaut und ist eines der ältesten in Sikkim. Der Spazierweg zum Kloster führt am Basar vorbei hoch zum Krankenhaus im Norden von Yoksum. Hier endet die Straße und geht in einen Pfad über, der sich an Wasserrädern und einem kleinen Fluss vorbeiwindet und durch den Wald ansteigt, bis er das *gompa* in spektakulärer Lage erreicht. Da das Kloster oft geschlossen hat, ist es ratsam, im Basar oder beim KCC-Büro (s. o.) nachzufragen, bevor man sich auf den Weg macht. Über dem Basar steht das kleine, neue *gompa* **Kathol Wodsal Ling**. Seine Statue des Guru Rinpoche bringt etwas Farbe ins Geschehen. In der Umgebung von Yoksum verstreut liegen noch mehrere andere Schreine und *gompas*, darunter auch ein paar neue.

Die größte Bedeutung hat das Dorf heute als Ausgangspunkt des achttägigen **Dzongri Trail**, der durch riesige Waldgebiete führt und traumhafte Blicke auf den Kanchenjunga gewährt. Der Trek darf nur im Rahmen einer Gruppenwanderung unternommen werden, die von anerkannten Reiseveranstaltern organisiert wird. Besucher sind in Yoksum willkommen, doch um sich von hier aus noch weiter vorzuwagen, braucht man die Erlaubnis für den Dzongri-Trek.

Die Polizei ist sehr wachsam, also stehen die Chancen für einen heimlichen Hochgebirgstrek schlecht. Doch solange man nicht mit einem großen Rucksack herumläuft, wird sie einem eine Tagestour auf dem Hauptweg zum Parekh Chu und dessen Zusammenfluss mit dem Rathong Chu – eine Rundwanderung von 28 km – wohl nicht verwehren. Dabei bekommt man zwar nicht den Hohen Himalaya zu Gesicht, doch wandert man durch wunderschöne Waldlandschaften.

Übernachtung und Essen

Fast alles von Interesse liegt um den kleinen Markt herum. Die Mitarbeiter des KCC (s. Kasten S. 894) im **Visitors Information Centre** im Oberdorf, ✆ 9832/452527, vermitteln mehrere **Homestays** in Yoksum.

Pemalingpa Cottage, am Eingang zum Tashi Gang, ✆ 9733/029569. Eine gastfreundliche Familie betreibt diese kleine Pension. Wer in dem traditionellen Wohnhaus mit einfachen Holzzimmern und Außen-Hock-Klos absteigt, erhält einen kleinen Einblick ins Dorfleben. ❶

Pemathang, am Weg zum Markt, ✆ 03595/241221. Das Gästehaus hat saubere, großzügige Zimmer mit Bad und ein malerisches Gärtchen. Gleich daneben befinden sich ein Trekkingshop und ein Reisebüro. ❸

Tashi Gang, ✆ 03593/241202. Direkt oberhalb vom Basar steht das älteste der Mittelklassehotels von Yoksum. Es wurde von Grund auf geschmackvoll renoviert und besitzt auch ein passables Restaurant. ❺–❻

Wild Orchid, am Markt, ✆ 03595/241212. Das zentral gelegene, rustikale Haus im traditionellen Stil hat schlichte Budgetzimmer mit Gemeinschaftsbad. ❶

Yangri Gang, neben dem Pemathang, ✆ 03595/241217. Wurde vor einiger Zeit komplett saniert. Die DZ im Erdgeschoss haben eine eigene Toilette, aber Gemeinschaftsdusche – die im Obergeschoss sind luxuriöser, aber auch teurer. Im Haus befinden sich ein Dorm für Rs60, ein Reiseveranstalter und ein gutes Restaurant. ❶–❹

Yuksam Residency, am Markt, ✆ 03593/241277. Das noble Hotel weist für ein Bergdorf eine Spur zu viel Marmor auf. Durchs ganze Haus zieht sich das Thema Buddhismus; die kostspieligeren Zimmer sind mit gemütlicher Holztäfelung versehen. ❻–❼

Neben den Hotelrestaurants kann man nur in den Cafés entlang der Hauptstraße essen (z. B. im **Guptas** oder im freundlichen **Yak**); sie bieten Snacks und einfache Speisen.

Internetzugang findet man im **Community Information Centre** oberhalb vom Basar für Rs50 pro Std.

Transport

Es gibt keine Busse von/nach Yoksum selbst. **Jeeps** fahren ab ungefähr 6.30 Uhr nach GYALSHING (Rs70) via TASHIDING (Rs40), PELLING (Rs60) und GANGTOK (Rs140) via Ravangla; allerdings wird es schwierig, nach 13 Uhr noch ein Sammeltransportfahrzeug zu bekommen.

Tashiding

Das wunderschöne *gompa* von Tashiding, das heiligste von ganz Sikkim, thront auf einem kegelförmigen Berg, 19 km südöstlich von Yoksum, hoch oben über dem Zusammenfluss von Rangit und Rathong. Es wurde 1717 erbaut, nachdem man einen Regenbogen gesehen hatte, der den Ort mit dem Kanchenjunga verband. Inzwischen wurde zwar eine neue Straße durch den Wald bis zum Kloster gebaut, doch der Aufstieg lohnt sich immer noch. Ein gut markierter Weg führt von der Hauptstraße, in der Nähe einer eindrucksvollen *mani*-Mauer (mit einer silbernen Inschrift des Mantra *Om mani padme hum)* an rustikalen Häusern und Feldern vorbei steil aufwärts. Das letzte Stück ist mit Fahnen markiert.

Der große Komplex besteht aus einer bunten Mischung von Gebäuden, *chorten*, mehreren Kapellen und dem bescheidenen Haupttempel. Am Ende des Tempelkomplexes befindet sich eine stattliche Reihe von *chorten* mit Reliquien der Chogyals und Lamas von Sikkim.

Am 15. Tag des ersten Monats des tibetischen Kalenders kommen Anhänger aus ganz Sikkim in Tashiding zusammen, um das **Nyingmapa Bhumchu-Fest** zu begehen. Hierbei werden die Pilger mit heiligem Wasser aus einer uralten Schale gesegnet, die der Legende nach niemals austrocknet. Orakel befragen den Wasserstand nach der Zukunft.

Rund 2 km unterhalb des *gompa* liegt der winzige **Senik Bazaar** von Tashiding, bekannt als Senik Basar. Zu den **Übernachtungsmöglichkeiten** zählen das freundliche, aber sehr schlichte Blue Bird (kein Telefon) ❶, mit einem Restaurant, das einfache Kost anbietet, und das größere und etwas teurere Mount Siniolchu Guesthouse, ✆ 03595/243211 ❶, weiter oben am Berg, das über schlichte DZ mit Gemeinschaftsbad verfügt. Die Dhakkar Tashiding Lodge, ✆ 03595/243249, ❶, zwischen dem Markt und dem Tor, ist komfortabler, hat aber auch nur Zimmer ohne Bad.

Ein bis zwei nach Fahrplan fahrende **Jeeps** (7–9 Uhr) und ein paar unregelmäßig verkehrende Jeeps verbinden Tashiding mit Yoksum (Rs30), Legship (Rs20) und Gyalshing (Rs50); um 12 Uhr fährt einer nach Gangtok (Rs130). Der letzte fahrplanmäßige Sammeljeep fährt um 9 Uhr.

Eine Alternative ist die **Wanderung** nach Legship auf den Wegen durch die Wälder und entlang der Hauptstraße, für die man etwa 2 1/2 Std. braucht.

Nord-Sikkim

Die meisten Gegenden des spektakulären Nord-Sikkim sind schwer zugänglich. Besucher benötigen spezielle Permits und manche Grenzgebiete sind ganz gesperrt. Ein holpriges Sträßchen führt vom Teesta-Tal in die Berge und gabelt sich bei Chungthang. Der eine Abzweig führt Richtung Nordwesten nach Lachen und noch ein Stück weiter. Der andere geht Richtung Nordwesten nach Lachung, ins wunderschöne Tal von Yumthang und zum Zero Point auf dem Hochplateau.

Gruppen mit einem **Protected Area Permit** (S. 876) können Richtung Norden bis nach **Thangu** hinter **Lachung** am Rand der Hochebene reisen. Ein Besuch des faszinierenden Sees bei Gurudongma, in der Nähe der Quelle des Teesta auf dem tibetischen Plateau, ist indischen Staatsbürgern vorbehalten. Nördlich von Mangan sind Ausländer nur noch in Gruppen von zwei oder mehr Personen zugelassen. Die **Jeepsafaris** werden nur einschließlich Transport und Übernachtung angeboten, wobei allein der Reiseveranstalter die Fahrzeuge und Unterkünfte auswählt. Im Allgemeinen sind die **Permits** für Nord-Sikkim nur 5 Tage gültig, plus weitere 7 Tage fürs Trekking; verlängerbar ist das Permit beim Superintendent of Police in Mangan. In der Monsunzeit werden jedes Jahr bei Erdrutschen Straßenstücke weggerissen, was die Fahrt noch zermürbender macht – auf dem Höhepunkt der Reisezeit quälen sich rund 500 Jeeps über die miserablen Straßen von Gangtok her und wieder zurück.

Mangan und Umgebung

Die Straße nördlich von Gangtok führt an Phodong vorbei nach **Mangan**, der Distrikthauptstadt Nord-Sikkims, hoch über dem Teesta-Tal. Mangan ist der Ausgangspunkt für einige gute **Treks**, darunter der **Tosar Lake Trail**, eine sehr lohnende und selten in Angriff genommene achttägige Gebirgstour durch Bambus-, Silberfichten- und Rhododendron-Wälder zum Tosar Lake, einem smaragdgrünen See in einem malerischen Bergtal auf 4500 m Höhe. Guides und Permits arrangiert Khangri Treks & Tours in Gangtok, ✆ 03592/226050.

Mangan selbst bietet wenig Interessantes außer einem betriebsamen kleinen Basar, ein paar Hotels und den District Headquarters, 2 km oberhalb des Ortes. Wer sich nicht schon in Gangtok ein Permit besorgt hat, bekommt hier relativ unbürokratisch eins. Im Umkreis des Basars gibt es einige wenige **Unterkünfte** und **Esslokale**. Das

Mount View beispielsweise, ✆ 03592/234 473, ❸, hat kleine Zimmer mit Bad und ein brauchbares Restaurant plus Bar. Auf der anderen Straßenseite und am anderen Ende der Preisskala liegt das Tamarind, ✆ 03592/234297, ❻–❽. Es besticht durch sein Marmorfoyer, ein ausgezeichnetes vegetarischen Restaurant, Internetzugang und geräumige, makellose Zimmern mit modernen Sanitäranlagen. Hier kann sogar mit Kreditkarte bezahlt werden.

Nach einer haarsträubenden Talfahrt erreicht man das malerische **Namprikdang**, ein Anglerparadies am Teesta. Vom Dorf **Singhik**, 4 km nördlich von Mangan, bieten sich besonders in der Frühe faszinierende Aussichten auf die gewaltige Ostwand des Kanchenjunga. Singhik ist ein ruhiger Ort, um sich ein, zwei Tage zu entspannen, besonders im netten Friendship Guest House, ✆ 03592/234278, ❸, einem Cottage an der Hauptstraße.

Das nordwestlich von Mangan in Richtung Kanchenjunga abzweigende wunderbare, aber genehmigungspflichtige **Dzongu-Tal** – Mutterland der Lepcha – sieht nur wenige Besucher. Mitten im Tal bewahrt das alte *gompa* **Tholung** die uralten Schätze der Chogyals. Diese dürfen nur alle drei Jahre besichtigt werden; die nächste Ausstellung ist im Januar 2012. In der Gegend gibt es ein paar **Homestays**. Diese können bei Reisebüros wie Sikkim und Khangri in Gangtok (s. S. 883) reserviert werden, wo auch die Permits (s. S. 876) besorgt werden müssen. Bei einer fünftägigen **Trekkingtour**, die in Lingza beginnt und durch Tholung, Thizon und über den Kyeshong La (3790 m) führt, lassen sich wunderbar die Wälder und Wiesen dieser unberührten Region erkunden.

Lachung und Umgebung

Weitere 40 km nördlich von Mangan, in einem tiefen Tal, das nur wenig Sonnenlicht abbekommt, liegt **Chungthang**. Es ist eine recht finstere Siedlung mit einem Wasserkraftwerk am Zusammenfluss von Teesta und Lachung. Dahinter gabelt sich die Straße. Nach rechts steigt sie rasch bis zu der Ansammlung kleiner Siedlungen namens **Lachung** an, zum „großen Pass“, nur 15 km westlich von Tibet. Jenseits des Flusses, gegenüber der größten Siedlung, liegt ein zweistöckiges *gompa*, das im tibetischen Stil erbaute **Lachung-Kloster**, das dem Nyingmapa-Orden gehört. Das Kloster ist vor allem wegen seiner faszinierenden Wandmalereien sehenswert.

Den Bhotia, den Einwohnern von Lachung und Lachen, ist ein einzigartiges Sozialsystem namens Dzumsa zu eigen. Es handelt sich um eine Art Ältestenrat, der alles bestimmt, von Weiderechten bis zu Gesetz und öffentlicher Ordnung. Die **Unterkünfte** hier müssen zusammen mit Vollverpflegung und Transport bei einem Reiseveranstalter wie Blue Sky, Galaxy oder Khangri in Gangtok (s. S. 883) gebucht werden. Zur Auswahl steht z. B. Le Coxy, ein großes, gemütliches aus Holz erbautes Hotel im Herzen der Siedlung. Tashis freundliches Season House, ✆ 9434/449042, Reservierung über Khangri in Gangtok, ❹, liegt dagegen in Shingringten, 2 km oberhalb des Dorfes. Es erlaubt spektakuläre Ausblicke übers Tal, hat unterschiedliche Zimmer und einen warmen Küchenherd. Das von majestätischen Felsen überragte, noch recht neue Yarlam, ✆ 9434/330033, 🖳 www.yarlamresort.com, ❽ versprüht Luxusfeeling. Die Zimmer mit Heizung sind so groß, dass sie fast als Suiten durchgehen könnten. Dazu gibt es geräumige Lobbys, und demnächst müsste auch ein beheizter Outdoor-Swimmingpool zur Verfügung stehen.

Nach Norden verläuft die Straße an Yakweiden vorbei ins **Shingba Rhododendron Sanctuary**, dem Beginn des Yumthang-Tals. Der Ort **Yumthang** (3645 m) liegt 25 km nördlich von Lachung; beiderseits des Tals ragen drohende Felsen und bis zu 6000 m hohe eisbedeckte Gipfel empor. In dem malerischen bewaldeten Tal gibt es heiße, etwas verwahrloste, schwefelhaltige Quellen, aber keine Übernachtungsmöglichkeit.

Ein malerischer, extra angelegter 10 km langer **Wanderpfad** führt am Talboden zurück zum Eingang des Schutzgebietes – angesichts der schwindelnden Höhe und der möglichen Akklimatisierungsprobleme sollte man ihn besser hinunter als hinauf begehen. Hinter Yumthang klettert die Straße weiterhin durchs Tal bis zum Hochplateau **Yumesamdong** oder **Zero Point** (das Ende der Straße) auf stolzen 4770 m.

Lachen und Umgebung

Die andere Straße von Chungthang führt nach 26 km in den Ort **Lachen** und nach weiteren 36 km nach **Thangu**, empfindlich nah an der Grenze zu Tibet und der nördlichste Punkt Sikkims, den Touristen besuchen dürfen. Dies ist die Route zum majestätischen heiligen **Gurudongma Lake**. In diesem See, den Guru Rinpoche gesegnet haben soll, entspringt der Fluss Teesta. Von Thangu aus lässt sich eine bequeme Tageswanderung (5 km je Strecke) ins pittoreske **Chopta Valley** (4400 m) unternehmen, für die kein gesondertes Trekking-Permit erforderlich ist.

In der Umgebung von Lachen und Thangu gibt es mehrere **Hotels**, darunter das mondäne Apple Orchard, ✆ 03592/204649 oder 9434/062514, ❽, eine der bezauberndsten Lodges in Nord-Sikkim. Seine herrlichen Zimmer mit Parkettfußboden wurden geschmackvoll unter Einbeziehung regionaltypischer Architektur gestaltet.

Inzwischen sind einige **Hochgebirgstreks** in dieser abgeschiedenen Region für Gruppenwanderungen offen, darunter der anspruchsvolle Trek von Lachen zum **Green Lake** (4850 m), für den etwa neun Tage eingeplant werden müssen (hin und zurück) und der überwältigende Blicke über den Zemu-Gletscher auf den Mount Siniolchu (6887 m) und die gigantische Ostwand des Kanchenjunga erlaubt. Das Ganze muss jedoch weit im Voraus organsiert werden. **Trekking-Permits** für den Norden (s. Kasten S. 876) besorgen Sikkim Tourism in Delhi oder einer der Anbieter in Gangtok. Die Formalitäten dauern mindestens drei Monate.

Der Nordosten

Stefan Loose Traveltipps

12 **Kaziranga-Nationalpark, Assam** Bei einem Elefantenritt in der Morgendämmerung kann man dem seltenen Panzernashorn begegnen. S. 911

Majuli Island, Assam Auf der vielleicht größten Flussinsel der Welt stehen faszinierende hinduistische Klöster. S. 913

Khasi-Gebirge, Meghalaya In diesem malerischen Bundesstaat laden beeindruckende Höhlen, spektakuläre Wasserfälle und faszinierende Wurzelbrücken zur Erkundung ein. S. 920

Kloster Tawang, Arunachal Pradesh Das eindrucksvolle tibetisch-buddhistische Kloster thront in absoluter Abgeschiedenheit auf einem hohen Bergkamm. S. 924

Namdapha-Nationalpark, Arunachal Pradesh Der wunderschöne Nationalpark liegt in einer atemberaubenden Umgebung mit prähistorischen Bäumen, ursprünglicher Vegetation und einigen scheuen Großkatzen. S. 926

Kohima, Nagaland Die stolze Hauptstadt von Nagaland beherbergt ein faszinierendes Museum über das Leben der Naga und eine ergreifende Gedenkstätte zum Zweiten Weltkrieg. S. 927

Die am wenigsten erforschte und sicher schönste Region Indiens, der Nordosten, ist mit dem Rest des Landes durch einen schmalen Landstreifen zwischen Bhutan und Bangladesch verbunden. Bis in jüngere Zeit war dieser Landstrich noch völlig von der Außenwelt abgeschnitten. Der indische Bundesstaat Arunachal Pradesh liegt an der hoch sensiblen Grenze zum chinesisch besetzten Tibet, aber auch – gemeinsam mit Nagaland, Manipur und Mizoram – an der 1600 km langen Grenze zu Myanmar.

Seit Erlangung der Unabhängigkeit wird die Region immer wieder von Unruhen heimgesucht. Ethnische Gruppen kämpfen nicht nur gegeneinander, sondern auch für ihre Autonomie. Für zusätzlichen Zündstoff sorgen der gewaltige Zustrom von Flüchtlingen aus Bangladesch im letzten Jahrzehnt und die Umsiedelung der ursprünglich ansässigen Bewohner. In den letzten Jahren hat sich die Lage etwas entspannt, doch Tripura und Manipur können nach wie vor nicht als sichere Reiseziele empfohlen werden, und für vier der sieben Bundesstaaten sind noch immer die als *Restricted* bzw. *Protected Area Permits* bezeichneten Genehmigungen erforderlich (S. 908/909, Kasten). Touristen sind allerdings nicht das Ziel von Gewalt. Die außergewöhnliche Vielfalt an Volksgruppen und spektakulären Landschaften macht einen Abstecher in diese Region zu einer lohnenden Angelegenheit.

Als einer der feuchtesten Monsungürtel der Erde bietet der Landstrich zudem eine erstaunlich vielfältige Flora und Fauna, die Schätzungen zufolge 50 % aller in Indien vorkommenden Arten umfasst.

Bis in die 60er-Jahre hinein bestand der Landesteil aus nur zwei Staaten: der North East Frontier Agency, heute Arunachal Pradesh, und Assam. Auf Druck der Separatisten wurde die Region in sieben Staaten geteilt, „die sieben Schwestern". Das Territorium von **Assam** umfasst heute nur noch das flache, tief liegende Flusstal des Brahmaputra. Die Hauptstadt **Guwahati** beherbergt zwei der bedeutendsten alten Tempel Indiens und ist das Tor zum Nordosten. Und die Begegnung mit einem Panzernashorn im großartigen **Kaziranga-Nationalpark** zählt zu den absoluten Highlights einer Tour in den Nordosten.

Die anderen sechs Bundesstaaten erstrecken sich über die umliegenden Berge und unterscheiden sich von der Landschaft, dem Klima und den Menschen her deutlich vom restlichen Indien. Der Staat **Meghalaya** mit seinen wunderschönen Seen birgt die regenreichsten Orte der Erde, Cherrapunjee und Mawsynram. Seine Hauptstadt **Shillong** hat sich die koloniale Atmosphäre aus ihrer Zeit als Sommerhauptstadt Ostindiens noch teilweise bewahrt. Das majestätische **Arunachal Pradesh**, einer der abgelegensten Bundesstaaten Indiens, ist Heimat einer faszinierenden Palette unterschiedlicher Völker, von denen viele aus Tibet stammen. Ganz im Westen steht das von beeindruckenden Bergen umgebene buddhistische Kloster Tawang, während die nordöstliche Ecke des Staates von der abgeschiedenen Wildnis des **Namdapha-Nationalparks** eingenommen wird. Die saftig grünen Berge von **Nagaland** im Süden sind die Heimat von 14 sich klar voneinander unterscheidenden ethnischen Gruppen.

Mizoram in den Lushai-Bergen ist vorwiegend von Christen bewohnt und seine Analphabetenquote ist eine der niedrigsten von ganz Indien.

Manipur und **Tripura** galten bei Drucklegung noch als unsichere Reiseziele und wurden daher für diese Ausgabe nicht aktualisiert (s. S. 934, Kasten). Touristen sind zwar nicht direkt von Gewalt betroffen, doch in beiden Staaten kommt es nach wie vor zu Stammeskonflikten mit Entführungen, Überfällen, Brandstiftung und Mord. Die Bewohner von Manipur stehen den Nachbarn in Myanmar in ethnischer Hinsicht näher als den Indern aus dem Westen. **Tripura** grenzt auf drei Seiten an Bangladesch, von dem es bei der Teilung 1947 abgeschnitten wurde.

Die beste **Reisezeit** für den Nordosten liegt zwischen November und April, wobei es zum Dezember hin in den Bergregionen extrem kalt werden kann. Von Mai bis Ende September ist mit schweren Regenfällen zu rechnen. Für die Reise von Westbengalen nach Guwahati, Shillong und Kaziranga braucht man zwei Wochen. Dagegen wären drei Wochen nötig, um die wichtigsten Sehenswürdigkeiten von Assam und Meghalaya zu besuchen. Ein Monat ist anzusetzen, wenn man die beiden wunderschönen und abgelegenen Bundesstaaten Arunachal Pradesh

DER NORDOSTEN

Der Nordosten

und Nagaland bereisen möchte. Für alle genannten Staaten zusammen (einschließlich Mizoram) braucht man erheblich länger.

Reisen durch den Nordosten

Ein Großteil der Region (insbesondere Nagaland) ist zwar am besten mit der Hilfe von Reiseveranstaltern (S. 909) zu bereisen, aber es wird immer einfacher – und ist überaus lohnend –, den Nordosten auf eigene Faust zu bereisen, auch wenn dazu ein beträchtliches Maß an Zeit, Energie und Ausdauer vonnöten ist. Individualreisende müssen sich auf bürokratische Hürden, Sprachbarrieren, lange Fahrten auf furchtbaren Straßen, äußerst schlichte Unterkünfte und (außer in Assam) extreme Temperaturen gefasst machen. Es ist ratsam, zumindest für einen Teil der Reise einen **Jeep mit Fahrer** zu mieten und bei den öffentlichen Verkehrsmitteln auf Tata **Sumos** zurückzugreifen, die als Sammeltaxis fungieren und meist erheblich schneller als die Busse sind. Wer im Winter reist, braucht einen Schlafsack und Thermokleidung, da die meisten Unterkünfte nicht ausreichend beheizt sind.

Aus Furcht vor Banditen wird nur selten nachts gefahren. Da die Region trotz ihrer Lage weit im Osten in derselben Zeitzone liegt wie das übrige Indien, geht die Sonne hier früh auf- und unter. Viele Geschäfte schließen daher schon um 18 Uhr. Da es außerhalb von Guwahati nur sehr wenige Möglichkeiten zum **Geldwechsel** gibt, sollte man immer ausreichend Bargeld bei sich haben.

In der gesamten Region kommt es regelmäßig zu *bandhs* (Streiks), von denen Geschäfte, Restaurants und öffentliche Verkehrsmittel betroffen sind. Während einer dreiwöchigen Tour ist damit zu rechnen, dass man dadurch zwei oder drei Tage verliert.

Assam

Assam wird vom mächtigen Strom **Brahmaputra** beherrscht. Das riesige, saftig grüne Flusstal liegt zwischen dem Vorgebirge des Himalayas im Norden und den Bergen und Hochebenen von Meghalaya im Süden. Der reizvolle Staat ist eine der wenigen Ölregionen Indiens und produziert außerdem rund 60 % des indischen Tees. Doch der **Teeanbau** ist nicht mehr so profitabel wie früher, und für die Adivasis (Angehörige verschiedener indigener Gruppen, die von den Briten aus Zentralindien als Plantagenarbeiter ins Land gebracht wurden) hat sich seit der Kolonialzeit deprimierend wenig geändert. Die soziale Ausgrenzung ist auch einer der Hauptgründe für die Instabilität Assams. 1985 nahm die **United Liberation Front of Asom (ULFA)**, eine separatistische Gruppierung, die von der indischen Regierung zur Terrororganisation erklärt wurde, den bewaffneten Unabhängigkeitskampf auf. Anfang der 1990er-Jahre entfachte der assamesische Nationalismus den Widerstand der Bodo, Cachar und anderer ethnischer Minderheiten. Trotz fortdauernder Bombenanschläge, *bandhs* und interner Machtkämpfe hat sich die Situation verbessert, und bisher waren Touristen nie die Zielscheibe von Gewaltakten.

Guwahati, die lebendige Hauptstadt von Assam, beherbergt einen der bedeutendsten Kali-Tempel Indiens, den **Kamakhya**, und fungiert als Knotenpunkt der gesamten Region. Von der Stadt aus leicht zu erreichen ist der herrliche Nationalpark **Kaziranga**, der für seine Panzernashörner berühmt ist. Etwas weiter liegt mitten im Brahmaputra das faszinierende Eiland **Majuli**, Heimat einzigartiger Hindu-Klöster. Unterwegs sollte man auch die Augen offen halten nach *bhut jolokia*, der schärfsten Chili-Pflanze der Welt; sie stammt aus Assam.

Guwahati

Guwahati oder Gauhati, die Hauptstadt von Assam, erstreckt sich am Ufer des **Brahmaputra**, dessen sandiges Flussbett so breit ist, dass das gegenüberliegende Ufer oft gar nicht zu sehen ist. Die Stadt ist dicht besiedelt und dreckig, dient aber als wichtigstes Sprungbrett für die Region, sodass sehr viele Touristen hier wenigstens ein bis zwei Nächte verbringen.

Das belebte Marktviertel in der Innenstadt steht in starkem Kontrast zu den ländlichen Vororten am Flussufer nordöstlich des Zentrums und den dahinter aufragenden Bergen. Hauptattraktion sind die Tempel **Kamakhya**, **Navagraha** und **Umananda**. Nordwestlich von Guwahati liegen das berühmte Seidendorf **Sualkachi**, die Pilgerstätte **Hajo** und der wunderschöne **Manas-Nationalpark**.

Die Stadt

Die betriebsamen Märkte **Paltan Bazaar**, **Pan Bazaar** und **Fancy Bazaar**, die Haupteinkaufsbezirke von Guwahati, findet man allesamt im Zentrum zu beiden Seiten der Eisenbahnstrecke. Die älteren Wohngebiete liegen nördlich der Gleise. Assamesische Seide, Nashörner aus Holz und anderes Kunsthandwerk wird in verschiedenen Läden in der GNB Road angeboten. Mit einem Bummel am Ufer des Brahmaputra lässt sich eine Auszeit vom Trubel der Stadt nehmen.

Das Hauptgeschäft von Assam ist Tee, und Touristen können mit Genehmigung des Senior Managers, ✆ 0361/233 1845, das **Assam Tea Auction Centre** im Vorort Dispur besuchen. (Ö) Di 9.30–13 und 14.30–18 Uhr.

Assams **State Museum** in der GNB Road präsentiert Stammestrachten und religiöse Skulpturen. ⌚ tgl. außer Mo 10–16.15 Uhr, Eintritt Rs10, Fotoerlaubnis Rs10, Videoerlaubnis Rs250.

Srimanta Sankaradeva Kalakshetra ist ein Kulturzentrum in der Shillong Road im Bezirk Panjabari, das sich aus einem Museum, einer Kunstgalerie, einem Theater und einem Vishnuiten-Tempel zusammensetzt.

Der Shiva-Tempel **Umananda** steht auf Peacock Island mitten im Brahmaputra. Seine Lage am oberen Ende einer steilen Treppe ist eigentlich spektakulärer als der Tempel selbst, auch wenn man dort mit etwas Glück einige seltene Goldlangurenaffen zu Gesicht bekommt. Von Kachari und Umananda Ghat legen regelmäßig Fähren ab.

Auf dem alles beherrschenden Nilachal-Berg, 8 km westlich des Zentrums und mit Blick auf den Fluss, thront der bedeutende Kali-Tempel **Kamakhya**. Er ist mit seinem bienenstockförmigen *shikhara* ein gutes Beispiel für den unverwechselbaren assamesischen Architekturstil. Das Tantra-Zentrum markiert den Ort aus der hinduistischen Mythologie, wo Satis *yoni* (weibliches Geschlechtsteil) gelandet sein soll, als ihr Leichnam in 51 Teilen auf die Erde fiel. Kamakhya ist einer der drei bedeutendsten tantrischen Tempel Indiens. Ein kurzer Fußmarsch bergauf führt zu einem kleineren Tempel mit wunderschönem Blick auf Stadt und Fluss.

Östlich des Stadtzentrums steht auf einem anderen Berg der stimmungsvolle **Navagraha-Tempel** – der „Tempel der neun Planeten". Die uralte Stätte der Astrologie und Astronomie besitzt eine herrliche Akustik. Unter einer roten Kuppel wird der zentrale Lingam von weiteren acht umringt. Sie stellen die Planeten dar.

Übernachtung

Guwahati lockt mit einem guten Angebot an Übernachtungsmöglichkeiten in allen Preislagen, jedoch empfiehlt es sich, im Voraus zu buchen.

Dynasty, SS Rd, Fancy Bazaar, ✆ 0361/251 6021, 💻 www.hoteldynastyindia.com. Der imposante Eingang mit Palmen, Wasserspiel und luxuriöser Lobby weckt Erwartungen, welche die schicken, aber überteuerten Zimmer mit Bad nicht ganz erfüllen; gute Bar, ausgezeichnetes Tandoori-Restaurant und Fitnesscenter. ❻–❽

Ginger, VIP Rd, hinter der Tennis Association of Assam, 3 km südlich des Flusses Bharalu, ✆ 0361/233 6333, 💻 www.gingerhotels.com. Cooler Ableger der eleganten Tata Group mit preisgünstigen, minimalistisch eingerichteten Zimmern mit Bad, dazu WLAN, Fitnesscenter und modischen Schnickschnack wie Selbsteinchecken. Jedoch ungünstige Lage. ❺–❻

Kiranshree Portico, nahe GS Rd, Paltan Bazaar, ✆ 0361/273 5300, 💻 www.kiranshreeportico.com. Professionell geführtes Hotel der Oberklasse mit coolen, modernen Zimmern mit Bad sowie Minibar, Tee- und Kaffeezubereitung,

Erste Wahl für Backpacker

Sundarban Guest House, ME Rd, Paltan Bazaar, ✆ 0361/273 0722, ✉ kuljitbaruah_sgh@rediffmail.com. Die beste Backpacker-Unterkunft von Guwahati hat preiswerte, zumeist rosafarbene Zimmer mit TV. Die Flure sind mit Topfpflanzen, gerahmten Fotos und religiösen Plakaten dekoriert. ❸–❹

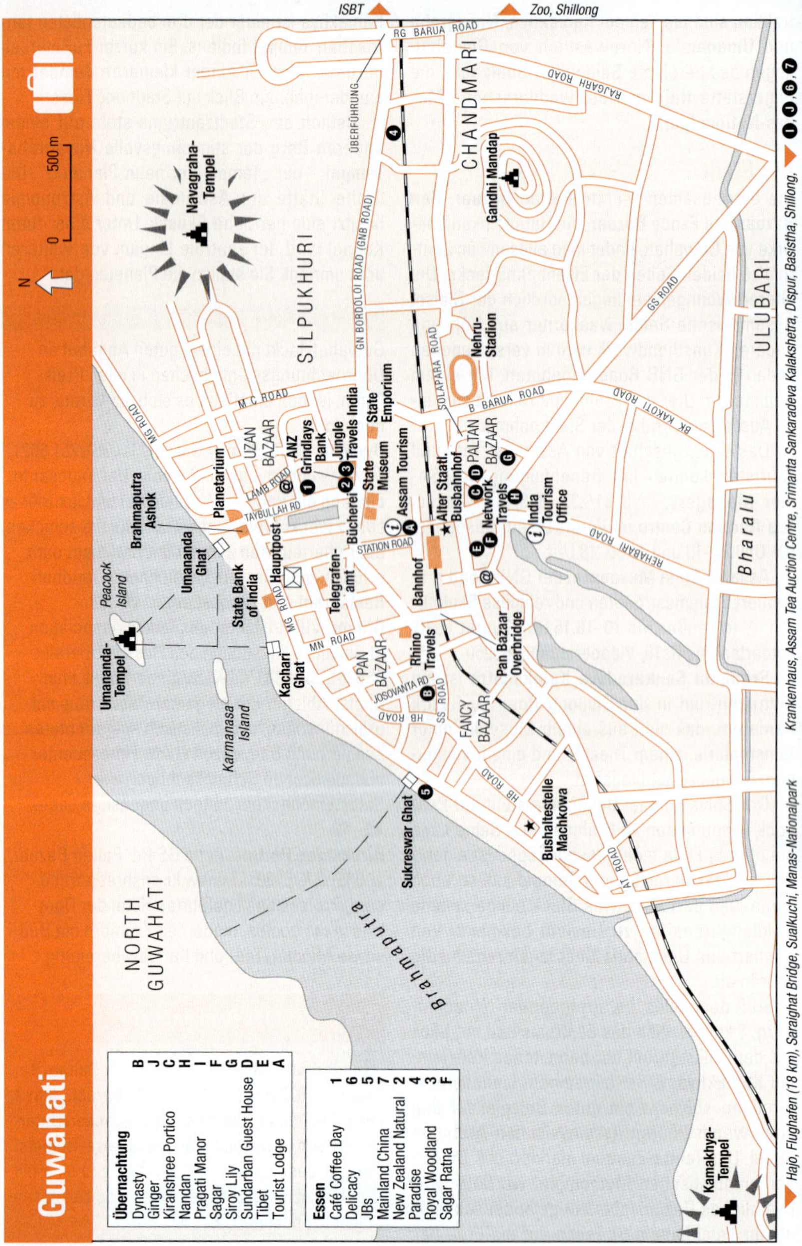
Guwahati
Übernachtung
Dynasty B
Ginger J
Kiranshree Portico C
Nandan H
Pragati Manor I
Sagar F
Siroy Lily G
Sundarban Guest House D
Tibet E
Tourist Lodge A
Essen
Café Coffee Day 1
Delicacy 6
JBs 5
Mainland China 7
New Zealand Natural 2
Paradise 4
Royal Woodland 3
Sagar Ratna F
ISBT
Zoo, Shillong
Krankenhaus, Assam Tea Auction Centre, Srimanta Sankaradeva Kalakshetra, Dispur, Basistha, Shillong, I, J, 6, 7
Hajo, Flughafen (18 km), Saraighat Bridge, Sualkuchi, Manas-Nationalpark
500 m
Navagraha-Tempel
SILPUKHURI
CHANDMARI
ULUBARI
Gandhi Mandap
Nehru-Stadion
Brahmaputra Ashok
Planetarium
UZAN BAZAAR
Grindlays Bank
ANZ
Jungle Travels India
State Emporium
State Museum
Assam Tourism
Bücherei
Hauptpost
State Bank of India
Umananda Ghat
Peacock Island
Umananda-Tempel
Karmanasa Island
Kachari Ghat
Telegrafenamt
Bahnhof
Alter Staatl. Busbahnhof
PALTAN BAZAAR
Network Travels
India Tourism Office
Rhino Travels
PAN BAZAAR
Pan Bazaar Overbridge
FANCY BAZAAR
Sukreswar Ghat
Bushaltestelle Machkowa
Kamakhya-Tempel
NORTH GUWAHATI
Brahmaputra
Bharalu
RG BARUA ROAD
RAJGARH ROAD
GN BORDOLOI ROAD (GNB ROAD)
ÜBERFÜHRUNG
GS ROAD
SOLAPARA ROAD
B BARUA ROAD
BK KAKOTI ROAD
REHABARI ROAD
M C ROAD
MG ROAD
LAMB ROAD
TAYBULLAH RD
STATION ROAD
MN ROAD
JOSOVANTA RD
HB ROAD
SS ROAD
AT ROAD

Flachbildfernsehern und schicken Bädern; außerdem Fitnesscenter, Bar, Coffeeshop und gutes Restaurant. ❼–❽

Nandan, GS Rd, Paltan Bazaar, ✆ 0361/254 0855, 🖳 www.hotelnandan.com. Hotel der gehobenen Mittelklasse, blitzsaubere Zimmer mit Bad, WLAN, hilfreiches Personal und ein mexikanisches Restaurant. ❻

Pragati Manor, GS Rd, 1 km südlich des Bharalu River, ✆ 0361/234 1261, 🖳 www.pragatimanor.com. Eines der besten unter den teureren Hotels, wenngleich etwas weit außerhalb des Zentrums. Hinter der glänzenden Goldfassade liegen noble Zimmer mit Bad, roten Lampen und Bildern der Ureinwohner. Gutes Restaurant, rund um die Uhr geöffneter Coffeeshop und Bar. ❻–❼

Sagar, MD Shah Rd, Paltan Bazaar, ✆ 0361/273 7500, 🖳 www.hotelsagarguwahati.com. Perfekt für Leute mit Sinn für Ordnung: kleine, spartanisch ausgestattete Zimmer mit sehr sauberen Bädern, Flachbild-TV, Telefon und sonst nicht viel mehr. ❹–❺

Siroy Lily, Solapara Rd, Paltan Bazaar, ✆ 0361/ 260 8492, 🖳 www.hotelsiroylily.com. Solide, aber wenig spektakuläre Unterkunft mit Zimmern mit Bad, einige davon etwas mitgenommen, sowie mit TV und Schreibtisch. Gutes Manipuri-Restaurant, inkl. Frühstück. ❹–❺

Tibet, AT Rd, Paltan Bazaar, ✆ 9864 023296, ✉ hoteltibet@redimail.com. Eine der besten der Billigunterkünfte an der alten Busstation; recht saubere Zimmer, allerdings etwas laut. ❷–❸

Tourist Lodge, Station Rd, ✆ 0361/254 4475. Das grün-weiße Hotel von Assam Tourism hat schon bessere Tage gesehen, aber die Zimmer mit Bad und TV und entweder Ventilator oder AC sind preisgünstig – solange man sich nicht an der abblätternden Farbe stört. Billiges Restaurant plus Bar. ❸–❹

Essen

Die meisten Hotels der mittleren und oberen Preisklasse haben gute **Restaurants**. **Kaffee** und Backwaren bieten die Filialen der Kette **Café Coffee Day**, Taybullah Rd und GS Rd, 200 m südlich des Bharalu. **New Zealand Natural**, gegenüber vom State Museum, GNB Rd, serviert **Eiscreme**, Joghurteis und Smoothies.

JBs, MG Rd, nahe dem Hauptfähranleger mit Blick auf den Brahmaputra. Im ersten Stock gibt es ein angenehmes, klimatisiertes Restaurant mit guten vegetarischen Gerichten aus Nordindien (Rs75–120); besonders gut sind das cremige *paneer makhani* und *paneer do-pyaza*. Unten befindet sich eine Snackbar und Bäckerei. Weitere Filiale in der GS Road, gut 1 km südlich des Bharalu.

Mainland China, Dona Planet Mall, GS Rd, 700 m südlich des Bharalu River. Guwahatis elegantestes Restaurant könnte sich auch im Zentrum von Mumbai sehen lassen. Exquisite und entsprechend teure chinesische Küche (Rs90–470) – u. a. *dim sum* und tolles Seafood – vollendet serviert in vornehmer Atmosphäre. Als Dessert empfehlen sich die Dattel-Wan-Tans.

Paradise, GNB Rd, 1 km östlich vom State Museum. Unprätentiöses, schummrig beleuchtetes Lokal, dessen Speisekarte auf den Papiersets steht. Gut für traditionelle assamesische *thalis* (veg. Rs90, nicht-veg. Rs100). Neben neun herzhaften Speisen umfassen die *thalis* auch oft *payash*, einen süßen Reispudding. Es gibt auch Bier (Rs100–130).

Royal Woodland, GNB Rd, nahe dem State Museum. Bescheidenes südindisches Lokal im 1. Stock mit preisgünstigen *dosas* – besonders zu empfehlen ist *rawa mysore masala dosa* –, *vadas* und *uttappams* (Rs30–80) sowie schmackhaftem Assam-*thali*.

Sagar Ratna, Hotel Sagar. Das klimatisierte vegetarische Restaurant im 1. Stock mit

Delikatessen des Nordostens

Delicacy, GS Rd, 2 km südlich vom Bharalu River. Trotz der eher bescheidenen Lage unter einer Überführung ist das Delicacy *das* Restaurant für die authentische Küche des Nordostens: Ente, Taube, Schweinefleisch, Huhn oder Süßwasserfisch in riesigen Portionen, serviert mit ungewöhnlichen Beilagen wie Bananenblättern, Sesam oder Bambussprossen (Rs80–120).

pfirsichfarbener Farbgestaltung, Milchglas und engagierter Bedienung bietet 22 Arten *dosas*, nordindische Hauptgerichte (Rs85–225) und ein verlockendes Angebot an Eisbechern.

Sonstiges

Apotheken

Life Pharmacy, GS Rd, gleich südlich der B Barua Rd, beim Hotel Nandan, 🕓 8–22.30 Uhr.
An der GS Rd gibt es beim Hotel Nandan noch weitere Apotheken.

Bücher

Mehrere Buchläden befinden sich am Pan Bazaar, darunter **Western Book Depot**, Josovanta Rd, nahe HB Rd;
Modern Book Depot, HB Rd nahe MN Rd;
Vintage Bookshop, MN Rd.

Geld

ANZ Grindlays, GNB Rd, und die **State Bank of India**, MG Rd, lösen Reiseschecks ein und wechseln Fremdwährungen. Thomas Cook, ☏ 0361/222 9932, ist in der GS Road, 3 km südlich des Bharalu. Geldautomaten sind über die ganze Stadt verteilt.

Informationen

Assam Tourism, Station Rd, ☏ 0361/254 7102, 💻 www.assamtourism.org, ist eine gute Infostelle (🕓 tgl. außer So und 2. und 4. Sa im Monat: Nov–Feb 10–16.15, März–Okt 10–17 Uhr). Nebenan vermittelt ein Büro, ☏ 0361/213 0556, Mietwagen, Flüge und Exkursionen nach Kaziranga (2 Tage, 1 Nacht Rs2850) und Manas (2 Tage, 1 Nacht Rs3000) sowie eine Stadttour (Rs300).
India Tourism, Rehabari Road, Paltan Bazaar, ☏ 0361/234 1603, 🕓 Mo–Fr 9.30–17 Uhr.

Internet

I-Way, Lamb Rd (Rs25 pro Std.), und
Pace Travels, Paltan Bazaar (Rs20 pro Std.).

Medizinische Hilfe

Down Town Hospital, ☏ 0361/233 6906.
Guwahati Medical College Hospital, ☏ 0361/252 8417.

Polizei

Notruf ☏ 100, oder HB Rd, ☏ 0361/254 0138.

Post

ARB Rd, gleich um die Ecke von der State Bank of India.

Reisebüros

Jungle Travels India (s. Kasten S. 909).
Bucht Flüge, beschafft Permits und organisiert Touren.
Network Travels, Paltan Bazaar, ☏ 0361/260 5335, 💻 www.networktravelsindia.net. Vermittelt Touren, Permits und Flugtickets und ist eines der größten privaten Busunternehmen der Region.
Rhino Travels, MN Rd, Pan Bazaar, ☏ 0361/ 254 0666. Bietet verschiedene Touren an, u. a. Safaris im Manas-Nationalpark.

Kreuzfahrten auf dem Brahmaputra

Wer ausreichend Zeit und Geld hat, kann mit der **Assam Bengal Navigation Company** eine Sightseeing-Kreuzfahrt auf dem Brahmaputra unternehmen; Reservierungen direkt unter ☏ 0361/260 2223, 💻 www.assambengalnavigation.com, oder über Jungle Travels India (s. Kasten S. 909).

Transport

Busse

Der neue **Inter State Bus Terminus (ISBT)** liegt unpraktisch am NH-37, 9 km östlich der Stadt. Von hier fahren staatliche Busse zu Zielen in der ganzen Region ab.
Jenseits des Bahnhofs beginnt der hektische Paltan Bazaar, von wo aus die meisten Busse der **privaten Gesellschaften**, die hier auch ihre Schalter haben, starten. Privatbusse sind komfortabler, praktischer und meist schneller.

Staatliche Busse nach:
DIBRUGARH (8–10x tgl., 10 Std.),
JORHAT (stdl., 7 Std.),
KAZIRANGA (stdl., 5 Std.),
SILCHAR (4–5x tgl., 12 Std.),
SILIGURI (5–7x tgl., 12 Std.),
TEZPUR (1–2x stdl., 4–5 Std.).

Eisenbahn

Der Bahnhof liegt im Stadtzentrum. Es gibt mehrere Verbindungen von Guwahati nach DELHI; die schnellste davon ist der Rajdhani Express Nr. 12423 (Di, Mi, Do, Sa, So 7.05 Uhr, 27 Std.). Nach JORHAT bietet der Shatabdi Express Nr. 12067 (tgl. außer So 6.30 Uhr, 6 3/4 Std.) die schnellste Verbindung; er hält auch in LUMDING (2 3/4 Std.) und DIMAPUR (4 1/4 Std.). Der Kamrup Express Nr. 15959 (tgl. 16 Uhr, 13 1/4 Std.) fährt nach DIBRUGARH. Nach KOLKATA (Howrah) ist der Kamrup Express Nr. 15960 (tgl. 7.35 Uhr, 22 1/4 Std.) zu empfehlen.

Flüge

Vom **Lok-Priya-Flughafen**, 18 km südwestlich des Zentrums, gehen regelmäßig Flüge nach Agartala, AIZAWL, Bagdogra, Delhi, DIBRUGARH, Imphal, JORHAT, Kolkata, LILABARI, MUMBAI und SILCHAR.
Ein Taxi zum Flughafen kostet etwa Rs350 (45 Min.). Minibusse (Rs100) fahren, sobald sie voll sind, vor dem Hotel Mahalaxmi neben dem Hotel Nandan an der GS Rd ab.
Helikopter von **Pawan Hans**, ✆ 0361/241 6720, fliegen von Guwahati nach Naharlagun (bei Itanagar), Shillong, Tawang und Tura.

Fluggesellschaften in Guwahati
Air India/Indian Airlines, GS Rd, Ganeshguri Charili, nahe Assam Assembly, Dispur, ✆ 0361/226 4420;
Jet Airways, Taybullah Rd, beim Café Coffee Day, ✆ 0361/263 3252.

Sammeltaxis und Sumos

Sammeltaxis und Sumos nach SHILLONG (3 1/2 Std.) und zu anderen Zielen fahren, wenn sie voll sind, vom alten Busbahnhof gegenüber vom Hotel Tibet im Paltan Bazaar.

Die Umgebung von Guwahati

In jedem Haus im Dorf **Sualkuchi**, 36 km von Guwahati, wird goldene *muga*-**Seide** produziert, die nach der satten Bernsteinfarbe der Seidenraupen benannt ist, die es nur in Assam gibt. Die Seide ist hier billiger als in Guwahati – man kann sie direkt bei den Dorfbewohnern kaufen. **Hajo**, 2 km nördlich, ist ein Wallfahrtsort für Hindus, Buddhisten und Moslems und lohnt wegen seiner Ansammlung verschiedenster Tempel einen Besuch, darunter der hinduistische **Hayagriba-Madhava Mandir**. Die Moslems glauben, dass ein viermaliger Besuch der hiesigen **Poa Mecca-Moschee** eine Wallfahrt nach Mekka ersetzt.

Der **Manas-Nationalpark**, 80 km westlich von Guwahati an der Grenze zu Bhutan, steht seit 1992 auf der Unesco-Liste der gefährdeten Welterbestätten. Die Zahl großer Säugetiere im Park ist durch Unruhen, Wilderer und Personalmangel stark gesunken und Elefanten und Tiger lassen sich hier nur noch äußerst selten blicken. Wegen seiner vielfältigen natürlichen Schönheit lohnt der Park trotzdem einen Abstecher: Wasserbüffel grasen auf ausgedehnten Sand- und Grasflächen und den Fluss Manas säumen *sal*-Wälder. Außerdem sind kürzlich mehrere Nashörner von Kaziranga hierher umgesiedelt worden und weitere sollen folgen. Es gibt auch Pläne, den Park zu vergrößern und neue Hotels zu bauen. ◷ Okt–März, Eintritt Rs250, Fahrzeug Rs200, Fotoerlaubnis Rs500. Der Mothunguri Forest Bungalow am Fluss verfügt über drei stimmungsvolle **Zimmer** (❸), zu buchen über den Field Director, ✆ 03666/260289. Komfortabler ist die Bansbari Lodge etwas außerhalb des Parks, ✆ 0361/260 2223, 🖳 www.assambengalnavigation.com, ❺. Zum Park gelangt man nur mit einem eigenen gemieteten Transportmittel oder im Rahmen einer organisierten Tour.

Tezpur

Tezpur, 174 km nordöstlich von Guwahati, ist eine geschäftige kleine Stadt am Nordufer des Brahmaputra. Ihren Namen („voller Blut") verdankt sie einer mythischen Schlacht zwischen Vishnu und Shiva. Wer auf dem Weg nach Arunachal Pradesh ist, muss hier vielleicht eine Nacht verbringen.

Der Park **Chitralekha Udyan** mit einem See in der Mitte (Paddelboote Rs40/15 Min.) eignet sich gut zum Herumbummeln, besonders am frühen Abend, wenn die Wege mit Lichterketten beleuchtet sind. Im Ort ist der Park noch unter dem Namen Cole Park bekannt, nach seinem Begründer, dem britischen stellvertretenden Commissioner. ⏲ tgl. 9–20 Uhr, Eintritt Rs10. Der Hauptmarkt der Stadt, **Chowk Bazaar**, befindet sich an der MC Road; ein Stückchen nördlich liegt der **Mahabhairav Siva-Tempel** aus dem 9. Jh. Vom **Agnigarh Hill** am Fluss, 1 km östlich, bieten sich schöne Ausblicke. ⏲ tgl. 8–19.30 Uhr, Eintritt Rs10.

Übernachtung

Tezpur verfügt über zahlreiche Hotels, von denen viele ein sehr gutes Preis-Leistungs-Verhältnis bieten.

Einreise, Genehmigungen und Reiseveranstalter

Die Region öffnet sich zwar langsam für den Tourismus, trotzdem können sich die Vorschriften je nach aktuellem Sicherheitsstand ändern. Vor der Reise sollte man daher bei der indischen Botschaft Erkundigungen einholen.

Für **Assam**, **Meghalaya** und **Tripura** gibt es derzeit keinerlei Einschränkungen. Für den Besuch von **Manipur, Mizoram, Nagaland und Arunachal Pradesh** benötigen Ausländer Genehmigungen für Sperrgebiete, sogenannte Restricted bzw. Protected Area Permits. Zur Zeit der Recherche warnte das Auswärtige Amt vor Reisen nach Manipur, das britische Außenministerium rät auch von Reisen nach Tripura ab. Arunachal Pradesh ist der einzige Bundesstaat, der für die Ausstellung einer Genehmigung eine Gebühr erhebt (US$50), allerdings verlangt Manipur eine „Förderabgabe" von Rs1500. Genehmigungen für Arunachal Pradesh sind 30 Tage gültig, diejenigen für die anderen Staaten 10 Tage. In bestimmten Fällen ist eine Verlängerung möglich – am besten fragt man schon bei der Antragstellung danach oder erkundigt sich vor Ort bei einem Reiseveranstalter. Die Genehmigungen für Nagaland und Arunachal Pradesh gelten ab einem festgelegten Datum, die für Mizoram ab Einreise in den Bundesstaat.

Nagaland und Mizoram dürfen offiziell nur in **Gruppen** von mindestens vier Personen bereist werden; für Nagaland werden bisweilen auch Genehmigungen an verheiratete Paare ausgestellt. Die Behörden von Mizoram sind flexibler und erteilen oft sogar Einzelreisenden ein Permit. In Arunachal Pradesh muss man offiziell mindestens zu zweit reisen, jedoch können **Einzelreisende**, die den Antrag über einen Veranstalter stellen, ebenfalls ein Permit bekommen, wenn sie die volle Gebühr für zwei Personen (US$100) bezahlen. Von den Genehmigungen sollte man einen Stapel Kopien mitnehmen, da man z. B. an der Grenze und in Hotels Kopien abgeben muss. Bei der Einreise nach Arunachal Pradesh oder Mizoram muss man den Grenzposten unter Umständen glaubhaft versichern (egal, was man wirklich vorhat), dass sich die anderen – frei erfundenen – Personen auf dem Permit „verspätet" haben und man sich am Zielort mit ihnen bei einem örtlichen Guide treffen würde. Nagaland ist jedoch erheblich strenger, sodass Einzelreisende oder Reisende ohne Führer nicht in den Staat hineingelassen werden; im Endeffekt muss man Nagaland also mit einer Reisegruppe besuchen. Wer in einem der sieben Teilstaaten mit einem Veranstalter reist, muss pro Person und Tag mit mindestens US$50 rechnen.

Einzelreisende sollten sich die Genehmigungen bei den Foreigners' Registration Offices (oder beim Superintendent of Police) in den Hauptstädten bestätigen lassen.

Die Genehmigungen werden beim Grenzübertritt nicht mit einem Datumstempel versehen. In dem Fall, dass man bei seiner Reise einen Bundesstaat mehrmals betritt und wieder verlässt, kann es demnach zu Kontroversen kommen, ob eine erneute Einreise rechtens ist oder nicht. Permits gelten für den gesamten ausgestellten Zeitraum – egal wie oft man einen Staat betritt und wieder verlässt –, doch in der Praxis wird man möglicherweise mit Grenzbeamten konfrontiert, die Bakschisch verlangen. In einem solchen Fall sollte man versuchen, standhaft zu bleiben.

Genehmigungen (Permits)

Für Mizoram, Nagaland und Arunachal Pradesh erhält man am schnellsten und einfachsten eine Genehmigung, wenn man sich mehrere Wochen

Centre Point, Main Rd, gegenüber der Polizei, ✆ 03712/232359, ✉ hotelcentrepoint.tezpur@gmail.com. Dieses Hotel für Geschäftsreisende bietet günstige, eher funktionelle als schöne Zimmer mit Bad. Die Korridore sind mit Bänken, Pflanzen und Kunst aufgelockert. Der Service lässt mitunter zu wünschen übrig. ❸–❺

Luit, abseits Ranu Singh Rd, 100 m nördlich vom Busbahnhof, ✆ 03712/222083, ✉ hotel@rediffmail.com. Die günstigen Zimmer im Nebengebäude des altehrwürdigen Luit sind die besten Unterkünfte für Backpacker am Ort. Außerdem gibt es noch komfortablere (und teurere) Mittelklassezimmer mit Korbmöbeln,

im Voraus an einen Reiseveranstalter wendet. Es wird eine geringe Bearbeitungsgebühr fällig (und manchmal auch ein paar Rupien, um den bürokratischen Prozess zu beschleunigen), aber die Veranstalter helfen auch dabei, eine Gruppe zusammenzustellen. Alternativ kann man einen Antrag bei der Ausländerabteilung (Foreigners' Division) des Ministry of Home Affairs, Lok Nayak Bhavan, Khan Market, New Delhi, stellen oder beim Foreigners' Regional Registration Office, AJC Bose Road, Kolkata. Jedoch sind die von diesen Behörden erteilten Genehmigungen oft auf bestimmte Gebiete in den einzelnen Staaten begrenzt, was nicht unbedingt den eigenen Reiseplänen entspricht. Für das Einholen der Genehmigungen sollte man etwa eine Woche einplanen. Genehmigungen erteilen auch die indischen Botschaften im Ausland. Da sie jedoch zunächst grünes Licht aus Delhi einholen müssen, sollte man den Antrag mindestens zwei Monate im Voraus stellen.

Regierungsbehörden der Bundesstaaten

Arunachal Pradesh: Arunachal Bhawan, Kautilya Marg, Chanakyapuri, Delhi, ✆ 011/2301 3915; Block CE-109, Sector 1, Salt Lake, Kolkata, ✆ 033-2334 1243.

Manipur: Manipur Bhawan, 2 Sardar Patel Marg, Chanakyapuri, Delhi, ✆ 011/2687 3311; Manipur Bhawan, 26 Rowland Rd, Kolkata, ✆ 033-2475 8075.

Mizoram: Mizoram Bhawan, Circular Rd (hinter der Botschaft von Sri Lanka), Chanakyapuri, Delhi, ✆ 011/2301 0595; Mizoram House, 24 Old Ballygunge Rd, Kolkata, ✆ 033/2475 7034.

Nagaland: 29 Aurangzeb Rd, Delhi, ✆ 011/301 2296; Nagaland House, 12 Shakespeare Sarani, Kolkata, ✆ 033/2242 5269.

Reiseveranstalter

Cultural Pursuits, Hotel Alpine Continental, Thana Rd, Shillong, Meghalaya, ✆ 9436/303978, 🖳 www.culturalpursuits.com. Das freundliche, erfahrene und bestens informierte kanadische Unternehmen veranstaltet Reisen in der gesamten Region, darunter auch maßgeschneiderte Exkursionen für Budget-Traveller.

Gurudongma Tours & Treks, Gurudongma Lodge, Kalimpong, Westbengalen, ✆ 03552/255204, 🖳 www.gurudongma.com. Das hochprofessionelle Team arrangiert Jeep-, Trekking- und Mountainbike-Touren, Besuche bei indigenen Stämmen und Touren zur Wildtierbeobachtung in Assam, Meghalaya, Nagaland und Arunachal Pradesh. Spezialität dieses Veranstalters ist die Vogelbeobachtung, 🖳 www.allindiabirding.com.

Jungle Travels India, GNB Road, Silpukhuri, Guwahati, Assam, ✆ 0361/266 0890, 🖳 www.jungletravelsindia.com. Organisiert anspruchsvolle Gruppen- und maßgeschneiderte Individualreisen, darunter Luxuskreuzfahrten.

Purvi Discovery, Jalannagar, Dibrugarh, Assam, ✆ 0373/230 1120, 🖳 www.purviweb.com. Veranstaltet mit seinen ausgezeichneten Guides maßgeschneiderte Touren mit den Schwerpunkten Wildtiere, Angeln, Golf, Reiten, Kriegsdenkmäler, Volksstämme und Teeplantagen in der Umgebung von Dibrugarh und im gesamten Nordosten.

Travel The Unknown, 52/1 Friends Rd, Croydon, London, Großbritannien, ✆ 0845/ 053 0352, 🖳 www.traveltheunknown.com. Verlässliches und gut geführtes britisches Unternehmen, das Reisen zu eher unüblichen Zielen organisiert. Die Touren führen in die gesamte Region, darunter nach Tawang, Kaziranga und Cherrapunjee.

Schick und modern

KF, Mission Charali, 4 km nördlich vom Busbahnhof, ✆ 03712/237825, ✉ skfood@gmail.com. Das KF ist eine Überraschung: saubere, moderne Zimmer mit schicken Bädern, moderner Kunst, Flachbild-TVs und Tee- und Kaffeekochern – dies ist eines der stilvollsten Hotels in Assam. Außerdem tolles Restaurant. ❺–❻

TV und viel Platz. Zimmer im Nebengebäude ❷, Mittelklassezimmer ❹–❺

Tourist Lodge, KP Agarwalla Rd, ✆ 03712/221016. Obwohl sie schon bessere Tage gesehen hat, ist die Tourist Lodge immer noch eine akzeptable Budget-Unterkunft für den Fall, dass das Luit voll ist. Die einfachen Zimmer sind ruhig und ziemlich sauber. ❷

Wild Mahseer, 30 km nördlich von Tezpur, ✆ 03714/234354, 🖳 www.oldassam.com. Vier luxuriöse Bungalows aus der Kolonialzeit auf der Teeplantage Addabari. Vollpension und Aktivitäten sind inbegriffen: Die Gäste können nicht nur die Ruhe genießen, sondern auch angeln, Rad fahren und wandern. ❽

Essen

Tezpur verfügt über eine Handvoll Restaurants. Das Restaurant des **KF** wirkt kühl und modern und bietet eine gute Karte mit vegetarischen und Hühnchen-Burgern, Pizzas und indischen und chinesischen Klassikern, darunter einige köstliche Garnelen-Currys (Rs90–165). Außerdem gibt's eine Eisdiele, einen Kuchenladen und eine Bar.

Chinese Villa, 2. Stock des Baliram-Komplexes, Ecke NB und NC Road, 300 m nordöstlich vom Busbahnhof. Große Fenster, Buntglas und rote Lampions. Es gibt auch eine indische Karte, aber die chinesischen Gerichte (Rs70–130) wie gegrilltes Lammfleisch sind besser.

Veggie Foods, unter Chinese Villa. Informelles, günstiges Lokal für *dosas* und *thalis* (Rs15–35).

Sonstiges

Geld

Keine der Banken tauscht Bargeld, aber es gibt zahlreiche **Geldautomaten**.

Informationen

Tourist Office, ✆ 03712/221016, in der Tourist Lodge, KP Agarwalla Rd, ⏲ tgl. außer So und 2. und 4. Sa des Monats 10–17 Uhr.

Internet

Dhungana Cyber Café, im Anjana Complex, NB Rd, 100 m nördlich des Restaurants Chinese Villa (Rs20 pro Std.).

Post

Hauptpost, Head Post Office Rd, parallel zur Hauptstraße.

Transport

Der **Busbahnhof** von Tezpur, Kabarkhana (KK) Rd, ist 500 m nördlich des Tourist Office. Die KK Road ist von **Sumo**-Ständen gesäumt; es gibt tgl. Verbindungen nach BOMDILA (5–6 Std.), DIRANG (7–8 Std.) und TAWANG (14–18 Std.) in Arunachal Pradesh.

Staatliche Busse fahren nach GUWAHATI (1–2x stdl., 4–5 Std.), JORHAT (stdl., 4 Std.), KAZIRANGA (stdl., 2 Std.) und ITANAGAR (1–2x tgl., 5 Std.).

Vom **Flughafen** gibt es Verbindungen nach KOLKATA und SILCHAR.

Nameri-Nationalpark

35 km nördlich von Tezpur, aber nur mit dem Taxi zu erreichen, liegt der 200 km² große Nameri-Nationalpark am Fluss Bharali, ein nettes, ruhiges Gebiet zum Angeln, Raften, zur Vogelbeobachtung und für geführte Wanderungen. Hier sind mehr als 300 Vogelarten zu Hause, darunter die seltene Malaienente sowie Fischadler und Nashornvögel. Auch Wild bekommt man zu Gesicht, Tiger und Elefanten dagegen nur sehr selten. ⏲ Nov–März, Eintritt Rs250. Guides, Angeln, Wanderungen und Rafting-Trips können im schönen **Eco Camp**, ✆ 9435/250052, ✉ nameriecocamp@gmail.com, 3 km vom Park entfernt, arrangiert werden. In stimmungsvollem Ambiente gibt es hier von Reetdächern geschützte Zelte mit Bad (❺), einen Schlafsaal (Rs100 plus Rs60 für eine Pflichtmitgliedschaft) und ein Restaurant. Ansonsten kann man auch in Bhalukpong (S. 922)

10 km vom Parkeingang entfernt übernachten. Gurudongma Tours & Treks (S. 909) und Wild Grass in Kaziranga (S. 912) organisieren Touren zur Vogelbeobachtung im Nameri-Nationalpark.

12 HIGHLIGHT

Kaziranga-Nationalpark

Am Südufer des Brahmaputra, 217 km östlich von Guwahati, bedeckt der als Weltkulturerbe ausgewiesene Kaziranga-Nationalpark vor dem Hintergrund der Karbi-Anglong-Berge ein riesiges Gebiet über eine Fläche von 430 km². Seine Bäche, seichten Seen und die semi-immergrünen, bewaldeten Berge gehen in Sumpfland und Tiefebenen über, die mit hohem Elefantengras bewachsen sind.

Ein Besuch des Parks ist ein Erlebnis, denn hier begegnet man Elefanten, Rotwild, wilden Büffeln und dem berühmten **Panzernashorn**, der Hauptattraktion des Parks. Die besten Chancen, Nashörner zu sehen – offiziell gibt es etwa 2000 –, hat man vom Rücken eines Elefanten früh an einem Wintermorgen. Ein weiterer Besuchermagnet sind die **Tiger**, die aber äußerst schwer aufzuspüren sind, trotz eines amtlichen Berichtes aus dem Jahre 2010, dem zufolge Kaziranga über die höchste Tigerdichte aller Parks weltweit besitzt, nämlich 32 pro km². Mit Jeeps gelangt man tiefer in das Schutzgebiet als mit Elefanten, aber längst nicht so nahe an die Rhinos und Tiger heran. Doch schon die Fahrt durch die zwischen offener Savanne und dichtem Dschungel wechselnden Landschaften des Parks ist ein großartiges Erlebnis.

Kaziranga ist von November bis Anfang April geöffnet. Am Sonntag sollte man den Park meiden, denn dann tummeln sich dort lautstarke Gruppen indischer Touristen. Während des Monsuns zwischen Juni und September tritt der Brahmaputra über seine Ufer, überschwemmt das tief liegende Grasland und drängt damit die Tiere in höher gelegene Abschnitte des Parks. Bei den Safaris sollte man auf jeden Fall Vorsicht walten lassen. Unfälle sind zwar sehr selten, kommen aber doch vor, zuletzt im April 2009, als ein Besucher aus den Niederlanden von einem wilden Elefanten zu Tode getrampelt wurde.

Noch immer ist der Park durch unerlaubte Landnutzung und vor allem durch Wilderer bedroht. 2009 wurden mindestens 14 Nashörner getötet. Die Parkverwaltung hat zu wenig Personal, um die Rhinos zu schützen, deren Horn astronomische Summen einbringt. Immerhin wurde der Park 2006 im Rahmen des Project Tiger zum Tigerschutzgebiet erklärt, was ihn finanziell gestärkt hat. Im Januar 2010 wurden zur Bekämpfung der Wilderer sogar Soldaten abkommandiert; ob das aber ausreicht, um wirklich etwas zu ändern, bleibt abzuwarten.

Ein Besuch in Kaziranga ist teuer: Eintritt Rs250, Fahrzeug Rs250, plus Extragebühren für Fotoapparate (Rs500) und Camcorder (Rs1000).

Übernachtung und Essen

Die vier staatlichen Lodges liegen alle im Touristenkomplex, in dem es auch Restaurants, Snackbars und eine Post gibt (Bonoshree und Kunjaban werden über Bonani gebucht):

Aranya, ☏ 03776/262429, ℻ 262677. Die komfortabelste Lodge mit sauberen, aber sterilen Zimmern mit Bad und Balkon oder Veranda, einem passablen Restaurant und einer Bar. ❹

Bonani, ☏ 03776/262423. Kolonial angehauchtes Ambiente, große, verwohnte Zimmer, einige mit AC, merkwürdigerweise mit Tierschädeln dekoriert. ❹

Bonoshree, hat etwas betagte, aber akzeptable DZ. ❷

Kunjaban ist die einfachste Unterkunft mit Dorm-Betten (Rs50–100 plus Rs50 für Bettzeug).

Ebenfalls im Touristenkomplex befindet sich das von Network Travels geführte **Jupuri Ghar**, ☏ 9435/196377, ✉ jupuri@gmail.com, mit schönen Zimmern mit Bad in strohgedeckten Cottages mit Veranda und geschmackvoller Einrichtung, freundlichem Personal und gutem Restaurant. ❺

Außerhalb des Touristenkomplexes existieren zwei gute Alternativen:

Bon Habi Jungle Resort, abseits der Hauptstraße NH-37, 1 km vom Parkeingang, ☏ 03776/262675, 🖳 www.bonhabiresort.com. Große Cottages am Waldrand mit Lehnstühlen und Balkon. ❺

Wild Grass, am Fuß der Karbi-Berge, 4 km östlich von Kohora, 1,5 km abseits der Straße, ✆ 03776/262085, 🖳 www.oldassam.com. Umweltfreundliches Resort; Zimmer mit Bad und Holzböden im gemütlichen Kolonialstil und einige Häuschen in einem üppigen Garten mit Pool und 200 Pflanzenarten. ❹–❺

Wild Grass und Bon Habi vermitteln Touren zu den Mising- und Karbi-Dörfern in der Umgebung.

Sonstiges

Informationen

Tourist Office, ✆ 03776/262423, in der Bonani Lodge (s. 911).

Touren

Jeeps kann man im Parkbüro in Kohora mieten (Rs600–1500) oder vom Hotel arrangieren lassen. Ein **Elefantenritt** kostet Rs750.

Transport

Nach Kaziranga fahren stdl. **Busse** von TEZPUR (2 Std.), JORHAT (1 1/2 Std.) und GUWAHATI (5 Std.), außerdem weniger häufig Busse nach DIBRUGARH (5–7x tgl., 6 Std.). Staatliche und private Busse halten alle in **Kohora**, dem Haupteingangstor am NH-37 (AT Rd), und zwar bei Network Travels.

Silchar

Die unscheinbare Stadt Silchar ist der Hauptverkehrsknotenpunkt des südlichen Assam, das vom Norden durch die Cachar Hills getrennt ist. Dies ist auch das Tor nach Tripura, Mizoram und Manipur. In den Cachar Hills sind militante Separatisten aktiv, sodass man sich vor der Fahrt nach Silchar über die Sicherheitslage informieren sollte.

Übernachtung

Kanishka, in Narsingtola, ✆ 03842/246764. Helle, geräumige Zimmer mit Bad. ❹

Transport

Busse und Jeeps

Der **staatliche Busbahnhof** ist in der Nähe des Devdoot Cinema. Die meisten **Privatbus-** und **Sumo-Unternehmen** bieten ebenfalls Verbindungen von hier, und zwar nach AGARTALA (11 Std.), AIZAWL (12 Std.), GUWAHATI (12 Std.) und SHILLONG (10 Std.). Die Straße nach Imphal ist wegen ihres schlechten Zustands und der vielen Armeekontrollpunkte nicht zu empfehlen.

Eisenbahn

Der Bahnhof liegt 3 km außerhalb, doch es gibt nur wenige Verbindungen.

Flüge

Der Flughafen von Silchar liegt 13 km außerhalb, mit Flugverbindungen nach AGARTALA, GUWAHATI, IMPHAL und KOLKATA.

Nord-Assam

Rund 310 km flussaufwärts liegt nordöstlich von Guwahati die Stadt **Jorhat** mit einem Flughafen und Straßenverbindungen nach Kaziranga, Nagaland und in den Norden von Arunachal Pradesh. In ihrer Umgebung findet man die einzigartige Vishnuiten-Kultur auf **Majuli**, der angeblich größten Flussinsel der Welt, und **Sibsagar**, die ehemalige Hauptstadt der Ahom. Noch weiter nördlich liegt **Dibrugarh**, das sich zunehmend als Sprungbrett für das nördliche Nagaland und das östliche Arunachal Pradesh etabliert. Der **Nationalpark Dibru-Saikhowa** lohnt wegen seiner vielfältigen Vogelwelt einen Abstecher. Zu den Attraktionen der Stadt **Digboi** zählen ein interessantes Ölmuseum und eine Kriegsgedenkstätte.

Jorhat

Die über gute Eisenbahnverbindungen verfügende Stadt Jorhat ist zwar nicht sehr interessant, aber ein guter Ausgangspunkt für eine Erkundung von Majuli, Kaziranga und Sibsagar. Im Februar veranstaltet der Jorhat Gymkhana Club, ✆ 0376/231 1303, Pferderennen und Polowettkämpfe.

Das bescheidene **Museum** (🕓 Di–So 10–16.30 Uhr) im Postgraduate Training College hat eine mäßig interessante Sammlung örtlicher Handarbeiten. Es soll eventuell in ein neues Gebäude in der Nähe umziehen.

Übernachtung

Hotel Heritage, Solicitor Rd, bei der Busstation, ✆ 0376/232 7393. Recht schönes Hotel mit preisgünstigen, großzügigen Zimmern mit Marmorfußböden, TV und kleinen, aber tadellosen Badezimmern. ❸–❹

Burra Sahib's Bungalow, 25 km südwestlich von Jorhat. Die friedliche Teepflanzervilla auf der Sangsua-Teeplantage mit einer Veranda und komfortablen, geräumigen Zimmern befindet sich unter derselben Leitung wie das Thengal Manor (Kontakt s. dort). Gäste können den nahen Golfplatz nutzen, Krocket spielen, angeln und die Teeplantage besichtigen. ❼

Thengal Manor, 15 km südlich von Jorhat, ✆ 011/4603 5500, 💻 www.welcomheritagehotels.com. Entzückende Unterkunft im Kolonialstil im ehemaligen Feriendomizil der örtlichen Barooah-Familie. Das Haus mit einer imposanten Säulenfassade bietet fünf Zimmer mit Kamin, Himmelbetten und antiken Möbeln. Die Qualität des Essens schwankt. ❼

Tourist Lodge, ✆ 0376/232 1579. Ruhige Lage und sehr saubere Zimmer mit Fliesenböden, kleinen Balkonen (aber ohne Aussicht) und Bad. Moskitos können hier zur Plage werden, aber die Betten haben ein Moskitonetz. ❸

Essen

Das Angebot an Speiselokalen in Jorhat ist sehr übersichtlich. Das **Heritage** ist das beste der Hotelrestaurants an der Solicitor Rd. Besonders köstlich sind *chicken tikka butter masala* und der gebratene Pomfret-Fisch (Rs50–180). **Naffy**, an der AT Rd, 100 m westlich der Busstation, ist recht farbenfroh (oder grell) in Gelb und Orange gehalten und serviert gute und günstige chinesische und nordindische Gerichte (Rs30–130).

Sonstiges

Geld

State Bank of India, AT Rd, gleich östlich der Busstation hat einen Geldautomaten und wechselt Reiseschecks.

Informationen

Tourist Office, Tourist Lodge, MG Road, ✆ 0376/232 1579. 🕓 Mo–Sa 10–17 Uhr, 2. und 4. Sa im Monat geschl. Von der Busstation die AT Rd nach Osten und dann die dritte Straße rechts.

Internet

Computer Link Cyber Café, AT Rd, 100 m westlich der Busstation, bietet Internetzugang (Rs20 pro Std.).

Transport

Busse

Der staatliche **Busbahnhof** befindet sich an der AT Road, einen halben Block nördlich der Büros der privaten Busgesellschaften. Es verkehren stdl. Busse nach DIBRUGARH (4 Std.), GUWAHATI (7 Std.), KAZIRANGA (1 1/2 Std.) und TEZPUR (1 1/2 Std.), außerdem gibt es häufige Verbindungen nach SIBSAGAR (1 1/2 Std.) und mehrmals tgl. Busse nach DIMAPUR (5 Std.).

Eisenbahn

Der **Bahnhof** liegt 3 km südöstlich vom Busbahnhof. Der Shatabdi Express Nr. 12068 fährt tgl. außer So um 13.55 Uhr nach Guwahati (6 3/4 Std.).

Flüge

Der **Flughafen** befindet sich 5 km außerhalb der Stadt; es gibt wöchentliche Verbindungen nach GUWAHATI und KOLKATA. Indian Airlines und Jet Airways haben ihr Büro im Hotel Paradise gleich neben dem Hotel Heritage.

Majuli

Das beliebteste Ausflugsziel von Jorhat ist die Weltkulturerbestätte Majuli, die oft als größte Flussinsel der Welt bezeichnet wird; jedoch sind angesichts der Erosionen der letzten Jahre Zweifel daran angebracht.

Dennoch ist die Insel ein faszinierender Ort, vor allem wegen ihrer einzigartigen Vishnuiten-Klöster *(sattras)*, und ein lohnendes Ziel für Vogelfreunde.

Auf Majuli gibt es 22 *sattras*. Sie sind Tempel, Kloster, Schule und Kunstzentrum zugleich und bestehen aus einer Gebetshalle *(namghar)*, Wohnquartieren für die Mönche und *ghats* für rituelle Bäder.

An einem Tag lassen sich die *sattras* **Natun Kamalabari** und das 1,5 km weiter gelegene **Uttar Kamalabari** besichtigen. Die Mönche servieren den Gästen Tee und gestatten ihnen manchmal, Gebetstreffen beizuwohnen. 4 km weiter westlich, in **Auniati**, beherbergt ein weiteres *sattra* Relikte aus dem Königreich der Ahom und eine interessante Sammlung assamesischen Kunsthandwerks. Das 4 km östlich von Auniati gelegene **Bengenati** ist Anfang des 17. Jhs. erbaut worden. **Shamaguri**, 6 km hinter Bengenati, ist für seine Ton- und Bambusmasken berühmt. Zu den weiteren sehenswerten *sattras* gehören **Bongaori**, 8 km hinter Shamaguri, und **Dakhinpat**, 5 km weiter südlich.

Übernachtung

Natun Kamalabari Guesthouse, ✆ 03775/273302, ist eine schäbige, aber passable Alternative zum Maison de Ananda mit recht sauberen, aber nüchternen Zimmern. ❷

Transport

Die **Fähre** nach Majuli legt 2x tgl. (10.30 und 15 Uhr, 2 1/2 Std., Rs15) vom Hafen **Nimatighat** ab, der von Jorhat mit einem Bus oder Taxi (Rs300, 1 Std.) erreichbar ist. Da die Fahrpläne nur rund eine Stunde Aufenthalt auf der Insel zulassen, lohnt sich ein Tagesausflug kaum. Man kann auch ein eigenes Boot chartern (hin und zurück ca. Rs4500–5000, Kontakt und Infos über Mönch Dulal Saikia, ✆ 03775/273037), aber man hat definitiv mehr von der Insel, wenn man dort übernachtet.

Bambus-Träume

La Maison de Ananda, ✆ 03775/274768. „Das Haus der Freude", erbaut von einem französischen Architekten-Ehepaar, ist die beste Unterkunft: zauberhafte, traditionelle Bambus-Bungalows auf Pfählen inmitten friedvoller Gärten. Bettbezüge, Leintücher und Vorhänge wurden von örtlichen Webern gefertigt, die Küche liefert regionale Speisen wie geräuchertes Schweinefleisch – und der örtliche Führer (und Dichter) Danny Gam sorgt dafür, dass alles glatt läuft. ❷

Die Transportmöglichkeiten auf der relativ kleinen Insel beschränken sich auf gelegentliche Busse, die das Dorf **Kamalabari** (5–6x tgl., 5 km) und danach die „Inselhauptstadt" **Garamur** ansteuern. Darüber hinaus verkehren ein paar Taxis und Motor-Rikschas. Wer viel Zeit hat, dem sei eine Wander- oder Fahrradtour empfohlen – Fahrräder können in einer der Lodges geliehen werden.

Es fahren zwei Fähren täglich (7.15 und 14 Uhr, 2 1/2 Std.) zurück nach Nimatighat. Um die Insel zu verlassen, kann man auch den Weg nach Norden einschlagen und eine der beiden Fähren von Luhitghat, 3 km nördlich von Garamur, nach Khabalughat am Nordufer nehmen, von wo aus Busse nach North Lakhimpur verkehren. Von dort geht es mit dem Bus weiter nach Itanagar oder Tezpur oder mit dem Zug nach Guwahati. Dafür braucht man aber ein dickes Zeitpolster. Es gibt derzeit Pläne, die Fähren häufiger verkehren zu lassen und eine Brücke zwischen Majuli und dem Festland zu bauen.

Sibsagar und Umgebung

Die einstige Hauptstadt der Ahom und eine der ältesten Städte von Assam ist Sibsagar, 60 km nordöstlich von Jorhat. Diese Ansammlung von Monumenten aus sechs Jahrhunderten Ahom-Herrschaft ist für die assamesische Kultur bis heute von großer Bedeutung.

Im Herzen des Komplexes befindet sich ein riesiges, 1734 erbautes Wasserbecken. An dessen Südufer erhebt sich der gewaltige, 32 m hohe **Shivadol**. Der höchste Shiva-Tempel Indiens wird von zwei kleineren Tempeln flankiert, die Durga und Vishnu geweiht sind.

Knapp 4 km westlich des Stadtzentrums befinden sich der königliche Pavillon **Rang Ghar** und die Ruinen des Palastes **Talatal Ghar**.

Übernachtung und Essen

Sibsagar lässt sich am besten im Rahmen eines Tagesausflugs besichtigen, doch es gibt auch Übernachtungsmöglichkeiten.

Kareng, Temple Rd, ✆ 03772/222713. Die beste Backpacker-Unterkunft mit annehmbaren, wenn auch spartanisch eingerichteten Zimmern. ❷–❸

Shiva Palace, AT Rd, 200 m vom Busbahnhof, ✆ 03772/225184, ✉ hotel_shiva_palace@

rediffmail.com, fraglos das komfortabelste Hotel der Stadt mit sparsam möblierten Zimmern mit Bad und riesigen Marmorflächen (mit und ohne AC). Zum Haus gehört das Restaurant **Sky Chef**, dessen umfangreiche Karte hauptsächlich nordindische Küche umfasst; z. B. saftige Kebabs und ganz exzellentes *paratha* mit Mohnsamen (Rs60–150). Das angeschlossene **Fahrenheit** ist eine traumhafte Retrobar im Stil der 80er-Jahre voller Chrom und schwarzem Leder, in der man sich beim Cocktail wie in einem Duran-Duran-Video vorkommt. ❹–❺

Dibrugarh und Umgebung

Die staubige Stadt Dibrugarh liegt 443 km nördlich von Guwahati im Herzen eines Teeanbaugebiets und ist von neun Golfplätzen umgeben. Die Stadt selbst hat kaum Sehenswertes zu bieten, ist jedoch ein guter Ausgangspunkt für Touren in den Osten und Norden von Arunachal Pradesh sowie ins nördliche Nagaland.

In Dibrugarh kann man sich außerdem gut über die Herstellung von **Tee** informieren. Purvi Discovery (S. 909) veranstaltet Touren durch eine Teeplantage.

Übernachtung und Essen

Chang Bungalows, auf einer Teeplantage 5 km vom Bahnhof; Buchung über Purvi Discovery. Die beiden ruhigen, 150 Jahre alten Bungalows sind die beste Übernachtungsmöglichkeit in Dibrugarh und Umgebung. Sie wurden von britischen Teepflanzern zum Schutz gegen Überschwemmungen und wilde Tiere auf Stelzen errichtet, haben polierte Holzfußböden, elegante Möbel und bieten ausgezeichneten Service. ❽

Indsurya, RKB Path, ☎ 0373/232 6322, www.hotelindsurya.com. Kühle, großzügige Zimmer mit TV und Telefon. ❹–❺

Mona Lisa, Mancotta Rd, ☎ 0373/232 0416, ✉ paneijonki@sancharnet.in. Große Zimmer, netter Innenhof und Bar. ❹

H20, im 1. Stock der Amrit Mansion, RNC Path. Das Trend-Restaurant mit Bar serviert chinesische, thailändische, indische und assamesische Gerichte (Rs50–120).

Sonstiges

Autovermietungen

Autos mit Fahrer bietet **Purvi Discovery** (s. S. 909).

Geld

Die **State Bank of India**, im zentralen Geschäftsviertel Thanka Charali, wechselt Reiseschecks.

Transport

Busse

Die Busbahnhöfe liegen im Zentrum der Stadt: der staatliche in Chowkidinghee und der private unweit davon in der Phool Bagan.

Busse nach:
DIGBOI (6–8x tgl., 4 Std.)
GUWAHATI (8–10x tgl., 10 Std.)
JORHAT (stdl., 4 Std.)
KAZIRANGA (5–7x tgl., 6 Std.).

Eisenbahn

Der Bahnhof liegt etwa 1 km südlich der Busbahnhöfe. Der Kamrup Express Nr. 15960 fährt nach GUWAHATI (tgl. 18.25 Uhr, 13 1/4 Std.).

Schiffe

Täglich verkehrt eine Fähre nach OIRAMGHAT, in der Nähe von Pasighat (Abfahrt 9 Uhr, 7–8 Std., Rs67 p. P., ab Rs2500 pro Jeep). Die Abfahrtszeiten ändern sich jedoch häufig, also vorher nachfragen! Man sollte mindestens eine Stunde vor Abfahrt am Hafen sein, um sich einen Platz zu sichern.

Flüge

Vom 16 km außerhalb der Stadt gelegenen **Flughafen** starten Flüge nach Guwahati, Kolkata und LILABARI.

Dibru-Saikhowa-Nationalpark

Rund 60 km nördlich von Dibrugarh liegt der Nationalpark Dibru-Saikhowa, der sich wegen seiner vielfältigen Vogelwelt und seiner Wildpferde großer Beliebtheit erfreut.

Informationen beim Range Officer unter ☎ 0374/233 7569.

Übernachtung

Der Park kann in einem Tagesausflug von Dibrugarh besucht werden, doch es gibt auch einen Campingplatz, ✆ 0374/233 7666, ❶, und einige weitere Übernachtungsmöglichkeiten:

Inspection Bungalow, in Guijan, ✆ 0374/233 7569. ❷

Purvi Discovery (S. 909) hat einen einfachen Bungalow in Guijan, der manchmal auch Individualreisenden angeboten wird.

Transport

Es bestehen gute Zugverbindungen vom **Bahnhof New Tinsukia**, 10 km südlich vom Eingangstor des Parks in Guijan.

Meghalaya

Meghalaya zählt zu den kleinsten Staaten Indiens und erstreckt sich über die Ebene und die sanft ansteigenden Berge zwischen Assam und Bangladesch. Seine Bewohner sind vorwiegend Christen und gehören den drei großen ethnischen Gruppen Khasi, Jaintia und Garo an. Die Analphabetenquote im Staat ist gering, und der Unterricht wird in englischer Sprache abgehalten.

Meghalaya, das „Land der Regenwolken", ist zu großen Teilen von üppigen Wäldern bedeckt, in denen wunderschöne Orchideen blühen. Die „blauen Berge" bekommen den Großteil der schweren Monsunwinde aus dem Golf von Bengalen ab und gehören zu den regenreichsten Gebieten der Erde. Im Umland der Hauptstadt **Shillong** gibt es gewaltige Wasserfälle, die spektakulärsten donnern um **Cherrapunjee** herab. Die Berge von Meghalaya erreichen knapp 2000 m Höhe. Dadurch herrscht hier das ganze Jahr über ein angenehmes Klima. Die **Jaintia-Berge** bieten gute Möglichkeiten zum Wandern und zur Besichtigung von Höhlen, doch es gibt auch historische Sehenswürdigkeiten, wie **Nartiang** in der Nähe von **Jowai**, wo eine beeindruckende Sammlung von Monolithen zu bestaunen ist.

Am 21. Januar 1972, nach 18-jährigem Kampf um die Unabhängigkeit von Assam, wurde Meghalaya zum selbstständigen Staat erklärt. Die aus dem Untergrund operierende Rebellenbewegung HNLC ruft trotzdem regelmäßig zu *bandhs* auf und fordert die Unabhängigkeit von Indien.

Shillong

Die sanften Hügel und Pinienwälder von Shillong haben die Briten veranlasst, diese Region als „Schottland des Ostens" zu bezeichnen. Insbesondere gilt dies für den fantastischen **Barapani** (oder Umiam) **Lake** am Stadtrand und den Anblick der einheimischen Khasi-Frauen, die in Gingan und Tartan-Schals gehüllt sind. In einer Höhe von 1500 m wurde Shillong zu einer beliebten Hill Station für die Briten. Sie errichteten es über einer 1000 Jahre alten Khasi-Siedlung und machten es 1874 zur Hauptstadt des damaligen Assam. Leider hat die Stadt viel von ihrem Zauber verloren und die umliegenden Berge leiden unter drastischem Kahlschlag. Der Zustrom neuer Siedler aus den Ebenen geht mit einer erheblichen Belastung der natürlichen Ressourcen einher, was sich besonders in Wassermangel äußert. Der ursprüngliche viktorianische Stil der Stadt ist hingegen noch weithin erkennbar.

Das Leben in Shillong dreht sich um den herrlichen **Ward Lake**, ◷ Mo–Sa 8–17.30 Uhr, Eintritt Rs5, Fotoerlaubnis Rs10. Im angrenzenden European Ward mit seinen Gartenanlagen und Kiefernwäldern befindet sich u. a. das Government House, die offizielle Residenz des Gouverneurs. Die Atmosphäre steht hier im krassen Gegensatz zu den engen, von Händlern dicht gesäumten Straßen des **Police Bazaar** oder des weiter westlich gelegenen **Bara Bazaar**, wo täglich außer sonntags der älteste Markt von Meghalaya, **Iewduh**, stattfindet. Das schäbige **State Museum** von Meghalaya in Lachumiere (◷ Mo–Sa 10–17 Uhr, 2. und 4. Sa im Monat geschl., Eintritt Rs5, Fotoerlaubnis Rs15) dokumentiert die regionalen Bräuche, doch wesentlich interessanter ist das **Don Bosco Museum**. Es bietet einen faszinierenden Einblick in die Welt der regionalen Stammesgruppen. Man findet das Museum, wenn man vom Hotel Polo Towers dem Fluss 1,5 km nach Westen folgt bis man die Schilder entdeckt, die den Weg hinauf zum Museum weisen. ◷ Winter:

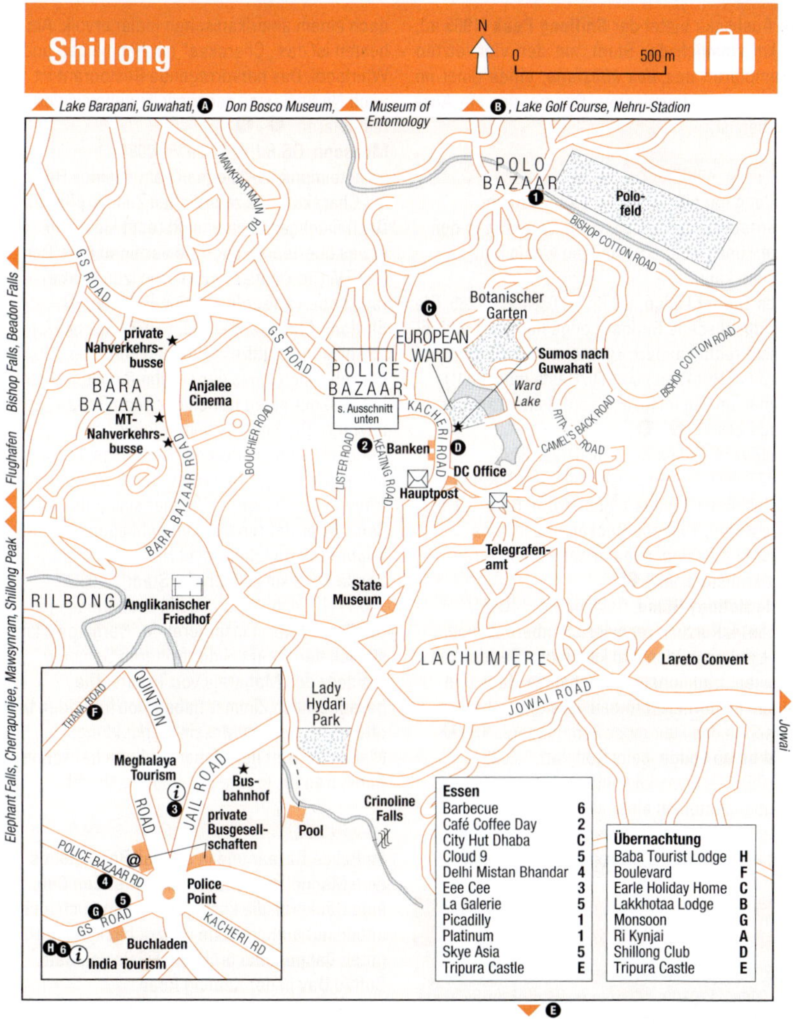

Mo–Sa 9.30–17.30, So 13.30–17.30 Uhr; Sommer: Mo–Sa 9.30–16.30, So 13.30–16.30 Uhr, obligatorische einstündige Führung Rs150.

Das **Museum of Entomology** (Schmetterlingsmuseum) befindet sich 2 km nordwestlich von Police Bazaar. ◷ Mo–Fr 11–16 Uhr, Eintritt Rs25.

Überall in Shillong gibt es kleine Stände, an denen man Wetten auf *siat khnam* abschließen kann. Bei diesem einheimischen **Sport** schießen Khasi-Männer Pfeile auf eine Zielscheibe und die Zuschauer wetten auf die insgesamt erzielten Punkte. Beginn ist täglich um etwa 15.30 Uhr gegenüber vom Nehru-Stadion.

Ein wenig Erholung von der Stadt bietet **Tripura Castle**, von wo ein kurzer Anstieg in die Kiefernwälder der Berge hinaufführt. Großartige Ausblicke bietet der **Shillong Peak** (1965 m), 10 km westlich der Stadt, mit den vier letzten Exemplaren des *Ilex khasiana*, eines einst im Hochgebirge heimischen Baums, der am Aussterben ist.

Übernachtung

Shillong hat eine recht gute Auswahl an Übernachtungsmöglichkeiten, wobei es in den Unterkünften der GS Road ein wenig laut werden kann.

Baba Tourist Lodge, GS Rd, ✆ 0364/221 1285. Die alteingesessene Budget-Lodge hat unterschiedlichste recht saubere Zimmer mit Bad (überwiegend mit Hockklos) und TV. Gäste müssen (!) einmal am Tag im (passablen) Restaurant der Lodge essen. ❷–❸

Boulevard, Thana Rd, ✆ 0364/222 9823, 📠 222 9823. Sehr gutes Mittelklassehotel: Selbst die billigsten Zimmer bieten große Betten, saubere Bäder, TV, hohe Decken und minimalistisches Design. Vegetarisches Restaurant, Bar, Frühstück inkl. ❺

Earle Holiday Home, Oakland Rd, ✆ 0364/222 8614. Kürzlich renoviert: Saubere Zimmer mit Linoleumböden und kitschigen Bettdecken in einem traditionellen Meghalaya-Haus und einem moderneren Anbau. Das Ganze hat ein bisschen das Flair eines Ferienlagers. ❸–❺

Lakkhotaa Lodge, beim Golfplatz, ✆ 0364/259 0516, 💻 www.lakkhotaalodge.com. Boutiquehotel mit einer Mischung aus indischen, amerikanischen und chinesischen Einflüssen. Nur neun Zimmer, jedes benannt nach einem amerikanischen Indianervolk: Am besten ist das „Cherokee" mit Himmelbett und Whirlpool. Das hervorragende Restaurant ist auch Nicht-Gästen zugänglich, wenn sie vorher reservieren. ❼–❽

Monsoon, GS Rd, ✆ 0364/250 0084, ✉ hotelmonsoon@hotmail.com. Kleines Hotel mit Charakter und zahlreichen Zimmerpflanzen. Die heimeligen Zimmer sind recht klein und etwas überteuert, doch sie verfügen über Bad und TV. Die Zimmer nach vorne (zur Straße) raus haben außerdem kleine Balkone. ❹

Shillong Club, Kacheri Rd, ✆ 0364/222 5497, ✉ shillongclubltdresi@hotmail.com. Der Wohnbereich eines der berühmten alten Clubs hat sich nur einen Hauch der alten Raj-Zeit bewahrt. Die besten Zimmer (einige mit Seeblick) sind mit Korbmöbeln ausgestattet und haben Vorhänge, die Wohn- und Schlafbereich trennen. Die billigeren Zimmer sind jedoch in den 1970er-Jahren stecken geblieben. ❺–❻

Tripura Castle (oder Royal Heritage), Tripura Castle Rd, 3 km südlich der Stadt, ✆ 0364/250 1111, ✉ rh_tripuracastle@rediffmail.com. Schönes Hotel in inspirierender Berglage 3 km südlich der Stadt bei der früheren Sommerresidenz des Maharaja von Tripura. Die bezaubernden Zimmer haben Holzfußböden und offene Kamine mit Messingverkleidung; im Mahagoni-Bett der Maharaja-Suite hat schon Rabindranath Tagore geschlafen. ❻–❼

Bungalows in paradiesischer Lage

Ri Kynjai, 20 km nördlich von Shillong, ✆ 9862 420300, 💻 www.rikynjai.com. Das beste Hotel der Region in spektakulärer Lage in einem großen Waldgebiet am Umiam-See bietet luxuriöse Zimmer und atemberaubende auf Pfählen gebaute Cottages. Unter den traditionellen Dächern in der Form umgekehrter Boote gibt es u. a. Kamine und Whirlpools. Das exzellente Restaurant serviert die Küche des Nordostens; außerdem gibt es einen Wellnessbereich. ❽

Essen und Unterhaltung

Im Police Bazaar und in der Jail Road gibt es eine Menge Imbissbuden, darunter **Eee Cee**, eine Bäckerei, die köstliche – wenn auch nicht unbedingt authentische – Pizza backt. Einen guten **Cappuccino** brüht die Filiale von Café Coffee Day in der Keating Road.

Die kleine, aber äußerst lebendige Musikszene Shillongs hat der Stadt den Spitznamen „**Rock City**" eingebracht. Wer ein Konzert besuchen möchte, sollte nach Plakaten Ausschau halten oder es in einer der **Bars** versuchen, z. B. im Cloud 9 neben dem Skye Asia oder im Platinum im Hotel Polo Towers beim Polofeld. Das Hotel Polo Towers wartet außerdem mit einem kitschigen pseudobritischen Pub auf, dem Piccadilly.

Authentisch chinesisch

Barbecue, GS Rd, eine kurze Treppe hinunter und dann hinter dem Aquarium. Authentisches und sehr beliebtes Chinarestaurant mit Papierlampen und fernöstlicher Dekoration. Ausgezeichnete Huhn-, Schweinefleisch- und Seafood-Gerichte (Rs80–160), wenn auch mit teilweise abschreckenden Namen.

City Hut Dhaba, Earle Holiday Home. In einem hüttenartigen Speisesaal mit einem extravaganten Wasserspiel kann man hier aus einer Speisekarte mit über 300 Gerichten (Rs55–140) wählen – darunter interessante Kreationen wie scharfe Enten-*chatpata*. Warm anziehen, denn abends kann es empfindlich kühl werden.
Delhi Mistan Bhandar Police Bazaar Rd. Der beliebte und gut besuchte Treff bietet eine klassische Auswahl an indischem Frühstück, Snacks und Süßigkeiten (Rs5–40). Es gibt keine Karte und das Personal spricht wenig Englisch, sodass man auf das zeigen muss, was man möchte.
La Galerie, Hotel Centre Point, Police Bazaar. Schlichte Kantine für einen schnellen Imbiss (Rs30–80).
Skye Asia, 5. Stock, Hotel Centre Point, Police Bazaar. Panasiatische Küche (Hauptgerichte Rs120–180) mit gut zubereiteten Thai-Suppen und *-satays*, koreanischem Grillhuhn und japanischem *te Panyaki*.
Tripura Castle, Tripura Castle Hotel, ✆ 0364/250 1111. Gute Adresse für ein gemütliches Essen in angenehmer Atmosphäre. Abends Reservierung erforderlich; Khasi-Gerichte (Rs120–300) müssen vorbestellt werden. Der Service lässt teilweise zu wünschen übrig.

Sonstiges

Bücher

KA Ibadasuk Books Agency, GS Rd, verkauft Bücher und Landkarten.

Geld

State Bank of India, Kacheri Rd, bietet Geldwechselservice. **Geldautomaten** gibt es in der ganzen Stadt.

Informationen

Meghalaya Tourism, Jail Rd, gegenüber der Busstation, ✆ 0364/222 6220, 💻 www.meghalayatourism.org. Arrangiert einen guten Tagesausflug nach Cherrapunjee (8–16.30 Uhr, ab Rs200) und eine Stadtrundfahrt (8.30–14.30 Uhr, ab Rs150). ⏲ tgl. 7–18 Uhr.
India Tourism, GS Rd, ✆ 0364/222 5632), ⏲ Mo–Fr 9.30–17.30, Sa 9.30–14 Uhr.

Internet

Internetanbieter sind etwas dünn gesät; z. B. **S.I.D.S Cyber**, im 1. Stock des Einkaufszentrums am Ende der Police Bazaar Road (Rs20 pro Std.).

Post

Die Hauptpost liegt an der Kacheri Rd.

Touren

Das sehr empfehlenswerte Unternehmen **Cultural Pursuits** (s. Kasten S. 909) vermittelt Homestays in Khasi-Dörfern, Trekking-Touren und Gruppenreisen, darunter auch Touren zu den religiösen Festen Garo Wangala und Khasi Nongkrem Dance im Oktober. Es betreibt außerdem die Ökolodge **MaplePine**, ✆ 9436/303978, ✉ mp@culturalpursuits.com, ❷–❹, 25 km südlich von Shillong beim Mawphland Sacred Forest, einem tollen Wanderrevier.
Wer die eindrucksvollen **Höhlen** von Meghalaya erkunden möchte, setze sich mit der **Meghalaya Adventurers Association** am Mission Compound in der Nähe des Synod Complex in Verbindung, ✆ 0364/254 5621.

Transport

Busse und Jeeps

Staatliche Busse fahren vom Busbahnhof an der Jail Road nach GUWAHATI (stdl., 4 Std.) – aber die **Sumos** und Sammeltaxis von der Kacheri Road dorthin sind schneller (3 1/2 Std.).
Private Busgesellschaften verkehren im gesamten Nordosten, die Tickets bekommt man bei deren Vertretungen rings um die Kacheri Road. Reisende nach AIZAWL (1–2x tgl., 18 Std.) fahren besser erst nach SILCHAR (2–3x tgl., 10 Std.) und dann weiter mit dem Jeep.
Der **Grenzübergang nach Bangladesch** in DAWKI, südöstlich von Cherrapunjee, wird ab

Bara Bazaar von ein paar privaten Bussen (4–5 Std.) und einer ganzen Flotte von Tata Sumos angefahren, die auch CHERRAPUNJEE (2 Std.) und MAWSYNRAM (3 Std.) ansteuern.

Flüge

Shillong (alias Umroi) **Airport** liegt 34 km westlich der Stadt. Es gibt Flüge mit Indian Airlines nach Jorhat und Kolkata. Wegen des Wetters kommt es aber oft zu Verspätungen. Wenn es Flüge gibt, bietet Meghalaya Tourism einen Bus zum Flughafen (Rs100).

Hubschrauber, ✆ 0364/222 3129, fliegen nach Guwahati und Tura. Buchungen telefonisch oder an der Busstation.

Cherrapunjee

Die 56 km südlich von Shillong im Khasi-Gebirge gelegene Stadt Cherrapunjee gelangte als regenreichster Ort der Erde zu Ruhm: Die höchste Niederschlagsmenge, die jemals an einem einzigen Tag verzeichnet wurde, nämlich 1040 mm, fiel hier im Jahr 1876 zu Boden. Das nahe gelegene Mawsynram ist insgesamt jedoch noch nasser: Die durchschnittliche jährliche Niederschlagsmenge liegt hier bei sagenhaften 11870 mm. Die zahlreichen Wasserfälle in der Umgebung sind besonders in der schwülheißen Monsunzeit beeindruckend, wenn die sintflutartigen Regenfälle in die Ebenen von Bangladesch herabstürzen. In den letzten Jahren haben die Niederschlagsmengen jedoch abgenommen – wahrscheinlich als Folge des Klimawandels – und es gab sogar Wassermangel.

Cherrapunjee erstreckt sich über mehrere Kilometer. Alle acht Tage findet hier ein **Markt** statt, auf dem Stammesschmuck und orangefarbener Honig aus einheimischer Produktion angeboten werden. Die Sehenswürdigkeiten der Umgebung – der **Wasserfall Noh Kalikai**, der **Bangladesch-Aussichtspunkt** sowie das Dorf und die Höhle von Mawsmai – liegen alle im Umkreis weniger Kilometer von Cherrapunjee in alle Himmelsrichtungen verstreut. Sie lassen sich gut im Rahmen einer **Tagestour** mit Meghalaya Tourism besichtigen (S. 919). Ein Taxi für einen Tag kostet Rs1200–1600.

In **Mawphlang** mit seinem alten, heiligen Wäldchen beginnt eine Tageswanderung nach Cherrapunjee über den David Scott Trail. Einer der Anbieter ist Impulse Inc, NGO Network, Lachumiere, Shillong, ✆ 0364/250 0587.

Wanderstützpunkt vom Feinsten

Die beste Adresse für Übernachtung und Essen ist das eine kurze Taxifahrt entfernte (Rs250–300) atemberaubend gelegene **Cherrapunjee Holiday Resort**, ✆ 9436/115925, 💻 www.cherrapunjee.com. Es steht am Rand der östlichen Khasi-Berge mit ausgezeichneten Ausblicken auf die Ebenen von Bangladesch und hat sechs gemütliche Zimmer mit Bad, einen 5-Bett-Schlafsaal (Rs450 p. P.) und mehrere Zelte (Rs500 pro Zelt). Von hier aus lassen sich auch einige faszinierende, 150 Jahre alte Brücken aus lebenden Wurzeln, frische Quellen, Wasserfälle, Höhlen und Khasi-Dörfer besichtigen. Oder man kann an Höhlen-, Canyoning-, und Angeltouren und Exkursionen zur Vogelbeobachtung teilnehmen. ❺

Dawki

Dawki, 96 km südöstlich von Shillong, ist der wichtigste Grenzort zwischen Meghalaya und Bangladesch und wartet mit wunderbaren Ausblicken auf. Auf der anderen Seite der Grenze liegt **Tamabil**, zweieinhalb Stunden von Sylhet. In Meghalaya gibt es kein bangladeschisches Visabüro, sodass man sich sein Visum für Bangladesch vorher besorgen muss; in Kolkata gibt es ein Konsulat. Wer von Bangladesch aus in Dawki ankommt: Die letzten Busse und Sumos nach Shillong fahren um etwa 11 Uhr. Ein Taxi kostet Rs1300–1600.

Jowai und Nartiang

Im Marktflecken **Jowai**, 64 km nordöstlich von Shillong in den **Jaintia Hills**, findet jedes Jahr im Juli das Tanzfestival Behdienkhlam statt. Etwa 12 km nördlich des Orts, in **Nartiang**, befinden sich die Überreste des Sommerpalastes der Jaintia-Könige sowie eine eindrucksvolle Ansammlung von Monolithen und Menhiren. Ein Taxi von Jowai kostet ca. Rs400. In der gesamten Gegend gibt es Höhlen – Cultural Pursuits in Shillong arrangiert Besichtigungen und Wanderungen dorthin (S. 909). Von Shillong fahren tgl. Busse nach Jowai (4 Std.), oder man nimmt ein Taxi (2 1/2 Std.).

Arunachal Pradesh

Arunachal Pradesh, „das Land der Gipfel in der Morgenröte", gehört zu den letzten verbliebenen unberührten Landstrichen Indiens. Es ist mit einem Reichtum faszinierender Kulturen und Völker gesegnet, die in diesem Lebensraum aus Gletscherzone, Hochgebirgswiesen und subtropischem Regenwald heimisch sind. Außerdem gedeihen hier 500 Orchideenarten.

Die Staatshauptstadt **Itanagar** liegt nördlich des Brahmaputra, gegenüber von Jorhat. Im entlegenen Westen des Bundesstaats klettert die Straße von **Bhalukpong** an der assamesischen Grenze nach **Tawang** stetig über zerklüftete Berge und an Flüssen vorbei durch Urwald, bevor sie auf halber Strecke den spektakulären **Sela Pass** (4300 m) erreicht. An der Strecke liegen die buddhistischen Städte **Bomdila**, **Rupa** und **Dirang**. Ganz in Nordosten von Arunachal beherbergt der **Namdapha-Nationalpark** Nebelparder und Schneeleoparden. In der Nähe liegt **Parasuramkund**, eine der bedeutendsten und am schwierigsten zugänglichen Hindu-Pilgerstätten.

Trotz der Schönheit des Landes wird von Reisen nach Arunachal Pradesh abgeraten. Das liegt an den extrem sensiblen Grenzen zum chinesisch besetzten Tibet im Norden und zu Myanmar im Osten. 1962 fielen die Chinesen in Arunachal Pradesh ein und drangen über 300 km bis nach Tezpur in Assam vor – ein Feldzug, den Indien nicht vergessen hat. Seitdem herrscht in der Gegend hohe Militärpräsenz. Besucher brauchen eine Genehmigung (S. 908), um in den Bundesstaat einzureisen. Die meisten Orte sind nur per Jeep erreichbar.

Volksgruppen in Arunachal Pradesh

Arunachal Pradesh ist die Heimat einer beeindruckenden Vielfalt von 26 größeren Volksgruppen, und jede unterscheidet sich hinsichtlich Kultur, Dialekt, Trachten, Sozialstruktur und Traditionen gründlich von den anderen. Bei vielen ist die Polygamie noch sehr verbreitet, ebenso wie die Mischung aus Hinduismus, Buddhismus und Animismus. Zu den wichtigsten Gruppen zählen die Wanchos, Noctes, Tangsas, Singphos, Khamptis, Mishmis, Mijis, Galos, Padams, Miwongs, Membas, Tagins und Puroiks. Allerdings sind die Traditionen durch moderne Einflüsse überall am Verblassen – insbesondere bei der jüngeren Generation, die zunehmend westliche Kleidung trägt, Bollywoodfilme schaut und chinesisch isst.

Zwischen Dezember und März ist es in den meisten Bergstädten des Bundesstaates extrem kalt und die Unterkünfte sind nicht entsprechend ausgerüstet. Ein wintertauglicher Schlafsack gehört ins Gepäck, eine Wärmflasche ist ebenfalls anzuraten, ebenso wie eine Taschenlampe wegen der häufigen Stromausfälle.

Itanagar

Knapp 400 km nordöstlich von Guwahati entfernt liegt Itanagar, die Hauptstadt von Arunachal Pradesh. Für Besucher gibt es hier wenig Sehenswertes, doch da die Stadt Hauptverkehrsknotenpunkt der Region ist, verbringen hier viele Traveller eine Nacht.

Das **Jawaharlal Nehru State Museum**, zehn Fußminuten vom Zero Point, informiert über Feste, Tänze, Behausungen und Lebensstil der hiesigen Volksgruppen und zeigt eine beeindruckende ethnographische Sammlung mit Holzschnitzereien, Musikinstrumenten, fantasievollem Schmuck und esoterischen Objekten, wie Penisbedeckungen aus Bambusrohr. ◷ So–Do 9.30–16 Uhr, Eintritt Rs75, Fotoerlaubnis Rs20.

Das staatliche Kaufhaus **Sales Emporium**, oberhalb von Zero Point, verkauft interessante Kunsthandwerksobjekte.

10 km außerhalb liegt der **Gyakar Sinyi** (Ganga-See, Eintritt Rs5, Fotoerlaubnis Rs10). Der dichte Dschungel an seinen Ufern liefert einen Vorgeschmack auf die wunderschönen Landschaften des Bundesstaates. Gute Ausblicke eröffnen sich von dem kleinen, auf dem Weg zum Museum gelegenen **tibetisch-buddhistischen Tempel**.

Ein nicht durchgehend geöffnetes **Touristenbüro**, ✆ 0360/221 4745, 💻 www.arunachaltourism.com, befindet sich hinter dem Akash Deep Complex im Ganga Market. **Internet** bietet das Ocean Cyber Café, 300 m bergab vom Zero Point (Rs20 pro Std.).

Übernachtung und Essen

Arun Subansiri, unmittelbar unterhalb von Zero Point, ✆ 0360/221 2806, 📠 229 0097. Ein besseres Hotel mit kühler Marmoreinrichtung, riesigen Zimmern mit verlässlicher Warmwasserversorgung und TV. ❺–❻

Blue Pine, APST Rd, Ganga Market, ✆ 0360/221 1118. Hier gibt es schlichte, annehmbare Zimmer mit TV und mit und ohne Bad (nur Hockklos) sowie einen Schlafsaal (Rs100). ❷–❹

Moomsie, ✆ 0360/229 0971. In Rosa- und Pfirsichtönen gehaltene Zimmer mit TV, Korbmöbeln und sauberen Bädern. ❹–❺

Die **Restaurants** im Arun Subansiri, Moomsie und Blue Pine servieren die übliche Mischung aus indischem und chinesischem Essen (Hauptgerichte Rs40–140) sowie einige interessante Gerichte aus dem Nordosten. Ansonsten gibt es noch die **Food Plaza** beim Eingang zum Akash Deep-Komplex; hier gibt es *momos* (Klöße), gebratenen Reis und Nudeln (Rs30–80).

Transport

Busse und Jeeps

Staatliche und private Busse verbinden Itanagar mit GUWAHATI (10–11 Std.) und Orten im ganzen Staat. Sumos sind allerdings wesentlich schneller. Ziele sind z. B. ALONG (10 Std.), BOMDILA (7–8 Std.), HAPOLI (5 Std.) und PASIGHAT (6–7 Std.). Tickets gibt es bei Büros am Ganga Market.

Eisenbahn

Die Züge von Guwahati fahren nur bis Harmuti, 33 km weiter östlich in Assam.

Flüge

Der nächstgelegene Flughafen befindet sich 67 km entfernt in **Lilabari** bei North Lakhimpur in Assam.

Helikopter, ✆ 0360/224 3262, nach GUWAHATI, HAPOLI (Ziro) und zu anderen Zielen starten vom 10 km entfernten Naharlagun.

West-Arunachal

Die abgeschiedenen Berge und Täler von West-Arunachal an der Grenze zu Bhutan und Tibet säumen einige der abgelegensten Gletscher und Gipfel des Himalaya. Die meisten der über 6000 m hohen Berge – außer dem **Gori Chen** (6488 m) und dem **Nyegi Kangsang** (7047 m) – sind völlig unbekannt. Die einsame Straße in die Region führt von **Bhalukpong** an der Grenze zu Assam nach **Tawang** und endet hoch in den Bergen bei einem der größten Klöster Asiens. Auf der spektakulären Fahrt kommt man durch den Marktflecken **Bomdila** mit seinen drei tibetischen Klöstern und durch **Dirang**, eine Festungsstadt zwei Fahrstunden weiter das Tal hinauf. Westlich der Straße nach Tawang liegt das malerische **Rupa** mit seinem bunten tibetisch-buddhistischen Kloster **Chillipam**, von dessen Tempel sich atemberaubende Ausblicke bieten, und den faszinierenden buddhistischen Siedlungen **Tenzingang** und **Kalaktang**. Hinter Tawang erstreckt sich nah an der Grenze zu Tibet das Seengebiet **Bangachangsa**.

Bhalukpong

Bei Bhalukpong tritt der **Kameng**-Fluss aus einem tief bewaldeten Tal. Alle öffentlichen Verkehrsmittel von Tezpur, 56 km entfernt, nach Bomdila stoppen hier zur Erledigung der Grenzformalitäten. **Übernachten** kann man z. B. in der friedvollen Bhalukpong Tourist Lodge, ✆ 03872/234037, ❸–❹, kurz vor der Grenze in Assam. Die großen, sauberen Cottages bieten Aussicht auf den Fluss und die umliegenden Berge. Die Lodge kann Rafting- und Angeltrips arrangieren – der Kameng ist berühmt für den kämpferischen *mahseer*-Fisch. Das Hotel Solu, ✆ 03782/234955, ❹, im oberen Teil von Bhalukpong, 1 km vom Grenztor, bietet helle, geräumige Zimmer mit Bad und TV. Von **Tipi**, 7 km nördlich von Bhalukpong, windet sich die schmale Straße durch dichten, schönen Bergwald ins 100 km entfernte Bomdila.

Bomdila

Bomdila ist ein freundliches Städtchen im Westen von Arunachal, das auf 2500 m Höhe auf einem Felsvorsprung des Thagla-Gebirgskamms liegt. Das Gebirge trennt die Regenwälder im Süden von den subalpinen Tälern im Norden. Es gibt einige **tibetisch-buddhistischen Klöster**: Das größte, ein Gelugpa-*gompa* (tibetisches Kloster) hoch oberhalb der Stadt, wurde 1997 vom Dalai Lama eingeweiht. Das ältere *gompa* weiter unterhalb beherbergt eine blaue Statue des Medizin-Buddhas.

Wenige Kilometer hinter Bomdila kommen die schneebedeckten Gipfel des Gori Chen (6488 m) und des Kangto (7042 m) zum Vorschein.

Übernachtung

Die meisten Budget-Hotels von Bomdila liegen an der Hauptstraße.

Doe Gu Khil, ✆ 03782/223232. Das saubere und einladende Gästehaus auf dem Gelände des größten Klosters ist die beste Unterkunft am Ort. ❹

Passang, ✆ 03782/222627. Beste Wahl der Unterkünfte an der Hauptstraße, mit einfachen, sauberen Zimmern mit Bad. ❶–❷

Tourist Lodge, von der Hauptstraße 1 km den Hang hinauf, nahe dem Stadion, ✆ 03782/222049. Eine Klasse besser als die anderen Hotels, mit großen, aber verwohnten Zimmern um einen Teich herum; die Heizungen sind den Aufpreis von Rs100 absolut wert. ❸

Essen

China Town, an der Hauptstraße 100 m südlich von Himalayan Holidays, ist ein freundliches Lokal mit guten Nudeln, Suppen und gebratenem Huhn und Schweinefleisch (Rs30–60).

Himalaya, 150 m unterhalb des China Town. Winziges Lokal, sodass man das Gefühl hat, bei jemandem zu Hause zu essen. Es serviert *thukpas* (dicke Nudelbrühe), *momos* (Klöße) und Bratfisch (Rs20–50).

Sonstiges

Informationen

Tourist Office, in der Tourist Lodge, ✆ 03782/222049.

Touren und Internet

Himalayan Holidays, an der Hauptstraße, ✆ 03782/222017, organisiert lokale **Sightseeing-Touren** und Treks in die Region. Außerdem bietet das Reisebüro **Internetzugang** (Rs40 pro Std.).

Transport

Nur zwei Möglichkeiten führen aus Bomdila heraus: weiter aufwärts in Richtung Tawang oder zurück bergab nach Bhalukpong.

Staatliche Busse fahren von der Haltestelle im unteren Stadtteil nach TEZPUR (1–2x tgl., 7–8 Std.).

Die etwas schnelleren **Privatbusse** halten vor Himalayan Holidays, doch das beste und bequemste Transportmittel sind hier Tata **Sumos**. Es gibt tägliche Verbindungen früh am Morgen über Rupa nach Tezpur sowie nach TAWANG; Tickets vorher reservieren.

Rupa und Umgebung

Die malerische Siedlung **Rupa**, 17 km südlich von Bomdila, wartet mit einem schönen tibetischen Kloster und einer bunten *lhakang* (Kapelle) am Fluss ein Stückchen weiter das Tal hinauf auf. Etwa 14 km hinter Rupa liegt **Chillipam** mit einem friedvollen Kloster und einem beeindruckenden neuen Tempel mit atemberaubender Aussicht. Nach weiteren 40 km erreicht man die einflussreiche tibetische Flüchtlingssiedlung **Tenzingang**. Das Gelugpa-Kloster hier beherbergt fast 400 Mönche und ist eines von nur zwei tantrischen Gelugpa-Zentren in Indien. Weitere 15 km hinter Tenzingang befindet sich am Ende der Straße die Siedlung **Kalaktang**, dessen kleines Kloster mit einigen ungewöhnlichen Skulpturen überrascht.

Dirang und Umgebung

Anderthalb Stunden hinter Bomdila thront über einem engen Tal die alte Festungsstadt **Dirang** (1690 m). Obwohl die alte **Festung** fast nur noch aus Ruinen besteht, lohnt sich ein Besuch, genauso wie beim 500 Jahre alten Kloster oberhalb des Ortes. Das neue Dirang liegt 5 km weiter das Tal hinauf, hier gibt es ein interessantes modernes **Kloster** (kleine Spende erbeten) der Roten Sekte, der ältesten Schule des tibetischen Buddhismus. Im etwa 8 km entfernten **Sangti-Tal** überwintern Schwarzhalskraniche, das Tal ist ein beliebtes Vogelbeobachtungsrevier.

Die beste **Unterkunft** ist das schöne Pemaling, ✆ 03780/242615, 💻 www.welcomheritagehotels.com, ❻, auf halber Strecke zwischen dem alten und dem neuen Dirang, mit gemütlichen Zimmern mit Bad und Blümchendekor sowie einem Restaurant mit wunderbarer Aussicht. Hier werden auch Wanderungen in der Umgebung und Vogelbeobachtungstouren organisiert. Die benachbarte Tourist Lodge, ✆ 03780/242157, ❹, ist eine billigere Alternative mit einfachen Zimmern, aber gleichermaßen tollen Ausblicken.

Die Straße von Dirang nach **Tawang** (Fahrzeit 10–16 Std.) ist wahrhaft spektakulär, mit Bergwäldern, Wasserfällen und Seen, grasenden Yaks und verschlafenen Dörfern mit Holzhäusern. An der Straße liegen außerdem mehrere Armeestützpunkte sowie ein Denkmal für die Gefallenen der chinesischen Invasion 1962. Über eine Serie von atemberaubenden Spitzkehren erklimmt die Straße den 4300 m hohen **Sela-Pass**, wo man im winzigen Tenzing Restaurant vor einem *bakari* (Holzofen) einen Tee trinken kann.

Die meisten Busse und Sumos halten 13 km hinter dem Sela-Pass am **Jaswant Singh Memorial**. Widersprüchliche Geschichten ranken sich um dieses Denkmal; die meisten besagen, dass dieser Soldat die vorrückende chinesische Armee 1962 ganz allein mehrere Tage aufhielt, bevor er gefangen genommen und getötet wurde.

Tawang

Rund 180 km von Bomdila entfernt liegt das eindrucksvolle buddhistische Kloster Tawang, das größte Indiens. Das Kloster dominiert das Land der Monpa. In etwa 3500 m Höhe steht es umgeben von Bergen, die fast das ganze Jahr über mit Schnee bedeckt sind. Tawang *ist* nicht nur das Ende der Welt – man fühlt sich auch so. Da es hier meistens sehr kalt ist, gehört warme Kleidung ins Gepäck.

Das **Kloster Tawang** (🕒 tgl. Sonnenauf- bis Sonnenuntergang; Fotoapparat Rs20, Video Rs100) liegt ein paar Kilometer hinter der Stadt. Erbaut wurde es im 17. Jh., als diese Gegend noch zu Großtibet gehörte. Es ist die Geburtsstätte des sechsten Dalai Lama. Der farbenfrohe Komplex mit Festungscharakter liegt ein paar Kilometer außerhalb, wird von ca. 500 Mönchen bewohnt und ist für seine Manuskriptsammlung und seine tibetische *thangka*-Kunst berühmt. Dort gibt es ein kleines **Museum** (Eintritt Rs20) mit buddhistischen Ziergegenständen und Reliquien. Der große Schreinraum ist reich verziert und beherbergt mehrere Statuen, darunter eine ausnehmend schöne 1000-armige Chenresig-Figur (auch Avalokitesvara genannt). Wenn man Glück hat, laden einen die Mönche zu gesalzenem Tee mit Yakbutter ein. Sehr zum Verdruss der chinesischen Regierung besuchte der gegenwärtige Dalai Lama Ende 2009 das Kloster. Er war bereits 1959 nach seiner Flucht aus Tibet in Tawang vorbeigekommen.

Vom Haupttor aus sind zwei **Nonnenklöster** *(ani gompas)* sichtbar, die sich in der Ferne an die Steilhänge klammern. Erreichbar sind sie entweder in ein paar Stunden Fußmarsch oder mit dem Auto über eine Straße, die durch militärisches Sperrgebiet führt und daher genehmigungspflichtig ist. Zur Zeit der Recherche wurde zwischen Tawang und den *ani gompas* eine 5 km lange Seilbahn gebaut.

Tawang ist eine freundliche Stadt, in der das ganze Jahr über **Feste** gefeiert werden. Jeden Januar findet das dreitägige *torgya* statt, um böse Geister und Naturkatastrophen fern zu halten. Das einwöchige *losar* (tibetisches Neujahrsfest) wird im Februar oder Anfang März mit Tänzen und Festlichkeiten begangen.

Hinter Tawang und sehr nah an der Grenze zu Tibet liegt das Seengebiet **Bangachangsa**. Mit seinen unberührten Hochgebirgsseen, den winzigen *gompas* und den Höhlen, die mit Guru Rinpoche in Verbindung gebracht werden, ist der Ort sowohl tibetischen Buddhisten als auch den Sikhs heilig – Guru Nanak besuchte die Region zweimal, daher der kleine *gurudwara* (Sikh-Tempel).

Es gibt keine öffentlichen Verkehrsmittel hierher, aber anspruchsvolle Trekking-Touren können über das Hotel Pemaling in Dirang oder im Touristenbüro in Bomdila gebucht werden.

Übernachtung

Gorichen, an der Haupt-Marktstraße, ✆ 03794/ 224151. Gute Alternative zum Tawang Inn mit großen, holzverkleideten DZ, unzuverlässiger Elektroheizung und angenehm großen Betten. ❹

Shangri La, nahe der Busstation, ✆ 03794/ 222275. Hält nicht, was der Name verspricht, ist aber eine passable Unterkunft für Leute mit kleiner Reisekasse: spartanische, aber saubere Zimmer mit Bad, im Winter sehr kalt. ❶–❷

Tawang Inn, in einem rosa Gebäude 400 m südwestlich der Haupt-Marktstraße, ✆ 03794/ 224096. Das beste Hotel bietet komfortable Zimmer mit Bad; die im obersten Stock haben eine herrliche Aussicht. ❹–❺

Tourist Lodge, von der Haupt-Marktstraße 300 m den Berg hinauf, ✆ 03794/222359, ℻ 222567. Etwas marode Unterkunft mit qualitativ sehr unterschiedlichen Zimmern; am besten schaut man sich erst einmal einige an. ❶–❹

Essen

Das **Tawang Inn** und das **Gorichen** besitzen passable Restaurants. Das **Dragon**, an der Haupt-Marktstraße, serviert hinter seiner Rauchglas-Fassade wohl mit das beste chinesische Essen in Tawang (Rs40–70). Schräg gegen-über bringt das **Hotel Snowland** ordentliche chinesische, indische und tibetische Gerichte auf den Tisch (Rs20–50). Geschäfte und Restaurants schließen meist gegen 18 Uhr.

Sonstiges

Informationen

Die **Tourist Lodge** hat ein kleines Tourist Office, aber **Himalayan Holidays**, ✆ 03794/223151, gegenüber vom Hotel Gorichen, ist die bessere Infoquelle.

Internet

Das **Manyul Cyber Café**, an der Haupt-Marktstraße, bietet Internetzugang (Rs50 pro Std.).

Transport

Die einfache Fahrt mit dem **Taxi** zum Kloster kostet ca. Rs50. Am besten bittet man den Fahrer jedoch zu warten, denn sonst könnte es schwierig sein, ein Taxi für die Rückfahrt zu finden.

Sumos und **Busse** verkehren tgl. von Tawang nach Bomdila, Dirang und Tezpur. Tickets kann man im Voraus bei den entsprechenden Vertretungen in der Nähe des Busbahnhofs kaufen.

Täglich außer sonntags fliegen **Hubschrauber**, ✆ 0361/284 0300, von Lumla, 27 km westlich von Tawang, nach Guwahati.

Zentral-Arunachal

Die Stadt **Hapoli** in Zentral-Arunachal ist nicht allzu interessant, ist jedoch umgeben von Kiefernwäldern und einigen interessanten **Apatani-Dörfern**. Hinter Hapoli bieten die Siedlungen **Along** und **Pasighat** gute Wandermöglichkeiten.

Hapoli

Der Bergort Hapoli (ehemals Ziro), 1780 m über dem Meeresspiegel, liegt 150 km nördlich von Itanagar entfernt. Die ehemals von den Briten als Sommerresidenz genutzte Stadt hat nicht viel zu bieten, doch auf dem Markt herrscht ein geschäftiges Treiben. In mehreren Dörfern der Umgebung, die teilweise auch zu Fuß erreichbar sind, trifft man noch auf Apatani-Männer mit beeindruckenden Gesichtstätowierungen und Frauen mit Nasenschmuck aus Bambus. Nach **Old Ziro** führt ein landschaftlich schöner, 7 km langer Weg vom Zentrum in Hapoli aus. Dorthin gelangt man auch mit den halbstündlich verkehrenden Bussen. Übernachten lässt es sich in Hapoli im Hotel Blue Pine, ✆ 03788/225223 ❷–❹, in Pai Gate, 2 km außerhalb des Zentrums, das einfache Zimmer mit und ohne Bad sowie auch ein gutes Restaurant hat. Komfortabler ist die saubere und einladende Village Tourist Lodge,

☏ 9436/223233, ❹. Die NGO Future Generations vermittelt Guides und betreibt im nahen Dorf Siiro **Privatunterkünfte**, ☏ 03788/225808 oder 03788/225809, ✉ arunachal@future.org ❷–❸. In Ngunu Ziro hat die Organisation außerdem einen Kunstgewerbeladen.

Sumo-Jeeps fahren nach Along, Daporijo, Itanagar und Pasighat. Peak Tour and Travels, ☏ 03788/225221, organisiert Touren in der Umgebung.

Along und Pasighat

Im Norden und Osten bieten Along und Pasighat, die jeweiligen Distrikt-Hauptverwaltungen von West und East Siang, Trekking- und Angel-Touren an. In der Nähe von Along gibt es einige Adi-Dörfer, während die Bevölkerung in der Umgebung von Pasighat, der ältesten Stadt in Arunachal Pradesh, vorwiegend aus Mishmi besteht.

Zimmer bietet in Along das Hotel Holiday Cottage, Hospital Hill, ☏ 03783/222463 ❷–❹, eine beliebte Unterkunft mit komfortablen DZ. In Pasighat gibt es das zentral gelegene Oman Hotel, ☏ 0360/222 4464 ❷–❹, mit schlichten, sauberen Zimmer mit Bad und Warmwasser aus Eimern.

Beide Städte erreicht man von Itanagar aus auf dem NH-52 (7 Std. nach Along, 9 Std. nach Pasighat). Die Fahrt geht über **North Lakhimpur**. Von Itanagar und Hapoli verkehren Sumos; mit einem eigenen Fahrzeug ist die Fahrt aber erheblich einfacher, schneller und bequemer.

Eine halbe Taxistunde von Pasighat entfernt liegt **Oiramghat**, wo täglich eine Fähre nach Dibrugarh (S. 915) ablegt.

Ost-Arunachal

Im östlichen Arunachal werden die abgelegenen Flusstäler des Dibang und des Lohit von den Stämmen der Mishmi, Singpho und Khampti bewohnt. Die Landschaft geht von schneebedeckten Pässen in subtropische Wälder am Brahmaputra über. Zu den Highlights vor Ort zählen das hinduistische Pilgerzentrum **Parasuramkund**, eine Festung aus dem 12. Jh. in **Bhismaknagar** und der **Namdapha-Nationalpark**.

Parasuramkund und Bhismaknagar

Die heilige Hindu-Stätte **Parasuramkund** am Ufer des Lohit findet in der Chronik *Kalika Purana* als der Ort Erwähnung, an dem Parasuram sich von seinem Muttermord reinwusch. Zu Makar Sankranti (Mitte Januar), dem günstigsten Tag im Jahr, um sich von allem negativen Karma reinzuwaschen, nehmen Tausende Pilger die beschwerliche Reise hierher auf sich. Die nächstgelegene Stadt ist **Tezu** (20 km südwestlich), wo man auch Unterkünfte findet, darunter das schlichte Osen, ☏ 03804/222776 ❷–❸.

In **Bhismaknagar**, nordwestlich von Tezu, stehen die Ruinen einer Bergfestung aus dem 12. Jh., die von dem aus der Mongolei stammenden Volk der **Chutiya** erbaut worden sein soll. Sie gelten als die älteste archäologische Stätte in Arunachal Pradesh. Die am nächsten gelegene größere Stadt ist das rund 25 km entfernte **Roing**, wo man im Circuit House, ☏ 03803/222679 ❸, oder 3 km außerhalb im Sally Lake Guest House, ☏ 03803/223061 ❸, übernachten kann.

Namdapha-Nationalpark

Der fantastische, abgelegene Namdapha-Nationalpark nahe der Grenze zu Myanmar ist einzigartig wegen seiner enormen Höhenunterschiede (200–4500 m) und bildet einen Lebensraum für Tiger, Nebelparder, Schneeleoparden, Elefanten, Kleine Pandas (Katzenbären), Hirsche und den gefährdeten Hulock-Gibbon. Allerdings sind die Chancen gering, bei einem Kurzbesuch Großwild zu sehen. Aufgrund der langwierigen und unbequemen Anreise ist es ratsam, den Park mit einem Reiseveranstalter zu besuchen, z. B. mit Purvi Discovery, Gurudongma Tours & Treks oder Jungle Travels India (s. S. 909). ◷ Okt–April, Eintritt Rs50, Jeep Rs100, Fotoerlaubnis für normale Kamera Rs75, mit Teleobjektiv Rs400, Videoerlaubnis Rs750.

Die Parkverwaltung hat ihren Sitz in **Miao**, ☏ 03807/222249, und erledigt auch die Buchung einer Übernachtung im Forest Rest House ❸ im Hauptcamp Deban, wo man einen herrlichen Blick auf das Tal genießt. Die beiden Zimmer im obersten Stockwerk sind am besten. Außerdem gibt es rustikale Hütten ❷ und einen heruntergekommenen Schlafsaal (Rs60). Besser ist das

Eco-Tourist Guest House, ✆ 9436/228763 ❹, betrieben von einer örtlichen NGO, mit vier gemütlichen Zimmern. In allen Lodges werden einfache Mahlzeiten angeboten.

Es besteht die Möglichkeit, an einem mehrtägigen geführten Elefanten-Trek mit Camping im Park teilzunehmen (Kontakt über den Field Director in Miao).

Busse von und nach Miao kommen durch **Margherita**, 64 km südwestlich, und **Tinsukia**, 40 km südwestlich in Assam, wo es einen Bahnhof mit Verbindungen nach Guwahati gibt. **Dibrugarh** liegt noch 47 km hinter Tinsukia.

Nagaland

An der Grenze zu Myanmar, südlich von Arunachal Pradesh und östlich von Assam, liegt Nagaland – das äußerste Ende des Subkontinents. Die Berge und Täler der von den ausgesprochen unabhängigen Naga bewohnten Region wurden erst im Jahr 2000 für den Tourismus geöffnet.

Nagaland zählt für viele zu den schönsten Bundesstaaten Indiens. Die Naga waren einst als aggressive Kopfjäger gefürchtet (S. 928, Kasten). Heute besteht die Bevölkerung des Bundesstaats zu 90 % aus Christen.

Als die **Briten** Mitte des 19. Jhs. das benachbarte Assam erreichten, ließen sie anfangs die kriegerischen Stämme in Nagaland tunlichst in Ruhe. Nach fortwährenden Angriffen der Naga auf assamesische Dörfer jedoch versuchten die Briten die Stämme in ihre Berge zurückzudrängen. Die Angami-Krieger – ein Naga-Stamm – siegten zweimal über die Briten, bis sie sich schließlich 1879 endgültig geschlagen geben mussten und ein Waffenstillstand geschlossen wurde. Die Naga verhielten sich den Briten gegenüber loyal und kämpften gemeinsam mit ihnen im Zweiten Weltkrieg gegen die japanischen Invasoren. Mit der **Unabhängigkeit** Indiens wurde ihr Stammesland jedoch geteilt, und der größere Part fiel an Burma. Gandhi bat die Naga um ihren Verbleib in der neu gegründeten Indischen Union für zehn Jahre und versprach, dass sie danach ihr Schicksal selbst bestimmen könnten.

Mehr als sechzig Jahre später kämpfen die Naga noch immer für eine Heimat. Obwohl ein offizieller Waffenstillstand in Kraft ist, geht die Gewalt in Nagaland weiter: Ende 2004 wurden bei einem Bombenanschlag in Dimapur, dem verheerendsten Anschlag der letzten Jahre, 70 Menschen getötet.

Der Besuch in einem Naga-Dorf vermittelt faszinierende Einblicke in eine Lebensweise, wie sie wohl nicht mehr lange existieren wird. Die meisten Reiseveranstalter bieten derartige Touren an, doch einige Naga haben keine Lust mehr, ihre Häuser für Touristen zur Schau zu stellen. Wer die Dörfer dennoch besucht, sollte vielleicht ein kleines Geschenk mitbringen und sich vergewissern, dass der Guide den entsprechenden Dialekt beherrscht. Außerdem ist es keine schlechte Idee, dem Häuptling (oder *angh)* eine Geldspende für das Dorf anzubieten.

In der Umgebung der Hauptstadt **Kohima** gibt es einige traditionelle Angami-Dörfer, wie **Khonoma**. Von **Mon** aus lassen sich diverse Konyak-Dörfer besichtigen, darunter **Shangnyu**. Der Stamm der Ao lebt in **Mokokchung**, **Tuensang** ist die Heimat von sechs verschiedenen Stämmen. Der Bundesstaat eignet sich außerdem ideal zum Wandern und Mountainbiken. Gurudongma Tours & Treks (S. 909) arrangiert Touren.

Eine gute Zeit für einen Besuch in Nagaland ist die erste Woche im Dezember: Dann findet das **Hornbill Festival** statt, 💻 www.hornbillfestival.com, mit Kunst, Tanz, Musik und Sport der Naga. Für den Besuch von Nagaland ist ein Permit erforderlich (s. Kasten S. 908).

Kohima und Umgebung

Kohima, Hauptstadt von Nagaland, wurde im 19. Jh. von den Briten neben dem gleichnamigen alten Angami-Dorf angelegt. Traditionelle Naga-Dörfer liegen in der unmittelbaren Umgebung, darunter das 20 km entfernte **Khonoma** sowie **Jakhema** und **Kigwema**.

Kohima stellt einen Pass dar, der im Zweiten Weltkrieg eine strategisch wichtige Rolle spielte. Der Highway von Imphal nach Dimapur – die Strecke, auf der die Japaner bis zum indischen

Tiefland vorzudringen hofften – überquert den Bergrücken am Soldatenfriedhof aus dem Zweiten Weltkrieg, entworfen von Edwin Lutyens, in friedlicher Lage mit Blick auf die Stadt. Der Ort ist eine ergreifende Gedenkstätte für die 10 000 Soldaten, die 1944 in der dreimonatigen Schlacht von Kohima ums Leben kamen.

Auf dem Weg vom Zentrum Richtung State Museum steht die **Kathedrale** mit dem größten Holzkruzifix Indiens.

Das faszinierende **State Museum** in der Bayavu Hill Colony, gute 20 Minuten zu Fuß vom Zentrum, beherbergt eine ausgezeichnete Sammlung mit Schmuck, Trachten, Speeren und Kunsthandwerk der Naga. ◷ Di–So 10–16 Uhr, Eintritt Rs5.

Die große **Angami-Siedlung Kohima** überschaut von einem hohen Berg aus das moderne Kohima. Sie wurde größtenteils modernisiert, von den traditionellen Bauten mit Schrägdach gibt es nur noch wenige, doch das enge Labyrinth von Gassen verleiht dem Dorf ein typisches Naga-Ambiente. Getreidekörbe vor den Häusern und Tröge, in denen Reisbier hergestellt wird, gehören zu den charakteristischen Merkmalen.

Die Naga

Naga-Krieger waren lange Zeit gefürchtet und respektiert – die **Kopfjäger** sind noch immer in lebendiger Erinnerung. Sie sind außerdem erfahrene Bauern, die 20 verschiedene Arten von Reis anbauen.

Die Naga unterscheiden zwischen der Seele und dem Geist. Die menschliche Seele wohnt im Nacken, im Kopf der Geist, der über große Macht verfügt und Glück bringt. Die Häupter der Feinde und der gefallenen Kameraden wurden einst gesammelt und zu jenen der Vorfahren gelegt. Einige Stämme schmückten ihre Gesichter mit tätowierten gewundenen Hörnern als Zeichen ihrer Kopfjagderfolge. Die Köpfe wurden in dem Haus des Dorfes aufbewahrt, in dem sich die Männer versammelten *(morung)*. Fantastische Tierschnitzereien, Elefantenköpfe und Stoßzähne gehörten ebenfalls zur Ausstattung – Beispiele dafür sieht man noch in vielen Dörfern.

Obwohl jeder Stamm einen eigenen Dialekt pflegt, ist aus den verschiedenen lokalen Sprachen und dem Assamesischen eine Mischform entstanden: die gemeinsame Sprache **Nagamesisch**.

Übernachtung

Fira, in der Nähe vom Japfu, ✆ 0370/224 0940. Annehmbare, etwas altmodische Zimmer und Restaurant. ❸

Japfu, am PR Hill am oberen Stadtrand, ✆ 0370/224 0211, ✉ hoteljapfu@yahoo.co.in. Zweifellos das Vorzeigehotel im Ort. Geräumige, saubere Zimmer mit Bad und Heizlüftern, freundliches Personal und ordentliches Restaurant. ❺

Pine, am Phool Bari, ✆ 0370/224 3129. Passable DZ mit Bad. ❸

Essen

Die Diät der Naga besteht hauptsächlich aus Reis, gekochtem Gemüse und viel Fleisch, das mit Ingwer oder Chili zubereitet wird. Naga-Küche wird in den Hotels **Bamboo Shoot** und **Sema** serviert.

Die meisten Restaurants schließen gegen 18 Uhr, nur das **Japfu** hat länger geöffnet.

Informationen

Das **Tourist Office**, ✆ 0370/224 3124, 💻 www.tourismnagaland.com, befindet sich unterhalb des Hotels Japfu. ◷ Mo–Fr 10–16 Uhr.

Transport

Busse

Von Kohima führen Straßen in westlicher Richtung zum nächsten Bahnhof und Flughafen in **Dimapur**, Richtung Norden nach Mokokchung und in südlicher Richtung nach Imphal. Von Mokokchung kommt man weiter nach Jorhat in Upper Assam.

Die meisten Privatbusse von Imphal fahren nach Dimapur durch und halten nicht im Zentrum – man muss den Fahrer bitten, dass er einen am Hotel Japfu aussteigen lässt. Staatliche Busse fahren bis zur Haltestelle im Zentrum.

Staatliche und private **Busse** fahren in alle Richtungen. Tickets für Privatbusse gibt es bei den Reisebüros in der Innenstadt und am Phool Bari. Die staatlichen Busse nach

DIMAPUR fahren etwa alle 30 Min., außerdem gibt es tgl. Verbindungen nach Mokokchung und Imphal.

Jeeps

Vom 200 m oberhalb des Busbahnhofs gelegenen Taxistand fahren regelmäßig Sumo-Jeeps nach DIMAPUR.

Khonoma und Tuophema

In Khonoma, 20 km nordwestlich von Kohima, haben die Angami-Krieger 1879 ihren letzten Kampf gegen die Briten ausgetragen. Herrliche Reisterrassen umgeben das Dorf. Sie sind von einem komplizierten Wasserrohrsystem aus Bambus durchzogen.

Hinter dem Dorf liegt das malerische, mit Wasserfällen und wunderbaren Aussichtspunkten gesegnete Dzoukou-Tal, das zu dem Schutzgebiet **Khonoma Nature Conservation and Tragopan Sanctuary** gehört. Von Kohima fahren mehrere staatliche und private Busse nach Khonoma – außerdem gibt es einmal am Tag einen Bus von Dimapur –, am besten ist jedoch ein Taxi.

41 km nördlich von Kohima, an der Strecke nach Mokokchung, liegt das authentische Angami-Dorf **Tuophema**; das Tourist Village daneben mit einem kleinen Museum haben die Einheimischen erbaut. Vor Ort kann man sich geführten Wanderungen in die Umgebung anschließen.

Als Unterkünfte stehen komfortable Naga-Hütten mit heißen Duschen bereit, ✆ 0370/227 0786, 💻 www.touristvillage.biz, ❹–❺.

Es bestehen regelmäßig **Busverbindungen** nach Kohima (1 1/2 Std.) und Dimapur (2 Std.), für einen Tagesausflug ist aber auch hier das Taxi vorzuziehen.

Dimapur

Das lärmende und verschmutzte Dimapur, 74 km nordwestlich von Kohima, dient vor allem als Tor zum Bundesstaat.

Am Stadtrand stehen am Flussufer die **Kachari-Ruinen**, Fruchtbarkeitssymbole aus den Tagen des Kachari-Königreichs.

Übernachtung

Saramati, ✆ 03862/234761, ✉ hotelsaramati@yahoo.co.in. Das Schwesterhotel des Japfu in Kohima ist die beste Unterkunft in der Stadt und verfügt auch über ein Restaurant. ❺

Tourist Lodge, am Nagaland-Busbahnhof, ✆ 03862/226355. Billiger, mit sauberen, wenn auch gesichtslosen Zimmern. ❸

Transport

Busse und Jeeps

Staatliche und private Busse fahren vom **Busbahnhof Nagaland** nach KOHIMA (3 Std.) ab. In der Hauptstraße am Busbahnhof halten Sumo-Jeeps mit Ziel Kohima. Private Busse nach Guwahati, Jorhat und Itanagar fahren vom **Assam Bus Stand** an der Golaghat Road jenseits der Gleise.

Eisenbahn

Dimapur ist der einzige Bahnhof in Nagaland. Es fahren Züge nach Dibrugarh, Simaluguri (in Richtung Sibsagar) und Tinsukia in Assam. Die beste Verbindung nach GUWAHATI ist der Shatabdi Express Nr. 12068 (tgl. außer So, Abfahrt 16.15 Uhr, 4 1/2 Std.).

Flüge

Der Flughafen von Dimapur liegt 6 km außerhalb der Stadt.

Mon und Umgebung

Im äußersten Nordosten von Nagaland, 200 km südlich von Dibrugarh in Assam, liegt Mon, die Regionalhauptstadt des Konyak-Stammes. Hauptattraktion ist ihre günstige Lage als Ausgangspunkt für Besichtigungen der umliegenden Dörfer. Hie und da sieht man noch ältere Konyaks mit aufwendigen Gesichtstätowierungen und Ohrringen aus Ziegenhorn. Sennunger Imsong aus Mokokchung (s. S. 930) ist ein zuverlässiger Guide, der Touristen auf Tagesausflüge begleitet.

Ein typisches Dorf ist **Shangnyu**, 23 holprige Straßenkilometer von Mon entfernt. Ein kleines Museum beherbergt eine beeindruckende

Fruchtbarkeitsskulptur aus Holz. Vor dem Museum steht eine riesige Holztrommel, wie sie die Dorfbewohner bei Festen und zum Austausch von Nachrichten verwendeten.

Zu besichtigen ist auch eine Reihe unheimlicher, hoher Steine, auf denen die Dorfbewohner einst ihre Kopftrophäen präsentierten. Das Haus des freundlichen *angh* ist mit zahlreichen Hörnern und Tierschädeln gefüllt, die seinen Status verdeutlichen.

Das Mountain View, an der lauten Hauptstraße, ✆ 03869/221730, ✉ phejin@yahoo.com ❹, bietet große, saubere Zimmer.

Nach Mon fahren **Busse** aus Dibrugarh (mind. 7 Std.) über Sibsagar in Assam, doch es empfiehlt sich die Fahrt mit einem Reiseveranstalter. Ende März bzw. Anfang April wird in der Region das **Frühlingsfest** gefeiert.

Mokokchung und Umgebung

Südwestlich von Mon und 160 km (5 Std. mit dem Jeep) nördlich von Kohima liegt Mokokchung, eine pulsierende Stadt in den Bergen.

Mokokchung eignet sich gut als Basis für Abstecher in die umliegenden Ao-Dörfer, darunter das 17 km entfernte **Longkhum**, wo es ein kleines Museum und ein Guesthouse gibt. Der Guide Sennunger Imsong bietet Tagesausflüge an, unter anderem nach Tuensang. Seine Tante Apokla vermietet ein nettes Doppelzimmer mit Bad (Mahlzeiten inkl.) im Tongpok Abode, ihrem Haus im Dilong Ward von Mokokchung, ✆ 0369/222 7030, ✉ imsong2003@rediffmail. com. ❸

115 km südöstlich von Mokokchung liegt die Stadt **Tuensang** im Zentrum einer Region, die von sechs verschiedenen Stämmen bewohnt wird, den Phom, Khiamniungan, Chang, Yimchunger und Sangtam.

Von Tuensang führt eine zweitägige Fahrt nach **Thanamir**, Ausgangspunkt für eine atemberaubende, zweitägige Trekking-Tour über Dörfer verschiedener Stämme zum **Mount Saramati**, dem höchsten Gipfel in Nagaland (3826 m) in der Grenzregion zu Burma. Unterwegs gibt es einfache Übernachtungsmöglichkeiten in **Kiphere** (Kontakt über die Familie Imsong).

80 km südlich von Mokokchung liegt **Wokha**, ein günstiger Zwischenstopp am NH-61 auf dem Weg nach Kohima. Gurungdoma Tours & Treks (S. 909) veranstaltet Kulturreisen und Mountainbike-Touren in der Region.

Mizoram

Schlägt man von Assam die südliche Richtung ein, gelangt man nach Mizoram – „das Land der Hochländer", wo eine kurvenreiche Bergstraße in die mit Bambuswäldern überzogenen Berge führt. Mizoram ist eine sanfte, ländliche Region und die **Mizo** sind gastfreundliche Menschen, die nur selten mit Touristen in Kontakt kommen. Überall stehen weiß getünchte christliche Kirchen in der Landschaft, ein Bild, das den Besucher eher an Mittelamerika erinnert als an einen indischen Bundesstaat zwischen Myanmar und Bangladesch.

Die Mizo, die aus den Chin-Bergen in Myanmar kamen und auch Lushai heißen, überfielen bis ins späte 19. Jh. hinein regelmäßig die Teeplantagen des Assam Valley. Erst 1924 konnte die britische Verwaltung wenigstens den Anschein einer Kontrolle erwecken. Sie öffneten die Region für Missionare, die die Mehrheit der Bevölkerung zum Christentum bekehrten.

Aizawl, die Hauptstadt von Mizoram, erstreckt sich an unvorstellbar steilen Hängen. Im Herzen des Staates bewohnen traditionelle Mizo-Gemeinden die Gebirgskämme. Jedes Dorf wird von dem Haus seines Oberhauptes und dem *zawlbuk* (Heim für Junggesellen) dominiert. Die Mizo sind ein egalitäres Volk ohne Klassenunterschiede und Geschlechterdiskriminierung. Es ist Brauch, dass niemandem aufgrund seines Geschlechts oder seiner Klasse Nachteile entstehen dürfen, und die Mizo sind sehr stolz auf ihren uralten *tlawmgaihna*-Brauch, ein Ehrenkodex der Gastfreundschaft. Die Alphabetisierungsrate liegt bei 95 % und viele sprechen sowohl Mizo als auch Englisch. Sie sind zudem kulturell stärker vom christlichen Westen beeinflusst als durch das übrige Indien.

Für die Einreise ist eine Genehmigung erforderlich (S. 908).

Aizawl

Eine der abgelegensten Landeshauptstädte Indiens ist Aizawl. Die Stadt verteilt sich in 1250 m Höhe weitläufig über die Steilhänge eines Gebirgskamms. Obwohl man rundherum auf Hügel und nicht auf schneebedeckte Gipfel blickt, vermittelt die Stadt doch den Eindruck einer Hill Station im Himalaya. Monumente oder Tempel sucht man mehr oder weniger vergebens, die Märkte sind sehenswert. Die Einrichtungen haben Sonntags geschlossen, wenn hier fast jeder in die Kirche geht. Die ländliche Umgebung von Aizawl ist leicht per Bus oder zu Fuß erreichbar.

Zarkawt ist das zentrale Innenstadtviertel. Die Hauptattraktion in Aizawl ist der **Bara Bazaar** („Großer Basar"), auf dem alle möglichen Waren angeboten werden, von Mizo-Musik bis zu maßgefertigten Schuhen. ⏲ tgl. außer So 6–15 Uhr.

Eine kleine Sammlung von traditioneller Mizo-Kleidung zeigt das **Mizoram State Museum** am MacDonald Hill. ⏲ Mo–Fr 9–17, Sa 9–13 Uhr, Eintritt Rs5.

Es gibt viele Aussichtspunkte mit unglaublichen Panoramablicken; zu den schönsten zählen die Blicke vom **Chaltlang Hill**, weit oberhalb von Chandmari im Norden, und vom Theological College, hoch über dem enormen Spalt an der Straße nach Aizawl.

Die **Durtlang-Berge**, unmittelbar nördlich von Aizawl, und **Luangmual**, 7 km westlich, eignen sich gut für nette Spaziergänge – beide können im Rahmen einer Tagestour erreicht werden. Die Busse nach Luangmual fahren vor dem Salvation Army Temple ab.

Übernachtung

Aizawl verfügt über ein gutes Angebot an Budget- und Mittelklassehotels, aber Hotels der gehobenen Klasse machen sich rar.

Ahimsa, Zarkawt, ✆ 0389/234 1133. Eines der besseren Hotels von Aizawl mit passablem Restaurant, zentral gelegen, komfortable Zimmer mit Bad, Blick über die Dächer. ❸–❹

Berawtlang Tourist Complex, Zemabawk, 6 km außerhalb, ✆ 0389/235 2067. Rustikale Cottages auf einem Hügel in ländlicher Umgebung mit herrlicher Aussicht; sehr gutes Restaurant. ❷–❸

David's Clover, Zarkawt, ✆ 0389/230 5736. Solides Mittelklassehotel mit komfortablen Zimmern mit Bad und TV, Kühlschrank und WLAN. ❺

Ritz, Bara Bazaar, nahe Machhunga Point, ✆ 0389/231 0409, 💻 www.ritzaizawl.com.

Bambus, Ratten und Revolution

Die beiden wichtigsten Bambusarten in Mizoram blühen alle 48 bis 50 Jahre und ziehen dann Massen von Ratten an, deren Fruchtbarkeitsrate sich vervierfacht. Die Ratten wiederum fressen die Ernte und verursachen so Hungersnöte. Als dies im Jahr 1959 zum ersten Mal passierte, war die Regierung darauf überhaupt nicht vorbereitet. Daraufhin gründete der Ratsangestellte **Laldenga** die **Mizo Famine Front (MFF)**. Die ursprünglich zur Bekämpfung der Hungersnot gegründete Organisation wandelte sich zur **Mizo National Front (MNF)**, einer Guerillagruppe, die für die Unabhängigkeit kämpfte. Die rüde Antwort der Regierung, die 1967 die Bewohner von Mizoram in bewachte Dörfer mit Ausgangssperre verfrachtete, bescherte der MNF nur weiteren Zulauf. Jedoch war die dann erfolgende Unabhängigkeit Bangladeschs ein schwerer Schlag für die MNF, die auf die Unterstützung durch Pakistan angewiesen war. Gemäßigte Vertreter beider Seiten schafften es dann, die MNF an den Verhandlungstisch zu bringen. Das Ergebnis: Für ein Ende des Aufstandes wurde 1986 ein eigener Staat in Aussicht gestellt. Heute ist Mizoram die friedlichste der „sieben Schwestern". 2007 blühte allerdings wieder der Bambus, die Rattenpopulationen wuchsen und die Ernten wurden vernichtet. Obwohl die Behörden dieses Mal etwas besser vorbereitet waren, reagierte die Zentralregierung in Delhi nur mit Verzögerung und viele Menschen litten große Not.

Gutes, bei Geschäftsleuten beliebtes Hotel; freundliches Personal, Zimmer meist mit Bad und TV, empfehlenswertes Restaurant. ❸–❺

Essen

Einige einfache Restaurants in der Gegend von Bara Bazaar servieren traditionelle **Mizo-Gerichte**, die meist mild gewürzt sind.
Blue Berry, im Hotel Ritz. Gutes Restaurant mit einer breiten Auswahl an Fisch- und Garnelengerichten. Hauptgerichte Rs75–265.
David's Kitchen, im David's Clover Hotel. Das beste Restaurant der Stadt serviert indische und chinesische Gerichte, z. B. saftiges *rogan josh* mit Hammelfleisch. Hauptgerichte Rs75–265.

Sonstiges

Geld

Die **State Bank of India**, beim First AR Ground, hat einen Wechselschalter und einen Geld automaten.

Informationen

Die **Touristeninformation** ist im Chandmari-Viertel, ✆ 0389/231 2475, ⏲ Mo–Fr 9–17 Uhr.

Transport

Die einzig empfehlenswerte Route aus Mizoram heraus führt nach **Silchar**, das 180 km weiter nördlich in Assam liegt. Die besten Verkehrsmittel nach Silchar (4–6 Std.) sind die **Jeeps**. Es gibt mehrere Vertretungen in Zarkawt.

Busse

Auch private Busgesellschaften in Zarkawt bieten Verbindungen nach Silchar.
Nach SHILLONG und GUWAHATI fahren sowohl Sumos als auch private Busse (jeweils 14–18 Std.).

Flüge

Vom Flughafen, 35 km westlich, gehen Flüge nach Guwahati, Imphal und Kolkata. Ein Taxi zum Flughafen kostet rund Rs500.

Manipur

Manipur erstreckt sich entlang der Grenze zu Myanmar über eine weite Ebene, die von dem südlich seiner Hauptstadt **Imphal** gelegenen Seensystem bewässert wird. In dieser fast vergessenen Region sind die **Meithi** zu Hause. In der Abgeschiedenheit haben sie ihre eigene, faszinierende Version des Hinduismus entwickelt. Manipur erinnert von der Atmosphäre eher an Südostasien als an Indien, und viele Einheimische sprechen weder Englisch noch Hindi.

Obwohl in der Gegend um Imphal heute kaum ein Baum zu sehen ist, sind die entlegenen Berge noch immer bewaldet und bieten exotischen Vögeln und Tieren ein Zuhause, z. B. dem Fleckenlinsang, der Fasanenart Blyth-Tragopan und dem Nebelparder sowie einer ungemeinen Orchideenvielfalt. Der einzigartige **Loktak Lake** ist der natürliche Lebensraum des Manipur-Leierhirsches.

Die **Geschichte** von Manipur kann bis zur Gründung der Stadt Imphal im 1. Jh. v. Chr. zurückverfolgt werden. Nach langen Phasen unabhängiger und stabiler Regierung fiel es 1826 an Indien, bevor es 1891 unter britische Kontrolle geriet. Während des Zweiten Weltkrieges besetzten die Japaner einen Großteil von Manipur, 250 000 britische und indische Soldaten waren während der Belagerung drei Monate lang in Imphal eingeschlossen und hätten ohne die Luftbrücke der Royal Air Force von Agartala aus sicher nicht überlebt. Als die japanischen Truppen den Befehl zur Beendigung der Imphal-Offensive erhielten, bedeutete dies auch das Ende ihres Eroberungszuges in Indien. 1972 wurde Manipur selbstständiger indischer Bundesstaat.

Seither erschüttern den Staat immer wieder Wellen von Gewalt, wenn es um den Kampf für mehr Selbstbestimmung und Konflikte zwischen Kuki und Naga geht. **Unruhen** sind an der Tagesordnung; 2009 forderte dieser Kampf fast 400 Todesopfer. Zur Zeit der Recherche riet das Auswärtige Amt von Reisen in die Region ab, abgesehen von notwendigen Reisen nach Imphal (nur per Luft). Die folgenden Abschnitte wurden daher für die vorliegende Ausgabe nicht aktualisiert.

Touristen sollten sich zuvor über die aktuelle Sicherheitslage informieren und sich bei einer Reise auf keinen Fall zu weit von der Hauptstadt entfernen. Anforderungen für Genehmigungen s. S. 908.

Imphal und Umgebung

Von fernen Hügeln umringt, liegt Imphal, die Hauptstadt von Manipur, auf einem Plateau in 785 m Höhe. Spektakuläres sollte man hier nicht erwarten. Das Zentrum von Imphal liegt eingezwängt zwischen der Prachtstraße Kanglapat und dem trägen Fluss Nambu. Dominiert wird es von einem **Polofeld**. Einer Legende zufolge ist das Manipuri-Spiel *sagol kangjei* der Ursprung des modernen Polospiels. Das Ehrenmal **Shaheed Minar** erinnert an den Meithei-Aufstand gegen die britischen Besatzer im Jahr 1891. Gleich südöstlich liegt das **State Museum**; ◷ tgl. außer Mo 10–16.15 Uhr, Eintritt Rs2.

Entlang der Kangchup Road im Herzen von Imphal findet jeden Tag der **Khwairamband-Markt** statt. Über 3000 Meithei-Frauen bieten hier ihre Waren feil. Damit ist dieser Markt der größte seiner Art in ganz Asien.

Südlich des alten Palastkomplexes ist zwischen den Palmen die goldene Kuppel des **Shri Govindjee** zu sehen.

Langthabal, das 8 km südlich von Imphal an der Straße nach Myanmar auf einem kleinen Hügel thront, überblickt die University of Manipur und lockt Besucher mit einer Palastruine, Tempeln und Zeremonienbauten an. Das **Khonghampat Orchidarium**, 12 km nördlich von Imphal am NH-39, zeigt über 100 Orchideenarten.

Übernachtung und Essen

Imphal hat einige recht gute **Hotels**, darunter: ITDC Imphal, North AOC, Dimapur Rd, ✆ 0385/ 222 0459, ❸–❹; Anand Continental, Khoyathong Rd, ✆ 0385/222 3422, ❸–❹; Nirmala, MG Avenue, ✆ 0385/222 9014, ❸–❺; und White Palace, MG Avenue, ✆ 0385/ 222 05999, ❶–❸. Das beste **Restaurant** ist das Host im Anand Continental. Bars gibt es nicht .

Sonstiges

Geld

Die **State Bank of India**, MG Ave., wechselt Geld.

Genehmigungen

Reisende können sich Genehmigungen beim **Foreigners' Registration Office**, nahe der Hauptpost an der Secretariat Road, bestätigen lassen.

Informationen

Das **staatliche Tourismusbüro** hat seinen Sitz im Hotel Imphal nördlich des Palastes an der großen Dimapur Rd, ✆ 0385/222 0802.
◷ April–Sep Mo–Sa 9.30–17, Okt–März 9.30–16.30 Uhr, 2. Sa im Monat geschl.
Das Büro von **India Tourism** ist in der Jail Rd, ✆ 0385/222 1131, ◷ Mo–Sa 9.30–17.30 Uhr.

Post

Die Hauptpost ist in der Secretariat Rd.

Transport

Busse

Staatliche Busse halten neben dem Polofeld, private Busse vor ihren jeweiligen Vertretungen, von denen die meisten in der MG Avenue, 200 m nördlich des Khwairamband Bazaar, zu finden sind.
Die Busverbindung nach GUWAHATI ist gut, die rund 580 km lange Fahrt dauert etwa 12 Std. Mehrere private Busgesellschaften fahren von der MG Avenue in der Nähe der State Bank of India ab und halten zusätzlich an der DM Rd vor dem Hotel Tampha. Der NH-39 verbindet Imphal mit Kohima in Nagaland und führt weiter nach Dimapur, dem 215 km entfernten nächstgelegenen Bahnhof. Auf dieser Strecke ist eine Genehmigung für Nagaland erforderlich. Tägliche Busse nach DIMAPUR (6 Std.) fahren um 6 Uhr ab und halten unterwegs in Kohima. Die 200 km lange Fahrt nach SILCHAR (14 Std.) ist ein Alptraum; das Flugzeug ist unbedingt vorzuziehen.

Flüge

Vom Flughafen von Imphal, 6 km südlich der Stadt, gibt es Flüge nach Aizawl, Agatala, Delhi, Guwahati, Kolkata und Silchar.

Loktak Lake

Südlich von Imphal lebt am Loktak Lake eine einzigartige Gemeinschaft von Fischern auf großen schwimmenden Inseln aus verfilzter Vegetation. Unter den Tierarten, die auf den Inseln leben, ist der Manipur-Leierhirsch. Der See gehört größtenteils zum **Keibul Lamjao-Nationalpark**. Auf **Sendra Island**, 48 km von Imphal entfernt, bietet der Tourist Bungalow, ✆ 0385/222 0802, ❶, einen guten Ausblick.

Tripura

Die grünen Berge und Täler von Tripura grenzen auf drei Seiten an Bangladesch. Seit 1949 gehört es zu Indien und ist eng mit dem Schicksal von Bengalen verbunden.

Die Teilung und die Gründung Ostpakistans (heute Bangladesch) 1948, der nachfolgende Krieg, die Hungersnöte und die Militärregime trieben Millionen Bangladescher zur Flucht nach Tripura. Dort sind sie heute der einheimischen Bevölkerung zahlenmäßig weit überlegen, was für viel Unmut sorgt.

Agartala, die Hauptstadt des Staates, ist eine Stadt mit gelassener Stimmung. Sie besitzt einen Palast und einige Tempel. Von hier aus lassen sich einfache Tagestouren nach **Udaipur** und zum märchenhaften Wasserpalais von **Neermahal** unternehmen. In wenigen Schutzgebieten wie Gumti, Rowa, Trishna und Sepahijala versucht man, die letzten Wälder von Tripura zu erhalten.

Sicherheit in Tripura

Zwar hat sich Tripura dem Fremdenverkehr geöffnet, doch stellen Unruhen und **ethnische Konflikte** weiterhin ein ernstes Problem dar, insbesondere im Norden des Staates. Zur Zeit der Recherche galt Tripura als **unsicher**, das britische Auswärtige Amt riet von Reisen in den Bundesstaat ab. Die Informationen in diesem Abschnitt wurden daher für diese Ausgabe nicht aktualisiert. Wer die Region zu besuchen beabsichtigt, sollte sich vor der Abreise unbedingt über die aktuelle Sicherheitslage informieren.

Agartala und Umgebung

Agartala, die Hauptstadt von Tripura, ist ein ruhiges Verwaltungszentrum. Ihre Hauptattraktion ist der strahlend weiße **Ujjayanta-Palast**, der 1901 fertig gestellt wurde. Inmitten eines formal gestalteten Parks mit künstlich angelegten Seen nimmt dieser riesige Komplex eine Fläche von gut 3 km² ein. Hier hat heute die State Legislative Assembly ihren Sitz. Auf Wunsch bekommt man eventuell einen Besucherpass für diesen Gebäudeteil. Einer der vielen öffentlich zugänglichen Tempel in der Nähe ist der **Jagannath-Tempel** mit seinem orangefarbenen Turm. Er erhebt sich jenseits der Straße über einem achteckigen Sockel.

Die meisten Einrichtungen sowie die Basare, Bushaltestellen und Behörden von Agartala konzentrieren sich im Zentrum, unmittelbar südlich des Palastes. Gegenüber der Hauptpost zeigt das **State Museum** ethnographische und archäologische Exponate. ◷ Mo–Sa 10–17 Uhr. Das **Tribal Cultural Research Institute and Museum** in Supari Bagan liegt gut versteckt in einer Seitenstraße des Krishna Nagar-Distrikts in der Nähe des Jagannath-Tempels. ◷ Mo–Sa 11–13 Uhr.

27 km südlich von Agartala liegt an dem großen See **Kamala Sagar** ein kleiner, bedeutender Kali-Tempel. Vor seinem aus dem 12. Jh. stammenden Sandsteinabbild von Mahishasuramardini, einer Erscheinungsform von Durga, befindet sich ein Lingam. Busse zum See fahren vom Busbahnhof Battala in Agartala ab (5x tgl., 1 Std.).

An der Straße nach **Udaipur**, 35 km südlich von Agartala, erstreckt sich das Naturschutzgebiet **Sepahijala** mit See, Zoo und botanischem Garten. Hier sind der Hulock-Gibbon und der Goldlangur heimisch. Im schönen **Abasarika Bungalow** gibt es komfortable Zimmer im Dschungelambiente, die im Voraus beim Forestry Office, Agartala, 2 km die Airport Road hinauf auf der linken Seite, ✆ 0381/222 2224, gebucht werden können; ❶. Sämtliche Busse nach Udaipur kommen am Park-Eingang vorbei.

Agartala

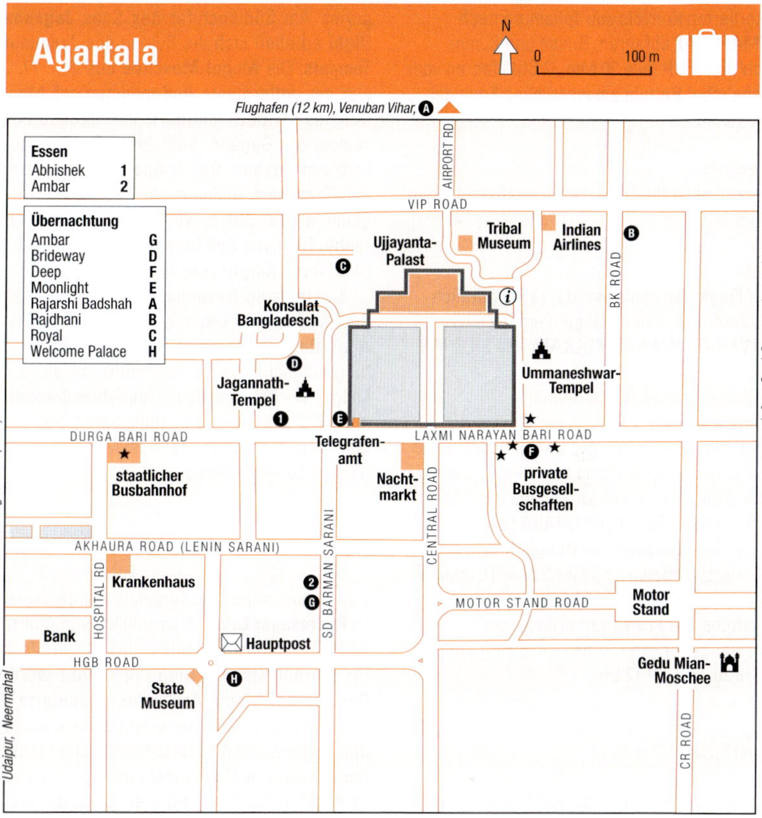

Übernachtung und Essen

Agartala hat ein gutes Angebot an **Hotels**, darunter:

Welcome Palace, HGB Rd, ✆ 0381/238 4940, ❺; **Ambar**, SD Barman Sarani, ✆ 0381/222 3587, ❷ und **Rajdhani**, BK Rd, ✆ 0381/222 3387, ❷–❺.

Die Auswahl an **Restaurants** ist kleiner. Einen Versuch wert sind das Abhishek, Durga Bari Rd, und das Ambar, neben dem gleichnamigen Hotel.

Sonstiges

Geld

Es gibt mehrere Geldautomaten.

Informationen

Das örtliche **Touristenbüro**, ✆ 0381/222 5930, findet man in dem Flügel des Palastes. ⏲ Mo–Sa 10–17, So 15–17 Uhr.

Transport

Busse

Die **staatlichen Busse** fahren vom staatlichen Busbahnhof an der Durga Bari, Ecke Hospital Rd, im zermürbenden Stop-and-Go-Konvoi nach Silchar, Shillong und Guwahati.

Private Busse fahren von der LN Bari Rd ab, 100 m östlich vom Palast.

Von Agartala müssen alle Busse nach Norden 3x tgl. (um 6, 8 und 11.30 Uhr) in von der Armee eskortierten Konvois von Teliamura nach KUMARGHAT abfahren. Busse und Sumos nach UDAIPUR (alle 30 Min., 2 Std.) fahren vom Busbahnhof Battala am westlichen Ende der HGB Rd ab.

Eisenbahn

Kumarghat ist für Agartala der nächstgelegene Bahnhof.

Flüge

Vom **Flughafen** von Agartala, 12 km nördlich des Zentrums, gibt es Flüge nach AIZAWL, GUWAHATI, IMPHAL, KOLKATA und SILCHAR.

Weiterreise nach Bangladesch

Agartala liegt nur 2 km von der **Grenze zu Bangladesch** entfernt. Auf Bangladesch-Seite kann man mit der Rikscha bis Akhaura Junction in 4 km Entfernung fahren, von wo aus Züge nach Comilla, Sylhet und DHAKA (2 1/2 Std.) gehen. Das **Konsulat von Bangladesch**, neben dem Hotel Brideway, ✆ 0381/222 4807, stellt an Ort und Stelle Visa aus. Man braucht zwei Passfotos, die Preise variieren je nach Staatsangehörigkeit. ◷ Mo–Do 8.30–13 und 14–16.30, Fr 8.30–12 Uhr.

Udaipur

Udaipur ist die einstige Hauptstadt der Manikya und hat sich eine altertümliche Atmosphäre bewahrt, die man in der Metropole Agartala vergeblich sucht. Nachdem sich die Manikya erfolgreich gegen die moslemischen Herrscher Bengalens gewehrt hatten, unterwarfen sie sich schließlich den Moguln, herrschten aber weiter über ihr Reich, bis es unter britische Herrschaft geriet. Am Südwestufer des Sees **Jagannath Dighi** erheben sich die Ruinen des **Jagannath-Tempels**. Die **Mogul-Moschee** aus dem 17. Jh. war der entfernteste Außenposten des Mogul-Reiches. **Tripura Sundari**, der bedeutendste Tempel der Gegend, befindet sich 5 km außerhalb von Udaipur. Der Tempel gehört zu den 51 den Tantrikern heiligen *shakti pithas*. Er steht genau an der Stelle, wo der Legende nach das rechte Bein von Sati herabgefallen sein soll, als Shiva ihren Körper vom Scheiterhaufen trug.

Die meisten Besucher kommen nach Udaipur im Rahmen einer langen Tagestour von Agartala aus, doch es gibt auch Übernachtungsmöglichkeiten in der Pantha Niwas Tourist Lodge, ❶–❷. Eine kleine **Touristeninformation**, ✆ 0381/222432, steht ebenfalls bereit. Von Agartala verkehren **Busse** (alle 30 Min., 2 Std.) und häufige Sammel-**Jeeps**.

Neermahal

Das romantische Wasserpalais von Neermahal im **Rudrasagar Lake**, 55 km südlich von Agartala, ist 1930 als Sommerresidenz des Maharadschas Bir Bikram Kishore Manikya erbaut worden. Der von der Mogul-Architektur inspirierte Palast wirkt innen eher heruntergekommen, doch das Äußere und die Gärten sind schön instand gesetzt worden. Die Kuppeln und Pavillons spiegeln sich hübsch im See – ein unvergesslicher Anblick. ◷ tgl. 9–18 Uhr.

Der See liegt 1 km von der Stadt Melaghar entfernt, von wo aus **Busse** nach Agartala (alle 30 Min., 2 Std.) und Udaipur (alle 30 Min., 1/2 Std.) verkehren. Übernachten kann man in der Sagarmahal Tourist Lodge, ✆ 0381/264418, ❸, die auch über ein Restaurant verfügt.

Orissa

Stefan Loose Traveltipps

Bhubaneswar Am Stadtrand versteckt liegen ungefähr 500 architektonisch einzigartige Tempel mit kunstvollen Steinmetzarbeiten. S. 940

Udaigiri und Khandagiri Die 2000 Jahre alten Höhlen mit faszinierenden Schnitzereien und Friesen sind die wichtigsten antiken Stätten von Orissa. S. 949

Oliv-Bastardschildkröten Die gefährdeten Tiere kommen in einer Nacht im Februar oder März zur Eiablage an den Strand von Gahirmatha – ein unvergessliches Schauspiel. S. 952

Puri Mit einem der heiligsten Tempel Indiens und seiner relaxten Travellerszene ist Puri bei Pilgern und Backpackern gleichermaßen angesagt. S. 954

Rath Yatra Tausende von Pilgern strömen im Hochsommer nach Puri, um beim frenetisch begangenen „Wagenfest" dem Gott Jagannath zu huldigen. S. 955

13 **Konark** Der elegante Sonnentempel aus dem 13. Jh. wurde in Form eines riesigen Wagens erbaut. S. 963

Der Bundesstaat Orissa zählt zu den ärmsten Regionen Indiens, kann aber gleichwohl auf ein reiches kulturelles Erbe zurückblicken. Die größte Konzentration historischer und religiöser Monumente – Orissas Touristenattraktion Nummer eins – findet man in den Küstenebenen. **Puri**, die Stätte des berühmten **Jagannath-Tempels** und Schauplatz einer der spektakulärsten religiösen Prozessionen auf der ganzen Welt, verbindet gekonnt die intensive, fast schon berauschende Atmosphäre eines hinduistischen Pilgerzentrums mit den hedonistischen Vergnügungen eines Badeortes. Die Stadt selbst liegt nur einen Katzensprung von der Bahnlinie und Hauptstraße zwischen Kolkata und Chennai und ist ein beliebtes Reiseziel von Rucksacktouristen. Etwas weiter die Küste hinauf rühmt sich **Konark** der Ruinen von Orissas prächtigstem mittelalterlichen Tempel. Das Bauwerk verzieren hervorragend erhaltenen Reliefs, darunter einige Aufsehen erregende erotische Darstellungen. Die uralten Felsenhöhlen und kunstvollen Tempel von Bhubaneswar – der Hauptstadt von Orissa – gehen auf eine Ära zurück, in der von hier aus ein Königreich regiert wurde, das sich vom Ganges-Delta bis zur Mündung des Godavari erstreckte.

Außerhalb des zentralen „goldenen Dreiecks" an Sehenswürdigkeiten trifft man selten ausländische Touristen an, aber an der Küste sind zahlreiche Bengalen unterwegs. Im Winter lassen sich auf den kleinen Inseln rund um die riesige Salzwasserlagune **Chilika Lake** südlich von Bhubaneswar viele Vögel beobachten. Weiter nördlich, im **Bhitarkanika Sanctuary**, dient ein abgeschiedenes Strandareal am Ende des Flussdeltas den seltenen **Oliv-Bastardschildkröten** als Eiablageplatz.

In Anbetracht der großen Anzahl von Tempeln in Orissa ist man versucht zu denken, der brahmanische Hinduismus sei die allein herrschende Religion im Staat. Tatsächlich aber sind fast ein Viertel der Bewohner **Adivasi** (wörtlich: die „Ersten"), die von den prä-arischen Ureinwohnern dieses Gebietes abstammen sollen. In einigen entlegeneren Ecken des Staates haben viele Gruppen bis heute ihre einzigartigen Traditionen und Sprachen bewahrt. Der sogenannte „Ethnotourismus" (S. 968) ist der jüngste Eingriff in den Lebensstil der Adivasi, nachdem sie sich in der Vergangenheit schon gegen Einflüsse von Missionaren, Staudammprojekten und „Förderprogrammen" der Regierung hatten behaupten müssen.

Wer lediglich die stärker besiedelten Küstengebiete bereist, dürfte kaum Probleme mit dem **Transport** haben. Die Hauptarterien dieser Region sind der National Highway 5 sowie die Southeast Railway, die beide durch die Küstenebene via Bhubaneswar führen. Puri liegt ebenfalls an einer Bahnlinie und hat ausgezeichnete Verbindungen mit direkten Expresszügen nach Delhi, Kolkata und Chennai. Im restlichen Staat stellen Busse das beste Transportmittel dar.

Geschichte

Mit Ausnahme einiger verstreuter Spuren prähistorischer Besiedlung datieren die frühesten archäologischen Funde Orissas aus dem 4. Jh. v. Chr. Die befestigte Stadt **Sisupalgarh**, nahe dem modernen Bhubaneswar, war einst die Hauptstadt der **Kalinga-Dynastie**, über die allerdings nur wenig bekannt ist. Im 3. Jh. v. Chr. besiegte der ehrgeizige Maurya-Herrscher **Ashoka** das Königreich in einer überaus brutalen Schlacht. Angeblich soll dieses Blutbad der Auslöser für Ashokas legendäre Bekehrung zum **Buddhismus** gewesen sein. Im gesamten Reich ließ er in Felsen gehauene Edikte aufstellen, welche die Tugenden und Grundlehren seines neuen Glaubens (Dharma) priesen, den Ashoka den besiegten neuen Untertanen nahe zu bringen hoffte.

Mit dem Niedergang der Maurya erlebte das Kalinga-Reich eine Art Renaissance. Unter der **Chedi-Dynastie**, die dem Jainismus anhing, wurden immense Summen zur Erweiterung der Hauptstadt und zur Schaffung der kunstvoll ausgestalteten Klosterhöhlen von **Khandagiri** und **Udaigiri** ausgegeben. Im 2. Jh. v. Chr. jedoch zerfiel das Königreich allmählich in mehrere kriegerische Fürstentümer und schlingerte in eine Art finsteres Mittelalter hinein. Der Einfluss des Buddhismus wurde schwächer, der Jainismus verschwand fast gänzlich von der Bildfläche, und der **Brahmanismus** – verbreitet durch die Lehren des shaivitischen Glaubensfanatikers Lakulisha – begann wieder an Boden zu gewinnen.

ORISSA

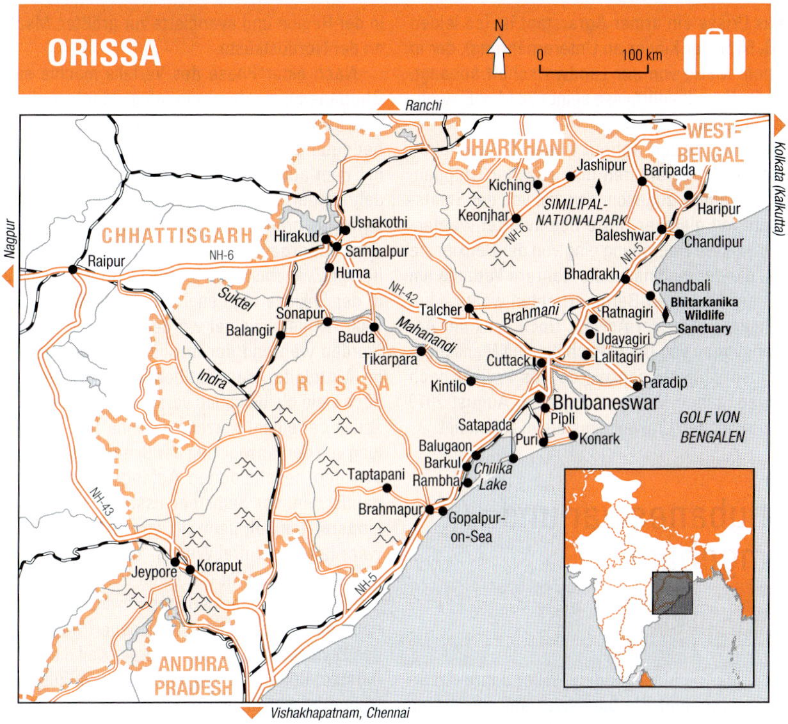

Orissas goldenes Zeitalter erreichte im 12. Jh. mit den **östlichen Ganga** seinen Höhepunkt, als hier unter den wohlhabenden hinduistischen Herrschern einige der großartigsten künstlerischen und architektonischen Werke Südasiens entstanden. Dank immenser Gewinne aus ihrem blühenden Handelsnetz, das bis in den Malaiischen Archipel (Gewürzinseln) reichte, errichteten die Ganga-Könige wundervolle Tempel, in denen die Anbetung Shivas sowie geheime tantrische Praktiken – wie sie die früheren Herrscher Orissas ausgeübt hatten – durch neuere Formen der Vishnu-Verehrung ersetzt wurden. Der Schrein der meistverehrten Gottheit, **Jagannath**, eine Manifestation Vishnus, in Puri galt nun als eines der vier heiligsten religiösen Zentren in ganz Indien.

Im 15. Jh. drangen die **Afghanen** von Bengalen nach Süden vor, um die Region zu annektieren, und 1592 folgte ihnen Man Singhs **Mogul**-Heer. Dass auch nur ein paar der mittelalterlichen Hindu-Monumente den Exzessen des darauf folgenden Bildersturms entgehen konnten, grenzt an ein Wunder – allerdings durfte seitdem nie wieder ein Nicht-Hindu seinen Fuß in die heiligsten Tempel von Puri und Bhubaneswar setzen. 1751 wurden die Moguln von den **Marathen** aus dem Westen Indiens als herrschende regionale Macht verdrängt. Die britische East India Company drang unterdessen entlang der Küste vor. 28 Jahre nach Clives Sieg bei Plassey im Jahre 1765 fiel Orissa unter **britische Herrschaft**.

Seit der **Unabhängigkeit** hat der Staat eine rasche Entwicklung durchlaufen. Die Entdeckung von Kohle, Bauxit, Eisenerz und anderen Mineralien führte zu einem beträchtlichen industriellen Wachstum sowie zu einer Verbesserung der Infrastruktur. Dieser städtische Fortschritt kann jedoch nicht darüber hinwegtäuschen, dass Orissa ein armer Agrarstaat ist (so leiden z. B. 55 % der Kinder an Unterernährung), der in hohem Maße von der Landwirtschaft abhängt, um die Grundbedürfnisse seiner 38 Mio. Einwohner zu stillen.

In den letzten Jahren haben in ländlichen Gegenden Gewalttaten maoistischer Gruppen, der **Naxaliten**, zugenommen, die von der Staatsmacht mit gleicher Härte beantwortet werden. Eine weitere Bedrohung ging von der Bauxitmine aus, die der multinationale Konzern **Vedanta** am Fuß der Niyamgiri-Berge errichten wollte – auf heiligem Gebiet der Adivasi. Doch dank der Anstrengungen von Umweltschutz- und Menschenrechtsorganisationen wurde das Projekt nach langen, zähen Verhandlungen im August 2010 vom indischen Umweltministerium abgelehnt.

Bhubaneswar und Umgebung

Bhubaneswar

Mit seiner nichtssagenden 1950er-Jahre-Architektur erscheint Bhubaneswar auf den ersten Blick überraschend verschlafen für eine Stadt mit weit über einer halben Million Einwohner und angesichts einer mehr als 2000 Jahre zurückreichenden Siedlungsgeschichte. Am südlichen Stadtrand finden sich aber die Überreste von einigen der prächtigsten mittelalterlichen Tempel Indiens. Sie sind ganz klar die Hauptattraktionen der Stadt und ihre, ohnehin faszinierende Ausstrahlung gewinnt durch das lebhafte religiöse Leben, das hier – vor allem zu Festzeiten – nach wie vor stattfindet, zusätzlich an Reiz.

Geschichte

In der Geschichte taucht Bhubaneswar erstmals im 4. Jh. v. Chr. als Hauptstadt des alten **Kalinga-Reiches** auf. Hier war es, wo Ashoka eines der heute besterhaltenen Felsenedikte des Subkontinents aufstellte. Es steht 5 km südlich von **Dhauli** noch immer an seinem ursprünglichen Platz. Unter den **Chedi** gewann das alte Kalinga die Kontrolle über den blühenden Handelsmarkt in der Region und avancierte zur größten Macht an der Nordostküste.

Nach einer Phase des Verfalls machte sich Bhubaneswar als regionales Machtzentrum erst im 5. Jh. n. Chr. wieder einen Namen als bedeutendes Zentrum der Shaiviten. Gepaart mit dem außerordentlichen Reichtum der zwei Jahrhunderte später herrschenden **Sailodbhava-Dynastie**, brachte der wachsende religiöse Eifer eine außergewöhnliche Flut an Tempelbauten hervor. Zwischen dem 7. und 12. Jh. sollen allein in der Enklave um den Teich **Bindu Sagar** rund 7000 Tempel errichtet worden sein. Die meisten wurden während der muslimischen Invasionen im Mittelalter dem Erdboden gleichgemacht, doch viele bleiben auch verschont und vermitteln selbst bei einem Kurzbesuch eine gute Vorstellung von der Entwicklung der Orissa-Architektur – von den bescheidenen Anfängen bis zum gigantischen, vor Selbstbewusstsein strotzenden **Lingaraj-Tempel**, dem Sitz von Trimbhubaneshwara („Herr der drei Welten" und dem Namensgeber der Stadt). In der Folge fristete die Stadt ihre Existenz als abgelegenes Provinznest, bis sie nach der Unabhängigkeit zur neuen Hauptstadt des Bundesstaats ernannt wurde, weil die Nachbarstadt Cuttack in den 1950er-Jahren aus allen Nähten zu platzen drohte.

Die Tempel

Von den rund 500 Tempeln, die es in Bhubaneswar noch gibt, lohnt eigentlich nur eine Handvoll den Besuch – es sei denn, man ist hoffnungslos der Tempelsucht verfallen. Diese Bauwerke verteilen sich über den Süden der Stadt, die bedeutendsten können jedoch per Motor-Rikscha innerhalb eines Tages besichtigt werden (mit rund Rs250 inkl. Wartezeit ist zu rechnen).

Da die meisten Tempelanlagen auch heute noch aktive Stätten der Verehrung einer Gottheit sind, sollte man entsprechend gekleidet sein, seine Schuhe (und alle Lederartikel) am Eingang ablegen und vor dem Fotografieren um Erlaubnis bitten, insbesondere innerhalb des Gebäudes. Der zuständige Priester erwartet nach einer Führung eine Spende, die jedoch nichts mit den astronomischen Summen zu tun hat, die im Gästebuch aufgeführt sind. Der Eintritt zu allen Tempeln, außer Rajarani, ist kostenlos.

Feste in Orissa

Da in Orissa neben den üblichen hinduistischen Festen auch viele regionale Feste begangen werden, stehen die Chancen für Besucher gut, zumindest bei einem dieser Anlässe dabei zu sein.

Makar Mela (Mitte Jan): Pilger strömen zu einem kleinen Eiland im Chilika Lake, wo sie der Göttin Kali in einer Höhle Opfergaben darbringen.

Adivasis Mela (26. Jan–1. Feb): Bhubaneswars „Stammesfest" ist eine enttäuschende Mischung aus Jahrmarkt und Landwirtschaftsausstellung; einen Besuch lohnen nur die Musik- und Tanzaufführungen.

Magha Saptami (Jan und Feb): Während der Vollmondphase des hinduistischen Monats Magha suchen Tausende Gläubige zu Ehren Suryas – des Sonnengottes und Heilers von Hautkrankheiten – ein kleines Wasserbecken am Strand von Chandrabhaga bei Konark auf.

Chaitra Parba (Mitte April): Die Santal (die größte ethnische Gruppe der Adivasi in Orissa) führen bei Baripada im nördlichen Distrikt Mayurbhunj Chhou-Tänze auf, traditionelle Maskentänze zu Frühjahrsfest.

Ashokastami (April und Mai): Bei Bhubaneswars eigenem „Wagenfest" (Prozession von Tempelwagen) nimmt die Gottheit Lingaraj ein kurzes Bad im Bindu Sagar-Teich.

Sitalasasthi (Mai und Juni): Feierlichkeiten in Sambalpur und Bhubaneswar zu Ehren der Vermählung von Shiva und Parvati.

Rath Yatra (Juni und Juli): Orissas größtes und prächtigstes Fest. Riesige Bilder des Gottes Jagannath, seines Bruders Balabhadra und seiner Schwester Subhadra treten die heilige Reise vom Jagannath-Tempel zum Gundicha Mandir in Puri an.

Bali Yatra (Nov und Dez): Fest in Erinnerung an die Schiffsreisen der Händler aus Orissa in den malaiischen Archipel. Es findet bei Vollmond am Ufer des Flusses Mahanadi in Cuttack statt.

Konark Festival (Anfang Dez): Tanzfestival im Sonnentempel von Konark, bei dem klassische Tänze aus Orissa sowie andere regionale Tänze aufgeführt werden.

Die zentrale Tempelgruppe

Die zentrale Tempelgruppe an der Lewis Road umfasst einige von Bhubaneswars berühmtesten Tempeln. Der am besten erhaltene und schönste von Bhubaneswars frühen Tempeln, der verschwenderisch verzierte Parasuramesvara Mandir (um 650 n. Chr.), steht im Schatten eines riesigen Banyan-Baumes. Mit seiner schlichten, viereckigen Versammlungshalle *(jagamohana)*, seinem einfach gestuften Dach und seinem untersetzten Turm *(deul)* in Form eines Bienenstocks verkörpert der Tempel den klassischen Stil des späten 7. Jhs. in Orissa. Parasuramesvara ist jedoch nicht nur wegen seiner qualitativ hochwertigen Bildhauerkunst an den Außenwänden von Bedeutung, sondern markiert zugleich den Übergang vom Buddhismus zum Hinduismus. Interessant sind die Abbildungen von **Lakulisha**, einem shaivitischen Heiligen, dessen Sekte im 5. Jh. maßgeblich an der Konversion Orissas zum Hinduismus beteiligt war.

In den Ecken des Deul kommt der Überlegenheitsanspruch des Hinduismus zum Ausdruck; hier entdeckt man z. B. bedrohlich aussehende **Löwen**, die über Elefanten (die Symbole des buddhistischen Glaubens) hocken oder stehen.

Der Mitte des 10. Jhs. errichtete **Muktesvara Mandir** wird dank seiner kompakten Bauweise und exquisiten bildhauerischen Details häufig als das Juwel der Orissa-Architektur bezeichnet. Er steht in einem ummauerten Innenhof, neben dem kleinen Teich **Marichi Kund**, dessen Wasser Heilkräfte gegen Unfruchtbarkeit besitzen soll. Der Tempel wurde 200 Jahre nach dem Parasuramesvara erbaut und repräsentiert einen neuen, ausgefeilteren Stil, der sich in der Zwischenzeit in Bhubaneswar entfaltet hatte. Das Dach des *jagamohana* besitzt die für Orissas Tempel typische Pyramidenform, während der Deul – trotz der Formähnlichkeit mit früheren Tempeltürmen – eher die vertikalen als die horizontalen Linien betont. Der dekorative **Torbogen** *(torana)* direkt vor dem Haupteingang, der von zwei ruhenden weiblichen Figuren gekrönt wird, gilt als Meisterwerk des Muktesvara.

Am Rand der Terrasse des Muktesvara steht der unvollendete **Siddhesvara**, der mehr oder weniger zur selben Zeit wie der Lingaraj errichtet wurde, aber weniger imposant ist.

Die östliche Tempelgruppe

Obwohl der **Rajarani Mandir** aus dem 12. Jh. nie vollendet wurde, gehört er zu den schönsten von Bhubaneswars späteren Tempeln, (🕓 tgl. Sonnenauf- bis -untergang, Eintritt Rs100, Videoerlaubnis Rs25)Von der weiter entfernten Seite der fruchtbaren Gartenanlagen richtet sich

Die Tempel von Orissa

Die Tempel von Orissa repräsentieren einen regionalen Stil sakraler Architektur, der zu den eindrucksvollsten in ganz Südasien gehört. Sie wurden gemäß streng genauer Vorlagen errichtet, die bereits Jahrtausende zuvor in einer Sammlung kanonischer Texte mit dem Titel Shilpa Shastras festgeschrieben worden waren. Diese beschreiben mit akribischer Genauigkeit nicht nur jeden einzelnen Aspekt der Tempelbauweise, sondern auch die symbolische Bedeutung des Gebäudes insgesamt.

Im Gegensatz zu Kirchen oder Moscheen dienen Hindu-Tempel nicht nur als Stätte der Andacht, sondern sind selbst ein **Objekt der Verehrung**. Es handelt sich um Verkörperungen der „Göttlichen Kosmischen Schöpfergestalt" oder der Gottheit, für die sie errichtet wurden. Für einen Hindu ist der Gang durch den Tempel wie der Eintritt in den Körper des Gottes, auf den man im Schreinzimmer während des kurzen *darshan* (rituelles Anschauen einer Gottheit) einen Blick erhaschen kann. In Orissa findet diese Vorstellung Ausdruck in den technischen Begriffen, die in den Shastras für die Gebäudeteile verwendet werden: der Fuß *(pabhaga)*, das Schienbein *(jangha)*, der Rumpf *(gandi)*, der Nacken *(kantha)*, der Kopf *(mastaka)* usw.

Die meisten Tempel gliedern sich in zwei Hauptbestandteile, das innere Heiligtum mit Turm *(deul)* und die Versammlungshalle *(jagamohana)*. Der **Turm** ist ein nach oben hin abgerundeter Bau mit einem viereckigen Sockel und pilasterartigen Vorsprüngen, der Meru, den heiligen Berg im Zentrum des Universums, symbolisiert. Auf der Rundung des Turms befindet sich ein eine tropische Frucht darstellendes *amla* – eine gerillte dicke Scheibe, die als Unterlage für das Gefäß der Unsterblichkeit *(kalasha)* dient. Der *kalasha* wird wiederum von der heiligen Waffe der herrschenden Gottheit gekrönt: einem Rad (Vishnus *chakra*) oder einem Dreizack (Shivas *trishul*). Die Gottheit des Tempels residiert in einem Zimmer im Deul. Dieses innerste Heiligtum – auf Oriya *garbha griha* genannt („Mutterschoß") – ist in Dunkelheit getaucht, damit der Geist des Gläubigen sich auf das göttliche Bildnis konzentrieren kann.

Die *jagamohana,* eine überdachte **Vorhalle** mit pyramidenförmigem Dach, grenzt an den Deul. In ihr versammelt sich die Gemeinde zur Lesung religiöser Texte und zu anderen bedeutenden Zeremonien. Bei größeren Tempeln wie dem Lingaraj in Bhubaneswar und dem Jagannath in Puri sind der Vorhalle weitere Anbauten hinzugefügt, in denen die Musik- und Tanzdarbietungen stattfinden konnten, die damals häufig Teil von Tempelritualen waren. Wie beim *jagamohana* sind auch die Dächer des **Tanzsaales** *(nata mandir)* und der **Opferhalle** *(bhoga-mandapa)* in Form einer Pyramide konstruiert. Das ganze Ensemble, inklusive kleinerer **Nebenschreine** (häufig früher errichtete Tempel), ist üblicherweise von einer Mauer umgeben. Im Laufe der Jahrhunderte wurden die Tempel von Orissa immer größer und prächtiger. Besucht man die Tempel in chronologischer Reihenfolge, so lässt sich diese Entwicklung gut beobachten. Zwischen den frühen Gebäuden in Bhubaneswar und dem architektonischen Höhepunkt der Region, dem Sonnentempel von Konark, scheinen Welten zu liegen: Die Türme strebten immer höher in den Himmel, die Dächer erhielten immer mehr Stufen und die Bildhauerkunst erreichte ein nie da gewesenes Maß an Vollkommenheit.

der Blick zunächst auf das Profil des Deul. Die schönsten Skulpturen, für die Rajarani berühmt ist, befinden sich rund 3 m über dem Boden an den Seiten des Turms, wo der Hauptschrein von den *dikpalas* („Wächter der acht Himmelsrichtungen") bewacht wird, zwischen denen wiederum verführerische weibliche *nayikas* stehen.

Im Gegensatz zu den meisten seiner Nachbarn wird der Schrein im **Brahmesvara Mandir** aus dem 11. Jh. noch immer von einer Gottheit bewohnt, wie durch die kleine, safrangelbe Flagge auf der Spitze des Heiligtums angekündigt wird. Auch hier bewachen *dikpalas* die Ecken. Eine grimmig dreinblickende Chamunda (auf einem Leichnam thronend, mit einem Dreizack und einem abgetrennten Kopf in den Händen) prangt an der Westfassade, und wohlgeformte Mädchen bewundern sich in Spiegeln oder schäkern mit ihren männlichen Gefährten. Gemäß einer Inschrift, die heute leider verschwunden ist, soll eine gewisse Königin Kovalavati dem Tempel einst „viele wunderschöne Frauen" gespendet haben – ein frühes Beispiel der Devadasis, die in späteren Jahren ein wichtiger Bestandteil des Tempellebens in Orissa werden sollten (s. S. 965).

Die Bindu Sagar-Gruppe

Die größte Tempelansammlung gruppiert sich rund um den **Bindu Sagar**, 2 km südlich des Stadtzentrums. In diesem kleinen, künstlichen Teich, der in den Puranas Erwähnung findet, sollen der Nektar, der Wein und das Wasser der heiligsten Flüsse der Welt fließen. Er ist der begehrteste Badeplatz für Bhubaneswars Pilger und die Gottheit Lingaraj, die alljährlich während des **Wagenfestes** (Ashokastami) zum Pavillon in der Mitte des Teichs getragen wird, um dort ihr rituelles Reinigungsbad zu nehmen.

Die schönste Zeit für einen Tempelbesuch sind die Stunden um Sonnenauf- und Sonnenuntergang. Zu dieser Zeit ziehen auch die Bewohner der nahe gelegenen *dharamshalas* (Pilgerherbergen) durch die rauchgeschwängerten Gassen, um an den *ghats* zu beten.

Lingaraj Mandir

Unmittelbar südlich des Bindu Sagar erhebt sich der stilistisch ausgefeilteste Tempel Orissas. Der gewaltige Lingaraj Mandir wurde im frühen 11. Jh. von den Ganga-Königen erbaut – 100 Jahre vor dem Jagannath-Tempel in Puri – und ist auch heute noch eine lebendige Kultstätte. Aus diesem Grund bleiben Ausländer außen vor, aber es gibt eine **Aussichtsplattform**, die einen Blick über die Nordwand des Komplexes auf alle vier Hauptbereiche des Gebäudes erlaubt. Dem Eingang am nächsten liegen die *bhoga-mandapa* (Opferhalle) und der *nata mandir* (Tanzsaal – er steht in enger Verbindung mit dem Aufkommen des *devadasi*-Systems; S. 965), beides Anbauten späteren Datums. Die Wände im Tempelinnern zieren wundervolle **Skulpturen** mit Darstellungen der Musik- und Tanzrituale, die hier einst stattgefunden haben.

Der riesige, 45 m hohe Deul ist nicht nur der tatsächliche, sondern auch der ästhetische Höhepunkt des Lingaraj. An der abgerundeten Turmseite symbolisiert wieder eine Löwenskulptur über einem unterlegenen Elefanten, den Triumph des Hinduismus über den Buddhismus. Die Spitze des Deul ziert das typische Motiv Orissas, das abgeflachte, gerippte *amla*, das von Shivas Dreizack gekrönt wird. Wie im Brahmesvara-Tempel auch weist eine lange, safrangelbe Flagge darauf hin, dass hier eine Gottheit wohnt.

Außergewöhnlich präsentiert sich der **Schrein** im Innern. Sein gewaltiges, 2,5 m dickes Svayambhu (wörtlich „selbstseiend") – einer der zwölf *jyotirlingas* in Indien – wird als halb Shiva, halb Vishnu betrachtet. Diese ungewöhnliche Verschmelzung rührt vermutlich von der Überlegenheit des Vaishnavismus über den Shaivismus im 12. und 13. Jh. her. Anders als bei anderen Lingas, die jeden Tag in einem Hemlock-Gebräu gebadet werden, bieten die Brahmanen Svayambhu ein Opfer aus Reis, Milch und Bhang dar.

Vital Deul Mandir

Der Vaital Deul ist, eines der ältesten Gebäude der Tempelgruppe ist ein wahrer Hochgenuss tantrischer Kunst. Der um 800 n. Chr. erbaute Tempel zeigt eindeutige Anlehnungen an die alte buddhistische Kunst, weshalb sich sein Stil erheblich von dem seiner Altersgenossen in Bhubaneswar unterscheidet. Unter den Friesen hinduistischer Gottheiten an den Außenwänden finden sich Beispiele der frühesten **erotischen Skulpturen** Indiens.

Nachdem man den viergesichtigen Lingam-Pfosten (zum Anbinden von Opfergaben) am Haupteingang passiert hat, gewöhnen sich die Augen schnell an die Dunkelheit im Innern, wo groteske Bildnisse die makabre Natur der esoterischen Riten vermitteln, die hier einst ausgeführt wurden. Aus dem Halbdunkel hinter dem Gitter am anderen Ende der Halle erscheint Durga in ihrer furchtbarsten Gestalt als **Chamunda** – ihr welker Körper erhebt sich über einer verrottenden Leiche. Ihr Haupt ist mit Totenschädeln bekränzt und sie wird von einer Eule und einem Schakal flankiert. Vor ihr ist ein Mann dargestellt, der sich vom Boden aufrichtet, wo er einen als Tasse dienenden Schädel mit dem Blut eines in seiner Nähe liegenden Enthaupteten gefüllt hat.

Weitere Sehenswürdigkeiten

Am oberen Ende der Lewis Road befindet sich das **Orissa State Museum**, zu dessen Ausstellungsstücken Gebrauchsgegenstände der Adivasi, Manuskripte und diverse archäologische Funde gehören. Dazu zählen beispielsweise buddhistische Statuen aus der Zeit vor dem 12. Jh. und Nachbildungen von *chitra muriya,* den volkstümlichen Wandmalereien, wie man sie in den Dorfhäusern rund um Puri entdecken kann. Das Highlight des Museums ist jedoch seine Sammlung antiker Gemälde und Palmblatt-Manuskripte (S. 959) – nur das Nationalmuseum in New Delhi verfügt über prächtigere Exemplare dieser traditionellen Kunstform Orissas. 🕒 Di–So 10–17 Uhr; Rs50

Nahe dem Busbahnhof Baramunda am NH-5 liegt das anthropologische **Museum of Man**. Die dortigen Exponate veranschaulichen die Kulturen und Kunststile der 62 Stammesgruppen von Orissa. In den Gärten befinden sich leicht idealisierte Nachbauten von Adivasi-Behausungen, die mit authentisch aussehenden Wandmalereien dekoriert sind. 🕒 Mo–Sa 10–17 Uhr; Eintritt frei.

In der **Bibliothek** sind angeblich Kopien aller Bücher und Zeitschriften zu finden, die jemals über die Adivasi von Orissa verfasst wurden.

Gegenüber dem Museum of Man ist Asiens größte **Kakteensammlung** zu bewundern. Hier gedeihen mehr als 1000 Arten. 🕒 tgl. 10–17 Uhr; Eintritt frei.

Die **Orissa Modern Art Gallery**, 132 Forest Walk, in Surya Nagar zeigt die Werke der besten und größtenteils unterprivilegierten, zeitgenössischen Künstler des Landes. Originale werden zu Preisen von Rs300 bis mehr als Rs15 000 verkauft. 🕒 Mo–Sa 11–13.30 und 16–20, So 16–20 Uhr; Eintritt frei.

Übernachtung

Während die Unterkünfte der oberen Kategorie gleichmäßig über die Stadt verteilt sind, konzentrieren sich die billigen Hotels eher rund um den **Bahnhof** sowie an der Kreuzung des geschäftigen **Kalpana Square** mit der Cuttack Road, etwa 5 Min. per Rikscha vom Bahnhof entfernt.

Aristo Lodge, Kalpana Square, ☏ 0674/231 1093. Falls das Bhagwat Niwas ausgebucht ist, können Budgettraveller ihr Glück in diesem verwinkelten rosafarbenen Hotel probieren. Die Mitarbeiter sind freundlich, aber die Zimmer (alle mit Bad, manche mit Uraltfernseher) extrem schlicht. ❶–❷

Bhagwat Niwas, 9 Buddha Nagar ☏ 0674/231 3708. Unter Leitung eines Aurobindo-Anhängers; sicher und freundlich. Mehrere einfache, saubere Zimmer, z. T. mit Balkon und AC; ISD-Telefon für Auslandsgespräche und gutes Restaurant im Haus. ❶–❹

Ginger, Jaidev Vihar, 4 km vom Bahnhof, ☏ 0674/230 3933, 💻 www.gingerhotels.com. Das beste Mittelklassehotel der Stadt ist ultramodern, allerdings etwas anonym gehalten; die Mitarbeiter sind höflich und kompetent. Die großen und makellos sauberen Zimmer haben alle Flachbild-TV und WLAN. Interessante Online-Sonderangebote. ❺–❻

Grand Central Old, Station Rd, ☏ 0674/231 3411, 💻 www.hotelgrandcentral.com. Das Hotel in günstiger, jedoch nicht besonders nobler Lage besitzt gemütliche, wenn auch nicht besonders stilvolle Zimmer mit Bad, TV und WLAN, die teureren haben auch Badewanne und Minibar. Im hervorragenden Restaurant gibt's die besten *masala dosas* weit und breit. Bei Onlinebuchung winken 15 % Rabatt. ❺–❼

Jajati, MG Marg, ☏ 0674/240 0352, ✉ sahuramesh2003 @hotmail.com. Das beliebte Hotel liegt ganz nah beim Bahnhof. Obwohl sie

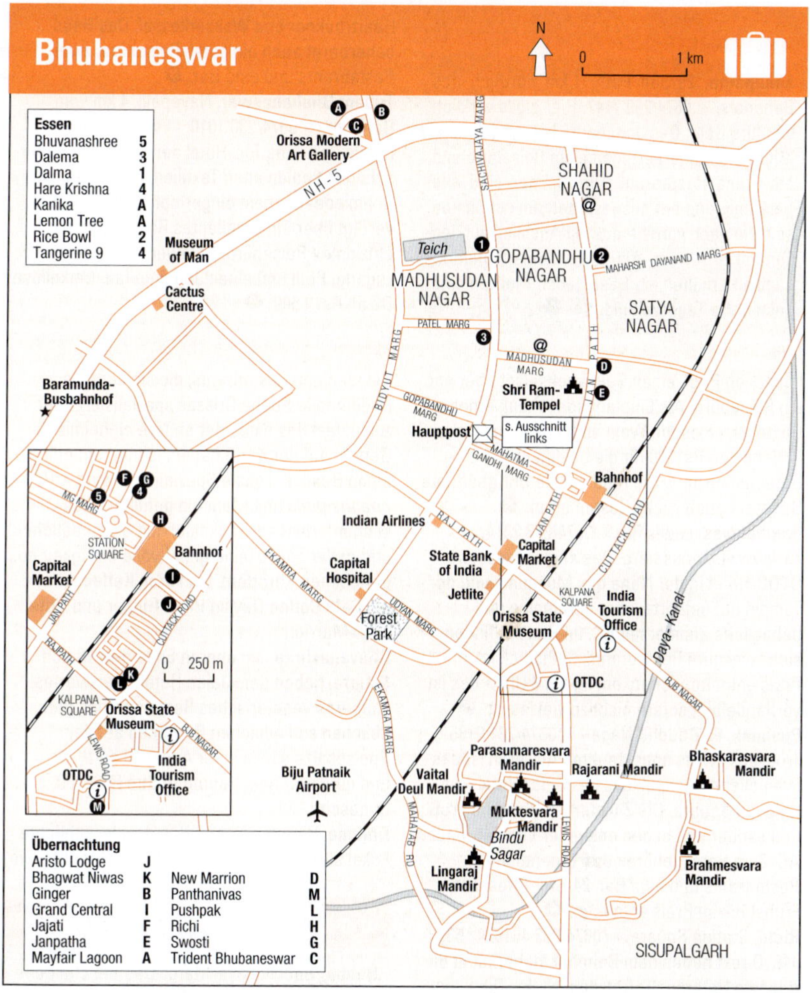

einen leicht verschlissenen Eindruck machen, sind die Zimmer (mit Ventilator oder AC) gemütlich und bieten ein gutes Preis-Leistungs-Verhältnis. 24-Std.-Checkout. ❷–❹

Mayfair Lagoon, 8B Jaydev Vihar, 4 km vom Bahnhof, ✆ 0674/236 0101, 💻 www.mayfairhotels.com. Das Luxushotel ist ein Paradebeispiel für Stilbruch: Rings um einen künstlich angelegten See stehen todschicke Cottages (Rs9000) mit dunklen Holzmöbeln sowie sündhaft teure Bungalows (Rs30 000) mit Himmelbetten und Whirlpool. Die bezaubernde Hotelanlage wird jedoch von furchtbar kitschigen, lebensgroßen Bambis und anderen Tierfiguren verunziert. ❾

New Marrion, 6 Jan Path, ✆ 0674/238 0850, 💻 www.hotelnewmarrion.com. Das schicke Hotel hat noble Zimmer mit Bad, einen

Ausgezeichnete Wahl

Janapatha, 29 Jan Path, 1 km nördlich des Bahnhofs, ☏ 0674/259 7147. Hier gibt's wirklich viel fürs Geld. Das Janapatha hat gutgelaunte Mitarbeiter, Internetzugang, ein Reisebüro und ein prima Restaurant. Die Zimmer sind alle geräumig und gut ausgestattet, am schönsten sind die nach vorn heraus mit Ausblick auf den Tempel Shri Ram. Als nette kleine Aufmerksamkeit erhalten die Gäste jeden Morgen eine kostenlose Tageszeitung. ❷–❹

hübschen Pool, einen Geldwechselschalter und ein Reisebüro. Als Empfangsgeschenk erhalten Gäste eine Flasche Wein und einen Verzehrbon in Höhe von Rs1200 für die beiden guten Hotelrestaurants. Die rund um die Uhr geöffnete Bar steht auch Nicht-Gästen offen. ❽

Panthanivas, Lewis Rd, ☏ 0674/243 2314, 💻 www.visitorissa.org. Das alteingesessene OTDC-Hotel in der Nähe des Museums und der Tempel hat bejahrte, aber geräumige und behagliche Zimmer mit AC. Im Haus befinden sich zwei gute Restaurants; Frühstück ist im Preis enthalten, Checkout ist um 8 Uhr – das ist verhandelbar, sofern nicht zu viel los ist. ❺

Pushpak, 68 Buddha Nagar, ☏ 0674/231 0185. Trotz des etwas angestaubten Äußeren ist das freundliche Pushpak das beste der Hotels am Kalpana Square. Die Zimmer mit Bad sind groß und sauber und haben entweder Ventilator oder AC. Zum Hotel gehören drei ordentliche Restaurants und eine Bar. 24-Std.-Checkout, Frühstück im Preis enthalten. ❹

Richi, Station Square, ☏ 0674/253 4619, 📠 539 418. Direkt neben dem Bahnhof, daher nicht die ruhigste Unterkunft. Trotzdem ist das Richi ein gepflegtes und zu Recht beliebtes Hotel. Alle Zimmer haben Bad und TV, die teureren auch AC. Frühstück inkl. ❷–❹

Swosti, 103 Jan Path, ☏ 0674/253 4678, 💻 www.swosti.com. Das ältere und billigere der beiden Swostis von Bhubaneswar zeigt Ermüdungserscheinungen, ist aber dennoch eine solide Unterkunft. Die ein wenig überteuerten Zimmer haben AC und Bad mit Wanne, Minibar und Annehmlichkeiten wie Haartrockner und Wasserkessel. Das Haus beherbergt auch ein gutes Reisebüro, zwei Restaurants und eine Bar. ❽

Trident Bhubaneswar, Nayapalli, 4 km vom Bahnhof, ☏ 0674/230 1010, 💻 www.trident hotels.com. Das Top-Hotel der Stadt ist wunderschön mit edlen alten Textilien, Naturstein und Schmiedeeisernem eingerichtet. Das Hotel verfügt über ein exzellentes Restaurant, ein effizientes Reisebüro, Geldwechsel, Internetzugang, Pool und einen Joggingpfad. Makellose DZ ab Rs12 500. ❾

Essen

Die wenigen Restaurants, die sich auf die traditionelle Küche Orissas spezialisiert oder zumindest das eine oder andere einheimische Gericht auf der Karte haben, lohnen unbedingt einen Besuch. Lokale Spezialitäten sind z. B. *chenna poda* (mit Mandeln gefüllter Käsekuchen), *raswadi* (Dickmilch mit Sahnebällchen) und *gajjar halwa* (eine gehaltvolle Süßigkeit aus geriebenen Karotten). Leckeren **Kaffee** gibt es bei Café Coffee Day im Hotel Ginger und Hotel New Marrion.

Bhuvanashree, am oberen Ende des Station Square, neben dem Jajati Hotel. Preiswertes, sauberes vegetarisches Restaurant mit den üblichen südindischen Gerichten auf der Speisekarte sowie einer Auswahl an *thalis* und gutem Kaffee. Hauptgerichte Rs30–60. Di geschl.

Dalema, Bhouma Nagar. Das dunkle, schlichte Lokal serviert authentische Orissa-Gerichte wie

Original Orissa-Küche

Dalma, Sachivalaya Marg. Das bescheidene Lokal ist nach dem populärsten vegetarischen Gericht Orissas (Kartoffeln, Auberginen und andere Gemüsesorten, gegart in *dal*) benannt und *der* Ort für traditionelle Regionalküche. Das Fischcurry ist exzellent, außerdem gibt es ein paar köstliche Gerichte mit Shrimps und Garnelen. Ein weiterer Ableger von Dalma befindet sich in der Maruti Mall, Chandrasekharpur, 5 km nördlich der Innenstadt. Hauptgerichte ab Rs70.

macha bhaja (Fisch-Curry), *chengudli tarkari* (Garnelen-Curry) und *dahi machho* (Flussfisch in Joghurtsoße). Hauptgerichte kosten um die Rs50.

Hare Krishna, Jan Path, ein Stückchen nördlich der Kreuzung mit MG Marg. Die Kellner tragen keine *dhotis*, sondern Smokingjacken; das Essen wird strikt nach den Regeln der Hare-Krishna-Bewegung – ohne Knoblauch oder Zwiebeln – zubereitet; vegetarisch und köstlich. Hauptgerichte Rs50–130.

Lemon Tree und **Kanika** im Hotel Mayfair Lagoon. Ersteres produziert erstklassiges thailändisches, chinesisches, japanisches und indonesisches Essen in fernöstlichem Ambiente, haarscharf am Kitsch vorbei. Letzteres ist auf traditionelle Orissa-Küche spezialisiert. Im Lemon Tree muss mit rund Rs500 p. P. gerechnet werden, im Kanika mit Rs300.

Rice Bowl, Shahid Nagar, 1,5 km nördlich vom Bahnhof. Am Wochenende ist das klimatisierte Restaurant im 1. Stock rappelvoll mit indischen Familien. Auf dem Küchenzettel steht überdurchschnittlich gutes chinesisches Essen sowie ein paar gute Krabben- und Fisch-Currys. Hauptgerichte Rs70–180.

Tangerine, 9 Jan Path, gleich nördlich der Kreuzung mit der MG Marg. Die Speisekarte umfasst weit über 250 indische und chinesische Gerichte (Rs70–250), das ist vielleicht ein bisschen zu viel des Guten. Wer Entscheidungsschwierigkeiten hat, bestellt am besten einen der saftigen Kebab-Spieße oder *tandoori pomfret*.

Einkaufen

Bücher

Lesefutter gibt's z. B. beim **Modern Book Depot** am Station Square und in **The Bookshop** auf dem Ashoka Market.

Kunst und Kunstgewerbe

Orissa Modern Art Gallery, 132 Forest Walk, in Surya Nagar. Hier sind Werke der begabtesten und gleichzeitig unterprivilegiertesten zeitgenössischen Künstler von Orissa ausgestellt. Die Preise für Originale reichen von Rs200–300 bis zu mehr als Rs15 000. ⌚ Mo–Sa 11–13.30 und 16–20, So 16–20 Uhr,

Typische Mitbringsel aus Orissa wie Kunsthandwerk und Schmuck werden an Ständen auf dem **Capital Market** in einem Wohngebiet am Jan Path angeboten.

Sonstiges

Geld

State Bank of India, Raj Path, wechselt ausländische Währungen. ⌚ Mo–Fr 10–16, Sa 10–14 Uhr, 2. Sa im Monat geschl.

Thomas Cook, 130 Ashok Nagar, Jan Path, ebenfalls Geldwechsel. ⌚ Mo–Fr 9–17, Sa 10–14 Uhr, 2. Sa im Monat geschl.

Es gibt zahlreiche **Geldautomaten**, besonders am Kalpana Square und in der Jan Path.

Informationen

OTDC Tourist Office, Lewis Rd, neben dem Hotel Panthanivas, ✆ 0674-243 1299, 💻 www.visitorissa.org. ⌚ tgl. außer So und jeden 2. Sa im Monat 10–17 Uhr. Außenstellen im Bahnhof (tgl., 24 Std.) und im Flughafen, ⌚ bei Ankunft der Flüge. Alle vermitteln Mietwagen (ab Rs60 pro Std. plus Rs7 pro km, Minimum 5 Std.) und helfen bei Hotelbuchungen.

Das Büro in der Lewis Rd veranstaltet zudem recht hektische Stadtrundfahrten (Di–So 9–17.30 Uhr, Rs150, in einem Fahrzeug mit AC Rs200) und eine nicht minder gehetzte Tour nach Puri, Konark und Pipli (tgl. 9–19 Uhr, Rs180, AC-Fahrzeug Rs250).

ITDC Tourist Office, B-21 BJB Nagar, hinter dem Museum, ✆ 0674-243 2203. ⌚ Mo–Fr 10–17 Uhr.

Internet

Es gibt reichlich Internetcafés in der Umgebung von Station Square, Cuttack Rd und Jan Path. **Iway**, neben dem Hotel Swosti und am Ausstellungsgelände unweit des Tempels Shri Ram. Schnelle Verbindung für Rs35 pro Std. Auch im **Reliance Web World** in der Shahid Nagar ist die Übertragung flott (Rs100 für 4 Std.).

Medizinische Hilfe

Capital Hospital and Homeopathic Clinic, nahe dem Flughafen, ✆ 0674/240 1983, Notfallnummer ✆ 0674/259 1237.

Notaufnahme des Stadtkrankenhauses, Lingaraj Square, ✆ 0674/259 1237. Zwischen dem Hotel Panthanivas und dem Ramesvara-Tempel gibt es ein Krankenhaus, das nach ayurvedischen Gesichtspunkten behandelt, ✆ 0674/243 2347.
Ambulanz des Roten Kreuz ✆ 0674-240 2384.
Notruf ✆ 0674-240 0688.

Post

Hauptpost, MG Marg, Ecke Sachivalaya Marg. ⌚ Mo–Sa 9–19 Uhr.

Polizei

Raj Path, nahe der State Bank of India, ✆ 0674/253 3732.

Reisebüros

In den Hotels New Marrion, Swosti und Trident Bhubaneswar sitzt jeweils eine bewährte Reiseagentur.
Discover Tours, 463 Lewis Road, ✆ 0674/243 0477, 💻 www.orissadiscover.com. Wohl der zuverlässigste Anbieter von Kultur-/Stammestouren und Safaris.

Tanz

Orissa Dance Academy, 64 Kharwal Nagar, Unit 3, ✆ 0674/234 0124. Organisiert Besuche von Veranstaltungen und Unterrichtsstunden.
Rabindra Mandap Auditorium, Sachivalaya Marg, ✆ 0674/241 7677
Succhana Bhavan Building nahe der alten Bushaltestelle, ✆ 0674/253 0794
Utkal Sangeet Mahavidayalaya, Orissas Kunsthochschule, Sachivalaya Marg, ✆ 0674/241 0234.
Sie alle veranstalten regelmäßig Musik-, Tanz- und Theateraufführungen.

Nahverkehr

Die Stadt ist zu ausgedehnt, um sie zu Fuß zu erkunden; als Transportmittel für eine Rundtour eignen sich am besten Fahrrad- oder Motor-**Rikschas**.
Sehenswürdigkeiten außerhalb von Bhubaneswar wie beispielsweise Dhauli oder die Höhlen von Udaigiri und Khandagiri können mit **Nahverkehrsbussen** (von der Haltestelle in der Altstadt nahe dem Capital Market), Motor-Rikschas oder auf einer organisierten Tour der OTDC mit Luxusbussen besucht werden.

Transport

Busse und Minibusse

Langstreckenbusse beenden ihre Fahrt am ungünstig gelegenen **Baramunda-Busbahnhof**, 5 km außerhalb des Zentrums am westlichen Stadtrand; zuvor drehen sie allerdings eine Runde durchs Zentrum und lassen die Passagiere auf Zuruf aussteigen.
Am besten lässt man sich am **Station Square** (nach einer Pferdestatue inmitten eines großen Kreisverkehrs Ausschau halten) absetzen, der in der Nähe vieler Hotels liegt.
Öffentliche Busse fahren vom Busbahnhof Baramunda nach BALESHWAR (Balasore: 6–8x tgl., 3 1/2–5 Std.), BRAHAMPUR (Berhampur: 6–8x tgl., 4 Std.) und KONARK (stdl., 1 1/2–2 Std.), außerdem mehrmals tgl. nach KOLKATA (10–12 Std.).
Nach PURI, PIPLI und CUTTACK (jeweils alle 15 Min.; 30 Min./3/4–1 Std./1 1/4–2 Std.) gelangt man von Jayadev Nagar, gegenüber dem Hotel Kalinga Ashok, nahe dem Kalpana Square und vom nahe gelegenen Bahnhof.
Minibusse starten nach Puri, sobald sie voll sind. Allerdings sind sie meist hoffnungslos überfüllt und fahren gefährlich schnell.

Eisenbahn

Bhubaneswar liegt an der Hauptlinie von Howrah nach Chennai. Der schnellste Zug nach DELHI ist der Rajdhani Express Nr. 12421 (Mi, Sa und So 11.30 Uhr; 23 Std. 5 Min.).
Nach PURI geht es mit dem Puri Express Nr. 12816 (Mo, Mi, Do und Sa um 10.35 Uhr, 2 Std.), oder dem Neelach Express Nr. 12876 (Di, Fr und So, um 15.05 Uhr, 2 Std.).
Der schnellste Zug nach KOLKATA ist der Jan Shatabdi Express Nr. 12074 (tgl. außer So um 6.20 Uhr, 6 1/2 Std.); der langsamere Howrah Express Nr. 12864 fährt über Nacht, Abfahrt um 22.45 Uhr, 7 Std. 10 Min.
Der Coromandal Express Nr. 12841 (tgl. 21.35 Uhr, 19 Std. 40 Min.) ist die beste Bahnverbindung nach CHENNAI.

Flüge

Vom **Flughafen Biju Patnaik**, 2–3 km außerhalb, fahren Taxis und Motor-Rikschas (Rs100–130) in die Stadt.
Es gibt tgl. Flüge zu Städten in ganz Indien, darunter Bengaluru, Chennai, Delhi, Hyderabad, Kolkata und Mumbai.

Fluggesellschaften
Indian Airlines befindet sich in der Raj Path, nahe New Market, ✆ 0674/253 0533; 0544, Flughafenbüro ✆ 0674/253 5743, 💻 www.indian-airlines.nic.in.
Das Hauptbüro von **JetLite** liegt in der Jan Path 5743, ✆ 0674/253 5007, Flughafenbüro ✆ 0674/253 5729, 💻 www.jetlite.com.
Flugbuchungen für **Kingfisher Airlines**, 💻 www.flykingfisher.com, oder **Air Deccan**, 💻 www.airdeccan.net, sollte man bei einem Reisebüro erledigen lassen.

Die Höhlen von Udaigiri und Khandagiri

6 km westlich von Bhubaneswar, erhebt sich über der Küstenebene ein Duo sanfter Hügel. Vor über 2000 Jahren haben hier **Jain-Mönche** ihre Wohnhöhlen in den weichen, gelben Sandstein geschlagen. Heute klettern nur noch Languren und gelegentlich Touristengruppen darin herum. Obwohl die Höhlen nicht annähernd mit denjenigen des Dekkan mithalten können, gehören sie zu Orissas bedeutendsten historischen Monumenten.

Laut einiger Inschriften war die **Chedi-Dynastie** – die ab dem 1. Jh. v. Chr. das alte Kalinga-Reich regierte – für den Großteil der Arbeiten verantwortlich. Neben einfachen Mönchszellen gibt es auch prächtige Räume, deren Eingangshallen, Veranden und Außenfassaden reich mit Steinmetzarbeiten verziert sind, darunter Abbildungen von Jagdausflügen, Schlachten oder Tanzdarbietungen, aufwendigen Prozessionen, höfischen Szenen sowie vielen häuslichen Details aus dem Alltagsleben von Kalingas oberer Gesellschaftsschicht. Die später hinzugefügten Skulpturen (aus dem Mittelalter, als der Jainismus in Orissa nicht länger unter königlichem Schutz stand) sind nüchterner und zeigen die 24 heroischen Jain-Propheten *(tirthankaras)*.

Von Bhubaneswar kann man die Höhlen auf einer Straße erreichen, die der Route eines alten **Pilgerpfads** folgt. Vor Ort (die Straße im Rücken) liegt Khandagiri („Broken Hill") zur Linken und Udaigiri („Sunrise Hill") zur Rechten. 🕓 tgl. 8–17 Uhr, Eintritt Rs100, Videokamera Rs25.

Udaigiri

Die Höhlen von Udaigiri verteilen sich über ein recht kleines Gebiet am Südhang. **Höhle 1** (Rani Gumpha oder „Höhle der Königin"), rechter Hand des Hauptpfades, ist die größte und beeindruckendste der Gruppe. Ein langer, quer über die Rückwand verlaufender Fries zeigt tobende Elefanten, in Panik geratene Affen, Schwertkämpfe und die Entführung einer Frau – vielleicht Episoden aus dem Leben von Kalingas König Kharavela. Die **Höhlen 3 und 4** enthalten Skulpturen eines Löwen mit seiner Beute sowie von Elefanten, die von Schlangen umschlungen sind; die Säulen werden von Paaren eigentümlicher geflügelter Tiere gekrönt. Läuft man den Hügel hinauf und dann rechts herum, stößt man auf **Höhle 9** mit einem beschädigten Relief, auf dem Figuren zu sehen sind, die ein schon lange verschwundenes Jain-Symbol anbeten. Die gekrönte Figur soll den Chedi-König Vakradeva darstellen, dessen Stiftungsinschrift noch immer nahe dem Dach ausgemacht werden kann. Im Innern der Schlafzellen aller Höhlen verlaufen in der hinteren Steinwand und im Boden tiefe Rinnen, in denen das Regenwasser vom Dach abgeleitet wurde – eine Art frühe Klimaanlage.

Um **Höhle 10** zu erreichen, muss man zu den Haupttreppen zurückkehren und den Hügel hinaufsteigen. Der volkstümliche Name der Höhle („Ganesha Gumpha") geht auf die Erscheinung des elefantenköpfigen Ganesha an der rechten hinteren Zellenwand zurück. Von Höhle 10 folgt man dem Pfad hinauf zu dem Felsvorsprung ganz oben auf dem Hügel. Zum einen bietet sich hier eine schöne Aussicht, und zum anderen kann man die Ruinen einer alten **Chaitya-Halle** besichtigen. Vermutlich war dies einst der wichtigste Andachtsort für die Jain-Mönche, die unterhalb von ihr lebten.

Unterhalb der Ruinen liegen **Höhle 12** in Form eines Tigerkopfes und **Höhle 14** oder Hathi Gumpha, die bekannt ist für ihre lange **Inschrift** in altem Magadhi. Sie erinnert mit überschwänglichen Worten an die Lebensgeschichte von König Kharavela, dessen Heldentaten das Vermögen einbrachten, welches man für die Ausschachtung der Höhlen benötigte.

Khandagiri

Die Höhlen auf dem gegenüberliegenden Hügel, Khandagiri, können entweder über die lange Treppe von der Straße her erreicht werden oder aber über eine Abkürzung von Höhle 14 über die Stufen, die von Höhle 17 hinunterführen. Letztere Route führt direkt zu den **Höhlen 1 und 2**, die wegen ihrer Vogelverzierungen an den Eingangsbögen unter dem Namen Tatowa Gumpha („Papageienhöhlen") bekannt sind. Höhle 2 wurde im 1. Jh. v. Chr. ausgehoben und ist die größere und interessantere der beiden. An der Rückwand einer ihrer Zellen lassen sich gerade noch ein paar Zeilen in roter Brahmi-Schrift erkennen, die von einem Mönch stammen sollen, der hier vor 2000 Jahren seine Handschrift geübt hat. Die Reliefs in **Höhle 3**, der Ananta Gumpha („Schlangenhöhle"), weisen die besten Steinmetzarbeiten des Hügels auf, wenngleich sie mancherorts schwer beschädigt sind. Linker Hand der Haupttreppe liegen die **Höhlen 7 und 8**, ehemals Schlafquartiere, aber im 11. Jh. zu Heiligtümern umfunktioniert. Beide Höhlen beherbergen sowohl Reliefs von *tirthankaras* als auch von Hindu-Gottheiten, die in das Jain-Pantheon aufgenommen wurden.

Vom **Jain-Tempel** aus dem 19. Jh. auf der Hügelspitze bieten sich schöne Ausblicke über Bhubaneswar bis zur weißen Kuppel von Dhauli.

Dhauli

8 km südlich von Bhubaneswar Richtung Pipli erhebt sich auf dem **Dhauli-Hügel** der strahlend weiße **Vishwa Shanti Stupa**. Er überblickt den Ort, an dem der Maurya-Herrscher **Ashoka** um 260 v. Chr. in einer entscheidenden Schlacht die Kalinga besiegte.

Abgesehen davon, dass Ashoka damit das blühende Königreich Orissa in die Knie zwang und die Kontrolle über die östlichen Seehäfen gewann, hatte der blutige Sieg noch andere Folgen für ihn: Die Ermordung von 150 000 Menschen in der Schlacht soll bei Ashoka hernach so starke Schuldgefühle ausgelöst haben, dass er von da an den Weg der gewalttätigen Eroberung aufgab und den von Gautama Buddha gepredigten spirituellen Pfad einschlug. Der moderne, 1972 errichtete Stupa, der seinen älteren Nachbarn in den Schatten stellt, ist eine Gedenkstätte für Ashokas legendären Gesinnungswandel und die von ihm ausgelöste radikale Veränderung.

Nach seiner Bekehrung machte sich Ashoka daran, die Grundsätze seines neuen Glaubens zu verbreiten, indem er sie in **Felsenedikte** einmeißeln und diese an Schlüsselstellen im Reich aufstellen ließ. Eine dieser Inschriften – in der alten **Brahmi-Schrift**, dem Vorläufer aller nichtislamischen indischen Schriften – kann noch immer am Fuße des Hügels bestaunt werden. Sie ist in einen Felsen gemeißelt, der zu einem wunderschönen Elefanten (dem Symbol des Buddhismus) gestaltet wurde.

Das Edikt von Dhauli enthält eine Mischung aus weitschweifigen philosophischen Bemerkungen, Abhandlungen über die Rechte der Tiere und Ratschläge, wie man seine Sklaven zu behandeln habe. Besonders bemerkenswert sind die Zeilen, dass die buddhistische Doktrin der Gewaltlosigkeit von „den Königen Ägyptens, von Ptolemäus, von Antigonos und von den Magas" anerkannt wurde, womit erstmals die Existenz einer Verbindung zwischen den alten Zivilisationen Indiens und des Westens nachgewiesen werden konnte. Wie viele Menschen unter Ashokas Schwert sterben mussten, ehe er „das Licht erblickte", verschweigt die Inschrift allerdings.

Wer nicht mit einer organisierten Tour unterwegs ist, muss die letzten 2 km zum Hügel laufen. Mit dem Bus geht's bis zum Dhauli Chowk, der Kreuzung auf der Hauptstraße von Puri nach Bhubaneswar und dann entlang einer, von Cashew-Bäumen flankierten Straße zum Felsenedikt und weiter, den Hügel hinauf.

Pipli

Rund 20 km südlich von Dhauli liegt an der Straße nach Puri der kleine Ort Pipli, bekannt für seine Applikationsarbeiten und farbenfrohen Lampenschirme (s. Kasten S. 959). Vieles, was die Kunsthandwerker heute anfertigen, ist geschmackloser Kitsch – zumindest verglichen mit den detailversessenen Arbeiten, die traditionell für den Jagannath-Tempel ausgeführt wurden. Wer ausreichend Interesse bekundet, bekommt auch einige der edleren Stücke zu Gesicht, denen Pipli seinen Ruf verdankt. Zu den authentischsten Waren gehören Tagesdecken, Wandbehänge und kleine *chhatris* (Baldachine, die man normalerweise über Haus- und Tempelschreine hängt).

Die Läden öffnen generell erst recht spät am Tag, sodass die beste Zeit für einen Bummel der Abend ist, zumal das schummrige Licht der Gaslampen und die religiöse Musik dann eine ganz besondere Stimmung schaffen.

Ratnagiri, Udayagiri und Lalitigiri

Eingebettet zwischen malerisch grünen Hügeln, 95 km nordöstlich von Bhubaneswar, stehen die Ruinen von drei buddhistischen Universitäten: Ratnagiri, Udayagiri und Lalitgiri. Sie liegen etwa 10 km auseinander und lassen sich am besten von Bhubaneswar per Tagesausflug mit einem OTDC-Mietwagen erkunden. Mit öffentlichen Verkehrsmitteln sind sie kaum zu erreichen. Dazu müsste man mit dem Bus via NH-5 nach Norden bis **Chandikohl** (60 km) fahren und dann eine Motor-Rikscha via NH-5a nach Südosten zu den drei Ruinen nehmen. Von Chandikohl zu den Sehenswürdigkeiten und zurück sind es rund 60 km. 🕓 tgl. 8–17 Uhr; Rs100, Videoerlaubnis Rs25.

Wer über Nacht bleiben möchte, kann im schlichten, von der OTDC geführten Panthasala absteigen, östlich der Ratnaigiri-Abzweigung an der Hauptstraße ❷. Vorherige Anmeldung unter ✆ 0671/231 2225 erforderlich, damit der Verwalter weiß, dass er Verpflegung besorgen muss.

Ratnagiri

Ratnagiri ist die eindrucksvollste der drei Stätten. 20 km von der Hauptstraße entfernt thront es auf einer Anhöhe über dem Fluss Keluo. Als der chinesische Chronist Hiuen T'sang die Lehrstätte 639 n. Chr. besuchte, war sie bereits ein bedeutendes buddhistisches Zentrum mit mindestens 200-jähriger Geschichte. Zu dieser Zeit reichte das Meer weiter ins Landesinnere hinein, sodass es von Ratnagiri aus zu sehen war – vielleicht mit ein Grund für die Wahl des Standorts. Hier wurden Missionare unterrichtet, ehe man sie nach China und Südostasien aussandte.

Unterhalb des enormen Stupa auf der Bergkuppe befinden sich zwei **Klöster** aus dem 17. Jh. Die größere und besser erhaltene hat einen gepflasterten Innenhof, umgeben von Mönchszellen, und einen prunkvoll gemeißelten Torbogen aus dem blaugrünen Chloritgestein der Region. Im Inneren steht ein Schrein mit einer majestätischen Buddhafigur, und das Museum zeigt Antiquitäten und Überreste von allen drei Lehrstätten. 🕓 Sa–Do 10–17 Uhr., Eintritt Rs2.

Udayagiri

10 km zurück in Richtung Hauptstraße liegt Orissas größter buddhistischer Komplex. Sein wichtigstes Bauwerk ist ein großer Stupa, der besser erhalten ist als der von Ratnagiri. Zwischen dem 7. und 12. Jh. existierten hier zwei Klöster, von denen jedoch nur eines ausgegraben wurde. Zu seinen Besonderheiten gehören der zentrale Schrein mit einer großen, sitzenden Buddhafigur, der kunstvoll gearbeitete Eingang und ein Stufenbrunnen mit Inschrift. Weitere Steinskulpturen schmücken die Hügelkuppe hinter dem Kloster.

Lalitgiri

Die Abzweigung zu den Ruinen von Lalitgiri liegt 10 km weiter an der Hauptstraße Richtung Paradip. Die vier Klöster sollen aus dem 9. Jh. stammen, obwohl Inschriften an einem Nebentempel darauf hindeuten, dass sie bereits im 1. Jh. n. Chr. bewohnt gewesen sein könnten. Ausgrabungen des riesigen Stupa förderten 1982 eine goldene Schatulle mit einem Knochenfragment zutage, das als Buddha-Reliquie gilt. Die Hügelkuppe bietet einen tollen Ausblick.

Der Norden von Orissa

Cuttack, die zweitgrößte Stadt Orissas, liegt beiderseits des Flusses Mahanadi. Da sie kaum Sehenswürdigkeiten zu bieten hat, steigen nur selten Reisende auf der langen Fahrt nach oder von Kolkata hier ab. Doch sobald man die smoggeschwängerten Randbezirke von Cuttack hinter sich gelassen hat, findet man sich zwischen den Reisfeldern, Palmenhainen und von Lehmmauern umgebenen Dörfern des **Mahanadi-Delta** wieder. Durch das Delta schlängelt sich eine der Hauptverkehrsadern Indiens: Sowohl die wichtigste Eisenbahnlinie als auch der NH-5 folgen der Strecke des berühmten Pilgerwegs, dem **Jagannath Sadak**, der früher einmal von Kolkata nach Puri führte.

Die größte Attraktion der Gegend ist das **Bhitarkanika Wildlife Sanctuary**, 130 km nordöstlich von Bhubaneswar. Das Tierschutzgebiet liegt in einer traumhaften Landschaft mit artenreicher Fauna und Flora und ist ein Anziehungspunkt der vom Aussterben bedrohten Oliv-Bastardschildkröten. Der **Similipal-Nationalpark** in der Nähe der Grenze nach Westbengalen ist ähnlich reizvoll, zurzeit jedoch aufgrund politischer Unruhen geschlossen (s. S. 953).

Bhitarkanika Wildlife Sanctuary

Das Bhitarkanika Wildlife Sanctuary mit Mangrovenwäldern und Feuchtgebieten erstreckt sich über eine Fläche von 672 km² mitten im Brahmani Baitarani-Delta. Sein Ökosystem ist eines der reichhaltigsten Indiens und umfasst u. a. über 200 Vogelarten sowie viele Reptilien

Meeresschildkröten

Jedes Jahr im Februar oder März wird ein Strandstreifen am zentralen Flussdelta von Orissa Zeuge eines der größten Naturschauspiele der Welt. Nachdem sie die ganze lange Strecke durch den Pazifik und den Indischen Ozean geschwommen sind, krabbeln rund 200 000 **Oliv-Bastardschildkrötenweibchen** an Land, um ihre Eier abzulegen. Kaum ist die Eiablage erledigt, verschwinden sie in den Wellen und machen sich wieder auf den Weg zu ihren Paarungsgründen am anderen Ende der Welt.

Kein Mensch weiß, warum sie solche gewaltigen Entfernungen zurücklegen, aber für die Dorfbewohner der Region bedeutete die Ankunft der riesigen Panzertiere seit jeher so etwas wie ein Geschenk der Götter. Schildkrötensuppe zum Frühstück, Mittag- und Abendessen … und dazu noch Bargeld aus dem Verkauf, mit dem sich die schmale Börse aufbessern lässt. Im Laufe der Zeit verwandelte sich das alljährliche Schlachtfest aber in einen Wettlauf ums Überleben. Die Zahl der Schildkröten sank dramatisch, bis 1975 Indira Gandhi persönlich darauf drängte, am **Gahirmatha Beach**, 130 km nordöstlich von Bhubaneswar, das Bhitarkanika Sanctuary einzurichten. Schon Wochen vor der großen drei- oder viertägigen Invasion sind Streifen der Küstenwache unterwegs und bewaffnete Ranger versuchen, die Wilderer in Schach zu halten. Tierschützer sind in dieser Zeit Tag und Nacht auf den Beinen.

In den letzten Jahren sieht sich das Habitat der Schildkröten zudem immer stärker **negativen Umwelteinflüssen** ausgesetzt. Mehrere hundert Familien der Region sind dazu übergegangen, Land innerhalb des Reservats zu bebauen. Durch illegale Garnelenzucht wurde das Wasser verseucht, und Trawler gingen im Schutzgebiet ohne „turtle excluder devices" (Fanggeräte, in die keine Schildkröten geraten können) auf Fischfang. Weitere Bedrohungen für die Schildkröten sind die industrielle Verunreinigung und der Bau eines großen Meereshafens bei Dhamra, nur 15 km vom Strand Gahirmatha entfernt. Diverse Umweltschutzorganisationen, darunter Greenpeace und der WWF, bewachen das Gebiet. Damit man sich eine Vorstellung vom Ausmaß des Problems machen kann: Im Januar 2010 wurden am Strand (nach offizieller Schätzung) rund tausend tote Schildkröten gefunden. Das ist eine grauenhaft hohe Zahl, aber im Jahr davor waren es sogar doppelt so viele.

Similipal-Nationalpark

Im März 2009 überfielen maoistische Rebellen den Similipal-Nationalpark. Der Park war eines der ersten Reservate des Project Tiger und eines der letzten unberührten Wildnisgebiete Ostindiens. Mehrere Gebäude wurden in die Luft gejagt, Fahrzeuge der Forstverwaltung angezündet und Touristen, die sich im Park aufhielten, ausgeraubt. Daraufhin verfügten die Behörden die **Schließung** des Parks auf unbestimmte Zeit und die meisten Ranger haben ihren Posten verlassen. Seither sind die im Park heimischen Tiere – darunter **Tiger**, **Leoparden**, **Elefanten** und 231 **Vogelarten** – ihres Lebens nicht mehr sicher. Nicht-staatliche Tierschutzorganisationen warnen, dass die Tiere durch illegalen Holzeinschlag und die Jagd durch Anwohner bedroht sind und Wilderer praktisch freie Hand haben. Obwohl die indische Regierung hart gegen die Rebellen in Orissa (und mehreren anderen Staaten) vorgeht, lassen Berichte vermuten, dass die maoistischen Umtriebe in der Region eher zu- als abgenommen haben. Dennoch ist die Tourismusbehörde von Orissa optimistisch und rechnet mit einer Wiedereröffnung des Parks (der früher eine der größten Attraktionen Indiens war) in nicht allzu ferner Zukunft. Wer in der Gegend ist, sollte sich mal im Tourist Office in Bhubaneswar (S. 947) nach dem aktuellen Stand der Dinge erkundigen. Auf jeden Fall ist ungewiss, in welcher Verfassung der Park und seine Tiere am Ende des Ausnahmezustands sein werden.

und Säugetiere, darunter Salzwasserkrokodile, Warane und Rhesusaffen. Außerdem legen an den Stränden von **Gahirmatha**, Rushikulya und Devi die Oliv-Bastardschildkröten *(Lepidochelys olivacea)* ihre Eier ab.

Das Bhitarkanika Sanctuary ist ganzjährig geöffnet. Die beste Besuchszeit ist zwischen November und März, da dann viele Zugvögel anzutreffen sind, die hier überwintern. Allerdings endet die Nistsaison der Reiher gewöhnlich gegen Mitte November. Wer die Ankunft der **Oliv-Bastardschildkröten** erleben will, sollte bei der OTDC-Touristeninformation in Bhubaneswar (S. 947) nachfragen, ob und wenn ja, wann sie erwartet werden. Weitere Highlights sind das Krokodil-Schutzprogramm auf Dangmar Island und das Bagagahana-Brutgebiet der Reiher.

Da es recht aufwendig ist, allein zu einem der Eingänge zu gelangen, ein Permit (Rs1000) zu bekommen und die Bootsüberfahrten (bis zu Rs2500 pro Tag) plus – falls man im Schutzgebiet übernachten will – die Unterkünfte zu organisieren, lohnt es sich, eine **organisierte Tour** zu buchen. Zum Beispiel bei Discover Tours in Bhubaneswar, ✆ 0674/243 0477, 💻 www.orissadiscover.com oder Heritage Tours in Puri, ✆ 06752/223656, 💻 www.heritagetoursorissa.com. Organisierte Ausflüge kosten ab Rs1400 p. P. und Tag.

Um Geld zu sparen, können von **Chandbalis** kleinem Hafen Tagesausflüge ins Schutzgebiet unternommen werden. Er ist von Bhubaneswar (190 km) und Bhadrak (nächster Bahnhof; 60 km) mit dem Bus zu erreichen. Am Pier gibt es verschiedene Anbieter, die Genehmigungen einholen und Transporte organisieren. Wer die Formalitäten lieber selbst erledigt, muss sich mit dem Assistant Conservator of Forests, ✆ 06786/220372, in Verbindung setzen, er hat auch ein Büro am Pier. Chandbalis beste **Unterkunft** ist das OTDC Ayanyanivas, ✆ 06786/220397, 💻 www.visitorissa.org, Es hat DZ mit AC und Ventilator, einen Schlafsaal (Rs150) und ein ganz annehmbares Restaurant ❷–❹. Die Swagat Lodge, ✆ 06786/220225, ist eine Alternative mit kleinen, aber akzeptablen Zimmern ❶–❷ Im Schutzgebiet selbst kommen die Besucher in den Lodges von Dangmal, Ekakula, Gupti oder Habalikathi unter. Alle haben Dorms oder spartanische Zimmer. ❸. Wasser und Lebensmittel, aus denen der *chowkidar* dann das Essen bereitet, müssen mitgebracht werden. Wer nicht über einen Reiseveranstalter bucht, muss die Unterkunft beim Divisional Forest Officer in einem schwer zugänglichen Außenbezirk von Rajnagar reservieren, ✆ 06729/272460.

Puri

Als Heimat des Gottes Jagannath und seiner Geschwister zählt Puri zu den bedeutendsten heiligen Stätten Indiens und wird Jahr für Jahr von riesigen Pilgermassen besucht. Die größten Menschenansammlungen sind während des Monsuns zum Fest **Rath Yatra** zu verzeichnen, dem berühmten „Car Festival", zu dem Millionen Pilger in die Stadt strömen, um drei riesige, bunte Festwagen zu bestaunen, die durch die Hauptstraße gezogen werden. Im Zentrum des Trubels thront der **Jagannath-Tempel** wie eine deplatzierte Weltraumrakete über dem mittelalterlichen Herzen der Stadt mit ihren Vororten aus der Kolonialzeit. Das belebte Tempelgelände ist ausschließlich Hindus vorbehalten, wovon man sich aber nicht abhalten lassen sollte, die Stadt zu besuchen. Die Straßen und der Strand von Puri stehen das ganze Jahr über im Mittelpunkt intensiver religiöser Aktivitäten, und in den Basaren wimmelt es von Sammelobjekten im Zusammenhang mit dem Jagannath-Kult.

Nach Puri kommen drei unterschiedliche Besuchertypen: Bengalen der Mittelschicht, welche die Möglichkeit, *puja* und Strandvergnügen zu verbinden, zu schätzen wissen. Junge Rucksacktouristen aus dem Westen und aus Japan werden von Puris kleiner Traveller-Szene angezogen, während Tausende von Pilgern vor allem aus ländlichen Regionen Ostindiens herbeiströmen, um Jagannath zu huldigen. Im Laufe der Zeit hat jede dieser Gruppen eine bestimmte Ecke der Stadt für sich abgesteckt und ist dieser bis heute treu geblieben. All das trägt zu einer recht bizarren und berauschenden Atmosphäre bei, die sich innerhalb weniger Schritte ändern kann: Sobald man sich ein wenig von der Intensität des hinduistischen Indiens gelöst hat, geht es zum weltlichen Vergnügen ans Meer und anschließend zurück in die relative Stille der Hotelveranden.

Geschichte

Bis zum 7./8. Jh. war Puri nicht viel mehr als ein provinzieller Außenposten entlang der Küstenhandelsroute, die Ostindien mit dem Süden verband. Dank ihrer Beziehung zu dem hinduistischen Reformer **Shankaracharya** (Shankara) begann die Stadt schließlich auf der religiösen Landkarte aufzutauchen. Shankara erkor Puri zu einem seiner vier *mathas*, sprich Zentren zur Ausübung einer radikal neuen, asketischeren Form des Hinduismus. Vom ganzen Subkontinent strömten heilige Männer hierher, um über die neue Philosophie zu debattieren – eine Tradition, die bis zum heutigen Tag in den Innenhöfen der Tempel gepflegt wird. Mit Eintreffen der **Ganga** Anfang des 12. Jhs. wuchs diese religiöse und politische Bedeutung noch weiter. Im Jahre 1135 gründete Anantavarman Chodaganga den prächtigen Tempel in Puri und widmete ihn Purushottama (einer der unzähligen Namen Vishnus). Unter der **Gajapati-Dynastie** änderte sich Purushottamas Name im 15. Jh. zu **Jagannath** („Herr des Universums"), und der Tempel wurde zu einem Zentrum des Vaishnavismus und der Verehrung Krishnas, einer Inkarnation von Vishnu. Heutzutage ist Puri eines der vier größten Pilgerzentren Indiens.

Der **Freizeittourismus** im westlichen Stil, der sich um den langen Sandstrand konzentriert, ist ein vergleichsweise junges Phänomen. Zuallererst entdeckten die Briten Puris Potenzial als Badeort. Nach ihrem Verschwinden wurden die Bungalows von den Bengalen in Besitz genommen, die sich den Strand jedoch mit zugewanderten jungen Westlern teilen mussten, auf die das Haschisch im Überfluss nicht ohne Anziehungskraft geblieben war. Heute gibt es nur noch wenige Überbleibsel dieser Ära. Infolge einer konzertierten Kampagne der Stadtverwaltung zur Besserung von Puris Image ist die „Szene" auf eine Handvoll Cafés zusammengeschrumpft und hat nichts mehr mit dem wilden Hippieparadies zu tun, das einige immer noch zu finden hoffen.

Der Jagannath-Tempel

Puris mächtiger Jagannath-Tempel ist einer der vier heiligen geografischen Kardinalpunkte Indiens *(dham)* – neben Dwarka im Westen, Badrinath im Norden und Rameshwaram im Süden. Er zieht Pilger an, die drei glückliche Tage und Nächte in der Nähe der hier residierenden Gottheit Jagannath verbringen wollen. Das gegenwärtige Tempelgebäude wurde Anfang des 12. Jhs. vom Ganga-Herrscher Anantavarman

Die Jagannath-Gottheiten und das Rath Yatra

Egal, an welcher Straßenecke in Orissa man auch steht – es fällt meistens irgendein Bildnis des schwarzgesichtigen Gottes **Jagannath** mit seinem Bruder **Balabhadra** und seiner Schwester **Subhadra** ins Auge. All diese Figuren sind beinlos und haben winzige Ärmchen und riesige Glupschaugen. Die Ursprünge dieses besonderen Symbols sind von Legenden umwoben. Eine davon erklärt die seltsame Gestalt Jagannaths damit, dass sein Bildnis nie fertiggestellt wurde: Einst soll **König Indramena**, ein Herrscher des alten Orissa, Vishnu in Form eines Baumstumpfes am Strand von Puri gefunden haben. Er schleppte das Stück Holz zum Tempel und – den Anweisungen Brahmas folgend – beauftragte seinen Hoftischler Visvakarma mit der Herstellung des Bildnisses. Visvakarma stimmte jedoch nur unter der Bedingung zu, dass niemand einen Blick darauf werfen dürfte, bevor es nicht vollendet wäre. Der König jedoch konnte seine Neugier nicht zügeln und spähte nachts in die Werkstatt. Visvakarma entdeckte ihn, legte sein Werkzeug nieder und verhexte das Bildnis, sodass niemand es je fertigstellen konnte.

Die Jagannath-Gottheiten stehen auch im Mittelpunkt von Puris jährlichem „Wagenfest", dem **Rath Yatra** – nur eine Episode eines langen Ritualzyklus, der in der Vollmondphase des Monats *djesto* (Juni und Juli) des Oriya-Kalenders beginnt. Im ersten Teil, Chandan Yatra, werden spezielle Nachbildungen der drei Tempelgottheiten zum Narendra Sagar getragen, wo sie drei Wochen lang täglich mit einer Sandelholzpaste *(chandan)* eingeschmiert und in einem schwanenförmigen Boot herumgerudert werden. Während der Schlusszeremonie namens Snana Yatra nehmen die drei Gottheiten ein kurzes Bad im Teich und verschwinden anschließend für 15 Tage von der Bildoberfläche, damit sie in aller Abgeschiedenheit auf Rath Yatra vorbereitet werden können.

Das eigentliche Wagenfest findet während der Vollmondphase des darauf folgenden Monats, Asadho (Juli und August), statt. Jagannath, sein Bruder und seine Schwester werden in ihre Wagen „gesetzt" und von 4200 angesehenen Gläubigen durch die versammelte Menge die Grand Road hinunter zu ihrem 1,5 km entfernten Sommerdomizil, dem Gundicha Ghar („Gartenhaus"), gezogen – ein faszinierender Anblick, sofern man sich einen sicheren Aussichtspunkt abseits vom Gedränge verschafft hat. Die riesigen Wagen sind mit leuchtend bunten Stoffen drapiert und werden von Trommelklängen, Elefanten und dem hiesigen Raja begleitet. Jedes Jahr werden die Wagen entsprechend strenger Richtlinien, die in den alten Handbüchern der Tempel niedergelegt sind, neu gebaut, und jeder Wagen trägt einen anderen Namen und einen andersfarbigen Überzug. Bei der Prozession führt der grüne *rath* von Balabhadra, danach folgt Subhadra in Schwarz und zuletzt kommt Jagannath, der in einem 13 m hohen, mit gelben und roten Stoffbahnen geschmückten, 18-rädrigen Wagen sitzt. Es dauert mindestens acht Stunden, bis die *raths* am Urlaubsort der Götter eintreffen. Nach einer 9-tägigen Ruhepause macht sich die Prozession wieder auf den Rückweg zum Tempel, wo die drei Gottheiten ihr „normales Leben" fortsetzen.

Chodaganga nach dem Vorbild des älteren Lingaraj-Tempels in Bhubaneswar errichtet. Obwohl der Tempel schon lange die Politik *caste no bar* („keine Kastenschranken") verfolgt, dürfen Nicht-Hindus die Vorgänge nur vom Flachdach der **Raghunandan-Bibliothek** aus, direkt gegenüber dem Haupteingang, ⌚ Mo–Sa 10–12 und 16–18 Uhr, beobachten.

Einer der Bibliotheksangestellten geleitet die Besucher über die Treppen zum Aussichtspunkt hinauf. Für diesen Service wird eine Spende erwartet, wobei man den hohen, im Besucherbuch verzeichneten Summen keinen Glauben schenken sollte.

Vom Dach bietet sich ein schöner Blick auf den riesigen Deul – mit seinen 65 m das bei Weitem höchste Gebäude der gesamten Region. Archäologen haben den weißen Mörtel vom Turm entfernt, um die kunstvollen, an den Lingaraj erinnernden Steinmetzarbeiten sichtbar zu ma-

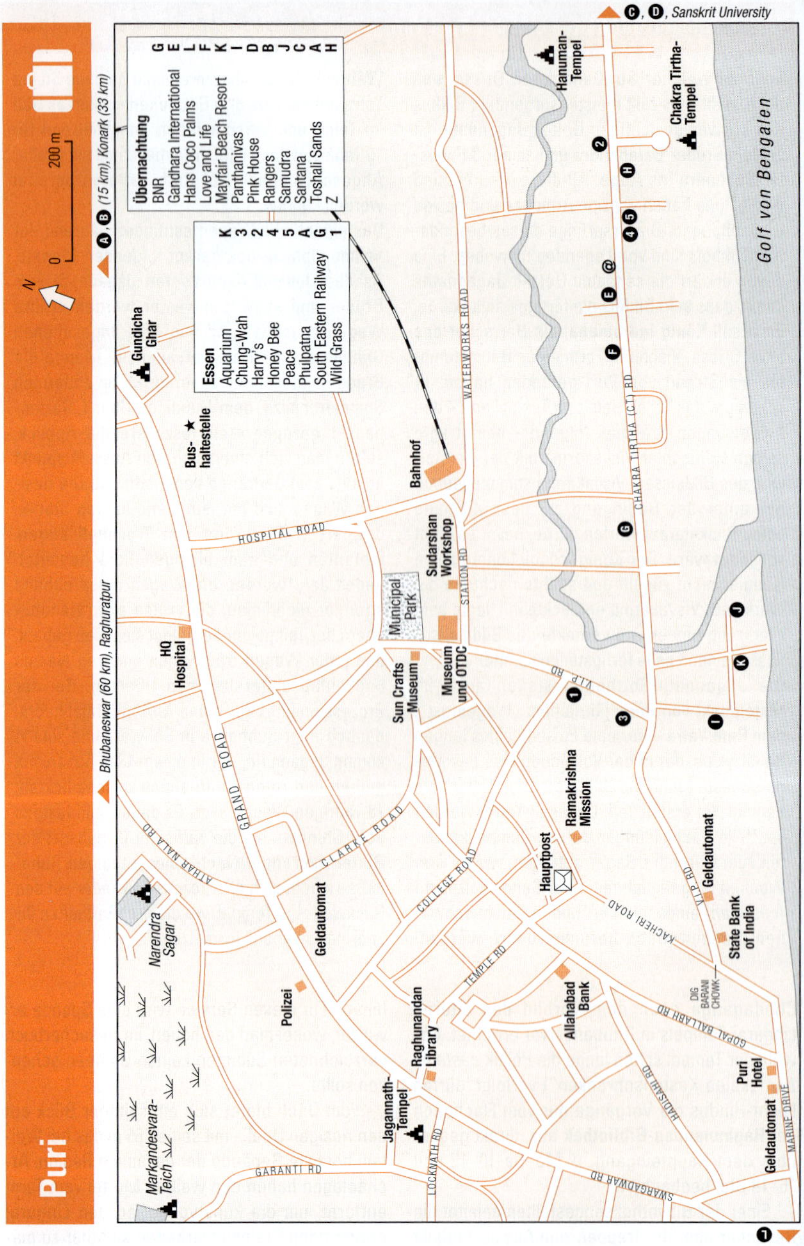
Puri
C, D, Sanskrit University
A, B (15 km), Konark (33 km)
Bhubaneswar (60 km), Raghuratpur
0 200 m
N
Übernachtung
BNR G
Gandhara International E
Hans Coco Palms L
Love and Life F
Mayfair Beach Resort K
Panthanivas I
Pink House D
Rangers B
Samudra J
Santana C
Toshali Sands A
Z H
Essen
Aquarium K
Chung-Wah 3
Harry's 2
Honey Bee 4
Peace 5
Phulpatna A
South Eastern Railway G
Wild Grass 1
Gundicha Ghar
Bus-haltestelle
Bahnhof
Hanuman-Tempel
Chakra Tirtha-Tempel
Golf von Bengalen
Waterworks Road
Chakra Tirtha (CT) Rd
Hospital Road
Municipal Park
Sudarshan Workshop
Station Rd
HQ Hospital
Sun Crafts Museum
Museum und OTDC
V.I.P. Rd
Grand Road
Clarke Road
Athar Nala Rd
Narendra Sagar
Geldautomat
Ramakrishna Mission
Hauptpost
College Road
Kacheri Road
State Bank of India
Temple Rd
Polizei
Allahabad Bank
Dig Barani Chowk
Gopal Ballabh Rd
Raghunandan Library
Jagannath-Tempel
Markandesvara-Teich
Garanti Rd
Locknath Rd
Hadisahi Rd
Swargadwar Rd
Puri Hotel
Marine Drive

chen. Die Spitze des Turms zieren eine lange, scharlachrote Flagge und das achtspeichige Rad *(chakra)* von Vishnu. Sie verweisen auf die Anwesenheit Jagannaths im Innern.

Die pyramidenförmigen Dächer der an den Tempel angrenzenden Mandapas streben Stufe für Stufe dem Turm entgegen. Dem Heiligtum am nächsten befindet sich das *jagamohana* (Versammlungshalle), welches Teil des ursprünglichen Gebäudes ist. Die anderen beiden, der kleinere *nata mandir* (Tanzsaal) und die *bhogamandapa* (Opferhalle) nahe dem Eingang wurden im 15. und 16. Jh. hinzugefügt. In diesen Hallen ist nach wie vor einiges los: Tagsüber marschieren die Gläubigen zum *darshan* hindurch; abends wird in den Räumen andächtige Musik gespielt. Hier wurden zur Unterhaltung von Jagannath einst Tänze aufgeführt, die Episoden aus Jayadevs *Gita Govinda* (die beliebte Geschichte von Krishnas Leben) nachstellten. Heutzutage ersetzen Lieder aus dem Lautsprecher das traditionelle Theater.

Außerhalb des Hauptgebäudes, am linken Ende des ummauerten Tempelareals, befinden sich die **Küchen**. Das hier zubereitete Essen, *mahaprashad* genannt, wird von Jagannath gesegnet. Es soll so rein sein, dass sogar ein Bissen aus dem Munde eines Hundes, den ein *harijan* („Unberührbarer") einem Brahmanen reicht, den Körper von Sünden befreit.

Gläubige laufen mit kaputten Schüsseln voller *dhal* und Reis herum; sie können der Gottheit nur Essen aus einem beschädigten Gefäß anbieten, da in dieser Welt allein Jagannath vollkommen ist. Die 6000 **Tempeldiener** werden unterteilt in 96 erbliche und hierarchische Kategorien, *chhatisha niyoga* genannt, und umfassen sowohl die Priester, welche für die Bedürfnisse der Gottheiten sorgen (Zähneputzen, Anziehen, Füttern, Zurechtmachen für den Nachmittagsschlaf usw.), als auch die einzelnen Handwerkszünfte, die all die Objekte für die täglichen Rituale produzieren.

Rund um den Tempel

In den Straßen rund um den Tempel herrscht eine hektische Betriebsamkeit sowohl religiöser als auch kommerzieller Natur. Die **Grand Road**, Puris breite Hauptgeschäftsstraße, wird von einem quirligen **Basar** begrenzt, dessen Stände zumeist auf *rudraksha malas* (shaivitische „Rosenkränze" aus 108 Perlen), Heilmittel der Ayurveda-Medizin oder die allgegenwärtigen Bildnisse von Jagannath spezialisiert sind. Außerdem sollte man unbedingt einen Blick auf die wundervollen „religiösen Karten" von Puri werfen.

Vom Hauptplatz im Tempelareal geht in südlicher Richtung die **Swargadwar Road** („Straße der Feuerbestattung") ab, die durch einen nicht minder schmierigen Basar zur Hauptpromenade führt. Der Ort der Feuerbestattung selbst liegt übrigens weit im Süden des Strandes. Neugierige Touristen sind hier nicht willkommen.

Ein etwas vergnüglicherer Ausflug führt vom Hauptplatz des Tempels aus zu den **heiligen Wasserbecken** im Norden der Stadt und wird am besten per Fahrrad unternommen. Zunächst folgt man der Nordmauer des Jagannath-Tempels bis zu einer Straßenkreuzung, wo man rechts in eine gewundene Nebenstraße abbiegt und nach 1 km zum **Markandesvara-Teich** gelangt.

Hier soll Vishnu einst in Form eines *neem*-Baumes ansässig gewesen sein, während sein Tempel tief unter einer Sanddüne begraben wurde. Von dem Baum ist nichts zu sehen, aber die Tempel an der Südseite lohnen einen Blick, insbesondere der kleinste in der Gruppe, der Bildnisse des Jagannath-Trios beherbergt.

Museen und Sudarshan Workshop

Das **Sun Crafts Museum** verspricht einen Einblick in den kommerziellen Aspekt des Jagannath-Phänomens. Es steht unter der Leitung eines Hare-Krishna-Anhängers und birgt eine große Sammlung von Bildnissen des Gottes und seiner Geschwister in diversen Erscheinungsformen. In einer Werkstatt werden kleine hölzerne Repliken geschnitzt und bemalt, bevor sie an ISKON-Zentren in der ganzen Welt gehen. Ein umstritteneres Bildnis der Gottheit Jagannath zeigt ihn in auf einem christlichen Kreuz, das mitunter als symbolische Forderung nach mehr religiöser Toleranz interpretiert wird – angesichts von Feindseligkeiten in jüngerer Vergangenheit zwischen Hindus und Christen in Orissa. Auf diskrete Nachfrage bekommt man das Kruzifix möglicherweise gezeigt. ⏲ tgl. 6–22 Uhr, Eintritt frei.

Über der Touristeninformation in der Station Road liegt versteckt Puris kleines, insgesamt wenig sehenswertes **Museum** mit geschmacklosen Nachbildungen von den Zeremonialgewändern der Jagannath-Gottheiten sowie Modellen der *raths*, wie sie beim Wagenfest benutzt werden. ⌚ Di–So 10–17 Uhr, Eintritt frei.

Läuft man von hier in Richtung Bahnhof, so stößt man in der Nähe des Shinto-Schreins auf den **Sudarshan Workshop**, eine der wenigen traditionellen Steinmetzwerkstätten, die es in Puri heute noch gibt. Ausnahmsweise scheinen die hiesigen Meister und ihre Lehrlinge ein größeres Interesse daran zu haben, ihrer Kunst nachzugehen, als sie an Touristen zu verkaufen; sie verweisen potenzielle Kunden aber freudig auf den Laden nebenan. Viele der Objekte sind große religiöse Statuen, die aus jenem Sandstein, aus dem auch der Sonnentempel in Konark erbaut ist, herausgemeißelt wurden.

Der Strand

Wer in erster Linie zum Sonnenbaden nach Puri kommt, wird enttäuscht sein. Der Strandabschnitt vor dem Fischerdorf im Osten ist zu einer 3 km langen öffentlichen Toilette und Müllhalde verkommen. Hygienischeres Eintauchen erlaubt der ruhigere Strandabschnitt hinter der Sanskrit University, 3 km weiter östlich.

Am Westende der Stadt, entlang der **Marine Parade**, lässt die Atmosphäre dagegen beinahe an einen britisch-viktorianischen Badeort denken. Dieser Abschnitt ist fest in der Hand der einheimischen Tourismusindustrie, und auch der Strand präsentiert sich hier wesentlich sauberer. Man kann hier schön bummeln, besonders nach Sonnenuntergang, wenn der Souvenir-Markt zum Leben erwacht. Zum Essen bieten sich unzählige Fastfood-Lokale entlang der Promenade an, in den Nebenstraßen dahinter findet man auch viele *chai*-Stände und kleine Restaurants.

Der Strand selbst steht unter Aufsicht einheimischer Fischer, die in Funktion von **Lebensrettern** auf und ab patrouillieren. Zu erkennen sind sie an ihren dreieckigen Strohhüten und *dhotis*. Die **Unterströmung** ist hier so stark, dass jedes Jahr Menschen ertrinken – schlechte Schwimmer sollten daher sehr vorsichtig sein. Sofern sie nicht gerade Leben retten, sind die Fischer damit beschäftigt, sich traditionelleren Aufgaben wie dem Ausbessern von Netzen und Booten zu widmen (am Ende des Strandes, nahe der CT Road). Das **Fischerdorf** gehört zu den größten in Orissa. Dutzende winziger Segelboote kreuzen tagsüber vor der Küste hin und her. Nach ihrer Rückkehr an den Strand wird der Fang in Körben zum Verkauf auf den **Fischmarkt** ins Dorf gebracht.

Für jeden etwas dabei

Gandhara International, CT Rd, ✆ 06752/224117, 💻 www.hotelgandhara.com. Alle Zimmer haben Warmwasser und TV und die meisten auch eine traumhafte Aussicht. Außerdem gibt es Dorms (Rs75), zwei Dachterrassen, ein Restaurant mit authentischen japanischen Gerichten, Internetzugang, ein gutes Reisebüro und einen kostenlosen Poste-restante-Service. Die Angestellten sind freundlich und der Strand gegenüber ist einigermaßen sauber. ❸–❺

Übernachtung

Praktisch alle Hotels in Puri befinden sich am oder in unmittelbarer Nähe zum Strand, wobei es einen elementaren Unterschied gibt: Während die Unterkünfte für einheimische Touristen hinter dem Marine Drive (der Promenade am westlichen Strandende) liegen, befinden sich die Billighotels für ausländische Besucher weiter östlich in der Umgebung der CT Road, eingezwängt zwischen den Hochhausbauten der teuren Resorthotels und dem Fischerdorf.

Dieser Distrikt wird Pentakunta genannt.

Die weniger teuren Hotels sind während der Sommermonate relativ ruhig, die teureren dagegen schon lange vor Rath Yatra ausgebucht. In den meisten Hotels sollen die Gäste bis um 8 Uhr auschecken, in der Nebensaison wird diese Regel allerdings etwas lockerer gehandhabt.

BNR (South Eastern Railway Hotel), CT Rd, ✆ 06752/222063, ✉ bnr@hotmail.com. Das BNR ist ein Muss für Rajophile, denn es hat sich

Orissas Kunst und Künstler

Nur wenige Regionen Indiens verfügen über eine solche Vielfalt an traditionellen Kunstformen wie Orissa. Während man bei einem Bummel durch die Basare und Einkaufszentren von Puri und Bhubaneswar einen guten Überblick über die regionalen Stile und Techniken erhält, macht der Souvenirkauf in den Dörfern, wo die Waren hergestellt werden, wesentlich mehr Spaß. Die heutige hohe Nachfrage nach Souvenirs hat vielen alten Kunstformen zu einem zweiten Frühling verholfen.

- **Bildhauerei**: Da viele der modernen Tempel aus Stahlbeton erbaut werden, haben die Steinmetze in Orissa zunehmend zu kämpfen. In der Pathuria Sahi („Gasse der Steinmetze") oder im bekannten Sudarshan Workshop in Puri (S.589) kann man ihnen bei der Arbeit zuschauen. Dort stellen Meisterhandwerker und ihre Lehrlinge noch immer nach alten Anleitungen Hindugötter und andere Votivobjekte her.
- **Malerei**: Die klassische Malerei Orissas, *patta chitra* genannt, ist eng mit dem Jagannath-Kult verbunden. Traditionell wurden die Künstler angestellt, um das Innere von Tempeln in Puri zu gestalten und die Überzüge für die Götter und Wagen für das Rath Yatra zu bemalen. Später übertrug man dieselben Motive auf Stoffe oder Palmblätter und verkaufte sie als heilige Souvenirs an Pilger. In dem kleinen Dorf Raghurajpur nahe Puri, wo ein Großteil der verbliebenen Künstler *(chitrakaras)* heute lebt, werden Farben verwendet, die aus Mineralen der Umgebung gewonnen werden.
- **Palmblatt-Manuskripte**: Palmblätter *(chitra pothi)* werden in Orissa seit Jahrhunderten als Schreibmaterial genutzt. Mit einem stiftartigen Gegenstand *(lohankantaka)* kratzt der Künstler zunächst den Text oder die Verzierung auf die Oberfläche des Palmblatts und bestreicht es danach mit einer Paste aus Gelbwurz, getrockneten Blättern, Öl und Kohle – nach Abtragen dieses Belags sind die Zeichen besser zu erkennen. In der Raghunandan-Bibliothek von Puri kopieren Schüler sorgfältig alte Manuskripte, um sie anschließend an Touristen zu verkaufen. Die besten antiken Originalbücher aus Palmblättern sind im Nationalmuseum von New Delhi und im Orissa State Museum von Bhubaneswar zu bestaunen.
- **Textilien**: Überall in Orissa kann man beobachten, wie auf Handwebstühlen die unterschiedlichsten Stoffe produziert werden. Am berühmtesten sind die Seidensaris aus Brahmapur und Sambalpur. Ebenfalls sehr typisch ist *ikat,* das ursprünglich durch die alten Handelsverbindungen mit Südostasien nach Orissa gelangte. Seine Herstellungsweise beruht auf einer Art Knüpfbatik *(bandha),* die auch von den Webern aus dem Dorf Nuapatna (70 km von Bhubaneswar entfernt) angewandt wird: Sie stellen Seiden-*ikats* mit Versen aus den religiösen Schriften des Jagannath-Tempels her.
- **Applikationsarbeiten**: Pipli (S. 951) besitzt ein Monopol auf Applikationsarbeiten – ein weiteres Handwerk, das im Jagannath-Kult verwurzelt ist. Geometrische Motive sowie stilisierte Vögel, Tiere und Blumen werden aus bunten Stoffen ausgeschnitten und anschließend auf einen dunklen Hintergrund aufgenäht. Die Künstler von Pipli sind sowohl die Urheber der bunten Überzüge für die Wagen beim Rath Yatra als auch für die kleinen Baldachine oder *chhatris,* die in Orissa über den jeweiligen Tempelgottheiten angebracht werden.
- **Metallarbeiten**: Orissas bekannteste Metalltechnik ist *tarakashi* (wörtlich „gewebter Draht"), d. h. Filigranarbeiten aus Silber. Produziert werden Schmuck sowie Utensilien zum Gebrauch in religiösen Zeremonien. Die Muster sollen mit den Moguln aus Persien nach Indien gekommen sein, aber die Existenz einer identischen Kunstform in Indonesien (mit dem die ehemaligen Königreiche Orissas Handel trieben) lässt den Schluss zu, dass die Technik bereits um einiges älter ist. Eine nennenswerte Produktion von *tarakashi* findet heute nur noch in Cuttack statt, so dass diese Kunstform wohl aussterben wird.

jede Menge von dem nostalgischen Charme bewahrt, der es einst zum beliebtesten Schlupfwinkel für Kolkatas Burra- und Memsahibs gemacht hat. Die Zimmer mit Bad sind etwas abgenutzt, haben aber Flair ohne Ende. ❹–❺

Hans Coco Palms, Marine Drive, ✆ 06752/230038, 💻 www.hanshotels.com. Moderner Komplex in herrlicher Lage 2 km westlich des Zentrums; alle Zimmer mit AC und Meerblick, schöner Strand, Pool, Bar und Restaurant. ❽

Love and Life, CT Rd, ✆ 06752/224433, ✉ loveandlife@hotmail.com. Besonders bei jungen Japanern beliebt, entspannte Atmosphäre und gutes Restaurant. Saubere Zimmer, alle mit Bad, entweder im Hauptgebäude oder in Cottages im Garten. ❷–❹

Mayfair Beach Resort, nahe der CT Rd, ✆ 06752/227800, 💻 www.mayfairhotels.com. Das 5-Sterne-Resort hat stilvoll eingerichtete Chalets und Zimmer mit Blick durch einen Palmenhain zum Pool und Strand. Zu den Einrichtungen zählen ein Fitness- und Wellnessraum, eine Bar und ein Meeresfrüchte-Restaurant. Sehr empfehlenswert. ❽

Panthanivas, nahe der CT Rd, ✆ 06752/222562, 💻 www.visitorissa.org. Gutes Preis-Leistungs-Verhältnis; schlichte, aber geräumige Zimmer, einige davon mit erfrischender Meeresbrise; die im älteren Gebäude aus der Raj-Ära haben mehr Charakter. Außerdem gibt es ein Restaurant, eine Bar und einen Garten. ❹–❺

Pink House, nahe der CT Rd, ✆ 06752/222253. Wie der Name nahelegt, ist dies eine pinkfarbene Herberge. Sie liegt direkt am Strand am Rand des Fischerdorfes und hat rustikale Zimmer (z. T. mit Gemeinschaftsbad), ihre eingeschworene treue Travellergemeinde und ein Restaurant. ❶

Rangers Puri-Konark, Marine Drive, ✆ 06752/211057, ✉ freethinker.sanjay@gmail.com. Zwei Ferienhäuschen und ein Campingplatz (Stellplätze; Rs200), versteckt zwischen Bäumen und doch in Strandnähe; 15 km von Puri und 20 km von Konark entfernt. Näher kann man der Vorstellung vom einsamen Strandparadies in dieser Gegend kaum kommen, die Anbindung nach Puri oder Konark lässt jedoch zu wünschen übrig. Es gibt ein Restaurant und der kenntnisreiche Besitzer Herr Samantaray verleiht Fahrräder, Kites, Parasail- und Angelausrüstung. ❷–❸

Samudra, nahe der CT Road, ✆ 06752/222705, 📠 228654. Das gut gemanagte Haus ist eines der besten Mittelklassehotels in Puri. Es hat luftige, helle Zimmer, alle mit Balkon und Meerblick. Im dazugehörigen Restaurant wird zum Frühstück ausgezeichnetes *puri bhaji* serviert. ❸–❺

Santana Lodge, am östlichen Ende der CT Rd, ✆ 06752/251491, 💻 www.indiasantana.com. Kleines, angenehmes und auf Traveller ausgerichtetes Hotel, besonders beliebt bei Japanern. Die *economy*-Zimmer sind eng und spärlich möbliert, die teureren dagegen sind größer und mit AC. Alle zieren pastellfarbene Wände und wunderbar knallorangefarbene Vorhänge. Frühstück inkl. ❷–❻

Toshali Sands, Konark Rd, ✆ 06752/250571, 💻 www.toshalisands.com. Nachgebautes „ethnisches Dorf" 9 km nördlich der Stadt, bestehend aus Cottages (mit AC) rund um einen Garten und Pool. Es ist ideal für Familien und hat ein gutes Restaurant, Fitnessstudio und Sauna. ❼–❽

Z, CT Rd, ✆ 06752/222554, 💻 www.zhotelindia.com. Das Z („dsched" ausgesprochen) ist eine Institution von Puri und in einer Villa untergebracht, die früher dem Maharadscha von Serampore gehörte. Es gibt eine Reihe einladender Zimmer mit Meerblick – die billigeren ohne Bad –, einen Schlafsaal nur für Frauen (Rs100) und viele Gemeinschaftsbereiche, z. B. eine TV-Lounge, eine Küche und einen weitläufigen Garten. ❶–❸

Essen

Viele der Restaurants und Cafés entlang der CT Road servieren preiswerte *thalis* und guten frischen Fisch. Die nahe gelegenen Ferienhotels sind jedoch meist die bessere Wahl. Eine interessante Alternative zur Restaurantkost ist das heilige Essen oder *mahaprasad*, das von 400 Tempel-Köchen in den Küchen des Jagannath zubereitet und an den Ständen des nahen Anand-Basars verkauft wird.

Aquarium, Mayfair Beach CT Resort. Das klimatisierte Restaurant mit Veranda ist die erste Wahl in Puri für einen extravaganten

Abend. Es hat ein köstliches, ungewöhnlich innovatives Speisenangebot, darunter chinesische, thailändische und indische Gerichte sowie ein paar Orissa-Spezialitäten (müssen im Voraus bestellt werden) mit Schwerpunkt auf Seafood. Mit Rs300–500 p. P. rechnen.

Chung-Wah, Hotel Lee Garden, VIP Rd. Das von einer chinesischen Familie aus Kolkata geführte Lokal ist das allerbeste chinesische Restaurant der Stadt. Die Küchenerzeugnisse (inkl. einer ganzen Palette verlockender Fischkreationen) kommen authentisch daher und die Bedienung ist flink. Hauptgerichte Rs50–150.

Harry's, CT Rd. Das rein vegetarische Restaurant zählt zu den beliebtesten Billiglokalen der Stadt und serviert leckere indische Gerichte (um Rs50) ohne Zwiebeln oder Knoblauch in alter Hare-Krishna-Tradition; außerdem gute, frische Säfte.

Honey Bee, CT Rd. Ein Lokal mit AC, guten Frühstücksmenüs, Filterkaffee, ordentlicher Pizza und Pasta (Rs30–160) und gelöster, freundlichen Stimmung.

Peace, CT Rd. Das freundliche Lokal mit Tischen im Garten ist ein altbewährter Travellertreff. Hier gibt's alle üblichen Gerichte (Hauptspeisen ab Rs35), aber die Betonung liegt auf Seafood.

Phulpatna Toshali, Hotel Sands. Das Besondere am Phulpatna ist, dass es zum Teil nach Rezepten des alten Kalinga-Reiches kocht. Die Gerichte (Rs100–300) sind sehr lecker, und die Tische an den großen Fenstern bieten eine tolle Aussicht auf die Gärten.

South Eastern Railway, BNR Hotel. Das Essen ist nicht umwerfend (Hauptgerichte Rs70–200), aber dafür bezaubert das Kolonialambiente umso mehr: karierte Tischdecken, silberne Butterdosen und Kellner mit Turbanen. Nicht-Hotelgäste sollten sich ein paar Stunden zuvor ankündigen.

Die Einheimischen lieben es

Wild Grass, VIP Rd, Ecke College Rd, 2 km von der CT Rd entfernt. Das bei Einheimischen beliebte Lokal bietet exzellente *tandoori*-Gerichte, Meeresfrüchte, vegetarische Speisen und einheimische Spezialitäten zu sehr vernünftigen Preisen (Rs40–120). Die Tische stehen in einem herrlich schattigen Garten. Geöffnet zum Mittag- und Abendessen.

Einkaufen

Utkalika und die anderen staatlichen Kunsthandwerksläden – alle nahe der Post in der Temple Rd – haben eine große Auswahl an einheimischen Erzeugnissen zu festen Preisen. Am Marine Drive, südlich des Puri Hotel, gibt es einen lebhaften Nachtmarkt, der jeden Abend bis etwa 22 Uhr geöffnet hat.

Antique India, neben dem Holiday House, CT Rd. Gute Adresse für Antiquitäten und Schmuck.

Patta Chitra Centre, Nabakalebar Rd. Verkauft klassische Gemälde aus Orissa.

Sonstiges

Bücher

Loknath Bookshop, CT Rd, neben dem Restaurant Raju.

Fahrrad- und Motorradverleih

Puri ist recht weitläufig und flach, sodass Fahrräder (Rs25–30 pro Tag) das ideale Transportmittel sind, um beispielsweise das Straßengewirr rund um den Jagannath-Tempel zu erkunden. Verleihmöglichkeiten gibt es in der Chakra Tirtha (CT) Road, in der Traveller-Enklave zwischen Gandhara International und Love and Life, z. B. **Unique Tours** gegenüber dem Z Hotel.

In derselben Straße findet man auch mehrere Verleiher von Mopeds und Motorrädern (Rs250–300 pro Tag) – praktisch für Halb- oder Ganztagsausflüge entlang der Küste nach Konark.

Geld

State Bank of India, VIP Rd, hinter dem Nilachal Ashok Hotel. Tauscht Reiseschecks, und Bargeld in Euro und US-Dollar und hat einen Geldautomaten. ⌚ Mo–Fr, 10.30–16, Sa 10.30–13 Uhr.

Allahabad Bank, Temple Rd, 200 m vom Hauptpostamt Richtung Tempel. ⌚ Mo–Fr 10–17, Sa 10–13 Uhr.

Trade Wings, über dem Travellers Inn in der CT Rd.

Ein **Geldautomat** der ICCI Bank steht unweit der Polizeistation in der Grand Rd, ein weiterer der Andhra Bank befindet sich in der Nähe des Hotels Puri.

Informationen

OTDC Tourist Office, Station Road, ✆ 06752/222664, freundlich und hilfsbereit; ⌚ Mo–Sa 10–17 Uhr, jeden 2. Sa im Monat geschl.
Die rund um die Uhr geöffnete Zweigstelle am Bahnhof dagegen kann man sich sparen.

Internet

Es gibt mehrere Anbieter in der CT Rd und der VIP Rd. Das **Hotel Gandhara** und das **Nanako.com** ganz in der Nähe verlangen beide Rs30 pro Std.

Medizinische Hilfe

Puris großes **HQ Hospital**, ✆ 06752/223742, liegt recht weit außerhalb des Zentrums in der Grand Rd. Hotels wie das Panthanivas oder die Reiseagentur Heritage Tours im Mayfair sind gern bereit, im Notfall einen Arzt zu besorgen.

Polizei

Die Hauptdienststelle liegt in der Grand Rd, nahe dem Jagannath-Tempel. Eine weitere Filiale befindet sich in der Kacheri Rd, Ecke VIP Rd, ✆ 06952/222025.

Post

Hauptpost, Kacheri Rd. Hat Poste-restante-Service.

Reisebüros und Touren

Grass Routes, CT Rd, ✆ 06752/220560, 💻 www.grassroutesjourneys.com. Vermittelt ausgezeichnete Touren in die Umgebung, u. a. zum Chilika Lake, und „tribal tours".
Gandhara Travel, im Hotel Gandhara International. Verkauf von Tickets jeglicher Art sowie Organisation von Trips nach Konark zum Tanzfestival.
Heritage Tours, im Mayfair Beach Resort, ✆ 06752/223656, 💻 www.heritagetoursorissa.com. Das zuverlässigste der Reisebüros für Flüge, Bus- und Zugtickets sowie die Vermietung von Autos, Motorrädern und Fahrrädern. Veranstaltet auch unterschiedliche Touren, z. B. 6–10-tägige „tribal tours", Safaris und Archäologietouren in Orissa.
Die **OTDC** unterhält Tourbusse, die vor dem Panthanivas starten und nahe gelegene Sehenswürdigkeiten ansteuern, z. B. Bhubaneswar mit Umgebung und Konark (Di–Sa 6.30–19 Uhr, Rs170 bzw. Rs300 im AC-Fahrzeug) oder Chilika Lake (tgl. 6.30–19.30 Uhr, Rs130 bzw. Rs200 im AC-Fahrzeug).

Transport

Busse, Minibusse und Jeeps

Der **Busbahnhof** liegt noch weiter im Norden der Stadt als der Bahnhof, 10 Min. Rikschafahrt auf holprigen Seitenstraßen vom Zentrum entfernt. Auch hier sowie am Jagannath-Tempel tobt der Kampf um die Rikschakunden, angestachelt durch die von den Hotels ausgelobten Provisionen.
Auf der gut ausgebauten Straße nach BHUBANESWAR (1–2 Std.) verkehren stdl. Busse. Am leichtesten gestaltet sich die Fahrt jedoch mit Minibussen, die bis 17 Uhr sehr häufig hin und her pendeln. Man sollte aber vor dem Einsteigen fragen, ob es sich wirklich um eine Direktverbindung handelt. Das Gleiche gilt für die Minibusse nach KONARK (3/4–1 Std.), die, sobald sie voll sind, vom Busbahnhof im Nordosten der Stadt (nahe dem Gundicha Ghar) losfahren. Jeeps und Busse bedienen dieselbe Route.
Wer die Südküste Orissas erkunden möchte, kann mit dem Bus nach Satapada am CHILKA LAKE (2–3 Std.) fahren, Abfahrt alle 30 Min. vom Busbahnhof; einige fahren auch vor dem OTDC-Buchungsschalter am Marine Drive ab.

Eisenbahn

Wenn in Puris **Kopfbahnhof** im Norden der Stadt ein Zug einfährt, liefern sich Scharen von Fahrradrikscha-*wallahs* ein Wettrennen um ausländische Kundschaft. Puri ist über eine Nebenlinie an die Hauptstrecke Kolkata–Chennai angeschlossen, sodass gute Verbindungen in andere indische Städte bestehen.
Der New Delhi Express Nr. 12815 startet um 10.55 Uhr (Mo, Mi, Do und Sa) und hält in BHUBANESWAR (1 Std. 40 Min.), GAYA

(Weiterfahrt nach Bodhgaya, 14 Std. 10 Min.), MUGHALSARAI (Umsteigemöglichkeit nach Varanasi, 17 Std. 10 Min.) und DELHI (29 Std. 5 Min.). Der langsamere Neelachal Express Nr. 12875 nach DELHI (Di, Fr und So, 23 3/4 Std.) verlässt Puri zur selben Zeit und hält in den gleichen Städten.
Ein schneller und bequemer Zug nach KOLKATA ist der Jagannath Express Nr. 18410, der tgl. um 22.50 Uhr in Puri abfährt und 9 Std. 20 Min. später sein Ziel erreicht.
Für Destinationen in Zentralindien wie NAGPUR nimmt man einen der Ahmedabad-Express-Züge (Di, Do, Fr und So Nr. 12843 und Mi Nr. 18405).
Wer nach MUMBAI reisen möchte, muss in Bhubaneswar (5–6x tgl., 1 1/2–2 Std.) umsteigen und mit einer Fahrtzeit von mehr als 40 Std. rechnen.
Touristen auf dem Weg nach Südindien sollten nach Bhubaneswar oder Khurda Road (44 km von Puri entfernt) fahren, wo man einen der Züge nach CHENNAI (20–21 Std. 20 Min.) nehmen kann, z. B. den Coromandel Express Nr. 12841. Von den 5 wöchentl. Zügen von Bhubaneswar nach THIRUVANANTHAPURAM ist der Gurudev Express Nr. 12660 (Mi 6.45 Uhr, 37 Std. 20 Min.) der schnellste.
Reservierungen per Computer können im Bahnhof in Puri, ⌚ Mo–Sa 8–20, So 8–14 Uhr, oder in einem Reisebüro vorgenommen werden.

13 HIGHLIGHT

Konark

Wer in Orissa nur Zeit für einen einzigen Tempel hat, sollte sich unbedingt für Konark entscheiden, eines der meistbesuchten Baudenkmäler Indiens. Der majestätische Gebäudekomplex aus oxidierendem Sandstein erhebt sich 35 km nördlich von Puri gebieterisch aus einer Grünanlage und wird nicht nur als Höhepunkt der Architektur Orissas betrachtet, sondern als eines der prächtigsten Sakralbauwerke weltweit.

Der Tempel ist umso bemerkenswerter, als er seit seiner Aufgabe vor rund 300 Jahren unter einer riesigen Sanddüne verborgen war. Erst Anfang des letzten Jahrhunderts, als man die Stätte von Sand und heruntergefallenem Mauerwerk zu säubern begann, wurde die ganze Schönheit dieses ehrgeizigen Bauprojektes ersichtlich. 1924 beschrieb der Earl of Ronaldshay den neu enthüllten Tempel als „eines der erstaunlichsten Bauwerke Indiens ... ein Monument überragender Pracht, selbst in seinem Verfall". Die sieben galoppierenden Pferde und 24 kunstvoll herausgearbeiteten Räder, welche die Seiten des erhöhten Sockels zieren, machten deutlich, dass der Tempel in Form eines riesigen Prozessionswagens für den Sonnengott **Surya** geplant worden war. Nicht minder sensationell war die Entdeckung einiger außergewöhnlicher **erotischer Skulpturen** in den Ruinen. Wie Khajuraho verfügt auch Konark über unzählige Stuckarbeiten von Paaren, die in fantasievollen Liebesstellungen aus dem *Kamasutra* festgehalten sind – was Abul Fazl, einen Abgesandten Kaiser Akbars aus dem 16. Jh., möglicherweise zu dem folgenden Kommentar veranlasste: „Selbst jene, die nur schwer zu befriedigen sind," schwärmte er, „sind von diesem Anblick überwältigt."

Abgesehen von dem Tempel, einem kleinen Museum und einem Strand hat das Dorf Konark kaum etwas zu bieten. An Sonn- und Feiertagen ist hier besonders viel los: Man sollte unbedingt bis kurz vor Sonnenuntergang bleiben, wenn die meisten Besucher das Areal bereits wieder verlassen haben und das intensive Abendlicht den bunten Sandstein so richtig zur Geltung bringt.

Geschichte

Inschrifttafeln sprechen die Tempelgründung dem Ganga-Monarchen **Narasimhadeva** aus dem 13. Jh. zu, der damit vermutlich seinen militärischen Erfolgen gegen die eindringenden Muslime ein Denkmal setzen wollte. Wie dem auch sei – der Tempel vermittelt auf jeden Fall eine Aura der Macht.

Der 70 m hohe Tempelturm war zugleich ein Orientierungspunkt für europäische Seefahrer, welche die flachen Gewässer vor der Küste Orissas befuhren. Sie nannten das Bauwerk **Schwarze Pagode** und schrieben die häufigen Schiffsunfälle entlang der Küste dem Einfluss von zwei angeblich in den Turm eingebauten starken Magneten auf die Gezeiten zu. Der Turm erwies sich auch als naheliegendes Ziel für Überfälle. Im 15. Jh. wurde Konark von der moslemischen Yavana-Armee eingenommen, die das Gebäude so stark beschädigte, dass es fortan den Elementen eine Angriffsfläche bot. Als das Meer zurückwich, wurde das Gebäude langsam vom Sand verschlungen und die salzigen Winde begannen ihre Arbeit an dem porösen Sandstein – die Oberflächen erodierten und der gesamte Bau wurde geschwächt.

Gegen Ende des 19. Jhs. hatte sich der Turm komplett in seine Bestandteile aufgelöst, und die überdachte Vorhalle war bis zur Hälfte verschüttet – was einen damaligen Kunsthistoriker zu der Äußerung veranlasste, der Tempel sei „eine enorme Masse von Steinen, aus der hin und wieder ein paar Pipal-Bäume herausragen".

Mit einer ernsthaften **Restaurierung** wurde erst 1901 begonnen, als britische Archäologen sich daran machten, die tadellos erhaltenen, verborgenen Teile des Gebäudes auszugraben und zu retten, was von den restlichen Trümmern zu retten war. Zu guter Letzt wurden Bäume gepflanzt, damit die Anlage besser vor den zerstörerischen Winden geschützt ist. In einem neu erbauten **Museum** wurden jene Skulpturen untergebracht, die nicht nach Delhi, Kolkata oder London gingen.

Der Tempel

Nach Betreten des Tempelkomplexes durch den Haupteingang auf der östlichen, zum Meer ausgerichteten Seite gelangt man direkt zur **Bhoga-Mandapa** („Opferhalle"). Kunstvolle Darstellungen von Liebespaaren, Musikern und Tänzern verzieren den Sockel und die Säulen und lassen vermuten, dass der heute dachlose Pavillon, ein späterer Tempelanbau, ursprünglich für rituelle Tanzvorführungen genutzt wurde.

Um ein Gefühl für das ganze Ausmaß des Komplexes zu bekommen, bietet sich vor dem Besuch der eigentlichen Ruinen ein Spaziergang entlang der niedrigen, die Südseite begrenzenden Mauer an. In Form von Suryas Kriegswagen erbaut, fungierte der überdimensionale Tempel als Opfergabe für den vedischen Sonnengott und zugleich als Symbol für den Lauf der Zeit. Die sieben **Pferde** (nur eins davon ist noch intakt), welche die Sonne unter großem Kraftaufwand über das Firmament gen Osten – dem Sonnenaufgang entgegen – ziehen, repräsentieren die Wochentage, während die zwölf Paar achtspeichiger **Räder** rund um den Sockel für die zwölf Monate stehen.

Von dem einst stolzen **Turm** ist nur noch ein Haufen Sandsteinplatten übrig, die am Westflügel herumliegen. So avancierte die **Vorhalle** *(jagamohana)* zum neuen Mittelpunkt von Konark.

Ihr beeindruckendes, pyramidenförmiges Dach, das eine Höhe von 38 m erreicht, wird von mehreren Reihen lebensechter Statuen – zumeist Musiker und Tänzer, die dem Sonnengott auf seinem Weg über das Firmament ein Ständchen bringen – in drei Stufen unterteilt. Der riesengroße würfelförmige **Innenraum** der Vorhalle, heute verschlossen, gilt als Wunder mittelalterlicher Architektur. Als seine ursprünglichen Erbauer die mit Ornamenten beladene Decke anbringen wollten, sahen sie sich mit erheblichen Statikproblemen konfrontiert, die man schließlich mit 10 m hohen Eisenstangen löste – eine für die damalige Zeit recht bemerkenswerte Ingenieursleistung.

Kunstvolle **Skulpturen** zieren die Außenwände des Tempels mit einer verschwenderischen Fülle an Göttern, Tieren, Blumenmustern, mit Edelsteinen geschmückten Pärchen, sinnlichen Mädchen, Fabeltieren und Seeungeheuern. Einige der schönsten **Erotika** von Konark findet man auf den Wänden der Vorhalle, etwa auf halber Höhe zwischen Boden und Decke. Bei genauerem Hinsehen entdeckt man die Sadhus, die ihrem Keuschheitsgelübde abtrünnig geworden sind, aber die Situation offensichtlich zu genießen wissen. Über die Jahre hinweg wurden viele Theorien laut, um die erotischen Szenen hier und an anderen Stellen im Tempel zu erklären. Die überzeugendste Erklärung ist die, dass sie als eine Art Metapher für die ekstatische Glückseligkeit dienten, welche die Seele bei ihrer Vereinigung mit dem göttlichen Kosmos empfand – ein zentraler Gedanke des **Tantra** und der damit verbundenen Verehrung des weiblichen Prinzips, **Shakti**, das im mittelalterlichen Orissa vorherrschend war.

Läuft man von der Südseite der Haupttreppe im Uhrzeigersinn um den Tempel, passiert man zunächst die detailversessenen **Räder** und die

Der Odissi-Tanz

Selbst Besucher, die normalerweise kein Interesse an klassischen Tänzen haben, lassen sich von der Eleganz und Leichtigkeit des Odissi, Orissas eigenständigem Tanzstil, verzaubern. Wie Friese der Rani Gumpha-Höhle von Udaigiri (S. 949) zeigen, begeisterte man sich an den Höfen Orissas bereits im 2. Jh. v. Chr. für derartige Darbietungen. Während des „goldenen Zeitalters" der Hindus in der Region hatten die Tänze einen festen Platz bei religiösen Ritualen – spezielle Tanzsäle *(nata mandapas)* wurden den Tempeln angefügt und Mädchentanztruppen eingestellt. Die **Devadasis** (wörtlich „Ehefrauen des Gottes") wurden in jungem Alter von ihren Eltern dem Tempel übergeben und symbolisch mit der Gottheit „vermählt". Man lehrte sie lesen, singen, tanzen und – wie es ein missbilligender Chronist aus dem frühen 19. Jh. formulierte – männlichen Tempelbesuchern „die eigenen Reize offen anzubieten". Allmählich verkam der rituelle Geschlechtsverkehr (ein Vermächtnis des Tantra-Einflusses auf den mittelalterlichen Hinduismus) zu bloßer Prostitution und der Tanz, früher eine Kulthandlung, zu wenig mehr als einer Art kommerzieller Unterhaltung. Mit Beginn der Kolonialzeit war der Odissi-Tanz fast verloren gegangen.

Erst der Fund des Abhinaya-Chandrika-Handbuchs aus dem 15. Jh. erweckte den klassischen Tanz in Orissa zu neuem Leben. Wie der Bharatanatyam, Indiens bekanntester Tanzstil, verfügt auch der Odissi über seine ganz eigene, hoch komplexe **Körper- und Schrittsprache**. Die Bewegungen des Körpers, der Hände und der Augen bringen bestimmte Gefühle zum Ausdruck und stellen Episoden aus bekannten religiösen Texten dar – zumeist aus der *Gita Govinda*, der Lebensgeschichte Krishnas. Mithilfe des Abhinaya und der Tempelskulpturen konnten Tänzer und Choreographen diese „Grammatik" rekonstruieren, und im Laufe eines Jahrzehnts hatte der Odissi sich erneut zu einer blühenden Kunstform entwickelt. Heutzutage gehören Tanzstunden bei einem namhaften Guru zum guten Ton für die jungen Töchter aus Orissas Mittelklasse – eine amüsante Wende, wenn man die frühere Rolle der Devadasis bedenkt.

Allein des Stils wegen können nur wenige andere Tanztypen mit dem Odissi verglichen werden. Die Tänzer putzen sich mit extravaganten **Kostümen** aus plissierten Seidenbrokatstoffen, Silberschmuck, Glocken, Jasminblüten und speziellen *dhotis* heraus, während die Musiker und Sänger vor der Bühne eingängige *talas* rezitieren – Zyklen religiöser Dichtung, die von Musik untermalt werden. Eine solche Darbietung zu erleben, hängt davon ab, ob man sich zur rechten Zeit am rechten Ort befindet. Die einzigen regelmäßigen Aufführungen finden im Jagannath-Tempel statt. Für Nicht-Hindus stellt das jährliche Tanzfestival (erste Dezemberwoche) in Konark eine gute Gelegenheit dar, Orissas Topkünstler zu erleben. Für Lernbegierige bieten Tanzakademien in Bhubaneswar Anfängerkurse an (S. 948).

außergewöhnlichen **Friese**, die in schmalen Bändern darüber und darunter verlaufen. Sie stellen Militärprozessionen (angeregt von den Auseinandersetzungen zwischen König Narasimhadeva und den Muslimen) und Jagdszenen sowie Tausende wilder Elefanten dar. Auf dem oberen Fries an der Südseite des Sockels bezeugt die Darstellung einer Giraffe, dass bereits im 13. Jh. Handel mit Afrika getrieben wurde.

Nach der Vorhalle gelangt man zu einer Doppeltreppe, die zu einem Schrein mit einer **Statue von Surya** hinaufführt. Das aus grünem Chlorit herausgemeißelte Bildnis – eines von dreien rund um die Basis des verfallenen Turms – gilt als eines der Meisterwerke von Konark. Auch die anderen beiden Statuen in der Reihe sollten eines Blickes gewürdigt werden, und sei es nur, um ihren Gesichtsausdruck zu beobachten, der sich mit dem Sonnenverlauf um den Tempel von Wachsamkeit am Morgen (Süden) zu Müdigkeit am Abend (Norden) verändert. Am Fuße der Westwand befindet sich eine altarähnliche Plattform, die mit Steinmetzarbeiten verziert ist: Die kniende Figur auf der mittleren Tafel soll König Narasimhadeva darstellen. ⏲ tgl. 9–18 Uhr, Eintritt Rs250.

Jedes Jahr Anfang Dezember findet am Tempel außerdem eines von Indiens besten **Tanzfestivals** statt, das eine beeindruckende Auswahl sowohl klassischer als auch folkloristischer Tanzgruppen aus dem ganzen Land anzieht. Die genauen Termine erfährt man bei den OTDC-Büros in Bhubaneswar.

Das Dorf und seine Umgebung

Ein Stückchen außerhalb des Dorfs, in der Nähe vom Hotel Yatrinivas (s. unten), steht das **archäologische Museum**. ⌚ Sa–Do 10–17 Uhr, Eintritt Rs5. Viele seiner faszinierendsten Stücke musste es an Delhi abtreten, es zeigt aber immer noch ein paar Fragmente von zumeist erotischen Skulpturen. In der Nordostecke der Anlage steht eine kleine Hütte. Sie beherbergt einen Architrav aus Stein mit Darstellungen der **neun Planetengötter**, den Navagrahas, die ursprünglich einen der Zierbögen des Tempels krönten. Der Verschlag dient den Gläubigen jetzt als Heiligenschrein. Der **Chandrabhaga Beach**, 3 km südlich vom Tempel, ist eine ruhigere und saubere Alternative zum schmutzigen Strand von Puri. Auch dies ist bei Weitem kein Traumstrand zum Schwimmen oder Sonnenbaden, aber doch ein nettes Plätzchen für einen Abendspaziergang oder um der Fischereiflotte zuzuschauen.

Übernachtung

Nur wenige Leute bleiben über Nacht. Es gibt dennoch einige Unterkünfte für Besucher, die sich in aller Ruhe die Tempelanlage anschauen möchte, nachdem die Tagesausflügler verschwunden sind.

OTDC Panthanivas, nahe dem Haupteingang zum Tempel, ✆ 06758/236831, 💻 www.visitorissa.org. Besitzt dunkle, aber saubere Zimmer, manche mit AC. ❸–❹

OTDC Yatrinivas, ✆ 06758/236820, 💻 www.visitorissa.org. Gleich neben dem Panthanivas gelegen, aber einladender. Es hat komfortable Zimmer mit Bad und AC, bunte Brunnen im Garten und einen gut informierten Manager. ❺

Labanya Lodge, etwas außerhalb des Dorfes an der Küstenstraße, ✆ 06758/236824, ✉ labanyalodge1@rediffmail.com. Das Backpacker-freundlichste Hotel am Ort hat einen kleinen Garten, Internetzugang und Fahrradverleih. Da die Zimmer sehr unterschiedlich sind, sollte man sich mehrere zeigen lassen. ❶–❷

Essen

Beim Essengehen hat man die Wahl zwischen den *thali-* und Teeständen gegenüber dem Tempel oder einer etwas gehaltvolleren Mahlzeit in einem der Hotelrestaurants. Im **Panthanivas** und **Yatrinivas** gibt es die übliche Auswahl an vegetarischen und Reisgerichten. Im Letzteren wimmelt es zur Mittagszeit meist von Tourgruppen, die sich das *thali* nach Orissa-Art schmecken lassen. Das **Sun Temple Hotel** ist das beste der *dhabas*.

Sonstiges

Informationen

Das hilfreiche **OTDC Tourist Office** von Konark ist im Hotel Yatrinivas untergebracht, ✆ 06758/236821. Das Personal hilft mit Informationen über lokale Feste und Touren weiter. ⌚ Mo–Sa 10–17 Uhr, jeden 2. Sa im Monat geschl.

Touren

Die **OTDC** hat Tagestouren im Programm: Abfahrt vor dem Hotel Panthaniwas in Bhubaneswar und Zwischenstopps in Konark und Dhauli (Di–So 6.30–18.30 Uhr, Rs130 bzw. Rs160 im AC-Bus).

Transport

Von PURI gelangt man am einfachsten per **Bus** oder **Jeep** ins 33 km entfernte Konark. In beide Richtungen gibt es regelmäßige Verbindungen, und da die Fahrt nur etwa 1 Std. dauert, lässt sich der Ausflug gut an einem Tag bewerkstelligen – der letzte Bus von Konark nach Puri startet um 18.30 Uhr.

Eine **Motor-Rikscha** fährt hin und zurück für ungefähr Rs350 einschließlich Wartezeit.

Busse von BHUBANESWAR fahren stündlich und brauchen 2–4 Std.; manchmal muss man in Pipli umsteigen. Eine brauchbare Alternative ist die Teilnahme an einer von der OTDC veranstalteten Tour, Abfahrt beim Panthanivas in Bhubaneswar (s. S. 962).

Der Süden von Orissa

Entlang der Küste zwischen Puri und Andhra Pradesh laden eine Reihe landschaftlich schöner Abstecher dazu ein, die lange Reise Richtung Süden für eine Weile zu unterbrechen. Drei Stunden südlich der Hauptstadt, am Fuße eines kahlen Ausläufers der östlichen Ghats liegt Indiens größter Salzwassersee. Zu den Hauptattraktionen des **Chilika Lake** gehören die rund eine Million Zugvögel, die hier im Winter nisten. 70 km weiter trifft man auf den Ort **Gopalpur-on-Sea**, der sich den Charme eines ruhigen Badeorts bewahrt hat.

Chilika Lake

Besäße der Chilika Lake nicht seine glasartige Oberfläche, so könnte man Asiens größte Lagune durchaus für das Meer halten. Von dem schlammigen Küstenvorland lassen sich der schmale Streifen sumpfiger Inseln und die Sandflächen, die den 1100 km^2 großen Brackwassersee vom Golf von Bengalen trennen, kaum ausmachen. Zwischen Dezember und Februar zeigt sich allerdings eine Vielfalt von **Vögeln**, darunter Flamingos, Pelikane, Buntstörche, Fischadler und Milane, vielfach handelt es sich um Zugvögel aus Sibirien, Iran und dem Himalaya. Der Chilika ist zudem eines der wenigen Gewässer in Indien, wo man **Irrawaddi-Delfine** erspähen kann. Am besten lassen sich See und Vögel im Rahmen einer **Bootsfahrt** erkunden.

Touristen dürfen die als Vogelschutzgebiet ausgewiesene Insel Nalabana derzeit nicht betreten, damit sie die Vögel nicht stören. Die Chance, Zugvögel aus der Nähe zu beobachten, wurde dadurch enorm verringert. Bei den Reiseveranstaltern der Gegend und den Fahrern der Boote stößt diese Maßnahme auf Unverständnis und sie hoffen auf eine baldige Aufhebung des Verbots. Bis dahin lassen sich die Zugvögel immerhin im Rahmen einer Bootsfahrt oder bei einem Besuch einer der anderen Inseln auf dem Chilika beobachten. Aber so hervorragend wie auf Nalabana sind die Möglichkeiten nirgendwo.

Die Fischerdörfer und das sagenumwobene „Inselkönigreich“ **Parikud** an der Ostseite des Gewässers werden jedoch meist zugunsten einer Bootsfahrt zum Devi-Schrein auf **Kalijai** ignoriert. Der Legende nach ist einst ein einheimisches Mädchen auf dem Weg zu ihrer Hochzeit am anderen Seeufer ertrunken; seine Stimme soll später aus der Tiefe des Sees gehört worden sein. In dem Glauben, dass die zukünftige Braut sich in eine Göttin verwandelt hat, errichteten die Einheimischen ihr zu Ehren einen Tempel, der über die Jahre mit **Kali** (Shivas Gemahlin Parvati in ihrem furchterregenden Aspekt) in Verbindung gebracht wurde. Seitdem strömen zu Makar Sankranti, nach der Ernte, alljährlich Pilger aus ganz Orissa und Westbengalen zu dem winzigen Eiland, um in der heiligen Höhle vor dem Schrein der Göttin Votivgaben darzubringen.

Die **OTDC** organisiert ab Barkul und Satapada Ausflüge in Motor- oder Ruderbooten (Rs500 pro Std. für ein 7-sitziges Motorboot), oder man bucht einen Platz auf einem Boot mit 20 oder 30 Sitzen. Die Fahrt nach **Kalijai Island** (Rs50), bei einheimischen Touristen am beliebtesten, nimmt insgesamt etwa 2 Std. in Anspruch, während für eine Kombitour nach Kalijai und **Nalabana Island** (Rs175) vier Stunden zu veranschlagen sind. Ausflüge in Ruderbooten werden auch von Rambha aus angeboten, allerdings scheinen die Fischer hier eher an ihren Netzen interessiert zu sein als daran, ihre Kunden zu den Inseln zu schippern.

Satapada, auf der Küstenseite und nur 45 km von Puri entfernt, hat mehrere **Busverbindungen** pro Tag und ist die beste Übernachtungsmöglichkeit am See. Die umgebenden Gewässer bieten beste Chancen, Delfine zu beobachten. Außerdem befindet sich hier ein informatives **Besucherzentrum**, ◷ tgl. 10–17 Uhr; Rs10). Im OTDC-**Yatrinivas**, ✆ 06752/262077, 💻 www.visitorissa.org, ist die **Touristeninformation** untergebracht. (◷ Mo–Sa 10–17 Uhr, jeden 2. Sa im Monat geschl.). Obendrein ist es die beste Unterkunft Satapadas. ❷–❺ Manche Zimmer haben einen eigenen Balkon mit Blick auf den gepflegten Garten, der bis ans Seeufer reicht. Im Restaurant kann man köstliche *thalis* und frische Meeresfrüchte genießen. Reservierung sind auch über die Touristeninformation in Puri möglich.

Die Landschaft um **Barkul** ist nicht ganz so faszinierend wie die bei Satapada und hier ist man von den meisten Inseln weiter entfernt. Die Unterkünfte sind jedoch die besten am ganzen See. Das von der OTDC verwaltete **Panthanivas** (✆ 06756/222 0488, 🖳 www.visitorissa.org, ❸–❺) hat geräumige Zimmer in Chalets und ein prima Restaurant. Besonders empfehlenswert ist *chinguri charchari* (Shrimps mit gebratenem Gemüse). Für die **Anreise** nimmt man in Puri oder Bhubaneswar einen Bus Richtung Brahmapur, steigt in Balugaon aus und legt die letzten 7 km nach Barkul in einer Motor-Rikscha zurück. Bei einem Aufenthalt zwischen September und März wird eine Reservierung über die OTDC-Touristeninformation in Bhubaneswar empfohlen.

In der Nähe vom Bahnhof in **Rambha**, 135 km von Bhubaneswar, steht das preiswerte, von der OTDC betriebene Panthanivas, ✆ 06810/278346, 🖳 www.visitorissa.org; ❸–❺, Dorm Rs150. Es ist etwas abgenutzt, liegt aber sehr günstig für Spaziergänge am landschaftlich reizvolleren Südufer des Sees und für Bootsfahrten nach Parikud.

Gopalpur-on-Sea

Vor über 2000 Jahren, als die Kalinga aus dem Perlen- und Seidenhandel mit Südostasien ordentlich Profit schlugen und fleißig ihren Reichtum anhäuften, muss Gopalpur-on-Sea – ehemals der alte Hafen von Paloura – ein recht umtriebiger Ort gewesen sein. Heute dagegen präsentiert sich das Städtchen eher ruhig und füllt sich nur während der Feiertage und Ferien mit Leben, wenn Urlauber aus Bengalen herkommen. Das restliche Jahr über würde die planlose Ansammlung heruntergekommener Strandhotels praktisch leer stehen, wären da nicht ein paar Rucksackreisenden und die vie-

„Ethnotourismus" (Tribal Tourism)

Die meisten der in Orissa beheimateten **Adivasi**-Stämme leben im abgeschiedenen Südwesten des Bundesstaats. Sobald man den Pass oberhalb der warmen Quellen von Taptapani (S. 970) überquert hat, erscheinen überall an Sagopalmen befestigte Töpfe und fensterlose Lehmhütten mit niedrigen Strohdächern – ein Zeichen, dass das Stammland der **Saoras** erreicht ist. Weiter im Westen, in der Region von Koraput und Jeypore, leben die **Dongria Kondh**, die **Koya** und die **Bondas**.

Offiziell ist ein Besuch des Distrikts nur Personen erlaubt, die sich zuvor ein Permit beim örtlichen Polizeipräsidenten besorgt haben. Aus Sorge, es könnten sich **Naxaliten** in den Wäldern entlang der Grenze zu Andhra Pradesh verstecken, sowie aufgrund des generellen Unwillens, Ausländern Zutritt zu Stammesgebieten zu gewähren, ist diese Genehmigung extrem schwierig zu bekommen ist. Da es außerdem kaum Infrastruktur gibt, die Unterbringungssituation schlecht ist und es an zuverlässigen öffentlichen Transportmitteln in der Region fehlt, sollten Reisende, die unbedingt Adivasi-Dörfer besuchen wollen, am besten eine **Tour** buchen (ab ungefähr Rs1000 p. P. und Tag). Spezial-Reiseveranstalter, die sich um die gesamte Organisation kümmern, gibt es in Bhubaneswar oder Puri. Grass Routes, ✆ 09437/029698, 🖳 www.grassroutesjourneys.com, in Puri gilt bei einigen NGOs als einer der kulturell verantwortungsbewussteren Anbieter. Discover Tours, ✆ 0674/243 0477, 🖳 www.orissadiscover.com, in Bhubaneswar hat Guides, die über viele Jahre Berufserfahrung verfügen. Auch dieser Veranstalter gibt sich große Mühe, nicht dort die Nase reinzustecken, wo keine Fremden erwünscht sind.

Wichtig zu wissen: In den *Adivasi*-Dörfern kommt von dem Geld, das eine solche Tour kostet, nichts oder so gut wie nichts an. Darüber sind die Bewohner zu Recht ungehalten, und es kann sein, dass die Begrüßung sehr frostig ausfällt. Wie man es auch dreht und wendet – an einem isolierten und **kulturell sensiblen** Ort mit einer Kamera bewaffnet aufzutauchen, ist wohl keine besonders erfolgreiche Art, die Einheimischen „kennenzulernen", und ein Blick aus einem Autofenster trägt nicht wirklich dazu bei, etwas über jahrhundertealte Traditionen zu erfahren.

len fleißigen Fischer *(katias)*, die vor Gopalpurs langer, einsamer Küste mit ihren Netzen auf Beutezug gehen. Es ist zwar alles andere als ein Paradies, wer jedoch entlang der Küste nach einem Ort zum Entspannen und Genießen der lauen Meeresbrise sucht, kann mit Gopalpur nicht viel falsch machen. Sonnenbadende stehen ruckzuck im Mittelpunkt der Aufmerksamkeit von Einheimischen, aber für einen entspannenden Spaziergang sind die langen Sandstrände mit Kokoshainen, verschlafenen Lagunen und Minibuchten ideal.

Übernachtung und Essen

Die Hotels in Gopalpur haben durchweg einen ziemlich niedrigen Standard und sind dabei vergleichsweise teuer. Es kann nicht schaden, über den Preis zu verhandeln, denn die Zimmer sind höchstwahrscheinlich nur während der Ferien und an Feiertagen ausgebucht.
Der Mangel an Meeresfrüchten in den Restaurants überrascht doch ein wenig – ein paar lassen sich aber durchaus beschwatzen, nach rechtzeitiger Vorankündigung einen *pomfret* oder Garnelen-Curry zuzubereiten.
Mermaid, am nördlichen Strandende, ✆ 0680/224 2050. Freundliche Unterkunft, beliebt bei Touristen aus Kolkata. Schlichte Zimmer mit Balkon und Meerblick. Nach vorheriger Anmeldung können Nicht-Gäste die köstlichen *thalis* nach bengalischer Art genießen. ❸–❹
Panthanivas, am Tempel, ✆ 0680/224 3931, 💻 www.visitorissa.org. Das von der OTDC verwaltete Hotel hat für Familien oder Kleingruppen geeignete Cottages, schlichte Zimmer mit Bad (keins mit Meerblick) und einen Schlafsaal mit sechs Betten (Rs150). Der Küchenchef ist ein Genie und das Frühstück ist im Preis enthalten, aber Checkout ist unmenschlicherweise schon morgens um 8 Uhr. ❷–❺
Rosalin, am Meer, ✆ 0680/224 2071. Etwas chaotischer Familienbetrieb mit Restaurant und kleinen, ausgesprochen spartanischen Zimmern rund um einen Garten. Sauber und (einigermaßen) freundlich. ❶–❷
Swosti Palm Resort, nahe dem Leuchtturm, ✆ 0680/224 2453, 💻 www.swosti.com. Das vornehmste Hotel in Gopalpur besitzt geräumige, aber schamlos überteuerte Zimmer mit Bad (ohne Meerblick) und einen hübschen Garten. Das Restaurant serviert indisches Seafood wie *chenguli malai* (Garnelen in Kokoscreme) und *macha tarkari* (Fischcurry). ❼

Meerblick und gutes Essen

Sea Side Breeze, am Strand, ✆ 0680/224 2075. Das einzige Hotel, das wirklich am Strand liegt, hat große, saubere Zimmer, viele davon mit Meerblick, ein preiswertes Restaurant, in dem nach Vorbestellung leckere Meeresfrüchte serviert werden, und freundliche Mitarbeiter. Der Manager organisiert Ausflüge an Bord von Fischerboten in der nahen „Blue Bay". ❷–❸

Sonstiges

Geld

In der Nähe vom Rosalin am Meer gibt es einen **Geldautomaten**.

Informationen

Touristen bekommen Informationen im Panthanivas (s. o.).

Transport

Nach Gopalpur-on-Sea gelangt man am einfachsten über BRAHMAPUR (Berhampur), wo regelmäßig **Bahnen** (2 1/2–3 1/2 Std.) und **Busse** (6–8x tgl., 4–5 Std.) auf dem Weg nach Bhubaneswar halten. Außerdem fahren ein paar Züge nach PURI (4–5 Std.). Vom Haupt-Busbahnhof fahren regelmäßig **Minibusse** und **Jeeps** in den 16 km entfernten Badeort. Endstation ist das obere Ende von Gopalpurs Hauptstraße, rund 10 Min. zu Fuß von den meisten Hotels und vom Meer entfernt. Eine Motor-Rikscha zum Hotel kostet Rs150.

Taptapani

Ein verlockender Ausflug von der Küste in die nahe gelegenen Berge ist ein Abstecher ins Thermaldorf Taptapani. Es schmiegt sich in die *ghats* 51 km westlich von Brahmapur; zwischen beiden Orten verkehren stündlich Busse

(1 1/4–2 Std.). Taptapani besteht aus wenig mehr als einer Reihe schäbiger Snackbuden und schimmliger Hütten mitten im Wald – die Art Ort, bei der Staatsdiener darum beten, niemals dorthin versetzt zu werden. Pilger dagegen kommen in Scharen hierher, und zwar wegen der legendären **heißen Quellen**, die ein probates Mittel gegen Unfruchtbarkeit sein sollen. Das kochend heiße, schwefelhaltige Wasser blubbert aus einer Felsspalte und wird in ein kleines Becken geleitet. Dort verraten kleine, mit zinnoberroter Farbe beschmierte Felsbrocken und schwimmende Hibiskusblüten, dass in dem Teich Gottheiten leben (es ist streng verboten, das Wasser in dem Becken zu berühren).

Man kann das Heilwasser aber wunderbar in der Privatssphäre des eigenen **Hotels** genießen. Einige der teureren Zimmer des stimmungsvollen OTDC-*Panthanivas*, ✆ 06816/255031, 💻 www.visitorissa.org ❹–❻, haben große, in den Boden eingelassene Badewannen, bei denen das Thermalwasser aus dem Wasserhahn kommt. Das Hotel liegt am Hang, ein kurzes Stück unterhalb der Quellen. Trotz der herrlichen Aussicht sind die Holz-Cottages, Cabins und niedlichen Baumhauszimmer selten ausgebucht. Das ist auch gut so, denn es gibt meilenweit keine anderen Unterkünfte (sicherheitshalber also trotzdem reservieren). Zum Hotel gehört auch ein ganz annehmbares Restaurant.

Andhra Pradesh

Stefan Loose Traveltipps

Hyderabad Eine stark islamisch geprägte Stadt mit einer faszinierenden Mischung aus imposanten Bauwerken, Museen und lebendigen Basaren. S. 974

Golconda Fort Die Hauptstadt der Qutb-Shahi-Dynastie mit ihrer spektakulären Festung liegt in üppiger Landschaft unmittelbar westlich von Hyderabad. S. 977

Warangal Die Stadt hat zwei bedeutende Hindu-Stätten: eine mittelalterliche Festung und einen „1000 Säulen" umfassenden Shiva-Tempel. S. 984

Amaravati Der kleine Ort am Ufer des Flusses Krishna beherbergt die Überreste eines buddhistischen Stupa mit prachtvollen Bildwerken. S. 987

Tirumala Hill Der vom Venkateshvara-Tempel gekrönte Tirumala Hill ist der meist besuchte Wallfahrtsort der Welt. S. 988

Puttaparthy Guru Sai Babas Haupt-Ashram im Herzen einer florierenden Gemeinde zieht Pilger aus aller Welt an. S. 991

ANDHRA PRADESH

Andhra Pradesh umfasst einen ausgedehnten Landstrich im Osten Indiens, der sich auf einer Länge von über 1200 km an der Küste entlang von Orissa bis Tamil Nadu erstreckt und von den fruchtbaren Deltas der Flüsse Godavari und Krishna weit ins Binnenland bis zur Halbwüste des Dekkan-Plateaus reicht. Die meisten ausländischen Besucher streifen sie nur auf der Durchreise zu den attraktiveren Nachbarstaaten. Das ist verständlich, denn Andhra Pradesh hat nur wenige, weit auseinander liegende Sehenswürdigkeiten. Diese sind aber beeindruckend und lohnen unbedingt einen Aufenthalt.

Die Bundeshauptstadt **Hyderabad**, heute ein großes Hightech-Zentrum, ist von besonderem Reiz. Mit ihren Basaren, dem ausgezeichneten Salar Jung Museum und dem wuchtigen **Golconda Fort**. In **Warangal**, 150 km nordöstlich von Hyderabad, findet man sowohl islamische als auch hinduistische Überbleibsel des 12. und 13. Jhs., und das buddhistische Erbe der Region wird in Museen von Städten wie **Nagarjunakonda** und **Amaravati** bewahrt.

Für einen Besuch der Stadt **Vijayawada** im Osten spricht wenig, doch ist sie ein gutes Sprungbrett nach Amaravati. Auch die unaufhaltsam wachsende Stadt **Visakhapatnam** im

Nordosten ist nicht viel mehr als ein günstiger Ort zum Ausruhen zwischen zwei langen Busfahrten. Dagegen ist die im äußersten Südwesten gelegene Tempelstadt **Tirupati** ein faszinierender Pilgerort. Die kleine Stadt **Puttaparthy** im Südwesten des Staates ist Ziel einer internationalen Pilgerschar, die in der Hoffnung auf religiöse Unterweisung durch den spirituellen Lehrer Sai Baba herkommt.

Rings um die Hauptstadt hat sich eine moderne Industrie angesiedelt, und an der Küste spielen Schiffbau, Eisen- und Stahlindustrie eine wichtige Rolle, doch die meisten Menschen in Andhra Pradesh leben immer noch in Armut. Abgesehen von den Mündungen des Godavari und Krishna, wo der Boden reichhaltig genug ist, um den Anbau von Reis und Zuckerrohr zu ermöglichen, ist das Land größtenteils unfruchtbar und zwingt viele Bauern zu einem verzweifelten Kampf ums Überleben (s. rechts unten).

Geschichte

Die frühesten Überlieferungen aus der Region datieren aus dem 3. Jh. v. Chr. und beziehen sich auf ein Volk namens Andhras. Von ihrer zweiten Hauptstadt Amaravati am Krishna aus erlangte die **Satavahana-Dynastie** (2. Jh. v. Chr.–2. Jh. n. Chr.) der Andhras die Kontrolle über einen großen Teil Zentral- und Südindiens. Die Andhras unterhielten intensive Handelsbeziehungen und waren strenge Anhänger des Buddhismus. Nach ihnen kamen sukzessive die Pallavas, die Chalukyas aus Karnataka und die Cholas an die Macht. Um das 13. Jh. herum sahen sich die Kakatiyas von Warangal der ständigen Bedrohung einer moslemischen Machtübernahme ausgesetzt, und später, nach dem Fall ihrer Stadt bei Hampi, verlegten die hinduistischen Vijayanagars ihre Geschäfte nach Chandragiri in der Nähe von Tirupati.

Der nächste historisch bedeutsame Einschnitt vollzog sich in der Mitte des 16. Jhs. mit dem Emporkommen der moslemischen **Qutb Shahi-Dynastie**. 1687 nahm der Sohn des Mogul-Kaisers Aurangzeb Golconda ein. Fünf Jahre nach Aurangzebs Tod im Jahre 1707 erklärte der Vizekönig von Hyderabad die Unabhängigkeit und errichtete die Asaf Jahi-Dynastie der **Nizam**. Im Gegenzug für ihre Allianz mit den Briten gegen Tipu Sultan, den Herrscher von Mysore, wurde der Nizam-Dynastie nach der britischen Machtübernahme in Indien sogar etwas Autonomie eingeräumt.

Im Laufe des Unabhängigkeitskampfes begann die Harmonie zwischen Hindus und Moslems in Andhra Pradesh zu bröckeln. Die **Spaltung** erreichte ihren Höhepunkt zur Zeit der Landesteilung *(Partition)*, als sich die Nizam ihren muslimischen Glaubensbrüdern in dem noch zu gründenden Staat **Pakistan** anschließen wollten. Als 1949 Unruhen in der Hauptstadt Hyderabad ausbrachen, wurden die indischen Streitkräfte entsandt, die das Ihrige dazu beitrugen, dass das Gebiet schließlich Teil der Republik Indien wurde. 1956 wurden die teluguspr achigen Regionen (nur in Hyderabad wird fast überall Urdu gesprochen), die zuvor Teil der Madras Presidency an der Ostküste und des Fürstentums Hyderabad im Westen gewesen waren, zum Bundesstaat Andhra Pradesh. Heute sind fast 90 % der Bevölkerung Hindus; die Moslems wohnen überwiegend in der Hauptstadt.

1999 löste die unternehmerfreundliche **Telugu-Desam-Partei** schließlich die lange regierende **Kongresspartei** ab. In den fünf Jahren danach sorgte Ministerpräsident Chandrababu Naidu für einen gewaltigen Entwicklungssprung in der Region Hyderabad. Sein besonderer Liebling war dabei Hitec City. Gleichzeitig vernachlässigte er jedoch die ländlichen Gebiete, wo Dürren und Missernten Tausende Bauern in den Selbstmord trieben. 2004 gelangte die Kongresspartei erneut an die Regierung. Allerdings wurde auch ihr vorgeworfen, nicht genug für die Bauern zu tun, und die alarmierende Selbstmordrate brach nicht ab.

Im Dezember 2009 beugte sich die indische Regierung überraschend der Forderung der Partei Telangana Rashtra Samithi (TRS), einen eigenen Bundesstaat **Telangana** zu bilden, der den Nordwesten von Andhra Pradesh umfassen und die langjährige Unterdrückung der Region beenden soll. Bereits zwei Wochen später wurde dieser Beschluss rückgängig gemacht, seitdem rissen die Proteste nicht ab und im Sommer 2011 kam es zum Generalstreik mit Straßenblockaden. Ob der umstrittene Teilstaat jemals Wirklichkeit werden wird, war bei Redaktionsschluss immer noch nicht klar.

Hyderabad und Secunderabad

Die Hauptstadt von Andhra Pradesh, ein Schmelztiegel moslemischer und hinduistischer Kultur, besteht aus den Zwillingsstädten Hyderabad und Secunderabad mit insgesamt rund 7 Mio. Einwohnern. Das wenig interessante Secunderabad ist eine moderne, von den Briten gegründete Verwaltungsstadt; die alte Stadt Hyderabad hat quirlige **Basare**, **islamische Denkmäler** und das **Salar Jung Museum** zu bieten. Nach der Unabhängigkeit ging es mit Hyderabad bergab, immer wieder drohte die Situation aufgrund fehlender finanzieller Mittel zu eskalieren. Obwohl die alte Stadt nach wie vor unter Übervölkerung und unzureichenden öffentlichen Einrichtungen leidet, präsentiert sich das Ballungsgebiet inzwischen aber insgesamt als florierende Region. Hyderabad hat inzwischen sogar Bengaluru als Computer- und **IT-Zentrum** überflügelt.

Hyderabad wurde 1591 von **Mohammed Quli Shah** (1562–1612) am Fluss Musi gegründet, 8 km östlich von Golconda, der befestigten Hauptstadt des Golconda-Reiches. Für die damalige Zeit ungewöhnlich, wurde die neue Stadt gitterförmig angelegt, mit gewaltigen Steingebäuden und Bögen, darunter das berühmteste Wahrzeichen von Hyderabad, der **Charminar**. Ursprünglich gab es keine Stadtmauer; diese wurde erst 1740 als Verteidigungsanlage gegen die Marathen gebaut. Man erzählt sich, ein Geheimtunnel habe die Stadt mit dem mächtigen, 11 km entfernten **Golconda Fort** verbunden.

Während der 300-jährigen moslemischen Herrschaft lebten die Hindu-Mehrheit und die Moslem-Minderheit harmonisch zusammen. Damals war Hyderabad das oberste moslemische Machtzentrum Südindiens. Der sagenhafte Reichtum des Königshauses beruhte vor allem auf den wunderbaren Edelsteinen, vor allem Diamanten, die aus Bergwerken im Kistna-Tal bei Golconda zutage gefördert wurden. Hier wurde der historische **Koh-i-Noor** gefunden – er wurde nur einmal geraubt, und zwar vom Mogulkaiser Aurangzeb, als sein Sohn 1687 das Golconda Fort einnahm. Er endete, in Stücke geschnitten, in der britischen Königskrone.

Seit Ende 2009, seit dem **Telangana**-Beschluss (S. 973), ist der Status von Hyderabad unsicher. Bei Redaktionsschluss war immer noch fraglich, ob die Stadt – sollte es zur Bildung des neuen Bundesstaates Telangana kommen – in Zukunft zum neuen Staat gehören, Teil von Andhra Pradesh bleiben oder die gemeinsame Hauptstadt beider Bundesstaaten werden würde.

Orientierung

Die alte Stadt **Hyderabad** liegt beiderseits des Musi. Die meisten Sehenswürdigkeiten befinden sich südlich des Flusses, die meisten Hotels dagegen nördlich davon. Noch weiter nördlich, am gegenüberliegenden Ufer des Hussain-Sagar-Sees, befindet sich **Secunderabad**, Endbahnhof mancher Fernzüge. Wer in Secunderabad aussteigen muss, darf mit derselben Fahrkarte zum **Bahnhof Hyderabad (Nampally Station)** weiterfahren. Die beiden Bahnhöfe sind miteinander – und mit anderen Punkten in der Stadt, z. B. Banjar Hills und HITEC City – durch die oberirdische **Hyderabad Metro** (oder MMTS; Tickets Rs3–10) verbunden.

Sehenswürdigkeiten

Hyderabad besteht aus drei unterschiedlichen Teilen: der eigentlichen Stadt Hyderabad, bestehend aus Altstadt und den neuen Vierteln bei Hitec City, der modernen Stadt Secunderabad und Golconda, der alten Festung. Die beiden Städte sind nur durch einen See getrennt, den **Hussain Sagar**.

Die interessanteste Gegend ist jene südlich des Flusses Musi, hier befinden sich die **Basare**, der **Charminar** und das **Salar Jung Museum**. Nördlich des Flusses, zehn Minuten östlich des Nampally, liegen die wichtigsten Einkaufsgebiete: **Abids Circle** und **Sultan Bazaar**. Vom Abids Circle erstreckt sich die MG Road nach Norden und trifft beim Hussain-Sagar-See auf die Tank Bund Road, die weiter nach Secunderabad führt. Südlich des Abids Circle mündet die MG Road in die Nehru Road. Das Nobelviertel **Banjara Hills** liegt 4 km westlich des Bahnhofs Hyderabad, dahinter das exklusive Wohngebiet Jubilee Hills. Weitere 6 km außerhalb erhebt sich **HITEC City**.

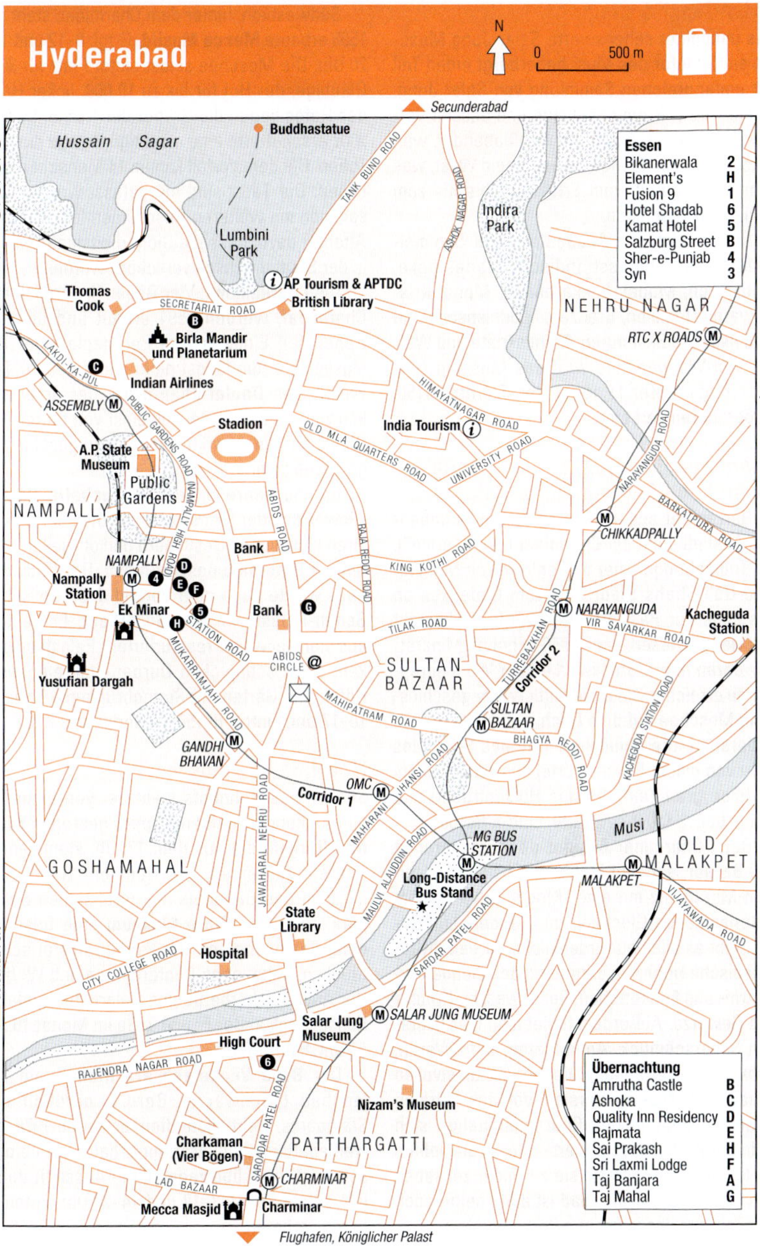
Hyderabad
N
0 500 m
Secunderabad
Hussain Sagar
Buddhastatue
Lumbini Park
AP Tourism & APTDC
British Library
Thomas Cook
Birla Mandir und Planetarium
Indian Airlines
Stadion
India Tourism
Indira Park
NEHRU NAGAR
RTC X ROADS
ASSEMBLY
A.P. State Museum
Public Gardens
NAMPALLY
Nampally Station
Ek Minar
Yusufian Dargah
Bank
ABIDS CIRCLE
SULTAN BAZAAR
CHIKKADPALLY
NARAYANGUDA
Kacheguda Station
GANDHI BHAVAN
OMC
Corridor 1
Corridor 2
MG BUS STATION
Long-Distance Bus Stand
Musi
OLD MALAKPET
MALAKPET
GOSHAMAHAL
State Library
Hospital
Salar Jung Museum
SALAR JUNG MUSEUM
High Court
Nizam's Museum
Charkaman (Vier Bögen)
PATTHARGATTI
CHARMINAR
Charminar
Mecca Masjid
Flughafen, Königlicher Palast
HITEC City, Banjara Hills, A, 1, 2, 3
Ramoji Film Centre
Golconda Fort
Golconda Fort
Essen
Bikanerwala 2
Element's H
Fusion 9 1
Hotel Shadab 6
Kamat Hotel 5
Salzburg Street B
Sher-e-Punjab 4
Syn 3
Übernachtung
Amrutha Castle B
Ashoka C
Quality Inn Residency D
Rajmata E
Sai Prakash H
Sri Laxmi Lodge F
Taj Banjara A
Taj Mahal G

Salar Jung Museum

Das unbedingt sehenswerte Salar Jung Museum am Südufer des Musi beherbergt einen Teil der umfangreichen Sammlung von Salar Jung, einem Nizam-Premierminister, und dessen Vorfahren. Salar Jung war ein wohlhabender, weit gereister Mann. Er erstand in Ost und West, was immer ihm gefiel, vom Erlesenen bis hin zum manchmal Kitschigen.

Die erstaunliche Ausbeute seiner Sammelleidenschaft umfasst indische Jadestücke, Miniaturen, Möbel, Lackarbeiten, Mogul-Kristallwaren, Textilien, Bronzen, buddhistische und hinduistische Skulpturen, Manuskripte und Waffen. Am Wochenende wird das Museum sehr voll. ⌚ tgl. außer Fr 10–17 Uhr, Eintritt Rs150, Fotografieren verboten.

Charminar, Lad Bazaar und Mecca Masjid und Chowmahalla-Palast

Im Herzen der aus quirligen Basaren bestehenden Altstadt steht der **Charminar** („Vier Türme"), ein Triumphbogen, der im Zentrum von Mohammed Quli Shahs Stadt 1591 zum Gedenken an das Ende der Pest errichtet wurde. Er besteht aus vier graziösen, jeweils 56 m hohen Minaretten, deren obere Stockwerke über Wendeltreppen zu erreichen sind. Die mittlerweile geschlossene Moschee auf dem Dach ist die älteste von Hyderabad. Die gelbliche Farbe des Gebäudes rührt von einem Spezialmörtel aus zerstoßenem Marmor, *gram* (eine hiesige Hülsenfrucht) und Eigelb her. ⌚ tgl. 9–17.30 Uhr, Eintritt Rs100.

Beim Charminar beginnt der faszinierende **Lad Bazaar**, der zum Mahboob Chowk führt, einem Marktplatz mit einer Moschee und einem viktorianischen Glockenturm. Auf dem Lad Bazaar gibt es alles nur Erdenkliche für eine hyderabadische Hochzeit, darunter glöckchenbesetzte Arm- und Fußkettchen, Rosenwasser, Kräuter und Gewürze. Außerdem findet man hier filigranen Silberschmuck, Antiquitäten, *bidri*-Waren, *hookah* (Wasserpfeifen)-Zubehör mit kunstvollen Silber- und Messingintarsien. Von den Märkten in der Umgebung des Charminar haben sich viele auf **Perlen** spezialisiert – die Nizam liebten Perlen so sehr, dass sie sie zu Puder zerrieben und verzehrten. Hyderabad ist auch heute noch das Zentrum des indischen Perlenhandels.

Südwestlich, hinter dem Charminar, steht die 1598 erbaute **Mecca Masjid**, ⌚ tgl. 8–12 und 15–20 Uhr. Die Moschee selbst bietet Platz für 3000 Gläubige, der Hof für bis zu 10 000; linker Hand des Hofes liegen die Gräber der Nizam. Im Mai 2007 erschütterte eine mächtige **Bombe** die Moschee. Bei dem Vorfall kamen 14 Menschen ums Leben. Die Täter sind nie gefasst worden. Zusammen mit weiteren Anschlägen führte dieses Attentat dazu, dass die Sicherheitsmaßnahmen in der Stadt drastisch verschärft wurden.

Die **Charkaman** („Vier Bögen"), nördlich des Charminar, wurden 1594 erbaut und bildeten früher den Eingang zum Paradeplatz der Königspaläste (die längst nicht mehr stehen). Der Westbogen **Daulat-Khan-e-Ali**, der ursprünglich zum Palast führte, soll einst von teuren, mit Goldfäden durchwirkten Teppichen geschmückt gewesen sein.

Im 150 Jahre alten **Chowmahalla Palace** südwestlich der Mecca Masjid boten die Nizams ihren königlichen Besuchern und offiziellen Gästen ein Unterhaltungsprogramm. Der Chowmahalla wurde nach dem Vorbild des persischen Schah-Palasts in Teheran erbaut. Er besteht aus vier (teilweise restaurierten) Palastkomplexen, einer schmucken Durbar Hall, eleganten Höfen und Gärten mit Springbrunnen. ⌚ Sa–Do 10–17 Uhr, Eintritt Rs150, Fotoerlaubnis Rs50.

Nördlich des Flusses

Südlich des Bahnhofs steht der von einer beeindruckenden gelben Kuppel gekrönte **Yusufian Dargah**, ein aus dem 17. Jh. stammender Schrein für einen Sufi-Heiligen. Rund 1 km nördlich des Bahnhofs, im geruhsamen Stadtpark, zeigt das **State Museum** eine bescheidene Sammlung von Bronzen, prähistorischen Stücken, behauenen Kupferplatten und Waffen. Der Anbau beherbergt eine Galerie für moderne Kunst. ⌚ tgl. außer Fr und 2. Sa im Monat 10.30–17 Uhr, Eintritt Rs10.

Der **Birla Venkateshvara Mandir** am Kalapahad („Schwarzer Berg"), nördlich des Stadtparks, steht allen offen. Er wurde 1976 aus weißem Rajasthani-Marmor erbaut. Der Tempel selbst ist nicht überragend, die Aussicht dagegen schon. ⌚ tgl. 7–12 und 14–20 Uhr, Fotografieren verboten.

Der viertürmige Triumphbogen wurde zum Gedenken an das Ende einer Pestepidemie errichtet.

Ganz in der Nähe befinden sich zwei kleinere Attraktionen: ein **Planetarium** (Englisch: tgl. außer am letzten Do im Monat 11.30, 16 und 18 Uhr, Eintritt Rs25, und ein **Science Centre**, das u. a. eine kleine Dinosaurierausstellung und jede Menge Satellitenausrüstung beherbergt. ⏲ Sa–Do 10.30–20, Fr bis 15 Uhr, am letzten Do im Monat geschlossen, Eintritt Rs20.

Hussain Sagar

Hussain Sagar, die ausgedehnte Wasserfläche, die Hyderabad von Secunderabad trennt, stellt eine willkommene Oase der Ruhe inmitten des Trubels der Stadt dar. Besonders zum Sonnenuntergang ist das Seeufer ein beliebtes Ziel für Spaziergänger. Mitten im See erhebt sich eine große Steinstatue des Buddha Purnima („Vollmond-Buddha"), die 1992 errichtet wurde. Vom Lumbini Park, an der Secretariat Road, fahren regelmäßig **Boote** (Hin- und Rückfahrt Rs45) ab. APTDC veranstaltet auf zwei Luxusdampfern einstündige **Rundfahrten**: tgl. 11–15 und 18–20 Uhr (Rs60–90).

Golconda Fort und Qutb Shahi-Königsgräber

Golconda, 122 m über der Ebene und 11 km westlich des alten Hyderabad gelegen, war von 1518 bis Ende des 16. Jhs., als der Hof nach Hyderabad verlegt wurde, die Hauptstadt der sieben Qutb Shahi-Könige. Die gepflegte, inmitten üppiger grüner Büsche gelegene Festung zählt zu den spektakulärsten in Indien. Sie umfasst sage und schreibe 87 halbrunde Bastionen und acht mächtige Tore, die mit schaurigen Nägeln zur Abwehr von Elefanten gespickt sind.

Zur Besichtigung der Festung, die sich über ein ca. 4 km^2 großes Gelände erstreckt, sollte man sich einen ganzen Tag Zeit nehmen. Man betritt das Fort durch das **Balahisar-Tor** und gelangt in den **Grand Portico**, wo die Fremdenführer in die Hände klatschen, um die Akustik der Festung zu demonstrieren. Rechter Hand befindet sich das **Leichenbad**, in dem die Körper der verstorbenen Adligen vor der Bestattung rituell gebadet wurden. Wenn man den Wegweisern entgegen dem Uhrzeigersinn folgt, gelangt man zur zweistöckigen Residenz der Minister Akkana und Madanna und zum Fuß einer Treppe, die zur Durbar-Halle führen. Auf halber Höhe liegt eine kleine, düstere Zelle, die den Namen des Schatzmeisters **Ramdas** trägt, der während seiner Gefangenschaft die unbeholfenen Bildhauereien und Gemälde in dem Verlies anfertigte. Kurz vor dem oberen Ende der Treppe erreicht man die

Golconda Fort

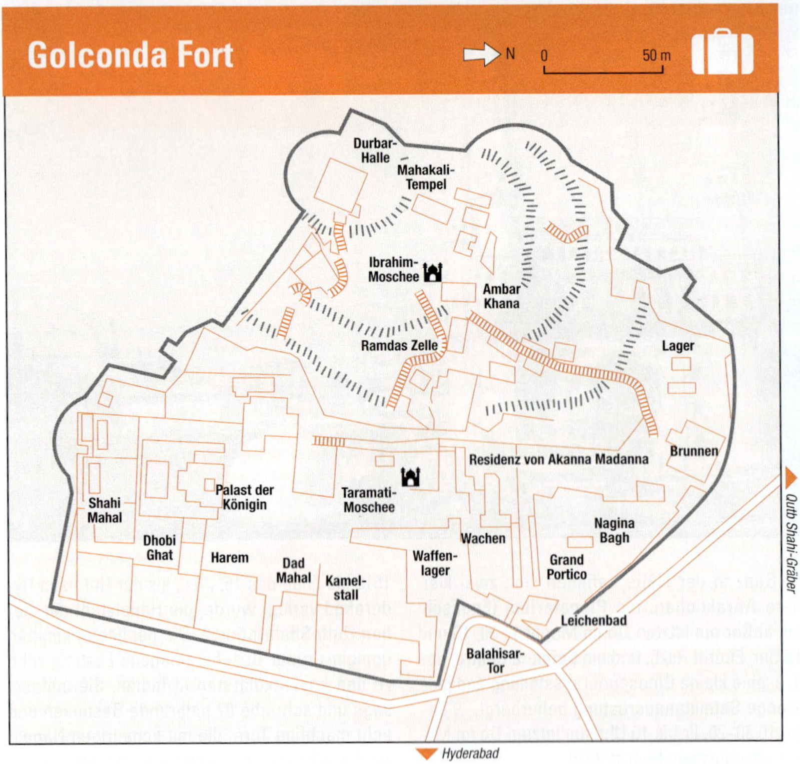

schöne kleine **Ibrahim Qutb Shah-Moschee**. Ein Stückchen weiter steht ein noch kleinerer **Tempel**, der Durga geweiht ist.

Ganz oben befindet sich die dreistöckige **Durbar-Halle** der Qutb Shahs, auf deren Plattformen die Monarchen zu sitzen pflegten, um ihren Herrschaftsbereich gut überblicken zu können. Die Ruine des einst von zahlreichen kunstvollen Kuppeln gekrönten **Palastes der Königin** steht in einem Hof mit einem Kupferbrunnen in der Mitte, der früher mit Rosenwasser gefüllt war. Spuren einer „Halsketten"-Verzierung sind noch an einem der Bögen zu erkennen. Dessen oberes Ende schmückt eine Lotusblüte unter einer sich öffnenden Blume mit einem Loch, das einmal einen Diamanten enthielt. Blüten- und Stängelblätter sind mit winzigen Löchern übersät, in denen einst Rubine und Diamanten funkelten.

Vier dem Palast vorgelagerte Räume schützten vor ungebetenen Gästen. Nachdem man durch zwei Zimmer gewandert ist, das zweite davon von Gras überwuchert, gelangt man zum **Shahi Mahal**, dem königlichen Schlafzimmer. Es besaß ursprünglich eine gewölbte Decke und Nischen in den Wänden, in denen Kerzen oder Öllämpchen standen. ⌚ tgl. 9–17 Uhr, Eintritt Rs100. Jeden Abend findet im Golconda Fort eine **Licht-und-Ton-Show** statt: in englischer Sprache März–Okt tgl. 19 Uhr, Nov–Feb 18.30 Uhr, Rs50.

Zur Festung gelangt man mit Bus Nr. 119 vom Nampally und Bus Nr. 66G vom Charminar.

Rund 1 km nördlich der Außenmauer, in einer ruhigen Grünanlage, liegen 82 **Gräber**. Hier ruhen Heeresführer, Verwandte der Könige, Tänzer, Sänger und Hofärzte sowie – mit zwei

Ausnahmen – alle Qutb Shahi-Könige. Die inzwischen verblichenen Grabstätten waren in leuchtendem Türkis und Grün gestrichen und besitzen alle eine Kuppel sowie Zierbögen. ⏲tgl. außer Fr 9.30–16.30 Uhr, Eintritt Rs20.

Vom Charminar fahren die Busse Nr. 123 und 142S zu den Gräbern. Von Secunderabad nimmt man die Buslinie Nr. 5, 5S oder 5C nach Mehdipattanam, wo man in den Bus Nr. 123 umsteigen muss. Man kann aber auch eine Motor-Rikscha nehmen und im Voraus einen Preis für die Wartezeit aushandeln.

Die westlichen Vororte

Der neue Reichtum von Hyderabad konzentriert sich in den westlichen Vororten. Der dem Zentrum am nächsten liegende ist **Banjara Hills**, rund 4 km vom Bahnhof Nampally. Hier gibt es großzügige Wohnanlagen an ruhigen Straßen rings um die Main Road No 1, eine schicke Flaniermeile mit trendigen Läden, Bars und Restaurants. Die westliche Aufmachung und Kleidung besonders der jungen Frauen hier stehen in scharfem Kontrast zu den Niqabs und Saris, die in der Altstadt allgegenwärtig sind. Einige Kilometer weiter westlich beginnt das noch grünere und luxuriösere Viertel **Jubilee Hills**, überwiegend ein Wohngebiet.

Der wirtschaftliche Aufschwung von Hyderabad wurde in den späten 1990er-Jahren durch die Entwicklung der Stadt zum Hightech-Zentrum ausgelöst, der ihr den Spitznamen „Cyberabad" einbrachte. Aber auch andere Branchen wie die Automobilindustrie sind hier angesiedelt.

Hitec City selbst umfasst mehrere Quadratkilometer moderner Blocks und Komplexe, etwa 10 km außerhalb des Zentrums. Wegen der strengen Sicherheitsmaßnahmen ist eine Besichtigung der Betriebe zwar nicht möglich, aber auch ein Rundgang durch das Viertel vermittelt einen ganz guten Eindruck. Im Süden und Westen wird es von einem großen See und herrlichen Felsformationen, die an Hampi erinnern, begrenzt.

Ramoji Film City

Die rund 25 km östlich des Zentrums von Hyderabad gelegene Ramoji Film City RFC, 💻 www.ramojifilmcity.com, ist das größte Filmstudio der Welt. Auf dem rund 800 ha großen Gelände befinden sich etwa 500 Filmsets, und man kann hier bis zu 60 Filme gleichzeitig drehen. Besucher können zwar bei Dreharbeiten nicht dabei sein, aber die Kulissen besichtigen, sich bei Attraktionen wie einer Simulation des Ramoji-Tower-Erdbeben vergnügen und bei Tanzproben oder einer Stuntshow dabeisein. ⏲ 9–18 Uhr; Rs400.

Übernachtung

Die billigsten Übernachtungsmöglichkeiten gibt es vor dem **Bahnhof von Hyderabad** (Nampally), aber eine akzeptable Unterkunft ist kaum für weniger als Rs300 zu haben. Die fünf finsteren, dicht beieinanderstehenden Lodges, in deren Namen das Wort „Royal" auftaucht, sollte man nicht in Betracht ziehen. Gut 1 km nördlich des Bahnhofs von Secunderabad gibt es mehrere ordentliche Übernachtungsgelegenheiten entlang der **Sarojini Devi Road**.

Hyderabad

Amrutha Castle, 5-9-16 Saifabad, gegenüber dem Secretariat, ✆ 040/6663 3888, 💻 www.bestwesternamruthacastle.com. Das kitschige Hotel, das anmutet wie ein Disney-Märchenschloss, ist sicher nicht jedermanns Geschmack, aber auf jeden Fall eine witzige Bleibe. Falsche Holzbalken, eisenbeschlagene Türen und Gemälde berühmter Adliger zieren die mit Türmchen versehenen Zimmer. Auf einen Burggraben wurde verzichtet, aber dafür kann man ein Bad im Pool auf dem Dach nehmen. ❼–❽

Ashoka, 6-1-70 Lakdi-ka-Pul, ✆ 040/2323 0105, ✉ hotelashoka222@yahoo.com. Vom Äußeren her – graue Betonmauer und blau getönte

Luxuslocation

Taj Banjara, Main Road No 1, Banjara Hills, 4 km vom Zentrum, ✆ 040/6666 9999, 💻 www.tajhotels.com. In reizvoller Lage am See und mit allen Annehmlichkeiten der Luxusklasse, darunter 3 stilvolle Restaurants, ein Pool und ein rund um die Uhr geöffnetes Café. Die Angebote im Internet sind oft günstiger als die offiziellen Preise, die sich bei ungefähr Rs8500 bewegen. ❾

Fensterscheiben – nicht gerade anziehend. Aber die sauberen Zimmer mit Bad sind geräumig und preiswert; es lohnt sich, ein wenig mehr Geld hinzulegen und eins mit AC zu nehmen. ❹

Quality Inn Residency, Nampally High Rd, ✆ 040/3061 6161, 🖳 www.theresidency-hyd.com. Das auf Geschäftsleute ausgerichtete Hotel besitzt komfortable Zimmer mit Bad rund um ein weitläufiges Atrium. Die Standardzimmer sind gemütlich und ansprechend, aber die mit dem Zusatz „classic" noch einen Tick besser. ❼–❽

Rajmata, Nampally High Rd, gegenüber dem Bahnhof, ✆ 040/6666 5555, 🖷 6666 5876. Das etwas abseits der Straße liegende, beliebte Rajmata hat eine Reihe etwas überteuerter, sauberer Zimmer mit Bad und TV, manche besitzen auch AC. ❹–❺

Sri Laxmi Lodge, Gadwal Compound, Station Rd, ✆ 040/5563 4200. Das in einer kleinen Gasse gegenüber dem Hotel Sai Prakash gelegene Sri Laxmi ist eines der besseren Budgethotels der Stadt. Die Zimmer sind sauber – für die Bettwäsche gilt das nicht unbedingt – und verfügen über Dusche und Hocktoilette. TV kostet Rs50 extra. ❷

Taj Mahal, 4-1-999 Abids Rd, ✆ 040/6651 1122. Das Gebäude aus den 1920er-Jahren hat einen abblätternden Verputz in Weiß und Hellgrün, einen Patio, eine Wendeltreppe und jede Menge Charme. Die Zimmer selbst sind nicht so stilvoll, haben jedoch hohe Decken, AC, Flachbild-TV und Kühlschrank. Die im Obergeschoss sind besser, aber teurer. ❺

Secunderabad

Baseraa, Sarojini Devi Rd, ✆ 040/2770 3200, 🖳 www.baseraa.com. Das komfortabelste Hotel unter denjenigen, die zu Fuß vom Bahnhof zu erreichen sind (15 Min.). Die modernen Zimmer haben Bad, AC, TV, Minibar und WLAN. ❻–❼

Ramakrishna, St. John's Rd, ✆ 040/2783 4567, 🖷 2782 0933. Das beste Hotel in einem großen Betonklotz gegenüber dem Fahrkartenreservierungsbüro ist eine angenehme Unterkunft der mittleren Preisklasse mit einigen AC-Zimmern. ❹

Essen und Nachtleben

Viele Lokale in allen Teilen der Stadt sind auf hyderabadische Kost spezialisiert wie authentische *biriyanis* und die berühmten mit Chili gewürzten Andhra-Spezialitäten. Die Küche von Hyderabad geht auf die königliche Mogul-Hofküche zurück, d. h. reichlich bemessene, mit nordindischen Zutaten wie Zimt, Kardamom, Gewürznelken und Knoblauch zubereitete Fleischgerichte sowie traditionelle südindisch-vegetarische Speisen, denen Ingredienzen wie Erdnüsse, Kokosnuss, Tamarindenblätter, Senfkörner und rote Chilis die richtige Würze verleihen.

In Hyderabad gibt es zahlreiche **Bars**, besonders in der Main Road No 1 in Banjara Hills. Hier steht beispielsweise das **Liquids Again**, wo sich schon Bollywoodstar Katrina Kaif und Konsorten vergnügten. Das **Touch**, ein futuristischer Club über einem Einkaufszentrum in der Main Road No. 2, ist ebenfalls ein angesagter Laden. Im **Underdeck** im Hotel Taj Banjara (S. 979) gibt's Livemusik und tanzende Barkeeper. Eine ordentliche Tasse **Kaffee** darf man in einer der zahlreichen Filialen von **Café Coffee Day** und **Barista** erwarten, z. B. in den beiden in der Main Road No.1.

Hyderabad

Bikanerwala, Main Rd No.1, Banjara Hills. Der Schwerpunkt des begehrten Fastfood-Lokals liegt eindeutig auf nordindischer Küche. Das Angebot umfasst authentische *bhel puri*, *channa bhatura* und *aloo tikki* (Rs20–80).

Trendküche und Katercocktails

Syn, Hotel Taj Deccan, Main Road No.1, Banjara Hills. Wer auf authentische thailändische, vietnamesische und japanische Küche (Hauptgerichte ab Rs200) steht, besucht dieses trendige Restaurant mit Teppanyaki-Theke. Außerdem gibt's hier eine schicke Bar, an der abgesehen von den üblichen alkoholischen Getränken auch „detox cocktails" („Entgiftungscocktails) ausgeschenkt werden – für den Fall, dass jemand zu tief ins Glas geschaut hat.

Element's, Hotel Sai Prakash, Station Rd. Das teurere der beiden Hotelrestaurants bietet komfortable Sitzmöbel und eine tolle Speisekarte mit indischen und chinesischen Gerichten, darunter so fabelhafte Sachen wie Lammgeschnetzeltes mit Knoblauchsoße. Die Fleischspieße sind ebenfalls lecker und zum Nachtisch gibt's Schokosoufflé. Hauptgerichte Rs125–200. Das vegetarische **Sukha Sagara** im unteren Geschoss hat gute vegetarische Gerichte.

Fusion 9, Main Rd No.1, Banjara Hills. Das Essen in der schicken modernen Lounge ist teuer (Hauptgerichte Rs350–475), aber hochwertig. Die Gerichte stammen aus so unterschiedlichen Regionen wie Mexiko, Europa und Südostasien. Die Inhaber betreiben auch das ebenso empfehlenswerte **F9 Diner** im Priyanka Plaza, Kondapur, nahe HITEC City.

Hotel Shadab, Saroadar Patel Rd, Patthargatti. Es hat zwar ein paar leckere Fleisch- und Fisch-*tandoori*, aber berühmt ist das Hotel Shadab vor allem für seine erstklassigen Lamm- und Hühnchen-*biriyanis* (Rs125–180). Kann sein, dass man Schlange stehen muss, aber das Warten auf einen freien Tisch lohnt sich.

Kamat Hotel, Station Rd, gegenüber dem Hotel Sai Prakash. In dem günstig gelegenen Lokal der vegetarischen Kette mit hohem Hygienestandard servieren Kellner in weißen Hemden mit roten Revers preiswerte vegetarische *dosas*, *iddlis*, *vadas*, *thalis* und Hauptgerichte (Rs38–95).

Salzburg Street, im Hotel Amrutha Castle. Das Restaurant liegt hinter dem Foyer mit Blick auf einen Teich. Die Küchenkreationen sind ungewöhnlich, aber in der Zubereitung absolut gelungen. Es gibt z. B. Garnelen nach „Northwest Frontier"-Art und die koreanisch-indische Fusion *kimchi paneer*, daneben aber auch einige traditionellere indische und chinesische Speisen. Hauptgerichte Rs120–200.

Sher-e-Punjab, Nampally High Rd, Ecke Bahnhofseingang. Das beliebte Souterrainlokal in günstiger, wenn auch nicht besonders malerischer Lage hat leckeres vegetarisches/nicht-vegetarisches nordindisches Essen zu Niedrigpreisen (Rs40–100).

Secunderabad

Paradise-Persis, MG Rd. Sehr gut besuchter Restaurantkomplex mit exzellenter Hyderabadi-Küche. Die *biriyanis* sind klasse, der Renner aber sind die sensationellen Lammspieße. Hauptgerichte Rs70–200.

Sonstiges

Apotheken

Apollo Pharmacy, ✆ 040/2243 1734, und **Health Pharmacy**, ✆ 040/2331 0618, haben beide rund um die Uhr geöffnet.

Autovermietungen

Air Travels, Banjara Hills, Hyderabad, ✆ 040/2332 8561, ✉ airtravels@yahoo.com.

Classic Travels, Secunderabad, ✆ 040/2775 5645.

Bücher

A.A. Hussian & Co, 5-8-551 Arastu Trust Building, Abids Rd, Hyderabad.

Higginbothams, 1 Lal Bahadur Stadium, Hyderabad.

Walden, 6-3-871 Snehalatha Complex, Greenlands Rd, Begumpet, Hyderabad.

Einkaufen

Lepakshi, das staatliche Kaufhaus von AP, MG Rd, hat eine große Auswahl an Kunsthandwerk.

Utkalika (Government of Orissa Handicrafts), zwischen dem Ravindra Bharati-Gebäude und dem Hotel Ashoka, verkauft Silberfiligranschmuck, handgewebte Stoffe, *ikhat*-Färbearbeiten, Jagannath-Pappmaché-Figuren und Schnitzereien aus Büffelknochen.

Cheneta Bhavan ist ein modernes Einkaufszentrum, etwas südlich des Bahnhofs, das jede Menge Textilgeschäfte mit handgefertigten Waren beherbergt.

Meena Bazar, **Pochampally Silks and Sarees** und **Pooja Sarees**, alle an der Tilak Rd, verkaufen Seidenstoffe und Saris.

Geld

Federal Bank, 1st Floor, Orient Estate, MG Rd, ⏲ Mo–Fr 10.30–14.30 und Sa 10.30–12.30 Uhr sowie die **State Bank of Hyderabad**, MG Rd, ⏲ Mo–Fr 10.30–14.30 Uhr, wechseln ausländische Währungen. Weitere Alternativen sind **L.K.P. Forex**, Public Gardens Rd, nur 10 Min. zu Fuß nördlich der Nampally Station, ✆ 040-2321 0094 und **Thomas Cook**, Nasir Arcade, Secretariat Rd, ✆ 040-2329 6521, ⌚ beide Mo–Sa 9.30–18 Uhr. **Geldautomaten** gibt's fast an jeder Ecke.

Informationen

AP Tourism, Secretariat Rd, unweit der Überführung, ✆ 040/2345 3110, 🖳 www.aptourism.com. Dies ist die Haupt-Touristeninformation von Hyderabad. ⌚ Mo–Sa 10–17 Uhr.
APTDC, nebenan, ✆ 040/2789 3100, 🖳 www.tourisminap.com, und der APTDC-Ableger in Secunderabad, in der Sardar Patel Road, fungieren in erster Linie als Buchungsbüros der eigenen Touren (s. unten). ⌚ tgl. 7–20 Uhr.
India Tourism Office, in der Liberty Rd, Himayatnagar, ✆ 040-2326 1360. ⌚ Mo–Fr 9–17 Uhr.
Eine gute lokale Informationsquelle ist das monatlich erscheinende Veranstaltungsmagazin **Channel 6**, 🖳 www.channel6magazine.com, das an den meisten Zeitungskiosks für Rs20 verkauft wird.

Internet

Eine schnelle Verbindung hat z. B. **Reliance Web World** (Rs100 pro 4 Std.). Es gibt mehrere Filialen, darunter eine im 2. Stock eines Einkaufszentrums in der Nähe vom Abids Circle.

Medizinische Hilfe

Gandhi Hospital, staatliches Krankenhaus in Secunderabad, ✆ 040/2770 2222.
CDR Hospital, Privatkrankenhaus in Himayatnagar, Hyderabad, ✆ 040/2322 1221.
Tropical Diseases Hospital, in Nallakunta, ✆ 040/2766 7843.

Polizei

✆ 040/2323 0191.
Notruf ✆ 100.

Reisebüros

Travel Club Forex, ✆ 040-2323 4180, Nasir Arcade, Saifabad, nahe Thomas Cook, und **Kamat Travels**, im Komplex des Sai Prakash Hotel, ✆ 040-2461 2096.

Transport

Busse

Der **Long-distance Bus Stand** befindet sich auf einer Insel des Musi, 3 km südöstlich des Bahnhofs Nampally. Von hier fahren **Linienbusse** zu zahlreichen Zielorten innerhalb des Bundesstaats und darüber hinaus, darunter nach Tirupati (8x tgl., 12 Std.), Vijayawada (alle 15 Min., 6 Std.), und Warangal (alle 15–30 Min., 3 Std.).
Vor der Nampally Station fahren **private Deluxe-Busse** nach BENGALURU, Chennai, Mumbai und zu anderen wichtigen Zielorten ab.

Touren

APTDC bietet verschiedene preiswerte geführte Touren an. Alle nachstehend genannten Zeiten beziehen sich auf die Abfahrt beim Büro in Secunderabad; Abholung in Hyderabad jeweils 15–20 Min. später.
Auf dem Programm stehen eine **City**-Tour (tgl. 7.45–18.30 Uhr, Rs270), eine **Golconda Fort Licht-und-Ton-Show**-Tour (tgl. 14–21 Uhr, Rs200 inkl. Eintritt) und eine Tour durch **Ramoji Film City** (S. 979) (tgl. 7–18 Uhr, Rs500 inkl. Eintritt). Die letztgenannte ist vielleicht bei privaten Veranstaltern in Nampally preisgünstiger. Die Tour nach **Nagarjuna Sagar** (Sa und So 7–21.30 Uhr, Rs450, Eintritt nicht inkl.) wird zwar im Schnellverfahren durchgezogen, stellt aber eine sehr praktische Möglichkeit zum Besuch der faszinierenden Stätte (S. 984) dar. Die **Tirupati-Touren** kann man sich sparen, denn Tirupati lässt sich besser von Chennai oder anderen Orten in Südindien aus erreichen. Eine **Heritage Walking-Tour** (geführter Altstadtspaziergang) durch Hyderabad (So und 2. Sa im Monat 7.30–9 Uhr, Rs50, keine Anmeldung notwendig) beginnt am Charminar (S. 976).

Eisenbahn

Der **Bahnhof Hyderabad** (Nampally Station) liegt zentral. Zu den tgl. von Hyderabad abfahrenden Zügen zählen der Charminar Express Nr. 12760 nach CHENNAI (18.30 Uhr; 13 3/4 Std.), der Sabari Express Nr. 17230 nach ERNAKULAM (12 Uhr, 25 3/4 Std.), der Express Nr. 17032 nach MUMBAI (20.40 Uhr, 16 1/2 Std.), der East Coast Express Nr. 18646 nach KOLKATA (10 Uhr, 30 Std.) via Vijayawada, Vishakapatnam und Bhubaneshnar sowie der Rayasaleema Express Nr. 17429 nach TIRUPATI (17.25 Uhr, 15 1/4 Std.).

Die meisten Züge zu Zielorten im Nordosten halten in Warangal und Vijayawada.

Von Secunderabad fährt der Konark Express Nr. 11020 nach MUMBAI (11.45 Uhr, 16 1/4 Std.). Der BANGALORE Express Nr. 12785 (19.05 Uhr, 11 1/4 Std.) fährt vom Bahnhof Kacheguda, rund 3 km östlich vom Bahnhof Nampally.

Das **Fahrkartenreservierungsbüro in Hyderabad** befindet sich, wenn man den Bahnhof betritt, auf der linken Seite. ◷ tgl. 8–20 Uhr. Schalter Nr. 211 ist für Touristen zuständig.

Das **Fahrkartenreservierungsbüro in Secunderabad** liegt, wenn man aus dem Bahnhof kommt, rund 400 m weiter auf der rechten Seite. Schalter 34 ist für Ausländer zuständig.

Flüge

Der moderne, übersichtlich gegliederte **Rajiv Gandhi International Airport** liegt rund 20 km südlich der Innenstadt von Hyderabad. Irgendwann soll eine MMTS-Linie zum Flughafen gebaut werden, aber solange die Finanzierung nicht geklärt ist, sind Passagiere für die Fahrt ins Zentrum auf ein Taxi (um Rs650) oder den AeroExpress Shuttlebus angewiesen, der im 30-Minuten-Takt verkehrt (Rs150).

Der Kiosk neben dem **AP Tourism Office** ist ein günstiger Ort, um in den Shuttlebus zum Flughafen einzusteigen.

Der Flughafen zählt zu den wichtigsten Indiens. Hier starten und landen zahlreiche **internationale Flüge** und es gibt hervorragende **Inlandsverbindungen** nach Bengaluru, Chennai, Delhi, Goa, Jaipur, Kochi, Kolkata, Mumbai und zu vielen anderen Städten.

Fluggesellschaften

National

Go Air, Babukhan Estate, Basheerbagh, ✆ 040/2326 0037.

Indian Airlines, gegenüber Assembly, Hill Fort Rd, Saifabad, ✆ 040/2343 0334.

IndiGo, 2. Stock, 5-9-86/1 Chapel Rd, ✆ 040/2323 3590.

Jet Airways, Hill Fort Rd, ✆ 040/3989 3333.

Kingfisher Airlines, gebührenfrei, ✆ 1800/180 0101.

Paramount Airways, Flughafen, ✆ 040/4343 4444.

SpiceJet, gebührenfrei, ✆ 1800/180 3333.

International

Air India, 5-9-193 HACA Bhavan, gegenüber dem Park, Saifabad, ✆ 040/2425 5161.

British Airways, Nijhawan Travel Services, 5-9-88/4 Ainulaman Fateh Maidan Rd, ✆ 040/2324 1661.

Emirates, Floor F, Reliance Classic Bldg 3 & 4, Main Rd No. 1, Banjara Hills, ✆ 040/6623 4444.

Lufthansa, 3-5-823 Shop B1–B3, Hyderaguda, ✆ 040/4433 1000.

Qatar Airways, nahe Care Hospital, Banjara Hills, ✆ 040/6660 5121.

Die Umgebung von Hyderabad

Von Hyderabad nach Norden wird die Landschaft grüner und hügeliger und weist hier und da fotogene schwarze Granitformationen auf. Es gibt nicht viel, was einen Aufenthalt lohnt, abgesehen von **Warangal** mit seiner mittelalterlichen Festung und einem Shiva-Tempel. Südlich der Bundeshauptstadt erstreckt sich Ackerland bis ins Zentrum des Staates, wo durch den Bau des Nagarjuna Sagar-Dammes ein großer See entstanden ist. In dessen Mitte befindet sich auf einer Insel (einst ein Hügel) die bedeutsame Buddhisten-Stätte **Nagarjunakonda**.

Warangal

Warangal („ein Stein"), 150 km nordöstlich von Hyderabad, war im 12. und 13. Jh. die Hindu-Hauptstadt des Kakatiyan-Königreiches. Wie andere Städte im Dekkan wurde sie abwechselnd von Hindus und Moslems beherrscht, was sich in der Architektur der noch verbliebenen Baudenkmäler spiegelt.

Die Besonderheit der **Festung** von Warangal (◷ tgl. 9–17 Uhr, Rs100), 4 km südlich der Stadt, ist ihr doppelter Festungsring: Der äußere besteht aus Lehmziegeln und hat einen Graben, der innere wurde aus Stein errichtet. Vier Torwege treffen sich in der Mitte bei den Ruinen des 1162 erbauten, Shiva geweihten **Swayambhu-Tempels**. Am südlichen, frei stehenden Torweg steht ein weiterer, viel besser erhaltener Shiva-Tempel aus dem 14. Jh.; die Reste eines enormen Lingam im Inneren stammen aus dem Swayambhu-Schrein. Innerhalb der Zitadelle befindet sich auch die **Shirab Khan** (Audienzhalle), ein Bauwerk aus dem frühen 11. Jh., das große Ähnlichkeit mit dem Hindola Mahal in Mandu aufweist.

Der überwiegend aus Basalt im Chalukya-Stil errichtete, „1000 Säulen" umfassende **Shiva-Tempel** liegt gleich bei der Hauptstraße am Fuß des Hanamkonda-Hügels (6 km nördlich) und wurde 1163 erbaut. Das flach gedeckte, auf mehreren, über Stufen erreichbaren Ebenen gelegene und wunderbar verzierte Gebäude umfasst Schreine für Vishnu, Shiva und den Sonnengott Surya. Sie gehen von der Mandapa aus, deren zahlreiche kunstvoll geschnitzte Säulen dem Tempel seinen Namen gaben. Davor steht ein glatt polierter Nandi-Stier, der aus einem einzigen Steinblock gehauen wurde. Oben auf dem Hügel thront ein Bhadrakali-Tempel. ◷ tgl. 6–18 Uhr.

Übernachtung und Essen

Die Übernachtungsmöglichkeiten sind begrenzt. Einfache Unterkünfte findet man in der Station Road, z. B. die **Vijaya Lodge**, ✆ 0870/225 1222, 📠 244 6864. Sie liegt nahe beim Bahnhof und ist die beste Wahl unter den Billighotels. ❶–❷

Hotel Surya, ✆ 0870/244 1834. Das ganz annehmbare Mittelklassehotel, noch näher beim Bahnhof und ebenfalls in der Station Road, hat saubere Zimmer mit Bad und ein gutes Restaurant. ❸

Hotel Ashoka, ✆ 0870/285491, 💻 www.hotelashoka.in, gleich hinter dem 1000-Säulen-Tempel an der Main Road, Hanamkonda. Es ist ein klein wenig besser als das Surya und bietet Zimmer mit Teppichboden, Kühlschrank und AC, ein Restaurant und eine Bar. ❹

Entlang der Station Road gibt ein paar Esslokale, darunter das bescheidene Selbstbedienungslokal **Bharati Mess**. Nicht aufregend, aber gut zubereitet sind die indischen und chinesischen Gerichte im **Kadambari**, das auch über eine Bar verfügt und sich im Hotel Ashoka befindet.

Sonstiges

Informationen

Ein Büro von **AP Tourism** befindet sich gegenüber dem Royal Engineering College, ✆ 0870/244 6606, ◷ Mo–Sa 10–17 Uhr.

Internet

Internetzugang bietet **Durga Xerox** an der Station Road, schräg gegenüber der Vijaya Lodge.

Nahverkehr

Eine **Motor-Rikscha** zum Fort oder zum Tempel kostet bei hartnäckigem Feilschen rund Rs100.

Transport

Wer früh genug aufbricht, kann Warangal im Rahmen eines Tagesausflugs von HYDERABAD aus besuchen. Nach Warangal fahren tgl. mehrere Busse und Züge (ca. 3 Std.). Die **Bushaltestelle** und der **Bahnhof** von Warangal liegen einander gegenüber in der Innenstadt. Am einfachsten lässt sich die Stätte mit einem **Mietfahrrad** besuchen, das man an einem der Stände an der Station Rd für Rs5–10 pro Std. ausleihen kann.

Nagarjunakonda

Nagarjunakonda oder „Nagarjuna's Hill", 166 km südlich von Hyderabad und 175 km westlich von Vijayawada, ist das Einzige, was von dem weitläufigen, an archäologischen Stätten reichen Gebiet, das dem Bau des gewaltigen Nagarjuna Sagar-Dammes über den Krishna 1960 zum Opfer fiel, übrig geblieben ist. Die ersten frühgeschichtlichen Niederlassungen in diesem Tal wurden 1926 entdeckt. Großflächige Ausgrabungen zwischen 1954 und 1960 förderten mehr als hundert Stätten zutage, deren Ursprünge von der frühen Steinzeit bis ins späte Mittelalter reichen. Nagarjunakonda war ehemals die Spitze eines Hügels, auf dem 200 m über der Talsenke eine Festung thronte. Heute ist es nur noch eine kleine Insel ungefähr in der Mitte des Sees Nagarjuna Sagar.

In einer Aktion ähnlich jener von Abu Simbel in Ägypten wurden mehrere buddhistische Denkmäler rekonstruiert und ein Museum eingerichtet, in dem die sehenswertesten Überreste aus dem Tal zu sehen sind. **Vijayapuri**, das Dorf am Seeufer, schaut über den Damm, der die gesamte Region mit Strom versorgt. Als das Tal überflutet wurde, mussten viele Dörfer auf höher gelegenes Gelände umgesiedelt werden.

Insel und Museum

Die Ausflugsboote legen am Nordostufer der Insel Nagarjunakonda (◷ tgl. 9–17 Uhr) bei den Überresten eines der Festungstore an. Das **Fort** wurde im 14. Jh. erbaut und Mitte des 16. Jhs. von den Vijayanagar-Königen umgestaltet. Niedrige Steinmauerruinen auf der Insel markieren die Umrisse der Festung, und man kann noch die Grundmauern der Hindu-Tempel sehen, in denen die Festungsbewohner ihren Glauben zelebrierten.

Zwischen der Anlegestelle und dem Museum, neben dem neun buddhistische Denkmäler aus unterschiedlichen Orten im Tal neu erbaut wurden, erstrecken sich gepflegte Grünanlagen. Westlich der Anlegestelle befindet sich eine rekonstruierte **Treppenanlage** *(ghat)*, die im 3. Jh. n. Chr. erbaut wurde.

Der *maha-chaitya* oder **Stupa**, der während der Regierungszeit von König Chamtula im Auftrag seiner Schwester im 3. Jh. n. Chr. erbaut wurde, ist das älteste Buddha-Denkmal der Gegend. Er wurde über sterblichen Überresten des Buddha – ein Zahn soll auch darunter gewesen sein – errichtet und im Südwesten der Insel aufs Neue zusammengesetzt. In der Nähe ragt eine **Buddhastatue** auf. Sie steht neben einem nur noch im Grundriss erhaltenen **Kloster**, das einen kleineren Stupa umschließt. Unweit davon gibt es noch andere Stupas; die Ziegelmauern des *svastika chaitya* wurden in Form einer Swastika angelegt, ein gebräuchliches Emblem der frühen buddhistischen Ikonografie.

Das **Museum** beherbergt buddhistische Bildhauereien, darunter große Steinpaneele mit künstlerischen Darstellungen von Szenen aus dem Leben von Buddha, und Statuen zeigen Buddha in verschiedenen Posen. Zu den frühgeschichtlichen Fundstücken zählen Axtspitzen und Messer aus dem 1. Jahrtausend v. Chr. Aus späterer Zeit datieren mehrere mit Inschriften versehene Säulen der Ikshvaku-Dynastie. Zu den aus dem Mittelalter stammenden Skulpturen zählen ein *tirthankara* (Jain-Heiliger) des 13. Jhs. und ein Ganesh aus dem 17. Jh. Im Museum ist auch ein Modell der Ausgrabungsstätten im Tal zu sehen. ◷ Sa–Do 10.30–17 Uhr, Eintritt Rs100.

Tickets für **Boote** zu den Inseln (tgl. 9 und 13.30 Uhr; 45 Min.; Rs75) werden 25 Minuten vor Abfahrt verkauft. Rückfahrt ist jeweils 90 Minuten nach Ankunft, was Zeit lässt für eine Besichtigung des Museums und einen raschen Rundgang durch die Monumente. Wer die Atmosphäre ausgiebig genießen will, nimmt das Boot am Morgen und fährt am Nachmittag zurück.

Übernachtung

In Vijayapuri gibt es nur wenige Unterkünfte. Der Ort besteht aus zwei 6 km voneinander entfernten Teilen dies- und jenseits des Dammes. Die Ausgrabungsstätten lassen sich von den Hotels in der Nähe der Anlegestelle am rechten Dammufer aus leichter erreichen – den Busfahrer bitten, an der *launch station* zu halten.

Nagarjuna Motel Complex, ✆ 08642/278188. Ein von außen wenig einladender Betonklotz, jedoch mit durchaus annehmbaren Zimmern, z. T. mit AC. ❷–❸

APTDC verwaltet das komfortablere, komplett klimatisierte **Vijay Vihar**, ✆ 08680/277362, vor dem Damm gelegen, wenn man von Hyderabad kommt. ❹–❺

Informationen

Das Büro von **AP Tourism** liegt neben dem Busbahnhof, ☏ 08680/277364, ⏲ Mo–Sa 10–17 Uhr.

Transport

Die von der APTDC organisierten Wochenendtouren von Hyderabad nach Nagarjunakonda sind eine ziemlich hektische Angelegenheit. Wer mehr Zeit hier verbringen möchte, nimmt einen **Bus** in HYDERABAD (4 Std.; alle regulären Busse mit Ziel Macherla halten in Vijayapuri) oder VIJAYAWADA (6 Std.; ein Direktbus fährt tgl. um 11 Uhr ab, außerdem zahlreiche Busse von Guntur aus).

Das östliche und nördliche Andhra Pradesh

Eine der am wenigsten besuchten Ecken Indiens ist das zwischen dem Golf von Bengalen im Osten sowie der roten Erde und den hohen Gipfeln der Eastern Ghats im Norden eingebettete östliche Andhra Pradesh. Seine einzige architektonische Sehenswürdigkeit ist die altehrwürdige Buddhisten-Stätte **Amaravati**, in der Nähe der Stadt **Vijayawada**, deren vereinzelte historische Tempel von unpersönlichen, modernen Bauten bei Weitem in den Schatten gestellt werden. Besucher mit ungebremstem Forscherdrang können allerdings entlang der Küste und in den Hügeln des östlichen Andhra Pradesh landschaftlich sehr reizvolle Ecken ausfindig machen. Die nicht weiter aufregende Stadt **Visakhapatnam** an der Nordspitze des Unionsstaats eignet sich prima für eine Atempause auf der Reise nach Nordindien.

Vijayawada und Umgebung

Fast 450 km nördlich von Chennai liegt Vijayawada, ein belebtes Handelszentrum am Rande des Krishna-Deltas, 90 km von der Küste entfernt vor einer Bergkulisse aus nackten Granitfelsen. Die Stadt mit einigen Parks sieht nur wenige Touristen, ist jedoch der angewiesene Umsteigeort für einen Besuch im nahe gelegenen **Amaravati**.

Der **Kanaka Durga-Tempel** (auch Vijaya genannt) auf dem Indrakila Hill im Osten ist der interessanteste unter der Handvoll Tempel von Vijayawada. Er ist der Schutzpatronin der Stadt geweiht, der Göttin des Reichtums, der Macht und der Wohltätigkeit.

Jenseits des Flusses, rund 3 km außerhalb der Stadt, steht bei dem Bauerndorf **Undavalli** ein uralter, unveränderter Höhlentempel (mit jedem Bus Richtung Guntur oder dem Lokalbus Nr. 13 zu erreichen).

Übernachtung und Essen

Vijayawada hat eine akzeptable Auswahl an Hotels mittlerer Preisklasse zu bieten, die meisten davon nicht mehr als 1 km vom Busbahnhof und Bahnhof entfernt.

Monika Lodge, gleich bei der Elluru Rd, ☏ 0866/257 1334. Das rund 300 m nordöstlich der Bushaltestelle gelegene Hotel ist eins der billigsten, aber etwas schäbig. ❸

Hotel Narayana Swamy, Atchutaramaiah St, ☏ 0866/257 1221. Hat tadellos saubere Zimmer, z. T. mit AC und TV. ❸

Hotel Sri Ram, ebenfalls in der Atchutaramaiah St, ☏ 0866/257 9377. Es ist ganz ähnlich wie Narayana Swamy. ❸

Raj Towers, Elluru Rd, ☏ 0866/257 1311, 📠 556 1714. Die beste mittelteure Unterkunft am Ort ist dieser hohe, moderne Block mit soliden, klimatisierten Zimmern und einem ordentlichen **Restaurant**. ❹

Swarna Palace, Atchutaramaiah St, Ecke Elluru Rd, ☏ 0866/257 7222. Eine Preisklasse höher als das Raj Towers und besser ausgestattet. Die Zimmer mit AC sind allerdings ein wenig zu teuer fürs Gebotene. ❺–❻.

Im 4. Stock befindet sich das Restaurant **Palace Heights**, wo großzügige Portionen indischer, chinesischer und europäischer Speisen aufgetischt werden; es gibt auch eine **Bar**. Über die ganze Stadt verstreut finden sich billige „meals"-Lokale.

Sonstiges

Geld

Zen Global Finance, 40-6-27 Krishna Nagar, in Labbipet, wechselt Geld. An der Atchutaramaiah Street zwischen Bahnhof und Elluru Road gibt es **Geldautomaten**.

Informationen

Im Bahnhof befindet sich ein **Tourist Office**, ✆ 0866/252 3966, ⌚ Mo–Sa 10–17 Uhr.
Das **APTDC** unterhält ein Büro in der Innenstadt im Hotelkomplex Ilapuram, Gandhi Nagar, ✆ 0866/257 0255, gleiche Öffnungszeiten.

Internet

Reliance Web World im Surya Tower in der Elluru Road hat Internetzugang für Rs100 pro 4 Std.

Transport

Busse

Der **Busbahnhof Pandit Nehru** liegt 1,5 km westlich des Bahnhofs, jenseits des mitten durch die Stadt fließenden Ryes-Kanals. Hier fahren regelmäßig Busse nach AMARAVATI (stdl., 1 1/2–2 Std.), HYDERABAD (alle 15 Min., 6 Std.) und VISAKHAPATNAM (stdl., 6–9 Std.) ab.

Eisenbahn

Der an der Hauptstrecke Chennai–Kolkata gelegene **Bahnhof** von Vijayawada steht in der Stadtmitte. Mit dem täglichen Janmabhoomi Express Nr. 12805 (11.50 Uhr, 6 1/2 Std.) kommt man gut nach HYDERABAD.

Amaravati

In Amaravati, einer kleinen Stadt am Ufer des Krishna, 33 km von Vijayawada, befindet sich die buddhistische Niederlassung, die ehemals Chintapalli hieß. Hier wurde im 3. Jh. v. Chr., während der Ashoka-Herrschaft, über den Gebeinen von Buddha ein Stupa errichtet, größer als jener von Sanchi (S. 403). Der Stupa steht zwar nicht mehr, doch seine Ausmaße lassen sich noch an dem gewaltigen Hügel ermessen, der seinen Sockel bildete. Ursprünglich stand an jedem der Kardinalpunkte ein Tor, von denen eins rekonstruiert wurde. Die sorgfältig ausgeführten Verzierungen stellen Szenen aus Buddhas Leben dar. Im Januar 2006 hat der Dalai Lama hier anlässlich des 2550. Geburtstags des Buddha eine zweiwöchige Kalachakra-Initiationsfeier abhalten. ⌚ tgl. außer Fr 10–17 Uhr, Eintritt Rs100.

Die Ausstellungsstücke in dem kleinen, aber faszinierenden **Museum** reichen vom 3. Jh. v. Chr. bis ins 12. Jh. n. Chr. Sie umfassen Statuen von Buddha mit Lotussymbolen an den Füßen, dicht gekräuseltem Kopfhaar und langen Ohrläppchen, alles traditionelle Attribute eines erleuchteten Meisters. ⌚ tgl. außer Fr 10–17 Uhr, Eintritt Rs2. Ausgrabungsstätte und Museum liegen rund 1 km von der Bushaltestelle entfernt.

Wer über Nacht bleiben möchte, kann im von der APTDC verwalteten **Amaravati Hotel** absteigen, ✆ 08645/255332, ❸. Es hat ganz ordentliche Zimmer mit Bad und AC sowie einen Schlafsaal mit fünf Betten (Rs100). Abgesehen von einer APTDC-**Cafeteria** gibt es noch diverse **Imbissstände** in der Hauptstraße. Einmal in der Stunde fahren **Busse** von Vijayawada nach Amaravati (1 1/2–2 Std.) und noch öfter von Guntur (alle 15 Min.; 3/4–1 Std.), einem recht öden Marktflecken dazwischen.

Visakhapatnam

Visakhapatnam (kurz Vizag genannt) ist die zweitgrößte Stadt von Andhra Pradesh. Sie liegt 650 km östlich von Hyderabad und 350 km nördlich von Vijayawada und ist eine betriebsame Hafenstadt mit Werften, Ölraffinerien und Stahlwerken. Abgesehen von ein paar ganz netten Stränden und einigen interessanten Tempeln gibt es hier wenig, was Touristen anlocken könnte. Sie eignet sich jedoch sehr gut als Erholungsstopp während der langen Reise nach Norden oder Süden.

Visakhapatnams **Bahnhof** an der Hauptstrecke Chennai–Kolkata liegt in der Nähe des Hafens. Fahrplanmäßige **Busse** nach Vijayawada (6–9 Std.) und Hyderabad (11–14 Std.) fahren am Busbahnhof südlich der Innenstadt ab. An **Geldautomaten** herrscht kein Mangel. Mehrere gute **Hotels** stehen in der Beach Road, darunter das beliebte **YMCA**, ✆ 0891/275 5826, ❸, das über eine kleine Anzahl preiswerter Zimmer mit Bad und ein Dorm (Rs150) verfügt. Außerdem gibt es das APTDC-**Haritha Hotel**, ✆ 0891/256 2333, ❹–❺, mit gut ausgestatteten klimatisierten Mittelklassezimmern sowie das hochkarätige, von Taj Hotels gemanagte **Gateway**, ✆ 0891/662 3670, 💻 www.thegatewayhotels.com, ❼–❽. Es hat makellose Zimmer mit Bad und Meerblick sowie ein erstklassiges chinesisches **Restaurant**. Mehrere nicht so teure Esslokale finden sich in der Beach Road.

Das südliche Andhra Pradesh

Je weiter man nach Süden vorstößt und sich von den fruchtbaren, durch die breiten Ströme Krishna und Godavari bewässerten Gegenden entfernt, desto unwirtlicher wird das Terrain, insbesondere im steinigen Südwesten des Staates. Für Hindus gibt es allerdings einen sehr wichtigen Ort im südlichen Andhra Pradesh: den **Venkateshvara-Tempel** außerhalb von **Tirupati**. Er zählt zu den meistbesuchten Vishnu-Schreinen Indiens und zieht Tag für Tag Tausende Pilger zum *darshan* an. **Puttaparthy**, die Heimatstadt des spirituellen Lehrers Sai Baba, ist der einzige andere Ort in der Region, der eine nennenswerte Zahl von Besuchern sieht. Sowohl Tirupati als auch Puttaparthy liegen näher bei Chennai in Tamil Nadu und Bengaluru (Bangalore) in Karnataka als andere Zielorte von Andhra Pradesh.

Tirupati und Tirumala Hill

Inmitten einer wunderbaren Landschaft bei Tirumala (170 km nordwestlich von Chennai) liegt, umgeben von bewaldeten Hügeln, die ein Ring schroffer roter Felsen krönt, der **Tempel Shri Venkateshvara**. Als eine der reichsten und meistbesuchten Pilgerstätten der Welt zieht er mehr Gläubige an als Rom oder Mekka. Mit ihren vielen Schreinen und *dharamshalas* bietet die ganze Umgebung des Tirumala Hill, der nach einer strapaziösen Fahrt durch die Venkata-Berge mit 700 m Höhenunterschied erreicht ist, einen faszinierenden Einblick in den zeitgenössischen Hinduismus. Der Tirumala Hill liegt 12 km Luftlinie von seinem Versorgungszentrum **Tirupati**

Die Frauen aus dem Volk der Lambadi fallen durch ihren reichen Schmuck auf.

entfernt, aber mit dem Auto ist die Strecke doppelt so lang.

Fünf Minuten zu Fuß vom Bahnhof liegt der einzige Tempel in Tirupati, der eine Besichtigung unbedingt lohnt. Das ist der **Govindarajaswamy**, dessen moderner grauer *gopura* von vielen Stellen der Stadt aus deutlich zu erkennen ist. Das Tempelinnere steht auch Nicht-Hindus offen und beherbergt einen wunderbaren, großen, schwarzen, zurückgelehnten Vishnu. Ein eigener Komplex am Nebeneingang beherbergt das kleine, aber schöne **Venkateshvara Museum of Tempel Arts**. Der sehenswerte Tempelteich liegt 200 m weiter östlich. ◷ tgl. 8–20 Uhr, Eintritt Rs5.

Tirumala Hill, Venkateshvara-Tempel und Kapilateertham

Die Fahrt hinauf zum Tirumala Hill hat viel von ihrem Schrecken verloren, seit dem die Strecke eine Einbahnstraße ist. Besonders Eifrige erklimmen den Hügel natürlich auf Schusters Rappen. Der steile **Wanderweg** beginnt in Alipuri, 4 km außerhalb des Zentrums von Tirupati. Alle Pilgerbusse halten in dem Ort, der an einer großen Garuda-Statue und dem hoch aufragenden *gopura* des ersten Tempels zu erkennen ist. Der Weg ist größtenteils überdacht, außerdem gibt es zahlreiche Getränkestande entlang der Strecke. Die Wanderung dauert mindestens vier Stunden und es empfiehlt sich, früh aufzubrechen. Oben angelangt kann man Friseuren zuschauen, die Pilgern Tonsuren schneiden, da eine Tonsur ein Zeichen von Frömmigkeit ist.

Mit dem Bau des Vishnu geweihten **Venkateshvara-Tempels** (auch Sri Vari genannt) wurde im 10. Jh. begonnen. Er wurde renoviert, um Einrichtungen für die vielen tausend Pilger zu schaffen, die täglich herbeiströmen. Ein Wirrwarr aus Durchgängen durchzieht die Anlage in Richtung innerstes Heiligtum; an Wochenenden, in den Ferien und an Feiertagen herrscht noch mehr Gedränge als üblich. Am besten kauft man ein *special darshan*-Ticket (Rs50), mit dem sich die Wartezeit um mehrere Stunden verkürzen lässt. Noch schneller ins Allerheiligste geht es mit einem **Seeghra Darshan-Ticket** (Rs300). Beide Tickets sind beim Temple Tourism Office unweit der Tempel-Bushaltestelle in der Station Road erhältlich. Man muss eine Erklärung unterschreiben, dass man an den Gott Venkateshvara glaubt, Fotokopien von Pass und Visum abgeben sowie deren Originale vorzeigen. **Elektronische Geräte** sind im Tempelbereich nicht erlaubt.

Am Eingang befindet sich eine mit lebensgroßen Kupfer- oder Steinplastiken königlicher Schutzpatrone gesäumte Kolonnade. Der zum Innenhof führende *gopura*-Torgang ist mit Silbergaufré bespannt. Außerhalb des innersten Heiligtums, neben einem in Gold gefassten Lotusblütensockel, steht ein goldener *stambha* (Fahnenmast).

Außerhalb, gegenüber dem Tempel, gibt es ein kleines Museum, die **Hall of Antiquities**, ◷ tgl. 8–20 Uhr. Wer im Besitz eines *darshan*-Tickets ist, darf die Riesenwarteschlange umgehen und sich in die kürzere einreihen, die sich gegenüber dem Ausgang bildet. Der am Fuß eines Hügels in Kapilateertham gelegene Tempel **Sri Kapileswaraswami** ist der einzige Tirumala-Tempel, der Shiva geweiht ist.

Chandragiri Fort

Im 16. Jh. wurde 11 km südwestlich von Tirupati **Chandragiri**, die dritte Hauptstadt der Vijayanagars. Hier handelten die Briten den Landkauf aus, um Fort St George zu erbauen, die erste Niederlassung an der Stelle des heutigen Chennai. Die ursprüngliche Festung, die wahrscheinlich um 1000 n. Chr. datiert, wurde 1782 von Haider Ali und 1792 von den Briten besetzt. Im Hauptgebäude, dem indo-sarazenischen Raja Mahal, ist ein kleines **Museum** untergebracht. ◷ tgl. außer Fr 10–17 Uhr, Eintritt Rs100.

Ganz in der Nähe befindet sich ein weiteres Gebäude, das **Rani Mahal**, und dahinter liegt ein Hügel mit zwei freistehenden Steinblöcken, die zu Vijayanagar-Zeiten als öffentliche Hinrichtungsstätte dienten. Abends wird eine 45-minütige **Licht-und-Ton-Show** geboten (auf Englisch Nov–Feb 19.30, März–Okt 20 Uhr, Rs30).

Übernachtung und Essen

Nur echte Pilger übernachten in den *dharamshalas* beim Tempel. Ansonsten befinden sich alle zumutbaren Unterkünfte in Tirupati. Die Restaurants sind fast ausschließlich vegetarisch. In der Stadt und auf dem Tirumala Hill gibt es viele billige „meals"-Lokale. Eine hochkarätigere Alternative sind die klimatisierten Restaurants im Hotel Annapurna und Hotel Sindhuri Park. Ersteres hat südindische Snacks (darunter ein Karotten-*dosa*), *thalis* (Rs85–110), chinesischen Reis und Nudeln sowie gute nordindische Hauptgerichte. Letzteres, ein wenig geschniegelter, aber nicht teurer, erfreut mit diversen indischen *paneer* und vegetarischen Gerichte sowie Bananensplit zum Nachtisch.

Annapurna, 349 G Car St, gegenüber dem Bahnhof, ✆ 0877/225 0666. Das moderne Hotel an einer vielbefahrenen Kreuzung verfügt über geräumige, spärlich möblierte Zimmer mit Bad, Fliesenboden, TV und Ventilator oder AC. ❹–❺

Apsara, 213 TP Area, praktisch gegenüber dem Busbahnhof, ✆ 0877/557 8062. Standard-Budgetunterkunft mit sehr spartanischen, einigermaßen sauberen Zimmern unterschiedlicher Größe. ❶

Bhimas Deluxe, 34-38 G Car St, in Bahnhofsnähe, ✆ 0877/222 5521. Trotz der wenig einladenden grauen Farbgebung sind die Zimmer mit Bad und TV nicht zu verachten. Die „Transit Rooms" für 12 Std. kosten zwei Drittel des Normalpreises. ❺

Mayura, 209 TP Area, ✆ 0877/222 5925. Das beste der Hotels gegenüber vom Busbahnhof hat eher durchschnittliche Zimmer der mittleren Preisklasse mit sauberem Bad und TV. ❹–❺

Sindhuri Park, in der Nähe vom Busbahnhof mit Blick auf den Badeteich, ✆ 0877/225 6430, 💻 www.hotel sindhuri.com. Das nobelste Hotel im Zentrum ist voll klimatisiert und besitzt gut ausgestattete, wenn auch nicht weiter bemerkenswerte Zimmer mit Bad und schöner Aussicht auf Teich und Tempel. ❺–❻

Sonstiges

Geld

Mehrere **Geldautomaten** befinden sich vor dem Railway Reservation Centre, schräg gegenüber vom Bahnhof.

Informationen

Das Büro von **AP Tourism** liegt im 2. Stock des Sri Devi Complex, Tilak Road, ✆ 0877/225 5385, 🕓 tgl. 7–21 Uhr.

Internet

Es gibt einige Internet-Anbieter in Tirupati, z. B. **Reliance Web World**, Tilak Road, 200 m hinter dem Tourismusbüro (Rs100 für 4 Std.).

Nahverkehr

Die lokalen Beförderungsmittel sind neben Motor-Rikschas liebevoll verzierte Fahrrad-Rikschas.

An der Rückseite des Busbahnhofs fährt alle paar Minuten ein **Bus** nach Tirumala und zum Venkateshvara-Tempel ab. Weitere Busse fahren von einer Haltestelle am Bahnhof auf den Berg. Außer am Wochenende und an Feiertagen dürfte die Warteschlange bei beiden nicht allzu lang sein.

Ein **Taxi** bestellt man am besten ein vom APTDC-Touristen-Informationsschalter im Bahnhof – die unlizenzierten Taxis vor dem Bahnhof sind nicht zu empfehlen.

Transport

Busse

Der **Busbahnhof** liegt rund 500 m östlich vom Bahnhof. Von hier fahren Busse nach HYDERABAD (8–10x tgl., 11–15 Std.) und nach CHENNAI (alle 15–30 Min., 3 1/2–4 Std.), aber nach Chennai kommt man erheblich bequemer und meistens auch schneller mit der Bahn. Stündlich verkehren Busse nach KANCHIPURAM (5 Std.), drei davon gehen weiter nach MAHABALIPURAM (7 Std.) und BENGALURU (7 Std.). Von einer besonderen Abteilung an der Rückseite des Busbahnhofs fahren alle paar Minuten Busse zum **Tirumala** und dem Venkateshvara-Tempel; der Tirumala Hill lässt sich auch mit einem Regionalbus erreichen, der an einer Haltestelle vor dem Bahnhof abfährt.

Eisenbahn

Der **Bahnhof** liegt mitten in der Stadt.

Von hier besteht Verbindung nach HYDERABAD (4–6x tgl.), einfacher gelangt man aber mit der Bahn von CHENNAI nach Tirupati. Am schnellsten geht es, wenn man den Chennai Express Nr. 12164 (6.50 Uhr; 2 1/2 Std.) erwischt, andere Züge brauchen bis zu 4 Std.

Flüge

Vom **Flughafen** 14 km außerhalb von Tirupati gibt es täglich Flüge nach Hyderabad, DELHI und VISAKHAPATNAM.

Puttaparthy

Im tiefsten Südwesten des Staates, zwischen den kargen, steinigen Hängen an der Grenze zu Karnataka, ist rund um das ehemals unbedeutende Dorf Puttaparthy eine blühende Gemeinde entstanden, denn es ist der Geburtsort von Guru **Sai Baba**.

Puttaparthy besitzt Schulen, eine Universität, ein Krankenhaus und ein Sportzentrum, deren moderne Einrichtungen jedem offen stehen. Die Kleinstadt konzentriert sich um **Prasanthi Nilayam** (Wohnsitz des Friedens), den Ashram, in dem Sai Baba von Juli bis März residiert. Dieser Ashram ist ein Riesenkomplex. Er beherbergt Lokale, Geschäfte, ein Museum und eine Bücherei sowie einen großen Saal, in dem Sai Baba zweimal täglich (um 7.45 und 15 Uhr) *darshan* abhält. Schon eine Stunde vorher bilden sich Warteschlangen, und das Los entscheidet, wer am weitesten vorn sitzen darf. Das **Museum** zeigt eine detaillierte Ausstellung über die großen Glaubensrichtungen aus aller Welt. ⏲ tgl. 10–12 Uhr.

Übernachtung und Essen

Viele Besucher übernachten in den Ashram-Unterkünften, wo die Unterbringung streng nach Geschlechtern getrennt ist (außer bei Familien). Der Kostenbeitrag ist minimal.
Zwar werden keine Reservierungen entgegengenommen, doch man kann sich im Sekretariat, ✆ 08555/287583, nach freien Plätzen erkundigen. Viele der einfachen Unterkünfte außerhalb des Ashram verlangen unangemessene Preise.
Sai Ganesh Guest House, in der Nähe der Polizeiwache, ✆ 08555/287460. Freundliche Unterkunft mit angemessenen Preisen. ❷
Sri Sai Sadan, am entlegenen Ende der Hauptstraße, ✆ 08555/287507, ✉ srisaisadan@yahoo.com. Bietet ebenfalls ein ordentliches Preis-Leistungs-Verhältnis. Alle Zimmer haben Kühlschrank, TV, Telefon und Balkon mit Blick

Shri Satya Sai Baba

Satya wurde am 23. November 1926 als Satyanarayana Raju in Puttaparthy geboren. Von frühester Kindheit an verfügte Satya über hellseherische Kräfte. Seine offensichtlich übersinnlichen Fähigkeiten machten seiner Familie anfänglich Sorgen, man brachte ihn zu vedischen Ärzten und ließ schließlich eine Teufelsaustreibung durchführen. Nachdem festgestellt worden war, dass er nicht vom Bösen, sondern vom Göttlichen besessen war, erklärte Satya im Alter von vierzehn Jahren ruhig, er sei die neue Inkarnation von Sai Baba, einem Heiligen aus Shirdi in Maharashtra, der acht Jahre vor Satyas Geburt gestorben war.
Allmählich verbreitete sich sein Ruhm, und eine große Gefolgschaft wuchs heran. 1950 wurde der **Ashram** eingeweiht, und ein Jahrzehnt später erregte Sai Baba auch international Aufmerksamkeit. Heute besitzt er Millionen Anhänger in aller Welt. Poster, Fotografien und Wandgemälde überall in Südindien zeigen Sai Babas nur 1,50 m große, lächelnde, in Safrangelb gekleidete Gestalt mit einer verblüffenden Afro-Frisur. Zu seinen **Wundergaben** zählt Berichten zufolge auch die Fähigkeit, *vibhuti* – geheiligte Asche – mit Heilkräften zu versehen. Doch für Sai Baba ist dies nicht die zentrale Aufgabe der Asche, sondern nur eine nebensächliche. Stattdessen stellt er seine Botschaft der **universellen Liebe** in den Vordergrund.
In den letzten Jahren erhoben ehemalige Anhänger schwere Vorwürfe gegen Satya wegen Nötigung und sogar sexuellen Missbrauchs, die jedoch vom Guru vehement zurückgewiesen wurden. Wie immer man auch zur Heiligkeit von Sai Baba steht, die Atmosphäre rings um den Ashram ist zweifellos eine friedliche. Informationen über den Guru gibt es im Internet unter 💻 www.saibabalinks.org.

auf die Landschaft oder den Ashram. Es verfügt über einen Meditationsraum und ein Dachrestaurant. ❹–❺

Sai Towers, nahe dem Eingang zum Ashram, ✆ 0855/287270, 💻 www.saitowers.com. Verlangt ziemlich viel Geld für die eher kleinen Zimmer mit Ventilator und AC, hat aber ein gutes vegetarisches **Restaurant** im Erdgeschoss. ❺–❻

Köstliche tibetische *momos* (Knödel) und *thukpas* (dicke Nudelsuppen) kommen im **Bamboo Nest** in der Chitravathi Road und im Little Tibet Kitchen unterhalb vom Sai Towers auf den Tisch. Die **Cafeteria** im Ashram steht jedermann offen.

Sonstiges

Diverse **Geldautomaten** und **Internetcafés** säumen die Hauptverkehrsstraße von Puttaparthy.

Transport

Busse

Busse von Bengaluru, Hyderabad, Tirupati und Chennai halten an der Haltestelle vor dem Eingang zum Ashram.

Eisenbahn

Der **Bahnhof Sri Satya Sai Prasanti Nilayam** liegt 8 km außerhalb an der Hauptstraße in Nordsüd-Richtung. Eine Sammel-Motor-Rikscha zum Ashram kostet um Rs10. Der Kacheguda Express Nr. 17604 (tgl. 19 Uhr; 10 Std.) fährt nach HYDERABAD. Außerdem gibt es Verbindungen von und nach DHARMAVARAM, 42 km entfernt, wo regelmäßig Busse nach Puttaparthy abfahren.

Flüge

Der kleine Flughafen, 6 km vom Ashram, ist zurzeit geschlossen.

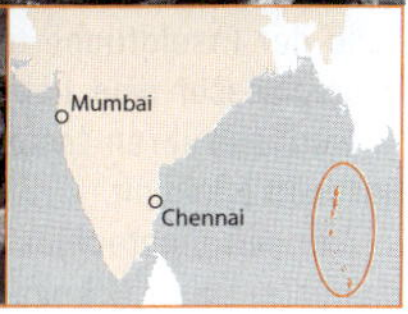

Die Andamanen

Stefan Loose Traveltipps

Wandoor Die weißen Sandstrände und winzigen Inseln des Mahatma Gandhi-Meeresnationalpark sind das beliebteste Tagesausflugsziel von Port Blair und ein guter Einstieg für entlegenere Gegenden. S. 1005

Havelock Die am besten erschlossene Andamanen-Insel bietet die schönsten Tauchgelegenheiten und Partys und ist dabei entspannt und sympathisch geblieben. S. 1007

Tauchen Traumhafte Korallenriffe mit einer bunt schillernden Unterwasserwelt laden zu ausgiebigen Tauchgängen ein. S. 1010

North Andaman Der dichte Regenwald und die wunderbaren tropischen Strände lohnen die lange Anfahrt per Bus oder Boot von Port Blair. S. 1013

Little Andaman Nur wenige Urlauber besuchen die südlichste Insel des Archipels, an deren spektakulären, mit Wäldern gesäumten Stränden man noch völlig allein sein kann. S. 1015

Indiens abgeschiedenster Staat, die Andamanen, liegt mehr als 1000 km vor der Ostküste mitten im Golf von Bengalen und ist vom Festland aus per Flugzeug oder Fähre von Kolkata, Chennai und Vishakapatnam zu erreichen. Der mit üppigen, dunkelgrünen Tropenwäldern überzogene Archipel erfreut sich einer reichhaltigen Fauna, darunter einige äußerst seltene Vogelarten, doch die Hauptattraktion für Touristen sind die Strände und fast unberührten Riffe rings um die meisten der Inseln. Die kristallklaren Gewässer der **Andamanensee** zählen mit ihren bunten Fischen und ihrer Korallenvielfalt zu den reichhaltigsten und unverdorbensten Meeresschutzgebieten der Erde – ein Paradies zum **Schnorcheln** und **Tauchen**. Auch wenn manche Teile der Inselgruppe touristisch noch relativ unerschlossen sind, haben sich die Andamanen mittlerweile ihren festen Platz im Tourismusgeschäft erkämpft.

Verwaltungstechnisch wurden die Andamanen mit den **Nikobaren** zusammengefasst, einer Inselgruppe 200 km weiter südlich, die für Ausländer nicht zugänglich ist – und selbst für Inder gesperrt ist, die dort nicht zu tun haben. Die Andamanen bestehen aus annähernd 200 unterschiedlich großen Inseln, die Nikobaren aus 19. Sie sind die Spitzen eines Unterwasser-Gebirgszuges, der sich auf einer Länge von 755 km von der Arakan-Yoma-Kette in Myanmar (Burma) bis zu den Ausläufern Sumatras im Süden erstreckt. Mit Ausnahme der abgeschiedensten werden sie von **indigenen Volksgruppen** bewohnt, deren Zahl aufgrund europäischer Niederlassungen im 19. Jh. und in jüngerer Zeit wegen der erbarmungslosen **Abholzung** drastisch zurückgegangen ist. Inzwischen wurde dem Kahlschlag zumindest theoretisch ein Riegel vorgeschoben.

Ausländische Touristen dürfen nur bestimmte Teile der Andamanen besuchen. Anlaufpunkt der Schiffe und Flugzeuge ist die kleine, aber betriebsame Hauptstadt **Port Blair** auf **South Andaman**, dessen Bewohner schon fast die Hälfte der Gesamtbevölkerung der Inselgruppe ausmachen. 30 Tage gültige **Besuchsgenehmigungen** werden bei der Ankunft – egal ob auf dem See- oder Luftweg – kostenlos erteilt und können bei Vorlage eines Rückfahr- bzw. Rückflugtickets um 15 Tage verlängert werden. Näheres zu den Transportverbindungen s. S. 998 und S.1003, Port Blair.

Die schönsten Strände und Korallenriffe findet man bei den weiter draußen gelegenen Inseln. Diese sind jedoch nicht immer gut zu erreichen, denn die Verbindungen und Transportmöglichkeiten sind oft unbequem, unzuverlässig und äußerst begrenzt. Und noch ein Hinweis: Erstaunlich viele Traveller werden auf den Andamanen krank; die dichte Vegetation, die Sümpfe und die starken Regenfälle bilden zusammen eine hervorragende Brutstätte für Moskitos, und selbst in den abgelegensten Siedlungen herrscht **Malaria**. In bestimmten Gegenden stellen Sandfliegen eine wahre Plage dar; die aufgekratzten Stiche entwickeln sich nicht selten zu Geschwüren.

Das **Klima** ist das ganze Jahr über tropisch, mit Temperaturen zwischen 24 und 35 °C und einer Luftfeuchtigkeit, die nie unter 70 % liegt. Die mit Abstand beste Zeit für einen Besuch ist von Januar bis April. Ab Mitte Mai bis in den Oktober hinein gehen über den Inseln heftige Regengüsse nieder, die nicht selten gewaltige Wirbelstürme mit sich bringen. Dann sind die Strände an der Westküste mit umgeknickten Bäumen übersät. Während des Nordostmonsuns im November und Dezember gibt es weniger dramatische Regenfälle. Obwohl sie so weit östlich liegen, gilt auf den Inseln indische Zeit, d. h. die Sonne geht im Sommer schon um 4.30 Uhr auf und kurz nach 17 Uhr bricht bereits die Dunkelheit herein.

Geschichte

Die erste Erwähnung der Andamanen und Nikobaren findet sich in geografischen Abhandlungen von **Ptolemäus** aus dem 2. Jh. n. Chr. Berichten des chinesischen Buddhistenmönches **I'Tsing** aus dem 7. Jh. n. Chr. und arabischer Reisender, die im 9. Jh. vorbeikamen, zufolge waren die Bewohner wüste Kannibalen. Allerdings ist es eher unwahrscheinlich, dass die Andamaner Kannibalen waren, denn die lebhaftesten Schilderungen ihrer Grausamkeit wurden von malaiischen **Piraten** verbreitet, die in den umliegenden Gewässern ihr Unwesen trieben und ein ausgesprochenes Interesse daran hatten, andere von den Handelsschiffen, die zwischen Indien, Chi-

ANDAMANEN

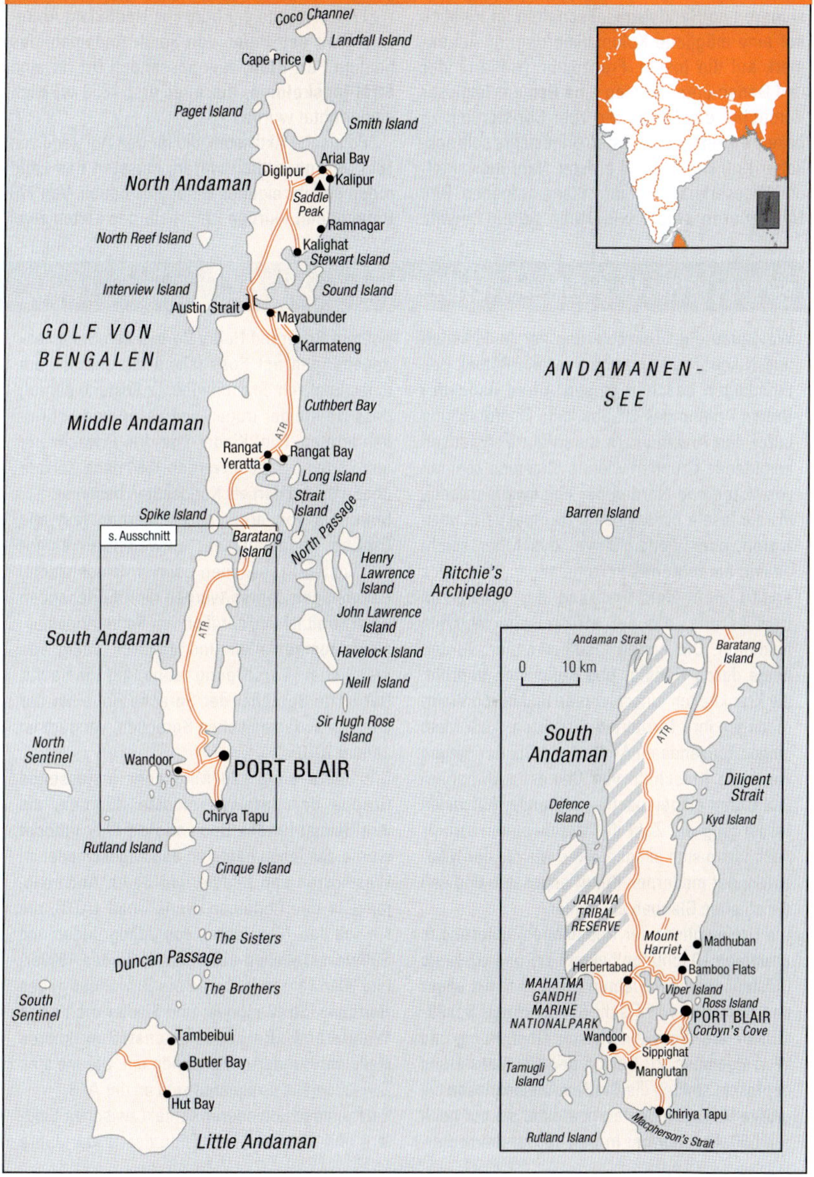

Die Andamanen

na und dem Fernen Osten hin und her segelten, fernzuhalten.

Im 18. und 19. Jh. richteten **europäische Missionare** und Handelsgesellschaften im Hinblick auf eine mögliche Kolonialisierung ihr Augenmerk auf die Inseln. Franzosen, Niederländer und Dänen unternahmen eine Reihe erfolgloser Versuche, die Nikobaren zum Christentum zu bekehren, und alle mussten angesichts schrecklicher Krankheiten und ernster Nahrungsmittel- und Wasserknappheit ihre Pläne aufgeben. Den Missionaren selbst widerfuhr selten Gewalt, aber mehrere Handelsflottenschiffe, die vor den Inseln anlegen wollten, wurden von Nikobaren gekapert und die Besatzung ermordet.

1777 erwählte der britische Lieutenant Archibald Blair den Hafen von South Andaman, das heutige **Port Blair**, zum passenden Ort für eine **Sträflingskolonie**, die aber erst 1858 wirklich eingerichtet wurde.

Politische Aktivisten, die für den Aufstand von 1857 verantwortlich waren, mussten das Land roden und ihr eigenes Gefängnis bauen. Von 773 Gefangenen wurden innerhalb der ersten zwei

Indigene Völker der Andamanen und Nikobaren

Wo genau die Urbevölkerung der Andamanen und Nikobaren herstammt, ist ein Rätsel, das Ethnologen beschäftigt, seit Alfred Radcliffe-Brown Anfang des 20. Jhs. eine Feldforschung unter den Andamanern durchführte. Asiatisch anmutende Gruppen wie die Shompen könnten von Osten und Norden her eingewandert sein, als die Inseln mit Myanmar (Burma) verbunden waren, oder vielleicht war das Meer seicht genug, um in Kanus herzugelangen, doch dies erklärt nicht den **Ursprung** der schwarzen Bevölkerung, die auf afrikanische Wurzeln hindeutet. Die ersten Inselbewohner wurden lange durch Händler und Kolonisten bedroht, die Krankheiten einschleppten und durch Waldrodungen ihre Territorien zerstörten. Außerdem gingen Tausende an Alkohol und Opium – gegen wertvolle Muscheln von Chinesen, Japanern und Briten eingetauscht – zugrunde. Auf vielen Inseln ging die Zahl der Ureinwohner zurück, auch wenn sich einige Völker, wie die der Nikobaren, der modernen Kultur anpassten und den christlichen Glauben annahmen.

Die Ureinwohner der Andamanen, unterteilt in *eramtaga* (Dschungelbewohner) und *ar-yuato* (Küstenbewohner), lebten traditionell als **Jäger und Sammler** von Fisch, Schildkröten, Schildkröteneiern, Schweinefleisch, Obst, Honig und Wurzelgemüse. Zu Beginn der Kolonialisierung der Inseln stellten die **Großen Andamanesen** die größte Volksgruppe dar; heute hat sie nur noch rund 50 Angehörige. In den 1860er-Jahren errichtete Reverend Henry Corbyn den Stammesangehörigen auf Ross Island ein „Heim", um ihnen Englisch beizubringen. Er bestand darauf, dass sie Kleider trugen und Lesen und Schreiben lernten. Fünf Kinder und drei Erwachsene aus Corbyns Schule wurden 1864 nach Kolkata gebracht und dort als Kuriositäten bestaunt.

Innerhalb von drei Jahren starben fast alle Großen Andamanesen, entweder an eingeschleppten Krankheiten oder an Drogensucht. Vor wenigen Jahren wurden die Überlebenden nach Strait Island, nördlich von South Andaman, zwangsumgesiedelt und dadurch völlig von staatlicher Versorgung abhängig gemacht. Der letzte Sprecher der Sprache Bo, einer der ältesten andamanischen Sprachen, verstarb im Januar 2010.

Die heute etwa 270 Mitglieder umfassende Gruppe der **Jarawas** musste flüchten, als ihre Heimat für den Bau von Port Blair gerodet wurde. Sie leben heute an den abgeschiedenen Westküsten von Middle und South Andaman, jenseits der Andaman Trunk Road (ATR), die sie seit den 70er-Jahren von Jagdgründen und Süßwasserquellen abschneidet. In den 1980er- und 90er-Jahren leisteten die Bewohner gegen Holzfäller, Straßenbauer und Siedler erbitterten Widerstand. Bei Zusammenstößen kamen vielleicht Hunderte Menschen um. Die meisten Zwischenfälle ereigneten sich an der ATR.

Ein freundschaftlicherer Kontakt zwischen Siedlern und Stämmen kam Ende der 1990er-Jahre

Monate 292 gehängt, starben auf andere Weise oder flohen. Viele verloren ihr Leben auch bei Angriffen der andamanischen Völker, die sich der Waldrodung widersetzten. Um 1864 belief sich die Zahl der Verbannten jedoch bereits auf 3000. Bis 1945 wurden in dem Gefängnis politische Gefangene interniert; es steht noch heute und ist Port Blairs wichtigste „Touristenattraktion".

Im Zweiten Weltkrieg waren die Inseln von **japanischen Soldaten** besetzt, die Hunderte Ureinwohner, die der Kollaboration mit den Briten verdächtigt wurden, folterten und ermordeten und die Wohnstätten der Jarawa-Stämme bombardierten. 1945 kehrten die britischen Streitmächte zurück und lösten zumindest das Straflager auf.

Nach der Teilung Indiens erhielten **Flüchtlinge**, vorwiegend Hindus niedriger Kasten aus Bengalen, Land in Port Blair und North Andaman, wo der Waldbestand abgeholzt wurde, um Platz für Reisfelder, Kakaoplantagen und Fabriken zu schaffen. Seit 1951 ist die Bevölkerungszahl um mehr als das Zehnfache gestiegen. Hinzu kommen repatriierte Tamilen aus Sri Lanka,

zustande, als jedes Mal bei Vollmond Geschenke ausgetauscht wurden, doch diese Initiative wurde wieder abgebrochen. Die Treffen trugen trotzdem dazu bei, dass einige Jarawas mit Neugier auf die Errungenschaften der „Zivilisation" reagierten und die Insassen vorbeikommender Fahrzeuge um Geschenke baten oder sogar indische Siedlungen am Rande ihres Territoriums besuchten. Obwohl die Regierung versucht, die Kontakte auf ein Minimum zu reduzieren, kommt es immer wieder vor, dass Jarawas sich den Bussen nähern oder einige Privatfahrzeuge die Vorschriften ignorieren und anhalten, um Fotos zu machen. Die Regierung hat zwar das Territorium der Jarawas um 180 km² erweitert, legte jedoch Berufung ein gegen ein Urteil des Obersten Indischen Gerichtshofs von 2002: Nach internationalen Protesten hatte das Gericht verkündet, dass die ATR in der von Jawaras besiedelten Gegend gesperrt werden müsse. Das Verfahren ist noch anhängig.

Die Beziehungen mit den **Onge**, die sich selbst Gaubolambe nennen, verliefen relativ friedlich. Sie sind an ihrer Körperbemalung zu erkennen, leben nach wie vor in gemeinschaftlichen Unterkünften und errichten temporäre Strohhütten auf Little Andaman. Die ungefähr 100 verbliebenen Onge gehen in zwei kleinen Reservaten ihrer alten Lebensweise nach. Die Kontakte mit der Außenwelt beschränken sich auf Fahrten in die Stadt, um Alkohol zu kaufen, und seltene Besuche von Ethnologen. Die Reservate sind für Ausländer tabu, doch wer sich für die Onge interessiert, dem sei die hervorragende Ethnografie *Above the Forest* von Vishvajit Pandya empfohlen.

Auf den **Nikobaren** sind die mehr als 20 000 Personen zählenden Nikobaresen das assimilierteste und zahlreichste Volk. Sie leben in Dörfern, die von einem Häuptling angeführt werden, und unterhalten zu den indischen Siedlern überwiegend freundliche Beziehungen. Sehr begrenzte Kontakte bestehen dagegen mit dem Stamm der Shompen auf Great Nicobar mit seinen rund 180 Mitgliedern. Am isoliertesten lebt die Gruppe der Sentinelesen auf North Sentinel Island, westlich von South Andaman. Nach einem ersten Zusammentreffen mit indischen Siedlern im Jahr 1967 kam es 1990 zu einem erneuten Kontakt, nachdem ein Team der Lokalverwaltung zwei Jahre lang Geschenke am Strand deponiert hatte, doch alle Folgebesuche endeten in einem Pfeilhagel. Seit Anfang der 1990er-Jahre haben die Behörden es aufgegeben, sich den Sentinelesen, deren Zahl auf 50 bis 200 geschätzt wird, nähern zu wollen. Wenn man mit dem Flugzeug von oder nach Port Blair kommt, überfliegt man ihre Insel, und es ist gut zu wissen, dass die Menschen, die an den Feuern sitzen, deren Rauch durch die Baumwipfel dringt, immer noch der „Zivilisation" die Stirn bieten.

Weitere Informationen zu den Ureinwohnern der Inseln gibt's auf der Internetseite von **Survival International**; 💻 www.survivalinternational.de.

Tausende von Arbeitern aus dem armen Bihar, ehemalige Armeeangehörige, denen Grundbesitz zugesprochen wurde, Wirtschaftsflüchtlinge aus ärmeren indischen Staaten und Legionen von Staatsdienern, die hier einen zweijährigen „Strafdienst" ableisten müssen. Die Zahl dieser Zugewanderten übertrifft bei Weitem die der andamanischen Urbevölkerung (s. Kasten S. 996), die derzeit ungefähr ein halbes Prozent der Gesamtbevölkerung ausmacht.

Da die Tage der gewinnbringenden Edelholzfällerei gezählt sind, hofft man jetzt auf den **Tourismus** als neue Haupteinkommensquelle. Allerdings werden die anvisierten Zahlen die jetzt schon unzureichende Infrastruktur über Gebühr strapazieren und die saisonal bedingte Wasserknappheit sowie das Problem der Müllbeseitigung noch verschärfen.

Angesichts Indiens bisheriger Vorgehensweise in Sachen Tourismusförderung müssen die Prognosen eher düster ausfallen. Delhi erteilte bereits grünes Licht für Flüge aus Südostasien und schließlich auch für Charterflüge aus Europa, die auf der erweiterten Piste des Flughafens landen sollen. Wird zukünftig auch nur ein Bruchteil der zwischen Thailand und Indien fließenden Touristenströme über die Andamanen geleitet, könnten die Folgen für diese kulturell und ökologisch fragile Region verheerend sein.

Transport zu den Andamanen

Schiffe

Für die Anreise mit dem Schiff ist Chennai (S. 1034) besonders geeignet; von hier laufen die Schiffe alle 7 bis 10 Tage aus, von Kolkata maximal alle 2 Wochen und von Vishakapatnam sogar nur 1-mal im Monat. Nähere Infos gibt das **Shipping Office**, ✆ 0891/256 5597.

Eine Schiffsreise ist zwar billiger als ein Flug, doch die Überfahrt dauert lang (3–5 Tage), ist unbequem und wird oft durch schlechte Witterung verzögert.

Flüge

Derzeit wird Port Blair auf South Andaman von Chennai aus 3x tgl. von Kingfisher und Air India/Indian Airlines angesteuert, die außerdem 1x tgl. von Kolkata nach Port Blair fliegen, genauso wie JetLite.

South Andaman: Port Blair und Umgebung

South Andaman ist die am dichtesten bevölkerte Insel der Andamanen – insbesondere die Gegend rings um die Hauptstadt **Port Blair** –, was teilweise auf die drastische Baumrodung zurückzuführen ist. Irgendwann muss man in der Stadt mit ziemlicher Sicherheit ein bisschen Zeit totschlagen, während man auf ein Schiff wartet oder darauf, dass der Ticketverkauf beginnt. Anstatt Däumchen zu drehen, empfiehlt sich ein Abstecher an die Küste von South Andaman, die zwar erheblich dichter bevölkert ist als andere Inseln des Archipels, aber eine Handvoll leicht zugänglicher schöner Stellen und historischer Stätten besitzt. Ausländische Touristen dürfen nur den Süden und den mittleren Osten der Insel besuchen, darunter die Strände von **Corbyn's Cove** südöstlich der Stadt und den abgeschiedeneren **Chiriya Tapu**, beide innerhalb eines Tagesausflugs mit einem geliehenen Fahrzeug leicht zu besuchen. Die lohnendste Tagesfahrt ist jedoch die mit dem Ausflugsschiff von **Wandoor** (35 km südwestlich von Port Blair) zur **Jolly Buoy** oder **Red Skin Island** im **Mahatma Gandhi-Meeresnationalpark**, einem der besten Schnorchelgebiete der Andamanen. Lohnenswert sind auch die Gegenden um **Madhuban** und **Mount Harriet**, jenseits der Bucht nördlich von Port Blair.

Zu den historisch interessanten Orten zählen die Kolonialruinen auf **Viper Island** und **Ross Island**, die im Rahmen der täglich stattfindenden Hafenrundfahrten oder mit einer regulären Fähre von der Hauptstadt aus erreichbar sind.

Mit einem eigenen Fahrzeug findet man sich auf den schmalen, holprigen Straßen gut zurecht. Sie verbinden die kleinen Dörfer miteinander und führen, an den Sümpfen und Felsausläufern, die die Küstenlinie bilden, vorbei durch Wälder und Kokospalmenhaine.

Port Blair

Port Blair, eine erfrischend vegetationsreiche, aber langweilige Ansammlung von wellblechgedeckten Gebäuden, die sich nach Norden,

Osten und Westen hin zum Meer erstrecken und nach Süden in Felder und Wälder übergehen, lohnt nur einen kurzen Aufenthalt. Es gibt wenig zu sehen – nur das Cellular Jail und ein paar kleine Museen –, aber da dies der Anlaufpunkt der Inseln und der Ort mit den meisten Einrichtungen ist, führt kein Weg daran vorbei.

Straßennamen sind eine Seltenheit in Port Blair; meistens wird als Adresse einfach der Ortsteil angegeben. Das belebteste und zentralste Viertel ist **Aberdeen Bazaar**, wo sich die Polizeistation (zum Verlängern des Permits), die State Bank of India und die meisten anderen Einrichtungen befinden.

Das einzige sichtbare Zeichen der dunklen Vergangenheit Port Blairs ist das wuchtige, aus Ziegelsteinen erbaute Gefängnis **Cellular Jail**, das von einer kleinen Anhöhe im Nordosten der Stadt aufs Meer blickt. Es wurde zwischen 1896 und 1905 erbaut. Seine winzigen Einzelzellen waren weit schlimmer als die Gemeinschaftszellen anderer, früher errichteter Gefängnisblocks. Von den ursprünglich sieben Flügeln, die vom Turm in der Mitte ausgingen, sind nur noch drei erhalten. Besucher können in die 3 x 3,5 m messenden Zellen spähen und sich die grausamen Bedingungen vorstellen, unter denen die Häftlinge hier lebten. Die Zellen waren dreckverkrustet und schlecht belüftet, Trinkwasser war auf zwei Gläser pro Tag rationiert, und waschen mussten sich die Gefangenen im Regen, während sie mit dem Roden von Wäldern und dem Bau von Sträflingsunterkünften beschäftigt waren. Die vom Festland gelieferten Lebensmittel wurden in Fässern aufbewahrt, und so wimmelte es im Reis und in den Hülsenfrüchten von Maden. Mehr als die Hälfte der Gefängnisinsassen starb lange vor Ablauf ihrer zwanzigjährigen Strafe. Aus Protest gegen die Haftbedingungen kam es zu mehreren Hungerstreiks. An den Galgen, die immer noch in viereckigen Holzverschlägen in den Höfen stehen, wo sie von den Zellen aus gut zu sehen waren, fanden häufig Hinrichtungen statt. ◷ Di–So 9–12 und 14–17 Uhr, Rs10.

Die **Sound-and-Light Show** (auf Englisch Mo, Mi und Fr 18.45 Uhr, Rs20) erzählt die Geschichte des Gefängnisses. In einem kleinen **Museum** beim Eingangstor (gleiche Öffnungszeiten wie das Gefängnis) sind Gefangenenlisten, Fotos und schreckliche Folterwerkzeuge ausgestellt.

Im **Aquarium**, etwa 300 m östlich vom Gefängnis in der Nähe des erstaunlich gut ausgestatteten Water Sports Complex, gibt es dunkle Becken mit Fischen und Korallen von den Riffen der Inseln. ◷ Di–So 9–13 und 14–16.45 Uhr, 2. Sa im Monat geschl., Rs10.

An der Küstenstraße Richtung Corbyn's Cove liegt 3 km außerhalb die neueste Attraktion von Port Blair, das nicht besonders interessante **Science Centre**. Für die Hauptausstellungen (Observatorium, „Science Magic" und andere interaktive Exponate) bezahlt man Rs2 zusätzlich. ◷ Di–So 10–17.30 Uhr, Rs5.

Südlich der Stadtmitte steht unweit des Directorate of Tourism das **Anthropological Museum**, das sich mit den Volksgruppen der Andamanen und Nikobaren beschäftigt. Zu den Ausstellungsstücken zählen Waffen, Werkzeuge und seltene Fotos der Ureinwohner, die in den 60er-Jahren aufgenommen wurden, darunter eine Serie, auf denen Sentinelesen zu sehen sind. Sie wurde am 26. April 1967 geschossen, als eine Abordnung indischer Staatsdiener zum ersten Mal mit dieser Volksgruppe in Kontakt trat. Nachdem sie die Ureinwohner eingeschüchtert hatten, marschierten die Besucher in eines ihrer Jagdcamps und machten sich mit den Pfeilen, Bogen und anderen, jetzt im Museum ausgestellten Stücken davon. ◷ Fr–Mi 9–13 und 13.30–16.30 Uhr, Eintritt Rs10, Fotoerlaubnis Rs20.

Weiter nordwestlich, in Delanipur, gegenüber dem ANIIDCO-Hotel Teal House, befindet sich das **Samudrika Naval Maritime Museum**, eine ausgezeichnete Vorbereitung auf den Besuch abgelegener Inseln. Es verfügt über eine sagenhafte Muschelsammlung und informative Ausstellungen zu verschiedenen Aspekten der hiesigen Meeresbiologie. Eine Abteilung befasst sich mit den vielfältigen Korallen, die man an den Riffen der Andamanen sehen kann, sowie den zahlreichen Gefahren, denen diese empfindsamen Organismen ausgesetzt sind, vom Wasserentzug durch Mangroven und parasitäre Seesterne bis zu den Aktivitäten unbedachter Schnorchler. ◷ Di–So 9–17.30 Uhr, Rs10.

Übernachtung

Port Blair hat eine nicht unbeträchtliche Auswahl an Unterkünften zu bieten, und daher entstehen Engpässe nur um Weihnachten und Neujahr herum. Dann werden auch die Preise angehoben; während der Monsunzeit werden sie dagegen gesenkt.

Andaman Teal House, Delanipur, hoch oben auf dem Hügel über dem Haddo-Jetty, ✆ 03192/ 234060. Unterkunft des A&N Tourism mit herrlicher Aussicht, geräumigen und freundlichen Zimmern. Äußerst preiswert, jedoch ohne eigenes Fahrzeug etwas ungünstig gelegen. Dorm-Betten Rs150. ❷–❹

Fortune Resort Bay Island, Marine Hill, ✆ 03192/ 234101, 🖳 www.fortuneparkhotels.com. Das schickste Hotel in Port Blair ist großzügig geschnitten und wirkt mit seinem polierten dunklen Holz sehr elegant. Alle Zimmer haben Teppich und Balkone, die den Phoenix-Anleger überblicken. Gutes Restaurant, Garten und Meerwasserpool im Freien. Suiten mit VP um US$165. ❽

Holiday Resort, Premnagar, 15 Min. zu Fuß vom Zentrum, ✆ 03192/230516, ✉ holidayresort88@ hotmail.com. Bietet ein wesentlich besseres Preis-Leistungs-Verhältnis als die meisten Billigunterkünfte, die nur geringfügig weniger kosten. Alle Zimmer sind sauber, geräumig und haben TV. ❸–❹

Jaimathi, Moulana Azad Rd, ✆ 03192/230836. Die beste echte Budgetunterkunft: große, ziemlich saubere Zimmer mit Bad, TV und Gemeinschaftsbalkonen. Etwas billiger als das benachbarte Jagannath. ❶

Paradise Inn, Moulana Azad Rd, ✆ 03192/245772, 📠 233479. Kompakte, moderne Lodge, alle Zimmer mit TV und Telefon. Hervorragendes Preis-Leistungs-Verhältnis; zudem Extra-Rabatte in der Nebensaison. ❸–❹

Peerless Resort, Corbyn's Cove, ✆ 03192/229263, 🖳 www.peerlesshotels.com. Nette Anlage inmitten von Palmen, Jasmin- und Bougainvillea-Sträuchern, direkt gegenüber einem weißen Sandstrand, doch die AC-Zimmer mit Balkon und die Cottages kommen für ihre stolzen Preise ein wenig schmuddelig daher. Bar und Restaurant mittlerer Preisklasse mit durchschnittlichem Abendbuffet. ❼–❽

SeaShell Port Blair, Marine Hill, ✆ 03192/242773, 🖳 www.seashellportblair.com. Tolles neues Hotel, gleichermaßen geeignet für Geschäftsreisende wie für Touristen. Geräumige, schön eingerichtete Zimmer mit großen Duschen und Flachbild-TVs. Die teureren Zimmer haben Balkone mit Seeblick. ❼–❽

Shah-N-Shah, Mohanpura, günstig gelegen zwischen Busbahnhof und Phoenix-Anleger, ✆ 03192/233696. Einfaches, aber freundliches und komfortables Plätzchen. Vorwiegend Zimmer mit Bad, günstige Einzelbelegung. Reiseagentur. ❷–❸

Sinclairs Bay View, an der Küstenstraße Richtung Corbyn's Cove, ✆ 03192/227824, 🖳 www.sinclairhotels.com. Das auf einem Felsen gelegene Hotel bietet makellose Zimmer mit Teppich, Balkon, großem Bad und atemberaubender Aussicht. Bar und Restaurant. ❽

Bunt und komfortabel

TSG Emerald View, 25 Moulana Azad Rd, ✆ 03192/246488, 🖳 www.andamantsghotels.com. Schickes Hotel der mittleren Preisklasse mit nagelneuer Lobby und geräumigen, farbenfroh eingerichteten Zimmern mit AC und allem Komfort. Recht gutes Restaurant. ❺–❻

Essen

Port Blairs Restaurants bieten Gerichte aus Nord- und Südindien sowie eine große Auswahl an Seafood. Alkohol ist zunehmend leichter zu bekommen, entweder in den besseren Hotels oder in einigen weniger ersprießlichen Bars wie der unterhalb der Jaimathi Lodge.

Adi Bengali, Moulana Azad Rd. Das saubere neue Lokal serviert köstliche bengalische Gerichte wie *parsha*-Fischcurry, für Rs50 ein echtes Schnäppchen. Außerdem Gerichte mit Huhn und vegetarische Speisen.

Dolphin, im Marthoma Church Complex, Golghar. Das hübsch eingerichtete Restaurant erfreut durch liebevoll zubereitete, indische und chinesische, aber auch ein paar westliche Gerichte sowie Spezialitäten des Hauses wie Hühnchen und Seafood(ca. Rs80–100).

Port Blair

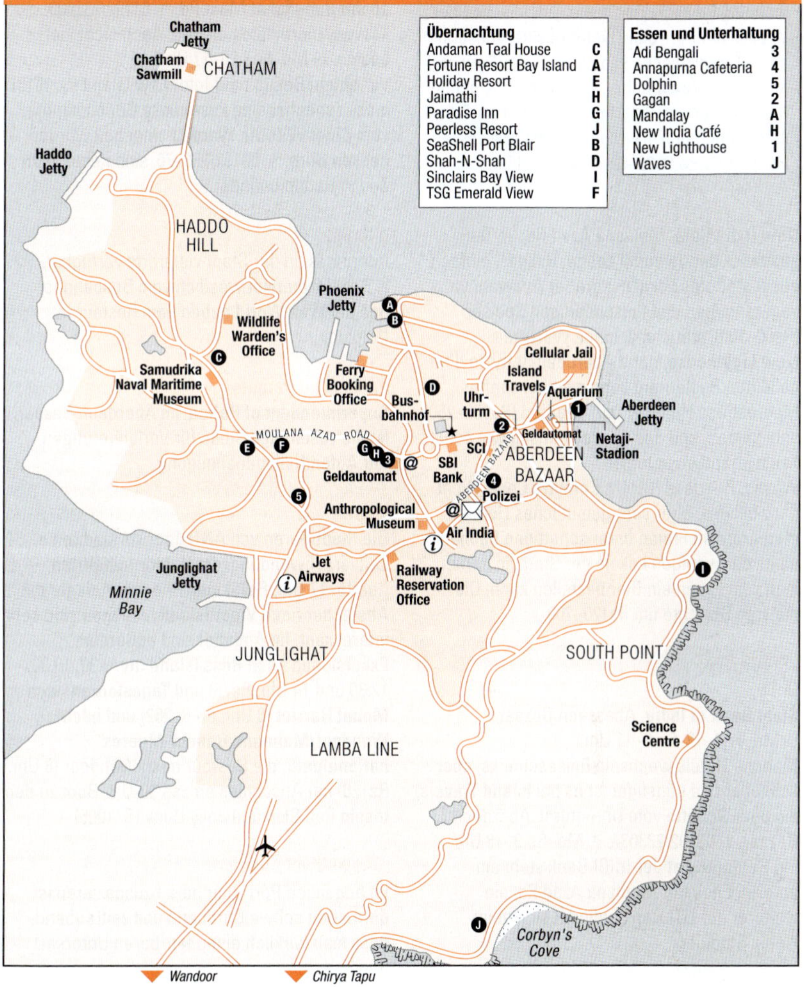

Gagan, Aberdeen Bazaar, gegenüber vom Uhrenturm. Einfache Kantine mit gutem Angebot nord- und südindischer Gerichte für etwa Rs40–80.

Mandalay, Fortune Resort, Marine Hill. Speisen à la carte (Hauptgerichte Rs200–300) oder bei genügend Nachfrage an einem ordentlichen Abendbuffet (Rs400) unter freiem Himmel mit tollem Blick auf die Bucht. Der Service ist mitunter etwas lax für das angestrebte Niveau. Die **Nico Bar** nebenan ist eine gute Adresse für einen Drink.

Gewaltige Dosas

Annapurna Cafeteria, Aberdeen Bazaar, Richtung Postamt. Das beste südindische Speiselokal von Port Blair, bietet riesige, knusprige *dosas,* nordindische und chinesische Gerichte, ausgezeichneten Kaffee und köstliches *pongal* (mild gewürzter Reis mit Joghurt) zum Frühstück. Auch leckere *thalis* um die Mittagszeit. Hauptgerichte Rs30–80. ⌚ So geschl.

New India Café, Moulana Azad Rd, im Tiefgeschoss der Jaimathi Lodge. Billiges, einfach ausgestattetes Lokal mit großer Auswahl an vegetarischen und fleischhaltigen Speisen (Rs50–100); manchmal lange Wartezeit.
New Lighthouse, nahe Aberdeen Jetty. In dem beliebten Restaurant kann man bei sanfter Meeresbrise Hummer und Seafood (Rs150–250) schlemmen, und das so preisgünstig wie sonst kaum irgendwo in Indien.
Waves, Peerless Resort, Corbyn's Cove. Nicht ganz billiges, aber sehr gemütliches Hotelrestaurant im Freien unter schattigen Palmen; eines der wenigen Lokale der Stadt, in denen man zum Essen ein Bier bestellen kann. Die meisten Gerichte um Rs120–200.

Sonstiges

Geld

State Bank of India, Aberdeen Bazaar, ⌚ Mo–Fr 9–13, Sa 9–11 Uhr.
Manche Hotels wechseln Reiseschecks, aber schneller und günstiger ist es bei **Island Travels**, ein paar Schritte vom Uhrenturm, Aberdeen Bazaar, ☎ 03192/233034, ⌚ Mo–Sa 9–18 Uhr.
Ein **Geldautomat** der ICICI Bank steht am unteren Ende der Moulana Azad Rd, ein weiterer der UTI Bank befindet sich beim Netaji Stadium.

Informationen

Am **Informationsschalter** im Flughafen, ☎ 03192/232414, bekommt man eine nützliche Broschüre mit allgemeinen Infos.
A&N Directorate of Tourism, schräg gegenüber Indian Airlines, ☎ 03192/232747, 💻 www.andaman.nic.in. Dem Personal sind allenfalls Basisinformationen über Touren und Hotels zu entlocken. ⌚ Mo–Fr 10–17, Sa 10–13 Uhr.
India Tourism, südwestlich des Stadtzentrums an der Junglighat Main Rd, ☎ 03192/233006, 💻 www.incredibleindia.org. Auch nicht viel besser, ⌚ Mo–Fr 8.30–17 Uhr.
Vor einem Besuch auf Interview Island (S. 1013) muss zunächst eine kostenlose Genehmigung vom **Chief Wildlife Warden** eingeholt werden, dessen Büro, ☎ 03192/233270, sich neben dem Zoo in Haddo befindet.

Internet

Internet ist in der Stadt vielerorts verfügbar, z. B. bei **CyberNet** westlich vom Busbahnhof und bei **Web World** neben dem Restaurant Dolphin.

Polizei und Permits

Superintendent of Police, im Aberdeen Bazaar, ist die zuständige Stelle für Verlängerungen der Aufenthaltsgenehmigung.

Touren

Die Stadttouren von A&N Tourism sind reine Zeitverschwendung, die **Hafenrundfahrten** (tgl. 15–17 Uhr, Rs75) vom Phoenix-Anleger mit Abstecher nach **Viper Island** hingegen sind sehr interessant. Im Angebot sind außerdem Exkursionen nach **Ross Island** (tgl. 8.30, 10.30, 12.30 und 14 Uhr, Rs75) und **Tagestouren** nach **Mount Harriet** (8 Uhr, ab Rs262) und nach **Wandoor/Mahatma Gandhi-Meeres nationalpark**; die Bustour nach Wandoor (8 Uhr, Rs120) hat Anschluss an das 10-Uhr-Boot zu den Inseln Red Skin und Jolly Buoy (S. 1005).

Nahverkehr

Im hügeligen Port Blair herumzuspazieren ist dermaßen schweißtreibend und zeitraubend, dass man wirklich einen fahrbaren Untersatz benötigt.

Taxis und Motor-Rikschas

Taxis, zu erkennen an den gelben Autodächern, warten vor dem Busbahnhof im Zentrum Port Blairs. Sie sind zwar mit Taxameter versehen, doch ist es üblich, den Fahrpreis vor Abfahrt auszuhandeln. Die Fahrt vom Stadtzentrum nach Corbyn's Cove kostet mindestens Rs80; **Motor-Rikschas** versuchen immer wieder, ähnlich viel zu verlangen, innerhalb der Stadt sollte man aber nicht mehr als Rs30 zahlen.

Busse

Lokalbusse fahren vom Busbahnhof häufig nach Wandoor und seltener nach Chiriya Tapu und sind brauchbar für Tagesausflüge.

Motorroller und Motorräder

Ein Motorrad oder Motorroller zu mieten macht Spaß, doch gibt es zurzeit leider keinen verlässlichen Anbieter. Am besten fragt man bei den Läden in Aberdeen Bazaar nach. Tankstellen gibt es an der Kreuzung westlich des Busbahnhofs und an der Straße Richtung Flughafen. Weiter außerhalb ist es schwierig, Benzin aufzutreiben.

Transport

Port Blair ist der Ausgangspunkt sämtlicher Flüge und Fähren zum indischen Festland und der Verkehrsknotenpunkt aller Bus- und Fährverbindungen zwischen den Inseln. Die Reservierung von Tickets (insbesondere zurück nach Chennai, Kolkata oder Vishakapatnam) kann einige Zeit dauern, daher sehen sich viele Traveller gezwungen, eine ganze Weile vor Ablauf des Permits hier zu erscheinen, um die Rückreise sicherzustellen.

Vom / zum Festland

Schiffe

Die Schiffe vom Festland legen am **Haddo-Anleger** an, fast 2 km nordwestlich des Phoenix Jetty, wo auch die zwischen den Inseln verkehrenden Fähren einlaufen. Beim Director of Shipping Services am Phoenix Jetty erhält man aktuelle Informationen zu Schiffen und Fähren. Näheres über bevorstehende Schiffsabfahrten kann man auch in der Kolumne Shipping News der lokalen Tageszeitung *Daily Telegrams* nachlesen. (Rs2).

Wer die Andamanen mit dem Schiff verlassen möchte, kann das Ticket für die Rückfahrt nur auf den Inseln buchen, sodass man auf jeden Fall nach Port Blair zurückkehren muss. Tickets für alle 3 Festlandshäfen (Chennai, Kolkata und Vishakapatnam) werden vom **DSS** verkauft, ✆ 03192/245555,. Sie sind eine Woche vor Abfahrt an den jeweiligen Schaltern des computerisierten Reservierungszentrums am Phoenix Jetty erhältlich, ◷ Mo–Fr 9–13 und 14–16 Uhr. Die Fähre ist mit ca. Rs1550 das billigste Transportmittel. Nachteile sind die unzuverlässigen Fahrpläne und die Schwierigkeiten, genaue Auskunft zu bekommen – man sollte wiederholt beim DSS anrufen. Wenn die Tickets dann verkauft werden, muss man sich auf jeden Fall frühzeitig ins Getümmel stürzen. Das Rückfahrticket sollte man sich vor Ablauf der Besuchsgenehmigung besorgen, da man es vorzeigen muss, um eine Verlängerung um 15 Tage zu erhalten.

Flüge

Der moderne Flughafen **Veer Savarkar** liegt knapp 4 km südlich der Stadt in Lamba Line. Man gelangt mit Taxis oder Motor-Rikschas in die Stadt (Rs50), doch auf Gäste, die ein Zimmer in einem Hotel der mittleren oder oberen Preisklasse reserviert haben oder am Flughafenschalter eine Reservierung tätigen, wartet vor dem Flughafengebäude normalerweise ein Shuttlebus. Häufig verkehrende Busse in die Stadt halten knapp 100 m vom Terminal entfernt vor dem Geschäft am Ende der Hauptstraße. Die Rückkehr aufs Festland per Flugzeug ist die bequemere Variante, denn sie dauert nur 2 statt 72 Std., und die meisten Reisenden haben ihr Rückflugticket schon in der Tasche. Wer mit dem Schiff gekommen ist, aber zurückfliegen will, sollte sich so bald wie möglich um ein Flugticket kümmern; am meisten los ist um Diwali und von Weihnachten und Neujahr bis Februar. Zu diesen Stoßzeiten klettern die Preise für den einfachen Flug zuweilen auf

Weiterfahrt per Bahn

Ein Hinweis für Traveller, die nach der Ankunft auf dem Festland per Bahn weiterreisen möchten: In Port Blair gibt es ein effizientes, ans Computernetz angeschlossenes **Southern Railways Reservation Office** in der Nähe des Secretariat, ◷ Mo–Sa 8.30–13 und 14–16 Uhr.

unglaubliche Rs20 000 – ansonsten können sie bis auf rund Rs5000 fallen.

Fluggesellschaften

Air India/Indian Airlines, schräg gegenüber dem ANIIDCO-Büro, ✆ 03192/233108.
Jet Airways, 1. Stock, 189 Main Rd, Junglighat, neben dem GITO-Büro, ✆ 03192/236922.
Kingfisher kann man nur online oder über ein Reisebüro, z. B. Island Travels (s. S. 89) buchen.

Zwischen den Inseln

Busse

Busse verbinden Port Blair über die Andaman Trunk Road mit fast allen größeren Niederlassungen auf Middle und North Andaman. Vom leicht chaotischen Busbahnhof im Zentrum fahren jeweils 2 staatliche Busse nach RANGAT (5.45 und 11.45 Uhr), MAYABUNDER (5 und 9.45 Uhr) und DIGLIPUR (4 und 4.30 Uhr). Mehrere Privatgesellschaften, darunter **Lord Buddha Travels** (gleich nördlich vom Busbahnhof) und **Ananda**, ✆ 03192/233252, betreiben Deluxe- und Videobusse, die dieselben Zielorte ansteuern. Abfahrt ist gewöhnlich zwischen 5 und 10 Uhr vor dem Busbahnhof. Tickets sind günstig: Rs100–250.

Schiffe

Die meisten der für ausländische Touristen zugelassenen Inseln, darunter **Neill**, **Havelock**, **Middle**, **North** und **Little Andaman**, lassen sich auch mit staatlichen Schiffen vom Phoenix Jetty aus erreichen. Details zu den Schiffsverbindungen der nächsten zwei oder drei Tage sind der Zeitung *Daily Telegrams* zu entnehmen. In der Hauptsaison verkehren gewöhnlich 2 Boote tgl. nach HAVELOCK, 1 oder 2 tgl. nach NEILL, 1 tgl. nach LITTLE ANDAMAN und jeweils 4 wöchentl. nach RANGAT BAY, LONG IISLAND und AERIAL BAY (zur Weiterreise nach Diglipur). Die Schiffe selbst sind häufig überfüllt und wenig komfortabel. Auf Deck mangelt es an Schatten und im Inneren an Platz. Man sollte ausreichend Proviant und Trinkwasser mitnehmen, da auf den Schiffen nur ein Minimalangebot erhältlich ist. Wer sich nicht auf Restposten-Tickets verlassen will, die kurz vor der Abfahrt direkt am Pier feilgeboten werden, muss bei Inter-Island im Buchungszentrum des Phoenix Jetty reservieren.
Das dortige Getümmel kann man umgehen, indem man bei einer Agentur wie Islands Travels eine Fahrkarte ordert.
Die **Fährkosten** sind überaus günstig, trotz der unterschiedlichen Preise für In- und Ausländer. Für die Fahrt nach HAVELOCK zahlt man z. B. lediglich Rs250–350. Seit 2010 gibt es übrigens auch eine schicke private Katamaran-Verbindung nach Havelock, den **Makruzz** (tgl. 8.30 Uhr, Rs650, 🖳 www.makruzz.com).

Viper Island und Ross Island

Erste Anlaufstelle der Hafenrundfahrt von Port Blair aus ist für gewöhnlich **Viper Island** (Eintritt Rs5), nicht nach den zahlreichen Schlangen benannt, die zweifellos im tropischen Unterholz leben, sondern nach einem Frachter, der hier im 19. Jh., in der Anfangszeit der Kolonie, auf Grund lief. Die nur ein kurzes Stück vom Anleger Haddo entfernte Insel diente als Isolationsgelände des Hauptgefängnisses. Hierher wurden Sträflinge u. a. nach einem Fluchtversuch strafversetzt. Vom Foltergelände, zu erreichen von der Anlegestelle aus auf einem gewundenen Ziegelsteinpfad, sind noch Strafböcke und eingefallene Wände erhalten, und an der von allen Seiten am besten einsehbaren Stelle stehen noch die alten Galgen.

Nicht weniger gruselig sind die Ruinen auf **Ross Island** (Eintritt Rs20), an der Hafeneinfahrt von Port Blair, wo die Briten ihre erste Gefangenensiedlung auf den Andamanen errichteten. Die Insel wurde von Häftlingen gerodet, die eiserne Fußfesseln trugen. Hier ereigneten sich einige der grausamsten Exzesse der britischen Kolonialgeschichte, Ursprung der unrühmlichen Bezeichnung des Gefängnisses als **Kalapani**, „Schwarzes Wasser“: Die Mehrheit der zahlreichen, hierher verbannten Verurteilten, die mit Brandzeichen auf der Stirn gekennzeichnet wurden, starb an Krankheiten oder unter der Folter, noch ehe 1860 die Inselrodung beendet war.

Danach befand sich hier kurzzeitig Reverend Henry Corbyns **Andaman Home** – ein Gefangenenlager zum Zwecke der „Zivilisierung“ der Urbevölkerung – und schließlich das Hauptquartier der umgemodelten Strafkolonie. Der Eintritt der Japaner in den Zweiten Weltkrieg zwang die Briten schließlich zum Abzug von der Insel.

Abgesehen von der anglikanischen Kirche und dem dazugehörigen, überwucherten Friedhof oben auf einem Hügel ist fast alles der tropischen Vegetation zum Opfer gefallen. Näheres über Bootstouren hierher s. S. 1002.

Corbyn's Cove und Chiriya Tapu

Der beste Strand in Reichweite der Hauptstadt liegt 6 km südöstlich bei **Corbyn's Cove**, ein kleiner, gebogener Streifen weißen Sandes vor der Kulisse sich wiegender Palmen. Hier steht ein großes Hotel (das Peerless Resort, S. 1000), doch das Wasser ist nicht besonders sauber, und spärlich bekleidete Sonnenanbeter müssen damit rechnen, reges Interesse bei ganzen Trupps einheimischer Arbeiter zu erwecken.

Wer mehr Abgeschiedenheit sucht, fährt 30 km Richtung Süden nach **Chiriya Tapu** („Vogel-Insel") an der Spitze von South Andaman. Der befahrbare Weg, der hinter diesem kleinen Fischerdorf durch dichten Dschungel führt, endet bei einer großen Bucht, in der die Sümpfe in mit Muscheln übersäte Strände übergehen. Außer um die Mittagszeit, wenn oft ganze Busladungen hier Pause machen, ist der Strand, von dem aus Waldpfade landeinwärts führen, ruhig und friedlich, und in leicht erreichbarer Nähe befindet sich ein vorgelagertes Riff.

Allerdings ist das Wasser hier nicht annähernd so klar wie an manchen anderen Stellen des Archipels. Von hier aus gelangt man nach **Cinque Island** (S. 1015), ein paar Stunden weiter südlich.

Wandoor und Mahatma Gandhi-Meeresnationalpark

Der weitaus begehrteste Ausflug von Port Blair ist die Bootsfahrt von Wandoor, 30 km südwestlich. Der lange weiße Strand von **Wandoor** ist mit knorrigen, verdorrten Baumästen übersät – Hinterlassenschaft der alljährlichen Wirbelstürme –, und nicht von Palmen, sondern von dichtem Wald gesäumt, in dem unzählige Vögel nisten. Schnorcheln sollte man hier nur bei Flut, denn die Korallen nehmen schnell Schaden, wenn das Wasser zu seicht ist. **Übernachten** kann man in den Luxus-Cottages oder Zimmern des Sea Princess Beach Resort, 500 m vom Parkplatz entfernt, ✆ 03192/280002, 💻 www.seaprincessbeachresortwandoor.com, ❻–❽, oder in den beiden baufälligen Hütten des Wandoor Paradise Resort direkt am Strand, ✆ 9434 272135, ❷. In beiden Unterkünften gibt es Restaurants, das des Wandoor Paradise Resort ist allerdings mehr eine Trinkerspelunke.

Die meisten Besucher unternehmen eine Bootsfahrt zu den 15 Mini-Inseln, die den **Mahatma Gandhi-Meeresnationalpark** ausmachen, mit einem der artenreichsten Korallenriffe der Region – Nachteil: Der Eintritt zum Park kostet für Ausländer Rs500; Abfahrt der Boote in Wandoor tgl. außer Mo um 10 Uhr, Rs450. Man kann im Rahmen einer **Tour** von A&N Tourism oder mit einem Lokalbus zur Ablegestelle von Wandoor gelangen.

Von der Anlegestelle aus schippern die Boote durch von Mangrovensümpfen und unberührten Wäldern eingerahmte Wasserwege manchmal zur **Red Skin Island**, öfter jedoch nach **Jolly Buoy**. Letztere, eine idyllische, menschenleere Insel, bietet einen makellosen Muschelsandstrand, umringt von einer traumhaften Korallenbank. Leider hält das Boot hier nur rund eine Stunde, längst nicht lange genug, um die Küste und das Riff zu erkunden. Beim Schnorcheln abseits der Riffkanten ist auf **gefährliche Strömungen** zu achten.

Mount Harriet und Madhuban

An den dicht bewaldeten Hängen des Mount Harriet lässt es sich im Rahmen eines Tagesausflugs von Port Blair gut wandern. Man kann eine der Passagierfähren (alle 30 Min.) von Chatham Jetty nach **Bamboo Flats** oder eine der achtmal täglich zwischen 5.30 und 20.30 Uhr ablegenden Autofähren von der Phoenix Bay nehmen. Von Bamboo Flats führt eine hübsche, 7 km lange Wanderung an der Küste entlang Richtung Osten und dann auf einem Waldpfad nach Norden zum 365 m hohen Gipfel hinauf, wo sich herrliche Ausblicke über die Bucht eröffnen. Ab und zu befährt ein Bus die Strecke zwischen Bamboo Flats und **Hope Town**, dem Ausgangspunkt des Pfades; die Busfahrt erspart 3 km Fußmarsch. Jeeps und Taxis befördern Passagiere bis ganz nach oben, verlangen aber mindestens Rs400. Der Eintritt zum **Mount Harriet-Nationalpark** kostet Rs250, doch der Kontrollpunkt befindet sich an der Straße – wer den Pfad nimmt, wird daher möglicherweise nicht zur Kasse gebeten.

Vom Kontrollposten sind es 2,5 km bis zum Rasthaus und Aussichtsturm am Gipfel. Wer gut zu Fuß ist, erreicht das an der Küste nordöstlich des Berges gelegene **Madhuban** über den 16 km langen Küstenrundweg über Kala Patthar (Black Rock) und zurück. Madhuban wartet mit einem recht schönen Strand auf, und hier in der Gegend werden auch heute noch Arbeitselefanten trainiert; vielleicht bekommt man einen der dickhäutigen Lehrlinge zu Gesicht.

Inseln nördlich von Port Blair

Die Mehrzahl der anderen Inseln, die mit dem Besucher-Permit angesteuert werden dürfen, befindet sich nördlich von Port Blair.

Nachdem sie den weiten Weg zu den Andamanen gemacht haben, ist es eigentlich erstaunlich, wie viele Touristen schnurstracks die einzigen beiden erschlossenen Inseln des Archipels ansteuern: **Neill** und **Havelock**, beide von Port Blair aus unschwer zu erreichen. Eine unternehmungslustige Minderheit nimmt dann sogar noch eine Fähre auf die wenig erschlossene **Long Island**. Um weiter nach Norden zu gelangen, wo der Tourismus eine untergeordnete Rolle spielt, nimmt man am besten den Bus entlang der berüchtigten **Andaman Trunk Road** (ATR). Er bringt einen in die maroden Ortschaften Rangat oder Mayabunder am Süd- bzw. Nordzipfel von Middle Andaman oder auch direkt nach Diglipur auf North Andaman. Alternativ gibt es auch Fähren nach Rangat Bay und Arial Bay, dem Hafen von Diglipur.

Zu den Verkehrsverbindungen zwischen diesen Inseln und Port Blair s. S. 1003; auf den Nahverkehr wird jeweils im entsprechenden Abschnitt eingegangen.

Wer sich außerhalb bewohnter Gegenden bewegen möchte, muss sich auf harte Bedingungen einstellen, d. h. Fischkutter als Verkehrsmittel, Übernachtung am Strand oder in der Hängematte und Kochen mit dem Campingkocher. Doch dafür wird man reich entschädigt. Die Strände, Buchten und Riffe der äußeren Andamanen, eingerahmt von dichten Wäldern, der Heimat von in allen Farben schillernden Vögeln und Insekten, wimmeln nur so von Riesenkrabben, Pythons und Schildkröten, mit Glück sogar Delfinen, Haien, Teufelsrochen und der einen oder anderen urtümlichen Seekuh (Dugong).

Unabdingbare Voraussetzungen für Abstecher in die Wildnis sind ein strapazierfähiges Moskitonetz, eine Schlafmatte (oder Hängematte), ein großer Plastik-Wasserkanister, ein hoch dosiertes Antiseptikum für Schnittwunden und Stiche (an vielen Stränden herrscht eine echte Sandfliegenplage) und vor allem Jodtabletten zur Wasserentkeimung – in Flaschen abgefülltes Wasser gibt es so gut wie nirgendwo. Überall sollte man allergrößte Rücksicht auf die Einheimischen nehmen, indem man ihnen keinerlei Müll hinterlässt (mitnehmen oder verbrennen) und sich angemessen kleidet (nackt ist tabu).

Neill

Die winzige, dreieckige Insel Neill, knapp zwei Stunden nordöstlich von Port Blair gelegen und mit einer schnellen Fähre zu erreichen, ist die südlichste bewohnte Insel des **Ritchie's Archipelago** und fungiert als wichtigster Obst- und Gemüselieferant der Hauptstadt. Ihr von riesigen Tropenbäumen eingerahmtes, fruchtbares Zentrum besteht aus saftig grünen Reisfeldern, durchsetzt mit kleinen Gehöften und Bananenplantagen. Nach hiesigem Standard sind die Strände eher mittelmäßig, lohnen aber durchaus ein oder zwei Tage Aufenthalt entlang der Strecke von oder nach Havelock.

Auf Neill gibt es drei Strände, alle per Fahrrad leicht erreichbar (vom Anleger beim kleinen

Basar die Gasse hoch). **Räder** gibt es an einigen Marktständen ab Rs50 pro Tag zu mieten.

Der beste Ort zum Schwimmen ist **Neill Kendra**, ein sanft geschwungener weißer Sandstrand an der Nordküste beiderseits der Anlegestelle, vor dem Fischerboote dümpeln. Der Ort geht fließend in **Lakshmangar** über, das sich fast 3 km weiter nach Westen erstreckt; Anfahrt vom Hawabil Nest (s. u.) rund 20 Minuten der Straße folgen, bis sie in einen asphaltierten Weg übergeht, dann rechts ab. Hier schmiegt sich ein breiter Streifen weißen Muschelsandes um die Landspitze. Die Bedingungen zum Schnorcheln sind gut, doch das Wasser ist so seicht, dass man nur bei Flut problemlos hineingehen kann. Der Strand **Sitapur**, 6 km südöstlich, ist ungeschützt, daher sind hier die Wellen höher. Er ist aber sehr reizvoll und bietet den Vorteil, dass der sandige Boden bis ins Wasser reicht. Die Fahrt durch die Reisfelder im Landesinneren von Neill (mit dem Fahrrad oder dem stündlich verkehrenden Bus) ist recht angenehm, doch Tagesproviant muss mitgenommen werden, solange bis die Betreiber des Wild Orchid auf Havelock (s. S. 1009) hier ihr neues Lokal eröffnen.

Übernachtung

Die Insel verfügt nur über 5 Unterkünfte:

A-N-D Beach Resort, 250 m östlich des Bootsanlegers, Neill Kendra, ✆ 9474 238770. Diese freundliche Unterkunft am Pfad hinter dem Strand bietet einige sehr billige Hütten mit Gemeinschaftsbad sowie einige mit eigenem Bad, außerdem ein recht gutes Restaurant. ❶–❷

Cocon Huts, 600 m westlich des Bootsanlegers, Neill Kendra, ✆ 03192/282528, ✉ srikudvt@yahoo.com. Kleine Hütten mit Gemeinschaftsbad und größere Cottages mit eigenem Bad. Die Bar ist die Hauptkneipe der Insel. ❶–❸

Hawabil Nest, 200 m landeinwärts von der Anlegestelle, ✆ 03192/282630, 🖳 www.and.nic.in. Das Hotel von A&N Tourism hat ein Dutzend AC-Zimmer mit Sitzgelegenheiten im Freien rings um einen Hof, 2 Dorms (Rs150) und ein durchschnittliches Restaurant; Buchung in Port Blair ratsam. ❹

Pearl Park Hotel, fast 3 km nördlich des Bootsanlegers, Lakshmangar, ✆ 03192/282510, 🖳 www.andamanpearlpark.com. Unterschiedlich große Hütten mit Bad sowie schickere, aber überteuerte AC-Bungalows und traditionelle runde, strohgedeckte Nikobaren-Hütten. ❷–❺

Hütten aus Bambus

Tango Beach Resort, fast 2 km nördlich des Bootsanlegers, Lakshmangar, ✆ 03192/282634, ✉ tangobeachresort@rediffmail.com. Freundliches Etablissement direkt am Strand mit unterschiedlichen Unterkünften, von einfachen Bambushütten ohne Bad bis zu geräumigen Zimmern aus Beton. Hat außerdem das beste Resort-Restaurant. ❶–❹

Essen

Viele Gäste halten sich an die Restaurants ihrer Strandhäuschen, doch das bei Weitem beste Lokal ist das entzückende, freundliche **Gyan Garden**, 500 m außerhalb an der Hauptstraße Richtung Westen gegenüber dem Fußballplatz. Zu den Spezialitäten zählen frischer Fisch und veg. Gerichte mit Zutaten aus eigenem Anbau.

Green Heaven, 1,5 km nördlich des Basars, serviert ebenfalls in einem Garten würzige indische sowie einige chinesische und westliche Gerichte.

Unter den wenigen winzigen *dhabas* im Basar serviert das **Hotel Chand** das leckerste Essen, auch wenn es ein bisschen fettig ist.

Havelock

Havelock ist die größte und am intensivsten landwirtschaftlich genutzte Insel des Ritchie's Archipelago. Hier haben sich – wie auf vielen Inseln der Region – nach der Landesteilung zahlreiche Flüchtlinge aus Bengalen niedergelassen. Dank der regelmäßigen Fährverbindung mit der Hauptstadt ist auch der Zustrom von Touristen größer als anderswo auf den Andamanen. In den letzten Jahren tummelten sich hier während der Hochsaison rund 500 Touristen, was dazu geführt hat, dass neue Unterkünfte aus dem Boden schossen und erste Touristenläden eröffnet wurden.

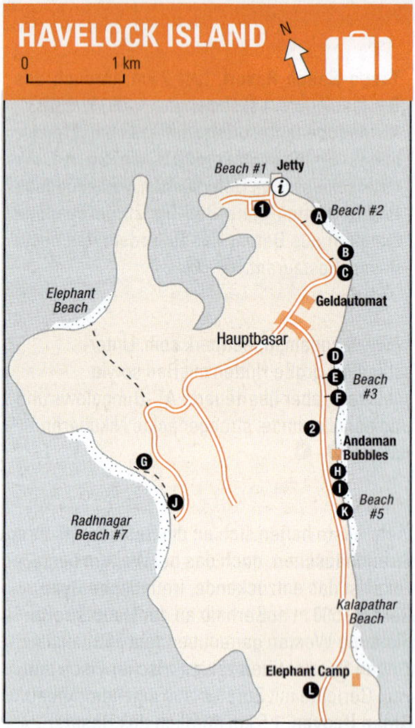

Übernachtung
- Barefoot at Havelock **G**
- Barefoot Scuba Dive Resort **D**
- Dolphin Resort **I**
- Dreamland Resort **J**
- Eco Villa **B**
- Emerald Gecko **K**
- Holiday Innlsland **E**
- Vinnie's **F**
- Ocean Pearl **C**
- Pooja Paradise **L**
- SeaShell Havelock **A**
- Wild Orchid **H**

Essen
- Anju-coco **2**
- Barefoot Bar & Brasserie **1**
- Blackbeard's Bistro **K**
- Café del Mar **D**
- Full Moon Café **F**
- Nala's Kingdom **1**
- Red Snapper **H**

Die Haupt-Schiffsanlegestelle befindet sich am Nordrand der Insel bei einem Dorf namens **Beach Nr. 1**.

Nach der polizeilichen Meldung beim Verlassen des Schiffs macht man sich am besten auf eigene Faust auf den Weg zur gewünschten Unterkunft. Bei Vorausbuchung organisieren die meisten Hotels aber auch einen Abholservice.

Die Insel

Havelocks gesellschaftlicher Mittelpunkt ist nicht das Städtchen um den Pier, das außer ein paar Ständen, schäbigen Hütten, einem einzelnen Restaurant und der Polizeistation nicht viel zu bieten hat – sondern der **Hauptbasar**, 2 km vom Pier entfernt, jenseits von Beach Nr. 2. Hier ist die Auswahl an Geschäften und Lokalen deutlich größer, es gibt eine Bank (die einzige) und die wichtigste Kreuzung der Insel. Um nach **Radhnagar** (Beach Nr. 7) zu gelangen, biegt man von der Ostküstenstraße beim Beach Nr. 3 nach rechts ab. Der Weg führt an mehreren, von Bananenhainen und Reisfeldern eingerahmten Weilern vorbei durch wunderschönes Waldgelände zu einem 2 km langen Bogen perfekten weißen Sandstrandes hinab, der von riesigen *mowhar*-Bäumen gesäumt wird und häufig als schönster ganz Indiens beschrieben wird. Das Wasser ist herrlich türkisfarben, und obwohl es nur wenige Korallen gibt, findet man eine bunte Unterwasserwelt vor, insbesondere zwischen den Felsen um die Ecke vom Hauptstrand (bei Ebbe zugänglich). Der größte Nachteil sind die nervtötenden Sandfliegen, die das Sonnenbaden zu einem zweifelhaften Vergnügen machen können.

Da Radhnagar Brutplatz einer Kolonie von **Oliv-Bastardschildkröten** ist, steht der Ort unter dem Schutz des Forest Department. Die Tierhüter achten streng darauf, dass Touristen nicht am Strand schlafen oder Lagerfeuer entzünden. Es gibt hier kaum Unterkünfte; einige *dhabas* versorgen Tagesausflügler mit üppigem Proviant. Etwa 2 km, bevor die Straße nach Radhnagar hinabführt, zweigt rechts ein Pfad ab, der über einen Hügel und durch verstreute Siedlungen zum ursprünglicheren **Elephant Beach** führt. Hier gibt es Korallenriffe, die vom Ufer aus erreichbar sind, und man kann herrlich schnorcheln. Es ist jedoch nicht ganz einfach, auf eigene Faust hierher zu finden. Die Abzweigung von der Hauptstraße liegt in einer scharfen Kurve an einer kleinen Lichtung mit einer Anschlagtafel des Forest Department. Weiter fragt man sich am besten bei den Einheimischen durch.

Biegt man beim Hauptbasar nach links ab und fährt durch die belebteren Teile des Marktes, führt die Straße zu **Beach Nr. 3 und 5**, wo die meisten Strandhütten und Hotels zu finden sind. Wie an der Nordküste von Neill sind diese Oststrände mit goldweißem Sand absolut malerisch, aber sehr schmal. Schwimmen ist bei Ebbe fast unmöglich, da sich das Wasser über Korallentrümmer und Felsen zurückzieht. Hinter Beach Nr. 5 führt die Straße mehrere Kilometer weiter nach Süden, schwenkt dann etwas landeinwärts, um sich schließlich bei **Kalapathar Beach** zu verlieren. Hier kann das Elefanten-Trainingscamp des Forest Department besichtigt werden. Es ist aber nicht gerade schön anzusehen, wie die sanften Riesen mit schweren Knüppeln „trainiert" werden. Die ganze Südhälfte von Havelock besteht aus undurchdringlichen Wäldern.

Übernachtung

Als einziges, voll erschlossenes Touristengebiet in den Andamanen bietet Havelock über 30 Unterkünfte von einfachsten Hütten bis zu luxuriös ausgestatteten Häuschen. Die Preise sind stark saisonabhängig; Mitte Dezember bis Mitte Januar können sie um bis zu 50 % steigen, während sie zwischen Mai und Oktober deutlich sinken.

Barefoot at Havelock, Radhnagar, ✆ 03192/220191, 💻 www.barefoot-andaman.com. Havelocks luxuriöseste Anlage mit zweistöckigen Häusern mit Ventilator, „Nicobari"-Hütten und klimatisierten „Andaman"-Villen. Größtenteils ansprechende Holzbauten mit Reetdach, dazu ein hervorragendes Restaurant unter italienischer Leitung und eine neue Bar. ❽–❾

Dolphin Resort, Beach Nr. 5, ✆ 03192/282411, 💻 www.and.nic.in. Das schickste Hotel von A&N Tourism. Die freistehenden Betonbauten sind geräumig und komfortabel, es mangelt ihnen allerdings etwas an Atmosphäre. Bei Indern beliebter als bei Ausländern. ❹–❻

Dreamland Resort, Radhnagar, ✆ 03192/282120. Nur 200 m landeinwärts an der Hauptstraße, mit 10 einfachen Hütten mit Gemeinschaftsbad – die einzige billige Unterkunft am besten Strand von Havelock. ❶

Eco Villa, Beach Nr. 2, ✆ 03192/282212, ✉ andamanecovilla@yahoo.com. Alle Hütten mit Dusche und meistens ziemlich klein. Außerdem einige zweistöckige Deluxe-Hütten. Internetzugang. Ganzjährig gleichbleibende Preise. ❷–❻

Emerald Gecko, Beach Nr. 5, ✆ 03192/282170, 💻 www.emerald-gecko.com. Beste Budget- bis Mittelklasseunterkunft mit 10 einfachen Hütten (mit oder ohne Bad) und einem halben Dutzend schön gestalteter Häuschen. Inkl. Frühstück. ❸–❻

Holiday Inn, Beach Nr. 3, ✆ 03192/282061, ✉ holidayinnhavelock@yahoo.in. Eines der besten kleineren Resorts, mit gemütlichen Hütten mit Bad und geräumigeren Chalets. Hat nichts mit der US-Kette zu tun. ❷–❻

Island Vinnie's, Beach Nr. 3, ✆ 03192/282187, 💻 www.islandvinnie.com. Große, ansprechende Rajasthani-Zelte, z. T. mit Bad, dazu einfachere Hütten. ❷–❺

Pooja Paradise, Kalapathar, ✆ 9474 210549. Teils einfache Hütten, aber auch Betonhäuser. Wer dieses abgeschiedene Plätzchen erreichen will, muss motorisiert sein. ❶–❸

SeaShell Havelock, Beach Nr. 2, ✆ 03192/211830, 💻 www.seashellhavelock.com. Rund zwei Dutzend robuste und geräumige AC-Chalets auf gepflegter Rasenfläche, mit allen modernen Einrichtungen wie Flachbild-TVs. ❼

Wild Orchid, Beach Nr. 5, ✆ 03192/282472, 💻 www.wildorchidandaman.com. Das mit Abstand preisgünstigste der exklusiveren Resorthotels. Stilvolle Häuschen (teilweise mit AC), wunderschönes Restaurant und Lounge, insgesamt ist die Atmosphäre sehr entspannt. ❼

Vielfältig und schön

Barefoot Scuba Dive Resort, Beach Nr. 3, ✆ 03192/282343, 💻 www.barefootindia.com. Die Anlage des Tauchveranstalters bietet vielfältige Unterkünfte, von kleinen Hütten über größere Hütten und Zelte bis zu schicken zweistöckigen Häuschen aus Bambus mit Bad. ❶–❼

Essen

Alle Strandhütten-Cafés verkaufen westliche Speisen und einfache Currys, während wirklich authentische Gerichte (vorwiegend bengalisch) vor allem in den Siedlungs-Restaurants angeboten werden. **Bier** und gängige Spirituosen sind in den Touristengegenden erhältlich, aber nicht gerade billig.

Anju-coco, Beach Nr. 5. Das beste einer Reihe von kleinen unabhängigen Straßenrestaurants. Sättigendes Frühstück für Rs50, billige Fish'n' Chips, tibetische *momos* und einige unüblichere Gerichte für Rs150.

Barefoot Bar & Brasserie, Main Jetty. Schickes Holzdeck im Obergeschoss mit Filmplakaten und teuren Speisen wie Bruschetta und Kanapees. Hauptgerichte zumeist ca. Rs300, Seafood-*sizzlers* bis zu Rs800.

Café del Mar, Barefoot Scuba Dive Resort, Beach Nr. 3. Geselliges Speiselokal mit indischer, chinesischer und westlicher Küche sowie Seafood.

Full Moon Café, Island Vinnie's, Beach Nr. 3. Große Karte mit einigen echt authentisch scharfen indischen Gerichten sowie westlichen Klassikern und frischem Seafood, zumeist Rs100–150.

Nala's Kingdom, Main Jetty. Das empfehlenswerteste Lokal am Pier bietet indische, chinesische und Fischgerichte für Rs50–100. Tolle *thalis*.

Bistro mit Liveunterhaltung

Blackbeard's Bistro, Emerald Gecko, Beach Nr. 5. Offener Essbereich mit Bar und Möbeln aus Recyclingholz. Für Rs150–250 werden hier ungewöhnliche Gerichte wie Ceviche und frischer Fisch in köstlich-kreativen Soßen aufgetischt. Es gibt auch eine Bühne mit gelegentlichen Liveauftritten.

Red Snapper, Wild Orchid, Beach Nr. 5. Exzellente, gehobene Küche mit Seafood, sowie vegetarische/nicht-vegetarische Speisen, serviert in sehr vornehmem Ambiente. Die meisten Abendgerichte kosten zwischen Rs250–400. Regelmäßig traditionelle bengalische Livemusik.

Sonstiges

Geld

Die einzige Möglichkeit zum Geldwechseln auf der Insel bietet die State **Cooperative Bank**

Tauchen auf den Andamanen

Die Gewässer rund um die Andamanen zählen zu den unberührtesten der Welt. Sie beherbergen eine reiche Unterwasserwelt. In einem einzigen Riff leben schätzungsweise 750 verschiedene Fischarten. Papageienfische, Hornfische und Engelbarsche tummeln sich zwischen Manta-Rochen, Riffhaien und Karettschildkröten. Viele Fisch- und Korallenarten kommen nur in dieser Gegend vor. Faszinierende Ökosysteme finden sich in den Asche- und erstarrten Lavabetten rings um die Vulkaninsel **Barren Island**. Einen Vorgeschmack auf das bunte Leben unter Wasser bekommt man schon beim Schnorcheln. Die meisten Hotels verleihen Masken und Schnorchel, doch die Ausrüstung ist bisweilen arg mitgenommen. Richtig nah heran und hinaus in tiefere Gewässer gelangt man allerdings nur beim Tauchen.

Das unumstrittene Zentrum der Taucherszene ist Havelock, wo es zuletzt sieben Tauchveranstalter gab, und auch auf Neill gibt es inzwischen einen kleinen Anbieter. Die wichtigsten Veranstalter sind: **Andaman Bubbles**, ✆ 03192/282140, 💻 www.andamanbubbles.com, neben Wild Orchid am Beach Nr. 5, und **Barefoot Scuba Dive Resort**, ✆ 9566 063120, 💻 www.barefootindia.com, am Beach Nr. 3; beide bieten hervorragende Ausrüstung, Tauchen mit Nitrox und überwiegend Tauchlehrer aus dem westlichen Ausland. Andaman Bubbles will sein Angebot auch auf Neill ausweiten und Barefoot hat Pläne für Long Island und South Andaman.

Zwei weitere PADI-zertifizierte Zentren sind **Dive India**, ✆ 03192/214247, 💻 www.diveindia.com, im Island Vinnie's am Beach Nr. 5, und **Ocean Pearl**, ✆ 03192/282228, 💻 www.dive-andaman.com, relativ neu am Beach Nr. 2. Der Anbieter auf Neill ist **India Scuba Explorers**, Neill Kendra, ✆ 9474 238646, 💻 www.indiascubaexplorers.com.

Preislich unterscheiden sich die Veranstalter kaum; Teilnehmer mit Tauchschein zahlen für eine Flasche etwa Rs2000, für zwei Flaschen Rs3500. Es gibt Sparpakete für unterschiedlich

am Hauptbasar, 2 km landeinwärts, ◷ Mo–Fr 9–13, Sa 9–11 Uhr; auf dem Weg dorthin gibt es aber inzwischen zwei Geldautomaten.

Informationen

Gleich vor dem Bootsanleger befindet sich eine kleine, einigermaßen hilfreiche **Touristeninformation**, ✆ 9474 222245, ◷ tgl. 8–17 Uhr, und rechts davon das **Seacology Centre**, ✆ 9476 029725, 💻 www.wildandamans.com, mit einigen interessanten Informationen zur Meeresbiologie, aber eigentlich dient das Ganze nur dem Verkauf der Aktivitäten von Barefoot Adventures. ◷ variabel.

Internet

Internetzugang bieten das etwas unglücklich benannte **Anus Internet** im Basar, der Laden an der Ecke nahe dem Dolphin Resort (s. S. 1009) und einige Gästehäuser (Rs80/Std. für eine langsame Verbindung). Die wenigen Häuser mit Breitband-Verbindung verlangen exorbitante Rs300.

Nahverkehr

Ab 6.30 Uhr fahren stdl. Busse nach **Radhnagar** (Beach Nr. 7), letzte Rückfahrt 18 Uhr, aber nur zwei Busse – 6 und 13.30 Uhr – fahren an der Ostküste entlang, wo die meisten Unterkünfte zu finden sind, bis nach **Kalapathar**. Dorthin gelangt man auch mit einer Motor-Rikscha (Rs30–50), oder man mietet sich für ein paar Tage einen Roller, ein Motorrad (ca. Rs250 pro Tag) oder ein Fahrrad (Rs50 pro Tag).

Long Island

Direkt vor der Südostküste von Middle Andaman liegt Long Island, das langsam, aber sicher immer mehr Reisende anzieht. Nur viermal wöchentlich legt hier ein Schiff von der Hauptstadt und Rangat, zweimal täglich (9 und 16 Uhr) legt ein Boot aus Yeratta an. Die Insel hat zwei ausgezeichnete Strände zu bieten, an der **Marg Bay** und der **Lalaji Bay**, die am leichtesten mit einem gecharterten Fischerboot vom Kai aus (ca. Rs500

viele Tauchgänge, häufig mit Unterkunft und Verpflegung, sowie Discover-Scuba-Einführungskurse für Rs4000–5000. Ein viertägiger PADI-Open-Water-Kurs kostet für Anfänger Rs18 000 und für Fortgeschrittene Rs13 500. Für Rs45 000 kann man es bis zum Divemaster bringen, inkl. aller Tauchgänge.

In der Unterwasserwelt der Andamanen stößt man nicht selten auf Schwärme von **Riffhaien**, die in den seltensten Fällen aggressiv reagieren, aber Vorsicht vor der schwarz-weißen **Seeschlange**. Sie greift zwar nicht oft an – und da sich ihre Fangzähne hinten im Kiefer befinden, ist die Wahrscheinlichkeit nicht sehr groß, dass sie ein menschliches Wesen zu packen bekommt –, doch ihr Biss ist 20-mal tödlicher als der einer Kobra.

Die steigenden Touristenzahlen wirken sich leider unweigerlich negativ auf das empfindliche ökologische Meeresgleichgewicht aus, und die finanziell unterversorgten Naturschutzorganisationen können wenig gegen die Schäden ausrichten, die von achtlosen Besuchern angerichtet werden.

Um sicherzustellen, dass man die Korallen nicht beschädigt, sollte man sich beim Tauchen oder Schnorcheln unbedingt an den **Green Coral Code** halten:

- Niemals eine lebende Koralle berühren oder darauf treten, sonst stirbt sie.
- Die Füße möglichst vom Riff weghalten, wenn man Flossen trägt: Die plötzliche Welle, die bei einem Fußstoß entsteht, kann schon ausreichen, um eine Koralle zu zerstören.
- Beim Abtauchen immer auf die Geschwindigkeit achten; Taucher, die hart auf einem Korallenbett landen, richten enorme Schäden an.
- Keine Korallen abbrechen, und nicht vergessen: Es ist verboten, tote Korallen als Souvenir mitzunehmen, selbst wenn es sich um Stücke handelt, die am Strand gefunden wurden.

pro Strecke) zu erreichen sind. Lalaji kann man auch zu Fuß ansteuern, indem man den roten Pfeilen über die Insel folgt und sich an der Küste dann links hält; diesen Weg sollte man jedoch nicht bei Flut nehmen und auch bei Ebbe ist es eher ein Hindernislauf über Felsen und umgestürzte Bäume.

Nur der Hauptort am Anleger verfügt auf der Insel über etwas touristische Infrastruktur– eine Handvoll Läden, ein paar einfache *dhabas* (am besten das Vasanti mit „meals" für Rs35) sowie die einzigen beiden Unterkünfte auf der Insel. Einige Leute erkundigen sich zunächst, ob im Gästehaus des Forest Office beim Schiffsanleger, ✆ 03192/278532 ❷, etwas frei ist, aber die meisten folgen den blauen Pfeilen und gelangen nach 15 Minuten zum Blue Planet, ✆ 03192/278573, mit etwa einem Dutzend unterschiedlich großen Zimmern um das Hofrestaurant herum, dessen Mittelpunkt ein gigantischer *mowhar*-Baum bildet, ❶–❹. In der Nähe gibt es noch einen gemeinschaftlich geführten Campingplatz sowie nur fünf Fußminuten entfernt ein schönes Stück Strand, zu erreichen durch die überwucherten Überreste der alten Sägemühle.

Middle Andaman

Für die meisten Traveller stellt Middle Andaman nur eine unvermeidliche Durchgangsstation auf dem Weg nach Norden oder zurück dar. Die berühmt-berüchtigte Andaman Trunk Road, beiderseits von Wald begrenzt, windet sich über lange Strecken durch Dschungel und überquert mittels einer rostzerfressenen Fähre die Meeresenge, die die Insel von Baratang trennt.

Die Grenzgebiet-Atmosphäre der Insel verspürt noch stärker, wer sich bewusst macht, dass in den undurchdringlichen Wäldern westlich der ATR das **Jarawa Tribal Reserve** (S. 996/997) liegt.

Die nördlichere der beiden Hauptsiedlungen, **Mayabunder** ist der Hafen für Fahrten zur verführerischen Interview Island und aufgrund ihrer hübschen Lage am Meer ein kleines bisschen einladender als die weiter landeinwärts gelegene Ortschaft **Rangat**, doch keine lädt zum Verweilen ein.

Rangat und Umgebung

Die in der Südostecke von Middle Andaman gelegene Ortschaft **Rangat** besteht aus wenig mehr als zwei Reihen durch die ATR getrennte unhygienische *chai*- und Krämerläden. Da es sich jedoch um einen größeren Versorgungsort entlang der Strecke nach Norden handelt, führt kein Weg daran vorbei. Sofern irgend möglich, sollte man nicht in Rangat verweilen. Eine Alternative für eine Übernachtung ist das 15 km nördlich gelegene **Cuthbert Bay** (alias RPO).

Übernachtung und Essen

Andaman Public Works Department (APWD) Rest House, Rangat, hübsche Lage auf einem Hügel nahe dem Basar mit Blick auf das Tal, ✆ 03192/274237. Die beste Adresse zum Übernachten und Essen (gute und sättigende Fisch-*thalis*). ❷–❹

Hawksbill Nest, A&N Tourism-Hotel, Cuthbert Bay, ✆ 03192/279159. Charakterlose, aber komfortable Zimmer. Nie ausgebucht. ❷–❹

RK Lodge, Rangat, an der Hauptstraße, ✆ 03192/274237. Recht neue und ordentliche Lodge. ❷

Sea Shore Lodge, Cuthbert Bay, nahe dem Pier, ✆ 03192/274464. Ideal, wenn man am nächsten Morgen eine Fähre erwischen muss. Am Weg zum Pier kann man sich an den Ständen mit allerlei einfachen Gerichten verpflegen. ❷

Die besten Restaurants

Hotel MK, Rangat, an der Hauptstraße, bietet einfache indische und chinesische Gerichte.

Hotel Star, an einer Straße zum kleinen Marktplatz, hat indische vegetarische und nicht-vegetarische Gerichte.

Transport

Busse

Täglich fahren staatliche Busse von Rangat nach PORT BLAIR (2x tgl., 6–7 Std.). Außerdem verkehren auf derselben Strecke einige Busse privater Unternehmen, die morgens auf ihrer Route nach Süden vorbeikommen.

Schiffe

Die 4 Fähren, die wöchentl. über Havelock und Long Island von und nach PORT BLAIR fahren, legen an der Rangat Bay 8 km weiter östlich an. Außerdem legen 2x tgl. Boote vom nahe gelegenen Yeratta nach LONG ISLAND ab.

Mayabunder

Rund 70 km nördlich von Rangat liegt auf einer langen Landspitze genau am oberen Rand der Insel die von Mangrovensümpfen umgebene Ortschaft Mayabunder. Die Fahrt von Rangat dauert aber oft mehr als drei Stunden, weil der Bus immer wieder an der überraschend dicht besiedelten Strecke hält. Der Ort wird von einer großen Minderheit ehemaliger burmesischer **Karen** bewohnt, die ursprünglich von den Briten als billige Holzfäller hergebracht wurden. Mayabunder ist weitläufiger und netter als Rangat. Dort wo der Hügel zum Pier hin abfällt, befindet sich eine kleine, sechseckige Holzstruktur, das **Forest Museum**, mit einem bunten Mix an Exponaten wie Schildkrötenpanzern, in Formaldehyd konservierten Schlangen, toten Korallen und dem Schädel eines Krokodils. ◷ Mo–Sa 8–12 und 13–16 Uhr, Eintritt frei.

Übernachtung

APWD Rest House, neben dem Forest Museum, ✆ 03192/273211. Weitläufig und sehr nett, hübsche Gartenanlage mit Meerblick sowie ein Speiselokal, in dem gute Tagesgerichte angeboten werden. ❷–❹

Die einzige andere annehmbare Unterkunft in der Nähe:

Anmol Lodge, mitten im Basar, ✆ 03192/262695. Einige der Zimmer mit Bad haben TV, teils auch AC. ❶–❹

Swiftlet Nest, am Karmateng Beach, 14 km südöstlich, ✆ 03192/273495. Außer diesem A&N-Tourism-Hotel gibt es hier nichts. Theoretisch fährt 2x tgl. ein Bus dorthin; wenn er nicht auftaucht, muss ein Taxi oder eine Motor-Rikscha her. ❸–❹

Transport

Busse

Die Busse aus PORT BLAIR fahren jetzt mindestens 2x tgl. weiter über die neue Brücke nach DIGLIPUR auf North Andaman.

In Richtung Hauptstadt verkehren auch einige Privatbusse, z. B. von Lord Buddha Travels, sowie ein staatlicher Bus. Alle fahren morgens in aller Frühe ab.

Interview Island

Mayabunder ist der Ausgangspunkt zur Interview Island, einem windgepeitschten Naturschutzgebiet vor der äußersten Nordwestküste von Middle Andaman. Wer der **Tierwelt** wegen auf die Andamanen gekommen ist, sollte Interview ganz oben auf seine Liste setzen. Abgesehen von einer Handvoll bemitleidenswerter Waldarbeiter, Küstenwachen und Polizisten, die nach hier abkommandiert wurden, um Wilderern das Handwerk zu legen, ist die große und überwiegend flache Insel unbewohnt. Ausländer dürfen hier nicht übernachten, und für einen Tagesausflug benötigt man zunächst eine Genehmigung vom Forest Museum in Mayabunder (s. links). Die Insel lässt sich nur mit einem privaten Fischerboot von der Anlegestelle in Mayabunder aus erreichen (ca. Rs3000–4000). Man organisiert dies am Vortag und sticht beim ersten Morgenlicht in See. Man sollte versuchen, den Bootsmann dazu zu bringen, den **Strand** an der Südspitze der Insel anzulaufen, wo sich in einer Höhle eine Süßwasserquelle befindet. Einer Legende nach hat diese Quelle, Nistplatz von Salanganen, keinen Boden.

Bei dem Waldposten, wo man ein Besucherformular ausfüllen muss, kann man die Wildhüter nach dem Aufenthaltsort der wilden **Elefanten** von Interview fragen, Nachkommen abgerichteter Arbeitselefanten, die in den 1950er-Jahren von einem in Kolkata beheimateten Forstwirtschaftsbetrieb zurückgelassen wurden, nachdem das Unternehmen Bankrott gemacht hatte. An der Ostküste der Insel leben Salzwasserkrokodile.

North Andaman

Die mit dichtem Dschungel bewachsene Insel North Andaman ist die am spärlichsten besiedelte der großen Inseln in der Region. Nur eine einzige Straße verbindet die verstreuten Bengali-Siedlungen. In einigen Abschnitten wurde der Kahlschlag mächtig vorangetrieben, doch da es absolut keine befahrbaren Wege in die nördlichen und westlichen Gebiete gibt, wurde ein ausgedehntes Küstenwaldstück verschont, das sich von der Austin Strait im Südosten bis zum Nordzipfel Cape Price erstreckt; so bleibt immerhin ein Stück unberührter Wildnis auf den Andamanen erhalten. Trotz der Fertigstellung des letzten Abschnitts der ATR und der Brücke nach Middle Andaman fristen der Hauptort **Diglipur** und der nahe gelegene Hafen **Aerial Bay** bislang ein abgeschiedenes Dasein.

Diglipur, Aerial Bay und Umgebung

Diglipur, zu Kolonialzeiten Port Cornwallis genannt, die größte Ortschaft von North Andaman, ist ein weiterer trostloser Marktflecken, an dem sich Traveller wahrscheinlich nur so lange aufhalten, bis sie einen Kurzstreckenbus Richtung Norden und Küste erwischen. Besser setzt man seine Fahrt fort bis zum 9 km entfernten **Aerial Bay**.

Noch empfehlenswerter ist es, sich weitere 9 km nach **Kalipur** zu begeben, das mehrmals tgl. per Bus erreichbar ist, denn nur fünf Minuten vom ANIIDCO Turtle Resort (s. oben) entfernt liegt ein malerisches, von Bäumen gesäumtes und mit Treibholz übersätes Stück Strand, zu erreichen auf dem Pfad, der an der scharfen Straßenkurve beim Hotel abzweigt. Schwimmen kann man dort am besten bei Flut, wenn die Gezeitentümpel überflutet sind.

Die Einheimischen beteuern, dass es möglich ist, von Kalipur aus den **Saddle Peak** zu besteigen, mit 737 m die höchste Erhebung der Andamanen. Er erhebt sich, von Dschungel eingerahmt, majestätisch im Süden. Die Erlaubnis zu der drei- bis viertägigen Bergwanderung muss beim Range Officer am Forest Check Post am Startpunkt des Wanderweges eingeholt werden, doch ohne einen ortskundigen Führer und viel Trinkwasser sollte man sich nicht auf den Weg machen.

Viele Touristen, die den Weg hier hoch finden, tun dies in der Absicht, die verschiedenen Inseln im Golf nördlich von Aerial Bay zu erkunden, vor allem **Smith** und **Ross** (nicht zu verwechseln mit dem Namensvetter bei Port Blair). Auf beiden gibt es wunderschöne weiße Sandstrände, herrliche Korallenriffe und eine faszinierende Pflanzenwelt. Die erforderliche Genehmigung (Rs500) und ein Boot (Rs500–700) für die Hin- und Rückfahrt können die Gästehäuser der Gegend organisieren. Zur Zeit der Recherche war vorgesehen, die Insel Smith für Übernachtungen zuzulassen, und es sollte ein Luxusresort entstehen.

Gut logieren im Niemandsland

ANIIDCO Turtle Resort, Kalipur, ✆ 03192/272553. In herrlicher Lage auf einer Anhöhe mit wunderbarer Aussicht landeinwärts und aufs Meer. Das für diese gottverlassene Gegend unglaublich große Hotel hat geräumige, saubere Zimmer mit Ventilator und ein Restaurant (nur für Hotelgäste). ❷–❹

Übernachtung und Essen

Diglipur

APWD Rest House, auf dem Hügel oberhalb der Hauptstraße, ✆ 03192/272203. Die netteste Unterkunft im Ort. ❸–❹

Maa Yashoda Lodge, an der Hauptstraße, ✆ 03192/272258. Eine billigere Alternative. ❷

Das zentral gelegenen Restaurant **Ganga Devi** bietet vernünftige veg. und nicht-veg. Gerichte.

Ice Cube, an der Straße nach Norden, serviert chinesische und Tandoori-Gerichte.

Aerial Bay

APWD Rest House, ✆ 03192/271230. Recht kleines Rest House auf einem Hügel mit Blick auf den kleinen Basar. ❸–❹

Während man auf das Schiff nach Port Blair wartet, ist der Gemischtwarenladen **Annu** die beste Adresse für einen Snack oder ein Bier.

Kalipur

Pristine Jungle Resort, auf der gegenüberliegenden Seite der unterhalb des Turtle Resorts vorbeiführenden Straße, ✆ 03192/271793. Neue Anlage mit Bambushütten. ❶–❹

Transport

Schiffe

Von Aerial Bay kehrt das Schiff aus PORT BLAIR normalerweise direkt in die Hauptstadt zurück.

Weitere Inseln

Die übrigen, für ausländische Touristen zugänglichen Inseln der Andamanen lassen sich alle nur sehr mühsam erreichen und sind mit Ausnahme von **Little Andaman** – wo ein Grüppchen vom Stamm der Onge (S. 997) sich gegen die massive Zuwanderung indischer Tamilen und einheimischer Nikobaren behaupten konnte – unbewohnt. Die zwei Bootsstunden südlich von Chiriya Tapu auf South Andaman gelegene **Cinque Island** bietet traumhafte Tauchgelegenheiten.

Cinque Island

Cinque besteht genau genommen aus zwei Inselchen, bei Ebbe verbunden durch eine reizvolle, sandige Landenge, die bei Flut völlig überschwemmt wird. Hauptanziehungspunkt sind die sagenhaften Tauch- und Schnorchelgründe bei den Riffen. Allerdings zeugen Haufen toter Korallen am Strand von den Verwüstungen, die vor einiger Zeit von der indischen Kriegsmarine beim Bau der schicken „Cottages" mit Ausblick auf den Strand angerichtet wurden. Angeblich entstanden sie anlässlich des Besuches einer thailändischen VIP 1996, doch jetzt werden sie von Regierungsbeamten aus Port Blair als Feriendomizile genutzt.

Es gibt zwar keine **Fährverbindung** nach Cinque, aber in dem Dorf Chiriya Tapu auf South Andaman (S. 1005) lässt sich für rund Rs1000 pro Tag der Transport per Fischerkahn organisieren. Außerdem fahren die beiden Tauchveranstalter in Port Blair mit ihren Kunden regelmäßig hierher. Derzeit ist es verboten, auf der Insel zu übernachten.

Little Andaman

Mit ihrem Touristenvisum können Ausländer nicht weiter nach Süden reisen als bis Little Andaman. Der Großteil der Insel wird von einem Reservat der **Onge** eingenommen und ist daher für Besucher tabu. Es handelt sich zudem um die einzige für Ausländer geöffnete Insel, die 2004

Die abgeschiedene Inselkette der Andamanen liegt mitten im Golf von Bengalen.

Die Andamanen

von dem **Tsunami** schwer getroffen wurde. Obwohl einige Gebäude zerstört und 64 Menschen getötet wurden, hat sich Little Andaman gut erholt. Touristen sind allerdings selten anzutreffen. Täglich laufen Schiffe aus Port Blair in Hut Bay ein, von denen die schnelleren unter sechs Stunden Fahrzeit benötigen. Der Hauptort **Indira Bazaar** befindet sich 2 km nördlich und hat die einzigen Übernachtungsmöglichkeiten.

Sealand Tourist Home, ✆ 03192/284306, ❷, die beste Wahl im Ort, ist ein zweistöckiges Hotel in bester Uferlage, aber ohne Meerblick, da alle Fenster landeinwärts blicken ❶. Das Vvet Guest House, ein Stück weiter, ✆ 03192/284155, hat einfache Zimmer, die etwas teurer, aber nicht besser sind als im Sealand. Ein netter kleiner Garten lädt zum Relaxen ein.

Einfache Gerichte sind in Hotels wie dem Snehu oder AG Bengali erhältlich. Snacks – pikant und süß – gibt's am Kurinchi Parotta Stall.

Zwischen den beiden Gästehäusern gibt es einen Fahrradverleih. Die Räder für Rs50 pro Tag sind allerdings häufig alle im Einsatz.

Die Hut Bay zieht sich in einer majestätischen, 8 km langen sanften Kurve an der Küste entlang, und je weiter man geht, desto schöner werden der Sandstrand und der angrenzende Dschungel. Der oberste Abschnitt heißt **Netaji Nagar**, benannt nach dem Dorf an der einzigen, hinter der Bucht verlaufenden Straße der Insel. Hier gibt es den einen oder anderen Stand und ein neues Resort, das Blue View, ✆ 9734 480842, ❶–❷, mit ein paar Hütten und einem Fischrestaurant. Unterwegs führt von einem riesigen Schild etwa 2,5 km nördlich von Indira Bazaar ein Abstecher 1 km ins Landesinnere zu den **White Surf Waterfalls**. Das Ensemble mit den drei 10 bis 15 m hohen Fällen ist ein entspannendes Plätzchen; unter dem rechten Wasserfall kann man eine Dusche nehmen, allerdings sollen in den angrenzenden Bächen Krokodile zu Hause sein. ◷ tgl. Sonnenauf- bis Sonnenuntergang, Eintritt Rs20. Am Eingang zu den Fällen werden kurze Elefantenritte für Rs50 p. P. angeboten.

Auf der anderen Seite der Landspitze am Ende der Hut Bay, etwa 12 km vom Schiffsanleger, liegt die kleinere, aber genauso malerische Bucht **Butler Bay**. Hier kann man schwimmen, sonnenbaden oder sich die Überreste eines staatlichen Strandresorts anschauen, das vom Tsunami weggespült wurde. Und wer sein Surfbrett dabeihat: Bei Surfern genießt Little Andaman Kultstatus, die Bedingungen hier gehören zu den besten in ganz Südasien.

Tamil Nadu

Stefan Loose Traveltipps

14 **Mamallapuram** Steinmetzwerkstätten, ein langer Sandstrand und eindrucksvolle Pallava-Felsenkunst. S. 1034

Puducherry Die ehemalige französische Kolonie hat sich das Flair einer französischen Hafenstadt bewahrt. S. 1049

Thanjavur Die Stadt beherbergt einige der schönsten Chola-Bronzen der Welt. S. 1062

15 **Madurai** Im Liebesnest von Shiva und seiner Gemahlin Meenakshi, dem Sri Meenakshi Sundareshwarar-Tempel, finden im Laufe des Jahres viele bunte Feste statt. S. 1074

Kanyakumari Die heilige Stadt liegt an der Südspitze des Subkontinents, wo der Golf von Bengalen, der Indische Ozean und das Arabische Meer aufeinandertreffen. S. 1085

Die Ghats Von den erfrischend kühlen Bergstädten aus lassen sich herrliche Wanderungen durch Bergwälder und Teeplantagen unternehmen. S. 1088 und S. 1095

Mudumalai Wildlife Sanctuary Dieses dicht bewaldete Schutzgebiet erfreut sich wegen seiner Elefanten und der tollen Übernachtungsmöglichkeiten wachsender Beliebtheit. S. 1099

Wenn Inder vom „Süden" sprechen, meinen sie gewöhnlich Tamil Nadu. Während Karnataka und Andhra Pradesh im Wesentlichen kulturelle Übergangszonen an der Grenze zum Hindi sprechenden Norden darstellen und Kerala wie Goa jeweils eine eigenständige, durch die Mischung unterschiedlicher Kulturen entstandene Identität haben, ist der große, Tamil sprechende Bundesstaat der Halbinsel Indiens dravidisches, hinduistisches Kerngebiet. Traditionell durch die weite Entfernung vom Norden und die militärische Stärke der Dekkan-Königreiche geschützt, war die Region über die Jahrhunderte den nördlichen Einflüssen weniger stark ausgesetzt als seine Nachbarn. Infolgedessen konnten die drei mächtigen Dynastien, die den Süden beherrschten – die **Cholas**, die **Pallavas** und die **Pandyas** –, im Laufe von über tausend Jahren weitgehend unbehelligt von moslemischen Feldzügen ihre eigenen religiösen und politischen Institutionen entwickeln. Das auffälligste Vermächtnis dieser langen kulturellen Blüte ist eine Reihe beeindruckender Tempel, deren gigantische Eingangstore *(gopuras)* noch immer nahezu jeden größeren Ort überragen. Den Anblick dieser riesigen pyramidenförmigen Bauten, die dichte Palmenhaine oder saftig grüne Reisfelder überblicken, beschrieb der britische Landschaftsmaler und Dichter Edward Lear als „überwältigend und unglaublich". Auch heute noch bleiben die in leuchtenden Farben erstrahlenden Gottheiten und mythologischen Figuren an den Türmen am längsten in der Erinnerung des Reisenden haften. (Näheres zu den Tempeln von Tamil Nadu s. S. 1038/1039, Kasten).

Die tamilischen Tempel sind lediglich die größten Landmarken in einem weiten Netz **heiliger Stätten** – Schreine, Badestellen, heilige Bäume, Felsen und Flüsse –, miteinander verbunden durch ein Geflecht alter Pilgerrouten. Tamil Nadu beherbergt 274 von Indiens heiligsten Shiva-Tempeln und 108 Tempel sind Vishnu gewidmet. Außerdem finden sich hier neben fünf Schreinen, die den fünf vedischen Elementen (Erde, Wind, Feuer, Wasser und Äther) geweiht sind, acht zu Ehren der Planeten. Hinzu kommen viele von Christen und Moslems verehrte Stätten. Diese Stätten, die sich von den hellorangefarbenen Felsen und Wäldern der Westghats über die fruchtbaren Deltas der Flüsse **Vaigai** und **Kaveri** bis zur Coromandel-Küste am Golf von Bengalen verteilen, wurden schon vor ein- bis zweitausend Jahren in den Hymnen der tamilischen Heiligen besungen. Bis heute hat sich so wenig verändert, dass diese religiösen Lieder in der Region nahezu unverfälscht noch weithin gesungen und verstanden werden. Dies ist eines der letzten Gebiete auf der Welt, in dem die klassische Kultur bis in die Gegenwart überlebt hat.

Die lebendige Bindung der Tamilen an ihre alte dravidische Vergangenheit hat eine starke **nationalistische Bewegung** hervorgebracht. Mit einigen kurzen Unterbrechungen ist hier seit den 50er-Jahren stets eine der pro-dravidischen Parteien an der Macht, die ihre gegen das Hindi gerichtete, anti-brahmanische, proletarische Botschaft in erster Linie durch das Medium Film unters Volk bringen. Tatsächlich entstammt die Mehrheit der politischen Führer Tamil Nadus seit der Unabhängigkeit der produktiven **Filmindustrie** des Bundesstaates.

Die Hauptstadt des Bundesstaates, **Chennai**, ist der Festung am Meer, den Herrschaftshäusern und ihrem Ruf als herausragendes Zentrum der darstellenden Künste zum Trotz eine heiße, chaotische und laute indische Metropole mit verblassenden Überbleibseln aus der Zeit des Raj. Dennoch eignet sich die Stadt gut als Basis für eine Tour nach **Kanchipuram**, ein bedeutendes Pilgerzentrum und Stadt der Sari-Webkunst mit einer Fülle an Erinnerungsstücken aus ihrer glanzvollen Vergangenheit.

Einer der besten Ausgangspunkte für eine Tempeltour ist der nahe gelegene Küstenort **Mamallapuram**, der neben einigen hervorragenden, in Felsen gehauenen Beispielen der Pallava-Felsarchitektur auch einen langen, sehr schönen Strand bietet. Weiter südlich an der Küste liegt **Puducherry**, eine ehemalige französische Kolonie und Heimat des berühmten Aschram Sri Aurobindo, während sich das benachbarte Wohnexperiment **Auroville** einen Namen als esoterisches Zentrum gemacht hat. Auf der Straße von Puducherry nach Süden gelangt man zurück auf die Tempelroute. Diese führt mit den außergewöhnlichen Bauten von **Chidambaram**, **Gangaikondacholapuram**, **Kumbakonam** und **Darasuram** in das ehemalige Reich der Cholas

aus dem 10. Jh. Um jedoch einen Blick auf die besten Chola-Bronzen und die einmalige Bildkunst, die unter den Maratha-Rajas im 18. Jh. blühte, werfen zu können, muss man nach **Thanjavur** fahren. Einst vier Jahrhunderte lang die Chola-Hauptstadt, beherbergt die Stadt fast hundert Tempel. Hier ist auch die in ganz Tamil Nadu berühmte Tanzform Bharatanatyam entstanden.

Mitten im Herzen von Tamil Nadu liegt **Tiruchirapalli**. Die Handelsstadt nordwestlich von

Thanjavur war für die Cholas von einigem Interesse, erreichte ihre Blütezeit aber erst unter späteren Dynastien, als der Tempelkomplex im benachbarten **Srirangam** zu einem der größten Südindiens ausgebaut wurde. Er wurde von den Nayaks aus dem weiter südlich gelegenen **Madurai** erheblich erweitert. Deren einstige Hauptstadt, der Pilger, Priester, Straßenverkäufer, Schneider und Touristen Leben verleihen, ist ein unvergessliches Reiseziel.

Rameshwaram auf der langen Landzunge Richtung Sri Lanka und **Kanyakumari** an der Südspitze Indiens sind bedeutende Pilgerzentren, die noch dazu eine willkommene kühle Brise und Meerblick bieten.

Tamil Nadus Tempel sind zwar eindeutig die Hauptattraktion des Bundesstaates, doch auch die Hill Stations **Kodaikanal** und **Udhagamandalam** (Ooty) im Westen des Bundesstaates sind beliebte Reiseziele auf den Touristenrouten zwischen Kerala und Tamil Nadu. Die üppig bewachsene Hügellandschaft bietet Ausblicke auf die Berge und sanfte Wanderwege durch Wälder, Tee- und Kaffeeplantagen. In den Teakholz-Wäldern des **Mudumalai Wildlife Sanctuary** und den Bambushainen des **Indira Gandhi Wildlife Sanctuary** in den Palani Hills lassen sich Wildtiere beobachten.

Die **Temperaturen** liegen in Tamil Nadu gewöhnlich um 30 °C, im Mai und Juni klettern sie im Binnenland jedoch oft auf über 40 °C an. Vom Südwestmonsun, der von Juni bis September weite Teile des Landes heimsucht, ist der Bundesstaat kaum betroffen: Die meisten Niederschläge fallen hier zwischen Oktober und Dezember, einer Zeit, in der auch gelegentlich Tropenstürme zu verzeichnen sind. Kühlere und regnerische Tage haben aber auch ihre Schattenseiten: Weiträumige Überflutungen unterbrechen oft Straßen- und Zugverbindungen, und die alles durchdringende Nässe kann unangenehm werden.

In ganz Tamil Nadu gibt es gute und vielfältige **Übernachtungsmöglichkeiten**. Alle Orte, außer den ganz kleinen Dörfern, bieten Unterkünfte für jeden Geldbeutel. Die meisten Hotels verfügen über **Restaurants**, die ebenso wie die örtlichen Speiselokale meistens üppige *thalis* (die hier einfach als „meals" bezeichnet werden) servieren – mit einer Spur Tamarinde und auf Bananenblättern dargereicht. Die einheimische Küche ist fast ausschließlich vegetarisch. Wer Appetit auf nordindisches oder westliches Essen verspürt, sollte eines der größeren Hotels oder der gehobeneren Restaurants in den Städten ansteuern.

Geschichte

Seit dem 4. Jh. v. Chr. wird Tamil Nadu von seiner mehrheitlich dravidischen Bevölkerung geprägt, deren Ursprünge im Dunkeln liegen und die sich äußerlich von der Nordindiens unterscheidet.

Der Einfluss der mächtigen *janapadas* (Stammeskönigtümer), die sich im Norden im 4. bis 3. Jh. v. Chr. etabliert hatten, erstreckte sich nach Süden bis zum Dekkan, sie fielen jedoch nur selten in **Dravidadesa** (das Tamilenland) ein. Dieses Gebiet, das die heutigen Bundesstaaten Kerala und Tamil Nadu umfasste, wurde von drei Dynastien regiert: den **Cheras**, die über den größten Teil der Malabar-Küste (Kerala) herrschten, den **Pandyas** im tiefen Süden und den **Cholas**, deren Reich sich entlang der östlichen Coromandel-Küste erstreckte.

Im 4. Jh. errichtete die **Pallava-Dynastie** ein mächtiges Königreich, das sich in **Kanchipuram** konzentrierte. Im 7. Jh. waren die Nachfolger des ersten Pallava-Königs, Simhavishnu, in Kämpfe mit den südlichen Pandyas und den Armeen der weiter westlich in Karnataka ansässigen Chalukyas verwickelt. Die Jahrhunderte währende Pallava-Herrschaft war aber auch eine Ära der gesellschaftlichen Entwicklung. Brahmanen wurden zur herrschenden Bevölkerungsschicht. Mit dem Auftreten von *bhakti* (frommer Andacht) rückten Tempel ins Zentrum des religiösen Lebens, und die *sangam*-Literatur der Dichterheiligen begründete eine Tanz- und Musiktradition, die zu Tamil Nadus kulturellem Markenzeichen wurde. Im 10. und 11. Jh. gewannen die **Cholas** wieder an Macht und investierten ihren neuen Reichtum in die Erbauung prächtiger und imposanter Tempel.

Die **Vijayanagars**, deren Machtzentrum in Hampi (Karnataka) lag, konnten moslemische Einfälle aus dem Norden abwehren und breiteten sich bis zum 16. Jh. über den größten Teil Südindiens aus. Sie läuteten eine neue Phase architektonischer Entwicklung ein, indem sie z. B. riesige *gopuras* (Tempeltürme) einführten. In Madurai gründeten Vijayanagar-Regenten, Nayaks, ein unabhängiges Königreich, dessen Einfluss bis nach Tiruchirapalli reichte.

Zur gleichen Zeit erfuhr der Süden seine erste bedeutende Einwanderungswelle aus **Europa**. Zunächst kamen die Portugiesen, bevor Engländer, Holländer und Franzosen auf der Bildfläche erschienen. Die westlichen Mächte sahen sich bald in territoriale Streitigkeiten verwickelt. Am heftigsten waren jene zwischen den in **Pondicherry** ansässigen Franzosen und den Briten, deren Hochburg seit 1640 Fort St. George in **Madras (Chennai)** war. Am Ende mussten die Franzosen sich mit Pondicherry begnügen.

Neben gelegentlichen Aufständen gegen die Kolonialherrschaft erlebte Tamil Nadu auch antibrahmanische Proteste, insbesondere in den 1920er- und 30er-Jahren. Mit der **Unabhängigkeit** 1947 ergab sich die Notwendigkeit von Bundesstaatsgrenzen, und 1956 wurde das Land auf der Basis von Sprachregionen unterteilt. 1965 wurde die Madras Presidency zum Bundesstaat Tamil Nadu.

Seit der Unabhängigkeit hat sich Tamil Nadus Industriesektor kontinuierlich erweitert. Bis 1976 war der Staat eine Hochburg der Kongresspartei, doch dann errang die **DMK (Dravida Munnetra Kazhagam)**, die sich für die unteren Kasten einsetzt und die tamilische Identität beschwört, einen erdrutschartigen Sieg. Seither wechseln sich die DMK und die aus ihr hervorgegangene AIADMK an der Regierungsspitze ab. Mehr Infos zu diesem spannenden Polit-Drama stehen im Kasten auf S. 1027.

Chennai

Chennai (oft ist noch der alte britische Name Madras zu hören) im Nordosten von Tamil Nadu im Golf von Bengalen ist mit einer Bevölkerungszahl von fast 7,5 Millionen Indiens viertgrößte Stadt. Die heiße, verkehrsreiche und laute Metropole ist der wichtigste Verkehrsknotenpunkt des Südens. Die meisten Touristen bleiben aber nur so lange, wie man braucht, um eine Fahrkarte in einen anderen Ort zu kaufen. Die Stadt selbst wartet nur mit wenigen Attraktionen auf, bietet jedoch schöne Beispiele von **Raj-Architektur**, christliche Pilgerstätten, hervorragende **Chola-Bronzen** im Government Museum sowie zahlreiche **klassische Musik- und Tanzveranstaltungen**.

Chennai ist wie Mumbai und Kolkata vergleichsweise modernen Ursprungs. Die Stadt wurde 1639 von der **British East India Company** auf einem 5 km langen Landstreifen zwischen den Flüssen Cooum und Adyar gegründet, einige Kilometer nördlich des alten tamilischen Hafens **Mylapore** und der portugiesischen Siedlung San Thomé. Der befestigte Handelsposten, der am Tag des heiligen Georg 1640 fertiggestellt wurde, erhielt den Namen **Fort St. George**. Im Laufe der folgenden anderthalb Jahrhunderte breitete sich die Stadt als Hauptstadt der **Madras Presidency** – die den größten Teil Südindiens umfasste – weiter aus und sog viele umliegende Dörfer auf. Nachdem die Franzosen 1746 die Kontrolle über die Stadt übernommen hatten, eroberten sie die Briten unter **Robert Clive** („Clive of India") drei Jahre später wieder zurück und nutzten sie als Hauptstützpunkt für ganz Südindien. Zu dieser Zeit befand sich jedoch Kolkata (Kalkutta) bereits auf dem aufsteigenden Ast und Madras verlor seine nationale Bedeutung.

Die Renaissance der Stadt setzte nach der Unabhängigkeit ein, als sie sich zum Zentrum der tamilischen **Filmindustrie** und einer Brutstätte des **dravidischen Nationalismus** entwickelte. Die 1997 in Chennai umbenannte Metropole boomt, seit sich die indische Wirtschaft in den frühen 90er-Jahren ausländischen Investitionen öffnete. Die Kehrseite dieses schnellen wirtschaftlichen Wachstums ist eine städtische Infrastruktur, die kurz vor dem Zusammenbruch steht. Armut, erdrückende Hitze und Umweltverschmutzung hinterlassen wahrscheinlich einen stärkeren Eindruck von Chennai als der ins Auge stechende Reichtum seiner modernen, marmornen Einkaufspassagen.

Orientierung

Chennai gliedert sich in drei Hauptgebiete. Der nördliche Bezirk, der von den anderen durch den Cooum-Fluss getrennt ist, beherbergt den Stand-

Chennai (Madras)

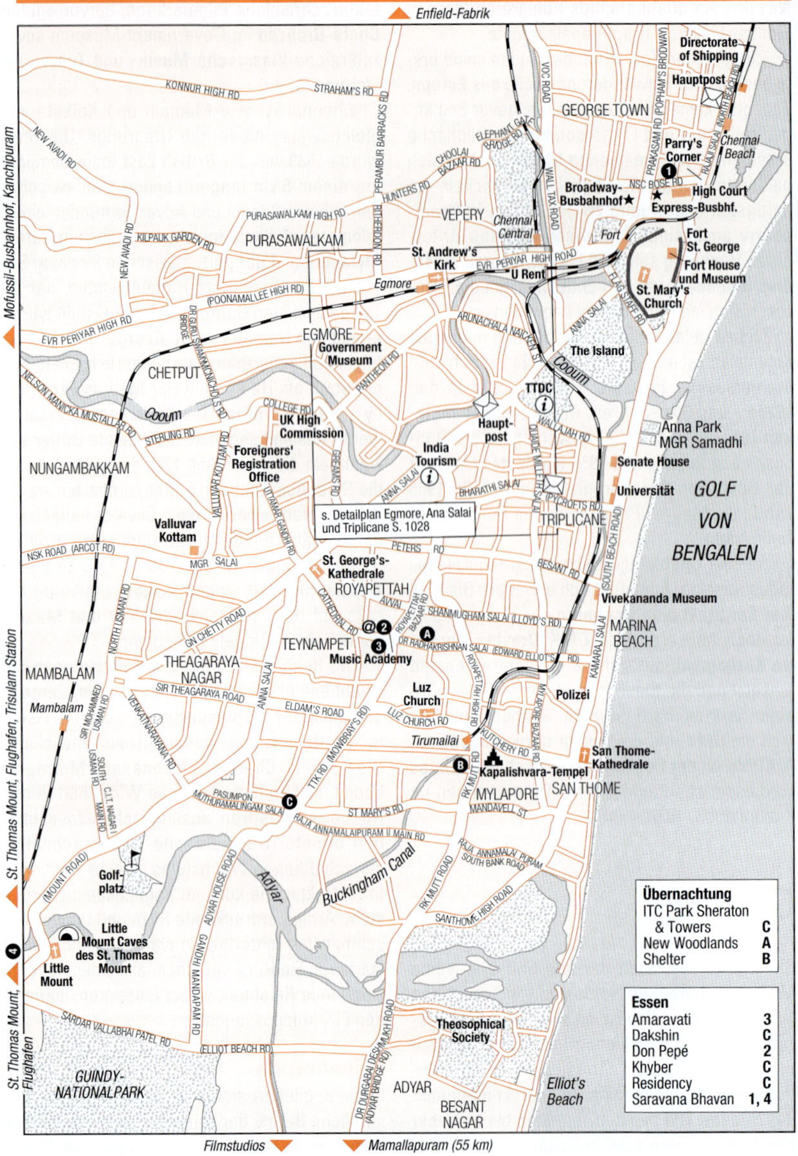

ort des ersten britischen Außenpostens in Indien, **Fort St. George**, sowie das Geschäftszentrum **George Town**, das sich während der britischen Besetzung entwickelte. Am südlichen Ende der Rajaji Salai liegt **Parry's Corner**, das Wahrzeichen von George Town und eine wichtige Bushaltestelle – immer nach dem grauen, als „Parry's" ausgewiesenen Hochhaus Ausschau halten.

Central Chennai, zwischen den Flüssen Cooum und Adyar gelegen und diagonal durchschnitten von der Hauptverkehrsader der Stadt, **Anna Salai**, ist das moderne Geschäftszentrum der Metropole. Östlich davon liegen das stimmungsvolle alte Moslemviertel **Triplicane** sowie eine lange, gerade **Marina**, wo Fischer ihre Netze ausbessern und mit kleinen Booten in See stechen und indische Touristen Saris und Hosen hochkrempeln, um ein bisschen im Wasser zu plantschen. Südlich von hier liegt nahe der Küste **Mylapore**, das im 16. Jh. von Portugiesen bewohnt wurde und den **Kapalishvara-Tempel** sowie die **San Thomé Cathedral** beherbergt, beides Touristenattraktionen und Pilgerstätten.

Fort St. George und George Town

Anders als jedes andere Fort in Indien steht das im Osten der Stadt, gleich südlich von George Town in der Kamaraj Salai, mit Blick zum Meer gelegene **Fort St. George** mitten unter Verwaltungsgebäuden. Es gleicht eher einem Komplex gut erhaltener Kolonialhäuser als einer Festung, und in der Tat werden viele seiner Gebäude heute als Büros genutzt. Das Fort war das erste Bauwerk der Stadt Madras und der erste britische Besitz in Indien. Mit dem Bau wurde 1640 begonnen, die meisten Originalgebäude ersetzte man jedoch noch im 17. Jh., nachdem sie während französischer Belagerungen beschädigt worden waren. Das beeindruckendste Bauwerk ist das in Weiß und tiefem Schiefergrau angestrichene **Fort House** aus dem 18. Jh. mit seinen Kolonnaden. Daneben beherbergt das **Exchange Building** von bescheideneren Ausmaßen das hervorragende **Fort Museum**. Die Sammlung dokumentiert anhand von Porträts, Regimentsfahnen, Waffen, Münzen der East India Company, Orden, Briefmarken und Uniformen die wichtigsten Ereignisse während der britischen Besetzung von Madras. Das obere Stockwerk dient jetzt als **Kunstgalerie**, wo Porträts von steifen Beamten und deren Gattinnen neben schönen Studien hängen, die die Briten in aristokratischem Aufzug, von indischen Dienern im Lendenschurz begleitet, beim Besteigen eines Schiffes in Madras zeigen. Ebenfalls zu sehen sind Radierungen des berühmten Künstlers **Thomas Daniells**, dessen Werk die britische Vorstellung von Indien Ende des 18. Jhs. maßgeblich beeinflusste. ◷ tgl. außer Fr 10–17 Uhr, Eintritt Rs2, Videoerlaubnis Rs25.

Südlich des Museums, an der State Legislature vorbei, steht die älteste erhaltene anglikanische Kirche in Asien, die **St. Mary's Church**, 1678 gebaut und nach der Schlacht von 1759 teilweise renoviert. Die Kirche, aus dicken Mauern und mit einem starken Gewölbedach errichtet, diente zu Kriegszeiten als Lager und Zufluchtsort. Sie ist eindeutig englisch im Stil und mit Tafeln und Statuen zum Gedenken an britische Soldaten, Politiker und deren Ehefrauen vollgestopft. Die prächtigste Gedenktafel aus reinem Silber, wurde von Elihu Yale, dem ehemaligen Gouverneur von Fort St. George (1687–96) und Gründer der Yale-Universität in den USA gestiftet. Eine Sammlung von Fotografien, die Würdenträger auf Besuch, darunter Queen Elizabeth II., zeigen, findet sich am Eingang. ◷ tgl. 9–17 Uhr.

Im ehemaligen britischen Handelszentrum **George Town**, nördlich des Fort St. George (Bus Nr. 18 ab Anna Salai), konzentrieren sich bis heute Banken, Reedereien und Straßenstände. Das verwirrende – aber nicht planlos angelegte – Straßennetz beherbergt eine faszinierende architektonische Mischung: Kirchen aus dem 18. und 19. Jh., Hindu- und Jain-Tempel sowie verstreut einige Moscheen und dazwischen herrschaftliche Stadthäuser. Im Osten, in der Rajaji Salai, befindet sich in einem mächtigen, roten, indo-sarazenischen Gebäude das **General Post Office** von 1884. George Towns südliches Ende markieren die zwiebelförmigen weißen Kuppeln und Sandsteintürme des **High Court** sowie die noch prächtigeren Türme des **Law College**, die beide starke islamische Einflüsse aufweisen.

Government Museum

Das Government Museum von Chennai beherbergt zweifellos beeindruckende archäologische Funde aus Südindien und dem Dekkan, sehenswerte Steinskulpturen aus bedeutenden Tempeln und eine unübertroffene Sammlung von Chola-Bronzen.

Im tiefroten, runden **Hauptgebäude** von 1851 widmet sich die erste Abteilung der Archäologie und Geologie. Das Highlight sind die zerlegten Tafeln, Geländer und Statuen des Stupa-Komplexes von **Amaravati** aus dem 2. Jh. n. Chr. (S. 987). Diese reizvollen Marmorreliefs mit Episoden aus dem Leben Buddhas werden als die schönsten Beispiele früher indischer Kunst angesehen. Links davon führen hohe, von Arkaden gesäumte Hallen voller ausgestopfter Tiere zur **Ethnologischen Abteilung**, wo Modelle, Kleider und Waffen neben Fotografien ausdrucksloser Gesichter in ordentlichen Reihen Volksgruppen vorstellen, von denen einige seit Langem ausgerottet sind. Die faszinierende Ausstellung von Blas-, Streich- und Schlaginstrumenten sowie Trommeln umfasst den großen Vorgänger der heutigen Sitar und einige sehr alte Tablas.

Der größte Schatz des Museums ist jedoch der moderne Flügel, der die weltweit umfangreichste und beeindruckendste Sammlung an **Chola-Bronzen** (S. 1066) beherbergt. Im Zentrum stehen große Statuen von Shiva, Vishnu und Parvati, flankiert von Glaskästen mit kleineren Figuren, darunter mehrere Skulpturen von Shiva als **Nataraja**, dem Herrn des Tanzes, umgeben von einem Ring aus Feuer. Eine der schönsten Figuren ist **Ardhanarishvara**, die androgyne Form von Shiva (vereint mit Shakti in der Überwindung der Dualität).

Die hervorragende indo-sarazenische **Kunstgalerie** zeigt alte britische Porträts, z. B. von Clive und Hastings, Miniaturmalereien aus der Rajputen- und Mogul-Zeit sowie eine kleine Sammlung von Elfenbeinschnitzereien. ◷ Government Museum tgl. außer Fr 9.30–17 Uhr, Eintritt Rs250, Fotoerlaubnis Rs200, Videoerlaubnis Rs500. Zu erreichen mit Bus Nr. 11H von der Anna Salai bis Pantheon Road, südlich des Bahnhofs Egmore.

St. Andrew's Kirk

Gleich nordöstlich des Egmore-Bahnhofs, von der Periyar EVR High Road ab, steht die St. Andrew's Kirk. Die 1821 eingeweihte Kirche ist ein schönes Beispiel georgianischer Architektur. Nach dem Vorbild der Londoner Kirche St. Martin-in-the-Fields errichtet, ist sie eine von drei Kirchen in Indien mit kreisförmiger Sitzanordnung, darüber eine riesige, blaue Kuppel mit goldenen Sternen, die von einer Reihe korinthischer Säulen gestützt wird. Eine Treppe führt zum Flachdach hinauf, das die Kuppel umgibt und von wo aus man an der massiven Glocke vorbei noch weiter hinauf zu einem winzigen Balkon klettern kann: Von hier hat man eine wunderbare Aussicht auf die Stadt.

Marina Beach

Die Marina (Kamaraj Salai), einer der längsten Stadtstrände der Welt, erstreckt sich vom Hafen am südöstlichen Ende von George Town über 5 km bis etwa zur San Thomé Cathedral. Weiter südlich passiert man das **Presidency College** (1865–71), eines von mehreren unverwüstlichen viktorianischen Gebäuden, aus denen sich die **Universität** zusammensetzt. Nebenan befindet sich das interessante **Vivekananda Museum**, im Gebäude eines Madras-Depots der Tudor Ice Company aus dem 19. Jh. Es ist Swami Vivekananda gewidmet, einem Heiligen des 19. Jhs. ◷ tgl. 10–12 und 15–19 Uhr, Mi geschl., Eintritt Rs2. Der Strand selbst ist von Spaziergängern, Ausflüglern und Ponyreitern bevölkert. Jeden Nachmittag versammelt sich eine bunte Menschenmenge auf dem hiesigen Markt. Allerdings leidet dieser Strandabschnitt sehr unter seiner Lage südlich des Hafens, von dem Abfälle und übel riechende Rauchschwaden herüberwehen, und auch seine Funktion als Toilette für die Fischer trägt nicht gerade zu seiner Schönheit bei.

Mylapore

Mylapore, südlich der Marina (Bus Nr. 4, 5 oder 21 vom LIC-Gebäude in der Anna Salai), war lange vor der Gründung von Madras eine bedeutende Siedlung. Der griechische Geograf Ptolemäus erwähnte sie im 2. Jh. n. Chr. als aufstrebende Hafenstadt. In der Pallava-Zeit (5.–9. Jh.) wurde sie an Bedeutung nur von Mamallapuram übertroffen.

Die **San Thomé Cathedral**, ein wichtiger Halt auf dem St.-Thomas-Pilgerpfad, markiert die östliche Grenze von Mylapore und liegt in Küstennähe am südlichen Ende der Marina. Der gegenwärtige neogotische Bau stammt von 1896, zuvor standen aber an derselben Stelle bereits zwei frühere Kirchen, die über dem Grab des heiligen Thomas erbaut wurden. Dessen sterbliche Überreste werden im Innern aufbewahrt und sind über einen unterirdischen Gang vom Museum im hinteren Bereich des Hofs zugänglich. ⏲ tgl. 6–20 Uhr.

Knapp 1 km westlich der Kathedrale steht der große, Shiva gewidmete **Kapalishvara-Tempel**. Tamilische Dichterheilige aus dem 7. Jh. sangen Loblieder auf ihn, doch das heutige Bauwerk stammt wahrscheinlich erst aus dem 16. Jh. Der riesige (40 m hohe) *gopura* mit seinen vielen Stuckfiguren, der über den Haupteingang im Osten wacht, wurde 1906 hinzugefügt. Im Hof, der eine Ansammlung betriebsamer Schreine umfasst, in denen Priester Gläubigen wie Nicht-Hindus ihren Segen anbieten, steht ein alter Baum, wo ein kleiner, Shivas Gefährtin Parvati gewidmeter Schrein selbige in der Form einer Pfauhenne *(mayil)* zeigt, die einen Lingam verehrt.

Little Mount Caves und St. Thomas Mount

Der heilige Thomas soll in den **Höhlen** des Little Mount Zuflucht vor seinen Verfolgern gesucht haben. Der Hügel, 8 km südlich des Stadtzentrums ist mit Bus Nr. 18, B oder 52C von der Anna Salai aus zu erreichen. Der Eingang zu den Höhlen befindet sich neben den Stufen, die zu einer Statue von Our Lady of Good Health führen. Im Innern sind neben einem kleinen natürlichen Fenster im Felsen Abdrücke zu sehen, die angeblich die Hände des heiligen Thomas hinterließen, als dieser durch diese winzige Öffnung flüchtete.

Hinter der neuen runden Kirche Our Lady of Good Health befindet sich eine natürliche **Quelle**. Der Überlieferung zufolge entstand sie, als Thomas gegen den Felsen schlug, damit die Massen, die kamen, um ihn predigen zu hören, ihren Durst stillen konnten. Proben dieses heiligen Wassers werden zum Kauf angeboten.

Der Überlieferung nach wurde der heilige Thomas mit dem Speer erstochen, als er 11 km südlich des Stadtzentrums vor einem steinernen Kreuz auf dem **St. Thomas Mount** betete. Erreichbar ist die Stelle per Vorortzug – bis zum Bahnhof Guindy – und dann weiter zu Fuß. Die Kirche **Our Lady of Expectation** (1523) auf dem Gipfel des Berges ist über einen Kreuzweg mit 134 Granitstufen oder ein Serpentinensträßchen zugänglich. Oben spendet ein riesiger alter Banyan-Baum Schatten.

Der Hauptsitz der Theosophical Society

Die Theosophical Society wurde 1875 in New York von dem Amerikaner Henry S. Olcott und der exzentrischen russischen Aristokratin Madame Helena Petrovna Blavatsky, die behauptete, über magische Kräfte zu verfügen, gegründet. Der Gesellschaft liegt der grundsätzliche Glaube an die Gleichheit und Wahrheit aller Religionen zugrunde. Tatsächlich propagierte sie aber eine moderne Form des Hinduismus, indem sie alles Indische rühmte und christliche Missionare mied. Deshalb wurden die beiden Gründer auch begeistert empfangen, als sie den Sitz der Gesellschaft 1882 nach Madras verlegten und ihre Zentrale nahe dem Elliot's Beach in Adyar einrichteten (Busse Nr 5, 5C und 23 C von George Town/Anna Salai).

Die Gebäude der Gesellschaft stehen immer noch. Sie beherbergen mehrere Schreine und eine hervorragende **Bibliothek** mit Literatur zu Religion und Philosophie, ⏲ Mo–Sa 8.30–10 und 14–16 Uhr. Die Sammlung umfasst u. a. 800 Jahre alte Rollen mit der Darstellung des Buddha, seltene tibetische Holzstiche, edle Korane, eine riesige Ausgabe von Martin Luthers *Biblia,* die vor 300 Jahren in Nürnberg gedruckt wurde, und eine Miniaturausgabe der Bibel in sieben Sprachen. Jeder ist eingeladen, sich umzuschauen, die volle Nutzung der Bücherei ist jedoch registrierten Mitgliedern vorbehalten.

Die 108 ha Wälder und Gärten, die den Hauptsitz der Gesellschaft umgeben, laden zum Ausruhen und Verweilen ein. Im Zentrum des Grundstücks steht ein riesiger, 400 Jahre alter **Banyan-Baum**, der der zweitgrößte der Welt sein soll. Er kann bis zu 3000 Menschen gleichzeitig Schatten spenden.

Übernachtung

In Chennai eine günstige Übernachtungsmöglichkeit zu finden, kann manchmal schwierig sein. Dank dem 24-Std.-Checkout ist es schwer, die Verfügbarkeit von Zimmern vorauszusagen, und einige Budgetunterkünfte nehmen keine Reservierungen an. Positiv ist jedoch, dass die billigen Unterkünfte einen besseren Standard aufweisen als in anderen Städten.

Die meisten Hotels der unteren und mittleren Preisklasse konzentrieren sich in **Egmore** um den Bahnhof und weiter östlich in **Triplicane**. Die meisten Tophotels liegen im Süden der Stadt und bieten teilweise kostenlose Shuttle-Busse vom und zum Flughafen. Aufgrund häufiger Wasserknappheit sollten Besucher so sparsam wie möglich mit dem kostbaren Nass umgehen. Die unter „Außerhalb des Zentrums" aufgeführten Unterkünfte sind auf der Hauptkarte von Chennai verzeichnet (S. 1022), alle anderen finden sich auf der Karte „Egmore, Anna Salai und Triplicane" (S. 1028).

Egmore

Masa, 15/1 Kennet Lane, ☏ 044/2819 3344, 📠 044/2819 1261. Zimmer mit Bad und TV zu verschiedenen Preisen in einem recht sauberen, modernen Gebäude nahe dem Bahnhof; gutes Preis-Leistungs-Verhältnis, jedoch keine Reservierungsmöglichkeit. Das ähnliche **Regal** dahinter ist geringfügig billiger. ❷–❹

Viel Platz für wenig Geld

Chandra Park, 55 Gandhi Irwin Rd, ☏ 044/2819 1177, 💻 www.hotelchandrapark.com. Gradliniges Businesshotel mit zentraler AC, Geldwechsel, rund um die Uhr geöffnetem Café, Bar und Dachrestaurant. Die geräumigen, hellen und gut möblierten Standard-Zimmer sind besonders zu empfehlen. ❹–❻

Nest Inn, 55/31 Gandhi Irwin Rd, ☏ 044/2819 2919, 💻 www.hotelnestinn.co.in. Beliebtes Businesshotel, jetzt mit zentraler AC. Es bietet kleine, aber komfortable und liebevoll eingerichtete Zimmer, ein Restaurant mit verschiedenen Küchen und Bar. ❺–❻

Regent, 11 Kennet Lane, ☏ 044/2819 1801, 📠 044/2819 1347. Ruhige Lodge um einen friedvollen Hinterhof. Die angemessen großen Zimmer ohne AC sind etwas schäbig, die Bäder jedoch makellos. ❸

YWCA, 1086 Periyar EVR High Rd, ☏ 044/2532 4234, ✉ ywcamadras@sancharnet.in. Attraktives, sicheres und gastfreundliches Hotel in einem ruhigen Garten hinter dem Egmore-Bahnhof. Einwandfreie, großzügig geschnittene Zimmer, sichere Verwahrung von Wertsachen, gutes Restaurant. Sehr zu empfehlen. Im Voraus buchen. Preise inkl. Frühstücksbuffet. ❹–❺

Anna Salai und Triplicane

Broadlands, 18 Vallabha Agraham St, Triplicane, ☏ 044/2854 5573, ✉ broadlandshotel@yahoo.com. Weiß getünchtes altes Haus mit bröckeligem Stuck und buntem Fensterglas, um einen grünen Hof angelegt; die Sorte von Budget-Traveller-Enklave, die man entweder liebt oder verabscheut. Mit riesiger Dachterrasse und sauberen Zimmern, einige mit Bad, Balkon und Blick auf die Moschee. ❶–❷

Cristal, 34 CNK Rd, nahe Quaide Milleth Salai, Triplicane, ☏ 044/2858 5605. Sicheres und freundliches Hotel in modernem Gebäude unter Leitung zweier Brüder. Saubere, geflieste Zimmer ohne AC, alle mit Dusche, TV Rs25 extra. Billiger geht es nicht in Chennai. ❶

Taj Connemara, Binny Rd, ☏ 044/5500 0000, 💻 www.tajhotels.com. Das aus der Raj-Ära stammende, weiß getünchte Art-déco-Luxushotel unweit der Anna Salai ist eine Institution in Chennai. Die großen „Heritage"-Zimmer verfügen über viktorianisches Dekor, Ankleideraum und Veranda mit Blick auf den Pool. Wellness-Club, 24 Std. geöffnetes Café, 2 ausgezeichnete Restaurants und eine Bar. Zimmerpreise ab ca. US$160. ❾

Von Filmstars und Ministern

Ein bemerkenswerter Unterschied zwischen der Filmindustrie von Chennai und jener in Mumbai ist der Einfluss der Politik auf tamilische Filme – eine Verquickung, die auf die Ursprünge des regionalen Kinos zurückgeht, als die Geschichten, Themen und Charaktere traditionellen Volksballaden über Helden niederer Kasten, die Schurken höherer Kasten besiegen, entlehnt wurden. Diese Millionen bereits vertrauten, Robin Hood ähnelnden Stereotypen eigneten sich hervorragend als Propagandawerkzeuge für die im Entstehen begriffene tamilische nationalistische Bewegung, die Dravida Munnetra Kazhagam oder **DMK**. Es ist kein Zufall, dass der Parteigründer, **C. N. Annadurai**, ein erstklassiger Drehbuchautor war. Wie prominente Führer der tamilischen Kongresspartei und Filmemacher der 30er- und 40er-Jahre auch nutzten er und seine Kollegen beliebte Filmgenres ihrer Zeit, um den Massen ihre politischen Ideen zu vermitteln. Aus dieser Politisierung der großen Leinwand entwickelten sich **Fangemeinden**, *rasigar manrams,* die zu Wahlzeiten eine Schlüsselrolle dabei spielten, Anhänger für die nationalistischen Parteien zu gewinnen.

Der einflussreichste Fanclub aller Zeiten wurde gegründet, um den Superstar Marudur Gopalamenon Ramachandran, Millionen einfach als **MGR** bekannt, zu unterstützen. Indem er behutsam ein politisches Image pflegte, das die Rolle des Volkshelden widerspiegelte, den er in Filmen spielte, gewann das einzelgängerische Idol der Nachmittagsvorstellungen fanatische Anhänger in der Landbevölkerung des Bundesstaates, insbesondere unter den Frauen. 1977 stieg er zum Ministerpräsidenten auf. Seine elf Jahre währende Regierungszeit wird von Liberalen noch immer als dunkles Kapitel angesehen (Korruption, Gewalttätigkeiten der Polizei, politische Säuberungen und organisiertes Verbrechen waren damals weit verbreitet). Als er 1987 verstarb, nahmen 2 Mio. Trauernde an seiner Beisetzung teil, und 31 vom Kummer überwältigte Anhänger verübten rituellen Selbstmord. Selbst heute noch wird MGRs Statue mit seinen Markenzeichen – Sonnenbrille und Mütze aus Lammwolle – in Zehntausenden von Straßenschreinen in Tamil Nadu verehrt.

MGRs politischer Schützling und spätere Nachfolgerin war ein Teenage-Filmsternchen namens **Jayalalitha**, die in einem Kloster erzogene Tochter eines Brahmanen, die MGR trotz des Altersunterschieds von über 30 Jahren zu seiner Hauptdarstellerin und Geliebten machte. Das Paar trat zusammen in 25 Filmerfolgen auf, und als MGR in die Politik ging, folgte ihm Jayalalitha und übernahm die Führung der **AIADMK** (der Partei, die MGR gegründet hatte, nachdem er 1972 von der DMK ausgeschlossen worden war). Die mittlerweile wohlbeleibte und überlebensgroß wirkende Puratchi Thalavi („Revolutionäre Führerin"), in massigen Silberumhängen und mit schwerem Goldschmuck behangen, trieb den Kult um ihre Persönlichkeit selbst für indische Verhältnisse unverschämt weit. Jayalalithas erster Amtszeit als Ministerpräsidentin wurde jedoch mit den Wahlen 1996 nach Betrugs- und Korruptionsvorwürfen in einem ihr gemäßen, gewaltigen Ausmaß ein schmachvolles Ende bereitet. Trotz Verurteilung durch den High Court drängte sie ihren Erzrivalen **M. Karunanidhi**, Parteichef der DMK, aus dem Amt und gewann ihren alten Posten als Premierministerin von Tamil Nadu zurück, den sie dann für zwei Amtszeiten – 2001 und 2002 bis 2006 – innehatte. Eine ihrer ersten Amtshandlungen bestand darin, sich an Karunanidhi zu rächen, indem sie ihn mit Tausenden seiner Anhänger unter Korruptionsvorwürfen inhaftieren ließ. Vorhersehbarerweise kehrte er zurück und schlug seine Rivalin in den Wahlen von 2006, und außerdem gewann die DMK bei den gesamtindischen Parlamentswahlen im März 2009 die meisten Sitze in Tamil Nadu.

Außerhalb des Zentrums

ITC Park Sheraton & Towers, 132 TTK Rd, ✆ 044/2499 4101, 🖳 www.welcomgroup.com. Auf dem Laufenden darüber, welchen Luxus amerikanischen Stils leitende Angestellte zu schätzen wissen, aber nicht übertrieben protzig. 3 hervorragende Restaurants, 24 Std. geöffnetes Café und weitere 5-Sterne-Einrichtungen.

Egmore, Anna Salai und Triplicane

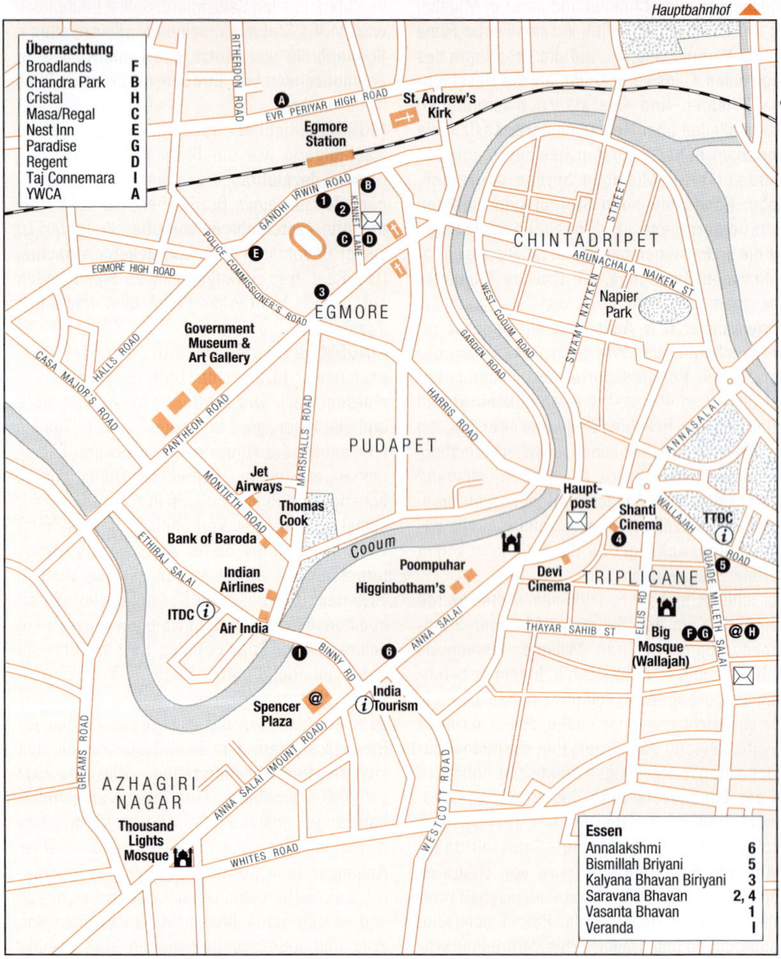

Geräumige, vornehm möblierte Zimmer machen es zu einer ausgezeichneten Wahl für Geschäftsreisende, Zimmerpreise über US$300. ❾

New Woodlands, 72–75 Dr. Radhakrishnan Salai, ✆ 044/2811 3111, 💻 www.newwoodlands.com. Komplex mit sauberen, nicht zu kleinen Zimmern und geräumigen Selbstversorger-Appartements („Cottages"). Außerdem 2 Restaurants und ein Pool. Zimmer ❺, Cottages ❻–❼

Shelter, 19–21 Venkatesa Agraharam St, Mylapore, ✆ 044/2495 1919, 💻 www.hotel

Günstig und zuverlässig

Paradise, 17/1 Vallabha Agraham St, Triplicane, ✆ 044/2859 4252, ✉ paradisegh@hotmail.com. Die sehr freundliche und zuverlässige Unterkunft bietet preiswerte Zimmer mit Bad, TV und wahlweise westliche oder indische Toiletten. Große Dachterrasse, Zimmerservice und sehr gutes Preis-Leistungs-Verhältnis, besonders für die Zimmer mit AC. ❷–❹

shelter.com. Blitzsauberes Luxushotel mit zentraler AC, einen Steinwurf vom Kapalishvara-Tempel entfernt. Die komfortablen und sauberen AC-Zimmer bieten ein besseres Preis-Leistungs-Verhältnis als die meisten anderen Nobelhotels mit vergleichbar guten Restaurants und Bar, sind allerdings etwas kitschig. ❼

Essen

In Chennai findet man vor allem preiswerte südindische Fast-Food-Restaurants und „meals" *(thalis)*-Lokale, darunter die legendäre Kette Saravana Bhavan, die hervorragendes südindisches Essen zu einem äußerst günstigen Preis bietet. Es gibt aber auch zahlreiche Mittelklasse-Optionen.

Soweit nicht anders angegeben, sind die im Folgenden aufgelisteten Restaurants in der Karte Egmore, Anna Salai und Triplicane (S. 1028) oder Chennai (S. 1022) eingezeichnet.

Amaravati, Cathedral Rd, Ecke TKK Rd (s. Karte Chennai S. 1022). Eine von 4 vertrauenswürdigen Optionen in einem Restaurantkomplex mit regionalen Spezialitäten. Bereitet vorzügliches Andhra-Essen zu, darunter leckere Biriyanis für Rs100–150.

Annalakshmi, 804 Anna Salai. Die Einnahmen dieser Einrichtung, die von freiwilligen Shivenanda-Anhängern geleitet wird, gehen an die Gemeinde. Teure Mahlzeiten (rund Rs400 pro Person) in sehr schöner Atmosphäre. Auswahl zwischen mehreren festen Menüs mit unterschiedlichen ayurvedischen Eigenschaften.

Bismillah Biriyani, 1 Triplicane High Rd. Das kleine *dhaba* serviert köstliches Huhn als Tandoori, Kebab und Biriyani. Das beste vieler solcher Lokale in dieser Straße.

Don Pepé, über dem Hot Breads, Cathedral Rd (s. Karte Chennai S. 1022). Flottes Tex-Mex-Lokal mit AC, serviert die üblichen Fajitas, Enchiladas, Tortillas, Burritos usw. sowie nicht überwältigende Pastagerichte (als „Euro-Mex" bezeichnet). Hauptgerichte um Rs150. Das Hot Breads selbst ist ein fantastisches Café mit eigener Bäckerei.

Kalyana Bhavin Biriyani, 424 Pantheon Rd, Egmore. Wie der Name schon verrät, gibt es hier vor allem Biriyani – ganz einfach, mit Huhn oder mit Lamm, serviert auf Bananenblättern mit Auberginen-Soße und zum Nachtisch eine süße Grießspeise.

Saravana Bhavan, Thanigai Murugan Rathinavel Hall, 77 Usman Rd, T Nagar (s. Karten Chennai und Egmore, Anna Salai und Triplicane S. 1022 und S. 1028). Diese berühmte südindische Fastfood-Kette ist eine Institution für die Mittelklasse von Chennai, Filialen gegenüber dem Busbahnhof in George Town, Egmore und im Vorraum des Shanti-Kinos (am oberen Ende der Anna Salai). Probieren sollte man die köstlichen *rawa iddlis* oder die verschiedenen *thalis,* abzurunden mit frisch zubereitetem *ladoo* oder *barfi* von der Süßwarentheke vor der Tür. Hauptgerichte Rs30–80.

Drei Spitzenlokale

Dakshin/Khyber/Residency ITC Park Sheraton & Towers, 132 TTK Rd (s. Karte Chennai S. 1022), ✆ 044/2499 4101. Eine Adresse, 3 hervorragende Edelrestaurants: Das **Residency** serviert indische, westliche und chinesische Küche, im **Khyber** werden leckere Grillgerichte, direkt am Pool zubereitet und das beste von allen ist das **Dakshin**, eines der besten südindischen Nobelrestaurants im ganzen Land. Es besticht mit einer riesigen Auswahl ungewöhnlicher Gerichte, wie würzig marinierten Seafood- und Fischgerichten, Lamm-Biriyani à la Karnataka oder frisch zubereiteten *iddiappam* und *appam.* Abends spielt karnartische Livemusik. Rechtzeitig reservieren; p. P. ist mit Rs600 (inkl. Vorspeise und Getränk) zu rechnen.

Vasanta Bhavan, 20 Gandhi Irwin Rd. Mit Abstand das beste der zahlreichen „meals"-Lokale rings um den Egmore-Bahnhof; aufmerksame Bedienung, hervorragender Kaffee und Süßes, zudem köstliches, rein vegetarisches Essen. Makellos sauber und billig, immer voll.

Sonstiges

Autovermietungen

Mietwagen mit Fahrer werden von den meisten besseren Hotels der Stadt, aber auch von privaten Anbietern wie **Welcome Tours & Travels**, 150 Anna Salai, ✆ 044/2846 0908, 💻 www.allindiatours.com vermittelt. Die Preise für einen Mietwagen liegen pro Tag um die Rs1200–1500 (AC-Fahrzeuge Rs1800–2000) und sind häufig verhandelbar.

Bustouren

Eine gute Möglichkeit, die Sehenswürdigkeiten von Chennai zu besichtigen, bietet die Bustour von **TTDC**. Reservierungen erledigen die entsprechenden Büros (s. unter „Informationen"). Man hat zwar wenig Zeit für die einzelnen Orte, aber die Tour lohnt dennoch, und die Führer können eine große Hilfe sein. Die **halbtägige Tour** von TTDC (tgl. 8–13 oder 13.30–18.30 Uhr; Rs140/200 ohne/mit AC) beginnt am TTDC-Büro in der Periyar EVR High Road. Sie umfasst das Fort St. George, das Government Museum (freitags stattdessen das Birla Planetarium), den Snake Park, den Kapalishvara-Tempel, Elliot's Beach und zum Schluss Marina Beach. TTDC bietet außerdem einige preiswerte **Tagesausflüge** inkl. Mahlzeiten, z. B. nach Mamallapuram, Kanchipuram und Puducherry. Routen und Preise können im TTDC-Büro erfragt werden.

Geld

In Chennai gibt es zahlreiche Banken, und viele größere Hotels bieten Geldwechsel – häufig allerdings nur für Hausgäste. Günstig im Zentrum liegt **American Express**, G-17, Spencer Plaza, 769 Anna Salai, ⏲ Mo–Fr 9.30–17.30, Sa 9.30–14.30 Uhr.
Thomas Cook unterhält Büros im Ceebros Centre, 45 Montieth Rd, Egmore; i m G-4 Eldorado Building, 112 Uttar Gandhi Salai (beide ⏲ Mo–Sa 9–18 Uhr) sowie am Flughafen. Für Barauszahlungen mit Visa-Karte wendet man sich an **Bobcards**, neben der Bank of Baroda in der Montieth Rd. In der ganzen Stadt gibt es inzwischen zahlreiche rund um die Uhr zugängliche Geldautomaten, z. B. am Flughafen und an beiden großen Bahnhöfen.

Informationen

Das äußerst effiziente und sehr hilfreiche **India Tourism Office**, 154 Anna Salai, ✆ 044/2846 0285, gibt Broschüren heraus und hilft bei der Unterkunftssuche. Außerdem bekommt man hier Adressen geprüfter Führer. ⏲ Mo–Fr 9–18, Sa 9–13 Uhr.
Tamil Nadu Tourism Development Corporation (TTDC), in einem schicken neuen Komplex in der Wallajah Road, nahe Anna Park, Triplicane, ✆ 044/2538 3333. Hier befinden sich auch die Touristenbüros zahlreicher anderer Bundesstaaten einschließlich Kerala (✆ 044/2536 9789). TTDC übernimmt auch die Reservierung für Touren oder ihre über den ganzen Staat verteilten Hotels. ⏲ Mo–Sa 10–17.30 Uhr.
Vierteljährlich erscheint das umfassende **Madura Welcome Tamil Nadu** (Rs100), in dem Fahrpläne, Unterkünfte und Touristeninformationen für Chennai und den Rest Tamil Nadus aufgelistet sind.
Über aktuelle Veranstaltungen informieren die **Internetseiten** 💻 chennai.explocity.com und www.chennaionline.com; auf letzterer Seite gibt es auch Lokalnachrichten.

Internet

Internet ist vielerorts verfügbar. Internetcafés berechnen pro Stunde rund Rs20, die Geschäftszentren der Hotels in der Regel etwas mehr.

Konsulate

Deutschland (Generalkonsulat), 49 Ethiraj Rd, MICO-Bldg, ✆ 044/2827 1747, 2827 3593 oder 2827 7637, 📠 2827 3542, ✉ germanychennai@eth.net.
Österreich (Konsulat ohne Passbefugnis), c/o Kothari Building, 115 Mahatma Gandhi Salai, ✆ 044/2833 45-13, -14, -40 oder -56,

✆ 2833 45-60 oder -04, ✉ auscon_chen@yahoo.co.in.
Sri Lanka, 196 TTK Rd, ✆ 044/2498 7896, ✉ sldehico@md3.vsnl.net.in.

Medizinische Hilfe

Das am besten ausgestattete, private Krankenhaus in Chennai ist das **Apollo**, 21/22 Greams Rd, ✆ 044/2829 3333. Eine Ambulanz erreicht man über ✆ 102, aber meistens ist es schneller, ein Taxi zu nehmen.

Post

Die **Hauptpost** befindet sich gegenüber dem Shanti-Theater in der Anna Salai. ⏲ tgl. Mo–Sa 8–20, So 10–17 Uhr. Wer es für Poste restante nutzen will, sollte sicherstellen, dass die Absender auf den Umschlag „Head Post Office, Anna Salai" schreiben. Kleinere Filialen gibt es sowohl in Egmore als auch in Triplicane.

Reisebüros

Zu den zuverlässigen Reisebüros gehören:
American Express Travels, 5th Floor, Phase 2, Spencer Plaza, 768–769 Anna Salai, ✆ 044/2852 3592.
Surya Travels, F-14 1st Floor, Spencer Plaza, ✆ 044/2852 3937.
Thomas Cook, Eldorado Building, 112 Nungambakkam High Rd, ✆ 044/2827 5052
Welcome Tours and Travels, 150 Anna Salai, ✆ 044/2846 0908.

Souvenirs

Die Spencer Plaza an der Anna Salai bietet eine ausgezeichnete Auswahl an Boutiquen, Textilgeschäften und kleinen Souvenirläden. Das **Indian Arts Emporium**, gegenüber in der 152 Anna Salai, führt ein gutes Sortiment an Kunsthandwerksobjekten, Einrichtungsgegenständen und Metallarbeiten.

Nahverkehr

Chennais Sehenswürdigkeiten und Einrichtungen sind über ein so großes Gebiet verstreut, dass man nicht umhin kommt, öffentliche Transportmittel zu benutzen. Die meisten Besucher nehmen Motor-Rikschas, aber außerhalb der Rushhour kann man auch gut mit Bussen oder Vorortzügen fahren.

Busse

Die meisten Nahverkehrsrouten beginnen an den zusammengelegten Busbahnhöfen **Express** und **Broadway** zwischen Central Station und George Town. An der Anna Salai und anderen großen Durchgangsstraßen gibt es spezielle Haltestellen – in kleineren Straßen hält man einen Bus per Handzeichen an oder stellt sich zu der wartenden Menge. Die Nummern der Busse zu bestimmten sehenswerten Orten der Stadt sind in dem entsprechenden Abschnitt im Text angegeben.

Vorortbahnen

Wer vom Zentrum Chennais nach Süden Richtung Guindy (Deer Park) oder Flughafen fahren will, nimmt am besten den Zug.
Die Züge verkehren durchschnittlich alle 15 Min. zwischen 4.30 und 23 Uhr, die Preise sind niedrig und die Züge sind nur zur Rushhour (etwa 7–9 und 16–18 Uhr) überfüllt. Den Fahrschein kauft man vor dem Einstieg in den Zug.
Die Stadtzüge verkehren zwischen Beach (gegenüber der Hauptpost), Fort, Park (für den Central-Bahnhof), Egmore, Nungambakkam, Kodambakkam, Mambalam (für T Nagar und Seidengeschäfte), Saidapet (für die Little Mount Church), Guindy, St. Thomas Mount und Trisulam (Richtung Flughafen).

Taxis und Rikschas

Chennais Ambassador-**Taxis** mit gelbem Dach verfügen über Taxameter, aber häufig weigern sich die Fahrer, sie zu benutzen, sodass man feilschen muss. Bei einem Preis von Rs150 für die Strecke von Central Station nach Triplicane manövrieren sie sich praktisch selbst aus dem Geschäft. Aus eben diesem Grund werden zuverlässigere und günstigere Funktaxis wie **Bharati Call Taxi**, ✆ 044/2814 2233, immer beliebter.
Die Motor-**Rikschafahrer** in Chennai sind berüchtigt dafür, sowohl von Einheimischen als auch von Touristen hohe Fahrpreise zu verlangen. Eine Rikschafahrt von Triplicane zu einem der beiden Busbahnhöfe, zur Egmore

oder zur Central Station sollte nicht mehr als Rs50 kosten, aber auch hier werden die Taxameter kaum eingesetzt. Wer früh am Morgen am Flughafen oder Bahnhof sein muss, sollte am Abend zuvor eine Rikscha buchen und den Preis aushandeln.

Transport

Busse

Sämtliche Fernbusse nutzen den riesigen Busbahnhof **Moffussil**, der ungünstig mehr als 10 km westlich des Zentrums im Vorort Koyambedu liegt. Die sechs Plattformen sind jeweils in ca. 30 Haltebuchten unterteilt, wo zahlreiche Busse in andere Städte Tamil Nadus und benachbarte Bundesstaaten abfahren. Ein beliebtes Reiseziel ist MAMALLAPURAM, für das sich als schnellste Verbindungen die Busse mit der Aufschrift „ECR" (East Coast Express) anbieten (alle 15–30 Min., Fahrtzeit unter 2 Std.). Moffussil ist mit anderen Teilen Chennais durch Stadtbusse verbunden, die von den gut organisierten Haltestellen vor dem Hauptterminal abfahren. Die Busse Nr. 27, 15B, 15F und 17E fahren nach Egmore/Zentrum und Parry's Corner, Nr. 27B fährt weiter bis Triplicane, Nr. 70 und 70A bedienen den Flughafen. Es ist zu beachten, dass die meisten Busse aus Mamallapuram, Puducherry und anderen südlich von Chennai gelegenen Städten am **Vorortbahnhof Guindy** Halt machen, wo man in den Zug umsteigen und damit viel Zeit sparen kann.

Busse nach:
BENGALURU (alle 15–30 Min.; 8–11 Std.),
CHENGALPATTU (alle 5–10 Min.; 1 1/2–2 Std.),
CHIDAMBARAM (20x tgl., 5–7 Std.),
COIMBATORE (alle 30 Min., 11–13 Std.),
KANCHIPURAM (alle 20 Min., 1 1/2–2 Std.),
KANYAKUMARI (10x tgl., 16–18 Std.),
KODAIKANAL (1x tgl., 14–15 Std.),
KUMBAKONAM (alle 30 Min., 7–8 Std.),
MADURAI (alle 20–30 Min., 10 Std.),
MAMALLAPURAM (alle 15–30 Min., 2–3 Std.),
PUDUCHERRY (alle 15–30 Min., 4–5 Std.),
RAMESHWARAM (3x tgl., 14 Std.),
THANJAVUR (20x tgl., 8 1/2 Std.),
THIRUVANANTHAPURAM (6x tgl., 20 Std.),
TIRUCHIRAPALLI (alle 15–30 Min., 8–9 Std.),
TIRUPATI (alle 30–60 Min., 4–5 Std.),
TIRUVANNAMALAI (alle 20–30 Min., 4–5 Std.),
UDHAGAMANDALAM (Ooty) (2x tgl., 15 Std.).

Eisenbahn

Wer mit dem Zug in Chennai ankommt, landet an einem der beiden Fernbahnhöfe, 1,5 km voneinander entfernt an der Periyar EVR High Road, nördlich vom Zentrum. Die **Egmore Station** ist der Ankunftsort der meisten Züge aus Tamil Nadu und Kerala; in der Regel kommen die meisten anderen an der **Central Station** weiter östlich am Rande von George Town an. An beiden Bahnhöfen gibt es Gepäckaufbewahrungsschalter, an der Central Station außerdem Stände für vorausbezahlte Taxis und Rikschas. Links des Hauptgebäudes der Central Station, im 1. Stock des Moore Market Komplex, verkauft der zuverlässige **Tourist Reservation Counter** (🕓 Mo–Sa 8–20, So 8–14 Uhr) Tickets für Züge von beiden Bahnhöfen. Das Reservierungsbüro im Bahnhof Egmore, links des Haupteingangs die Treppen hoch (gleiche Öffnungszeiten), erledigt ebenfalls Buchungen für beide Bahnhöfe, verfügt aber über keinen Touristenschalter.
Züge zu den meisten Zielorten im südlichen Tamil Nadu fahren von der Egmore Station ab, einige fahren aber auch vom Vorortbahnhof **Tambaram** ab.

Züge nach:
BENGALURU (Bangalore) (7x tgl., 5–8 1/2 Std.),
CHENGALPATTU (9–10x tgl., 1–1 1/2 Std.),
COIMBATORE (6x tgl., 7 3/4–8 Std.),
ERNAKULAM (mit Anschluss nach Kochi) (4x tgl., 11–14 1/4 Std.),
HYDERABAD (2x tgl.; 14–14 1/2 Std.),
KANYAKUMARI (1–2x tgl., 13–17 Std.),
KODAIKANAL ROAD (3–4x tgl., 7 1/2–8 1/2 Std.),
KUMBAKONAM (2x tgl., 7 3/4–8 1/2 Std.),
MADURAI (6–8 tgl.*, 7 3/4–10 1/2 Std.),
METTUPPALAYAM (1x tgl., 9 1/4 Std.),
MUMBAI (3x tgl., 23–28 1/2 Std.),
MYSORE (1–2x tgl., 7–10 1/2 Std.),
PUNE (3x tgl., 19–24 1/4 Std.),
THANJAVUR (1x tgl., 7 3/4 Std.),

Empfohlene Züge von Chennai

Zielort	Name des Zuges	Nr.	Ab	Uhrzeit	Reisedauer
Bengaluru	Shatabdi Express*	12007	Central	06.00 Uhr	4 3/4 Std.
	Bangalore Mail	12657	Central	23.15 Uhr	6 Std.
Coimbatore	Kovai Express	12675	Central	06.15 Uhr	7 1/2 Std.
	Cheran Express	12673	Central	22.10 Uhr	8 Std.
Hyderabad	Charminar Express	12759	Central	18.10 Uhr	13 3/4 Std.
Kanyakumari	Kanniyakumari Express	12633	Egmore	17.30 Uhr	13 1/4 Std.
Kochi/ Ernakulam	Alleppey Express	16041	Central	21.15 Uhr	11 3/4 Std.
	Trivandrum Mail	12623	Central	19.45 Uhr	10 1/4 Std.
Kodaikanal Road	Pandian Express	12637	Egmore	21.15 Uhr	7 3/4 Std.
Madurai	Vaigai Express	12635	Egmore	12.45 Uhr	8 Std.
Mettupalayam (für Ooty)	Nilgiri Express	12671	Central	21.00 Uhr	9 1/4 Std.
Mumbai	Mumbai Express	11042	Central	11.55 Uhr	26 Std.
	Dadar Express	12164	Egmore	06.50 Uhr	23 3/4 Std.
Mysore	Shatabdi Express*	12007	Central	06.00 Uhr	7 Std.
	Mysore Express	16222	Central	21.30 Uhr	10 1/2 Std.
Thanjavur	Rock Fort Express	16177	Egmore	22.30 Uhr	7 3/4 Std.
Thiruvananthapuram	Trivandrum Mail	12623	Central	19.45 Uhr	15 1/2 Std.
Tirupati	Sapthagiri Express	16057	Central	06.25 Uhr	3 Std.

* außer Mi; nur AC

THIRUVANANTHAPURAM (2–3x tgl.; 15 3/4–18 1/4 Std.), TIRUCHIRAPALLI (9–10x tgl., 5 1/4–6 3/4 Std.), TIRUPATI (3x tgl., 3–3 1/2 Std.), VIJAYAWADA (10–11x tgl., 6 1/2–8 1/2 Std.).

Flüge

Der **Chennai Airport** in Trisulam, 16 km südwestlich des Stadtzentrums am NH-45, wird umfassend von internationalen und nationalen Flügen bedient, und die beiden Terminals (der nationale wird auch als **Meenambakkam** bezeichnet) liegen zu Fuß nur eine Minute voneinander entfernt. In der Haupthalle befinden sich ein 24 Std. geöffnetes Postamt, Geldwechselschalter sowie eine Reihe von Snackbars. Sollte der Stand des **Government of Tamil Nadu Tourist Information Centre** beim Ausgang der Ankunftshalle besetzt sein, kann man hier eine Unterkunft reservieren. Direkt vor dem Ausgang des Inlandterminals befindet sich außerdem ein computergesteuerter **Reservierungsschalter** für Bahnfahrkarten, ⌚ Mo–Sa 8–14 und 14.15–20, So 8–14 Uhr.

Bei beiden Terminals gibt es Schalter für Taxicoupons. **Taxis** berechnen für die 35-minütige Fahrt zu den großen Hotels oder Bahnhöfen um die Rs300; **Rikschas** (Abfahrt an der Hauptstraße) verlangen Rs150–200. Ein Taxi nach **Mamallapuram** kostet um Rs940. Am günstigsten und schnellsten gelangt man mit einer Vorortbahn in die Stadt (S. 1031), und zwar ab dem Bahnhof **Trisulam**, 500 m vom Flughafen am anderen Ende der Straße, in 30–40 Min. zu den Bahnhöfen Park, Egmore und North Beach. Wer Chennai direkt mit dem Bus verlassen möchte, fährt mit dem Stadtbus Nr. 70 oder 70a zum Busbahnhof Moffussil (S. 1032). Alle größeren Fluggesellschaften wie Jet Airways, Air India und Kingfisher sowie ein paar kleinere Airlines bieten Verbindungen zu allen möglichen Zielen in ganz Indien. Es gibt tgl. über 10 Flüge nach DELHI, MUMBAI, BENGALURU und HYDERABAD. Derzeit wird außerdem 3x tgl. PORT BLAIR angeflogen.

Nationale Fluggesellschaften
Go Air, ✆ 1800/222 111;
IndiGo Airlines, ✆ 1800/180 3838;

Jet Airways, ✆ 044/3987 2222;
JetLite, ✆ 1800/223 020;
Kingfisher Airlines, ✆ 044/4398 8400;
Paramount Airways, ✆ 044/4219 9999;
SpiceJet, ✆ 1800/180 3333.

Internationale Fluggesellschaften
Air India, ✆ 044/2855 4488, Flughafen ✆ 044/2256 0747;
American Airlines, ✆ 1800/200 1800;
British Airways, ✆ 1800/102 3592;
Gulf Air, ✆ 044/2815 6244;
Lufthansa, ✆ 1800/102 5838;
Qatar Airways, ✆ 044/4289 6000;
Singapore Airlines, ✆ 044/3254 7771;
Sri Lankan Airlines, ✆ 044/4392 1100;
Thai Airways, ✆ 044/4206 3311.
🕒 für die meisten Büros: Mo–Fr 10–17, Sa 10–13 Uhr

Schiffe

Boote verlassen Chennai alle 7 bis 10 Tage in Richtung **Port Blair**, Hauptstadt der **Andamanen**. Ein Ticket zu bekommen kann allerdings Nerven kosten. Zunächst kontaktiert man das Directorate of Shipping in der Rajaji Salai, George Town, um zu erfahren, wann das nächste Schiff ausläuft und ab wann die Tickets erhältlich sein werden (gewöhnlich eine Woche vor Abfahrt). Am Tag der Abfahrt werden allerdings keine Tickets mehr verkauft.

Der Nordosten

Angesichts der Hitze und Luftverschmutzung in Chennai fliehen die meisten Besucher so schnell sie können die Coromandel-Küste hinunter zum indischen Steinmetzzentrum **Mamallapuram**, zu dessen alten Bauwerken der berühmte Shore-Tempel und eine Reihe außergewöhnlicher Felsskulpturen zählen. Unterwegs lohnt es sich, den Bus für einen Besuch des Museumsdorfes **Dakshina Chitra**, 30 km südlich von Chennai, zu verlassen. Letzteres ist ein herausragendes Volkskundemuseum, wo traditionelle Gebäude aus ganz Südindien rekonstruiert wurden.

Weiter im Landesinneren liegt **Kanchipuram**, ein wichtiger Wallfahrtsort und ein Zentrum der Herstellung von Seidensaris. Von dort kann man in südwestlicher Richtung nach **Tiruvannamalai** fahren, einer Tempelstadt mit viel Atmosphäre am Fuße des heiligen Berges Arunachala. An der Küste lädt die ehemalige französische Kolonie **Puducherry** mit Croissants und Espresso zum Frühstücken ein. Eine kurze Fahrt nach Norden führt zur Zukunftsstadt **Auroville**, einer utopischen Siedlung, die von Anhängern der spirituellen Nachfolgerin Sri Aurobindo Ghoses, „The Mother", gegründet wurde. Der Ort hat sich als New-Age-Enklave für Westler auf Seelensuche etabliert und bringt der lokalen Wirtschaft willkommene Einnahmen.

Sowohl Mamallapuram als auch Puducherry verfügen über gute Busverbindungen nach Chennai; die Busse verkehren auf der ebenmäßigen East Coast Road. Man kann Puducherry auch per Bahn erreichen, muss dafür jedoch gewöhnlich in **Villupuram** umsteigen, von wo die Verbindungen langsam und relativ selten sind.

14 HIGHLIGHT

Mamallapuram

Die kleine und mit einem Weltkulturerbe geschmückte Küstenstadt Mamallapuram (auch Mahabalipuram), 58 km südlich von Chennai, liegt am Fuße eines riesigen Felsenhügels am Golf von Bengalen. Von morgens bis abends ist in den sandigen Straßen der Klang der Meißel zu hören, die Granit hauen – Indiz für eine Steinmetztradition, die sich seit der Zeit, als dies ein wichtiger Hafen der Pallava-Dynastie war (zwischen dem 5. und 9. Jh.), gehalten hat. Über den Sinn und Zweck der meisten Felsmonumente lässt sich nur spekulieren. Es scheint jedoch, als wären die Friese und Schreine gar nicht für die Andacht bestimmt, sondern eher als ein Aushängeschild für das Können lokaler Künstler gedacht gewesen. Insbesondere aufgrund des ausgedehnten Seehandels der Pallavas hatte ihr Kunst- und Architekturstil einen

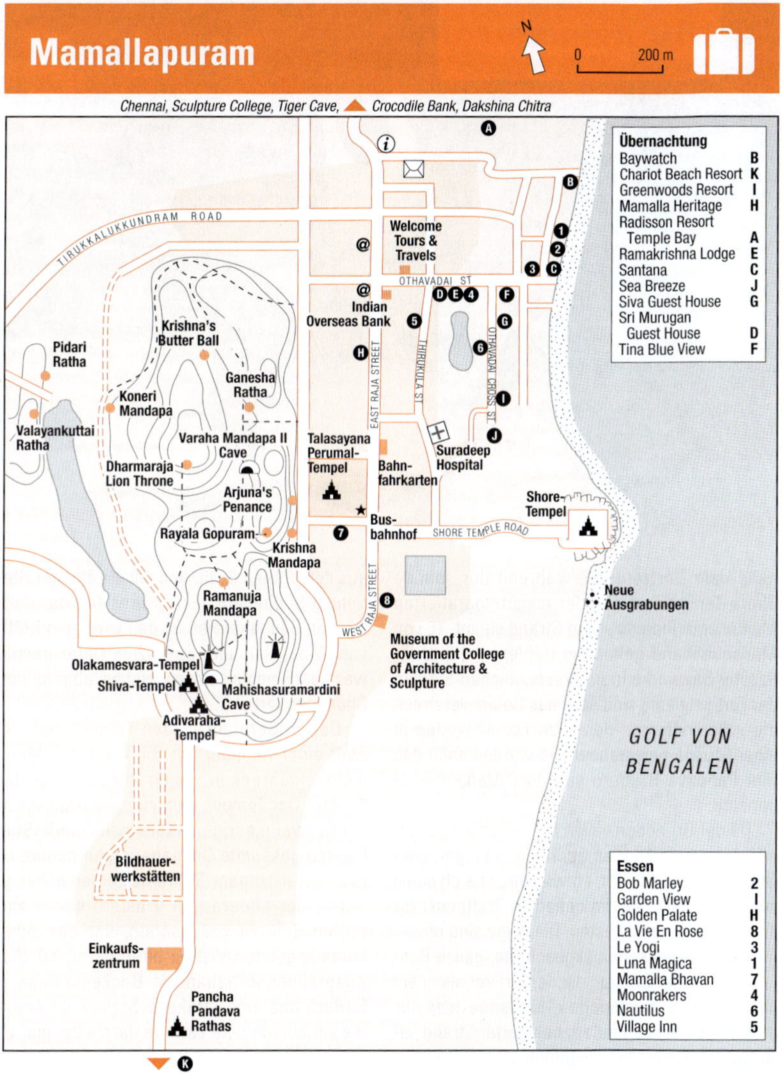

Tamil Nadu

weit reichenden Einfluss, und zwar von Südindien nach Norden bis Ellora und sogar bis nach Südostasien.

Mamallapurams Bauwerke unterteilen sich in vier Kategorien: **Felsenreliefs** im Freien, struktive **Tempel**, von Menschenhand geschaffene **Höhlen** und **Rathas** („Wagen": An Ort und Stelle aus einem einzigen Felsen gehauen, sollen sie Tempeln ähneln oder den Wagen, die in Tempelprozessionen eingesetzt werden). Die berühmten Felsenreliefs **Arjuna's Penance** und **Krishna Mandapa** schmücken gewaltige Felsen

nahe dem Dorfzentrum, während der schöne **Shore-Tempel** – eines der meistfotografierten Monumente Indiens – den Strand säumt. 16 von Menschenhand gehauene Höhlen und monolithische Bauwerke in unterschiedlichen Stadien der Fertigstellung sind über das Gebiet verstreut; die vollständigsten der neun *rathas* stehen in einer Gruppe beieinander. Sie wurden nach den fünf Pandava-Brüdern aus dem *Mahabharata* benannt.

Da der Ort neben vielen beeindruckenden archäologischen Funden auch einen langen weißen **Sandstrand** bietet, entwickelte er sich quasi zwangsläufig zu einem beliebten Treffpunkt für Traveller aus dem Westen. Die Folge sind unvermeidliche Modeschmuckgeschäfte, ganze Busladungen voller Städter, die den Ort vor allem am Wochenende heimsuchen, Massage-*wallahs,* ein von Straßenverkäufern belagerter Strand, eine große Anzahl von Billighotels und viele kleine Fischrestaurants.

Der Shore-Tempel (Tempel am Ufer)

Kilometerweit am Strand sichtbar hebt sich der Ufertempel von Mamallapuram als auffällige Silhouette vom tosenden Ozean ab. Er stammt aus dem frühen 8. Jh. und gilt als ältester Steintempel Südindiens. Ein großer Teil der detailreichen Bildhauereien ist den vereinten Kräften von Wind, Salz und Sand zum Opfer gefallen, was dem Komplex einen weichen, abgerundeten Charakter verleiht.

Der größere der beiden Türme erhebt sich über einer Kammer mit Blick auf das Meer – nicht erschrecken, wenn kecke Affen darin kauern! Der Tempel, dem man sich von Westen durch zwei niedrige, mit kleinen Nandi (Stier)-Figuren gesäumte Ummauerungen nähert, umfasst zwei Lingam-Schreine (einer blickt gen Osten, der andere gen Westen) sowie einen dritten Schrein dazwischen, der das Bildnis eines liegenden Vishnu beherbergt. Kürzliche Ausgrabungen haben ein Becken zutage gefördert, das eine struktive Steinsäule enthält, die vermutlich eine Laterne darstellte, und eine riesige Varaha (Vishnu in der Inkarnation eines Ebers), ausgerichtet nach dem Vishnu-Schrein. Der Fund legt nahe, dass die Gegend schon lange, bevor die Pallavas sie als Tempelstätte wählten, ein heiliger Ort war. 🕓 tgl. Sonnenauf- bis -untergang, Eintritt Rs250 inkl. Pancha Pandava Rathas, wenn sie am selben Tag besucht werden.

Krishna Mandapa und Arjuna's Penance

Etwas westlich des Dorfzentrums, unweit der Shore Temple Road, zeigt das riesige, unter dem Namen **Krishna Mandapa** bekannte Flachrelief Krishna, wie er den Berg Govardhana mit einer Hand emporhebt. Nach der ursprünglichen Absicht des Künstlers sollte wohl der Felsen über Krishna den Berg darstellen, doch die von den Vijayanagars im 17. Jh. hinzugefügte Mandapa (Eingangshalle) lässt das Bildhauerwerk nicht deutlich erkennen. Krishna ist außerdem eine Kuh melkend und Flöte spielend zu sehen. Andere Figuren stellen *gopas* und *gopis* dar, Hirtenjungen und -mädchen aus seiner Jugendzeit, die Krishna unter Hirten verbrachte. Zur Linken sitzen Löwen, darunter einer mit einem menschlichen Gesicht, und über ihnen befindet sich ein Ochse.

Ein weiteres Flachrelief, **Arjuna's Penance** (Arjunas Buße) – auch unter dem Namen „Erdenfahrt des Ganges" bekannt – befindet sich einige Meter weiter nördlich, gegenüber dem modernen Talasayana Perumal-Tempel. Die Oberfläche dieses Felsens ziert eine Fülle detailreicher Bildhauereien, am bemerkenswertesten die reizenden, naturalistischen Tierdarstellungen.

Auf der linken Seite ist Arjuna, einer der Pandava-Brüder und ein vollendeter Bogenschütze, auf einem Bein stehend zu sehen. Er schaut durch ein von seinen Händen gebildetes Prisma in die Mittagssonne, über Shiva nachsinnend, der daneben als Statue erscheint, die von Arjuna selbst geformt wurde. Das *Shiva Purana* erzählt, dass Arjuna eine Reise in einen Wald am Ufer des Ganges unternahm, um Buße (engl. *penance)* zu tun, in der Hoffnung, Shiva würde sich dann von seiner Lieblingswaffe trennen, dem *pashupatashastra*, einem Zauberstock oder -pfeil. Shiva erschien schließlich in der Gestalt von Kirata, einem wilden Waldbewohner, und suchte Streit mit Arjuna über einen Eber, den beide erlegt zu haben behaupteten. Arjuna erkannte erst, als seine Versuche, den wilden Mann zu verprügeln, sich als unwirksam erwiesen, dass es sich um die Gottheit handelte. Nachdem er nur knapp dem Tod entronnen war, belohnte ihn Shiva schließlich mit der kostbaren Waffe. Nicht weit von hier steht eine abgemagerte (vermutlich asketische) Katze auf ihren Hinterpfoten, die Arjunas andächtige Haltung nachahmt und von Mäusen umringt ist.

Rechts von Arjuna stellt eine natürliche Spalte den **Ganges** dar, samt *nagas* – Wassergeistern in Form von Kobras.

Ganesha Ratha und Varaha Cave

Gleich nördlich von Arjuna's Penance führt ein Pfad zu einem einzelnen Monolithen, dem **Ganesha Ratha**. Die hiesige Darstellung von Ganesh stammt aus dem 20. Jh. Es wird mitunter behauptet, dass sie auf Anregung des englischen Königs George V. angefertigt worden sei. Die Skulptur eines Schutzdämonen mit einem Dreispitz als Kopfschmuck am einen Ende des *ratha* erinnert an die 4000 Jahre alte gehörnte Figur der Industalkultur, die auch als „Proto-Shiva" bezeichnet wird.

Hinter Arjuna's Penance, südwestlich des Ganesha Ratha, liegt die **Varaha Mandapa II Cave**, in deren Eingangshalle sich zwei Säulen mit gehörnten Löwen als Basen und eine von zwei *dvarpalas* (Wächtern) flankierte Kammer befinden. Eines der vier Paneele zeigt Vishnu in der Inkarnation eines Ebers, dessen einer Fuß auf dem *naga*-Schlangenkönig ruht, während er eine kleine Prithvi – die Erde – aus dem Urozean hebt.

Ein weiteres stellt Gajalakshmi dar, die Göttin Lakshmi auf einem Lotus sitzend, während sie von zwei Elefanten gebadet wird. Trivikrama, Vishnu in der Inkarnation als Zwerg, der die Welt in drei Schritten überbrückt, um den Dämonenkönig Bali zu bezwingen, ist auf einem weiteren Paneel zu sehen, und auf dem vierten schließlich sieht man eine vierarmige Durga.

Etwas nördlich von Arjuna's Penance balanciert oben auf einem Bergkamm ein gewaltiger, natürlicher, fast kugelförmiger Felsen namens **Krishna's Butter Ball**. Ausflügler und Ziegen ruhen sich oft in seinem Schatten aus.

Die Leuchttürme und die Mahishasuramardini Cave

Am höchsten Punkt bietet südlich von Arjuna's Penance das von steilen Pfaden, unvollendeten Tempeln, Ruinen, herumtollenden Affen und gewaltigen Felsen umgebene **New Lighthouse** schöne Ausblicke nach Osten zum Shore-Tempel und nach Westen über Reisfelder und mit Felsen übersätes Flachland. Daneben steht der **Olakanesvara-** („flammenäugige" Shiva)- oder **Old Lighthouse-Tempel**, der bis zum Beginn des 20. Jhs. als Leuchtturm diente und aus der Rajasimha-Zeit (674–800 n. Chr.) stammt.

Zwischen den beiden Leuchttürmen schmiegt sich die **Mahishasuramardini Cave** in den Felsen. Ihr zentrales Bildnis zeigt Shiva und Parvati mit dem Kind Murugan auf Parvatis Schoß. Shivas rechter Fuß ruht auf dem Rücken des Stieres Nandi, und Parvati sitzt entspannt da, auf ihre linke Hand gestützt. An der linken Wand, hinter einer leeren Kammer, stellt ein Paneel Vishnu auf der Schlange liegend dar; seine ruhende Haltung steht in Kontrast zu den Waffen schwingenden Dämonen Madhu und Kaithaba. Andere Figuren bitten Vishnu um Erlaubnis, die Monster jagen zu dürfen.

Gegenüber zeigt ein raffiniert gestaltetes Paneel die achtarmige Göttin **Durga** als Mahishasuramardini, die „Bezwingerin" des Büffeldämonen **Mahishasura**, auf einem Löwen reitend mitten im Kampf. Sie wird von *ganas* (Zwergen) begleitet und trägt einen Bogen und andere Waffen. Rechts ist Mahishasura mit einem Knüppel in Begleitung anderer Ungeheuer auf der Flucht zu sehen.

Das winzige **Government College of Architecture and Sculpture Museum** in der West Raja St, nahe dem Leuchtturm, beherbergt eine recht bunte Sammlung unbeschrifteter Pallava-

Die Tempel von Tamil Nadu

Kein indischer Staat wird stärker von seinen Tempeln dominiert als Tamil Nadu, dessen Tempelarchitektur durch die Geschmäcker der aufeinanderfolgenden Dynastien führt und die zentrale Rolle der Religion im südindischen Alltag widerspiegelt. Die Mehrzahl wurde zu Ehren Shivas, Vishnus und deren Gefährtinnen errichtet. Für alle charakteristisch sind nicht nur die Anlage und die Skulpturen, sondern auch das ständige Treiben – Gebete, Tanz, Gesang, *pujas*, Feierlichkeiten und Festessen. Jeder Tempel wird von brahmanischen Priestern geleitet, die an ihren *dhotis* (Lendentuch), einer heiligen Schnur um die rechte Schulter und Zeichen auf der Stirn zu erkennen sind. Ein bis drei waagerechte Striche (gewöhnlich weiß) kennzeichnet Shaivas; senkrechte Striche (gelb oder rot), die oft fast in einer V-Form zusammenlaufen, sind dagegen unter Vaishnavas üblich.

Dravida, die Tempelarchitektur Tamil Nadus, entstand im Pallava-Hafen von **Mamallapuram**. Die frühesten Pallava-Bauwerke waren **Mandapas**, in Felsen gehauene Schreine mit Säulen am Eingang. Sie stehen eine Entwicklungsstufe über den Höhlenschlupfwinkeln von Hindu- und Jain-Asketen. Das einmalige Flachrelief **Arjuna's Penance** zeigt die Steinmetzkunst der Pallavas in ihrer vollendeten Form. Diese bildhauerischen Fertigkeiten wurden auf frei stehende Tempel, **Rathas**, übertragen, die aus einem einzigen Stein gehauen wurden und die wesentlichen Elemente der Hindu-Tempel vereinten: ein dunkles inneres Heiligtum *(garbhagriha)*, gekrönt von einem einfachen Spitzturm, der sich wiederholende architektonische Motive aufweist. Der Shore-Tempel von Mamallapuram wurde dann mit drei Schreinen gebaut und von einem den hohen Dächern der *rathas* ähnlichen *vimana* (ein Tempelturm mit Stufendach) gekrönt; Statuen von Nandi, Shivas Stier, überragen seine niedrigen Mauern.

Im schönsten Pallava-Tempel, dem Kailasanatha-Tempel in **Kanchipuram**, steht das Heiligtum in einem von hohen Mauern eingeschlossenen Hof. Die Bildnisse Shivas, seiner Gefährtin und grausiger mythischer Löwen *(yalis)* dienten als Vorbild für spätere Stile.

Die Pallava-Formen wurden in Karnataka von den Chalukyas und Rashtrakutas entwickelt, doch die nächste architektonische Phase führten im 10. Jh. die shaivitischen **Cholas** Tamil Nadus an. In **Thanjavur** schuf Rajaraja I. den Brihadeshwara-Tempel in erster Linie als Statussymbol. Seine Proportionen übertreffen bei Weitem jene der Bauwerke der Pallavas. Das Heiligtum, das in einem großen, ummauerten

Skulpturen, die in und um Mamallapuram gefunden wurden. ⌚ Mo–Sa 10–17 Uhr, Eintritt Rs2, Fotoerlaubnis Rs10.

Pancha Pandava Rathas (Fünf Rathas)

Auf einem sandigen Gelände 1,5 km südlich des Dorfzentrums steht die beeindruckende Gruppe von Monolithen, die Pancha Pandava Rathas, die „fünf Wagen der Pandavas". Sie stammen aus der Zeit Narasimhavarmans I. (ca. 630–670 n. Chr.) und bestehen aus fünf frei stehenden Skulpturen, die Tempel und einige wunderschön gearbeitete, lebensgroße Tiere nachbilden.

Die „Architektur" der *rathas* spiegelt die Vielfalt der Stile wider und stellt geradezu ein Modell für einen Großteil der folgenden Entwicklung des südlichen Stils dar. Es wurde immer von oben nach unten gemeißelt, sodass der Künstler am oberen Teil arbeiten konnte, ohne befürchten zu müssen, Darunterliegendes zu beschädigen. Verblüffenderweise geht man davon aus, dass die *rathas* nie der Andacht dienten.

Der südlichste und größte *ratha,* nach dem ältesten der Pandava-Brüder benannt, ist der pyramidenförmige **Dharmaraja**. Er steht auf einem quadratischen Sockel. Jede Stufe des mehrstöckigen Pyramidendaches ist mit einer Reihe Vorbauten versehen. Vier Eckblöcke, jeweils mit zwei Paneelen und Statuen verziert, werden von zwei Säulen und Stützpfeilern unterbrochen, die von sitzenden Löwen getragen werden. Zu den Figuren auf den Paneelen gehören Ardhanarishvara (Shiva und seine Gefährtin in einer Gestalt), Brahma, König Narasimhavar-

Hof liegt und vor dem sich eine kleine *mandapa* befindet, liegt unter einem über 60 m hohen, mit Bildhauerarbeiten verzierten *vimana.* Die meisten Skulpturen stellen auch hier Shiva dar, doch die *gopuras* (Türme) zu beiden Seiten des östlichen Tores zum Hof waren eine Neuheit, ebenso wie die in den unteren Teil der Wände des Heiligtums gemeißelten Löwen und der über Nandi errichtete Pavillon vor dem Sanktuarium.

Der zweite große Chola-Tempel wurde von Rajendra I. in **Gangaikondacholapuram** errichtet. Anstelle eines mächtigen *vimana* führte er neue Elemente ein. So fügte er Nebenschreine hinzu und platzierte eine erweiterte Mandapa, um deren Säulen sich Tänzer und Gottheiten winden, vor dem zentralen Heiligtum.

Zu Zeiten der **Vijayanagar-Könige** des 13. Jhs. stand der Tempel im Mittelpunkt des Stadtlebens. Er bildete das Zentrum der Stadtversammlungen, der Bildung, des Tanzes und Theaters. Die Vijayanagars erweiterten frühere Bauwerke, indem sie eine Reihe von *prakaras* (Höfe) ummauerten und frei stehende Mandapas als Versammlungshallen, Elefantenställe, Bühnen für Musik und Tanz sowie Hallen für Hochzeitszeremonien errichteten. Diese Mandapas mit wunderbar verzierten Säulen wurden als **1000-Säulen-Hallen** *(kalyan mandapas)* bekannt. **Becken**, die sowohl als Wasserreservoirs als auch als Waschbereiche dienten, wurden hinzugefügt. Sie fanden auch bei Festen Verwendung, wenn Götterstatuen in Booten auf dem Wasser treiben gelassen wurden.

Unter den Vijayanagars wurden die *gopuras* vergrößert und in allen vier Himmelsrichtungen über den hohen Toren zu jedem Prakara aufgebaut, um zum augenfälligsten Merkmal zu werden. Der Grundriss ist rechteckig, und die **Türme** sind mit Bildnissen von Tieren, lokalen Heiligen oder Herrschern sowie Gottheiten verziert. *Gopuras* werden regelmäßig in Rosa, Blau, Weiß und Gelb frisch angestrichen, was einen fröhlichen Kontrast zu den Braun- und Grautönen der dahinter liegenden Hallen und Heiligtümer bildet.

Madurai ist der Ort für ein Studium der Vijayanagar-Architektur. Die Tempel beleben sich regelmäßig zu Festzeiten, wenn Gläubige Shiva und seine „fischäugige" Gefährtin auf schweren Holzwagen durch die Stadt ziehen. Der Tempel in **Srirangam**, außerhalb von Tiruchirapalli, wurde von den Vijayanagar-Nayaks erweitert und damit zum größten Tempel Südindiens. Anders als der in Madurai integriert er frühere Chola-Grundmauern, aber die Ausschmückung mit Säulen in Form von sich aufbäumenden Pferden ist einzigartig.

man I. und Harihara (Shiva und Vishnu in einer Person). Die mittlere Stufe zeigt u. a. Bildhauereien von Shiva Gangadhara und eine der ältesten Darstellungen in Tamil Nadu vom tanzenden Shiva, Nataraja, der in der Region eine wichtige Stellung einnehmen sollte. Der **Bhima Ratha** daneben, der größte der Gruppe, ist am unvollkommensten. Die oberen Stufen, die keinerlei Skulpturen zieren, weisen wie der Dharmaraja, falsche Fenster und Vorbauten auf.

Die Arjuna- und Draupadi-*rathas* haben einen gemeinsamen Unterbau. Hinter dem **Arjuna**, dem vollständigsten der gesamten Gruppe und dem Dharmaraja sehr ähnlich, steht eine hervorragende, unvollendete Plastik von Shivas Stier Nandi. **Draupadi** ist innerhalb der Felsenarchitektur einmalig mit seinem Dach, das so aussieht, als ruhe es auf einer strohgedeckten Hütte. Im Innern befindet sich ein Bildnis von Durga. Die Figur ihres Löwenreittiers draußen ist allerdings auf der gleichen Seite angeordnet, nicht mit Blick auf die Göttin, was darauf hindeutet, dass dies kein echter Tempel war. Im Westen steht nahe einer lebensgroßen Elefantenskulptur der nach den Zwillingsbrüdern **Nakula** und **Sahadeva** benannte *ratha*.

🕓 tgl. Sonnenauf- bis -untergang, Eintritt Rs250 inkl. Shore-Tempel, wenn er am selben Tag besucht wird.

Übernachtung

Die Preise für Unterkünfte sind – von der Weihnachtszeit abgesehen – durchaus verhandelbar. Alle preiswerten und Mittelklassehotels befinden sich im Ortskern und 2 teurere Resorthotels im Außenbezirk. Aller hier gelisteten Unterkünfte liegen entweder am Strand oder zumindest in unmittelbarer Nähe.

Mamallapuram leidet sehr unter aggressiven Schleppern, die für einige wenige Hotels arbeiten. Am besten ignoriert man sie einfach und begibt sich direkt zum Ziel seiner Wahl.

Baywatch, Fishermens Colony, 📞 9840 297152, ✉ hotelbaywatch@yahoo.co.in. Gut geschnittenes Gästehaus mit elegant eingerichteten Zimmern; die im oberen Stock sind teurer. Nur eine Häuserzeile vom Strand entfernt; teilweise Meerblick. ❶–❷

Chariot Beach Resort, 69 Five Rathas Rd, 📞 044/2498 6364, 💻 www.chariotbeachresorts.com. Brandneue Unterkunft mit uneingeschränktem Meerblick. Zentraler 57 m langer Pool und nur 5 Fußminuten zu den Five Rathas. Große, traumhaft möblierte Zimmer (US$230), luxuriösere Häuschen (US$320) und Suiten mit Meerblick (US$350). ❾

Mamalla Heritage, 104 East Raja St, 📞 044/2744 2060, 💻 www.hotelmamallaheritage.com. Das effiziente, moderne Hotel an der Hauptstraße bietet komfortable und makellos saubere AC-Zimmer mit Kühlschrank, TV und Blick auf einen Innenhof. 2 sehr gute Restaurants (s. unten). ❺

Radisson Resort Temple Bay, abseits der Kovalam Rd, 1 km nördlich der Stadt, 📞 044/2744 2251, 💻 www.grthotels.com. Tolle Lage am Strand mit Blick auf den Shore-Tempel. Die strohgedeckten Cottages am Wasser haben Balkone mit Meerblick, daneben gibt es riesige Zimmer im Hauptgebäude. Swimming Pool und Restaurant. Preise ab ca. US$180. ❾

Ramakrishna Lodge, 8 Othavadai St, 📞 044/2744 2331. Saubere, gepflegte Zimmer im Herzen der Touristenenklave, alle mit Bad, einige mit AC, um einen Hof mit vielen Topfpflanzen. Die neuesten Zimmer befinden sich im obersten Stockwerk und bieten Meerblick. Außerdem gibt es einen Hilfsgenerator. Hier ist oft noch ein Zimmer zu haben, wenn alle anderen Hotels ausgebucht sind. ❶–❸

Santana, Othavadai St, 📞 9444 290832. 6 ansehnliche und makellos saubere Zimmer im 1. Stock, das zum Meer hin gelegene ist ein Traum. Beliebtes Strandrestaurant und Dachterrasse. ❸–❹

Nette Gastgeberfamilie

Greenwoods Resort, Othavadai Cross St, 📞 044/2744 3318, ✉ greenwoods_resort@yahoo.com. Die sehr freundliche Unterkunft in Familienbesitz liegt in einem Garten, der von den vielen Frauen des Hauses liebevoll gepflegt wird. Auswahl an Zimmern mit und ohne AC, alle mit Bad, einige mit eigenem Balkon. Sehr gutes Preis-Leistungs-Verhältnis. ❶–❺

Sea Breeze, Othavadai Cross St, ✆ 044/2 744 3035, ✉ seabreezehotel@hotmail.com. Das einzige echte Strandhotel der Stadt mit gemütlichen, großen AC-Zimmern (EZ mit besonders gutem Preis-Leistungs-Verhältnis), gepflegtem Pool (Nicht-Hotelgästen für RS200 zugänglich) und Ayurveda-Center. ❺–❽

Siva Guest House, 2 Othavadai Cross Rd, ✆ 044/ 2744 3234, 💻 www.sivaguesthouse.com. Die gepflegte Lodge bietet eine Auswahl an Zimmern (teils mit AC) zu günstigen Preisen. ❶–❹

Sri Murugan Guest House, 42 Othavadai St, ✆ 044/2744 2552. Kleine und ruhige Unterkunft mit zuvorkommendem Service. Saubere Zimmer (einige mit AC) und ein Dachrestaurant. Eine der nettesten Übernachtungsmöglichkeiten in dieser Gegend. EZ nur Rs150. ❷–❹

Tina Blue View, Othadavadai St, ✆ 044/ 2744 2319. Alteingesessener Familienbetrieb mit einfachen, türkisen und gekalkten Zimmern, alle mit Bad und Moskitonetz. Die Gewinne aus dem schönen Dachterrassen-Restaurant Seagulls gehen an ein Waisenhaus. ❶–❸

Essen

In Mamallapuram wimmelt es von kleinen Restaurants. Die meisten sind auf Seafood wie Tigergarnelen, Butterfisch, Thun- und Haifisch sowie Hummer spezialisiert, das größtenteils mariniert und gegrillt mit Pommes und Salat serviert wird. Wo man auch isst – man sollte vorher klären, was das Meerestier kosten soll, um am Ende keine Überraschung zu erleben. Da es sich um ein beliebtes Ziel für Traveller handelt, gibt es in Mamallapuram auch zahlreiche Lokale, die westliche Speisen wie Pasta, Pancakes, dunkles Brot und vergleichsweise fade indische Gerichte anbieten. Wem es nach echt indischem Essen gelüstet, der sollte es an den *dhabas* am Busbahnhof oder bei den Ständen auf der Südseite des Shore-Tempel-Komplexes versuchen. **Bier** ist vielerorts zu haben, aber recht teuer (Rs100 und mehr).

Bob Marley, 80 m nördlich der Othavadai St. Freundliches und munteres Lokal am Strand mit Restaurant im unteren Geschoss – hier gibt es frischen Fisch und gute Currys – und einer coolen Bar darüber. Musik von Reggae bis Rock.

Garden View, Greenwoods Resort, Othavadai Cross St. Freundliches Terrassen-Restaurant mit leckeren Pfannengerichten, Seafood und Currys – auf Wunsch auch wirklich scharf. Man kann am ruhigen Garten oder an der belebten Straße sitzen. Hauptgerichte RS50–100.

Golden Palate, Hotel Mamalla Heritage, 104 East Raja St. Das angenehm kühle AC-Café mit getönten Fensterscheiben, serviert das beste vegetarische Essen im Ort – Mittagsgerichte für Rs70, abends im Innenhof nordindische Tandoori – und wunderbare Eisbecher. Das gleichermaßen beliebte Dachterrassen-Restaurant Waves serviert auch am Abend Fisch- und Seafood-Gerichte.

La Vie en Rose, West Raja St. Nettes Gartenrestaurant mit westlicher Speisekarte, darunter ungewöhnliche Salate, tolle Spaghetti und Geflügelgerichte für RS80–120.

Le Yogi, Othavadai St. Einladendes und entspanntes Plätzchen, geführt von einem französisch-indischen Paar. Leckere Pasta und Salate. Dazu guten Kaffee oder Lassis. Die meisten Gerichte kosten RS100–150.

Luna Magica, 100 m nördlich der Othavadai St, direkt am Strand. Erstklassiges Seafood, vor allem Tigergarnelen und Hummer, die lebend in einem Becken gehalten werden. Große Exemplare kosten Rs600–800, sind aber köstlich, dazu gibt es Tomaten-, Butter- und Knoblauchsoße. Bietet auch eine ganz passable Sangria mit süßem Rotwein aus Chennai und kaltes Bier sowie eine Reihe weniger teurer Gerichte, z. B. gutes Fisch-Curry und *sizzlers*.

Mamalla Bhavan, Shore Temple Rd, gegenüber dem Busbahnhof. Sehr beliebtes und entsprechend gut besuchtes, rein vegetarisches „meals"-Restaurant. Gut für ein *iddli-wada*-

„Französische" Küche

Nautilus, Othavadai Cross St. Gutes und günstiges Lokal mit einem liebenswerten, französischen Koch. Auf der Karte stehen köstliche Suppen, Fleisch, Seafood und vegetarische Gerichte – entweder gegrillt oder in vielfältigen Soßen – sowie die typischen Traveller-Favoriten. Die Preise liegen bei Rs80–150.

Frühstück, *dosas* am Abend und andere Snacks. Unbegrenzte Mittagsmenüs kosten um die Rs40. **Moonrakers**, Othavadai St. Coole Jazz- und Bluesklänge, großartiges frisches Seafood, Schachspiele und ein flotter Service stellen sicher, dass dieses Lokal das ganze Jahr über mit ausländischen Touristen gefüllt ist. Die Besitzer sprechen überdies fortwährend Passanten an, um sie in ihr Lokal zu locken. Für ein gutes Fischgericht zahlt man rund Rs250.
Village Inn, Thirukula St. Das winzige Lokal mit Strohdach serviert auf Holzkohle gegrillten Fisch und vorzügliches, in Butter gebratenes Huhn mit Tomaten-Knoblauch-Soße. Hauptgerichte mit Fleisch oder Fisch Rs150–200.

Sonstiges

Geld

Es gibt mehrere offizielle Geldwechsler im Dorf: die **Indian Overseas Bank** und die effizienteren Agenturen wie **LKP Forex**, ◷ Mo–Sa 9.30–19 Uhr, beide in der East Raja Street.

Informationen

Das **Government of Tamil Nadu Tourist Office**, Kovalam Rd, ✆ 044/2744 2232, ist eines der ersten Gebäude, die man im Dorf sieht – wenn man aus Chennai ankommt, auf der linken Seite. ◷ Mo–Fr 10–17.45 Uhr.

Internet

Internetzugang kostet Rs40 pro Std.; Vorsicht vor den stark überhöhten Gebühren, die die Lakshmi Lodge fürs Skypen verlangt – besser ist die Ramakrishna Lodge.

Medizinische Hilfe

Suradeep Hospital, Thirukula St, ✆ 044/2744 2390, sehr gutes Krankenhaus.

Nahverkehr

Mamallapuram selbst besteht nur aus ein paar Straßen. Um zu den interessanten Punkten außerhalb des Zentrums zu gelangen, mietet man am besten ein Fahrrad von einem der Läden in der East Raja St oder dem jeweiligen Hotel für ca. Rs40 pro Tag.
Motorroller und Enfield-**Motorräder** (für Rs250–300 pro Tag) vermieten **Poornima Travels**, neben dem Restaurant Moonraker's, und einige Gästehäuser. **Hi! Tours** aus Delhi, 125 East Raja St, ✆ 044/2744 3260, 🖳 www.hi-tours.com, bietet einen effizienten Service in Sachen Autoverleih, Fahrkartenverkauf usw. Ein freundliches einheimisches Reisebüro ist **Travels Partners**, Othavadai St, ✆ 9840 377033, ✉ travelspartners @gmail.com.

Transport

Busse

Der Busbahnhof befindet sich im Dorfzentrum. Viele Expressbusse halten jedoch nur an der Fernstraße, 1,5 km von der Dorfmitte entfernt. Täglich verkehren zahlreiche Busse von und nach CHENNAI, TIRUVANNAMALAI, KANCHIPURAM und PUDUCHERRY.

Eisenbahn

Der nächste Bahnhof ist **Chengalpattu** (Chingleput), 29 km nordöstlich, auf der Busstrecke nach Kanchipuram. Er liegt auf der Nord-Süd-Hauptstrecke, ist aber kein besonders günstiger Zusteigeort.

Taxis

Ein Taxi nach CHENNAI kostet Rs1000–1200 (bzw. Rs800–900 zum Flughafen).

Die Umgebung von Mamallapuram

Das sandige Hinterland und die flachen Reisfelder um Mamallapuram beherbergen eine Handvoll Sehenswürdigkeiten, die einige Ausflüge von der Küste lohnen. Das **Government College of Sculpture** und die kunstvoll in den Felsen gehauene **Tiger Cave** sind leicht mit dem Fahrrad zu erreichen (eine kurze Fahrt auf der Hauptstraße nach Norden). Um zur **Crocodile Bank** zu gelangen, wo seltene Reptilien aus ganz Südasien gezüchtet und anschließend in die Wildnis entlassen werden, oder zum **Dakshina Chitra**, einem Museum, das sich südindischer Architektur und Kunsthandwerk widmet, nimmt man irgendeinen der zwischen Mamallapuram und Chennai verkehrenden Küstenbusse oder mietet sich für einen Tag ein Moped.

Government College of Sculpture und Tiger Cave

Ein Besuch des **Government College of Sculpture**, 2 km nördlich von Mamallapuram an der Kovalam (Covelong) Road, ✆ 044/2744 2261, gewährt faszinierende Einblicke in den Prozess der Bildhauerei. Von den ersten Zeichnungen nach strengen Regeln der Proportion und Ikonografie bis zur Ausführung der Plastik, sowohl aus Holz als auch aus Stein in klassischer Hindu-Tradition, ist alles zu sehen. Zwecks Besichtigung muss man die Verwaltung des College kontaktieren. ⏲ unterschiedlich; Eintritt frei.

Rund 3 km nördlich vom College an der Straße nach Kovalam versteckt sich inmitten von Hainen nahe dem Meer die außergewöhnliche **Tiger Cave**. Sie enthält einen Durga gewidmeten Schrein, dem man sich über eine Treppe an zwei Nebenkammern vorbei nähert. Die Höhle folgt der Gestalt eines unregelmäßig geformten Felsens und ist für ihr kunstvoll gearbeitetes Äußeres berühmt, das mehrere Löwenköpfe um den Eingang zur Hauptkammer zieren. Wenn man lang genug hinschaut, erinnert der Abschnitt auf der linken Seite (mit den sitzenden Figuren in den Nischen über zwei Elefanten) an eine riesige Eule. ⏲ tgl. Sonnenauf- bis -untergang, Eintritt frei.

Crocodile Bank

Die Crocodile Bank in Vadanemmeli, 14 km nördlich des Ortes, an der Straße nach Chennai, 💻 www.madrascrocodilebank.org, wurde 1976 von dem amerikanischen Zoologen Romulus Whittaker eingerichtet, um einheimische Krokodile zu schützen und zu züchten. Die Einrichtung ist derart erfolgreich (von anfänglich 15 Krokodilen auf 5000 in den ersten 15 Jahren angewachsen), dass sie sich inzwischen auch um bedrohte Arten aus der ganzen Welt, wie z. B. Schildkröten und Echsen, kümmert.

In niedrigen Gehegen in der Gartenanlage leben hunderte Krokodile, die in Teichen baden oder sich auf Sandbänken sonnen. Zu den Züchtungen zählen der Fisch fressende, knollennasige Gavial (auch Gharial) und die größte Krokodilart der Welt, das im Salzwasser lebende Leistenkrokodil *(Crocodylus porosus)*, das bis zu 8 m lang werden kann. Montags oder donnerstags gegen 16.30 Uhr können die Reptilien bei der Fütterung beobachtet werden, gegen eine Gebühr von Rs20 darf man sie jederzeit selbst füttern. Beim Anblick der hungrigen Reptilien, die übereinander klettern und fast bis ans obere Ende des Zauns kommen, um nach den Fleischbrocken zu schnappen, vergeht aber manchem die Lust, Fotos zu schießen.

Ein weiteres wichtiges Projekt wird in Zusammenarbeit mit dem einheimischem Irula-Volk durchgeführt, das seit jeher für seine Schlangenkenntnisse berühmt ist. Zur Sammlung von Schlangengift, das für die Behandlung von Schlangenbissen wichtig ist, werden Kobras hierher gebracht. Andernorts werden die Schlangen zu diesem Zweck wiederholt „gemolken", bis sie sterben. Hier wird jeder Schlange nur eine bestimmte Menge abgenommen, sodass sie anschließend wieder in die Wildnis zurückkehren kann. Dieser Abschnitt kostet Rs5 extra. ⏲ Di–So 8–18 Uhr, Eintritt Rs30, Fotoerlaubnis Rs10, Videoerlaubnis Rs75.

Dakshina Chitra

Das Dakshina Chitra, wörtlich „Vision des Südens", nimmt einen Streifen Sanddünen auf halbem Weg zwischen Chennai und Mamallapuram ein und ist eines der besten Volkskundemuseen Indiens. Es widmet sich dem reichen architektonischen und künstlerischen Erbe Keralas, Karnatakas, Andhra Pradeshs und Tamil Nadus. Das von der Chennai Craft Foundation eingerichtete Museum bringt dem Besucher viele im Verschwinden begriffene Traditionen der Region nahe, die man ansonsten wahrscheinlich nicht kennen lernen würde, von Fruchtbarkeitsriten und Feldgöttern bis zu Töpferei und ledernen Schattenfiguren.

Eine Auswahl traditioneller Häuser aus verschiedenen Gegenden der Halbinsel wurde unter Verwendung von Originalmaterialien mühsam rekonstruiert. Die begleitenden Ausstellungen vermitteln ein Bild von der Vielfalt der Landschaft und Kultur des Südens, welche am anschaulichsten in der wunderbaren Textilsammlung zum Ausdruck kommt, die alte Seiden- und Baumwollsaris verschiedener Kasten und Regionen umfasst. ⏲ tgl. außer Di 10–18 Uhr, Eintritt Rs200. Snacks sind vor Ort erhältlich. Näheres unter 💻 www.dakshinanchitra.net.

Kanchipuram

Fragt man einen Tamilen, wofür Kanchipuram (abgekürzt „Kanchi") berühmt ist, wird man wahrscheinlich „Seidensaris, Schreine und Heilige" – in dieser Reihenfolge – zur Antwort bekommen. Das ganze Mittelalter hindurch war der Ort königliche Hauptstadt. Bis heute ist Kanchipuram eine der sieben heiligsten Städte des Subkontinents, sowohl für Shaivas als auch Vaishnavas, und eines der wenigen verbliebenen Zentren des Göttinnenkultes im Süden.

Das ganze Jahr über strömen Pilger auf der Tirupati-Rundtour zu einer kurzen *puja* und, falls sie es sich leisten können, einer Einkaufstour durch die Sari-Läden in den Ort. Für Nicht-Hindus ist Kanchipuram jedoch weniger reizvoll. Die Tempel sind zwar zweifelsohne beeindruckend, aber die Stadt selbst ist unerträglich heiß und verfügt nur über einfache Unterkünfte und Einrichtungen. Manch einer zieht es daher vor, Kanchipuram im Rahmen eines Tagesausflugs von Chennai oder Mamallapuram (jeweils 2 Std. Busfahrt) aus zu besuchen.

Kanchipuram wurde von den **Pallava-Königen** im 4. Jh. n. Chr. gegründet und diente ihnen 500 Jahre lang als Hauptstadt. Auch in der Chola-, Pandya- und Vijayanagar-Zeit florierte der Ort weiterhin. Unter den Pallavas war er ein bedeutendes Lehrzentrum. Hier trafen jainistische, buddhistische und hinduistische Kultur zusammen. Die **Tempel** legen beredtes Zeugnis ab von dieser andauernden politischen Vormachtstellung der Stadt. Ihre Ursprünge reichen vom Höhepunkt der Pallava-Bauzeit bis ins 17. Jh., als die Ausschmückung der *gopuras* und Säulenhallen am kunstvollsten war (Näheres zu Tamil Nadus Tempeln, s. S. 1038/1039, Kasten). Alle sind leicht zu Fuß, per Fahrrad oder Rikscha zu erreichen und zwischen 12 und 16 Uhr geschlossen. Bisweilen gehört etwas Entschlossenheit dazu, den hartnäckigen Puja-*wallahs* zu trotzen, die Ausländer in überteuerte Zeremonien zu locken versuchen. Wer Seide kaufen möchte, sollte sich in die Läden in der Gandhi Street und der Thirukatchininambi Street begeben.

Ekambareshvara-Tempel

Nördlich von Kanchipuram liegt der größte Tempel und wichtigste Shiva-Schrein der Stadt (Fotoerlaubnis Rs10, Videoerlaubnis Rs20), der Ekambareshvara-Tempel, auch unter dem Namen Ekambaranatha bekannt und leicht an seinen weißen, fast 60 m hohen *gopuras* zu erkennen. Der Haupttempel enthält einige Pallava-Arbeiten, wurde aber überwiegend im 16. und 17. Jh. errichtet. Er steht innerhalb einer Umfriedungsmauer neben einigen kleineren Schreinen und einem großen, mit Fischen gefüllten Wasserbecken.

Den Eingang bildet ein hochbogiger Durchgang unterhalb eines kunstvoll gearbeiteten *gopura* in der Südmauer. Er führt zu einem offenen Hof und einer majestätischen „Tausend-Säulen-Halle" *(kalyan mandapa)*. Sie blickt auf das Wasserbecken im Norden und das Heiligtum im Westen, das ein Symbol Shivas – hier in seiner Form als **Kameshvara** („Herr des Verlangens") – enthält, einen *prithvi*-Lingam (einer der fünf Lingams in Tamil Nadu, die die Elemente darstellen, in diesem Fall *prithvi*, die Erde).

Hinter dem Heiligtum, das von dem es umgebenden überdachten Gang aus zugänglich ist, liegt eine kahle Halle unterhalb eines verschwenderisch behauenen *gopura*. Ein ehrwürdiger **Mangobaum** repräsentiert den Baum, unter dem Shiva und Kamakshi vermählt wurden. Dieser Vereinigung wird jeden April mit einem Fest gedacht, wenn viele Paare in der *kalyan mandapa* getraut werden.

Sankaramadam

Kanchipuram ist der Sitz einer Reihe heiliger Männer, die den Titel **Acharya** tragen. Ihre Linie reicht bis auf den Heiligen Adi Sankaracharya (der je nach Quelle bis zu 1300 v. Chr. gelebt haben soll) zurück. Der 68. Acharya, der hochverehrte Sri Chandrasekharendra Sarasvati Swami, starb im Januar 1994 im Alter von 101 Jahren. Wie es für große Hinduweise üblich ist, wurde er sitzend begraben. Seine sterblichen Überreste werden in einem *samadhi* (Mausoleum) im *math* (Hindu-Kloster) **Sankaramadam** aufbewahrt, vom Ekambreshvara-Tempel die Straße hinunter. Der mit alten Fotos aus dem Leben des früheren Swami geschmückte Tempel, in dem junge brahmanische Schüler Sanskritverse singen, ist

Kanchipuram

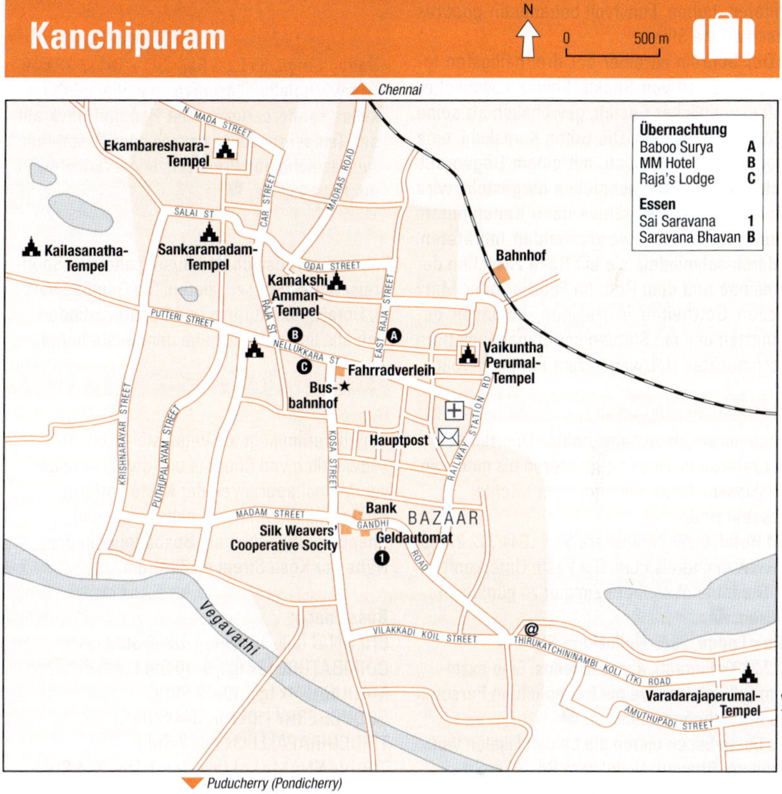

eine typisch tamilische Mischung von einfacher Heiligkeit und protzigem modernen Kitsch. Die beiden großen Elefanten des Klosters erteilen Pilgern gegen eine kleine Gebühr ihren Segen.

Kailasanatha-Tempel

Der Kailasanatha-Tempel, das älteste Bauwerk von Kanchipuram und das schönste Beispiel der Pallava-Architektur in Südindien, befindet sich nur etwa 1 km westlich vom Stadtzentrum unter mehreren flachen Gebäuden. Er wurde Anfang des 8. Jhs. von dem Pallava-König Rajasimha erbaut und unterscheidet sich von den späteren Tempeln des Ortes durch seine bescheidene Größe und seine schlichten Bildhauereien. Im Allgemeinen ist es hier ruhiger als bei den Nachbartempeln, nur während des **Mahashivratri**-Festes jeden März wird der Schrein zum Mittelpunkt ausgelassenen Feierns. Wie der etwa zeitgleich entstandene Shore-Tempel in Mamallapuram wurde auch dieser Tempel aus weichem Sandstein errichtet, doch hat seine geschützte Lage ihn vor Wind- und Sanderosion geschützt, sodass er bemerkenswert intakt geblieben ist, trotz einiger eher ungeschickter Renovierungsarbeiten in jüngerer Zeit.

Kamakshi-Amman-Tempel

Der Kamakshi-Amman-Tempel, nördlich des Busbahnhofs, wurde während der Vorherrschaft der Pallavas gebaut und im 14. und 17. Jh. verändert. Er vereint mit seinem alten zentralen Schrein, Toren aus der Vijayanagar-Zeit und wesentlich später über den Toreingängen errichteten, hohen, kunstvoll behauenen *gopuras* verschiedene Stile.

Der Schrein ist einer der drei heiligsten Indiens zu Ehren von Shakti, Shivas kosmischer Kraft in weiblicher Gestalt, gewöhnlich als seine Gefährtin dargestellt. Die Göttin Kamakshi, eine lokale Form von Parvati, mit einem Bogen aus Zuckerrohr und Blumenpfeilen dargestellt, wird hier geehrt, weil sie Shiva nach Kanchipuram gelockt haben soll, wo die beiden heirateten. Dadurch schmiedete sie ein Band zwischen der Gemeinde und dem Gott. Im Februar oder März werden Gottheiten in riesigen, kunstvoll geschnitzten und mit Statuen und Bananenblättern geschmückten Holzwagen zum Tempel gerollt.

Übernachtung und Essen

Kanchipuram bietet keine noblen Unterkünfte, aber zahlreiche Hotels der unteren bis mittleren Preisklasse, die für ein oder zwei Nächte passabel sind.

MM Hotel, 65/66 Nellukkara St, ✆ 044/272 27250, 💻 www.mmhotels.com. Die beste Unterkunft der Stadt bietet saubere Zimmer zu günstigen Preisen. ❹

Raja's Lodge, 20-B Nellukkara St, ✆ 044/2722 2603. Einfach, aber makellos. Eine exzellente Billigalternative mit freundlichem Personal und ordentlichen Zimmern. ❷

Das beste Essen bieten die beiden Filialen von **Saravana Bhavan**, Nellukkara Rd, beim Sri Kusal, und Sai Saravana, abseits der Gandhi Rd: mittags tolle vegetarische „meals", ansonsten vielerlei südindische Snacks.

Mit Tempelblick

Baboo Surya, 85 East Raja St, ✆ 04112-222556, 💻 www.hotelbaboosoorya.com. Hier gibt's makellos saubere Zimmer mit Bad und Blick auf den Tempel sowie ein hauseigenes Restaurant. Ausgezeichnetes Preis-Leistungs-Verhältnis in der Mittelklasse. ❹

Sonstiges

Geld

In der Gandhi Road gibt es einen Geldautomaten; die nächsten offiziellen Geldwechselstuben befinden sich in Chennai und Mamallapuram.

Internet

Net4U, Stadtende der TK Rd. Schnelle Internetverbindung.

Nahverkehr

Da die meisten Straßen breit sind und der Verkehr selten chaotisch ist, erkundet man den Ort am besten per **Fahrrad** – von Ständen westlich und nordöstlich des Busbahnhofs zu Spottpreisen (Rs3/Std.) zu mieten. Die Gemüsemärkte, Hotels, Restaurants und Basare befinden sich alle im Zentrum, nahe dem Busbahnhof.

Transport

Busse

Kanchipuram liegt am Vegavathi-Fluss, 70 km südwestlich von Chennai und etwas weniger von Mamallapuram an der Küste entfernt. Busse aus Chennai, Mamallapuram und Chengalpattu halten am Busbahnhof in der Nähe der Kosa Street im Zentrum.

Busse nach:
CHENNAI (alle 10 Min., 1 1/2–2 Std.),
COIMBATORE (3x tgl., 9–10 Std.),
MADURAI (4x tgl., 10–12 Std.),
PUDUCHERRY (10x tgl., 3–4 Std.),
TIRUCHIRAPALLI (3x tgl., 7 Std.),
TIRUVANNAMALAI (alle 1/2–1 Std., 3–4 Std.).

Eisenbahn

In den Bahnhof im Nordosten fahren tgl. 12 „Passenger"-Züge aus Chengalpattu ein (ursprünglich kommend aus Chennai, Arakkonam, Tirupathi und Puducherry) sowie zwei „Express"-Züge, der Mumbai–Madurai Express (1x wöchentl.) und der Mumbai–Nagercoil Express (2x wöchentl.).

Vedanthangal

Etwa 1 km östlich des Dorfes Vedanthangal, 30 km von der Ostküste und 86 km südwestlich von Chennai, liegt eines der hervorragendsten **Vogelschutzgebiete** Indiens. Die meisten Vögel zeigen sich hier zwischen Dezember und

Februar, wenn das flache Gebiet von weniger als 1 km² Größe völlig überflutet wird. Mit den Niederschlägen des Nordostmonsuns, der im Oktober oder November hier durchfegt, kommen einheimische Wasservögel sowie Zugvögel, von denen einige hier nisten und bis zur Trockenzeit (gewöhnlich April) bleiben, um dann feuchtere Gebiete aufzusuchen. Unzählige Bäume auf kleinen Hügeln über dem Wasserspiegel geben perfekte Nistplätze ab, in denen ab Januar der Nachwuchs aufgezogen wird.

Besucher können das Treiben von einem Pfad am Rande des Wassers oder einem Beobachtungsturm (mit starken Ferngläsern ausgerüstet) aus beobachten. Man sollte möglichst zum Sonnenuntergang kommen, wenn die Vögel von der Nahrungsaufnahme zurückkehren. Verbreitete indische Arten, nach denen man Ausschau halten sollte, sind Silberklaffschnabel *(Anastomos oscitans)*, Löffelenten, Pelikane, Kormorane und verschiedene Reiher. Eventuell sieht man auch Ibisse, Graupelikane, Kuckucke, Flussuferläufer, Silberreiher, die in den Reisfeldern schwimmen, und vorbeihuschende Spinte. Eintritt Rs5, Fotoerlaubnis Rs25, Videoerlaubnis Rs100.

Übernachtung

Unterkünfte können gebucht werden über den Forest Ranger, ✆ 9444 266213, oder den Wildlife Warden in Chennai, ✆ 044/2432 1471 oder 9541 520006.

Transport

Nach Vedanthangal zu gelangen, kann schwierig werden. Die nächste Stadt ist MADURANTHAKAM, 8 km östlich, am NH-45 zwischen Chengalpattu und Tindivanam, von wo aus stdl. Busse zum Vogelschutzgebiet fahren. Zudem gibt es alle 1 bis 2 Std. direkte Verbindungen ab CHENGALPATTU. Taxis verlangen für die Fahrt von Maduranthakam Rs500, können aber nicht von Vedanthangal aus bestellt werden.

Tiruvannamalai

Tiruvannamalai, 100 km südwestlich von Kanchipuram, zählt zusammen mit Madurai, Kanchipuram, Chidambaram und Trichy zu den fünf heiligsten Stätten in Tamil Nadu. Der Name bedeutet „Roter Berg" und bezieht sich auf den großartigen erloschenen Vulkan **Arunachala**, der sich hinter dem Ort erhebt und in der Morgendämmerung in einem unwirklichen Karmesinrot leuchtet. Diese Ehrfurcht erregende natürliche Kulisse macht Tiruvannamalai zusammen mit dem kolossalen **Arunchaleshvara-Tempel** im Zentrum zu einem der eindrucksvollsten Ziele der Region. Der Ort liegt ein gutes Stück abseits der Touristenpfade und eignet sich daher hervorragend für einen Einblick in das kleinstädtische Leben in Tamil Nadu, besonders für am Hinduismus interessierte Reisende.

In der Mythologie wird Arunachala als der Ort angegeben, an dem Shiva seine Macht gegenüber Brahma und Vishnu behauptete, indem er sich als Lingam des Feuers, Agni-Lingam, manifestierte. Dieses Ereignisses wird jedes Jahr zum Vollmond im November/Dezember gedacht, wenn die Brahmanen auf dem Gipfel des Arunachala ein riesiges Fass mit 2000 Litern *ghee* und einem 30 m breiten Docht anzünden. Es symbolisiert die Erfüllung von Shivas Versprechen, jedes Jahr zu erscheinen, um mit Hilfe des Feuers die Kräfte der Dunkelheit und Unwissenheit zu besiegen.

Der Rote Berg steht auch in Verbindung mit Sri Ramana Maharishi, einem berühmten Heiligen des 20. Jhs., der ihn als Rückzugsort für seine 23 Jahre währende Meditation wählte. Am Stadtrand unterhalb der Sri Ramana's Cave sind ein paar kleine **Ashrams** entstanden, einige davon authentischer als andere. In weiße Baumwolle gehüllte Ausländer, die zwischen ihnen herumlaufen, sind zu einem alltäglichen Anblick in Tiruvannamalai geworden.

Arunachaleshvara-Tempel

Der unter Hindus auch als der „Tempel des ewigen Sonnenaufgangs" bekannte, riesige Arunachaleshvara-Tempel wurde über einen Zeitraum von fast 1000 Jahren gebaut. Er besteht aus drei konzentrischen Höfen, deren Tore von spitz zulaufenden *gopuras* gekrönt werden. Die beiden größten zieren das östliche und das nördliche Tor. Die beste Aussicht über die Anlage – atemberaubend vor dem Hintergrund der weiten Ebenen und des klobigen Granitgesteins der Shevaroy Hills – bietet der Pfad zu Sri Ramana Maharishis Meditationshöhle Virupaksha (s. unten), an den niederen Hängen des Arunachala, hinauf. Um den Tempel zu erreichen, geht man zum großen Osttor, das durch die dicken, mit Statuen von lokalen Heiligen, Göttern und Lehrmeistern verzierten Außenmauern führt. Im Untergeschoss einer erhöhten Halle rechts, bevor man den nächsten Hof betritt, befindet sich der Parthala Lingam. Hier soll Sri Ramana Maharishi im Zustand des Absoluten Bewusstseins gesessen haben, während Ameisen sein Fleisch anfraßen.

Die Höhlen und der Sri Ramanashramam Ashram

Gegenüber dem Westeingang des Tempelkomplexes führt ein Pfad einen heiligen Hügel hinauf zur **Virupaksha-Höhle** (15 Min.), wo der Maharishi zwischen 1899 und 1916 weilte. Er selbst baute die Bank davor sowie den Lingam in Form eines Hügels und die Plattform im Innern, wo jeder zur Meditation willkommen ist. Als diese Höhle zu voll wurde, zog Sri Ramana in eine andere, ein paar Minuten weiter den Hügel hinauf versteckte Höhle um. Diese und das darauf errichtete kleine Haus nannte er **Skandasramam**. Hier lebte er von 1916 bis 1922. Auch das Innere dieser Höhle steht für die Meditation zur Verfügung. Der Vorhof bietet einen herrlichen Ausblick über den Tempel, die Stadt und die Umgebung.

Die Höhlen können auch über einen Pilgerpfad, der sich vom **Sri Ramanashramam Ashram** 2 km südlich des Tempels an der Hauptstraße den Hügel hinaufwindet, erreicht werden. In diesem einfachen Komplex lebte der Heilige, nachdem er von seiner Klause auf dem Arunachala zurückgekehrt war. Hier wird auch sein Leichnam aufbewahrt. Das Mausoleum *(samadhi)* ist ein beliebter Wallfahrtsort für Sri Ramanas Anhänger, aber auch andere interessierte Besucher dürfen in den Schlafsälen übernachten, ✆ 01475/237200 oder 9244/937292. Es gibt hier einen hervorragenden Buchladen mit einer Riesenauswahl an Büchern über das Leben und die Lehren des Gurus sowie zahlreichen schönen Postkarten, Kalendern und religiösen Bildern. ◷ tgl. 7.30–11 und 14.30–18.30 Uhr.

Übernachtung

Arunachala, 5 Vada Sannathi St, ✆ 04175/228300. Großes und sauberes Komfort-Hotel, direkt vor dem Haupteingang zum Tempel. Nicht gerade ruhig, aber definitiv atmosphärisch. ❸–❹

NS Lodge, 47 Thiruvoodal St, ✆ 04175/225388. Unterkunft mit Blick auf den Südeingang des Arunachaleshvara-Tempels. Saubere Zimmer mit Bad (teils mit AC) und Kabel-TV, vom Dach herrliche Aussicht auf den Tempel. ❷–❹

Park, 26 Kosmadam St, ✆ 04175/222471. Zuverlässiges Budgethotel 2 Fußminuten nordöstlich des Tempels. Einfache, aber saubere Zimmer ohne AC. Betriebsames vegetarisches Lokal im Erdgeschoss. ❶

Ramakrishna, 34-F Polur Rd, 3 Gehminuten nördlich vom Busbahnhof, ✆ 04175/250005, ✉ info@hotelramakrishna.com. Eine der besten Unterkünfte der Stadt hat große Zimmer mit Bad und ein gutes Restaurant. 5 Fußminuten nördlich des Busbahnhofs: der Chinnakadai St nach Norden folgen, an der Gabelung links biegen, dann taucht es nach 200 m rechts auf. ❷–❹

SASA Lodge, Chinnakadai St, schräg gegenüber vom Busbahnhof, ✆ 04175/252293. Dieses blau und weiß gestrichene Hotel hat ganz akzeptable Zimmer (z. T. mit AC) und gehört zu den besten Billighotels der Stadt. ❶–❸

Essen

Es gibt etwa ein Dutzend typische südindische „meals"-Lokale nahe dem südlichen Ende der Car Street. Hier werden den ganzen Nachmittag über leckere heiße *ghee chapattis* sowie die üblichen Reisspezialitäten serviert.

Udipi Brindhavan und **Deepam** in der Car Street gegenüber dem Osteingang des Tempels sind typische *udipi*-Restaurants, die u. a. hervorragende *parottas* für unter Rs10 servieren. Letzteres verfügt über einen Eissalon, in dem auch Milchshakes zu haben sind.

Das Hotel **Trisul** besitzt ein vornehmes Restaurant im Erdgeschoss, das ein nordindisches Buffet für ca. Rs100 und abends Tandoori bietet.

Das Hotelrestaurant im **Ramakrishna** serviert mittags ausgezeichnete *thalis* und abends eine Auswahl an nord- und südindischen Gerichten.

Internet

Internetanschluss bieten **Image Computer Centre**, 52 Car St, und **Sri Sai**, 14-A, Kadambarayam St.

Transport

Tiruvannamalai wird regelmäßig von Bussen aus CHENNAI, PUDUCHERRY und TRICHY angefahren. Wer von der Küste kommt, nimmt am besten einen der zahlreichen Busse von TINDIVANAM hierher.
Der **Busbahnhof** der Stadt befindet sich etwas über 1 km nördlich des Tempels an der Hauptstraße nach Gingee.
500 m weiter östlich liegt der **Bahnhof**, von wo jeweils 1x tgl. ein Zug nach TIRUPATI und MADURAI fährt.

Puducherry und Auroville

Der erste Eindruck von Puducherry (Pondicherry, häufig auch nur Pondy genannt), der ehemaligen Hauptstadt Französisch-Indiens, kann enttäuschen. Als Erstes sieht man schmutzige Vororte und einen Busbahnhof, die ebenso überfüllt und chaotisch sind wie in jeder typisch tamilischen Stadt. Zum Meer hin wird die Atmosphäre jedoch spürbar französischer, die Basare weichen Reihen von Häusern mit Fensterläden und bunten Fassaden, die auch in Montpellier nicht fehl am Platz wären. Wer sich an die britische koloniale Prägung gewöhnt hat, erlebt vielleicht einen kleinen Kulturschock beim Anblick reich verzierter katholischer Kirchen, französischer Straßennamen und Polizisten mit *képis* (Schirmmützen) im De-Gaulle-Stil. Auf den staubigen Plätzen wird Boule gespielt. Durch den Tsunami im Dezember 2004 wurden zahlreiche nah am Wasser stehende Gebäude schwer beschädigt, doch Puducherrys touristische Infrastruktur blieb unversehrt.

Puducherry, griechischen und römischen Geografen als „Poduke" bekannt, war im 2. Jh. ein wichtiger Zwischenhalt auf dem Seehandelsweg zwischen Rom und dem Fernen Osten. Mit dem Niedergang des Römischen Reiches übernahmen die Pallavas und Cholas die Kontrolle über den Hafen. Auf sie folgte eine Reihe von Kolonialmächten, von den Portugiesen im 16. Jh. bis zu den Franzosen, Dänen und Briten, zwischen denen nach den verschiedenen Schlachten und Verträgen der Karnatischen Kriege im frühen 18. Jh. die Enklave mehrmals wechselte. Puducherrys Blütezeit beginnt jedoch erst mit der Ankunft des Franzosen **Joseph-François Dupleix**, der 1742 den Gouverneursposten annahm und sich sofort daranmachte, die von ihren ehemaligen britischen Besatzern beschädigte Stadt wieder aufzubauen. Er war es auch, der das Straßennetz anlegen ließ: ein zentrales Gitter, das von einem breiten, langen Boulevard umrundet und von Nord nach Süd von einem inzwischen unterirdisch verlaufenden Kanal durchschnitten wird, der die „Ville Blanche" im Osten von der „Ville Noire" im Westen trennte.

Diese Trennung wurde zwar 1954 aufgehoben – als die Stadt zum Hauptsitz des **Union Territory of Puducherry** wurde, das die drei anderen, über Südindien verstreuten ehemaligen kolonialen Enklaven Frankreichs verwaltete –, dennoch ist der gespaltene Charakter der Stadt geblieben. Westlich des Kanals erstreckt sich ein geschäftiges indisches Marktviertel, während die Straßen im Osten, zur Küste hin, leerer, sauberer und deutlich europäischer sind.

Die Meerespromenade, **Goubert Salai** (ehemals Beach Road), mit dem weißen Hôtel de Ville (Rathaus) erinnert an einen verlassenen französischen Badeort außerhalb der Saison. Gebräunte Sonnenanbeter teilen sich den Ort mit ernsten, in weißen indischen Gewändern umherwandelnden Europäern, die ihre spirituelle Suche voll und ganz in Anspruch nimmt. Hier fand **Sri Aurobindo Ghose** (1872–1950), eine führende Gestalt des Befreiungskampfes in Bengalen, Zuflucht, nachdem es für ihn riskant geworden war, in der Nähe der Briten in Kolkata zu leben. Sein **Ashram** zieht Tausende Anhänger aus der ganzen Welt an, vor allem aber aus Bengalen.

Das 10 km nördlich gelegene, utopische Wohnexperiment **Auroville** wurde von Aurobindos Schülerin, der charismatischen Mirra Alfassa, einer Pariser Malerin, Musikerin und Mystikerin, besser bekannt unter dem Namen „The Mother", angeregt. Heute wird der leicht sur-

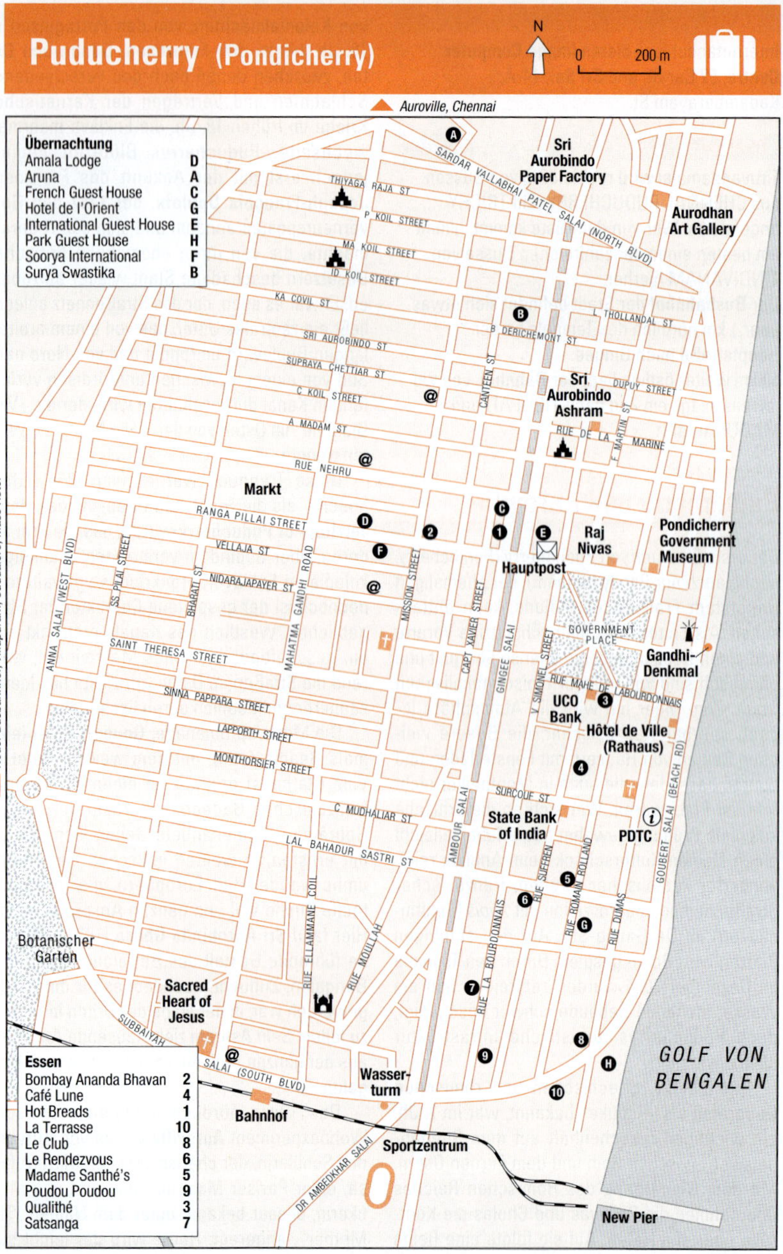
Puducherry (Pondicherry)
N
0 200 m
Auroville, Chennai
Übernachtung
Amala Lodge D
Aruna A
French Guest House C
Hotel de l'Orient G
International Guest House E
Park Guest House H
Soorya International F
Surya Swastika B
Sri Aurobindo Paper Factory
Aurodhan Art Gallery
Sardar Vallabhai Patel Salai (North Blvd)
Thiyaga Raja St
P Koil Street
Ma Koil Street
Id Koil Street
Ka Covil St
Sri Aurobindo St
Supraya Chettiar St
C Koil Street
A Madam St
Rue Nehru
L Thollandal St
B Derichemont St
Canteen St
Sri Aurobindo Ashram
Dupuy Street
Rue de la Marine
F Martin St
Markt
Ranga Pillai Street
Vellaja St
Nidarajapayer St
Raj Nivas
Pondicherry Government Museum
Hauptpost
Anna Salai (West Blvd)
SS Pilai Street
Bharati St
Mahatma Gandhi Road
Mission Street
Capt Xavier Street
Gingee Salai
V Simonel Street
Government Place
Gandhi-Denkmal
Saint Theresa Street
Sinna Pappara Street
Lapporth Street
Monthorsier Street
Rue Mahe de Labourdonnais
UCO Bank
Hôtel de Ville (Rathaus)
Goubert Salai (Beach Rd)
Neuer Busbahnhof, Villupuram, Cuddalore, Mass Hotel
C Mudhaliar St
Surcouf St
State Bank of India
PDTC
Lal Bahadur Sastri St
Ambour Salai
Rue Suffren
Rue Romain Rolland
Rue Dumas
Rue La Bourdonnais
Rue Ellammane Coil
Rue Moullah
Botanischer Garten
Sacred Heart of Jesus
Subbaiyah Salai (South Blvd)
Wasserturm
Bahnhof
Sportzentrum
Dr Ambedkhar Salai
Golf von Bengalen
New Pier
Essen
Bombay Ananda Bhavan 2
Café Lune 4
Hot Breads 1
La Terrasse 10
Le Club 8
Le Rendezvous 6
Madame Santhé's 5
Poudou Poudou 9
Qualithé 3
Satsanga 7

Tamil Nadu

reale Ort von zahlreichen Ausländern bewohnt und von europäischen Langzeiturlaubern auf der Suche nach innerem Frieden besucht.

Puducherry

Puducherrys **Strandpromenade** Goubert Salai ist ein beliebter Ort für einen Bummel, obwohl es hier nicht viel mehr zu tun gibt, als die Zeit an sich vorüberziehen zu lassen. Das Hôtel de Ville, das die Kommunalverwaltung beherbergt, bietet jedoch immer noch einen imposanten Anblick, und ein 4 m hohes Gandhi-Denkmal, umgeben von alten Säulen, beherrscht das nördliche Ende. In der Nähe erinnert ein Denkmal an die Franko-Inder, die ihr Leben im Ersten Weltkrieg lassen mussten.

Gleich nördlich des Hôtel de Ville, ein paar Straßen von der Promenade weg, liegt der alte begrünte Platz im französischen Stil namens **Government Place**. Auf der Nordseite liegt das eindrucksvolle, strahlend weiße **Raj Nivas**, die offizielle Residenz des gegenwärtigen Vizegouverneurs des Puducherry Territory. Es wurde Ende des 18. Jhs. für Dupleix gebaut.

Das **Puducherry Government Museum** in der Ranga Pillai Street, gegenüber dem Government Place, beherbergt eine archäologische Sammlung – neolithische und 2000 Jahre alte Funde aus Arikamedu, ein paar Pallava- (6.–8. Jh.) und buddhistische (10. Jh.) Steinmetzarbeiten, Bronzen, Waffen und Malereien. Neben den o. g. Ausstellungsstücken ist hier eine bizarre Zusammenstellung von französischen Salonmöbeln und Antiquitäten aus lokalen Häusern zu sehen. 🕓 tgl. Di–So 10–17 Uhr, Eintritt Rs2.

Der **Sri Aurobindo Ashram**, ein paar Straßen nördlich in der Rue de la Marine, ist einer der bekanntesten und wohlhabendsten Ashrams in Indien, 💻 www.sriaurobindosociety.org.in. Er wurde 1926 von dem bengalischen Philosophen und Guru Aurobindo Ghose und dessen wichtigster Schülerin, persönlichen Managerin und Sprachrohr „The Mother" gegründet und dient als Hauptsitz der Sri Aurobindo Society (SAS). Die Gesellschaft besitzt heute den größten Teil der Vermögensgegenstände und Immobilien in Puducherry und übt nach Meinung mancher Einwohner einen unverhältnismäßig großen Einfluss über die Stadt aus. Das **Samadhi** (Mausoleum) von Sri Aurobindo und „The Mother" wird täglich mit Blumen bedeckt und gewöhnlich von Anhängern umrundet, die ihre Hände oder ihren Kopf dabei auf das Grab legen und um etwas bitten. Im Innern des Hauptgebäudes, einem verblüffend bürgerlich aussehenden Raum im westlichen Stil mit dreiteiliger Möbelgarnitur und Perserteppich, pflegten „The Mother" und Sri Aurobindo sich auszuruhen. 🕓 tgl. 8–12 und 14–18 Uhr; Eintritt frei, keine Kinder unter 3 Jahren; Fotoerlaubnis erforderlich.

Nebenan befindet sich eine Buchhandlung, im Gebäude gegenüber finden häufig Kulturveranstaltungen statt.

Im Südwesten der Stadt, nahe dem Bahnhof, ist die riesige cremefarbene und braune **Sacred Heart of Jesus**, eine der schönsten katholischen Kirchen von Puducherry, kaum zu übersehen. Sie wurde Anfang des 18. Jhs. von französischen Missionaren errichtet. In der Nähe bieten die 1826 angelegten, schattigen **Botanical Gardens** viele ruhige Spazierwege. Die Franzosen pflanzten hier 900 verschiedene Arten an, um zu erforschen, ob sie unter indischen Verhältnissen gedeihen würden. Der afrikanische Mahagonibaum *(khaya senegalensis)* hat eine Höhe von 25 m erreicht. Zu sehen ist auch ein außergewöhnlicher, versteinerter Baum, der etwa 25 km entfernt in Tiravakarai gefunden wurde. Das Aquarium im Garten (Rs5) ist eher langweilig. 🕓 tgl. 9.30–18 Uhr, Eintritt frei.

Übernachtung

Puducherrys einfache Lodges konzentrieren sich um den Hauptmarkt in der Ranga Pillai Street und Rue Nehru. Zum Sri Aurobindo Ashram gehörende Gästehäuser bieten ein hervorragendes Preis-Leistungs-Verhältnis, legen den Gästen aber auch einige Bürden auf (Vorschriften, Zapfenstreich und überall Mitteilungen zur „Lebensphilosophie") und geben sich nicht sehr einladend.

Amala Lodge, 92 Ranga Pillai St, ✆ 0413/233 8910. Eine der besten und zentralsten Billigoptionen. Die Zimmer (z. T. mit einfachem Bad) sind ziemlich klein, aber ordentlich.
❶–❷

Aruna, 3 Zamindar Garden, SV Patel Rd, ✆ 0413/233 7756, ✉ arunahotel@yahoo.com.

Französisches Flair

Hotel de l'Orient, 17 Rue Romain Rolland, ✆ 0413/234 3067, 💻 www.neemranahotels.com. Das sehr schöne französische Haus hat 16 Zimmer zu bieten, alle individuell eingerichtet mit französischen Antiquitäten, gefliesten Balkonen und großen Fensterläden mit Blick auf einen grünen Innenhof. Äußerst romantische Unterkunft mit Restaurant. ❽

Preiswerte DZ mit Bad in verschiedenen Größen in einer ruhigen Seitenstraße; teils mit AC und TV, alle mit Balkon. ❸–❹

French Guest House, 38 Ambour Salai, ✆ 0413/420 0853. Große, saubere Zimmer – z. T. Familiensuiten – in einem einladenden und zentralen Hotel. Besseres Preis-Leistungs-Verhältnis als bei den größeren Mitbewerbern. Alle Zimmer auf Wunsch mit AC. ❸–❹

International Guest House, 47 Gingee Salai, ✆ 0413/233 6699, ✉ ingh@vsnl.net. Die größte Aurobindo-Unterkunft, Dutzende sehr großer, sauberer Zimmer, teils mit AC. Empfehlenswerte Budgetunterkunft, aber typisch Herberge mit Zapfenstreich um 22.30 Uhr. ❶–❹

Park Guest House, Goubert Salai, ✆ 0413/233 4412, ✉ parkgh@sriaurobindoashram.org.in. Eine weitere Unterkunft der Sri Aurobindo Society mit strikten Regeln (kein Alkohol oder Fernsehen) und Sperrstunde ab 22.30 Uhr. Die Zimmer sind makellos und sehr komfortabel. Neue Moskitonetze und Sitzgelegenheiten im Freien mit Blick auf Garten und Meer. Fahrradverleih, Wäscherei und Restaurant. ❸

Soorya International, 55 Ranga Pillai St, ✆ 0413/233 6856, ✉ sooryainternational@hotelstamilnadu.com. Zentral gelegenes Hotel mit sehr großen, einwandfreien Zimmern. Inzwischen mit AC in allen Zimmern. Inkl. Frühstück. ❺–❼

Surya Swastika, 11 ID Koil St, ✆ 0413/234 3092, ✉ suryaswastika@sify.com. Traditionelles tamilisches Gästehaus in einer ruhigen Gegend der Stadt, 9 einfache Zimmer um einen zentralen Hof, der mittags zugleich als Pilgerlokal fungiert. Sehr billig und sauberer als die meisten der Basar-Unterkünfte. ❶–❷

Essen

Wer schon eine Weile unterwegs ist und sich nach gesunden Salaten, frischem Kaffee, knusprigem Brot, Kuchen und echtem Feingebäck sehnt, hat in Puducherry die Qual der Wahl. Bier ist fast überall erhältlich (außer in den Lokalen der SAS) und kostet mit ca. Rs50 pro Flasche nur etwa die Hälfte dessen, was andernorts in Tamil Nadu üblich ist.

Bombay Ananda Bhavan, 199 Mission St. Gutes, ruhiges und sehr sauberes südindisches Vegetarier-Lokal mit besonders leckeren Masala Dosas für rund Rs25.

Café Lune, Rue Suffren, nahe der State Bank of India. Winziges Lokal, in dem alte Männer Kaffee trinken und den Tag vertrödeln. Der Kaffee wird mit viel Tamtam gebrüht, und der supergünstige Mittagsteller mit Zitronenreis und *vada* ist prima.

Hot Breads, 42 Ambour Salai. Knusprige Croissants, frische Baguettes und leckeres Gebäck, dargereicht in einem blitzsauberen französischen Boulangerie-Café, in dem sehr viele Franzosen verkehren.

La Terrasse, 5 Subbiyah Salai. Unter europäischen Backpackern, die es sich hier bei Croissants und Kaffee im Freien gut gehen lassen, ist La Terrasse das beliebteste französische Restaurant. Serviert werden exzellente Garnelen-Gerichte für Rs90, Pizzas für Rs80–175 und eine Auswahl an indischen, chinesischen und französischen Gerichten. 🕓 Mi geschlossen.

Le Club, 33 Rue Dumas. Eins der bekanntesten Restaurants der Stadt. Auf der überwiegend

Die perfekte Mischung

Madame Santhé's, Rue Romain Rolland. Gekonnt gestaltete, stilvolle Dachterrasse. Serviert wird eine ausgesprochen leckere Mischung französischer, indischer und chinesischer Gerichte um Rs120–170. Das Steak mit Pilzsoße ist ein Genuss. Entspanntere Atmosphäre und ein besseres Preis-Leistungs-Verhältnis als in den alteingesessenen Qualitätsrestaurants.

französischen Speisekarte stehen *coq au vin, steak au poivre,* viele Seafood-Gerichte (jedes um die Rs200) und eine umfangreiche Auswahl an Weinen und Cocktails (Rs150). Der Komplex bietet außerdem ein Bistro im Erdgeschoss (prima zum Brunch am So; ⌚ Mo geschl.) sowie ein gutes vietnamesisches und südostasiatisches Restaurant.

Le Rendezvous, 30 Rue Suffren. Sättigendes Seafood, fantastische Pizzas und Tandoori-Spieße sind die Spezialität dieses beliebten, auf Puducherrys ausländische Gemeinde ausgerichteten Restaurants. Es serviert auch frische Croissants und Espresso zum Frühstück. Speisen kann man drinnen oder auf der romantischeren Dachterrasse, wo man sich abends bei verschiedenen Musikrichtungen entspannt, genießen. Die meisten Hauptgerichte kosten Rs120–250. ⌚ Di geschl.

Poudou Poudou, 31 Rue Labourdonnais. Eins der wenigen indischen Restaurants im alten Teil der Stadt, außerdem einige Seafood- und europäische Gerichte. Hauptgerichte zumeist unter Rs100.

Qualithé, 3 Rue Mahe de Labourdonnais. Das recht schäbige Erdgeschoss dieses heruntergekommenen Hotels am Government Place ist nach wie vor ein beliebter Treffpunkt für Biertrinker.

Satsanga, 30 Rue Labourdonnais St. Die Speisenauswahl des französischen Besitzers wird in der alten Kolonialvilla mit größter Sorgfalt zubereitet: Salate aus biologisch-organischem Anbau mit frischen Kräutern, Tsatsiki und Knoblauchbrot, *tagliatelle alla carbonara* und köstliche Pizzas. Ausprobieren sollte man die Tagesgerichte *(plat du jour)* mit frischem Fisch. Für 3 Gänge plus Getränke zahlt man etwa Rs400.

Sonstiges

Geld

Es gibt zahlreiche empfehlenswerte Geldwechselstellen, etwa die **State Bank of India** in der Surcouf St und die **UCO Bank**, Rue Mahé de Labourdonnais.

Informationen

Puducherry Tourism Development Corporation (PTDC), 40 Goubert Salai, ✆ 0413/233 9497, 💻 tourism.pondicherry.gov.in. Das äußerst hilfsbereite Personal verteilt Broschüren und Stadtpläne und bietet Informationen über Auroville. Außerdem bucht es die eigenen **Stadtrundfahrten** (halber Tag 13.30–17 Uhr für Rs100 ohne AC, Rs150 mit AC, ganzer Tag 9.45–17 Uhr für Rs200 ohne AC, Rs250 mit AC) und **Mietwagen** (Rs650 pro Tag). ⌚ tgl. 8.45–17 Uhr.

Internet

Zugang bieten zahlreiche Internetläden im Zentrum von Puducherry. Vielerorts ist auch Internettelefonie möglich, etwa in der iWay-Filiale, 36 Nidarajapayar St.

Post

Die **Hauptpost** befindet sich in der Ranga Pillai St, ⌚ Mo–Sa 10–19.30 Uhr.

Nahverkehr

In Puducherry sind viele **Motor-Rikschas** im Einsatz, doch die meisten Touristen mieten sich während ihres Aufenthalts ein **Fahrrad** von einem der zahlreichen über die Stadt verstreuten Stände (Rs40 pro Tag, plus Rs200 Pfand). Für Ausflüge ins Umland (z. B. nach Auroville) kann man ein **Moped** oder einen Motorroller mieten. Die beiden Vermietungen, **Sri Ganesh Cycle Store**, 39 Mission St, ✆ 0413/222 2801, und **Sri Sri Durga Pharameshwari Cycle Store**, 106-B Mission St, ✆ 0413/233 4101, verleihen neue Modelle wie z. B. Honda Kinetics für Rs150 pro Tag plus Rs500 Kaution.

Transport

Busse

Alle Busse nutzen den **New Bus Stand** am westlichen Stadtrand. Von dort bringen einen Motor-Rikschas für Rs50 in die Altstadt. Taxis verlangen gut das Doppelte. Mit einem Tempo hingegen gelangt man für nur Rs5–10 ins Zentrum von Ambour Salai.

Busse nach:
BENGALURU (4x tgl., 10–12 Std.),
CHENNAI (alle 10–20 Min., 2 1/2–3 Std.),
CHIDAMBARAM (alle 20 Min., 2 Std.),

COIMBATORE (10x tgl., 9 Std.),
KANCHIPURAM (10x tgl., 3–4 Std.),
KANYAKUMARI (stdl.; 12–13 Std.),
MADURAI (stdl., 9–10 Std.),
MAMALLAPURAM (alle 10–20 Min., 1 1/2–2 Std.),
THANJAVUR (stdl., 5 Std.),
TIRUCHIRAPALLI (alle 30 Min., 5–6 Std.),
TIRUVANNAMALAI (alle 20 Min., 2 Std.).

Auroville

10 km nördlich von Puducherry liegt teils im Union Territory, teils in Tamil Nadu Auroville, die auf dem Reißbrett geplante „Stadt der Morgendämmerung" und wohl das größte esoterische Zentrum in ganz Indien. Die 1968 gegründete Stadt geht auf eine Idee von „The Mother", der spirituellen Nachfolgerin von Sri Aurobindo, zurück. Etwa 1700 Menschen (davon zwei Drittel Ausländer) leben hier in Kommunen mit Namen wie Fertile, Certitude, Sincerity, Revelation und Transformation zusammen, in einem Ort, der irgendwann eine ideale Stadt mit 50 000 Einwohnern sein soll. Die Gebäude, architektonische Experimente, die moderne westliche und traditionell indische Elemente kombinieren, liegen inmitten einer ländlichen Szenerie schmaler Wege, tiefroter Erde und üppigen Grüns. Das Einkommen stammt aus Landwirtschaft, Kunsthandwerk, alternativen Technologien, Bildungs- und Entwicklungsprojekten und dem Software-Unternehmen Aurolec.

Wenn man bedenkt, wie wenig es hier zu sehen gibt, zieht Auroville eine unverhältnismäßig große Zahl von Tagesausflüglern an – sehr zum Leidwesen seiner Einwohner, die zu Recht darauf hinweisen, dass man nur dann versteht, worum es der Gemeinde eigentlich geht, wenn man eine Weile hier bleibt. Interessierte Besucher sind als zahlende Gäste in den meisten Kommunen willkommen und können zusammen mit den dortigen Anwohnern arbeiten.

Mit dem Bau des futuristischen **Matri Mandir**, eines gigantischen, fast kreisrunden Hightech-Meditationszentrums im Herzen der Siedlung, wurde 1970 begonnen. Es war als „ein Symbol der Göttlichen Antwort auf den menschlichen Sinn für Perfektion" gedacht. Erde aus 124 Ländern wurde symbolisch in eine Urne getan und wird in einem ans Matri Mandir angrenzenden Amphitheater aufbewahrt, wo ein Redner ohne Mikrofon zu 3000 Zuhörern sprechen kann.

Den Mittelpunkt im Innern des Matri Mandir bildet eine Kristallkugel von 70 cm Durchmesser, welche die neutralen und göttlichen Eigenschaften von Licht und Raum symbolisiert. Näheres zu Besuchsmöglichkeiten s. unten.

Übernachtung und Essen

Der Informationsschalter im **Visitors Centre** gibt Auskunft über die Unterbringung als zahlender Gast in einer der ca. 30 Kommunen von Auroville. Offiziell gibt es keinen Mindestaufenthalt, doch werden Besucher dazu ermuntert, mindestens eine Woche zu bleiben und derweil an kommunalen Projekten mitzuarbeiten. Die Preise reichen von Rs400–2500 pro Tag inkl. Mahlzeiten. Als Alternative kann man auch in einem der 4 klimatisierten Gästehäuser unterkommen, die Zimmer für Rs2500 bieten. Betten in den Gästehäusern und Kommunen sind insbesondere während der Hochsaison von Dez bis März und Juli bis Aug schwer zu bekommen. Es ist daher ratsam, lange im Voraus zu reservieren: ✆ 0413/262 2704, ✉ avguests@auroville.org.in.

Satsanga Guest House, 500 m vom Strand entfernt, ✆ 0413/222 5867, ✉ pierre_satsanga@yahoo.com. Zimmer mit oder ohne Bad. ❷–❹

Zu Essen gibt es nichts Besseres als die einfachen, sättigenden vegetarischen „meals" in Auroville selbst.

Sonstiges

Das **Visitors Centre** im Zentrum der Anlage – nahe der Kommune Bharat Niwas, die eine Dauerausstellung über die Geschichte und Philosophie der Siedlung zeigt – vergibt Tickets für die Außenbesichtigung des Matri Mandir (🕓 tgl. 10–12 und Mo–Sa 14–16 Uhr). Bei Erhalt der Tickets wird ein kurzes Video über das Dorf gezeigt. ✆ 0413/262 2239, 💻 www.auroville.org, 🕓 tgl. 9.30–17.30 Uhr, Ticketausgabe 9.45–12.30 und 13.45–16 Uhr. Wer an der Kristallkugel im Matri Mandir meditieren möchte, muss sich zwei Tage im Voraus für das sogenannte „concentration entry" anmelden (14–16 Uhr).

Preiswerte Literatur zu Auroville findet man im angegliederten **Buchladen**. Auf dem Schwarzen Brett stehen Informationen über **Aktivitäten**, an denen Besucher sich beteiligen können (dazu zählen üblicherweise Yoga, Reiki und Vipassana-Meditation für Rs200 pro Sitzung). Darüber hinaus gibt es einige qualitativ gute **Kunsthandwerksläden** und mehrere nette kleine vegetarische **Cafés**, die Snacks, „meals" und kalte Getränke servieren.

Transport

Auroville liegt 10 km nördlich von Puducherry an der Hauptstraße nach Chennai. Man kann es auch über die neue Küstenschnellstraße erreichen, wenn man beim Dorf Chinna Mudaliarchavadi abbiegt. Auf beiden Strecken verkehren häufig **Busse**, aber da Auroville sich über ca. 50 km² ausdehnt, kommt man am besten mit einem eigenen Transportmittel. Ansonsten kann man sich auch einer der tgl. von der PTDC angebotenen, halbtägigen **Touren** von Puducherry anschließen (s. S. 1053).

Zentral-Tamil-Nadu: Im Herzen des Chola-Reichs

Sich am Ufer des Cauvery zu befinden und karnatische Musikklänge zu hören, ist ein Vorgeschmack auf die ewige Glückseligkeit.
Tamilisches Sprichwort

Reist man von Puducherry an der Coromandel-Küste nach Süden, kommt man ins Flachland des **Kaveri** (oder Cauvery)-**Deltas**, einer Wasserlandschaft aus Kanälen, Staudämmen, Gräben und Bächen, in der seit Urzeiten Ackerbau betrieben wird. Mit einem Durchmesser von nur 160 km ist dies die fruchtbare, von über 30 Flüssen und unzähligen Bächen durchzogene Reisschüssel Tamil Nadus. Der Kaveri ist der größte Fluss und heißt auf Tamil *Ponni,* „Die Herrin aus Gold" (eine Erscheinungsform der Muttergöttin). Er wird als „Beförderer" von flüssiger *shakti* verehrt, jener weiblichen Energie, die die Millionen Bauern ernährt, die an seinen Ufern und Zuflüssen leben. Die Landschaft besteht aus endlosen grünen Reisfeldern, die nur von Palmen und kleinen Dörfern mit strohgedeckten Häusern und Marktständen unterbrochen werden. In einer der heißen und chaotischen Städte anzukommen, wirkt danach fast wie ein Schock.

Das riesige Delta bildete das Herzstück des **Chola-Reiches**, das seine höchste Blüte zwischen dem 9. und 13. Jh. erlebte, eine Ära, die oft mit dem klassischen Griechenland und der italienischen Renaissance verglichen wird, sowohl ihres kulturellen Reichtums als auch ihrer bombastischen Architektur wegen. Wie von den Cholas beabsichtigt, erstarren Besucher beim ersten Anblick ihrer gewaltigen Tempel vor Ehrfurcht, nicht nur in Städten wie **Chidambaram**, **Kumbakonam** und **Thanjavur**, sondern auch auf dem Lande, an Orten wie **Gangaikondacholapuram**, wo von einer ehemals mächtigen Stadt nur noch der prachtvolle Tempel erhalten ist.

Wer die Gegend ein paar Tage lang erforscht, wird auch die weniger pompösen künstlerischen Seiten der Chola-Herrschaft kennenlernen, z. B. die wunderbaren **Bronzen** von Thanjavur.

Chidambaram

Um Chidambaram, 58 km südlich von Puducherry, kreisen so viele Mythen, dass es fast unmöglich ist, historische Fakten von Legenden zu trennen.

Der Ort, wo *tandava*, der kosmische Tanz Shivas als **Nataraja**, König des Tanzes, stattfand, zählt zu den heiligsten Stätten Südindiens. Ein Besuch des **Sabhanayaka-Tempels** erlaubt einen faszinierenden Einblick in uralte tamilische Glaubenspraktiken. Der legendäre König **Hiranyavarman** soll von Kashmir aus eine Wallfahrt hierher unternommen haben, um durch ein Bad im Shivaganga-Tempelteich von der Lepra geheilt zu werden. Zum Dank für die erfolgte Heilung ließ er die Tempelanlage erweitern. Er brachte auch 3000 Brahmanen der Dikshitar-Kaste her, deren Nachkommen bis zum heutigen Tage die Tempelrituale leiten (zu erkennen an den Haarknoten oberhalb der Stirn).

Von den 50 *maths* (Klöstern), die hier standen, haben nur wenige überdauert, doch der Tempel steht immer noch im Mittelpunkt des Geschehens sowie zahlreicher **Feste**. Die zwei wichtigsten dauern 10 Tage und enden in einem spektakulären Finale: Jeweils am 9. Tag ziehen Tempelwagen beim Wagenfest in einer Prozession durch die vier Car Streets, und am 10. wird mit dem *abhishekham* in der Raja Sabha (Tausend-Säulen-Halle) den wichtigsten Gottheiten gehuldigt. Die genauen Daten (das eine findet im Mai/Juni, das andere im Dez/Jan statt) erfährt man in jedem TTDC Tourist Office. Man sollte den Besuch aber rechtzeitig organisieren, da die Feste eine Menge Schaulustiger anziehen. Anlässlich anderer Lokalfeste gibt es Feuerläufe und *kava-di*-Volkstänze (bei denen die Tänzer verzierte Holzmodelle auf dem Kopf tragen) im Thillaiamman Kali- (April/Mai) und Keelatheru Mariamman- (Juli/Aug)Tempel.

Die Stadt besitzt auch einen gut besuchten Markt und beherbergt eine große Studentengemeinde, die die im Ostteil der Stadt gelegene **Annamalai-Universität** besucht, ein Zentrum für Tamil-Studien. Den Stadtkern bilden der Sabhanayaka Nataraja-Tempel und das ihn umgebende quirlige Marktviertel entlang der North, East, South und West Car Streets.

Der Tempel Sabhanayaka Nataraja

Der Sabhanayaka Nataraja, in dem Shiva als Herr des kosmischen Tanzes, Nataraja, inthronisiert wurde, ist für die südindischen Shaivas das heiligste aller Heiligtümer. Seine unübersehbaren *gopuras,* deren Lichter Seeleuten weit draußen im Golf von Bengalen zur Orientierung dienen, überragen einen 16 ha großen, durch vier konzentrische Mauern abgetrennten Tempelkomplex. Die ältesten noch erhaltenen Teile wurden zur Zeit der Cholas erbaut, die den Gott Nataraja zu ihrem Lieblingsgott erwählten und hier mehrere Könige krönten. Am besten beginnt man die Erkundung beim westlichen *gopura* des dritten Walles und begeht die Anlage im Uhrzeigersinn.

Im innersten Sanktuarium finden zahlreiche **Zeremonien** statt, die bestbesuchten um 12 und 18 Uhr, wenn ein Feuer entfacht und riesige Gongs geschlagen werden. Am Freitagabend, kurz bevor der Tempel schließt, wird Nataraja während einer besonders aufwendigen *puja* auf einer Sänfte zu Musik und in Begleitung Fackeln schwenkender Tempeldiener herumgetragen. Zu anderen Zeiten sind alte Hymnen aus dem *Tevaram* zu hören. ◷ tgl. 4–12 und 16–22 Uhr.

Der westliche *gopura* ist der belebteste Eingang, außerdem der am kunstvollsten gearbeitete und wahrscheinlich der älteste (1150 v. Chr.). Biegt man von hier nach Norden (links) ab, gelangt man zu dem von Bogengängen gesäumten **Shivaganga-Teich**, der von sieben natürlichen Quellen gespeist wird. Von der zerbrochenen Säule am Rande des Teichs aus sind alle vier *gopura* zu sehen.

In der Nordostecke erhebt sich das größte Bauwerk des Komplexes, **Raja Sabha** (14.–15. Jh.), auch „Tausend-Säulen-Halle" genannt, obwohl die Überlieferung besagt, dass es nur 999 von Menschenhand errichtete Pfeiler sind – der tausendste ist das Bein Shivas. Bei Festen werden die Gottheiten Nataraja und Shivakamasundari zur Salbungszeremonie *abhishekha* hergebracht.

Die Bedeutung, die der **Tanz** in Chidambaram genießt, unterstreichen die Reliefs tanzender Figuren im östlichen *gopura,* eine Darstellung von 108 *karanas* (eine ähnliche befindet sich im westlichen *gopura).* Ein *karana* (auf Tamil *adavu*) ist ein bestimmter Punkt in einer Bewegungsphase, die von der komplizierten Sanskrit-Vorgabe zur darstellenden Kunst vorgeschrieben wird, dem *Natya Shastra* (200 v. Chr.–200 n. Chr.) – der Basis aller klassischen indischen Tanz-, Musik- und Theaterdarbietungen. Die quadratische zweite Einfriedung betritt man am besten durch den **Westeingang** (gleich nördlich des westlichen *gopura* in der dritten Mauer), der zu einem Rundwandelgang führt. Ab hier kann man leicht die Orientierung verlieren, denn in die überdachte, von Kolonnaden getragene Anlage fällt wenig Licht. Die Atmosphäre wird jetzt sehr viel religiöser.

Der innerste **Govindaraja-Schrein** ist Vishnu geweiht – was keine Überraschung ist, da die meisten Shiva-Tempel auch einen Vishnu-Schrein beherbergen, während es in keinem Vishnu-Tempel einen Shiva-Schrein gibt. Den Govindaraja versorgen Brahmanen, die nicht der Dikshitar-Kaste entstammen und mit den

Dikshitars angeblich nicht immer auf freundschaftlichem Fuß stehen. Von außerhalb des Schreins können Nicht-Hindus bis zum Allerheiligsten des Tempels durchschauen: **Kanaka Sabha** und **Chit Sabha**, miteinander verbundene, auf Sockeln ruhende Hallen mit Dächern aus Kupfer- und Goldplatten. Letztere beherbergt Bronzestatuen von Nataraja und seiner Gefährtin Shivakamasundari. Hinter und links von Nataraja trennt ein aus Blättern des Bilvabaumes gefertigter, Shiva geweihter Vorhang den machtvollsten Raum ab. Darin befindet sich **Akashalingam**, das *rahasya* („Geheimnis") von Chidambaram genannt: Der aus Äther *(akasha)*, dem subtilsten aller Elemente, aus dem Luft, Feuer, Wasser und Erde hervorgehen, bestehende Lingam ist unsichtbar – als Symbol für die unsichtbare Präsenz Gottes in den Herzen der Menschen. Ein kristallener Lingam, der aus dem Licht des Halbmondes auf Shivas Augenbraue hervorgegangen sein soll, und eine kleine Nataraja-Figur aus Rubinen werden in der Kanaka Sabha verehrt. Sechsmal am Tag werden sie in den Flammen der priesterlichen Kampferfeuer oder Öllampen rituell gebadet. Hier, im Innersten der Anlage, ist die Chance am größten, *oduvar* zu hören, Sänger aus mittleren, nicht-brahmanischen Kasten, die Verse alter tamilischer Dichtung vertonen. Die Lieder, mit denen sie die Gottheiten zu *puja*-Zeiten erfreuen, stammen aus Sammelbänden wie dem *Tevaram* oder dem früher entstandenen *Sangam* und sollen über 1000 Jahre alt.

Übernachtung

Als Ziel zahlreicher Touristen und Pilger besitzt Chidambaram eine Menge billiger Unterkünfte. Einige wenige sind Mittelklassehotels.

Akshaya, 17/18 East Car St, ✆ 04144/220192, ✉ akshayhotel@hotmail.com. Nettes, sauberes Mittelklassehotel mit einem an die Tempelwand grenzenden Rasen und 2 Restaurants. Die Zimmer sind geräumig, wobei die nicht klimatisierten besonders viel fürs Geld bieten. ❷–❹

Raja Rajan, 162 West Car St, nahe dem Westtor des Tempels, ✆ 04144/222690. Saubere Zimmer mit Kachelbad; die mit AC bieten ein gutes Preis-Leistungs-Verhältnis. ❶–❸

Gute Preise direkt am Tempel

Mansoor Lodge, 91 East Car St, gegenüber dem Tempel, ✆ 04144/221072. Freundliche Budget-Unterkunft mit gutem Preis-Leistungs-Verhältnis. Alle Zimmer sind frisch gestrichen, haben makellose Fliesenböden, ein sauberes Bad und viele auch TV. ❶

Ritz, 2 VGP St, nahe dem Busbahnhof, ✆ 04144/223312, 📠 221098. Eine der besseren Unterkünfte der Stadt mit großen, komfortablen Zimmern (alle mit TV, z. T. mit AC). Top Lage und ein gutes Restaurant. ❷–❹

Sabanayagam, 7 East Sannathi St, abseits der East Car St, ✆ 04144/220896. Von außen nobler als von innen, mit sauberen Zimmern (teils AC), die von dunklen Fluren abgehen. Einige Zimmer haben kein Fenster. Wahlweise westliche oder indische Toiletten. Gutes vegetarisches Restaurant im Untergeschoss. ❶–❸

Saradharam, 19 Venugopal Pillai St, gegenüber dem Busbahnhof, ✆ 04144/221336, 💻 hotelsaradharam.co.in. Große und gepflegte Zimmer (teils mit AC und Balkon) in einem modernen Gebäude mit 3 ordentlichen Restaurants (ein nicht-vegetarisches), kleinem Garten, Bar, Wäscherei und Geldwechsel. ❸–❹

Essen

In und um die Car Streets gibt es viele einfache „meals"-Lokale.

Sri Ganesa Bhavan, West Car St, bei den Einheimischen am beliebtesten.

Sri Aishwarya, östlich des Sabhanayaka-Tempels am Uhrenturm beim Busbahnhof. Ein sauberes, modernes Restaurant mit vegetarischen Gerichten aus Südindien und China.

Ganz in der Nähe bietet das **Dachterrassenrestaurant** des RK Residency indische und chinesische nicht-vegetarische Gerichte.

Dubai Restaurant, Venugopal Pillai (VGP) St. Winziges Lokal mit nahöstlicher Küche, das leckere Kebabs, Fisch und andere nicht vegetarische Gerichte serviert.

Sonstiges

Geld

Keine der Banken in Chidambaram wechselt Geld, wohl aber das Hotel Saradharam in der Nähe des Busbahnhofs, das auch über einen Geldautomaten der ICICI Bank verfügt.

Informationen

TTDC Tourist Office, neben dem Vandayar Gateway Inn, Railway Feeder Rd, ✆ 04144/ 238739. Die Angestellten sind hilfsbereit, können Besuchern jedoch nur eine kleine Broschüre mitgeben.

Internet

Internetverbindung bieten das Saradharam und das I-Castle am Osteingang zum Tempel.

Transport

Busse

Busse aus Chennai, Thanjavur und Madurai halten am Busbahnhof, ca. 500 m vom Tempel entfernt.

Busse nach:
CHENGALPALTTU (alle 20–30 Min., 4 1/2–5 Std.),
CHENNAI (alle 20–30 Min., 5–6 Std.),
COIMBATORE (6x tgl., 7 Std.),
KANCHIPURAM (stdl., 7–8 Std.),
KANYAKUMARI (3x tgl., 10 Std.),
KUMBAKONAM (alle 10 Min., 2 1/2 Std.),
MADURAI (6x tgl., 8 Std.),
PUDUCHERRY (alle 15–20 Min., 2 Std.),
THANJAVUR (alle 15–20 Min., 4 Std.),
TIRUCHIRAPALLI (alle 30 Min., 5 Std.),
TIRUVANNAMALAI (stdl., 3 1/2 Std.).

Eisenbahn

Zur Zeit der Recherche wurde der **Bahnhof**, gut 1 km südöstlich des Zentrums, nicht angefahren, da um Chidambaram herum die Spurbreite der Gleise umgestellt wurde.

Gangaikondacholapuram

Der majestätische Brihadishwara-Tempel, ein Nachbau des Tempels in Thanjavur, geplant als das Herzstück einer vom Chola-König Rajendra I. (1014–42) zum Ruhme seiner Eroberungen erbauten Stadt, steht in dem kleinen Dorf Gangaikondacholapuram im Distrikt Ariyalur, 35 km nördlich von Kumbakonam. Der komplizierte Name bedeutet „die Stadt des Chola, der den Ganges einnahm". Unter Rajendra I. erstreckte sich das Chola-Reich in der Tat bis zu dem breiten Strom des Nordens hin – was keiner anderen südindischen Dynastie gelang. Der Tempel und die Ruinen von Rajendras Palast, 2 km weiter östlich bei Tamalikaimedu, sind alles, was von der Stadt erhalten blieb. Dennoch zählt sie zu den sehenswertesten archäologischen Stätten Südindiens, nur übertroffen von Thanjavur. Dass sie meistens menschenleer ist, verleiht ihr einen zusätzlichen Reiz.

Das Dorf wird vom **Brihadishwara-Tempel** beherrscht, der in einem gepflegten, begrünten Hof von einer geschlossenen Mandapa flankiert wird. Über dem Sanktuarium auf der rechten Seite thront ein 55 m hoher, pyramidenförmiger Turm *(vimana)* mit neun sich nach oben hin verjüngenden Stockwerken. Der Turm ist zwar kleiner als der von Thanjavur, doch durch seine graziöse Bauweise besonders elegant.

Im Hof steht ein kleiner Schrein zu Ehren der Göttin **Durga** mit einem Bildnis von Mahishasuramardini bei der Tötung des Büffeldämonen. Biegt man vor dem Schrein nach rechts (Norden) ab, gelangt man an einen kleinen Brunnen, der von der Löwenstatue *Simha-kinaru* bewacht wird. Rajendra soll diesen mit Wasser aus dem Ganges gefüllt haben, das zur rituellen Salbung des Lingam im Haupttempel verwendet wurde.

Unmittelbar vor dem Osteingang zum Tempel steht ein kleiner Opferaltar. Zwei parallel verlaufende Treppen führen auf die *mukhamandapa* oder Veranda, wo zwei große Wächtergottheiten den Eingang zu einer langen, mit Säulen bestandenen *mahamandapa* (Wandelhalle) bewachen. Im Innern des Tempels weisen Führer den Weg zum Turm, der über eine steile Treppe erklommen werden kann. Zu beiden Seiten des Tempeleingangs stehen Skulpturen von Shiva in seinen verschiedenen mildtätigen *(anugraha)* Manifestationen, darunter als Segner Vishnus, Devis, Ravanas und des Heiligen Chandesha. In der Nordostecke befindet sich ein ungewöhnlicher quadratischer Steinblock mit Darstellungen der neun Planeten *(navagraha)*. Auf der Plattform stehen mehrere **Chola-Bronzen**; von besonderer Bedeutung soll die Figur Karttikeyas, des Kriegsgottes mit Keule und Schild, sein.

Den Sockel des Haupttempelheiligtums schmücken Löwen und Schneckenverzierungen. Darüber verläuft vom Süd- bis zum Nordeingang der *ardhamandapa* (Vorhalle zum Schrein) eine Reihe von Nischen, in denen unterschiedliche Shiva-Statuen untergebracht sind. Die berühmteste ist die am Nordeingang; sie zeigt Shiva und Parvati, die den Heiligen Chandesha bekränzen, der hier manchmal als Rajendra I. gilt. ⌚ tgl. 6–12 und 16–20 Uhr, Eintritt frei. Näheres zu den Tempeln von Tamil Nadu s. S. 1038/1039.

Zwei Minuten zu Fuß auf der Hauptstraße nach Nordosten (vom Parkplatz nach rechts abbiegen) steht das winzige **Archäologische Museum**, in dem alle möglichen, in der Gegend gefundenen Chola-Gegenstände ausgestellt sind, darunter Terrakottalampen, Münzen, Waffen, Manuskripte auf Palmblättern und ein altes chinesisches Gefäß. ⌚ tgl. außer Fr 10–13 und 14–17.45 Uhr, Eintritt frei.

Obwohl Chidambaram eigentlich etwas näher ist, sind die Busverbindungen nach Kumbakonam besser; etwa alle 15 Minuten fährt hier ein Bus. Auch einige Busse der Strecke Trichy–Chidambaram halten hier. Allerdings sollte man vermeiden, zwischen 12 und 16 Uhr, wenn der Tempel geschlossen ist, einzutreffen. Einige Teile im Inneren sind sehr düster, daher ist eine Taschenlampe nützlich. Die minimalen Einrichtungen im Dorf beschränken sich auf ein paar Buden mit Erfrischungsgetränken.

Kumbakonam

Kumbakonam, 74 km südwestlich von Chidambaram und 38 km nordöstlich von Thanjavur, liegt zwischen den Flüssen Kaveri (Cauvery) und Arasalar. Nach hinduistischem Glauben ist dies der Ort, wo ein Wassergefäß *(kumba)* mit *amrit*, dem Nektar der Unsterblichkeit, das von einer riesigen Flutwelle vom Gipfel des heiligen Berges Meru im Himalaya gerissen worden war, angeschwemmt wurde. Aus irgendeinem Grund schoss Shiva, der gerade in Gestalt eines Waldbewohners und Jägers vorbeikam, einen Pfeil auf das Behältnis, sodass es zerbrach. Aus den Scherben bildete er den Lingam, der sich jetzt im **Kumbeswara-Tempel** befindet. Dessen *gopuras* überragen heute zusammen mit jenen der 17 anderen großen Schreine die Stadt.

Kumbakonam, eine ehemalige Hauptstadt der Cholas, die hier einen gut bewachten Schatz gelagert haben sollen, ist das Handelszentrum der Thanjavur-Region. Der Hauptbasar, **TSR Big Street**, genießt einen besonderen Ruf für hochwertigen Modeschmuck.

Der Hauptgrund für einen Besuch besteht darin, einen Blick auf die wunderbaren Statuen im **Shiva-Tempel Nageshwara Swami** zu werfen, der die erlesensten, noch an Ort und Stelle befindlichen Chola-Steinskulpturen beherbergt. Von der Stadt aus lassen sich auch die faszinierenden, jahrhundertealten und wenig besuchten Tempel von Darasuram und Gangaikondacholapuram leicht erreichen. Es ist zu beachten, dass alle Tempel in dieser Gegend zwischen 12 und 16 Uhr schließen.

Abwechslung bietet ein Abstecher in das nahe gelegene Dorf Swamimalai, das wichtigste traditionelle **Bronzegießereizentrum** von Tamil Nadu.

Sehenswürdigkeiten

Der aus dem 17. Jh. stammende **Kumbeswara-Tempel**, überragt vom farbenfrohen *gopura* am Osteingang, beherbergt den berühmten Lingam, dem die Stadt ihren Namen verdankt. Man erreicht ihn auf dem Weg durch einen überdachten Markt, auf dem das hiesige Spezialprodukt, nämlich Kochtöpfe, sowie allerlei Haushaltsgegenstände angeboten werden. Am Eingangstor steht manchmal der Tempelelefant mit bemalter Stirn und Glockenhalsband. Hinter dem Fahnenmast ist in einer Mandapa eine interessante Sammlung silberner *vahanas*, bei Festen benutzter Fahrzeuge der Gottheiten, und *pancha loham*-Figuren (mit einer Legierung aus fünf Metallen) der 63 Nayanmar Dichterheiligen zu sehen.

Der wichtigste und größte Vishnu-Tempel in Kumbakonam ist der aus dem 13. Jh. stammende **Sarangapani-Tempel**, zu betreten durch einen zehnstöckigen, pyramidenförmigen, über

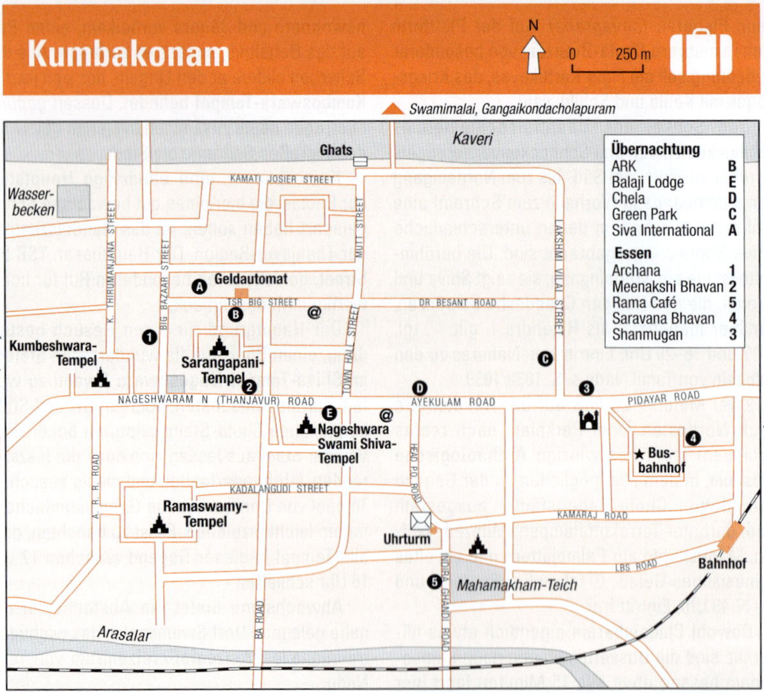

45 m hohen *gopura*. Der Zentralschrein datiert aus der späten Chola-Ära und weist zahlreiche spätere Arbeiten auf. Seinen im innersten Hof befindlichen Eingang bewachen riesige *dvarpalas*. Zwischen ihnen stehen *jali* (durchbrochene Steingitter), jedes anders gestaltet, und vor ihnen befindet sich die heilige, viereckige *homam* (Feuerstelle). Tagsüber wird das düstere Sanktuarium in Form eines Tempelwagens mit Pferde-, Elefanten- und Radreliefs durch die kleinen Deckenfenster ein wenig beleuchtet. Auf einer bemalten Anrichte ist ein Spiegel angebracht, in dem sich Vishnu betrachten kann, wenn er das Allerheiligste verlässt.

Der kleine **Shiva-Tempel Nageshwara Swami** mitten in der Stadt ist der älteste Tempel von Kumbakonam, sein Grundstein wurde 886 gelegt. Ein paar Jahre später, während der Regierungszeit von Parantaka I. (907 bis ca. 940 n. Chr.), erfolgte die Fertigstellung. Auf den ersten Blick wirkt er nicht viel versprechend, da ein Großteil des Originalbauwerkes von späteren, bonbonfarbenen Anbauten zugebaut wurde, doch hinter dem Haupthof mit seiner großen Mandapa führt eine kleine, mit einem *gopura* gekrönte Zugangshalle zu einem überdachten Innenraum, in dem der älteste aller Chola-Schreine steht. In geräumigen Nischen ringsum an den Wänden des Heiligtums sind eine Reihe kunstvoller Steinfiguren zu sehen, die als die kostbarsten noch erhaltenen Stücke **frühzeitlicher Bildhauerei** Südindiens gelten. In ihren trägen Posen und mit dem hypnotischen Halblächeln auf den Lippen übertreffen diese Kunstwerke bescheidener Größe die monumentaleren von Thanjavur und Gangaikondacholapuram bei Weitem.

Der berühmteste und am meisten verehrte mehrerer heiliger **Teiche** in Kumbakonam ist der **Mahamakham** im Südosten der Stadt, in dem sich die Ambrosia *(amrit)* aus dem von Shiva zerbrochenen Gefäß gesammelt haben soll. Alle 12 Jahre, wenn Jupiter das Sternzeichen des

Löwen passiert, fließt angeblich Wasser aus dem Ganges und acht anderen heiligen Flüssen in diesen Teich, daher ist er ein *tirtha,* d. h. ein sakraler Flussübergang. Bei dieser Gelegenheit versammeln sich bis zu 4 Mio. Gläubige zum reinigenden Bad, zuletzt Anfang 2004.

Übernachtung

Kumbakonam ist kein ausgesprochenes Touristenziel und bietet nicht viele Unterkünfte, darunter nur ein schickes Hotel, das Sterling Swamimalai, über 5 km südöstlich der Stadt am Dorfrand von Swamimalai (S. 1062). Eine gute Nachricht für Budget-Traveller: Die meisten billigen Unterkünfte sind sauber und ordentlich.

ARK, 21 TSR Big St, ✆ 0435/242 1234. Die farblose, aber ausreichend komfortable Unterkunft bietet 50 große, saubere Zimmer auf 5 Stockwerken, alle mit Fenstern, auf Wunsch auch mit TV. In der klimatisierten Bar werden Snacks serviert. ❹

Balaji Lodge, 64 Nageshwarem N St., ✆ 0435/243 0546. Budgethotel mit gutem Preis-Leistungs-Verhältnis. Saubere – aber ziemlich dunkle – Zimmer mit Bad und TV. ❶–❷

Chela, 9 Ayekulam Rd, ✆ 0435/243 0336, 💻 www.hellokumbakonam.com/hotelchela. Große Mittelklasseunterkunft zwischen Busbahnhof und Zentrum, zu erkennen an der scheußlichen pseudo-klassischen Fassade. Seife, frische Handtücher und TV gehören zur Grundausstattung. 2 Restaurants (darunter ein vegetarisches) und eine Bar. ❸–❹

Green Park, 10 Lakshmi Vilai St, ✆ 0435/240 3912, ✉ hotelgreenpark@dataone.in. Business-Hotel mit tadellosen DZ, teils mit AC und alle mit TV, bei hervorragendem Preis-Leistungs-Verhältnis. Zum Komplex gehören ein Café und das nicht-vegetarische Restaurant Peacock. ❹–❺

Shiva International, 101/3 TSR Big St, ✆ 0435/242 4013, ✉ hotelsiva@rediff.com. Nach den Tempel-*gopura* ist dieser riesige Hotelkomplex das höchste Gebäude der Stadt. Sehr preisgünstig sind die Standardzimmer ohne AC (am besten ist Nr. 301, mit toller Aussicht), aber auch die geräumigen, luftigen DZ sind günstig. Vom Dach bieten sich traumhafte Ausblicke auf den Sonnenuntergang hinter den *gopuras.* ❷–❹

Essen

Das Angebot an Speiselokalen ist nicht überwältigend, und die meisten Besucher essen in ihren Hotels.

Archana, Big Bazaar St, mitten im Basar. Bei Marktbesuchern wegen der preiswerten südindischen „meals" (Rs30) und hervorragenden *uttapams* beliebt; drinnen kann es allerdings heiß und stickig werden. Ausländer erregen hier noch Aufsehen, werden aber mit viel Gastfreundschaft aufgenommen.

Meenakshi Bhavan, Nageshwaram N St. Hervorragendes und sauberes südindisches Vegetarier-Lokal. Hier gibt es ungewöhnliche Snacks, wie *adai* – ein würziges Reisgebäck – und ausgezeichnete *dosas* für gerade mal Rs20.

Rama Café, Indira Gandhi Rd. Einfache und gesunde vegetarische „meals" (Rs20–40) und Snacks. Großartige Lage am Mahamakham-Teich.

Saravana Bhavan, unmittelbar östlich des Busbahnhofs. Südindisches Vegetarier-Restaurant, das *iddlis*, Gemüsegerichte und zu Mittag *thalis* serviert. Es gibt Tee, Kaffee und ein zeitiges Frühstück. Hier wird man für unter Rs50 satt.

Shanmugan, Pidar Rd, gegenüber der Moschee. Eines der wenigen Lokale, die nicht vegetarische Gerichte wie Hühnchen-Chili oder gebratenes Huhn mit Reis servieren (Rs60–90).

Sonstiges

Geld

Ein Geldautomat der ICICI Bank befindet sich in der TSR Big St, 100 m östlich vom Siva International.

Gepäckaufbewahrung

Im Bahnhof, rund um die Uhr geöffnet.

Internet

In der TSR Big St gibt es einige Internetcafés.

Transport

Busse

Der hektische Busbahnhof liegt im Südosten der Stadt, unmittelbar nordwestlich vom Bahnhof. Die Fahrpläne sind alle in Tamil abgefasst, doch es gibt ein 24 Std. geöffnetes Infobüro mit

Englisch sprechendem Personal. Alle 5–10 Min. fahren Busse nach GANGAIKONDACHOLAPURAM, THANJAVUR und PUDUCHERRY, viele davon via Darasuram. Auch zahlreiche Busse nach CHENNAI und TRICHY sowie mehrere pro Tag nach BENGALURU.

Eisenbahn

Kumbakonams kleiner **Bahnhof** im Südosten, 2 km vom Hauptbasar, bietet gute Verbindungen nach Norden und Süden, eine Gepäckaufbewahrung und ordentliche *retiring rooms* (mit/ohne AC Rs400/200).

Darasuram und Swamimalai

In dem Dorf **Darasuram**, 5 km außerhalb von Kumbakonam auf der Strecke nach Thanjavur, steht der von König Rajaraja II. (1146–73 n. Chr.) erbaute **Airavateshwara-Tempel**. Das erlesene, selten besuchte Chola-Monument darf sich mit den Bauwerken von Thanjavur und Gangaikondacholapuram messen: Während Letztere grandiose, Heldentum und Eroberung feiernde Bauten sind, ist dieser Tempel hier viel kleiner und in seinen Proportionen und Details exquisiter. Er soll in der Absicht von *nitya-vinoda*, „ständiger Erbauung des Gemüts", angefertigt worden sein. Shiva heißt hier Airavateshwara, da Airavata, der weiße Elefant des Götterkönigs Indra, ihm in diesem Tempel huldigte.

Die schönsten Skulpturen in Darasuram sind die Chola-Statuen aus schwarzem Basalt in den Wandnischen der Mandapa und des inneren Schreins. Dazu zählen Bildnisse von Nagaraja und Dakshinamurti, der „nach Süden blickende" Shiva als Lehrer unter einem Banyan-Baum.

Swamimalai, 8 km westlich von Kumbakonam, wird als eine der sechs geheiligten Erscheinungsformen von Murugan verehrt, Shivas Sohn, der nach hinduistischer Mythologie auf einem hiesigen Hügel *(malai)* der religiöse Unterweiser *(swami)* seines Vaters wurde. Der Ort dieses epischen Rollentausches beherbergt nun einen der heiligsten Schreine von Tamil Nadu, den auf dem Gipfel des Hügels mitten im Dorf stehenden **Swaminatha-Tempel**. Für Nicht-Hindus sind wahrscheinlich die **Bronzegießereien** im Basar und den umliegenden Weilern interessanter.

Die *sthapathis* genannten Gießer von Swamimalai arbeiten immer noch mit dem Wachsausschmelzverfahren, das von den Cholas perfektioniert wurde, um die begehrtesten Tempel-Idole Südindiens herzustellen. Ihre Produkte sind in zahlreichen Ausstellungsräumen entlang der Hauptstraße zu bewundern, von wo aus sie in die ganze Welt exportiert werden. Doch noch interessanter ist es, den *sthapathis* bei der Arbeit zuzusehen, wenn sie die Originale aus Bienenwachs formen und später die Schale aufbrechen, um die fertigen Metallarbeiten innen freizulegen. Näheres zur tamilischen Bronzegießereikunst s. S. 1066, Kasten.

Im nahe gelegenen Dörfchen **Thimmakkudy**, 2 km zurück Richtung Kumbakonam, steht das teuerste Hotel der Region, das **Sterling Swamimalai**, ✆ 0435/2420044, 💻 www.heritagehotelsofindia.com. ❼ Das liebevoll restaurierte Brahmanen-Wohnhaus aus dem 19. Jh. bietet allen modernen Komfort in den Zimmern.

Beide Sehenswürdigkeiten zusammen lassen sich unschwer im Rahmen eines Halbtagsausflugs von Kumbakonam her besuchen. Die flache Landschaft eignet sich bestens zum Radfahren, allerdings ist auf der Hauptstraße Richtung Thanjavur Vorsicht geboten. Um von Darasuram nach Swamimalai zu kommen, kehrt man vom Tempel aus auf die Hauptstraße zurück und fragt im Basar nach dem Weg. Swamimalai liegt nur 3 km weiter nördlich, doch unterwegs zwischen den beiden Orten muss man mehrmals abbiegen, also am besten immer wieder Einheimische nach dem Weg fragen. Von Kumbakonam ist es einfacher: Man überquert den Kaveri am Ende der Town Hall Street (nördlich des Zentrums), biegt nach links ab und folgt der Hauptstraße nach Westen durch eine Reihe Dörfer.

Thanjavur

Thanjavur (alias Tanjore), 55 km östlich von Tiruchirapalli und 35 km südwestlich von Kumbakonam, eine der belebtesten Handelsstädte des Kaveri-Deltas, wird von Reisenden oft links liegen gelassen. Doch seine Geschichte und historischen Schätze – darunter der atemberaubende **Brihadishwara-Tempel**, eines der eindrucksvollsten Chola-Bauwerke Tamil Nadus – verleihen dem Ort eine tragende Bedeutung für die südindische Kultur. In der Stadt befinden sich neben der erlesensten Chola-Bronzen-Sammlung der Welt weitere Sehenswürdigkeiten, die Besucher mindestens zwei volle Tage beschäftigen. Außerdem bietet sie sich als Ausgangspunkt für Ausflüge nach Gangaikondacholapuram, Darasuram und Swamimalai an.

Thanjavur wird durch den **Grand Anicut Canal** grob in zwei Hälften geteilt. Die **Altstadt** nördlich des Kanals, früher vollständig von einem Festungswall umschlossen, war vom 9. bis zum Ende des 13. Jhs. mit einer Ausnahme die Wahlhauptstadt aller mächtigen Chola-Reiche. Keiner ihrer weltlichen Bauten hat überlebt, doch sind immerhin noch 90 Tempel erhalten, unter denen der Brihadishwara das überwältigendste Beispiel für die Macht von Rajaraja I. (985–1014) ist. Durch dessen Feldzüge breitete sich der Hinduismus bis auf die Malediven, nach Sri Lanka und Java aus. Unter den Cholas sowie später auch den Nayaks und Marathen blühten hier Literatur, Malerei, Bildhauerei, klassische karnatische Musik und Bharatanatyam-Tanzkunst. Der an sich schon sehenswerte **Nayak-Königspalast** beherbergt auch eine Bibliothek und Museen, darunter eine berühmte Bronzensammlung.

Die imposantesten Feierlichkeiten während der zahlreichen **Feste** im Brihadishwara-Tempel finden anlässlich des Geburtstags von König Rajaraja im Oktober statt. Im Januar wird im Panchanateshwara-Tempel im 13 km entfernten **Thiruvaiyaru** ein achttägiges Festival klassischer karnatischer Musik zu Ehren des begnadeten Komponisten-Heiligen Thyagaraja abgehalten.

Brihadishwara-Tempel

Die Dächer von Thanjavur werden vom riesigen Turm des Brihadishwara-Tempels überragt, der trotz seiner Größe nicht so pompös ist wie die Bauten späterer Perioden. Der Tempel – heute ein Unesco-Welterbe – wurde zum einen als Zeichen der Macht seines Erbauers, König Rajaraja I. erbaut, und zum anderen, um einen leicht erreichbaren Ort zur Verehrung Shivas zu haben. **Inschriften** am Sockel des Hauptschreines liefern ungemein detaillierte Informationen über die Organisation des Tempels. Aus ihnen geht hervor, dass dieser sowohl reich an Geldmitteln als auch rituellen Aktivitäten war. Nicht weniger als 400 Tänzerinnen, *devadasis* (wörtlich „Sklaven der Götter", da mit dem Gott verheiratet), waren fest angestellt und jede von ihnen erhielt ein eigenes Haus. Weitere Tempeldiener – noch einmal 200 Personen – waren Tanzlehrer, Musiker, Schneider, Töpfer, Wäscher, Goldschmiede, Zimmerleute, Astrologen, Buchhalter und Bedienstete für alle möglichen Rituale und Prozessionen.

Der Eingang zum Komplex befindet sich im Osten und besteht aus zwei ein Stück voneinander entfernten *gopura.* Der äußere ist zwar größer, doch beide sind nach demselben Muster erbaut: Massive rechteckige Sockel, gekrönt von pyramidenförmigen, mit Figuren und geschwungenen Dächern verzierten Türmen. In der Mitte weist jeder einen monolithischen Stützbalken aus Sandstein auf, die angeblich vom über 50 km entfernten Tiruchirapalli herbeigeschafft wurden. Die Außenwand des inneren *gopura* schmücken mächtige, mit Riesenmäulern ausgestattete *dvarpala*-Torwächter, einer das Ebenbild des anderen. Es soll sich um die größten aus einem Stein gehauenen Skulpturen aller indischen Tempel handeln.

Im riesigen **Innenhof** hat man viel Platz, um die Bauten zu studieren. Der aus Granit erbaute **Haupttempel** besteht aus einer langen, mit Säulen bestandenen Mandapa, gefolgt von der *ardhamandapa* oder „Halbhalle", die sich zum innersten Sanktuarium, *garbha griha,* öffnet. Oberhalb des Schreins ragt der pyramidenförmige, 61 m hohe *vimana*-Turm in 13 sich verjüngenden Stockwerken gen Himmel; der Oberbau beträgt genau ein Drittel des Umfanges des Unterbaus. Diese Bauart unterscheidet sich erheblich von der späterer Tempel, bei denen die Türme immer kleiner werden, während die *gopura*-Eingangshallen immer mehr an Umfang gewinnen – zurückzuführen auf den Wunsch, das innerste Allerheiligste vor dem verunreinigenden Blick Außenstehender zu beschützen. Diese *vimana* ist das Paradebeispiel eines „struktiven

Thanjavur

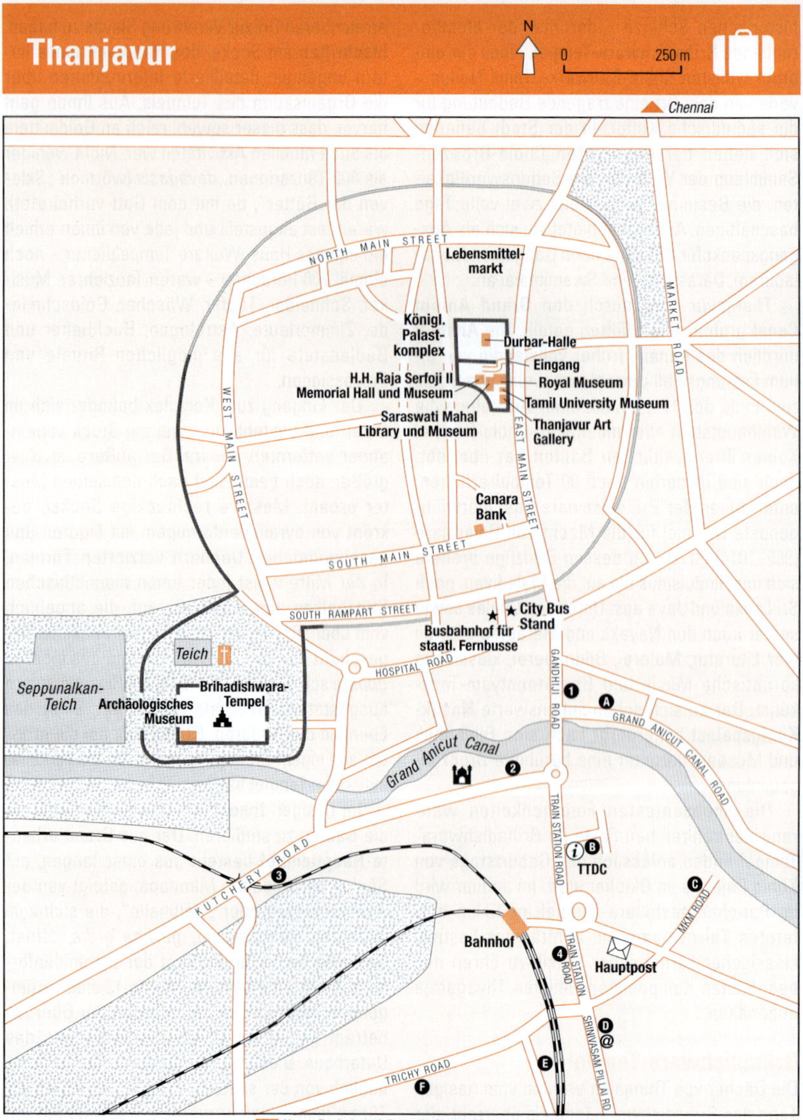

Übernachtung				**Essen**			
Oriental Towers	D	TTDC Tamil Nadu	B	Annam	3	New Thevar	4
Parisutham	A	Valli	C	King's	E	Sathar's	1
Sangam	F	Yagappa	E	Meenakshi Bhavan	2	Thillana	F

Monolithen", einer aus der früheren Steinmetzarchitektur der Pallavas übernommenen Bauart, bei der Steinblöcke aufgehäuft und dann bearbeitet werden. Der Stein über der *vimana* soll 80 Tonnen wiegen. Es wird viel darüber spekuliert, wie er wohl dahin gelangte; die gängigste Theorie besagt, dass er über eine 6 km lange Rampe hochgezogen wurde. Andere sprechen von der Verwendung einer dem sumerischen Zikkurat-Baustil vergleichbaren Methode, bei der Holzpfähle in Mauerlöcher gesteckt und der Stein mit Hebelkraft gehoben wurden.

Der schwarze, über 3,50 m hohe *shivalingam* im **innersten Sanktuarium** trägt den Namen Adavallan, „Derjenige, der gut tanzen kann", und bezieht sich auf Shiva als Nataraja, den König des Tanzes, der in Chidambaram residiert und *ishtadevata,* die auserwählte Gottheit des Königs war. Der Lingam ist nicht immer zu sehen, doch während der *puja*-Zeremonie (um 8, 11, 12 und 19.30 Uhr) wird ein Vorhang gelüftet, damit die Gläubigen den Gott betrachten können.

Die Hofmauern draußen säumen **Arkadengänge** – jener entlang der Nordwand soll der längste in ganz Indien sein. 🕓 Tempel: tgl. 6–20 Uhr, Eintritt frei; 📞 04362/274476.

Das kleine **Archäologische Museum** in der südwestlichen Hofecke beherbergt eine interessante Skulpturensammlung. Hier kann man auch die ausgezeichnete ASI-Broschüre *Chola Temples* kaufen, die ausführliche Informationen über Brihadishwara und die Tempel von Gangaikondacholapuram und Darasuram beinhaltet. 🕓 tgl. 9–18 Uhr, Eintritt frei. Näheres zu den Tempeln von Tamil Nadu s. S. 1038/1039.

Königlicher Palastkomplex und Umgebung

Das Gelände des Königspalastes, wo immer noch Nachkommen der ehemaligen königlichen Familie leben, liegt an der East Main Street (Fortsetzung der Gandhiji Road), 2 km nordöstlich des Brihadishwara-Tempels. Die Bauarbeiten begannen in der Mitte des 16. Jhs. unter Sevappa Nayak, dem Gründer des Nayak-Königreiches von Thanjavur. Ab Ende des 17. Jhs. ließen die Marathen Anbauten errichten. Innerhalb der Anlage sind mehrere Zeugnisse aus Thanjavurs Vergangenheit unter diesen beiden Dynastien zu sehen, darunter eine Ausstellung orientalischer Manuskripte und ein überragendes Museum mit Chola-Bronzen. Leider befinden sich viele der Palastbauten – trotz zahlreicher Wiederaufbau-Versprechen – nach wie vor in traurigem Zustand. 🕓 tgl. 9–18 Uhr

Die **Durbar Hall** (Audienzsaal) wurde 1684 von Shaji II. umgebaut und beherbergt einen Thron, dessen Baldachin mit dem für Thanjavur typischen Spiegelglas verziert ist. Die Decken und Wände sind zwar beschädigt, aber kunstvoll bemalt. Fünf Kuppeln schmücken rote, grüne und gelbe Streifen, und an den Wänden zeugen Friese im Blätter- und Ananasmuster und Posaune spielende Engel vor einem nächtlichen Himmelshintergrund von europäischem Einfluss.

Der Hofraum der Durbar Hall wurde zum Schauplatz eines ergreifenden Moments in Thajavurs turbulenter Geschichte: Hier unterwarf sich 1683 der letzte Nayak-König dem König von Madurai. Das imposanteste Bauwerk ist der Sarja Madi, der „siebenstöckige" Glockenturm, 1800 von Serfoji II. erbaut. Aufgrund seiner Instabilität ist er der Öffentlichkeit allerdings nicht zugänglich. Eintritt Rs50, Fotoerlaubnis Rs30, Videoerlaubnis Rs100.

Saraswati Mahal Library Museum

Die Bibliothek Saraswati Mahal, eine der bedeutendsten Sammlungen orientalischer Manuskripte Indiens, wird von Gelehrten aus der ganzen Welt genutzt. Die Bibliothek ist nicht öffentlich zugänglich, aber in einem kleinen **Museum** ist eine bunte Mischung von Büchern und Bildern aus der Bibliothekssammlung zu sehen. Unter den Palmblattmanuskripten befindet sich ein wahres kalligrafisches Wunderwerk: ein Mantra mit der Inschrift „Shiva", wobei jeder einzelne Buchstabe wiederum in mikroskopisch winziger Handschrift den Namen des Gottes wiederholt. Die meisten der vom Ende des 17. Jhs. stammenden Maratha-Schriften sind auf Papier verfasst, darunter eine wunderschön illustrierte Ausgabe des Mahabharata. Sadisten werden mit Freude feststellen, dass die Bibliothek eine Kopie des mit detaillierten Darstellungen versehenen Buches *Punishments in China,* erschienen 1804, besitzt. Daneben finden sich die Fantasiegestalten des französischen

Chola-Bronzen

Die Chola-Bronzen, ursprünglich heilige Tempelobjekte, sind die einzige Kunstform aus Tamil Nadu, die den weltweiten Kunstmarkt erobert hat. Die eindrucksvollsten Bronzestatuen sind die Natarajas, die tanzenden Shivas. Das Bild Shivas, auf einem Bein stehend, von Flammen umgeben, mit wilden, fliegenden Locken, ist fast ebenso ein Erkennungszeichen für Indien geworden wie der Taj Mahal.

Die wichtigsten Tempelstatuen stehen gewöhnlich fest an einem Ort und sind aus Stein. Für Zeremonien braucht man jedoch häufig ein Götterbild, das in einer Prozession aus dem inneren Heiligtum geholt und auch durch die Straßen getragen werden kann. Den als *Agamas* bekannten kanonischen Texten zufolge sollten diese beweglichen Statuen aus Metall sein. Indische Bronzen werden im **Wachsausschmelzverfahren** („Guss in verlorener Form"), im Sanskrit als *madhuchchistavidhana* bezeichnet, hergestellt. Drei Schichten von Lehm, gemischt mit gebrannten Getreidehülsen, Salz und gemahlenen Baumwollpflanzen, werden um eine aus Bienenwachs geformte Figur gelegt, wobei an jedem Ende eine Wachsröhre herausragt. Wenn diese erhitzt wird, schmilzt das Wachs und fließt aus, wodurch ein Hohlraum entsteht, in den durch die Röhren flüssiges Metall – eine reichhaltige Legierung *(panchaloha)* aus Kupfer, Silber, Gold, Messing und Blei, gegossen werden kann. Nachdem das Metall sich abgekühlt hat, werden die Tonhülle zerschlagen und die Röhrenenden abgefeilt. Das Ergebnis ist eine einzigartige, vollständige Figur, die der Bronzegießer und Künstler *(sthapathi)* bearbeitet, um Schönheitsfehler auszumerzen und feine Details zu ergänzen. Die Beherrschung des Bronzegusses in Indien geht mindestens auf die Industalkultur (2500–1500 v. Chr.) und das berühmte **„Tanzende Mädchen"** aus Mohenjo Daro zurück. Die ältesten Werke im Süden wurden von den Andhras hergestellt, deren Technik von den Pallavas, den direkten Vorgängern der Cholas, fortgeführt wurde.

Die wenigen erhaltenen **Pallava-Bronzen** zeigen einen gekonnten Umgang mit der Form; die Figuren kennzeichnen breite Schultern, grobe Gesichtszüge und insgesamt eine Schlichtheit, die vermuten lässt, dass alle Details bereits im Wachsstadium abgeschlossen waren. Die schönsten Bronzen sind die aus der **Chola-Zeit**, vom Ende des 9. bis zum Anfang des 11. Jhs. Da die Cholas überwiegend Shaivas waren, sind die beliebtesten Gestalten Nataraja, Shiva und seine Gefährtin Parvati (oft als Familiengruppe mit Sohn Skanda) sowie die 63 Nayanmar-Dichterheiligen. Die Chola-Bronzen weisen einen größeren Detailreichtum auf als ihre Vorgänger. Menschliche Figuren sind ausnahmslos elegant und haben eine schmale Taille, wobei die männliche Form kräftig und muskulös, die weibliche hingegen anmutig und zart ist.

Gestaltung, Ikonografie und Proportionen jeder Figur werden von strengen **Regeln** bestimmt, die in den zwischen Kunst, Wissenschaft und Religion nicht unterscheidenden *Shilpa Shastras* niedergelegt sind. Die Messung beginnt stets mit den Proportionen der Hand des Künstlers und der daraus resultierenden Gesichtslänge der Figur als Basiseinheit. Danach folgt die Gestaltung einem Schema, das an die nicht weniger wissenschaftlichen Regeln der klassischen Musik erinnert, im Besonderen *tala* oder Rhythmus. Menschliche Figuren bestehen aus insgesamt acht Gesichtslängen (acht als grundlegende rhythmische Maßeinheit), Darstellungen von Gottheiten aus neun Gesichtslängen.

Die Bronzen, die von den wenigen heute tätigen Künstlern hergestellt werden, folgen ausnahmslos dem Chola-Modell. Das Hauptzentrum ist jetzt **Swamimalai**. Originale Chola-Bronzen befinden sich in vielen tamilischen Tempeln, aber da das Tempelinnere oft dunkel ist, sieht man sie nicht immer richtig. Zu wichtigen **öffentlichen Sammlungen** gehören die Thanjavur Art Gallery (s. S. 1067), das Government Museum in Chennai (s. S. 1024) und das National Museum in New Delhi (s. S. 144).

Wer sich für den Kauf von Bronzen und anderen Kunsthandwerksobjekten interessiert, wendet sich an die **Chola Art Gallery Thanjavur**, 78/79 East Main St, zwei Gehminuten südlich vom Palasteingang, ✆ 04362/277355.

Künstlers Charles Le Brun (1619–90), Studien über Physiognomie. Tiere wie Pferd, Wolf, Bär, Kaninchen und Kamel wurden in liebevollen Details über eine Reihe menschlicher Gesichter gezeichnet, die ihnen unglaublich ähnlich sehen. Eintritt frei. Postkarten dieser wissenschaftlichen Arbeiten und Ausstellungsstücke aus den anderen Palastmuseen gibt es in dem **Geschäft** gleich daneben zu kaufen.

Thanjavur Art Gallery

Eine sagenhafte Sammlung von **Chola-Bronzen** – die kostbarsten darunter aus den Tiruvengadu-Ausgrabungen der 50er-Jahre – ist in der Thanjavur Art Gallery zu besichtigen, einem Audienzsaal mit hohen Decken und massiven Säulen aus dem Jahr 1600. Die Eleganz der Figuren und die Feinheiten der Details sind unübertrefflich. Eine Statue von Kannappa Nayannar (Nr. 174) aus dem 10. Jh., ein Jäger und Gläubiger, weist minutiöse Einzelheiten bis in die spitzenbesetzte Kleidung, Fingernägel und feinsten Linien der Finger auf. Die älteste Bronze, vier Schaukästen links vom Haupteingang (Nr. 58), zeigt Vinadhra Dakshinamurti („Nach Süden blickender Shiva") mit einem Reh auf einer der linken Hände, der ursprünglich die Vina spielte – das dazugehörige Instrument ist längst verschwunden. Das unumstrittene Meisterstück der Sammlung jedoch zeigt Shiva als den Herrn der Tiere (Nr. 86), erotisch in einem winzigen Lendenschurz dargestellt, mit einem Turban aus Schlangen. Neben ihm steht eine gleichermaßen anrührende Parvati (Nr. 87), doch die allerschönste der weiblichen Figuren ist eine sitzende, halb zurückgelehnte Parvati (Nr. 97) an der gegenüberliegenden Wand. Eintritt Rs20, Foto- oder Videoerlaubnis Rs30.

Übernachtung

Die meisten Hotels sind in der Regel teurer als andernorts im Bundesstaat und in den unteren Preislagen lässt die Auswahl zu wünschen übrig.

Oriental Towers, 2889 Srinivasam Pillai Rd, ✆ 04362/230724, 💻 www.hotelorientaltowers.com. Riesiges Hotel mit Einkaufszentrum, kleinem Pool im 4. Stock und luxuriösen Zimmern. Gutes Preis-Leistungs-Verhältnis.

Luxus und Kunstgenuss

Sangam, Trichy Rd, ✆ 04362/239451, 💻 www.hotelsangam.com. Internationales 4-Sterne-Hotel mit luxuriösen AC-Zimmern (ab US$165), ausgezeichnetem Restaurant (s. S. 1068), Pool (Rs150 für Tagesgäste) und schönen Tanjore-Gemälden (das in der Lobby lohnt einen Ausflug hierher). ❾

Internetanschluss und 3 Restaurants mit den üblichen indischen, chinesischen und westlichen Speisen. ❻–❽

Parisutham, 55 Grand Anicut Canal Rd, ✆ 04362/231801, 💻 www.hotelparisutharm.com. Luxushotel mit Zimmern mit zentraler AC (ab US$150), großem Pool (nur für Hotelgäste), internationalem Restaurant, Kunsthandwerksladen, Geldwechsel und Reisebüro. Beliebt bei Reisegruppen, daher rechtzeitig reservieren. ❾

TTDC Tamil Nadu, Gandhiji Rd, 10 Min. zu Fuß vom Busbahnhof und Bahnhof, ✆ 04362/231325, 💻 www.ttdconline.com. Ehemaliges Gästehaus des Raja, heute eines der typisch heruntergekommenen staatliches Hotels, aber mit mehr Charakter als die moderneren Alternativen. Große, gemütliche Zimmer mit Teppichboden (teils AC, Rs1300) rings um einen umzäunten, grünen Garten. ❹–❺

Valli, 2948 MKM Rd, ✆ 04362/231580, ✉ arasu_tnj@rediffmail.com. Außerordentlich freundliche Unterkunft mit absolut sauberen Zimmern, die von hellen Fluren abgehen. Die beste Billigherberge der Stadt hat auch eine Dachterrasse und ein beliebtes Restaurant im Erdgeschoss. ❸–❹

Yagappa, 1 Trichy Rd, ✆ 04362/230421. Gut ausgestattete Zimmer, Kachelbäder, freundliche Angestellte; Bar und Restaurant. In der Lobby sind interessante Bilderrahmen aus Kaffeebaumholz zu sehen. Gutes Preis-Leistungs-Verhältnis. ❸–❹

Essen

In der Stadt gibt es die üblichen „meals"-Lokale, aber außer den schicken Hotel-Restaurants nur wenige nicht vegetarische Lokale.

Gute Currys und Nudelgerichte

New Thewar, Train Station Rd. Sehr sauberes AC-Lokal. Zu seinem breiten Angebot gehören vegetarische und nicht-vegetarische Currys sowie Nudelgerichte für Rs40–80.

King's, Yagappa, Trichy Rd. Die beste Adresse für ein gemütliches Bier: 7 verschiedene Biersorten in schummriger Umgebung oder im Hinterhof, zu dessen Ausschmückung ausgestopfte Eidechsen und Plastikblumen in Fischteichen gehören. Auch leckere Hühnchen- und *pakora*-Snacks für Rs40–60.

Meenakshi Bhavan, nahe Ecke Gandhiji und Kutchery Rd. Makelloses vegetarisches Restaurant mit ausgezeichneten *dosas* und ungewöhnlicheren, südindischen Vegi-Snacks wie *adai*. Für Rs20–40 kann man hier gut essen.

Sathar's, Gandhiji Rd. Das begehrteste nicht-vegetarische Speiselokal der Stadt bietet verschiedenste Gerichte mit Huhn. Tische für die überwiegend männliche Kundschaft im Untergeschoss oder auf einer überdachten Terrasse. Ein Gericht kostet Rs60–80.

Thillana, Sangam, Trichy Rd. Angesagtes, elegantes Restaurant mit multikultureller Küche, berühmt für hervorragende südindische *thalis* zur Mittagszeit (11–15 Uhr, Rs105). Abends gibt es ein umfangreiches Menü à la carte (besonders lecker sind die *chettinad*-Spezialitäten). Lohnt einen tieferen Griff in die Tasche – schon allein der karnatischen Livemusik wegen (19.30–22 Uhr, entweder Vina, Flöte oder Gesang mit Percussion). Mit Rs300–400 p. P. ist zu rechnen.

Sonstiges

Geld

Canara Bank, South Main St. Neben einigen Geldautomaten in der Stadt – darunter einer am Bahnhof – ist dies eine weitere Möglichkeit, Geld zu wechseln.

Informationen

TTDC Tourist Office, auf dem Gelände des TTDC Tamil Nadu in der Gandhiji Rd, ✆ 04362/230984, ⏲ Mo–Fr 10–17.45 Uhr.

Internet

Gemini Soft, im 1. Stock des Oriental Towers, Srinivasam Pillai Rd.

Post

Die **Hauptpost** befindet sich in der Gandhiji Rd (Train Station Rd).

Transport

Busse

Einige Busse aus CHENNAI und PUDUCHERRY halten am alten **State Bus Stand**, gegenüber dem City Bus Stand im Süden der Altstadt. Andere Busse aus MADURAI, TIRUCHIRAPALLI und KUMBAKONAM halten am **New Bus Stand**, 4 km südwestlich der Innenstadt. Rikschas in die Stadt kosten von hier Rs50. Man kann auch den Bus Nr. 74 nehmen, der alle paar Minuten zwischen Zentrum und Busbahnhof pendelt.

Eisenbahn

Der **Bahnhof** unmittelbar südlich der Innenstadt verfügt über ein Computerbuchungssystem, ⏲ Mo–Sa 8–14 und 15–17, So 8–14 Uhr, zur Reservierung von Bahnfahrkarten nach Chennai, Tiruchirapalli und Rameshwaram (wenn die Strecke nach Gleisarbeiten wieder freigegeben wird).

Tiruchirapalli (Trichy) und Umgebung

Tiruchirapalli – meistens Trichy genannt – liegt im Flachland zwischen den Shevaroy- und Palani-Bergen, knapp 100 km nördlich von Madurai. Die vom Rock Fort beherrschte Stadt ist ein im Anwachsen begriffenes, modernes Handelszentrum. An Sehenswürdigkeiten hat sie wenig zu bieten, doch liegt sie an der Haupt-Pilgerroute zum spektakulären, 6 km nördlich gelegenen Ranganathaswamy-Tempel in Srirangam.

Das genaue Gründungsdatum von Trichy ist nicht belegt, doch muss, obwohl nur wenig frühe Architektur erhalten geblieben ist, angenommen werden, dass die Oberherrschaft über die Stadt zwischen 200 und 1000 n. Chr. von den Pallavas an die Pandyas überging. Die Chola-Könige, die im 11. Jh. an die Macht gelangten, nahmen am-

Tiruchirapalli (Trichy)

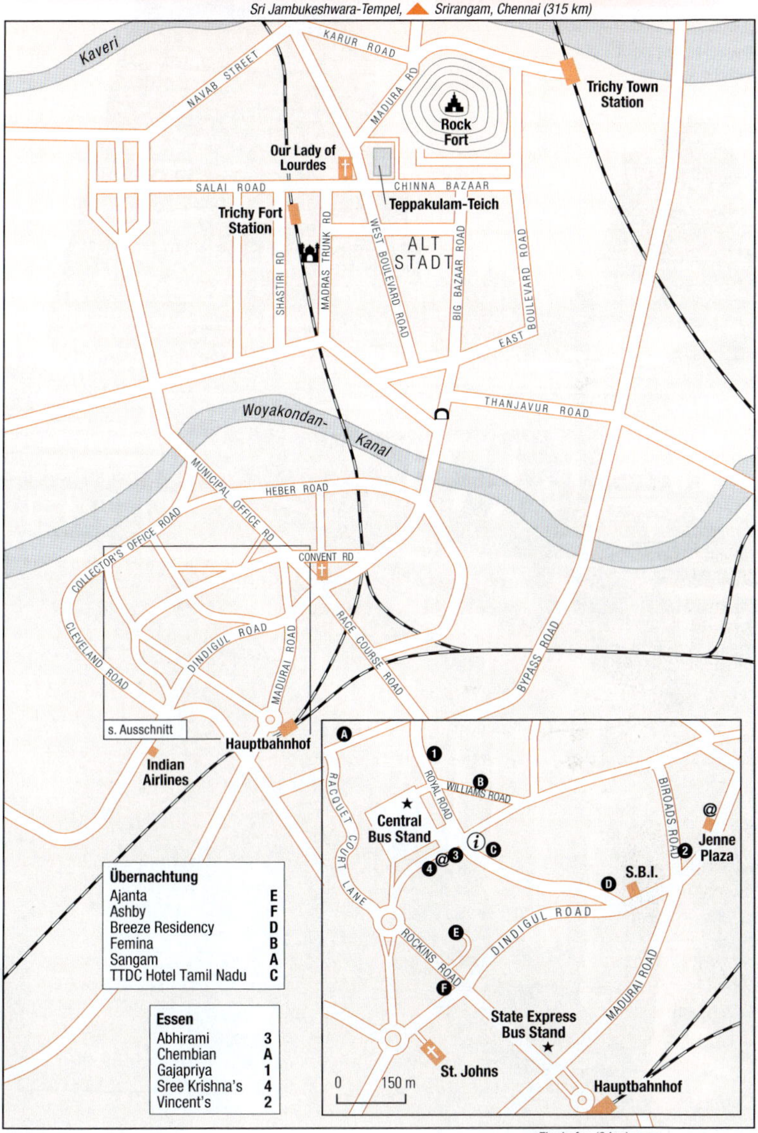

Tamil Nadu

Der Ranganathaswamy-Tempel ist einer der meistverehrten Vishnu-Schreine Südindiens.

bitiöse Bauvorhaben in Angriff, deren Höhepunkt mit dem Ranganathaswamy-Tempel erreicht war. Im 12. Jh. mussten die Cholas den Vijayanagar-Königen von Hampi weichen, die sich gegenüber den vordringenden Moslems behaupteten, bis sie schließlich 1565 den Sultanen des Dekkan Platz machen mussten. Keine 50 Jahre später gelangten die Nayaks von Madurai an die Macht, erbauten die Festung und etablierten Trichy als mächtige Handelsstadt. Nach fast einem Jahrhundert des Widerstands gegen die Franzosen und Briten, die beide nach Landbesitz im Südosten Tamil Nadus strebten, fiel die Stadt unter britische Kontrolle, bis sie 1947 zu einem Teil des Bundesstaates Tamil Nadu erklärt wurde.

Das Geschäftszentrum von Trichy befindet sich im Südteil der Stadt, **Trichy Junction**. Die größten Sehenswürdigkeiten liegen hingegen mindestens 4 km weiter nördlich. Auf den unmittelbar nördlich des Zentrums befindlichen **Basaren** gibt es jede Menge frisch gerollter Zigarren, Textilien und unechter Edelsteine, die zu teuren Schmuckstücken verarbeitet werden, zu kaufen. Dank der häufigen, billigen Flugverbindungen nach Sri Lanka gibt es hier auch geschmuggelten Scotch und Filme für Fotoapparate zu kaufen. Geht man auf der Big Bazaar Road nach Norden, erblickt man das beeindruckende **Rock Fort**, gekrönt von dem Vinayaka (Ganesh)-Tempel aus dem 17. Jh.

Nördlich der Festung bildet der Fluss Kaveri die Grenzlinie zwischen den dicht bevölkerten Geschäftsvierteln Trichys und ihren ruhigeren Tempeln. Der **Ranganathaswamy-Tempel** ist so riesig, dass seine Höfe fast das gesamte Dorf Srirangam umschließen. Ebenfalls nördlich des Kaveri liegt der herrliche **Tempel Sri Jambukeshwara**, während mehrere britische **Kirchen** in der Stadt für interessante Kontraste sorgen. Die bemerkenswerteste ist **Our Lady of Lourdes** westlich vom Rock Fort, die der Basilika von Lourdes nachempfunden ist.

Rock Fort

Die im Norden der Stadt über den Basaren thronende „Felsenfestung" lässt sich am besten mit Bus Nr. 1, der vor dem Bahnhof abfährt, oder von der Dindigul Road aus erreichen; Rikschafahrer werden versuchen, für die Fünfminutenfahrt Rs50 oder noch mehr zu kassieren.

Der mächtige, sandfarbene Fels, auf dem die Festung liegt, erreicht eine Höhe von über 80 m, seine unregelmäßigen Flanken sind von Wind und Regen abgeschliffen. Schon die Pallavas bearbeiteten ihn, doch erst die Nayaks erkannten sein Wehrpotenzial – sie brauchten nur ein paar Mauern und Bastionen hinzuzufügen. Vom Eingang in der Nähe des China Bazaar führen zahlreiche, rot und weiß gestrichene Stufen steil nach oben, an einer Reihe von in den Felsen gehauenen Pallava- und Pandya-Tempeln (nur für Hindus) vorbei, zum **Ganesh-Tempel**. Von dessen Terrasse aus eröffnen sich wunderbare Ausblicke über den Ranganathaswamy- und Jambukeshwara-Tempel im Norden, deren *gopuras* aus einem Palmenmeer herausragen, und die Innenstadt von Trichy im Süden. ⏲ tgl. 6–20 Uhr, Eintritt Rs2, Fotoerlaubnis Rs100, Videoerlaubnis Rs100, ✆ 0431/270 4621.

Der Sri Ranganathaswamy-Tempel

Der Ranganathaswamy-Tempel in **Srirangam**, 6 km nördlich von Trichy Junction, zählt zu den meistverehrten Vishnu-Schreinen Südindiens. Er ist auch einer der größten und betriebsamsten. Der von sieben rechteckigen, ummauerten Höfen umgebene, eine Fläche von über 60 ha umfassende Komplex steht auf einer Insel in einem Seitenarm des Kaveri. Dieser Standort symbolisiert die Transzendenz Vishnus, der in dem Sanktuarium auf dem zusammengerollten Schwanz der Schlange Adisesha ruht, die der Legende nach im Ur-Ozean eine Insel für den Gott bildete.

Durch eine Eingangshalle mit einem wuchtigen, reich verzierten *gopura,* der Ende der 80er-Jahre fertiggestellt wurde, gelangt man in den äußeren Hof, dem letzten der insgesamt sieben, die zwischen dem 5. und 17. Jh. erbaut wurden. Der Großteil der heutigen Bauten datiert aus dem späten 14. Jh., als der Tempel nach einer Plünderung im Jahr 1313 renoviert und vergrößert wurde. Die drei äußeren Höfe bilden den Mittelpunkt der Tempelgemeinde: Hier tummeln sich Asketen, Priester, Musiker und Souvenirläden.

An der vierten Mauer, dem eigentlichen Tempeleingang, ziehen Besucher die Schuhe aus und kaufen auf Wunsch Tickets mit Foto- oder

Videoerlaubnis (Rs50/100), ehe sie durch das hohe, mit einem wunderbaren *gopura* gekrönte und mit kleinen Schreinen zu Ehren von Gurus, Hymnensängern und Weisen gesäumte Tor gehen. Vor Zeiten war es Angehörigen niedriger Kasten verboten, sich dem Sanktuarium weiter als bis zu dieser vierten *prakara* (Umfassungsmauer) zu nähern. Innerhalb dieser Mauern befinden sich einige der schönsten und ältesten Bauten der Anlage, darunter ein Tempel zu Ehren der Göttin **Ranganayaki** in der Nordwestecke, in dem die Gläubigen beten, ehe sie den Vishnu-Schrein betreten. Die an der Ostseite der *prakara* gelegene, verschwenderisch verzierte „1000-Säulen-Halle" *(kalyan mandapa)* geht auf die späte Chola-Periode zurück. Die Pfeiler der faszinierenden **Sheshagiriraya Mandapa**, südlich der *kalyan mandapa*, sind mit sich aufbäumenden Pferden und Jägern geschmückt – als Sinnbild für den Sieg des Guten über das Böse.

Rechts vom Durchgang in den vierten Hof zeigt ein kleines **Museum** eine bescheidene Sammlung von Stein- und Bronzeskulpturen sowie einige zierliche Elfenbeingemmen. ◷ tgl. 9–13 und 14–18 Uhr, Rs1. Für Rs10 kann man von einer Seite des Museums auf das Dach des vierten Walls steigen. Von dort bietet sich ein schöner Ausblick auf die Tempeldächer und *gopuras*, die vom Zentrum nach außen hin immer größer werden. Der zentrale Turm krönt das innerste Heiligtum und ist auf allen vier Seiten mit Blattgold und gemeißelten Bildnissen von Vishnus Inkarnationen verziert.

Hinter dem Tor zum fünften Hof – dem letzten für Nicht-Hindus geöffneten Abschnitt – steht eine Säulenhalle, die **Garuda Mandapa**, ringsum im typischen Nayak-Stil bearbeitet. Die Pfeiler, die den Zentralschrein für Garuda, das Mensch-Adler-Reittier Vishnus, umgeben, zieren Jungfrauen, wohltätige Spender und Nayak-Herrscher.

Näheres zu den Tempeln von Tamil Nadu s. S. 1038/1039.

Am Südtor des Ranganathaswamy-Tempels halten zahlreiche **Busse** von und nach Trichy.

Übernachtung

Trichy ist mit zahlreichen Hotels für den Ansturm von mehreren Tausend Pilgern gerüstet. Die vielen Unterkünfte in der Umgebung der Busbahnhöfe bieten ein gutes Preis-Leistungs-Verhältnis. In dieser Ecke tost der Verkehr, daher ist es ratsam, um ein Zimmer nach hinten zu bitten.

Frischer Wind im Breeze

Breeze Residency, 3/14 McDonald's Rd, ✆ 0431/241 4414, 💻 www.breezehotel.com. Großes, frisch renoviertes Hotel, das unter neuem Namen und Management zentrale AC, gemütlich eingerichtete Zimmer, ein ansprechendes Foyer und einen Pool (Rs100 für Nicht-Gäste) bietet. Es gibt auch ein sehr gutes Restaurant (s. S. 1073). ❻–❽

Ajanta, 6-A Rockins Rd, ✆ 0431/241 5504. Riesenkomplex mit 85 Zimmern rings um einen eigenen Vijayanagar-Schrein herum und mit einer opulenten Tirupati-Gottheit im Empfangsbereich, beliebt bei Pilgern. Die Zimmer (Handtücher werden gestellt) sind einfach und sauber. Besonders preisgünstig sind die EZ. ❸–❹

Ashby, 17-A Rockins Rd, ✆ 0431/246 0652, 💻 www.ashbyhotel.com. Das stimmungsvolle Gebäude aus der Raj-Ära ist äußerst begehrt bei ausländischen Besuchern, hat allerdings schon bessere Tage gesehen. Große, meist saubere Zimmer mit Kabel-TV und Moskitospirale. Ordentliches, kleines Restaurant im Hof. ❷–❹

Femina, 109 Williams Rd, ✆ 0431/241 4501, ✉ feminahotel@yahoo.com. Gut geführtes Haus östlich des zentralen Busbahnhofs. Klimatisierte Zimmer und Suiten, manche mit Balkon und Blick auf das Rock Fort. Schicke Restaurants sowie Reiseagenturen, Geschäfte, Pool, Fitness-Zentrum und 24 Std. geöffnetes Café. ❹–❻

Sangam, Collector's Office Rd, ✆ 0431/241 4700, 💻 www.hotelsangam.com. Trichys Tophotel verfügt über alle Annehmlichkeiten, darunter ein ausgezeichneter Pool (Rs100 für Nicht-Gäste) und ein vorzügliches Restaurant (s. u.) mit Livemusik am Wochenende. Zimmer ab US$165. ❾

TTDC Tamil Nadu, McDonald's Rd, ✆ 0431/241 4346, 💻 www.ttdconline.com. Eines der besseren Hotels dieser Organisation und weit genug vom Busbahnhof entfernt, um dem größten Krach zu entgehen. Am preisgünstigsten sind die DZ ohne AC, obwohl sie sich kaum mit denen der Konkurrenz messen können. Alle AC-Zimmer mit Kabel-TV. ❷–❹

Essen

Wer in Trichy gut speisen möchte, braucht sich nicht weit vom zentralen Busbahnhof, wo die beliebtesten „meals"-Lokale der Stadt liegen, zu entfernen.

Abhirami, 10 Rockins Rd, gegenüber dem zentralen Busbahnhof, Trichys bekanntestes südindisches Restaurant, serviert superpreiswerte Mittags-„meals" (Rs20) und den restlichen Tag über kleine Gerichte. Hat auch einen „Fast Food"-Schalter, an dem jederzeit *dosas* und *uttapams* verkauft werden.

Chembian, Hotel Sangam, Collector's Office Rd. Ausgezeichnetes Restaurant mit leckeren indischen und ungewöhnlichen westlichen und chinesischen Speisen. Stilvoll eingerichteter Speisesaal. Hauptgerichte ca. Rs200. Am Wochenende karnatische Livemusik.

Gajapriya, Royal Rd, im Erdgeschoss des Gajapriya Hotel. Die Spezialität dieses kleinen, aber herrlich AC-gekühlten, sauberen Restaurants sind nicht-vegetarische nordindische und Nudelgerichte. Gut zum Entspannen bei einer Tasse Kaffee.

The Madras, Breeze Residency, 3/14 McDonald's Rd. Fantastisches Abendbuffet mit gutem Preis-Leistungs-Verhältnis (Rs200). Vorwiegend indische und chinesische Gerichte, aber auch Ungewöhnliches wie z. B. mexikanische Küche.

Sree Krishna, 1 Rockins Rd, gegenüber dem zentralen Busbahnhof. Leckeres und sehr sättigendes Frühstück im amerikanischen oder südindischen Stil, unbegrenzte Bananenblatt-*thalis* zum Mittag (Rs35) und südindische Spezialitäten am Abend – alles mit einem freundlichen Lächeln serviert.

Vincent's, Dindigul Rd, neben der Bäckerei. Von der Straße zurückgesetztes Restaurant im orientalischen Stil mit falschen Pagoden und multikultureller Speisekarte, darunter leckeres Hühnchen-*tikka* und andere Tandoori-Gerichte. Etwas schäbig, aber ein guter Ort, um der Hektik des Busbahnhofs zu entkommen. Kein Alkohol. 🕒 nur abends.

Sonstiges

Geld

State Bank of India, Dindigul Rd; löst Reiseschecks von American Express und Thomas Cook ein.

Highway Forex, im Jenne Plaza Building, einer eleganten Mall in der Dindigul Rd, ist deutlich effizienter 🕒 Mo–Sa 10–18 Uhr.

Es gibt mehrere **Geldautomaten** nahe den Busbahnhöfen.

Informationen

Tourist Office, gegenüber dem Central-Busbahnhof, direkt vor dem Hotel Tamil Nadu, ✆ 0431/246 0136, hat eine Menge Infos, aber keine Pläne. 🕒 Mo–Fr 10–17.45 Uhr.

Internet

Netpark, Jenne Plaza Building, Dindigul Rd, 🕒 tgl. 8–22.30 Uhr, Rs20/Std.

Weitere Internetcafés finden sich in der Umgebung des Central-Busbahnhofs, darunter zwei Filialen von **iWay**.

Nahverkehr

Der effiziente **Stadtbus Nr. 1**, der an der Haltestelle in der Rockins Rd (gegenüber dem Restaurant Shree Krishna) startet, ist das beste Transportmittel, um zum Rock Fort, zu den Tempeln und nach Srirangam zu gelangen. Auch **Motor-Rikschas** sind überall zu haben.

Transport

Busse

Es gibt zwei nah beieinander liegende Busbahnhöfe – Central und State Express –, aber keine Regeln, wo ein bestimmter Bus abfährt. Private Unternehmen nutzen jedoch vorwiegend den Central.

Busse nach:

CHENGALPATTU (alle 20–30 Min., 7–8 Std.),
CHENNAI (alle 20–30 Min., 8 1/2–9 1/2 Std.),
COIMBATORE (alle 30 Min., 5 Std.),
KANCHIPURAM (3x tgl., 7 Std.),

KANYAKUMARI (alle 30 Min., 10–12 Std.),
KODAIKANAL (8–10x tgl., 5 Std.),
MADURAI (alle 30 Min., 4–5 Std.),
PUDUCHERRY (alle 30 Min., 5–6 Std.),
THANJAVUR (alle 10 Min., 1–1 1/2 Std.),
TIRUVANNAMALAI (5x tgl., 6 Std.).

Eisenbahn

Von Trichys Hauptbahnhof **Trichy Junction**, der dem Südbezirk der Stadt seinen Namen gegeben hat und in Reichweite der meisten Hotels, Restaurants und Banken sowie des Busbahnhofs liegt, bestehen zahlreiche Verbindungen.

Züge nach:
BENGALURU (1x tgl., 9 Std.),
CHENGALPATTU (6–7x tgl., 4–5 1/2 Std.),
CHENNAI (7–9x tgl., 5 1/4–7 Std.),
COIMBATORE (2x tgl., 5–5 1/4 Std.),
KANYAKUMARI (3x tgl., 7 1/2–9 Std.),
KOCHI (1x tgl., 9 1/2 Std.),
KODAIKANAL Road (2–4x tgl., 1 3/4–2 1/4 Std.),
MADURAI (8–9x tgl., 2 3/4–3 1/2 Std.),
THANJAVUR (2x tgl., 1 1/4–1 1/2 Std.).

Flüge

Trichys **Flughafen**, 8 km südlich der Innenstadt, Informationen und Buchungen ✆ 0431/248 0233, bietet tgl. Flüge von und nach CHENNAI, mehrere wöchentl. nach THIRUVANANTHAPURAM und KOZHIKODE sowie regelmäßige Verbindungen nach Sri Lanka und in die Golf-Staaten. Die Fahrt in die Stadt per Taxi (Rs200) oder Bus (Nr. 7, 28, 59, 63 oder K1) dauert keine halbe Stunde.

Der Süden

15 HIGHLIGHT

Madurai

Madurai, an den Ufern des Flusses Vaigai, ist eine der ältesten Städte Südasiens und ein wichtiges Religions- und Handelszentrum, seitdem die Zivilisation in Südasien Einzug gehalten hat – die Stadt wurde sogar lange als „Athen des Ostens" bezeichnet. So überrascht es nicht, dass der griechische Botschafter Megasthenes, der im Jahr 302 v. Chr. hierher kam, ihre Pracht beschrieb und ihre Königin Pandai als „eine Tochter von Herakles" rühmte, während der römische Geograf Strabo sich darüber beklagte, dass die Seide, Perlen und Gewürze der Stadt große Löcher in die kaiserlich-römischen Staatskassen rissen. Dieser lukrative Handel erlaubte es den Pandya-Herrschern, den mächtigen **Tempel Meenakshi-Sundareshwarar** zu erbauen. Zwar umgibt ihn mittlerweile ein Meer moderner Betonklötze, doch die gewaltigen *gopura* dieser riesigen Anlage, mit unzähligen mythologischen Figuren in allen Farben und gekrönt von goldenen Spitzen, sind nach wie vor die größte von Menschenhand geschaffene Sehenswürdigkeit des Südens. An jedem Tag der Woche passieren nicht weniger als 15 000 Menschen die Tempeltore. Freitags (der Freitag ist der Göttin Meenakshi heilig) steigt die Zahl auf bis zu 25 000. Die Tempelrituale breiten sich in einer fast ununterbrochenen Folge von Prozessionen über die umliegenden Straßen aus.

Geschichte

Die Geschichte und der Ruhm Madurais – wenn auch untrennbar mit Mythen verwoben – lassen sich über gut 2000 Jahre zurückverfolgen. Zahlreiche **Höhlen** in den hiesigen Hügeln und Felsen, in die oft einfache Steinbetten gehauen wurden, dienten sowohl prähistorischen Menschen als auch Asketen wie den Ajivikas und Jains, die sich in Abkehr von der Welt und Buße übten, als Unterschlupf.

Madurai scheint mindestens 1000 Jahre lang ohne Unterbrechung die **Hauptstadt des Pandya-Reiches** gewesen zu sein. Sie entwickelte sich zu einer einflussreichen Kaufmannsstadt, die Handelsbeziehungen mit den Griechen, Römern und Chinesen unterhielt, während *yavanas* (generelle Bezeichnung für Ausländer) in den Häfen der Pandyas ein normaler Anblick waren. Tamilische Epen berichten, dass sie mit vor Erstaunen weit aufgerissenen Augen und Mündern durch die Stadt spazierten. Unter der Pandya-Dynastie etablierte sich Madurai als

Madurai

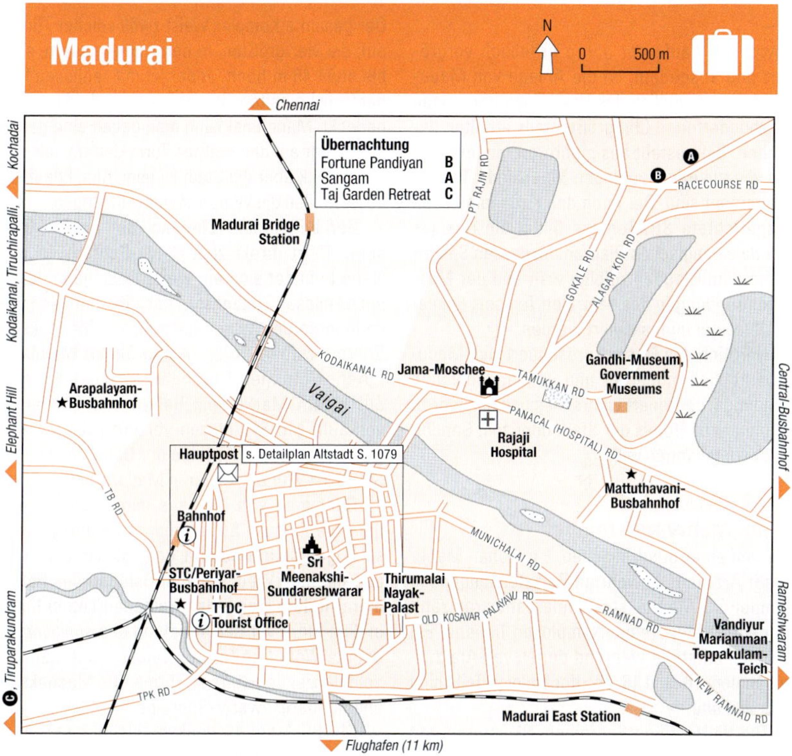

Zentrum der tamilischen Kultur. Hier gab es drei **Sangams** („Literatur-Akademien"), die Tausende von Jahren bestanden und rund 8000 Dichter unterstützt haben sollen.

Die Hauptstadt der Pandyas fiel schließlich im 10. Jh., als der **Chola**-König Parantaka die Macht über die Stadt an sich riss. Die Pandyas erlangten während des 13. Jhs. noch einmal kurzzeitig die Herrschaft, bis der berüchtigte **Malik Kafur**, der „Lieblingssklave" des Delhi-Sultanats, während eines Raubzugs durch den Süden die Stadt angriff und sie weitgehend zerstörte. Der Pandya-König **Sundara**, der gewarnt worden war, ergriff zusammen mit seiner engsten Familie und der Schatztruhe die Flucht und überließ es seinem Onkel und Rivalen **Vikrama Pandya**, sich Kafur entgegenzustellen. Trotzdem kehrte Kafur mit einer Beute von angeblich „612 Elefanten, Bergen von Gold, mehreren Kisten voller Juwelen und Perlen sowie 20 000 Pferden" nach Delhi zurück. Kurz nach dieser Plünderung wurde Madurai ein unabhängiges Sultanat; 1364 schloss es sich dem hinduistischen **Vijayanagar**-Reich an und wurde von Hampi aus regiert und von Gouverneuren verwaltet, den **Nayaks**. 1565 erlangten die Nayaks ihre Unabhängigkeit. Unter ihrem Schutz erlebte Madurai eine Renaissance und wurde im Lotusblütenmuster rund um den Meenakshi-Tempel wieder aufgebaut. Teile des berühmtesten Palastes der Nayaks, des **Thirumalai** (1623–55), sind noch erhalten.

Die Stadt verblieb bis Mitte des 18. Jhs. unter der Kontrolle der Nayaks, bis die **Briten** allmählich das Ruder übernahmen. Hundert Jahre später rissen diese die Festung von Madurai nieder und schütteten den Burggraben zu, wodurch die vier Veli-Straßen entstanden, die heutzutage die Begrenzung der Altstadt bilden.

Orientierung

Obwohl im Laufe der Jahre erheblich vergrößert und ausgebaut, ist die Anlage von Madurais **Altstadt**, südlich des Vaigai, seit den ersten Jahrhunderten n. Chr. größtenteils erhalten geblieben. Sie besteht aus mehreren runden Plätzen, die um den gewaltigen **Meenakshi-Tempel** angeordnet sind. Der nach den Kardinalpunkten ausgerichtete Straßenplan bildet ein riesiges *mandala* (magisches Diagramm), dessen Sakralkräfte dem Glauben zufolge während der Massenumrundungen des zentralen Tempels (immer im Uhrzeigersinn) aktiviert werden.

Nördlich des Flusses präsentiert sich Madurai erheblich moderner und unübersichtlicher. Den Vaigai überquert wahrscheinlich nur, wer zu den teureren Hotels der Stadt oder zum Gandhi-Museum gelangen will.

Der Sri Meenakshi Sundareshwarar-Tempel

Der von einer quadratischen, 6 m hohen Mauer in der Art eines bewehrten Palastes umgebene Tempel Sri Meenakshi Sundareshwarar zählt zu den größten Tempelkomplexen Indiens. Ein Großteil entstand während der Nayak-Ära zwischen dem 16. und 18. Jh., doch einige Teile sind sehr viel älter.

Die Vielzahl von Schreinen, Skulpturen und Kolonnaden ist auf den ersten Blick und ohne Kenntnis der Logik, die hinter ihrer Anordnung steht, äußerst verwirrend. Abgesehen von den schätzungsweise 33 000 Götterdarstellungen aus Stein und Stuck, ist das Tempelleben absolut fesselnd. Seien es die endlosen *puja*-Zeremonien, laute *nagaswaram*- und *tavil*-Musik, Hochzeiten, Brahmanen-Jungen, die in den Veden unterwiesen werden, der endlose Strom von Gläubigen, die Marktstände hinter dem Osteingang oder sogar eine Prozession, irgendetwas passiert hier immer und macht den Ort zu einem der faszinierendsten von ganz Tamil Nadu.

Rund fünfzig Priester leben und arbeiten in dem Tempel. Sie sind leicht zu erkennen – jeder trägt eine zwischen den Beinen zusammengebundene weiße *dhoti;* darüber, um die Taille, ein weiteres farbiges Tuch, meist aus Seide.

In Madurai gelangte der **Gopura**, ein wichtiger Bestandteil südindischer Tempel, zur Vollendung. Der gesamte Komplex weist zwölf solcher Türme auf; die vier größten, in den Außenmauern, sind bis etwa 46 m hoch. Jeder ist mit zahllosen farbenfroh bemalten Stuckgöttern und -dämonen bedeckt. Manchmal kann man gegen eine geringe Gebühr auf den größten Turm klettern, um den tollen Blick über die Stadt zu genießen. Erlaubnis dazu erteilen die Wärter an den Eingängen.

Der beliebteste **Eingang**, der an der Ostseite, führt direkt zum Shiva-Schrein. In der Nähe befindet sich ein weiterer Eingang durch ein turmloses Zugangstor, das direkt auf den tief im Inneren der Anlage befindlichen Meenakshi-Schrein zuführt. In der **Ashta Shakti Mandapa** („Acht-Göttinnen-Durchgangshalle") werden auf einem Markt *puja*-Gaben und Souvenirs verkauft. Mit Skulpturen verzierte Säulen zeigen verschiedene Aspekte der Göttin Shakti und Shivas 64 Wunder, die er in Madurai vollbrachte.

Geht man von hier aus immer geradeaus, über die East Ati Street und durch den siebenstöckigen **Chitrai Gopura**, gelangt man auf einen überdachten Weg, der zum Ostende des **Pottamarai Kulam** (Teich des Goldenen Lotus) führt, in dem Indra vor der Anbetung des *shivalingam* badete. Vom Ostufer des Teichs sieht man die goldglänzenden *vimana*-Türme des Meenakshi- und Sundareshwarar-Schreins.

Mit Blick auf Meenakshi, gleich hinter dem ersten Eingang und vor dem Allerheiligsten, steht Shivas Reittier, der Stier Nandi. Gegen 21 Uhr werden die tragbaren Statuen des Gottes und der Göttin in das **Schlafgemach** gebracht. Hier findet die letzte *puja*-Zeremonie des Tages, *lalipuja,* statt, wobei die Priester ungefähr eine halbe Stunde lang Schlaflieder *(lali)* singen, ehe der Tempel für die Nacht geschlossen wird.

Sundareshwar und Meenakshi werden jeden Freitag (18–19 Uhr) zu der etwas weiter entfernten **Oonjal Mandapa** aus dem 16. Jh. gebracht, auf eine Schaukel *(oonjal)* gesetzt und mit Ständchen von Mitgliedern der besonderen Musikerkaste, den Oduvars, erfreut.

Geht man in nördlicher Richtung zurück, am Meenakshi-Schrein vorbei und durch einen mit einem Turm versehenen Eingang, gelangt man auf das Gelände des Sundareshwarar-Schreins. Direkt dahinter steht eine gewaltige Figur von Ganesh, **Mukkuruni Vinayaka**, die bei der Aus-

Meenakshi, die fischäugige Göttin

Die Göttin Meenakshi von Madurai erhob sich aus den Flammen eines dem heiligen Feuer geopferten dreijährigen Kindes als Antwort auf die Bitte des **Pandya-Königs Malayadvaj** um einen Sohn. Der Fürst war nicht nur erstaunt beim Anblick eines weiblichen Wesens, sondern auch erschrocken, da es drei Brüste hatte. Ansonsten aber war das Mädchen eine absolute Schönheit, wie der Name **Meenakshi** („fischäugig") verrät – weibliche Wesen mit fischförmigen Augen sind in der indischen Poesie der Inbegriff alles Begehrlichen. Eine mysteriöse Stimme teilte ihm außerdem zu seiner Beruhigung mit, dass Meenakshi die dritte Brust verlieren würde, sobald sie ihren Ehemann gefunden hätte.

In Ermangelung eines männlichen Nachfolgers kam die inzwischen erwachsen gewordene Meenakshi auf den Pandya-Thron. Mit dem Ziel, die Welt zu beherrschen, schlug sie eine Reihe erfolgreicher Schlachten und vernichtete sogar Shivas Heere auf dem Heimatgelände des Gottes im Himalaya, dem Berg Kailash. Da erschien **Shiva** auf dem Schlachtfeld, bei dessen Anblick Meenakshi sofort ihre dritte Brust verlor. Nun erfüllte sich die Prophezeiung: Shiva und Meenakshi reisten nach Madurai, wo sie getraut wurden. Die beiden waren jetzt sowohl König und Königin des Pandya-Reiches (worauf Shiva den Titel des Sundara Pandya annahm) als auch die Obergottheiten des Tempels von Madurai, in dem sie schließlich verschwanden.

Ihre **Schreine** in Madurai stehen heute im Mittelpunkt eines beliebten, von den Tempelpriestern abgehaltenen **Fruchtbarkeitskultes**, der sich um das göttliche Paar dreht und den Fortbestand und die Regeneration des Universums gewährleistet. Jeden Abend wird das Paar zusammen im Schlafgemach des Tempels zu Bett gebracht, wobei zuvor Meenakshis Nasenring vorsichtig abgenommen wird, damit sie ihren Gatten in der Glut der Leidenschaft nicht verletzen kann.

Nichtsdestotrotz kann man sich auf seine eheliche Treue nicht hundertprozentig verlassen. Sie muss daher jedes Jahr rituell auf den Prüfstand gestellt werden. Dann wird die schöne Göttin **Cellattamman** zu Sundareshwarar („schöner Bräutigam", d. h. Shiva) gebracht, „um ihre Kräfte erneuern zu lassen". Nachdem sie einen Korb bekommen hat, gerät sie in schreckliche Wut, die sich nur durch ein Büffelopfer besänftigen lässt – nur eine von Dutzenden uralter Zeremonien, die in Madurais Tempeln abgehalten werden.

hebung des Mariamman Teppakulam-Teichs gefunden worden sein soll.

Der rundliche Ganesh ist für seinen Hang zu Süßigkeiten bekannt. Anlässlich des jährlichen **Vinayaka-Chaturthi-Festes** (Sep) wird eine besondere *prasad* (Lebensmittel-Opfergabe) zubereitet, bei der u. a. 300 kg Reis, 10 kg Zucker und 110 Kokosnüsse verwendet werden.

Für einige Erheiterung sorgen die Figuren von Shiva und Kali in einem Tanzwettbewerb nördlich der Fahnenmasten. An einem nahe gelegenen Stand werden aus einem Wasserbehälter winzige Butterbällchen verkauft, die Besucher auf den Gott und die Göttin werfen, um sie „abzukühlen". Geht man hier durch das Tor, sieht man in der Nordostecke die aus dem 15. Jh. stammende Ayirakkal Mandapa (Tausend-Säulen-Halle), inzwischen zum **Kunstmuseum** des Tempels umfunktioniert; ⏲ tgl. 10–17.30 Uhr, Eintritt Rs5, Fotoerlaubnis Rs25. Überall in der Halle stehen dicke Steinsäulen mit großen Skulpturen seltsamer mythischer Wesen und kosmischer Gottheiten.

Näheres zu den Tempeln von Tamil Nadu s. S. 1039/1039.

Der Tempelteich Vandiyur Mariamman Teppakulam und das Floating Festival

Früher wurde der große Vandiyur Mariamman Teppakulam südöstlich der Stadt (Bus Nr. 4 oder Nr. 4A; 15 Min.) ständig über unterirdische Kanäle aus dem Vaigai gespeist. Aufgrund mehrerer Unglücksfälle ist er heute jedoch nur noch zum spektakulären **Teppam Floating Festival** (Jan/Feb) mit Wasser gefüllt, bei dem Pilger auf Booten zu dem Göttinnenschrein in der Mitte des Teichs hinausfahren.

Vor ihrer Hochzeitszeremonie werden Shiva und Meenakshi in einer Prozession zum Wasser geleitet und auf ein mit Lichtern geschmücktes Floß gesetzt, das Gläubige an Stricken dreimal um den Schrein ziehen. Die Bootsfahrt bildet nach hinduistischem Glauben das Vorspiel zu einer Liebesnacht, die ihren leidenschaftlichen Höhepunkt in derselben Nacht im Tempel findet. Teppa ist daher traditionellerweise das begehrteste Datum für Eheschließungen.

Der Thirumalai-Nayak-Palast

Rund ein Viertel des im 17. Jh. erbauten Thirumalai-Nayak-Palastes, 1,5 km südöstlich des Meenakshi-Tempels, ✆ 0452/233 2945, ist noch erhalten. Ein großer Teil davon wurde von Thirumalais Enkel Chockkanatha Nayak abgetragen und zum Bau eines neuen Palastes in Tiruchirapalli verwendet. Was übrig blieb, ließ der Gouverneur von Madras, Lord Napier, 1858 restaurieren. Anlässlich der Tamil World Conference von 1971 wurde das Bauwerk erneut überholt. Der Palast bestand ursprünglich aus zwei Wohngebäuden, einem Theater, einem Privattempel, einem Harem, einer Musiktribüne, einem Waffenlager und Gärten.

Das Tourism Department veranstaltet hier allabendlich eine **Licht- und-Ton-Show** (auf Englisch 18.45–19.30 Uhr, Rs10), in der das tamilische Epos *Shilipaddikaram* und die Geschichte der Nayaks nacherzählt werden. Allerdings lässt die Tonqualität manchmal zu wünschen übrig.

In einer angrenzenden Halle ist das **Palastmuseum** untergebracht, in dem unbeschriftete Pandya-, Jain- und buddhistische Statuen, Terrakotten und eine Zeichnung, die den im Zerfall begriffenen Palast im 18. Jh. zeigt, zu sehen sind. 🕒 Palast tgl. 9–13 und 14–17 Uhr, Eintritt Rs50 inkl. Museum.

Tamukkam-Palast und Gandhi-Museum

Auf der gegenüberliegenden Seite des Vaigai, 5 km nordöstlich des Zentrums in der Nähe des Central Telegraph Office, steht der **Tamukkam** (Bus Nr. 1, 2, 11, 17 oder 24, Fahrtdauer 20 Min.), der mit zahlreichen Säulen und Bogen versehene Palast von Königin Rani Mangammal aus dem 17. Jh. Er wurde für königliche Freizeitvergnügungen wie Elefantenkämpfe erbaut und später von den Briten übernommen, die den Tamukkam als Gerichtsgebäude und Steuereintreiberbüro nutzten; 1955 wurden hier das Gandhi und Government Museum untergebracht.

Madurais **Gandhi Memorial Museum** erzählt die Geschichte Indiens seit der Ankunft der ersten Europäer unter dem Gesichtspunkt des Freiheitskampfes. Die Perspektive ist zumeist eine nationale, doch wo angebracht, wird auch die Rolle der Tamilen behandelt. Aus der Kritik an den Briten wird kein Hehl gemacht, und die Verachtung des Engländers John Sullivan für das beleidigende Verhalten seiner Landsleute gegenüber den Indern deutlich beschrieben.

In einem schwarz gestrichenen Raum wird ein schreckliches Ausstellungsstück aufbewahrt: die blutbesudelte *dhoti,* die Mahatma Gandhi trug, als er ermordet wurde. 🕒 tgl. 10–13 und 14–17.30 Uhr, Eintritt frei.

Die **Gandhi Memorial Museum Library**, gleich neben dem Museum, beherbergt 15 000 Bücher, Zeitschriften, Briefe und Mikrofilme mit Material von und über Gandhi. 🕒 tgl. außer Mi 10–13 und 14–17.30 Uhr, Eintritt frei.

Übernachtung

Die Bandbreite an Unterkünften in Madurai reicht von superbilligen Herbergen bis zu guten Mittelklassehotels für die zahlreichen Pilger und Touristen. Sehr viele Hotels befinden sich an der W Perumal Maistry St. Luxuriösere Unterbringungsmöglichkeiten findet man ein paar Kilometer außerhalb der Innenstadt nördlich des Vaigai-Flusses.
Sofern nicht anders angegeben, sind die nachfolgend aufgeführten Hotels auf der Karte „Madurai: Altstadt" verzeichnet (S. 1079).
Aarathy, 9 Perumal Koil, West Mada St, unweit der South Masi St, ✆ 0452/233 1571, 📠 233 6343. Tolle Lage mit Blick auf den Kundalagar-Tempel. Die Zimmer (alle mit TV, einige mit AC und Balkon) unterscheiden sich erheblich, sodass man sich ruhig ein paar anschauen sollte, bevor man sich entscheidet. Ausgezeichnetes AC-Restaurant, das in den Innenhof führt, wo jeden Morgen und Nachmittag der Tempelelefant

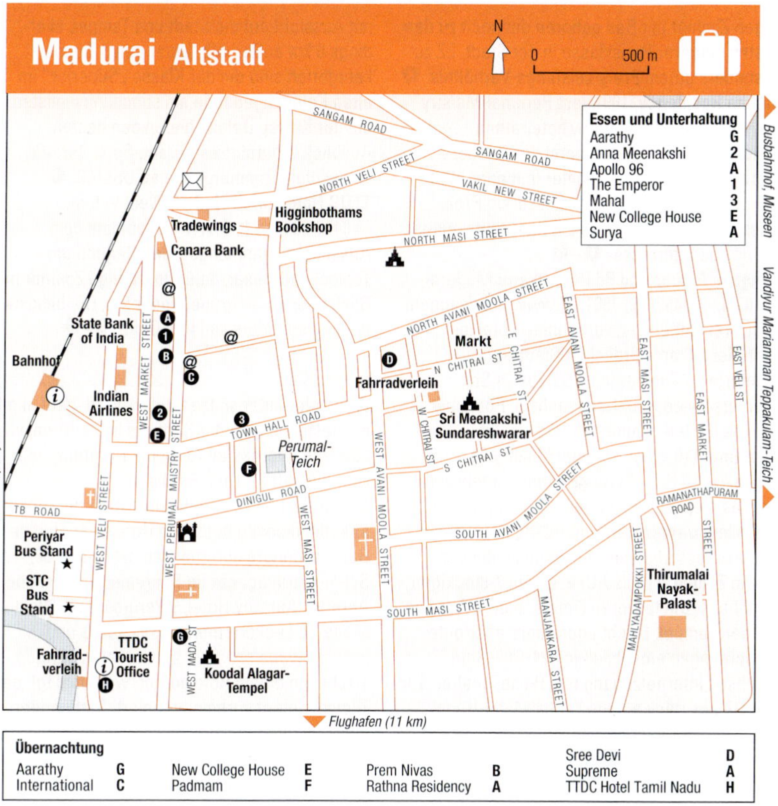

vorbeigeführt wird. Häufig ausgebucht. ❷

Fortune Pandyan, Racecourse Rd, nördlich des Flusses (s. Karte Madurai, S. 1075), ✆ 0452/ 435 6789, 💻 www.fortunepandiyanhotel.com. Schickes Hotel mit zentraler AC. Große Zimmer mit TV und antiken Möbeln. Ruhige Lage außerhalb der Stadt. Außerdem Bar, gutes Restaurant, Geldwechsel, Reiseschalter und hübscher Garten. ❽–❾

International, 46/80 West Perumal Maistry St, ✆ 0452/437 7463. Kürzlich renoviert. Der Service ist nachlässig, aber die Zimmer sind nett und alle haben Kabel-TV. ❷–❹

New College House, 2 Town Hall Rd, ✆ 0452/ 234 2971, ✉ info@newcollegehouse.com. Riesiges, labyrinthisches Hotel mit über 200 Zimmern und einem der besten „meals"-Lokale der Stadt im Erdgeschoss (s. u.). Die billigsten Zimmer sind ausgesprochen dreckig, aber hier gibt es wahrscheinlich noch ein freies Bett, wenn alle anderen Unterkünfte ausgebucht sind. ❷–❹

Padmam, 1 Perumal Tank West St, ✆ 0452/234 0702, ✉ hotelpadmam@hotmail.com. Sauberes, komfortables und modernes Hotel mit Dachrestaurant in zentraler Lage. Der Ausblick von den Zimmern an der Vorderseite über die Ruinen des Perumal-Teichs ist etwas mehr Geld wirklich wert. ❹–❺

Prem Nivas, 102 West Perumal Maistry St, ✆ 0452/234 2532, ✉ premnivas@eth.net. Macht von außen mehr her als von innen, die geräumigen Zimmer mit Bad gehören dennoch zu den besten mittlerer Preisklasse in der Stadt. EZ zu besonders gutem Preis-Leistungs-Verhältnis. ❹

Rathna Residency, 109 West Perumal Maistry St, ✆ 0452/437444, 💻 www.hotelrathna residency.com. Standardhotel der Budget-/ Mittelklasse. Saubere Zimmer (mit oder ohne AC – letztere allerdings mit besserem Preis-Leistungs-Verhältnis) und 2 Restaurants; eines auf der Dachterrasse. ❹–❺

Sangam, Alagar Koil Rd (Hauptkarte Madurai, S. 1075), ✆ 0452/253 7531, 💻 www.hotelsangam.com. Frei stehendes, vornehmes Hotel mit zentraler AC am nördlichen Stadtrand. Komfortable Zimmer (ab US$165), 24 Std. Zimmerservice, Bar, Geldwechsel, Pool und schöne Gärten. Zimmer ab US$125. ❾

Supreme, 110 West Perumal Maistry St, ✆ 0452/234 3151, 💻 www.supremehotels.com. Großes, gepflegtes und zentral gelegenes Hotel mit tollem Dachrestaurant, AC-Restaurant im Erdgeschoss und einer Auswahl an komfortablen Zimmern (teils AC) in einem 7-stöckigen Hochhaus. Die teureren Zimmer bieten Aussicht auf den Tempel. Leicht überteuert, aber gute Einrichtungen einschließlich 24-Std.-Geldwechsel, Internetzugang und Reiseschalter. Von den DZ aus Blick auf die Yanna Malai-Hügel. Rechtzeitige Reservierung empfohlen. ❹–❺

Taj Garden Retreat, 40 TPK Rd, Pasumalai Hills (s. Karte Madurai, S. 1075), ✆ 0452/260 1020, 💻 www.tajhotels.com. Die exklusivste Herberge von Madurai ist ein wunderschön renoviertes Kolonialhaus auf einem über 10 ha großen Gelände mit gepflegten Gärten in den Bergen mit Aussicht auf die Stadt und Tempel, allerdings 6 km außerhalb. Unter den 3 Zimmerkategorien sind die der Klasse „Superior" im alten Kolonialgebäude am stimmungsvollsten, die der Klasse Deluxe bieten den besten Ausblick. Gourmetrestaurant, Pool, Bar und Tennisplatz. Zimmerpreise ab US$160. ❾

TTDC Hotel Tamil Nadu I, West Veli St, ✆ 0452/233 7471, 💻 www.ttdconline.com. Abseits der stimmungsvollen Gegend um Tempel und Basar, dafür geräumige Zimmer mit Blick über einen grünen Innenhof. Die billigsten bieten besonders viel fürs Geld. ❷–❹

Ausblick de luxe

Sree Devi, 20 West Avani Moola St, ✆ 0452/234 7431. Sehr preiswerte, makellose DZ ohne AC direkt neben dem Tempel und daher immer mit ausländischen Gästen belegt. Wer sich etwas Besonderes gönnen möchte, steigt im Deluxe-Zimmer mit AC ganz oben ab, das eine unvergleichliche Aussicht über den westlichen *gopura* bietet. Kein Restaurant, aber auf Wunsch Essen und Bier von außerhalb. ❶–❸

Essen

Wenn die Mittagshitze zu stark wird, geht man am besten in eine der Saftbars im Zentrum, wo es frisch gepressten Ananas-, Karotten- oder Orangensaft für rund Rs15 gibt.

Madurai ist nicht gerade eine Stadt für Trinker, aber die meisten besseren Hotels haben eine Bar. Besonders unterhaltsam ist **Apollo 96**, eine Sci-Fi-Extravaganza im Supreme Hotel (s. oben).

Aarathy, Aarathy Hotel, 9 Perumal Koil, West Mada St. Leckere *tiffin (dosas, iddlis* und scharfe *wada sambar),* serviert an niedrigen Tischen in einem Hotelvorhof, wo 2-mal tgl. der Tempelelefant vorbeimarschiert. Sättigendere, überraschend preiswerte und ausgezeichnete *thalis* (Rs40) gibt es mittags im angenehm klimatisierten Restaurant.

The Emperor, Chentoor Hotel, 106 West Perumal Maistry St. Die Aussicht ist mit der des Surya nicht zu vergleichen, aber die multinationale Küche ist besser und bietet auch nicht-vegetarische Optionen wie die leckeren Grillgerichte. Rs80–150.

Mahal, 21 Town Hall Rd. Das hübsch dekorierte Restaurant serviert kleine, aber leckere Portionen Fish 'n' Chips, Tandoori-Gerichte und südindische vegetarische Snacks für Rs40–80.

New College House, im Hotel New College House, 2 Town Hall Rd. Weitläufiger „meals"- und *tiffin*-Saal in einem altmodischen Hotel. Um die Mittagszeit werden turmhohe Portionen vegetarischer Gerichte (Rs30) auf Bananenblättern an lange Schlangen Einheimischer ausgeteilt; eine echte Erfahrung des tiefen Südens. Ausgezeichneter Coorg-Kaffee.

Anspruchsvolles für Vegetarier

Anna Meenakshi, West Perumal Maistry St. Schicker, kleinerer und hellerer Ableger des traditionelleren New College House. Der Laden serviert der anspruchsvollen, rein vegetarischen Kundschaft das wohl am hygienischsten zubereitete und preiswerteste Essen im Zentrum. Neben *tiffin* gibt es ganztägig *coconut-* oder *lemon-rice-*„meals" u nd billige *banana leaf thalis*. Schon für unter Rs50 kann man sich hier gut satt essen.

Surya, Supreme Hotel, 110 West Perumal Maistry St. Eines der beliebtesten Dachrestaurants, mit weitem Blick über die Stadt und den Tempel. Der Service ist zwar nicht der beste und das (rein vegetarische) Essen eher durchschnittlich, aber für einen Sundowner ist das Lokal nicht schlecht. Hauptgerichte Rs80–120.

Einkaufen

Kunsthandwerk

Madurai ist ein ausgezeichneter Ort, um südindisches Kunsthandwerk zu kaufen. Zu den besten Adressen für handgewebte Stoffe zählen **All India Handicrafts Emporium**, 39–41 Town Hall Rd; **Co-optex**, W Tower St, **Pandiyan Co-op Supermarket**, Palace Rd, und für keralisches Handwerk **Surabhi**, W Veli St. Souvenirs wie Sandelholz, Tempelmodelle, geschnitzte Kästchen und Öllampen gibt es bei **Poompuhar**, 12 W Veli St.

Tamilnad Gandhi Smarak Nidhi Khadi Gramodyog Bhavan, W Veli St, gegenüber dem Bahnhof, verkauft Kunsthandwerk, Öllampen, Meenakshi-Skulpturen sowie *khadi*-Stoffe und -Hemden.

Textilien

In Old Madurai wimmelt es von Stoffgeschäften, insbesondere in den Straßen West Veli, Avani Moola und Chitrai sowie in der Town Hall Rd. Die Schneidereien in der Umgebung des Tempels bieten einheimische Stoffe und sind überaus günstig. Die Schneider rühmen sich, in wenigen Stunden getreue Kopien von Lieblingskleidungsstücken anfertigen zu können.

Souvenirs

Zahlreiche Souvenirläden in der unmittelbaren Nachbarschaft gehen auf Kundenfang, indem sie Zugang zu ihren Dächern mit Ausblicken auf den Meenakshi-Komplex ermöglichen. In diesem Viertel treiben ganze Schwärme von Schleppern ihr Unwesen, die es einzig darauf abgesehen haben, Touristen zu schröpfen. Die Ausblicke vom Dach sind zwar lohnenswert, doch danach dürfte es schwierig werden, einen dieser Läden mit leeren Händen zu verlassen.

Sonstiges

Fahrradverleih

SV, W Tower St, nahe dem westlichen Tempeleingang, vermietet Räder zu günstigen Preisen. Man kann es auch an dem Stand in der W Veli St, gegenüber dem Hotel Tamil Nadu, versuchen.

Geld

Tradewings, schräg gegenüber vom Postamt, 168 North Veli St, ⌚ Mo–Sa 9–18.30 Uhr. Beste Möglichkeit zum Geldwechseln.
State Bank of India, 6 West Veli St.
Canara Bank, West Perulam Maistry St, und **UTI Bank**, Station Rd, bieten rund um die Uhr zugängliche Geldautomaten.

Informationen

TTDC Tourist Office, West Veli St, ✆ 0452/233 4757, ⌚ Mo–Fr 10–17.45, und während Festivals Sa 10–13 Uhr, bietet Landkarten und allgemeine Infos, organisiert **Mietwagen** und **Stadtführungen**. Wer die abgelegenen Sehenswürdigkeiten lieber mit einem gecharterten **Taxi** abklappert, bekommt am Taxistand vor dem Hauptbahnhof ein Fahrzeug, das sich an staatlich festgelegte Gebühren hält und für eine 5-stündige Tour Rs1000 berechnet.

Internet

Drei von zahlreichen Anbietern:
Friends, 13/8 Kaka Thoppu St.
Net Tower, neben dem Hotel International.
iWay, West Perumal Maistry St, 2 Filialen; beide mit Internettelefonie.

Post

Hauptpost, West Veli St, Ecke North Veli St. Briefmarken usw. hinter dem Eingang Scott Rd, ⏲ Mo–Sa 8–19.30, So/feiertags 9–16.30 Uhr; Eilpost 10–19 Uhr.

Transport

Busse

Der **Central-Busbahnhof** liegt 7 km vom Zentrum entfernt an der Ostseite des Flusses. Eine von mehreren Verbindungen ins Zentrum bieten die Stadtbusse Nr. 700 und 75. Am Central halten alle Busse, die nicht aus Richtung Westen kommen. Letztere nutzen den **Arapalayam-Busbahnhof** im Nordwesten der Stadt, ca. 2 km vom Bahnhof entfernt.
Es gibt keine Direktverbindung von Madurai nach Ooty (in Coimbatore umsteigen).
Direkt im Zentrum liegen der **STC-Busbahnhof** und der benachbarte **Periyar-Busbahnhof**, wo jeweils nur Stadtbusse abfahren. Beide liegen in der West Veli St im Westteil der Altstadt, ganz nahe dem Bahnhof und den meisten Unterkünften.

Busse nach:
CHENGALPATTU (alle 20–30 Min., 9 Std.),
CHENNAI (alle 20–30 Min., 11 Std.),
CHIDAMBARAM (6x tgl., 8 Std.),
COIMBATORE* (alle 30 Min., 5–6 Std.),
KANCHIPURAM (4x tgl., 10–12 Std.),
KANYAKUMARI (alle 30 Min., 6 Std.),
KOCHI/ERNAKULAM* über kottayam (9x tgl., 10 Std.),
KODAIKANAL* (stdl., 4 Std.),
KUMBAKONAM (8x tgl., 6–6 1/2 Std.),
KUMILY* (Periyar Wildlife Sanctuary) (stdl., 5 Std.),
MYSORE (5x tgl., 10 Std.),
PUDUCHERRY (stdl., 9–10 Std.),
RAMESHWARAM (alle 30–60 Min., 4 Std.),
THANJAVUR (alle 30 Min., 4–5 Std.),
THIRUVANANTHAPURAM (stdl., 7 Std.),
TIRUCHIRAPALLI (alle 30 Min., 4–5 Std.),
TIRUPATI (4x tgl., 15 Std.).
* = fahren vom Arapalayam-Busbahnhof ab; alle anderen Busse vom Central-Busbahnhof.

Eisenbahn

In der Bahnhofshalle hat das Tourism Department Information Centre (tgl. 6.30–20.30 Uhr) eine sehr hilfreiche Filiale. Das **Reservierungsbüro** findet man in einem Gebäude links der Haupthalle. Am Bahnsteig 1 gibt es eine kleine vegetarische **Cafeteria** und außerhalb des Haupteingangs einen bei Zugankunft geöffneten Schalter für vorausbezahlte **Motor-Rikschas** und **Taxis**.
Madurai liegt an der Hauptbahnstrecke, die die meisten wichtigen Städte Südindiens miteinander verbindet.

Züge nach:
BENGALURU (1x tgl., 10 1/2 Std.),
CHENGALPATTU (6–7x tgl., 7–9 Std.),
CHENNAI (7–9x tgl., 8–10 1/2 Std.),
COIMBATORE (1–2x tgl., 6 1/4 Std.),
KANYAKUMARI (6x tgl., 4–6 Std.),
KODAIKANAL ROAD (2–4x tgl., 1/2–3/4 Std.),
TIRUCHIRAPALLI (7–8x tgl., 2 1/4–3 1/4 Std.),
TIRUPATI (3x wöchentl., 11 1/2 Std.).

Flüge

Madurais kleiner Inlandflughafen liegt 12 km südlich des Zentrums, ✆ 0452/269 0433. Beim Ausgang befindet sich der Schalter des

Empfohlene Züge von Madurai

Zielort	Name des Zuges	Nr.	Uhrzeit	Reisedauer
Bengaluru	Tuticorin-Mysore Express	16731	19.50 Uhr	10 1/2 Std.
Chennai	Vaigai Express	12636	06.45 Uhr	8 Std.
	Pandiyan Express	12638	20.35 Uhr	9 Std.
Coimbatore (für Ooty)	Coimbatore Express	16609	01.05 Uhr	6 1/4 Std.
Nagercoil	Chennai-Guruvayur Express	16127	16.40 Uhr	5 Std.
Trichy	Vaigai Express	12636	06.45 Uhr	2 1/4 Std.

Government of Tamil Nadu Tourist Information Centre. Er hat aber nicht immer geöffnet, wenn ein Flugzeug ankommt. Es gibt auch einen Buchladen und eine Filiale der Indian Bank.
Taxis verlangen Festpreise von ca. Rs200 für Fahrten innerhalb der Stadt und zum Flughafen. Alternativ dazu fährt der Stadtbus Nr. 10A vom Periyar-Busbahnhof ab.
Es gibt regelmäßige Verbindungen nach CHENNAI, davon eine Air India-Verbindung weiter nach MUMBAI und eine Paramount Airways-Verbindung weiter nach BENGALURU. Auch Jet und Air Deccan fliegen CHENNAI an.
Air India, 7-A West Veli St, unweit der Post, ✆ 0452/234 1234.
Jet Airways, **Air Deccan** und **Paramount Airways** haben Büros am Flughafen.

Rameshwaram

Die heilige Insel Rameshwaram, 163 km südöstlich von Madurai und weniger als 20 km von Sri Lanka jenseits des Golfs von Mannar entfernt, ist zusammen mit Madurai die wichtigste Wallfahrtsstätte Südindiens. Rameshwaram zieht Anhänger Vishnus und Shivas gleichermaßen an, denn hier, so besagt das Ramayana, huldigte der Gott Rama, eine Inkarnation Vishnus, Shiva. Der berühmteste Tempel der Insel ist der **Tempelkomplex Ramalingeshwara** mit seinen wunderbaren, säulenbestandenen Wandelgängen, doch gibt es hier noch mehrere interessante kleinere Tempel, wie den **Gandhamadana Parvatam**, der Ramas Fußabdrücke beherbergt, und den für seine Heilkräfte berühmten **Tempel Nambunayagi Amman Kali**. In **Danushkodi**, „Ramas Bogen", am östlichen Ende soll Rama ein Bad genommen haben, und die Felsbrocken im Meer zwischen hier und Sri Lanka, „Adams Brücke" genannt, gelten als die Trittsteine, die Hanumans Affenarmee auf der Suche nach Ramas Frau Sita benutzte, nachdem sie von Ravana, dem dämonischen König von Lanka, entführt worden war. Die Stadt hat auch einige kaum erschlossene **Strände** zu bieten (die aber keineswegs zu den schönsten Indiens zählen). Dennoch kann man hier gut ausspannen und sogar ein wenig schnorcheln.

Die Straßen von Rameshwaram gehen strahlenförmig von dem riesigen Komplex ab, von dem der Ramalingeshwara umschlossen wird. In der Stadt wimmelt es ständig von Tagesausflüglern und zerlumpten Bettlern, die außerhalb des Ramalingeshwara und **Ujainimahamariamman**, dem kleinen, einer Göttin geweihten Ufertempel, kampieren. Wichtiger Bestandteil der Wallfahrt ist ein Bad in den heiligen Teichen des Haupttempels und im Meer. Den schmalen Strandstreifen teilen sich Badende, Kühe und Mantras rezitierende, neben Lingams aus Sand sitzende Swamis. Abgesehen vom Fischfang – Krabben und Hummer, die verpackt und nach Japan exportiert werden – sind Muscheln in den Küstenorten eine bedeutende Einnahmequelle.

Ramalingeshwara-Tempel

Der größte Teil des Ramalingeshwara (oder Ramanathaswamy)-Tempels wurde im 12. Jh. von den Cholas erbaut, um zwei hochverehrte, mit dem *Ramayana* in Zusammenhang stehende **Shiva-Lingams** unterzubringen. Nachdem Rama seine Gattin Sita aus den Klauen von Ravana befreit hatte, erhielt er den Rat, zur Vernichtung des bösen Königs Shiva zu huldigen. Daraufhin wurde Ramas Affenheerführer Hanuman in den Himalaya abkommandiert, um einen *shivalingam* zu besorgen, doch als er nicht zum festgesetzten Datum zurückkam, fertigte Sita einen Lingam aus Sand (den *ramanathalingam*), damit die Zeremonie ihren Lauf nehmen konnte. Hanuman tauchte schließlich doch noch mit seinem Lingam auf, und um den beschämten Affen zu beschwichtigen, ordnete Rama an, dass in Zukunft von den beiden Lingams jener von Hanuman Vorrang genießen sollte. Beide Lingams sind jetzt in der innersten Abteilung des Ramalingeshwara, die nur Hindus zugänglich ist, untergebracht. Ein Großteil dessen, was auch Nicht-Hindus offen steht, stammt aus dem 17. Jh., als der Tempel großzügige Zuwendungen aus den Kassen der Sethupathi-Rajas von Ramanathapuram erhielt.

Hohe Mauern umschließen den Tempel und bilden ein Rechteck mit riesigen, pyramidenförmigen *gopura*-Eingängen an jeder Seite. Alle Eingangstore führen zu einem weitläufigen, überdachten Wandelgang, der zu beiden Seiten von Plattformen mit mächtigen Säulen am Rande flankiert wird. Diese **Korridore** sind der berühmteste Teil des Tempels, und ihre extreme Länge – jeder misst 205 m, insgesamt ruhen sie auf 1212 reich verzierten Granitpfeilern an der Nord- und Südseite – vermittelt den Eindruck, als erstreckten sie sich bis ins Unendliche.

Von Pilgern wird erwartet, dass sie vor Betreten des innersten Heiligtums in jedem der 22 **Tirthas** (Tempelteiche) baden – daher die Gruppen triefend nasser Wallfahrer, die meisten völlig bekleidet, die von einer Wasserstelle zur anderen wandern, um von einem Tempelwächter mit einem Eimer Wasser übergossen zu werden.

Der Montag ist Ramas „Lieblingstag", dann findet die *puja*-Zeremonie des Padilingam statt. Zu den besonders wichtigen **Festen** im Tempel zählen **Mahashivaratri** (10 Tage im Feb/März), **Brahmotsavam** (10 Tage im März/April) und **Thirukalyanam** (Juli/Aug), wenn die Hochzeit von Shiva und Parvati gefeiert wird.

Übernachtung

Abgesehen vom TTDC-Komplex beschränken sich die Unterkünfte in Rameshwaram auf einfache Lodges und bescheidene Hotels, fast alle in den Car Streets rings um den Tempel. Der Tempel unterhält einige Zimmer für Pilger; Genaueres im Devasthanam Office, E Car St, ✆ 04573/221223.

Chola Lodge, 25 North Car St, ✆ 04573/221307. Einfache, aber adäquate Unterkunft in der ruhigsten der Car Streets. Die meisten Zimmer sind nicht klimatisiert, einige haben TV. ❶–❸

Bestes Hotel in Rameshwaram

TTDC Hotel Tamil Nadu, in Strandnähe, 700 m nordöstlich des Haupttempels, ✆ 04573/221277, 🖳 www.ttdconline.com. Die beste Unterkunft in Rameshwaram ist hübsch gelegen, hat eine Bar und ein Restaurant, außerdem komfortable Zimmer (teils AC, Rs1050) mit Meerblick. Die besten sind erstaunlicherweise die billigeren im neuen Block, mit angenehmen Sitzbereichen im Freien. ❸–❺

Maharaja's, 7 Middle St, ✆ 04573/221271, ✉ hotelmaharajas@sancharnet. Komfortable, saubere Zimmer mit Blick auf die Tempel, Bad und TV (teils AC). ❷–❹

Shriram Hotel Island Star, 41-A South Car St, ✆ 04573/224172, ✆ 239332. Großes Hotel mit nett ausgestatteten Zimmern (teils AC), die meisten mit Meerblick. Die nicht klimatisierten Zimmer bieten ein sehr gutes Preis-Leistungs-Verhältnis, die AC-Zimmer sind überteuert. ❷–❹

Venkatesh, West Car St, ✆ 04573/221296. Modernes und funktionales 3-stöckiges Hotel mit relativ großen, sauberen Zimmern, die meisten mit TV und manche mit AC. ❷–❹

Essen

Abhirami, Shore Rd, nahe dem Osteingang des Haupttempels. Recht sauberes, südindisches Vegi-Lokal an der Straße zum Strand. Tische mit Blick auf die Straße.

Ashoka Bhavan, West Car St. Das billige südindische vegetarische Restaurant serviert eine Vielfalt regionaler *thalis*.

Chola Hotel, West Bazaar St. Reines Speiselokal, nicht zu verwechseln mit dem gleichnamigen Hotel. Biriyani und andere Gerichte mit Huhn, Schaf und Leber, sowie das „Kopf-Curry" machen es zu einer guten Wahl für Fleischesser. Rs50–80.

Ganesh Mess, Middle St. Eines der besseren „meals"-Lokale serviert mittags *thalis* und den ganzen Tag über klassische südindische Snacks.

TTDC Hotel Tamil Nadu. Das riesige, laute Glashaus in Strandnähe serviert gute südindische Snacks und „meals" mit Huhn und gelegentlich Fisch (Rs60–80). Außerdem gibt es eine Bar im Hauptgebäude.

Sonstiges

Informationen

TTDC Tourist Office, am Busbahnhof, ✆ 04573/221371, informiert über Guides, Unterkünfte und Bootsausflüge, nimmt es mit den Öffnungszeiten aber nicht allzu genau. 🕓 tgl. 10–17.45 Uhr.

TTDC betreibt auch einen Schalter im Bahnhof, ✆ 04573/221373, der bei Zugankunft geöffnet hat.

Post

Das Postamt befindet sich neben dem Busbahnhof in der Pamban Rd.

Nahverkehr

Der gelbgrüne **Stadtbus Nr. 1** fährt alle 10 Min. vom Busbahnhof zum Haupttempel; ansonsten gibt es Fahrrad- und Motor-**Rikschas** ohne Taxameter. **Jeeps** kann man in der Nähe des Bahnhofs mieten und **Fahrräder** in den Läden entlang der vier Car Streets rund um den Tempel.

Transport

Der NH-49, die Hauptstraße von Madurai her, verbindet Rameshwaram mit Mandapam auf dem Festland über die beeindruckende, 2 km lange Indira-Gandhi-Brücke.

Busse

Busse von/nach MADURAI (alle 30 Min., 4 Std.), KANYAKUMARI (4x tgl., 9–10 Std.), Trichy, Thanjavur und Chennai halten am **Busbahnhof**, der 2 km westlich der Innenstadt liegt.

Eisenbahn

Der 1 km südwestlich des Zentrums gelegene **Bahnhof** ist die Endstation der Züge aus Chennai, Madurai und allen dahinter liegenden Städten. Derzeit ist der Bahnverkehr jedoch wegen Gleisarbeiten eingestellt.

Kanyakumari

Eine Fahrt nach Kanyakumari am südlichsten Zipfel Indiens ist für Hindus beinahe genauso zwingend wie nach Rameshwaram. Der Ort ist nicht nur seiner Verbindung mit der jungfräulichen Göttin Devi Kanyakumari wegen bedeutsam, sondern auch aufgrund der Tatsache, dass hier der Golf von Bengalen, der Indische Ozean und das Arabische Meer aufeinandertreffen. Die größte Attraktion ist das Betrachten des Sonnenauf- und -untergangs, insbesondere bei Vollmond im April, denn dann kann man die untergehende Sonne und den aufgehenden Mond zusammen am selben Horizont sehen. Obwohl Kanyakumari im Bundesstaat Tamil Nadu liegt, kommen die meisten ausländischen Tagesbesucher aus Kerala. Die Stadt ist von ungebrochener Anziehungskraft für Pilger und Touristen, die nur einmal die Südspitze Indiens gesehen haben wollen. Mancher Besucher hingegen gelangt vielleicht eher zu der Ansicht, dass die Atmosphäre und der Zauber durch hässliche Betonbauten und aufdringliche Straßenhändler verdorben wurden.

Kanyakumari wurde 2004 schwer von dem verheerenden Tsunami getroffen. Uferbereich und Anleger sind mittlerweile aber wieder instandgesetzt.

Der **Kumari Amman-Ufertempel** ist der jungfräulichen Göttin **Devi Kanyakumari** geweiht, die ursprünglich die hiesige Küstenschutzgöttin gewesen sein könnte, später jedoch in der Gestalt von Devi oder Parvati, der Gefährtin Shivas, aufging. Das Bildnis von Devi Kanyakumari im Tempel ziert ein dermaßen glitzernder Diamantschmuck, dass er vom Meer aus zu sehen sein soll. Männliche Besucher dürfen den Tempel nur mit nacktem Oberkörper und *dhoti* betreten; das innerste Heiligtum ist Hindus vorbehalten. Pilger müssen sich unbedingt an der hiesigen *ghat* waschen. 🕓 tgl. 4.30–11.30 und 16–20 Uhr.

Das Gebäude des **Gandhi Mandapam**, 300 m nordwestlich des Kumari Amman-Tempels, sollte ein moderner Nachbau eines Orissa-Tempels werden und ist so konstruiert, dass an Gandhis Geburtstag, dem 2. Oktober, die Sonnenstrahlen kurz vor Sonnenuntergang im Meer jene Stelle berühren, an der seine Asche bestattet wurde. 🕓 tgl. 7–19 Uhr.

Im sakralen Mittelpunkt von Kanyakumari standen ursprünglich wahrscheinlich zwei Felsen. Rund 60 m voneinander entfernt und 500 m vor der Küste halb im Meer versunken, sind sie über die Poompuhar-Fähre von der Schiffsanlegestelle im Osten der Stadt aus zu erreichen (alle 30 Min., tgl. 7–16 Uhr; Rs20). Bekannt als **Pitru** und **Matru** *tirthas*, zogen sie 1892 die Aufmerksamkeit des hinduistischen Reformers Vivekananda (1862–1902) auf sich, der zu den Felsblöcken hinausschwamm, um dort über die Lehren seines kurz zuvor verstorbenen Gurus Ramakrishna Paramahamsa zu meditieren. Das 1970 erbaute **Vivekananda Memorial** weist aus dem ganzen Land entlehnte Stilelemente auf und beherbergt eine Statue des Heiligen. Außerdem sind hier, an der Stelle, an der sie ihre Bußübungen verrichtete, die Fußabdrücke von Devi Kanyakumari zu sehen. ◷ tgl. 8–16 Uhr, Eintritt Rs50. Auf dem anderen Felsen steht eine 40 m hohe Statue des alten tamilischen Heiligen Thiruvalluvar.

Näheres über das Leben und die Lehre von Vivekananda erfährt man im **Wandering Monk Museum (Vivekananda Puram)** unmittelbar nördlich des Tourist Office in der Hauptstraße. 41 Tafeln auf Englisch, Tamil und Hindi informieren detailliert über die Odyssee des Swami durch den Subkontinent gegen Ende des 19. Jhs. ◷ tgl. 8–12 und 16–20 Uhr, Eintritt Rs2.

Übernachtung

Maadhini, East Car St, ✆ 04652/246787, 📠 246657. Großes Hotel direkt am Meer, oberhalb des Fischerdorfes. Gute Aussicht, gemütliche Zimmer und eines der besten Restaurants der Stadt (s. oben rechts). ❹–❺

Manickam Tourist Home, North Car St, ✆ 04652/246387. Geräumige, einfache und saubere Zimmer, z. T. mit Balkon und Meerblick. Sicht auf den Sonnenaufgang und den Vivekananda-Felsen. ❷–❹

Samudra, Sannathi St, ✆ 04652/246162, 📠 246 627. Schickes Hotel nahe dem Tempeleingang, hübsch möblierte Deluxe-Zimmer mit Satelliten-TV, Blick auf den Sonnenaufgang und vegetarischem Restaurant. ❸–❺

TTDC Hotel Tamil Nadu, Seafront, ✆ 04652/246257, 💻 www.ttdconline.com. Cottages (teils AC) und saubere Zimmer (im 1. Stock mit AC), zumeist mit Meerblick. Billigere und sehr einfache „Mini"-DZ im rückwärtigen Teil sowie Schlafsaal (Rs50). Gutes, sättigendes Essen in schlichter Umgebung. ❸–❺

Tipp: Zimmer Nummer 408

Lakshmi Tourist Home, East Car St, ✆ 04652/246333, 📠 246627. Hier gibt's schicke Zimmer, einige mit Meerblick, und eine zentrale Klimaanlage. Die bessere Aussicht hat man allerdings aus denen ohne AC (vor allem aus Nr. 408). Ausgezeichnetes Restaurant. ❷–❺

Eiscreme bis zum Umfallen

Archana, Maadhini Hotel (s. links), East Car St. Umfangreiches vegetarisches und nicht vegetarisches Angebot verschiedener Küchen, serviert in einem gut belüfteten Speisesaal oder im Hof (nur abends). Außerdem gibt es hier die größte Auswahl an Eiscreme der Stadt.

Essen

Saravana Bhavan, nördlich des Kumari Amman-Tempels am Hauptbasar. Angeblich das beste von Kanyakumaris vielen „meals"-Restaurants serviert vormittags und abends die üblichen Snacks und zur Mittagszeit „meals". Auch guten Kaffee gibt es hier. Eine weitere Filiale befindet sich ein Stück weiter vom Tempel entfernt.

Sree Devi Tiffin Stall ist einer von zahlreichen kleinen Ständen rings um die Hauptstraße, die für Rs25 gebratenen Fisch und Hühnchen anbieten.

Red Sun, S Car St. Sehr empfehlenswerte, klimatisierte Bar. Ideal für einen Drink.

Sonstiges

Informationen

Tamil Nadu Tourist office, Main Rd, ✆ 04652/246276, ◷ Mo–Fr 10–17.30 Uhr.

Internet

Internetzugang gibt es ein Stück weiter an der Main Rd oder an der Beach Rd.

Transport

Busse

Der gut organisierte **Express-Busbahnhof** liegt unweit des Leuchtturms im Westteil der Stadt und bietet regelmäßige Verbindungen nach Thiruvananthapuram, Madurai, Rameshwaram und Chennai. Taxis und Motor-Rikschas sorgen für den Nahverkehr.

Busse nach:
CHENNAI (stdl., 16–18 Std.),

KOVALAM (10–12x tgl., 2 Std.),
MADURAI (alle 30 Min., 6 Std.),
PUDUCHERRY (stdl., 12–13 Std.),
RAMESHWARAM (3x tgl., 10 Std.),
THIRUVANANTHAPURAM (alle 30–60 Min., 2 1/4–3 Std.),
TIRCHIRAPALLI (alle 30 Min., 10–12 Std.).

Eisenbahn

Züge aus dem ganzen Subkontinent (sogar aus Jammu – mit 86 Std. die längste Bahnstrecke Indiens) – halten am **Bahnhof** im Norden der Stadt, 2 km von der Küste entfernt.
Von Kanyakumari und/oder vom Bahnhof der benachbarten Stadt Nagercoil fahren **Züge nach**:
BENGALURU (1x tgl., 19 1/2 Std.),
CHENNAI (2–3x tgl., 13–15 1/2 Std.),
COIMBATORE (2x tgl., 12 Std.),
KOCHI (2x tgl., 6 1/4–6 1/2 Std.),
MADURAI (6x tgl., 4 1/4–5 1/4 Std.),
MUMBAI (2x tgl., 47 1/4 Std.),
THIRUVANANTHAMAPURAM (4x tgl., 1 1/2–2 Std.),
TIRUCHIRAPALLI (5x tgl., 7 1/4–8 1/4 Std.).

Die Ghats

Vor 60 oder mehr Mio. Jahren war die heutige indische Halbinsel eine separate Landmasse, die nordwestwärts über den Ozean Richtung Zentralasien driftete. Gegenwärtige geologische Annahmen gehen davon aus, dass sich diese Landmasse ursprünglich vom afrikanischen Kontinent abtrennte. Diese Trennlinie ist heute sichtbar als eine von Norden nach Süden verlaufende Kette vulkanischer Berge, der **Westghats**, die sich 1400 km entlang der Westküste Indiens hinziehen. Die Gipfel erreichen bis zu 2500 m Höhe. Damit ist diese Gebirgskette die zweithöchste Indiens nach dem Himalaya.

Die Ghats (wörtlich: Stufen) stellen eine natürliche Barriere zwischen dem tamilischen Flachland und den an der Küste gelegenen Regionen Kerala und Karnataka dar und nehmen den Großteil des südwestlichen Monsuns auf, der über die riesigen Flussgebiete des Kaveri und des Krishna ostwärts zum Golf von Bengalen zieht. Die Unmenge an Niederschlägen (zweieinhalb Meter), die hier zwischen Juni und Oktober fallen, bringt eine unglaubliche **biologische Vielfalt** hervor. Fast ein Drittel aller Blüten tragenden Pflanzen Indiens finden sich in den dichten Wäldern, von denen die Ghats verhüllt werden. Das Unterholz ermöglicht die Existenz des artenreichsten Tierlebens auf dem Subkontinent.

Anfangs waren es der Überfluss an Wild und die kühleren Temperaturen der hoch gelegenen Täler und Weiden, die sonnenmüde Briten anzogen. Sie erkannten schnell das wirtschaftliche Potenzial des gemäßigten Klimas, fruchtbaren Bodens und vielen Regens. Die Wälder mussten Teeplantagen weichen; die zahlreichen Volksgruppen der Region – unter ihnen die Todas – wurden immer höher in die Berge getrieben und dauerhafte **Hill Stations** angelegt. Sie bieten heute ebenso wie zu Zeiten des Raj den Mittelklasse-Tamilen und ausländischen Touristen, die sich eine derartige Pause leisten können, eine willkommene Zuflucht vor der glühenden Sommerhitze.

Der bekannteste der Bergorte – bekannter und stärker besucht, als er es eigentlich verdient – ist **Udhagamandalam** (ehemals Ootacamund und meistens einfach nur „Ooty" genannt) in den **Nilgiris** (von *nila-giri*, „blaue Berge"). Die Fahrt mit der **Schmalspurbahn** über Coonoor nach Ooty macht Spaß, und die Aussicht ist atemberaubend. Das Stadtzentrum leidet jedoch sehr unter Luftverschmutzung durch den Straßenverkehr und hat dem Besucher wenig zu bieten.

Weiter südlich und über eine landschaftlich reizvolle Berg- und Talstraße zu erreichen, liegt **Kodaikanal**, die zweite bedeutende Hill Station dieser Region. Bei Wanderungen durch den Ort lassen sich reizende Ausblicke und viel frische Luft genießen, während das geschäftige Treiben indischer Touristen rund um den See für eine nette Abwechslung vom Stadtleben sorgt.

Die Waldgebiete entlang der Bundesstaatsgrenze beherbergen die bedeutendsten Tierreservate Tamil Nadus, **Indira Gandhi** und **Mudumalai**, die einen Teil des riesigen **Nilgiri-Biosphärenreservats** bilden, das größte geschützte Waldgebiet im ganzen Land. Straßenbau, illegale Holzfällerei, Wasserkraftprojekte und Überweidung haben große Teile dieses Wildnis-Areals vernichtet, doch bietet es immer noch Lebensraum für viele Tierarten.

Die Hauptroute zwischen Mysore und den Städten des tamilischen Flachlandes windet sich durch die Nilgiris, sodass viele für ein oder zwei Nächte unterwegs pausieren. Egal, in welche Richtung man reist, ein kurzer Aufenthalt in der langweiligen Textilstadt **Coimbatore** lässt sich kaum vermeiden.

Kodaikanal

Hoch oben auf der Palani-Bergkette, ca. 120 km nordwestlich von Madurai, liegt Kodaikanal, auch als **Kodai** bekannt. Der sehr beliebte Ausflugsort auf einem Gipfel in über 2000 m Höhe bietet atemberaubende Ausblicke über die blaugrünen Weiten der Vaigai-Ebene. Bungalows aus der Raj-Ära und Blumengärten tragen zur Atmosphäre bei, und kurze Spaziergänge führen vom Zentrum aus zu Felsen, Wasserfällen und dichtem Shola-Wald. Da die weiter nördlich gelegenen Reservate und Waldgebiete der Ghats für Besucher geschlossen sind, stellt Kodais wunderschönes Hinterland auch Südindiens bestes **Wandergebiet** dar. Plant man, einige Tage in Kodai zu verbringen, lohnt es sich, einen Tagesausflug nach Palani zu unternehmen.

Hat man einige Zeit im südindischen Flachland verbracht, ist ein Rückzug auf die Höhen Kodais mehr als willkommen. Im Hochsommer jedoch (April–Juli), wenn die Temperaturen mit denen im Flachland durchaus mithalten können, lohnt sich das Herkommen nicht. Auch während des Monsuns (Okt–Dez) ist ein Besuch nicht ratsam, denn dann ist der Ort in Nebel gehüllt und es fallen heftige Regengüsse. Ende Februar und Anfang März sind die Nächte kühl. Touristische **Hochsaison** herrscht von April bis Juni; dann steigen die Preise.

Kodais Mittelpunkt ist sein **See**, der sich wie eine riesige Amöbe über 24 ha direkt westlich des Stadtzentrums ausbreitet. Dies ist ein beliebter Ort für Spaziergänge oder Fahrradfahrten auf dem 5 km langen Pfad, der das Ufer säumt. Am östlichen Ufer können Tret- und Ruderboote geliehen werden (Rs100–150 für 30 Min.; wer sich rudern lassen will, zahlt Rs25 mehr). Reitausflüge sind ebenfalls im Angebot; für Rs50 wird man 500 m am See entlang geführt, während ein einstündiger Ausritt Rs200 kostet. Läden, Restaurants und Hotels liegen dicht beieinander in einer etwas überfüllten Gegend östlich des Sees. Die einzigen Zeugen der Kolonialzeit sind einige gepflegte britische Bungalows am See und die Law's Ghat Road in der Oststadt. Die Briten kamen 1845 hierher. Ihnen folgten amerikanische Missionare, die Schulen für europäische Kinder errichteten.

Weiter südlich liegt der **Bryant's Park** mit Blumenrabatten vor einem Hintergrund aus Pinien, Eukalypten, Rhododendren und Akazien. Er erstreckt sich südwärts bis zur Shola Road, weniger als 1 km von dem Punkt entfernt, wo der Berg abrupt zum Flachland hin abfällt. Jedes Jahr im Mai findet hier eine Blumenschau statt. ⌚ tgl. 8.30–18.30 Uhr, letzter Einlass um 18 Uhr; Eintritt Rs5, Fotoerlaubnis Rs25, Videoerlaubnis Rs500.

Ein als **Coaker's Walk** bekannter Pfad (Rs2, Fotoerlaubnis Rs5) windet sich den Berg entlang vom Villa Retreat zum Greenland's Youth Hostel (10 Min.). Unterwegs bieten sich bezaubernde Ausblicke, die an klaren Tagen bis nach Madurai reichen können.

Eine von Kodais beliebtesten natürlichen Attraktionen sind die **Pillar Rocks**, 7 km südlich der Stadt. Eine Reihe von Granitfelsen, die über 100 m die Bergwand hinauf ragen. Um dorthin zu kommen, folgt man der westwärts führenden, steilen Observatory Road vom nördlichsten Punkt des Sees aus bis zu einer Kreuzung. Die von hier Richtung Süden verlaufende Straße führt auf dem Weg zu den Pillar Rocks an den zahmen **Fairy Falls** vorbei. Etwa 2 km westlich des Sees liegen die gut ausgeschilderten „Wasserfälle" **Bear Shola Falls**, von denen es allenfalls noch tröpfelt, die aber nach wie vor als beliebter Picknickplatz und Fotomotiv von lokalen Touristen angesteuert werden.

Südöstlich vom Stadtzentrum, die Law's Ghat Road ungefähr 3 km nach Süden (in Richtung Flachland), zeigt das **Shenbaganur Natural Science Museum** eine wenig einladende Sammlung ausgestopfter Tiere. ⌚ Mo–Sa 9–17 Uhr, Eintritt Rs5. Das sehenswertere Orchideenhaus beherbergt dagegen eine der besten Sammlun-

Kodaikanal

N 0 500 m

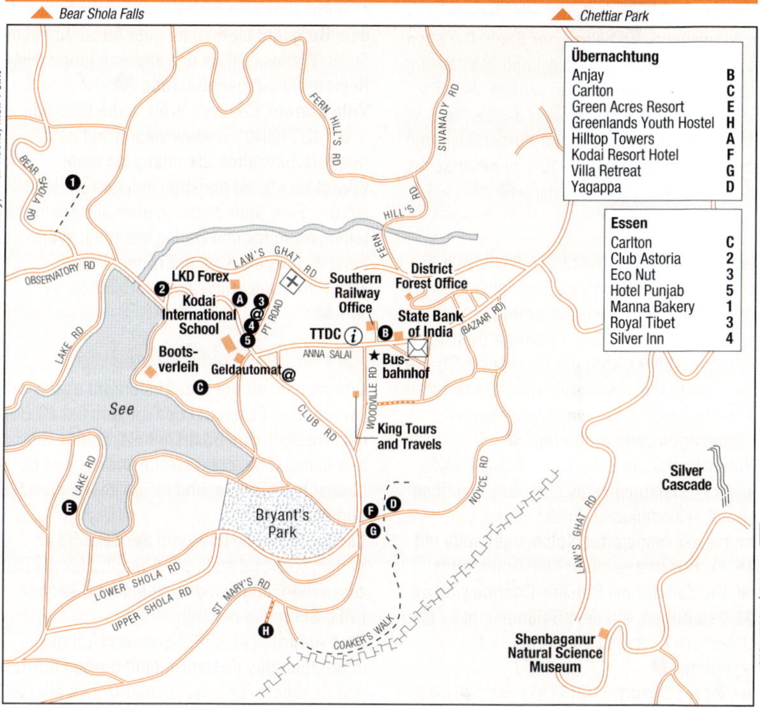

gen Indiens, die aber nur nach vorheriger Absprache besichtigt werden kann (Anfragen kann man ans Tourist Office richten, s. S. 1091). Weiter auf der Law's Ghat Road erreicht man nach 2 km den Wasserfall **Silver Cascade**, wo das überlaufende Wasser aus dem Kodai Lake einen schönen Badepool geschaffen hat.

Der **Chettiar Park**, am Nordostrand der Stadt, ca. 3 km vom See entfernt am Ende einer ansteigenden Straße, hat ganzjährig blühende Bäume und Blumen zu bieten. Alle zwölf Jahre wird er von einem Schleier aus zartblauen **Kurunji-Blüten** bedeckt (nächste Blüte nicht vor 2018). Diese ungewöhnlichen Blumen werden mit dem Gott Murugan, der tamilischen Form des Kriegsgottes Karttikeya (Shivas zweiter Sohn) und Gott von Kurinji, einer von fünf alten Regionen des tamilischen Landes, in Verbindung gebracht. Ein ihm geweihter Tempel steht direkt außerhalb des Parks.

Übernachtung

Kodaikanals billige Unterkünfte liegen am unteren Ende der Anna Salai. Es ist ratsam, sich gut umzusehen und immer zu fragen, ob Decken und warmes Wasser zur Verfügung stehen (letzteres sollte kostenlos sein, doch in Budgetunterkünften wird häufig eine Extragebühr verlangt). Die Hotels mittlerer Preisklasse sind meistens ihren Preis wert, besonders wenn die Zimmer mit Aussicht sind. Aber sie erhöhen ihre Preise während der Hochsaison (April–Juni) drastisch.

Zimmer mit grünem Innenhof

Yagappa, Noyce Rd, ☏ 04542/241235. Kleine, saubere Budgetunterkunft mit dem besten Preis-Leistungs-Verhältnis der Stadt. Die alten Gebäude sind um einen grünen Hof herum angelegt und bieten eine schöne Aussicht. Die Zimmer sind einfach, aber sauber, und es gibt eine tolle kleine Bar mit Korbstühlen und ein winziges Restaurant, das vegetarisches „meals" und Frühstück serviert. ❹

Anjay, Anna Salai, ☏ 04542/241089, ℻ 242636. Einfache Billigunterkunft im Zentrum; gepflegter, als man von außen vermuten würde (alle Zimmer mit Balkon, in der Kategorie Deluxe auch mit Ausblick), aber die Zimmer zur Straße hin sind recht laut. Falls ausgebucht, kann man es auch beim dahinter liegenden, ebenfalls preisgünstigen Jaya probieren. ❷

Carlton, abseits der Lake Rd, ☏ 04542/240056, 💻 www.krahejahospitality.com. Das luxuriöseste Hotel in Kodaikanal. Großzügiges, geschmackvoll renoviertes Kolonialgebäude mit Seeblick, Bar und gemütlichem Aufenthaltsraum. Die Zimmer mit Raj-Ära-Charme sind ab US$150 zu haben, auf dem Gelände gibt es aber auch teurere Cottages. Alle Preise inkl. Verpflegung. ❾

Green Acres Resort, 11/213 Lake Rd, ☏ 04542/242384, 💻 www.greenacresresort.biz. Schicke Unterkunft in toller Lage an einer ruhigen Ecke des Sees. Zimmer und Suiten unterschiedlicher Größe (alle mit Bad und gut ausgestattet). Gepflegtes Grundstück. ❺–❼

Greenland's Youth Hostel, Coaker's Walk, nahe St. Mary's Rd, ☏ 04542/241099, ✉ greenlandsyh@rediffmail.com. Attraktives altes Steinhaus, das von seinen breiten Veranden eine herrliche Aussicht bietet. Einfache Zimmer mit Holzbetten, offenem Kamin (Holz kostet Rs50) und Bad sowie ein Schlafsaal (Rs150). Im Voraus buchen! ❺

Hilltop Towers, Club Rd, ☏ 04542/240413, ✉ httowers@sancharnet.in. Moderne, gemütliche Zimmer in unmittelbarer Nähe des Sees und der Schule. Romantische Honeymoon-Suite mit rundem Bett. 3 Restaurants mit gutem Service. ❺–❻

Kodai Resort Hotel, Noyce Rd, ☏ 04542/241301, 💻 www.kodairesorthotel.com. Großes Gelände mit 50 Chalets, die zwar nicht zueinander passen, aber sehr einladend sind. Es liegt auf dem Berg und bietet eine gute Aussicht auf die Stadt. Wellness-Club und ziemlich langweiliges Restaurant auf dem Gelände. ❻–❼

Villa Retreat, Coaker's Walk, nahe Club Rd, ☏ 04542/240940, 💻 www.villaretreat.com. Komfortables altes Steinhaus mit mehr Charakter als die meisten, inmitten schöner Gärten. Eine Spur zu teuer, aber alle Zimmer mit tollem Ausblick und Badezimmer mit Warmwasser, teils mit Kamin. Brennholz und Elektroheizung auf Wunsch erhältlich. ❺–❼

Essen

Wer nicht in einem Hotelrestaurant essen will, kann zu den Essenständen entlang der PT Road, nordwestlich des Busbahnhofs, gehen. Sie bieten indische, chinesische, westliche und tibetische Gerichte, und einige kochen nur für Vegetarier.

Carlton, Carlton Hotel, von der Lake Rd ab. Kodais Tophotel stellt ein Abendbuffet (Rs330) zusammen, abgerundet mit einem Gläschen IMFL-Scotch in der Bar.

Club Astoria, Lake Rd. Helles und luftiges, internationales Restaurant mit großer Terrasse und Seeblick. Für Snacks oder Drinks eher zu empfehlen als für richtige Mahlzeiten (Rs150), die recht durchschnittlich ausfallen.

Eco Nut, J's Heritage Complex, PT Rd. Einer der wenigen Vollwertkostläden westlichen Stils in Südindien, bestens geeignet, um den Reiseproviant aufzufüllen: Müsli, hausgemachte Marmeladen, Brote, „nutri-balls" und köstlicher Käse aus Auroville.

Selbst gebackenes Brot und Momos

Royal Tibet, PT Rd. Das freundlichste von drei kleinen tibetischen Lokalen in dieser Straße, das außer lockerem, selbst gebackenem Brot auch besonders leckere *momos* und Nudeln sowie einige indische und chinesische Speisen (alle für unter Rs100) zu bieten hat.

Hotel Punjab, PT Rd. Hervorragende nordindische Küche und Tandoori-Spezialitäten zu angemessenen Preisen. Zu empfehlen sind das *butter chicken* und warmes *naan*. Die meisten Hauptgerichte kosten Rs80–120.
Manna Bakery, Bear Shola Rd. Das exzentrische, ökofreundliche Café-Restaurant serviert warmes Frühstück, Pizza, selbst gebackenes Schwarzbrot und Kuchen.
Silver Inn, PT Rd. Das winzige Restaurant serviert gute westliche Speisen, darunter Lasagne. Die meisten Gerichte für rund Rs100.

Sonstiges

Fahrradverleih

Zu mieten an einem Stand in der Anna Salai für Rs10 pro Tag oder an zahlreichen Ständen am See für Rs75 pro Tag. Es mag Spaß machen, bergab freie Fahrt zu haben, bei den meisten Strecken geht's aber auch wieder bergauf.

Geld

Die **State Bank of India** und die **Canara Bank**, beide in der Anna Salai, wechseln Geld. Ein SBI-Geldautomat steht in der Nähe vom Carlton Hotel.

Informationen

Das **Tourist Office**, Anna Salai (Bazaar Rd), ✆ 04542/241675, organisiert Touren ab 4 Teilnehmern; 5-stündige Führungen kosten Rs300, für längere Strecken, z. B. nach Munnar in Kerala, ist der Preis verhandelbar (pro Tag muss man inkl. Übernachtung mit rund Rs1700 rechnen). 🕓 Mo–Fr 10–17.45 Uhr.

Internet

Q Internet, Club Rd.
Flashnet, PT Rd, nahe dem Restaurant Royal Tibet. Etwas langsamer.

Reisebüros

King Tours and Travels, Woodville Rd, reserviert Zug-, Bus- und Flugtickets für Reisen innerhalb Südindiens.

Nahverkehr

Wartende Taxis entlang der Anna Salai im Stadtzentrum bieten zu hohen Festpreisen Besichtigungstouren an. Die meisten Touristen ziehen es jedoch vor, die Gegend auf eigene Faust zu erforschen. Kodaikanal lässt sich am besten zu Fuß oder per Fahrrad erkunden.

Transport

Wer nicht von so weit her wie Chennai oder Tiruchirapalli kommt, reist besser per Bus als Bahn: Der nächste Bahnhof, **Kodai Road**, liegt 3 Busstunden entfernt. Zwei Strecken führen nach Kodaikanal: Die weniger genutzte von Palani aus ist spektakulärer und während der Monsunzeit manchmal die einzig befahrbare.

Busse

Die Busse aus Madurai und Dindigul, die die steile Straße hinauf nach Kodai befahren, halten am Busbahnhof im Zentrum.

Eisenbahn

Fahrkarten für die Weiterreise per Bahn von Kodaikanal Road aus gibt es im **Southern Railway Office**, in einer Gasse neben dem Anjay Hotel, 🕓 Mo–Sa 8–12 und 14.30–17, So 8–12 Uhr.

Indira Gandhi (Anamalai) Wildlife Sanctuary

Das Indira Gandhi (Anamalai) Wildlife Sanctuary umfasst 958 m² Waldfläche entlang der Südausläufer der Cardamom Hills, 37 km südwestlich der belebten Stadt Pollachi. Die Vegetation reicht von *shola*-Grasland bis hin zu trockenen sommergrünen Gewächsen und immergrünen Tropenpflanzen. Hier leben Tiere wie Bartaffen, Gaur-Rinder, Sambar-, Muntjak- und Axishirsche, Faultiere und Leoparden und Tiger. Außerdem kann man Vögel wie Nashornvögel und Froschmäuler sehen. Ein Highlight des Parks ist, sich mit einem der Führer durch die gigantischen Bambushaine zu schlagen (7–15 Uhr; Rs70 p. P. für eine 4-stündige Tour mit bis zu 4 Pers.). Auf Anfrage bietet das Forestry Department Minibus- (Rs675 für einen Van) und 40-minütige Elefantensafaris (10–16 Uhr, Rs100 p. P.). Buchungen im Besucherzentrum (s. u.).

Es gibt sechs **Rasthäuser**, angefangen beim einfachen Hornbill ❶ bis hin zum luxuriösen Pillar Top ❼. Die meisten sind vom Besucherzentrum her bequem zu Fuß zu erreichen und sollten beim Field Director in Pollachi, ✆ 04259/225356, im Voraus reserviert werden. Beim Besucherzentrum gibt es eine Kantine und einen Laden, beide mit sehr eingeschränktem Verpflegungsangebot.

Transport

Pollachi hat gute Busverbindungen nach PALANI und COIMBATORE. Das **Besucherzentrum** in **Top Slip**, ✆ 04253/238360, wird von der Stadt aus nur 2-mal angefahren (hin um 6 und 15 Uhr; zurück um 13 und 18 Uhr). In Pollachi erhältliche Mietfahrzeuge und Taxis fahren tgl. von 6.30 bis 18 Uhr über den offiziellen Eingang am **Sethumadai Checkpost**. Privatfahrzeuge dürfen mit vorheriger Genehmigung des Field Director in den Park hinein fahren.

Coimbatore

Die meisten Besucher kommen in die geschäftige Industriestadt Coimbatore, um einen Zwischenaufenthalt auf dem Weg ins 90 km nordwestlich gelegene Ooty einzulegen. Nachdem man auf die Dachterrasse seines Hotels geklettert ist, um den blauen, wolkenbedeckten Schleier der Nilgiris im Westen zu bewundern, lässt sich die Zeit nur totschlagen, indem man durch die Basare schlendert, in denen sich immer gleiche Textilstände, „General Traders" und Verkaufsstände für Motorteile aneinanderreihen.

Übernachtung

Die meisten Übernachtungsmöglichkeiten von Coimbatore befinden sich in der Umgebung der Busbahnhöfe und des Bahnhofs. Die billigsten Hotels liegen entlang der Nehru und Shastri Rd, aber die allerbilligsten Absteigen gegenüber dem Busbahnhof sollte man meiden, da hier ab 4 Uhr morgens der Verkehrslärm einsetzt.

Blue Star, 369 Nehru St, ✆ 0422/223 0635, 📠 0422/223 3096. Sehr saubere Zimmer, einige mit Balkon, leisen Ventilatoren und Badezimmer in einem modernen, mehrstöckigen Gebäude, 5 Min. Fußweg von den Busbahnhöfen; beste Adresse unter den Hotels mittlerer Preisklasse in dieser Gegend. ❹

City Tower, 56 Sivasamy Rd, 2 Min. zu Fuß nach Süden vom Central Bus Stand, ✆ 0422/223 0681, 💻 www.hotelcitytower.com. Elegantes, teureres Hotel mit moderner Einrichtung (u. a. Kunstleder und Vinyl). Die „executive"-Zimmer sind geräumiger. ❻

KK Residency, 7 Shastri Rd, ✆ 0422/223 2433, 📠 437 8111. Hotel in Hochhausblock, um die Ecke von den Busbahnhöfen. Sehr sauber, 2 gute Restaurants. ❸–❹

New Vijaya Lodge, 8/81 Geetha Hall Rd, ✆ 0422/230 1794. Einfache, aber anständige Unterkunft mit relativ kleinen, sauberen Zimmern in unmittelbarer Bahnhofsnähe. ❹

TTDC Tamil Nadu, 2 Dr. Nanjappa Rd, ✆ 0422/230 2176, 💻 www.ttdconline.com. Gegenüber vom Central Bus Stand. Günstig gelegen, sauber und zuverlässig, teils AC. Besser als die meisten Hotels in dieser Ecke und oft ausgebucht; möglichst vorher anrufen. ❹

Essen

Zum Essengehen sind die großen Hotels (s. oben) die besten Adressen.

Cloud 9, im City Tower, exzellentes Dachterrassenrestaurant, vorwiegend von Geschäftsleuten besucht, bietet eine erstklassige, internationale Auswahl an Gerichten. Hauptgerichte kosten um Rs100.

Gayathri Bhavan, gegenüber dem Hotel Blue Star, Nehru St, ultramodern und die beste Wahl für südindisches vegetarisches Essen.

KR, gegenüber dem Bahnhof. Knusprige Brathähnchen und eine sehr gute Bäckerei.

Malabar, im 1. Stock des KK Residency, ist eine weniger teure Alternative und wegen ihrer nicht-vegetarischen Kerala-Küche beliebt.

Sonstiges

Geld

Es gibt jede Menge Geldautomaten.

Internet

Internet ist hier vielerorts verfügbar.

Transport

Busse

Coimbatore hat 4 große Busbahnhöfe, von denen 3 im Norden der Stadt, wenige Kilometer vom Bahnhof entfernt relativ dicht beieinander liegen. **Thiruvalluvar** ist der wichtigste Stopp für Nah- und Fernverbindungen; der **Central** wird von Bussen aus Ooty, Coonoor und Mettupalayam bedient, und genau dazwischen liegt der hektische Busbahnhof für die Stadtbusse, der **Town Bus Stand**. In der Südstadt findet sich der vierte Busbahnhof, **Ukkadam** (mit Verbindungen nach Palani, Pollachi, Madurai und Nord-Kerala). Zwischen den Busbahnhöfen und dem Bahnhof verkehren jeweils Stadtbusse.

Busse nach:
BENGALURU (stdl., 8–9 Std.),
CHENNAI (alle 30 Min.–1 Std., 10–12 Std.),
KODAIKANAL (4x tgl., 6 Std.),
MADURAI (alle 30 Min., 5–6 Std.),
MYSORE (3x tgl., 6 Std.),
PALAKAAD (stdl., 2 Std.),
PALANI (stdl., 2 1/2–3 Std.),
POLLACHI (alle 30 Min., 1 Std.),
PUDUCHERRY (10x tgl., 9 Std.),
RAMESHWARAM (2x tgl., 14 Std.),
THRISSUR (stdl., 5 Std.),
TIUCHIRAPALLI (alle 30 Min., 5 Std.).
UDHAGAMANDALAM (OOTY) (alle 15 Min., 3 1/2–4 Std.),

Eisenbahn

Nach OOTY nimmt man den Nilgiri Express Nr. 2671 (tgl. 5.15 Uhr), mit Anschluss via Schmalspurzug (s. S. 1098) ab Mettupalayam.

Züge nach:
BENGALURU (2–3x tgl., 6 3/4–9 Std.),
CHENNAI (5–6x tgl., 7 3/4–9 Std.),
ERNAKULAM (Kochi) (7–8x tgl., 4 1/4–5 1/2 Std.),
HYDERABAD (1x tgl., 21 1/4 Std.),
KANYAKUMARI (2x tgl., 11 3/4 Std.),
MADURAI (1–2x tgl., 6 1/4–6 1/2 Std.),
METTUPALAYAM (mit Anschluss nach OOTY) (1x tgl., 1 Std.),
MUMBAI (2x tgl. 31 1/4–32 3/4 Std.),
THIRUVANANTHAPURAM (4–5x tgl., 9–10 1/2 Std.),
TIRUCHIRAPALLI (2x tgl., 5 1/4–5 3/4 Std.).

Flüge

Der **Flughafen** von Coimbatore liegt 12 km nordöstlich der Innenstadt und besitzt Verbindungen vom und zum Town Bus Stand (Taxis kosten ca. Rs200).

Coonoor

Coonoor ist eine schäbige Markt- und Teepflanzerstadt auf 1858 m Höhe an der **Nilgiri Blue Mountain Railway** (s. S. 1098). Sie liegt am Ende der Hulikal-Schlucht auf der Südostseite der Dodabetta-Berge, 27 km nördlich von Mettupalayam und 19 km südlich von Ooty. Dank der bekannteren Nachbarstadt Ooty entging Coonoor der übermäßigen Kommerzialisierung und ist damit ein angenehmer Ort für einen kurzen Aufenthalt.

Coonoor teilt sich grob in zwei Hälften: Der Busbahnhof und der Bahnhof liegen in **Lower Coonoor**, wo es auch einen kleinen, aber stimmungsvollen Bergmarkt für Tee und ätherische Öle gibt. **Upper Coonoor** wartet mit einigen alten Bungalows aus britischer Zeit auf, die in engen, von blühenden Hecken gesäumten Gassen stehen.

Ganz oben befindet sich der **Sim's Park**, ein üppiger botanischer Garten an den Hängen einer Schlucht mit Hunderten von Rosenarten. ⌚ tgl. 8–18.30 Uhr, Eintritt Rs5.

Die Umgebung der Stadt mit sanft gewellten Bergen voller grüner Teebüsche und Eukalyptus- und Silbereichenhaine zählt zu den schönsten Landschaften der Nilgiris und wurde in zahlreichen Tanzszenen von Bollywoodfilmen verewigt. Filmfans aus ganz Südindien kommen hierher, um die Drehorte ihrer Lieblingsfilme aufzusuchen, darunter **Lamb's Rock** (5 km) und **Dolphin's Nose** (9 km), ehemalige Picknickplätze der Briten mit geteerten Wegen und tollen Ausblicken auf die Mettupalayam-Ebene. Von Coonoor fahren alle zwei Stunden Busse hierher. Am besten nimmt man den ersten um 7 Uhr, sodass man an der Dolphin's Nose ist, bevor der Nebel aufzieht, und geht dann 9 km zu Fuß zurück in die Stadt, vorbei am Lamb's Rock – ein netter Spaziergang durch Teeplantagen und dichten Wald.

An den Hängen um Coonoor arbeiten **Teepflücker**, aus der Ferne sichtbar als winzige orangefarbene oder rote Punkte inmitten der grünen Vegetation; sie tragen Bastkörbe mit frisch gepflückten Blättern und Bambusstöcke, die sie wie Zollstöcke benutzen. So stellen sie sicher, dass die Teepflanzen gleichmäßig abgeerntet werden. Sobald die Blätter die Fabriken erreichen, werden sie innerhalb eines Tages verarbeitet, und zwar in sieben Qualitätsstufen. Am besten und teuersten ist die Kategorie **Orange Pekoe**; auf der niedrigsten Qualitätsstufe bleibt nur noch ein trockener Staub aus Stielen und am Ende des Verarbeitungsprozesses zusammengefegten Blattresten – daraus wird am Ende dann Instanttee gemacht. Wer eine Tee- oder Kaffeeplantage besichtigen möchte, wendet sich an die UPASI (United Planters' Association of Southern India), Glenview House, Coonoor, ✆ 0423/223 0270, 💻 www.upasi.org.

Übernachtung und Essen

Hinsichtlich Übernachtung und Essen gibt es keine große Auswahl und mit der Zimmersuche sollte man sich nicht zu viel Zeit lassen. Um zu den Hotels zu gelangen, ist man in den meisten Fällen auf eine Motor-Rikscha angewiesen. Ein angemessener Fahrpreis vom Busbahnhof zum Bedford Circle/YWCA ist Rs30–40.

Im Basarbereich sind die einzigen empfehlenswerten Restaurants: das **Hotel Tamizhamgam** („Tamirangam" gesprochen) an der Mount Road beim Busbahnhof, das beliebteste vegetarische „meals"-Lokal der Stadt; das **Hotel Greenland** weiter die Mount Road entlang, mit preiswerten nicht-veg. nordindischen Tandoori- und chinesischen Gerichten; und das **Dragon** am Bedford Circle, das recht authentische, köstliche chinesische Gerichte serviert.

La Barrier Inn, Coonoor Club Rd, ✆ 0423/223 2561. Gemütliche Mittelklasseunterkunft hoch oberhalb des Basars, mit tollen Ausblicken auf die umliegenden Berge. Makellos saubere und sehr große Zimmer mit Balkonen voller Blumen. ❹–❺

Sree Venkateshwara Lodge, Cash Bazaar, ✆ 0423/220 6309. Die beste Unterkunft in Lower Coonoor, direkt am Bahnhof. Saubere, durchschnittlich große Zimmer mit Bad und TV. ❸

Viel Flair und schöner Ausblick

YWCA Guest House, Wyoming, beim Krankenhaus, ✆ 0423/223 4426. Haus aus viktorianischer Zeit mit viel Flair auf einem Felsen oberhalb der Stadt, mit Blumengarten, Teeterrassen und schönem Blick von den Veranden. Es gibt 5 DZ und 2 EZ; hervorragende Hausmacherkost ist zu sehr vernünftigen Preisen erhältlich. Kein Alkohol. ❹

Taj Garden Retreat, Church Rd, Upper Coonoor, ✆ 0423/223 0021, 💻 www.tajhotels.com. Luxuriöses, aber viel zu teures Hotel aus der Kolonialzeit mit Cottages, Grünflächen mit Teegärten und spektakulären Ausblicken, dazu ein gutes Angebot an sportlichen Aktivitäten wie Angeln. Das Restaurant beeindruckt mit tollen Mittagsbuffets (ca. Rs300). Zimmer ab $150. ❾

Velan (aka Ritz), Ritz Rd, Bedford, ✆ 0423/223 0784, 💻 www.velanhotels.com. Kürzlich renoviertes Mittelklassehotel in toller Lage am Stadtrand; sehr geräumig, Zimmer mit Teppichböden, großen Balkonen und schönem Ausblick. Erheblich besseres Preis-Leistungs-Verhältnis als das Taj Garden Retreat, aber es fehlt an Charme. ❺

Vivek Tourist Home, Figure of Eight Rd, nahe Bedford Circle, ✆ 0423/223 0658. Saubere Zimmer, teils mit winzigem Balkon mit Blick auf die Teeterrassen, in recht steifer Atmosphäre. Vorsicht vor der „Affengefahr"! ❸

Geld

Die **Travancore Bank**, Church Rd beim Bedford Circle in Upper Coonoor, wechselt Bargeld, aber nicht immer Reiseschecks. Ansonsten ist die nächste Wechselmöglichkeit die **State Bank of India** in Ooty (s. S. 1099).

Transport

Vom Busbahnhof gibt es regelmäßige Verbindungen nach METTUPALAYAM, COIMBATORE und zu anderen Orten in den Nilgiris, vom Bahnhof 4 Züge tgl. nach OOTY und einen tgl. nach METTUPALAYAM.

Udhagamandalam

John Sullivan hieß der britische Burrasahib, dem die „Entdeckung" von Udhagamandalam – englisch „Ootacamund" und gewöhnlich als „Ooty" abgekürzt – zugeschrieben wird. Als er im frühen 19. Jh. zum ersten Mal durch die Hulikal-Schlucht in diese Ecke der Nilgiris kletterte, war dieses Gebiet das traditionelle Heimatland der **Todas**, eines Bergvolks von Hirten, die in fast völliger Isolation von den Städten des umliegenden Flachlands und der Dekkan-Hochebenen lebten.

Sullivan erkannte rasch das landwirtschaftliche Potenzial der Gegend, erwarb von den Todas Boden für Rs1 pro Morgen und begann, Flachs, Hanf, Kartoffeln, Obst und vor allem **Tee** anzubauen. In dem milden Klima gedieh alles prächtig, und so machte der ehemalige Sekretär der East India Company innerhalb von 20 Jahren ein Vermögen. Es versteht sich von selbst, dass er schon bald Gesellschaft von weiteren Glücksrittern bekam, sodass hier schließlich eine Stadt entstand – mit einem künstlichen See und Kirchen und Steinhäusern, die auch in Surrey oder den schottischen Highlands stehen könnten. In der Folge entwickelte sich **Ooty** zur „Königin der Hill Stations" und zum beliebtesten Bergkurort auf der indischen Halbinsel.

Nur durch die Ironie der Geschichte haben die Todas die Siedler überdauert, deren Landbau sie ursprünglich verdrängt hatte, wenn auch nur mit knapper Not. Sie zogen sich mit ihren Büffeln in die umliegenden Berge und Waldtäler zurück und führten dort ein weitgehend traditionelles Leben, auch wenn ihre Zahl stark schrumpfte.

Bis Mitte der 70er-Jahre blieb „Snooty Ooty" das Zuhause vieler versnobter Briten, die sich nach der Unabhängigkeit zum Bleiben entschlossen hatten. Bis heute fühlen sich Reisende von Ootys kühlem Klima, den friedlichen grünen Hügeln, Wäldern und Weiden angezogen. Kommt man jedoch in der Hoffnung, Spuren des Raj zu finden, wird man wahrscheinlich enttäuscht, denn aufgrund der rücksichtslosen Erschließung und der Urlauberströme gibt es nur noch wenige.

Die **beste Reisezeit** ist zwischen Januar und März; die Hochsaison (April–Juni und Sep–Okt) sollte man besser meiden. Im Mai zieht das Sommerfestival Unmengen von Leuten an und verursacht viel Lärm. Dann ist Ooty meilenweit vom friedlichen Zufluchtsort der Sahibs entfernt.

Ooty breitet sich über ein weites Areal gewundener Straßen und steiler Hänge aus. Der unübersehbare Mittelpunkt ist **Charing Cross**, eine geschäftige Kreuzung in der staubigen **Commercial Road**, der relativ flachen Hauptgeschäftsstraße, die südwärts durch den großen Basar und städtischen Gemüsemarkt läuft. Verkauft wird alles, von riesigen Plastiktüten mit Kardamom und Orange Pekoe-Tee bis hin zu Proben von Ölessenzen (darunter der natürliche Mückenschutz Citronella). Ein Stück nördlich von Charing Cross liegt der **Botanische Garten**, ✆ 0423/244 2545, der 1847 von Gärtnern der Londoner Kew Gardens angelegt wurde. Hier finden sich 20 ha makelloser Rasenflächen, Lilienteiche und Beete mit mehr als tausend verschiedenen Arten von Büschen, Blumen und Bäumen. Es gibt einen Erfrischungsstand im Park, und die Stände auf dem kleinen tibetischen Markt verkaufen Eiscreme und Snacks. ⌚ tgl. 8.30–18.30 Uhr, Eintritt Rs10, Fotoerlaubnis Rs30, Video Rs500.

Nordwestlich von Charing Cross befindet sich die kleine **St. Stephen's Church** im gotischen Stil. Sie war eine der ersten kolonialen Bauten in Ooty und wurde in den 20er-Jahren des 19. Jhs. an der Stelle eines Toda-Tempels errichtet. Das Holz für das geschwungene Teakdach wurde vom Palast Tipu Sultans in Srirangapatnam beschafft und mit Elefanten heraufgebracht. Die Gegend um die Kirche vermittelt eine Vorstellung davon, wie die Hill Station in den Tagen des Raj ausgesehen haben muss. Rechter Hand der Kirche liegt der große und recht baufällige **Spencer's Store**, der 1909 eröffnete und alles verkaufte, was das britische Siedlerherz begehrte. Heute ist in dem Gebäude eine Computerschule untergebracht. Hinter dem nächsten Hügel liegt in westlicher Richtung die protzigste Institution von Ooty, der 1830 gegründete exklusive **Club**. Das ursprüngliche Wohnhaus von Sir William Rumbold wurde 1843 zum Club umgebaut und später erweitert. Weiter entlang der Mysore Road steht das bescheidene **Government Museum**, das einige dürftige Stam-

Udhagamandalam (Ooty)

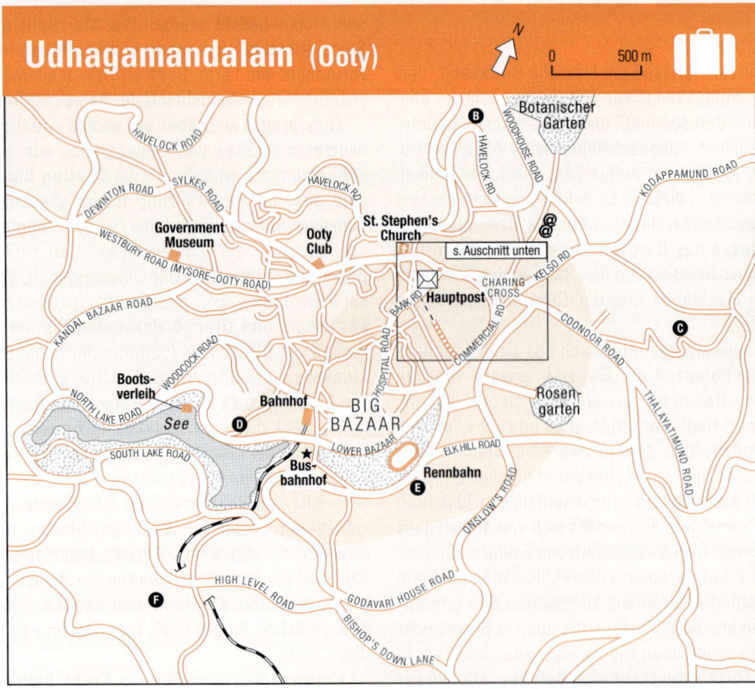

Übernachtung

- Co-operators Guest House G
- Fernhills Palace F
- Glyngarth Villa A
- Hills Palace H
- King's Cliff B
- Reflections Guest House D
- Sherlock C
- YWCA Anandagiri E

Essen

- Chandan 2
- Iranis 3
- Preethi Palace 4
- Shinkows 1
- Willy's 5

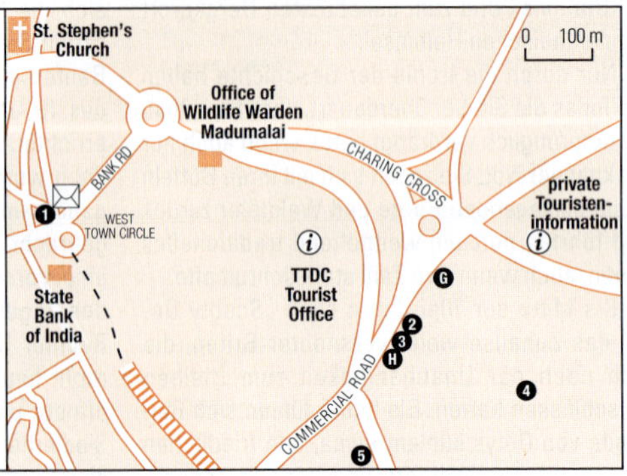

mesobjekte, Skulpturen und Kunsthandwerk beherbergt. ⏲ tgl. außer Fr und jeden 2. Sa im Monat 10–17.30 Uhr, Eintritt frei.

Westlich des Bahnhofs und der Rennbahn (Rennen von Mitte April bis Mitte Juni) liegt der Anfang des 19. Jhs. angelegte **See**. Er ist eine der wichtigeren Touristenattraktionen, obwohl er stark verschmutzt ist. Man kann sich hier ein Boot leihen (tgl. 9–18 Uhr; Paddelboote Rs60–100, Ruderboote Rs80–110, Chartermotorboote mit 8–15 Sitzplätzen Rs250–450) oder einen Ausritt machen (Rs150/Std.).

Übernachtung

Ooty ist wesentlich teurer als die meisten Orte in Indien. Im April und Mai können die unten angegebenen Preise um 30–100 % steigen. Es kann auch sehr voll werden, sodass man möglicherweise lange suchen muss, um das Gewünschte zu finden. Bei Weitem die beste Wahl stellen die Hotels aus der Raj-Ära dar, ansonsten kann man nur unter mittelmäßigen Hotels mit überdurchschnittlich hohen Preisen auswählen. Im Winter (Nov–Feb), wenn es sehr kalt werden kann, stellen die meisten Hotels auf Wunsch Decken und Eimer mit Warmwasser zur Verfügung.

Co-operators Guest House, Commercial Rd, Charing Cross, ✆ 0423/244 4046. L-förmiges Gebäude aus der Raj-Ära mit sauberen Zimmern und Balkonen in Gelb und Türkis, die auf einen Innenhof blicken. Etwas von der Hauptstraße zurückversetzt und daher relativ ruhig. ❹–❺

Fernhills Palace, nahe High Level Rd, ✆ 0423/ 2443910, 💻 www.welcomheritagehotels.com. Luxushotel im ehemaligen Palast des Maharadschas von Mysore. Die Fassade ist noch original erhalten, das Innere wurde geschmackvoll renoviert. Ausnahmslos moderne Zimmer (US$120–300) mit Bad und Whirlpool. Regency Villas, auf demselben Gelände, ist deutlich günstiger. ❾

Hills Palace, Commercial Rd, Charing Cross, ✆ 0423/244 6483, ✉ hillspalace@sify.com. Modernes Hotel direkt unterhalb des größten Basars, aber dennoch ruhig und absolut sauber. Gutes Preis-Leistungs-Verhältnis in der Nebensaison. ❺–❼

King's Cliff, Havelock Rd, ✆ 0423/245 2888, 💻 www.kingscliff-ooty.com. Imposanter Herrensitz mit aufwendig eingerichteten Zimmern in 4 Kategorien, jedes unter einem anderen Shakespeare-Motto. Sehr gutes Preis-Leistungs-Verhältnis. Angeschlossener Speisesaal und Lounge mit hervorragendem Essen und einem hauseigenen Sänger/Gitarristen. ❼

Reflections Guest House, North Lake Rd, ✆ 0423/244 3834, ✉ reflectionsin@yahoo.co.in. Heimelige Unterkunft am See, 5 Min. zu Fuß vom Bahnhof, mit Zimmern, die auf eine kleine Terrasse gehen. Mit Abstand das beste Hotel der unteren Preisklasse, aber sehr klein und daher schnell voll – Reservierung nötig. ❹

Very British

Sherlock, Tiger Hill Rd, 2,5 km östlich von Charing Cross, ✆ 0423/244 1641, 💻 www.littlearth.in/sherlock. Die viktorianische Villa in toller Lage bietet Sherlock-Holmes-Atmosphäre und herrliche Ausblicke vom Gelände. Alle Zimmer sind geschmackvoll eingerichtet; die luxuriösesten haben Außensitzbereiche. Freundlicher Service und gutes Essen. ❻

YWCA Anandagiri, Ettines Rd, ✆ 0423/244 2218. Einladendes Gebäude aus den 20er-Jahren auf einem großen Gelände nahe der Rennbahn. 7 unterschiedliche Arten von Zimmern und Chalets, alle makellos, mit Warmwasser in Eimern und Bad. Außerdem Dorm-Betten für Rs110. Sehr gutes Preis-Leistungs-Verhältnis und überaus beliebt – also unbedingt rechtzeitig reservieren. ❹

Essen

Viele Hotels mittlerer Preislage servieren gutes südindisches Essen, aber Ooty fehlt bisher ein Gourmetrestaurant. Ein billiges *udipi*-Frühstück bekommt man in einem der Restaurants rund um Charing Cross, die *iddli-dosa* und Filterkaffee servieren.

Chandan, Nahar Hotel, Commercial Rd, Charing Cross. Sorgfältig zubereitete nordindische Spezialitäten (besonders lecker: *paneer kofta)* und eine kleine Auswahl an vegetarischen Tandoori-Gerichten, die im vornehmen Restaurant oder auf der zum Rasen gelegenen Terrasse serviert werden. Bietet auch eine ganze Palette von Lassis und Milchshakes. Hauptgerichte für Rs60–100.

Iranis, Commercial Rd. Düsteres, altmodisches persisches Lokal, absolut nicht-vegetarisch (v. a. Ziege, Leber und Hirn). Zu empfehlen aber auch für eine Tasse Kaffee in besonderer Atmosphäre; beliebter Treffpunkt sowohl für Männer als auch Frauen. Die meisten Gerichte für Rs60–80.

Die Nilgiri Blue Mountain Railway

Die berühmte Schmalspurbahn Nilgiri Blue Mountain Railway klettert von **Mettupalayam** im Flachland über Hillgrove (17 km) und Coonoor (27 km) nach **Udhagamandalam**. Die 46 km lange Fahrt geht durch 16 Tunnel, 11 Bahnhöfe und über 19 Brücken. Es handelt sich um ein langsames, viereinhalbstündiges Getuckere – manchmal ist der Zug kaum schneller als ein Fußgänger und braucht in jedem Fall mindestens doppelt so lange wie der Bus –, aber die **Aussicht** ist absolut fantastisch, besonders entlang der steilsten Abschnitte der Hulikal-Schlucht.

Die Strecke wurde zwischen 1890 und 1908 gebaut und von den Teepflanzern und anderen britischen Bewohnern der Nilgiris finanziert. Sie unterscheidet sich von Indiens zwei weiteren vergleichbaren Schmalspurlinien nach Darjeeling und Shimla durch den Gebrauch eines **Schweizer Zahnstangensystems**, das es den kleinen Lokomotiven ermöglicht, extreme Steigungen zu bewältigen. Zwischen die Schienen ist eine spezielle Zahnstange montiert, deren Zahnräder im Kontakt mit den Rädern des Zugs wie ein Reißverschlussmechanismus funktionieren. Aufgrund dieser ungewöhnlichen Konstruktion können die steilsten Abschnitte nur von den Original-Lokomotiven befahren werden. Die Strecke zwischen Mettupalayam und Coonoor ist deswegen eine der letzten **Dampflokstrecken** in Südasien. Das Schnaufen und Pfeifen, das über die Täler schallt, während die blau- und cremefarbenen Waggons nach Coonoor hochfahren (wo eine Diesellokomotive die Fahrt übernimmt), gehört zu den romantischsten Klängen in Südindien und beschwört den betont vornehmen Lebensstil der Raj-Ära herauf. Selbst wenn man sich nicht zu den Eisenbahnfans zählt, gehört die Ruckelfahrt mit der Blue Mountain Railway zu den Höhepunkten einer Überquerung der Nilgiris zwischen dem südlichen Karnataka und dem tamilischen Flachland. Details zum **Fahrplan** für diese Strecke s. unter Transport Ooty.

Preethi Palace, Ettines Rd. Mittags ausgezeichnete nord- und südindische *thalis* für Rs30–50 und den ganzen Tag über köstliche, rein vegetarische Gerichte.

Shinkows, 42 Commissioners Rd. Authentische chinesische Küche: große, ziemlich scharf gewürzte Portionen, jedoch recht teuer. Hauptgerichte mit Fleisch kosten Rs120–150.

Sonstiges

Geld

Die einzige Bank in Ooty, die Reiseschecks und Bargeld wechselt, ist die **State Bank of India** am West Town Circle. Außerdem gibt es mittlerweile in der ganzen Stadt Geldautomaten.

Informationen

TTDC Tourist Office, TTDC Hotel Tamil Nadu II, ✆ 0423/244 3977. Buchung von Touren, darunter eine Mammut-Tagestour, die Ooty, Pykara und Mudumalai (einschließlich Pykara-Stausee, Wasserfälle, Bootshaus und Mudumalai-Reservat) umfasst (tgl. 9.30–19 Uhr, Rs210).
Eine weniger anstrengende Tour durch Ooty und Coonoor (tgl. 9.30–17.30 Uhr, Rs130) beinhaltet Sim's Park, den botanischen Garten, den See, Dodabetta Peak, Lamb's Rock und Dolphin's Nose. ◷ Mo–Sa 10–17.45 Uhr.
Eine **private Touristeninformation**, die Broschüren und zuverlässige Infos ausgibt, befindet sich im Gebäude des Uhrturms, Charing Cross, ✆ 9443/345258. ◷ tgl. 10–19 Uhr.

Internet

Es gibt zahlreiche Internetläden in der Stadt, darunter **Cyber Link** und **Cyber Planet**, unmittelbar nördlich von Charing Cross.

Post

Ootys Postamt liegt nordwestlich von Charing Cross am West Town Circle, in der Nähe der St. Stephen's Church.

Nahverkehr

Motor-Rikschas und **Taxis** warten auf ankommende Züge bzw. Busse oder sind in der Commercial Road um Charing Cross zu finden.

Transport

Die meisten Besucher erreichen Ooty entweder per Bus von Mysore in Karnataka oder mit der Nilgiri Blue Mountain Railway (s. Kasten) von Coonoor und Mettupalayam. Busbahnhof und Bahnhof liegen nahe beieinander am westlichen Ende des großen Basars und der Rennbahn.

Busse

Busfahrkarten gibt es am Busbahnhof im Reservierungsbüro für staatliche Busse (◷ tgl. 9–12.30 und 13.30–17.30 Uhr).
Lokale Bummelbusse und staatliche Super-Deluxe-Busse fahren nach BENGALURU und MYSORE (alle 30 Min., jeweils via Mudumalai), KODAIKANAL, THANJAVUR, THIRUVANANTHAPURAM und KANYAKUMARI sowie COONOOR und COIMBATORE in der näheren Umgebung.
Privatbusse nach Mysore, Bengaluru und Kodaikanal können in den Hotels oder bei den Reisebüros in Charing Cross gebucht werden; aber selbst wenn sie als „super-deluxe" angepriesen werden, stellen sich viele Busse als enge Minibusse heraus.

Eisenbahn

Der Bahnhof von Ooty hat einen Reservierungsschalter, ◷ tgl. 8–12.30 und 14.30–16 Uhr, und einen Buchungsschalter, ◷ tgl. 6.30–19 Uhr, an dem man die Fahrkarten für die **Nilgiri Blue Mountain Railway** sowie Anschlusstickets zu den meisten anderen Fahrtzielen im Süden kaufen kann.
Von Ooty fahren in der Hochsaison tgl. 4 Züge auf der Schmalspurbahn nach COONOOR (9.15, 12.15, 15 und 18 Uhr), von denen nur einer (der um 15 Uhr) bis METTUPALAYAM fährt, wo Anschluss an das Breitspurnetz besteht.
Wenn man nach CHENNAI gelangen will, nimmt man den Zug nach Mettupalayam mit Anschluss an den tgl. verkehrenden Nilgiri Express Nr. 2672 (Abfahrt 19.45, Uhr, Ankunft in Chennai Central 5.15 Uhr).

Mudumalai Wildlife Sanctuary

Das 1140 m hoch in den Nilgiri Hills gelegene Mudumalai Wildlife Sanctuary, ✆ 0423/252 6235, umfasst 322 km² Laubwälder und wird von der Straße zwischen Ooty (64 km südöstlich) und Mysore (97 km nordwestlich) durchschnitten. Dank seiner Lage in den dicht bewaldeten nördlichen Ausläufern der Berge besitzt es eine der größten Populationen wilder Elefanten in Indien. Hier leben aber auch Wildhunde, der Gaur (indische Büffelart), Hanuman- und Nilgiri-Languren,

Schlafen im Baumhaus

Jungle Retreat, bei Bokkapuram, 6 km südwestlich von Masinagudi, ✆ 0423/252 6469, 🖳 www.jungleretreat.com. Beste Übernachtungsmöglichkeit in der Umgebung, mit einem umweltfreundlichen Swimmingpool. Die Unterkünfte reichen von Betten in geräumigen Schlafsälen für Rs525 bis zu 2 eleganten Baumhäusern; im Preis von Rs1200 sind 3 üppige Buffet-Mahlzeiten sowie Tee und Kaffee eingeschlossen. ❼–❽

Schopfmakaken (Affen), Schakale, Hyänen und Faultiere. Sogar einige Tiger und Leoparden sind hier noch heimisch. In der reichhaltigen Flora sind die leuchtend roten Blüten des Palasabaums besonders eindrucksvoll. Nachdem der Park nun wieder in Betrieb ist, kann man ihn zu Fuß oder per Fahrzeug erkunden. Die beste Zeit für einen Besuch ist während und nach den Monsunregen.

Hauptattraktion am Parkeingang bei **Theppakkadu** sind die Vorführungen im Elephant Camp (🕓 tgl. 8–9.30 und 17.30–18.30 Uhr; Eintritt frei), bei denen man erlebt, wie die zahmen Dickhäuter des Schutzgebiets gefüttert und gebadet werden. Hier beginnt auch die offizielle **Safaritour** (🕓 7–9 und 16–18 Uhr; 40 Min.; Rs35 p. P., Fotoerlaubnis Rs25, Videoerlaubnis Rs150), die einzige Möglichkeit, den Park selbst zu erkunden. Trotzdem kann es sein, dass man bei einer von privaten Unternehmen organisierten Jeeptour oder geführten Wanderung in nicht staatlich kontrollierte Gebiete des Parks mehr Tiere sieht. Diese Exkursionen können über jedes Guesthouse oder direkt bei Nature Safari in Masinagudi, ✆ 0423/252 6340, ✉ saveelephasmaximus@yahoo.co.in, gebucht werden.

Auf der **Hauptroute** von Ooty nach Mudumalai, die auch die meisten Busse in Richtung Mysore und Bengaluru nehmen, braucht man 2 1/2 Stunden bis Theppakkadu. Die Alternativroute ist eine anstrengende Fahrt über steile Straßen und enge Haarnadelkurven, die nur für kleine Fahrzeuge geeignet ist – etwa für die Minibusse von Cheran. Sie brauchen etwa eine Stunde und fahren bis Masinagudi, das am nächsten bei der wachsenden Zahl von **Unterkünften** in der Region liegt.

Übernachtung

Wild Haven, Chadapatti, 6 km südlich von Masinagudi, ✆ 0423/252 6490, ✉ karimjohn@hotmail.com. Bietet schlichte, aber geräumige Zimmer in Betonbauten, die in offenem Gelände mit herrlichem Blick auf die Berge liegen. ❻
Das etwas schmuddelige **TTDC Hotel Tamil Nadu**, ✆ 0423/252 6580, 🖳 www.ttdconline.com, ❷–❸, in Theppakkadu, und die spartanische **St. Xavier's Lodge**, ✆ 0423/252 6371, ❶, in Masinagudi mit zwei einfachen „meals"-Restaurants sind die einzigen wirklichen Billigunterkünfte.

Kerala

Stefan Loose Traveltipps

Rituelles Theater Die traditionsreichen Formen des Tanztheaters wie Kathakali und Theyyem mit ihren aufwendigen Kostümen sollten zu jeder Reise nach Kerala gehören. S. 1104 und S. 1167

16 **Varkala** In einem Café auf dem Clifftop entspannen, am Strand in der Sonne faulenzen und die Atmosphäre am Tempelteich genießen. S. 1118

17 **Backwaters** Die wunderschönen Wasserwege des dicht besiedelten Küstenstreifens auf einem traditionellen Reisboot oder mit einem Stak-Kanu erkunden. Schmale und dicht bewachsene Kanäle führen mitten durch die Dörfer. S. 1130

Die High Range Die Teeplantagen, Pfefferhaine und grasbewachsenen Hügel um Munnar sind der perfekte Ausgleich zur Hitze und Schwüle an der Küste. S. 1139

Kochi Holländische, portugiesische, britische und traditionelle Kerala-Häuser säumen die Straßen dieses alten Hafens an der Malabar-Küste. S. 1142

Thrissur Puram Umzüge mit prächtig geschmückten Elefanten, Trommlern und Feuerwerk stehen im Mittelpunkt des größten Tempelfestes in Kerala. S. 1159

KERALA

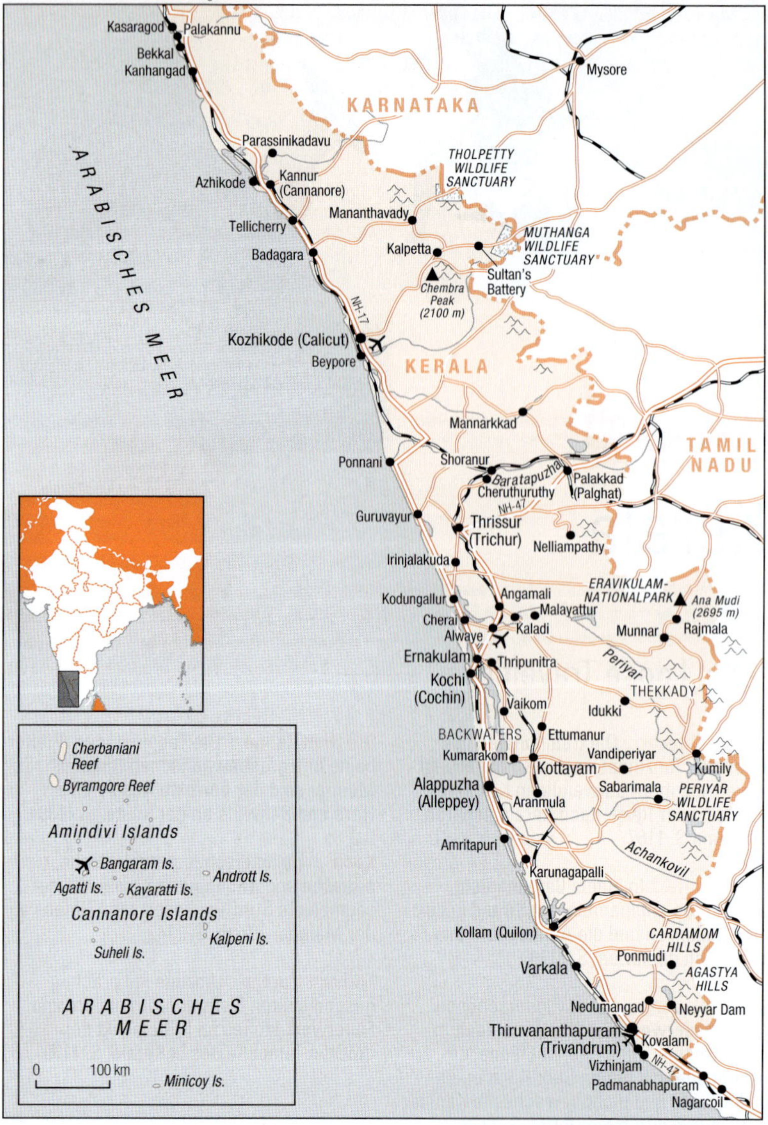
N
0
50 km
Mangalore
Kasaragod
Palakannu
Bekkal
Kanhangad
KARNATAKA
Mysore
Parassinikadavu
THOLPETTY WILDLIFE SANCTUARY
Azhikode
Kannur (Cannanore)
Mananthavady
Tellicherry
MUTHANGA WILDLIFE SANCTUARY
Badagara
Kalpetta
Sultan's Battery
Chembra Peak (2100 m)
NH-17
Kozhikode (Calicut)
Beypore
KERALA
ARABISCHES MEER
Erode
Mannarkkad
TAMIL NADU
Ponnani
Shoranur
Baratapuzha
Palakkad (Palghat)
Cheruthuruthy
NH-47
Guruvayur
Thrissur (Trichur)
Nelliampathy
Irinjalakuda
ERAVIKULAM-NATIONALPARK
Ana Mudi (2695 m)
Kodungallur
Angamali
Malayattur
Cherai
Kaladi
Munnar
Rajmala
Alwaye
Ernakulam
Thripunitra
Periyar
Madurai
Kochi (Cochin)
THEKKADY
Vaikom
Idukki
BACKWATERS
Ettumanur
Kumarakom
Vandiperiyar
Kottayam
Kumily
Alappuzha (Alleppey)
Sabarimala
PERIYAR WILDLIFE SANCTUARY
Aranmula
Amritapuri
Achankovil
Karunagapalli
Kollam (Quilon)
CARDAMOM HILLS
Ponmudi
Varkala
AGASTYA HILLS
Nedumangad
Neyyar Dam
Thiruvananthapuram (Trivandrum)
Kovalam
Vizhinjam
NH-47
Padmanabhapuram
Nagarcoil
Kanniyakumari
Cherbaniani Reef
Byramgore Reef
Amindivi Islands
Bangaram Is.
Andrott Is.
Agatti Is.
Kavaratti Is.
Cannanore Islands
Kalpeni Is.
Suheli Is.
ARABISCHES MEER
0
100 km
Minicoy Is.

Der Bundesstaat Kerala erstreckt sich über eine Länge von rund 550 km entlang der indischen Südwestküste, mit den dicht bewaldeten Bergen der Westghats im Landesinneren und Reisfeldern, Lagunen, Flüssen und Kanälen in den feuchten Küstenebenen. Seit die alten Sumerer und Griechen auf der Suche nach Gewürzen an die Malabar-Küste kamen, fasziniert die üppige tropische Landschaft, die von der höchsten Niederschlagsmenge Indiens zeugt, ihre Besucher. Auch die uralten Riten und mitreißenden Feste Keralas, von denen sich viele seit den Anfängen des brahmanischen Hinduismus kaum verändert haben, üben einen starken Reiz aus.

Reisende, die von den stressigen Großstädten Indiens genug haben, ziehen sich zur Erholung gerne in das überschaubare und geruhsame Kerala zurück. Das beliebteste Touristenziel ist zweifellos die große Hafenstadt **Kochi** (Cochin), in deren malerischen Altstadtvierteln Mattancherry und Fort Cochin Keralas lange Geschichte friedlicher Begegnungen mit der Fremde deutlich spürbar ist. Die Hauptstadt **Thiruvananthapuram** (Trivandrum), ganz im Süden, das Sprungbrett zu den nahe gelegenen, palmenbestandenen Stränden von **Kovalam** und **Varkala**, bietet zahllose Möglichkeiten, das bunte kulturelle und künstlerische Leben von Kerala kennenzulernen.

Einer der größten Reize eines Aufenthalts in Kerala besteht im Reisen an sich, insbesondere auf den Wasserwegen der bezaubernden Region **Kuttanad** mit den historischen Orten **Kollam** (Quilon) und **Alappuzha** (Alleppey) in der Nähe. Touristenschiffe und die schönen, als *kettu vallam* („gebundene Boote") bezeichneten Holzboote schippern Besucher durch die **Backwaters** und sorgen für interessante Impressionen dörflichen Lebens im am dichtesten besiedelten Bundesstaat Indiens. Überdies ist es ein Leichtes, der Hitze in den flachen Landesteilen zu entfliehen, indem man in die **Berge** ausweicht, deren höchster Gipfel hier 2695 m erreicht. Kirchen und Tempel säumen hier Straßen, die durch Waldgebiete, Gewürz-, Tee-, Kaffee- und Gummiplantagen zu Wildreservaten wie dem **Periyar** führen, in denen Elefantenherden frei umherstreifen.

In Kerala sind weniger historische Bauwerke erhalten als im übrigen Indien, und die meisten noch vorhandenen alten Tempel sind zudem Nicht-Hindus verschlossen. Einem ungeschriebenen Gesetz zufolge sind nur wenige Gebäude, ob Häuser oder Tempel, höher als die sie umgebenden Bäume; auch in Wohngebieten wähnt man sich häufig vom Erdboden aus gesehen von Wald umgeben. Sowohl Wohnhäuser als auch Tempel sind zumeist mit Säulenveranden und langen, geneigten Giebeldächern versehen, die am besten vor Regen und Sonne schützen. Besonders eindrucksvolle Beispiele dieser Architektur sind der **Puttan Malika Palace** in Thiruvananthapuram und der **Padmanabhapuram Palace**, im benachbarten Tamil Nadu gelegen und von der Hauptstadt Keralas aus gut zu erreichen.

Enorme Geldsummen werden für die zahlreichen, oft die ganze Nacht dauernden **Tempelfeste** ausgegeben, wenn prächtige Feuerwerke den Himmel erleuchten und Prozessionen geschmückter Elefanten, begleitet von den ohrenbetäubenden Klängen hochkarätiger Trommelorchester, durch die Straßen ziehen. Am aufwendigsten sind die Zeremonien des berühmten **Puram-Festes** in Thrissur (April/Mai), doch überall in Kerala finden mitreißende Veranstaltungen statt (oft im Freien), bei denen jedermann willkommen ist.

In Kerala sind viele verschiedene Theater- und Tanzstile entstanden, nicht nur die klassische weibliche Tanzart, der **Mohiniyattam** („Tanz der Zauberin"), sondern auch das vom Kampfsport beeinflusste Tanzdrama **Kathakali**, das schon seit vier Jahrhunderten die Götter und Dämonen aus dem *Mahabharata* und *Ramayana* in die Dörfer Keralas bringt. Sein 2000 Jahre alter Vorgänger, das Sanskrit-Drama **Kudiyattam**, wird immer noch von einigen Künstlern vorgeführt, und im ländlichen nördlichen Kerala spielt ein bestimmtes Ritual namens **Theyyem**, bei dem Tänzer dekorative Masken und Hüte tragen und von Tempelgöttern „besessen" werden, noch immer eine wichtige Rolle. Nur wenige Besucher kommen jemals in den Genuss, diese eine ganze Nacht lang dauernden Vorstellungen mitzuerleben. Doch zwischen Dezember und März könnte man Wochen allein damit zubringen, von einem farbenfrohen Dorffest in Nord-

Kerala zum anderen zu fahren und eine Lebensweise kennenzulernen, die sich im Laufe von Jahrhunderten kaum verändert hat.

Ein kleiner Warnhinweis für Budget-Traveller: Kerala zählt zu den **teuersten** Regionen Indiens. Besonders teuer – aber auch gut – sind **Unterkünfte**. Billige Übernachtungsmöglichkeiten sind überall in Kerala rar gesät, besonders jedoch in den Urlaubsorten an der Küste, in den Hill Stations und im Gebiet der Backwaters, wo ein Zimmer in einem bescheidenen Gästehaus in der Hauptsaison oft mehr als Rs2000 kostet.

Geschichte

Das **altertümliche Kerala** wird in einem Ashoka-Edikt des 3. Jhs. v. Chr. als „Land der Cheras" erwähnt und kommt auch in mehreren noch älteren Sanskrittexten vor, einschließlich des

Rituelles Tanztheater in Kerala

Die berühmteste Form der uralten Ritualdramen ist das Tanzdrama Kathakali. Zu den weniger bekannten Volkskünsten, von denen Kathakali deutlich beeinflusst wurde, zählt das Sanskrit-Tanzdrama Kudiyattam. Ein Hauptziel jedes Darstellers besteht darin, das Weltliche pantomimisch in das Reich der Götter und Dämonen zu übertragen. Voraussetzung dafür ist eine ritualisierte Vorbereitung unter Einsatz fantasievoller Kostüme und eines maskenähnlichen Make-ups. Im Kathakali und Kudiyattam ist diese Vorbereitung ein rigoros kodifizierter Teil der klassischen Tradition. Einmalige **Vorstellungen** diverser Ritualformen finden im ganzen Bundesstaat statt und erreichen ihren Höhepunkt im April und Mai, bevor während des Monsuns (Juni bis Aug) eine Pause eingelegt wird. Auskünfte erteilen die Touristeninformationen, alternativ dazu kann man auch eine in Malayalam verfasste Tageszeitung wie *Malayalam Manorama* kaufen und einen Sprachkundigen bitten, die Hinweise auf **Tempelfeste** durchzugehen. Kathakali für Touristen wird täglich in Kochi geboten (s. Kasten S. 1147), doch wer an authentischen Darbietungen interessiert ist, sollte Kontakt zu **Schauspielschulen** aufnehmen, z. B. Margi in Thiruvananthapuram (S. 1107), Kerala Kalamandalam in Cheruthuruthy oder Natana Kairali in Irinjalakuda (zu erreichen von Thrissur; S. 1157).

Kathakali

„Hier geht es um die Tradition der Trance-Tänzer, um die absolute Unterwerfung des Körpers unter den Geist, um die kosmische Transformation des Menschlichen zum Göttlichen."
Mrinalini Sarabhai, klassischer Tänzer

Das Bild von einem Kathakali-Darsteller im Kostüm mit riesiger Goldkrone und Maske ist zum Markenzeichen Keralas geworden. Es gibt nach wie vor viele **traditionelle Vorführungen**, die meistens auf einer Freifläche vor einem Tempel stattfinden. Sie beginnen um 22 Uhr und dauern bis zum Morgengrauen, wobei das Flackern einer großen Öllampe aus Messing im Zentrum der Bühne für die Beleuchtung sorgt. Sowohl die männlichen als auch die weiblichen Rollen werden von Männern gespielt.

Im hinteren Bereich der Bühne begleiten zwei **Musiker** das Schauspiel mit Rhythmen – einer auf einem Bronze-Gong, der andere auf Becken aus Glockenmetall. Die Musiker übernehmen auch den Gesang der Dialoge. Die Darsteller geben keine Geräusche von sich, abgesehen von dem einen oder anderen Schrei. Das Erlernen der s Handbewegungen und choreografischen Details erfordert eine harte Ausbildung, die manchmal bereits im Alter von acht Jahren beginnt und zehn Jahre dauert. Mindestens zwei weitere Trommler stehen zur Linken der Bühne: Einer spielt mit schmalen, leicht gebogenen Stöcken die senkrecht stehende *chenda,* der andere die *maddalam,* eine horizontale, fassförmige Handtrommel. Sobald ein weiblicher Charakter „spricht", wird die *chenda* durch die einer Sanduhr ähnelnde *ettaka* ersetzt, eine „sprechende Trommel", auf der auch Melodien gespielt werden können. Die Trommler behalten die Darsteller stets im Auge und verstärken jede Geste mit ihren Instrumenten.

Kathakali (wörtlich übersetzt „Geschichtenspiel") wurde von Kudiyattam und indigenen

Mahabharata. Plinius und Ptolemäus berichteten von einem schwunghaften Handel zwischen der alten Hafenstadt Muziris (heute Kodungallur) und dem Römischen Reich. Nur spärliche Informationen existieren über die Geschichte der frühen Machthaber in dieser Region, deren Herrschaftsbereich mit der Hauptstadt Vanji, deren Standort bis dato nicht geklärt ist, ein sehr großes Gebiet umfasste.

Zu Beginn des 9. Jhs. gründete der Chera-König **Kulashekhara Alvar** – ein Dichter-Heiliger der *bhakti*-Vaishnavas – eine eigene Dynastie. Sein Sohn und Nachfolger, Rajashekharavarman, war wahrscheinlich ein Heiliger der gleichzeitigen shaivitischen Strömung, deren Anhänger als *nayannars* bezeichnet wurden. Um jene Zeit lebte der große, aus Kerala stammende Philosoph **Shankara**, dessen *advaitya* („nicht-

Ritualen beeinflusst, als es sich im Laufe des 17. Jhs. als eigene Theaterform herauskristallisierte. Die behandelten Stoffe werden hauptsächlich den hinduistischen Epen *Mahabharata*, *Ramayana* und *Bhagavata Purana* entnommen. Die beliebtesten **Charaktere** sind diejenigen, die den Schauspielern den größten Spielraum ermöglichen, nämlich die bösen, als *katti* („Messer") bezeichneten Antihelden. Jene Charaktere, darunter die Könige Ravana und Duryodhana, sind von Lust, Habgier, Neid und Gewalt besessen. Der vielerorts in Kerala erhältliche *Guide to Kathakali* von David Bolland ist eine Quelle für Hintergrundinformationen und beschreibt die populärsten Stücke.

Wer einer Vorführung beiwohnen möchte, sollte früh erscheinen, auch wenn das erste Stück kaum vor 22 Uhr beginnt. Wer sich ruhig verhält, darf vor und während der Aufführung einen Blick in den Schminkraum werfen. Farbe und Gestaltung des **Make-ups** sind entscheidend für die Darstellung der Persönlichkeit. Das Wort *pacha* kann sowohl „grün" als auch „rein" bedeuten, daher handelt es sich bei einer *pacha*-Figur mit grünem Gesicht um einen edlen Menschen oder einen Gott. Rot versinnbildlicht *rajas* (Leidenschaft und Aggression), Schwarz bedeutet *tamas* (Dunkelheit und negative Einstellung), und Weiß steht für *sattvik* (Licht und Intellekt). Nach Fertigstellung der Maske werden dem Tänzer aufwendig gestaltete Röcke um die Hüfte gebunden, und an der linken Hand werden silberne Krallen angebracht. Ihren Abschluss findet die Verwandlung durch ein Gebet, das Anlegen einer Perücke und das Aufsetzen einer Krone. Wer nicht mit den Inhalten des Kathakali vertraut ist, wird sich während des Programms langweilen, denn es geht teilweise sehr schleppend voran. Es stehen nicht immer ausreichend Unterkünfte zur Verfügung, sodass man die ganze Nacht über aushalten muss. Daher sollte man darauf vorbereitet sein, viele Stunden auf dem Boden sitzend zu verbringen. Der halbe Spaß besteht darin, beim ersten Sonnenstrahl Zeuge zu werden, wie einem Schurken auf grausame Weise der Bauch aufgeschlitzt wird.

Kudiyattam

Drei Familien der Chakyar-Kaste und einige zusätzliche Darsteller bringen das **Sanskrit-Drama** Kudiyattam zur Aufführung, die älteste fortlaufend gespielte Theaterform der Welt. Bis vor Kurzem wurden diese Stücke nur in Tempeln aufgeführt, in Gegenwart der höchsten Kasten. Optisch ähnelt es sehr stark dem Kathakali, die Atmosphäre ist jedoch ungleich archaischer. Die Schauspieler beherrschen den vedischen Singsang der Brahmanen, der sich seit 1500 v. Chr. nicht verändert hat.

Ein Akt eines Kudiyattam-Dramas kann zehn Nächte dauern, das ganze Stück nimmt 40 Nächte in Anspruch. Ein Spitzenschauspieler, der die Gestensprache perfekt beherrscht, benötigt manchmal eine halbe Stunde für einfache Aktionen, z. B. ein zu Boden sinkendes Blatt zu beschreiben. Im Gegensatz zu Kathakali beinhaltet Kudiyattam auch komische Charaktere und Stücke. Der Erzähler und Clown **Vidushaka** ähnelt einem Hofnarren und besitzt traditionell das Recht, auch die höchsten Würdenträger in aller Offenheit zu kritisieren.

dualistische") Philosophie das gesamte hinduistische Indien beeinflusste.

Der Wohlstand, den die Cheras durch den Handel mit China und der arabischen Welt angehäuft hatten, erwies sich als eine zu große Verlockung für die benachbarten **Cholas**: Gegen Ende des 10. Jhs. begannen sie mit kriegerischen Auseinandersetzungen, die über einen Zeitraum von hundert Jahren immer wieder aufflackern sollten. Um das Jahr 1100 herum verloren die Cheras ihre Hauptstadt bei Mahodayapuram im Norden und wichen nach Süden aus, wo sie eine neue Hauptstadt bei Kollam (Quilon) errichteten.

Der direkte Handel mit Europa begann 1498, nachdem eine kleine portugiesische Flotte unter **Vasco da Gama** in der Hauptstadt Calicut angekommen war. Es handelte sich um die erste Expedition, die Indien auf dem Weg über das Kap der Guten Hoffnung und das Arabische Meer erreichte. Die Beziehungen zwischen da Gama und dem lokalen Herrscher, dem Zamorin, waren zunächst von Höflichkeit geprägt, verschlechterten sich aber in der Folge schnell. Da Gamas zweite Reise vier Jahre später war von Massakern, Entführungen, Gräueltaten und schamloser Piraterie gekennzeichnet. Dennoch wurde schon bald darauf ein befestigter Handelsposten in **Cochin** errichtet, von dem aus die Portugiesen in der Lage waren, den Handel mit dem Nahen Osten zu kontrollieren, indem sie lang schwelende Feindseligkeiten zwischen den Herrschern der Region für ihre Zwecke ausnutzten. Diese Vormachtstellung mussten sie allerdings in dem folgenden Jahrhundert an die rivalisierenden Kolonialmächte Frankreich und Holland abtreten; Anfang des 17. Jhs. erschien die holländische Ostindienkompanie auf der Bildfläche.

In der Folge entstand an der Malabar-Küste ein unabhängiges Territorium unter Herrschaft des **Tipu Sultan** von Mysore, doch dessen Niederlage 1792 gegen die Engländer besiegelte die britische Oberherrschaft, die bis zur Unabhängigkeit Indiens andauern sollte.

Das heutige Kerala ist einer der politisch radikalsten indischen Bundesstaaten. 1957 war dies der erste Staat, der auf demokratischem Weg eine **kommunistische Regierung** wählte, und auch danach kamen immer wieder kommunistische Parteien durch Wahlen an die Macht – der derzeitige Ministerpräsident, V. S. Achuthanandan, ist ebenfalls Anführer einer kommunistischen Partei. Aufgrund von **Reformen** in den 60er- und 70er-Jahren ist die Landverteilung in Kerala die gerechteste in Indien. Auch hier gibt es Armut, jedoch längst nicht in dem Ausmaß wie in anderen Teilen des Landes, außerdem liegen Lebenserwartung und Pro-Kopf-Einkommen weit über dem nationalen Durchschnitt. Kerala ist zu Recht stolz auf sein hervorragendes Gesundheits- und Bildungswesen und eine Analphabetenquote von nur 9 % für Männer und 12 % für Frauen (zumindest laut offiziellen Angaben).

Weniger erfreulich sieht dagegen der Bereich der industriellen Entwicklung aus, denn potenzielle Investoren aus dem Ausland scheuen sich vor der Konfrontation mit einer gewerkschaftlich organisierten Arbeiterschaft.

Thiruvananthapuram

Die Hauptstadt Keralas, Thiruvananthapuram (immer noch besser als **Trivandrum** bekannt), erstreckt sich über sieben Hänge, nur ein paar Kilometer landeinwärts vom Arabischen Meer. Trotz ihrer verwaltungstechnischen Bedeutung, auf die breite Straßen, vielstöckige Bürogebäude und blendend weiße Kolonialbauten hinweisen, handelt es sich für indische Verhältnisse um eine ausgesprochen geruhsame Stadt mit Vierteln voller traditioneller roter Ziegelhäuser gleich neben dem geschäftigen, modernen Zentrum und einer Reihe von Parks nördlich der Stadtmitte.

Obwohl die wichtigste Sehenswürdigkeit der Stadt, der **Tempel Sri Padmanabhaswamy**, für Nicht-Hindus geschlossen ist, gibt es hier genug Attraktionen für einen ausgefüllten Tag, wie etwa den prächtigen **Palast Puttan Malika**, eines der besten Museen von Kerala und einen typischen keralischen Markt, den **Chalai**.

Sehenswürdigkeiten

Der älteste und interessanteste Stadtteil ist das Gebiet um die **Festung** im Süden mit dem **Tempel Sri Padmanabhaswamy** und dem **Palast Puttan Malika**; der traditionelle Chalai Bazaar zieht sich Richtung Osten. Im Norden stehen dicht beieinander in einem Park zwei sehenswerte „Schaufenster" der Malerei, Bildhauerei und des Kunsthandwerks, die **Kunstgalerie Sri Chitra** und das **Napier Museum**. Außerdem zeugen Schulen, die auf die Kampfsportart Kalarippayattu und die Tanz- bzw. Theaterkunstrichtungen Kathakali und Kudiyattam spezialisiert sind, von der für Kerala typischen Begeisterung für Körperbeherrschung.

Tempel Sri Padmanabhaswamy

Ein neoklassizistischer Festungsweg führt vom westlichen Ende des Chalai Bazaar zum Tempel Sri Padmanabhaswamy, der immer noch unter der Oberhoheit der königlichen Travancore-Familie steht. Für Kerala unüblich, ist er im dravidischen Tamil Nadu-Stil mit einem mächtigen siebenstöckigen *gopura*-Torturm erbaut und von hohen, festungsähnlichen Mauern umgeben. Nicht-Hindus ist der Zutritt verboten, deswegen bekommen nicht viele ausländische Besucher den Tempel zu sehen. Die Gottheit im Allerheiligsten, ein spektakulär großer liegender Vishnu, besteht aus 12 008 heiligen Steinen *(salagrams)*, die mit Elefanten aus dem Flussbett des Gandhaki in Nepal herbeigeschafft wurden.

Auf der Hauptzugangsstraße zum Tempel, wo sich Gläubige in einem riesigen Wasserbecken reinigen, reihen sich Stände aneinander, an denen religiöse Mitbringsel zum Verkauf stehen. Die Gegend ist perfekt für einen stimmungsvollen Bummel, besonders am frühen Morgen.

Puttan Malika Palace

Der Palast Puttan Malika, unmittelbar südöstlich des Tempels, wurde zum Sitz der Rajas von Travancore, nachdem diese Ende des 19. Jhs. Padmanabhapuram verlassen hatten. Kühle Räumlichkeiten mit glänzend polierten Steinböden, gesäumt von meisterhaft geschnitzten Wandschirmen, beherbergen zahlreiche staubige Travancore-Erbstücke, darunter ein solider Kristallthron, der ein Geschenk der Holländer war.

Die größte Sehenswürdigkeit ist jedoch die elegante Kerala-Architektur selbst. Unter geschwungenen, mit roten Ziegeln gedeckten Dächern stützen Hunderte Holzpfeiler in der Form sich aufbäumender Pferde die Traufen („Puttan Malika" bedeutet „Pferdepalast"), und luftige Veranden gehen auf die Rasenflächen ringsum hinaus. 🕓 Di–So 8.30–12.30 und 15–17.30 Uhr, Eintritt Rs20, Fotoerlaubnis Rs15.

Die Königsfamilie ist von jeher eine Förderin der Künste, und in dieser Tradition steht auch das alljährlich abgehaltene **Swathi Sangeetotsavam Festival**, das während des Navaratri-Festes (Okt/Nov) auf dem Gelände stattfindet. Die Musiker sitzen dabei auf der erhöhten Plattform des Palasts und die Zuschauer auf dem Rasen. Näheres zum Festival erfährt man beim KTDC Tourist Office.

CVN Kalari Sangam und Chalai Bazaar

Die **CVN Kalari Sangam** in einem Backsteingebäude etwa 500 m südwestlich des Tempels in East Fort zählt zu den bedeutendsten Kalarippayat-Schulen in Kerala. Sie lockt Schüler aus der ganzen Welt an und wurde 1956 von C. V. Narayanan Nair begründet, einer der Persönlichkeiten, die für die Wiederbelebung des Kampfsports verehrt werden. Hier kann man den Sportschülern bei ihren Übungen in der in die Erde eingelassenen Kampfarena *(kalari)* zusehen, 🕓 Mo–Sa 6.30–8 Uhr. Ausländer können an den vom Haupttrainer, dem *gurukkal*, organisierten Kursen teilnehmen, allerdings wird Erfahrung in einer Kampfsportart und/oder im Tanz vorausgesetzt.

Der Haupthandelsplatz für Textilien in der Stadt ist der **Chalai Bazaar**, der große Markt, der sich östlich des Festungsbezirks erstreckt. In kleinen Läden werden hier Stoffballen, Blumen, Weihrauch, Gewürze, Glockengutlampen und Feuerwerkskörper verkauft.

Margi-Theaterschule

Thiruvananthapuram ist seit Jahrhunderten ein Zentrum der klassischen Künste Keralas, und die Margi-Theaterschule, 📞 0471/247 8806, 💻 www.margitheatre.org, am westlichen Rand des Festungsbezirks ist eine der bedeutendsten Schulen für das Tanzdrama **Kathakali** und die seltener zur Aufführung gebrachte Theaterform **Kudiyattam** (s Kasten S. 1105). Die meisten Besucher kommen hierher, um sich eine der authentischen Kathakali- oder Kudiyattam-Vorstellungen anzu-

Thiruvananthapuram (Trivandrum)

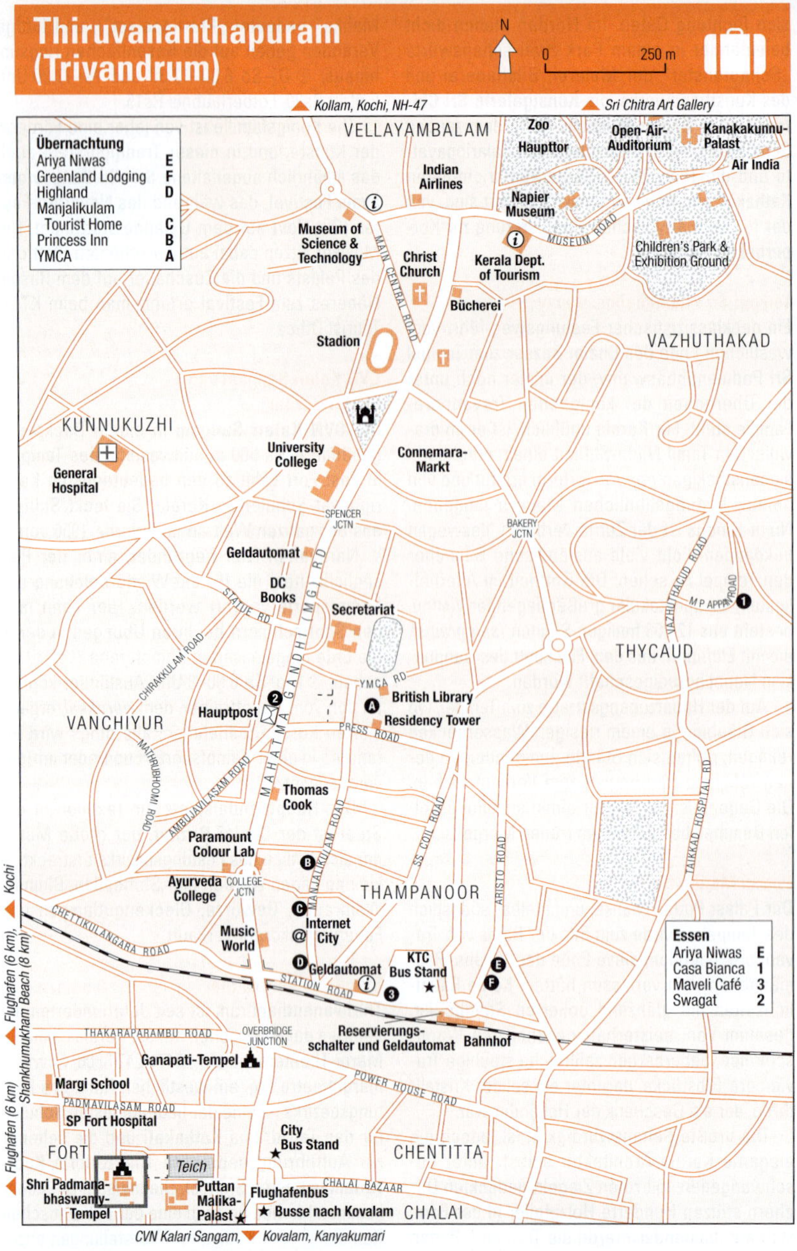

Kerala

schauen, die einmal im Monat im kleinen Theater der Schule aufgeführt werden; Näheres ist der Schulwebsite zu entnehmen.

Napier Museum und Sri Chitra Art Gallery

Geht man vom Nordende der MG Road (gegenüber dem Informationsbüro von Kerala Tourism) eine Minute in östlicher Richtung, erreicht man den Eingang zu Thiruvananthapurams **Public Gardens**. Abgesehen davon, dass dies die grüne Lunge der Stadt ist, befinden sich in diesem öffentlichen Park auch die besten Museen der Stadt.

Das verstaubte und wenig informative Naturkundemuseum kann man allerdings getrost auslassen, stattdessen sollte man das interessantere **Napier Museum** für Kunst und Kunsthandwerk (🕓 Di–So 10–17 Uhr, Eintritt Rs5) ansteuern. Das Ende des 19. Jhs. entworfene Gebäude war ein frühes Experiment jenes Stils, der später als indo-sarazenisch bezeichnet wurde: mit Ziegeln gedeckte Giebeldächer und in leuchtenden Farben angestrichene Ziegelsteinmauern. Das spektakuläre Innere wird durch Buntglasfenster schummrig beleuchtet, und die Holzdecke weist knallige türkis- und pinkfarbene sowie rote und gelbe Streifen auf. Zu den Highlights der Sammlung zählen keralische Holzschnitzereien des 15. Jhs., minutiös gearbeitete Elfenbeinschnitzereien, ein Tempelwagen *(rath)* sowie Chola- und Vijayanagar-Bronzen.

Um zur **Sri Chitra Art Gallery** zu gelangen, muss man den Hauptticketschalter des deprimierend altmodischen Zoos der Stadt passieren. In der Galerie werden Gemälde der Rajput-, Mogul- und Tanjore-Schule sowie Werke aus China, Tibet und Japan gezeigt. Den Mittelpunkt der Sammlung bilden jedoch die Arbeiten von Raja Ravi Varma (1848–1906), dem die Einführung der Ölmalerei in Indien zu verdanken ist. 🕓 Di–So 10–17 Uhr, Eintritt Rs50.

Übernachtung

Die Unterkünfte in Thiruvananthapuram sind in jeder Preisklasse günstiger als im nahe gelegenen Kovalam. Für Besucher mit knapper Reisekasse lohnt es sich jedoch, ein paar Hundert Rupien mehr auszugeben als sonst.

Günstig, aber oft ausgebucht

YMCA, YMCA Rd, Nähe Secretariat, ✆ 0471/233 0059, ✉ ymcatvm@sancharnet.in. Adrette, schick eingerichtete Zimmer, viel Komfort für wenig Geld. Riesige „Luxus"-Zimmer (Rs500) mit hohen Decken, ruhigen Ventilatoren, TV und großen Bädern, EZ ab Rs290; einige mit AC. Sehr preisgünstig, muss aber mindestens zwei Wochen im Voraus gebucht werden. ❸–❹

Ariya Niwas, Aristo Rd, Thampanoor, ✆ 0471/233 0789. Große, makellos saubere Zimmer mit bequemen Betten und tollem Ausblick auf die Stadt von den oberen Stockwerken. Gutes Preis-Leistungs-Verhältnis und nur 2 Min. vom Bahnhof entfernt. Außerdem hervorragendes „meals"-Restaurant im Erdgeschoss (S. 1110). ❹

Greenland Lodging, Aristo Rd, Thampanoor, ✆ 0471/232 8114. Große, gut geführte Unterkunft, die beste in der Nähe von Busbahnhof und Bahnhof. Makellos saubere Zimmer mit Bad (einige mit AC) für Rs550 – reservieren! ❸–❹

Highland, Manjalikulam Rd, Thampanoor, ✆ 0471/233 3200, 💻 www.highland-hotels.com. Die Zimmer in diesem Hotel der unteren Mittelklasse können die Erwartungen nicht erfüllen, die durch die sechsstöckige Beton- und Glasfassade erweckt werden. Aber das Hotel ist gut geführt, liegt nicht weit von den Bahnhöfen entfernt und ist leicht zu finden. ❸–❺

Manjalikulam Tourist Home, Manjalikulam Rd, Thampanoor, ✆ 0471/233 0776. Das glitzernde Erdgeschoss mit viel Glas und Marmor täuscht – oben erwartet die Gäste eine einfache Budgetunterkunft mit verschieden teuren Zimmern, alle sauber und mit guten, bequemen Matratzen. ❸

Princess Inn, Manjalikulam Rd, Thampanoor, ✆ 0471/233 9150, ✉ princess_inn@yahoo.com. Sehr saubere, respektable Budgetunterkunft in der Nähe der Bahnhöfe. Eines der einladenderen und preisgünstigeren kleinen Hotels in dieser geschäftigen Gegend, jedoch weiter von der Station Road entfernt als einige andere. ❷–❹

Essen

In Thiruvananthapuram finden sich an fast jeder Ecke Lokale, in denen frische *dosas, iddli-vada-sambar,* Biriyanis und andere traditionelle Snacks auf den Tisch kommen; die beliebte Kette Indian Coffee House betreibt mehrere Filialen im Stadtzentrum – am augenfälligsten ist das runde Maveli Café neben dem KSRTC-Busbahnhof in Thampanoor. Wem der Sinn nach keralischen „meals" und Malabar-Spezialitäten steht, fährt besonders gut mit den hier aufgeführten Restaurants.

Casa Bianca, 96 MP Appan Rd. Geschichten, die das Leben schreibt: zwei Schweden beschließen, in einem Mittelschichtviertel von Thiruvananthapuram ein Restaurant zu eröffnen und machen daraus einen echt guten Italiener! Das Casa Bianca serviert köstliche Pizza, frische Pasta und knackige Salate sowie eine Reihe von europäischen Hauptgerichten, Sandwiches und Desserts. Die Rikscha-Fahrt durch die Stadt ist es auf jeden Fall wert!

Maveli Café, neben dem Busbahnhof an der Station Rd, Thampanoor. Diese Filiale der Kette Indian Coffee House in einem ausgefallenen, spiralförmigen Bau (entworfen vom renommierten britisch-indischen Architekten Laurie Baker) ist eine Institution in Trivandrum. Kellner mit Turbanen servieren *dosas, vadas,* fettige Omeletts, große Portionen Biriyani und den üblichen (schwachen und süßlichen) Kaffee. Ein Muss, wenn auch etwas schmuddelig.

Swagat, im Grand Central, MG Rd. Die Kellner tragen schwarze Fliegen und servieren gute vegetarische indische Speisen in einem wunderbar kühlen AC-Speisesaal. Für besonders Hungrige zu empfehlen: das „Swagat Special" für Rs120. Wer an einem Freitag in der Stadt ist, sollte sich die traditionellen keralischen Bananenblatt-*sadyas* nicht entgehen lassen.

Einheimische lieben es!

Arya Niwas, im Hotel Arya Niwas, Aristo Rd, Thampanoor. Ausgezeichnete südindische vegetarische *thalis* auf Bananenblättern in einem tadellos sauberen, nicht klimatisierten Speisesaal im Erdgeschoss des Hotels oder im teureren, klimatisierten Speisesaal im 1. Stock. Zu Recht äußerst beliebt bei den Einheimischen – beste kulinarische Adresse in der Stadt!

Sonstiges

Fotoausrüstung

Paramount Colour Lab, Ayurveda College Junction, MG Rd, allerneueste Digitaldruckgeräte, Andenkenkarten, Datentransfer auf CD.

Geld

An der MG Rd gibt es eine Reihe von **Banken**, die Geldautomaten haben und Reiseschecks und Bargeld umtauschen, z. B. HDFC, SBI, UTI und ICICI. Weitere **Geldautomaten** gibt es neben dem KTDC Tourist Reception Centre gegenüber vom Bahnhof und gleich beim Bahnhofsausgang neben der Schalterhalle.

Thomas Cook hat einen Schalter am Flughafen und ein Reisebüro im Erdgeschoss des Soundarya Building (beim großen Bekleidungsgeschäft Raymond), MG Rd, ⌚ Mo–Sa 9.30–18 Uhr.

Informationen

Kerala Tourism (KTDC) unterhält Informationskioske am **Flughafen** (s. S. 1112) und am **KSRTC-Busbahnhof Thampanoor**, ✆ 0471/232 7224, ⌚ Mo–Sa 10–17 Uhr.

Außerdem gibt es noch ein Besucherzentrum der **KTDC** neben dem KTDC Chaithram Hotel an der Station Rd, ✆ 0471/233 0031. Hier werden auch Buchungen für die preiswerten Hotels der KTDC-Kette erledigt und Tickets für verschiedene geführte Touren verkauft (siehe Touren).

Internet

Internet City, Manhalikulam Rd, Thampanoor, Rs20 pro Std.

Winziges und enges Cybercafé hinten in der Lobby des **KTDC Hotel Chaithram** beim Busbahnhof (Rs30 pro Std.).

Medizinische Hilfe

SP Fort Hospital, bei der Margi-Schule in West Fort, ✆ 0471/245 0540, 24-Std.-Notaufnahme und Orthopädie-Fachklinik.

Die schnellsten und / oder praktischsten Züge ab Thiruvananthapuram

Zielort	Name	Nr.	Häufigkeit	Abfahrt	Fahrtdauer
Alappuzha	Netravati Express*	16346	tgl.	09.50 Uhr	2 3/4 Std.
Bengaluru	Bangalore Express	16525	tgl.	12.55 Uhr	18 Std.
Chennai	Chennai Mail*	12624	tgl.	14.30 Uhr	16 1/2 Std.
Ernakulam/Kochi	Kerala Express	12625	tgl.	11.15 Uhr	4 1/4 Std.
Kanyakumari	Kanyakumari Express	16381	tgl.	10.00 Uhr	2 1/4 Std.
Kollam	Kerala Express	12625	tgl.	11.15 Uhr	1 Std.
Kozhikode	Mangalore Express*	16347	tgl.	20.40 Uhr	10 Std.
Madurai	Anantapuri Express	16724	tgl.	16.20 Uhr	6 3/4 Std.
Mangalore	Mangalore Express	16347	tgl.	20.40 Uhr	14 1/2 Std.
Mumbai	Netravati Express**	16346	tgl.	09.50 Uhr	30 3/4 Std.

* via Kollam, Varkala, Kottayam und Ernakulam
** via Kollam, Ernakulam, Thrissur, Kozhikode und Kannur

Cosmopolitan Hospital, in Pattom, ✆ 0471/244 8182, privates Krankenhaus, auch nicht zu empfehlen.
Zahnarzt: **Kamala Dental Speciality Hospital**, Sri Mulam Club Junction, Vazhuthacaud, ✆ 0471/233 8420, 💻 www.kamaladental.com.

Touren

Die meisten der **KTDC-Touren**, auch die Stadtrundfahrten (tgl. 7.30–13 und 13–19 Uhr für Rs200), werden viel zu schnell abgehandelt, doch wer wenig Zeit hat und zur Südspitze Indiens möchte, kann sich der **Kanyakumari-Tour** anschließen (tgl. 8–21 Uhr für Rs500), die zum Padmanabhapuram-Palast (außer Mo), zum Suchindram-Tempel und nach Kanyakumari in Tamil Nadu führt.

Nahverkehr

Busse halten am städtischen Busbahnhof, dem **City Bus Stand**, in East Fort, 10 Gehminuten südlich vom KSRTC-Busbahnhof und dem Bahnhof (z. B. nach Kovalam).

Transport

Busse

Busse nach KOVALAM starten alle 20–30 Min. von einer Haltestelle etwas südlich des City-Busbahnhofs in East Fort (s. o.). Alle anderen Busse verkehren vom **KSRTC-Fernbusbahnhof in Thampanoor**.

Busse nach VARKALA fahren in unregelmäßigen Abständen, und einige Verbindungen sind quälend langsam, da sie durch Dutzende von Dörfern führen; die Fahrt dauert dann 2 1/2 Std. statt der 90 Min. in den „superschnellen" Bussen, die die Nationalstraße benutzen.
Für die Fahrt nach Norden (Kollam, Alleppey, Ernakulam und Thrissur) sind die besten Verbindungen die Super-Deluxe-AC-Busse um 6 und 17.30 Uhr.
Tickets für diese Busse wie für alle anderen Fernbusse können im Voraus am Reservierungsschalter in der Haupthalle des Busbahnhofs gekauft werden, 🕒 tgl. 6–22 Uhr.
Die staatliche Busgesellschaft von Tamil Nadu, TNSRTC, unterhält in derselben Halle einen eigenen Schalter.
Zahlreiche private Busgesellschaften bieten Fernverbindungen in andere Bundesstaaten an. Die meisten Reisbüros konzentrieren sich in der Aristo Rd unweit vom Hotel Greenland Lodging.

Eisenbahn

Am Hauptausgang des Bahnhofs gibt es einen praktischen Kiosk für vorausbezahlte Motor-Rikschas.
Keralas Hauptstadt besitzt sehr gute Bahnverbindungen zu anderen größeren und kleineren Städten des Landes. Allerdings kann es problematisch sein, kurzfristig eine Fahrkarte

für eine lange Strecke zu bekommen. Die **Reservierung** sollte daher so früh wie möglich am (mit Computer versehenen) Reservierungsschalter im Bahnhof erfolgen, ⌚ Mo–Sa 8–14 und 14.15–20, So 8–14 Uhr oder aber online (S. 86).

Flüge

Der **Flughafen Beemapalli** (mit Verbindungen zu den meisten größeren Städten Indiens sowie nach Sri Lanka, zu den Malediven und in den Nahen Osten) liegt 6 km südwestlich der Stadt. Die beste Verbindung in die Innenstadt ermöglicht der moderne AC-Flughafenbus (Rs15), der vom Ankunftsterminal zum City Bus Stand in East Fort fährt und von dort weiter nach Kovalam. Richtung Flughafen fährt der Bus an der Straße gegenüber vom City Bus Stand. Mit einer Motor-Rikscha kostet die Fahrt ins Zentrum ca. Rs100. Außerdem gibt es auch einen praktischen Schalter, an dem man Taxis im Voraus bezahlen kann (zum Bahnhof Rs200, zum Lighthouse Beach in Kovalam Rs400). Kurz vor dem Ausgang der Ankunftshalle gibt es einen Geldwechselschalter von Thomas Cook und einen Informationskiosk von **Kerala Tourism**. ⌚ theoretisch 24 Std.

Fluggesellschaften

Die Internetadressen der folgenden Gesellschaften sind auf S. 89 aufgeführt.

Air India, Museum Rd, Vellayambalam Circle, ✆ 0471/231 0310; am Flughafen ✆ 0471/250 0585;
Gulf Air, Ground Floor, Saran Chambers, Vellayambalam, ✆ 0471/272 8003; am Flughafen ✆ 0471/250 1205;
Jet Airways, Akshaya Towers, First Floor, Sasthamangalam Junction, ✆ 0471/272 8864; am Flughafen ✆ 0471/250 0710;
Kingfisher Airlines, Stargate Building, TC 9 / 888, Vellayambalam, ✆ 1-800/209-3030;
Paramount Airways, am Flughafen ✆ 9995/411664 oder 9995/400002;
Qatar Airways, Bela Vista, TC 30/1403, nahe SBT, Nalumukku, Pettah, ✆ 0471/391 9091; am Flughafen ✆ 0471/250 2548;
Sri Lankan Airlines, Spencer Building, Palayam, MG Rd, ✆ 0471/247 1815; am Flughafen ✆ 0471/250 1140.

Kovalam und Umgebung

Die Traveller, die in den 1970er-Jahren Kovalam entdeckten, sind wirklich zu beneiden. Denn damals muss dies ein himmlischer Ort gewesen sein – bevor die Urlaubermassen ankamen und die Sonnenliegen die vier Strände des Ortes eroberten, ganz abgesehen von den zahlreichen Hotels, Läden und Restaurants, die sich seitdem in den Palmenhainen hinter den Stränden drängeln. Über vier Jahrzehnte planloser Erschließung haben jedoch dem berühmten Landvorsprung und seinen goldenen Sandbuchten den Garaus gemacht. So gut wie jedes trockene Fleckchen Land hinter dem spektakulärsten Strand, dem **Lighthouse Beach**, wurde unter Beton begraben, und damit zum größten Teil auch das besondere keralische Flair.

Da derzeit keine Charterflüge aus Europa mehr nach Kovalam bestehen, macht der Ort einen etwas niedergeschlagenen Eindruck: Er ist abhängig von der seltsamen Mischung aus vergnügungssüchtigen Briten in den Fünfzigern und deutschen und skandinavischen Ayurveda-Touristen mittleren Alters. Ein künstliches Riff vor der Küste soll jetzt Surfer anlocken und den Niedergang stoppen. Die gute Nachricht für Budget-Traveller ist, dass durch den Einbruch der Besucherzahlen die Übernachtungspreise stark gefallen sind.

Warnung!

Aufgrund tückischer Gezeitenwechsel und einer reißenden Strömung, insbesondere während des Monsuns, ist das Schwimmen im Meer vor Kovalam nicht immer ungefährlich. Durch den Einsatz von Rettungsschwimmern (zu erkennen an den blauen Hemden) wurde die Zahl der Todesfälle zwar reduziert, dennoch ertrinken hier jedes Jahr einige Touristen und viele andere bringen sich in Lebensgefahr. Daher muss man sich unbedingt und zu jeder Zeit nach den Warnfähnchen richten und Kinder nicht aus den Augen lassen. Auf halber Höhe des Lighthouse Beach befindet sich eine Erste-Hilfe-Station.

Kovalam, früher paradiesisch ruhig, ist heute touristisch voll erschlossen.

Kovalam besteht aus vier recht unterschiedlichen Buchten. Die größte und am meisten erschlossene Bucht, der **Lighthouse Beach**, ist das Ziel der meisten ausländischen Besucher. Um von einem Ende der Bucht zum anderen zu gelangen, braucht man rund fünf Minuten, entweder direkt am Wasser entlang oder über eine asphaltierte Promenade vor der Kulisse eines langen Streifens aus Hotels, Gästehäusern, Kunstgewerbeläden und Restaurants. Zur Zeit der Recherche wurde rund 100 m vor der Küste ein großes künstliches Schutzriff gebaut (s. S. 1112). Auf dem Felsvorsprung am südlichen Ende der Bucht steht ein rot-weiß gestreifter **Leuchtturm**. Er ist jeden Nachmittag von 15 bis 17 Uhr geöffnet, und dann kann man die 142 Stufen der Wendeltreppe und zwölf Leitersprossen hinauf zur Aussichtsplattform erklimmen (Rs25, Fotoerlaubnis Rs20).

Richtung Norden, jenseits eines kleinen Felsvorsprungs, liegt der **Hawah Beach** (auch Eve's Beach genannt) – fast ein Spiegelbild des volleren Lighthouse Beach, aber größtenteils von menschenleeren Palmenhainen gesäumt. Morgens, bevor die Sonnenanbeter eintrudeln, versammeln sich hier die Fischer, um riesige Netze von Hand durch das seichte Wasser zu ziehen, wobei sie ihre Arbeit mit rhythmischen Gesängen begleiten.

Nördlich der nächsten Landspitze schließt sich der **Kovalam Beach** an, über dem die verwinkelten Chalets des Leela-Luxushotels thronen. Die Bucht, an der auch eine kleine Moschee steht, wird an den Wochenenden von Tagesausflüglern aus Kerala bevölkert, die busweise angekarrt werden. Um hierher zu gelangen, folgt man der Straße hinter dem Busbahnhof, die bergab führt. Einen kurzen Spaziergang weiter Richtung Norden liegt der **Samudra Beach**, der bis vor Kurzem vor allem von Pauschaltouristen aus Europa genutzt wurde. Heute sind in den großen Hotels hinter der Bucht, jenseits einer niedrigen, felsigen Landspitze, vorwiegend Urlauber aus den indischen Großstädten und aus Russland zu Gast.

Übernachtung

In Kovalam wimmelt es von Unterkünften in allen Preisklassen. Nur wenige von ihnen bieten ein für indische Verhältnisse wirklich gutes Preis-Leistungs-Verhältnis. Allerdings sind die Preise seit dem Ende des Chartertourismus besonders im mittleren Preissegment stark

Kovalam

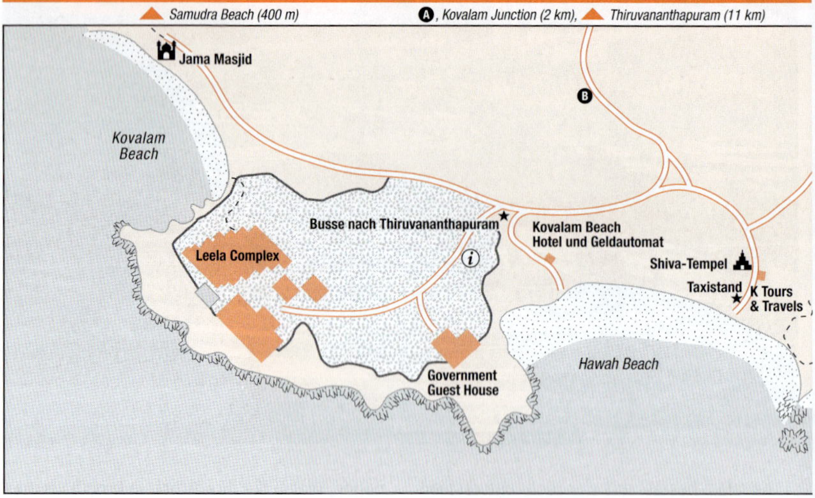

gefallen, außerdem locken zum Teil sehr günstige Last-Minute-Angebote.

Blue Sea, 100 m vor der Abzweigung zum Hawah Beach, ✆ 0471/248 1401 oder 9349/991992, 💻 www.kovalamhotels.com/hotel blue sea. Ein halbes Dutzend ungewöhnlicher runder Gebäude im Garten hinter einer Villa aus der Kolonialzeit an der Hauptstraße oberhalb des Hawah Beach. Geräumige, kühle und preisgünstige Zimmer mit großen Balkonen; Pool. ❺–❻

Maharaju Palace, 30 m hinter dem Lighthouse Beach, ✆ 0471/248 5320, 💻 www.maharaju palace.com. Niederländer leiten dieses Gästehaus einen Straßenblock vom Strand entfernt mit erschwinglichen, tadellos sauberen Zimmern in einem modernen Haus inmitten eines gepflegten tropischen Gartens. Die Zimmer sind mit indischem Kunsthandwerk geschmückt, die Veranden locken mit bequemen Korbsesseln. Inkl. Frühstück. ❺

Oasis/Beach Hotel II, Lighthouse Beach, ✆ 0471/248 6575, 💻 www.thebeachhotel-kovalam.com. Stylisches, von Deutschen geführtes Hotel am ruhigen Ende des Lighthouse Beach. Die 10 hellen, geräumigen Zimmer (z. T. mit AC) haben große Balkone zum Meer hin und Terrakottaböden. Nicht zu verwechseln mit dem Beach Hotel I unter dem Restaurant Waves, das bei Weitem nicht so schön ist. ❻–❼

Wunderschönes Ayurveda-Zentrum

Amruthamgamaya (Amrutam), Panagodu, nahe Venganoor, 6 km nordöstlich, ✆ 0471/248 4600 oder 9048/813159, 💻 www.amruthamgamaya.com. Tolle Unterkunft für Leute, die abseits des Trubels an der Küste, aber nicht zu weit von den Stränden entfernt nächtigen möchten. Eigentlich ein Ayurveda-Zentrum, aber mit gemütlichen Unterkünften in schönen, großen, achteckigen Zimmern in einem terrassierten Garten. Die vegetarischen Mahlzeiten werden auf der hohen Dachterrasse mit Blick auf ein Meer aus Palmen serviert, und außerdem lockt ein schöner Pool. Gutes Preis-Leistungs-Verhältnis, jedoch schwer zu finden – am besten lässt man sich vorher telefonisch den Weg beschreiben. ❻

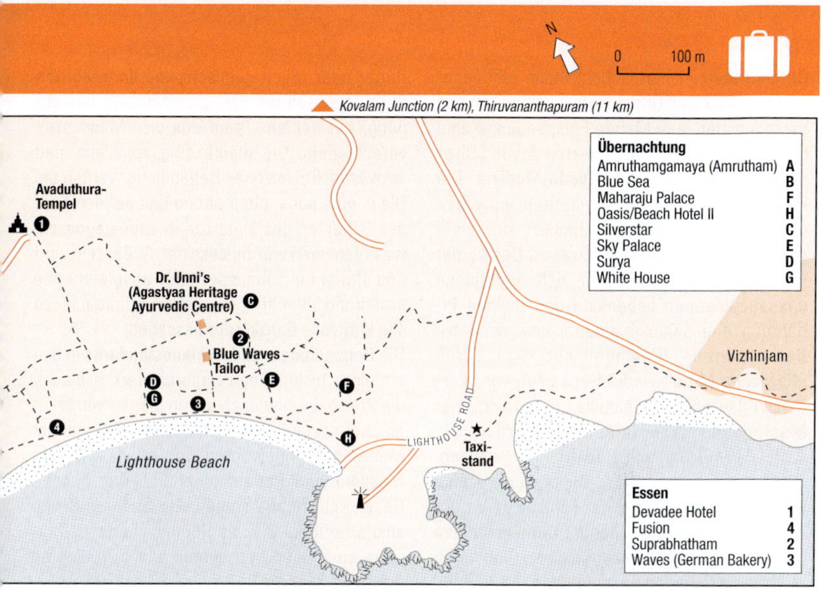

Silverstar, hinter dem Lighthouse Beach, ✆ 0471/248 2983 oder 9895/673443, 💻 www.silverstar-kovalam.com. Ein gastfreundliches schwedisch-keralisches Paar führt dieses Haus mit geräumigen Zimmern. Schattig und kühl liegt es an einem Hof aus gestampfter Erde versteckt in den Palmenhainen ein paar hundert Meter vom Strand. Frühstück und Nutzung eines kleinen Gartenpools inbegriffen. ❺–❻

Sky Palace, Lighthouse Beach, ✆ 0471/248 7906 oder 9745/841222. Einfache, aber gemütliche Unterkunft zwei Querstraßen landeinwärts vom Strand, eine halbe Minute zu Fuß vom Meer. Die sehr sauberen Zimmer mit Bad gehen hinaus auf eine gesellige Gemeinschaftsveranda, sind recht groß und warten mit glänzenden Böden und frischem, weißem Bettzeug auf. ❹

Surya, Lighthouse Beach, ✆ 0471/248 1012, ✉ kovsurya@yahoo.co.in. Professionell geführtes, ruhiges und sicheres Gästehaus für Budget-Traveller an einem schmalen Weg, der vom Meer wegführt. Nette Zimmer (mit und ohne AC), einige der Veranden blicken direkt auf benachbarte Gebäude, aber drinnen gibt es viel Platz, neue Betten und gute sanitäre und elektrische Einrichtungen. ❷–❸

Eine Alternative ist nebenan das ebenso adrette **White House**, ✆ 0471/248 3388. ❹

Essen und Unterhaltung

Am **Lighthouse Beach** reiht sich ein gleichförmiges Café und Restaurant ans andere. Die meisten sind auf Seafood spezialisiert: Der Gast sucht sich unter den ausgestellten frischen Fischen, Hummern, Garnelen, Krabben und Muscheln etwas aus, das dann gewogen, über Holzkohlenfeuer gegrillt oder in einem *tandoor* gegart und mit Reis, Salat oder Pommes serviert wird.

Für indische Verhältnisse sind die Mahlzeiten teuer – normalerweise rund Rs300–500 p. P. für frischen Fisch und das Doppelte für Hummer oder Garnelen – und die Bedienung ist oft ausgesprochen langsam, doch dafür entschädigen das meist sehr gute Essen, das lockere Ambiente und der Blick aufs Meer. Zahlreiche Cafés servieren das übliche Frühstück aus braunem Brot, Obstsalat und Pfannkuchen. Traditionelles keralisches Frühstück bieten die

Ayurveda in Kerala

Gesundheitstourismus ist heutzutage sehr angesagt in Kerala, und Urlaubsorte wie Kovalam und Varkala bieten jede Menge Entspannungs- und Entgiftungszentren – die meisten davon folgen den Grundsätzen der **Ayurveda-Medizin**. Die keralische Variante dieser uralten indischen ganzheitlichen Heilkunst basiert auf zwei grundlegenden Elementen. Erstens: Der Körper wird von Giften gereinigt, die sich durch einen unausgewogenen Lebensstil und falsche Ernährung angesammelt haben; und zweitens: Das verlorene Gleichgewicht wird durch pflanzliche Mittel wiederhergestellt, vor allem durch Pflanzenöle, die mithilfe unterschiedlicher **Massagetechniken** verabreicht werden. Die erste Anweisung eines Ayurveda-Praktikers ist oft eine *panchakarma*-Behandlung – eine Fünfphasentherapie, bei der schädliche Verunreinigungen durch Erbrechen, Darmspülungen und das Einleiten von medizinischen Ölen durch die Nasenöffnungen beseitigt werden. Andere, weniger beschwerliche Teile der Therapie sind je nach Patient *dhara,* wobei Öle mit geklärter Butter oder Milch gemischt und dann auf die Stirn gegossen werden, *pizhichi,* eine Anwendung, bei der ein Team aus vier Masseuren verschiedene Öle gleichzeitig appliziert, und *sirovashti.* Bei letzterer Behandlung werden die Öle in eine hohe, oben offene und auf den Kopf des Patienten gestülpte Lederkappe gegossen, was recht merkwürdig aussieht. Außerdem wird den Patienten eine spezielle, ausgleichende Ernährung verschrieben, und sie erhalten jeden Tag kraftvolle Ganzkörpermassagen.

Die **Behandlungs- und Hygienestandards** in den einzelnen Institutionen variieren stark, wie auch die Preise. Es sind auch schon Klagen von Frauen über sexuelle Übergriffe seitens männlicher Masseure laut geworden, obwohl im Ayurveda Masseur und Patient eigentlich das gleiche Geschlecht haben sollten. Ein anderes Risiko sind unsaubere Öle, die Hautbeschwerden hervorrufen können. Am besten hält man sich an die Tipps anderer Reisender; wer unsicher ist, kann sich auch die Behandlungsräume vorher zeigen lassen.

Teeläden beim Busbahnhof. Frisch zubereitete köstliche keralische Reis-*thalis* serviert das etwas abgewrackt wirkende **Devadee Hotel** beim Tempel Avaduthura Devi hinter dem Lighthouse Beach für nur Rs40. In dem sehr einfachen Lokal muss man sich zum Essen an enge Tische zwängen, aber das Essen ist wahrscheinlich hygienischer als vieles von dem, was am Strand angeboten wird.

Das **Nachtleben** von Kovalam ist nicht gerade aufregend und spielt sich in den Cafés am Strand ab. In den meisten Lokalen gibt es Bier und Spirituosen, wegen der strengen Alkoholgesetze allerdings in diskreten Porzellantassen.

Fusion, Lighthouse Beach. Das neben dem Waves derzeit „szenigste" Restaurant am Lighthouse Beach bietet auf einer Terrasse im 1. Stock mit Blick auf die Bucht drei kreative Speisekarten („Eastern", „Western" und „Fusion", Hauptgerichte meist Rs180). Empfehlenswert sind besonders der *fish creole* in Orangenvinaigrette mit Kreuzkümmelkartoffeln und die keralischen Fischspezialitäten. Außerdem gibt es eine gute Getränkeauswahl. Aus der kraftvollen Anlage tönt indo-westliche Musik.

Suprabhatham, beim Silverstar, neben einem kleinen Shiva-Tempel. Einfaches, beliebtes vegetarisches Café-Restaurant in einem schattigen Garten, günstiges indisches Frühstück, frische Säfte, Lassis und Milchshakes, umfangreiche gemischte Karte – besonders populär: *Bengali aubergine* und *chunky avocado salad.* Ab 22.30 Uhr spricht das Personal selbst dem Alkohol zu, und ab da werden Service und Essen rapide schlechter.

Waves (German Bakery), Lighthouse Beach. Schattige Dachterrasse, auf der tagsüber kleine Mahlzeiten, Snacks, deutscher Kuchen und köstlicher Kaffee serviert werden. Nach Sonnenuntergang gibt's anspruchsvollere Küche in schöner Atmosphäre: Thai- und Kerala-Seafood-Currys, Hummer in Wodka, Fischsteaks mit Sesam-Koriander-Kruste, gedämpfte Garnelen mit Zitronen-Chili-Sauce. Als Nachtisch empfiehlt sich das Malabar-Obstflambée. Die meisten Hauptgerichte kosten Rs175–250.

Sonstiges

Geld

Im Kovalam Beach Hotel an der Straße, die vom Südende des Hawah Beach wegführt, gibt es einen **Geldautomaten**. Ansonsten sind die nächstgelegenen in Kovalam Junction 3 km landeinwärts an der Nationalstraße (ca. Rs100 hin und zurück per Motor-Rikscha); hier sind die ICICI und die Canara Bank vertreten.

Pheroze Framroze, beim Eingang des Leela und Busbahnhof, bietet gute Kurse für Bargeld und Reiseschecks.

Informationen

Das freundliche **Tourist Office**, gleich hinter dem Eingang zum Leela Kempinski (ganz in der Nähe der Stelle, wo auch der Bus hält), ✆ 0471/248 0085, 💻 www.keralatourism.org, führt zahlreiche Broschüren und informiert über aktuelle (Kultur-)Veranstaltungen. 🕒 tgl. 10–17 Uhr, außerhalb der Saison So geschlossen.

Internet

Zahlreiche Einrichtungen in den Gassen hinter dem Lighthouse Beach bieten Internetzugang für Rs40 pro Std. an. Die Verbindungen sind für keralische Verhältnisse allerdings langsam.

Motorradverleih

K Tours & Travel, hinter dem Hawah Beach gegenüber vom Shiva-Tempel, bietet Scooter (Honda Kinetic 100cc) für Rs300–350 pro Tag. Als Pfand muss der Führerschein oder Pass hinterlegt werden.

Schneidereien

In den Gassen hinter dem Lighthouse Beach drängeln sich Dutzende kleiner Schneidereien. Hier kann man sich leichte Baumwollkleidung nach Maß fertigen oder mitgebrachte Kleidung nachschneidern lassen, wobei man aus vielerlei Farben wählen kann. Empfehlenswert ist Mr. George von **Blue Waves Tailoring**, ✆ 9388/676878, gegenüber vom Restaurant Seafood Corner, der auf Yogakleidung in Exportqualität spezialisiert ist.

Transport

Busse

Busse aus THIRUVANANTHAPURAM (30–45 Min.) fahren zuerst eine Schleife durch den oberen Teil des Dorfes, bevor sie vor den Toren des Leela Kempinski auf dem Felsvorsprung zwischen den Stränden Hawah und Kovalam halten. Wer nicht hier am nördlichen Ende des Ortes übernachten möchte, sollte schon unmittelbar hinter dem Hotel Blue Sea aussteigen – dort wo die Straße eine Kurve macht. Hier führt ein Weg nach links steil hinunter zum Hawah Beach.

Motor-Rikschas und Taxis

Man kann für die 14 km lange Strecke von/nach THIRUVANANTHAPURAM auch eine Motor-Rikscha (Rs100–150) oder ein Taxi (Rs400–500) nehmen.

Südlich von Kovalam

Das Dorf **Vizhinjam** (sprich „Virinjam") auf der Südseite der Landzunge mit dem Leuchtturm ist eine Ansammlung eng zusammenstehender ziegelgedeckter Fischerhütten und war einst die Hauptstadt der Ay-Könige, der frühesten Herrscherdynastie im südlichen Kerala. Aus diesen Zeiten hat eine Handvoll einfacher kleiner Schreine überlebt, die auf einem angenehmen Nachmittagsspaziergang durch die Palmenhaine leicht zu erkunden sind, am besten vom Dorfzentrum statt von der Küstenstraße aus – der Kontrast zwischen der genusssüchtigen Touristenwelt und dem Alltag im Fischerdorf könnte nicht größer sein.

Den Küstenabschnitt **südlich von Vizhinjam** säumen goldene Strände, hier und da unterbrochen von einem Felsvorsprung oder einer Flussmündung. Diese eindrucksvolle Landschaft mit ihren dichten Kokosplantagen sieht – verglichen mit Kovalam – friedlich aus, ist aber tatsächlich eine der am dichtesten besiedelten Ecken von Kerala. In den vergangenen zehn Jahren ist so gut wie jeder Meter Land an diesem wunderschönen Küstenstreifen aufgekauft und bebaut worden. Trotzdem lohnt es sich, einen Motorroller zu mieten und die Nebenstraßen und abgelegeneren Strände zu erkunden, wo arme christliche Fischerdörfer neben Luxus-Resorthotels und Ayurveda-Zentren stehen.

Einer der spektakulärsten Ausblicke in dieser Gegend eröffnet sich von der Spitze der Landzunge am Nordende des **Chowara Beach**, 8 km südlich von Kovalam: Von hier ziehen sich die Sandstrände, auf denen Hunderte von Holzbooten liegen, endlos bis zum Horizont.

Padmanabhapuram

Die 63 km südöstlich von Thiruvananthapuram gelegene Stadt Padmanabhapuram gehört zwar offiziell zu Tamil Nadu, war jedoch zwischen 1550 und 1750 Hauptstadt von Travancore und ist geschichtlich sehr stark mit Kerala verbunden, von wo sie auch verwaltet wird. Wer sich auch nur ansatzweise für keralische Architektur interessiert, sollte den kleinen **Padmanabhapuram-Palast** aufsuchen, eine unwiderstehliche Attraktion und mit seinen exquisiten Holzschnitzereien, den Böden aus Kokosnuss und Kalk und den alten Möbeln und Wandmalereien das faszinierendste Gebäude weit und breit – allerdings besser nicht an einem Wochenende, denn dann wuseln hier Busladungen von Besuchern herum. ⌚ Di–So 9–16.30 Uhr, Eintritt Rs50, Fotoerlaubnis Rs20.

Transport

Von Thiruvananthapuram und KOVALAM fahren zahlreiche Busse nach Padmanabhapuram. Man nimmt irgendeinen Bus nach Süden Richtung Nagercoil oder Kanyakumari und steigt in THAKKALY (manchmal Thuckalai geschrieben) aus.

16 HIGHLIGHT

Varkala

Fromme Hindus pilgern seit Hunderten, ja vielleicht sogar Tausenden von Jahren nach Varkala, das 54 km nördlich von Thiruvananthapuram an der Küste liegt. Hier übergeben sie die Asche kürzlich verstorbener Angehöriger dem Meer. Vor der wundervollen Kulisse aus Klippen, die die Farbe von gebranntem Ton haben, werden die uralten Rituale weiterhin täglich am **Papanasam Beach** durchgeführt, obwohl am Nordende der Bucht nur einen Steinwurf entfernt ein Urlaubsort entstanden ist.

Die dramatische Landschaft und die relativ schwache touristische Erschließung machen Varkala zu einem um einiges angenehmeren Urlaubsort als Kovalam. Von den Restaurants und kleinen Hotels, die sich dicht gedrängt am Rand des bröckelnden North Cliff drängeln, bietet sich ein weiter Blick auf den Ozean – und wenn nach Sonnenuntergang die zahllosen winzigen Fischerboote auf dem Meer ihre Lichter anmachen, verströmt dieses Panorama eine geradezu überirdische Magie.

Auf Malayalam heißt Varkalas herrlicher weißer Sandstrand Papa Nashini („Sündenvernichter"). Schon seit Langem ist der Strand ein wichtiger Ort für die Ahnenverehrung. Nachdem die Gläubigen im uralten Tempel **Janardhana Swamy** gebetet haben (zu erreichen von der Kreuzung in der Dorfmitte über den Stufenpfad den Hügel hinauf), kommen sie hierher, um die Asche ihrer verstorbenen Angehörigen zur letzten Ruhe zu betten. Nicht-Hindus dürfen das Allerheiligste des Tempels nicht betreten, man kann jedoch vom Pfad, der um den Tempel herumführt, über die Mauern auf das Gelände blicken – vor allem morgens ein netter Spaziergang, wenn auch der Tempelelefant zur körperlichen Ertüchtigung durch die Gassen geführt wird.

Der **Strand** mit seiner Kulisse aus steilen, roten Laterit-Klippen ist landschaftlich äußerst reizvoll und sogar noch relativ ruhig. Man sollte aber beachten, dass wegen der religiösen Bedeutung des Ortes die Einstellung gegenüber jeder Form von Nacktheit (besonders bei Frauen) hier sehr viel weniger tolerant ist als in anderen Badeorten Indiens. Sonnenanbeter aus dem Westen sollten sich daher auf den nördlichen Strandabschnitt abseits des Hauptgebetsbereichs, der den Bestattungszeremonien vorbehalten ist, beschränken. Hier wird man auch von einer Endlosparade einheimischer Händler versorgt, und Strandwächter achten darauf, dass die Badenden in den sicheren Bereichen innerhalb der Markierungen bleiben: Die Unterströmungen können hier sehr stark sein, und jedes Jahr ertrinken Menschen. Oft sind recht nahe an der Küste **Delfine** zu sehen, und wer eine Fahrt mit einem Fischerboot arrangiert, kann mit etwas Glück vielleicht sogar mit ihnen schwimmen. Auch Seeotter sind gelegentlich zu beobachten, wenn sie sich auf den Felsen am Meer tummeln.

Nur wenige der Hindu-Pilger stoßen bis zum Gebiet auf den Klippen vor, dem **North Cliff**, wo sich die Touristenszene konzentriert. Mit Palmenwedeln gedeckte Bambus-Cafés, Restaurants und Andenkenläden drängeln sich am Rand der Klippen, die steil hinunter zum Strand abfallen. Strand und Klippen sind durch mehrere steile Treppen im Fels miteinander verbunden. Das North Cliff ist außerdem über einen weniger steilen Weg vom Strand aus zu erreichen sowie über die Schotterstraße, die vom Dorf hinaufführt.

Das **Varkala Cultural Centre** hinter dem Restaurant Sunrise am North Clifftop, ✆ 0470/ 608793, veranstaltet täglich **Kathakali-** und **Bharatanatyam-Tanzvorführungen** (Maske 17–18.45 Uhr, Vorstellung 18.45–20.15 Uhr, Eintritt Rs150), bei denen die Musik live gespielt wird und nicht vom Band kommt. Es handelt sich um eine recht authentische Einführung in diese Kunstformen – ideal für jene, bei denen Kochi (S. 1147) nicht auf dem Reiseplan steht. Für alle, die mehr über die klassischen Künste erfahren wollen, bietet das Center außerdem kurze Kurse zu Kathakali-Schminktechniken und -Tanz, Bharatanatyam-Tanz, religiösem Gesang *(bhajan)* und karnatischer Percussion *(mridamgan)*. Das Funky Arts Café veranstaltet an den meisten Abenden ab 19.30 Uhr kostenlose **Konzerte** mit klassischer indischer Musik (Tabla, Sitar und Gesang). In einer schmucken kleinen Küche hinter dem Chill Out Café auf dem North Cliff bietet der ortsansässige Koch Sajeer Khan indischen **Kochunterricht**, Rs500 veg./Rs600 nicht-veg.; ✆ 9895/633896.

Übernachtung

Varkala bietet eine umfassende Auswahl an Unterkünften. Die Hotels auf dem North Cliff sind die erste Wahl der meisten Besucher, da hier die Ausblicke besser sind als in den Unterkünften an der Straße zum Strand. Noch schönere Unterkünfte befinden sich auf dem South Cliff, etwas entfernt vom Trubel. Motor-Rikschas fahren vom Bahnhof und vom Tempelteich in Varkala bis zum Hubschrauberlandeplatz oder hinten herum zum North Cliff. Auch zum South Cliff führt eine Straße.

Ethno-Paradies

Bohemian Masala, Thiruvambadi, North Varkala, ✆ 9287/215567 oder 9567/441286, 🖳 www.thebohemianmasala.com. Schickes Hippie-Paradies mit 12 reetgedeckten Hütten aus Schlamm, Kräutern und anderen natürlichen Materialien in einem wunderschönen Garten. Drinnen sind die Hütten etwas düster, dafür aber kühl und schön mit indischem Kunsthandwerk eingerichtet. Außerdem funkiges Restaurant und Ayurveda-Massagen. ❻

Cliff Lounge, North Cliff, ✆ 9895/633896, 🖳 www.clifflounge.com. Die schönste Mittelklasseunterkunft auf dem North Cliff liegt etwas zurückversetzt und bietet von den geräumigen Zimmern und luftigen Balkonen einen freien Blick aufs Meer. Die keralisch-deutschen Betreiber Sajeer und Elisabeth haben alles sehr nett mit einem künstlerischem Touch eingerichtet. AC kostet Rs1000 extra. ❺–❻

Government Guesthouse, Cliff Rd, ✆ 0470/ 260 2227, 🖳 www.keralatourism.org. Dieses ehemalige Feriendomizil der Maharadschas am Hügel direkt über dem Taj und fünf Fußminuten nördlich des Tempels wurde zu einem ansprechenden Gästehaus für offizielle Gäste umgebaut, quartiert aber auch gewöhnliche Reisende ein. Die beiden Zimmer mit Bad im Originalgebäude sind riesig und bieten ein fantastisches Preis-Leistungs-Verhältnis. Die anderen Zimmer (alle mit großem Bad) in einem modernen Gebäude aus den 1980er-Jahren sind weit weniger schön. Gäste sollten auf jede Menge Krabbelgetier eingestellt sein und ein gutes Moskitonetz dabeihaben. ❶–❷

KR House, South Cliff, ✆ 0470/260 6400 oder 9349/741998. Tolle Budgetunterkunft in bester Lage auf dem South Cliff mit sauberen, modernen, luftigen Zimmern mit bequemen Matratzen, makellos sauberen Bädern und

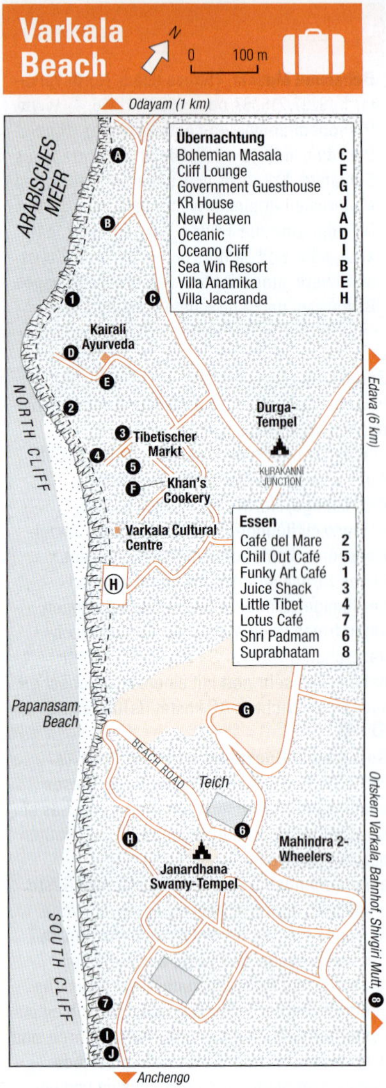

Balkonen mit Blick auf einen schmalen Garten, der sich zum Klippenrand zieht, von wo Steinstufen steil hinunter zum Strand führen. Abseits des Trubels am North Cliff und daher ruhig, außerdem effizient geführt vom freundlichen Mr. Ramchandran. ❷–❹

New Heaven, North Cliff, ✆ 0470/215 6388 oder 9846/074818, 💻 www.newheavenbeachresort.com. Weder neu noch himmlisch, aber sauber und mit recht großen Zimmern und Gemeinschaftsveranden Richtung Meer, das Ganze nur einen Katzensprung vom Wasser entfernt. Auf dem Dach gibt es ein beliebtes Yogazentrum. ❹

Oceanic, North Cliff, ✆ 0470/302 1330 oder 9846/096912, ✉ oceanicresidence@yahoo.co.in. Sehr angenehme Zimmer mit Balkon nahe beim Geschehen auf dem Clifftop in einer der besser geführten und preisgünstigeren Budgetunterkünfte in dieser Gegend. ❹

Oceano Cliff, South Cliff, ✆ 0470/309 4978, 💻 www.oceanocliff.com. Auf dem höchsten Abschnitt des abgeschiedenen South Cliff, mit hellen, kühlen, stilvollen und preisgünstigen Zimmern und spektakulären Ausblicken aus den Suiten über das Meer. Mahlzeiten werden in kleinen Pavillons am Rand der Klippe eingenommen, von wo Stufen hinab zum Strand führen, vorbei an einem Tauchbecken und einer spektakulär gelegenen Yogaplattform. ❺–❻

Sea Win Resort, Thiruvambadi, North Varkala, ✆ 0470/260 1084 oder 9747/902191. Eines von mehreren schicken modernen Gebäuden am Ende der Klippen. Die Farbgestaltung ist ein wenig gewöhnungsbedürftig, aber die Zimmer sind groß und haben gute Betten und Kühlschränke sowie auf der einen Seite eine geräumige Gemeinschaftsveranda und auf der anderen getrennte Sitzbereiche mit Blick aufs nahe Meer. Sehr gutes Preis-Leistungs-Verhältnis. ❺

Villa Anamika, North Cliff, ✆ 0470/260 0095, 💻 www.villaanamika.com. Das einladende Haus 200 m von den Klippen entfernt, wird von einer Künstlerin aus Kerala und ihrem deutschen Ehemann geführt. 5 Zimmer zu unterschiedlichen Preisen, aber alle sind hell, geräumig, kühl und schön eingerichtet. Die Gäste können den schönen Garten auf der Rückseite nutzen. Frühstück u. a. mit deutschem Brot und Marmelade aus Eigenproduktion. ❺

Villa Jacaranda, Temple Road West, South Cliff, ✆ 0470/261 0296, 💻 www.villa-jacaranda.biz. Ein Juwel von einem kleinen Gästehaus inmitten der schattigen Gässchen am ruhigen South Cliff in der Nähe des Tempels. Geführt von einem Londoner, der nur 4 Zimmer mit entspannender Farbgestaltung (in Meeresblau und Violett), stilvollen Holzmöbeln und frischer weißer Bettwäsche anbietet. Es gibt einen duftenden Garten und einen Seerosenteich. Besonders schön ist Zimmer 4 mit weitem Meerblick von der eigenen Terrasse. ❽

Essen und Unterhaltung

Die Cafés und Restaurants auf dem Clifftop sind auf Fisch und Meeresfrüchte spezialisiert, die direkt vor der Küste gefischt werden. Es werden außerdem jede Menge italienische, thailändische und mexikanische Gerichte serviert, die jedoch nicht sehr authentisch schmecken. Sogar für Kerala sind die Preise hier recht hoch und die Bedienung ist eher langsam, aber die tolle Lage macht das wieder wett.

Obwohl in fast allen Lokalen auf den Klippen Alkohol ausgeschenkt wird, wird **Bier** wegen der religiösen Bedeutung Varkalas gewöhnlich diskret in Teekannen serviert. Nach dem Schließen der Restaurantküchen präsentiert sich das **Nachtleben** recht entspannt. Nach 22 Uhr herrscht in Cafés wie dem Funky Art Café und dem nahen Rock 'n' Roll sowie dem Chill Out Café ein Stück weiter die Klippen entlang eine drogengeschwängerte Stimmung. Während der Saison kündigen Flyer kleine Partys in den Cafés an.

Chill Out Café, North Cliff. Netter Hippie-Laden mit großen Terrassen und Kissen in ruhigem Palmengarten, etwas zurückversetzt von der Klippe. Tagsüber Café und Restaurant, nach Einbruch der Dunkelheit wird es lebendig, mit einer entspannteren Stimmung als im Funky Art Café.

Juice Shack, North Cliff. Frische Säfte und gesunde Snacks sowie Mi und Sa beliebte Buffets (Rs250; Ticket im Voraus kaufen).

Little Tibet, North Cliff. Großes Lokal aus Bambus und Palmwedeln, dekoriert mit fröhlichen bunten Gebetsfahnen und buddhistischen *thangkas*, in toller, luftiger Lage auf den Klippen. Mexikanische und italienische Spezialitäten, jedoch kommen die meisten Gäste wegen der köstlichen tibetischen *momo*-Klöße und der *thukpa*-Suppe (Rs100). Sehr freundlicher Service und toller Ausblick von den Tischen vorne.

Lotus Café, South Cliff. Wer sehen möchte, wie es auf dem North Cliff vor 15 oder mehr Jahren aussah, sollte sich nach Süden in dieses von Deutschen geführte Restaurant begeben, das wohl das bestgelegene Lokal von Varkala ist. Nach einem Sundowner am Klippenrand, untermalt von stimmungsvoller klassischer indischer Musik, serviert die Küche schmackhafte keralische und vegetarische nordindische Gerichte sowie ein preisgünstiges 3-Gänge-Menü (Rs400). Zum Nachtisch gibt's köstliche hausgemachte Eiscreme.

Shri Padman, Temple Junction. Das schmuddelig wirkende Café an der Tempelkreuzung macht äußerlich nicht viel her, doch die vegetarischen Gerichte sind günstig und ausgezeichnet (Mittags-„meals" für Rs35). Die große Terrasse hinter dem Haus bietet einen Blick auf den Tempelteich – besonders stimmungsvoll zur Frühstückszeit.

Suprabhatam, Varkala-Dorf, 4 km östlich des Strands. Das beste und billigste vegetarische Restaurant in Varkala etwas abseits des Hauptkreisverkehrs im Ort hat einen Speisesaal mit Kokosfasermatten. Die *dosas* und die anderen gebratenen Snacks sind nicht so gut, aber die Reisplatten-„meals" (12–15 Uhr; Rs30) locken mittags zahllose Einheimische und Reisende hierher.

Gute Mischküche

Café del Mare, North Cliff. Das am professionellsten geführte Speiselokal auf dem North Cliff, mit italienischer Kaffeemaschine und höflichem Personal in Uniformen. Auf der Karte steht der übliche Mischmasch, aber die Caféküche kann das alles wirklich gut zubereiten. Besonders gut sind die mit importiertem Käse zubereiteten italienischen Gerichte (Tipp: Auberginen-Lasagne), und es gibt jede Menge leichte Snacks und gesunde Salate. Hauptgerichte meist Rs200–300.

Sonstiges

Geld

Es gibt verschiedene Geldwechselmöglichkeiten auf dem North Cliff: **City Tours and Travels**, vor dem Hilltop Beach Resort, wechselt Bargeld und Reiseschecks und tätigt gegen eine kleine Gebühr Barauszahlungen auf Kreditkarten. Die nächsten **Geldautomaten** sind die der Banken im Dorf in der Nähe der Kreuzung.

Internet

Die Internetanbieter in Varkala verlangen Rs40 pro Std.; die Verbindungen sind gewöhnlich langsam.

Motorradverleih

Mahindra2Wheelers, bei der Temple Junction, ✆ 9846/701975, ⌚ Mo–Sa 9.30–17 Uhr, und **Wheels of South India**, ein Unternehmen ohne feste Adresse, das auf dem North Cliff aktiv ist, ✆ 9847/080412 oder 9387/974698.
Die nächste Tankstelle ist im Ort Varkala: 300 m nördlich des Hauptkreisverkehrs, auf der linken Seite der Station Road Richtung Bahnhof.

Transport

Busse

Manche Busse vom Busbahnhof Thampanoor in THIRUVANANTHAPURAM (1 1/2 Std.) und aus KOLLAM fahren bis fast zum Strand und zum Klippenbereich, doch die meisten halten 5 Motor-Rikscha-Minuten (Rs50–60) entfernt im Ortszentrum. Wer keinen Direktbus nach Varkala bekommt, sollte einen auf der Fernstraße NH-47 verkehrenden „superfast"- oder „limited stop"-Bus nach Kallamballam 15 km östlich von Varkala nehmen und dort in einen Minibus (Rs15) nach Varkala umsteigen oder eine Motor-Rikscha (Rs100–120) bzw. ein Taxi (Rs175–200) nehmen.

Eisenbahn

Am Bahnhof von Varkala (Varkala-Sivagiri), 500 m nördlich des eigentlichen Ortes (der wiederum 4 km östlich des Strands um eine geschäftige Straßenkreuzung herum liegt), halten Express- und Passenger-Züge aus Thiruvananthapuram, Kollam und den meisten anderen keralischen Städten.

Kollam (Quilon)

Das zwischen dem Meer und dem Ashtamudi Lake („Acht-Buchten-See") eingezwängt gelegene Kollam *(„Koillam"* ausgesprochen, hieß früher Quilon) war früher einmal der Hauptumschlagplatz des Gewürzhandels an der Malabar-Küste. Phönizier, Araber, Perser, Griechen, Römer und Chinesen entsandten ihre Schiffe hierher, bis der Hafen seine Vorrangstellung an Calicut und Cochin verlor.

Heutzutage ist Kollam eine alltägliche Marktstadt sowie ein geschäftiger Verkehrsknotenpunkt für die südlichen Backwaters; nur wenig zeugt noch von der einstigen Bedeutung der Stadt. Viele Reisende verbringen hier jedoch eine Nacht auf dem Weg von oder nach Alappuzha, da von Kollam aus jeden Morgen vom Fähranleger am See Ausflugsboote dorthin starten. Abends bietet sich ein Bummel über den traditionellen Markt der Stadt an; die schmalen Sträßchen sind mit alten Holzhäusern, Kokosbast-Lagerhäusern, Reislagern und Cashewnuss-Handlungen gesäumt. Der nur eine kurze

Backwater-Touren ab Kollam

DTPC und ATDC veranstalten abwechselnd beliebte **Bootstouren von Kollam nach Alappuzha** (10.30 Uhr; 8 Std.; Rs300) mit Pausen zum Mittagessen und Nachmittagstee. Tickets für die Touren beider Anbieter sind am Tag der Fahrt in den Touristeninformationen beim Anleger am Ashtamudi-See und in einigen Hotels erhältlich. Die beiden Veranstalter bieten außerdem exklusive Touren mit Übernachtung auf einem *kettu vallam,* einem umgebauten Reisboot. Der DTPC offeriert zudem Halbtages-Kanaltouren zur nahen **Monroe Island** (tgl. 9–13 und 14–18.30 Uhr; Rs500) sowie geführte Dorftouren inklusive Besuch bei Ayurveda-Fabriken, Kokosbast-Herstellern, Bootsbauern und Vogelnistplätzen. Einen besseren Eindruck vom Leben in den Backwaters erhält man vielleicht auf einer Tour von Dorf zu Dorf auf den sehr billigen **Lokalfähren**. Informationen und Fahrpläne hierzu halten DTPC und ATDC bereit; Tickets gibt's auf den Booten selbst.

Fahrt mit der Motor-Rikscha entfernte, südlich gelegene **Kollam Beach** bietet einen willkommenen Rückzugsort, wenn Hitze und Verkehr in der Stadt zu viel werden.

Von den wenigen übrig gebliebenen Spuren der Kolonialzeit ist die einzige, die einen Umweg lohnt, die ehemalige britische **Residency**, ein großartiges 250 Jahre altes Gebäude am Ufer des Sees, das jetzt als staatliches Gästehaus (s. Kasten rechts) genutzt wird. Es ist eines der letzten Zeugnisse der Anfangszeiten des britischen Raj in Indien und symbolisiert auf perfekte Art und Weise die damalige Offenheit für einheimische Einflüsse – typisch keralische Giebeldächer thronen über von Säulen gesäumten britischen Veranden. Ein großer Teil des Bauwerks fällt buchstäblich in sich zusammen, aber Besucher sind immer willkommen: Man kann einfach aufkreuzen und den Manager fragen, ob man sich umschauen darf.

Übernachtung

Angesichts der vielen Reisenden, die in der Saison in die Stadt kommen, sind Unterkünfte in Kollam überraschend dünn gesät – wer spät am Tag eintrifft, sollte also vorausbuchen.

Karthika, abseits der Main Rd, nahe der Moschee, ✆ 0474/275 1831. Beliebtes großes, zentrales Budgethotel mit schlichten Zimmern, z. T. mit AC, rings um einen Patio. ❷–❸

Nani, gegenüber vom Uhrenturm, ✆ 0474/275 1141, 🖳 www.hotelnani.com. Das stilvollste Hotel in Kollam, in einem originellen Ziegelsteinhochhaus mit keralischen Giebeldächern nahe dem Bahnhof. Die schön eingerichteten Standardzimmer (Rs1200 ohne AC, Rs1900 mit AC) sind ein echtes Schnäppchen; für Paare ist vielleicht das etwas größere „executive"-Zimmer besser. ❺–❼

Summerhouse, Thirumallawaram und Thankasseri, ✆ 0474/279 4518 oder 9895/662839, ✉ contactsummerhouse@hotmail.com. Diese drei Häuser werden vom zuverlässigen Mr. Shashi geführt und bieten reizende einfache Unterkünfte in Seenähe oder direkt am See am nordwestlichen Stadtrand. Das schönste der Häuser ist die Nr. 3, ein behagliches Holzhaus mit nur 3 Zimmern (Rs600 pro Tag) und einer palmenumstandenen Veranda direkt am See. Ebenfalls direkt am Wasser liegt das ältere und spartanischere Haus Nr. 1. Haus Nr. 2 liegt fünf Gehminuten vom Meer in einer schattigen Wohngegend, ist groß genug für eine Gruppe und hat einen eigenen Garten. ❹

Vaidya, Residency Rd, Chinnakkada, ✆ 0474/274 8432, 🖳 www.hotelvaidyakollam.com. Wer eine komfortablere Unterkunft für die Nacht sucht und den Ausblick nicht so wichtig nimmt, kann dieses Businesshotel im Norden der Stadt ansteuern. Die Zimmer haben kein Flair, keine Balkone und keinen Ausblick, aber sie sind sauber und für den Preis riesig. Am preisgünstigsten sind die Standardzimmer (Deluxe genannt). ❺–❼

Schlafen wie im Museum

Government Guesthouse, am Ashtamudi-See, 2 km nordöstlich des Zentrums, ✆ 0474/274 3620. Eine Übernachtung in der 250 Jahren alten, ehemaligen britischen Residency (s. o.) ist wie eine Nacht in einem Museum. Die Zimmer sind für den Preis gigantisch (die AC-Zimmer im 1. Stock sind am besten). Wie die meisten anderen staatlichen Gästehäuser nimmt auch dieses selten Buchungen entgegen, sodass ein Zimmer nur mit Glück zu ergattern ist. Man sollte sich jedoch vorher telefonisch vergewissern, ob das Gästehaus geöffnet hat – zuletzt war es zwecks Renovierung geschlossen. Frühstück und Abendessen erhältlich. ❶–❷

Essen

Die meisten Hotels und Gästehäuser in Kollam servieren auch Mittag- und Abendessen. Ansonsten bieten sich im Zentrum von Kollam die folgenden Restaurants an:

All Spice, beim Chinakkada Circle. In dieses entschieden westlich orientierte, hell erleuchtete Fast-Food-Lokal über einer Bäckerei kommt die Mittelschicht der Stadt, um einen Abend mit der Familie zu verbringen. Die Hamburger, Pizzas und Brathähnchen sind weniger ansprechend als die nordindischen und chinesischen Hauptgerichte (Rs125–175). Klimatisiert.

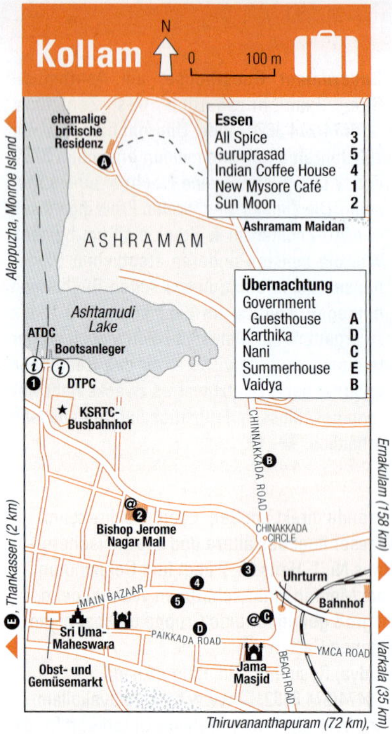

Guruprasad, Main Bazaar. Enges und meist volles Lokal an der Hauptstraße des Markts, aber es bietet wunderbar altmodische „meals". Blau-und cremefarbene Wände, alte Fotos und religiöse Hindu-Kunst bilden den Rahmen für vegetarische Reisplatten und leckere Udipi-Snacks.

Indian Coffee House, Main Bazaar. Typisches Angebot der Kette – labbrige *dosas,* ölige Biriyanis, Toast, Omeletts, Tee aus der Kanne und Filterkaffee – serviert in angeschlagenem Porzellan zu supergünstigen Preisen. Sehr interessant ist der Speisesaal selbst – eine echte Zeitreise.

New Mysore Café, Bootsanleger, gegenüber dem KSRTC-Busbahnhof. Das beliebteste der „meals"-Lokale beim Busbahnhof und Bootsanleger. *All-you-can-eat*-Reisplatten mittags für nur Rs30, dann für den Rest des Tages typische Udipi-Snacks.

Sonstiges

Wechselbüros, Geldautomaten und Internetanbieter beherbergt der schicke Einkaufskomplex **Bishop Jerome Nagar** gleich südlich der Hauptstraße zwischen Anleger und Uhrturm.

Geld

Die effiziente **ICICI Bank** betreibt neben dem Hotel Vaidya einen verlässlichen Geldautomaten.

Internet

Cyber.com, billiges Internetcafé gleich südlich des Uhrturms im 1. Stock der Yeskay Towers (Rs30 pro Std.).

Informationen

Der **District Tourism Promotion Council (DTPC)** unterhält am Bootsanleger am Ashtamudi-See ein Tourist Office, ✆ 0474/274 5625, 🖳 www.dtpckollam.com. Hier sind Tickets für die tgl. Backwater-Touren (s. S. 1122) erhältlich. 🕓 Mo–Sa 9–18 Uhr. Das Büro der **Alleppy Tourism Development Co-operative Society (ATDC)** auf der gegenüberliegenden Straßenseite, ✆ 0474/276 7440, 🖳 www.atdcalleppey.com, bietet ähnliche Dienste. 🕓 tgl. 7–21 Uhr.

Transport

Busse

Expressbusse fahren etwa jede Viertelstunde vom KSRTC-Busbahnhof (neben dem Schiffsanleger am Ashtamudi-See) nach THIRUVANANTHAPURAM (1 3/4 Std.) und KOCHI (3 Std.) via ALAPPUZHA (2 Std.).

Das Beste in Kollam

Sun Moon, Bishop Jerome Nagar Mall, oberstes Stockwerk, ✆ 0474/301 3000. Hier wird traditionelle Kerala-Küche – *karimeen pollichathu* (in Bananenblättern gedämpfte Maräne) und *masala-fried calamari* – sowie europäische Gerichte und ein großes Buffet geboten – das beste Essen der Stadt! Kühles AC-Dachrestaurant mit toller Aussicht. Etwa Rs300 für drei Gänge.

Eisenbahn

Der **Bahnhof** liegt östlich des Uhrturms, der das Zentrum der Stadt markiert. Tgl. fahren zahlreiche Züge nach ERNAKULAM und THIRUVANANTHAPURAM und weiter. Die meisten Züge mit Ziel Thiruvananthapuram halten nicht in Varkala.

Alappuzha (Alleppey)

Die in britischer Zeit als „Alleppey" bekannte Stadt Alappuzha war ab der Mitte des 19. Jhs. die bedeutendste Hafenstadt der Backwater-Region. Gewürze, Kaffee, Tee, Cashewnüsse, Kokosbast und andere Produkte wurden über ein Netz aus Kanälen und per Eisenbahn von den Wasserwegen im Landesinneren zum Meer transportiert. In der Reiseliteratur wird Alappuzha heute gern als „Venedig des Ostens" bezeichnet, doch dieser Vergleich ist wenig schmeichelhaft für Venedig. Neben ein paar Lagerhäusern, Villen aus der Kolonialzeit und einem verfallenen Pier, der von einem sonnenüberströmten Strand hinaus ins Meer reicht, haben nur wenige historische Monumente die Zeiten überdauert, und an den alten Kanälen drängen sich nur die üblichen provisorischen keralischen Basare und lärmender Verkehr.

Trotzdem ist Alappuzha schön genug, um hier einen Abend auf der Route von oder zu den Backwaters zu verbringen. Genau das machen in der Wintersaison Heerscharen von Besuchern – nicht zuletzt weil sich die Stadt zum Zentrum des Reisboot-Tourismus in Kerala gemausert hat: Um die 400 *kettu vallam* liegen an den Ufern der nahen Seen Vembanad und Punnamada vertäut. Um ein Stückchen vom Tourismuskuchen abzubekommen, lassen die örtlichen Fremdenverkehrsbüros in der Hochsaison eine Flotte von Ausflugsbooten für Tagesexkursionen umherschippern.

Mitte Dezember findet an den Stränden im Westen der Stadt ein beliebtes **Strandfestival** statt, mit verschiedenen Kulturveranstaltungen und einem Umzug mit 50 festlich geschmückten Elefanten vor dem Hintergrund des verfallenen Piers.

Richtig hoch her geht es in Alappuzha am zweiten Samstag im August, wenn eines der größten Spektakel Keralas abgehalten wird – die **Nehru Trophy-Schlangenbootregatta**. Sie fand erstmals 1952 statt und basiert auf der traditionellen keralischen Begeisterung für schnelle Fahrten in prächtig geschmückten Langbooten, deren hoch gebogene Hecks dem Halsschild einer Kobra ähneln. Jedes Boot hat 25 Sänger an Bord und wird von 100 bis 130 enthusiastischen Ruderleuten angetrieben, die alle im Rhythmus des „Gesangs des Bootsmannes" *(vanchipattu)* rudern. Es gibt eine Reihe von Rennklassen, u. a. eine für Frauen; in jeder Kategorie fahren 16 Boote in Ausscheidungsrennen gegeneinander. Ähnliche Rennen sind in Aranmula und Champakulam, 16 km Fährfahrt von Alappuzha entfernt, zu sehen. Die jährlich wechselnden Daten dieser Veranstaltungen sind im ATDC-Büro zu erfahren.

Übernachtung

Die Unterkünfte in der Innenstadt von Alappuzha sind wenig einladend, doch es gibt einige sehr gute, etwas teurere Privatunterkünfte außerhalb des Zentrums. Außerdem liegen ein paar tolle Unterkünfte nur eine Taxifahrt entfernt versteckt in den umliegenden Backwaters und weiter die Küste hinauf. Fast alle Unterkünfte, egal welcher Preisklasse, sind auf irgendwie mit einem Hausboot-Betreiber verbunden: Allerdings ist hier eher freundliches Nachfragen als hartnäckiges Verkaufsgebaren an der Tagesordnung. Wer einen Backwater-Trip bucht, kann vielleicht sogar beim Zimmerpreis etwas aushandeln. Überall sollte man mit Massen von Moskitos rechnen.

In der Stadt

Cherukara Nest, 9/774 Cherukara Building, ✆ 0477/225 1509 oder 9947/059628. Historisches Haus aus dem 19. Jh. an einer ruhigen Kanalstraße gleich um die Ecke vom KSRTC-Busbahnhof. Das Frühstück wird in einem alten Hof unter einem riesigen Mangobaum serviert. Umweltfreundliche Hausbootfahrten werden angeboten. ❹–❺

Government Guesthouse, neben KTDC Yatri Niwas, am NH-47, ✆ 0477/224 6504. Eigentlich ein Gästehaus für offizielle Besucher, aber wenn Platz ist, werden auch normale Reisende aufgenommen (man muss aber wahrscheinlich am fraglichen Tag persönlich vorsprechen). Schmucklose Zimmer (die mit AC sind schöner), ein bisschen im Stil eines Krankenhauses, aber toll für den Preis (Rs250/520 ohne/mit AC) und mit großen, sauberen Bädern. ❶–❸

Johnson's The Nest, Lalbagh, Cullen Rd, 2 km westlich des Zentrums, ✆ 0477/224 5825 oder 9961/466399, 💻 www.johnsonskerala.com. Gesellige, freundliche Privatunterkunft an einer ruhigen Vorortstraße, besonders beliebt bei Rucksackreisenden. 5 große Zimmer mit Bad, die meisten mit schönen kleinen Außensitzbereichen. Geldwechsel, Waschmaschinen, Mittag- und Abendessen möglich. ❷–❹

Keralite, Vadakekalam House, nördlich des Dutch Sq, ✆ 0477/224 3569 oder 9847/073405, ✉ alice_thomas2150@hotmail.com. Das Herz dieses hübschen, 100 Jahre alten Hauses ist der auf einen sandigen Hof voller Topfpflanzen hinausgehende Salon. Unter dem wachsamen Auge der auf Porträts verewigten Vorfahren serviert hier die Gastgeberin Alice Thomas traditionelle syrisch-christliche Mahlzeiten. Die Gästezimmer haben bequeme alte Betten und viel Atmosphäre, einige aber ohne Bad, daher der günstige Preis. Nicht ausgeschildert, also anrufen, um reingelassen zu werden. ❹

Palm Grove Lake Resort, Punnamada Kayal, Punnamada, ✆ 0477/223 5004 oder 9446/430434, 💻 www.palmgrovelakeresort.com. Rund 3,5 km von der Anlegestelle entferntes, relaxtes Resorthotel in ruhiger Lage am Wasser, wo der Kanal in den Punnamada Lake mündet. Von hier aus kann man perfekt die Schlangenbootrennen verfolgen. Schattige hübsche Bambus-Cottages mit Giebeldächern, privaten Duschen im Freien und Sitzgelegenheiten an einem Garten. ❺–❻

Palmy Lake Resort, Thathampally, 2 km nördlich des Bootsanlegers, ✆ 0477/223 5938 oder 9447/667888, 💻 www.palmyresort.com. Geräumige, schön gestrichene, ziegelgedeckte Cottages (mit und ohne AC) hinter einem modernen Privathaus am nordöstlichen Stadtrand. Trotz des Namens liegt die Unterkunft nicht direkt am See, bietet dafür aber ein ausgezeichnetes Preis-Leistungs-Verhältnis. Für ihr Geld erhalten Gäste jede Menge Platz: Alle Zimmer verfügen über eigene Säulenveranden zu einem friedvollen Garten hin. Kostenlose Abholung. Internetzugang möglich. ❹

Palmy Residency, abseits der VCNB Rd, beim wichtigsten Hausbootanleger, ✆ 0477/223 5938 oder 9447/667888, 💻 www.palmyresort.com. Gut geführtes Gästehaus an einer Seitenstraße 2 Min. vom Main Canal in einem ruhigen Viertel. 6 Zimmer: Die billigeren bieten ein tolles, schnörkelloses Quartier mit Moskitonetz und Bad. Unschlagbarer Deal im unteren Preissegment. Ableger des Palmy Lake Resort. ❷

Tharayil Tourist Home, Shomur Canal Rd, Thathampally, ✆ 0477/223 3543 oder 9447/

Eine Institution

Halay's, CCSB Rd. Echtes keralisch-moslemisches Restaurant, eine Institution in Alleppey seit Generationen. Ein Großteil des altmodischen Charmes ging vor Kurzem bei einer Renovierung verloren, das Essen ist jedoch so köstlich wie eh und je. Am beliebtesten sind die fantastischen Hühnchen-Biriyanis (Rs100), zu dem es das legendäre hausgemachte Dattel-Pickle gibt. Gut sind auch die würzigen Lammcurrys (Rs60–70), die heißen *parottas* und die *pathiris* im Malabar-Stil.

Von Wasser umgeben

Bamboostix, Thayyil Kayal, 2 km nordöstlich der Stadt per Boot, ✆ 9995/821015 oder 9995/821014, 💻 www.istay.in. Nur übers Wasser erreichbare Backpacker-Lodge in australischem Besitz, bestehend aus einer Reihe von Bambus- und Zementbauten, die auf einem schmalen Streifen Land am Vembanad-See durch Metallstege miteinander verbunden sind, mit erhöhten Lounge-Plattformen im Schatten großer Palmdächer. 4- und 6-Bett-Dorms (Rs550/650 pro Bett oder Rs1050/1150 VP). Für die Abholung per Boot (Rs50) vorher anrufen. ❸

505524, 🖳 www.tharayiltouristhome.com. Bescheidenes, von einer Familie geführtes Gästehaus in einem Gebäude aus den 1990er-Jahren am Stadtrand, dient gewöhnlich vor allem als Ausweichmöglichkeit, wenn das Sona (s. u.) voll ist. 10 einfache Zimmer mit und ohne AC, groß, hell, gut gelüftet und nett eingerichtet. ❸–❺

Man kann es natürlich auch im **Sona** versuchen, ✆ 0477/223 5211, 🖳 www.sonahome.com, ❹–❺.

VJ's Rice Garden, Pallathurthy, 6 km südöstlich von Alappuzha, ✆ 0477/270 2566 oder 9446/118931, 🖳 www.ricegardenkerala.com. Wer gerne abgeschieden in den Backwaters nächtigen möchte, sich aber keine der Privatunterkünfte in historischen Häusern leisten kann, könnte es mit diesem urigen kleinen Gästehaus probieren. Einfache Zimmer in traumhafter Lage am Flussufer vor ausgedehnten Reisfeldern. Zu erreichen per Kanu. ❹

Essen

Neben den hier aufgeführten Restaurants bieten auch die meisten Privatunterkünfte und Gästehäuser Mahlzeiten für ihre Gäste – normalerweise köstliche keralische Hausmannskost, die dem sensiblen westlichen Gaumen angepasst ist.

Indian Coffee House, Beach Rd. Hier tragen die Kellner die üblichen fleckigen Uniformen und es gibt das eher langweilige Angebot an Udipi-Snacks und Reisgerichten, aber diesmal unter einem traditionellen Schutzdach in Pagodenform. Das Essen ist nichts Besonderes, aber der Kaffee ist okay und die Lage sorgt nachmittags für eine angenehme Brise.

Saz, VCSB Rd, nahe der Ladder Bridge. In diesem schnörkellosen nicht-vegetarischen Restaurant am Vadai-Kanal finden mittags Fischcurry-Reis-„meals" (Rs40) reißenden Absatz, während abends die Touristen das Restaurant füllen, um sich an saftigem Grill- und Tandoori-Hühnchen gütlich zu tun. Draußen gibt es einen geschäftigen Döner-Stand. Außerdem sind einige typische Kuttanad-Spezialitäten im Angebot. Es ist ein bisschen schmuddelig, aber hygienisch genug und billig (Hauptgerichte zumeist Rs100–150).

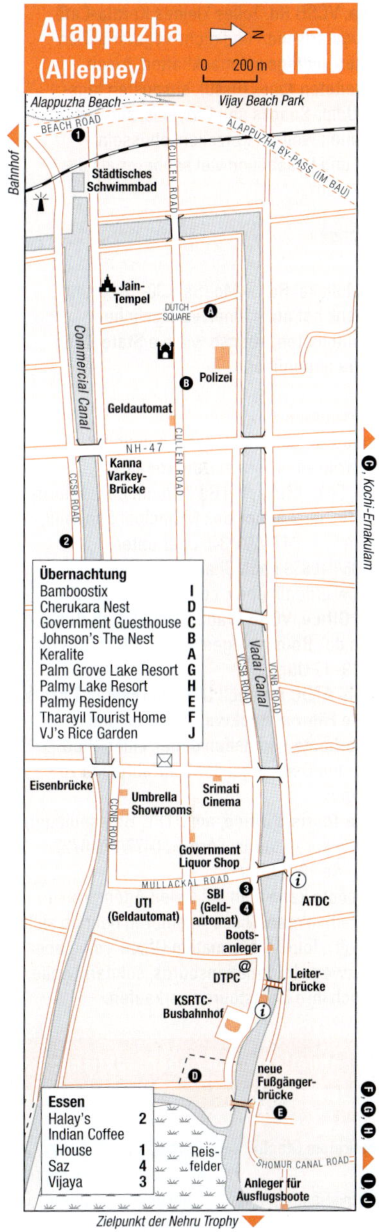

Kerala

Vijaya, VCSB Rd. Tolles kleines Kerala-Café mit vegetarischen und nicht-vegetarischen Speisen, mittags schmackhaften, frisch zubereiteten *thalis* (Rs40), ansonsten tagsüber Udipi-Snacks und Biriyanis, serviert in hübschen weißen Porzellanschüsseln. Billig und beliebt und viel sauberer als die Konkurrenz.

Sonstiges

Geld

UTI, Mullakal Rd, ⌚ Mo–Sa 9.30–16.30 Uhr. Die Bank hat auch einen verlässlichen Geldautomaten, ebenso wie die **State Bank of India** gegenüber.

Informationen

Alappuzha besitzt mehrere miteinander konkurrierende Tourist Departments:
ATDC, Ecke Mullackal Rd & Vadai Canal North Bank Rd, im 2. Stock des Municipal Shopping Complex, ✆ 0477/224 346 oder unter ✆ 9895/010833 nach Shambu fragen, 💻 www.atdcalleppey. com. ⌚ tgl. 8–20 Uhr.
DTPC Office, VCSB (Vadai Canal South Bank) Rd, an der Bootsanlegestelle, ✆ 0477/225 1796. ⌚ tgl. 9–17 Uhr.
Sowohl ATDC als auch DTPC verkaufen Tickets für ihre **Fähren**, **Backwater-Touren** und **Charterboote** und helfen dabei, einen Pfad durch den Dschungel der Fährfahrpläne zu schlagen.
Kerala Tourism Office, am DTPC-Bootsanleger, 💻 www.keralatourism.org, ✆ 0477/226 0722. ⌚ Mo–Sa 10–17 Uhr.
Hausboote kann man bei vielen Agenturen in der Stadt mieten. Diese Agenturen nennen sich zwar oft „Tourist Information Office", sind aber keineswegs Informationsbüros, sondern wollen lediglich ihre Bootstouren verkaufen.

Internet

Internetzugang für Rs30–40 pro Std. bieten mehrere Läden in der Straße am Bootsanleger.
Mailbox, VCSB Rd, 5 Fußminuten westlich der Mullackal Rd, hat die schnellste Verbindung der Stadt.

Transport

Busse

Vom dreckigen KSRTC-Busbahnhof am nordöstlichen Stadtrand, eine Minute zu Fuß von der Anlegestelle entfernt, bestehen Verbindungen nach Kollam, Kottayam, Thiruvananthapuram, Ernakulam und in viele andere Städte in Kerala. Nach FORT COCHIN gelangt man am besten mit einem der Schnellbusse mit Ziel Ernakulam, steigt dann aber in Thoppumpady 7 km südlich der Stadt in einen Nahverkehrsbus um.

Eisenbahn

Der Bahnhof liegt an der Hauptstrecke von Thiruvananthapuram nach Ernakulam, 3 km südwestlich von Busbahnhof und Bootsanleger jenseits des wichtigsten Wasserwegs von Alappuzha, des Commerical Canal. Nur wenige Züge fahren von Alappuzha noch weiter nach Süden. Für an der Küste gelegene Ziele im Norden von Kerala bietet sich an, zunächst den Jan Shatabdi Express zu nehmen und in ERNAKULAM umzusteigen. Diese Verbindung ist besser als die Fahrt mit dem Alleppey–Cannanore Express (Nr. 6307), der nachmittags abfährt und erst spät nachts seine Ziele KOZHIKODE und KANNUR erreicht. Der Express ist aber eine gute Möglichkeit für Leute, die nach THRISSUR fahren möchten.

Schiffe

Die wichtigste Bootsanlegestelle liegt beim Nordausgang des Busbahnhofs am **Vadai-**

Die schnellsten und / oder praktischsten Züge ab Alappuzha

Zielort	Name	Nr.	Häufigkeit	Abfahrt	Fahrtdauer
Ernakulam (Kochi)	Jan Shatabdi Express	12076	tgl.	08.15 Uhr	1 Std.
	Alleppey–Chennai Express	16042	tgl.	16.05 Uhr	1 1/4 Std.
Thiruvananthapuram	Ernakulam–Trivandrum Expr.	16341	tgl.	07.00 Uhr	2 3/4 Std.
	Jan Shatabdi Express	12075	tgl.	18.25 Uhr	2 1/2 Std.

Kanal. Dies ist der Abfahrts- und Startpunkt der täglichen Touristenfähre nach Kollam sowie der Boote nach Kottayam.

ATDC- und DTPC-Boote verkehren regelmäßig (s. S. 1122) nach KOLLAM.

Von dem **Bootsanleger beim KSRTC-Busbahnhof** fahren erheblich billigere Nahverkehrsfähren nach KOTTAYAM (s. u.) sowie zu einer Vielzahl von Dörfern in den Backwaters. Es bestehen regelmäßige Verbindungen nach Champakulam, wo es Anschluss an weniger häufig verkehrende Boote nach Neerettupuram und Kidangara und von dort zurück nach ALAPPUZHA gibt. Die Rundstrecke zählt zu den klassischen Routen in Kuttanad, aber man braucht ein wenig Hilfe beim Lesen der Fahrpläne. Die Touristeninformationen können helfen. Die Fahrpläne sind auch im Internet einzusehen auf der Website des **State Water Transport Department**, 💻 www.swtd.gov.in.

Kottayam und Umgebung

Die betriebsame Handelsstadt Kottayam, 76 km südöstlich von Kochi und 37 km nordöstlich von Alappuzha, liegt strategisch günstig zwischen den Backwaters im Westen und den Bergen des Periyar Wildlife Sanctuary im Osten. Die vielen Kautschuk-Plantagen rund um die Stadt, die auf britische Missionare der 1820er-Jahre zurückgehen, bildeten mehr als ein Jahrhundert lang das Rückgrat der boomenden Wirtschaft der Stadt, zumeist kontrolliert von syrisch-christlichen Familien.

Schon vor langer Zeit haben sich in Kottayam **Christen** niedergelassen, wovon zwei auf einem Hügel stehende Kirchen aus dem 13. Jh. zeugen, 5 km nordwestlich der Innenstadt und per Rikscha erreichbar. Zwei nestorianische Steinkruzifixe aus dem 8. Jh. mit Inschriften in Palavi und Syrisch beiderseits eines kostbar verzierten Altars in der **Valliapalli-Kirche** („große" Kirche) zählen zu den ersten, handfesten Beweisen für das Vorhandensein des Christentums in Indien. Die Einträge im Gästebuch reichen bis in die 90er-Jahre des 18. Jhs. zurück und stammen u. a. von dem äthiopischen Kaiser Haile Selassie und einem britischen Vizekönig. Die Apsis der nahe gelegenen **Cheriapalli-Kirche** („kleine" Kirche) bedecken lebhafte Malereien, die angeblich von einem portugiesischen Künstler aus dem 16. Jh. stammen. Falls die Türen verschlossen sind, kann man im Kirchenbüro nach dem Schlüssel fragen. 🕒 tgl. 9–13 und 14–17 Uhr.

20 Busminuten westlich von Kottayam erreicht man am Ufer des **Vembanad-Sees** das **Kumarakom Bird Sanctuary**. Es erstreckt sich über eine Gruppe von Inseln in der Lagune, um die herum einige ultraluxuriöse Ferienanlagen am Wasser entstanden sind. Zwischen November und März gesellen sich zu den reichen Indern aus den Metropolen, die hier Urlaub machen, viele Zugvögel – jedoch wiederum nicht so viele, dass sie außer eingefleischten Ornithologen Besucher anlocken würden. 🕒 tgl. Sonnenauf- bis Sonnenuntergang, Eintritt Rs45.

Vögel bzw. Darstellungen von Vögeln bilden auch den Schwerpunkt in einer der bizarrsten Touristenattraktionen der Region, dem **Bay Island Driftwood Museum**, an der Hauptstraße am Ortsrand von Kumarakom, 💻 www.bay-island-museum.com. In dieser eigenwilligen Galerie ist Treibholz ausgestellt, das von einem ehemaligen Lehrer gesammelt wurde. 🕒 tgl. 10–18 Uhr; Eintritt Rs50.

Ein weiteres Ziel für einen Tagesausflug von Kottayam ist der herrliche Mahadeva-(Shiva-) Tempel in **Ettumanur**, 12 km nördlich von Kottayam an der Straße nach Ernakulam. Im Eingangsbereich finden sich die wichtigsten mittelalterlichen **Wandmalereien** in Kerala. Das spektakulärste davon zeigt Nataraja (Shiva) bei einem kosmischen *tandava*-Tanz, bei dem er das Böse in Form eines Ungeheuers mit den Füßen zertritt. Ausländer können den Tempel kostenlos betreten, man muss jedoch am Schalter links vom Eingangstor eine Fotoerlaubnis (Rs20, Video Rs50) erwerben.

Übernachtung

Das Angebot an Unterkünften ist für eine Stadt dieser Größe begrenzt. Die meisten Reisenden, die hier nächtigen, tun das normalerweise in einem der Resorthotels oder in einer der Privatunterkünfte in der Umgebung. Es gibt aber auch in der Stadt eine Handvoll von Unterkünften, die für eine Nacht okay sind.

17 HIGHLIGHT

Kuttanad: Die Backwaters von Kerala

Eines der denkwürdigsten Erlebnisse einer Indienreise – und selbst bei äußerst knapper Kasse machbar – ist eine Bootsfahrt auf den Backwaters von Kerala. Dieses Gebiet namens **Kuttanad** (Schauplatz des preisgekrönten Romans *Der Gott der kleinen Dinge* von Arundhati Roy) erstreckt sich auf 75 km Länge von Kollam im Süden bis Kochi im Norden. Das faszinierende Labyrinth schimmernder Wasserflächen – Seen, Kanäle, Flüsse und Bäche – wird von dichter tropischer Vegetation gesäumt und birgt ein ländliches Kerala, das von der Straße aus völlig unsichtbar ist.

Die idyllische Lebensweise in den Backwaters hat Reisende seit jeher fasziniert. Und die rührigen Bewohner Keralas haben schnell das Potenzial der Region als Reiseziel erkannt – besonders seit sich herausstellte, dass Ausländer und wohlhabende indische Touristen aus den Großstädten bereitwillig für hiesige Verhältnisse riesige Geldsummen zahlen, um das Gebiet mit umgebauten **Reisbooten**, den *kettu vallam,* zu erkunden. Seit den Anfängen des Hausboot-Tourismus vor 20 Jahren hat diese Form des Reisens quantitativ und qualitativ enorm zugenommen und sowohl größere Umweltprobleme als auch einen gestiegenen Wohlstand nach sich gezogen. Jedoch lässt sich die Region auch auf weniger schädliche Weise erforschen.

Der begehrteste Ausflug in der Region Kuttanad ist die Ganztagsfahrt **zwischen Kollam und Alappuzha**. Viele Privatleute bieten ihre Dienste an, doch die größten sind die tgl. abwechselnd verkehrenden Doppeldeckerschiffe der ATDC und des DTPC (s. S. 124 bzw. S. 128). Sie fahren tgl. sowohl in Kollam als auch in Alappuzha um 10.30 Uhr ab (Check-in ist um 10 Uhr). Tickets kosten Rs300 und können im Voraus oder am Abfahrtstag an den ATDC/DTPC-Schaltern, bei Reisebüros und in einigen Hotels gekauft werden. Beide Gesellschaften legen während der achtstündigen Fahrt drei Stopps ein, darunter einen zum Mittagessen und einen weiteren am berühmten **Mata Amritananda Math** in Amritapuri, dem Ashram der berühmten „umarmenden Heiligen" Keralas, Amma, etwa drei Stunden nördlich von Kollam.

Praktische Tipps

Es ist nicht jedermanns Sache, mit vielen anderen Touristen zusammen in einem Boot zu sitzen, während Horden von Kindern sich um die Boote drängen und „One pen, one pen!" brüllen. Eine Alternative ist es, über den DTPC oder die ATDC für etwa Rs300 pro Std. ein 4- bis 6-sitziges Motorboot zu chartern. Außerdem kann man ab Rs250 pro Std. auch ein langsameres und schwerfälligeres Doppeldeckerboot mieten.

Dorftouren und Kanus

Ganz abgesehen von der Belastung für das Ökosystem der Backwaters, die von den Hausbooten ausgeht, sind die meisten auch viel zu breit, um sich durch die schmaleren Wasserwege zwischen den kleinen Dörfern zu zwängen. Um diese idyllischen, abgelegenen Gegenden zu erreichen, sollte man deshalb ein **gestaktes Kanu** mieten. Aufgrund der geringeren Geschwindigkeit kann man natürlich nicht so große Distanzen zurücklegen, aber das Erlebnis ist entsprechend intensiver. Es werden auch größer angelegte **Dorftouren** in der Region Kuttanad angeboten, bei denen man Kokosbastmachern, Reisbauern und Schiffsbauern bei der Arbeit zusehen und in einem traditionellen keralischen Dorf eine Mahlzeit einnehmen kann.

Kettu vallam (Hausboote)

Wer immer die Idee hatte, Touristen auf alten Reisbooten, den *kettu vallam,* durch die Backwaters zu schippern, hätte sich wohl nie träumen lassen, dass 20 Jahre später mehr als 600 dieser Boote auf den Wasserwegen von Kuttanad kreuzen. Diese Hausboote aus dunklem, geöltem Jackbaumholz mit

Schutzdächern aus geflochtenen Palmwedeln und Kokosbast stellen heute eine wichtige Einnahmequelle dar, und fast jede Unterkunft scheint eines zu besitzen. Fast 500 sind allein in Alappuzha stationiert, und die nobelsten haben AC-Zimmer, Breitbildfernseher auf dem Teakholz-Sonnendeck, importierten Wein im Kühlschrank und Whirlpools. Eines dieser Boote, das *Vaikundam,* verfügt über zehn Schlafzimmer und lichtet erst ab Rs100 000 die Anker. Am anderen Ende der Preisskala stehen schnörkellose Transportboote mit lauten Dieselmotoren, engen Schlafzimmern und nur minimalen Waschmöglichkeiten.

Was man für seine Hausboottour bezahlt, hängt von einigen Faktoren ab. Größe und Qualität von Boot und Einrichtung, Zahl und Ausstattung der Schlafzimmer und vor allem auch die Jahreszeit sind dabei entscheidend. Über Weihnachten und Neujahr verdoppeln sich die **Preise**, während des Monsuns fallen sie um die Hälfte. Normalerweise ist jedoch Anfang Dezember oder Mitte Januar Rs6000–15 000 der normale Preisrahmen für eine Fahrt auf einem Boot mit zwei Schlafzimmern mit AC und mit richtigem Bad, inkl. dreier Mahlzeiten. Die Fahrzeiten sind sorgfältig kalkuliert, um Treibstoff zu sparen. Eine Tour sollte mindestens 22 Std. dauern, auch wenn man dann nicht erwarten kann, die gesamte Zeit unterwegs zu sein. Nach Sonnenuntergang ist das Boot am Flussufer vertäut, wahrscheinlich am Rand des Ortes, in dem die Tour begonnen hat.

Wer sich für ein umweltfreundlicheres **gestaktes *kettu vallam*** entscheidet, spart eine Menge Geld und tut dem fragilen Ökosystem einen großen Gefallen. Mit der traditionellen Form der Fortbewegung der Reisboote ist man natürlich viel langsamer unterwegs. Dafür sind solche Fahrten viel ruhiger und entspannender und somit gut für die Beobachtung von Tieren.

Es gibt Hausbootbetreiber in Kollam und Kumbakonam, die meisten jedoch in Alappuzha, wo die Preise am niedrigsten sind, der Verkehr auf den schönen Strecken aber auch am dichtesten ist. Wer Interesse hat, sollte sich zunächst

Kerala

einen Tag lang umsehen (der Besitzer des Gästehauses oder Hotels ist ein guter erster Anlaufpunkt) und auf jeden Fall vor der Fahrt das Boot in Augenschein nehmen. Außerdem sollten die Vereinbarungen schriftlich festgehalten werden und ein Teil der Gebühr erst am Ende der Tour beglichen werden, für den Fall, dass es Probleme gibt.

Empfohlene Betreiber sind z. B.: **Lakes and Lagoons**, ✆ 0477/223 6181, 💻 www.lakeslagoons.com, **River Goddess Houseboats**, ✆ 9847/846441, 💻 www.rivergoddesshouseboats.com, und **The Nest Houseboat**, ✆ 0477/2245825 oder 9961/466399, 💻 www.johnsonskerala.com.

Fährboote

Die Reisboote sind vielleicht die bequemste Art und Weise, die Backwaters zu erkunden, aber einen viel lebendigeren Eindruck vom Leben in der Region vermittelt eine Fahrt mit einer der Fähren, die die Städte und Dörfer miteinander verbinden. Besonders zu empfehlen ist die Fahrt **von Alappuzha nach Kottayam** (Abfahrt 7.30, 9.35, 11.30 und 17.15 Uhr, 2 1/2 Std.; Rs10) über weite Lagunen und durch enge Kanäle, vorbei an Kokospalmenwäldchen und Inseln. Wer sich einen Platz mit guter Aussicht sichern möchte, sollte früh kommen.

Außerdem verkehren zahlreiche Fährboote auf anderen Strecken, bei denen man beliebig ein- und aussteigen kann, obwohl es oft schwierig ist, die Besonderheiten der Fahrpläne und die Ortsnamen auf Malayalam ohne die Hilfe der Touristeninformationen zu entschlüsseln. Gute Ziele ab Alappuzha sind Neerettupuram, Kidangara und Chambakulam. Alle werden regelmäßig von Fähren angefahren. Eventuell ist ein- oder zweimaliges Umsteigen erforderlich, wobei sich Gelegenheit zur Erkundung der örtlichen Cafés und Schnapsläden bietet – was das Ganze natürlich noch interessanter macht. Auf jeden Fall sollten ein Sonnenhut und viel Wasser mitgenommen werden.

Umweltprobleme

Das **Afrikanische Moos**, das oft die Oberfläche schmalerer Wasserwege bedeckt, sieht vielleicht ganz hübsch aus, ist jedoch auch Ausdruck der zahlreichen, ernsten **Umweltprobleme**, unter denen die Region mittlerweile zu leiden hat, denn die Bevölkerungsdichte ist zwei bis vier Mal so hoch wie die anderer Küstengebiete Südindiens. Sie hat dazu geführt, dass dem Boden mehr abverlangt werden muss, was zum vermehrten Einsatz von Düngemitteln führt, die schließlich ins Wasser gelangen und das Moos entstehen lassen. Die größte Bedrohung geht jedoch von illegalem Bodengewinn durch **Trockenlegung** aus. Innerhalb von etwas über hundert Jahren ist die Gesamtwasserfläche von Kuttanad um zwei Drittel geschrumpft, und die Mangrovensümpfe sowie der Fischbestand sind aufgrund von Umweltverschmutzung und der Ausbreitung von Städten und Dörfern am Rande der Backwater-Region stark zurückgegangen.

Leider leistet inzwischen auch der **Tourismus** seinen Beitrag zur Verschärfung dieser Problematik, denn die hiesigen Gewässer werden von kaum sichtbaren Ölfilmen belastet, die von den motorisierten Fähren und Hausbooten zurückgelassen werden. Als Folge davon sterben noch mehr Fische, und die Zahl der Vogelarten in der Region ist um mehr als die Hälfte zurückgegangen.

Ambassador, KK Rd, ✆ 0481/256 3293. Solide, altmodische günstige Unterkunft im Nordosten der Stadt, etwas abgenutzt, aber sauber. AC kostet Rs75 extra, die *air-cooler* sind jedoch laut. ❷–❹

Akkara, Mariathuruthu, ✆ 0481/251 6951, 💻 www.akkara.in. Privatunterkunft an einer Biegung des Flusses Meenachil 5 km nordwestlich von Kottayam. Sie bietet traditionelle Architektur, komfortable Zimmer mit Möbeln aus den 1930–50er-Jahren und wunderbare syrisch-christliche Küche in idyllischer, typisch keralischer Lage. Zu erreichen per Straße oder Einbaum-Kanu. ❼–❽

Arcadia, TB Rd, ✆ 0481/256 9999, 💻 www.arcadiahotels.net. Das beste Hotel der Stadt im höchsten Gebäude von Kottayam, einem weißen, eckigen Hochhaus etwas südlich des Zentrums. Von innen sieht das Ganze besser aus, und die Zimmer, besonders die „standard doubles", bieten ein sehr gutes Preis-Leistungs-Verhältnis. Außerdem gibt es im 14. Stock einen fantastischen Dachpool sowie ein Restaurant (Déjà Vu) und eine Bar (Fahrenheit). ❻–❼

GK's Riverview, Thekkakarayil, Kottaparambil, bei Pulikkuttssery, 4 km auf dem Wasser von Kumarakom, ✆ 0481/259 7527 oder 9447/197527, 💻 www.gkhomestay-kumarakom.com. Preisgekrönte Privatunterkunft tief in den Backwaters zwischen Kottayam und Kumarakom. 4 komfortable Gästezimmer in einem separaten Gebäude hinter dem Wohnhaus der Familie mit Blick auf Reisfelder. Gäste werden in Kottayam abgeholt. ❻

Essen

Anand, Anand Lodge, KK Rd, beim Hauptplatz. Köstliche, frisch zubereitete vegetarische *thalis*. Der AC-Familienspeisesaal ist der entspannendere der beiden Flügel, und die Gerichte kosten hier nur Rs10 mehr.

Meenachil, beliebtes Restaurant des Homestead, sehr gute nicht-vegetarische Kerala-Küche wie Hühnchencurry nach Kuttanad-Art, außerdem Tandoori-Gerichte, chinesische Entengerichte und keralische „meals" (Rs50 vegetarisch, Rs60 nichtvegetarisch).

Sonstiges

Geld

Der beste Anlaufpunkt zum Geldwechseln ist die **Canara Bank** in der KK Road.

Um den Hauptplatz herum gibt es mehrere Geldautomaten.

Informationen

DTPC, winzige Touristeninformation am Anleger, ✆ 0481/256 0479, ⏲ tgl. 9–17 Uhr.

Internet

Zugang bietet **Intimacy**, unmittelbar nördlich vom KSRTC-Busbahnhof in der KK Rd (Rs30 pro Std.).

Transport

Busse

Kottayams **KSRTC-Busbahnhof**, 500 m südlich der Innenstadt an der TB Rd (nicht zu verwechseln mit dem Privatbusbahnhof an der MC Rd), stellt eine wichtige Haltestelle entlang der Route von und zu Hauptreisezielen Südindiens dar. 4 der zahlreichen, tgl. verkehrenden Busse nach KUMILY / PERIYAR (3–4 Std.) fahren weiter nach MADURAI in Tamil Nadu (7 Std.). Außerdem gibt es regelmäßige Verbindungen mit Thiruvananthapuram, Kollam und Ernakulam.

Eisenbahn

Am Bahnhof (2 km nördlich der Innenstadt) halten zahlreiche Züge auf dem Weg nach Thiruvananthapuram und zu weiter nördlich gelegenen Zielorten.

Schiffe

Fähren aus Alappuzha und anderen Orten legen am Bootshafen 2 km südlich der Stadt an. Näheres zu Backwater-Touren s. S. 1130.

Periyar Wildlife Sanctuary und Cardamom-Berge

Das Periyar Wildlife Sanctuary ist einer der größten Nationalparks Indiens. Er umfasst ein 777 km^2 großes Gelände der Cardamom-Berge in den Westghats. Die meisten Besucher kommen in der Hoffnung, **wilde Elefanten** oder sogar **Tiger** zu sehen, die das Ufer des Stausees im Herzen des Naturreservats bevölkern. Jeden Tag befördern Safariboote Hunderte von Tagesausflüglern über den großen, labyrinthischen See; die Wahrscheinlichkeit, die Tiere zu Gesicht zu bekommen, ist während der Trockenzeit im April am größten. Während der restlichen Zeit des Jahres sind wilde Tiere hingegen seltener anzutreffen, als es die Berühmtheit des Parks suggeriert.

Da der Park nur einige Fahrstunden von den Küstenstädten Keralas und von Madurai in Tamil Nadu entfernt liegt, zählt er zu den meistbesuchten Naturschutzgebieten Indiens und lockt in den Ferienzeiten Tausende Besucher an. Dank der veralteten Infrastruktur des Parks ist es inzwischen jedoch schwierig, die steigenden Besucherzahlen zu bewältigen. Wie schlecht man auf den Zustrom eingestellt ist, zeigte sich in brutaler Deutlichkeit im September 2009, als ein Ausflugsboot auf dem See kenterte und 45 Touristen ertranken. Seit dem sogenannten Thekkady-Desaster sind strenge Auflagen erlassen worden, aber die Gesamtsituation bei den Bootssafaris hat sich nicht verbessert. Die meisten ausländischen Besucher verlassen den Park enttäuscht –weil es so wenige Tiere zu sehen gibt und weil das Umfeld des Parks so stark kommerzialisiert ist.

Trotz allem lohnt ein Besuch in Periyar, wenn man bereit ist, durch die Wälder zu wandern. Elefanten, Sambars, Malabar-Hörnchen, Gaure, Indische Mungos und Wildschweine sind in den tief im Park verborgenen Bereichen immer noch häufig zu sehen, wo es auch eine reiche Vogelpracht gibt.

Attraktiv ist auch der gern beworbene Aspekt des **Ökotourismus** im Park. Damit sich die ortsansässigen Manna ihren Lebensunterhalt nicht mit Wilderei und illegalem Sandelholzabbau verdienen müssen, werden sie vom Forstministerium angestellt, um besonders empfindliche Teile des Schutzgebietes zu schützen. Programme wie „Border Hiking"-, „Tiger Trail"- und „Jungle Patrol"-Touren, bei denen Besucher die Stammesangehörigen bei ihrer Arbeit begleiten, fördern nicht nur den Wohlstand der Gemeinschaft, sondern bringen gleichzeitig Geld für die Naturschutzarbeit ein.

Wer eine der beliebten Ökotourismus-Touren buchen möchte, muss die Thekkady Road hinunter zum **Eco-Tourism Centre** an der Ambadi Junction laufen, ✆ 04869/224571, 🕓 tgl. 9–20 Uhr, letzter Ticketverkauf 19.30 Uhr. Noch besser ist es, im Voraus zu buchen.

Außerdem wartet die Umgebung von Periyar mit zahlreichen Gelegenheiten für interessante Tagesausflüge auf, z. B. zu **Gewürzplantagen** und einem **Elefantencamp**, sowie mit Wandermöglichkeiten in den umliegenden Bergen und Wäldern. Es ist hier zudem erheblich kühler als unten an der feuchten Küste, und viele Reisende freuen sich darüber, der Hitze ein wenig entfliehen zu können.

Das Periyar Wildlife Sanctuary liegt in luftiger Höhe von 900–1800 m, wo die Temperaturen zwischen 15 und 30 °C betragen. Das Schutzgebiet konzentriert sich gut 100 km östlich von Kottayam um einen großen **See**, den die Briten 1895 anlegten, um die trockeneren Teile des benachbarten Tamil Nadu, d. h. die Umgebung von Madurai, mit Wasser zu versorgen. Die Königsfamilie von Travancore, darauf bedacht, ihr beliebtestes Jagdgebiet vor den sich ausbreitenden Teeplantagen zu retten, ernannte das Gelände zum Waldreservat und ließ 1899 zur Unterbringung ihrer Gäste den Edapalayam Lake-Palast erbauen. 1933 wurde die Fläche erweitert und zum Tierschutzgebiet ernannt. 1979, als Periyar Teil des **Projekt Tiger** wurde, kam erneut etwas Gelände hinzu (s. S. 953).

70 % des Schutzgebietes, das in ein Kerngelände, eine Puffer- und eine Touristenzone eingeteilt wurde, ist mit immergrünem und regengrünem Wald bedeckt. Die Besuchern zugängliche **Touristenzone** umgibt den See und besteht überwiegend aus Wald auf Hügeln und in Tälern, hier und da von Grasflächen unterbrochen. Viele Leute begnügen sich mit einer Fahrt auf dem See (entweder in Booten mit Dieselmotor oder auf gepaddelten Bambusflößen), doch lohnender ist eine **Wanderung** in Begleitung eines ortskundigen Führers abseits der Massen. Die Zeit direkt nach dem Monsun sollte man allerdings meiden, denn dann wimmelt es von **Blutegeln**, die das Wandern praktisch unmöglich machen.

Um in das Naturschutzgebiet zu gelangen, muss man den Ort **Kumily** anlaufen, 1,5 km nördlich des Parkeingangs bei **Thekkady**.

Kumily

Da es in dem Naturschutzgebiet nur wenige Übernachtungsmöglichkeiten gibt, übernachten die meisten Besucher in der Kleinstadt Kumily, einem typischen Bergort in der High Range rund um einen hektischen Straßenmarkt, etwa 1 km nördlich von **Thekkady**, dem Haupteingang zum Park. In den vergangenen Jahren haben sich die Hotels und die Läden mit Kunsthandwerk aus Kashmir fast bis zum Parkeingang ausgebreitet, und der Tourismus ist heute neben dem Gewürzhandel die Haupteinkommensquelle des Ortes.

Fast jedes Geschäft in der Hauptstraße verkauft Kräuter aus der Gegend, ätherische Öle und Gewürze.

In einem Innenhof hinter dem Hotel Spice Village befindet sich die wichtigste **Kardamom-Sortierung** der Region. Hier sieht man Stammesfrauen die duftenden grünen Körner in herzförmige Körbe sortieren.

Übernachtung

In Kumily gibt es Übernachtungsmöglichkeiten für jeden Geldbeutel. Ein besonders gutes Preis-Leistungs-Verhältnis findet man in einigen kleinen privaten Gästehäusern an den Orts_ rändern. Die drei staatlichen Unterkünfte im Nationalpark selbst sind entweder lächerlich überteuert oder schäbig (oder beides) und daher hier nicht aufgeführt.

Bamboo Grove, ✆ 04869/224571, 💻 www.periyartigerreserve.org. Diese Ökolodge zwischen dem Markt von Kumily und den Parktoren ist Teil des Ökotourismusprojekts des Forstministeriums und bietet geräumige Hütten mit Bad aus erneuerbaren natürlichen Materialien; das Personal setzt sich aus Angehörigen örtlicher indigener Minderheiten zusammen. Die Lage ist bei Weitem nicht so schön, wie es die Werbebroschüre vorgaukelt; jedoch sind in den Übernachtungspreisen Frühstück, Dschungelwanderungen und Bootstrips inbegriffen, sodass am Ende ein guter Deal herauskommt. ❺

Blue Mangoes, Bypass Rd, ✆ 04869/224603 oder 9744/995253. Einfache Zimmer mit Bad, Außensitzbereichen und Balkonen in einem sehr sauberen modernen Gebäude, außerdem gibt's ein größeres Familiencottage. Sehr günstige Preise, gute Betten und ruhige Lage. Der Betreiber Bobby spricht sehr gut Englisch. ❷–❸

Chrissie's, Bypass Rd, ✆ 04869/224155 oder 9447/601304, 💻 www.chrissies.in. Schickes 4-stöckiges Hotel unterhalb des Basars. Teurer als die meisten Privatunterkünfte in der Gegend, dafür aber mit mehr Ruhe und besseren Ausblicken sowie einer entspannenden, heimeligen Einrichtung. Tolle Yoga-*shala* auf dem Dach und beliebtes Café-Restaurant im Erdgeschoss (s. S. 1136.). ❺–❻

Green View, Bypass Rd, ✆ 04869/211015 oder 9447/432008, 💻 www.sureshgreenview.com. Eine der beliebtesten Privatunterkünfte in Kumily in einem neueren Haus abseits der Thekkady Rd. Es gibt 17 Zimmer, von einfachen für Rs350 mit warmem Wasser aus dem Eimer bis zu großen mit Bad, solarbeheizten Duschen und Balkon mit Ausblick über das Tal zum Berg Kurusamalai. Der hübsche Garten hinterm Haus lockt vielerlei Vögel an. Falls es voll ist, bietet sich das Rose Garden, ✆ 04869/223146, nebenan an; ähnliche Preise. ❸–❺

Kairali Palace, Bypass Rd, ✆ 04869/224604 oder 9895/187789. Sehr attraktive Privatunterkunft in einem Gebäude, das eine Mischung aus Tradition und Moderne darstellt, mit Giebeldächern und Holzgeländern um die luftige Terrasse im 1. Stock. Die Zimmer mit Bad sind hervorragend ausgestattet für den Preis. ❹

Mickey's, Bypass Rd, ✆ 04869/222196 oder 9447/284160. Eines der ältesten Gästehäuser in Kumily bietet verschiedene Zimmer und Cottages, alle mit Balkon oder Außensitzbereich. ❸–❹

Mundakal Cottage, Thamarakandam Rd, ✆ 04869/223317 oder 9447/980924. Die Traveller-Privatunterkunft von Philip und Mariyamma Mundakal an einer Seitengasse der Bypass Road bietet 6 blitzsaubere Zimmer in ruhiger Lage abseits des trubeligen Basars. Die besten befinden sich im neueren Gebäude, mit bequemen Holzbetten, guten Matratzen und gefliesten Böden. ❸–❹

Direkt am Dschungel

Jungle View, am östlichen Ortsrand, ✆ 04869/223582 oder 9446/136407, ✉ jungleview8@yahoo.com. Der beste Deal unter den Budgetprivatunterkünften in Kumily, 10 Min. zu Fuß (bzw. eine kurze Rikschafahrt) vom Busbahnhof entfernt. Saubere, helle, gemütlich eingerichtete Zimmer mit Bad. Die Zimmer oben gehen hinaus auf eine Veranda mit Marmorboden, nur wenige Meter weiter beginnt der Dschungel. Der freundliche Gastgeber, Mr. Ramachandran, bietet kostenlose nächtliche Waldspaziergänge zur Tierbeobachtung. ❹–❺

Essen

Die meisten Reisenden essen zwar in ihrem Gästehaus oder Hotel, aber für etwas Abwechslung sorgen die folgenden Restaurants in Gehnähe zum Basar:

Ayur, Westseite des Hauptmarktes. Sehr gute südindische *thalis* (Rs75), jeden Tag frisch zubereitet und von einem Buffet auf einem Bananenblatt serviert. Der Laden ist hygienischer und weniger chaotisch als die Konkurrenz an der Hauptstraße. Das Restaurant Ginger im Obergeschoss ist die schickere AC-Alternative mit einer umfassenden Karte mit indischen, chinesischen und europäischen Gerichten.

Chrissie's Café, Bypass Rd. Entspannendes, von Ausländern geführtes Café im Erdgeschoss des gleichnamigen Hotels, den ganzen Tag und Abend gut gefüllt mit ausländischen Reisenden. Es gibt köstliche Pizzas mit Kodai-Mozzarella (Rs150–200); Tagesangebote beachten! Außerdem wird gesundes Frühstück mit Müsli, frischem Obst, knusprigen Frühstücksflocken, Toast aus hausgemachtem Brot und Kuchen gereicht, dazu gibt es tollen Kaffee. Etwa Rs300 p. P.

Hot Cochin Bake House, Main Bazaar. Das beste einer Reihe von eher weniger beeindruckenden „meals"-Lokalen auf der Ostseite der Hauptstraße nicht weit vom Busbahnhof. Besonders beliebt mittags wegen des köstlichen Fischcurry-*thali,* serviert auf Porzellantellern statt wie üblich auf Blechtabletts oder Blättern.

Pepper Garden Coffee House, Thamarkandam Rd. In einem Garten voller Kardamom-Büsche hinter einem hübschen blaugrünen Haus gibt's verlockendes Frühstück (Dattel-Rosinen-Pfannkuchen, Porridge mit Waldhonig, frischen Kaffee und Nilgiri-Tee), außerdem Mittagessen (vegetarische Reispfannen, Currys und *dhal*), zumeist mit Zutaten aus biologischem Anbau. Hauptgerichte Rs35–100.

Wildernest, Thekkady Rd. Café im Erdgeschoss eines stilvollen kleinen Hotels. Sättigendes europäisches Frühstücksbuffet (Obst, Säfte, Frühstücksflocken, Eier, Toast, Erdnussbutter, hausgemachte Marmelade und frisch gemahlener Kaffee; Rs130). Nachmittags gibt es außerdem Tee und Kuchen (z. B. warmen Pflaumenkuchen).

Sonstiges

Geld

Die **State Bank of Travancore** (mit Geldautomat), nahe dem Busbahnhof, und die **Thekkady Bankers** im Hauptbasar wechseln Bargeld und Reiseschecks.

Internet

Mehrere Anbieter konzentrieren sich in der Umgebung der Thekkady Junction und verlangen ca. Rs40 pro Std.

Touren

Neben Ausflügen in das Wildschutzgebiet, einem der besten Indiens für die Beobachtung von Elefanten, sind **Touren zu Teefabriken und Gewürzplantagen** die Hauptattraktion dieser Gegend. Alle Hotels und Reisebüros in Kumily bieten ähnliche Touren an. Leider sind einige Veranstalter infolge des hohen Andrangs inzwischen sehr kommerziell und teuer geworden, sodass man sich erst ein wenig umschauen sollte.

Oft ist die beste Art, eine Tour zu arrangieren, im Hotel zu fragen. Der einzige zertifizierte Gewürzgarten der Gegend, und ein besonders netter, ist **Aroma** in Chelimada, einen kurzen Spaziergang westlich von Kumily an der Straße nach Kottayam; der Besitzer, Mr. Sebastian („Baby"), ist telefonisch zu erreichen unter ✆ 9495/367837. Der übliche Preis für eine dreistündige Tour mit Führer und Fahrzeug liegt bei Rs300–500 p. P.

Auf den windigen, grasbewachsenen Bergkuppen und in den Wäldern um Periyar gibt es viele schöne Wandermöglichkeiten mit tollen Ausblicken über die High Range. Ein besonders schöner Halbtagesausflug ist die Wanderung auf den **Kurusamalai** (3 Std.), den Berg im Nordwesten von Kumily, dessen Gipfel ein Heiliges Kreuz krönt. Da sich der Gipfel innerhalb des Nationalparks befindet, darf man nur unter Federführung des Eco-Tourism Centre (S. 1134) hinaufwandern; das Centre vermarktet die Wanderung als „Cloud Walk" (Rs300).

Trotz der Berge ist die Gegend auch ein gutes Radfahrgebiet. Mehrere Stände auf dem

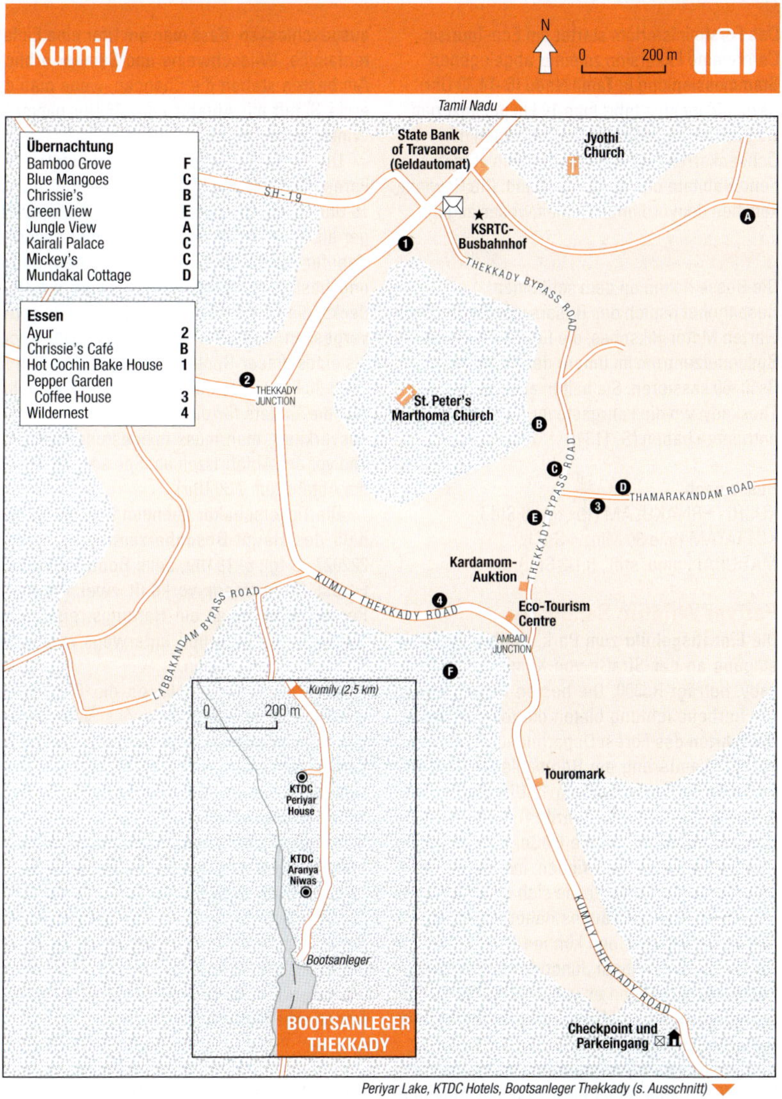

Markt vermieten Fahrräder; Touromark, ✆ 04869/ 224332, 💻 www.touromark.com, auf halbem Weg zwischen Kumily und Thekkady, hat Mountainbikes mit 21 Gängen importiert. Sie bieten auch geführte Touren an: von 4-stündigen, 15 km langen Touren durch die Gewürzgärten, Kaffeeplantagen und Wälder der Umgebung bis zu 4-Tages-touren über die Cardamom Hills nach Munnar.

Das Forstministerium startet am Eco-Tourism Centre eine Exkursion zu einer abgelegenen Stammessiedlung in Tamil Nadu (6–14.30 Uhr; Rs750). Zunächst fährt man 10 km per Taxi zum Beginn der eigentlichen Strecke, dann per Ochsenkarren und Flechtboot durch verschiedene Habitate und über Ackerland. Die Gewinne kommen dem örtlichen Gemeinwesen zugute.

Transport

Die Busse halten an dem schäbigen Busbahnhof östlich des Basars von Kumily. Dort warten Motor-Rikschas, die für die Fahrt zum Besucherzentrum im Innern des Parks ca. Rs50–60 kassieren. Sie halten am Parkeingang Thekkady, wo die Fahrgäste ihr Eintrittsgeld zu entrichten haben (S. 1134).

Busse nach:
KOCHI / ERNAKULAM (10x tgl., 6 Std.),
KOTTAYAM (alle 30 Min., 4 Std.),
MADURAI (mind. stdl., 5 1/2 Std.).

Periyar Wildlife Sanctuary

Die **Eintrittsgebühr** zum Park, zahlbar am Parkeingang an der Straße von Kumily nach Thekkady, beträgt Rs300. Die besten Möglichkeiten zur Tierbeobachtung bieten die tollen **Bambusfloßfahrten** des Forest Department, die mit einer kurzen Wanderung am Bootsanleger um 8 Uhr morgens beginnen und um 17 Uhr enden; mindestens drei Stunden werden dabei auf dem Wasser verbracht. Da die Flöße, auf denen vier bis fünf Personen Platz finden, mit Paddeln fortbewegt werden, können sie sich den Tieren und Vögeln am Seeufer lautlos nähern. Die Fahrten kosten Rs1000 p. P. und können im Eco-Tourism Centre an der Ambadi Junction (s. S. 1134) gebucht werden. Wenn es voll ist, sind die Tickets schnell vergriffen – also so weit wie möglich im Voraus reservieren!

Die normalen **Bootstouren** sind zwar erheblich billiger, aber es ist ein ziemlicher Aufwand, ein Ticket dafür zu ergattern, und die Fahrten selbst können sich als herbe Enttäuschung herausstellen. Denn von den Booten aus wird man kaum Tiere beobachten können – dies verhindern der Motorenlärm und die Gesellschaft von Dutzenden Menschen an Bord. Doch es ist nicht ausgeschlossen, dass man am Ufer eine Elefantenfamilie, Wildschweine und Sambar erblickt. Am besten stehen die Chancen, wenn man das erste Schiff mit Abfahrt um 7.30 Uhr nimmt (im Winter warme Kleidung ratsam).

Die besten Bootstouren veranstaltet das Forest Department (Abfahrt 7.30, 11.30, 13 und 16 Uhr; Rs40). Die Boote sind kleiner und schäbiger als die KTDC-Boote, können aber näher ans Seeufer (und damit an die Tiere) heranfahren und besitzen außerdem als einzige ein Oberdeck – die Plätze im Unterdeck kann man getrost vergessen. Seit dem Unglück von 2009 jedoch, als eines dieser Boote kenterte, dürfen sich nur noch 20 Fahrgäste auf dem Oberdeck aufhalten, und die Tickets für die Plätze oben sind schnell ausverkauft; man muss mindestens zwei Stunden vor der Abfahrtszeit am See sein (90 Min. für die Abfahrt um 7.30 Uhr).

Die Ticketschalter befinden sich gleich oberhalb des Haupt-**Besucherzentrums**, ✆ 04869/ 222027, ⏲ tgl. 6–18 Uhr, beim Bootsanleger. Das Forest Department verkauft zwei Plätze pro Person. Man muss ein Haftungsfreistellungsformular ausfüllen und unterwegs immer eine Schwimmweste tragen.

Während man – falls es die Blutegel erlauben – in der Umgebung des Nationalparks frei herumspazieren kann, wird der Zugang zum Parkgebiet selbst vom Forest Department streng kontrolliert. Das ins Gemeinwesen vor Ort eingebundene Ökotourismus-Programm des Ministeriums bietet eine Vielzahl von unterschiedlichen **Wanderungen** an, von kurzen Spaziergängen bis zu dreitägigen Expeditionen, die alle von Angehörigen des Manna-Stammes geführt werden. Tickets hierfür sollten im Voraus im Eco-Tourism Centre an der Ambadi Junction (S. 1134) gekauft werden, wo auch Broschüren zu den einzelnen Touren erhältlich sind.

Munnar und Umgebung

Die 130 km östlich von Kochi und 110 km nördlich (4 1/2 Busstunden) des Periyar Wildlife Sanctuary gelegene Stadt Munnar ist das Zentrum von Keralas wichtigster Teeanbauregion. Die Stadt ist eine schäbige Ansammlung von wellblech-

Der Ayappa-Kult

Im Dezember und Januar machen sich riesige Gruppen von Männern in schwarzen *dhotis* auf den Weg zum **Sri Ayappa-Waldtempel** (auch Hariharaputra oder Shasta genannt) von Sabarimala in den Westghats, rund 200 km sowohl von Thiruvananthapuram als auch Kochi entfernt. Die Ayappa-Anhänger können recht lautstark sein, wenn sie in Sprechgesängen nach Art englischer Fußballfans „Swamiyee Sharanam Ayappan" („Beschütze uns, Gott Ayappa!") intonieren.

Ayappa – das Produkt einer Vereinigung von Shiva und Mohini, Vishnus schöner weiblicher Inkarnation – ist zwar in erster Linie eine keralische Gottheit, doch seine Beliebtheit ist in den letzten 30 Jahren in ganz Südindien dermaßen sprunghaft angestiegen, dass es sich inzwischen um den größten Pilgerzug der Welt handeln soll, dem sich alljährlich 40–50 Millionen Gläubige anschließen. Die Pilger allerdings müssen sexuell abstinent bleiben, dürfen 41 Tage vor dem Beginn des viertägigen Marsches durch den Wald von dem Dorf Erumeli (61 km Luftlinie nordwestlich) zum **Heiligtum bei Sabarimala** keine Rauschmittel zu sich nehmen und müssen eine strikt vegetarische Diät einhalten. Weniger strenge Anhänger nehmen den Bus zum Dorf Pampa und schließen sich dort der 5 km langen Menschenschlange an. Bei der Ankunft an der modernen Tempelanlage inmitten des Dschungels ist es nur den Wallfahrern, die sich der notwendigen Vorbereitung unterzogen haben, erlaubt, die berühmten 18 goldenen Stufen zum innersten Heiligtum zu erklimmen. Sie bezeugen ihre Verehrung, indem sie Spenden in eine Art Schütte mit unterirdischem Auffang werfen, wo das Geld gezählt und in Säcke gepackt wird.

Die Wallfahrt erreicht ihren Höhepunkt beim **Makara Sankranti-Fest**, zu dem sich gigantische Pilgermassen in Sabarimala versammeln. Am 14. Januar 1999 wurden 51 Gläubige lebendig begraben, als die Massen einen Erdrutsch verursachten. Sie hatten sich in der Abenddämmerung eingefunden, um einen Blick auf die letzten Strahlen des *makara jyoti* (göttlichen Lichtes) über dem in der Ferne sichtbaren Hügel Ponnambalamedu zu werfen.

Männer aller Altersgruppen und sogar jeglicher Religion können an der Wallfahrt teilnehmen, doch weiblichen Wesen zwischen 9 und 50 Jahren ist dies verwehrt.

gedeckten Hütten und Teefabriken, und das Stadtzentrum auf dem Talgrund wird der touristischen Vermarktung als Hill Station in keinster Weise gerecht. Aber es gibt in den umliegenden Bergen viel Schönes zu entdecken: Die niedrigeren Hänge sind mit üppigen Teeplantagen überzogen und mit urigen alten Kolonialbungalows gespickt. Darüber erheben sich die grasbewachsenen Bergrücken und die Felsspitzen der High Range – zu der auch der höchste Gipfel Südindiens, der **Ana Mudi** (2695 m), zählt – mit tollen Wanderwegen, von denen sich viele für Tageswanderungen ab Munnar anbieten.

Es ist unschwer zu sehen, weshalb sich die schottischen Pflanzer-Pioniere, die dieses versteckte Tal in den 1870er- und 1880er-Jahren erschlossen, sich hier wie zu Hause fühlten. Die in rund 1600 m Höhe gelegene Stadt besitzt ein erfrischendes Klima mit kalten Morgen und sonnigem blauem Himmel im Winter und heftigen Regenfällen während des Monsuns.

Munnars Grün und die frische Luft ziehen hauptsächlich gut betuchte Flitterwöchner und Wochenendausflügler aus den Metropolen Südindiens an. Es machen hier aber auch immer mehr Ausländer ein paar Tage Halt. Sie wählen die atemberaubende Busfahrt von Periyar, die über die Hochpässe und durch die Tropenwälder der Cardamom-Berge führt, oder die gleichermaßen spektakuläre Anreise über die Ghats von Madurai, um herzugelangen.

Munnar

Munnar liegt am Zusammenfluss dreier Bergbäche und ist ein typischer Ort rund um einen Bergmarkt mit planloser Besiedlung und überfüllten Marktstraßen – die meisten zieht es so schnell wie möglich von hier fort. Die einzige

Sehenswürdigkeit ist das **Teemuseum**. Es liegt 2 km nordwestlich des Zentrums an der Nallathany Rd und beherbergt zahlreiche technische Gerätschaften und eine Fotoausstellung zur Geschichte der Teeproduktion in der Region. ◷ Di–So 9–16 Uhr, Eintritt Rs50.

Der berühmte **High Range Club**, zur Kolonialzeit das Zentrum des sozialen Lebens der Gegend und heute eine wichtige kulturelle Ikone, liegt oberhalb des Flusses am südöstlichen Stadtrand. Inder durften den Club offiziell erst ab 1948 betreten, aber heute dürfen Nicht-Mitglieder jedweder Herkunft das typische Kolonialgebäude besuchen, vielleicht um eine Runde Golf zu spielen oder um sich von den uniformierten Bediensteten auf dem Rasen einen Gin Tonic servieren zu lassen. In der ausschließlich Männern vorbehaltenen Bar zieren Jagdtrophäen und Tropenhelme die Wände. Im ganzen Club gelten Bekleidungsvorschriften: keine T-Shirts und Sandalen, samstags ab 19 Uhr formelle Abendkleidung.

Die Umgebung

Einige der Berggipfel rund um die Stadt sind im Rahmen von **Tageswanderungen** durch die Teeplantagen zu erreichen. Eine erste gute Anlaufstelle für Informationen ist das Gästehaus Green View im Süden der Stadt (s. S. 1141), dessen Betreiber, Deepak, ✆ 04865/230940, 💻 www.munnartrekking.com, eine Gruppe von engagierten jungen Bergführern leitet. Die Preise liegen bei Rs400–500 p. P. für einfache Wanderungen und Rs500–800 für längere, schwierigere Treks, jeweils inkl. Transport zum Ausgangspunkt. Die **Kerala Forest Development Corporation (KFDC)**, 💻 www.kfdc.org/ecotourism.asp, bietet ebenfalls geführte Wanderungen in der Umgebung von Munnar an, von einer Tageswanderung (8–17 Uhr; Rs300) bis zu längeren Treks mit Übernachtung in Zelten (Rs1000–3000 p. P. inkl. Verpflegung und Camping). Der Transport zum Ausgangspunkt der Wanderungen muss selbst bezahlt werden, kann aber auch von der KFDC arrangiert werden. Diese Wanderungen sind extrem populär und schnell ausgebucht, sollten also so früh wie möglich im Voraus über das KFDC-Büro in Munnar, ✆ 04865/230332, reserviert werden.

Ein beliebtes Ausflugsziel ist auch das winzige, 1600 m hoch gelegene Dörfchen **Top Station** an der Grenze zwischen Kerala und Tamil Nadu, zu erreichen nach einer 34 km langen, stetig bergauf führenden Busfahrt durch Teeplantagen, die zu den am höchsten gelegenen des Subkontinents gehören. Die Siedlung verdankt ihren Namen einer alten Drahtseilbahn, von der noch vereinzelt Überreste zu sehen sind. Neben der fantastischen Aussicht auf die Ebenen Tamil Nadus ist der Ort für die äußerst seltene Pflanze **Neelakurunji** *(Strobilatanthes)* berühmt, die an den Berghängen gedeiht, jedoch nur alle zwölf Jahre blüht, und dann unzählige Besucher anlockt, die sich am Anblick des mit violetten Blumen übersäten Berges erfreuen. Die nächste Blüteperiode wird im Oktober/November 2018 erwartet. Top Station ist per **Bus** von Munnar (10x tgl. ab 5.30 Uhr, 1 1/2 Std.) zu erreichen oder mit Taxi-Jeeps für Rs900 hin und zurück. Die Aussicht ist am besten, bevor es ab 9 Uhr morgens dunstig wird.

In den Westghats liegt 13 km nordöstlich von Munnar der 100 km^2 große **Eravikulam-Nationalpark**, 💻 www.eravikulam.org. Er schützt immergrünen Feuchtwald und grasbewachsene Höhen und ist der letzte Lebensraum einer der seltensten Bergziegen der Welt, der **Nilgiri-Tahr**. Ihre Zutraulichkeit machte sie während der jagdbesessenen Kolonialära zur viel zu leichten Beute. Inzwischen hat sich ihre Zahl jedoch wieder auf ein gesundes Maß erholt, und die Ziegen sind so wenig misstrauisch wie eh und je. Das ist vor allem der Arbeit des amerikanischen Biologen Clifford Rice zu verdanken, der die Tiere hier in den 1980er-Jahren erforschte. Er konnte ihnen nicht nahe genug kommen, um sie genau beobachten zu können, und folgte dem Rat der Einheimischen, die Tiere mit Salz anzulocken. Bald versammelten sich ganze Herden um sein Lager. Die Salzsucht der Tahr erklärt auch, warum sich so viele an den Parkzugängen in Vaguvarai aufhalten, wo sie die Besucher entgegen den Anweisungen der Ranger mit salzigen Snacks füttern. ◷ tgl. 7–18 Uhr; Eintritt Rs200.

Obwohl sie an den Eravikulam-Nationalpark grenzt, wird die **Chinnar Wildlife Sanctuary**, 💻 www.chinnar.org, sehr viel seltener besucht, nicht zuletzt deshalb, weil der Eingang zum

Schutzgebiet 58 km von Munnar – zwei Fahrstunden auf kurvigen Bergstraßen – entfernt liegt. Das Gebiet befindet sich im Regenschatten der High Range und ist somit erheblich trockener als der benachbarte Park. Es ist eines der besten Vogelbeobachtungsreviere in Kerala – bisher wurden 225 Arten dokumentiert. ⌚ tgl. 6–19 Uhr; Eintritt Rs100.

Übernachtung

Munnar hat mehr Unterkünfte als andere Orte in der High Range, da die Stadt bei den Besuchern aus den Großstädten beliebt ist. Billige Unterkünfte sind allerdings rar. Die wenigen, die es gibt, sind aufgrund der Nähe zum Busbahnhof und Basar sehr laut und daher hier nicht aufgelistet. Aufgeführt sind dagegen einige weiter außerhalb liegende Unterkünfte, die sich für Reisende mit eigenem Transportmittel eignen.

British County, ET City Rd, Anachal, 12 km von Munnar, ✆ 0484/236 9811 oder 9744/128761. Diese vom Tourist Desk in Kochi (S. 1153) geführte Unterkunft auf einem Bergkamm mit weitem Talblick bietet nur 4 einfach eingerichtete Zimmer. Diese sind recht sauber und gemütlich, doch die wahre Attraktion ist die Terrasse, auf der man nur Vogelgezwitscher und das Rauschen des Windes in den Bäumen hört. Der Koch Ranjit bereitet köstliches indisches Essen zu; Preise inkl. VP. ❺

Green View, Sri Parvati Amman Kovil St, beim KSRTC-Busbahnhof, ✆ 04865/230189 oder 9447/825447. Sauberes, freundliches Budgetgästehaus auf dem Talgrund, an einer Seitenstraße der Hauptstraße. Unterschiedlich große Zimmer – am besten ist das winzige DZ 402 mit großen Fenstern und Bergblick –, auf ausländische Rucksackreisende ausgerichtet. Das Haus wird geleitet von einem engagierten, kompetenten jungen Team, das auch geführte Tageswanderungen anbietet (S. 1140). ❷–❹

Hillview, Kanan Devan Hills Rd, ✆ 04865/230567 oder 9447/740883, 💻 hillviewmunnar.com. Der große rote Backsteinblock im südlichen Teil der Stadt ist von außen eher unansehnlich, aber drinnen gibt es Holzböden und Wandpaneele mit traditionellen Schnitzereien. Mit Abstrichen insgesamt ein verlässliches Mittelklassehotel. ❻

Verblichenes Kolonialambiente

High Range Club, Kannan Devan Hills Rd, ✆ 04865/230253, 💻 www.highrangeclubmunnar.com. Der 1909 von britischen Pflanzern gegründete Club aus der Raj-Ära vermietet Zimmer und Cottages in 3 Kategorien, die sich in Größe und Komfort unterscheiden. Uriges verblichenes Kolonialambiente. Nur Vollpension. ❻–❼

JJ Cottage, Sri Parvati Amman Kovil St, nahe KSRTC-Busbahnhof, ✆ 04865/230104. Direkt neben dem Green View und diesem sehr ähnlich, nur älter, teurer und schneller voll. Auch hier liegt das schönste Zimmer oben (nach vorne raus), mit Holzpaneelen und schönem Ausblick. Herzlicher Empfang garantiert. ❸–❹

Royal Retreat, Kanan Devan Hills Rd, ✆ 04865/230240, 💻 www.royalretreat.co.in. Angenehmes, effizient geführtes Straßenmotel am südlichen Ortsrand. Am besten sind die Super- Deluxe-Zimmer in Südrichtung und mit Backsteinkamin, Korbmöbeln und nettem kleinem Blumengarten. ❺–❼

Zina Cottage, Kad, ✆ 04865/230349 oder 9447/190954. Hübscher Steinbungalow aus britischer Zeit inmitten von Teegärten am Hang oberhalb von Munnar. Tolle Ausblicke von der blumengeschmückten Terrasse vor dem Haus über die Stadt hinüber zum Ana Mudi. Gastgeber Joseph Iype (s. S. 1142) erteilt bei einem Tässchen Tee gerne Ratschläge über Wanderungen in der Gegend. Die einfachen, düsteren Zimmer bieten zwar keine schöne Aussicht, aber nachts sind sie kühl und sie haben eigene Eingänge und Bäder. Hauptsächlich empfehlenswert wegen der schönen Atmosphäre. ❹

Essen

Die **Essensstände** gleich südlich vom Hauptbasar, gegenüber dem Taxistand, erwachen ab etwa 19.30 Uhr zum Leben; hier gibt es köstliche, heiß servierte keralische Speisen – *dosas, parottas, iddiappam,* Bohnen-Curry, *egg masala* – auf Blechtellern, mit denen man es

sich dann an einfachen Holztischen auf der Straße gemütlich machen kann.
Das hygienischste Lokal im Hauptbasar ist **Food Court** im Erdgeschoss des Munnar Inn, mit Samosas, vegetarische Koteletts, Sandwiches und leichten Gerichten. **Guru Bhavan**, Mutapatty Road, Ikka Nagar, ist das verlässlichste der südindischen „meals" -Lokale in Munnar. Es liegt 10 Fußminuten vom Hauptbasar entfernt, aber der Weg lohnt sich: Auf der täglich wechselnden Karte stehen leckere keralische vegetarische Gerichte, dazu gibt es heiße *parottas*, unheimlich knusprige, hauchdünne *dosas* und andere Udipi-Snacks.

Sonstiges

Geld

Die **State Bank of Travancore** und die **State Bank of India** wechseln Geld.
Außerdem gibt es zahlreiche Geldautomaten in der Stadt.

Informationen

DTPC Tourist Office, Old Munnar, ✆ 04865/231516. Nicht sehr hilfreich. ⌚ tgl. 8.30–19 Uhr.
Wer Informationen über Transportmittel, Hotels oder Tagestouren (auch nach Eravikulam) benötigt, wendet sich besser an Joseph Iype, den hilfsbereiten Leiter des effizienten **Tourist Information Service** im Hauptbasar, ✆ 04865/231136 oder 9447/190954; keine festen Öffnungszeiten. Er verteilt nicht nur nützliche Pläne und Zeitungsartikel, sondern organisiert auch Ausflüge und bombardiert Ratsuchende mit Hintergrundinformationen über die Region.

Internet

Es gibt einige Anbieter in der Stadt, darunter das **Alpha Computer Centre** neben dem Tamil-Nadu-Busbahnhof (Rs50 pro Std.).

Transport

Staatliche und private **Busse** fahren den Busbahnhof im modernen Hauptbasar (Town Bus Stand) an, unweit des Zusammenflusses der beiden Flüsse in der Nähe der Tata-Zentrale. Die staatlichen fahren noch weiter bis zum anderen Busbahnhof, knapp 3 km südlich. Die meisten Hotels liegen in Old Munnar, 2 km südlich des Zentrums, nahe dem DTPC Tourist Office. Man kann den Fahrer bitten, dort anzuhalten.

Kochi / Ernakulam

Die altehrwürdige Stadt Kochi (lange Zeit Cochin genannt), Keralas Touristenziel Nummer eins, erstreckt sich über Inseln und Landzungen zwischen dem Arabischen Meer und den Backwaters. Ihre wichtigsten Viertel – das moderne **Ernakulam** und die alten Stadtteile **Mattancherry** und **Fort Cochin** auf einer Halbinsel im Westen – sind durch ein dichtes Netz an Fähren und Brücken miteinander verbunden.

Während einige Besucher nach wie vor im günstiger gelegenen Ernakulam übernachten, entscheiden sich immer mehr Touristen für Fort Cochin, wo sich Kochis interessante Geschichte in einer Vielfalt architektonischer Stilrichtungen manifestiert. Exotische Gewürzmärkte, eine Synagoge, ein portugiesischer Palast, die erste europäische Kirche Indiens und holländische Wohnhäuser aus dem 17. Jh. lassen sich hier bei einem gemächlichen Rundgang besichtigen.

Kochi ist auch eine der wenigen Städte in Kerala, wo man garantiert **Kathakali-Tanzvorstellungen** geboten bekommt, wobei es sich teils um authentische, teils um gekürzte Touri-Versionen handelt.

Geschichte

Kochi entstand 1341, als eine Überschwemmung die Mündung des Periyar verschob und so ein sicherer Naturhafen geschaffen wurde, der den Ort Muziris (heute Kodungallur, 50 km weiter nördlich gelegen) als Haupthafen der Malabar-Küste verdrängte. 1405 verlegte die königliche Familie schließlich ihren Hof von Muziris hierher, und die schnell wachsende Stadt zog christliche, arabische und jüdische Siedler aus dem Nahen Osten an.

Die Geschichte der Europäer in Kochi beginnt im frühen 16. Jh. mit den Portugiesen, denen zunächst die Holländer und später die Briten folgten. Sie alle stritten um die Kontrolle des Hafens und seines ertragreichen Gewürzhandels.

Von 1812 bis zur Unabhängigkeit 1947 unterlag die Verwaltung der Stadt einer Reihe von *diwans* (Finanzministern).

In den 1920er-Jahren bauten die Briten den Hafen aus, um ihn für die neuen Ozeanriesen schiffbar zu machen. Durch Aufschüttung des Materials aus den umfangreichen Ausbaggerungsarbeiten entstand zwischen Ernakulam und Fort Cochin die künstliche Insel Willingdon Island.

Orientierung

In **Old Kochi**, der daumenförmigen Halbinsel, an deren Nordspitze der Eingang zum Hafen der Stadt liegt, konzentrierten sich ab dem 16. Jh. die Handelsaktivitäten der Europäer. Da Hochhäuser nur auf der einen Seite des Hafens in Ernakulam erlaubt sind, haben in den beiden Bezirken **Fort Cochin** auf der Westseite und **Mattancherry** auf der Ostseite der Halbinsel zahlreiche architektonische Zeugnisse aus den frühen Kolonialzeiten überlebt: portugiesische, niederländische und britische Bauten – eine historische Hinterlassenschaft, wie sie für Indien einmalig ist.

Wer sich der Halbinsel mit der **Fähre** nähert, erblickt gleich am Ufer die pastellfarbenen alten *godowns* (Warenhäuser) mit ihren Ziegeldächern – ein Anblick, der sich im Laufe der letzten Jahrhunderte wahrscheinlich nur wenig verändert hat.

Aus der Nähe betrachtet hat die historische Patina von Old Kochi aber inzwischen so einige Kratzer davongetragen. Der Gewürzhandel, dem die Stadt ihren ursprünglichen Aufstieg verdankte, ist zwar nach wie vor überall präsent. Aber der enorme Anstieg der Besucherzahlen in den vergangenen zehn Jahren hat in der Stadt unübersehbare Spuren hinterlassen.

Im Winter kommen täglich Tausende von Touristen auf die Halbinsel, und da es keine Planungs- oder Denkmalschutzbehörde gibt, die den Bauboom kontrolliert, drohen viele neue Gebäude genau jene Atmosphäre zu zerstören, die die Besucher anzieht. Andererseits hat der **Tourismus** durchaus auch positive Auswirkungen – so sind viele Häuser renoviert worden, die ansonsten langsam, aber sicher weiter verfallen wären.

Fort Cochin

In Fort Cochin, einem Viertel mit altehrwürdigen Straßen an der Nordwestspitze der Halbinsel, errichteten die Portugiesen ihre erste Festung, **Fort Immanuel**. Von den alten Befestigungsanlagen sind nur ein paar spärliche Überreste geblieben, die in der Nähe der chinesischen Fischernetze ins Meer bröckeln. Dutzende anderer portugiesischer, holländischer und britischer Bauten haben jedoch die Zeiten überdauert.

Gute Möglichkeiten, in die vielschichtige Geschichte von Fort Cochin einzutauchen, bieten die kostenlosen Karten mit Rundgängen, die von Kerala Tourism und vom privaten Tourist Desk herausgegeben werden (s. S. 1153). Die Rundgänge führen zu den wichtigsten Sehenswürdigkeiten des Viertels, z. B. zum **holländischen Friedhof** aus dem 18. Jh., dem angeblichen **Haus von Vasco da Gama** und verschiedenen Kaufmannsresidenzen.

Chinesische Fischernetze

Die riesigen chinesischen Fischernetze, die das Nordufer von Fort Cochin säumen, den Ausblick verschönern und wahrscheinlich das einzige Fotomotiv von Kerala sind, das jeder auf Anhieb wiedererkennt, sollen ursprünglich Händler vom Hof Kublai Khans mitgebracht und in der Region Malabar eingeführt haben. Sie heißen auf Malayalam *cheena vala* und sind auch überall in den Backwaters weiter südlich zu sehen. Mindestens vier Mann sind notwendig, um die an gebogenen Hölzern befestigten und mittels Zugschnüren und Gewichten zu bewegenden Netze zu bedienen.

St. Francis Church und Umgebung

Südlich der chinesischen Fischernetze in der Church Road (Verlängerung der River Road) befindet sich ein typisch englischer Exerzierplatz, der **Parade Ground**. Daneben erhebt sich die St. Francis Church, die erste von Europäern gebaute Kirche Indiens. Das genaue Alter der Kirche ist nicht bekannt, dürfte aber Anfang des 16. Jhs. anzusiedeln sein. Die Rundbogenfassade wurde zum Vorbild der meisten christlichen Kirchen Indiens. 1524 begrub man hier Vasco da Gama, doch später wurde sein Leichnam nach Portugal überführt. Unter der holländischen Kolonialmacht wurde die Kirche renoviert und 1663 protestantisch, danach – mit der Ankunft der Briten 1795 – anglikanisch. In die Wände im Inneren sind verschiedene Grabinschriften eingelassen, die älteste stammt von 1562. ⌚ tgl. 8.30–18.30 Uhr.

Mattancherry

Der alte Bezirk Mattancherry auf der Nordostseite der Halbinsel ist geprägt von Lagerhäusern und anderen Gebäuden mit Ziegeldächern. Er war einst das wichtigste Marktviertel der Kolonialhauptstadt und das Zentrum des Gewürzhandels an der Malabar-Küste. Hier waren die wohlhabendsten jüdischen und Jain-Händler ansässig. Wie in Fort Cochin befindet sich auch hier die Mehrzahl der stattlichen Gemäuer in unterschiedlichen Stadien des Verfalls, da die meisten der ursprünglichen Besitzer im Ausland arbeiten. Als in den 1940er-Jahren die Juden von Mattancherry in Massen nach Israel auswanderten, blieben ihre Möbel und andere nichttransportable Besitztümer in den Antiquitätenläden zurück, für die das Viertel heute bekannt ist – auch wenn echte Originalstücke inzwischen rar geworden sind.

Mattancherry Palace

Der Mattancherry-Palast steht nur ein kleines Stück zu Fuß vom Mattancherry Jetty entfernt, etwa 1 km südöstlich von Fort Cochin. Obwohl er hier unter der Bezeichnung **Dutch Palace** bekannt ist, wurde der zweistöckige Palast von den Portugiesen als ein Geschenk an den Raja von Cochin, Vira Keralavarma (1537–61), erbaut – die Holländer fügten erst später einige Details hinzu. Von außen scheint er nicht sehr vielversprechend, doch das Innere lohnt einen Besuch.

Die **Wandgemälde**, die einige Zimmer zieren, zählen zu den schönsten Beispielen der keralischen Malschule. Die Sammlung umfasst auch interessante holländische Stadtpläne des alten Cochin, Krönungsroben von Maharadschas, Waffen und elegante Möbel. ⌚ tgl. außer Fr 10–17 Uhr; Eintritt Rs2.

Die Judenstadt

Die Straße, die Richtung Süden am Mattancherry-Anleger vorbeiführt, führt in die sogenannte **Jew Town**, die einst die blühende jüdische Gemeinde von Cochin beherbergte. Bis die meisten Gemeindemitglieder nach Israel emigrierten, war das wichtigste Gotteshaus der Gemeinde die **Pardesi- (weißjüdische) Synagoge**. Sie wurde 1568 gegründet und 1664 neu erbaut. Ihr Inneres weist originelle Stilmischungen auf. Die handbemalten, blau-weißen Kacheln stammen aus Kanton, jede ein Unikat. Ein kunstvoll geschnitzter Thoraschrein gegenüber dem Eingang beherbergt vier Thora-Rollen in Kästen aus Silber und Gold, auf denen goldene Kronen ruhen. Letztere sind Geschenke der Maharadschas von Travancore und Cochin, ein Beweis für die guten Beziehungen, die sie mit der jüdischen Gemeinde unterhielten. Der älteste Gegenstand in der Synagoge ist eine Kupferplatteninschrift des Maharadscha von Cochin aus dem 4. Jh. ⌚ tgl. (außer Sa) 10–12 und 15–17 Uhr, Eintritt Rs2.

Ernakulam

Ernakulam repräsentiert die moderne Seite Keralas, und es wirkt großstädtischer als Thiruvananthapuram, obwohl es etwas kleiner ist. Es gibt eigentlich keine Sehenswürdigkeiten, abgesehen von den zeitgenössischen Kunstwerken in der kleinen **Durbar Hall Art Gallery** in der Durbar Hall Road, ⌚ tgl. 11–19 Uhr, Eintritt frei, und dem bemerkenswerten **Volkskunstmuseum** am südlichen Stadtrand (s. u.). Die meisten Leute verbringen ihre Zeit in Ernakulam hauptsächlich damit, in einem der bekannten keralischen Restaurants zu essen.

Die etwa 500 m landeinwärts parallel zum Wasser verlaufende **Mahatma Gandhi (MG) Road** ist die Hauptstraße von Ernakulam und beherbergt einige der größten Textil- und Schmuckgeschäfte und Hotels. Bevorzugtes Anlaufziel der gut situierten Mittelschicht der Stadt sind die riesigen **Einkaufszentren** 7 km nördlich des Zentrums um die Edapally Junction herum. Das sechsstöckige **Oberon** (⌚ tgl. 10–22 Uhr) war der Hohetempel des keralischen Konsumstrebens, bis es von der gigantischen **LuLu Mall**, 🖳 www.luluindia.com (⌚ wie Oberon), einem 6,5 ha großen Komplex inklusive einem Kino mit sieben Leinwänden, 18 Restaurants und Parkplätzen für 3000 Autos, übertrumpft wurde.

Die einzige herausragende Sehenswürdigkeit von Ernakulam ist das **Kerala Folklore Museum**,

Kochi und Ernakulam

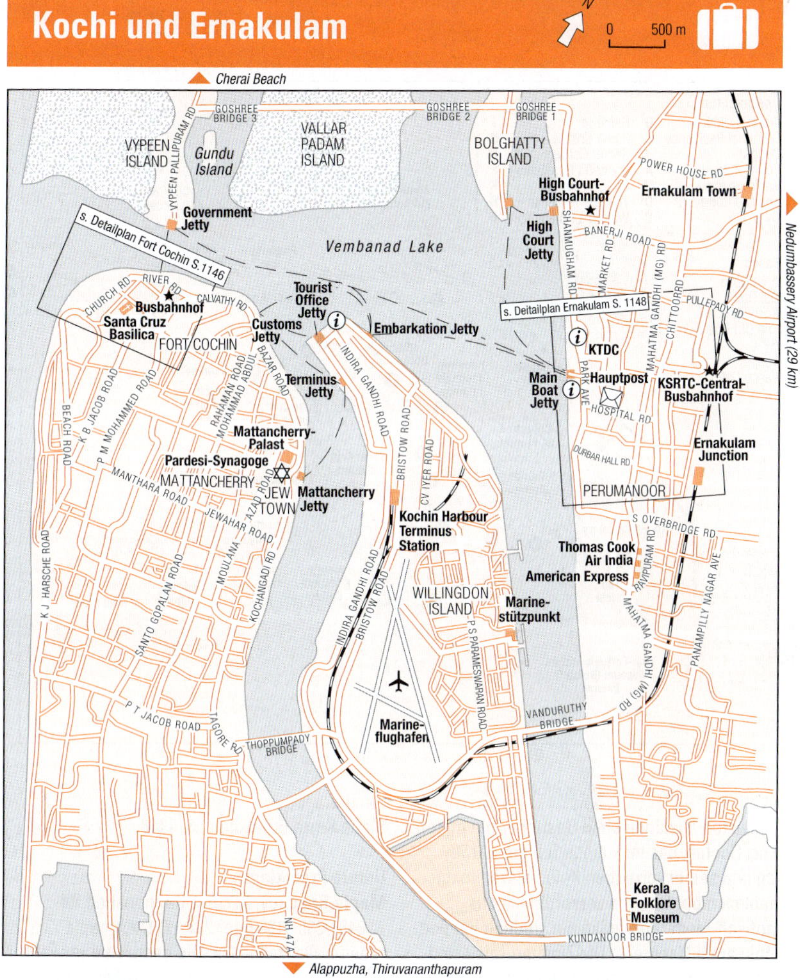

✆ 0484/266 5452, am südöstlichen Stadtrand. Die in einem mehrstöckigen, mit traditionellem Holz- und Kachelschmuck verzierten Gebäude untergebrachte Sammlung umfasst u. a. Tanztheatermasken und -kostüme, rituelle Gegenstände, Musikinstrumente, Teile von Tempelarchitektur, Tanjore-Malereien, Kochutensilien, Porträts und alte Fotos. Gekrönt wird das Ganze von einem wunderbar ausgeschmückten **Theater** im obersten Geschoss, in dem Kathakali- und Theyyem-Vorführungen stattfinden (S. 1147). Die Fahrt zum Museum mit der Motor-Rikscha vom Main Boat -Anleger in Ernakulam kostet etwa Rs75 – nach Theyvara (oder „Shantinagar") Junction oder Kundulur Bridge fragen. 🕒 tgl. 9.30–19 Uhr, Eintritt Rs200.

Fort Cochin

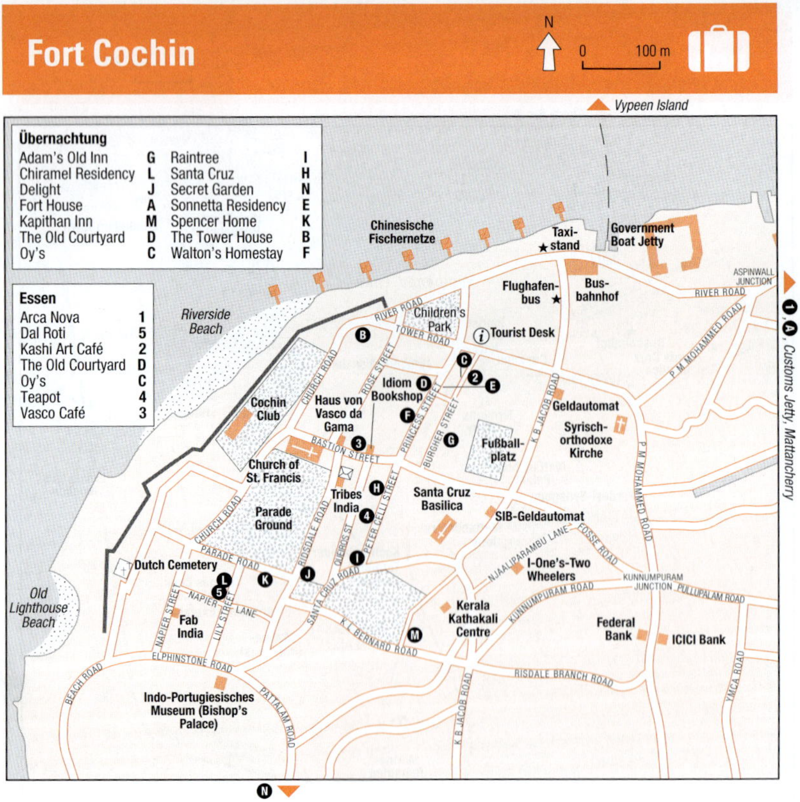

Übernachtung

Die meisten ausländischen Besucher nächtigen in Fort Cochin, das mit seinen ruhigen Sträßchen und seiner reizenden Kolonialarchitektur erheblich mehr Charme versprüht als das chaotisch-moderne Ernakulam. Jedoch hat Fort Cochin auch Nachteile: Die Zimmerpreise sind völlig überhöht, besonders in der Zeit um Weihnachten und Neujahr, und es gibt nur wenige Budgetunterkünfte. Außerdem treten sich die Touristen hier gegenseitig auf die Füße. Ernakulam hat zwar weniger Kolonialambiente, liegt aber verkehrstechnisch günstiger und bietet viel Auswahl in allen Preislagen.
Auf jeden Fall sollten Zimmer weit im Voraus reserviert werden – besonders für die Wochenenden.

Ernakulam

Siehe Karte Ernakulam, S. 1148.

Untere Preisklasse

Maple Regency, XL/1511 Cannonshed Rd, ✆ 0484/235 5156 oder 237 1711, ✉ maple regency@airtelmail.in. Die beste Budgetwahl in den Straßen gleich östlich des Main Boat-Anlegers: 30 billige, saubere Zimmer ohne AC. Hinter dem Hauptgebäude wurden zwei alte Bungalows von 1891 in nette „Cottages" umgebaut, mit langen Veranden und weitaus charmanter als alle anderen Unterkünfte in dieser Preisklasse. Kostenl. Internet für Gäste in der Lobby. ❷–❹

Park View Residency, Cannonshed Rd, ✆ 0484/236 2945. Die billigsten Zimmer der

Kathakali in Kochi

Kochi ist die einzige Stadt des Bundesstaats, in der man garantiert eine Livevorstellung von Kathakali, der einzigartigen keralischen Formen rituellen Theaters (s. S. 1104), erleben kann. Ob in seiner authentischen Umgebung, während der im Winter abgehaltenen Tempelfeste, oder als kürzere, auf Touristen hin orientierte Vorstellungen, die das ganze Jahr über stattfinden – die faszinierenden Tanzdramen, in denen die Kämpfe zwischen Göttern und Dämonen dargestellt werden, bilden einen wesentlichen Teil des Kulturlebens von Kochi, den man sich nicht entgehen lassen sollte.

Praktische Hinweise

Auf fünf Bühnen der Stadt werden tgl. Vorstellungen geboten. Die einstündigen Darbietungen beginnen gegen 18.30 Uhr nach einer einleitenden Erklärung. Wer rund eine Stunde früher kommt, kann zusehen, wie die Tänzer geschminkt werden. Wer gute Fotos machen möchte, muss allerdings schon lange vor Beginn kommen, um sich einen Platz in der ersten Reihe zu sichern.

Tickets kosten in der Regel Rs100–150 und werden am Eingang verkauft. Die meisten Reisenden sehen sich nur eine Vorstellung an, doch ein viel besseres Gefühl dafür, was Kathakali eigentlich ist, bekommt man nach mindestens zwei Darstellungen und im Idealfall anschließend dem Besuch eines die ganze Nacht dauernden Tempelfestes, oder wenigstens einer der Vorstellungen im Ernakulam Kathakali Club: Hier wird von den wichtigsten Schauspielern Keralas einmal im Monat ein eine ganze Nacht dauerndes Drama zur Aufführung gebracht, entweder in der TDM Hall in Ernakulam oder in der Ernakulathappan Hall im wichtigsten Shiva-Tempel der Stadt. Näheres unter ✆ 0484/236 9357 oder beim Tourist Desk am Main Boat Jetty, Ernakulam (S. 1153).

Veranstaltungsorte

Dr. Devan's Kathakali, See India Foundation, Kalathiparambil Cross Rd, in der Nähe des Bahnhofs Ernakulam Junction, ✆ 0484/236 6471. Die älteste Touristenvorstellung der Stadt unter der Leitung von Dr. Devan, der die Vorstellungen mit einem langen Diskurs über indische Philosophie und Mythologie einleitet. Vorstellungen 18.45 bis 20 Uhr, Maske 18 Uhr.

Folklore Museum, Bypass Rd, am südöstlichen Stadtrand von Ernakulam. Der stimmungsvollste Veranstaltungsort – ein klimatisiertes Theater mit wunderbaren keralischen Wandbildern und traditioneller Holzarchitektur –, dafür aber recht teuer (Rs350) und weit von Fort Cochin entfernt. Wer zu einer Aufführung kommt, sollte sich vorher das Museum unter dem Theater (S. 1144) anschauen und vielleicht gleich im nahen Sarovaram (s. Karte S. 1148) zu Abend essen. Die Taxifahrt von Ernakulams Zentrum hierher kostet Rs75–100.

Kairali Kathakali, River Rd, gegenüber dem Brunton Boatyard, Fort Cochin. Kleinster und intimster Veranstaltungsort in einem alten Gebäude mit Sackleinendach. Vorführungen tgl. 18–19.30 Uhr (Maske 17 Uhr), karnatische Musik ab 21 Uhr.

Kathakali Centre, Bernard Master Lane, nahe der Basilika Santa Cruz und KB Jacob Rd, Fort Cochin, ✆ 0484/221 7552. Beliebte Aufführungen in klimatisiertem Theater mit jungen Absolventen der renommierten Kalamandalam Academy. Es werden meistens drei Rollen vorgeführt und die Musik wird live gespielt. Aufführungen 18–19.30 Uhr (Maske 17 Uhr), plus Kalarippayat (16–17 Uhr) und ab 20.30 Uhr klassische karnatische Musik.

Rhythms Theatre (Greenix), gegenüber dem Fort House, Fort Cochin. Mit Rs450 ist dies die teuerste Aufführung, aber dafür werden Ausschnitte aus Kathakali-Dramen mit Vorführungen von Mohiniyattam-Tanz, dem Kampfsport Kalarippayat und sonntags Theyyem kombiniert, entweder mit Livemusik oder Musik vom Band. Die Aufführungen sind nicht erstklassig, aber ein Abend hier ist auf jeden Fall interessanter für Kinder, da er sehr lebendig und abwechslungsreich ist.

Ernakulam

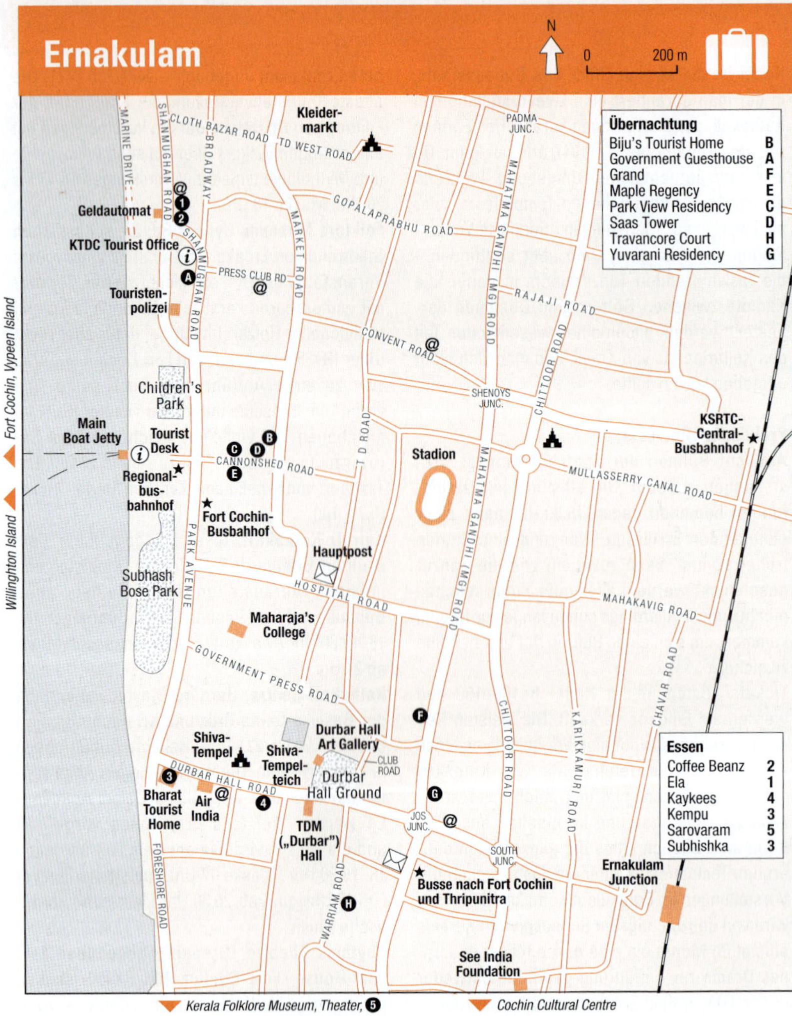

Stadt, bis auf wenige Flecken an den Wänden sauber (die Bäder können jedoch muffig riechen). Mit Zimmern für unter Rs300 auf jeden Fall ein Schnäppchen. ❶–❷

Saas Tower, Cannonshed Rd, ✆ 0484/236 5319, 💻 www.saastower.com. Seit der Renovierung macht dieses Hotel mit 72 gut ausgestatteten Zimmern dem nahen Biju's im oberen Bereich der Budgetunterkünfte Konkurrenz. EZ kosten ab Rs300, AC-Zimmer sind vorhanden. ❸–❺

Mittlere und obere Preisklasse

Government Guesthouse, Marine Drive, ✆ 0484/236 0502. Das äußerst preisgünstige staatliche Gästehaus des Maharadscha von Kerala, in einem achtstöckigen Gebäude am

Hafen. Die sehr komfortablen Zimmer sind um ein riesiges Atrium gruppiert und sehr günstig (DZ Rs1500), auch Einzelbelegung möglich. Wie bei allen staatlichen Gästehäusern in Kerala kann die Vorausbuchung ein Problem sein; Vorrang haben auf jeden Fall staatliche Bedienstete. ❺

Grand, MG Rd, ✆ 0484/238 2061, 🖳 www.grandhotelkerala.com. Die auf klassische Weise glamouröseste Unterkunft im Zentrum von Ernakulam. Mit Holzfußböden und Bambus-Rollos im Kolonialstil eingerichtete AC-Zimmer auf drei Etagen eines Gebäudes aus den 1960er-Jahren. Für den Komfort und die Lage überraschend günstige Preise. ❻–❼

Travancore Court, Warriam Rd, ✆ 0484/235 1120, 🖳 www.travancorecourt.com. Modernes Hochhaushotel internationaler Klasse in Bahnhofsnähe, das dank seiner günstigen Preise und der tollen Ausstattung wie Pool und hölzernes Sonnendeck auf dem Dach bei Reisegruppen sehr beliebt ist. ❼–❽

Yuvarani Residency, Jos Junction, MG Rd, ✆ 0484/237 7040, 🖳 www.yuvaraniresidency.com. Gemütliches, zentral gelegenes und gut geführtes 3-Sterne-Hotel mit Teppich- oder Fliesenböden in den Zimmern sowie besonders guten Duschen. Täglich außer Di gibt's im beliebten keralischen Fischrestaurant Livemusik, dazu locken noch eine Bar und ein Coffeeshop. ❺–❻

Fort Cochin

Siehe Karte Fort Cochin, S. 1146.

Untere Preisklasse

Adam's Old Inn, 1/430 Burgher St, ✆ 0484/221 8870, 🖳 www.adamsoldinn.com. Seit der Renovierung ist das Adam's sicher die beste Budgetunterkunft in Fort Cochin. Saubere kleine Zimmer mit Bad hin zu einem zentralen Flur – nur das Deluxe-Zimmer nach hinten raus hat eine Terrasse. Hilfsbereite Reiseagentur im Erdgeschoss. ❷–❸

Oy's, Burgher St, ✆ 9947/594903, 🖳 oys.co.in. Angenehme, saubere und freundliche Backpackerunterkunft mit nur 3 gemütlichen Zimmern an einer Gasse, die beim Kashi Arts Café abzweigt. Vergitterte Fenster hin zu einer erhöhten Terrasse und hippes Traveller-Café im Erdgeschoss. ❸–❹

Santa Cruz, Peter Celli St, ✆ 0484/221 6250 oder 9847/518598. Die Hälfte der Zimmer in diesem kleinen Gästehaus hinter der St. Francis' Church haben Fenster, die auf einen geschlossenen Flur hinausgehen, aber die anderen sind gut belüftet. Alle sind makellos sauber, nett gefliest, frisch gestrichen und haben neue Betten. AC Rs600 extra. Preisgünstig. ❷–❸

Sonnetta Residency, 1/387 Princess St, ✆ 0484/221 5744 oder 9895/543555, ✉ mail@sonnettaresidency.com. Das kleine Gästehaus zählt sicher zu den saubersten Unterkünften in ganz Kerala: Alle Oberflächen glänzen, die Bettwäsche wird gekocht und die Bäder sind blank gewienert. Dem Ganzen fehlt es etwas an Flair sowie an Sitzgelegenheiten im Freien, aber das Gästehaus ist gut geführt und bietet eine sichere und praktische Bleibe sowie einige der günstigsten AC-Zimmer im Viertel. ❹–❺

Spencer Home, 1/298 Parade Rd, ✆ 0484/221 5049. Stilvolle Unterkunft in einem alten portugiesischen Wohnhaus, das mit Veranden mit Holzpfeilern und glänzenden Keramikfliesenböden ausgestattet ist. 11 makellos saubere Zimmer, alle mit Blick auf einen liebevoll gepflegten Garten. Ruhig und preisgünstig für die Gegend. AC Rs500 extra. ❹

Schnörkellos gut

Biju's Tourist Home, Ecke Cannonshed Rd und Market Rd, ✆ 0484/238 1881, 🖳 www.bijustouristhome.com. Die beste der Budgetunterkünfte: freundlich, effizient, nur 2 Fußminuten vom Bootsanleger entfernt. Geboten werden 30 makellos saubere, luftige, großzügig bemessene Zimmer auf 4 Etagen. Das Haus verfügt über eine eigene Versorgung mit sauberem Wasser und bietet einen billigen Wäscheservice mit Abholung am selben Tag. Reservierungen per Telefon möglich. ❹–❺

Mittlere Preisklasse

Chiramel Residency, 1/296 Lilly St, ✆ 0484/221 7310, 🖳 www.chiramelhomestay.

Wohnen am Cherai Beach

Ocean Breath, Vypeen Island, ✆ 9847/635206, 💻 www.beachandbackwater.com. Die beste Unterkunft am nettesten Strand in der Nähe von Kochi (35 km nach Norden). Von der Uferbefestigung aus auf der anderen Straßenseite, keine besondere Aussicht, aber angenehme Zimmer mit hohen, traditionellen keralischen Decken und Schnitzgiebeln, glänzenden Keramikböden und kleinen Sitzbereichen im Freien. Zu erreichen per Bus von der High Court Jetty in Ernakulam oder mit Fähre vom Anleger neben dem Brunton Boatyard in Fort Cochin nach Vypeen Island und dann mit einem stündlich verkehrenden Bus. Alternativ dazu kann man auch einen Motorroller leihen (S. 1153) und entlang einem kleinen Uferstäßchen nach Norden fahren. ❹

com. Sehr schönes, denkmalgeschütztes Haus aus dem 17. Jh. mit 5 liebevoll restaurierten Zimmern ohne AC, angeordnet um einen schön möblierten Aufenthaltsbereich; alle mit großen Holzbetten, Teakböden und modernen Bädern. Sehr gastfreundliche Besitzer. ❺–❻

Delight, Ridsdale Rd, gegenüber dem Parade Ground, ✆ 0484/221 7658 oder 9846/121421, 💻 www.delightfulhomestay.com. 7 geräumige, komfortable, luftige Privatzimmer in einem Anbau an einer wunderschönen, 300 Jahre alten portugiesischen Villa; alle mit neuen Bädern und leisen Deckenventilatoren. Einige Zimmer gehen hinaus auf einen hübschen Hofgarten, eins hat eine lange Veranda mit Blick auf den Paradeplatz. Frühstück erhältlich. ❺–❼

Fort House, 2/6A Calvathy Rd, ✆ 0484/221 7103, 💻 www.forthousecochin.com. Stilvoll schlichte Zimmer um einen sandigen, mit Blumentöpfen und Statuen übersäten Innenhof herum. Die Zimmer im schöneren Gebäude (Nr. 1–6) haben weiße Wände und rote Böden sowie schicke kleine Bäder mit guten Duschen – nur die Klimaanlagen können etwas laut sein. Vom alten, westlich gelegenen Gebäude mit den Budgetunterkünften ist eher abzuraten. Frühstück inbegriffen. ❻–❼

Kapithan Inn, 1/931 KL Bernard Rd, ✆ 0484/221 6560, 💻 www.kapithaninn.com. Makellos saubere, sehr nett eingerichtete Zimmer in freundlicher Privatunterkunft hinter der Basilika Santa Cruz, außerdem 4 schickere und größere AC-Cottages hinten (groß genug für Familien). Sehr günstig für den gebotenen Komfort. ❸–❻

The Old Courtyard, 1/371–2 Princess St, ✆ 0484/221 6302 💻 www.oldcourtyard.com. Ein Juwel von einem Heritage-Hotel mit 8 Zimmern rund um einen malerischen Innenhof aus dem 17. Jh. mit portugiesischen Bögen und Kachelbändern. Die Einrichtung und die antiken Möbel passen genau zum Gebäude – einigen Gästen sind sie vielleicht etwas zu dunkel und altbacken. In den oberen Zimmern sind die Geräusche vom Restaurant im Innenhof (S. 1152) nicht so laut. ❽–❾

Raintree, 1/618 Peter Celli St, ✆ 0484/325 1489 oder 9847/029000, 💻 www.fortcochin.com. 5 äußerst schicke, modern eingerichtete Zimmer (2 davon mit winzigem Balkon) in einem behaglichen Gästehaus in Gehnähe zu den Sehenswürdigkeiten, aber dennoch versteckt gelegen. Das Schönste an der Unterkunft ist aber die Dachterrasse voller Pflanzen und mit einem tollen Ausblick. ❻

Obere Preisklasse

Secret Garden, 11/745 Bishop Garden Lane 2, beim Pattalam Market, ✆ 9895/581489, 💻 www.secretgarden.in. Dieses Juwel, versteckt in einem Labyrinth schmaler Seitengassen, wird von der isländischen Architektin Thóra Guðmundsdóttir geleitet. Die 4 Zimmer haben weiße Wände und hohe Holzdecken, mit Schnitzereien verzierte Betten und traditionelle Fliesenböden, außerdem einen Balkon hin zu einem exotischen Garten mit recht großem Pool. Im Preis (Rs5500–6000 in der Hochsaison) inbegriffen sind (freiwillige) morgendliche Yoga-Übungen und die Benutzung des Hauscomputers sowie der Bücher und Fahrräder. ❽

The Tower House, 1/320-321 Tower St, ✆ 0484/221 6960, 💻 www.neemranahotels.com. Die französische Neemrana-Kette unterhält die schönsten Heritage-Hotels in Indien, und auch dieses jüngste Projekt, das sich selbst als „Non-Hotel Hotel" beschreibt, enttäuscht nicht. Die Lage des anmutigen historischen Hauses gleich gegenüber der chinesischen Fischernetze ist perfekt, das Interieur in den großzügigen Räumen entstammt dem 17. Jahrhundert und es gibt einen blickgeschützten Pool. Den effizienten Service von anderen Unterkünften in dieser Preisklasse sollte man zwar nicht erwarten, dafür sind wiederum die Preise für Fort Cochin geradezu bescheiden (DZ Rs5000–8000). ❽–❾

Essen

Bis vor Kurzem war es das urigste kulinarische Erlebnis in Kochi, direkt bei den **chinesischen Fischernetzen** einen Fisch zu erstehen und ihn sich an den benachbarten Ständen zubereiten zu lassen. Leider haben die Behörden diese Stände inzwischen geschlossen, sodass sich die ausländischen Touristen heutzutage gerne in den Straßenlokalen an der **Tower Road** niederlassen und dort warmes Bier trinken, das wegen der örtlichen Schankgesetze in Teekannen getarnt ausgeschenkt wird. Das in diesen Cafés servierte Essen ist jedoch berüchtigt unhygienisch und hat schon manch eine Magenverstimmung hervorgerufen.
Wie alles andere auch sind die besseren **Restaurants** in Fort Cochin gewöhnlich teurer und schicker als diejenigen in **Ernakulam**, dort aber gehört die Küche zu den besten und traditionellsten in Südindien.
Falls nicht anders angegeben, sind die Lokale auf dem Stadtplan „Ernakulam" (S. 1148) bzw „Fort Cochin" (S. 1146) verzeichnet.

Jede Menge Flair

Walton's Homestay, 1/39 Princess St, ✆ 0484/ 221 5309 oder 9249/721935, 🖳 www.waltonshomestay.com. Die Privatunterkunft in einem alten holländischen Haus unter Leitung des Philosophen und Lokalhistorikers Christopher Edward Walton gehört zu den stilvollsten Unterkünften in Cochin. Die Zimmer, von denen viele auf einen hübschen Garten hinterm Haus hinausgehen, wurden wunderschön renoviert, mit modernen Bädern, durch Sonnenenergie erwärmtem Wasser und bequemen Betten; alle sind wahlweise mit AC zu haben (Rs400 extra). Büchertausch und Yoga-Unterricht; Frühstück (inkl.) gibt's auf der Terrasse. ❺–❻

Ernakulam

Coffee Beanz, Shanmugham Rd. Trendige AC-Espressobar, meist von gut situierten Studenten der örtlichen Managementschule frequentiert, die in ihre Handys brüllen, während im Hintergrund laut MTV läuft. Trotz des Lärms kann man hier gut der Hitze entfliehen und eine schnelle Mahlzeit (Hamburger, Pommes frites, gegrillte Sandwiches, *dosas*, Fischcurrys, *appams* und Samosas) zu sich nehmen. Der Kaffee ist frisch gemahlen und köstlich, aber der Service ist nicht ganz so zackig, wie es durch die Fast-Food-Uniformen suggeriert werden soll.
Ela, Shanmugham Rd. Preisgünstiges AC-Restaurant für Spezialitäten aus Kerala – alle Speisen kosten unter Rs100. Fröhliches und trendiges Ambiente, das nicht-vegetarische Essen ist dagegen aber sehr traditionell: *meen pollichathu*, köstlicher syrisch-christlicher Gemüseeintopf, Lamm-Kokos-Curry und dazu luftige *appams*. Außerdem gibt's zahlreiche traditionelle Desserts wie *payasam* und leckere Bananenkroketten.
Kaykees, Durbar Hall Rd. Das berühmteste moslemische Restaurant der Stadt („kai-kas" gesprochen) hat zwei Filialen: ein altmodisches Lokal in Mattancherry sowie dieses sehr viel freundlichere, moderne Restaurant im Herzen des Zentrums, mit AC-Speisesaal im 1. Stock. Mittlerweile ist die Karte um alle möglichen neuen Gerichte ergänzt worden, aber die eigentlichen Zugpferde sind die Malabar-Biriyanis (Gemüse, Huhn, Hammel), die mit dem sanften hauseigenen Dattelpalmen-Pickle und arabischem Tee serviert werden. Mittags wird's sehr voll, sonntags gibt es immer lange Schlangen. Man muss sich vor dem Essen einen Essensbon kaufen.
Kempu, im Bharat Tourist Home, Durbar Hall Rd. Relaxtes Café im Erdgeschoss des Bharat Tourist Home, toller Ort für eine Pause bei einem Einkaufsbummel über die MG Road. Wohltuende

Einrichtung mit Wandbildern aus Terrakotta, dickem Steinboden und dunklem Kerala-Holz. In einer offenen Küche werden verlässlich gute, kleine südindische Speisen zubereitet. Tipp: *bonda* – würzige Gemüse-Erdnuss-Bällchen mit Kokos-Chili-*chatni*.

Fort Cochin

Arca Nova, Fort House Hotel, 2/6A Calvathy Rd. Ein verstecktes Juwel in Fort Cochin: sorgfältig zubereitete keralische Spezialitäten (u. a. köstliches *karimeen pollichathu* und gegrilltes Fischsteak) auf einem kerzenbeleuchteten Pier. Konstant gutes und nicht zu teures Essen (Hauptgerichte zumeist Rs250–300).

Dal Roti, 1/293 Lilly St. In der kurzen Zeit seit seiner Eröffnung hat sich das Dal Roti zur ersten Adresse für hungrige Reisende entwickelt, egal ob indische oder westliche – trotz der schmuddeligen Wände, des launenhaften Service und der wenigen Tische. Grund für die Popularität sind die *kati*-Röllchen, köstlich blättrige Wraps mit Ei, Huhn oder Gemüse, und die preisgünstigen *thalis* (Rs170 mit allem). Das Essen ist authentisch nordindisch, inspiriert von der Dorfküche von Uttar Pradesh, Madhya Pradesh, Orissa und des Punjab – daher die rauchigen, würzigen Aromen, die man in Kerala sonst nicht so oft findet. Und die Preise sind so erfrischend ehrlich wie die Küche.

Kashi Art Café, Burgher St. Schickes Kunst-Café, das fast nur von westlichen Reisenden besucht wird. Köstlich duftender Espresso, dazu die berühmten Kuchen des Cafés (der Schokoladenkuchen ist legendär), außerdem den ganzen Tag über leichte Mahlzeiten und herzhafte Snacks.

The Old Courtyard, 1/371–2 Princess St. Nur wenige Esslokale bieten so viel lebendiges historisches Ambiente wie dieses Restaurant in einem Innenhof, wo unter portugiesischen Gewölbebögen kerzenbeschienene Tische stehen. Das Essen ist so gut wie die Atmosphäre: z. B. gebackene Seafood-Spaghetti und gegrillter Fisch mit Korianderbutter – und der Küchenchef ist ein Meister der Desserts. Oft wird klassische karnatische Musik geboten (19.30–21 Uhr). Auch gut fürs Frühstück, mit einer großen Auswahl an indischen und westlichen Speisen. Hauptgerichte zumeist Rs325–350.

Oy's, Burgher St. Freundliches, bei jungen Backpackern beliebtes Café mit Traveller-Frühstück und billigen nord- und südindischen Gerichten, darunter köstliches Fisch-*moillee*. Die Gäste sitzen unter Bob-Marley-Postern auf niedrigen Sofas.

Teapot, Peter Celli St. Dieses schäbig-schick eingerichtete Café in einer Seitenstraße ist vollgestopft mit Teekannen aus der ganzen Welt und eine Konkurrenz für das Kashi Art Café. Es gibt vor allem erstklassige Tees und guten Kaffee, aber auch kleine Gerichte und leckeren hausgemachten Kuchen.

Vasco Café, Bastion St. Winziges günstiges Frühstückslokal im Herzen des Touristenviertels mit Holztischen und frisch zubereiteten, köstlichen Speisen wie Toasties, Omeletts, Müsli, Obstsalat mit Weißkäse und Pfannkuchen sowie Säften.

Beste Kerala-Küche

Subhishka, im Bharat Tourist Home, Durbar Hall Rd. Im Stadtzentrum gibt es nirgends bessere vegetarische Kerala-Küche als in diesem beliebten Hotelrestaurant. Es ist etwas teurer als der Durchschnitt (Rs80, unbegrenzt) und die moderne Einrichtung und die Kaufhausmusik passen nicht recht, aber das Essen ist ganz und gar traditionell. Und man kann hier gut Leute beobachten, am besten sonntags, wenn sich alle fein rausputzen fürs große Familienessen.

Sonstiges

Bücher

Idiom, gegenüber dem Palast, Jew Town, Mattancherry, und in der Bastion St nahe Princess St, Fort Cochin. Eine der besten Buchhandlungen hinsichtlich Reiseliteratur, indischer und keralischer Kultur, Flora und Fauna, Religion und Kunst, außerdem großes Angebot an Belletristik.

Geld

An der MG Road in Ernakulam gibt es Filialen aller größeren indischen Banken.

Reiseschecks tauscht man am besten bei **Thomas Cook**, nahe dem Air India Building in den Palal Towers, MG Rd, ⌚ Mo–Sa 9.30–18 Uhr.
Geldautomaten findet man überall im Zentrum von Ernakulam. In Fort Cochin gibt es an der Kanumpuram Junction einen Geldautomaten der **Canara Bank**.

Informationen

Das Hauptinformationsbüro von **India Tourism** liegt ungünstigerweise auf Willingdon Island, zwischen Taj Malabar Hotel und Tourist Office Jetty, ☎ 0484/266 8352, 💻 www.incredibleindia.org. Es bietet zuverlässige Infos und vermittelt ausgebildete Führer. Es besitzt einen Schalter am Flughafen. ⌚ Mo–Fr 9–17.30, Sa 9–12 Uhr.
Das **KTDC Reception Centre** an der Shanmugham Rd, Ernakulam, ☎ 0484/235 3234, 💻 www.ktdc.com, erledigt Buchungen für KTDC-Hotels und veranstaltet Sightseeing- und Backwater-Touren. ⌚ tgl. 8–19 Uhr. Ein weiterer KTDC-Schalter befindet sich am Flughafen.
Kerala Department of Tourism, Government Jetty, Fort Cochin, 💻 www.keralatourism.com, kein Telefon. Neues Büro mit ausgezeichneten Stadtplänen, Karten der Backwaters sowie Karten für Rundgänge. ⌚ Mo–Sa 10.15–17 Uhr.
Der winzige, private **Tourist Desk** am Eingang zum Main Boat Jetty in Ernakulam, ☎ 0484/237 1761, ✉ mail@touristdesk.in, ist sehr hilfsbereit und freundlich und die zuverlässigste Stelle, um Fähr- und Busfahrzeiten zu erfahren. Außerdem bekommt man hier kostenlose Stadt- und Backwaterpläne sowie Pläne für Rundgänge. Eine Filiale, ☎ 0484/221 6129, befindet sich in der Tower Road in Fort Cochin. ⌚ beide tgl. 8–18.30 Uhr.

Internet

In Fort Cochin gibt es zahlreiche kleine Internetcafés (ca. Rs40 pro Std.). In Ernakulam bietet sich **Net Park** in der Convent Rd oder **Mathsons** in der Durbar Hall Rd an (beide Rs30 pro Std.).

Kinos

Im Multiplex-Kino in der **LuLu Mall**, 💻 www.luluindia.com, 7 km nördlich des Zentrums (S. 1144), laufen regelmäßig Filme in englischer Sprache sowie neue Malluwood- und Bollywood-Streifen.

Medizinische Hilfe

Medical Trust Hospital, MG Rd, ☎ 0484/235 8001, 💻 www.medicaltrusthospital.com. Eines der besten Privatkrankenhäuser Keralas mit 600 Betten, 24-Std.-Notaufnahme und Ambulanz.
The Emmanuel Dental Centre, Noble Square, Kadavanthara, ☎ 0484/220 7544, 💻 www.cosmeticdentalcentre.com. Praxis auf internationalem Niveau: Routinebehandlungen und schwierigere kosmetische Eingriffe.

Motorradverleih

I-One's-Two Wheelers, 1/946-A Njaliparambu (die Gasse gegenüber dem Eingang zum Kerala Kathakali Centre, nahe der Basilika in Fort Cochin), verleiht Enfields sowie ein paar Honda Activas mit Automatik. Als Pfand muss der Pass hinterlegt werden. Kontakt: Ivan Joseph, ☎ 9847/155306, 💻 www.rentabikecochin.com.

Musikgeschäfte

Music World, MKV Building, beim Shenoy's Theatre, MG Rd, Musik-Superstore mit westlichem Pop, klassischer Musik, Weltmusik und indischer Filmmusik.
Sound of Melody, DH Rd, nahe dem Bahnhof Ernakulam Junction, gute Auswahl an traditioneller südindischer und moderner westlicher Musik.

Polizei

Die städtische **Tourist Police** hat einen Schalter am Bahnhof Ernakulam Junction und einen weiteren neben dem KTDC Tourist Office am südlichen Ende der Shanmugham Rd.

Post

Hauptpost, Hospital Rd, nahe Main Jetty. Der Poste-restante-Schalter ist im Postamt hinter der St. Francis Church in Fort Cochin.

Reisebüros

Flugtickets gibt's bei **Kapithan Air Travel and Tours**, 1/430 Burgher St, Fort Cochin (im

Erdgeschoss des Adam's Old Inn: es ist das einzige IATA-Reisebüro in Fort Cochin.

Der **Tourist Desk** beim Main Jetty in Ernakulam, ✆ 0484/237 1761, und in der Tower Rd in Fort Cochin bietet Touren zur Elefantenbeobachtung nach Wayanad sowie Touren mit Übernachtungen am Strand und in den Backwaters in eigenen Gästehäusern um Kannur.

Taxis

Ashik Taxis, ✆ 9288/157145 oder 9656/798481, decken ganz Kerala ab und bieten Tagesausflüge zu fairen Preisen.

Touren

Die halbtägige KTDC-**Bootsrundfahrt** (tgl. 9–12.30 und 14–17.30 Uhr; Rs100) ist eine gute Möglichkeit, sich zu orientieren; die Aufenthalte in Mattancherry oder Fort Cochin sind allerdings kurz. Buchung beim KTDC Reception Centre in der Shanmugham Rd (s. S. 1153).

Das KTDC Tourist Office veranstaltet von Kochi aus auch ganztägige **Backwater-Touren**. Besser sind jedoch die ausgezeichneten Fahrten, die der private Tourist Desk veranstaltet (tgl. 8.30–18.30 Uhr, Rs550, zu buchen beim Tourist Desk in Fort Cochin und Ernakulam). Enthalten sind die Abholung vom Hotel, der Transfer zum Abfahrtsort bei Vaikom, 30 km südlich, eine Vormittagsfahrt durch die offenen Backwaters auf einem Motorboot, eine Dorfbesichtigung, ein keralisches Mittagsbuffet an Bord eines *kettu vallam* und eine Nachmittagsfahrt durch schmale Kanäle in einem viel kleineren gestakten Kanu.

Nahverkehr

Es gibt zahlreiche zuverlässige **Motor-Rikschas** in Ernakulam, die in Mattancherry und Fort Cochin sind dagegen übermäßig teuer. Für eine relaxte Verbindung zwischen den Stadtteilen sorgen die etwas abgewrackten **Fähren**. **Leihräder** gibt es in vielen Hotels und Guesthouses in Fort Cochin.

Transport

Busse

Der **KSRTC-Central-Busbahnhof**, neben den Bahnschienen ein Stück östlich der MG Road und nördlich der Ernakulam Junction, ✆ 0484/237 2033, ist die Station für staatliche Fernbusse. Daneben existieren die beiden **privaten Busbahnhöfe** Kaloor (für ländliche Zielorte im Süden und Osten), gegenüber dem Bahnhof Ernakulam Town, auf der anderen Seite der Brücke an der Alwaye Rd, und High Court

Die schnellsten und/oder günstigsten Zugverbindungen von Kochi/Ernakulam

Zielort	Name	Nr.	Bahnhof	Häufigkeit	Abfahrt	Fahrtdauer
Bengaluru	Kanyakumari–Bangalore Express	16525	ET	tgl.	17.55 Uhr	13 Std.
Chennai	Trivandrum–Chennai Mail	12624	ET	tgl.	19.15 Uhr	11 3/4 Std.
Kozhikode (Calicut)	Netravati Express	16346	EJ	tgl.	14.00 Uhr	5 Std.
Madgaon / Margao (Goa)	Rajdhani Express*	12431	EJ	Di u. Do	22.35 Uhr	11 3/4 Std.
	Gandhidam Express	16336	ET	tgl.	20.00 Uhr	14 3/4 Std.
Madurai	Guruvayur–Chennai Express	16128	EJ	tgl.	23.15 Uhr	11 3/4 Std.
Mangalore	Malabar Express	16629	ET	tgl.	23.50 Uhr	10 1/4 Std.
Mumbai	Netravati Express	16346	EJ	tgl.	14.00 Uhr	26 1/2 Std.
Thiruvananthapuram	Netravati Express	16345	ET	tgl.	14.50 Uhr	4 1/2 Std.
Varkala	Malabar Express	16630	ET	tgl.	03.40 Uhr	4 Std.

EJ = Ernakulam Junction; ET = Ernakulam Town; * = nur AC, Mahlzeiten inkl.

(für Busse nach Kumily, zum Periyar Wildlife Reserve und Richtung Norden nach Thrissur, Guruvayur und Kodungallu).
Der **Busbahnhof Fort Cochin** wird von Touristen- und Stadtbussen mit Ziel Ernakulam angefahren. Von hier fahren Busse fast jede Stadt von Kerala (manche noch weiter) an; die meisten, jedoch nicht alle, kann man im Voraus am Busbahnhof reservieren.

Eisenbahn

Es gibt 2 große Bahnhöfe: **Ernakulam Junction**, unweit der Innenstadt, und **Ernakulam Town**, 2 km weiter nördlich.
Der **Cochin Harbour Terminus** auf Willingdon Island dient in erster Linie zum Erreichen der Luxushotels auf der Insel.
Kochi liegt an Keralas Breitspur-Eisenbahnlinie. Es fahren regelmäßig Züge die Küste hinab nach THIRUVANANTHAPURAM via KOTTAYAM, KOLLAM und VARKALA. Nach Norden gibt es viele Züge nach THRISSUR und weiter nach Nordosten über Tamil Nadu bis CHENNAI, doch nur ein paar fahren direkt nach Mangalore. Seit der Eröffnung der Konkan Railway fahren einige Expresszüge die Küste entlang nach GOA und MUMBAI mit Zwischenstopp in der Nähe von Mangalore.
Das **Hauptreservierungsbüro**, das Fahrkarten für die an allen 3 Bahnhöfen abfahrenden Züge verkauft, befindet sich in Ernakulam Junction.
Wer nach ALAPPUZHA unterwegs ist, um an der Backwater-Tour nach Kollam teilzunehmen, sollte den Bus nehmen, denn der einzige Zug, mit dem man laut Fahrplan rechtzeitig ankommen soll, hat immer Verspätung.

Flüge

Kochis **internationaler Flughafen**, ✆ 0484/261 0113, 💻 www.cochinairport.com, einer der modernsten und effizientesten Indiens, liegt bei Nedumbassery, nahe Alwaye (alias Alua), 29 km nördlich von Ernakulam. Ein vorab zu bezahlendes Taxi in die Stadt kostet etwa Rs400; die Fahrt dauert je nach Verkehr um die 30 Min. Wer sich mit einem klimatisierten Fahrzeug abholen lassen möchte, kann sich an Mr. Haris von Ashik Taxis wenden, ✆ 9288/ 157145 oder 9656/798481. Außerdem fahren stdl. bequeme AC-„Airbuses“ für Rs70 nach Fort Cochin (1 1/2 Std.).

Fluggesellschaften für Auslandsflüge
Air India, Collis Estate, MG Rd, ✆ 0484/238 1874, Flughafen ✆ 0484/261 0070;
Air India Express, Collis Estate, MG Rd, ✆ 0484/238 1885, Flughafen ✆ 0484/261 0050;
Emirates, Plot No. 696-A, gegenüber vom Wyte Fort Hotel, NH-47 Bypass, Maradu, ✆ 0484/408 4444, Flughafen ✆ 0484/261 1194;
Gulf Air, Room 201, Travancore Court Hotel, Warriam Rd, ✆ 1-800/221122, Flughafen ✆ 0484/261 1346;
Kuwait Airways, Room 35, International Terminal, Nedumbassery Airport, ✆ 0484/261 0251;
Qatar Airways, Hotel Le Meridien, Mezzanine Floor, Maradu, ✆ 0484/261 1305;
SriLankan Airlines, 70–71 DD Vyapar Bhavan, K. P. Vallon Rd, Kadavanthara, Ernakulam, ✆ 0484/232 0372, Flughafen ✆ 0484/261 1313.
Fluggesellschaften für Inlandsflüge
Air India, Durbar Hall Rd, ✆ 0484/237 1141, Flughafen ✆ 0484/261 0041;
Go Air, c/o UAE Travel Services, Chettupuzha Towers, PT Usha Rd Junction, ✆ 0484/235 5522;
Jet Airways/JetLite, 39/4158 Elmar Square Bldg, MG Rd, ✆ 0484/235 9212, Flughafen ✆ 0484/261 0037;
Kingfisher Airlines, K.B. Oxford Business Center, 39/4013, Free Kandath Rd, MG Rd, ✆ 0484/235 1144;
Paramount Airways, Flughafen ✆ 0484/261 0404.

Die Umgebung von Kochi und Ernakulam

Rund 12 km südöstlich von Ernakulam liegt die Kleinstadt **Thripunitra**, zu erreichen per Bus oder Motor-Rikscha vom Busbahnhof in der MG Road, unmittelbar südlich von Jos Junction. Hier lohnt ein Besuch des baufälligen, im Kolonialstil erbauten **Hill Palace**, der inzwischen ein ge-

Die Lakshadweep Islands

Reisende, die von Keralas Stränden eher enttäuscht sind, werden vielleicht in Lakshadweep, www.lakshadweep.nic.in, fündig, einem Korallenarchipel in 200 bis 400 km Entfernung zur Küste in der Arabischen See. Die 27 winzigen, kokospalmenbestandenen Inseln des kleinsten Unionsterritoriums Indiens sind traumhafte Tropenparadiese mit unberührten weißen Sandstränden und kühlen Lagunen, in denen die durchschnittliche Wassertemperatur das ganze Jahr über bei etwa 26 °C liegt. Hinter den Lagunen erstrecken sich Korallenriffe, an denen sich Meeresschildkröten, Delfine, Adlerrochen, Rotfeuerfische, Papageienfische, Tintenfische, Barrakudas und Haie tummeln. Von den Inseln, auf denen es keine Säugetiere und Vögel gibt, sind nur zehn bewohnt; die Gesamtbevölkerung liegt bei etwas mehr als 50 000. Zumeist handelt es sich dabei um Malayalam sprechende Sunniten, die von keralischen Hindus abstammen sollen, die im 7. Jh. zum Islam übertraten. Es wird viel unternommen, um die ökologischen Auswirkungen des Tourismus auf die Inseln so gering wie möglich zu halten. Für Nicht-Inder stehen nur auf zwei Inseln Unterkünfte zur Verfügung – auf Bangaram und Kadmat. Indische Besucher dürfen auch die beiden benachbarten Inseln Kavaratti und Minicoy ansteuern.

Praktische Hinweise

Alle Fahrten nach **Kadmat** müssen in Kochi über die Society for Promotion of Nature Tourism and Sports, IG Rd, Willingdon Island, 0484/266 8387, www.lakshadweeptourism.com, arrangiert werden. Die Society bietet für US$450 p. P. eine fünftägige Pauschaltour zu den Inseln Kavaratti, Kalpeni und Minicoy.

Auf dem unbewohnten, tropfenförmigen, nur einen halben Quadratkilometer großen Inselchen **Bangaram** darf sich nur eine begrenzte Zahl ausländischer Besucher gleichzeitig aufhalten. Zurzeit ist die Insel nur von Kochi aus zu erreichen, und zwar mit kleinen Flugzeugen von Indian Airlines und Kingfisher Airlines (1–2x tgl. außer So, 1–1 1/2 Std., $300). Die Flüge gehen zur Insel **Agatti**, 8 km südwestlich von Bangaram; dann geht's weiter mit dem Schiff (2 Std.) oder – während des Monsuns (Mitte Mai–Mitte Sep) – dem Hubschrauber. Alle Buchungen inklusive Flug, Unterkunft und Besuchsgenehmigung werden von CGH Earth auf Willlingdon Island erledigt. Einen Katzensprung vom Wasser entfernt liegt das Luxus-Ökoresort von CGH Earth, das Bangaram Island Resort, www.cghearth.com. In strohgedeckten Zimmern nimmt es bis zu 30 Paare auf. Es gibt keine Klimaanlage, kein Fernsehen, Radio, Telefon, keine Zeitungen und Geschäfte und selbstverständlich auch keine Discos. Der Preis für so viel Abgeschiedenheit ist natürlich hoch: $300–550 pro Nacht mit Vollpension, aber ohne Anreise. ❾

Ein britischer Tauchanbieter in Goa organisiert Tauchferien in Lakshadweep; Preise und Buchungsbedingungen finden sich auf www.goadiving.com.

mischtes Museum beherbergt. Die Königsfamilie von Cochin unterhielt einst um die 40 Paläste – dieser hier wurde nach der Unabhängigkeit von der Regierung konfisziert und verkam im Laufe des vergangenen Jahrzehnts zu einem staubigen und vernachlässigten Objekt.

Eines der schönsten Museumsstücke ist eine hölzerne Mandapa aus dem frühen 17. Jh. mit prächtigen Schnitzereien, die Geschichten aus dem *Ramayana* zeigen. Interessant sind auch die fein gearbeiteten silbernen Schmuckkästchen, die goldenen und silbernen Zierobjekte und die rituellen Gegenstände, die bei großen Zeremonien zum Einsatz kamen. In der **Bronzen-Galerie** befindet sich auch ein *kingini katti*-Messer, dessen Verzierungen die Tatsache verschleiern, dass es dazu benutzt wurde, Leute zu köpfen. In dem Käfig mit den Umrissen einer menschlichen Gestalt wurden Verurteilte aufgehängt, damit die Vögel sie zu Tode picken konnten. Di–So 9–17 Uhr, Eintritt Rs10.

Anlässlich des jährlichen **Vrishikolsavam-Festes** (Okt/Nov) im am Weg zum Palast gelegenen **Tempel Sri Purnathrayisa** finden an acht

Tagen Theater- sowie klassische Musik- und Tanzvorführungen statt, darunter Kathakali-Vorstellungen, die die ganze Nacht hindurch dauern. Auf dem Tempelgelände spielen morgens und abends im Rahmen einer Prozession mit 15 geschmückten Elefanten Trommelorchester *(chenda melam)* auf.

Thrissur und Umgebung

Die geschäftige Markt- und Tempelstadt Thrissur (Trichur) am NH-47, ungefähr auf halber Strecke zwischen Kochi (74 km südlich) und Palakkad (79 km nordöstlich), ist eine günstige Ausgangsbasis zur Erkundung der Kulturschätze von Zentral-Kerala.

Dank seiner günstigen Lage in der Nähe des Palghat (Palakkad) Gap – einer Öffnung in der vom Gebirgszug der Westghats gebildeten natürlichen Grenze – beherrschte Thrissur die Haupthandelsroute in die Region von Tamil Nadu und Karnataka her und war jahrelang die Hauptstadt des Staates Cochin. Über die Stadt herrschten zu unterschiedlichen Zeiten sowohl der Zamorin von Kozhikode als auch Tipu Sultan von Mysore.

Heute bezieht Thrissur den größten Teil seines Einkommens aus Geldsendungen von Auswanderern, die in den Golfstaaten arbeiten – daher auch die vielen protzigen modernen Wohnhäuser in den umliegenden Dörfern.

Als Sitz mehrerer namhafter Kunsteinrichtungen versteht sich Thrissur als Kulturhauptstadt von Kerala. Die Hauptattraktion ist Keralas größte Tempelanlage **Vadukkunnathan**. Sie ist umgeben von einem *maidan* (Grünanlage) und Veranstaltungsort für Keralas pompösestes, lautstärkstes und überschwänglichstes Fest, **Puram** (s. S. 1159).

Die Hauptattraktion der Umgebung von Thrissur besteht darin, dass sie die Möglichkeit bietet, Keralas kulturelles Erbe kennenzulernen.

Sehenswürdigkeiten

Der wichtigste Orientierungspunkt in Thrissur ist **The Round**, eine in Nord, Süd, Ost und West unterteilte Ringstraße, die rund um den Vadukkunnathan-Tempel und den *maidan* führt.

Der mächtige **Vadukkunnathan-Tempel** im Zentrum der Round ist zwar für Nicht-Hindus nicht zugänglich, jedoch kann man sich im nahen **Vadakka Madham Brahmaswam**, fünf Fußminuten westlich des Tempels abseits der MG Rd, einen Überblick darüber verschaffen, wie weit seine Wurzeln zurückreichen. Hier lernen kleine Namboodiri-Brahmanen-Jungen in einer traditionellen Schule die religiösen Gesänge. Die Schüler, angetan mit traditionellen weißen *mundus,* heiligen Fäden und Aschezeichen auf der Haut, sitzen im Schneidersitz in traditionellen keralischen Hallen und rezitieren Verse aus 3000 Jahre alten Texten. Wer sich das anschauen möchte, sollte sich unter ✆ 0487/244 0877 oder 6126 vergewissern, wann der Unterricht stattfindet; Spenden zum Unterhalt der Schule sind willkommen. ◷ tgl. 7.30–14.30 Uhr, Eintritt frei.

Die Skyline im Südosten der Round dominiert die riesige indo-gotische **Basilica of Our Lady of Dolours** (Puthan Pally auf Malayalam) mit einem 79 m hohen Glockenturm – angeblich der höchste Kirchturm in Asien. Zur Spitze des Turms gelangt man per Lift oder über eine 350-Stufen-Treppe; von oben bieten sich schöne Ausblicke über die Palmenwälder um Thrissur herum. Turm ◷ Di–Fr 10–13 und 14–18, Sa und So 10–13 und 14–19.30 Uhr, Rs15.

Von den beiden Museen der Stadt nördlich der Round lohnt nur das **Archäologische Museum**, fünf Gehminuten nördlich der Round gegenüber dem Busbahnhof Priya Darshini, einen Besuch, nicht zuletzt wegen der wunderbaren keralischen Architektur des ehemaligen Palastes, in dem es sich befindet. Es ist im 200 Jahre alten Shaktan Thampuran Palace untergebracht, der ehemaligen Residenz der königlichen Familie von Cochin. Das Innere des Palasts ist wunderschön mit feinen Holz- und Kachelarbeiten geschmückt; in der Mitte gibt es einen säulengesäumten Innenhof. Zu den Ausstellungsstücken zählen Heldensteine aus dem 15. und 18. Jahrhundert, eine Furcht einflößende Sammlung von Scharfrichterbeilen und eine große eisenbesetzte Schatztruhe. ◷ Di–So 9.30–13 und 14–16.30 Uhr, Eintritt Rs10.

Es lohnt sich nachzufragen, ob im großen Auditorium der **Sangeet Natak Akademi**, Stadium Rd, ✆ 0487/233 2134, 💻 www.sangeetnatak.org, gerade ein Konzert oder eine Tanzaufführung stattfindet. Um die Ecke steht die **Lalit Kala Akademi**, ✆ 0487/233 3773, 🖳 www.lalitkala.gov.in. In diesem hellen, kühlen Gebäude des britischen Architekten Laurie Baker wird zeitgenössische Kunst der Adivasi (Stammesangehörigen) ausgestellt. 🕒 Mo–Fr 11–19 Uhr.

Übernachtung

In Thrissur gibt es viele recht preisgünstige Mittelklassehotels, jedoch nur wenige zumutbare Budgetunterkünfte – die beste ist das tolle Ramanilayam Government Guesthouse. Wer einen Aufenthalt während des **Puram**-Festes plant, sollte weit im Voraus reservieren und berücksichtigen, dass die Zimmerpreise dann in astronomische Höhen klettern – einige exklusivere Hotels und die Hotels an der Round verlangen das Zehnfache des normalen Preises.

Ashoka Inn, TB Rd, ✆ 0487/244 4333, 🖳 www.ashokainn.co.in. Das preisgünstigste der Businesshotels im Umkreis des Busbahnhofs Shakthan Thampuran; neues Hochhaus mit gläsernen Seiten und luftigen, makellos sauberen Zimmern. ❺

Elite International, Chembottil Lane, abseits der Round South, ✆ 0487/242 1033, ✉ mail@hoteleliteinternational.com. „I-leit" ausgesprochen. Großes graues Hochhaus im Stadtzentrum; einige Zimmer haben Balkone mit Blick über den Park. Die Zimmer sind für den Preis riesig, jedoch schäbig. Frühstück inkl. ❸–❹

Gurukripa Lodge, Chembottil Lane, abseits der Round South, ✆ 0487/242 1895. Große Auswahl an einfachen Zimmern mit Bad um einen langen Innenhof, darunter einige sehr preiswerte EZ. Einige mit AC. ❶–❷

Kuruppath, Mannadiara Lane, nahe Kuruppam Rd, ✆ 09495/260000, 🖳 www.paithrukam.com. Liebevoll restaurierter alter Bungalow inmitten der Hochhäuser im Zentrum, einen Katzensprung von der Round South. Hell, luftig, kühl und angesichts der Lage überraschend ruhig. Das alte Hauptschlafzimmer im 1. Stock wartet mit einem gigantischen Bad auf. Inkl. Frühstück. ❼

Pathan's, Round South, ✆ 0487/242 5620, 🖳 www.pathansresidentialhotel.com. Budgetunterkunft an der Round mit nur 20 Zimmern, alle mit überdurchschnittlich großen Bädern und großen Außensitzbereichen. Die Deluxe-Zimmer sind recht abgenutzt, die AC-Zimmer sind schicker, größer und gepflegter und bieten einen tollen Blick über die Round. Während Puram Mindestaufenthalt 2 Nächte und zehnfacher Preis (jedoch kann man sich zum gleichen Preis zu viert in ein Zimmer zwängen). ❷–❹

Zentrale Suiten

Ramanilayam Government Guesthouse, Palace Rd, ✆ 0471/233 2016. Das Ramanilayam liegt inmitten gepflegter Gärten im Nordosten der Stadt in der Nähe des Zoos und des Museums. Es ist sehr preiswert und hat sehr große Suiten mit Balkon und kleinere DZ mit und ohne AC. Wie bei allen staatlichen Gästehäusern erhalten staatliche Bedienstete den Vorzug (selbst in letzter Minute), sodass auf Buchungen kein Verlass ist. ❷–❸

Essen

Dank der vielen Hotels und gut besuchten „meals"-Lokale an der Round herrscht in Thrissur kein Mangel an verlässlichen Essmöglichkeiten. Abends kann man sich ab etwa 20.30 Uhr außerdem den Motor-Rikscha-*wallahs,* Krankenhausbesuchern, Ayappa-Anhängern und Studenten anschließen, die sich auf dem beliebten Markt für warmes Essen *(thattukada)* an der Ecke Round South und East, gegenüber dem Medical College Hospital, versammeln. Hier gibt es rustikales keralisches Essen – Omeletts, *dosas, parottas, iddiappam,* Bohnen-Currys und *egg masala* – alles frisch zubereitet, köstlich und unglaublich billig.

Akshaya, im Luciya Palace, Marar Rd, nahe der Südwestecke der Round. Hotelrestaurant, in dem formell gekleidete Kellner mittags gute keralische „meals" (Rs90) in einem schön kühlen AC-Speisesaal servieren. Ab 19.30 Uhr gilt eine umfassende Karte mit Gerichten verschiedenster Küchen, und die Gäste sitzen draußen in einem netten, von Lichterketten beleuchteten Garten. Bier ist als Begleitgetränk zum Essen erlaubt.

Puram

Thrissur ist im Ausland als der Ort bekannt, an dem einmal im Jahr an einem Tag im Hindu-Monat Medam (April/Mai) Keralas größtes Fest stattfindet, das Puram. Das von Shaktan Tampuran, dem Maharadscha von Cochin, zwischen 1789 und 1803 ins Leben gerufene Fest bildet den Höhepunkt von acht Tage andauernden Feierlichkeiten in neun verschiedenen Tempeln, die zur Zeit der größten Sommerhitze den Gehorsam für Shiva bekunden. Unverzichtbare Bestandteile sind wie bei allen Tempelfesten in Kerala geschmückte **Elefanten, Trommelorchester und Feuerwerk**. Jedoch erreicht kein anderes Fest in Kerala auch nur annähernd Ausmaß und Intensität der Feierlichkeiten.

Puram spielt sich vor allem an dem langen, breiten Pfad ab, der zum Südeingang des Vadukkunnathan-Tempels an der Round führt. Hier versammeln sich kurz nach Sonnenaufgang scharenweise Zuschauer, um der ersten Phase des 36-Stunden-Marathons beizuwohnen – dem **kudammattom**, der „göttlichen Audienz" –, mit den zwei großartigen **Elefantenprozessionen** des Tiruvambadi- und des Paramekkavu-Tempels, die sich auf dem Weg aufeinander zubewegen, angeführt von Trommlern und anderen Musikern. Beide Züge umfassen 13 überreich mit Gold geschmückte Dickhäuter, auf deren Rücken jeweils drei junge Brahmanen reiten, in den Händen hoheitliche Symbole: Wedel aus Yakhaaren mit Silbergriff, runde Fächer aus Pfauenfedern und bunte Seidenschirme mit Silberfransen. Im Mittelpunkt jeder Gruppe befindet sich der größte Tempelelefant, der ein Bildnis der wichtigsten Tempelgottheit auf dem Rücken trägt. Leicht schwankend rühren sich die Elefanten die meiste Zeit nicht vom Fleck, scheinbar gleichgültig gegenüber den Menschenmassen und dem riesigen Orchester, das vor ihnen spielt und darum wetteifert, den meisten Krach und das größte Spektakel zu veranstalten. Wenn die Musik zum Sonnenuntergang ihren Höhepunkt erreicht, machen sich die beiden Gruppen auf den Weg in unterschiedliche Stadtviertel. Dies signalisiert den Beginn eines spektakulären Feuerwerks, das mit einer Reihe ohrenbetäubender Explosionen beginnt und die ganze Nacht andauert; auch hier versuchen die Teams, sich gegenseitig zu übertrumpfen.

Wer Thrissur zum Puram besucht, muss sich auf überquellende Busse und Züge gefasst machen. Eine **Unterkunft** bekommt natürlich nur, wer lange im Voraus ein Zimmer reserviert hat.

Leider dient das Puram-Fest wie andere Tempelfeste auch einigen Männergruppen als Rechtfertigung dafür, sich sinnlos zu betrinken. Frauen ist anzuraten, sich konservativ zu kleiden und nur am Vormittag hinzugehen oder sich einer Gruppe indischer Frauen anzuschließen. Auf jeden Fall sollten sie den Bereich direkt vor den Trommlern meiden, wo sich die „Rhythmus-Irren" versammeln.

Bharath Hotel, Chembottil Lane, 50 m vom Elite Hotel. Das beste rein vegetarische Restaurant in Thrissur, immer ab 19.30 Uhr voll. Das Essen ist ohne Ausnahme frisch und köstlich. Empfehlenswert sind das würzige Frischkäse-*vada* und die traditionellen Mittags-*thalis* (Rs35), für die am Wochenende die Schlangen bis vor die Tür reichen. Platz lassen sollte man für ein *ada,* eine Mischung aus Rohrzucker, Kokosnuss und Reis, in einem Bananenblatt gedämpft.

Indian Coffee House, Round South. Hier gibt's die üblichen billigen und beliebten südindischen Snacks sowie starken *chai* und schwachen Kaffee, serviert von ernst dreinblickenden Kellnern mit altmodischen Turbanen und Curry-befleckten Uniformen.

Pathan's, Round South. Viel schäbiger als das Bharath, aber mit einer gleichermaßen treuen Gefolgschaft. Die Mittags-„meals" (Rs45) sind so gut wie sonstwo im Viertel, dazu gibt's das volle Angebot an Udipi-Klassikern sowie einige köstliche Spezialitäten aus Sri Lanka.

Sonstiges

Geld

Die beste Adresse zum Wechseln von Geld und Reiseschecks ist die **UTI Bank** im City Centre Shopping-Komplex,

Round West, ⏲ Mo–Fr 9.30–15.30, Sa 9.30–13.30 Uhr.

UAE Exchange & Financial Services, im Untergeschoss des Casino Hotel, ⏲ Mo–Sa 9.30–18, So 9.30–13.30 Uhr, wechselt ebenfalls Bargeld und Reiseschecks.

Beide verfügen auch über Geldautomaten, aber es gibt noch einige andere Banken im Zentrum.

Informationen

Das **DTPC Tourist Office**, Palace Rd, gegenüber dem Rathaus, 5 Gehminuten von der Round East, ✆ 0487/232 0800, wird von Freiwilligen unterhalten, und sein Hauptziel ist die Werbung für das Elefantenfest Puram, aber es werden auch Stadtpläne von Thrissur ausgegeben. ⏲ Mo–Sa 10–17 Uhr.

Internet

Internetzugang bieten **Hugues Net**, oberstes Stockwerk, City Centre Shopping-Komplex, und **SS Consultants**, neben dem Hotel Luciya Palace. Die Preise liegen bei ca. Rs30 pro Std.

Post

Die **Hauptpost** befindet sich am Südrand der Stadt in der Nähe der Round South.

Transport

Busse

Der KSRTC-Fernbusbahnhof liegt nahe dem Bahnhof. Der Priya Darshini (auch „North", „Shoranur" und „Wadakkancheri Bus Stand" genannt) befindet sich in der Nähe der Round North und bietet Verbindungen nach Shoranur (zur Kalamanadalam Academy). Vom Shakthan Thampuran-Busbahnhof an der TB Rd, etwa 1 km von der Round South, fahren Busse Richtung Süden in die nähere Umgebung von Thrissur, z. B. nach IRINJALAKUDA, KODUNGALLUR und GURUVAYUR.

Eisenbahn

Thrissurs **Bahnhof** liegt 1 km südwestlich der Round South. Die Stadt liegt an der Hauptstrecke nach Chennai und zu anderen Städten in Tamil Nadu und hat gute Verbindungen nach Kochi und Thiruvananthapuram.

Cheruthuruthy

Das Dorf Cheruthuruthy, 32 km nördlich von Thrissur am Ufer des Bharatpuzha (oder Nila) gelegen, ist als Sitz der **Kerala Kalamandalam** berühmt, der renommiertesten Schule Keralas für Kathakali und andere indigene keralische Formen der darstellenden Kunst. Sie wurde 1927 von dem berühmten keralischen Dichter Vallathol (1878–1957) ins Leben gerufen und hatte entscheidenden Anteil an der Wiederbelebung des Interesses für Kathakali und andere, rein keralische Kunstformen.

Nicht-Hindus können Kathakali, Kudiyattam und auch weniger bekannte Kunstformen im herrlichen Theatersaal der Schule verfolgen, der den aus Holz erbauten, mit einem geschwungenen Dach versehenen traditionellen Theatern, den sogenannten *kuttambalam*, wie man sie in Kerala-Tempeln findet, gleicht.

Wer Interesse hat, kann auch bei Unterrichtsstunden und Wandmalerei-Demonstrationen zusehen und Kostümausstellungen besuchen – und zwar im Rahmen des faszinierenden Kulturprogramms „Ein Tag mit den Meistern" (Mo–Sa 9.30–13.30 Uhr; Kosten US$20 p. P. inkl. Mittagessen).

Übernachtung

Die einzige Übernachtungsmöglichkeit ist das luxuriöse **River Retreat Heritage Ayurvedic Resort**, 2 km von Kalamandalan, ✆ 04884/262244, 💻 www.riverretreat.in. Das 3-Sterne-Hotel und Ayurveda-Spa im ehemaligen Palast des Maharadscha von Cochin liegt idyllisch am Ufer des Flusses. Schöner Pool, teilweise im Schatten von Palmen. ❻–❽

Transport

Busse

Vom **Busbahnhof** Priya Darshini in Thrissur fahren Busse Richtung Shoranur durch Cheruthuruthy.

Eisenbahn

Der am nächsten gelegene Bahnhof ist **Shoranur Junction**, 3 km südlich. Hier halten Expresszüge von und nach Mangalore, Chennai und Kochi.

Guruvayur

In Guruvayur, 19 km westlich von Thrissur, steht der wichtigste Krishna-Tempel Südindiens; Hunderttausende Pilger kommen jedes Jahr zum Beten hierher. Nicht-Hindus haben wie gewöhnlich keinen Zutritt, ein Tagesausflug hierher lohnt sich jedoch schon wegen des **Punnathur Kotta Elephant Camp**, 4 km nördlich des Orts. Hier residieren die Elefanten des Tempels: Etwa 67 Dickhäuter im Alter von 8 bis 95 Jahren verbringen die meiste Zeit des Tages damit, speziell herbeigeschafftes Futter zu vertilgen. Jeder hat seinen persönlichen *mahout*, der sie mehrmals die Woche in einem Teich wäscht und schrubbt. Nähern sollte man sich den Tieren nur, wenn die Wärter es erlauben, denn sie können unberechenbar und gefährlich sein. ⏱ tgl. 8–18 Uhr, Eintritt Rs5, Fotoerlaubnis Rs25.

Kozhikode (Calicut)

Die 225 km nördlich von Kochi gelegene Küstenstadt Kozhikode (Calicut) zählte einst zu den wohlhabendsten Handelsstädten in ganz Asien und spielt eine außerordentlich wichtige Rolle in der keralischen Mythologie und Geschichte. Sie ist auch insofern bedeutsam, als Vasco da Gama 1498 ganz in der Nähe an Land ging.

Nach Jahrhunderten des Niedergangs infolge der Zerstörung der Stadt durch die Portugiesen geht es Kozhikode heute wieder besser, dank der Geldüberweisungen von ausgewanderten Indern, die in den Golfstaaten arbeiten. Diese Verbindung nach Arabien ist wohl ein Erbe der mächtigen moslemischen Moppila-Handelsgemeinschaft, die für den hiesigen Herrscher die Kriegsflotte und den Handel betrieb. Der Bauboom der letzten Jahre hat jedoch fast alle Reste der Baudenkmäler aus der alten Zeit vernichtet. Übrig geblieben sind z. B. ein paar großartige **Moppila-Moscheen**, die durch ihre typisch keralischen mehrstufigen Dächer hervorstechen. Die drei beeindruckendsten dieser Moscheen liegen abseits einer Seitenstraße in Thekkepuram, dem moslemischen Viertel von Kozhikode, 2 km südwestlich des *maidan* (alle Rikschafahrer kennen den Weg). Die 1100 Jahre alte **Macchandipalli Masjid**, zwischen der Francis Road und dem Kuttichira Tank, verfügt über Decken, die mit schönen bunten Stuckarbeiten und verschlungenen Koran-Zitaten geschmückt sind. Ein Stückchen weiter Richtung Norden steht die **Jama Masjid**, deren Hauptgebetshalle Platz für 1200 Gläubige bietet; die Moschee stammt aus dem 11. Jh. und wartet ebenfalls mit einer reich geschmückten Decke auf. Das großartigste Exemplar des Trios ist jedoch die **Mithqalpalli (auch Jama'atpalli)** Masjid, die an einer Gasse hinter dem Kuttichira Tank versteckt liegt. Das vierstufige Dach der vor über 700 Jahren erbauten Moschee stützt sich auf 24 hölzerne Pfeiler.

Übernachtung

Kozhikode wartet mit einer Vielzahl von Hotels auf, mit Ausnahme der unteren Preisklasse, in der gute Unterkünfte eher Mangelware sind. Für Budget-Traveller lohnt es sich vielleicht, ein bisschen mehr auszugeben als sonst.
Die meisten Unterkünfte haben 24-Std.-Check-out. Wegen des Flughafens verfügen die preisgünstigeren Hotels meistens nicht kurzfristig über freie Zimmer, sodass man also weit im Voraus buchen sollte.
Calicut Tower, Markaz Complex, nahe Mavoor Rd, ✆ 0495/272 3202, ✉ calicuttower@yahoo.com. Dieses Hochhaushotel mit 90 Zimmern an einer ruhigen Seitenstraße der Hauptstraße bietet bei Weitem das beste Preis-Leistungs-Verhältnis in der unteren Mittelklasse. Die makellos sauberen „Standard AC"-Zimmer, mit glänzenden gefliesten Böden und gepflegten

Günstig wohnen im Club

Beach Heritage, Beach Rd, 2 km westlich des Zentrums, ✆ 0495/276 2055, 🖳 www.beachheritage.com. Dies ist die ehemalige Anlage des Malabar English Club aus der Kolonialzeit (von 1890) mit gepflegten Rasenflächen und spitzen Ziegeldächern. Heute ist es ein reizendes Heritage-Hotel mit viel Atmosphäre. Es gibt nur 6 Zimmer, alle mit AC sowie Balkon oder separatem Außensitzbereich, die im Obergeschoss sind größer und haben den schöneren Meerblick. Gutes Preis-Leistungs-Verhältnis. ❻

Bädern, sind nur Rs200 teurer als die muffigeren Zimmer ohne AC und für den Preis riesig. Strenges Alkoholverbot. ❹–❺

Kaza Marina, Elathur, 10 km nördlich von Kozhikode, ✆ 0495/246 2162. Großes Anwesen aus Holz und Backstein direkt am Meer am Rand eines Wohngebiets eine halbe Autostunde nördlich vom Zentrum – die perfekte Lage als Zwischenstopp für Leute, die mit eigenem Verkehrsmittel von Cochin aus in den hohen Norden von Kerala unterwegs sind. Das beste der 3 Zimmer verfügt über einen riesigen Balkon mit weitem Blick aufs Meer; die anderen beiden sind kleiner und spärlicher möbliert, aber makellos sauber und behaglich. Auf Anfrage sind Mahlzeiten erhältlich. ❺

NCK Tourist Home, Mavoor/IG Rd, ✆ 0495/272 3530. Große, limonengrüne Budgetunterkunft mitten in der Stadt, ein Stück zurückversetzt von der Hauptstraße und etwas ruhiger und sauberer als die Konkurrenz. Geschäftiges Indian Coffee House im Erdgeschoss. Einzelne AC-Zimmer verfügbar für Rs800. ❶–❷

Sasthapuri, MM Ali Rd, ✆ 0495/272 3281, 💻 www.sasthapuri.com. Kompakte Unterkunft auf 4 Stockwerken in der Nähe des Palayam-Busbahnhofs und des Marktes. Die einzige empfehlenswerte Budgetunterkunft im Süden des Zentrums. Dachrestaurant und Internetzimmer für Gäste. ❷–❹

Sea Queen, Beach Rd, ✆ 0495/236 6604, 💻 www.seaqueenhotel.com. Gelb-blaues Backsteingebäude neben einem Lkw-Parkplatz am Meer, vor ein paar Jahren neu ausgestattet. Gute Wahl, wenn man sich eins der netten, großen AC-Zimmer leistet – das beste ist das „a/c-deluxe"-Zimmer Nr. 213 zum Meer hin. Die Zimmer ohne AC sind muffig und bei Weitem nicht so schön. Das auf dem Dach servierte Frühstück ist im Preis inbegriffen. ❺–❻

Essen

Kozhikode ist berühmt für seine Moppila-Küche, die ihre Ursprünge in den kulinarischen Traditionen der alten arabischen Händler der Stadt hat. Duftende Hühner-Biriyanis und Seafood-Currys mit für die Malabar-Küste typischen Gewürzmischungen tauchen auf fast allen Karten nicht-vegetarischer Restaurants auf, doch für wirklich authentische Gerichte geht man ins Paragon, Sagar oder Zain's. Hier gibt's auch die beliebten Muscheln; in der Saison (Okt–Dez, ansonsten sind sie importiert) werden sie überall in einem Knuspermantel aus gewürzter Hirse frittiert serviert. Und schließlich ist kein Festessen in Kozhikode komplett ohne das legendäre *halwa* der Stadt, eine klebrige Malabar-Süßigkeit aus Reismehl, Kokosnuss, Palmzucker und *ghee*. Sie wird in einer umwerfenden Vielfalt an Farben und Geschmäckern hergestellt. Probieren kann man *halwa* im Süden der Stadt im **Grand** (Nandhinee Sweets), MM Ali Rd, nicht weit vom Palayam-Busbahnhof. Noch eindrucksvollere Auslagen präsentieren die **Cool Bakery** und das benachbarte **Aishwarya** an der Mavoor/IG Rd.

Seit 1939 eine Institution

Paragon, Nähe Kannur Rd. Seit der Eröffnung im Jahr 1939 eine Institution in der Stadt. Die düstere Lage unter einer Hochstraße ist nicht besonders einladend, aber die Malabar-Küche hier braucht keinen Vergleich zu scheuen. Spezialität des Hauses sind Fischgerichte, besonders *fish tamarind,* Fisch-Mango-Curry, *pollichathu*, *moillee* – aber es gibt Dutzende Alternativen. Und zu jedem Gericht sollten die berühmt luftigen *appams* und *parottas* gehören. Hauptgerichte zumeist Rs90–125. 🕓 ab 8 Uhr.

Sagar, Mavoor/IG Rd. Ein weiteres Lieblingslokal der Mittelschicht von Kozhikode, mittler-weile mit 2 Filialen; beide haben im Erdgeschoss einen Speisesaal ohne AC und darüber einen klimatisierten „Familien"-Speisesaal. Die üblichen nordindischen und chinesischen Speisen sollte man ignorieren. Die meisten Gäste bestellen stattdessen echte Malabar-Gerichte wie *egg curry, fish korma* und – das Beste von allem – das äußerst geschmacksintensive *chicken pollichathu*, Hühnchenfleisch ohne Knochen, in Ingwer, Knoblauch, grünen Chilis und Curryblättern mariniert und dann knusprig gebraten.

Sanjeevanam, MN's Ave, Nähe 4th Railway Gate, abseits der PT Usha Rd. Das perfekte nicht-vegetarische Gegenstück zu all den schweren Malabar-Gerichten: gesunde, zusatzstofffreie Satvic-Küche. Das üppige Mittags-*thali* („rajakeeam", 12–15 Uhr, Rs110) ist überirdisch gut und umfasst rund 20 verschiedene Speisen. Auch zahlreiche gesunde chinesische und nordindische Gerichte sowie das volle Angebot an Udipi-Snacks.

Sopanam, Delma Complex, Mavoor/IG Rd. Das billigste und beliebteste der rein vegetarischen Udipi-Lokale an der Hauptstraße. Ab der Frühstückszeit immer voll wegen der großen, knusprigen *dosas,* der *iddli-vada*-Teller und des köstlichen Kokosnuss-*korma* mit *parotta.*

Zain's, Convent Cross Rd. Das bescheidene grün gestrichene Wohnhaus an einer schäbigen Gasse im Westen der Stadt sieht wahrlich nicht wie ein Gourmet-Tempel für Moppila-Küche aus, aber die Leute kommen aus der ganzen Stadt, um hier zu essen. Für die Uneingeweihten sind die Gerichte des Tages in einer Glasvitrine ausgestellt. Normalerweise haben die Gäste die Auswahl aus Biriyanis (Fisch, Huhn oder Hammel, Rs80–100), verschiedenen feurigen Seafood-Currys und diversen *pathiris* – dem berühmten Malabar-Reismehlbrot. Hauptgerichte meist Rs100–125.

Sonstiges

Geld

Bargeld und Reiseschecks tauscht **UAE Exchange**, Bank Rd, neben Hyson Heritage, ⏲ Mo–Sa 9.30–13.30 und 14–18, So 9.30–13.30 Uhr.

Viele größere Bankfilialen verfügen über Geldautomaten, z. B. die **Union Bank of India** und die **State Bank of India**, MM Ali Rd.

Informationen

KTDC Tourist Information, im Bahnhof, ✆ 0495/270 0097. Erteilt Auskünfte zu Verkehrsverbindungen und Sehenswürdigkeiten. ⏲ nicht zuverlässig, in der Regel tgl. 9–19.30 Uhr.

KTDC Tourist Office, im KTDC Malabar Mansion Hotel, an der Ecke der SM St, ✆ 0495/272 2391, bietet begrenzte Infos über die Stadt und Umgebung.

Internet

The Hub, im 1. Stock des Gebäudes rechts von Nandhinee Sweets, MM Ali Rd; **Internet Zone**, unweit der KTDC Malabar Mansion (beide Rs30 pro Std.).

Transport

Busse

Der wichtigste der 3 Busbahnhöfe ist der KSRTC-Busbahnhof, Mavoor Rd (alias Indira Gandhi Rd). Alle staatlichen Fernbusse halten hier.

Private Fernbusse nutzen den 500 m weiter gelegenen **Busbahnhof New Moffussil**, auf der anderen Seite der Mavoor Rd.

Der **Palayam-Busbahnhof** bei der MM Ali Rd ist für Stadtbusse zuständig.

Eisenbahn

Der Bahnhof, ✆ 0495/270 1234, an dem Küstenschnellzüge und langsamere *passenger*-Züge abfahren, liegt in der Nähe der Innenstadt. Superschnelle Expressverbindungen bestehen nach Delhi, MUMBAI, KOCHI und THIRUVANANTHAPURAM.

Flüge

Kozhikodes **internationaler Flughafen**, 💻 www.calicutairport.com, liegt in Karippur, 23 km südlich der Stadt. Er dient vor allem den Indern, die in den Golfstaaten arbeiten, bietet aber auch ein paar Direktflüge in andere indische Städte. Eine Taxifahrt in die Stadt kostet etwa Rs500.

Wayanad

Die sieben Berge um die Bergregion Wayanad, 70 km östlich von Kozhikode, umschließen auf einer Höhe zwischen 750 und 2100 m einige der schönsten Landschaften in ganz Südindien: von halbtropischen Savannen bis zu nebelverhangenen Tee- und Kaffeeplantagen und steilen Berghängen, dessen dichtes Dschungelgewand in kantige, grasbewachsene Gipfeln übergeht. Selbst am Fuße des Plateaus, wo sich die typischen provisorisch wirkenden indischen Bergmarktflecken ausbreiten, ist es merklich kühler als unten in den Ebenen.

Durch Wayanad führt die Hauptfernstraße von Mysore nach Kozhikode, der NH-17. Seit

Ende der 1990er-Jahre wurde er zu einer neuen Erwerbsquelle: Entlang der Verbindungsstraße entstanden zahlreiche teure Resorts, Ökolodges und Plantagenunterkünften, in denen gestresste IT-Manager und deren Familien aus Bangalore und Delhi Erholung suchen. Auch für Leute, die sich einen Aufenthalt in den nobleren Unterkünften nicht leisten können, hat die Region einiges zu bieten. Die beiden Naturschutzgebiete an der Grenze zu Tamil Nadu und Karnataka, **Muthanga** im Südosten und **Tholpetty** im Norden, bilden zusammen das **Wayanad Wildlife Sanctuary**, das wiederum ein Teil des weltbekannten Nilgiri-Biosphärenreservats ist und für alle, die wilde **Elefanten** beobachten wollen, zu den besten Gebieten Indiens gehören.

Der größte Teil der erschwinglicheren Unterkünfte konzentriert sich um **Kalpetta**, die am National Highway gelegene Bezirkshauptstadt. Kalpetta ist ein gesichtsloses, dafür aber praktisches Sprungbrett für die Erkundung des Südens der Region. Für alle, die in die abgelegenen Dschungelgebiete im Norden vordringen möchte, ist vielleicht **Tholpetty**, 52 km nördlich an der Grenze zu Karnataka, eine bessere Ausgangsstation.

Kalpetta und südliches Wayanad

Wer ohne üppig gefüllte Reisekasse auskommen muss, sollte sich als Stützpunkt die Bezirkshauptstadt Kalpetta aussuchen, einen hektischen Marktflecken an der Fernstraße. Der Ort selbst lädt kaum zum Verweilen ein, bietet aber die einzigen Budgetunterkünfte der Gegend sowie gute Verkehrsanbindungen Richtung Osten, vor allem zum **Muthanga Wildlife Sanctuary**, dem südlichen Abschnitt des Wayanad-Tierschutzgebietes. Das 40 km östlich der Stadt gelegene Reservat ist in erster Linie für die Elefanten bekannt, die hier leben, aber er beherbergt auch Gaure, Hirsche, Wildschweine, Bären und eine Handvoll Tiger. Wanderungen sind im Schutzgebiet nur vormittags erlaubt; Führer verlangen für die dreistündige Route Rs150. Wer sich für die zweistündige, 22 km lange Jeeptour entscheidet, muss einen Guide (Rs100), die Fahrzeugmiete (Rs300) und die Eintrittsgebühr (Rs50) bezahlen. ◷ tgl. 6–10 und 15–17 Uhr; Eintritt Rs110, Fotoerlaubnis Rs25.

Übernachtung und Essen

An und im Umkreis der Hauptstraße gibt es einige gesichtslose **Hotels**, Motels und Lodges. In den umliegenden Bergen liegen viele schicke Plantagenunterkünfte und Ökoresorts, aber nur das Aranyakam bietet ein annehmbares Preis-Leistungs-Verhältnis.
Wer nur auf der Durchreise ist oder nur schnell etwas essen möchte: **Swamy's Udipi**, im Erdgeschoss des Hotels Affas am südlichen Ortsrand von Kalpetta, bietet die üblichen leckeren südindischen Snacks und Reisgerichte.

Affas, Kalpetta, ✆ 04936/205185 oder 9447/234034, 💻 www.hotelaffas.com. Mehrstöckiges Budgethotel im Ortszentrum mit sauberen Zimmern mit Bad. Im Erdgeschoss befindet sich das beste Udipi-Lokal der Stadt. Fürs Wochenende sollte man reservieren, da das Hotel dann von Studenten überschwemmt wird. ❹

Aranyakam, Valathur–Rippon, Meppadi, ✆ 04936/280261 oder 9447/781203, 💻 www.aranyakam.com. Zimmer in einem hübschen Bungalow im Kerala-Stil mit Holzböden und Veranden auf beiden Seiten, die hinteren einen Steinwurf von den Kaffeesträuchern entfernt. Noch schöner sind die beiden Hütten mit Ausblick auf eine spektakuläre Bergwildnis mit unberührtem Wald. Inkl. VP. ❻–❽

Chandragiri, Main Rd, Kalpetta, ✆ 04936/203049. Beste billige Unterkunft der Stadt in einem modernen Gebäude im Zentrum und die einzige Unterkunft mit annehmbaren Betten unter Rs600. 3 Zimmerkategorien von winzig bis klein, aber sauber und gut gelüftet. ❸–❹

Green Gates, TB Rd, Kalpetta North, ✆ 04936/202001, 💻 www.greengateshotel.com. Modernes 3-Sterne-Hotel auf eigenem, üppig begrüntem Gelände 300 m nördlich der Touristeninformation. Verschiedenste Zimmer im mehrstöckigen Hauptgebäude sowie Cottages dahinter. Pool, jede Menge Platz zum Entspannen im Garten und Ayurveda-Zentrum. ❻–❽

Woodlands, Kalpetta, ✆ 04936/202547, 💻 www.thewoodlandshotel.com. Verlässliche Mittelklasseunterkunft an der Hauptstraße im Norden der Stadt. Etwas verwohnte, aber recht gemütliche Zimmer und ausnahmslos höfliches Personal. Sichere Parkplätze und vegetarische und nicht-vegetarische Restaurants. ❹–❺

Sonstiges

Geld

Es gibt zahlreiche rund um die Uhr zugängliche **Geldautomaten**. In der Filiale von **UAE Foreign Exchange** kann man Reiseschecks einlösen und Bargeld tauschen.

Informationen

Das Büro von **Kerala Tourism**, ✆ 04936/204441, befindet sich in Kalpetta North, 1 km vom Busbahnhof, in einem Gebäude zusammen mit dem Informationsschalter des DTPC. Das hilfsbereite Personal hilft bei der Buchung eines Guides und eines Jeeps für die Fahrt nach Muthanga. ⏲ Mo–Sa 10–17 Uhr, 2. Sa des Monats geschl.

Internet

Im ganzen Ort finden sich zahlreiche kleine Internetcafés.

Transport

Busse von Kalpetta Richtung Mysore und Bengaluru fahren am Eingang des Tierschutzgebietes vorbei, genauso wie die Nahverkehrsbusse nach Ponkuzhy.
Vom Busbahnhof für die staatlichen Busse gibt es häufige Verbindungen nach **Kozhikode** (72 km, 2 Std.) und **Mananthavady** (zum Tholpetty-Reservat, 27 km, 1 Std.). Für näher gelegene Ziele stehen **Motor-Rikschas** und **Jeeps** bereit.

Nördliches Wayanad: Tholpetty

Der Weg hinauf zur Nordgrenze der Region Wayanad mit den grasbewachsenen Gipfeln des Brahmagiri-Massivs ist fast vollständig von Teakwäldern gesäumt. Einige Reisende steuern über die schlaglochübersäte Fernstraße Richtung Mysore den Nagarhole-Nationalpark oder die Region Kodagu (Coorg) im benachbarten Karnataka an. Die meisten Leute, die sich hier hinauf begeben, kommen jedoch, um im **Tholpetty Wildlife Sanctuary** an der Grenze des Bundesstaats wilde Elefanten zu beobachten. Unten auf Meereshöhe kann man zwar bei Tempelfesten zahlreiche Dickhäuter sehen, sie aber in der Wildnis beim Herumstreifen zwischen Baumstümpfen und riesigen Bambushainen zu erleben, ist etwas ganz Anderes.

Vom Ort Mananthavady, 25 km südwestlich, fahren jede Stunde Busse nach Tholpetty; Mananthavady wiederum ist mit den häufig verkehrenden KSRTC-Bussen von Kalpetta aus zu erreichen. Ab dem Parktor veranstaltet das Forest Department 24 km lange **Jeeptouren** (tgl. 7–9 und 15–17 Uhr, 1 1/2 Std.). Der Preis hängt von der Zahl der Mitfahrenden ab – etwa Rs250–300 p. P. Im Angebot sind außerdem geführte **Wanderungen** (tgl. 8–13 Uhr, Rs800 für bis 4 Pers.) mit recht hohem Tempo und nur wenigen Pausen.

Übernachtung

Pachyderm Palace, beim Tholpetty Forest Check Post; zu buchen über den Tourist Desk in Kochi, ✆ 0484/237 1761. Traditioneller Kerala-Bungalow mit 5 einfachen Zimmern und eine Gartenhütte auf Stelzen, alles mit VP. Viele Gäste sind bei der Ankunft zunächst überrascht, wie einfach ihre Unterkunft ist, lassen sich aber dann unweigerlich durch die authentische Kerala-Küche und die freundliche Aufnahme versöhnen. Es können Jeeptouren arrangiert sowie Guides für Wanderungen in das nahe Brahmagiri-Gebirge vermittelt werden. ❻

Udayagiri, 3,5 km vom Tholpetty Forest Check Post, ✆ 04935/250945 oder 9539/840303, 💻 www.ayurvedayogavilla.com/tholpetty. 2 Chalets im Kerala-Stil auf einer Kaffeeplantage hoch in den Bergen beim Tholpetty-Reservat, mit großartigen Ausblicken von ihren traditionellen Veranden. Etwas kitschige Einrichtung, aber die Lage ist unschlagbar – toll zum Ausspannen oder als Ausgangspunkt für Wald- und Plantagenwanderungen. VP (veg., kein Alkohol). ❻

Wildlife Resort, 500 m vom Tholpetty Forest Check Post, ✆ 09656/566977 oder 9744/770500, 💻 www.wildliferesorts.in. Die komfortabelste Unterkunft in Fußnähe vom Eingang zum Tholpetty-Reservat. Recht neue, gesichtslose und etwas überteuerte Cottages in steilem Garten abseits der Hauptstraße, jedoch gut eingerichtet (mit guten Matratzen) und jeweils eigener Sitzecke draußen. ❼

Kannur und der hohe Norden

Die schöne Küstenlandschaft nördlich von Kozhikode erscheint als eine endlose Abfolge von Kokospalmen, bewaldeten Bergen und fast verlassenen Stränden.

Die kleinen Fischerorte an der Küste bieten Reisenden wenig Interessantes – in der Tat lassen die meisten Besucher diese Region links liegen und verpassen so die Chance, **Theyyem**, die außergewöhnlichen Maskentrancetänze, zu erleben, die zwischen November und Mai in den Dörfern der gesamten Region aufgeführt werden.

Kannur (Cannanore)

Kannur (Cannanore), eine große, hauptsächlich moslemische Fischer- und Marktstadt 92 km nördlich von Kozhikode, war jahrhundertelang die Hauptstadt der Maharadschas von Kolathiri, die dank ihres blühenden überseeischen Gewürzhandels zu Reichtum gelangten. Im Jahr 1505 nahm der erste portugiesische Vizekönig in Indien, Francisco de Almeida, die Stadt ein und hinterließ die imposante dreieckige Festung **St. Angelo's Fort**. Diese wurde im 17. Jh. von den Niederländern eingenommen, die sie etwa 100 Jahre später an die Maharadschas von Arakkal verkauften, die einzige moslemische Herrscherdynastie Keralas. Heute können Besucher die Festungsmauern erklimmen, auf denen noch britische Kanonen herumstehen, und den Blick auf den Fischerhafen der Stadt genießen.

Die noch unerschlossenen Strände um Kannur bilden an sich schon ein spektakuläres Reiseziel, aber die meisten Reisenden wählen Kannur als Etappe, um mehr über **Theyyem** (s. Kasten S. 1167) zu erfahren. In der Theyyem-Saison sind die Aufführungen der nächsten Tage in der Zeitung *Malayala Manorama* oben links auf der zweiten Seite aufgelistet – man braucht dann nur noch jemanden, der einem die Informationen aus dem Malayalam übersetzt. Reisende mit sehr wenig Zeit können zumindest das täglich stattfindende Ritual in **Parassinikadavu** (S. 1168) oder dem Sri Muthappam-Tempel neben dem Bahnhof (tgl. 16 Uhr) besuchen.

Übernachtung und Essen

Das laute und verstopfte Zentrum von Kannur wartet mit zahllosen Hotels auf, bessere Unterkünfte finden sich jedoch weiter östlich im Cantonment-Viertel hinter dem **Baby Beach** und weiter nördlich am **Palliyamoola Beach** (Rs50–75 mit der Motor-Rikscha), wo es in Meeresnähe einige kleine Resorts und Privatunterkünfte gibt. Weitere schöne Unterkünfte locken an vier spektakulären Stränden südöstlich der Stadt. Das beste und immer mit Pendlern und Reisenden gefüllte traditionelle Udipi-Restaurant der Stadt ist das winzige **Komala Vilas** in einer Seitenstraße gegenüber dem Bahnhofseingang; hier gibt's zu einem Spottpreis die üblichen südindischen *iddli-vadas*, *dosas* und Reisgerichte. In der Fort Road, 50 m südlich des Einkaufszentrums City Centre, ist außerdem ein gutes **Indian Coffee House**.

Costa Malabari, 10 km südlich der Stadt beim Dorf Thottada, Reservierung am Tourist Desk, Main Jetty, Kochi, ✆ 0484/237 1761, 💻 www.costamalabari.com. 3 traditionelle Kerala-Bungalows umgeben von Cashew- und Kokoshainen auf einer Landspitze oberhalb des Thottada Beach. Am schönsten ist Costa Malabari II oben auf einer Klippe und mit Zugang zu einer grandiosen sandigen Bucht über wackelige Holzstufen. Auch das Essen sorgt immer wieder für Begeisterung bei den Gästen. Abholung von Kannur kann organisiert werden. ❻–❼

Ezhara Beach House, House 7/347, bei der Ezhara Moppila School, Ezhara Kadappuram, Kuttikkagam, ✆ 0497/283 5022 oder 9846/819941, 💻 www.ezharabeachhouse.com. Dieser alte, blau gestrichene Bungalow liegt versteckt unter Palmen am Rand eines traditionellen Moppila-Viertels und ist ideal zum Erleben des Dorfalltags aus nächster Nähe. Nur einen Katzensprung vom Meer und in Gehnähe zu langen, leeren Stränden. Tolle Gastgeber. ❺

Government Guesthouse, Cantonment Area, ✆ 0497/270 6426. Sehr preisgünstige staatliche Unterkunft auf einer Klippe am Rand von Kannur, mit großen, einfachen Zimmern mit und ohne AC; von den riesigen Balkonen bietet sich ein freier Blick aufs Meer. Wie immer kann

Theyyem

Theyyem (oder Theyyam), jene spektakulären **Geisterzeremonien**, die in der nördlichen Malabar-Region in den Wintermonaten an Dorfschreinen durchgeführt werden, gehören zu den außergewöhnlichsten Schauspielen in Kerala. Allein in der Umgebung von Kannur gibt es mehr als 400 verschiedene Formen dieses uralten Rituals, mit unterschiedlichen Kostümen, raffiniertem Schmuck, Körperbemalungen, Gesichtsmasken und riesigem Kopfschmuck *(mudi)*.

Im Gegensatz zu Kathakali und Kudiyattam, bei denen Schauspieler Göttinnen und Götter spielen, werden die Schauspieler beim Theyyem zu den angerufenen Gottheiten und erhalten deren **magische Kräfte**. Dadurch werden sie befähigt, Übermenschliches zu vollbringen, sich z. B. in heißer Asche zu wälzen oder mit einer Krone auf dem Kopf zu tanzen, die so hoch wie eine Kokospalme sein kann. Zuschauer, die dem Ritual beiwohnen, glauben, ebenso an den Kräften der Gottheiten teilzuhaben, sodass sie vielleicht von einer Krankheit geheilt werden, ein Kind zeugen oder einen vorteilhaften Geschäftsabschluss tätigen können.

Die Theyyem-Rituale werden traditionell auf kleinen Lichtungen *(kaavus)* aufgeführt, die zu Dorfschreinen gehören, und die **Schauspieler** entstammen immer niederen Kasten; Angehörige höherer Kasten können als Zuschauer teilnehmen, um die Gottheit zu ehren – eine einzigartige Umkehr der sozialen Hierarchie.

Das **Ritual** besteht normalerweise aus drei klar voneinander getrennten Phasen: *thottam,* bei der der Tänzer, der einen kleinen roten Kopfschmuck trägt, von den Tempelmusikern begleitet ein einfaches religiöses Lied singt, dann *vellattam,* bei der er eine Abfolge komplizierterer Rituale und langsamer eleganter Posen durchläuft, und schließlich *mukhathezhuttu,* dem Hauptteil der Aufführung, bei dem er im Kostüm vor dem Schrein auftaucht. Von diesem Punkt bis zum Ende der Aufführung, die die ganze Nacht dauern kann, tanzt der besessene Tänzer in grazilen, rhythmischen Schritten durch die Arena, die mit fortschreitender Dauer immer schneller und energischer werden und schließlich kurz vor Sonnenaufgang in einen frenetischen Ausbruch münden, bei dem der Tänzer oft von Krämpfen geschüttelt wird.

Mehr und mehr Reisende kommen nach Kannur, um Theyyem zu erleben, aber eine passende Aufführung zu finden, kann Zeit, Geduld und Beharrlichkeit erfordern. Die beste **Informationsquelle** sind die örtlichen Betreiber von Gästehäusern, die die Tageszeitungen nach Aufführungsterminen durchschauen können, sowie Websites wie 💻 www.theyyemcalendar.com.

die Vorausbuchung ein Problem darstellen – bei der Ankunft im Ort anrufen! Auf Anfrage billige vegetarische Mahlzeiten. ❷

Palmgrove Heritage, Mill Rd, nahe Government Guesthouse, ✆ 0497/270 3182, 💻 www.palmgroveheritageretreat.com. Dieser ehemalige Palast des letzten Maharadschas von Arikkal aus den 1930er-Jahren birgt jetzt ein originelles kleines Heritage-Hotel mit preiswerten Zimmern oder verwohnten Suiten im alten Teil und großen, modernen, günstigen DZ (teils mit AC) in 2 benachbarten mehrstöckigen Gebäuden. ❸–❺

Pranav, Beach Rd, Palliyamoola, ✆ 0497/274 1148 oder 9986/603756, 💻 www.pranavbeachresort.in. Gut geführtes kleines Resort in rasenbewachsenem Palmenhain einen Katzensprung vom Strand nördlich der Stadt, mit verschiedenen Unterkünften von schönen AC-Steincottages mit Sitzbereichen draußen bis zu kleinen Hütten aus Palmholz. In einem schönen alten Wohnhaus gibt es außerdem billige Zimmer mit Gemeinschaftstoiletten – klein und einfach eingerichtet, aber mit einer großen traditionellen Veranda. Fantastische Malabar-Mahlzeiten im Preis inbegriffen. ❸–❻

Kannur Beach House, Thottada, ✆ 9847/186330 oder 9847/184535, 💻 www.kannurbeachhouse.com. Freundliches kleines Gästehaus in toller Lage auf einem Streifen Land zwischen einem Fluss und dem Strand. Die Zimmer mit ihren

alten Holztüren und -fenstern, hellem Inneren und hübschen Veranden sind himmlisch.
Im Preis inbegriffen sind die an einem Gemeinschaftsesstisch servierten Mahlzeiten. An den Abenden meistens Ausflüge zu Theyyem-Aufführungen. ❻ Wenn das Kannur Beach House voll ist, bietet sich das nahe **Shoreline** als Ausweichmöglichkeit an, ✆ 9496/55444 oder 9746/376680, 💻 www.shorelinegarden.com, ❻.

Sonstiges

Geld

State Bank of India, Fort Rd, und **UAE Exchange**, im City Centre Shopping Complex, 500 m östlich vom Busbahnhof, 🕓 Mo–Sa 9.30–13.30 und 14–18 Uhr, tauschen Bargeld und Reiseschecks.

Informationen

Tourist Information Centre, am Bahnhof, ✆ 0497/270 3121, 🕓 beide Mo–Sa 10–17 Uhr.

Internet

Es gibt zahlreiche Internetlokale.

Transport

Busse

Da an der Hauptküstenstrecke zwischen Mangalore und Kochi/Thiruvananthapuram gelegen, hat Kannur gute Bus- und Bahnverbindungen zu den meisten größeren Städten in Kerala sowie nach Mangalore in Karnataka. Außerdem fahren Busse nach Mysore, die die bewaldeten Hänge der Ghats nach Virajpet in Kodagu erklimmen.

Eisenbahn

Der Bahnhof liegt nur fünf Gehminuten südwestlich vom Busbahnhof.

Parassinikadavu

Der einzige Ort, an dem man fast unter Garantie eine **Theyyem**-Zeremonie miterleben kann, ist das Dorf Parassinikadavu, 20 km nördlich von Kannur am Fluss Valapatanam, wo der Oberpriester oder *madayan* des **Parassini Madammpura**-Tempels dieses Ritual im Winter zweimal am Tag vor den Gläubigen durchführt (6.30–8.30 und 17.45–20.30 Uhr). In kostbare Gewänder gekleidet und von einer traditionellen Trommelgruppe begleitet, wird er vom Geist der höchsten Tempelgottheit – dem Herrn Muthappan, d. h. Shiva in seiner Erscheinungsform als *kiratha* (Jäger) – besessen und führt eine Reihe komplizierter Opfer durch. Höhepunkt der zweistündigen Zeremonie ist der Moment, wenn der Priester/Gott nach vorne tanzt, um Auserwählte aus den Reihen der Gläubigen zu segnen. Dies ist selbst für keralische Verhältnisse etwas Außergewöhnliches und lohnt eine Unterbrechung der Reise entlang der Küste.

Ein Lokalbus fährt in Kannur tgl. gegen 7 Uhr nach Parassinikadavu ab und lässt Passagiere am nördlichen Ende des Dorfes aussteigen. Wer jedoch rechtzeitig zum frühesten Theyyem kommen will, muss eines der Ambassador-Taxis nehmen, die vor dem Busbahnhof von Kannur warten (ca. Rs400 hin und zurück). Die Fahrer schlafen in ihren Fahrzeugen, deshalb braucht man nur einen aufzuwecken. Es ist auch möglich, ein Taxi über eines der Hotels zu bestellen. In jedem Fall muss man gegen 4.30 Uhr startklar sein.

Eine andere Möglichkeit ist, im praktisch gelegenen **Thai Resort**, ✆ 0497/278 4242, zu übernachten, 80 m vom Tempel entfernt. Im Schatten von Kokospalmen stehen in einem gepflegten Garten sieben runde Stein-Cottages mit kühlen, komfortablen Zimmern. ❺

Karnataka

Stefan Loose Traveltipps

Bengaluru Das indische Silicon Valley bietet tolle Geschäfte, Bars, Restaurants und Parks. S. 1173

Mysore Die Sandelholz-Stadt wartet mit einem bunten Markt und dem märchenhaften Maharadschapalast auf. S. 1185

Halebid und Belur In diesen beschaulichen Orten des ländlichen Karnataka befinden sich zwei wundervoll verzierte Hoysala-Tempel. S. 1198 und S. 1200

18 **Gokarna** Diese heilige Stadt der Hindus bietet halbmondförmige Strände, an denen es sich herrlich ausspannen lässt. S. 1213

19 **Hampi (Vijayanagar)** In einer vom Tungabhadra-Fluss in zwei Hälften geteilten und mit Felsblöcken übersäten Landschaft liegen die Überreste des berühmten Vijayanagar-Königreiches. S. 1221

Bijapur Das „Agra des Südens" besticht durch überwältigende islamische Baudenkmäler, nicht zuletzt das gewaltige Golgumbaz-Mausoleum. S. 1233

Bidar Der moslemische Außenposten im abgelegenen Nordosten ist berühmt für seine als *bidri* bezeichnete Metallkunst und prachtvolle Monumente aus dem Mittelalter. S. 1239

KARNATAKA

N
0
100 km
Nizamabad
Mumbai
Vijayawada
Panjim
Chennai
Ernakulam / Kochi
MAHARASHTRA
ANDHRA PRADESH
KARNATAKA
GOA
KERALA
TAMIL NADU
KODAGU
ARABISCHES MEER
Bidar
Humnabad
Sholapur
Gulbarga
Hyderabad
Gangapur
Bhima
Wadi
Bijapur
Basavana Bagevadi
Shorapur
Krishna
Ghatprabha
Gokak
Hatti
Raichur
Mudgal
Aihole
Badami
Pattadakal
Belgaum
Maski
Saundatti
Kittur
Hampi (Vijaynagar)
Dharwar
Gadag
Hubli
Lakkundi
Hospet
Guntakal
Bellary
Dandeli
Tungabhadra Reservoir
Mundgod
Kotturu
Karwar
Ankola
Yana
Gokarna
Sirsi
Banvasi
Kumta
Davangere
Talguppa
Honavar
Jog Falls
Sagar
Chitradurga
Vedavati
Bhatkal
Shimoga
Bhadravati
Hosdurga
Sringeri
Udupi
Karkal
Mudabidri
Ariskere
Nandi Hills
Kyatsandra
Belur
Halebid
Kolar
Dharamastala
Channarayapatna
Hassan
Yadiyur
Bengaluru
Kolar Gold Fields
Mangalore
Sravanabelagola
Subrahmanya
Srirangapatnam
Madikeri (Mercara)
Kushalnagar
Mysore
Kaveri
Somnathpur
Hogenekal Falls
NAGARHOLE-NATIONALPARK
KONKAN RAILWAY
Kharapur
Chamrajnagar
MUDUMALAI WILDLIFE SANCTUARY
BANDIPUR-NATIONALPARK
Salem
NH-4
NH-4A
NH-7
NH-9
NH-13
NH-17
NH-240
NH-48

Der 1956 aus dem ehemaligen Fürstentum Mysore hervorgegangene Bundesstaat Karnataka – der Name leitet sich von der Kannada-Sprache ab, die von praktisch allen 53 Mio. Einwohnern, den Kannadigas, gesprochen wird – markiert eine Übergangszone zwischen Zentralindien und dem dravidischen Süden des Landes. Entlang seiner Grenzen zu Maharashtra und Andhra Pradesh erinnert eine Reihe mittelalterlich befestigter Städte mit Mausoleen und Minaretten an die Zeit, als dieser Teil des Dekkan-Hochplateaus unter moslemischer Herrschaft stand. Dagegen sind die Küsten- und Bergregionen, die sich in Kerala fortsetzen, mit ihrer üppigen Tropenvegetation und den hoch aufragenden Tempelbauten durch und durch südindisch-hinduistisch. Dazwischen liegen einige äußerst sehenswerte historische Stätten, insbesondere die ehemalige Stadt der Vijayanagar-Herrscher Hampi, deren verlassene Tempel und verfallene Paläste inmitten einer kargen, mit Felsbrocken übersäten Landschaft von geradezu unwirklicher Schönheit stehen.

Die Küste Karnatakas ist eine der feuchtesten Regionen Indiens. Das **Klima** wird vom Monsunregen bestimmt, der im Juni von Südwesten heranfegt und der Küste eine durchschnittliche Niederschlagsmenge von 4 m beschert, ehe er sich Ende September verabschiedet. Die Bergkette der mit dichten Wäldern bedeckten **Westghats**, die sich entlang der palmenbestandenen Küste erstreckt, lässt die Regenwolken nicht nach Osten abziehen. Daher ist das Landesinnere – bestehend aus dem Südausläufer des dreieckigen Dekkan, der hier **Mysore Plateau** genannt wird – erheblich trockener: Im Norden besteht der Boden aus dunkler Vulkanerde, im Süden herrscht unfruchtbarer Quarzgranitboden vor. Durch dieses sonnenverbrannte Gebiet fließen zwei der heiligsten Flüsse Indiens, der Tungabhadra und der Krishna, nach Osten in den Golf von Bengalen.

Die Hauptanziehungspunkte von Karnataka konzentrieren sich am nördlichen und südlichen Ende des Staates, während es entlang der Küste zwischen Goa und Kerala noch eine Handvoll seltener besuchte Stätten gibt.

Der Verlauf der Straßen und Eisenbahnschienen macht es erforderlich, dass auf der Reiseroute fast immer die Bundesstaatshauptstadt **Bengaluru** liegt, eine schnelllebige, moderne Stadt, die mit ihren eleganten Einkaufszentren, Fastfood-Lokalen und einem Nachtleben, das sich außer in Mumbai sonst nirgendwo findet, die Ambitionen des neuen Mittelstandes von Indien verkörpert. Die zweitgrößte Stadt Karnatakas, **Mysore**, besticht mehr durch ihr Ambiente, das an die Zeit der britischen Herrschaft erinnert, die Paläste aus dem 19. Jh. und die lebhaften Märkte. Zudem liegt sie in Reichweite mehrerer wichtiger historischer Denkmäler.

Weiter nordwestlich befindet sich eine Ansammlung unbedingt sehenswerter Stätten rings um die nicht weiter bemerkenswerte Eisenbahnstadt **Hassan**. Vor rund neun Jahrhunderten erbauten die Hoysala-Herrscher hier, in den mittlerweile gottverlassenen Dörfern **Belur** und **Halebid**, ihre Herrscherstädte, von denen noch mehrere überaus kunstvoll gestaltete Tempel zu sehen sind. Noch eindrucksvoller, und eine der ungewöhnlichsten heiligen Stätten Indiens, ist der 18 m hohe Jain-Koloss von **Sravanabelagola**, der sich majestätisch aus der idyllischen Landschaft des Dekkan erhebt.

Westlich von Mysore ragen die Ghats als eine Mauer undurchdringlichen Dschungels empor, durchzogen von tiefen Schluchten und verborgenen Tälern. In diesen Bergen lockt die Kaffee- und Gewürzanbauregion **Kodagu (Coorg)** mit einer ganz eigenen Kultur und herrlichen Aussichten auf üppige, nebelverhangene Hügel und Täler.

Die meisten landwirtschaftlichen Produkte werden von **Mangalore** – auf halbem Wege zwischen Goa und Kerala – aus verschifft. Der etwas langweilige Ort ist ein praktischer Zwischenstopp auf der Route entlang der wunderschönen **Karavali-Küste** von Karnataka. An der 320 km langen rötlichen Küste des Staates, die von zahllosen mangrovengesäumten Trichtermündungen unterbrochen ist, gibt es sehr viele schöne Badestrände, zumeist ohne touristische Einrichtungen.

Bislang besuchen nur wenige westliche Touristen den berühmten Krishna-Tempel bei **Udipi**, ein wichtiges Pilgerzentrum der Vaishnavas, und noch weniger erklimmen die Berge, um Indiens höchsten, in einer der reizvollsten Landschaften der Region gelegenen Wasserfall, **Jog Falls**, zu bewundern.

Der nette Hindu-Pilgerort **Gokarna** hingegen, weiter nördlich an der Küste gelegen, entwickelt sich dank einer Reihe ausgezeichneter Strände zu einem bei Travellern zunehmend beliebten Badeort.

Von der gebirgigen Grenze zu Goa schlängeln sich der NH-4A und die Eisenbahnlinie als Hauptverkehrsadern ins spärlich besiedelte nördliche Karnataka. Unbestrittenes Highlight dieser Region ist die Geisterstadt Vijayanagar, besser bekannt als **Hampi**, auf einem felsigen Gelände am Südufer des Flusses Tungabhadra. Die Ruinen dieser ehemals blühenden Hauptstadt liegen inmitten einer bizarren Landschaft; hier kann man gut ein Weilchen ausspannen. Ausgangspunkt für Hampi ist **Hospet**, von wo aus Busse die holprige Straße nach Norden über die Dekkan-Hochebene in Richtung **Badami**, **Aihole** und **Pattadakal**, das Unesco-Weltkulturerbe ist, nehmen. Diese winzigen Dörfer, die sich heute im Gelände verlieren, waren früher Zentren der Chalukya-Dynastie. Das ganze Gebiet ist mit altertümlichen, in Felsen gegrabenen Höhlen und wunderbar verzierten Steintempeln übersät.

Noch weiter nördlich, in einem der entlegensten und ärmsten Distrikte Karnatakas, künden auf Anhöhen die Ruinen von Zitadellen und zerfallene Grabmäler am Wegesrand davon, dass sich hier einmal die umkämpfte Pufferzone zwischen dem moslemisch dominierten nördlichen Dekkan und dem dravidisch-hinduistischen Süden befand. In **Bijapur**, der Hauptstadt des Bahmani-Sultanats, ist die erlesenste Sammlung islamischer Architektur Südindiens zu sehen, darunter das gewaltige Mausoleum Golgumbaz.

Die erste Hauptstadt des Bahmani-Reiches, **Gulbarga**, in der sich eine berühmte Freitagsmoschee und eine Religionsschule befinden, hat einiges von ihrem früheren Glanz eingebüßt, doch das abgelegenere **Bidar**, wohin die Bahmani-Herrscher im 16. Jh. übersiedelten, lohnt unbedingt einen Abstecher auf dem Weg von oder nach Hyderabad. Seine Festungsmauern umschließen mosaikverzierte Moscheen im persischen Stil, Gräber und eine mächtige Festung, die Erinnerungen an Samarkand und die Seidenstraße wecken.

Geschichte

Wie ein Großteil Südindiens wurde auch Karnataka sukzessive von buddhistischen, hinduistischen und moslemischen Dynastien regiert. Auch der Jainismus hat seine Spuren hinterlassen: Der erste große Herrscher Indiens, **Chandragupta Maurya**, soll im 4. Jh. v. Chr. zum Jainismus übergetreten sein, dem Thron entsagt haben und sich in Sravanabelagola, heute eines der meistbesuchten Jain-Pilgerzentren des Landes, zu Tode gefastet haben.

Im ersten Jahrtausend n. Chr. wurde die gesamte Region von Machtkämpfen zwischen den verschiedenen Dynastien, die das westliche Dekkan kontrollierten, erschüttert. Vom 6. bis zum 8. Jh. umfasste das **Chalukya-Königreich** Maharashtra, die Konkan-Küste im Westen und das gesamte Karnataka. Den Osten der Region beherrschten etwa ab 870 bis ins 13. Jh. die Cholas, dann wurden die Dekkan-Fürstentümer von General **Malik Kafur** unterworfen, der zum Islam übergetreten war.

Um das Mittelalter herum hatten die moslemischen Vorstöße von Norden her die bis dahin untereinander verfeindeten und zersplitterten Hindustaaten zu einer Allianz gedrängt, aus der die mächtigen **Vijayanagars** als Oberherrscher hervorgingen. Ihre beeindruckende Hauptstadt Vijayanagar regierte ein Reich, das sich vom bengalischen Golf bis in das Arabische Meer und nach Süden bis Cape Comorin erstreckte. Doch im Jahr 1565 triumphierte in der Schlacht von Talikota die militärische Stärke der Moslems. Die **Bahmanis** belagerten Vijayanagar, legten die Stadt in Schutt und Asche und plünderten die mit Reichtümern überladenen Paläste und Tempel.

Danach beherrschten eine Reihe moslemischer Sultanate nacheinander den Norden, während sich im Süden des Staates die unabhängigen **Wodeyar-Rajas** von Mysore, deren Territorium vergleichsweise klein war, erfolgreich gegen die Marathen zur Wehr setzten. Doch 1761 bemächtigte sich der brillante moslemische Feldherr **Haider Ali** mit Unterstützung der Franzosen des Throns. Sein Sohn **Tipu Sultan** verwandelte Mysore in eine wichtige Streitmacht des Südens, ehe er 1799 von den Briten während der **Schlacht von Srirangapatnam** getötet wurde.

Nach Tipus Tod setzten die Briten die Familie Wodeyar wieder auf den Thron, und abgesehen von einer 50-jährigen Periode direkter **Kolonialherrschaft** um die Mitte des 19. Jhs. blieb sie an der Macht, bis 1956 durch den Zusammenschluss der Staaten Mysore und Coorg sowie Teile von Madras, Bombay und Hyderabad der Bundesstaat Karnataka entstand. Nach der **Unabhängigkeit** wurde die politische Szene weitgehend von der Kongresspartei beherrscht, die ihre Vormachtstellung in den 1980er-Jahren vorübergehend an die Janata Dal abgeben musste. Nach einer Phase politischer Unsicherheit, in der Karnataka direkt von New Delhi aus regiert wurde, übernahm die BJP im Mai 2008 die Macht.

Bengaluru (Bangalore) und Umgebung

Bengaluru, das politische Zentrum der Region, steht in krassem Gegensatz zum restlichen Karnataka und ist in vielerlei Hinsicht die verwestlichste Stadt Indiens. Als Indien unabhängig wurde, war das ehemalige Bangalore eine charmante, üppig-grüne „Gartenstadt" mit etwa 600 000 Einwohnern. Heute, nach dem Technologieboom, hat sich die Metropole in ein angesagtes, hektisches Businesszentrum und einen geschäftigen, von Abgasen verseuchten Moloch mit 8 Mio. Einwohnern verwandelt. Die Zeichen der West-Orientierung sind nicht zu übersehen: An fast jeder Ecke sprießen Starbucks-ähnliche Cafés der Kette Café Coffee Day aus dem Boden, es gibt einen schicken neuen Flughafen, und 2011 soll eine ultramoderne S-Bahn fertiggestellt werden. Immer mehr junge Leute in Designer-T-Shirts und Miniröcken, die ihr hart verdientes Geld ausgeben wollen, prägen das Bild in den Straßen.

Die wenigen Sehenswürdigkeiten der Stadt können sich nicht mit denen anderer Orte im Staat messen, und was Inder anlockt, ist für Besucher aus dem Westen weniger interessant. Dafür ist Bengaluru ein Verkehrsknotenpunkt mit sehr guten Flug- und Busverbindungen, und aufgrund der Lage der Stadt auf etwa 1000 m Höhe ist das Klima hier relativ mild. Die erstklassigen Einkaufsmöglichkeiten, Restaurants und Nightlife-Angebote machen Bengaluru außerdem zu einem lohnenswerten Ziel für Reisende, die sich vom anstrengenden Herumreisen in Südindien etwas erholen möchten.

Geschichte

Eine Steininschrift in der Nähe eines Tempels aus dem 10. Jh. im östlichen Teil der Stadt beschreibt eine Schlacht, die 890 an einem Ort namens Bengaval-uru (Ort der Wachen) ausgefochten wurde. Dies ist der älteste historische Hinweis auf die Stadt Bangalore, die 2006 in Bengaluru umbenannt wurde. 1537 erbaute **Magadi Kempe Gowda**, ein gläubiger Hindu und Feudalherr des Vijayanagar-Reiches, eine Lehmfestung, errichtete außerhalb des Dorfes vier Wachtürme und verkündete, die Siedlung werde eines Tages bis dorthin reichen. Die heutige Stadt geht natürlich weit über diese Grenzen hinaus. In der ersten Hälfte des 17. Jhs. fiel Bangalore an das moslemische Sultanat Bijapur, wechselte mehrmals den Besitzer und geriet schließlich unter den **Wodeyar-Rajas** von Mysore wieder unter hinduistische Herrschaft. 1758 wurde Chikka Krishnaraja Wodeyar II. von dem Moslemführer **Haider Ali** gestürzt, der hier Musketen, Geschosse und andere Waffen für seine berühmten Feldzüge gegen die Briten herstellen ließ. Unter seiner und der Herrschaft seines Sohnes **Tipu Sultan** wurde Bangalore erheblich vergrößert und durch eine Steinfestung besser geschützt.

1799 machten die **Briten** Bangalore nach ihrem Sieg über Tipu zu einer wichtigen **Garnisonsstadt** und beauftragten 1881 den Maharadscha von Mysore mit der Verwaltung der Stadt. Als der Bundesstaat Karnataka 1956 geschaffen wurde, ernannte man den damaligen Maharadscha zum Gouverneur und Bangalore zur Hauptstadt.

Lange nach der **Unabhängigkeit** Indiens zog es zahlreiche Politiker, Filmstars und Prominente in die Stadt, die hier Häuser kauften oder bauten. Die sogenannte „Garden City" lockte mit ihren vielen Parks und ruhigen Grünanlagen sowie Theatern, Kinos und einer lockeren Alkoholgesetzgebung. Auf das langsame Wachstum in der

Telekommunikation und im Verteidigungswesen folgte der **Hightech-Boom** der 90er-Jahre und mit ihm entstanden im Stadtzentrum Wolkenkratzer, schicke Läden und Einkaufszentren. Die städtische Infrastruktur konnte mit dem rapiden Wachstum allerdings nicht mithalten. Die chaotischen Zustände hatten zur Folge, dass sich mehrere multinationale Unternehmen entschlossen, ihren Sitz ins aufstrebende Technologiezentrum Hyderabad zu verlegen und Bangalore zeitweilig um seinen Ruf als Computer-Hauptstadt Indiens bangen musste. In den letzten Jahren hat sich die Metropole aber wieder erholt, dank eines rapiden Wachstums in der internationalen Telekommunikations- und Callcenter-Branche.

Bengaluru

Das **Zentrum** des modernen Bengaluru liegt rund 4 km östlich des Kempe Gowda Circle, in dessen Umgebung sich der Bahnhof und der Busbahnhof befinden, entlang der **MG Road**. Hier liegen die meisten Unterkünfte mittlerer Preislage, Restaurants, Geschäfte, die Touristeninformation und Banken.

Der schattige **Cubbon Park** und seine eher langweiligen Museen liegen am Ostrand des Zentrums. Der älteste, „indischste" Teil der Stadt erstreckt sich vom Stadtbahnhof nach Süden, ein Wirrwarr verwinkelter Gassen, am belebtesten im Umkreis des **City** und **Gandhi Markets**.

Bengalurus Touristenattraktionen liegen ziemlich verstreut; Baudenkmäler wie **Tipus Sommerpalast** und der **Bull Temple** befinden sich ein gutes Stück südlich der Innenstadt. Die meisten, wenn nicht sogar alle, lassen sich im Rahmen einer Halbtagestour besuchen.

Cubbon Park und Museen

Im Herzen der Stadt, vom Westende der MG Road her zugänglich, liegt der grüne, von dichten Bambussträuchern beschattete **Cubbon Park**, dessen Eingang eine Statue Queen Victorias schmückt. An der Kasturba Rd, die am südöstlichen Parkrand verläuft, steht das nicht besonders gut instand gehaltene, mit dürftigen Erklärungen versehene **Government Museum**, das Vijayanagar-, Hoysala- und Chalukya-Skulpturen, Musikinstrumente, Thanjavur-Gemälde und Miniaturen aus dem Dekkan und aus Rajasthan beherbergt. ◷ Di–So 10–17 Uhr, Eintritt Rs5.

Zu dem Museum gehört auch die **Venkatappa Art Gallery** gleich daneben, in der Landschaftsmalereien des 20. Jhs., Porträts, abstrakte Kunst, Holzskulpturen und manchmal eine zeitgenössische Ausstellung zu sehen sind.

Vidhana Soudha

Das weitläufige, 1956 erbaute **State Secretariat**, Vidhana Soudha, der nordwestlich des Cubbon Parks gelegene Regierungssitz, ist das größte staatliche Gebäude seiner Art in ganz Indien. Der damalige Premierminister Kengal Hanumanthaiah wünschte sich einen „Volkspalast", der nach dem Übergang von der Wodeyar-Dynastie zur Demokratie „die Macht und Würde des Volkes" widerspiegeln sollte. Theoretisch ist die Bauweise ganz und gar indisch, sie erinnert jedoch stark an den sogenannten indo-sarazenischen Stil.

Lalbagh Botanical Gardens

Inspiriert von den Gärten der Moguln und dem französischen botanischen Garten von Puducherry in Tamil Nadu (S. 1051), ließ Sultan Haider Ali 1760 die Lalbagh Botanical Gardens, 4 km südlich der Innenstadt, anlegen. Ursprünglich bedeckte der botanische Garten eine Fläche von 16 ha direkt außerhalb der unter Kempe Gowda errichteten Festung, von der noch einer der Original-Wachtürme zu sehen ist. Unter Alis Sohn Tipu, der zahlreiche exotische Pflanzen einführte, wurde der Garten vergrößert. 1856 ließen die Briten Gärtner aus Kew kommen und eine Tribüne für Militärkapellen sowie ein Gewächshaus nach dem Vorbild des Londoner Crystal Palace bauen. In Letzterem finden sehenswerte Blumenausstellungen statt. Tagsüber ist ein Besuch des inzwischen 240 ha großen Gartens sehr angenehm, aber nach ca. 18 Uhr treiben sich dort manchmal zweifelhafte Gestalten herum. Von dem zentralen Hügel des Parks, der von einem kleinen Schrein gekrönt ist, bietet sich eine schöne Aussicht über die Stadt. Außerdem ist dies ein hübsches Plätzchen, um den Sonnenuntergang zu betrachten. ◷ tgl. 9–18 Uhr, Eintritt Rs10.

Jama Masjid und Tipus Sommerpalast

Unmittelbar südöstlich des City Market erhebt sich die märchenhafte, weiß getünchte riesige Jama Masjid (Freitagsmoschee), die auch heute noch als Gotteshaus dient. Ganz in der Nähe steht Tipus Sommerpalast, ein zweistöckiges, größtenteils hölzernes Bauwerk aus dem Jahr 1791. Der Palast ähnelt dem Daria Daulat Bagh in Srirangapatnam (S. 1193), befindet sich aber in einem viel schlechteren Zustand; die meisten Wandgemälde sind verschwunden. ◷ tgl. 9–17 Uhr, Eintritt Rs100. Der Venkataramanaswamy-Tempel nebenan stammt aus dem frühen 18. Jh. und wurde von den Wodeyar-Rajas erbaut. Der *gopura* wurde 1978 errichtet.

Bull Temple

Rund 6 km südlich des City Bus Stand, im Viertel Basavanagudi, steht Kempe Gowdas Stier-Tempel aus dem 16. Jh. Er beherbergt einen gewaltigen Nandi-Monolithen, dessen grauer Granitstein mit Kohle und Öl geschwärzt wurde. Zum Tempel führt ein langer, mit Bettlern und Schlangenbeschwörern gesäumter Pfad. Im Inneren kann man dem Priester für ein paar Rupien eine Kette aus duftenden Jasminblüten abkaufen. ◷ tgl. 7.30–13.30 und 14.30–20.30 Uhr. Zu erreichen mit Bus Nr. 34 oder 37.

ISKCON-Tempel

Der neue ISKCON (International Society of Krishna Consciousness)-Tempel **Sri Radha Krishna Mandir** – eine Mischung aus ultramodernem Glasbau und altertümlicher südindischer Tempelarchitektur –, Hare Krishna Hill, Chord Rd, 8 km nördlich der Innenstadt, bietet mit seiner goldenen Kuppel einen beeindruckenden Anblick. Sperren zwingen den Besucher, ohne Umkehrmöglichkeit durch den riesigen, bestens organisierten Komplex ins innerste Heiligtum durchzumarschieren, wo sich Statuen des Gottes Krishna und seiner Gefährtin Radha befinden. Überall wird um Spenden gebeten, und der Weg nach draußen ist der reinste Kaufladen – Zeichen der äußerst erfolgreichen Kommerzialisierung der Organisation. ◷ tgl. 7.15–13 und 16.15–20.30 Uhr. Am Stadtbusbahnhof und am Busbahnhof Shivaji Nagar fahren in regelmäßigen Abständen Busse zum Tempel ab.

Herausforderungen für Bengaluru

In den vergangenen Jahrzehnten hat Bengaluru umwälzende soziale Veränderungen erlebt, vor allem dank der gewaltigen Zahl an Arbeitsplätzen, die von der Computer-Software- und Back-Office-Industrie geschaffen wurden. Im letzten Jahrzehnt des 20. Jhs. wuchs die Bevölkerungszahl um fast 40 % auf 5,7 Mio., und sie stößt momentan an die 8-Mio.-Marke. Ende 2007 stammte jeder fünfte Bewohner der Stadt aus einem anderen Bundesstaat. Bengalurus Softwareindustrie hat sich zu einem 8 Mrd. US-Dollar schweren Giganten entwickelt.

Viele Einheimische geben den Computerleuten die Schuld an den explodierenden Lebenshaltungskosten, der Umweltverschmutzung und dem Aufkommen einer liberalen, westlich orientierten Bar- und Discokultur – und natürlich auch am Verkehrschaos, an den regelmäßigen Stromausfällen und dem jedes Jahr wiederkehrenden Wassermangel. Außerdem haben die Computerfachkräfte mit ihren höheren Gehältern und exzellenten Karriereaussichten auf dem Heiratsmarkt klar die Nase vorn.

Aber die Hoffnung stirbt bekanntlich zuletzt. Nach mehr als zwei Jahrzehnten des Ringens und Debattierens begannen endlich die Arbeiten an einem dringend benötigten S-Bahn-Netz. Damit soll das berüchtigte Verkehrschaos in der Stadt gelindert werden. Der Anfang 2008 eröffnete neue internationale Flughafen wird von einer stetig steigenden Zahl von Geschäftsreisenden und Touristen genutzt.

Die alteingesessenen Bewohner der Metropole werden ihre urbane Idylle sicher nie mehr zurückbekommen, aber wenn alle Seiten Kompromisse eingehen und die nötigen Anstrengungen unternommen werden, können die Bürger Bengalurus wieder mit Stolz auf ihre Stadt blicken.

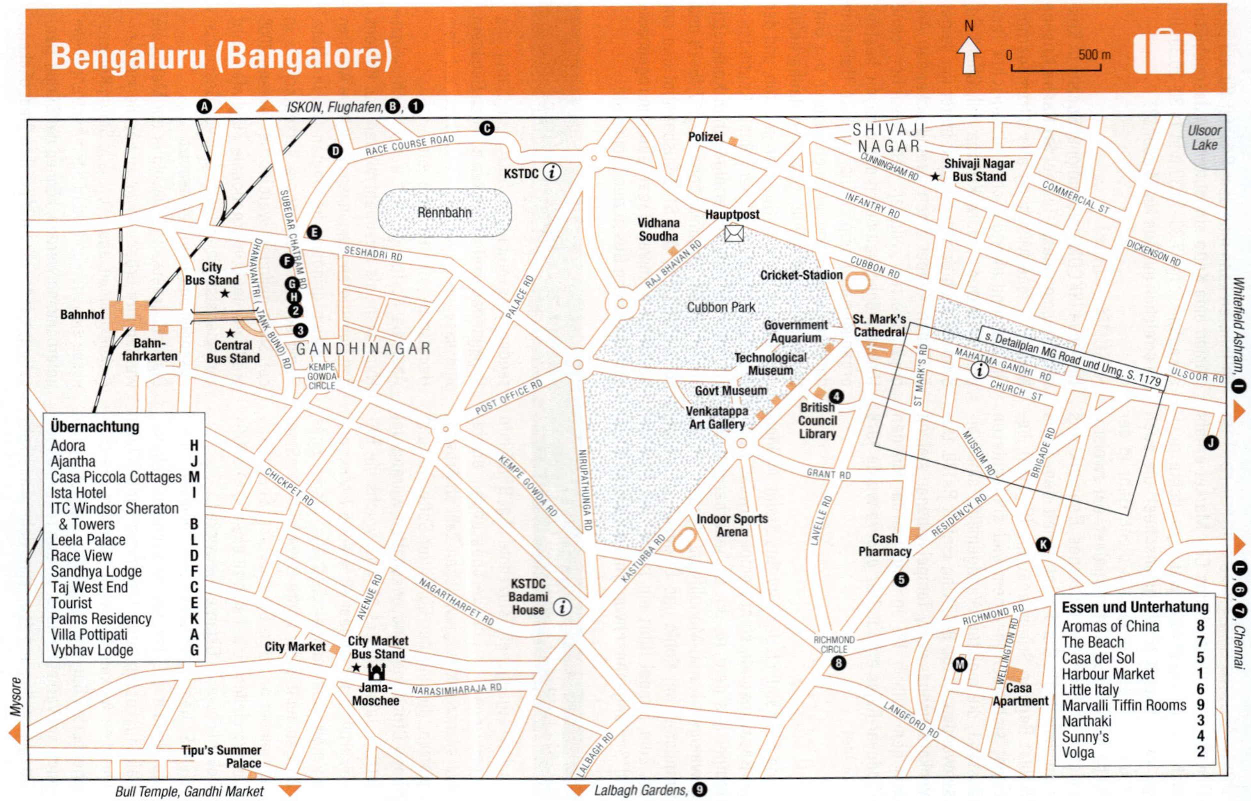

Bengaluru (Bangalore)
N
0
500 m
ISKON, Flughafen, B, 1
Whitefield Ashram, I
L, 6, 7, Chennai
Lalbagh Gardens, 9
Bull Temple, Gandhi Market
Mysore
RACE COURSE ROAD
KSTDC
Rennbahn
Polizei
SHIVAJI NAGAR
CUNNINGHAM RD
Shivaji Nagar Bus Stand
Ulsoor Lake
COMMERCIAL ST
INFANTRY RD
DICKENSON RD
Vidhana Soudha
Hauptpost
RAJ BHAVAN RD
CUBBON RD
Cricket-Stadion
Cubbon Park
Government Aquarium
St. Mark's Cathedral
s. Detailplan MG Road und Umg. S. 1179
MAHATMA GANDHI RD
CHURCH ST
ULSOOR RD
ST MARK'S RD
Technological Museum
Govt Museum
Venkatappa Art Gallery
British Council Library
MUSEUM RD
BRIGADE RD
GRANT RD
SUBEDAR CHATRAM RD
SESHADRI RD
DHANAVANTRI (TANK BUND) RD
City Bus Stand
Bahnhof
Bahn-fahrkarten
Central Bus Stand
GANDHINAGAR
KEMPE GOWDA CIRCLE
PALACE RD
POST OFFICE RD
NIRUPATHUNGA RD
KEMPE GOWDA RD
CHICKPET RD
Indoor Sports Arena
LAVELLE RD
Cash Pharmacy
RESIDENCY RD
KASTURBA RD
KSTDC Badami House
NAGARTHARPET RD
AVENUE RD
City Market
City Market Bus Stand
Jama-Moschee
NARASIMHARAJA RD
Tipu's Summer Palace
LALBAGH RD
RICHMOND CIRCLE
RICHMOND RD
WELLINGTON RD
Casa Apartment
LANGFORD RD
Übernachtung
Adora H
Ajantha J
Casa Piccola Cottages M
Ista Hotel I
ITC Windsor Sheraton & Towers B
Leela Palace L
Race View D
Sandhya Lodge F
Taj West End C
Tourist E
Palms Residency K
Villa Pottipati A
Vybhav Lodge G
Essen und Unterhatung
Aromas of China 8
The Beach 7
Casa del Sol 5
Harbour Market 1
Little Italy 6
Marvalli Tiffin Rooms 9
Narthaki 3
Sunny's 4
Volga 2

Übernachtung

Wegen der großen Zahl von Geschäftsreisenden gibt es in Bengaluru ein breites Angebot an exklusiveren Hotels und Apartments mit Service. Daneben sind aber auch preiswerte Unterkünfte im Angebot. Diese konzentrieren sich um den Central Bus Stand und den Stadtbahnhof.

Beim Stadtbahnhof und Central Bus Stand

Hotel Adora, 47 SC Rd, ✆ 080/2287 2280. Hervorragende Budgetunterkunft über einem sehr guten vegetarischen Restaurant mit südindischer Küche. Einfache, aber saubere und relativ geräumige Zimmer; beliebt bei Backpackern. ❷–❸

Sandhya Lodge, 70 SC Rd, ✆ 080/2287 4071, ✉ sandhyalodge@gmail.com. Großer Betonblock mit geräumigen Zimmern, alle mit Kabel-TV, einige mit AC. Wird langsam renoviert und mit Marmor und schicken Möbeln ausgestattet. ❸–❺

Tourist, Ananda Rao Circle, ✆ 080/2226 2381-8. Vom Bahnhof entfernt und gut zu Fuß erreichbar. Eine der besten Budgetunterkünfte von Bengaluru, kleine Zimmer, lange Veranden, freundliche Familienleitung. Keine Reservierung möglich und schnell ausgebucht. ❶

Vybhav Lodge, 60 SC Rd, ✆ 080/2287 3997. Etwas schmuddelig und abgenutzt, aber insgesamt keine schlechte Notlösung. Zellenähnliche EZ mit Bad und TV kosten nur Rs250. ❶

Racecourse und Cubbon Park

ITC Windsor Sheraton & Towers, 25 Golf Course Rd, ✆ 080/2226 9898, 💻 www.sheraton.com. Der luxuriöse Pseudo-Palast der Kette Starwood richtet sich in erster Linie an Geschäftsleute aus dem Ausland (ab ca. US$250). Internetzugang, Fitnessclub, Jacuzzi und Pool. Gutes Restaurant und ein beliebter irischer Pub. ❾

Race View, 25 Race Course Rd, ✆ 080/4069 6111. Großes Businesshotel mit ziemlich geräumigen, vertäfelten Zimmern. Die Zimmer nach vorne raus haben einen Blick auf die Pferderennbahn, jedoch auch auf die verkehrsreiche Straße. Gutes Preis-Leistungs-Verhältnis bei den AC-Zimmern. ❹–❺

Taj West End, Race Course Rd, ✆ 080/2225 5055, 💻 www.tajhotels.com. Dieses Hotel mit traumhafter Gartenanlage und langen Arkadengängen begann sein Dasein 1887 als britische Pension. Am meisten Charakter hat der alte Flügel, der über breite Veranden mit schönen Ausblicken auf die weitläufige Anlage verfügt. Online ab US$280 pro Nacht. ❾

Villa Pottipati, 142 4th Main, 8th Cross, Malleswaram, ✆ 080/2336 0777, 💻 www.neemranahotels.com. Ein verträumtes Heritage-Hotel im Nordwesten der Stadt, umgeben von einem Garten voller Jakaranda-Bäume und blühender Sträucher. Zimmer mit altmodischem Charme, säulengesäumten Veranden, tiefen Badewannen und direktem Zugang zu einem Pool. Das Hotel gehört zur Neemrana-Kette; beim Service ist also höchste Qualität garantiert. Außerdem werden Gourmet-Mahlzeiten serviert, zubereitet von einem französischen Koch. ❽

MG Road und Umgebung

Ajantha, 22-A MG Rd, ✆ 080/2558 4321, 📠 2558 4780 (s. Karte S. 1176). Einfache, überdurchschnittlich große Zimmer mit Bad. Auch einige geräumige 3-Zimmer-Cottages. Am Ende einer ruhigen Gasse, in der Nähe von Geschäften, oft voll. Vegetarisches Restaurant, Internet, Bäckerei, Reiseagentur und kleiner Laden auf dem Gelände. Die beste Wahl in dieser Gegend. ❹–❺ Wenn das Ajantha voll ist, kann man es im fast nebenan gelegenen, aber teureren **Ashley Inn**, ✆ 080/4123 3415, probieren. ❻–❼

Brindavan, 40 MG Rd, ✆ 080/2558 4000. Zumeist ruhige und reizende Zimmer etwas abseits der Hauptstraße, verdientermaßen sehr beliebt bei

Ruhe in der Stadt

Casa Piccola Cottages, 2 Clapham St, abseits Richmond Rd, ✆ 080/2227 0754, 💻 www.casapiccola.com. Ruhige Cottages in einer schönen Anlage etwa 1 km südlich der MG Rd. Die Cottages und Apartments sind sehr geräumig, komfortabel und gut eingerichtet. Ein hervorragendes Frühstück ist inkl., WLAN ist vorhanden. Eine Ausweichmöglichkeit sind die Casa Piccola Apartments um die Ecke mit ähnlichen Preisen (A-002 Wellington Park in der Wellington St). ❻–❼

Rucksackreisenden, wenn auch inzwischen überteuert. Reservierung empfohlen! ❹–❻

Empire International, 36 Church St, ✆ 080/2559 3743, 💻 www.hotelempire.in. Sehr komfortable Zimmer mit moderner Einrichtung und guter Ausstattung in einem eleganten neuen Hotel. Beliebtes Restaurant. ❺–❻

Hotel Empire, Schwesterhotel des Empire International ein paar Blocks nördlich der MG Rd: ähnlich, aber weniger elegant. ❹–❺

Ista Hotel, 1/1 Sami Vivekananda Rd, ✆ 080/2555 8888, 💻 www.istahotels.com. Fantastisches neues superluxuriöses Hotel mit großzügiger Safari-Bar, Pool, Whirlpool und Fitnessstudio – eine echte Oase! Einige der geräumigen Zimmer warten mit tollen Ausblicken auf den Ulsoor Lake und Marmorbädern auf, die Suiten mit großen Gartenbalkonen. Internetpreise ab US$175. ❾

Leela Palace, 23 Airport Rd, ✆ 080/2521 1234, 💻 www.theleela.com. Riesiges palastartiges Luxushotel mit goldenen Kuppeln auf einem 3,6 ha großen begrünten Gelände 5 km südöstlich des Zentrums. Wellness-Center, 256 riesige, schön ausgestattete Zimmer – die meisten mit Blick auf die Gartenanlage (ab US$435). Der Royal Club bietet köstlichen französischen Käse, Trüffel und perfekt gereifte Scotch-Whiskys. ❾

Palms Residency, 125 Brigade Rd, gegenüber Brigade Towers, ✆ 080/2554 7807, 💻 www.palmsresidency.com. Solider Deal für die Gegend: gute, recht große Zimmer, alle mit TV, einige mit AC. Eine Ausweichmöglichkeit mit ähnlichen Preisen ist das **Vellara** an derselben Straße (Nr. 283), ✆ 080/2536 9116. ❹–❺

Shangrila, 182 Brigade Rd, ✆ 080/5112 1622, ✉ shangrila_htl@yahoo.co.in. Gastfreundliche Lodge unter tibetischer Leitung mitten im Zentrum. Gemütliche Standardzimmer zu sehr vernünftigen Preisen, besonders preisgünstig sind die AC-Zimmer. ❹

Essen

In Bengaluru könnte man die meiste Zeit nur mit Schlemmen verbringen. Sehenswürdigkeiten sind hier dünn gesät, dafür gibt es aber an jeder Ecke ein interessantes Café oder Restaurant. Eine solche gastronomische Vielfalt ist nirgendwo sonst in Südindien zu finden.

In der Umgebung der **MG Road** drängen sich Pizzerien, einladende Eisdielen und französische Gourmetrestaurants neben Regionalküchen aus Andhra Pradesh und Kerala, *chaat*-Cafés nach Mumbai-Vorbild und Snackbars. Falls nicht anders angegeben, sind die nachfolgend aufgeführten Lokale in der Karte auf S. 1179 verzeichnet.

Aromas of China, G3–4 Shiva Shankar Plaza, 19 Lalbagh Rd, Richmond Circle (Karte S. 1176). Eines der besten chinesischen Restaurants der Stadt. Auf der Speisekarte stehen Dim Sum, Ente und Haifischflossensuppe sowie qualitativ überdurchschnittliche Varianten aller bekannten Gerichte. Hauptgerichte für etwa Rs150–300.

Barista, unten vor dem Ivory Tower, MG Rd, versteckt eine nette, große Terrasse hinter einer Reihe von Blumenkübeln. Gute Kaffees und Tees, Sandwiches, Gebackenes, köstliche Milchshakes.

Casa del Sol, 3rd floor, Devatha Plaza, 131 Residency Rd (Karte S. 1176). Das Mittagsbuffet für Rs200 ist jede Paisa wert. Sonntags gibt es einen festlichen Brunch mit unbegrenzten Getränken. Auch ein abendlicher Cocktail auf der kühlen, gemütlichen Terrasse ist ein echtes Highlight.

Coconut Grove, Church St. Hervorragende Gourmetgerichte aus Kerala, Chettinad und Coorg zu annehmbaren Preisen: vegetarische, aber auch Fisch- und Fleischgerichte, serviert in kupfernen *thalis* auf einer schattigen Terrasse. Großes Angebot an Seafood-Gerichten. Hauptgerichte Rs200–300, einfacher Reis Rs100! Die angeschlossene Cocktailbar Coco Grove ist nett für einen Drink.

Green Onion, Residency Rd Cross. Schnörkelloses chinesisches Restaurant im ersten Stock

Altmodischer Klassiker

Koshy's, St. Mark's Rd, Ecke Church St. Geräumiges, altmodisches Café, serviert köstliche indische Spezialitäten und internationale Klassiker wie Fish'n' Chips für Rs100–200. Das benachbarte Schwesterlokal **Jewel Box** ist erheblich nobler.

MG Road und Umgebung

Übernachtung		Essen					
Brindavan	A	13th Floor	2	Fuga	13	Kaati Zone	6
Empire International	B	Barista	2	Green Onion	8	Koshy's	5
Shangrila	C	Coconut Grove	7	Guzzlers Inn	11	Pecos	10
		Couch	1	Hard Rock Café	4	The Pub World	12
		Friends & Bucchus	14	Indian Coffee House	9	Ulla's	3

mit den üblichen chinesischen Klassikern, ein paar Thai-Gerichten und vegetarischen tibetischen *momos*. Hauptgerichte meist Rs60–110.

Harbour Market, 37 Crescent Rd, im Hotel 37th Crescent, Nähe Race Course Rd (Karte S. 1176), ✆ 080/4113 6262. Schickes elegantes Restaurant mit exzellentem Angebot an Seafood-Gerichten aus Goa, Kerala und Mangalore sowie Pasta und japanischem Essen. Besonders zu empfehlen sind die gebratenen Garnelen. Reservierung empfohlen.

Indian Coffee House, MG Rd. Inzwischen in unpassenden neuen Räumlichkeiten, aber im Grunde immer noch altmodisch. Die Turban tragenden Kellner servieren schmackhafte kleine Speisen (Rs20–70) und guten Filterkaffee. Die perfekt gebratenen fluffigen Rühreier sind Spitzenklasse!

Kaati Zone, Church St. Dieser Laden ist geschäftig, sauber und billig. Die *kaati*-Rollen (Rs40–60) sind hier fast so gut wie in Kalkutta.

Little Italy, 1135 100 Feet Rd, Indiranagar (Karte S. 1176), ✆ 080/2528 9126. Fantastisches italienisches Essen auf der bambusgesäumten Terrasse oder in einem eleganten Speisesaal. Besonders gute Risottos und Nudelgerichte auf Tomatenbasis. Große Weinkarte.

Marvalli Tiffin Rooms, Lalbagh Rd (Karte S. 1176). Erstklassiges südindisches Essen im Cafeteria-Stil in einem alternden, schnörkellosen Lokal. In die Jahre gekommene Kellner in weißen *lunghis* und gestreiften Hemden servieren den zahlreichen Einheimischen an den Gemeinschaftstischen 12-teilige *thalis*. Wer es den Indern gleichtun möchte, gönnt sich nach dem Dessert ein kühlendes *paan*.

Narthaki, unweit der SC Rd (Karte S. 1176). Bestes Restaurant in Bahnhofs-/Busbahnhofsnähe; unten gibt es Sättigendes, oben eine gute Auswahl an indischen und chinesischen Gerichten. Hervorragendes *chicken chilli*.

Sunny's, 34 Vittal Mallya Rd (Karte S. 1176). Elegantes, aber relaxtes Restaurant mit schattiger Terrasse. Äußerst frische, gut verarbeitete Zutaten kommen an leckere westliche Spezialitäten wie Grillhühnchen. Das Ganze wäre auch in Los Angeles nicht fehl am Platz und ist besonders bei westlichen Ausländern beliebt. Sehr teuer (Rs275–600).
Ullas, über dem Kino, MG Rd. Hervorragendes, rein vegetarisches Restaurant mit Terrasse. Mittags sehr gute *thalis* (Rs40–90) und eine breite Auswahl an Currys (etwa Rs60).
Volga, 42 SC Rd (Karte S. 1176). Solide indische und chinesische Küche mit Gerichten meist unter Rs100, außerdem hervorragende Säfte. Über dem Hauptspeisesaal befindet sich eine offene Terrasse.

Unterhaltung

Die gebildeten jungen Leute der Stadt haben viel Geld in den Taschen, und deshalb gibt es in Bengaluru ein Nachtleben, das sich sehen lassen kann. Ein nächtlicher Streifzug beginnt normalerweise mit einem Kneipenzug in der Brigade Rd, Residency Rd oder Church St (s. Karte S. 1179), wo jede Menge flotte **Pubs** auf Kundschaft warten. Alkohol ist hier nicht so verpönt wie andernorts in Indien; man kann sogar junge indische Frauen beim Biertrinken in fröhlicher Runde sehen. Zu beachten ist allerdings, dass die meisten **Clubs** nur Paare einlassen. Gedämpfter und eleganter geht es in den **Bars** der Luxushotels zu.
Bengaluru ist eine große **Kino**-Stadt mit einer blühenden Filmindustrie und Dutzenden Filmtheatern, in denen die jüngsten in- und ausländischen Produktionen gezeigt werden. Das Kinoprogramm findet man z. B. im *Deccan Herald* oder *Time Out*. Der Besuch eines Filmstudios lässt sich nach telefonischer Anfrage (✆ 080/2226 8642) beim **Chamundeshwari Studio** arrangieren.

Pubs und Clubs

Alle auf der Karte S. 1179, außer The Beach, S. 1176.
13th Floor, 13th Floor, Ivory Tower, 84 MG Road. Von der Bar aus lässt sich das chaotische Treiben der Stadt mit einem Cocktail in der Hand aus der Vogelperspektive genießen – sehr stilvoll und weltstädtisch! Es gibt tolle Ausblicke auf die Stadt besonders bei Sonnenuntergang und ein cooles postmodernes Dekor. Dieser Laden ist ein echtes Highlight. Man muss aber früh da sein, da die Bar sich schnell füllt.
The Beach, 1211 100 Feet Rd, Indiranagar, ✆ 080/4126 1114. Am Wochenende kann die Musik hier etwas laut sein, dafür entschädigen aber fachkundig gemixte Mojitos und der Sand unter den Füßen.
Couch, 1st Floor, SAI Complex, westliches Ende der MG Rd, nahe Ecke Museum Rd. Coole, riesige Lounge auf zwei Etagen mit Steinböden und stilvollem Retromobiliar, das aber etwas fehl am Platze wirkt. In einer der Sitznischen an den Fenstern zur Straße kann man bei einem gut gemixten Cocktail wunderbar das vorbeiziehende Leben beobachten. Internationale Küche; ◷ tgl. 11–23 Uhr.
Friends & Bacchus, St. Mark's Rd. Aufsehenerregend eingerichteter Unterhaltungskomplex mit vier unterschiedlichen Restaurants und mit Themenabenden, Konzerten, Comedy, Trinkspielen und Weinproben.
Fuga, 1 Castle St, am Südende der Brigade Rd. Eine glänzende Marmortheke, schwarz-weiße Lederbänke, bekannte Gast-DJs und Absinth machen Fuga zu Bengalurus schickstem Club.
Guzzlers Inn, 48 Rest House Rd, Nähe Brigade Rd. Recht gute indische Version eines englischen Pubs mit MTV, Star Sport, Billard und gutem Bier vom Fass.

Aus Alt mach Neu

Hard Rock Café, 40 St an der Mark's Rd, Ecke Church St, ✆ 080/4124 2222. Nach ihrer Eröffnung Anfang 2008 entwickelte sich diese wunderschöne Kneipe mit mehreren Räumen in einem alten steinernen Bibliotheksgebäude schnell zum Mittelpunkt des Nachtlebens von Bengaluru und zur besten Kneipe der Stadt. Die hohen Gewölbedecken, grauen Steinwände und dezent gesetzten Einrichtungsakzente sorgen für eine attraktive Mischung aus Alt und Neu. Zu essen gibt es z. B. gute Grillgerichte.

Pecos, Rest House Rd, abseits der Brigade Rd. Mit ihren feuchten Räumen auf drei Etagen voller Rockposter und altem Holz macht diese Kneipe einen wunderbar spelunkigen Eindruck. Die Musik kann schon mal etwas lauter sein, das Bier ist billig, und das indische Essen ist auch nicht schlecht.
Pub World, gegenüber dem Kino Galaxy, Residency Rd. Stilvoller Pub – der zweitälteste der Stadt – mit vielen Fernsehern und intimen Sitznischen. Beliebt bei den Yuppies der Stadt.

Einkaufen

Cauvery Arts and Crafts Emporium, MG Rd, Ecke Brigade Rd. Der staatliche Laden bietet Spielzeug und andere Artikel aus Holz, Sandelholzskulpturen, Rosenholz-Kaffeetischchen und Hunderte andere Geschenkartikel.
In vielen neuen Einkaufspassagen am zentralen Abschnitt der MG Road sind westliche Designerartikel zu etwas günstigeren Preisen als im westlichen Ausland erhältlich, außerdem indische Kleidung und Accessoires von guter Qualität.

Bücher

Entlang der MG Rd und der Church St gibt es ein halbes Dutzend recht guter Buchläden, an Letzterer außerdem zwei gute Zeitschriftenstände.
Crossword, ACR Towers, 32 Residency Rd, hinter dem Autohändler. Bietet alle Neuerscheinungen sowie CDs, DVDs, Zeitschriften und eine Filiale der Kette Café Coffee Day.
Motilal Banarsidas, 16 St. Mark's Rd, nahe der Kreuzung mit der MG Rd. Der Laden des gleichnamigen, renommierten Verlagshauses, bietet eine große Anzahl anspruchsvoller Werke über Indien und philosophische Literatur.

Musikgeschäfte

Die besten Geschäfte im Zentrum für indische, westliche und Weltmusik sind:
Music World, Brigade Rd,
Planet M, ebenfalls Brigade Rd,
Rhythms, 14 St. Mark's Rd, unter dem Hotel Nahar Heritage.

Sonstiges

Apotheken

Al-Siddique Pharma Centre, gegenüber der Jama Masjid nahe dem City Market, und **Janata Bazaar**, im Victoria Hospital, nahe dem City Market, haben rund um die Uhr geöffnet.

Autovermietungen

Avis, im Oberoi Hotel, 37–39 MG Rd, ✆ 080/2558 5858, 💻 www.avis.com, und **Hertz**, Unit 12 Raheja Plaza, 17 Commissariat Rd, ✆ 080/2559 9408, 💻 www.hertz.com, haben beide auch Filialen am Flughafen.
Wagen mit Fahrer für größere Entfernungen und individuell zugeschnittene Ausflugsfahrten bieten:
Gullivers Tours & Travels, South Black 201–202 Manipal Centre, 47 Dickenson Rd, ✆ 080/2558 8001, **Clipper Holidays**, 406 Regency Enclave, 4 Magrath Rd, ✆ 080/2559 9032, und jedes KSTDC-Büro sowie der ITDC-Schalter im Bahnhof.

Geld

Thomas Cook, 55 MG Rd; **LKP Forex**, 44/45 Residency Rd Cross; und **Weizmann Forex Ltd**, 56 Residency Rd. 🕓 alle Mo–Sa 9.30–18 Uhr. Bessere Kurse bieten die Banken, von denen die **State Bank of Mysore** in der MG Rd am günstigsten liegt. Es gibt zahlreiche **Geldautomaten** in der ganzen Stadt, besonders in der Umgebung der MG Rd.

Informationen

India Tourism, KSFC Building, 48 Church St (parallel zur MG Rd zwischen Brigade Rd und St. Mark's Rd), ✆ 080/2558 5417, 💻 www.incredibleindia.org. Hervorragende Touristeninformation mit Infos über Bengaluru, Karnataka und die Nachbarstaaten. Man bekommt einen kostenlosen Stadtplan, und die Angestellten beraten bei der Planung von Ausflügen.
🕓 Mo–Fr 9.30 –18, Sa 9–13 Uhr.
Abgesehen von ihren Schaltern am Stadtbahnhof (🕓 tgl. 7–20 Uhr, ✆ 080/2287 0068) und Flughafen, unterhält die **Karnataka State Tourist Development Corporation mit** zwei Büros in der Stadt: eines im Badami House, NR Square, ✆ 080/2227 5883, 🕓 tgl. 6.30–22 Uhr,

wo man Ausflüge buchen kann, und das Zentralbüro im Khanija Bhavan, 2nd Floor, Race Course Rd, ✆ 080/2235 2901, 02, 03, 💻 www.kstdc.nic.in, ⏲ Mo–Sa 10–17.30 Uhr, 2. Sa im Monat geschl..

Aktuelle **Veranstaltungshinweise** enthalten das Monatsmagazin *City Info*, 💻 www.explocity.com, das in den meisten Hotels und Touristeninformationen ausliegt, und das 14-täglich erscheinende *Time Out Bengaluru*, 💻 www.timeoutbengaluru.net, Rs40.

Informationen über die Nationalparks von Karnataka erteilen das **Wildlife Office**, Forest Department, Aranya Bhavan, Malleswaram, ✆ 080/2334 1993, sowie **Jungle Lodges & Resorts**, Floor 2, Shrungar Shopping Centre, Nähe MG Road, ✆ 080/2559 7021, 💻 www.junglelodges.com. Letzteres ist eine halbstaatliche Organisation, die sich dem Ökotourismus verschrieben hat und Übernachtungsmöglichkeiten in exklusiven Forest Lodges vermittelt, darunter auch in der viel gelobten Kabini River Lodge (S. 1196) bei Nagarhole.

Internet

Internetcafés gibt es überall in der Stadt; sie verlangen gewöhnlich Rs10–30 pro Std. und sind bis 21 Uhr oder später geöffnet.

Cyber Café, 13–15 Brigade Rd, zählt zu den am praktischsten gelegenen Internetcafés.

Kulturinstitute

British Council Library, 23 Kasturba Rd Cross, ✆ 080/2221 3485, hat englische Zeitungen und Zeitschriften, die Besucher im klimatisierten Lesesaal durchblättern können, ⏲ Mo–Sa 10.30–18.30 Uhr.

Das **Goethe-Institut**, Max Mueller Bhavan, 716 CMH Rd, ✆ 080/2520 5305, 📠 2520 5309, ✉ info@bangalore.goethe.org, mit Medienzentrum und Café organisiert auch Ausstellungen. ⏲ Mo–Fr 9–17.30 Uhr, Café ⏲ Di–Sa 9–22, So 12–16 Uhr.

Medizinische Hilfe

Victoria Hospital, nahe dem City Market, ✆ 080/2670 1150;

Sindhi Charitable Hospital, 3rd Main St, SR Nagar, ✆ 080/2223 7318.

Dr. Suresh Nao, ✆ 9845/021614. Allgemeinmediziner im Zentrum von Bengaluru, der Behandlungen oder Krankenhäuser empfehlen kann.

Polizei

✆ 100.

Post

Raj Bhavan Rd, Ecke Cubbon Rd, am Nordausläufer des Cubbon Park, ca. zehn Gehminuten von der MG Rd, ⏲ Mo–Sa 10–19, So 10.30–13.30 Uhr.

Reisebüros

Gullivers Tours & Travels, South Black 201–202 Manipal Centre, Dickenson Rd (etwas nördlich der MG Rd), ✆ 080/2558 8001.

Sahara Global, Unit G2, 35 Church St, neben Hotel Empire International, ✆ 080/6535 0001.

Via, MG Rd, neben Hotel Brindavan.

Nahverkehr

Busse

Im Zentrum von Bengalurus ausgedehntem Busnetz steht der **City Bus Stand**, ✆ 080/222 2542, in der Nähe des Bahnhofs. Die meisten am Bussteig 17 abfahrenden Busse kommen an der MG Rd vorbei.

Neben den regulären Bussen betreibt die Gesellschaft auf mehreren festgelegten Strecken auch bequemere Expressbusse, sogenannte **Pushpak** (der Bus mit der Aufschrift P109 fährt bis zum Whitefield Ashram) und ein paar Nachtbusse.

Weitere wichtige lokale Busbahnhöfe sind der **City Market Bus Stand**, ✆ 080/670 2177, südlich des Bahnhofs und der **Busbahnhof Shivaji Nagar**, ✆ 080/286 5332, nördlich des Cubbon Park – der hier abfahrende Bus Nr. P2 Jayanagar ist sehr praktisch für einen Besuch der Lalbagh Botanical Gardens.

Motor-Rikschas

Die neue Bengaluru Metro sollte inzwischen fertiggestellt sein. Ansonsten bewegt man sich am einfachsten mit einer mit Taxameter versehenen Motor-Rikscha; der Preis beträgt

Rs10 für den ersten Kilometer und Rs5 für jeden weiteren. Die meisten Taxameter funktionieren tatsächlich und werden normalerweise auch ohne große Debatte eingeschaltet. Manchmal wird jedoch ein Pauschalpreis verlangt, insbesondere während der Rushhour.

Taxis und Wagen mit Chauffeur

Einen Wagen mit Fahrer oder ein Taxi kann man u. a. über folgende Agenturen buchen: **Cab Service**, Sabari Complex, 24 Residency Rd, ✆ 080/2558 6121,
Dial-a-Car, ✆ 080/2526 1737,
✉ dialacar@hotmail.com, 24-Std.-Service.

Transport

Bengaluru ist der wichtigste Verkehrsknotenpunkt Südindiens. Dank effizienter Computerbuchungen gestaltet sich die Weiterfahrt relativ unproblematisch, doch sollte man sich nie darauf verlassen, noch in letzter Minute ein Ticket zu bekommen, sondern so lange wie möglich im Voraus buchen. Der Flughafen von Bengaluru ist der verkehrsreichste Südindiens. Es gibt täglich mehr als ein Dutzend Flüge nach Mumbai, Chennai und Hyderabad sowie Verbindungen zu zahlreichen anderen Zielen.

Busse

Fernbusse laufen den riesigen, betriebsamen **Central Bus Stand (KSRTC)** gegenüber dem Bahnhof an. Im Zentrum der Haupthalle informiert ein ausführlicher Fahrplan in englischer Sprache. Jenseits der Brücke liegt der **City Bus Stand**, der von den Lokalbussen genutzt wird.
Sitzplätze in den meisten der am Central abfahrenden Überlandbussen kann man im Voraus am nahe gelegenen, mit Computer versehenen Schalter nahe Bussteig Nr. 13 kaufen, 🕒 tgl. 7.30–19.30 Uhr.
An staatlichen Busgesellschaften sind neben der des Staates Karnataka (KSRTC) u. a. die von Andhra Pradesh, Kerala, Maharashtra, Tamil Nadu und Goa vertreten. Fahrpläne und Anzahl der freien Plätze für die kommende Woche sind auf einem großen Brett links vom Haupteingang angeschlagen. Allgemeine Auskünfte gibt es unter ✆ 080/2287 3377.
Mehrere **Privatbusgesellschaften** unterhalten Luxusbusse z. B. nach Mysore, Bijapur, Ooty, Chennai, Kochi/Ernakulam, Thrissur, Kollam und Thiruvananthapuram. Tickets für Privatbusse werden in den Büros an der Tank Bund Rd gegenüber dem Central-Busbahnhof verkauft, z. B. von Sharma, ✆ 080/2670 2447, National, ✆ 080/ 2660 3112, und Shama, ✆ 080/2670 5855, die für Busse mit Schlafkojen nach GOA und Busverbindungen nach MUMBAI und CHENNAI werben, ebenfalls teils mit Schlafliegen.
Das zuverlässigste private Busunternehmen ist **Vijayanand Travels**, das auch eine Filiale an der Tank Bund Rd unterhält; die auffälligen gelb-schwarzen Luxusbusse fahren z. B. nach MANGALORE, GOKARNA/GOA und HOSPET (Ausgangspunkt für Hampi).

Eisenbahn

Der **Stadtbahnhof Bangalore City** liegt westlich der Innenstadt in der Nähe des Kempe Gowda Circle und auf der gegenüberliegenden Seite des Busbahnhofes. (Wer in den Norden der Stadt möchte, steigt besser am Bahnhof Bangalore Cantonment aus.)
Wer eine Motor-Rikscha nehmen möchte, kauft sich am besten gegen Rs1 Gebühr im Voraus ein Ticket am Schalter – eine Fahrt zur MG Rd kostet je nach Tageszeit normalerweise Rs25–40.
Das **Reservierungsbüro** der City Station von Bengaluru befindet sich in einem gesonderten Gebäude östlich der Bahnhofshalle (wenn man davorsteht links), ✆ 132, 🕒 Mo–Sa 8–14 und 14.15–20, So 8–14 Uhr. Schalter 14 ist für Ausländer zuständig. Wer im Besitz eines Indrail-Passes ist, begibt sich zum Chief Reservations Supervisor's Office im ersten Stock, wo „Reservierungen garantiert werden". Die Züge nach GOA und zu einigen anderen Zielen fahren ab dem Bahnhof Yeshwanthpur im Norden der Stadt, ✆ 080/2337 7161.
Tabelle zu den schnellsten und/oder praktischsten Zügen ab Bengaluru s. S. 1184.

Flüge

Der neue **Bengaluru International Airport**, 💻 www.bengaluruairport.com, liegt 35 km

Die schnellsten und/oder praktischsten Züge ab Bengaluru

Zielort	Name	Nummer	Häufigkeit	Abfahrt	Fahrtdauer
Chennai	Shatabdi Express*	12008	tgl. außer Mi	16.25 Uhr	5 Std.
	Lalbagh Express	12608	tgl.	06.30 Uhr	5 3/4 Std.
Delhi	Karnataka Express	12627	tgl.	19.20 Uhr	39 1/4 Std.
Ernakulam (Kochi)	Kanniyakumari Express	16526	tgl.	21.40 Uhr	12 1/4 Std.
Hospet (nach Hampi)	Hampi Express	16592	tgl.	22.00 Uhr	9 Std.
Mumbai	Udyan Express	16530	tgl.	20.10 Uhr	23 3/4 Std.
Mysore	Shatabdi Express*	12007	tgl. außer Di	11.00 Uhr	2 Std.
	Tippu Express	12614	tgl.	15.00 Uhr	2 1/2 Std.
	Chamundi Express	16216	tgl.	18.15 Uhr	3 Std.
Secunderabad (Hyderabad)	Rajdhani Express*	12429	4x wöchentl. (Mo, Mi, Do, So)	20.20 Uhr	10 3/4 Std.
Thiruvananthapuram	Kanniyakumari Express	16526	tgl.	21.40 Uhr	17 1/2 Std.

*= nur AC

nordöstlich der Stadt in Devanahalli. Der Flughafen, angeblich der teuerste Asiens, bietet Schalter zum Selbsteinchecken, schicke Bars und Cafés sowie eine gute Touristeninformation – wodurch er sich insgesamt von den meisten anderen indischen Flughäfen abhebt. Bis die heiß diskutierte schnelle Bahnverbindung ins Zentrum fertig ist, kommen Besucher nur mit einem mit Taxameter ausgestatteten **Taxi** (Rs550–700) oder den effizienten, klimatisierten **Vayu Vajra-Bussen** in die Stadt; von den 10 Busrouten ist die für Touristen am nützlichsten die Nr. 9 zum Central Bus Stand (45 Min.–1 1/4 Std., Rs140, rund um die Uhr); Linie 7A führt 2x am Tag über die MG Road.

Nationale Fluggesellschaften
Air India, ✆ 080/2554 8888;
Indian Airlines, c/o Air India;
Indigo, ✆ 080/2224 4622;

Jet Airways, ✆ 080/2522 1929, Flughafen ✆ 080/2521 6579;
JetLite, ✆ 080/3989 9999;
Kingfisher, ✆ 080/4197 9797;
Paramount, ✆ 080/4115 4666;
SpiceJet, ✆ 080/2522 9791.

Internationale Fluggesellschaften
American, ✆ 1-800/180 7300;
British Airways, ✆ 080/4147 3951;
Delta, ✆ 080/2221 9820;
KLM/Northwest Airlines, ✆ 080/2226 9854;
Lufthansa, ✆ 080/2506 0800;
Malaysia Airlines, ✆ 080/2212 2991;
Qantas, ✆ 080/2226 4719;
Singapore Airlines, ✆ 080/2286 7868;
Thai Airways, ✆ 080/4112 4333;
United Airlines, ✆ 080/2224 4620.

Die Umgebung von Bengaluru

Viele Bengaluru-Besucher fahren geradewegs nach Mysore oder kommen gerade von dort. Das **Janapada Loka Folk Arts Museum**, 53 km südwestlich von Bengaluru an der Straße nach Mysore, 💻 www.janapadaloka.org, bietet einen faszinierenden Einblick in die Kultur von Karnataka. Es beherbergt eine erstaunliche Anzahl an Landwirtschaftsgeräten, Jagd- und Fischereizubehör, Waffen, Haushaltsgegenständen, Masken, Puppen, holzgeschnitzten *bhuta-* (Geister-) Skulpturen und großen Prozessionsfiguren, Manuskripten, Musikinstrumenten und *yakshagana*-Theaterkostümen aus Karnataka. Außerdem gibt es eine **Videoshow** (Rs5) über Musik, Tanz und Rituale des Bundesstaates, Möglichkeiten zum Bootfahren (Rs5) und ein kleines Restaurant mit einfachen Speisen. ⏲ tgl. 9–17.30 Uhr, Eintritt Rs10. Zum Museum gelangt man mit einem der zahlreichen Mysore-Busse (keinen Nonstop-Bus nehmen) von Bengaluru.

Wer klassischen Tanz in ländlicher Umgebung sehen oder erlernen möchte, sollte das **Nrityagram Dance Village** besuchen. Das Nrityagram Dance Village ist ein hübsches, am Reißbrett entworfenes Modelldorf 30 km westlich von Bengaluru. Es wurde von dem preisgekrönten Architekten Gerard de Cunha gestaltet und von Protima Gauri gegründet. Gauri hatte eine Aufsehen erregende Karriere in Film und Medien gemacht und brachte es schließlich zu einer anerkannten Darstellerin des Odissi-Tanzes (S. 965, Kasten). Die Schule wird jetzt ohne sie weitergeführt und zieht Schüler aus allen Teilen der Welt an.

Hier finden regelmäßig Vorführungen und Vorträge zu indischer Mythologie und Kunst statt. Außerdem werden Kurse in verschiedenen indischen Tanzstilen angeboten. 🕒 Di–Sa 10–14 Uhr, Eintritt Rs20.

Führungen durch den Komplex kosten Rs850 p. P. (mind. sechs Teilnehmer), einschließlich Mittagessen und einer Vorführung. Bei längerem Aufenthalt ist eine **Unterbringung** ❼ möglich, sie verspricht „weder Fernseher noch Telefon, Zeitungen oder Lärm". Näheres im Büro in Bengaluru, 📞 080/2846 6313, 💻 www.nrityagram.org.

Mysore und Umgebung

Mysore, die ehemalige Hauptstadt der Wodeyar-Rajas und ein Zentrum der Sandelholzschnitzerei sowie der Seiden- und Räucherstäbchenmanufaktur, etwa 160 km südwestlich von Bengaluru, ist eine der netteren Städte Südindiens. Doch angesichts der Lobeshymnen, die über die Stadt gesungen wurden und werden, kann der erste Eindruck enttäuschend sein. Wie an allen anderen Orten auch wird der Besucher, wenn er aus dem Zug oder Bus steigt, nicht von Jasmin- und Sandelholzdüften begrüßt, sondern vom üblichen Verkehrslärm und -gewimmel. Dennoch ist Mysore eine absolut bezaubernde, altmodische Stadt, die weder durch den IT-Boom der letzten Jahre noch durch den neu erworbenen Status als internationales Top-Reiseziel für Yoga-Enthusiasten ihr Wesen verändert hat. Nach ein paar Tagen zieht Mysore normalerweise auch die abgebrühtesten Reisenden in den Bann. Vor kurzem wurde die Stadt von einer überregionalen Zeitschrift zu einer der Städte Indiens mit den besten Bedingungen für Wirtschaftsunternehmen erklärt. Mit 2,5 Mio. Besuchern jährlich ist sie außerdem bei weitem das beliebteste Reiseziel in Karnataka.

Mysore ist zudem ein idealer Ausgangspunkt für einige der beliebtesten Sehenswürdigkeiten Karnatakas. Die Festung, der Palast und das Mausoleum in **Srirangapatnam** datieren aus der Zeit von Tipu Sultan, dem „Tiger von Mysore".

Der wunderbare **Hoysala-Tempel** von **Somnathpur** im Südosten der Stadt ist ein architektonisches Meisterwerk. Im Süden, Richtung Ooty, kann der **Bandipur-Nationalpark** dem Vergleich mit dem Tierschutzgebiet Mudumalai auf der anderen Seite der Grenze in Tamil Nadu nicht standhalten.

Interessanter ist der **Nagarhole-Nationalpark**, drei Stunden südwestlich von Mysore in Richtung der Grenze zu Kerala.

Geschichte

Im 10. Jh. hieß Mysore „Mahishur" – „die Stadt, in der der Büffeldämon getötet wurde" (durch die Göttin Durga). Von ungefähr 1400 bis zur Unabhängigkeit wurde die über zahlreiche Dörfer gebietende Stadt von den hinduistischen **Wodeyars** regiert. Die Herrschaft der Wodeyars wurde 1761 vorübergehend unterbrochen, als der Moslem Haider Ali und sein Sohn Tipu Sultan die Macht übernahmen. Zwei Jahre danach schleiften die neuen Herrscher die labyrinthische alte Stadt und legten das elegante, breite, von Bäumen gesäumte Straßennetz und die öffentlichen Parks an, die man heute sieht. Doch nachdem Tipu Sultan 1799 durch den britischen Colonel Arthur Wellesley (den späteren Duke of Wellington) im Kampf getötet wurde, erhielt die Wodeyar-Dynastie ihre Macht zurück. Danach war Mysore die Hauptstadt des Staates Mysore und kontrollierte einen beachtlichen Teil Südindiens. 1956, als Bangalore zur Hauptstadt des neu gegründeten Karnataka ausgerufen wurde, setzte man den Maharadscha von Mysore als Gouverneur ein.

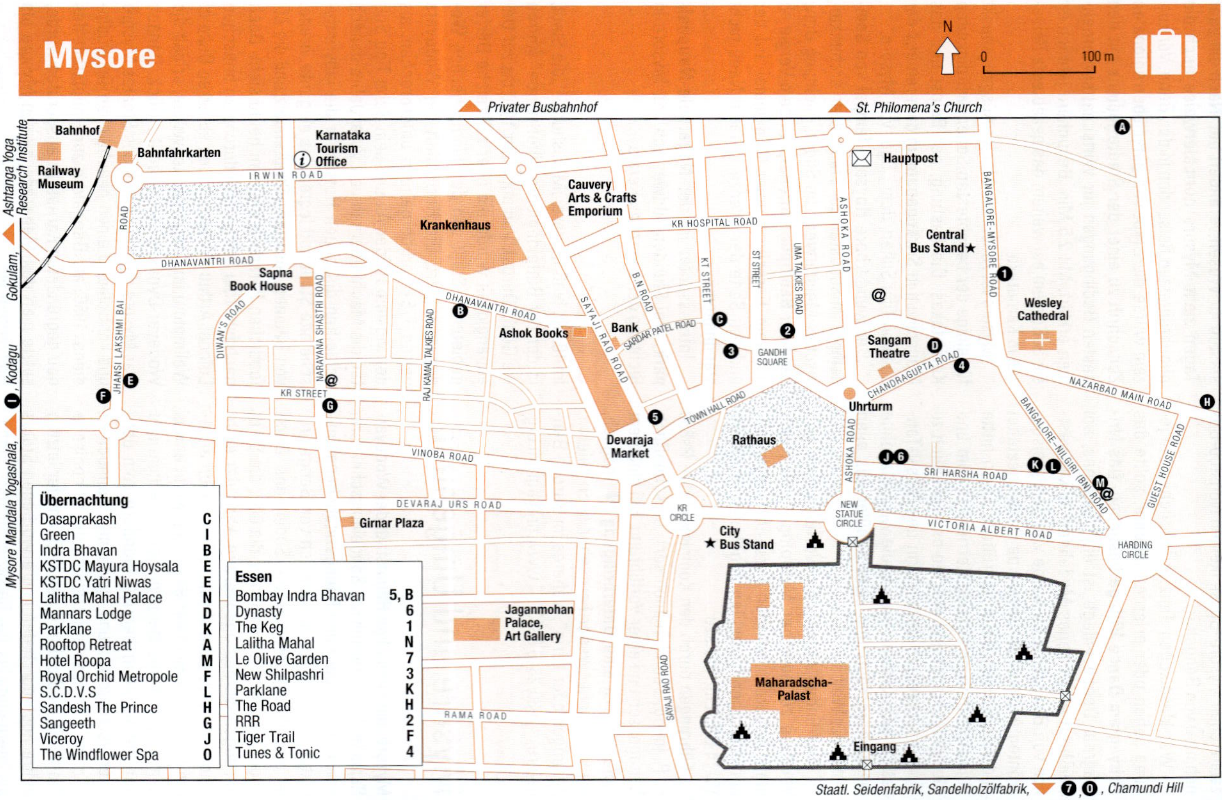
Mysore
N
0
100 m
Privater Busbahnhof
St. Philomena's Church
Ashtanga Yoga Research Institute
Gokulam,
Kodagu
Mysore Mandala Yogashala,
Staatl. Seidenfabrik, Sandelholzölfabrik, 7, 0, Chamundi Hill
Bahnhof
Railway Museum
Bahnfahrkarten
Karnataka Tourism Office
IRWIN ROAD
Krankenhaus
Cauvery Arts & Crafts Emporium
KR HOSPITAL ROAD
Hauptpost
ASHOKA ROAD
Central Bus Stand
BANGALORE-MYSORE ROAD
Wesley Cathedral
DHANAVANTRI ROAD
Sapna Book House
DIWAN'S ROAD
NARAYANA SHASTRI ROAD
JHANSI LAKSHMI BAI ROAD
KR STREET
RAJ KAMAL TALKIES ROAD
Ashok Books
SAYAJI RAO ROAD
B.N ROAD
Bank
SARDAR PATEL ROAD
KT STREET
ST STREET
UMA TALKIES ROAD
GANDHI SQUARE
Sangam Theatre
CHANDRAGUPTA ROAD
Uhrturm
NAZARBAD MAIN ROAD
TOWN HALL ROAD
Devaraja Market
Rathaus
VINOBA ROAD
SRI HARSHA ROAD
BANGALORE-NILGIRI (BN) ROAD
GUEST HOUSE ROAD
DEVARAJ URS ROAD
Girnar Plaza
KR CIRCLE
City Bus Stand
NEW STATUE CIRCLE
VICTORIA ALBERT ROAD
HARDING CIRCLE
Jaganmohan Palace, Art Gallery
Maharadscha-Palast
Eingang
RAMA ROAD
Übernachtung
Dasaprakash C
Green I
Indra Bhavan B
KSTDC Mayura Hoysala E
KSTDC Yatri Niwas E
Lalitha Mahal Palace N
Mannars Lodge D
Parklane K
Rooftop Retreat A
Hotel Roopa M
Royal Orchid Metropole F
S.C.D.V.S L
Sandesh The Prince H
Sangeeth G
Viceroy J
The Windflower Spa O
Essen
Bombay Indra Bhavan 5, B
Dynasty 6
The Keg 1
Lalitha Mahal N
Le Olive Garden 7
New Shilpashri 3
Parklane K
The Road H
RRR 2
Tiger Trail F
Tunes & Tonic 4

Mysore

Mysore bietet nicht nur touristische Sehenswürdigkeiten, allen voran der **Maharadscha-Palast**, sondern lädt geradezu zum Bummeln ein. Die stilvollen, wenn auch heruntergekommenen Gebäude aus der Zeit vor der Unabhängigkeit, die Einkaufsgegenden wie die **Ashok Road** und **Sayaji Rao Road** umrahmen, verleihen dem Gewimmel der Innenstadt das Flair verblichener Eleganz.

Die Souvenirläden quellen von dem berühmten **Sandelholz** über; den besten Eindruck davon, was man alles kaufen könnte, bekommt man im Government Cauvery Arts und Crafts Emporium, Sayaji Rao Road (Do geschl.), das ein breites Angebot an lokalem Kunsthandwerk bietet (es wird auf Wunsch nach Übersee verschifft).

Der bekannte **Devaraja Market** an der Sayaji Rao Road ist einer der buntesten Lebensmittelmärkte Südindiens: ein Riesenkomplex aus überdachten Ständen, überladen mit Bananen (von der leckeren Sorte *nanjangod),* saftigen Mangos, klebrigem *jaggery* und zu Kegeln geformtem, zerstoßenem *kumkum.*

Maharadscha-Palast (Amba Vilas)

Im Zentrum von Mysore liegt der von Festungswällen umgebene Maharadscha-Palast, ein märchenhaftes Bauwerk, überragt von einer schimmernden Messingkuppel. Besonders eindrucksvoll ist das Ganze, wenn es am Sonntagabend und zu Feiertagen von fast 100 000 Glühlampen erleuchtet wird. Der Bau wurde 1912 für den 24. Wodeyar Raja fertig gestellt und steht an der Stelle des ehemaligen Holzpalastes, der 1897 einem Brand zum Opfer fiel. Nach einem langwierigen Rechtsstreit sprachen die Gerichte den Hauptpalast 1998 offiziell der Staatsregierung von Karnataka zu, doch die Königsfamilie erhält ihren Anspruch aufrecht und hat Berufung eingelegt.

Die Residenz umgeben zwölf Tempel, manche davon sehr viel älteren Datums als der Palast. In der Mauer befinden sich sechs Tore, doch der Zutritt ist nur an der Südseite möglich. Schuhe und Kameras müssen an der Garderobe abgegeben werden.

Das prachtvolle Innere birgt eine außergewöhnliche Mischung von indischen und anderen Stilen aus aller Welt. Der Eintritt erfolgt durch den Gombe Thotti oder **Dolls' Pavilion**, in dem früher die Figuren ausgestellt waren, die während der berühmten Dussehra-Prozession durch die Stadt getragen werden. Jetzt befindet sich hier eine Galerie für europäische und indische Kunst.

Auf halber Höhe liegt das aus Messing geschmiedete **Elephant Gate**, das den Haupteingang zum Palastinneren bildet und durch das der Maharadscha zu seinem Fahrzeugpark fuhr. Es ist mit stilisierten Blumen verziert und weist das Mysore-Königssymbol auf, einen doppelköpfigen Adler, das heutige Staatswappen. Weiter nördlich, hinter dem Tor, steht ein hölzerner *howdah* in Form eines Elefanten. Er ist mit 84 kg schwerem, 24-karätigem Gold bedeckt und scheinbar von roten und grünen Edelsteinen unterbrochen – in Wirklichkeit sind die blinkenden Lichter batteriebetriebene Signale, die dem *mahout* anzeigten, wann der Maharadscha stehen bleiben oder weiterfahren wollte.

Die zum achteckigen **Kalyana Mandapa**, dem königlichen Hochzeitssaal, führenden Mauerwände bedeckt ein kunstvolles Fries von Ölgemälden, die das gewaltige Mysore Dussehra-Fest (S. 1189) im Jahr 1930 zeigen. An der Herstellung arbeiteten vier indische Künstler 15 Jahre lang. Die pompöse Halle selbst weist aus Eisen gegossene Pfeiler aus Glasgow, böhmische Lüster und am Deckengewölbe ein vielfarbiges Mosaik aus belgischem Glas in Form von Pfauen auf. Die englischen Bodenfliesen greifen das Pfauenmotiv auf. Hinter dem Saal liegen kleine, herrschaftlich möblierte Räume, in denen u. a. zwei Silberstühle und Sitzmöbel aus belgischem geschliffenen Kristall zu sehen sind, die eigens für den Maharadscha und Lord Mountbatten, den letzten indischen Vizekönig, angefertigt wurden. Eines der Zimmer besitzt eine wunderbare Decke aus burmesischem Teakholz.

Über eine mit italienischen Marmorbalustraden gesäumte Treppe, an einer lebensgroßen Plastik von Krishnaraja Wodeyar IV. vorbei, gelangt man in die **Public Durbar Hall**, die geradewegs aus Tausendundeiner Nacht entsprungen zu sein scheint. Die mit in leuchtenden Farben

Der Maharadscha-Palast von Mysore scheint einem Märchen aus Tausendundeiner Nacht entsprungen.

bemalten, goldverzierten Säulen bestandene, gewaltige Empfangshalle ist an einer Seite offen und bietet Aussicht auf den Exerzierplatz und die Parkanlagen bis zum Chamundi Hill. Hier, auf seinem mit 280 kg Blattgold aus Karnataka überzogenen Thron, hielt der Maharadscha Audienz. Heutzutage wird der Saal nur noch während des Dussehra-Festes als Veranstaltungsort klassischer Konzerte genutzt.

In der kleineren **Private Durbar Hall** sind besonders schöne Glasmosaike und Blattgoldmalereien zu sehen. Die beiden Silbertüren am Ausgang sind das Einzige, was noch von der alten Residenz übrig geblieben ist. ⌚ tgl. 10–17.30 Uhr, Eintritt Rs200.

Jaganmohan-Palast: Jayachamarajendra Art Gallery

Der 1861 erbaute Jaganmohan-Palast, 300 m westlich des Maharadscha-Palastes, diente als königliche Residenz, bevor er 1915 von dem Maharadscha Krishnaraja Wodeyar IV. in eine Gemäldegalerie und Museum verwandelt wurde. Die meisten der „zeitgenössischen" Werke stammen aus den 30er-Jahren, als die indische Malerei unter dem Einfluss von E. B. Havell und den Tagore-Brüdern Rabindranath und Gaganendranath in Bengalen einen neuen Aufschwung erlebte.

Den ersten Stock nehmen Gemälde aus dem 19. und 20. Jh. ein, darunter Werke des Pioniers der Ölmalerei Raja Ravi Varma, der moderne Maltechniken in die indische Kunst eingeführt hat. Im Obergeschoss sind Spiele ausgestellt, darunter runde *ganjifa*-Spielkarten mit Bildnissen von Herrschern oder Gottheiten und kostbare, mit Elfenbein eingelegte Brettspiele. Außerdem gibt es zahlreiche Musikinstrumente zu sehen, darunter ein gläsernes Xylophon. Ein weiterer Ausstellungsraum rings um einen großen hölzernen, auf einer Schildkröte sitzenden Ganesh, zeigt zahlreiche Gemälde, darunter eines von Krishnaraja Wodeyar, wie er sich während des Holi-Festes mit den Bewohnerinnen seiner Zenana vergnügt. ⌚ tgl. 8–17 Uhr, Eintritt Rs100; Kameras müssen abgegeben werden.

Chamundi Hill

Auf der Spitze des Chamundi Hill, 3 km südöstlich der Stadt, steht ein Tempel zu Ehren der Lieblingsgöttin der Rajas von Mysore: der Göttin Durga, in Mysore Chamundi genannt, die den Büffeldämonen Mahishasura besiegte. Nach oben gelangt man mühelos mit Bus Nr. 201 vom

Stadt-Busbahnhof aus; der Rückweg zu Fuß, an einem mächtigen Nandi (Shivas Stier) vorbei dauert ungefähr eine halbe Stunde. Es ist ratsam, viel Trinkwasser mitzunehmen, besonders in der Mittagshitze.

Besonders anstrengend ist der Aufstieg zwar nicht, doch nach der Bewältigung von mehr als 1000 Stufen kann man schon wacklige Knie bekommen.

Auch Nicht-Hindus steht der im 12. Jh. erbaute **Tempel** offen. Die Chamundi-Statue im Innern ist aus purem Gold, und draußen im Hof steht eine Grauen erregende, aber farbenfrohe Statue des Dämonen Mahishasura. ⏲ tgl. 7–14, 15.30–18 und 19–21 Uhr.

Am Weg den Hügel hinunter steht ein 5 m hoher, aus einem einzigen schwarzen Granitblock gemeißelter **Nandi-Stier** aus dem Jahr 1659, ebenfalls ein Objekt der Verehrung. Er ist mit Glöckchen und Blumengirlanden geschmückt und wird von einem eigenen Priester betreut.

Den Pfad säumen kleinere Schreine, u. a. einer, der Chamundi geweiht ist, und einer für den Affengott Hanuman; ganz unten, bei einer Teebude, steht einer zu Ehren von Ganesh. Hier kann man normalerweise eine Motor-Rikscha oder einen Bus zurück in die Stadt finden. Am Wochenende sind Letztere jedoch meistens voll. Geht man zu Fuß weiter Richtung Stadt, an einem Tempel auf der linken Seite mit einem See (auf dem die Wasserfestspiele während Dussehra stattfinden) vorbei, erreicht man nach zehn Minuten die Hauptstraße zwischen dem Lalitha Mahal-Palast und der Stadt. Hier befindet sich eine Bushaltestelle, und an der Kreuzung halten oft Motor-Rikschas.

Das Dussehra-Fest von Mysore

Einer von den Vijayanagar-Herrschern begonnenen Tradition folgend, wird während der zehntägigen Dussehra-Feierlichkeiten (Sep/Okt) mit großem Aufwand der Sieg der Göttin Durga über den Büffeldämonen Mahishasura gefeiert. In dieser Zeit findet eine ununterbrochene Reihe kultureller Veranstaltungen statt, darunter auch klassische südindische (karnatische) Musik- und Tanzvorführungen in der Durbar Hall des Maharadscha-Palastes. An Vijayadasmi, dem 10. und letzten Tag des Festes, wird auf der 5 km langen Strecke vom Palast bis Banni Mantap eine großartige Prozession mit berittener Garde und Reitelefanten abgehalten – einer davon trägt die Palastgottheit Chaamundeshwari auf einer goldenen *howdah*. Außerdem gibt es ein Wasserfest auf dem Tempelteich am Fuße des Chamundi Hill und einen Wagenumzug rund um den Tempel oben auf dem Hügel. Abends wird eine Fackelparade abgehalten, gefolgt von einem gewaltigen Feuerwerk.

Übernachtung

Zimmerknappheit herrscht nur während des Dussehra-Festes (s. Kasten) und über Weihnachten und Neujahr, dann sind die begehrtesten Unterkünfte schon Wochen im Voraus ausgebucht und die Preise steigen.

Dasaprakash, Gandhi Square, ✆ 0821/244 2444, 💻 www.mysoredasaprakashgroup.com. Großer, schon etwas mitgenommener, aber charmanter Hotelkomplex rings um einen geräumigen Innenhof. Lebendig, sauber und gut geführt. Manche Zimmer mit AC, preiswerte EZ und ein exzellentes vegetarisches Restaurant. ❸–❹

Green, Chittaranjan Palace, 2270 Vinoba Rd, Jayalakshmipuram, ✆ 0821/251 2536, 💻 www.greenhotelindia.com. Am westlichen Stadtrand befindliche ehemalige königliche Residenz, die zu einem umweltbewussten, eleganten Haus mit großer Grünanlage umgebaut wurde. Relativ geräumige Zimmer, Lounges, Veranden, ein Krocketplatz und eine gut sortierte Bibliothek. Die Erträge fließen in Wohltätigkeits- und Umweltprojekte. Auf Anfrage wird man von der hauseigenen Motor-Rikscha abgeholt. Frühes Buchen empfehlenswert. ❼–❽

Indra Bhavan, Dhanavantri Rd, ✆ 0821/242 3933, ✉ hotelindrabhavan@rediffmail.com. Baufällige, charaktervolle alte Herberge, beliebt bei Tibetern, EZ und DZ mit Bad. Die Standard-Zimmer sind ein bisschen schmuddelig, aber die preiswerten „Luxus"-Zimmer besitzen saubere Fliesenböden und gehen auf eine breite Gemeinschaftsveranda hinaus. ❶

KSTDC Mayura Hoysala, 2 Jhansi Lakshmi Bai Rd, ✆ 0821/242 5349, 💻 www.kstdc.nic.in.

B&B auf Indisch

Rooftop Retreat, 2,5 km vom Busbahnhof in Gayathripuram, ✆ 0821/245 0483, 💻 www.coconutcastle.com. Diese reizende Apartment-Unterkunft in einer ruhigen Gegend ermöglicht ein indisches B&B-Erlebnis. Helle Blau- und behagliche Cremetöne sowie viel Holz sorgen für eine schöne Atmosphäre, eine Dachveranda für angenehme Stunden am Morgen und Abend. Divya Damodaran ist eine zuvorkommende Gastgeberin und wie ihre Schwester eine exzellente Köchin. Buchungen im Voraus sind erforderlich. ❸

Zimmer und Suiten zu angemessenen Preisen in einer Kolonialvilla mit Terrassenrestaurant und Biergarten. Das Essen ist allerdings nicht umwerfend. ❹–❺

KSTDC Yatri Niwas, 2 Jhansi Lakshmi Bai Rd, ✆ 0821/242 3492, 💻 www.kstdc.nic.in. Der Economy-Flügel des staatlichen Mayura Hoysala; schlichte Zimmer um einen begrünten Hof und Schlafsaalbetten (nur für große Gruppen). ❸

Lalitha Mahal Palace, T Narasipur Rd, ✆ 0821/252 6100, 💻 www.lalithamahalpalace.in. Der neoklassizistische Palast an einem Hang über der Stadt wurde 1931 zur Unterbringung der ausländischen Gäste des Maharadschas erbaut. Er ist schön mit antikem Mobiliar eingerichtet und heute sehr beliebt bei Pauschalgruppen. Die Preise reichen von Rs4000 (Turmzimmer) bis zu Rs30 000 für die Viceroy Suite. Teelounge, Restaurant (S. 1191) und Pool (Rs225) stehen auch Besuchern offen. ❽–❾

Mannars Lodge, Chandragupta Rd, ✆ 0821/244 8060. Budgethotel nahe dem Central Bus Stand und Gandhi Square. Sehr schlicht, aber die teureren Zimmer haben TV. Zu Recht beliebt bei Rucksackreisenden. Keine Reservierung möglich. ❶–❷

Parklane, 2720 Sri Harsha Rd, ✆ 0821/243 0400, 💻 www.parklanemysore.com. Nach einer Komplettüberholung ist das Parklane jetzt ein schickes, aber erschwingliches Boutiquehotel. Sympathisch unförmige Zimmer liegen rund um ein Tageslicht-Atrium, alle mit moderner Ausstattung, die meisten mit Balkon. WLAN vorhanden. Restaurants s. S. 1191. ❹–❻

Hotel Roopa, 2724-C Bangalore–Nilgiri Rd, ✆ 0821/244 3770, 💻 www.hotelroopa.com. Moderner Hotelblock mit kompakten, aber bequemen Zimmern zu überraschend vernünftigen Preisen. Sehr günstige Lage zum Palast. ❹–❻

Royal Orchid Metropole, 5 Jhansi Lakshmi Bai Rd, ✆ 0821/425 5566, 💻 www.royalorchidhotels.com. Luxuriöses Heritage-Hotel, das 1920 vom Maharadscha von Mysore inmitten hübscher Gärten errichtet wurde. Die Zimmer (alle weit unter $200) haben hohe Decken und verströmen eine erhabene Atmosphäre. Mit kleinem Außen-Pool, Fitnessstudio, gutem Restaurant namens Tiger Trail (S. 1191) im mittleren Hof mit gemischter Küche. ❽–❾

S.C.D.V.S., Sri Harsha Rd, ✆ 0821/242 1379, 📠 242 7580. Freundliche moderne Lodge mit einigen AC-Zimmern und Kabel-TV in den meisten Zimmern. Einige der höher gelegenen DZ haben Balkone mit Blick auf den Palast. ❸–❹

Sandesh The Prince, 3 Nazarbad Main Rd, ✆ 0821/243 6777, 💻 www.sandeshtheprince.com. Schickes, stilvolles Hotel mit komfortablen, gut ausgestatteten Zimmern und einem beeindruckenden, von Tageslicht durchfluteten Foyer. Reisebüro, Geldwechselstube, Außen-Pool mit Grillplatz, ein hervorragendes Ayurveda-Zentrum und ein Schönheitssalon gehören zur Anlage. Am besten sind die Zimmer ganz oben mit Balkon. ❼–❾

Sangeeth, 1966 Narayana Shastri Rd, nahe dem Udipi Krishna-Tempel, ✆ 0821/242 4693. Eine der besten Budgetunterkünfte von Mysore: einfach und ein bisschen verwohnt, aber freundlich und preiswert. Neues Restaurant auf dem Dach. ❷

Viceroy, Sri Harsha Rd, ✆ 0821/242 4001, 💻 www.theviceroygroup.com. Makelloses, auf Geschäftsreisende spezialisiertes Hotel mit vielen Annehmlichkeiten, darunter zwei guten Restaurants. Ziemlich überteuert, aber alle mit AC, und von den Zimmern nach vorn hat man einen tollen Blick zum Palast. ❻–❽

The Windflower Spa, Maharanapratap Rd, 3 km südöstlich der Stadt, ✆ 0821/252 2500, 💻 www.thewindflower.com. Weiß getünchte Cottages im balinesischen Stil rund um eine kleine Lagune. Wunderschöne, weitläufige Anlage am Fuß des Chamundi Hill. Wellness und Massagen, Billard und Tischfußball, eine elegante Bar, ein Lagunen-Restaurant (s. u.) und einen Außen-Pool mit Wasserfall werden hier geboten. ❽–❾

Essen

In Mysore mangelt es nicht an Speiselokalen, von zahlreichen südindischen „meals"-Lokalen beim Markt bis zum traumhaften Lalita Mahal-Palast, wo man sich beim Schwimmen im Pool Appetit holen kann.

Wer die Spezialität von Mysore, nämlich *pak,* eine süße, schwere, krümelige Mischung aus *ghee* und Maismehl kosten möchte, reiht sich in die Schlange vor dem **Guru Sweet Mart** ein, einem kleinen Stand am KR Circle, der als bester Süßwarenladen der Stadt gilt. Eine weitere Spezialität dieser Region ist *malligi iddli,* ein leckeres *iddli* mit Jasmingeschmack, das üblicherweise morgens und zur Mittagszeit angeboten wird.

Bombay Indra Bhavan, Sayaji Rao Rd. Gemütliches, gut besuchtes vegetarisches Restaurant mit süd- und nordindischer Küche und Süßspeisen. Die Filiale in der Dhanavanthri Rd ist mindestens genauso beliebt und verfügt auch über eine Abteilung mit AC.

Dynasty, Palace Plaza Hotel, Sri Harsha Rd. Gutes Restaurant im Erdgeschoss des Hotels. Abends gibt's außerdem ein weitläufiges, überdachtes Dachrestaurant mit umfangreicher Karte (Hauptgerichte Rs100–150), Bar und einer angenehmen Einrichtung.

The Keg, Maharaja Shopping Complex, Bangalore–Mysore Rd. Dunkler, winziger Pub. Hier wird ganztägig exzellentes Kingfisher vom Fass für Rs140 pro Pitcher ausgeschenkt.

Lalitha Mahal Palace, T Narasipur Rd. Die Gaumenfreuden dieses Gourmet-Restaurants kann man entweder mit einem heißen Getränk in der Tee-Lounge oder bei einem Lunch à la carte im eleganten Speisesaal genießen, begleitet von Live-Sitarmusik. Zu bestimmten Anlässen gibt es Abendbuffets (Rs850). In der altmodischen Bar steht auch ein Billardtisch.

Le Olive Garden, Windflower Spa. In einer dschungelartigen Anlage werden hervorragende indische, chinesische und westliche Gerichte zu vernünftigen Preisen angeboten. Ein Wasserfall und quakende Frösche sorgen für die Begleitmusik.

Parklane, Sri Harsha Rd. Freundliches Restaurant in einem Hof plus Bierbalkon, vegetarisches und nicht-vegetarisches Essen zu erschwinglichen Preisen. Jeden Abend klassische indische Livemusik. Außerdem gibt's ein tolles Hotelrestaurant auf dem Dach mit Bar, Pool und fantastischen Ausblicken. Gleichermaßen beliebt bei Travellern und Einheimischen.

The Road, Sandesh The Prince. In diesem Restaurant fühlen sich die Gäste wie in einem amerikanischen Roadmovie: plüschige Sitznischen, einige davon sind Auto-Klassikern nachempfunden. Serviert wird eine sehr gutes Mittagsbuffet und Abendessen mit gemischter Küche, danach gibt's Disco auf der runden Holztanzfläche, normalerweise mit Gast-DJs. Die Kebab- und Tandoori-Spezialitäten sind vom Feinsten. Am Wochenende Rs300–400 Eintritt.

RRR, Gandhi Square. Erstklassiges Lokal im Andhra-Stil mit einem kleinen, gemütlichen Hinterraum mit AC, der zur Mittagszeit und am Wochenende gedrängt voll ist. Das Warten lohnt sich der ausgezeichneten Tagesgerichte auf Bananenblättern, des Hühnchen-Biriyani und gebackenen Fisches wegen.

Tiger Trail, Royal Orchid Metropole. Kühler, ruhiger Hofgarten mit hervorragenden indischen Abendgerichten und einem tollen westlichen Frühstücksbuffet mit z. B. Frühstücksspeck, Würstchen, Omeletts, frischem Obst und Croissants (ca. Rs200).

Egal ob morgens oder abends

New Shilpashri, Gandhi Square. Diese Dachterrasse mit Schatten spendenden Kübelpflanzen ist eines der besten Lokale der Stadt für ein sonniges Frühstück oder einen kühlen abendlichen Cocktail. Qualitätsbewusste nordindische Küche (Rs60–90), besonders schmackhafte Tandoori (hervorragende Hühnchen-*tikka).* Auch gutes Angebot an vegetarischen Gerichten, darunter viele *dhals.*

Tunes & Tonic, Hotel Adhi Manor, Chandragupta Rd. Schwarze Tische und Bänke, rote Farbtupfer und Poster von Musikern – Mysores stilvollste Lounge wird von einem jungen, vielgereisten Coorgi betrieben. Exzellenter Service, sehr gute Cocktails.

Sonstiges

Geld

Es gibt **Geldautomaten** im Zentrum und am Bahnhof.

Informationen

Das freundliche Büro von **Karnataka Tourism**, fünf Gehminuten östlich vom Bahnhof an einer Ecke der Irwin Rd im Old Exhibition Building, ✆ 0821/242 2096, hilft mit Rat und Tat und vergibt Broschüren und Landkarten. ⌚ Mo–Sa 10–17.30 Uhr.

Das **KSTDC Office** im KSTDC Hotel Mayura Hoysala, 2 Jhansi Laxmi Bai Rd, ✆ 0821/242 3652, ist nur von Interesse, wenn man eine der Stadtrundfahrten (7.15–23 Uhr, Rs525, AC Rs675), die an allen Sehenswürdigkeiten der Stadt vorbeiführen, buchen möchte; ⌚ tgl. 6.30–20.30 Uhr. Die Mindestteilnehmerzahl liegt bei zehn Personen, daher ist beim Ticketkauf nicht unbedingt gewährleistet, dass die Tour tatsächlich stattfindet.

Die **Mietwagen**-Preise (ab Rs7,50 pro km inkl. Fahrer) sind recht interessant für Leute, die ihr eigenes Besichtigungsprogramm zusammenstellen möchten.

Internet

Zuverlässigen Internetzugang bieten z. B. **Netzone** (Rs20), gegenüber dem Sangeeth Hotel, und **Internet Online** (Rs25) über einem Gemischtwarenladen zwischen Gandhi Sq und Uhrturm.

Post

Das **Hauptpostamt** (mit poste restante) befindet sich an der Ashoka Rd, Ecke Irwin Rd, ⌚ Mo–Sa 10–19, So 10.30–13.30 Uhr.

Yoga

Trotz des Todes seines Gründers Sri Pattahbi Jois ist das weltbekannte **Ashtanga Yoga Research Institute**, 💻 www.kpjayi.org, 2,5 km nordwestlich der Stadt, nach wie vor ein bedeutendes Pilgerzentrum für Yoga-Anhänger. Das umliegende Viertel ist zu einem geschäftigen Ausländertreffpunkt voller Cafés, Guesthouses, Restaurants und Internetcafés geworden. Zu den Yoga-Klassen kann man allerdings nicht einfach unangemeldet auftauchen. Die Schüler müssen sich mindestens zwei Monate im Voraus für mindestens einen Monat anmelden (Rs27 000, jeder weitere Monat Rs19 000).

Die **Mysore Mandala Yogashala**, 581 Dewans Rd, Laxmipuram, ⌚ Sa und Mo geschl., ✆ 0821/425 6277, 💻 www.mandala.ashtanga.org, ist ein spirituelles Zentrum mit einem Öko-Café, schönen Gärten, Kulturveranstaltungen und hervorragendem Unterricht, für den man sich nicht vorher anmelden muss, was in Mysore einzigartig ist. Ashtanga-Unterricht (Rs400) findet um 6 und 17 Uhr statt, die etwas weniger anstrengenden Hata-Klassen (Rs350) um 8.15 Uhr.

Transport

Busse

Mysore hat drei Busbahnhöfe: Central, Private und City. Der Private Bus Stand befindet sich ca. 1 km nordwestlich der Stadt.

Regionalbusse, darunter die nach CHAMUNDI HILL und SRIRANGAPATNAM (alle 15 Min., 20 Min.) halten am **City Bus Stand**, nahe der Nordwestecke des Maharadscha-Palastes.

Fernbusse fahren am **Central Bus Stand** in der Nähe der Innenstadt ab, wo es einen KSTDC-Reservierungsschalter gibt. Hier kann man an einem mit Computer versehenen Schalter bis zu drei Tage im Voraus Fahrkarten kaufen.

Es fahren reguläre Busse nach HASSAN (3 Std.), nach CHANNARAYAPATNA/SRAVANABELAGOLA (2 1/2 Std.) und nach HUBLI (Richtung Hospet/Hampi, 9 Std.) ab.

Die Busse Richtung Süden nach OOTY (8x tgl., 5 Std.) halten alle beim Bandipur-Nationalpark.

Direktbusse fahren in mehrere Städte Keralas, darunter KANNUR, KOCHI und KOZHIKODE.

Die einzige Möglichkeit, auf direktem Weg nach Goa zu kommen, bieten die um 16 bzw. 17 Uhr abfahrenden Nachtbusse, die um 9 bzw.

10 Uhr in PANJIM ankommen. Busse mit Ziel MANGALORE (alle 30–60 Min., 7 Std.) fahren meistens durch MADIKERI (3 Std.).
Zahlreiche Reisebüros übernehmen Buchungen für **Privatbusse** in viele Zielorte.

Eisenbahn

Der **Bahnhof** liegt 1,5 km nordwestlich der Innenstadt. Für längere Strecken empfiehlt sich eine Bahnfahrt. Die meisten Ziele, die innerhalb einer Tagesreise von Mysore aus besucht werden können, lassen sich hingegen nicht auf dem Schienenweg erreichen.
Tgl. fahren 6–7 Züge in die Hauptstadt BENGALURU. Der schnellste von ihnen, der mit AC versehene Shatabdi Express (Nr. 2008, tgl. außer Di 14.15 Uhr, 2 Std.) fährt weiter nach CHENNAI (7 1/4 Std.).
Die meisten anderen Züge von Mysore enden in Bengaluru, wo man Anschlusszüge zu zahlreichen anderen indischen Städten bekommt (s. S. 1183 und S. 1184, Kasten).
Reservierungen kann man an dem mit Computer versehenen Schalter im Bahnhof tätigen, 🕓 Mo–Sa 8–14 und 14.15–20, So 8–14 Uhr.

Srirangapatnam

Die Insel Srirangapatnam im Fluss Kaveri (Cauvery), 14 km nordöstlich von Mysore, misst ganze 5 x 1 km. Die alte Hindu-Wallfahrtsstätte wurde nach ihrem aus dem 10. Jh. stammenden Vishnu-Tempel Sriranganathaswamy benannt. Die Vijayanagars erbauten hier 1454 eine Festung, und 1616 wurde dies die Hauptstadt der Wodeyar Rajas von Mysore.

Allerdings wird Srirangapatnam eher im Zusammenhang mit **Haider Ali** genannt, der die Wodeyars 1761 stürzte, und noch berühmter wurde der Ort durch dessen Sohn **Tipu Sultan**. Dieser widersetzte sich während seiner 17-jährigen Regentschaft heftiger als jeder andere indische Herrscher den britischen Plänen zur Unterwerfung Indiens. Er starb 1799, als der spätere Duke of Wellington die Festung in der blutigen Schlacht von „Seringapatnam" einnahm.

Tipu Sultan wurde 1750 geboren (seine Mutter war hinduistisch) und trat erfolgreich in die Fußstapfen seines militärisch begabten Vaters Haider Ali. Er war jedoch auch ein gebildeter und kultivierter Mann, dessen sehnlichster Wunsch es war, die verhassten Briten aus Indien zu vertreiben, wodurch er zu einem natürlichen Verbündeten der Franzosen wurde. Er war äußerst stolz auf seinen Beinamen **Tiger von Mysore** und umgab sich mit Tigersymbolen und -darstellungen. Vieles aus seinem Nachlass ist mit einer Tiger-Abbildung oder Tigerstreifen verziert, und er soll sogar Tiger gehalten haben, denen Verbrecher zum Fraß vorgeworfen wurden.

Im ehemaligen Sommerpalast **Daria Daulat Bagh**, wörtlich übersetzt: „Reichtum des Meeres", wurden die Gäste von Tipu Sultan unterhalten. Auf den ersten Blick wirkt das niedrige, säulenbestandene Holzgebäude inmitten einer gepflegten Grünanlage nicht besonders eindrucksvoll. Das hervorragend erhaltene Innere mit Zierbögen, Tigerstreifen-Pfeilern und üppig dekorierten Teakholzwänden- und -decken verfehlt jedoch seine Wirkung nicht. Ein mehrmals aufgefrischtes Wandgemälde an der Ostmauer berichtet detailgetreu von Haider Alis Sieg über die Briten bei Pollilore im Jahre 1780. 🕓 tgl. außer Fr 10–17 Uhr, Eintritt Rs100.

Eine Zypressenallee führt von einem kunstvoll gearbeiteten Tor zum **Gumbaz-Mausoleum**, 3 km östlich des Palastes. Tipu Sultan ließ es 1784 zum Gedenken an Haider Ali und als seine eigene Ruhestätte erbauen. Die niedrigere Hälfte des grauen Granitbauwerks ziert eine weiße Kuppel, die einen spektakulären Kontrast zu dem blauen Himmel bildet. Durch Rosenholztüren, die mit Elfenbeineinlagen verziert sind, geht es zu den Grabstätten von Haider Ali und Tipu Sultan, jede mit einem Grabtuch bedeckt. Eine Gedenktafel auf Urdu erinnert an Tipus Martyrium. 🕓 tgl. außer Fr 9–17 Uhr, Eintritt frei.

Im Herzen der Festung steht immer noch der herrliche Tempel von **Sriranganathaswamy**, stolz und so gut wie unberührt von der turbulenten Historie, die sich rings um ihn vollzog. Für viele Gläubige stellt er nach wie vor den Hauptanziehungspunkt dar. Der von mehreren aufeinander folgenden Dynastien erweiterte Tempel besteht aus drei verschiedenen Abteilungen und ist über einen imposanten, fünfstöckigen Toreingang und eine Halle, die im Auftrag von Haider Ali erbaut wurden, zu erreichen. Das Allerheiligste in der Mitte, der älteste Teil des Tempels, beherbergt eine Statue des ruhenden Vishnu. ⌚ tgl. 8–13 und 16–20 Uhr.

Übernachtung und Essen

Mayura River View, in hübscher Lage am Kaveri-Fluss, 3 km von der Bushaltestelle, ✆ 08236/252114, KSTDC-Hotel mit Restaurant. ❺

Fort View Resorts, nicht weit vom Eingang zur Festung entfernt, ✆ 08236/252777, gute, elegante Alternative. ❹–❻

Transport

In der Nähe des Tempels und Forts halten zahlreiche **Busse** (darunter die Nr. 313 und 316), die am City-Busbahnhof von MYSORE abfahren, sowie alle Züge der Strecke MYSORE–BANGALORE.

Srirangapatnam ist eine kleine Insel, doch die Sehenswürdigkeiten liegen weit auseinander. Tongas, Motor-Rikschas und Fahrräder findet man in der Hauptstraße in der Nähe der Bushaltestelle.

Somnathpur

Der wunderschöne, 1268 erbaute **Keshava Vishnu-Tempel** in dem verschlafenen Weiler Somnathpur war der letzte wichtige Tempel, den die Hoysalas errichten ließen. Er ist auch der am besten erhaltene und in mehrerer Hinsicht das sehenswerteste Beispiel dieser einmaligen Bauweise.

Somnathpur selbst, nur neunzig Autominuten von Mysore entfernt, besteht aus wenig mehr als ein paar ordentlichen Wegen und netten, einfachen Häusern mit auf Pfeilern ruhenden Veranden.

Wie andere Hoysala-Tempel ist auch der Keshava auf einem sternförmigen Sockel erbaut. ASI-Angestellte führen Besucher auf Wunsch herum und erlauben ihnen auch, auf die Außenmauer zu klettern, von wo aus sich ein schöner Rundblick über die Anlage bietet. Man sollte dies allerdings früh am Morgen tun, denn später werden die schwarzen Steine, die man nur mit nackten Fußsohlen betreten darf, sehr heiß.

Der Tempel ist im Stil eines *trikutachala*, „Hügel mit drei Gipfeln", erbaut, d. h. jedes Heiligtum wird von einem Turm gekrönt. Auf der hohen, ebenfalls sternförmigen Plattform *(jagati)* des Keshava-Tempels kann man eine Runde drehen, um die überreich verzierten Mauern zu bewundern. Auffallend an den zahlreichen, kunstvoll gemeißelten Bildnissen ist ein für einen Vishnu-Tempel erstaunlich hoher Anteil von Shaiva-Figuren.

Wie in Halebid erzählt ein lebendiger Fries unzählige Geschichten aus den Epen *Ramayana, Bhagavata Purana* und *Mahabharata*. Geht man im Uhrzeigersinn herum, kann man sie wie ein Buch „lesen". Ungewöhnlich ist auch, dass die Bildhauereien signiert wurden: Sie sind das Werk eines einzigen Künstlers namens Malitamba.

Vor dem Tempel steht eine *dvajastambha*-Säule, auf der sich früher vielleicht eine Plastik von Vishnus „Reit-Vogel" Garuda befand. ⌚ tgl. 9–17 Uhr, Eintritt Rs100.

Übernachtung und Essen

In der Umgebung des Tempels gibt es keinerlei Übernachtungsmöglichkeiten, und das Angebot an Verpflegung beschränkt sich auf Kekse oder Früchte und Samosas, die am Straßenrand verkauft werden.

25 km südöstlich liegt versteckt an einem aufgestauten Abschnitt des Kaveri-Flusses das exquisite Resorthotel **Talakadu Jaladhana**, ✆ 08227-271196, ✉ jaladhana@hotmail.com. Es bietet abgeschiedene Cottages, einige mit Badewanne auf dem Dach, Kräutergärten und Wassersport-Aktivitäten. Zu erreichen mit einem direkten Privatbus aus Mysore. ❽

Transport

Von Mysore aus fahren keine Busse direkt nach Somnathpur. Busse vom Private Bus Stand fahren bis zum Ort TIRUMAKUDAL NARASIPUR (1 Std.), wo regelmäßig Busse nach Somnathpur (20 Min.) abfahren. Alle Welt kennt dieses Ziel, und man braucht daher nur herumzufragen, um in den richtigen Bus verfrachtet zu werden. Man kann sich aber auch einer geführten Tour der KSTDC ab Mysore (S. 1192) anschließen.

Der Keshava Vishnu-Tempel in Somnathpur ist ein herausragendes Beispiel der Hoysala-Architektur.

Nagarhole-Nationalpark

Der Nagarhole („Schlangen-Fluss")-Nationalpark bildet zusammen mit den Tierschutzgebieten Bandipur und Mudumalai (in Tamil Nadu) das **Nilgiri-Biosphärenreservat**, eines der ausgedehntesten Waldschutzgebiete Indiens. Der Nationalpark bedeckt eine Fläche von 640 km^2 nördlich des Flusses Kabini, der zu einem malerischen, künstlichen See eingedämmt wurde. Während der Trockenzeit (Feb–Juni) zieht diese ganzjährig gefüllte Wasserquelle zahlreiche Tiere an und ist dadurch ein ausgezeichneter Ort, um Tiere in freier Wildbahn zu beobachten.

Der hiesige Regenwald – dichter Dschungel mit 30 m hohen Baumwipfeln – ist eindrucksvoller als das eher trockene Strauchwerk im Bandipur-Nationalpark.

1992 ereignete sich jedoch in Nagarhole eine Umweltkatastrophe: Bei einer Auseinandersetzung zwischen hier ansässigen, Viehzucht betreibenden „Stämmen" und Parkwächtern um Weiderechte und Wilderei kam es zu Ausschreitungen und Tausende Hektar Wald gingen in Flammen auf. An manchen Stellen sind schon wieder Bäume nachgewachsen, doch wird es noch Jahre dauern, bis sich der Tierbestand wieder restlos erholt haben wird. Eine zusätzliche Bedrohung für den Waldbestand stellt eine berüchtigte weibliche Holzschmugglerbande aus Kerala dar, die sich einen beinahe legendären Ruf erworben hat. Am lohnenswertesten ist ein Besuch von Nagarhole auf dem Höhepunkt der Trockenzeit, wenn die schlammigen Flussufer und grasbewachsenen Sümpfe oder *hadlus* gute Möglichkeiten zum Sichten eines Gaur (indischer Büffel), Elefanten, *dhole* (Wildhund), Hirsches, Ebers und vielleicht sogar eines Tigers oder Leoparden bieten.

Nagarhole ist das ganze Jahr über geöffnet, doch während des Monsuns ist der Besuch nicht zu empfehlen, da die meisten Pisten dann weggespült sind, und die durstigen Blutegel machen Wanderungen unmöglich.

Eintritt Rs200 plus Rs20 pro Kamera. Das **Visitor Centre** organisiert Elefantenritte (Rs50) und Bustouren rund um das Reservat (6–9 und 15.30–18 Uhr, Rs50).

Übernachtung

Eine Übernachtung in den beiden **Rest Houses** der Forstbehörde muss so früh wie möglich bei den Forest Department-Büros in Mysore, ✆ 0821/248 0901, oder Bengaluru, ✆ 080/2334 1993, gebucht werden. Außerdem ist es unerlässlich, rechtzeitig vor Einbruch der Dunkelheit an den Parktoren zu sein, denn nach 18 Uhr wird die Zugangsstraße zu den Lodges geschlossen und mit „Elefantensperren" unpassierbar gemacht. ❷–❹

Kabini River Lodge, in der Nähe von Nagarhole (Buchung über Jungle Lodges & Resorts), ✆ 080/2559 7021, 💻 www.junglelodges.com, ist über das Dorf Karapura, 3 km vom Südeingang des Parks, zu erreichen. Die Luxusherberge auf einem schattigen Gelände am See, eine ehemalige Jagd-Lodge des Maharadschas, bietet All-inclusive-Pauschalpakete inkl. Mahlzeiten und Transport durch den Park in Begleitung fachkundiger Guides. Mit öffentlichen Verkehrsmitteln ist sie nicht zu erreichen, daher muss man ein Auto mieten. Rechtzeitig im Voraus reservieren. ❼–❽

Jungle Inn, Veerana Hosahalli, in der Nähe des Parkeingangs, ✆ 08222/246022, 💻 www.jungleinn.in. Teuer, aber nicht ganz so schick wie die River Lodge, arrangiert Safaris. ❻–❼

Transport

Nach Nagarhole gelangt man mit einem der zwei tgl. am Central-Busbahnhof in MYSORE abfahrenden Busse nach HUNSUR (3 Std.), das 10 km vom nördlichen Parkeingang entfernt liegt. Von hier bekommt man ein Transportmittel zu den beiden Rest Houses des Forest Department. Nicht vergessen: Die Lodges schließen um 18 Uhr.

Hassan

Die 118 km nordwestlich von Mysore gelegene, wenig ansprechende Stadt Hassan selbst hat nicht viel zu bieten, stellt jedoch einen günstigen Ausgangspunkt für Besuche der eindrucksvollen Hoysala-Tempel von **Belur** und **Halebid**, beide nordwestlich der Stadt, und der berühmten Jain-Pilgerstätte **Sravanabelagola** im Südosten

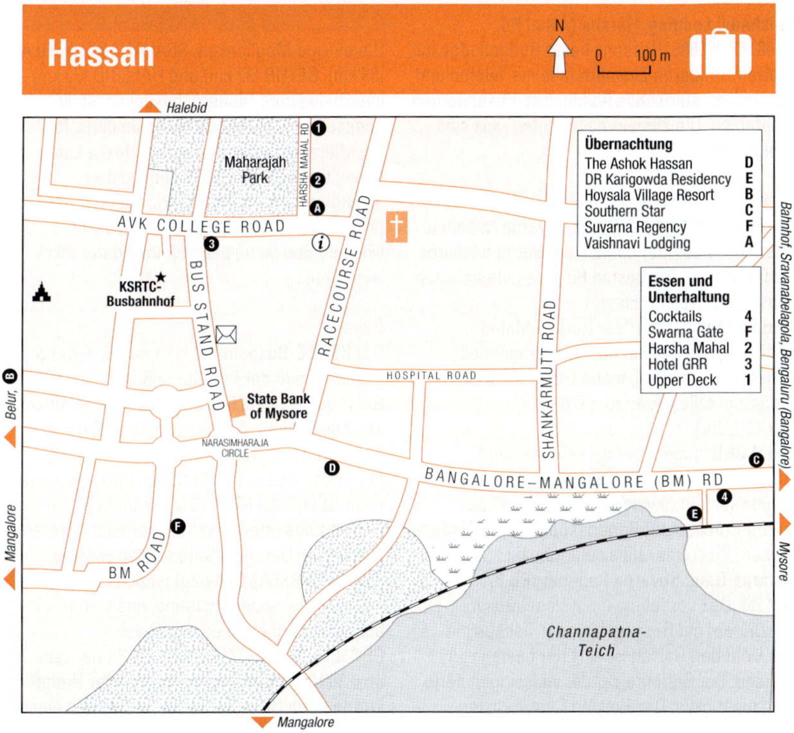

dar. Manche Reisende bleiben sogar ein paar Nächte hier hängen, doch bei einigermaßen guter Planung braucht man sich hier nicht lange aufzuhalten. Belur, Halebid und Sravanabelagola sind sehr viel freundlichere Orte.

Übernachtung

Für welches Hotel man sich auch entscheidet: Man sollte unbedingt vorher anrufen, da die meisten am frühen Abend ausgebucht sind.

The Ashok Hassan, 121 BM Rd, ✆ 08172/268731, 💻 www.hassanashok.com. Ein neues Highlight unter den Unterkünften in Hassan: ein weiß getünchtes Hotelgebäude in üppiger Gartenanlage mit großen Zimmern mit schicker moderner Ausstattung und einem erstklassigen Restaurant mit Bar. ❼–❾

DR Karigowda Residency, BM Rd, knapp 1 km vom Bahnhof, ✆ 08172/264506. Makelloses Budgethotel: freundlich, angenehm und erstaunlich preiswert. Auch EZ; besonders preisgünstig sind die AC-Zimmer. ❷–❸

Hoysala Village Resort, Belur Rd, 6 km nordwestlich vom Zentrum, ✆ 08172/256065. Staatliche Luxus-Cottages in friedlicher ländlicher Umgebung. Internationales Restaurant und Pool, der auch Tagesgästen offen steht (Rs75 pro Std.). ❽

Southern Star, BM Rd, 500 m vom Bahnhof, ✆ 08172/251816, 💻 www.ushalexushotels.com. Neues Hotel mit allen Annehmlichkeiten, jedoch preiswerter als die meisten anderen. Hervorragendes Restaurant Karwar. ❼–❽

Suvarna Regency, PB 97, BM Rd, ✆ 08172/264006. Schickes, helles Hotel mit glitzernder Marmorlobby, komfortablen Zimmern und einem der beliebtesten Restaurants der Stadt. Tolles Preis-Leistungs-Verhältnis. ❹–❺

Karnataka

Vaishnavi Lodging, Harsha Mahal Rd, ✆ 08172/263885. Hassans beste Budgetlodge mit großen, sauberen Zimmern (alle mit Telefon und TV) und vegetarisches Restaurant. Reservierung empfohlen. Die Zimmer nach hinten raus sind ruhiger. ❷

Essen

Cocktails, BM Rd nahe dem Suvarna Regency. Restaurant auf drei Ebenen mit Bar und luftiger Dachterrasse. Am besten für einen abendlichen Drink unter freiem Himmel.

Harsha Mahal, unter der Harsha Mahal Lodge, Harsha Mahal Rd. Hervorragendes vegetarisches Lokal, bietet frisch zubereitete *iddlis* und tolle *dosas* zum Frühstück (ab 7.30 Uhr).

Hotel GRR, gegenüber dem Busbahnhof. Breites Angebot an vegetarischen und nicht-vegetarischen würzigen „Mini-meals" aus Andra Pradesh auf Bananenblättern, außerdem leckere Eiscreme, alles sehr günstig.

Swarna Gate, Suvarna Regency, PB 97, BM Rd. Das vornehme nicht-vegetarische Restaurant mit Bar und ein paar Tischen mit Blick auf den Garten ist eins der besten von Hassan. Die Gerichte auf der vielseitigen Karte sind nicht billig: Die meisten Currys kosten etwa Rs200.

Upper Deck, Harsha Mahal Rd. Kleines, modernes Café auf einem Balkon im ersten Stock. Kaffee, Eiscreme und köstliche *chaats*. Beliebt bei Studenten.

Sonstiges

Geld

Shenoy Tours & Travels, nahe Busbahnhof, ✆ 08172/269729. Wechselt Geld. Es gibt auch einige Geldautomaten in der Stadt.

Informationen

Tourist Office, AVK College Road, weniger als fünf Gehminuten vom Busbahnhof, ✆ 08172/268862. Freundlich und informativ. ⏲ Mo–Sa 10–17.30 Uhr.

Nahverkehr

Die örtlichen Motor-Rikschas besitzen keine Taxameter und verlangen mindestens Rs20.

Transport

Die einzige Möglichkeit, SRAVANABELAGOLA (53 km), BELUR (37 km) und HALEBID (30 km) innerhalb eines Tages zu besuchen, stellt – abgesehen von der Teilnahme an einer Tour – ein Mietwagen dar, den sich mehrere Leute teilen; die meisten Hotels können dies arrangieren (rund Rs1800 pro Tag oder Rs6,50 pro km bei einem Minimum von 250 km).
Mit dem Bus (s. u.) benötigt man dafür mind. zwei Tage.

Busse

Der **KSRTC-Busbahnhof** liegt mitten in der Stadt, am Nordende der Bus Stand Rd.
Belur und Halebid lassen sich leicht an einem Tag besichtigen. Am besten nimmt man einen der ersten der stdl. nach HALEBID (1 Std.) fahrenden Busse und fährt von dort aus weiter nach BELUR (30 Min., 16 km). Von Belur fahren nachmittags öfter Busse zurück nach Hassan (6.30–18.15 Uhr, 1 1/4 Std.) als von Halebid. SRAVANABELAGOLA liegt jedoch in der entgegengesetzten Richtung, und kein Direktbus fährt dorthin. Man muss nach CHANNARAYAPATNA alias „CR Patna" (stdl. ab 6.30 Uhr, 1 Std.) fahren, das an der Hauptstraße nach Bengaluru liegt, und dort in einen Linienbus (30 Min.) steigen oder einen der zahlreichen Minibusse nehmen.

Eisenbahn

Der **Bahnhof**, wo tgl. ein Express und drei langsame Passenger-Züge nach MYSORE (4x tgl., 2–3 Std.) abfahren, befindet sich 2 km vom Busbahnhof entfernt an der BM Rd. Nach MANGALORE verkehren zwei Züge, darunter ein Nachtzug.

Halebid

Heute ist es nur eine winzige Ansammlung schäbiger Ziegelsteinhäuser und *chai*-Buden, doch früher einmal war Halebid, 32 km nordwestlich von Hassan, die Hauptstadt der mächtigen Hoysala-Dynastie, die vom 11. bis zum 14. Jh. das südliche Karnataka beherrschte. Der ursprüngliche Name der Stadt **Dora Samudra** wurde 1311

Hoysala-Tempel

Die Dynastie der Hoysala, die das südwestliche Karnataka zwischen dem 11. und 13. Jh. beherrschte, baute eine Reihe einzigartiger Tempel, die vor allem an drei Orten vorzufinden sind, in **Belur** und **Halebid** in der Nähe von Hassan und in **Somnathpur** bei Mysore. Auf den ersten Blick oder aus der Ferne erscheinen die Tempel, die alle auf einem sternförmigen Grundriss errichtet sind, eher bescheiden, kompakt und etwas gedrungen. Bei genauerem Hinsehen jedoch ist die Überfülle an fantastisch detailreichen und sinnlichen Skulpturen, die jeden Zentimeter der Außenseiten bedecken, atemberaubend. Kritische Gemüter mögen die Kunst der Hoysala als dekadent und zu verspielt ablehnen, aber jeden mit Sinn für handwerkliche Kunstfertigkeit werden diese Juwele karnatischer Kunst verzücken.

Die Feinheit der Steinmetzarbeiten wurde durch das Material ermöglicht, einen weichen **Speckstein**, dessen Oberfläche sich an der Luft zu einer glasigen, glänzenden Oberfläche verhärtet. Die reichen Details, die an Sandelholz- und Elfenbeinarbeiten erinnern, wurden immer freier und fließender ausgestaltet, je weiter sich der Stil entwickelte. Seine schönste Ausprägung erreichte er in Somnathpur. Schöne Karyatiden, oft zarte Darstellungen kurvenreicher Frauenfiguren, wurden unter die Dachtraufen platziert und oben und unten mit Stiften gesichert. Sie wurden – außer vielleicht beim Tempel in Somnathpur – später hinzugefügt und haben keine strukturelle Funktion.

Eine weitere Technik, die normalerweise eher mit Holz in Verbindung gebracht wird, ist die ungewöhnliche Bearbeitung der großen **Steinsäulen**: Sie wirken wie gedrechselt und ähneln den Säulen in den Holztempeln von Kerala. Wahrscheinlich wurden sie, an beiden Enden verankert, mit Hilfe eines Seils gedreht. Bis heute ist das Drechseln übrigens eine geschätzte Handwerkskunst in der Gegend.

in Halebidu, d.h. „tote Stadt", umgewandelt, nachdem ein Sultanatsheer aus Delhi unter dem Kommando von Ala-ud-Din-Khalji sie in Schutt und Asche gelegt hatte.

Dennoch sind mehrere große Hoysala-Tempel erhalten geblieben, von denen zwei äußerst sehenswerte, der Hoysaleshvara und der Kedareshvara, mit wunderbaren Steinmetzarbeiten versehen sind. Ein kleines **archäologisches Museum** neben dem Hoysaleshvara-Tempel beherbergt Hoysala-Kunstgegenstände und andere Ausgrabungsstücke der Gegend, ⌚ tgl. außer Fr 10–17 Uhr.

Hoysaleshvara-Tempel

Mit dem Bau des Hoysaleshvara-Tempels wurde 1141 begonnen, und nach rund vierzig Jahren Bautätigkeit blieb er unvollendet, was möglicherweise das Fehlen solcher Türme erklärt, wie sie beispielsweise in Somnathpur zu sehen sind. Welchen Gottheiten hier ursprünglich gehuldigt wurde, ist unbekannt, doch Fachleute nehmen an, dass der Doppel-Tempel irgendwann Shiva und seiner Gemahlin geweiht war. Jedenfalls enthalten beide Sanktuarien *shivalinga* und sind durch zwei halb offene Mandapa-Säulengänge, in denen Nandi-Figuren stehen, miteinander verbunden.

Der Hoysaleshvara weist auch zahlreiche Vaishnava-Figuren auf. Die **Skulpturen**, die fließender gearbeitet sind als frühere Darstellungen in Belur (s. unten), zeigen Brahma auf seinem „Gänse-Reittier" Hamsa, Krishna, der den Berg Govardhana in der Hand hält, Krishna beim Flötenspiel und Vishnu (Trivikrama), wie er mit drei Schritten die ganze Welt durchquert.

Eine der beeindruckendsten Figuren ist die des Dämonenkönigs **Ravana**, der an Shivas Berg Kailash rüttelt; der Berg ist mit Tieren und Fantasiegestalten bevölkert, und Shiva sitzt mit Parvati oben auf dem Gipfel. Weltliche Figuren, darunter Tänzer und Musiker, stehen Seite an Seite mit Göttern, und auch erotische Szenen mit üppigen, reich geschmückten Frauen sind zu sehen. Ein Fries, der im sechsten Abschnitt um die Außenmauern herumführt, erzählt Geschichten aus den Hindu-Epen. ⌚ Sonnenauf- bis Sonnenuntergang, Eintritt frei.

Übernachtung und Essen

KSTDC Mayura Shantala, ✆ 08177/773224, gegenüber dem Haupttempel in einem kleinen Garten an der Straße, ist die einzige Unterkunft im Dorf. Sie bietet drei angenehme DZ mit Veranda sowie ein 4-Bett-Zimmer. Reservierung dringend empfohlen. ❶–❷

Nach 18 Uhr, wenn die Teebuden an der Straßenkreuzung schließen, gibt es nur noch im **Mayura Shantala** der KSTDC etwas zu essen.

Nahverkehr

Die Baudenkmäler liegen nahe genug beieinander, um zu Fuß besichtigt zu werden, doch wer Abstecher in die sie umgebende Landschaft machen möchte, sollte sich an den Ständen beim Busbahnhof ein **Fahrrad** (Rs3 pro Std.) ausleihen. Die Straße, die südlich der Tempel verläuft, führt durch herrliches Gelände und bietet die Möglichkeit, über Nebenpfade auf Anhöhen gelegene Heiligtümer zu besuchen, und auch die Straße nach Belur (16 km) eignet sich gut für eine Fahrradtour.

Transport

Es verkehren zahlreiche **Busse** von Halebid nach HASSAN (letzte Abfahrt um 20.30 Uhr) und BELUR (letzte Abfahrt um 20 Uhr).

Die privaten **Minibusse**, die an der Straßenkreuzung vor dem Hoysaleshvara-Tempel abfahren, brauchen viel länger als die großen Busse und starten erst, wenn sie voll sind.

Belur

Belur, 37 km nordwestlich von Hassan am Ufer des Yagachi, war im 11. und 12. Jh. vor Halebid die Hauptstadt der Hoysala-Dynastie. Wer die Hoysala-Region genauer erforschen möchte, sollte lieber hier als in Halebid seine Zelte aufschlagen, denn Belur hat die wesentlich bessere touristische Infrastruktur und ist insgesamt ein freundlicherer Aufenthaltsort.

Das **Car Festival**, das im März oder April stattfindet und 12 Tage dauert, ist ein eher ländliches Vergnügen. Es zieht Bauern der Umgebung an, die in einer Rinderkarrenprozession durch die Straßen zum Tempel ziehen.

Chennakeshava-Tempel

König Vishnuvardhana ließ diesen Tempel 1117 anlässlich seiner Konversion vom Jainismus zum Hinduismus, des Sieges über die Chola-Streitmächte bei Talakad und der Unabhängigkeit von den Chalukyas erbauen. Heute thront sein aus grauem Stein erbauter *gopura* (Eingangsturm) über einer kleinen, belebten Marktstadt. Der Ort ist von Oktober bis Dezember, wenn ganze Busladungen von Anhängern des Gottes Ayappa auf dem Weg nach Sabarimala (S. 1139, Kasten) hier durchströmen, eine beliebte Wallfahrtsstätte.

Der noch immer genutzte Chennakeshava steht in einem von einer hohen Mauer umgebenen Hof, von kleineren Schreinen und Mandapa-Eingangshallen gesäumt. Da kein Oberbau vorhanden ist, hat der Tempel anscheinend ein Flachdach besessen. Falls er jemals einen Turm besaß, müsste dieser um die Vijayanagar-Periode (16. Jh.) verschwunden sein. Sowohl Sanktuarium als auch Mandapa ruhen auf dem üblichen Sockel *(jagati)*. Stufenreihen, flankiert von kleineren, mit Türmen gekrönten Schreinen, führen an drei Seiten zur Mandapa. Diese war ursprünglich offen, doch um 1200 wurden mit geometrischen Figuren und Szenen der *puranas* verzierte Platten zwischen den gedrechselten Säulen eingesetzt. Der Hauptschrein ist viermal täglich zum Gebet geöffnet (8.30–10, 11–13, 14.30–17 und 18.30–20.30 Uhr). Es lohnt sich, einen der Guides zu engagieren (Rs200 für 1–4 Pers.), um sich die Einzelheiten des Bauschmuckes erklären zu lassen. ◷ tgl. 7.30–20.30 Uhr, Eintritt frei.

Der **Kappe Channigaraya-Tempel** auf demselben Gelände besitzt ein paar kunstvoll gemeißelte Nischenbildnisse und eine Darstellung von Narasimha (Vishnu als Löwenmensch), der den Dämonen Hiranyakashipu tötet. Der kleinere, weiter westlich gelegene **Viranarayana-Schrein** beherbergt einige schöne Skulpturen, darunter eine Szene aus dem *mahabha-rata* (Bhima bei der Ermordung des Dämonen Bhaga).

Übernachtung

Mayuri Velapuri, in der Straße zum Tempel, ✆ 08177/222209. Das KSTDC-Hotel ist die beste Unterkunft. 10 saubere Zimmer ohne AC, 3 mit AC, inkl. Frühstück. Die beiden Schlafsäle sind selten voll (Rs100 pro Bett), außer zwischen

März und Mai, wenn das Hotel meist mit Pilgern belegt ist. ❹–❺

Sumukha Residency, ein Stück weiter Richtung Tempel, ✆ 08177/222039. Recht modern und komfortabel. ❷–❸

Vishnu Lodge, ✆ 08177/222263, ✆ 230310. Das beste der Hotels in Busbahnhofsnähe, über einem Restaurant und Süßwarengeschäft gelegen, geräumige Zimmer mit winzigem Bad, Warmwasser nur morgens, z. T. mit TV. ❷–❸

Essen

Am besten isst man in dem vegetarischen Restaurant der **Vishnu Lodge**, gefolgt von der Cafeteria des **Mayuri Velapuri**, die eine kleine Auswahl an Speisen bietet, darunter auch Hühnchen. In der Nähe des Tempels gibt es viele vegetarische *dhabas*. Das **Kalpavriksha** bei der Temple Road serviert Fleischgerichte und Bier.

Informationen

Das **Tourist Office** befindet sich auf dem Gelände des KSTDC Mayuri Velapuri in der Temple Road. Die Angestellten kennen die genauen Busfahrpläne, und manchmal betätigt sich der Büroleiter auch als Guide. ⌚ Mo–Sa 10–17 Uhr.

Nahverkehr

In der Stadt verkehren **Motor-Rikschas**, doch eine gute Möglichkeit, die Umgebung einschließlich Halebid zu erkunden, bietet ein **Fahrrad**, das es für Rs3 pro Std. an den Ständen beim Busbahnhof zu mieten gibt.

Transport

Busse von HASSAN und HALEBID halten an dem kleinen Busbahnhof mitten in der Stadt, zehn Minuten zu Fuß auf der Hauptstraße vom Tempel. Manche Fernbusse laufen nicht den Busbahnhof an, sondern halten an der nahe gelegenen Landstraße.

Sravanabelagola

Der kleine Ort Sravanabelagola mit seiner heiligen Jain-Stätte, 49 km südöstlich von Hassan und 93 km nördlich von Mysore, liegt zwischen zwei Hügeln an einem großen See.

Auf einem der Hügel, dem Indragiri (auch Vindhyagiri genannt), steht eine außergewöhnliche, 18 m hohe Monolithstatue der nackten männlichen Figur **Gomateshvara**. Dieser aus dem 10 Jh. stammende Koloss, der im Umkreis vieler Meilen zu sehen ist, soll die höchste frei stehende Skulptur Indiens sein und macht Sravanabelagola zu einer wichtigen Wallfahrtsstätte, doch überraschend wenige Besucher aus der westlichen Welt finden den Weg hier heraus. Wer ein, zwei Nächte im Ort verbringt, kann vor Tagesanbruch auf den Indragiri Hill steigen und das herrliche, unvergessliche Schauspiel der über den Zuckerrohrfeldern und Granitblöcken unten in der Ebene aufgehenden Sonne genießen.

Auf dem zweiten Hügel von Sravanabelagola soll sich der Maurya-Herrscher **Chandragupta** gegen 300 v. Chr. zu Tode gefastet haben, eine dem Jainismus nicht fremde Praktik. Sein Ruhm begründete die Verbreitung des Jainismus in Südindien, und der Hügel wurde in Chandragiri umbenannt. In diese Zeit fällt auch eine Kontroverse über die Lehren von Mahavira, dem letzten der 24 Jain-*tirthankaras* (wörtlich: „Furtbereiter", sie helfen dem Jünger dabei, das „Meer der Wiedergeburten" zu überwinden). Der **Lehrstreit** teilte den Jainismus in zwei Glaubensrichtungen. *svetambara*, „weiß gekleidete" Jains, kommen mehr in Nordindien vor, während *digambara*, „luftgekleidete", meistens im Süden anzutreffen sind. In tiefster Askese lebende *digambara* gehen völlig nackt, allerdings nur wenige auch außerhalb der Heiligtümer.

Die Plastiken in Sravanabelagola stammen möglicherweise erst aus dem 10. Jh., als ein gewisser **General Chamundaraya** auf der Suche nach einer Maurya-Statue von Gomateshvara nach Chandragiri gekommen sein soll. Da er sie aber nicht fand, gab er selbst eine in Auftrag. Vom Gipfel des Chandragiri schoss er einen Bogen zum Indragiri Hill hin ab; dort, wo der Pfeil zur Erde fiel, ließ er einen neuen Gomateshvara aus einem einzigen Steinblock anfertigen.

Indragiri Hill

620 in den Granitstein des Indragiri-Hügels gehauene Stufen führen vom See aus an zahlreichen Inschriften vorbei zum ummauerten **Gomateshvara** hoch. Schuhe müssen an dem Stand

links der Treppe deponiert werden, Taschen kann man in dem nahe gelegenen Büro abgeben. Es ist wichtig, viel Wasser mitzunehmen, besonders an heißen Tagen, denn auf dem Hügel gibt es nichts zu trinken. Durch einen kleinen *gopura* gelangt man zum **Tempel**, der vollkommen von seiner gewaltigen Gomateshvara-Figur beherrscht wird. Dessen überlange Arme und extrem breite Schultern sind alles andere als naturgetreu dargestellt.

Die weiche Oberfläche des weißen Granitgesteins wurde meisterhaft behauen – man achte besonders auf Hände, Haar und Gesicht. Der Legende entsprechend befinden sich zu seinen Füßen Ameisenhaufen und ringeln sich Schlangen, und an seinen Gliedmaßen klettern Schlingpflanzen hoch.

Bhandari Basti und Kloster

Auf der Straße, die unterhalb der Treppenstufen des Chandragiri nach Osten führt, gelangt man zu zwei sehenswerten Jain-Bauten der Ortschaft. Auf der rechten Seite befindet sich der **Bhandari Basti** (1159), der einen Schrein mit Statuen der 24 *tirthankaras* beherbergt und von Hullamaya, dem Schatzmeister des Hoysala Raja Narasimha erbaut wurde. Den Tempel und den an der Rückseite gelegenen Schrein betritt man durch zwei Mandapas, wo manchmal nackte *digambara*-Jains im Gespräch mit weiß gekleideten Anhängern zu sehen sind.

Das **Kloster** *(math)* am Ende der Straße war die Heimstätte von Sravanabelagolas oberstem *acharya* oder Guru. Dreißig Mönche und Nonnen, die auch „in alle Himmelsrichtungen ausziehen", gehören dem Kloster an. Normalerweise ist ein Klosterbewohner zur Stelle, der Besucher gern herumführt.

Die kostbaren, auf Palmblättern geschriebenen Manuskripte der **Bibliothek** – manche über tausend Jahre alt – umfassen Werke zu Mathematik und Geografie sowie das Mahapurana, die Heiligengeschichten der *tirthankaras*. Nebenan ist der überdachte, von einer Mauer umschlossene **Hof** an drei Seiten von einer erhöhten Plattform umgeben, auf der sich eine Sitzgelegenheit für den *acharya* befindet. Hier ist auch eine Sammlung von *tirthankara*-Bronzefiguren aus dem 12. Jh. untergebracht, und Wandgemälde zeigen die verschiedenen Inkarnationen von Parshvanath. Außerdem ist ein Modell der Hügel zu sehen, auf denen die *tirthankaras* standen, um *moksha* zu erlangen.

Chandragiri Hill

Bevor man die in den Fels gehauenen Stufen zum kleineren Chandragiri Hill hochsteigt, müssen die Schuhe unten beim Wächter abgestellt werden. Es eröffnet sich ein schöner Ausblick nach Süden auf den Indragiri und in die andere Richtung über einen Fluss, Reis- und Zuckerrohrfelder und das Dorf **Jinanathapura**, wo ebenfalls ein reich verzierter Hoysala-Tempel steht, der Shantishvara-*basti*.

Chandragiri besteht anders als Indragiri nicht aus einem einzigen weitläufigen Schrein, sondern aus einer Gruppe von *bastis,* die im späten Dravida-Stil der Chalukya im Schutz eines Mauerwalls erbaut wurden. Wächter zeigen Besuchern die Anlage und öffnen die ansonsten verschlossenen Heiligtümer. Abgesehen von Stützpfeilern und Brüstungen sind die Tempel von außen alle schmucklos. Der nach seinem Schutzpatron benannte **Chamundaraya** aus dem 10. Jh. ist der größte der Tempel, er ist Parshvanath geweiht. Im **Chandragupta** (12. Jh.) erzählen kunstvoll gearbeitete Paneele in einem kleinen Schrein die Geschichte von Chandragupta und seinem Lehrer Bhadrabahu. Es sind noch Spuren geometrischer Zeichnungen erhalten, und die Säulen weisen feine Verzierungen auf. Innerhalb der Mauern steht auch ein 24 m hoher *manastambha*, ein „Berühmtheiten-Pfeiler", verziert mit Darstellungen von Geisterwesen. Nicht weniger als 576 Inschriften, datierend vom 6.–19. Jh., finden sich in der Stätte, auf Säulen und Felswänden.

Übernachtung und Essen

Zahlreiche von den Tempelbesitzern geführte *dharamshalas* bieten einfache, sehr saubere Zimmer, viele davon mit Bad und Sitzgelegenheiten im Freien, meist für weniger als Rs200.

Im **SP Guest House** neben dem Busbahnhof (zu erkennen an dem Glockenturm) gibt es eine 24 Std. geöffnete **Zimmervermittlung**, ✆ 08176/657258.

Hotel Raghu, gegenüber dem Hauptteich, beherbergt das beste der zahlreichen kleinen **Restaurants** im Ort.

Sonstiges

Fahrradverleih

Die idyllische (und zumeist flache) Landschaft um Sravanabelagola ist ausgezeichnetes Radfahrgelände.

Saleem Cycle Mart, in der Masjid Rd, gegenüber der Nordostecke des Teiches, verleiht Räder für Rs3 pro Std.

Informationen

Das **Tourist Office**, ✆ 08176/657254, am Fuß der Stufen hat wenig zu bieten, ⏲ Mo–Sa10–17.30 Uhr. Das **Management Committee Office** eine Tür weiter nimmt nur Spenden entgegen und verkauft Tickets für die *dolis.*

Transport

Sravanabelagola steht zusammen mit Belur und Halebid auf dem in Bengaluru und Mysore (S. 1181 und S. 1192) angebotenen Tourenprogramm. Wer sich jedoch lieber in Ruhe umschauen möchte, kommt besser auf eigene Faust her.

Transport nach Sravanabelagola s. S. 1198.

Kodagu (Coorg)

Die gebirgige Region Kodagu, früher Coorg genannt, liegt 100 km westlich von Mysore in den **Westghats**, deren Ostausläufer in das Mysore Plateau übergehen. Das hügelige, mit Dschungel, Kaffeeplantagen und Reisfeldern gesprenkelte Gebiet zählt zu den schönsten Landschaften Südindiens. Dervla Murphy verbrachte hier in den 1970er-Jahren zusammen mit ihrer Tochter einige Monate (beschrieben in ihrem Reisebuch-Klassiker *On a Shoestring to Coorg,* dt. *Unter der Sonne von Coorg*) und ließ sich bezaubern von der Naturschönheit und den Einheimischen, deren Gebräuche, Sprache und äußere Erscheinung ganz anders sind als in den benachbarten Gebieten (s. S. 1205). Seitdem hat sich hier wenig verändert.

Wer vorhat, die Ghats zwischen Mysore und der Küste zu überqueren, sollte die Route durch Kodagu ernstlich ins Auge fassen. Einige Kaffeeplantagenbesitzer haben ihre Pforten für Besucher geöffnet, Näheres dazu bei der Codagu Planters Association, Mysore Road, Madikeri, ✆ 08272/229873. Ein Besuch lohnt sich vor allem während der Festivalsaison Anfang Dezember oder während der **Blossom Showers** gegen März, April, wenn die Kaffeepflanzen in weißen Blüten stehen; manchen ist der schwere Duft jedoch zu heftig.

Kodagu ist abgesehen von einigen neuen Privatunterkünften relativ unerschlossen, und es gibt nur wenige „Sehenswürdigkeiten", aber die Landschaft ist idyllisch und das Klima selbst im Sommer angenehm kühl. Viele Wanderfreunde finden inzwischen den Weg nach Kodagu, um die hiesigen Wald- und Bergpfade zu erkunden. An der Ostgrenze von Kodagu haben **tibetische Siedler** in der Umgebung von Kushalnagar das vormalige öde Gelände in fruchtbares Ackerland verwandelt und Klöster erbaut, von denen manche Tausende Mönche beherbergen.

Geschichte

Die ersten konkreten Hinweise auf das **Königreich** Kodagu datieren aus dem 8. Jh., als es durch den Salzhandel zwischen der Küste und den Städten des Dekkan zu Wohlstand gelangte. Unter den hinduistischen **Haleri Rajas** gelang es ihm, Invasionen seiner mächtigeren Nachbarn abzuwehren, darunter jene von Haider Ali und dessen Sohn Tipu Sultan (s. S. 1193). Dank seines gebirgigen Geländes, den fehlenden Straßen (die von den Kodagu-Königen aus verteidigungstaktischen Gründen absichtlich nicht angelegt wurden) und der Streitlust seines bestens ausgebildeten Heeres war Kodagu das einzige indische Königreich, das niemals von feindlichen Mächten erobert wurde.

1834 ersuchten die Minister schließlich die **Briten**, ihren despotischen König Vira Raja aus dem Weg zu räumen. Anschließend wurde Kodagu ein **Fürstentum** mit nomineller Unabhängigkeit, was es bis zur Gründung von Karnataka im Jahr 1956 blieb.

Während des Raj wurde der **Kaffeeanbau** eingeführt, und trotz sinkender Preise auf dem

Weltmarkt ist Kaffee immer noch der Dreh- und Angelpunkt der lokalen Wirtschaft, gefolgt von Pfeffer und Kardamom.

Zwar ist Kodagu die reichste Region Karnatakas mit den höchsten Steuereinnahmen, doch die Erträge werden nicht gerecht verteilt – beispielsweise haben einige Dörfer noch immer keinen Stromanschluss.

Zusammen mit dem ausgeprägten Bewusstsein einer eigenen Identität und der freiheitsliebenden Natur der Kodavas führten derlei Missstände zur Gründung der Autonomiebewegung **Kodagu Rajya Mukti Morcha**. Zu den Aktionen der KRMM zählen Kulturprogramme und hin und wieder Streiks. Zu Gewaltakten wird bisher selten Zuflucht genommen.

Madikeri

Madikeri, die Hauptstadt von Kodagu, liegt rund 1300 m hoch in den Westghats, ungefähr auf halbem Wege zwischen Mysore und der Küstenstadt Mangalore.

Immer mehr Ausländer besuchen diese recht nette Stadt mit ihren roten Ziegelsteinhäusern und gewundenen Straßen, die in einen lebhaften Basar münden, doch die Meisten zieht es relativ schnell in die Gästehäuser und auf die Plantagen in der üppig-grünen Landschaft von Coorg.

Der 1820 erbaute **Omkareshwara Shiva-Tempel** stellt eine seltsame Mischung aus roten Ziegeldächern, keralischer Hinduarchitektur, gotischen Elementen und islamischen Kuppeln dar. Die Festung und der Palast, von Tipu Sultan 1781 umgebaut und im 19. Jh. wieder aufgebaut, beherbergen heute Büroräume und ein Gefängnis. Innerhalb des Komplexes beherbergt die **St. Mark's Church** ein kleines **Museum** mit britischen Memorabilien, Figuren von Jain, Hindu- und Dorfgottheiten sowie Waffen, 🕒 Di–So (außer 2. Sa im Monat) 9–17 Uhr, Eintritt frei.

Einen Besuch lohnen die mächtigen, viereckigen **Gräber der Rajas**, deren vergoldete Kuppeln und Minarette die Häuser der Stadt überragen. Der **Raja's Seat**, ein Belvedere am westlichen Stadtrand in der Nähe des Hotels Valley View, verdankt seine Existenz einem pfiffigen Kodagu-Raja vom Beginn des 18. Jhs.

Dies ist eine der besten Stellen zum Betrachten des Sonnenuntergangs in ganz Südindien. Heute befindet sich hier ein beliebter Park, der sich kurz vor Sonnenuntergang füllt. Um 19 Uhr lassen sich die Besucher dann von einer kitschigen Wasser- und Lichtshow mit Bollywood-Filmmusik-Untermalung verzaubern. 🕒 Morgendämmerung bis 20 Uhr, Eintritt Rs2.

Madikeri ist der Hauptumschlagplatz des lukrativen Kaffeehandels. Zwar gelangt man für rund Rs200 per Motor-Rikscha zu den **Abbi Falls** (8 km) und zurück, doch zu Fuß lässt sich das Kaffeeanbaugebiet besser kennenlernen. Die Straße zu den Wasserfällen, auf der keine Busse verkehren, führt durch eine hügelige Landschaft an Plantagen vorbei und eignet sich hervorragend für eine schöne Tageswanderung. Von dem Parkplatz am Ende der Straße gelangt man durch ein Tor und über das Gelände einer privaten Kaffeeplantage zum Fuß des Wasserfalles, der zur Monsunzeit und direkt danach am eindrucksvollsten ist.

Übernachtung

Es ist im Allgemeinen nicht schwierig, in Madikeri eine Unterkunft zu finden, außer gelegentlich in der unteren Preislage. Die meisten Budgethotels liegen im Umkreis des Basars und Busbahnhofs.

Anchorage Guest House, Kohinoor Rd, ☎ 08272/228939. Absolut schlichte Zimmer mit Bad, aber in einer ruhigen Nebenstraße in der Nähe des Busbahnhofs. ❷

Mitten im Regenwald

Mojo Rainforest Retreat, 13 km nördlich von Madikeri beim Dorf Galibeedu, ☎ 08272/265636, 💻 www.rainforestours.com. Die kenntnisreichen Gastgeber Sujata und Annu Goel haben sich inmitten der Plantagen von Kodagu eine schöne Idylle geschaffen. Exzellente Bio-Mahlzeiten (inklusive), freundlich eingerichtete Cottages und Zelte umgeben von üppigem Regenwald. Alle Gewinne fließen an die Naturschutzorganisation der Gastgeber, die sich für mehr Umweltbewusstsein und nachhaltige Landwirtschaft in der Region starkmacht. ❺–❼

Die Kodavas

Die Herkunft der Kodavas oder Coorgis, die heute weniger als ein Sechstel der Bevölkerung der hügeligen Region ausmachen, ist immer noch umstritten. Da sie hellhäutig sind, eine eigene Sprache und eigene Gebräuche besitzen, wird angenommen, dass sie aus Kurdistan, Kashmir oder sogar Griechenland nach Südindien eingewandert sind, doch niemand weiß genau, warum. Eine im Volk verbreitete Theorie besagt, dass dieses ausgesprochen martialische Volk, aus dem seit der Unabhängigkeit mehrere führende indische Militärs hervorgegangen sind, von römischen Söldnern abstammt, die nach dem Zusammenbruch der Pandyan-Dynastie im 8. Jh. hierher flüchteten. Manche vermuten sogar verwandtschaftliche Beziehungen mit dem Invasionsheer von Alexander dem Großen. Egal, wo ihre Wurzeln liegen – die Kodavas unterscheiden sich bis heute unverkennbar von den freigelassenen Plantagensklaven, den moslemischen Moplah-Händlern und anderen Immigranten, die sich hier niederließen. Ihre Sprache, die mehr dem Tamil als dem Kannada ähnelt, ist dravidisch, doch ihre religiösen Bräuche, basierend auf Ahnenverehrung und Animismus, haben kaum etwas mit denen des allgemein verbreiteten Hinduismus gemein. Auch die Landbesitzverhältnisse sind in Kodagu anders geregelt, und Frauen steht das Erb- und Besitzrecht zu; zudem ist Witwen die Wiederheirat erlaubt.

Das spirituelle und gesellschaftliche Leben traditioneller Kodavas dreht sich um **Ain Mane**, den Wohnsitz der Ahnen. Diese großen Häuser mit ihren wundervoll geschnitzten Holztüren und dem gestampften Lehmboden stehen auf einer erhöhten Plattform mit Blick über den Grundbesitz der Familie. Sie verfügen in der Regel über vier Flügel und Höfe zur Unterbringung der verschiedenen Zweige der weitläufigen Familie sowie über Schreine, sogenannte Karona Kalas, die den am meisten verehrten Vorfahren des Clans geweiht sind. Wichtige religiöse Zeremonien und Übergangsriten finden immer im Ain Mane, nicht im örtlichen Tempel, statt. Man kann jedoch durch Kodagu reisen, ohne jemals ein Ain Mane zu Gesicht zu bekommen, denn sie stehen alle weit von der Straße entfernt, in dichtem Wald versteckt.

Cauvery, School Rd, ✆ 08272/225492. Unterhalb des Private-Busbahnhofs, groß und freundlich, verschwindet fast hinter dem ausgezeichneten hauseigenen Restaurant Capitol, wo es gute scharfe Versionen der regionalen Spezialität *pondhi curry* (Schweinefleisch-Curry) gibt. Dieselben Leute betreiben das Resort Capitol Village, 5 km östlich der Stadt. ❹

Chitra, School Rd, ✆ 08272/225372. Preiswerteste Unterkunft in der Stadt. Saubere, gepflegte Zimmer; die etwas teureren mit Kabel-TV. Ausgezeichnetes nicht-vegetarisches Restaurant mit Bar im Erdgeschoss. ❸

Coorg International, Convent Rd, ✆ 08272/228071, 🖳 www.coorginternational.com. 10 Rikscha-Minuten westlich vom Zentrum, eines der wenigen luxuriöseren Hotels; weitläufig, nicht besonders stilvoll, angenehme Zimmer nach westlichem Standard, Restaurant mit multikultureller Küche, Geldwechsel und Einkaufsmöglichkeiten. ❼–❽

East End, General Thimaya (alias Mysore) Rd, ✆ 08272/229996. Große, schlichte Kolonialvilla, nicht ohne Flair, aber besser bekannt für ihre gut besuchte Bar und das Restaurant. ❹

Mayura Valley View Hotel, Raja Rd, ✆ 08272/228387. KSTDC-Hotel ein gutes Stück abseits der Hauptstraße, hinter dem Raja's Seat, mit herrlicher Aussicht. Die Zimmer sind riesig, und im Restaurant (mit schöner Terrasse) wird Alkohol ausgeschenkt. Vom Busbahnhof aus nur nach einem schweißtreibenden, 20-minütigen Anstieg zu erreichen. ❺–❻

The School Estate, 15 km von Madikeri, ✆ 08274/258358, 🖳 schoolestate.in. Charmante Unterkunft inmitten von Kaffee-, Kardamom- und Vanilleplantagen. Betreiberin Rani Aiyapa ist eine exzellente Köchin und bietet jede Woche Kochkurse an. Riesige Zimmer mit Rosenholz-Betten und Akzenten, die dem Ganzen die Atmosphäre eines englischen B&B verleihen. Schön gestaltetes Gelände. ❼–❾

Essen

Fast alle besseren Hotels besitzen ein Restaurant, einige auch eine Bar.
Das **Choice Hotel** in der School Rd serviert Frühstück sowie verschiedene vegetarische und Fleischgerichte.
Tao, in der Nähe des Forts, ist ein authentisches Chinarestaurant. Das angrenzende **Sri Ambica** bietet vegetarische Vollwert-Snacks und größere Mahlzeiten.

Sonstiges

Informationen

Das kleine **Tourist Office**, ✆ 08272/228580, befindet sich 5 Minuten zu Fuß vom Thimaya Circle in der Straße nach Siddapura, neben dem PWD Travellers' Bungalow, und ist bei der Planung von Ausflügen behilflich, hat aber ansonsten nicht viel zu bieten. ◷ Mo–Sa (außer 2. Sa im Monat) 10.30–17.30 Uhr.
Der **Conservator of Forests**, Deputy Commissioners Office im Fort, ✆ 08272/225708, informiert über die Wälder und Wald-Unterkünfte in Kodagu.

Kaffee

Athithi Coffee Works, Nähe Indira Gandhi Chowk. Wer es nicht hinaus auf die Plantagen schafft, kann sich hier mit frischem Coorg-Kaffee (Rs170–250/kg) und anderen regionalen Leckereien eindecken.

Touren

Wer **Trekkingtouren** in Kodagu unternehmen möchte, wendet sich an Ganesh Aiyanna im Hotel Cauvery (s. Übernachtung). Er ist sehr hilfsbereit und organisiert Tagesausflüge und Touren für diverse Budgets.
Coorg Travels, neben der Rajdarshan Lodge, ✆ 08272/225817, arrangiert Trekking- und andere Touren sowie Privatunterkünfte, genauso wie **Travel Coorg**, ✆ 9448/721252, 💻 www.coorg travelcoorg.com, direkt beim Busbahnhof.

Transport

Madikeri ist nur auf dem Straßenweg zu erreichen, doch ist es vom 120 km weiter südöstlich gelegenen MYSORE aus eine landschaftlich schöne, 3 Std. lange Busfahrt via Kushalnagar (Vorsicht: Die Busse, die über Siddapura fahren, brauchen mehr als eine Std. länger).
Linienbusse, darunter auch Deluxe-Busse, verbinden Madikeri außerdem mit MANGALORE (4 Std.), 135 km nordwestlich jenseits der Ghats, sowie HASSAN (4x tgl., 4 Std.).
Der **KSTRC-Busbahnhof** befindet sich am nördlichen Ende der Stadt, unterhalb des Hauptbasars. Die Busse privater Unternehmen aus den umliegenden Dörfern halten an einem Parkplatz am Ende der Hauptstraße.

Mangalore und Umgebung

Viele Besucher von Mangalore befinden sich nur auf der Durchreise nach Goa oder Kerala. Die Stadt liegt nicht weit von der hügeligen Kodagu (Coorg)-Region entfernt und ist die den Hoysala- und Jain-Stätten bei Hassan, 172 km weiter östlich, am nächsten gelegene Küstenstadt.

Mangalore besaß einen der berühmtesten Häfen Südindiens. Schon im 6. Jh. war die Stadt in anderen Gegenden der Welt als wichtiger Pfefferlieferant bekannt, und im 14. Jh. berichtete der moslemische Geschichtsschreiber Ibn Battuta von ihrem regen Pfeffer- und Ingwerhandel und der Anwesenheit von Händlern aus Persien und dem Jemen. Mitte des 15. Jhs. bezeichnete der persische Konsul Abdu'r-Razzaq Mangalore als die „Frontstadt" des Vijayanagar-Reiches – weshalb sich die Portugiesen 1529 ihrer bemächtigten.

Heutzutage ist der moderne, 10 km nördlich der eigentlichen Stadt gelegene Hafen in erster Linie für die Verarbeitung und den Export von Kaffee und Kakao (zumeist aus Kodagu) sowie Cashew-Nüssen (aus Kerala) bekannt. Außerdem werden hier *bidi*-Zigaretten hergestellt.

Die Stadt und die Strände

Der deutlich spürbare christliche Einfluss geht bis auf die Ankunft des heiligen Thomas an einer Stelle südlich von Mangalore zurück. Rund

1400 Jahre später, im Jahr 1526, errichteten die Portugiesen eine der ersten Kirchen an der Küste. Die heutige **Rosario Cathedral** mit ihrer dem Petersdom in Rom nachempfundenen Kuppel datiert allerdings erst von 1910. Liebevoll restaurierte Fresken und Wandgemälde, das Werk des italienischen Künstlers Antonio Moscheni, zieren die 1885 im romanischen Stil erbaute **St. Aloysius College Chapel** in der Lighthouse Road in der Nähe des Stadtkerns.

Am Saum des Kadri Hill, 3 km nördlich des Zentrums, steht Mangalores **Manjunatha-Tempel** aus dem 10. Jh. Dieser Tempel ist ein wichtiges Zentrum des shaivitischen und tantrischen **Natha-Pantha-Kultes**. Dieser Kult, von dem angenommen wird, dass er seine Wurzeln im Vajrayana-Buddhismus hat, stellt eine besondere Spielart des Hinduismus dar und ähnelt gewissen Kulten in Nepal. Das Heiligtum beherbergt mehrere wunderbare **Bronzen**, darunter einen 1,50 m hohen, sitzenden Lokeshvara (Matsyendranatha) von 958, der als die kunstvollste südindische Bronzestatue außerhalb Tamil Nadus gilt. Ihre nähere Besichtigung ist nur während des *darshan* (6–13 und 16–20 Uhr) möglich. Besonders lohnend ist der Besuch um 8, 12 oder 20 Uhr, denn dann findet *mahapuja* statt, d. h., der Priester segnet, von lautstarker Musik begleitet, die Gläubigen mit Feuer. Gegenüber dem Osteingang führen Stufen über einen rötlichen Pfad zu einer eigenartigen Ansammlung kleinerer Schreine. Dahinter steht rings um zwei Höfe das **Shri Yogishwar Math**, eine Herberge für tantrische Sadhus.

Wer der Stadt ein paar Stunden den Rücken kehren möchte, kann ins 10 km weiter südlich gelegene Dorf **Ullal** mit seinem kilometerlangen, von Kiefern gesäumten **Sandstrand** fahren. Besonders gegen Sonnenuntergang finden sich hier viele Spaziergänger ein, aber ein starker, oft gefährlicher Sog erschwert das Schwimmen, daher sollte man besser den Pool des ausgezeichneten Summer Sands Beach Resort (s. u.) hinter dem Strand (Rs100) aufsuchen.

In Richtung des Ortskerns von Ullal und rund 700 m von der Haupt-Bushaltestelle entfernt, liegt das *dargah* von **Seyyid Mohammad Shareeful Madani**, einem Heiligen des 16. Jhs., der aus dem arabischen Medina gekommen und auf einem Taschentuch übers Meer gesegelt sein soll. In dem seltsamen, mit Zwiebeltürmen verzierten Bauwerk aus dem 19. Jh. ruht das Grab des Heiligen. Es handelt sich um einen der am höchsten verehrten Sufi-Schreine Südindiens. Besucher sollten sich unbedingt an die Regeln halten, d. h. Kopf, Arme und Beine bedecken und vor dem Betreten die Füße waschen. An der Kreuzung am Südende der KS Rao Road fahren Nahverkehrsbusse (Nr. 44A) nach Ullal ab.

Übernachtung

Die meisten Unterkünfte befinden sich an der KS Rao Rd, die vom Busbahnhof nach Süden verläuft. Man kann auch außerhalb der Stadt, am Strand in Ullal, 10 km südlich der Stadt, Quartier beziehen.

Adarsh Lodge, Market Rd, ✆ 0824/244 0878. Recht kleine, aber saubere Zimmer mit Bad. Gute Preise, besonders bei Einzelbelegung. ❶–❷

The Gateway Hotel, Old Port Rd, ✆ 0824/666 0420, 💻 www.thegatewayhotels.com. Modernes Businesshotel der Taj-Kette. Alle Zimmer AC, einige auch mit Blick auf die Flussmündung. Reiseschalter, Geldwechsel, Pool, Bar, zwei Nobelrestaurants und 24 Std. geöffnetes Café. ❻–❼

Navaratna Palace, ✆ 0824/244 1104, ✉ nish 77772000@yahoo.com. Zu bevorzugen gegenüber dem älteren Navaratna nebenan; bessere Zimmer, manche mit AC, für ein kleines bisschen mehr Geld. Außerdem zwei gute, klimatisierte Restaurants: *heera Panna* und *palimar* (rein vegetarisch). ❸–❺

Poonja International, KS Rao Rd, ✆ 0824/244 0171, 💻 www.hotelpoonjainternational.com. Schicker Hotelturm, überwiegend AC, alle Annehmlichkeiten, tolle Aussicht von den oberen Stockwerken. Südindisches Frühstücksbuffet inkl. ❹–❺

Summer Sands Beach Resort, Chotan Mangalore, Ullal, ✆ 0824/246 7690, 💻 www.summersands.in. Geräumige, jedoch ziemlich heruntergekommene Zimmer und Cottages in Strandnähe, mit Pool und Bar-Restaurant, das hiesige Spezialitäten, indische und chinesische Gerichte bietet. Geldwechsel für Hotelgäste. ❺–❽

Vishwa Bhavan, KS Rao Rd, ✆ 0824/244 0822. Einfache Zimmer mit Bad rings um einen Hof, zentrale Lage. Die beste der Billigherbergen. ❶

Woodside, KMC Mercara Trunk Rd, ✆ 0824/244 0296. Inzwischen in nagelneuem Gebäude ca. 1 km vom ursprünglichen Standort entfernt, mit sehr preisgünstigen Zimmern (z. T. mit AC) und dem guten vegetarischen Restaurant Xanadu. ❹–❺

Essen

Die besten Speiselokale befinden sich in den größeren Hotels. Bei knapper Kasse empfehlen sich die preiswerten *dhaba*s gegenüber vom Busbahnhof oder die hervorragende Cafeteria im Busbahnhof.

Ganesh Prasad, in der Gasse, die beim Vasanth Mahal von der KS Rao Road wegführt, bietet köstliche, frisch zubereitete „meals" für wenig Geld.

Naivedyam, im Mangalore International, KS Rao Rd. Eines der besten Hotelrestaurants, rein vegetarisch, mit schickem klimatisierten Bereich.

Nandini Fish Bowl, hinter dem Ganesh Prasad, köstliche Gerichte mit Fisch und Huhn.

Palkhi, an der Mercara Trunk Rd. Luftiges Dachrestaurant mit umfangreicher Speisekarte.

Sonstiges

Geld

Reiseschecks und Bargeld wechseln **Trade Wings**, Lighthouse Rd, ✆ 0824/242 6225, und **Wall Street Interchange**, 1st Floor, Utility Royal Towers, KS Rao Rd, ✆ 0824/242 1717, ⏲ beide Mo–Sa 9.30–17.30 Uhr.

State Bank of India, nahe der Town Hall am Hamilton Circle, arbeitet ein bisschen langsamer, ⏲ Mo–Fr 10.30–14.30, Sa 10.30–12.30 Uhr.

Es gibt mehrere **Geldautomaten** in der KS Rao Rd.

Informationen

Das **Tourist Office** im Erdgeschoss des Hotel Indraprashta an der Lighthouse Rd, ✆ 0824/244 2926, verfügt über allgemeine Infos und die Fahrpläne einiger Busse, jedoch nicht über Zugfahrpläne (nur am Bahnhof erhältlich). ⏲ Mo–Sa (außer 2. Sa im Monat) 10–17.30 Uhr.

Internet

Kohinoor Computer Zone, Plaza Towers, Lighthouse Rd, nicht weit vom Tourist Office.

Cyber Zoom, 1st Floor, Utility Royal Towers, KS Rao Rd; beide Rs20 pro Std.

Post

Die **Hauptpost** liegt 500 m südlich des Shetty Circle, ⏲ Mo– Sa 10–19, So 10.30–13.30 Uhr.

Nahverkehr

Hampankatta, in der Nähe der KS Rao Rd, ist der städtische Verkehrsknotenpunkt. Hier kann man einen **Stadtbus** oder eine **Motor-Rikscha** (meistens ohne Taxameter) nehmen.

Transport

Mangalore ist ein touristischer Hauptverkehrsknotenpunkt für den Reiseverkehr entlang der Konkan-Küste zwischen Goa und Kerala sowie zwischen Mysore und der Küstenregion.

Busse

Mangalores betriebsamer **KSRTC-Busbahnhof** (von den Einheimischen „Lal Bagh" genannt) befindet sich 2 km nördlich des Stadtzentrums Hampankatta, am Fuße des Kadri Hill. Die Busse privater Gesellschaften benutzen einen zentraler gelegenen Busbahnhof in der Nähe des Rathauses.

Seit Fertigstellung der Konkan Railway gibt es eigentlich keinen Grund mehr, mit dem Bus nach GOA zu fahren. Der einzige Direktbus nach GOKARNA fährt um 13.30 Uhr in Mangalore ab, ansonsten muss man in KUMTA umsteigen.

Zahlreiche staatliche Busse fahren nach Norden Richtung Udipi und nach Süden an der Küste entlang Richtung Kerala, doch es ist einfacher, einen der vielen Privatbusse zu nehmen, die auf den gleichen Strecken verkehren.

MYSORE und BENGALURU sind stdl. per Direktbus zu erreichen. Die Busse nach Mysore halten in Madikeri, ebenso einige Luxusbusse mit Ziel Bengaluru.

Die empfehlenswerteste Privatbusgesellschaft ist **VRL** mit den auffallenden gelben Luxusbussen. Sie unterhält zwei Nachtbusse nach BENGALURU (22 Uhr, 7–8 Std., Rs300); die Fahrkarten erhält man bei Vijayananda

Mangalore

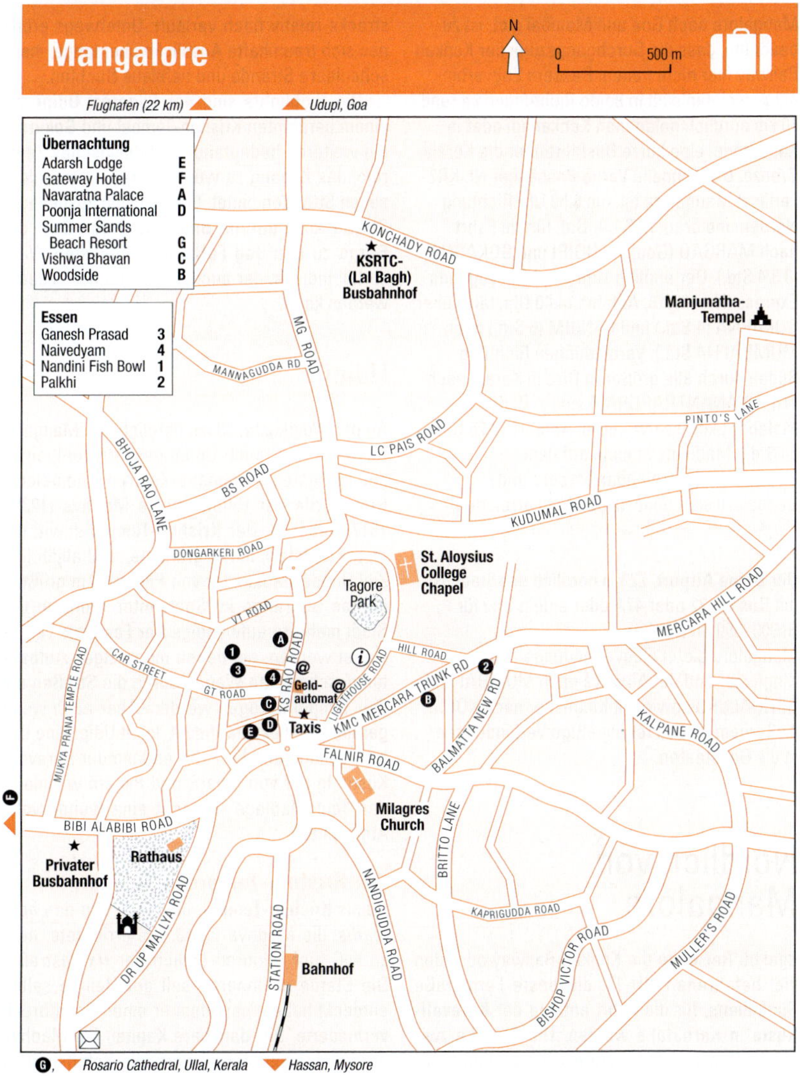

Travels, PVS Centenary Building, Kodiyalbail, Kudmulranga Rao Rd, ✆ 0824/249 3536.
Zu den Reiseveranstaltern in der Falnir Rd zählen **Anand Travels**, ✆ 0824/244 6737, und **Ideal Travels**, ✆ 0824/242 4899, die auch Luxusbusse nach Bengaluru (7–8 Std., Rs300) und zwei Busse nach KOCHI/ERNAKULAM (20 und 21 Uhr, 9–10 Std., Rs340) unterhalten.

Eisenbahn

Der **Bahnhof** liegt an der Südseite der Innenstadt. Obwohl es Zugverbindungen von

Mangalore nach Goa und Mumbai gibt, ist zu beachten, dass die Durchgangszüge der Konkan Railway hier nicht halten. Bessere Zugverbindungen bieten sich in beide Richtungen im rund 10 km nördlich gelegenen Kankanadi oder in Kasargode, eine kurze Busfahrt über die Kerala-Grenze. Der schnelle Verna Passenger Nr. KR2 verlässt Mangalore tgl. um 6.50 Uhr Richtung Norden und braucht 6 1/4 Std. für die Fahrt nach MARGAO (Goa) via UDIPI und GOKARNA (3 3/4 Std.). Der ähnlich schnelle Matsyaganda Express (Nr. 12620), Abfahrt 14.40 Uhr, fährt über GOKARNA (4 Std.) und PANJIM (6 Std.) nach MUMBAI (14 Std.). Verbindungen Richtung Süden durch alle größeren Orte in Kerala nach THIRUVANANTHAPURAM sind z. B. der Malabar Express (Nr. 16630, Abfahrt 18.25 Uhr, 15 Std.). Madikeri ist nicht auf dem Schienenweg erreichbar. Mysore und Bengaluru sind über HASSAN zu erreichen.

Flüge

Der **Bajpe Airport**, 22 km nördlich der Stadt, ist mit Bus Nr. 22 oder 47A oder einem Taxi für Rs300–350 erreichbar.
Mangalore bietet Flugverbindungen mit Kingfisher und Jet Airways nach MUMBAI und BENGALURU sowie mit Kingfisher nach KOCHI. Außerdem gibt es regelmäßige Verbindungen in die Golfstaaten.

Nördlich von Mangalore

Egal ob Reisende die Konkan Railway oder den viel befahrenen NH-14, die beste Fernstraße Südindiens, für die Fahrt entlang der **Karavali-Küste** in Karnataka wählen: Die Strecke zwischen Goa und Mangalore zählt zu den landschaftlich schönsten des ganzen Landes. Die Straße – vom hiesigen Fremdenverkehrsamt als „The Sapphire Route" betitelt – durchquert zahllose von Palmen und Mangroven gesäumte Flussmündungen und mehrere Ausläufer der Westghats, die hier bis einen Steinwurf ans Meer heranreichen, während die Eisenbahnstrecke relativ flach verläuft. Unterwegs eröffnen sich traumhafte Ausblicke über lange, menschenleere Strände und tiefblaue Buchten.

Die Highlights sind der Pilgerort **Udipi** mit einem berühmten Krishna-Tempel und **Gokarna**, ein weiteres bedeutendes hinduistisches Zentrum, das Zugang zu wunderbaren, unerschlossenen Stränden bietet. Eine kürzlich ausgebaute Straße führt durchs Binnenland und über die Berge zu den **Jog Falls**, dem höchsten Wasserfall Indiens, der auch von Osten her besucht werden kann.

Udipi

An der Westküste, 60 km nördlich von Mangalore, liegt Udipi (auch Udupi geschrieben), eines der heiligsten Vaishnava-Zentren Südindiens. Hier wurde der Hindu-Heilige **Madhva** (1238–1317) geboren. Der **Krishna-Tempel** sowie die *maths* (Klöster), die er gründete, sind alljährlich Ziel Hunderttausender von Pilgern. Am größten ist das Gedränge im Spätwinter, wenn in der Stadt mehrere aufwendige **Car Festivals** veranstaltet werden, bei denen mit riesigen Aufbauten geschmückte Wagen durch die Straßen um den Tempel gezogen werden. Aber auch wenn gerade kein Fest stattfindet, lohnt Udipi eine Unterbrechung auf der Fahrt entlang der Karavali-Küste. In der von *pujaris* und Pilgern wimmelnden Tempelanlage herrscht eine wundervolle Atmosphäre.

Der Krishna-Tempel und die Maths

Udipis **Krishna-Tempel**, umgeben von den acht *maths,* die Madhva im 13. Jh. errichtete, liegt zu Fuß fünf Minuten östlich der Hauptstraße. Die Statue im Inneren soll der Heilige selbst entdeckt haben, nachdem er einen Schiffbruch verhinderte. Der dankbare Kapitän bot Madhva daraufhin seine ganze wertvolle Schiffsladung an, doch der heilige Mann bat nur um einen Ballastklotz. Er brach diesen auf und enthüllte ein perfektes Bildnis von Krishna. Dieses Götterbild, das nach Überzeugung der Gläubigen die Essenz *(sannidhya)* des Gottes enthält, zieht einen ständigen Pilgerstrom an und steht im Mittelpunkt fast ununterbrochener Rituale. *Acha-*

Kambla

Wer zwischen Oktober und April in der Gegend zwischen Mangalore und Bhatkal unterwegs ist und eine rund um ein überflutetes Reisfeld versammelte Menschenmenge sieht, sollte anhalten und dem Rennsport huldigen – dem karnatischen wohlgemerkt. Nur wenige Besucher aus dem Westen kommen in den Genuss der spektakulären ländlichen Sportart **Kambla** (Büffelrennen), die im südlichsten Bezirk an der Küste von Karnataka (bekannt als Dakshina Kannada) betrieben wird. Aber dieses Ereignis ist es auf jeden Fall wert, dass man die Augen danach offen hält.

An jedem **Büffelrennen** nehmen zwei Wettkämpfer teil, gewöhnlich Reisbauern aus der Gegend: Sie „reiten" auf einem hölzernen Pflugbrett, das von einem Büffelpaar gezogen wird. Ziel ist es, das andere Ende des Feldes als Erster zu erreichen, aber es wird auch der Stil bewertet und die „Reiter" bekommen Extrapunkte (und jede Menge Applaus vom Publikum), wenn das schlammige Wasser, das von den Pflugbrettern hochspritzt, die weißen Banner *(thoranam)* erreicht, die die Wettkampfstätte in sechs bis acht Metern Höhe überspannen.

Normalerweise werden diese Renntage von reichen Landbesitzern veranstaltet, die eigens für diesen Zweck Felder zur Verfügung stellen. Die Dorfbewohner kommen dann aus der ganzen Gegend, sowohl zu den Rennen selbst als auch zum gleichzeitig stattfindenden **Jahrmarkt** *(shendi)*; Gruppen von Männern schauen dann Hahnenkämpfen zu *(korikatta)*, Frauen feilschen mit den Verkäufern von Armreifen und die Kinder streifen umher und lutschen die Bonbons der Gegend, *kathambdi goolay*. Es gilt als sehr prestigeträchtig, solch ein Fest auszurichten, noch dazu, wenn die eigenen Büffel ein Wettrennen gewinnen oder gar Gesamtsieger werden. Die **Rennbüffel** (*yeru* auf Kannada) sind Vollblüter, die nur selten oder auch gar nicht zur Arbeit herangezogen werden. Sie werden von ihren Besitzern verwöhnt und werden vor den großen Rennen, bei denen oft große Geldsummen verwettet werden, massiert, mit Öl eingerieben und von Priestern gesegnet.

ryas, d. h. Hohepriester aus einem der *maths*, bedienen den Gott. Sie führen außerdem *pujas* (5.30–20.45 Uhr) durch, die auch Nicht-Hindus zugänglich sind. Männer dürfen den Haupttempel nur mit nacktem Oberkörper betreten.

Die Angestellten des **Regional Resources Centre for the Performing Arts** im MGM College informieren über hiesige Feste und Veranstaltungen fernab vom üblichen Tourismusgeschehen. Die Sammlung des Zentrums umfasst Filme, Videos und Audioarchive. Eine weitere gute Informationsquelle ist die Broschüre *Udupi: an Introduction*, die an Ständen rund um die Tempelanlage verkauft wird und Hintergrundwissen zum Tempel und seinen vielfältigen Ritualen bietet.

Übernachtung und Essen

Als Wallfahrtsort hat Udipi eine gute Auswahl an günstigen Übernachtungsmöglichkeiten, die nur bei größeren Festen fast ausgebucht sind. Wie vom Geburtsort der *masala dosa* nicht anders zu erwarten, gibt es hier viele gute und einfache südindische Restaurants (darunter das **Adarsha** unter dem Hotel Janardhana), wo diese und andere vegetarische Favoriten auf der Speisekarte stehen. Wen es nach nichtvegetarischen Speisen oder Alkohol gelüstet, der muss auf eines der vornehmen Hotelrestaurants wie **Pisces** in der Sriram Residency zurückgreifen.

Durga International, unmittelbar westlich vom City-Busbahnhof, ✆ 0820/253 6971, ✉ durgahotel@yahoo.com. Luftige und gut geführte Lodge mit großer Auswahl an Zimmern (alle mit Bad und TV, einige auch mit AC) in den oberen Stockwerken eines Neubaublocks. ❷–❹

Janardhana, südlich vom KSRTC-Busbahnhof, ✆ 0820/252 3880, 📠 252 3887. Einfache, unterschiedlich große Zimmer mit Bad (größtenteils auch mit Kabel-TV) in einem recht schicken Hotel. ❷–❹

Sriram Residency, gegenüber der Hauptpost, ✆ 0820/253 0761, ✉ sriramresidency@indiatimes.com. Die nobelste Herberge im

Zentrum mit schickem Foyer, komfortablen AC-Zimmern, zwei Restaurants und einer Bar. ❸–❼

Sri Vidyasamudra Choultry, gegenüber dem Krishna-Tempel, ✆ 0820/252 0820. Die extrem einfache Lodge richtet sich vor allem an Pilger, aber auch Ausländer sind willkommen. Die vorderen Zimmer mit Blick auf den Tempel und den Teich bieten unglaublich viel Atmosphäre. ❶

Vyavahar Lodge, Kankads Rd, ✆ 0820/252 2568. Einfache, aber gastfreundliche und saubere Lodge zwischen Busbahnhöfen und Tempel. ❶–❷

Sonstiges

Geld

Geld wechselt die km Dutt-Filiale der **Canara Bank** in der Hauptstraße gleich südlich der Busbahnhöfe.

Informationen

Das **Tourist Office** befindet sich unweit des Tempels im Krishna Building, Car St, ✆ 0820/252 9718, ⌚ Mo–Sa 10–17.30 Uhr.

Internet

Internetzugang bietet u. a. **Netpoint** (Rs30 pro Std.), ganz in der Nähe der Busbahnhöfe.

Transport

Busse

Udipis drei Busbahnhöfe liegen unweit des öden Platzes im Stadtzentrum: Der KSRTC- und der private Busbahnhof bilden zusammen einen kaum voneinander zu unterscheidenden Sammelplatz für zahlreiche Busse nach MANGALORE und weitere Fernbusse nach MYSORE, BENGALURU und in Städte zwischen Nord-Kerala und Goa. Nach GOKARNA und JOG FALLS fahren so gut wie keine Direktbusse; man muss in KUMTA umsteigen. Der City-Busbahnhof liegt etwas weiter nördlich und dient Zielen in der Umgebung.

Eisenbahn

Der **Bahnhof** befindet sich in Indrali an der Manipal Road, 3 km außerhalb der Innenstadt; hier kommen täglich mindestens fünf Züge in Richtung MANGALORE bzw. GOA durch.

Jog Falls

In einer abgeschiedenen, dicht bewaldeten Ecke der Westghats, 240 km nordöstlich von Mangalore, liegen die Jog Falls, der höchste Wasserfall Indiens. Heutzutage ist er aber längst nicht mehr so spektakulär wie vor dem Bau des gewaltigen, flussaufwärts gelegenen Damms, der den Strom des Sharavati-Flusses über die senkrechten rot-braunen Sandsteinklippen gezähmt hat. Die Landschaft ist jedoch nach wie vor wunderschön: Dichtes Strauchwerk und Dschungel überziehen das spärlich bewohnte, gebirgige Terrain wie ein Teppich. An der gegenüberliegenden Seite der Schlucht hat man eine tolle Aussicht auf den Wasserfall, außer zur Monsunzeit, wenn Nebel und Regenwolken die Sicht trüben. Es ist aber sowieso nicht ratsam, in der Regenzeit herzukommen, denn die zusätzliche Wassermenge und die zahlreichen Blutegel lassen die ansonsten herrliche **Wanderung** ins Tal hinab zu einer echten Herausforderung werden. Wenn möglich, sollte man zwischen Oktober und Januar kommen. Der steile Wanderpfad beginnt gleich unterhalb des Busparkplatzes und schlängelt sich zum Wasser hinab, das zu einem erfrischenden Bad einlädt. Das dem Wasserfall gegenüberliegende Gelände wurde komplett neu gestaltet und bietet nunmehr attraktive Aussichtsmöglichkeiten, ein hübsch gestaltetes Empfangszentrum und ein beeindruckendes Eingangstor (unterschiedliche Zufahrtsgebühren für Fahrzeuge).

Übernachtung

Die Übernachtungsmöglichkeiten im Ort sind einigermaßen beschränkt und zum größten Teil ein Monopol von KSTDC, ✆ 08186/244732.

KSTDC Mayura Sharavathi, große, altmodische, aber gemütliche Zimmer in einem hässlichen Betonklotz, aber schöne Aussicht. ❸

KSTDC Tunga Tourist Home, näher am Empfangszentrum, ist bescheidener und bietet einfache DZ mit Bad sowie einen Schlafsaal (Rs100). ❷

Karnataka Power Corporation, gegenüberliegende Straßenseite, ✆ 08186/244742. Vermietet vier gemütliche Gästezimmer mit AC, sofern sie nicht von Firmenangehörigen belegt sind. ❹

Shimoga District PWD Inspection Bungalow, auf einem Hügel ca. 400 m westlich, ✆ 08186/244333. AC-Zimmer in hübscher Lage, bei denen ebenfalls Firmenangehörige Vorrecht haben. ❸

Youth Hostel, ✆ 08186/244251, 10 Min. zu Fuß die Straße nach Shimoga entlang. Sehr einfach und schäbig. ❶

Essen

Die KSTDC-Kantine **Mayura** neben dem Tunga Tourist Home serviert wie üblich ordentliche, aber nicht gerade aufregende Kost. Die übrigen Möglichkeiten beschränken sich auf eine Ansammlung kleiner *chai*-Stände und Geschäfte, die sich beim Empfangszentrum befinden – am besten davon ist das **Hotel Rashmita**.

Informationen

Tourist Office, im Obergeschoss des neuen Empfangszentrums, liefert Informationen über Transportmöglichkeiten und Fahrzeugverleih, ⏲ unregelmäßig, im Allgemeinen Mo–Sa 10–13.30 und 14.30–17.30 Uhr.

Transport

Mit dem **Bus** sind die Jog Falls seit der Fertigstellung des über die Ghats führenden NH-206 wesentlich leichter zu erreichen. Die Fahrzeit nach HONAVAR (4–6x tgl., 2 1/2 Std.), mit Anschluss an die Konkan Railway, und weiter nach KUMTA (2x tgl., 3 Std.), mit Anschluss nach GOKARNA, hat sich damit ebenfalls erheblich verringert. Derzeit fährt von den Jog Falls aus nur ein direkter Nachtbus tgl. nach UDIPI und weiter nach MANGALORE (9 Std.); ansonsten steigt man in Honavar um. Ein Bus nach PANJIM hält gegen Mitternacht in Jog Falls. Es verkehren stdl. Busse nach SHIMOGA, wo man in Busse nach HOSPET und HAMPI umsteigen kann.

Bessere Verbindungen bietet **Sagar** (30 km südöstlich), von wo aus Busse nach Shimoga, Udipi, Mysore, Hassan und Bengaluru fahren.

18 HIGHLIGHT

Gokarna

An einem breiten weißen Sandstrand vor der Kulisse der bewaldeten Ausläufer der Westghats liegt Gokarna, sechs Busstunden nördlich von Mangalore und Sitz eines der landschaftlich reizvollsten Heiligtümer Indiens. Dennoch blieb die kleine Küstenstadt – seit mehr als zwei Jahrtausenden ein Zentrum der Shaivas – lange Zeit vom westlichen Tourismus „verschont", bis es Anfang der 90er-Jahre alternative Neo-Hippies auf der Flucht vor der zunehmenden Kommerzialisierung Goas anzuziehen begann. Jetzt hat es einen festen Platz auf der touristischen Landkarte, aber die Zahl der Hindu-Wallfahrer übersteigt immer noch bei Weitem die der vor dem europäischen Winter geflohenen Ausländer, und der Ort hat sich seinen ureigenen Charakter bisher weitestgehend bewahren können.

Die Stadt

Gokarna besteht aus einer Ansammlung von Häusern mit Holzfronten und roten Terrakotta-Dächern rund um einen langen, L-förmigen Basar. Seine breite Hauptstraße – die **Car Street** – führt nach Westen zum Stadtstrand, einem sakralen Ort. In der Hindu-Mythologie ist dies die Stelle, an der Rudra (eine andere Bezeichnung für Shiva) nach einer geraumen Bußzeit durch das Ohr einer Kuh aus der Unterwelt wiedergeboren wurde. Gokarna beherbergt auch einen der mächtigsten *shivalinga* Indiens – den **Pranalingam**, den Ravana, der teuflische König von Lanka, hier abstellte, nachdem er ihn aus Shivas Heimstatt auf dem Berg Kailash im Himalaya entwendet hatte.

Bis zum heutigen Tag thront der *pranalingam* nun in Gokarna, im Innersten des mittelalterlichen **Tempels Shri Mahabaleshwar** am Westrand des Basars. Er gilt als dermaßen wunderkräftig, dass schon ein Blick genügt, um sich von hundert Sünden reinzuwaschen, sogar vom Mord an einem Brahmanen. Die Pilger rasieren sich den Kopf kahl, fasten und nehmen vor dem *darshan* ein rituelles Bad im Meer. Daher beginnt ein Wallfahrtsbesuch in Gokarna traditionellerweise am Strand, gefolgt von *puja* im **Tempel Shri Mahaganpati**, gleich östlich des Shri Mahabaleshwar, um dem elefantenhäuptigen Gott Ganesh Achtung zu erweisen. Da ein paar ausländische Besucher die Anstandsregeln verletzten, ist Touristen nun der Zutritt zu den wichtigsten Tempeln verwehrt, doch die Vorgänge im kleineren Shri Mahaganpati lassen sich gut vom Eingang des Tempels aus einsehen. Eine interessante heilige Stätte, die Ausländern offensteht, ist das **Bhandikeri Math**, ein Stückchen östlich des heiligen Teichs. Dieser 300 Jahre alte Tempel mit Bildungsstätte beherbergt Schreine für die Gottheiten Bhavani Shankar, Uma Maheshwar und Maruthi.

Die Strände

Ungeachtet der zahlreichen Tempel, Heiligtümer und Seen kommen die meisten westlichen Besucher der herrlichen Strände südlich des belebten Stadtstrandes wegen nach Gokarna. Viele hängen hier wochenlang ab, um sich der laxen Einstellung zu erfreuen und harte *bhang*-Lassis zu kippen.

Um zum Strandpfad zu gelangen, biegt man neben dem Tempel Shri Mahaganapati links von der Car Street ab und geht dann auf dem neu zementierten Pfad 20 Minuten hügelaufwärts und über ein Felsplateau zum **Kudlee Beach**. Dieser traumhafte, lange weiße Sandstrand im Schutze zweier steiler Felsvorsprünge wird mittlerweile von etwa 15 Hüttenunterkünften mit Restaurant und einem richtigen Hotel gesäumt. Dies ist der längste und breiteste der Strände um Gokarna; es gibt hier auch eine gute Brandung, aber das Schwimmen kann gefährlich sein.

Vom Kudlee sind es mindestens 20 Minuten Fußmarsch über die Landspitze bis zum nächsten Strand, dem wunderschönen **Om Beach**. Seinen Namen verdankt er den beiden halbmondförmigen Buchten, die dem Glück verheißenden Om-Symbol gleichen. Außer einem ein ganzes Stück vom Strand entfernten Luxusresort gibt es bislang in den Palmenhainen größtenteils nur leichte Hütten und Hängematten, die gewöhnlich zu Restaurants gehören, die eine immer breiter werdende Auswahl an Speisen anbieten. Eine Motor-Rikscha oder ein Taxi zum Om Beach kostet Rs100–150.

Die beiden abgelegensten Strände Gokarnas liegen weitere 30 Minuten Fußmarsch und Kletterei über die felsigen Hügel entfernt: Die Strände **Half-Moon** und **Paradise** sind – trotz der wenigen *chai*-Läden und äußerst einfachen Unterkünfte – in erster Linie etwas für Sonnenanbeter, die bereit sind, alles Lebensnotwendige hinzuschleppen. Wer die fast totale Einsamkeit sucht, ist hier richtig.

Übernachtung

Gokarna hat einige vernünftige Hotels und eine kleine Auswahl an Gästehäusern. Im Notfall lässt sich fast immer ein Bett in einer der Pilgerherbergen, den *dharamshalas,* auftreiben. Die Schlafsäle, klosterzellenähnlichen Zimmer und einfachen Waschgelegenheiten sind zwar vorwiegend für Hindus gedacht, aber wenn etwas frei ist, sind westliche Touristen willkommen. Mittlerweile gibt es an den Stränden immer mehr Unterkünfte, von einfachen Hütten bis zu ein paar neuen Resorts. Über Weihnachten und Neujahr können sich die Preise verdoppeln.

Ganga, am Nordende des Kudlee Beach, ✆ 08386/257195. Eine der etablierteren Unterkünfte am Strand mit einfachen Hütten, einem tollen Terrassenrestaurant und der schnellsten Internetverbindung am Kudlee Beach. ❶

Gokarn International, an der Hauptstraße in den Ort, ✆ 08386/256622, ✉ hotelgokarn@yahoo.com. Beliebtes preisgünstiges Hotel mittlerer Größe in einem vierstöckigen Gebäude am Stadtrand. Schnörkellose EZ bis Luxus-DZ

Meerblick und Entspannung

Nimmu House, in der Stadt, etwas südlich der Hauptstraße Richtung Kudlee Beach, ✆ 08386/256730, ✉ nimmuhouse@yahoo.com. Favorit der ausländischen Besucher. Die Unterkunft trägt den Namen der freundlichen, hilfsbereiten Dame, die sie leitet. Gepflegte DZ mit ordentlichen Matratzen im schönen modernen Block. Der ältere Teil ist heruntergekommener. Viele der oberen Zimmer bieten Balkone mit schöner Aussicht auf Strand und Meer. Außerdem gibt es einen ruhigen Hof zum Entspannen. ❶–❹

Gokarna

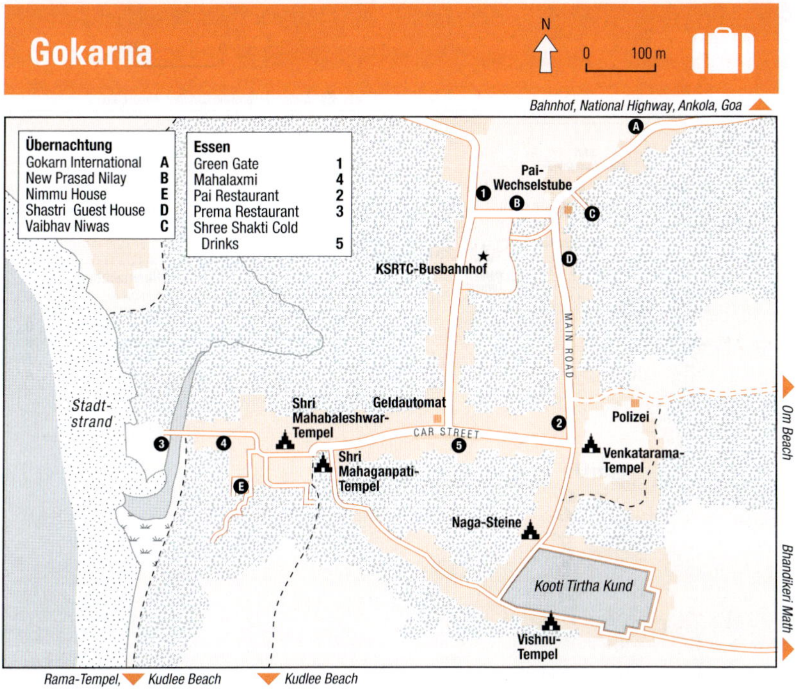

mit AC und Teppichfußboden. Die besseren Zimmer haben Balkone mit Blick auf die Palmen. Restaurant und Bar. ❷–❹

Gokarn International Beach Resort, Kudlee Beach, ✆ 08386/257843, ✉ hotelgokarn@yahoo.com. Kompaktes neues Hotel in eigenem Garten etwas zurückgesetzt vom Strand, komfortable Zimmer mit Kochnischen und Veranden, einige mit Blick aufs Meer. ❹

Hotel Look Sea, Kudlee Beach, ✆ 08386/657521. Einfache Hütten und Zimmer ohne Bad, einige mit tollem Strandblick. Morgens tolles Müsli, abends Fußball im TV und Bier. ❶

Namaste, am nordwestlichen Ende des Om Beach, ✆ 08386/257141. Eine der populäreren Unterkünfte am Strand mit gut gebauten Zimmern mit Bad. Alle Zimmer haben ein anderes Motto: In einem ist alles rund (inkl. Bett), ein anderes ähnelt einer Blockhütte. Telefon und Internet vorhanden. Außerdem gibt's ein nettes, schattiges Restaurant. ❷–❸

New Prasad Nilay, in einer Gasse beim Busbahnhof, ✆ 08386/257135. Sehr saubere Budgetunterkunft mit hilfsbereiter Leitung. Die teureren Zimmer haben Kabel-TV und Balkone. ❶–❷

Om Beach Resort, 1,5 km östlich der Stadt, ✆ 9448/579395, 💻 www.ombeachresort.com. Trotz des Namens liegt diese Anlage mit rund einem Dutzend geräumiger und nett eingerichteter Chalets im Kolonialstil näher bei der Stadt als beim Strand, hoch auf einem Hügel mit schöner Aussicht. Primär als Ayurveda-Gesundheitshotel konzipiert. Inkl. Frühstück. ❼

Shastri Guesthouse, 100 m östlich vom Busbahnhof, versteckt hinter der Shastri Clinic an der Hauptstraße, ✆ 08386/256220, ✉ shastriguesthouse@gmail.com. Ruhige Zimmer, manche mit Bad; superbillige Einzelbelegung. In der Hochsaison nur Rs50 teurer. ❶

SwaSwara, oberhalb des Om Beach, ✆ 0484/ 301 1711, 💻 www.swaswara.com.

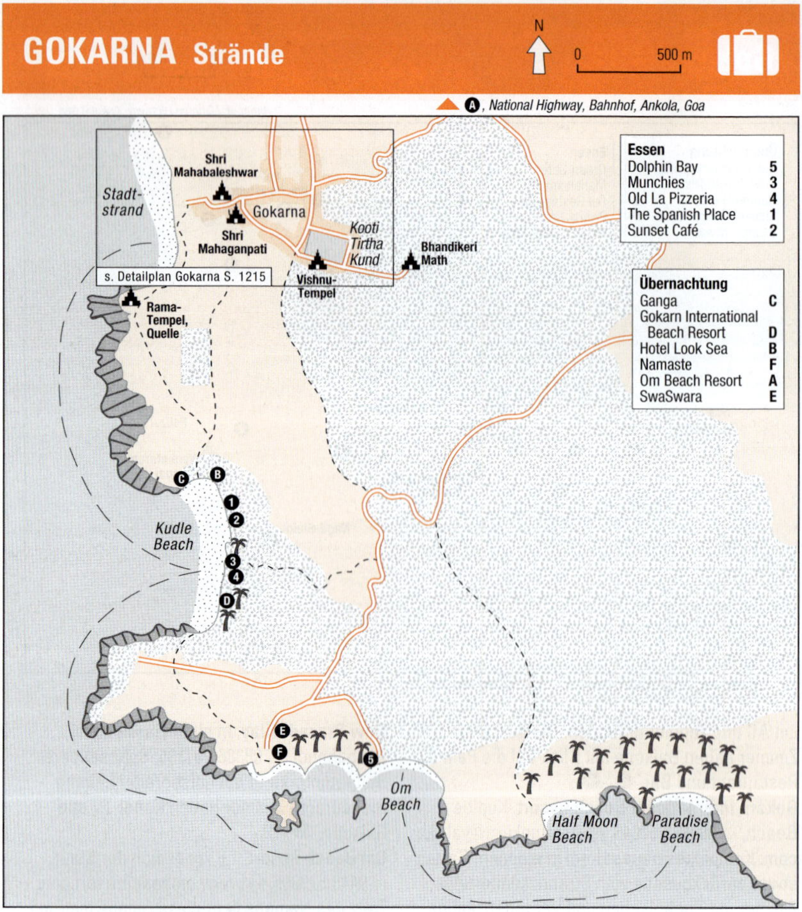

Das erste Luxus-Resorthotel in Gokarna, schöne Holzvillen auf Terrassen an einem Hügel oberhalb der Bucht. Pool, Yoga-Kuppel und Ayurveda-Zentrum, alles in weitläufigen Gärten. Mindestaufenthalt 5 Tage; All-inclusive-Pakete ca. US$2275 pro Villa. ❾

Vaibhav Nivas, abseits der Hauptstraße, weniger als 5 Min. vom Busbahnhof, ✆ 08386/ 256714. Freundliches, billiges und zu Recht begehrtes Guesthouse, das sich auf Ausländer spezialisiert hat. Mit Dachcafé/-restaurant, alle Zimmer mit Bad. ❶

Essen

In Gokarna selbst gibt es zahlreiche Esslokale, darunter viele gut besuchte „meals"-Läden in der Car St und der Hauptstraße. Die Strände säumen einige Lokale mit den typischen Traveller-Klassikern.

Dolphin Bay, am südöstlichen Abschnitt des Om Beach. Typisch relaxtes Lokal hinter dem Strand mit westlichen und indischen Speisen und einem guten Angebot an Lassis.

Green Gate, im Om Hotel, unweit des neuen Busbahnhofs. Das attraktivere der beiden Restaurants im Om Hotel bietet eine Auswahl an mexikanischen, italienischen und israelischen Gerichten, außerdem Fisch und *sizzlers* für ca. Rs100. Die Bar unten verfügt über einen kleinen Gartenbereich.

Mahalaxmi, am Richtung Strand weisenden Ende der Car St. Die Bedienung kann recht langsam sein, aber es gibt auch keinen Grund zur Eile, während man auf einer relaxten Dachterrasse mit Meerblick auf Bananen-Pfannkuchen, köstliche *dosas* und leckere vegetarische Currys wartet.

Munchies, am südlichen mittleren Abschnitt des Kudlee Beach. Eines der neueren Lokale am Kudlee Beach, mit Tischen im Schatten und köstlichem Seafood vom Grill und Currys.

Old La Pizzeria, Kudlee Beach. Eines der besseren Esslokale am Strand mit gemütlicher Atmosphäre drinnen und ein paar Tischen draußen im Sand. Hier gibt's mit die besten Pizzen (Rs100–120) Südindiens!

Pai Restaurant, Main Rd. Toll für frische, köstliche vegetarische *thalis, masala dosas,* knusprige *vadas,* Tee und Kaffee. Alles unter Rs50. Bis spät abends geöffnet.

Shree Shakti Cold Drinks, Car St. Leckere hausgemachte Erdnussbutter und frischer Käse, beides nach amerikanischem Rezept. Der Käse wird mit Brötchen, Knoblauch und Tomaten gereicht. Außerdem gibt's magenfüllende Toasties und cremige Lassis.

The Spanish Place, in der (nördlichen) Mitte des Kudlee Beach. Gute Nudelgerichte, Sandwiches, Süßigkeiten und cremige Lassis in relaxter Atmosphäre.

Eisspezialität für Leckermäuler

Prema Restaurant, am Richtung Strand weisenden Ende der Car St. Einladendes vegetarisches Lokal mit köstlichen dosas, tollen getoasteten Sandwiches und dem besten gadbad (üppige Eisspezialität) in der Stadt.

Sunset Café, in der Mitte des Kudlee Beach. Sehr beliebtes Restaurant mit verschiedenen vegetarischen, Huhn- und Seafood-Gerichten für etwa Rs60–150. Ein erstklassiges Plätzchen zum Genießen des Sonnenuntergangs bei einer herrlichen Meeresbrise.

Sonstiges

Bücher

Sri Radhakrisna, etwas östlich des Strands, hat eine gute Auswahl an indischer, spiritueller und fiktionaler Literatur.

Fahrradverleih

Räder vermietet ein Stand neben dem Pai Restaurant für Rs5 pro Std. oder Rs50 pro Tag.

Geld

Geld kann man im Om Hotel beim neuen Busbahnhof tauschen, doch den besten Wechselkurs hat **Pai STD** unweit des neuen Busbahnhofs; Pai STD ist nur eine von mehreren offiziellen Wechselstuben.

Es gibt mehrere Geldautomaten, einen der Karnataka Bank gegenüber vom Busbahnhof.

Joya Tours and Travels hinter dem Busbahnhof und gegenüber der Ram Dev Lodge tätigt gegen eine bescheidene Gebühr von 2 % Barauszahlungen auf MasterCard und Visa.

Internet

An der Car St im Ort und selbst an den Stränden gibt es zahlreiche Internetlokale (Rs40 pro Std.).

Medizinische Hilfe

Dr. Shastri, ✆ 08386/256220. Englisch sprechender Arzt, der von Langzeitgästen wärmstens empfohlen wird.

Post

Das Postamt befindet sich am östlichen Ende der Car St über einem kleinen Markt.

Transport

Busse

Der **KSRTC-Busbahnhof** befindet sich 300 m von der Car St und in Spaziernähe der dünn gesäten Unterkünfte.

Es gibt gute tägliche Direktbusverbindungen nach GOA (5 Std.) sowie zu mehreren Städten in Karnataka, darunter BENGALURU (13 Std.), HOSPET/HAMPI (10 Std.) und MYSORE (14 Std.) via MANGALORE (7 Std.) und UDIPI (6 Std.).
Verbindungen Richtung Norden nach GOA beginnen in ANKOLA an der Hauptküstenstraße.
Weitere Busse nach Hospet/Hampi sowie die besten Verbindungen zu den Jog Falls findet man in KUMTA.

Eisenbahn

Vom 9 km landeinwärts gelegenen **Bahnhof Gokarna Road**, zu erreichen mit Bus, Taxi und Motor-Rikscha (Rs150), verkehren mindestens zwei Züge täglich Richtung Norden und Süden. Die Züge nach MANGALORE (4 1/2 Std.) fahren um 1.45 und 16 Uhr, die Züge Richtung Norden nach GOA und MUMBAI um 10.45 und 19 Uhr. Ein paar Expresszüge halten hier einmal pro Woche, häufigere Expressverbindungen gibt es von Kumta und Ankola.
Zugfahrkarten kann man bei Joya Tours and Travels (siehe „Geld") buchen.

Hubli

Das 418 km nordwestlich von Bengaluru gelegene Hubli ist Karnatakas zweitgrößte Industriestadt. Neben den Verkehrsverbindungen nach Mumbai, Goa, an die Küste von Uttar Kanada (Nord-Karnataka), nach Hampi und zu anderen Zielen im Landesinneren hat die Stadt für Touristen nur wenig zu bieten.

Übernachtung

Hotel Ajanta, JC Nagar Rd, in Bahnhofsnähe, ✆ 0836/236 2216. Verschiedene Zimmer, darunter sehr billige EZ ohne Bad. ❶–❸
Kailash, Lamington Rd zwischen Bahnhof und Busbahnhof, ✆ 0836/235 2732. Angenehmes, effizient geführtes Hotel für Geschäftsleute mit preisgünstigen Zimmern mit AC und gutem Restaurant. ❷–❹
Shri Renuka Lodge, gegenüber City-Busbahnhof, ✆ 0836/225 3615. Groß und

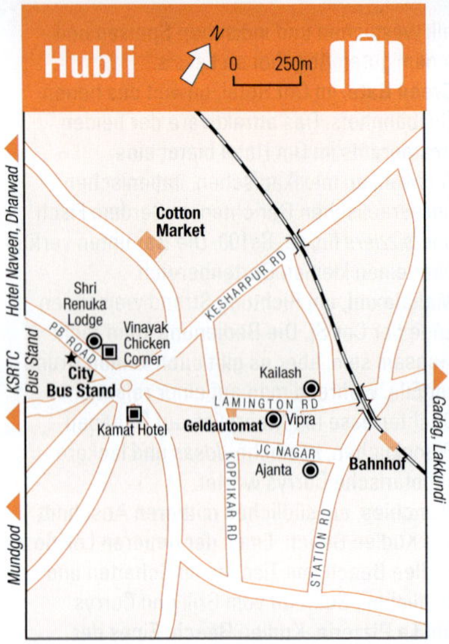

ordentlich geführt; eine gute Auswahl an guten Zimmern, einige mit AC; vegetarisches Restaurant. ❷–❹
Vipra, gegenüber vom Kailash, ✆ 0836/236 2336, ✉ vipratravels@satyam.net.in. Einfache Zimmer. ❶–❷.

Essen

Shri Renuka, im gleichnamigen Hotel. Zwei Bereiche, einer mit südindischer vegetarischer Küche und einer mit chinesischer und nordindischer Küche.
Kamat Hotel, in der Nähe der Verkehrsinsel an der Lamington Rd Richtung Busbahnhof. Das beste der unabhängigen Restaurants. Eine weitere Filiale befindet sich gegenüber dem Bahnhof.
Vinayak Chicken Corner, gegenüber vom City-Busbahnhof. Gut für billiges, nicht vegetarisches Essen und Bier.

Sonstiges

Geld

Am Bahnhof und auf halbem Weg die Lamington Rd hinunter Richtung City-Busbahnhof gibt es **Geldautomaten** der ICICI Bank.

Internet

E-Mails checken kann man im **I-way**, schräg gegenüber vom Ajanta, und im **Cybercafé** im Sri Naradmuni Complex, beide in der JC Nagar Rd, Rs20 pro Std.

Nahverkehr

Die besten Fortbewegungsmittel in der Stadt sind die Motor-Rikschas (mit Taxameter). Vor dem Bahnhof gibt es einen effizienten Kiosk für Rikschas, die im Voraus zu bezahlen sind.

Transport

Busse

Der effiziente **KSRTC-Busbahnhof** liegt 2 km südlich des Stadtzentrums und ist vom Bahnhof und vom chaotischen, 1 km westlich gelegenen City Bus Stand mit dem Bus zu erreichen.

Eisenbahn

Hublis **Bahnhof** liegt ganz in der Nähe des Stadtzentrums und ist nicht weit von mehreren Hotels entfernt. Von Hubli gibt es gute Verbindungen nach Bengaluru, Mumbai, Pune, Hassan und Hospet.

Hampi und Umgebung

Hospet

Die jeweils rund zehn Stunden von Bengaluru und Goa entfernt gelegene Stadt Hospet ist in erster Linie als Ausgangspunkt für einen Besuch der überwältigenden Ruinenstadt Hampi (Vijayanagar) 13 km nordöstlich von Interesse. Bei später Ankunft oder falls man einen gewissen Luxus nicht missen möchte, ist es sinnvoll, hier zu übernachten und am nächsten Morgen einen Bus oder ein Taxi zu den Ruinen zu nehmen.

Übernachtung und Essen

Krishna Palace, MG Rd, ✆ 08394/294300, 💻 www.krishnapalacehotel.com. Schickes neues Hotel mit zentralgesteuerter Klimaanlage und elegant eingerichteten Zimmern sowie üppiger Lobby. Bei Osteuropäern beliebt. ❼–❽

Malligi Tourist Home, 6/143 Jambunatha Rd, 2 Min. zu Fuß östlich der MG Rd (Wegweiser beachten) und des Busbahnhofs, ✆ 08394/228101, 💻 www.malligihotels.com. Inzwischen komplett renoviert, mit luxuriösen AC-Zimmern und -Suiten in mehreren durch gepflegte Rasenflächen getrennten Gebäuden. Großer Pool im Freien (Rs50 pro Std. für Besucher), Billard, Massagen, kleiner Buchladen, Internetzugang und effiziente Reiseagentur. ❼

Priyadarshini, MG Rd, ✆ 08394/228838. Große und schmucklose, aber saubere und preiswerte Zimmer, besonders günstig sind diejenigen mit AC (z. T. mit Balkon). Außerdem gibt's zwei gute Restaurants: das vegetarische Naivedyam und im Garten und das exzellente nicht-vegetarische Manasa mit Bar. ❺

Pushpak Lodge, MG Rd, ✆ 08394/421380. Einfache, aber saubere Zimmer mit Bad, die beste Unterkunft der untersten Preisklasse. Direkt beim Busbahnhof. ❷

Viele Hotels betreiben gute **Restaurants**. Im Hotel Malligi bieten das schicke, aber erschwingliche Restaurant Temptations und die Terrassenbar Waves abends gute Tandoori-Gerichte sowie kaltes Bier.

Shanbhog, ein ausgezeichnetes kleines Udipi-Restaurant beim Busbahnhof, bestens geeignet für eine Essenspause bzw. zum Frühstücken vor der Weiterfahrt nach Hampi, da es schon früh öffnet.

Sonstiges

Geld

State Bank of Mysore, neben dem Tourist Office, wechselt Reiseschecks und Bargeld.

State Bank of India, MG (Station) Rd, wechselt nur Bares.

Im **Hotel Malligi** werden Reiseschecks und Bargeld umgetauscht.

Informationen

Das **Tourist Office** am Rotary Circle, ✆ 08394/228537, bietet in beschränktem Umfang Informationen und verkauft Tickets für die KSTDC-Touren nach Hampi. 🕓 Mo–Sa, Juni–März 10–17.30, April und Mai 8–13.30 Uhr.

Internet

Cybernet, beim Busbahnhof, bietet Zugang für Rs40 pro Std.

Nahverkehr

Nach HAMPI (30 Min.) fahren bis etwa 19.30 Uhr regelmäßig Busse, einige über Kamalapuram. Mit der Motor-Rikscha kostet die Fahrt etwa Rs80–100; die Fahrer verlangen sicher mehr, also ist hartnäckiges Verhandeln angesagt. Bharat Motors, bei Rama Talkies, ✆ 08394/224704, verleiht (und verkauft) Enfield-Motorräder.

Transport

Busse

Der **Busbahnhof** liegt im Stadtzentrum, abseits der MG (Station) Rd, die vom Bahnhof nach Süden führt.

KSRTC-Busse verkehren zu allen möglichen Zielen in Karnataka, sind jedoch langsam; die einzigen akzeptablen Verbindungen sind die nach GADAG (alle 30 Min., 2 Std.), HUBLI (alle 30 Min., 3 Std.) und GUNTAKAL (stdl., 2 1/2–3 Std.), wo es dann jeweils bessere Anschlüsse per Bahn oder Bus gibt. Viele Reisende entscheiden sich für die scheinbar unkomplizierte Möglichkeit eines privaten Busses mit Schlafliegen nach GOA oder GOKARNA (19–20 Uhr, 9–10 Std., Rs600), betrieben von Paulo Travels, ✆ 08394/225867, Abfahrt neben dem Hotel Priyadarshini.

Leider sind diese Busse jedoch gewöhnlich überbucht und zu voll; wer nach Gokarna fährt, wird mitten in der Nacht in Ankola zum Umsteigen ausgeladen, auch wenn einem vorher das Gegenteil versichert wurde.

Reservierungen für Fernbusse erledigt das Fahrkartenbüro in der Haupthalle des Busbahnhofs, ⏲ tgl. 8–12 und 15–18 Uhr, wo sich auch eine Gepäckaufbewahrung befindet.

Eisenbahn

Der **Bahnhof** liegt 1,5 km nördlich des Stadtzentrums. Es gibt tgl. eine Direktverbindung nach BENGALURU, den Nachtzug Hampi Express Nr. 16591 (Abfahrt 20.45 Uhr, Ankunft 6.10 Uhr) sowie den tgl. verkehrenden Haripriya Express Nr. 17416 nach TIRUPATI (Abfahrt 22.05 Uhr, Ankunft 08.30 Uhr). Anschluss zur Küste und nach Goa gibt's in HUBLI (4x tgl., 3–4 Std.). Wer nach BADAMI und BIJAPUR

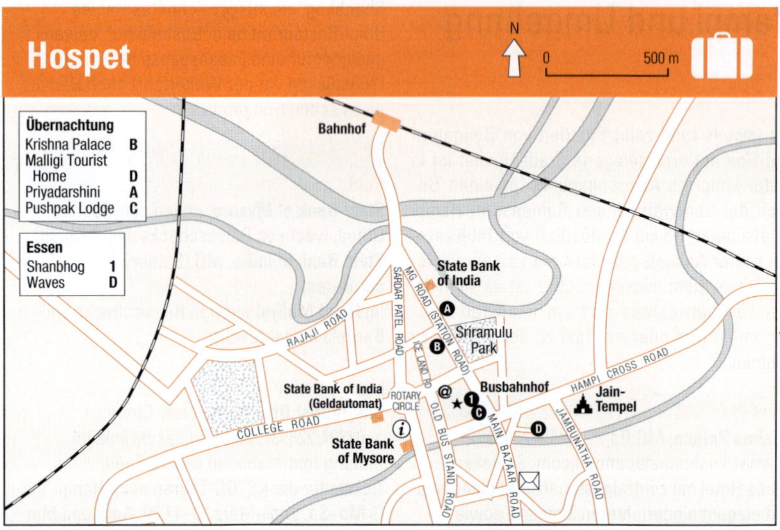

möchte, fährt nach GADAG (4x tgl., 1 1/4–2 Std.) und steigt dort in Richtung Norden um.
Am Bahnhof warten meistens viele Motor-Rikschas. Wer mit leichtem Gepäck reist, kann auch zu Fuß gehen.

19 HIGHLIGHT

Hampi (Vijayanagar)

Die Tempelruinenstadt Vijayanagar, die „Stadt des Sieges" (nach dem Hauptort auch Hampi genannt), erstreckt sich vom Südufer des Tungabhadra über ein surreal anmutendes Gelände mit riesigen goldbraunen Felsbrocken und grünen Bananenfeldern.

In der zweiten Hälfte des 16. Jhs. wurde die einst prächtige Hauptstadt eines Hindu-Reiches nach einer sechs Monate langen Belagerung durch moslemische Truppen zerstört. Nur Steine, Ziegel und Stuck – Götterfiguren, zerfallene Häuser und verlassene, von *gopuras* überragte Tempel – sowie das ausgeklügelte Bewässerungssystem überstanden die Brandschatzung.

Die meisten Baudenkmäler von Hampi sind in erbärmlichem Zustand und sehen viel älter als ihre 400 oder 500 Jahre aus. Doch die malerische Lage am Fluss und der Zauber, der über dieser seit Jahrhunderten, schon vor dem Bau der Stadt heiligen Stätte liegt, machen Vijayanagar zu einer der beeindruckendsten Sehenswürdigkeiten von ganz Indien. Viele können sich kaum mehr von hier losreißen und verbringen Wochen damit, in den Cafés herumzusitzen und zu den weißen Tempeln oben auf den Hügeln zu pilgern, um die traumhaften Sonnenuntergänge zu bewundern.

Geschichte

Laut Ramayana nahm die Niederlassung ihren Anfang als Kishkinda, regiert von den Affenkönigen Bali und Sugriva und deren Botschafter Hanuman. Die seltsamen Steine – manche gefährlich auf Bogen balancierend, andere zu kolossalen Haufen aufgetürmt – sollen von ihren Soldaten als Beweis ihrer Muskelkraft verstreut worden sein.

Der Aufstieg des **Vijayanagar-Reiches** in der ersten Hälfte des 14. Jhs. scheint in direktem Zusammenhang mit der Expansionspolitik der Sultane aus dem Norden, insbesondere von Malik Kafur und Mohammed-bin-Tughluq, zu stehen. Zwei hinduistische Brüder aus Andhra Pradesh, **Harihara und Bukka**, die als Schatzmeister in Kampila, 19 km östlich von Hampi, tätig waren, wurden von den Tughluqs gefangen genommen und nach Delhi gebracht, wo sie angeblich zum Islam übertraten. In der Annahme, sie zu treuen Gefolgsleuten gemacht zu haben, schickte das Delhi-Sultanat sie aus, Aufstände in Kampila zu unterdrücken, was sie auch taten. Allerdings schworen sie kurz darauf dem islamischen Glauben ab und kündigten ihre Loyalität gegenüber Delhi auf, um stattdessen ihr eigenes, unabhängiges Hindu-Königreich auszurufen. Innerhalb weniger Jahre beherrschten sie weite Landstriche von einer Küste bis zur anderen. 1343 errichteten sie ihre neue Hauptstadt Vijayanagar am Südufer des Tungabhadra, einem Gebiet, das den Hindus seit Langem heilig war. Ihre Glanzzeit erlebte die Stadt unter der Herrschaft von **Krishna Deva Raya** (1509–29), als sie praktisch das Monopol über den lukrativen Handel mit arabischen Pferden und indischen Gewürzen besaß, der in den Küstenhäfen abgewickelt wurde.

Zu dieser Zeit war Vijayanagar die mächtigste Hindu-Hauptstadt des Dekkan. Reisende wie der portugiesische Chronist Domingo Paez, der sich hier von 1520–22 aufhielt, waren überwältigt von ihrer Ausdehnung und ihrem Reichtum. Sie berichteten von Märkten, die von Seide und Edelsteinen überquollen, von wunderschönen, juwelenbehangenen Kurtisanen, reich geschmückten Palästen und rauschenden Festen.

Dank ihrer günstigen Lage und massiven Verteidigungswälle war Vijayanagar so gut wie unangreifbar. 1565 jedoch ließ sich der Herrscher **Rama Raya**, nachdem er sich in die Belange hiesiger Moslemreiche eingemischt hatte, in eine Schlacht gegen ein Bündnis mehrerer Sultanate im Norden verwickeln und wurde schließlich besiegt. Rama Raya selbst wurde gefangen genommen und starb eines entsetzlichen Todes unter den Händen des Sultans von Ahmadnagar. Anschließend wurde Vijayanagar mehrmals geplündert und gebrandschatzt und die ruhmreichen Tage der Stadt waren zu Ende.

Die Ruinen

Das Gelände ist 26 km² groß, wobei die Ruinen sich aber überwiegend in zwei unterschiedliche Gruppen aufteilen lassen: Eine befindet sich im und um den **Hampi Bazaar** sowie am nahe gelegenen Flussufer und umfasst die am höchsten verehrte Gruppe von Tempeln und *ghats;* die andere konzentriert sich um den „königlichen Bezirk" – 3 km südlich des Flusses, unmittelbar nordwestlich des Dorfes **Kamalapuram** –, in dem sich die Überreste von Palästen, Pavillons, Elefantenställen, Wächterhäusern und Tempeln befinden. Zwischen beiden Abschnitten erstrecken sich ein langer, mit Felsbrocken übersäter Hügel und von uralten Bewässerungskanälen gespeiste Bananenplantagen.

Hampi Bazaar und Virupaksha-Tempel

Entlang der langen, schnurgeraden Hauptstraße von Hampi erstreckt sich vom Osteingang des Virupaksha-Tempels her in östlicher Richtung der **Hampi Bazaar**, wo man immer noch die Überreste des ehemaligen, säulenbestandenen Basars von Vijayanagar ausmachen kann, der heutzutage teilweise von dem belebten Marktplatz eingenommen wird. In vielen der 500 Jahre alten Häuser leben jetzt landlose Bauern.

Das Dorf beherrscht der **Virupaksha-Tempel**, der einen ständigen Pilgerstrom aus ganz Südindien anzieht. Er ist einer lokalen Erscheinungsform von Shiva, Virupaksha oder Pampapati genannt, gewidmet. Der auch unter dem Namen **Sri Virupaksha Swami** bekannte Tempel ist am lebendigsten und stimmungsvollsten zu den *arati* (Gebetszeiten: tgl. 6.30–8 und 18.30–20.30 Uhr). Die Anlage besteht aus zwei Höfen, jeder mit einem *gopura* versehen.

Eine Kolonnade umgibt den innersten Hof, in dem sich meistens dösende oder religiöse Lieder singende Pilger aufhalten. Wenn der Tempelelefant Lakshmi zugegen ist, erhalten Besucher seinen Segen, nachdem sie ihm eine Rupie in den Rüssel gelegt haben. Den in der Hofmitte befindlichen Haupttempel betritt man durch eine Mandapa, deren Säulen mit Tierfiguren verziert sind. Kostbare Zeichnungen aus der Vijayanagar-Ära schmücken die Decke der Mandapa und zeigen unter anderem Erscheinungsformen von Shiva, eine Prozession mit dem Weisen Vidyaranya, die zehn Inkarnationen Vishnus und Szenen aus dem Mahabharata. 🕓 tgl. 6.30–12.30 und 14–20.30 Uhr, Eintritt Rs2.

Die **Heilige Furt** im Fluss erreicht man vom nördlichen *gopura* des Virupaksha her oder aber, indem man dem Weg um den Tempel herum folgt, der an dem beeindruckenden **Tempelteich** vorbeiführt. Eine Mandapa überragt die Stufen, die früher zum Fluss führten – inzwischen ist er ein Stück entfernt. Am hiesigen Ufer fährt ein kleines Motorboot ab, das Dorfbewohner zu den Feldern und Touristen zum zunehmend beliebten Ortsteil **Virupapuragadda** bringt. Die durch die linke Ortshälfte führende Straße schlängelt sich schließlich zu einem 5 km östlich gelegenen Hanuman-Tempel hoch und weiter bis Anegondi – ein empfehlenswerter Rundgang.

Matanga Hill

Der beste Ort zum Genießen des Sonnenaufgangs ist der Felshügel unmittelbar östlich vom Hauptbasar. Am Ende der Hauptstraße windet sich ein uralter, inzwischen asphaltierter Pfad eine Anhöhe hinauf, auf deren höchstem Punkt der herrliche Tempel Achyutharaya (S. 1224) thront. Noch schönere Ausblicke entfalten sich im Verlauf des weiteren Aufstiegs auf den Matanga Hill, dessen Gipfel mit einem kleinen Steintempel (mit dem Namen Veerabhadra) ein ausgezeichneter Aussichtspunkt ist. Das Problem frühmorgendlicher Überfälle an diesem Pfad scheint nicht mehr so akut zu sein, es wird aber dennoch zur Wachsamkeit geraten, wenn man allein oder zu zweit unterwegs ist.

Der Uferweg

Um zum Vitthala-Tempel zu gelangen, geht man zunächst vom Virupaksha-Tempel den Hampi Bazaar entlang, wo eine riesige, monolithische **Nandi-Statue** auf den Haupttempel blickt. Unmittelbar davor folgt ein nach links abzweigender Weg, der regelmäßig von auf Trompetenschnecken blasenden Sadhus und in Lumpen gehüllten Bettlern bevölkert wird, dem Lauf des Flusses. Er führt an zwei Cafés und zahlreichen Heiligtümern vorbei, darunter ein Rama-Tempel,

Hampi / Vijayanagar

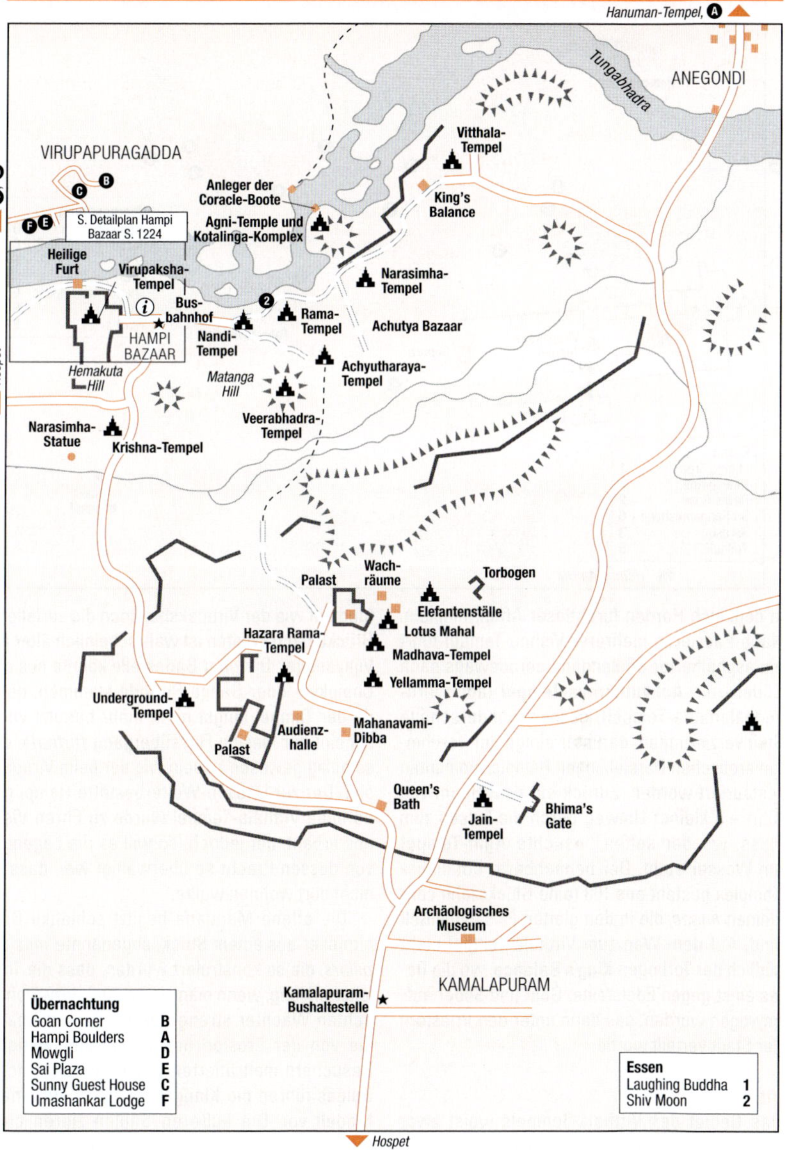

Karnataka

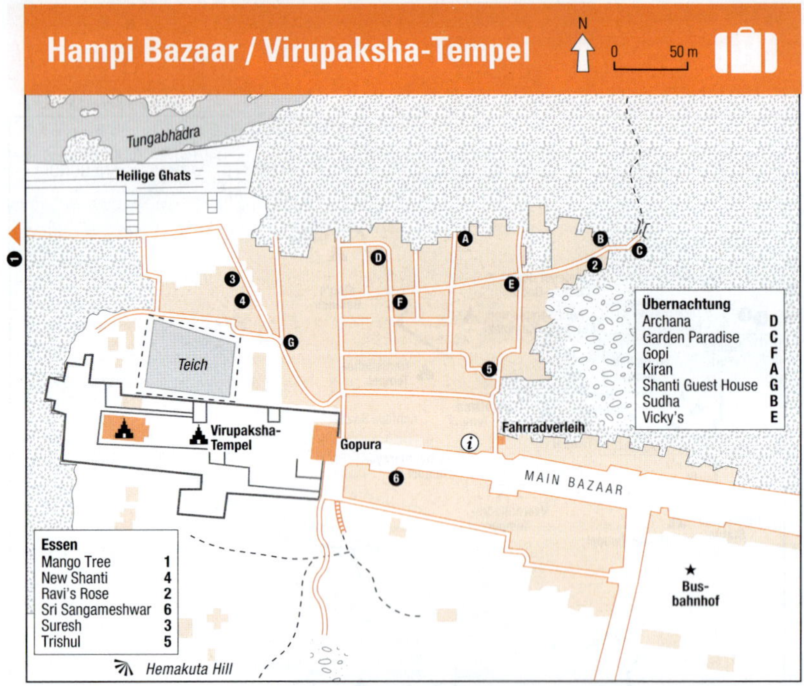

in dem sich Horden furchtloser Affen tummeln. Nach Passieren mehrerer Vishnu-Tempel führt ein asphaltierter Säulengang geradewegs nach Süden zum **Achyutharaya-Tempel** (auch Tiruvengalanatha-Tempel), dessen wunderschöne Steinverzierungen, darunter einige der berühmten erotischen Darstellungen Hampis, momentan restauriert werden. Zurück auf dem Hauptweg führt ein kleiner Umweg durch die Felsen zum Fluss, wo der selten besuchte **Agni-Tempel** am Wasser steht. Der benachbarte Kotalinga-Komplex besteht aus 108 (eine Glückszahl) sehr kleinen *lingas,* die in den glatten Fels gemeißelt sind. Auf dem Weg zum Vitthala-Tempel steht südlich der Torbogen **King's Balance**, wo die Rajas einst gegen Edelsteine, Gold und Silber aufgewogen wurden, das dann unter den Priestern der Stadt verteilt wurde.

Vitthala-Tempel

Das Gebiet des Vitthala-Tempels weist zwar nicht dieselben Spuren früher kultischer Bedeutung auf wie der Virupaksha, doch die zerfallene Brücke nach Westen ist wahrscheinlich älter als Vijayanagar. Die *ghat*-Badestelle könnte aus der Chalukya- oder Ganga-Periode stammen, doch da der Tempel längst nicht mehr benutzt wird, scheint der hiesige Flussübergang *(tirtha)* nicht so heilig gewesen zu sein wie der beim Virupaksha. Der zur Unesco-Welterbestätte Hampi gehörende Vitthala-Tempel wurde zu Ehren Vishnus erbaut, der jedoch (so will es die Legende) von dessen Pracht so überwältigt war, dass er nicht dort wohnen wollte.

Die offene Mandapa besitzt schlanke Granitpfeiler aus einem Stück, sogenannte *musical pillars,* die so konstruiert wurden, dass die Tonleiter erklang, wenn man sie anstieß. Inzwischen achten Wächter streng darauf, dass niemand die von der Erosion und zerstörungswütigen Besuchern malträtierten Säulen berührt, doch Guides führen die Klangkörper gern auf einem Modell vor. Die äußeren Säulen zieren charakteristische Vijayanagar-Darstellungen sich aufbäumender Pferde. Die Friese mit Löwen, Elefanten und Pferden an dem zerbröckelnden Gebäudesockel sind Beispiele bildhauerischer Sinnestäuschung – wenn man einen Teil des Tieres bedeckt, verwandelt es sich in ein anderes.

Östlich vor dem Tempel steht die steinerne Nachbildung eines Tempelwagens *(rath)* mit dem Bildnis von Garuda, Vishnus „Reit-Vogel". Die inzwischen einzementierten Räder des Vehikels drehten sich früher. ⌚ tgl. 6–18 Uhr, Eintritt Rs250. Die Eintrittskarte gilt auch für das Lotus Mahal, allerdings nur am selben Tag.

Anegondi und Umgebung

Wer genügend Zeit und Unternehmungsgeist hat, kann über den Tungabhadra nach Anegondi, im 14. Jh. Hauptquartier der Stadt, übersetzen. Hier befindet sich eine Festung aus der Prä-Vijayanagar-Zeit. Die beste Transportmöglichkeit ist ein rundes Binsenkorb-Coracle bei der Furt 1500 m östlich des Vitthala-Tempels; die Coracle-Boote werden mittlerweile mit Plastik verstärkt und befördern auch Fahrräder, mit denen sich die vielen Sehenswürdigkeiten in Hampi gut erkunden lassen. Die hier erbaute Brücke ist zusammengebrochen, und es gibt derzeit keine Pläne für einen Wiederaufbau.

Verlassene Tempel und Festungsanlagen überziehen das Dorf und dessen verträumte Umgebung. Der verfallene **Tempel Huchchappamatha** in der Nähe der Anlegestelle lohnt seiner schwarzen gedrechselten Steinsäulen und kunstvollen Tänzerfriese wegen einen Blick. Der **Aramani**, ein in Trümmern liegender Palast im Zentrum, befindet sich gegenüber dem Wohnhaus eines Abkömmlings der königlichen Familie. Der **Ranganatha-Tempel**, ebenfalls im Zentrum der Anlage, wird immer noch von Gläubigen genutzt. Die einzige **Übernachtungsmöglichkeit** hier bieten einige Privathäuser im Ort. Einfache Snacks gibt es im Hoova Café.

Auf dem Dorfplatz steht ein riesiger hölzerner Tempelwagen. Zum Abschluss einer 5 km langen Rundstrecke von Hampi (die einfachste Route, wenn man über einen fahrbaren Untersatz verfügt) wendet man sich an der Abzweigung unmittelbar nördlich des Dorfes nach links (Westen), fährt zwischen Zuckerrohrfeldern hindurch und kommt schließlich wieder in Virupapuragadda an. An der Strecke liegt auch der heilige **Pampla Sarovar**, erkennbar an einem Wegweiser, der nach links auf einen unbefestigten Weg zeigt. Der kleine Tempel oberhalb dieser rechteckigen Badestelle unter der Obhut eines *swami* (Heiligen), der voller Stolz die Fotos seiner Wallfahrt zum Mt. Kailash hervorkramen wird, ist der Göttin Lakshmi gewidmet und umfasst eine Höhle, in der ein Fußabdruck von Vishnu zu sehen ist. Wer in der Umgebung von Anegondi übernachtet, besucht diesen stillen, verzauberten Ort am besten in den frühen Abendstunden zum *arati* (Gebet).

Ein weiterer lohnenswerter Abstecher von der Straße führt zum kleinen, weißen **Hanuman-Tempel** hoch, der am Rand eines Hügels nördlich des Flusses klebt, von wo aus sich eine herrliche Aussicht über Hampi eröffnet, insbesondere bei Sonnenauf- oder -untergang. Der steile Anstieg dauert ungefähr eine halbe Stunde. Eine Alternative für den Rückweg besteht darin, dem Weg weitere 2 km zu folgen, bis man eine sehenswerte alte **Steinbrücke** aus der Vijayanagar-Zeit erreicht. Die Brücke führt nicht mehr ganz über den Fluss, doch unmittelbar westlich davon befördern Coracle-Boote Passagiere ans andere Ufer zu einem Anleger auf halber Strecke zwischen Vitthala-Tempel und Hampi Bazaar.

Hemakuta Hill und Umgebung

Direkt über dem Hampi Bazaar erhebt sich der von Tempeln aus der Prä-Vijayanagar-Zeit überzogene **Hemakuta Hill**. Die Tempel wurden wahrscheinlich zwischen dem 9. und 11. Jh. erbaut. Der Hauptgrund, hier hochzuklettern, ist abgesehen von der Architektur die herrliche Aussicht über die Ruinen und die sie umgebende Landschaft. Der steil abfallende Westrand des Hügels, von dem sich ein schöner Ausblick eröffnet, ist bei Sonnenuntergang Hampis Treffpunkt Nummer eins und zieht fast jeden Abend eine Menge verzückter Touristen, ein paar geschäftstüchtige *chai-wallahs* und kleine Jungen an, die in Hanuman-Kostümen für Fotos posieren.

An der Straße nach Süden, zur wichtigsten südlichen Ruinenansammlung hin, liegen ein paar interessante Bauwerke. Das erste davon, der von Mauern umgebene **Krishna-Tempelkomplex** westlich der Straße, datiert von 1513.

Er liegt zwar stellenweise in Trümmern, weist aber einige sehenswerte Ornamente und Sakralbauten auf.

Hampis begehrtestes Fotomotiv steht gleich südlich des Krishna-Tempels inmitten einer Umzäunung. Es ist eine bildhauerische Darstellung von Vishnu in seiner Inkarnation als Mensch-Löwe. Die aus einem Stück gehauene **Narasimha-Statue** mit hervorquellenden Augen und zum Lotussitz gekreuzten Beinen ist einer der größten Schätze von Vijayanagar.

Die südlichen Bauwerke

Die beeindruckendsten Überreste von Vijayanagar, die königlichen Bauwerke, liegen rund 3 km südlich des Hampi Bazaar über eine weitläufige Freifläche verstreut. Vor der Besichtigung ist es ratsam, sich in dem kleinen **Archäologischen Museum** in Kamalapuram sachkundig zu machen, das per Bus von Hospet oder Hampi aus erreichbar ist. Es zeigt Skulpturen, Waffen, Palmblattmanuskripte und Malereien aus Vijayanagar und Anegondi, doch das Highlight ist ein ausgezeichnetes, maßstabsgetreues Modell der Stadt, das einen hervorragenden Überblick über die Stätte gibt. ⌚ tgl. außer Fr 10–17 Uhr, Eintritt frei.

Bhima's Gate, Queen's Bath, Mahanavami-Dibba und King's Audience Hall

Der Weg zu den Monumenten ist gut ausgeschildert. Nach ungefähr 200 m erreicht man die teilweise eingestürzte, wuchtige **innere Stadtmauer**, die auf einer Länge von 32 km um die Stadt herum verläuft und an manchen Stellen bis zu 10 m hoch ist.

Das **Zitadellen-Viertel**, unmittelbar hinter der Mauer, war ursprünglich von einer weiteren Mauer mit Toren umschlossen, von denen nur noch einige Spuren zu sehen sind. Östlich davon steht ein kleiner **Jain-Tempel** aus dem 14. Jh., eine schlichte, schmucklose Pyramide. Dahinter befindet sich **Bhima's Gate**, einst eines der wichtigsten Stadttore, nach dem titanenhaften Pandava-Prinzen und Helden des *Mahabharata* benannt. Wie viele der Eingangstore bildet auch dieses keine gerade Front, sondern verlangt als besondere Schutzmaßnahme von jedem Hereinkommenden eine zweimalige Drehung um 90 Grad. Basreliefs zeigen religionsgeschichtliche Episoden, z. B. wie Bhima die Ehre seiner Frau Draupadi wiederherstellen will, indem er General Dushasana tötet. Draupadi hatte geschworen, ihr Haar nicht zu frisieren, solange Dushasana am Leben wäre; ein Fries zeigt, wie sie ihre Locken zusammenbindet, nachdem Dushasana tot ist.

Wieder zurück auf dem Pfad, ragt westlich die schmucklose Fassade des 15 m hohen, rechteckigen **Queen's Bath** auf, hinter der sich ein verschwenderisches Inneres verbirgt, zum Himmel hin offen und von Korridoren mit 24 verschiedenen Kuppeln eingerahmt. Acht Balkone gehen auf das ehemals mit Wasser gefüllte Becken hinaus, und es sind noch Spuren islamisch beeinflusster Stuckarbeiten erhalten. Hier pflegten die Damen des Königshauses zu baden, vor der Sonne durch Schirme geschützt, die in Halterungen auf dem Boden des Beckens befestigt wurden. Draußen ist die Wasserleitung zu sehen, die das Bad versorgte.

Geht man weiter nach Nordwesten, gelangt man zum **Mahanavami-Dibba**, dem „Haus des Sieges", das anlässlich eines erfolgreichen Feldzuges in Orissa erbaut wurde. In diesem 12 m hohen, pyramidenförmigen Gebäude auf viereckiger Grundmauer soll der König Geschenke ausgeteilt und Ehrenbezeugungen und Tribute entgegengenommen haben. Und von hier aus betrachtete er die glanzvollen Paraden, Musik- und Tanzdarbietungen, die Vorführungen martialischer Künste, Elefantenkämpfe und Tieropfer, mit denen das zehntägige, im ganzen Land berühmte Dussehra-Fest gefeiert wurde. Die Sockelwände werden von Steinfriesen geschmückt. Eine andere, weiter westlich gelegene Plattform – die größte von Vijayanagar – trug wahrscheinlich die **King's Audience Hall**. Die steinernen Sockel von hundert Säulen sind noch erhalten, in einer Anordnung, die Fragen über den Zweck des Gebäudes offen lässt, denn es gibt weder Durchgänge noch offene Flächen.

Lotus Mahal und Hazra Rama-Tempel

Das zweistöckige **Lotus Mahal**, etwas nördlich gelegen und Teil der **Zenana**, der Frauengemächer, war Krishna Deva Rayas königlicher Gemahlin vorbehalten: ein Ort, an dem sie lustwandeln und sich zurückziehen konnte, vor allem im Sommer. Der Pavillon, der einen stark indoislamischen Einfluss aufweist, ist zu ebener Erde offen; das nicht mehr zugängliche Obergeschoss ist mit Fenstern und Freibalkonen versehen. Der Graben rings um das Gebäude hat wahrscheinlich für Kühlung gesorgt. 🕓 tgl. 6–18 Uhr, Eintritt Rs250. Die Eintrittskarte berechtigt auch zum Besuch des Vitthala-Tempels am selben Tag.

Hinter dem Lotus Mahal liegen die **Elefantenställe**, eine Reihe hoher, mit Kuppeln versehener Räumlichkeiten mit Bogeneingängen. Es handelt sich dabei um die wichtigsten noch erhaltenen Sakralbauten Vijayanagars – sie belegen den hohen Stellenwert, der Elefanten zugemessen wurde, sowohl bei religiösen Zeremonien als auch in kriegerischen Auseinandersetzungen.

Wandert man vom Lotus Mahal nach Südwesten, kommt man vor Erreichen der Straße zum Hemakuta Hill an zwei Tempeln vorbei. Die rechteckige Begrenzungsmauer des kleinen **Hazara Rama** („Eintausend Ramas")-Tempels, der wahrscheinlich der private Palasttempel war, schmücken steinerne Medaillons und Friese, die Geschichten aus dem Ramayana erzählen.

Übernachtung

Hampi Bazaar ist dank der Nähe zu den Ruinenstätten, der Auswahl an Restaurants und den anderen vorhandenen Einrichtungen nach wie vor der beste Ort für eine Übernachtung. Es gibt keine schicken Hotels, dafür aber rund 40 Gästehäuser verschiedenster Größe und Ausstattung. Einige Reisende, insbesondere Israelis, übernachten lieber auf der anderen Flussseite in **Virupapuragadda**, das schnell weiter erschlossen wird und sich auch preislich an Hampi Bazaar angenähert hat. Die Übernachtungspreise sind das ganze Jahr über recht niedrig, abgesehen von der Hauptzeit von Weihnachten bis Mitte Februar; dann sind sie mindestens doppelt so hoch wie gewöhnlich.

Hampi Bazaar

Archana, von der Dorfmitte Richtung Fluss, ☎ 08394/241547, ✉ addihampi@yahoo.com. Die besten Zimmer befinden sich im Gebäude Richtung Fluss, mit Gemeinschaftsbalkonen und Dachterrasse. ❷

Gut versorgt

Mowgli, ganz am westlichen Ende der Hauptstraße, Virupapuragadda, ☎ 08394/329844, ✉ hampimowgli@hotmail.com. Verschiedene Zimmer mit gemütlichen Außensitzbereichen und Balkonen; einige bieten eine fantastische Aussicht. Es gibt ein einladendes Restaurant mit tollem Ausblick auf Reisfelder und den Fluss sowie jede Menge Service für Reisende. Preisgünstigste Unterkunft in Viru. Im Voraus buchen! ❶–❹

Garden Paradise, am äußersten nordöstlichen Ortsrand, ☎ 08394/652539. 5 Hütten mit und 7 Hütten ohne Bad in ausgezeichneter Lage am Fluss. Cooles Restaurant. ❶

Gopi, Dorfmitte, ☎ 08394/241695, ✉ kirangopi2002@yahoo.com. Eine der etablierteren Unterkünfte, mit kleinen, einfachen Zimmern. Kostenloser Yoga-Unterricht für Gäste. ❶–❷

Kiran, am Fluss, ☎ 08394/204159, ✉ gowdakiran96@yahoo.co.in. Einfache, kompakte, einigermaßen saubere Zimmer. Dachrestaurant mit schönem Blick auf Fluss und Tempel. ❶

Shanti Guest House, gleich nördlich des Virupaksha-Tempels, ☎ 08394/241568. Die äußerst beliebte Unterkunft bietet ca. ein Dutzend winziger 2-Bett-Zimmer auf zwei Stockwerken rings um einen grünen Innenhof: einfach (Gemeinschaftsbad), aber makellos sauber, alle Zimmer mit Ventilator und Fenster. ❶

Sudha, am nordöstlichen Dorfrand, ☎ 9481/042336. Eine der nettesten und freundlichsten Unterkünfte. Renovierte Zimmer, z. T. recht geräumig. Dachrestaurant mit tibetischer Küche. ❶–❸

Vicky's, 100 m nördlich des Tourist Office, ☎ 08394/241694. Kleine, saubere Zimmer, z. T. mit Bad. Freundlich und beliebt, vor allem wegen des Dachrestaurants. ❷

Auf der anderen Flussseite

Goan Corner, 500 m landeinwärts östlich des Bootsanlegers, Virupapuragadda, ☎ 9448/718951. Großer Komplex inmitten von Reisfeldern unweit der Felsen. Gute Auswahl an

Zimmern und Hütten, einige mit Bad, und betriebsames Restaurant. ❶–❷

Hampi Boulders, Narayanpet, Bandi Harlur, ✆ 08539/265939. Das kleine, originelle Resorthotel an einer Biegung des Tungabhadra ist die beste noblere Unterkunft, zu erreichen per Coracle-Boot und 6-km-Spaziergang oder einer halbstündigen Autofahrt von Hampi Bazaar. Zwei Kategorien von Cottages um riesige Felsbrocken herum; Palmen, Mangobäume und Bambus spenden Schatten. Die indischen Gerichte vom Buffet sind eher durchschnittlich. Natürlicher Felspool. ❽–❾

Sai Plaza, Virupapuragadda, ✆ 08533/287017, ✉ santoshgvt@yahoo.com. 15 einladende Bungalows rund um einen schönen Hofgarten; Restaurant mit köstlichen Lassis und Sandwiches und tollem Ausblick auf den Fluss. ❶

Sunny Guesthouse, Virupapuragadda, ✆ 08533/287005. Schön gestaltete Grünanlage mit Bungalows und mehreren kleinen Zimmern. Beliebtes Restaurant Sheesh Besh. ❶–❷

Umashankar Lodge, Virupapuragadda, ✆ 08533/287067. Gemütliche, beliebte Unterkunft mit kleinen, aber sauberen Zimmern mit Bad rings um einen grünen Innenhof. Die Zimmer oben sind etwas zu teuer. ❶–❷

Essen

Hampi besitzt viele auf Traveller zugeschnittene Restaurants, die in der Regel einfache, aber ordentliche Speisen anbieten. Einige der beliebtesten sind den Gästehäusern im Basar angegliedert, andere befinden sich in dem aufstrebenden Ortsteil Virupapurgadda.

Da Hampi eine heilige Stätte ist, herrscht überall Fleisch- und Alkoholverbot, aber einige wenige Lokale setzen sich darüber hinweg. Auf der anderen Flussseite gibt es keinerlei Beschränkungen.

Laughing Buddha, Virupapuragadda. Gut für Fleischgerichte wie Schnitzel, insgesamt relaxte Atmosphäre. Jeden Abend Filmvorführungen.

Mango Tree, 300 m hinter der Heiligen Furt. Das entspannte Lokal am Fluss auf einer Reihe von Steinterrassen wäre ein herrlicher Anlaufpunkt für einen Snack oder ein Getränk – wenn es hier nicht massenweise nervige Fliegen gäbe.

Umfangreiches Angebot

Trishul, in der neben dem Tourist Office abzweigenden Gasse. Bietet eine der umfangreichsten Speisekarten in Hampi, u. a. Hühnchen, Thunfisch, Lasagne, Pizza und leckere Desserts. Auch Bier ist manchmal erhältlich.

New Shanti, am Weg vom Virupaksha-Tempel den Fluss hinunter. Vor allem bekannt für seine köstlichen Kuchen und Brote, serviert aber auch indische und westliche Standardgerichte.

Ravi's Rose, am östlichen Dorfrand. Kleines Dachterrassenlokal, in dem es auf Wunsch authentisch scharfe Gerichte gibt. Gute Musikanlage und gute Lassis.

Shiv Moon, am Flussufer östlich des Ortes. Guter Ort zum Einkehren auf dem Weg zum oder vom Vitthala-Tempel. Auf der Speisekarte stehen Pasta und Standard-Currys.

Sri Sangameshwar, im Hauptbasar. Eines der authentischeren indischen Restaurants mit den besten *thalis* und *masala dosas* und ein paar westlichen Snacks.

Suresh, am Weg vom Virupaksha-Tempel den Fluss hinunter. Altbekanntes Restaurant mit Schwerpunkt auf Thunfisch, goanischen Gerichten und *momos* (tibetische Klöße).

Sonstiges

Fahrrad- und Motorradverleih

Fahrräder werden an Ständen im Umkreis der Unterkünfte angeboten und kosten Rs10 pro Std. bzw. Rs40–50 pro Tag. Radfahren ist auf Hampis holprigen Straßen allerdings eine anstrengende Angelegenheit, sodass ein motorisiertes Zweirad vorzuziehen ist. **Motorräder und -roller** können für ca. Rs150 pro Tag am **Raju-Stand** (beim Tourist Office um die Ecke) gemietet werden.

Geld und Reisebüro

Sneha Travels, Hauptbüro D131/11 Main St, nahe dem Virupaksha-Tempel, ✆ 08394/241590. Wechselt Bargeld, allerdings nicht zum besten Kurs, gibt Vorschuss auf Kreditkarten, verkauft Flug- und Bahn-**Tickets** sowie Fahrkarten für

Busse mit Schlafliegen nach Goa und Gokarna. Wer einen dieser Busse nehmen möchte, muss sich allerdings nach Hospet begeben. ⌚ tgl. 9–21 Uhr.

Informationen

Das **Tourist Office**, vom Busbahnhof ein Stück Richtung Virupaksha-Tempel, ✆ 08394/241339, hat nicht viel zu bieten, kann aber immerhin einen **Guide** für Rs800 pro Tag vermitteln. ⌚ tgl. außer Fr 10–17.30 Uhr.

Transport

Die Endhaltestelle der Busse aus Hospet liegt etwa auf halber Höhe der staubigen Hauptstraße von Hampi Bazaar, an der Ecke der Straße von/nach Hospet.

Chalukya-Bauten

Heute sind **Badami**, **Aihole** und **Pattadakal** – letzteres Weltkulturerbe – nur noch ruhige Dörfer, doch früher waren sie die Hauptstädte der Chalukyas, die zwischen dem 6. und 8. Jh. einen Großteil des Dekkan beherrschten. Die Zahl der **Tempel** in dieser Gegend ist unglaublich hoch.

Die Felsentempel von Badami und Aihole, stilverwandt mit jenen von Ellora in Maharashtra, zählen zu den wichtigsten ihrer Art. Unter den zahlreichen frei stehenden Tempeln befinden sich einige der frühesten Indiens, und nur hier kann man sowohl nördliche *(nagari)* als auch südliche *(dravida)* architektonische Stile Seite an Seite sehen.

Badami

Die von flachem Ackerland umgebene ehemalige Hauptstadt (543–757 n. Chr.) der Chalukyas Badami reicht nach Osten in eine Schlucht zwischen zwei roten Sandsteinhügeln hinein, überragt von zwei alten Festungsanlagen. Im Süden liegen zahlreiche Höhlentempel und im Norden stehen frühe Steintempel. Außerhalb von Badami liegt im Osten der künstliche See **Agastya**, der im 5. Jh. angelegt worden sein soll.

Dank seiner kleinen Auswahl an Hotels und Restaurants ist Badami eine ideale Ausgangsbasis zur Erkundung des Chalukya-Erbes in Aihole und Pattadakal. In und um Badami tummeln sich zahlreiche Affen-„Banden", insbesondere bei den Tempeln. Wer so unvorsichtig ist, etwas Essbares – oder was danach aussieht – aus der Tasche zu ziehen, muss mit einem recht unerfreulichen Massenansturm der frechen Tierchen rechnen.

Südfestung: Höhlentempel

Die ältesten Baudenkmäler Badamis, in der Umgebung der südlichen Festung gelegen, bestehen aus einer Gruppe in den roten Felssandstein gehauener Tempel aus dem 6. Jh., die über Stufen im Hang miteinander verbunden sind. Die ca. 15 m hoch gelegene **Cave 1**, ein Shiva-Tempel, ist wahrscheinlich der älteste Bau. Man betritt ihn durch eine dreifache Öffnung auf einen lang gestreckten Vorbau, der auf einem mit Darstellungen von Shivas Zwergen, den *ganas*, verzierten Sockel ruht.

Davor, links des Vorbaus, steht neben einem Nandi-Stier ein *dvarpala* (Torwächter). Rechts sieht man die wunderbare, 1,5 m hohe Statue eines 16-armigen, tanzenden Shiva, der eine Vina trägt.

Die etwas höher gelegene, ähnliche **Cave 2**, ein Vishnu-Tempel, beherbergt einige beeindruckende Skulpturen und Malereien. Stufen und Abschrägungen führen weiter nach oben, vorbei an einer natürlichen Höhle, in der sich eine kaputte Statue des buddhistischen Bodhisattva Padmapani („Der die Lotusblüte hält") befindet, und rechts über eine Felsspalte zur Festung hoch.

Cave 3 (578 n. Chr.) liegt unterhalb eines 30 m hohen Felsvorsprungs. Mit einer Fassade von 21 m Länge ist dies der größte Tempel der Gruppe. Er gilt seiner wunderbaren Skulpturen wegen auch als der schönste. Die Säulen sind ganz besonders kunstvoll gearbeitet; sie weisen männliche und weibliche Figuren, Lotusmotive und Medaillons mit Darstellungen von Liebespaaren auf.

Östlich von den anderen steht ein Jain-Tempel, **Cave 4**, der auf den See Agastya und die Ortschaft hinabschaut. Der sehr schlichte Tem-

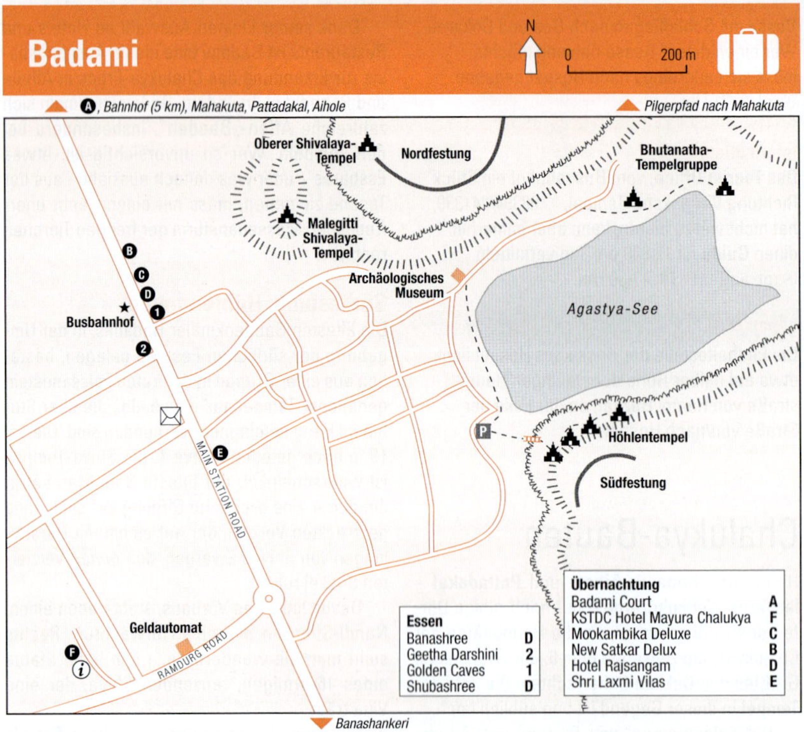

pel stammt aus dem 6. Jh., seine Wände zieren die 24 *tirthankaras*, zumeist ohne die ihnen zugeordneten Embleme.

Nach Besichtigung der Höhlen kann man zur Festung hochklettern und in östliche Richtung gehen, wo sich in den Felsen versteckt eine Steinplatte befindet, die neben einer Vielzahl von Göttern und Weisen Vishnu, auf die Schlange Adisesha gestützt, zeigt. Von hier aus kann man am Rand der Schlucht entlang und dann zu den **Bhutanatha-Tempeln** am See hinabwandern. Die Felstempel sind tgl. von Sonnenauf- bis -untergang geöffnet, Eintritt Rs100.

Nordfestung

Nördlich des Agastya-See befinden sich mehrere frei stehende, über Stufen erreichbare Tempel. Das kleine, in der Nähe gelegene **Archäologische Museum** beherbergt Statuen aus der Region, ◷ tgl. außer Fr 10–17 Uhr, Eintritt Rs2.

Der leider überwiegend in Trümmern liegende **Upper Shivalaya-Tempel** ist eines der frühesten Bauwerke der Chalukya-Periode. Seine Grundmauern zieren Szenen aus dem Leben Krishnas, und an den Mauern sind zwischen Pfeilern verschiedene Darstellungen von ihm zu sehen. Vom **Lower Shivalaya** sind nur das Sanktuarium und der Turm erhalten.

Der an einen Felsen geklebte **Malegitti Shivalaya** (spätes 7. Jh.) ist der sehenswerteste der im südlichen Stil erbauten frühen Chalukya-Tempel. An den Schrein grenzt ein Säulengang mit kleinen, durchbohrten Steinen und je einer Statue an beiden Seiten: Vishnu im Norden und Shiva im Süden.

Übernachtung

Badami Court, 2 km nördlich der Stadt, ✆ 08357/220230. Die 27 rings um einen Garten gelegenen Zimmer mit Bad sind schlicht, aber geräumig; es gibt Mahlzeiten und teures Bier. Der Swimmingpool steht Gästen, die nicht im Hotel wohnen, gegen eine Gebühr von Rs80 pro Std. zur Verfügung. ❹–❼

KSTDC Hotel Mayura Chalukya, Ramdurg Rd, ✆ 08357/220046. 10 recht große Zimmer, angenehmer Garten und durchschnittliches Restaurant. ❸–❹

Mookambika Deluxe, gegenüber dem Busbahnhof, ✆ 08357/220067, ✉ hotel mookambika@yahoo.com. Zweckmäßiges Mittelklassehotel mit einfachen DZ im Erdgeschoss und komfortablen neuen Zimmern mit AC im Obergeschoss. ❹–❻

New Satkar Delux, gleich nördlich des Busbahnhofs, ✆ 08357/220417. Freundliche Lodge mit ordentlichen Zimmern, besonders die saubereren und geräumigeren im ersten Stock. Außerdem Gartenrestaurant mit hervorragendem Essen (Tipp: *chicken Mughlai*). ❷–❺

Hotel Rajsangam, gegenüber vom Busbahnhof, ✆ 08357/221991. Teuerstes Hotel im Ort mit geräumigen EZ, Deluxe-DZ und Suiten mit Balkon. Zwei gute Restaurants: das vegetarische Banashree und das nicht-vegetarische Shubashree mit Bar. Inkl. Frühstück. ❹–❼

Shri Laxmi Vilas, 200 m südlich des Busbahnhofs, ✆ 08357/220077. Sehr einfache Zimmer und annehmbares vegetarisches Restaurant. ❶

Essen

Geetha Darshini, 100 m südlich vom Busbahnhof. Tolles südindisches Lokal, serviert himmlische *iddlis, vadas* und *dosas.* ⌚ So geschl..

Golden Caves, gleich südlich des Hotel Rajsangam. Gute und günstige nicht-vegetarische indische und chinesische Gerichte.

Sonstiges

Geld

Es gibt ein paar **Geldautomaten** in der Stadt, z. B. bei der Syndicate Bank gegenüber vom Busbahnhof und bei der SBI Richtung Touristeninformation.

Informationen

Das freundliche, aber unzuverlässig geöffnete **Tourist Office** im KSTDC-Hotel Mayura Chalukya (s. o.), ✆ 08357/220414, kann einen **Guide** vermitteln. ⌚ Mo–Sa, Juni–März 10–17.30 und April–Mai 8–13 Uhr.

Touren

Ambika Tours & Travels im Mookambika Deluxe veranstaltet Touren in Ambassador-Taxis zum annehmbaren Preis von Rs1100, die eine Besichtigung von Badami, Aihole und Pattadakal umfassen.

Transport

Busse

Vom **Busbahnhof** in Badami – mitten im Dorf an der Main Station Rd – fahren tgl. viele Busse nach GADAG (2 Std.), HUBLI (3 Std.) und BIJAPUR (4 Std.), außerdem zahlreiche weitere nach AIHOLE und PATTADAKAL.

Die Direktbusse nach HOSPET (5 Std.) fahren alle vor 8.30 Uhr ab; danach muss man in Gadag umsteigen.

Eisenbahn

Der Bahnhof liegt 5 km nördlich des Zentrums an einer mit Niembäumen gesäumten Straße. Für den Transport in den Ort stehen meistens Tongas (Rs30 oder Rs5 p. P. bei gemeinschaftlicher Nutzung) sowie Busse und Motor-Rikschas bereit.

Auf der Strecke von BIJAPUR über Badami nach GADAG fahren täglich zwei Züge in beide Richtungen.

Aihole

Das Dörfchen Aihole (Aivalli), in der Nähe des Flusses Malaprabha, besitzt nicht weniger als 125 Tempel aus der Chalukya- und der nachfolgenden Rashtrakuta-Ära (6.–12. Jh.). Sie stehen in Grüppchen innerhalb des Dorfes, in den Feldern ringsum und auf Felsausläufern. Viele von ihnen sind erstaunlich gut erhalten, obwohl sie als Unterstände und Viehställe genutzt werden. Aufgrund seiner geografischen Lage und der damals herrschenden architektonischen Experimentierfreudigkeit weist Aihole sowohl nördliche *(nagari)* als auch südliche *(dravida)* Tempel auf.

Zwei der Tempel sind Höhlentempel aus dem 6. Jh. Der hinduistische **Ravanaphadigudi**, nordöstlich der Dorfmitte, ein Shiva-Schrein mit einem dreifachen Eingang, enthält schöne Statuen von Mahishasuramardini, einem zehnarmigen Nateshan (der Vorläufer von Shiva Nataraja), der mit Parvati, Ganesh und den Sapta Matrikas („sieben Müttern") tanzt. Ein Stück weiter den das Dorf überschauenden Hügel im Südwesten hoch befindet sich ein zweistöckiger Höhlentempel, der abgesehen von Verzierungen am Eingang und einer Steinplatte an der oberen Veranda, die Buddha zeigt, schmucklos ist. Oben auf diesem Hügel steht der jainistische **Meguti-Tempel**, der vielleicht nie vollendet wurde; eine Inschrift an einer Außenmauer trägt die Jahreszahl 634. Man kann ins Obergeschoss hochklettern und die herrliche Aussicht über Aihole und die Landschaft genießen.

Der aus dem späten 7./frühen 8. Jh. stammende **Durga-Tempel**, einer der ungewöhnlichsten, kunstvollsten und größten von Aihole, steht in der Nähe anderer Tempel auf einem Freigelände der Archeological Survey-Anlage unweit der Dorfmitte. Er bezieht seinen Namen nicht von der Göttin Durga, sondern von dem Kannada-Wort *durgadagudi* („Tempel in der Nähe der Festung"). Eine Reihe von Säulen – viele mit Darstellungen von Liebespaaren – bildet einen offenen Wandelgang um das ganze Bauwerk herum. Weitere bildhauerische Meisterleistungen sind die Verzierungen am Eingang zur Mandapa sowie die Statuen in den Nischen an den Außenmauern des jetzt leeren, halbrunden Allerheiligsten. ◷ tgl. 6–18 Uhr, Eintritt Rs100.

In dem nahe gelegenen **Archäologischen Museum** kann man frühe Chalukya-Skulpturen betrachten und die Broschüre *Glorious Aihole* kaufen, die eine Übersichtskarte sowie nähere Erklärungen zu den Bauten enthält. ◷ tgl. außer Fr 10–17 Uhr, Eintritt frei.

Noch weiter südlich, hinter verschiedenen anderen Tempeln, liegt der **Ladh Khan** (benannt nach einem Moslem, der sich darin wohnlich niederließ), der vielleicht berühmteste Tempel von Aihole. Heute wird angenommen, dass er irgendwann zwischen dem Ende des 6. und dem 8. Jh. erbaut wurde. Früher hielt man seine Bauweise für eine der wegweisenden Indiens. Im Innern steht ein Nandi-Stier, neben der Rückwand befindet sich ein kleines Sanktuarium mit einem *shivalingam*. Sowohl der Lingam als auch der Nandi könnten erst später entstanden sein und das ursprüngliche Allerheiligste in der Mitte des Tempels gelegen haben.

Übernachtung und Essen

KSTDC Tourist Rest House, rund 5 Min. zu Fuß auf der Hauptstraße Richtung Norden vom Dorf weg, neben den Büros des ASI, ✆ 08351/234541. Klein, sauber und spartanisch; die einzige Übernachtungsmöglichkeit in Aihole. Auf Wunsch einfache, leckere Gerichte – während der häufigen Stromausfälle bei Kerzenschein. ❷

Kiran Bar, an der gleichen Straße, aber im Dorf, serviert Bier und härtere Sachen und hat auch ein Restaurant.

Transport

Busse fahren zwischen 5.30 und 21 Uhr 6x tgl. von Badami (1 1/2 Std.) via Pattadakal (45 Min.) nach AIHOLE; letzter Bus zurück um ca. 18 Uhr.

Pattadakal

Die Ortschaft Pattadakal, an einer Biegung des Flusses Malaprabha, 22 km von Badami entfernt, war im 7. und 8. Jh. die Krönungsstätte der Chalukya-Herrscher. Es ist denkbar, dass sie überhaupt nur zu Krönungszeremonien genutzt wurde. Wie in Badami und Aihole finden sich auch in dieser Gegend erlesene Chalukya-Bauwerke, darunter besonders große, stilistisch vollendete Beispiele; und ebenso wie in Aihole sind sowohl nördliche als auch südliche Baustile vertreten. Die Haupt-Tempelgruppe von Pattadakal steht innerhalb einer gepflegten Anlage in Dorfnähe und wurde zur Weltkulturerbe-Stätte ernannt. ◷ tgl. 6–18 Uhr, Eintritt Rs250.

Der älteste Tempel von allen, der **Sangameshvara**, zum Gedenken an seinen Erbauer Vijayaditya Satyashraya (696–733) auch **Shri Vijayeshvara-Tempel** genannt, weist typisch südliche Elemente auf. Die südlichen, Seite an Seite stehenden Tempel, der **Mallikarjuna** und der gewaltige **Virupaksha**, wurden beide im südlichen

Stil von zwei Schwestern erbaut, die einander auf den Thron von Vikramaditya II. (733–46) folgten. Zusammen mit dem Kanchipuram-Tempel in Tamil Nadu war der Virupaksha wahrscheinlich einer der größten und prächtigsten seiner Zeit in Indien. Die Säulen im Inneren zieren Szenen aus dem Ramayana und *Mahabharata,* während die im Mallikarjuna Geschichten aus dem Leben Krishnas erzählen.

Der größte im nördlichen Stil erbaute Tempel ist der weiter südlich gelegene **Papanatha**, der vermutlich nach dem Virupaksha im 8. Jh. erbaut wurde. Die Außenmauern zieren Flachreliefs (von denen einige, entgegen hiesiger Gepflogenheiten, mit den Initialen des Künstlers versehen sind) mit Darstellungen aus dem Ramayana, darunter Hanumans Affenarmee, an der Südmauer.

Von Pattadakal fahren regelmäßig staatliche Busse und stündlich Privatbusse nach Badami (45 Min.) und Aihole (45 Min.).

Es gibt keine touristischen Einrichtungen, abgesehen von ein paar Teebuden und Ständen, an denen kalte Getränke und Kokosnüsse verkauft werden.

Jedes Jahr Ende Januar findet in Pattadakal ein dreitägiges **Tanzfestival** statt, an dem Tänzer aus dem ganzen Land teilnehmen.

Bijapur und der äußerste Norden

Bijapur

Bijapur besitzt einige der schönsten islamischen Bauten des Dekkan und wird oft als „Agra des Südens" bezeichnet – nicht zu Unrecht, denn über 300 Jahre lang war es die Hauptstadt einer Reihe mächtiger Herrscher, deren Mausoleen, Moscheen, prächtige Verwaltungsgebäude und Festungen von einer Zeit unerhörten Wohlstands und künstlerischer Spitzenleistungen erzählen. Doch hier hören die Gemeinsamkeiten auch schon auf. Zwischen dem provinziellen Marktstädtchen Bijabur mit ganzen 210 000 Einwohnern und dem hektischen Treiben von Agra liegen Welten. Mit Ausnahme des mächtigen **Golgumbaz**, das Busladungen voller Tagesausflügler anzieht, verirren sich nur wenige Touristen zu seinen historischen Stätten, und das verwinkelte Stadtzentrum mit Grünflächen und Moscheen ist erstaunlich ruhig.

In der ersten Februarwoche findet in Bijapur jedes Jahr ein **Musikfestival** statt, das berühmte Interpreten der klassischen karnatischen (südindischen) und hindustanischen (nordindischen) Musiktradition anzieht.

Geschichte

Bijapurs Geschichte begann im 10. Jh. als **Vijayapura**, die „Stadt des Sieges" der Chalukyas. Zunächst von den hinduistischen Vijayanagars eingenommen, ging sie erstmals im 13. Jh. mit der Ankunft des Sultans von Delhi in moslemische Hände über. So wurde die Gegend einige Zeit von den Bahmanis verwaltet, doch erst nachdem die hiesigen Herrscher, die **Adil Shahis**, die Oberherrschaft von Bidar abschüttelten, indem sie die Bahmani-Garnison überwältigten und Bijapur zu ihrer Hauptstadt erklärten, begann der Aufstieg der Stadt.

Im späten 16. Jh. begruben die fünf moslemischen Dynastien – neben Bijapur Golconda, Ahmednagar, Bidar und Gulbarga – für kurze Zeit ihre Differenzen und schlossen einen **Militärpakt** mit dem Ziel der Abschaffung der Bahmani-Herrschaft und der Vernichtung der Vijayanagars.

Der Erfolg dieses Kriegszuges, bei dem Vijayanagar (Hampi) in Schutt und Asche gelegt wurde, begründete einen 200 Jahre währenden Bauboom in Bijapur, in dessen Verlauf die eindrucksvollsten Bauten der Stadt entstanden. Doch bald brachen die alten Feindseligkeiten zwischen den rivalisierenden Sultanaten des Dekkan wieder aus, und die Adil Shahis vergeudeten nach und nach den Inhalt der königlichen Schatzkammern in fruchtlosen Scharmützeln. Als im 18. Jh. die **Briten** auf dem Schauplatz erschienen, waren die Adil Shahis ausgeblutet und gingen ihrem Niedergang entgegen, wovon sie und ihre Hauptstadt sich nicht mehr erholen sollten.

Orientierung

Im Unterschied zu den meisten mittelalterlichen moslemischen Herrscherstädten besaß Bijapur keine natürliche Felsmauer, die vor Eindringlingen schützte. Daher ließen die Adil Shahis einen gewaltigen **Schutzwall** errichten. Die rund 10 km lange, rings um die Stadt gezogene Wehrmauer, mit Kanonen *(burjes)* und Wachtürmen versehen, wird von fünf *darwazas* (schwer gesicherten Stadttoren) und einigen kleineren Wachposten-Eingängen *(didis)* unterbrochen. Weitere zinnenbewehrte Festungsmauern umgaben die in der Stadtmitte gelegene **Zitadelle**, wo sich die Gemächer der Sultane und die Durbarhalle befanden. Die **Grabstätten** der Adil Shahis liegen am Stadtrand verstreut, die meisten der wichtigsten **Moscheen** südöstlich der Zitadelle.

Golgumbaz

Das riesige Golgumbaz-Mausoleum, das berühmteste Bauwerk Bijapurs, überragt die östliche Stadtmauer und ist kilometerweit zu sehen. Es wurde gegen Ende der Adil Shahi-Herrschaft erbaut und ist ein passendes Denkmal für eine kurz vor dem Niedergang stehende Dynastie: pompös, dekadent und schlecht proportioniert, dafür im ganz großen Maßstab angelegt.

Die kubische Grabstätte rings um eine 170 m² große Halle krönt eine halbrunde **Kuppel**, nach dem Petersdom in Rom (nur 5 m breiter) die zweitgrößte der Welt. Wendeltreppen führen zu den vier siebenstöckigen, achteckigen Türmen hoch. Sie stützen die berühmte **Whispering Gallery**, einen 3 m breiten Wandelgang rings um das Innere der Kuppel, von wo aus man beim (vorsichtigen) Hinunterschauen eine Ahnung von den unglaublichen Ausmaßen des Baus bekommt. Wer gleich zu Beginn der Öffnungszeit herkommt – vor Eintreffen der Besuchergruppen –, kann die ungewöhnliche Akustik ausprobieren. Von der Brüstung genießt man eine wunderschöne **Aussicht**.

Auf einem Sockel mitten in der Halle unten ruhen die Grabsteine jener Herrscher, die Golgumbaz erbauen ließen: **Mohammed Adil Shah** neben seiner Frau, seiner Tochter, seinem Enkelsohn und seiner Lieblings-Kurtisane Rambha. In einer Ecke der Anlage steht ein schlichter, weißer Tempel zu Ehren eines Sufi-Heiligen der Adil Shahi-Ära, **Hashim Pir**. Der Tempel steht im Mittelpunkt des alljährlich um den Februar herum stattfindenden dreitägigen *urs*, zu dem sich *qawwals*, Sänger religiöser Lieder *(qawwali)*, versammeln. ⏲ tgl. 6–18 Uhr, Eintritt Rs100.

Jama Masjid

Weniger als 1 km südwestlich des Golgumbaz thront die Jama Masjid über dem Stadtviertel, das im 19. Jh. unter dem Nizam von Hyderabad das Zentrum Bijapurs darstellte. Sie wurde von Ali Adil Shah, jenem Herrscher, der die Stadtmauer und die Wasserleitung erbauen ließ, zum Gedächtnis an seinen Sieg über die Vijayanagars während der Schlacht von Talikota 1565 in Auftrag gegeben und gilt als eine der schönsten Moscheen Indiens. Da es sich um eine aktive Gebetsstätte handelt, ist entsprechend dezente Kleidung vorgeschrieben (keine Shorts, keine Röcke).

Die mit Bogengängen und Reihen dicker Säulen versehene Gebetshalle besticht durch Schlichtheit und Zurückhaltung. Der einzige Schmuck, abgesehen von geometrischen Mustern hier und da und Spuren gelber, blauer und grüner Kacheln, findet sich im *mihrab*, der nach Westen (Mekka) gewandten Gebetsnische, die mit Blattgold und erlesener Kalligrafie ausgestaltet ist. In den Marmorfußboden der Halle ist ein Netz aus 2500 Rechtecken eingelassen, die sogenannten *musallahs* (nach den Gebetsmatten, *musallah*, die die Gläubigen in die Moschee mitbringen). Diese ließ der Mogul-Kaiser Aurangzeb anbringen, angeblich als Entschädigung für die Samtteppiche, die lange Goldkette und andere Wertsachen, die sich in der Gebetshalle befanden und mit denen er sich aus dem Staub machte.

Mithari Mahal und Astar Mahal

Geht man von der Jama Masjid nach Westen, ist das erste Bauwerk von Bedeutung ein kleines, kunstvoll gearbeitetes Wächterhaus am Südrand der Straße. Ungeachtet seines bescheidenen Umfangs ist das zierliche, dreistöckige **Mithari Mahal** mit seinen reich verzierten Fenstern und den Minaretten in jeder Ecke eines der schönsten Gebäude von Bijapur. Es geht ebenfalls auf Ali Adil Shah zurück, der es zusammen mit der dahinter befindlichen Moschee unter Verwendung von Geschenken errichten

Bijapur

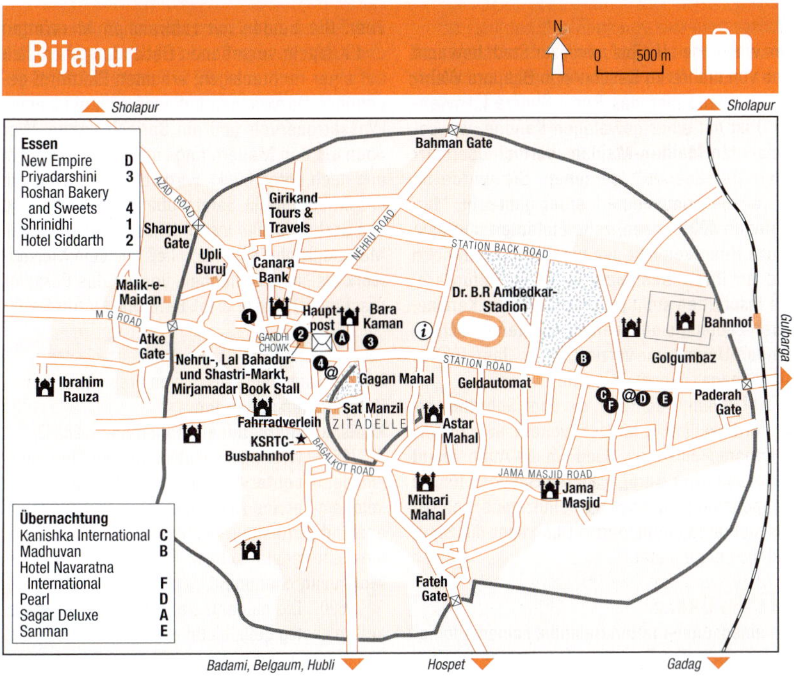

ließ, die er anlässlich eines Staatsbesuchs in Vijayanagar erhielt.

Auf der Gasse, die gegenüber dem Mithari Mahal nach Norden führt, gelangt man zum verfallenen **Astar Mahal**, einer großen, vorne offenen Halle mit einem großen Wasserbecken davor. Das 1646 von Mohammed Adil Shah als Gericht erbaute Gebäude wurde später dazu auserkoren, Haare aus dem Bart des Propheten zu beherbergen und erlangte so den Titel **Asar-i-Sharif**, „Ort illustrer Reliquien". Frauen ist der Eintritt und der Zugang zum Obergeschoss, wo sich 15 Nischen mit mittelmäßigen Malereien befinden, theoretisch untersagt, doch gegen etwas Bakschisch schließt eines der sich hier aufhaltenden Mädchen die Türen auf.

Die Zitadelle

Die Zitadelle in der Mitte der Stadt ist außer an der Nordseite von Brustwehren umschlossen. Die meisten Bauten im Inneren sind eingefallen oder wurden in staatliche Büros verwandelt, aber es ist immer noch genug erhalten, um eine Vorstellung der ehemaligen Pracht zu vermitteln.

Die am besten erhaltenen Bauten liegen an oder in der Nähe der Haupt-Nord-Süd-Achse, der Anand Mahal Road, zu erreichen entlang der südöstlichen Mauer vom Asar Mahal her. Auf letzterer Strecke gelangt man zuerst zum **Gagan Mahal**. Der heute in Trümmern liegende ehemalige „Himmlische Palast" von Ali Adil Shah diente später den Sultanen als Empfangshalle. Sie präsentierten sich im Hofstaat, auf der Plattform an der offenen Nordseite sitzend, vor der auf dem gegenüberliegenden Gelände versammelten, staunenden Menge. Der westlich, abseits der Anand Mahal Road gelegene, fünfstöckige **Sat Manzil** war das Lustschlösschen der Kurtisane Rambha, die zusammen mit Mohammed Adil Shah und dessen Familie im Golgumbaz ihre letzte Ruhestätte fand. Vor dem Gebäude steht (mittlerweile auf dem Trockenen) der reich verzierte Wasserpavillon **Jal Mandir**.

Malik-e-Maidan und Upli Buruj

Den westlichen Hauptzugang zur Stadt bewacht eine von mehreren Bastionen in Bijapurs Wehrmauer. Diese hier, das Burj-i-Sherza („Löwen-Tor") ist mit einer gewaltigen Kanone, der sogenannten **Malik-e-Maidan**, wörtlich übersetzt „Herr der Ebenen", versehen. Sie wurde im 16. Jh. als Kriegsbeute hierher gebracht. Man brauchte 400 Ochsen, zehn Elefanten und eine ganze Heereseinheit, um sie die Treppen hoch und an ihren Bestimmungsort zu befördern. Auf Inschriften steht zu lesen, dass die Kanone, deren Lauf mit einem einen Elefanten verschlingenden Ungeheuer verziert ist, im Jahr 1551 in Ahmednagar gegossen wurde.

Auf einem Wachturm, ein paar Schritte weiter nordwestlich, sind noch weitere, ausrangierte Kanonen zu sehen. Rund um die Außenwand der ovalen **Upli Buruj**, „Oberen Bastion" führen Treppenstufen zu einem Geschützstand, von wo aus sich ein ungehinderter Blick über die Stadt und die Ebene bietet.

Ibrahim Rauza

Auf einem ummauerten Gelände, keinen Kilometer westlich des Schutzwalles, ist das Ibrahim Rauza ein leuchtendes Beispiel der architektonischen Kunstfertigkeit von Bijapur. Während das Golgumbaz vor allem durch seine gewaltigen Ausmaße imponiert, besticht diese Grabstätte durch ihre Anmut und Schlichtheit. Und da sie von den meisten Tourbussen verschont bleibt, ist sie auch eine Oase des Friedens, mit luftigen, säulenbestandenen Veranden und bunt schillernden Nektarvögeln, die zwischen den moosbewachsenen Kuppeln, Minaretten und goldenen Turmspitzen umherschwirren.

Die Fachleute streiten darüber, ob das Grabmal von Ibrahim Adil Shah (1580–1626) oder seiner Lieblingsfrau Taj Sultana in Auftrag gegeben wurde, aber sicher ist, dass Letztere zuerst hier begraben wurde, in einer düsteren Kammer, deren einzige Lichtquelle eine Reihe kunstvoll durchbrochener Steinfenster ist. Sie stellen in Stein gemeißelte Koranverse dar und sind die erlesensten ihrer Art in ganz Indien. Das Äußere des Mausoleums zieren weitere, wunderbare Werke vollendeter Steinmetzarbeit, ebenso die gleichermaßen sehenswerte Moschee gegenüber. Die beiden mit zahlreichen Minaretten und Kuppeln versehenen Gebäude stehen sich auf einer rechteckigen, erhöhten Plattform gegenüber. Dazwischen befinden sich ein kleines Wasserreservoir und ein Springbrunnen. Wer oben auf den Mauern rings um die Anlage steht und nach unten blickt, wird verstehen, weshalb der Erbauer Malik Sandal über dem Südeingang des Grabmals eine Inschrift in seiner persischen Muttersprache anbringen ließ, die sein Meisterwerk als „eine Schönheit, vor der das Paradies erschauert" feiert. ⏱ tgl. 6–18 Uhr, Eintritt Rs100.

Übernachtung

Bijapur kann mit relativ vielen preisgünstigen Unterkünften aufwarten.

Kanishka International, Station Rd, ☎ 08352/223788, 💻 www.kanishkabijapur.com. Bequeme Zimmer mit guter Ausstattung und ebensolchem Service zu vernünftigen Preisen. Zwei anständige Restaurants (ein vegetarisches und ein nicht-vegetarisches). ❸–❺

Madhuvan, Station Rd, ☎ 08352/255571, 📠 256201. Die eleganteste Unterkunft der Stadt, außen knallig gelb, bietet unterschiedliche Zimmer, von schlichten, zu teuren DZ bis zu luxuriöseren mit AC. Das hauseigene Restaurant bietet zur Mittagszeit preiswerte *thalis.* Hotelgäste können hier Geld wechseln. ❹–❺

Hotel Navaratna International, Nähe Station Rd, ☎ 08352/222771, 📠 222772. Ruhiges Hotel mit riesigen, gefliesten Zimmern; sehr preisgünstig. Geboten wird ein guter Service, ein vegetarisches und ein nicht-vegetarisches Restaurant sowie ein beliebter Ess- (und Trink-) Bereich unter Schatten spendenden Palmen. ❸–❹

Pearl, Station Rd, ☎ 08352/256002, 📠 243606. Helles, modernes Hotel mit sauberen und geräumigen Zimmern. Die nach vorn gelegenen haben Balkone, die oberen bieten Ausblicke auf den Golgumbaz. Besseres Preis-Leistungs-Verhältnis als das Madhuvan und ausgezeichnetes Restaurant. ❸–❹

Sagar Deluxe, nahe Bara Kaman, ☎ 08352/259234. Gute Budgetunterkunft, zentral, aber in einer ruhigen Nebenstraße, mit einfachen, aber annehmbaren Zimmern, darunter EZ für Rs100. ❶–❸

Sanman, Station Rd, ✆ 08352/251866, 📠 222772. Die Budgetunterkunft mit dem besten Preis-Leistungs-Verhältnis, in gut erreichbarer Nähe des Bahnhofs. Hier gibt's saubere, geräumige Zimmer, einige mit AC; Dachrestaurant/Bar mit wunderschönem abendlichem Ausblick auf das Mausoleum. ❶–❷

Essen

Das Essensangebot beschränkt sich vor allem auf die Hotelrestaurants, darunter das New Empire im Hotel Pearl, sowie das eine oder andere Speiselokal. Die meisten unabhängigen Lokale sind rein vegetarisch.
Shrinidhi Hotel, am Gandhi Chowkh, serviert gute vegetarische südindische Gerichte, ebenso das **Priyadarshini**, an der Hauptstraße gegenüber vom Gagan Mahal.
Roshan Bakery and Sweets, MG Rd, ist beliebt u. a. wegen seiner perfekten flockigen, köstlichen vegetarischen Croissants z. B. mit Ei (Rs6).
Hotel Siddarth, über dem Hauptmarkt, ✆ 08352/220338. Großes Dachrestaurant mit Bar, das schmackhafte nicht-vegetarische indische Küche und ein breites Alkoholangebot hat.

Sonstiges

Fahrradverleih

Bijapur ist flach, und die Straßen sind nicht so sehr verstopft wie anderswo. An mehreren Ständen vor dem Busbahnhof werden wacklige Heros für etwa Rs3 pro Std. vermietet.

Geld

Bargeld und Reiseschecks wechselt am zuverlässigsten **Girikand Tours and Travels**, 1. Stock, Nishant Plaza, Rama Mandir Rd, ✆ 08352/220510. Wer möchte, kann auch zur nahe gelegenen **Canara Bank** in der Azad Rd gehen. In der Station Rd gibt es außerdem ein paar Geldautomaten.

Informationen

Das **Tourist Office**, hinter dem Nebengebäude des Hotel Adil Shahi in der Station Rd, ✆ 08352/250359, hilft bei der Reiseplanung und vermittelt Guides. 🕓 Mo–Sa 10–17.30 Uhr.

Internet

Internetzugang bieten **Friends Cyber Zone** und **Cyber Park**, gegenüber dem Postamt (beide Rs20 pro Std.).

Nahverkehr

Motor-Rikschas haben keinen Gebührenzähler und verlangen mindestens Rs10; für Rs30 kann man zwar fast überall innerhalb der Stadt hinkommen, für Besuche der Sehenswürdigkeiten sind sie jedoch teuer: Eine 4-stündige Sightseeingtour kostet mind. Rs200.
Beim Busbahnhof warten auch **Tongas** und **Taxis** auf Kundschaft.

Transport

Busse

Am **KSRTC-Busbahnhof** am Südwestrand der Innenstadt halten Busse z. B. aus Mumbai und Aurangabad. Die Fahrzeiten muss man am Informationsschalter erfragen, denn die Fahrpläne sind alle auf Kannada.
KSRTC-Busse verkehren nach BENGALURU, HUBLI, MUMBAI und HYDERABAD.
Nach BADAMI geht es häufig schneller, wenn man den ersten Bus nach Bagalkot nimmt und dort umsteigt.
Die private Busgesellschaft **VRL** (mit den gelb-schwarzen Luxusgefährten) unterhält Busse nach BENGALURU (3x tgl., von 19 Uhr an) und Nachtbusse nach MANGALORE via Udipi und Mumbai.
VRL-Busse kann man bei **Vijayanand Travel**, Terrace Floor, Shastri Market, Gandhi Circle, ✆ 08352/251000, oder in der Filiale unmittelbar südlich des Busbahnhofs buchen.

Eisenbahn

Der **Bahnhof** liegt einen Steinwurf vom Golgumbaz entfernt, 3 km nordöstlich des Busbahnhofs, und empfängt den Besucher freundlicher als Letzterer. Es verkehren drei Züge wöchentlich nach MUMBAI und Yesvantpur (BENGALURU). Weitere Ziele sind HYDERABAD (1x tgl.) sowie SOLAPUR (1x tgl.) Richtung Norden und GADAG (1x tgl.) Richtung Süden (über Badami).

Gulbarga

Gulbarga, 165 km nordöstlich von Bijapur, war die Gründungshauptstadt der Bahmani-Dynastie und die wichtigste Stadt der Region, bevor der Hof 1424 nach Bidar zog. Später wurde sie von den Adil Shahis und den Moguln eingenommen. Sie hat sich ihren ausgeprägten islamischen Charakter bewahrt: Zwiebeltürme und Minarette ragen überall zwischen den baufälligen Betonklötzen hervor.

Trotz Gulbargas religiöser und historischer Bedeutung sind die Baudenkmäler der Stadt, verglichen mit denen von Bijapur oder auch Bidar, eher unscheinbar. Nur wenige lohnen eine Reiseunterbrechung, es sei denn, man interessiert sich brennend für mittelalterliche islamische Architektur. Eine Ausnahme gibt es allerdings: den Begräbniskomplex **Dargah** am Nordostrand der Stadt. Nach einem Gang durch einen breiten Basar erreicht man die wettergegerbten Marmorwände, die das Grab von Hazrat Gesu Daraz (1320–1422) umgeben, von seinen Anhängern liebevoll **Bandah Nawaz** („der Langhaarige, der anderen Trost spendet") genannt. Der Heilige war der spirituelle Mentor der Bahmani-Herrscher, die ihm das wunderbare, zweistöckige Mausoleum errichten ließen, das alljährlich Hunderttausende moslemische Pilger besuchen. Frauen ist der Zugang verwehrt. Männer können hineingehen – müssen aber lange Hosen tragen –, um Opfergaben zu bringen oder die kunstvolle Spiegelmosaikdecke zu bewundern. Die gleiche Geschlechtertrennung gilt auch für die benachbarte Grabstätte, deren Inneres gut erhaltene, prächtige persische Malereien schmücken.

Nach dem Gedränge am Dargah kann man quer durch die Stadt zur stillen **Festung** flüchten. Die von einer 16 m dicken, zinnenbewehrten Mauer, fünfzehn Wachtürmen und einem übel riechenden Schlossgraben eingerahmte, einst mächtige Zitadelle liegt heute in Trümmern hinter dem künstlichen See der Stadt. Das einzige noch erhaltene Bauwerk ist die schöne, aus dem 14. Jh. stammende **Jama Masjid**, die wahrscheinlich von einem maurischen Baumeister nach dem Vorbild der prächtigen spanischen Moschee in Cordoba gestaltet wurde.

Übernachtung und Essen

Alle hier aufgeführten Hotels verfügen über **Restaurants**, zumeist rein vegetarische Lokale ohne Alkoholausschank.

Kamat, die Restaurantkette, hat mehrere Filialen in Gulbarga, darunter eine freundliche am Station Chowk, deren Küche sowohl vegetarische „meals" als auch *iddlis* und *dosas* zu bieten hat. Unbedingt probieren: *joleata roti*, eine hiesige Brotspezialität, entweder hart und knusprig oder weich wie *chapattis*. In der Nähe vom Bahnhof servieren mehrere winzige Lokale Brathähnchen und Fisch.

Central Park, Station Rd, knapp 1 km nördlich des Bahnhofs, ✆ 08472/273231, 💻 www.centralparkgulbarga.com. Sauberes modernes Businesshotel mit einfachen, aber schicken Zimmern, alle mit TV und WLAN. Gutes nicht-vegetarisches Restaurant. ❸–❺

Hotel Prashant, aus dem Bahnhof kommend die 1. Gasse links, ✆ 08472-221456. Ordentliche Zimmer unterschiedlicher Größe und Ausstattung in überraschend ruhiger Lage. ❷–❹

Preetam Lodge, Mill Rd, ✆ 08472/221673. Erheblich besser als die anderen Unterkünfte in der Umgebung des Busbahnhofs, mit sauberen, geräumigen Zimmern in einem recht neuen Gebäude. ❷–❹

Raj Rajeshwari, Vasant Nagar, Mill Rd, nur 5 Min. vom Busbahnhof, ✆ 08472-225881. Freundliches, gepflegtes Hotel in einem modernen Gebäude mit großen Zimmern inkl. Bad und Balkon sowie einem recht ordentlichen vegetarisches Restaurant. Absolutes Alkoholverbot. ❸–❹

Southern Star, nahe der Festung, Super Market, ✆ 08472-224093. Teure Zimmer, einige mit Blick auf die Festung, großer Restaurantbereich draußen für entspanntes Speisen und zur Beobachtung des Sonnenuntergangs hinter der Festung bei einem Bier. ❸–❻

Sonstiges

Am Bahnhof und an den beiden Hauptstraßen gibt es **Geldautomaten** sowie mehrere **Internetcafés**.

Nahverkehr

Da die Sehenswürdigkeiten von Gulbarga weit auseinander liegen, muss man **Motor-Rikschas** nehmen; Preise im Voraus festlegen!

Transport

Busse

Am staatlichen Busbahnhof am Südwestrand der Stadt halten tgl. **KSRTC-Busse** aus BIJAPUR und BIDAR und von weiter entfernten Zielen. Am gegenüberliegenden Straßenrand fahren private **Minibusse** ab. Man sollte aber trotz aller Beteuerungen keinen dieser Minis nach Bidar nehmen. Sie fahren nämlich nur bis zur gottverlassenen Straßenkreuzung von Humnabad, 40 km vor Bidar, wo man dann unter Umständen hängen bleibt.

Eisenbahn

Der Bahnhof, von dem Züge nach Mumbai, Pune, Hyderabad, Bengaluru und Chennai fahren, liegt 1,5 km östlich des Busbahnhofs in der Mill Rd. Nördlich des Bahnhofs verläuft die Station Road, die andere Hauptstraße der Stadt, über die man am See vorbei bis zur belebten Straßenkreuzung Chowk mitten im Basar gelangt.

Bidar

Bidar, im entlegenen Nordosten Karnatakas, 284 km nordöstlich von Bijapur gelegen, ist heute ein ländliches Städtchen, besser als Ausbildungsstätte für Kampfpiloten als für die langsam in sich zusammenfallenden Baudenkmäler bekannt. Der Stadt, deren 140 000 Einwohner immer noch zur Hälfte Moslems sind, ist ein gewisser Charme jedoch nicht abzusprechen. Die gekachelten Grabstätten, Festungsanlagen und alten Moscheen lohnen einen kurzen Abstecher, wenn man zwischen Hyderabad (150 km östlich) und Bijapur unterwegs ist. Allerdings muss mit wenig Komfort im westlichen Sinne und mehr Neugierde vonseiten der Einheimischen als üblich gerechnet werden.

1424, im Anschluss an die Aufsplitterung der Bahmani-Dynastie in fünf rivalisierende Fraktionen, verlegte Ahmad Shah I. seinen Hof von Gulbarga ins weniger bedrängte Bidar. Die Stadt wurde mit einer neuen Festung, herrlichen Palästen, Moscheen und Ziergärten versehen. Die Bahmanis regierten hier bis 1487, als die Barid Shahis die Macht übernahmen. Ihnen folgten die Adil Shahis aus Bijapur auf den Thron und später die Moguln unter Aurangzeb, die 1656 die Region annektierten, ehe sich schließlich die Nizam von Hyderabad im frühen 18. Jh. des Territoriums bemächtigten.

Die Altstadt

Das Herzstück von Bidar bildet die mittelalterliche **Old Town**, umgeben von zinnenbewehrten Mauern und acht imposanten Stadttoren *(darwazas)*. In diesem überwiegend moslemischen Viertel stehen zahlreiche Moscheen, *haveli*-Häuser und *khanqahs* – „Klöster" aus der Bahmani-Ära –, doch die größte Sehenswürdigkeit sind

Bidri

Bidar ist berühmt als Heimat einer einzigartigen Metallbearbeitungskunst namens *bidri*. Sie wurde von persischen Silberschmieden entwickelt, die sich zusammen mit dem Bahmani-Hof im 15. Jh. hier ansiedelten. Die äußerst geschickten Künstler stellten eine Metallmischung aus Blei, Kupfer, Zink und Zinn her, die sie mit traditionellen persischen Gravuren und Einlegearbeiten verzierten und anschließend schwärzten und polierten. Das Resultat – filigrane Blütenmotive, eingerahmt von geometrischen Mustern und gegen einen schwarzen Untergrund abgehoben – gilt seither als *das* Markenzeichen künstlerischer islamischer Metallbearbeitung Indiens. Bidri-Kunstgegenstände sind in Museen und Kunstgalerien im ganzen Land ausgestellt. Wer jedoch *bidri-wallahs* bei der Arbeit sehen möchte, geht die Siddiq Talim Road in Bidar entlang, die die Südseite der Altstadt durchschneidet. Kunsthandwerker stellen hier neben Vasen, Tellern, Gewürzgefäßen, Betelnusstöpfchen und reich verzierten *hookah*-Pfeifen auch moderne Gegenstände wie Aschenbecher und Kettchen her, die (für erheblich mehr Geld) sogar in Geschäften weit entfernter Städte wie Delhi und Kolkata angeboten werden.

die Ruinen der **Madrasa von Mahmud Gawan**, deren einziges Minarett weit über die Dächer der Innenstadt hinausragt. Das im persischen Stil erbaute Gebäude beherbergte ursprünglich eine weltberühmte Bibliothek. Diese verbrannte jedoch, als 1696 der Blitz einschlug, und mehrere Mauern und Kuppeln flogen in die Luft, als das von Aurangzebs Besatzungsmacht hier gelagerte Schießpulver sich entzündete und explodierte. Von der *madrasa* ist eigentlich nur noch das „Gehäuse" erhalten, doch ihre elegante, gewölbte Fassade weist noch große, mit glasierten persischen Kacheln verzierte Flächen auf, die früher fast die gesamten Außenmauern bedeckten.

Das Fort

Die riesige Festung am Nordende der Straße, die an der *madrasa* vorbeiführt, ist ein vor sich hinbröckelndes Zeugnis des Bahmani-Reiches des 15. Jhs., hat sich aber seine heitere, schnörkellose Schönheit bewahrt. Obwohl sich die Einheimischen das ausgedehnte hügelige Gelände für ihren Alltag nutzbar gemacht haben – Jungen spielen auf dem Gras Cricket, auf den Terrassen wird Reis angepflanzt, und kleine Lkws rumpeln durch die Straßen –, versprüht es immer noch einen gewissen Charme.

Das Fort wurde von den hinduistischen Chalukyas errichtet und im frühen 15. Jh. von den Bahmanis verstärkt. Es trotzte mehreren Belagerungen und ist immer noch weitgehend intakt. Ein 10 km langer Schutzwall, der dank eines Felsens im Norden und Westen 300 m tief abfällt, umgibt die Festung. Das größte Stadttor nach Süden hin schützt eine nicht weniger eindrucksvolle, von Menschenhand gemachte Wehranlage: gewaltige Tore und ein dreifacher Burggraben, über den früher eine Reihe von Zugbrücken führte. Das erste bemerkenswerte Gebäude im Inneren (links hinter dem dritten und letzten Eingangstor) ist das **Rangin Mahal**. Mahmud Shah ließ diesen bescheidenen „Farbigen Palast" erbauen, nachdem ihn ein – erfolgloser – Aufruhr abessinischer Sklaven im Jahr 1487 gezwungen hatte, sich tiefer in den Schutz der Zitadelle zu flüchten. Die relativ geringen Ausmaße des Palastes spiegeln die schwindenden Finanzen der Bahmanis wider. Nichtsdestotrotz umfasst seine Innenarchitektur einige der kostbarsten noch erhaltenen islamischen Kunstwerke des Dekkan, darunter wunderbare Holzschnitzereien über den Türbögen und Perlmuttintarsien auf poliertem schwarzen Granit. Falls die Palasttüren verschlossen sind, kann man im nahe gelegenen

Die Festung von Bidar hielt mehreren Belagerungen stand.

Museum des ASI, das eine kümmerliche Sammlung von hinduistischen Tempelstatuen, Waffen und Gegenständen aus der Steinzeit beherbergt, um die Schlüssel bitten. ⌚ tgl. 8–13 und 14–17 Uhr, Eintritt frei.

Eine Geröllfläche gegenüber dem Museum ist alles, was von den königlichen Parkanlagen übrig blieb. Am Rande steht die schlichte **Solah Khamb-Moschee** (1327), Bidars ältestes islamisches Bauwerk, dessen kunstvolle Stein-Kalligrafie *(jali)* rings um die zentrale Kuppel besondere Beachtung verdient. Geht man von hier aus nach Westen durch die Ruinen der ehemaligen königlichen Behausungen – ein Gelände voller halb zerfallener Paläste, Bäder, Zenanas und Versammlungshallen –, gelangt man zur Westmauer der Festung.

Ein gemächlicher Rundgang, bei dem man auch die Ausblicke über die roten Felsen und die Ebenen genießen kann, dauert ungefähr 90 Minuten.

Grabmäler bei Ashtur

Beim Blick von der Ostmauer der Festung sind in einiger Entfernung über den Baumwipfeln acht dicht beieinanderstehende wuchtige weiße Kuppeln zu sehen. Die aus dem 15. Jh. datierenden Mausoleen bei Ashtur, 3 km östlich von Bidar (wenn man die Altstadt durch das Dulhan Darwaza-Tor verlässt), sind die letzten Ruhestätten der Bahmani-Sultane und ihrer Familien, darunter auch der Sohn des Herrschers, der als Erster von Gulbarga hierher kam, **Ala-ud-Din Shah I.** Sein Grabmal ist das bei Weitem eindrucksvollste. Seine gewölbte Fassade zieren Stellen mit bunten, glasierten Kacheln, und es besitzt eine große Kuppel, deren Inneres verschwenderisch mit persischen Malereien ausgestaltet ist. Mithilfe eines Taschenspiegels, in dem sich das Sonnenlicht fängt, weist der *chowkidar* auf die Höhepunkte hin, darunter einen Diamanten, der zwischen all den Fledermausexkrementen kaum zu sehen ist.

Das mit persischen Inschriften versehene Grab von Ala-ud-Dins Vater, dem 9. und berühmtesten Bahmani-Sultan **Ahmad Shah I.**, befindet sich neben dem seines Sohnes. Dahinter stehen noch zwei kleinere Mausoleen, gefolgt von dem zum Teil eingefallenen Grab von **Humayun dem Grausamen** (1458–61).

Während man die Reihe abschreitet, kann man den allmählichen Niedergang der Bahmanis anhand der zunehmend kleiner werdenden Grabmäler verfolgen. Am Ende stehen nur noch ein paar kümmerliche, Anfang des 16. Jhs. angelegte Gräber. Zu dieser Zeit waren die Sultane nicht viel mehr als die Marionetten-Herrscher der Badrid Shahis.

Übernachtung

Ashoka, 1,5 km vom Busbahnhof, hinter dem Dr. Ambedkar Chowk, ✆ 08482/227621. Ein etwas älteres, ordentliches Hotel mit gut ausgestatteten, preisgünstigen Zimmern, manche mit AC. ❷–❹

Hotel Kailash, Udgir Rd, im Stadtzentrum, ✆ 08482/227727. Ein wenig schmuddelig, aber superbillig. ❶

Hotel Mayura, ✆ 08482/228142. Neue Unterkunft gegenüber dem Busbahnhof; große Zimmer mit und ohne AC. ❷–❹

Sapna International, 300 m nördlich vom Busbahnhof, ✆ 08482/220991. Beste Unterkunft in Bidar mit großen, sauberen Zimmern. Gutes nicht-vegetarisches Restaurant. ❸–❹

Essen

In Bidar etwas Gutes zu essen zu bekommen ist kein Problem, denn es gibt die Restaurants im **Mayura** und **Ashoka**, die beide eine gute Auswahl an nordindischen und Fleischgerichten bieten und kaltes Bier ausschenken.

Udupi Krishna, mit Blick über den Chowk, ebenfalls zu empfehlen und viel billiger, serviert südindisches Frühstück und zum Mittagessen unbegrenzt rein vegetarische *thalis.*

Jyothi Udupi, gegenüber dem neuen Busbahnhof, bietet große, köstliche *dosas* und leckere *thalis.*

Sonstiges

Informationen

Es gibt im Ort keine Touristeninformation.

Internet

Es gibt mehrere Internetlokale, z. B. **Cyber Park**, 100 m südöstlich des Busbahnhofs in der Udgir Rd (Rs15 pro Std.).

Nahverkehr

Die Sehenswürdigkeiten von Bidar liegen zu weit auseinander, als dass man sie leicht zu Fuß besichtigen könnte. Abseits der Hauptstraßen sind **Motor-Rikschas** dünn gesät, und sie warten auch nicht gern auf Passagiere, die sich ein Bauwerk näher ansehen möchten. Daher empfiehlt es sich, bei Rouf's, nur 50 m östlich des Busbahnhofs, neben dem ausgezeichneten Karnatak Juice Centre für einen Tag ein **Fahrrad** zu mieten (Rs3 pro Std.).

Transport

Busse

Die meisten der wenigen Besucher landen am KSRTC-Busbahnhof am entlegenen Nordwestrand der Stadt.

Eisenbahn

Bidar liegt an einer Nebenstrecke der Haupt-Eisenbahnlinie Mumbai–Secunderabad–Chennai und ist nur mit Bummelzügen zu erreichen.

Anhang

Sprachführer

In Indien werden nicht weniger als 22 verfassungsmäßig anerkannte Hauptsprachen gesprochen. Daneben gibt es noch zahlreiche Sprachen kleinerer Bevölkerungsgruppen und über tausend Dialekte. Als Indien nach der Unabhängigkeit neu strukturiert wurde, zog man die Bundesstaatsgrenzen größtenteils nach linguistischen Regionen. Angesichts der Tatsache, dass man sich so gut wie überall im Land auf Englisch verständigen kann, besteht für Reisende keine zwingende Notwendigkeit, eine der indischen Sprachen zu erlernen, doch wer ein wenig Hintergrundwissen besitzt und ein paar Worte in einer oder zwei Lokalsprachen parat hat, trägt an diesem Wissen nicht schwer und wird davon nur profitieren.

Nützliche Wörter und Sätze auf Hindi

Grußformeln

Gruß *namaste* (mit in Brusthöhe zusammengepressten Handflächen wie zum Gebet gesprochen – nicht gegenüber Moslems)
Hallo *namaskar* (nicht gegenüber Moslems)
Gruß *as salaam alaykum* (gegenüber einem Moslem)
Antwort *alaykum as salaam*
Auf Wiedersehen *Namaste*
Bis später *phir mileynge*
Auf Wiedersehen (zu einem Moslem) *khudaa haafiz* (Gott segne dich)
Wie geht es Ihnen? (förmlich) *Aap kaise hai?*
Wie geht es dir? (vertraut) *Kya hal hai?*
Bruder (informell; keine Anrede für ältere Männer) *bhaaii*
Schwester (informell; keine Anrede für ältere Frauen) *diidi*
Herr *sahib*
Herr *hazur* (nur für Moslems)

Grundwortschatz

ja *haa oder ji haa*
nein *nahi oder ji nahi*
in Ordnung/gut *acha oder tiik hai*
ich *mai*
Sie *aap* (formal, üblich)
du *tum* (sehr familiär; auch zu Kindern)
und/mehr *aur*
wie? *kaise?*
wie viel? *kitna?*
danke/bitte *dhanyavad/shukriya* (formell; Inder sagen bei alltäglichen Handlungen, z. B. wenn sie etwas kaufen, normalerweise nicht danke. Es gibt keine direkte Entsprechung für das deutsche „bitte“, das auf „danke“ folgt).
gut *acha*
sehr gut *bahut acha*
schlecht *buraa*
groß *barra*
klein *chhota*
heiß *garam*
kalt *thanda*
scharf *mirchi*
sauber *saaf*
schmutzig *gandaa*
offen *khulaa*
teuer *mehngaa*
bitte komm! *aiiye*
geh! *jao*
verschwinde! *bhaago*
genug *bas*

Einfache Sätze

Mein Name ist …
Mera naam … hai.
Wie heißen Sie? (förmlich)
Aapka naam kya hai?
Wie heißt du? (vertraut oder zu Kindern)
Tumhara naam kya hai?
Ich komme aus …
Mai … se hu.
Wir kommen aus …
Hum … se hai.
Woher kommen Sie?
Aap kaha se aate hai?
Ich verstehe.
Samaj gayaa.
Ich verstehe nicht.
Samaj nahin aayaa.
Ich weiß nicht.
Maluum nahi.
Ich spreche kein Hindi.
Mai Hindi nahi bol sakta hu.

Bitte sprechen Sie langsam.
Dhiire boliye.
Entschuldigung.
Ma´af kiijiye.
Ist das in Ordnung?
Tiik hai?
Wie viel?
Kitna paisa?
Was kostet das?
Yeh kitne ka hai?
Das brauche ich nicht
Nahi chai'iya (wörtlich: „wird nicht gebraucht"); nützliche Redewendung, wenn sich Schlepper nicht abschütteln lassen wollen.
Haben Sie ...?
... hai?
Mir/uns gefällt es.
Acha lugta hai.
Wie geht´s?
Kya haal hai?
Es geht mir gut.
Tiik hai.
Was sind Sie von Beruf?
Kya kam karte hai?
Haben Sie Brüder oder Schwestern?
Bhaai behan hai?

Transport

Wo ist ...?
... kaha hai?
Ich möchte nach ...
Mai ... jaana chaata hu.
Wo ist das?
Kaha hai?
Wie weit?
Kitna duur?
Welcher Bus fährt nach Agra?
Agra ki bas kaha hai?
Wann fährt der Zug ab?
Gaarii kab jayegi?
Halt!
Ruko!
Warte!
Thehero!

Übernachtung

Ich brauche ein Zimmer.
Mujhe kamra chai'eeya.
Wie viel kostet das Zimmer?
Kamra kitne ka hai?
Ich bleibe für eine Nacht.
Mai ek raat ke liiye theheroonga.

Gesundheit

Ich habe Kopfschmerzen.
Sir me dard hai.
Ich habe Magenschmerzen.
Mere pate me dard hai.
Hier tut es weh.
Dard yaha hai.
Wo ist die Arztpraxis?
Daktar ka clinic kaha hai?
Wo ist das Krankenhaus?
Haspital kaha hai?
Wo ist die Apotheke?
Dawaaii khana kaha hai?

Medizin	*dawaaii*
krank	*bimar*
Schmerz	*dard*
Magen	*pate*
Auge	*aank*
Nase	*naak*
Ohr	*kaan*
Rücken	*piith*
Fuß	*paao*

Zahlen

0	*shunya*
1	*ek*
2	*do*
3	*tiin*
4	*char*
5	*paanch*
6	*che*
7	*saat*
8	*aath*
9	*nau*
10	*das*
11	*gyaarah*
12	*baarah*
13	*terah*
14	*chaudah*
15	*pandrah*
16	*solah*
17	*satrah*
18	*athaarah*

19	*unniis*
20	*biis*
30	*tiis*
40	*chaaliis*
50	*pachaas*
60	*saath*
70	*sattar*
80	*assii*
90	*nabbe*
100	*ek sau*
1000	*ek hazaar*
100 000	*ek lakh*
10 Millionen	*ek crore*

Zeitangaben

heute	*aaj*
morgen/gestern	*kal*
Tag	*din*
Nachmittag	*dopahar*
Abend	*shaam*
Nacht	*raat*
Woche	*haftaah*
Monat	*mahiinaa*
Jahr	*saal*
Montag	*somvaar*
Dienstag	*mangalvaar*
Mittwoch	*budhvaar*
Donnerstag	*viirvaar*
Freitag	*shukravaar*
Samstag	*shanivaar*
Sonntag	*ravivaar*

Kulinarisches Glossar

Allgemeines

khaana	*Essen*
chawaal	*Reis*
chamach	*Löffel*
chhoori	*Messer*
kanta	*Gabel*
plate	*Teller*
chini	*Zucker*
chini nahi	*bitte ohne Zucker (z. B. im Tee)*
jaggery	*Rohzucker*
namak	*Salz*
mirch	*Pfeffer*
mirchi	*scharf (Chili)*
mirchi kam	*weniger scharf*
garam	*heiß*
thanda	*kalt*

dahi Joghurt

dhal Linsencurry, manchmal auf eine Art Eintopf reduziert; traditionell eine Beilage zu allen indischen Gerichten

garam masala pikante Gewürzmischung

ghee geklärte Butter; oft anstelle von Öl zum Kochen benutzt oder um dem Essen Geschmack zu verleihen

gravy jede Art von Currysauce; hat nichts mit dem engl. *gravy* zu tun

jeera Kumin

lal mirch roter Pfeffer

masala Allgemeinbegriff für eine Gewürzmischung oder etwas Würziges

methi Ingwer

paan verdauungsförderndes Mittel; S. 62

paneer unfermentierter Käse

sabji jede Gemüseart

Getränke

bhang lassi mit *bhang* (Cannabis) versetzter *lassi*

botal vaala paani Mineralwasser

chai Tee

doodh Milch

falooda traditionelles Mogul-Dessert, normalerweise aus Milch, Eiscreme, Nüssen und Zucker hergestellt

kaapi oder kaafi Kaffee

lassi Joghurtgetränk, entweder ohne Zusatz oder mit Salz oder Obst verfeinert

pani Wasser

peenay ka pani Trinkwasser (kein Mineralwasser)

Fleisch und Fisch

chingri	*Garnelen*
gosht	*Fleisch, meist Lamm*
keema	*Hackfleisch*
macchi	*Fisch*
murg	*Huhn*

Gemüse und Obst

aam	*Mango*
alu	*Kartoffeln*

baingan *Auberginen*
bhindi *Okraschoten*
chana *Kichererbsen*
gaajar *Karotte*
gobi *Blumenkohl*
kaddoo *Kürbis*
kela *Banane*
palak *Spinat*
piaz *Zwiebeln*
sabji *Gemüse (wörtlich: „Grünzeug")*
santaraa *Orange*
seb *Apfel*
sag *Spinat*
tamatar *Tomate*

Gerichte und Zubereitungsarten

alu baingan Kartoffeln und Auberginen; meistens mild bis mittelscharf

alu gobi Kartoffeln und Blumenkohl; meistens mild

alu methi Kartoffeln mit Kari-Blättern; normalerweise mittelscharf

alu muttar Kartoffeln- und Erbsencurry; meistens mild

baingan bharta Püree aus gebackenen Auberginen, mit Zwiebeln gemischt

bhindi bhaji gebratene Okraschoten; mild gewürzt

bhuna gebratenes, anschließend angedicktes Curry; mittelscharf

biriyani Reis mit Safran oder Kurkuma, ganzen Gewürzen, Fleisch (manchmal auch Gemüse) und oft einem hart gekochten Ei

chana masala gewürzte Kichererbsen, normalerweise mittelscharf

cutlet Hacksteak – oft Hackfleisch oder klein gehacktes Gemüse, das in Form eines flachen Kuchens gebraten wird

dhal gosht mit Linsen gekochtes Fleisch; meistens scharf

dhal makhani in Sahne gekochte Linsen

dhansak Currysauce aus eingedickten Linsen; normalerweise mittelscharf

dopiaza Zwiebelsauce; mittelscharf

dum in einer Kasserole gedämpft; das am weitesten verbreitete Gericht ist *dum aloo* mit Kartoffeln

jalfrezi Gericht, das mit Tomaten und grünen Chilis gekocht wird; mittelscharf

karahi gusseiserner Wok und Fleischgerichte, die darin zubereitet werden; mittelscharf

karhi *dhal*-ähnliches Gericht aus Joghurt und Kichererbsenmehl; beliebt im Norden, insbesondere im Punjab und in Gujarat

kofta Gemüse- oder Hackfleischbällchen in einer Currysoße

korma milde Sauce, mit Sauerrahm (oder Sahne) zubereitet

malai kofta Gemüsebällchen (Lotuswurzelbällchen) in einer sämigen Sahnesoße; normalerweise eher mild

momo tibetische Knödel mit Gemüse- oder Fleischfüllung

mughlai masala milde, sahnige Sauce nach Mogul-Art

mulligatawny klassische anglo-indische Gemüsesuppe, mittelscharf

murg makhani in Butter gebratenes Hühnchen

muttar paneer Curry aus *paneer* und Erbsen

palak paneer *paneer* und Spinat

pathia angedicktes Curry mit Limonensaft; scharf

pomfret ein in Mumbai und Kolkata (Kalkutta) beliebter Plattfisch

pongal würziger Reis und *dhal*

pulau Reis, sanft gewürzt und vorgebacken

raita gekühlter Joghurt, verfeinert mit milden Gewürzen, manchmal auch noch mit kleinen Gurken- und Tomatenstücken; wird normalerweise als Beilage zu einem Hauptgericht gereicht

rasam würzige, südindische Suppe

rogan josh Lamm-Curry, ein klassisches Mughlai-Gericht; mittelscharf

sambar Linsen- und Gemüse-Curry mit Asafoetida und Tamarinde; eine Beilage zu *dosas, iddlis* und *vadas*

shahi paneer „königliches" *paneer*, etwas luxuriösere Version eines gewöhnlichen *paneer*-Currys, manchmal zusätzlich mit Obst und Nüssen

seekh kebab an einem Spieß gegrilltes Lammhackfleisch

shami kebab kleine Hacksteaks aus Lammfleisch

sizzler Fleisch, Fisch oder Gemüse, serviert auf Metalltellern in heißem Öl *brutzelnd* – daher der Name

tarka dhal Linsen mit einer *masala* aus Knoblauch, Zwiebeln und Gewürzen

thali Kombination von vegetarischen Gerichten, Chutneys, Pickles, Reis und Brot, alles auf einem Tablett serviert

vindaloo goanisches Fleisch- (mit Essig gewürzt), manchmal auch Fisch-Curry, ursprünglich aus Schweinefleisch; sehr scharf

Brote und Pfannkuchen

appam* südindischer Reispfannkuchen mit Löchern, in der Mitte weich, wird im Wok gebacken; eine Spezialität der Malabar-Küste von Kerala

bhatura weiches Weißbrot, wird traditionell zu *chana* gereicht; weit verbreitet in Delhi

chapatti ungesäuertes Brot aus Vollkornmehl

dosa* knuspriger, südindischer Reispfannkuchen, kann verschieden zubereitet werden, am bekanntesten ist *masala dosa,* d. h. ein mit herzhaftem Kartoffelcurry gefüllter *dosa*

iddli* gedämpfter südindischer Reiskuchen, gewöhnlich mit *sambar* serviert

kaathi gefülltes Fladenbrot

kachori kleine, dicke Küchlein aus salzigem, frittiertem Brotteig

loochi *puri* aus Weizenmehl; Spezialität von Bengalen

Mughlai paratha *paratha* mit Ei

naan „aufgeblähtes", fladenartiges Weißbrot, mit Joghurt zubereitet und im Tandoor gebacken

papad oder poppadum knuspriges, dünnes Knäckebrot aus Kichererbsenmehl

paratha oder parantha Vollkornbrot, zu dünnen Scheiben gerollt und auf dem Blech gebraten; schmeckt ein bisschen wie ein zäher Pfannkuchen, manchmal auch mit Fleisch oder Gemüse gefüllt

puri knuspriges, frittiertes Vollkornbrot

roti ungenauer Begriff; oft lediglich ein anderer Name für *chapatti,* obgleich es dicker und zäher sein und im Tandoor gebacken werden sollte

uttapam* dicker, südindischer Reispfannkuchen, oft mit Zwiebeln gebacken

Snacks *(chaat)*, Süßigkeiten und Nachspeisen

barfi oder burfi traditionelle, aus Milch hergestellte Süßigkeit

bhaji oder bhajia in einer Panade aus Kichererbsenteig gebackene Gemüsesticks, als Hauptgericht oder an Straßenständen als Snack serviert

bhel puri eine Mischung aus Puffreis, Kartoffeln und knusprigen *puri* mit Tamarindensauce; eine Mumbai-Spezialität, inzwischen aber landesweit beliebt

gulab jamun eine klassische indische Süßigkeit: in Sirup getauchte gebackene Teigbällchen

halwa traditionelle Süßigkeit aus Linsen, Nüssen und Obst, wird in einer großen Backform gebacken und dann in kleine Vierecke geschnitten

jalebi frittierte Weizenmehlkringel mit Zuckersirup

raj kachori knuspriges *puri*, normalerweise mit Kichererbsen gefüllt und mit Rahm und Sauce übergossen

kheer leckerer Reispudding nach Mogul-Art

kulfi indische Eiscreme, oft mit Pistaziengeschmack

ladoo (oder ladu) Süßspeise aus kleinen Grießbällchen

pakora in einer Panade aus Kichererbsenteig gebackene Gemüsestücke; gern gekaufter Straßensnack

rasgulla mit Rosenwasser verfeinerte Rahmkäsebällchen; beliebtes Dessert

samosa mit Gemüse und Kartoffeln (und manchmal Fleisch) gefüllte dreieckige, frittierte Teigtaschen

vada* auch als *vadai*, *vade, wadi* etc. bekannt, ein frittierter Linsenkuchen in der Form eines Doughnuts (mit einem Loch in der Mitte)

vada pao* *vada* mit Chutney in einem Brötchen

*südindische Bezeichnung; alle anderen Namen sind entweder Hindi-Wörter oder stammen aus der nordindischen Küche.

Tamil

Grundwortschatz

ja	*aamaam*
nein	*illai*
bitte	*koncham dhayavuseydhu*
danke	*nauri*
dies	*idhu*
jenes	*adhu*
Verzeihung	*mannikkavum*
Auf Wiedersehen	*varavaanga*

Vielen Dank
Romba nanringa
Entschuldigen Sie
Enga
Was ist dies/jenes?
Idhu/adhu ennaanga
sehr gut
romba nallayirukkudhu
nicht schlecht
paravaayillai
Kommen Sie (jmd. einladend)
Vaanaga

Halt	*Neruthu*
diese (Pl.)	*evaikal*
groß	*pareya*
klein	*sarreya*
viel	*athekam*
wenig	*kuvrairu*

Zeit

heute	*enrru*
morgen	*naalai*
gestern	*neerru*
Tag	*pakal/kezhamai*
Nacht	*eravu*
früher Morgen	*athekaalai*
Morgen	*kaalai*
Nachmittag	*matiyam*
Abend	*maalai*
Montag	*thengal*
Dienstag	*chavvaay*
Mittwoch	*buthan*
Donnerstag	*veyaacha*
Freitag	*valle*
Samstag	*chane*
Sonntag	*gnaayetrru/kezhama*

Verständigung

Ich verstehe nicht. / Ich verstehe.
Enakku puriyavillaiye / Enakku puriyudhu.
Ich kann kein Tamil.
Enakku thamizh theriyaathunga.
Kennen Sie jemanden, der Englisch spricht?
Inge aangilam therinchavanga yaaraavadhu irukkiraangalaa?
Würden Sie bitte langsam sprechen?
Koncham methuvaa pesuveengalaa?
Würden Sie bitte lauter sprechen?
Koncham balamaa pesunga?
Was sagt er?
Avar enna sollugiraar?

Essen und Einkaufen

Ich habe Hunger.
Enakku pasikkudhu.
Ich habe Durst.
Enakku dhagamaayirukkudhu.
Was kostet das?
Athanudaiya vilai enna?
Ich möchte nur Kaffee.
Enakku kaapi maththiram than vendum.
Bitte zeigen Sie mir …
Koncham kanpikkireengalaa …

Kaffee	*kaapi*
Tee	*teyneer*
Milch	*paal*
Zucker	*sakkaray*
Wasser	*neer*
Reis	*arese*
gekochter Reis	*satham*
Gemüse	*kaaykarikal*
gekochtes Gemüse	*kane*
Quark/Joghurt	*thayer*
Kokosnuss	*thaenkaay*

Ortsangaben

weit	*turam*
nah	*arukkil*
Post	*anja lagam*
Tempel	*kohvil*

Wo ist …?
Enge irukkuthunga?
Ist es nah von hier?
Athu ingeyirundhu pakkam thaane?

Wie weit ist es von hier?
Athu ingeyirundhu evvalavu dhooramay irukkunga?
Wo bekomme ich ein Auto?
Enga auto enga kidaikunga?
Was kostet es bis dorthin?
Empaa, anga povad hukku evvalavu?
Wo ist die Bank?
Vangi enge irukkuthunga?
Wo ist die Bushaltestelle?
Bas staandu enge irukki radhu?
Wo ist der Bahnhof?
Tireyn staashan enge irukkuthunga?
Wo ist die Toilette?
Kakkoos enge irukkudhu?
Wo ist die Auskunft / Information?
Visaranai enge irukkiradhu?
Wo ist die … Straße?
… Theru enge irukkiradhu?

Zahlen

1	*onru*
2	*eranndu*
3	*mundru*
4	*naangu*
5	*iyendhu*
6	*aaru*
7	*aezshu*
8	*ayttu*
9	*nbathu*
10	*patthu*
11	*pathenonrru*
12	*panereynndu*
13	*pathemoonrru*
14	*pathenaangu*
15	*pathenainthu*
16	*pathenaaru*
17	*pathnaezshu*
18	*pathenayttu*
19	*pathenthonbathu*
20	*erapathu*
30	*muppathu*
40	*naarpathu*
50	*iymbathu*
60	*arupathu*
70	*azhupathu*
80	*aennapathu*
90	*thonnoorru*
100	*noorru*
1000	*aayeram*
100 000	*latcham*

Malayalam

Grundwortschatz

ja	*aanaate*
nein	*alla*
Hallo	*namaste*
bitte	*dayavuchetu*
danke	*nanni*
Entschuldigung	*ksamikkuu*

Was kostet das?
Etra?
Ich verstehe nicht.
Enikka arriyilla.
Sprechen Sie Englisch?
Ninal englisha samsaarikkumo?
Mein Name ist …
Ente pero …
Wo ist … ?
Eviteyaannaa?

Kaffee	*kaappi*
Tee	*chaaya*
Milch	*paalu*
Zucker	*panchasara*
Medikament	*marunnu*
Wasser	*vellam*
Gemüse	*pachakkari*
Fisch	*meen*
Quark/Joghurt	*tairu*
Reis	*ari*
Banane	*eyttappalam*
Kokosnuss	*teynna*

Zahlen

1	*onnu*
2	*randu*
3	*muunu*
4	*naalu*
5	*anchu*
6	*aaru*
7	*eylu*
8	*ettu*
9	*ombatu*
10	*pattu*

11	*pationnu*
12	*pantrantu*
13	*pati-muunu*
14–18	*pati- …*
19	*pattonpattu*
20	*irupatu*
21	*irupattonnu*
22	*irupatti-randu*
30	*muppatu*
31	*muppati-yonnu*
40	*nalpatu*
50	*anpatu*
60	*arupatu*
70	*elapatu*
80	*enpatu*
90	*tonnuru*
100	*nuura*
1000	*aayiram*
100 000	*laksham*

Telugu

Grundwortschatz

ja	*awunu*
nein	*kaadu*
bitte	*dayatesi*
danke	*dhanyawadalu*
Entschuldigung	*Ksamiynchannddi*

Auf Wiedersehen
namaskaram
Was kostet das?
Enta?
Wie heißen Sie?
Ni peru eymitti?
Mein Name ist …
Naa peru …
Ich verstehe nicht.
Naadu artham kaawattamleydu.
Sprechen Sie Englisch?
Miku angalam vaacha?
Wo ist …?
Ekkada undi?
Wie weit ist …
… enta duram?

groß	*pedda*
klein	*tsinna*
heute	*iroju*
Tag	*pagalu*
Nacht	*raatri*
Kaffee	*kaafii*
Tee	*tti*
Milch	*palu*
Zucker	*chakkera*
Salz	*uppu*
Wasser	*nillu*
Reis	*biyyamu*
Fisch	*chepa*
Gemüse	*kuragayalu*

Zahlen

1	*okatti*
2	*renddu*
3	*muddu*
4	*naalugu*
5	*aaydu*
6	*aaru*
7	*eyddu*
8	*enimidi*
9	*tommidi*
10	*padi*
11	*pada-kondu*
12	*pad-rendu*
13–19	*pad- …*
20	*iruvay*
21	*iruvay-okatti*
30	*muppay*
31	*muppay-okati*
40	*nalapay*
50	*yaabay*
60	*aruvay*
70	*debbay*
80	*enabay*
90	*tombay*
100	*nuru/wanda*
200	*renddu-wanda*
1000	*veyi*
100 000	*laksha*

Kannada

Grundwortschatz

ja	*havdu*
nein	*illa*

Hallo	*namaskara*
bitte	*dayavittu*
danke	*vandanegallu*
Entschuldigung	*Kshamisi*
Halt	*Nillisu*

Was kostet das?
Eshttu?
Wie heißen Sie?
Nimma hesaru eynu?
Mein Name ist …
Nanna hesaru …
Wo ist …?
Ellide?
Ich verstehe nicht.
Nanage artha aagalla.
Sprechen Sie Englisch?
Neevu english mataaddtiiraa?

Tag	*hagalu*
Nacht	*raatri*
heute	*ivattu*
Kaffee	*kaafi*
Tee	*tea*
Milch	*haalu*
Zucker	*sakkare*
Wasser	*neeru*
Reis	*akki*
Gemüse	*tarakari*
Fisch	*massali*
Kokosmilch	*yella-neeru*

Zahlen

1	*ondu*
2	*eradu*
3	*mooru*
4	*naalku*
5	*aydu*
6	*aaru*
7	*eylu*
8	*entu*
9	*ombhattu*
10	*hattu*
11	*hannondu*
12	*hanneradu*
13	*hadi- mooru*
14–18	*hadi- …*
19	*hattombhattu*
20	*ippattu*
21	*ippattondu*
30	*muvattu*
31	*muvattondu*
40	*naalvattu*
50	*aivattu*
60	*aravattu*
70	*eppattu*
80	*embattu*
90	*tombattu*
99	*tombattombattu*
100	*nooru*
1000	*ondu saavira*
100 000	*laksha*

Konkani

Grundwortschatz

ja	*hoee*
nein	*na*
Hallo	*paypadta*
bitte	*upkar kor*
danke	*dio borem korunc*
Entschuldigung	*Upkar korkhi*

Auf Wiedersehen
Miochay
Wie viel?
Kitlay?
Wie viel kostet das?
Kitlay poisha lakthele?
Ich möchte es nicht.
Mhaka naka tem.
Ich verstehe nicht.
Mhaka kay samzona na.
Wo ist …?
Khoy aasa?

Strand	*prayia*
Straße	*rosto*
Kaffee	*kaafi*
Tee	*chai*
Milch	*dudh*
Zucker	*shakhar*
ohne Zucker	*shakhar naka*
Reis	*tandul*
Wasser	*oodak*
Kokosnuss	*nal*

Zahlen

1	*ek*
2	*dohn*
3	*teen*
4	*char*
5	*paanch*
6	*soh*
7	*saht*
8	*ahrt*
9	*nou*
10	*dha*
20	*vees*
30	*tees*
40	*cha-ees*
50	*po-nas*
100	*chem-bor*
1000	*ek-azaar*
100 000	*laakh*

Wochentage

Montag	*somvaar*
Dienstag	*mangalvaar*
Mittwoch	*budhvaar*
Donnerstag	*viirvaar*
Freitag	*shukravaar*
Samstag	*shanivaar*
Sonntag	*ravivaar*

Glossar

A

Aarti abendliche Tempel-Puja mit Lichtern

Adivasi offizielle Bezeichnung für Stammesangehörige

Ahimsa Gewaltlosigkeit

Amrita der Nektar der Unsterblichkeit

Anda wörtlich „Ei": Kuppelaufbau eines Stupa

Angrez Sammelbegriff für Menschen aus dem Westen

Apsara himmlische Nymphe

Arak aus Reis oder Kokosnuss gewonnenes alkoholisches Getränk

Asana yogische Sitzhaltung; eine kleine Matte, die beim Gebet und zur Meditation benutzt wird

Ashram spirituelles Lehrzentrum, Ort der religiösen Praxis

Asura Dämon

Atman Seele

Avatar Reinkarnation Vishnus auf der Erde, in Menschen- oder Tiergestalt

Ayah Kinderfrau

Ayurveda altindische Medizin, die Kräuter, Minerale und Massagen anwendet

B

Baba respektvoller Name für einen Sadhu oder einen alten Mann

Bagh Garten, Park

Baithak Empfangsraum in einem Privathaus

Baksheesh Trinkgeld, Spende; manchmal auch „erwartetes" Bestechungsgeld

Bandh Generalstreik

Bandhani Knüpfbatik

Baniya Geschäftseigentümer, Händler

Banyan großer Feigenbaum, dient traditionell als Treffpunkt oder Schattenspender für Unterricht und Meditation

Baniyan Baumwollweste

Baoli oder Baori Stufenbrunnen

Bastee oder Bustee Slumgegend

Bazaar Geschäftsviertel der Stadt; Markt

Beedi aus einem Tabakblatt gerollte Zigarette, der „Glimmstengel des armen Mannes"

Begum Mosleminnen der Oberschicht

Betel Blatt, das im paan mit der Nuss der Areka-Palme gekaut wird: bezieht sich im weiteren Sinne auch auf die Nuss

Bhajan Gesang zur Ehre Gottes

Bhakti religiöse Hingabe, die in einer persönlichen oder emotionalen Beziehung zu einer Gottheit zum Ausdruck kommt

Bhang Marihuana-Blatt, wird oft in *lassi* aufgelöst getrunken

Bharat mata wörtlich: „Mutter Indien"; eine Repräsentation von Indien in Person einer Muttergöttin

Bharat Hindi-Bezeichnung für Indien

Bhavan oder Bhawan Gebäude, Haus, Palast oder Residenz

Bhotia tibetischstämmiges Volk im Himalaya

Bhumi Erde

Bindu Samen; der rote Punkt (auch Bindi), den Frauen zur Zierde auf der Stirn tragen

Bodhi Erleuchtung

Bodhi-Baum oder Bo-Baum Pipal-Baum (Ficus religiosa), steht in Zusammenhang mit Buddhas Erleuchtung

Bodhisattva ein erleuchtetes Wesen (im Buddhismus)

Burj Turm oder Bastion

Burqa ein den ganzen Körper verhüllender Umhang, den orthodoxe Mosleminnen tragen

Burra-Sahib Kolonialbeamter, Chef oder wichtige Person

C

Cantonment Bezirk einer Stadt, in dem sich die Militärkasernen befinden

Cella Kammer, beherbergt oft die Statue einer Gottheit

Chaat Snack

Chaddar wörtlich: Laken, kann auch in der Bedeutung „Schal, Umschlagtuch" vorkommen

Chaitya buddhistischer Tempel oder Stupa

Chakra Scheibe; Zentrum spiritueller Kraft; Energiepunkt im Körper; Rad, das oft den Kreislauf von Tod und Wiedergeburt darstellt

Chandan Sandelholzpaste

Chandra Mond

Chang Ladakh-Bier aus fermentierter Hirse, Weizen oder Reis

Chappal Sandalen

Charas Haschisch

Charbagh Garten, der im Mogulstil in Viertelsegmente unterteilt ist

Charpoi traditionelles indisches Bett: mit Stoffgurten bespannter Holzrahmen

Chhatri Grab; Tempelpavillon mit Kuppel

Chillum zylindrische Pfeife aus Ton oder Holz zum Rauchen von *charas* oder *ganja*

Chishti ein Sufi-Orden in Nordindien

Choli kurze, eng anliegende Bluse, die unter einem Sari getragen wird

Chor Räuber, Bandit

Chorten tibet. für Stupa

Choultry Unterkünfte für Pilger, die einem südindischen Tempel angegliedert sind

Chowgan Grünfläche im Zentrum eines Ortes oder Dorfes

Chowk öffentlicher Platz, Kreuzung oder Hof

Chowki Polizeiwache

Chowkidar Wächter/Hausmeister

Coolie (Kuli) Gepäck-/Lastenträger, Arbeiter

Crore zehn Millionen

D

Dabba Lunchbox

Dacoit Bandit

Dalit „unterdrückt", „ausgestoßen". Ein Begriff, der von den sogenannten „Unberührbaren" zur Beschreibung ihrer gesellschaftlichen Stellung bevorzugt wird.

Dargah Sufi-Schrein

Darshan das Anschauen einer Gottheit oder eines Heiligen; religiöse Unterweisung erhalten

Darwaza Eingang, Tür

Dawan Diener

Deul Tempelheiligtum in Orissa

Deva Gott

Devadasi Tempeltänzerin

Devi Göttin

Devta Gottheit

Dhaba Halle mit Ständen, an denen lokale Speisen zubereitet und verzehrt werden

Dham wichtige religiöse Stätte oder theologisches Seminar

Dharamshala Pilgerherberge

Dharma religiöses und soziales Pflichtgefühl (Hinduismus); das Gesetz der Natur, Lehre, Wahrheit (Buddhismus)

Dhobi Wäscher

Dhoti weißes, knöchellanges, von Männern getragenes Kleidungsstück, um die Taille gebunden und durch die Beine hoch gezogen

Dhurrie Wolldecke

Digambara wörtlich „luft-gekleidet": eine Jain-Sekte, bekannt für die Sitte ihrer Mönche, nackt herumzulaufen, was allerdings nicht mehr verbreitet ist

Dikpala Wächter der vier Himmelsrichtungen

Diwan oder Dewan oberster Minister

Diwan-i-Am öffentliche Audienzhalle

Diwan-i-Khas private Audienzhalle

Dravidisch der südlichen Kultur angehörend; normalerweise bezieht sich das Wort vor allem auf die Sprachfamilie jener indigenen Völker Indiens, die nach Süden abgedrängt wurden

Du-Khang Haupttempel in einem *gompa*
Dukka Teich und Brunnen im Hof einer Moschee
Dupatta Schleier, der von hinduistischen und moslemischen Frauen zusammen mit der *salwar kamise* getragen wird.
Durbar Gerichtsgebäude; Audienzsaal; Regierungstreffen
Dvarpala Wächterstatue am Eingang zu einem Heiligtum
Dzo domestiziertes Nutztier; Kreuzung von Yak und Hausrind

F

Fakir moslemischer Bettelasket
Feni Goanisches alkoholisches Getränk, das aus der Cashewfrucht oder aus Kokospalmschößlingen abgezapftem Saft gewonnen wird.

G

Gada Keule, eine der Waffen Vishnus
Gadi Thron
Gandharvas Indras himmlische Musiker
Ganj Gegend, Viertel
Ganja Marihuanazigarette
Garbha Griha Tempelheiligtum, wörtlich „Mutterschoß"
Garh Festung
Gari Fahrzeug oder Wagen
Ghat Berg, Anlegestelle oder Treppenanlage, die zum Wasser führt
Ghazal melancholisches Urdu-Lied
Ghee geklärte Butter
Godown Lagerhaus
Go-Khang Schutzgöttern geweihter Tempel eines *gompa*
Gompa buddhistisches Kloster Tibets oder Ladakhs
Goncha knöchellanges Wollkleid der Frauen aus Ladakh
Gopi junges, Kühe hütendes Mädchen, taucht als Krishnas Spielgefährtin und Liebhaberin in der Volksmythologie auf
Gopura Turm als Eingang zu einem Tempel, in Südindien weit verbreitet
Gumbad Kuppel einer Moschee oder einer Grabstätte
Guru Religions-, Musik-, Tanz-, Astrologie- etc. Lehrer
Gurudwara Gebetshaus der Sikhs

H

Haj die Pilgerfahrt eines Moslems nach Mekka
Hajji ein Moslem, der die haj unternimmt bzw. unternommen hat
Hammam Dampfbad im persischen Stil
Harijan „Kinder Gottes", von Gandhi eingeführter Name für die „Unberührbaren".
Hartal Streik
Haveli kunstvoll verziertes Haus
Hijra Eunuch oder Transvestit
Hill Station Von den Briten als Sommerfrische eingerichteter Ort in den Bergen
Hinayana wörtlich „Kleines Fahrzeug": der Name, der der ursprünglichen buddhistischen Schule von späteren Sekten gegeben wurde
Hookah Wasserpfeife, mit der man starken Tabak oder Marihuana raucht.
Howdah wuchtiger Elefantensattel, manchmal aus reinem Silber und oft von einem Baldachin überdacht

I

Idgah Gebiet im Westen der Stadt, das während des islamischen Festes Id-ul-Zuha für Gebete reserviert ist.
Imam islamischer Führer oder Lehrer
Imambara Grab eines shiitischen Heiligen
Indo-sarazenisch überladene Architektur der Raj-Zeit, die islamische, hinduistische, Jain- und westliche Elemente kombiniert
Ishwara Gott
Iwan der Haupt- (oft zentrale) Bogen in einer Moschee

J

Jagirdar Landbesitzer
Jali durchbrochenes Steingitter
Jama oder Jami Freitag; wie in Jama Masjid, d. h. „Freitagsmoschee"
Janapadas kleine Republiken und Fürstentümer; wörtlich: „Clan-Territorium"
Jangha Figurenszene an Tempelwand
Jarokha kleiner Balkon, oft mit einem Fenstersitz

Jat großes nordindisches Volk, besonders zahlenstark im östlichen Rajasthan in der Umgebung von Bharatpur vertreten

Jataka Volkserzählungen über Leben und Lehre Buddhas

Jati Geburtsgruppe (*jata* = „geboren"), Unterkaste, bestimmt durch Familie und Beruf

Jawan Soldat

Jhuta durch Lippen besudelt: Essen oder Trinken, das durch Berührung verunreinigt ist.

-ji Suffix, das zum Zeichen des Respekts an einen Namen angehängt wird.

Jihad arab. „Anstrengung", auch „Kampf", bezeichnet das Streben danach, sich den Gesetzen des Islam gemäß zu verhalten; auch militärischer Einsatz für den Islam

Johar alte Praxis der Selbstopferung von Frauen in Kriegszeiten, um nicht in die Hände des Feindes zu fallen

Jyotirlinga die zwölf „großen Linga", die durch ihre Verbindung mit Shiva heilig sind

K

Kailasa oder Kailash Berg in West-Tibet: Shivas Aufenthaltsort und in der Mythologie Ursprung des Ganges und Brahmaputra, der Weltenberg im Zentrum des Universums, Meru

Kalam Malereischule

Kalasha Tempelbekrönung in Form einer steinernen Vase

Kama Befriedigung

Kangyu Lang Bibliotheksgebäude in einem Gompa, Aufbewahrungsort heiliger tibetischer Schriften

Karma die Summe aller guten und schlechten Taten, die den Status der Wiedergeburt bestimmt

Kaste der mit der Geburt erworbene soziale Status

Katcha das Gegenteil von pukka; unannehmbar

Kathakali traditionelles keralisches Tanzdrama

Kavad verzierte Schachtel, die sich in einen kleinen tragbaren Schrein verwandeln lässt

Kenotaph leeres Grab zum Gedenken an einen Toten

Khadi handgesponnene Baumwolle; Gandhis Symbol der indischen Selbstgenügsamkeit

Khan moslemischer Ehrentitel

Khejri kleiner Baum, gedeiht in der Wüste Thar in Rajasthan

Kirtan das Singen von Hymnen

Kot Fort

Kothi Residenz

Kotla Zitadelle

Kotwali Polizeidienststelle

Kovil Bezeichnung für Tempel in Tamil Nadu

Kshatrya Kaste der Krieger und Herrscher

Kumkum rotes Zeichen auf der Stirn einer Hindu-Frau (Witwen sollen es nicht tragen)

Kund Teich, See, Wasserreservoir

Kurta langes Männerhemd, das über weiten *pajamas* getragen wird

L

Lakh 100 000

Lama tibetischer buddhistischer Mönch und Lehrer

Lathi schwerer Stock, dient zum Aufstützen oder als Waffe

Lingam Phallussymbol in heiligen Stätten, das den Gott Shiva repräsentiert

Loka Reich oder Welt, z. B. *devaloka*, Götterreich

Lunghi männliches Kleidungsstück; ein langer Wickelrock, der in der Taille festgemacht wird und bis zu den Knöcheln reicht

M

Madrasa islamische Schule

Maha- Präfix mit der Bedeutung „groß"

Mahadeva wörtlich „Großer Gott", ein gebräuchlicher Beiname Shivas

Mahal Palast; herrschaftliches Haus

Mahant im Hinduismus ein hochrangiger Pandit, d. h. (Religions-)Gelehrter; im Sikhismus der Vorsteher eines Gurudwara (Gebetshauses)

Maharadscha (Maharana, Maharawal) Prinz; insbesondere einer, der regiert

Maharani die Frau eines Maharadscha oder die Frau, die den Rang eines Maharadscha bekleidet

Mahatma große Seele

Mahayana „Großes Fahrzeug": buddhistische Schule, die sich in ganz Südostasien verbreitet hat.

Mahout Elefantenhalter oder -führer

Maidan großes offenes Gelände, Grünanlage
Makara Krokodil-ähnliches Tier auf Tempeltüren, symbolisiert den Ganges; auch das Reittier Varunas, des vedischen Meeresgottes
Mala Halskette, Blumengewinde oder Rosenkranz
Mandala religiöses Diagramm
Mandapa Halle, oft mit vielen Säulen, die verschiedenen Zwecken dient: z. B. für Hochzeitszeremonien oder Tanzdarbietungen
Mandi Markt
Mandir Tempel
Mani-Stein Stein, in den Tibeter buddhistische Gebetsformeln einritzen
Mantra Gebetsformel; dient, wenn ununterbrochen wiederholt, auch als Meditationshilfe
Marg Straße
Masjid Moschee
Mataji bedeutet „Mutter". Wird auch als höfliche Anrede für eine ältere Frau oder einen weiblichen Sadhu gebraucht
Math oder Mutt Hindu- oder Jain-Kloster
Mayur Pfau
Medhi Terrasse
Mela Fest
Memsahib respektvolle Anrede für europäische Frauen
Mendi Henna
Mihrab Nische in der Wand einer Moschee, die die Gebetsrichtung (nach Mekka) anzeigt. In Indien befindet sich der mihrab in der Westwand.
Mimbar Kanzel in einer Moschee, von der aus die Freitagspredigt gehalten wird
Mithuna sexuelle Vereinigung oder Liebespärchen in der hinduistischen und buddhistischen Bildkunst
Moksha glückseliger Zustand der Befreiung vom Wiedergeburtszyklus, den Hindus und Jains anstreben
Mridangam zweifellige Fasstrommel; „König des Rhythmus und Königin der Melodie" genannt
Mudra Geste, die in vedischen Ritualen sowie in Kunst und Tanz von Hinduismus, Buddhismus und Jainismus ausgeführt wird; im Buddhismus symbolisieren die *mudras* bestimmte Aspekte Buddhas und seiner Lehre
Muezzin islamischer Gebetsrufer
Mullah islamischer Lehrer und Gelehrter

N

Nadi Fluss
Naga mythische Schlange; auch: Einwohner aus Nagaland
Natak Theaterstück
Nautch nordindischer Tanzstil
Nawab moslemischer Landbesitzer oder Prinz
Nirvana oder Nibbana die buddhistische Entsprechung von moksha
Nizam Titel der Herrscher von Hyderabad

O

Om (auch Aum) Symbol, das den Ursprung aller Dinge bezeichnet, die höchste göttliche Essenz, wird von Hindus und Buddhisten in der Meditation gebraucht

P

Paan Betelnuss, Kalk, Kalzium und Anis, in ein Blatt gewickelt und zur Verdauungsförderung gekaut; leichtes Suchtmittel (s. S. 62).
Padma Lotus; ein anderer Name für die Göttin Lakshmi
Paise 100 Paisa entsprechen einer Rupie
Pali die Ursprache der frühen buddhistischen Schriften
Panchayat Dorfrat
Parikrama rituelles Umschreiten eines Tempels, Schreins oder Berges
Parse Anhänger des Zoroastrismus
Pind Trauerfeier am 13. Tag nach dem Tod eines Elternteils
Pir moslemischer Heiliger
Pradakshina Patha Prozessionsweg um ein Denkmal oder Heiligtum
Prakara Umfriedung oder Hof in einem südindischen Tempel
Pranayama Kontrolle des Atems, in der Meditation angewandt
Prasad Essen, das in Tempelheiligtümern gesegnet und unter die Gläubigen verteilt wird
Prayag Glück verheißendes Zusammenfließen zweier oder mehrerer Flüsse

Puja Andacht, Ritual der Götterverehrung, Opfergabe im Tempel

Pujari Priester

Pukka reif, erwachsen, fest und stabil, auch: korrekt, recht, wie es sich gehört

Punkah handbetriebener Deckenventilator aus der Raj-Ära, wurde von einem „punkah-wallah" bedient

Punya religiöses Verdienst

Purnima Vollmond

Q

Qabr moslemisches Grab

Qawwali fromme Lieder, unter Sufis verbreitet

Qibla Mauer in einer Moschee, die nach Mekka hin zeigt

Qila Festung

R

Raag oder Raga Folge von Noten, die die Grundlage einer Melodie bildet

Raj Herrschaft; Monarchie; besonders die Zeit der britischen Kolonialherrschaft 1857–1947

Raja Herrscher, Fürst

Rajputen Adlige, die früher einen Großteil Nord- und Westindiens beherrschten

Rakshasa Dämon (Dämonin: *rakshasi*)

Rangoli geometrisches Muster aus Reispulver, das vor Häusern und Tempeln ausgelegt wird

Rani Königin oder Prinzessin der Rajputen

Rath Tempelwagen für Prozessionen in Südindien

Rawal Oberpriester (Hinduismus)

Rekha deul Tempelturm, typisch für Orissa

Rinpoche wörtlich: „Kostbarer", tibetischer Ehrentitel für einen buddhistischen Lama, der als Reinkarnation eines früheren Lehrers betrachtet wird

Rishi „Seher"; philosophischer Weiser oder Dichter

Rudraksha Perlen, die benutzt werden, um Shiva-Gebetskränze herzustellen

Rumal (besticktes) Taschentuch

S

Sadar in der Bedeutung von „hauptsächlich, am größten/wichtigsten"; z. B. Sadar Bazaar

Sadhak ein Mensch, der sich der Spiritualität verschrieben hat, um mit Gott eins zu werden

Sadhu hinduistischer Heiliger ohne Kasten- oder Familienbindungen

Sagar See

Sahib respektvoller Titel für Männer; allgemeine Anrede für männliche Europäer

Salwar kamise langes Oberteil und weite, knöchellange Hosen, von Inderinnen getragen

Sambar asiatische Hirschart

Samadhi letzte Stufe der Erleuchtung; Todes- oder Begräbnisstätte eines Heiligen

Samsara Kreislauf von Tod und Wiedergeburt

Sanadarsanan besondere Zeit für darshan, das Erblicken der Welt der Götter

Sangam heiliger Zusammenfluss zweier oder mehrerer Flüsse; Akademie

Sangeet Musik

Sannyasi besitzloser, heimatloser Asket (Hinduismus)

Sarai Raststätte für Karawanen und Reisende auf den Handelsrouten durch Asien

Sati eine Frau, die in Nachahmung von Shivas Frau ihr Leben auf dem Scheiterhaufen ihres verstorbenen Mannes opfert. Nicht mehr üblich und offiziell verboten.

Satsang Unterweisung durch einen religiösen Führer

Satyagraha Gandhis Kampagne für gewaltlosen Protest, wörtlich „die Wahrheit begreifen"

Scheduled Castes offizielle Bezeichnung für „Unberührbare"

Sepoy ein indischer Soldat in europäischen Diensten

Seth Händler oder Geschäftsmann

Seva freiwilliger Dienst in einem Tempel oder einer Gemeinde

Shaikh moslemischer heiliger Mann

Shaiva ein Hindu, der Shiva als obersten Gott betrachtet

Shankha Muschel, Symbol Vishnus

Shastra Abhandlung

Sheesh mahal „Glaspalast"; normalerweise ein kleiner Raum oder eine kleine Wohnung, die mit Spiegelmosaiken ausgekleidet sind

Shikar Jagd

Shikhara Turm oder Spitze nordindischer Tempel

Shishya Schüler
Shloka Zeile aus einem Sanskrit-Text
Shri oder Sri respektvolles Präfix; ein anderer Name für Lakshmi
Shudra die niedrigste der vier *varna*; Diener
Singh oder Singha Löwe
Sitout Veranda
Soma Medizinpflanze mit halluzinogenen Eigenschaften, die früher bei vedischen und zoroastrischen Ritualen zum Einsatz kam
Stambha Pfeiler oder Fahnenstange
Sthala eine Stätte, die als heilig gilt, da sie mit legendären Ereignissen in Zusammenhang steht
Stupa großer, runder Hügel, der Buddhas Gegenwart repräsentiert und oft Reliquien Buddhas oder eines buddhistischen Heiligen bewahrt
Sulabh öffentliche Toilette
Surma schwarzer Kajalstift, auch kohl
Surya Sonne oder Sonnengott
Sutra (sutta) Verse in Sanskrit- und Palitexten (wörtlich „Leitfaden").
Svetambara „weiß gekleidet", Jain-Sekte, die im Gegensatz zu den Digambara (S. 1254) Nacktheit ablehnt und Nonnen zulässt
Swami Meister; Titel für einen heiligen Mann
Swaraj „self rule"; Synonym für die Unabhängigkeit, von Gandhi eingeführter Begriff

T

Tala rhythmischer Zyklus in der klassischen Musik; in der Bildhauerei bedeutet ein *tala* eine Gesichtslänge.
Tandoor Lehmofen
Tank Teich; im Tempel wird er für rituelle Waschungen benutzt
Tanpura Saiteninstrument, das den Oberton hervorbringt, der für die klassische Musik Indiens typisch ist
Tempo dreirädriges Taxi
Thakur Landbesitzer
Thali Kombination vegetarischer Gerichte, Chutneys, Eingelegtes, Reis und Brot, vor allem in Südindien als eine Mahlzeit serviert; der Metallteller, auf dem ein Gericht dargereicht wird.
Thangka tibetisches religiöses Rollbild
Theravada „Doktrin der Älteren": die ursprüngliche Bezeichnung des frühen Buddhismus, der noch heute in Sri Lanka und Thailand verbreitet ist
Thug Mitglied eines nordindischen Bundes professioneller Räuber und Mörder
Tiffin Carrier Blechbehälter zum Transport von Mahlzeiten, eine Art Henkelmann
Tilak roter Punkt, während der Andacht auf die Stirn geschmiert
Tirtha Flussüberquerung, die unter Hinduisten als heilig gilt, auch der Übergang von der Erde in den Himmel; eine Pilgerstätte der Jain
Tirthankara „Furtbereiter": einer der 24 erleuchteten, vergöttlichten Jain-Lehrer
Tola das Gewicht einer Silberrupie: 180 Gran, etwa 11,6 g
Tonga zweirädriger Pferdewagen
Topi Kappe
Torana Eingang; frei stehendes Tor aus zwei Säulen, die durch einen fein gearbeiteten Bogen miteinander verbunden sind
Trimurti die hinduistische Trinität (Brahma, Vishnu, Shiva)
Trishula Shivas Dreizack
Tuk befestigte Umfriedung eines Jain-Schreins oder Tempels
Tulku Reinkarnation eines tibetisch-buddhistischen Lehrers

U

Urs Fest zu Ehren eines moslemischen Heiligen

V

Vahana das „Fahrzeug" (Reittier) einer Gottheit: der Stier Nandi ist Shivas *vahana*
Vaishya Angehöriger der Händler- und Kaufmannskaste
Varna wörtlich „Farbe"; eine der vier hierarchischen Gesellschaftskategorien: Brahmanen, Kshatryas, Vaishyas und Shudras
Vav Stufenbrunnen, in Gujarat üblich
Veden die heilige Schriften des frühen Hinduismus
Vedika Geländer um einen Stupa
Vihara buddhistisches oder Jain-Kloster

Vimana Turm über einem Tempelheiligtum
Vina oder Veena Langhalslaute mit sieben Saiten

W

Waddo südindische Bezeichnung für ein Stadtviertel innerhalb eines Distrikts
-wallah Suffix, das auf einen Beruf hinweist, z. B. Rikscha-wallah
Wazir ranghöchster Minister des Königs

Y

Yagna vedisches Opferritual
Yaksha prä-vedische Gestalt aus dem Volksglauben, die mit Fruchtbarkeit assoziiert wird und später in die Hindu-Ikonographie übernommen wurde
Yakshi weiblicher *yaksha*
Yali mythischer Löwe
Yantra kosmologisches Piktogramm oder Modell, das in einer Sternwarte steht
Yatra Wallfahrt
Yatri Pilger
Yogi Sadhu oder Priester mit magischen Kräften, die er durch Yoga erworben hat (weibl.: *yogini*)
Yoni Symbol des weiblichen Geschlechtsorgans, findet sich um den unteren Teil eines Lingam in Tempelschreinen
Yuga die vier Weltzeitalter: das gegenwärtige, kali-yuga, ist das letzte des Zyklus, ein „schwarzes Zeitalter" der Degeneration und des spirituellen Niedergangs

Z

Zamindar Landbesitzer
Zenana Frauenabteilung; für Frauen abgegrenzter Bereich in einer Moschee

Bücher

Im Folgenden findet sich lediglich eine Auswahl jener Werke, die sich bei der Vorbereitung dieses Reiseführers als besonders nützlich oder unterhaltsam erwiesen haben. Die meisten sind in Deutschland, der Schweiz und Österreich, die englischen oft auch in Indien erhältlich, wo sie in der Regel erheblich billiger sind. Aufgeführt sind auch Bücher, die nicht mehr verlegt werden, aber immer noch empfehlenswert sind. Sie sind eventuell in der Bibliothek oder übers Internet zu finden. Mit * gekennzeichnete Titel sind besondere Empfehlungen der Autoren.

Belletristik

Aravind Adiga, *Der weiße Tiger* (C.H. Beck, 2008). Der überwiegend in Delhi spielende Debütroman ist eine köstlich finstere Satire aufs „New" India. Er handelt von der Beziehung zwischen einem reichen Herrn und dessen perfektem, aber mörderisch ehrgeizigem Diener.

Mulk Raj Anand, *Der Unberührbare* (Unionsverlag, 2003). Der erstmalig 1935 erschienene Roman vermittelt einen Einblick in das schreckliche Leben eines unberührbaren Straßenfegers.

Anita Desai, *Fasting, Feasting* (Rupa, 2000). Der Roman einer der führenden indischen Schriftstellerinnen beschreibt eindringlich die Frustration einer sensiblen jungen Frau, die in der muffigen Atmosphäre des Elternhauses „gefangen" ist, während ihr verhätschelter Bruder zum Studium nach Amerika geschickt wird. In deutscher Sprache von A. Desai erhältlich sind z. B. *Reise ins Licht* (Limes, 1999): In der Hoffnung, die Erleuchtung zu finden, geht ein junger, zivilisationsmüder Italiener mit seiner deutschen Frau nach Indien und gerät dort in einem Ashram vollkommen in den Bann der mysteriösen „Mutter". In *Der Hüter der wahren Freundschaft* (List) bricht ein indischer College-Lehrer aus dem Kleinstadtleben und seiner unglücklichen Ehe aus und zieht in der Hoffnung auf eine Karriere als Dichter nach Delhi. *Berg im Feuer* (List) ist ein psychologisch fein gesponnener Roman über drei indische Frauen in unterschiedlichen Lebensphasen.

Kiran Desai, *Erbin des verlorenen Landes* (Bvt Berliner Taschenbuch Verlag, 2007). Warmherzig, weise und wunderschön erzählte Familiengeschichte, die in den 1980er-Jahren in Indien und den USA spielt, hauptsächlich aber in der Nähe von Kalimpong vor dem Hintergrund des nepalesischen Aufstands.

Chitra Banerjee Divakaruni, *Die Prinzessin im Schlangenpalast* (Diana Verlag, 2000). Fesselnde Geschichte zweier Freundinnen in Kolkata, ihrem Lieben und Leiden im Konflikt zwischen Tradition und Moderne. Die Autorin lebt mittlerweile in den USA und thematisiert in anderen Werken das Leben dortiger indischer Migranten.

Leslie Forbes, *Bombay Ice* (Ullstein, 2000) Ein fesselnder Krimi. Bombay kurz vor dem Einsetzen des Monsuns: Die Journalistin Roz Bengal versucht inmitten der Intrigen der glitzernden Filmwelt und der brutalen Realität sich prostituierender Transvestiten ein Familiengeheimnis zu lüften.

E. M. Forster, *Auf der Suche nach Indien* (Fischer Tb, 2009). Der hoch gelobte Roman Forsters, eine leidenschaftliche Kolonialismuskritik, spielt im Indien der 1920er-Jahre, zeichnet ein einfühlsames Porträt der indischen Mittelklasse und deckt kulturelle Missverständnisse auf.

Rudyard Kipling, *Kim* (dtv, 1999). Obwohl stellenweise so kolonialistisch, dass es fast weh tut, spricht aus jeder Zeile dieser Geschichte eines weißen Waisenjungen (die Vorlage für *Das Dschungelbuch)* Kiplings Liebe zu Indien. Weitere maßgebliche Werke des Autors zu Indien sind: *Drei Soldaten* und *In Schwarz und Weiß*. Erschienen in: Rudyard Kipling, Gesammelte Werke, Paul List Verlag, München, Band 2.

Kamala Markandaya, *Nektar in einem Sieb* (Unionsverlag, 2009). Die südindische Autorin behandelt anhand der Geschichte einer indischen Bäuerin die Konflikte des Landes zwischen Tradition und Moderne. Um die Landflucht eines Jungen, der in der Großstadt gegen Hunger und Armut kämpfen muss, geht es in *Eine Handvoll Reis* (Unionsverlag, 1999).

Gita Mehta, *Die Maharani* (Suhrkamp, 2006). Leicht lesbare Unterhaltung und Vermittlung interessanten wie fundierten Hintergrundwissens. Eine wohl behütete, traditionell erzogene indische Prinzessin wird Anfang des 20. Jhs. von ihrem Vater aus politischen Erwägungen mit einem sehr westlich orientierten Maharadscha verheiratet.

***Rohinton Mistry**, *Das Gleichgewicht der Welt* (Fischer, 2002). Zwei Freunde versuchen, ihrem niedrigkastigen Leben auf dem Lande in die Glitzerwelt der Großstadt (einem fiktionalisierten Mumbai) zu entkommen. Mistrys *So eine lange Reise. Ein Indien-Roman* (Fischer, 1998) ist die hoch gelobte Schilderung des Kampfes eines Parsen aus Mumbai, angesichts von Verrat und Enttäuschungen seine persönliche Integrität zu wahren.

***V. S. Naipaul**, *Indien. Land des Aufruhrs* (List, 2007). Dieser düstere politische Reisebericht, recherchiert und geschrieben während und kurz nach dem Ausnahmezustand, brachte Naipaul, einem Trinidad-Inder, den Ruf eines der strengsten Kritiker Indiens ein. Zwei Jahrzehnte später kehrte er zurück, um zu sehen, was passiert war, seit seine Eltern das Land verlassen hatten. Das Ergebnis, *Land der Finsternis. Fremde Heimat Indien* (List, 2001), ist insgesamt ein freundlicheres und abgerundeteres Porträt – ein hervorragend zusammengestelltes Mosaik individueller Lebensgeschichten aus verschiedenen Gegenden des Subkontinents. Eines der besten Bücher, die je über Indien geschrieben wurden.

Anita Nair, *Kathakali* (Hoffmann & Campe, 2006). Die Lebensgeschichte eines Kathakali-Tänzers in Kerala, verbunden mit einer leidenschaftlichen Liebesgeschichte um dessen Nichte und einen Reiseschriftsteller. Ebenfalls auf Deutsch erschienen sind *Das Salz der drei Meere* (Porträts mehrerer Frauen, die einander auf einer Zugfahrt ihre Lebensgeschichten erzählen) und *Ein besserer Mann*, die Geschichte eines Mannes, der nach seiner Pensionierung in sein Dorf zurückkehrt und dort mit seiner Vergangenheit konfrontiert wird (beide dtv, 2006).

R. K. Narayan, *Gods, Demons and Others* (Vintage, 2001). Viele der Bücher von Narayan – voll subtil gezeichneter Charaktere und gutmütigem Humor – spielen im fiktiven südindischen Gebiet Malgudi. In diesem Buch leiht Narayan einem dörflichen Geschichtenerzähler seine Stimme, der klassische indische Märchen und Volksmythen erzählt. In deutscher Übersetzung erhältlich ist z. B. *Der Fremdenführer* (Goldmann, 1992): Der großtuerische Raju versucht sich als Fremdenführer und sieht sich plötzlich gegen seinen Willen in die Rolle eines Märtyrers versetzt.

Dieter Riemenschneider (Hrsg.), *Shiva tanzt. Das Indien-Lesebuch* (Unionsverlag, 2002). Eine Sammlung von Texten indischer Autoren und Autorinnen zu den verschiedensten Themenbereichen. Ein guter Einstieg.

***Arundhati Roy**, *Der Gott der kleinen Dinge* (btb, Goldmann Verlag, 1999). Mit dem Booker Prize ausgezeichneter, beklemmender Roman über eine wohlhabende südindische Familie, gefangen in den versnobten Traditionen der höheren Kasten, der kolonialen Vergangenheit und den verschiedenen persönlichen Lebensgeschichten ihrer Mitglieder.

Salman Rushdie, *Mitternachtskinder* (Rowohlt, 2005). Diese Geschichte eines Mannes, dessen Geburtsstunde mit der Ausrufung der Unabhängigkeit zusammenfällt und dessen Leben das des modernen Indiens widerspiegelt, brachte Rushdie den Booker Prize und die Feindschaft Indira Gandhis ein, die das Buch auf den Index setzen ließ. *Des Mauren letzter Seufzer* (Knaur) spielt in Kerala und Mumbai. Rushdie legt hier auf typisch finstere Art die Widersprüche der Hauptstadt Maharashtras bloß, womit er sich vom Shiv Sena-Führer Bal Thackeray eine Verleumdungsklage einfing.

***Vikram Seth**, *Eine gute Partie* (Heyne Tb, 1999). Ein umfangreicher, zahlreiche Schlüsselthemen umfassender Schmöker, spielt kurz nach der Unabhängigkeit; mit seinen wunderbaren Persönlichkeitsbeschreibungen und der überzeugenden Darstellung jener Zeit eine hervorragende Lektüre für lange Bahnfahrten.

Khushwant Singh, *Delhi* (Dölling & Galitz, 1999). Ein erschöpfter Delhi-*wallah* und sein *hijra*-Liebhaber stellen Betrachtungen über den Charakter historischer Persönlichkeiten in richtungsweisenden Momenten der Geschichte Delhis an. Ein weiteres Werk Singhs ist z. B. *Der Zug nach Pakistan* (Insel, 2008). Beklemmend realistisches Porträt vom Leben in einem Dorf an der Grenze zwischen Indien und Pakistan im Sommer 1947.

William Sutcliffe, *Meine Freundin, der Guru und ich* (Knaur, 1999). Witziger Bericht eines jungen Briten über die Backpackerszene in Indien.

Tarun J. Tejpal, *The Alchemy of Desire* (Harper Perennial, 2007). Im Mittelpunkt der überwiegend im Himalaya spielenden Geschichte stehen zwei Verliebte und ihre leidenschaftliche sexuelle Beziehung.

Shashi Tharoor, *Der große Roman Indiens* (Suhrkamp, 1998). Mit Witz und Verstand geschriebene, messerscharf beobachtete, respektlose Parodie der Geschichte des Subkontinents im 20. Jh. Ebenfalls mit viel Witz erzählt der Autor in *Bollywood* (Suhrkamp 2007) die Geschichte eines talentfreien, aber ungemein populären Schauspielers, der in die Politik geht und dort abstürzt.

Geschichte und Gesellschaft

The Wonder That Was India, Arthur L. Basham (1954). Eine veritable Enzyklopädie von einem der führenden Historiker Indiens.

***Hundert Söhne sollst du haben. Frauenleben in Indien**, Elizabeth Bumiller (Gutenberg, 1992). Anhand Dutzender persönlicher Begegnungen schildert die aus den USA stammende Autorin die Lebensumstände indischer Frauen.

Um Mitternacht die Freiheit, Larry Collins u. Dominique Lapierre (Rowohlt, 1985). Spannend und sehr anschaulich geschriebene Geschichte des indischen Unabhängigkeitskampfes.

***The Last Mughal**, William Dalrymple (Bloomsbury Publishing, 2009). Eine meisterhafte Beschreibung der Rolle Delhis im Aufstand von 1857. Unter Verwendung von Urdu- und englischen Quellen erzählt Dalrymple, wie sich die Ereignisse für die Aufständischen, die Briten, den Mogulhof und vor allem die Bewohner von Delhi darstellten.

***White Mughals**, William Dalrymple (Flamingo, 2003). Das faszinierende Buch handelt von James Achilles Kirkpatrick, einem Briten, der eine Großnichte des Nizam-Premierministers von Hyderabad heiratete.

Neun Leben. Unterwegs ins Herz Indiens, William Dalrymple (Berlin Verlag, 2011). Dalrymple lässt neun sehr unterschiedliche Menschen von ihrem Leben erzählen. So entsteht ein spannender Querschnitt durch die heutige indische Gesellschaft mit ihren zahlreichen Facetten.

Indien. Geschichte des Subkontinents von der Induskultur bis zum Beginn der englischen Herrschaft, Ainslie T. Embree u. Friedrich Wilhelm (Fischer Verlag, 2005). Eine solide Einführung auf Deutsch aus der Reihe Fischer Weltgeschichte.

Das Leben des Mahatma Gandhi, Louis Fischer (Büchergilde Gutenberg, 1953). Der erfahrene amerikanische Journalist kannte Gandhi persönlich, und sein Buch ist eine gelungene Darstellung des Mahatma als Mensch, Politiker und Propagandist.

Liberty or Death, Patrick French (Penguin, 2011). Darstellung der letzten Jahre des britischen Raj (und ein vernichtendes Urteil über die Rolle Großbritanniens).

***Eine Autobiographie oder Die Geschichte meiner Experimente mit der Wahrheit**, M. K. Gandhi (Hinder & Deelmann, 1995). Gandhis faszinierender Lebensbericht erzählt u. a. von den spirituellen und moralischen Fragen, die ihn beschäftigten, und von seinem allmählichen Vordringen ins Machtzentrum der indischen Politik.

Die Großmoguln. Glanz und Größe mohammedanischer Fürsten in Indien, Bamber Gascoigne (Prisma Verlag, 1987). Interessante, spannende Biografie der ersten sechs Mogulherrscher.

Auf Gandhis Spuren. Soziale Bewegungen und ökologische Tradition in Indien, Rainer Hörig (Beck, 1995). Das schmale Buch enthält mehr, als der Titel ahnen lässt: Zwar geht es in erster Linie um Bürgerinitiativen gegen Waldrodung, Großstaudämme u. Ä., aber der Ethnologe und Indologe beschäftigt sich z. B. auch mit dem Deutschlandbild der Inder und dem Sinn der deutschen Entwicklungshilfe.

The Honourable Company: A History of the English East India Company, John Keay (Harper Collins, 1993). Eine ausgewogene Darstellung der Ostindienkompanie und ihrer zwiespältigen Rolle in der Geschichte des Subkontinents.

***India: A History**, John Keay (Harper Collins, 2000). Das derzeit beste Geschichtsbuch. Keay gelingt eine klare, unparteiische und gut lesbare Darstellung von 5000 Jahren indischer Geschichte.

India Discovered, John Keay (Harper Collins, 2001). Dieses spannende Buch erzählt, wie eine Gruppe von Indologen aus der Raj-Ära die Geheimnisse von Monumenten wie Sanchi, Ajanta und den Ashoka-Edikten lüftet, wobei die Biografien dieser Männer bisweilen ebenso faszinierend sind wie die Geschichte ihrer Forschungsobjekte.

Into India, John Keay (University of Michigan Press, 1999). Als umfassende Einführung zu Indien wird dieses (1973 verfasste und 1999 neu aufgelegte) Buch immer wieder von Kennern der Materie empfohlen. Nach Regionen unterteilt, legt der Autor ein breites Mosaik der indischen Geschichte und Kultur vor, das er durch anschauliche persönliche Beobachtungen zusammenfügt.

Geschichte Indiens. Von der Induskultur bis heute, Hermann Kulke u. Dietmar Rothermund (Beck, 2010). Eines der wenigen umfassenden Geschichtswerke über Indien, das auch den Süden in angemessener Länge behandelt. Von Rothermund ist auch eine Analyse des modernen Indiens erschienen: *Indien – Aufstieg einer asiatischen Weltmacht* (Beck, 2008).

Fünf nach zwölf in Bhopal, Dominique Lapierre u. Javier Moro (Europa Verlag, 2004). Die ultimative Darstellung der schlimmsten Industriekatastrophe der Menschheitsgeschichte mit Porträts von Opfern, Helden und Tätern. Ein faszinierendes Stück Enthüllungsjournalismus.

An Indian Attachment, Sarah Lloyd (Elan Press, 2008). Das Leben in einem Punjabi-Dorf aus der Sicht einer jungen Frau aus dem Westen. Die Grundlage des ehrlichen und aufschlussreichen Buchs bildet ihre Beziehung zu einem opiumsüchtigen Sikh.

***In Spite of the Gods**, Edward Luce (Little, Brown Book Group, 2007). Der derzeit fachkundigste Bericht zum Stand der Nation auf dem Buchmarkt, voll ernüchternder Statistiken und Fakten, die mit zahlreichen gängigen Mythen über das Land aufräumen.

Bombay – Maximum City, Suketu Mehta (Suhrkamp, 2006). Von der Literaturkritik gefeiertes, faszinierendes Porträt der größten Stadt Indiens. Das Buch ist eine Mischung aus Erinnerungen und Reisebericht, verwoben mit scharfsinnigen Bemerkungen zur Geschichte, den Gesellschaftsschichten und den Bewohnern von Mumbai.

Heilige Kühe und Computerchips. Indische Gegensätze, Stefan Klein (Picus, 1999). Der Autor, langjähriger Asien-Korrespondent der Süddeutschen Zeitung, schreibt fesselnde Reportagen und Porträts über Indiens VIPs, das Schicksal der Parsen oder auch die Lage Surats nach der Lungenpest im Jahr 1994.

The Argumentative Indian, Amartya Sen (Picador, 2006). Eine provozierende, scharfsinnig geschriebene Sammlung von Essays zur Identität, Religion, Geschichte und Philosophie Indiens und – besonders interessant – dazu, was es bedeutet, Inder zu sein; zusammengestellt von dem Nobelpreisträger und Ökonomen Sen.

Der Sadhu an der Teufelswand, Ilija Trojanow (Sierra, National Geographic, 2008). Reportagen über alle möglichen Facetten des modernen Indiens, von Protestbewegungen bis zur Cricketleidenschaft, erstmals erschienen in der Frankfurter Rundschau und anderen Zeitungen und für diesen Band überarbeitet.

No Full Stops in India, Mark Tully (Penguin, 1992). Der ehemalige BBC-Korrespondent liefert eine detaillierte Beschreibung des modernen Indiens. Seine späteren Bücher, *India in Slow Motion* und *India's Unending Journey*, beschäftigen sich mit einer ähnlich vielfältigen Themenauswahl, von Hindu-Extremismus bis Kinderarbeit.

Reiseberichte

Unter Nomaden, Robyn Davidson (Rowohlt, 1997). Spannender Bericht über Davidsons lange und mühevolle Reise durch Rajasthan und Gujarat in Gesellschaft von Angehörigen des nomadischen Kamelzüchtervolkes der Rabari. Verschafft einen einmaligen Einblick in eine Lebensweise, die inzwischen fast verschwunden ist.

Cobra Road, Trevor Fishlock (John Murray, 2000). Der Reisebericht des ehemaligen *Times*-Korrespondenten Fishlock aus dem Jahr 1999 ist ein Allround-Klassiker über Indien.

Regen-Raga. Eine Reise mit dem Monsun, Alexander Frater (dtv, 1997). Fraters Spritztour in der Regenzeit, die Westküste entlang und nach Shillong, führte ihn durch ein Indien der Schlammpfützen und grauen Wolken: eine eindringliche Beschreibung des Landes, wie es kaum ein Besucher zu sehen bekommt, und inzwischen eine Art Klassiker.

Bollywood Boy, Justine Hardy (John Murray, 2003). In einer frechen Reise durch Bombay erlebt die Autorin ein schrilles Ensemble aus abgetakelten Filmstars, Prostituierten aus der Grant Road und bemerkenswerten Stammgästen in ihrem Schönheitssalon.

Om: An Indian Pilgrimage, Geoffrey Moorhouse (Faber and Faber, 2009). Moorhouse reiste 1992 drei Monate durch Südindien und besuchte dabei die wichtigsten spirituellen Zentren. Sein Reisebericht ist mit fundierten Fakten zu Geschichte, Politik, Kultur und Religion gespickt.

Unter der Sonne von Coorg, Dervla Murphy (Heyne, 1994). Dervla Murphy bereiste 1975 mit ihrer kleinen Tochter die tropischen Berge von Coorg, Karnataka. Vermutlich der berühmteste moderne Reisebericht zu Indien und ein Manifest für allein erziehende Budget-Reisende.

Namaste Ananda. Indien mal anders, Lars Platzek (Verlag Neue Literatur, 2009). Ungeschminkter Erlebnisbericht eines Leipzigers, der mehrfach nach Indien reiste.

***Der Zauberlehrling von Kalkutta**, Tahir Shah (Droemer/Knaur, 2004). Eine Reise durch die kuriose Unterwelt des okkulten Indien. Singh, der als Schüler eines Zauberers unterwegs ist, trifft Henker, Skeletthändler, Sadhus und Scharlatane.

***Auch Elefanten weinen**, Mark Shand (Frederking und Thaler, 1999). Spannender, humorvoller Bericht über einen mehr als 900 km langen Elefantenritt von Konarak in Orissa nach Bihar in Begleitung eines ständig betrunkenen Mahout.

Nanda Devi: Exploration and Ascent, Eric Shipton u. H. W. Tilman (Mountaineers Books, 2000). Zwei Klassiker der Bergsteiger-Literatur in einem Band. Erzählt wird von den berühmten Himalaya-Expeditionen 1934 und 1936, bei denen ein Weg über die Rishi Gorge auf den höchsten Berg Britisch-Indiens gefunden wurde. Besonders Shiptons Buch ist ein Meisterwerk des Genres – wunderschön geschrieben und absolut fesselnd von Anfang bis Ende.

Reisen zu den Reichtümern Indiens. Abenteuerliche Jahre beim Großmogul 1641–1667, Jean Baptiste Tavernier (Edition Erdmann, 1984). Tavernier beschreibt seine abenteuerlichen Erlebnisse im Indien der moslemischen Blütezeit, u. a. in Goa und Golconda.

Kunst, Architektur und Religion

Indian Art, Roy Craven (Thames & Hudson, 1997). Umfassende allgemeine Einführung in die indische Kunst, von Siegeln der Harappa bis zu Miniaturmalereien der Moguln.

Moderne Traditionen: Zeitgenössische Architektur in Indien, Klaus-Peter Gast (Birkhäuser, 2007). Nicht ganz billiges Buch eines Architekten und Bauhistorikers über die indische Baukunst seit der Unabhängigkeit.

Traditions of Indian Classical Dance, Mohan Khokar (Humanities Press, 1985). Dieses großzügig bebilderte Buch zeigt die religiösen und sozialen Ursprünge des indischen Tanzes auf, mit Abschnitten zu regionalen Traditionen. Tolle Einführung ins Thema.

Der Hindu-Tempel. Baukunst einer Weltreligion, George Michell (DuMont, 1991). Vorstellung hinduistischer Tempel, ihrer Bedeutung und architektonischen Entwicklung. Der ideale Einstieg.

Die indische Götterwelt – Gestalt, Ausdruck und Sinnbild, Eckard Schleberger (Eugen Diederichs, 1997). Ein Handbuch der hinduistischen Ikonographie (im Lexikonformat), das die vielen Gottheiten des Hindu-Pantheons, ihre Aspekte, Attribute und Biografien, ihre Körperhaltungen, Gesten, Kleider, Schmuckstücke und Tragtiere vorstellt; mit 246 Abbildungen.

***Benares – Stadt des Lichts**, Diana L. Eck (Insel, 2006). Ausführliche Beschreibung der religiösen Bedeutung von Varanasi; eine gute Einführung in die hinduistische Kosmologie.

Mahabharata, Roland Beer (Hrsg., Kiepenheuer 1982). Das große Epos Indiens aus dem 2. Jh. v. Chr., die Geschichte vom Kampf der Pandavas gegen die Kauravas; stark komprimierte, deutsche Prosagestaltung der Haupthandlung, übersetzt aus dem Sanskrit von Alois Essigmann.

Indische Geisteswelt, Helmuth von Glasenapp (Emil Vollmer Verlag). Eine umfangreiche Auswahl indischer Texte von den Veden bis Gandhi in deutscher Übersetzung; ein ursprünglich zweibändiges Werk (1958) des Tübinger Indologen v. Glasenapp (1891–1963) als Sonderausgabe in einem Band: Bd. 1) Glaube und Weisheit der Hindus, Bd. 2) Weltliche Dichtung, Wissenschaft und Staatskunst.

***Sadhus: Holy Men of India**, Dolf Hartsuiker (Thames & Hudson Ltd., 1993). Eindringliche Farbfotos und erklärende Texte beleuchten die mysteriöse Welt der indischen Asketen.

Meeting God, Stephen P. Huyler (Yale University Press, 2002). Einzigartiger Überblick über die Glaubensvorstellungen und Praktiken des modernen Hinduismus. Erstklassige Fotografien.

Die indischen Göttinnen. Weibliche Gottheiten im Hinduismus, David Kinsley (Insel, 1999). Umfasst Porträts der wichtigsten Göttinnen und bietet eine Einführung in die indische Mythologie, da weibliche Gottheiten laut Kinsley in keiner anderen Religion eine so große Rolle spielen wie im Hinduismus.

Autobiographie eines Yogi: Das Lebenszeugnis eines großen indischen Meisters, der zum Mittler zwischen westlicher und östlicher Religiosität wurde, Paramahansa Yogananda (Self-Realization Fellowship, 1998). Der humorvolle, optimistisch stimmende Bericht eines der international einflussreichsten hinduistischen Gurus über religiöses Erwachen und spirituelle Entwicklung.

Philosophie und Religion Indiens, Heinrich Zimmer (Suhrkamp, 2001). Standardwerk des bedeutendsten deutschen Indologen (1890–1943) überhaupt, das eine wissenschaftlich fundierte Grundlage zum Thema bietet.

Reisemedizin zum Nachschlagen

Aids

Die schnelle Zunahme von HIV/Aids-Fällen *(acquired immune deficiency syndrome)* ist erst seit kurzem von der indischen Regierung als nationales Problem erkannt worden. Die zögerliche Haltung liegt teilweise daran, dass die Krankheit mit Sex in Verbindung gebracht wird, einem Thema, das in Indien traditionell tabu ist. Bisher sind es nur Nichtregierungs- und ausländische Organisationen, wie z. B. die WHO, die Informations- und Präventionskampagnen gestartet haben. Eigentlich müsste längst bekannt sein, dass ungeschützter Geschlechtsverkehr mit Zufallsbekanntschaften ein unverantwortliches und lebensgefährliches Spiel ist – man sollte im Falle eines Falles Kondome dabeihaben (am besten von zu Hause, da die indischen weniger zuverlässig sind; außerdem muss man bedenken, dass die Hitze die Haltbarkeitsdauer der Kondome beeinflussen kann) und auf deren Gebrauch bestehen.

Wer in Indien eine Injektion oder Bluttransfusion braucht, sollte sich nach Möglichkeit vergewissern, dass neue, sterile Spritzen benutzt werden, oder eigene mitbringen; das Blut sollte besser von Freiwilligen als von kommerziellen Spenderunternehmen kommen. Wer sich beim Herrenfrisör rasieren lässt, sollte darauf achten, dass eine saubere Klinge benutzt wird. Auch auf Piercing, Akupunktur und Tätowierungen sollte man verzichten, sofern nicht sicher ist, dass das eingesetzte Gerät steril ist.

Bisse

Wanzenbisse sind sehr unangenehm; ein Hinweis darauf sind zerquetschte Exemplare im Umkreis billiger Hotelbetten. Eine von Wanzen befallene Matratze kann man den ganzen Tag in der heißen Sonne liegen lassen, um das Ungeziefer loszuwerden, aber oft hausen die Wanzen auch im Bettrahmen oder sogar in Wänden und Böden. Andere berüchtigte Quälgeister sind **Sandfliegen**, deren Bisse unerträglich jucken können. **Läuse** sind ebenfalls unangenehm, aber medizinische Seife und Shampoo (vorzugsweise von zu Hause) vertreibt sie meistens. Bisse sollte man nicht kratzen, da das zu Infektionen führen kann, manchmal mit so gefährlichen Folgen wie einer Blutvergiftung oder einem Geschwür. **Zecken- und Lausbisse** können Typhus übertragen, der sich durch Fieber, Muskel- und Kopfschmerzen sowie später rote Augen und masernähnlichen Ausschlag bemerkbar macht. Wer glaubt, darunter zu leiden, sollte sich behandeln lassen.

Die meisten **Schlangen** sind harmlos. Um überhaupt ein Exemplar zu Gesicht zu bekommen, muss man schon suchen – wenn man schwer auftritt, verschwinden sie meist. Die weit verbreitete Angst steht in keinem Verhältnis zur realen Gefahr, denn Giftschlangen greifen nur dann an, wenn sie attackiert werden. Gefährlich ist evtl. die Zeit nach Sonnenuntergang zwischen 18 und 20 Uhr, vor allem bei Regen. Einige Schlangen töten durch ein Blutgift, in diesem Fall benötigt man sofort ein Serum; andere töten durch ein Nervengift, dann ist außerdem eine künstliche Beatmung wichtig. **Skorpionstiche** sind in dieser Region generell nicht tödlich.

Blutegel, die sich in Dschungelgebieten an einem festsaugen, sollte man mit Salz oder der Glut einer Zigarette entfernen – nicht versuchen, sie herauszuziehen!

Cholera

Cholera wird auf demselben Weg verbreitet wie Hepatitis A und Typhus. Die Symptome sind plötzlicher, wässeriger Durchfall mit Krämpfen und ein allgemeines Schwächegefühl. Diese Krankheit kommt in Indien sehr selten vor und wenn, dann nur in einem eng begrenzten Gebiet. Es gibt zwar einen Cholera-Impfstoff, aber 100%-igen Schutz bietet er nicht.

Dengue-Fieber

Diese Viruskrankheit tritt überall in Asien auf und wird durch die *Aedes aegypti*-Mücke übertragen, die an ihren schwarz-weiß gebänderten Beinen zu erkennen ist. Sie sticht während des ganzen Tages. Nach der Inkubationszeit von bis zu einer Woche kommt es zu plötzlichen Fieberanfällen, Kopf- und Muskelschmerzen. Nach 3–5 Tagen kann sich ein Hautausschlag über den ganzen Körper verbreiten. Bei Stufe 1 klingen die Krankheitssymptome nach 1–2 Wochen ab.

Ein zweiter Anfall (Stufe 2) kann zu Komplikationen (inneren und äußeren Blutungen) führen. Wie bei der Malaria sind ein Moskitonetz und der Schutz vor Mückenstichen der beste Weg der Vorsorge. Es gibt keine Impfung oder spezielle Behandlung. Schmerztabletten, Fieber senkende Mittel und kalte Wadenwickel lindern die Symptome. Ein einfacher Test kann Dengue-Fieber verifizieren: 5 Minuten den Oberarm abbinden, öffnen und in der Armbeuge nachsehen – falls rote Flecken erscheinen, ist es zu 90 % Dengue-Fieber.

Durchfallerkrankungen

Durchfall ist das häufigste Leiden unter Touristen. Ist er nur leicht und kommen keine weiteren Symptome hinzu, handelt es sich vermutlich lediglich um eine Reaktion des Magens auf ungewohntes Essen. Wird er von Krämpfen und Erbrechen begleitet, kann das ein Hinweis auf eine Lebensmittelvergiftung sein. In beiden Fällen verschwindet der Durchfall wahrscheinlich nach 24–48 Stunden auch ohne Behandlung.

Derweil ist es wichtig, dass man verlorene Flüssigkeit und Salze ersetzt, deshalb sollte man eine Elektrolytlösung trinken (in Indien Electrolyte genannt). Ist sie nicht zu bekommen, sollte man einen halben Teelöffel Salz und acht Teelöffel Zucker in einem Liter Wasser auflösen.

Zur Not, z. B. vor langen Fahrten, kann auf *Imodium*, das die Darmtätigkeit ruhig legt, zurückgegriffen werden (aber nur in geringen Dosen, da die Ausscheidung von Krankheitserregern verzögert wird). Zudem hilft eine Bananen- oder Reis-und-Tee-Diät, *kitchri* (ein einfaches *dhal*- und Reisgericht) und Cola in Maßen, denn Letztere enthält Zucker, Spurenelemente, Elektrolyte und ersetzt das verloren gegangene Wasser. Generell sollte man viel trinken und die Zufuhr von Salz nicht vergessen.

Wenn der Durchfall Blut oder Schleim enthält und Symptome wie faulig riechendes Aufstoßen und Blähungen hinzu kommen, kann es sich auch um eine bakterielle oder Amöben-**Ruhr** oder um Lambliasis handeln. Bei Verdacht auf eine dieser Krankheiten und bei länger andauernden Durchfällen unbedingt einen Arzt aufsuchen!

Nicht vergessen darf man, dass Malaria- und andere Tabletten sowie die Pille bei Durchfall weitgehend ihre Wirksamkeit einbüßen.

Häufiger als Durchfälle sind **Verstopfungen**, die man einfach durch eine große Portion geschälter Früchte (z. B. Ananas) verhindert.

Erkältungen

Erkältungen kommen in den Tropen häufiger vor als man denkt. Schuld sind vor allem Ventilatoren und Klimaanlagen, die krasse Temperaturwechsel und zu viel Zugluft bescheren. Nass geschwitzt in klimatisierte Räume zu flüchten, ist nicht ratsam, wenn man nicht etwas zum Wechseln oder Überziehen dabeihat.

Gelbsucht

Hepatitis A ist nicht die schlimmste Krankheit, die man sich in Indien einfangen kann, aber da sehr viele Touristen davon betroffen sind, ist eine Impfung ratsam. Hepatitis A wird durch infizierte Lebensmittel, Wasser oder Speichel übertragen, kann monatelange Erschöpfung, Fieber und Durchfall zur Folge haben – und Leberschäden hervorrufen. Die *Havrix*-Impfung hat sich als sehr wirksam erwiesen (auch als Kombi-Impfung *Twinrix* für Hepatitis A und B erhältlich); sie ist zwar teuer, hält aber bis zu zehn Jahre vor. Der Schutz durch Gammaglobulin, das traditionelle Serum für Hepatitis-Antikörper, hält nicht lange an, weshalb man die Injektion möglichst kurz vor Reisebeginn bekommen sollte: Je länger die geplante Reise, desto höher sollte die Dosis sein. Während in Indien die meisten Menschen nach einer harmlosen Hepatitis A-Infektion im Kindesalter gegen diese Krankheit immun sind, trifft dieses nur auf ein Drittel aller Europäer zu. Ob die Impfung notwendig ist, zeigt ein Antikörpertest.

Die schwere Lebererkrankung **Hepatitis B** wird vor allem durch sexuellen Kontakt und durch Blut (ungenügend sterilisierte Injektionsnadeln, Bluttransfusionen, Tätowierung, Akupunktur) übertragen. Eine rechtzeitige vorbeugende Impfung, z. B. mit *Gen H-B-Vax,* ist sehr zu empfehlen.

Geschlechtskrankheiten

Gonorrhoe und die gefährlichere **Syphilis** sind in Asien weit verbreitete Infektionskrankheiten, vor allem bei Prostituierten. Dass der Verkehr mit Prostituierten ohne Kondom ein großes Risiko darstellt, muss mittlerweile nicht mehr betont werden. Bei den ersten Anzeichen einer Erkrankung (Ausfluss / Geschwüre) unbedingt ein Krankenhaus zum Anlegen einer Kultur und zur Blutentnahme aufsuchen.

Hinweis

Manche der Krankheiten und Parasiten, die man sich in Indien einfangen kann, zeigen sich nicht unbedingt sofort. Wer innerhalb eines Jahres nach Rückkehr erkrankt, sollte dem behandelnden Arzt von dem Indienaufenthalt und dem Zeitpunkt der Reise berichten.

Giardiasis Lambliasis

Giardia lamblia ist eine Protozoenart, die schwere Durchfälle, Übelkeit und allgemeine körperliche Schwäche verursacht, jedoch kein Blut im Stuhl oder Fieber. Giardiasis Lambliasis ist weltweit verbreitet, besonders in Regionen mit mangelhaften Hygienebedingungen. Die Symptome ähneln der einer Amöben-Ruhr, doch bestehen einige wichtige Unterschiede: Glücklicherweise greift Giardiasis weder die Leber noch andere Organe an, aber sie bleibt im Darm und verursacht daher auf lange Sicht schleichende Krankheiten. Mit Antibiotika oder Papayakernen ist diesem Tierchen nicht beizukommen. Hier helfen nur Amöben abtötende Medikamente wie *Flagyl* und *Fasigyn*, die schon nach einmaliger Behandlungsdosis wirksam sein können. Allerdings darf während der Einnahme auf keinen Fall Alkohol getrunken werden. Wer sich nicht kurieren lässt, kann durchaus nach einer Weile wieder einigermaßen fit sein und sich gesund fühlen, aber die Krankheit wird immer wieder ausbrechen und die Lebensfreude erheblich beeinträchtigen.

Hauterkrankungen

Bereits vom Schwitzen kann man sich unangenehm juckende Hautpilze holen. Gegen zu starkes Schwitzen hilft Körperpuder, der angenehm kühlt und in Apotheken oder Supermärkten erhältlich ist. Für andere Erkrankungen sind häufig Kopf-, Kleider-, Filzläuse, Flöhe, Milben oder Wanzen verantwortlich. Die beste Vorbeugung ist eine ausreichende Hygiene – möglichst 2x täglich den Körper waschen und so häufig es geht die Wäsche wechseln. Zudem hilft gegen Hautpilze Baumwollwäsche, gegen Kopfläuse *Organoderm*, oder, wenn man wieder in Deutschland ist, *Nyda*.

Höhenkrankheit

Tatsache ist, dass fast jeder in über 4000 m Höhe leichte Symptome von **akuter Höhenkrankheit** (AMS) entwickelt. Ernste Fälle sind jedoch selten, und die einfachste Behandlung, der sofortige Abstieg, bringt nahezu immer unverzügliche Heilung.

Die akute Höhenkrankheit entsteht dadurch, dass in großen Höhen weniger Sauerstoff vorhanden und der Luftdruck niedriger ist, was den Organismus auf unterschiedliche Weise belasten kann. Die **Symptome** sind bei jedem anders und treten unabhängig von der individuellen Kondition auf. Zu den milderen Beschwerden gehören Kopfschmerzen, Schwindelgefühl, Schlaflosigkeit, Übelkeit, Appetitlosigkeit und Kurzatmigkeit. Ernstere Krankheitszeichen sind z. B. Orientierungsverlust, Schwindel und schaumiger, rosafarbener Auswurf.

Die meisten Menschen können sich an große Höhen anpassen, doch der Prozess braucht Zeit und muss schrittweise erfolgen. Die goldene Regel lautet: **Nicht zu schnell aufsteigen!** Über 3000 m sollte der tägliche Höhengewinn nicht mehr als 500 m betragen.

Die allgemeinen Symptome der AMS lassen sich mit Acetazolamidum (Markenbezeichnung **Diamox**) behandeln, doch dieses Medikament ist wenig ratsam, denn durch die Einnahme werden die Frühsignale einer wirklich ernsten Erkrankung verschleiert – die Folgen können fatal sein. Empfehlenswerter ist es, einen oder zwei Ruhetage einzulegen, kohlenhydratreiche Kost zu sich zu nehmen, viel Wasser zu trinken (am besten 3 Liter pro Tag), gegen Kopfschmerzen Paracetamol oder Aspirin einzunehmen und den Rückweg anzutreten, falls die Symptome andauern oder sich verschlimmern. Wer direkt in einen Hochgebirgsort wie Leh fliegt, sollte seinem Körper unbedingt Zeit für die Anpassung gönnen, d. h. mindestens drei Tage lang unnötige Anstrengung vermeiden. Weitere Gesundheitstipps für den Aufenthalt im Hochgebirge sind: Alkohol meiden, keine Schlaftabletten einnehmen und ein Sonnenschutzmittel mit hohem UV-Filter verwenden.

Kinderlähmung (Polio)

Selbst in Europa treten immer noch Epidemien auf. Wer während der letzten 10 Jahre die Schluckimpfungen versäumt hat, sollte sich vom Hausarzt den Schluckimpfstoff verschreiben lassen.

Klimatische Belastungen

Sonne und Hitze können Touristen unerwartet zu schaffen machen, vor allem im tropischen Süden. Viele bekommen **Hitzepickel**, bevor sie sich akklimatisiert haben. Dabei handelt es sich um eine juckende Infektion der Schweißdrüsen, die durch exzessives Schwitzen verursacht wird. Eine kalte Dusche, *Prickly Heat Powder* oder Zinkoxidpuder (wird in Indien verkauft) oder Körperpuder und lockere Baumwollkleidung helfen.

Dehydrierung ist ein weiteres Gesundheitsrisiko, deshalb sollte man unbedingt genug Flüssigkeit (mit Elektrolytlösung) trinken, vor allem, wenn einem heiß ist und/oder man sich schlapp fühlt. Ein Gefahrenzeichen ist unregelmäßiges Wasserlassen (z. B. nur einmal am Tag), aber auch dunkler Urin könnte bedeuten, dass der Körper mehr Flüssigkeit braucht (könnte allerdings auch ein Hinweis auf Hepatitis sein).

Die **Sonne** kann einen Sonnenbrand oder -stich verursachen. Ein Sonnenschutzmittel mit hohem Lichtfaktor ist unerlässlich, vor allem in der ersten Zeit. Ein Sonnenhut ist ebenfalls zu empfehlen, insbesondere wenn man viel herumläuft.

Eine Überhitzung des Körpers kann zu einem tödlichen **Hitzschlag** führen. Anzeichen sind eine sehr hohe Körpertemperatur ohne Fiebergefühl, begleitet von Kopfschmerzen und Desorientierung. Ein erster Schritt zur Besserung besteht darin, die Körpertemperatur zu senken (z. B. durch eine lauwarme Dusche) und sich in einem klimatisierten Zimmer auszuruhen. Außerdem sollte man viel Flüssigkeit zu sich nehmen und einen Arzt aufsuchen, wenn sich der Zustand nach 24 Std. nicht gebessert hat.

Malaria

Malaria ist eine der häufigsten tödlichen Krankheiten des Subkontinents. Daher muss vor der Reise unbedingt ein Arzt konsultiert werden, der entscheidet, ob es notwendig ist, auf der Reise Anti-Malaria-Medikamente einzunehmen. Die Mücke *Anopheles*, die den Malariaerreger *Plasmodium falciparum* übertragen kann, kommt in vielen Teilen Indiens vor, besonders im Nordosten. In den Hochregionen des Himalaya gibt es sie allerdings nicht (eine nützliche Malaria-Karte Indiens findet sich unter 💻 www.fitfortravel.scot.nhs.uk/destinations/asia-(east)/india/india-malaria-map.aspx. Malaria hat eine **Inkubationszeit** von ein paar Tagen bis zu mehreren Wochen. Man kann also noch lange, nachdem man gestochen wurde, daran erkranken. Deshalb ist es wichtig, die Tabletten auch nach der Rückkehr weiter einzunehmen.

Über die geeignete **Malariaprophylaxe** gehen die Meinungen weit auseinander. Auf jeden Fall sollte man sich vor der Reise von Experten darüber beraten lassen, welche Art der Vorbeugung für einen am besten ist. Alarmierend ist, dass die Resistenz des Erregers gegen bekannte Malariamittel zunimmt – keines der folgenden bietet 100%-igen Schutz, deshalb ist es nach wie vor wichtig, Mückenstiche zu vermeiden. Chloroquin- und Proguanil-resistente Malariaerreger sind insbesondere in Assam und im Nordosten verbreitet; Wer dorthin reist, sollte daher lieber Malarone, Doxycyclin oder Mefloquin nehmen.

Am gängigsten ist eine Kombination aus Chloroquin – wöchentlich eingenommen – und einer täglichen Dosis Proguanil (Paludrine). Mit dieser Prophylaxe muss man eine Woche vor der Reise in ein Malariagebiet beginnen und nach der Reise noch vier Wochen fortfahren. Chloroquin ist in Indien leicht zu bekommen – im Gegensatz zu Proguanil (also einen Vorrat davon mitnehmen). Mefloquin (Lariam) ist ein neueres und stärkeres Mittel. Zur Prophylaxe braucht man nur eine Tablette pro Woche einzunehmen; man beginnt zwei Wochen vor der Reise ins Malariagebiet und endet vier Wochen nach der Rückkehr. Mefloquin ist ein sehr wirksames Antimalariamittel, das allerdings wegen seiner starken Nebenwirkungen nicht unumstritten ist.

Wer sich für Doxycyclin entscheidet, nimmt ab einem Tag vor der Reise und bis vier Wochen danach eine Tablette täglich. Dieser Wirkstoff ist jedoch für Kinder unter zehn Jahren nicht geeignet und kann bei Frauen Scheidenpilze hervorrufen. Doxycyclin beeinträchtigt außerdem die Wirkung der Pille und führt zu Lichtempfindlichkeit, weshalb es für Strandurlauber weniger gut geeignet ist (Sonnenbrandgefahr). Malarone (eine Kombination aus Atovaquon und Proguanil) ist das neueste Mittel auf dem Markt. Der Vorteil ist, dass man es erst einnehmen muss, wenn man in ein Malariagebiet fährt, und es schon eine Woche nach der Rückkehr wieder absetzen kann. Es ist zwar teuer, kommt aber für kürzere Reisen letztendlich günstiger. In Deutschland ist es ohnehin nur für eine Reise von maximal 28 Tagen zugelassen.

Die Mücke sticht während der Nacht, also zwischen Abenddämmerung und Sonnenaufgang. Am Abend schützen helle Kleidung (lange Hosen, langärmlige Hemden, engmaschige Socken) und ein **Mückenschutzmittel**, das auf die Haut aufgetragen wird. Ein sehr wirksames indisches Mittel ist das überall erhältliche *Odomos,* das einen angenehmen Zitronengeruch hat. Die meisten Touristen bringen jedoch eines von zu Hause mit. Eine gute Alternative für Leute mit empfindlicher Haut sind Bänder, die man an Hand- und Fußgelenken anbringt; sie sind genauso wirksam wie ein Spray.

Man sollte möglichst unter einem **Moskitonetz** schlafen oder elektrische Pyrethoid-Verdampfer einsetzen. Bei niedrigen Temperaturen in klimatisierten Räumen sind die Mücken zwar weniger aktiv, aber keineswegs ungefährlich. Notfalls hilft auch eine Räucherspirale, ein **Coil**, das Risiko zu verringern. Coils sind grüne Spiralen, die wie Räucherstäbchen abbrennen und für ca. 8 Stunden die Luft verpesten. Oft werden sie abends in offenen Restaurants unter die Tische gestellt, um die herumschwirrenden Moskitos zu vertreiben. (Es gibt allerdings gesundheitliche Bedenken, wenn Coils in schlecht durchlüfteten Räumen eingesetzt werden, und Asthmakranke sollten sie gänzlich meiden).

Wer aus Indien zurückkehrt und an einer nicht geklärten fieberhaften Erkrankung leidet, auch wenn es sich nur um leichtes Fieber und Kopfschmerzen handelt und die Symptome erst Monate nach der Rückkehr auftreten, sollte dem Arzt unbedingt über den Tropenaufenthalt berichten und auf einem Bluttest bestehen. Die ersten Symptome einer Malaria können denen eines banalen grippalen Infektes ähneln und werden häufig verkannt, was schon nach wenigen Tagen das Leben bedrohen kann.

Meningitis

Die meisten Mediziner empfehlen eine Impfung gegen Meningitis (Hirnhautentzündung). Sie wird als Tröpfcheninfektion (z. B. durch Husten und Niesen) durch Meningokokken-Bakterien übertragen und greift die Hirnhaut an. Meningitis kann tödlich sein; Symptome sind Fieber, starke Kopfschmerzen, ein steifer Hals und ein Ausschlag auf Bauch und Rücken.

Pilzinfektionen

Frauen leiden im tropischen Klima häufiger unter Pilzinfektionen. Vor der Reise sollten sie sich daher entsprechende Medikamente verschreiben lassen. Eine Creme oder Kapseln sind besser als Zäpfchen, die bei der Hitze schmelzen.

Tollwut

Da Tollwut in Indien häufig vorkommt, ist es ratsam, um Hunde und Affen einen Bogen zu machen und nicht mit Tieren zu spielen, auch wenn sie noch so süß aussehen. Ein Biss, ein Kratzer, selbst der Speichel eines infizierten Tieres kann die Krankheit verbreiten. Die Stelle sofort mit Seife oder Waschmittel vorsichtig waschen und möglichst mit Alkohol oder Jod desinfizieren. Und dann unverzüglich ins nächste Krankenhaus fahren, wo man sich eine Anti-Tollwutspritze abholt – Tollwut ist tödlich. Es gibt zwar eine Impfung, aber sie ist sehr teuer und nur maximal 3 Monate wirksam. Sie ist jedoch empfehlenswert, wenn man vorhat, in ländlichen Regionen zu arbeiten.

Typhus / Paratyphus

Typhus, der durch infiziertes Essen oder Wasser übertragen wird, ist zwar in Indien verbreitet, tritt aber außerhalb der Monsunzeit selten auf. Typische Symptome: über 7 Tage hohes Fieber einhergehend mit einem eher langsamen Puls und Benommenheit. Empfehlenswert ist die gut verträgliche Schluckimpfung mit *Typhoral L* für alle Reisende. Drei Jahre lang schützt eine Injektion des neuen Typhus-Impfstoffs *Typhim VI*, dann muss er wieder aufgefrischt werden.

Wundinfektionen

Unter unhygienischen Bedingungen können sich schon aufgekratzte Moskitostiche zu beträchtlichen Infektionen entwickeln, wenn sie unbehandelt bleiben. Wichtig ist, dass jede noch so kleine Wunde sauber gehalten, desinfiziert und evtl. mit Pflaster geschützt wird. Antibiotika-Salben unterstützen den Heilprozess. Wer mit nesselnden Quallen in Kontakt gekommen ist, sollte ein Antihistaminicum oder Cortisonsalbe auftragen (als Erste-Hilfe-Maßnahme hilft Essig) und sofort einen Arzt aufsuchen.

Wundstarrkrampf (Tetanus)

Wundstarrkrampf-Erreger findet man überall auf der Erde. Verletzungen kann man nie ausschließen, und wer evtl. noch keine Tetanusimpfung hatte, sollte sich unbedingt zwei Impfungen im 4-Wochen-Abstand geben lassen, die nach einem Jahr aufgefrischt werden müssen. Danach genügt eine Impfung alle 10 Jahre. Am besten ist die Impfung mit dem Tetanus-Diphterie-(Td-) Impfstoff für Personen über 5 Jahre, um gleichzeitig einen Schutz vor Diphterie zu erhalten.

Wurmerkrankungen

Winzige oder größere Exemplare, die überall lauern können, setzen sich an den verschiedensten Körperstellen bzw. -organen fest und sind oft erst Wochen nach der Rückkehr festzustellen. Die meisten sind harmlos und durch eine einmalige Wurmkur zu vernichten, andere sind gefährlich, z. B. Hakenwürmer. Sie bahnen sich den Weg durch die Fußsohlen, deshalb sollte man auf feuchten Böden unbedingt Sandalen tragen.

Nach einer Reise in abgelegene Gebiete ist es empfehlenswert, den Stuhl auf Würmer untersuchen zu lassen. Notwendig ist das, wenn man über längere Zeiträume auch nur leichte Durchfälle hat.

Index

C

K

Notizen

Bildnachweis

Umschlag

LOOK-foto/age fotostock: Titelfoto; In der Sonne trocknende Saris
Getty Images/Philip Urwin: Umschlagklappe vorn; Buddhistisches Kloster Tikse, Ladakh, Jammu und Kashmir
Renate Loose: Umschlagklappe hinten; Kuh vor Filmplakaten

Farbteil

laif/Reiner Harscher: S. 2, 3
Rough Guides: S. 4 oben
dpa/Hausjell/CHROMORANGE: S. 4 unten
corbis/Martin Harvey: S. 5 oben
laif/hemis.fr/Boisvieux: S. 5 (unten)
LOOK-foto/age fotostock: S. 6 oben
laif/Jean-Baptiste Rabouan/hemis.fr: S. 6 unten
laif/hemis: S. 7
gettyimages/Martin Gray: S. 8, 9
corbis/Christophe Boisvieux: S. 10 oben
dpa/Bildagentur Huber/R. Schmid: S. 10 unten
corbis/Theo Allofs: S. 11
corbis/Frédéric Soltan: S. 12 oben
corbis/Massimo Borchi: S. 12 unten
corbis/Bennett Dean: S. 13
gettyimages/Michele Falzone: S. 14 oben
laif/hemis: S. 14 unten
laif/hemis.fr/GUIZIOU Franck: S. 15
laif/Hemispheres: S. 16

Schwarz-Weiß

Alamy/Rough Guide/Neil McAllister: S. 993
Alamy/Rough Guide/Pep Roig: S. 457, 525
Hans Joachim Aubert: S. 48 (oben), 522, 610, 638
Sabine Bösz: S. 31, 1098
corbis/Rough Guide/Destinations: S. 558
corbis/Rough Guide/Macduff Everton: S. 797
corbis/Rough Guide/Jon Hicks: S. 291, 971
corbis/Rough Guide/Nazima Kowall: S. 886
corbis/Rough Guide/National Geographic Society/Michael Melford: S. 1188
corbis/Rough Guide/Jean-Baptiste Rabouan: S. 593
corbis/Rough Guide/Jose Fuste Raga: S. 391
corbis/Rough Guide/David Samuel Robbins: S. 515
corbis/Rough Guide/Beate Schleep: S. 1037
corbis/Rough Guide/Raminder Pal Singh: S. 577
corbis/Rough Guide/Frédéric Soltan: S. 349, 687
corbis/Rough Guide/XinHua/Xinhua Press/Wang Ye: S. 937
getty Images/Rough Guide/Robert Nickelsberg: S. 857
getty Images/Rough Guide/James Warwick: S. 899
Indisches Fremdenverkehrsamt: S. 53, 674, 1015
Fred Krüger: S. 28 (unten), 853, 873, 881
picture-alliance/DuMont Bildarchiv/Gernot Huber S. 44, 735, 1017, 1113, 1195, 1240, 1243
picture-alliance/DuMont Bildarchiv/Jörg Modrow: S. 27, 47, 101
Andreas Pröve: S. 28, 51 (oben), 680, 977, 988
Siegfried Reetz: S. 137, 152, 179, 302, 333, 425, 1070
Rough Guide: S. 38, 51 (unten), 148, 199, 228, 249, 258, 297, 647, 1101, 1131, 1169

Impressum

Indien
Stefan Loose Travel Handbücher
4., vollständig überarbeitete Auflage 2012

Die in diesem Buch enthaltenen Angaben wurden von den Autoren nach bestem Wissen erstellt und vom Lektorat im Verlag mit großer Sorgfalt auf ihre Richtigkeit überprüft. Trotzdem sind, wie der Verlag nach dem Produkthaftungsrecht betonen muss, inhaltliche und sachliche Fehler nicht vollständig auszuschließen.
Deshalb erfolgen alle Angaben ohne Garantie des Verlags oder der Autoren. Der Verlag und die Autoren übernehmen keinerlei Verantwortung und Haftung für inhaltliche und sachliche Fehler.
Alle Landkarten und Stadtpläne in diesem Buch sind von den Autoren erstellt worden und werden ständig überarbeitet.

Das Buch basiert auf der englischsprachigen Originalausgabe
India von David Abram, Nick Edwards, Mike Ford,
Daniel Jacobs, Shafik Meghji, Devdan Sen und Gavin Thomas
ISBN 978-1-84836-563-6

Gesamtredaktion und -herstellung
Bintang Buchservice GmbH
Zossener Str. 55/2, 10961Berlin
www.bintang-berlin.de
Übersetzung: Christina Kagerer, Silvia Mayer, Gunter Mühl
Redaktion: Jan Haas, Silvia Mayer, Katja Rasmus, Jessika Zollickhofer
Karten: Katharina Grimm, Anja Krapat, Klaus Schindler
Grafisches Konzept: Groschwitz, Hamburg
Layout und Herstellung: Anja Linda Dicke, Stefan Müssigbrodt
Farbseitengestaltung: Anja Linda Dicke
Umschlaggestaltung: Anja Linda Dicke, Anja Krapat

Printed in China

Kartenverzeichnis